U0896199

中华人民共和国
现行税收法律法规汇编

（2011 年权威解读版）

《中华人民共和国税法典》编委会　编

图书在版编目(CIP)数据

中华人民共和国现行税收法律法规汇编:2011 年权威解读版/《中华人民共和国税法典》编委会编. —上海:立信会计出版社,2011. 2

ISBN 978-7-5429-2802-3

Ⅰ. ①中…　Ⅱ. ①中…　Ⅲ. ①税法—汇编—中国 Ⅳ. ①D922. 220. 9

中国版本图书馆 CIP 数据核字(2011)第 022914 号

策划编辑　蔡伟莉
责任编辑　王微宇

中华人民共和国现行税收法律法规汇编(2011 年权威解读版)

出版发行　立信会计出版社
地　　址　上海市中山西路 2230 号　　邮政编码　200235
电　　话　(021)64411389　　传　　真　(021)64411325
网　　址　www. lixinaph. com　　电子邮箱　lxaph@ sh163. net
网上书店　www. shlx. net　　电　　话　(021)64411071
经　　销　各地新华书店

印　　刷　北京佳顺印务有限公司
开　　本　787 毫米 × 1092 毫米　1/16
印　　张　66
字　　数　2158 千字
版　　次　2011 年 2 月第 1 版
印　　次　2011 年 2 月第 1 次
印　　数　1—5000
书　　号　ISBN 978-7-5429-2802-3/D
定　　价　298. 00 元

编写说明

为了帮助广大企事业单位更好地掌握税法，为了帮助广大税务干部更好地执行税法，我们组织相关专家以及相关业务主管人员编写了这本《中华人民共和国现行税收法律法规汇编》。

由于我国现行税收法律法规数量巨大，其中有很多已经被废止或者被部分废止，致使纳税人在遵守税法、税务干部在执行税法时往往无法准确确定某项税收政策是否有效，对于那些刚刚接触税法的纳税人和税务干部而言更是如此，面对一个税务问题，往往不知道从哪里入手解决，不知道如何判断自己所看到的一份文件是否有效。因此，广大纳税人和税务干部迫切需要一本将现行有效的税收法律法规予以汇编的工具书。本书就是为了解决广大纳税人和税务干部所遇到的上述难题而编写的。

本书以现行的十七个税种为线索，分为十七个部分，将现行有效的法律法规分别汇编在十七个税种之下，关于税收征管方面的法律法规则单独编在税收征管之下，作为第十八部分。在每一部分中，我们都是先编写相关的法律，然后编写相关的行政法规。在没有法律的情况下，我们先编写行政法规，然后编写财政部或者国家税务总局针对该行政法规所制定的系统解释的规章。对于其他规范性文件，我们按照发布时间的先后顺序进行排列。

为了便于广大读者将数量庞大的税收法律法规和规范性文件联系起来，本书对于法律法规的主要条款以及主要规范性文件都加了注释，通过注释，读者可以找到与该条款或者文件相关的其他条款或者文件。由于相关性的判断见仁见智，我们仅就主要相关的文件加了注释，并没有穷尽所有相关的文件和条款。

由于很多文件涉及若干个税种，因此，我们在编写时，对于不涉及本税种的内容往往予以省略。很多文件中的部分条款失效或者被其他文件所修改，对此，我们均使用“……”予以省略，个别文件比较特殊，仅其中涉及某个税种的废除，涉及其他税种的仍然有效，对于这些比较特殊的，我们都在文件之后加上了相关的注释和说明。对于那些已经完全失效或者过时的文件，我们没有收录本书。为了节省篇幅，部分仅涉及税务机关内部管理而不涉及纳税人权利义务的繁琐操作规程，本书没有收录。

由于税收法律法规和规范性文件数量巨大，可能还有少量规范性文件没有编入本书，但纳税人和税务干部常用的基本的规范性文件都已经收入本书。本书所收录的法律法规和规范性文件截至2011年1月31日。

本书编审委员会

2011年2月1日

简 要 目 录

详 细 目 录

第一编　所得税法

第二部分　中华人民共和国企业所得税法 …… 147

第二编　流转税法

第三编　财产税法

第四编　行为税法

第五编　税收征管法

第一编

所得税法

第一部分　中华人民共和国个人所得税法

中华人民共和国个人所得税法

（1980年9月10日第五届全国人民代表大会第三次会议通过，1993年10月31日第八届全国人民代表大会常务委员会第四次会议第一次修正，1999年8月30日第九届全国人民代表大会常务委员会第十一次会议第二次修正，2005年10月27日第十届全国人民代表大会常务委员会第十八次会议第三次修正，2007年6月29日第十届全国人民代表大会常务委员会第二十八次会议第四次修正，2007年12月29日第十届全国人民代表大会常务委员会第三十一次会议第五次修正）

第一条　在中国境内有住所，或者无住所而在境内居住满一年的个人，从中国境内和境外取得的所得，依照本法规定缴纳个人所得税。

在中国境内无住所又不居住或者无住所而在境内居住不满一年的个人，从中国境内取得的所得，依照本法规定缴纳个人所得税。

【注释】　《个人所得税法实施条例》第2条对“在中国境内有住所的个人”进行了解释；第3条对“在境内居住满一年”进行了解释；第4条对“从中国境内取得的所得”以及“从中国境外取得的所得”进行了解释；第5条对“来源于中国境内的所得”进行了特殊规定；第6条对“居住一年以上五年以下的”短期居民纳税人的纳税义务进行了特殊规定；第7条对“在一个纳税年度中在中国境内连续或者累计居住不超过90日的”短期非居民纳税人的纳税义务进行了特殊规定。

《征收个人所得税若干问题的规定》（国税发[1994]89号）对“在中国境内有住所的个人”进行了进一步解释。相关规定包括：《国家税务总局关于个人在境外取得博彩所得征收个人所得税问题的批复》（国税函发[1995]663号）、《国家税务总局关于在中国境内无住所的个人取得工资薪金所得纳税义务问题的通知》（国税发[1994]148号）。

第二条　下列各项个人所得，应纳个人所得税：

一、工资、薪金所得；

二、个体工商户的生产、经营所得；

三、对企事业单位的承包经营、承租经营所得；

四、劳务报酬所得；

五、稿酬所得；

六、特许权使用费所得；

七、利息、股息、红利所得；

八、财产租赁所得；

九、财产转让所得；

十、偶然所得；

十一、经国务院财政部门确定征税的其他所得。

【注释】　《个人所得税法实施条例》第8条对上述各项所得进行了解释；第9条规定了股票转让所得征税办法另行规定。《国家税务总局关于个人在境外取得博彩所得征收个人所得税问题的批复》（国税函发[1995]663号）规定了一项偶然所得。《国家税务总局关于有奖储蓄中奖收入征收个人所得税问题的批复》（国税函发[1995]98号）规定了一项偶然所得。《财政部　国家税务总局关于银行部门以超过国家利率支付给储户的揽储奖金征收个人所得税问题的批复》（财税[1995]64号）规定了一项其他所得。《国家税务总局关于股民从证券公司取得的回扣收入征收个人所得税问题的批复》（国税函[1999]627号）规定了一项其他所得。《国家税务总局关于未分配的投资者收益和个人人寿保险收入征收个人所得税问题的批复》(国税函发[1998]546号)规定了一项其他所得。《国家税务总局关于个人所得税有关问题的批复》(国税函[2000]57号)规定了一项其他所得。相关规定包括:《国家税务总局关于个人所得税若干业务问题的批复》(国税函[2002]146号)、《国家税务总局关于外商投资企业和外国企业以实物向雇员提供福利如何计征个人所得税问题的通知》(国税发[1995]115号)。

第三条 个人所得税的税率:

一、工资、薪金所得,适用超额累进税率,税率为百分之五至百分之四十五(税率表附后)。

二、个体工商户的生产、经营所得和对企事业单位的承包经营、承租经营所得,适用百分之五至百分之三十五的超额累进税率(税率表附后)。

三、稿酬所得,适用比例税率,税率为百分之二十,并按应纳税额减征百分之三十。

四、劳务报酬所得,适用比例税率,税率为百分之二十。对劳务报酬所得一次收入畸高的,可以实行加成征收,具体办法由国务院规定。

五、特许权使用费所得,利息、股息、红利所得,财产租赁所得,财产转让所得,偶然所得和其他所得,适用比例税率,税率为百分之二十。

【注释】 《个人所得税法实施条例》第11条对劳务报酬加征制度进行了具体规定。相关规定包括:《财政部 国家税务总局关于股息红利个人所得税有关政策的通知》(财税[2005]102号)、《财政部 国家税务总局关于调整住房租赁市场税收政策的通知》(财税[2000]125号)。

第四条 下列各项个人所得,免纳个人所得税:

一、省级人民政府、国务院部委和中国人民解放军军以上单位,以及外国组织、国际组织颁发的科学、教育、技术、文化、卫生、体育、环境保护等方面的奖金;

二、国债和国家发行的金融债券利息;

三、按照国家统一规定发给的补贴、津贴;

四、福利费、抚恤金、救济金;

五、保险赔款;

六、军人的转业费、复员费;

七、按照国家统一规定发给干部、职工的安家费、退职费、退休工资、离休工资、离休生活补助费;

八、依照我国有关法律规定应予免税的各国驻华使馆、领事馆的外交代表、领事官员和其他人员的所得;

九、中国政府参加的国际公约、签订的协议中规定免税的所得;

十、经国务院财政部门批准免税的所得。

【注释】 《个人所得税法实施条例》第12—15条对上述部分免税所得进行了解释。《财政部 国家税务总局关于发给见义勇为者的奖金免征个人所得税问题的通知》(财税[1995]25号)规定了一项免税所得。相关规定包括:《国家税务总局关于"长江学者奖励计划"有关个人收入免征个人所得税的通知》(国税函发[1998]632号)、《财政部 国家税务总局关于银行部门以超过国家利率支付给储户的揽储奖金征收个人所得税问题的批复》(财税[1995]64号)、《财政部 国家税务总局关于自主择业的军队转业干部有关税收政策问题的通知》(财税[2003]26号)、《财政部 国家税务总局关于个人所得税若干政策问题的通知》(财税[1994]20号)、《财政部 国家税务总局关于随军家属就业有关税收政策的通知》(财税[2000]84号)、《财政部 国家税务总局关于扶持城镇退役士兵自谋职业有关税收优惠政策的通知》(财税[2004]93号)、《财政部 国家税务总局关于教育税收政策的通知》(财税[2004]39号)、《国家税务总局关于纳税人收回转让的股权征收个人所得税问题的批复》(国税函[2005]130号)、《财政部 国家税务总局关于城镇房屋拆迁有关税收政策的通知》(财税[2005]45号)、《财政部 国家税务总局关于股权分置试点改革有关税收政策问题的通知》(财税[2005]103号)、《财政部 国家税务总局关于华侨从海外汇入赡养家属的侨汇等免征个人所得税问题的通知》(财税外[1980]196号)、《国家税务总局关于社会福利有奖募捐发行收入税收问题的通知》(国税发[1994]127号)、《财政部 国家税务总局关于个人取得体育彩票中奖所得征免个人所得税问题的通知》(财税[1998]12号)、《财政部 国家税务总局关于对中国科学院中国工程院资深院士津贴免征个人所得税的通知》(财税[1998]118号)、《财政部 国家税务总局关于促进科技成果转化有关税收政策的通知》(财税[1999]45号)。

第五条 有下列情形之一的,经批准可以减征个人所得税:

一、残疾、孤老人员和烈属的所得；

二、因严重自然灾害造成重大损失的；

三、其他经国务院财政部门批准减税的。

【注释】 《个人所得税法实施条例》第16条对减征的具体办法进行了规定。相关规定包括:《国家税务总局关于明确残疾人所得征免个人所得税范围的批复》(国税函[1999]329号)、《国家税务总局关于个人所得税若干政策问题的批复》(国税函[2002]629号)。

第六条 应纳税所得额的计算:

一、工资、薪金所得,以每月收入额减除费用二千元后的余额,为应纳税所得额。

二、个体工商户的生产、经营所得,以每一纳税年度的收入总额,减除成本、费用以及损失后的余额,为应纳税所得额。

三、对企事业单位的承包经营、承租经营所得,以每一纳税年度的收入总额,减除必要费用后的余额,为应纳税所得额。

四、劳务报酬所得、稿酬所得、特许权使用费所得、财产租赁所得,每次收入不超过四千元的,减除费用八百元;四千元以上的,减除百分之二十的费用,其余额为应纳税所得额。

五、财产转让所得,以转让财产的收入额减除财产原值和合理费用后的余额,为应纳税所得额。

六、利息、股息、红利所得,偶然所得和其他所得,以每次收入额为应纳税所得额。

个人将其所得对教育事业和其他公益事业捐赠的部分,按照国务院有关规定从应纳税所得中扣除。

对在中国境内无住所而在中国境内取得工资、薪金所得的纳税义务人和在中国境内有住所而在中国境外取得工资、薪金所得的纳税义务人,可以根据其平均收入水平、生活水平以及汇率变化情况确定附加减除费用,附加减除费用适用的范围和标准由国务院规定。

【注释】 《个人所得税法实施条例》第17—31条对上述各项所得的计算进行了详细规定。《征收个人所得税若干问题的规定》(国税发[1994]89号)对稿酬所得、拍卖文稿所得、董事费所得征税进行了具体规定。《征收个人所得税若干问题的规定》(国税发[1994]89号)对纳税人境内外同时取得工资薪金所得如何征税进行了规定。《征收个人所得税若干问题的规定》(国税发[1994]89号)对承包承租期不足一年如何征税的问题进行了规定。《国家税务总局关于企业发放补充养老保险金征收个人所得税问题的批复》(国税函[1999]615号)对补充养老保险的征税问题进行了规定。相关规定包括:《国家税务总局关于明确单位或个人为纳税义务人的劳务报酬所得代付税款计算公式的通知》(国税发[1996]161号)、《国家税务总局关于失业保险费(金)征免个人所得税问题的通知》(国税发[2000]83号)、《国家税务总局关于个人所得税若干业务问题的批复》(国税函[2002]146号)、《国家税务总局关于三井物产(株)大连事务所外籍雇员取得数月奖金确定纳税义务问题的批复》(国税函发[1997]546号)、《国家税务总局关于个人认购股票等有价证券而从雇主取得折扣或补贴收入有关征收个人所得税问题的通知》(国税发[1998]9号)、《国家税务总局关于调整个人取得全年一次性奖金等计算征收个人所得税方法问题的通知》(国税发[2005]9号)、《财政部 国家税务总局关于个人股票期权所得征收个人所得税问题的通知》(财税[2005]35号)、《国家税务总局关于个人因解除劳动合同取得经济补偿金征收个人所得税问题的通知》(国税发[1999]178号)、《国家税务总局关于个人住房转让所得征收个人所得税有关问题的通知》(国税发[2006]108号)、《国家税务总局关于在中国境内担任董事或高层管理职务无住所个人计算个人所得税适用公式的批复》(国税函[2007]946号)、《国家税务总局关于个人取得房屋拍卖收入征收个人所得税问题的批复》(国税函[2007]1145号)。

第七条 纳税义务人从中国境外取得的所得,准予其在应纳税额中扣除已在境外缴纳的个人所得税税额。但扣除额不得超过该纳税义务人境外所得依照本法规定计算的应纳税额。

【注释】 《个人所得税法实施条例》第32—34条对上述制度进行了详细规定。

第八条 个人所得税,以所得人为纳税义务人,以支付所得的单位或者个人为扣缴义务人。个人所得超过国务院规定数额的,在两处以上取得工资、薪金所得或者没有扣缴义务人的,以及具有国务院规定的其他情形的,纳税义务人应当按照国家规定办理纳税申报。扣缴义务人应当按照国家规定办理全员全额扣缴申报。

【注释】 《个人所得税法实施条例》第35—39条对上述制度进行了详细规定。相关规定包括:《国家税务总局关于行政机关、事业单位工资发放方式改革后扣缴个人所得税问题的通知》(国税发[2001]19

号)、《国家税务总局关于加强企业债券利息个人所得税代扣代缴工作的通知》(国税函[2003]612号)、《国家税务总局关于国际组织驻华机构、外国政府驻华使领馆和驻华新闻机构雇员个人所得税征收方式的通知》(国税函[2004]808号)、《个人所得税代扣代缴暂行办法》(国税发[1995]65号)。

第九条 扣缴义务人每月所扣的税款,自行申报纳税人每月应纳的税款,都应当在次月七日内缴入国库,并向税务机关报送纳税申报表。

工资、薪金所得应纳的税款,按月计征,由扣缴义务人或者纳税义务人在次月七日内缴入国库,并向税务机关报送纳税申报表。特定行业的工资、薪金所得应纳的税款,可以实行按年计算、分月预缴的方式计征,具体办法由国务院规定。

个体工商户的生产、经营所得应纳的税款,按年计算,分月预缴,由纳税义务人在次月七日内预缴,年度终了后三个月内汇算清缴,多退少补。

对企事业单位的承包经营、承租经营所得应纳的税款,按年计算,由纳税义务人在年度终了后三十日内缴入国库,并向税务机关报送纳税申报表。纳税义务人在一年内分次取得承包经营、承租经营所得的,应当在取得每次所得后的七日内预缴,年度终了后三个月内汇算清缴,多退少补。

从中国境外取得所得的纳税义务人,应当在年度终了后三十日内,将应纳的税款缴入国库,并向税务机关报送纳税申报表。

【注释】 《个人所得税法实施条例》第40—42条对上述制度进行了详细规定。《个体工商户个人所得税计税办法(试行)》(国税发[1997]43号)对个人工商户应纳税额的计算和征管进行了详细规定。相关规定包括:《国家税务总局关于境外所得征收个人所得税若干问题的通知》(国税发[1994]44号)。

第十条 各项所得的计算,以人民币为单位。所得为外国货币的,按照国家外汇管理机关规定的外汇牌价折合成人民币缴纳税款。

【注释】 《个人所得税法实施条例》第43条对上述制度进行了详细规定。

第十一条 对扣缴义务人按照所扣缴的税款,付给百分之二的手续费。

【注释】 《个人所得税法实施条例》第44条对上述制度进行了详细规定。

第十二条 对储蓄存款利息所得开征、减征、停征个人所得税及其具体办法,由国务院规定。

【注释】 国务院根据该授权制定了《对储蓄存款利息所得征收个人所得税的实施办法》(国务院令[2007]502号)。相关规定包括:《储蓄存款利息所得个人所得税征收管理办法》(国税发[1999]179号)、《财政部 国家税务总局关于储蓄存款利息所得有关个人所得税政策的通知》(财税[2008]132号)。

第十三条 个人所得税的征收管理,依照《中华人民共和国税收征收管理法》的规定执行。

【注释】 相关规定包括:《演出市场个人所得税征收管理暂行办法》(国税发[1995]171号)、《机动出租车驾驶员个人所得税征收管理暂行办法》(国税发[1995]50号)、《建筑安装业个人所得税征收管理暂行办法》(国税发[1996]127号)、《广告市场个人所得税征收管理暂行办法》(国税发[1996]148号)、《境外所得个人所得税征收管理暂行办法》(国税发[1998]126号)、《关于个人独资企业和合伙企业投资者征收个人所得税的规定》(财税[2000]91号)、《个人所得税管理办法》(国税发[2005]120号)。

第十四条 国务院根据本法制定实施条例。

【注释】 国务院根据该授权制定了《中华人民共和国个人所得税法实施条例》。

第十五条 本法自公布之日起施行。

个人所得税税率表一

(工资、薪金所得适用)

级　数	全月应纳税所得额	税率(%)
1	不超过500元的	5
2	超过500元至2000元的部分	10
3	超过2000元至5000元的部分	15
4	超过5000元至20000元的部分	20
5	超过20000元至40000元的部分	25

（续表）

级　数	全月应纳税所得额	税率(%)
6	超过40000元至60000元的部分	30
7	超过60000元至80000元的部分	35
8	超过80000元至100000元的部分	40
9	超过100000元的部分	45

（注:本表所称全月应纳税所得额是指依照本法第六条的规定,以每月收入额减除费用二千元后的余额或者减除附加减除费用后的余额。）

个人所得税税率表二

（个体工商户的生产、经营所得和对企事业单位的承包经营、承租经营所得适用）

级　数	全年应纳税所得额	税率(%)
1	不超过5000元的	5
2	超过5000元至10000元的部分	10
3	超过10000元至30000元的部分	20
4	超过30000元至50000元的部分	30
5	超过50000元的部分	35

（注:本表所称全年应纳税所得额是指依照本法第六条的规定,以每一纳税年度的收入总额,减除成本、费用以及损失后的余额。）

中华人民共和国个人所得税法实施条例

（1994年1月28日中华人民共和国国务院令第142号发布　根据2005年12月19日《国务院关于修改〈中华人民共和国个人所得税法实施条例〉的决定》第一次修订　根据2008年2月18日《国务院关于修改〈中华人民共和国个人所得税法实施条例〉的决定》第二次修订）

第一条　根据《中华人民共和国个人所得税法》(以下简称税法)的规定,制定本条例。

第二条　税法第一条第一款所说的在中国境内有住所的个人,是指因户籍、家庭、经济利益关系而在中国境内习惯性居住的个人。

【注释】　解释《个人所得税法》第1条。

第三条　税法第一条第一款所说的在境内居住满一年,是指在一个纳税年度中在中国境内居住365日。临时离境的,不扣减日数。

前款所说的临时离境,是指在一个纳税年度中一次不超过30日或者多次累计不超过90日的离境。

【注释】　解释《个人所得税法》第1条。

第四条　税法第一条第一款、第二款所说的从中国境内取得的所得,是指来源于中国境内的所得;所说的从中国境外取得的所得,是指来源于中国境外的所得。

【注释】　解释《个人所得税法》第1条。

第五条　下列所得,不论支付地点是否在中国境内,均为来源于中国境内的所得:

(一)因任职、受雇、履约等而在中国境内提供劳务取得的所得;

(二)将财产出租给承租人在中国境内使用而取得的所得;

(三)转让中国境内的建筑物、土地使用权等财产或者在中国境内转让其他财产取得的所得;

(四)许可各种特许权在中国境内使用而取得的所得;

（五）从中国境内的公司、企业以及其他经济组织或者个人取得的利息、股息、红利所得。

【注释】 解释《个人所得税法》第1条。相关规定包括：《国家税务总局关于在中国境内无住所的个人取得工资薪金所得纳税义务问题的通知》（国税发[1994]148号）、《国家税务总局关于外国企业的董事在中国境内兼任职务有关税收问题的通知》（国税函[1999]284号）。

第六条 在中国境内无住所，但是居住一年以上五年以下的个人，其来源于中国境外的所得，经主管税务机关批准，可以只就由中国境内公司、企业以及其他经济组织或者个人支付的部分缴纳个人所得税；居住超过五年的个人，从第六年起，应当就其来源于中国境外的全部所得缴纳个人所得税。

【注释】 对《个人所得税法》第1条进行了特殊例外规定。相关规定包括：《国家税务总局关于在中国境内无住所的个人取得工资薪金所得纳税义务问题的通知》（国税发[1994]148号）、《国家税务总局关于在中国境内无住所的个人执行税收协定和个人所得税法若干问题的通知》（国税发[2004]97号）、《财政部 国家税务总局关于在华无住所的个人如何计算在华居住满五年问题的通知》（财税[1995]98号）。

第七条 在中国境内无住所，但是在一个纳税年度中在中国境内连续或者累计居住不超过90日的个人，其来源于中国境内的所得，由境外雇主支付并且不由该雇主在中国境内的机构、场所负担的部分，免予缴纳个人所得税。

【注释】 对《个人所得税法》第1条进行了特殊例外规定。相关规定包括：《国家税务总局关于在中国境内无住所的个人取得工资薪金所得纳税义务问题的通知》（国税发[1994]148号）、《国家税务总局关于在中国境内无住所个人以有价证券形式取得工资薪金所得确定纳税义务有关问题的通知》（国税函[2000]190号）。

第八条 税法第二条所说的各项个人所得的范围：

（一）工资、薪金所得，是指个人因任职或者受雇而取得的工资、薪金、奖金、年终加薪、劳动分红、津贴、补贴以及与任职或者受雇有关的其他所得。

（二）个体工商户的生产、经营所得，是指：

1. 个体工商户从事工业、手工业、建筑业、交通运输业、商业、饮食业、服务业、修理业以及其他行业生产、经营取得的所得；

2. 个人经政府有关部门批准，取得执照，从事办学、医疗、咨询以及其他有偿服务活动取得的所得；

3. 其他个人从事个体工商业生产、经营取得的所得；

4. 上述个体工商户和个人取得的与生产、经营有关的各项应纳税所得。

（三）对企事业单位的承包经营、承租经营所得，是指个人承包经营、承租经营以及转包、转租取得的所得，包括个人按月或者按次取得的工资、薪金性质的所得。

（四）劳务报酬所得，是指个人从事设计、装潢、安装、制图、化验、测试、医疗、法律、会计、咨询、讲学、新闻、广播、翻译、审稿、书画、雕刻、影视、录音、录像、演出、表演、广告、展览、技术服务、介绍服务、经纪服务、代办服务以及其他劳务取得的所得。

（五）稿酬所得，是指个人因其作品以图书、报刊形式出版、发表而取得的所得。

（六）特许权使用费所得，是指个人提供专利权、商标权、著作权、非专利技术以及其他特许权的使用权取得的所得；提供著作权的使用权取得的所得，不包括稿酬所得。

（七）利息、股息、红利所得，是指个人拥有债权、股权而取得的利息、股息、红利所得。

（八）财产租赁所得，是指个人出租建筑物、土地使用权、机器设备、车船以及其他财产取得的所得。

（九）财产转让所得，是指个人转让有价证券、股权、建筑物、土地使用权、机器设备、车船以及其他财产取得的所得。

（十）偶然所得，是指个人得奖、中奖、中彩以及其他偶然性质的所得。

个人取得的所得，难以界定应纳税所得项目的，由主管税务机关确定。

【注释】 对《个人所得税法》第2条所规定的各项所得进行了解释。《征收个人所得税若干问题的规定》（国税发[1994]89号）对工资薪金所得和劳务报酬所得的区分标准进行了规定。相关文件包括：《国家税务总局关于高寒边境地区津贴征收个人所得税问题的批复》（国税函发[1996]399号）、《国家税务总局关于个人转让汽车所得征收个人所得税问题的批复》（国税函发[1997]35号）、《国家税务总局关于个人举办各类学习班取得的收入征收个人所得税问题的批复》（国税函发[1996]658号）、《国家税务总局关于股份制企业转增股本和派发红股征免个人所得税的通知》(国税发[1997]198号)、《国家税务总局关于盈余公积金转增注册资本征收个人所得税问题的批复》(国税函发[1998]333号)、《国家税务总局关于未分配的投资者收益和个人人寿保险收入征收个人所得税问题的批复》(国税函发[1998]546号)、《国家税务总局关于社会力量办学征收个人所得税问题的批复》(国税函发[1998]738号)、《国家税务总局关于个人取得专利赔偿所得征收个人所得税问题的批复》(国税函[2000]257号)、《国家税务总局关于联想集团改制员工取得的用于购买企业国有股权的劳动分红征收个人所得税问题的批复》(国税函[2001]832号)、《国家税务总局关于个人所得税若干政策问题的批复》(国税函[2002]629号)、《国家税务总局关于个人所得税若干业务问题的批复》(国税函[2002]146号)、《国家税务总局关于征用土地过程中征地单位支付给土地承包人员的补偿费如何征税问题的批复》(国税函发[1997]87号)、《财政部　国家税务总局关于医疗机构有关个人所得税政策问题的通知》(财税[2003]109号)、《国家税务总局关于外商投资企业和外国企业的雇员的境外保险费有关所得税处理问题的通知》(国税发[1998]101号)、《财政部　国家税务总局关于规范个人投资者个人所得税征收管理的通知》(财税[2003]158号)、《国家税务总局关于转租浅海滩涂使用权收入征收个人所得税问题的批复》(国税函[2002]1158号)、《财政部　国家税务总局关于企业以免费旅游方式提供对营销人员个人奖励有关个人所得税政策的通知》(财税[2004]11号)、《财政部　国家税务总局关于个人股票期权所得征收个人所得税问题的通知》(财税[2005]35号)、《国家税务总局关于单位为员工支付有关保险缴纳个人所得税问题的批复》(国税函[2005]318号)、《国家税务总局关于个人兼职和退休人员再任职取得收入如何计算征收个人所得税问题的批复》(国税函[2005]382号)、《国家税务总局关于企业为股东个人购买汽车征收个人所得税的批复》(国税函[2005]364号)、《国家税务总局关于个人因购买和处置债权取得所得征收个人所得税问题的批复》(国税函[2005]655号)、《国家税务总局关于个人出租中国境内房屋取得租金收入税务处理问题的通知》(国税函发[1995]134号)、《财政部　国家税务总局关于个人提供非有形商品推销、代理等服务活动取得收入征收营业税和个人所得税有关问题的通知》(财税[1997]103号)、《国家税务总局关于律师事务所从业人员取得收入征收个人所得税有关业务问题的通知》(国税发[2000]149号)。

第九条　对股票转让所得征收个人所得税的办法,由财政部另行制定,报国务院批准施行。

【注释】　相关规定包括:《财政部　国家税务总局关于个人转让股票所得继续暂免征收个人所得税的通知》(财税[1998]61号)、《财政部　国家税务总局关于证券投资基金税收问题的通知》(财税[1998]55号)。

第十条　个人所得的形式,包括现金、实物、有价证券和其他形式的经济利益。所得为实物的,应当按照取得的凭证上所注明的价格计算应纳税所得额;无凭证的实物或者凭证上所注明的价格明显偏低的,参照市场价格核定应纳税所得额。所得为有价证券的,根据票面价格和市场价格核定应纳税所得额。所得为其他形式的经济利益的,参照市场价格核定应纳税所得额。

【注释】　相关规定包括:《国家税务总局关于个人所得税若干政策问题的批复》(国税函[2002]629号)、《国家税务总局关于外商投资企业和外国企业以实物向雇员提供福利如何计征个人所得税问题的通知》(国税发[1995]115号)。

第十一条　税法第三条第四项所说的劳务报酬所得一次收入畸高,是指个人一次取得劳务报酬,其应纳税所得额超过20000元。

对前款应纳税所得额超过20000元至50000元的部分,依照税法规定计算应纳税额后再按照应纳税额加征五成;超过50000元的部分,加征十成。

【注释】　对《个人所得税法》第3条所规定的劳务报酬所得加征的制度进行了规定。

第十二条　税法第四条第二项所说的国债利息,是指个人持有中华人民共和国财政部发行的债券而取得的利息所得;所说的国家发行的金融债券利息,是指个人持有经国务院批准发行的金融债券而取得的利息所得。

【注释】　对《个人所得税法》第4条所规定的国债利息以及国家发行的金融债券利息进行了解释。

第十三条　税法第四条第三项所说的按照国家统一规定发给的补贴、津贴,是指按照国务院规定发给的政府特殊津贴、院士津贴、资深院士津贴,以及国务院规定免纳个人所得税的其他补贴、津贴。

【注释】　对《个人所得税法》第4条所规定的"按照国家统一规定发给的补贴、津贴"进行了解释。

《征收个人所得税若干问题的规定》(国税发[1994]89号)对本条规定进行了解释。相关文件:《国家税务总局关于中国科学院院士津贴免征个人所得税的通知》(国税发[1994]118号)。

第十四条 税法第四条第四项所说的福利费,是指根据国家有关规定,从企业、事业单位、国家机关、社会团体提留的福利费或者工会经费中支付给个人的生活补助费;所说的救济金,是指国家民政部门支付给个人的生活困难补助费。

【注释】 对《个人所得税法》第4条所规定的"福利费"、"救济金"进行了解释。相关规定包括:《国家税务总局关于生活补助费范围确定问题的通知》(国税发[1998]155号)。

第十五条 税法第四条第八项所说的依照我国法律规定应予免税的各国驻华使馆、领事馆的外交代表、领事官员和其他人员的所得,是指依照《中华人民共和国外交特权与豁免条例》和《中华人民共和国领事特权与豁免条例》规定免税的所得。

【注释】 对《个人所得税法》第4条所规定的"依照我国法律规定应予免税的各国驻华使馆、领事馆的外交代表、领事官员和其他人员的所得"进行了解释。

第十六条 税法第五条所说的减征个人所得税,其减征的幅度和期限由省、自治区、直辖市人民政府规定。

【注释】 对《个人所得税法》第5条所规定的减征个人所得税制度进行了具体规定。相关规定包括:《国家税务总局关于明确残疾人所得征免个人所得税范围的批复》(国税函[1999]329号)。

第十七条 税法第六条第一款第二项所说的成本、费用,是指纳税义务人从事生产、经营所发生的各项直接支出和分配计入成本的间接费用以及销售费用、管理费用、财务费用;所说的损失,是指纳税义务人在生产、经营过程中发生的各项营业外支出。

从事生产、经营的纳税义务人未提供完整、准确的纳税资料,不能正确计算应纳税所得额的,由主管税务机关核定其应纳税所得额。

【注释】 对《个人所得税法》第6条所规定的成本、费用和损失进行了解释。相关规定包括:《国家税务总局关于个人独资企业个人所得税税前固定资产折旧费扣除问题的批复》(国税函[2002]1090号)、《财政部 国家税务总局关于个人所得税若干政策问题的通知》(财税[1994]20号)、《财政部 国家税务总局关于调整个体工商户业主 个人独资企业和合伙企业投资者个人所得税费用扣除标准的通知》(财税[2006]44号)。

第十八条 税法第六条第一款第三项所说的每一纳税年度的收入总额,是指纳税义务人按照承包经营、承租经营合同规定分得的经营利润和工资、薪金性质的所得;所说的减除必要费用,是指按月减除2000元。

【注释】 对《个人所得税法》第6条所规定的"每一纳税年度的收入总额"、"减除必要费用"进行了解释。《征收个人所得税若干问题的规定》(国税发[1994]89号)对承包承租期不足一年如何征税的问题进行了规定。

第十九条 税法第六条第一款第五项所说的财产原值,是指:

(一)有价证券,为买入价以及买入时按照规定交纳的有关费用;

(二)建筑物,为建造费或者购进价格以及其他有关费用;

(三)土地使用权,为取得土地使用权所支付的金额、开发土地的费用以及其他有关费用;

(四)机器设备、车船,为购进价格、运输费、安装费以及其他有关费用;

(五)其他财产,参照以上方法确定。

纳税义务人未提供完整、准确的财产原值凭证,不能正确计算财产原值的,由主管税务机关核定其财产原值。

【注释】 对《个人所得税法》第6条所规定的"财产原值"进行了解释。《国家税务总局关于加强和规范个人取得拍卖收入征收个人所得税有关问题的通知》(国税发[2007]38号)规定了书画作品古玩等的财产原值。

第二十条 税法第六条第一款第五项所说的合理费用,是指卖出财产时按照规定支付的有关费用。

【注释】 对《个人所得税法》第6条所规定的"合理费用"进行了解释。

第二十一条 税法第六条第一款第四项、第六项所说的每次收入,是指:

(一)劳务报酬所得,属于一次性收入的,以取得该项收入为一次;属于同一项目连续性收入的,以一个月内取得的收入为一次。

（二）稿酬所得，以每次出版、发表取得的收入为一次。

（三）特许权使用费所得，以一项特许权的一次许可使用所取得的收入为一次。

（四）财产租赁所得，以一个月内取得的收入为一次。

（五）利息、股息、红利所得，以支付利息、股息、红利时取得的收入为一次。

（六）偶然所得，以每次取得该项收入为一次。

【注释】　对《个人所得税法》第6条所规定的"每次收入"进行了解释。《征收个人所得税若干问题的规定》（国税发[1994]89号）对稿酬所得、拍卖文稿所得、董事费所得征税进行了具体规定。

第二十二条　财产转让所得，按照一次转让财产的收入额减除财产原值和合理费用后的余额，计算纳税。

第二十三条　二个或者二个以上的个人共同取得同一项目收入的，应当对每个人取得的收入分别按照税法规定减除费用后计算纳税。

第二十四条　税法第六条第二款所说的个人将其所得对教育事业和其他公益事业的捐赠，是指个人将其所得通过中国境内的社会团体、国家机关向教育和其他社会公益事业以及遭受严重自然灾害地区、贫困地区的捐赠。

捐赠额未超过纳税义务人申报的应纳税所得额30%的部分，可以从其应纳税所得额中扣除。

【注释】　对《个人所得税法》第6条所规定的公益捐赠扣除制度进行了具体规定。相关规定包括：《国家税务总局关于纳税人通过中国光彩事业促进会的公益救济性捐赠税前扣除问题的通知》（国税函[2003]78号）、《财政部　国家税务总局关于企业等社会力量向红十字事业捐赠有关问题的通知》（财税[2001]28号）、《国家税务总局关于纳税人通过光华科技基金会的公益救济性捐赠税前扣除问题的通知》（国税函[2001]164号）、《国家税务总局关于纳税人向中国人口福利基金会捐赠税前扣除问题的通知》（国税函[2001]214号）、《财政部　国家税务总局关于工商企业订阅党报党刊有关所得税税前扣除问题的通知》（财税[2003]224号）、《国家税务总局关于纳税人向中国法律援助基金会捐赠税前扣除问题的通知》（国税函[2003]722号）、《国家税务总局关于纳税人向中华环境保护基金会的捐赠税前扣除问题的通知》（国税函[2003]762号）、《国家税务总局关于纳税人通过中国初级卫生保健基金会的公益救济性捐赠税前扣除问题的通知》（国税函[2003]763号）、《国家税务总局关于纳税人向中国法律援助基金会捐赠税前扣除问题的通知》（国税函[2003]22号）、《财政部　国家税务总局财政部　国家税务总局关于对老年服务机构有关税收政策问题的通知》（财税[2000]97号）、《国家税务总局关于纳税人通过阎宝航教育基金会的公益救济性捐赠税前扣除问题的通知》（国税函[2004]341号）、《财政部　国家税务总局关于教育税收政策的通知》（财税[2004]39号）、《财政部　国家税务总局关于向宋庆龄基金会等6家单位捐赠所得税政策问题的通知》（财税[2004]172号）、《国家税务总局关于纳税人通过中国妇女发展基金会的公益救济性捐赠税前扣除问题的通知》（国税函[2002]973号）。

第二十五条　按照国家规定，单位为个人缴付和个人缴付的基本养老保险费、基本医疗保险费、失业保险费、住房公积金，从纳税义务人的应纳税所得额中扣除。

【注释】　相关规定包括：《国家税务总局关于海洋石油若干税收政策问题的通知》（国税发[1997]44号）、《国家税务总局关于外商投资企业及其雇员提存、支用住房公积金有关税务处理问题的通知》（国税发[1994]165号）、《财政部　国家税务总局关于住房公积金　医疗保险金　养老保险金征收个人所得税问题的通知》（财税[1997]144号）、《财政部　国家税务总局关于住房公积金医疗保险金　基本养老保险金　失业保险基金个人账户存款利息所得免征个人所得税的通知》（财税[1999]267号）、《财政部　国家税务总局关于基本养老保险费基本医疗保险费　失业保险费　住房公积金有关个人所得税政策的通知》（财税[2006]10号）。

第二十六条　税法第六条第三款所说的在中国境外取得工资、薪金所得，是指在中国境外任职或者受雇而取得的工资、薪金所得。

【注释】　对《个人所得税法》第6条所规定的"在中国境外取得工资、薪金所得"进行了解释。

第二十七条　税法第六条第三款所说的附加减除费用，是指每月在减除2000元费用的基础上，再减除本条例第二十九条规定数额的费用。

【注释】　对《个人所得税法》第6条所规定的"附加减除费用"进行了解释。自2008年3月1日以后，这里的“1600”应当改为“2000”。

第二十八条 税法第六条第三款所说的附加减除费用适用的范围,是指:

(一)在中国境内的外商投资企业和外国企业中工作的外籍人员;

(二)应聘在中国境内的企业、事业单位、社会团体、国家机关中工作的外籍专家;

(三)在中国境内有住所而在中国境外任职或者受雇取得工资、薪金所得的个人;

(四)国务院财政、税务主管部门确定的其他人员。

【注释】 对《个人所得税法》第6条所规定的附加减除费用制度进行了具体规定。

第二十九条 税法第六条第三款所说的附加减除费用标准为2800元。

【注释】 对《个人所得税法》第6条所规定的附加减除费用制度进行了具体规定。

第三十条 华侨和香港、澳门、台湾同胞,参照本条例第二十七条、第二十八条、第二十九条的规定执行。

【注释】 对《个人所得税法》第6条所规定的附加减除费用制度进行了具体规定。

第三十一条 在中国境内有住所,或者无住所而在境内居住满一年的个人,从中国境内和境外取得的所得,应当分别计算应纳税额。

第三十二条 税法第七条所说的已在境外缴纳的个人所得税税额,是指纳税义务人从中国境外取得的所得,依照该所得来源国家或者地区的法律应当缴纳并且实际已经缴纳的税额。

【注释】 对《个人所得税法》第7条所规定的“已在境外缴纳的个人所得税税额”进行了解释。

第三十三条 税法第七条所说的依照税法规定计算的应纳税额,是指纳税义务人从中国境外取得的所得,区别不同国家或者地区和不同应税项目,依照税法规定的费用减除标准和适用税率计算的应纳税额;同一国家或者地区内不同应税项目的应纳税额之和,为该国家或者地区的扣除限额。

纳税义务人在中国境外一个国家或者地区实际已经缴纳的个人所得税税额,低于依照前款规定计算出的该国家或者地区扣除限额的,应当在中国缴纳差额部分的税款;超过该国家或者地区扣除限额的,其超过部分不得在本纳税年度的应纳税额中扣除,但是可以在以后纳税年度的该国家或者地区扣除限额的余额中补扣。补扣期限最长不得超过五年。

【注释】 对《个人所得税法》第7条所规定的外国税收抵免制度进行了具体规定。

第三十四条 纳税义务人依照税法第七条的规定申请扣除已在境外缴纳的个人所得税税额时,应当提供境外税务机关填发的完税凭证原件。

【注释】 对《个人所得税法》第7条所规定的外国税收抵免制度进行了具体规定。

第三十五条 扣缴义务人在向个人支付应税款项时,应当依照税法规定代扣税款,按时缴库,并专项记载备查。

前款所说的支付,包括现金支付、汇拨支付、转账支付和以有价证券、实物以及其他形式的支付。

第三十六条 纳税义务人有下列情形之一的,应当按照规定到主管税务机关办理纳税申报:

(一)年所得12万元以上的;

(二)从中国境内二处或者二处以上取得工资、薪金所得的;

(三)从中国境外取得所得的;

(四)取得应纳税所得,没有扣缴义务人的;

(五)国务院规定的其他情形。

年所得12万元以上的纳税义务人,在年度终了后3个月内到主管税务机关办理纳税申报。

纳税义务人办理纳税申报的地点以及其他有关事项的管理办法,由国家税务总局制定。

【注释】 根据《个人所得税法》第8条的授权具体规定了应当自行纳税申报的具体情形。相关规定包括:《个人所得税自行申报纳税暂行办法》(国税发[1995]77号)、《个人所得税自行纳税申报办法(试行)》(国税发[2006]162号)。

第三十七条 税法第八条所说的全员全额扣缴申报,是指扣缴义务人在代扣税款的次月内,向主管税务机关报送其支付所得个人的基本信息、支付所得数额、扣缴税款的具体数额和总额以及其他相关涉税信息。

全员全额扣缴申报的管理办法,由国家税务总局制定。

【注释】 对《个人所得税法》第8条所规定的“全员全额扣缴申报”进行了解释。相关规定包括:《个人所得税全员全额扣缴申报管理暂行办法》(国税发[2005]205号)、《国家税务总局关于个人所得税纳税

人纳税申报有关事项的通知》(国税发[2005]207号)

第三十八条 自行申报的纳税义务人,在申报纳税时,其在中国境内已扣缴的税款,准予按照规定从应纳税额中扣除。

第三十九条 纳税义务人兼有税法第二条所列的二项或者二项以上的所得的,按项分别计算纳税。在中国境内二处或者二处以上取得税法第二条第一项、第二项、第三项所得的,同项所得合并计算纳税。

第四十条 税法第九条第二款所说的特定行业,是指采掘业、远洋运输业、远洋捕捞业以及国务院财政、税务主管部门确定的其他行业。

【注释】 对《个人所得税法》第9条所规定的"特定行业"进行了解释。相关规定包括:《国家税务总局关于远洋运输船员工资薪金所得个人所得税费用扣除问题的通知》(国税发[1999]202号)

第四十一条 税法第九条第二款所说的按年计算、分月预缴的计征方式,是指本条例第四十条所列的特定行业职工的工资、薪金所得应纳的税款,按月预缴,自年度终了之日起30日内,合计其全年工资、薪金所得,再按12个月平均并计算实际应纳的税款,多退少补。

【注释】 对《个人所得税法》第9条所规定的按年计算、分月预缴的计征方式进行了解释。

第四十二条 税法第九条第四款所说的由纳税义务人在年度终了后30日内将应纳的税款缴入国库,是指在年终一次性取得承包经营、承租经营所得的纳税义务人,自取得收入之日起30日内将应纳的税款缴入国库。

【注释】 对《个人所得税法》第9条所规定的由纳税义务人在年度终了后30日内将应纳的税款缴入国库进行了解释。

第四十三条 依照税法第十条的规定,所得为外国货币的,应当按照填开完税凭证的上一月最后一日中国人民银行公布的外汇牌价,折合成人民币计算应纳税所得额。依照税法规定,在年度终了后汇算清缴的,对已经按月或者按次预缴税款的外国货币所得,不再重新折算;对应当补缴税款的所得部分,按照上一纳税年度最后一日中国人民银行公布的外汇牌价,折合成人民币计算应纳税所得额。

【注释】 对《个人所得税法》第10条所规定的外币兑换制度进行了具体规定。

第四十四条 税务机关按照税法第十一条的规定付给扣缴义务人手续费时,应当按月填开收入退还书发给扣缴义务人。扣缴义务人持收入退还书向指定的银行办理退库手续。

【注释】 对《个人所得税法》第11条所规定的扣缴税款手续费制度进行了具体规定。

第四十五条 个人所得税纳税申报表、扣缴个人所得税报告表和个人所得税完税凭证式样,由国家税务总局统一制定。

第四十六条 税法和本条例所说的纳税年度,自公历1月1日起至12月31日止。

第四十七条 1994纳税年度起,个人所得税依照税法以及本条例的规定计算征收。

第四十八条 本条例自发布之日起施行。1987年8月8日国务院发布的《中华人民共和国国务院关于对来华工作的外籍人员工资、薪金所得减征个人所得税的暂行规定》同时废止。

财政部 国家税务总局关于华侨从海外汇入赡养家属的侨汇等免征个人所得税问题的通知

财税外[1980]196号

各省、市、自治区财政厅(局):

中国银行总行反映,华侨从海外汇入赡养家属的侨汇等是否征收个人所得税。经研究明确如下:

一、华侨从海外汇入我国境内赡养其家属的侨汇,免征个人所得税;

二、继承国外遗产从海外调入的外汇,免征个人所得税;

三、取回解冻在美资金汇入的外汇,免征个人所得税。

【注释】 《个人所得税法》第4条。

财政部　国家税务总局关于个人所得税若干政策问题的通知

财税[1994]20 号

各省、自治区、直辖市财政厅(局)、税务局,各计划单列市财政局、税务局,海洋石油税务管理局各分局:

根据《中华人民共和国个人所得税法》及其实施条例的有关规定精神,现将个人所得税的若干政策问题通知如下:

一、关于对个体工商户的征税问题

(一)个体工商户业主的费用扣除标准和从业人员的工资扣除标准,由各省、自治区、直辖市税务局确定。个体工商户在生产、经营期间借款的利息支出,凡有合法证明的,不高于按金融机构同类、同期贷款利率计算的数额的部分,准予扣除。

(二)个体工商户或个人专营种植业、养殖业、饲养业、捕捞业,其经营项目属于农业税(包括农业特产税,下同)、牧业税征税范围并已征收了农业税、牧业税的,不再征收个人所得税;不属于农业税、牧业税征税范围的,应对其所得征收个人所得税。兼营上述四业并四业的所得单独核算的,比照上述原则办理,对于属于征收个人所得税的,应与其他行业的生产、经营所得合并计征个人所得税;对于四业的所得不能单独核算的,应就其全部所得计征个人所得税。

(三)个体工商户与企业联营而分得的利润,按利息、股息、红利所得项目征收个人所得税。

(四)个体工商户和从事生产、经营的个人,取得与生产、经营活动无关的各项应税所得,应按规定分别计算征收个人所得税。

二、下列所得,暂免征收个人所得税

(一)外籍个人以非现金形式或实报实销形式取得的住房补贴、伙食补贴、搬迁费、洗衣费。

(二)外籍个人按合理标准取得的境内、外出差补贴。

(三)外籍个人取得的探亲费、语言训练费、子女教育费等,经当地税务机关审核批准为合理的部分。

(四)个人举报、协查各种违法、犯罪行为而获得的奖金。

(五)个人办理代扣代缴税款手续,按规定取得的扣缴手续费。

(六)个人转让自用达五年以上、并且是唯一的家庭生活用房取得的所得。

(七)对按国发[1983]141 号《国务院关于高级专家离休退休若干问题的暂行规定》和国办发[1991]40号《国务院办公厅关于杰出高级专家暂缓离退休审批问题的通知》精神,达到离休、退休年龄,但确因工作需要,适当延长离休退休年龄的高级专家(指享受国家发放的政府特殊津贴的专家、学者),其在延长离休退休期间的工资、薪金所得,视同退休工资、离休工资免征个人所得税。

(八)外籍个人从外商投资企业取得的股息、红利所得。

(九)凡符合下列条件之一的外籍专家取得的工资、薪金所得可免征个人所得税:

1. 根据世界银行专项贷款协议由世界银行直接派往我国工作的外国专家;
2. 联合国组织直接派往我国工作的专家;
3. 为联合国援助项目来华工作的专家;
4. 援助国派往我国专为该国无偿援助项目工作的专家;
5. 根据两国政府签订文化交流项目来华工作两年以内的文教专家,其工资、薪金所得由该国负担的;
6. 根据我国大专院校国际交流项目来华工作两年以内的文教专家,其工资、薪金所得由该国负担的;
7. 通过民间科研协定来华工作的专家,其工资、薪金所得由该国政府机构负担的。

三、关于中介费扣除问题

对个人从事技术转让、提供劳务等过程中所支付的中介费,如能提供有效、合法凭证的,允许从其所得中扣除。

四、对个人从基层供销社、农村信用社取得的利息或股息、红利收入是否征收个人所得税,由各省、自治区、直辖市税务局报请政府确定,报财政部、国家税务总局备案。

【注释】《个人所得税法》第4条;《个人所得税法实施条例》第17条;本通知第二条审批已经被废止,具体管理方法参见《国家税务总局关于取消及下放外商投资企业和外国企业以及外籍个人若干税务行政审批项目的后续管理问题的通知》(国税发[2004]80号)。

国家税务总局关于境外所得征收个人所得税若干问题的通知

国税发[1994]44号

各省、自治区、直辖市税务局,各计划单列市税务局,海洋石油税务管理局各分局:

为维护国家税收权益,根据《中华人民共和国个人所得税法》及其实施条例的有关规定,现对境外所得征收个人所得税若干问题通知如下:

一、关于纳税申报期限问题

纳税人来源于中国境外的应税所得,在境外以纳税年度计算缴纳个人所得税的,应在所得来源国的纳税年度终了、结清税款后的30日内,向中国税务机关申报缴纳个人所得税;在取得境外所得时结算税款的,或者在境外按来源国税法规定免予缴纳个人所得税的,应在次年1月1日起30日内向中国税务机关申报缴纳个人所得税。纳税人兼有来源于中国境内、境外所得的,应分别申报计算纳税。

二、关于境外代扣代缴税款问题

纳税人任职或受雇于中国的公司、企业和其他经济组织或单位派驻境外的机构的,可由境外该任职、受雇机构集中申报纳税,并代扣代缴税款。

三、关于纳税申报方式问题

纳税人在规定的申报期限内不能到主管税务机关申报纳税的,应委托他人申报纳税或者邮寄申报纳税。邮寄申报纳税的,以寄出地的邮戳日期为实际申报日期。

四、境外所得税款抵扣举例

某纳税人1994年1月至12月在A国取得工薪收入60000元(人民币,下同),特许权使用费收入7000元;同时,又在B国取得利息收入1000元。该纳税人已分别按A国和B国税法规定,缴纳了个人所得税1150元和250元。其抵扣计算方法如下:

(一)在A国所得缴纳税款的抵扣

1. 工资、薪金所得按我国税法规定计算的应纳税额:

60000/12－4000×税率－速算扣除数×12(月份数)=(1000×10%－25)×12=900(元)

2. 特许权使用费所得按我国税法规定计算的应纳税额:

7000×(1－20%)×20%(税率)=1120(元)

3. 抵扣限额:

900+1120=2020(元)

4. 该纳税人在A国所得缴纳个人所得税1150元,低于抵扣限额,因此,可全额抵扣,并需在中国补缴税款870元(2020—1150)。

(二)在B国所得缴纳税款的抵扣

其在B国取得的利息所得按我国税法规定计算的应纳税额,即抵扣限额:1000×20%(税率)=200(元)

该纳税人在B国实际缴纳的税款超出了抵扣限额,因此,只能在限额内抵扣200元,不用补缴税款。

(三)在A、B两国所得缴纳税款抵扣结果

根据上述计算结果,该纳税人当年度的境外所得应在中国补缴个人所得税870元,B国缴纳税款未抵扣完的50元,可在以后5年内该纳税人从B国取得的所得中的征税抵扣限额有余额时补扣。

五、本通知自1994年1月1日起施行。

【注释】《个人所得税法》第9条。

国家税务总局关于印发《征收个人所得税若干问题的规定》的通知

国税发[1994]089号

为了更好地贯彻执行《中华人民共和国个人所得税法》(以下简称税法)及其实施条例(以下简称条例),认真做好个人所得税的征收管理,根据税法及条例的规定精神,现将一些具体问题明确如下:

一、关于如何掌握"习惯性居住"的问题

条例第二条规定,在中国境内有住所的个人,是指因户籍、家庭、经济利益关系而在中国境内习惯性居住的个人。所谓习惯性居住,是判定纳税义务人是居民或非居民的一个法律意义上的标准,不是指实际居住或在某一个特定时期内的居住地。如因学习、工作、探亲、旅游等而在中国境外居住的,在其原因消除之后,必须回到中国境内居住的个人,则中国即为该纳税人习惯性居住地。

【注释】 对《个人所得税法》第1条进行了解释;对《个人所得税法实施条例》第2条进行了解释。

二、关于工资、薪金所得的征税问题

条例第八条第一款第一项对工资、薪金所得的具体内容和征税范围作了明确规定,应严格按照规定进行征税。对于补贴、津贴等一些具体收入项目应否计入工资、薪金所得的征税范围问题,按下述情况掌握执行:

(一)条例第十三条规定,对按照国务院规定发给的政府特殊津贴和国务院规定免纳个人所得税的补贴、津贴,免予征收个人所得税。其他各种补贴、津贴均应计入工资、薪金所得项目征税。

(二)下列不属于工资、薪金性质的补贴、津贴或者不属于纳税人本人工资、薪金所得项目的收入,不征税:

1. 独生子女补贴;
2. 执行公务员工资制度未纳入基本工资总额的补贴、津贴差额和家属成员的副食品补贴;
3. 托儿补助费;
4. 差旅费津贴、误餐补助。

【注释】 对《个人所得税法实施条例》第13条进行了解释。

三、关于在外商投资企业、外国企业和外国驻华机构工作的中方人员取得的工资、薪金所得的征税的问题

(一)在外商投资企业、外国企业和外国驻华机构工作的中方人员取得的工资、薪金收入,凡是由雇佣单位和派遣单位分别支付的,支付单位应依照税法第八条的规定代扣代缴个人所得税。按照税法第六条第一款第一项的规定,纳税义务人应以每月全部工资、薪金收入减除规定费用后的余额为应纳税所得额。为了有利于征管,对雇佣单位和派遣单位分别支付工资、薪金的,采取由支付者中的一方减除费用的方法,即只由雇佣单位在支付工资、薪金时,按税法规定减除费用,计算扣缴个人所得税;派遣单位支付的工资、薪金不再减除费用,以支付全额直接确定适用税率,计算扣缴个人所得税。

上述纳税义务人,应持两处支付单位提供的原始明细工资、薪金单(书)和完税凭证原件,选择并固定到一地税务机关申报每月工资、薪金收入,汇算清缴其工资、薪金收入的个人所得税,多退少补。

具体申报期限,由各省、自治区、直辖市税务局确定。

(二)对外商投资企业、外国企业和外国驻华机构发放给中方工作人员的工资、薪金所得,应全额征税。但对可以提供有效合同或有关凭证,能够证明其工资、薪金所得的一部分按照有关规定上交派遣(介绍)单位的,可扣除其实际上交的部分,按其余额计征个人所得税。

四、关于稿酬所得的征税问题

(一)个人每次以图书、报刊方式出版、发表同一作品(文字作品、书画作品、摄影作品以及其他作品),不论出版单位是预付还是分笔支付稿酬,或者加印该作品后再付稿酬,均应合并其稿酬所得按一次计征个人所得税。在两处或两处以上出版、发表或再版同一作品而取得稿酬所得,则可分别各处取得的所得或再版所得按分次所得计征个人所得税。

（二）个人的同一作品在报刊上连载，应合并其因连载而取得的所有稿酬所得为一次，按税法规定计征个人所得税。在其连载之后又出书取得稿酬所得，或先出书后连载取得稿酬所得，应视同再版稿酬分次计征个人所得税。

（三）作者去世后，对取得其遗作稿酬的个人，按稿酬所得征收个人所得税。

五、关于拍卖文稿所得的征税问题

作者将自己的文字作品手稿原件或复印件公开拍卖（竞价）取得的所得，应按特许权使用费所得项目征收个人所得税。

六、关于财产租赁所得的征税问题

（一）纳税义务人在出租财产过程中缴纳的税金和国家能源交通重点建设基金、国家预算调节基金、教育费附加，可持完税（缴款）凭证，从其财产租赁收入中扣除。

（二）纳税义务人出租财产取得财产租赁收入，在计算征税时，除可依法减除规定费用和有关税、费外，还准予扣除能够提供有效、准确凭证，证明由纳税义务人负担的该出租财产实际开支的修缮费用。允许扣除的修缮费用，以每次800元为限，一次扣除不完的，准予在下一次继续扣除，直至扣完为止。

（三）确认财产租赁所得的纳税义务人，应以产权凭证为依据。无产权凭证的，由主管税务机关根据实际情况确定纳税义务人。

（四）产权所有人死亡，在未办理产权继承手续期间，该财产出租而有租金收入的，以领取租金的个人为纳税义务人。

七、关于如何确定转让债权财产原值的问题

转让债权，采用"加权平均法"确定其应予减除的财产原值和合理费用。即以纳税人购进的同一种类债券买入价和买进过程中缴纳的税费总和，除以纳税人购进的该种类债券数量之和，乘以纳税人卖出的该种类债券数量，再加上卖出的该种类债券过程中缴纳的税费。用公式表示为：

一次卖出某一种类债券允许扣除的买入价和费用 =（纳税人购进的该种类债券买入价和买进过程中交纳的税费总和/纳税人购进的该种类债券总数量）×一次卖出的该种类债券的数量 + 卖出该种类债券过程中缴纳的税费

八、关于董事费的征税问题

个人由于担任董事职务所取得的董事费收入，属于劳务报酬所得性质，按照劳务报酬所得项目征收个人所得税。

九、关于个人取得不同项目劳务报酬所得的征税问题

条例第二十一条第一款第一项中所述的"同一项目"，是指劳务报酬所得列举具体劳务项目中的某一单项，个人兼有不同的劳务报酬所得，应当分别减除费用，计算缴纳个人所得税。

【注释】　对《个人所得税法实施条例》第21条所规定的"同一项目"进行了解释。

十、关于外籍纳税人在中国几地工作如何确定纳税地点的问题

（一）在几地工作或提供劳务的临时来华人员，应以税法所规定的申报纳税的日期为准，在某一地达到申报纳税的日期，即在该地申报纳税。但准予其提出申请，经批准后，也可固定在一地申报纳税。

（二）凡由在华企业或办事机构发放工资、薪金的外籍纳税人，由在华企业或办事机构集中向当地税务机关申报纳税。

【注释】　本条审批已经被废止，具体管理方法参见《国家税务总局关于取消及下放外商投资企业和外国企业以及外籍个人若干税务行政审批项目的后续管理问题的通知》（国税发［2004］80号）。

十一、关于派发红股的征税问题

股份制企业在分配股息、红利时，以股票形式向股东个人支付应得的股息、红利（即派发红股），应以派发红股的股票票面金额为收入额，按利息、股息、红利项目计征个人所得税。

十二、关于运用速算扣除数法计算应纳税额的问题

为简便计算应纳个人所得税额，可对适用超额累进税率的工资、薪金所得，个体工商户的生产、经营所得，对企事业单位的承包经营、承租经营所得，以及适用加成征收税率的劳务报酬所得，运用速算扣除数法计算其应纳税额。应纳税额的计算公式为：

应纳税额 = 应纳税所得额 × 适用税率 − 速算扣除数

适用超额累进税率的应税所得计算应纳税额的速算扣除数，详见附表一、二、三。

十三、关于纳税人一次取得属于数月的奖金或年终加薪、劳动分红的征税问题

纳税人一次取得属于数月的奖金或年终加薪、劳动分红，一般应将全部奖金或年终加薪、劳动分红同当月份的工资、薪金合并计征个人所得税。但对于合并计算后提高适用税率的，可采取以月份所属奖金或年终加薪、劳动分红加当月份工资、薪金，减去当月份费用扣除标准后的余额为基数确定适用税率，然后，将当月份工资、薪金加上全部奖金或年终加薪、劳动分红，减去当月份费用扣除标准后的余额，按适用税率计算征收个人所得税。对按上述方法计算无应纳税所得额的，免予征税。

十四、关于单位或个人为纳税义务人负担税款的计征办法问题

单位或个人为纳税义务人负担个人所得税税款，应将纳税义务人取得的不含税收入换算为应纳税所得额，计算征收个人所得税。计算公式如下：

（一）应纳税所得额 =（不含税收入额 - 费用扣除标准 - 速算扣除数）÷（1 - 税率）

（二）应纳税额 = 应纳税所得额 × 适用税率 - 速算扣除数

公式（一）中的税率，是指不含税所得按不含税级距（详见所附税率表一、二、三）对应的税率；公式（二）中的税率，是指应纳税所得额按含税级距对应的税率。

【注释】 《国家税务总局关于明确单位或个人为纳税义务人的劳务报酬所得代付税款计算公式的通知》（国税发［1996］161号）对此问题进行了进一步规定。

十五、关于纳税人所得为外国货币如何办理退税和补税的问题

（一）纳税人所得为外国货币并已按照中国人民银行公布的外汇牌价以外国货币兑换成人民币缴纳税款后，如发生多缴税款需要办理退税，凡属于1993年12月31日以前取得应税所得的，可以将应退的人民币税款，按照缴纳税款时的外汇牌价（买入价，以下同）折合成外国货币，再将该外国货币数额按照填开退税凭证当日的外汇牌价折合成人民币退还税款；凡属于1994年1月1日以后取得应税所得的，应直接退还多缴的人民币税款。

（二）纳税人所得为外国货币的，发生少缴税款需要办理补税时，除依照税法规定汇算清缴以外的，应当按照填开补税凭证前一月最后一日的外汇牌价折合成人民币计算应纳税所得额补缴税款。

十六、关于在境内、境外分别取得工资、薪金所得，如何计征税款的问题

纳税义务人在境内、境外同时取得工资、薪金所得的，应根据条例第五条规定的原则，判断其境内、境外取得的所得是否来源于一国的所得。纳税义务人能够提供在境内、境外同时任职或者受雇及其工资、薪金标准的有效证明文件，可判定其所得是来源于境内和境外所得，应按税法和条例的规定分别减除费用并计算纳税；不能提供上述证明文件的，应视为来源于一国的所得，如其任职或者受雇单位在中国境内，应为来源于中国境内的所得，如其任职或受雇单位在中国境外，应为来源于中国境外的所得。

十七、关于承包、承租期不足一年如何计征税款的问题

实行承包、承租经营的纳税义务人，应以每一纳税年度取得的承包、承租经营所得计算纳税，在一个纳税年度内，承包、承租经营不足12个月的，以其实际承包、承租经营的月份数为一个纳税年度计算纳税。计算公式为：

应纳税所得额 = 该年度承包、承租经营收入额 -（800 × 该年度实际承包、承租经营月份数）

应纳税额 = 应纳税所得额 × 适用税率 - 速算扣除数

十八、关于利息、股息、红利的扣缴义务人问题

利息、股息、红利所得实行源泉扣缴的征收方式，其扣缴义务人应是直接向纳税义务人支付利息、股息、红利的单位。

【注释】 《国家税务总局关于股份制企业分配股息、红利所得征收个人所得税问题的批复》（国税函发［1994］665号）对本条规定进行了确认。

十九、关于工资、薪金所得与劳务报酬所得的区分问题

工资、薪金所得是属于非独立个人劳务活动，即在机关、团体、学校、部队、企事业单位及其他组织中任职、受雇而得到的报酬；劳务报酬所得则是个人独立从事各种技艺、提供各项劳务取得的报酬。两者的主要区别在于，前者存在雇佣与被雇佣关系，后者则不存在这种关系。

二十、以前规定与本规定抵触的，按本规定执行。

税率表一

（工资、薪金所得适用）

级数	含税级距	不含税级距	税率(%)	速算扣除数
1	不超过 500 元的	不超过 475 元的	5	0
2	超过 500 元至 2000 元的部分	超过 475 元至 1825 元的部分	10	25
3	超过 2000 元至 5000 元的部分	超过 1825 元至 4375 元的部分	15	125
4	超过 5000 元至 20000 元的部分	超过 4375 元至 16375 元的部分	20	375
5	超过 20000 元至 40000 元的部分	超过 16375 元至 31375 元的部分	25	1375
6	超过 40000 元至 60000 元的部分	超过 31375 元至 45375 元的部分	30	3375
7	超过 60000 元至 80000 元的部分	超过 45375 元至 58375 元的部分	35	6375
8	超过 80000 元至 100000 元的部分	超过 58375 元至 70375 元的部分	40	10375
9	超过 100000 元的部分	超过 70375 元的部分	45	15375

注:1. 表中所列含税级距与不含税级距,均为按照税法规定减除有关费用后的所得额。

2. 含税级距适用于由纳税人负担税款的工资、薪金所得;不含税级距适用于由他人(单位)代付税款的工资、薪金所得。

税率表二

（个体工商户的生产、经营所得和对企事业单位的承包经营、承租经营所得适用）

级数	含税级距	不含税级距	税率(%)	速算扣除数
1	不超过 5000 元的	不超过 4750 元的	5	0
2	超过 5000 元至 10000 元的部分	超过 4750 元至 9250 元的部分	10	250
3	超过 10000 元至 30000 元的部分	超过 9250 元至 25250 元的部分	20	1250
4	超过 30000 元至 50000 元的部分	超过 25250 元至 39250 元的部分	30	4250
5	超过 50000 元的部分	超过 39250 元的部分	35	6750

注:1. 表中所列含税级距与不含税级距,均为按照税法规定减除有关费用(成本、损失)后的所得额。

2. 含税级距适用于个体工商户的生产、经营所得和由纳税人负担税款的承包经营、承租经营所得;不含税级距适用于由他人(单位)代付税款的承包经营、承租经营所得。

税率表三

（劳务报酬所得适用）

级数	含税级距	不含税级距	税率(%)	速算扣除数
1	不超过 20000 元的	不超过 16000 元的	20	0
2	超过 20000 元至 50000 元的部分	超过 16000 元至 37000 元的部分	30	2000
3	超过 50000 元的部分	超过 37000 元的部分	40	7000

注:1. 表中的含税级距、不含税级距,均为按照税法规定减除有关费用后的所得额。

2. 含税级距适用于由纳税人负担税款的劳务报酬所得;不含税级距适用于由他人(单位)代付税款的劳务报酬所得。

【注释】 引用本规定的文件包括:《国家税务总局关于股份制企业转增股本和派发红股征免个人所得税的通知》(国税发[1997]198 号)、《国家税务总局关于股份制企业分配股息、红利所得征收个人所得税问题的批复》(国税函发[1994]665 号)、《国家税务总局关于明确单位或个人为纳税义务人的劳务报酬所得代付税款计算公式的通知》(国税发[1996]161 号)、《国家税务总局关于个人兼职和退休人员再任职取得收入如何计算征收个人所得税问题的批复》(国税函[2005]382 号)。

国家税务总局关于社会福利有奖募捐发行收入税收问题的通知

国税发[1994]127 号

各省、自治区、直辖市税务局,深圳、厦门、大连、青岛、宁波、重庆市税务局:

接民政部来函,要求对社会福利有奖募捐取得收入继续给予免税照顾。新税制实施后,对社会福利有奖募捐发行收入的税收问题,明确如下:

……

二、所得税

考虑到政策的连续性,对社会福利有奖募捐的发行收入在"八五"期间免征企业所得税。对个人购买社会福利有奖募捐奖券一次中奖收入不超过10000元的暂免征收个人所得税,对一次中奖收入超过10000元的,应按税法规定全额征税。本规定从6月1日起执行。凡以前已征个人所得税的,可不退税;未征个人所得税的,不补税。

……

【注释】 *《个人所得税法》第4条。*

国家税务总局关于在中国境内无住所的个人取得工资薪金所得纳税义务问题的通知

国税发[1994]148 号

依照《中华人民共和国个人所得税法》(以下简称税法)及其实施条例(以下简称实施条例)和我国对外签订的避免双重征税协定(以下简称税收协定)的有关规定,现对在中国境内无住所的个人由于在中国境内公司、企业、经济组织(以下简称中国境内企业)或外国企业在中国境内设立的机构、场所以及税收协定所说常设机构(以下简称中国境内机构)担任职务,或者由于受雇或履行合同而在中国境内从事工作而取得的工资薪金所得应如何确定征税问题,明确如下:

一、关于工资、薪金所得来源地的确定

根据实施条例第五条第(一)项的规定,属于来源于中国境内的工资薪金所得应为个人实际在中国境内工作期间取得的工资薪金,即:个人实际在中国境内工作期间取得的工资薪金,不论是由中国境内还是境外企业或个人雇主支付的,均属来源于中国境内的所得;个人实际在中国境外工作期间取得的工资薪金,不论是由中国境内还是境外企业或个人雇主支付的,均属于来源于中国境外的所得。

二、关于在中国境内无住所而在一个纳税年度中在中国境内连续或累计居住不超过90日或在税收协定规定的期间在中国境内连续或累计居住不超过183日的个人纳税义务的确定

根据税法第一条第二款和实施条例第七条以及税收协定的有关规定,在中国境内无住所而在一个纳税年度中在中国境内连续或累计工作不超过90日或在税收协定规定的期间在中国境内连续或累计居住不超过183日的个人,由中国境外雇主支付并且不是由该雇主的中国境内机构负担的工资薪金,免予申报缴纳个人所得税。对前述个人应仅就其实际在中国境内工作期间由中国境内企业或个人雇主支付或者由中国境内机构负担的工资薪金所得申报纳税。凡是该中国境内企业、机构属于采取核定利润方法计征企业所得税或没有营业收入而不征收企业所得税的,在该中国境内企业、机构任职、受雇的个人实际在中国境内工作期间取得的工资薪金,不论是否在该中国境内企业、机构会计账簿中有记载,均应视为该中国境内企业支付或由该中国境内机构负担的工资薪金。

上述个人每月应纳的税款应按税法规定的期限申报缴纳。

三、关于在中国境内无住所而在一个纳税年度中在中国境内连续或累计居住超过90日或在税收协定规定的期间在中国境内连续或累计居住超过183日但不满一年的个人纳税义务的确定

根据税法第一条第二款以及税收协定的有关规定,在中国境内无住所而在一个纳税年度中在中国境内连续或累计工作超过90日或在税收协定规定的期间在中国境内连续或累计居住超过183日但不满一年的个人,其实际在中国境内工作期间取得的由中国境内企业或个人雇主支付和由境外企业或个人雇主支付的工资薪金所得,均应申报缴纳个人所得税;其在中国境外工作期间取得的工资薪金所得,除属于本通知第五条规定的情况外,不予征收个人所得税。

上述个人每月应纳的税款应按税法规定的期限申报缴纳。其中,取得的工资薪金所得是由境外雇主支付并且不是由中国境内机构负担的个人,事先可预定在一个纳税年度中连续或累计居住超过90日或在税收协定规定的期间连续或累计居住超过183日的,其每月应纳的税款应按税法规定期限申报纳税;对事先不能预定在一个纳税年度或税收协定规定的有关期间连续或累计居住超过90日或183日的,可以待达到90日或183日后的次月7日内,就其以前月份应纳的税款一并申报缴纳。

四、关于在中国境内无住所但在境内居住满一年的个人纳税义务的确定

根据税法第一条第一款、实施条例第六条的规定,在中国境内无住所但在境内居住满一年而不超过五年的个人,其在中国境内工作期间取得的由中国境内企业或个人雇主支付和由中国境外企业或个人雇主支付的工资薪金,均应申报缴纳个人所得税;其在实施条例第三条所说临时离境工作期间的工资薪金所得,仅就由中国境内企业或个人雇主支付的部分申报纳税,凡是该中国境内企业、机构属于采取核定利润方法计征企业所得税或没有营业收入而不征收企业所得税的,在该中国境内企业、机构任职、受雇的个人取得的工资薪金,不论是否在中国境内企业、机构会计账簿中有记载,均应视为由其任职的中国境内企业、机构支付上述个人,在一个月中既有在中国境内工作期间的工资薪金所得,也有在临时离境期间由境内企业或个人雇主支付的工资薪金所得的,应合并计算当月应纳税款,并按税法规定的期限申报缴纳。

五、中国境内企业董事、高层管理人员纳税义务的确定

担任中国境内企业董事或高层管理职务的个人,其取得的由该中国境内企业支付的董事费或工资薪金,不适用本通知第二条、第三条的规定,而应自其担任该中国境内企业董事或高层管理职务起,至其解除上述职务止的期间,不论其是否在中国境外履行职务,均应申报缴纳个人所得税;其取得的由中国境外企业支付的工资薪金,应依照本通知第二条、第三条、第四条的规定确定纳税义务。

六、不满一个月的工资薪金所得应纳税款的计算

属于本通知第二条、第三条、第四条、第五条所述情况中的个人,凡应仅就不满一个月期间的工资薪金所得申报纳税的,均应按全月工资薪金所得计算实际应纳税额,其计算公式如下:

应纳税额 =(当月工资薪金应纳税所得额 × 适用税率 - 速算扣除数)× 当月实际在中国天数/当月天数

如果属于上述情况的个人取得的是日工资薪金,应以日工资薪金乘以当月天数换算成月工资薪金后,按上述公式计算应纳税额。

七、本通知规定自1994年7月1日起执行。以前规定与本通知规定内容有不同的,应按本通知规定执行。

【注释】 《个人所得税法》第1条;《个人所得税法实施条例》第5—7条。

国家税务总局关于外商投资企业及其雇员提存、支用住房公积金有关税务处理问题的通知

国税发[1994]165号

根据国务院的统一部署,各地相继出台了住房制度改革的实施办法。现对外商投资企业(以下简称企业)及其中方雇员(以下简称个人)提存、领取和支用各类住房补贴或住房公积金的税务处理问题明确如下:

一、对企业和个人按照国家或地方政府住房制度的有关规定提存各类住房补贴或住房公积金(包括自愿住房公积金)的税务处理

(一)在未实行住房制度改革的地区,企业按照财政部门、劳动部门的原有规定提取的住房补贴,可作为计算企业当期应纳税所得额的扣除项目在当期成本费用中列支。

(二)在已实行住房制度改革的地区,企业按照国家或地方政府规定的比例提存各类住房公积金时,凡企业在计征企业所得税前已按有关规定提存各类职工福利基金的,企业每年提存的该项职工福利基金支付除职工住房支出以外的其他规定用途支出后的账面余额应转为住房公积金;账面无余额或账面余额不足以结转当年应提存的住房公积金的,不足部分方可在计征所得税前作为当期成本、费用列支。

(三)企业和个人按照国家或地方政府规定的比例提取并向指定机构实际缴付的住房公积金,在计征个人所得税时可不计入个人当期工资、薪金收入。

二、企业和个人支用本通知第一条所指的住房补贴或住房公积金的税务处理

(一)企业实际支付给个人的住房购建费用、修房费用和租房费用等住房支出,应在已提存的该个人住房补贴或住房公积金中列支。

(二)个人领取已提存的住房公积金(包括企业提存部分和个人提存部分),应按实际领取数计入个人当期工资、薪金收入计算缴纳个人所得税。但个人实际支付的各项住房支出(包括购建房支出和租房支出等),符合国家和地方政府规定的用途,并能提供有效合法的支付凭证,经主管税务机关审核,可从实际领取数中扣除,超过实际领取数的部分,不得从当期工资薪金收入中扣除。

三、企业和个人超出国家或地方政府规定的比例提存与支用各类住房补贴或住房公积金的税务处理

(一)企业超出国家或地方政府规定的比例自行提存的各类住房补贴或住房(补充)公积金,不得在企业当期成本、费用中列支。

(二)企业实际支付给个人的住房购建费用、修房费用和租房费用等住房支出,不足以在按国家或地方政府规定提存的该个人住房补贴或住房公积金中列支的部分,凡企业董事会决议由企业支付的,可依有效合法的支付凭证列入企业当期成本、费用。但同时应计入个人当期工资、薪金收入计征个人所得税。

(三)个人超出国家或地方政府规定的比例提存的住房公积金,在计算缴纳个人所得税时,不得从个人当期工资、薪金所得中扣除。

【注释】 《个人所得税法实施条例》第26条。

国家税务总局关于个人对企事业单位实行承包经营、承租经营取得所得征税问题的通知

国税发[1994]179号

各县(市、区)财税局、市局各直属财税(税务)分局、市检查大队:

修订后的个人所得税法实施以来,各地反映,目前实行承包(租)经营的形式较多,分配方式也不相同,对企事业单位的承包经营、承租经营所得项目如何计征个人所得税,须作出具体规定。经我们研究,现明确如下:

一、企业实行个人承包、承租经营后,如果工商登记仍为企业的,不管其分配方式如何,均应先按照企业所得税的有关规定缴纳企业所得税。承包经营、承租经营者按照承包、承租经营合同(协议)规定取得的所得,依照个人所得税法的有关规定缴纳个人所得税,具体为:

(一)承包、承租人对企业经营成果不拥有所有权,仅是按合同(协议)规定取得一定所得的,其所得按工资、薪金所得项目征税,适用5%—45%的九级超额累进税率。

(二)承包、承租人按合同(协议)的规定只向发包、出租方交纳一定费用后,企业经营成果归其所有的,承包、承租人取得的所得,按对企事业单位的承包经营、承租经营所得项目,适用5%—35%的五级超额累进税率征税。

二、企业实行个人承包、承租经营后，如工商登记改变为个体工商户的，应依照个体工商户的生产、经营所得项目计征个人所得税，不再征收企业所得税。

三、企业实行承包经营、承租经营后，不能提供完整、准确的纳税资料、正确计算应纳税所得额的，由主管税务机关核定其应纳税所得额，并依据《中华人民共和国税收征收管理法》的有关规定，自行确定征收方式。

【注释】　《个人所得税法实施条例》第8条。

国家税务总局关于外籍个人持有中国境内上市公司股票所取得的股息有关税收问题的函

国税函发[1994]440号

国家体改委、国家证券委、中国证监会：

1994年6月28日体改函生[1994]63号《关于印发〈企业到境外上市工作经验座谈会会议纪要〉的通知》收悉。关于《企业到境外上市工作经验座谈会会议纪要》中提出的H股、B股的股利分配继续免缴个人所得税问题，我局曾以国税发[1993]045号《国家税务总局关于外商投资企业、外国企业和外籍个人取得股票(股权)转让收益和股息所得税收问题的通知》明确：对持有B股或海外股(包括H股)的外籍个人，从发行该B股或海外股的中国境内企业所取得的股息(红利)所得，暂免征收个人所得税。目前仍按此文执行。

特此函告。

【注释】　《个人所得税法》第4条。

国家税务总局关于股份制企业分配股息、红利所得征收个人所得税问题的批复

国税函发[1994]665号

湖北省地方税务局：

你局《关于股份制企业分配股息、红利所得征收个人所得税问题的请示》(鄂地税三函发[1994]5号)收悉。经研究，批复如下：

我局曾以国税发[1994]089号文明确了股息、红利所得的个人所得税扣缴义务人，应是直接向纳税义务人支付股息、红利的单位，亦即是股份制企业。所扣缴的个人所得税款，应就地入库。

【注释】　《国家税务总局关于印发〈征收个人所得税若干问题的规定〉的通知》(国税发[1994]089号)。

财政部　国家税务总局关于发给见义勇为者的奖金免征个人所得税问题的通知

财税[1995]25号

目前，各级政府和社会各界对见义勇为者给予奖励的事例越来越多，各地要求对此明确税收征免政策。经研究，现通知如下：

为了鼓励广大人民群众见义勇为，维护社会治安，对乡、镇（含乡、镇）以上人民政府或经县（含县）以上人民政府主管部门批准成立的有机构、有章程的见义勇为基金会或者类似组织，奖励见义勇为者的奖金或奖品，经主管税务机关核准，免予征收个人所得税。

【注释】　《个人所得税法》第4条。

机动出租车驾驶员个人所得税征收管理暂行办法

国税发［1995］50号

第一条　为了加强对机动出租车驾驶员（包括大、中、小客货运机动出租车驾驶员，下同）个人所得税的征收管理，根据《中华人民共和国个人所得税法》及其实施条例、《中华人民共和国税收征收管理法》（以下简称征管法）及有关行政法规的规定制定本办法。

第二条　各种机动出租车驾驶员为个人所得税的纳税义务人，其从事出租车运营取得的收入，应依法缴纳个人所得税。

第三条　税务机关可以委托出租汽车经营单位、交通管理部门和运输服务站或者其他有关部门（单位）代收代缴出租车驾驶员应纳的个人所得税。被委托的单位为扣缴义务人，应按期代收代缴出租车驾驶员应纳的个人所得税。

第四条　没有扣缴义务人或扣缴义务人未按规定扣缴税款的，出租车驾驶员应自行向单位所在地或准运证发放地的主管税务机关申报纳税。

第五条　出租车驾驶员办理了个体出租车营业执照的，应在领取营业执照后30日内到当地主管税务机关办理税务登记。

第六条　出租车驾驶员从事出租车运营取得的收入，适用的个人所得税项目为：

（一）出租汽车经营单位对出租车驾驶员采取单车承包或承租方式运营，出租车驾驶员从事客货运营取得的收入，按工资、薪金所得项目征税。

（二）从事个体出租车运营的出租车驾驶员取得的收入，按个体工商户的生产、经营所得项目缴纳个人所得税。

（三）出租车属个人所有，但挂靠出租汽车经营单位或企事业单位，驾驶员向挂靠单位缴纳管理费的，或出租汽车经营单位将出租车所有权转移给驾驶员的，出租车驾驶员从事客货运营取得的收入，比照个体工商户的生产、经营所得项目征税。

第七条　县级以下（含县级）税务机关可以根据出租车的不同经营方式、不同车型、收费标准、缴纳的承包承租费等情况，核定出租车驾驶员的营业额并确定征收率或征收额，按月征收出租车驾驶员应纳的个人所得税。

第八条　出租车驾驶员能够提供有效停运证明的，税务机关应根据其停运期长短，相应核减其停运期间应缴纳的个人所得税。

第九条　纳税义务人和扣缴义务人未按规定缴纳、扣缴个人所得税的，主管税务机关应按《征管法》及有关法律、行政法规的规定予以处罚，触犯刑律的移送司法机关处理。

第十条　扣缴义务人每月所扣的税款、自行申报纳税人每月应纳的税款，应当在次月7日内缴入国库，并向主管税务机关报送扣缴个人所得税报告表或纳税申报表以及税务机关要求报送的其他资料。

第十一条　对扣缴义务人按照所扣缴或代收代缴的税款，付给2%的手续费。

第十二条　各省、自治区、直辖市国家税务局、地方税务局可根据本办法规定的原则，结合当地实际制定有关具体办法，并报国家税务总局备案。

第十三条　本办法由国家税务总局负责解释。

第十四条　本办法从1995年4月1日起执行。

【注释】《个人所得税法》第13条。

财政部　国家税务总局关于银行部门以超过国家利率支付给储户的揽储奖金征收个人所得税问题的批复

财税[1995]64 号

湖南省地方税务局：

你局《关于银行部门超过国家规定利率支付储户揽储奖金如何征收个人所得税的请示》(湘地税函[1995]087 号)收悉。经研究,现批复如下:

《中华人民共和国个人所得税法》(以下简称税法)第四条第二款所说的免纳个人所得税的储蓄存款利息,是指按照中国人民银行规定的存款利率和保值贴补率计算的利息额。银行和其他金融机构以超过上述利息额支付给储户的部分,不管是以利息、奖金还是以其他名义支付,均不属于税法规定的免税利息所得,必须依法缴纳个人所得税。因此,对银行部门以超过国家规定利率和保值贴补率支付给储户的揽储奖金,应按"经国务院财政部门确定征税的其他所得"应税项目征收个人所得税,税率为 20%。

【注释】　《个人所得税法》第 2 条、第 4 条。

个人所得税代扣代缴暂行办法

国税发[1995]65 号

第一条　为加强个人所得税的征收管理,完善代扣代缴制度,强化代扣代缴手段,根据《中华人民共和国个人所得税法》(以下简称税法)及实施条例、《中华人民共和国税收征收管理法》(以下简称征管法)及实施细则和有关行政法规的规定,特制定本办法。

第二条　凡支付个人应纳税所得的企业(公司)、事业单位、机关、社团组织、军队、驻华机构、个体户等单位或者个人,为个人所得税的扣缴义务人。

上款所说的驻华机构,不包括外国驻华使领馆和联合国及其他依法享有外交特权和豁免的国际组织驻华机构。

第三条　按照税法规定代扣代缴个人所得税是扣缴义务人的法定义务,必须依法履行。

第四条　扣缴义务人向个人支付下列所得,应代扣代缴个人所得税:

(一)工资、薪金所得;

(二)对企事业单位的承包经营、承租经营所得;

(三)劳务报酬所得;

(四)稿酬所得;

(五)特许权使用费所得;

(六)利息、股息、红利所得;

(七)财产租赁所得;

(八)财产转让所得;

(九)偶然所得;

(十)经国务院财政部门确定征税的其他所得。

第五条　扣缴义务人向个人支付应纳税所得(包括现金、实物和有价证券)时,不论纳税人是否属于本单位人员,均应代扣代缴其应纳的个人所得税税款。

前款所说支付,包括现金支付、汇拨支付、转账支付和以有价证券、实物以及其他形式的支付。

第六条　扣缴义务人应指定支付应纳税所得的财务会计部门或其他有关部门的人员为办税人员,由办税人员具体办理个人所得税的代扣代缴工作。

代扣代缴义务人的有关领导要对代扣代缴工作提供便利，支持办税人员履行义务；确定办税人员或办税人员发生变动时，应将名单及时报告主管税务机关。

第七条 扣缴义务人的法人代表（或单位主要负责人）、财会部门的负责人及具体办理代扣代缴税款的有关人员，共同对依法履行代扣代缴义务负法律责任。

第八条 同一扣缴义务人的不同部门支付应纳税所得时，应报办税人员汇总。

第九条 扣缴义务人在代扣税款时，必须向纳税人开具税务机关统一印制的代扣代收税款凭证，并详细注明纳税人姓名、工作单位、家庭住址和居民身份证或护照号码（无上述证件的，可用其他能有效证明身份的证件）等个人情况。对工资、薪金所得和利息、股息、红利所得等，因纳税人数众多、不便一一开具代扣代收税款凭证的，经主管税务机关同意，可不开具代扣代收税款凭证，但应通过一定形式告知纳税人已扣缴税款。纳税人为持有完税依据而向扣缴义务人索取代扣代收税款凭证的，扣缴义务人不得拒绝。

扣缴义务人应主动向税务机关申领代扣代收税款凭证，据以向纳税人扣税。非正式扣税凭证，纳税人可以拒收。

第十条 扣缴义务人依法履行代扣代缴税款义务时，纳税人不得拒绝。纳税人拒绝的，扣缴义务人应及时报告税务机关处理，并暂时停止支付其应纳税所得。否则，纳税人应缴纳的税款由扣缴义务人负担。

第十一条 扣缴义务人应扣未扣、应收未收税款的，由扣缴义务人缴纳应扣未扣、应收未收税款以及相应的滞纳金或罚款。其应纳税款按下列公式计算：

应纳税所得额 =（支付的收入额 - 费用扣除标准 - 速算扣除数）÷（1 - 税率）

应纳税额 = 应纳税所得额 × 适用税率 - 速算扣除数

扣缴义务人已将纳税人拒绝代扣代缴的情况及时报告税务机关的除外。

第十二条 扣缴义务人应设立代扣代缴税款账簿，正确反映个人所得税的扣缴情况，并如实填写《扣缴个人所得税报告表》及其他有关资料。

第十三条 扣缴义务人每月所扣的税款，应当在次月 7 日内缴入国库，并向主管税务机关报送《扣缴个人所得税报告表》、代扣代收税款凭证和包括每一纳税人姓名、单位、职务、收入、税款等内容的支付个人收入明细表以及税务机关要求报送的其他有关资料。

扣缴义务人违反上述规定不报送或者报送虚假纳税资料的，一经查实，其未在支付个人收入明细表中反映的向个人支付的款项，在计算扣缴义务人应纳税所得额时不得作为成本费用扣除。

第十四条 扣缴义务人因有特殊困难不能按期报送《扣缴个人所得税报告表》及其他有关资料的，经县级税务机关批准，可以延期申报。

第十五条 扣缴义务人必须依法接受税务机关检查，如实反映情况，提供有关资料，不得拒绝和隐瞒。

第十六条 扣缴义务人同税务机关在纳税上发生争议时，必须先依照税务机关根据法律、行政法规确定的税款，解缴税款及滞纳金，然后可以在收到税务机关填发的缴款凭证之日起60日内向上一级税务机关申请复议。

第十七条 对扣缴义务人按照所扣缴的税款，付给 2% 的手续费。扣缴义务人可将其用于代扣代缴费用开支和奖励代扣代缴工作做得较好的办税人员。但由税务机关查出，扣缴义务人补扣的个人所得税税款，不向扣缴义务人支付手续费。

第十八条 扣缴义务人为纳税人隐瞒应纳税所得，不扣或少扣缴税款的，按偷税处理。

第十九条 扣缴义务人以暴力、威胁方式拒不履行扣缴义务的，按抗税处理。

第二十条 扣缴义务人违反以上各条规定，或者有偷税、抗税行为的，依照征管法和《全国人民代表大会常务委员会关于惩治偷税抗税犯罪的补充规定》的有关规定进行处理。

第二十一条 为了便于税务机关加强管理，主管税务机关应对扣缴义务人建档登记，定期联系。对于经常发生代扣代缴义务的扣缴义务人，主管税务机关可以发给扣缴义务人证书。扣缴义务人应主动与税务机关联系。

第二十二条 税务机关应对办税人员加强业务辅导和培训，帮助解决代扣代缴工作中出现的问题。对故意刁难办税人员或阻挠其工作的，税务机关应配合有关部门，做出严肃处理。

第二十三条　各省、自治区、直辖市国家税务局、地方税务局可以根据本办法规定的原则，结合本地实际，制定有关的代扣代缴办法，并报国家税务总局备案。

第二十四条　本办法由国家税务总局负责解释。

第二十五条　本办法从1995年4月1日起执行。

【注释】　《个人所得税法》第8条。

财政部　国家税务总局关于误餐补助范围确定问题的通知

财税[1995]82号

各省、自治区、直辖市和计划单列市财政厅（局）、国家税务局、地方税务局：

国家税务总局关于《征收个人所得税若干问题的规定》（国税发[1994]089号）下发后，一些地区的税务部门和纳税人对其中规定不征税的误餐补助理解不一致，现明确如下：

国税发[1994]089号文件规定不征税的误餐补助，是指按财政部门规定，个人因公在城区、郊区工作，不能在工作单位或返回就餐，确实需要在外就餐的，根据实际误餐顿数，按规定的标准领取的误餐费。一些单位以误餐补助名义发给职工的补贴、津贴，应当并入当月工资、薪金所得计征个人所得税。

【注释】　《征收个人所得税若干问题的规定》（国税发[1994]089号）。

财政部　国家税务总局关于在华无住所的个人如何计算在华居住满五年问题的通知

财税[1995]98号

各省、自治区、直辖市和计划单列市财政厅（局）、国家税务局、地方税务局：

《中华人民共和国个人所得税法实施条例》第六条规定，在中国境内无住所，但居住超过五年的个人，从第六年起，应当就其来源于中国境外的全部所得缴纳个人所得税。现对执行上述规定时五年期限的计算问题明确如下：

一、关于五年期限的具体计算

个人在中国境内居住满五年，是指个人在中国境内连续居住满五年，即在连续五年中的每一纳税年度内均居住满一年。

二、关于个人在华居住满五年以后纳税义务的确定

个人在中国境内居住满五年后，从第六年起的以后各年度中，凡在境内居住满一年的，应当就其来源于境内、境外的所得申报纳税；凡在境内居住不满一年的，则仅就该年内来源于境内的所得申报纳税。如该个人在第六年起以后的某一纳税年度内在境内居住不足90天，可以按《中华人民共和国个人所得税法实施条例》第七条的规定确定纳税义务，并从再次居住满一年的年度起重新计算五年期限。

三、关于计算五年期限的起始日期

个人在境内是否居住满五年自1994年1月1日起开始计算，（83）财税字第62号《关于在华工作的外籍人员从中国境外取得的所得免予申报缴纳个人所得税的通知》同时废止。

【注释】　《个人所得税法实施条例》第6条。

国家税务总局关于有奖储蓄中奖收入征收个人所得税问题的批复

国税函发[1995]98号

吉林省地方税务局：

你局《关于对有奖储蓄中奖收入征收个人所得税的请示》(吉地税所字[1995]065号)收悉。经研究，现批复如下：

个人参加有奖储蓄取得的各种形式的中奖所得，属于机遇性的所得，应按照个人所得税法中“偶然所得”应税项目的规定征收个人所得税。虽然这种中奖所得具有银行储蓄利息二次分配的特点，但对中奖个人而言，已不属于按照国家规定利率标准取得的存款利息所得性质。支付该项所得的各级银行部门是税法规定的代扣代缴义务人，在其向个人支付有奖储蓄中奖所得时应按照“偶然所得”应税项目扣缴个人所得税税款。

你省一些银行由于对税法规定缺乏全面了解，因而产生异议的问题，请你们根据税法规定向其做好宣传解释工作，并请他们依照税法规定认真履行代扣代缴税款的义务。

【注释】 《个人所得税法》第2条。

国家税务总局关于外商投资企业和外国企业以实物向雇员提供福利如何计征个人所得税问题的通知

国税发[1995]115号

各省、自治区、直辖市和计划单列市国家税务局：

近来一些地区反映，有些外商投资企业、外国企业(以下简称企业)为符合一定条件的雇员购买住房、汽车等个人消费品，所购房屋产权证和车辆发票均填写雇员姓名，并商定该雇员在企业工作达到一定年限或满足其他条件后，该住房、汽车的所有权完全归雇员个人所有。关于个人取得上述实物福利如何计征个人所得税问题，根据《中华人民共和国个人所得税法》(以下简称税法)第二条以及税法实施条例第十条的规定，个人取得实物所得应在取得实物的当月，按照有关凭证上注明的价格或主管税务机关核定的价格并入其工资、薪金所得征税。考虑到个人取得的前述实物价值较高，且所有权是随工作年限逐步取得的，经研究，我局意见，对于个人取得前述实物福利可按企业规定取得该财产所有权需达到的工作年限内(高于五年的按五年计算)平均分月计入工资、薪金所得征收个人所得税。

【注释】 《个人所得税法》第2条;《个人所得税法实施条例》第10条。

国家税务总局关于在中国境内无住所的个人计算缴纳个人所得税若干具体问题的通知

国税函发[1995]125号

各省、自治区、直辖市和计划单列市国家税务局：

现对《国家税务总局关于在中国境内无住所的个人取得工资薪金所得纳税义务问题的通知》(国税发[1994]148号)(以下简称通知)在执行中存在的若干具体问题明确如下：

一、关于个人实际在中国境内、境外工作期间的界定问题

通知中所说在中国境内企业、机构中任职(包括兼职,下同)、受雇的个人,其实际在中国境内工作期间,应包括在中国境内工作期间在境内、外享受的公休假日、个人休假日以及接受培训的天数;其在境外营业机构中任职并在境外履行该项职务或在境外营业场所中提供劳务的期间,包括该期间的公休假日,为在中国境外的工作期间。税务机关在核实个人申报的境外工作期间时,可要求纳税人提供派遣单位出具的其在境外营业机构任职的证明,或者企业在境外设有营业场所的项目合同书及派往该营业场所工作的证明。

不在中国境内企业、机构中任职、受雇的个人受派来华工作,其实际在中国境内工作期间应包括来华工作期间在中国境内所享受的公休假日。

二、关于个人在中国境内、境外企业、机构兼任职务取得的工资、薪金如何纳税问题

个人分别在中国境内和境外企业、机构兼任职务的,不论其工资、薪金是否按职务分别确定,均应就其取得的工资薪金总额,依据《中华人民共和国个人所得税法》(以下简称税法)及通知的有关条款规定,按其实际在中国境内的工作期间确定纳税。

三、关于中国境内企业高层管理职务的界定问题

通知第五条所述中国境内企业高层管理职务,是指公司正、副(总)经理、各职能总师、总监及其他类似公司管理层的职务。

四、境内工作不满全月的个人由境内、境外雇主分别支付工资、薪金的应纳税款计算问题

通知第四条所述在中国境内居住满一年而不超过五年的个人,以及通知第五条所述在中国境内企业担任高层管理职务的个人,凡其工资是由境内雇主和境外雇主分别支付的,并且在一个月中有境外工作天数的,依据通知第四条、第五条规定,对其境外雇主支付的工资中属于境外工作天数部分不予征税。在具体计算应纳税额时,按下述公式计算:

$$\text{当月应纳税款}=\frac{\text{按当月境内外工资}}{\text{总额计算的税额}}\times\left(\frac{1-\text{当月境外支付工资}}{\text{当月工资总额}}\right)\times\text{当月境外工作天数}/\text{当月天数}$$

五、核实个人工资薪金及实际在中国境内工作期间的凭据证明问题

凡属依据税法及其实施条例以及通知的规定,应就境外雇主支付的工资薪金申报纳税的个人,或者依据通知第二条、第四条的规定,应就视为由中国境内企业、机构支付或负担的工资薪金申报纳税的个人,应如实申报上述工资薪金数额及在中国境内的工作期间,并提供支付工资证明及必要的公证证明和居住时间的有效凭证。

前述居住时间的有效凭证,包括护照、港澳同胞还乡证、台湾同胞"往来大陆通行证"以及主管税务机关认为有必要提供的其他证明凭据。

【注释】　《个人所得税法实施条例》第6条。

国家税务总局关于个人出租中国境内房屋取得租金收入税务处理问题的通知

国税函发[1995]134号

各省、自治区、直辖市和计划单列市国家税务局:

最近有些地区反映,原《个人所得税法》及有关规定对中、外籍(包括港澳台、华侨)个人出租中国境内的房屋取得的租金收入在计征个人所得税时的处理原则是不同的,1994年新修订的《个人所得税法》实施后,有些地区对外籍个人出租房屋取得的租金收入仍按原《个人所得税法》及有关规定的原则处理,这样处理是否可行,要求总局予以明确。经研究,现将不在中国境内居住的个人出租中国境内的房屋取得的租金收入征税问题明确如下:

根据新修订的《个人所得税法》(以下简称税法)及国家税务总局关于《征收个人所得税若干问题的规定》(国税发[1994]089号)的有关规定,对个人出租中国境内房屋取得的房屋租金收入,不论其是否在中国境内居住，均允许扣除下列税费后，就其余额征收个人所得税。

一、税法第六条第一款第四项规定的费用。

二、国税发[1994]089 号第六条(一)项规定的税金和各项支出。

三、属于国税发[1994]089 号第六条(二)项规定范围和标准的房屋修缮费用。

凡以前与本通知不一致的规定应予废止。

【注释】 《个人所得税法实施条例》第 8 条。

演出市场个人所得税征收管理暂行办法

国税发[1995]171 号

第一条 为加强演出市场个人所得税的征收管理，根据《中华人民共和国个人所得税法》及其实施条例和《国务院办公厅转发文化部关于加强演出市场管理报告的通知》(国办发[1991]112 号)的有关规定，制定本办法。

第二条 凡参加演出(包括舞台演出、录音、录像、拍摄影视等，下同)而取得报酬的演职员，是个人所得税的纳税义务人；所取得的所得，为个人所得税的应纳税项目。

第三条 向演职员支付报酬的单位或个人，是个人所得税的扣缴义务人。扣缴义务人必须在支付演职员报酬的同时，按税收法律、行政法规及税务机关依照法律、行政法规作出的规定扣缴或预扣个人所得税。

预扣办法由各省、自治区、直辖市地方税务机关根据有利控管的原则自行确定。

第四条 演出经纪机构领取《演出经营许可证》、《临时营业演出许可证》或变更以上证件内容的，必须在领证后或变更登记后的 30 日内到机构所在地主管税务机关办理税务登记或变更税务登记。文化行政部门向演出经纪机构或个人发放《演出经营许可证》和《临时营业演出许可证》时，应将演出经纪机构的名称、住所、法人代表等情况抄送当地主管税务机关备案。

第五条 演出活动主办单位应在每次演出前两日内，将文化行政部门的演出活动批准件和演出合同、演出计划(时间、地点、场次)、报酬分配方案等有关材料报送演出所在地主管税务机关。演出合同和演出计划的内容如有变化，应按规定程序重新向文化行政部门申报审批并向主管税务机关报送新的有关材料。

第六条 演职员参加非任职单位组织的演出取得的报酬为劳务报酬所得，按次缴纳个人所得税。演职员参加任职单位组织的演出取得的报酬为工资、薪金所得，按月缴纳个人所得税。

上述报酬包括现金、实物和有价证券。

第七条 参加组台(团)演出的演职员取得的报酬，由主办单位或承办单位通过银行转账支付给演职员所在单位或发放演职员演出许可证的文化行政部门或其授权单位的，经演出所在地主管税务机关确认后，由演职员所在单位或者发放演职员许可证的文化行政部门或其授权单位，按实际支付给演职员个人的报酬代扣个人所得税，并在原单位所在地缴入金库。

第八条 组台(团)演出，不按第七条所述方式支付演职员报酬，或者虽按上述方式支付但未经演出所在地主管税务机关确认的，由向演职员支付报酬的演出经纪机构或者主办、承办单位扣缴个人所得税，税款在演出所在地缴纳。申报的演职员报酬明显偏低又无正当理由的，主管税务机关可以在查账核实的基础上，依据演出报酬总额、演职员分工、演员演出通常收费额等情况核定演职员的应纳税所得，扣缴义务人据此扣缴税款。

第九条 税务机关有根据认为从事演出的纳税义务人有逃避纳税义务行为的，可以在规定的纳税期之前，责令其限期缴纳应纳税款；在限期内发现纳税义务人有明显的转移、隐匿演出收入迹象的，税务机关可以责成纳税义务人提供纳税担保。如果纳税义务人不能提供纳税担保，经县以上(含县级)税务局(分局)局长批准，税务机关可以采取税收保全措施。

第十条 参与录音、录像、拍摄影视和在歌厅、舞厅、卡拉 OK 厅、夜总会、娱乐城等娱乐场所演出的演职员取得的报酬,由向演职员支付报酬的单位或业主扣缴个人所得税。

第十一条 演职员取得报酬后按规定上交给单位和文化行政部门的管理费及收入分成,可以经主管税务机关确认后在计算应纳税所得额时扣除。

第十二条 演职员取得的报酬为不含税收入的,扣缴义务人支付的税款应按以下公式计算:

(一)应纳税所得额=(不含税收入-费用减除标准-速算扣除数)÷(1-税率)

(二)应纳税额=应纳税所得额×适用税率-速算扣除数

第十三条 扣缴义务人扣缴的税款,应在次月七日内缴入国库,同时向主管税务机关报送扣缴个人所得税报告表、支付报酬明细表以及税务机关要求报送的其他资料。

第十四条 有下列情形的,演职员应在取得报酬的次月七日内自行到演出所在地或者单位所在地主管税务机关申报纳税:

(一)在两处或者两处以上取得工资、薪金性质所得的,应将各处取得的工资、薪金性质的所得合并计算纳税;

(二)分笔取得属于一次报酬的;

(三)扣缴义务人没有依法扣缴税款的;

(四)主管税务机关要求其申报纳税的。

第十五条 为了强化征收管理,主管税务机关可以根据当地实际情况,自行确定对在歌厅、舞厅、卡拉OK厅、夜总会、娱乐城等娱乐场所演出的演职员的个人所得税征收管理方式。

第十六条 组台(团)演出,应当建立健全财务会计制度,正确反映演出收支和向演职员支付报酬情况,并接受主管税务机关的监督检查。没有建立财务会计制度,或者未提供完整、准确的纳税资料,主管税务机关可以核定其应纳税所得额,据以征税。

第十七条 扣缴义务人和纳税义务人违反本办法有关规定,主管税务机关可以依照《中华人民共和国税收征收管理法》及其他有关法律和行政法规的有关规定给以处罚。

第十八条 演职员偷税情节恶劣,或者被第三次查出偷税的,除税务机关对其依法惩处外,文化行政部门可据情节轻重停止其演出活动半年至一年。

第十九条 各省、自治区、直辖市地方税务局和文化行政部门可依据本办法规定的原则,制定具体实施细则。

第二十条 本办法由国家税务总局、文化部共同负责解释。

第二十一条 本办法自文到之日起施行。以前规定凡与本办法不符的,按本办法执行。

【注释】 《个人所得税法》第13条。

国家税务总局关于个人在境外取得博彩所得征收个人所得税问题的批复

国税函发[1995]663号

广东省地方税务局:

你局《关于个人在境外取得博彩所得是否征收个人所得税的请示》(粤地税发[1995]244号)收悉。经研究,现批复如下:

《中华人民共和国个人所得税法》(以下简称税法)第一条规定:"在中国境内有住所,或者无住所而在境内居住满一年的个人,从中国境内和境外取得的所得,依照本法规定缴纳个人所得税"。

你省江门市周某属于在中国境内有住所的个人,因此,从境外取得的所得,应依照税法规定缴纳个人所得税。

根据《中华人民共和国个人所得税法实施条例》的规定,中彩所得属于"偶然所得"应税项目,适用比例税率20%。

因此,江门市周某在澳门葡京娱乐场摇老虎机博彩所得应依照税法规定全额按20%比例税率计算缴纳个人所得税。

【注释】 《个人所得税法》第1条、第2条。

建筑安装业个人所得税征收管理暂行办法

国税发[1996]127号

第一条 为了加强对建筑安装业个人所得税的征收管理,根据《中华人民共和国个人所得税法》及其实施条例、《中华人民共和国税收征收管理法》及其实施细则和其他有关法律、行政法规的规定制定本办法。

第二条 本办法所称建筑安装业,包括建筑、安装、修缮、装饰及其他工程作业。从事建筑安装业的工程承包人、个体户及其他个人为个人所得税的纳税义务人。其从事建筑安装业取得的所得,应依法缴纳个人所得税。

第三条 承包建筑安装业各项工程作业的承包人取得的所得,应区别不同情况计征个人所得税:经营成果归承包人个人所有的所得,或按照承包合同(协议)规定,将一部分经营成果留归承包人个人的所得,按对企事业单位的承包经营、承租经营所得项目征税;以其他分配方式取得的所得,按工资、薪金所得项目征税。

从事建筑安装业的个体工商户和未领取营业执照承揽建筑安装业工程作业的建筑安装队和个人,以及建筑安装企业实行个人承包后工商登记改变为个体经济性质的,其从事建筑安装业取得的收入应依照个体工商户的生产、经营所得项目计征个人所得税。

从事建筑安装业工程作业的其他人员取得的所得,分别按照工资、薪金所得项目和劳务报酬所得项目计征个人所得税。

第四条 从事建筑安装业的单位和个人,应依法办理税务登记。在异地从事建筑安装业的单位和个人,必须自工程开工之日前3日内,持营业执照、外出经营活动税收管理证明、城建部门批准开工的文件和工程承包合同(协议)、开户银行账号以及主管税务机关要求提供的其他资料向主管税务机关办理有关登记手续。

第五条 对未领取营业执照承揽建筑安装业工程作业的单位和个人,主管税务机关可以根据其工程规模,责令其缴纳一定数额的纳税保证金。在规定的期限内结清税款后,退还纳税保证金;逾期未结清税款的,以纳税保证金抵缴应纳税款和滞纳金。

第六条 从事建筑安装业的单位和个人应设置会计账簿,健全财务制度,准确、完整地进行会计核算。对未设立会计账簿,或者不能准确、完整地进行会计核算的单位和个人,主管税务机关可根据其工程规模、工程承包合同(协议)价款和工程完工进度等情况,核定其应纳税所得额或应纳税额,据以征税。具体核定办法由县以上(含县级)税务机关制定。

第七条 从事建筑安装业工程作业的单位和个人应按照主管税务机关的规定,购领、填开和保管建筑安装业专用发票或许可使用的其他发票。

第八条 建筑安装业的个人所得税,由扣缴义务人代扣代缴和纳税人自行申报缴纳。

第九条 承揽建筑安装业工程作业的单位和个人是个人所得税的代扣代缴义务人,应在向个人支付收入时依法代扣代缴其应纳的个人所得税。

第十条 没有扣缴义务人的和扣缴义务人未按规定代扣代缴税款的,纳税人应自行向主管税务机关申报纳税。

第十一条 在异地从事建筑安装业工程作业的单位,应在工程作业所在地扣缴个人所得税。但所得在单位所在地分配,并能向主管税务机关提供完整、准确的会计账簿和核算凭证的,经主管税务机关核准后,可回单位所在地扣缴个人所得税。

第十二条 本办法第三条第一款、第二款涉及的纳税人和扣缴义务人应按每月工程完工量预缴、预扣个人所得税,按年结算。一项工程跨年度作业的,应按各年所得预缴、预扣和结算个人所得税。难以划分各年所得的,可以按月预缴、预扣税款,并在工程完工后按各年度工程完工量分摊所得并结算税款。

第十三条　扣缴义务人每月所扣的税款,自行申报纳税人每月应纳的税款,应当在次月 7 日内缴入国库,并向主管税务机关报送扣缴个人所得税报告表或纳税申报表以及税务机关要求报送的其他资料。

第十四条　对扣缴义务人按照所扣缴的税款,付给 2% 的手续费。

第十五条　建筑安装业单位所在地税务机关和工程作业所在地税务机关双方可以协商有关个人所得税代扣代缴和征收的具体操作办法,都有权对建筑安装业单位和个人依法进行税收检查,并有权依法处理其违反税收规定的行为。但一方已经处理的,另一方不得重复处理。

第十六条　纳税义务人和扣缴义务人违反本办法规定的,主管税务机关应按《中华人民共和国税收征收管理法》、《个人所得税代扣代缴暂行办法》、《个人所得税自行申报纳税暂行办法》以及有关法律、行政法规的规定予以处罚,触犯刑律的,移送司法机关处理。

第十七条　本办法所称主管税务机关,是指建筑安装业工程作业所在地地方税务局(分局、所)。

第十八条　各省、自治区、直辖市地方税务局可根据本办法规定的原则,结合本地实际制定具体的征管办法,并报国家税务总局备案。

第十九条　本办法未尽事宜,按照《中华人民共和国个人所得税法》及其实施条例、《中华人民共和国税收征收管理法》及其实施细则以及其他有关的法律、行政法规的规定执行。

第二十条　本办法由国家税务总局负责解释。

第二十一条　本办法从 1996 年 1 月 1 日起执行。

【注释】　《个人所得税法》第 13 条。

广告市场个人所得税征收管理暂行办法

国税发[1996]148 号

第一条　为了进一步加强对广告市场个人所得税的征收管理,依据《中华人民共和国个人所得税法》及其实施条例和《中华人民共和国税收征收管理法》及其实施细则,制定本办法。

第二条　凡在广告中提供名义、形象或在广告设计、制作、发布过程中提供劳务并取得所得的个人以及广告主、广告经营者或受托从事广告制作的单位和广告发布者,均应当依照本办法的规定办理个人所得税有关事宜。

本办法所称广告主,是指为推销商品或者提供服务,自行或者委托他人设计、制作、发布广告的法人、其他经济组织或者个人。

本办法所称广告经营者,是指受委托提供广告设计、制作、代理服务的法人、其他经济组织或者个人。

本办法所称受托从事广告制作的单位,是指受广告主或广告经营者委托而从事广告设计、制作的法人、其他经济组织或者个人。

本办法所称广告发布者,是指为广告主、或者广告主委托的广告经营者发布广告的法人及其他经济组织。

第三条　在广告设计、制作、发布过程中提供名义、形象及劳务并取得所得的个人为个人所得税的纳税义务人(以下简称纳税人);直接向上述个人支付所得的广告主、广告经营者、受托从事广告制作的单位和广告发布者为个人所得税的扣缴义务人(以下简称扣缴人)。

第四条　扣缴人应当在每项广告制作前向所在地主管税务机关报告广告中名义、形象及劳务提供者的姓名、身份证号码(护照号码及国籍)、工作单位(户籍所在地)、电话号码以及支付报酬的标准和支付形式等情况。双方订立书面合同(协议)的,应同时将合同(协议)副本报送上述税务机关。

广告发布者应当定期向所在地主管税务机关报送当期发布广告的数量及其广告主、广告经营者的名单。

第五条　纳税人在广告设计、制作、发布过程中提供名义、形象而取得的所得,应按劳务报酬所得项目计算纳税。

纳税人在广告设计、制作、发布过程中提供其他劳务取得的所得,视其情况分别按照税法规定的劳务报酬所得、稿酬所得、特许权使用费所得等应税项目计算纳税。

扣缴人的本单位人员在广告设计、制作、发布过程中取得的由本单位支付的所得,按工资、薪金所得项目计算纳税。

第六条 纳税人以现金、实物和有价证券以外的其他形式取得所得,税务机关可以根据其所得的形式和价值,核定其应纳税所得额,据以征税。

对于不能准确提供或划分个人在广告设计、制作、发布过程中提供名义、形象及劳务而取得的所得的纳税人,主管税务机关可以根据支付总额等实际情况,参照同类广告活动名义、形象及其他劳务提供者的所得标准,核定其应纳税所得额,据以征税。

第七条 劳务报酬所得以纳税人每参与一项广告的设计、制作、发布所取得的所得为一次;稿酬所得以在图书、报刊上发布一项广告时使用其作品而取得的所得为一次;特许权使用费所得以提供一项特许权在一项广告的设计、制作、发布过程中使用而取得的所得为一次。上述所得,采取分笔支付的,应合并为一次所得计算纳税。

第八条 扣缴人向纳税人支付所得的同时,应当依照《中华人民共和国个人所得税法》和《个人所得税代扣代缴暂行办法》的规定代扣代缴税款,并向所在地主管税务机关如实填写和报送《扣缴个人所得税报告表》及主管税务机关要求报送的其他资料。

第九条 分笔取得一次所得和扣缴人应扣未扣或少扣税款以及没有扣缴人的纳税人,应当于取得所得的月度终了后七日内,向扣缴人所在地主管税务机关自行申报纳税。

第十条 扣缴人和纳税人必须接受税务机关依法进行的税务检查,如实反映情况,提供有关资料,不得拒绝、隐瞒。

第十一条 扣缴人违反本办法第四条规定的,税务机关应令其限期补报,并可处以二千元以下的罚款;逾期仍未补报的,可以处以二千元以上一万元以下的罚款。

第十二条 扣缴人违反本办法第八条规定的,税务机关可区别情况,按照《个人所得税代扣代缴暂行办法》第十一条和第十八条的规定处理。

第十三条 本办法未尽事宜,按照有关税收法律、行政法规的规定执行。

第十四条 各省、自治区、直辖市地方税务局可以根据本办法规定的原则,结合本地实际,制定具体实施办法,并报国家税务总局备案。

第十五条 本办法由国家税务总局负责解释。

第十六条 本办法自1996年9月1日起执行。

【注释】 《个人所得税法》第13条。

国家税务总局关于明确单位或个人为纳税义务人的劳务报酬所得代付税款计算公式的通知

国税发[1996]161号

根据《国家税务总局关于印发〈征收个人所得税若干问题的规定〉的通知》(国税发[1994]089号)第十四条的规定,单位或个人为纳税义务人负担个人所得税税款的,应将纳税义务人取得的不含税收入额换算为应纳税所得额,计算征收个人所得税。为了规范此类情况下应纳税款的计算方法,现将计算公式明确如下:

一、不含税收入额为3360元(即含税收入额4000元)以下的:

应纳税所得额=(不含税收入额-800)÷(1-税率)

二、不含税收入额为3360元(即含税收入额4000元)以上的:

应纳税所得额=[(不含税收入额-速算扣除数)×(1-20%)]÷[1-税率×(1-20%)]

三、应纳税额 = 应纳税所得额 × 适用税率 - 速算扣除数

公式一、二中的税率，是指不含税所得按不含税级距（详见国税发[1994]089 号文件表三）对应的税率；公式三中的税率，是指应纳税所得额按含税级距对应的税率。

此文件执行日期与国税发[1994]089 号文件的执行日期（1994 年 1 月 1 日）相同。

【注释】　《个人所得税法》第 6 条。

国家税务总局关于在中国境内无住所的个人取得奖金征税问题的通知

国税发[1996]183 号

各省、自治区、直辖市和计划单列市国家税务局、地方税务局：

对在中国境内无住所的个人一次取得数月奖金或年终加薪、劳动分红（以下简称奖金，不包括应按月支付的奖金）的计算征税问题，各地询问颇多，且意见不一。按照简便、合理、易于操作的原则，经研究，现明确按以下方法处理：

对上述个人取得的奖金，可单独作为一个月的工资、薪金所得计算纳税。由于对每月的工资、薪金所得计税时已按月扣除了费用，因此，对上述奖金不再减除费用，全额作为应纳税所得额直接按适用税率计算应纳税款，并且不再按居住天数进行划分计算。上述个人应在取得奖金月份的次月 7 日内申报纳税。

本通知规定自 1996 年 7 月 1 日起执行，凡以前规定与本通知规定不一致的，按本通知执行。

【注释】　《个人所得税法》第 6 条。

国家税务总局关于雇主为其雇员负担个人所得税税款计征问题的通知

国税发[1996]199 号

各省、自治区、直辖市和计划单列市国家税务局、地方税务局：

关于雇主为其雇员负担个人所得税税款的处理问题，《国家税务总局关于印发〈征收个人所得税若干问题的规定〉的通知》（国税发[1994]089 号）中曾作出规定。由于雇主为其雇员负担税款的情形不同，在实际操作中如何计算征收个人所得税，各地屡有询问。为便于各地执行，经研究，通知如下：

一、雇主全额为其雇员负担税款的处理

对于雇主全额为其雇员负担税款的，直接按国税发[1994]089 号文件中第十四条规定的公式，将雇员取得的不含税收入换算成应纳税所得额后，计算企业应代为缴纳的个人所得税税款。

二、雇主为其雇员负担部分税款的处理

（一）雇主为其雇员定额负担税款的，应将雇员取得的工资薪金所得换算成应纳税所得额后，计算征收个人所得税。工资薪金收入换算成应纳税所得额的计算公式为：

应纳税所得额 = 雇员取得的工资 + 雇主代雇员负担的税款 - 费用扣除标准

（二）雇主为其雇员负担一定比例的工资应纳的税款或者负担一定比例的实际应纳税款的，应将国税发[1994]089 号文件第十四条规定的不含税收入额计算应纳税所得额的公式中“不含税收入额”替换为“未含雇主负担的税款的收入额”，同时将速算扣除数和税率二项分别乘以上述的“负担比例”，按此调整后的公式，以其未含雇主负担税款的收入额换算成应纳税所得额，并计算应纳税款。即：

$$应纳税所得额=\left(\begin{matrix}未含雇主负担的\\税款的收入额\end{matrix}-费用扣除标准-速算扣除数\times负担比例\right)\div(1-税率\times负担比例)$$

应纳税额=应纳税所得额×适用税率-速算扣除数

举例说明:某人月工资、薪金收入人民币12000元,雇主负担其工资、薪金所得30%部分的应纳税款,其当月应纳税款计算如下:

应纳税所得额=(12000-4000-375×30%)÷(1-20%×30%)=8390.96(元)

应纳税额=8390.96×20%-375=1303.19(元)

三、雇主为其雇员负担超过原居住国的税款的税务处理

有些外商投资企业和外国企业在华的机构场所,为其受派到中国境内工作的雇员负担超过原居住国的税款。例如:雇员在华应纳税额中相当于按其在原居住国税法计算的应纳税额部分(以下称原居住国税额),仍由雇员负担并由雇主在支付雇员工资时从工资中扣除,代为缴税;若按中国税法计算的税款超过雇员原居住国税额的,超过部分另外由其雇主负担。对此类情况,应按下列原则处理;

将雇员取得的不含税工资(即:扣除了原居住国税额的工资),按国税发[1994]089号文件第十四条规定的公式,换算成应纳税所得额,计算征收个人所得税;如果计算出的应纳税所得额小于按该雇员的实际工资、薪金收入(即:未扣除原居住国税额的工资)计算的应纳税所得额的,应按其雇员的实际工资薪金收入计算征收个人所得税。

四、本规定自发布之日起执行,与本通知有抵触的规定,同时废止。

【注释】 《国家税务总局关于印发〈征收个人所得税若干问题的规定〉的通知》(国税发[1994]089号)。

国家税务总局关于外商投资企业的董事担任直接管理职务征收个人所得税问题的通知

国税发[1996]214号

各省、自治区、直辖市和计划单列市国家税务局、地方税务局:

近来,一些地方来电询问,有些外商投资企业的董事(长)同时担任企业的直接管理职务,但其从该企业仅以董事费名义或分红形式取得收入,对其应如何征收个人所得税问题,经研究,现明确如下:

一、对于外商投资企业的董事(长)同时担任企业直接管理职务,或者名义上不担任企业的直接管理职务,但实际上从事企业日常管理工作的,应判定其在该企业具有董事(长)和雇员的双重身份,除其取得的属于股息、红利性质的所得应依照《国家税务总局关于外商投资企业、外国企业和外籍个人取得股票(股权)转让收益和股息所得税收问题的通知》(国税发[1993]045号)有关规定免征个人所得税以外,应分别就其以董事(长)身份取得的董事费收入和以雇员身份应取得的工资、薪金所得征收个人所得税。

二、上述个人在该企业仅以董事费名义或分红形式取得收入的,应主动申报从事企业日常管理工作每月应取得的工资、薪金收入额,或者由主管税务机关参照同类地区、同类行业和相近规模企业中类似职务的工资、薪金收入水平核定其每月应取得的工资、薪金收入额,并依照《中华人民共和国个人所得税法》以及《国家税务总局关于在中国境内无住所的个人取得工资薪金所得纳税义务问题的通知》(国税发[1994]148号)和《国家税务总局关于在中国境内无住所的个人计算缴纳个人所得税若干具体问题的通知》(国税函发[1995]125号)的有关规定征收个人所得税。

三、凡根据本通知第二条的规定,由个人所得税主管税务机关核定上述个人的工资、薪金收入额,需要相应调整外商投资企业应纳税所得额的,对核定的工资薪金数额,应由个人所得税主管税务机关会同外商投资企业所得税主管税务机关确定。

【注释】 《个人所得税法》第6条。

国家税务总局关于高寒边境地区津贴征收个人所得税问题的批复

国税函发[1996]399号

黑龙江省地方税务局：

你局《关于高寒边境地区津贴征收个人所得税应否扣除的请示》(黑地税发[1996]第096号)收悉。经研究，现批复如下：

工作在高寒地区的职工，其工作、生活条件非常艰苦，为了解决他们的实际困难，国务院批准发放了高寒边境地区津贴。根据《中华人民共和国个人所得税法》及其实施条例的规定，职工个人取得的此项津贴不属于免税所得。因为，《中华人民共和国个人所得税法实施条例》第十三条规定："税法第四条第三项所说的按照国家统一规定发给的补贴、津贴，是指按照国务院规定发给的政府特殊津贴和国务院规定免纳个人所得税的补贴、津贴。"此处所述"政府特殊津贴"是国家对为社会各项事业的发展做出突出贡献的人员颁发的一项特定津贴，并非泛指国务院批准发给的其他各项补贴、津贴。此处所述"国务院规定免纳个人所得税的补贴、津贴"，目前仅限于中国科学院和工程院院士津贴。你局来文中反映的高寒边境地区津贴，国务院没有明确免税。因此，对职工个人取得的此项津贴应全额计入工资、薪金所得计征个人所得税。

望你局接此复文后，认真做好对有关各方的政策宣传和解释工作，以保证税收政策的正确执行。

【注释】　《个人所得税法实施条例》第13条。

国家税务总局关于个人举办各类学习班取得的收入征收个人所得税问题的批复

国税函发[1996]658号

内蒙古自治区地方税务局：

你局《关于个人举办各类学习班如何征收个人所得税问题的请示》(内地税发[1996]206号)收悉。经研究，现批复如下：

一、个人经政府有关部门批准并取得执照举办学习班、培训班的，其取得的办班收入属于"个体工商户的生产、经营所得"应税项目，应按《中华人民共和国个人所得税法》(以下简称税法)规定计征个人所得税。

二、个人无须经政府有关部门批准并取得执照举办学习班、培训班的，其取得的办班收入属于"劳务报酬所得"应税项目，应按税法规定计征个人所得税。其中，办班者每次收入按以下方法确定：一次收取学费的，以一期取得的收入为一次；分次收取学费的，以每月取得的收入为一次。

【注释】　《个人所得税法实施条例》第8条。

国家税务总局关于个人转让汽车所得征收个人所得税问题的批复

国税函发[1997]35号

安徽省地方税务局：

你局《关于个人所得税有关政策问题的请示》(皖地税政四字[1996]468号)收悉。经研究，现批复如下：

你省岳西县刘某等6人于1993年6月合股集资购买大客车一辆并将该车转让给某汽车运输公司从事营运。三年转让期满后,该车的所有权、营运权、线路牌等均归汽车运输公司所有。上述交易属于财产转让。刘某等6人获得的收入应按《中华人民共和国个人所得税法》中规定的"财产转让所得"项目计算缴纳个人所得税。

【注释】 《个人所得税法实施条例》第8条。

个体工商户个人所得税计税办法(试行)

国税发[1997]43号

第一条 为适应对个体工商户(以下简称个体户)税收实行查账征收的需要,加强个人所得税的征收管理,根据国家有关税收法律、法规的规定制定本办法。

第二条 凡实行查账征收的个体户,均应当按本办法的规定计算并申报缴纳个人所得税。

第三条 个体户每一纳税年度的收入总额减除成本、费用以及损失后的余额为应纳税所得额,据此计算应纳个人所得税额。其计算公式为:

应纳税所得额 = 收入总额 - 成本、费用及损失

应纳个人所得税额 = 应纳税所得额 × 适用税率

第四条 个体户的收入总额是指个体户从事生产经营以及与生产经营有关的活动所取得的各项收入,包括商品(产品)销售收入、营运收入、劳务服务收入、工程价款收入、财产出租或转让收入、利息收入、其他业务收入和营业外收入。

第五条 个体户的各项收入应当按权责发生制原则确定。

第六条 成本、费用是指个体户从事生产经营所发生的各项直接支出和分配计入成本的间接费用以及销售费用、管理费用、财务费用;损失是指个体户在生产经营过程中发生的各项营业外支出。

第七条 直接支出和分配计入成本的间接费用是指个体户在生产经营过程中实际消耗的各种原材料、辅助材料、备品配件、外购半成品、燃料、动力、包装物等直接材料和发生的商品进价成本、运输费、装卸费、包装费、折旧费、修理费、水电费、差旅费、租赁费(不包括融资租赁费)、低值易耗品等以及支付给生产经营从业人员的工资。

第八条 销售费用是指个体户在销售产品、自制半成品和提供劳务过程中发生的各项费用,包括:运输费、装卸费、包装费、委托代销手续费、广告费、展览费、销售服务费用以及其他销售费用。

第九第 管理费用是指个体户为管理和组织生产经营活动而发生的各项费用,包括:劳动保险费、咨询费、诉讼费、审计费、土地使用费、低值易耗品摊销、无形资产摊销、开办费摊销、无法收回的账款(坏账损失)、业务招待费、缴纳的税金以及其他管理费用。

第十条 财务费用是指个体户为筹集生产经营资金而发生的各项费用,包括:利息净支出、汇兑净损失、金融机构手续费以及筹资中的其他财务费用等。

第十一条 个体户的营业外支出包括:固定资产盘亏、报废、毁损和出售的净损失,自然灾害或者意外事故损失,公益救济性捐赠,赔偿金、违约金等。

第十二条 上述各项直接支出、间接费用和销售费用、管理费用、财务费用以及营业外支出准予扣除的项目和标准,依照税收法律、法规及本办法的规定确定。

第十三条 个体户业主的费用扣除标准和从业人员的工资扣除标准,由各省、自治区、直辖市地方税务局根据当地实际情况确定,并报国家税务总局备案。

个体户业主的工资不得扣除。

第十四条 个体户自申请营业执照之日起至开始生产经营之日止所发生符合本办法规定的费用,除为取得固定资产、无形资产的支出以及应计入资产价值的汇兑损益、利息支出外,可作为开办费,并自开始生产经营之日起于不短于5年的期限分期均额扣除。

第十五条 个体户在生产经营过程中的借款利息支出,未超过按中国人民银行规定的同类、同期贷款

利率计算的数额部分，准予扣除。

第十六条　个体户购入低值易耗品的支出，原则上一次摊销，但一次性购入价值较大的，应分期摊销。分期摊销的价值标准和期限由各省、自治区、直辖市地方税务局确定。

第十七条　个体户购置税控收款机的支出，应在二至五年内分期扣除。具体期限由各省、自治区、直辖市地方税务局确定。

第十八条　个体户发生的与生产经营有关的财产保险、运输保险以及从业人员的养老、医疗及其他保险费用支出，按国家有关规定的标准计算扣除。

第十九条　个体户发生的与生产经营有关的修理费用，可据实扣除。修理费用发生不均衡或数额较大的，应分期扣除。分期扣除标准和期限由各省、自治区、直辖市地方税务局确定。

第二十条　个体户按规定缴纳的消费税、营业税、城市维护建设税、资源税、土地使用税、土地增值税、房产税、车船使用税、印花税、耕地占用税以及教育费附加准予扣除。

第二十一条　个体户按规定缴纳的工商管理费、个体劳动者协会会费、摊位费，按实际发生数扣除。缴纳的其他规费，其扣除项目和标准，由各省、自治区、直辖市地方税务局根据当地实际情况确定。

第二十二条　个体户在生产经营过程中租入固定资产而支付的费用，分别按下列规定处理：

（一）以融资租赁方式（即出租人和承租人事先约定，在承租人付清最后一笔租金后，该固定资产即归承租人所有）租入固定资产而发生的租赁费，应计入固定资产价值，不得直接扣除。

（二）以经营租赁方式（即因生产经营需要临时租入固定资产，租赁期满后，该固定资产应归还出租人）租入固定资产的租赁费，可以据实扣除。

第二十三条　个体户研究开发新产品、新技术、新工艺所发生的开发费用，以及研究开发新产品、新技术而购置单台价值在5万元以下的测试仪器和试验性装置的购置费准予扣除；单台价值在5万元以上的测试仪器和试验性装置，以及购置费达到固定资产标准的其他设备，按固定资产管理，不得在当期扣除。

第二十四条　个体户在生产经营过程中发生的固定资产和流动资产盘亏及毁损净损失，由个体户提供清查盘存资料，经主管税务机关审核后，可以在当期扣除。

第二十五条　个体户在生产经营过程中发生的以外币结算的往来款项增减变动时，由于汇率变动而发生折合人民币的差额，作为汇兑损益，计入当期所得或在当期扣除。

第二十六条　个体户用于与取得固定资产有关的利息支出，在资产尚未交付使用之前发生的，应计入购建资产的价值，不得作为费用扣除。

第二十七条　个体户发生的与生产经营有关的无法收回的账款（包括因债务人破产或者死亡，以其破产财产或者遗产清偿后，仍然不能收回的应收账款，或者因债务人逾期未履行还债义务超过三年仍然不能收回的应收账款），应由其提供有效证明，报经主管税务机关审核后，按实际发生数扣除。

上述已予扣除的账款在以后年度收回时，应直接作收入处理。

第二十八条　个体户的年度经营亏损，经申报主管税务机关审核后，允许用下一年度的经营所得弥补，下一年度所得不足弥补的，允许逐年延续弥补，但最长不得超过5年。

第二十九条　个体户发生的与生产经营有关的业务招待费，由其提供合法凭证或单据，经主管税务机关审核后，在其收入总额5‰以内据实扣除。

第三十条　个体户将其所得通过中国境内的社会团体、国家机关向教育和其他社会公益事业以及遭受严重自然灾害地区、贫困地区的捐赠，捐赠额不超过其应纳税所得额30%的部分可以据实扣除。纳税人直接给受益人的捐赠不得扣除。

第三十一条　个体户在生产经营过程中发生与家庭生活混用的费用，由主管税务机关核定分摊比例，据此计算确定的属于生产、经营过程中发生的费用，准予扣除。

第三十二条　个体户的下列支出不得扣除：

（一）资本性支出，包括：为购置和建造固定资产、无形资产以及其他资产的支出，对外投资的支出；

（二）被没收的财物、支付的罚款；

（三）缴纳的个人所得税、固定资产投资方向调节税，以及各种税收的滞纳金、罚金和罚款；

（四）各种赞助支出；

（五）自然灾害或者意外事故损失有赔偿的部分；

(六)分配给投资者的股利;

(七)用于个人和家庭的支出;

(八)与生产经营无关的其他支出;

(九)国家税务总局规定不准扣除的其他支出。

第三十三条 个体户在生产经营过程中使用的期限超过一年且单位价值在1000元以上的房屋、建筑物、机器、设备、运输工具及其他与生产经营有关的设备、工器具等为固定资产。

第三十四条 固定资产按以下方式计价:

(一)购入的,按实际支付的买价、包装费、运杂费和安装费等计价;

(二)自行建造的,按建造过程中实际发生的全部支出计价;

(三)实物投资的,按评估确认或者合同、协议约定的价值计价;

四)在原有固定资产基础上进行改扩建的,按账面原价减去改扩建工程中发生的变价收入加上改扩建增加的支出计价;

(五)盘盈的,按同类固定资产的重估完全价值计价;

(六)融资租入的,按照租赁协议或者合同确定的租赁费加运输费、保险费、安装调试费等计价。

第三十五条 下列固定资产允许计提折旧:房屋和建筑物;在用机械设备,仪器仪表;各种工器具;季节性停用和修理停用的设备,以及以经营方式租出和以融资租赁方式租入的固定资产。

下列固定资产不计提折旧:房屋、建筑物以外的未使用、不需用的固定资产;以经营方式租入的固定资产;已提足折旧继续使用的固定资产。

第三十六条 固定资产在计算折旧前,应当估计残值,从固定资产原价中减除。残值按固定资产原价的5%确定。

第三十七条 个体户按规定计提的固定资产折旧允许扣除。固定资产折旧年限在不短于以下规定年限内,可根据不同情况,经主管税务机关审核后执行:

(一)房屋、建筑物,为20年;

(二)轮船、机器、机械和其他生产设备,为10年;

(三)电子设备和轮船以外的运输工具以及与生产经营有关的器具、工具、家具等,为5年。

固定资产由于特殊原因需要缩短折旧年限的,如受酸、碱等强烈腐蚀的机器设备和简易或常年处于震撼、颤动状态的房屋和建筑物,以及技术更新变化快等原因,可由个体户提出申请,报省级税务机关审核批准后执行。

第三十八条 固定资产折旧按平均年限法和工作量法计算提取。

按平均年限法的固定资产折旧计算公式如下:

固定资产年折旧率=(1-5%(残值率))÷折旧年限×100%

月折旧率=年折旧率÷12

月折旧额=固定资产原价×月折旧率

按工作量法的固定资产折旧计算公式如下:

单位里程(每工作小时)折旧额=(原价-残值)÷总行驶里程(总工作小时)

第三十九条 个体户在生产经营过程中为销售或者耗用而储备的物资为存货,包括各种原材料、辅助材料、燃料、低值易耗品、包装物、在产品、外购商品、自制半成品、产成品等。存货应按实际成本计价。领用或发出存货的核算,原则上采用加权平均法。

第四十条 个体户在生产经营过程中长期使用但是没有实物形态的资产为无形资产,包括专利权、非专利技术、商标权、商誉、著作权、场地使用权等。无形资产的计价,应当按照取得的实际成本为准。具体是:

(一)作为投资的无形资产,以协议、合同规定的合理价格为原价;

(二)购入的无形资产按实际支付的价款为原价;

(三)按受捐赠的无形资产,按所附单据或参照同类无形资产市场价格确定原价;

非专利技术和商誉的计价应经法定评估机构评估后确认。

第四十一条 无形资产从开始使用之日起,在有效使用期内分期均额扣除。

作为投资或受让的无形资产,在法律、合同和协议中规定了使用年限的,可按该使用年限分期扣除;没有规定使用年限或是自行开发的无形资产,扣除期限不得少于10年。

第四十二条 本办法由国家税务总局负责解释。各省、自治区、直辖市地方税务局可以根据本办法规定的原则,结合本地实际,制定具体实施办法。

第四十三条 本办法从1997年1月1日起执行。

【注释】 《个人所得税法》第9条。《财政部 国家税务总局关于调整个体工商户个人独资企业和合伙企业个人所得税税前扣除标准有关问题的通知》(财税[2008]65号)对此进行了修正。

国家税务总局关于海洋石油若干税收政策问题的通知

国税发[1997]44号

为进一步完善涉外石油税制,解决当前政策执行中存在的问题,现将几个海洋石油税收政策问题明确如下:

……

三、关于外籍雇员个人所得税问题

对于外籍雇员个人所得税福利项目的扣除,仍按《国家税务局关于对外籍雇员若干所得项目征免个人所得税问题的通知》(国税函发[1990]345号)以及《国家税务局海洋石油税务管理局关于确定外国石油公司在华机构外籍雇员个人应税所得额的通知》(国税油发[1990]012号)的规定执行。对关联公司在中国境内提供人员服务所取得的收入应按一般承包商对待,按《海洋石油税务局关于和×××石油公司会谈中涉及的一些税务问题的复函》((84)财税油政字第019号)的有关规定办理。但对提供流转人员和收费情况比较特殊的人员服务,按照《海洋石油税务管理局关于××中国有限公司的关联公司提供人员服务税收问题的复函》((89)国税油政字第030号)的有关规定执行。

四、关于职工养老储蓄金税收处理问题

中国海洋石油总公司(以下简称中油公司)按照国家建立企业职工养老保险制度的有关规定,对其职工实行养老保险计划。一是基本养老保险,二是企业补充养老保险,三是个人储蓄性养老保险。对上述形式的保险费支出税收处理上统一规定为:

(一)企业按国家规定为职工交纳的基本养老保险费不计入职工个人所得,允许企业在税前列支;个人交纳的基本养老保险费,不计征个人所得税;

(二)企业根据自身经济能力为本企业职工建立的企业补充养老保险,保险费用从企业自有资金中的奖励、福利基金内提取。保险费支出并入职工个人所得征税;

(三)企业为职工以社会保险津贴统一认购的储蓄性养老保险,保险费用应从企业自有资金中的奖励、福利基金内提取,并入职工所得征税。

……

【注释】 《个人所得税法实施条例》第26条。

国家税务总局关于外籍个人取得有关补贴征免个人所得税执行问题的通知

国税发[1997]54号

各省、自治区、直辖市和计划单列市国家税务局、地方税务局:

《中华人民共和国个人所得税法》及其实施条例和《财政部、国家税务总局关于个人所得税若干政策问题的通知》(财税字[1994]020号)就外籍个人取得有关补贴规定了免征个人所得税的范围,现就执行上述规定的具体界定及管理问题明确如下:

一、对外籍个人以非现金形式或实报实销形式取得的合理的住房补贴、伙食补贴和洗衣费免征个人所得税,应由纳税人在初次取得上述补贴或上述补贴数额、支付方式发生变化的月份的次月进行工资薪金所得纳税申报时,向主管税务机关提供上述补贴的有效凭证,由主管税务机关核准确认免税。

二、对外籍个人因到中国任职或离职,以实报实销形式取得的搬迁收入免征个人所得税,应由纳税人提供有效凭证,由主管税务机关审核认定,就其合理的部分免税。外商投资企业和外国企业在中国境内的机构、场所,以搬迁费名义每月或定期向其外籍雇员支付的费用,应计入工资薪金所得征收个人所得税。

三、对外籍个人按合理标准取得的境内、外出差补贴免征个人所得税,应由纳税人提供出差的交通费、住宿费凭证(复印件)或企业安排出差的有关计划,由主管税务机关确认免税。

四、对外籍个人取得的探亲费免征个人所得税,应由纳税人提供探亲的交通支出凭证(复印件),由主管税务机关审核,对其实际用于本人探亲,且每年探亲的次数和支付的标准合理的部分给予免税。

五、对外籍个人取得的语言培训费和子女教育费补贴免征个人所得税,应由纳税人提供在中国境内接受上述教育的支出凭证和期限证明材料,由主管税务机关审核,对其在中国境内接受语言培训以及子女在中国境内接受教育取得的语言培训费和子女教育费补贴,且在合理数额内的部分免予纳税。

【注释】 《个人所得税法》第4条。

国家税务总局关于征用土地过程中征地单位支付给土地承包人员的补偿费如何征税问题的批复

国税函发[1997]87号

辽宁省地方税务局:

你局《关于征用土地过程中征地单位支付给土地承包人员的补偿费是否征税的请示》(辽地税个[1996]311号)收悉。经研究,现批复如下:

一、对土地承包人取得的土地上的建筑物、构筑物、青苗等土地附着物的补偿费收入,应按照《中华人民共和国营业税暂行条例》的"销售不动产——其他土地附着物"税目征收营业税。

二、对土地承包人取得的青苗补偿费收入,暂免征收个人所得税;取得的转让建筑物等财产性质的其他补偿费收入,应按照《中华人民共和国个人所得税法》的"财产转让所得"应税项目计征个人所得税。

【注释】 《个人所得税法实施条例》第8条。

财政部 国家税务总局关于个人提供非有形商品推销、代理等服务活动取得收入征收营业税和个人所得税有关问题的通知

财税[1997]103号

各省、自治区、直辖市和计划单列市国家税务局、地方税务局:

据反映,有些在境内从事保险、旅游等非有形商品经营的企业(包括从事此类业务的国有企业、集体企业、股份制企业、外商投资企业、外国企业及其他企业),通过其雇员或非雇员个人的推销、代理等服务活动

开展业务。雇员或非雇员个人根据其推销、代理等服务活动的业绩从企业或其服务对象取得佣金、奖励和劳务费等名目的收入。根据《中华人民共和国营业税暂行条例》、《中华人民共和国个人所得税法》和《中华人民共和国税收征收管理法》的有关规定,现对雇员或非雇员个人为企业提供非有形商品推销、代理等服务活动取得收入征收营业税和个人所得税的有关问题明确如下:

一、对雇员的税务处理

雇员为本企业提供非有形商品推销、代理等服务活动取得佣金、奖励和劳务费等名目的收入,无论该收入采用何种计取方法和支付方式,均应计入该雇员的当期工资、薪金所得,按照《中华人民共和国个人所得税法》及其实施条例和其他有关规定计算征收个人所得税;但可适用《中华人民共和国营业税暂行条例实施细则》第四条第一款的规定,不征收营业税。

二、对非雇员的税务处理

非本企业雇员为企业提供非有形商品推销、代理等服务活动取得的佣金、奖励和劳务费等名目的收入,无论该收入采用何种计取方法和支付方式,均应计入个人从事服务业应税劳务的营业额,按照《中华人民共和国营业税暂行条例》及其实施细则和其他有关规定计算征收营业税;上述收入扣除已缴纳的营业税税款后,应计入个人的劳务报酬所得,按照《中华人民共和国个人所得税法》及其实施条例和其他有关规定计算征收个人所得税。

三、税款征收方式

(一)雇员或非雇员从聘用的企业取得收入的,该企业即为雇员或非雇员应纳税款的扣缴义务人,应按照有关规定按期向主管税务机关申报并代扣代缴上述税款。

(二)对雇员或非雇员直接从其服务对象或其他方面取得收入的部分,由其主动向主管税务机关申报缴纳营业税和个人所得税。

(三)有关企业和个人拒绝申报纳税或代扣代缴税款,将按《中华人民共和国税收征收管理法》及其实施细则的有关规定处理。

【注释】　《个人所得税法实施条例》第8条。

财政部　国家税务总局　关于住房公积金　医疗保险金养老保险金征收个人所得税问题的通知

财税[1997]144号

各省、自治区、直辖市、计划单列市财政厅(局)、地方税务局:

根据国务院的统一部署,各地相继出台了住房制度、医疗保险制度和养老保险制度等改革的实施方案。现对改革制度涉及的住房公积金、医疗保险金、养老保险金征收个人所得税问题通知如下:

一、企业和个人按照国家或地方政府规定的比例提取并向指定金融机构实际缴付的住房公积金、医疗保险金、基本养老保险金,不计入个人当期的工资、薪金收入,免予征收个人所得税。超过国家或地方政府规定的比例缴付的住房公积金、医疗保险金、基本养老保险金,应将其超过部分并入个人当期的工资、薪金收入,计征个人所得税。

二、个人领取原提存的住房公积金、医疗保险金、基本养老保险金时,免予征收个人所得税。

三、企业以现金形式发给个人的住房补贴、医疗补助费,应全额计入领取人的当期工资、薪金收入计征个人所得税。但对外籍个人以实报实销形式取得的住房补贴,仍按照《财政部、国家税务总局关于个人所得税若干政策问题的通知》(财税字[1994]020号)的规定,暂免征收个人所得税。

四、本通知从1998年1月1日起执行。原政策规定与本通知相抵触的,按本通知规定执行。

【注释】　《个人所得税法实施条例》第25条。

国家税务总局关于个人从事医疗服务活动征收个人所得税问题的通知

国税发[1997]178号

各省、自治区、直辖市和计划单列市地方税务局：

为了加强对个人从事医疗服务活动个人所得税的征收管理，根据《中华人民共和国个人所得税法》(以下简称税法)及其实施条例的规定精神，现将一些具体问题明确如下：

一、个人经政府有关部门批准，取得执照，以门诊部、诊所、卫生所(室)、卫生院、医院等医疗机构形式从事疾病诊断、治疗及售药等服务活动，应当以该医疗机构取得的所得，作为个人的应纳税所得，按照"个体工商户的生产、经营所得"应税项目缴纳个人所得税。

个人未经政府有关部门批准，自行连续从事医疗服务活动，不管是否有经营场所，其取得与医疗服务活动相关的所得，按照"个体工商户的生产、经营所得"应税项目缴纳个人所得税。

各省、自治区、直辖市地方税务局可以根据本地实际情况，确定个体工商户业主的费用扣除标准。

二、对于由集体、合伙或个人出资的乡村卫生室(站)，由医生承包经营，经营成果归医生个人所有，承包人取得的所得，比照"对企事业单位的承包经营、承租经营所得"应税项目缴纳个人所得税。

乡村卫生室(站)的医务人员取得的所得，按照"工资、薪金所得"应税项目缴纳个人所得税。

三、受医疗机构临时聘请坐堂门诊及售药，由该医疗机构支付报酬，或收入与该医疗机构按比例分成的人员，其取得的所得，按照"劳务报酬所得"应税项目缴纳个人所得税，以一个月内取得的所得为一次，税款由该医疗机构代扣代缴。

四、经政府有关部门批准而取得许可证(执照)的个人，应当在领取执照后30日内向当地主管税务机关申报办理税务登记。未经政府有关部门批准而自行开业的个人，应当自开始医疗服务活动后30日内向当地主管税务机关申报办理税务登记。

以前的规定或答复与本文不符的，应以本文为准。

【注释】 《个人所得税法实施条例》第8条。

国家税务总局关于股份制企业转增股本和派发红股征免个人所得税的通知

国税发[1997]198号

近接一些地区和单位来文、来电请示，要求对股份制企业用资本公积金转增个人股本是否征收个人所得税的问题作出明确规定。经研究，现明确如下：

一、股份制企业用资本公积金转增股本不属于股息、红利性质的分配，对个人取得的转增股本数额，不作为个人所得，不征收个人所得税。

二、股份制企业用盈余公积金派发红股属于股息、红利性质的分配，对个人取得的红股数额，应作为个人所得征税。

各地要严格按照《国家税务总局关于印发〈征收个人所得税若干问题的规定〉的通知》(国税发[1994]089号)的有关规定执行，没有执行的要尽快纠正。派发红股的股份制企业作为支付所得的单位应按照税法规定履行扣缴义务。

【注释】 《个人所得税法实施条例》第8条。引用本通知的文件包括：《国家税务总局关于盈余公积金转增注册资本征收个人所得税问题的批复》(国税函发[1998]333号)。

国家税务总局关于三井物产(株)大连事务所外籍雇员取得数月奖金确定纳税义务问题的批复

国税函发[1997]546号

大连市地方税务局:

你局《关于三井物产(株)大连事务所个人所得税有关问题的请示》(大地税函[1997]22号)收悉。日本三井物产(株)大连事务所(以下称三井物产)于1996年底更换其首席代表和常驻代表,分别由现任首席代表泷泽昌隆接替原任首席代表相田壮一;现任常驻代表中岛理接替原任常驻代表小林修。关于上述到任和离任人员一次取得数月的奖金或年终加薪、劳动分红等工资薪金所得(以下称数月奖金),如何确定纳税义务和计算缴纳个人所得税的问题,现批复如下:

一、在中国境内无住所的个人来华工作后或离华后,一次取得数月奖金,对其来源地及纳税义务的判定,应依照《中华人民共和国个人所得税法》及其实施条例、政府间税收协定和《国家税务总局关于在中国境内无住所的个人取得工资薪金所得纳税义务问题的通知》(国税发[1994]148号)及《财政部税务总局关于执行税收协定有关征收个人所得税的计算问题的批复》([86]财税协字第029号)第三条等有关规定确定的劳务发生地原则进行。上述个人来华后收到的数月奖金,凡能够提供雇佣单位有关奖励制度,证明上述数月奖金含有属于该个人来华之前在我国境外工作月份奖金的,可将有关证明材料报主管税务机关核准后,仅就其中属于来华后工作月份的奖金,依照上述有关规定确定中国纳税义务。但上述个人停止在华履约或执行职务离境后收到的属于在华工作月份的奖金,也应在取得该项所得时,向中国主管税务机关申报纳税。

二、在中国境内无住所的个人取得按上述规定判定负有中国纳税义务的数月奖金,其应纳个人所得税税额应按照《国家税务总局关于在中国境内无住所的个人取得奖金征税问题的通知》(国税发[1996]183号)规定的计算方法计算,并不再按来华工作后的每月实际在华工作天数划分计算应纳税额。

【注释】　《个人所得税法》第6条。本通知第一条审批已经被废止,具体管理方法参见《国家税务总局关于取消及下放外商投资企业和外国企业以及外籍个人若干税务行政审批项目的后续管理问题的通知》(国税发[2004]80号)。

国家税务总局关于个人认购股票等有价证券而从雇主取得折扣或补贴收入有关征收个人所得税问题的通知

国税发[1998]9号

各省、自治区、直辖市和计划单列市国家税务局、地方税务局:

一些中国境内的公司、企业作为吸收、稳定人才的手段,按照有关法律规定及本公司规定,向其雇员发放(内部职工)认股权证,并承诺雇员在公司达到一定工作年限或满足其他条件,可凭该认股权证按事先约定价格(一般低于当期股票发行价格或市场价格)认购公司股票;或者向达到一定工作年限或满足其他条件的雇员,按当期市场价格的一定折价转让本企业持有的其他公司(包括外国公司)的股票等有价证券;或者按一定比例为该雇员负担其进行股票等有价证券的投资。现将雇员以上述不同方式认购股票等有价证券而从雇主取得的各类折扣或补贴有关征收个人所得税的问题通知如下:

一、关于所得性质认定问题

在中国负有纳税义务的个人(包括在中国境内有住所和无住所的个人)认购股票等有价证券,因其受雇期间的表现或业绩,从其雇主以不同形式取得的折扣或补贴(指雇员实际支付的股票等有价证券的认购价格低于当期发行价格或市场价格的数额),属于该个人因受雇而取得的工资、薪金所得,应在雇员实际认购股票等有价证券时,按照《中华人民共和国个人所得税法》(以下称税法)及其实施条例和其他有关规定计算缴纳个人所得税。

上述个人在认购股票等有价证券后再行转让所取得的所得,属于税法及其实施条例规定的股票等有价证券转让所得,适用有关对股票等有价证券转让所得征收个人所得税的规定。

二、关于计税方法问题

上述个人认购股票等有价证券而从雇主取得的折扣或补贴,在计算缴纳个人所得税时,因一次收入较多,全部计入当月工资、薪金所得计算缴纳个人所得税有困难的,可在报经当地主管税务机关批准后,自其实际认购股票等有价证券的当月起,在不超过6个月的期限内平均分月计入工资、薪金所得计算缴纳个人所得税。

三、关于申报材料问题

纳税人或扣缴义务人就上述工资、薪金所得申报缴纳或代扣代缴个人所得税时,应将纳税人认购的股票等有价证券的种类、数量、认购价格、市场价格(包括国内市场价格)等情况及有关的证明材料和计税过程一并报当地主管税务机关。

【注释】 《个人所得税法》第6条;引用本通知的文件包括:《国家税务总局关于个人所得税若干业务问题的批复》(国税函[2002]146号);本通知第二条审批已经被废止,具体管理方法参见《国家税务总局关于取消及下放外商投资企业和外国企业以及外籍个人若干税务行政审批项目的后续管理问题的通知》(国税发[2004]80号)。

财政部 国家税务总局关于个人取得体育彩票中奖所得征免个人所得税问题的通知

财税[1998]12号

各省、自治区、直辖市、计划单列市财政厅(局)、国家税务局、地方税务局:

为了有利于动员全社会力量资助和发展我国的体育事业,经研究决定,对个人购买体育彩票中奖收入的所得税政策作如下调整:凡一次中奖收入不超过1万元的,暂免征收个人所得税;超过1万元的,应按税法规定全额征收个人所得税。

本规定自1998年4月1日起执行。

【注释】 《个人所得税法》第4条。

财政部 国家税务总局关于证券投资基金税收问题的通知

财税[1998]55号

省、自治区、直辖市、计划单列市财政厅(局)、国家税务局、地方税务局,财政部驻各省、自治区、直辖市、计划单列市财政监察专员办事处,新疆生产建设兵团:

为了有利于证券投资基金制度的建立,促进证券市场的健康发展,经国务院批准,现对中国证监会新批准设立的封闭式证券投资基金(以下简称基金)的税收问题通知如下:

……

三、关于所得税问题

1. 对基金从证券市场中取得的收入,包括买卖股票、债券的差价收入,股票的股息、红利收入,债券的利息收入及其他收入,暂不征收企业所得税。

2. 对个人投资者买卖基金单位获得的差价收入,在对个人买卖股票的差价收入未恢复征收个人所得税以前,暂不征收个人所得税;对企业投资者买卖基金单位获得的差价收入,应并入企业的应纳税所得额,征收企业所得税。

3. 对投资者从基金分配中获得的股票的股息、红利收入以及企业债券的利息收入,由上市公司和发行债券的企业在向基金派发股息、红利、利息时代扣代缴20%的个人所得税,基金向个人投资者分配股息、红利、利息时,不再代扣代缴个人所得税。

4. 对投资者从基金分配中获得的国债利息、储蓄存款利息以及买卖股票价差收入,在国债利息收入、个人储蓄存款利息收入以及个人买卖股票差价收入未恢复征收所得税以前,暂不征收所得税。

5. 对个人投资者从基金分配中获得的企业债券差价收入,应按税法规定对个人投资者征收个人所得税,税款由基金在分配时依法代扣代缴;对企业投资者从基金分配中获得的债券差价收入,暂不征收企业所得税。

……

五、本通知从1998年3月1日起实施。

【注释】 《个人所得税法实施条例》第9条。

财政部　国家税务总局关于个人转让股票所得继续暂免征收个人所得税的通知

财税[1998]61号

为了配合企业改制,促进股票市场的稳健发展,经报国务院批准,从1997年1月1日起,对个人转让上市公司股票取得的所得继续暂免征收个人所得税。

【注释】 《个人所得税法实施条例》第9条。

国家税务总局关于外商投资企业和外国企业的雇员的境外保险费有关所得税处理问题的通知

国税发[1998]101号

各省、自治区、直辖市和计划单列市国家税务局、地方税务局:

据反映,一些外商投资企业和在中国境内设立机构、场所的外国企业(以下统称企业)按照有关国家(地区)社会保险制度的要求,或者作为企业内部的福利或奖励制度,直接或间接为其在中国境内工作的雇员(含在中国境内有住所和无住所的雇员)向境外保险机构(包括社会保险机构和商业保险机构)支付失业保险费、退休(养老)金、储蓄金、人身意外伤害保险费、医疗保险费等其他名目的境外保险费。现将上述境外保险费有关税务处理问题明确如下:

……

二、关于个人所得税的税务处理

(一)企业为其在中国境内工作的雇员个人支付或负担的各类境外保险费,凡以支付其雇员工资、薪金的名义已在企业应纳税所得额中扣除的,均应计入该雇员个人的工资、薪金所得,适用《中华人民共和国个人所得税法》和国际税收协定的有关规定申报缴纳个人所得税。

(二)企业未在其应纳税所得额中扣除而支付或负担的其中国境内工作雇员的境外保险费,原则上也应计入该雇员个人的工资、薪金所得,适用《中华人民共和国个人所得税法》和国际税收协定的有关规定申报缴纳个人所得税,但对其中确属于按照有关国家法律规定应由雇主负担的社会保障性质的费用,报经当地税务主管机关核准后,可不计入雇员个人的应纳税所得额。

(三)在中国境内工作的雇员个人支付的各类境外保险费,均不得从该雇员个人的应纳税所得额中扣除。

三、本通知自发文之日起执行。以前规定与本通知规定内容有不同的,一律停止执行。

【注释】 《个人所得税法实施条例》第8条。

境外所得个人所得税征收管理暂行办法

国税发[1998]126号

第一条 为维护国家税收权益,加强对来源于中国境外所得的个人所得税征收管理,根据《中华人民共和国个人所得税法》(以下简称税法)及其实施条例、《中华人民共和国税收征收管理法》(以下简称征管法)及其实施细则以及有关行政法规的规定制定本办法。

第二条 本办法适用于中国境内有住所,并有来源于中国境外所得的个人纳税人(以下简称纳税人)。

第三条 纳税人来源于中国境外的各项应纳税所得(以下简称境外所得),应依照税法和本办法的规定缴纳个人所得税。

第四条 下列所得,不论支付地点是否在中国境外,均为来源于中国境外的所得:

(一)因任职、受雇、履约等而在中国境外提供劳务取得的所得;

(二)将财产出租给承租人在中国境外使用而取得的所得;

(三)转让中国境外的建筑物、土地使用权等财产或者在中国境外转让其他财产取得的所得;

(四)许可各种特许权在中国境外使用而取得的所得;

(五)从中国境外的公司、企业以及其他经济组织或者个人取得的利息、股息、红利所得。

第五条 纳税人的境外所得,包括现金、实物和有价证券。

第六条 纳税人的境外所得,应按税法及其实施条例的规定确定应税项目,并分别计算其应纳税额。

第七条 纳税人的境外所得按照有关规定交付给派出单位的部分,凡能提供有效合同或有关凭证的,经主管税务机关审核后,允许从其境外所得中扣除。

第八条 纳税人受雇于中国境内的公司、企业和其他经济组织以及政府部门并派往境外工作,其所得由境内派出单位支付或负担的,境内派出单位为个人所得税扣缴义务人,税款由境内派出单位负责代扣代缴。其所得由境外任职、受雇的中方机构支付、负担的,可委托其境内派出(投资)机构代征税款。

上述境外任职、受雇的中方机构是指中国境内的公司、企业和其他经济组织以及政府部门所属的境外分支机构、使(领)馆、子公司、代表处等。

第九条 纳税人有下列情形的,应自行申报纳税:

(一)境外所得来源于两处以上的;

(二)取得境外所得没有扣缴义务人、代征人的(包括扣缴义务人、代征人未按规定扣缴或征缴税款的)。

第十条 中国境内的公司、企业和其他经济组织以及政府部门,凡有外派人员的,应在每一公历年度(以下简称年度)终了后30日内向主管税务机关报送外派人员情况。内容主要包括:外派人员的姓名、身份证或护照号码、职务、派往国家和地区、境外工作单位名称和地址、合同期限、境内外收入状况、境内住所及缴纳税收情况等。

第十一条 依本办法第九条规定须自行申报纳税的纳税人,应在年度终了后30日内,向中国主管税务机关申报缴纳个人所得税。如所得来源国与中国的纳税年度不一致,年度终了后30日内申报纳税有困难的,可报经中国主管税务机关批准,在所得来源国的纳税年度终了、结清税款后30日内申报纳税。

纳税人如在税法规定的纳税年度期间结束境外工作任务回国,应当在回国后的次月7日内,向主管税务机关申报缴纳个人所得税。

第十二条 纳税人兼有来源于中国境内、境外所得的,应按税法规定分别减除费用并计算纳税。

第十三条 扣缴义务人、代征人所扣(征)的税款,应当在次月7日内缴入国库,并向主管税务机关报送扣(征)缴个人所得税报告表以及税务机关要求报送的其他资料。

第十四条 纳税人在境外已缴纳的个人所得税税额,能提供境外税务机关填发的完税凭证原件的,准予按照税法及其实施条例的规定从应纳税额中抵扣。

第十五条 纳税人和扣缴义务人未按本办法规定申报缴纳、扣缴个人所得税以及未按本办法第十条规定报送资料的,主管税务机关应按征管法及有关法律、行政法规和部分规章的规定予以处罚,涉嫌犯罪的依法移送公安机关处理。

第十六条 纳税人取得的境外所得为美元、日元和港币的,按照填开完税凭证的上一月最后一日中国人民银行公布的人民币对上述三种货币的基准汇价,折合成人民币计算缴纳税款。

纳税人取得的境外所得为上述三种货币以外的其他货币的,应根据填开完税凭证的上一月最后一日美元对人民币的基准汇价和国家外汇管理局提供的同日纽约外汇市场美元对主要外币的汇价进行套算,按套算后的汇价作为折合汇率计算缴纳税款。套算公式为:

某种货币对人民币汇价 = 美元对人民币的基准汇价 ÷ 纽约外汇市场美元对该种货币的汇价

第十七条 在年度终了后自行申报纳税的,对已经按月或者按次预缴税款的外国货币所得,不再重新折算;对应当补缴税款的所得部分,按照上一纳税年度最后一日中国人民银行公布的人民币对美元、日元和港币三种货币的基准汇价,折合成人民币计算应纳税所得额,如所得为三种货币以外的其他货币的,按照上一纳税年度最后一日美元对人民币的基准汇价和国家外汇管理局提供的同日纽约外汇市场美元对主要外币的汇价进行套算折合成人民币计算应纳税所得额。

第十八条 本办法所称主管税务机关是指派出单位所在地的税务机关。无派出单位的,是指纳税人离境前户籍所在地的税务机关;户籍所在地与经常居住地不一致的,是指经常居住地税务机关。

第十九条 本办法未尽事宜,按照有关税收法律、行政法规的规定执行。

第二十条 各省、自治区、直辖市地方税务局可根据本办法规定的原则,结合本地实际制定具体实施办法,并报国家税务总局备案。

第二十一条 本办法由国家税务总局负责解释。

第二十二条 本办法从1998年7月1日起执行。此前规定与本办法有抵触的,按本办法执行。

【注释】 《个人所得税法》第13条。

国家税务总局关于生活补助费范围确定问题的通知

国税发[1998]155号

各省自治区直辖市和计划单列市地方税务局:

近据一些地区反映,《中华人民共和国个人所得税法实施条例》第十四条所说的从福利费或者工会经费中支付给个人的生活补助费,由于缺乏明确的范围,在实际执行中难以具体界定,各地掌握尺度不一,须统一明确规定,以利执行。经研究,现明确如下:

一、上述所称生活补助费,是指由于某些特定事件或原因而给纳税人或其家庭的正常生活造成一定困难,其任职单位按国家规定从提留的福利费或者工会经费中向其支付的临时性生活困难补助。

二、下列收入不属于免税的福利费范围,应当并入纳税人的工资、薪金收入计征个人所得税:

(一)从超出国家规定的比例或基数计提的福利费、工会经费中支付给个人的各种补贴、补助;

(二)从福利费和工会经费中支付给单位职工的人人有份的补贴、补助;

(三)单位为个人购买汽车、住房、电子计算机等不属于临时性生活困难补助性质的支出。

三、以上规定从1998年11月1日起执行。

【注释】 《个人所得税法实施条例》第14条。

国家税务总局关于盈余公积金转增注册资本征收个人所得税问题的批复

国税函发[1998]333号

青岛市地方税务局：

你局《关于青岛路邦石油化工有限公司公积金转增资本缴纳个人所得税问题的请示》(青地税四字[1998]12号)收悉。经研究，现批复如下：

青岛路邦石油化工有限公司将从税后利润中提取的法定公积金和任意公积金转增注册资本，实际上是该公司将盈余公积金向股东分配了股息、红利，股东再以分得的股息、红利增加注册资本。因此，依据《国家税务总局关于股份制企业转增股本和派发红股征免个人所得税的通知》(国税发[1997]198号)精神，对属于个人股东分得再投入公司(转增注册资本)的部分应按照“利息、股息、红利所得”项目征收个人所得税，税款由股份有限公司在有关部门批准增资、公司股东会决议通过后代扣代缴。

【注释】 《个人所得税法实施条例》第8条。

国家税务总局关于未分配的投资者收益和个人人寿保险收入征收个人所得税问题的批复

国税函发[1998]546号

河北省地方税务局：

你局《河北省地方税务局关于对未分配的投资者收益和个人人寿保险收入征收个人所得税问题的请示》(冀地税发[1998]51号)收悉，经研究，现批复如下：

一、你省廊坊市香河东华纸制品有限公司为中方个人共同投资与日方组建的中外合资企业。该公司协议规定，投资各方按其出资额在注册资本中的比例分享利润。根据有关规定，实现的利润作必要留存后应进行分配，而该公司自1994年开业以来一直未在账面进行利润分配，却将税后利润用于兴建厂房、个人宿舍、购买汽车和其他消费。根据以上情况和个人所得税的收入实现原则，应认定该公司的税后利润已在中方投资者之间进行了分配，中方个人投资者按投资比例分得的部分，须根据《中华人民共和国个人所得税法》的规定，按照“利息、股息、红利所得”应税项目缴纳个人所得税，税款由廊坊市香河东华纸制品有限公司代扣代缴。请你局通知主管税务机关督促代扣代缴义务人认真履行代扣代缴个人所得税义务。

二、对保险公司按投保金额，以银行同期储蓄存款利率支付给在保期内未出险的人寿保险保户的利息(或以其他名义支付的类似收入)，按“其他所得”应税项目征收个人所得税，税款由支付利息的保险公司代扣代缴。

【注释】 《个人所得税法》第2条；《个人所得税法实施条例》第8条。

国家税务总局关于社会力量办学征收个人所得税问题的批复

国税函发[1998]738号

安徽省地方税务局：

你局《关于对社会力量办学征收个人所得税问题的请示》(皖地税[1998]350号)收悉。文中反映，自1997年10月1日《社会力量办学条例》(国务院令226号)施行以来，由于该条例规定有“社会力量举办教育机构不得以营利为目的，教育机构的积累只能用于增加教育投入和改善办学条件，不得用于分配和校外投资"等内容，引起个人办学者、税务机关就是否缴纳个人所得税问题产生争议。对此问题，经研究，现批复如下：

《中华人民共和国个人所得税法》及其实施条例规定，对于个人经政府有关部门批准，取得执照，从事办学取得的所得，应按"个体工商户的生产、经营所得"应税项目计征个人所得税。据此，对于个人办学者取得的办学所得用于个人消费的部分，应依法计征个人所得税。

【注释】　《个人所得税法实施条例》第8条。

财政部　国家税务总局关于促进科技成果转化有关税收政策的通知

财税［1999］45号

各省、自治区、直辖市、计划单列市财政厅（局）、国家税务局、地方税务局：

为贯彻落实《中华人民共和国科学技术进步法》和《中华人民共和国促进科技成果转化法》，鼓励高新技术产业发展，经国务院批准，现将科研机构、高等学校研究开发高新技术、转化科技成果有关税收政策通知如下：

一、科研机构的技术转让收入继续免征营业税，对高等学校的技术转让收入自1999年5月1日起免征营业税。

二、科研机构、高等学校服务于各业的技术成果转让、技术培训、技术咨询、技术服务、技术承包所取得的技术性服务收入暂免征收企业所得税。

三、自1999年7月1日起，科研机构、高等学校转化职务科技成果以股份或出资比例等股权形式给予个人奖励，获奖人在取得股份、出资比例时，暂不缴纳个人所得税；取得按股份、出资比例分红或转让股权、出资比例所得时，应依法缴纳个人所得税。有关此项的具体操作规定，由国家税务总局另行制定。

【注释】　《个人所得税法》第4条。

国家税务总局关于个人所得税有关政策问题的通知

国税发［1999］58号

各省、自治区、直辖市和计划单列市地方税务局：

近接一些地区请示，要求对个人所得税有关政策做出规定。经研究，现明确如下：

一、关于企业减员增效和行政、事业单位、社会团体在机构改革过程中实行内部退养办法人员取得收入征税问题。

实行内部退养的个人在其办理内部退养手续后至法定离退休年龄之间从原任职单位取得的工资、薪金，不属于离退休工资，应按"工资、薪金所得"项目计征个人所得税。

个人在办理内部退养手续后从原任职单位取得的一次性收入，应按办理内部退养手续后至法定离退休年龄之间的所属月份进行平均，并与领取当月的"工资、薪金"所得合并后减除当月费用扣除标准，以余额为基数确定适用税率，再将当月工资、薪金加上取得的一次性收入，减去费用扣除标准，按适用税率计征个人所得税。

个人在办理内部退养手续后至法定离退休年龄之间重新就业取得的"工资、薪金"所得，应与其从原任职单位取得的同一月份的"工资、薪金"所得合并，并依法自行向主管税务机关申报缴纳个人所得税。

二、关于个人取得公务交通、通讯补贴收入征税问题

个人因公务用车和通讯制度改革而取得的公务用车、通讯补贴收入，扣除一定标准的公务费用后，按照"工资、薪金"所得项目计征个人所得税。按月发放的，并入当月"工资、薪金"所得计征个人所得税；不按月发放的，分解到所属月份并与该月份"工资、薪金"所得合并后计征个人所得税。

公务费用的扣除标准，由省级地方税务局根据纳税人公务交通、通讯费用的实际发生情况调查测算，报经省级人民政府批准后确定，并报国家税务总局备案。

三、关于个人取得无赔款优待收入征税问题

对于个人因任职单位缴纳有关保险费用而取得的无赔款优待收入，按照"其他所得"应税项目计征个人所得税。

对于个人自己缴纳有关商业保险费（保费全部返还个人的保险除外）而取得的无赔款优待收入，不作为个人的应纳税收入，不征收个人所得税。

【注释】 《个人所得税法实施条例》第8条。

国家税务总局关于生猪生产流通过程中有关税收问题的通知

国税发[1999]113号

各省、自治区、直辖市和计划单列市国家税务局、地方税务局：

根据一些地区和有关部门近来陆续反映的在生猪生产流通过程中存在的一些税收法规执行不规范的问题，为了严格依法征税，切实减轻农民负担，进一步规范生猪市场的征税办法，促进我国生猪饲养业稳定、健康地发展，经研究，现就有关生猪税收问题，进一步重申和明确如下：

一、在生猪生产、销售、运输、宰杀、加工、储存等全部过程中，必须严格执行国家各项税收规定，不得变通税法，擅自改变纳税环节，禁止包税和各种摊派或变相摊派税款的行为。严格实施一税一票，禁止一票多税和一票又税又费、税费混征的做法。

二、屠宰税必须据实征收，不得以加强征管为理由，将应由从事生猪收购或屠宰业务的纳税人缴纳的屠宰税改由饲养者缴纳。根据当前我国生猪价格下跌幅度较大的情况，生猪屠宰税税负明显偏高的地区，要向政府建议适当调低税额标准。

三、农业生产者销售自己饲养的生猪免缴增值税，非农业生产者销售生猪应当按照规定征收增值税，税务机关不得以任何理由擅自改变纳税环节让农业生产者缴纳或代缴生猪增值税。

四、专业养猪户取得的养猪收入，减除成本、费用及损失后的余额，按照"个体工商户生产、经营所得"项目计征个人所得税。无法准确核算其收入、成本、费用及损失的，由主管税务机关依照税法核定其应纳税所得额，计征个人所得税。

非专业养猪户取得的养猪收入，暂不征收个人所得税。

专业养猪户由各省、自治区、直辖市地方税务局根据以下条件制定具体的界定标准：

（一）以养猪为其主业；

（二）养猪取得的收入为其全部收入的主要部分；

（三）以年出栏生猪数为标准的，最低限额不得少于5头（不含自家育养的仔猪数，出售仔猪无数量限制）。

五、猪皮农业特产税从1999年起已经停征，各地应严格执行国家政策，不得继续征收。如有违反规定继续征收猪皮农业特产税的，要立即纠正。

各地接此通知后，应立即对生猪税收政策执行中存在的问题进行一次清理检查和整改。总局将在适当时候对生猪税收执法情况进行一次专项抽查。

以上规定，请认真贯彻执行。

【注释】 《个人所得税法实施条例》第8条。

国家税务总局关于促进科技成果转化有关个人所得税问题的通知

国税发[1999]125 号

各省、自治区、直辖市和计划单列市地方税务局：

为便于《财政部　国家税务总局关于促进科技成果转化有关税收政策的通知》(财税字[1999]45 号)的贯彻执行，现将有关个人所得税的问题明确如下：

一、科研机构、高等学校转化职务科技成果以股份或出资比例等股权形式给予科技人员个人奖励，经主管税务机关审核后，暂不征收个人所得税。

为了便于主管税务机关审核，奖励单位或获奖人应向主管税务机关提供有关部门根据国家科委和国家工商行政管理局联合制定的《关于以高新技术成果出资入股若干问题的规定》(国科发政字[1997]326 号)和科学技术部和国家工商行政管理局联合制定的《〈关于以高新技术成果出资入股若干问题的规定〉实施办法》(国科发政字[1998]171 号)出具的《出资入股高新技术成果认定书》、工商行政管理部门办理的企业登记手续及经工商行政管理机关登记注册的评估机构的技术成果价值评估报告和确认书。不提供上述资料的，不得享受暂不征收个人所得税优惠政策。

上述科研机构是指按中央机构编制委员会和国家科学技术委员会《关于科研事业单位机构设置审批事项的通知》(中编办发[1997]14 号)的规定设置审批的自然科学研究事业单位机构。

上述高等学校是指全日制普通高等学校(包括大学、专门学院和高等专科学校)。

二、在获奖人按股份、出资比例获得分红时，对其所得按“利息、股息、红利所得”应税项目征收个人所得税。

三、获奖人转让股权、出资比例，对其所得按“财产转让所得”应税项目征收个人所得税，财产原值为零。

四、享受上述优惠政策的科技人员必须是科研机构和高等学校的在编正式职工。

【注释】　《个人所得税法》第 4 条。本通知中的审批已经废除，参见《国家税务总局关于取消促进科技成果转化暂不征收个人所得税审核权有关问题的通知》(国税函[2007]833 号)。

国家税务总局关于个人因解除劳动合同取得经济补偿金征收个人所得税问题的通知

国税发[1999]178 号

各省、自治区、直辖市和计划单列市地方税务局：

近接一些地区请示，要求对企业在改组、改制或减员增效过程中解除职工的劳动合同而支付给被解聘职工的一次性经济补偿金征收个人所得税政策问题加以明确。经研究，现规定如下：

一、对于个人因解除劳动合同而取得一次性经济补偿收入，应按“工资、薪金所得”项目计征个人所得税。

二、考虑到个人取得的一次性经济补偿收入数额较大，而且被解聘的人员可能在一段时间内没有固定收入，因此，对于个人取得的一次性经济补偿收入，可视为一次取得数月的工资、薪金收入，允许在一定期限内进行平均。具体平均办法为：以个人取得的一次性经济补偿收入，除以个人在本企业的工作年限数，以其商数作为个人的月工资、薪金收入，按照税法规定计算缴纳个人所得税。个人在本企业的工作年限数按实际工作年限数计算，超过 12 年的按 12 计算。

三、按照上述方法计算的个人一次性经济补偿收入应纳的个人所得税税款，由支付单位在支付时一次性代扣，并于次月 7 日内缴入国库。

四、个人按国家和地方政府规定比例实际缴纳的住房公积金、医疗保险金、基本养老保险金、失业保险基金在计税时应予以扣除。

五、个人在解除劳动合同后又再次任职、受雇的,对个人已缴纳个人所得税的一次性经济补偿收入,不再与再次任职、受雇的工资、薪金所得合并计算补缴个人所得税。

六、本通知自1999年10月1日起执行,此前规定与本通知规定不一致的,按本通知执行。

【注释】 《个人所得税法》第6条。

国家税务总局关于远洋运输船员工资薪金所得个人所得税费用扣除问题的通知

国税发[1999]202号

各省、自治区、直辖市和计划单列市地方税务局:

近据反映,各地在对远洋运输船员(含国轮船员和外派船员,下同)工资、薪金所得征收个人所得税时,费用扣除标准掌握不一。为了统一个人所得税政策,维护税法的统一性,经研究,现进一步明确如下:

一、根据《中华人民共和国个人所得税法》及其实施条例的规定,对远洋运输船员取得的工资、薪金所得采取按年计算、分月预缴的方式计征个人所得税。

二、考虑到远洋运输具有跨国流动的特性,因此,对远洋运输船员每月的工资、薪金收入在统一扣除800元费用的基础上,准予再扣除税法规定的附加减除费用标准。

三、由于船员的伙食费统一用于集体用餐,不发给个人,故特案允许该项补贴不计入船员个人的应纳税工资、薪金收入。

本通知自2000年1月1日起执行。

【注释】 《个人所得税法》第6条;《个人所得税法实施条例》第40条。

国家税务总局关于在中国境内无住所个人取得不在华履行职务的月份奖金确定纳税义务问题的通知

国税函[1999]245号

各省、自治区、直辖市和计划单列市国家税务局、地方税务局:

关于在中国境内无住所个人一次取得数月奖金中属于来华工作以前月份或离职离华后月份的奖金,不判定为来源于中国境内所得,因而不负有中国纳税义务的问题,总局曾以《国家税务总局关于三井物产(株)大连事务所外籍雇员取得数月奖金确定纳税义务问题的批复》(国税函[1997]546号)做出规定。近据反映,一些在中国境内无住所的个人虽然担任中国境内机构职务,但由于在境外企业仍兼任其他职务,因此并不实际或并不经常在中国境内履行职务,其一次取得数月奖金中含有不在华履行职务月份的奖金。现对此种情况如何确定纳税义务的问题明确如下:

在中国境内无住所的个人在担任境外企业职务的同时,兼任该外国企业在华机构的职务,但并不实际或并不经常到华履行该在华机构职务,对其一次取得的数月奖金中属于全月未在华工作的月份奖金,依照劳动发生地原则,可不作为来源于中国境内的奖金收入计算纳税;对其取得的有到华工作天数的各月份奖金,应全额依照《国家税务总局关于在中国境内无住所的个人取得奖金征税问题的通知》(国税发[1996]183号)规定的方法计算纳税,不再按该月份实际在华天数划分计算应纳税额。

本通知自从发文之日起执行。

【注释】 《个人所得税法》第6条。

财政部　国家税务总局　关于住房公积金医疗保险金基本养老保险金　失业保险基金个人账户存款利息所得免征个人所得税的通知

财税[1999]267号

各省、自治区、直辖市和计划单列市财政厅(局)、国家税务局、地方税务局:

根据国务院《对储蓄存款利息所得征收个人所得税的实施办法》第五条“对个人取得的教育储蓄存款利息所得以及国务院财政部门确定的其他专项储蓄存款或者储蓄性专项基金存款的利息所得,免征个人所得税”的规定,为了保证和支持社会保障制度和住房制度改革的顺利实施,现明确按照国家或省级地方政府规定的比例缴付的下列专项基金或资金存入银行个人账户所取得的利息收入免征个人所得税:

一、住房公积金;

二、医疗保险金;

三、基本养老保险金;

四、失业保险基金。

【注释】　《个人所得税法实施条例》第25条。

国家税务总局关于外国企业的董事在中国境内兼任职务有关税收问题的通知

国税函[1999]284号

各省、自治区、直辖市和计划单列市国家税务局,地方税务局:

近来,一些地方反映,有些外国企业的董事(长)或合伙人(在中国境内无住所的个人,下同)在中国境内该企业设立的机构、场所担任职务,应取得工资、薪金所得,但其申报仅以董事费名义或分红形式取得收入。现就对其应如何征收个人所得税的问题明确如下:

外国企业的董事或合伙人担任该企业设立在中国境内的机构、场所的职务,或者名义上不担任该机构、场所的职务,但实际上从事日常经营、管理工作,其在中国境内从事上述工作取得的工资、薪金所得,属于来源于中国境内的所得,应按照《中华人民共和国个人所得税法》及其实施条例和其他有关规定计算缴纳个人所得税。上述个人凡未申报或未如实申报其工资、薪金所得的,可比照《国家税务总局关于外商投资企业的董事担任直接管理职务征收个人所得税问题的通知》(国税发[1996]214号)第二条和第三条的规定核定其应取得的工资、薪金所得,并作为该中国境内机构、场所应负担的工资薪金确定纳税义务,计算应纳税额。

【注释】　《个人所得税法实施条例》第5条。

国家税务总局关于明确残疾人所得征免个人所得税范围的批复

国税函[1999]329号

河南省地方税务局:

你局《关于如何确定残疾人所得征免个人所得税的范围的请示》(豫地税函[1999]067号)收悉。经研究，现批复如下：

根据《中华人民共和国个人所得税法》（以下简称税法）第五条第一款及其实施条例第十六条的规定，经省级人民政府批准可减征个人所得税的残疾、孤老人员和烈属的所得仅限于劳动所得，具体所得项目为：工资、薪金所得；个体工商户的生产经营所得；对企事业单位的承包经营、承租经营所得；劳务报酬所得；稿酬所得；特许权使用费所得。

税法第二条所列的其他各项所得，不属减征照顾的范围。

【注释】 《个人所得税法》第5条；《个人所得税法实施条例》第16条。

国家税务总局关于企业发放补充养老保险金征收个人所得税问题的批复

国税函[1999]615号

吉林省地方税务局：

你局《关于邮电系统发放职工补充养老保险金征收个人所得税的请示》（吉地税个所函字[1999]16号）收悉，经研究，现批复如下：

你省邮电系统将1998年实行工效挂钩以来形成的结余工资，以每人3000元的标准发放给在职职工及离退休人员，作为补充养老基金。根据现行个人所得税法和《财政部、国家税务总局关于住房公积金、医疗保险金、养老保险金征收个人所得税问题的通知》（财税字[1997]144号）的规定，职工取得的该笔所得应按照“工资、薪金所得”应税项目计算缴纳个人所得税。具体征税办法为：

一、对在职职工取得的该笔所得，应全额计入发放当月个人的工资、薪金收入，合并计征个人所得税。

二、对离退休职工取得的该笔所得，应单独作为一个月的工资、薪金收入，按税法规定计征个人所得税。

【注释】 《个人所得税法》第6条。

国家税务总局关于股民从证券公司取得的回扣收入征收个人所得税问题的批复

国税函[1999]627号

海南省地方税务局：

你局《海南省地方税务局关于证券交易所付给大户股民回扣收入征收个人所得税的请示》（琼地税发[1999]316号）收悉。经研究，现批复如下：

目前，一些证券公司为了招揽大户股民在本公司开户交易，通常从证券公司取得的交易手续费中支付部分金额给大户股民。对于股民个人从证券公司取得的此类回扣收入或交易手续费返还收入，应按照《中华人民共和国个人所得税法》第二条第十一项“经国务院财政部门确定征税的其他所得”项目征收个人所得税，税款由证券公司在向股民支付回扣收入或交易手续费返还收入时代扣代缴。

【注释】 《个人所得税法》第2条。

财政部　国家税务总局　建设部关于个人出售住房所得征收个人所得税有关问题的通知

财税[1999]278 号

各省、自治区、直辖市、计划单列市财政厅(局)、国家税务局、地方税务局、建委(建设厅),各直辖市房地局:

为促进我国居民住宅市场的健康发展,经国务院批准,现就个人出售住房所得征收个人所得税的有关问题通知如下:

一、根据个人所得税法的规定,个人出售自有住房取得的所得应按照“财产转让所得”项目征收个人所得税。

二、个人出售自有住房的应纳税所得额,按下列原则确定:

(一)个人出售除已购公有住房以外的其他自有住房,其应纳税所得额按照个人所得税法的有关规定确定。

(二)个人出售已购公有住房,其应纳税所得额为个人出售已购公有住房的销售价,减除住房面积标准的经济适用住房价款、原支付超过住房面积标准的房价款、向财政或原产权单位缴纳的所得收益以及税法规定的合理费用后的余额。

已购公有住房是指城镇职工根据国家和县级(含县级)以上人民政府有关城镇住房制度改革政策规定,按照成本价(或标准价)购买的公有住房。

经济适用住房价格按县级(含县级)以上地方人民政府规定的标准确定。

(三)职工以成本价(或标准价)出资的集资合作建房、安居工程住房、经济适用住房以及拆迁安置住房,比照已购公有住房确定应纳税所得额。

三、为鼓励个人换购住房,对出售自有住房并拟在现住房出售后 1 年内按市场价重新购房的纳税人,其出售现住房所应缴纳的个人所得税,视其重新购房的价值可全部或部分予以免除。具体办法为:

(一)个人出售现住房所应缴纳的个人所得税税款,应在办理产权过户手续前,以纳税保证金形式向当地主管税务机关缴纳。税务机关在收取纳税保证金时,应向纳税人正式开具“中华人民共和国纳税保证金收据”,并纳入专户存储。

(二)个人出售现住房后 1 年内重新购房的,按照购房金额大小相应退还纳税保证金。购房金额大于或等于原住房销售额(原住房为已购公有住房的,原住房销售额应扣除已按规定向财政或原产权单位缴纳的所得收益,下同)的,全部退还纳税保证金;购房金额小于原住房销售额的,按照购房金额占原住房销售额的比例退还纳税保证金,余额作为个人所得税缴入国库。

(三)个人出售现住房后 1 年内未重新购房的,所缴纳的纳税保证金全部作为个人所得税缴入国库。

(四)个人在申请退还纳税保证金时,应向主管税务机关提供合法、有效的售房、购房合同和主管税务机关要求提供的其他有关证明材料,经主管税务机关审核确认后方可办理纳税保证金退还手续。

(五)跨行政区域售、购住房又符合退还纳税保证金条件的个人,应向纳税保证金缴纳地主管税务机关申请退还纳税保证金。

四、对个人转让自用 5 年以上、并且是家庭唯一生活用房取得的所得,继续免征个人所得税。

五、为了确保有关住房转让的个人所得税政策得到全面、正确的实施,各级房地产交易管理部门应与税务机关加强协作、配合,主管税务机关需要有关地区房地产交易情况的,房地产交易管理部门应及时提供。

财政部　国家税务总局关于对青少年活动场所电子游戏厅有关所得税和营业税政策问题的通知

财税[2000]21 号

各省、自治区、直辖市、计划单列市财政厅(局)、国家税务局、地方税务局:

根据中共中央办公厅、国务院办公厅《关于加强青少年学生活动场所建设和管理工作的通知》(中办发

[2000]13号)精神,现对青少年活动场所以及社会力量对青少年活动场所的捐赠和电子游戏厅有关所得税、营业税政策问题通知如下:

一、对公益性青少年活动场所暂免征收企业所得税;对企事业单位、社会团体和个人等社会力量,通过非营利性的社会团体和国家机关对公益性青少年活动场所(其中包括新建)的捐赠,在缴纳企业所得税和个人所得税前准予全额扣除。

本通知所称公益性青少年活动场所,是指专门为青少年学生提供科技、文化、德育、爱国主义教育、体育活动的青少年宫、青少年活动中心等校外活动的公益性场所。

二、对电子游戏厅一律按20%的税率征收营业税。

三、对账证不全及按有关规定应采取核定征收企业所得税的电子游戏厅,应根据《国家税务总局关于印发〈核定征收企业所得税暂行办法〉的通知》(国税发[2000]38号)规定,调高定额或应税所得率,调高幅度为20%~50%,具体幅度比例可根据电子游戏厅经营情况确定。

四、对核定征收个人所得税的电子游戏厅,一律调高50%的个人所得税定额。

本通知第一条规定自2000年1月1日起执行,第二至第四条规定自2000年7月1日起执行。

【注释】 《个人所得税法实施条例》第24条。

国家税务总局关于个人所得税有关问题的批复

国税函[2000]57号

辽宁省地方税务局:

你局《关于个人所得税有关政策问题的请示》(辽地税个[1999]222号)收悉,经研究,现批复如下:

部分单位和部门在年终总结、各种庆典、业务往来及其他活动中,为其他单位和部门的有关人员发放现金、实物或有价证券。对个人取得该项所得,应按照《中华人民共和国所得税法》中规定的"其他所得"项目计算缴纳个人所得税,税款由支付所得的单位代扣代缴。

【注释】 《个人所得税法》第2条。

国家税务总局关于企业改组改制过程中个人取得的量化资产征收个人所得税问题的通知

国税发[2000]60号

各省、自治区、直辖市和计划单列市地方税务局:

根据国家有关规定,允许集体所有制企业在改制为股份合作制企业时可以将有关资产量化给职工个人。为了支持企业改组改制的顺利进行,对于企业在这一改革过程中个人取得量化资产的有关个人所得税问题,现明确如下:

一、对职工个人以股份形式取得的仅作为分红依据,不拥有所有权的企业量化资产,不征收个人所得税。

二、对职工个人以股份形式取得的拥有所有权的企业量化资产,暂缓征收个人所得税;待个人将股份转让时,就其转让收入额,减除个人取得该股份时实际支付的费用支出和合理转让费用后的余额,按"财产转让所得"项目计征个人所得税。

三、对职工个人以股份形式取得的企业量化资产参与企业分配而获得的股息、红利,应按"利息、股息、红利"项目征收个人所得税。

【注释】 《个人所得税法》第4条。引用本通知的文件包括:《国家税务总局关于联想集团改制员工取得的用于购买企业国有股权的劳动分红征收个人所得税问题的批复》(国税函[2001]832号)。

国家税务总局关于国有企业职工因解除劳动合同取得一次性补偿收入征免个人所得税问题的通知

国税发[2000]77号

各省、自治区、直辖市和计划单列市地方税务局：

为支持国有企业改革的顺利进行，妥善安置企业职工，保持社会稳定，现对国有企业职工因解除劳动合同而取得的一次性补偿收入征免个人所得税的问题明确如下：

一、对国有企业职工，因企业依照《中华人民共和国企业破产法（试行）》宣告破产，从破产企业取得的一次性安置费收入，免予征收个人所得税。

二、除上述第一条的规定外，国有企业职工与企业解除劳动合同取得的一次性补偿收入，在当地上年企业职工年平均工资的3倍数额内，可免征个人所得税。具体免征标准由各省、自治区、直辖市和计划单列市地方税务局规定。超过该标准的一次性补偿收入，应按照《国家税务总局关于个人因解除劳动合同取得经济补偿金征收个人所得税问题的通知》（国税发[1999]178号）的有关规定，全额计算征收个人所得税。

三、本通知自2000年6月1日起执行。此前规定与本通知规定不一致的，按本通知执行。

【注释】　《个人所得税法》第6条。

国家税务总局关于失业保险费（金）征免个人所得税问题的通知

国税发[2000]83号

为支持失业保险制度的建立和完善，保障失业人员的基本生活，现对城镇企业事业单位及其职工个人缴纳的失业保险费（金）征免个人所得税问题明确如下：

一、城镇企业事业单位及其职工个人按照《失业保险条例》（1999年1月22日国务院令第258号）规定的比例，实际缴付的失业保险费，均不计入职工个人当期的工资、薪金收入，免予征收个人所得税。

本条所称城镇企业，是指国有企业、城镇集体企业、外商投资企业、城镇私营企业以及其他城镇企业。

本条所称职工个人，不包括城镇企业事业单位招用的农民合同制工人。

二、城镇企业事业单位和职工个人超过上述规定的比例缴付失业保险费的，应将其超过规定比例缴付的部分计入职工个人当期的工资、薪金收入、依法计征个人所得税。

三、具备《失业保险条例》规定条件的失业人员，领取的失业保险金，免予征收个人所得税。

四、本通知自2000年6月1日起执行。原政策规定与本通知相抵触的，按本通知规定执行。

【注释】　《个人所得税法》第6条。

财政部　国家税务总局关于随军家属就业有关税收政策的通知

财税[2000]84号

各省、自治区、直辖市、计划单列市财政厅（局）、地方税务局、国家税务局：

为缓解随军家属的就业困难，经国务院、中央军委批准，现对随军家属就业的有关税收政策通知如下：

一、对为安置随军家属就业而新开办的企业，自领取税务登记证之日起，3 年内免征营业税、企业所得税。

二、对从事个体经营的随军家属，自领取税务登记证之日起，3 年内免征营业税和个人所得税。

三、享受税收优惠政策的企业，随军家属必须占企业总人数的 60%（含）以上，并有军（含）以上政治和后勤机关出具的证明；随军家属必须有师以上政治机关出具的可以表明其身份的证明，但税务部门应进行相应的审查认定。

主管税务机关在企业或个人享受免税期间，应按现行有关税收规定，对此类企业进行年度检查，凡不符合条件的，应取消其免税政策。

每一随军家属只能按上述规定，享受一次免税政策。

四、本通知自 2000 年 1 月 1 日起执行。

【注释】 《个人所得税法》第 4 条。

关于个人独资企业和合伙企业投资者征收个人所得税的规定

财税［2000］91 号

第一条 为了贯彻落实《国务院关于个人独资企业和合伙企业征收所得税问题的通知》精神，根据《中华人民共和国个人所得税法》及其实施条例、《中华人民共和国税收征收管理法》及其实施细则的有关规定，特制定本规定。

第二条 本规定所称个人独资企业和合伙企业是指：

（一）依照《中华人民共和国个人独资企业法》和《中华人民共和国合伙企业法》登记成立的个人独资企业、合伙企业；

（二）依照《中华人民共和国私营企业暂行条例》登记成立的独资、合伙性质的私营企业；

（三）依照《中华人民共和国律师法》登记成立的合伙制律师事务所；

（四）经政府有关部门依照法律法规批准成立的负无限责任和无限连带责任的其他个人独资、个人合伙性质的机构或组织。

第三条 个人独资企业以投资者为纳税义务人，合伙企业以每一个合伙人为纳税义务人（以下简称投资者）。

第四条 个人独资企业和合伙企业（以下简称企业）每一纳税年度的收入总额减除成本、费用以及损失后的余额，作为投资者个人的生产经营所得，比照个人所得税法的“个体工商户的生产经营所得”应税项目，适用 5%~35% 的五级超额累进税率，计算征收个人所得税。

前款所称收入总额，是指企业从事生产经营以及与生产经营有关的活动所取得的各项收入，包括商品（产品）销售收入、营运收入、劳务服务收入、工程价款收入、财产出租或转让收入、利息收入、其他业务收入和营业外收入。

第五条 个人独资企业的投资者以全部生产经营所得为应纳税所得额；合伙企业的投资者按照合伙企业的全部生产经营所得和合伙协议约定的分配比例确定应纳税所得额，合伙协议没有约定分配比例的，以全部生产经营所得和合伙人数量平均计算每个投资者的应纳税所得额。

前款所称生产经营所得，包括企业分配给投资者个人的所得和企业当年留存的所得（利润）。

第六条 凡实行查账征税办法的，生产经营所得比照《个体工商户个人所得税计税办法（试行）》（国税发［1997］43 号）的规定确定。但下列项目的扣除依照本办法的规定执行：

（一）投资者的费用扣除标准，由各省、自治区、直辖市地方税务局参照个人所得税法“工资、薪金所得”项目的费用扣除标准确定。投资者的工资不得在税前扣除。

（二）企业从业人员的工资支出按标准在税前扣除，具体标准由各省、自治区、直辖市地方税务局参照企业所得税计税工资标准确定。

（三）投资者及其家庭发生的生活费用不允许在税前扣除。投资者及其家庭发生的生活费用与企业生产经营费用混合在一起，并且难以划分的，全部视为投资者个人及其家庭发生的生活费用，不允许在税前扣除。

（四）企业生产经营和投资者及其家庭生活共用的固定资产，难以划分的，由主管税务机关根据企业的生产经营类型、规模等具体情况，核定准予在税前扣除的折旧费用的数额或比例。

（五）企业实际发生的工会经费、职工福利费、职工教育经费分别在其计税工资总额的2%、14%、1.5%的标准内据实扣除。

（六）企业每一纳税年度发生的广告和业务宣传费用不超过当年销售（营业）收入2%的部分，可据实扣除；超过部分可无限期向以后纳税年度结转。

（七）企业每一纳税年度发生的与其生产经营业务直接相关的业务招待费，在以下规定比例范围内，可据实扣除：全年销售（营业）收入净额在1500万元及其以下的，不超过销售（营业）收入净额的5‰；全年销售（营业）收入净额超过1500万元的，不超过该部分的3‰。

（八）企业计提的各种准备金不得扣除。

第七条　有下列情形之一的，主管税务机关应采取核定征收方式征收个人所得税：

（一）企业依照国家有关规定应当设置但未设置账簿的；

（二）企业虽设置账薄，但账目混乱或者成本资料、收入凭证、费用凭证残缺不全，难以查账的；

（三）纳税人发生纳税义务，未按照规定的期限办理纳税申报，经税务机关责令限期申报，逾期仍不申报的。

第八条　第七条所说核定征收方式，包括定额征收、核定应税所得率征收以及其他合理的征收方式。

第九条　实行核定应税所得率征收方式的，应纳所得税额的计算公式如下：

应纳所得税额＝应纳税所得额×适用税率

应纳所得税额＝收入总额×应税所得率

或　　＝成本费用支出额÷（1－应税所得率）×应税所得率

应税所得率应按下表规定的标准执行：

应税所得率表

行　　业	应税所得率（%）
工业、交通运输业、商业	5～20
建筑业、房地产开发业	7～20
饮食服务业	7～25
娱乐业	20～40
其他行业	10～30

企业经营多业的，无论其经营项目是否单独核算，均应根据其主营项目确定其适用的应税所得率。

第十条　实行核定征税的投资者，不能享受个人所得税的优惠政策。

第十一条　企业与其关联企业之间的业务往来，应当按照独立企业之间的业务往来收取或者支付价款、费用。不按照独立企业之间的业务往来收取或者支付价款、费用，而减少其应纳税所得额的，主管税务机关有权进行合理调整。

前款所称关联企业，其认定条件及税务机关调整其价款、费用的方法，按照《中华人民共和国税收征收管理法》及其实施细则的有关规定执行。

第十二条　投资者兴办两个或两个以上企业的（包括参与兴办，下同），年度终了时，应汇总从所有企业取得的应纳税所得额，据此确定适用税率并计算缴纳应纳税款。

第十三条　投资者兴办两个或两个以上企业的，根据本规定第六条第一款规定准予扣除的个人费用，由投资者选择在其中一个企业的生产经营所得中扣除。

第十四条 企业的年度亏损,允许用本企业下一年度的生产经营所得弥补,下一年度所得不足弥补的,允许逐年延续弥补,但最长不得超过5年。

投资者兴办两个或两个以上企业的,企业的年度经营亏损不能跨企业弥补。

第十五条 投资者来源于中国境外的生产经营所得,已在境外缴纳所得税的,可以按照个人所得税法的有关规定计算扣除已在境外缴纳的所得税。

第十六条 企业进行清算时,投资者应当在注销工商登记之前,向主管税务机关结清有关税务事宜。企业的清算所得应当视为年度生产经营所得,由投资者依法缴纳个人所得税。

前款所称清算所得,是指企业清算时的全部资产或者财产的公允价值扣除各项清算费用、损失、负债、以前年度留存的利润后,超过实缴资本的部分。

第十七条 投资者应纳的个人所得税税款,按年计算,分月或者分季预缴,由投资者在每月或者每季度终了后7日内预缴,年度终了后3个月内汇算清缴,多退少补。

第十八条 企业在年度中间合并、分立、终止时,投资者应当在停止生产经营之日起60日内,向主管税务机关办理当期个人所得税汇算清缴。

第十九条 企业在纳税年度的中间开业,或者由于合并、关闭等原因,使该纳税年度的实际经营期不足12个月的,应当以其实际经营期为一个纳税年度。

第二十条 投资者应向企业实际经营管理所在地主管税务机关申报缴纳个人所得税。投资者从合伙企业取得的生产经营所得,由合伙企业向企业实际经营管理所在地主管税务机关申报缴纳投资者应纳的个人所得税,并将个人所得税申报表抄送投资者。

投资者兴办两个或两个以上企业的,应分别向企业实际经营管理所在地主管税务机关预缴税款。年度终了后办理汇算清缴时,区别不同情况分别处理:

(一)投资者兴办的企业全部是个人独资性质的,分别向各企业的实际经营管理所在地主管税务机关办理年度纳税申报,并依所有企业的经营所得总额确定适用税率,以本企业的经营所得为基础,计算应缴税款,办理汇算清缴;

(二)投资者兴办的企业中含有合伙性质的,投资者应向经常居住地主管税务机关申报纳税,办理汇算清缴,但经常居住地与其兴办企业的经营管理所在地不一致的,应选定其参与兴办的某一合伙企业的经营管理所在地为办理年度汇算清缴所在地,并在5年内不得变更。5年后需要变更的,须经原主管税务机关批准。

第二十一条 投资者在预缴个人所得税时,应向主管税务机关报送《个人独资企业和合伙企业投资者个人所得税申报表》,并附送会计报表。

年度终了后30日内,投资者应向主管税务机关报送《个人独资企业和合伙企业投资者个人所得税申报表》,并附送年度会计决算报表和预缴个人所得税纳税凭证。

投资者兴办两个或两个以上企业的,向企业实际经营管理所在地主管税务机关办理年度纳税申报时,应附注从其他企业取得的年度应纳税所得额;其中含有合伙企业的,应报送汇总从所有企业取得的所得情况的《合伙企业投资者个人所得税汇总申报表》,同时附送所有企业的年度会计决算报表和当年度已缴个人所得税纳税凭证。

第二十二条 投资者的个人所得税征收管理工作由地方税务局负责。

第二十三条 投资者的个人所得税征收管理的其他事项,依照《中华人民共和国税收征收管理法》、《中华人民共和国个人所得税法》的有关规定执行。

第二十四条 本规定由国家税务总局负责解释。各省、自治区、直辖市地方税务局可以根据本规定规定的原则,结合本地实际,制定具体实施办法。

第二十五条 本规定从2000年1月1日起执行。

【注释】 《个人所得税法》第13条。

财政部　国家税务总局财政部　国家税务总局关于对老年服务机构有关税收政策问题的通知

财税[2000]97 号

各省、自治区、直辖市、计划单列市财政厅(局)、国家税务局、地方税务局:

为贯彻中共中央、国务院《关于加强老龄工作的决定》(中发[2000]13 号)精神,现对政府部门和社会力量兴办的老年服务机构有关税收政策问题通知如下:

一、对政府部门和企事业单位、社会团体以及个人等社会力量投资兴办的福利性、非营利性的老年服务机构,暂免征收企业所得税,以及老年服务机构自用房产、土地、车船的房产税、城镇土地使用税、车船使用税。

二、对企事业单位、社会团体和个人等社会力量,通过非营利性的社会团体和政府部门向福利性、非营利性的老年服务机构的捐赠,在缴纳企业所得税和个人所得税前准予全额扣除。

三、本通知所称老年服务机构,是指专门为老年人提供生活照料、文化、护理、健身等多方面服务的福利性、非营利性的机构,主要包括:老年社会福利院、敬老院(养老院)、老年服务中心、老年公寓(含老年护理院、康复中心、托老所)等。

本通知自 2000 年 10 月 1 日起执行。

【注释】　《个人所得税法实施条例》第 24 条。

财政部　国家税务总局关于调整住房租赁市场税收政策的通知

财税[2000]125 号

各省、自治区、直辖市、计划单列市财政厅(局),国家税务局,地方税务局,新疆生产建设兵团:

为了配合国家住房制度改革,支持住房租赁市场的健康发展,经国务院批准,现对住房租赁市场有关税收政策问题通知如下:

一、对按政府规定价格出租的公有住房和廉租住房,包括企业和自收自支事业单位向职工出租的单位自有住房;房管部门向居民出租的公有住房;落实私房政策中带户发还产权并以政府规定租金标准向居民出租的私有住房等,暂免征收房产税、营业税。

二、对个人按市场价格出租的居民住房,其应缴纳的营业税暂减按 3% 的税率征收,房产税暂减按 4% 的税率征收。

三、对个人出租房屋取得的所得暂减按 10% 的税率征收个人所得税。

本通知自 2001 年 1 月 1 日起执行。凡与本通知规定不符的税收政策,一律改按本通知的规定执行。

【注释】　《个人所得税法》第 3 条。

国家税务总局关于律师事务所从业人员取得收入征收个人所得税有关业务问题的通知

国税发[2000]149 号

各省、自治区、直辖市和计划单列市地方税务局:

为了规范和加强律师事务所从业人员个人所得税的征收管理,现将有关问题明确如下:

一、律师个人出资兴办的独资和合伙性质的律师事务所的年度经营所得,从2000年1月1日起,停止征收企业所得税,作为出资律师的个人经营所得,按照有关规定,比照“个体工商户的生产、经营所得”应税项目征收个人所得税。在计算其经营所得时,出资律师本人的工资、薪金不得扣除。

二、合伙制律师事务所应将年度经营所得全额作为基数,按出资比例或者事先约定的比例计算各合伙人应分配的所得,据以征收个人所得税。

三、律师个人出资兴办的律师事务所,凡有《中华人民共和国税收征收管理法》第二十三条所列情形之一的,主管税务机关有权核定出资律师个人的应纳税额。

四、律师事务所支付给雇员(包括律师及行政辅助人员,但不包括律师事务所的投资者,下同)的所得,按“工资、薪金所得”应税项目征收个人所得税。

五、作为律师事务所雇员的律师与律师事务所按规定的比例对收入分成,律师事务所不负担律师办理案件支出的费用(如交通费、资料费、通讯费及聘请人员等费用),律师当月的分成收入按本条第二款的规定扣除办理案件支出的费用后,余额与律师事务所发给的工资合并,按“工资、薪金所得”应税项目计征个人所得税。

律师从其分成收入中扣除办理案件支出费用的标准,由各省级地方税务局根据当地律师办理案件费用支出的一般情况、律师与律师事务所之间的收入分成比例及其他相关参考因素,在律师当月分成收入的30%比例内确定。

六、兼职律师从律师事务所取得工资、薪金性质的所得,律师事务所在代扣代缴其个人所得税时,不再减除个人所得税法规定的费用扣除标准,以收入全额(取得分成收入的为扣除办理案件支出费用后的余额)直接确定适用税率,计算扣缴个人所得税。兼职律师应于次月7日内自行向主管税务机关申报两处或两处以上取得的工资、薪金所得,合并计算缴纳个人所得税。

兼职律师是指取得律师资格和律师执业证书,不脱离本职工作从事律师职业的人员。

七、律师以个人名义再聘请其他人员为其工作而支付的报酬,应由该律师按“劳务报酬所得”应税项目负责代扣代缴个人所得税。为了便于操作,税款可由其任职的律师事务所代为缴入国库。

八、律师从接受法律事务服务的当事人处取得的法律顾问费或其他酬金,均按“劳务报酬所得”应税项目征收个人所得税,税款由支付报酬的单位或个人代扣代缴。

九、律师事务所从业人员个人所得税的征收管理,按照《中华人民共和国个人所得税法》及其实施条例、《中华人民共和国税收征收管理法》及其实施细则和《个人所得税代扣代缴暂行办法》、《个人所得税自行申报纳税暂行办法》等有关法律、法规、规章的规定执行。

十、本通知第一条、第二条、第三条自2000年1月1日起执行,其余自2000年9月1日起执行。各地可根据本通知的规定精神,结合本地实际,制定具体的征管办法。

【注释】 《个人所得税法实施条例》第8条。

国家税务总局关于在中国境内无住所个人以有价证券形式取得工资薪金所得确定纳税义务有关问题的通知

国税函[2000]190号

各省、自治区、直辖市和计划单列市地方税务局:

接一些地区询问,在中国境内无住所的个人先后在一家公司(集团)内的境内、外机构场所(或成员企业)中工作,其在华工作期间以折扣认购股票等有价证券形式取得属于来华之前的工资薪金所得,以及离华后以此形式取得属于在华工作期间的工资薪金所得,如何按照《国家税务总局关于个人认购股票等有价证券而从雇主取得折扣或补贴收入有关征收个人所得税问题的通知》(国税发[1998]009号)的规定征收个人所得税。对此,现明确如下:

根据《中华人民共和国个人所得税法》及其实施条例、政府间税收协定和有关税收规定,在中国境内无住所的个人在华工作期间或离华后以折扣认购股票等有价证券形式取得工资薪金所得,仍应依照劳务发生地原则判定其来源地及纳税义务。上述个人来华后以折扣认购股票等形式收到的工资薪金性质所得，凡能够提供雇佣单位有关工资制度及折扣认购有价证券办法，证明上述所得含有属于该个人来华之前工作所得的，可仅就其中属于在华工作期间的所得征收个人所得税。与此相应，上述个人停止在华履约或执行职务离境后收到的属于在华工作期间的所得，也应确定为来源于我国的所得，但该项工资薪金性质所得未在中国境内的企业或机构、场所负担的，可免予扣缴个人所得税。

【注释】 《个人所得税法实施条例》第7条。

国家税务总局关于明确单位或个人为纳税义务人的劳务报酬所得代付税款计算公式对应税率表的通知

国税发[2000]192号

各省、自治区、直辖市和计划单列市地方税务局：

为了规范单位或个人为纳税人代付劳务报酬所得应纳个人所得税款的计算方法，总局曾先后下发了《国家税务总局关于印发〈征收个人所得税若干问题的规定〉的通知》（国税发[1994]089号）和《国家税务总局关于明确单位或个人为纳税义务人的劳务报酬所得代付税款计算公式的通知》（国税发[1996]161号）。近据一些地方反映，对纳税人取得的不含税（或称由支付所得的单位或个人包税）的劳务报酬收入，如何换算为含税所得计算征税的问题，现行规定不够明确，如果使用国税发[1994]089号文所附“税率表三”所对应的税率和速算扣除数计算又不准确。为了妥善解决这个问题，经研究，现将有关问题通知如下：

一、根据个人所得税法实施条例第十一条的规定精神，不含税劳务报酬收入所对应的税率和速算扣除数为下表所示：

不含税劳务报酬收入额	税　率	速算扣除数
21000元以下的部分	20%	0
超过21000元至49500元的部分	30%	2000
超过49500元的部分	40%	7000

二、单位和个人在计算为纳税人代付劳务报酬所得应纳的税款时，应按国税发[1996]161号文的规定以及本通知第一条规定的不含税收入额所对应的税率和速算扣除数，计算应纳税额。

三、本通知自文到之日起执行。以前未做处理的税务事项和查补税款的计算，适用本通知的规定。

【注释】 《个人所得税法》第6条。

国家税务总局关于行政机关、事业单位工资发放方式改革后扣缴个人所得税问题的通知

国税发[2001]19号

根据目前国家对行政机关、事业单位工资发放方式改为由财政部门（或机关事务管理、人事等部门）统一集中发放的实际情况，为了避免扣缴税款的职责不清而导致税款流失，现将行政机关、事业单位工资发放方式改革后扣缴个人所得税问题明确如下：

一、行政机关、事业单位改革工资发放方式后，随着支付工资所得单位的变化，其扣缴义务人也有所变化。根据《中华人民共和国个人所得税法》第八条的规定，凡是有向个人支付工薪所得行为的财政部门（或机关事务管理、人事等部门）、行政机关、事业单位均为个人所得税的扣缴义务人。

二、财政部门（或机关事务管理、人事等部门）向行政机关、事业单位工作人员发放工资时应依法代扣代缴个人所得税。行政机关、事业单位再向个人支付与任职、受雇有关的其他所得时，应将个人的这部分所得与财政部门（或机关事务管理、人事等部门）发放的工资合并计算应纳税所得额和应纳税额，并就应纳税额与财政部门（或机关事务管理、人事等部门）已扣缴税款的差额部分代扣代缴个人所得税。

三、各地要结合此次行政机关、事业单位工资发放方式的改革，全面办理扣缴登记，准确掌握本地行政机关、事业单位和财政部门（或机关事务管理、人事等部门）的户数，并对所有行政机关、事业单位、财政部门（或机关事务管理、人事等部门）扣缴个人所得税情况认真进行管理和检查，针对存在问题，研究制定进一步加强行政机关、事业单位工薪所得扣缴个人所得税征管工作的措施。

【注释】 《个人所得税法》第8条。

财政部　国家税务总局关于企业等社会力量向红十字事业捐赠有关问题的通知

财税［2001］28号

各省、自治区、直辖市、计划单列市财政厅（局）、国家税务局、地方税务局、红十字会：

为鼓励企业等社会力量向红十字事业的捐赠，财政部、国家税务总局联合下发了《关于企业等社会力量向红十字事业捐赠有关所得税政策问题的通知》（财税［2000］30号）。为更好地贯彻落实此项政策，现就有关问题通知如下：

一、关于“红十字事业”的认定

县级以上（含县级）红十字会，按照《中华人民共和国红十字会法》和《中国红十字会章程》所赋予的职责开展的相关活动为“红十字事业”。具体有以下十项：

（一）红十字会为开展救灾工作兴建和管理备灾救灾设施；自然灾害和突发事件中，红十字会开展的救护和救助活动。

（二）红十字会开展的卫生救护和防病知识的宣传普及；对易发生意外伤害的行业和人群开展的初级卫生救护培训，以及意外伤害、自然灾害的现场救护。

（三）无偿献血的宣传、发动及表彰工作。

（四）中国造血干细胞捐赠者资料库（中华骨髓库）的建设与管理，以及其他有关人道主义服务工作。

（五）各级红十字会兴办的符合红十字会宗旨的社会福利事业；红十字会的人员培训、机关建设等。

（六）红十字青少年工作及其开展的活动。

（七）国际人道主义救援工作。

（八）依法开展的募捐活动。

（九）宣传国际人道主义法、红十字与红新月运动基本原则和《中华人民共和国红十字会法》。

（十）县级以上（含县级）人民政府委托红十字会办理的其他“红十字事业”。

二、对受赠者和转赠者资格的认定

鉴于现阶段各级地方红十字会机构管理体制多元化的情况，为使接受的捐赠真正用于发展红十字事业，维护国家正常的税收秩序，对受赠者、转赠者的资格认定为：

（一）完全具有受赠者、转赠者资格的红十字会

县级以上（含县级）红十字会的管理体制及办事机构、编制经同级编制部门核定，由同级政府领导联系者为完全具有受赠者、转赠者资格的红十字会。捐赠给这些红十字会及其“红十字事业”，捐赠者准予享受在计算缴纳企业所得税和个人所得税时全额扣除的优惠政策。

(二)部分具有受赠和转赠资格的红十字会

由政府某部门代管或挂靠在政府某一部门的县级以上(含县级)红十字会为部分具有受赠者、转赠者资格的红十字会。这些红十字会及其“红十字事业”,只有在中国红十字会总会号召开展重大活动(以总会文件为准)时接受的捐赠和转赠,捐赠者方可享受在计算缴纳企业所得税和个人所得税时全额扣除的优惠政策。除此之外,接受定向捐赠或转赠,必须经中国红十字会总会认可,捐赠者方可享受在计算缴纳企业所得税和个人所得税时全额扣除的优惠政策。

三、接受捐赠的红十字会应按照财务隶属关系分别使用由中央或省级财政部门统一印(监)制的捐赠票据,并加盖接受捐赠或转赠的红十字会的财务专用印章。

四、为增强中国红十字会总会的协调及救助能力,县级以上(含县级)红十字会将接受的捐赠资金(不包括实物部分),按10%的比例逐笔上交中国红十字会总会,上交资金全部用于“红十字事业”。

五、任何组织和个人不得侵占和挪用红十字事业的捐赠。对违反本办法,骗取所得税税前扣除或伪造捐赠票据者,按国家有关法律法规处罚。

【注释】　《个人所得税法实施条例》第24条。

国家税务总局关于代扣代缴储蓄存款利息所得个人所得税手续费收入征免税问题的通知

国税发[2001]31号

各省、自治区、直辖市和计划单列市国家税务局、地方税务局:

近据各地税务部门反映,部分储蓄机构要求明确代扣代缴储蓄存款利息所得个人所得税(以下简称利息税)取得手续费收入的征免税政策。为完善税收政策,进一步加强对利息征税的管理,现将代扣代缴利息税手续费收入的征免税政策明确如下:

一、根据《国务院对储蓄存款利息所得征收个人所得税的实施办法》的规定,储蓄机构代扣代缴利息税,可按所扣税款的2%取得手续费。对储蓄机构取得的手续费收入,应分别按照《中华人民共和国营业税暂行条例》和《中华人民共和国企业所得税暂行条例》的有关规定征收营业税和企业所得税。

二、储蓄机构内从事代扣代缴工作的办税人员取得的扣缴利息税手续费所得免征个人所得税。

【注释】　《个人所得税法》第4条。

国家税务总局关于《关于个人独资企业和合伙企业投资者征收个人所得税的规定》执行口径的通知

国税函[2001]84号

各省、自治区、直辖市和计划单列市地方税务局:

为更好地贯彻落实财政部、国家税务总局《关于印发〈关于个人独资企业和合伙企业投资者征收个人所得税的规定〉的通知》(财税[2000]91号)(以下简称《通知》)精神,切实做好个人独资企业和合伙企业投资者个人所得税的征收管理工作,现对《通知》中有关规定的执行口径明确如下:

一、关于投资者兴办两个或两个以上企业,并且企业全部是独资性质的,其年度终了后汇算清缴时应纳税款的计算问题

投资者兴办两个或两个以上企业,并且企业性质全部是独资的,年度终了后汇算清缴时,应纳税款的计算按以下方法进行:汇总其投资兴办的所有企业的经营所得作为应纳税所得额,以此确定适用税率,计算出全年经营所得的应纳税额，再根据每个企业的经营所得占所有企业经营所得的比例，分别计算出每个企业的应纳税额和应补缴税额。计算公式如下：

应纳税所得额 = ∑各个企业的经营所得

应纳税额 = 应纳税所得额 × 税率 - 速算扣除数

本企业应纳税额 = 应纳税额 × 本企业的经营所得/∑各个企业的经营所得

本企业应补缴的税额 = 本企业应纳税额 - 本企业预缴的税额

二、关于个人独资企业和合伙企业对外投资分回利息、股息、红利的征税问题

个人独资企业和合伙企业对外投资分回的利息或者股息、红利，不并入企业的收入，而应单独作为投资者个人取得的利息、股息、红利所得，按"利息、股息、红利所得"应税项目计算缴纳个人所得税。以合伙企业名义对外投资分回利息或者股息、红利的，应按《通知》所附规定的第五条精神确定各个投资者的利息、股息、红利所得，分别按"利息、股息、红利所得"应税项目计算缴纳个人所得税。

三、关于个人独资企业和合伙企业由实行查账征税方式改为核定征税方式后，未弥补完的年度经营亏损是否允许继续弥补的问题

实行查账征税方式的个人独资企业和合伙企业改为核定征税方式后，在查账征税方式下认定的年度经营亏损未弥补完的部分，不得再继续弥补。

四、关于残疾人员兴办或参与兴办个人独资企业和合伙企业的税收优惠问题

残疾人员投资兴办或参与投资兴办个人独资企业和合伙企业的，残疾人员取得的生产经营所得，符合各省、自治区、直辖市人民政府规定的减征个人所得税条件的，经本人申请、主管税务机关审核批准，可按各省、自治区、直辖市人民政府规定减征的范围和幅度，减征个人所得税。

【注释】 《个人所得税法》第13条；《关于印发〈关于个人独资企业和合伙企业投资者征收个人所得税的规定〉的通知》（财税[2000]91号）。

财政部　国家税务总局关于个人与用人单位解除劳动关系取得的一次性补偿收入征免个人所得税问题的通知

财税[2001]157号

各省、自治区、直辖市、计划单列市财政厅（局）、地方税务局，新疆生产建设兵团财务局：

为进一步支持企业、事业单位、机关、社会团体等用人单位推进劳动人事制度改革，妥善安置有关人员，维护社会稳定，现对个人因与用人单位解除劳动关系而取得的一次性补偿收入征免个人所得税的有关问题通知如下：

一、个人因与用人单位解除劳动关系而取得的一次性补偿收入（包括用人单位发放的经济补偿金、生活补助费和其他补助费用），其收入在当地上年职工平均工资3倍数额以内的部分，免征个人所得税；超过的部分按照《国家税务总局关于个人因解除劳动合同取得经济补偿金征收个人所得税问题的通知》（国税发[1999]178号）的有关规定，计算征收个人所得税。

二、个人领取一次性补偿收入时按照国家和地方政府规定的比例实际缴纳的住房公积金、医疗保险费、基本养老保险费、失业保险费，可以在计征其一次性补偿收入的个人所得税时予以扣除。

三、企业依照国家有关法律规定宣告破产，企业职工从该破产企业取得的一次性安置费收入，免征个人所得税。

本通知自2001年10月1日起执行。以前规定与本通知规定不符的，一律按本通知规定执行。对于此前已发生而尚未进行税务处理的一次性补偿收入也按本通知规定执行。

【注释】 《个人所得税法》第6条。

国家税务总局关于外籍个人取得的探亲费免征个人所得税有关执行标准问题的通知

国税函[2001]336号

各省、自治区、直辖市和计划单列市地方税务局：

近接一些地方反映，根据《国家税务总局关于外籍个人取得有关补贴免征个人所得税执行问题的通知》(国税发[1997]054号)第四条的规定，对外籍个人取得的探亲费免征个人所得税，应由纳税人提供探亲的交通支出凭证(复印件)，由主管税务机关审核，对其实际用于本人探亲，且每年探亲的次数和支付的标准合理的部分给予免税。但在执行中，对如何掌握"每年探亲的次数和支付的标准合理的部分"，要求予以进一步明确，现对此统一规定如下：

一、可以享受免征个人所得税优惠待遇的探亲费，仅限于外籍个人在我国的受雇地与其家庭所在地(包括配偶或父母居住地)之间搭乘交通工具且每年不超过2次的费用。

二、本通知自发文之日起执行，对于此前发生且尚未进行税务处理的探亲费也应按本通知执行。

【注释】　《国家税务总局关于外籍个人取得有关补贴免征个人所得税执行问题的通知》(国税发[1997]054号)。

国家税务总局关于联想集团改制员工取得的用于购买企业国有股权的劳动分红征收个人所得税问题的批复

国税函[2001]832号

北京市地方税务局：

你局《北京市地方税务局关于联想集团改制员工获得国有股权征免个人所得税问题的请示》(京地税个[2001]411号)收悉。来文反映，联想集团经有关部门批准，建立了一套产权激励机制，将多年留存在企业应分配给职工的劳动分红(1.63亿元)，划分给职工个人，用于购买企业的国有股权(35%)，再以职工持股会的形式持有联想集团控股公司的股份。你局提出，对联想集团控股公司职工取得的用于购买企业国有股权的劳动分红，比照《国家税务总局关于企业改组改制过程中个人取得量化资产征收个人所得税问题的通知》(国税发[2000]60号)规定，暂缓征收个人所得税。经研究，现批复如下：

一、该公司职工取得的用于购买企业国有股权的劳动分红，不宜比照国税发[2000]60号文的规定暂缓征收个人所得税。理由是：(一)两者的前提不同。国税发[2000]60号文规定暂缓征税的前提，是集体所有制企业改制为股份合作制，而联想集团改制不符合这一前提。(二)两者的分配方式不同。国税发[2000]60号文规定暂缓征税的分配方式，是在企业改制时将企业的所有资产一次量化给职工个人，而联想集团仅是分配历年留存的劳动分红。

二、联想集团控股公司的做法，实际上是将多年留存在企业应分未分的劳动分红在职工之间进行了分配，职工个人再将分得的部分用于购买企业的国有股权。

三、根据前述事实及个人所得税法有关规定，对联想集团控股公司职工取得的用于购买企业国有股权的劳动分红，应按"工资、薪金所得"项目计征个人所得税，税款由联想集团控股公司代扣代缴。

【注释】　《个人所得税法实施条例》第8条。

国家税务总局关于剧本使用费征收个人所得税问题的通知

国税发[2002]52号

各省、自治区、直辖市和计划单列市地方税务局：

为促进文化事业发展，丰富人民群众文化生活，经研究，现对电影、电视剧剧本作者取得的剧本使用费征收个人所得税的政策调整如下：

对于剧本作者从电影、电视剧的制作单位取得的剧本使用费，不再区分剧本的使用方是否为其任职单位，统一按特许权使用费所得项目计征个人所得税。

本通知自2002年5月1日起执行，《国家税务总局关于影视演职人员个人所得税问题的批复》（国税函[1997]385号）中与本通知精神不符的规定，同时废止。

【注释】 《个人所得税法实施条例》第8条。

国家税务总局关于保险营销员取得收入征收个人所得税有关问题的通知

国税发[2002]98号

各省、自治区、直辖市和计划单列市地方税务局：

随着我国保险业的发展和保险行业竞争的日趋激烈，《国家税务总局关于保险业营销员（非雇员）取得的收入计征个人所得税问题的通知》（国税发[1998]13号）规定的营销员取得收入发生的营销费用税前扣除比例已显偏低，应及时进行调整。为提高保险营销员（非雇员，下同）的展业积极性，现就保险业营销员取得收入计征个人所得税有关问题进一步明确如下：

一、保险业营销员每月取得佣金收入扣除实际缴纳的营业税金及附加后，可按其余额扣除不超过25%的营销费用，再按照个人所得税法规定的费用扣除标准和适用税率计算缴纳个人所得税。

各省、自治区、直辖市和计划单列市地方税务局可根据本地的实际情况，在上述范围内确定具体扣除比例。

二、由于保险公司计算机管理手段比较先进，财务核算较为规范，各地对保险业营销员取得佣金收入一律不得采用核定征税方式计征个人所得税，必须实行查账征收。

三、本通知自2002年8月1日起执行。此前规定与本通知规定相抵触的，按本通知执行。

【注释】 《个人所得税法实施条例》第8条。

财政部　国家税务总局关于开放式证券投资基金有关税收问题的通知

财税[2002]128号

各省、自治区、直辖市、计划单列市财政厅（局）、国家税务局、地方税务局，新疆生产建设兵团财务局：

为支持和积极培育机构投资者，充分利用开放式基金手段，进一步拓宽社会投资渠道，促进证券市场的

健康、稳定发展,经国务院批准,现对中国证监会批准设立的开放式证券投资基金(以下简称基金)的税收问题通知如下:

……

二、关于所得税问题

1. 对基金管理人运用基金买卖股票、债券的差价收入,在2003年底前暂免征收企业所得税。

2. 对个人投资者申购和赎回基金单位取得的差价收入,在对个人买卖股票的差价收入未恢复征收个人所得税以前,暂不征收个人所得税;对企业投资者申购和赎回基金单位取得的差价收入,应并入企业的应纳税所得额,征收企业所得税。

3. 对基金取得的股票的股息、红利收入,债券的利息收入、储蓄存款利息收入,由上市公司、发行债券的企业和银行在向基金支付上述收入时代扣代缴20%的个人所得税;对投资者(包括个人和机构投资者)从基金分配中取得的收入,暂不征收个人所得税和企业所得税。

……

【注释】　《个人所得税法》第4条。

国家税务总局关于个人所得税若干业务问题的批复

国税函[2002]146号

北京市地方税务局:

你局《北京市地方税务局关于个人所得税若干问题的请示》(京地税个[2001]502号)收悉,经研究,现批复如下:

一、关于个人认购股票等有价证券而从雇主取得的折扣或补贴收入计算缴纳个人所得税的问题

个人认购股票等有价证券时,从雇主取得的折扣或补贴收入,应按照《国家税务总局关于个人认购股票等有价证券而从雇主取得的折扣或补贴收入有关征收个人所得税问题的通知》(国税发[1998]9号)的规定进行处理。

二、关于财产租赁所得计算缴纳个人所得税时税前扣除有关税、费的次序问题

个人出租财产取得的财产租赁收入,在计算缴纳个人所得税时,应依次扣除以下费用:

(一)财产租赁过程中缴纳的税费;

(二)由纳税人负担的该出租财产实际开支的修缮费用;

(三)税法规定的费用扣除标准。

三、关于报刊、杂志、出版等单位的职员在本单位的刊物上发表作品、出版图书取得所得征税的问题

(一)任职、受雇于报刊、杂志等单位的记者、编辑等专业人员,因在本单位的报刊、杂志上发表作品取得的所得,属于因任职、受雇而取得的所得,应与其当月工资收入合并,按"工资、薪金所得"项目征收个人所得税。

除上述专业人员以外,其他人员在本单位的报刊、杂志上发表作品取得的所得,应按"稿酬所得"项目征收个人所得税。

(二)出版社的专业作者撰写、编写或翻译的作品,由本社以图书形式出版而取得的稿费收入,应按"稿酬所得"项目计算缴纳个人所得税。

四、关于在校学生参与勤工俭学活动取得的收入征收个人所得税的问题

在校学生因参与勤工俭学活动(包括参与学校组织的勤工俭学活动)而取得属于个人所得税法规定的应税所得项目的所得,应依法缴纳个人所得税。

【注释】　《个人所得税法》第6条;《个人所得税法实施条例》第8条。

国家税务总局关于个人所得税若干政策问题的批复

国税函[2002]629 号

黑龙江省地方税务局:

你局《关于个人所得税有关政策问题的请示》(黑地税发[2002]35 号)收悉,经研究,现批复如下:

一、国家机关、事业单位、企业和其他单位在实行“双薪制”(按照国家有关规定,单位为其雇员多发放一个月的工资)后,个人因此而取得的“双薪”,应单独作为一个月的工资、薪金所得计征个人所得税。对上述“双薪”所得原则上不再扣除费用,应全额作为应纳税所得额按适用税率计算纳税,但如果纳税人取得“双薪”当月的工资、薪金所得不足 800 元的,应以“双薪”所得与当月工资、薪金所得合并减除 800 元后的余额作为应纳税所得额,计算缴纳个人所得税。

二、个人因参加企业的有奖销售活动而取得的赠品所得,应按“偶然所得”项目计征个人所得税。赠品所得为实物的,应以《中华人民共和国个人所得税法实施条例》第十条规定的方法确定应纳税所得额,计算缴纳个人所得税。税款由举办有奖销售活动的企业(单位)负责代扣代缴。

三、个人因从事彩票代销业务而取得所得,应按照“个体工商户的生产、经营所得”项目计征个人所得税。

四、在纳税人享受减免个人所得税优惠政策时,是否须经税务机关审核或批准,应按照以下原则执行:

(一)税收法律、行政法规、部门规章和规范性文件中未明确规定纳税人享受减免税必须经税务机关审批的,且纳税人取得的所得完全符合减免税条件的,无须经主管税务机关审批,纳税人可自行享受减免税。

(二)税收法律、行政法规、部门规章和规范性文件中明确规定纳税人享受减免税必须经税务机关审批的,或者纳税人无法准确判断其取得的所得是否应享受个人所得税减免的,必须经主管税务机关按照有关规定审核。

(三)纳税人有个人所得税法第五条规定情形之一的,必须经主管税务机关批准,方可减征个人所得税。

【注释】 《个人所得税法》第 5 条;《个人所得税法实施条例》第 8 条、第 10 条;其中的 800 元已经修改为 2000 元。

国家税务总局关于个人独资企业个人所得税税前固定资产折旧费扣除问题的批复

国税函[2002]1090 号

辽宁省地方税务局:

你局《关于个人独资企业个人所得税税前固定资产折旧费扣除问题的请示》(辽地税发[2002]99 号)收悉。文中称,辽宁省本溪市原国有企业彩屯煤矿破产后,2000 年 5 月本溪煤炭实业有限公司破产清算组与崔某签定了财产转让合同,崔某以 500 万元买断了彩屯煤矿整体资产,又注入部分资金筹备生产。之后,崔某聘请资产评估所对其买断的企业整体资产进行了评估,评估结果为固定资产原值 16702 万元,净值 5314 万元。2001 年 3 月崔某注册了本溪市彩屯煤矿,性质为个人独资企业,该企业根据以上评估确认的固定资产原值为基数,计提了折旧,计入成本在税前列支,据此进行了个人所得税申报。关于该企业固定资产折旧费如何在税前扣除的问题,经研究,现批复如下:

根据税法规定,个人独资企业在计算缴纳投资者个人所得税时,应遵循历史成本原则,按照购入固定资产的实际支出 500 万元计提固定资产折旧费用,并准予在税前扣除。彩屯煤矿按照固定资产评估价值计提的折旧虽然可以作为企业成本核算的依据,但不允许在税前扣除。

【注释】 《个人所得税法实施条例》第 17 条。

国家税务总局关于转租浅海滩涂使用权收入征收个人所得税问题的批复

国税函[2002]1158号

河北省地方税务局：

你局《河北省地方税务局关于转租浅海滩涂使用权收入征税问题的请示》(冀地税发[2002]75号)收悉。文中称，河北省秦皇岛市石河镇村民丁某于1996年与村委会签定了承包合同，承包部分浅海滩涂，用于海产养殖，承包期为10年。其后，丁某又将其承包的海滩转租给姜某，另外将原海滩的一切设施和剩余的文蛤作价一并转让给姜某。关于丁某转租滩涂使用权取得收入征收个人所得税问题，经研究，现批复如下：

根据《中华人民共和国个人所得税实施条例》第八条规定，个人转租滩涂使用权取得的收入，应按照"财产租赁所得"应税项目征收个人所得税，其每年实际上交村委会的承包费可以在税前扣除；同时，个人一并转让原海滩的设施和剩余文蛤的所得应按照"财产转让所得"应税项目征收个人所得税。

【注释】　《个人所得税法实施条例》第8条。

财政部　国家税务总局关于自主择业的军队转业干部有关税收政策问题的通知

财税[2003]26号

各省、自治区、直辖市、计划单列市财政厅(局)、地方税务局、国家税务局：

为促进军队转业干部自主择业，现将与自主择业的军队转业干部有关的税收政策通知如下：

一、从事个体经营的军队转业干部，经主管税务机关批准，自领取税务登记证之日起，3年内免征营业税和个人所得税。

二、为安置自主择业的军队转业干部就业而新开办的企业，凡安置自主择业的军队转业干部占企业总人数60%(含60%)以上的，经主管税务机关批准，自领取税务登记证之日起，3年内免征营业税和企业所得税。

三、自主择业的军队转业干部必须持有师以上部队颁发的转业证件。

四、本通知自2003年5月1日起执行。

本通知生效前，已经从事个体经营的军队转业干部和符合本通知规定条件的企业，如果已经按[2001]国转联8号文件的规定，享受了税收优惠政策，可以继续执行到期满为止；如果没有享受上述文件规定的税收优惠政策，可自本通知生效之日起，3年内免征营业税、个人所得税、企业所得税。

【注释】　《个人所得税法实施条例》第4条。

财政部　国家税务总局关于医疗机构有关个人所得税政策问题的通知

财税[2003]109号

各省、自治区、直辖市、计划单列市财政厅(局)、国家税务局、地方税务局：

近来一些部门要求明确医疗机构有关征免个人所得税问题。经研究，现明确如下：

一、财政部　国家税务总局《关于医疗卫生机构有关税收政策的通知》(财税[2000]42 号)规定的对非营利的医疗机构按照国家规定的价格取得的医疗服务收入免征各项税收,仅指机构自身的各项税收,不包括个人从医疗机构取得所得应纳的个人所得税。按照《中华人民共和国个人所得税法》(以下简称《个人所得税法》)的规定,个人取得应税所得,应依法缴纳个人所得税。

二、个人因在医疗机构(包括营利性医疗机构和非营利性医疗机构)任职而取得的所得,依据《个人所得税法》的规定,应按照"工资、薪金所得"应税项目计征个人所得税。

对于非典型肺炎疫情发生期间,在医疗机构任职的个人取得的特殊临时性工作补助等所得按照《财政部　国家税务总局关于非典型肺炎疫情发生期间个人取得的特殊临时性工作补助等所得免征个人所得税问题的通知》(财税[2003]101 号)的规定执行。

三、医生或其他个人承包、承租经营医疗机构,经营成果归承包人所有的,依据个人所得税法规定,承包人取得的所得,应按照"对企事业单位的承包经营、承租经营所得"应税项目计征个人所得税。

四、个人投资或个人合伙投资开设医院(诊所)而取得的收入,应依据个人所得税法规定,按照"个体工商户的生产、经营所得"应税项目计征个人所得税。

对残疾人、转业军人、随军家属和下岗职工等投资开设医院(诊所)而取得的收入,仍按现行相关政策执行。

【注释】　《个人所得税法实施条例》第 8 条。

财政部　国家税务总局关于非产权人重新购房征免个人所得税问题的批复

财税[2003]123 号

江苏省地方税务局:

你局《关于个人出售住房所得征收个人所得税有关问题的请示》(苏地税发[2003]11 号)收悉。经研究,批复如下:

个人现自有住房房产证登记的产权人为 1 人,在出售后一年内又以产权人配偶名义或产权人夫妻双方名义按市场价重新购房的,产权人出售住房所得应缴纳的个人所得税,可以按照财政部、国家税务总局、建设部《关于个人出售住房所得征收个人所得税有关问题的通知》(财税字[1999]278 号)第三条的规定,全部或部分予以免税;以其他人名义按市场价重新购房的,产权人出售住房所得应缴纳的个人所得税,不予免税。

【注释】　《个人所得税法》第 4 条。

财政部　国家税务总局关于规范个人投资者个人所得税征收管理的通知

财税[2003]158 号

各省、自治区、直辖市、计划单列市财政厅(局)、国家税务局、地方税务局、新疆生产建设兵团财务局:

为规范个人投资者个人所得税管理,确保依法足额征收个人所得税,现对个人投资者征收个人所得税的有关问题明确如下:

一、关于个人投资者以企业(包括个人独资企业、合伙企业和其他企业)资金为本人、家庭及其相关人员支付消费性支出及购买家庭财产的处理问题。

个人独资企业、合伙企业的个人投资者以企业资金为本人、家庭及其相关人员支付与企业生产经营无关的消费性支出及购买汽车、住房等财产性支出，视为企业对个人投资者的利润分配，并入投资者个人的生产经营所得，依照“个体工商户的生产经营所得”项目计征个人所得税。

除个人独资企业、合伙企业以外的其他企业的个人投资者，以企业资金为本人、家庭成员及其相关人员支付与企业经营无关的消费性支出及购买汽车、住房等财产性支出，视为企业对个人投资者的红利分配，依照“利息、股息、红利所得”项目计征个人所得税。

企业的上述支出不允许在所得税前扣除。

二、关于个人投资者从其投资的企业（个人独资企业、合伙企业除外）借款长期不还的处理问题。

纳税年度内个人投资者从其投资企业（个人独资企业、合伙企业除外）借款，在该纳税年度终了后即不归还，又未用于企业生产经营的，其未归还的借款可视为企业对个人投资者的红利分配，依照“利息、股息、红利所得”项目计征个人所得税。

三、《国家税务总局关于进一步加强对高收入者个人所得税征收管理的通知》（国税发［2001］57 号）中关于对私营有限责任公司的企业所得税后剩余利润、不分配、不投资、挂账达 1 年的，从挂帐的第 2 年起，依照投资者（股东）出资比例计算分配征收个人所得税的规定，同时停止执行。

【注释】　《个人所得税法实施条例》第 8 条。

财政部　国家税务总局关于工商企业订阅党报党刊有关所得税税前扣除问题的通知

财税［2003］224 号

各省、自治区、直辖市、计划单列市国家税务局、地方税务局，新疆生产建设兵团财务局：

根据中共中央办公厅《关于做好 2004 年度〈人民日报〉、〈求是〉杂志发行工作的通知》精神，为鼓励社会力量订阅《人民日报》、《求是》杂志捐赠给贫困地区，实施文化扶贫，现对工商企业订阅党报党刊所得税税前扣除问题通知如下：

对工商企业订阅《人民日报》、《求是》杂志捐赠给贫困地区的费用支出，视同公益救济性捐赠，可按现行《中华人民共和国企业所得税暂行条例》及其实施细则、《中华人民共和国外商投资企业和外国企业所得税法》及其实施细则和《中华人民共和国个人所得税法》及其实施条例规定的比例，在缴纳企业所得税和个人所得税时予以税前扣除。

【注释】　《个人所得税法实施条例》第 24 条。

国家税务总局关于加强企业债券利息个人所得税代扣代缴工作的通知

国税函［2003］612 号

各省、自治区、直辖市和计划单列市地方税务局：

为进一步加强企业债券利息个人所得税征收管理工作，保证税款及时足额入库，经研究，现就企业债券利息个人所得税征管问题通知如下：

一、企业债券利息个人所得税统一由各兑付机构在向持有债券的个人兑付利息时负责代扣代缴，就地入库。各兑付机构应按照个人所得税法的有关规定做好代扣代缴个人所得税工作。

二、各级税务机关应加强对各兑付机构个人所得税代扣代缴工作的管理，保证税款及时足额入库。

三、本通知从文到之日起执行。

【注释】　《个人所得税法》第 8 条。

财政部 国家税务总局关于企业以免费旅游方式提供对营销人员个人奖励有关个人所得税政策的通知

财税[2004]11号

各省、自治区、直辖市计划单列市财政厅(局)、地方税务局,新疆生产建设兵团财务局:

近来,部分地区财税部门来函反映,一些企业和单位通过组织免费培训班、研讨会、工作考察等形式奖励营销业绩突出人员的现象比较普遍,要求国家对此类奖励如何征收个人所得税政策问题予以进一步明确。经研究,现就企业和单位以免费培训班、研讨会、工作考察等形式提供个人营销业绩奖励有关个人所得税政策明确如下:

按照我国现行个人所得税法律法规有关规定,对商品营销活动中,企业和单位对营销业绩突出人员以培训班、研讨会、工作考察等名义组织旅游活动,通过免收差旅费、旅游费对个人实行的营销业绩奖励(包括实物、有价证卷等),应根据所发生费用全额计入营销人员应税所得,依法征收个人所得税,并由提供上述费用的企业和单位代扣代缴。其中,对企业雇员享受的此类奖励,应与当期的工资薪金合并,按照"工资、薪金所得"项目征收个人所得税;对其他人员享受的此类奖励,应作为当期的劳务收入,按照"劳务报酬所得"项目征收个人所得税。

上述规定自文发之日起执行。

【注释】 《个人所得税法实施条例》第8条。

财政部 国家税务总局关于教育税收政策的通知

财税[2004]39号

各省、自治区、直辖市、计划单列市财政厅(局)、国家税务局、地方税务局,新疆生产建设兵团财务局:

为了进一步促进教育事业发展,经国务院批准,现将有关教育的税收政策通知如下:

……

11. 对个人取得的教育储蓄存款利息所得,免征个人所得税;对省级人民政府、国务院各部委和中国人民解放军军以上单位,以及外国组织、国际组织颁布的教育方面的奖学金,免征个人所得税;高等学校转化职务科技成果以股份或出资比例等股权形式给与个人奖励,获奖人在取得股份、出资比例时,暂不缴纳个人所得税;取得按股份、出资比例分红或转让股权、出资比例所得时,依法缴纳个人所得税。

……

六、本通知自2004年1月1日起执行,此前规定与本通知不符的,以本通知为准。

【注释】 《个人所得税法》第4条;《个人所得税法实施条例》第24条。

国家税务总局关于取消及下放外商投资企业和外国企业以及外籍个人若干税务行政审批项目的后续管理问题的通知

国税发[2004]80号

各省、自治区、直辖市和计划单列市国家税务局、地方税务局:

为贯彻落实《国务院关于第三批取消和调整行政审批项目的决定》(国发[2004]16号)的规定,现就国发[2004]16 号文件规定取消及下放的外商投资企业和外国企业(以下简称企业)以及外籍个人若干税务行政审批项目的后续管理工作通知如下:

……

十三、取消外籍纳税人固定在一地申报缴纳个人所得税审批的后续管理

根据《国家税务总局关于印发〈征收个人所得税若干问题的规定〉的通知》(国税发[1994]089 号)第十条的规定,外籍纳税人临时来华在我国几地工作或提供劳务的,可以提出申请,经批准后,可以固定在一地申报纳税。取消上述审批后,外籍纳税人临时来华在我国几地工作或提供劳务的,统一按纳税人在税法规定的申报纳税日期时所在实际工作地为申报纳税地,即:在某一地达到申报纳税日期的,即在该地申报纳税。

十四、取消外籍个人住房、伙食等补贴免征个人所得税审批的后续管理

根据《财政部、国家税务总局关于个人所得税若干政策问题的通知》(财税字[1994]020 号)第二条、《国家税务总局关于外籍个人取得有关补贴征免个人所得税执行问题的批复》(国税发[1997]54 号)的规定,外籍个人以非现金或实报实销形式取得的住房补贴、伙食补贴、洗衣费、搬迁费、出差补贴、探亲费、语言训练费、子女教育费等补贴,由纳税人提供有关凭证,主管税务机关核准后给予免征个人所得税。取消上述核准后,外籍个人取得上述补贴收入,在申报缴纳或代扣代缴个人所得税时,应按国税发[1997]54 号的规定提供有关有效凭证及证明资料。主管税务机关应按照国税发[1997]54 号的要求,就纳税人或代扣代缴义务人申报的有关补贴收入逐项审核。对其中有关凭证及证明资料,不能证明其上述免税补贴的合理性的,主管税务机关应要求纳税人或代扣代缴义务人在限定的时间内,重新提供证明材料。凡未能提供有效凭证及证明资料的补贴收入,主管税务机关有权给予纳税调整。

十五、取消外籍个人在中国期间取得来华之前的工资薪金所得不予征税审批的后续管理

根据《国家税务总局关于×××大连事务所外籍雇员取得数月奖金确定纳税义务问题的批复》(国税函[1997]546 号)第一条的规定,在我国境内无住所的个人来华后一次性取得数月奖金,凡能提供雇佣单位有关奖励制度规定,证明上述数月奖金含有属于来华之前在我国境外工作月份相应奖金的,经当地主管税务机关核准后,不予征收个人所得税。取消上述核准后,在我国境内无住所的个人取得上述数月奖金,在申报纳税时,应就取得的上述不予征税的奖金做出说明,并附送雇佣单位有关奖励制度,证明其上述奖金有属于来我国之前在我国境外工作月份奖金的,可以扣除并不予征税。否则,税务机关有权进行纳税调整。

十六、取消个人认购股票等有价证券分期纳税审批的后续管理

根据《国家税务总局关于个人认购股票等有价证券而从雇主取得折扣或补贴收入有关征收个人所得税问题的通知》(国税发[1998]009 号)第二条的规定,个人认购股票等有价证券而从雇主取得折扣或补贴收入,在计算缴纳个人所得税时,因一次收入较多,全部计入当月工资、薪金所得计算纳税有困难的,可以报经主管税务机关批准后,在不超过六个月的期限内,平均分月计算纳税。取消上述批准后,个人取得上述收入,如果数额较大,可由个人自行选择,在不超过六个月的期限内,平均分月计入个人工资、薪金所得计算缴纳个人所得税,同时在纳税申报时应做出说明。个人就上述计算纳税期限一经选定,不得变更。

……

十八、本通知自 2004 年 7 月 1 日起执行。本通知执行前发生的尚未完成审批的事项,仍按原规定执行。

【注释】　《国家税务总局关于印发〈征收个人所得税若干问题的规定〉的通知》(国税发[1994]089 号)。

财政部　国家税务总局关于扶持城镇退役士兵自谋职业有关税收优惠政策的通知

财税[2004]93 号

各省、自治区、直辖市、计划单列市财政厅(局)、国家税务局、地方税务局,新疆生产建设兵团财务局:

为更好地扶持城镇退役士兵自谋职业,根据《国务院办公厅转发民政部等部门关于扶持城镇退役士兵

自谋职业优惠政策意见的通知》(国办发[2004]10 号)的精神,现就城镇退役士兵自谋职业有关税收政策通知如下:

……

三、对自谋职业的城镇退役士兵在《国务院办公厅转发民政部等部门关于扶持城镇退役士兵自谋职业优惠政策意见的通知》(国办发[2004]10 号)下发后从事下列行业的,可以享受如下税收优惠政策:

1. 从事个体经营(除建筑业、娱乐业以及广告业、桑拿、按摩、网吧、氧吧外)的,自领取税务登记证之日起,3 年内免征营业税、城市维护建设税、教育费附加和个人所得税。

2. 从事开发荒山、荒地、荒滩、荒水的,从有收入年度开始,3 年内免征农业税。

3. 从事种植、养殖业的,其应缴纳的个人所得税按照国家有关种植、养殖业个人所得税的规定执行。

……

本《通知》所称自谋职业的城镇退役士兵是指符合城镇安置条件,并与安置地民政部门签订《退役士兵自谋职业协议书》,领取《城镇退役士兵自谋职业证》的士官和义务兵。

五、上述优惠政策自 2004 年 1 月 1 日起执行,此前已征税款予以退还。

六、本《通知》下发之后,现行有关劳动就业服务企业的税收优惠政策以及其他扶持就业的税收优惠政策,仍按原规定执行。如果企业既适用本《通知》规定的优惠政策,又适用原有的优惠政策,企业可选择适用最优惠的政策,但不能累加执行。

七、自谋职业的城镇退役士兵享受有关税收优惠政策的具体办法由国家税务总局、民政部另行制定。

【注释】 《个人所得税法》第 4 条。

国家税务总局关于在中国境内无住所的个人执行税收协定和个人所得税法若干问题的通知

国税发[2004]97 号

各省、自治区、直辖市和计划单列市国家税务局、地方税务局,局内各单位:

根据《中华人民共和国个人所得税法》(以下简称税法)及其实施细则和我国与有关国家或地区签订的税收协定或安排(以下称协定或安排)的有关规定,现就在我国境内无住所的个人若干税收政策执行问题,通知如下:

一、关于判定纳税义务时如何计算在中国境内居住天数问题

对在中国境内无住所的个人,需要计算确定其在中国境内居住天数,以便依照税法和协定或安排的规定判定其在华负有何种纳税义务时,均应以该个人实际在华逗留天数计算。上述个人入境、离境、往返或多次往返境内外的当日,均按一天计算其在华实际逗留天数。

二、关于对个人入、离境当日如何计算在中国境内实际工作期间的问题

对在中国境内、境外机构同时担任职务或仅在境外机构任职的境内无住所个人,在按《国家税务总局关于在中国境内无住所的个人计算缴纳个人所得税若干具体问题的通知》(国税函发[1995]125 号)第一条的规定计算其境内工作期间时,对其入境、离境、往返或多次往返境内外的当日,均按半天计算为在华实际工作天数。

三、关于对不同纳税义务的个人计算应纳税额的适用公式问题

对分别按照《国家税务总局关于在中国境内无住所的个人取得工资薪金所得纳税义务问题的通知》(国税发[1994]148 号)第二条至第五条规定判定负有纳税义务的个人,在计算其应纳税额时,分别适用以下公式:

(一)按国税发[1994]148 号第二条规定负有纳税义务的个人应适用下述公式:

$$\text{应纳税额} = \left[\frac{\text{当月境内外工资}}{\text{薪金应纳税所得额}} \times \frac{\text{适用}}{\text{税率}} - \frac{\text{速　算}}{\text{扣除数}}\right] \times \frac{\text{当月境内支付工资}}{\text{当月境内外支付工资总额}} \times \frac{\text{当月境内工作天数}}{\text{当月天数}}$$

(二)按国税发[1994]148号第三条规定负有纳税义务的个人仍应适用国税发[1994]148号第六条规定的下述公式：

$$\text{应纳税额}=\left[\frac{\text{当月境内外工资}}{\text{薪金应纳税所得额}}\times\text{适用税率}-\text{速算扣除数}\right]\times\frac{\text{当月境内工作天数}}{\text{当月天数}}$$

(三)按国税发[1994]148号第四条或第五条规定负有纳税义务的个人应适用国税函发[1995]125号第四条规定的下述公式：

$$\text{应纳税额}=\left[\frac{\text{当月境内外工资}}{\text{薪金应纳税所得额}}\times\text{适用税率}-\text{速算扣除数}\right]\times\left[1-\frac{\text{当月境内支付工资}}{\text{当月境内外支付工资总额}}\times\frac{\text{当月境内工作天数}}{\text{当月天数}}\right]$$

如果上款所述各类个人取得的是日工资薪金或者不满一个月工资薪金，均仍应按照国税发[1994]148号文第六条第二款的规定换算为月工资后，按照上述公式计算其应纳税额。

四、关于企业高层管理人员适用协定或安排条款的问题

在中国境内无住所的个人担任中国境内企业高层管理职务的，该个人所在国或地区与我国签订的协定或安排中的董事费条款中，未明确表述包括企业高层管理人员的，对其取得的报酬可按该协定或安排中有关非独立个人劳务条款和国税发[1994]148号第二、三、四条的规定，判定纳税义务。

在中国境内无住所的个人担任中国境内企业高层管理职务同时又担任企业董事，或者虽名义上不担任董事但实际上享有董事权益或履行董事职责的，其从该中国境内企业取得的报酬，包括以董事名义取得的报酬和以高层管理人员名义取得的报酬，均仍应适用协定或安排中有关董事费条款和国税发[1994]148号第五条的有关规定，判定纳税义务。

五、本通知自2004年7月1日起执行。以前规定与本通知规定不一致的，以本通知规定为准。

【注释】 《个人所得税法实施条例》第24条。

国家税务总局关于国际组织驻华机构、外国政府驻华使领馆和驻华新闻机构雇员个人所得税征收方式的通知

国税函[2004]808号

各省、自治区、直辖市和计划单列市地方税务局：

为加强个人所得税征收管理，防止税收流失，根据《中华人民共和国个人所得税法》和《中华人民共和国税收征收管理法》有关规定，现对在国际组织驻华机构、外国政府驻华使领馆和外国驻华新闻机构中工作的中方雇员和外籍雇员个人所得税管理问题明确如下：

一、根据《维也纳外交关系公约》和国际组织有关章程规定，对于在国际组织驻华机构、外国政府驻华使领馆中工作的中方雇员和在外国驻华新闻机构的中外籍雇员，均应按照《中华人民共和国个人所得税法》规定缴纳个人所得税。

二、根据国际惯例，在国际组织驻华机构、外国政府驻华使领馆中工作的非外交官身份的外籍雇员，如是"永久居留"者，亦应在驻在国缴纳个人所得税，但由于我国税法对"永久居留"者尚未作出明确的法律定义和解释，因此，对于仅在国际组织驻华机构和外国政府驻华使领馆中工作的外籍雇员，暂不征收个人所得税。

在中国境内，若国际驻华机构和外国政府驻华使领馆中工作的外交人员、外籍雇员在该机构或使领馆之外，从事非公务活动所取得的收入，应缴纳个人所得税。

三、根据《中华人民共和国个人所得税法》规定，对于在国际组织驻华机构和外国政府驻华使领馆中工作的中方雇员的个人所得税，应以直接支付所得的单位或者个人作为代扣代缴义务人，考虑到国际组织驻华机构和外国政府驻华使领馆的特殊性，各级地方税务机关可暂不要求国际组织驻华机构和外国政府驻华使领馆履行个人所得税代扣代缴义务。

四、鉴于北京外交人员服务局和各省(市)省级人民政府指定的外事服务单位等机构,通过一定途径能够掌握在国际组织驻华机构、外国政府驻华使领馆工作的中方雇员受雇情况,根据《中华人民共和国税收征收管理法实施细则》第四十四条规定,各主管税务机关可委托外交人员服务机构代征上述中方雇员的个人所得税。各主管税务机关要加强与外事服务单位联系,及时办理国际组织驻华机构和外国政府驻华使领馆中方雇员个人所得税委托代征手续。

五、接受委托代征个人所得税的各外事服务单位应采取有效措施,掌握国际组织驻华机构和外国政府驻华使领馆中方雇员受雇及收入情况,严格依照法律规定征收解缴税款,并按月向主管税务机关通报有关信息。

六、北京、上海、广东、四川等有外国驻当地新闻媒体机构的省(市)地方税务局应定期向省级人民政府外事办公室索要《外国驻华新闻媒体名册》,了解、掌握外国驻当地新闻媒体机构以及外籍人员变动情况,并据此要求上述驻华新闻机构做好中外籍记者、雇员个人所得税扣缴工作。

【注释】 《个人所得税法》第 8 条。

国家税务总局关于调整个人取得全年一次性奖金等计算征收个人所得税方法问题的通知

国税发[2005]9 号

各省、自治区、直辖市和计划单列市地方税务局,局内各单位:

为了合理解决个人取得全年一次性奖金征税问题,经研究,现就调整征收个人所得税的有关办法通知如下:

一、全年一次性奖金是指行政机关、企事业单位等扣缴义务人根据其全年经济效益和对雇员全年工作业绩的综合考核情况,向雇员发放的一次性奖金。

上述一次性奖金也包括年终加薪、实行年薪制和绩效工资办法的单位根据考核情况兑现的年薪和绩效工资。

二、纳税人取得全年一次性奖金,单独作为一个月工资、薪金所得计算纳税,并按以下计税办法,由扣缴义务人发放时代扣代缴:

(一)先将雇员当月内取得的全年一次性奖金,除以 12 个月,按其商数确定适用税率和速算扣除数。

如果在发放年终一次性奖金的当月,雇员当月工资薪金所得低于税法规定的费用扣除额,应将全年一次性奖金减除“雇员当月工资薪金所得与费用扣除额的差额”后的余额,按上述办法确定全年一次性奖金的适用税率和速算扣除数。

(二)将雇员个人当月内取得的全年一次性奖金,按本条第(一)项确定的适用税率和速算扣除数计算征税,计算公式如下:

1. 如果雇员当月工资薪金所得高于(或等于)税法规定的费用扣除额的,适用公式为:

$$\text{应纳税额} = \text{雇员当月取得全年一次性奖金} \times \text{适用税率} - \text{速算扣除数}$$

2. 如果雇员当月工资薪金所得低于税法规定的费用扣除额的,适用公式为:

$$\text{应纳税额} = \left(\begin{matrix}\text{雇员当月取得} \\ \text{全年一次性奖金}\end{matrix} - \begin{matrix}\text{雇员当月工资薪金} \\ \text{所得与费用扣除额的差额}\end{matrix}\right) \times \text{适用税率} - \text{速算扣除数}$$

三、在一个纳税年度内,对每一个纳税人,该计税办法只允许采用一次。

四、实行年薪制和绩效工资的单位,个人取得年终兑现的年薪和绩效工资按本通知第二条、第三条执行。

五、雇员取得除全年一次性奖金以外的其它各种名目奖金,如半年奖、季度奖、加班奖、先进奖、考勤奖等,一律与当月工资、薪金收入合并,按税法规定缴纳个人所得税。

六、对无住所个人取得本通知第五条所述的各种名目奖金,如果该个人当月在我国境内没有纳税义务,或者该个人由于出入境原因导致当月在我国工作时间不满一个月的,仍按照《国家税务总局关于在我国境内无住所的个人取得奖金征税问题的通知》(国税发[1996]183号)计算纳税。

七、本通知自2005年1月1日起实施,以前规定与本通知不一致的,按本通知规定执行。《国家税务总局关于在中国境内有住所的个人取得奖金征税问题的通知》(国税发[1996]206号)和《国家税务总局关于企业经营者试行年薪制后如何计征个人所得税的通知》(国税发[1996]107号)同时废止。

【注释】《个人所得税法》第6条。

财政部　国家税务总局关于个人股票期权所得征收个人所得税问题的通知

财税[2005]35号

各省、自治区、直辖市、计划单列市财政厅(局)、地方税务局:

为适应企业(包括内资企业、外商投资企业和外国企业在中国境内设立的机构场所)薪酬制度改革,加强个人所得税征管,现对企业员工(包括在中国境内有住所和无住所的个人)参与企业股票期权计划而取得的所得征收个人所得税问题通知如下:

一、关于员工股票期权所得征税问题

实施股票期权计划企业授予该企业员工的股票期权所得,应按《中华人民共和国个人所得税法》及其实施条例有关规定征收个人所得税。

企业员工股票期权(以下简称股票期权)是指上市公司按照规定的程序授予本公司及其控股企业员工的一项权利,该权利允许被授权员工在未来时间内以某一特定价格购买本公司一定数量的股票。

上述"某一特定价格"被称为"授予价"或"施权价",即根据股票期权计划可以购买股票的价格,一般为股票期权授予日的市场价格或该价格的折扣价格,也可以是按照事先设定的计算方法约定的价格;"授予日",也称"授权日",是指公司授予员工上述权利的日期;"行权",也称"执行",是指员工根据股票期权计划选择购买股票的过程;员工行使上述权利的当日为"行权日",也称"购买日"。

二、关于股票期权所得性质的确认及其具体征税规定

(一)员工接受实施股票期权计划企业授予的股票期权时,除另有规定外,一般不作为应税所得征税。

(二)员工行权时,其从企业取得股票的实际购买价(施权价)低于购买日公平市场价(指该股票当日的收盘价,下同)的差额,是因员工在企业的表现和业绩情况而取得的与任职、受雇有关的所得,应按"工资、薪金所得"适用的规定计算缴纳个人所得税。

对因特殊情况,员工在行权日之前将股票期权转让的,以股票期权的转让净收入,作为工资薪金所得征收个人所得税。

员工行权日所在期间的工资薪金所得,应按下列公式计算工资薪金应纳税所得额:

股票期权形式的工资薪金应纳税所得额=(行权股票的每股市场价-员工取得该股票期权支付的每股施权价)×股票数量

(三)员工将行权后的股票再转让时获得的高于购买日公平市场价的差额,是因个人在证券二级市场上转让股票等有价证券而获得的所得,应按照"财产转让所得"适用的征免规定计算缴纳个人所得税。

(四)员工因拥有股权而参与企业税后利润分配取得的所得,应按照"利息、股息、红利所得"适用的规定计算缴纳个人所得税。

三、关于工资薪金所得境内外来源划分

按照《国家税务局关于在中国境内无住所个人以有价证券形式取得工资薪金所得确定纳税义务有关问题的通知》(国税函[2000]190号)有关规定,需对员工因参加企业股票期权计划而取得的工资薪金所得确定境内或境外来源的,应按照该员工据以取得上述工资薪金所得的境内、外工作期间月份数比例计算划分。

四、关于应纳税款的计算

(一)认购股票所得(行权所得)的税款计算。员工因参加股票期权计划而从中国境内取得的所得,按本通知规定应按工资薪金所得计算纳税的,对该股票期权形式的工资薪金所得可区别于所在月份的其他工资薪金所得,单独按下列公式计算当月应纳税款:

$$应纳税额 = \left(\frac{股票期权形式的工资薪金应纳税所得额}{规定月份数} \times 适用税率 - 速算扣除数 \right) \times 规定月份数$$

上款公式中的规定月份数,是指员工取得来源于中国境内的股票期权形式工资薪金所得的境内工作期间月份数,长于12个月的,按12个月计算;上款公式中的适用税率和速算扣除数,以股票期权形式的工资薪金应纳税所得额除以规定月份数后的商数,对照《国家税务总局关于印发〈征收个人所得税若干问题〉的通知》(国税发[1994]089号)所附税率表确定。

(二)转让股票(销售)取得所得的税款计算。对于员工转让股票等有价证券取得的所得,应按现行税法和政策规定征免个人所得税。即:个人将行权后的境内上市公司股票再行转让而取得的所得,暂不征收个人所得税;个人转让境外上市公司的股票而取得的所得,应按税法的规定计算应纳税所得额和应纳税额,依法缴纳税款。

(三)参与税后利润分配取得所得的税款计算。员工因拥有股权参与税后利润分配而取得的股息、红利所得,除依照有关规定可以免税或减税的外,应全额按规定税率计算纳税。

五、关于征收管理

(一)扣缴义务人。实施股票期权计划的境内企业为个人所得税的扣缴义务人,应按税法规定履行代扣代缴个人所得税的义务。

(二)自行申报纳税。员工从两处或两处以上取得股票期权形式的工资薪金所得和没有扣缴义务人的,该个人应在个人所得税法规定的纳税申报期限内自行申报缴纳税款。

(三)报送有关资料。实施股票期权计划的境内企业,应在股票期权计划实施之前,将企业的股票期权计划或实施方案、股票期权协议书、授权通知书等资料报送主管税务机关;应在员工行权之前,将股票期权行权通知书和行权调整通知书等资料报送主管税务机关。

扣缴义务人和自行申报纳税的个人在申报纳税或代扣代缴税款时,应在税法规定的纳税申报期限内,将个人接受或转让的股票期权以及认购的股票情况(包括种类、数量、施权价格、行权价格、市场价格、转让价格等)报送主管税务机关。

(四)处罚。实施股票期权计划的企业和因股票期权计划而取得应税所得的自行申报员工,未按规定报送上述有关报表和资料,未履行申报纳税义务或者扣缴税款义务的,按《中华人民共和国税收征收管理法))及其实施细则的有关规定进行处理。

六、关于执行时间

本通知自2005年7月1日起执行。《国家税务总局关于个人认购股票等有价证券而从雇主取得折扣或补贴收入有关征收个人所得税问题的通知》》(国税发[1998]9号)的规定与本通知不一致的,按本通知规定执行。

【注释】 《个人所得税法》第6条;《个人所得税法实施条例》第8条。补充规定:《国家税务总局关于个人股票期权所得缴纳个人所得税有关问题的补充通知》(国税函[2006]902号)。

财政部　国家税务总局关于城镇房屋拆迁有关税收政策的通知

财税[2005]45号

各省、自治区、直辖市、计划单列市财政厅(局)、地方税务局,新疆生产建设兵团财务局:

经国务院批准,现将城镇房屋拆迁有关税收政策通知如下:

一、对被拆迁人按照国家有关城镇房屋拆迁管理办法规定的标准取得的拆迁补偿款,免征个人所得税。

二、对拆迁居民因拆迁重新购置住房的,对购房成交价格中相当于拆迁补偿款的部分免征契税,成交价格超过拆迁补偿款的,对超过部分征收契税。

【注释】 《个人所得税法》第4条。

财政部　国家税务总局关于个人所得税有关问题的批复

财税[2005]94 号

江苏省财政厅、地方税务局：

你局《关于个人所得税有关问题的请示》(苏地税发[2005]52 号)收悉。经研究，批复如下：

一、关于单位为个人办理补充养老保险退保后个人所得税及企业所得税的处理问题。单位为职工个人购买商业性补充养老保险等，在办理投保手续时应作为个人所得税的“工资、薪金所得”项目，按税法规定缴纳个人所得税；因各种原因退保，个人未取得实际收入的，已缴纳的个人所得税应予以退回。

二、关于个人提供担保取得收入征收个人所得税问题。个人为单位或他人提供担保获得报酬，应按照个人所得税法规定的“其他所得”项目缴纳个人所得税，税款由支付所得的单位或个人代扣代缴。

【注释】　《个人所得税法实施条例》第 8 条。

财政部　国家税务总局关于股息红利个人所得税有关政策的通知

财税[2005]102 号

各省、自治区、直辖市、计划单列市财政厅(局)、国家税务局、地方税务局，新疆生产建设兵团财务局：

为促进资本市场发展，经国务院批准，现将个人所得税股息红利所得有关税收政策问题通知如下：

一、对个人投资者从上市公司取得的股息红利所得，暂减按 50% 计入个人应纳税所得额，依照现行税法规定计征个人所得税。

二、上述规定自文发之日起执行。

【注释】　《个人所得税法》第 3 条；补充规定：《财政部　国家税务总局关于股息红利有关个人所得税政策的补充通知》(财税[2005]107 号)。

财政部　国家税务总局关于股权分置试点改革有关税收政策问题的通知

财税[2005]103 号

各省、自治区、直辖市、计划单列市财政厅(局)、国家税务局、地方税务局，新疆生产建设兵团财务局，财政部驻各省、自治区、直辖市、计划单列市财政监察专员办事处：

为促进资本市场发展和股市全流通，推动股权分置改革试点的顺利实施，经国务院批准，现就股权分置试点改革中有关税收政策问题通知如下：

一、股权分置改革过程中因非流通股股东向流通股股东支付对价而发生的股权转让，暂免征收印花税。

二、股权分置改革中非流通股股东通过对价方式向流通股股东支付的股份、现金等收入，暂免征收流通股股东应缴纳的企业所得税和个人所得税。

三、上述规定自文发之日起开始执行。

【注释】　《个人所得税法》第 4 条。

财政部　国家税务总局关于股息红利有关个人所得税政策的补充通知

财税[2005]107 号

各省、自治区、直辖市、计划单列市财政厅(局)、国家税务局、地方税务局,新疆生产建设兵团财务局:

为进一步规范股息红利税收政策,加强税收征管,现将个人所得税股息红利所得减免税政策有关执行口径问题通知如下:

一、财税[2005]102 号文下发之日后(含当日)上市公司实际派发的股息红利所得,按照财税[2005]102 号文规定的减征个人所得税政策执行。

符合上述规定的上市公司,已按股息红利全额计算扣缴个人所得税的,可按财税[2005]102 号文规定的减税政策将多扣缴的税款退还个人投资者;税款已缴入国库的,由财税部门按规定程序办理退税,并由扣缴义务人退还个人投资者。

二、对证券投资基金从上市公司分配取得的股息红利所得,按照财税[2005]102 号文规定,扣缴义务人在代扣代缴个人所得税时,减按 50% 计算应纳税所得额。

三、财税[2005]102 号文所称上市公司是指在上海证券交易所、深圳证券交易所挂牌交易的上市公司。

【注释】 《个人所得税法》第 3 条;补充规定:《财政部　国家税务总局关于股息红利个人所得税有关政策的通知》(财税[2005]102 号)。

个人所得税管理办法

国税发[2005]120 号

第一章　总　　则

第一条　为了进一步加强和规范税务机关对个人所得税的征收管理,促进个人所得税征管的科学化、精细化,不断提高征管效率和质量,根据《中华人民共和国个人所得税法》(以下简称税法)、《中华人民共和国税收征收管理法》(以下简称征管法)及有关税收法律法规规定,制定本办法。

第二条　加强和规范个人所得税征管,要着力健全管理制度,完善征管手段,突出管理重点。即要建立个人收入档案管理制度、代扣代缴明细账制度、纳税人与扣缴义务人向税务机关双向申报制度、与社会各部门配合的协税制度;尽快研发应用统一的个人所得税管理信息系统,充分利用信息技术手段加强个人所得税管理;切实加强高收入者的重点管理、税源的源泉管理、全员全额管理。

第二章　个人收入档案管理制度

第三条　个人收入档案管理制度是指,税务机关按照要求对每个纳税人的个人基本信息、收入和纳税信息以及相关信息建立档案,并对其实施动态管理的一项制度。

第四条　省以下(含省级)各级税务机关的管理部门应当按照规定逐步对每个纳税人建立收入和纳税档案,实施“一户式”的动态管理。

第五条　省以下(含省级)各级税务机关的管理部门应区别不同类型纳税人,并按以下内容建立相应的基础信息档案:

(一)雇员纳税人(不含股东、投资者、外籍人员)的档案内容包括:姓名、身份证照类型、身份证照号码、学历、职业、职务、电子邮箱地址、有效联系电话、有效通信地址、邮政编码、户籍所在地、扣缴义务人编码、是否重点纳税人。

（二）非雇员纳税人（不含股东、投资者）的档案内容包括：姓名、身份证照类型、身份证照号码、电子邮箱地址、有效联系电话、有效通信地址（工作单位或家庭地址）、邮政编码、工作单位名称、扣缴义务人编码、是否重点纳税人。

（三）股东、投资者（不含个人独资、合伙企业投资者）的档案内容包括：姓名、国籍、身份证照类型、身份证照号码、有效通讯地址、邮政编码、户籍所在地、有效联系电话、电子邮箱地址、公司股本（投资）总额、个人股本（投资）额、扣缴义务人编码、是否重点纳税人。

（四）个人独资、合伙企业投资者、个体工商户、对企事业单位的承包承租经营人的档案内容包括：姓名、身份证照类型、身份证照号码、个体工商户（或个人独资企业、合伙企业、承包承租企事业单位）名称，经济类型、行业、经营地址、邮政编码、有效联系电话、税务登记证号码、电子邮箱地址、所得税征收方式（核定、查账）、主管税务机关、是否重点纳税人。

（五）外籍人员（含雇员和非雇员）的档案内容包括：纳税人编码、姓名（中、英文）、性别、出生地（中、英文）、出生年月、境外地址（中、英文）、国籍或地区、身份证照类型、身份证照号码、居留许可号码（或台胞证号码、回乡证号码）、劳动就业证号码、职业、境内职务、境外职务、入境时间、任职期限、预计在华时间、预计离境时间、境内任职单位名称及税务登记证号码、境内任职单位地址、邮政编码、联系电话、其他任职单位（也应包括地址、电话、联系方式）名称及税务登记证号码、境内受聘或签约单位名称及税务登记证号码、地址、邮政编码、联系电话、境外派遣单位名称（中、英文）、境外派遣单位地址（中、英文）、支付地（包括境内支付还是境外支付）、是否重点纳税人。

第六条 纳税人档案的内容来源于：

（一）纳税人税务登记情况。

（二）《扣缴个人所得税报告表》和《支付个人收入明细表》。

（三）代扣代收税款凭证。

（四）个人所得税纳税申报表。

（五）社会公共部门提供的有关信息。

（六）税务机关的纳税检查情况和处罚记录。

（七）税务机关掌握的其他资料及纳税人提供的其他信息资料。

第七条 税务机关应对档案内容适时进行更新和调整；并根据本地信息化水平和征管能力提高的实际，以及个人收入的变化等情况，不断扩大档案管理的范围，直至实现全员全额管理。

第八条 税务机关应充分利用纳税人档案资料，加强个人所得税管理。定期对重点纳税人、重点行业和企业的个人档案资料进行比对分析和纳税评估，查找税源变动情况和原因，及时发现异常情况，采取措施堵塞征管漏洞。

第三章 代扣代缴明细账制度

第九条 代扣代缴明细账制度是指，税务机关依据个人所得税法和有关规定，要求扣缴义务人按规定报送其支付收入的个人所有的基本信息、支付个人收入和扣缴税款明细信息以及其他相关涉税信息，并对每个扣缴义务人建立档案，为后续实施动态管理打下基础的一项制度。

第十条 税务机关应按照税法及相关法律、法规的有关规定，督促扣缴义务人按规定设立代扣代缴税款账簿，正确反映个人所得税的扣缴情况。

第十一条 扣缴义务人申报的纳税资料，税务机关应严格审查核实。对《扣缴个人所得税报告表》和《支付个人收入明细表》没有按每一个人逐栏逐项填写的，或者填写内容不全的，主管税务机关应要求扣缴义务人重新填报。已实行信息化管理的，可以将《支付个人收入明细表》并入《扣缴个人所得税报告表》。

《扣缴个人所得税报告表》填写实际缴纳了个人所得税的纳税人的情况；《支付个人收入明细表》填写支付了应税收入，但未达到纳税标准的纳税人的情况。

第十二条 税务机关应将扣缴义务人报送的支付个人收入情况与其同期财务报表交叉比对，发现不符的，应要求其说明情况，并依法查实处理。

第十三条 税务机关应对每个扣缴义务人建立档案，其内容包括：扣缴义务人编码、扣缴义务人名称、税务(注册)登记证号码、电话号码、电子邮件地址、行业、经济类型、单位地址、邮政编码、法定代表人(单位负责人)和财务主管人员姓名及联系电话、税务登记机关、登记证照类型、发照日期、主管税务机关、应纳税所得额(按所得项目归类汇总)、免税收入、应纳税额(按所得项目归类汇总)、纳税人数、已纳税额、应补(退)税额、减免税额、滞纳金、罚款、完税凭证号等。

第十四条 扣缴义务人档案的内容来源于:

(一)扣缴义务人扣缴税款登记情况。

(二)《扣缴个人所得税报告表》和《支付个人收入明细表》。

(三)代扣代收税款凭证。

(四)社会公共部门提供的有关信息。

(五)税务机关的纳税检查情况和处罚记录。

(六)税务机关掌握的其他资料。

第四章 纳税人与扣缴义务人向税务机关双向申报制度

第十五条 纳税人与扣缴义务人向税务机关双向申报制度是指,纳税人与扣缴义务人按照法律、行政法规规定和税务机关依法律、行政法规所提出的要求,分别向主管税务机关办理纳税申报,税务机关对纳税人和扣缴义务人提供的收入、纳税信息进行交叉比对、核查的一项制度。

第十六条 对税法及其实施条例,以及相关法律、法规规定纳税人必须自行申报的,税务机关应要求其自行向主管税务机关进行纳税申报。

第十七条 税务机关接受纳税人、扣缴义务人的纳税申报时,应对申报的时限、应税项目、适用税率、税款计算及相关资料的完整性和准确性进行初步审核,发现有误的,应及时要求纳税人、扣缴义务人修正申报。

第十八条 税务机关应对双向申报的内容进行交叉比对和评估分析,从中发现问题并及时依法处理。

第五章 与社会各部门配合的协税制度

第十九条 与社会各部门配合的协税制度是指,税务机关应建立与个人收入和个人所得税征管有关的各部门的协调与配合的制度,及时掌握税源和与纳税有关的信息,共同制定和实施协税、护税措施,形成社会协税、护税网络。

第二十条 税务机关应重点加强与以下部门的协调配合:公安、检察、法院、工商、银行、文化体育、财政、劳动、房管、交通、审计、外汇管理等部门。

第二十一条 税务机关通过加强与有关部门的协调配合,着重掌握纳税人的相关收入信息。

(一)与公安部门联系,了解中国境内无住所个人出入境情况及在中国境内的居留暂住情况,实施阻止欠税人出境制度,掌握个人购车等情况。

(二)与工商部门联系,了解纳税人登记注册的变化情况和股份制企业股东及股本变化等情况。

(三)与文化体育部门联系,掌握各种演出、比赛获奖等信息,落实演出承办单位和体育单位的代扣代缴义务等情况。

(四)与房管部门联系,了解房屋买卖、出租等情况。

(五)与交通部门联系,了解出租车、货运车以及运营等情况。

(六)与劳动部门联系,了解中国境内无住所个人的劳动就业情况。

第二十二条 税务机关应积极创造条件,逐步实现与有关部门的相关信息共享或定期交换。

第二十三条 各级税务机关应当把大力宣传和普及个人所得税法知识、不断提高公民的依法纳税意识作为一项长期的基础性工作予以高度重视,列入重要议事日程,并结合征管工作的要求、社会关注的热点和本地征管的重点,加强与上述部门的密切配合。制定周密的宣传工作计划,充分利用各种宣传媒体和途径、采取灵活多样的方式进行个人所得税宣传。

第六章 加快信息化建设

第二十四条 各级税务机关应在金税工程三期的总体框架下,按照“一体化”要求和“统筹规划、统一标准,突出重点、分布实施,整合资源、讲究实效,加强管理、保证安全”的原则,进一步加快个人所得税征管信息化建设,以此提高个人所得税征管质量和效率。

第二十五条　按照一体化建设的要求,个人所得税与其他税种具有共性的部分,由核心业务系统统一开发软件,个人所得税个性的部分单独开发软件。根据个人所得税特点,总局先行开发个人所得税代扣代缴(扣缴义务人端)和基础信息管理(税务端)两个子系统。

第二十六条　代扣代缴(扣缴义务人端)系统的要求是:

(一)为扣缴义务人提供方便快捷的报税工具。

(二)可以从扣缴义务人现有的财务等软件中导入相关信息。

(三)自动计算税款,自动生成各种报表。

(四)支持多元化的申报方式。

(五)方便扣缴义务人统计、查询、打印。

(六)提供《代扣代收税款凭证》打印功能。

(七)便于税务机关接受扣缴义务人的明细扣缴申报,准确全面掌握有关基础数据资料。

第二十七条　基础信息管理系统(税务端)的要求是:

(一)建立个人收入纳税一户式档案,用于汇集扣缴义务人、纳税人的基础信息、收入及纳税信息资料。

(二)传递个人两处以上取得的收入及纳税信息给征管环节。

(三)从一户式档案中筛选高收入个人、高收入行业、重点纳税人、重点扣缴义务人,并实施重点管理。

(四)通过对纳税人收入、纳税相关信息进行汇总比对,判定纳税人申报情况的真实性。

(五)通过设定各类统计指标、口径和运用统计结果,为加强个人所得税管理和完善政策提供决策支持。

(六)建立与各部门的数据应用接口,为其他税费征收提供信息。

(七)按规定打印《中华人民共和国个人所得税完税证明》,为纳税人提供完税依据。

第二十八条　省级税务机关应做好现有个人所得税征管软件的整合工作。省级及以下各级税务机关原则上不应再自行开发个人所得税征管软件。

第七章　加强高收入者的重点管理

第二十九条　税务机关应将下列人员纳入重点纳税人范围:金融、保险、证券、电力、电信、石油、石化、烟草、民航、铁道、房地产、学校、医院、城市供水供气、出版社、公路管理、外商投资企业和外国企业、高新技术企业、中介机构、体育俱乐部等高收入行业人员;民营经济投资者、影视明星、歌星、体育明星、模特等高收入个人;临时来华演出人员。

第三十条　各级税务机关应从下列人员中,选择一定数量的个人作为重点纳税人,实施重点管理:

(一)收入较高者。

(二)知名度较高者。

(三)收入来源渠道较多者。

(四)收入项目较多者。

(五)无固定单位的自由职业者。

(六)对税收征管影响较大者。

第三十一条　各级税务机关对重点纳税人应实行滚动动态管理办法,每年都应根据本地实际情况,适时增补重点纳税人,不断扩大重点纳税人管理范围,直至实现全员全额管理。

第三十二条　税务机关应对重点纳税人按人建立专门档案,实行重点管理,随时跟踪其收入和纳税变化情况。

第三十三条　各级税务机关应充分利用建档管理掌握的重点纳税人信息,定期对重点纳税人的收入、纳税情况进行比对、评估分析,从中发现异常问题,及时采取措施堵塞管理漏洞。

第三十四条　省级(含计划单列市)税务机关应于每年7月底以前和次年1月底以前,分别将所确定的重点纳税人的半年和全年的基本情况及收入、纳税等情况,用Excel表格的形式填写《个人所得税重点纳税人收入和纳税情况汇总表》报送国家税务总局(所得税管理司)。

第三十五条 各级税务机关应强化对个体工商户、个人独资企业和合伙企业投资者以及独立从事劳务活动的个人的个人所得税征管。

(一)积极推行个体工商户、个人独资企业和合伙企业建账工作,规范财务管理,健全财务制度;有条件的地区应使用税控装置加强对纳税人的管理和监控。

(二)健全和完善核定征收工作,对账证不全、无法实行查账征收的纳税人,按规定实行核定征收,并根据纳税人经营情况及时进行定额调整。

(三)加强税务系统的协作配合,实现信息共享,建立健全个人所得税情报交流和异地协查制度,互通信息,解决同一个投资者在两处或两处以上投资和取得收入合并缴纳个人所得税的监控难题。

(四)加强个人投资者从其投资企业借款的管理,对期限超过一年又未用于企业生产经营的借款,严格按照有关规定征税。

(五)要严格对个人投资的企业和个体工商户税前扣除的管理,定期进行检查。对个人投资者以企业资金为本人、家庭成员及其相关人员支付的与生产经营无关的消费性、财产性支出,严格按照规定征税。

(六)加强对从事演出、广告、讲课、医疗等人员的劳务报酬所得的征收管理,全面推行预扣预缴办法,从源泉上加强征管。

第三十六条 税务机关要加强对重点纳税人、独立纳税人的专项检查,严厉打击涉税违法犯罪行为。各地每年应当通过有关媒体公开曝光2至3起个人所得税违法犯罪案件。

第三十七条 税务机关要重视和加强重点纳税人、独立纳税人的个人所得税日常检查,及时发现征管漏洞和薄弱环节,制定和完善征管制度、办法。日常检查由省级以下税务机关的征管和税政部门共同组织实施。

实施日常检查应当制定计划,并按规定程序进行,防止多次、重复检查,防止影响纳税人的生产经营。

第八章　加强税源的源泉管理

第三十八条 税务机关应严格税务登记管理制度,认真开展漏征漏管户的清理工作,摸清底数。

第三十九条 税务机关应按照有关要求建立和健全纳税人、扣缴义务人的档案,切实加强个人所得税税源管理。

第四十条 税务机关应继续做好代扣代缴工作,提高扣缴质量和水平:

(一)要继续贯彻落实已有的个人所得税代扣代缴工作制度和办法,并在实践中不断完善提高。

(二)要对本地区所有行政、企事业单位、社会团体等扣缴义务人进行清理和摸底,在此基础上按照纳税档案管理的指标建立扣缴义务人台账或基本账户,对其实行跟踪管理。

(三)配合全员全额管理,推行扣缴义务人支付个人收入明细申报制度。

(四)对下列行业应实行重点税源管理:金融、保险、证券、电力、电信、石油、石化、烟草、民航、铁道、房地产、学校、医院、城市供水供气、出版社、公路管理、外商投资企业、高新技术企业、中介机构、体育俱乐部等高收入行业;连续3年(含3年)为零申报的代扣代缴单位(以下简称长期零申报单位)。

(五)对重点税源管理的行业、单位和长期零申报单位,应将其列为每年开展专项检查的重点对象,或对其纳税申报材料进行重点审核。

第四十一条 各级税务机关应充分利用与各部门配合的协作制度,从公安、工商、银行、文化、体育、房管、劳动、外汇管理等社会公共部门获取税源信息。

第四十二条 各级税务机关应利用从有关部门获取的信息,加强税源管理、进行纳税评估。税务机关应定期分析税源变化情况,对变动较大等异常情况,应及时分析原因,采取相应管理措施。

第四十三条 各级税务机关在加强查帐征收工作的基础上,对符合征管法第三十五条规定情形的,采取定期定额征收和核定应税所得率征收,以及其它合理的办法核定征收个人所得税。

对共管个体工商户的应纳税经营额由国家税务局负责核定。

第四十四条 主管税务机关在确定对纳税人的核定征收方式后,要选择有代表性的典型户进行调查,在此基础上确定应纳税额。典型调查面不得低于核定征收纳税人的3%。

第九章　加强全员全额管理

第四十五条 全员全额管理是指,凡取得应税收入的个人,无论收入额是否达到个人所得税的纳税标准，均应就其取得的全部收入，通过代扣代缴和个人申报，全部纳入税务机关管理。

第四十六条 各级税务机关应本着先扣缴义务人后纳税人，先重点行业、企业和纳税人后一般行业、企业和纳税人，先进"笼子"后规范的原则，积极稳妥地推进全员全额管理工作。

第四十七条 各级税务机关要按照规定和要求，尽快建立个人收入档案管理制度、代扣代缴明细账制度、纳税人与扣缴义务人向税务机关双向申报制度、与社会各部门配合的协税制度，为实施全员全额管理打下基础。

第四十八条 各级税务机关应积极创造条件，并根据金税工程三期的总体规划和有关要求，依托信息化手段，逐步实现全员全额申报管理，并在此基础上，为每个纳税人开具完税凭证（证明）。

第四十九条 税务机关应充分利用全员全额管理掌握的纳税人信息、扣缴义务人信息、税源监控信息、有关部门、媒体提供的信息、税收管理人员实地采集的信息等，依据国家有关法律和政策法规的规定，对自行申报纳税人纳税申报情况和扣缴义务人扣缴税情况的真实性、准确性进行分析、判断，开展个人所得税纳税评估，提高全员全额管理的质量。

第五十条 税务机关应加强个人独资和合伙企业投资者、个体工商户、独立劳务者等无扣缴义务人的独立纳税人的基础信息和税源管理工作。

第五十一条 个人所得税纳税评估应按"人机结合"的方式进行，其基本原理和流程是：根据当地居民收入水平及其变动、行业收入水平及其变动等影响个人所得税的相关因素，建立纳税评估分析系统；根据税收收入增减额、增减率或行业平均指标模型确定出纳税评估的重点对象；对纳税评估对象进行具体评估分析，查找锁定引起该扣缴义务人或者纳税人个人所得税变化的具体因素；据此与评估对象进行约谈，要求其说明情况并纠正错误，或者交由稽查部门实施稽查，并进行后续的重点管理。

第五十二条 税务机关应按以下范围和来源采集纳税评估的信息：

（一）信息采集的范围

1. 当地职工年平均工资、月均工资水平。
2. 当地分行业职工年平均工资、月均工资水平。
3. 当地分行业资金利润率。
4. 企业财务报表相关数据。
5. 股份制企业分配股息、红利情况。
6. 其他有关数据。

（二）信息采集的来源

1. 税务登记的有关信息。
2. 纳税申报的有关信息。
3. 会计报表有关信息。
4. 税控收款装置的有关信息。
5. 中介机构出具的审计报告、评估报告的信息。
6. 相关部门、媒体提供的信息。
7. 税收管理人员到纳税户了解采集的信息。
8. 其他途径采集的纳税人和扣缴义务人与个人所得税征管有关的信息。

第五十三条 税务机关应设置纳税评估分析指标、财务分析指标、业户不良记录评析指标，通过分析确定某一期间个人所得税的总体税源发生增减变化的主要行业、主要企业、主要群体，确定纳税评估重点对象。个人所得税纳税评估的程序、指标、方法等按照总局《纳税评估管理办法》（试行）及相关规定执行。

第五十四条 个人所得税纳税评估主要从以下项目进行：

（一）工资、薪金所得，应重点分析工资总额增减率与该项目税款增减率对比情况，人均工资增减率与人均该项目税款增减率对比情况，税款增减率与企业利润增减率对比分析，同行业、同职务人员的收入和纳税情况对比分析。

（二）利息、股息、红利所得，应重点分析当年该项目税款与上年同期对比情况，该项目税款增减率与企业利润增减率对比情况，企业转增个人股本情况，企业税后利润分配情况。

（三）个体工商户的生产、经营所得（含个人独资企业和合伙企业），应重点分析当年与上年该项目税款对比情况,该项目税款增减率与企业利润增减率对比情况;税前扣除项目是否符合现行政策规定;是否连续多个月零申报;同地区、同行业个体工商户生产、经营所得的税负对比情况。

(四)对企事业单位的承包经营、承租经营所得,应重点分析当年与上年该项目税款对比情况,该项目税款增减率与企业利润增减率对比情况,其行业利润率、上缴税款占利润总额的比重等情况;是否连续多个月零申报;同地区、同行业对企事业单位的承包经营、承租经营所得的税负对比情况。

(五)劳务报酬所得,应重点分析纳税人取得的所得与过去对比情况,支付劳务费的合同、协议、项目情况,单位白条列支劳务报酬情况。

(六)其他各项所得,应结合个人所得税征管实际,选择有针对性的评估指标进行评估分析。

第十章　附　　则

第五十五条　储蓄存款利息所得的个人所得税管理办法,另行制定。

第五十六条　此前规定与本办法不一致的,按本办法执行。

第五十七条　本办法未尽事宜按照税收法律、法规以及相关规定办理。

第五十八条　本办法由国家税务总局负责解释,各省、自治区、直辖市和计划单列市税务局可根据本办法制定具体实施意见。

第五十九条　本办法自2005年10月1日起执行。

【注释】　《个人所得税法》第13条。

国家税务总局关于纳税人收回转让的股权征收个人所得税问题的批复

国税函[2005]130号

四川省地方税务局:

你局《关于纳税人收回转让的股权是否退还已纳个人所得税问题的请示》(川地税发[2004]126号)收悉。经研究,现批复如下:

一、根据《中华人民共和国个人所得税法》(以下简称个人所得税法)及其实施条例和《中华人民共和国税收征收管理法》(以下简称征管法)的有关规定,股权转让合同履行完毕、股权已作变更登记,且所得已经实现的,转让人取得的股权转让收入应当依法缴纳个人所得税。转让行为结束后,当事人双方签订并执行解除原股权转让合同、退回股权的协议,是另一次股权转让行为,对前次转让行为征收的个人所得税款不予退回。

二、股权转让合同未履行完毕,因执行仲裁委员会作出的解除股权转让合同及补充协议的裁决、停止执行原股权转让合同,并原价收回已转让股权的,由于其股权转让行为尚未完成、收入未完全实现,随着股权转让关系的解除,股权收益不复存在,根据个人所得税法和征管法的有关规定,以及从行政行为合理性原则出发,纳税人不应缴纳个人所得税。

【注释】　《个人所得税法》第4条。

个人所得税全员全额扣缴申报管理暂行办法

国税发[2005]205号

第一条　为加强个人所得税征收管理,规范扣缴义务人的代扣代缴行为,维护纳税人和扣缴义务人的合法权益,根据《中华人民共和国个人所得税法》(以下简称税法)及其实施条例、《中华人民共和国税收征收管理法》(以下简称征管法)及其实施细则和其他法律、法规的规定,制定本办法。

第二条　扣缴义务人必须依法履行个人所得税全员全额扣缴申报义务。

第三条　本办法所称个人所得税全员全额扣缴申报(以下简称扣缴申报),是指扣缴义务人向个人支付应税所得时,不论其是否属于本单位人员、支付的应税所得是否达到纳税标准,扣缴义务人应当在代扣税款的次月内,向主管税务机关报送其支付应税所得个人(以下简称个人)的基本信息、支付所得项目和数额、扣缴税款数额以及其他相关涉税信息。

本办法所称扣缴义务人,是指向个人支付应税所得的单位和个人。

第四条　实行个人所得税全员全额扣缴申报的应税所得包括:

(一)工资、薪金所得;

(二)劳务报酬所得;

(三)稿酬所得;

(四)特许权使用费所得;

(五)利息、股息、红利所得;

(六)财产租赁所得;

(七)财产转让所得;

(八)偶然所得;

(九)经国务院财政部门确定征税的其他所得。

第五条　扣缴义务人应向主管税务机关报送个人的以下基础信息:姓名、身份证照类型及号码、职务、户籍所在地、有效联系电话、有效通信地址及邮政编码等。

对下列个人,扣缴义务人还应加报有关信息:

(一)非雇员(不含股东、投资者):工作单位名称等;

(二)股东、投资者:公司股本(投资)总额、个人股本(投资)额等;

(三)在中国境内无住所的个人(含雇员和非雇员):外文姓名、国籍或地区、出生地(中、外文)、居留许可号码(或台胞证号码、回乡证号码)、劳动就业证号码、职业、境内职务、境外职务、入境时间、任职期限、预计在华时间、预计离境时间、境内任职单位名称及税务登记证号码、境内任职单位地址和邮政编码及联系电话、境外派遣单位名称(中、外文)、境外派遣单位地址(中、外文)、支付地(包括境内支付和境外支付)等。

储蓄机构向储户支付的储蓄存款利息所得、证券兑付机构向企业债券持有人兑付的企业债券利息所得和上市公司向股民支付的股息、红利所得,可暂报送以下信息:姓名、身份证照类型及号码、支付的利息(股息、红利)所得、扣缴税款等。

各地应根据这些基础信息和管理工作的要求,制定《个人基础信息登记表》,并要求扣缴义务人填报。

第六条　扣缴义务人在进行初次扣缴申报时,应报送第五条所述个人的基础信息。个人及基础信息发生变化时,扣缴义务人应在次月扣缴申报时,将变更信息报送主管税务机关。

第七条　扣缴义务人在扣缴税款时,应按每个人逐栏逐项填写《扣缴个人所得税报告表》、《支付个人收入明细表》。

《扣缴个人所得税报告表》填写实际缴纳了个人所得税的个人情况。《支付个人收入明细表》填写支付了应税所得,但未达到纳税标准的个人情况。

已实行扣缴申报信息化管理的,可以将《支付个人收入明细表》并入《扣缴个人所得税报告表》。

第八条　扣缴义务人在税法规定的期限内解缴代扣税款时,应向主管税务机关报送《扣缴个人所得税报告表》、《支付个人收入明细表》和个人基础信息。但同时报送有困难的,应最迟在扣缴税款的次月底前报送。

第九条　扣缴义务人应设立代扣代缴个人所得税款备查簿,正确反映扣缴个人所得税情况。

第十条　主管税务机关应严格审核扣缴义务人的扣缴申报资料。对《扣缴个人所得税报告表》和《支付个人收入明细表》没有按每一个人逐栏逐项填写的,或者填写不准确的,应要求扣缴义务人重新填报。

第十一条　扣缴义务人可以直接到税务机关办理扣缴申报,也可以按照规定采取邮寄、数据电文或者其他方式办理扣缴申报。

第十二条　扣缴义务人不能按期报送《扣缴个人所得税报告表》、《支付个人收入明细表》和个人基础信息,需要延期申报的,应按征管法的有关规定办理。

第十三条 扣缴义务人代扣税款时,纳税人要求扣缴义务人开具代扣税款凭证的,扣缴义务人应当开具。扣缴义务人应在开具代扣税款凭证的次月扣缴申报时,将开具代扣税款凭证的底联一并报送主管税务机关。

第十四条 主管税务机关应按照"一户式"管理的要求,对每个扣缴义务人建立档案,其内容包括:

(一)扣缴义务人编码、扣缴义务人名称、登记证照类型、税务登记证号码、电话号码、电子邮件地址、行业、经济类型、单位地址、邮政编码、法定代表人(单位负责人)和财务主管人员姓名及联系电话、税务登记机关、税务登记日期、主管税务机关;

(二)全年的职工人数、纳税人数及汇总的应纳税所得额(按所得项目归类汇总)、免税收入、应纳税额(按所得项目归类汇总)、减免税额、已扣税额、应补(退)税额、滞纳金、罚款等。

第十五条 主管税务机关应以个人身份证照号码或个人纳税编码为标识,归集个人的基础信息、收入及纳税信息,逐人建立个人收入与纳税档案。

第十六条 税务机关应于年度终了3个月内,为已经实行扣缴申报后的个人按其全年实际缴纳的个人所得税额开具《中华人民共和国个人所得税完税证明》。

第十七条 税务机关应根据所掌握的涉税信息,定期对扣缴义务人扣缴申报和个人自行纳税申报的情况进行交叉稽核、分析评估。

第十八条 扣缴义务人未按照规定设置、保管代扣代缴税款账簿或者保管代扣代缴税款记账凭证及有关资料的,依照征管法第六十一条的规定给予相应处罚。

第十九条 扣缴义务人未按照规定的期限向主管税务机关报送《扣缴个人所得税报告表》、《支付个人收入明细表》和个人基础信息等有关情况的,依照征管法第六十二条的规定给予相应处罚。

第二十条 税务机关应依法为扣缴义务人和个人的情况保密。对未为扣缴义务人和个人保密的,对直接负责的主管人员和其他直接责任人员,由所在单位或者有关单位依法给予行政处分。

第二十一条 其他税收违法行为,按照法律、法规的有关规定处理。

第二十二条 税务机关应加强对扣缴义务人和个人的税法宣传、政策辅导和咨询服务。

第二十三条 各省、自治区、直辖市和计划单列市国家税务局、地方税务局可以根据本办法,结合本地实际,制定具体实施办法,并报国家税务总局备案。

第二十四条 本办法由国家税务总局负责解释。

第二十五条 本办法从2006年1月1日起执行。此前规定与本办法有抵触或不一致的,按本办法执行。

【注释】 《个人所得税法实施条例》第37条。

国家税务总局关于个人所得税纳税人纳税申报有关事项的通知

国税发[2005]207号

各省、自治区、直辖市和计划单列市国家税务局、地方税务局:

根据十届全国人大常委会第十八次会议《关于修改〈中华人民共和国个人所得税法〉的决定》和《国务院关于修改〈中华人民共和国个人所得税法实施条例〉的决定》,现就纳税人办理个人所得税纳税申报的有关事项通知如下:

一、纳税人2005年度从中国境内两处或两处以上取得工资、薪金所得和从中国境外取得所得的,以及取得应税所得但没有扣缴义务人的,应按现行有关规定向主管税务机关办理纳税申报。

二、纳税人2005年度所得12万元以上的,除本通知第一条规定的情形外,无需办理纳税申报。已纳入当地税务机关对高收入者管理范围的,按当地税务机关的规定执行。

三、纳税人自2006年1月1日起,当年取得所得12万元以上的,应认真记录各项收入信息,按规定于次年3月底前向主管税务机关申报年度全部所得。

【注释】 《个人所得税法实施条例》第37条。

国家税务总局关于单位为员工支付有关保险缴纳个人所得税问题的批复

国税函[2005]318 号

黑龙江省地方税务局：

你局《关于代扣代缴单位为员工支付保险有关缴纳个人所得税问题的请示》(黑地税发[2005]19 号)收悉。经研究，现批复如下：

依据《中华人民共和国个人所得税法》及有关规定，对企业为员工支付各项免税之外的保险金，应在企业向保险公司缴付时(即该保险落到被保险人的保险账户)并入员工当期的工资收入，按“工资、薪金所得”项目计征个人所得税，税款由企业负责代扣代缴。

【注释】　《个人所得税法实施条例》第 8 条。

国家税务总局关于企业为股东个人购买汽车征收个人所得税的批复

国税函[2005]364 号

辽宁省地方税务局：

你局《关于企业利用资金为股东个人购买汽车征收个人所得税问题的请示》(辽地税发[2005]19 号)收悉。经研究，批复如下：

一、依据《中华人民共和国个人所得税法》以及有关规定，企业购买车辆并将车辆所有权办到股东个人名下，其实质为企业对股东进行了红利性质的实物分配，应按照“利息、股息、红利所得”项目征收个人所得税。考虑到该股东个人名下的车辆同时也为企业经营使用的实际情况，允许合理减除部分所得，减除的具体数额由主管税务机关根据车辆的实际使用情况合理确定。

二、依据《中华人民共和国企业所得税暂行条例》以及有关规定，上述企业为个人股东购买的车辆，不属于企业的资产，不得在企业所得税前扣除折旧。

【注释】　《个人所得税法实施条例》第 8 条。

国家税务总局关于个人兼职和退休人员再任职取得收入如何计算征收个人所得税问题的批复

国税函[2005]382 号

厦门市地方税务局：

你局《关于个人兼职和退休人员再任职取得收入如何计算征收个人所得税问题的请示》(厦地税发[2005]34 号)收悉。经研究，批复如下：

根据《中华人民共和国个人所得税法》(以下简称个人所得税法)、《国家税务总局关于印发〈征收个人所得税若干问题的规定〉的通知》(国税发[1994]089 号)和《国家税务总局关于影视演职人员个人所得税问题的批复》(国税函[1997]385 号)的规定精神，个人兼职取得的收入应按照“劳务报酬所得”应税项目缴纳个人所得税；退休人员再任职取得的收入，在减除按个人所得税法规定的费用扣除标准后，按“工资、薪金所得”应税项目缴纳个人所得税。

【注释】《个人所得税法实施条例》第8条。

国家税务总局关于个人因购买和处置债权取得所得征收个人所得税问题的批复

国税函[2005]655号

天津市地方税务局：

你局《关于个人通过购买债权取得的收入如何征收个人所得税问题的请示》(津地税所[2005]4号)收悉。经研究，批复如下：

一、根据《中华人民共和国个人所得税法》及有关规定，个人通过招标、竞拍或其他方式购置债权以后，通过相关司法或行政程序主张债权而取得的所得，应按照“财产转让所得”项目缴纳个人所得税。

二、个人通过上述方式取得“打包”债权，只处置部分债权的，其应纳税所得额按以下方式确定：

(一)以每次处置部分债权的所得，作为一次财产转让所得征税。

(二)其应税收入按照个人取得的货币资产和非货币资产的评估价值或市场价值的合计数确定。

(三)所处置债权成本费用(即财产原值)，按下列公式计算：

当次处置债权成本费用=个人购置“打包”债权实际支出×当次处置债权账面价值(或拍卖机构公布价值)÷“打包”债权账面价值(或拍卖机构公布价值)。

(四)个人购买和和处置债权过程中发生的拍卖招标手续费、诉讼费、审计评估费以及缴纳的税金等合理税费，在计算个人所得税时允许扣除。

【注释】《个人所得税法实施条例》第8条。

国家税务总局关于纳税人取得不含税全年一次性奖金收入计征个人所得税问题的批复

国税函[2005]715号

北京市地方税务局：

你局《关于全年一次性奖金单位负担税款计算方法的请示》(京地税个[2005]278号)收悉。经研究，批复如下：

一、根据《国家税务总局关于印发〈征收个人所得税若干问题的规定〉的通知》(国税发[1994]089号)第十四条的规定，不含税全年一次性奖金换算为含税奖金计征个人所得税的具体方法为：

(一)按照不含税的全年一次性奖金收入除以12的商数，查找相应适用税率A和速算扣除数A；

(二)含税的全年一次性奖金收入=(不含税的全年一次性奖金收入-速算扣除数A)÷(1-适用税率A)；

(三)按含税的全年一次性奖金收入除以12的商数，重新查找适用税率B和速算扣除数B；

(四)应纳税额=含税的全年一次性奖金收入×适用税率B-速算扣除数B。

二、如果纳税人取得不含税全年一次性奖金收入的当月工资薪金所得，低于税法规定的费用扣除额，应先将不含税全年一次性奖金减去当月工资薪金所得低于税法规定费用扣除额的差额部分后，再按照上述第一条规定处理。

三、根据企业所得税和个人所得税的现行规定，企业所得税的纳税人、个人独资和合伙企业、个体工商户为个人支付的个人所得税款，不得在所得税前扣除。

【注释】 《个人所得税法》第6条；《国家税务总局关于印发〈征收个人所得税若干问题的规定〉的通知》（国税发［1994］089号）。

财政部　国家税务总局关于基本养老保险费基本医疗保险费失业保险费　住房公积金有关个人所得税政策的通知

财税［2006］10号

各省、自治区、直辖市、计划单列市财政厅（局）、国家税务局、地方税务局，财政部驻各省、自治区、直辖市、计划单列市财政监察专员办事处，新疆生产建设兵团财务局：

根据国务院2005年12月公布的《中华人民共和国个人所得税法实施条例》有关规定，现对基本养老保险费、基本医疗保险费、失业保险费、住房公积金有关个人所得税政策问题通知如下：

一、企事业单位按照国家或省（自治区、直辖市）人民政府规定的缴费比例或办法实际缴付的基本养老保险费、基本医疗保险费和失业保险费，免征个人所得税；个人按照国家或省（自治区、直辖市）人民政府规定的缴费比例或办法实际缴付的基本养老保险费、基本医疗保险费和失业保险费，允许在个人应纳税所得额中扣除。

企事业单位和个人超过规定的比例和标准缴付的基本养老保险费、基本医疗保险费和失业保险费，应将超过部分并入个人当期的工资、薪金收入，计征个人所得税。

二、根据《住房公积金管理条例》、《建设部 财政部　中国人民银行关于住房公积金管理若干具体问题的指导意见》（建金管［2005］5号）等规定精神，单位和个人分别在不超过职工本人上一年度月平均工资12%的幅度内，其实际缴存的住房公积金，允许在个人应纳税所得额中扣除。单位和职工个人缴存住房公积金的月平均工资不得超过职工工作地所在设区城市上一年度职工月平均工资的3倍，具体标准按照各地有关规定执行。

单位和个人超过上述规定比例和标准缴付的住房公积金，应将超过部分并入个人当期的工资、薪金收入，计征个人所得税。

三、个人实际领（支）取原提存的基本养老保险金、基本医疗保险金、失业保险金和住房公积金时，免征个人所得税。

四、上述职工工资口径按照国家统计局规定列入工资总额统计的项目计算。

五、各级财政、税务机关要按照依法治税的要求，严格执行本通知的各项规定。对于各地擅自提高上述保险费和住房公积金税前扣除标准的，财政、税务机关应予坚决纠正。

六、本通知发布后，《财政部　国家税务总局关于住房公积金 医疗保险金 养老保险金征收个人所得税问题的通知》（财税字［1997］144号）第一条、第二条和《国家税务总局关于失业保险费（金）征免个人所得税问题的通知》（国税发［2000］83号）同时废止。

【注释】 《个人所得税法实施条例》第25条。

国家税务总局关于个人独资企业变更为个体经营户是否享受个人所得税再就业优惠政策的批复

国税函［2006］39号

安徽省地方税务局：

你局《关于芜湖市金百川宾馆能否享受再就业个人所得税税收优惠的请示》（皖地税［2005］160号）收

悉。经研究,批复如下:

一、根据《国家税务总局关于下岗失业人员从事个体经营有关税收政策问题的通知》(国税发[2004]93号)的规定,个体经营是指《中共中央国务院关于进一步做好下岗失业人员再就业工作的通知》(中发[2002]12号)下发后,即2002年9月30日以后从无到有建立起来的新办个体经营户。由个人独资企业变更为个体经营户,不符合上述文件精神,不得享受个人所得税再就业优惠政策。

二、自2006年1月1日起,个体经营户可按照《国务院关于进一步加强就业再就业工作的通知》(国发[2005]36号)规定,申请享受个人所得税再就业优惠政策。

【注释】 《国家税务总局关于下岗失业人员从事个体经营有关税收政策问题的通知》(国税发[2004]93号)。

财政部　国家税务总局关于调整个体工商户业主个人独资企业和合伙企业投资者个人所得税费用扣除标准的通知

财税[2006]44号

各省、自治区、直辖市、计划单列市财政厅(局)、地方税务局,新疆生产建设兵团财务局:

根据现行个人所得税法及其实施条例和相关政策规定,现对个体工商户业主、个人独资企业和合伙企业投资者个人所得税费用扣除标准问题通知如下:

一、对个体工商户业主、个人独资企业和合伙企业投资者的生产经营所得依法计征个人所得税时,个体工商户业主、个人独资企业和合伙企业投资者本人的费用扣除标准统一确定为19200元/年(1600元/月)。

二、《国家税务总局关于印发〈个体工商户个人所得税计税办法(试行)〉的通知》(国税发[1997]43号)第十三条第一款修改为:“个体户业主的费用扣除标准为19200元/年(1600元/月);从业人员的工资扣除标准,由各省、自治区、直辖市地方税务局根据当地实际情况确定,并报国家税务总局备案。”

三、财政部　国家税务总局《关于印发〈关于个人独资企业和合伙企业投资者征收个人所得税的规定〉的通知》(财税[2000]91号)附件1第六条(一)修改为:“投资者的费用扣除标准为19200元/年(1600元/月)。投资者的工资不得在税前扣除。”

本通知自2006年1月1日起执行。

【注释】 《个人所得税法实施条例》第17条。

财政部　国家税务总局关于中国老龄事业发展基金会等8家单位捐赠所得税政策问题的通知

财税[2006]66号

各省、自治区、直辖市、计划单列市财政厅(局)、国家税务局、地方税务局,新疆生产建设兵团财务局:

为支持我国社会公益事业发展,经国务院批准,现对纳税人向中国老龄事业发展基金会等8家单位捐赠所得税税前扣除问题通知如下:

对企业、事业单位、社会团体和个人等社会力量,通过中国老龄事业发展基金会、中国华文教育基金会、中国绿化基金会、中国妇女发展基金会、中国关心下一代健康体育基金会、中国生物多样性保护基金会、中国儿童少年基金会和中国光彩事业基金会用于公益救济性捐赠,准予在缴纳企业所得税和个人所得税前全额扣除。

本通知自2006年1月1日起执行。

【注释】《个人所得税法实施条例》第24条。

财政部　国家税务总局关于中国医药卫生事业发展基金会捐赠所得税政策问题的通知

财税[2006]67号

各省、自治区、直辖市、计划单列市财政厅(局)、国家税务局、地方税务局,新疆生产建设兵团财务局:

为支持我国社会公益事业发展,经国务院批准,现对纳税人向中国医药卫生事业发展基金会捐赠所得税税前扣除问题通知如下:

对企业、事业单位、社会团体和个人等社会力量,通过中国医药卫生事业发展基金会用于公益救济性捐赠,准予在缴纳企业所得税和个人所得税前全额扣除。

本通知自2006年1月1日起执行。

【注释】《个人所得税法实施条例》第24条。

财政部　国家税务总局关于中国教育发展基金会捐赠所得税政策问题的通知

财税[2006]68号

各省、自治区、直辖市、计划单列市财政厅(局)、国家税务局、地方税务局,新疆生产建设兵团财务局:

为支持我国社会公益事业发展,经国务院批准,现对纳税人向中国教育发展基金会捐赠所得税税前扣除问题通知如下:

对企业、事业单位、社会团体和个人等社会力量,通过中国教育发展基金会用于公益救济性捐赠,准予在缴纳企业所得税和个人所得税前全额扣除。

本通知自2006年1月1日起执行。

【注释】《个人所得税法实施条例》第24条。

财政部　国家税务总局关于中国金融教育发展基金会等10家单位公益救济性捐赠所得税税前扣除问题的通知

财税[2006]73号

各省、自治区、直辖市、计划单列市财政厅(局)、国家税务局、地方税务局,新疆生产建设兵团财务局:

为支持社会公益事业发展,根据《中华人民共和国企业所得税暂行条例》及其实施细则和《中华人民共和国个人所得税法》及其实施条例的有关规定,现对纳税人向中国金融教育发展基金会等10家单位捐赠所得税税前扣除问题明确如下:

对企业、事业单位、社会团体和个人等社会力量通过中国金融教育发展基金会、中国国际民间组织合作促进会、中国社会工作协会孤残儿童救助基金管理委员会、中国发展研究基金会、陈嘉庚科学奖基金会、中国友好和平发展基金会、中华文学基金会、中华农业科教基金会、中国少年儿童文化艺术基金会和中国公安英烈基金会用于公益救济性捐赠，企业在年度应纳税所得额3%以内的部分，个人在申报应纳税所得额30%以内的部分，准予在计算缴纳企业所得税和个人所得税税前扣除。

本通知自2006年1月1日起执行。

【注释】 《个人所得税法实施条例》第24条。

国家税务总局关于个人住房转让所得征收个人所得税有关问题的通知

国税发[2006]108号

各省、自治区、直辖市和计划单列市地方税务局，河北、黑龙江、江苏、浙江、山东、安徽、福建、江西、河南、湖南、广东、广西、重庆、贵州、青海、宁夏、新疆、甘肃省（自治区、直辖市）财政厅（局），青岛、宁波、厦门市财政局：

《中华人民共和国个人所得税法》及其实施条例规定，个人转让住房，以其转让收入额减除财产原值和合理费用后的余额为应纳税所得额，按照"财产转让所得"项目缴纳个人所得税。之后，根据我国经济形势发展需要，《财政部　国家税务总局 建设部关于个人出售住房所得征收个人所得税有关问题的通知》（财税字[1999]278号）对个人转让住房的个人所得税应纳税所得额计算和换购住房的个人所得税有关问题做了具体规定。目前，在征收个人转让住房的个人所得税中，各地又反映出一些需要进一步明确的问题。为完善制度，加强征管，根据个人所得税法和税收征收管理法的有关规定精神，现就有关问题通知如下：

一、对住房转让所得征收个人所得税时，以实际成交价格为转让收入。纳税人申报的住房成交价格明显低于市场价格且无正当理由的，征收机关依法有权根据有关信息核定其转让收入，但必须保证各税种计税价格一致。

二、对转让住房收入计算个人所得税应纳税所得额时，纳税人可凭原购房合同、发票等有效凭证，经税务机关审核后，允许从其转让收入中减除房屋原值、转让住房过程中缴纳的税金及有关合理费用。

（一）房屋原值具体为：

1. 商品房：购置该房屋时实际支付的房价款及交纳的相关税费。

2. 自建住房：实际发生的建造费用及建造和取得产权时实际交纳的相关税费。

3. 经济适用房（含集资合作建房、安居工程住房）：原购房人实际支付的房价款及相关税费，以及按规定交纳的土地出让金。

4. 已购公有住房：原购公有住房标准面积按当地经济适用房价格计算的房价款，加上原购公有住房超标准面积实际支付的房价款以及按规定向财政部门（或原产权单位）交纳的所得收益及相关税费。

已购公有住房是指城镇职工根据国家和县级（含县级）以上人民政府有关城镇住房制度改革政策规定，按照成本价（或标准价）购买的公有住房。

经济适用房价格按县级（含县级）以上地方人民政府规定的标准确定。

5. 城镇拆迁安置住房：根据《城市房屋拆迁管理条例》（国务院令第305号）和《建设部关于印发〈城市房屋拆迁估价指导意见〉的通知》（建住房[2003]234号）等有关规定，其原值分别为：

（1）房屋拆迁取得货币补偿后购置房屋的，为购置该房屋实际支付的房价款及交纳的相关税费；

（2）房屋拆迁采取产权调换方式的，所调换房屋原值为《房屋拆迁补偿安置协议》注明的价款及交纳的相关税费；

（3）房屋拆迁采取产权调换方式，被拆迁人除取得所调换房屋，又取得部分货币补偿的，所调换房屋原值为《房屋拆迁补偿安置协议》注明的价款和交纳的相关税费，减去货币补偿后的余额；

（4）房屋拆迁采取产权调换方式，被拆迁人取得所调换房屋，又支付部分货币的，所调换房屋原值为

《房屋拆迁补偿安置协议》注明的价款,加上所支付的货币及交纳的相关税费。

(二)转让住房过程中缴纳的税金是指:纳税人在转让住房时实际缴纳的营业税、城市维护建设税、教育费附加、土地增值税、印花税等税金。

(三)合理费用是指:纳税人按照规定实际支付的住房装修费用、住房贷款利息、手续费、公证费等费用。

1. 支付的住房装修费用。纳税人能提供实际支付装修费用的税务统一发票,并且发票上所列付款人姓名与转让房屋产权人一致的,经税务机关审核,其转让的住房在转让前实际发生的装修费用,可在以下规定比例内扣除:

(1)已购公有住房、经济适用房:最高扣除限额为房屋原值的15%;

(2)商品房及其他住房:最高扣除限额为房屋原值的10%。

纳税人原购房为装修房,即合同注明房价款中含有装修费(铺装了地板,装配了洁具、厨具等)的,不得再重复扣除装修费用。

2. 支付的住房贷款利息。纳税人出售以按揭贷款方式购置的住房的,其向贷款银行实际支付的住房贷款利息,凭贷款银行出具的有效证明据实扣除。

3. 纳税人按照有关规定实际支付的手续费、公证费等,凭有关部门出具的有效证明据实扣除。

本条规定自2006年8月1日起执行。

三、纳税人未提供完整、准确的房屋原值凭证,不能正确计算房屋原值和应纳税额的,税务机关可根据《中华人民共和国税收征收管理法》第三十五条的规定,对其实行核定征税,即按纳税人住房转让收入的一定比例核定应纳个人所得税额。具体比例由省级地方税务局或者省级地方税务局授权的地市级地方税务局根据纳税人出售住房的所处区域、地理位置、建造时间、房屋类型、住房平均价格水平等因素,在住房转让收入1%—3%的幅度内确定。

四、各级税务机关要严格执行《国家税务总局关于进一步加强房地产税收管理的通知》(国税发[2005]82号)和《国家税务总局关于实施房地产税收一体化管理若干具体问题的通知》(国税发[2005]156号)的规定。为方便出售住房的个人依法履行纳税义务,加强税收征管,主管税务机关要在房地产交易场所设置税收征收窗口,个人转让住房应缴纳的个人所得税,应与转让环节应缴纳的营业税、契税、土地增值税等税收一并办理;地方税务机关暂没有条件在房地产交易场所设置税收征收窗口的,应委托契税征收部门一并征收个人所得税等税收。

五、各级税务机关要认真落实有关住房转让个人所得税优惠政策。按照《财政部 国家税务总局 建设部关于个人出售住房所得征收个人所得税有关问题的通知》(财税字[1999]278号)的规定,对出售自有住房并拟在现住房出售1年内按市场价重新购房的纳税人,其出售现住房所缴纳的个人所得税,先以纳税保证金形式缴纳,再视其重新购房的金额与原住房销售额的关系,全部或部分退还纳税保证金;对个人转让自用5年以上,并且是家庭唯一生活用房取得的所得,免征个人所得税。要不折不扣地执行上述优惠政策,确保维护纳税人的合法权益。

六、各级税务机关要做好住房转让的个人所得税纳税保证金收取、退还和有关管理工作。要按照《财政部 国家税务总局 建设部关于个人出售住房所得征收个人所得税有关问题的通知》(财税字[1999]278号)和《国家税务总局 财政部 中国人民银行关于印发〈税务代保管资金账户管理办法〉的通知》(国税发[2005]181号)要求,按规定建立个人所得税纳税保证金专户,为缴纳纳税保证金的纳税人建立档案,加强对纳税保证金信息的采集、比对、审核;向纳税人宣传解释纳税保证金的征收、退还政策及程序;认真做好纳税保证金退还事宜,符合条件的确保及时办理。

七、各级税务机关要认真宣传和落实有关税收政策,维护纳税人的各项合法权益。一是要持续、广泛地宣传个人所得税法及有关税收政策,加强对纳税人和征收人员如何缴纳住房交易所得个人所得税的纳税辅导;二是要加强与房地产管理部门、中介机构的协调、沟通,充分发挥中介机构协税护税作用,促使其协助纳税人准确计算税款;三是严格执行住房交易所得的减免税条件和审批程序,明确纳税人应报送的有关资料,做好涉税资料审查鉴定工作;四是对于符合减免税政策的个人住房交易所得,要及时办理减免税审批手续。

【注释】 《个人所得税法》第6条。

国家税务总局关于印发《个人所得税自行纳税申报办法(试行)》的通知

国税发[2006]162 号

个人所得税自行纳税申报办法(试行)

第一章 总 则

第一条 为进一步加强个人所得税征收管理,保障国家税收收入,维护纳税人的合法权益,方便纳税人自行纳税申报,规范自行纳税申报行为,根据《中华人民共和国个人所得税法》(以下简称个人所得税法)及其实施条例、《中华人民共和国税收征收管理法》(以下简称税收征管法)及其实施细则和其他法律、法规的有关规定,制定本办法。

第二条 凡依据个人所得税法负有纳税义务的纳税人,有下列情形之一的,应当按照本办法的规定办理纳税申报:

(一)年所得 12 万元以上的;

(二)从中国境内两处或者两处以上取得工资、薪金所得的;

(三)从中国境外取得所得的;

(四)取得应税所得,没有扣缴义务人的;

(五)国务院规定的其他情形。

第三条 本办法第二条第一项年所得 12 万元以上的纳税人,无论取得的各项所得是否已足额缴纳了个人所得税,均应当按照本办法的规定,于纳税年度终了后向主管税务机关办理纳税申报。

本办法第二条第二项至第四项情形的纳税人,均应当按照本办法的规定,于取得所得后向主管税务机关办理纳税申报。

本办法第二条第五项情形的纳税人,其纳税申报办法根据具体情形另行规定。

第四条 本办法第二条第一项所称年所得 12 万元以上的纳税人,不包括在中国境内无住所,且在一个纳税年度中在中国境内居住不满 1 年的个人。

本办法第二条第三项所称从中国境外取得所得的纳税人,是指在中国境内有住所,或者无住所而在一个纳税年度中在中国境内居住满 1 年的个人。

第二章 申报内容

第五条 年所得 12 万元以上的纳税人,在纳税年度终了后,应当填写《个人所得税纳税申报表(适用于年所得 12 万元以上的纳税人申报)》(见附表 1),并在办理纳税申报时报送主管税务机关,同时报送个人有效身份证件复印件,以及主管税务机关要求报送的其他有关资料。

有效身份证件,包括纳税人的身份证、护照、回乡证、军人身份证件等。

第六条 本办法所称年所得 12 万元以上,是指纳税人在一个纳税年度取得以下各项所得的合计数额达到 12 万元:

(一)工资、薪金所得;

(二)个体工商户的生产、经营所得;

(三)对企事业单位的承包经营、承租经营所得;

(四)劳务报酬所得;

(五)稿酬所得;

(六)特许权使用费所得;

(七)利息、股息、红利所得;

（八）财产租赁所得；

（九）财产转让所得；

（十）偶然所得；

（十一）经国务院财政部门确定征税的其他所得。

第七条 本办法第六条规定的所得不含以下所得：

（一）个人所得税法第四条第一项至第九项规定的免税所得，即：

1. 省级人民政府、国务院部委、中国人民解放军军以上单位，以及外国组织、国际组织颁发的科学、教育、技术、文化、卫生、体育、环境保护等方面的奖金；

2. 国债和国家发行的金融债券利息；

3. 按照国家统一规定发给的补贴、津贴，即个人所得税法实施条例第十三条规定的按照国务院规定发放的政府特殊津贴、院士津贴、资深院士津贴以及国务院规定免纳个人所得税的其他补贴、津贴；

4. 福利费、抚恤金、救济金；

5. 保险赔款；

6. 军人的转业费、复员费；

7. 按照国家统一规定发给干部、职工的安家费、退职费、退休工资、离休工资、离休生活补助费；

8. 依照我国有关法律规定应予免税的各国驻华使馆、领事馆的外交代表、领事官员和其他人员的所得；

9. 中国政府参加的国际公约、签订的协议中规定免税的所得。

（二）个人所得税法实施条例第六条规定可以免税的来源于中国境外的所得。

（三）个人所得税法实施条例第二十五条规定的按照国家规定单位为个人缴付和个人缴付的基本养老保险费、基本医疗保险费、失业保险费、住房公积金。

第八条 本办法第六条所指各项所得的年所得按照下列方法计算：

（一）工资、薪金所得，按照未减除费用（每月 1600 元）及附加减除费用（每月 3200 元）的收入额计算。

（二）个体工商户的生产、经营所得，按照应纳税所得额计算。实行查账征收的，按照每一纳税年度的收入总额减除成本、费用以及损失后的余额计算；实行定期定额征收的，按照纳税人自行申报的年度应纳税所得额计算，或者按照其自行申报的年度应纳税经营额乘以应税所得率计算。

（三）对企事业单位的承包经营、承租经营所得，按照每一纳税年度的收入总额计算，即按照承包经营、承租经营者实际取得的经营利润，加上从承包、承租的企事业单位中取得的工资、薪金性质的所得计算。

（四）劳务报酬所得，稿酬所得，特许权使用费所得，按照未减除费用（每次 800 元或者每次收入的 20%）的收入额计算。

（五）财产租赁所得，按照未减除费用（每次 800 元或者每次收入的 20%）和修缮费用的收入额计算。

（六）财产转让所得，按照应纳税所得额计算，即按照以转让财产的收入额减除财产原值和转让财产过程中缴纳的税金及有关合理费用后的余额计算。

（七）利息、股息、红利所得，偶然所得和其他所得，按照收入额全额计算。

第九条 纳税人取得本办法第二条第二项至第四项所得，应当按规定填写并向主管税务机关报送相应的纳税申报表（见附表 2—附表 9），同时报送主管税务机关要求报送的其他有关资料。

第三章 申报地点

第十条 年所得 12 万元以上的纳税人，纳税申报地点分别为：

（一）在中国境内有任职、受雇单位的，向任职、受雇单位所在地主管税务机关申报。

（二）在中国境内有两处或者两处以上任职、受雇单位的，选择并固定向其中一处单位所在地主管税务机关申报。

（三）在中国境内无任职、受雇单位，年所得项目中有个体工商户的生产、经营所得或者对企事业单位的承包经营、承租经营所得（以下统称生产、经营所得）的，向其中一处实际经营所在地主管税务机关申报。

（四）在中国境内无任职、受雇单位，年所得项目中无生产、经营所得的，向户籍所在地主管税务机关申报。在中国境内有户籍，但户籍所在地与中国境内经常居住地不一致的，选择并固定向其中一地主管税务机关申报。在中国境内没有户籍的，向中国境内经常居住地主管税务机关申报。

第十一条 取得本办法第二条第二项至第四项所得的纳税人,纳税申报地点分别为:

(一)从两处或者两处以上取得工资、薪金所得的,选择并固定向其中一处单位所在地主管税务机关申报。

(二)从中国境外取得所得的,向中国境内户籍所在地主管税务机关申报。在中国境内有户籍,但户籍所在地与中国境内经常居住地不一致的,选择并固定向其中一地主管税务机关申报。在中国境内没有户籍的,向中国境内经常居住地主管税务机关申报。

(三)个体工商户向实际经营所在地主管税务机关申报。

(四)个人独资、合伙企业投资者兴办两个或两个以上企业的,区分不同情形确定纳税申报地点:

1. 兴办的企业全部是个人独资性质的,分别向各企业的实际经营管理所在地主管税务机关申报。

2. 兴办的企业中含有合伙性质的,向经常居住地主管税务机关申报。

3. 兴办的企业中含有合伙性质,个人投资者经常居住地与其兴办企业的经营管理所在地不一致的,选择并固定向其参与兴办的某一合伙企业的经营管理所在地主管税务机关申报。

(五)除以上情形外,纳税人应当向取得所得所在地主管税务机关申报。

第十二条 纳税人不得随意变更纳税申报地点,因特殊情况变更纳税申报地点的,须报原主管税务机关备案。

第十三条 本办法第十一条第四项第三目规定的纳税申报地点,除特殊情况外,5 年以内不得变更。

第十四条 本办法所称经常居住地,是指纳税人离开户籍所在地最后连续居住一年以上的地方。

第四章 申报期限

第十五条 年所得 12 万元以上的纳税人,在纳税年度终了后 3 个月内向主管税务机关办理纳税申报。

第十六条 个体工商户和个人独资、合伙企业投资者取得的生产、经营所得应纳的税款,分月预缴的,纳税人在每月终了后 7 日内办理纳税申报;分季预缴的,纳税人在每个季度终了后 7 日内办理纳税申报。纳税年度终了后,纳税人在 3 个月内进行汇算清缴。

第十七条 纳税人年终一次性取得对企事业单位的承包经营、承租经营所得的,自取得所得之日起 30 日内办理纳税申报;在 1 个纳税年度内分次取得承包经营、承租经营所得的,在每次取得所得后的次月 7 日内申报预缴,纳税年度终了后 3 个月内汇算清缴。

第十八条 从中国境外取得所得的纳税人,在纳税年度终了后 30 日内向中国境内主管税务机关办理纳税申报。

第十九条 除本办法第十五条至第十八条规定的情形外,纳税人取得其他各项所得须申报纳税的,在取得所得的次月 7 日内向主管税务机关办理纳税申报。

第二十条 纳税人不能按照规定的期限办理纳税申报,需要延期的,按照税收征管法第二十七条和税收征管法实施细则第三十七条的规定办理。

第五章 申报方式

第二十一条 纳税人可以采取数据电文、邮寄等方式申报,也可以直接到主管税务机关申报,或者采取符合主管税务机关规定的其他方式申报。

第二十二条 纳税人采取数据电文方式申报的,应当按照税务机关规定的期限和要求保存有关纸质资料。

第二十三条 纳税人采取邮寄方式申报的,以邮政部门挂号信函收据作为申报凭据,以寄出的邮戳日期为实际申报日期。

第二十四条 纳税人可以委托有税务代理资质的中介机构或者他人代为办理纳税申报。

第六章 申报管理

第二十五条 主管税务机关应当将各类申报表,登载到税务机关的网站上,或者摆放到税务机关受理纳税申报的办税服务厅,免费供纳税人随时下载或取用。

第二十六条 主管税务机关应当在每年法定申报期间,通过适当方式,提醒年所得 12 万元以上的纳税人办理自行纳税申报。

第二十七条　受理纳税申报的主管税务机关根据纳税人的申报情况，按照规定办理税款的征、补、退、抵手续。

第二十八条　主管税务机关按照规定为已经办理纳税申报并缴纳税款的纳税人开具完税凭证。

第二十九条　税务机关依法为纳税人的纳税申报信息保密。

第三十条　纳税人变更纳税申报地点，并报原主管税务机关备案的，原主管税务机关应当及时将纳税人变更纳税申报地点的信息传递给新的主管税务机关。

第三十一条　主管税务机关对已办理纳税申报的纳税人建立纳税档案，实施动态管理。

第七章　法律责任

第三十二条　纳税人未按照规定的期限办理纳税申报和报送纳税资料的，依照税收征管法第六十二条的规定处理。

第三十三条　纳税人采取伪造、变造、隐匿、擅自销毁账簿、记账凭证，或者在账簿上多列支出或者不列、少列收入，或者经税务机关通知申报而拒不申报或者进行虚假的纳税申报，不缴或者少缴应纳税款的，依照税收征管法第六十三条的规定处理。

第三十四条　纳税人编造虚假计税依据的，依照税收征管法第六十四条第一款的规定处理。

第三十五条　纳税人有扣缴义务人支付的应税所得，扣缴义务人应扣未扣、应收未收税款的，依照税收征管法第六十九条的规定处理。

第三十六条　税务人员徇私舞弊或者玩忽职守，不征或者少征应征税款的，依照税收征管法第八十二条第一款的规定处理。

第三十七条　税务人员滥用职权，故意刁难纳税人的，依照税收征管法第八十二条第二款的规定处理。

第三十八条　税务机关和税务人员未依法为纳税人保密的，依照税收征管法第八十七条的规定处理。

第三十九条　税务代理人违反税收法律、行政法规，造成纳税人未缴或者少缴税款的，依照税收征管法实施细则第九十八条的规定处理。

第四十条　其他税收违法行为，依照税收法律、法规的有关规定处理。

第八章　附　　则

第四十一条　纳税申报表由各省、自治区、直辖市和计划单列市地方税务局按照国家税务总局规定的式样统一印制。

第四十二条　纳税申报的其他事项，依照税收征管法、个人所得税法及其他有关法律、法规的规定执行。

第四十三条　本办法第二条第一项年所得12万元以上情形的纳税申报，按照第十届全国人民代表大会常务委员会第十八次会议通过的《关于修改〈中华人民共和国个人所得税法〉的决定》规定的施行时间，自2006年1月1日起执行。

第四十四条　本办法有关第二条第二项至第四项情形的纳税申报规定，自2007年1月1日起执行，《国家税务总局关于印发〈个人所得税自行申报纳税暂行办法〉的通知》（国税发[1995]077号）同时废止。

【注释】　《个人所得税法实施条例》第36条。补充规定：《国家税务总局关于明确年所得12万元以上自行纳税申报口径的通知》（国税函[2006]1200号）。

财政部　国家税务总局关于中国华侨经济文化基金会等4家单位公益救济性捐赠所得税税前扣除问题的通知

财税[2006]164号

各省、自治区、直辖市、计划单列市财政厅（局）、国家税务局、地方税务局，新疆生产建设兵团财务局：

为支持社会公益事业发展，根据《中华人民共和国企业所得税暂行条例》（国务院令第137号）及其实施细则和《中华人民共和国个人所得税法》及其实施条例的有关规定，现对纳税人向中国华侨经济文化基金会等4家单位捐赠所得税税前扣除问题明确如下：

对企业、事业单位、社会团体和个人等社会力量通过中国华侨经济文化基金会、中国少数民族文化艺术基金会、中国文物保护基金会和北京大学教育基金会用于公益救济性的捐赠，企业在年度应纳税所得额3%以内的部分，个人在申报应纳税所得额30%以内的部分，准予在计算缴纳企业所得税和个人所得税时实行税前扣除。

本通知自2006年1月1日起执行。

【注释】 《个人所得税法实施条例》第24条。

国家税务总局关于个体工商户定期定额征收管理有关问题的通知

国税发[2006]183号

各省、自治区、直辖市和计划单列市国家税务局、地方税务局：

国家税务总局令（第16号）发布的《个体工商户税收定期定额征收管理办法》（以下简称《办法》）将于2007年1月1日开始施行。为了有利于征纳双方准确理解和全面贯彻落实《办法》，现将有关问题明确如下：

一、《办法》第二条所称的“经营数量”，是指从量计征的货物数量。

二、对虽设置账簿，但账目混乱或成本资料、收入凭证、费用凭证残缺不全，难以查账的个体工商户，税务机关可以实行定期定额征收。

三、个人所得税附征率应当按照法律、行政法规的规定和当地实际情况，分地域、行业进行换算。

个人所得税可以按照换算后的附征率，依据增值税、消费税、营业税的计税依据实行附征。

四、核定定额的有关问题

（一）定期定额户应当自行申报经营情况，对未按照规定期限自行申报的，税务机关可以不经过自行申报程序，按照《办法》第七条规定的方法核定其定额。

（二）税务机关核定定额可以到定期定额户生产、经营场所，对其自行申报的内容进行核实。

（三）运用个体工商户定额核定管理系统的，在采集有关数据时，应当由两名以上税务人员参加。

（四）税务机关不得委托其他单位核定定额。

五、新开业的个体工商户，在未接到税务机关送达的《核定定额通知书》前，应当按月向税务机关办理纳税申报，并缴纳税款。

六、对未达到起征点定期定额户的管理

（一）税务机关应当按照核定程序核定其定额。对未达起征点的定期定额户，税务机关应当送达《未达起征点通知书》。

（二）未达到起征点的定期定额户月实际经营额达到起征点，应当在纳税期限内办理纳税申报手续，并缴纳税款。

（三）未达到起征点的定期定额户连续三个月达到起征点，应当向税务机关申报，提请重新核定定额。税务机关应当按照《办法》有关规定重新核定定额，并下达《核定定额通知书》。

七、定期定额户委托银行或其他金融机构划缴税款的，其账户内存款数额，应当足以缴纳当期税款。为保证税款及时入库，其存款入账的时间不得影响银行或其他金融机构在纳税期限内将其税款划缴入库。

八、定期定额户在定额执行期结束后，应当将该期每月实际发生经营额、所得额向税务机关申报（以下简称分月汇总申报），申报额超过定额的，税务机关按照申报额所应缴纳的税款减去已缴纳税款的差额补缴税款。

九、《办法》第二十条“……或者当期发生的经营额、所得额超过定额一定幅度……”中的“当期”，是指定额执行期内所有纳税期。

十、滞纳金的有关问题

（一）定期定额户在定额执行期届满分月汇总申报时，月申报额高于定额又低于省税务机关规定申报幅度的应纳税款，在规定的期限内申报纳税不加收滞纳金。

（二）对实行简并征期的定期定额户，其按照定额所应缴纳的税款在规定的期限内申报纳税不加收滞纳金。

十一、实行简并征期的定期定额户，在简并征期结束后应当办理分月汇总申报。

十二、定期定额户的经营额、所得额连续纳税期超过或低于定额一定幅度的，应当提请税务机关重新核定定额。具体幅度由省税务机关确定。

十三、定期定额户注销税务登记，应当向税务机关进行分月汇总申报并缴清税款。其停业是否分月汇总申报由主管税务机关确定。

【注释】 《个体工商户税收定期定额征收管理办法》（国家税务总局令第16号）。

国家税务总局关于纳税人通过香江社会救助基金会捐赠所得税前扣除问题的通知

国税函[2006]324号

各省、自治区、直辖市和计划单列市国家税务局、地方税务局：

香江社会救助基金会是按照国务院《基金会管理条例》规定设立、经民政部批准成立的非营利性法人，其宗旨是发扬人道主义精神，扶贫济困，发展社会公益事业。根据《中华人民共和国企业所得税暂行条例》及其实施细则和《中华人民共和国个人所得税法》及其实施条例的规定，对纳税人通过香江社会救助基金会的公益、救济性捐赠，在年度企业所得税应纳税所得额3%以内的部分或者未超过申报的个人所得税应纳税所得额30%的部分，准予在缴纳企业所得税或者个人所得税前据实扣除。

【注释】 《个人所得税法实施条例》第24条。

国家税务总局关于纳税人通过中国经济改革研究基金会捐赠所得税前扣除问题的通知

国税函[2006]326号

各省、自治区、直辖市和计划单列市国家税务局、地方税务局：

中国经济改革研究基金会是按照国务院《基金会管理条例》规定设立，经民政部批准成立的非营利性法人，其宗旨是围绕中国经济改革与发展的需要，团结、组织有志为中国经济改革事业做出贡献的专家、学者、研究人员、政府官员与实业界人士，资助其开展有关理论研究、方案设计、项目咨询、信息传播、人材培训，以及国内外交流等活动。根据《中华人民共和国企业所得税暂行条例》及其实施细则和《中华人民共和国个人所得税法》及其实施条例的规定，对纳税人通过中国经济改革研究基金会的公益、救济性捐赠，在年度企业所得税应纳税所得额3%以内的部分或者未超过申报的个人所得税应纳税所得额30%的部分，准予在缴纳企业所得税或者个人所得税前据实扣除。

【注释】 《个人所得税法实施条例》第24条。

国家税务总局关于保险营销员取得佣金收入征免个人所得税问题的通知

国税函[2006]454 号

各省、自治区、直辖市和计划单列市地方税务局：

由于目前保险市场同业竞争激烈，保险营销员的营销费用有所增加，现行规定已不能使展业成本得到完全扣除。为促进保险事业发展，合理调整保险营销员的税收负担，现通知如下：

一、根据保监会《关于明确保险营销员佣金构成的通知》（保监发[2006]48 号）的规定，保险营销员的佣金由展业成本和劳务报酬构成。按照税法规定，对佣金中的展业成本，不征收个人所得税；对劳务报酬部分，扣除实际缴纳的营业税金及附加后，依照税法有关规定计算征收个人所得税。

根据目前保险营销员展业的实际情况，佣金中展业成本的比例暂定为40%。

二、各级税务机关要严格按照税法及上述规定计征税款，不得擅自扩大政策的适用范围、口径和标准，不得执行违反国家统一规定的政策。

三、本通知自 2006 年 6 月 1 日起执行，《国家税务总局关于保险营销员（非雇员）取得的收入计征个人所得税问题的通知》（国税发[1998]13 号）第二、三、五条和《国家税务总局关于保险营销员取得收入征收个人所得税有关问题的通知》（国税发(2002]98 号）同时废止。

【注释】 《个人所得税法》第 6 条。

国家税务总局关于酒店产权式经营业主税收问题的批复

国税函[2006]478 号

深圳市地方税务局：

你局《关于大梅沙海景酒店产权式经营业主税收问题的请示》（深地税发[2006]192 号）收悉。经研究，现就有关税收处理问题批复如下：

酒店产权式经营业主（以下简称业主）在约定的时间内提供房产使用权与酒店进行合作经营，如房产产权并未归属新的经济实体，业主按照约定取得的固定收入和分红收入均应视为租金收入，根据有关税收法律、行政法规的规定，应按照“服务业—租赁业”征收营业税，按照财产租赁所得项目征收个人所得税。

【注释】 《个人所得税法实施条例》第 8 条。

国家税务总局关于个人股权转让过程中取得违约金收入征收个人所得税问题的批复

国税函[2006]866 号

四川省地方税务局：

你局《关于股权转让取得违约金收入如何征收个人所得税问题的请示》（川地税发[2006]48 号）收悉。经研究，批复如下：

根据《中华人民共和国个人所得税法》的有关规定，股权成功转让后，转让方个人因受让方个人未按规定期限支付价款而取得的违约金收入,属于因财产转让而产生的收入。转让方个人取得的该违约金应并入财产转让收入,按照"财产转让所得"项目计算缴纳个人所得税,税款由取得所得的转让方个人向主管税务机关自行申报缴纳。

【注释】《个人所得税法实施条例》第8条。

国家税务总局关于个人股票期权所得缴纳个人所得税有关问题的补充通知

国税函[2006]902号

各省、自治区、直辖市和计划单列市地方税务局:

关于员工取得股票期权所得有关个人所得税处理问题,《财政部国家税务总局关于个人股票期权所得征收个人所得税问题的通知》(财税[2005]35号)已经做出规定。现就有关执行问题补充通知如下:

一、员工接受雇主(含上市公司和非上市公司)授予的股票期权,凡该股票期权指定的股票为上市公司(含境内、外上市公司)股票的,均应按照财税[2005]35号文件进行税务处理。

二、财税[2005]35号文件第二条第(二)项所述"股票期权的转让净收入",一般是指股票期权转让收入。如果员工以折价购入方式取得股票期权的,可以股票期权转让收入扣除折价购入股票期权时实际支付的价款后的余额,作为股票期权的转让净收入。

三、财税[2005]35号文件第二条第(二)项公式中所述"员工取得该股票期权支付的每股施权价",一般是指员工行使股票期权购买股票实际支付的每股价格。如果员工以折价购入方式取得股票期权的,上述施权价可包括员工折价购入股票期权时实际支付的价格。

四、凡取得股票期权的员工在行权日不实际买卖股票,而按行权日股票期权所指定股票的市场价与施权价之间的差额,直接从授权企业取得价差收益的,该项价差收益应作为员工取得的股票期权形式的工资薪金所得,按照财税[2005]35号文件的有关规定计算缴纳个人所得税。

五、在确定员工取得股票期权所得的来源地时,按照财税[2005]35号文件第三条规定需划分境、内外工作期间月份数。该境、内外工作期间月份总数是指员工按企业股票期权计划规定,在可行权以前须履行工作义务的月份总数。

六、部分股票期权在授权时即约定可以转让,且在境内或境外存在公开市场及挂牌价格(以下称可公开交易的股票期权)。员工接受该可公开交易的股票期权时,应作为财税[2005]35号文件第二条第(一)项所述的另有规定情形,按以下规定进行税务处理:

(一)员工取得可公开交易的股票期权,属于员工已实际取得有确定价值的财产,应按授权日股票期权的市场价格,作为员工授权日所在月份的工资薪金所得,并按财税[2005]35号文件第四条第(一)项规定计算缴纳个人所得税。如果员工以折价购入方式取得股票期权的,可以授权日股票期权的市场价格扣除折价购入股票期权时实际支付的价款后的余额,作为授权日所在月份的工资薪金所得。

(二)员工取得上述可公开交易的股票期权后,转让该股票期权所取得的所得,属于财产转让所得,按财税[2005]35号文件第四条第(二)项规定进行税务处理。

(三)员工取得本条第(一)项所述可公开交易的股票期权后,实际行使该股票期权购买股票时,不再计算缴纳个人所得税。

七、员工以在一个公历月份中取得的股票期权形式工资薪金所得为一次。员工在一个纳税年度中多次取得股票期权形式工资薪金所得的,其在该纳税年度内首次取得股票期权形式的工资薪金所得应按财税[2005]35号文件第四条第(一)项规定的公式计算应纳税款;本年度内以后每次取得股票期权形式的工资薪金所得,应按以下公式计算应纳税款:

$$\text{应纳税款}=\left(\begin{array}{c}\text{本纳税年度内取得的}\\\text{股票期权形式工资薪金}\\\text{所得累计应纳税所得额}\end{array}\div\begin{array}{c}\text{规定}\\\text{月份数}\end{array}\times\begin{array}{c}\text{适用}\\\text{税率}\end{array}-\begin{array}{c}\text{速算}\\\text{扣除数}\end{array}\right)\times\begin{array}{c}\text{规定}\\\text{月份数}\end{array}-\begin{array}{c}\text{本纳税年度内股票}\\\text{期权形式的工资薪金}\\\text{所得累计已纳税款}\end{array}$$

上款公式中的本纳税年度内取得的股票期权形式工资薪金所得累计应纳税所得额,包括本次及本次以前各次取得的股票期权形式工资薪金所得应纳税所得额;上款公式中的规定月份数,是指员工取得来源于中国境内的股票期权形式工资薪金所得的境内工作期间月份数,长于12个月的,按12个月计算;上款公式中的适用税率和速算扣除数,以本纳税年度内取得的股票期权形式工资薪金所得累计应纳税所得额除以规定月份数后的商数,对照《国家税务总局关于印发〈征收个人所得税若干问题的规定〉的通知》(国税发[1994]089号)所附税率表确定;上款公式中的本纳税年度内股票期权形式的工资薪金所得累计已纳税款,不含本次股票期权形式的工资薪金所得应纳税款。

八、员工多次取得或者一次取得多项来源于中国境内的股票期权形式工资薪金所得,而且各次或各项股票期权形式工资薪金所得的境内工作期间月份数不相同的,以境内工作期间月份数的加权平均数为财税[2005]35号文件第四条第(一)项规定公式和本通知第七条规定公式中的规定月份数,但最长不超过12个月,计算公式如下:

$$\text{规定月份数}=\frac{\sum\text{各次或各项股票期权形式工资薪金应纳税所得额与该次或该项所得境内工作期间月份数的乘积}}{\sum\text{各次或各项股票期权形式工资薪金应纳税所得额}}$$

抄送:各省、自治区、直辖市和计划单列市国家税务局。

【注释】 《个人所得税法》第6条。

国家税务总局关于明确年所得12万元以上自行纳税申报口径的通知

国税函[2006]1200号

各省、自治区、直辖市和计划单列市地方税务局,西藏、宁夏自治区国家税务局:

《国家税务总局关于印发〈个人所得税自行纳税申报办法(试行)〉的通知》(国税发[2006]162号,以下简称《办法》)下发后,部分地区要求进一步明确年所得12万元以上的所得计算口径。现就有关问题通知如下:

一、年所得12万元以上的纳税人,除按照《办法》第六条、第七条、第八条规定计算年所得以外,还应同时按以下规定计算年所得数额:

(一)劳务报酬所得、特许权使用费所得。不得减除纳税人在提供劳务或让渡特许权使用权过程中缴纳的有关税费。

(二)财产租赁所得。不得减除纳税人在出租财产过程中缴纳的有关税费;对于纳税人一次取得跨年度财产租赁所得的,全部视为实际取得所得年度的所得。

(三)个人转让房屋所得。采取核定征收个人所得税的,按照实际征收率(1%、2%、3%)分别换算为应税所得率(5%、10%、15%),据此计算年所得。

(四)个人储蓄存款利息所得、企业债券利息所得。全部视为纳税人实际取得所得年度的所得。

(五)对个体工商户、个人独资企业投资者,按照征收率核定个人所得税的,将征收率换算为应税所得率,据此计算应纳税所得额。

合伙企业投资者按照上述方法确定应纳税所得额后,合伙人应根据合伙协议规定的分配比例确定其应纳税所得额,合伙协议未规定分配比例的,按合伙人数平均分配确定其应纳税所得额。对于同时参与两个以上企业投资的,合伙人应将其投资所有企业的应纳税所得额相加后的总额作为年所得。

(六)股票转让所得。以一个纳税年度内,个人股票转让所得与损失盈亏相抵后的正数为申报所得数额,盈亏相抵为负数的,此项所得按"零"填写。

二、上述年所得计算口径主要是为了方便纳税人履行自行申报义务,仅适用于个人年所得12万元以上的年度自行申报,不适用于个人计算缴纳税款。各级税务机关要向社会广泛宣传解释12万元以上自行申报年所得的计算口径。

三、按照《办法》第二十四条规定:"纳税人可以委托有税务代理资质的中介机构或者他人代为办理纳税申报”。年所得12万元以上的纳税人，在自愿委托有税务代理资质的中介机构（以下简称中介机构）、扣缴义务人或其他个人代为办理自行纳税申报时，应当签订委托办理个人所得税自行纳税申报协议（合同），同时，纳税人还应将其纳税年度内所有应税所得项目、所得额、税额等，告知受托人，由受托人将其各项所得合并后进行申报，并附报委托协议（合同）。

税务机关受理中介机构、扣缴义务人或其他个人代为办理的自行申报时，应审核纳税人与受托人签订的委托申报协议（合同），凡不能提供委托申报协议（合同）的，不得受理其代为办理的自行申报。

【注释】 《国家税务总局关于印发〈个人所得税自行纳税申报办法（试行）〉的通知》（国税发[2006]162号）。

国家税务总局关于纳税人通过中国禁毒基金会捐赠所得税前扣除问题的通知

国税函[2006]1253号

各省、自治区、直辖市和计划单列市国家税务局、地方税务局：

中国禁毒基金会是按照国务院《基金会管理条例》规定设立，在民政部门登记注册的全国性非营利社会团体。根据《中华人民共和国企业所得税暂行条例》和《中华人民共和国个人所得税法》的有关规定，对纳税人通过中国禁毒基金会的公益、救济性捐赠，在年度企业所得税应纳税所得额3%以内的部分或未超过申报的个人所得税应纳税所得额30%的部分，准予在缴纳企业所得税或者个人所得税前据实扣除。

【注释】 《个人所得税法实施条例》第24条。

财政部　国家税务总局关于单位低价向职工售房有关个人所得税问题的通知

财税[2007]13号

各省、自治区、直辖市、计划单列市财政厅（局）、地方税务局：

近日部分地区来文反映，一些企事业单位将自建住房以低于购置或建造成本价格销售给职工，对此是否征收个人所得税希望予以明确。经研究，现对有关政策问题的处理明确如下：

一、根据住房制度改革政策的有关规定，国家机关、企事业单位及其他组织（以下简称单位）在住房制度改革期间，按照所在地县级以上人民政府规定的房改成本价格向职工出售公有住房，职工因支付的房改成本价格低于房屋建造成本价格或市场价格而取得的差价收益，免征个人所得税。

二、除本通知第一条规定情形外，根据《中华人民共和国个人所得税法》及其实施条例的有关规定，单位按低于购置或建造成本价格出售住房给职工，职工因此而少支出的差价部分，属于个人所得税应税所得，应按照“工资、薪金所得”项目缴纳个人所得税。

前款所称差价部分，是指职工实际支付的购房价款低于该房屋的购置或建造成本价格的差额。

三、对职工取得的上述应税所得，比照《国家税务总局关于调整个人取得全年一次性奖金等计算征收个人所得税方法问题的通知》（国税发[2005]9号）规定的全年一次性奖金的征税办法，计算征收个人所得税，即先将全部所得数额除以12，按其商数并根据个人所得税法规定的税率表确定适用的税率和速算扣除数，再根据全部所得数额、适用的税率和速算扣除数，按照税法规定计算征税。

四、本通知自印发之日起执行。此前未征税款不再追征，已征税款不予退还。

【注释】 《个人所得税法》第6条。

财政部 国家税务总局关于个人取得有奖发票奖金征免个人所得税问题的通知

财税[2007]34 号

各省、自治区、直辖市、计划单列市财政厅(局)、地方税务局,新疆生产建设兵团财务局:

为促进有奖发票的使用和推广,鼓励单位和个人依法开具发票,规范发票管理,现就个人取得有奖发票奖金征免个人所得税问题通知如下:

一、个人取得单张有奖发票奖金所得不超过 800 元(含 800 元)的,暂免征收个人所得税;个人取得单张有奖发票奖金所得超过 800 元的,应全额按照个人所得税法规定的“偶然所得”目征收个人所得税。

二、税务机关或其指定的有奖发票兑奖机构,是有奖发票奖金所得个人所得税的扣缴义务人,应依法认真做好个人所得税代扣代缴工作。

【注释】 《个人所得税法》第 4 条。

国家税务总局关于加强和规范个人取得拍卖收入征收个人所得税有关问题的通知

国税发[2007]38 号

各省、自治区、直辖市和计划单列市地方税务局,宁夏、西藏自治区国家税务局:

据部分地区反映,对于个人通过拍卖市场拍卖各种财产(包括字画、瓷器、玉器、珠宝、邮品、钱币、古籍、古董等物品)的所得征收个人所得税有关规定不够细化,为增强可操作性,需进一步完善规范。为此,根据《中华人民共和国个人所得税法》及其实施条例和《中华人民共和国税收征收管理法》及其实施细则规定,现通知如下:

一、个人通过拍卖市场拍卖个人财产,对其取得所得按以下规定征税:

(一)根据《国家税务总局关于印发〈征收个人所得税若干问题的规定〉的通知》(国税发[1994]089号),作者将自己的文字作品手稿原件或复印件拍卖取得的所得,应以其转让收入额减除 800 元(转让收入额 4000 元以下)或者 20%(转让收入额 4000 元以上)后的余额为应纳税所得额,按照“特许权使用费”所得项目适用 20% 税率缴纳个人所得税。

(二)个人拍卖除文字作品原稿及复印件外的其他财产,应以其转让收入额减除财产原值和合理费用后的余额为应纳税所得额,按照“财产转让所得”项目适用 20% 税率缴纳个人所得税。

二、对个人财产拍卖所得征收个人所得税时,以该项财产最终拍卖成交价格为其转让收入额。

三、个人财产拍卖所得适用“财产转让所得”项目计算应纳税所得额时,纳税人凭合法有效凭证(税务机关监制的正式发票、相关境外交易单据或海关报关单据、完税证明等),从其转让收入额中减除相应的财产原值、拍卖财产过程中缴纳的税金及有关合理费用。

(一)财产原值,是指售出方个人取得该拍卖品的价格(以合法有效凭证为准)。具体为:

1. 通过商店、画廊等途径购买的,为购买该拍卖品时实际支付的价款;

2. 通过拍卖行拍得的,为拍得该拍卖品实际支付的价款及交纳的相关税费;

3. 通过祖传收藏的,为其收藏该拍卖品而发生的费用;

4. 通过赠送取得的,为其受赠该拍卖品时发生的相关税费;

5. 通过其他形式取得的,参照以上原则确定财产原值。

(二)拍卖财产过程中缴纳的税金,是指在拍卖财产时纳税人实际缴纳的相关税金及附加。

(三)有关合理费用,是指拍卖财产时纳税人按照规定实际支付的拍卖费(佣金)、鉴定费、评估费、图录费、证书费等费用。

四、纳税人如不能提供合法、完整、准确的财产原值凭证,不能正确计算财产原值的,按转让收入额的3%征收率计算缴纳个人所得税;拍卖品为经文物部门认定是海外回流文物的,按转让收入额的2%征收率计算缴纳个人所得税。

五、纳税人的财产原值凭证内容填写不规范,或者一份财产原值凭证包括多件拍卖品且无法确认每件拍卖品一一对应的原值的,不得将其作为扣除财产原值的计算依据,应视为不能提供合法、完整、准确的财产原值凭证,并按上述规定的征收率计算缴纳个人所得税。

六、纳税人能够提供合法、完整、准确的财产原值凭证,但不能提供有关税费凭证的,不得按征收率计算纳税,应当就财产原值凭证上注明的金额据实扣除,并按照税法规定计算缴纳个人所得税。

七、个人财产拍卖所得应纳的个人所得税税款,由拍卖单位负责代扣代缴,并按规定向拍卖单位所在地主管税务机关办理纳税申报。

八、拍卖单位代扣代缴个人财产拍卖所得应纳的个人所得税税款时,应给纳税人填开完税凭证,并详细标明每件拍卖品的名称、拍卖成交价格、扣缴税款额。

九、主管税务机关应加强对个人财产拍卖所得的税收征管工作,在拍卖单位举行拍卖活动期间派工作人员进入拍卖现场,了解拍卖的有关情况,宣传辅导有关税收政策,审核鉴定原值凭证和费用凭证,督促拍卖单位依法代扣代缴个人所得税。

十、本通知自5月1日起执行。《国家税务总局关于书画作品、古玩等拍卖收入征收个人所得税有关问题的通知》(国税发[1997]154号)同时废止。

【注释】　《个人所得税法》第6条。

财政部　国家税务总局关于中国青少年社会教育基金会等16家单位公益救济性捐赠所得税税前扣除问题的通知

财税[2007]112号

各省、自治区、直辖市、计划单列市财政厅(局)、国家税务局、地方税务局,新疆生产建设兵团财务局:

为支持社会公益事业发展,根据《中华人民共和国企业所得税暂行条例》及其实施细则和《中华人民共和国个人所得税法》及其实施条例的有关规定,现对纳税人向中国青少年社会教育基金会等16家单位捐赠所得税税前扣除问题明确如下:

自2007年1月1日起,对企业、事业单位、社会团体和个人等社会力量通过中国青少年社会教育基金会、中国职工发展基金会、中国西部人才开发基金会、中远慈善基金会、张学良基金会、周培源基金会、中国孔子基金会、中华思源工程扶贫基金会、中国交响乐发展基金会、中国肝炎防治基金会、中国电影基金会、中华环保联合会、中国社会工作协会、中国麻风防治协会、中国扶贫开发协会和中国国际战略研究基金会等16家单位用于公益救济性的捐赠,企业在年度应纳税所得额3%以内的部分,个人在申报应纳税所得额30%以内的部分,准予在计算缴纳企业所得税和个人所得税税前扣除。

【注释】　《个人所得税法实施条例》第24条。

国家税务总局关于取消促进科技成果转化暂不征收个人所得税审核权有关问题的通知

国税函[2007]833号

各省、自治区、直辖市和计划单列市地方税务局,宁夏、西藏自治区国家税务局:

根据国务院关于行政审批制度改革工作要求,现对取消促进科技成果转化暂不征收个人所得税审核权的有关问题通知如下：

一、《国家税务总局关于促进科技成果转化有关个人所得税问题的通知》（国税发［1999］125号）规定，科研机构、高等学校转化职务科技成果以股份或出资比例等股权形式给予个人奖励，经主管税务机关审核后，暂不征收个人所得税。此项审核权自2007年8月1日起停止执行。

二、取消上述审核权后，主管税务机关应加强科研机构、高等学校转化职务科技成果以股份或出资比例等股权形式给予个人奖励暂不征收个人所得税的管理。

（一）将职务科技成果转化为股份、投资比例的科研机构、高等学校或者获奖人员，应在授（获）奖后30日内，向主管税务机关提交相关部门出具的《出资入股高新技术成果认定书》、技术成果价值评估报告和确认书，以及奖励的其他相关详细资料。

（二）主管税务机关应对科研机构、高等学校或者获奖人员提供的上述材料认真核对确认，并将其归入纳税人和扣缴义务人的"一户式"档案，一并动态管理。

（三）主管税务机关应对获奖人员建立电子台账（条件不具备的可建立纸质台账），及时登记奖励相关信息和股权转让等信息，具体包括授奖单位、获奖人员的姓名、获奖金额、获奖时间、职务转化股权数量或者出资比例，股权转让情况等信息，并根据获奖人员股权或者出资比例变动情况，及时更新电子台账和纸质台帐，加强管理。

（四）主管税务机关要加强对有关科研机构、高等学校或者获奖人员的日常检查，及时掌握奖励和股权转让等相关信息，防止出现管理漏洞。

三、科研机构、高等学校和获奖人不能提供上述资料，或者报送虚假资料，故意隐瞒有关情况的，获奖人不得享受暂不征收个人所得税的优惠政策，税务机关应按照税收征管法的有关规定对报送虚假资料，故意隐瞒有关情况的科研机构、高等学校和获奖人进行处理。

【注释】 《国家税务总局关于促进科技成果转化有关个人所得税问题的通知》（国税发［1999］125号）。

国家税务总局关于在中国境内担任董事或高层管理职务无住所个人计算个人所得税适用公式的批复

国税函［2007］946号

青岛市地方税务局：

你局《关于担任中国境内董事或高层管理职务的外籍个人计算个人所得税适用公式问题的请示》（青地税发［2006］132号）收悉。批复如下：

一、在中国境内无住所的个人担任中国境内企业的董事或高层管理人员（以下称企业高管人员），同时兼任中国境内、外的职务，其从中国境内、外收取的当月全部报酬不能合理地归属为境内或境外工作报酬的，应分别按照下列公式计算缴纳其工资薪金所得应纳的个人所得税：

$$应纳税额=\left[\begin{matrix}当月境内外工资薪\\金应纳税所得额\end{matrix}\times适用税率-速算扣除数\right]\times\frac{当月境内支付工资}{当月境内外支付工资总额}$$

（一）无税收协定（安排）适用的企业高管人员，在一个纳税年度中在中国境内连续或累计居住不超过90天，或者按税收协定（安排）规定应认定为对方税收居民，但按税收协定（安排）及《国家税务总局关于在中国境内无住所的个人执行税收协定和个人所得税法若干问题的通知》（国税发［2004］97号）第四条的有关规定应适用税收协定（安排）董事费条款的企业高管人员，在税收协定（安排）规定的期间在中国境内连续或累计居住不超过183天，均应按照《国家税务总局关于在中国境内无住所的个人取得工资薪金所得纳税义务问题的通知》（国税发［1994］148号）第二条和第五条规定确定纳税义务，无论其在中国境内或境外的工作期间长短，可不适用国税发［2004］97号第三条第一款第（三）项规定的公式，而按下列公式计算其取得的工资薪金所得应纳的个人所得税：

（二）下列企业高管人员仍应按照国税发[2004]97号第三条第一款第（三）项规定的公式，计算其取得的工资薪金所得应纳的个人所得税。

1. 无税收协定（安排）适用，或按税收协定（安排）规定应认定为我方税收居民的企业高管人员，在一个纳税年度在中国境内连续或累计居住超过90天，但按《财政部 国家税务总局关于在华无住所的个人如何计算在华居住满五年问题的通知》（财税字[1995]098号）的有关规定，在中国境内连续居住不满五年的。

2. 按税收协定（安排）规定应认定为对方税收居民，但按税收协定（安排）及国税发[2004]97号第四条的有关规定应适用税收协定（安排）董事费条款的企业高管人员，在税收协定规定的期间在中国境内连续或累计居住超过183天的。

（三）无税收协定（安排）适用，或按税收协定（安排）应认定为我方税收居民的企业高管人员，在按财税字[1995]098号的有关规定构成在中国境内连续居住满五年后的纳税年度中，仍在中国境内居住满一年的，应按下列公式计算其取得的工资薪金所得应纳的个人所得税：

应纳税额=当月境内外的工资薪金应纳税所得额×适用税率-速算扣除数

二、如果本批复第一条所述各类人员取得的是日工资或者不满一个月工资，应按照国税发[1994]148号文件第六条第二款和国税发[2004]97号文件第三条第二款的规定换算为月工资后，再按照本批复第一条规定的适用公式计算其应纳税额。

【注释】 《个人所得税法》第6条。

国家税务总局关于个人取得房屋拍卖收入征收个人所得税问题的批复

国税函[2007]1145号

广东省地方税务局：

你局《关于个人取得房屋拍卖收入适用个人所得税征收率问题的请示》（粤地税发[2007]131号）收悉。经研究，批复如下：

根据《国家税务总局关于加强和规范个人取得拍卖收入征收个人所得税有关问题的通知》（国税发[2007]38号）和《国家税务总局关于个人住房转让所得征收个人所得税有关问题的通知》（国税发[2006]108号）规定精神，个人通过拍卖市场取得的房屋拍卖收入在计征个人所得税时，其房屋原值应按照纳税人提供的合法、完整、准确的凭证予以扣除；不能提供完整、准确的房屋原值凭证，不能正确计算房屋原值和应纳税额的，统一按转让收入全额的3%计算缴纳个人所得税。

为方便纳税人依法履行纳税义务和税务机关加强税收征管，纳税人应比照国税发[2006]108号文件第四条的有关规定，在房屋拍卖后缴纳营业税、契税、土地增值税等税收的同时，一并申报缴纳个人所得税。

【注释】 《个人所得税法》第6条。

国家税务总局关于个人所得税工资薪金所得减除费用标准政策衔接问题的通知

国税发[2008]20号

各省、自治区、直辖市和计划单列市地方税务局，西藏、宁夏、青海省（自治区）国家税务局：

根据《中华人民共和国主席令》（第八十五号）公布的《全国人民代表大会常务委员会关于修改〈中华人

民共和国个人所得税法〉的决定》(2007年12月29日第十届全国人民代表大会常务委员会第三十一次会议通过),自2008年3月1日起,个人所得税工资、薪金所得减除费用标准从每月1600元提高到每月2000元。现就工资、薪金所得计算缴纳个人所得税的政策衔接问题通知如下:

一、"自2008年3月1日起施行"是指从2008年3月1日(含)起,纳税人实际取得的工资、薪金所得,应适用每月2000元的减除费用标准,计算缴纳个人所得税。

二、纳税人2008年3月1日前实际取得的工资、薪金所得,无论税款是否在2008年3月1日以后入库,均应适用每月1600元的减除费用标准,计算缴纳个人所得税。

三、各级地方税务机关要加强上述政策衔接的宣传解释工作,指导扣缴义务人正确理解政策精神,切实做好个人所得税的代扣代缴工作。

财政部　国家税务总局关于廉租住房经济适用住房和住房租赁有关税收政策的通知

财税[2008]24号

各省、自治区、直辖市、计划单列市财政厅(局)、国家税务局、地方税务局,新疆生产建设兵团财务局:

为贯彻落实《国务院关于解决城市低收入家庭住房困难的若干意见》(国发[2007]24号)精神,促进廉租住房、经济适用住房制度建设和住房租赁市场的健康发展,经国务院批准,现将有关税收政策通知如下:

一、支持廉租住房、经济适用住房建设的税收政策

(一)对廉租住房经营管理单位按照政府规定价格、向规定保障对象出租廉租住房的租金收入,免征营业税、房产税。

(二)对廉租住房、经济适用住房建设用地以及廉租住房经营管理单位按照政府规定价格、向规定保障对象出租的廉租住房用地,免征城镇土地使用税。

开发商在经济适用住房、商品住房项目中配套建造廉租住房,在商品住房项目中配套建造经济适用住房,如能提供政府部门出具的相关材料,可按廉租住房、经济适用住房建筑面积占总建筑面积的比例免征开发商应缴纳的城镇土地使用税。

(三)企事业单位、社会团体以及其他组织转让旧房作为廉租住房、经济适用住房房源且增值额未超过扣除项目金额20%的,免征土地增值税。

(四)对廉租住房、经济适用住房经营管理单位与廉租住房、经济适用住房相关的印花税以及廉租住房承租人、经济适用住房购买人涉及的印花税予以免征。

开发商在经济适用住房、商品住房项目中配套建造廉租住房,在商品住房项目中配套建造经济适用住房,如能提供政府部门出具的相关材料,可按廉租住房、经济适用住房建筑面积占总建筑面积的比例免征开发商应缴纳的印花税。

(五)对廉租住房经营管理单位购买住房作为廉租住房、经济适用住房经营管理单位回购经济适用住房继续作为经济适用住房房源的,免征契税。

(六)对个人购买经济适用住房,在法定税率基础上减半征收契税。

(七)对个人按《廉租住房保障办法》(建设部等9部委令第162号)规定取得的廉租住房货币补贴,免征个人所得税;对于所在单位以廉租住房名义发放的不符合规定的补贴,应征收个人所得税。

(八)企事业单位、社会团体以及其他组织于2008年1月1日前捐赠住房作为廉租住房的,按《中华人民共和国企业所得税暂行条例》(国务院令第137号)、《中华人民共和国外商投资企业和外国企业所得税法》有关公益性捐赠政策执行;2008年1月1日后捐赠的,按《中华人民共和国企业所得税法》有关公益性捐赠政策执行。个人捐赠住房作为廉租住房的,捐赠额未超过其申报的应纳税所得额30%的部分,准予从其应纳税所得额中扣除。

廉租住房、经济适用住房、廉租住房承租人、经济适用住房购买人以及廉租住房租金、货币补贴标准等须符合国发[2007]24号文件及《廉租住房保障办法》(建设部等9部委令第162号)、《经济适用住房管理办法》(建住房[2007]258号)的规定;廉租住房、经济适用住房经营管理单位为县级以上人民政府主办或确定的单位。

二、支持住房租赁市场发展的税收政策

(一)对个人出租住房取得的所得减按10%的税率征收个人所得税。

(二)对个人出租、承租住房签订的租赁合同,免征印花税。

(三)对个人出租住房,不区分用途,在3%税率的基础上减半征收营业税,按4%的税率征收房产税,免征城镇土地使用税。

(四)对企事业单位、社会团体以及其他组织按市场价格向个人出租用于居住的住房,减按4%的税率征收房产税。

上述与廉租住房、经济适用住房相关的新的优惠政策自2007年8月1日起执行,文到之日前已征税款在以后应缴税款中抵减。与住房租赁相关的新的优惠政策自2008年3月1日起执行。其他政策仍按现行规定继续执行。

各地要严格执行税收政策,加强管理,对执行过程中发现的问题,及时上报财政部、国家税务总局。

特此通知。

财政部　国家税务总局关于生育津贴和生育医疗费有关个人所得税政策的通知

财税[2008]8号

各省、自治区、直辖市、计划单列市财政厅(局)、地方税务局,新疆生产建设兵团财务局:

根据《中华人民共和国个人所得税法》有关规定,经国务院批准,现就生育津贴和生育医疗费有关个人所得税政策通知如下:

一、生育妇女按照县级以上人民政府根据国家有关规定制定的生育保险办法,取得的生育津贴、生育医疗费或其他属于生育保险性质的津贴、补贴,免征个人所得税。

二、上述规定自发文之日起执行。

国家税务总局关于个人所得税代扣代缴软件技术支持服务有关问题的通告

国家税务总局通告2008年第1号

为做好纳税人服务工作,确保个人所得税管理系统的推行与应用,国家税务总局就个人所得税代扣代缴软件的技术支持服务事宜通告如下:

一、个人所得税代扣代缴软件由税务总局开发,免费提供给代扣代缴义务人使用,税务总局负责该软件的升级维护工作。

二、税务总局百望呼叫中心已开通个人所得税代扣代缴软件的远程服务热线。

电话号码:010－62466669

服务内容:软件操作咨询,问题解答,软件存在问题建议的收集与整理,服务质量投诉受理等。

服务对象:全国范围使用税务总局个人所得税代扣代缴软件的代扣代缴义务人,税务总局不收取代扣代缴义务人任何服务费用。

服务时间:人工电话为周一至周五8时至12时、13时至17时(法定节假日除外),其他时间自动语音服务。

三、个人所得税代扣代缴软件、补丁及相关资料可从各地主管税务机关获取,也可登录百望呼叫技术支持网站(网址:)下载。

特此通告。

财政部　国家税务总局关于认真落实抗震救灾及灾后重建税收政策问题的通知

财税[2008]62号

各省、自治区、直辖市、计划单列市财政厅(局)、国家税务局、地方税务局:

随着抗震救灾工作的不断深入,灾后重建工作也将陆续展开。为贯彻落实好党中央、国务院关于抗震救灾工作的重要指示精神,积极支持受灾地区做好抗震救灾及灾后重建工作,现就有关税收政策问题通知如下:

各级财政税务机关要将支持抗震救灾和灾后重建工作作为当前一项十分紧迫的重要任务,采取有效措施,认真贯彻落实好现行税收法律、法规中可以适用于抗震救灾及灾后重建的有关税收优惠政策。主要包括:

一、企业所得税

(一)企业实际发生的因地震灾害造成的财产损失,准予在计算应纳税所得额时扣除。

(二)企业发生的公益性捐赠支出,按企业所得税法及其实施条例的规定在计算应纳税所得额时扣除。

二、个人所得税

(一)因地震灾害造成重大损失的个人,可减征个人所得税。具体减征幅度和期限由受灾地区省、自治区、直辖市人民政府确定。

(二)对受灾地区个人取得的抚恤金、救济金,免征个人所得税。

(三)个人将其所得向地震灾区的捐赠,按照个人所得税法的有关规定从应纳税所得中扣除。

三、房产税

(一)经有关部门鉴定,对毁损不堪居住和使用的房屋和危险房屋,在停止使用后,可免征房产税。

(二)房屋大修停用在半年以上的,在大修期间免征房产税,免征税额由纳税人在申报缴纳房产税时自行计算扣除,并在申报表附表或备注栏中作相应说明。

四、契税

因地震灾害灭失住房而重新购买住房的,准予减征或者免征契税,具体的减免办法由受灾地区省级人民政府制定。

五、资源税

纳税人开采或者生产应税产品过程中,因地震灾害遭受重大损失的,由受灾地区省、自治区、直辖市人民政府决定减征或免征资源税。

六、城镇土地使用税

纳税人因地震灾害造成严重损失,缴纳确有困难的,可依法申请定期减免城镇土地使用税。

七、车船税

已完税的车船因地震灾害报废、灭失的,纳税人可申请退还自报废、灭失月份起至本年度终了期间的税款。

八、进出口税收

对外国政府、民间团体、企业、个人等向我国境内受灾地区捐赠的物资,包括食品、生活必需品、药品、抢救工具等,免征进口环节税收。

九、现行税收法律、法规中适用于抗震救灾及灾后重建的其他税收政策。

国家税务总局关于个人向地震灾区捐赠有关个人所得税征管问题的通知

国税发[2008]55号

各省、自治区、直辖市和计划单列市地方税务局,西藏、宁夏、青海省(自治区)国家税务局:

根据《中华人民共和国个人所得税法》及其实施条例和有关规定,现就个人向“5.12”地震灾区(以下简称灾区)捐赠涉及的个人所得税征管问题通知如下:

一、个人通过扣缴单位统一向灾区的捐赠,由扣缴单位凭政府机关或非营利组织开具的汇总捐赠凭据、扣缴单位记载的个人捐赠明细表等,由扣缴单位在代扣代缴税款时,依法据实扣除。

二、个人直接通过政府机关、非营利组织向灾区的捐赠,采取扣缴方式纳税的,捐赠人应及时向扣缴单位出示政府机关、非营利组织开具的捐赠凭据,由扣缴单位在代扣代缴税款时,依法据实扣除;个人自行申报纳税的,税务机关凭政府机关、非营利组织开具的接受捐赠凭据,依法据实扣除。

三、扣缴单位在向税务机关进行个人所得税全员全额扣缴申报时,应一并报送由政府机关或非营利组织开具的汇总接受捐赠凭据(复印件)、所在单位每个纳税人的捐赠总额和当期扣除的捐赠额。

四、各级税务机关应本着鼓励纳税人捐赠的精神,在加强对捐赠扣除管理的同时,通过各种媒体广泛宣传捐赠扣除的政策、方法、程序,提供优质纳税服务,方便扣缴单位和纳税人具体操作。

财政部 国家税务总局关于调整个体工商户个人独资企业和合伙企业个人所得税税前扣除标准有关问题的通知

财税[2008]65号

各省、自治区、直辖市、计划单列市财政厅(局)、地方税务局,西藏、宁夏、青海省(自治区)国家税务局,新疆生产建设兵团财务局:

根据现行个人所得税法及其实施条例和相关政策规定,现将个体工商户、个人独资企业和合伙企业个人所得税税前扣除标准有关问题通知如下:

一、对个体工商户业主、个人独资企业和合伙企业投资者的生产经营所得依法计征个人所得税时,个体工商户业主、个人独资企业和合伙企业投资者本人的费用扣除标准统一确定为24000元/年(2000元/月)。

二、个体工商户、个人独资企业和合伙企业向其从业人员实际支付的合理的工资、薪金支出,允许在税前据实扣除。

三、个体工商户、个人独资企业和合伙企业拨缴的工会经费、发生的职工福利费、职工教育经费支出分别在工资薪金总额2%、14%、2.5%的标准内据实扣除。

四、个体工商户、个人独资企业和合伙企业每一纳税年度发生的广告费和业务宣传费用不超过当年销售(营业)收入15%的部分,可据实扣除;超过部分,准予在以后纳税年度结转扣除。

五、个体工商户、个人独资企业和合伙企业每一纳税年度发生的与其生产经营业务直接相关的业务招待费支出,按照发生额的60%扣除,但最高不得超过当年销售(营业)收入的5‰。

六、上述第一条规定自2008年3月1日起执行,第二、三、四、五条规定自2008年1月1日起执行。

七、《国家税务总局关于印发〈个体工商户个人所得税计税办法(试行)〉的通知》(国税发[1997]43号)第十三条第一款、第二十九条根据上述规定作相应修改;增加一条作为第三十条:“个体工商户拨缴的工会经费、发生的职工福利费、职工教育经费支出分别在工资薪金总额2%、14%、2.5%的标准内据实扣除。”同时对条文的顺序作相应调整。

《财政部　国家税务总局关于印发〈关于个人独资企业和合伙企业投资者征收个人所得税的规定〉的通知》(财税[2000]91号)附件1第六条第(一)、(二)、(五)、(六)、(七)项根据上述规定作相应修改。

《财政部　国家税务总局关于调整个体工商户业主个人独资企业和合伙企业投资者个人所得税费用扣除标准的通知》(财税[2006]44号)停止执行。

财政部　国家税务总局关于企业为个人购买房屋或其他财产征收个人所得税问题的批复

财税[2008]83号

江苏省财政厅、地方税务局:

江苏省地税局《关于以企业资金为个人购房是否征收个人所得税问题的请示》(苏地税发[2007]11号)收悉。经研究,批复如下:

一、根据《中华人民共和国个人所得税法》和《财政部　国家税务总局关于规范个人投资者个人所得税征收管理的通知》(财税[2003]158号)的有关规定,符合以下情形的房屋或其他财产,不论所有权人是否将财产无偿或有偿交付企业使用,其实质均为企业对个人进行了实物性质的分配,应依法计征个人所得税。

(一)企业出资购买房屋及其他财产,将所有权登记为投资者个人、投资者家庭成员或企业其他人员的;

(二)企业投资者个人、投资者家庭成员或企业其他人员向企业借款用于购买房屋及其他财产,将所有权登记为投资者、投资者家庭成员或企业其他人员,且借款年度终了后未归还借款的。

二、对个人独资企业、合伙企业的个人投资者或其家庭成员取得的上述所得,视为企业对个人投资者的利润分配,按照“个体工商户的生产、经营所得”项目计征个人所得税;对除个人独资企业、合伙企业以外其他企业的个人投资者或其家庭成员取得的上述所得,视为企业对个人投资者的红利分配,按照“利息、股息、红利所得项目计征个人所得税;对企业其他人员取得的上述所得,按照”工资、薪金所得项目计征个人所得税。

国家税务总局关于个人与房地产开发企业签订有条件优惠价格协议购买商店征收个人所得税问题的批复

国税函[2008]576号

福建省地方税务局:

你局《关于个人与房地产开发企业签订有条件价格优惠协议购买商店征收个人所得税问题的请示》(闽地税发[2008]67号)收悉。经研究,批复如下:

房地产开发企业与商店购买者个人签订协议规定,房地产开发企业按优惠价格出售其开发的商店给购买者个人,但购买者个人在一定期限内必须将购买的商店无偿提供给房地产开发企业对外出租使用。其实质是购买者个人以所购商店交由房地产开发企业出租而取得的房屋租赁收入支付了部分购房价款。

根据个人所得税法的有关规定精神,对上述情形的购买者个人少支出的购房价款,应视同个人财产租赁所得,按照“财产租赁所得”项目征收个人所得税。每次财产租赁所得的收入额,按照少支出的购房价款和协议规定的租赁月份数平均计算确定。

财政部　国家税务总局关于高级专家延长离休退休期间取得工资薪金所得有关个人所得税问题的通知

财税[2008]7号

各省、自治区、直辖市、计划单列市财政厅(局)、地方税务局,西藏、宁夏、青海省(自治区)国家税务局,新疆生产建设兵团财务局:

近来一些地区反映,对高级专家延长离休退休期间取得的工资、薪金所得,有关征免个人所得税政策口径问题需进一步明确。

经研究,现就有关政策问题明确如下:

一、《财政部　国家税务总局关于个人所得税若干政策问题的通知》(财税字[1994]20号)第二条第(七)项中所称延长离休退休年龄的高级专家是指:

(一)享受国家发放的政府特殊津贴的专家、学者;

(二)中国科学院、中国工程院院士。

二、高级专家延长离休退休期间取得的工资薪金所得,其免征个人所得税政策口径按下列标准执行:

(一)对高级专家从其劳动人事关系所在单位取得的,单位按国家有关规定向职工统一发放的工资、薪金、奖金、津贴、补贴等收入,视同离休、退休工资,免征个人所得税;

(二)除上述第(一)项所述收入以外各种名目的津补贴收入等,以及高级专家从其劳动人事关系所在单位之外的其他地方取得的培训费、讲课费、顾问费、稿酬等各种收入,依法计征个人所得税。

三、高级专家从两处以上取得应税工资、薪金所得以及具有税法规定应当自行纳税申报的其他情形的,应在税法规定的期限内自行向主管税务机关办理纳税申报。

国家税务总局关于离退休人员取得单位发放离退休工资以外奖金补贴征收个人所得税的批复

国税函[2008]723号

福建省地方税务局:

你局《关于单位对离退休人员发放退休工资以外的奖金补贴如何征收个人所得税的请示》(闽地税发[2008]121号)收悉。经研究,批复如下:

离退休人员除按规定领取离退休工资或养老金外,另从原任职单位取得的各类补贴、奖金、实物,不属于《中华人民共和国个人所得税法》第四条规定可以免税的退休工资、离休工资、离休生活补助费。根据《中华人民共和国个人所得税法》及其实施条例的有关规定,离退休人员从原任职单位取得的各类补贴、奖金、实物,应在减除费用扣除标准后,按"工资、薪金所得"应税项目缴纳个人所得税。

关于个人通过网络买卖虚拟货币取得收入征收个人所得税问题的批复

国税函[2008]818号

北京市地方税务局:

你局《关于个人通过网络销售虚拟货币取得收入计征个人所得税问题的请示》(京地税个[2008]114号)收悉。现批复如下:

一、个人通过网络收购玩家的虚拟货币，加价后向他人出售取得的收入，属于个人所得税应税所得，应按照“财产转让所得”项目计算缴纳个人所得税。

二、个人销售虚拟货币的财产原值为其收购网络虚拟货币所支付的价款和相关税费。

三、对于个人不能提供有关财产原值凭证的，由主管税务机关核定其财产原值。

关于做好对储蓄存款利息所得暂免征收个人所得税工作的通知

国税函[2008]826 号

各省、自治区、直辖市和计划单列市国家税务局：

经国务院批准，财政部、国家税务总局联合下发了《财政部　国家税务总局关于储蓄存款利息所得有关个人所得税政策的通知》(财税[2008]132 号)，自 2008 年 10 月 9 日起暂免征收储蓄存款利息所得个人所得税。为贯彻落实好暂免征收储蓄存款利息所得个人所得税(以下简称“利息税”)工作，现通知如下：

一、迅速行动，加紧宣传，确保暂免征收利息税政策落实到位

储蓄存款利息所得暂免征收个人所得税，涉及广大纳税人的切身利益。各级国家税务局要认真做好相关宣传辅导工作。一方面，要迅速组织干部学习，全面理解和准确掌握利息税暂免征收的政策规定。利息税自 2008 年 10 月 9 日起暂免征收，利息税实行分段计算征免，居民储蓄存款在 1999 年 10 月 31 日前孳生的利息，不征收个人所得税；1999 年 11 月 1 日至 2007 年 8 月 14 日孳生的利息，按照 20% 的税率征税；2007 年 8 月 15 日至 2008 年 10 月 8 日孳生的利息，按照 5% 的税率征税；2008 年 10 月 9 日起孳生的利息，实行暂免征收个人所得税的规定。另一方面，要通过各种途径和方式进行宣传，使广大纳税人和扣缴义务人正确理解政策的具体内涵，让纳税人知晓免税带来的实惠和好处，切实维护纳税人的权益；同时，要使纳税人理解不是从 10 月 9 日后取得的利息都免税，而是根据储蓄存款孳生利息的时间不同，分段计税，2008 年 10 月 9 日之前孳生的利息所得仍须按照有关规定纳税。

二、强化服务，督促落实，做好利息税暂免征收的贯彻工作

各级国家税务局要迅速、主动地与各储蓄机构加强联系，共同做好对纳税人、各分支机构和社会各界的政策宣传及贯彻落实工作。要协助、督促各储蓄机构在最短时间内做好免征利息税后相关软件的修改、调试、应用工作。各级国家税务局要把本地区的股份制银行、城市商业银行、城市信用社、农村信用社等储蓄机构，作为服务和工作的重点，确保所有储蓄机构快速、顺利地完成软件修改工作。同时，各级国家税务局要帮助储蓄机构加强储蓄机构内部，特别是各营业网点的政策培训和解释工作，使他们熟练掌握利息税政策调整、分段征免的规定，正确扣缴或免征跨利息税政策调整时点的利息税，并向储户解释清楚。

三、密切关注，及时反馈，确保利息税暂免征收工作顺利进行

各级国家税务局要随时关注和收集社会各界、储蓄机构和纳税人对利息税政策调整的反映，以及政策调整实施前后利息税征免工作的开展情况等。对在利息税政策调整工作中出现的问题，能够就地解决的，及时就地解决；需要各部门协商解决的，及时协商解决；不能解决的，及时向上级机关报告，由上级机关协商解决。

财政部　国家税务总局关于储蓄存款利息所得有关个人所得税政策的通知

财税[2008]132 号

各省、自治区、直辖市、计划单列市财政厅(局)、国家税务局、新疆生产建设兵团财务局：

为配合国家宏观调控政策需要，经国务院批准，自 2008 年 10 月 9 日起，对储蓄存款利息所得暂免征收个人所得税。即储蓄存款在1999年10月31日前孳生的利息所得，不征收个人所得税；储蓄存款在1999年11月1日至2007年8月14日孳生的利息所得，按照20%的比例税率征收个人所得税；储蓄存款在2007年8月15日至2008年10月8日孳生的利息所得，按照5%的比例税率征收个人所得税；储蓄存款在2008年10月9日后（含10月9日）孳生的利息所得，暂免征收个人所得税。

关于证券市场个人投资者证券交易结算资金利息所得有关个人所得税政策的通知

财税［2008］140号

各省、自治区、直辖市、计划单列市财政厅（局）、地方税务局，西藏、宁夏、青海省（自治区）国家税务局，新疆生产建设兵团财务局：

根据《中华人民共和国个人所得税法》有关规定，经国务院批准，现就证券市场个人投资者取得的证券交易结算资金利息所得有关个人所得税政策通知如下：

自2008年10月9日起，对证券市场个人投资者取得的证券交易结算资金利息所得，暂免征收个人所得税，即证券市场个人投资者的证券交易结算资金在2008年10月9日后（含10月9日）孳生的利息所得，暂免征收个人所得税。

国家税务总局关于做好证券市场个人投资者证券交易结算资金利息所得免征个人所得税工作的通知

国税函［2008］870号

各省、自治区、直辖市和计划单列市地方税务局，西藏、宁夏、青海省（自治区）国家税务局：

为全面落实《财政部　国家税务总局关于证券市场个人投资者证券交易结算资金利息所得有关个人所得税政策的通知》（财税［2008］140号），切实维护纳税人的合法权益，现就做好证券市场个人投资者证券交易结算资金利息所得免征个人所得税工作的有关问题通知如下：

一、加强宣传，确保免税政策理解到位

证券市场个人投资者证券交易结算资金利息所得暂免征收个人所得税，涉及广大股民的切身利益，也关系列资本市场的稳定健康发展。各地税务机关要在全面、准确理解和掌握政策规定的基础上，认真做好相关宣传辅导工作。要多渠道、多方式地广泛宣传，使广大纳税人和证券公司正确理解政策具体内涵，让纳税人知晓政策出台所带来的实惠和好处，切实维护纳税人的合法权益。同时，要使纳税人和证券公司理解不是从10月9日后实际取得的全部利息所得都免税，而是根据利息孳生时间的不同，分段计税，即个人投资者证券交易结算资金从2008年10月9日（含9日）之后孳生的利息，才暂免征收个人所得税。

二、优化服务，确保免税政策落实到位

各地税务机关要主动加强与辖区内各证券公司的联系，督促其贯彻落实好免税政策。要协助证券公司尽快修改调试相关软件，保证证券公司在结算利息时，使纳税人能够依法享受免税优惠。要与证券公司共同做好对纳税人和社会各界的政策宣传解释工作，特别要加强对证券公司内部及各营业部人员的培训、辅导、解释工作，使他们正确扣缴或免征跨政策调整时点的个人所得税，并通过一定方式主动向广大股民解释清楚。

财政部　国家税务总局关于合伙企业合伙人所得税问题的通知

财税[2008]159号

各省、自治区、直辖市、计划单列市财政厅(局)、国家税务局、地方税务局,新疆生产建设兵团财务局:

根据《中华人民共和国企业所得税法》及其实施条例和《中华人民共和国个人所得税法》有关规定,现将合伙企业合伙人的所得税问题通知如下:

一、本通知所称合伙企业是指依照中国法律、行政法规成立的合伙企业。

二、合伙企业以每一个合伙人为纳税义务人。合伙企业合伙人是自然人的,缴纳个人所得税;合伙人是法人和其他组织的,缴纳企业所得税。

三、合伙企业生产经营所得和其他所得采取"先分后税"的原则。具体应纳税所得额的计算按照《关于个人独资企业和合伙企业投资者征收个人所得税的规定》(财税[2000]91号)及《财政部　国家税务总局关于调整个体工商户个人独资企业和合伙企业个人所得税税前扣除标准有关问题的通知》(财税[2008]65号)的有关规定执行。

前款所称生产经营所得和其他所得,包括合伙企业分配给所有合伙人的所得和企业当年留存的所得(利润)。

四、合伙企业的合伙人按照下列原则确定应纳税所得额:

(一)合伙企业的合伙人以合伙企业的生产经营所得和其他所得,按照合伙协议约定的分配比例确定应纳税所得额。

(二)合伙协议未约定或者约定不明确的,以全部生产经营所得和其他所得,按照合伙人协商决定的分配比例确定应纳税所得额。

(三)协商不成的,以全部生产经营所得和其他所得,按照合伙人实缴出资比例确定应纳税所得额。

(四)无法确定出资比例的,以全部生产经营所得和其他所得,按照合伙人数量平均计算每个合伙人的应纳税所得额。

合伙协议不得约定将全部利润分配给部分合伙人。

五、合伙企业的合伙人是法人和其他组织的,合伙人在计算其缴纳企业所得税时,不得用合伙企业的亏损抵减其盈利。

六、上述规定自2008年1月1日起执行。此前规定与本通知有抵触的,以本通知为准。

财政部　国家税务总局关于股票增值权所得和限制性股票所得征收个人所得税有关问题的通知

财税[2009]5号

各省、自治区、直辖市、计划单列市财政厅(局)、地方税务局,宁夏、西藏、青海省(自治区)国家税务局,新疆生产建设兵团财务局:

根据《中华人民共和国个人所得税法》、《中华人民共和国税收征收管理法》等有关规定,现就股票增值权所得和限制性股票所得征收个人所得税有关问题通知如下:

一、对于个人从上市公司(含境内、外上市公司,下同)取得的股票增值权所得和限制性股票所得,比照《财政部　国家税务总局关于个人股票期权所得征收个人所得税问题的通知》(财税[2005]35号)、《国家税务总局关于个人股票期权所得缴纳个人所得税有关问题的补充通知》(国税函[2006]902号)的有关规定,计算征收个人所得税。

二、本通知所称股票增值权,是指上市公司授予公司员工在未来一定时期和约定条件下,获得规定数量的股票价格上升所带来收益的权利。被授权人在约定条件下行权,上市公司按照行权日与授权日二级市场股票差价乘以授权股票数量,发放给被授权人现金。

三、本通知所称限制性股票,是指上市公司按照股权激励计划约定的条件,授予公司员工一定数量本公司的股票。

四、实施股票增值权计划或限制性股票计划的境内上市公司,应在向中国证监会报备的同时,将企业股票增值权计划、限制性股票计划或实施方案等有关资料报送主管税务机关备案。

五、实施股票增值权计划或限制性股票计划的境内上市公司,应在做好个人所得税扣缴工作的同时,按照《国家税务总局关于印发〈个人所得税全员全额扣缴申报管理暂行办法〉的通知》(国税发[2005]205 号)的有关规定,向主管税务机关报送其员工行权等涉税信息。

财政部 国家税务总局关于上市公司高管人员股票期权所得缴纳个人所得税有关问题的通知

财税[2009]40 号

各省、自治区、直辖市、计划单列市财政厅(局)、地方税务局,西藏、宁夏、青海省(自治区)国家税务局,新疆生产建设兵团财务局:

据一些地方税务部门反映,由于《中华人民共和国公司法》和《中华人民共和国证券法》对上市公司董事、监事、高级管理人员等(以下简称上市公司高管人员)转让本公司股票在期限和数量比例上存在一定限制,导致其股票期权行权时无足额资金及时纳税问题,经研究,现就上市公司高管人员取得股票期权所得有关缴纳个人所得税问题通知如下:

一、上市公司高管人员取得股票期权所得,应按照《财政部国家税务总局关于个人股票期权所得征收个人所得税问题的通知》(财税[2005]35 号)和《国家税务总局关于个人股票期权所得缴纳个人所得税有关问题的补充通知》(国税函[2006]902 号)的有关规定,计算个人所得税应纳税额。

二、对上市公司高管人员取得股票期权在行权时,纳税确有困难的,经主管税务机关审核,可自其股票期权行权之日起,在不超过 6 个月的期限内分期缴纳个人所得税。

三、其他股权激励方式参照本通知规定执行。

四、本通知自印发之日起执行。

国家税务总局关于加强股权转让所得征收个人所得税管理的通知

国税函[2009]285 号

各省、自治区、直辖市和计划单列市地方税务局,西藏、宁夏、青海省(自治区)国家税务局:

为加强自然人(以下简称个人)股东股权转让所得个人所得税的征收管理,提高征管质量和效率,堵塞征管漏洞,根据《中华人民共和国个人所得税法》及其《实施条例》、《中华人民共和国税收征收管理法》及其《实施细则》、《国家税务总局关于加强税种征管促进堵漏增收的若干意见》(国税发 [2009]85 号)的规定,现就有关问题通知如下:

一、股权交易各方在签订股权转让协议并完成股权转让交易以后至企业变更股权登记之前,负有纳税义务或代扣代缴义务的转让方或受让方,应到主管税务机关办理纳税(扣缴)申报,并持税务机关开具的股权转让所得缴纳个人所得税完税凭证或免税、不征税证明，到工商行政管理部门办理股权变更登记手续。

二、股权交易各方已签订股权转让协议，但未完成股权转让交易的，企业在向工商行政管理部门申请股权变更登记时，应填写《个人股东变动情况报告表》（表格式样和联次由各省地税机关自行设计）并向主管税务机关申报。

三、个人股东股权转让所得个人所得税以发生股权变更企业所在地地税机关为主管税务机关。纳税人或扣缴义务人应到主管税务机关办理纳税申报和税款入库手续。主管税务机关应按照《个人所得税法》和《税收征收管理法》的规定，获取个人股权转让信息，对股权转让涉税事项进行管理、评估和检查，并对其中涉及的税收违法行为依法进行处罚。

四、税务机关应加强对股权转让所得计税依据的评估和审核。对扣缴义务人或纳税人申报的股权转让所得相关资料应认真审核，判断股权转让行为是否符合独立交易原则，是否符合合理性经济行为及实际情况。

对申报的计税依据明显偏低（如平价和低价转让等）且无正当理由的，主管税务机关可参照每股净资产或个人股东享有的股权比例所对应的净资产份额核定。

五、税务机关要建立股权转让所得征收个人所得税内部控管机制。税务机关应建立股权转让所得个人所得税电子台账，对所辖企业个人股东逐户登记，将个人股东的相关信息录入计算机系统，实施动态管理。税务机关内部各部门分别负责信息获取、评估和审核、税款征缴入库和反馈检查等环节的工作，各部门应加强联系，密切配合，形成完整的管理链条。

六、各地税务机关要高度重视股权转让所得个人所得税征收管理，按照本通知的要求，采取有效措施，积极主动地开展工作。要争取当地党委、政府的支持，加强与工商行政管理部门的联系和协作，定期主动从工商行政管理机关取得股权变更登记信息。要向纳税人、扣缴义务人和发生股权变更的企业做好相关税法及政策的宣传和辅导工作，保证税款及时、足额入库。

财政部　国家税务总局关于个人无偿受赠房屋有关个人所得税问题的通知

财税［2009］78号

各省、自治区、直辖市、计划单列市财政厅（局）、地方税务局，宁夏、西藏、青海省（自治区）国家税务局，新疆生产建设兵团财务局：

为了加强个人所得税征管，堵塞税收漏洞，根据《中华人民共和国个人所得税法》有关规定，现就个人无偿受赠房屋有关个人所得税问题通知如下：

一、以下情形的房屋产权无偿赠与，对当事双方不征收个人所得税：

（一）房屋产权所有人将房屋产权无偿赠与配偶、父母、子女、祖父母、外祖父母、孙子女、外孙子女、兄弟姐妹；

（二）房屋产权所有人将房屋产权无偿赠与对其承担直接抚养或者赡养义务的抚养人或者赡养人；

（三）房屋产权所有人死亡，依法取得房屋产权的法定继承人、遗嘱继承人或者受遗赠人。

二、赠与双方办理免税手续时，应向税务机关提交以下资料：

（一）《国家税务总局关于加强房地产交易个人无偿赠与不动产税收管理有关问题的通知》（国税发［2006］144号）第一条规定的相关证明材料；

（二）赠与双方当事人的有效身份证件；

（三）属于本通知第一条第（一）项规定情形的，还须提供公证机构出具的赠与人和受赠人亲属关系的公证书（原件）。

（四）属于本通知第一条第（二）项规定情形的，还须提供公证机构出具的抚养关系或者赡养关系公证书（原件），或者乡镇政府或街道办事处出具的抚养关系或者赡养关系证明。

税务机关应当认真审核赠与双方提供的上述资料，资料齐全并且填写正确的，在提交的《个人无偿赠与不动产登记表》上签字盖章后复印留存，原件退还提交人，同时办理个人所得税不征税手续。

三、除本通知第一条规定情形以外，房屋产权所有人将房屋产权无偿赠与他人的，受赠人因无偿受赠房屋取得的受赠所得，按照“经国务院财政部门确定征税的其他所得”项目缴纳个人所得税，税率为20%。

四、对受赠人无偿受赠房屋计征个人所得税时，其应纳税所得额为房地产赠与合同上标明的赠与房屋价值减除赠与过程中受赠人支付的相关税费后的余额。赠与合同标明的房屋价值明显低于市场价格或房地产赠与合同未标明赠与房屋价值的，税务机关可依据受赠房屋的市场评估价格或采取其他合理方式确定受赠人的应纳税所得额。

五、受赠人转让受赠房屋的，以其转让受赠房屋的收入减除原捐赠人取得该房屋的实际购置成本以及赠与和转让过程中受赠人支付的相关税费后的余额，为受赠人的应纳税所得额，依法计征个人所得税。受赠人转让受赠房屋价格明显偏低且无正当理由的，税务机关可以依据该房屋的市场评估价格或其他合理方式确定的价格核定其转让收入。

六、本通知自发布之日起执行。

国家税务总局关于股权激励有关个人所得税问题的通知

国税函[2009]461号

各省、自治区、直辖市和计划单列市地方税务局，西藏、宁夏、青海省（自治区）国家税务局：

为适应上市公司（含境内、境外上市公司，下同）薪酬制度改革和实施股权激励计划，根据《中华人民共和国个人所得税法》（以下简称个人所得税法）、《中华人民共和国个人所得税法实施条例》（以下简称实施条例）有关精神，财政部、国家税务总局先后下发了《关于个人股票期权所得征收个人所得税问题的通知》（财税[2005]35号）和《关于股票增值权所得和限制性股票所得征收个人所得税有关问题的通知》（财税[2009]5号）等文件。现就执行上述文件有关事项通知如下：

一、关于股权激励所得项目和计税方法的确定

根据个人所得税法及其实施条例和财税[2009]5号文件等规定，个人因任职、受雇从上市公司取得的股票增值权所得和限制性股票所得，由上市公司或其境内机构按照“工资、薪金所得”项目和股票期权所得个人所得税计税方法，依法扣缴其个人所得税。

二、关于股票增值权应纳税所得额的确定

股票增值权被授权人获取的收益，是由上市公司根据授权日与行权日股票差价乘以被授权股数，直接向被授权人支付的现金。上市公司应于向股票增值权被授权人兑现时依法扣缴其个人所得税。被授权人股票增值权应纳税所得额计算公式为：

股票增值权某次行权应纳税所得额＝（行权日股票价格－授权日股票价格）×行权股票份数。

三、关于限制性股票应纳税所得额的确定

按照个人所得税法及其实施条例等有关规定，原则上应在限制性股票所有权归属于被激励对象时确认其限制性股票所得的应纳税所得额。即：上市公司实施限制性股票计划时，应以被激励对象限制性股票在中国证券登记结算公司（境外为证券登记托管机构）进行股票登记日期的股票市价（指当日收盘价，下同）和本批次解禁股票当日市价（指当日收盘价，下同）的平均价格乘以本批次解禁股票份数，减去被激励对象本批次解禁股份数所对应的为获取限制性股票实际支付资金数额，其差额为应纳税所得额。被激励对象限制性股票应纳税所得额计算公式为：

$$\text{应纳税所得额}=\left(\text{股票登记日股票市价}+\text{本批次解禁股票当日市价}\right)\div 2\times\text{本批次解禁股票份数}-\text{被激励对象实际支付的资金总额}\times\left(\text{本批次解禁股票份数}\div\text{被激励对象获取的限制性股票总份数}\right)$$

四、关于股权激励所得应纳税额的计算

（一）个人在纳税年度内第一次取得股票期权、股票增值权所得和限制性股票所得的，上市公司应按照财税[2005]35号文件第四条第一项所列公式计算扣缴其个人所得税。

(二)个人在纳税年度内两次以上(含两次)取得股票期权、股票增值权和限制性股票等所得,包括两次以上(含两次)取得同一种股权激励形式所得或者同时兼有不同股权激励形式所得的,上市公司应将其纳税年度内各次股权激励所得合并,按照《国家税务总局关于个人股票期权所得缴纳个人所得税有关问题的补充通知》(国税函[2006]902 号)第七条、第八条所列公式计算扣缴个人所得税。

五、关于纳税义务发生时间

(一)股票增值权个人所得税纳税义务发生时间为上市公司向被授权人兑现股票增值权所得的日期;

(二)限制性股票个人所得税纳税义务发生时间为每一批次限制性股票解禁的日期。

六、关于报送资料的规定

(一)实施股票期权、股票增值权计划的境内上市公司,应按照财税[2005]35 号文件第五条第(三)项规定报送有关资料。

(二)实施限制性股票计划的境内上市公司,应在中国证券登记结算公司(境外为证券登记托管机构)进行股票登记、并经上市公司公示后 15 日内,将本公司限制性股票计划或实施方案、协议书、授权通知书、股票登记日期及当日收盘价、禁售期限和股权激励人员名单等资料报送主管税务机关备案。

境外上市公司的境内机构,应向其主管税务机关报送境外上市公司实施股权激励计划的中(外)文资料备案。

(三)扣缴义务人和自行申报纳税的个人在代扣代缴税款或申报纳税时,应在税法规定的纳税申报期限内,将个人接受或转让的股权以及认购的股票情况(包括种类、数量、施权价格、行权价格、市场价格、转让价格等)、股权激励人员名单、应纳税所得额、应纳税额等资料报送主管税务机关。

七、其他有关问题的规定

(一)财税[2005]35 号、国税函[2006]902 号和财税[2009]5 号以及本通知有关股权激励个人所得税政策,适用于上市公司(含所属分支机构)和上市公司控股企业的员工,其中上市公司占控股企业股份比例最低为 30%(间接控股限于上市公司对二级子公司的持股)。

间接持股比例,按各层持股比例相乘计算,上市公司对一级子公司持股比例超过 50% 的,按 100% 计算。

(二)具有下列情形之一的股权激励所得,不适用本通知规定的优惠计税方法,直接计入个人当期所得征收个人所得税:

1. 除本条第(一)项规定之外的集团公司、非上市公司员工取得的股权激励所得;
2. 公司上市之前设立股权激励计划,待公司上市后取得的股权激励所得;
3. 上市公司未按照本通知第六条规定向其主管税务机关报备有关资料的。

(三)被激励对象为缴纳个人所得税款而出售股票,其出售价格与原计税价格不一致的,按原计税价格计算其应纳税所得额和税额。

八、本通知自发文之日起执行。本文下发之前已发生但尚未处理的事项,按本通知执行。

国家税务总局关于明确个人所得税若干政策执行问题的通知

国税发[2009]121 号

各省、自治区、直辖市和计划单列市地方税务局,西藏、宁夏、青海省(自治区)国家税务局:

近期,部分地区反映个人所得税若干政策执行口径不够明确,为公平税负,加强征管,根据《中华人民共和国个人所得税法》及其实施条例等相关规定,现就个人所得税若干政策执行口径问题通知如下:

一、《国家税务总局关于个人所得税若干政策问题的批复》(国税函[2002]629 号)第一条有关"双薪制"计税方法停止执行。

二、关于董事费征税问题

(一)《国家税务总局关于印发〈征收个人所得税若干问题的规定〉的通知》(国税发 [1994]089 号)第八

条规定的董事费按劳务报酬所得项目征税方法,仅适用于个人担任公司董事、监事,且不在公司任职、受雇的情形。

(二)个人在公司(包括关联公司)任职、受雇,同时兼任董事、监事的,应将董事费、监事费与个人工资收入合并,统一按工资、薪金所得项目缴纳个人所得税。

(三)《国家税务总局关于外商投资企业的董事担任直接管理职务征收个人所得税问题的通知》(国税发［1996］214号)第一条停止执行。

三、关于华侨身份界定和适用附加费用扣除问题

(一)华侨身份的界定

根据《国务院侨务办公室关于印发〈关于界定华侨外籍华人归侨侨眷身份的规定〉的通知》(国侨发［2009］5号)的规定,华侨是指定居在国外的中国公民。具体界定如下:

1.“定居”是指中国公民已取得住在国长期或者永久居留权,并已在住在国连续居留两年,两年内累计居留不少于18个月。

2. 中国公民虽未取得住在国长期或者永久居留权,但已取得住在国连续5年以上(含5年)合法居留资格,5年内在住在国累计居留不少于30个月,视为华侨。

3. 中国公民出国留学(包括公派和自费)在外学习期间,或因公务出国(包括外派劳务人员)在外工作期间,均不视为华侨。

(二)关于华侨适用附加扣除费用问题

对符合国侨发［2009］5号文件规定的华侨身份的人员,其在中国工作期间取得的工资、薪金所得,税务机关可根据纳税人提供的证明其华侨身份的有关证明材料,按照《中华人民共和国个人所得税法实施条例》第三十条规定在计算征收个人所得税时,适用附加扣除费用。

四、关于个人转让离婚析产房屋的征税问题

(一)通过离婚析产的方式分割房屋产权是夫妻双方对共同共有财产的处置,个人因离婚办理房屋产权过户手续,不征收个人所得税。

(二)个人转让离婚析产房屋所取得的收入,允许扣除其相应的财产原值和合理费用后,余额按照规定的税率缴纳个人所得税;其相应的财产原值,为房屋初次购置全部原值和相关税费之和乘以转让者占房屋所有权的比例。

(三)个人转让离婚析产房屋所取得的收入,符合家庭生活自用五年以上唯一住房的,可以申请免征个人所得税,其购置时间按照《国家税务总局关于房地产税收政策执行中几个具体问题的通知》(国税发［2005］172号)执行。

国家税务总局有关负责人就个人所得税有关问题答记者问

最近,记者就部分媒体关注的取消“双薪制”计税方法及交通、通讯补贴收入计征个人所得税等有关问题,采访了国家税务总局有关负责人。

一、关于取消“双薪制”计税方法有关问题

问:为什么取消“双薪制”计税方法?

答:所谓“双薪”是指单位按照规定程序向个人多发放一个月工资,俗称“第13个月工资”,也称“年终加薪”,实际上就是单位对员工全年奖励的一种形式。随着我国收入分配制度改革的不断深化,单位对员工支付薪酬的名目不断增加,为减轻个人税负,1996年税务总局曾明确年终加薪或全年一次性奖金单独作为一个月的收入计征个人所得税,以收入全额直接按照适用税率计征税款(以下简称“双薪制”计税方法)。2005年,我们对包括“双薪”在内的全年一次性奖金的计税办法进行了调整,明确规定全年一次性奖金包括年终加薪、绩效考核兑现的年薪和绩效工资,并以上述收入全额分摊至12个月的数额确定适用税率,再按规定方法计算应缴税额(以下简称分摊计税方法)。应该说,这种分摊计税方法与原“双薪制”计税方法相比,是一种更为优惠的计税方法。调整后的全年一次性奖金分摊计税的政策实际上已经包括了年终加薪

(双薪)。据我们了解,该政策调整后,企事业单位一般都是将年终加薪(双薪)并入全年一次性奖金中统一计算应缴纳的个人所得税。

举例说明如下:

1. 假设王某月工资4000元,当月取得年终加薪3000元,没有全年奖金。(为便于比较税负,不考虑当月工资的应纳税额。)

(1)2005年以前,年终加薪按原“双薪制”计税方法计算:

王某应缴纳个人所得税为325元。公式如下:3000×15% -125=325(元);

(2)2005年以后,年终加薪应按照全年一次性奖金分摊计税方法计算:

王某应缴纳个人所得税为150元。计算过程如下:先以3000除以12的商数(3000÷12=250元)查找适用税率,250对应的税率为5%,则应缴纳个人所得税3000×5% =150(元)。

(3)对比两种计算方法,分摊计税方法比原“双薪制”计税方法少缴税款175元。

2. 假设张某月工资4000元,当月取得年终加薪3000元、全年奖金15000元。(为便于比较税负,不考虑当月工资的应纳税额。)

(1)2005年以前,年终加薪应纳税额=3000×15% -125=325(元),全年奖金应纳税额=15000×20% -375=2625(元),以上合计应纳税额为2950元。

(2)2005年以后,可以将张某年终加薪和全年奖金合并按照全年一次性奖金分摊计税方法计算,应缴纳个人所得税款1775元。计算过程:先以18000除以12的商数(18000÷12=1500)查找适用税率,1500对应的税率是10%,则18000×10% -25=1775(元)。

(3)对比2005年以前,张某少缴税款1175元。

问:取消“双薪制”计税方法后,网民认为增加了工薪阶层的负担,您怎么看待这个问题?

答:2005年规定的将全年一次性奖金分摊至12个月确定适用税率的计税方法,已经将年终加薪视为全年一次性奖金的一种形式来计算纳税,所以,此次取消原“双薪制”计税方法,只是对过去的老政策进行清理,个人取得年终加薪仍应按2005年出台的分摊计税方法计算纳税,并没有改变个人税收负担(详见前例)。具体来讲,对于只有年终加薪(双薪)、没有全年一次性奖金的纳税人而言,年终加薪(双薪)按照2005年全年一次性奖金的分摊计税方法执行;对于既有年终加薪(双薪)又有全年一次性奖金的纳税人而言,应将两项收入合并,适用全年一次性奖金的分摊计税方法,税负与2005年以来的负担相同,没有变化。据我们了解,近来有一些高收入企业把年终加薪(双薪)与全年一次性奖金分别分摊计算扣缴个人所得税,违反了2005年全年一次性奖金的政策规定。此次明确取消原“双薪制”计税方法,是定期清理过时或者作废文件的要求,也是针对上述违反规定的行为从规范税制、公平税负、调节高收入的角度考虑的,不会增加普通工薪收入者的负担。

问:今年以来,税务总局出台了哪些针对高收入者的个人所得税政策和征管规定?

答:个人所得税承担着调节收入分配的重要职能。长期以来,税务总局始终将高收入行业和高收入者作为个人所得税管理的重点。今年以来,我们先后出台了《国家税务总局关于加强股权转让所得征收个人所得税管理的通知》(国税函[2009]285号)、《财政部、国家税务总局关于股票增值权所得和限制性股票所得征收个人所得税有关问题的通知》(财税[2009]5号)和《国家税务总局关于股权激励有关个人所得税问题的通知》(国税函[2009]461号)等文件。国税函[2009]285号文件明确规定个人股东在进行股权交易时,应及时到税务机关办理纳税(扣缴)申报,并规定了配套的管理、服务措施;财税[2009]5号文件明确规定个人取得股票增值权和限制性股票的所得属于个人因任职和受雇而取得的所得,按“工资、薪金所得”项目征收个人所得税;国税函[2009]461号文件则对股票增值权和限制性股票计征个人所得税的具体计算方法和征管措施作了明确规定。上述三个文件都是针对高收入者运用资本、管理等要素取得所得而加强个人所得税征管的规定,我们将认真落实好这些文件。今后,我们还将进一步加大对高收入行业和高收入者的征管力度,充分发挥个人所得税调节高收入的职能作用。

二、关于交通、通讯补贴收入计征个人所得税有关问题

问:近日,有媒体报道个人所得税政策有新的调整,特别是单位发放的交通补贴、通讯补贴的个人所得税政策进行了调整,您对此有何评价?

答:我必须强调,对单位发放的交通补贴、通讯补贴的个人所得税政策并没有做任何调整,各地税务机关仍应按现行税法规定执行。

我国的个人所得税法中,对单位向个人发放的交通、通讯补贴一直规定是要征收个人所得税的。这项规定已执行多年,并不是过去不征税,现在才规定要征税,在这一点上有的媒体的报道是有误解的。

国家税务总局关于企业年金个人所得税征收管理有关问题的通知

国税函[2009]694号

各省、自治区、直辖市和计划单列市地方税务局,西藏、宁夏、青海省(自治区)国家税务局:

为进一步规范企业年金个人所得税的征收管理,根据《中华人民共和国个人所得税法》及其实施条例的有关规定,现将有关问题明确如下:

一、企业年金的个人缴费部分,不得在个人当月工资、薪金计算个人所得税时扣除。

二、企业年金的企业缴费计入个人账户的部分(以下简称企业缴费)是个人因任职或受雇而取得的所得,属于个人所得税应税收入,在计入个人账户时,应视为个人一个月的工资、薪金(不与正常工资、薪金合并),不扣除任何费用,按照"工资、薪金所得"项目计算当期应纳个人所得税款,并由企业在缴费时代扣代缴。

对企业按季度、半年或年度缴纳企业缴费的,在计税时不得还原至所属月份,均作为一个月的工资、薪金,不扣除任何费用,按照适用税率计算扣缴个人所得税。

三、对因年金设置条件导致的已经计入个人账户的企业缴费不能归属个人的部分,其已扣缴的个人所得税应予以退还。具体计算公式如下:

应退税款 = 企业缴费已纳税款 × (1 − 实际领取企业缴费/已纳税企业缴费的累计额)

参加年金计划的个人在办理退税时,应持居民身份证、企业以前月度申报的含有个人明细信息的《年金企业缴费扣缴个人所得税报告表》复印件、解缴税款的《税收缴款书》复印件等资料,以及由企业出具的个人实际可领取的年金企业缴费额与已缴纳税款的年金企业缴费额的差额证明,向主管税务机关申报,经主管税务机关核实后,予以退税。

四、设立企业年金计划的企业,应按照个人所得税法和税收征收管理法的有关规定,实行全员全额扣缴明细申报制度。企业要加强与其受托人的信息传递,并按照主管税务机关的要求提供相关信息。对违反有关税收法律法规规定的,按照税收征管法有关规定予以处理。

五、本通知下发前,企业已按规定对企业缴费部分依法扣缴个人所得税的,税务机关不再退税;企业未扣缴企业缴费部分个人所得税的,税务机关应限期责令企业按以下方法计算扣缴税款:以每年度未扣缴企业缴费部分为应纳税所得额,以当年每个职工月平均工资额的适用税率为所属期企业缴费的适用税率,汇总计算各年度应扣缴税款。

六、本通知所称企业年金是指企业及其职工按照《企业年金试行办法》的规定,在依法参加基本养老保险的基础上,自愿建立的补充养老保险。对个人取得本通知规定之外的其他补充养老保险收入,应全额并入当月工资、薪金所得依法征收个人所得税。

七、本通知自下发之日起执行。

国家税务总局所得税司负责人就企业年金个人所得税征管问题答记者问

近日,国家税务总局发出《关于企业年金个人所得税征收管理有关问题的通知》(国税函[2009]694号,以下简称《通知》),明确了企业年金个人所得税征收管理的相关问题。记者就有关问题采访了国家税务总局所得税司负责人。

问:为什么要出台《通知》?

答:根据个人所得税法及其实施条例和相关规定,除符合国家有关规定实际缴付(包括单位、个人)的基本养老保险费、基本医疗保险费、失业保险费和住房公积金外,其他补充保险和商业保险以及超标准的基本保险均应征收个人所得税。企业年金是补充养老保险的一种主要形式,对其征税在个人所得税政策上是明确的。但因我国的企业年金制度起步较晚,企业年金运作复杂,各地区、各企业差异较大,个人所得税征收管理存在较多问题一直未得到有效解决,企业和基层税务机关常有反映。这次在深入调研的基础上,我们研究制定了《通知》,主要是进一步明确企业年金个人所得税的征收管理有关规定。

问:《通知》的主要内容是什么?

答:企业年金是指企业及其职工在依法参加基本养老保险的基础上,自愿建立的补充养老保险。主要由个人缴费、企业缴费和年金投资收益三部分组成,《通知》重点对个人缴费和企业缴费的个人所得税征管问题作出了规定。

首先,《通知》再次重申了企业年金个人缴费的政策规定,明确了企业缴费的税务处理方法。即个人缴费不得在个人当月工资、薪金所得税前扣除,企业缴费计入个人账户的部分(以下简称企业缴费)与个人当月的工资、薪金分开,单独视为一个月的工资、薪金不扣除任何费用计算应缴税款。举例如下:假设某企业职工年金账户中每月个人缴费100元、企业缴费400元,其100元的个人缴费不得在工薪所得税前扣除,属于个人税后工薪的缴费;企业缴入其个人账户的400元不并入当月工资、薪金,直接以400元对应个人所得税工资、薪金所得税率表的适用税率计算应扣缴的税款。

其次,企业缴费的个人所得税征收环节是企业缴费环节,即在企业缴费计入个人账户时,由企业作为扣缴义务人依法扣缴税款。

第三,对因年金设置条件导致的已经计入个人账户的企业缴费不能归属个人的部分,《通知》规定,其已扣缴的个人所得税应予以退还,并明确了个人办理退税时需要提供的相关资料。

第四,《通知》明确了该文件的适用范围。即《通知》所称企业年金是指企业及其职工按照《企业年金试行办法》的规定,在依法参加基本养老保险的基础上,自愿建立的补充养老保险。对个人取得上述规定之外的其他补充养老保险收入,应全额并入当月工资、薪金所得依法征收个人所得税。

另外,《通知》还对建立企业年金制度的企业提出了征收管理方面的要求,并与目前企业年金个人所得税政策执行情况的衔接作出了规定。

问:《通知》中规定的企业缴费计税方法对企业年金制度的发展有何影响?

答:据不完全统计,截至2008年底,全国已有3.3万户企业建立了企业年金制度,覆盖职工1038万人,但是我国企业年金的覆盖面不高,所覆盖职工仅占参加全国基本养老保险人数(截至2008年底,全国基本养老保险参保人数约1.74亿人)的6%左右,而且从建立年金企业所属行业看,大多集中在电力、铁路、金融、保险、通讯、煤炭、有色金属、交通、石油天然气等高收入行业或垄断行业。由于我国的企业年金制度起步晚,还属于初步建立阶段,为鼓励更多的企业建立年金制度,为职工提供基本养老保险之外的补充养老保险,税收政策应该适当考虑给予鼓励和支持。因此,在研究起草《通知》的过程中,我们始终坚持了既考虑调节收入分配,又要体现对企业年金发展给予适当鼓励和扶持的原则。应该说《通知》规定的将企业缴费计入个人账户的部分单独计税的方法,很好地体现了上述原则。即对个人缴费和企业缴费计入个人账户的部分依法予以征税,防止收入分配差距过大,同时,将企业缴费单独作为一个月工资薪金计算征收个人所得税的处理方法,降低了企业缴费的适用税率,实际上也是一种较为优惠的计算方法,目的是鼓励和扶持企业年金的发展。另外,将企业缴费区别于正常工资、薪金单独计税,也便于为中途退出年金计划的职工办理退税。

问:《通知》明确在企业缴费环节征收个人所得税,而国际上有的国家规定是在年金领取环节征收个税,请问对此是如何考虑的?

答:之所以没有在个人退休领取年金环节扣缴税款,主要是基于我国现行个人所得税制和税务机关的征管能力。从国际上看,在企业年金的个人所得税征管环节上,既有在企业缴费环节征收、在领取环节免税的国家,也有在缴费环节免税、领取环节征收的国家,征收环节不是统一的,每个国家对企业年金个人所得税征收环节的选择,都是与本国的税制和税务机关的实际征管能力相适应的,取决于各国的实际。据我们了解，对企业年金在领取环节征收个人所得税的国家，基本上都是多年实行综合税制或综合与分类相结合税制的国家，其对个人的退休金是征税的，税务机关不仅具有完备的个人收入信息和健全的征管机制，而且具有全国统一的信息化管理平台，而我国现行个人所得税制是分项税制，且对退休工资或退休金予以免税，不具备将企业年金递延至个人退休领取环节征税的基本条件。同时，如果在年金领取环节征收个人所得税，则税务机关必须在企业建立年金后的数十年随时监控年金的运行，且保存数十年的个人信息，从目前看，税务机关还不具备这方面的征管能力。

国家税务总局关于个人转租房屋取得收入征收个人所得税问题的通知

国税函[2009]639 号

各省、自治区、直辖市和计划单列市地方税务局，西藏、宁夏、青海省（自治区）国家税务局：

为规范和加强个人所得税管理，根据《中华人民共和国个人所得税法》及其实施条例的规定，现对个人取得转租房屋收入有关个人所得税问题通知如下：

一、个人将承租房屋转租取得的租金收入，属于个人所得税应税所得，应按“财产租赁所得”项目计算缴纳个人所得税。

二、取得转租收入的个人向房屋出租方支付的租金，凭房屋租赁合同和合法支付凭据允许在计算个人所得税时，从该项转租收入中扣除。

三、《国家税务总局关于个人所得税若干业务问题的批复》（国税函[2002]146 号）有关财产租赁所得个人所得税前扣除税费的扣除次序调整为：

（一）财产租赁过程中缴纳的税费；

（二）向出租方支付的租金；

（三）由纳税人负担的租赁财产实际开支的修缮费用；

（四）税法规定的费用扣除标准。

关于个人转租房屋取得收入征收个人所得税问题解读稿

最近，国家税务总局下发《关于个人转租房屋取得收入征收个人所得税问题的通知》（以下简称《通知》），明确了对个人转租房屋取得收入征收个人所得税问题，现解读如下：

当前，一些纳税人出于谋利或者其他目的，将所承租房屋转租给第三方赚取租金差价的情况时有发生，针对这类现象，国家税务总局按照现行个人所得税有关政策规定，对个人转租房屋取得的租金收入如何征收个人所得税，作了明确规定。考虑到个人转租房屋所支付的租金是财产租赁所得的成本，《通知》明确规定，转租房屋所支付的租金允许在个人所得税前扣除。同时，为便于管理和堵塞漏洞，要求纳税人必须提交房屋租赁合同和支付租金的合法凭据，否则，不允许扣除租金。

此外，为便于政策衔接，对财产租赁所得个人所得税前扣除税费的扣除次序问题也重新进行了明确，即：在计算财产租赁所得个人所得税时，应首先扣除财产租赁过程中缴纳的税费；其次扣除个人向出租方支付租金；第三扣除由纳税人负担的该出租财产实际开支的修缮费用；最后减除税法规定的费用扣除标准，即经上述减除后，如果余额不足 4000 元，则减去 800 元，如果余额超过 4000 元，则减去 20%。

国家税务总局的这项规定不仅规范了税收政策，减轻了个人承租房屋再行转租的税负，同时规范了税收管理，有利于减少税收流失。

国家税务总局关于限售股转让所得个人所得税征缴有关问题的通知

国税函[2010]23号

各省、自治区、直辖市和计划单列市地方税务局，西藏、宁夏、青海省（自治区）国家税务局：

根据《财政部 国家税务总局 证监会关于个人转让上市公司限售股所得征收个人所得税有关问题的通知》（财税[2009]167号）规定，限售股转让所得个人所得税采取证券机构预扣预缴、纳税人自行申报清算和证券机构直接扣缴相结合的方式征收。为做好限售股转让所得个人所得税征缴工作，现就有关问题通知如下：

一、关于证券机构预扣预缴个人所得税的征缴问题

（一）证券机构技术和制度准备完成前形成的限售股，其转让所得应缴纳的个人所得税采取证券机构预扣预缴、纳税人自行申报清算方式征收。各地税务机关可根据当地税务代保管资金账户的开立与否、个人退税的简便与否等实际情况综合考虑，在下列方式中确定一种征缴方式：

1. 纳税保证金方式。证券机构将已扣的个人所得税款，于次月7日内以纳税保证金形式向主管税务机关缴纳，并报送《限售股转让所得扣缴个人所得税报告表》及税务机关要求报送的其他资料。主管税务机关收取纳税保证金时，应向证券机构开具有关凭证（凭证种类由各地自定），作为证券机构代缴个人所得税的凭证，凭证“类别”或“品目”栏写明“代扣个人所得税”。同时，税务机关根据《限售股转让所得扣缴个人所得税报告表》分纳税人开具《税务代保管资金专用收据》，作为纳税人预缴个人所得税的凭证，凭证“类别”栏写明“预缴个人所得税”。纳税保证金缴入税务机关在当地商业银行开设的“税务代保管资金”账户存储。

2. 预缴税款方式。证券机构将已扣的个人所得税款，于次月7日内直接缴入国库，并向主管税务机关报送《限售股转让所得扣缴个人所得税报告表》及税务机关要求报送的其他资料。主管税务机关向证券机构开具《税收通用缴款书》或以横向联网电子缴税方式将证券机构预扣预缴的个人所得税税款缴入国库。同时，主管税务机关应根据《限售股转让所得扣缴个人所得税报告表》分纳税人开具《税收转账专用完税证》，作为纳税人预缴个人所得税的完税凭证。

（二）证券机构技术和制度准备完成后新上市公司的限售股，纳税人在转让时应缴纳的个人所得税，采取证券机构直接代扣代缴的方式征收。

证券机构每月所扣个人所得税款，于次月7日内缴入国库，并向当地主管税务机关报送《限售股转让所得扣缴个人所得税报告表》及税务机关要求报送的其他资料。主管税务机关按照代扣代缴税款有关规定办理税款入库，并分纳税人开具《税收转账专用完税证》，作为纳税人的完税凭证。

《税务代保管资金专用收据》、《税收转账专用完税证》可由代扣代缴税款的证券机构或由主管税务机关交纳税人。各地税务机关应通过适当途径将缴款凭证取得方式预先告知纳税人。

二、关于采取证券机构预扣预缴、纳税人自行申报清算方式下的税款结算和退税管理

（一）采用纳税保证金方式征缴税款的结算

证券机构以纳税保证金方式代缴个人所得税的，纳税人办理清算申报后，经主管税务机关审核重新计算的应纳税额低于已缴纳税保证金的，多缴部分税务机关应及时从“税务代保管资金”账户退还纳税人。同时，税务机关应开具《税收通用缴款书》将应纳部分作为个人所得税从“税务代保管资金”账户缴入国库，并将《税收通用缴款书》相应联次交纳税人，同时收回《税务代保管资金专用收据》。经主管税务机关审核重新计算的应纳税额高于已缴纳税保证金的，税务机关就纳税人应补缴税款部分开具相应凭证直接补缴入库；同时税务机关应开具《税收通用缴款书》将已缴纳的纳税保证金从“税务代保管资金”账户全额缴入国库，并将《税收通用缴款书》相应联次交纳税人，同时收回《税务代保管资金专用收据》。纳税人未在规定期限内办理清算事宜的，期限届满后，所缴纳的纳税保证金全部作为个人所得税缴入国库。横向联网电子缴税的地区，税务机关可通过联网系统办理税款缴库。

纳税保证金的收纳缴库、退还办法，按照《国家税务总局 财政部 中国人民银行关于印发〈税务代保管资金账户管理办法〉的通知》(国税发[2005]181号)、《国家税务总局 财政部 中国人民银行关于税务代保管资金账户管理有关问题的通知》(国税发[2007]12号)有关规定执行。各地税务机关应严格执行税务代保管资金账户管理有关规定，严防发生账户资金的占压、贪污、挪用、盗取等情形。

(二)采用预缴税款方式征缴税款的结算

证券机构以预缴税款方式代缴个人所得税的，纳税人办理清算申报后，经主管税务机关审核应补(退)税款的，由主管税务机关按照有关规定办理税款补缴入库或税款退库。

国家税务总局关于做好限售股转让所得个人所得税征收管理工作的通知

国税发[2010]8号

各省、自治区、直辖市和计划单列市地方税务局，西藏、青海、宁夏国家税务局：

经国务院批准，自2010年1月1日起对个人转让上市公司限售股所得征收个人所得税。按照《财政部 国家税务总局 证监会关于个人转让上市公司限售股所得征收个人所得税有关问题的通知》(财税[2009]167号)规定，为做好限售股转让所得个人所得税的征收管理工作，现将有关事项通知如下：

一、征管操作规定

根据证券机构技术和制度准备完成情况，对不同阶段形成的限售股，采取不同的征管办法。

(一)证券机构技术和制度准备完成前形成的限售股，其转让所得应缴纳的个人所得税，采取证券机构预扣预缴和纳税人自行申报清算相结合的方式征收。

1. 证券机构的预扣预缴申报

纳税人转让股改限售股的，证券机构按照该股票股改复牌日收盘价计算转让收入，纳税人转让新股限售股的，证券机构按照该股票上市首日收盘价计算转让收入，并按照计算出的转让收入的15%确定限售股原值和合理税费，以转让收入减去原值和合理税费后的余额为应纳税所得额，计算并预扣个人所得税。

证券机构应将已扣的个人所得税款，于次月7日内向主管税务机关缴纳，并报送《限售股转让所得扣缴个人所得税报告表》(见附件1)及税务机关要求报送的其他资料。《限售股转让所得扣缴个人所得税报告表》应按每个纳税人区分不同股票分别填写；同一支股票的转让所得，按当月取得的累计发生额填写。

2. 纳税人的自行申报清算

纳税人按照实际转让收入与实际成本计算出的应纳税额，与证券机构预扣预缴税额有差异的，纳税人应自证券机构代扣并解缴税款的次月1日起3个月内，到证券机构所在地主管税务机关提出清算申请，办理清算申报事宜。纳税人在规定期限内未到主管税务机关办理清算事宜的，期限届满后税务机关不再办理。

纳税人办理清算时，应按照收入与成本相匹配的原则计算应纳税所得额。即，限售股转让收入必须按照实际转让收入计算，限售股原值按照实际成本计算；如果纳税人未能提供完整、真实的限售股原值凭证，不能正确计算限售股原值的，主管税务机关一律按限售股实际转让收入的15%核定限售股原值及合理税费。

纳税人办理清算时，按照当月取得的全部转让所得，填报《限售股转让所得个人所得税清算申报表》(见附件2)，并出示个人有效身份证照原件，附送加盖开户证券机构印章的限售股交易明细记录、相关完整真实的财产原值凭证、缴纳税款凭证(《税务代保管资金专用收据》或《税收转账专用完税证》)，以及税务机关要求报送的其他资料。

限售股交易明细记录应包括：限售股每笔成交日期、成交时间、成交价格、成交数量、成交金额、佣金、印花税、过户费、其他费等信息。

纳税人委托中介机构或者他人代为办理纳税申报的，代理人在申报时，除提供上述资料外，还应出示代理人本人的有效身份证照原件，并附送纳税人委托代理申报的授权书。

税务机关对纳税人申报的资料审核确认后，按照上述原则重新计算应纳税额，并办理退(补)税手续。重新计算的应纳税额，低于预扣预缴的部分，税务机关应予以退还；高于预扣预缴的部分，纳税人应补缴税款。

(二)证券机构技术和制度准备完成后新上市公司的限售股，纳税人在转让时应缴纳的个人所得税，采取证券机构直接代扣代缴的方式征收。

证券机构技术和制度准备完成后，证券机构按照限售股的实际转让收入，减去事先植入结算系统的限售股成本原值、转让时发生的合理税费后的余额，计算并直接扣缴个人所得税。

证券机构应将每月所扣个人所得税款，于次月7日内缴入国库，并向当地主管税务机关报送《限售股转让所得扣缴个人所得税报告表》及税务机关要求报送的其他资料。

二、各项准备工作

(一)尽快完成申报表的印制及发放工作。各级税务机关应抓紧印制、发放限售股转让所得个人所得税的各类申报表。与此同时，可将各类申报表的电子版先行挂在本地税务网站的醒目位置，方便纳税人及时下载填报。

(二)严格审核申报资料。重点做好以下几个方面的审核：一是审核限售股转让所得个人所得税各类申报表内容填写是否完整，表间逻辑关系是否正确。二是审核附送资料是否齐全、是否符合要求。对纳税人清算时未提供加盖开户证券机构印章限售股交易明细记录的，或者代理人未提交纳税人委托代理申报授权书的，应要求其补齐后再予办理。三是审核附送的限售股原值及合理税费凭证所载数额、限售股交易明细记录与申报表对应栏次所填数据是否匹配，相关凭证及资料是否与财产原值直接相关。四是审核纳税人报送的《限售股转让所得个人所得税清算申报表》所填数据与证券机构报送的《限售股转让所得扣缴个人所得税报告表》中该纳税人的扣缴信息、缴纳税款凭证所载金额是否一致。

(三)尽快完善限售股转让所得征收个人所得税所涉及的相关应用软件。各地可运用信息化手段，实现对限售股转让所得个人所得税的多样化电子申报，满足纳税人的申报需求，加强税务机关后续工作的电子化管理。

(四)建立完整、准确的台账。要按纳税人建立限售股转让所得个人所得税台账，台账内容应包括限售股个人持有者的基本信息(包含姓名、有效身份证照号码、有效联系地址及邮编、有效联系电话、开户证券机构名称及地址)、证券账户号、限售股股票名称及代码、限售股持有股数、解禁时间、转让时间、转让股数、转让价格、转让金额、对应股票原值、合理税费等。有条件的地区，可以开发应用软件，建立电子台账。

三、工作要求

(一)提高认识、加强领导，确保征管工作顺利开展

各级税务机关要提高对限售股转让所得征收个人所得税的重要性和必要性的认识，高度重视限售股转让所得个人所得税的征收管理工作，切实加强组织领导，将这项工作做为调节收入分配、加强税收征管和优化纳税服务的重要举措，扎实有序地推进。要精心组织、周密安排，加强对政策的理解和学习、宣传和辅导，及早制订工作计划，做好各项准备工作，确保个人转让限售股征税政策不折不扣地落实。

(二)广泛宣传、重点辅导，确保政策落到实处

对个人限售股转让所得征收个人所得税，涉及面广、政策性强、操作复杂。各级税务机关要在配合总局宣传和加强内部学习培训的基础上，切实做好本地的政策宣传和纳税辅导工作。一方面，要广泛宣传政策意义、内容、征税范围等，取得社会各界和纳税人的理解和支持，特别加强对个人在上海证券交易所、深圳证券交易所转让从上市公司公开发行和转让市场取得的上市公司股票所得继续免征个人所得税政策的宣传。另一方面，要优化各项纳税服务措施，有针对性地开展纳税辅导。加强对辖区内的证券公司、限售股个人股东、新上市公司的个人股东，特别是转让限售股个人的纳税辅导，要充分利用办税服务厅、税务网站、12366纳税服务热线、手机短信等渠道，重点宣讲征税范围、计税方法、纳税期限、申报流程、提交资料、缴纳税款凭证取得方式、征管办法，以及相关法律责任等。帮助纳税人理解政策要义，熟知办税流程，促进其自觉遵从、按期依法申报纳税，保护纳税人的合法权益。

(三)总结经验、完善措施，建立高效的信息反馈机制

各级税务机关要在对限售股转让所得征税过程中逐步积累经验，完善相关征管和服务措施，并将执行中遇到的新情况、新问题及时向上级税务机关反馈，为进一步完善相关政策和征管办法提供依据。

（四）密切配合、加强协作，形成工作合力

各级税务机关要加强与财政、证监等相关部门的协调配合，共同做好政策的贯彻落实、宣传解释和纳税辅导工作，解决政策执行中存在的困难和问题。要帮助证券机构正确履行代扣代缴义务，协助证券机构尽快建立起信息交换机制，充分利用登记结算公司和证券公司传递的信息强化管理，确保对个人转让限售股所得征税工作的有序开展。

（五）明确责任、严格纪律，做好相关保密工作

限售股转让所得个人所得税的征管工作，涉及纳税人的切身利益和个人隐私，各级税务机关应按照税收征管法和《国家税务总局关于印发〈纳税人涉税保密信息管理暂行办法〉的通知》（国税发［2008］93号）等相关法律法规的要求，做好保密工作。申报资料要专人负责、专人保管、严格使用。税务机关在征税过程中获取的个人限售股相关信息，不得用于税收以外的其他用途。对未按规定为纳税人保密的，要严格按照税收征管法及其他相关法律法规规定，对直接负责的主管人员和其他直接责任人给予相应处分。

附件：1. 限售股转让所得扣缴个人所得税报告表

2. 限售股转让所得个人所得税清算申报表

财政部　国家税务总局　证监会关于个人转让上市公司限售股所得征收个人所得税有关问题的通知

财税［2009］167号

各省、自治区、直辖市、计划单列市财政厅（局）、国家税务局、地方税务局，新疆生产建设兵团财务局，上海、深圳证券交易所，中国证券登记结算公司：

为进一步完善股权分置改革后的相关制度，发挥税收对高收入者的调节作用，促进资本市场长期稳定健康发展，经国务院批准，现就个人转让上市公司限售流通股（以下简称限售股）取得的所得征收个人所得税有关问题通知如下：

一、自2010年1月1日起，对个人转让限售股取得的所得，按照“财产转让所得”，适用20%的比例税率征收个人所得税。

二、本通知所称限售股，包括：

1. 上市公司股权分置改革完成后股票复牌日之前股东所持原非流通股股份，以及股票复牌日至解禁日期间由上述股份孳生的送、转股（以下统称股改限售股）；

2. 2006年股权分置改革新老划断后，首次公开发行股票并上市的公司形成的限售股，以及上市首日至解禁日期间由上述股份孳生的送、转股（以下统称新股限售股）；

3. 财政部、税务总局、法制办和证监会共同确定的其他限售股。

三、个人转让限售股，以每次限售股转让收入，减除股票原值和合理税费后的余额，为应纳税所得额。即：

应纳税所得额＝限售股转让收入－（限售股原值＋合理税费）

应纳税额 ＝ 应纳税所得额×20%

本通知所称的限售股转让收入，是指转让限售股股票实际取得的收入。限售股原值，是指限售股买入时的买入价及按照规定缴纳的有关费用。合理税费，是指转让限售股过程中发生的印花税、佣金、过户费等与交易相关的税费。

如果纳税人未能提供完整、真实的限售股原值凭证的，不能准确计算限售股原值的，主管税务机关一律按限售股转让收入的15%核定限售股原值及合理税费。

四、限售股转让所得个人所得税，以限售股持有者为纳税义务人，以个人股东开户的证券机构为扣缴义务人。限售股个人所得税由证券机构所在地主管税务机关负责征收管理。

五、限售股转让所得个人所得税，采取证券机构预扣预缴、纳税人自行申报清算和证券机构直接扣缴相结合的方式征收。证券机构预扣预缴的税款，于次月7日内以纳税保证金形式向主管税务机关缴纳。主管

税务机关在收取纳税保证金时,应向证券机构开具《中华人民共和国纳税保证金收据》,并纳入专户存储。

根据证券机构技术和制度准备完成情况,对不同阶段形成的限售股,采取不同的征收管理办法。

(一)证券机构技术和制度准备完成前形成的限售股,证券机构按照股改限售股股改复牌日收盘价,或新股限售股上市首日收盘价计算转让收入,按照计算出的转让收入的15%确定限售股原值和合理税费,以转让收入减去原值和合理税费后的余额,适用20%税率,计算预扣预缴个人所得税额。

纳税人按照实际转让收入与实际成本计算出的应纳税额,与证券机构预扣预缴税额有差异的,纳税人应自证券机构代扣并解缴税款的次月1日起3个月内,持加盖证券机构印章的交易记录和相关完整、真实凭证,向主管税务机关提出清算申报并办理清算事宜。主管税务机关审核确认后,按照重新计算的应纳税额,办理退(补)税手续。纳税人在规定期限内未到主管税务机关办理清算事宜的,税务机关不再办理清算事宜,已预扣预缴的税款从纳税保证金账户全额缴入国库。

(二)证券机构技术和制度准备完成后新上市公司的限售股,按照证券机构事先植入结算系统的限售股成本原值和发生的合理税费,以实际转让收入减去原值和合理税费后的余额,适用20%税率,计算直接扣缴个人所得税额。

六、纳税人同时持有限售股及该股流通股的,其股票转让所得,按照限售股优先原则,即:转让股票视同为先转让限售股,按规定计算缴纳个人所得税。

七、证券机构等应积极配合税务机关做好各项征收管理工作,并于每月15日前,将上月限售股减持的有关信息传递至主管税务机关。限售股减持信息包括:股东姓名、公民身份号码、开户证券公司名称及地址、限售股股票代码、本期减持股数及减持取得的收入总额。证券机构有义务向纳税人提供加盖印章的限售股交易记录。

八、对个人在上海证券交易所、深圳证券交易所转让从上市公司公开发行和转让市场取得的上市公司股票所得,继续免征个人所得税。

九、财政、税务、证监等部门要加强协调、通力合作,切实做好政策实施的各项工作。

财政部 国家税务总局 法制办 证监会有关负责人就个人转让上市公司限售股征收个人所得税有关问题答记者问

1. 问:什么是限售股?此次对限售股征税的范围是什么?

答:我国A股市场的限售股,主要由两部分构成:一类是股权分置改革过程中,由原非流通股转变而来的有限售期的流通股,市场称为"大小非"。另一类是为保持公司控制权的稳定,《公司法》及交易所上市规则对于首次公开发行股份并上市的公司,于公开发行前股东所持股份都有一定的限售期规定,由于股权分置改革新老划段后不再有非流通股和流通股的划分,这部分股份在限售期满后解除流通权利限制。此外,股权分置改革股票复牌后和新股上市后,上述限售股于解除限售前历年获得的送转股也构成了限售股。这些限售股在限售期结束后均可上市流通。

此次纳入征税范围的限售股包括:

(1)上市公司股权分置改革完成后股票复牌日之前股东所持原非流通股股份,以及股票复牌日至解禁日期间由上述股份孳生的送、转股(以下统称"股改限售股");

(2)2006年股权分置改革新老划断后,首次公开发行股票并上市的公司形成的限售股,以及上市首日至解禁日期间由上述股份孳生的送、转股(以下统称"新股限售股");

(3)财政部、税务总局、法制办和证监会共同确定的其他限售股。

2. 问:为什么要对限售股征收个人所得税?

答:一是1994年出台股票转让所得免税政策时,原有的非流通股不能上市流通,实际上只有从上市公司公开发行和转让市场取得的流通股才能享受免税政策。2005年股权分置改革后,股票市场不再有非流通股和流通股的划分,只有限售流通股与非限售流通股之别,限售流通股解除限售后都将进入流通。这些限售股都不是从上市公司公开发行和转让市场上取得的,却与个人投资者从上市公司公开发行和转让市场购买的上市公司股票转让所得一样享受个人所得税免税待遇,加剧了收入分配不公的矛盾。

二是根据现行税收政策规定，个人转让非上市公司股份所得、企业转让限售股所得都应征收所得税，个人转让限售股如不征税，与个人转让非上市公司股份以及企业转让限售股政策之间存在不平衡问题。

因此，为进一步完善股权分置改革后的相关制度，更好地发挥税收对高收入者的调节作用，促进资本市场长期稳定发展，经国务院批准，自2010年1月1日起，对个人转让上市公司限售股取得的所得征收个人所得税。即：2010年1月1日（含1日）以后只要是个人转让上市公司限售股，都要按规定计算所得并依照20%税率缴纳个人所得税。

3. 问：为什么要对个人转让从上市公司公开发行和转让市场取得的上市公司股票转让所得继续实施免税政策？

答：自1994年新个人所得税制实施以来，考虑到我国证券市场发育还不成熟，为了配合企业改制，促进股票市场稳定健康发展，我国对个人转让上市公司股票所得一直暂免征收个人所得税。

经过近二十年的发展，我国资本市场取得了长足的进步，但总体上仍然属于新兴市场，不断推进资本市场的发展壮大，确保资本市场稳定健康发展，是必须长期坚持的政策目标，这对于推动我国经济体制变革、优化资源配置、促进经济发展和社会进步有着重要意义和作用。因此，政策的调整应致力于维护资本市场的公平和稳定，构建有利于资本市场长期稳定发展的政策机制。实践证明，对上市公司公开发行和转让市场股票转让所得免税的政策对我国资本市场的发展起到了积极的促进作用，今后还将发挥重要作用。因此，此次政策调整特别强调，对个人转让从上市公司公开发行和转让市场取得股票的所得继续免征个人所得税，保持政策的稳定。

4. 问：对限售股如何计算征税？

答：根据个人所得税法有关规定，转让限售股取得的所得属于“财产转让所得”，应按20%的比例税率征收个人所得税。按照财产转让所得的计税方法，个人转让限售股，以每次限售股转让收入，减除股票原值和合理税费后的余额，为应纳税所得额。即：

应纳税所得额 = 限售股转让收入 -（限售股原值 + 合理税费）

应纳税额 = 应纳税所得额 ×20%

限售股转让收入，是指转让限售股股票实际取得的收入。限售股原值，是指限售股买入时的买入价及按照规定缴纳的有关费用。合理税费，是指转让限售股过程中发生的印花税、佣金、过户费等与交易相关的税费。

如果纳税人未能提供完整、真实的限售股原值凭证的，不能准确计算限售股原值的，主管税务机关一律按限售股转让收入的15%核定限售股原值及合理税费。

根据证券机构技术和制度准备完成情况，对不同阶段形成的限售股，采取不同的征收管理办法。

(1)证券机构技术和制度准备完成前形成的限售股，证券机构按照股改限售股股改复牌日收盘价，或新股限售股上市首日收盘价计算转让收入，按照计算出的转让收入的15%确定限售股原值和合理税费，以转让收入减去原值和合理税费后的余额和20%税率，计算预扣预缴个人所得税额。

纳税人按照实际转让收入与实际成本计算出的应纳税额，与证券机构预扣预缴税额有差异的，纳税人应自证券机构代扣并解缴税款的次月1日起3个月内，持加盖证券机构印章的交易记录和相关完整、真实凭证，向主管税务机关提出清算申报并办理清算事宜。主管税务机关审核确认后，按照重新计算的应纳税额，办理退（补）税手续。纳税人在规定期限内未到主管税务机关办理清算事宜的，税务机关不再办理清算事宜，已预扣预缴的税款从纳税保证金账户全额缴入国库。

(2)证券机构技术和制度准备完成后新上市公司的限售股，按照证券机构事先植入结算系统的限售股成本原值和发生的合理税费，以实际转让收入减去原值和合理税费后的余额和20%税率，计算并直接扣缴个人所得税额。

纳税人同时持有限售股及该股流通股的，其股票转让所得，按照限售股优先原则，即：转让股票视同为先转让限售股，按规定计算缴纳个人所得税。

例：证券机构技术和制度准备完成前，某人持有某股票的10万股限售股，原始取得成本为10万元。该股股权分置改革后于2006年12月28日复牌上市，当日收盘价为12元。2009年底，某人持有的限售股全部解禁可上市流通。2010年1月18日，某人将已经解禁的限售股全部减持，合计取得转让收入100万元，并支付印花税、过户费、佣金等税费2000元。

按照该政策规定，某人减持限售股，采取证券机构预扣预缴、纳税人自行申报清算的方式征收。

(1)证券公司预扣预缴

$$\text{应纳税所得额}=\text{限售股转让收入}-(\text{限售股原值}+\text{合理税费})$$
$$=\frac{\text{股改限售股}}{\text{复牌日收盘价}}\times\text{减持股数}-\frac{\text{股改限售股}}{\text{复牌日收盘价}}\times\text{减持股数}\times 15\%$$
$$=12\text{元/股}\times 10\text{万股}-12\text{元/股}\times 10\text{万股}\times 15\%$$
$$=102(\text{万元})$$
$$\text{应纳税额}=\text{应纳税所得额}\times\text{税率}=102\times 20\%=20.4(\text{万元})$$

(2)某人的自行申报清算

$$\text{应纳税所得额}=\text{限售股转让收入}-(\text{限售股原值}+\text{合理税费})$$
$$=\text{限售股实际转让收入}-(\text{限售股原值}+\text{合理税费})$$
$$=100-(10+0.2)$$
$$=89.8(\text{万元})$$
$$\text{应纳税额}=\text{应纳税所得额}\times\text{税率}=89.8\times 20\%=17.96(\text{万元})$$
$$\text{应退还的税款}=\text{已扣缴税额}-\text{应纳税额}$$
$$=20.4-17.96=2.44(\text{万元})$$

5. 问：本次政策调整前，我国对股票转让所得的个人所得税政策是如何规定的？

答：我国对个人转让上市公司股票所得一直暂免征收个人所得税。1994年1月1日起实施的个人所得税法明确对“财产转让所得”征收个人所得税，适用税率为20%。个人所得税法实施条例规定股票转让所得具体征税办法由财政部制定，报国务院批准后执行。考虑到当时我国证券市场发育还不成熟，经国务院批准，对股票转让所得暂不征收个人所得税。因此，2009年12月31日前，我国股票转让所得个人所得税政策为：个人转让上市公司的股票所得暂免征收个人所得税。转让非上市公司的股份所得，按“财产转让所得”项目征收20%的个人所得税。

6. 政策公布后，有关部门应如何做好工作？

答：政策公布后，财政、税务、证监等部门将会及时做好政策实施所需的纳税申报表和扣缴报告表的设计、印制和发放以及证券交易结算系统的调整、测试等各项工作，确保此项政策顺利实施。同时，对纳税人关心的问题，如征税的具体范围、税款计算、征收方式等问题，及时做出解释说明，以便纳税人更清楚地了解此次政策调整的具体内容。

国家税务总局关于进一步做好个人所得税完税凭证开具工作的通知

国税发[2010]63号

各省、自治区、直辖市和计划单列市地方税务局，西藏、宁夏、青海省(自治区)国家税务局：

为进一步优化纳税服务，保护纳税人的合法权益，现就个人所得税完税凭证(以下简称完税凭证)开具及相关工作事项通知如下：

一、切实提高对完税凭证开具工作重要性的认识

由税务机关直接向个人所得税纳税人开具完税凭证，告知其纳税情况，是贯彻落实“服务科学发展、共建和谐税收”的工作要求的具体体现，是优化纳税服务的客观需要，更是进一步推动全员全额扣缴明细申报、提升个人所得税征管质量和效率的重要举措，也为个人所得税制改革奠定基础。各级税务机关要进一步统一思想，提高认识，按照“明确目标、全力推进、多措并举、逐步到位”的基本原则，以强化全员全额扣缴明细申报为契机，创造条件，采取多种方式，坚定不移地推进完税凭证的开具工作，加大工作力度，切实满足纳税人税收知情权的诉求。

二、工作目标和要求

工作目标:按照个人所得税制改革方向和优化纳税服务的要求,通过多种方式,保证纳税人能够方便、快捷、准确知晓个人所得税纳税情况,保护其知情权。保证税务机关能归集和掌握个人收入和纳税信息,加强个人所得税征收管理。具体要求是:

(一)税务机关直接征收税款的(如个体户生产经营所得、自行纳税申报纳税的)、纳税人申请开具完税凭证的,税务机关应当为纳税人开具通用完税证或缴款书、完税证明。

(二)凡是扣缴义务人已经实行扣缴明细申报,且具备条件的地区,2010 年应当向纳税人告知个人所得税纳税情况,具体方式如下:

1. 直接为纳税人开具《中华人民共和国个人所得税完税证明》(以下简称《完税证明》)。

《完税证明》为一联式凭证,由国家税务总局统一制定,式样附后(见附件 1;完税证明开具示例见附件 2 与附件 3)。《完税证明》比照《税收转账专用完税证》,按《国家税务总局关于印发〈税收票证管理办法〉的通知》(国税发[1998]32 号)的规定严格管理。

自 2010 年 8 月 1 日起,凡向个人纳税人开具的完税证明,统一按此格式开具,原《国家税务总局关于试行税务机关向扣缴义务人实行明细申报后的纳税人开具个人所得税完税证明的通知》(国税发[2005]8 号)文件规定的证明样式停止使用。

2. 通过税务网站,由纳税人网络查询、打印纳税情况,并告知纳税人开具完税证明的方法和途径。

3. 通过手机短信等方式告知纳税人纳税情况(如每半年或一年向纳税人发送短信一次),并告知纳税人到税务机关开具完税证明的方法和途径。

4. 其他方式。各地可以结合本地的实际,确定告知纳税人纳税情况的方式。

(三)扣缴义务人未实行全员全额扣缴明细申报和实行明细申报但不具备开具条件的地区,应积极创造条件,推广应用个人所得税管理系统,扩大全员全额扣缴明细申报覆盖面,尽快实现直接为纳税人开具完税证明。同时,要做好本地的宣传解释工作,说明不能直接开具完税证明的原因,并采取有效措施,保护纳税人的税收知情权。

(四)督促扣缴义务人履行告知义务。一方面,要督促扣缴义务人在发放工资扣缴个人所得税后,在工资单上注明个人已扣缴税款的金额。另一方面,纳税人要求扣缴义务人开具代扣、代收税款凭证的,扣缴义务人必须开具。

前款所称个人所得税完税凭证包括完税证、缴款书、代扣代收税款凭证,以及个人所得税完税证明。

三、发布个人所得税完税凭证索取指引

各地应自本通知发布之日起 1 个月内,结合本地实际,发布个人所得税完税凭证的索取指引,向纳税人告知如下事项(不限于):

(一)明确告知个人所得税完税凭证的种类。

(二)具体说明纳税人在不同情形下,应取得完税凭证的种类。

(三)详尽描述开具不同完税凭证的时间、地点、流程及附送资料,保证纳税人按照索取指引,即可获取完税凭证。

四、协同配合做好完税凭证开具工作

各级税务机关要按照国税发[2005]8 号文件和本通知的要求,进一步做好完税凭证的开具工作。各部门之间要明确职责、密切配合,所得税部门要积极推广应用个人所得税管理系统,全面实行全员全额扣缴明细申报,推进为纳税人直接开具完税证明的基础工作。收入规划核算部门要协助做好完税证明开具的具体工作,研究完善代扣代收税款凭证开具工作。纳税服务部门要做好宣传解释工作,让纳税人知晓获取完税证明和纳税信息的渠道。征管科技部门和电子税务管理部门要配合加快个人所得税管理系统的推广应用,加大自然人数据库归集数据工作力度,提高数据质量,为全员全额扣缴明细申报和开具完税证明工作提供技术支撑。

附件:1.《中华人民共和国个人所得税完税证明》式样

2. 年终为纳税人开具全年纳税情况的个人所得税完税证明示例

3. 日常为纳税人开具的个人所得税完税证明示例

国家税务总局关于进一步加强高收入者个人所得税征收管理的通知

国税发[2010]54号

各省、自治区、直辖市和计划单列市地方税务局,西藏、宁夏、青海省(自治区)国家税务局:

近年来,随着我国经济的快速发展,城乡居民收入水平不断提高,个人收入差距扩大的矛盾也日益突出。为强化税收征管,充分发挥税收在收入分配中的调节作用,现就进一步加强高收入者个人所得税征收管理有关问题通知如下:

一、认真做好高收入者应税收入的管理和监控

各地税务机关要继续深入贯彻落实国家税务总局关于加强个人所得税管理的工作思路,夯实高收入者个人所得税征管基础。

(一)摸清本地区高收入者的税源分布状况

各地要认真开展个人所得税税源摸底工作,结合本地区经济总体水平、产业发展趋势和居民收入来源特点,重点监控高收入者相对集中的行业和高收入者相对集中的人群,摸清高收入行业的收入分配规律,掌握高收入人群的主要所得来源,建立高收入者所得来源信息库,完善税收征管机制,有针对性地加强个人所得税征收管理工作。

(二)全面推进全员全额扣缴明细申报管理

1. 要认真贯彻落实税务总局关于推进全员全额扣缴明细申报的部署和要求,并将全员全额扣缴明细申报管理纳入税务机关工作考核体系。税务总局将不定期进行抽查、考评和通报相关情况。

2. 要督促扣缴义务人按照《个人所得税法》第八条、《个人所得税法实施条例》第三十七条和《国家税务总局关于印发〈个人所得税全员全额扣缴申报管理暂行办法〉的通知》(国税发[2005]205号)的规定,实行全员全额扣缴申报。

扣缴义务人已经实行全员全额扣缴明细申报的,主管税务机关要促使其提高申报质量,特别是要求其如实申报支付工薪所得以外的其他所得(如劳务报酬所得等)、非本单位员工的支付信息和未达到费用扣除标准的支付信息。

扣缴义务人未依法实行全员全额扣缴明细申报的,主管税务机关应按照税收征管法有关规定对其进行处罚。

(三)加强年所得12万元以上纳税人自行纳税申报管理

年所得12万元以上纳税人自行纳税申报是纳税人的法定义务,是加强高收入者征管的重要措施。各地税务机关要健全自行纳税申报制度,优化申报流程,将自行纳税申报作为日常征管工作,实行常态化管理。通过对高收入者税源分布状况的掌握、扣缴义务人明细申报信息的审核比对,以及加强与工商、房管、人力资源和社会保障、证券机构等部门的协作和信息共享,进一步促进年所得12万元以上纳税人自行纳税申报。要注重提高自行纳税申报数据质量。采取切实措施,促使纳税人申报其不同形式的所有来源所得,不断提高申报数据的真实性和完整性。对未扣缴税款或扣缴不足的,要督促纳税人补缴税款;纳税人应申报未申报、申报不实少缴税款的,要按照税收征管法相关规定进行处理。

(四)积极推广应用个人所得税信息管理系统

没有推广应用个人所得税信息管理系统和推广面较小的地区,省级税务机关要加大工作力度,按照税务总局工作部署和要求,确保个人所得税管理系统推广到所有实行明细申报的扣缴义务人。已经全面推广应用个人所得税信息管理系统的地区,要按照要求,尽快将个人所得税明细数据向税务总局集中。

二、切实加强高收入者主要所得项目的征收管理

(一)加强财产转让所得征收管理。

1. 加强限售股转让所得征收管理。要加强与证券机构的联系,主动掌握本地区上市公司和即将上市公司的股东构成情况,做好限售股转让所得个人所得税征收工作。

2. 加强非上市公司股权转让所得征收管理。要继续加强与工商行政管理部门的合作，探索建立自然人股权变更登记的税收前置措施或以其他方式及时获取股权转让信息。对平价或低价转让的，要按照《国家税务总局关于加强股权转让所得征收个人所得税管理的通知》(国税函[2009]285号)的规定，依法核定计税依据。

3. 加强房屋转让所得征收管理。要切实按照《国家税务总局关于个人住房转让所得征收个人所得税有关问题的通知》(国税发[2006]108号)、《国家税务总局关于个人转让房屋有关税收征管问题的通知》(国税发[2007]33号)等相关文件规定，继续做好房屋转让所得征收个人所得税管理工作。

4. 加强拍卖所得征收管理。主管税务机关应及时了解拍卖相关信息，严格执行《国家税务总局关于加强和规范个人取得拍卖收入征收个人所得税有关问题的通知》(国税发[2007]38号)的规定，督促拍卖单位依法扣缴个人所得税。

(二)加强利息、股息、红利所得征收管理

1. 加强股息、红利所得征收管理。重点加强股份有限公司分配股息、红利时的扣缴税款管理，对在境外上市公司分配股息红利，要严格执行现行有关征免个人所得税的规定。加强企业转增注册资本和股本管理，对以未分配利润、盈余公积和除股票溢价发行外的其他资本公积转增注册资本和股本的，要按照"利息、股息、红利所得"项目，依据现行政策规定计征个人所得税。

2. 加强利息所得征收管理。要通过查阅财务报表相关科目、资产盘查等方式，调查自然人、企业及其他组织向自然人借款及支付利息情况，对其利息所得依法计征个人所得税。

3. 加强个人从法人企业列支消费性支出和从投资企业借款的管理。对投资者本人、家庭成员及相关人员的相应所得，要根据《财政部　国家税务总局关于规范个人投资者个人所得税征收管理的通知》(财税[2003]158号)规定，依照"利息、股息、红利所得"项目计征个人所得税。

(三)加强规模较大的个人独资企业、合伙企业和个体工商户的生产、经营所得征收管理

1. 加强建账管理。主管税务机关应督促纳税人依照法律、行政法规的规定设置账簿。对不能设置账簿的，应按照税收征管法及其实施细则和《财政部　国家税务总局关于印发〈关于个人独资企业和合伙企业投资者征收个人所得税的规定〉的通知》(财税[2000]91号)等有关规定，核定其应税所得率。税务师、会计师、律师、资产评估和房地产估价等鉴证类中介机构不得实行核定征收个人所得税。

2. 加强非法人企业注销登记管理。企业投资者在注销工商登记之前，应向主管税务机关结清有关税务事宜，未纳税所得应依法征收个人所得税。

3. 加强个人消费支出与非法人企业生产经营支出管理。对企业资金用于投资者本人、家庭成员及其相关人员消费性和财产性支出的部分，应按照《财政部　国家税务总局关于规范个人投资者个人所得税征收管理的通知》(财税[2003]158号)等有关规定，依照"个体工商户的生产、经营所得"项目计征个人所得税。

(四)加强劳务报酬所得征收管理和工资、薪金所得比对管理

各地税务机关要与有关部门密切合作，及时获取相关劳务报酬支付信息，切实加强对各类劳务报酬，特别是一些报酬支付较高项目(如演艺、演讲、咨询、理财、专兼职培训等)的个人所得税管理，督促扣缴义务人依法履行扣缴义务。

对高收入行业的企业，要汇总全员全额明细申报数据中工资、薪金所得总额，与企业所得税申报表中工资费用支出总额比对，规范企业如实申报和扣缴个人所得税。

(五)加强外籍个人取得所得的征收管理

要积极与公安出入境管理部门协调配合，掌握外籍人员出入境时间及相关信息，为实施税收管理和离境清税等提供依据；积极与银行及外汇管理部门协调配合，加强对外支付税务证明管理，把住资金转移关口。各级国税局、地税局要密切配合，建立外籍个人管理档案，掌握不同国家外派人员的薪酬标准，重点加强来源于中国境内、由境外机构支付所得的管理。

三、扎实开展高收入者个人所得税纳税评估和专项检查

各地税务机关要将高收入者个人所得税纳税评估作为日常税收管理的重要内容，充分利用全员全额扣缴明细申报数据、自行纳税申报数据和从外部门获取的信息，科学设定评估指标，创新评估方法，建立高收入者纳税评估体系。对纳税评估发现的疑点，要进行跟踪核实、约谈和调查，督促纳税人自行补正申报、补

缴税款。发现纳税人有税收违法行为嫌疑的，要及时移交税务稽查部门立案检查。

稽查部门要将高收入者个人所得税检查列入税收专项检查范围，认真部署落实。在检查中，要特别关注高收入者的非劳动所得是否缴纳税款和符合条件的高收入者是否办理自行纳税申报。对逃避纳税、应申报未申报、申报不实等情形，要严格按照税收征管法相关规定进行处理。对典型案例，要通过媒体予以曝光。

四、不断改进纳税服务，引导高收入者依法诚信纳税

各地税务机关在加强高收入者个人所得税征收管理的同时，要切实做好纳税服务工作。要有针对性地对高收入者开展个人所得税法宣传和政策辅导，引导高收入者主动申报、依法纳税，形成诚信纳税的良好氛围；要推进"网上税务局"建设，建立多元化的申报方式，为纳税人包括高收入者提供多渠道、便捷化的申报纳税服务；要积极了解纳税人的涉税诉求，拓展咨询渠道，提高咨询回复质量和效率；要做好为纳税人开具完税证明和纳税人的收入、纳税信息保密管理工作，切实维护纳税人合法权益。

国家税务总局有关负责人就进一步加强高收入者个人所得税征管答记者问

近日，国家税务总局发出《关于进一步加强高收入者个人所得税征收管理的通知》（国税发[2010]54号，以下简称《通知》），记者就此采访了国家税务总局有关负责人。

问：为什么出台进一步加强高收入者征管的《通知》？

答：近年来，随着我国国民经济的持续快速发展，城乡居民收入水平不断提高。个人收入差距扩大的问题也引起了社会普遍关注。各级税务机关按照税法的规定，切实采取各项措施，不断加强高收入者个人所得税征收管理，努力发挥税收的调节作用，取得了一定成效。如通过大力推进全员全额明细申报管理和年所得12万元以上自行纳税申报管理，对高收入者税源监管措施明显加强；通过对高收入者主要所得来源（如股权转让所得等财产性所得）加强征管，实施限售股个人所得税政策等，相关项目个人所得税收入大幅增长，体现了税收对高收入的调节作用。

但由于高收入者所得来源不一，所得形式多样，高收入者个人所得税征收管理工作难度日益加大。为进一步加强税源监控和税收征管，强化对高收入的调节力度，在广泛调查研究的基础上，税务总局出台了相关措施，力求解决高收入者个人所得税征管中出现的新情况和新问题，进一步发挥税收调节收入分配的作用。

问：税务机关进一步加强高收入者个人所得税征管的总体考虑是什么？

答：根据目前高收入者所得来源多元化和所得形式多样化，以及高收入税源难以监控等特点，结合税务机关征管实际，主要从以下几方面着手，强化对高收入者个人所得税征管：

一是各级税务机关将结合本地区经济总体水平、产业发展趋势和居民收入来源特点，进一步调查摸清本地区高收入者相对集中的行业和高收入者相对集中的人群，确定管理的重点。

二是税务机关要将调查摸底情况与日常管理情况对比，找到薄弱环节，采取措施不断强化高收入者的日常税源管理和监控。

三是对高收入者的主要所得项目，税务机关将根据不同所得的性质和特点，有针对性地采取措施加强个人所得税征管。

四是税务机关将坚持开展纳税评估和税收检查，并收集典型案例，必要时通过媒体予以曝光，促进高收入者依法诚信纳税，提高税法遵从度。

五是切实优化纳税服务，方便高收入者依法纳税，维护好纳税人的合法权益。

问：税务机关如何开展高收入者税源管理和监控？

答：对高收入者的税源管理和监控，关键是掌握高收入者的大致分布和主要所得来源。前一段时间，通过调查摸底，并与税务机关的全员全额明细申报数据和年所得12万元以上自行纳税申报数据对比分析，我们掌握了高收入者分布和所得来源的有关情况。下一步，各级税务机关将结合本地区实际情况，继续深入开展调查摸底工作，强化税源管理。在基础工作和日常管理方面，税务机关将进一步推广应用个人所得税管理系统，推进与有关部门的信息共享，扩大涉税信息来源，利用信息化手段全面推进全员全额明细申报管理和年所得12万元以上自行纳税申报管理,大力加强高收入者的税源监控。

需说明的是,依照个人所得税法规定,扣缴单位在向税务机关报送扣缴报告表时,须明细申报支付给每个人的所有所得,希望扣缴单位理解和支持,协助税务机关掌握高收入者税源。

问:如何加强高收入者的主要所得项目征管?

答:对高收入者的主要所得项目,税务机关将根据其性质和特点,按照相关税收法律法规的规定,分别采取有针对性的措施,强化个人所得税征管。

如对股权转让所得,税务机关将继续推进与相关部门的合作,获取股权转让信息,加大计税依据的审核力度,对计税依据明显偏低的,要依法核定;对限售股转让所得、房屋转让所得及其他财产转让所得,税务机关将严格执行相关税收政策,并结合征管中出现新的问题,尽快研究出台解决措施。

要通过企业的财务报表和资产核查,调查企业向个人借款、派息分红及转增资本等情况,严格代扣代缴,强化个人取得利息、股息、红利所得的管理;对境外上市的境内公司分配股息红利,要严格执行现行有关征免个人所得税的规定;

纳税人的生产经营所得,应依法申报纳税,特别是本身从事税务代理及涉税服务的会计、税收和法律等专业性中介机构,应严格遵守相关法律法规,如实申报缴税,不得采取核定征收的申报缴税方式;

对高收入者的其他所得,税务机关也将按照通知的有关规定,强化其个人所得税征管。

问:除了强化对高收入者个人所得税征管,在做好纳税服务工作方面还有哪些措施?

答:税务机关在依法强化征管的同时,始终注重做好纳税服务工作,积极引导高收入者依法诚信纳税,提高纳税人税法遵从度。如将继续完善多元化的申报方式,有针对性地对高收入者开展个人所得税法宣传和政策辅导,积极了解高收入者的涉税诉求,拓展咨询渠道,提高咨询回复质量和效率。同时,将继续做好为纳税人开具完税证明和纳税人的收入、纳税信息保密管理工作,切实维护纳税人合法权益。

财政部　国家税务总局　住房和城乡建设部关于调整房地产交易环节契税 个人所得税优惠政策的通知

财税[2010]94号

各省、自治区、直辖市、计划单列市财政厅(局)、地方税务局、住房城乡建设厅(建委、房地局),西藏、宁夏、青海省(自治区)国税局,新疆生产建设兵团财务局、建设局:

经国务院批准,现就调整房地产交易环节契税、个人所得税有关优惠政策通知如下:

一、关于契税政策

(一)对个人购买普通住房,且该住房属于家庭(成员范围包括购房人、配偶以及未成年子女,下同)唯一住房的,减半征收契税。对个人购买90平方米及以下普通住房,且该住房属于家庭唯一住房的,减按1%税率征收契税。

征收机关应查询纳税人契税纳税记录;无记录或有记录但有疑义的,根据纳税人的申请或授权,由房地产主管部门通过房屋登记信息系统查询纳税人家庭住房登记记录,并出具书面查询结果。如因当地暂不具备查询条件而不能提供家庭住房登记查询结果的,纳税人应向征收机关提交家庭住房实有套数书面诚信保证。诚信保证不实的,属于虚假纳税申报,按照《中华人民共和国税收征收管理法》的有关规定处理。

具体操作办法由各省、自治区、直辖市财政、税务、房地产主管部门共同制定。

(二)个人购买的普通住房,凡不符合上述规定的,不得享受上述优惠政策。

二、关于个人所得税政策

对出售自有住房并在1年内重新购房的纳税人不再减免个人所得税。

本通知自2010年10月1日起执行。《财政部　国家税务总局关于调整房地产市场若干税收政策的通知》(财税字[1999]210号)第一条有关契税的规定、《财政部　国家税务总局关于调整房地产交易环节税收政策的通知》(财税[2008]137号)第一条、《财政部　国家税务总局 建设部关于个人出售住房所得征收个人所得税有关问题的通知》(财税字[1999]278号)第三条同时废止。

财政部　国家税务总局关于个人独资企业和合伙企业投资者取得种植业　养殖业饲养业　捕捞业所得有关个人所得税问题的批复

财税[2010]96号

福建省财政厅、地方税务局：

福建省地方税务局《关于个人独资和合伙企业投资者取得的“四业”经营所得征免个人所得税问题的请示》(闽地税发[2009]157号)收悉。经研究,批复如下：

根据《国务院关于个人独资企业和合伙企业征收所得税问题的通知》(国发[2000]16号)、《财政部　国家税务总局关于个人所得税若干政策问题的通知》(财税字[1994]020号)和《财政部　国家税务总局关于农村税费改革试点地区有关个人所得税问题的通知》(财税[2004]30号)等有关规定,对个人独资企业和合伙企业从事种植业、养殖业、饲养业和捕捞业(以下简称“四业”),其投资者取得的“四业”所得暂不征收个人所得税。

财政部　国家税务总局　证监会关于个人转让上市公司限售股所得征收个人所得税有关问题的补充通知

财税[2010]70号

各省、自治区、直辖市、计划单列市财政厅(局)、国家税务局、地方税务局,新疆生产建设兵团财务局,上海、深圳证券交易所,中国证券登记结算公司：

为进一步规范个人转让上市公司限售股(以下简称限售股)税收政策,加强税收征管,根据财政部、国家税务总局、证监会《关于个人转让上市公司限售股征收个人所得税有关问题的通知》(财税[2009]167号)的有关规定,现将个人转让限售股所得征收个人所得税有关政策问题补充通知如下：

一、本通知所称限售股,包括：

(一)财税[2009]167号文件规定的限售股；

(二)个人从机构或其他个人受让的未解禁限售股；

(三)个人因依法继承或家庭财产依法分割取得的限售股；

(四)个人持有的从代办股份转让系统转到主板市场(或中小板、创业板市场)的限售股；

(五)上市公司吸收合并中,个人持有的原被合并方公司限售股所转换的合并方公司股份；

(六)上市公司分立中,个人持有的被分立方公司限售股所转换的分立后公司股份；

(七)其他限售股。

二、根据《个人所得税法实施条例》第八条、第十条的规定,个人转让限售股或发生具有转让限售股实质的其他交易,取得现金、实物、有价证券和其他形式的经济利益均应缴纳个人所得税。限售股在解禁前被多次转让的,转让方对每一次转让所得均应按规定缴纳个人所得税。对具有下列情形的,应按规定征收个人所得税：

(一)个人通过证券交易所集中交易系统或大宗交易系统转让限售股；

(二)个人用限售股认购或申购交易型开放式指数基金(ETF)份额；

(三)个人用限售股接受要约收购；

(四)个人行使现金选择权将限售股转让给提供现金选择权的第三方；

(五)个人协议转让限售股；

(六)个人持有的限售股被司法扣划；

（七）个人因依法继承或家庭财产分割让渡限售股所有权；

（八）个人用限售股偿还上市公司股权分置改革中由大股东代其向流通股股东支付的对价；

（九）其他具有转让实质的情形。

三、应纳税所得额的计算

（一）个人转让第一条规定的限售股，限售股所对应的公司在证券机构技术和制度准备完成前上市的，应纳税所得额的计算按照财税［2009］167 号文件第五条第（一）项规定执行；在证券机构技术和制度准备完成后上市的，应纳税所得额的计算按照财税［2009］167 号文件第五条第（二）项规定执行。

（二）个人发生第二条第（一）、（二）、（三）、（四）项情形、由证券机构扣缴税款的，扣缴税款的计算按照财税［2009］167 号文件规定执行。纳税人申报清算时，实际转让收入按照下列原则计算：

第二条第（一）项的转让收入以转让当日该股份实际转让价格计算，证券公司在扣缴税款时，佣金支出统一按照证券主管部门规定的行业最高佣金费率计算；第二条第（二）项的转让收入，通过认购 ETF 份额方式转让限售股的，以股份过户日的前一交易日该股份收盘价计算，通过申购 ETF 份额方式转让限售股的，以申购日的前一交易日该股份收盘价计算；第二条第（三）项的转让收入以要约收购的价格计算；第二条第（四）项的转让收入以实际行权价格计算。

（三）个人发生第二条第（五）、（六）、（七）、（八）项情形、需向主管税务机关申报纳税的，转让收入按照下列原则计算：

第二条第（五）项的转让收入按照实际转让收入计算，转让价格明显偏低且无正当理由的，主管税务机关可以依据协议签订日的前一交易日该股收盘价或其它合理方式核定其转让收入；第二条第（六）项的转让收入以司法执行日的前一交易日该股收盘价计算；第二条第（七）、（八）项的转让收入以转让方取得该股时支付的成本计算。

（四）个人转让因协议受让、司法扣划等情形取得未解禁限售股的，成本按照主管税务机关认可的协议受让价格、司法扣划价格核定，无法提供相关资料的，按照财税［2009］167 号文件第五条第（一）项规定执行；个人转让因依法继承或家庭财产依法分割取得的限售股的，按财税［2009］167 号文件规定缴纳个人所得税，成本按照该限售股前一持有人取得该股时实际成本及税费计算。

（五）在证券机构技术和制度准备完成后形成的限售股，自股票上市首日至解禁日期间发生送、转、缩股的，证券登记结算公司应依据送、转、缩股比例对限售股成本原值进行调整；而对于其他权益分派的情形（如现金分红、配股等），不对限售股的成本原值进行调整。

（六）因个人持有限售股中存在部分限售股成本原值不明确，导致无法准确计算全部限售股成本原值的，证券登记结算公司一律以实际转让收入的 15% 作为限售股成本原值和合理税费。

四、征收管理

（一）纳税人发生第二条第（一）、（二）、（三）、（四）项情形的，对其应纳个人所得税按照财税［2009］167 号文件规定，采取证券机构预扣预缴、纳税人自行申报清算和证券机构直接扣缴相结合的方式征收。

本通知所称的证券机构，包括证券登记结算公司、证券公司及其分支机构。其中，证券登记结算公司以证券账户为单位计算个人应纳税额，证券公司及其分支机构依据证券登记结算公司提供的数据负责对个人应缴纳的个人所得税以证券账户为单位进行预扣预缴。纳税人对证券登记结算公司计算的应纳税额有异议的，可持相关完整、真实凭证，向主管税务机关提出清算申报并办理清算事宜。主管税务机构审核确认后，按照重新计算的应纳税额，办理退（补）税手续。

（二）纳税人发生第二条第（五）、（六）、（七）、（八）项情形的，采取纳税人自行申报纳税的方式。纳税人转让限售股后，应在次月七日内到主管税务机关填报《限售股转让所得个人所得税清算申报表》，自行申报纳税。主管税务机关审核确认后应开具完税凭证，纳税人应持完税凭证、《限售股转让所得个人所得税清算申报表》复印件到证券登记结算公司办理限售股过户手续。纳税人未提供完税凭证和《限售股转让所得个人所得税清算申报表》复印件的，证券登记结算公司不予办理过户。

纳税人自行申报的，应一次办结相关涉税事宜，不再执行财税［2009］167 号文件中有关纳税人自行申报清算的规定。对第二条第（六）项情形，如国家有权机关要求强制执行的，证券登记结算公司在履行告知义务后予以协助执行，并报告相关主管税务机关。

五、个人持有在证券机构技术和制度准备完成后形成的拟上市公司限售股，在公司上市前，个人应委托拟上市公司向证券登记结算公司提供有关限售股成本原值详细资料，以及会计师事务所或税务师事务所对该资料出具的鉴证报告。逾期未提供的，证券登记结算公司以实际转让收入的15%核定限售股原值和合理税费。

六、个人转让限售股所得需由证券机构预扣预缴税款的，应在客户资金账户留足资金供证券机构扣缴税款，依法履行纳税义务。证券机构应采取积极、有效措施依法履行扣缴税款义务，对纳税人资金账户暂无资金或资金不足的，证券机构应当及时通知个人投资者补足资金，并扣缴税款。个人投资者未补足资金的，证券机构应当及时报告相关主管税务机关，并依法提供纳税人相关资料。

国家税务总局关于股权转让所得个人所得税计税依据核定问题的公告

国家税务总局公告2010年第27号

根据《中华人民共和国个人所得税法》及其实施条例、《中华人民共和国税收征收管理法》及其实施细则和《国家税务总局关于加强股权转让所得征收个人所得税管理的通知》(国税函[2009]285号)的有关规定，现将股权转让所得个人所得税计税依据核定问题公告如下：

一、自然人转让所投资企业股权(份)(以下简称股权转让)取得所得，按照公平交易价格计算并确定计税依据。

计税依据明显偏低且无正当理由的，主管税务机关可采用本公告列举的方法核定。

二、计税依据明显偏低且无正当理由的判定方法

(一)符合下列情形之一且无正当理由的，可视为计税依据明显偏低：

1. 申报的股权转让价格低于初始投资成本或低于取得该股权所支付的价款及相关税费的；

2. 申报的股权转让价格低于对应的净资产份额的；

3. 申报的股权转让价格低于相同或类似条件下同一企业同一股东或其他股东股权转让价格的；

4. 申报的股权转让价格低于相同或类似条件下同类行业的企业股权转让价格的；

5. 经主管税务机关认定的其他情形。

(二)本条第一项所称正当理由，是指以下情形：

1. 所投资企业连续三年以上(含三年)亏损；

2. 因国家政策调整的原因而低价转让股权；

3. 将股权转让给配偶、父母、子女、祖父母、外祖父母、孙子女、外孙子女、兄弟姐妹以及对转让人承担直接抚养或者赡养义务的抚养人或者赡养人；

4. 经主管税务机关认定的其他合理情形。

三、对申报的计税依据明显偏低且无正当理由的，可采取以下核定方法：

(一)参照每股净资产或纳税人享有的股权比例所对应的净资产份额核定股权转让收入。

对知识产权、土地使用权、房屋、探矿权、采矿权、股权等合计占资产总额比例达50%以上的企业，净资产额须经中介机构评估核实。

(二)参照相同或类似条件下同一企业同一股东或其他股东股权转让价格核定股权转让收入。

(三)参照相同或类似条件下同类行业的企业股权转让价格核定股权转让收入。

(四)纳税人对主管税务机关采取的上述核定方法有异议的，应当提供相关证据，主管税务机关认定属实后，可采取其他合理的核定方法。

四、纳税人再次转让所受让的股权的，股权转让的成本为前次转让的交易价格及买方负担的相关税费。

各级税务机关应切实加强股权转让所得征收个人所得税的动态税源管理，通过建立电子台账，跟踪股权转让的交易价格和税费情况，保证股权交易链条中各环节转让收入和成本的真实性。

五、本公告所称股权转让不包括上市公司股份转让。

六、本公告自发布之日起30日后施行。

特此公告。

第二部分　中华人民共和国企业所得税法

中华人民共和国企业所得税法

（2007 年 3 月 16 日第十届全国人民代表大会第五次会议通过）

目　录

第一章　总　　则

第一条　在中华人民共和国境内，企业和其他取得收入的组织（以下统称企业）为企业所得税的纳税人，依照本法的规定缴纳企业所得税。

个人独资企业、合伙企业不适用本法。

【注释】　《企业所得税法实施条例》第 2 条对本条进行了解释。

第二条　企业分为居民企业和非居民企业。

本法所称居民企业，是指依法在中国境内成立，或者依照外国（地区）法律成立但实际管理机构在中国境内的企业。

本法所称非居民企业，是指依照外国（地区）法律成立且实际管理机构不在中国境内，但在中国境内设立机构、场所的，或者在中国境内未设立机构、场所，但有来源于中国境内所得的企业。

【注释】　《企业所得税法实施条例》第 3—5 条对本条进行了解释。

第三条　居民企业应当就其来源于中国境内、境外的所得缴纳企业所得税。

非居民企业在中国境内设立机构、场所的，应当就其所设机构、场所取得的来源于中国境内的所得，以及发生在中国境外但与其所设机构、场所有实际联系的所得，缴纳企业所得税。

非居民企业在中国境内未设立机构、场所的，或者虽设立机构、场所但取得的所得与其所设机构、场所没有实际联系的，应当就其来源于中国境内的所得缴纳企业所得税。

第四条　企业所得税的税率为 25%。

非居民企业取得本法第三条第三款规定的所得，适用税率为 20%。

【注释】　《企业所得税法实施条例》第 6—8 条对本条进行了解释。

第二章　应纳税所得额

第五条　企业每一纳税年度的收入总额，减除不征税收入、免税收入、各项扣除以及允许弥补的以前年度亏损后的余额，为应纳税所得额。

【注释】　《企业所得税法实施条例》第 10 条对本条进行了解释。

第六条　企业以货币形式和非货币形式从各种来源取得的收入，为收入总额。包括：

(一)销售货物收入;

(二)提供劳务收入;

(三)转让财产收入;

(四)股息、红利等权益性投资收益;

(五)利息收入;

(六)租金收入;

(七)特许权使用费收入;

(八)接受捐赠收入;

(九)其他收入。

【注释】 《企业所得税法实施条例》第12—22条对本条进行了解释。

第七条 收入总额中的下列收入为不征税收入:

(一)财政拨款;

(二)依法收取并纳入财政管理的行政事业性收费、政府性基金;

(三)国务院规定的其他不征税收入。

【注释】 《企业所得税法实施条例》第26条对本条进行了解释。相关规定包括:《国家税务总局关于中央和国务院各部门机关服务中心恢复征税的通知》(国税发[2007]94号)。

第八条 企业实际发生的与取得收入有关的、合理的支出,包括成本、费用、税金、损失和其他支出,准予在计算应纳税所得额时扣除。

【注释】 《企业所得税法实施条例》第27—50条对本条进行了解释。相关规定包括:《国家税务总局关于保险企业发生与退保业务相关佣金支出税前扣除问题的通知》(国税函[2007]880号)、《企业支付实习生报酬税前扣除管理办法》(国税发[2007]42号)、《国家税务总局关于企事业单位公务用车制度改革后相关费用税前扣除问题的批复》(国税函[2007]305号)。

第九条 企业发生的公益性捐赠支出,在年度利润总额12%以内的部分,准予在计算应纳税所得额时扣除。

【注释】 《企业所得税法实施条例》第51—53条对本条进行了解释。相关规定包括:《财政部 国家税务总局关于中国青少年社会教育基金会等16家单位公益救济性捐赠所得税税前扣除问题的通知》(财税[2007]112号)。

第十条 在计算应纳税所得额时,下列支出不得扣除:

(一)向投资者支付的股息、红利等权益性投资收益款项;

(二)企业所得税税款;

(三)税收滞纳金;

(四)罚金、罚款和被没收财物的损失;

(五)本法第九条规定以外的捐赠支出;

(六)赞助支出;

(七)未经核定的准备金支出;

(八)与取得收入无关的其他支出。

【注释】 《企业所得税法实施条例》第54、55条对本条进行了解释。相关规定包括:《国家税务总局关于保险企业非寿险业务未到期责任准备金税前扣除问题的通知》(国税函[2007]889号)。

第十一条 在计算应纳税所得额时,企业按照规定计算的固定资产折旧,准予扣除。

下列固定资产不得计算折旧扣除:

(一)房屋、建筑物以外未投入使用的固定资产;

(二)以经营租赁方式租入的固定资产;

(三)以融资租赁方式租出的固定资产;

(四)已足额提取折旧仍继续使用的固定资产;

(五)与经营活动无关的固定资产;

(六)单独估价作为固定资产入账的土地;

（七）其他不得计算折旧扣除的固定资产。

【注释】 《企业所得税法实施条例》第57—64条对本条进行了解释。

第十二条 在计算应纳税所得额时，企业按照规定计算的无形资产摊销费用，准予扣除。

下列无形资产不得计算摊销费用扣除：

（一）自行开发的支出已在计算应纳税所得额时扣除的无形资产；

（二）自创商誉；

（三）与经营活动无关的无形资产；

（四）其他不得计算摊销费用扣除的无形资产。

【注释】 《企业所得税法实施条例》第65—67条对本条进行了解释。

第十三条 在计算应纳税所得额时，企业发生的下列支出作为长期待摊费用，按照规定摊销的，准予扣除：

（一）已足额提取折旧的固定资产的改建支出；

（二）租入固定资产的改建支出；

（三）固定资产的大修理支出；

（四）其他应当作为长期待摊费用的支出。

【注释】 《企业所得税法实施条例》第68—70条对本条进行了解释。相关规定包括：《国家税务总局关于铁路运输企业机车车辆大修理支出税前扣除问题的通知》（国税函[2007]762号）。

第十四条 企业对外投资期间，投资资产的成本在计算应纳税所得额时不得扣除。

【注释】 《企业所得税法实施条例》第71条对本条进行了解释。

第十五条 企业使用或者销售存货，按照规定计算的存货成本，准予在计算应纳税所得额时扣除。

【注释】 《企业所得税法实施条例》第72.73条对本条进行了解释。

第十六条 企业转让资产，该项资产的净值，准予在计算应纳税所得额时扣除。

【注释】 《企业所得税法实施条例》第74条对本条进行了解释。

第十七条 企业在汇总计算缴纳企业所得税时，其境外营业机构的亏损不得抵减境内营业机构的盈利。

第十八条 企业纳税年度发生的亏损，准予向以后年度结转，用以后年度的所得弥补，但结转年限最长不得超过五年。

第十九条 非居民企业取得本法第三条第三款规定的所得，按照下列方法计算其应纳税所得额：

（一）股息、红利等权益性投资收益和利息、租金、特许权使用费所得，以收入全额为应纳税所得额；

（二）转让财产所得，以收入全额减除财产净值后的余额为应纳税所得额；

（三）其他所得，参照前两项规定的方法计算应纳税所得额。

【注释】 《企业所得税法实施条例》第74条对本条进行了解释。

第二十条 本章规定的收入、扣除的具体范围、标准和资产的税务处理的具体办法，由国务院财政、税务主管部门规定。

第二十一条 在计算应纳税所得额时，企业财务、会计处理办法与税收法律、行政法规的规定不一致的，应当依照税收法律、行政法规的规定计算。

第三章 应纳税额

第二十二条 企业的应纳税所得额乘以适用税率，减除依照本法关于税收优惠的规定减免和抵免的税额后的余额，为应纳税额。

【注释】 《企业所得税法实施条例》第76条对本条进行了解释。

第二十三条 企业取得的下列所得已在境外缴纳的所得税税额，可以从其当期应纳税额中抵免，抵免限额为该项所得依照本法规定计算的应纳税额；超过抵免限额的部分，可以在以后五个年度内，用每年度抵免限额抵免当年应抵税额后的余额进行抵补：

（一）居民企业来源于中国境外的应税所得；

（二）非居民企业在中国境内设立机构、场所，取得发生在中国境外但与该机构、场所有实际联系的应税所得。

【注释】 《企业所得税法实施条例》第77—79、81条对本条进行了解释。

第二十四条 居民企业从其直接或者间接控制的外国企业分得的来源于中国境外的股息、红利等权益性投资收益，外国企业在境外实际缴纳的所得税税额中属于该项所得负担的部分，可以作为该居民企业的可抵免境外所得税税额，在本法第二十三条规定的抵免限额内抵免。

【注释】 《企业所得税法实施条例》第80、81条对本条进行了解释。

第四章 税收优惠

第二十五条 国家对重点扶持和鼓励发展的产业和项目，给予企业所得税优惠。

第二十六条 企业的下列收入为免税收入：

(一)国债利息收入；

(二)符合条件的居民企业之间的股息、红利等权益性投资收益；

(三)在中国境内设立机构、场所的非居民企业从居民企业取得与该机构、场所有实际联系的股息、红利等权益性投资收益；

(四)符合条件的非营利组织的收入。

【注释】 《企业所得税法实施条例》第82—85条对本条进行了解释。

第二十七条 企业的下列所得，可以免征、减征企业所得税：

(一)从事农、林、牧、渔业项目的所得；

(二)从事国家重点扶持的公共基础设施项目投资经营的所得；

(三)从事符合条件的环境保护、节能节水项目的所得；

(四)符合条件的技术转让所得；

(五)本法第三条第三款规定的所得。

【注释】 《企业所得税法实施条例》第86—91条对本条进行了解释。

第二十八条 符合条件的小型微利企业，减按20%的税率征收企业所得税。

国家需要重点扶持的高新技术企业，减按15%的税率征收企业所得税。

【注释】 《企业所得税法实施条例》第92、93条对本条进行了解释。

第二十九条 民族自治地方的自治机关对本民族自治地方的企业应缴纳的企业所得税中属于地方分享的部分，可以决定减征或者免征。自治州、自治县决定减征或者免征的，须报省、自治区、直辖市人民政府批准。

【注释】 《企业所得税法实施条例》第94条对本条进行了解释。

第三十条 企业的下列支出，可以在计算应纳税所得额时加计扣除：

(一)开发新技术、新产品、新工艺发生的研究开发费用；

(二)安置残疾人员及国家鼓励安置的其他就业人员所支付的工资。

【注释】 《企业所得税法实施条例》第95、96条对本条进行了解释。相关规定包括：《财政部 国家税务总局关于促进残疾人就业税收优惠政策的通知》(财税[2007]92号)。

第三十一条 创业投资企业从事国家需要重点扶持和鼓励的创业投资，可以按投资额的一定比例抵扣应纳税所得额。

【注释】 《企业所得税法实施条例》第97条对本条进行了解释。相关规定包括：《财政部 国家税务总局关于促进创业投资企业发展有关税收政策的通知》(财税[2007] 31号)。

第三十二条 企业的固定资产由于技术进步等原因，确需加速折旧的，可以缩短折旧年限或者采取加速折旧的方法。

【注释】 《企业所得税法实施条例》第98条对本条进行了解释。

第三十三条 企业综合利用资源，生产符合国家产业政策规定的产品所取得的收入，可以在计算应纳税所得额时减计收入。

【注释】 《企业所得税法实施条例》第99条对本条进行了解释。

第三十四条 企业购置用于环境保护、节能节水、安全生产等专用设备的投资额，可以按一定比例实行税额抵免。

【注释】《企业所得税法实施条例》第 100 条对本条进行了解释。

第三十五条　本法规定的税收优惠的具体办法，由国务院规定。

第三十六条　根据国民经济和社会发展的需要，或者由于突发事件等原因对企业经营活动产生重大影响的，国务院可以制定企业所得税专项优惠政策，报全国人民代表大会常务委员会备案。

第五章　源泉扣缴

第三十七条　对非居民企业取得本法第三条第三款规定的所得应缴纳的所得税，实行源泉扣缴，以支付人为扣缴义务人。税款由扣缴义务人在每次支付或者到期应支付时，从支付或者到期应支付的款项中扣缴。

【注释】《企业所得税法实施条例》第 104、105 条对本条进行了解释。

第三十八条　对非居民企业在中国境内取得工程作业和劳务所得应缴纳的所得税，税务机关可以指定工程价款或者劳务费的支付人为扣缴义务人。

【注释】《企业所得税法实施条例》第 106 条对本条进行了解释。

第三十九条　依照本法第三十七条、第三十八条规定应当扣缴的所得税，扣缴义务人未依法扣缴或者无法履行扣缴义务的，由纳税人在所得发生地缴纳。纳税人未依法缴纳的，税务机关可以从该纳税人在中国境内其他收入项目的支付人应付的款项中，追缴该纳税人的应纳税款。

【注释】《企业所得税法实施条例》第 107、108 条对本条进行了解释。

第四十条　扣缴义务人每次代扣的税款，应当自代扣之日起七日内缴入国库，并向所在地的税务机关报送扣缴企业所得税报告表。

第六章　特别纳税调整

第四十一条　企业与其关联方之间的业务往来，不符合独立交易原则而减少企业或者其关联方应纳税收入或者所得额的，税务机关有权按照合理方法调整。

企业与其关联方共同开发、受让无形资产，或者共同提供、接受劳务发生的成本，在计算应纳税所得额时应当按照独立交易原则进行分摊。

【注释】《企业所得税法实施条例》第 109—112 条对本条进行了解释。

第四十二条　企业可以向税务机关提出与其关联方之间业务往来的定价原则和计算方法，税务机关与企业协商、确认后，达成预约定价安排。

【注释】《企业所得税法实施条例》第 113 条对本条进行了解释。相关规定包括：《关联企业间业务往来预约定价实施规则（试行）》（国税发[2004]118 号）。

第四十三条　企业向税务机关报送年度企业所得税纳税申报表时，应当就其与关联方之间的业务往来，附送年度关联业务往来报告表。

税务机关在进行关联业务调查时，企业及其关联方，以及与关联业务调查有关的其他企业，应当按照规定提供相关资料。

【注释】《企业所得税法实施条例》第 114 条对本条进行了解释。

第四十四条　企业不提供与其关联方之间业务往来资料，或者提供虚假、不完整资料，未能真实反映其关联业务往来情况的，税务机关有权依法核定其应纳税所得额。

【注释】《企业所得税法实施条例》第 115 条对本条进行了解释。

第四十五条　由居民企业，或者由居民企业和中国居民控制的设立在实际税负明显低于本法第四条第一款规定税率水平的国家（地区）的企业，并非由于合理的经营需要而对利润不作分配或者减少分配的，上述利润中应归属于该居民企业的部分，应当计入该居民企业的当期收入。

【注释】《企业所得税法实施条例》第 116—118 条对本条进行了解释。

第四十六条　企业从其关联方接受的债权性投资与权益性投资的比例超过规定标准而发生的利息支出，不得在计算应纳税所得额时扣除。

【注释】《企业所得税法实施条例》第 119 条对本条进行了解释。

第四十七条 企业实施其他不具有合理商业目的的安排而减少其应纳税收入或者所得额的，税务机关有权按照合理方法调整。

【注释】《企业所得税法实施条例》第120条对本条进行了解释。

第四十八条 税务机关依照本章规定作出纳税调整，需要补征税款的，应当补征税款，并按照国务院规定加收利息。

【注释】《企业所得税法实施条例》第122条对本条进行了解释。

第七章 征收管理

第四十九条 企业所得税的征收管理除本法规定外，依照《中华人民共和国税收征收管理法》的规定执行。

第五十条 除税收法律、行政法规另有规定外，居民企业以企业登记注册地为纳税地点；但登记注册地在境外的，以实际管理机构所在地为纳税地点。

居民企业在中国境内设立不具有法人资格的营业机构的，应当汇总计算并缴纳企业所得税。

【注释】《企业所得税法实施条例》第124、125条对本条进行了解释。

第五十一条 非居民企业取得本法第三条第二款规定的所得，以机构、场所所在地为纳税地点。非居民企业在中国境内设立两个或者两个以上机构、场所的，经税务机关审核批准，可以选择由其主要机构、场所汇总缴纳企业所得税。

非居民企业取得本法第三条第三款规定的所得，以扣缴义务人所在地为纳税地点。

【注释】《企业所得税法实施条例》第126、127条对本条进行了解释。

第五十二条 除国务院另有规定外，企业之间不得合并缴纳企业所得税。

第五十三条 企业所得税按纳税年度计算。纳税年度自公历1月1日起至12月31日止。

企业在一个纳税年度中间开业，或者终止经营活动，使该纳税年度的实际经营期不足十二个月的，应当以其实际经营期为一个纳税年度。

企业依法清算时，应当以清算期间作为一个纳税年度。

第五十四条 企业所得税分月或者分季预缴。

企业应当自月份或者季度终了之日起十五日内，向税务机关报送预缴企业所得税纳税申报表，预缴税款。

业应当自年度终了之日起五个月内，向税务机关报送年度企业所得税纳税申报表，并汇算清缴，结清应缴应退税款。

企业在报送企业所得税纳税申报表时，应当按照规定附送财务会计报告和其他有关资料。

【注释】《企业所得税法实施条例》第128、129条对本条进行了解释。相关规定包括：《企业所得税汇算清缴纳税申报鉴证业务准则（试行）》（国税发［2007］10号）、《国家税务总局关于印发〈中华人民共和国企业所得税月（季）度预缴纳税申报表〉等报表的通知》（国税函［2008］44号）、《国家税务总局关于企业所得税预缴问题的通知》（国税发［2008］17号）。

第五十五条 企业在年度中间终止经营活动的，应当自实际经营终止之日起六十日内，向税务机关办理当期企业所得税汇算清缴。

企业应当在办理注销登记前，就其清算所得向税务机关申报并依法缴纳企业所得税。

【注释】《企业所得税法实施条例》第11条对本条进行了解释。

第五十六条 依照本法缴纳的企业所得税，以人民币计算。所得以人民币以外的货币计算的，应当折合成人民币计算并缴纳税款。

【注释】《企业所得税法实施条例》第130条对本条进行了解释。

第八章 附 则

第五十七条 本法公布前已经批准设立的企业，依照当时的税收法律、行政法规规定，享受低税率优惠的，按照国务院规定，可以在本法施行后五年内，逐步过渡到本法规定的税率；享受定期减免税优惠的，按照国务院规定，可以在本法施行后继续享受到期满为止，但因未获利而尚未享受优惠的，优惠期限从本法施行年度起计算。

法律设置的发展对外经济合作和技术交流的特定地区内，以及国务院已规定执行上述地区特殊政策的地区内新设立的国家需要重点扶持的高新技术企业，可以享受过渡性税收优惠，具体办法由国务院规定。

国家已确定的其他鼓励类企业，可以按照国务院规定享受减免税优惠。

【注释】 《企业所得税法实施条例》第131条对本条进行了解释。《国务院关于实施企业所得税过渡优惠政策的通知》(国发[2007]39号)、《国务院关于经济特区和上海浦东新区新设立高新技术企业实行过渡性税收优惠的通知》(国发[2007]40号)详细规定了过渡政策。

第五十八条 中华人民共和国政府同外国政府订立的有关税收的协定与本法有不同规定的，依照协定的规定办理。

第五十九条 国务院根据本法制定实施条例。

第六十条 本法自2008年1月1日起施行。1991年4月9日第七届全国人民代表大会第四次会议通过的《中华人民共和国外商投资企业和外国企业所得税法》和1993年12月13日国务院发布的《中华人民共和国企业所得税暂行条例》同时废止。

中华人民共和国企业所得税法实施条例

(国务院2007年12月6日发布，国务院令[2007]第512号)

第一章 总 则

第一条 根据《中华人民共和国企业所得税法》(以下简称企业所得税法)的规定，制定本条例。

第二条 企业所得税法第一条所称个人独资企业、合伙企业，是指依照中国法律、行政法规成立的个人独资企业、合伙企业。

【注释】 解释《企业所得税法》第1条。

第三条 企业所得税法第二条所称依法在中国境内成立的企业，包括依照中国法律、行政法规在中国境内成立的企业、事业单位、社会团体以及其他取得收入的组织。

企业所得税法第二条所称依照外国(地区)法律成立的企业，包括依照外国(地区)法律成立的企业和其他取得收入的组织。

【注释】 解释《企业所得税法》第2条。

第四条 企业所得税法第二条所称实际管理机构，是指对企业的生产经营、人员、账务、财产等实施实质性全面管理和控制的机构。

【注释】 解释《企业所得税法》第2条。

第五条 企业所得税法第二条第三款所称机构、场所，是指在中国境内从事生产经营活动的机构、场所，包括：

(一)管理机构、营业机构、办事机构；

(二)工厂、农场、开采自然资源的场所；

(三)提供劳务的场所；

(四)从事建筑、安装、装配、修理、勘探等工程作业的场所；

(五)其他从事生产经营活动的机构、场所。

非居民企业委托营业代理人在中国境内从事生产经营活动的，包括委托单位或者个人经常代其签订合同，或者储存、交付货物等，该营业代理人视为非居民企业在中国境内设立的机构、场所。

【注释】 解释《企业所得税法》第2条。

第六条 企业所得税法第三条所称所得，包括销售货物所得、提供劳务所得、转让财产所得、股息红利等权益性投资所得、利息所得、租金所得、特许权使用费所得、接受捐赠所得和其他所得。

【注释】 解释《企业所得税法》第3条。

第七条 企业所得税法第三条所称来源于中国境内、境外的所得，按照以下原则确定：

（一）销售货物所得，按照交易活动发生地确定；

（二）提供劳务所得，按照劳务发生地确定；

（三）转让财产所得，不动产转让所得按照不动产所在地确定，动产转让所得按照转让动产的企业或者机构、场所所在地确定，权益性投资资产转让所得按照被投资企业所在地确定；

（四）股息、红利等权益性投资所得，按照分配所得的企业所在地确定；

（五）利息所得、租金所得、特许权使用费所得，按照负担、支付所得的企业或者机构、场所所在地确定，或者按照负担、支付所得的个人的住所地确定；

（六）其他所得，由国务院财政、税务主管部门确定。

【注释】 解释《企业所得税法》第3条。

第八条 企业所得税法第三条所称实际联系，是指非居民企业在中国境内设立的机构、场所拥有据以取得所得的股权、债权，以及拥有、管理、控制据以取得所得的财产等。

【注释】 解释《企业所得税法》第3条。

第二章 应纳税所得额

第一节 一般规定

第九条 企业应纳税所得额的计算，以权责发生制为原则，属于当期的收入和费用，不论款项是否收付，均作为当期的收入和费用；不属于当期的收入和费用，即使款项已经在当期收付，均不作为当期的收入和费用。本条例和国务院财政、税务主管部门另有规定的除外。

第十条 企业所得税法第五条所称亏损，是指企业依照企业所得税法和本条例的规定将每一纳税年度的收入总额减除不征税收入、免税收入和各项扣除后小于零的数额。

【注释】 解释《企业所得税法》第5条。

第十一条 企业所得税法第五十五条所称清算所得，是指企业的全部资产可变现价值或者交易价格减除资产净值、清算费用以及相关税费等后的余额。

投资方企业从被清算企业分得的剩余资产，其中相当于从被清算企业累计未分配利润和累计盈余公积中应当分得的部分，应当确认为股息所得；剩余资产减除上述股息所得后的余额，超过或者低于投资成本的部分，应当确认为投资资产转让所得或者损失。

【注释】 解释《企业所得税法》第55条。

第二节 收　　入

第十二条 企业所得税法第六条所称企业取得收入的货币形式，包括现金、存款、应收账款、应收票据、准备持有至到期的债券投资以及债务的豁免等。

企业所得税法第六条所称企业取得收入的非货币形式，包括固定资产、生物资产、无形资产、股权投资、存货、不准备持有至到期的债券投资、劳务以及有关权益等。

【注释】 解释《企业所得税法》第6条。

第十三条 企业所得税法第六条所称企业以非货币形式取得的收入，应当按照公允价值确定收入额。

前款所称公允价值，是指按照市场价格确定的价值。

【注释】 解释《企业所得税法》第6条。

第十四条 企业所得税法第六条第（一）项所称销售货物收入，是指企业销售商品、产品、原材料、包装物、低值易耗品以及其他存货取得的收入。

【注释】 解释《企业所得税法》第6条。

第十五条 企业所得税法第六条第（二）项所称提供劳务收入，是指企业从事建筑安装、修理修配、交通运输、仓储租赁、金融保险、邮电通信、咨询经纪、文化体育、科学研究、技术服务、教育培训、餐饮住宿、中介代理、卫生保健、社区服务、旅游、娱乐、加工以及其他劳务服务活动取得的收入。

【注释】 解释《企业所得税法》第6条。

第十六条 企业所得税法第六条第(三)项所称转让财产收入,是指企业转让固定资产、生物资产、无形资产、股权、债权等财产取得的收入。

【注释】 解释《企业所得税法》第6条。

第十七条 企业所得税法第六条第(四)项所称股息、红利等权益性投资收益,是指企业因权益性投资从被投资方取得的收入。

股息、红利等权益性投资收益,除国务院财政、税务主管部门另有规定外,按照被投资方作出利润分配决定的日期确认收入的实现。

【注释】 解释《企业所得税法》第6条。

第十八条 企业所得税法第六条第(五)项所称利息收入,是指企业将资金提供他人使用但不构成权益性投资,或者因他人占用本企业资金取得的收入,包括存款利息、贷款利息、债券利息、欠款利息等收入。

息收入,按照合同约定的债务人应付利息的日期确认收入的实现。

【注释】 解释《企业所得税法》第6条。

第十九条 企业所得税法第六条第(六)项所称租金收入,是指企业提供固定资产、包装物或者其他有形资产的使用权取得的收入。

租金收入,按照合同约定的承租人应付租金的日期确认收入的实现。

【注释】 解释《企业所得税法》第6条。

第二十条 企业所得税法第六条第(七)项所称特许权使用费收入,是指企业提供专利权、非专利技术、商标权、著作权以及其他特许权的使用权取得的收入。

特许权使用费收入,按照合同约定的特许权使用人应付特许权使用费的日期确认收入的实现。

【注释】 解释《企业所得税法》第6条。

第二十一条 企业所得税法第六条第(八)项所称接受捐赠收入,是指企业接受的来自其他企业、组织或者个人无偿给予的货币性资产、非货币性资产。

接受捐赠收入,按照实际收到捐赠资产的日期确认收入的实现。

【注释】 解释《企业所得税法》第6条。

第二十二条 企业所得税法第六条第(九)项所称其他收入,是指企业取得的除企业所得税法第六条第(一)项至第(八)项规定的收入外的其他收入,包括企业资产溢余收入、逾期未退包装物押金收入、确实无法偿付的应付款项、已作坏账损失处理后又收回的应收款项、债务重组收入、补贴收入、违约金收入、汇兑收益等。

【注释】 解释《企业所得税法》第6条。

第二十三条 企业的下列生产经营业务可以分期确认收入的实现:

(一)以分期收款方式销售货物的,按照合同约定的收款日期确认收入的实现;

(二)企业受托加工制造大型机械设备、船舶、飞机,以及从事建筑、安装、装配工程业务或者提供其他劳务等,持续时间超过12个月的,按照纳税年度内完工进度或者完成的工作量确认收入的实现。

第二十四条 采取产品分成方式取得收入的,按照企业分得产品的日期确认收入的实现,其收入额按照产品的公允价值确定。

第二十五条 企业发生非货币性资产交换,以及将货物、财产、劳务用于捐赠、偿债、赞助、集资、广告、样品、职工福利或者利润分配等用途的,应当视同销售货物、转让财产或者提供劳务,但国务院财政、税务主管部门另有规定的除外。

第二十六条 企业所得税法第七条第(一)项所称财政拨款,是指各级人民政府对纳入预算管理的事业单位、社会团体等组织拨付的财政资金,但国务院和国务院财政、税务主管部门另有规定的除外。

企业所得税法第七条第(二)项所称行政事业性收费,是指依照法律法规等有关规定,按照国务院规定程序批准,在实施社会公共管理,以及在向公民、法人或者其他组织提供特定公共服务过程中,向特定对象收取并纳入财政管理的费用。

企业所得税法第七条第(二)项所称政府性基金,是指企业依照法律、行政法规等有关规定,代政府收取的具有专项用途的财政资金。

企业所得税法第七条第(三)项所称国务院规定的其他不征税收入,是指企业取得的,由国务院财政、税务主管部门规定专项用途并经国务院批准的财政性资金。

【注释】 解释《企业所得税法》第7条。相关规定包括:《国家税务总局关于中央和国务院各部门机关服务中心恢复征税的通知》(国税发[2007]94号)。

第三节 扣 除

第二十七条 企业所得税法第八条所称有关的支出,是指与取得收入直接相关的支出。

企业所得税法第八条所称合理的支出,是指符合生产经营活动常规,应当计入当期损益或者有关资产成本的必要和正常的支出。

【注释】 解释《企业所得税法》第8条。相关规定包括:《国家税务总局关于保险企业发生与退保业务相关佣金支出税前扣除问题的通知》(国税函[2007]880号)。

第二十八条 企业发生的支出应当区分收益性支出和资本性支出。收益性支出在发生当期直接扣除;资本性支出应当分期扣除或者计入有关资产成本,不得在发生当期直接扣除。

企业的不征税收入用于支出所形成的费用或者财产,不得扣除或者计算对应的折旧、摊销扣除。

除企业所得税法和本条例另有规定外,企业实际发生的成本、费用、税金、损失和其他支出,不得重复扣除。

第二十九条 企业所得税法第八条所称成本,是指企业在生产经营活动中发生的销售成本、销货成本、业务支出以及其他耗费。

【注释】 解释《企业所得税法》第8条。

第三十条 企业所得税法第八条所称费用,是指企业在生产经营活动中发生的销售费用、管理费用和财务费用,已经计入成本的有关费用除外。

【注释】 解释《企业所得税法》第8条。

第三十一条 企业所得税法第八条所称税金,是指企业发生的除企业所得税和允许抵扣的增值税以外的各项税金及其附加。

【注释】 解释《企业所得税法》第8条。

第三十二条 企业所得税法第八条所称损失,是指企业在生产经营活动中发生的固定资产和存货的盘亏、毁损、报废损失,转让财产损失,呆账损失,坏账损失,自然灾害等不可抗力因素造成的损失以及其他损失。

企业发生的损失,减除责任人赔偿和保险赔款后的余额,依照国务院财政、税务主管部门的规定扣除。

企业已经作为损失处理的资产,在以后纳税年度又全部收回或者部分收回时,应当计入当期收入。

【注释】 解释《企业所得税法》第8条。相关规定包括:《企业财产损失所得税前扣除管理办法》(国家税务总局令[2005]13号)、《企业财产损失所得税税前扣除鉴证业务准则(试行)》(国税发[2007]9号)。

第三十三条 企业所得税法第八条所称其他支出,是指除成本、费用、税金、损失外,企业在生产经营活动中发生的与生产经营活动有关的、合理的支出。

【注释】 解释《企业所得税法》第8条。

第三十四条 企业发生的合理的工资薪金支出,准予扣除。

前款所称工资薪金,是指企业每一纳税年度支付给在本企业任职或者受雇的员工的所有现金形式或者非现金形式的劳动报酬,包括基本工资、奖金、津贴、补贴、年终加薪、加班工资,以及与员工任职或者受雇有关的其他支出。

【注释】 解释《企业所得税法》第8条。相关规定包括:《企业支付实习生报酬税前扣除管理办法》(国税发[2007]42号)、《国家税务总局关于企事业单位公务用车制度改革后相关费用税前扣除问题的批复》(国税函[2007]305号)。

第三十五条 企业依照国务院有关主管部门或者省级人民政府规定的范围和标准为职工缴纳的基本养老保险费、基本医疗保险费、失业保险费、工伤保险费、生育保险费等基本社会保险费和住房公积金,准予扣除。

企业为投资者或者职工支付的补充养老保险费、补充医疗保险费,在国务院财政、税务主管部门规定的范围和标准内,准予扣除。

【注释】 解释《企业所得税法》第8条。

第三十六条 除企业依照国家有关规定为特殊工种职工支付的人身安全保险费和国务院财政、税务主管部门规定可以扣除的其他商业保险费外,企业为投资者或者职工支付的商业保险费,不得扣除。

【注释】 解释《企业所得税法》第8条。

第三十七条 企业在生产经营活动中发生的合理的不需要资本化的借款费用,准予扣除。

企业为购置、建造固定资产、无形资产和经过12个月以上的建造才能达到预定可销售状态的存货发生借款的,在有关资产购置、建造期间发生的合理的借款费用,应当作为资本性支出计入有关资产的成本,并依照本条例的规定扣除。

【注释】 解释《企业所得税法》第8条。相关规定包括:《财政部 国家税务总局关于执行〈企业会计准则〉有关企业所得税政策问题的通知》(财税[2007]80号)。

第三十八条 企业在生产经营活动中发生的下列利息支出,准予扣除:

(一)非金融企业向金融企业借款的利息支出、金融企业的各项存款利息支出和同业拆借利息支出、企业经批准发行债券的利息支出;

(二)非金融企业向非金融企业借款的利息支出,不超过按照金融企业同期同类贷款利率计算的数额的部分。

【注释】 解释《企业所得税法》第8条。

第三十九条 企业在货币交易中,以及纳税年度终了时将人民币以外的货币性资产、负债按照期末即期人民币汇率中间价折算为人民币时产生的汇兑损失,除已经计入有关资产成本以及与向所有者进行利润分配相关的部分外,准予扣除。

【注释】 解释《企业所得税法》第8条。

第四十条 企业发生的职工福利费支出,不超过工资薪金总额14%的部分,准予扣除。

【注释】 解释《企业所得税法》第8条。

第四十一条 企业拨缴的工会经费,不超过工资薪金总额2%的部分,准予扣除。

【注释】 解释《企业所得税法》第8条。

第四十二条 除国务院财政、税务主管部门另有规定外,企业发生的职工教育经费支出,不超过工资薪金总额2.5%的部分,准予扣除;超过部分,准予在以后纳税年度结转扣除。

【注释】 解释《企业所得税法》第8条。

第四十三条 企业发生的与生产经营活动有关的业务招待费支出,按照发生额的60%扣除,但最高不得超过当年销售(营业)收入的5‰。

【注释】 解释《企业所得税法》第8条。

第四十四条 企业发生的符合条件的广告费和业务宣传费支出,除国务院财政、税务主管部门另有规定外,不超过当年销售(营业)收入15%的部分,准予扣除;超过部分,准予在以后纳税年度结转扣除。

【注释】 解释《企业所得税法》第8条。

第四十五条 企业依照法律、行政法规有关规定提取的用于环境保护、生态恢复等方面的专项资金,准予扣除。上述专项资金提取后改变用途的,不得扣除。

【注释】 解释《企业所得税法》第8条。

第四十六条 企业参加财产保险,按照规定缴纳的保险费,准予扣除。

【注释】 解释《企业所得税法》第8条。

第四十七条 企业根据生产经营活动的需要租入固定资产支付的租赁费,按照以下方法扣除:

(一)以经营租赁方式租入固定资产发生的租赁费支出,按照租赁期限均匀扣除;

(二)以融资租赁方式租入固定资产发生的租赁费支出,按照规定构成融资租入固定资产价值的部分应当提取折旧费用,分期扣除。

【注释】 解释《企业所得税法》第8条。

第四十八条 企业发生的合理的劳动保护支出,准予扣除。

【注释】 解释《企业所得税法》第8条。

第四十九条 企业之间支付的管理费、企业内营业机构之间支付的租金和特许权使用费,以及非银行企业内营业机构之间支付的利息,不得扣除。

【注释】 解释《企业所得税法》第8条。

第五十条 非居民企业在中国境内设立的机构、场所,就其中国境外总机构发生的与该机构、场所生产经营有关的费用,能够提供总机构出具的费用汇集范围、定额、分配依据和方法等证明文件,并合理分摊的,准予扣除。

【注释】 解释《企业所得税法》第8条。

第五十一条 企业所得税法第九条所称公益性捐赠,是指企业通过公益性社会团体或者县级以上人民政府及其部门,用于《中华人民共和国公益事业捐赠法》规定的公益事业的捐赠。

【注释】 解释《企业所得税法》第9条。相关规定包括:《财政部 国家税务总局关于中国青少年社会教育基金会等16家单位公益救济性捐赠所得税税前扣除问题的通知》(财税[2007]112号)。

第五十二条 本条例第五十一条所称公益性社会团体,是指同时符合下列条件的基金会、慈善组织等社会团体:

(一)依法登记,具有法人资格;

(二)以发展公益事业为宗旨,且不以营利为目的;

(三)全部资产及其增值为该法人所有;

(四)收益和营运结余主要用于符合该法人设立目的的事业;

(五)终止后的剩余财产不归属任何个人或者营利组织;

(六)不经营与其设立目的无关的业务;

(七)有健全的财务会计制度;

(八)捐赠者不以任何形式参与社会团体财产的分配;

(九)国务院财政、税务主管部门会同国务院民政部门等登记管理部门规定的其他条件。

【注释】 解释《企业所得税法》第9条。相关规定包括:《财政部 国家税务总局关于中国青少年社会教育基金会等16家单位公益救济性捐赠所得税税前扣除问题的通知》(财税[2007]112号)。

第五十三条 企业发生的公益性捐赠支出,不超过年度利润总额12%的部分,准予扣除。

年度利润总额,是指企业依照国家统一会计制度的规定计算的年度会计利润。

【注释】 解释《企业所得税法》第9条。相关规定包括:《财政部 国家税务总局关于中国青少年社会教育基金会等16家单位公益救济性捐赠所得税税前扣除问题的通知》(财税[2007]112号)。

第五十四条 企业所得税法第十条第(六)项所称赞助支出,是指企业发生的与生产经营活动无关的各种非广告性质支出。

【注释】 解释《企业所得税法》第10条。

第五十五条 企业所得税法第十条第(七)项所称未经核定的准备金支出,是指不符合国务院财政、税务主管部门规定的各项资产减值准备、风险准备等准备金支出。

【注释】 解释《企业所得税法》第10条。

第四节 资产的税务处理

第五十六条 企业的各项资产,包括固定资产、生物资产、无形资产、长期待摊费用、投资资产、存货等,以历史成本为计税基础。

前款所称历史成本,是指企业取得该项资产时实际发生的支出。

企业持有各项资产期间资产增值或者减值,除国务院财政、税务主管部门规定可以确认损益外,不得调整该资产的计税基础。

第五十七条 企业所得税法第十一条所称固定资产,是指企业为生产产品、提供劳务、出租或者经营管理而持有的、使用时间超过12个月的非货币性资产,包括房屋、建筑物、机器、机械、运输工具以及其他与生产经营活动有关的设备、器具、工具等。

【注释】 解释《企业所得税法》第11条。

第五十八条 固定资产按照以下方法确定计税基础:

(一)外购的固定资产,以购买价款和支付的相关税费以及直接归属于使该资产达到预定用途发生的其他支出为计税基础；

（二）自行建造的固定资产，以竣工结算前发生的支出为计税基础；

（三）融资租入的固定资产，以租赁合同约定的付款总额和承租人在签订租赁合同过程中发生的相关费用为计税基础，租赁合同未约定付款总额的，以该资产的公允价值和承租人在签订租赁合同过程中发生的相关费用为计税基础；

（四）盘盈的固定资产，以同类固定资产的重置完全价值为计税基础；

（五）通过捐赠、投资、非货币性资产交换、债务重组等方式取得的固定资产，以该资产的公允价值和支付的相关税费为计税基础；

（六）改建的固定资产，除企业所得税法第十三条第（一）项和第（二）项规定的支出外，以改建过程中发生的改建支出增加计税基础。

【注释】 解释《企业所得税法》第11条。

第五十九条 固定资产按照直线法计算的折旧，准予扣除。

企业应当自固定资产投入使用月份的次月起计算折旧；停止使用的固定资产，应当自停止使用月份的次月起停止计算折旧。

企业应当根据固定资产的性质和使用情况，合理确定固定资产的预计净残值。固定资产的预计净残值一经确定，不得变更。

【注释】 解释《企业所得税法》第11条。

第六十条 除国务院财政、税务主管部门另有规定外，固定资产计算折旧的最低年限如下：

（一）房屋、建筑物，为20年；

（二）飞机、火车、轮船、机器、机械和其他生产设备，为10年；

（三）与生产经营活动有关的器具、工具、家具等，为5年；

（四）飞机、火车、轮船以外的运输工具，为4年；

（五）电子设备，为3年。

【注释】 解释《企业所得税法》第11条。

第六十一条 从事开采石油、天然气等矿产资源的企业，在开始商业性生产前发生的费用和有关固定资产的折耗、折旧方法，由国务院财政、税务主管部门另行规定。

【注释】 解释《企业所得税法》第11条。

第六十二条 生产性生物资产按照以下方法确定计税基础：

（一）外购的生产性生物资产，以购买价款和支付的相关税费为计税基础；

（二）通过捐赠、投资、非货币性资产交换、债务重组等方式取得的生产性生物资产，以该资产的公允价值和支付的相关税费为计税基础。

前款所称生产性生物资产，是指企业为生产农产品、提供劳务或者出租等而持有的生物资产，包括经济林、薪炭林、产畜和役畜等。

【注释】 解释《企业所得税法》第11条。

第六十三条 生产性生物资产按照直线法计算的折旧，准予扣除。

企业应当自生产性生物资产投入使用月份的次月起计算折旧；停止使用的生产性生物资产，应当自停止使用月份的次月起停止计算折旧。

企业应当根据生产性生物资产的性质和使用情况，合理确定生产性生物资产的预计净残值。生产性生物资产的预计净残值一经确定，不得变更。

【注释】 解释《企业所得税法》第11条。

第六十四条 生产性生物资产计算折旧的最低年限如下：

（一）林木类生产性生物资产，为10年；

（二）畜类生产性生物资产，为3年。

【注释】 解释《企业所得税法》第11条。

第六十五条 企业所得税法第十二条所称无形资产，是指企业为生产产品、提供劳务、出租或者经营管理而持有的、没有实物形态的非货币性长期资产，包括专利权、商标权、著作权、土地使用权、非专利技术、商誉等。

【注释】 解释《企业所得税法》第 12 条。

第六十六条 无形资产按照以下方法确定计税基础:

(一)外购的无形资产,以购买价款和支付的相关税费以及直接归属于使该资产达到预定用途发生的其他支出为计税基础;

(二)自行开发的无形资产,以开发过程中该资产符合资本化条件后至达到预定用途前发生的支出为计税基础;

(三)通过捐赠、投资、非货币性资产交换、债务重组等方式取得的无形资产,以该资产的公允价值和支付的相关税费为计税基础。

【注释】 解释《企业所得税法》第 12 条。

第六十七条 无形资产按照直线法计算的摊销费用,准予扣除。

无形资产的摊销年限不得低于 10 年。

作为投资或者受让的无形资产,有关法律规定或者合同约定了使用年限的,可以按照规定或者约定的使用年限分期摊销。

外购商誉的支出,在企业整体转让或者清算时,准予扣除。

【注释】 解释《企业所得税法》第 12 条。

第六十八条 企业所得税法第十三条第(一)项和第(二)项所称固定资产的改建支出,是指改变房屋或者建筑物结构、延长使用年限等发生的支出。

企业所得税法第十三条第(一)项规定的支出,按照固定资产预计尚可使用年限分期摊销;第(二)项规定的支出,按照合同约定的剩余租赁期限分期摊销。

改建的固定资产延长使用年限的,除企业所得税法第十三条第(一)项和第(二)项规定外,应当适当延长折旧年限。

【注释】 解释《企业所得税法》第 13 条。相关规定包括:《国家税务总局关于铁路运输企业机车车辆大修理支出税前扣除问题的通知》(国税函[2007]762 号)。

第六十九条 企业所得税法第十三条第(三)项所称固定资产的大修理支出,是指同时符合下列条件的支出:

(一)修理支出达到取得固定资产时的计税基础 50% 以上;

(二)修理后固定资产的使用年限延长 2 年以上。

企业所得税法第十三条第(三)项规定的支出,按照固定资产尚可使用年限分期摊销。

【注释】 解释《企业所得税法》第 13 条。相关规定包括:《国家税务总局关于铁路运输企业机车车辆大修理支出税前扣除问题的通知》(国税函[2007]762 号)。

第七十条 企业所得税法第十三条第(四)项所称其他应当作为长期待摊费用的支出,自支出发生月份的次月起,分期摊销,摊销年限不得低于 3 年。

【注释】 解释《企业所得税法》第 13 条。相关规定包括:《国家税务总局关于铁路运输企业机车车辆大修理支出税前扣除问题的通知》(国税函[2007]762 号)。

第七十一条 企业所得税法第十四条所称投资资产,是指企业对外进行权益性投资和债权性投资形成的资产。

企业在转让或者处置投资资产时,投资资产的成本,准予扣除。

投资资产按照以下方法确定成本:

(一)通过支付现金方式取得的投资资产,以购买价款为成本;

(二)通过支付现金以外的方式取得的投资资产,以该资产的公允价值和支付的相关税费为成本。

【注释】 解释《企业所得税法》第 14 条。

第七十二条 企业所得税法第十五条所称存货,是指企业持有以备出售的产品或者商品、处在生产过程中的在产品、在生产或者提供劳务过程中耗用的材料和物料等。

存货按照以下方法确定成本:

(一)通过支付现金方式取得的存货,以购买价款和支付的相关税费为成本;

(二)通过支付现金以外的方式取得的存货,以该存货的公允价值和支付的相关税费为成本;

(三)生产性生物资产收获的农产品,以产出或者采收过程中发生的材料费、人工费和分摊的间接费用等必要支出为成本。

【注释】 解释《企业所得税法》第 15 条。

第七十三条 企业使用或者销售的存货的成本计算方法,可以在先进先出法、加权平均法、个别计价法中选用一种。计价方法一经选用,不得随意变更。

【注释】 解释《企业所得税法》第 15 条。

第七十四条 企业所得税法第十六条所称资产的净值和第十九条所称财产净值,是指有关资产、财产的计税基础减除已经按照规定扣除的折旧、折耗、摊销、准备金等后的余额。

【注释】 解释《企业所得税法》第 16 条、第 19 条。

第七十五条 除国务院财政、税务主管部门另有规定外,企业在重组过程中,应当在交易发生时确认有关资产的转让所得或者损失,相关资产应当按照交易价格重新确定计税基础。

第三章　应纳税额

第七十六条 企业所得税法第二十二条规定的应纳税额的计算公式为:

应纳税额 = 应纳税所得额 × 适用税率 - 减免税额 - 抵免税额

公式中的减免税额和抵免税额,是指依照企业所得税法和国务院的税收优惠规定减征、免征和抵免的应纳税额。

【注释】 解释《企业所得税法》第 22 条。

第七十七条 企业所得税法第二十三条所称已在境外缴纳的所得税税额,是指企业来源于中国境外的所得依照中国境外税收法律以及相关规定应当缴纳并已经实际缴纳的企业所得税性质的税款。

【注释】 解释《企业所得税法》第 23 条。

第七十八条 企业所得税法第二十三条所称抵免限额,是指企业来源于中国境外的所得,依照企业所得税法和本条例的规定计算的应纳税额。除国务院财政、税务主管部门另有规定外,该抵免限额应当分国(地区)不分项计算,计算公式如下:

抵免限额 = 中国境内、境外所得依照企业所得税法和本条例的规定计算的应纳税总额
× 来源于某国(地区)的应纳税所得额 ÷ 中国境内、境外应纳税所得总额

【注释】 解释《企业所得税法》第 23 条。

第七十九条 企业所得税法第二十三条所称 5 个年度,是指从企业取得的来源于中国境外的所得,已经在中国境外缴纳的企业所得税性质的税额超过抵免限额的当年的次年起连续 5 个纳税年度。

【注释】 解释《企业所得税法》第 23 条。

第八十条 企业所得税法第二十四条所称直接控制,是指居民企业直接持有外国企业 20% 以上股份。

企业所得税法第二十四条所称间接控制,是指居民企业以间接持股方式持有外国企业 20% 以上股份,具体认定办法由国务院财政、税务主管部门另行制定。

【注释】 解释《企业所得税法》第 24 条。

第八十一条 企业依照企业所得税法第二十三条、第二十四条的规定抵免企业所得税税额时,应当提供中国境外税务机关出具的税款所属年度的有关纳税凭证。

【注释】 解释《企业所得税法》第 23 条、第 24 条。

第四章　税收优惠

第八十二条 企业所得税法第二十六条第(一)项所称国债利息收入,是指企业持有国务院财政部门发行的国债取得的利息收入。

【注释】 解释《企业所得税法》第 26 条。

第八十三条 企业所得税法第二十六条第(二)项所称符合条件的居民企业之间的股息、红利等权益性投资收益,是指居民企业直接投资于其他居民企业取得的投资收益。企业所得税法第二十六条第(二)项和第(三)项所称股息、红利等权益性投资收益,不包括连续持有居民企业公开发行并上市流通的股票不

足12个月取得的投资收益。

【注释】 解释《企业所得税法》第26条。

第八十四条 企业所得税法第二十六条第(四)项所称符合条件的非营利组织，是指同时符合下列条件的组织：

(一)依法履行非营利组织登记手续；

(二)从事公益性或者非营利性活动；

(三)取得的收入除用于与该组织有关的、合理的支出外，全部用于登记核定或者章程规定的公益性或者非营利性事业；

(四)财产及其孳息不用于分配；

(五)按照登记核定或者章程规定，该组织注销后的剩余财产用于公益性或者非营利性目的，或者由登记管理机关转赠给与该组织性质、宗旨相同的组织，并向社会公告；

(六)投入人对投入该组织的财产不保留或者享有任何财产权利；

(七)工作人员工资福利开支控制在规定的比例内，不变相分配该组织的财产。

前款规定的非营利组织的认定管理办法由国务院财政、税务主管部门会同国务院有关部门制定。

【注释】 解释《企业所得税法》第26条。

第八十五条 企业所得税法第二十六条第(四)项所称符合条件的非营利组织的收入，不包括非营利组织从事营利性活动取得的收入，但国务院财政、税务主管部门另有规定的除外。

【注释】 解释《企业所得税法》第26条。

第八十六条 企业所得税法第二十七条第(一)项规定的企业从事农、林、牧、渔业项目的所得，可以免征、减征企业所得税，是指：

(一)企业从事下列项目的所得，免征企业所得税：

1. 蔬菜、谷物、薯类、油料、豆类、棉花、麻类、糖料、水果、坚果的种植；
2. 农作物新品种的选育；
3. 中药材的种植；
4. 林木的培育和种植；
5. 牲畜、家禽的饲养；
6. 林产品的采集；
7. 灌溉、农产品初加工、兽医、农技推广、农机作业和维修等农、林、牧、渔服务业项目；
8. 远洋捕捞。

(二)企业从事下列项目的所得，减半征收企业所得税：

1. 花卉、茶以及其他饮料作物和香料作物的种植；
2. 海水养殖、内陆养殖。

企业从事国家限制和禁止发展的项目，不得享受本条规定的企业所得税优惠。

【注释】 解释《企业所得税法》第27条。

第八十七条 企业所得税法第二十七条第(二)项所称国家重点扶持的公共基础设施项目，是指《公共基础设施项目企业所得税优惠目录》规定的港口码头、机场、铁路、公路、城市公共交通、电力、水利等项目。

企业从事前款规定的国家重点扶持的公共基础设施项目的投资经营的所得，自项目取得第一笔生产经营收入所属纳税年度起，第一年至第三年免征企业所得税，第四年至第六年减半征收企业所得税。

企业承包经营、承包建设和内部自建自用本条规定的项目，不得享受本条规定的企业所得税优惠。

【注释】 解释《企业所得税法》第27条。

第八十八条 企业所得税法第二十七条第(三)项所称符合条件的环境保护、节能节水项目，包括公共污水处理、公共垃圾处理、沼气综合开发利用、节能减排技术改造、海水淡化等。项目的具体条件和范围由国务院财政、税务主管部门商国务院有关部门制订，报国务院批准后公布施行。

企业从事前款规定的符合条件的环境保护、节能节水项目的所得，自项目取得第一笔生产经营收入所属纳税年度起，第一年至第三年免征企业所得税，第四年至第六年减半征收企业所得税。

【注释】 解释《企业所得税法》第27条。

第八十九条 依照本条例第八十七条和第八十八条规定享受减免税优惠的项目,在减免税期限内转让的,受让方自受让之日起,可以在剩余期限内享受规定的减免税优惠;减免税期限届满后转让的,受让方不得就该项目重复享受减免税优惠。

【注释】 解释《企业所得税法》第27条。

第九十条 企业所得税法第二十七条第(四)项所称符合条件的技术转让所得免征、减征企业所得税,是指一个纳税年度内,居民企业技术转让所得不超过500万元的部分,免征企业所得税;超过500万元的部分,减半征收企业所得税。

【注释】 解释《企业所得税法》第27条。

第九十一条 非居民企业取得企业所得税法第二十七条第(五)项规定的所得,减按10%的税率征收企业所得税。

下列所得可以免征企业所得税:

(一)外国政府向中国政府提供贷款取得的利息所得;

(二)国际金融组织向中国政府和居民企业提供优惠贷款取得的利息所得;

(三)经国务院批准的其他所得。

【注释】 解释《企业所得税法》第27条。

第九十二条 企业所得税法第二十八条第一款所称符合条件的小型微利企业,是指从事国家非限制和禁止行业,并符合下列条件的企业:

(一)工业企业,年度应纳税所得额不超过30万元,从业人数不超过100人,资产总额不超过3000万元;

(二)其他企业,年度应纳税所得额不超过30万元,从业人数不超过80人,资产总额不超过1000万元。

【注释】 解释《企业所得税法》第28条。

第九十三条 企业所得税法第二十八条第二款所称国家需要重点扶持的高新技术企业,是指拥有核心自主知识产权,并同时符合下列条件的企业:

(一)产品(服务)属于《国家重点支持的高新技术领域》规定的范围;

(二)研究开发费用占销售收入的比例不低于规定比例;

(三)高新技术产品(服务)收入占企业总收入的比例不低于规定比例;

(四)科技人员占企业职工总数的比例不低于规定比例;

(五)高新技术企业认定管理办法规定的其他条件。

《国家重点支持的高新技术领域》和高新技术企业认定管理办法由国务院科技、财政、税务主管部门商国务院有关部门制订,报国务院批准后公布施行。

【注释】 解释《企业所得税法》第28条。

第九十四条 企业所得税法第二十九条所称民族自治地方,是指依照《中华人民共和国民族区域自治法》的规定,实行民族区域自治的自治区、自治州、自治县。

对民族自治地方内国家限制和禁止行业的企业,不得减征或者免征企业所得税。

【注释】 解释《企业所得税法》第29条。

第九十五条 企业所得税法第三十条第(一)项所称研究开发费用的加计扣除,是指企业为开发新技术、新产品、新工艺发生的研究开发费用,未形成无形资产计入当期损益的,在按照规定据实扣除的基础上,按照研究开发费用的50%加计扣除;形成无形资产的,按照无形资产成本的150%摊销。

【注释】 解释《企业所得税法》第30条。

第九十六条 企业所得税法第三十条第(二)项所称企业安置残疾人员所支付的工资的加计扣除,是指企业安置残疾人员的,在按照支付给残疾职工工资据实扣除的基础上,按照支付给残疾职工工资的100%加计扣除。残疾人员的范围适用《中华人民共和国残疾人保障法》的有关规定。

企业所得税法第三十条第(二)项所称企业安置国家鼓励安置的其他就业人员所支付的工资的加计扣除办法,由国务院另行规定。

【注释】 解释《企业所得税法》第30条。相关规定包括:《财政部 国家税务总局关于促进残疾人就业税收优惠政策的通知》(财税[2007]92号)。

第九十七条 企业所得税法第三十一条所称抵扣应纳税所得额,是指创业投资企业采取股权投资方式投资于未上市的中小高新技术企业2年以上的，可以按照其投资额的70%在股权持有满2年的当年抵扣该创业投资企业的应纳税所得额；当年不足抵扣的，可以在以后纳税年度结转抵扣。

【注释】 解释《企业所得税法》第31条。相关规定包括：《财政部 国家税务总局关于促进创业投资企业发展有关税收政策的通知》（财税[2007]31号）。

第九十八条 企业所得税法第三十二条所称可以采取缩短折旧年限或者采取加速折旧的方法的固定资产，包括：

（一）由于技术进步，产品更新换代较快的固定资产；

（二）常年处于强震动、高腐蚀状态的固定资产。

采取缩短折旧年限方法的，最低折旧年限不得低于本条例第六十条规定折旧年限的60%；采取加速折旧方法的，可以采取双倍余额递减法或者年数总和法。

【注释】 解释《企业所得税法》第32条。

第九十九条 企业所得税法第三十三条所称减计收入，是指企业以《资源综合利用企业所得税优惠目录》规定的资源作为主要原材料，生产国家非限制和禁止并符合国家和行业相关标准的产品取得的收入，减按90%计入收入总额。

前款所称原材料占生产产品材料的比例不得低于《资源综合利用企业所得税优惠目录》规定的标准。

【注释】 解释《企业所得税法》第33条。

第一百条 企业所得税法第三十四条所称税额抵免，是指企业购置并实际使用《环境保护专用设备企业所得税优惠目录》、《节能节水专用设备企业所得税优惠目录》和《安全生产专用设备企业所得税优惠目录》规定的环境保护、节能节水、安全生产等专用设备的，该专用设备的投资额的10%可以从企业当年的应纳税额中抵免；当年不足抵免的，可以在以后5个纳税年度结转抵免。

享受前款规定的企业所得税优惠的企业，应当实际购置并自身实际投入使用前款规定的专用设备；企业购置上述专用设备在5年内转让、出租的，应当停止享受企业所得税优惠，并补缴已经抵免的企业所得税税款。

【注释】 解释《企业所得税法》第34条。

第一百零一条 本章第八十七条、第九十九条、第一百条规定的企业所得税优惠目录，由国务院财政、税务主管部门商国务院有关部门制订，报国务院批准后公布施行。

第一百零二条 企业同时从事适用不同企业所得税待遇的项目的，其优惠项目应当单独计算所得，并合理分摊企业的期间费用；没有单独计算的，不得享受企业所得税优惠。

第五章 源泉扣缴

第一百零三条 依照企业所得税法对非居民企业应当缴纳的企业所得税实行源泉扣缴的，应当依照企业所得税法第十九条的规定计算应纳税所得额。

企业所得税法第十九条所称收入全额，是指非居民企业向支付人收取的全部价款和价外费用。

第一百零四条 企业所得税法第三十七条所称支付人，是指依照有关法律规定或者合同约定对非居民企业直接负有支付相关款项义务的单位或者个人。

【注释】 解释《企业所得税法》第37条。

第一百零五条 企业所得税法第三十七条所称支付，包括现金支付、汇拨支付、转账支付和权益兑价支付等货币支付和非货币支付。

企业所得税法第三十七条所称到期应支付的款项，是指支付人按照权责发生制原则应当计入相关成本、费用的应付款项。

【注释】 解释《企业所得税法》第37条。

第一百零六条 企业所得税法第三十八条规定的可以指定扣缴义务人的情形，包括：

（一）预计工程作业或者提供劳务期限不足一个纳税年度，且有证据表明不履行纳税义务的；

（二）没有办理税务登记或者临时税务登记，且未委托中国境内的代理人履行纳税义务的；

（三）未按照规定期限办理企业所得税纳税申报或者预缴申报的。

前款规定的扣缴义务人，由县级以上税务机关指定，并同时告知扣缴义务人所扣税款的计算依据、计算方法、扣缴期限和扣缴方式。

【注释】　解释《企业所得税法》第38条。

第一百零七条　企业所得税法第三十九条所称所得发生地，是指依照本条例第七条规定的原则确定的所得发生地。在中国境内存在多处所得发生地的，由纳税人选择其中之一申报缴纳企业所得税。

【注释】　解释《企业所得税法》第39条。

第一百零八条　企业所得税法第三十九条所称该纳税人在中国境内其他收入，是指该纳税人在中国境内取得的其他各种来源的收入。

税务机关在追缴该纳税人应纳税款时，应当将追缴理由、追缴数额、缴纳期限和缴纳方式等告知该纳税人。

【注释】　解释《企业所得税法》第39条。

第六章　特别纳税调整

第一百零九条　企业所得税法第四十一条所称关联方，是指与企业有下列关联关系之一的企业、其他组织或者个人：

（一）在资金、经营、购销等方面存在直接或者间接的控制关系；

（二）直接或者间接地同为第三者控制；

（三）在利益上具有相关联的其他关系。

【注释】　解释《企业所得税法》第41条。

第一百一十条　企业所得税法第四十一条所称独立交易原则，是指没有关联关系的交易各方，按照公平成交价格和营业常规进行业务往来遵循的原则。

【注释】　解释《企业所得税法》第41条。

第一百一十一条　企业所得税法第四十一条所称合理方法，包括：

（一）可比非受控价格法，是指按照没有关联关系的交易各方进行相同或者类似业务往来的价格进行定价的方法；

（二）再销售价格法，是指按照从关联方购进商品再销售给没有关联关系的交易方的价格，减除相同或者类似业务的销售毛利进行定价的方法；

（三）成本加成法，是指按照成本加合理的费用和利润进行定价的方法；

（四）交易净利润法，是指按照没有关联关系的交易各方进行相同或者类似业务往来取得的净利润水平确定利润的方法；

（五）利润分割法，是指将企业与其关联方的合并利润或者亏损在各方之间采用合理标准进行分配的方法；

（六）其他符合独立交易原则的方法。

【注释】　解释《企业所得税法》第41条。

第一百一十二条　企业可以依照企业所得税法第四十一条第二款的规定，按照独立交易原则与其关联方分摊共同发生的成本，达成成本分摊协议。

企业与其关联方分摊成本时，应当按照成本与预期收益相配比的原则进行分摊，并在税务机关规定的期限内，按照税务机关的要求报送有关资料。

企业与其关联方分摊成本时违反本条第一款、第二款规定的，其自行分摊的成本不得在计算应纳税所得额时扣除。

【注释】　解释《企业所得税法》第41条。

第一百一十三条　企业所得税法第四十二条所称预约定价安排，是指企业就其未来年度关联交易的定价原则和计算方法，向税务机关提出申请，与税务机关按照独立交易原则协商、确认后达成的协议。

【注释】　解释《企业所得税法》第42条。相关规定包括：《关联企业间业务往来预约定价实施规则（试行）》（国税发[2004]118号）。

第一百一十四条　企业所得税法第四十三条所称相关资料，包括：

（一）与关联业务往来有关的价格、费用的制定标准、计算方法和说明等同期资料；

(二)关联业务往来所涉及的财产、财产使用权、劳务等的再销售(转让)价格或者最终销售(转让)价格的相关资料;

(三)与关联业务调查有关的其他企业应当提供的与被调查企业可比的产品价格、定价方式以及利润水平等资料;

(四)其他与关联业务往来有关的资料。

企业所得税法第四十三条所称与关联业务调查有关的其他企业,是指与被调查企业在生产经营内容和方式上相类似的企业。

企业应当在税务机关规定的期限内提供与关联业务往来有关的价格、费用的制定标准、计算方法和说明等资料。关联方以及与关联业务调查有关的其他企业应当在税务机关与其约定的期限内提供相关资料。

【注释】 解释《企业所得税法》第43条。

第一百一十五条 税务机关依照企业所得税法第四十四条的规定核定企业的应纳税所得额时,可以采用下列方法:

(一)参照同类或者类似企业的利润率水平核定;

(二)按照企业成本加合理的费用和利润的方法核定;

(三)按照关联企业集团整体利润的合理比例核定;

(四)按照其他合理方法核定。

企业对税务机关按照前款规定的方法核定的应纳税所得额有异议的,应当提供相关证据,经税务机关认定后,调整核定的应纳税所得额。

【注释】 解释《企业所得税法》第44条。

第一百一十六条 企业所得税法第四十五条所称中国居民,是指根据《中华人民共和国个人所得税法》的规定,就其从中国境内、境外取得的所得在中国缴纳个人所得税的个人。

【注释】 解释《企业所得税法》第45条。

第一百一十七条 企业所得税法第四十五条所称控制,包括:

(一)居民企业或者中国居民直接或者间接单一持有外国企业10%以上有表决权股份,且由其共同持有该外国企业50%以上股份;

(二)居民企业,或者居民企业和中国居民持股比例没有达到第(一)项规定的标准,但在股份、资金、经营、购销等方面对该外国企业构成实质控制。

【注释】 解释《企业所得税法》第45条。

第一百一十八条 企业所得税法第四十五条所称实际税负明显低于企业所得税法第四条第一款规定税率水平,是指低于企业所得税法第四条第一款规定税率的50%。

【注释】 解释《企业所得税法》第45条。

第一百一十九条 企业所得税法第四十六条所称债权性投资,是指企业直接或者间接从关联方获得的,需要偿还本金和支付利息或者需要以其他具有支付利息性质的方式予以补偿的融资。

企业间接从关联方获得的债权性投资,包括:

(一)关联方通过无关联第三方提供的债权性投资;

(二)无关联第三方提供的、由关联方担保且负有连带责任的债权性投资;

(三)其他间接从关联方获得的具有负债实质的债权性投资。

企业所得税法第四十六条所称权益性投资,是指企业接受的不需要偿还本金和支付利息,投资人对企业净资产拥有所有权的投资。

企业所得税法第四十六条所称标准,由国务院财政、税务主管部门另行规定。

【注释】 解释《企业所得税法》第46条。

第一百二十条 企业所得税法第四十七条所称不具有合理商业目的,是指以减少、免除或者推迟缴纳税款为主要目的。

【注释】 解释《企业所得税法》第47条。

第一百二十一条 税务机关根据税收法律、行政法规的规定,对企业作出特别纳税调整的,应当对补征的税款,自税款所属纳税年度的次年6月1日起至补缴税款之日止的期间,按日加收利息。

前款规定加收的利息,不得在计算应纳税所得额时扣除。

第一百二十二条 企业所得税法第四十八条所称利息,应当按照税款所属纳税年度中国人民银行公布的与补税期间同期的人民币贷款基准利率加5个百分点计算。

企业依照企业所得税法第四十三条和本条例的规定提供有关资料的,可以只按前款规定的人民币贷款基准利率计算利息。

【注释】 解释《企业所得税法》第48条。

第一百二十三条 企业与其关联方之间的业务往来,不符合独立交易原则,或者企业实施其他不具有合理商业目的安排的,税务机关有权在该业务发生的纳税年度起10年内,进行纳税调整。

第七章 征收管理

第一百二十四条 企业所得税法第五十条所称企业登记注册地,是指企业依照国家有关规定登记注册的住所地。

【注释】 解释《企业所得税法》第50条。

第一百二十五条 企业汇总计算并缴纳企业所得税时,应当统一核算应纳税所得额,具体办法由国务院财政、税务主管部门另行制定。

【注释】 解释《企业所得税法》第50条。

第一百二十六条 企业所得税法第五十一条所称主要机构、场所,应当同时符合下列条件:

(一)对其他各机构、场所的生产经营活动负有监督管理责任;

(二)设有完整的账簿、凭证,能够准确反映各机构、场所的收入、成本、费用和盈亏情况。

【注释】 解释《企业所得税法》第51条。

第一百二十七条 企业所得税法第五十一条所称经税务机关审核批准,是指经各机构、场所所在地税务机关的共同上级税务机关审核批准。

非居民企业经批准汇总缴纳企业所得税后,需要增设、合并、迁移、关闭机构、场所或者停止机构、场所业务的,应当事先由负责汇总申报缴纳企业所得税的主要机构、场所向其所在地税务机关报告;需要变更汇总缴纳企业所得税的主要机构、场所的,依照前款规定办理。

【注释】 解释《企业所得税法》第51条。

第一百二十八条 企业所得税分月或者分季预缴,由税务机关具体核定。

企业根据企业所得税法第五十四条规定分月或者分季预缴企业所得税时,应当按照月度或者季度的实际利润额预缴;按照月度或者季度的实际利润额预缴有困难的,可以按照上一纳税年度应纳税所得额的月度或者季度平均额预缴,或者按照经税务机关认可的其他方法预缴。预缴方法一经确定,该纳税年度内不得随意变更。

【注释】 解释《企业所得税法》第54条。

第一百二十九条 企业在纳税年度内无论盈利或者亏损,都应当依照企业所得税法第五十四条规定的期限,向税务机关报送预缴企业所得税纳税申报表、年度企业所得税纳税申报表、财务会计报告和税务机关规定应当报送的其他有关资料。

【注释】 解释《企业所得税法》第54条。

第一百三十条 企业所得以人民币以外的货币计算的,预缴企业所得税时,应当按照月度或者季度最后一日的人民币汇率中间价,折合成人民币计算应纳税所得额。年度终了汇算清缴时,对已经按照月度或者季度预缴税款的,不再重新折合计算,只就该纳税年度内未缴纳企业所得税的部分,按照纳税年度最后一日的人民币汇率中间价,折合成人民币计算应纳税所得额。

经税务机关检查确认,企业少计或者多计前款规定的所得的,应当按照检查确认补税或者退税时的上一个月最后一日的人民币汇率中间价,将少计或者多计的所得折合成人民币计算应纳税所得额,再计算应补缴或者应退的税款。

【注释】 解释《企业所得税法》第56条。

第八章 附 则

第一百三十一条 企业所得税法第五十七条第一款所称本法公布前已经批准设立的企业,是指企业所得税法公布前已经完成登记注册的企业。

【注释】 解释《企业所得税法》第57条。

第一百三十二条 在香港特别行政区、澳门特别行政区和台湾地区成立的企业,参照适用企业所得税法第二条第二款、第三款的有关规定。

第一百三十三条 本条例自2008年1月1日起施行。1991年6月30日国务院发布的《中华人民共和国外商投资企业和外国企业所得税法实施细则》和1994年2月4日财政部发布的《中华人民共和国企业所得税暂行条例实施细则》同时废止。

新企业所得税法精神宣传提纲

国税函[2008]159号

一、新企业所得税法及其实施条例的制定背景

为进一步完善社会主义市场经济体制,适应经济社会发展新形势的要求,为各类企业创造公平竞争的税收环境,根据党的十六届三中全会关于"统一各类企业税收制度"的精神,2007年3月16日,第十届全国人民代表大会第五次会议审议通过了《中华人民共和国企业所得税法》(以下简称新企业所得税法),同日胡锦涛主席签署中华人民共和国主席令第63号,自2008年1月1日起施行。

新企业所得税法第五十九条规定,国务院根据本法制定实施条例。为了保障新企业所得税法的顺利实施,财政部、税务总局、国务院法制办会同有关部门根据新企业所得税法规定,认真总结实践经验,充分借鉴国际惯例,对需要在实施条例中明确的重要概念、重大税收政策以及征管问题作了深入研究论证,在此基础上起草了《中华人民共和国企业所得税法实施条例(草案)》,报送国务院审议。2007年11月28日,国务院第197次常务会议审议原则通过。12月6日,温家宝总理签署国务院令第512号,正式发布《中华人民共和国企业所得税法实施条例》(以下简称实施条例),自2008年1月1日起与新企业所得税法同步实施。

二、新企业所得税法及其实施条例与原税法相比的重大变化

与外商投资企业和外国企业所得税法及其实施细则、企业所得税暂行条例相比,新企业所得税法及其实施条例的重大变化,表现在以下方面:一是法律层次得到提升,改变了过去内资企业所得税以暂行条例(行政法规)形式立法的做法;二是制度体系更加完整,在完善所得税制基本要素的基础上,充实了反避税等内容;三是制度规定更加科学,借鉴国际通行的所得税处理办法和国际税制改革新经验,在纳税人分类及义务的判定、税率的设置、税前扣除的规范、优惠政策的调整、反避税规则的引入等方面,体现了国际惯例和前瞻性;四是更加符合我国经济发展状况,根据我国经济社会发展的新要求,建立税收优惠政策新体系,实施务实的过渡优惠措施,服务我国经济社会发展。

三、新企业所得税法及其实施条例的主要内容

新企业所得税法实现了五个方面的统一,并规定了两个方面的过渡政策。具体是:统一税法并适用于所有内外资企业,统一并适当降低税率,统一并规范税前扣除范围和标准,统一并规范税收优惠政策,统一并规范税收征管要求。除了上述"五个统一"外,新企业所得税法规定了两类过渡优惠政策。一是对新税法公布前已经批准设立、享受企业所得税低税率和定期减免税优惠的老企业,给予过渡性照顾。二是对法律设置的发展对外经济合作和技术交流的特定地区内,以及国务院已规定执行上述地区特殊政策的地区内新设立的国家需要重点扶持的高新技术企业,给予过渡性税收优惠。同时,国家已确定的其他鼓励类企业,可以按照国务院规定享受减免税优惠政策。

为了保证新企业所得税法的可操作性,实施条例按照新企业所得税法的框架,对新企业所得税法的规定逐条逐项细化,明确了重要概念、重大政策以及征管问题。主要内容包括:一是明确了界定新企业所得税法的若干重要概念,如实际管理机构、公益性捐赠、非营利组织、不征税收入、免税收入等;二是进一步明确了企业所得税重大政策,具体包括:收入、扣除的具体范围和标准,资产的税务处理,境外所得税抵免的具体办法,优惠政策的具体项目范围、优惠方式和优惠管理办法等;三是进一步规范了企业所得税征收管理的程序性要求,具体包括特别纳税调整中的关联交易调整、预约定价、受控外国公司、资本弱化等措施的范围、标准和具体办法，纳税地点，预缴税和汇算清缴方法，纳税申报期限，货币折算等。

四、新企业所得税制度体系建设的总体设想

新企业所得税法及其实施条例出台后，对企业所得税的基本税制要素、重大政策问题以及主要的税收处理作了明确，但由于企业所得税涉及各行各业，与企业生产经营的方方面面密切相关，还无法做到对所有企业、所有经济交易事项的所得税处理逐一规定。比如实施条例中仅规定了企业重组的所得税处理原则，没有对各种形式的企业重组的所得税处理予以具体明确；居民企业汇总纳税的所得税管理也没有作具体规定。因此，针对企业所得税制度的特点，结合我国二十多年的税收立法实践，新企业所得税法及其实施条例出台后，国务院财政、税务主管部门还将根据新企业所得税法及其实施条例的规定，针对一些具体的操作性问题，研究制定部门规章和具体操作的规范性文件，作为新企业所得税法及其实施条例的配套制度。通过这样制度安排，形成企业所得税法律、行政法规和规章及其规范性文件的三个层次的制度框架，形成一个体系完备、符合国际惯例、便于操作的企业所得税制度体系。

五、纳税人范围的确定

考虑到实践中从事生产经营经济主体的组织形式多样，为充分体现税收公平、中性的原则，新企业所得税法及其实施条例改变过去内资企业所得税以独立核算的三个条件来判定纳税人标准的做法，将以公司制和非公司制形式存在的企业和取得收入的组织确定为企业所得税纳税人，具体包括国有企业、集体企业、私营企业、联营企业、股份制企业、中外合资经营企业、中外合作经营企业、外国企业、外资企业、事业单位、社会团体、民办非企业单位和从事经营活动的其他组织，保持与国际上大多数国家的做法协调一致。

同时考虑到个人独资企业、合伙企业属于自然人性质企业，没有法人资格，股东承担无限责任，因此，新企业所得税法及其实施条例将依照中国法律、行政法规成立的个人独资企业、合伙企业排除在企业所得税纳税人之外。

六、纳税人和纳税义务的确定

税收管辖权是一国政府在税收管理方面的主权，是国家主权的重要组成部分。为了更好地有效行使我国税收管辖权，最大限度地维护我国的税收利益，新企业所得税法根据国际通行做法，选择了地域管辖权和居民管辖权相结合的双重管辖权标准，把纳税人分为居民企业和非居民企业，分别确定不同的纳税义务。居民企业承担全面纳税义务，就来源于我国境内、境外的全部所得纳税；非居民企业承担有限纳税义务，一般只就来源于我国境内的所得纳税。

新企业所得税法划分居民企业和非居民企业采用"注册地标准"和"实际管理机构标准"的双重标准。实施条例根据注册地标准，将依法在中国境内成立的企业，具体界定为依照中国法律、行政法规在中国境内成立的企业、事业单位、社会团体以及其他取得收入的组织，为居民企业。尽管登记注册地标准便于识别居民企业身份，但同时考虑到目前许多企业为规避一国税负和转移税收负担，往往在低税率地区或避税港注册登记，设立基地公司，人为选择注册地以规避税收负担，因此，新企业所得税法同时采用实际管理机构标准，规定在外国（地区）注册的企业、但实际管理机构在我国境内的，也认定为居民企业，需承担无限纳税义务。实施条例对实际管理机构的概念作了界定，即实际管理机构是指对企业的生产经营、人员、账务、财产等实施实质性全面管理和控制的机构。

七、应纳税所得额计算的基本原则

实施条例规定，企业应纳税所得额的计算，以权责发生制为原则。权责发生制要求，属于当期的收入和费用，不论款项是否收付，均作为当期的收入和费用；不属于当期的收入和费用，即使款项已经在当期收付，均不作为当期的收入和费用。权责发生制从企业经济权利和经济义务是否发生作为计算应纳税所得额的依据，注重强调企业收入与费用的时间配比，要求企业收入费用的确认时间不得提前或滞后。企业在不同纳税期间享受不同的税收优惠政策时，坚持按权责发生制原则计算应纳税所得额，可以有效防止企业利用收入和支出确认时间的不同规避税收。另外，企业会计准则规定，企业要以权责发生制为原则确认当期收入或费用，计算企业生产经营成果。新企业所得税法与会计采用同一原则确认当期收入或费用，有利于减少两者的差异，减轻纳税人税收遵从成本。

但由于信用制度在商业活动广泛采用，有些交易虽然权责已经确认，但交易时间较长，超过一个或几个纳税期间。为了保证税收收入的均衡性和防止企业避税，新企业所得税法及其实施条例中也采取了有别于权责发生制的情况，例如长期工程或劳务合同等交易事项。

八、确认货币性收入和非货币性收入的原则

为防止纳税人将应征税的经济利益排除在应税收入之外，新企业所得税法将企业以货币形式和非货币形式取得的收入，都作为收入总额。实施条例将企业取得收入的货币形式，界定为取得的现金、存款、应收账款、应收票据、准备持有至到期的债券投资以及债务的豁免等；企业取得收入的非货币形式，界定为固定资产、生物资产、无形资产、股权投资、存货、不准备持有至到期的债券投资、劳务以及有关权益等。由于取得收入的货币形式的金额是确定的，而取得收入的非货币形式的金额不确定，企业在计算非货币形式收入时，必须按一定标准折算为确定的金额。实施条例规定，企业以非货币形式取得的收入，按照公允价值确定收入额。公允价值，是指按照市场价格确定的价值。

九、对于持续时间跨越纳税年度的收入的确认

企业受托加工、制造大型机械设备、船舶等，以及从事建筑、安装、装配工程业务和提供劳务，持续时间通常分属于不同的纳税年度，甚至会跨越数个纳税年度，而且涉及的金额一般比较大。为了及时反映各纳税年度的应税收入，一般情况下，不能等到合同完工时或进行结算时才确定应税收入。企业按照完工进度或者完成的工作量对跨年度的特殊劳务确认收入和扣除进行纳税，也有利于保证跨纳税年度的收入在不同纳税年度得到及时确认，保证税收收入的均衡入库。因此，实施条例对企业受托加工、制造大型机械设备、船舶等，以及从事建筑、安装、装配工程业务和提供劳务，持续时间跨越纳税年度的，应当按照纳税年度内完工进度或者完成的工作量确定收入。

除受托加工、制造大型机械设备、船舶等，以及从事建筑、安装、装配工程业务和提供劳务之外，其他跨纳税年度的经营活动，通常情况下持续时间短、金额小，按照纳税年度内完工进度或者完成的工作量确定应税收入没有实际意义。另外，这些经营活动在纳税年度末收入和相关的成本费用不易确定，相关的经济利益能否流入企业也不易判断，因此，一般不采用按照纳税年度内完工进度或者完成的工作量确定收入的办法。

十、不征税收入的具体确认

考虑到我国企业所得税纳税人的组织形式多样，除企业外，有的以非政府形式（如事业单位）存在，有的以公益慈善组织形式存在，还有的以社会团体形式存在等等。这些组织中有些主要承担行政性或公共事务职能，不从事或很少从事营利性活动，收入来源主要靠财政拨款、行政事业性收费等，纳入预算管理，对这些收入征税没有实际意义。因此，新企业所得税法引入“不征税收入”概念。实施条例将不征税收入的财政拨款，界定为各级人民政府对纳入预算管理的事业单位、社会团体等组织拨付的财政资金，但国务院和国务院财政、税务主管部门另有规定的除外。这里面包含了两层意思，一是作为不征税收入的财政拨款，原则上不包括各级人民政府对企业拨付的各种价格补贴、税收返还等财政性资金，这样有利于加强财政补贴收入和减免税的规范管理，同时与现行财务会计制度处理保持一致；二是对于一些国家重点支持的政策性补贴以及税收返还等，为了提高财政资金的使用效率，根据需要，有可能也给予不征税收入的待遇，但这种待遇应由国务院和国务院财政、税务主管部门来明确。

十一、税前扣除的一般框架

按照企业所得税的国际惯例，一般对税前扣除进行总体上的肯定性概括处理（一般扣除规则），辅之以特定的禁止扣除的规定（禁止扣除规则），同时又规定了允许税前扣除的特别规则（特殊扣除规则）。在具体运用上，一般扣除规则服从于禁止扣除规则，同时禁止扣除规则又让位于特殊扣除规则。例如，为获得长期利润而发生的资本性支出是企业实际发生的合理相关的支出，原则上应允许扣除，但禁止扣除规则规定资本性资产不得“即时”扣除，同时又规定了资本性资产通过折旧摊销等方式允许在当年及以后年度分期扣除的特别规则。新企业所得税法明确对企业实际发生的与取得收入有关的、合理的支出允许税前扣除的一般规则，同时明确不得税前扣除项目的禁止扣除规则，又规定了允许扣除的特殊项目。这些一般扣除规则、禁止扣除规则和特殊扣除规则，构成了我国企业所得税制度税前扣除的一般框架。

新的企业所得税法及其实施条例中采取税前扣除一般框架的安排，可以避免将企业所有的支出项目一一列举，同时给纳税人、税务机关和司法部门提供一个合理的框架，简化了对扣除项目的定性工作。

十二、税前扣除的相关性和合理性原则

相关性和合理性是企业所得税税前扣除的基本要求和重要条件。实施条例规定，支出税前扣除的相关性是指与取得收入直接相关的支出。对相关性的具体判断一般是从支出发生的根源和性质方面进行分析，而不是看费用支出的结果。如企业经理人员因个人原因发生的法律诉讼，虽然经理人员摆脱法律纠纷有利于其全身心投入企业的经营管理,结果可能确实对企业经营会有好处,但这些诉讼费用从性质和根源上分析属于经理人员的个人支出,因而不允许作为企业的支出在税前扣除。

同时,相关性要求为限制取得的不征税收入所形成的支出不得扣除提供了依据。实施条例规定,企业的不征税收入用于支出所形成的费用或财产,不得扣除或计算对应的折旧、摊销扣除。由于不征税收入是企业非营利性活动取得的收入,不属于企业所得税的应税收入,与企业的应税收入没有关联,因此,对取得的不征税收入所形成的支出,不符合相关性原则,不得在税前扣除。

实施条例规定,支出税前扣除的合理性是指符合生产经营活动常规,应当计入当期损益或者有关资产成本的必要和正常的支出。合理性的具体判断,主要是发生的支出其计算和分配方法是否符合一般经营常规。例如企业发生的业务招待费与所成交的业务额或业务的利润水平是否相吻合,工资水平与社会整体或同行业工资水平是否差异过大。

十三、工资薪金支出的税前扣除

新企业所得税法第八条规定,企业实际发生的与取得收入有关的、合理的支出,包括成本、费用、税金、损失和其他支出,准予在计算应纳税所得额时扣除。据此,实施条例规定,企业发生的合理的工资薪金支出,准予扣除。同时将工资薪金支出进一步界定为企业每一纳税年度支付给在本企业任职或者受雇的员工的所有现金或者非现金形式的劳动报酬,包括基本工资、奖金、津贴、补贴、年终加薪、加班工资,以及与任职或者受雇有关的其他支出。

对工资支出合理性的判断,主要包括两个方面。一是雇员实际提供了服务;二是报酬总额在数量上是合理的。实际操作中主要考虑雇员的职责、过去的报酬情况,以及雇员的业务量和复杂程度等相关因素。同时,还要考虑当地同行业职工平均工资水平。

十四、职工福利费的税前扣除

实施条例规定,企业发生的职工福利费支出,不超过工资薪金总额14%的部分,准予扣除。这与原内、外资企业所得税对职工福利费的处理做法一致。目前,我国发票管理制度尚待完善、发票管理亟待加强,纳税人的税法遵从意识有待提高,对职工福利费的税前扣除实行比例限制,有利于保护税基,防止企业利用给职工搞福利为名侵蚀税基,减少税收漏洞。

十五、业务招待费的税前扣除

业务招待是正常的商业做法,但商业招待又不可避免包括个人消费的成份,在许多情况下,无法将商业招待与个人消费区分开。因此,国际上许多国家采取对企业业务招待费支出在税前"打折"扣除的做法,比如意大利,业务招待费的30%属于商业招待可在税前扣除,加拿大为80%,美国、新西兰为50%. 借鉴国际做法,结合原税法按销售收入的一定比例限制扣除的经验,同时考虑到业务招待费管理难度大,坚持从严控制的要求,实施条例规定,将企业发生的与生产经营活动有关的业务招待费,按照发生额的60%扣除,且扣除总额全年最高不得超过当年销售(营业)收入的5‰。

十六、广告费和业务宣传费的税前扣除

过去,内资企业对广告费和业务宣传费支出分别实行比例扣除的政策,外资企业则允许据实扣除。实施条例第四十四条规定,企业每一纳税年度发生的符合条件的广告费和业务宣传费支出合并计算,除国务院财政、税务主管部门另有规定外,不超过当年销售(营业)收入15%的部分,准予扣除;超过部分,准予在以后纳税年度结转扣除。这主要考虑:一是许多行业反映,业务宣传费与广告费性质相似,应统一处理;二是广告费和业务宣传费是企业正常经营必须的营销费用,应允许在税前扣除;三是广告费具有一次投入大、受益期长的特点;四是目前我国的广告市场不规范,有的甚至以虚假广告欺骗消费者。实行每年比例限制扣除,有利于收入与支出配比,符合广告费支出一次投入大、受益期长的特点,也有利于规范广告费和业务宣传费支出。

十七、公益性捐赠的税前扣除

允许公益性捐赠支出按一定比例在税前扣除,主要是为了鼓励企业支持社会公益事业,促进我国社会公益事业的发展。新企业所得税法规定,企业发生的公益性捐赠支出,在年度利润总额12%以内的部分,准予在计算应纳税所得额时扣除。

实施条例将公益性捐赠界定为,企业通过公益性社会团体或者县级以上人民政府及其部门,用于《中华人民共和国公益事业捐赠法》规定的公益事业的捐赠。同时规定,将计算公益性捐赠扣除比例的基数由应纳税所得额改为企业会计利润总额,并将年度利润总额界定为企业依照国家统一会计制度的规定计算的年度会计利润。这样更方便公益性捐赠税前扣除的计算,有利于纳税人正确申报,体现了国家对发展社会公益性事业的支持。

十八、资产税务处理的原则

考虑到过去在资产取得、持有、使用、处置等税务处理上税法与财务会计制度存在一定的差异,并且主要是时间性差异,纳税调整繁琐,税务机关税收执行成本和纳税人遵从成本都较高,实施条例在资产税务处理的规定上,对资产分类、取得计税成本等问题,尽量与财务会计制度保持一致,比如固定资产取得计税成本与会计账面价值基本保持一致、残值处理一致,只是在折旧年限上有所差异,这样可以降低纳税人纳税调整的负担。

在企业重组的所得税处理方面,考虑到目前企业重组形式多样,发展变化较快,所得税处理较为复杂,很难用几个简单条款把企业重组的所有形式都规范清楚,有些规定还需要根据实际经验作适当调整,为保持实施条例的稳定性,实施条例第七十五条只对企业重组所得税处理内容进行了原则性概括,具体规定将在部门规章中明确。

十九、境外所得的税收抵免

为实施"走出去"战略,提高我国企业国际竞争力,新企业所得税法保留了现行对境外所得直接负担的税收采取抵免法,同时引入了股息红利负担税收的间接抵免方式。从国际惯例看,实行间接抵免一般要求以居民企业对外国公司有实质性股权参与为前提。如美国、加拿大、英国、澳大利亚、墨西哥等规定,本国公司直接或间接拥有外国公司10%以上有表决权的股票;日本、西班牙规定的比例为25%以上。新企业所得税法中首次引入间接抵免,税收征管经验相对不足,为严格税收征管,实施条例规定,居民企业直接持有或间接持有外国企业20%以上股份,可以实行间接抵免。

间接抵免的母子公司的层次问题,目前各国的规定有所不同,如德国、日本为两层,西班牙为三层,美国为六层,英国不限层次。考虑到我国企业的海外投资状况和我国税收的征管水平,实施条例对间接抵免的规定比较原则,具体抵免层次和计算方法等详细规定,将在部门规章或规范性文件中具体明确。

二十、优惠政策的具体范围和方法

按照新企业所得税法有关优惠的规定,实施条例对优惠范围和方法作了进一步明确。主要内容包括:一是明确了免征和减半征收企业所得税的从事农、林、牧、渔业项目的所得的具体范围。二是明确了企业从事港口码头、机场、铁路、公路、电力、水利等基础设施项目投资经营所得,给予三免三减半的优惠。三是明确企业从事符合条件的环境保护、节能节水项目的所得,给予三免三减半的优惠。四是明确了符合国家产业政策规定的综合利用资源生产的产品所取得的收入,可以在计算应纳税所得额时,减按90%计入收入总额。五是明确了企业购置用于环境保护、节能节水、安全生产等专用设备的投资额的10%,可以从企业当年的应纳税额中抵免。六是借鉴国际通行做法,按照便于税收征管的原则,规定了小型微利企业的标准:(一)工业企业,年度应纳税所得额不超过30万元,从业人数不超过100人,资产总额不超过3000万元;(二)其他企业,年度应纳税所得额不超过30万元,从业人数不超过80人,资产总额不超过1000万元。七是明确了促进技术创新和科技进步的五个方面的优惠:第一,企业从事符合条件的技术转让所得可以免征、减半征收企业所得税。第二,国家需要重点扶持的高新技术企业,减按15%的税率征收企业所得税。第三,企业开发新技术、新产品、新工艺发生的研究开发费用,可以在计算应纳税所得额时再加计扣除50%。第四,创业投资企业采取股权投资方式投资于未上市的中小高新技术企业2年以上的,可以按照其投资额的70%在股权持有满2年的当年抵扣该创业投资企业的应纳税所得额;第五,企业的固定资产由于技术进步等原因,确需加速折旧的,可以缩短折旧年限或者采取加速折旧的方法。八是明确了安置残疾人员的企业支付给残疾职工的工资加计扣除100%。

二十一、农林牧渔项目减税或免税规定

对农林牧渔项目实行不同的税收优惠政策,可以更好的体现国家政策的引导作用,突出优惠政策的导向性。粮食、蔬菜、肉类、水果等农产品,关系到国计民生,是维持人们基本生存条件的生活必需品,应当列为税收优惠政策重点鼓励的对象。同时为生产此类产品的服务业也应同样扶持,因此,实施条例中将此类归为免税项目。花卉、饮料和香料作物,以及海水养殖、内陆养殖,一般盈利水平较高,也不是人们基本生活必需品,在优惠力度上应与基本生活需要的农产品等免税有所区别,因此,实行减半征收。

二十二、高新技术企业执行15%优惠税率的规定

与原税收优惠政策相比,新企业所得税法对高新技术企业优惠的主要变化,表现在以下方面:一是扩大高新技术企业的生产经营范围。实施条例将高新技术企业的界定范围,由现行按高新技术产品划分改为按高新技术领域划分,规定产品(服务)应在《国家重点支持的高新技术领域》的范围之内,以解决现行政策执行中产品列举不全、覆盖面偏窄、前瞻性欠缺等问题。二是明确高新技术企业的具体认定标准。实施条例将高新技术企业的认定标准原则化处理,对研究开发费用占销售收入的比例、高新技术产品(服务)收入占企业总收入的比例、科技人员占企业职工总数的比例以及其他条件等具体标准,放在由国务院科技、财政、税务主管部门会同国务院有关部门制订的认定办法中,便于今后根据发展需要适时调整。三是强调核心自主知识产权问题。实施条例最后采用"核心自主知识产权"作为高新技术企业的认定条件之一,相对容易操作,突出技术创新导向。

二十三、非营利组织收入的征免税

实施条例从8个方面对非营利组织作了具体规定,明确了非营利组织享受税收优惠的条件。从世界各国对非营利组织的税收优惠来看,一般区分营利性收入和非营利性收入给予不同的税收待遇。考虑到按照相关管理规定,我国的非营利组织一般不能从事营利性活动,为规范此类组织的活动,防止从事经营性活动可能带来的税收漏洞,实施条例规定,对非营利组织从事非营利性活动取得的收入给予免税,但从事营利性活动取得的收入则要征税。

二十四、居民企业之间的股息红利收入

原税法规定,内资企业之间的股息红利收入,低税率企业分配给高税率企业要补税率差。鉴于股息红利是税后利润分配形成的,对居民企业之间的股息红利收入免征企业所得税,是国际上消除法律性双重征税的通行做法,新企业所得税法也采取了这一做法。为更好体现税收优惠意图,保证企业投资充分享受到西部大开发、高新技术企业、小型微利企业等实行低税率的好处,实施条例明确不再要求补税率差。

鉴于以股票方式取得且连续持有时间较短(短于12个月)的投资,并不以股息、红利收入为主要目的,主要是从二级市场获得股票转让收益,而且买卖和变动频繁,税收管理难度大,因此,实施条例将持有上市公司股票的时间短于12个月的股息红利收入排除在免税范围之外。对来自所有非上市企业,以及持有股份12个月以上取得的股息红利收入,适用免税政策。

二十五、享受税率20%税收优惠的小型微利企业的具体标准

实施条例采取了按照工业企业和其他企业分类划分小型微利企业的办法,兼顾行业特点和政策的操作管理。在具体标准上,实施条例借鉴国际做法,结合我国国情,把年度应纳税所得额、从业人数、资产总额作为小型微利企业的界定指标。不论工业企业还是其他企业,将年度应纳税所得额确定为30万元,大大高于现行标准。同时将工业企业的从业人数界定为不超过100人,资产总额不超过3000万元;其他企业从业人数不超过80人,资产总额不超过1000万元。

二十六、公共基础设施的优惠

重点基础设施投资大,回收期长,关系国计民生,实施条例规定,对企业从事港口码头、机场、铁路、公路、电力、水利等项目投资经营所得,给予三免三减半的优惠。与原来的"两免三减半"相比,减免期限作了适当延长,缓解基础设施建设初期的经营困难。

原外资企业所得税法规定以获利年度为企业减免税的起始日,在实践中出现了一些企业用推迟获利年度来避税的问题,税收征管难度大。实施条例规定了从企业取得第一笔生产经营收入所属纳税年度起计算减免税起始日的新办法,可以兼顾项目投资规模大、建设周期长的情况,较原内资企业从开业之日起计算减免税优惠,更为符合实际,也促使企业缩短建设周期,尽快实现盈利,提高投资效益。

二十七、汇出境外利润的预提税

为解决改革开放初期我国资金不足,吸引外资,原税法规定,对汇出境外的利润暂免征收预提所得税。按照国际通行做法,来源国对汇出境外的利润有优先征税权,一般征收预提所得税,税率多在10%以上,如越南、泰国税率为10%,美国、匈牙利、菲律宾、哥伦比亚的税率分别为30%、20%、15%、7%. 如果税收协定规定减免的,可以按照协定规定减免,如我国与美国的协定税率为10%、内地与香港的安排为5%(25%以上股权)或10%。

新企业所得税法及其实施条例借鉴国际惯例,规定对汇出境外利润减按10%的税率征收企业所得税,没有给予普遍的免税政策，这样有利于通过双边互惠维护我国税收权益和“走出去”企业的利益。

二十八、对股息、红利和利息、租金、特许权使用费征收预提税

对非居民企业在中国境内未设立机构、场所而取得的股息、红利等权益性投资收益和利息、租金、特许权使用费所得，或者是虽设立机构、场所，但取得的上述所得与其机构、场所没有实际联系，按收入全额征收预提所得税，是国际上的通行做法，在我国目前与其他国家签订的税收协定中也遵循了这种国际惯例。由于收入取得在我国境内，但在我国境内没有机构场所，无法确定应纳税所得额，实施条例参照国际通常的做法，规定对此类所得按收入全额作为计税依据，同时规定比企业营业利润适用的所得税税率稍低税率扣缴所得税。

二十九、指定非居民企业应纳税款的代扣代缴义务人

由于外国企业在中国境内从事工程承包和提供劳务业务具有临时性和流动性特点，税收管理难度大，税款易于流失，国际、国内税收征管实践经验表明，采取一些特殊的税收征管措施是必要的，赋予税务机关指定扣缴义务人的权限也是一个行之有效的办法。原《中华人民共和国外商投资企业和外国企业所得税法》也有这方面的规定。为避免税务机关随意指定，特别是要防止其成为地区间争抢税源的手段，实施条例明确规定，税务机关指定非居民企业在中国境内取得工程价款或者劳务费的支付人为扣缴义务人，必须是以下几种特定情形：(一)预计工程作业或者提供劳务期限不足一个纳税年度，且有证据表明不履行纳税义务的；(二)没有办理税务登记或者临时税务登记，且未委托中国境内的代理人履行纳税义务的；(三)未按照规定期限办理企业所得税纳税申报或者预缴申报的。

三十、规定特别纳税调整的意义

新企业所得税法及其实施条例专门规定了特别纳税调整条款，确立了我国企业所得税的反避税制度。这是在总结完善原来转让定价税制和调查实践基础上，借鉴国际反避税立法经验，结合我国税收征管实践基础上作出的具体规定，目的是制约和打击各种避税行为。这是我国首次较为全面的反避税立法。主要考虑：

一是税收法律体系建设的需要。我国2001年修订的《税收征收管理法》对关联交易的处理做出原则性规定，这些原则性规定远远不能满足企业所得税实体税法的要求，还需要从实体法的角度，对关联交易的税收处理以及其他反避税措施做出规定。新企业所得税法丰富和扩展了征管法的反避税规定，增加了成本分摊协议、提供资料义务、受控外国企业、资本弱化、一般反避税条款以及加收利息等规定，是对反避税的全面规范。

二是参照国际通行做法、维护我国税收权益的需要。随着我国对外经济开放度的不断提高，跨国经济往来愈加频繁，如果不加强对反避税的立法和管理，国家税收权益将会受到损害。近年来，各国都非常关注跨国公司避税问题，从完善反避税立法和加强管理两方面采取措施，防止本国税收转移到国外，维护本国税收权益。

三十一、特别纳税调整的主要内容

新企业所得税法及其实施条例规定的特别纳税调整的主要内容，一是明确提出了转让定价的核心原则—“独立交易原则”，增列了成本分摊协议条款，强化了纳税人、关联方和可比企业对转让定价调查的协助义务。这些规定有利于防止跨国集团利用转让定价向国外转移利润，侵蚀我国税基。二是规定了受控外国企业、资本弱化、一般反避税等相关条款，对反避税制度作了进一步规范。三是赋予了税务机关必要的反避税处置权，规定了加收利息条款。新企业所得税法通过上述反避税措施的安排，建立了比较全面、规范、与国际惯例接轨的企业所得税反避税制度。

三十二、独立交易原则的判断

实施条例规定，独立交易原则是指没有关联关系的交易各方之间按照公平成交价格和营业常规进行业务往来所遵循的原则。在判断关联企业与其关联方之间的业务往来是否符合独立交易原则时，强调将关联交易定价或利润水平与可比情形下没有关联关系的交易定价和利润水平进行比较，如果存在差异，就说明因为关联关系的存在而导致企业没有遵循正常市场交易原则和营业常规，从而违背了独立交易原则。

三十三、关联方的界定

新企业所得税法明确规定，企业与其关联方之间的业务往来，不符合独立交易原则而减少企业或者其关联方应纳税收入或者所得额的，主管税务机关有权按照合理方法调整。实施条例在总结我国对关联方税收管理实践的基础上，借鉴国际上成熟的做法，将有下列情况之一的企业、其他组织或者个人界定为关联方。即(一)在资金、经营、购销等方面存在直接或者间接的控制关系；(二)直接或者间接地同为第三者控制；(三)在利益上具有相关联的其他关系。

三十四、对不符合独立交易原则的合理调整方法

按照新企业所得税法的规定，在判定纳税人的关联交易不符合独立交易原则，减少了应税收入或者所得额之后，税务机关可以运用合理方法进行纳税调整。从国际上通行的转让定价调整方法看，合理方法是指符合独立交易原则的定价原则和方法，实施条例采取国际上通行的做法，规定转让定价具体调整方法包括：(1)可比非受控法；(2)再销售价格法；(3)成本加成法；(4)交易净利润法；(5)利润分割法；(6)其他符合独立交易原则的方法。

三十五、成本分摊协议

新企业所得税法第四十二条第二款借鉴了国际通行做法，将成本分摊协议引入我国税收立法。成本分摊协议是企业间签订的一种契约性协议，签约各方约定在研发或劳务活动中共摊成本、共担风险，并按照预期收益与成本相配比的原则合理分享收益。企业与其关联方共同开发、受让无形资产，或者共同提供、接受劳务时，应预先在各参与方之间达成协议安排，采用合理方法分摊上述活动发生的成本，即必须遵循独立交易原则：在可比情形下没有关联关系的企业之间共同开发、受让无形资产，或者共同提供、接受劳务所能接受的协议分配方法分摊上述活动发生的成本。

三十六、反避税核定方法

新企业所得税法增加了核定征收条款，规定企业不提供与其关联方之间业务往来资料，或者提供虚假、不完整资料，未能真实反映其关联业务往来情况的，税务机关可以核定其应纳税所得额。这是维护国家税收权益、明确纳税人履行举证责任和解决反避税调查调整日趋复杂、案件旷日持久不能结案等困难的重要规定，这也是世界上许多国家采用的通常做法。

实施条例对税务机关实施特别纳税调整采用的核定应纳税所得额的具体方法作了明确：(一)参照同类或者类似企业的利润率水平核定；(二)按照成本加合理的费用和利润的方法核定；(三)按照关联企业集团整体利润的合理比例核定；(四)按照其他合理方法核定。

三十七、受控外国企业反避税规则

为了防止企业在低税率国家或地区建立受控外国企业，将利润保留在外国企业不分配或少量分配，逃避国内纳税义务，我国参照国际上一些国家的做法，引入了受控外国公司的反避税措施，从以下三个方面进行了明确。一是明确了构成受控外国企业的控制关系。具体包括：(一)居民企业或者中国居民直接或者间接单一持有外国企业10%以上有表决权股份，且由其共同持有该外国企业50%以上股份；(二)居民企业，或者居民企业和中国居民持股比例没有达到第(一)项规定的标准，但在股份、资金、经营、购销等方面对该外国企业构成实质控制。二是明确实际税负偏低的判定标准。即实际税负明显低于新企业所得税法第四条第一款规定税率水平，是指低于新企业所得税法第四条第一款规定税率的50%。三是明确中国居民的含义，即是指根据《中华人民共和国个人所得税法》的规定，其从中国境内、境外取得的所得在中国缴纳个人所得税的个人。

三十八、资本弱化条款

企业投资方式有权益投资和债权投资。由于以下两方面原则，企业往往愿意采用债权投资，相应减少权益投资。首先，由于债务人支付给债权人的利息可以在税前抵扣，而股东获得的收益即股息却不能在税前扣除，选择借债的融资方式比权益的融资方式，从税收的角度来说更具有优势；其次，许多国家对非居民纳税人获得的利息征收的预提所得税税率，通常比对股息征收的企业所得税税率低，采用债权投资比采用股权投资的税收负担低。对于债务人和债权人同属于一个利益集团的跨国公司来说，就有动机通过操纵融资方式，降低集团整体的税收负担。纳税人在为投资经营而筹措资金时，常常刻意设计资金来源结构，加大借入资金比例，扩大债务与权益的比率，人为形成“资本弱化”. 因此，许多国家在税法上对关联方之间的债权性投资与权益性投资比例做出限制，防范企业通过操纵各种债务形式的支付手段，增加税前扣除、降低税收负担。

实施条例对债权性投资和权益性投资作了界定，债权性投资及权益性投资的比例和标准由国务院财政、税务主管部门另行规定。

三十九、一般反避税条款

新企业所得税法借鉴了国外立法经验，将一般反避税条款作为兜底的补充性条款，主要目的在于打击和遏制以规避税收为主要目的，其他反避税措施又无法涉及的避税行为。如果对主要目的是为了获取税收利益而并非出于正常商业目的安排不进行制约，势必造成对其他企业的不公平，破坏公平市场环境。一般反避税条款用以弥补特别反避税条款的不足，有利于增强税法的威慑力。面对各种各样新的避税手法，必须要有相应的应对措施。

一般反避税条款规定对不具有合理商业目的的安排进行调整，是指税务机关有权对以减少、免除或者推迟缴纳税款为主要目的的安排进行调整。不具有合理商业目的的安排通常具有以下特征：一是必须存在一个安排，即人为规划的一个或一系列行动或交易；二是企业必须从该安排中获取“税收利益”，即减少企业的应纳税收入或者所得额；三是企业获取税收利益是其安排的主要目的。满足以上三个特征，可推断该安排已经构成了避税事实。

四十、特别纳税调整的加收利息

新企业所得税法借鉴国际通行做法，增加对反避税调整补税加收利息的条款，明确规定，税务机关按照特别纳税调整的规定对纳税人做出纳税调整，需要补征税款的，除补征税款外，应当按照国务院的规定加收利息，以此加大企业避税成本，打击各种避税行为，维护国家税收权益。

鉴于反避税调查一般涉及的年份较长，调整补缴税款的性质与其他形式补缴税款有一定的差别，因此，实施条例规定加收利息按照税款所属纳税年度中国人民银行公布的与补税期间同期的人民币贷款基准利率加5个百分点计算。企业与其关联方之间的业务往来，不符合独立交易原则，或者企业实施其他不具有合理商业目的的安排的，税务机关有权在该业务发生的纳税年度起10年内，进行纳税调整。

四十一、对原税收优惠实行过渡性措施

新企业所得税法规定，对原税收法律、行政法规规定的低税率和定期减免税、特定地区和西部大开发地区，实行过渡性优惠政策。《国务院关于实施企业所得税过渡优惠政策的通知》(国发[2007]39号)对企业所得税优惠政策过渡问题作了具体明确：(一)新税法公布前批准设立的企业税收优惠过渡办法。企业按照原税收法律、行政法规和具有行政法规效力文件规定享受的企业所得税优惠政策，按以下办法实施过渡：1. 自2008年1月1日起，原享受低税率优惠政策的企业，在新税法施行后5年内逐步过渡到法定税率。其中：享受企业所得税15%税率的企业，2008年按18%税率执行，2009年按20%税率执行，2010年按22%税率执行，2011年按24%税率执行，2012年按25%税率执行；原执行24%税率的企业，2008年起按25%税率执行。2. 自2008年1月1日起，原享受企业所得税“两免三减半”、“五免五减半”等定期减免税优惠的企业，新税法施行后继续按原税收法律、行政法规及相关文件规定的优惠办法及年限享受至期满为止，但因未获利而尚未享受税收优惠的，其优惠期限从2008年度起计算。3. 享受上述过渡优惠政策的企业，是指2007年3月16日以前经工商等登记管理机关登记设立的企业；实施过渡优惠政策的项目和范围按《实施企业所得税过渡优惠政策表》执行。(二)继续执行西部大开发税收优惠政策。即《财政部、国家税务总局、海关总署关于西部大开发税收优惠政策问题的通知》(财税[2001]202号)中规定的西部大开发企业所得税优惠政策继续执行。(三)实施企业税收过渡优惠政策的其他规定。1. 享受企业所得税过渡优惠政策的企业，应按照新税法和实施条例中有关收入和扣除的规定计算应纳税所得额，并按有关规定计算享受税收优惠。2. 企业所得税过渡优惠政策与新税法及实施条例规定的优惠政策存在交叉的，由企业选择最优惠的政策执行，不得叠加享受，且一经选择，不得改变。

四十二、解决跨地区汇总纳税后地区间税源转移问题

新企业所得税法规定，不具有法人资格的营业机构应实行法人汇总纳税制度，由此会出现地区间税源转移问题。经请示国务院同意，将按照“统一核算、分级管理、就地预缴、集中清算、财政调库”的原则，合理确定总、分机构所在地区的企业所得税分享比例和办法，妥善解决实施新企业所得税法后引起的税收转移问题，处理好地区间利益分配关系。

国家税务总局关于下发协定股息税率情况一览表的通知

国税函[2008]112号

各省、自治区、直辖市和计划单列市国家税务局、地方税务局：

根据《中华人民共和国企业所得税法》及其实施条例的规定，2008年1月1日起，非居民企业从我国居民企业获得的股息将按照10%的税率征收预提所得税，但是，我国政府同外国政府订立的关于对所得避免双重征税和防止偷漏税的协定以及内地与香港、澳门间的税收安排（以下统称“协定”），与国内税法有不同规定的，依照协定的规定办理。为方便协定的执行，现将《协定股息税率情况一览表》印发给你们并就有关问题通知如下：

一、表中协定税率高于我国法律法规规定税率的，可以按国内法律法规规定的税率执行。

二、纳税人申请执行协定税率时必须提交享受协定待遇申请表。

三、各地税务机关应严格审批协定待遇申请，防范协定适用不当。

附件：协定股息税率情况一览表

协定股息税率情况一览表

税　　率	与下列国家（地区）协定
0	格鲁吉亚（直接拥有支付股息公司至少50%股份并在该公司投资达到200万欧元情况下）
5%	科威特、蒙古、毛里求斯、斯洛文尼亚、牙买加、南斯拉夫、苏丹、老挝、南非、克罗地亚、马其顿、塞舌尔、巴巴多斯、阿曼、巴林、沙特
5%（直接拥有支付股息公司至少10%股份情况下）	委内瑞拉、格鲁吉亚（并在该公司投资达到10万欧元）（与上述国家协定规定直接拥有支付股息公司股份低于10%情况下税率为10%）
5%（直接拥有支付股息公司至少25%股份情况下）	卢森堡、韩国、乌克兰、亚美尼亚、冰岛、立陶宛、拉脱维亚、爱沙尼亚、爱尔兰、摩尔多瓦、古巴、特多、中国香港、新加坡（与上述国家（地区）协定规定直接拥有支付股息公司股份低于25%情况下税率为10%）
7%	阿联酋
7%（直接拥有支付股息公司至少25%股份情况下）	奥地利（直接拥有支付股息公司股份低于25%情况下税率为10%）
8%	埃及、突尼斯、墨西哥
10%	日本、美国、法国、英国、比利时、德国、马来西亚、丹麦、芬兰、瑞典、意大利、荷兰、捷克、波兰、保加利亚、巴基斯坦、瑞士、塞浦路斯、西班牙、罗马尼亚、奥地利、匈牙利、马耳他、俄罗斯、印度、白俄罗斯、以色列、越南、土耳其、乌兹别克斯坦、葡萄牙、孟加拉、哈萨克斯坦、印尼、伊朗、吉尔吉斯、斯里兰卡、阿尔巴尼亚、阿塞拜疆、摩洛哥、中国澳门
10%（直接拥有支付股息公司至少10%股份情况下）	加拿大、菲律宾（与上述国家协定规定直接拥有支付股息公司股份低于10%情况下税率为15%）
15%	挪威、新西兰、巴西、巴布亚新几内亚
15%（直接拥有支付股息公司至少25%股份情况下）	泰国（直接拥有支付股息公司股份低于25%情况下税率为20%）

国家税务总局关于企业所得税预缴问题的通知

国税发[2008]17号

各省、自治区、直辖市和计划单列市国家税务局、地方税务局：

《中华人民共和国企业所得税法》（以下简称“新税法”）已于2008年1月1日起施行，为保证企业所得税预缴工作顺利进行，经研究，现对下列企业预缴问题明确如下：

一、2008 年 1 月 1 日之前已经被认定为高新技术企业的，在按照新税法有关规定重新认定之前，暂按 25% 的税率预缴企业所得税。

上述企业如果享受新税法中其他优惠政策和国务院规定的过渡优惠政策，按有关规定执行。

二、深圳市、厦门市经济特区以外的企业以及上海浦东新区内非生产性外商投资企业和内资企业，原采取按月预缴方式的，2008 年一季度改为按季度预缴。

三、原经批准实行合并纳税的企业，采取按月预缴方式的，2008 年一季度改为按季度预缴。

【注释】 对《企业所得税法》第 54 条进行了解释。

国家税务总局关于填报企业所得税月（季）度预缴纳税申报表有关问题的通知

国税函［2008］635 号

各省、自治区、直辖市和计划单列市国家税务局、地方税务局：

根据各地贯彻落实《国家税务总局关于印发〈中华人民共和国企业所得税月（季）度预缴纳税申报表〉等报表的通知》（国税函［2008］44 号）（以下简称《通知》）过程中反映的问题，经研究，现就企业所得税月（季）度预缴纳税申报表的有关填报口径问题明确如下：

一、《中华人民共和国企业所得税月（季）度预缴纳税申报表（A 类）》第 4 行"利润总额"修改为"实际利润额"。填报说明第五条第 3 项相应修改为："第 4 行实际利润额：填报按会计制度核算的利润总额减除以前年度待弥补亏损以及不征税收入、免税收入后的余额。事业单位、社会团体、民办非企业单位比照填报。房地产开发企业本期取得预售收入按规定计算出的预计利润额计入本行。"

为了节约成本，已经印制了《中华人民共和国企业所得税月（季）度预缴纳税申报表（A 类）》并尚未使用完的，可继续使用，其中"利润总额"一栏按照上述说明的口径填写。

二、《中华人民共和国企业所得税月（季）度预缴纳税申报表（A 类）》填报说明第五条第 16 项"（分支机构本行填报总机构申报的第 24 行分支机构分摊的所得税额）"中的"第 24 行"修改为"第 20 行"。

三、《中华人民共和国企业所得税月（季）度预缴纳税申报表（A 类）》填报说明第五条第 14—16 项之后增加："上述第 18 至 20 行，汇总纳税总、分机构税率一致的，按《通知》填报；汇总纳税总、分机构税率不一致的，按《国家税务总局关于印发〈跨地区经营汇总纳税企业所得税征收管理暂行办法〉的通知》（国税发［2008］28 号）及相关补充文件的规定计算填报。即第 9 行或 14 行或 16 行与第 18—20 行关系不成立，且《中华人民共和国企业所得税汇总纳税分支机构分配表》中分支机构分摊的所得税额 × 分配比例 = 分配税额计算关系不成立。"

国家税务总局关于非居民企业不享受小型微利企业所得税优惠政策问题的通知

国税函［2008］650 号

各省、自治区、直辖市和计划单列市国家税务局、地方税务局：

关于非居民企业是否享受企业所得税法规定的对小型微利企业的税收优惠政策问题，现明确如下：

企业所得税法第二十八条规定的小型微利企业是指企业的全部生产经营活动产生的所得均负有我国企业所得税纳税义务的企业。因此，仅就来源于我国所得负有我国纳税义务的非居民企业，不适用该条规定的对符合条件的小型微利企业减按 20% 税率征收企业所得税的政策。

国务院关于实施企业所得税过渡优惠政策的通知

国发[2007]39 号

各省、自治区、直辖市人民政府，国务院各部委、各直属机构：

《中华人民共和国企业所得税法》（以下简称新税法）和《中华人民共和国企业所得税法实施条例》（以下简称实施条例）将于 2008 年 1 月 1 日起施行。根据新税法第五十七条规定，现对企业所得税优惠政策过渡问题通知如下：

一、新税法公布前批准设立的企业税收优惠过渡办法

企业按照原税收法律、行政法规和具有行政法规效力文件规定享受的企业所得税优惠政策，按以下办法实施过渡：

自 2008 年 1 月 1 日起，原享受低税率优惠政策的企业，在新税法施行后 5 年内逐步过渡到法定税率。其中：享受企业所得税 15% 税率的企业，2008 年按 18% 税率执行，2009 年按 20% 税率执行，2010 年按 22% 税率执行，2011 年按 24% 税率执行，2012 年按 25% 税率执行；原执行 24% 税率的企业，2008 年起按 25% 税率执行。

自 2008 年 1 月 1 日起，原享受企业所得税"两免三减半"、"五免五减半"等定期减免税优惠的企业，新税法施行后继续按原税收法律、行政法规及相关文件规定的优惠办法及年限享受至期满为止，但因未获利而尚未享受税收优惠的，其优惠期限从 2008 年度起计算。

享受上述过渡优惠政策的企业，是指 2007 年 3 月 16 日以前经工商等登记管理机关登记设立的企业；实施过渡优惠政策的项目和范围按《实施企业所得税过渡优惠政策表》（见附表）执行。

二、继续执行西部大开发税收优惠政策

根据国务院实施西部大开发有关文件精神，财政部、税务总局和海关总署联合下发的《财政部、国家税务总局、海关总署关于西部大开发税收优惠政策问题的通知》（财税[2001]202 号）中规定的西部大开发企业所得税优惠政策继续执行。

三、实施企业税收过渡优惠政策的其他规定

享受企业所得税过渡优惠政策的企业，应按照新税法和实施条例中有关收入和扣除的规定计算应纳税所得额，并按本通知第一部分规定计算享受税收优惠。

企业所得税过渡优惠政策与新税法及实施条例规定的优惠政策存在交叉的，由企业选择最优惠的政策执行，不得叠加享受，且一经选择，不得改变。

附表：

实施企业所得税过渡优惠政策表

序号	文件名称	相关政策内容
1	《中华人民共和国外商投资企业和外国企业所得税法》第七条第一款	设在经济特区的外商投资企业、在经济特区设立机构、场所从事生产、经营的外国企业和设在经济技术开发区的生产性外商投资企业，减按 15% 的税率征收企业所得税。
2	《中华人民共和国外商投资企业和外国企业所得税法》第七条第三款	设在沿海经济开放区和经济特区、经济技术开发区所在城市的老市区或者设在国务院规定的其他地区的外商投资企业，属于能源、交通、港口、码头或者国家鼓励的其他项目的，可以减按 15% 的税率征收企业所得税。
3	《中华人民共和国外商投资企业和外国企业所得税法实施细则》第七十三条第一款第一项	在沿海经济开放区和经济特区、经济技术开发区所在城市的老市区设立的从事下列项目的生产性外资企业，可以减按 15% 的税率征收企业所得税：技术密集、知识密集型的项目；外商投资在 3000 万美元以上，回收投资时间长的项目；能源、交通、港口建设的项目。

（续表）

序号	文 件 名 称	相关政策内容
4	《中华人民共和国外商投资企业和外国企业所得税法实施细则》第七十三条第一款第二项	从事港口、码头建设的中外合资经营企业，可以减按15%的税率征收企业所得税。
5	《中华人民共和国外商投资企业和外国企业所得税法实施细则》第七十三条第一款第四项	在上海浦东新区设立的生产性外商投资企业，以及从事机场、港口、铁路、公路、电站等能源、交通建设项目的外商投资企业，可以减按15%的税率征收企业所得税。
6	国务院关于上海外高桥、天津港、深圳福田、深圳沙头角、大连、广州、厦门象屿、张家港、海口、青岛、宁波、福州、汕头、珠海、深圳盐田保税区的批复（国函[1991]26号、国函[1991]32号、国函[1992]43号、国函[1992]44号、国函[1992]148号、国函[1992]150号、国函[1992]159号、国函[1992]179号、国函[1992]180号、国函[1992]181号、国函[1993]3号等）	生产性外商投资企业，减按15%的税率征收企业所得税。
7	《国务院关于在福建省沿海地区设立台商投资区的批复》（国函[1989]35号）	厦门台商投资区内设立的台商投资企业，减按15%税率征收企业所得税；福州台商投资区内设立的生产性台商投资企业，减按15%税率征收企业所得税，非生产性台资企业，减按24%税率征收企业所得税。
8	国务院关于进一步对外开放南宁、重庆、黄石、长江三峡经济开放区、北京等城市的通知（国函[1992]62号、国函[1992]93号、国函[1993]19号、国函[1994]92号、国函[1995]16号）	省会（首府）城市及沿江开放城市从事下列项目的生产性外资企业，减按15%的税率征收企业所得税：技术密集、知识密集型的项目；外商投资在3000万美元以上，回收投资时间长的项目；能源、交通、港口建设的项目。
9	《国务院关于开发建设苏州工业园区有关问题的批复》（国函[1994]9号）	在苏州工业园区设立的生产性外商投资企业，减按15%税率征收企业所得税。
10	《国务院关于扩大外商投资企业从事能源交通基础设施项目税收优惠规定适用范围的通知》（国发（1999）13号）	自1999年1月1日起，将外资税法实施细则第七十三条第一款第（一）项第3目关于从事能源、交通基础设施建设的生产性外商投资企业，减按15%征收企业所得税的规定扩大到全国。
11	《广东省经济特区条例》（1980年8月26日第五届全国人民代表大会常务委员会第十五次会议批准施行）	广东省深圳、珠海、汕头经济特区的企业所得税率为15%。
12	《对福建省关于建设厦门经济特区的批复》（[80]国函字88号）	厦门经济特区所得税率按15%执行。
13	《国务院关于鼓励投资开发海南岛的规定》（国发[1988]26号）	在海南岛举办的企业（国家银行和保险公司除外），从事生产、经营所得税和其他所得，均按15%的税率征收企业所得税。

（续表）

序号	文 件 名 称	相关政策内容
14	《中华人民共和国外商投资企业和外国企业所得税法》第七条第二款	设在沿海经济开放区和经济特区、经济技术开发区所在城市的老市区的生产性外商投资企业，减按24%的税率征收企业所得税。
15	《国务院关于试办国家旅游度假区有关问题的通知》（国发［1992］46号）	国家旅游度假区内的外商投资企业，减按24%税率征收企业所得税。
16	国务院关于进一步对外开放黑河、伊宁、凭祥、二连浩特市等边境城市的通知（国函［1992］21号、国函［1992］61号、国函［1992］62号、国函［1992］94号）	沿边开放城市的生产性外商投资企业，减按24%税率征收企业所得税。
17	《国务院关于进一步对外开放南宁、昆明市及凭祥等五个边境城镇的通知》（国函［1992］62号）	允许凭祥、东兴、畹町、瑞丽、河口五市（县、镇）在具备条件的市（县、镇）兴办边境经济合作区，对边境经济合作区内以出口为主的生产性内联企业，减按24%的税率征收。
18	国务院关于进一步对外开放南宁、重庆、黄石、长江三峡经济开放区、北京等城市的通知（国函［1992］62号、国函［1992］93号、国函［1993］19号、国函［1994］92号、国函［1995］16号）	省会（首府）城市及沿江开放城市的生产性外商投资企业，减按24%税率征收企业所得税。
19	《中华人民共和国外商投资企业和外国企业所得税法》第八条第一款	对生产性外商投资企业，经营期在十年以上的，从开始获利的年度起，第一年和第二年免征企业所得税，第三年至第五年减半征收企业所得税。
20	《中华人民共和国外商投资企业和外国企业所得税法实施细则》第七十五条第一款第一项	从事港口码头建设的中外合资经营企业，经营期在15年以上的，经企业申请，所在地的省、自治区、直辖市税务机关批准，从开始获利的年度起，第一年至第五年免征企业所得税，第六年至第十年减半征收企业所得税。
21	《中华人民共和国外商投资企业和外国企业所得税法实施细则》第七十五条第一款第二项	在海南经济特区设立的从事机场、港口、码头、铁路、公路、电站、煤矿、水利等基础设施项目的外商投资企业和从事农业开发经营的外商投资企业，经营期在15年以上的，经企业申请，海南省税务机关批准，从开始获利的年度起，第一年至第五年免征企业所得税，第六年至第十年减半征收企业所得税。
22	《中华人民共和国外商投资企业和外国企业所得税法实施细则》第七十五条第一款第三项	在上海浦东新区设立的从事机场、港口、铁路、公路、电站等能源、交通建设项目的外商投资企业，经营期在15年以上的，经企业申请，上海市税务机关批准，从开始获利的年度起，第一年至第五年免征企业所得税，第六年至第十年减半征收企业所得税。
23	《中华人民共和国外商投资企业和外国企业所得税法实施细则》第七十五条第一款第四项	在经济特区设立的从事服务性行业的外商投资企业，外商投资超过500万美元，经营期在十年以上的，经企业申请，经济特区税务机关批准，从开始获利的年度起，第一年免征企业所得税，第二年和第三年减半征收企业所得税。

（续表）

序号	文 件 名 称	相关政策内容
24	《中华人民共和国外商投资企业和外国企业所得税法实施细则》第七十五条第一款第六项	在国务院确定的国家高新技术产业开发区设立的被认定为高新技术企业的中外合资经营企业，经营期在十年以上的，经企业申请，当地税务机关批准，从开始获利的年度起，第一年和第二年免征企业所得税。
25	《中华人民共和国外商投资企业和外国企业所得税法实施细则》第七十五条第一款第六项	《国务院关于〈北京市新技术产业开发试验区暂行条例〉的批复》(国函[1988]74 号) 设在北京市新技术产业开发试验区的外商投资企业，依照北京市新技术产业开发试验区的税收优惠规定执行。对试验区的新技术企业自开办之日起，三年内免征所得税。经北京市人民政府指定的部门批准，第四至六年可按 15% 或 10% 的税率，减半征收所得税。
26	《中华人民共和国企业所得税暂行条例》第八条第一款	需要照顾和鼓励的民族自治地方的企业，经省级人民政府批准实行定期减税或免税的，过渡优惠执行期限不超过 5 年。
27	《国务院关于鼓励投资开发海南岛的规定》(国发[1988]26 号)	在海南岛举办的企业(国家银行和保险公司除外)，从事港口、码头、机场、公路、铁路、电站、煤矿、水利等基础设施开发经营的企业和从事农业开发经营的企业，经营期限在十五年以上的，从开始获利的年度起，第一年至第五年免征所得税，第六年至第十年减半征收所得税。
28		在海南岛举办的企业(国家银行和保险公司除外)，从事工业、交通运输业等生产性行业的企业经营期限在十年以上的，从开始获利的年度起，第一年和第二年免征所得税，第三年至第五年减半征收所得税。
29		在海南岛举办的企业(国家银行和保险公司除外)，从事服务性行业的企业，投资总额超过 500 万美元或者 2000 万人民币，经营期限在十年以上的，从开始获利的年度起，第一年免征所得税，第二年和第三年减半征收所得税。
30	《国务院关于实施〈国家中长期科学和技术发展规划纲要(2006—2020 年)若干配套政策的通知〉》(国发[2006]6 号)	国家高新技术产业开发区内新创办的高新技术企业经严格认定后，自获利年度起两年内免征所得税。

【注释】 解释《企业所得税法》第 57 条。

财政部　国家税务总局关于贯彻落实国务院关于实施企业所得税过渡优惠政策有关问题的通知

财税[2008]21

各省、自治区、直辖市、计划单列市财政厅(局)、国家税务局、地方税务局，新疆生产建设兵团财务局：

为贯彻落实《国务院关于实施企业所得税过渡优惠政策的通知》(国发[2007]39 号)和《国务院关于经

济特区和上海浦东新区新设立高新技术企业实行过渡性税收优惠的通知》(国发[2007]40 号)(以下简称过渡优惠政策通知),现将有关事项通知如下:

一、各级财政、税务部门要密切配合,严格按照国务院过渡优惠政策通知的有关规定,抓紧做好新旧企业所得税优惠政策的过渡衔接工作。对过渡优惠政策要加强规范管理,不得超越权限擅自扩大过渡优惠政策执行范围。同时,要及时跟踪、了解过渡优惠政策的执行情况,对发现的新问题及时反映,确保国务院过渡优惠政策通知落实到位。

二、对按照国发[2007]39 号文件有关规定适用 15% 企业所得税率并享受企业所得税定期减半优惠过渡的企业,应一律按照国发[2007]39 号文件第一条第二款规定的过渡税率计算的应纳税额实行减半征税,即 2008 年按 18% 税率计算的应纳税额实行减半征税,2009 年按 20% 税率计算的应纳税额实行减半征税,2010 年按 22% 税率计算的应纳税额实行减半征税,2011 年按 24% 税率计算的应纳税额实行减半征税,2012 年及以后年度按 25% 税率计算的应纳税额实行减半征税。

对原适用 24% 或 33% 企业所得税率并享受国发[2007]39 号文件规定企业所得税定期减半优惠过渡的企业,2008 年及以后年度一律按 25% 税率计算的应纳税额实行减半征税。

三、根据(《中华人民共和国企业所得税法》(以下称新税法)第二十九条有关"民族自治地方的自治机关对本民族自治地方的企业应缴纳的企业所得税中属于地方分享的部分,可以决定减征或者免征"的规定,对 2008 年 1 月 1 日后民族自治地方批准享受减免税的企业,一律按新税法第二十九条的规定执行,即对民族自治地方的企业减免企业所得税,仅限于减免企业所得税中属于地方分享的部分,不得减免属于中央分享的部分。民族自治地方在新税法实施前已经按照《财政部国家税务总局海关总署总关于西部大开发税收优惠政策问题的通知》(财税[2001]202 号)第二条第 2 款有关减免税规定批准享受减免企业所得税(包括减免中央分享企业所得税的部分)的,自 2008 年 1 月 1 日起计算,对减免税期限在 5 年以内(含 5 年)的,继续执行至期满后停止;对减免税期限超过 5 年的,从第六年起按新税法第二十九条规定执行。

国务院关于经济特区和上海浦东新区新设立高新技术企业实行过渡性税收优惠的通知

国发[2007]40 号

各省、自治区、直辖市人民政府,国务院各部委、各直属机构:

根据《中华人民共和国企业所得税法》第五十七条的有关规定,国务院决定对法律设置的发展对外经济合作和技术交流的特定地区内,以及国务院已规定执行上述地区特殊政策的地区内新设立的国家需要重点扶持的高新技术企业,实行过渡性税收优惠。现就有关问题通知如下:

一、法律设置的发展对外经济合作和技术交流的特定地区,是指深圳、珠海、汕头、厦门和海南经济特区;国务院已规定执行上述地区特殊政策的地区,是指上海浦东新区。

二、对经济特区和上海浦东新区内在 2008 年 1 月 1 日(含)之后完成登记注册的国家需要重点扶持的高新技术企业(以下简称新设高新技术企业),在经济特区和上海浦东新区内取得的所得,自取得第一笔生产经营收入所属纳税年度起,第一年至第二年免征企业所得税,第三年至第五年按照 25% 的法定税率减半征收企业所得税。

国家需要重点扶持的高新技术企业,是指拥有核心自主知识产权,同时符合《中华人民共和国企业所得税法实施条例》第九十三条规定的条件,并按照《高新技术企业认定管理办法》认定的高新技术企业。

三、经济特区和上海浦东新区内新设高新技术企业同时在经济特区和上海浦东新区以外的地区从事生产经营的,应当单独计算其在经济特区和上海浦东新区内取得的所得,并合理分摊企业的期间费用;没有单独计算的,不得享受企业所得税优惠。

四、经济特区和上海浦东新区内新设高新技术企业在按照本通知的规定享受过渡性税收优惠期间,由于复审或抽查不合格而不再具有高新技术企业资格的,从其不再具有高新技术企业资格年度起,停止享受过渡性税收优惠;以后再次被认定为高新技术企业的,不得继续享受或者重新享受过渡性税收优惠。

五、本通知自2008年1月1日起执行。

【注释】 解释《企业所得税法》第57条、《企业所得税法实施条例》第93条。

财政部、国家税务总局关于企业所得税若干优惠政策的通知

财税[2008]1

各省、自治区、直辖市，计划单列市财政厅(局)、国家税务局、地方税务局，新疆生产建设兵团财务局：

根据《中华人民共和国企业所得税法》第三十六条的规定，经国务院批准，现将有关企业所得税优惠政策问题通知如下：

一、关于鼓励软件产业和集成电路产业发展的优惠政策

(一)软件生产企业实行增值税即征即退政策所退还的税款，由企业用于研究开发软件产品和扩大再生产，不作为企业所得税应税收入，不予征收企业所得税。

(二)我国境内新办软件生产企业经认定后，自获利年度起，第一年和第二年免征企业所得税，第三年至第五年减半征收企业所得税。

(三)国家规划布局内的重点软件生产企业，如当年未享受免税优惠的，减按10%的税率征收企业所得税。

(四)软件生产企业的职工培训费用，可按实际发生额在计算应纳税所得额时扣除。

(五)企事业单位购进软件，凡符合固定资产或无形资产确认条件的，可以按照固定资产或无形资产进行核算，经主管税务机关核准，其折旧或摊销年限可以适当缩短，最短可为2年。

(六)集成电路设计企业视同软件企业，享受上述软件企业的有关企业所得税政策。

(七)集成电路生产企业的生产性设备，经主管税务机关核准，其折旧年限可以适当缩短，最短可为3年。

(八)投资额超过80亿元人民币或集成电路线宽小于0.25um的集成电路生产企业，可以减按15%的税率缴纳企业所得税，其中，经营期在15年以上的，从开始获利的年度起，第一年至第五年免征企业所得税，第六年至第十年减半征收企业所得税。

(九)对生产线宽小于0.8微米(含)集成电路产品的生产企业，经认定后，自获利年度起，第一年和第二年免征企业所得税，第三年至第五年减半征收企业所得税。

已经享受自获利年度起企业所得税“两免三减半”政策的企业，不再重复执行本条规定。

(十)自2008年1月1日起至2010年底，对集成电路生产企业、封装企业的投资者，以其取得的缴纳企业所得税后的利润，直接投资于本企业增加注册资本，或作为资本投资开办其他集成电路生产企业、封装企业，经营期不少于5年的，按40%的比例退还其再投资部分已缴纳的企业所得税税款。再投资不满5年撤出该项投资的，追缴已退的企业所得税税款。自2008年1月1日起至2010年底，对国内外经济组织作为投资者，以其在境内取得的缴纳企业所得税后的利润，作为资本投资于西部地区开办集成电路生产企业、封装企业或软件产品生产企业，经营期不少于5年的，按80%的比例退还其再投资部分已缴纳的企业所得税税款。再投资不满5年撤出该项投资的，追缴已退的企业所得税税款。

二、关于鼓励证券投资基金发展的优惠政策

(一)对证券投资基金从证券市场中取得的收入，包括买卖股票、债券的差价收入，股权的股息、红利收入，债券的利息收入及其他收入，暂不征收企业所得税。

(二)对投资者从证券投资基金分配中取得的收入，暂不征收企业所得税。

(三)对证券投资基金管理人运用基金买卖股票、债券的差价收入，暂不征收企业所得税。

三、关于其他有关行业、企业的优惠政策

为保证部分行业、企业税收优惠政策执行的连续性，对原有关就业再就业，奥运会和世博会，社会公益，债转股、清产核资、重组、改制、转制等企业改革，涉农和国家储备，其他单项优惠政策共6类定期企业所得

税优惠政策(见附件),自2008年1月1日起,继续按原优惠政策规定的办法和时间执行到期。

四、关于外国投资者从外商投资企业取得利润的优惠政策

2008年1月1日之前外商投资企业形成的累积未分配利润,在2008年以后分配给外国投资者的,免征企业所得税;2008年及以后年度外商投资企业新增利润分配给外国投资者的,依法缴纳企业所得税。

五、除《中华人民共和国企业所得税法》、《中华人民共和国企业所得税法实施条例》、《国务院关于实施企业所得税过渡优惠政策的通知》(国发[2007]39号),《国务院关于经济特区和上海浦东新区新设立高新技术企业实行过渡性税收优惠的通知》(国发[2007]40号)及本通知规定的优惠政策以外,2008年1月1日之前实施的其他企业所得税优惠政策一律废止。各地区、各部门一律不得越权制定企业所得税的优惠政策。

附件:

执行到期的企业所得税优惠政策表

<table>
<tr><th>类　别</th><th>序号</th><th>文件名称</th><th>备　注</th></tr>
<tr><td rowspan="2">一、就业再就业政策</td><td>1</td><td>财政部国家税务总局关于下岗失业人员再就业有关税收政策问题的通知(财税[2002]208号)</td><td>对2005年底之前核准享受再就业减免税政策的企业,在剩余期限内享受至期满</td></tr>
<tr><td>2</td><td>财政部国家税务总局关于下岗失业人员再就业有关税收政策问题的通知(财税[2005]186号)</td><td>政策审批时间截止到2008年底</td></tr>
<tr><td rowspan="4">二、奥运合和世博会政策</td><td rowspan="2">3</td><td>财政部国家税务总局海关总署关于第29届奥运会税收政策问题的通知(财税[2003]10号)</td><td rowspan="2">奥运会结束并北京奥组委财务清算完结后停止执行</td></tr>
<tr><td>财政部国家税务总局关于第29届奥运会补充税收政策的通知(财税[2006]128号)</td></tr>
<tr><td rowspan="2">4</td><td>财政部国家税务总局关于2010年上海世博会有关税收政策问题的通知(财税[2005]180号)</td><td rowspan="2">世博会结束并上海世博局财务清算完结后停止执行</td></tr>
<tr><td>财政部国家税务总局关于增补上海世博运营有限公司享受上海世博会有关税收优惠政策的批复(财税[2006]155号)</td></tr>
<tr><td>三、杜会公益政策</td><td>5</td><td>财政部国家税务总局关于延长生产和装配伤残人员专门用品企业免征所得税执行期限的通知(财税[2006]148号)</td><td></td></tr>
<tr><td rowspan="5">四、债转股、清产核资,重组、改制,转制等企业改革政策</td><td>6</td><td>财政部国家税务总局关于债转股企业有关税收政策的通知(财税[2005]29号)</td><td></td></tr>
<tr><td>7</td><td>财政部国家税务总局关于中央企业清产核资有关税务处理问题的通知(财税[2006]18号)</td><td></td></tr>
<tr><td>8</td><td>财政部国家税务总局关于延长转制科研机构有关税收政策执行期限的通知(财税[2005]14号)</td><td></td></tr>
<tr><td rowspan="2">9</td><td>财政部海关总署国家税务总局关于文化体制改革中经营性丈化事业单位转制后企业的若干税收政策问题的通知(财税[2005]1号)</td><td></td></tr>
<tr><td>财政部海关总署国家税务总局关于文化体制改革试点中支持丈化产业发展若干税收政策问题的通知(财税[2005]2号)</td><td></td></tr>
</table>

（续表）

类　别	序号	文件名称	备　注
五、涉农和国家储备政策	10	财政部国家税务总局关于促进农产品连锁经营试点税收优惠政策的通知(财税[2007]10 号)	
	11	财政部国家税务总局关于广播电视村村通税收政策的通知(财税[2007]17 号)	
	12	财政部国家税务总局关于部分国家储备商品有关税收政策的通知(财税[2006]105 号)	
六、单项优惠政策	13	财政部国家税务总局关于股权分置试点改革有关税收政策问题的通知(财税[2005]103 号)	执行到股权分置试点改革结束
	14	财政部国家税务总局关于中国证券投资者保护基金有限责任公司有关税收问题的通知(财税[2006]169 号)	
	15	财政部国家税务总局关于延长试点地区农村信用社有关税收政策期限的通知(财税[2006]46 号)	
		财政部国家税务总局关于海南省改革试点的农村信用社税收政策的通知(财税[2007]18 号)	
	16	财政部国家税务总局关于继续执行监狱劳教企业有关税收政策的通知(财税[2006]123 号)	

关于发布享受企业所得税优惠政策的农产品初加工范围(试行)的通知

财税[2008]149 号

各省、自治区、直辖市、计划单列市财政厅(局)、国家税务局、地方税务局,新疆生产建设兵团财务局:

根据《中华人民共和国企业所得税法》及其实施条例的规定,为贯彻落实农、林、牧、渔业项目企业所得税优惠政策,现将《享受企业所得税优惠政策的农产品初加工范围(试行)》印发给你们,自 2008 年 1 月 1 日起执行。

各地财政、税务机关对《享受企业所得税优惠政策的农产品初加工范围(试行)》执行中发现的新情况、新问题应及时向国务院财政、税务主管部门反馈,国务院财政、税务主管部门会同有关部门将根据经济社会发展需要,适时对《享受企业所得税优惠政策的农产品初加工范围(试行)》内的项目进行调整和修订。

附件:

享受企业所得税优惠政策的农产品初加工范围(试行)(2008 年版)

一、种植业类

(一)粮食初加工

1. 小麦初加工。通过对小麦进行清理、配麦、磨粉、筛理、分级、包装等简单加工处理,制成的小麦面粉及各种专用粉。

2. 稻米初加工。通过对稻谷进行清理、脱壳、碾米（或不碾米）、烘干、分级、包装等简单加工处理，制成的成品粮及其初制品，具体包括大米、蒸谷米。

3. 玉米初加工。通过对玉米籽粒进行清理、浸泡、粉碎、分离、脱水、干燥、分级、包装等简单加工处理，生产的玉米粉、玉米碴、玉米片等；鲜嫩玉米经筛选、脱皮、洗涤、速冻、分级、包装等简单加工处理，生产的鲜食玉米（速冻粘玉米、甜玉米、花色玉米、玉米籽粒）。

4. 薯类初加工。通过对马铃薯、甘薯等薯类进行清洗、去皮、磋磨、切制、干燥、冷冻、分级、包装等简单加工处理，制成薯类初级制品。具体包括：薯粉、薯片、薯条。

5. 食用豆类初加工。通过对大豆、绿豆、红小豆等食用豆类进行清理去杂、浸洗、晾晒、分级、包装等简单加工处理，制成的豆面粉、黄豆芽、绿豆芽。

6. 其他类粮食初加工。通过对燕麦、荞麦、高粱、谷子等杂粮进行清理去杂、脱壳、烘干、磨粉、轧片、冷却、包装等简单加工处理，制成的燕麦米、燕麦粉、燕麦麸皮、燕麦片、荞麦米、荞麦面、小米、小米面、高粱米、高粱面。

（二）林木产品初加工

通过将伐倒的乔木、竹（含活立木、竹）去枝、去梢、去皮、去叶、锯段等简单加工处理，制成的原木、原竹、锯材。

（三）园艺植物初加工

1. 蔬菜初加工

（1）将新鲜蔬菜通过清洗、挑选、切割、预冷、分级、包装等简单加工处理，制成净菜、切割蔬菜。

（2）利用冷藏设施，将新鲜蔬菜通过低温贮藏，以备淡季供应的速冻蔬菜，如速冻茄果类、叶类、豆类、瓜类、葱蒜类、柿子椒、蒜苔。

（3）将植物的根、茎、叶、花、果、种子和食用菌通过干制等简单加工处理，制成的初制干菜，如黄花菜、玉兰片、萝卜干、冬菜、梅干菜、木耳、香菇、平菇。

* 以蔬菜为原料制作的各类蔬菜罐头（罐头是指以金属罐、玻璃瓶、经排气密封的各种食品。下同）及碾磨后的园艺植物（如胡椒粉、花椒粉等）不属于初加工范围。

2. 水果初加工。通过对新鲜水果（含各类山野果）清洗、脱壳、切块（片）、分类、储藏保鲜、速冻、干燥、分级、包装等简单加工处理，制成的各类水果、果干、原浆果汁、果仁、坚果。

3. 花卉及观赏植物初加工。通过对观赏用、绿化及其它各种用途的花卉及植物进行保鲜、储藏、烘干、分级、包装等简单加工处理，制成的各类鲜、干花。

（四）油料植物初加工

通过对菜籽、花生、大豆、葵花籽、蓖麻籽、芝麻、胡麻籽、茶子、桐子、棉籽、红花籽及米糠等粮食的副产品等，进行清理、热炒、磨坯、榨油（搅油、墩油）、浸出等简单加工处理，制成的植物毛油和饼粕等副产品。具体包括菜籽油、花生油、豆油、葵花油、蓖麻籽油、芝麻油、胡麻籽油、茶子油、桐子油、棉籽油、红花油、米糠油以及油料饼粕、豆饼、棉籽饼。

* 精炼植物油不属于初加工范围。

（五）糖料植物初加工

通过对各种糖料植物，如甘蔗、甜菜、甜菊等，进行清洗、切割、压榨等简单加工处理，制成的制糖初级原料产品。

（六）茶叶初加工

通过对茶树上采摘下来的鲜叶和嫩芽进行杀青（萎凋、摇青）、揉捻、发酵、烘干、分级、包装等简单加工处理，制成的初制毛茶。

* 精制茶、边销茶、紧压茶和掺兑各种药物的茶及茶饮料不属于初加工范围。

（七）药用植物初加工

通过对各种药用植物的根、茎、皮、叶、花、果实、种子等，进行挑选、整理、捆扎、清洗、凉晒、切碎、蒸煮、炒制等简单加工处理，制成的片、丝、块、段等中药材。

* 加工的各类中成药不属于初加工范围。

（八）纤维植物初加工

1. 棉花初加工。通过轧花、剥绒等脱绒工序简单加工处理，制成的皮棉、短绒、棉籽。

2. 麻类初加工。通过对各种麻类作物（大麻、黄麻、槿麻、苎麻、苘麻、亚麻、罗布麻、蕉麻、剑麻等）进行脱胶、抽丝等简单加工处理，制成的干（洗）麻、纱条、丝、绳。

3. 蚕茧初加工。通过烘干、杀蛹、缫丝、煮剥、拉丝等简单加工处理，制成的蚕、蛹、生丝、丝棉。

（九）热带、南亚热带作物初加工

通过对热带、南亚热带作物去除杂质、脱水、干燥、分级、包装等简单加工处理，制成的工业初级原料。具体包括：天然橡胶生胶和天然浓缩胶乳、生咖啡豆、胡椒籽、肉桂油、桉油、香茅油、木薯淀粉、木薯干片、坚果。

二、畜牧业类

（一）畜禽类初加工

1. 肉类初加工。通过对畜禽类动物（包括各类牲畜、家禽和人工驯养、繁殖的野生动物以及其他经济动物）宰杀、去头、去蹄、去皮、去内脏、分割、切块或切片、冷藏或冷冻、分级、包装等简单加工处理，制成的分割肉、保鲜肉、冷藏肉、冷冻肉、绞肉、肉块、肉片、肉丁。

2. 蛋类初加工。通过对鲜蛋进行清洗、干燥、分级、包装、冷藏等简单加工处理，制成的各种分级、包装的鲜蛋、冷藏蛋。

3. 奶类初加工。通过对鲜奶进行净化、均质、杀菌或灭菌、灌装等简单加工处理，制成的巴氏杀菌奶、超高温灭菌奶。

4. 皮类初加工。通过对畜禽类动物皮张剥取、浸泡、刮里、晾干或熏干等简单加工处理，制成的生皮、生皮张。

5. 毛类初加工。通过对畜禽类动物毛、绒或羽绒分级、去杂、清洗等简单加工处理，制成的洗净毛、洗净绒或羽绒。

6. 蜂产品初加工。通过去杂、过滤、浓缩、熔化、磨碎、冷冻简单加工处理，制成的蜂蜜、蜂蜡、蜂胶、蜂花粉。

＊ 肉类罐头、肉类熟制品、蛋类罐头、各类酸奶、奶酪、奶油、王浆粉、各种蜂产品口服液、胶囊不属于初加工范围。

（二）饲料类初加工

1. 植物类饲料初加工。通过碾磨、破碎、压榨、干燥、酿制、发酵等简单加工处理，制成的糠麸、饼粕、糟渣、树叶粉。

2. 动物类饲料初加工。通过破碎、烘干、制粉等简单加工处理，制成的鱼粉、虾粉、骨粉、肉粉、血粉、羽毛粉、乳清粉。

3. 添加剂类初加工。通过粉碎、发酵、干燥等简单加工处理，制成的矿石粉、饲用酵母。

（三）牧草类初加工

通过对牧草、牧草种籽、农作物秸秆等，进行收割、打捆、粉碎、压块、成粒、分选、青贮、氨化、微化等简单加工处理，制成的干草、草捆、草粉、草块或草饼、草颗粒、牧草种籽以及草皮、秸秆粉（块、粒）。

三、渔业类

（一）水生动物初加工

将水产动物（鱼、虾、蟹、鳖、贝、棘皮类、软体类、腔肠类、两栖类、海兽类动物等）整体或去头、去鳞（皮、壳）、去内脏、去骨（刺）、擂溃或切块、切片，经冰鲜、冷冻、冷藏等保鲜防腐处理、包装等简单加工处理，制成的水产动物初制品。

＊ 熟制的水产品和各类水产品的罐头以及调味烤制的水产食品不属于初加工范围。

（二）水生植物初加工

将水生植物（海带、裙带菜、紫菜、龙须菜、麒麟菜、江篱、浒苔、羊栖菜、莼菜等）整体或去根、去边梢、切段，经热烫、冷冻、冷藏等保鲜防腐处理、包装等简单加工处理的初制品，以及整体或去根、去边梢、切段、经晾晒、干燥（脱水）、包装、粉碎等简单加工处理的初制品。

＊ 罐装（包括软罐）产品不属于初加工范围。

国家外汇管理局 国家税务总局关于试行服务贸易对外支付税务备案有关问题的通知

汇发[2008]8 号

国家外汇管理局天津、上海、江苏、四川、福建、湖南省(直辖市)分局,天津、上海、江苏、四川、福建、湖南省(直辖市)国家税务局、地方税务局:

为推进服务贸易外汇管理改革,完善国家国际税收征管体制,进一步促进服务贸易发展,国家外汇管理局、国家税务总局决定从 2008 年 4 月 1 日起,在天津、上海、江苏、四川、福建、湖南 6 个地区试点,实行服务贸易对外支付先行税务备案的管理措施。现将有关试点内容通知如下:

一、在试点地区注册的境内机构(以下简称境内机构),到试点地区外汇指定银行(以下简称银行)办理等值 5 万美元以上(不含 5 万美元)的服务贸易对外支付,应当事先持相关合同复印件到辖内主管国家税务机关进行备案,填报《境内机构服务贸易对外支付税务备案表》(以下简称《备案表》)。

境内机构办理等值 5 万美元以下(含 5 万美元)的服务贸易对外支付无需备案。

二、主管国家税务机关根据有关合同复印件确认《备案表》填写无误后,应当现场填写《备案表》中"主管国税机关填写"相关内容,编制《备案表》流水号,并在《备案表》原件及 3 份复印件上签章。主管国家税务机关将《备案表》原件及 1 份复印件退还境内机构,留存《备案表》复印件 2 份。

三、境内机构在银行办理等值 5 万美元以上(不含 5 万美元)服务贸易对外支付时,应当提交主管国家税务机关签章的《备案表》原件,用以替代现行规定要求的税务凭证,并根据现行规定提交其他单证。银行在办理有关对外支付手续后,应在《备案表》原件上签章。

四、办理服务贸易对外支付的境内机构,应当按照国家法律法规的规定,在规定的时间内,向主管国家税务机关、地方税务机关履行申报纳税手续,或就税务事项做出说明。

五、同一笔合同需要多次对外支付的,境内机构须在每次付汇前办理税务备案手续,但只需在首次付汇备案时向主管国家税务机关提交合同复印件。

六、非试点地区注册的境内机构在试点地区外汇指定银行办理服务贸易对外支付,以及试点地区注册的境内机构在非试点地区的外汇指定银行办理服务贸易对外支付,根据现行规定办理。

七、主管国家税务机关、地方税务机关之间的备案信息交换制度,按国家税务总局随后制定的有关文件执行。

八、试点地区外汇局及国家税务局、地方税务局应将本通知转发辖内各级外汇、税务管理机关,以及辖内各级银行,并做好宣传和政策解释工作。

九、本通知由国家外汇管理局和国家税务总局负责解释。在试点期内,试点地区外汇局及国家税务局、地方税务局应当按月报告试点情况,及时汇报试点中遇到的问题。

国家税务总局关于服务贸易对外支付税收征管有关问题的通知

国税函[2008]219 号

天津、上海、江苏、福建、湖南、四川省(市)国家税务局、地方税务局:

根据《国家外汇管理局 国家税务总局关于试行服务贸易对外支付税务备案有关问题的通知》(汇发[2008]8 号)的要求,进一步完善国际税收征管制度,现就上海、天津、江苏、四川、福建、湖南试行服务贸易对外支付税收征管有关问题通知如下:

一、关于适用对象

（一）境内机构

境内机构在外汇指定银行办理服务贸易5万美元以上（含5万美元）的对外支付（以下简称“服务贸易对外支付”）时，需要办理税务备案。

个人对外支付仍按现行规定办理，不适用本通知的规定。

（二）适用项目

本通知所称服务贸易对外支付包括：因运输、旅游、通信、建筑安装及劳务承包、保险、金融服务、计算机和信息服务，专有权利使用和特许、体育文化和娱乐服务、其他商业服务、政府服务等交易而发生的对外支付。

（三）主管税务机关

服务贸易对外支付税务备案工作的主管税务机关为地市国家税务局、地方税务局。

主管国家税务局负责受理境内机构提交的《境内机构服务贸易对外支付税务备案表》（以下简称《备案表》），根据备案信息进行税收征管，并将《备案表》传递至主管地方税务局。

主管地方税务局根据主管国家税务局传递的《备案表》提供的信息，进行税收征管。

二、备案的办理程序

（一）境内机构的办理程序

1. 境内机构办理服务贸易对外支付时，应当事先向主管国家税务局办理税务备案手续，如实填写《备案表》一式四份并签章，同时附送合同或协议两份（复印件）。

2. 境内机构完成税务备案手续后，持主管国家税务局签章的两份《备案表》，及国家外汇管理局规定的其他单证，到外汇指定银行办理对外支付手续。

3. 境内机构应当在办理税务备案后7日内，向主管国家税务局、地方税务局履行申报纳税手续，或就相关的税务事项作出说明。

4. 境内机构发生的服务贸易涉及多次对外支付的，只需在首次办理税务备案时提交合同或协议的复印件，之后办理对外支付时，只需提交境内机构填报并签章的《备案表》。

5. 境内机构可以通过以下方法取得空白《备案表》：

(1)主管国家税务局办税服务厅窗口领取；

(2)省、市两级国家税务局官方网站下载；

(3)自行复印空白表备用。

（二）主管税务机关受理程序

主管国家税务局应当在收到境内机构提交《备案表》时，当即对《备案表》所填内容与相关合同协议进行核对并确认无误后，在四份《备案表》上确认签章，留存两份《备案表》，另外两份《备案表》交境内机构到外汇指定银行办理对外支付手续。

三、关于居民身份证明

纳税人需要适用税收协定或享受税收协定待遇的，相关境内机构需在办理纳税申报或就税务事项作出说明时，提交协定对方主管税务机关出具的纳税人为对方国家居民的《居民身份证明》。

四、关于税收征管

《备案表》是主管国家税务局、地方税务局对服务贸易对外支付项目进行税收征管的依据。

（一）受理备案的主管国家税务局应当自为境内机构办理税务备案之日起3日内，将留存的《备案表》一份及相关的合同或协议（复印件）传递给主管地方税务局。

（二）主管国家税务局、地方税务局应当自收到《备案表》之日起7日内，主动要求境内机构进一步提供相关资料，并对相关资料进行审核，作出征免税判断，及时进行税收征管。

（三）主管国家税务局、地方税务局应当及时为境内机构建立服务贸易对外支付项目税收管理档案，做到一户一档。

（四）境内机构为企业所得税纳税义务人的，境内机构的对外支付档案应当在每年企业所得税汇算清缴前，并入境内机构的纳税档案。

主管国家税务局、地方税务局应当根据所得税汇算清缴情况，将境内机构的《企业所得税纳税申报表》

的对外支付附表,与其提供的《备案表》信息进行比对,严格进行税收征管。

五、关于其他管理工作

服务贸易对外支付办理税务备案工作从2008年4月1日起试行。各试点省、直辖市国家税务局应该尽快将《备案表》及《备案须知》发布到省、市国家税务局的互联网站,同时印制纸质《备案表》和《备案须知》。

国家税务总局将及时对试点省、直辖市国家税务局、地方税务局的业务骨干进行培训。试点省、直辖市国家税务局、地方税务局要做好本省的培训和宣传工作,做好试行的准备工作。

试点省、直辖市国家税务局、地方税务局,应当在2008年12月31日前,将本省服务贸易对外支付办理税务备案及税收征管情况上报国家税务总局(国际税务司)。国家税务总局将组织人员对各地试点情况进行抽查,并对抽查结果进行总结通报。

国家税务总局关于服务贸易对外支付税收征管有关问题的补充通知

国税函[2008]258号

天津、上海、江苏、福建、湖南、四川省(直辖市)国家税务局、地方税务局:

《国家外汇管理局 国家税务总局关于试行服务贸易对外支付税务备案有关问题的通知》(汇发[2008]8号)和《国家税务总局关于服务贸易对外支付税收征管有关问题的通知》(国税函[2008]219号)已经下发,现就试行服务贸易对外支付税务备案制度的执行问题补充通知如下:

一、关于两个文件的执行范围

(一)运输项目中,试点政策不适用于国际海运。

(二)金融服务项目中,试点政策包括担保费,但不包括利息。

二、关于税务备案的主管税务机关,仍按国家外汇管理局和国家税务总局联合下发的汇发[1999]372号文件的规定执行,试点期间不作变动。

三、试点地区进行税务备案的金额为,每次对外支付在5万美元以上(不含5万美元)。每次付汇金额在5万美元以下(含5万美元)的,无需办理税务备案。

四、境内机构办理税务备案时,应当提交两份合同复印件。

五、试点省市的主管国家税务局按以下规格刻制税务备案专用章,并到同级外汇管理部门备案。

内容分为两行:第一行为办理税务备案的国家税务局名称,第二行为对外支付税务备案专用章。

规格:63mm×20mm 字体:仿宋 字号:不限

六、主管国家税务局、地方税务局之间的《境内机构服务贸易对外支付税务备案表》传递方式为:主管国家税务局在办理税务备案的当日,将《境内机构服务贸易对外支付税务备案表》传真至主管地方税务局。同时,主管地方税务局应当定期到主管国家税务局取回《境内机构服务贸易对外支付税务备案表》原件及合同复印件,以保证应征税款及时征收。

七、试点期间以附后的《境内机构服务贸易对外支付税务备案表》及《备案须知》为准。

国家税务总局关于外商投资企业和外国企业原有若干税收优惠政策取消后有关事项处理的通知

国税发[2008]23号

各省、自治区、直辖市和计划单列市国家税务局,广东、海南省地方税务局,深圳市地方税务局:

根据《中华人民共和国企业所得税法》及其实施条例、《中华人民共和国税收征收管理法》及其实施细则和《国务院关于实施企业所得税过渡优惠政策的通知》(国发[2007]39号)的有关规定,现就外商投资企业和外国企业原执行的若干税收优惠政策取消后的税务处理问题通知如下。

一、关于原外商投资企业的外国投资者再投资退税政策的处理

外国投资者从外商投资企业取得的税后利润直接再投资本企业增加注册资本,或者作为资本投资开办其他外商投资企业,凡在2007年底以前完成再投资事项,并在国家工商管理部门完成变更或注册登记的,可以按照《中华人民共和国外商投资企业和外国企业所得税法》及其有关规定,给予办理再投资退税。对在2007年底以前用2007年度预分配利润进行再投资的,不给予退税。

二、关于外国企业从我国取得的利息、特许权使用费等所得免征企业所得税的处理

外国企业向我国转让专有技术或提供贷款等取得所得,凡上述事项所涉及的合同是在2007年底以前签订,且符合《中华人民共和国外商投资企业和外国企业所得税法》规定免税条件,经税务机关批准给予免税的,在合同有效期内可继续给予免税,但不包括延期、补充合同或扩大的条款。各主管税务机关应做好合同执行跟踪管理工作,及时开具完税证明。

三、关于享受定期减免税优惠的外商投资企业在2008年后条件发生变化的处理

外商投资企业按照《中华人民共和国外商投资企业和外国企业所得税法》规定享受定期减免税优惠,2008年后,企业生产经营业务性质或经营期发生变化,导致其不符合《中华人民共和国外商投资企业和外国企业所得税法》规定条件的,仍应依据《中华人民共和国外商投资企业和外国企业所得税法》规定补缴其此前(包括在优惠过渡期内)已经享受的定期减免税税款。各主管税务机关在每年对这类企业进行汇算清缴时,应对其经营业务内容和经营期限等变化情况进行审核。

财政部　国家税务总局关于廉租住房经济适用住房和住房租赁有关税收政策的通知

财税[2008]24号

各省、自治区、直辖市、计划单列市财政厅(局)、国家税务局、地方税务局,新疆生产建设兵团财务局:

为贯彻落实《国务院关于解决城市低收入家庭住房困难的若干意见》(国发[2007]24号)精神,促进廉租住房、经济适用住房制度建设和住房租赁市场的健康发展,经国务院批准,现将有关税收政策通知如下:

一、支持廉租住房、经济适用住房建设的税收政策

(一)对廉租住房经营管理单位按照政府规定价格、向规定保障对象出租廉租住房的租金收入,免征营业税、房产税。

(二)对廉租住房、经济适用住房建设用地以及廉租住房经营管理单位按照政府规定价格、向规定保障对象出租的廉租住房用地,免征城镇土地使用税。

开发商在经济适用住房、商品住房项目中配套建造廉租住房,在商品住房项目中配套建造经济适用住房,如能提供政府部门出具的相关材料,可按廉租住房、经济适用住房建筑面积占总建筑面积的比例免征开发商应缴纳的城镇土地使用税。

(三)企事业单位、社会团体以及其他组织转让旧房作为廉租住房、经济适用住房房源且增值额未超过扣除项目金额20%的,免征土地增值税。

(四)对廉租住房、经济适用住房经营管理单位与廉租住房、经济适用住房相关的印花税以及廉租住房承租人、经济适用住房购买人涉及的印花税予以免征。

开发商在经济适用住房、商品住房项目中配套建造廉租住房,在商品住房项目中配套建造经济适用住房,如能提供政府部门出具的相关材料,可按廉租住房、经济适用住房建筑面积占总建筑面积的比例免征开发商应缴纳的印花税。

(五)对廉租住房经营管理单位购买住房作为廉租住房、经济适用住房经营管理单位回购经济适用住房继续作为经济适用住房房源的,免征契税。

(六)对个人购买经济适用住房,在法定税率基础上减半征收契税。

（七）对个人按《廉租住房保障办法》（建设部等9部委令第162号）规定取得的廉租住房货币补贴，免征个人所得税；对于所在单位以廉租住房名义发放的不符合规定的补贴，应征收个人所得税。

（八）企事业单位、社会团体以及其他组织于2008年1月1日前捐赠住房作为廉租住房的，按《中华人民共和国企业所得税暂行条例》（国务院令第137号）、《中华人民共和国外商投资企业和外国企业所得税法》有关公益性捐赠政策执行；2008年1月1日后捐赠的，按《中华人民共和国企业所得税法》有关公益性捐赠政策执行。个人捐赠住房作为廉租住房的，捐赠额未超过其申报的应纳税所得额30%的部分，准予从其应纳税所得额中扣除。

廉租住房、经济适用住房、廉租住房承租人、经济适用住房购买人以及廉租住房租金、货币补贴标准等须符合国发[2007]24号文件及《廉租住房保障办法》（建设部等9部委令第162号）、《经济适用住房管理办法》（建住房[2007]258号）的规定；廉租住房、经济适用住房经营管理单位为县级以上人民政府主办或确定的单位。

二、支持住房租赁市场发展的税收政策

（一）对个人出租住房取得的所得减按10%的税率征收个人所得税。

（二）对个人出租、承租住房签订的租赁合同，免征印花税。

（三）对个人出租住房，不区分用途，在3%税率的基础上减半征收营业税，按4%的税率征收房产税，免征城镇土地使用税。

（四）对企事业单位、社会团体以及其他组织按市场价格向个人出租用于居住的住房，减按4%的税率征收房产税。

上述与廉租住房、经济适用住房相关的新的优惠政策自2007年8月1日起执行，文到之日前已征税款在以后应缴税款中抵减。与住房租赁相关的新的优惠政策自2008年3月1日起执行。其他政策仍按现行规定继续执行。

企业所得税核定征收办法（试行）

国税发[2008]30号

第一条　为了加强企业所得税征收管理，规范核定征收企业所得税工作，保障国家税款及时足额入库，维护纳税人合法权益，根据《中华人民共和国企业所得税法》及其实施条例、《中华人民共和国税收征收管理法》及其实施细则的有关规定，制定本办法。

第二条　本办法适用于居民企业纳税人。

第三条　纳税人具有下列情形之一的，核定征收企业所得税：

（一）依照法律、行政法规的规定可以不设置账簿的；

（二）依照法律、行政法规的规定应当设置但未设置账薄的；

（三）擅自销毁账簿或者拒不提供纳税资料的；

（四）虽设置账簿，但账目混乱或者成本资料、收入凭证、费用凭证残缺不全，难以查账的；

（五）发生纳税义务，未按照规定的期限办理纳税申报，经税务机关责令限期申报，逾期仍不申报的；

（六）申报的计税依据明显偏低，又无正当理由的。

特殊行业、特殊类型的纳税人和一定规模以上的纳税人不适用本办法。上述特定纳税人由国家税务总局另行明确。

第四条　税务机关应根据纳税人具体情况，对核定征收企业所得税的纳税人，核定应税所得率或者核定应纳所得税额。

具有下列情形之一的，核定其应税所得率：

（一）能正确核算（查实）收入总额，但不能正确核算（查实）成本费用总额的；

（二）能正确核算（查实）成本费用总额，但不能正确核算（查实）收入总额的；

（三）通过合理方法，能计算和推定纳税人收入总额或成本费用总额的。

纳税人不属于以上情形的,核定其应纳所得税额。

第五条 税务机关采用下列方法核定征收企业所得税:

(一)参照当地同类行业或者类似行业中经营规模和收入水平相近的纳税人的税负水平核定;

(二)按照应税收入额或成本费用支出额定率核定;

(三)按照耗用的原材料、燃料、动力等推算或测算核定;

(四)按照其他合理方法核定。

采用前款所列一种方法不足以正确核定应纳税所得额或应纳税额的,可以同时采用两种以上的方法核定。采用两种以上方法测算的应纳税额不一致时,可按测算的应纳税额从高核定。

第六条 采用应税所得率方式核定征收企业所得税的,应纳所得税额计算公式如下:

应纳所得税额 = 应纳税所得额 × 适用税率

应纳税所得额 = 应税收入额 × 应税所得率

或:应纳税所得额 = 成本(费用)支出额/(1 - 应税所得率) × 应税所得率

第七条 实行应税所得率方式核定征收企业所得税的纳税人,经营多业的,无论其经营项目是否单独核算,均由税务机关根据其主营项目确定适用的应税所得率。

主营项目应为纳税人所有经营项目中,收入总额或者成本(费用)支出额或者耗用原材料、燃料、动力数量所占比重最大的项目。

第八条 应税所得率按下表规定的幅度标准确定:

行　　业	应税所得率(%)
农、林、牧、渔业	3—10
制造业	5—15
批发和零售贸易业	4—15
交通运输业	7—15
建筑业	8—20
饮食业	8—25
娱乐业	15—30
其他行业	10—30

第九条 纳税人的生产经营范围、主营业务发生重大变化,或者应纳税所得额或应纳税额增减变化达到20%的,应及时向税务机关申报调整已确定的应纳税额或应税所得率。

第十条 主管税务机关应及时向纳税人送达《企业所得税核定征收鉴定表》,及时完成对其核定征收企业所得税的鉴定工作。具体程序如下:

(一)纳税人应在收到《企业所得税核定征收鉴定表》后10个工作日内,填好该表并报送主管税务机关。《企业所得税核定征收鉴定表》一式三联,主管税务机关和县税务机关各执一联,另一联送达纳税人执行。主管税务机关还可根据实际工作需要,适当增加联次备用。

(二)主管税务机关应在受理《企业所得税核定征收鉴定表》后20个工作日内,分类逐户审查核实,提出鉴定意见,并报县税务机关复核、认定。

(三)县税务机关应在收到《企业所得税核定征收鉴定表》后30个工作日内,完成复核、认定工作。

纳税人收到《企业所得税核定征收鉴定表》后,未在规定期限内填列、报送的,税务机关视同纳税人已经报送,按上述程序进行复核认定。

第十一条 税务机关应在每年6月底前对上年度实行核定征收企业所得税的纳税人进行重新鉴定。重新鉴定工作完成前,纳税人可暂按上年度的核定征收方式预缴企业所得税;重新鉴定工作完成后,按重新鉴定的结果进行调整。

第十二条 主管税务机关应当分类逐户公示核定的应纳所得税额或应税所得率。主管税务机关应当按照便于纳税人及社会各界了解、监督的原则确定公示地点、方式。

纳税人对税务机关确定的企业所得税征收方式、核定的应纳所得税额或应税所得率有异议的，应当提供合法、有效的相关证据，税务机关经核实认定后调整有异议的事项。

第十三条　纳税人实行核定应税所得率方式的，按下列规定申报纳税：

（一）主管税务机关根据纳税人应纳税额的大小确定纳税人按月或者按季预缴，年终汇算清缴。预缴方法一经确定，一个纳税年度内不得改变。

（二）纳税人应依照确定的应税所得率计算纳税期间实际应缴纳的税额，进行预缴。按实际数额预缴有困难的，经主管税务机关同意，可按上一年度应纳税额的1/12或1/4预缴，或者按经主管税务机关认可的其他方法预缴。

（三）纳税人预缴税款或年终进行汇算清缴时，应按规定填写《中华人民共和国企业所得税月（季）度预缴纳税申报表（B类）》，在规定的纳税申报时限内报送主管税务机关。

第十四条　纳税人实行核定应纳所得税额方式的，按下列规定申报纳税：

（一）纳税人在应纳所得税额尚未确定之前，可暂按上年度应纳所得税额的1/12或1/4预缴，或者按经主管税务机关认可的其他方法，按月或按季分期预缴。

（二）在应纳所得税额确定以后，减除当年已预缴的所得税额，余额按剩余月份或季度均分，以此确定以后各月或各季的应纳税额，由纳税人按月或按季填写《中华人民共和国企业所得税月（季）度预缴纳税申报表（B类）》，在规定的纳税申报期限内进行纳税申报。

（三）纳税人年度终了后，在规定的时限内按照实际经营额或实际应纳税额向税务机关申报纳税。申报额超过核定经营额或应纳税额的，按申报额缴纳税款；申报额低于核定经营额或应纳税额的，按核定经营额或应纳税额缴纳税款。

第十五条　对违反本办法规定的行为，按照《中华人民共和国税收征收管理法》及其实施细则的有关规定处理。

第十六条　各省、自治区、直辖市和计划单列市国家税务局、地方税务局，根据本办法的规定联合制定具体实施办法，并报国家税务总局备案。

第十七条　本办法自2008年1月1日起执行。《国家税务总局关于印发〈核定征收企业所得税暂行办法〉的通知》（国税发［2000］38号）同时废止。

国家税务总局关于印发《跨地区经营汇总纳税企业所得税征收管理暂行办法》的通知

国税发［2008］28号

各省、自治区、直辖市和计划单列市国家税务局、地方税务局：

为加强跨地区经营汇总纳税企业所得税的征收管理，根据《财政部　国家税务总局 中国人民银行关于印发〈跨省市总分机构企业所得税分配及预算管理暂行办法〉的通知》（财预［2008］10号）的精神，国家税务总局制定了《跨地区经营汇总纳税企业所得税征收管理暂行办法》。现印发给你们，请遵照执行。

一、统一思想，牢固树立大局意识。实行法人所得税制度是新的企业所得税法的重要内容，也是促进我国社会主义市场经济进一步发展和完善的客观要求。为了有效解决法人所得税制度下税源跨省市转移问题，财政部、国家税务总局、中国人民银行制定了《跨省市总分机构企业所得税分配及预算管理暂行办法》，并报国务院批准后实施。国家税务总局在此基础上反复研究，制定了具体的征管办法。各地务必统一思想，牢固树立大局意识，认真学习领会，深入贯彻执行。

二、加强合作、密切配合，切实做好基础工作。通过税款分配的办法对跨省区的总分机构所得税实施管理，是一项新生事物，面临很多新情况。总机构所在地主管税务机关和分支机构所在地主管税务机关要相互支持，密切配合，坚决防止为了局部利益相互扯皮，甚至干预企业经营等问题的出现，要牢固树立全国一盘棋的观念，扎扎实实按照各自的职责做好各项基础工作，确保新办法的平稳运行。

执行中有何问题，请及时向国家税务总局反映。

附件：

跨地区经营汇总纳税企业所得税征收管理暂行办法

第一章　总　　则

第一条　为加强跨地区经营汇总纳税企业所得税征收管理，根据《中华人民共和国企业所得税法》及其实施条例、《中华人民共和国税收征收管理法》及其实施细则和《财政部　国家税务总局 中国人民银行关于印发〈跨省市总分机构企业所得税分配及预算管理暂行办法〉的通知》（财预［2008］10 号）的有关规定，制定本办法。

第二条　居民企业在中国境内跨地区（指跨省、自治区、直辖市和计划单列市，下同）设立不具有法人资格的营业机构、场所（以下称分支机构）的，该居民企业为汇总纳税企业（以下称企业），除另有规定外，适用本办法。

铁路运输企业（包括广铁集团和大秦铁路公司）、国有邮政企业、中国工商银行股份有限公司、中国农业银行、中国银行股份有限公司、国家开发银行、中国农业发展银行、中国进出口银行、中央汇金投资有限责任公司、中国建设银行股份有限公司、中国建银投资有限责任公司、中国石油天然气股份有限公司、中国石油化工股份有限公司以及海洋石油天然气企业（包括港澳台和外商投资、外国海上石油天然气企业）等缴纳所得税未纳入中央和地方分享范围的企业，不适用本办法。

第三条　企业实行"统一计算、分级管理、就地预缴、汇总清算、财政调库"的企业所得税征收管理办法。

第四条　统一计算，是指企业总机构统一计算包括企业所属各个不具有法人资格的营业机构、场所在内的全部应纳税所得额、应纳税额。

第五条　分级管理，是指总机构、分支机构所在地的主管税务机关都有对当地机构进行企业所得税管理的责任，总机构和分支机构应分别接受机构所在地主管税务机关的管理。

第六条　就地预缴，是指总机构、分支机构应按本办法的规定，分月或分季分别向所在地主管税务机关申报预缴企业所得税。

第七条　汇总清算，是指在年度终了后，总机构负责进行企业所得税的年度汇算清缴，统一计算企业的年度应纳所得税额，抵减总机构、分支机构当年已就地分期预缴的企业所得税款后，多退少补税款。

第八条　财政调库，是指财政部定期将缴入中央国库的跨地区总分机构企业所得税待分配收入，按照核定的系数调整至地方金库。

第九条　总机构和具有主体生产经营职能的二级分支机构，就地分期预缴企业所得税。

二级分支机构及其下属机构均由二级分支机构集中就地预缴企业所得税；三级及以下分支机构不就地预缴企业所得税，其经营收入、职工工资和资产总额统一计入二级分支机构。

第十条　总机构设立具有独立生产经营职能部门，且具有独立生产经营职能部门的经营收入、职工工资和资产总额与管理职能部门分开核算的，可将具有独立生产经营职能的部门视同一个分支机构，就地预缴企业所得税。具有独立生产经营职能部门与管理职能部门的经营收入、职工工资和资产总额不能分开核算的，具有独立生产经营职能的部门不得视同一个分支机构，不就地预缴企业所得税。

第十一条　不具有主体生产经营职能，且在当地不缴纳增值税、营业税的产品售后服务、内部研发、仓储等企业内部辅助性的二级及以下分支机构，不就地预缴企业所得税。

第十二条　上年度认定为小型微利企业的，其分支机构不就地预缴企业所得税。

第十三条　新设立的分支机构，设立当年不就地预缴企业所得税。

第十四条　撤销的分支机构，撤销当年剩余期限内应分摊的企业所得税款由总机构缴入中央国库。

第十五条　企业在中国境外设立的不具有法人资格的营业机构，不就地预缴企业所得税。

企业计算分期预缴的所得税时，其实际利润额、应纳税额及分摊因素数额，均不包括其在中国境外设立的营业机构。

第十六条　总机构和分支机构处于不同税率地区的,先由总机构统一计算全部应纳税所得额,然后依照本办法第十九条规定的比例和第二十三条规定的三因素及其权重,计算划分不同税率地区机构的应纳税所得额后,再分别按总机构和分支机构所在地的适用税率计算应纳税额。

第十七条　总机构和分支机构2007年及以前年度按独立纳税人计缴所得税尚未弥补完的亏损,允许在法定剩余年限内继续弥补。

第二章　税款预缴和汇算清缴

第十八条　企业应根据当期实际利润额,按照本办法规定的预缴分摊方法计算总机构和分支机构的企业所得税预缴额,分别由总机构和分支机构分月或者分季就地预缴。

在规定期限内按实际利润额预缴有困难的,经总机构所在地主管税务机关认可,可以按照上一年度应纳税所得额的1/12或1/4,由总机构、分支机构就地预缴企业所得税。

预缴方式一经确定,当年度不得变更。

第十九条　总机构和分支机构应分期预缴的企业所得税,50%在各分支机构间分摊预缴,50%由总机构预缴。总机构预缴的部分,其中25%就地入库,25%预缴入中央国库,按照财预[2008]10号文件的有关规定进行分配。

第二十条　按照当期实际利润额预缴的税款分摊方法

(一)分支机构应分摊的预缴数

总机构根据统一计算的企业当期实际应纳所得税额,在每月或季度终了后10日内,按照各分支机构应分摊的比例,将本期企业全部应纳所得税额的50%在各分支机构之间进行分摊并通知到各分支机构;各分支机构应在每月或季度终了之日起15日内,就其分摊的所得税额向所在地主管税务机关申报预缴。

(二)总机构应分摊的预缴数

总机构根据统一计算的企业当期应纳所得税额的25%,在每月或季度终了后15日内自行就地申报预缴。

(三)总机构缴入中央国库分配税款的预缴数

总机构根据统一计算的企业当期应纳所得税额的25%,在每月或季度终了后15日内自行就地申报预缴。

第二十一条　按照上一年度应纳税所得额的1/12或1/4预缴的税款分摊方法

(一)分支机构应分摊的预缴数

总机构根据上年汇算清缴统一计算应缴纳所得税额的1/12或1/4,在每月或季度终了之日起10日内,按照各分支机构应分摊的比例,将本期企业全部应纳所得税额的50%在各分支机构之间进行分摊并通知到各分支机构;各分支机构应在每月或季度终了之日起15日内,就其分摊的所得税额向所在地主管税务机关申报预缴。

(二)总机构应分摊的预缴数

总机构根据上年汇算清缴统一计算应缴纳所得税额的1/12或1/4,将企业全部应纳所得税额的25%部分,在每月或季度终了后15日内自行向所在地主管税务机关申报预缴。

(三)总机构缴入中央国库分配税款的预缴数

总机构根据上年汇算清缴统一计算应缴纳所得税额的1/12或1/4,将企业全部应纳所得税额的25%部分,在每月或季度终了后15日内,自行向所在地主管税务机关申报预缴。

第二十二条　总机构在年度终了后5个月内,应依照法律、法规和其他有关规定进行汇总纳税企业的所得税年度汇算清缴。各分支机构不进行企业所得税汇算清缴。

当年应补缴的所得税款,由总机构缴入中央国库。当年多缴的所得税款,由总机构所在地主管税务机关开具"税收收入退还书"等凭证,按规定程序从中央国库办理退库。

第三章　分支机构分摊税款比例

第二十三条　总机构应按照以前年度(1—6月份按上上年度,7—12月份按上年度)分支机构的经营收入、职工工资和资产总额三个因素计算各分支机构应分摊所得税款的比例，三因素的权重依次为0.35、0.35、0.30。计算公式如下：

$$\text{某分支机构分摊比例} = 0.35 \times \left(\frac{\text{该分支机构营业收入}}{\text{各分支机构营业收入之和}}\right) + 0.35 \times \left(\frac{\text{该分支机构工资总额}}{\text{各分支机构工资总额之和}}\right) + 0.30 \times \left(\frac{\text{该分支机构资产总额}}{\text{各分支机构资产总额之和}}\right)$$

以上公式中分支机构仅指需要就地预缴的分支机构，该税款分摊比例按上述方法一经确定后，当年不作调整。

第二十四条 本办法所称分支机构经营收入，是指分支机构在销售商品或者提供劳务等经营业务中实现的全部营业收入。其中，生产经营企业的经营收入是指销售商品、提供劳务等取得的全部收入；金融企业的经营收入是指利息和手续费等全部收入；保险企业的经营收入是指保费等全部收入。

第二十五条 本办法所称分支机构职工工资，是指分支机构为获得职工提供的服务而给予职工的各种形式的报酬。

第二十六条 本办法所称分支机构资产总额，是指分支机构拥有或者控制的除无形资产外能以货币计量的经济资源总额。

第二十七条 各分支机构的经营收入、职工工资和资产总额的数据均以企业财务会计决算报告数据为准。

第二十八条 分支机构所在地主管税务机关对总机构计算确定的分摊所得税款比例有异议的，应于收到《中华人民共和国企业所得税汇总纳税分支机构分配表》后30日内向企业总机构所在地主管税务机关提出书面复核建议，并附送相关数据资料。总机构所在地主管税务机关必须于收到复核建议后30日内，对分摊税款的比例进行复核，并作出调整或维持原比例的决定。分支机构所在地主管税务机关应执行总机构所在地主管税务机关的复核决定。

第二十九条 分摊所得税款比例复核期间，分支机构应先按总机构确定的分摊比例申报预缴税款。

第四章 征收管理

第三十条 总机构和分支机构均应依法办理税务登记，接受所在地税务机关的监督和管理。

第三十一条 总机构应在每年6月20日前，将依照本办法第二十三条规定方法计算确定的各分支机构当年应分摊税款的比例，填入《中华人民共和国企业所得税汇总纳税分支机构分配表》（见《国家税务总局关于印发〈中华人民共和国企业所得税月（季）度预缴纳税申报表〉等报表的通知》（国税函［2008］44号）附件4，该附件填报说明第二条第10项"各分支机构分配比例"的计算公式依照本办法第二十三条的规定执行），报送总机构所在地主管税务机关，同时下发各分支机构。

第三十二条 总机构所在地主管税务机关收到总机构报送的《中华人民共和国企业所得税汇总纳税分支机构分配表》后10日内，应通过国家税务总局跨地区经营汇总纳税企业信息交换平台或邮寄等方式，及时传送给各分支机构所在地主管税务机关。

第三十三条 总机构应当将其所有二级分支机构（包括不参与就地预缴分支机构）的信息及二级分支机构主管税务机关的邮编、地址报主管税务机关备案。

第三十四条 分支机构应将总机构信息、上级机构、下属分支机构信息报主管税务机关备案。

第三十五条 分支机构注销后15日内，总机构应将分支机构注销情况报主管税务机关备案。

第三十六条 总机构及其分支机构除按纳税申报规定向主管税务机关报送相关资料外，还应报送《中华人民共和国企业所得税汇总纳税分支机构分配表》、财务会计决算报告和职工工资总额情况表。

第三十七条 分支机构的各项财产损失，应由分支机构所在地主管税务机关审核并出具证明后，再由总机构向所在地主管税务机关申报扣除。

第三十八条 各分支机构主管税务机关应根据总机构主管税务机关反馈的《中华人民共和国企业所得税汇总纳税分支机构分配表》，对其主管分支机构应分摊入库的所得税税款和计算分摊税款比例的3项指标进行查验核对。发现计算分摊税款比例的3项指标有问题的，应及时将相关情况通报总机构主管税务机关。分支机构未按税款分配数额预缴所得税造成少缴税款的，主管税务机关应按照《中华人民共和国税收征收管理法》及其实施细则的有关规定对其处罚，并将处罚结果通知总机构主管税务机关。

第五章　附　则

第三十九条　居民企业在同一省、自治区、直辖市和计划单列市内跨地、市(区、县)设立不具有法人资格营业机构、场所的,其企业所得税征收管理办法,由各省、自治区、直辖市和计划单列市国家税务局、地方税务局参照本办法联合制定。

第四十条　本办法自2008年1月1日起执行。

第四十一条　本办法由国家税务总局负责解释。

国家税务总局关于跨地区经营汇总纳税企业所得税征收管理有关问题的通知

国税函[2008]747号

各省、自治区、直辖市和计划单列市国家税务局、地方税务局:

为进一步加强跨地区经营汇总纳税企业所得税征收管理工作,经研究,现将有关问题通知如下:

一、关于总机构不向分支机构提供企业所得税分配表,导致分支机构无法正常就地申报预缴企业所得税的处理问题

首先,分支机构主管税务机关要对二级分支机构进行审核鉴定,如该二级分支机构具有主体生产经营职能,可以确定为应就地申报预缴所得税的二级分支机构;其次,对确定为就地申报预缴所得税的二级分支机构,主管税务机关应责成该分支机构督促总机构限期提供税款分配表,同时函请总机构主管税务机关责成总机构限期提供税款分配表,并由总机构主管税务机关对总机构按照《中华人民共和国税收征收管理法》的有关规定予以处罚;总机构主管税务机关未尽责的,由上级税务机关对总机构主管税务机关依照税收执法责任制的规定严肃处理。

二、关于实行跨地区汇总纳税的企业能否核定征收所得税的问题

跨地区汇总纳税企业的所得税收入涉及到跨区利益,跨区法人应健全财务核算制度并准确计算经营成果,不适用《国家税务总局关于印发〈企业所得税核定征收办法(试行)〉的通知》(国税发[2008]30号)。

国家税务总局关于小型微利企业所得税预缴问题的通知

国税函[2008]251号

各省、自治区、直辖市和计划单列市国家税务局、地方税务局:

为贯彻落实新的企业所得税法,确保企业所得税预缴工作顺利进行,经研究,现就小型微利企业所得税预缴问题通知如下:

一、企业按当年实际利润预缴所得税的,如上年度符合《中华人民共和国企业所得税法实施条例》第九十二条规定的小型微利企业条件,在本年度填写《中华人民共和国企业所得税月(季)度纳税申报表(A类)》(国税函[2008]44号文件附件1)时,第4行"利润总额"与5%的乘积,暂填入第7行"减免所得税额"内。

二、小型微利企业条件中,"从业人数"按企业全年平均从业人数计算,"资产总额"按企业年初和年末的资产总额平均计算。

三、企业在当年首次预缴企业所得税时,须向主管税务机关提供企业上年度符合小型微利企业条件的相关证明材料。主管税务机关对企业提供的相关证明材料核实后,认定企业上年度不符合小型微利企业条件的,该企业当年不得按本通知第一条规定填报纳税申报表。

四、纳税年度终了后,主管税务机关要根据企业当年有关指标,核实企业当年是否符合小型微利企业条件。企业当年有关指标不符合小型微利企业条件,但已按本通知第一条规定计算减免所得税额的,在年度汇算清缴时要补缴按本通知第一条规定计算的减免所得税额。

国家税务总局关于外国企业所得税纳税年度有关问题的通知

国税函[2008]301号

各省、自治区、直辖市和计划单列市国家税务局,广东省和深圳市地方税务局:

现就外国企业所得税的纳税年度问题通知如下:

根据《中华人民共和国外商投资企业和外国企业所得税法实施细则》第八条规定,经当地主管税务机关批准以满十二个月的会计年度为纳税年度的外国企业,其2007-2008年度企业所得税的纳税年度截止到2007年12月31日,并按照《中华人民共和国外商投资企业和外国企业所得税法》规定的税率计算缴纳企业所得税。自2008年1月1日起,外国企业一律以公历年度为纳税年度,按照《中华人民共和国企业所得税法》规定的税率计算缴纳企业所得税。

财政部　国家税务总局关于核电行业税收政策有关问题的通知

财税[2008]38号

各省、自治区、直辖市、计划单列市财政厅(局)、国家税务局,财政部驻各省、自治区、直辖市、计划单列市财政监察专员办事处:

为支持核电事业的发展,统一核电行业税收政策,经国务院批准,现将有关税收政策问题通知如下:

一、关于核力发电企业的增值税政策

(一)核力发电企业生产销售电力产品,自核电机组正式商业投产次月起15个年度内,统一实行增值税先征后退政策,返还比例分三个阶段逐级递减。具体返还比例为:

1. 自正式商业投产次月起5个年度内,返还比例为已入库税款的75%;2. 自正式商业投产次月起的第6至第10个年度内,返还比例为已入库税款的70%;3. 自正式商业投产次月起的第11至第15个年度内,返还比例为已入库税款的55%;4. 自正式商业投产次月起满15个年度以后,不再实行增值税先征后退政策。

(二)核力发电企业采用按核电机组分别核算增值税退税额的办法,企业应分别核算核电机组电力产品的销售额,未分别核算或不能准确核算的,不得享受增值税先征后退政策。单台核电机组增值税退税额可以按以下公式计算:

(三)原已享受增值税先征后退政策但该政策已于2007年内到期的核力发电企业,自该政策执行到期后次月起按上述统一政策核定剩余年度相应的返还比例;对2007年内新投产的核力发电企业,自核电机组正式商业投产日期的次月起按上述统一政策执行。

二、自2008年1月1日起,核力发电企业取得的增值税退税款,专项用于还本付息,不征收企业所得税。

三、关于大亚湾核电站和广东核电投资有限公司税收政策大亚湾核电站和广东核电投资有限公司在2014年12月31日前继续执行以下政策，不适用本通知第一、二条规定的政策：

（一）对大亚湾核电站销售给广东核电投资有限公司的电力免征增值税。

（二）对广东核电投资有限公司销售给广东电网公司的电力实行增值税先征后退政策，并免征城市维护建设税和教育费附加。

（三）对大亚湾核电站出售给香港核电投资有限公司的电力及广东核电投资有限公司转售给香港核电投资有限公司的大亚湾核电站生产的电力免征增值税。

（四）自2008年1月1日起财政部和国家税务总局《关于广东大亚湾核电站有关税收政策问题的通知》（财税字[1998]173号）停止执行。

四、增值税先征后退具体操作办法由财政部驻当地财政监察专员办事处按《财政部　国家税务总局　中国人民银行关于税制改革后对某些企业实行"先征后退"有关预算管理问题的暂行规定的通知》（(94)财预字第55号）有关规定办理。

国家税务总局关于房地产开发企业所得税预缴问题的通知

国税函[2008]299号

各省、自治区、直辖市和计划单列市国家税务局、地方税务局：

为贯彻落实新的企业所得税法，确保企业所得税预缴工作顺利开展，经研究，现就房地产开发企业所得税预缴问题通知如下：

一、房地产开发企业按当年实际利润据实分季（或月）预缴企业所得税的，对开发、建造的住宅、商业用房以及其他建筑物、附着物、配套设施等开发产品，在未完工前采取预售方式销售取得的预售收入，按照规定的预计利润率分季（或月）计算出预计利润额，计入利润总额预缴，开发产品完工、结算计税成本后按照实际利润再行调整。

二、预计利润率暂按以下规定的标准确定：

（一）非经济适用房开发项目

1. 位于省、自治区、直辖市和计划单列市人民政府所在地城区和郊区的，不得低于20%。

2. 位于地级市、地区、盟、州城区及郊区的，不得低于15%.

3. 位于其他地区的，不得低于10%。

（二）经济适用房开发项目

经济适用房开发项目符合建设部、国家发展改革委员会、国土资源部、中国人民银行《关于印发〈经济适用房管理办法〉的通知》（建住房[2004]77号）等有关规定的，不得低于3%。

三、房地产开发企业按当年实际利润据实预缴企业所得税的，对开发、建造的住宅、商业用房以及其他建筑物、附着物、配套设施等开发产品，在未完工前采取预售方式销售取得的预售收入，按照规定的预计利润率分季（或月）计算出预计利润额，填报在《中华人民共和国企业所得税月（季）度预缴纳税申报表（A类）》（国税函[2008]44号文件附件1）第4行"利润总额"内。

四、房地产开发企业对经济适用房项目的预售收入进行初始纳税申报时，必须附送有关部门批准经济适用房项目开发、销售的文件以及其他相关证明材料。凡不符合规定或未附送有关部门的批准文件以及其他相关证明材料的，一律按销售非经济适用房的规定执行。

五、本通知适用于从事房地产开发经营业务的居民纳税人。

六、本通知自2008年1月1日起执行。已按原预计利润率办理完毕2008年一季度预缴的外商投资房地产开发企业，从二季度起按本通知执行。

科技部 财政部 国家税务总局关于印发《高新技术企业认定管理办法》的通知

国科发火[2008]172号

各省、自治区、直辖市、计划单列市科技厅(局)、财政厅(局)、国家税务局、地方税务局:

根据《中华人民共和国企业所得税法》、《中华人民共和国企业所得税法实施条例》的有关规定,经国务院批准,现将《高新技术企业认定管理办法》及其附件《国家重点支持的高新技术领域》印发给你们,请遵照执行。

高新技术企业认定管理办法

第一章 总 则

第一条 为扶持和鼓励高新技术企业的发展,根据《中华人民共和国企业所得税法》(以下称《企业所得税法》)、《中华人民共和国企业所得税法实施条例》(以下称《实施条例》)有关规定,特制定本办法。

第二条 本办法所称的高新技术企业是指:在《国家重点支持的高新技术领域》(见附件)内,持续进行研究开发与技术成果转化,形成企业核心自主知识产权,并以此为基础开展经营活动,在中国境内(不包括港、澳、台地区)注册一年以上的居民企业。

第三条 高新技术企业认定管理工作应遵循突出企业主体、鼓励技术创新、实施动态管理、坚持公平公正的原则。

第四条 依据本办法认定的高新技术企业,可依照《企业所得税法》及其《实施条例》、《中华人民共和国税收征收管理法》(以下称《税收征管法》)及《中华人民共和国税收征收管理法实施细则》(以下称《实施细则》)等有关规定,申请享受税收优惠政策。

第五条 科技部、财政部、税务总局负责指导、管理和监督全国高新技术企业认定工作。

第二章 组织与实施

第六条 科技部、财政部、税务总局组成全国高新技术企业认定管理工作领导小组(以下称"领导小组"),其主要职责为:

(一)确定全国高新技术企业认定管理工作方向,审议高新技术企业认定管理工作报告;

(二)协调、解决认定及相关政策落实中的重大问题;

(三)裁决高新技术企业认定事项中的重大争议,监督、检查各地区认定工作;

(四)对高新技术企业认定工作出现重大问题的地区,提出整改意见。

第七条 领导小组下设办公室。办公室设在科技部,其主要职责为:

(一)提交高新技术企业认定管理工作报告;

(二)组织实施对高新技术企业认定管理工作的检查;

(三)负责高新技术企业认定工作的专家资格的备案管理;

(四)建立并管理"高新技术企业认定管理工作网";

(五)领导小组交办的其他工作。

第八条 各省、自治区、直辖市、计划单列市科技行政管理部门同本级财政、税务部门组成本地区高新技术企业认定管理机构(以下称"认定机构"),根据本办法开展下列工作:

(一)负责本行政区域内的高新技术企业认定工作;

(二)接受企业提出的高新技术企业资格复审;

(三)负责对已认定企业进行监督检查,受理、核实并处理有关举报;

(四)选择参与高新技术企业认定工作的专家并报领导小组办公室备案。

第九条　企业取得高新技术企业资格后，应依照本办法第四条的规定到主管税务机关办理减税、免税手续。

享受减税、免税优惠的高新技术企业，减税、免税条件发生变化的，应当自发生变化之日起15日内向主管税务机关报告；不再符合减税、免税条件的，应当依法履行纳税义务；未依法纳税的，主管税务机关应当予以追缴。同时，主管税务机关在执行税收优惠政策过程中，发现企业不具备高新技术企业资格的，应提请认定机构复核。复核期间，可暂停企业享受减免税优惠。

第三章　条件与程序

第十条　高新技术企业认定须同时满足以下条件：

（一）在中国境内（不含港、澳、台地区）注册的企业，近三年内通过自主研发、受让、受赠、并购等方式，或通过5年以上的独占许可方式，对其主要产品（服务）的核心技术拥有自主知识产权；

（二）产品（服务）属于《国家重点支持的高新技术领域》规定的范围；

（三）具有大学专科以上学历的科技人员占企业当年职工总数的30%以上，其中研发人员占企业当年职工总数的10%以上；

（四）企业为获得科学技术（不包括人文、社会科学）新知识，创造性运用科学技术新知识，或实质性改进技术、产品（服务）而持续进行了研究开发活动，且近三个会计年度的研究开发费用总额占销售收入总额的比例符合如下要求：

1. 最近一年销售收入小于5,000万元的企业，比例不低于6%；

2. 最近一年销售收入在5,000万元至20,000万元的企业，比例不低于4%；

3. 最近一年销售收入在20,000万元以上的企业，比例不低于3%。

其中，企业在中国境内发生的研究开发费用总额占全部研究开发费用总额的比例不低于60%。企业注册成立时间不足三年的，按实际经营年限计算；

（五）高新技术产品（服务）收入占企业当年总收入的60%以上；

（六）企业研究开发组织管理水平、科技成果转化能力、自主知识产权数量、销售与总资产成长性等指标符合《高新技术企业认定管理工作指引》（另行制定）的要求。

第十一条　高新技术企业认定的程序如下：

（一）企业自我评价及申请

企业登录“高新技术企业认定管理工作网”，对照本办法第十条规定条件，进行自我评价。认为符合认定条件的，企业可向认定机构提出认定申请。

（二）提交下列申请材料

1. 高新技术企业认定申请书；

2. 企业营业执照副本、税务登记证（复印件）；

3. 知识产权证书（独占许可合同）、生产批文，新产品或新技术证明（查新）材料、产品质量检验报告、省级以上科技计划立项证明，以及其他相关证明材料；

4. 企业职工人数、学历结构以及研发人员占企业职工的比例说明；

5. 经具有资质的中介机构鉴证的企业近三个会计年度研究开发费用情况表（实际年限不足三年的按实际经营年限），并附研究开发活动说明材料；

6. 经具有资质的中介机构鉴证的企业近三个会计年度的财务报表（含资产负债表、损益表、现金流量表，实际年限不足三年的按实际经营年限）以及技术性收入的情况表。

（三）合规性审查

认定机构应建立高新技术企业认定评审专家库；依据企业的申请材料，抽取专家库内专家对申报企业进行审查，提出认定意见。

（四）认定、公示与备案

认定机构对企业进行认定。经认定的高新技术企业在“高新技术企业认定管理工作网”上公示15个工作日，没有异议的，报送领导小组办公室备案，在“高新技术企业认定管理工作网”上公告认定结果，并向企业颁发统一印制的“高新技术企业证书”。

第十二条 高新技术企业资格自颁发证书之日起有效期为三年。企业应在期满前三个月内提出复审申请,不提出复审申请或复审不合格的,其高新技术企业资格到期自动失效。

第十三条 高新技术企业复审须提交近三年开展研究开发等技术创新活动的报告。

复审时应重点审查第十条(四)款,对符合条件的,按照第十一条(四)款进行公示与备案。

通过复审的高新技术企业资格有效期为三年。期满后,企业再次提出认定申请的,按本办法第十一条的规定办理。

第十四条 高新技术企业经营业务、生产技术活动等发生重大变化(如并购、重组、转业等)的,应在十五日内向认定管理机构报告;变化后不符合本办法规定条件的,应自当年起终止其高新技术企业资格;需要申请高新技术企业认定的,按本办法第十一条的规定办理。

高新技术企业更名的,由认定机构确认并经公示、备案后重新核发认定证书,编号与有效期不变。

第四章 罚 则

第十五条 已认定的高新技术企业有下述情况之一的,应取消其资格:

(一)在申请认定过程中提供虚假信息的;

(二)有偷、骗税等行为的;

(三)发生重大安全、质量事故的;

(四)有环境等违法、违规行为,受到有关部门处罚的。

被取消高新技术企业资格的企业,认定机构在5年内不再受理该企业的认定申请。

第十六条 参与高新技术企业认定工作的各类机构和人员对所承担认定工作负有诚信以及合规义务,并对申报认定企业的有关资料信息负有保密义务。违反高新技术企业认定工作相关要求和纪律的,给予相应处理。

第五章 附 则

第十七条 原《国家高新技术产业开发区外高新技术企业认定条件和办法》(国科发火字[1996]018号)、原《国家高新技术产业开发区高新技术企业认定条件和办法》(国科发火字[2000]324号),自本办法实施之日起停止执行。

第十八条 本办法由科技部、财政部、税务总局负责解释。

第十九条 科技部、财政部、税务总局另行制定《高新技术企业认定管理工作指引》。

第二十条 本办法自2008年1月1日起实施。

高新技术企业认定管理办法及配套文件解读

备受关注的《高新技术企业认定管理办法》和配套文件《高新技术企业认定管理工作指引》由科技部、财政部、国家税务总局联合颁布。《办法》出台的目的和意义是什么?与之前相比有哪些不同?对高新技术企业将会产生怎样的影响?1月22日,科技部火炬中心主任梁桂进行了解读。

提高自主创新能力掌握国际竞争主动权

记者:新办法是在怎样的历史背景下出台的?

梁桂:我国高新技术企业的发展,对促进科技与经济的结合、推动新兴产业发展、实现经济增长起到了重要作用。但是,从全国企业科技创新的情况看,形势并不乐观。

据统计,全国规模以上企业开展科技研发活动的仅占25%,研究开发支出占企业销售收入的比重仅占0.56%,大中型企业为0.76%,高新技术企业平均为2%;只有万分之三的企业拥有自主知识产权。这说明,整体上我国企业研发机构少,研发投入强度低,创新能力明显不足。

近年来,国际科技竞争日益激烈,自主创新能力已成为一个国家的核心竞争力。发达国家凭借强大的技术优势和市场优势,在国际竞争中长期处于垄断地位,我国由于高新技术企业的发展起步较晚,受到外部关键技术封锁和自身创新能力不足的双重制约,企业普遍面临着低端锁定困局。随着经济全球化和我国市场体制的推进,我国已进入必须依靠科技进步和自主创新推动社会经济发展的新时期。坚持走中国特色自主创新道路，努力建设创新型国家，已成为新时期国家发展的重大战略方针。

全国科学技术大会和党的十七大的召开，为我国新时期的发展提出了明确的战略目标，也为我国高新技术企业及其产业的发展提出了新的更高的要求。实践证明，自主创新能力是一个国家长远发展的核心竞争力。自主创新能力是内生的，核心技术是买不来的。我国要在激烈的国际竞争中掌握主动权，就必须提高自主创新能力，加大研究开发投入，在若干重要领域掌握一批核心技术，拥有一批自主知识产权，造就一批具有国际竞争力的企业，大幅度提高国家竞争力。因此，出台符合新形势要求的高新技术企业认定办法及其配套文件势在必行。

记者：出台新办法的目的和总体目标是什么？

梁桂：制定新《认定办法》的总体目标就是要在建设创新型国家的战略指引下，通过鼓励创新的政策导向和新税制优化产业结构的引导功能，进一步增强我国高新技术企业以自主研发为核心的综合创新能力，促进高新技术产业升级发展。总体思路是进一步明确认定标准、规范操作程序、改革管理体制、加强政策协调，做好高新技术企业认定管理工作，把优惠政策真正落到实处。

记者：什么样的企业能够被认定为高新技术企业？

梁桂：新《认定办法》最重要的特点，是以企业自主研发和创新能力为核心来认定高新技术企业。按照新《认定办法》的规定，高新技术企业应该是在国家重点支持的高新技术领域内，持续进行研究开发与技术成果转化，形成企业核心自主知识产权，并以此为基础开展生产经营活动，在中国境内（不包括港、澳、台地区）注册一年以上的居民企业。这里包括了三层含义，一是企业所从事的研究开发和生产经营活动必须符合国家重点支持的产业技术方向，属于《国家重点支持的高新技术领域》规定的范围；二是具有持续的自主研究开发能力，拥有核心自主知识产权，将成为高新技术企业的必备条件；三是企业的主营业务必须与自身的研究开发与技术成果转化活动密切相关。符合以上特征并达到相应认定指标的企业才能被认定为高新技术企业。没有开展研究开发活动，单纯从事高新技术产品生产加工的企业，不能被认定为高新技术企业。

规范认定标准加强政策协调

记者：企业的研发和创新能力是否有具体指标来衡量？

梁桂：新《认定办法》对研究开发和创新能力等关键认定指标和测度依据均有明确规定。

原有的高新技术企业认定办法存在一个很大的不足，就是没有规定关键认定指标的测度依据，特别是对研究开发活动一直没有给出评价标准和费用归集标准，致使各地在实际操作时，缺乏统一可测的标准。

为了解决这个问题，新办法经过大量调研，借鉴国际经验（OECD、美国、韩国），结合我国实际，确定了企业研究开发活动界定标准及费用归集标准。同时，对科技人员、研究开发人员、自主知识产权、科技成果转化能力等相应指标也给予了明确说明。

新《认定办法》明确了研究开发等关键认定指标的测度依据，认定标准规范统一，避免了认定工作的随意性。

记者：为什么新办法在认定工作中用《国家重点支持的高新技术领域》取代了《高新技术产品目录》？

梁桂：为了实现以自主研发和创新为核心来认定高新技术企业，新《认定办法》在认定工作中取消了《高新技术产品目录》。

上世纪90年代出台的高新技术企业认定管理办法是针对国际上高新技术产业蓬勃兴起，国内外差距较大的情况下制定的，当时在许多领域建立生产能力是第一位的问题，编制《产品目录》用来界定高新技术企业具有历史的合理性。但是，随着时间的推移，以《产品目录》为导向来认定高新技术企业已不适应我国科技、经济快速发展的要求，造成一些地方将只具备产品生产加工能力，不从事自主研发，长期处于高新技术产业链和价值链低端的加工型企业也被认定为高新技术企业。同时，大量伴随着现代服务业发展起来的从事技术开发和技术服务的企业又不能被纳入高新技术企业的范畴。因此，新《认定办法》根据国家中长期科技发展规划和“十一五”发展规划，结合节能减排、保护环境、促进民生的重点任务，配套编制了《国家重点支持的高新技术领域》，用来判断企业所进行的研究开发与产业化活动是否具有创新性，是否符合国家重点支持方向，同时兼顾支持技术型服务业，并将成熟技术和不符合国家产业政策的领域排除在外，避免了《产品目录》的局限性。

记者：新办法对企业研发费用占销售收入的比例进行调整的主要依据是什么？

梁桂：新《认定办法》根据形势的发展和我国企业的实际情况，按照不同的企业规模，对研发费用占销售收入的比例进行了必要的调整。

上世纪90年代,我国的高新技术企业大都处于创业发展阶段,企业主要从事技术开发和产品开发,销售规模较小,原认定办法把企业研发费用占销售收入的比例定为5%,符合当时我国高新技术企业的发展情况。

进入21世纪以来,我国高新技术企业取得了较大发展,经济规模增长迅速。同时也呈现出一个规律:随着经济规模的扩大,企业的研发投入占销售收入的比例较初创期有所降低。这是因为,初创期的企业主要从事技术和产品开发活动,在这个阶段,企业研发投入大,销售收入少,因此研发投入的比重较大。当企业渡过初创期后,随着经济规模的扩大,企业除了将一部分经费用于研究开发外,还需投入大量经费用于市场开拓和扩大生产能力,因此在这个阶段,研发投入的比重较初创期有所降低。

通过对全国高新技术企业研发强度的统计分析,考虑到我国不同规模企业的发展现实,新《认定办法》对企业研发费用占销售收入的比例进行了适度调整,将销售收入为5000万元以下企业,比例定为6%;销售收入为5000万至2亿元的企业,比例定为4%;销售收入为2亿元以上的企业,比例定为3%。这样做既能引导企业保持较高强度的研究开发投入,符合国家自主创新的政策导向,又能适应不同规模企业的客观发展规律,执行起来更加合理可行。

记者:新办法在认定管理方面进行了哪些改革?

梁桂:建立部门合作与政策协调的长效机制,构建责权分明、监管与操作分离的认定管理工作体系,是新《认定办法》在高新技术企业认定工作的一次重大改革。

为了做好企业认定和政策落实工作,新《认定办法》加大了部门合作与政策协调力度。科技部与财政部、国家税务总局建立了联合工作机制,省级科技主管部门与同级财政、税务部门共同进行高新技术企业认定工作,通过这一改革措施,保证认定企业与享受政策同步进行。

在组织管理方面,新《认定办法》设立了"部门决策、地方认定、机构监管"的认定管理工作体系。科技部、财政部、国家税务总局三部门联合成立认定工作领导小组,作为决策层,研究决定高新技术企业认定工作原则,解决科技、财政、税务部门在高新技术企业认定及相关政策落实中出现的重大问题。认定工作领导小组下设办公室,作为监管层,负责认定工作的备案管理,监督、检查全国高新技术企业认定工作和相关政策的落实情况。省级科技部门与同级财政、税务部门组成高新技术企业认定管理机构,作为认定机构,负责本地区高新技术企业认定工作,并通过会商制度及时解决高新技术企业认定及税收政策落实中出现的有关问题。新《认定办法》还通过公示公告、投诉处理、日常检查等措施加强过程监管,接受社会监督,充分体现了公共政策公开、公平、公正的原则。

国家税务总局关于停止执行企业购买国产设备投资抵免企业所得税政策问题的通知

国税发[2008]52号

各省、自治区、直辖市和计划单列市国家税务局、地方税务局:

现就实施新企业所得税法后,企业购买国产设备投资抵免企业所得税的政策问题通知如下:

自2008年1月1日起,停止执行企业购买国产设备投资抵免企业所得税的政策。

财政部 国家税务总局关于认真落实抗震救灾及灾后重建税收政策问题的通知

财税[2008]62号

各省、自治区、直辖市、计划单列市财政厅(局)、国家税务局、地方税务局:

随着抗震救灾工作的不断深入,灾后重建工作也将陆续展开。为贯彻落实好党中央、国务院关于抗震救灾工作的重要指示精神，积极支持受灾地区做好抗震救灾及灾后重建工作，现就有关税收政策问题通知如下：

各级财政税务机关要将支持抗震救灾和灾后重建工作作为当前一项十分紧迫的重要任务，采取有效措施，认真贯彻落实好现行税收法律、法规中可以适用于抗震救灾及灾后重建的有关税收优惠政策。主要包括：

一、企业所得税

（一）企业实际发生的因地震灾害造成的财产损失，准予在计算应纳税所得额时扣除。

（二）企业发生的公益性捐赠支出，按企业所得税法及其实施条例的规定在计算应纳税所得额时扣除。

二、个人所得税

（一）因地震灾害造成重大损失的个人，可减征个人所得税。具体减征幅度和期限由受灾地区省、自治区、直辖市人民政府确定。

（二）对受灾地区个人取得的抚恤金、救济金，免征个人所得税。

（三）个人将其所得向地震灾区的捐赠，按照个人所得税法的有关规定从应纳税所得中扣除。

三、房产税

（一）经有关部门鉴定，对毁损不堪居住和使用的房屋和危险房屋，在停止使用后，可免征房产税。

（二）房屋大修停用在半年以上的，在大修期间免征房产税，免征税额由纳税人在申报缴纳房产税时自行计算扣除，并在申报表附表或备注栏中作相应说明。

四、契税

因地震灾害灭失住房而重新购买住房的，准予减征或者免征契税，具体的减免办法由受灾地区省级人民政府制定。

五、资源税

纳税人开采或者生产应税产品过程中，因地震灾害遭受重大损失的，由受灾地区省、自治区、直辖市人民政府决定减征或免征资源税。

六、城镇土地使用税

纳税人因地震灾害造成严重损失，缴纳确有困难的，可依法申请定期减免城镇土地使用税。

七、车船税

已完税的车船因地震灾害报废、灭失的，纳税人可申请退还自报废、灭失月份起至本年度终了期间的税款。

八、进出口税收

对外国政府、民间团体、企业、个人等向我国境内受灾地区捐赠的物资，包括食品、生活必需品、药品、抢救工具等，免征进口环节税收。

九、现行税收法律、法规中适用于抗震救灾及灾后重建的其他税收政策。

国家税务总局关于母子公司间提供服务支付费用有关企业所得税处理问题的通知

国税发［2008］86号

各省、自治区、直辖市和计划单列市国家税务局、地方税务局：

根据《中华人民共和国企业所得税法》及其实施条例的有关规定，现就在中国境内，属于不同独立法人的母子公司之间提供服务支付费用有关企业所得税处理问题通知如下：

一、母公司为其子公司（以下简称子公司）提供各种服务而发生的费用，应按照独立企业之间公平交易原则确定服务的价格，作为企业正常的劳务费用进行税务处理。

母子公司未按照独立企业之间的业务往来收取价款的，税务机关有权予以调整。

二、母公司向其子公司提供各项服务，双方应签订服务合同或协议，明确规定提供服务的内容、收费标准及金额等，凡按上述合同或协议规定所发生的服务费，母公司应作为营业收入申报纳税；子公司作为成本费用在税前扣除。

三、母公司向其多个子公司提供同类项服务，其收取的服务费可以采取分项签订合同或协议收取；也可以采取服务分摊协议的方式，即，由母公司与各子公司签订服务费用分摊合同或协议，以母公司为其子公司提供服务所发生的实际费用并附加一定比例利润作为向子公司收取的总服务费，在各服务受益子公司（包括盈利企业、亏损企业和享受减免税企业）之间按《中华人民共和国企业所得税法》第四十一条第二款规定合理分摊。

四、母公司以管理费形式向子公司提取费用，子公司因此支付给母公司的管理费，不得在税前扣除。

五、子公司申报税前扣除向母公司支付的服务费用，应向主管税务机关提供与母公司签订的服务合同或者协议等与税前扣除该项费用相关的材料。不能提供相关材料的，支付的服务费用不得税前扣除。

关于非居民企业征收企业所得税有关问题的通知

财税［2008］130 号

各省、自治区、直辖市、计划单列市财政厅（局）、国家税务局、地方税务局，新疆生产建设兵团财务局：

现将非居民企业征收企业所得税的有关问题明确如下：

根据《中华人民共和国企业所得税法》第十九条及《中华人民共和国企业所得税实施条例》第一百零三条规定，在对非居民企业取得《中华人民共和国企业所得税法》第三条第三款规定的所得计算征收企业所得税时，不得扣除上述条款规定以外的其他税费支出。

本规定自 2008 年 1 月 1 日起执行。

关于执行资源综合利用企业所得税优惠目录有关问题的通知

财税［2008］47 号

各省、自治区、直辖市、计划单列市财政厅（局）、国家税务局、地方税务局，新疆生产建设兵团财务局：

根据《中华人民共和国企业所得税法》和《中华人民共和国企业所得税法实施条例》（国务院令第 512 号，以下简称实施条例）有关规定，经国务院批准，财政部、税务总局、发展改革委公布 了《资源综合利用企业所得税优惠目录》（以下简称《目录》）。现将执行《目录》的有关问题通知如下：

一、企业自 2008 年 1 月 1 日起以《目录》中所列资源为主要原 材料，生产《目录》内符合国家或行业相关标准的产品取得的收入，在计算应纳税所得额时，减按 90% 计入当年收入总额。享受上述税收优惠时，《目录》内所列资源占产品原料的比例应符合《目录》规定的技术标准。

二、企业同时从事其他项目而取得的非资源综合利用收入，应与资源综合利用收入分开核算，没有分开核算的，不得享受优惠政策。

三、企业从事不符合实施条例和《目录》规定范围、条件和技术标准的项目，不得享受资源综合利用企业所得税优惠政策。

四、根据经济社会发展需要及企业所得税优惠政策实施情况，国务院财政、税务主管部门会同国家发展改革委等有关部门适时对《目录》内的项目进行调整和修订，并在报国务院批准后对《目录》进行更新。

关于执行环境保护专用设备企业所得税优惠目录　节能节水专用设备企业所得税优惠目录和安全生产专用设备企业所得税优惠目录有关问题的通知

财税[2008]48号

各省、自治区、直辖市、计划单列市财政厅(局)、国家税务局、地方税务局,新疆生产建设兵团财务局:

根据《中华人民共和国企业所得税法》(以下简称企业所得税法)和《中华人民共和国企业所得税法实施条例》(国务院令第512号)有关规定,经国务院批准,财政部、税务总局、发展改革委公布了《环境保护专用设备企业昕得税优惠目录》、《节能节水专用设备企业所得税优惠目录》,财政部、税务总局、安监总局公布了《安全生产专用设备企业所得税优惠目录》(以下统称《目录》)。现将执行《目录》的有关问题通知如下:

一、企业自2008年1月1日起购置并实际使用列入《目录》范围内的环境保护、节能节水和安全生产专用设备,可以按专用设备投资额的10%抵免当年企业所得税应纳税额;企业当年应纳税额不足抵免的,可以向以后年度结转,但结转期不得超过5个纳税年度。

二、专用设备投资额,是指购买专用设备发票价税合计价格,但不包括按有关规定退还的增值税税款以及设备运输、安装和调试等费用。

三、当年应纳税额,是指企业当年的应纳税所得额乘以适用税率,扣除依照企业所得税法和国务院有关税收优惠规定以及税收过渡优惠规定减征、免征税额后的余额。

四、企业利用自筹资金和银行贷款购置专用设备的投资额,可以按企业所得税法的规定抵免企业应纳所得税额;企业利用财政拨款购置专用设备的投资额,不得抵免企业应纳所得税额。

五、企业购置并实际投入适用、已开始享受税收优惠的专用设备,如从购置之日起5个纳税年度内转让、出租的,应在该专用设备停止使用当月停止享受企业所得税优惠,并补缴已经抵免的企业所得税税款。转让的受让方可以按照该专用设备投资额的10%抵免当年企业所得税应纳税额;当年应纳税额不足抵免的,可以在以后5个纳税年度结转抵免。

六、根据经济社会发展需要及企业所得税优惠政策实施情况,国务院财政、税务主管部门会同国家发展改革委、安监总局等有关部门适时对《目录》内的项目进行调整和修订,并在报国务院批准后对《目录》进行更新。

财政部　国家税务总局　国家发展改革委关于公布公共基础设施项目企业所得税优惠目录(2008年版)的通知

财税[2008]116号

各省、自治区、直辖市、计划单列市财政厅(局)、国家税务局、地方税务局、发展改革委、经贸委(经委),新疆生产建设兵团财务局:

《公共基础设施项目企业所得税优惠目录(2008年版)》已经国务院批准,现予以公布,自2008年1月1日起施行。

关于执行公共基础设施项目企业所得税优惠目录有关问题的通知

财税[2008]46号

各省、自治区、直辖市、计划单列市财政厅(局)、国家税务局、地方税务局,新疆生产建设兵团财务局:

根据《中华人民共和国企业所得税法》(以下简称企业所得税法)和《中华人民共和国企业所得税法实施条例》(国务院令第512号)的有关规定,经国务院批准,财政部 税务总局发展改革委公布了《公共基础设施项目企业所得税优惠目录》(以下简称《目录》)。现将执行《目录》的有关问题通知如下:

一、企业从事《目录》内符合相关条件和技术标准及国家投资管理相关规定、于2008年1月1日后经批准的公共基础设施项目,其投资经营的所得,自该项目取得第一笔生产经营收入所属纳税年度起,第一年至第三年免征企业所得税,第四年至第六年减半征收企业所得税。

第一笔生产经营收入,是指公共基础设施项目已建成并投入运营后所取得的第一笔收入。

二、企业同时从事不在《目录》范围内的项目取得的所得,应与享受优惠的公共基础设施项目所得分开核算,并合理分摊期间费用,没有分开核算的,不得享受上述企业所得税优惠政策。

三、企业承包经营、承包建设和内部自建自用公共基础设施项目,不得享受上述企业所得税优惠。

四、根据经济社会发展需要及企业所得税优惠政策实施情况,国务院财政、税务主管部门会同国家发展改革委等有关部门适时对《目录》内的项目进行调整和修订,并在报国务院批准后对《目录》进行更新。

关于贯彻落实从事农、林、牧、渔业项目企业所得税优惠政策有关事项的通知

国税函[2008]850号

各省、自治区、直辖市和计划单列市国家税务局、地方税务局:

为更好地贯彻落实《中华人民共和国企业所得税法》及其实施条例规定的从事农、林、牧、渔业项目的企业所得税优惠政策,现将有关事项通知如下:

一、《中华人民共和国企业所得税法实施条例》第八十六条规定的农、林、牧、渔业项目企业所得税优惠政策,各地可直接贯彻执行。对属已明确的免税项目,如有征税的,要及时退还税款。

农、林、牧、渔业项目中尚需进一步细化规定的农产品初加工等少数项目,税务总局正与相关部门抓紧研究,拟于近期下发执行。对从事此类项目的企业,因有特殊困难,不能按期缴纳企业所得税税款的,可按《中华人民共和国税收征收管理法》及其实施细则的相关规定,申请延期缴纳税款。

二、各地可暂按《国家税务总局关于印发〈税收减免管理办法(试行)〉的通知》(国税发[2005]129号)规定的程序,办理《中华人民共和国企业所得税法》及其实施条例规定的从事农、林、牧、渔业项目的企业所得税优惠政策事宜。

三、各级国税局、地税局要密切配合,确保从事农、林、牧、渔业项目的企业所得税优惠政策执行口径一致。各地对执行中发现的新情况和新问题要及时向税务总局(所得税司)反映,确保政策落实到位。

财政部　国家税务总局关于企业关联方利息支出税前扣除标准有关税收政策问题的通知

财税[2008]121号

各省、自治区、直辖市、计划单列市财政厅(局)、国家税务局、地方税务局,新疆生产建设兵团财务局:

为规范企业利息支出税前扣除,加强企业所得税管理,根据《中华人民共和国企业所得税法》(以下简称税法)第四十六条和《中华人民共和国企业所得税法实施条例》(国务院令第512号,以下简称实施条例)第一百一十九条的规定,现将企业接受关联方债权性投资利息支出税前扣除的政策问题通知如下:

一、在计算应纳税所得额时,企业实际支付给关联方的利息支出,不超过以下规定比例和税法及其实施条例有关规定计算的部分,准予扣除,超过的部分不得在发生当期和以后年度扣除。

企业实际支付给关联方的利息支出,除符合本通知第二条规定外,其接受关联方债权性投资与其权益性投资比例为:

(一)金融企业,为5∶1;

(二)其他企业,为2∶1。

二、企业如果能够按照税法及其实施条例的有关规定提供相关资料,并证明相关交易活动符合独立交易原则的;或者该企业的实际税负不高于境内关联方的,其实际支付给境内关联方的利息支出,在计算应纳税所得额时准予扣除。

三、企业同时从事金融业务和非金融业务,其实际支付给关联方的利息支出,应按照合理方法分开计算;没有按照合理方法分开计算的,一律按本通知第一条有关其他企业的比例计算准予税前扣除的利息支出。

四、企业自关联方取得的不符合规定的利息收入应按照有关规定缴纳企业所得税。

关于企业处置资产所得税处理问题的通知

国税函[2008]828号

各省、自治区、直辖市和计划单列市国家税务局、地方税务局:

根据《中华人民共和国企业所得税法实施条例》第二十五条规定,现就企业处置资产的所得税处理问题通知如下:

一、企业发生下列情形的处置资产,除将资产转移至境外以外,由于资产所有权属在形式和实质上均不发生改变,可作为内部处置资产,不视同销售确认收入,相关资产的计税基础延续计算。

(一)将资产用于生产、制造、加工另一产品;

(二)改变资产形状、结构或性能;

(三)改变资产用途(如,自建商品房转为自用或经营);

(四)将资产在总机构及其分支机构之间转移;

(五)上述两种或两种以上情形的混合;

(六)其他不改变资产所有权属的用途。

二、企业将资产移送他人的下列情形,因资产所有权属已发生改变而不属于内部处置资产,应按规定视同销售确定收入。

(一)用于市场推广或销售;

(二)用于交际应酬;

（三）用于职工奖励或福利；

（四）用于股息分配；

（五）用于对外捐赠；

（六）其他改变资产所有权属的用途。

三、企业发生本通知第二条规定情形时，属于企业自制的资产，应按企业同类资产同期对外销售价格确定销售收入；属于外购的资产，可按购入时的价格确定销售收入。

四、本通知自2008年1月1日起执行。对2008年1月1日以前发生的处置资产，2008年1月1日以后尚未进行税务处理的，按本通知规定执行。

国家税务总局关于确认企业所得税收入若干问题的通知

国税函［2008］875号

各省、自治区、直辖市和计划单列市国家税务局、地方税务局：

根据《中华人民共和国企业所得税法》（以下简称企业所得税法）及《中华人民共和国企业所得税法实施条例》（以下简称实施条例）规定的原则和精神，现对确认企业所得税收入的若干问题通知如下：

一、除企业所得税法及实施条例另有规定外，企业销售收入的确认，必须遵循权责发生制原则和实质重于形式原则。

（一）企业销售商品同时满足下列条件的，应确认收入的实现：

1. 商品销售合同已经签订，企业已将商品所有权相关的主要风险和报酬转移给购货方；

2. 企业对已售出的商品既没有保留通常与所有权相联系的继续管理权，也没有实施有效控制；

3. 收入的金额能够可靠地计量；

4. 已发生或将发生的销售方的成本能够可靠地核算。

（二）符合上款收入确认条件，采取下列商品销售方式的，应按以下规定确认收入实现时间：

1. 销售商品采用托收承付方式的，在办妥托收手续时确认收入。

2. 销售商品采取预收款方式的，在发出商品时确认收入。

3. 销售商品需要安装和检验的，在购买方接受商品以及安装和检验完毕时确认收入。如果安装程序比较简单，可在发出商品时确认收入。

4. 销售商品采用支付手续费方式委托代销的，在收到代销清单时确认收入。

（三）采用售后回购方式销售商品的，销售的商品按售价确认收入，回购的商品作为购进商品处理。有证据表明不符合销售收入确认条件的，如以销售商品方式进行融资，收到的款项应确认为负债，回购价格大于原售价的，差额应在回购期间确认为利息费用。

（四）销售商品以旧换新的，销售商品应当按照销售商品收入确认条件确认收入，回收的商品作为购进商品处理。

（五）企业为促进商品销售而在商品价格上给予的价格扣除属于商业折扣，商品销售涉及商业折扣的，应当按照扣除商业折扣后的金额确定销售商品收入金额。

债权人为鼓励债务人在规定的期限内付款而向债务人提供的债务扣除属于现金折扣，销售商品涉及现金折扣的，应当按扣除现金折扣前的金额确定销售商品收入金额，现金折扣在实际发生时作为财务费用扣除。

企业因售出商品的质量不合格等原因而在售价上给的减让属于销售折让；企业因售出商品质量、品种不符合要求等原因而发生的退货属于销售退回。企业已经确认销售收入的售出商品发生销售折让和销售退回，应当在发生当期冲减当期销售商品收入。

二、企业在各个纳税期末，提供劳务交易的结果能够可靠估计的，应采用完工进度（完工百分比）法确认提供劳务收入。

（一）提供劳务交易的结果能够可靠估计，是指同时满足下列条件：

1. 收入的金额能够可靠地计量；

2. 交易的完工进度能够可靠地确定；

3. 交易中已发生和将发生的成本能够可靠地核算。

（二）企业提供劳务完工进度的确定，可选用下列方法：

1. 已完工作的测量；

2. 已提供劳务占劳务总量的比例；

3. 发生成本占总成本的比例。

（三）企业应按照从接受劳务方已收或应收的合同或协议价款确定劳务收入总额，根据纳税期末提供劳务收入总额乘以完工进度扣除以前纳税年度累计已确认提供劳务收入后的金额，确认为当期劳务收入；同时，按照提供劳务估计总成本乘以完工进度扣除以前纳税期间累计已确认劳务成本后的金额，结转为当期劳务成本。

（四）下列提供劳务满足收入确认条件的，应按规定确认收入：

1. 安装费。应根据安装完工进度确认收入。安装工作是商品销售附带条件的，安装费在确认商品销售实现时确认收入。

2. 宣传媒介的收费。应在相关的广告或商业行为出现于公众面前时确认收入。广告的制作费，应根据制作广告的完工进度确认收入。

3. 软件费。为特定客户开发软件的收费，应根据开发的完工进度确认收入。

4. 服务费。包含在商品售价内可区分的服务费，在提供服务的期间分期确认收入。

5. 艺术表演、招待宴会和其他特殊活动的收费。在相关活动发生时确认收入。收费涉及几项活动的，预收的款项应合理分配给每项活动，分别确认收入。

6. 会员费。申请入会或加入会员，只允许取得会籍，所有其他服务或商品都要另行收费的，在取得该会员费时确认收入。申请入会或加入会员后，会员在会员期内不再付费就可得到各种服务或商品，或者以低于非会员的价格销售商品或提供服务的，该会员费应在整个受益期内分期确认收入。

7. 特许权费。属于提供设备和其他有形资产的特许权费，在交付资产或转移资产所有权时确认收入；属于提供初始及后续服务的特许权费，在提供服务时确认收入。

8. 劳务费。长期为客户提供重复的劳务收取的劳务费，在相关劳务活动发生时确认收入。

三、企业以买一赠一等方式组合销售本企业商品的，不属于捐赠，应将总的销售金额按各项商品的公允价值的比例来分摊确认各项的销售收入。

国家税务总局关于中国居民企业向境外H股非居民企业股东派发股息代扣代缴企业所得税有关问题的通知

国税函［2008］897号

各省、自治区、直辖市和计划单列市国家税务局、地方税务局：

根据《中华人民共和国企业所得税法》及其实施条例的规定，现就中国居民企业向境外H股非居民企业股东派发股息代扣代缴企业所得税的有关问题通知如下：

一、中国居民企业向境外H股非居民企业股东派发2008年及以后年度股息时，统一按10%的税率代扣代缴企业所得税。

二、非居民企业股东在获得股息之后，可以自行或通过委托代理人或代扣代缴义务人，向主管税务机关提出享受税收协定（安排）待遇的申请，提供证明自己为符合税收协定（安排）规定的实际受益所有人的资料。主管税务机关审核无误后，应就已征税款和根据税收协定（安排）规定税率计算的应纳税款的差额予以退税。

三、各地应加强对我国境外上市企业派发股息情况的了解，并发挥售付汇凭证的作用，确保代扣代缴税款及时足额入库。

企业所得税年度纳税申报表系列解读：纳税申报表补充通知的主要变化

《国家税务总局关于印发〈中华人民共和国企业所得税年度纳税申报表〉的通知》(国税发［2008］101号)下发后,各地在贯彻落实过程中反映了一些问题,要求进一步明确。为此,国家税务总局近期又下发了国家税务总局关于《中华人民共和国企业所得税年度纳税申报表》的补充通知(国税函[2008]1081号文件)。由于我们前期的填报详解大部分内容是依据国税发［2008］101号文件编写的,本期我们把补充通知的主要变化再进行一下梳理,供纳税人参考。

利润总额填报说明的主要变化

1. 关于附表一和附表二适用对象的表述更清晰准确。

原填报说明对于收入和成本明细表的适用对象是这样表述的:"该部分的收入、成本费用明细项目,适用《企业会计准则》、《企业会计制度》或《小企业会计制度》的纳税人,通过附表一(1)《收入明细表》和附表二(1)《成本费用明细表》反映;适用《企业会计准则》、《金融企业会计制度》的纳税人填报附表一(2)《金融企业收入明细表》、附表二(2)《金融企业成本费用明细表》的相应栏次;适用《事业单位会计准则》、《民间非营利组织会计制度》的事业单位、社会团体、民办非企业单位、非营利组织,填报附表一(3)《事业单位、社会团体、民办非企业单位收入项目明细表》和附表一(3)《事业单位、社会团体、民办非企业单位支出项目明细表》。"这种表述是以纳税主体适用的不同会计制度进行分类的,这样分类在表述上重叠且不够明确。

新填表说明改为:"利润总额部分的收入、成本、费用明细项目,一般工商企业纳税人,通过附表一(1)《收入明细表》和附表二(1)《成本费用明细表》相应栏次填报;金融企业纳税人,通过附表一(2)《金融企业收入明细表》、附表二(2)《金融企业成本费用明细表》相应栏次填报;事业单位、社会团体、民办非企业单位、非营利组织等纳税人,通过附表一(3)《事业单位、社会团体、民办非企业单位收入项目明细表》和附表二(3)《事业单位、社会团体、民办非企业单位支出项目明细表》相应栏次填报。"

对比发现,修改后的报表适用对象是以纳税主体的行业性质为标准划分的,这样表述非常清晰准确,不容易产生歧义,纳税人很容易识别本企业所需填报的报表。

2. 行次填报用词更严谨。将原来的表述"根据科目的发生额分析填报",现在修改为"根据科目的数额计算填报"。由于这些数据不是仅仅靠分析就能填报的,要经过必要的计算,修改后的表述就比较严谨和科学。

3. 附表一(3)表间关系说明进行了修改。原报表说明"第3+4+5+6+7行=主表第1行"修改为"第2+3+4+5+6+7行=主表第1行"。另外,新填报说明增加了"第9行=主表第11行"。这样修改后,附表一(3)和主表间的对应关系就清晰了。

纳税调整项目填报说明的主要变化

1. 工资及三项费用填报说明发生了较大变化。

原填报说明工资薪金支出、福利费支出、职工教育经费及工会经费的调增金额填报,账载金额大于税收金额的部分。调减金额填报继续执行"工效挂钩"的企业按规定应纳税调减的金额。

新填报说明修改为:如本行第1列≥第2列,第1列减去第2列的差额填入本行第3列"调增金额";如本行第1列<第2列,第2列减去第1列的差额填入本行第4列"调减金额"。

修改后的填报说明把关于工效挂钩的表述删除了,这样修改的原因可能与近期国家税务总局下发的《国家税务总局关于企业工资薪金及职工福利费扣除问题的通知》(国税函[2009]3号)有关。该文件规定,企业实际发放的工资才可税前扣除。而有的企业本年度计提工资但可能并未实际发放,本年度就需要纳税调增,待下年度实际发放时又应该纳税调减。这样,存在纳税调减的企业可能就不止工效挂钩的企业了。

2. 取消了个别纳税调减项目。原填报说明中利息支出、社会保险等项目都有调减项目、填报账载金额小于税收金额的差额,即会计核算中未列入当期费用,按税收规定允许当期扣除的金额。新填报说明将此修改为账载金额小于税收金额时调增、调减金额均不填。这就意味着,当账载金额大于税收金额时大于部分要调增,但当账载金额小于税收金额时按账载金额扣除不允许作纳税调减。

境外所得弥补境内亏损的主要变化

关于境内所得弥补境内亏损原填表说明有较为详细的表述,但存在一些争议。新填表说明对此作了较大的调整。一是删除了具有操作性的具体表述,因为此部分表述并不够明确,估计国家税务总局会在近期出台的管理办法中再作明确规定。二是新的填表说明把附表六第2列"境外所得"明确界定为税后境外所得。

另外,在附表四《税前弥补亏损明细表》第3列"合并分立企业转入可弥补亏损额"中增加了汇总纳税后分支机构在2008年以前按独立纳税人计算纳税为弥补完的亏损。

总之,新的填表说明与原填表说明相比表述上更准确、更严谨,但也缺少了一些可操作性。因此,国家税务总局会在近一段时间内出台更多的具体管理办法,以进一步说明新申报表的填报细节,望纳税人密切关注。

关于全国社会保障基金有关企业所得税问题的通知

财税[2008]136号

各省、自治区、直辖市、计划单列市财政厅(局)、国家税务局、地方税务局,新疆生产建设兵团财务局:

经国务院同意,现对全国社会保障基金理事会(简称社保基金理事会)管理的社会保障基金(简称社保基金)的有关企业所得税问题通知如下:

一、对社保基金理事会、社保基金投资管理人管理的社保基金银行存款利息收入,社保基金从证券市场中取得的收入,包括买卖证券投资基金、股票、债券的差价收入,证券投资基金红利收入,股票的股息、红利收入,债券的利息收入及产业投资基金收益、信托投资收益等其他投资收入,作为企业所得税不征税收入。

二、对社保基金投资管理人、社保基金托管人从事社保基金管理活动取得的收入,依照税法的规定征收企业所得税。

三、本通知从2008年1月1日起执行。

财政部　国家税务总局关于执行《企业会计准则》有关企业所得税政策问题的通知

财税[2007]80号

各省、自治区、直辖市、计划单列市财政厅(局),国家税务局,地方税务局,新疆生产建设兵团财务局,财政部驻各省、自治区、直辖市、计划单列市财政监察专员办事处:

为便于企业执行2006年财政部发布的企业会计准则(以下称新会计准则),协调会计与税收之间的政策差异,现就执行新会计准则的企业所得税政策问题明确如下:

一、企业对持有至到期投资、贷款等按照新会计准则规定采用实际利率法确认的利息收入,可计入当期应纳税所得额。对于采用实际利率法确认的与金融负债相关的利息费用,应按照现行税收有关规定的条件,未超过同期银行贷款利率的部分,可在计算当期应纳税所得额时扣除,超过的部分不得扣除。

二、企业按照国务院财政、税务主管部门有关文件规定,实际收到具有专门用途的先征后返所得税税款,按照会计准则规定应计入取得当期的利润总额,暂不计入取得当期的应纳税所得额。

三、企业以公允价值计量的金融资产、金融负债以及投资性房地产等,持有期间公允价值的变动不计入应纳税所得额,在实际处置或结算时,处置取得的价款扣除其历史成本后的差额应计入处置或结算期间的应纳税所得额。

四、企业发生的借款费用,符合会计准则规定的资本化条件的,应当资本化,计入相关资产成本,按税法规定计算的折旧等成本费用可在税前扣除。

本通知自2007年1月1日起执行,以前的政策规定与本通知规定不一致的,按本通知规定执行。

【注释】 2008年以后，该文件与《企业所得税法》和《企业所得税法实施条例》不一致的规定停止执行，不违反的规定可以继续执行。《企业所得税法实施条例》第37条。

国家税务总局关于调整核定征收企业所得税应税所得率的通知

国税发[2007]104号

各省、自治区、直辖市和计划单列市国家税务局、地方税务局：

为进一步规范企业所得税核定征收工作，完善核定征税办法，经研究，对《国家税务总局关于印发〈核定征收企业所得税暂行办法〉的通知》(国税发[2000]38号，以下简称《暂行办法》)规定的应税所得率标准进行调整，现通知如下：

一、《暂行办法》第十条规定的应税所得率调整为按下表规定的标准执行：

应税所得率表

行　　业	应税所得率(%)
农、林、牧、渔业	3—10
制造业	5—15
批发和零售贸易业	4—15
交通运输业	7—15
建筑业	8—20
饮食业	8—25
娱乐业	15—30
其他行业	10—30

二、房地产开发企业按照《国家税务总局关于房地产开发业务征收企业所得税问题的通知》(国税发[2006]31号)的有关规定执行。

三、各省、自治区、直辖市和计划单列市国家税务局、地方税务局应结合本地实际情况，在本通知规定的应税所得率范围内联合确定本地区的具体应税所得率，并报国家税务总局备案。

四、本通知自2007年1月1日起执行，《暂行办法》第十条规定的《应税所得率表》同时废止。

【注释】 2008年以后，该文件与《企业所得税法》和《企业所得税法实施条例》不一致的规定停止执行，不违反的规定可以继续执行。

国家税务总局关于保险企业非寿险业务未到期责任准备金税前扣除问题的通知

国税函[2007]889号

各省、自治区、直辖市和计划单列市国家税务局：

现将保险企业非寿险业务提取未到期责任准备金所得税前扣除问题通知如下：

一、保险企业非寿险业务在本期依据保险精算结果计算提取的未到期责任准备金，大于上期提取的未到期责任准备金的余额部分，准予在所得税前扣除；小于上期提取的未到期责任准备金的差额部分，应计入当期应纳税所得额。

未到期责任准备金是指保险企业非寿险业务在准备金评估日为尚未终止的保险责任而提取的准备金，包括保险企业非寿险业务为保险期间在一年以内（含一年）的保险合同项下尚未到期的保险责任而提取的准备金，以及为保险期间在一年以上（不含一年）的保险合同项下尚未到期的保险责任而提取的长期责任准备金。

二、本规定从2007年1月1日起执行，《国家税务总局关于保险企业所得税若干问题的通知》（国税发[1999]169号）第九条关于按当期自留保费收入的50%提取未到期责任准备金在税前扣除的规定同时废止。

【注释】　2008年以后，该文件与《企业所得税法》和《企业所得税法实施条例》不一致的规定停止执行，不违反的规定可以继续执行。《企业所得税法》第10条。

国家税务总局关于中央和国务院各部门机关服务中心恢复征税的通知

国税发[2007]94号

各省、自治区、直辖市和计划单列市国家税务局、地方税务局：

《财政部　国家税务总局关于延长中央和国务院各部门机关服务中心有关税收政策执行期限的通知》（财税[2006]109号）已于2006年12月末执行期满，自2007年1月1日起，对机关服务中心为机关内部提供的后勤保障服务所取得的收入，恢复征收企业所得税、营业税、城市维护建设税和教育费附加。

【注释】　2008年以后，该文件与《企业所得税法》和《企业所得税法实施条例》不一致的规定停止执行，不违反的规定可以继续执行。《企业所得税法》第7条。《企业所得税法实施条例》第26条。

国家税务总局关于保险企业发生与退保业务相关佣金支出税前扣除问题的通知

国税函[2007]880号

各省、自治区、直辖市和计划单列市国家税务局：

为加强保险企业所得税的征收管理，结合保险企业退保业务的实际情况，现对保险企业发生的与退保业务相关的佣金支出所得税前扣除问题通知如下：

一、保险公司退保业务发生之前已实际支付的与退保业务相关的佣金，准予在企业所得税前扣除；退保业务发生之后再支付与该退保业务相关的佣金，不得在企业所得税前扣除。

二、本通知自2007年1月1日起执行，《国家税务总局关于金融保险企业所得税有关业务问题的通知》（国税函[2002]960号）第二条第二款“对退保收入的佣金支出部分，不得在税前扣除”的规定同时废止。此前发生的与退保业务相关的佣金支出，超出退保扣回额的部分，不得在企业所得税前扣除。

【注释】　2008年以后，该文件与《企业所得税法》和《企业所得税法实施条例》不一致的规定停止执行，不违反的规定可以继续执行。《企业所得税法》第8条。《企业所得税法实施条例》第27条。

财政部　国家税务总局关于中国青少年社会教育基金会等16家单位公益救济性捐赠所得税税前扣除问题的通知

财税[2007]112号

各省、自治区、直辖市、计划单列市财政厅(局)、国家税务局、地方税务局,新疆生产建设兵团财务局:

为支持社会公益事业发展,根据《中华人民共和国企业所得税暂行条例》及其实施细则和《中华人民共和国个人所得税法》及其实施条例的有关规定,现对纳税人向中国青少年社会教育基金会等16家单位捐赠所得税税前扣除问题明确如下:

自2007年1月1日起,对企业、事业单位、社会团体和个人等社会力量通过中国青少年社会教育基金会、中国职工发展基金会、中国西部人才开发基金会、中远慈善基金会、张学良基金会、周培源基金会、中国孔子基金会、中华思源工程扶贫基金会、中国交响乐发展基金会、中国肝炎防治基金会、中国电影基金会、中华环保联合会、中国社会工作协会、中国麻风防治协会、中国扶贫开发协会和中国国际战略研究基金会等16家单位用于公益救济性的捐赠,企业在年度应纳税所得额3%以内的部分,个人在申报应纳税所得额30%以内的部分,准予在计算缴纳企业所得税和个人所得税税前扣除。

【注释】　2008年以后,该文件与《企业所得税法》和《企业所得税法实施条例》不一致的规定停止执行,不违反的规定可以继续执行。《企业所得税法》第9条。《企业所得税法实施条例》第51—53条。

国家税务总局关于铁路运输企业机车车辆大修理支出税前扣除问题的通知

国税函[2007]762号

各省、自治区、直辖市和计划单列市国家税务局、地方税务局:

考虑到铁路提速和铁路运输企业机车车辆大修理的特殊情况,经研究,现将铁路运输企业机车车辆大修理支出税前扣除问题通知如下:

从2007年度起,铁路运输企业以机车、客车和货车的修理支出总额分别占该类全部固定资产原值的20%,作为铁路运输企业机车车辆改良支出的标准。对不足标准的大修理支出可以在税前扣除,超过标准的应按税收规定进行纳税调整。2008年以后如有新的税收规定,按新规定执行。

【注释】　2008年以后,该文件与《企业所得税法》和《企业所得税法实施条例》不一致的规定停止执行,不违反的规定可以继续执行。《企业所得税法》第13条。《企业所得税法实施条例》第68—70条。

财政部　国家税务总局关于促进残疾人就业税收优惠政策的通知

财税[2007]92号

各省、自治区、直辖市、计划单列市财政厅(局)、国家税务局、地方税务局,新疆生产建设兵团财务局:

为了更好地发挥税收政策促进残疾人就业的作用,进一步保障残疾人的切身利益,经国务院批准并商民政部、中国残疾人联合会同意,决定在全国统一实行新的促进残疾人就业的税收优惠政策。现将有关政策通知如下:

一、对安置残疾人单位的增值税和营业税政策

对安置残疾人的单位,实行由税务机关按单位实际安置残疾人的人数,限额即征即退增值税或减征营业税的办法。

(一)实际安置的每位残疾人每年可退还的增值税或减征的营业税的具体限额,由县级以上税务机关根据单位所在区县(含县级市、旗,下同)适用的经省(含自治区、直辖市、计划单列市,下同)级人民政府批准的最低工资标准的6倍确定,但最高不得超过每人每年3.5万元。

(二)主管国税机关应按月退还增值税,本月已交增值税额不足退还的,可在本年度(指纳税年度,下同)内以前月份已交增值税扣除已退增值税的余额中退还,仍不足退还的可结转本年度内以后月份退还。主管地税机关应按月减征营业税,本月应缴营业税不足减征的,可结转本年度内以后月份减征,但不得从以前月份已交营业税中退还。

(三)上述增值税优惠政策仅适用于生产销售货物或提供加工、修理修配劳务取得的收入占增值税业务和营业税业务收入之和达到50%的单位,但不适用于上述单位生产销售消费税应税货物和直接销售外购货物(包括商品批发和零售)以及销售委托外单位加工的货物取得的收入。上述营业税优惠政策仅适用于提供"服务业"税目(广告业除外)取得的收入占增值税业务和营业税业务收入之和达到50%的单位,但不适用于上述单位提供广告业劳务以及不属于"服务业"税目的营业税应税劳务取得的收入。

单位应当分别核算上述享受税收优惠政策和不得享受税收优惠政策业务的销售收入或营业收入,不能分别核算的,不得享受本通知规定的增值税或营业税优惠政策。

(四)兼营本通知规定享受增值税和营业税税收优惠政策业务的单位,可自行选择退还增值税或减征营业税,一经选定,一个年度内不得变更。

(五)如果既适用促进残疾人就业税收优惠政策,又适用下岗再就业、军转干部、随军家属等支持就业的税收优惠政策的,单位可选择适用最优惠的政策,但不能累加执行。

(六)本条所述"单位"是指税务登记为各类所有制企业(包括个人独资企业、合伙企业和个体经营户)、事业单位、社会团体和民办非企业单位。

二、对安置残疾人单位的企业所得税政策

(一) 单位支付给残疾人的实际工资可在企业所得税前据实扣除,并可按支付给残疾人实际工资的100%加计扣除。

单位实际支付给残疾人的工资加计扣除部分,如大于本年度应纳税所得额的,可准予扣除其不超过应纳税所得额的部分,超过部分本年度和以后年度均不得扣除。亏损单位不适用上述工资加计扣除应纳税所得额的办法。

单位在执行上述工资加计扣除应纳税所得额办法的同时,可以享受其他企业所得税优惠政策。

(二)对单位按照第一条规定取得的增值税退税或营业税减税收入,免征企业所得税。

(三)本条所述"单位"是指税务登记为各类所有制企业(不包括个人独资企业、合伙企业和个体经营户)、事业单位、社会团体和民办非企业单位。

三、对残疾人个人就业的增值税和营业税政策

(一)根据《中华人民共和国营业税暂行条例》(国务院令第136号)第六条第(二)项和《中华人民共和国营业税暂行条例实施细则》[(93)财法字第40号]第二十六条的规定,对残疾人个人为社会提供的劳务免征营业税。

(二)根据《财政部　国家税务总局关于调整农业产品增值税税率和若干项目征免增值税的通知》[(94)财税字第004号]第三条的规定,对残疾人个人提供的加工、修理修配劳务免征增值税。

四、对残疾人个人就业的个人所得税政策

根据《中华人民共和国个人所得税法》(主席令第四十四号)第五条和《中华人民共和国个人所得税法实施条例》(国务院令第142号)第十六条的规定,对残疾人个人取得的劳动所得,按照省(不含计划单列市)人民政府规定的减征幅度和期限减征个人所得税。具体所得项目为:工资薪金所得、个体工商户的生产和经营所得、对企事业单位的承包和承租经营所得、劳务报酬所得、稿酬所得、特许权使用费所得。

五、享受税收优惠政策单位的条件

安置残疾人就业的单位(包括福利企业、盲人按摩机构、工疗机构和其他单位),同时符合以下条件并经过有关部门的认定后，均可申请享受本通知第一条和第二条规定的税收优惠政策：

（一）依法与安置的每位残疾人签订了一年以上（含一年）的劳动合同或服务协议，并且安置的每位残疾人在单位实际上岗工作。

（二）月平均实际安置的残疾人占单位在职职工总数的比例应高于25%（含25%），并且实际安置的残疾人人数多于10人（含10人）。

月平均实际安置的残疾人占单位在职职工总数的比例低于25%（不含25%）但高于1.5%（含1.5%），并且实际安置的残疾人人数多于5人（含5人）的单位，可以享受本通知第二条第（一）项规定的企业所得税优惠政策，但不得享受本通知第一条规定的增值税或营业税优惠政策。

（三）为安置的每位残疾人按月足额缴纳了单位所在区县人民政府根据国家政策规定的基本养老保险、基本医疗保险、失业保险和工伤保险等社会保险。

（四）通过银行等金融机构向安置的每位残疾人实际支付了不低于单位所在区县适用的经省级人民政府批准的最低工资标准的工资。

（五）具备安置残疾人上岗工作的基本设施。

六、其他有关规定

（一）经认定的符合上述税收优惠政策条件的单位，应按月计算实际安置残疾人占单位在职职工总数的平均比例，本月平均比例未达到要求的，暂停其本月相应的税收优惠。在一个年度内累计三个月平均比例未达到要求的，取消其次年度享受相应税收优惠政策的资格。

（二）《财政部　国家税务总局关于教育税收政策的通知》（财税[2004]39号）第一条第7项规定的特殊教育学校举办的企业，是指设立的主要为在校学生提供实习场所、并由学校出资自办、由学校负责经营管理、经营收入全部归学校所有的企业，上述企业只要符合第五条第（二）项条件，即可享受本通知第一条和第二条规定的税收优惠政策。这类企业在计算残疾人人数时可将在企业实际上岗工作的特殊教育学校的全日制在校学生计算在内，在计算单位在职职工人数时也要将上述学生计算在内。

（三）在除辽宁、大连、上海、浙江、宁波、湖北、广东、深圳、重庆、陕西以外的其他地区，2007年7月1日前已享受原福利企业税收优惠政策的单位，凡不符合本通知第五条第（三）项规定的有关缴纳社会保险条件，但符合本通知第五条规定的其他条件的，主管税务机关可暂予认定为享受税收优惠政策的单位。上述单位应按照有关规定尽快为安置的残疾人足额缴纳有关社会保险。2007年10月1日起，对仍不符合该项规定的单位，应停止执行本通知第一条和第二条规定的各项税收优惠政策。

（四）对安置残疾人单位享受税收优惠政策的各项条件实行年审办法，具体年审办法由省级税务部门会同同级民政部门及残疾人联合会制定。

七、有关定义

（一）本通知所述"残疾人"，是指持有《中华人民共和国残疾人证》上注明属于视力残疾、听力残疾、言语残疾、肢体残疾、智力残疾和精神残疾的人员和持有《中华人民共和国残疾军人证（1至8级）》的人员。

（二）本通知所述"个人"均指自然人。

（三）本通知所述"单位在职职工"是指与单位建立劳动关系并依法应当签订劳动合同或服务协议的雇员。

（四）本通知所述"工疗机构"是指集就业和康复为一体的福利性生产安置单位，通过组织精神残疾人员参加适当生产劳动和实施康复治疗与训练，达到安定情绪、缓解症状、提高技能和改善生活状况的目的，包括精神病院附设的康复车间、企业附设的工疗车间、基层政府和组织兴办的工疗站等。

八、对残疾人人数计算的规定

（一）允许将精神残疾人员计入残疾人人数享受本通知第一条和第二条规定的税收优惠政策，仅限于工疗机构等适合安置精神残疾人就业的单位。具体范围由省级税务部门会同同级财政、民政部门及残疾人联合会规定。

（二）单位安置的不符合《中华人民共和国劳动法》（主席令第二十八号）及有关规定的劳动年龄的残疾人，不列入本通知第五条第（二）款规定的安置比例及第一条规定的退税、减税限额和第二条规定的加计扣除额的计算。

九、单位和个人采用签订虚假劳动合同或服务协议、伪造或重复使用残疾人证或残疾军人证、残疾人挂名而不实际上岗工作、虚报残疾人安置比例、为残疾人不缴或少缴规定的社会保险、变相向残疾人收回支付的工资等方法骗取本通知规定的税收优惠政策的,除依照法律、法规和其他有关规定追究有关单位和人员的责任外,其实际发生上述违法违规行为年度内实际享受到的减(退)税款应全额追缴入库,并自其发生上述违法违规行为年度起三年内取消其享受本通知规定的各项税收优惠政策的资格。

十、本通知规定的各项税收优惠政策的具体征收管理办法由国家税务总局会同民政部、中国残疾人联合会另行制定。福利企业安置残疾人比例和安置残疾人基本设施的认定管理办法由民政部商财政部、国家税务总局、中国残疾人联合会制定,盲人按摩机构、工疗机构及其他单位安置残疾人比例和安置残疾人基本设施的认定管理办法由中国残疾人联合会商财政部、民政部、国家税务总局制定。

十一、本通知自2007年7月1日起施行,但外商投资企业适用本通知第二条企业所得税优惠政策的规定自2008年1月1日起施行。财政部、国家税务总局《关于企业所得税若干优惠政策的通知》[(94)财税字第001]号第一条第(九)项、财政部、国家税务总局《关于对福利企业、学校办企业征税问题的通知》[(94)财税字第003号]、《国家税务总局关于民政福利企业征收流转税问题的通知》(国税发[1994]155号)、财政部、国家税务总局《关于福利企业有关税收政策问题的通知》(财税字[2000]35号)、《财政部　国家税务总局关于调整完善现行福利企业税收优惠政策试点工作的通知》(财税[2006]111号)、《国家税务总局 财政部　民政部 中国残疾人联合会关于调整完善现行福利企业税收优惠政策试点实施办法的通知》(国税发[2006]112号)和《财政部　国家税务总局关于进一步做好调整现行福利企业税收优惠政策试点工作的通知》(财税[2006]135号)自2007年7月1日起停止执行。

十二、各地各级财政、税务部门要认真贯彻落实本通知的各项规定,加强领导,及时向当地政府汇报,取得政府的理解与支持,并密切与民政、残疾人联合会等部门衔接、沟通。税务部门要牵头建立由上述部门参加的联席会议制度,共同将本通知规定的各项政策贯彻落实好。财政、税务部门之间要相互配合,省级税务部门每半年要将执行本通知规定的各项政策的减免(退)税数据及相关情况及时通报省级财政部门。

十三、各地在执行中有何问题,请及时上报财政部和国家税务总局。

【注释】　2008年以后,该文件与《企业所得税法》和《企业所得税法实施条例》不一致的规定停止执行,不违反的规定可以继续执行。《企业所得税法》第30条。《企业所得税法实施条例》第96条。

国家税务总局关于印发《企业支付实习生报酬税前扣除管理办法》的通知

国税发[2007]42号

企业支付实习生报酬税前扣除管理办法

第一条　为进一步促进教育事业的发展,加强企业支付学生实习报酬税前扣除的管理,根据《中华人民共和国企业所得税暂行条例》及其实施细则、《中华人民共和国税收征收管理法》及其实施细则、《财政部　国家税务总局关于企业支付学生实习报酬有关所得税政策问题的通知》(财税[2006]107号)和有关规定,制定本办法。

第二条　本办法所称"企业",是指在中华人民共和国境内依照《中华人民共和国企业所得税暂行条例》缴纳企业所得税的纳税人。

第三条　本办法所称"学校",是指在中华人民共和国境内依法设立的中等职业学校和高等院校(包括公办学校与民办学校)。其中,中等职业学校包括中等专业学校、成人中等专业学校、职业高中(职教中心)和技工学校;高等院校包括高等职业院校、普通高等院校和全日制成人高等院校。

第四条　企业按照财税[2006]107号文件规定支付给在本企业实习学生的报酬,可以在计算缴纳企业所得税时依照本办法的有关规定扣除。

第五条　接收实习生的企业与学生所在学校必须正式签订期限在三年以上(含三年)的实习合作协

议，明确规定双方的权利与义务。

第六条 对未与学校签订实习合作协议或仅签订期限在三年以下实习合作协议的企业，其支付给实习生的报酬，不得列入企业所得税税前扣除项目。

第七条 企业虽与学校正式签订期限在三年以上（含三年）的实习合作协议，如出现未满三年停止履行协议情况的，主管税务机关对已享受税前扣除实习生报酬税收政策的企业应调增应纳税所得额，补征企业所得税，并依法加收滞纳金；对因企业主体消亡或学校撤销等客观原因导致未满三年停止履行协议情况的，不再补征企业所得税和加收滞纳金。

第八条 企业可在税前扣除的实习生报酬，包括以货币形式支付的基本工资、奖金、津贴、补贴（含地区补贴、物价补贴和误餐补贴）、加班工资、年终加薪和企业依据实习合同为实习生支付的意外伤害保险费。企业以非货币形式给实习生支付的报酬，不允许在税前扣除。

第九条 企业或学校必须为每个实习生独立开设银行账户，企业支付给实习生的货币性报酬必须以转账方式支付。

第十条 企业税前扣除的实习生报酬，依照税收规定的工资税前扣除办法进行管理。实际支付的实习生报酬高于允许税前扣除工资标准的，按照允许税前扣除工资标准扣除；实际支付的实习生报酬低于允许税前扣除工资标准的，按照实际支付的报酬税前扣除。

第十一条 企业税前扣除实习生报酬实行备查制，即企业在向主管税务机关申报时自行计算扣除，但企业日常管理中必须备齐以下资料供税务机关检查核实：

（一）企业与学校签订的实习合作协议书；

（二）实习生名册（必须注明实习生身份证号、学生证号及实习合同号）；

（三）实习生报酬银行转账凭证；

（四）为实习生支付意外伤害保险费的缴付凭证。

第十二条 企业因接受学生实习而从国家或学校取得的补贴收入，应并入企业的应税收入，缴纳企业所得税。

第十三条 各地税务机关应加强实习生报酬税前扣除的监督管理，对企业故意弄虚作假骗取实习生报酬税前扣除的，税务机关除责令其纠正外，应根据《中华人民共和国税收征收管理法》等有关规定，予以处罚。

第十四条 本办法从2006年1月1日起执行。

第十五条 各省、自治区、直辖市和计划单列市国税局、地税局，可根据本办法制定具体实施方案。

第十六条 本办法由国家税务总局负责解释。

【注释】 2008年以后，该文件与《企业所得税法》和《企业所得税法实施条例》不一致的规定停止执行，不违反的规定可以继续执行。《企业所得税法》第8条。《企业所得税法实施条例》第34条。

国家税务总局关于企事业单位公务用车制度改革后相关费用税前扣除问题的批复

国税函[2007]305号

云南省国家税务局：

你局《关于企事业单位用车制度改革后相关费用税前扣除问题的请示》（云国税发[2006]381号）收悉。经研究，批复如下：

根据国家税务总局《企业所得税税前扣除办法》（国税发[2000]84号）第十七条规定，工资薪金支出是纳税人每一纳税年度支付给在本企业任职或与其有雇佣关系的员工的所有现金或非现金形式的劳动报酬，包括基本工资、奖金、津贴、补贴、年终加薪、加班工资，以及与任职或受雇有关的其他支出。企事业单位公务用车制度改革后，在规定的标准内，为员工报销的油料费、过路费、停车费、洗车费、修理费、保险费等相关费用，以及以现金或实物形式发放的交通补贴，均属于企事业单位的工资薪金支出，应一律计入企事业单位的工资总额，按照现行的计税工资标准进行税前扣除。

【注释】　2008 年以后,该文件与《企业所得税法》和《企业所得税法实施条例》不一致的规定停止执行,不违反的规定可以继续执行。《企业所得税法》第 8 条。《企业所得税法实施条例》第 34 条。

财政部　国家税务总局关于促进创业投资企业发展有关税收政策的通知

财税[2007]31 号

各省、自治区、直辖市、计划单列市财政厅(局)、国家税务局、地方税务局,新疆生产建设兵团财务局:

为贯彻国务院《关于印发实施〈国家中长期科学和技术发展规划纲要(2006—2020 年)〉若干配套政策的通知》(国发[2006]6 号)精神,结合《创业投资企业管理暂行办法》(发展改革委等 10 部门令第 39 号,以下简称《办法》),为扶持创业投资企业发展,现就有关税收政策问题通知如下:

一、创业投资企业采取股权投资方式投资于未上市中小高新技术企业 2 年以上(含 2 年),凡符合下列条件的,可按其对中小高新技术企业投资额的 70% 抵扣该创业投资企业的应纳税所得额。

(一)经营范围符合《办法》规定,且工商登记为“创业投资有限责任公司”、“创业投资股份有限公司”等专业性创业投资企业。在 2005 年 11 月 15 日《办法》发布前完成工商登记的,可保留原有工商登记名称,但经营范围须符合《办法》规定。

(二)遵照《办法》规定的条件和程序完成备案程序,经备案管理部门核实,投资运作符合《办法》有关规定。

(三)创业投资企业投资的中小高新技术企业职工人数不超过 500 人,年销售额不超过 2 亿元,资产总额不超过 2 亿元。

(四)创业投资企业申请投资抵扣应纳税所得额时,所投资的中小高新技术企业当年用于高新技术及其产品研究开发经费须占本企业销售额的 5% 以上(含 5%),技术性收入与高新技术产品销售收入的合计须占本企业当年总收入的 60% 以上(含 60%)。

高新技术企业认定和管理办法,按照科技部、财政部、国家税务总局《关于印发〈中国高新技术产品目录 2006〉的通知》(国科发计字[2006]370 号)、科技部《国家高新技术产业开发区高新技术企业认定条件和办法》(国科发火字[2000]324 号)、《关于国家高新技术产业开发区外高新技术企业认定有关执行规定的通知》(国科发火字[2000]120 号)等规定执行。

二、创业投资企业按本通知第一条规定计算的应纳税所得额抵扣额,符合抵扣条件并在当年不足抵扣的,可在以后纳税年度逐年延续抵扣。

三、创业投资企业从事股权投资业务的其他所得税事项,按照国家税务总局《关于企业股权投资业务若干所得税问题的通知》(国税发[2000]118 号)的有关规定执行。

四、创业投资企业申请享受投资抵扣应纳税所得额应向其所在地的主管税务机关报送以下资料:

(一)经备案管理部门核实的创业投资企业投资运作情况等证明材料;

(二)中小高新技术企业投资合同的复印件及实投资金验资证明等相关材料;

(三)中小高新技术企业基本情况,以及省级科技部门出具的高新技术企业认定证书和高新技术项目认定证书的复印件。

五、当地主管税务机关对创业投资企业的申请材料进行汇总审核并签署相关意见后,按备案管理部门的不同层次报上级主管机关:

(一)凡按照《办法》规定在创业投资企业所在地省级(含副省级城市)管理有关部门备案的,报省、自治区、直辖市税务部门,省级财政、税务部门共同审核;

(二)凡按照《办法》规定在国务院有关管理部门备案的,报国家税务总局,财政部和国家税务总局共同审核。

六、财政部、国家税务总局会同有关部门审核公布在国务院有关管理部门备案的享受税收优惠的具体创业投资企业名单。省、自治区、直辖市财政、税务部门会同有关部门审核公布在省级有关管理部门备案的享受税收优惠的具体创业投资企业名单,并报财政部、国家税务总局备案。

七、本通知自2006年1月1日起实施。各级财政、税务等管理部门要及时审核创业投资企业报送的相关资料,认真做好税收优惠政策的贯彻落实工作。

【注释】 2008年以后,该文件与《企业所得税法》和《企业所得税法实施条例》不一致的规定停止执行,不违反的规定可以继续执行。《企业所得税法》第31条。《企业所得税法实施条例》第97条。

企业研究开发费用税前扣除管理办法(试行)

国税发[2008]116号

第一条 为鼓励企业开展研究开发活动,规范企业研究开发费用的税前扣除及有关税收优惠政策的执行,根据《中华人民共和国企业所得税法》及其实施条例、《中华人民共和国税收征收管理法》及其实施细则和《国务院关于印发实施〈国家中长期科学和技术发展规划纲要(2006－2020)〉若干配套政策的通知》(国发[2006]6号)的有关规定,制定本办法。

第二条 本办法适用于财务核算健全并能准确归集研究开发费用的居民企业(以下简称企业)。

第三条 本办法所称研究开发活动是指企业为获得科学与技术(不包括人文、社会科学)新知识,创造性运用科学技术新知识,或实质性改进技术、工艺、产品(服务)而持续进行的具有明确目标的研究开发活动。

创造性运用科学技术新知识,或实质性改进技术、工艺、产品(服务),是指企业通过研究开发活动在技术、工艺、产品(服务)方面的创新取得了有价值的成果,对本地区(省、自治区、直辖市或计划单列市)相关行业的技术、工艺领先具有推动作用,不包括企业产品(服务)的常规性升级或对公开的科研成果直接应用等活动(如直接采用公开的新工艺、材料、装置、产品、服务或知识等)。

第四条 企业从事《国家重点支持的高新技术领域》和国家发展改革委员会等部门公布的《当前优先发展的高技术产业化重点领域指南(2007年度)》规定项目的研究开发活动,其在一个纳税年度中实际发生的下列费用支出,允许在计算应纳税所得额时按照规定实行加计扣除。

(一)新产品设计费、新工艺规程制定费以及与研发活动直接相关的技术图书资料费、资料翻译费。

(二)从事研发活动直接消耗的材料、燃料和动力费用。

(三)在职直接从事研发活动人员的工资、薪金、奖金、津贴、补贴。

(四)专门用于研发活动的仪器、设备的折旧费或租赁费。

(五)专门用于研发活动的软件、专利权、非专利技术等无形资产的摊销费用。

(六)专门用于中间试验和产品试制的模具、工艺装备开发及制造费。

(七)勘探开发技术的现场试验费。

(八)研发成果的论证、评审、验收费用。

第五条 对企业共同合作开发的项目,凡符合上述条件的,由合作各方就自身承担的研发费用分别按照规定计算加计扣除。

第六条 对企业委托给外单位进行开发的研发费用,凡符合上述条件的,由委托方按照规定计算加计扣除,受托方不得再进行加计扣除。

对委托开发的项目,受托方应向委托方提供该研发项目的费用支出明细情况,否则,该委托开发项目的费用支出不得实行加计扣除。

第七条 企业根据财务会计核算和研发项目的实际情况,对发生的研发费用进行收益化或资本化处理的,可按下述规定计算加计扣除:

(一)研发费用计入当期损益未形成无形资产的,允许再按其当年研发费用实际发生额的50%,直接抵扣当年的应纳税所得额。

(二)研发费用形成无形资产的,按照该无形资产成本的150%在税前摊销。除法律另有规定外,摊销年限不得低于10年。

第八条 法律、行政法规和国家税务总局规定不允许企业所得税前扣除的费用和支出项目,均不允许计入研究开发费用。

第九条　企业未设立专门的研发机构或企业研发机构同时承担生产经营任务的,应对研发费用和生产经营费用分开进行核算,准确、合理的计算各项研究开发费用支出,对划分不清的,不得实行加计扣除。

第十条　企业必须对研究开发费用实行专账管理,同时必须按照本办法附表的规定项目,准确归集填写年度可加计扣除的各项研究开发费用实际发生金额。企业应于年度汇算清缴所得税申报时向主管税务机关报送本办法规定的相应资料。申报的研究开发费用不真实或者资料不齐全的,不得享受研究开发费用加计扣除,主管税务机关有权对企业申报的结果进行合理调整。

企业在一个纳税年度内进行多个研究开发活动的,应按照不同开发项目分别归集可加计扣除的研究开发费用额。

第十一条　企业申请研究开发费加计扣除时,应向主管税务机关报送如下资料:

(一)自主、委托、合作研究开发项目计划书和研究开发费预算。

(二)自主、委托、合作研究开发专门机构或项目组的编制情况和专业人员名单。

(三)自主、委托、合作研究开发项目当年研究开发费用发生情况归集表。

(四)企业总经理办公会或董事会关于自主、委托、合作研究开发项目立项的决议文件。

(五)委托、合作研究开发项目的合同或协议。

(六)研究开发项目的效用情况说明、研究成果报告等资料。

第十二条　企业实际发生的研究开发费,在年度中间预缴所得税时,允许据实计算扣除,在年度终了进行所得税年度申报和汇算清缴时,再依照本办法的规定计算加计扣除。

第十三条　主管税务机关对企业申报的研究开发项目有异议的,可要求企业提供政府科技部门的鉴定意见书。

第十四条　企业研究开发费各项目的实际发生额归集不准确、汇总额计算不准确的,主管税务机关有权调整其税前扣除额或加计扣除额。

第十五条　企业集团根据生产经营和科技开发的实际情况,对技术要求高、投资数额大,需要由集团公司进行集中开发的研究开发项目,其实际发生的研究开发费,可以按照合理的分摊方法在受益集团成员公司间进行分摊。

第十六条　企业集团采取合理分摊研究开发费的,企业集团应提供集中研究开发项目的协议或合同,该协议或合同应明确规定参与各方在该研究开发项目中的权利和义务、费用分摊方法等内容。如不提供协议或合同,研究开发费不得加计扣除。

第十七条　企业集团采取合理分摊研究开发费的,企业集团集中研究开发项目实际发生的研究开发费,应当按照权利和义务、费用支出和收益分享一致的原则,合理确定研究开发费用的分摊方法。

第十八条　企业集团采取合理分摊研究开发费的,企业集团母公司负责编制集中研究开发项目的立项书、研究开发费用预算表、决算表和决算分摊表。

第十九条　税企双方对企业集团集中研究开发费的分摊方法和金额有争议的,如企业集团成员公司设在不同省、自治区、直辖市和计划单列市的,企业按照国家税务总局的裁决意见扣除实际分摊的研究开发费;企业集团成员公司在同一省、自治区、直辖市和计划单列市的,企业按照省税务机关的裁决意见扣除实际分摊的研究开发费。

第二十条　本办法从2008年1月1日起执行。

国家税务总局关于企业所得税减免税管理问题的通知

国税发[2008]111号

各省、自治区、直辖市和计划单列市国家税务局、地方税务局:

为有效落实《中华人民共和国企业所得税法》及其实施条例和其他税收法规规定的企业所得税减免税优惠政策,现将企业所得税减免税管理问题通知如下:

一、企业所得税的各类减免税应按照《国家税务总局关于印发〈税收减免管理办法(试行)〉的通知》

(国税发[2005]129号)的相关规定办理。

国税发[2005]129号文件规定与《中华人民共和国企业所得税法》及其实施条例规定不一致的,按《中华人民共和国企业所得税法》及其实施条例的规定执行。

二、企业所得税减免税实行审批管理的,必须是《中华人民共和国企业所得税法》及其实施条例等法律法规和国务院明确规定需要审批的内容。

对列入备案管理的企业所得税减免的范围、方式,由各省、自治区、直辖市和计划单列市国家税务局、地方税务局(企业所得税管理部门)自行研究确定,但同一省、自治区、直辖市和计划单列市范围内必须一致。

三、企业所得税减免税期限超过一个纳税年度的,主管税务机关可以进行一次性确认,但每年必须对相关减免税条件进行审核,对情况变化导致不符合减免税条件的,应停止享受减免税政策。

四、企业所得税减免税有资质认定要求的,纳税人须先取得有关资质认定,税务部门在办理减免税手续时,可进一步简化手续,具体认定方式由各省、自治区、直辖市和计划单列市国家税务局、地方税务局研究确定。

五、对各类企业所得税减免税管理,税务机关应本着精简、高效、便利的原则,方便纳税人,减少报送资料,简化手续。

六、本通知自2008年1月1日起执行。

国家税务总局关于非居民企业船舶、航空运输收入计算征收企业所得税有关问题的通知

国税函[2008]952号

各省、自治区、直辖市和计划单列市国家税务局、地方税务局:

根据《中华人民共和国企业所得税法》及其实施条例的有关规定,现对非居民企业在我国从事船舶、航空运输取得国际运输收入计算征收企业所得税的问题明确如下:

一、非居民企业在我国境内从事船舶、航空等国际运输业务的,以其在中国境内起运客货收入总额的5%为应纳税所得额。

二、纳税人的应纳税额,按照每次从中国境内起运旅客、货物出境取得的收入总额,依照1.25%的计征率计算征收企业所得税。调整后的综合计征率为4.25%,其中营业税为3%,企业所得税为1.25%。

三、本通知自2008年1月1日起执行。

国家税务总局关于加强非居民企业来源于我国利息所得扣缴企业所得税工作的通知

国税函[2008]955号

各省、自治区、直辖市和计划单列市国家税务局,广东省和深圳市地方税务局:

根据《中华人民共和国企业所得税法》及其实施条例的有关规定,现就加强非居民企业取得来源于我国境内利息所得扣缴企业所得税的有关问题通知如下:

一、自2008年1月1日起,我国金融机构向境外外国银行支付贷款利息、我国境内外资金融机构向境外支付贷款利息,应按照企业所得税法及其实施条例规定代扣代缴企业所得税。

二、我国境内机构向我国银行的境外分行支付的贷款利息,应按照企业所得税法及其实施条例规定代扣代缴企业所得税。

三、各地应建立健全非居民企业利息所得源泉扣缴企业所得税监控机制,确保及时足额扣缴税款。

国家税务总局关于跨地区经营外商独资银行汇总纳税问题的通知

国税函[2008]958 号

各省、自治区、直辖市和计划单列市国家税务局、地方税务局：

为贯彻落实《中华人民共和国企业所得税》及其实施条例，现对跨地区（指跨省、自治区、直辖市和计划单列市，下同）经营外商独资银行的汇总纳税问题通知如下：

一、由外国银行在中国设立的分行改制而成的跨地区经营外商独资银行，其所属跨地区经营分支机构应按照《国家税务总局关于印发〈跨地区经营汇总纳税企业所得税征收管理暂行办法〉的通知》（国税发[2008]28 号）的规定就地预缴企业所得税。

二、对外商独资银行当年新设立的跨地区经营分支机构，因总机构无法获得新设分支机构上上年度的经营收入、职工工资和资产总额三个因素的相关数据而未分配税金的，新设分支机构在次年上半年可不就地预缴企业所得税。

三、本通知自 2008 年 1 月 1 日起执行。本通知下发之前，外商独资银行总行没有向所属的跨地区经营分支机构分配应就地预缴税款的，所属的跨地区经营分支机构在以后预缴期间不再就地补缴。外商独资银行 2007 年新设立的跨地区经营分支机构，已就地预缴企业所得税的，在以后预缴期间也不再进行调整。

四、其他跨地区经营汇总纳税企业，符合上述情况的，参照上述规定执行。

国家税务总局关于调整新增企业所得税征管范围问题的通知

国税发[2008]120 号

各省、自治区、直辖市和计划单列市国家税务局、地方税务局：

为深入贯彻落实科学发展观，进一步提高企业所得税征管质量和效率，经国务院同意，现对 2009 年以后新增企业的所得税征管范围调整事项通知如下：

一、基本规定

以 2008 年为基年，2008 年底之前国家税务局、地方税务局各自管理的企业所得税纳税人不作调整。2009 年起新增企业所得税纳税人中，应缴纳增值税的企业，其企业所得税由国家税务局管理；应缴纳营业税的企业，其企业所得税由地方税务局管理。

同时，2009 年起下列新增企业的所得税征管范围实行以下规定：

（一）企业所得税全额为中央收入的企业和在国家税务局缴纳营业税的企业，其企业所得税由国家税务局管理。

（二）银行（信用社）、保险公司的企业所得税由国家税务局管理，除上述规定外的其他各类金融企业的企业所得税由地方税务局管理。

（三）外商投资企业和外国企业常驻代表机构的企业所得税仍由国家税务局管理。

二、对若干具体问题的规定

（一）境内单位和个人向非居民企业支付《中华人民共和国企业所得税法》第三条第三款规定的所得的，该项所得应扣缴的企业所得税的征管，分别由支付该项所得的境内单位和个人的所得税主管国家税务局或地方税务局负责。

（二）2008 年底之前已成立跨区经营汇总纳税企业，2009 年起新设立的分支机构，其企业所得税的征管部门应与总机构企业所得税征管部门相一致;2009 年起新增跨区经营汇总纳税企业,总机构按基本规定确定的原则划分征管归属,其分支机构企业所得税的管理部门也应与总机构企业所得税管理部门相一致。

(三)按税法规定免缴流转税的企业,按其免缴的流转税税种确定企业所得税征管归属;既不缴纳增值税也不缴纳营业税的企业,其企业所得税暂由地方税务局管理。

(四)既缴纳增值税又缴纳营业税的企业,原则上按照其税务登记时自行申报的主营业务应缴纳的流转税税种确定征管归属;企业税务登记时无法确定主营业务的,一般以工商登记注明的第一项业务为准;一经确定,原则上不再调整。

(五)2009 年起新增企业,是指按照《财政部 国家税务总局关于享受企业所得税优惠政策的新办企业认定标准的通知》(财税[2006]1 号)及有关规定的新办企业认定标准成立的企业。

三、各地国家税务局、地方税务局要加强沟通协调,及时研究和解决实施过程中出现的新问题,本着保证税收收入不流失和不给纳税人增加额外负担的原则,确保征管范围调整方案落实到位。

本通知自 2009 年 1 月 1 日起执行。

国家税务总局关于企业工资薪金及职工福利费扣除问题的通知

国税函[2009]3 号

各省、自治区、直辖市和计划单列市国家税务局、地方税务局:

为有效贯彻落实《中华人民共和国企业所得税法实施条例》(以下简称《实施条例》),现就企业工资薪金和职工福利费扣除有关问题通知如下:

一、关于合理工资薪金问题

《实施条例》第三十四条所称的"合理工资薪金",是指企业按照股东大会、董事会、薪酬委员会或相关管理机构制订的工资薪金制度规定实际发放给员工的工资薪金。税务机关在对工资薪金进行合理性确认时,可按以下原则掌握:

(一)企业制订了较为规范的员工工资薪金制度;

(二)企业所制订的工资薪金制度符合行业及地区水平;

(三)企业在一定时期所发放的工资薪金是相对固定的,工资薪金的调整是有序进行的;

(四)企业对实际发放的工资薪金,已依法履行了代扣代缴个人所得税义务;

(五)有关工资薪金的安排,不以减少或逃避税款为目的。

二、关于工资薪金总额问题

《实施条例》第四十、四十一、四十二条所称的"工资薪金总额",是指企业按照本通知第一条规定实际发放的工资薪金总和,不包括企业的职工福利费、职工教育经费、工会经费以及养老保险费、医疗保险费、失业保险费、工伤保险费、生育保险费等社会保险费和住房公积金。属于国有性质的企业,其工资薪金,不得超过政府有关部门给予的限定数额;超过部分,不得计入企业工资薪金总额,也不得在计算企业应纳税所得额时扣除。

三、关于职工福利费扣除问题

《实施条例》第四十条规定的企业职工福利费,包括以下内容:

(一)尚未实行分离办社会职能的企业,其内设福利部门所发生的设备、设施和人员费用,包括职工食堂、职工浴室、理发室、医务所、托儿所、疗养院等集体福利部门的设备、设施及维修保养费用和福利部门工作人员的工资薪金、社会保险费、住房公积金、劳务费等。

(二)为职工卫生保健、生活、住房、交通等所发放的各项补贴和非货币性福利,包括企业向职工发放的因公外地就医费用、未实行医疗统筹企业职工医疗费用、职工供养直系亲属医疗补贴、供暖费补贴、职工防暑降温费、职工困难补贴、救济费、职工食堂经费补贴、职工交通补贴等。

(三)按照其他规定发生的其他职工福利费,包括丧葬补助费、抚恤费、安家费、探亲假路费等。

四、关于职工福利费核算问题

企业发生的职工福利费，应该单独设置账册，进行准确核算。没有单独设置账册准确核算的，税务机关应责令企业在规定的期限内进行改正。逾期仍未改正的，税务机关可对企业发生的职工福利费进行合理的核定。

五、本通知自2008年1月1日起执行。

国家税务总局关于债务重组所得企业所得税处理问题的批复

国税函[2009]1号

海南省国家税务局：

你局《关于企业债务重组所得征免企业所得税问题的请示》（琼国税发[2008]231号）收悉，经研究，批复如下：

《企业债务重组业务所得税处理办法》（国家税务总局令第6号）自2003年3月1日起执行。此前，企业债务重组中因豁免债务等取得的债务重组所得，应按照当时的会计准则处理，即"以低于债务账面价值的现金清偿某项债务的，债务人应将重组债务的账面价值与支付的现金之间的差额；或以债务转为资本清偿某项债务的，债务人应将重组债务的账面价值与债权人因放弃债权而享有股权的份额之间的差额"，确认为资本公积。

特别纳税调整实施办法（试行）

国税发[2009]2号

第一章　总　　则

第一条　为了规范特别纳税调整管理，根据《中华人民共和国企业所得税法》（以下简称所得税法）、《中华人民共和国企业所得税法实施条例》（以下简称所得税法实施条例）、《中华人民共和国税收征收管理法》（以下简称征管法）、《中华人民共和国税收征收管理法实施细则》（以下简称征管法实施细则）以及我国政府与有关国家（地区）政府签署的避免双重征税协定（安排）（以下简称税收协定）的有关规定，制定本办法。

第二条　本办法适用于税务机关对企业的转让定价、预约定价安排、成本分摊协议、受控外国企业、资本弱化以及一般反避税等特别纳税调整事项的管理。

第三条　转让定价管理是指税务机关按照所得税法第六章和征管法第三十六条的有关规定，对企业与其关联方之间的业务往来（以下简称关联交易）是否符合独立交易原则进行审核评估和调查调整等工作的总称。

第四条　预约定价安排管理是指税务机关按照所得税法第四十二条和征管法实施细则第五十三条的规定，对企业提出的未来年度关联交易的定价原则和计算方法进行审核评估，并与企业协商达成预约定价安排等工作的总称。

第五条　成本分摊协议管理是指税务机关按照所得税法第四十一条第二款的规定，对企业与其关联方签署的成本分摊协议是否符合独立交易原则进行审核评估和调查调整等工作的总称。

第六条　受控外国企业管理是指税务机关按照所得税法第四十五条的规定，对受控外国企业不作利润分配或减少分配进行审核评估和调查，并对归属于中国居民企业所得进行调整等工作的总称。

第七条　资本弱化管理是指税务机关按照所得税法第四十六条的规定，对企业接受关联方债权性投资与企业接受的权益性投资的比例是否符合规定比例或独立交易原则进行审核评估和调查调整等工作的总称。

第八条　一般反避税管理是指税务机关按照所得税法第四十七条的规定，对企业实施其他不具有合理商业目的的安排而减少其应纳税收入或所得额进行审核评估和调查调整等工作的总称。

第二章 关联申报

第九条 所得税法实施条例第一百零九条及征管法实施细则第五十一条所称关联关系,主要是指企业与其他企业、组织或个人具有下列之一关系:

(一)一方直接或间接持有另一方的股份总和达到25%以上,或者双方直接或间接同为第三方所持有的股份达到25%以上。若一方通过中间方对另一方间接持有股份,只要一方对中间方持股比例达到25%以上,则一方对另一方的持股比例按照中间方对另一方的持股比例计算。

(二)一方与另一方(独立金融机构除外)之间借贷资金占一方实收资本50%以上,或者一方借贷资金总额的10%以上是由另一方(独立金融机构除外)担保。

(三)一方半数以上的高级管理人员(包括董事会成员和经理)或至少一名可以控制董事会的董事会高级成员是由另一方委派,或者双方半数以上的高级管理人员(包括董事会成员和经理)或至少一名可以控制董事会的董事会高级成员同为第三方委派。

(四)一方半数以上的高级管理人员(包括董事会成员和经理)同时担任另一方的高级管理人员(包括董事会成员和经理),或者一方至少一名可以控制董事会的董事会高级成员同时担任另一方的董事会高级成员。

(五)一方的生产经营活动必须由另一方提供的工业产权、专有技术等特许权才能正常进行。

(六)一方的购买或销售活动主要由另一方控制。

(七)一方接受或提供劳务主要由另一方控制。

(八)一方对另一方的生产经营、交易具有实质控制,或者双方在利益上具有相关联的其他关系,包括虽未达到本条第(一)项持股比例,但一方与另一方的主要持股方享受基本相同的经济利益,以及家族、亲属关系等。

第十条 关联交易主要包括以下类型:

(一)有形资产的购销、转让和使用,包括房屋建筑物、交通工具、机器设备、工具、商品、产品等有形资产的购销、转让和租赁业务;

(二)无形资产的转让和使用,包括土地使用权、版权(著作权)、专利、商标、客户名单、营销渠道、牌号、商业秘密和专有技术等特许权,以及工业品外观设计或实用新型等工业产权的所有权转让和使用权的提供业务;

(三)融通资金,包括各类长短期资金拆借和担保以及各类计息预付款和延期付款等业务;

(四)提供劳务,包括市场调查、行销、管理、行政事务、技术服务、维修、设计、咨询、代理、科研、法律、会计事务等服务的提供。

第十一条 实行查账征收的居民企业和在中国境内设立机构、场所并据实申报缴纳企业所得税的非居民企业向税务机关报送年度企业所得税纳税申报表时,应附送《中华人民共和国企业年度关联业务往来报告表》,包括《关联关系表》、《关联交易汇总表》、《购销表》、《劳务表》、《无形资产表》、《固定资产表》、《融通资金表》、《对外投资情况表》和《对外支付款项情况表》。

第十二条 企业按规定期限报送本办法第十一条规定的报告表确有困难,需要延期的,应按征管法及其实施细则的有关规定办理。

第三章 同期资料管理

第十三条 企业应根据所得税法实施条例第一百一十四条的规定,按纳税年度准备、保存,并按税务机关要求提供其关联交易的同期资料。

第十四条 同期资料主要包括以下内容:

(一)组织结构

1. 企业所属的企业集团相关组织结构及股权结构;

2. 企业关联关系的年度变化情况;

3. 与企业发生交易的关联方信息,包括关联企业的名称、法定代表人、董事和经理等高级管理人员构成情况、注册地址及实际经营地址，以及关联个人的名称、国籍、居住地、家庭成员构成等情况，并注明对企业关联交易定价具有直接影响的关联方；

4. 各关联方适用的具有所得税性质的税种、税率及相应可享受的税收优惠。

（二）生产经营情况

1. 企业的业务概况，包括企业发展变化概况、所处的行业及发展概况、经营策略、产业政策、行业限制等影响企业和行业的主要经济和法律问题，集团产业链以及企业所处地位；

2. 企业的主营业务构成，主营业务收入及其占收入总额的比重，主营业务利润及其占利润总额的比重；

3. 企业所处的行业地位及相关市场竞争环境的分析；

4. 企业内部组织结构，企业及其关联方在关联交易中执行的功能、承担的风险以及使用的资产等相关信息，并参照填写《企业功能风险分析表》；

5. 企业集团合并财务报表，可视企业集团会计年度情况延期准备，但最迟不得超过关联交易发生年度的次年 12 月 31 日。

（三）关联交易情况

1. 关联交易类型、参与方、时间、金额、结算货币、交易条件等；

2. 关联交易所采用的贸易方式、年度变化情况及其理由；

3. 关联交易的业务流程，包括各个环节的信息流、物流和资金流，与非关联交易业务流程的异同；

4. 关联交易所涉及的无形资产及其对定价的影响；

5. 与关联交易相关的合同或协议副本及其履行情况的说明；

6. 对影响关联交易定价的主要经济和法律因素的分析；

7. 关联交易和非关联交易的收入、成本、费用和利润的划分情况，不能直接划分的，按照合理比例划分，说明确定该划分比例的理由，并参照填写《企业年度关联交易财务状况分析表》。

（四）可比性分析

1. 可比性分析所考虑的因素，包括交易资产或劳务特性、交易各方功能和风险、合同条款、经济环境、经营策略等；

2. 可比企业执行的功能、承担的风险以及使用的资产等相关信息；

3. 可比交易的说明，如：有形资产的物理特性、质量及其效用；融资业务的正常利率水平、金额、币种、期限、担保、融资人的资信、还款方式、计息方法等；劳务的性质与程度；无形资产的类型及交易形式，通过交易获得的使用无形资产的权利，使用无形资产获得的收益；

4. 可比信息来源、选择条件及理由；

5. 可比数据的差异调整及理由。

（五）转让定价方法的选择和使用

1. 转让定价方法的选用及理由，企业选择利润法时，须说明对企业集团整体利润或剩余利润水平所做的贡献；

2. 可比信息如何支持所选用的转让定价方法；

3. 确定可比非关联交易价格或利润的过程中所做的假设和判断；

4. 运用合理的转让定价方法和可比性分析结果，确定可比非关联交易价格或利润，以及遵循独立交易原则的说明；

5. 其他支持所选用转让定价方法的资料。

第十五条　属于下列情形之一的企业，可免于准备同期资料：

（一）年度发生的关联购销金额（来料加工业务按年度进出口报关价格计算）在 2 亿元人民币以下且其他关联交易金额（关联融通资金按利息收付金额计算）在 4000 万元人民币以下，上述金额不包括企业在年度内执行成本分摊协议或预约定价安排所涉及的关联交易金额；

（二）关联交易属于执行预约定价安排所涉及的范围；

（三）外资股份低于 50% 且仅与境内关联方发生关联交易。

第十六条　除本办法第七章另有规定外，企业应在关联交易发生年度的次年 5 月 31 日之前准备完毕该年度同期资料,并自税务机关要求之日起20日内提供。

企业因不可抗力无法按期提供同期资料的,应在不可抗力消除后20日内提供同期资料。

第十七条 企业按照税务机关要求提供的同期资料,须加盖公章,并由法定代表人或法定代表人授权的代表签字或盖章。同期资料涉及引用的信息资料,应标明出处来源。

第十八条 企业因合并、分立等原因变更或注销税务登记的,应由合并、分立后的企业保存同期资料。

第十九条 同期资料应使用中文。如原始资料为外文的,应附送中文副本。

第二十条 同期资料应自企业关联交易发生年度的次年6月1日起保存10年。

第四章 转让定价方法

第二十一条 企业发生关联交易以及税务机关审核、评估关联交易均应遵循独立交易原则,选用合理的转让定价方法。

根据所得税法实施条例第一百一十一条的规定,转让定价方法包括可比非受控价格法、再销售价格法、成本加成法、交易净利润法、利润分割法和其他符合独立交易原则的方法。

第二十二条 选用合理的转让定价方法应进行可比性分析。可比性分析因素主要包括以下五个方面:

(一)交易资产或劳务特性,主要包括:有形资产的物理特性、质量、数量等,劳务的性质和范围,无形资产的类型、交易形式、期限、范围、预期收益等;

(二)交易各方功能和风险,功能主要包括:研发、设计,采购,加工、装配、制造,存货管理、分销、售后服务、广告,运输、仓储,融资,财务、会计、法律及人力资源管理等,在比较功能时,应关注企业为发挥功能所使用资产的相似程度;风险主要包括:研发风险,采购风险,生产风险,分销风险,市场推广风险,管理及财务风险等;

(三)合同条款,主要包括:交易标的,交易数量、价格,收付款方式和条件,交货条件,售后服务范围和条件,提供附加劳务的约定,变更、修改合同内容的权利,合同有效期,终止或续签合同的权利;

(四)经济环境,主要包括:行业概况,地理区域,市场规模,市场层级,市场占有率,市场竞争程度,消费者购买力,商品或劳务可替代性,生产要素价格,运输成本,政府管制等;

(五)经营策略,主要包括:创新和开发策略,多元化经营策略,风险规避策略,市场占有策略等。

第二十三条 可比非受控价格法以非关联方之间进行的与关联交易相同或类似业务活动所收取的价格作为关联交易的公平成交价格。

可比性分析应特别考察关联交易与非关联交易在交易资产或劳务的特性、合同条款及经济环境上的差异,按照不同交易类型具体包括如下内容:

(一)有形资产的购销或转让

1. 购销或转让过程,包括交易的时间与地点、交货条件、交货手续、支付条件、交易数量、售后服务的时间和地点等;

2. 购销或转让环节,包括出厂环节、批发环节、零售环节、出口环节等;

3. 购销或转让货物,包括品名、品牌、规格、型号、性能、结构、外型、包装等;

4. 购销或转让环境,包括民族风俗、消费者偏好、政局稳定程度以及财政、税收、外汇政策等。

(二)有形资产的使用

1. 资产的性能、规格、型号、结构、类型、折旧方法;

2. 提供使用权的时间、期限、地点;

3. 资产所有者对资产的投资支出、维修费用等。

(三)无形资产的转让和使用

1. 无形资产类别、用途、适用行业、预期收益;

2. 无形资产的开发投资、转让条件、独占程度、受有关国家法律保护的程度及期限、受让成本和费用、功能风险情况、可替代性等。

(四)融通资金:融资的金额、币种、期限、担保、融资人的资信、还款方式、计息方法等。

(五)提供劳务:业务性质、技术要求、专业水准、承担责任、付款条件和方式、直接和间接成本等。

关联交易与非关联交易之间在以上方面存在重大差异的,应就该差异对价格的影响进行合理调整,无法合理调整的,应根据本章规定选择其他合理的转让定价方法。

可比非受控价格法可以适用于所有类型的关联交易。

第二十四条 再销售价格法以关联方购进商品再销售给非关联方的价格减去可比非关联交易毛利后的金额作为关联方购进商品的公平成交价格。其计算公式如下:

公平成交价格 = 再销售给非关联方的价格 ×(1 - 可比非关联交易毛利率)

可比非关联交易毛利率 = 可比非关联交易毛利/可比非关联交易收入净额 ×100%

可比性分析应特别考察关联交易与非关联交易在功能风险及合同条款上的差异以及影响毛利率的其他因素,具体包括销售、广告及服务功能,存货风险,机器、设备的价值及使用年限,无形资产的使用及价值,批发或零售环节,商业经验,会计处理及管理效率等。

关联交易与非关联交易之间在以上方面存在重大差异的,应就该差异对毛利率的影响进行合理调整,无法合理调整的,应根据本章规定选择其他合理的转让定价方法。

再销售价格法通常适用于再销售者未对商品进行改变外型、性能、结构或更换商标等实质性增值加工的简单加工或单纯购销业务。

第二十五条 成本加成法以关联交易发生的合理成本加上可比非关联交易毛利作为关联交易的公平成交价格。其计算公式如下:

公平成交价格 = 关联交易的合理成本 ×(1 + 可比非关联交易成本加成率)

可比非关联交易成本加成率 = 可比非关联交易毛利/可比非关联交易成本 ×100%

可比性分析应特别考察关联交易与非关联交易在功能风险及合同条款上的差异以及影响成本加成率的其他因素,具体包括制造、加工、安装及测试功能,市场及汇兑风险,机器、设备的价值及使用年限,无形资产的使用及价值,商业经验,会计处理及管理效率等。

关联交易与非关联交易之间在以上方面存在重大差异的,应就该差异对成本加成率的影响进行合理调整,无法合理调整的,应根据本章规定选择其他合理的转让定价方法。

成本加成法通常适用于有形资产的购销、转让和使用,劳务提供或资金融通的关联交易。

第二十六条 交易净利润法以可比非关联交易的利润率指标确定关联交易的净利润。利润率指标包括资产收益率、销售利润率、完全成本加成率、贝里比率等。

可比性分析应特别考察关联交易与非关联交易之间在功能风险及经济环境上的差异以及影响营业利润的其他因素,具体包括执行功能、承担风险和使用资产,行业和市场情况,经营规模,经济周期和产品生命周期,成本、费用、所得和资产在各交易间的分摊,会计处理及经营管理效率等。

关联交易与非关联交易之间在以上方面存在重大差异的,应就该差异对营业利润的影响进行合理调整,无法合理调整的,应根据本章规定选择其他合理的转让定价方法。

交易净利润法通常适用于有形资产的购销、转让和使用,无形资产的转让和使用以及劳务提供等关联交易。

第二十七条 利润分割法根据企业与其关联方对关联交易合并利润的贡献计算各自应该分配的利润额。利润分割法分为一般利润分割法和剩余利润分割法。

一般利润分割法根据关联交易各参与方所执行的功能、承担的风险以及使用的资产,确定各自应取得的利润。

剩余利润分割法将关联交易各参与方的合并利润减去分配给各方的常规利润的余额作为剩余利润,再根据各方对剩余利润的贡献程度进行分配。

可比性分析应特别考察交易各方执行的功能、承担的风险和使用的资产,成本、费用、所得和资产在各交易方之间的分摊,会计处理,确定交易各方对剩余利润贡献所使用信息和假设条件的可靠性等。

利润分割法通常适用于各参与方关联交易高度整合且难以单独评估各方交易结果的情况。

第五章 转让定价调查及调整

第二十八条 税务机关有权依据税收征管法及其实施细则有关税务检查的规定,确定调查企业,进行转让定价调查、调整。被调查企业必须据实报告其关联交易情况,并提供相关资料,不得拒绝或隐瞒。

第二十九条 转让定价调查应重点选择以下企业:

(一)关联交易数额较大或类型较多的企业;

（二）长期亏损、微利或跳跃性盈利的企业；

（三）低于同行业利润水平的企业；

（四）利润水平与其所承担的功能风险明显不相匹配的企业；

（五）与避税港关联方发生业务往来的企业；

（六）未按规定进行关联申报或准备同期资料的企业；

（七）其他明显违背独立交易原则的企业。

第三十条 实际税负相同的境内关联方之间的交易，只要该交易没有直接或间接导致国家总体税收收入的减少，原则上不做转让定价调查、调整。

第三十一条 税务机关应结合日常征管工作，开展案头审核，确定调查企业。案头审核应主要根据被调查企业历年报送的年度所得税申报资料及关联业务往来报告表等纳税资料，对企业的生产经营状况、关联交易等情况进行综合评估分析。

企业可以在案头审核阶段向税务机关提供同期资料。

第三十二条 税务机关对已确定的调查对象，应根据所得税法第六章、所得税法实施条例第六章、征管法第四章及征管法实施细则第六章的规定，实施现场调查。

（一）现场调查人员须2名以上。

（二）现场调查时调查人员应出示《税务检查证》，并送达《税务检查通知书》。

（三）现场调查可根据需要依照法定程序采取询问、调取账簿资料和实地核查等方式。

（四）询问当事人应有专人记录《询问（调查）笔录》，并告知当事人不如实提供情况应当承担的法律责任。《询问（调查）笔录》应交当事人核对确认。

（五）需调取账簿及有关资料的，应按照征管法实施细则第八十六条的规定，填制《调取账簿资料通知书》、《调取账簿资料清单》，办理有关法定手续，调取的账簿、记账凭证等资料，应妥善保管，并按法定时限如数退还。

（六）实地核查过程中发现的问题和情况，由调查人员填写《询问（调查）笔录》。《询问（调查）笔录》应由2名以上调查人员签字，并根据需要由被调查企业核对确认，若被调查企业拒绝，可由2名以上调查人员签认备案。

（七）可以以记录、录音、录像、照相和复制的方式索取与案件有关的资料，但必须注明原件的保存方及出处，由原件保存或提供方核对签注“与原件核对无误”字样，并盖章或押印。

（八）需要证人作证的，应事先告知证人不如实提供情况应当承担的法律责任。证人的证言材料应由本人签字或押印。

第三十三条 根据所得税法第四十三条第二款及所得税法实施条例第一百一十四条的规定，税务机关在实施转让定价调查时，有权要求企业及其关联方，以及与关联业务调查有关的其他企业（以下简称可比企业）提供相关资料，并送达《税务事项通知书》。

（一）企业应在《税务事项通知书》规定的期限内提供相关资料，因特殊情况不能按期提供的，应向税务机关提交书面延期申请，经批准，可以延期提供，但最长不得超过30日。税务机关应自收到企业延期申请之日起15日内函复，逾期未函复的，视同税务机关已同意企业的延期申请。

（二）企业的关联方以及可比企业应在与税务机关约定的期限内提供相关资料，约定期限一般不应超过60日。

企业、关联方及可比企业应按税务机关要求提供真实、完整的相关资料。

第三十四条 税务机关应按本办法第二章的有关规定，核实企业申报信息，并要求企业填制《企业可比性因素分析表》。

税务机关在企业关联申报和提供资料的基础上，填制《企业关联关系认定表》、《企业关联交易认定表》和《企业可比性因素分析认定表》，并由被调查企业核对确认。

第三十五条 转让定价调查涉及向关联方和可比企业调查取证的，税务机关向企业送达《税务检查通知书》，进行调查取证。

第三十六条 税务机关审核企业、关联方及可比企业提供的相关资料，可采用现场调查、发函协查和查阅公开信息等方式核实。需取得境外有关资料的，可按有关规定启动税收协定的情报交换程序，或通过我驻外机构调查收集有关信息。涉及境外关联方的相关资料,税务机关也可要求企业提供公证机构的证明。

第三十七条　税务机关应选用本办法第四章规定的转让定价方法分析、评估企业关联交易是否符合独立交易原则,分析评估时可以使用公开信息资料,也可以使用非公开信息资料。

第三十八条　税务机关分析、评估企业关联交易时,因企业与可比企业营运资本占用不同而对营业利润产生的差异原则上不做调整。确需调整的,须层报国家税务总局批准。

第三十九条　按照关联方订单从事加工制造,不承担经营决策、产品研发、销售等功能的企业,不应承担由于决策失误、开工不足、产品滞销等原因带来的风险和损失,通常应保持一定的利润率水平。对出现亏损的企业,税务机关应在经济分析的基础上,选择适当的可比价格或可比企业,确定企业的利润水平。

第四十条　企业与关联方之间收取价款与支付价款的交易相互抵消的,税务机关在可比性分析和纳税调整时,原则上应还原抵消交易。

第四十一条　税务机关采用四分位法分析、评估企业利润水平时,企业利润水平低于可比企业利润率区间中位值的,原则上应按照不低于中位值进行调整。

第四十二条　经调查,企业关联交易符合独立交易原则的,税务机关应做出转让定价调查结论,并向企业送达《特别纳税调查结论通知书》。

第四十三条　经调查,企业关联交易不符合独立交易原则而减少其应纳税收入或者所得额的,税务机关应按以下程序实施转让定价纳税调整:

(一)在测算、论证和可比性分析的基础上,拟定特别纳税调查初步调整方案;

(二)根据初步调整方案与企业协商谈判,税企双方均应指定主谈人,调查人员应做好《协商内容记录》,并由双方主谈人签字确认,若企业拒签,可由2名以上调查人员签认备案;

(三)企业对初步调整方案有异议的,应在税务机关规定的期限内进一步提供相关资料,税务机关收到资料后,应认真审核,并及时做出审议决定;

(四)根据审议决定,向企业送达《特别纳税调查初步调整通知书》,企业对初步调整意见有异议的,应自收到通知书之日起7日内书面提出,税务机关收到企业意见后,应再次协商审议;企业逾期未提出异议的,视为同意初步调整意见;

(五)确定最终调整方案,向企业送达《特别纳税调查调整通知书》。

第四十四条　企业收到《特别纳税调查调整通知书》后,应按规定期限缴纳税款及利息。

第四十五条　税务机关对企业实施转让定价纳税调整后,应自企业被调整的最后年度的下一年度起5年内实施跟踪管理。在跟踪管理期内,企业应在跟踪年度的次年6月20日之前向税务机关提供跟踪年度的同期资料,税务机关根据同期资料和纳税申报资料重点分析、评估以下内容:

(一)企业投资、经营状况及其变化情况;

(二)企业纳税申报额变化情况;

(三)企业经营成果变化情况;

(四)关联交易变化情况等。

税务机关在跟踪管理期内发现企业转让定价异常等情况,应及时与企业沟通,要求企业自行调整,或按照本章有关规定开展转让定价调查调整。

第六章　预约定价安排管理

第四十六条　企业可以依据所得税法第四十二条、所得税法实施条例第一百一十三条及征管法实施细则第五十三条的规定,与税务机关就企业未来年度关联交易的定价原则和计算方法达成预约定价安排。预约定价安排的谈签与执行通常经过预备会谈、正式申请、审核评估、磋商、签订安排和监控执行6个阶段。预约定价安排包括单边、双边和多边3种类型。

第四十七条　预约定价安排应由设区的市、自治州以上的税务机关受理。

第四十八条　预约定价安排一般适用于同时满足以下条件的企业:

(一)年度发生的关联交易金额在4000万元人民币以上;

(二)依法履行关联申报义务;

(三)按规定准备、保存和提供同期资料。

第四十九条 预约定价安排适用于自企业提交正式书面申请年度的次年起3至5个连续年度的关联交易。

预约定价安排的谈签不影响税务机关对企业提交预约定价安排正式书面申请当年或以前年度关联交易的转让定价调查调整。

如果企业申请当年或以前年度的关联交易与预约定价安排适用年度相同或类似,经企业申请,税务机关批准,可将预约定价安排确定的定价原则和计算方法适用于申请当年或以前年度关联交易的评估和调整。

第五十条 企业正式申请谈签预约定价安排前,应向税务机关书面提出谈签意向,税务机关可以根据企业的书面要求,与企业就预约定价安排的相关内容及达成预约定价安排的可行性开展预备会谈,并填制《预约定价安排会谈记录》。预备会谈可以采用匿名的方式。

(一)企业申请单边预约定价安排的,应向税务机关书面提出谈签意向。在预备会谈期间,企业应就以下内容提供资料,并与税务机关进行讨论:

1. 安排的适用年度;

2. 安排涉及的关联方及关联交易;

3. 企业以前年度生产经营情况;

4. 安排涉及各关联方功能和风险的说明;

5. 是否应用安排确定的方法解决以前年度的转让定价问题;

6. 其他需要说明的情况。

(二)企业申请双边或多边预约定价安排的,应同时向国家税务总局和主管税务机关书面提出谈签意向,国家税务总局组织与企业开展预备会谈,预备会谈的内容除本条第(一)项外,还应特别包括:

1. 向税收协定缔约对方税务主管当局提出预备会谈申请的情况;

2. 安排涉及的关联方以前年度生产经营情况及关联交易情况;

3. 向税收协定缔约对方税务主管当局提出的预约定价安排拟采用的定价原则和计算方法。

(三)预备会谈达成一致意见的,税务机关应自达成一致意见之日起15日内书面通知企业,可以就预约定价安排相关事宜进行正式谈判,并向企业送达《预约定价安排正式会谈通知书》;预备会谈不能达成一致意见的,税务机关应自最后一次预备会谈结束之日起15日内书面通知企业,向企业送达《拒绝企业申请预约定价安排通知书》,拒绝企业申请预约定价安排,并说明理由。

第五十一条 企业应在接到税务机关正式会谈通知之日起3个月内,向税务机关提出预约定价安排书面申请报告,并报送《预约定价安排正式申请书》。企业申请双边或多边预约定价安排的,应将《预约定价安排正式申请书》和《启动相互协商程序申请书》同时报送国家税务总局和主管税务机关。

(一)预约定价安排书面申请报告应包括如下内容:

1. 相关的集团组织架构、公司内部结构、关联关系、关联交易情况;

2. 企业近三年财务、会计报表资料,产品功能和资产(包括无形资产和有形资产)的资料;

3. 安排所涉及的关联交易类别和纳税年度;

4. 关联方之间功能和风险划分,包括划分所依据的机构、人员、费用、资产等;

5. 安排适用的转让定价原则和计算方法,以及支持这一原则和方法的功能风险分析、可比性分析和假设条件等;

6. 市场情况的说明,包括行业发展趋势和竞争环境;

7. 安排预约期间的年度经营规模、经营效益预测以及经营规划等;

8. 与安排有关的关联交易、经营安排及利润水平等财务方面的信息;

9. 是否涉及双重征税等问题;

10. 涉及境内、外有关法律、税收协定等相关问题。

(二)企业因下列特殊原因无法按期提交书面申请报告的,可向税务机关提出书面延期申请,并报送《预约定价安排正式申请延期报送申请书》:

1. 需要特别准备某些方面的资料;

2. 需要对资料做技术上的处理,如文字翻译等;

3. 其他非主观原因。

税务机关应自收到企业书面延期申请后15日内，对其延期事项做出书面答复，并向企业送达《预约定价安排正式申请延期报送答复书》。逾期未做出答复的，视同税务机关已同意企业的延期申请。

（三）上述申请内容所涉及的文件资料和情况说明，包括能够支持拟选用的定价原则、计算方法和能证实符合预约定价安排条件的所有文件资料，企业和税务机关均应妥善保存。

第五十二条　税务机关应自收到企业提交的预约定价安排正式书面申请及所需文件、资料之日起5个月内，进行审核和评估。根据审核和评估的具体情况可要求企业补充提供有关资料，形成审核评估结论。

因特殊情况，需要延长审核评估时间的，税务机关应及时书面通知企业，并向企业送达《预约定价安排审核评估延期通知书》，延长期限不得超过3个月。

税务机关应主要审核和评估以下内容：

（一）历史经营状况，分析、评估企业的经营规划、发展趋势、经营范围等文件资料，重点审核可行性研究报告、投资预（决）算、董事会决议等，综合分析反映经营业绩的有关信息和资料，如财务、会计报表、审计报告等。

（二）功能和风险状况，分析、评估企业与其关联方之间在供货、生产、运输、销售等各环节以及在研究、开发无形资产等方面各自所拥有的份额，执行的功能以及在存货、信贷、外汇、市场等方面所承担的风险。

（三）可比信息，分析、评估企业提供的境内、外可比价格信息，说明可比企业和申请企业之间的实质性差异，并进行调整。若不能确认可比交易或经营活动的合理性，应明确企业须进一步提供的有关文件、资料，以证明其所选用的转让定价原则和计算方法公平地反映了被审核的关联交易和经营现状，并得到相关财务、经营等资料的证实。

（四）假设条件，分析、评估对行业盈利能力和对企业生产经营的影响因素及其影响程度，合理确定预约定价安排适用的假设条件。

（五）转让定价原则和计算方法，分析、评估企业在预约定价安排中选用的转让定价原则和计算方法是否以及如何真实地运用于以前、现在和未来年度的关联交易以及相关财务、经营资料之中，是否符合法律、法规的规定。

（六）预期的公平交易价格或利润区间，通过对确定的可比价格、利润率、可比企业交易等情况的进一步审核和评估，测算出税务机关和企业均可接受的价格或利润区间。

第五十三条　税务机关应自单边预约定价安排形成审核评估结论之日起30日内，与企业进行预约定价安排磋商，磋商达成一致的，应将预约定价安排草案和审核评估报告一并层报国家税务总局审定。

国家税务总局与税收协定缔约对方税务主管当局开展双边或多边预约定价安排的磋商，磋商达成一致的，根据磋商备忘录拟定预约定价安排草案。

预约定价安排草案应包括如下内容：

（一）关联方名称、地址等基本信息；

（二）安排涉及的关联交易及适用年度；

（三）安排选定的可比价格或交易、转让定价原则和计算方法、预期经营结果等；

（四）与转让定价方法运用和计算基础相关的术语定义；

（五）假设条件；

（六）企业年度报告、记录保存、假设条件变动通知等义务；

（七）安排的法律效力，文件资料等信息的保密性；

（八）相互责任条款；

（九）安排的修订；

（十）解决争议的方法和途径；

（十一）生效日期；

（十二）附则。

第五十四条　税务机关与企业就单边预约定价安排草案内容达成一致后，双方的法定代表人或法定代表人授权的代表正式签订单边预约定价安排。国家税务总局与税收协定缔约对方税务主管当局就双边或多边预约定价安排草案内容达成一致后，双方或多方税务主管当局授权的代表正式签订双边或多边预约定价安排。主管税务机关根据双边或多边预约定价安排与企业签订《双边（多边）预约定价安排执行协议书》。

第五十五条 在预约定价安排正式谈判后和预约定价安排签订前,税务机关和企业均可暂停、终止谈判。涉及双边或多边预约定价安排的,经缔约各方税务主管当局协商,可暂停、终止谈判。终止谈判的,双方应将谈判中相互提供的全部资料退还给对方。

第五十六条 税务机关应建立监控管理制度,监控预约定价安排的执行情况。

(一)在预约定价安排执行期内,企业应完整保存与安排有关的文件和资料(包括账簿和有关记录等),不得丢失、销毁和转移;并在纳税年度终了后5个月内,向税务机关报送执行预约定价安排情况的年度报告。

年度报告应说明报告期内经营情况以及企业遵守预约定价安排的情况,包括预约定价安排要求的所有事项,以及是否有修订或实质上终止该预约定价安排的要求。如有未决问题或将要发生的问题,企业应在年度报告中予以说明,以便与税务机关协商是否修订或终止安排。

(二)在预约定价安排执行期内,税务机关应定期(一般为半年)检查企业履行安排的情况。检查内容主要包括:企业是否遵守了安排条款及要求;为谈签安排而提供的资料和年度报告是否反映了企业的实际经营情况;转让定价方法所依据的资料和计算方法是否正确;安排所描述的假设条件是否仍然有效;企业对转让定价方法的运用是否与假设条件相一致等。

税务机关如发现企业有违反安排的一般情况,可视情况进行处理,直至终止安排;如发现企业存在隐瞒或拒不执行安排的情况,税务机关应认定预约定价安排自始无效。

(三)在预约定价安排执行期内,如果企业发生实际经营结果不在安排所预期的价格或利润区间之内的情况,税务机关应在报经上一级税务机关核准后,将实际经营结果调整到安排所确定的价格或利润区间内。涉及双边或多边预约定价安排的,应当层报国家税务总局核准。

(四)在预约定价安排执行期内,企业发生影响预约定价安排的实质性变化,应在发生变化后30日内向税务机关书面报告,详细说明该变化对预约定价安排执行的影响,并附相关资料。由于非主观原因而无法按期报告的,可以延期报告,但延长期不得超过30日。

税务机关应在收到企业书面报告之日起60日内,予以审核和处理,包括审查企业变化情况、与企业协商修订预约定价安排条款和相关条件,或根据实质性变化对预约定价安排的影响程度采取修订或终止安排等措施。原预约定价安排终止执行后,税务机关可以和企业按照本章规定的程序和要求,重新谈签新的预约定价安排。

(五)国家税务局和地方税务局与企业共同签订的预约定价安排,在执行期内,企业应分别向国家税务局和地方税务局报送执行预约定价安排情况的年度报告和实质性变化报告。国家税务局和地方税务局应对企业执行安排的情况,实行联合检查和审核。

第五十七条 预约定价安排期满后自动失效。如企业需要续签的,应在预约定价安排执行期满前90日内向税务机关提出续签申请,报送《预约定价安排续签申请书》,并提供可靠的证明材料,说明现行预约定价安排所述事实和相关环境没有发生实质性变化,并且一直遵守该预约定价安排中的各项条款和约定。税务机关应自收到企业续签申请之日起15日内做出是否受理的书面答复,向企业送达《预约定价安排申请续签答复书》。税务机关应审核、评估企业的续签申请资料,与企业协商拟定预约定价安排草案,并按双方商定的续签时间、地点等相关事宜,与企业完成续签工作。

第五十八条 预约定价安排的谈签或执行同时涉及两个以上省、自治区、直辖市和计划单列市税务机关,或者同时涉及国家税务局和地方税务局的,由国家税务总局统一组织协调。企业可以直接向国家税务总局书面提出谈签意向。

第五十九条 税务机关与企业达成的预约定价安排,只要企业遵守了安排的全部条款及其要求,各地国家税务局、地方税务局均应执行。

第六十条 税务机关与企业在预约定价安排预备会谈、正式谈签、审核、分析等全过程中所获取或得到的所有信息资料,双方均负有保密义务。税务机关和企业每次会谈,均应对会谈内容进行书面记录,同时载明每次会谈时相互提供资料的份数和内容,并由双方主谈人员签字或盖章。

第六十一条 税务机关与企业不能达成预约定价安排的,税务机关在会谈、协商过程中所获取的有关企业的提议、推理、观念和判断等非事实性信息,不得用于以后对该预约定价安排涉及交易行为的税务调查。

第六十二条　在预约定价安排执行期间,如果税务机关与企业发生分歧,双方应进行协商。协商不能解决的,可报上一级税务机关协调;涉及双边或多边预约定价安排的,须层报国家税务总局协调。对上一级税务机关或国家税务总局的协调结果或决定,下一级税务机关应当予以执行。但企业仍不能接受的,应当终止安排的执行。

第六十三条　税务机关应在与企业正式签订单边预约定价安排或双边或多边预约定价安排执行协议书后10日内,以及预约定价安排执行中发生修订、终止等情况后20日内,将单边预约定价安排正式文本、双边或多边预约定价安排执行协议书以及安排变动情况的说明层报国家税务总局备案。

第七章　成本分摊协议管理

第六十四条　根据所得税法第四十一条第二款及所得税法实施条例第一百一十二条的规定,企业与其关联方签署成本分摊协议,共同开发、受让无形资产,或者共同提供、接受劳务,应符合本章规定。

第六十五条　成本分摊协议的参与方对开发、受让的无形资产或参与的劳务活动享有受益权,并承担相应的活动成本。关联方承担的成本应与非关联方在可比条件下为获得上述受益权而支付的成本相一致。

参与方使用成本分摊协议所开发或受让的无形资产不需另支付特许权使用费。

第六十六条　企业对成本分摊协议所涉及无形资产或劳务的受益权应有合理的、可计量的预期收益,且以合理商业假设和营业常规为基础。

第六十七条　涉及劳务的成本分摊协议一般适用于集团采购和集团营销策划。

第六十八条　成本分摊协议主要包括以下内容:

(一)参与方的名称、所在国家(地区)、关联关系、在协议中的权利和义务;

(二)成本分摊协议所涉及的无形资产或劳务的内容、范围,协议涉及研发或劳务活动的具体承担者及其职责、任务;

(三)协议期限;

(四)参与方预期收益的计算方法和假设;

(五)参与方初始投入和后续成本支付的金额、形式、价值确认的方法以及符合独立交易原则的说明;

(六)参与方会计方法的运用及变更说明;

(七)参与方加入或退出协议的程序及处理规定;

(八)参与方之间补偿支付的条件及处理规定;

(九)协议变更或终止的条件及处理规定;

(十)非参与方使用协议成果的规定。

第六十九条　企业应自成本分摊协议达成之日起30日内,层报国家税务总局备案。税务机关判定成本分摊协议是否符合独立交易原则须层报国家税务总局审核。

第七十条　已经执行并形成一定资产的成本分摊协议,参与方发生变更或协议终止执行,应根据独立交易原则做如下处理:

(一)加入支付,即新参与方为获得已有协议成果的受益权应做出合理的支付;

(二)退出补偿,即原参与方退出协议安排,将已有协议成果的受益权转让给其他参与方应获得合理的补偿;

(三)参与方变更后,应对各方受益和成本分摊情况做出相应调整;

(四)协议终止时,各参与方应对已有协议成果做出合理分配。

企业不按独立交易原则对上述情况做出处理而减少其应纳税所得额的,税务机关有权做出调整。

第七十一条　成本分摊协议执行期间,参与方实际分享的收益与分摊的成本不相配比的,应根据实际情况做出补偿调整。

第七十二条　对于符合独立交易原则的成本分摊协议,有关税务处理如下:

(一)企业按照协议分摊的成本,应在协议规定的各年度税前扣除;

(二)涉及补偿调整的,应在补偿调整的年度计入应纳税所得额;

(三)涉及无形资产的成本分摊协议,加入支付、退出补偿或终止协议时对协议成果分配的,应按资产购置或处置的有关规定处理。

第七十三条 企业可根据本办法第六章的规定采取预约定价安排的方式达成成本分摊协议。

第七十四条 企业执行成本分摊协议期间，除遵照本办法第三章规定外，还应准备和保存以下成本分摊协议的同期资料：

（一）成本分摊协议副本；

（二）成本分摊协议各参与方之间达成的为实施该协议的其他协议；

（三）非参与方使用协议成果的情况、支付的金额及形式；

（四）本年度成本分摊协议的参与方加入或退出的情况，包括加入或退出的参与方名称、所在国家（地区）、关联关系，加入支付或退出补偿的金额及形式；

（五）成本分摊协议的变更或终止情况，包括变更或终止的原因、对已形成协议成果的处理或分配；

（六）本年度按照成本分摊协议发生的成本总额及构成情况；

（七）本年度各参与方成本分摊的情况，包括成本支付的金额、形式、对象，做出或接受补偿支付的金额、形式、对象；

（八）本年度协议预期收益与实际结果的比较及由此做出的调整。

企业执行成本分摊协议期间，无论成本分摊协议是否采取预约定价安排的方式，均应在本年度的次年6月20日之前向税务机关提供成本分摊协议的同期资料。

第七十五条 企业与其关联方签署成本分摊协议，有下列情形之一的，其自行分摊的成本不得税前扣除：

（一）不具有合理商业目的和经济实质；

（二）不符合独立交易原则；

（三）没有遵循成本与收益配比原则；

（四）未按本办法有关规定备案或准备、保存和提供有关成本分摊协议的同期资料；

（五）自签署成本分摊协议之日起经营期限少于20年。

第八章 受控外国企业管理

第七十六条 受控外国企业是指根据所得税法第四十五条的规定，由居民企业，或者由居民企业和居民个人（以下统称中国居民股东，包括中国居民企业股东和中国居民个人股东）控制的设立在实际税负低于所得税法第四条第一款规定税率水平50%的国家（地区），并非出于合理经营需要对利润不作分配或减少分配的外国企业。

第七十七条 本办法第七十六条所称控制，是指在股份、资金、经营、购销等方面构成实质控制。其中，股份控制是指由中国居民股东在纳税年度任何一天单层直接或多层间接单一持有外国企业10%以上有表决权股份，且共同持有该外国企业50%以上股份。

中国居民股东多层间接持有股份按各层持股比例相乘计算，中间层持有股份超过50%的，按100%计算。

第七十八条 中国居民企业股东应在年度企业所得税纳税申报时提供对外投资信息，附送《对外投资情况表》。

第七十九条 税务机关应汇总、审核中国居民企业股东申报的对外投资信息，向受控外国企业的中国居民企业股东送达《受控外国企业中国居民股东确认通知书》。中国居民企业股东符合所得税法第四十五条征税条件的，按照有关规定征税。

第八十条 计入中国居民企业股东当期的视同受控外国企业股息分配的所得，应按以下公式计算：

中国居民企业股东当期所得 = 视同股息分配额 × 实际持股天数 ÷ 受控外国企业纳税年度天数 × 股东持股比例

中国居民股东多层间接持有股份的，股东持股比例按各层持股比例相乘计算。

第八十一条 受控外国企业与中国居民企业股东纳税年度存在差异的，应将视同股息分配所得计入受控外国企业纳税年度终止日所属的中国居民企业股东的纳税年度。

第八十二条 计入中国居民企业股东当期所得已在境外缴纳的企业所得税税款，可按照所得税法或税收协定的有关规定抵免。

第八十三条 受控外国企业实际分配的利润已根据所得税法第四十五条规定征税的，不再计入中国居民企业股东的当期所得。

第八十四条　中国居民企业股东能够提供资料证明其控制的外国企业满足以下条件之一的,可免于将外国企业不作分配或减少分配的利润视同股息分配额,计入中国居民企业股东的当期所得:

(一)设立在国家税务总局指定的非低税率国家(地区);

(二)主要取得积极经营活动所得;

(三)年度利润总额低于500万元人民币。

第九章　资本弱化管理

第八十五条　所得税法第四十六条所称不得在计算应纳税所得额时扣除的利息支出应按以下公式计算:

不得扣除利息支出=年度实际支付的全部关联方利息×(1-标准比例/关联债资比例)

其中:

标准比例是指《财政部　国家税务总局关于企业关联方利息支出税前扣除标准有关税收政策问题的通知》(财税[2008]121号)规定的比例。

关联债资比例是指根据所得税法第四十六条及所得税法实施条例第一百一十九的规定,企业从其全部关联方接受的债权性投资(以下简称关联债权投资)占企业接受的权益性投资(以下简称权益投资)的比例,关联债权投资包括关联方以各种形式提供担保的债权性投资。

第八十六条　关联债资比例的具体计算方法如下:

关联债资比例=年度各月平均关联债权投资之和/年度各月平均权益投资之和

其中:

各月平均关联债权投资=(关联债权投资月初账面余额+月末账面余额)/2

各月平均权益投资=(权益投资月初账面余额+月末账面余额)/2

权益投资为企业资产负债表所列示的所有者权益金额。如果所有者权益小于实收资本(股本)与资本公积之和,则权益投资为实收资本(股本)与资本公积之和;如果实收资本(股本)与资本公积之和小于实收资本(股本)金额,则权益投资为实收资本(股本)金额。

第八十七条　所得税法第四十六条所称的利息支出包括直接或间接关联债权投资实际支付的利息、担保费、抵押费和其他具有利息性质的费用。

第八十八条　所得税法第四十六条规定不得在计算应纳税所得额时扣除的利息支出,不得结转到以后纳税年度;应按照实际支付给各关联方利息占关联方利息总额的比例,在各关联方之间进行分配,其中,分配给实际税负高于企业的境内关联方的利息准予扣除;直接或间接实际支付给境外关联方的利息应视同分配的股息,按照股息和利息分别适用的所得税税率差补征企业所得税,如已扣缴的所得税税款多于按股息计算应征所得税税款,多出的部分不予退税。

第八十九条　企业关联债资比例超过标准比例的利息支出,如要在计算应纳税所得额时扣除,除遵照本办法第三章规定外,还应准备、保存、并按税务机关要求提供以下同期资料,证明关联债权投资金额、利率、期限、融资条件以及债资比例等均符合独立交易原则:

(一)企业偿债能力和举债能力分析;

(二)企业集团举债能力及融资结构情况分析;

(三)企业注册资本等权益投资的变动情况说明;

(四)关联债权投资的性质、目的及取得时的市场状况;

(五)关联债权投资的货币种类、金额、利率、期限及融资条件;

(六)企业提供的抵押品情况及条件;

(七)担保人状况及担保条件;

(八)同类同期贷款的利率情况及融资条件;

(九)可转换公司债券的转换条件;

(十)其他能够证明符合独立交易原则的资料。

第九十条　企业未按规定准备、保存和提供同期资料证明关联债权投资金额、利率、期限、融资条件以及债资比例等符合独立交易原则的,其超过标准比例的关联方利息支出,不得在计算应纳税所得额时扣除。

第九十一条 本章所称"实际支付利息"是指企业按照权责发生制原则计入相关成本、费用的利息。

企业实际支付关联方利息存在转让定价问题的，税务机关应首先按照本办法第五章的有关规定实施转让定价调查调整。

第十章 一般反避税管理

第九十二条 税务机关可依据所得税法第四十七条及所得税法实施条例第一百二十条的规定对存在以下避税安排的企业，启动一般反避税调查：

（一）滥用税收优惠；

（二）滥用税收协定；

（三）滥用公司组织形式；

（四）利用避税港避税；

（五）其他不具有合理商业目的的安排。

第九十三条 税务机关应按照实质重于形式的原则审核企业是否存在避税安排，并综合考虑安排的以下内容：

（一）安排的形式和实质；

（二）安排订立的时间和执行期间；

（三）安排实现的方式；

（四）安排各个步骤或组成部分之间的联系；

（五）安排涉及各方财务状况的变化；

（六）安排的税收结果。

第九十四条 税务机关应按照经济实质对企业的避税安排重新定性，取消企业从避税安排获得的税收利益。对于没有经济实质的企业，特别是设在避税港并导致其关联方或非关联方避税的企业，可在税收上否定该企业的存在。

第九十五条 税务机关启动一般反避税调查时，应按照征管法及其实施细则的有关规定向企业送达《税务检查通知书》。企业应自收到通知书之日起60日内提供资料证明其安排具有合理的商业目的。企业未在规定期限内提供资料，或提供资料不能证明安排具有合理商业目的的，税务机关可根据已掌握的信息实施纳税调整，并向企业送达《特别纳税调查调整通知书》。

第九十六条 税务机关实施一般反避税调查，可按照征管法第五十七条的规定要求避税安排的筹划方如实提供有关资料及证明材料。

第九十七条 一般反避税调查及调整须层报国家税务总局批准。

第十一章 相应调整及国际磋商

第九十八条 关联交易一方被实施转让定价调查调整的，应允许另一方做相应调整，以消除双重征税。相应调整涉及税收协定国家（地区）关联方的，经企业申请，国家税务总局与税收协定缔约对方税务主管当局根据税收协定有关相互协商程序的规定开展磋商谈判。

第九十九条 涉及税收协定国家（地区）关联方的转让定价相应调整，企业应同时向国家税务总局和主管税务机关提出书面申请，报送《启动相互协商程序申请书》，并提供企业或其关联方被转让定价调整的通知书复印件等有关资料。

第一百条 企业应自企业或其关联方收到转让定价调整通知书之日起三年内提出相应调整的申请，超过三年的，税务机关不予受理。

第一百零一条 税务机关对企业实施转让定价调整，涉及企业向境外关联方支付利息、租金、特许权使用费等已扣缴的税款，不再做相应调整。

第一百零二条 国家税务总局按照本办法第六章规定接受企业谈签双边或多边预约定价安排申请的，应与税收协定缔约对方税务主管当局根据税收协定相互协商程序的有关规定开展磋商谈判。

第一百零三条 相应调整或相互磋商的结果，由国家税务总局以书面形式经主管税务机关送达企业。

第一百零四条 本办法第九章所称不得在计算应纳税所得额时扣除的利息支出以及视同股息分配的

利息支出，不适用本章相应调整的规定。

第十二章　法律责任

第一百零五条　企业未按照本办法的规定向税务机关报送企业年度关联业务往来报告表，或者未保存同期资料或其他相关资料的，依照征管法第六十条和第六十二条的规定处理。

第一百零六条　企业拒绝提供同期资料等关联交易的相关资料，或者提供虚假、不完整资料，未能真实反映其关联业务往来情况的，依照征管法第七十条、征管法实施细则第九十六条、所得税法第四十四条及所得税法实施条例第一百一十五条的规定处理。

第一百零七条　税务机关根据所得税法及其实施条例的规定，对企业做出特别纳税调整的，应对2008年1月1日以后发生交易补征的企业所得税税款，按日加收利息。

（一）计息期间自税款所属纳税年度的次年6月1日起至补缴（预缴）税款入库之日止。

（二）利息率按照税款所属纳税年度12月31日实行的与补税期间同期的中国人民银行人民币贷款基准利率（以下简称"基准利率"）加5个百分点计算，并按一年365天折算日利息率。

（三）企业按照本办法规定提供同期资料和其他相关资料的，或者企业符合本办法第十五条的规定免于准备同期资料但根据税务机关要求提供其他相关资料的，可以只按基准利率计算加收利息。

企业按照本办法第十五条第（一）项的规定免于准备同期资料，但经税务机关调查，其实际关联交易额达到必须准备同期资料的标准的，税务机关对补征税款加收利息，适用本条第（二）项规定。

（四）按照本条规定加收的利息，不得在计算应纳税所得额时扣除。

第一百零八条　企业在税务机关做出特别纳税调整决定前预缴税款的，收到调整补税通知书后补缴税款时，按照应补缴税款所属年度的先后顺序确定已预缴税款的所属年度，以预缴入库日为截止日，分别计算应加收的利息额。

第一百零九条　企业对特别纳税调整应补征的税款及利息，应在税务机关调整通知书规定的期限内缴纳入库。企业有特殊困难，不能按期缴纳税款的，应依照征管法第三十一条及征管法实施细则第四十一条和第四十二条的有关规定办理延期缴纳税款。逾期不申请延期又不缴纳税款的，税务机关应按照征管法第三十二条及其他有关规定处理。

第十三章　附　　则

第一百一十条　税务机关对转让定价管理和预约定价安排管理以外的其他特别纳税调整事项实施的调查调整程序可参照适用本办法第五章的有关规定。

第一百一十一条　各级国家税务局和地方税务局对企业实施特别纳税调查调整要加强联系，可根据需要组成联合调查组进行调查。

第一百一十二条　税务机关及其工作人员应依据《国家税务总局关于纳税人涉税保密信息管理暂行办法》（国税发［2008］93号）等有关保密的规定保管、使用企业提供的信息资料。

第一百一十三条　本办法所规定期限的最后一日是法定休假日的，以休假日期满的次日为期限的最后一日；在期限内有连续3日以上法定休假日的，按休假日天数顺延。

第一百一十四条　本办法所涉及的"以上"、"以下"、"日内"、"之日"、"之前"、"少于"、"低于"、"超过"等均包含本数。

第一百一十五条　被调查企业在税务机关实施特别纳税调查调整期间申请变更经营地址或注销税务登记的，税务机关在调查结案前原则上不予办理税务变更、注销手续。

第一百一十六条　企业按本办法第三章的规定准备2008纳税年度发生关联交易的同期资料，可延期至2009年12月31日。

第一百一十七条　本办法由国家税务总局负责解释和修订。

第一百一十八条　本办法自2008年1月1日起施行。《国家税务总局关于关联企业间业务往来税务管理规程（试行）》（国税发［1998］59号）、《国家税务总局关于修订〈关联企业间业务往来税务管理规程〉（试行）的通知》（国税发［2004］143号）和《国家税务总局关于关联企业间业务往来预约定价实施规则》（国税发［2004］118号）同时废止。在本办法发布前实施的有关规定与本办法不一致的，以本办法为准。

国家税务总局关于广西合山煤业有限责任公司取得补偿款有关所得税处理问题的批复

国税函[2009]18号

广西壮族自治区国家税务局：

你局《关于广西合山煤业有限责任公司取得补偿款有关所得税处理问题的请示》(桂国税发[2008]183号)收悉，经研究，批复如下：

根据《中华人民共和国企业所得税法》及其实施条例规定的权责发生制原则，广西合山煤业有限责任公司取得的未来煤矿开采期间因增加排水或防止浸没支出等而获得的补偿款，应确认为递延收益，按直线法在取得补偿款当年及以后的10年内分期计入应纳税所得，如实际开采年限短于10年，应在最后一个开采年度将尚未计入应纳税所得的赔偿款全部计入应纳税所得。

财政部 国家税务总局 民政部关于公益性捐赠税前扣除有关问题的通知

财税[2008]160号

各省、自治区、直辖市、计划单列市财政厅(局)、国家税务局、地方税务局、民政厅(局)，新疆生产建设兵团财务局、民政局：

为贯彻落实《中华人民共和国企业所得税法》和《中华人民共和国个人所得税法》，现对公益性捐赠所得税税前扣除有关问题明确如下：

一、企业通过公益性社会团体或者县级以上人民政府及其部门，用于公益事业的捐赠支出，在年度利润总额12%以内的部分，准予在计算应纳税所得额时扣除。年度利润总额，是指企业依照国家统一会计制度的规定计算的大于零的数额。

二、个人通过社会团体、国家机关向公益事业的捐赠支出，按照现行税收法律、行政法规及相关政策规定准予在所得税税前扣除。

三、本通知第一条所称的用于公益事业的捐赠支出，是指《中华人民共和国公益事业捐赠法》规定的向公益事业的捐赠支出，具体范围包括：

(一)救助灾害、救济贫困、扶助残疾人等困难的社会群体和个人的活动；

(二)教育、科学、文化、卫生、体育事业；

(三)环境保护、社会公共设施建设；

(四)促进社会发展和进步的其他社会公共和福利事业。

四、本通知第一条所称的公益性社会团体和第二条所称的社会团体均指依据国务院发布的《基金会管理条例》和《社会团体登记管理条例》的规定，经民政部门依法登记、符合以下条件的基金会、慈善组织等公益性社会团体：

(一)符合《中华人民共和国企业所得税法实施条例》第五十二条第(一)项到第(八)项规定的条件；

(二)申请前3年内未受到行政处罚；

(三)基金会在民政部门依法登记3年以上(含3年)的，应当在申请前连续2年年度检查合格，或最近1年年度检查合格且社会组织评估等级在3A以上(含3A)，登记3年以下1年以上(含1年)的，应当在申请前1年年度检查合格或社会组织评估等级在3A以上(含3A)，登记1年以下的基金会具备本款第(一)项、第(二)项规定的条件；

（四）公益性社会团体（不含基金会）在民政部门依法登记3年以上，净资产不低于登记的活动资金数额，申请前连续2年年度检查合格，或最近1年年度检查合格且社会组织评估等级在3A以上（含3A），申请前连续3年每年用于公益活动的支出不低于上年总收入的70%（含70%），同时需达到当年总支出的50%以上（含50%）。

前款所称年度检查合格是指民政部门对基金会、公益性社会团体（不含基金会）进行年度检查，作出年度检查合格的结论；社会组织评估等级在3A以上（含3A）是指社会组织在民政部门主导的社会组织评估中被评为3A、4A、5A级别，且评估结果在有效期内。

五、本通知第一条所称的县级以上人民政府及其部门和第二条所称的国家机关均指县级（含县级，下同）以上人民政府及其组成部门和直属机构。

六、符合本通知第四条规定的基金会、慈善组织等公益性社会团体，可按程序申请公益性捐赠税前扣除资格。

（一）经民政部批准成立的公益性社会团体，可分别向财政部、国家税务总局、民政部提出申请；

（二）经省级民政部门批准成立的基金会，可分别向省级财政、税务（国、地税，下同）、民政部门提出申请。经地方县级以上人民政府民政部门批准成立的公益性社会团体（不含基金会），可分别向省、自治区、直辖市和计划单列市财政、税务、民政部门提出申请；

（三）民政部门负责对公益性社会团体的资格进行初步审核，财政、税务部门会同民政部门对公益性社会团体的捐赠税前扣除资格联合进行审核确认；

（四）对符合条件的公益性社会团体，按照上述管理权限，由财政部、国家税务总局和民政部及省、自治区、直辖市和计划单列市财政、税务和民政部门分别定期予以公布。

七、申请捐赠税前扣除资格的公益性社会团体，需报送以下材料：

（一）申请报告；

（二）民政部或地方县级以上人民政府民政部门颁发的登记证书复印件；

（三）组织章程；

（四）申请前相应年度的资金来源、使用情况，财务报告，公益活动的明细，注册会计师的审计报告；

（五）民政部门出具的申请前相应年度的年度检查结论、社会组织评估结论。

八、公益性社会团体和县级以上人民政府及其组成部门和直属机构在接受捐赠时，应按照行政管理级次分别使用由财政部或省、自治区、直辖市财政部门印制的公益性捐赠票据，并加盖本单位的印章；对个人索取捐赠票据的，应予以开具。

新设立的基金会在申请获得捐赠税前扣除资格后，原始基金的捐赠人可凭捐赠票据依法享受税前扣除。

九、公益性社会团体和县级以上人民政府及其组成部门和直属机构在接受捐赠时，捐赠资产的价值，按以下原则确认：

（一）接受捐赠的货币性资产，应当按照实际收到的金额计算；

（二）接受捐赠的非货币性资产，应当以其公允价值计算。捐赠方在向公益性社会团体和县级以上人民政府及其组成部门和直属机构捐赠时，应当提供注明捐赠非货币性资产公允价值的证明，如果不能提供上述证明，公益性社会团体和县级以上人民政府及其组成部门和直属机构不得向其开具公益性捐赠票据。

十、存在以下情形之一的公益性社会团体，应取消公益性捐赠税前扣除资格：

（一）年度检查不合格或最近一次社会组织评估等级低于3A的；

（二）在申请公益性捐赠税前扣除资格时有弄虚作假行为的；

（三）存在偷税行为或为他人偷税提供便利的；

（四）存在违反该组织章程的活动，或者接受的捐赠款项用于组织章程规定用途之外的支出等情况的；

（五）受到行政处罚的。

被取消公益性捐赠税前扣除资格的公益性社会团体，存在本条第一款第（一）项情形的，1年内不得重新申请公益性捐赠税前扣除资格，存在第（二）项、第（三）项、第（四）项、第（五）项情形的，3年内不得重新申请公益性捐赠税前扣除资格。

对本条第一款第（三）项、第（四）项情形，应对其接受捐赠收入和其他各项收入依法补征企业所得税。

十一、本通知从2008年1月1日起执行。本通知发布前已经取得和未取得捐赠税前扣除资格的公益性社会团体,均应按本通知的规定提出申请。《财政部 国家税务总局关于公益救济性捐赠税前扣除政策及相关管理问题的通知》(财税[2007]6号)停止执行。

国家税务总局关于简化判定中国居民股东控制外国企业所在国实际税负的通知

国税函[2009]37号

各省、自治区、直辖市和计划单列市国家税务局、地方税务局:

根据《中华人民共和国企业所得税法》第四十五条的规定,为了简化判定由中国居民企业,或者由中国居民企业和居民个人控制的外国企业的实际税负,现明确如下:

中国居民企业或居民个人能够提供资料证明其控制的外国企业设立在美国、英国、法国、德国、日本、意大利、加拿大、澳大利亚、印度、南非、新西兰和挪威的,可免于将该外国企业不作分配或者减少分配的利润视同股息分配额,计入中国居民企业的当期所得。

国家税务总局关于印发《非居民企业所得税源泉扣缴管理暂行办法》的通知

国税发[2009]3号

各省、自治区、直辖市和计划单列市国家税务局、地方税务局:

为贯彻实施《中华人民共和国企业所得税法》及其实施条例,规范非居民企业所得税源泉扣缴管理,税务总局制定了《非居民企业所得税源泉扣缴管理暂行办法》,现印发给你们,请遵照执行。执行中发现的问题请及时反馈税务总局(国际税务司)。

附件:

1. 扣缴企业所得税合同备案登记表
2. 非居民企业税务事项联络函
3. 扣缴企业所得税管理台账

非居民企业所得税源泉扣缴管理暂行办法

第一章 总 则

第一条 为规范和加强非居民企业所得税源泉扣缴管理,根据《中华人民共和国企业所得税法》(以下简称企业所得税法)及其实施条例、《中华人民共和国税收征收管理法》(以下简称税收征管法)及其实施细则、《税务登记管理办法》、中国政府对外签署的避免双重征税协定(含与香港、澳门特别行政区签署的税收安排,以下统称税收协定)等相关法律法规,制定本办法。

第二条 本办法所称非居民企业,是指依照外国(地区)法律成立且实际管理机构不在中国境内,但在中国境内未设立机构、场所且有来源于中国境内所得的企业,以及虽设立机构、场所但取得的所得与其所设机构、场所没有实际联系的企业。

第三条　对非居民企业取得来源于中国境内的股息、红利等权益性投资收益和利息、租金、特许权使用费所得、转让财产所得以及其他所得应当缴纳的企业所得税，实行源泉扣缴，以依照有关法律规定或者合同约定对非居民企业直接负有支付相关款项义务的单位或者个人为扣缴义务人。

第二章　税源管理

第四条　扣缴义务人与非居民企业首次签订与本办法第三条规定的所得有关的业务合同或协议(以下简称合同)的，扣缴义务人应当自合同签订之日起30日内，向其主管税务机关申报办理扣缴税款登记。

第五条　扣缴义务人每次与非居民企业签订与本办法第三条规定的所得有关的业务合同时，应当自签订合同(包括修改、补充、延期合同)之日起30日内，向其主管税务机关报送《扣缴企业所得税合同备案登记表》(见附件1)、合同复印件及相关资料。文本为外文的应同时附送中文译本。

股权转让交易双方均为非居民企业且在境外交易的，被转让股权的境内企业在依法变更税务登记时，应将股权转让合同复印件报送主管税务机关。

第六条　扣缴义务人应当设立代扣代缴税款账簿和合同资料档案，准确记录企业所得税的扣缴情况，并接受税务机关的检查。

第三章　征收管理

第七条　扣缴义务人在每次向非居民企业支付或者到期应支付本办法第三条规定的所得时，应从支付或者到期应支付的款项中扣缴企业所得税。

本条所称到期应支付的款项，是指支付人按照权责发生制原则应当计入相关成本、费用的应付款项。

扣缴义务人每次代扣代缴税款时，应当向其主管税务机关报送《中华人民共和国扣缴企业所得税报告表》(以下简称扣缴表)及相关资料，并自代扣之日起7日内缴入国库。

第八条　扣缴企业所得税应纳税额计算。

扣缴企业所得税应纳税额＝应纳税所得额×实际征收率

应纳税所得额是指依照企业所得税法第十九条规定计算的下列应纳税所得额：

(一)股息、红利等权益性投资收益和利息、租金、特许权使用费所得，以收入全额为应纳税所得额，不得扣除税法规定之外的税费支出。

(二)转让财产所得，以收入全额减除财产净值后的余额为应纳税所得额。

(三)其他所得，参照前两项规定的方法计算应纳税所得额。

实际征收率是指企业所得税法及其实施条例等相关法律法规规定的税率，或者税收协定规定的更低的税率。

第九条　扣缴义务人对外支付或者到期应支付的款项为人民币以外货币的，在申报扣缴企业所得税时，应当按照扣缴当日国家公布的人民币汇率中间价，折合成人民币计算应纳税所得额。

第十条　扣缴义务人与非居民企业签订与本办法第三条规定的所得有关的业务合同时，凡合同中约定由扣缴义务人负担应纳税款的，应将非居民企业取得的不含税所得换算为含税所得后计算征税。

第十一条　按照企业所得税法及其实施条例和相关税收法规规定，给予非居民企业减免税优惠的，应按相关税收减免管理办法和行政审批程序的规定办理。对未经审批或者减免税申请未得到批准之前，扣缴义务人发生支付款项的，应按规定代扣代缴企业所得税。

第十二条　非居民企业可以适用的税收协定与本办法有不同规定的，可申请执行税收协定规定；非居民企业未提出执行税收协定规定申请的，按国内税收法律法规的有关规定执行。

第十三条　非居民企业已按国内税收法律法规的有关规定征税后，提出享受减免税或税收协定待遇申请的，主管税务机关经审核确认应享受减免税或税收协定待遇的，对多缴纳的税款应依据税收征管法及其实施细则的有关规定予以退税。

第十四条　因非居民企业拒绝代扣税款的，扣缴义务人应当暂停支付相当于非居民企业应纳税款的款项，并在1日之内向其主管税务机关报告，并报送书面情况说明。

第十五条　扣缴义务人未依法扣缴或者无法履行扣缴义务的，非居民企业应于扣缴义务人支付或者到期应支付之日起7日内，到所得发生地主管税务机关申报缴纳企业所得税。

股权转让交易双方为非居民企业且在境外交易的,由取得所得的非居民企业自行或委托代理人向被转让股权的境内企业所在地主管税务机关申报纳税。被转让股权的境内企业应协助税务机关向非居民企业征缴税款。

扣缴义务人所在地与所得发生地不在一地的,扣缴义务人所在地主管税务机关应自确定扣缴义务人未依法扣缴或者无法履行扣缴义务之日起 5 个工作日内,向所得发生地主管税务机关发送《非居民企业税务事项联络函》(见附件 2),告知非居民企业的申报纳税事项。

第十六条 非居民企业依照本办法第十五条规定申报缴纳企业所得税,但在中国境内存在多处所得发生地,并选定其中之一申报缴纳企业所得税的,应向申报纳税所在地主管税务机关如实报告有关情况。申报纳税所在地主管税务机关在受理申报纳税后,应将非居民企业申报缴纳所得税情况书面通知扣缴义务人所在地和其他所得发生地主管税务机关。

第十七条 非居民企业未依照本办法第十五条的规定申报缴纳企业所得税,由申报纳税所在地主管税务机关责令限期缴纳,逾期仍未缴纳的,申报纳税所在地主管税务机关可以收集、查实该非居民企业在中国境内其他收入项目及其支付人(以下简称其他支付人)的相关信息,并向其他支付人发出《税务事项通知书》,从其他支付人应付的款项中,追缴该非居民企业的应纳税款和滞纳金。

其他支付人所在地与申报纳税所在地不在一地的,其他支付人所在地主管税务机关应给予配合和协助。

第十八条 对多次付款的合同项目,扣缴义务人应当在履行合同最后一次付款前 15 日内,向主管税务机关报送合同全部付款明细、前期扣缴表和完税凭证等资料,办理扣缴税款清算手续。

第四章 后续管理

第十九条 主管税务机关应当建立《扣缴企业所得税管理台账》(见附件 3),加强合同履行情况的跟踪监管,及时了解合同签约内容与实际履行中的动态变化,监控合同款项支付、代扣代缴税款等情况。必要时应查核企业相关账簿,掌握股息、利息、租金、特许权使用费、转让财产收益等支付和列支情况,特别是未实际支付但已计入成本费用的利息、租金、特许权使用费等情况,有否漏扣企业所得税问题。

主管税务机关应根据备案合同资料、扣缴企业所得税管理台账记录、对外售付汇开具税务证明等监管资料和已申报扣缴税款情况,核对办理税款清算手续。

第二十条 主管税务机关可根据需要对代扣代缴企业所得税的情况实施专项检查,实施检查的主管税务机关应将检查结果及时传递给同级国家税务局或地方税务局。专项检查可以采取国、地税联合检查的方式。

第二十一条 税务机关在企业所得税源泉扣缴管理中,遇有需要向税收协定缔约对方获取涉税信息或告知非居民企业在中国境内的税收违法行为时,可按照《国家税务总局关于印发〈国际税收情报交换工作规程〉的通知》(国税发 [2006]70 号)规定办理。

第五章 法律责任

第二十二条 扣缴义务人未按照规定办理扣缴税款登记的,主管税务机关应当按照《税务登记管理办法》第四十五条、四十六条的规定处理。

本办法第五条第二款所述被转让股权的境内企业未依法变更税务登记的,主管税务机关应当按照《税务登记管理办法》第四十二条的规定处理。

第二十三条 扣缴义务人未按本办法第五条规定的期限向主管税务机关报送《扣缴企业所得税合同备案登记表》、合同复印件及相关资料的,未按规定期限向主管税务机关报送扣缴表的,未履行扣缴义务不缴或者少缴已扣税款的、或者应扣未扣税款的,非居民企业未按规定期限申报纳税的、不缴或者少缴应纳税款的,主管税务机关应当按照税收征管法及其实施细则的有关规定处理。

第六章 附　　则

第二十四条 本办法由国家税务总局负责解释,各省、自治区、直辖市和计划单列市国家税务局、地方税务局可根据本办法制定具体操作规程。

第二十五条 本办法自 2009 年 1 月 1 日起施行。

财政部　国家税务总局关于海峡两岸海上直航营业税和企业所得税政策的通知

财税[2009]4号

各省、自治区、直辖市、计划单列市财政厅(局)、国家税务局、地方税务局,新疆生产建设兵团财务局:

为推动海峡两岸海上直航,经国务院批准,现对海峡两岸海上直航业务有关税收政策通知如下:

一、自2008年12月15日起,对台湾航运公司从事海峡两岸海上直航业务在大陆取得的运输收入,免征营业税。

对台湾航运公司在2008年12月15日至文到之日已缴纳应予免征的营业税,从以后应缴的营业税税款中抵减,年度内抵减不完的予以退税。

二、自2008年12月15日起,对台湾航运公司从事海峡两岸海上直航业务取得的来源于大陆的所得,免征企业所得税。

享受企业所得税免税政策的台湾航运公司应当按照企业所得税法实施条例的有关规定,单独核算其从事上述业务在大陆取得的收入和发生的成本、费用;未单独核算的,不得享受免征企业所得税政策。

三、本通知所称台湾航运公司,是指取得交通运输部颁发的"台湾海峡两岸间水路运输许可证"且上述许可证上注明的公司登记地址在台湾的航运公司。

国家税务总局关于明确非居民企业所得税征管范围的补充通知

国税函[2009]50号

各省、自治区、直辖市和计划单列市国家税务局、地方税务局:

为贯彻落实《国家税务总局关于调整新增企业所得税征管范围问题的通知》(国税发[2008]120号),现就非居民企业所得税征管范围补充明确如下:

一、对"一、基本规定(三)"规定的情形,除外国企业常驻代表机构外,还应包括在中国境内设立机构、场所的其他非居民企业。

二、除"二、对若干具体问题的规定(一)"规定的情形外,不缴纳企业所得税的境内单位,其发生的企业所得税源泉扣缴管理工作仍由国家税务局负责。

国家税务总局关于印发《非居民企业所得税汇算清缴工作规程》的通知

国税发[2009]11号

各省、自治区、直辖市和计划单列市国家税务局,广东省和深圳市地方税务局:

现将《非居民企业所得税汇算清缴工作规程》印发给你们,请遵照执行。执行中发现的问题请及时反馈到税务总局(国际税务司)。

附件:

1. 非居民企业汇总申报纳税事项协查函

2. 非居民企业汇总申报纳税事项处理联络函

3. 非居民企业所得税汇算清缴汇总表(据实申报企业适用)

4. 非居民企业所得税汇算清缴汇总表(核定征收企业适用)

5. 非居民企业所得税汇算清缴指标分析表(据实申报企业适用)

非居民企业所得税汇算清缴工作规程

为贯彻落实《国家税务总局关于印发〈非居民企业所得税汇算清缴管理办法〉的通知》(国税发［2009］6号,以下简称《办法》),规范税务机关对非居民企业所得税的汇算清缴工作,提高汇算清缴工作质量,制定本规程。

一、汇算清缴工作内容

非居民企业所得税汇算清缴包括两方面内容:一是非居民企业(以下简称企业)应首先按照《办法》的规定,自行调整、计算本纳税年度的实际应纳税所得额、实际应纳所得税额,自核本纳税年度应补(退)所得税税款并缴纳应补税款;二是主管税务机关对企业报送的申报表及其他有关资料进行审核,下发汇缴事项通知书,办理年度所得税多退少补工作,并进行资料汇总、情况分析和工作总结。

二、汇算清缴工作程序

企业所得税汇算清缴工作分为准备、实施、总结三个阶段,各阶段工作的主要内容及时间要求安排如下:

(一)准备阶段。主管税务机关应在年度终了之日起三个月内做好以下准备工作:

1. 宣传辅导。以公告或其他方式向企业明确汇算清缴范围、时间要求、应报送的资料及其他应注意事项。必要时,应组织企业办税人员进行培训、辅导相关的税收政策和办税程序及手续。

2. 明确职责。汇算清缴工作应有领导负责,由具体负责非居民企业所得税日常管理的部门组织实施,由各相关职能部门协同配合共同完成。必要时,应组织对相关工作人员的业务培训。

3. 建立台账。建立日常管理台账,主要记载企业预缴税款、享受税收优惠、弥补亏损等事项,以便在汇算清激工作中进行核对。

4. 备办文书。向上级税务机关领取或按照规定的式样印制汇算清缴有关的表、证、单、书。

(二)实施阶段。主管税务机关应在年度终了之日起五个月内完成企业年度所得税纳税申报表及有关资料的受理、审核以及办理处罚、税款的补(退)手续。

1. 资料受理。主管税务机关接到企业的年度所得税纳税申报表和有关资料后,应检查企业报送的资料是否齐全,如发现企业未按规定报齐有关附表、文件等资料,应责令限期补齐;对填报项目不完整的,应退回企业并责令限期补正。

2. 资料审核。对企业报送的有关资料,主管税务机关应就以下几个方面内容进行审核:

(1)企业年度所得税纳税申报表及其附表与年度财务会计报告的数字是否一致,各项目之间的逻辑关系是否对应,计算是否正确。

(2)企业是否按规定结转或弥补以前年度亏损额。

(3)企业是否符合税收减免条件。

(4)企业在中国境内设立两个或者两个以上机构、场所,选择由其主要机构、场所汇总缴纳企业所得税的,是否经税务机关审核批准,以及各机构、场所账表所记载涉及计算应纳税所得额的各项数据是否准确。

(5)企业有来源于中国境外的应纳税所得额的,境外所得应补企业所得税额是否正确。

(6)企业已预缴税款填写是否正确。

3. 结清税款。主管税务机关应结合季度所得税申报表及日常征管情况,对企业报送的年度申报表及其附表和其他有关资料进行初步审核,在5月31日前,对应补缴所得税、应办理退税的企业发送《非居民企业所得税汇算清缴涉税事宜通知书》,并办理税款多退少补事宜。

4. 实施处罚。主管税务机关对企业未按《办法》规定办理年度所得税申报,应按照规定实施处罚;必要时发送《非居民企业所得税应纳税款核定通知书》,核定企业年度应纳税额,责令其缴纳。

5. 汇总申报协调。

(1)汇缴机构所在地主管税务机关在接受企业年度所得税汇总申报后,应于5月31日前为企业出具《非居民企业汇总申报所得税证明》。

(2)汇缴机构所在地主管税务机关对企业的汇总申报资料进行审核时,对其他机构的情况有疑问需要进一步审核的,可以向其他机构所在地主管税务机关发送《非居民企业汇总申报纳税事项协查函》(见附件1),其他机构所在地主管税务机关应负责就协查事项进行调查核实,并将结果函复汇缴机构所在地主管税务机关。

(3)其他机构所在地主管税务机关在日常管理或税务检查中,发现其他机构有少计收入或多列成本费用等所得税的问题,应将有关情况及时向汇缴机构所在地主管税务机关发送《非居民企业汇总申报纳税事项处理联络函》(见附件2)。

(4)其他机构所在地主管税务机关按照《办法》规定对其他机构就地征收税款或调整亏损额的,应及时将征收税款及应纳税所得额调整额以《非居民企业汇总申报纳税事项处理联络函》通知汇缴机构所在地主管税务机关,汇缴机构所在地主管税务机关应对企业应纳税所得额及应纳税总额作相应调整,并在应补(退)税额中减除已在其他机构所在地缴纳的税款。

(三)总结阶段。各地税务机关应在7月15日前完成汇算清缴工作的资料归档、数据统计、汇总以及总结等工作,并于7月31日前向税务总局报送企业所得税汇算清缴工作总结及有关报表。工作总结的主要内容应包括:

1. 基本情况及相关分析。

(1)基本情况。主要包括企业税务登记户数、应参加汇算清缴企业户数、实际参加汇算清缴企业户数、未参加汇算清缴企业户数及其原因、据实申报企业户数、核定征收企业户数;据实申报企业的盈利户数、营业收入、利润总额、弥补以前年度亏损、应纳税所得额、应纳所得税额、减免所得税额、实际缴纳所得税额、亏损户数、亏损企业营业收入、亏损金额等内容;核定征收企业中换算的收入总额、应纳税所得额、应纳所得税额、减免所得税额、实际缴纳所得税额。

(2)主要指标分析和说明。主要分析汇算清缴面、所得税预缴率、税收负担率、企业亏损面等指标。

(3)据实申报企业盈亏情况分析。根据盈利企业户数、实际参加汇缴户数分析盈利面变化情况;分析盈利和亏损企业的营业收入、成本、费用、未弥补亏损前利润总额、亏损总额等指标的变化情况及原因等。

(4)纳税情况分析。包括预缴率变化,所得税预缴、补税和退税等情况。

2. 企业自行申报情况。主要包括申报表及其附表的填写和报送,自行调整的企业户数、主要项目和金额等情况。

3. 税务机关依法调整情况。主要包括税务机关依法调整的户数、主要项目、金额,同时应分别说明调增(减)应纳税所得额及应纳所得税额、亏损总额的户数、金额等情况。

4. 主要做法。包括汇算清缴工作的组织安排和落实情况,对税务人员的业务培训及对企业的前期宣传、培训、辅导情况,对申报表的审核情况以及汇算清缴工作的检查考核评比等情况。

5. 发现的问题及意见或建议。分企业和税务机关两个方面,企业方面主要包括申报表的填报、申报软件的操作使用情况和《办法》的执行情况等;税务机关方面主要包括所得税汇算清缴工作规程在实际操作中的应用情况及效果,说明存在的问题及改进的意见和建议。

三、《办法》及本规程所涉及的文书,由各省、自治区、直辖市和计划单列市国家税务局和相关地方税务局按照规定式样自行印制。

国家税务总局关于中国居民企业向QFII支付股息、红利、利息代扣代缴企业所得税有关问题的通知

国税函[2009]47号

各省、自治区、直辖市和计划单列市国家税务局、地方税务局:

根据《中华人民共和国企业所得税法》及其实施条例(以下称企业所得税法)规定,现就中国居民企业

向合格境外机构投资者(以下称为 QFII)支付股息、红利、利息代扣代缴企业所得税有关问题明确如下:

一、QFII 取得来源于中国境内的股息、红利和利息收入,应当按照企业所得税法规定缴纳 10% 的企业所得税。如果是股息、红利,则由派发股息、红利的企业代扣代缴;如果是利息,则由企业在支付或到期应支付时代扣代缴。

二、QFII 取得股息、红利和利息收入,需要享受税收协定(安排)待遇的,可向主管税务机关提出申请,主管税务机关审核无误后按照税收协定的规定执行;涉及退税的,应及时予以办理。

三、各地税务机关应了解 QFII 在我国从事投资的情况,及时提供税收服务,建立税收管理档案,确保代扣代缴税款及时足额入库。

国家税务总局关于印发《非居民企业所得税汇算清缴管理办法》的通知

国税发[2009]6 号

各省、自治区、直辖市和计划单列市国家税务局,广东省和深圳市地方税务局:

为贯彻实施《中华人民共和国企业所得税法》及其实施条例,规范非居民企业所得税汇算清缴工作,税务总局制定了《非居民企业所得税汇算清缴管理办法》,现印发给你们,请遵照执行。执行中发现的问题请及时反馈税务总局(国际税务司)。

附件:

1. 非居民企业所得税汇算清缴涉税事宜通知书(据实申报企业适用)
2. 非居民企业所得税汇算清缴涉税事宜通知书(核定征收企业适用)
3. 非居民企业汇总申报企业所得税证明
4. 非居民企业所得税应纳税款核定通知书

非居民企业所得税汇算清缴管理办法

为规范非居民企业所得税汇算清缴工作,根据《中华人民共和国企业所得税法》(以下简称企业所得税法)及其实施条例和《中华人民共和国税收征收管理法》(以下简称税收征管法)及其实施细则的有关规定,制定本办法。

一、汇算清缴对象

(一)依照外国(地区)法律成立且实际管理机构不在中国境内,但在中国境内设立机构、场所的非居民企业(以下称为企业),无论盈利或者亏损,均应按照企业所得税法及本办法规定参加所得税汇算清缴。

(二)企业具有下列情形之一的,可不参加当年度的所得税汇算清缴:

1. 临时来华承包工程和提供劳务不足 1 年,在年度中间终止经营活动,且已经结清税款;
2. 汇算清缴期内已办理注销;
3. 其他经主管税务机关批准可不参加当年度所得税汇算清缴。

二、汇算清缴时限

(一)企业应当自年度终了之日起 5 个月内,向税务机关报送年度企业所得税纳税申报表,并汇算清缴,结清应缴应退税款。

(二)企业在年度中间终止经营活动的,应当自实际经营终止之日起 60 日内,向税务机关办理当期企业所得税汇算清缴。

三、申报纳税

(一)企业办理所得税年度申报时,应当如实填写和报送下列报表、资料:

1. 年度企业所得税纳税申报表及其附表;
2. 年度财务会计报告;
3. 税务机关规定应当报送的其他有关资料。

(二)企业因特殊原因,不能在规定期限内办理年度所得税申报,应当在年度终了之日起 5 个月内,向主管税务机关提出延期申报申请。主管税务机关批准后,可以适当延长申报期限。

(三)企业采用电子方式办理纳税申报的,应附报纸质纳税申报资料。

(四)企业委托中介机构代理年度企业所得税纳税申报的,应附送委托人签章的委托书原件。

（五）企业申报年度所得税后，经主管税务机关审核，需补缴或退还所得税的，应在收到主管税务机关送达的《非居民企业所得税汇算清缴涉税事宜通知书》（见附件1和附件2）后，按规定时限将税款补缴入库，或按照主管税务机关的要求办理退税手续。

（六）经批准采取汇总申报缴纳所得税的企业，其履行汇总纳税的机构、场所（以下简称汇缴机构），应当于每年5月31日前，向汇缴机构所在地主管税务机关索取《非居民企业汇总申报企业所得税证明》（以下称为《汇总申报纳税证明》，见附件3）；企业其他机构、场所（以下简称其他机构）应当于每年6月30前将《汇总申报纳税证明》及其财务会计报告送交其所在地主管税务机关。

在上述规定期限内，其他机构未向其所在地主管税务机关提供《汇总申报纳税证明》，且又无汇缴机构延期申报批准文件的，其他机构所在地主管税务机关应负责检查核实或核定该其他机构应纳税所得额，计算征收应补缴税款并实施处罚。

（七）企业补缴税款确因特殊困难需延期缴纳的，按税收征管法及其实施细则的有关规定办理。

（八）企业在所得税汇算清缴期限内，发现当年度所得税申报有误的，应当在年度终了之日起5个月内向主管税务机关重新办理年度所得税申报。

（九）企业报送报表期限的最后一日是法定休假日的，以休假日期满的次日为期限的最后一日；在期限内有连续三日以上法定休假日的，按休假日天数顺延。

四、法律责任

（一）企业未按规定期限办理年度所得税申报，且未经主管税务机关批准延期申报，或报送资料不全、不符合要求的，应在收到主管税务机关送达的《责令限期改正通知书》后按规定时限补报。

企业未按规定期限办理年度所得税申报，且未经主管税务机关批准延期申报的，主管税务机关除责令其限期申报外，可按照税收征管法的规定处以2000元以下的罚款，逾期仍不申报的，可处以2000元以上10000元以下的罚款，同时核定其年度应纳税额，责令其限期缴纳。企业在收到主管税务机关送达的《非居民企业所得税应纳税款核定通知书》（见附件4）后，应在规定时限内缴纳税款。

（二）企业未按规定期限办理所得税汇算清缴，主管税务机关除责令其限期办理外，对发生税款滞纳的，按照税收征管法的规定，加收滞纳金。

（三）企业同税务机关在纳税上发生争议时，依照税收征管法相关规定执行。

五、本办法自2008年1月1日起执行。

非居民承包工程作业和提供劳务税收管理暂行办法

国家税务总局令第19号

《非居民承包工程作业和提供劳务税收管理暂行办法》已经国家税务总局第5次局务会议审议通过，现予发布，自2009年3月1日起施行。

非居民承包工程作业和提供劳务税收管理暂行办法

第一章　总　　则

第一条　为规范对非居民在中国境内承包工程作业和提供劳务的税收征收管理，根据《中华人民共和国税收征收管理法》（以下简称税收征管法）及其实施细则、《中华人民共和国企业所得税法》（以下简称企业所得税法）及其实施条例、《中华人民共和国营业税暂行条例》及其实施细则、《中华人民共和国增值税暂行条例》及其实施细则、中国政府对外签署的避免双重征税协定（含与香港、澳门特别行政区签署的税收安排，以下统称税收协定）等相关法律法规，制定本办法。

第二条　本办法所称非居民，包括非居民企业和非居民个人。非居民企业是指依照外国（地区）法律成立且实际管理机构不在中国境内，但在中国境内设立机构、场所的，或者在中国境内未设立机构、场所，但有来源于中国境内所得的企业。非居民个人是指在中国境内无住所又不居住或者无住所而在境内居住不满一年的个人。

第三条 本办法所称承包工程作业,是指在中国境内承包建筑、安装、装配、修缮、装饰、勘探及其他工程作业。

本办法所称提供劳务是指在中国境内从事加工、修理修配、交通运输、仓储租赁、咨询经纪、设计、文化体育、技术服务、教育培训、旅游、娱乐及其他劳务活动。

第四条 本办法所称非居民在中国境内承包工程作业和提供劳务税收管理,是指对非居民营业税、增值税和企业所得税的纳税事项管理。涉及个人所得税、印花税等税收的管理,应依照有关规定执行。

第二章 税源管理

第一节 登记备案管理

第五条 非居民企业在中国境内承包工程作业或提供劳务的,应当自项目合同或协议(以下简称合同)签订之日起30日内,向项目所在地主管税务机关办理税务登记手续。

依照法律、行政法规规定负有税款扣缴义务的境内机构和个人,应当自扣缴义务发生之日起30日内,向所在地主管税务机关办理扣缴税款登记手续。

境内机构和个人向非居民发包工程作业或劳务项目的,应当自项目合同签订之日起30日内,向主管税务机关报送《境内机构和个人发包工程作业或劳务项目报告表》(见附件1),并附送非居民的税务登记证、合同、税务代理委托书复印件或非居民对有关事项的书面说明等资料。

第六条 非居民企业在中国境内承包工程作业或提供劳务的,应当在项目完工后15日内,向项目所在地主管税务机关报送项目完工证明、验收证明等相关文件复印件,并依据《税务登记管理办法》的有关规定申报办理注销税务登记。

第七条 境内机构和个人向非居民发包工程作业或劳务项目合同发生变更的,发包方或劳务受让方应自变更之日起10日内向所在地主管税务机关报送《非居民项目合同变更情况报告表》(见附件2)。

第八条 境内机构和个人向非居民发包工程作业或劳务项目,从境外取得的与项目款项支付有关的发票和其他付款凭证,应在自取得之日起30日内向所在地主管税务机关报送《非居民项目合同款项支付情况报告表》(见附件3)及付款凭证复印件。

境内机构和个人不向非居民支付工程价款或劳务费的,应当在项目完工开具验收证明前,向其主管税务机关报告非居民在项目所在地的项目执行进度、支付人名称及其支付款项金额、支付日期等相关情况。

第九条 境内机构和个人向非居民发包工程作业或劳务项目,与非居民的主管税务机关不一致的,应当自非居民申报期限届满之日起15日内向境内机构和个人的主管税务机关报送非居民申报纳税证明资料复印件。

第二节 税源信息管理

第十条 税务机关应当建立税源监控机制,获取并利用发改委、建设、外汇管理、商务、教育、文化、体育等部门关于非居民在中国境内承包工程作业和提供劳务的相关信息,并可根据工作需要,将信息使用情况反馈给有关部门。

第十一条 非居民或境内机构和个人的同一涉税事项同时涉及国家税务局和地方税务局的,各主管税务机关办理涉税事项后应当制作《非居民承包工程作业和提供劳务项目信息传递表》(见附件4),并按月传递给对方纳入非居民税收管理档案。

第三章 申报征收

第一节 企业所得税

第十二条 非居民企业在中国境内承包工程作业或提供劳务项目的,企业所得税按纳税年度计算、分季预缴,年终汇算清缴,并在工程项目完工或劳务合同履行完毕后结清税款。

第十三条 非居民企业进行企业所得税纳税申报时,应当如实报送纳税申报表,并附送下列资料:

(一)工程作业(劳务)决算(结算)报告或其他说明材料;

(二)参与工程作业或劳务项目外籍人员姓名、国籍、出入境时间、在华工作时间、地点、内容、报酬标准、支付方式、相关费用等情况的书面报告;

(三) 财务会计报告或财务情况说明;

(四)非居民企业依据税收协定在中国境内未构成常设机构,需要享受税收协定待遇的,应提交《非居民企业承包工程作业和提供劳务享受税收协定待遇报告表》(以下简称报告表)(见附件5),并附送居民身份证明及税务机关要求提交的其他证明资料。

非居民企业未按上述规定提交报告表及有关证明资料,或因项目执行发生变更等情形不符合享受税收协定待遇条件的,不得享受税收协定待遇,应依照企业所得税法规定缴纳税款。

第十四条 工程价款或劳务费的支付人所在地县(区)以上主管税务机关根据附件1及非居民企业申报纳税证明资料或其他信息,确定符合企业所得税法实施条例第一百零六条所列指定扣缴的三种情形之一的,可指定工程价款或劳务费的支付人为扣缴义务人,并将《非居民企业承包工程作业和提供劳务企业所得税扣缴义务通知书》(见附件6)送达被指定方。

第十五条 指定扣缴义务人应当在申报期限内向主管税务机关报送扣缴企业所得税报告表及其他有关资料。

第十六条 扣缴义务人未依法履行扣缴义务或无法履行扣缴义务的,由非居民企业在项目所在地申报缴纳。主管税务机关应自确定未履行扣缴义务之日起15日内通知非居民企业在项目所在地申报纳税。

第十七条 非居民企业逾期仍未缴纳税款的,项目所在地主管税务机关应自逾期之日起15日内,收集该非居民企业从中国境内取得其他收入项目的信息,包括收入类型,支付人的名称、地址,支付金额、方式和日期等,并向其他收入项目支付人(以下简称其他支付人)发出《非居民企业欠税追缴告知书》(见附件7),并依法追缴税款和滞纳金。

非居民企业从中国境内取得其他收入项目,包括非居民企业从事其他工程作业或劳务项目所得,以及企业所得税法第三条第二、三款规定的其他收入项目。非居民企业有多个其他支付人的,项目所在地主管税务机关应根据信息准确性、收入金额、追缴成本等因素确定追缴顺序。

第十八条 其他支付人主管税务机关应当提供必要的信息,协助项目所在地主管税务机关执行追缴事宜。

第二节 营业税和增值税

第十九条 非居民在中国境内发生营业税或增值税应税行为,在中国境内设立经营机构的,应自行申报缴纳营业税或增值税。

第二十条 非居民在中国境内发生营业税或增值税应税行为而在境内未设立经营机构的,以代理人为营业税或增值税的扣缴义务人;没有代理人的,以发包方、劳务受让方或购买方为扣缴义务人。

工程作业发包方、劳务受让方或购买方,在项目合同签订之日起30日内,未能向其所在地主管税务机关提供下列证明资料的,应履行营业税或增值税扣缴义务:

(一)非居民纳税人境内机构和个人的工商登记和税务登记证明复印件及其从事经营活动的证明资料;

(二)非居民委托境内机构和个人代理事项委托书及受托方的认可证明。

第二十一条 非居民进行营业税或增值税纳税申报,应当如实填写报送纳税申报表,并附送下列资料:

(一)工程(劳务)决算(结算)报告或其他说明材料;

(二)参与工程或劳务作业或提供加工、修理修配的外籍人员的姓名、国籍、出入境时间、在华工作时间、地点、内容、报酬标准、支付方式、相关费用等情况;

(三)主管税务机关依法要求报送的其他有关资料。

第四章 跟踪管理

第二十二条 主管税务机关应当按项目建档、分项管理的原则,建立非居民承包工程作业和提供劳务项目的管理台账和纳税档案,及时准确掌握工程和劳务项目的合同执行、施工进度、价款支付、对外付汇、税款缴纳等情况。

第二十三条 境内机构和个人从境外取得的付款凭证，主管税务机关对其真实性有疑义的，可要求其提供境外公证机构或者注册会计师的确认证明，经税务机关审核认可后，方可作为计账核算的凭证。

第二十四条 主管税务机关应对非居民享受协定待遇进行事后管理，审核其提交的报告表和证明资料的真实性和准确性，对其不构成常设机构的情形进行认定。对于不符合享受协定待遇条件且未履行纳税义务的情形，税务机关应该依法追缴其应纳税款、滞纳金及罚款。

第二十五条 税务机关应当利用售付汇信息，包括境内机构和个人向非居民支付服务贸易款项的历史记录，以及当年新增发包项目付款计划等信息，对承包工程作业和提供劳务项目实施监控。对于付汇前有欠税情形的，应当及时通知纳税人或扣缴义务人缴纳，必要时可以告知有关外汇管理部门或指定外汇支付银行依法暂停付汇。

第二十六条 主管税务机关应对非居民参与国家、省、地市级重点建设项目，包括城市基础设施建设、能源建设、企业技术设备引进等项目中涉及的承包工程作业或提供劳务，以及其他有非居民参与的合同金额超过5000万元人民币的，实施重点税源监控管理；对承包方和发包方是否存在关联关系、合同实际执行情况、常设机构判定、境内外劳务收入划分等事项进行重点跟踪核查，对发现的问题，可以实施情报交换、反避税调查或税务稽查。

第二十七条 省（自治区、直辖市和计划单列市）税务机关应当于年度终了后45日内，将《非居民承包工程作业和提供劳务重点建设项目统计表》（见附件8），以及项目涉及的企业所得税、增值税、营业税、印花税、个人所得税等税收收入和税源变动情况的分析报告报送国家税务总局（国际税务司）。

第二十八条 主管税务机关可根据需要对非居民承包工程作业和提供劳务的纳税情况实施税务审计，必要时应将审计结果及时传递给同级国家税务局或地方税务局。税务审计可以采取国家税务局、地方税务局联合审计的方式进行。

第二十九条 主管税务机关在境内难以获取涉税信息时，可以制作专项情报，由国家税务总局（国际税务司）向税收协定缔约国对方提出专项情报请求；非居民在中国境内未依法履行纳税义务的，主管税务机关可制作自动或自发情报，提交国家税务总局依照有关规定将非居民在中国境内的税收违法行为告知协定缔约国对方主管税务当局；对非居民承包工程作业和提供劳务有必要进行境外审计的，可根据税收情报交换有关规定，经国家税务总局批准后组织实施。

第三十条 欠缴税款的非居民企业法定代表人或非居民个人在出境前未按照规定结清应纳税款、滞纳金又不提供纳税担保的，税务机关可以通知出入境管理机关阻止其出境。

第三十一条 对于非居民工程或劳务项目完毕，未按期结清税款并已离境的，主管税务机关可制作《税务事项告知书》（见附件9），通过信函、电子邮件、传真等方式，告知该非居民限期履行纳税义务，同时通知境内发包方或劳务受让者协助追缴税款。

第五章 法律责任

第三十二条 非居民、扣缴义务人或代理人实施承包工程作业和提供劳务有关事项存在税收违法行为的，税务机关应按照税收征管法及其实施细则的有关规定处理。

第三十三条 境内机构或个人发包工程作业或劳务项目，未按本办法第五条、第七条、第八条、第九条规定向主管税务机关报告有关事项的，由税务机关责令限期改正，可以处2000元以下的罚款；情节严重的，处2000元以上10000元以下的罚款。

第六章 附 则

第三十四条 各省、自治区、直辖市和计划单列市国家税务局、地方税务局可根据本办法制定具体实施办法。

附件：

1. 境内机构和个人发包工程作业或劳务项目报告表
2. 非居民项目合同变更情况报告表
3. 非居民项目合同款项支付情况报告表

4. 非居民承包工程作业和提供劳务项目信息传递表
5. 非居民企业承包工程作业和提供劳务享受税收协定待遇报告
6. 非居民企业承包工程作业和提供劳务企业所得税扣缴义务通知书
7. 非居民企业欠税追缴告知书
8. 非居民承包工程作业和提供劳务重点建设项目统计表
9. 税务事项告知书

财政部　国家税务总局关于企业手续费及佣金支出税前扣除政策的通知

财税[2009]29 号

各省、自治区、直辖市、计划单列市财政厅(局)、国家税务局、地方税务局,新疆生产建设兵团财务局:

为规范企业所得税税前扣除,加强企业所得税管理,根据《中华人民共和国企业所得税法》和《中华人民共和国企业所得税法实施条例》(以下合称新税法)有关规定,现将企业发生的手续费及佣金支出税前扣除政策问题通知如下:

一、企业发生与生产经营有关的手续费及佣金支出,不超过以下规定计算限额以内的部分,准予扣除;超过部分,不得扣除。

1. 保险企业:财产保险企业按当年全部保费收入扣除退保金等后余额的 15%(含本数,下同)计算限额;人身保险企业按当年全部保费收入扣除退保金等后余额的 10% 计算限额。

2. 其他企业:按与具有合法经营资格中介服务机构或个人(不含交易双方及其雇员、代理人和代表人等)所签订服务协议或合同确认的收入金额的 5% 计算限额。

二、企业应与具有合法经营资格中介服务企业或个人签订代办协议或合同,并按国家有关规定支付手续费及佣金。除委托个人代理外,企业以现金等非转账方式支付的手续费及佣金不得在税前扣除。企业为发行权益性证券支付给有关证券承销机构的手续费及佣金不得在税前扣除。

三、企业不得将手续费及佣金支出计入回扣、业务提成、返利、进场费等费用。

四、企业已计入固定资产、无形资产等相关资产的手续费及佣金支出,应当通过折旧、摊销等方式分期扣除,不得在发生当期直接扣除。

五、企业支付的手续费及佣金不得直接冲减服务协议或合同金额,并如实入账。

六、企业应当如实向当地主管税务机关提供当年手续费及佣金计算分配表和其他相关资料,并依法取得合法真实凭证。

七、本通知自印发之日起实施。新税法实施之日至本通知印发之日前企业手续费及佣金所得税税前扣除事项按本通知规定处理。

国家税务总局关于企业政策性搬迁或处置收入有关企业所得税处理问题的通知

国税函[2009]118 号

各省、自治区、直辖市和计划单列市国家税务局、地方税务局:

根据《中华人民共和国企业所得税法》(以下简称“企业所得税法”)及《中华人民共和国企业所得税实施条例》(以下简称“实施条例”)规定的原则和精神,现将企业政策性搬迁或处置收入有关企业所得税处理问题明确如下:

一、本通知所称企业政策性搬迁和处置收入，是指因政府城市规划、基础设施建设等政策性原因，企业需要整体搬迁（包括部分搬迁或部分拆除）或处置相关资产而按规定标准从政府取得的搬迁补偿收入或处置相关资产而取得的收入，以及通过市场（招标、拍卖、挂牌等形式）取得的土地使用权转让收入。

二、对企业取得的政策性搬迁或处置收入，应按以下方式进行企业所得税处理：

（一）企业根据搬迁规划，异地重建后恢复原有或转换新的生产经营业务，用企业搬迁或处置收入购置或建造与搬迁前相同或类似性质、用途或者新的固定资产和土地使用权（以下简称重置固定资产），或对其他固定资产进行改良，或进行技术改造，或安置职工的，准予其搬迁或处置收入扣除固定资产重置或改良支出、技术改造支出和职工安置支出后的余额，计入企业应纳税所得额。

（二）企业没有重置或改良固定资产、技术改造或购置其他固定资产的计划或立项报告，应将搬迁收入加上各类拆迁固定资产的变卖收入、减除各类拆迁固定资产的折余价值和处置费用后的余额计入企业当年应纳税所得额，计算缴纳企业所得税。

（三）企业利用政策性搬迁或处置收入购置或改良的固定资产，可以按照现行税收规定计算折旧或摊销，并在企业所得税税前扣除。

（四）企业从规划搬迁次年起的五年内，其取得的搬迁收入或处置收入暂不计入企业当年应纳税所得额，在五年期内完成搬迁的，企业搬迁收入按上述规定处理。

三、主管税务机关应对企业取得的政策性搬迁收入和原厂土地转让收入加强管理。重点审核有无政府搬迁文件或公告，有无搬迁协议和搬迁计划，有无企业技术改造、重置或改良固定资产的计划或立项，是否在规定期限内进行技术改造、重置或改良固定资产和购置其他固定资产等。

国家税务总局关于印发《房地产开发经营业务企业所得税处理办法》的通知

国税发［2009］31号

各省、自治区、直辖市和计划单列市国家税务局、地方税务局：

为了加强从事房地产开发经营企业的企业所得税征收管理，规范从事房地产开发经营业务企业的纳税行为，根据《中华人民共和国企业所得税法》及其实施条例、《中华人民共和国税收征收管理法》及其实施细则等有关税收法律、行政法规的规定，结合房地产开发经营业务的特点，国家税务总局制定了《房地产开发经营业务企业所得税处理办法》，现印发给你们，请遵照执行。

房地产开发经营业务企业所得税处理办法

第一章 总 则

第一条 根据《中华人民共和国企业所得税法》及其实施条例、《中华人民共和国税收征收管理法》及其实施细则等有关税收法律、行政法规的规定，制定本办法。

第二条 本办法适用于中国境内从事房地产开发经营业务的企业（以下简称企业）。

第三条 企业房地产开发经营业务包括土地的开发，建造、销售住宅、商业用房以及其他建筑物、附着物、配套设施等开发产品。除土地开发之外，其他开发产品符合下列条件之一的，应视为已经完工：

（一）开发产品竣工证明材料已报房地产管理部门备案。

（二）开发产品已开始投入使用。

（三）开发产品已取得了初始产权证明。

第四条 企业出现《中华人民共和国税收征收管理法》第三十五条规定的情形，税务机关可对其以往应缴的企业所得税按核定征收方式进行征收管理，并逐步规范，同时按《中华人民共和国税收征收管理法》等税收法律、行政法规的规定进行处理,但不得事先确定企业的所得税按核定征收方式进行征收、管理。

第二章　收入的税务处理

第五条　开发产品销售收入的范围为销售开发产品过程中取得的全部价款,包括现金、现金等价物及其他经济利益。企业代有关部门、单位和企业收取的各种基金、费用和附加等,凡纳入开发产品价内或由企业开具发票的,应按规定全部确认为销售收入;未纳入开发产品价内并由企业之外的其他收取部门、单位开具发票的,可作为代收代缴款项进行管理。

第六条　企业通过正式签订《房地产销售合同》或《房地产预售合同》所取得的收入,应确认为销售收入的实现,具体按以下规定确认:

(一)采取一次性全额收款方式销售开发产品的,应于实际收讫价款或取得索取价款凭据(权利)之日,确认收入的实现。

(二)采取分期收款方式销售开发产品的,应按销售合同或协议约定的价款和付款日确认收入的实现。付款方提前付款的,在实际付款日确认收入的实现。

(三)采取银行按揭方式销售开发产品的,应按销售合同或协议约定的价款确定收入额,其首付款应于实际收到日确认收入的实现,余款在银行按揭贷款办理转账之日确认收入的实现。

(四)采取委托方式销售开发产品的,应按以下原则确认收入的实现:

1. 采取支付手续费方式委托销售开发产品的,应按销售合同或协议中约定的价款于收到受托方已销开发产品清单之日确认收入的实现。

2. 采取视同买断方式委托销售开发产品的,属于企业与购买方签订销售合同或协议,或企业、受托方、购买方三方共同签订销售合同或协议的,如果销售合同或协议中约定的价格高于买断价格,则应按销售合同或协议中约定的价格计算的价款于收到受托方已销开发产品清单之日确认收入的实现;如果属于前两种情况中销售合同或协议中约定的价格低于买断价格,以及属于受托方与购买方签订销售合同或协议的,则应按买断价格计算的价款于收到受托方已销开发产品清单之日确认收入的实现。

3. 采取基价(保底价)并实行超基价双方分成方式委托销售开发产品的,属于由企业与购买方签订销售合同或协议,或企业、受托方、购买方三方共同签订销售合同或协议的,如果销售合同或协议中约定的价格高于基价,则应按销售合同或协议中约定的价格计算的价款于收到受托方已销开发产品清单之日确认收入的实现,企业按规定支付受托方的分成额,不得直接从销售收入中减除;如果销售合同或协议约定的价格低于基价的,则应按基价计算的价款于收到受托方已销开发产品清单之日确认收入的实现。属于由受托方与购买方直接签订销售合同的,则应按基价加上按规定取得的分成额于收到受托方已销开发产品清单之日确认收入的实现。

4. 采取包销方式委托销售开发产品的,包销期内可根据包销合同的有关约定,参照上述1至3项规定确认收入的实现;包销期满后尚未出售的开发产品,企业应根据包销合同或协议约定的价款和付款方式确认收入的实现。

第七条　企业将开发产品用于捐赠、赞助、职工福利、奖励、对外投资、分配给股东或投资人、抵偿债务、换取其他企事业单位和个人的非货币性资产等行为,应视同销售,于开发产品所有权或使用权转移,或于实际取得利益权利时确认收入(或利润)的实现。确认收入(或利润)的方法和顺序为:

(一)按本企业近期或本年度最近月份同类开发产品市场销售价格确定;

(二)由主管税务机关参照当地同类开发产品市场公允价值确定;

(三)按开发产品的成本利润率确定。开发产品的成本利润率不得低于15%,具体比例由主管税务机关确定。

第八条　企业销售未完工开发产品的计税毛利率由各省、自治、直辖市国家税务局、地方税务局按下列规定进行确定:

(一)开发项目位于省、自治区、直辖市和计划单列市人民政府所在地城市城区和郊区的,不得低于15%。

(二)开发项目位于地及地级市城区及郊区的,不得低于10%。

（三）开发项目位于其他地区的，不得低于5%。

（四）属于经济适用房、限价房和危改房的，不得低于3%。

第九条 企业销售未完工开发产品取得的收入，应先按预计计税毛利率分季（或月）计算出预计毛利额，计入当期应纳税所得额。开发产品完工后，企业应及时结算其计税成本并计算此前销售收入的实际毛利额，同时将其实际毛利额与其对应的预计毛利额之间的差额，计入当年度企业本项目与其他项目合并计算的应纳税所得额。

在年度纳税申报时，企业须出具对该项开发产品实际毛利额与预计毛利额之间差异调整情况的报告以及税务机关需要的其他相关资料。

第十条 企业新建的开发产品在尚未完工或办理房地产初始登记、取得产权证前，与承租人签订租赁预约协议的，自开发产品交付承租人使用之日起，出租方取得的预租价款按租金确认收入的实现。

第三章 成本、费用扣除的税务处理

第十一条 企业在进行成本、费用的核算与扣除时，必须按规定区分期间费用和开发产品计税成本、已销开发产品计税成本与未销开发产品计税成本。

第十二条 企业发生的期间费用、已销开发产品计税成本、营业税金及附加、土地增值税准予当期按规定扣除。

第十三条 开发产品计税成本的核算应按第四章的规定进行处理。

第十四条 已销开发产品的计税成本，按当期已实现销售的可售面积和可售面积单位工程成本确认。可售面积单位工程成本和已销开发产品的计税成本按下列公式计算确定：

可售面积单位工程成本 = 成本对象总成本 ÷ 成本对象总可售面积

已销开发产品的计税成本 = 已实现销售的可售面积 × 可售面积单位工程成本

第十五条 企业对尚未出售的已完工开发产品和按照有关法律、法规或合同规定对已售开发产品（包括共用部位、共用设施设备）进行日常维护、保养、修理等实际发生的维修费用，准予在当期据实扣除。

第十六条 企业将已计入销售收入的共用部位、共用设施设备维修基金按规定移交给有关部门、单位的，应于移交时扣除。

第十七条 企业在开发区内建造的会所、物业管理场所、电站、热力站、水厂、文体场馆、幼儿园等配套设施，按以下规定进行处理：

（一）属于非营利性且产权属于全体业主的，或无偿赠与地方政府、公用事业单位的，可将其视为公共配套设施，其建造费用按公共配套设施费的有关规定进行处理。

（二）属于营利性的，或产权归企业所有的，或未明确产权归属的，或无偿赠与地方政府、公用事业单位以外其他单位的，应当单独核算其成本。除企业自用应按建造固定资产进行处理外，其他一律按建造开发产品进行处理。

第十八条 企业在开发区内建造的邮电通讯、学校、医疗设施应单独核算成本，其中，由企业与国家有关业务管理部门、单位合资建设，完工后有偿移交的，国家有关业务管理部门、单位给予的经济补偿可直接抵扣该项目的建造成本，抵扣后的差额应调整当期应纳税所得额。

第十九条 企业采取银行按揭方式销售开发产品的，凡约定企业为购买方的按揭贷款提供担保的，其销售开发产品时向银行提供的保证金（担保金）不得从销售收入中减除，也不得作为费用在当期税前扣除，但实际发生损失时可据实扣除。

第二十条 企业委托境外机构销售开发产品的，其支付境外机构的销售费用（含佣金或手续费）不超过委托销售收入10%的部分，准予据实扣除。

第二十一条 企业的利息支出按以下规定进行处理：

（一）企业为建造开发产品借入资金而发生的符合税收规定的借款费用，可按企业会计准则的规定进行归集和分配，其中属于财务费用性质的借款费用，可直接在税前扣除。

（二）企业集团或其成员企业统一向金融机构借款分摊集团内部其他成员企业使用的，借入方凡能出具从金融机构取得借款的证明文件，可以在使用借款的企业间合理的分摊利息费用，使用借款的企业分摊的合理利息准予在税前扣除。

第二十二条　企业因国家无偿收回土地使用权而形成的损失,可作为财产损失按有关规定在税前扣除。

第二十三条　企业开发产品(以成本对象为计量单位)整体报废或毁损,其净损失按有关规定审核确认后准予在税前扣除。

第二十四条　企业开发产品转为自用的,其实际使用时间累计未超过12个月又销售的,不得在税前扣除折旧费用。

第四章　计税成本的核算

第二十五条　计税成本是指企业在开发、建造开发产品(包括固定资产,下同)过程中所发生的按照税收规定进行核算与计量的应归入某项成本对象的各项费用。

第二十六条　成本对象是指为归集和分配开发产品开发、建造过程中的各项耗费而确定的费用承担项目。计税成本对象的确定原则如下:

(一)可否销售原则。开发产品能够对外经营销售的,应作为独立的计税成本对象进行成本核算;不能对外经营销售的,可先作为过渡性成本对象进行归集,然后再将其相关成本摊入能够对外经营销售的成本对象。

(二)分类归集原则。对同一开发地点、竣工时间相近、产品结构类型没有明显差异的群体开发的项目,可作为一个成本对象进行核算。

(三)功能区分原则。开发项目某组成部分相对独立,且具有不同使用功能时,可以作为独立的成本对象进行核算。

(四)定价差异原则。开发产品因其产品类型或功能不同等而导致其预期售价存在较大差异的,应分别作为成本对象进行核算。

(五)成本差异原则。开发产品因建筑上存在明显差异可能导致其建造成本出现较大差异的,要分别作为成本对象进行核算。

(六)权益区分原则。开发项目属于受托代建的或多方合作开发的,应结合上述原则分别划分成本对象进行核算。

成本对象由企业在开工之前合理确定,并报主管税务机关备案。成本对象一经确定,不能随意更改或相互混淆,如确需改变成本对象的,应征得主管税务机关同意。

第二十七条　开发产品计税成本支出的内容如下:

(一)土地征用费及拆迁补偿费。指为取得土地开发使用权(或开发权)而发生的各项费用,主要包括土地买价或出让金、大市政配套费、契税、耕地占用税、土地使用费、土地闲置费、土地变更用途和超面积补交的地价及相关税费、拆迁补偿支出、安置及动迁支出、回迁房建造支出、农作物补偿费、危房补偿费等。

(二)前期工程费。指项目开发前期发生的水文地质勘察、测绘、规划、设计、可行性研究、筹建、场地通平等前期费用。

(三)建筑安装工程费。指开发项目开发过程中发生的各项建筑安装费用。主要包括开发项目建筑工程费和开发项目安装工程费等。

(四)基础设施建设费。指开发项目在开发过程中所发生的各项基础设施支出,主要包括开发项目内道路、供水、供电、供气、排污、排洪、通讯、照明等社区管网工程费和环境卫生、园林绿化等园林环境工程费。

(五)公共配套设施费:指开发项目内发生的、独立的、非营利性的,且产权属于全体业主的,或无偿赠与地方政府、政府公用事业单位的公共配套设施支出。

(六)开发间接费。指企业为直接组织和管理开发项目所发生的,且不能将其归属于特定成本对象的成本费用性支出。主要包括管理人员工资、职工福利费、折旧费、修理费、办公费、水电费、劳动保护费、工程管理费、周转房摊销以及项目营销设施建造费等。

第二十八条　企业计税成本核算的一般程序如下:

(一)对当期实际发生的各项支出,按其性质、经济用途及发生的地点、时间区进行整理、归类,并将其区分为应计入成本对象的成本和应在当期税前扣除的期间费用。同时还应按规定对在有关预提费用和待摊费用进行计量与确认。

（二）对应计入成本对象中的各项实际支出、预提费用、待摊费用等合理的划分为直接成本、间接成本和共同成本，并按规定将其合理的归集、分配至已完工成本对象、在建成本对象和未建成本对象。

（三）对期前已完工成本对象应负担的成本费用按已销开发产品、未销开发产品和固定资产进行分配，其中应由已销开发产品负担的部分，在当期纳税申报时进行扣除，未销开发产品应负担的成本费用待其实际销售时再予扣除。

（四）对本期已完工成本对象分类为开发产品和固定资产并对其计税成本进行结算。其中属于开发产品的，应按可售面积计算其单位工程成本，据此再计算已销开发产品计税成本和未销开发产品计税成本。对本期已销开发产品的计税成本，准予在当期扣除，未销开发产品计税成本待其实际销售时再予扣除。

（五）对本期未完工和尚未建造的成本对象应当负担的成本费用，应按分别建立明细台帐，待开发产品完工后再予结算。

第二十九条 企业开发、建造的开发产品应按制造成本法进行计量与核算。其中，应计入开发产品成本中的费用属于直接成本和能够分清成本对象的间接成本，直接计入成本对象，共同成本和不能分清负担对象的间接成本，应按受益的原则和配比的原则分配至各成本对象，具体分配方法可按以下规定选择其一：

（一）占地面积法。指按已动工开发成本对象占地面积占开发用地总面积的比例进行分配。

1. 一次性开发的，按某一成本对象占地面积占全部成本对象占地总面积的比例进行分配。

2. 分期开发的，首先按本期全部成本对象占地面积占开发用地总面积的比例进行分配，然后再按某一成本对象占地面积占期内全部成本对象占地总面积的比例进行分配。

期内全部成本对象应负担的占地面积为期内开发用地占地面积减除应由各期成本对象共同负担的占地面积。

（二）建筑面积法。指按已动工开发成本对象建筑面积占开发用地总建筑面积的比例进行分配。

1. 一次性开发的，按某一成本对象建筑面积占全部成本对象建筑面积的比例进行分配。

2. 分期开发的，首先按期内成本对象建筑面积占开发用地计划建筑面积的比例进行分配，然后再按某一成本对象建筑面积占期内成本对象总建筑面积的比例进行分配。

（三）直接成本法。指按期内某一成本对象的直接开发成本占期内全部成本对象直接开发成本的比例进行分配。

（四）预算造价法。指按期内某一成本对象预算造价占期内全部成本对象预算造价的比例进行分配。

第三十条 企业下列成本应按以下方法进行分配：

（一）土地成本，一般按占地面积法进行分配。如果确需结合其他方法进行分配的，应商税务机关同意。

土地开发同时连结房地产开发的，属于一次性取得土地分期开发房地产的情况，其土地开发成本经商税务机关同意后可先按土地整体预算成本进行分配，待土地整体开发完毕再行调整。

（二）单独作为过渡性成本对象核算的公共配套设施开发成本，应按建筑面积法进行分配。

（三）借款费用属于不同成本对象共同负担的，按直接成本法或按预算造价法进行分配。

（四）其他成本项目的分配法由企业自行确定。

第三十一条 企业以非货币交易方式取得土地使用权的，应按下列规定确定其成本：

（一）企业、单位以换取开发产品为目的，将土地使用权投资企业的，按下列规定进行处理：

1. 换取的开发产品如为该项土地开发、建造的，接受投资的企业在接受土地使用权时暂不确认其成本，待首次分出开发产品时，再按应分出开发产品（包括首次分出的和以后应分出的）的市场公允价值和土地使用权转移过程中应支付的相关税费计算确认该项土地使用权的成本。如涉及补价，土地使用权的取得成本还应加上应支付的补价款或减除应收到的补价款。

2. 换取的开发产品如为其他土地开发、建造的，接受投资的企业在投资交易发生时，按应付出开发产品市场公允价值和土地使用权转移过程中应支付的相关税费计算确认该项土地使用权的成本。如涉及补价，土地使用权的取得成本还应加上应支付的补价款或减除应收到的补价款。

（二）企业、单位以股权的形式，将土地使用权投资企业的，接受投资的企业应在投资交易发生时，按该项土地使用权的市场公允价值和土地使用权转移过程中应支付的相关税费计算确认该项土地使用权的取得成本。如涉及补价,土地使用权的取得成本还应加上应支付的补价款或减除应收到的补价款。

第三十二条 除以下几项预提(应付)费用外,计税成本均应为实际发生的成本。

(一)出包工程未最终办理结算而未取得全额发票的,在证明资料充分的前提下,其发票不足金额可以预提,但最高不得超过合同总金额的10%。

(二)公共配套设施尚未建造或尚未完工的,可按预算造价合理预提建造费用。此类公共配套设施必须符合已在售房合同、协议或广告、模型中明确承诺建造且不可撤销,或按照法律法规规定必须配套建造的条件。

(三)应向政府上交但尚未上交的报批报建费用、物业完善费用可以按规定预提。物业完善费用是指按规定应由企业承担的物业管理基金、公建维修基金或其他专项基金。

第三十三条 企业单独建造的停车场所,应作为成本对象单独核算。利用地下基础设施形成的停车场所,作为公共配套设施进行处理。

第三十四条 企业在结算计税成本时其实际发生的支出应当取得但未取得合法凭据的,不得计入计税成本,待实际取得合法凭据时,再按规定计入计税成本。

第三十五条 开发产品完工以后,企业可在完工年度企业所得税汇算清缴前选择确定计税成本核算的终止日,不得滞后。凡已完工开发产品在完工年度未按规定结算计税成本,主管税务机关有权确定或核定其计税成本,据此进行纳税调整,并按《中华人民共和国税收征收管理法》的有关规定对其进行处理。

第五章 特定事项的税务处理

第三十六条 企业以本企业为主体联合其他企业、单位、个人合作或合资开发房地产项目,且该项目未成立独立法人公司的,按下列规定进行处理:

(一)凡开发合同或协议中约定向投资各方(即合作、合资方,下同)分配开发产品的,企业在首次分配开发产品时,如该项目已经结算计税成本,其应分配给投资方开发产品的计税成本与其投资额之间的差额计入当期应纳税所得额;如未结算计税成本,则将投资方的投资额视同销售收入进行相关的税务处理。

(二)凡开发合同或协议中约定分配项目利润的,应按以下规定进行处理:

1. 企业应将该项目形成的营业利润额并入当期应纳税所得额统一申报缴纳企业所得税,不得在税前分配该项目的利润。同时不能因接受投资方投资额而在成本中摊销或在税前扣除相关的利息支出。

2. 投资方取得该项目的营业利润应视同股息、红利进行相关的税务处理。

第三十七条 企业以换取开发产品为目的,将土地使用权投资其他企业房地产开发项目的,按以下规定进行处理:

企业应在首次取得开发产品时,将其分解为转让土地使用权和购入开发产品两项经济业务进行所得税处理,并按应从该项目取得的开发产品(包括首次取得的和以后应取得的)的市场公允价值计算确认土地使用权转让所得或损失。

第六章 附 则

第三十八条 从事房地产开发经营业务的外商投资企业在2007年12月31日前存有销售未完工开发产品取得的收入,至该项开发产品完工后,一律按本办法第九条规定的办法进行税务处理。

第三十九条 本通知自2008年1月1日起执行。

国家税务总局关于企业所得税若干税务事项衔接问题的通知

国税函[2009]98号

各省、自治区、直辖市和计划单列市国家税务局、地方税务局:

《中华人民共和国企业所得税法》(以下简称新税法)及其实施条例(以下简称实施条例)自2008年1

月1日正式实施,按照新税法第六十条规定,《中华人民共和国外商投资企业和外国企业所得税法》和《中华人民共和国企业所得税暂行条例》(以下简称原税法)同时废止。为便于各地汇算清缴工作的开展,现就新税法实施前企业发生的若干税务事项衔接问题通知如下:

一、关于已购置固定资产预计净残值和折旧年限的处理问题

新税法实施前已投入使用的固定资产,企业已按原税法规定预计净残值并计提的折旧,不做调整。新税法实施后,对此类继续使用的固定资产,可以重新确定其残值,并就其尚未计提折旧的余额,按照新税法规定的折旧年限减去已经计提折旧的年限后的剩余年限,按照新税法规定的折旧方法计算折旧。新税法实施后,固定资产原确定的折旧年限不违背新税法规定原则的,也可以继续执行。

二、关于递延所得的处理

企业按原税法规定已作递延所得确认的项目,其余额可在原规定的递延期间的剩余期间内继续均匀计入各纳税期间的应纳税所得额。

三、关于利息收入、租金收入和特许权使用费收入的确认

新税法实施前已按其他方式计入当期收入的利息收入、租金收入、特许权使用费收入,在新税法实施后,凡与按合同约定支付时间确认的收入额发生变化的,应将该收入额减去以前年度已按照其他方式确认的收入额后的差额,确认为当期收入。

四、关于以前年度职工福利费余额的处理

根据《国家税务总局关于做好2007年度企业所得税汇算清缴工作的补充通知》(国税函[2008]264号)的规定,企业2008年以前按照规定计提但尚未使用的职工福利费余额,2008年及以后年度发生的职工福利费,应首先冲减上述的职工福利费余额,不足部分按新税法规定扣除;仍有余额的,继续留在以后年度使用。企业2008年以前节余的职工福利费,已在税前扣除,属于职工权益,如果改变用途的,应调整增加企业应纳税所得额。

五、关于以前年度职工教育经费余额的处理

对于在2008年以前已经计提但尚未使用的职工教育经费余额,2008年及以后新发生的职工教育经费应先从余额中冲减。仍有余额的,留在以后年度继续使用。

六、关于工效挂钩企业工资储备基金的处理

原执行工效挂钩办法的企业,在2008年1月1日以前已按规定提取,但因未实际发放而未在税前扣除的工资储备基金余额,2008年及以后年度实际发放时,可在实际发放年度企业所得税前据实扣除。

七、关于以前年度未扣除的广告费的处理

企业在2008年以前按照原政策规定已发生但尚未扣除的广告费,2008年实行新税法后,其尚未扣除的余额,加上当年度新发生的广告费和业务宣传费后,按照新税法规定的比例计算扣除。

八、关于技术开发费的加计扣除形成的亏损的处理

企业技术开发费加计扣除部分已形成企业年度亏损,可以用以后年度所得弥补,但结转年限最长不得超过5年。

九、关于开(筹)办费的处理

新税法中开(筹)办费未明确列作长期待摊费用,企业可以在开始经营之日的当年一次性扣除,也可以按照新税法有关长期待摊费用的处理规定处理,但一经选定,不得改变。

企业在新税法实施以前年度的未摊销完的开办费,也可根据上述规定处理。

财政部　国家税务总局关于执行企业所得税优惠政策若干问题的通知

财税[2009]69号

各省、自治区、直辖市、计划单列市财政厅(局)、国家税务局、地方税务局,新疆生产建设兵团财务局:

根据《中华人民共和国企业所得税法》(以下简称企业所得税法)及《中华人民共和国企业所得税法实

施条例》(国务院令第512号,以下简称实施条例)的有关规定,现就企业所得税优惠政策执行中有关问题通知如下:

一、执行《国务院关于实施企业所得税过渡优惠政策的通知》(国发[2007]39号)规定的过渡优惠政策及西部大开发优惠政策的企业,在定期减免税的减半期内,可以按照企业适用税率计算的应纳税额减半征税。其他各类情形的定期减免税,均应按照企业所得税25%的法定税率计算的应纳税额减半征税。

二、《国务院关于实施企业所得税过渡优惠政策的通知》(国发[2007]39号)第三条所称不得叠加享受,且一经选择,不得改变的税收优惠情形,限于企业所得税过渡优惠政策与企业所得税法及其实施条例中规定的定期减免税和减低税率类的税收优惠。

企业所得税法及其实施条例中规定的各项税收优惠,凡企业符合规定条件的,可以同时享受。

三、企业在享受过渡税收优惠过程中发生合并、分立、重组等情形的,按照《财政部国家税务总局关于企业重组业务企业所得税处理若干问题的通知》(财税[2009]59号)的统一规定执行。

四、2008年1月1日以后,居民企业之间分配属于2007年度及以前年度的累积未分配利润而形成的股息、红利等权益性投资收益,均应按照企业所得税法第二十六条及实施条例第十七条、第八十三条的规定处理。

五、企业在2007年3月16日之前设立的分支机构单独依据原内、外资企业所得税法的优惠规定已享受有关税收优惠的,凡符合《国务院关于实施企业所得税过渡优惠政策的通知》(国发[2007]39号)所列政策条件的,该分支机构可以单独享受国发[2007]39号规定的企业所得税过渡优惠政策。

六、实施条例第九十一条第(二)项所称国际金融组织,包括国际货币基金组织、世界银行、亚洲开发银行、国际开发协会、国际农业发展基金、欧洲投资银行以及财政部和国家税务总局确定的其他国际金融组织;所称优惠贷款,是指低于金融企业同期同类贷款利率水平的贷款。

七、实施条例第九十二条第(一)项和第(二)项所称从业人数,是指与企业建立劳动关系的职工人数和企业接受的劳务派遣用工人数之和;从业人数和资产总额指标,按企业全年月平均值确定,具体计算公式如下:

月平均值=(月初值+月末值)÷2

全年月平均值=全年各月平均值之和÷12

年度中间开业或者终止经营活动的,以其实际经营期作为一个纳税年度确定上述相关指标。

八、企业所得税法第二十八条规定的小型微利企业待遇,应适用于具备建账核算自身应纳税所得额条件的企业,按照《企业所得税核定征收办法》(国税发[2008]30号)缴纳企业所得税的企业,在不具备准确核算应纳税所得额条件前,暂不适用小型微利企业适用税率。

九、2007年底前设立的软件生产企业和集成电路生产企业,经认定后可以按《财政部国家税务总局关于企业所得税若干优惠政策的通知》(财税[2008]1号)的规定享受企业所得税定期减免税优惠政策。在2007年度或以前年度已获利并开始享受定期减免税优惠政策的,可自2008年度起继续享受至期满为止。

十、实施条例第一百条规定的购置并实际使用的环境保护、节能节水和安全生产专用设备,包括承租方企业以融资租赁方式租入的、并在融资租赁合同中约定租赁期届满时租赁设备所有权转移给承租方企业,且符合规定条件的上述专用设备。凡融资租赁期届满后租赁设备所有权未转移至承租方企业的,承租方企业应停止享受抵免企业所得税优惠,并补缴已经抵免的企业所得税税款。

十一、实施条例第九十七条所称投资于未上市的中小高新技术企业2年以上的,包括发生在2008年1月1日以前满2年的投资;所称中小高新技术企业是指按照《高新技术企业认定管理办法》(国科发火[2008]172号)和《高新技术企业认定管理工作指引》(国科发火[2008]362号)取得高新技术企业资格,且年销售额和资产总额均不超过2亿元、从业人数不超过500人的企业,其中2007年底前已取得高新技术企业资格的,在其规定有效期内不需重新认定。

十二、本通知自2008年1月1日起执行。

财政部 国家税务总局关于保险公司准备金支出企业所得税税前扣除有关问题的通知

财税[2009]48号

各省、自治区、直辖市、计划单列市财政厅(局)、国家税务局、地方税务局,新疆生产建设兵团财务局:

根据《中华人民共和国企业所得税法》和《中华人民共和国企业所得税法实施条例》(国务院令第512号)的有关规定,现就保险公司准备金支出企业所得税税前扣除有关问题明确如下:

一、保险公司按下列规定缴纳的保险保障基金,准予据实税前扣除:

1. 非投资型财产保险业务,不得超过保费收入的0.8%;投资型财产保险业务,有保证收益的,不得超过业务收入的0.08%,无保证收益的,不得超过业务收入的0.05%。

2. 有保证收益的人寿保险业务,不得超过业务收入的0.15%;无保证收益的人寿保险业务,不得超过业务收入的0.05%。

3. 短期健康保险业务,不得超过保费收入的0.8%;长期健康保险业务,不得超过保费收入的0.15%。

4. 非投资型意外伤害保险业务,不得超过保费收入的0.8%;投资型意外伤害保险业务,有保证收益的,不得超过业务收入的0.08%,无保证收益的,不得超过业务收入的0.05%。

保险保障基金,是指按照《中华人民共和国保险法》和《保险保障基金管理办法》(保监会、财政部、人民银行令2008年第2号)规定缴纳形成的,在规定情形下用于救助保单持有人、保单受让公司或者处置保险业风险的非政府性行业风险救助基金。

保费收入,是指投保人按照保险合同约定,向保险公司支付的保险费。

业务收入,是指投保人按照保险合同约定,为购买相应的保险产品支付给保险公司的全部金额。

非投资型财产保险业务,是指仅具有保险保障功能而不具有投资理财功能的财产保险业务。

投资型财产保险业务,是指兼具有保险保障与投资理财功能的财产保险业务。

有保证收益,是指保险产品在投资收益方面提供固定收益或最低收益保障。

无保证收益,是指保险产品在投资收益方面不提供收益保证,投保人承担全部投资风险。

二、保险公司有下列情形之一的,其缴纳的保险保障基金不得在税前扣除:

1. 财产保险公司的保险保障基金余额达到公司总资产6%的。

2. 人身保险公司的保险保障基金余额达到公司总资产1%的。

三、保险公司按规定提取的未到期责任准备金、寿险责任准备金、长期健康险责任准备金、未决赔款准备金,准予在税前扣除。

1. 未到期责任准备金、寿险责任准备金、长期健康险责任准备金依据精算师或出具专项审计报告的中介机构确定的金额提取。

未到期责任准备金,是指保险人为尚未终止的非寿险保险责任提取的准备金。

寿险责任准备金,是指保险人为尚未终止的人寿保险责任提取的准备金。

长期健康险责任准备金,是指保险人为尚未终止的长期健康保险责任提取的准备金。

2. 未决赔款准备金分已发生已报案未决赔款准备金、已发生未报案未决赔款准备金和理赔费用准备金。已发生已报案未决赔款准备金,按最高不超过当期已经提出的保险赔款或者给付金额的100%提取;已发生未报案未决赔款准备金按不超过当年实际赔款支出额的8%提取。

未决赔款准备金,是指保险人为非寿险保险事故已发生尚未结案的赔案提取的准备金。

已发生已报案未决赔款准备金,是指保险人为非寿险保险事故已经发生并已向保险人提出索赔、尚未结案的赔案提取的准备金。

已发生未报案未决赔款准备金,是指保险人为非寿险保险事故已经发生、尚未向保险人提出索赔的赔案提取的准备金。

理赔费用准备金,是指保险人为非寿险保险事故已发生尚未结案的赔案可能发生的律师费、诉讼费、损失检验费、相关理赔人员薪酬等费用提取的准备金。

四、保险公司实际发生的各种保险赔款、给付,应首先冲抵按规定提取的准备金,不足冲抵部分,准予在当年税前扣除。

五、本通知自2008年1月1日至2010年12月31日执行。

财政部　国家税务总局关于企业资产损失税前扣除政策的通知

财税[2009]57号

各省、自治区、直辖市、计划单列市财政厅(局)、国家税务局、地方税务局,新疆生产建设兵团财务局:

根据《中华人民共和国企业所得税法》和《中华人民共和国企业所得税法实施条例》(国务院令第512号)的有关规定,现就企业资产损失在计算企业所得税应纳税所得额时的扣除政策通知如下:

一、本通知所称资产损失,是指企业在生产经营活动中实际发生的、与取得应税收入有关的资产损失,包括现金损失,存款损失,坏账损失,贷款损失,股权投资损失,固定资产和存货的盘亏、毁损、报废、被盗损失,自然灾害等不可抗力因素造成的损失以及其他损失。

二、企业清查出的现金短缺减除责任人赔偿后的余额,作为现金损失在计算应纳税所得额时扣除。

三、企业将货币性资金存入法定具有吸收存款职能的机构,因该机构依法破产、清算,或者政府责令停业、关闭等原因,确实不能收回的部分,作为存款损失在计算应纳税所得额时扣除。

四、企业除贷款类债权外的应收、预付账款符合下列条件之一的,减除可收回金额后确认的无法收回的应收、预付款项,可以作为坏账损失在计算应纳税所得额时扣除:

(一)债务人依法宣告破产、关闭、解散、被撤销,或者被依法注销、吊销营业执照,其清算财产不足清偿的;

(二)债务人死亡,或者依法被宣告失踪、死亡,其财产或者遗产不足清偿的;

(三)债务人逾期3年以上未清偿,且有确凿证据证明已无力清偿债务的;

(四)与债务人达成债务重组协议或法院批准破产重整计划后,无法追偿的;

(五)因自然灾害、战争等不可抗力导致无法收回的;

(六)国务院财政、税务主管部门规定的其他条件。

五、企业经采取所有可能的措施和实施必要的程序之后,符合下列条件之一的贷款类债权,可以作为贷款损失在计算应纳税所得额时扣除:

(一)借款人和担保人依法宣告破产、关闭、解散、被撤销,并终止法人资格,或者已完全停止经营活动,被依法注销、吊销营业执照,对借款人和担保人进行追偿后,未能收回的债权;

(二)借款人死亡,或者依法被宣告失踪、死亡,依法对其财产或者遗产进行清偿,并对担保人进行追偿后,未能收回的债权;

(三)借款人遭受重大自然灾害或者意外事故,损失巨大且不能获得保险补偿,或者以保险赔偿后,确实无力偿还部分或者全部债务,对借款人财产进行清偿和对担保人进行追偿后,未能收回的债权;

(四)借款人触犯刑律,依法受到制裁,其财产不足归还所借债务,又无其他债务承担者,经追偿后确实无法收回的债权;

(五)由于借款人和担保人不能偿还到期债务,企业诉诸法律,经法院对借款人和担保人强制执行,借款人和担保人均无财产可执行,法院裁定执行程序终结或终止(中止)后,仍无法收回的债权;

(六)由于借款人和担保人不能偿还到期债务,企业诉诸法律后,经法院调解或经债权人会议通过,与借款人和担保人达成和解协议或重整协议,在借款人和担保人履行完还款义务后,无法追偿的剩余债权;

(七)由于上述(一)至(六)项原因借款人不能偿还到期债务,企业依法取得抵债资产,抵债金额小于贷款本息的差额,经追偿后仍无法收回的债权;

(八)开立信用证、办理承兑汇票、开具保函等发生垫款时,凡开证申请人和保证人由于上述(一)至(七)项原因,无法偿还垫款,金融企业经追偿后仍无法收回的垫款;

(九)银行卡持卡人和担保人由于上述(一)至(七)项原因,未能还清透支款项,金融企业经追偿后仍无法收回的透支款项;

(十)助学贷款逾期后,在金融企业确定的有效追索期限内,依法处置助学贷款抵押物(质押物),并向担保人追索连带责任后,仍无法收回的贷款;

(十一)经国务院专案批准核销的贷款类债权;

(十二)国务院财政、税务主管部门规定的其他条件。

六、企业的股权投资符合下列条件之一的,减除可收回金额后确认的无法收回的股权投资,可以作为股权投资损失在计算应纳税所得额时扣除:

(一)被投资方依法宣告破产、关闭、解散、被撤销,或者被依法注销、吊销营业执照的;

(二)被投资方财务状况严重恶化,累计发生巨额亏损,已连续停止经营3年以上,且无重新恢复经营改组计划的;

(三)对被投资方不具有控制权,投资期限届满或者投资期限已超过10年,且被投资单位因连续3年经营亏损导致资不抵债的;

(四)被投资方财务状况严重恶化,累计发生巨额亏损,已完成清算或清算期超过3年以上的;

(五)国务院财政、税务主管部门规定的其他条件。

七、对企业盘亏的固定资产或存货,以该固定资产的账面净值或存货的成本减除责任人赔偿后的余额,作为固定资产或存货盘亏损失在计算应纳税所得额时扣除。

八、对企业毁损、报废的固定资产或存货,以该固定资产的账面净值或存货的成本减除残值、保险赔款和责任人赔偿后的余额,作为固定资产或存货毁损、报废损失在计算应纳税所得额时扣除。

九、对企业被盗的固定资产或存货,以该固定资产的账面净值或存货的成本减除保险赔款和责任人赔偿后的余额,作为固定资产或存货被盗损失在计算应纳税所得额时扣除。

十、企业因存货盘亏、毁损、报废、被盗等原因不得从增值税销项税额中抵扣的进项税额,可以与存货损失一起在计算应纳税所得额时扣除。

十一、企业在计算应纳税所得额时已经扣除的资产损失,在以后纳税年度全部或者部分收回时,其收回部分应当作为收入计入收回当期的应纳税所得额。

十二、企业境内、境外营业机构发生的资产损失应分开核算,对境外营业机构由于发生资产损失而产生的亏损,不得在计算境内应纳税所得额时扣除。

十三、企业对其扣除的各项资产损失,应当提供能够证明资产损失确属已实际发生的合法证据,包括具有法律效力的外部证据、具有法定资质的中介机构的经济鉴证证明、具有法定资质的专业机构的技术鉴定证明等。

十四、本通知自2008年1月1日起执行。

国家税务总局关于资源综合利用企业所得税优惠管理问题的通知

国税函[2009]185号

各省、自治区、直辖市和计划单列市国家税务局、地方税务局:

为贯彻落实资源综合利用的企业所得税优惠政策,现就有关管理问题通知如下:

一、本通知所称资源综合利用企业所得税优惠,是指企业自2008年1月1日起以《资源综合利用企业所得税优惠目录(2008年版)》(以下简称《目录》)规定的资源作为主要原材料,生产国家非限制和非禁止并符合国家及行业相关标准的产品取得的收入,减按90%计入企业当年收入总额。

二、经资源综合利用主管部门按《目录》规定认定的生产资源综合利用产品的企业(不包括仅对资源综合利用工艺和技术进行认定的企业),取得《资源综合利用认定证书》,可按本通知规定申请享受资源综合利用企业所得税优惠。

三、企业资源综合利用产品的认定程序，按《国家发展改革委财政部国家税务总局关于印发〈国家鼓励的资源综合利用认定管理办法〉的通知》（发改环资［2006］1864 号）的规定执行。

四、2008 年 1 月 1 日之前经资源综合利用主管部门认定取得《资源综合利用认定证书》的企业，应按本通知第二条、第三条的规定，重新办理认定并取得《资源综合利用认定证书》，方可申请享受资源综合利用企业所得税优惠。

五、企业从事非资源综合利用项目取得的收入与生产资源综合利用产品取得的收入没有分开核算的，不得享受资源综合利用企业所得税优惠。

六、税务机关对资源综合利用企业所得税优惠实行备案管理。备案管理的具体程序，按照国家税务总局的相关规定执行。

七、享受资源综合利用企业所得税优惠的企业因经营状况发生变化而不符合《目录》规定的条件的，应自发生变化之日起 15 个工作日内向主管税务机关报告，并停止享受资源综合利用企业所得税优惠。

八、企业实际经营情况不符合《目录》规定条件，采用欺骗等手段获取企业所得税优惠，或者因经营状况发生变化而不符合享受优惠条件，但未及时向主管税务机关报告的，按照税收征管法及其实施细则的有关规定进行处理。

九、税务机关应对企业的实际经营情况进行监督检查。税务机关发现资源综合利用主管部门认定有误的，应停止企业享受资源综合利用企业所得税优惠，并及时与有关认定部门协调沟通，提请纠正，已经享受的优惠税额应予追缴。

十、各省、自治区、直辖市和计划单列市国家税务局、地方税务局可根据本通知制定具体管理办法。

十一、本通知自 2008 年 1 月 1 日起执行。

国家税务总局关于中国居民企业向全国社会保障基金所持 H 股派发股息不予代扣代缴企业所得税的通知

国税函［2009］173 号

各省、自治区、直辖市和计划单列市国家税务局、地方税务局：

现将中国居民企业向全国社会保障基金所持 H 股派发股息不予代扣代缴企业所得税的问题通知如下：

根据《财政部国家税务总局关于全国社会保障基金有关企业所得税问题的通知》（财税［2008］136 号）规定，全国社会保障基金（以下简称“社保基金”）从证券市场取得的收入为企业所得税不征税收入。在香港上市的境内居民企业派发股息时，可凭香港中央结算（代理人）有限公司确定的社保基金所持 H 股证明，不予代扣代缴企业所得税。

在香港以外上市的境内居民企业向境外派发股息时，可凭有关证券结算公司确定的社保基金所持股证明，不予代扣代缴企业所得税。

在境外上市的境内居民企业向其他经批准对股息不征企业所得税的机构派发股息时，可参照本通知执行。

财政部　国家税务总局关于证券行业准备金支出企业所得税税前扣除有关问题的通知

财税［2009］33 号

各省、自治区、直辖市、计划单列市财政厅（局）、国家税务局、地方税务局，新疆生产建设兵团财务局：

根据《中华人民共和国企业所得税法》和《中华人民共和国企业所得税法实施条例》的有关规定，现就证券行业准备金支出企业所得税税前扣除有关政策问题明确如下：

一、证券类准备金

（一）证券交易所风险基金。

上海、深圳证券交易所依据《证券交易所风险基金管理暂行办法》（证监发[2000]22号）的有关规定，按证券交易所交易收取经手费的20%、会员年费的10%提取的证券交易所风险基金，在各基金净资产不超过10亿元的额度内，准予在企业所得税税前扣除。

（二）证券结算风险基金。

1. 中国证券登记结算公司所属上海分公司、深圳分公司依据《证券结算风险基金管理办法》（证监发[2006]65号）的有关规定，按证券登记结算公司业务收入的20%提取的证券结算风险基金，在各基金净资产不超过30亿元的额度内，准予在企业所得税税前扣除。

2. 证券公司依据《证券结算风险基金管理办法》（证监发[2006]65号）的有关规定，作为结算会员按人民币普通股和基金成交金额的十万分之三、国债现货成交金额的十万分之一、1天期国债回购成交额的千万分之五、2天期国债回购成交额的千万分之十、3天期国债回购成交额的千万分之十五、4天期国债回购成交额的千万分之二十、7天期国债回购成交额的千万分之五十、14天期国债回购成交额的十万分之一、28天期国债回购成交额的十万分之二、91天期国债回购成交额的十万分之六、182天期国债回购成交额的十万分之十二逐日交纳的证券结算风险基金，准予在企业所得税税前扣除。

（三）证券投资者保护基金。

1. 上海、深圳证券交易所依据《证券投资者保护基金管理办法》（证监会令第27号）的有关规定，在风险基金分别达到规定的上限后，按交易经手费的20%缴纳的证券投资者保护基金，准予在企业所得税税前扣除。

2. 证券公司依据《证券投资者保护基金管理办法》（证监会令第27号）的有关规定，按其营业收入0.5%—5%缴纳的证券投资者保护基金，准予在企业所得税税前扣除。

二、期货类准备金

（一）期货交易所风险准备金。

上海期货交易所、大连商品交易所、郑州商品交易所和中国金融期货交易所依据《期货交易管理条例》（国务院令第489号）、《期货交易所管理办法》（证监会令第42号）和《商品期货交易财务管理暂行规定》（财商字[1997]44号）的有关规定，分别按向会员收取手续费收入的20%计提的风险准备金，在风险准备金余额达到有关规定的额度内，准予在企业所得税税前扣除。

（二）期货公司风险准备金。

期货公司依据《期货公司管理办法》（证监会令第43号）和《商品期货交易财务管理暂行规定》（财商字[1997]44号）的有关规定，从其收取的交易手续费收入减去应付期货交易所手续费后的净收入的5%提取的期货公司风险准备金，准予在企业所得税税前扣除。

（三）期货投资者保障基金。

1. 上海期货交易所、大连商品交易所、郑州商品交易所和中国金融期货交易所依据《期货投资者保障基金管理暂行办法》（证监会令第38号）的有关规定，按其向期货公司会员收取的交易手续费的3%缴纳的期货投资者保障基金，在基金总额达到有关规定的额度内，准予在企业所得税税前扣除。

2. 期货公司依据《期货投资者保障基金管理暂行办法》（证监会令第38号）的有关规定，从其收取的交易手续费中按照代理交易额的千万分之五至千万分之十的比例缴纳的期货投资者保障基金，在基金总额达到有关规定的额度内，准予在企业所得税税前扣除。

三、上述准备金如发生清算、退还，应按规定补征企业所得税。

四、本通知自2008年1月1日起至2010年12月31日止执行。

财政部　国家税务总局关于文化体制改革中经营性文化事业单位转制为企业的若干税收优惠政策的通知

财税[2009]34号

各省、自治区、直辖市财政厅(局)、国家税务局、地方税务局,新疆生产建设兵团财务局:

为了贯彻落实《国务院办公厅关于印发文化体制改革中经营性文化事业单位转制为企业和支持文化企业发展两个规定的通知》(国办发[2008]114号),进一步推动文化体制改革,促进文化企业发展,现就经营性文化事业单位转制为企业的税收政策问题通知如下:

一、经营性文化事业单位转制为企业,自转制注册之日起免征企业所得税。

二、由财政部门拨付事业经费的文化单位转制为企业,自转制注册之日起对其自用房产免征房产税。

三、党报、党刊将其发行、印刷业务及相应的经营性资产剥离组建的文化企业,自注册之日起所取得的党报、党刊发行收入和印刷收入免征增值税。

四、对经营性文化事业单位转制中资产评估增值涉及的企业所得税,以及资产划转或转让涉及的增值税、营业税、城建税等给予适当的优惠政策,具体优惠政策由财政部、国家税务总局根据转制方案确定。

五、本通知所称经营性文化事业单位是指从事新闻出版、广播影视和文化艺术的事业单位;转制包括文化事业单位整体转为企业和文化事业单位中经营部分剥离转为企业。

六、本通知适用于文化体制改革地区的所有转制文化单位和不在文化体制改革地区的转制企业。有关名单由中央文化体制改革工作领导小组办公室提供,财政部、国家税务总局发布。

本通知执行期限为2009年1月1日至2013年12月31日。

财政部税政司负责人解读支持文化体制改革的税收优惠政策

为进一步推动文化体制改革,促进文化企业发展,近日,财政部、国家税务总局印发了《关于文化体制改革中经营性文化事业单位转制为企业的若干税收政策问题的通知》,财政部、海关总署、国家税务总局印发了《关于支持文化企业发展若干税收政策问题的通知》,明确了相关的税收扶持政策。就出台税收扶持政策的背景、意义和主要内容,记者采访了财政部税政司负责人。

出台税收扶持政策的背景和意义

财政部税政司负责人介绍说,《关于文化体制改革中经营性文化事业单位转制为企业的若干税收政策问题的通知》和《关于支持文化企业发展若干税收政策问题的通知》是与《国务院办公厅关于印发文化体制改革中经营性文化事业单位转制为企业和支持文化企业发展两个规定的通知》配套的操作文件,是对过去五年已经实施政策的延续、修订和完善。

财政部税政司负责人指出,为贯彻落实党中央关于深化文化体制改革,发展文化产业、推进文化创新的精神,2005年财政部、海关总署、国家税务总局就下发了《关于文化体制改革中经营性文化事业单位转制后企业的若干税收政策问题的通知》以及《关于文化体制改革试点中支持文化产业发展若干税收政策问题的通知》,规定从2004年1月1日至2008年12月31日对文化体制改革试点地区的所有文化单位和不在试点地区的试点单位给予了一系列的税收优惠政策,惠及全国2000多家转制文化单位,减免税收达近百亿元。5年的实践证明,这些税收优惠政策对于激励文化单位加快转制或改制步伐,发挥了重要作用。

这次财政部会同有关部门修订完善了原有优惠政策并延期5年,执行期限为2009年1月1日至2013年12月31日,特别是对转制后的文化企业继续给予税收支持,将有助于推动文化体制改革取得新进展,进一步增强文化企业竞争力,提高我国文化软实力,促进社会主义文化大发展大繁荣。

税收扶持政策的主要内容

财政部税政司负责人介绍说,修订完善后的税收扶持政策主要包括以下四个方面内容:

(一)推动经营性文化事业单位转制。为进一步推动经营性文化事业单位转制,培育新型市场主体,特别是加快出版发行、电影业、文艺院团等重点领域的改革发展，新的税收优惠政策根据我国税制改革情况，对于实践证明行之有效的税收优惠政策大部分予以保留，并结合文化体制改革的实际需要，增加了一些新的内容。主要包括：一是经营性文化事业单位转制为企业，自转制注册之日起免征企业所得税。二是由财政部门拨付事业经费的文化单位转制为企业，自转制注册之日起对其自用房产免征房产税。三是党报、党刊将其发行、印刷业务及相应的经营性资产剥离组建的文化企业，自注册之日起所取得的党报、党刊发行收入和印刷收入免征增值税。四是对经营性文化事业单位转制中资产评估增值涉及的企业所得税，以及资产划转或转让涉及的增值税、营业税、城建税等给予适当的优惠政策。

（二）扶持文化企业发展。新的税收优惠政策专门对文化企业发展给予支持。主要包括：一是经广播电影电视行政主管部门按职能权限批准从事电影制片、发行、放映的电影集团公司（含成员企业）、电影制片厂及其他电影企业取得的销售电影拷贝收入、转让电影版权收入、电影发行收入以及在农村取得的电影放映收入免征增值税和营业税。二是2010年底前，广播电视运营服务企业按规定收取的有线数字电视基本收视维护费，经有关部门批准后可免征营业税，期限不超过3年。三是出版、发行企业库存呆滞出版物，根据不同介质不同年限，可以作为财产损失在税前据实扣除。四是为生产重点文化产品而进口国内不能生产的自用设备及配套件、备件等，按现行税收政策有关规定，免征进口关税。五是对2008年12月31日前新办文化企业，其企业所得税优惠政策可以按照《关于文化体制改革试点中支持文化产业发展若干税收政策问题的通知》规定执行到期。

（三）支持文化产品和服务出口。新的税收优惠政策继续鼓励和支持文化企业参与国际竞争，推动我国文化产品和服务更多地进入国际市场。此次出台的政策延续了文化企业在境外演出从境外取得的收入免征营业税的规定，同时明确出口图书、报纸、期刊、音像制品、电子出版物、电影和电视完成片按规定享受增值税出口退税政策。

（四）鼓励技术创新。鼓励文化企业充分利用高新技术，是推动文化产业发展的重要途径。新的税收优惠政策鼓励文化企业进行技术创新：一是在文化产业支撑技术等领域内，依据相关规定认定的高新技术企业，减按15%的税率征收企业所得税。二是文化企业开发新技术、新产品、新工艺发生的研究开发费用，允许按国家税法规定，在计算应纳税所得额时加计扣除。

国家税务总局关于印发《企业所得税汇算清缴管理办法》的通知

国税发［2009］79号

国家税务总局各省、自治区、直辖市和计划单列市国家税务局、地方税务局：

为加强企业所得税征收管理，进一步规范企业所得税汇算清缴工作，在总结近年来内、外资企业所得税汇算清缴工作经验的基础上，根据《中华人民共和国企业所得税法》及其实施条例，税务总局重新制定了《企业所得税汇算清缴管理办法》，现印发给你们，请遵照执行。执行中有何问题，请及时向税务总局报告。

企业所得税汇算清缴管理办法

第一条 为加强企业所得税征收管理，进一步规范企业所得税汇算清缴管理工作，根据《中华人民共和国企业所得税法》及其实施条例（以下简称企业所得税法及其实施条例）和《中华人民共和国税收征收管理法》及其实施细则（以下简称税收征管法及其实施细则）的有关规定，制定本办法。

第二条 企业所得税汇算清缴，是指纳税人自纳税年度终了之日起5个月内或实际经营终止之日起60日内，依照税收法律、法规、规章及其他有关企业所得税的规定，自行计算本纳税年度应纳税所得额和应纳所得税额，根据月度或季度预缴企业所得税的数额，确定该纳税年度应补或者应退税额，并填写企业所得税年度纳税申报表，向主管税务机关办理企业所得税年度纳税申报、提供税务机关要求提供的有关资料、结清全年企业所得税税款的行为。

第三条　凡在纳税年度内从事生产、经营（包括试生产、试经营），或在纳税年度中间终止经营活动的纳税人，无论是否在减税、免税期间，也无论盈利或亏损，均应按照企业所得税法及其实施条例和本办法的有关规定进行企业所得税汇算清缴。

实行核定定额征收企业所得税的纳税人，不进行汇算清缴。

第四条　纳税人应当自纳税年度终了之日起5个月内，进行汇算清缴，结清应缴应退企业所得税税款。

纳税人在年度中间发生解散、破产、撤销等终止生产经营情形，需进行企业所得税清算的，应在清算前报告主管税务机关，并自实际经营终止之日起60日内进行汇算清缴，结清应缴应退企业所得税款；纳税人有其他情形依法终止纳税义务的，应当自停止生产、经营之日起60日内，向主管税务机关办理当期企业所得税汇算清缴。

第五条　纳税人12月份或者第四季度的企业所得税预缴纳税申报，应在纳税年度终了后15日内完成，预缴申报后进行当年企业所得税汇算清缴。

第六条　纳税人需要报经税务机关审批、审核或备案的事项，应按有关程序、时限和要求报送材料等有关规定，在办理企业所得税年度纳税申报前及时办理。

第七条　纳税人应当按照企业所得税法及其实施条例和企业所得税的有关规定，正确计算应纳税所得额和应纳所得税额，如实、正确填写企业所得税年度纳税申报表及其附表，完整、及时报送相关资料，并对纳税申报的真实性、准确性和完整性负法律责任。

第八条　纳税人办理企业所得税年度纳税申报时，应如实填写和报送下列有关资料：

（一）企业所得税年度纳税申报表及其附表；

（二）财务报表；

（三）备案事项相关资料；

（四）总机构及分支机构基本情况、分支机构征税方式、分支机构的预缴税情况；

（五）委托中介机构代理纳税申报的，应出具双方签订的代理合同，并附送中介机构出具的包括纳税调整的项目、原因、依据、计算过程、调整金额等内容的报告；

（六）涉及关联方业务往来的，同时报送《中华人民共和国企业年度关联业务往来报告表》；

（七）主管税务机关要求报送的其他有关资料。

纳税人采用电子方式办理企业所得税年度纳税申报的，应按照有关规定保存有关资料或附报纸质纳税申报资料。

第九条　纳税人因不可抗力，不能在汇算清缴期内办理企业所得税年度纳税申报或备齐企业所得税年度纳税申报资料的，应按照税收征管法及其实施细则的规定，申请办理延期纳税申报。

第十条　纳税人在汇算清缴期内发现当年企业所得税申报有误的，可在汇算清缴期内重新办理企业所得税年度纳税申报。

第十一条　纳税人在纳税年度内预缴企业所得税税款少于应缴企业所得税税款的，应在汇算清缴期内结清应补缴的企业所得税税款；预缴税款超过应纳税款的，主管税务机关应及时按有关规定办理退税，或者经纳税人同意后抵缴其下一年度应缴企业所得税税款。

第十二条　纳税人因有特殊困难，不能在汇算清缴期内补缴企业所得税款的，应按照税收征管法及其实施细则的有关规定，办理申请延期缴纳税款手续。

第十三条　实行跨地区经营汇总缴纳企业所得税的纳税人，由统一计算应纳税所得额和应纳所得税额的总机构，按照上述规定，在汇算清缴期内向所在地主管税务机关办理企业所得税年度纳税申报，进行汇算清缴。分支机构不进行汇算清缴，但应将分支机构的营业收支等情况在报总机构统一汇算清缴前报送分支机构所在地主管税务机关。总机构应将分支机构及其所属机构的营业收支纳入总机构汇算清缴等情况报送各分支机构所在地主管税务机关。

第十四条　经批准实行合并缴纳企业所得税的企业集团，由集团母公司（以下简称汇缴企业）在汇算清缴期内，向汇缴企业所在地主管税务机关报送汇缴企业及各个成员企业合并计算填写的企业所得税年度纳税申报表，以及本办法第八条规定的有关资料及各个成员企业的企业所得税年度纳税申报表，统一办理汇缴企业及其成员企业的企业所得税汇算清缴。

汇缴企业应根据汇算清缴的期限要求,自行确定其成员企业向汇缴企业报送本办法第八条规定的有关资料的期限。成员企业向汇缴企业报送的上述资料,应经成员企业所在地的主管税务机关审核。

第十五条 纳税人未按规定期限进行汇算清缴,或者未报送本办法第八条所列资料的,按照税收征管法及其实施细则的有关规定处理。

第十六条 各级税务机关要结合当地实际,对每一纳税年度的汇算清缴工作进行统一安排和组织部署。汇算清缴管理工作由具体负责企业所得税日常管理的部门组织实施。税务机关内部各职能部门应充分协调和配合,共同做好汇算清缴的管理工作。

第十七条 各级税务机关应在汇算清缴开始之前和汇算清缴期间,主动为纳税人提供税收服务。

(一)采用多种形式进行宣传,帮助纳税人了解企业所得税政策、征管制度和办税程序;

(二)积极开展纳税辅导,帮助纳税人知晓汇算清缴范围、时间要求、报送资料及其他应注意的事项。

(三)必要时组织纳税培训,帮助纳税人进行企业所得税自核自缴。

第十八条 主管税务机关应及时向纳税人发放汇算清缴的表、证、单、书。

第十九条 主管税务机关受理纳税人企业所得税年度纳税申报表及有关资料时,如发现企业未按规定报齐有关资料或填报项目不完整的,应及时告知企业在汇算清缴期内补齐补正。

第二十条 主管税务机关受理纳税人年度纳税申报后,应对纳税人年度纳税申报表的逻辑性和有关资料的完整性、准确性进行审核。审核重点主要包括:

(一)纳税人企业所得税年度纳税申报表及其附表与企业财务报表有关项目的数字是否相符,各项目之间的逻辑关系是否对应,计算是否正确。

(二)纳税人是否按规定弥补以前年度亏损额和结转以后年度待弥补的亏损额。

(三)纳税人是否符合税收优惠条件、税收优惠的确认和申请是否符合规定程序。

(四)纳税人税前扣除的财产损失是否真实、是否符合有关规定程序。跨地区经营汇总缴纳企业所得税的纳税人,其分支机构税前扣除的财产损失是否由分支机构所在地主管税务机关出具证明。

(五)纳税人有无预缴企业所得税的完税凭证,完税凭证上填列的预缴数额是否真实。跨地区经营汇总缴纳企业所得税的纳税人及其所属分支机构预缴的税款是否与《中华人民共和国企业所得税汇总纳税分支机构分配表》中分配的数额一致。

(六)纳税人企业所得税和其他各税种之间的数据是否相符、逻辑关系是否吻合。

第二十一条 主管税务机关应结合纳税人企业所得税预缴情况及日常征管情况,对纳税人报送的企业所得税年度纳税申报表及其附表和其他有关资料进行初步审核后,按规定程序及时办理企业所得税补、退税或抵缴其下一年度应纳所得税款等事项。

第二十二条 税务机关应做好跨地区经营汇总纳税企业和合并纳税企业汇算清缴的协同管理。

(一)总机构和汇缴企业所在地主管税务机关在对企业的汇总或合并纳税申报资料审核时,发现其分支机构或成员企业申报内容有疑点需进一步核实的,应向其分支机构或成员企业所在地主管税务机关发出有关税务事项协查函;该分支机构或成员企业所在地主管税务机关应在要求的时限内就协查事项进行调查核实,并将核查结果函复总机构或汇缴企业所在地主管税务机关。

(二)总机构和汇缴企业所在地主管税务机关收到分支机构或成员企业所在地主管税务机关反馈的核查结果后,应对总机构和汇缴企业申报的应纳税所得额及应纳所得税额作相应调整。

第二十三条 汇算清缴工作结束后,税务机关应组织开展汇算清缴数据分析、纳税评估和检查。纳税评估和检查的对象、内容、方法、程序等按照国家税务总局的有关规定执行。

第二十四条 汇算清缴工作结束后,各级税务机关应认真总结,写出书面总结报告逐级上报。各省、自治区、直辖市和计划单列市国家税务局、地方税务局应在每年7月底前将汇算清缴工作总结报告、年度企业所得税汇总报表报送国家税务总局(所得税司)。总结报告的内容应包括:

(一)汇算清缴工作的基本情况;

(二)企业所得税税源结构的分布情况;

(三)企业所得税收入增减变化及原因;

(四)企业所得税政策和征管制度贯彻落实中存在的问题和改进建议。

第二十五条 本办法适用于企业所得税居民企业纳税人。

第二十六条　各省、自治区、直辖市和计划单列市国家税务局、地方税务局可根据本办法制定具体实施办法。

第二十七条　本办法自2009年1月1日起执行。《国家税务总局关于印发〈企业所得税汇算清缴管理办法〉的通知》(国税发［2005］200号)、《国家税务总局关于印发新修订的〈外商投资企业和外国企业所得税汇算清缴工作规程〉的通知》(国税发［2003］12号)和《国家税务总局关于印发新修订的〈外商投资企业和外国企业所得税汇算清缴管理办法〉的通知》(国税发［2003］13号)同时废止。

2008年度企业所得税汇算清缴按本办法执行。

第二十八条　本办法由国家税务总局负责解释。

国家税务总局关于实施国家重点扶持的公共基础设施项目企业所得税优惠问题的通知

国税发［2009］80号

各省、自治区、直辖市和计划单列市国家税务局、地方税务局:

为贯彻落实《中华人民共和国企业所得税法》及其实施条例关于国家重点扶持的公共基础设施项目企业所得税优惠政策,促进国家重点扶持的公共基础设施项目建设,现将实施该项优惠政策的有关问题通知如下:

一、对居民企业(以下简称企业)经有关部门批准,从事符合《公共基础设施项目企业所得税优惠目录》(以下简称《目录》)规定范围、条件和标准的公共基础设施项目的投资经营所得,自该项目取得第一笔生产经营收入所属纳税年度起,第一年至第三年免征企业所得税,第四年至第六年减半征收企业所得税。

企业从事承包经营、承包建设和内部自建自用《目录》规定项目的所得,不得享受前款规定的企业所得税优惠。

二、本通知所称第一笔生产经营收入,是指公共基础设施项目建成并投入运营(包括试运营)后所取得的第一笔主营业务收入。

三、本通知所称承包经营,是指与从事该项目经营的法人主体相独立的另一法人经营主体,通过承包该项目的经营管理而取得劳务性收益的经营活动。

四、本通知所称承包建设,是指与从事该项目经营的法人主体相独立的另一法人经营主体,通过承包该项目的工程建设而取得建筑劳务收益的经营活动。

五、本通知所称内部自建自用,是指项目的建设仅作为本企业主体经营业务的设施,满足本企业自身的生产经营活动需要,而不属于向他人提供公共服务业务的公共基础设施建设项目。

六、企业同时从事不在《目录》范围的生产经营项目取得的所得,应与享受优惠的公共基础设施项目经营所得分开核算,并合理分摊企业的期间共同费用;没有单独核算的,不得享受上述企业所得税优惠。

期间共同费用的合理分摊比例可以按照投资额、销售收入、资产额、人员工资等参数确定。上述比例一经确定,不得随意变更。凡特殊情况需要改变的,需报主管税务机关核准。

七、从事《目录》范围项目投资的居民企业应于从该项目取得的第一笔生产经营收入后15日内向主管税务机关备案并报送如下材料后,方可享受有关企业所得税优惠:

(一)有关部门批准该项目文件复印件;

(二)该项目完工验收报告复印件;

(三)该项目投资额验资报告复印件;

(四)税务机关要求提供的其他资料。

八、企业因生产经营发生变化或因《目录》调整,不再符合本办法规定减免税条件的,企业应当自发生变化15日内向主管税务机关提交书面报告并停止享受优惠,依法缴纳企业所得税。

九、企业在减免税期限内转让所享受减免税优惠的项目,受让方承续经营该项目的,可自受让之日起,在剩余优惠期限内享受规定的减免税优惠；减免税期限届满后转让的，受让方不得就该项目重复享受减免税优惠。

十、税务机关应结合纳税检查、执法检查或其他专项检查，每年定期对企业享受公共基础设施项目企业所得税减免税款事项进行核查，核查的主要内容包括：

（一）企业是否继续符合减免所得税的资格条件，所提供的有关情况证明材料是否真实。

（二）企业享受减免企业所得税的条件发生变化时，是否及时将变化情况报送税务机关，并根据本办法规定对适用优惠进行了调整。

十一、企业实际经营情况不符合企业所得税减免税规定条件的或采取虚假申报等手段获取减免税的、享受减免税条件发生变化未及时向税务机关报告的，以及未按本办法规定程序报送备案资料而自行减免税的，企业主管税务机关应按照税收征管法有关规定进行处理。

十二、本通知自2008年1月1日起执行。

国家税务总局关于企业固定资产加速折旧所得税处理有关问题的通知

国税发［2009］81号

各省、自治区、直辖市和计划单列市国家税务局、地方税务局：

根据《中华人民共和国企业所得税法》（以下简称《企业所得税法》）及《中华人民共和国企业所得税法实施条例》（以下简称《实施条例》）的有关规定，现就企业固定资产实行加速折旧的所得税处理问题通知如下：

一、根据《企业所得税法》第三十二条及《实施条例》第九十八条的相关规定，企业拥有并用于生产经营的主要或关键的固定资产，由于以下原因确需加速折旧的，可以缩短折旧年限或者采取加速折旧的方法：

（一）由于技术进步，产品更新换代较快的；

（二）常年处于强震动、高腐蚀状态的。

二、企业拥有并使用的固定资产符合本通知第一条规定的，可按以下情况分别处理：

（一）企业过去没有使用过与该项固定资产功能相同或类似的固定资产，但有充分的证据证明该固定资产的预计使用年限短于《实施条例》规定的计算折旧最低年限的，企业可根据该固定资产的预计使用年限和本通知的规定，对该固定资产采取缩短折旧年限或者加速折旧的方法。

（二）企业在原有的固定资产未达到《实施条例》规定的最低折旧年限前，使用功能相同或类似的新固定资产替代旧固定资产的，企业可根据旧固定资产的实际使用年限和本通知的规定，对新替代的固定资产采取缩短折旧年限或者加速折旧的方法。

三、企业采取缩短折旧年限方法的，对其购置的新固定资产，最低折旧年限不得低于《实施条例》第六十条规定的折旧年限的60%；若为购置已使用过的固定资产，其最低折旧年限不得低于《实施条例》规定的最低折旧年限减去已使用年限后剩余年限的60%。最低折旧年限一经确定，一般不得变更。

四、企业拥有并使用符合本通知第一条规定条件的固定资产采取加速折旧方法的，可以采用双倍余额递减法或者年数总和法。加速折旧方法一经确定，一般不得变更。

（一）双倍余额递减法，是指在不考虑固定资产预计净残值的情况下，根据每期期初固定资产原值减去累计折旧后的金额和双倍的直线法折旧率计算固定资产折旧的一种方法。应用这种方法计算折旧额时，由于每年年初固定资产净值没有减去预计净残值，所以在计算固定资产折旧额时，应在其折旧年限到期前的两年期间，将固定资产净值减去预计净残值后的余额平均摊销。计算公式如下：

$$年折旧率 = 2 \div 预计使用寿命（年）\times 100\%$$

$$月折旧率 = 年折旧率 \div 12$$

$$月折旧额 = 月初固定资产账面净值 \times 月折旧率$$

（二）年数总和法，又称年限合计法，是指将固定资产的原值减去预计净残值后的余额，乘以一个以固定资产尚可使用寿命为分子、以预计使用寿命逐年数字之和为分母的逐年递减的分数计算每年的折旧额。计算公式如下：

年折旧率＝尚可使用年限÷预计使用寿命的年数总和×100%

月折旧率＝年折旧率÷12

月折旧额＝(固定资产原值－预计净残值)×月折旧率

五、企业确需对固定资产采取缩短折旧年限或者加速折旧方法的，应在取得该固定资产后一个月内，向其企业所得税主管税务机关(以下简称主管税务机关)备案，并报送以下资料：

(一)固定资产的功能、预计使用年限短于《实施条例》规定计算折旧的最低年限的理由、证明资料及有关情况的说明；

(二)被替代的旧固定资产的功能、使用及处置等情况的说明；

(三)固定资产加速折旧拟采用的方法和折旧额的说明；

(四)主管税务机关要求报送的其他资料。

企业主管税务机关应在企业所得税年度纳税评估时，对企业采取加速折旧的固定资产的使用环境及状况进行实地核查。对不符合加速折旧规定条件的，主管税务机关有权要求企业停止该项固定资产加速折旧。

六、对于采取缩短折旧年限的固定资产，足额计提折旧后继续使用而未进行处置(包括报废等情形)超过12个月的，今后对其更新替代、改造改建后形成的功能相同或者类似的固定资产，不得再采取缩短折旧年限的方法。

七、对于企业采取缩短折旧年限或者采取加速折旧方法的，主管税务机关应设立相应的税收管理台账，并加强监督，实施跟踪管理。对发现不符合《实施条例》第九十八条及本通知规定的，主管税务机关要及时责令企业进行纳税调整。

八、适用总、分机构汇总纳税的企业，对其所属分支机构使用的符合《实施条例》第九十八条及本通知规定情形的固定资产采取缩短折旧年限或者采取加速折旧方法的，由其总机构向其所在地主管税务机关备案。分支机构所在地主管税务机关应负责配合总机构所在地主管税务机关实施跟踪管理。

九、本通知自2008年1月1日起执行。

国家税务总局关于境外注册中资控股企业依据实际管理机构标准认定为居民企业有关问题的通知

国税发［2009］82号

各省、自治区、直辖市和计划单列市国家税务局、地方税务局：

根据《中华人民共和国企业所得税法》(以下简称企业所得税法)和《中华人民共和国企业所得税法实施条例》(以下简称实施条例)的有关规定，为规范执行企业所得税法关于居民企业的判定标准，加强企业所得税管理，现对境外注册的中资控股企业(以下称境外中资企业)依据实际管理机构判定为中国居民企业的有关企业所得税问题通知如下：

一、境外中资企业是指由中国境内的企业或企业集团作为主要控股投资者，在境外依据外国(地区)法律注册成立的企业。

二、境外中资企业同时符合以下条件的，根据企业所得税法第二条第二款和实施条例第四条的规定，应判定其为实际管理机构在中国境内的居民企业(以下称非境内注册居民企业)，并实施相应的税收管理，就其来源于中国境内、境外的所得征收企业所得税。

(一)企业负责实施日常生产经营管理运作的高层管理人员及其高层管理部门履行职责的场所主要位于中国境内；

(二)企业的财务决策(如借款、放款、融资、财务风险管理等)和人事决策(如任命、解聘和薪酬等)由位于中国境内的机构或人员决定，或需要得到位于中国境内的机构或人员批准；

(三)企业的主要财产、会计账簿、公司印章、董事会和股东会议纪要档案等位于或存放于中国境内;

(四)企业1/2(含1/2)以上有投票权的董事或高层管理人员经常居住于中国境内。

三、对于实际管理机构的判断,应当遵循实质重于形式的原则。

四、非境内注册居民企业从中国境内其他居民企业取得的股息、红利等权益性投资收益,按照企业所得税法第二十六条和实施条例第八十三条的规定,作为其免税收入。非境内注册居民企业的投资者从该居民企业分得的股息红利等权益性投资收益,根据实施条例第七条第(四)款的规定,属于来源于中国境内的所得,应当征收企业所得税;该权益性投资收益中符合企业所得税法第二十六条和实施条例第八十三条规定的部分,可作为收益人的免税收入。

五、非境内注册居民企业在中国境内投资设立的企业,其外商投资企业的税收法律地位不变。

六、境外中资企业被判定为非境内注册居民企业的,按照企业所得税法第四十五条以及受控外国企业管理的有关规定,不视为受控外国企业,但其所控制的其他受控外国企业仍应按照有关规定进行税务处理。

七、境外中资企业可向其实际管理机构所在地或中国主要投资者所在地主管税务机关提出居民企业申请,主管税务机关对其居民企业身份进行初步审核后,层报国家税务总局确认;境外中资企业未提出居民企业申请的,其中国主要投资者的主管税务机关可以根据所掌握的情况对其是否属于中国居民企业做出初步判定,层报国家税务总局确认。

境外中资企业或其中国主要投资者向税务机关提出居民企业申请时,应同时向税务机关提供如下资料:

(一)企业法律身份证明文件;

(二)企业集团组织结构说明及生产经营概况;

(三)企业最近一个年度的公证会计师审计报告;

(四)负责企业生产经营等事项的高层管理机构履行职责的场所的地址证明;

(五)企业董事及高层管理人员在中国境内居住记录;

(六)企业重大事项的董事会决议及会议记录;

(七)主管税务机关要求的其他资料。

八、境外中资企业被认定为中国居民企业后成为双重居民身份的,按照中国与相关国家(或地区)签署的税收协定(或安排)的规定执行。

九、本通知自2008年1月1日起执行。

国家税务总局关于企业所得税执行中若干税务处理问题的通知

国税函[2009]202号

各省、自治区、直辖市和计划单列市国家税务局、地方税务局:

根据《中华人民共和国企业所得税法》(以下简称《企业所得税法》)及《中华人民共和国企业所得税法实施条例》(以下简称《实施条例》)的有关规定,现就企业所得税若干税务处理问题通知如下:

一、关于销售(营业)收入基数的确定问题

企业在计算业务招待费、广告费和业务宣传费等费用扣除限额时,其销售(营业)收入额应包括《实施条例》第二十五条规定的视同销售(营业)收入额。

二、2008年1月1日以前计提的各类准备金余额处理问题

根据《实施条例》第五十五条规定,除财政部和国家税务总局核准计提的准备金可以税前扣除外,其他行业、企业计提的各项资产减值准备、风险准备等准备金均不得税前扣除。

2008年1月1日前按照原企业所得税法规定计提的各类准备金,2008年1月1日以后,未经财政部和国家税务总局核准的,企业以后年度实际发生的相应损失,应先冲减各项准备金余额。

三、关于特定事项捐赠的税前扣除问题

企业发生为汶川地震灾后重建、举办北京奥运会和上海世博会等特定事项的捐赠，按照《财政部　海关总署　国家税务总局关于支持汶川地震灾后恢复重建有关税收政策问题的通知》（财税[2008]104号）、《财政部　国家税务总局　海关总署关于29届奥运会税收政策问题的通知》（财税[2003]10号）、《财政部　国家税务总局关于2010年上海世博会有关税收政策问题的通知》（财税[2005]180号）等相关规定，可以据实全额扣除。企业发生的其他捐赠，应按《企业所得税法》第九条及《实施条例》第五十一、五十二、五十三条的规定计算扣除。

四、软件生产企业职工教育经费的税前扣除问题

软件生产企业发生的职工教育经费中的职工培训费用，根据《财政部　国家税务总局关于企业所得税若干优惠政策的通知》（财税[2008]1号）规定，可以全额在企业所得税前扣除。软件生产企业应准确划分职工教育经费中的职工培训费支出，对于不能准确划分的，以及准确划分后职工教育经费中扣除职工培训费用的余额，一律按照《实施条例》第四十二条规定的比例扣除。

国家税务总局关于实施高新技术企业所得税优惠有关问题的通知

国税函[2009]203号

各省、自治区、直辖市和计划单列市国家税务局、地方税务局：

为贯彻落实高新技术企业所得税优惠及其过渡性优惠政策，根据《中华人民共和国企业所得税法》（以下简称企业所得税法）及《中华人民共和国企业所得税法实施条例》（以下简称实施条例）以及相关税收规定，现对有关问题通知如下：

一、当年可减按15%的税率征收企业所得税或按照《国务院关于经济特区和上海浦东新区新设立高新技术企业实行过渡性税收优惠的通知》（国发［2007]40号）享受过渡性税收优惠的高新技术企业，在实际实施有关税收优惠的当年，减免税条件发生变化的，应按《科学技术部 财政部　国家税务总局关于印发〈高新技术企业认定管理办法〉的通知》（国科发火［2008]172号）第九条第二款的规定处理。

二、原依法享受企业所得税定期减免税优惠尚未期满同时符合本通知第一条规定条件的高新技术企业，根据《高新技术企业认定管理办法》以及《科学技术部 财政部　国家税务总局关于印发〈高新技术企业认定管理工作指引〉的通知》（国科发火［2008]362号）的相关规定，在按照新标准取得认定机构颁发的高新技术企业资格证书之后，可以在2008年1月1日后，享受对尚未到期的定期减免税优惠执行到期满的过渡政策。

三、2006年1月1日至2007年3月16日期间成立，截止到2007年底仍未获利（弥补完以前年度亏损后应纳税所得额为零）的高新技术企业，根据《高新技术企业认定管理办法》以及《高新技术企业认定管理工作指引》的相关规定，按照新标准取得认定机构颁发的高新技术企业证书后，可依据企业所得税法第五十七条的规定，免税期限自2008年1月1日起计算。

四、认定（复审）合格的高新技术企业，自认定（复审）批准的有效期当年开始，可申请享受企业所得税优惠。企业取得省、自治区、直辖市、计划单列市高新技术企业认定管理机构颁发的高新技术企业证书后，可持"高新技术企业证书"及其复印件和有关资料，向主管税务机关申请办理减免税手续。手续办理完毕后，高新技术企业可按15%的税率进行所得税预缴申报或享受过渡性税收优惠。

五、纳税年度终了后至报送年度纳税申报表以前，已办理减免税手续的企业应向主管税务机关备案以下资料：

（一）产品（服务）属于《国家重点支持的高新技术领域》规定的范围的说明；

（二）企业年度研究开发费用结构明细表（见附件）；

（三）企业当年高新技术产品（服务）收入占企业总收入的比例说明；

（四）企业具有大学专科以上学历的科技人员占企业当年职工总数的比例说明、研发人员占企业当年职工总数的比例说明。

以上资料的计算、填报口径参照《高新技术企业认定管理工作指引》的有关规定执行。

六、未取得高新技术企业资格、或虽取得高新技术企业资格但不符合企业所得税法及实施条例以及本通知有关规定条件的企业，不得享受高新技术企业的优惠；已享受优惠的，应追缴其已减免的企业所得税税款。

七、本通知自2008年1月1日起执行。

附件：企业年度研究开发费用结构明细表

国家税务总局关于技术转让所得减免企业所得税有关问题的通知

国税函[2009]212号

各省、自治区、直辖市和计划单列市国家税务局、地方税务局：

根据《中华人民共和国企业所得税法》（以下简称企业所得税法）及其实施条例和相关规定，现就符合条件的技术转让所得减免企业所得税有关问题通知如下：

一、根据企业所得税法第二十七条第（四）项规定，享受减免企业所得税优惠的技术转让应符合以下条件：

（一）享受优惠的技术转让主体是企业所得税法规定的居民企业；

（二）技术转让属于财政部、国家税务总局规定的范围；

（三）境内技术转让经省级以上科技部门认定；

（四）向境外转让技术经省级以上商务部门认定；

（五）国务院税务主管部门规定的其他条件。

二、符合条件的技术转让所得应按以下方法计算：

技术转让所得＝技术转让收入－技术转让成本－相关税费

技术转让收入是指当事人履行技术转让合同后获得的价款，不包括销售或转让设备、仪器、零部件、原材料等非技术性收入。不属于与技术转让项目密不可分的技术咨询、技术服务、技术培训等收入，不得计入技术转让收入。

技术转让成本是指转让的无形资产的净值，即该无形资产的计税基础减除在资产使用期间按照规定计算的摊销扣除额后的余额。

相关税费是指技术转让过程中实际发生的有关税费，包括除企业所得税和允许抵扣的增值税以外的各项税金及其附加、合同签订费用、律师费等相关费用及其他支出。

三、享受技术转让所得减免企业所得税优惠的企业，应单独计算技术转让所得，并合理分摊企业的期间费用；没有单独计算的，不得享受技术转让所得企业所得税优惠。

四、企业发生技术转让，应在纳税年度终了后至报送年度纳税申报表以前，向主管税务机关办理减免税备案手续。

（一）企业发生境内技术转让，向主管税务机关备案时应报送以下资料：

1. 技术转让合同（副本）；

2. 省级以上科技部门出具的技术合同登记证明；

3. 技术转让所得归集、分摊、计算的相关资料；

4. 实际缴纳相关税费的证明资料；

5. 主管税务机关要求提供的其他资料。

（二）企业向境外转让技术，向主管税务机关备案时应报送以下资料：

1. 技术出口合同（副本）；

2. 省级以上商务部门出具的技术出口合同登记证书或技术出口许可证；

3. 技术出口合同数据表；

4. 技术转让所得归集、分摊、计算的相关资料；

5. 实际缴纳相关税费的证明资料；

6. 主管税务机关要求提供的其他资料。

五、本通知自2008年1月1日起执行。

财政部 国家税务总局关于安置残疾人员就业有关企业所得税优惠政策问题的通知

财税[2009]70号

各省、自治区、直辖市、计划单列市财政厅（局）、国家税务局、地方税务局，新疆生产建设兵团财务局：

根据《中华人民共和国企业所得税法》和《中华人民共和国企业所得税法实施条例》（国务院令第512号）的有关规定，现就企业安置残疾人员就业有关企业所得税优惠政策问题，通知如下：

一、企业安置残疾人员的，在按照支付给残疾职工工资据实扣除的基础上，可以在计算应纳税所得额时按照支付给残疾职工工资的100%加计扣除。

企业就支付给残疾职工的工资，在进行企业所得税预缴申报时，允许据实计算扣除；在年度终了进行企业所得税年度申报和汇算清缴时，再依照本条第一款的规定计算加计扣除。

二、残疾人员的范围适用《中华人民共和国残疾人保障法》的有关规定。

三、企业享受安置残疾职工工资100%加计扣除应同时具备如下条件：

（一）依法与安置的每位残疾人签订了1年以上（含1年）的劳动合同或服务协议，并且安置的每位残疾人在企业实际上岗工作。

（二）为安置的每位残疾人按月足额缴纳了企业所在区县人民政府根据国家政策规定的基本养老保险、基本医疗保险、失业保险和工伤保险等社会保险。

（三）定期通过银行等金融机构向安置的每位残疾人实际支付了不低于企业所在区县适用的经省级人民政府批准的最低工资标准的工资。

（四）具备安置残疾人上岗工作的基本设施。

四、企业应在年度终了进行企业所得税年度申报和汇算清缴时，向主管税务机关报送本通知第四条规定的相关资料、已安置残疾职工名单及其《中华人民共和国残疾人证》或《中华人民共和国残疾军人证（1至8级）》复印件和主管税务机关要求提供的其他资料，办理享受企业所得税加计扣除优惠的备案手续。

五、在企业汇算清缴结束后，主管税务机关在对企业进行日常管理、纳税评估和纳税检查时，应对安置残疾人员企业所得税加计扣除优惠的情况进行核实。

六、本通知自2008年1月1日起执行。

财政部 国家税务总局关于企业重组业务企业所得税处理若干问题的通知

财税[2009]59号

各省、自治区、直辖市、计划单列市财政厅（局）、国家税务局、地方税务局，新疆生产建设兵团财务局：

根据《中华人民共和国企业所得税法》第二十条和《中华人民共和国企业所得税法实施条例》（国务院令第512号）第七十五条规定，现就企业重组所涉及的企业所得税具体处理问题通知如下：

一、本通知所称企业重组，是指企业在日常经营活动以外发生的法律结构或经济结构重大改变的交易，包括企业法律形式改变、债务重组、股权收购、资产收购、合并、分立等。

（一）企业法律形式改变，是指企业注册名称、住所以及企业组织形式等的简单改变，但符合本通知规定其他重组的类型除外。

（二）债务重组，是指在债务人发生财务困难的情况下，债权人按照其与债务人达成的书面协议或者法院裁定书，就其债务人的债务作出让步的事项。

（三）股权收购，是指一家企业（以下称为收购企业）购买另一家企业（以下称为被收购企业）的股权，以实现对被收购企业控制的交易。收购企业支付对价的形式包括股权支付、非股权支付或两者的组合。

（四）资产收购，是指一家企业（以下称为受让企业）购买另一家企业（以下称为转让企业）实质经营性资产的交易。受让企业支付对价的形式包括股权支付、非股权支付或两者的组合。

（五）合并，是指一家或多家企业（以下称为被合并企业）将其全部资产和负债转让给另一家现存或新设企业（以下称为合并企业），被合并企业股东换取合并企业的股权或非股权支付，实现两个或两个以上企业的依法合并。

（六）分立，是指一家企业（以下称为被分立企业）将部分或全部资产分离转让给现存或新设的企业（以下称为分立企业），被分立企业股东换取分立企业的股权或非股权支付，实现企业的依法分立。

二、本通知所称股权支付，是指企业重组中购买、换取资产的一方支付的对价中，以本企业或其控股企业的股权、股份作为支付的形式；所称非股权支付，是指以本企业的现金、银行存款、应收款项、本企业或其控股企业股权和股份以外的有价证券、存货、固定资产、其他资产以及承担债务等作为支付的形式。

三、企业重组的税务处理区分不同条件分别适用一般性税务处理规定和特殊性税务处理规定。

四、企业重组，除符合本通知规定适用特殊性税务处理规定的外，按以下规定进行税务处理：

（一）企业由法人转变为个人独资企业、合伙企业等非法人组织，或将登记注册地转移至中华人民共和国境外（包括港澳台地区），应视同企业进行清算、分配，股东重新投资成立新企业。企业的全部资产以及股东投资的计税基础均应以公允价值为基础确定。

企业发生其他法律形式简单改变的，可直接变更税务登记，除另有规定外，有关企业所得税纳税事项（包括亏损结转、税收优惠等权益和义务）由变更后企业承继，但因住所发生变化而不符合税收优惠条件的除外。

（二）企业债务重组，相关交易应按以下规定处理：

1. 以非货币资产清偿债务，应当分解为转让相关非货币性资产、按非货币性资产公允价值清偿债务两项业务，确认相关资产的所得或损失。

2. 发生债权转股权的，应当分解为债务清偿和股权投资两项业务，确认有关债务清偿所得或损失。

3. 债务人应当按照支付的债务清偿额低于债务计税基础的差额，确认债务重组所得；债权人应当按照收到的债务清偿额低于债权计税基础的差额，确认债务重组损失。

4. 债务人的相关所得税纳税事项原则上保持不变。

（三）企业股权收购、资产收购重组交易，相关交易应按以下规定处理：

1. 被收购方应确认股权、资产转让所得或损失。

2. 收购方取得股权或资产的计税基础应以公允价值为基础确定。

3. 被收购企业的相关所得税事项原则上保持不变。

（四）企业合并，当事各方应按下列规定处理：

1. 合并企业应按公允价值确定接受被合并企业各项资产和负债的计税基础。

2. 被合并企业及其股东都应按清算进行所得税处理。

3. 被合并企业的亏损不得在合并企业结转弥补。

（五）企业分立，当事各方应按下列规定处理：

1. 被分立企业对分立出去资产应按公允价值确认资产转让所得或损失。

2. 分立企业应按公允价值确认接受资产的计税基础。

3. 被分立企业继续存在时，其股东取得的对价应视同被分立企业分配进行处理。

4. 被分立企业不再继续存在时，被分立企业及其股东都应按清算进行所得税处理。

5. 企业分立相关企业的亏损不得相互结转弥补。

五、企业重组同时符合下列条件的，适用特殊性税务处理规定：

（一）具有合理的商业目的，且不以减少、免除或者推迟缴纳税款为主要目的。

（二）被收购、合并或分立部分的资产或股权比例符合本通知规定的比例。

（三）企业重组后的连续 12 个月内不改变重组资产原来的实质性经营活动。

（四）重组交易对价中涉及股权支付金额符合本通知规定比例。

（五）企业重组中取得股权支付的原主要股东，在重组后连续 12 个月内，不得转让所取得的股权。

六、企业重组符合本通知第五条规定条件的，交易各方对其交易中的股权支付部分，可以按以下规定进行特殊性税务处理：

（一）企业债务重组确认的应纳税所得额占该企业当年应纳税所得额 50% 以上，可以在 5 个纳税年度的期间内，均匀计入各年度的应纳税所得额。

企业发生债权转股权业务，对债务清偿和股权投资两项业务暂不确认有关债务清偿所得或损失，股权投资的计税基础以原债权的计税基础确定。企业的其他相关所得税事项保持不变。

（二）股权收购，收购企业购买的股权不低于被收购企业全部股权的 75%，且收购企业在该股权收购发生时的股权支付金额不低于其交易支付总额的 85%，可以选择按以下规定处理：

1. 被收购企业的股东取得收购企业股权的计税基础，以被收购股权的原有计税基础确定。

2. 收购企业取得被收购企业股权的计税基础，以被收购股权的原有计税基础确定。

3. 收购企业、被收购企业的原有各项资产和负债的计税基础和其他相关所得税事项保持不变。

（三）资产收购，受让企业收购的资产不低于转让企业全部资产的 75%，且受让企业在该资产收购发生时的股权支付金额不低于其交易支付总额的 85%，可以选择按以下规定处理：

1. 转让企业取得受让企业股权的计税基础，以被转让资产的原有计税基础确定。

2. 受让企业取得转让企业资产的计税基础，以被转让资产的原有计税基础确定。

（四）企业合并，企业股东在该企业合并发生时取得的股权支付金额不低于其交易支付总额的 85%，以及同一控制下且不需要支付对价的企业合并，可以选择按以下规定处理：

1. 合并企业接受被合并企业资产和负债的计税基础，以被合并企业的原有计税基础确定。

2. 被合并企业合并前的相关所得税事项由合并企业承继。

3. 可由合并企业弥补的被合并企业亏损的限额 = 被合并企业净资产公允价值 × 截至合并业务发生当年年末国家发行的最长期限的国债利率。

4. 被合并企业股东取得合并企业股权的计税基础，以其原持有的被合并企业股权的计税基础确定。

（五）企业分立，被分立企业所有股东按原持股比例取得分立企业的股权，分立企业和被分立企业均不改变原来的实质经营活动，且被分立企业股东在该企业分立发生时取得的股权支付金额不低于其交易支付总额的 85%，可以选择按以下规定处理：

1. 分立企业接受被分立企业资产和负债的计税基础，以被分立企业的原有计税基础确定。

2. 被分立企业已分立出去资产相应的所得税事项由分立企业承继。

3. 被分立企业未超过法定弥补期限的亏损额可按分立资产占全部资产的比例进行分配，由分立企业继续弥补。

4. 被分立企业的股东取得分立企业的股权（以下简称“新股”），如需部分或全部放弃原持有的被分立企业的股权（以下简称“旧股”），“新股”的计税基础应以放弃“旧股”的计税基础确定。如不需放弃“旧股”，则其取得“新股”的计税基础可从以下两种方法中选择确定：直接将“新股”的计税基础确定为零；或者以被分立企业分立出去的净资产占被分立企业全部净资产的比例先调减原持有的“旧股”的计税基础，再将调减的计税基础平均分配到“新股”上。

（六）重组交易各方按本条（一）至（五）项规定对交易中股权支付暂不确认有关资产的转让所得或损失的，其非股权支付仍应在交易当期确认相应的资产转让所得或损失，并调整相应资产的计税基础。

非股权支付对应的资产转让所得或损失 =（被转让资产的公允价值—被转让资产的计税基础）×（非股权支付金额 ÷ 被转让资产的公允价值）

七、企业发生涉及中国境内与境外之间（包括港澳台地区）的股权和资产收购交易，除应符合本通知第

五条规定的条件外,还应同时符合下列条件,才可选择适用特殊性税务处理规定:

(一)非居民企业向其100%直接控股的另一非居民企业转让其拥有的居民企业股权,没有因此造成以后该项股权转让所得预提税负担变化,且转让方非居民企业向主管税务机关书面承诺在3年(含3年)内不转让其拥有受让方非居民企业的股权;

(二)非居民企业向与其具有100%直接控股关系的居民企业转让其拥有的另一居民企业股权;

(三)居民企业以其拥有的资产或股权向其100%直接控股的非居民企业进行投资;

(四)财政部、国家税务总局核准的其他情形。

八、本通知第七条第(三)项所指的居民企业以其拥有的资产或股权向其100%直接控股关系的非居民企业进行投资,其资产或股权转让收益如选择特殊性税务处理,可以在10个纳税年度内均匀计入各年度应纳税所得额。

九、在企业吸收合并中,合并后的存续企业性质及适用税收优惠的条件未发生改变的,可以继续享受合并前该企业剩余期限的税收优惠,其优惠金额按存续企业合并前一年的应纳税所得额(亏损计为零)计算。

在企业存续分立中,分立后的存续企业性质及适用税收优惠的条件未发生改变的,可以继续享受分立前该企业剩余期限的税收优惠,其优惠金额按该企业分立前一年的应纳税所得额(亏损计为零)乘以分立后存续企业资产占分立前该企业全部资产的比例计算。

十、企业在重组发生前后连续12个月内分步对其资产、股权进行交易,应根据实质重于形式原则将上述交易作为一项企业重组交易进行处理。

十一、企业发生符合本通知规定的特殊性重组条件并选择特殊性税务处理的,当事各方应在该重组业务完成当年企业所得税年度申报时,向主管税务机关提交书面备案资料,证明其符合各类特殊性重组规定的条件。企业未按规定书面备案的,一律不得按特殊重组业务进行税务处理。

十二、对企业在重组过程中涉及的需要特别处理的企业所得税事项,由国务院财政、税务主管部门另行规定。

十三、本通知自2008年1月1日起执行。

财政部 国家税务总局关于金融企业贷款损失准备金企业所得税税前扣除有关问题的通知

财税[2009]64号

各省、自治区、直辖市、计划单列市财政厅(局)、国家税务局、地方税务局,新疆生产建设兵团财务局:

根据《中华人民共和国企业所得税法》及《中华人民共和国企业所得税法实施条例》的有关规定,现就政策性银行、商业银行、财务公司和城乡信用社等国家允许从事贷款业务的金融企业提取的贷款损失准备税前扣除政策问题,通知如下:

一、准予提取贷款损失准备的贷款资产范围包括:

(一)贷款(含抵押、质押、担保等贷款);

(二)银行卡透支、贴现、信用垫款(含银行承兑汇票垫款、信用证垫款、担保垫款等)、进出口押汇、同业拆出等各项具有贷款特征的风险资产;

(三)由金融企业转贷并承担对外还款责任的国外贷款,包括国际金融组织贷款、外国买方信贷、外国政府贷款、日本国际协力银行不附条件贷款和外国政府混合贷款等资产。

二、金融企业准予当年税前扣除的贷款损失准备计算公式如下:

准予当年税前扣除的贷款损失准备 = 本年末准予提取贷款损失准备的贷款资产余额 × 1%
− 截至上年末已在税前扣除的贷款损失准备余额

金融企业按上述公式计算的数额如为负数,应当相应调增当年应纳税所得额。

三、金融企业的委托贷款、代理贷款、国债投资、应收股利、上交央行准备金、以及金融企业剥离的债权和股权、应收财政贴息、央行款项等不承担风险和损失的资产,不得提取贷款损失准备在税前扣除。

四、金融企业发生的符合条件的贷款损失，按规定报经税务机关审批后，应先冲减已在税前扣除的贷款损失准备，不足冲减部分可据实在计算当年应纳税所得额时扣除。

五、本通知自2008年1月1日起至2010年12月31日止执行。

国家税务总局关于跨地区经营汇总纳税企业所得税征收管理若干问题的通知

国税函[2009]221号

各省、自治区、直辖市和计划单列市国家税务局、地方税务局：

为贯彻落实《中华人民共和国企业所得税法》及其实施条例，加强跨地区（指跨省、自治区、直辖市和计划单列市，下同）经营汇总纳税企业所得税征收管理，现对跨地区经营汇总纳税企业所得税征收管理中的若干问题通知如下：

一、关于二级分支机构的判定问题。

二级分支机构是指总机构对其财务、业务、人员等直接进行统一核算和管理的领取非法人营业执照的分支机构。

总机构应及时将其所属二级分支机构名单报送总机构所在地主管税务机关，并向其所属二级分支机构及时出具有效证明（支持证明的材料包括总机构拨款证明、总分机构协议或合同、公司章程、管理制度等）。

二级分支机构在办理税务登记时应向其所在地主管税务机关报送非法人营业执照（复印件）和由总机构出具的二级分支机构的有效证明。其所在地主管税务机关应对二级分支机构进行审核鉴定，督促其及时预缴企业所得税。

以总机构名义进行生产经营的非法人分支机构，无法提供有效证据证明其二级及二级以下分支机构身份的，应视同独立纳税人计算并就地缴纳企业所得税，不执行《国家税务总局关于印发〈跨地区经营汇总纳税企业所得税征收管理暂行办法〉的通知》（国税发［2008］28号）的相关规定。

二、关于总分支机构适用不同税率时企业所得税款计算和缴纳问题。

预缴时，总机构和分支机构处于不同税率地区的，先由总机构统一计算全部应纳税所得额，然后按照国税发［2008］28号文件第十九条规定的比例和第二十三条规定的三因素及其权重，计算划分不同税率地区机构的应纳税所得额，再分别按各自的适用税率计算应纳税额后加总计算出企业的应纳所得税总额。再按照国税发［2008］28号文件第十九条规定的比例和第二十三条规定的三因素及其权重，向总机构和分支机构分摊就地预缴的企业所得税款。

汇缴时，企业年度应纳所得税额应按上述方法并采用各分支机构汇算清缴所属年度的三因素计算确定。

除《国务院关于实施企业所得税过渡优惠政策的通知》（国发［2007］39号）、《财政部　国家税务总局关于企业所得税若干优惠政策的通知》（财税[2008]1号）和《财政部　国家税务总局关于贯彻落实国务院关于实施企业所得税过渡优惠政策有关问题的通知》（财税[2008]21号）有关规定外，跨地区经营汇总纳税企业不得按照上述总分支机构处于不同税率地区的计算方法计算并缴纳企业所得税，应按照企业适用统一的税率计算并缴纳企业所得税。

三、关于预缴和年度汇算清缴时分支机构报送资料问题。

跨地区经营汇总纳税企业在进行企业所得税预缴和年度汇算清缴时，二级分支机构应向其所在地主管税务机关报送其本级及以下分支机构的生产经营情况，主管税务机关应对报送资料加强审核，并作为对二级分支机构计算分摊税款比例的三项指标和应分摊入库所得税税款进行查验核对的依据。

四、关于应执行未执行或未准确执行国税发［2008］28号文件企业的处理问题。

对应执行国税发［2008］28号文件规定而未执行或未正确执行上述文件规定的跨地区经营汇总纳税企业，在预缴企业所得税时造成总机构与分支机构之间同时存在一方（或几方）多预缴另一方（或几方）少预缴税款的，其总机构或分支机构就地预缴的企业所得税低于按上述文件规定计算分配的数额的，应在随后的预缴期间内，由总机构将按上述文件规定计算分配的税款差额分配到总机构或分支机构补缴；其总机构或分支机构就地预缴的企业所得税高于按上述文件规定计算分配的数额的，应在随后的预缴期间内，由总机构将按上述文件规定计算分配的税款差额从总机构或分支机构的预缴数中扣减。

五、国税发［2008］28号文件第二条第二款所列企业不适用本通知规定。

六、本通知自2009年1月1日起执行。

国家税务总局关于实施创业投资企业所得税优惠问题的通知

国税发［2009］87号

各省、自治区、直辖市和计划单列市国家税务局、地方税务局：

为落实创业投资企业所得税优惠政策，促进创业投资企业的发展，根据《中华人民共和国企业所得税法》及其实施条例等有关规定，现就创业投资企业所得税优惠的有关问题通知如下：

一、创业投资企业是指依照《创业投资企业管理暂行办法》（国家发展和改革委员会等10部委令2005年第39号，以下简称《暂行办法》）和《外商投资创业投资企业管理规定》（商务部等5部委令2003年第2号）在中华人民共和国境内设立的专门从事创业投资活动的企业或其他经济组织。

二、创业投资企业采取股权投资方式投资于未上市的中小高新技术企业2年（24个月）以上，凡符合以下条件的，可以按照其对中小高新技术企业投资额的70%，在股权持有满2年的当年抵扣该创业投资企业的应纳税所得额；当年不足抵扣的，可以在以后纳税年度结转抵扣。

（一）经营范围符合《暂行办法》规定，且工商登记为“创业投资有限责任公司”、“创业投资股份有限公司”等专业性法人创业投资企业。

（二）按照《暂行办法》规定的条件和程序完成备案，经备案管理部门年度检查核实，投资运作符合《暂行办法》的有关规定。

（三）创业投资企业投资的中小高新技术企业，除应按照科技部、财政部、国家税务总局《关于印发〈高新技术企业认定管理办法〉的通知》（国科发火［2008］172号）和《关于印发〈高新技术企业认定管理工作指引〉的通知》（国科发火［2008］362号）的规定，通过高新技术企业认定以外，还应符合职工人数不超过500人，年销售（营业）额不超过2亿元，资产总额不超过2亿元的条件。

2007年底前按原有规定取得高新技术企业资格的中小高新技术企业，且在2008年继续符合新的高新技术企业标准的，向其投资满24个月的计算，可自创业投资企业实际向其投资的时间起计算。

（四）财政部、国家税务总局规定的其他条件。

三、中小企业接受创业投资之后，经认定符合高新技术企业标准的，应自其被认定为高新技术企业的年度起，计算创业投资企业的投资期限。该期限内中小企业接受创业投资后，企业规模超过中小企业标准，但仍符合高新技术企业标准的，不影响创业投资企业享受有关税收优惠。

四、创业投资企业申请享受投资抵扣应纳税所得额，应在其报送申请投资抵扣应纳税所得额年度纳税申报表以前，向主管税务机关报送以下资料备案：

（一）经备案管理部门核实后出具的年检合格通知书（副本）；

（二）关于创业投资企业投资运作情况的说明；

（三）中小高新技术企业投资合同或章程的复印件、实际所投资金验资报告等相关材料；

（四）中小高新技术企业基本情况（包括企业职工人数、年销售（营业）额、资产总额等）说明；

（五）由省、自治区、直辖市和计划单列市高新技术企业认定管理机构出具的中小高新技术企业有效的高新技术企业证书（复印件）。

五、本通知自2008年1月1日起执行。

国家税务总局关于印发《企业资产损失税前扣除管理办法》的通知

国税发［2009］88号

各省、自治区、直辖市和计划单列市国家税务局、地方税务局：

现将《企业资产损失税前扣除管理办法》印发给你们，请遵照执行。

附件：企业资产损失税前扣除管理办法

财政部　国家税务总局关于企业清算业务企业所得税处理若干问题的通知

财税［2009］60号

各省、自治区、直辖市、计划单列市财政厅（局）、国家税务局、地方税务局，新疆生产建设兵团财务局：

根据《中华人民共和国企业所得税法》第五十三条、第五十五条和《中华人民共和国企业所得税法实施条例》（国务院令第512号）第十一条规定，现就企业清算有关所得税处理问题通知如下：

一、企业清算的所得税处理，是指企业在不再持续经营，发生结束自身业务、处置资产、偿还债务以及向所有者分配剩余财产等经济行为时，对清算所得、清算所得税、股息分配等事项的处理。

二、下列企业应进行清算的所得税处理：

（一）按《公司法》、《企业破产法》等规定需要进行清算的企业；

（二）企业重组中需要按清算处理的企业。

三、企业清算的所得税处理包括以下内容：

（一）全部资产均应按可变现价值或交易价格，确认资产转让所得或损失；

（二）确认债权清理、债务清偿的所得或损失；

（三）改变持续经营核算原则，对预提或待摊性质的费用进行处理；

（四）依法弥补亏损，确定清算所得；

（五）计算并缴纳清算所得税；

（六）确定可向股东分配的剩余财产、应付股息等。

四、企业的全部资产可变现价值或交易价格，减除资产的计税基础、清算费用、相关税费，加上债务清偿损益等后的余额，为清算所得。

企业应将整个清算期作为一个独立的纳税年度计算清算所得。

五、企业全部资产的可变现价值或交易价格减除清算费用，职工的工资、社会保险费用和法定补偿金，结清清算所得税、以前年度欠税等税款，清偿企业债务，按规定计算可以向所有者分配的剩余资产。

被清算企业的股东分得的剩余资产的金额，其中相当于被清算企业累计未分配利润和累计盈余公积中按该股东所占股份比例计算的部分，应确认为股息所得；剩余资产减除股息所得后的余额，超过或低于股东投资成本的部分，应确认为股东的投资转让所得或损失。

被清算企业的股东从被清算企业分得的资产应按可变现价值或实际交易价格确定计税基础。

六、本通知自2008年1月1日起执行。

国家税务总局关于企业所得税税收优惠管理问题的补充通知

国税函[2009]255号

各省、自治区、直辖市和计划单列市国家税务局、地方税务局：

《国家税务总局关于企业所得税减免税管理问题的通知》(国税发[2008]111号)下发后，一些地区反映在落实企业所得税优惠政策过程中，有些问题还需要进一步明确。经研究，现将企业所得税税收优惠管理有关问题补充明确如下：

一、列入企业所得税优惠管理的各类企业所得税优惠包括免税收入、定期减免税、优惠税率、加计扣除、抵扣应纳税所得额、加速折旧、减计收入、税额抵免和其他专项优惠政策。

二、除国务院明确的企业所得税过渡类优惠政策、执行新税法后继续保留执行的原企业所得税优惠政策、新企业所得税法第二十九条规定的民族自治地方企业减免税优惠政策，以及国务院另行规定实行审批管理的企业所得税优惠政策外，其他各类企业所得税优惠政策，均实行备案管理。

三、备案管理的具体方式分为事先备案和事后报送相关资料两种。具体划分除国家税务总局确定的外，由各省、自治区、直辖市和计划单列市国家税务局和地方税务局在协商一致的基础上确定。

列入事先备案的税收优惠，纳税人应向税务机关报送相关资料，提请备案，经税务机关登记备案后执行。对需要事先向税务机关备案而未按规定备案的，纳税人不得享受税收优惠；经税务机关审核不符合税收优惠条件的，税务机关应书面通知纳税人不得享受税收优惠。

列入事后报送相关资料的税收优惠，纳税人应按照新企业所得税法及其实施条例和其他有关税收规定，在年度纳税申报时附报相关资料，主管税务机关审核后如发现其不符合享受税收优惠政策的条件，应取消其自行享受的税收优惠，并相应追缴税款。

四、今后国家制定的各项税收优惠政策，凡未明确为审批事项的，均实行备案管理。

五、本通知自2008年1月1日起执行。各省、自治区、直辖市和计划单列市国家税务局、地方税务局可根据本规定和其他有关企业所得税减免税的规定，制定具体管理办法。

财政部 国家税务总局关于开采油(气)资源企业费用和有关固定资产折耗摊销 折旧税务处理问题的通知

财税[2009]49号

各省、自治区、直辖市、计划单列市财政厅(局)、国家税务局、地方税务局，新疆生产建设兵团财务局：

根据《中华人民共和国企业所得税法实施条例》(国务院令第512号，以下简称《实施条例》)第六十一条的规定，现就从事开采石油、天然气(包括煤层气，下同)的矿产资源油气企业(以下简称油气企业)在开始商业性生产前发生的费用和有关固定资产的折耗、摊销、折旧方法通知如下：

一、本通知所称费用和有关固定资产，是指油气企业在开始商业性生产前取得矿区权益和勘探、开发的支出所形成的费用和固定资产。

本通知所称商业性生产，是指油(气)田(井)经过勘探、开发、稳定生产并商业销售石油、天然气的阶段。

二、关于矿区权益支出的折耗。

(一)矿区权益支出，是指油气企业为了取得在矿区内的探矿权、采矿权、土地或海域使用权等所发生的各项支出，包括有偿取得各类矿区权益的使用费、相关中介费或其他可直接归属于矿区权益的合理支出。

(二)油气企业在开始商业性生产前发生的矿区权益支出，可在发生的当期，从本企业其他油(气)田收入中扣除；或者自对应的油(气)田开始商业性生产月份的次月起，分3年按直线法计提的折耗准予扣除。

(三)油气企业对其发生的矿区权益支出未选择在发生的当期扣除的，由于未发现商业性油(气)构造而终止作业,其尚未计提折耗的剩余部分,可在终止作业的当年作为损失扣除。

三、关于勘探支出的摊销。

(一)勘探支出,是指油气企业为了识别勘探区域或探明油气储量而进行的地质调查、地球物理勘探、钻井勘探活动以及其他相关活动所发生的各项支出。

(二)油气企业在开始商业性生产前发生的勘探支出(不包括预计可形成资产的钻井勘探支出),可在发生的当期,从本企业其他油(气)田收入中扣除;或者自对应的油(气)田开始商业性生产月份的次月起,分 3 年按直线法计提的摊销准予扣除。

(三)油气企业对其发生的勘探支出未选择在发生的当期扣除的,由于未发现商业性油(气)构造而终止作业,其尚未摊销的剩余部分,可在终止作业的当年作为损失扣除。

(四)油气企业的钻井勘探支出,凡确定该井可作商业性生产,且该钻井勘探支出形成的资产符合《实施条例》第五十七条规定条件的,应当将该钻井勘探支出结转为开发资产的成本,按照本通知第四条的规定计提折旧。

四、关于开发资产的折旧。

(一)开发支出,是指油气企业为了取得已探明矿区中的油气而建造或更新井及相关设施活动所发生的各项支出。

(二)油气企业在开始商业性生产之前发生的开发支出,可不分用途,全部累计作为开发资产的成本,自对应的油(气)田开始商业性生产月份的次月起,可不留残值,按直线法计提的折旧准予扣除,其最低折旧年限为 8 年。

(三)油气企业终止本油(气)田生产的,其开发资产尚未计提折旧的剩余部分可在该油(气)田终止生产的当年作为损失扣除。

五、油气企业应按照本通知规定选择有关费用和资产的折耗、摊销、折旧方法和年限,一经确定,不得变更。

六、油气企业在本油(气)田进入商业性生产之后对本油(气)田新发生的矿区权益、勘探支出、开发支出,按照本通知规定处理。

七、本通知自发布之日起实施。《实施条例》实施之日至本通知发布之日前,油气企业矿区权益、勘探、开发等费用和固定资产的折耗、摊销、折旧方法和年限事项按本通知规定处理。

《实施条例》实施之日前,油气企业矿区权益、勘探、开发等费用和固定资产已发生且开始摊销或计提的折耗、折旧,不做调整。对没有摊销完的费用和继续使用的矿区权益和有关固定资产,可以就其尚未摊销或计提折耗、折旧的余额,按本通知规定处理。

财政部 国家税务总局关于中小企业信用担保机构有关准备金税前扣除问题的通知

财税[2009]62 号

各省、自治区、直辖市、计划单列市财政厅(局)、国家税务局、地方税务局,新疆生产建设兵团财务局:

根据《中华人民共和国企业所得税法》和《中华人民共和国企业所得税法实施条例》的有关规定,现就中小企业信用担保机构有关税前扣除政策问题通知如下:

一、中小企业信用担保机构可按照不超过当年年末担保责任余额 1% 的比例计提担保赔偿准备,允许在企业所得税税前扣除。

二、中小企业信用担保机构可按照不超过当年担保费收入 50% 的比例计提未到期责任准备,允许在企业所得税税前扣除,同时将上年度计提的未到期责任准备余额转为当期收入。

三、中小企业信用担保机构实际发生的代偿损失,应依次冲减已在税前扣除的担保赔偿准备和在税后利润中提取的一般风险准备,不足冲减部分据实在企业所得税税前扣除。

四、本通知所称中小企业信用担保机构是指以中小企业为服务对象的信用担保机构。

五、本通知自 2008 年 1 月 1 日起至 2010 年 12 月 31 日止执行。

财政部　国家税务总局关于补充养老保险费　补充医疗保险费有关企业所得税政策问题的通知

财税[2009]27号

各省、自治区、直辖市、计划单列市财政厅(局)、国家税务局、地方税务局,新疆生产建设兵团财务局:

根据《中华人民共和国企业所得税法》及其实施条例的有关规定,现就补充养老保险费、补充医疗保险费有关企业所得税政策问题通知如下:

自2008年1月1日起,企业根据国家有关政策规定,为在本企业任职或者受雇的全体员工支付的补充养老保险费、补充医疗保险费,分别在不超过职工工资总额5%标准内的部分,在计算应纳税所得额时准予扣除;超过的部分,不予扣除。

国家税务总局关于企业投资者投资未到位而发生的利息支出企业所得税前扣除问题的批复

国税函[2009]312号

大连市国家税务局:

你局《关于企业贷款中相当于投资者投资未到位部分的利息支出能否税前列支的请示》(大国税发[2009]68号)收悉。经研究,批复如下:

关于企业由于投资者投资未到位而发生的利息支出扣除问题,根据《中华人民共和国企业所得税法实施条例》第二十七条规定,凡企业投资者在规定期限内未缴足其应缴资本额的,该企业对外借款所发生的利息,相当于投资者实缴资本额与在规定期限内应缴资本额的差额应计付的利息,其不属于企业合理的支出,应由企业投资者负担,不得在计算企业应纳税所得额时扣除。

具体计算不得扣除的利息,应以企业一个年度内每一账面实收资本与借款余额保持不变的期间作为一个计算期,每一计算期内不得扣除的借款利息按该期间借款利息发生额乘以该期间企业未缴足的注册资本占借款总额的比例计算,公式为:

$$\text{企业每一计算期不得扣除的借款利息} = \text{该期间借款利息额} \times \text{该期间未缴足注册资本额} \div \text{该期间借款额}$$

企业一个年度内不得扣除的借款利息总额为该年度内每一计算期不得扣除的借款利息额之和。

国家税务总局关于保险公司再保险业务赔款支出税前扣除问题的通知

国税函[2009]313号

各省、自治区、直辖市和计划单列市国家税务局:

现将保险公司再保险业务赔款支出税前扣除问题通知如下:

根据《中华人民共和国企业所得税法实施条例》第九条的规定,从事再保险业务的保险公司(以下称再保险公司)发生的再保险业务赔款支出,按照权责发生制的原则,应在收到从事直保业务公司(以下称直保公司)再保险业务赔款账单时,作为企业当期成本费用扣除。为便于再保险公司再保险业务的核算,凡在次年企业所得税汇算清缴前，再保险公司收到直保公司再保险业务赔款账单中属于上年度的赔款，准予调整作为上年度的成本费用扣除，同时调整已计提的未决赔款准备金；次年汇算清缴后收到直保公司再保险业务赔款账单的，按该赔款账单上发生的赔款支出，在收单年度作为成本费用扣除。

财政部　国家税务总局关于专项用途财政性资金有关企业所得税处理问题的通知

财税[2009]87号

各省、自治区、直辖市、计划单列市财政厅(局)、国家税务局、地方税务局，新疆生产建设兵团财务局：

根据《中华人民共和国企业所得税法》及《中华人民共和国企业所得税法实施条例》(国务院令第512号，以下简称实施条例)的有关规定，经国务院批准，现就企业取得的专项用途财政性资金有关企业所得税处理问题通知如下：

一、对企业在2008年1月1日至2010年12月31日期间从县级以上各级人民政府财政部门及其他部门取得的应计入收入总额的财政性资金，凡同时符合以下条件的，可以作为不征税收入，在计算应纳税所得额时从收入总额中减除：

(一)企业能够提供资金拨付文件，且文件中规定该资金的专项用途；

(二)财政部门或其他拨付资金的政府部门对该资金有专门的资金管理办法或具体管理要求；

(三)企业对该资金以及以该资金发生的支出单独进行核算。

二、根据实施条例第二十八条的规定，上述不征税收入用于支出所形成的费用，不得在计算应纳税所得额时扣除；用于支出所形成的资产，其计算的折旧、摊销不得在计算应纳税所得额时扣除。

三、企业将符合本通知第一条规定条件的财政性资金作不征税收入处理后，在5年(60个月)内未发生支出且未缴回财政或其他拨付资金的政府部门的部分，应重新计入取得该资金第六年的收入总额；重新计入收入总额的财政性资金发生的支出，允许在计算应纳税所得额时扣除。

请遵照执行。

国家税务总局关于企业所得税核定征收若干问题的通知

国税函[2009]377号

各省、自治区、直辖市和计划单列市国家税务局、地方税务局：

《国家税务总局关于印发〈企业所得税核定征收办法〉(试行)的通知》(国税发[2008]30号)下发后，各地反映需要对有关问题进一步明确。为规范企业所得税核定征收工作，现对企业所得税核定征收若干问题通知如下：

一、国税发[2008]30号文件第三条第二款所称“特定纳税人”包括以下类型的企业：

(一)享受《中华人民共和国企业所得税法》及其实施条例和国务院规定的一项或几项企业所得税优惠政策的企业(不包括仅享受《中华人民共和国企业所得税法》第二十六条规定免税收入优惠政策的企业)；

(二)汇总纳税企业；

(三)上市公司；

(四)银行、信用社、小额贷款公司、保险公司、证券公司、期货公司、信托投资公司、金融资产管理公司、融资租赁公司、担保公司、财务公司、典当公司等金融企业；

(五)会计、审计、资产评估、税务、房地产估价、土地估价、工程造价、律师、价格鉴证、公证机构、基层法律服务机构、专利代理、商标代理以及其他经济鉴证类社会中介机构；

(六)国家税务总局规定的其他企业。

对上述规定之外的企业,主管税务机关要严格按照规定的范围和标准确定企业所得税的征收方式,不得违规扩大核定征收企业所得税范围;对其中达不到查账征收条件的企业核定征收企业所得税,并促使其完善会计核算和财务管理,达到查账征收条件后要及时转为查账征收。

二、国税发[2008]30号文件第六条中的"应税收入额"等于收入总额减去不征税收入和免税收入后的余额。用公式表示为:

应税收入额=收入总额-不征税收入-免税收入

其中,收入总额为企业以货币形式和非货币形式从各种来源取得的收入。

三、本通知从2009年1月1日起执行。

国家税务总局关于非居民企业取得B股等股票股息征收企业所得税问题的批复

国税函[2009]394号

上海市国家税务局:

你局《关于大众交通(集团)股份有限公司向B股非居民股东派发股利涉税问题的请示》(沪国税际[2009]49号)收悉,现批复如下:

根据《中华人民共和国企业所得税法》及其实施条例规定,在中国境内外公开发行、上市股票(A股、B股和海外股)的中国居民企业,在向非居民企业股东派发2008年及以后年度股息时,应统一按10%的税率代扣代缴企业所得税。非居民企业股东需要享受税收协定待遇的,依照税收协定执行的有关规定办理。

抄送:各省、自治区、直辖市和计划单列市国家税务局、地方税务局。

财政部 国家税务总局关于扶持动漫产业发展有关税收政策问题的通知

财税[2009]65号

各省、自治区、直辖市、计划单列市财政厅(局)、国家税务局、地方税务局:

根据《国务院办公厅转发财政部等部门关于推动我国动漫产业发展若干意见的通知》(国办发[2006]32号)的精神,文化部会同有关部门于2008年12月下发了《动漫企业认定管理办法(试行)》(文市发[2008]51号)。为促进我国动漫产业健康快速发展,增强动漫产业的自主创新能力,现就扶持动漫产业发展的有关税收政策问题通知如下:

一、关于增值税

在2010年12月31日前,对属于增值税一般纳税人的动漫企业销售其自主开发生产的动漫软件,按17%的税率征收增值税后,对其增值税实际税负超过3%的部分,实行即征即退政策。退税数额的计算公式为:应退税额=享受税收优惠的动漫软件当期已征税款-享受税收优惠的动漫软件当期不含税销售额×3%。动漫软件出口免征增值税。上述动漫软件的范围,按照《文化部 财政部 国家税务总局关于印发〈动漫企业认定管理办法(试行)〉的通知》(文市发[2008]51号)的规定执行。

二、关于企业所得税

经认定的动漫企业自主开发、生产动漫产品,可申请享受国家现行鼓励软件产业发展的所得税优惠政策。

三、关于营业税

对动漫企业为开发动漫产品提供的动漫脚本编撰、形象设计、背景设计、动画设计、分镜、动画制作、摄制、描线、上色、画面合成、配音、配乐、音效合成、剪辑、字幕制作、压缩转码(面向网络动漫、手机动漫格式适配)劳务,在2010年12月31日前暂减按3%税率征收营业税。

四、关于进口关税和进口环节增值税

经国务院有关部门认定的动漫企业自主开发、生产动漫直接产品,确需进口的商品可享受免征进口关税和进口环节增值税的优惠政策。具体免税商品范围及管理办法由财政部会同有关部门另行制定。

五、本通知所称动漫企业和自主开发、生产动漫产品的认定标准和认定程序,按照《文化部财政部　国家税务总局关于印发〈动漫企业认定管理办法(试行)〉的通知》(文市发[2008]51号)的规定执行。

六、本通知从2009年1月1日起执行。

国家税务总局关于西部大开发企业所得税优惠政策适用目录问题的批复

国税函[2009]399号

甘肃省国家税务局:

你局《关于外商投资产业指导目录有关税收问题的请示》(甘国税发[2009]97号)收悉。根据《国务院关于实施企业所得税过渡优惠政策的通知》(国发[2007]39号)文件规定,《财政部　国家税务总局 海关总署关于西部大开发税收优惠政策问题的通知》(财税[2001]202号)规定的西部大开发企业所得税优惠政策继续执行到期。经研究,现将《中华人民共和国企业所得税法》实施后,西部大开发企业所得税优惠政策适用目录问题批复如下:

一、享受西部大开发企业所得税优惠政策的国家鼓励类产业内资企业适用目录及衔接问题,继续按照《财政部　国家税务总局关于西部大开发税收优惠政策适用目录变更问题的通知》(财税[2006]165号)的规定执行。

二、享受西部大开发企业所得税优惠政策的国家鼓励类产业外商投资企业适用目录及衔接问题,按以下原则执行:

(一)自2008年1月1日起,财税[2001]202号文件中《外商投资产业指导目录》按国家发展和改革委员会公布的《外商投资产业指导目录(2007年修订)》执行。自2009年1月1日起,财税[2001]202号文件中《中西部地区外商投资优势产业目录》(第18号令)按国家发展和改革委员会与商务部发布的《中西部地区优势产业目录(2008年修订)》执行。

(二)在相关目录变更前,已按财税[2001]202号文件规定的目录标准审核享受企业所得税优惠政策的外商投资企业,除属于《外商投资产业指导目录(2007年修订)》中限制外商投资产业目录、禁止外商投资产业目录外,可继续执行到期满为止;对属于《外商投资产业指导目录(2007年修订)》中限制外商投资产业目录、禁止外商投资产业目录的企业,应自执行新目录的年度起,停止执行西部大开发企业所得税优惠政策。

对符合新目录鼓励类标准但不符合原目录标准的企业,应自执行新目录的年度起,就其按照西部大开发有关企业所得税优惠政策规定计算的税收优惠期的剩余优惠年限享受优惠。

国家税务总局关于执行西部大开发税收优惠政策有关问题的批复

国税函[2009]411号

广西壮族自治区国家税务局:

你局《关于执行西部大开发税收优惠政策有关问题的请示》(桂国税发[2009]140号)收悉。经研究,批复如下：

《财政部　国家税务总局 海关总署关于西部大开发税收优惠政策问题的通知》（财税[2001]202号）第二条第三款规定“新办交通企业是指投资新办从事公路、铁路、航空、港口、码头运营和管道运输的企业”中的交通企业，是指投资于上述设施建设项目并运营该项目取得经营收入的企业。

财政部　国家税务总局关于部分行业广告费和业务宣传费税前扣除政策的通知

财税[2009]72号

各省、自治区、直辖市、计划单列市财政厅（局）、国家税务局、地方税务局，新疆生产建设兵团财务局：

根据《中华人民共和国企业所得税法实施条例》（国务院令第512号）第四十四条规定，现就部分行业广告费和业务宣传费支出税前扣除政策通知如下：

1. 对化妆品制造、医药制造和饮料制造（不含酒类制造，下同）企业发生的广告费和业务宣传费支出，不超过当年销售（营业）收入30%的部分，准予扣除；超过部分，准予在以后纳税年度结转扣除。

2. 对采取特许经营模式的饮料制造企业，饮料品牌使用方发生的不超过当年销售（营业）收入30%的广告费和业务宣传费支出可以在本企业扣除，也可以将其中的部分或全部归集至饮料品牌持有方或管理方，由饮料品牌持有方或管理方作为销售费用据实在企业所得税前扣除。饮料品牌持有方或管理方在计算本企业广告费和业务宣传费支出企业所得税税前扣除限额时，可将饮料品牌使用方归集至本企业的广告费和业务宣传费剔除。饮料品牌持有方或管理方应当将上述广告费和业务宣传费单独核算，并将品牌使用方当年销售（营业）收入数据资料以及广告费和业务宣传费支出的证明材料专案保存以备检查。

前款所称饮料企业特许经营模式指由饮料品牌持有方或管理方授权品牌使用方在指定地区生产及销售其产成品，并将可以由双方共同为该品牌产品承担的广告费及业务宣传费用统一归集至品牌持有方或管理方承担的营业模式。

3. 烟草企业的烟草广告费和业务宣传费支出，一律不得在计算应纳税所得额时扣除。

4. 本通知自2008年1月1日起至2010年12月31日止执行。

财政部　国家税务总局关于保险公司提取农业巨灾风险准备金企业所得税税前扣除问题的通知

财税[2009]110号

各省、自治区、直辖市、计划单列市财政厅（局）、国家税务局、地方税务局，新疆生产建设兵团财务局：

为积极支持解决“三农”问题，促进保险公司拓展农业保险业务，提高农业巨灾发生后恢复生产能力，根据《中华人民共和国企业所得税法》和《中华人民共和国企业所得税法实施条例》的有关规定，现对保险公司计提农业保险巨灾风险准备金企业所得税税前扣除问题通知如下：

一、保险公司经营中央财政和地方财政保费补贴的种植业险种（以下简称补贴险种）的，按不超过补贴险种当年保费收入25%的比例计提的巨灾风险准备金，准予在企业所得税前据实扣除。具体计算公式如下：

$$\text{本年度扣除的巨灾风险准备金} = \text{本年度保费收入} \times 25\% - \text{上年度已在税前扣除的巨灾风险准备金结存余额}$$

按上述公式计算的数额如为负数，应调增当年应纳税所得额。

二、保险公司应当按专款专用原则建立健全巨灾风险准备金管理使用制度。在向主管税务机关报送企业所得税纳税申报表时，同时附送巨灾风险准备金提取、使用情况的说明和报表。

三、本通知自2008年1月1日起至2010年12月31日止执行。

财政部　国家税务总局关于金融企业涉农贷款和中小企业贷款损失准备金税前扣除政策的通知

财税[2009]99号

各省、自治区、直辖市、计划单列市财政厅(局)、国家税务局、地方税务局，新疆生产建设兵团财务局：

根据《国务院办公厅关于当前金融促进经济发展的若干意见》(国办发[2008]126号)有关规定，现就金融企业涉农贷款和中小企业贷款损失准备金税前扣除政策，通知如下：

一、金融企业根据《贷款风险分类指导原则》(银发[2001]416号)，对其涉农贷款和中小企业贷款进行风险分类后，按照以下比例计提的贷款损失专项准备金，准予在计算应纳税所得额时扣除：

(一)关注类贷款，计提比例为2%；

(二)次级类贷款，计提比例为25%；

(三)可疑类贷款，计提比例为50%；

(四)损失类贷款，计提比例为100%。

二、本通知所称涉农贷款，是指《涉农贷款专项统计制度》(银发[2007]246号)统计的以下贷款：

(一)农户贷款；

(二)农村企业及各类组织贷款。

本条所称农户贷款，是指金融企业发放给农户的所有贷款。农户贷款的判定应以贷款发放时的承贷主体是否属于农户为准。农户，是指长期(一年以上)居住在乡镇(不包括城关镇)行政管理区域内的住户，还包括长期居住在城关镇所辖行政村范围内的住户和户口不在本地而在本地居住一年以上的住户，国有农场的职工和农村个体工商户。位于乡镇(不包括城关镇)行政管理区域内和在城关镇所辖行政村范围内的国有经济的机关、团体、学校、企事业单位的集体户；有本地户口，但举家外出谋生一年以上的住户，无论是否保留承包耕地均不属于农户。农户以户为统计单位，既可以从事农业生产经营，也可以从事非农业生产经营。

本条所称农村企业及各类组织贷款，是指金融企业发放给注册地位于农村区域的企业及各类组织的所有贷款。农村区域，是指除地级及以上城市的城市行政区及其市辖建制镇之外的区域。

三、本通知所称中小企业贷款，是指金融企业对年销售额和资产总额均不超过2亿元的企业的贷款。

四、金融企业发生的符合条件的涉农贷款和中小企业贷款损失，应先冲减已在税前扣除的贷款损失准备金，不足冲减部分可据实在计算应纳税所得额时扣除。

五、本通知自2008年1月1日起至2010年12月31日止执行。

国家税务总局关于资源综合利用有关企业所得税优惠问题的批复

国税函[2009]567号

江西省地方税务局：

你局《关于资源综合利用企业享受企业所得税税收优惠政策问题的请示》(赣地税发[2009]131号)收悉。经研究，批复如下：

江西泰和玉华水泥有限公司旋窑余热利用电厂利用该公司旋窑水泥生产过程中产生的余热发电，其生产活动虽符合《资源综合利用企业所得税优惠目录(2008 年版)》的规定范围,但由于旋窑余热利用电厂属于江西泰和玉华水泥有限公司的内设非法人分支机构,不构成企业所得税纳税人,且其余热发电产品直接供给所属公司使用,不计入企业收入,因此,旋窑余热利用电厂利用该公司旋窑水泥生产过程中产生的余热发电业务不能享受资源综合利用减计收入的企业所得税优惠政策。

财政部　国家税务总局关于非营利组织企业所得税免税收入问题的通知

财税[2009]122 号

各省、自治区、直辖市、计划单列市财政厅(局)、国家税务局、地方税务局,新疆生产建设兵团财务局:

根据《中华人民共和国企业所得税法》第二十六条及《中华人民共和国企业所得税法实施条例》(国务院令第 512 号)第八十五条的规定,现将符合条件的非营利组织企业所得税免税收入范围明确如下:

一、非营利组织的下列收入为免税收入:

(一)接受其他单位或者个人捐赠的收入;

(二)除《中华人民共和国企业所得税法》第七条规定的财政拨款以外的其他政府补助收入,但不包括因政府购买服务取得的收入;

(三)按照省级以上民政、财政部门规定收取的会费;

(四)不征税收入和免税收入孳生的银行存款利息收入;

(五)财政部、国家税务总局规定的其他收入。

二、本通知从 2008 年 1 月 1 日起执行。

财政部　国家税务总局关于非营利组织免税资格认定管理有关问题的通知

财税[2009]123 号

各省、自治区、直辖市、计划单列市财政厅(局)、国家税务局、地方税务局,新疆生产建设兵团财务局:

根据《中华人民共和国企业所得税法》(以下简称《企业所得税法》)第二十六条及《中华人民共和国企业所得税法实施条例》(以下简称《实施条例》)第八十四条的规定,现对非营利组织免税资格认定管理有关问题明确如下:

一、依据本通知认定的符合条件的非营利组织,必须同时满足以下条件:

(一)依照国家有关法律法规设立或登记的事业单位、社会团体、基金会、民办非企业单位、宗教活动场所以及财政部、国家税务总局认定的其他组织;

(二)从事公益性或者非营利性活动,且活动范围主要在中国境内;

(三)取得的收入除用于与该组织有关的、合理的支出外,全部用于登记核定或者章程规定的公益性或者非营利性事业;

(四)财产及其孳息不用于分配,但不包括合理的工资薪金支出;

(五)按照登记核定或者章程规定,该组织注销后的剩余财产用于公益性或者非营利性目的,或者由登记管理机关转赠给与该组织性质、宗旨相同的组织,并向社会公告;

(六)投入人对投入该组织的财产不保留或者享有任何财产权利,本款所称投入人是指除各级人民政府及其部门外的法人、自然人和其他组织;

(七)工作人员工资福利开支控制在规定的比例内,不变相分配该组织的财产,其中:工作人员平均工资薪金水平不得超过上年度税务登记所在地人均工资水平的两倍,工作人员福利按照国家有关规定执行;

(八)除当年新设立或登记的事业单位、社会团体、基金会及民办非企业单位外,事业单位、社会团体、基金会及民办非企业单位申请前年度的检查结论为"合格";

(九)对取得的应纳税收入及其有关的成本、费用、损失应与免税收入及其有关的成本、费用、损失分别核算。

二、经省级(含省级)以上登记管理机关批准设立或登记的非营利组织,凡符合规定条件的,应向其所在地省级税务主管机关提出免税资格申请,并提供本通知规定的相关材料;经市(地)级或县级登记管理机关批准设立或登记的非营利组织,凡符合规定条件的,分别向其所在地市(地)级或县级税务主管机关提出免税资格申请,并提供本通知规定的相关材料。

财政、税务部门按照上述管理权限,对非营利组织享受免税的资格联合进行审核确认,并定期予以公布。

三、申请享受免税资格的非营利组织,需报送以下材料:

(一)申请报告;

(二)事业单位、社会团体、基金会、民办非企业单位的组织章程或宗教活动场所的管理制度;

(三)税务登记证复印件;

(四)非营利组织登记证复印件;

(五)申请前年度的资金来源及使用情况、公益活动和非营利活动的明细情况;

(六)具有资质的中介机构鉴证的申请前会计年度的财务报表和审计报告;

(七)登记管理机关出具的事业单位、社会团体、基金会、民办非企业单位申请前年度的年度检查结论;

(八)财政、税务部门要求提供的其他材料。

四、非营利组织免税优惠资格的有效期为五年。非营利组织应在期满前三个月内提出复审申请,不提出复审申请或复审不合格的,其享受免税优惠的资格到期自动失效。

非营利组织免税资格复审,按照初次申请免税优惠资格的规定办理。

五、非营利组织必须按照《中华人民共和国税收征收管理法》(以下简称《税收征管法》)及《中华人民共和国税收征收管理法实施细则》(以下简称《实施细则》)等有关规定,办理税务登记,按期进行纳税申报。取得免税资格的非营利组织应按照规定向主管税务机关办理免税手续,免税条件发生变化的,应当自发生变化之日起十五日内向主管税务机关报告;不再符合免税条件的,应当依法履行纳税义务;未依法纳税的,主管税务机关应当予以追缴。取得免税资格的非营利组织注销时,剩余财产处置违反本通知第一条第五项规定的,主管税务机关应追缴其应纳企业所得税款。

主管税务机关应根据非营利组织报送的纳税申报表及有关资料进行审查,当年符合《企业所得税法》及其《实施条例》和有关规定免税条件的收入,免予征收企业所得税;当年不符合免税条件的收入,照章征收企业所得税。主管税务机关在执行税收优惠政策过程中,发现非营利组织不再具备本通知规定的免税条件的,应及时报告核准该非营利组织免税资格的财政、税务部门,由其进行复核。

核准非营利组织免税资格的财政、税务部门根据本通知规定的管理权限,对非营利组织的免税优惠资格进行复核,复核不合格的,取消其享受免税优惠的资格。

六、已认定的享受免税优惠政策的非营利组织有下述情况之一的,应取消其资格:

(一)事业单位、社会团体、基金会及民办非企业单位逾期未参加年检或年度检查结论为"不合格"的;

(二)在申请认定过程中提供虚假信息的;

(三)有逃避缴纳税款或帮助他人逃避缴纳税款行为的;

(四)通过关联交易或非关联交易和服务活动,变相转移、隐匿、分配该组织财产的;

(五)因违反《税收征管法》及其《实施细则》而受到税务机关处罚的;

(六)受到登记管理机关处罚的。

因上述第(一)项规定的情形被取消免税优惠资格的非营利组织,财政、税务部门在一年内不再受理该组织的认定申请;因上述规定的除第(一)项以外的其他情形被取消免税优惠资格的非营利组织,财政、税务部门在五年内不再受理该组织的认定申请。

七、本通知从2008年1月1日起执行。

国家税务总局关于加强非居民企业股权转让所得企业所得税管理的通知

国税函[2009]698号

各省、自治区、直辖市和计划单列市国家税务局、地方税务局：

为规范和加强非居民企业股权转让所得企业所得税管理，依据《中华人民共和国企业所得税法》及其实施条例、《中华人民共和国税收征收管理法》及其实施细则、《国家税务总局关于印发〈非居民企业所得税源泉扣缴管理暂行办法〉的通知》(国税发[2009]3号)和《财政部　国家税务总局关于企业重组业务企业所得税处理若干问题的通知》(财税[2009]59号)，现就有关问题通知如下：

一、本通知所称股权转让所得是指非居民企业转让中国居民企业的股权(不包括在公开的证券市场上买入并卖出中国居民企业的股票)所取得的所得。

二、扣缴义务人未依法扣缴或者无法履行扣缴义务的，非居民企业应自合同、协议约定的股权转让之日(如果转让方提前取得股权转让收入的，应自实际取得股权转让收入之日)起7日内，到被转让股权的中国居民企业所在地主管税务机关(负责该居民企业所得税征管的税务机关)申报缴纳企业所得税。非居民企业未按期如实申报的，依照税收征管法有关规定处理。

三、股权转让所得是指股权转让价减除股权成本价后的差额。

股权转让价是指股权转让人就转让的股权所收取的包括现金、非货币资产或者权益等形式的金额。如被持股企业有未分配利润或税后提存的各项基金等，股权转让人随股权一并转让该股东留存收益权的金额，不得从股权转让价中扣除。

股权成本价是指股权转让人投资入股时向中国居民企业实际交付的出资金额，或购买该项股权时向该股权的原转让人实际支付的股权转让金额。

四、在计算股权转让所得时，以非居民企业向被转让股权的中国居民企业投资时或向原投资方购买该股权时的币种计算股权转让价和股权成本价。如果同一非居民企业存在多次投资的，以首次投入资本时的币种计算股权转让价和股权成本价，以加权平均法计算股权成本价；多次投资时币种不一致的，则应按照每次投入资本当日的汇率换算成首次投资时的币种。

五、境外投资方(实际控制方)间接转让中国居民企业股权，如果被转让的境外控股公司所在国(地区)实际税负低于12.5%或者对其居民境外所得不征所得税的，应自股权转让合同签订之日起30日内，向被转让股权的中国居民企业所在地主管税务机关提供以下资料：

(一)股权转让合同或协议；

(二)境外投资方与其所转让的境外控股公司在资金、经营、购销等方面的关系；

(三)境外投资方所转让的境外控股公司的生产经营、人员、账务、财产等情况；

(四)境外投资方所转让的境外控股公司与中国居民企业在资金、经营、购销等方面的关系；

(五)境外投资方设立被转让的境外控股公司具有合理商业目的的说明；

(六)税务机关要求的其他相关资料。

六、境外投资方(实际控制方)通过滥用组织形式等安排间接转让中国居民企业股权，且不具有合理的商业目的，规避企业所得税纳税义务的，主管税务机关层报税务总局审核后可以按照经济实质对该股权转让交易重新定性，否定被用作税收安排的境外控股公司的存在。

七、非居民企业向其关联方转让中国居民企业股权，其转让价格不符合独立交易原则而减少应纳税所得额的，税务机关有权按照合理方法进行调整。

八、境外投资方(实际控制方)同时转让境内或境外多个控股公司股权的，被转让股权的中国居民企业应将整体转让合同和涉及本企业的分部合同提供给主管税务机关。如果没有分部合同的，被转让股权的中国居民企业应向主管税务机关提供被整体转让的各个控股公司的详细资料,准确划分境内被转让企业的转让价格。如果不能准确划分的,主管税务机关有权选择合理的方法对转让价格进行调整。

九、非居民企业取得股权转让所得,符合财税[2009]59号文件规定的特殊性重组条件并选择特殊性税务处理的,应向主管税务机关提交书面备案资料,证明其符合特殊性重组规定的条件,并经省级税务机关核准。

十、本通知自2008年1月1日起执行。执行中遇到的问题请及时报告国家税务总局(国际税务司)。

财政部 国家税务总局关于通过公益性群众团体的公益性捐赠税前扣除有关问题的通知

财税[2009]124号

各省、自治区、直辖市、计划单列市财政厅(局)、国家税务局、地方税务局,新疆生产建设兵团财务局:

为贯彻落实《中华人民共和国企业所得税法》和《中华人民共和国个人所得税法》,现对企业和个人通过依照《社会团体登记管理条例》规定不需进行社团登记的人民团体以及经国务院批准免予登记的社会团体(以下统称群众团体)的公益性捐赠所得税税前扣除有关问题明确如下:

一、企业通过公益性群众团体用于公益事业的捐赠支出,在年度利润总额12%以内的部分,准予在计算应纳税所得额时扣除。年度利润总额,是指企业依照国家统一会计制度的规定计算的大于零的数额。

二、个人通过公益性群众团体向公益事业的捐赠支出,按照现行税收法律、行政法规及相关政策规定准予在所得税税前扣除。

三、本通知第一条和第二条所称的公益事业,是指《中华人民共和国公益事业捐赠法》规定的下列事项:

(一)救助灾害、救济贫困、扶助残疾人等困难的社会群体和个人的活动;

(二)教育、科学、文化、卫生、体育事业;

(三)环境保护、社会公共设施建设;

(四)促进社会发展和进步的其他社会公共和福利事业。

四、本通知第一条和第二条所称的公益性群众团体,是指同时符合以下条件的群众团体:

(一)符合《中华人民共和国企业所得税法实施条例》第五十二条第(一)项至第(八)项规定的条件;

(二)县级以上各级机构编制部门直接管理其机构编制;

(三)对接受捐赠的收入以及用捐赠收入进行的支出单独进行核算,且申请前连续3年接受捐赠的总收入中用于公益事业的支出比例不低于70%。

五、符合本通知第四条规定的公益性群众团体,可按程序申请公益性捐赠税前扣除资格。

(一)由中央机构编制部门直接管理其机构编制的群众团体,向财政部、国家税务总局提出申请;

(二)由县级以上地方各级机构编制部门直接管理其机构编制的群众团体,向省、自治区、直辖市和计划单列市财政、税务部门提出申请;

(三)对符合条件的公益性群众团体,按照上述管理权限,由财政部、国家税务总局和省、自治区、直辖市、计划单列市财政、税务部门分别每年联合公布名单。名单应当包括继续获得公益性捐赠税前扣除资格和新获得公益性捐赠税前扣除资格的群众团体,企业和个人在名单所属年度内向名单内的群众团体进行的公益性捐赠支出,可以按规定进行税前扣除。

六、申请公益性捐赠税前扣除资格的群众团体,需报送以下材料:

(一)申请报告;

(二)县级以上各级党委、政府或机构编制部门印发的"三定"规定;

(三)组织章程;

(四)申请前相应年度的受赠资金来源、使用情况,财务报告,公益活动的明细,注册会计师的审计报告或注册税务师的鉴证报告。

七、公益性群众团体在接受捐赠时,应按照行政管理级次分别使用由财政部或省、自治区、直辖市财政部门印制的公益性捐赠票据或者《非税收入一般缴款书》收据联,并加盖本单位的印章;对个人索取捐赠票据的,应予以开具。

八、公益性群众团体接受捐赠的资产价值,按以下原则确认:

(一)接受捐赠的货币性资产,应当按照实际收到的金额计算;

(二)接受捐赠的非货币性资产,应当以其公允价值计算。捐赠方在向公益性群众团体捐赠时,应当提供注明捐赠非货币性资产公允价值的证明,如果不能提供上述证明,公益性群众团体不得向其开具公益性捐赠票据或者《非税收入一般缴款书》收据联。

九、对存在以下情形之一的公益性群众团体,应取消其公益性捐赠税前扣除资格:

(一)前3年接受捐赠的总收入中用于公益事业的支出比例低于70%的;

(二)在申请公益性捐赠税前扣除资格时有弄虚作假行为的;

(三)存在逃避缴纳税款行为或为他人逃避缴纳税款提供便利的;

(四)存在违反该组织章程的活动,或者接受的捐赠款项用于组织章程规定用途之外的支出等情况的;

(五)受到行政处罚的。

被取消公益性捐赠税前扣除资格的公益性群众团体,存在本条第一款第(二)项、第(三)项、第(四)项、第(五)项情形的,3年内不得重新申请公益性捐赠税前扣除资格。

对存在本条第一款第(三)项、第(四)项情形的公益性群众团体,应对其接受捐赠收入和其他各项收入依法补征企业所得税。

十、对于通过公益性群众团体发生的公益性捐赠支出,主管税务机关应对照财政、税务部门联合发布的名单,接受捐赠的群众团体位于名单内,则企业或个人在名单所属年度发生的公益性捐赠支出可按规定进行税前扣除;接受捐赠的群众团体不在名单内,或虽在名单内但企业或个人发生的公益性捐赠支出不属于名单所属年度的,不得扣除。

十一、获得公益性捐赠税前扣除资格的公益性群众团体,应自不符合本通知第四条规定条件之一或存在本通知第九条规定情形之一之日起15日内向主管税务机关报告,主管税务机关可暂时明确其获得资格的次年内企业向该群众团体的公益性捐赠支出,不得税前扣除,同时提请财政部、国家税务总局或省级财政、税务部门明确其获得资格的次年不具有公益性捐赠税前扣除资格。

十二、本通知从2008年1月1日起执行。本通知发布前已经取得和未取得公益性捐赠税前扣除资格的群众团体,均应按本通知规定提出申请。

财政部　国家税务总局关于企业境外所得税收抵免有关问题的通知

财税[2009]125号

各省、自治区、直辖市、计划单列市财政厅(局)、国家税务局、地方税务局,新疆生产建设兵团财务局:

根据《中华人民共和国企业所得税法》(以下简称企业所得税法)及《中华人民共和国企业所得税法实施条例》(以下简称实施条例)的有关规定,现就企业取得境外所得计征企业所得税时抵免境外已纳或负担所得税额的有关问题通知如下:

一、居民企业以及非居民企业在中国境内设立的机构、场所(以下统称企业)依照企业所得税法第二十三条、第二十四条的有关规定,应在其应纳税额中抵免在境外缴纳的所得税额的,适用本通知。

二、企业应按照企业所得税法及其实施条例、税收协定以及本通知的规定,准确计算下列当期与抵免境外所得税有关的项目后,确定当期实际可抵免分国(地区)别的境外所得税税额和抵免限额:

(一)境内所得的应纳税所得额(以下称境内应纳税所得额)和分国(地区)别的境外所得的应纳税所得额(以下称境外应纳税所得额);

(二)分国(地区)别的可抵免境外所得税税额;

(三)分国(地区)别的境外所得税的抵免限额。

企业不能准确计算上述项目实际可抵免分国(地区)别的境外所得税税额的,在相应国家(地区)缴纳的税收均不得在该企业当期应纳税额中抵免,也不得结转以后年度抵免。

三、企业应就其按照实施条例第七条规定确定的中国境外所得(境外税前所得),按以下规定计算实施条例第七十八条规定的境外应纳税所得额:

(一)居民企业在境外投资设立不具有独立纳税地位的分支机构,其来源于境外的所得,以境外收入总额扣除与取得境外收入有关的各项合理支出后的余额为应纳税所得额。各项收入、支出按企业所得税法及实施条例的有关规定确定。

居民企业在境外设立不具有独立纳税地位的分支机构取得的各项境外所得,无论是否汇回中国境内,均应计入该企业所属纳税年度的境外应纳税所得额。

(二)居民企业应就其来源于境外的股息、红利等权益性投资收益,以及利息、租金、特许权使用费、转让财产等收入,扣除按照企业所得税法及实施条例等规定计算的与取得该项收入有关的各项合理支出后的余额为应纳税所得额。来源于境外的股息、红利等权益性投资收益,应按被投资方作出利润分配决定的日期确认收入实现;来源于境外的利息、租金、特许权使用费、转让财产等收入,应按有关合同约定应付交易对价款的日期确认收入实现。

(三)非居民企业在境内设立机构、场所的,应就其发生在境外但与境内所设机构、场所有实际联系的各项应税所得,比照上述第(二)项的规定计算相应的应纳税所得额。

(四)在计算境外应纳税所得额时,企业为取得境内、外所得而在境内、境外发生的共同支出,与取得境外应税所得有关的、合理的部分,应在境内、境外(分国(地区)别,下同)应税所得之间,按照合理比例进行分摊后扣除。

(五)在汇总计算境外应纳税所得额时,企业在境外同一国家(地区)设立不具有独立纳税地位的分支机构,按照企业所得税法及实施条例的有关规定计算的亏损,不得抵减其境内或他国(地区)的应纳税所得额,但可以用同一国家(地区)其他项目或以后年度的所得按规定弥补。

四、可抵免境外所得税税额,是指企业来源于中国境外的所得依照中国境外税收法律以及相关规定应当缴纳并已实际缴纳的企业所得税性质的税款。但不包括:

(一)按照境外所得税法律及相关规定属于错缴或错征的境外所得税税款;

(二)按照税收协定规定不应征收的境外所得税税款;

(三)因少缴或迟缴境外所得税而追加的利息、滞纳金或罚款;

(四)境外所得税纳税人或者其利害关系人从境外征税主体得到实际返还或补偿的境外所得税税款;

(五)按照我国企业所得税法及其实施条例规定,已经免征我国企业所得税的境外所得负担的境外所得税税款;

(六)按照国务院财政、税务主管部门有关规定已经从企业境外应纳税所得额中扣除的境外所得税税款。

五、居民企业在按照企业所得税法第二十四条规定用境外所得间接负担的税额进行税收抵免时,其取得的境外投资收益实际间接负担的税额,是指根据直接或者间接持股方式合计持股20%以上(含20%,下同)的规定层级的外国企业股份,由此应分得的股息、红利等权益性投资收益中,从最低一层外国企业起逐层计算的属于由上一层企业负担的税额,其计算公式如下:

$$\begin{gathered}\text{本层企业所纳税额属于由一家上一层企业负担的税额} = \left(\text{本层企业就利润和投资收益所实际缴纳的税额} + \text{符合本通知规定的由本层企业间接负担的税额}\right) \\ \times \text{本层企业向一家上一层企业分配的股息(红利)} \div \text{本层企业所得税后利润额}\end{gathered}$$

六、除国务院财政、税务主管部门另有规定外,按照实施条例第八十条规定由居民企业直接或者间接持有20%以上股份的外国企业,限于符合以下持股方式的三层外国企业:

第一层:单一居民企业直接持有20%以上股份的外国企业;

第二层:单一第一层外国企业直接持有20%以上股份,且由单一居民企业直接持有或通过一个或多个符合本条规定持股条件的外国企业间接持有总和达到20%以上股份的外国企业;

第三层：单一第二层外国企业直接持有20%以上股份，且由单一居民企业直接持有或通过一个或多个符合本条规定持股条件的外国企业间接持有总和达到20%以上股份的外国企业。

七、居民企业从与我国政府订立税收协定（或安排）的国家（地区）取得的所得，按照该国（地区）税收法律享受了免税或减税待遇，且该免税或减税的数额按照税收协定规定应视同已缴税额在中国的应纳税额中抵免的，该免税或减税数额可作为企业实际缴纳的境外所得税额用于办理税收抵免。

八、企业应按照企业所得税法及其实施条例和本通知的有关规定分国（地区）别计算境外税额的抵免限额。

$$\text{某国（地区）所得税抵免限额} = \text{中国境内、境外所得依照企业所得税法及实施条例的规定计算的应纳税总额} \times \text{来源于某国（地区）的应纳税所得额} \div \text{中国境内、境外应纳税所得总额}$$

据以计算上述公式中“中国境内、境外所得依照企业所得税法及实施条例的规定计算的应纳税总额”的税率，除国务院财政、税务主管部门另有规定外，应为企业所得税法第四条第一款规定的税率。

企业按照企业所得税法及其实施条例和本通知的有关规定计算的当期境内、境外应纳税所得总额小于零的，应以零计算当期境内、境外应纳税所得总额，其当期境外所得税的抵免限额也为零。

九、在计算实际应抵免的境外已缴纳和间接负担的所得税税额时，企业在境外一国（地区）当年缴纳和间接负担的符合规定的所得税税额低于所计算的该国（地区）抵免限额的，应以该项税额作为境外所得税抵免额从企业应纳税总额中据实抵免；超过抵免限额的，当年应以抵免限额作为境外所得税抵免额进行抵免，超过抵免限额的余额允许从次年起在连续五个纳税年度内，用每年度抵免限额抵免当年应抵税额后的余额进行抵补。

十、属于下列情形的，经企业申请，主管税务机关核准，可以采取简易办法对境外所得已纳税额计算抵免：

（一）企业从境外取得营业利润所得以及符合境外税额间接抵免条件的股息所得，虽有所得来源国（地区）政府机关核发的具有纳税性质的凭证或证明，但因客观原因无法真实、准确地确认应当缴纳并已经实际缴纳的境外所得税税额的，除就该所得直接缴纳及间接负担的税额在所得来源国（地区）的实际有效税率低于我国企业所得税法第四条第一款规定税率50%以上的外，可按境外应纳税所得额的12.5%作为抵免限额，企业按该国（地区）税务机关或政府机关核发具有纳税性质凭证或证明的金额，其不超过抵免限额的部分，准予抵免；超过的部分不得抵免。

属于本款规定以外的股息、利息、租金、特许权使用费、转让财产等投资性所得，均应按本通知的其他规定计算境外税额抵免。

（二）企业从境外取得营业利润所得以及符合境外税额间接抵免条件的股息所得，凡就该所得缴纳及间接负担的税额在所得来源国（地区）的法定税率且其实际有效税率明显高于我国的，可直接以按本通知规定计算的境外应纳税所得额和我国企业所得税法规定的税率计算的抵免限额作为可抵免的已在境外实际缴纳的企业所得税税额。具体国家（地区）名单见附件。财政部、国家税务总局可根据实际情况适时对名单进行调整。

属于本款规定以外的股息、利息、租金、特许权使用费、转让财产等投资性所得，均应按本通知的其他规定计算境外税额抵免。

十一、企业在境外投资设立不具有独立纳税地位的分支机构，其计算生产、经营所得的纳税年度与我国规定的纳税年度不一致的，与我国纳税年度当年度相对应的境外纳税年度，应为在我国有关纳税年度中任何一日结束的境外纳税年度。

企业取得上款以外的境外所得实际缴纳或间接负担的境外所得税，应在该项境外所得实现日所在的我国对应纳税年度的应纳税额中计算抵免。

十二、企业抵免境外所得税额后实际应纳所得税额的计算公式为：

$$\text{企业实际应纳所得税额} = \text{企业境内外所得应纳税总额} - \text{企业所得税减免、抵免优惠税额} - \text{境外所得税抵免额}$$

十三、本通知所称不具有独立纳税地位，是指根据企业设立地法律不具有独立法人地位或者按照税收协定规定不认定为对方国家（地区）的税收居民。

十四、企业取得来源于中国香港、澳门、台湾地区的应税所得，参照本通知执行。

十五、中华人民共和国政府同外国政府订立的有关税收的协定与本通知有不同规定的，依照协定的规定办理。

十六、本通知自2008年1月1日起执行。

附件:法定税率明显高于我国的境外所得来源国(地区)名单

美国、阿根廷、布隆迪、喀麦隆、古巴、法国、日本、摩洛哥、巴基斯坦、赞比亚、科威特、孟加拉国、叙利亚、约旦、老挝。

国家税务总局关于企业以前年度未扣除资产损失企业所得税处理问题的通知

国税函[2009]772号

各省、自治区、直辖市和计划单列市国家税务局、地方税务局:

现将企业以前年度未能扣除的资产损失企业所得税处理问题通知如下:

一、根据《国家税务总局关于印发〈企业资产损失税前扣除管理办法〉的通知》(国税发[2009]88号)第三条规定的精神,企业以前年度(包括2008年度新企业所得税法实施以前年度)发生,按当时企业所得税有关规定符合资产损失确认条件的损失,在当年因为各种原因未能扣除的,不能结转在以后年度扣除;可以按照《中华人民共和国企业所得税法》和《中华人民共和国税收征收管理法》的有关规定,追补确认在该项资产损失发生的年度扣除,而不能改变该项资产损失发生的所属年度。

二、企业因以前年度资产损失未在税前扣除而多缴纳的企业所得税税款,可在审批确认年度企业所得税应纳税款中予以抵缴,抵缴不足的,可以在以后年度递延抵缴。

三、企业资产损失发生年度扣除追补确认的损失后如出现亏损,首先应调整资产损失发生年度的亏损额,然后按弥补亏损的原则计算以后年度多缴的企业所得税税款,并按前款办法进行税务处理。

国家税务总局关于黑龙江垦区国有农场土地承包费缴纳企业所得税问题的批复

国税函[2009]779号

黑龙江省国家税务局:

你局《关于黑龙江垦区国有农场土地承包费缴纳企业所得税问题的请示》(黑国税发[2009]186号)收悉。经研究,批复如下:

黑龙江垦区国有农场实行以家庭承包经营为基础、统分结合的双层经营体制。国有农场作为法人单位,将所拥有的土地发包给农场职工经营,农场职工以家庭为单位成为家庭承包户,属于农场内部非法人组织。农场对家庭承包户实施农业生产经营和企业行政的统一管理,统一为农场职工上交养老、医疗、失业、工伤、生育五项社会保险和农业保险费;家庭承包户按内部合同规定承包,就其农、林、牧、渔业生产取得的收入,以土地承包费名义向农场上缴。

上述承包形式属于农场内部承包经营的形式,黑龙江垦区国有农场从家庭农场承包户以"土地承包费"形式取得的从事农、林、牧、渔业生产的收入,属于农场"从事农、林、牧、渔业项目"的所得,可以适用《中华人民共和国企业所得税法》第二十七条及《中华人民共和国企业所得税法实施细则》第八十六条规定的企业所得税优惠政策。

国家税务总局关于企业向自然人借款的利息支出企业所得税税前扣除问题的通知

国税函[2009]777号

各省、自治区、直辖市和计划单列市国家税务局、地方税务局：

现就企业向自然人借款的利息支出企业所得税税前扣除问题，通知如下：

一、企业向股东或其他与企业有关联关系的自然人借款的利息支出，应根据《中华人民共和国企业所得税法》（以下简称税法）第四十六条及《财政部、国家税务总局关于企业关联方利息支出税前扣除标准有关税收政策问题的通知》（财税[2008]121号）规定的条件，计算企业所得税扣除额。

二、企业向除第一条规定以外的内部职工或其他人员借款的利息支出，其借款情况同时符合以下条件的，其利息支出在不超过按照金融企业同期同类贷款利率计算的数额的部分，根据税法第八条和税法实施条例第二十七条规定，准予扣除。

（一）企业与个人之间的借贷是真实、合法、有效的，并且不具有非法集资目的或其他违反法律、法规的行为；

（二）企业与个人之间签订了借款合同。

国家税务总局关于建筑企业所得税征管有关问题的通知

国税函[2010]39号

各省、自治区、直辖市和计划单列市国家税务局、地方税务局：

为加强和规范建筑企业所得税的征收管理，根据《中华人民共和国企业所得税法》及其实施条例、《中华人民共和国税收征收管理法》及其实施细则、《国家税务总局关于印发〈跨地区经营汇总纳税企业所得税征收管理暂行办法〉的通知》（国税发［2008］28号）的规定，现对跨地区（指跨省、自治区、直辖市和计划单列市，下同）经营建筑企业所得税征收管理问题通知如下：

一、实行总、分机构体制的跨地区经营建筑企业应严格执行国税发［2008］28号文件规定，按照“统一计算、分级管理、就地预缴、汇总清算、财政调库”的办法计算缴纳企业所得税。

二、建筑企业跨地区设立的不符合二级分支机构条件的项目经理部（包括与项目经理部性质相同的工程指挥部、合同段等），应汇总到总机构或二级分支机构统一计算，按照国税发［2008］28号文件规定的办法计算缴纳企业所得税。

三、各地税务机关自行制定的与本通知相抵触的征管文件，一律停止执行并予以纠正；对按照规定不应就地预缴而征收了企业所得税的，要及时将税款返还给企业。未按本通知要求进行纠正的，税务总局将按照执法责任制的有关规定严肃处理。

国家税务总局关于印发《外国企业常驻代表机构税收管理暂行办法》的通知

国税发［2010］18号

各省、自治区、直辖市和计划单列市国家税务局、地方税务局：

为规范外国企业常驻代表机构税收管理，税务总局制定了《外国企业常驻代表机构税收管理暂行办法》,现印发给你们,请遵照执行。执行中发现的问题请及时反馈税务总局(国际税务司)。

外国企业常驻代表机构税收管理暂行办法

第一条　为规范外国企业常驻代表机构税收管理,根据《中华人民共和国税收征收管理法》(以下简称税收征管法)及其实施细则、《中华人民共和国企业所得税法》及其实施条例、《中华人民共和国营业税暂行条例》及其实施细则、《中华人民共和国增值税暂行条例》及其实施细则,以及相关税收法律法规,制定本办法。

第二条　本办法所称外国企业常驻代表机构,是指按照国务院有关规定,在工商行政管理部门登记或经有关部门批准,设立在中国境内的外国企业(包括港澳台企业)及其他组织的常驻代表机构(以下简称代表机构)。

第三条　代表机构应当就其归属所得依法申报缴纳企业所得税,就其应税收入依法申报缴纳营业税和增值税。

第四条　代表机构应当自领取工商登记证件(或有关部门批准)之日起30日内,持以下资料,向其所在地主管税务机关申报办理税务登记:

(一)工商营业执照副本或主管部门批准文件的原件及复印件;

(二)组织机构代码证书副本原件及复印件;

(三)注册地址及经营地址证明(产权证、租赁协议)原件及其复印件;如为自有房产,应提供产权证或买卖契约等合法的产权证明原件及其复印件;如为租赁的场所,应提供租赁协议原件及其复印件,出租人为自然人的还应提供产权证明的原件及复印件;

(四)首席代表(负责人)护照或其他合法身份证件的原件及复印件;

(五)外国企业设立代表机构的相关决议文件及在中国境内设立的其他代表机构名单(包括名称、地址、联系方式、首席代表姓名等);

(六)税务机关要求提供的其他资料。

第五条　代表机构税务登记内容发生变化或者驻在期届满、提前终止业务活动的,应当按照税收征管法及相关规定,向主管税务机关申报办理变更登记或者注销登记;代表机构应当在办理注销登记前,就其清算所得向主管税务机关申报并依法缴纳企业所得税。

第六条　代表机构应当按照有关法律、行政法规和国务院财政、税务主管部门的规定设置账薄,根据合法、有效凭证记账,进行核算,并应按照实际履行的功能和承担的风险相配比的原则,准确计算其应税收入和应纳税所得额,在季度终了之日起15日内向主管税务机关据实申报缴纳企业所得税、营业税,并按照《中华人民共和国增值税暂行条例》及其实施细则规定的纳税期限,向主管税务机关据实申报缴纳增值税。

第七条　对账簿不健全,不能准确核算收入或成本费用,以及无法按照本办法第六条规定据实申报的代表机构,税务机关有权采取以下两种方式核定其应纳税所得额:

(一)按经费支出换算收入:适用于能够准确反映经费支出但不能准确反映收入或成本费用的代表机构。

1. 计算公式:

$$收入额 = 本期经费支出额/(1 - 核定利润率 - 营业税税率)$$

$$应纳企业所得税额 = 收入额 \times 核定利润率 \times 企业所得税税率$$

2. 代表机构的经费支出额包括:在中国境内、外支付给工作人员的工资薪金、奖金、津贴、福利费、物品采购费(包括汽车、办公设备等固定资产)、通讯费、差旅费、房租、设备租赁费、交通费、交际费、其他费用等。

(1)购置固定资产所发生的支出,以及代表机构设立时或者搬迁等原因所发生的装修费支出,应在发生时一次性作为经费支出额换算收入计税。

(2)利息收入不得冲抵经费支出额;发生的交际应酬费,以实际发生数额计入经费支出额。

(3)以货币形式用于我国境内的公益、救济性质的捐赠、滞纳金、罚款,以及为其总机构垫付的不属于其自身业务活动所发生的费用,不应作为代表机构的经费支出额;

(4)其他费用包括:为总机构从中国境内购买样品所支付的样品费和运输费用;国外样品运往中国发生的中国境内的仓储费用、报关费用;总机构人员来华访问聘用翻译的费用;总机构为中国某个项目投标由代表机构支付的购买标书的费用,等等。

(二)按收入总额核定应纳税所得额:适用于可以准确反映收入但不能准确反映成本费用的代表机构。计算公式:

应纳企业所得税额 = 收入总额 × 核定利润率 × 企业所得税税率。

第八条 代表机构的核定利润率不应低于15%。采取核定征收方式的代表机构,如能建立健全会计账簿,准确计算其应税收入和应纳税所得额,报主管税务机关备案,可调整为据实申报方式。

第九条 代表机构发生增值税、营业税应税行为,应按照增值税和营业税的相关法规计算缴纳应纳税款。

第十条 代表机构需要享受税收协定待遇,应依照税收协定以及《国家税务总局关于印发〈非居民享受税收协定待遇管理办法(试行)〉的通知》(国税发[2009]124号)的有关规定办理,并应按照本办法第六条规定的时限办理纳税申报事宜。

第十一条 本办法自2010年1月1日起施行。原有规定与本办法相抵触的,以本办法为准。《国家税务总局关于加强外国企业常驻代表机构税收征管有关问题的通知》(国税发[1996]165号)、《国家税务总局关于外国企业常驻代表机构有关税收管理问题的通知》(国税发[2003]28号)以及《国家税务总局关于外国政府等在我国设立代表机构免税审批程序有关问题的通知》(国税函[2008]945号)废止,各地不再受理审批代表机构企业所得税免税申请,并按照本办法规定对已核准免税的代表机构进行清理。

第十二条 各省、自治区、直辖市和计划单列市国家税务局和地方税务局可按本办法规定制定具体操作规程,并报国家税务总局(国际税务司)备案。

国家税务总局关于印发《非居民企业所得税核定征收管理办法》的通知

国税发[2010]19号

各省、自治区、直辖市和计划单列市国家税务局、地方税务局:

为规范非居民企业所得税核定征收工作,税务总局制定了《非居民企业所得税核定征收管理办法》,现印发给你们,请遵照执行。执行中发现的问题请及时反馈税务总局(国际税务司)。

非居民企业所得税核定征收管理办法

第一条 为了规范非居民企业所得税核定征收工作,根据《中华人民共和国企业所得税法》(以下简称企业所得税法)及其实施条例和《中华人民共和国税收征收管理法》(以下简称税收征管法)及其实施细则,制定本办法。

第二条 本办法适用于企业所得税法第三条第二款规定的非居民企业,外国企业常驻代表机构企业所得税核定办法按照有关规定办理。

第三条 非居民企业应当按照税收征管法及有关法律法规设置账簿,根据合法、有效凭证记账,进行核算,并应按照其实际履行的功能与承担的风险相匹配的原则,准确计算应纳税所得额,据实申报缴纳企业所得税。

第四条 非居民企业因会计账簿不健全,资料残缺难以查账,或者其他原因不能准确计算并据实申报其应纳税所得额的,税务机关有权采取以下方法核定其应纳税所得额。

(一)按收入总额核定应纳税所得额:适用于能够正确核算收入或通过合理方法推定收入总额,但不能正确核算成本费用的非居民企业。计算公式如下:

应纳税所得额 = 收入总额 × 经税务机关核定的利润率

(二)按成本费用核定应纳税所得额:适用于能够正确核算成本费用,但不能正确核算收入总额的非居民企业。计算公式如下:

应纳税所得额 = 成本费用总额/(1 - 经税务机关核定的利润率) × 经税务机关核定的利润率

(三)按经费支出换算收入核定应纳税所得额:适用于能够正确核算经费支出总额,但不能正确核算收入总额和成本费用的非居民企业。计算公式：

$$应纳税所得额 = 经费支出总额/(1 - 经税务机关核定的利润率 - 营业税税率) \times 经税务机关核定的利润率$$

第五条　税务机关可按照以下标准确定非居民企业的利润率：

（一）从事承包工程作业、设计和咨询劳务的，利润率为15% -30%；

（二）从事管理服务的，利润率为30% -50%；

（三）从事其他劳务或劳务以外经营活动的，利润率不低于15%。

税务机关有根据认为非居民企业的实际利润率明显高于上述标准的，可以按照比上述标准更高的利润率核定其应纳税所得额。

第六条　非居民企业与中国居民企业签订机器设备或货物销售合同，同时提供设备安装、装配、技术培训、指导、监督服务等劳务，其销售货物合同中未列明提供上述劳务服务收费金额，或者计价不合理的，主管税务机关可以根据实际情况，参照相同或相近业务的计价标准核定劳务收入。无参照标准的，以不低于销售货物合同总价款的10%为原则，确定非居民企业的劳务收入。

第七条　非居民企业为中国境内客户提供劳务取得的收入，凡其提供的服务全部发生在中国境内的，应全额在中国境内申报缴纳企业所得税。凡其提供的服务同时发生在中国境内外的，应以劳务发生地为原则划分其境内外收入，并就其在中国境内取得的劳务收入申报缴纳企业所得税。税务机关对其境内外收入划分的合理性和真实性有疑义的，可以要求非居民企业提供真实有效的证明，并根据工作量、工作时间、成本费用等因素合理划分其境内外收入；如非居民企业不能提供真实有效的证明，税务机关可视同其提供的服务全部发生在中国境内，确定其劳务收入并据以征收企业所得税。

第八条　采取核定征收方式征收企业所得税的非居民企业，在中国境内从事适用不同核定利润率的经营活动，并取得应税所得的，应分别核算并适用相应的利润率计算缴纳企业所得税；凡不能分别核算的，应从高适用利润率，计算缴纳企业所得税。

第九条　拟采取核定征收方式的非居民企业应填写《非居民企业所得税征收方式鉴定表》（见附件，以下简称《鉴定表》），报送主管税务机关。主管税务机关应对企业报送的《鉴定表》的适用行业及所适用的利润率进行审核，并签注意见。

对经审核不符合核定征收条件的非居民企业，主管税务机关应自收到企业提交的《鉴定表》后15个工作日内向其下达《税务事项通知书》，将鉴定结果告知企业。非居民企业未在上述期限内收到《税务事项通知书》的，其征收方式视同已被认可。

第十条　税务机关发现非居民企业采用核定征收方式计算申报的应纳税所得额不真实，或者明显与其承担的功能风险不相匹配的，有权予以调整。

第十一条　各省、自治区、直辖市和计划单列市国家税务局和地方税务局可按照本办法第五条规定确定适用的核定利润率幅度，并根据本办法规定制定具体操作规程，报国家税务总局（国际税务司）备案。

第十二条　本办法自发布之日起施行。

附件：非居民企业所得税征收方式鉴定表

国家税务总局关于政府关停外商投资企业所得税优惠政策处理问题的批复

国税函［2010］69号

江苏省国家税务局：

你局《关于政府关停外商投资企业所得税优惠政策处理问题的请示》（苏国税发［2009］88号）收悉。关于外商投资企业因国家发展规划调整（包括城市建设规划等）被实施关停并清算，导致其不符合原《中华人民共和国外商投资企业和外国企业所得税法》及过渡性政策规定条件税收优惠处理问题，经研究，批复如下：

一、根据原《中华人民共和国外商投资企业和外国企业所得税法实施细则》第七十九条的规定,应当补缴或缴回按该条规定已享受的企业所得税优惠税款。

二、外商投资企业和外国企业依照原《财政部　国家税务总局关于外商投资企业和外国企业购买国产设备投资抵免企业所得税有关问题的通知》(财税字[2000]049 号)有关规定将已经享受投资抵免的 2007 年 12 月 31 日前购买的国产设备,在购置之日起五年内出租、转让,不论出租、转让行为发生在 2008 年 1 月 1 日之前或之后的,均应在出租、转让时补缴就该购买设备已抵免的企业所得税税款。

三、外商投资企业的外国投资者依照《中华人民共和国外商投资企业和外国企业所得税法》第十条的规定,将从企业取得的利润于 2007 年 12 月 31 日前直接再投资于该企业,增加注册资本,或者作为资本投资开办其他外商投资企业,如经营期不少于五年并经税务机关批准已退还其再投资部分已缴纳所得税的 40% 税款,再投资不满五年撤出的,应当缴回已退的税款。

国家税务总局关于贯彻落实企业所得税法若干税收问题的通知

国税函[2010]79 号

各省、自治区、直辖市和计划单列市国家税务局、地方税务局:

根据《中华人民共和国企业所得税法》(以下简称企业所得税法)和《中华人民共和国企业所得税法实施条例》(以下简称《实施条例》)的有关规定,现就贯彻落实企业所得税法过程中若干问题,通知如下:

一、关于租金收入确认问题

根据《实施条例》第十九条的规定,企业提供固定资产、包装物或者其他有形资产的使用权取得的租金收入,应按交易合同或协议规定的承租人应付租金的日期确认收入的实现。其中,如果交易合同或协议中规定租赁期限跨年度,且租金提前一次性支付的,根据《实施条例》第九条规定的收入与费用配比原则,出租人可对上述已确认的收入,在租赁期内,分期均匀计入相关年度收入。

出租方如为在我国境内设有机构场所、且采取据实申报缴纳企业所得的非居民企业,也按本条规定执行。

二、关于债务重组收入确认问题

企业发生债务重组,应在债务重组合同或协议生效时确认收入的实现。

三、关于股权转让所得确认和计算问题

企业转让股权收入,应于转让协议生效、且完成股权变更手续时,确认收入的实现。转让股权收入扣除为取得该股权所发生的成本后,为股权转让所得。企业在计算股权转让所得时,不得扣除被投资企业未分配利润等股东留存收益中按该项股权所可能分配的金额。

四、关于股息、红利等权益性投资收益收入确认问题

企业权益性投资取得股息、红利等收入,应以被投资企业股东会或股东大会作出利润分配或转股决定的日期,确定收入的实现。

被投资企业将股权(票)溢价所形成的资本公积转为股本的,不作为投资方企业的股息、红利收入,投资方企业也不得增加该项长期投资的计税基础。

五、关于固定资产投入使用后计税基础确定问题

企业固定资产投入使用后,由于工程款项尚未结清未取得全额发票的,可暂按合同规定的金额计入固定资产计税基础计提折旧,待发票取得后进行调整。但该项调整应在固定资产投入使用后 12 个月内进行。

六、关于免税收入所对应的费用扣除问题

根据《实施条例》第二十七条、第二十八条的规定,企业取得的各项免税收入所对应的各项成本费用,除另有规定者外,可以在计算企业应纳税所得额时扣除。

七、企业筹办期间不计算为亏损年度问题

企业自开始生产经营的年度,为开始计算企业损益的年度。企业从事生产经营之前进行筹办活动期间发生筹办费用支出，不得计算为当期的亏损，应按照《国家税务总局关于企业所得税若干税务事项衔接问题的通知》（国税函［2009］98 号）第九条规定执行。

八、从事股权投资业务的企业业务招待费计算问题

对从事股权投资业务的企业（包括集团公司总部、创业投资企业等），其从被投资企业所分配的股息、红利以及股权转让收入，可以按规定的比例计算业务招待费扣除限额。

国家税务总局关于农村信用社省级联合社收取服务费有关企业所得税税务处理问题的通知

国税函［2010］80 号

各省、自治区、直辖市和计划单列市国家税务局、地方税务局：

为深化农村信用社改革，按照《国务院关于深化农村信用社改革方案的通知》（国发［2003］15 号）的要求，各省相继组建了省级农村信用联合社（以下简称省联社）。省联社的投资人为本省各农村信用社和地（市）级、县级联社（以下简称基层社），为独立法人机构。省联社的主要职能为对本省各基层社提供管理、指导、协调和服务等，每年发生的服务性支出，由各基层社按比例共同负担。鉴于省联社和基层社的特殊的组成关系，关于省联社每年发生的服务性支出有关企业所得税处理问题，根据《中华人民共和国企业所得税法》第四十一条及其实施条例第一百一十二条的规定，经研究，现通知如下：

一、省联社每年度为履行其职能所发生的各项费用支出，包括人员费用、办公费用、差旅费、利息支出、研究与开发费以及固定资产折旧费、无形资产摊销费等，应统一归集，作为其基层社共同发生的费用，按合理比例分摊后由基层社税前扣除。

上款所指每年度固定资产折旧费、无形资产摊销费是指省联社购置的固定资产和无形资产按照税法规定每年度应提取的折旧额或摊销额。

二、省联社发生的本年度各项费用，在分摊时，应根据本年度实际发生数，按照以下公式，分摊给其各基层社。

各基层社本年度应分摊的费用＝省联社本年度发生的各项费用×本年度该基层社营业收入
÷本年度各基层社营业总收入

省联社由于特殊情况需要改变上述分摊方法的，由联社提出申请，经省级税务机关确认后执行。

省联社分摊给各基层社的上述费用，在按季或按月申报预缴所得税时，可以按季或按月计算扣除，年度汇算。

三、省联社每年制定费用分摊方案后，应报省级国家税务局确认后执行。各省级国家税务局根据本通知的规定，实施具体管理。

四、本通知实施前，经税务总局批准，有关省联社已向基层社收取专项资金购买固定资产、无形资产等，凡该项资金已按税务总局单项批复由各基层社分摊在税前扣除的，其相应资产不得再按照本办法规定重复提取折旧费、摊销费，并向基层社分摊扣除。各基层社交付给省联社的上述专项资金的税务处理，仍按照税务总局已批准的专项文件规定继续执行到期满。

五、省联社自身从事其他业务取得收入所发生的相应费用，应该单独核算，不能作为基层社共同发生的费用进行分摊。

六、地市与县联社发生上述共同费用的税务处理，也应按照本通知规定执行。

七、本通知自 2009 年 1 月 1 日起执行。2008 年度没有按照本规定或者以前专项规定执行的，可以按照本规定执行，并统一在 2009 年度汇算清缴时进行纳税调整。2008 年度按照以前办法由省联社向基层社收取管理费的，该收取的管理费与按本通知规定计算的可由基层社分摊的费用扣除额的差额，应在 2009 年度汇算清缴时一并进行纳税调整。

国家税务总局关于新办文化企业企业所得税有关政策问题的通知

国税函[2010]86 号

各省、自治区、直辖市和计划单列市国家税务局、地方税务局：

现就有关新办文化企业企业所得税有关政策问题通知如下：

根据《财政部 海关总署 国家税务总局关于支持文化企业发展若干税收政策问题的通知》(财税[2009]31 号)第八条和《财政部 海关总署 国家税务总局关于文化体制改革试点中支持文化产业发展若干税收政策问题的通知》(财税[2005]2 号)第一条的规定，对 2008 年 12 月 31 日前新办的政府鼓励的文化企业，自工商注册登记之日起，免征 3 年企业所得税，享受优惠的期限截止至 2010 年 12 月 31 日。

国家税务总局关于跨地区经营建筑企业所得税征收管理问题的通知

国税函[2010]156 号

各省、自治区、直辖市和计划单列市国家税务局、地方税务局：

为加强对跨地区(指跨省、自治区、直辖市和计划单列市，下同)经营建筑企业所得税的征收管理，根据《中华人民共和国企业所得税法》及其实施条例、《中华人民共和国税收征收管理法》及其实施细则、《国家税务总局关于印发〈跨地区经营汇总纳税企业所得税征收管理暂行办法〉的通知》(国税发 [2008]28 号)的规定，现对跨地区经营建筑企业所得税征收管理问题通知如下：

一、实行总分机构体制的跨地区经营建筑企业应严格执行国税发 [2008]28 号文件规定，按照“统一计算，分级管理，就地预缴，汇总清算，财政调库”的办法计算缴纳企业所得税。

二、建筑企业所属二级或二级以下分支机构直接管理的项目部(包括与项目部性质相同的工程指挥部、合同段等，下同)不就地预缴企业所得税，其经营收入、职工工资和资产总额应汇总到二级分支机构统一核算，由二级分支机构按照国税发 [2008]28 号文件规定的办法预缴企业所得税。

三、建筑企业总机构直接管理的跨地区设立的项目部，应按项目实际经营收入的 0.2% 按月或按季由总机构向项目所在地预分企业所得税，并由项目部向所在地主管税务机关预缴。

四、建筑企业总机构应汇总计算企业应纳所得税，按照以下方法进行预缴：

(一)总机构只设跨地区项目部的，扣除已由项目部预缴的企业所得税后，按照其余额就地缴纳；

(二)总机构只设二级分支机构的，按照国税发 [2008]28 号文件规定计算总、分支机构应缴纳的税款；

(三)总机构既有直接管理的跨地区项目部，又有跨地区二级分支机构的，先扣除已由项目部预缴的企业所得税后，再按照国税发 [2008]28 号文件规定计算总、分支机构应缴纳的税款。

五、建筑企业总机构应按照有关规定办理企业所得税年度汇算清缴，各分支机构和项目部不进行汇算清缴。总机构年终汇算清缴后应纳所得税额小于已预缴的税款时，由总机构主管税务机关办理退税或抵扣以后年度的应缴企业所得税。

六、跨地区经营的项目部(包括二级以下分支机构管理的项目部)应向项目所在地主管税务机关出具总机构所在地主管税务机关开具的《外出经营活动税收管理证明》，未提供上述证明的，项目部所在地主管税务机关应督促其限期补办；不能提供上述证明的，应作为独立纳税人就地缴纳企业所得税。同时，项目部应向所在地主管税务机关提供总机构出具的证明该项目部属于总机构或二级分支机构管理的证明文件。

七、建筑企业总机构在办理企业所得税预缴和汇算清缴时，应附送其所直接管理的跨地区经营项目部就地预缴税款的完税证明。

八、建筑企业在同一省、自治区、直辖市和计划单列市设立的跨地(市、县)项目部,其企业所得税的征收管理办法,由各省、自治区、直辖市和计划单列市国家税务局、地方税务局共同制定,并报国家税务总局备案。

九、本通知自2010年1月1日起施行。

国家税务总局关于小型微利企业预缴2010年度企业所得税有关问题的通知

国税函[2010]185号

各省、自治区、直辖市和计划单列市国家税务局、地方税务局:

为落实《财政部 国家税务总局关于小型微利企业有关企业所得税政策的通知》(财税[2009]133号),确保享受优惠的小型微利企业所得税预缴工作顺利开展,现就2010年度小型微利企业所得税预缴问题通知如下:

一、上一纳税年度年应纳税所得额低于3万元(含3万元),同时符合《中华人民共和国企业所得税法实施条例》第九十二条规定的资产和从业人数标准,2010年纳税年度按实际利润额预缴所得税的小型微利企业(以下称符合条件的小型微利企业),在预缴申报时,将《国家税务总局关于印发〈中华人民共和国企业所得税月(季)度预缴纳税申报表〉等报表的通知》(国税函[2008]44号)附件1第4行"利润总额"与15%的乘积,暂填入第7行"减免所得税额"内。

二、符合条件的小型微利企业"从业人数"、"资产总额"的计算标准按照《国家税务总局关于小型微利企业所得税预缴问题的通知》(国税函[2008]251号)第二条规定执行。

三、符合条件的小型微利企业在2010年纳税年度预缴企业所得税时,须向主管税务机关提供上一纳税年度符合小型微利企业条件的相关证明材料。主管税务机关对企业提供的相关证明材料核实后,认定企业上一纳税年度不符合规定条件的,不得按本通知第一条规定填报纳税申报表。

四、2010年纳税年度终了后,主管税务机关应核实企业2010年纳税年度是否符合上述小型微利企业规定条件。不符合规定条件、已按本通知第一条规定计算减免所得税预缴的,在年度汇算清缴时要按照规定补缴。

国家税务总局关于电信企业坏账损失税前扣除问题的通知

国税函[2010]196号

各省、自治区、直辖市和计划单列市国家税务局、地方税务局:

根据《国家税务总局关于印发〈企业资产损失税前扣除管理办法〉的通知》(国税发[2009]88号)第十七条的规定,考虑到电信企业生产经营的实际情况,现将电信企业应收账款认定坏账损失税前扣除问题通知如下:

一、从事电信业务的企业,其用户应收话费,凡单笔数额较小、拖欠时间超过1年以上没有收回的,由企业统一做出说明后,可作为坏账损失在企业所得税税前扣除。

二、本通知自2009年1月1日起执行。2008年发生的上述坏账损失,当年已作为坏账损失的,不再调整;没有作为坏账损失的,统一在2009年度企业所得税汇算清缴时确认为坏账损失。

国家税务总局关于房地产开发企业开发产品完工条件确认问题的通知

国税函[2010]201 号

各省、自治区、直辖市和计划单列市国家税务局、地方税务局：

现就房地产开发企业开发产品完工条件确认有关问题，通知如下：

根据《国家税务总局关于房地产开发经营业务征收企业所得税问题的通知》(国税发[2006]31 号)规定精神和《国家税务总局关于印发〈房地产开发经营业务企业所得税处理办法〉的通知》(国税发[2009]31 号)第三条规定，房地产开发企业建造、开发的开发产品，无论工程质量是否通过验收合格，或是否办理完工(竣工)备案手续以及会计决算手续，当企业开始办理开发产品交付手续(包括入住手续)、或已开始实际投入使用时，为开发产品开始投入使用，应视为开发产品已经完工。房地产开发企业应按规定及时结算开发产品计税成本，并计算企业当年度应纳税所得额。

财政部　国家税务总局关于农村金融有关税收政策的通知

财税[2010]4 号

各省、自治区、直辖市、计划单列市财政厅(局)、国家税务局、地方税务局，新疆生产建设兵团财务局：

为支持农村金融发展，解决农民贷款难问题，经国务院批准，现就农村金融有关税收政策通知如下：

一、自 2009 年 1 月 1 日至 2013 年 12 月 31 日，对金融机构农户小额贷款的利息收入，免征营业税。

二、自 2009 年 1 月 1 日至 2013 年 12 月 31 日，对金融机构农户小额贷款的利息收入在计算应纳税所得额时，按 90% 计入收入总额。

三、自 2009 年 1 月 1 日至 2011 年 12 月 31 日，对农村信用社、村镇银行、农村资金互助社、由银行业机构全资发起设立的贷款公司、法人机构所在地在县(含县级市、区、旗)及县以下地区的农村合作银行和农村商业银行的金融保险业收入减按 3% 的税率征收营业税。

四、自 2009 年 1 月 1 日至 2013 年 12 月 31 日，对保险公司为种植业、养殖业提供保险业务取得的保费收入，在计算应纳税所得额时，按 90% 比例减计收入。

五、本通知所称农户，是指长期(一年以上)居住在乡镇(不包括城关镇)行政管理区域内的住户，还包括长期居住在城关镇所辖行政村范围内的住户和户口不在本地而在本地居住一年以上的住户，国有农场的职工和农村个体工商户。位于乡镇(不包括城关镇)行政管理区域内和在城关镇所辖行政村范围内的国有经济的机关、团体、学校、企事业单位的集体户；有本地户口，但举家外出谋生一年以上的住户，无论是否保留承包耕地均不属于农户。农户以户为统计单位，既可以从事农业生产经营，也可以从事非农业生产经营。农户贷款的判定应以贷款发放时的承贷主体是否属于农户为准。

本通知所称小额贷款，是指单笔且该户贷款余额总额在 5 万元以下(含 5 万元)的贷款。

本通知所称村镇银行，是指经中国银行监督管理委员会依据有关法律、法规批准，由境内外金融机构、境内非金融机构企业法人、境内自然人出资，在农村地区设立的主要为当地农民、农业和农村经济发展提供金融服务的银行业金融机构。

本通知所称农村资金互助社，是指经银行业监督管理机构批准，由乡(镇)、行政村民和农村小企业自愿入股组成，为社员提供存款、贷款、结算等业务的社区互助性银行业金融机构。

本通知所称由银行业机构全资发起设立的贷款公司，是指经中国银行业监督管理委员会依据有关法律、法规批准，由境内商业银行或农村合作银行在农村地区设立的专门为县域农民、农业和农村经济发展提供贷款服务的非银行业金融机构。

本通知所称县(县级市、区、旗),不包括市(含直辖市、地级市)所辖城区。

本通知所称保费收入,是指原保险保费收入加上分保费收入减去分出保费后的余额。

六、金融机构应对符合条件的农户小额贷款利息收入进行单独核算,不能单独核算的不得适用本通知第一条、第二条规定的优惠政策。

七、适用暂免或减半征收企业所得税优惠政策至2009年底的农村信用社执行现有政策到期后,再执行本通知第二条规定的企业所得税优惠政策。

八、适用本通知第一条、第三条规定的营业税优惠政策的金融机构,自2009年1月1日至发文之日应予免征或者减征的营业税税款,在以后的应纳营业税税额中抵减或者予以退税。

九、《财政部　国家税务总局关于试点地区农村信用社税收政策的通知》(财税[2004]35号)第二条、《财政部　国家税务总局关于进一步扩大试点地区农村信用社有关税收政策问题的通知》(财税[2004]177号)第二条规定自2009年1月1日起停止执行。

国家税务总局关于中国工商银行股份有限公司等企业企业所得税有关征管问题的通知

国税函[2010]184号

各省、自治区、直辖市和计划单列市国家税务局、地方税务局:

为加强企业所得税收入全额归属中央的企业所得税征管,现就铁路运输企业(包括广铁集团和大秦铁路公司)、国有邮政企业、中国工商银行股份有限公司、中国农业银行、中国银行股份有限公司、国家开发银行、中国农业发展银行、中国进出口银行、中央汇金投资有限责任公司、中国建设银行股份有限公司、中国建银投资有限责任公司以及海洋石油天然气企业(包括港澳台和外商投资、外国海上石油天然气企业)等企业的所得税征管问题通知如下:

一、上述企业下属二级分支机构均应按照企业所得税的有关规定向当地主管税务机关报送企业所得税预缴申报表或其他相关资料,但其税款由总机构统一汇总计算后向总机构所在地主管税务机关缴纳。

二、上述企业下属二级(含二级以下)分支机构发生的需要税务机关审批的财产损失,由其二级分支机构将财产损失的有关资料上报其所在地主管税务机关,由二级分支机构所在省、自治区、直辖市和计划单列市税务机关按照国税发[2009]88号文件印发的《企业资产损失税前扣除管理办法》规定的权限审批。

三、上述企业下属二级分支机构名单总局将另行发文明确。企业二级以下(不含二级)分支机构名单,由二级分支机构向所在地主管税务机关提供,经省级税务机关审核后发文明确并报总局备案。对不在总局及省级税务机关文件中明确的名单内的分支机构,不得作为所属企业的分支机构管理。

国家税务总局关于环境保护节能节水　安全生产等专用设备投资抵免企业所得税有关问题的通知

国税函[2010]256号

各省、自治区、直辖市和计划单列市国家税务局、地方税务局:

现就环境保护、节能节水、安全生产等专用设备投资抵免企业所得税的有关问题通知如下:

根据《财政部　国家税务总局关于全国实施增值税转型改革若干问题的通知》(财税[2008]170号)规定,自2009年1月1日起,增值税一般纳税人购进固定资产发生的进项税额可从其销项税额中抵扣,因此,自2009年1月1日起,纳税人购进并实际使用《环境保护专用设备企业所得税优惠目录》、《节能节水专用设备企业所得税优惠目录》和《安全生产专用设备企业所得税优惠目录》范围内的专用设备并取得增值税专用发票的，在按照《财政部 国家税务总局关于执行环境保护专用设备企业所得税优惠目录 节能节水专用设备企业所得税优惠目录和安全生产专用设备企业所得税优惠目录有关问题的通知》（财税[2008]48号）第二条规定进行税额抵免时，如增值税进项税额允许抵扣，其专用设备投资额不再包括增值税进项税额；如增值税进项税额不允许抵扣，其专用设备投资额应为增值税专用发票上注明的价税合计金额。企业购买专用设备取得普通发票的，其专用设备投资额为普通发票上注明的金额。

国家税务总局关于境外分行取得来源于境内利息所得扣缴企业所得税问题的通知

国税函[2010]266号

各省、自治区、直辖市和计划单列市国家税务局、地方税务局：

关于对境外分行取得来源于境内利息所得扣缴企业所得税有关问题，现通知如下：

一、税收协定列名的免税外国金融机构设在第三国的非法人分支机构与其总机构属于同一法人，除税收协定中明确规定只有列名金融机构的总机构可以享受免税待遇情况外，该分支机构取得的利息可以享受中国与其总机构所在国签订的税收协定中规定的免税待遇。在执行上述规定时，应严格按《国家税务总局关于印发〈非居民享受税收协定待遇管理办法（试行）〉的通知》（国税发[2009]124号）有关规定办理审批手续。

二、属于中国居民企业的银行在境外设立的非法人分支机构同样是中国的居民，该分支机构取得的来源于中国的利息，不论是由中国居民还是外国居民设在中国的常设机构支付，均不适用我国与该分支机构所在国签订的税收协定，应适用我国国内法的相关规定，即按照《国家税务总局关于加强非居民企业来源于我国利息所得扣缴企业所得税工作的通知》（国税函[2008]955号）文件办理。

国家税务总局关于《非居民享受税收协定待遇管理办法（试行）》有关问题的补充通知

国税函[2010]290号

各省、自治区、直辖市和计划单列市国家税务局、地方税务局：

《非居民享受税收协定待遇管理办法（试行）》（以下简称《办法》）已以《国家税务总局关于印发〈非居民享受税收协定待遇管理办法（试行）〉的通知》（国税发[2009]124号）发布实施。现就执行本《办法》补充通知如下：

一、《办法》第六条规定的国家税务局或地方税务局包括符合《中华人民共和国税收征收管理法》第十四条规定的各级税务机关。

二、按照《办法》第九条第一款第（三）项或第十二条第一款第（二）项规定应由纳税人提交的税收居民身份证明，包括税收协定缔约对方主管当局以下列方式之一出具的税收居民身份证明：

（一）按照国税发[2009]124号文附件1第27栏或附件2第25栏的要求填写的相关内容；

（二）单独出具的专用证明。

三、非居民按《办法》第九条第二款或第十二条第二款规定可以免于提交已经向主管税务机关提交的资料，限于该非居民向同一主管税务机关已经提交的资料。非居民需要向不同主管税务机关提出审批申请或备案报告的，应分别向不同主管税务机关提交相关资料。

四、纳税人或者扣缴义务人根据《办法》第十一条规定，于申报相关纳税义务之前进行享受协定待遇备案的，在填写《非居民享受税收协定待遇备案报告表》时，第20栏"收入额或应纳税所得额"和第21栏"减免税额"暂按合同约定数或预计数填写；待按国内法规定申报该已备案的纳税义务时，纳税人或者扣缴义务人再向主管税务机关填报《非居民享受税收协定待遇执行情况报告表》（见附件3），报告已备案的税收协定待遇实际执行情况。

五、《办法》第十三条针对第十一条规定的采用扣缴形式的备案类所得，不包括按照国内税收法律规定实行源泉扣缴，且根据《办法》第七条规定属于审批类的所得。

扣缴义务人在执行需要备案的税收协定待遇时，无论纳税人是否已经向主管税务机关提供相关资料，均应按《办法》第十三条规定完成备案程序。纳税人拒绝向扣缴义务人提供相关资料的，扣缴义务人不得执行相关税收协定待遇。

六、《办法》第十七条第二款规定的"本办法第十六条规定的工作时限"是指《办法》第十六条第一款第（一）项规定的时限，即按《办法》第十七条规定处理上报情况的各级税务机关均应自收到上报情况之日起20个工作日内做出处理决定，并直接或逐级通知有权审批的税务机关，或者完成再上报程序。

七、《国家税务总局关于〈内地和香港特别行政区关于对所得避免双重征税的安排〉有关条文解释和执行问题的通知》（国税函[1998]381号）第二条和《国家税务总局关于〈内地和香港特别行政区关于对所得避免双重征税和防止偷漏税的安排〉有关条文解释和执行问题的通知》（国税函[2007]403号）第三条第（三）项规定，是依据国家税务总局与香港特别行政区税务局通过相互协商形成的有关执行税收安排的协议做出的规定。根据《办法》第四十四条，该两项规定与《办法》有不同的，应按该两项规定执行。

八、国税发[2009]124号文附件1、附件2和附件5的填表说明中涉及的所得类型及代号统一修改为：营业利润—7；股息—10；利息—11；特许权使用费—12；财产收益—13；独立个人劳务所得—14；非独立个人劳务所得—15；艺术家或运动员所得—17；退休金—18；支付给学生的教育或培训经费—20；其他所得—21。修改后的表样见附件1、附件2和附件3。

九、国税发[2009]124号文附件2第26栏中"主管税务机关或其授权人印章或签字"修改为"接受税务机关或其授权人印章或签字"。"接受税务机关"指按照《办法》第七条规定接受非居民审批申请的主管税务机关或有权审批的税务机关（见附件2）。

十、国税发[2009]124号文附件3第15至21栏中"最近一年"指申请人取得所得前的一年。

十一、国税发[2009]124号文附件5《非居民享受税收协定待遇审批执行情况报告表》和附件6《非居民享受税收协定待遇汇总表（按国别）》，分别由本通知所附的《非居民享受税收协定待遇执行情况报告表》（附件3）和《非居民享受税收协定待遇执行情况汇总表》（附件4）替代。

十二、按《办法》规定应该填报的报表均应一式两份，一份由填报人留存，一份报送相关税务机关。

十三、请各地将本地区执行税收协定的情况进行年度汇总，填报有关汇总表，并于次年三月底前报税务总局。

附件：1. 非居民享受税收协定待遇备案报告表
2. 非居民享受税收协定待遇审批申请表
3. 非居民享受税收协定待遇执行情况报告表
4. 非居民享受税收协定待遇汇总表

国家税务总局关于"公司＋农户"经营模式企业所得税优惠问题的公告

国家税务总局公告2010年第2号

现就有关"公司＋农户"模式企业所得税优惠问题公告如下：

目前，一些企业采取"公司＋农户"经营模式从事牲畜、家禽的饲养，即公司与农户签订委托养殖合同，向农户提供畜禽苗、饲料、兽药及疫苗等（所有权〈产权〉仍属于公司），农户将畜禽养大成为成品后交付公司回收。鉴于采取"公司＋农户"经营模式的企业，虽不直接从事畜禽的养殖，但系委托农户饲养，并承担诸如市场、管理、采购、销售等经营职责及绝大部分经营管理风险,公司和农户是劳务外包关系。为此,对此类以"公司+农户"经营模式从事农、林、牧、渔业项目生产的企业,可以按照《中华人民共和国企业所得税法实施条例》第八十六条的有关规定,享受减免企业所得税优惠政策。

本公告自2010年1月1日起施行。

国家税务总局关于发布《企业境外所得税收抵免操作指南》的公告

国家税务总局公告2010年第1号

根据《中华人民共和国企业所得税法》(以下简称企业所得税法)、《中华人民共和国企业所得税法实施条例》(以下简称实施条例)及《财政部 国家税务总局关于企业境外所得税收抵免有关问题的通知》(财税[2009]125号,以下简称《通知》)的有关规定,现将《企业境外所得税收抵免操作指南》予以发布,于2010年1月1日起施行。

2008、2009年度尚未进行境外税收抵免处理的,可按本公告计算抵免。

特此公告。

附件:企业境外所得税收抵免操作指南

企业境外所得税收抵免操作指南

目　　录

《通知》**第一条**　关于适用范围

居民企业以及非居民企业在中国境内设立的机构、场所(以下统称企业)依照企业所得税法第二十三条、第二十四条的有关规定,应在其应纳税额中抵免在境外缴纳的所得税额的,适用本通知。

1. 可以适用境外(包括港澳台地区,以下同)所得税收抵免的纳税人包括两类:

(1)根据企业所得税法第二十三条关于境外税额直接抵免和第二十四条关于境外税额间接抵免的规

定，居民企业（包括按境外法律设立但实际管理机构在中国，被判定为中国税收居民的企业）可以就其取得的境外所得直接缴纳和间接负担的境外企业所得税性质的税额进行抵免。

（2）根据企业所得税法第二十三条的规定，非居民企业（外国企业）在中国境内设立的机构（场所）可以就其取得的发生在境外、但与其有实际联系的所得直接缴纳的境外企业所得税性质的税额进行抵免。

为缓解由于国家间对所得来源地判定标准的重叠而产生的国际重复征税，我国税法对非居民企业在中国境内分支机构取得的发生于境外的所得所缴纳的境外税额，给予了与居民企业类似的税额抵免待遇。对此类非居民给予的境外税额抵免仅涉及直接抵免。

所谓实际联系是指，据以取得所得的权利、财产或服务活动由非居民企业在中国境内的分支机构拥有、控制或实施，如外国银行在中国境内分行以其可支配的资金向中国境外贷款，境外借款人就该笔贷款向其支付的利息，即属于发生在境外与该分行有实际联系的所得。

2. 境外税额抵免分为直接抵免和间接抵免。

直接抵免是指，企业直接作为纳税人就其境外所得在境外缴纳的所得税额在我国应纳税额中抵免。直接抵免主要适用于企业就来源于境外的营业利润所得在境外所缴纳的企业所得税，以及就来源于或发生于境外的股息、红利等权益性投资所得、利息、租金、特许权使用费、财产转让等所得在境外被源泉扣缴的预提所得税。

间接抵免是指，境外企业就分配股息前的利润缴纳的外国所得税额中由我国居民企业就该项分得的股息性质的所得间接负担的部分，在我国的应纳税额中抵免。例如我国居民企业（母公司）的境外子公司在所在国（地区）缴纳企业所得税后，将税后利润的一部分作为股息、红利分配给该母公司，子公司在境外就其应税所得实际缴纳的企业所得税税额中按母公司所得股息占全部税后利润之比的部分即属于该母公司间接负担的境外企业所得税额。间接抵免的适用范围为居民企业从其符合《通知》第五、六条规定的境外子公司取得的股息、红利等权益性投资收益所得。

《通知》第二条　关于境外所得税额抵免计算的基本项目

企业应按照企业所得税法及其实施条例、税收协定以及通知的规定，准确计算下列当期与抵免境外所得税有关的项目后，确定当期实际可抵免分国（地区）别的境外所得税税额和抵免限额：

（一）境内所得的应纳税所得额（以下称境内应纳税所得额）和分国（地区）别的境外所得的应纳税所得额（以下称境外应纳税所得额）；

（二）分国（地区）别的可抵免境外所得税税额；

（三）分国（地区）别的境外所得税的抵免限额。

企业不能准确计算上述项目实际可抵免分国（地区）别的境外所得税税额的，在相应国家（地区）缴纳的税收均不得在该企业当期应纳税额中抵免，也不得结转以后年度抵免。

3. 企业取得境外所得，其在中国境外已经实际直接缴纳和间接负担的企业所得税性质的税额，进行境外税额抵免计算的基本项目包括：境内、境外所得分国别（地区）的应纳税所得额、可抵免税额、抵免限额和实际抵免税额。不能按照有关税收法律法规准确计算实际可抵免的境外分国别（地区）的所得税税额的，不应给予税收抵免。

《通知》第三条　关于境外应纳税所得额的计算

第三条　第一款

企业应就其按照实施条例第七条规定确定的中国境外所得（境外税前所得），按以下规定计算实施条例第七十八条规定的境外应纳税所得额。

4. 根据实施条例第七条规定确定的境外所得，在计算适用境外税额直接抵免的应纳税所得额时，应为将该项境外所得直接缴纳的境外所得税额还原计算后的境外税前所得；上述直接缴纳税额还原后的所得中属于股息、红利所得的，在计算适用境外税额间接抵免的境外所得时，应再将该项境外所得间接负担的税额还原计算，即该境外股息、红利所得应为境外股息、红利税后净所得与就该项所得直接缴纳和间接负担的税额之和（参见示例七）。

对上述税额还原后的境外税前所得，应再就计算企业应纳税所得总额时已按税法规定扣除的有关成本费用中与境外所得有关的部分进行对应调整扣除后，计算为境外应纳税所得额。

第三条　第一款 第（一）项

(一)居民企业在境外投资设立不具有独立纳税地位的分支机构,其来源于境外的所得,以境外收入总额扣除与取得境外收入有关的各项合理支出后的余额为应纳税所得额。各项收入、支出按企业所得税法及其实施条例的有关规定确定。

居民企业在境外设立不具有独立纳税地位的分支机构取得的各项境外所得,无论是否汇回中国境内,均应计入该企业所属纳税年度的境外应纳税所得额。

5. 本项规定了境外分支机构应纳税所得额的计算。以上所称不具有独立纳税地位含义参见《通知》第十三条规定。

6. 由于分支机构不具有分配利润职能,因此,境外分支机构取得的各项所得,不论是否汇回境内,均应当计入所属年度的企业应纳税所得额。

7. 境外分支机构确认应纳税所得额时的各项收入与支出标准,须符合我国企业所得税法相关规定。

8. 根据实施条例第二十七条规定,确定与取得境外收入有关的合理的支出,应主要考察发生支出的确认和分摊方法是否符合一般经营常规和我国税收法律规定的基本原则。企业已在计算应纳税所得总额时扣除的,但属于应由各分支机构合理分摊的总部管理费等有关成本费用应做出合理的对应调整分摊。

境外分支机构合理支出范围通常包括境外分支机构发生的人员工资、资产折旧、利息、相关税费和应分摊的总机构用于管理分支机构的管理费用等。

第三条 第一款 第(二)项

(二)居民企业应就其来源于境外的股息、红利等权益性投资收益,以及利息、租金、特许权使用费、转让财产等收入,扣除按照企业所得税法及实施条例等规定计算的与取得该项收入有关的各项合理支出后的余额为应纳税所得额。来源于境外的股息、红利等权益性投资收益,应按被投资方作出利润分配决定的日期确认收入实现;来源于境外的利息、租金、特许权使用费、转让财产等收入,应按有关合同约定应付交易对价款的日期确认收入实现。

9. 从境外收到的股息、红利、利息等境外投资性所得一般表现为毛所得,应对在计算企业总所得额时已做统一扣除的成本费用中与境外所得有关的部分,在该境外所得中对应调整扣除后,才能作为计算境外税额抵免限额的境外应纳税所得额(参见示例一)。在就境外所得计算应对应调整扣除的有关成本费用时,应对如下成本费用(但不限于)予以特别注意:

(1)股息、红利,应对应调整扣除与境外投资业务有关的项目研究、融资成本和管理费用;

(2)利息,应对应调整扣除为取得该项利息而发生的相应的融资成本和相关费用;

(3)租金,属于融资租赁业务的,应对应调整扣除其融资成本;属于经营租赁业务的,应对应调整扣除租赁物相应的折旧或折耗;

(4)特许权使用费,应对应调整扣除提供特许使用的资产的研发、摊销等费用;

(5)财产转让,应对应调整扣除被转让财产的成本净值和相关费用。

涉及上述所得应纳税所得额中应包含的已间接负担税额的具体还原计算将在《通知》第五条、第六条项下说明。

10. 企业应根据实施条例第二章第二节中关于收入确认时间的规定确认境外所得的实现年度及其税额抵免年度。

(1)企业来源于境外的股息、红利等权益性投资收益所得,若实际收到所得的日期与境外被投资方作出利润分配决定的日期不在同一纳税年度的,应按被投资方作出利润分配日所在的纳税年度确认境外所得。

企业来源于境外的利息、租金、特许权使用费、转让财产等收入,若未能在合同约定的付款日期当年收到上述所得,仍应按合同约定付款日期所属的纳税年度确认境外所得。

(2)属于企业所得税法第四十五条以及实施条例第一百一十七条和第一百一十八条规定情形的,应按照有关法律法规的规定确定境外所得的实现年度。

(3)企业收到某一纳税年度的境外所得已纳税凭证时,凡是迟于次年5月31日汇算清缴终止日的,可以对该所得境外税额抵免追溯计算。

第三条 第一款 第(三)项

(三)非居民企业在境内设立机构、场所的,应就其发生在境外但与境内所设机构、场所有实际联系的各项应税所得，比照上述第（二）项的规定计算相应的应纳税所得额。

11. 非居民企业在中国境内设立机构、场所，在享受境外税额抵免时，也应就其发生在境外但与境内所设机构、场所有实际联系的各项应税所得，按企业所得税法和实施条例及《通知》、《指南》等相关税收法规规定计算境外所得的应纳税所得额。

第三条 第一款 第（四）项

（四）在计算境外应纳税所得额时，企业为取得境内、外所得而在境内、境外发生的共同支出，与取得境外应税所得有关的、合理的部分，应在境内、境外（分国（地区）别，下同）应税所得之间，按照合理比例进行分摊后扣除。

12. 本项所称共同支出，是指与取得境外所得有关但未直接计入境外所得应纳税所得额的成本费用支出，通常包括未直接计入境外所得的营业费用、管理费用和财务费用等支出。

企业应对在计算总所得额时已统一归集并扣除的共同费用，按境外每一国（地区）别数额占企业全部数额的下列一种比例或几种比例的综合比例，在每一国别的境外所得中对应调整扣除，计算来自每一国别的应纳税所得额。

（1）资产比例；

（2）收入比例；

（3）员工工资支出比例；

（4）其他合理比例。

上述分摊比例确定后应报送主管税务机关备案；无合理原因不得改变。

第三条 第一款 第（五）项

（五）在汇总计算境外应纳税所得额时，企业在境外同一国家（地区）设立不具有独立纳税地位的分支机构，按照企业所得税法及实施条例的有关规定计算的亏损，不得抵减其境内或他国（地区）的应纳税所得额，但可以用同一国家（地区）其他项目或以后年度的所得按规定弥补。

13. 本项基于分国不分项计算抵免的原则及其要求，对在不同国家的分支机构发生的亏损不得相互弥补做出了规定，以避免出现同一笔亏损重复弥补或须进行繁复的还原弥补、还原抵免的现象。

14. 企业在同一纳税年度的境内外所得加总为正数的，其境外分支机构发生的亏损，由于上述结转弥补的限制而发生的未予弥补的部分（以下称为非实际亏损额），今后在该分支机构的结转弥补期限不受5年期限制（参见示例二）。即：

（1）如果企业当期境内外所得盈利额与亏损额加总后和为零或正数，则其当年度境外分支机构的非实际亏损额可无限期向后结转弥补；

（2）如果企业当期境内外所得盈利额与亏损额加总后和为负数，则以境外分支机构的亏损额超过企业盈利额部分的实际亏损额，按企业所得税法第十八条规定的期限进行亏损弥补，未超过企业盈利额部分的非实际亏损额仍可无限期向后结转弥补。

企业应对境外分支机构的实际亏损额与非实际亏损额不同的结转弥补情况做好记录。

《通知》第四条 关于可予抵免境外所得税额的确认

可抵免境外所得税税额，是指企业来源于中国境外的所得依照中国境外税收法律以及相关规定应当缴纳并已实际缴纳的企业所得税性质的税款。但不包括：

（一）按照境外所得税法律及相关规定属于错缴或错征的境外所得税税款；

（二）按照税收协定规定不应征收的境外所得税税款；

（三）因少缴或迟缴境外所得税而追加的利息、滞纳金或罚款；

（四）境外所得税纳税人或者其利害关系人从境外征税主体得到实际返还或补偿的境外所得税税款；

（五）按照我国企业所得税法及其实施条例规定，已经免征我国企业所得税的境外所得负担的境外所得税税款；

（六）按照国务院财政、税务主管部门有关规定已经从企业境外应纳税所得额中扣除的境外所得税税款。

15. 可抵免的境外所得税税额的基本条件为：

（1）企业来源于中国境外的所得依照中国境外税收法律以及相关规定计算而缴纳的税额。

(2)缴纳的属于企业所得税性质的税额,而不拘泥于名称。在不同的国家,对于企业所得税的称呼有着不同的表述,如法人所得税、公司所得税等。判定是否属于企业所得税性质的税额,主要看其是否是针对企业净所得征收的税额。

(3)限于企业应当缴纳且已实际缴纳的税额。税收抵免旨在解决重复征税问题,仅限于企业应当缴纳且已实际缴纳的税额(除另有饶让抵免或其他规定外)。

(4)可抵免的企业所得税税额,若是税收协定非适用所得税项目,或来自非协定国家的所得,无法判定是否属于对企业征收的所得税税额的,应层报国家税务总局裁定。

16. 不应作为可抵免境外所得税税额的情形分析:

(1)本条第一项规定是指,属于境外所得税法律及相关规定适用错误而且企业不应缴纳而错缴的税额,企业应向境外税务机关申请予以退还,而不应作为境外已交税额向中国申请抵免企业所得税。

(2)本条第二项规定是指,根据中国政府与其他国家(地区)政府签订的税收协定(或安排)的规定不属于对方国家的应税项目,却被对方国家(地区)就其征收的企业所得税,对此,企业应向征税国家申请退还不应征收的税额;该项税额还应包括,企业就境外所得在来源国纳税时适用税率高于税收协定限定税率所多缴纳的所得税税额。

(3)本条第四项规定是指,如果有关国家为了实现特定目标而规定不同形式和程度的税收优惠,并采取征收后由政府予以返还或补偿方式退还的已缴税额,对此,企业应从其境外所得可抵免税额中剔除该相应部分。

(4)本条第五项规定是指,如果我国税收法律法规做出对某项境外所得给予免税优惠规定,企业取得免征我国企业所得税的境外所得的,该项所得的应纳税所得额及其缴纳的境外所得税额均应从计算境外所得税额抵免的境外应纳税所得额和境外已纳税额中减除。

(5)本条第六项规定是指,如果我国税法规定就一项境外所得的已纳所得税额仅作为费用从该项境外所得额中扣除的,就该项所得及其缴纳的境外所得税额不应再纳入境外税额抵免计算。

17. 企业取得的境外所得已直接缴纳和间接负担的税额为人民币以外货币的,在以人民币计算可予抵免的境外税额时,凡企业记账本位币为人民币的,应按企业就该项境外所得记入账内时使用的人民币汇率进行换算;凡企业以人民币以外其他货币作为记账本位币的,应统一按实现该项境外所得对应的我国纳税年度最后一日的人民币汇率中间价进行换算。

《通知》第五条 关于境外所得间接负担税额的计算

居民企业在按照企业所得税法第二十四条规定用境外所得间接负担的税额进行税收抵免时,其取得的境外投资收益实际间接负担的税额,是指根据直接或者间接持股方式合计持股20%以上(含20%,下同)的规定层级的外国企业股份,由此应分得的股息、红利等权益性投资收益中,从最低一层外国企业起逐层计算的属于由上一层企业负担的税额,其计算公式如下:

本层企业所纳税额属于由一家上一层企业负担的税额=(本层企业就利润和投资收益所实际缴纳的税额+符合本通知规定的由本层企业间接负担的税额)×本层企业向一家上一层企业分配的股息(红利)÷本层企业所得税后利润额。

18. 本条规定了境外所得间接负担的符合《通知》第六条规定条件的下层企业税额的计算方式及公式(参见示例三),公式中:

(1)本层企业是指实际分配股息(红利)的境外被投资企业;

(2)本层企业就利润和投资收益所实际缴纳的税额是指,本层企业按所在国税法就利润缴纳的企业所得税和在被投资方所在国就分得的股息等权益性投资收益被源泉扣缴的预提所得税;

(3)符合《通知》规定的由本层企业间接负担的税额是指该层企业由于从下一层企业分回股息(红利)而间接负担的由下一层企业就其利润缴纳的企业所得税税额;

(4)本层企业向一家上一层企业分配的股息(红利)是指该层企业向上一层企业实际分配的扣缴预提所得税前的股息(红利)数额;

(5)本层企业所得税后利润额是指该层企业实现的利润总额减去就其利润实际缴纳的企业所得税后的余额。

19. 每一层企业从其持股的下一层企业在一个年度中分得的股息(红利),若是由该下一层企业不同年度的税后未分配利润组成，则应按该股息（红利）对应的每一年度未分配利润，分别计算就该项分配利润所间接负担的税额；按各年度计算的间接负担税额之和，即为取得股息（红利）的企业该一个年度中分得的股息（红利）所得所间接负担的所得税额。

20. 境外第二层及以下层级企业归属不同国家的，在计算居民企业负担境外税额时，均以境外第一层企业所在国（地区）为国别划分进行归集计算，而不论该第一层企业的下层企业归属何国（地区）。

《通知》**第六条**　关于适用间接抵免的外国企业持股比例的计算

除国务院财政、税务主管部门另有规定外，按照实施条例第八十条规定由居民企业直接或者间接持有20%以上股份的外国企业，限于符合以下持股方式的三层外国企业：

第一层：单一居民企业直接持有20%以上股份的外国企业；

第二层：单一第一层外国企业直接持有20%以上股份，且由单一居民企业直接持有或通过一个或多个符合本条规定持股条件的外国企业间接持有总和达到20%以上股份的外国企业；

第三层：单一第二层外国企业直接持有20%以上股份，且由单一居民企业直接持有或通过一个或多个符合本条规定持股条件的外国企业间接持有总和达到20%以上股份的外国企业。

21. 本条所述符合规定的“持股条件”是指，各层企业直接持股、间接持股以及为计算居民企业间接持股总和比例的每一个单一持股，均应达到20%的持股比例（参见示例四、五）。

《通知》**第七条**　关于税收饶让抵免的应纳税额的确定

居民企业从与我国政府订立税收协定（或安排）的国家（地区）取得的所得，按照该国（地区）税收法律享受了免税或减税待遇，且该免税或减税的数额按照税收协定规定应视同已缴税额在中国的应纳税额中抵免的，该免税或减税数额可作为企业实际缴纳的境外所得税额用于办理税收抵免。

22. 我国企业所得税法目前尚未单方面规定税收饶让抵免，但我国与有关国家签订的税收协定规定有税收饶让抵免安排，本条对此进行了重申。居民企业从与我国订立税收协定（或安排）的对方国家取得所得，并按该国税收法律享受了免税或减税待遇，且该所得已享受的免税或减税数额按照税收协定（或安排）规定应视同已缴税额在我国应纳税额中抵免的，经企业主管税务机关确认，可在其申报境外所得税额时视为已缴税额（参见示例六）。

23. 税收饶让抵免应区别下列情况进行计算：

（1）税收协定规定定率饶让抵免的，饶让抵免税额为按该定率计算的应纳境外所得税额超过实际缴纳的境外所得税额的数额；

（2）税收协定规定列举一国税收优惠额给予饶让抵免的，饶让抵免税额为按协定国家（地区）税收法律规定税率计算的应纳所得税额超过实际缴纳税额的数额，即实际税收优惠额。

24. 境外所得采用《通知》第十条规定的简易办法计算抵免额的，不适用饶让抵免。

25. 企业取得的境外所得根据来源国税收法律法规不判定为所在国应税所得，而按中国税收法律法规规定属于应税所得的，不属于税收饶让抵免范畴，应全额按中国税收法律法规规定缴纳企业所得税。

《通知》**第八条**　关于抵免限额的计算

企业应按照企业所得税法及其实施条例和本通知的有关规定分国（地区）别计算境外税额的抵免限额。

某国（地区）所得税抵免限额＝中国境内、境外所得依照企业所得税法及实施条例的规定计算的应纳税总额×来源于某国（地区）的应纳税所得额÷中国境内、境外应纳税所得总额。

据以计算上述公式中“中国境内、境外所得依照企业所得税法及实施条例的规定计算的应纳税总额”的税率，除国务院财政、税务主管部门另有规定外，应为企业所得税法第四条第一款规定的税率。

企业按照企业所得税法及其实施条例和本通知的有关规定计算的当期境内、境外应纳税所得总额小于零的，应以零计算当期境内、境外应纳税所得总额，其当期境外所得税的抵免限额也为零。

26. 中国境内外所得依照企业所得税法及实施条例的规定计算的应纳税总额的税率是25%，即使企业境内所得按税收法规规定享受企业所得税优惠的，在进行境外所得税额抵免限额计算中的中国境内、外所得应纳税总额所适用的税率也应为25%。今后若国务院财政、税务主管部门规定境外所得与境内所得享受相同企业所得税优惠政策的，应按有关优惠政策的适用税率或税收负担率计算其应纳税总额和抵免限额；简便计算，也可以按该境外应纳税所得额直接乘以其实际适用的税率或税收负担率得出抵免限额（参见示例七)。

27. 若企业境内所得为亏损,境外所得为盈利,且企业已使用同期境外盈利全部或部分弥补了境内亏损,则境内已用境外盈利弥补的亏损不得再用以后年度境内盈利重复弥补。由此,在计算境外所得抵免限额时,形成当期境内、外应纳税所得总额小于零的,应以零计算当期境内、外应纳税所得总额,其当期境外所得税的抵免限额也为零。上述境外盈利在境外已纳的可予抵免但未能抵免的税额可以在以后5个纳税年度内进行结转抵免(参见示例八)。

28. 如果企业境内为亏损,境外盈利分别来自多个国家,则弥补境内亏损时,企业可以自行选择弥补境内亏损的境外所得来源国家(地区)顺序。

《通知》**第九条** 关于实际抵免境外税额的计算

在计算实际应抵免的境外已缴纳和间接负担的所得税税额时,企业在境外一国(地区)当年缴纳和间接负担的符合规定的所得税税额低于所计算的该国(地区)抵免限额的,应以该项税额作为境外所得税抵免额从企业应纳税总额中据实抵免;超过抵免限额的,当年应以抵免限额作为境外所得税抵免额进行抵免,超过抵免限额的余额允许从次年起在连续五个纳税年度内,用每年度抵免限额抵免当年应抵税额后的余额进行抵补。

29. 本条规定了企业在境外一国(地区)当年缴纳和间接负担的符合规定的企业所得税税额的具体抵免方法,即企业每年应分国(地区)别在抵免限额内据实抵免境外所得税额,超过抵免限额的部分可在以后连续5个纳税年度延续抵免;企业当年境外一国(地区)可抵免税额中既有属于当年已直接缴纳或间接负担的境外所得税额,又有以前年度结转的未逾期可抵免税额时,应首先抵免当年已直接缴纳或间接负担的境外所得税额后,抵免限额有余额的,可再抵免以前年度结转的未逾期可抵免税额,仍抵免不足的,继续向以后年度结转(参见示例九)。

30. 企业申报抵免境外所得税收(包括按照《通知》第十条规定的简易办法进行的抵免)时应向其主管税务机关提交如下书面资料:

(1)与境外所得相关的完税证明或纳税凭证(原件或复印件)。

(2)不同类型的境外所得申报税收抵免还需分别提供:

① 取得境外分支机构的营业利润所得需提供境外分支机构会计报表;境外分支机构所得依照中国境内企业所得税法及实施条例的规定计算的应纳税额的计算过程及说明资料;具有资质的机构出具的有关分支机构审计报告等;

② 取得境外股息、红利所得需提供集团组织架构图;被投资公司章程复印件;境外企业有权决定利润分配的机构作出的决定书等;

③ 取得境外利息、租金、特许权使用费、转让财产等所得需提供依照中国境内企业所得税法及实施条例规定计算的应纳税额的资料及计算过程;项目合同复印件等。

(3)申请享受税收饶让抵免的还需提供:

① 本企业及其直接或间接控制的外国企业在境外所获免税及减税的依据及证明或有关审计报告披露该企业享受的优惠政策的复印件;

② 企业在其直接或间接控制的外国企业的参股比例等情况的证明复印件;

③ 间接抵免税额或者饶让抵免税额的计算过程;

④ 由本企业直接或间接控制的外国企业的财务会计资料。

(4)采用简易办法计算抵免限额的还需提供:

① 取得境外分支机构的营业利润所得需提供企业申请及有关情况说明;来源国(地区)政府机关核发的具有纳税性质的凭证和证明复印件;

② 取得符合境外税额间接抵免条件的股息所得需提供企业申请及有关情况说明;符合企业所得税法第二十四条条件的有关股权证明的文件或凭证复印件。

(5)主管税务机关要求提供的其它资料。

以上提交备案资料使用非中文的,企业应同时提交中文译本复印件。

上述资料已向税务机关提供的,可不再提供;上述资料若有变更的,须重新提供;复印件须注明与原件一致,译本须注明与原本无异义,并加盖企业公章。

31. 税务机关、企业在年度企业所得税汇算清缴时，应对结转以后年度抵免的境外所得税额分国别（地区）建立台账管理，准确填写逐年抵免情况。

（1）台账表式：

境外所得税额结转抵免管理台账

企业名称：

所得来源国别（地区）：　　　　　　　　　　　　　　　　　　　金额单位：人民币（列至角分）

<table>
<tr><td rowspan="3">行次</td><td colspan="2">本年度未抵免税额</td><td colspan="10">五年期结转抵扣额及余额</td></tr>
<tr><td rowspan="2">税额所属年度</td><td rowspan="2">未抵免额</td><td colspan="2">第一年</td><td colspan="2">第二年</td><td colspan="2">第三年</td><td colspan="2">第四年</td><td colspan="2">第五年</td></tr>
<tr><td>抵免额</td><td>余额</td><td>抵免额</td><td>余额</td><td>抵免额</td><td>余额</td><td>抵免额</td><td>余额</td><td>抵免额</td><td>不得再结转额</td></tr>
<tr><td>1</td><td></td><td></td><td></td><td></td><td></td><td></td><td></td><td></td><td></td><td></td><td></td><td></td></tr>
<tr><td>2</td><td></td><td></td><td></td><td></td><td></td><td></td><td></td><td></td><td></td><td></td><td></td><td></td></tr>
<tr><td>3</td><td></td><td></td><td></td><td></td><td></td><td></td><td></td><td></td><td></td><td></td><td></td><td></td></tr>
<tr><td>4</td><td></td><td></td><td></td><td></td><td></td><td></td><td></td><td></td><td></td><td></td><td></td><td></td></tr>
<tr><td>5</td><td></td><td></td><td></td><td></td><td></td><td></td><td></td><td></td><td></td><td></td><td></td><td></td></tr>
</table>

（2）管理台账的编制说明：

填报以前年度境外所得已纳税额未抵免部分的结转、抵扣情况。

① 按分国不分项填报结转抵扣额的境外所得税在各年的抵扣情况；

② 本年度未抵免税额：填报税额所属年度未抵免结转以后年度抵扣的税额；

③ 五年结转抵扣额：填报按规定用本期税额扣除限额的余额抵扣以前年度结转的税额及抵扣后的余额；

《通知》**第十条**　关于简易办法计算抵免

（一）企业从境外取得营业利润所得以及符合境外税额间接抵免条件的股息所得，虽有所得来源国（地区）政府机关核发的具有纳税性质的凭证或证明，但因客观原因无法真实、准确地确认应当缴纳并已经实际缴纳的境外所得税税额的，除就该所得直接缴纳及间接负担的税额在所得来源国（地区）的实际有效税率低于我国企业所得税法第四条第一款规定税率50%以上的外，可按境外应纳税所得额的12.5%作为抵免限额，企业按该国（地区）税务机关或政府机关核发具有纳税性质凭证或证明的金额，其不超过抵免限额的部分，准予抵免；超过的部分不得抵免。

属于本款规定以外的股息、利息、租金、特许权使用费、转让财产等投资性所得，均应按本通知的其他规定计算境外税额抵免。

（二）企业从境外取得营业利润所得以及符合境外税额间接抵免条件的股息所得，凡就该所得缴纳及间接负担的税额在所得来源国（地区）的法定税率且其实际有效税率明显高于我国的，可直接以按本通知规定计算的境外应纳税所得额和我国企业所得税法规定的税率计算的抵免限额作为可抵免的已在境外实际缴纳的企业所得税税额。具体国家（地区）名单见附件。财政部、国家税务总局可根据实际情况适时对名单进行调整。

属于本款规定以外的股息、利息、租金、特许权使用费、转让财产等投资性所得，均应按本通知的其他规定计算境外税额抵免。

32. 采用简易办法也须遵循“分国不分项”原则。

33. 本条第一项中“从所得来源国（地区）政府机关取得具有纳税性质的凭证或证明”是指向境外所在国家政府实际缴纳了具有综合税额（含企业所得税）性质的款项的有效凭证。

34. 本条第二项中“实际有效税率”是指实际缴纳或负担的企业所得税税额与应纳税所得额的比率。

法定税率且实际有效税率明显高于我国（税率）的国家，由财政部和国家税务总局列名单公布；各地税务机关不能自行作出判定,发现名单所列国家抵免异常的,应立即向国家税务总局报告。

35. 本条第一项和第二项中"属于本款规定以外的股息、利息、租金、特许权使用费、转让财产等投资性所得"是指,居民企业从境外未达到直接持股20%条件的境外子公司取得的股息所得,以及取得利息、租金、特许权使用费、转让财产等所得,向所得来源国直接缴纳的预提所得税额,应按《通知》有关直接抵免的规定正常计算抵免。

《通知》**第十一条** 关于境外分支机构与我国对应纳税年度的确定

企业在境外投资设立不具有独立纳税地位的分支机构,其计算生产、经营所得的纳税年度与我国规定的纳税年度不一致的,与我国纳税年度当年度相对应的境外纳税年度,应为在我国有关纳税年度中任何一日结束的境外纳税年度。

企业取得上款以外的境外所得实际缴纳或间接负担的境外所得税,应在该项境外所得实现日所在的我国对应纳税年度的应纳税额中计算抵免。

36. 企业就其在境外设立的不具有独立纳税地位的分支机构每一纳税年度的营业利润,计入企业当年度应纳税所得总额时,如果分支机构所在国纳税年度的规定与我国规定的纳税年度不一致的,在确定该分支机构境外某一年度的税额如何对应我国纳税年度进行抵免时,境外分支机构按所在国规定计算生产经营所得的纳税年度与其境内总机构纳税年度相对应的纳税年度,应为该境外分支机构所在国纳税年度结束日所在的我国纳税年度(参见示例十)。

37. 企业取得境外股息所得实现日为被投资方做出利润分配决定的日期,不论该利润分配是否包括以前年度未分配利润,均应作为该股息所得实现日所在的我国纳税年度所得计算抵免(参见示例十一)。

《通知》**第十二条** 关于境外所得税抵免时应纳所得税额的计算

企业抵免境外所得税额后实际应纳所得税额的计算公式为:

企业实际应纳所得税额 = 企业境内外所得应纳税总额 - 企业所得税减免、抵免优惠税额 - 境外所得税抵免额

38. 公式中抵免优惠税额是指按企业所得税法第三十四条规定,企业购置用于环境保护、节能节水、安全生产等专用设备的投资额,可以按一定比例实行税额抵免。

境外所得税抵免额是指按照《通知》和《指南》计算的境外所得税额在抵免限额内实际可以抵免的税额。

《通知》**第十三条** 关于不具有独立纳税地位的定义

本通知所称不具有独立纳税地位,是指根据企业设立地法律不具有独立法人地位或者按照税收协定规定不认定为对方国家(地区)的税收居民。

39. 企业居民身份的判定,一般以国内法为准。如果一个企业同时被中国和其他国家认定为居民(即双重居民),应按中国与该国之间税收协定(或安排)的规定执行。

40. 不具有独立纳税地位的境外分支机构特别包括企业在境外设立的分公司、代表处、办事处、联络处,以及在境外提供劳务、被劳务发生地国家(地区)认定为负有企业所得税纳税义务的营业机构和场所等。

《通知》**第十四条** 关于来源于港、澳、台地区的所得

企业取得来源于中国香港、澳门、台湾地区的应税所得,参照本通知执行。

《通知》**第十五条** 关于税收协定优先原则的适用

中华人民共和国政府同外国政府订立的有关税收的协定与本通知有不同规定的,依照协定的规定办理。

41. 本条所称有关税收的协定包括,内地与中国香港、澳门地区等签订的相关税收安排。

《通知》**第十六条** 关于执行日期

本通知自2008年1月1日起执行。

42.《通知》虽然于2009年12月发布,但仍属于对执行企业所得税法及实施条例的解释,因此,与企业所得税法及实施条例的执行日期一致。

《通知》附件:法定税率明显高于我国的境外所得来源国(地区)名单

美国、阿根廷、布隆迪、喀麦隆、古巴、法国、日本、摩洛哥、巴基斯坦、赞比亚、科威特、孟加拉国、叙利亚、约旦、老挝。

43. 此类国家(地区)名单,由财政部和国家税务总局适时调整。

附示例

示例一:来源于境外利息收入的应纳税所得额的计算

中国A银行向甲国某企业贷出500万元,合同约定的利率为5%。2009年A银行收到甲国企业就应付利息25万元扣除已在甲国扣缴的预提所得税2.5万元(预提所得税税率为10%)后的22.5万元税后利息。A银行应纳税所得总额为1000万元,已在应纳税所得总额中扣除的该笔境外贷款的融资成本为本金的4%。分析并计算该银行应纳税所得总额中境外利息收入的应纳税所得额:

来源于境外利息收入的应纳税所得额,应为已缴纳境外预提所得税前的就合同约定的利息收入总额,再对应调整扣除相关筹资成本费用等。

境外利息收入总额=税后利息22.5+已扣除税额2.5=25(万元)

对应调整扣除相关成本费用后的应纳税所得额=25-500×4%=5(万元)

该境外利息收入用于计算境外税额抵免限额的应纳税所得额为5万元,应纳税所得总额仍为1000万元不变。

示例二:境外分支机构亏损的弥补

中国居民A企业2008年度境内外净所得为160万元。其中,境内所得的应纳税所得额为300万元;设在甲国的分支机构当年度应纳税所得额为100万元;设在乙国的分支机构当年度应纳税所得额为-300万元;A企业当年度从乙国取得利息所得的应纳税所得额为60万元。调整计算该企业当年度境内、外所得的应纳税所得额如下:

(1)A企业当年度境内外净所得为160万元,但依据境外亏损不得在境内或他国盈利中抵减的规定,其发生在乙国分支机构的当年度亏损额300万元,仅可以用从该国取得的利息60万元弥补,未能弥补的非实际亏损额240万元,不得从当年度企业其它盈利中弥补。因此,相应调整后A企业当年境内、外应纳税所得额为:

境内应纳税所得额=300万元;

甲国应纳税所得额=100万元;

乙国应纳税所得额=-240万元;

A企业当年度应纳税所得总额=400万元。

(2)A企业当年度境外乙国未弥补的非实际亏损共240万元,允许A企业以其来自乙国以后年度的所得无限期结转弥补。

示例三:间接抵免负担税额的计算

以示例五中居民企业A集团公司组织架构(如图一所示)及其对符合间接抵免持股条件的判定结果为例,对A公司于2010年初申报的2009年度符合条件的各层公司生产经营及分配股息情况,计算A公司可进入抵免(参见例五分析)的间接负担的境外所得税额如下:

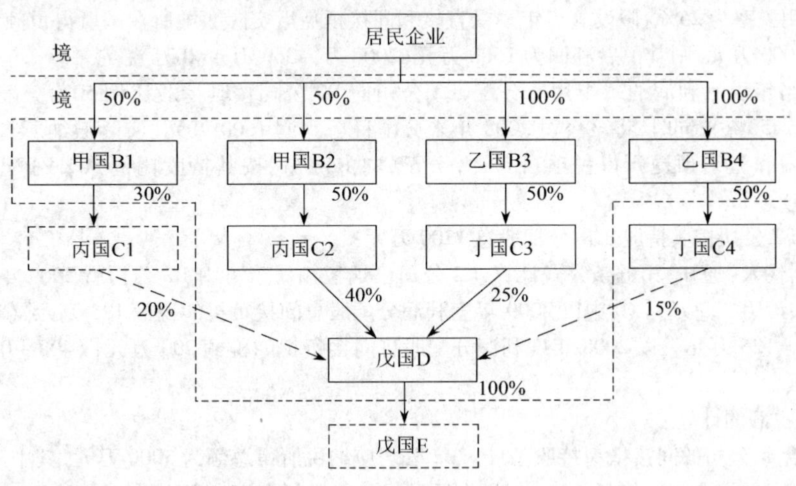

图一

(1)计算甲国 B1 及其下层各企业已纳税额中属于 A 公司可予抵免的间接负担税额:

① C1 公司及其对 D 公司 20% 持股税额的计算

由于 C1 不符合 A 公司的间接抵免条件,因此,其就利润所纳税额及其按持有 D 公司 20% 股份而分得股息直接缴纳的预提所得税及该股息所包含的 D 公司税额,均不应计算为由 A 公司可予抵免的间接负担税额。

② B1 公司税额的计算

B1 公司符合 A 公司的间接抵免持股条件。B1 公司应纳税所得总额为 1000 万元(假设该"应纳税所得总额"中在 B1 公司所在国计算税额抵免时已包含投资收益还原计算的间接税额,下同),其中来自 C1 公司的投资收益为 300 万元,按 10% 缴纳 C1 公司所在国预提所得税额为 30 万元(300 万 ×10%),无符合抵免条件的间接税额;

B1 公司适用税率为 30%,其当年在所在国按该国境外税收抵免规定计算后实际缴纳所在国所得税额为 210 万元;B1 公司当年税前利润为 1000 万元,则其当年税后利润为 760 万元(税前利润 1000 万 - 实际缴纳所在国税额 210 万 - 缴纳预提税额 30 万),且全部分配;

B1 公司向 A 公司按其持股比例 50% 分配股息 380 万元;

将上述数据代入《通知》第五条公式(即:本层企业所纳税额属于由一家上一层企业负担的税额 = 本层企业就利润和投资收益所实际缴纳的税额 + 符合本通知规定的由本层企业间接负担的税额)× 本层企业向一家上一层企业分配的股息(红利)÷ 本层企业所得税后利润额,下同)计算,A 公司就从 B1 公司分得股息间接负担的可在我国应纳税额中抵免的税额为 120 万元:

$$(210+30+0)\times(380\div760)=120(万元)$$

(2)计算甲国 B2 及其下层各企业已纳税额中属于 A 公司可予抵免的间接负担税额:

① D 公司税额的计算

D 公司符合 A 公司的间接抵免持股条件。D 公司应纳税所得总额和税前会计利润均为 1250 万元,适用税率为 20%,无投资收益和缴纳预提所得税项目。当年 D 公司在所在国缴纳企业所得税为 250 万元;D 公司将当年税后利润 1000 万元全部分配;

D 公司向 C2 公司按其持股比例 40% 分配股息 400 万元;

将上述数据代入《通知》第五条公式计算,D 公司已纳税额属于可由 C2 公司就分得股息间接负担的税额为 100 万元:

$$(250+0+0)\times(400\div1000)=100(万元)$$

② C2 公司税额的计算

C2 公司符合 A 公司的间接抵免持股条件。C2 公司应纳税所得总额为 2000 万元;其中从 D 公司分得股息 400 万元,按 10% 缴纳 D 公司所在国预提所得税额为 40 万元(400 万 ×10%),符合条件的间接负担下层公司税额 100 万元;

C2 公司适用税率为 25%,假设其当年享受直接和间接抵免后实际缴纳所在国所得税额为 360 万元;当年税前利润为 2000 万元,则其税后利润为 1600 万元(2000 万 -360 万 -40 万);

C2 公司将当年税后利润的一半用于分配,C2 公司向 B2 公司按其持股比例 50% 分配股息 400 万元(1600 万 ×50% ×50%);同时,将该公司 2008 年未分配税后利润 1600 万元(实际缴纳所得税额为 400 万元,且无投资收益和缴纳预提所得税项目)一并分配,向 B2 公司按其持股比例 50% 分配股息 800 万元(1600 万 ×50%);

C2 公司向 B2 公司按其持股比例分配股息 1200 万元;

将上述数据代入《通知》第五条公式计算,C2 公司已纳税额属于可由 B2 公司就 2009 年度分得股息间接负担的税额共计为 325 万元,其中以 2009 年度利润分配股息间接负担的税额 125 万元[(360 +40 +100) ×(400 ÷1600) =125 万元];以 2008 年度利润分配股息间接负担的税额 200 万元[(400 +0 +0) ×(800 ÷1600) =200 万元]。

③ B2 公司税额的计算

B2 公司符合 A 公司的间接抵免持股条件。B2 公司应纳税所得总额为 5000 万元,其中来自 C2 公司的投资收益为 1200 万元,按 10% 缴纳 C2 公司所在国预提所得税额为 120 万元(1200 万 ×10%),符合条件的间接负担下层公司税额 325 万元;

B2 公司适用税率为 30%，假设其当年享受直接和间接抵免后实际缴纳所在国所得税额为 1140 万元；当年税前利润为 5000 万元，则其税后利润为 3740 万元（5000 万 - 1140 万 - 120 万），且全部分配；

B2 公司向 A 公司按其持股比例 50% 分配股息 1870 万元；

将上述数据代入《通知》第五条公式计算，A 公司就从 B2 公司分得股息间接负担的可在我国应纳税额中抵免的税额为 792.5 万元：

$$(1140+120+325)\times(1870\div3740)=792.5(\text{万元})$$

（3）计算乙国 B3 及其下层各企业已纳税额中属于 A 公司可予抵免的间接负担税额：

① D 公司税额的计算

D 公司符合 A 公司的间接抵免持股条件。D 公司应纳税所得总额为 1250 万元，适用税率为 20%，无投资收益和缴纳预提所得税项目。当年 D 公司在所在国缴纳企业所得税为 250 万元；D 公司将当年税后利润 1000 万元全部分配；

D 公司向 C3 公司按其持股比例 25% 分配股息 250 万元；

将上述数据代入《通知》第五条公式计算，D 公司已纳税额属于可由 C3 公司就分得股息间接负担的税额为 62.5 万元：

$$(250+0+0)\times(250\div1000)=62.5(\text{万元})$$

② C3 公司税额的计算

C3 公司符合 A 公司的间接抵免持股条件。C3 公司应纳税所得总额为 1000 万元；其中从 D 公司分得股息 250 万元，按 10% 缴纳 D 公司所在国预提所得税额为 25 万元（250 万 ×10%），符合条件的间接负担下层公司税额 62.5 万元；

C3 公司适用税率为 30%，假设其当年享受直接和间接抵免后实际缴纳所在国所得税额为 245 万元；当年税前利润为 1000 万元，则其税后利润为 730 万元（1000 万 - 245 万 - 25 万），且全部分配；

C3 公司向 B3 公司按其持股比例 50% 分配股息 365 万元；

将上述数据代入《通知》第五条公式计算，C3 公司已纳税额属于可由 B3 公司就分得股息间接负担的税额为 166.25 万元：

$$(245+25+62.5)\times(365\div730)=166.25(\text{万元})$$

③ B3 公司税额的计算

B3 公司符合 A 公司的间接抵免持股条件。B3 公司应纳税所得总额为 2000 万元，其中来自 C3 公司的投资收益为 365 万元，按 10% 缴纳 C3 公司所在国预提所得税额为 36.5 万元（365 万 ×10%），符合条件的间接负担下层公司税额 166.25 万元；

B3 公司适用税率为 30%，假设其当年享受直接和间接抵免后实际缴纳所在国所得税额为 463.5 万元；当年税前利润为 2000 万元，则其税后利润为 1500 万元（2000 万 - 463.5 万 - 36.5 万），且全部分配；

B3 公司向 A 公司按其持股比例 100% 分配股息 1500 万元。

将上述数据代入《通知》第五条公式计算，A 公司就从 B3 公司分得股息间接负担的可在我国应纳税额中抵免的税额为 666.25 万元：

$$(463.5+36.5+166.25)\times(1500\div1500)=666.25(\text{万元})$$

（4）计算乙国 B4 及其下层各企业已纳税额中属于 A 公司可予抵免的间接负担税额：

① D 公司税额的计算

D 公司被 C4 公司持有的 15% 股份不符合 A 公司享受间接抵免的持股比例条件，因此，其所纳税额中属于该 15% 股息负担的部分不能通过 C4 等公司计入 A 公司可予抵免的间接负担税额。

② C4 公司税额的计算

C4 公司符合 A 公司的间接抵免持股条件。C4 公司应纳税所得总额为 1000 万元；其中从 D 公司分得股息 150 万元，其按 10% 直接缴纳 D 公司所在国的预提所得税额 15 万元（150 万 ×10%）属于可计算 A 公司间接抵免的税额，无符合条件的间接负担税额；

C4 公司适用税率为 25%，假设其当年享受直接和间接抵免后实际缴纳所在国所得税额为 235 万元；当年税前利润为 1000 万元，则其税后利润为 750 万元（1000 万 - 235 万 - 15 万），且全部分配；

C4 公司向 B4 公司按其持股比例 50% 分配股息 375 万元；

将上述数据代入《通知》第五条公式计算，C4 公司已纳税额属于可由 B4 公司就分得股息间接负担的税额为 125 万元：

$$(235+15+0)\times(375\div750)=125(\text{万元})$$

③ B4 公司税额的计算

B4 公司符合 A 公司的间接抵免持股条件。B4 公司应纳税所得总额为 2000 万元，其中来自 C4 公司的投资收益为 375 万元，按 10% 缴纳 C4 公司所在国预提所得税额为 37.5 万元（375 万 ×10%），符合条件的间接负担下层公司税额 125 万元；

B4 公司适用税率为 30%，假设其当年享受直接和间接抵免后实际缴纳所在国所得税额为 462.5 万元；当年税前利润为 2000 万元，则其税后利润为 1500 万元（2000 万 −462.5 万 −37.5 万），且全部分配；

B4 公司向 A 公司按其持股比例 100% 分配股息 1500 万元；

将将上述数据代入《通知》第五条公式计算，A 公司就从 B4 公司分得股息间接负担的可在我国应纳税额中抵免的税额为 625 万元：

$$(462.5+37.5+125)\times(1500\div1500)=625(\text{万元})$$

（5）上述计算后，A 公司可适用间接抵免的境外所得及间接负担的境外已纳税额分国为：

① 可适用间接抵免的境外所得（含直接所缴预提所得税但未含间接负担的税额）为 5250 万元，其中：

来自甲国的境外所得为 2250 万元（B1 股息 380 万 + B2 股息 1870 万）；

来自乙国的境外所得为 3000 万元（B3 股息 1500 万 + B4 股息 1500 万）；

② 可抵免的间接负担境外已纳税额为 2203.75 万元，其中：

来自甲国的可抵免间接负担境外已纳税额为 912.5 万元（间接负担 B1 税额 120 万 + 间接负担 B2 税额 792.5 万）；

来自乙国的可抵免间接负担境外已纳税额为 1291.25 万元（间接负担 B3 税额 666.25 万 + 间接负担 B4 税额 625 万）

（6）计算 A 公司可适用抵免的全部境外所得税额为：

① 假设上项境外所得在来源国均按 10% 税率直接缴纳境外预提所得税合计为 525 万元，其中：

缴纳甲国预提所得税为 225 万元（2250 万 ×10%）；

缴纳乙国预提所得税为 300 万元（3000 万 ×10%）；

② 来自甲乙两国所得的全部可抵免税额分别为：

甲国：直接缴纳 225 万元 + 间接负担 912.5 万元 = 1137.5（万元）

乙国：直接缴纳 300 万元 + 间接负担 1291.25 万元 = 1591.25（万元）

示例四：二层持股条件的判定

中国居民 A 企业直接持有甲国 B 企业 20% 股份，直接持有乙国 C 企业 16% 股份，并且 B 企业直接持有 C 企业 20% 股份，如下图所示：

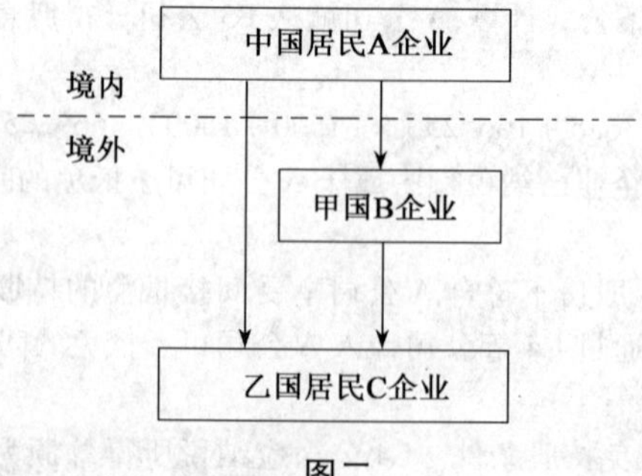

图二

分析：

（1）中国居民 A 企业直接持有甲国 B 企业 20% 股份，满足直接持股 20%（含 20%）的条件。

（2）中国居民 A 企业直接持有乙国 C 企业 16% 股份，间接持有乙国 C 企业股份 = 20% ×20% = 4%，由于 A 企业直接持有 C 企业的股份不足 20%，故不能计入 A 企业对 C 企业直接持股或间接持股的总和比例之中。因此，C 企业未满足居民企业通过一个或多个符合规定持股条件的外国企业间接持有总和达到 20%

以上股份的外国企业的规定。

示例五：多层持股条件的综合判定

中国居民企业 A 分别控股了四家公司甲国 B1、甲国 B2、乙国 B3、乙国 B4，持股比例分别为 50%、50%、100%、100%；B1 持有丙国 C1 公司 30% 股份，B2 持有丙国 C2 公司 50% 股份，B3 持有丁国 C3 公司 50% 股份，B4 持有丁国 C4 公司 50% 股份；C1、C2、C3、C4 分别持有戊国 D 公司 20%、40%、25%、15% 股份；D 公司持有戊国 E 公司 100% 股份。图示如下：

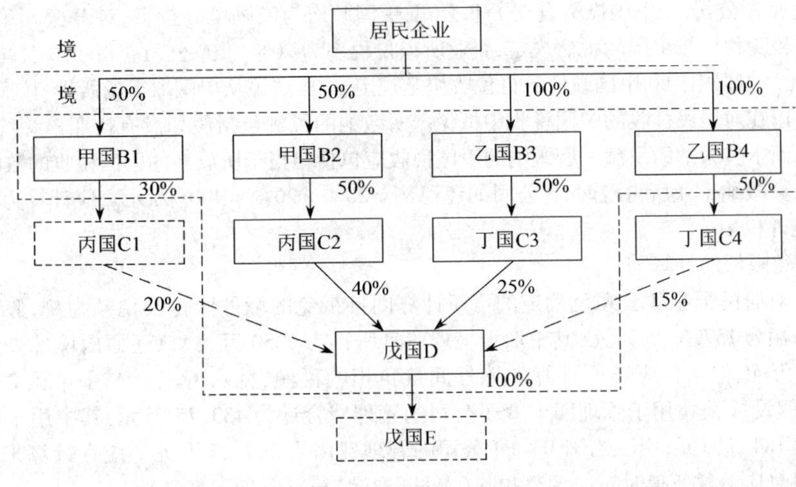

图三

注：┄虚线内为判定符合间接持股条件的公司及可就分配的股息计算间接抵免税额的所持股份。

(1)B 层各公司间接抵免持股条件的判定：

B1、B2、B3、B4 公司分别直接被 A 公司控股 50%、50%、100%、100%，均符合间接抵免第一层公司的持股条件。

(2)C 层各公司间接抵免持股条件的判定：

① C1 公司虽然被符合条件的上一层公司 B1 控股 30%，但仅受居民企业 A 间接控股 15%（50% × 30%），因此，属于不符合间接抵免持股条件的公司（但如果协定的规定为 10%，则符合间接抵免条件）；

② C2 公司被符合条件的上一层公司 B2 控股 50%，且被居民企业 A 间接控股达到 25%（50% × 50%），因此，属于符合间接抵免持股条件的公司；

③ C3 公司被符合条件的上一层公司 B3 控股 50%，且被居民企业 A 间接控股达到 50%（100% × 50%），因此，属于符合间接抵免持股条件的公司；

④ C4 公司情形与 C3 公司相同，属于符合间接抵免持股条件的公司。

(3)D 公司间接抵免持股条件的判定：

① 虽然 D 公司被 C1 控股达到了 20%，但由于 C1 属于不符合持股条件的公司，所以，C1 对 D 公司的 20% 持股也不得再计入 D 公司间接抵免持股条件的范围，来源于 D 公司 20% 部分的所得的已纳税额不能进入居民企业 A 的抵免范畴；

② D 公司被 C2 控股达到 40%，但被 A 通过符合条件的 B2、C2 间接持股仅 10%，未达到 20%，因此，还不能由此判定 D 是否符合间接抵免条件；

③ D 公司被 C3 控股达到 25%，且由 A 通过符合条件的 B3、C3 间接控股达 12.5%（100% ×50% × 25%），加上 A 通过 B2、C2 的间接控股 10%，间接控股总和达到 22.5%。因此，D 公司符合间接抵免条件，其所纳税额中属于向 C2 和 C3 公司分配的 65% 股息所负担的部分，可进入 A 公司的间接抵免范畴。

④ D 公司被 C4 控股 15%，虽然 C4 自身为符合持股条件的公司，但其对 D 公司的持股不符合直接控股达 20% 的持股条件。因此，该 C4 公司对 D 公司 15% 的持股，不能计入居民企业 A 对 D 公司符合条件的间接持股总和之中；同时，D 公司所纳税额中属于向 C4 公司按其持股 15% 分配的股息所负担的部分，也不能进入居民企业 A 的间接抵免范畴。

(4)E 公司间接抵免持股条件的判定:

居民企业 A 通过其它公司对 E 的间接控制由于超过了三层(居民企业 A→B2(B3)→C2(C3)→D→E,E 公司处于向下四层),因此,E 公司不能纳入 A 公司的间接抵免范畴;即使 D 公司和 E 公司在戊国实行集团合并(汇总)纳税,D 公司就 E 公司所得所汇总缴纳的税额部分,也须在计算 A 公司间接负担税额时在 D 公司合并(汇总)税额中扣除。

示例六 :税收饶让抵免的计算

中国居民企业 A 公司,在甲国投资设立了 B 公司,甲国政府为鼓励境外投资,对 B 公司第一个获利年度实施了企业所得税免税。按甲国的税法规定,企业所得税税率为 20% 。A 公司获得了 B 公司免税年度分得的利润 2000 万元。根据中国和甲国政府签订税收协定规定,中国居民从甲国取得的所得,按照协定规定在甲国缴纳的税额可以在对居民征收的中国税收中抵免。所缴纳的税额包括假如没有按照该缔约国给予减免税或其他税收优惠而本应缴纳的税额。所缴纳的甲国税收应包括相当于所放弃的甲国税收的数额。计算如下:

A 公司在计算缴纳企业所得税时,B 公司的免税额 = 2000 × 20% = 400(万元),应计算为由 A 公司抵免的间接负担的境外税额。

示例七 :抵免限额的计算

以示例三中对居民企业 A 公司已确定的可予计算间接抵免的境外所得及税额为例,假设 A 公司申报的境内外所得总额为 15796. 25 万元,其中取得境外股息所得为 5250 万元(已还原向境外直接缴纳 10% 的预提所得税 525 万元,但未含应还原计算的境外间接负担的税额,见示例三),其中甲国 2250 万元,乙国 3000 万元;同时假设 A 公司用于管理四个 B 子公司的管理费合计为 433. 75 万元,其中用于甲国 B1、B2 公司的管理费用为 184. 5 万元,用于乙国 B3、B4 公司的管理费用为 249. 25 万元。应在计算来自两个国家四个 B 子公司的股息应纳税所得时对应调整扣除(参见《通知》第三条项下释义)。

分析:

(1)境外股息所得应为境外股息净所得与境外直接缴纳税额和间接缴纳税额之和 7453. 75 万元(5250 万 + 2203. 75 万),其中:

来源于甲国股息所得 3162. 5 万元(2250 万 + 912. 5 万);

来源于乙国股息所得 4291. 25 万元(3000 万 + 1291. 25 万);

(2)境外股息所得对应调整扣除相关管理费后的应纳税所得额为 7020 万元(7453. 75 万 - 433. 75 万),其中:

来源于甲国股息所得对应调整后应纳税所得额为 2978 万元(3162. 5 万 - 184. 5 万);

来源于乙国股息所得对应调整后应纳税所得额为 4042 万元(4291. 25 万 - 249. 25 万)。

(3)境外间接负担税额还原计算后境内、外应纳税所得总额为:

已还原直接税额的境内外所得总额 + 可予计算抵免的间接税额 = 15796. 25 + 2203..75 = 18000(万元);

(4)企业应纳税总额为:

应纳税所得总额 × 适用税率 = 18000 × 25% = 4500(万元)

(5)计算抵免限额为:

① 来源于甲国所得的抵免限额为:

应纳税总额 × 甲国的应纳税所得额 ÷ 中国境内、境外应纳税所得总额 = 4500 × 2978 ÷ 18000 = 744. 5(万元)

② 来源于乙国所得的抵免限额为:

应纳税总额 × 乙国的应纳税所得额 ÷ 中国境内、境外应纳税所得总额 = 4500 × 4042 ÷ 18000 = 1010. 5(万元)

示例八 :境外盈利弥补境内亏损时,境外已缴税额的处理

表一

金额单位:万元

项目	境内企业	境外营业机构	境外已纳税额	抵免限额	结转以后年度抵免余额
税率	25%	30%	—	—	—
第一年利润	- 100	100	30	0	30
第二年利润	100	100	30	25	35

分析：

第一年：应纳税所得额 = -100 + 100 = 0，抵免限额为 0，境外已缴税额结转下一年度抵补余额为 30 万元。

第二年：应纳税所得额 = 100 + 100 = 200（万元）。

当年境外所得税税额 = 30（万元）

抵免限额 = 200 × 25% × [100 ÷ 200] = 25 万元（< 30 万元）

实际抵免境外所得税额 = 25（万元）

留待以后结转抵免税额 = 30 - 25 + 30 = 35（万元）

示例九：实际抵免境外税额的计算

以示例三对 A 公司计算的可抵免境外负担税额及示例七对其计算的境外所得应纳税总额和境外税额抵免限额为例，计算其当年度可实际抵免的境外税额。

（1）甲国

可抵免境外税额 = 直接税额 225 万 + 间接负担税额 912.5 万 = 1137.5（万元）；

抵免限额 = 744.5（万元）（< 1137.5 万元）；

当年可实际抵免税额 = 744.5（万元）；

可结转的当年度未抵免税额 = 1137.5 - 744.5 = 393（万元）。

（2）乙国

可抵免境外税额 = 直接税额 300 万 + 间接负担税额 1291.25 万 = 1591.25（万元）；

抵免限额 = 1010.5 万元（< 1591.25 万元）；

当年可实际抵免税额 = 1010.5（万元）；

可结转的当年度未抵免税额 = 1591.25 - 1010.5 = 580.75（万元）；

（3）当年度可实际抵免税额合计 = 744.5 + 1010.5 = 1755（万元）。

再以此例按《通知》第十二条所列公式计算 A 公司 2010 年抵免境外所得税后应纳所得税额为（假设 A 公司没有适用税法规定的有关设备投资抵免税额等优惠）：

境内外应纳所得税总额 - 当年可实际抵免境外税额 = 18000 × 25% - 1755 = 2745（万元）

示例十：境外分支机构纳税年度的判定

某居民企业在 A 国的分公司，按 A 国法律规定，计算当期利润年度为每年 10 月 1 日至次年 9 月 30 日。

分析：

该分公司按 A 国规定计算 2009 年 10 月 1 日至次年 9 月 30 日期间（即 A 国 2009/2010 年度）的营业利润及其已纳税额，应在我国 2010 年度计算纳税及境外税额抵免。

示例十一：境外股息所得在我国计算抵免的时间

某居民企业的境外子公司于 2010 年 5 月 1 日股东会决定，将分别属于 2007 年、2008 年的未分配利润共计 2000 万元分配。

分析：

该 2000 万元均属于该居民企业 2010 年取得的股息，就该股息被扣缴的预提所得税以及该股息间接负担的由境外子公司就其 2008 年、2009 年度利润缴纳的境外所得税，均应按规定的适用条件在该居民企业 2010 年应纳我国企业所得税中计算抵免。（可参见例三中“C2 公司税额的计算”）

财政部　国家税务总局　民政部关于公益性捐赠税前扣除有关问题的补充通知

财税［2010］45 号

各省、自治区、直辖市、计划单列市财政厅（局）、国家税务局、地方税务局、民政厅（局），新疆生产建设兵团财务局、民政局：

为进一步规范公益性捐赠税前扣除政策，加强税收征管，根据《财政部　国家税务总局 民政部关于公

益性捐赠税前扣除有关问题的通知》(财税[2008]160 号)的有关规定,现将公益性捐赠税前扣除有关问题补充通知如下:

一、企业或个人通过获得公益性捐赠税前扣除资格的公益性社会团体或县级以上人民政府及其组成部门和直属机构,用于公益事业的捐赠支出,可以按规定进行所得税税前扣除。

县级以上人民政府及其组成部门和直属机构的公益性捐赠税前扣除资格不需要认定。

二、在财税[2008]160 号文件下发之前已经获得公益性捐赠税前扣除资格的公益性社会团体,必须按规定的条件和程序重新提出申请,通过认定后才能获得公益性捐赠税前扣除资格。

符合财税[2008]160 号文件第四条规定的基金会、慈善组织等公益性社会团体,应同时向财政、税务、民政部门提出申请,并分别报送财税[2008]160 号文件第七条规定的材料。

民政部门负责对公益性社会团体资格进行初步审查,财政、税务部门会同民政部门对公益性捐赠税前扣除资格联合进行审核确认。

三、对获得公益性捐赠税前扣除资格的公益性社会团体,由财政部、国家税务总局和民政部以及省、自治区、直辖市、计划单列市财政、税务和民政部门每年分别联合公布名单。名单应当包括当年继续获得公益性捐赠税前扣除资格和新获得公益性捐赠税前扣除资格的公益性社会团体。

企业或个人在名单所属年度内向名单内的公益性社会团体进行的公益性捐赠支出,可按规定进行税前扣除。

四、2008 年 1 月 1 日以后成立的基金会,在首次获得公益性捐赠税前扣除资格后,原始基金的捐赠人在基金会首次获得公益性捐赠税前扣除资格的当年进行所得税汇算清缴时,可按规定进行税前扣除。

五、对于通过公益性社会团体发生的公益性捐赠支出,企业或个人应提供省级以上(含省级)财政部门印制并加盖接受捐赠单位印章的公益性捐赠票据,或加盖接受捐赠单位印章的《非税收入一般缴款书》收据联,方可按规定进行税前扣除。

对于通过公益性社会团体发生的公益性捐赠支出,主管税务机关应对照财政、税务、民政部门联合公布的名单予以办理,即接受捐赠的公益性社会团体位于名单内的,企业或个人在名单所属年度向名单内的公益性社会团体进行的公益性捐赠支出可按规定进行税前扣除;接受捐赠的公益性社会团体不在名单内,或虽在名单内但企业或个人发生的公益性捐赠支出不属于名单所属年度的,不得扣除。

六、对已经获得公益性捐赠税前扣除资格的公益性社会团体,其年度检查连续两年基本合格视同为财税[2008]160 号文件第十条规定的年度检查不合格,应取消公益性捐赠税前扣除资格。

七、获得公益性捐赠税前扣除资格的公益性社会团体,发现其不再符合财税[2008]160 号文件第四条规定条件之一,或存在财税[2008]160 号文件第十条规定情形之一的,应自发现之日起 15 日内向主管税务机关报告,主管税务机关可暂时明确其获得资格的次年内企业或个人向该公益性社会团体的公益性捐赠支出,不得税前扣除。同时,提请审核确认其公益性捐赠税前扣除资格的财政、税务、民政部门明确其获得资格的次年不具有公益性捐赠税前扣除资格。

税务机关在日常管理过程中,发现公益性社会团体不再符合财税[2008]160 号文件第四条规定条件之一,或存在财税[2008]160 号文件第十条规定情形之一的,也按上述规定处理。

国家税务总局关于发布《企业重组业务企业所得税管理办法》的公告

国家税务总局公告 2010 年第 4 号

现将《企业重组业务企业所得税管理办法》予以发布,自 2010 年 1 月 1 日起施行。

本办法发布时企业已经完成重组业务的,如适用《财政部　国家税务总局关于企业重组业务企业所得税处理若干问题的通知》(财税[2009]59 号)特殊税务处理,企业没有按照本办法要求准备相关资料的,应补备相关资料;需要税务机关确认的,按照本办法要求补充确认。2008、2009 年度企业重组业务尚未进行税务处理的,可按本办法处理。

特此公告。

国家税务总局关于企业股权投资损失所得税处理问题的公告

2010 年第 6 号

根据《中华人民共和国企业所得税法》第八条及其有关规定，现就企业股权投资损失所得税处理问题公告如下：

一、企业对外进行权益性（以下简称股权）投资所发生的损失，在经确认的损失发生年度，作为企业损失在计算企业应纳税所得额时一次性扣除。

二、本规定自 2010 年 1 月 1 日起执行。本规定发布以前，企业发生的尚未处理的股权投资损失，按照本规定，准予在 2010 年度一次性扣除。

特此公告。

国家税务总局关于取消合并纳税后以前年度尚未弥补亏损有关企业所得税问题的公告

国家税务总局公告 2010 年第 7 号

根据《财政部　国家税务总局关于试点企业集团缴纳企业所得税有关问题的通知》（财税[2008]119 号）规定，自 2009 年度开始，一些企业集团取消了合并申报缴纳企业所得税。现就取消合并申报缴纳企业所得税后，对汇总在企业集团总部、尚未弥补的累计亏损处理问题，公告如下：

一、企业集团取消了合并申报缴纳企业所得税后，截至 2008 年底，企业集团合并计算的累计亏损，属于符合《中华人民共和国企业所得税法》第十八条规定 5 年结转期限内的，可分配给其合并成员企业（包括企业集团总部）在剩余结转期限内，结转弥补。

二、企业集团应根据各成员企业截至 2008 年底的年度所得税申报表中的盈亏情况，凡单独计算是亏损的各成员企业，参与分配第一条所指的可继续弥补的亏损；盈利企业不参与分配。具体分配公式如下：

$$\text{成员企业分配的亏损额}=\left(\text{某成员企业单独计算盈亏尚未弥补的亏损额}\div\text{各成员企业单独计算盈亏尚未弥补的亏损额之和}\right)\times\text{集团公司合并计算累计可继续弥补的亏损额}$$

三、企业集团在按照第二条所规定的方法分配亏损时，应根据集团每年汇总计算中这些亏损发生的实际所属年度，确定各成员企业所分配的亏损额中具体所属年度及剩余结转期限。

四、企业集团按照上述方法分配各成员企业亏损额后，应填写《企业集团公司累计亏损分配表》（见附件）并下发给各成员企业，同时抄送企业集团主管税务机关。

五、本公告自 2009 年 1 月 1 日起执行。

财政部　国家税务总局关于保险保障基金有关税收问题的通知

财税[2010]77 号

各省、自治区、直辖市、计划单列市财政厅（局）、国家税务局、地方税务局，新疆生产建设兵团财务局：

经国务院批准，现对保险保障基金有关税收政策问题通知如下：

一、对中国保险保障基金有限责任公司(以下简称保险保障基金公司)根据《保险保障基金管理办法》(以下简称《管理办法》)取得的下列收入,免征企业所得税:

1. 境内保险公司依法缴纳的保险保障基金;

2. 依法从撤销或破产保险公司清算财产中获得的受偿收入和向有关责任方追偿所得,以及依法从保险公司风险处置中获得的财产转让所得;

3. 捐赠所得;

4. 银行存款利息收入;

5. 购买政府债券、中央银行、中央企业和中央级金融机构发行债券的利息收入;

6. 国务院批准的其他资金运用取得的收入。

二、对保险保障基金公司根据《管理办法》取得的下列收入,免征营业税:

1. 境内保险公司依法缴纳的保险保障基金;

2. 依法从撤销或破产保险公司清算财产中获得的受偿收入和向有关责任方追偿所得。

三、对保险保障基金公司下列应税凭证,免征印花税:

1. 新设立的资金账簿;

2. 对保险公司风险处置和在破产救助过程中签订的产权转移书据;

3. 在风险处置过程中与中国人民银行签订的再贷款合同;

4. 以保险保障基金自有财产和接收的受偿资产与保险公司签订的财产保险合同;

5. 对与保险保障基金公司签订上述应税合同或产权转移书据的其他当事人照章征收印花税。

四、本通知自2009年1月1日起至2011年12月31日止执行。对保险保障基金公司在2009年1月1日至文到之日已缴纳的应予免征的营业税,从以后应缴纳的营业税税款中抵减。

财政部　国家税务总局关于海峡两岸空中直航营业税和企业所得税政策的通知

财税[2010]63号

各省、自治区、直辖市、计划单列市财政厅(局)、国家税务局、地方税务局、新疆生产建设兵团财务局:

为推动海峡两岸空中直航,经国务院批准,现对海峡两岸空中直航业务有关税收政策通知如下:

一、自2009年6月25日起,对台湾航空公司从事海峡两岸空中直航业务在大陆取得的运输收入,免征营业税。

对台湾航空公司在2009年6月25日起至文到之日已缴纳应予免征的营业税,从以后应缴的营业税税款中抵减,在2010年内抵减不完的予以退还。

二、自2009年6月25日起,对台湾航空公司从事海峡两岸空中直航业务取得的来源于大陆的所得,免征企业所得税。

对台湾航空公司在2009年6月25日起至文到之日已缴纳应予免征的企业所得税,在2010年内予以退还。

享受企业所得税免税政策的台湾航空公司应当按照企业所得税法实施条例的有关规定,单独核算其从事上述业务在大陆取得的收入和发生的成本、费用;未单独核算的,不得享受免征企业所得税政策。

三、本通知所称台湾航空公司,是指取得中国民用航空局颁发的"经营许可"或依据《海峡两岸空运协议》和《海峡两岸空运补充协议》规定,批准经营两岸旅客、货物和邮件不定期(包机)运输业务,且公司登记地址在台湾的航空公司。

国家税务总局关于融资性售后回租业务中承租方出售资产行为有关税收问题的公告

国家税务总局公告[2010]13号

现就融资性售后回租业务中承租方出售资产行为有关税收问题公告如下：

融资性售后回租业务是指承租方以融资为目的将资产出售给经批准从事融资租赁业务的企业后，又将该项资产从该融资租赁企业租回的行为。融资性售后回租业务中承租方出售资产时，资产所有权以及与资产所有权有关的全部报酬和风险并未完全转移。

一、增值税和营业税

根据现行增值税和营业税有关规定，融资性售后回租业务中承租方出售资产的行为，不属于增值税和营业税征收范围，不征收增值税和营业税。

二、企业所得税

根据现行企业所得税法及有关收入确定规定，融资性售后回租业务中，承租人出售资产的行为，不确认为销售收入，对融资性租赁的资产，仍按承租人出售前原账面价值作为计税基础计提折旧。租赁期间，承租人支付的属于融资利息的部分，作为企业财务费用在税前扣除。

本公告自2010年10月1日起施行。此前因与本公告规定不一致而已征的税款予以退税。

财政部　国家税务总局关于支持公共租赁住房建设和运营有关税收优惠政策的通知

财税[2010]88号

各省、自治区、直辖市、计划单列市财政厅（局）、地方税务局，西藏、宁夏、青海省（自治区）国家税务局，新疆生产建设兵团财务局：

根据国务院办公厅《关于促进房地产市场平稳健康发展的通知》（国办发[2010]4号）、《国务院关于坚决遏制部分城市房价过快上涨的通知》（国发[2010]10号）和住房城乡建设部等七部门《关于加快发展公共租赁住房的指导意见》（建保[2010]87号）精神，现对公共租赁住房（以下简称公租房）建设和运营有关税收政策通知如下：

一、对公租房建设期间用地及公租房建成后占地免征城镇土地使用税。在其他住房项目中配套建设公租房，依据政府部门出具的相关材料，可按公租房建筑面积占总建筑面积的比例免征建造、管理公租房涉及的城镇土地使用税。

二、对公租房经营管理单位建造公租房涉及的印花税予以免征。在其他住房项目中配套建设公租房，依据政府部门出具的相关材料，可按公租房建筑面积占总建筑面积的比例免征建造、管理公租房涉及的印花税。

三、对公租房经营管理单位购买住房作为公租房，免征契税、印花税；对公租房租赁双方签订租赁协议涉及的印花税予以免征。

四、对企事业单位、社会团体以及其他组织转让旧房作为公租房房源，且增值额未超过扣除项目金额20%的，免征土地增值税。

五、企事业单位、社会团体以及其他组织捐赠住房作为公租房，符合税收法律法规规定的，捐赠支出在年度利润总额12%以内的部分，准予在计算应纳税所得额时扣除。

六、对经营公租房所取得的租金收入，免征营业税、房产税。公租房租金收入与其他住房经营收入应单独核算,未单独核算的,不得享受免征营业税、房产税优惠政策。

七、享受上述税收优惠政策的公租房是指纳入省、自治区、直辖市、计划单列市人民政府及新疆生产建设兵团批准的公租房发展规划和年度计划,以及按照建保[2010]87号文件和市、县人民政府制定的具体管理办法进行管理的公租房。不同时符合上述条件的公租房不得享受上述税收优惠政策。

八、上述政策自发文之日起执行,执行期限暂定三年,政策到期后将根据公租房建设和运营情况对有关内容加以完善。

国家税务总局关于企业取得财产转让等所得企业所得税处理问题的公告

国家税务总局公告2010年第19号

根据《中华人民共和国企业所得税法实施条例》第二十五条规定,现就企业以不同形式取得财产转让等收入征收企业所得税问题公告如下:

一、企业取得财产(包括各类资产、股权、债权等)转让收入、债务重组收入、接受捐赠收入、无法偿付的应付款收入等,不论是以货币形式、还是非货币形式体现,除另有规定外,均应一次性计入确认收入的年度计算缴纳企业所得税。

二、本公告自发布之日起30日后施行。2008年1月1日至本公告施行前,各地就上述收入计算的所得,已分5年平均计入各年度应纳税所得额计算纳税的,在本公告发布后,对尚未计算纳税的应纳税所得额,应一次性作为本年度应纳税所得额计算纳税。

国家税务总局关于查增应纳税所得额弥补以前年度亏损处理问题的公告

国家税务总局公告2010年第20号

现就税务机关检查调增的企业应纳税所得额弥补以前年度亏损问题公告如下:

一、根据《中华人民共和国企业所得税法》(以下简称企业所得税法)第五条的规定,税务机关对企业以前年度纳税情况进行检查时调增的应纳税所得额,凡企业以前年度发生亏损、且该亏损属于企业所得税法规定允许弥补的,应允许调增的应纳税所得额弥补该亏损。弥补该亏损后仍有余额的,按照企业所得税法规定计算缴纳企业所得税。对检查调增的应纳税所得额应根据其情节,依照《中华人民共和国税收征收管理法》有关规定进行处理或处罚。

二、本规定自2010年12月1日开始执行。以前(含2008年度之前)没有处理的事项,按本规定执行。

国家税务总局关于金融企业贷款利息收入确认问题的公告

国家税务总局公告2010年第23号

根据《中华人民共和国企业所得税法》及其实施条例的规定,现对金融企业贷款利息收入所得税处理问题公告如下:

一、金融企业按规定发放的贷款,属于未逾期贷款(含展期,下同),应根据先收利息后收本金的原则,按贷款合同确认的利率和结算利息的期限计算利息,并于债务人应付利息的日期确认收入的实现;属于逾期贷款,其逾期后发生的应收利息,应于实际收到的日期,或者虽未实际收到,但会计上确认为利息收入的日期,确认收入的实现。

二、金融企业已确认为利息收入的应收利息,逾期90天仍未收回,且会计上已冲减了当期利息收入的,准予抵扣当期应纳税所得额。

三、金融企业已冲减了利息收入的应收未收利息,以后年度收回时,应计入当期应纳税所得额计算纳税。

四、本公告自发布之日起30日后施行。

特此公告。

财政部　国家税务总局　商务部　科技部　国家发展改革委 关于技术先进型服务企业有关企业所得税政策问题的通知

财税[财税]65号

北京、天津、大连、黑龙江、上海、江苏、浙江、安徽、厦门、江西、山东、湖北、湖南、广东、深圳、重庆、四川、陕西省(直辖市、计划单列市)财政厅(局)、国家税务局、地方税务局、商务主管部门、科技厅(委、局)、发展改革委:

根据国务院有关文件精神,现就技术先进型服务企业有关企业所得税政策问题通知如下:

一、自2010年7月1日起至2013年12月31日止,在北京、天津、上海、重庆、大连、深圳、广州、武汉、哈尔滨、成都、南京、西安、济南、杭州、合肥、南昌、长沙、大庆、苏州、无锡、厦门等21个中国服务外包示范城市(以下简称示范城市)实行以下企业所得税优惠政策:

1. 对经认定的技术先进型服务企业,减按15%的税率征收企业所得税。

2. 经认定的技术先进型服务企业发生的职工教育经费支出,不超过工资薪金总额8%的部分,准予在计算应纳税所得额时扣除;超过部分,准予在以后纳税年度结转扣除。

二、享受本通知第一条规定的企业所得税优惠政策的技术先进型服务企业必须同时符合以下条件:

1. 从事《技术先进型服务业务认定范围(试行)》(详见附件)中的一种或多种技术先进型服务业务,采用先进技术或具备较强的研发能力;

2. 企业的注册地及生产经营地在示范城市(含所辖区、县、县级市等全部行政区划)内;

3. 企业具有法人资格,近两年在进出口业务管理、财务管理、税收管理、外汇管理、海关管理等方面无违法行为;

4. 具有大专以上学历的员工占企业职工总数的50%以上;

5. 从事《技术先进型服务业务认定范围(试行)》中的技术先进型服务业务取得的收入占企业当年总收入的50%以上。

6. 从事离岸服务外包业务取得的收入不低于企业当年总收入的50%。

从事离岸服务外包业务取得的收入,是指企业根据境外单位与其签订的委托合同,由本企业或其直接转包的企业为境外单位提供《技术先进型服务业务认定范围(试行)》中所规定的信息技术外包服务(ITO)、技术性业务流程外包服务(BPO)和技术性知识流程外包服务(KPO),而从上述境外单位取得的收入。

三、技术先进型服务企业的认定管理

1. 示范城市人民政府科技部门会同本级商务、财政、税务和发展改革部门根据本通知规定制定具体管理办法,并报科技部、商务部、财政部、国家税务总局和国家发展改革委及所在省(直辖市、计划单列市)科技、商务、财政、税务和发展改革部门备案。

示范城市所在省(直辖市、计划单列市)科技部门会同本级商务、财政、税务和发展改革部门负责指导所辖示范城市的技术先进型服务企业认定管理工作。

2. 符合条件的技术先进型服务企业应向所在示范城市人民政府科技部门提出申请，由示范城市人民政府科技部门会同本级商务、财政、税务和发展改革部门联合评审并发文认定。认定企业名单应及时报科技部、商务部、财政部、国家税务总局和国家发展改革委及所在省（直辖市、计划单列市）科技、商务、财政、税务和发展改革部门备案。

3. 经认定的技术先进型服务企业，持相关认定文件向当地主管税务机关办理享受本通知第一条规定的企业所得税优惠政策事宜。享受企业所得税优惠的技术先进型服务企业条件发生变化的，应当自发生变化之日起15日内向主管税务机关报告；不再符合享受税收优惠条件的，应当依法履行纳税义务。主管税务机关在执行税收优惠政策过程中，发现企业不具备技术先进型服务企业资格的，应暂停企业享受税收优惠，并提请认定机构复核。

4. 示范城市人民政府科技、商务、财政、税务和发展改革部门及所在省（直辖市、计划单列市）科技、商务、财政、税务和发展改革部门对经认定并享受税收优惠政策的技术先进型服务企业应做好跟踪管理，对变更经营范围、合并、分立、转业、迁移的企业，如不符合认定条件的，应及时取消其享受税收优惠政策的资格。

四、示范城市人民政府财政、税务、商务、科技和发展改革部门要认真贯彻落实本通知的各项规定，切实搞好沟通与协作。在政策实施过程中发现的问题，要及时逐级反映上报财政部、国家税务总局、商务部、科技部和国家发展改革委。

五、《财政部 国家税务总局 商务部 科技部 国家发展改革委关于技术先进型服务企业有关税收政策问题的通知》（财税［2009］63号）自2010年7月1日起废止。

国家税务总局关于工会经费企业所得税税前扣除凭据问题的公告

国家税务总局公告2010年第24号

根据《工会法》、《中国工会章程》和财政部颁布的《工会会计制度》，以及财政票据管理的有关规定，全国总工会决定从2010年7月1日起，启用财政部统一印制并套印财政部票据监制章的《工会经费收入专用收据》，同时废止《工会经费拨缴款专用收据》。为加强对工会经费企业所得税税前扣除的管理，现就工会经费税前扣除凭据问题公告如下：

一、自2010年7月1日起，企业拨缴的职工工会经费，不超过工资薪金总额2%的部分，凭工会组织开具的《工会经费收入专用收据》在企业所得税税前扣除。

二、《国家税务总局关于工会经费税前扣除问题的通知》（国税函［2000］678号）同时废止。

特此公告。

国家税务总局关于房地产开发企业注销前有关企业所得税处理问题的公告

国家税务总局公告2010年第29号

根据《中华人民共和国企业所得税法》及其实施条例的相关规定，现就房地产开发企业注销前由于预征土地增值税导致多缴企业所得税的退税问题公告如下：

一、房地产开发企业（以下简称企业）按规定对开发项目进行土地增值税清算后，在向税务机关申请办理注销税务登记时，如注销当年汇算清缴出现亏损，应按照以下方法计算出其在注销前项目开发各年度多缴的企业所得税税款，并申请退税：

（一）企业整个项目缴纳的土地增值税总额，应按照项目开发各年度实现的项目销售收入占整个项目销售收入总额的比例，在项目开发各年度进行分摊，具体按以下公式计算：

各年度应分摊的土地增值税 = 土地增值税总额 ×（项目年度销售收入 ÷ 整个项目销售收入总额）

本公告所称销售收入包括视同销售房地产的收入，但不包括企业销售的增值额未超过扣除项目金额20% 的普通标准住宅的销售收入。

（二）项目开发各年度应分摊的土地增值税减去该年度已经税前扣除的土地增值税后，余额属于当年应补充扣除的土地增值税；企业应调整当年度的应纳税所得额，并按规定计算当年度应退的企业所得税税款；当年度已缴纳的企业所得税税款不足退税的，应作为亏损向以后年度结转，并调整以后年度的应纳税所得额。

（三）企业对项目进行土地增值税清算的当年，由于按照上述方法进行土地增值税分摊调整后，导致当年度应纳税所得额出现正数的，应按规定计算缴纳企业所得税。

（四）企业按上述方法计算的累计退税额，不得超过其在项目开发各年度累计实际缴纳的企业所得税。

二、企业在申请退税时，应向主管税务机关提供书面材料证明应退企业所得税款的计算过程，包括企业整个项目缴纳的土地增值税总额、整个项目销售收入总额、项目年度销售收入、各年度应分摊的土地增值税和已经税前扣除的土地增值税、各年度的适用税率等。

三、企业按规定对开发项目进行土地增值税清算后，在向税务机关申请办理注销税务登记时，如注销当年汇算清缴出现亏损，但土地增值税清算当年未出现亏损，或尽管土地增值税清算当年出现亏损，但在注销之前年度已按税法规定弥补完毕的，不执行本公告。

主管税务机关应结合企业土地增值税清算年度至注销年度之间的汇算清缴情况，判断其是否应该执行本公告，并对应退企业所得税款进行核实。

四、本公告自 2010 年 1 月 1 日起施行。

特此公告。

国家税务总局关于电网企业输电线路部分报废损失税前扣除问题的公告

国家税务总局公告 2010 年第 30 号

根据《中华人民共和国企业所得税法实施条例》第三十二条的规定，现对电网企业输电铁塔和线路损失企业所得税税前扣除问题公告如下：

一、由于加大水电送出和增强电网抵御冰雪能力需要等原因，电网企业对原有输电线路进行改造，部分铁塔和线路拆除报废，形成部分固定资产损失。考虑到该部分资产已形成实质性损失，可以按照有关税收规定作为企业固定资产损失允许税前扣除。

二、上述部分固定资产损失，应按照该固定资产的总计税价格，计算每基铁塔和每公里线路的计税价格后，根据报废的铁塔数量和线路长度以及已计提折旧情况确定。

三、上述报废的部分固定资产，其中部分能够重新利用的，应合理计算价格，冲减当年度固定资产损失。

四、新投资建设的线路和铁塔，应单独作为固定资产，在投入使用后，按照税收的规定计提折旧。

本公告自 2011 年 1 月 1 日起施行。2010 年度没有处理的事项，按照本公告规定执行。

特此公告。

第二编

流转税法

第三部分　中华人民共和国增值税法

中华人民共和国增值税暂行条例

（1993 年 12 月 13 日中华人民共和国国务院令第 134 号发布
2008 年 11 月 5 日国务院第 34 次常务会议修订通过）

第一条　在中华人民共和国境内销售货物或者提供加工、修理修配劳务以及进口货物的单位和个人，为增值税的纳税人，应当依照本条例缴纳增值税。

【注释】　相关规定包括：《国家税务总局关于印发〈增值税部分货物征税范围注释〉的通知》（国税发[1993]151 号）、《国家税务总局关于印发〈增值税若干具体问题的规定〉的通知》（国税发[1993]154 号）、《财政部国家税务总局关于增值税、营业税若干政策规定的通知》（财税[1994]26 号）、《国家税务总局关于下发〈货物期货征收增值税具体办法〉的通知》（国税发[1994]244 号）、《财政部国家税务总局关于外国石油公司参与煤层气开采所适用税收政策问题的通知》（财税[1996]62 号）、《国家税务总局关于烧卤熟制食品征收流转税问题的批复》（国税函发[1996]261 号）、《财政部国家税务总局关于体育彩票发行收入税收问题的通知》（财税[1996]77 号）、《国家税务总局关于厦门邮电纵横股份有限公司销售传呼机、移动电话征收增值税问题的批复》（国税函发[1997]504 号）、《国家税务总局国家税务总局关于电梯保养、维修收入征税问题的批复》（国税函发[1998]390 号）、《国家税务总局关于融资租赁业务征收流转税问题的通知》（国税函[2000]514 号）、《国家税务总局关于白银生产环节征收增值税的通知》（国税发[2000]51 号）、《国家税务总局关于转让企业全部产权不征收增值税问题的批复》（国税函[2002]420 号）、《国家税务总局关于纳税人销售自产货物提供增值税劳务并同时提供建筑业劳务征收流转税问题的通知》（国税发[2002]117 号）、《国家税务总局关于电力公司过网费收入征收增值税问题的批复》（国税函[2004]607 号）、《国家税务总局国家税务总局关于纳税人提供泥浆工程劳务征收流转税问题的批复》（国税函[2005]375 号）。

第二条　增值税税率：

（一）纳税人销售或者进口货物，除本条第（二）项、第（三）项规定外，税率为 17%。

（二）纳税人销售或者进口下列货物，税率为 13%：

1. 粮食、食用植物油；
2. 自来水、暖气、冷气、热水、煤气、石油液化气、天然气、沼气、居民用煤炭制品；
3. 图书、报纸、杂志；
4. 饲料、化肥、农药、农机、农膜；
5. 国务院规定的其他货物。

（三）纳税人出口货物，税率为零；但是，国务院另有规定的除外。

（四）纳税人提供加工、修理修配劳务（以下称应税劳务），税率为 17%。

税率的调整，由国务院决定。

【注释】　相关规定包括：《国家税务总局关于印发〈增值税部分货物征税范围注释〉的通知》（国税发[1993]151 号）、《财政部国家税务总局关于增值税几个税收政策问题的通知》（财税[1994]60 号）、《财政部　国家税务总局关于金银首饰等货物征收增值税问题的通知》（财税[1996]74 号）、《国家税务总局关于淀粉的增值税适用税率问题的批复》（国税函发[1996]744 号）、《国家税务总局关于正大康地（深圳）有限公司生产经营饲料添加剂预混料应否免征增值税问题的批复》（国税函发[1997]424 号）、《财政部　国家税务总局关于旧货经营增值税问题的通知》（财税[1998]6 号）、《国家税务总局关于修订"饲料"注释及加强饲料征免增值税管理问题的通知》（国税发[1999]39 号）、《国家税务总局关于增值税若干税收政策问题的批复》（国税函[2001]248 号）、《国家税务总局关于宠物饲料征收增值税问题的批复》（国税函[2002]812

号)、《国家税务总局关于茴油、毛椰子油适用增值税税率的批复》(国税函[2003]426号)、《国家税务总局关于不带动力的手扶拖拉机和三轮农用运输车适用13%税率执行时间的批复》(国税函[2003]1118号)、《国家税务总局关于农药出口退税政策的通知》(国税函[2003]1158号)、《国家税务总局关于天然二氧化碳适用增值税税率的批复》(国税函[2003]1324号)、《财政部 国家税务总局关于停止执行国内设计国外流片加工集成电路产品进口环节增值税退税政策的通知》(财关税[2004]40号)、《财政部 国家税务总局关于调整国内航空公司进口飞机有关增值税政策的通知》(财关税[2004]43号)、《财政部 国家税务总局 国家发展改革委关于暂停尿素和磷酸氢二铵出口退税的补充通知》(财税[2005]51号)、《财政部 国家税务总局关于钢坯等钢铁初级产品停止执行出口退税的通知》(财税[2005]57号)、《国家税务总局关于由石油伴生气加工压缩成的石油液化气适用增值税税率的通知》(国税发[2005]83号)、《国家税务总局关于营养强化奶适用增值税税率问题的批复》(国税函[2005]676号)、《国家税务总局关于出口豆腐皮等产品适用征、退税率问题的批复》(国税函[2005]944号)、《国家税务总局关于亚麻油等出口货物退税问题的批复》(国税函[2005]974号)、《财政部 国家税务总局 国家发展改革委关于继续暂停部分化肥品种出口退税的通知》(财税[2005]192号)、《财政部 海关总署 国家税务总局关于调整钻石及上海钻石交易所有关税收政策的通知》(财税[2006]65号)、《国家税务总局关于中小学课本配套产品适用增值税税率的批复》(国税函[2006]770号)、《国家税务总局关于水洗猪鬃征收增值税问题的批复》(国税函[2006]773号)、《国家税务总局关于饲料级磷酸二氢钙产品增值税政策问题的通知》(国税函[2007]10号)、《财政部 国家税务总局关于明确硝酸铵适用增值税税率的通知》(财税[2007]7号)、《国家税务总局关于粉煤灰(渣)征收增值税问题的批复》(国税函[2007]158号)、《财政部 国家税务总局关于明确生皮和生毛皮进口环节增值税税率的通知》(财关税[2007]34号)。

第三条 纳税人兼营不同税率的货物或者应税劳务,应当分别核算不同税率货物或者应税劳务的销售额;未分别核算销售额的,从高适用税率。

第四条 除本条例第十一条规定外,纳税人销售货物或者提供应税劳务(以下简称销售货物或者应税劳务),应纳税额为当期销项税额抵扣当期进项税额后的余额。应纳税额计算公式:

应纳税额=当期销项税额-当期进项税额

当期销项税额小于当期进项税额不足抵扣时,其不足部分可以结转下期继续抵扣。

第五条 纳税人销售货物或者应税劳务,按照销售额和本条例第二条规定的税率计算并向购买方收取的增值税额,为销项税额。销项税额计算公式:

销项税额=销售额×税率

【注释】 相关规定包括:《国家税务总局关于下发〈货物期货征收增值税具体办法〉的通知》(国税发[1994]244号)。

第六条 销售额为纳税人销售货物或者应税劳务向购买方收取的全部价款和价外费用,但是不包括收取的销项税额。

销售额以人民币计算。纳税人以人民币以外的货币结算销售额的,应当折合成人民币计算。

【注释】 相关规定包括:《国家税务总局关于印发〈增值税若干具体问题的规定〉的通知》(国税发[1993]154号)、《国家税务总局关于下发〈货物期货征收增值税具体办法〉的通知》(国税发[1994]244号)、《国家税务总局关于加强增值税征收管理若干问题的通知》(国税发[1995]192号)、《财政部 国家税务总局关于金银首饰等货物征收增值税问题的通知》(财税[1996]74号)、《国家税务总局关于铁路支线维护费征收增值税问题的通知》(国税函发[1996]561号)、《国家税务总局关于原油管理费征收增值税问题的通知》(国税发[1996]111号)、《国家税务总局关于平销行为征收增值税问题的通知》(国税发[1997]167号)、《国家税务总局关于增值税一般纳税人平销行为征收增值税问题的批复》(国税函[2001]247号)、《国家税务总局关于对福建雪津啤酒有限公司收取经营保证金征收增值税问题的批复》(国税函[2004]416号)、《国家税务总局关于商业企业向货物供应方收取的部分费用征收流转税问题的通知》(国税发[2004]136号)、《国家税务总局关于燃油电厂取得发电补贴有关增值税政策的通知》(国税函[2006]1235号)。

第七条 纳税人销售货物或者应税劳务的价格明显偏低并无正当理由的,由主管税务机关核定其销售额。

第八条 纳税人购进货物或者接受应税劳务(以下简称购进货物或者应税劳务)支付或者负担的增值

税额，为进项税额。

下列进项税额准予从销项税额中抵扣：

（一）从销售方取得的增值税专用发票上注明的增值税额。

（二）从海关取得的海关进口增值税专用缴款书上注明的增值税额。

（三）购进农产品，除取得增值税专用发票或者海关进口增值税专用缴款书外，按照农产品收购发票或者销售发票上注明的农产品买价和13%的扣除率计算的进项税额。进项税额计算公式：

进项税额＝买价×扣除率

（四）购进或者销售货物以及在生产经营过程中支付运输费用的，按照运输费用结算单据上注明的运输费用金额和7%的扣除率计算的进项税额。进项税额计算公式：

进项税额＝运输费用金额×扣除率

准予抵扣的项目和扣除率的调整，由国务院决定。

【注释】　相关规定包括：《财政部　国家税务总局于调整增值税运输费用扣除率的通知》（财税［1998］114号）、《国家税务总局关于增值税一般纳税人期货交易进项税额抵扣问题的通知》（国税发［2002］45号）、《国家税务总局关于血液制品增值税政策的批复》（国税函［2004］335号）、《财政部　国家税务总局关于推广税控收款机有关税收政策的通知》（财税［2004］167号）、《国家税务总局关于增值税一般纳税人支付的货物运输代理费用不得抵扣进项税额的批复》（国税函［2005］54号）、《国家税务总局关于旧版货运发票抵扣增值税进项税额有关问题的通知》（国税函［2006］1187号）、《国家税务总局关于增值税专用发票抵扣联信息扫描器具等设备有关税收问题的通知》（国税函［2006］1248号）、《国家税务总局关于纳税人进口货物增值税进项税额抵扣有关问题的通知》（国税函［2007］350号）。

第九条　纳税人购进货物或者应税劳务，取得的增值税扣税凭证不符合法律、行政法规或者国务院税务主管部门有关规定的，其进项税额不得从销项税额中抵扣。

第十条　下列项目的进项税额不得从销项税额中抵扣：

（一）用于非增值税应税项目、免征增值税项目、集体福利或者个人消费的购进货物或者应税劳务；

（二）非正常损失的购进货物及相关的应税劳务；

（三）非正常损失的在产品、产成品所耗用的购进货物或者应税劳务；

（四）国务院财政、税务主管部门规定的纳税人自用消费品；

（五）本条第（一）项至第（四）项规定的货物的运输费用和销售免税货物的运输费用。

【注释】　相关规定包括：《财政部　国家税务总局关于增值税几个税收政策问题的通知》（财税［1994］60号）。

第十一条　小规模纳税人销售货物或者应税劳务，实行按照销售额和征收率计算应纳税额的简易办法，并不得抵扣进项税额。应纳税额计算公式：

应纳税额＝销售额×征收率

小规模纳税人的标准由国务院财政、税务主管部门规定。

【注释】　相关规定包括：《国家税务总局关于增值税若干征收问题的通知》（国税发［1994］122号）、《国家税务总局关于增值税几个业务问题的通知》（国税发［1994］186号）。

第十二条　小规模纳税人增值税征收率为3%。

征收率的调整，由国务院决定。

【注释】　相关规定包括：《国家税务总局关于增值税几个业务问题的通知》（国税发［1994］186号）、《财政部　国家税务总局关于旧货经营增值税问题的通知》（财税［1998］6号）、《国家税务总局关于拍卖行取得的拍卖收入征收增值税、营业税有关问题的通知》（国税发［1999］40号）、《国家税务总局关于新闻产品征收流转税问题的通知》（国税发［2001］105号）。

第十三条　小规模纳税人以外的纳税人应当向主管税务机关申请资格认定。具体认定办法由国务院税务主管部门制定。

小规模纳税人会计核算健全，能够提供准确税务资料的，可以向主管税务机关申请资格认定，不作为小规模纳税人，依照本条例有关规定计算应纳税额。

第十四条　纳税人进口货物，按照组成计税价格和本条例第二条规定的税率计算应纳税额。组成计税价格和应纳税额计算公式：

组成计税价格＝关税完税价格＋关税＋消费税

应纳税额＝组成计税价格×税率

第十五条 下列项目免征增值税：

（一）农业生产者销售的自产农产品；

（二）避孕药品和用具；

（三）古旧图书；

（四）直接用于科学研究、科学试验和教学的进口仪器、设备；

（五）外国政府、国际组织无偿援助的进口物资和设备；

（六）由残疾人的组织直接进口供残疾人专用的物品；

（七）销售的自己使用过的物品。

除前款规定外，增值税的免税、减税项目由国务院规定。任何地区、部门均不得规定免税、减税项目。

【注释】 相关规定包括：《财政部 国家税务总局关于印发〈于继续对宣传文化单位实行财税优惠政策的规定的通知》（财税［1994］89号）、《财政部 国家税务总局关于继续对部分资源综合利用产品等实行增值税优惠政策的通知》（财税［1996］20号）、《国家税务总局关于农牧业救灾柴油征收增值税问题的批复》（国税函发［1996］612号）、《财政部 国家税务总局关于供电工程贴费不征收增值税和营业税的通知》（财税［1997］102号）、《财政部 国家税务总局关于继续对商业企业批发肉、禽、蛋、水产品和蔬菜的业务实行增值税先征后返政策问题的通知》（财税［1998］31号）、《财政部 国家税务总局关于免征农村电网维护费增值税问题的通知》（财税［1998］47号）、《国家税务总局关于生猪生产流通过程中有关税收问题的通知》（国税发［1999］113号）、《财政部 国家税务总局关于粮食企业增值税征免问题的通知》（财税［1999］198号）、《财政部 国家税务总局关于血站有关税收问题的通知》（财税［1999］264号）、《财政部 国家税务总局关于贯彻落实《中共中央 国务院关于加强技术创新，发展高科技，实现产业化的决定》有关税收问题的通知》（财税［1999］273号）、《财政部 国家税务总局关于医疗卫生机构有关税收政策的通知》（财税［2000］42号）、《财政部 国家税务总局关于小化肥生产企业改产尿素等产品征收增值税问题的通知》（财税字［2000］69号）、《财政部 国家税务总局关于飞机维修增值税问题的通知》（财税［2000］102号）、《财政部 国家税务总局 海关总署关于鼓励软件产业和集成电路产业发展有关税收政策问题的通知》（财税［2000］25号）、《国务院关于支持文化事业发展若干经济政策的通知》（国发［2000］41号）、《财政部 国家税务总局关于铁路货车修理免征增值税的通知》（财税［2001］54号）、《财政部 国家税务总局关于污水处理费有关增值税政策的通知》（财税［2001］97号）、《财政部 国家税务总局关于饲料产品免征增值税问题的通知》（财税［2001］121号）、《财政部 国家税务总局关于农业生产资料征免增值税政策的通知》（财税［2001］113号）、《财政部 国家税务总局关于豆粕等粕类产品征免增值税政策的通知》（财税［2001］30号）、《国家税务总局关于退耕还林还草补助粮免征增值税问题的通知》（国税发［2001］131号）、《财政部 国家税务总局关于西部大开发税收优惠政策问题的通知》（财税［2001］202号）、《财政部 国家税务总局关于不带动力的手扶拖拉机和三轮农用运输车增值税政策的通知》（财税［2002］89号）、《财政部 国家税务总局关于黄金税收政策问题的通知》（财税［2002］142号）、《国家税务总局关于铂金及其制品税收政策的通知》（财税［2003］86号）、《财政部 海关总署 国家税务总局关于农药税收政策的通知》（财税［2003］186号）、《国家税务总局关于饲用鱼油产品免征增值税的批复》（国税函［2003］1395号）、《国家税务总局关于债转股企业实物投资免征增值税政策有关问题的批复》（国税函［2003］1394号）、《财政部 国家税务总局关于教育税收政策的通知》（财税［2004］39号）、《财政部 海关总署 国家税务总局关于印发《关于进口货物进口环节海关代征税税收政策问题的规定》的通知》（财关税［2004］7号）、《国家税务总局关于农户手工编织的竹制和竹芒藤柳坯具征收增值税问题的批复》（国税函［2005］56号）、《商务部 财政部 税务总局关于开展农产品连锁经营试点的通知》（商建发［2005］1号）、《财政部 国家税务总局关于印刷少数民族文字出版物增值税政策的通知》（财税［2005］48号）、《财政部 国家税务总局关于暂免征收尿素产品增值税的通知》（财税［2005］87号）、《财政部 国家税务总局关于增值税营业税消费税实行先征后返等办法有关城建税和教育费附加政策的通知》（财税［2005］72号）、《国家税务总局关于矿物质微量元素舔砖免征增值税问题的批复》（国税函［2005］1127号）、《财政部 国家税务总局关于加快煤层气抽采有关税收政策问题的通知》(财税[2007] 16号)、《财政部国家税务总局关于免征滴灌带和滴灌管产品增值税的通知》(财税[2007]83号)、《财政 国家税务总局关于促进残疾人就业税收优惠政策的通知》(财税[2007]92号)。

第十六条　纳税人兼营免税、减税项目的,应当分别核算免税、减税项目的销售额;未分别核算销售额的,不得免税、减税。

第十七条　纳税人销售额未达到国务院财政、税务主管部门规定的增值税起征点的,免征增值税;达到起征点的,依照本条例规定全额计算缴纳增值税。

【注释】　相关规定包括《国家税务总局关于增值税起征点调整后有关问题的批复》(国税函[2003]1396号)。

第十八条　中华人民共和国境外的单位或者个人在境内提供应税劳务,在境内未设有经营机构的,以其境内代理人为扣缴义务人;在境内没有代理人的,以购买方为扣缴义务人。

第十九条　增值税纳税义务发生时间:

(一)销售货物或者应税劳务,为收讫销售款项或者取得索取销售款项凭据的当天;先开具发票的,为开具发票的当天。

(二)进口货物,为报关进口的当天。

增值税扣缴义务发生时间为纳税人增值税纳税义务发生的当天。

第二十条　增值税由税务机关征收,进口货物的增值税由海关代征。

个人携带或者邮寄进境自用物品的增值税,连同关税一并计征。具体办法由国务院关税税则委员会会同有关部门制定。

第二十一条　纳税人销售货物或者应税劳务,应当向索取增值税专用发票的购买方开具增值税专用发票,并在增值税专用发票上分别注明销售额和销项税额。

属于下列情形之一的,不得开具增值税专用发票:

(一)向消费者个人销售货物或者应税劳务的;

(二)销售货物或者应税劳务适用免税规定的;

(三)小规模纳税人销售货物或者应税劳务的。

【注释】　相关规定包括:《国家税务总局关于增值税起征点调整后有关问题的批复》(国税函[2003]1396号)。

第二十二条　增值税纳税地点:

(一)固定业户应当向其机构所在地的主管税务机关申报纳税。总机构和分支机构不在同一县(市)的,应当分别向各自所在地的主管税务机关申报纳税;经国务院财政、税务主管部门或者其授权的财政、税务机关批准,可以由总机构汇总向总机构所在地的主管税务机关申报纳税。

(二)固定业户到外县(市)销售货物或者应税劳务,应当向其机构所在地的主管税务机关申请开具外出经营活动税收管理证明,并向其机构所在地的主管税务机关申报纳税;未开具证明的,应当向销售地或者劳务发生地的主管税务机关申报纳税;未向销售地或者劳务发生地的主管税务机关申报纳税的,由其机构所在地的主管税务机关补征税款。

(三)非固定业户销售货物或者应税劳务,应当向销售地或者劳务发生地的主管税务机关申报纳税;未向销售地或者劳务发生地的主管税务机关申报纳税的,由其机构所在地或者居住地的主管税务机关补征税款。

(四)进口货物,应当向报关地海关申报纳税。

扣缴义务人应当向其机构所在地或者居住地的主管税务机关申报缴纳其扣缴的税款。

【注释】　相关规定包括:《国家税务总局关于印发〈增值税问题解答(之一)〉的通知》(国税函发[1995]288号)、《财政部国家税务总局关于连锁经营企业增值税纳税地点问题的通知》(财税[1997]97号)。

第二十三条　增值税的纳税期限分别为1日、3日、5日、10日、15日、1个月或者1个季度。纳税人的具体纳税期限,由主管税务机关根据纳税人应纳税额的大小分别核定;不能按照固定期限纳税的,可以按次纳税。

纳税人以1个月或者1个季度为1个纳税期的,自期满之日起15日内申报纳税;以1日、3日、5日、10

日或者15日为1个纳税期的，自期满之日起5日内预缴税款，于次月1日起15日内申报纳税并结清上月应纳税款。

扣缴义务人解缴税款的期限，依照前两款规定执行。

第二十四条　纳税人进口货物，应当自海关填发海关进口增值税专用缴款书之日起15日内缴纳税款。

第二十五条　纳税人出口货物适用退（免）税规定的，应当向海关办理出口手续，凭出口报关单等有关凭证，在规定的出口退（免）税申报期内按月向主管税务机关申报办理该项出口货物的退（免）税。具体办法由国务院财政、税务主管部门制定。

出口货物办理退税后发生退货或者退关的，纳税人应当依法补缴已退的税款。

第二十六条　增值税的征收管理，依照《中华人民共和国税收征收管理法》及本条例有关规定执行。

【注释】　相关规定包括：《国家税务总局关于由税务所为小规模企业代开增值税专用发票的通知》（国税发[1994]58号）、《财政部关于外商投资企业出口货物税收问题有关会计处理规定的通知》（财会[1994]43号）、《国家税务总局关于固定业户临时外出经营有关增值税专用发票管理问题的通知》（国税发[1995]87号）、《国家税务总局对代开、虚开增值税专用发票征补税款问题的批复》（国税函发[1995]415号）、《国家税务总局关于增值税若干征管问题的通知》（国税发[1996]155号）、《国家税务总局关于易货贸易进口环节减征的增值税税款抵扣问题的通知》（国税函发[1996]550号）、《国家税务总局关于纳税人取得虚开的增值税专用发票处理问题的通知》（国税发[1997]134号）、《国家税务总局关于印发〈增值税一般纳税人年审办法〉的通知》（国税函发[1998]156号）、《国家税务总局关于印发〈增值税日常稽查办法〉的通知》（国税发[1998]44号）、国税发[1998]44号《国家税务总局关于增值税一般纳税人发生偷税行为如何确定偷税数额和补税罚款的通知》（国税发[1998]66号）、《国家税务总局关于增值税一般纳税人丢失防伪税控系统开具的增值税专用发票有关税务处理问题的通知》（国税发[2002]10号）、《国家税务总局关于修改〈国家税务总局关于严格控制增值税专用发票使用范围的通知〉的通知》（国税发[2000]75号）、《国家税务总局关于印发〈出口加工区税收管理暂行办法〉的通知》（国税发[2000]155号）、《国家税务总局关于推行增值税防伪税控系统若干问题的通知》（国税发[2000]183号）、《国家税务总局关于纳税人善意取得虚开的增值税专用发票处理问题的通知》（国税发[2000]187号）、《国家税务总局关于金税工程发现的涉嫌违规增值税专用发票处理问题的通知》（国税函[2001]730号）、《国家税务总局关于加油站一律按照增值税一般纳税人征税的通知》（国税函[2001]882号）、《国家税务总局成品油零售加油站增值税征收管理办法》（国家税务总局令[2002]2号）、《国家税务总局关于使用增值税防伪税控系统的增值税一般纳税人资格认定问题的通知》（国税函[2002]326号）、《国家税务总局关于增值税一般纳税人取得防伪税控系统开具的增值税专用发票进项税额抵扣问题的通知》（国税发[2003]17号）、《财政部　国家税务总局关于海洋工程结构物增值税实行退税的通知》（财税[2003]46号）、《国家税务总局关于重新修订〈增值税一般纳税人纳税申报办法〉的通知》（国税发[2003]53号）、《国家税务总局关于加强货物运输业税收征收管理的通知》（国税发[2003]121号）、《财政部　国家税务总局关于出口企业从增值税一般纳税人购进的出口货物不再实行增值税税收专用缴款书管理的通知》（财税[2004]101号）、《国家税务总局关于严格执行税法规定不得实行边境贸易"双倍抵扣"政策的通知》（国税函[2004]830号）、《国家税务总局 信息产业部关于调整集成电路设计企业及产品认定机构和集成电路设计企业及产品认定管理方式的通知》（国税发[2004]92号）、《国家税务总局关于增值税一般纳税人用进项留抵税额抵减增值税欠税问题的通知》（国税发[2004]112号）、《国家税务总局关于增值税一般纳税人取得海关进口增值税专用缴款书抵扣进项税额问题的通知》（国税发[2004]148号）、《国家税务总局电力产品增值税征收管理办法》（国家税务总局令[2004]10号）、《国家税务总局关于印发〈税务机关代开增值税专用发票管理办法（试行）〉的通知》（国税发[2004]153号）、《国家税务总局关于国家税务局为小规模纳税人代开发票及税款征收有关问题的通知》（国税发[2005]18号）、《国家税务总局关于加强农产品增值税抵扣管理有关问题的通知》（国税函[2005]545号）、《国家税务总局关于出口含金成份产品有关税收政策的通知》（国税发[2005]125号）、《国家税务总局关于加强免征增值税货物专用发票管理的通知》（国税函[2005]780号）、《国家税务总局关于金融机构开展个人实物黄金交易业务增值税有关问题的通知》（国税发[2005]178号）、《国家税务总局关于增值税一般纳税人期货交易有关增值税问题的通知》（国税函[2005]1060号）、《国家税务总局关于辅导期增值税一般纳税人增购增值税专用发票预缴增值税有关问题的通知》（国税函[2005]1097号）、《国家税务总局关于印发

〈钻石交易增值税征收管理办法〉的通知》(国税发[2006]131号)、《国家税务总局关于修订〈增值税专用发票使用规定〉的通知》(国税发[2006]156号)、《国家税务总局关于加强增值税其他抵扣凭证数据采集传输管理有关问题的通知》(国税函[2006]1244号)、《国家税务总局关于下放增值税专用发票最高开票限额审批权限的通知》(国税函[2007]918号)。

第二十七条　本条例自2009年1月1日起施行。

中华人民共和国增值税暂行条例实施细则

财政部　国家税务总局第50号令

第一条　根据《中华人民共和国增值税暂行条例》(以下简称条例),制定本细则。

第二条　条例第一条所称货物,是指有形动产,包括电力、热力、气体在内。

条例第一条所称加工,是指受托加工货物,即委托方提供原料及主要材料,受托方按照委托方的要求,制造货物并收取加工费的业务。

条例第一条所称修理修配,是指受托对损伤和丧失功能的货物进行修复,使其恢复原状和功能的业务。

【注释】　相关规定包括:《财政部　国家税务总局关于增值税、营业税若干政策规定的通知》(财税[1994]26号)、《国家税务总局关于烧卤熟制食品征收流转税问题的批复》(国税函发[1996]261号)、《财政部　国家税务总局关于体育彩票发行收入税收问题的通知》(财税[1996]77号)、《国家税务总局关于厦门邮电纵横股份有限公司销售传呼机、移动电话征收增值税问题的批复》(国税函发[1997]504号)、《国家税务总局国家税务总局关于电梯保养、维修收入征税问题的批复》(国税函发[1998]390号)、《国家税务总局关于转让企业全部产权不征收增值税问题的批复》(国税函[2002]420号)、《国家税务总局关于纳税人销售自产货物提供增值税劳务并同时提供建筑业劳务征收流转税问题的通知》(国税发[2002]117号)、《国家税务总局关于电力公司过网费收入征收增值税问题的批复》(国税函[2004]607号)。

第三条　条例第一条所称销售货物,是指有偿转让货物的所有权。

条例第一条所称提供加工、修理修配劳务(以下称应税劳务),是指有偿提供加工、修理修配劳务。单位或者个体工商户聘用的员工为本单位或者雇主提供加工、修理修配劳务,不包括在内。

本细则所称有偿,是指从购买方取得货币、货物或者其他经济利益。

第四条　单位或者个体工商户的下列行为,视同销售货物:

(一)将货物交付其他单位或者个人代销;

(二)销售代销货物;

(三)设有两个以上机构并实行统一核算的纳税人,将货物从一个机构移送其他机构用于销售,但相关机构设在同一县(市)的除外;

(四)将自产或者委托加工的货物用于非增值税应税项目;

(五)将自产、委托加工的货物用于集体福利或者个人消费;

(六)将自产、委托加工或者购进的货物作为投资,提供给其他单位或者个体工商户;

(七)将自产、委托加工或者购进的货物分配给股东或者投资者;

(八)将自产、委托加工或者购进的货物无偿赠送其他单位或者个人。

【注释】　相关规定包括:《国家税务总局国家税务总局关于企业所属机构间移送货物征收增值税问题的通知》(国税发[1998]137号)。

第五条　一项销售行为如果既涉及货物又涉及非增值税应税劳务,为混合销售行为。除本细则第六条的规定外,从事货物的生产、批发或者零售的企业、企业性单位和个体工商户的混合销售行为,视为销售货物,应当缴纳增值税;其他单位和个人的混合销售行为,视为销售非增值税应税劳务,不缴纳增值税。

本条第一款所称非增值税应税劳务,是指属于应缴营业税的交通运输业、建筑业、金融保险业、邮电通信业、文化体育业、娱乐业、服务业税目征收范围的劳务。

本条第一款所称从事货物的生产、批发或者零售的企业、企业性单位和个体工商户,包括以从事货物的生产、批发或者零售为主,并兼营非增值税应税劳务的单位和个体工商户在内。

第六条 纳税人的下列混合销售行为,应当分别核算货物的销售额和非增值税应税劳务的营业额,并根据其销售货物的销售额计算缴纳增值税,非增值税应税劳务的营业额不缴纳增值税;未分别核算的,由主管税务机关核定其货物的销售额:

(一)销售自产货物并同时提供建筑业劳务的行为;

(二)财政部、国家税务总局规定的其他情形。

【注释】 相关规定包括:《国家税务总局关于增值税若干征收问题的通知》(国税发[1994]122号)。

第七条 纳税人兼营非增值税应税项目的,应分别核算货物或者应税劳务的销售额和非增值税应税项目的营业额;未分别核算的,由主管税务机关核定货物或者应税劳务的销售额。

【注释】 相关规定包括:《国家税务总局关于饮食业征收流转税问题的通知》(国税发[1996]202号)。

第八条 条例第一条所称在中华人民共和国境内(以下简称境内)销售货物或者提供加工、修理修配劳务,是指:

(一)销售货物的起运地或者所在地在境内;

(二)提供的应税劳务发生在境内。

【注释】 相关规定包括:《国家税务总局关于增值税若干征收问题的通知》(国税发[1994]122号)。

第九条 条例第一条所称单位,是指企业、行政单位、事业单位、军事单位、社会团体及其他单位。

条例第一条所称个人,是指个体工商户和其他个人。

第十条 单位租赁或者承包给其他单位或者个人经营的,以承租人或者承包人为纳税人。

第十一条 小规模纳税人以外的纳税人(以下称一般纳税人)因销售货物退回或者折让而退还给购买方的增值税额,应从发生销售货物退回或者折让当期的销项税额中扣减;因购进货物退出或者折让而收回的增值税额,应从发生购进货物退出或者折让当期的进项税额中扣减。

一般纳税人销售货物或者应税劳务,开具增值税专用发票后,发生销售货物退回或者折让、开票有误等情形,应按国家税务总局的规定开具红字增值税专用发票。未按规定开具红字增值税专用发票的,增值税额不得从销项税额中扣减。

第十二条 条例第六条第一款所称价外费用,包括价外向购买方收取的手续费、补贴、基金、集资费、返还利润、奖励费、违约金、滞纳金、延期付款利息、赔偿金、代收款项、代垫款项、包装费、包装物租金、储备费、优质费、运输装卸费以及其他各种性质的价外收费。但下列项目不包括在内:

(一)受托加工应征消费税的消费品所代收代缴的消费税;

(二)同时符合以下条件的代垫运输费用:

1. 承运部门的运输费用发票开具给购买方的;

2. 纳税人将该项发票转交给购买方的。

(三)同时符合以下条件代为收取的政府性基金或者行政事业性收费:

1. 由国务院或者财政部批准设立的政府性基金,由国务院或者省级人民政府及其财政、价格主管部门批准设立的行政事业性收费;

2. 收取时开具省级以上财政部门印制的财政票据;

3. 所收款项全额上缴财政。

(四)销售货物的同时代办保险等而向购买方收取的保险费,以及向购买方收取的代购买方缴纳的车辆购置税、车辆牌照费。

第十三条 混合销售行为依照本细则第五条规定应当缴纳增值税的,其销售额为货物的销售额与非增值税应税劳务营业额的合计。

第十四条 一般纳税人销售货物或者应税劳务,采用销售额和销项税额合并定价方法的,按下列公式计算销售额:

$$销售额 = 含税销售额 \div (1 + 税率)$$

第十五条 纳税人按人民币以外的货币结算销售额的,其销售额的人民币折合率可以选择销售额发生的当天或者当月1日的人民币汇率中间价。纳税人应在事先确定采用何种折合率,确定后1年内不得变更。

第十六条　纳税人有条例第七条所称价格明显偏低并无正当理由或者有本细则第四条所列视同销售货物行为而无销售额者，按下列顺序确定销售额：

（一）按纳税人最近时期同类货物的平均销售价格确定；

（二）按其他纳税人最近时期同类货物的平均销售价格确定；

（三）按组成计税价格确定。组成计税价格的公式为：

$$组成计税价格 = 成本 \times (1 + 成本利润率)$$

属于应征消费税的货物，其组成计税价格中应加计消费税额。

公式中的成本是指：销售自产货物的为实际生产成本，销售外购货物的为实际采购成本。公式中的成本利润率由国家税务总局确定。

【注释】　相关规定包括：《国家税务总局关于增值税一般纳税人发生偷税行为如何确定偷税数额和补税罚款的通知》（国税发[1998]66号）、《国家税务总局关于修改〈国家税务总局关于增值税一般纳税人发生偷税行为如何确定偷税数额和补税罚款的通知〉的通知》（国税函[1999]739号）。

第十七条　条例第八条第二款第（三）项所称买价，包括纳税人购进农产品在农产品收购发票或者销售发票上注明的价款和按规定缴纳的烟叶税。

第十八条　条例第八条第二款第（四）项所称运输费用金额，是指运输费用结算单据上注明的运输费用（包括铁路临管线及铁路专线运输费用）、建设基金，不包括装卸费、保险费等其他杂费。

第十九条　条例第九条所称增值税扣税凭证，是指增值税专用发票、海关进口增值税专用缴款书、农产品收购发票和农产品销售发票以及运输费用结算单据。

第二十条　混合销售行为依照本细则第五条规定应当缴纳增值税的，该混合销售行为所涉及的非增值税应税劳务所用购进货物的进项税额，符合条例第八条规定的，准予从销项税额中抵扣。

第二十一条　条例第十条第（一）项所称购进货物，不包括既用于增值税应税项目（不含免征增值税项目）也用于非增值税应税项目、免征增值税（以下简称免税）项目、集体福利或者个人消费的固定资产。

前款所称固定资产，是指使用期限超过12个月的机器、机械、运输工具以及其他与生产经营有关的设备、工具、器具等。

第二十二条　条例第十条第（一）项所称个人消费包括纳税人的交际应酬消费。

第二十三条　条例第十条第（一）项和本细则所称非增值税应税项目，是指提供非增值税应税劳务、转让无形资产、销售不动产和不动产在建工程。

前款所称不动产是指不能移动或者移动后会引起性质、形状改变的财产，包括建筑物、构筑物和其他土地附着物。

纳税人新建、改建、扩建、修缮、装饰不动产，均属于不动产在建工程。

第二十四条　条例第十条第（二）项所称非正常损失，是指因管理不善造成被盗、丢失、霉烂变质的损失。

【注释】　相关规定包括：《国家税务总局关于企业改制中资产评估减值发生的流动资产损失进项税额抵扣问题的批复》（国税函[2002]1103号）。

第二十五条　纳税人自用的应征消费税的摩托车、汽车、游艇，其进项税额不得从销项税额中抵扣。

第二十六条　一般纳税人兼营免税项目或者非增值税应税劳务而无法划分不得抵扣的进项税额的，按下列公式计算不得抵扣的进项税额：

$$\frac{不得抵扣的}{进项税额} = \frac{当月无法划分的}{全部进项税额} \times \frac{当月免税项目销售额、}{非增值税应税劳务营业额合计} \div \frac{当月全部销售额、}{营业额合计}$$

第二十七条　已抵扣进项税额的购进货物或者应税劳务，发生条例第十条规定的情形的（免税项目、非增值税应税劳务除外），应当将该项购进货物或者应税劳务的进项税额从当期的进项税额中扣减；无法确定该项进项税额的，按当期实际成本计算应扣减的进项税额。

第二十八条　条例第十一条所称小规模纳税人的标准为：

（一）从事货物生产或者提供应税劳务的纳税人，以及以从事货物生产或者提供应税劳务为主，并兼营货物批发或者零售的纳税人，年应征增值税销售额（以下简称应税销售额）在50万元以下（含本数，下同）的；

(二)除本条第一款第(一)项规定以外的纳税人,年应税销售额在80万元以下的。

本条第一款所称以从事货物生产或者提供应税劳务为主,是指纳税人的年货物生产或者提供应税劳务的销售额占年应税销售额的比重在50%以上。

【注释】 相关规定包括:《国家税务总局关于印发〈增值税若干具体问题的规定〉的通知》(国税发[1993]154号)、《国家税务总局关于增值税几个业务问题的通知》(国税发[1994]186号)、《国家税务总局关于卫生防疫站调拨生物制品及药械征收增值税的批复》(国税函[1999]191号)。

第二十九条 年应税销售额超过小规模纳税人标准的其他个人按小规模纳税人纳税;非企业性单位、不经常发生应税行为的企业可选择按小规模纳税人纳税。

第三十条 小规模纳税人的销售额不包括其应纳税额。

小规模纳税人销售货物或者应税劳务采用销售额和应纳税额合并定价方法的,按下列公式计算销售额:

销售额 = 含税销售额 ÷ (1 + 征收率)

【注释】 相关规定包括:《国家税务总局关于印发〈增值税若干具体问题的规定〉的通知》(国税发[1993]154号)。

第三十一条 小规模纳税人因销售货物退回或者折让退还给购买方的销售额,应从发生销售货物退回或者折让当期的销售额中扣减。

第三十二条 条例第十三条和本细则所称会计核算健全,是指能够按照国家统一的会计制度规定设置账簿,根据合法、有效凭证核算。

第三十三条 除国家税务总局另有规定外,纳税人一经认定为一般纳税人后,不得转为小规模纳税人。

第三十四条 有下列情形之一者,应按销售额依照增值税税率计算应纳税额,不得抵扣进项税额,也不得使用增值税专用发票:

(一)一般纳税人会计核算不健全,或者不能够提供准确税务资料的;

(二)除本细则第二十九条规定外,纳税人销售额超过小规模纳税人标准,未申请办理一般纳税人认定手续的。

【注释】 相关规定包括:《国家税务总局国家税务总局关于增值税一般纳税人恢复抵扣进项税额资格后有关问题的批复》(国税函[2000]584号)。

第三十五条 条例第十五条规定的部分免税项目的范围,限定如下:

(一)第一款第(一)项所称农业,是指种植业、养殖业、林业、牧业、水产业。

农业生产者,包括从事农业生产的单位和个人。

农产品,是指初级农产品,具体范围由财政部、国家税务总局确定。

(二)第一款第(三)项所称古旧图书,是指向社会收购的古书和旧书。

(三)第一款第(七)项所称自己使用过的物品,是指其他个人自己使用过的物品。

第三十六条 纳税人销售货物或者应税劳务适用免税规定的,可以放弃免税,依照条例的规定缴纳增值税。放弃免税后,36个月内不得再申请免税。

第三十七条 增值税起征点的适用范围限于个人。

增值税起征点的幅度规定如下:

(一)销售货物的,为月销售额2000-5000元;

(二)销售应税劳务的,为月销售额1500-3000元;

(三)按次纳税的,为每次(日)销售额150-200元。

前款所称销售额,是指本细则第三十条第一款所称小规模纳税人的销售额。

省、自治区、直辖市财政厅(局)和国家税务局应在规定的幅度内,根据实际情况确定本地区适用的起征点,并报财政部、国家税务总局备案。

【注释】 相关规定包括:《国家税务总局关于明确流转税、资源税法规中"主管税务机关、征收机关"名称问题的通知》(国税发[1994]232号)。

第三十八条 条例第十九条第一款第(一)项规定的收讫销售款项或者取得索取销售款项凭据的当天,按销售结算方式的不同,具体为:

（一）采取直接收款方式销售货物，不论货物是否发出，均为收到销售款或者取得索取销售款凭据的当天；

（二）采取托收承付和委托银行收款方式销售货物，为发出货物并办妥托收手续的当天；

（三）采取赊销和分期收款方式销售货物，为书面合同约定的收款日期的当天，无书面合同的或者书面合同没有约定收款日期的，为货物发出的当天；

（四）采取预收货款方式销售货物，为货物发出的当天，但生产销售生产工期超过12个月的大型机械设备、船舶、飞机等货物，为收到预收款或者书面合同约定的收款日期的当天；

（五）委托其他纳税人代销货物，为收到代销单位的代销清单或者收到全部或者部分货款的当天。未收到代销清单及货款的，为发出代销货物满180天的当天；

（六）销售应税劳务，为提供劳务同时收讫销售款或者取得索取销售款的凭据的当天；

（七）纳税人发生本细则第四条第（三）项至第（八）项所列视同销售货物行为，为货物移送的当天。

【注释】　相关规定包括：《财政部　国家税务总局关于增值税若干政策的通知》（财税[2005]165号）。

第三十九条　条例第二十三条以1个季度为纳税期限的规定仅适用于小规模纳税人。小规模纳税人的具体纳税期限，由主管税务机关根据其应纳税额的大小分别核定。

第四十条　本细则自2009年1月1日起施行。

国务院法制办　财政部　国家税务总局负责人就《中华人民共和国增值税暂行条例》《中华人民共和国消费税暂行条例》《中华人民共和国营业税暂行条例》修订有关问题答记者问

11月10日，国务院总理温家宝签署国务院令，公布修订后的《中华人民共和国增值税暂行条例》、《中华人民共和国消费税暂行条例》和《中华人民共和国营业税暂行条例》。新修订的三个条例将于2009年1月1日起施行。为便于大家理解三个条例的有关内容，国务院法制办、财政部、国家税务总局负责人接受了记者的采访。

问：增值税条例修订的主要背景是什么？

答：修订前的增值税条例对于保障财政收入、调控国民经济发展发挥了积极作用。但修订前的增值税条例实行的是生产型增值税，不允许企业抵扣购进固定资产的进项税额，存在重复征税问题，制约了企业技术改进的积极性。随着这些年来经济社会环境的发展变化，各界要求增值税由生产型向消费型转变的呼声很高。党的十六届三中全会明确提出适时实施增值税转型改革，“十一五规划”明确在十一五期间完成这一改革。自2004年7月1日起，经国务院批准，东北、中部等部分地区已先后进行改革试点，取得了成功经验。为了进一步消除重复征税因素，降低企业设备投资税收负担，鼓励企业技术进步和促进产业结构调整，有必要尽快在全国推开转型改革；尤其为应对目前国际金融危机对我国经济发展带来的不利影响，努力扩大需求，作为一项促进企业设备投资和扩大生产，保持我国经济平稳较快增长的重要举措，全面推行增值税转型改革的紧迫性更加突出。因此，国务院决定自2009年1月1日起，在全国推开增值税转型改革。

增值税转型改革的核心是在企业计算应缴增值税时，允许扣除购入机器设备所含的增值税，这一变化，与修订前的增值税条例关于不得抵扣固定资产进项税额的规定有冲突。因此，实行增值税转型改革需要对增值税条例进行修订。

问：增值税条例修订遵循了哪些主要原则？

答：考虑到当前经济形势和转型改革的紧迫性，此次对增值税条例进行修订的原则是：

（一）确保改革重点，不作全面修订，为增值税转型改革提供法律依据。

（二）体现法治要求，保持政策稳定，将现行政策和条例的相关规定进行衔接。

（三）满足征管需要，优化纳税服务，促进征管水平的提高和执法行为的规范。

问：增值税条例主要作了哪些修订？

答：增值税条例主要作了以下五个方面的修订：

一是允许抵扣固定资产进项税额。修订前的增值税条例规定，购进固定资产的进项税额不得从销项税额中抵扣,即实行生产型增值税,这样企业购进机器设备税负比较重。为减轻企业负担,修订后的增值税条例删除了有关不得抵扣购进固定资产的进项税额的规定,允许纳税人抵扣购进固定资产的进项税额,实现增值税由生产型向消费型的转换。

二是为堵塞因转型可能会带来的一些税收漏洞,修订后的增值税条例规定,与企业技术更新无关且容易混为个人消费的自用消费品(如小汽车、游艇等)所含的进项税额,不得予以抵扣。

三是降低小规模纳税人的征收率。修订前的增值税条例规定,小规模纳税人的征收率为6%。根据条例的规定,经国务院批准,从1998年起已经将小规模纳税人划分为工业和商业两类,征收率分别为6%和4%。考虑到增值税转型改革后,一般纳税人的增值税负担水平总体降低,为了平衡小规模纳税人与一般纳税人之间的税负水平,促进中小企业的发展和扩大就业,应当降低小规模纳税人的征收率。同时考虑到现实经济活动中,小规模纳税人混业经营十分普遍,实际征管中难以明确划分工业和商业小规模纳税人,因此修订后的增值税条例对小规模纳税人不再设置工业和商业两档征收率,将征收率统一降至3%。

四是将一些现行增值税政策体现到修订后的条例中。主要是补充了有关农产品和运输费用扣除率、对增值税一般纳税人进行资格认定等规定,取消了已不再执行的对来料加工、来料装配和补偿贸易所需进口设备的免税规定。

五是根据税收征管实践,为了方便纳税人纳税申报,提高纳税服务水平,缓解征收大厅的申报压力,将纳税申报期限从10日延长至15日。明确了对境外纳税人如何确定扣缴义务人、扣缴义务发生时间、扣缴地点和扣缴期限的规定。

问:为什么要同时修订消费税条例和营业税条例,修订的主要内容有哪些?

答:增值税、消费税和营业税是我国流转税体系中三大主体税种,在我国税制中占有十分重要的地位。增值税的征税范围是所有货物和加工修理修配劳务,而交通运输、建筑安装等其他劳务则属于营业税的征税范围,在税收实践中纳税人同时缴纳增值税和营业税的情形十分普遍;消费税是在对所有货物普遍征收增值税的基础上选择少量消费品征收的,因此,消费税纳税人同时也是增值税纳税人。

增值税条例除了为转型改革的需要作相应修订外,还存在以下问题需要在此次修订时一并解决:首先,纳税申报期限较短,不便于纳税人申报纳税;其次,经国务院同意,财政部、国家税务总局对增值税条例的有些内容已经作了调整,增值税条例需要作相应的补充完善。鉴于营业税、消费税与增值税之间存在较强的相关性,消费税条例和营业税条例也存在增值税条例的上述两个问题,因此为了保持这三个税种相关政策和征管措施之间的有效衔接,有必要同时对消费税条例和营业税条例进行相应修改。

问:消费税条例修订的主要内容是什么?

答:消费税条例主要作了以下两方面的修订:

一是将1994年以来出台的政策调整内容,更新到新修订的消费税条例中,如:部分消费品(金银首饰、铂金首饰、钻石及钻石饰品)的消费税调整在零售环节征收、对卷烟和白酒增加复合计税办法、消费税税目税率调整等。

二是与增值税条例衔接,将纳税申报期限从10日延长至15日,对消费税的纳税地点等规定进行了调整。

问:营业税条例修订的主要内容是什么?

答:营业税条例主要作了以下四个方面修订:

一是调整了纳税地点的表述方式。为了解决在实际执行中一些应税劳务的发生地难以确定的问题,考虑到大多数应税劳务的发生地与机构所在地是一致的,而且有些应税劳务的纳税地点现行政策已经规定为机构所在地,将营业税纳税人提供应税劳务的纳税地点由按劳务发生地原则确定调整为按机构所在地或者居住地原则确定。

二是删除了转贷业务差额征税的规定。这一规定在实际执行中仅适用于外汇转贷业务,造成外汇转贷与人民币转贷之间的政策不平衡,因此,删除了这一规定。

三是考虑到营业税各税目的具体征收范围难以列举全面,删除了营业税条例所附的税目税率表中征收范围一栏,具体范围由财政部和国家税务总局规定。

四是与增值税条例衔接,将纳税申报期限从10日延长至15日。进一步明确了对境外纳税人如何确定扣缴义务人、扣缴义务发生时间、扣缴地点和扣缴期限的规定。

问:此次修订对现行增值税、消费税、营业税优惠政策是如何处理的?

答:此次修订条例主要是为了增值税转型改革的需要,时间十分紧迫,因此基本上没有对优惠政策作出新的调整。对过去已经国务院批准同意的优惠政策可以继续执行,而不必对三个条例的有关内容进行修改,因为三个条例都已经明确规定,国务院可以在执行中对税收优惠范围进行调整。

财政部　国家税务总局负责人就《中华人民共和国增值税暂行条例实施细则》《中华人民共和国营业税暂行条例实施细则》《中华人民共和国消费税暂行条例实施细则》修订的有关问题答记者问

2008 年 12 月 15 日,财政部、国家税务总局以财政部和国家税务总局令第 50 号、第 51 号和第 52 号公布了修订后的《中华人民共和国增值税暂行条例实施细则》(以下简称增值税实施细则)、《中华人民共和国消费税暂行条例实施细则》(以下简称消费税实施细则) 和《中华人民共和国营业税暂行条例实施细则》(以下简称营业税实施细则)。新修订的三个税收实施细则将自 2009 年 1 月 1 日起施行。为便于大家理解三个税收实施细则的有关内容,财政部、国家税务总局负责人回答了记者的提问。

问:请介绍一下三个税收实施细则修订的背景和基本情况?

答:为进一步完善税制,积极应对国际金融危机对我国经济的影响,国务院决定自 2009 年 1 月 1 日起全面实施增值税转型改革,并修订了《中华人民共和国增值税暂行条例》、《中华人民共和国消费税暂行条例》和《中华人民共和国营业税暂行条例》。上述三个税收暂行条例于 2008 年 11 月 5 日经国务院第 34 次常务会议审议通过,于 11 月 10 日分别以国务院令第 538 号、539 号和 540 号公布,将于 2009 年 1 月 1 日起施行。

为切实保证三个新税收暂行条例的顺利实施,有必要对现行增值税实施细则、消费税实施细则和营业税实施细则作相应修订。为此,财政部与国家税务总局共同组织了相关立法工作,经过多方面征求意见和反复论证修改,最终形成了这三个税收实施细则的修订草案,修订草案经财政部部务会议和国家税务总局局务会议审议通过,财政部部长谢旭人和国家税务总局局长肖捷签署财政部和国家税务总局令公布修订后的三个税收实施细则,自 2009 年 1 月 1 日起施行。

此次三个税收实施细则的修订,主要根据其上位法相关授权对内容作相应操作性规定,重点明确了增值税转型改革、混合销售行为、境内营业税应税劳务界定、增值税小规模纳税人标准等相关规定。同时,对三个税收实施细则的一些共性条款,包括销售和有偿转让的定义、外汇销售额的折算、价外费用的范围、价格明显偏低并无正当理由的核价顺序、纳税义务发生时间等,作了统一和衔接。此外,按照准确、简练、统一、规范的原则,对部分文字进行了修改。

问:增值税实施细则主要作了哪些修订?

答:增值税实施细则修订的内容,主要包括四个方面:一是结合增值税转型改革方案,对部分条款进行补充或修订;二是与营业税实施细则衔接,明确混合销售行为和兼营行为的销售额划分问题;三是进一步完善小规模纳税人相关规定;四是根据现行税收政策和征管需要,对部分条款进行补充或修订。

问:请具体介绍一下增值税实施细则修订涉及增值税转型改革部分的修订情况?

答:此次增值税转型改革方案的核心是允许企业新购入的机器设备所含进项税额在销项税额中抵扣。为保证方案落实到位,在增值税实施细则中对一些具体问题予以明确。一是明确除专门用于非应税项目、免税项目等的机器设备进项税额不得抵扣外,包括混用的机器设备在内的其他机器设备进项税额均可抵扣;二是明确不动产在建工程不允许抵扣进项税额,并对其概念进行了界定;三是根据其上位法授权,将不得抵扣进项税额的纳税人自用消费品,具体明确为应征消费税的游艇、汽车和摩托车。

问:增值税小规模纳税人标准和相关规定作了哪些调整?

答:增值税小规模纳税人标准和相关规定的调整主要包括两方面:一是将现行工业和商业小规模纳税人销售额标准分别从 100 万元和 180 万元降为 50 万元和 80 万元;二是将现行年应税销售额超过小规模纳税人标准的个人、非企业性单位、不经常发生应税行为的企业统一按小规模纳税人纳税的规定,调整为年应税销售超过小规模纳税人标准的其他个人(自然人)继续按小规模纳税人纳税,而非企业性单位和不经常发生应税行为的企业可以自行选择是否按小规模纳税人纳税。

问:营业税实施细则主要作了哪些修订?

答:营业税实施细则修订的内容,主要包括四个方面:一是对境内应税劳务进行界定;二是与增值税实施细则衔接,对混合销售行为和兼营行为的销售额划分问题作出规定;三是根据现行税收政策和征管需要,对部分条款进行补充或修订。

问:修订后的增值税和营业税实施条例对混合销售行为和兼营行为销售额划分问题是如何规定的?

答:继续维持对混合销售行为处理的一般原则,即按照纳税人的主营业务统一征收增值税或者营业税。但鉴于销售自产货物并同时提供建筑业劳务的混合销售行为较为特殊,对其采用分别核算、分别征收增值税和营业税的办法。

现行政策规定,纳税人兼营销售货物、增值税应税劳务和营业税应税劳务应分别核算销售额和营业额,不分别核算或不能准确核算的,应一并征收增值税,是否应一并征收增值税由国家税务局确定。但在执行中,对于此种情形,容易出现增值税和营业税重复征收的问题,给纳税人产生额外负担。此次修订,将这一规定改为,未分别核算的,由主管国家税务局、地方税务局分别核定货物、增值税应税劳务的销售额和营业税应税劳务的营业额。

问:消费税实施细则主要作了哪些修订?

答:此次消费税实施细则修订的内容,主要包括两个方面:一是根据其上位法,将1994年以来已经实施的政策调整内容体现到修订后的细则;二是与增值税实施细则在销售和有偿转让的定义、外汇销售额的折算、价外费用、纳税义务发生时间等规定进行衔接,保持一致。

增值税转型改革基本精神与内涵解读

2008年11月5日,国务院第34次常务会议决定自2009年1月1日起在全国范围内实施增值税转型改革。这标志着我国增值税改革向前迈出了重要一步,必将对我国宏观经济发展产生积极而又深远的影响。

一、增值税转型改革的主要内容

在对货物和劳务普遍征收增值税的前提下,根据对外购固定资产所含税金扣除方式的不同,增值税分为生产型、收入型和消费型三种类型。目前世界上140多个实行增值税的国家中,绝大多数国家实行消费型增值税。

我国增值税对销售、进口货物以及提供加工、修理修配劳务的单位和个人征收,覆盖了货物的生产、批发和零售各环节,涉及众多行业。1994年税制改革以来,我国一直实行生产型增值税。所谓增值税转型,是指从生产型增值税转变为消费型增值税。根据国务院常务会议精神,这次增值税转型改革的主要内容包括以下几个方面:

1. 自2009年1月1日起,全国所有增值税一般纳税人新购进设备所含的进项税额可以计算抵扣。
2. 购进的应征消费税的小汽车、摩托车和游艇不得抵扣进项税。
3. 取消进口设备增值税免税政策和外商投资企业采购国产设备增值税退税政策。
4. 小规模纳税人征收率降低为3%。
5. 将矿产品增值税税率从13%恢复到17%。

二、增值税转型改革的涵义

(一)增值税转型改革,允许企业抵扣其购进设备所含的增值税,这既是一项重大的减税政策,也是积极财政政策的重要组成部分,预计将为纳税人减轻税收负担超过1200亿元。转型改革将消除生产型增值税制存在的重复征税因素,降低企业设备投资的税收负担,有利于鼓励投资和扩大内需,促进企业技术进步、产业结构调整和经济增长方式的转变,对于提高我国企业竞争力和抗风险能力,克服国际金融危机的不利影响,将起到积极的作用。

(二)增值税转型政策,需重点把握几个要点:

一是增值税转型改革从2009年1月1日起开始实施,因此,企业在2009年1月1日以前购进的固定资产,即当前已有的存量固定资产,无论是否取得专用发票等合法抵扣凭证,均不得抵扣税款,包括2008年12

月31日以前购进但专用发票开具日期为2009年1月1日以后的购进固定资产。只有2009年1月1日以后实际购进并且发票开具时间是2009年1月1日以后的固定资产,才允许抵扣进项税额。

二是准予抵扣的固定资产范围仅限于现行增值税征税范围内的固定资产,包括机器、机械、运输工具以及其他与生产、经营有关的设备、工具、器具。房屋、建筑物等不动产,虽然在会计制度中允许作为固定资产核算,但不能纳入增值税的抵扣范围,不得抵扣进项税额。

三是小规模纳税人不能享受增值税转型的实惠。增值税转型是以允许固定资产进项税额在销项税额中计算抵扣为标志的。而现行增值税制将增值税纳税人分为一般纳税人和小规模纳税人两种,其中,一般纳税人按照销项税额抵扣进项税额的方法计算增值税应纳税额,小规模纳税人采用简易办法征收增值税,不抵扣进项税额。因此,小规模纳税人购进固定资产,不能享受增值税转型的实惠。

四是增值税转型改革是在全国范围内统一实施,原先实行扩大增值税抵扣范围试点政策的东北、中部、内蒙古东部地区以及四川汶川地震受灾严重地区,也都纳入增值税转型改革的总体范畴内,执行相同的政策。即不再按照增值税税收增量计算退税,直接计算抵扣,所留存的尚未退税的部分进项税额从当前"待抵扣"状态变成"可抵扣"状态。

(三)增值税转型改革将固定资产进项税额纳入抵扣范围,但纳税人购进的应征消费税的游艇、小汽车和摩托车仍然不允许抵扣进项税额,排除在此次转型改革范围之外。其主要考虑是,纳税人购买小汽车、摩托车等经常用于非生产经营用途,由企业自身消费用,从操作上难以界定哪些属于生产用,哪些属于消费用,容易混入生产经营用途抵扣税款,如果将其计算抵扣将造成税负不公。因此借鉴国际惯例,规定对于购进的游艇、小汽车和摩托车不得抵扣进项税额,但主要用于生产经营的载货汽车则允许抵扣。

(四)增值税是一种中性税,具有链条式的抵扣机制,环环相扣,上环节减免的税款将自动在下环节补征上来,因此,从税收效率角度看,增值税本身非常排斥减免税。但由于生产型增值税在经济生活中造成重复征税现象,特别是资本有机构成较高的行业,重复征税问题较为严重,因此,我国在1994年税制改革之后,陆续出台了一些增值税优惠政策,包括减税、免税和退税,以照顾特定行业纳税人,促进特定产业发展。增值税转型改革降低了纳税人税负,消除了重复征税因素,因此有必要将与生产型增值税相关的优惠政策加以清理,规范完善税制,堵塞管理漏洞。

与增值税转型最为相关的政策包括,进口设备免征增值税政策和外商投资企业采购国产设备增值税退税政策。

进口设备免征增值税政策是在我国实行生产型增值税的背景下出台的,主要是为了鼓励相关产业扩大利用外资、引进国外先进技术。但在执行中也反映出一些问题,主要有:进口免税设备范围较宽,不利于自主创新、设备国产化和我国装备制造业的振兴;内资企业进口设备的免税范围小于外资企业,税负不公。转型改革后,企业购买设备,不管是进口的还是国产的,其进项税额均可以抵扣,原有政策已经可以用新的方式替代,对进口设备免税的必要性已不复存在,这一政策应予停止执行。

外商投资企业采购国产设备增值税退税政策也是在生产型增值税和对进口设备免征增值税的背景下出台的。由于转型改革后,这部分设备一样能得到抵扣,因此,外商投资企业采购国产设备增值税退税政策也相应停止执行。

(五)适用转型改革的对象是增值税一般纳税人,改革后这些纳税人的增值税负担会普遍下降,而规模小、财务核算不健全的小规模纳税人(包括个体工商户),由于是按照简易办法计算缴纳增值税,不抵扣进项税额,其增值税负担不会因转型改革而降低。因此,为了平衡小规模纳税人与一般纳税人之间的税负水平,促进中小企业的发展和扩大就业,需要相应降低小规模纳税人的征收率。

现行政策规定,小规模纳税人按工业和商业两类分别适用6%和4%的征收率。考虑到现实经济活动中小规模纳税人混业经营十分普遍,实际征管中难以明确划分工业和商业小规模纳税人,转型改革后,对小规模纳税人不再区分工业和商业设置两档征收率,将小规模纳税人的征收率统一降低至3%。

(六)考虑到转型改革后,矿山企业外购设备将纳入进项税额的抵扣范围,整体税负将有所下降。因此,为了公平税负,规范税制,促进资源节约和综合利用,将金属矿、非金属矿采选产品的增值税税率从13%恢复到17%。

三、增值税转型改革与东北、中部等地区试点办法的异同

从2004年7月1日起,我国对东北地区的8个行业实施增值税转型试点。从2007年7月1日起,对中部地区26个城市的8个行业实施试点。2008年7月1日起,内蒙古自治区东部五个盟市和四川汶川地震受灾严重地区也开始实行试点。除四川汶川地震受灾严重地区外,试点改革的主要内容是,允许一般纳税人购进固定资产进项税额从销项税额中抵扣。为减少对财政收入的影响,对应抵扣的增值税采取了退税的方式,当期应退的税额不得超过当期新增增值税税额,不足抵扣的部分结转下期继续抵扣(以下简称增量抵扣办法),年终如果财政收入状况允许,再采取全国统一的常规办法(由纳税人直接向税务机关申报抵扣,当期应纳增值税额不足抵扣的部分再结转下期抵扣)计算退税,不再按增量抵扣办法控制。据统计,截至2007年年底,东北和中部转型试点地区新增设备进项税额总计244亿元,累计抵减欠缴增值税额和退给企业增值税税额186亿元。

2009年实施的转型改革与试点办法所不同的,一是新购进机器设备,不考虑本年内企业是否有新增增值税税额、是否存在增值税增量,均可实行抵扣;二是增值税转型改革在全国所有地区同步实施,不再限定行业,统一了全国增值税政策;三是购进固定资产,凭增值税专用发票和海关完税凭证等合法的抵扣凭证,直接计算抵扣,不再采用退税的操作方式。

四、增值税、消费税和营业税条例的修订内容

(一)增值税条例修订的主要内容增值税转型改革的核心是在企业计算应缴增值税时,允许抵扣购入机器设备所含的增值税,这一变化,与修订前的增值税条例关于不得抵扣固定资产进项税额的规定有冲突。因此,实行增值税转型改革需要对增值税条例进行修改。增值税条例主要作了以下五个方面的修订:

一是允许抵扣固定资产进项税额。修订前的增值税条例规定,购进固定资产的进项税额不得从销项税额中抵扣,即实行生产型增值税。修订后的增值税条例删除了有关不得抵扣购进固定资产的进项税额的规定,允许纳税人抵扣购进固定资产的进项税额,实现增值税由生产型向消费型的转变。

二是为堵塞由于增值税转型可能形成的税收漏洞。修订后的增值税条例规定,与企业技术更新无关且容易混为个人消费的自用消费品(如小汽车、游艇等)所含的进项税额,不得计算抵扣。

三是降低小规模纳税人的征收率。修订后的增值税条例对小规模纳税人不再设置工业和商业两档征收率,将征收率统一降至3%。

四是将一些现行增值税政策体现到修订后的条例中。一是补充了有关农产品和运输费用扣除率,对增值税一般纳税人进行资格认定等规定。二是考虑到原条例规定的对来料加工、来料装配和补偿贸易所需进口设备给予免税的政策已不再执行,因此取消了上述政策。

五是根据税收征管实践,为方便纳税人纳税申报,提高纳税服务水平,缓解征收大厅的申报压力,将纳税申报期限从10日延长至15日。同时,明确了对境外纳税人如何确定扣缴义务人、扣缴义务发生时间、扣缴地点和扣缴期限的规定。

(二)消费税和营业税条例修订的相关内容为保持增值税、消费税、营业税相关政策和征管措施之间的有效衔接,同时对消费税条例和营业税条例进行了相应修改。消费税方面,与增值税条例衔接,将纳税申报期限从10日延长至15日,对消费税的纳税地点等规定进行了调整。营业税方面,将纳税申报期限从10日延长至15日,进一步明确了对境外纳税人如何确定扣缴义务人、扣缴义务发生时间、扣缴地点和扣缴期限的规定。

五、增值税转型改革的配套政策与措施

增值税转型改革是一项重大的税收政策制度调整工作,涉及面广,情况复杂,很多增值税政策规定需要随之作出相应调整。

(一)增值税条例修订后,实施细则需要结合修订后的条例进行相应修订。国家税务总局自2008年上半年起,在研究修订增值税条例的同时,就同步开展了研究修订增值税条例实施细则的工作。经过充分讨论,吸纳了征管实践中很多行之有效的政策措施,进一步明确了税务机关和纳税人的权利和义务,以堵塞管理漏洞,减少执行中的争议问题。

(二)修订后的增值税条例取消了废旧物资发票抵扣税款的规定,这意味着今后废旧物资发票将不再作为抵扣凭证,失去抵扣税款的功能。

长期以来,国家对废旧物资回收经营行业给予增值税优惠政策,自2001年5月起,对废旧物资回收经营单位销售的废旧物资免征增值税,并允许生产企业购进免税废旧物资凭普通发票按10%抵扣增值税。这种做法,虽然起到了扶持废旧物资回收、促进循环利用的作用,但违反了“征多少扣多少、未征税不扣税”

的增值税基本原理，给不法分子可乘之机，在执行中出现了比较严重的问题。一是产废企业容易偷逃增值税，隐瞒销售废旧物资时应纳的增值税。二是诱发利废企业虚增进项税额抵扣行为，导致回收单位虚开废旧物资销售发票享受免税，利废企业用虚开的发票多抵扣税款，从而使国家税款大量流失。不仅破坏了税收征管秩序，也严重影响了回收行业的规范和健康发展。

因此，必须对现行增值税政策进行调整，以扭转当前税收管理的不利局面。经多方征求意见，并报国务院批准，在修订增值税条例时，取消了废旧物资发票的抵扣功能，对回收单位恢复照章征税，利废企业凭对方开具的专用发票抵扣税款。目前，财政部和国家税务总局正在研究起草有关政策性文件，近期即将下发执行。

（三）1994 年税制改革以来，国家税务总局会同财政部发布了一系列有关增值税政策的规范性文件，并单独发布了多项增值税管理规定，包括一般纳税人管理和专用发票管理等。对此，国家税务总局结合增值税转型改革后的新形势和新要求，进行了全面梳理，将需要废止、进行调整和继续有效的文件分出类别，并研究拟定了下一步调整和完善相关增值税政策和日常管理规范性文件的意见，有关政策梳理的结果将按照工作安排逐步向社会公布。

（四）对于小型经营者，财政部和国家税务总局正在研究提高增值税起征点幅度的政策。免除更多小型经营者的增值税纳税义务，既减轻其经营负担，又便于税务机关抓好对大型企业的征管。同时，财政部和国家税务总局也在研究适当降低增值税小规模纳税人标准，将更多小规模纳税人纳入一般纳税人范围，进一步消除重复征税因素，促进中小企业发展。

（五）在征收管理方面，国家税务总局根据征管需要，开展了增值税纳税申报资料的调整工作，调整的主要内容包括：对现行申报资料中部分数据指标名称进行修改、补充完善相关数据指标填表说明、重新调整"一窗式"比对指标等。同时，为了能够及时统计 2009 年实施增值税转型改革后全国增值税一般纳税人当期发生的固定资产进项税额，国家税务总局将于近期调整综合征管软件，增加增值税转型固定资产进项税额统计的功能。

增值税部分货物征税范围注释

国税发［1993］151 号

一、粮食

……

二、食用植物油

植物油是从植物根、茎、叶、果实、花或胚芽组织中加工提取的油脂。

食用植物油仅指：芝麻油、花生油、豆油、菜籽油、米糠油、葵花籽油、棉籽油、玉米胚油、茶油、胡麻油，以及以上述油为原料生产的混合油。

三、自来水

自来水是指自来水公司及工矿企业经抽取、过滤、沉淀、消毒等工序加工后，通过供水系统向用户供应的水。

农业灌溉用水、引水工程输送的水等，不属于本货物的范围。

四、暖气、热水

暖气、热水是指利用各种燃料（如煤、石油、其他各种气体或固体、液体燃料）和电能将水加热，使之生成的气体和热水，以及开发自然热能，如开发地热资源或用太阳能生产的暖气、热气、热水。

利用工业余热生产、回收的暖气、热气和热水也属于本货物的范围。

五、冷气

冷气是指为了调节室内温度，利用制冷设备生产的，并通过供风系统向用户提供的低温气体。

六、煤气

煤气是指由煤、焦炭、半焦和重油等经干馏或汽化等生产过程所得气体产物的总称。

煤气的范围包括：

（一）焦炉煤气：是指煤在炼焦炉中进行干馏所产生的煤气。

（二）发生炉煤气：是指用空气（或氧气）和少量的蒸气将煤或焦炭、半焦，在煤气发生炉中进行汽化所产生的煤气、混合煤气、水煤气、单水煤气、双水煤气等。

（三）液化煤气：是指压缩成液体的煤气。

七、石油液化气

石油液化气是指由石油加工过程中所产生的低分子量的烃类炼厂气经压缩成的液体。主要成分是丙烷、丁烷、丁烯等。

八、天然气

天然气是蕴藏在地层内的碳氢化合物可燃气体。主要含有甲烷、乙烷等低分子烷烃和丙烷、丁烷、戊烷及其他重质气态烃类。

天然气包括气田天然气、油田天然气、煤矿天然气和其他天然气。

九、沼气

沼气，主要成分为甲烷，由植物残体在与空气隔绝的条件下经自然分解而成，沼气主要作燃料。

本货物的范围包括：天然沼气和人工生产的沼气。

十、居民用煤炭制品

居民用煤炭制品是指煤球、煤饼、蜂窝煤和引火炭。

十一、图书、报纸、杂志

图书、报纸、杂志是采用印刷工艺，按照文字、图画和线条原稿印刷成的纸制品。本货物的范围包括：

（一）图书。是指由国家新闻出版署批准的出版单位出版，采用国际标准书号编序的书籍，以及图片。

（二）报纸。是指经国家新闻出版署批准，在各省、自治区、直辖市新闻出版部门登记，具有国内统一刊号（CN）的报纸。

（三）杂志。是指经国家新闻出版署批准，在省、自治区、直辖市新闻出版管理部门登记，具有国内统一刊号（CN）的刊物。

十二、饲料

饲料是指用于动物饲养的产品或其加工品。

本货物的范围包括：

（一）单一饲料：指作饲料用的某一种动物、植物、微生物产品或其加工品。

（二）混合饲料：指采用简单方法，将两种以上的单一饲料混合到一起的饲料。

（三）配合饲料：指根据不同的饲养对象、饲养对象的不同生长发育阶段对各种营养成分的不同需要量，采用科学的方法，将不同的饲料按一定的比例配合到一起，并均匀地搅拌，制成一定料型的饲料。

直接用于动物饲养的粮食、饲料添加剂不属于本货物的范围。

十三、化肥

化肥是指经化学和机械加工制成的各种化学肥料。

化肥的范围包括：

（一）化学氮肥。主要品种有尿素和硫酸铵、硝酸铵、碳酸氢铵、氯化铵、石灰氨、氨水等。

（二）磷肥。主要品种有磷矿粉、过磷酸钙（包括普通过磷酸钙和重过磷酸钙两种）、钙镁磷肥、钢渣磷肥等。

（三）钾肥。主要品种有硫酸钾、氯化钾等。

（四）复合肥料。是用化学方法合成或混配制成含有氮、磷、钾中的两种或两种以上的营养元素的肥料。含有两种的称二元复合肥，含有三种的称三元复合肥料，也有含三种元素和某些其他元素的叫多元复合肥料。主要产品有硝酸磷肥、磷酸铵、磷酸二氢钾肥、钙镁磷钾肥、磷酸一铵、磷粉二铵、氮磷钾复合肥等。

（五）微量元素肥。是指含有一种或多种植物生长所必需的，但需要量又极少的营养元素的肥料，如硼肥、锰肥、锌肥、铜肥、钼肥等。

（六）其他肥。是指上述列举以外的其他化学肥料。

十四、农药

农药是指用于农林业防治病虫害、除草及调节植物生长的药剂。

农药包括农药原药和农药制剂。如杀虫剂、杀菌剂、除草剂、植物生长调节剂、植物性农药、微生物农药、卫生用药、其他农药原药、制剂等等。

十五、农膜

农膜是指用于农业生产的各种地膜、大棚膜。

十六、农机

农机是指用于农业生产(包括林业、牧业、副业、渔业)的各种机器和机械化和半机械化农具,以及小农具。

农机的范围包括:

(一)拖拉机。是以内燃机为驱动牵引机具从事作业和运载物资的机械。包括轮拖拉机、履带拖拉机、手扶拖拉机、机耕船。

(二)土壤耕整机械。是对土壤进行耕翻整理的机械。包括机引犁、机引耙、旋耕机、镇压器、联合整地器、合壤器、其他土壤耕整机械。

(三)农田基本建设机械。是指从事农田基本建设的专用机械。包括开沟筑埂机、开沟铺管机、铲抛机、平地机、其他农田基本建设机械。

(四)种植机械。是指将农作物种子或秧苗移植到适于作物生长的苗床机械。包括播作机、水稻插秧机、栽植机、地膜覆盖机、复式播种机、秧苗准备机械。

(五)植物保护和管理机械。是指农作物在生长过程中的管理、施肥、防治病虫害的机械。包括机动喷粉机、喷雾机(器)、弥雾喷粉机、修剪机、中耕除草机、播种中耕机、培土机具、施肥机。

(六)收获机械。是指收获各种农作物的机械。包括粮谷、棉花、薯类、甜菜、甘蔗、茶叶、油料等收获机。

(七)场上作业机械。是指对粮食作物进行脱粒、清选、烘干的机械设备。包括各种脱粒机、清选机、粮谷干燥机、种子精选机。

(八)排灌机械。是指用于农牧业排水、灌溉的各种机械设备。包括喷灌机、半机械化提水机具、打井机。

(九)农副产品加工机械。是指对农副产品进行初加工,加工后的产品仍属农副产品的机械。包括茶叶机械、剥壳机械、棉花加工机械(包括棉花打包机)、食用菌机械(培养木耳、蘑菇等)、小型粮谷机械。

以农副产品为原料加工工业产品的机械,不属于本货物的范围。

(十)农业运输机械。是指农业生产过程中所需的各种运输机械。包括人力车(不包括三轮运货车)、畜力车和拖拉机挂车。

农用汽车不属于本货物的范围。

(十一)畜牧业机械。是指畜牧业生产中所需的各种机械。包括草原建设机械、牧业收获机械、饲料加工机械、畜禽饲养机械、畜产品采集机械。

(十二)渔业机械。是指捕捞、养殖水产品所用的机械。包括捕捞机械、增氧机、饵料机。

机动渔船不属于本货物的范围。

(十三)林业机械。是指用于林业的种植、育林的机械。包括清理机械、育林机械、树苗栽植机械。

森林砍伐机械、集材机械不属于本货物征收范围。

(十四)小农具。包括畜力犁、畜力耙、锄头和镰刀等农具。

农机零部件不属于本货物的征收范围。

【注释】　对《增值税暂行条例》第1、2条进行了解释。

增值税若干具体问题的规定

国税发[1993]154号

一、征税范围

(一)货物期货(包括商品期货和贵金属期货),应当征收增值税。

（二）银行销售金银的业务，应当征收增值税。

……

（四）基本建设单位和从事建筑安装业务的企业附设的工厂、车间生产的水泥预制构件、其他构件或建筑材料，用于本单位或本企业的建筑工程的，应在移送使用时征收增值税。但对其在建筑现场制造的预制构件，凡直接用于本单位或本企业建筑工程的，不征收增值税。

（五）典当业的死当物品销售业务和寄售业代委托人销售寄售物品的业务，均应征收增值税。

（六）因转让著作所有权而发生的销售电影母片、录像带母带、录音磁带母带的业务，以及因转让专利技术和非专利技术的所有权而发生的销售计算机软件的业务，不征收增值税。

（七）供应或开采未经加工的天然水（如水库供应农业灌溉用水，工厂自采地下水用于生产），不征收增值税。

（八）邮政部门销售集邮邮票、首日封，应当征收增值税。

（九）缝纫，应当征收增值税。

二、计税依据

（一）纳税人为销售货物而出租出借包装物收取的押金，单独记账核算的，不并入销售额征税。但对因逾期未收回包装物不再退还的押金，应按所包装货物的适用税率征收增值税。

（二）纳税人采取折扣方式销售货物，如果销售额和折扣额在同一张发票上分别注明的，可按折扣后的销售额征收增值税；如果将折扣额另开发票，不论其在财务上如何处理，均不得从销售额中减除折扣额。

（三）纳税人采取以旧换新方式销售货物，应按新货物的同期销售价格确定销售额。

纳税人采取还本销售方式销售货物，不得从销售额中减除还本支出。

（四）纳税人因销售价格明显偏低或无销售价格等原因，按规定需组成计税价格确定销售额的，其组价公式中的成本利润率为10%。但属于应从价定率征收消费税的货物，其组价公式中的成本利润率，为《消费税若干具体问题的规定》中规定的成本利润率。

……

【注释】 对《增值税暂行条例》第1、6条进行了解释。对《增值税暂行条例实施细则》第24、25条进行了解释。

国家税务总局关于由税务所为小规模企业代开增值税专用发票的通知

国税发［1994］58号

各省、自治区、直辖市税务局，各计划单列市税务局：

根据增值税暂行条例的规定，小规模纳税人不得领购使用专用发票。此项规定的目的，是为了加强专用发票的管理，堵塞偷税漏洞。但是，由于一般纳税人向小规模纳税人购进货物不能取得专用发票，无法抵扣进项税额，此项规定对于小规模纳税人的销售产生了一定影响。鉴于这种影响主要存在于小规模纳税人中的企业及企业性单位（以下简称小规模企业），为了既有利于加强专用发票的管理，又不影响小规模企业的销售。1994年1月20日我局以国税明电［1994］023号明传电报将《国家税务总局关于由税务所为小规模企业代开增值税专用发票的通知》发给各地。现印发给你们，请继续遵照执行。

一、凡能够认真履行纳税义务的小规模企业，经县（市）税务局批准，其销售货物或应税劳务可由税务所代开专用发票。税务机关应将代开专用发票的情况造册详细登记备查。但销售免税货物或将货物、应税劳务销售给消费者的，以及小额零星销售，不得代开专用发票。

对于不能认真履行纳税义务的小规模企业，不得代开专用发票。

税务机关应限期要求小规模企业健全会计核算，在限期内会计核算达到要求的，可认定为一般纳税人，按一般纳税人的规定计算交纳增值税；达不到要求的，仍按小规模纳税人的规定计算交纳增值税，但不再代开专用发票。

二、为小规模企业代开专用发票,应在专用发票“单价”栏和“金额”栏分别填写不含其本身应纳税额的单价和销售额;“税率”栏填写增值税征收率6%;“税额”栏填写其本身应纳的税额,即按销售额依照6%征收率计算的增值税额。一般纳税人取得由税务所代开的专用发票后,应以专用发票上填写的税额为进项税额。

三、由税务所代开专用发票的具体办法,暂由各省、自治区、直辖市、计划单列市税务局制定并报总局备案。

【注释】　对《增值税暂行条例》第26条进行了解释。相关规定包括:《国家税务总局关于取消小规模企业销售货物或应税劳务由税务所代开增值税专用发票审批后有关问题的通知》(国税函[2004]895号)。

财政部　国家税务总局关于增值税、营业税若干政策规定的通知

财税[1994]26号

各省、自治区、直辖市、计划单列市财政厅(局)、税务局:

新税制实施以来,各地陆续反映了一些增值税、营业税执行中出现的问题。经研究,现将有关政策问题规定如下:

一、关于集邮商品征税问题

集邮商品,包括邮票、小型张、小本票、明信片、首日封、邮折、集邮簿、邮盘、邮票目录、护邮袋、贴片及其他集邮商品。

集邮商品的生产、调拨征收增值税。邮政部门销售集邮商品,征收营业税;邮政部门以外的其他单位与个人销售集邮商品,征收增值税。

二、关于报刊发行征税问题

邮政部门发行报刊,征收营业税;其他单位和个人发行报刊征收增值税。

三、关于销售无线寻呼机、移动电话征税问题

电信单位(电信局及电信局批准的其他从事电信业务的单位)自己销售无线寻呼机、移动电话,并为客户提供有关的电信劳务服务的,属于混合销售,征收营业税;对单纯销售无线寻呼机、移动电话,不提供有关的电信劳务服务的,征收增值税。

四、关于混合销售征税问题

……

(二)从事运输业务的单位与个人,发生销售货物并负责运输所售货物的混合销售行为,征收增值税。

五、关于代购货物征税问题

代购货物行为,凡同时具备以下条件的,不征收增值税;不同时具备以下条件的,无论会计制度规定如何核算,均征收增值税。

(一)受托方不垫付资金;

(二)销货方将发票开具给委托方,并由受托方将该项发票转交给委托方;

(三)受托方按销售方实际收取的销售额和增值税额(如系代理进口货物则为海关代征的增值税额)与委托方结算货款,并另外收取手续费。

六、关于棕榈油、棉籽油和粮食复制品征税问题

(一)棕榈油、棉籽油按照食用植物油13%的税率征收增值税;

……

七、关于出口“国务院另有规定的货物”征税问题

根据增值税暂行条例第二条:“纳税人出口国务院另有规定的货物,不得适用零税率”的规定,纳税人出口的原油,援外出口货物,国家禁止出口的货物,包括天然牛黄、麝香、铜及铜基合金、白金等,糖,应按规定征收增值税。

八、关于外购农业产品的进项税额处理问题

……

九、关于寄售物品和死当物品征税问题

寄售商店代销的寄售物品(包括居民个人寄售的物品在内)、典当业销售的死当物品,无论销售单位是否属于一般纳税人,均按简易办法依照6%的征收率计算缴纳增值税,并且不得开具专用发票。

十、关于销售自己使用过的固定资产征税问题

单位和个体经营者销售自己使用过的游艇、摩托车和应征消费税的汽车,无论销售者是否属于一般纳税人,一律按简易办法依照6%的征收率计算缴纳增值税,并且不得开具专用发票。销售自己使用过的其他属于货物的固定资产,暂免征收增值税。

十一、关于人民币折合率的问题

……

十二、本规定自1994年6月1日起执行。

【注释】 对《增值税暂行条例》第1条进行了解释。对《增值税暂行条例实施细则》第2条进行了解释。

国家税务总局关于增值税若干征收问题的通知

国税发[1994]122号

近一时期以来,各地各部门不断反映一些增值税征税方面的问题,如纳税地点的确定问题,增值税专用发票的填开问题等,要求总局明确。根据各地反映的情况,我们进行了研究,现明确如下:

一、关于纳税地点问题

固定业户的总、分支机构不在同一县(市),但在同一省、自治区、直辖市范围内的,其分支机构应纳的增值税是否可由总机构汇总缴纳,由省、自治区、直辖市税务局决定。

……

三、关于无偿赠送货物可否开具专用发票问题

一般纳税人将货物无偿赠送给他人,如果受赠者为一般纳税人,可以根据受赠者的要求开具专用发票。

四、关于混合销售征税问题

根据细则第五条规定,以从事非增值税应税劳务为主,并兼营货物销售的单位与个人,其混合销售行为应视为销售非应税劳务,不征收增值税。但如果其设立单独的机构经营货物销售并单独核算,该单独机构应视为从事货物的生产、批发或零售的企业、企业性单位,其发生的混合销售行为应当征收增值税。

……

六、关于增值税专用发票的填写问题

(一)专用发票的"单价"栏,必须填写不含税单价。纳税人如果采用销售额和增值税额合并定价方法的,其不含税单价应按下列公式计算:

1. 一般纳税人按增值税税率计算应纳税额的,不含税单价计算公式为:

不含税单价=含税单价/(1+税率)

2. 一般纳税人按简易办法计算应纳税额的和由税务所代开专用发票的小规模纳税人,不含税单价计算公式为:

不含税单价=含税单价/(1+征收率)

(二)专用发票"金额"栏的数字,应按不含税单价和数量相乘计算填写,计算公式为:

金额栏数字=不含税单价×数量

不含税单价的尾数,"元"以下一般保留到"分",特殊情况下也可以适当增加保留的位数。

(三)专用发票的"税率"栏,应填写销售货物或应税劳务的适用税率,"税额"栏的数字应按"金额"栏数字和"税率"相乘计算填写。计算公式为:

税额 = 金额 × 税率

……

【注释】　对《增值税暂行条例》第 11 条进行了解释。对《增值税暂行条例实施细则》第 5、8 条进行了解释。

国家税务总局关于增值税几个业务问题的通知

国税发[1994]186 号

各省、自治区、直辖市国家税务局,各计划单列市国家税务局:

最近,各地在征收增值税方面提出了一些问题,要求予以明确。经调查研究和全国增值税业务会议讨论,现明确如下:

一、对承租或承包的企业、单位和个人,有独立的生产、经营权,在财务上独立核算,并定期向出租者或发包者上缴租金或承包费的,应作为增值税纳税人按规定缴纳增值税。

……

三、糠麸、油渣(饼)、酒糟、糖渣按"饲料"的适用税率征收增值税。(此条款已失效或废止)

四、根据(94)财税字第 004 号通知的规定,一般纳税人生产的原料中掺有煤矸石、石煤、粉煤灰、烧煤锅炉的炉底渣及其他废渣(不包括高炉水渣)的墙体材料,1994 年 5 月 1 日以后可按简易办法依照 6% 征收率计算缴纳增值税。此条规定所称墙体材料是指废渣砖、石煤和粉煤灰砌块、煤矸石砌块、炉底渣及其他废渣(不包括高炉水渣)砌块。

五、本通知除第二、四条以外,从 1994 年 1 月 1 日起执行。

【注释】　对《增值税暂行条例》第 11、12 条进行了解释。对《增值税暂行条例实施细则》第 24 条进行了解释。

财政部　国家税务总局关于增值税几个税收政策问题的通知

财税[1994]60 号

各省、自治区、直辖市财政厅、国家税务局,各计划单列市财政局、国家税务局:

根据国务院批示精神,经研究,现对几个增值税政策问题明确如下:

……

二、供残疾人专用的假肢、轮椅、矫型器(包括上肢矫型器、下肢矫型器、脊椎侧弯矫型器),免征增值税。

三、对国家定点企业生产和经销单位经销的专供少数民族饮用的边销茶,免征增值税。

边销茶,是指以黑茶、红茶末、老青茶、绿茶经蒸制、加压、发酵、压制成不同形状,专门销往边疆少数民族地区的紧压茶。

……

六、农用水泵、农用柴油机按农机产品依 13% 的税率征收增值税。

农用水泵是指主要用于农业生产的水泵,包括农村水井用泵、农田作业面潜水泵、农用轻便离心泵、与喷灌机配套的喷灌自吸泵。其他水泵不属于农机产品征税范围。

农用柴油机是指主要配套于农田拖拉机、田间作业机具、农副产品加工机械以及排灌机械,以柴油为燃料,油缸数在 3 缸以下(含 3 缸)的往复式内燃动力机械。4 缸以上(含 4 缸)柴油机不属于农机产品征税范围。

七、本通知除第一条外,从1994年1月1日起执行。

【注释】 对《增值税暂行条例》第2、10条进行了解释。

财政部关于外商投资企业出口货物税收问题有关会计处理规定的通知

财会[1994]43号

国务院各有关部门,各省、自治区、直辖市财政厅(局),计划单列市财政局:

根据财政部和国家税务总局《关于外商投资企业出口货物税收问题的通知》[(94)财税字第058号](以下简称《通知》),现对外商投资企业出口货物税收问题的有关会计处理规定如下:

一、关于增值税的会计处理

1. 外商投资企业生产直接出口并按规定免征增值税的货物,因购买国内原材料所负担的进项税额不予退税,应直接计入所购原材料的成本,借记"材料采购"等科目,贷记"应付账款"等科目。

2. 企业生产的货物既有出口又有内销的,应分别核算出口货物和内销货物的进项税额。属于出口货物的进项税额,按本通知第1条规定进行会计处理;属于内销货物的进项税额,可以自销售货物的销项税额中抵扣,在购入原材料时,按应支付的进项税额借记"应交税金——应交增值税(进项税额)"科目,贷记"应付账款"等科目。

3. 既有出口货物又有内销货物的企业,如不能分别核算或划分不清出口货物和内销货物的进项税额,应先将所有购入货物的进项税额全部计入"应交税金——应交增值税(进项税额)"科目中,即借记"应交税金——应交增值税(进项税额)"科目,贷记"应付账款"等科目。月末,按《通知》规定的公式计算出口货物不得抵扣的进项税额,借记"产品销售成本"科目,贷记"应交税金——应交增值税(进项税额转出)"科目。

4. 外商投资企业出口按规定不予免征增值税的货物,或将生产的货物销售给国内出口企业或委托国内出口企业代理出口,应视同内销进行会计处理。

二、关于消费税的会计处理

1. 外商投资企业直接出口按规定免征消费税的应税消费品,可不计算消费税。

2. 外商投资企业将生产的应税消费品销售给国内出口企业或委托国内出口企业代理出口,应视同内销进行会计处理。

【注释】 对《增值税暂行条例》第26条进行了解释。

货物期货征收增值税具体办法

国税发[1994]244号

根据国家税务总局《增值税若干具体问题的规定》,"货物期货应当征收增值税"。现将对货物期货征收增值税的具体办法规定如下:

一、货物期货交易增值税的纳税环节为期货的实物交割环节。

二、货物期货交易增值税的计税依据为交割时的不含税价格(不含增值税的实际成交额)。

不含税价格=含税价格÷(1+增值税税率)

三、货物期货交易增值税的纳税人为:

(一)交割时采取由期货交易所开具发票的,以期货交易所为纳税人。

期货交易所增值税按次计算,其进项税额为该货物交割时供货会员单位开具的增值税专用发票上注明的销项税额,期货交易所本身发生的各种进项不得抵扣。

(二)交割时采取由供货的会员单位直接将发票开给购货会员单位的,以供货会员单位为纳税人。

【注释】　对《增值税暂行条例》第1、5、6条进行了解释。

国家税务总局关于明确流转税、资源税法规中“主管税务机关、征收机关”名称问题的通知

国税发[1994]232号

各省、自治区、直辖市国家税务局、地方税务局,各计划单列市国家税务局、地方税务局:

在增值税、消费税、营业税、资源税暂行条例、实施细则及相关文件中,对“主管税务机关、征收机关”已作了解释,但是,由于各地国家税务局和地方税务局机构的分设,原名称所指已发生变化,现重新明确如下:

一、《中华人民共和国增值税暂行条例实施细则》第三十六条第二款中所称“主管税务机关、征收机关”,是指国家税务总局所属的县级以上(含县级)国家税务局,第二十八条、第三十二条第四款中所称“国家税务总局直属分局”,是指省、自治区、直辖市国家税务局,也包括享有省级经济管理权限的城市的国家税务局。

二、《中华人民共和国消费税暂行条例》第十三条、《中华人民共和国消费税暂行条例实施细则》第十八、二十三、二十四条、《消费税若干具体问题的规定》第三、五条中的“主管税务机关”,是指国家税务总局所属的县级以上(含县级)国家税务局。

《中华人民共和国消费税暂行条例实施细则》第二十一、二十五条、《消费税若干具体问题的规定》第四条中“国家税务总局所属税务分局”,是指省、自治区、直辖市国家税务局,也包括享有省级经济管理权限的城市的国家税务局。

三、《中华人民共和国营业税暂行条例实施细则》第五条、第六条中所称“国家税务总局所属征收机关”,是指国家税务总局所属的县级以上(含县级)国家税务局。

四、《中华人民共和国资源税暂行条例》第十二条中的“省、自治区、直辖市税务机关,”是指省、自治区、直辖市地方税务局和享有省级经济管理权限的城市的地方税务局。

《中华人民共和国资源税暂行条例》第十二、十三条以及《中华人民共和国资源税暂行条例实施细则》第五、八、九、十条所说的“主管税务机关”或“税务机关”,是指县级以上(含县级)的地方税务局。

【注释】　对《增值税暂行条例实施细则》第28、32、36条进行了解释。

国家税务总局关于固定业户临时外出经营有关增值税专用发票管理问题的通知

国税发[1995]87号

各省、自治区、直辖市和计划单列市国家税务局:

为了强化对增值税专用发票(以下简称专用发票)的管理,堵塞漏洞,根据全国增值税工作会议讨论意见,现将固定业户临时到外地经营有关专用发票使用管理的问题通知如下:

固定业户(指增值税一般纳税人)临时到外省、市销售货物的,必须向经营地税务机关出示“外出经营活动税收管理证明”回原地纳税,需要向购货方开具专用发票的,亦回原地补开。对未持“外出经营活动税收管理证明”的,经营地税务机关按6%的征收率征税。对擅自携票外出,在经营地开具专用发票的,经营地主管税务机关根据发票管理的有关规定予以处罚并将其携带的专用发票逐联注明“违章使用作废”字样。

本规定自1995年7月1日起执行,此前有关规定同时废止。

【注释】　对《增值税暂行条例》第26条进行了解释。

增值税问题解答(之一)

国税函发[1995]288 号

……

二、问:增值税一般纳税人采取邮寄方式销售、购买货物所支付的邮寄费,能否比照《财政部、国家税务总局关于增值税几个税收政策问题的通知》((94)财税字第 060 号)中关于销售应税货物而支付的运输费用的规定,依 10% 的扣除率计算进项税额予以抵扣?

答:增值税一般纳税人采取邮寄方式销售、购买货物所支付的邮寄费,不允许计算进项税额抵扣。

三、问:代理进口货物应如何征税?

答:代理进口货物的行为,属于增值税条例所称的代购货物行为,应按增值税代购货物的征税规定执行。但鉴于代理进口货物的海关完税凭证有的开具给委托方,有的开具给受托方的特殊性,对代理进口货物,以海关开具的完税凭证上的纳税人为增值税纳税人。即对报关进口货物,凡是海关的完税凭证开具给委托方的,对代理方不征增值税;凡是海关的完税凭证开具给代理方的,对代理方应按规定增收增值税。

四、问:集邮公司销售的集邮商品应如何征税?

答:根据财政部、国家税务总局(94)财税字第 026 号通知和国税发[1995]076 号通知的规定,集邮商品的生产应征收增值税。邮政部门、集邮公司销售(包括调拨在内)集邮商品,一律征收营业税,不征收增值税。

五、问:对利用图书、报纸、杂志等形式为客户作广告,介绍商品、经营服务、文化体育节目或通告、声明等事项的业务,取得的广告收入应如何征税?

……

六、问:对国家管理部门行使其管理职能,发放的执照、牌照和有关证书等取得的工本费收入,是否征收增值税?

答:对国家管理部门行使其管理职能,发放的执照、牌照和有关证书等取得的工本费收入,不征收增值税。

七、问:货物的生产企业为搞好售后服务,支付给经销企业修理费用,作为经销企业为用户提供售后服务的费用支出,对经销企业从货物的生产企业取得的“三包”收入,应如何征税?

答:经销企业从货物的生产企业取得“三包”收入,应按“修理修配”征收增值税。

……

九、问:对出版单位委托发行图书、报刊、杂志等支付给发行单位的经销手续费,在征收增值税时是否允许从销售额中减除?

答:对出版单位委托发行图书、报刊、杂志等支付给发行单位的经销手续费,在征收增值税时按“折扣销售”的有关规定办理,如果销售额和支付的经销手续费在同一发票上分别注明的,可按减除经销手续费后的销售额征收增值税;如果经销手续费不在同一发票上注明,另外开具发票,不论其在财务上如何处理,均不得从销售额中减除经销手续费。

……

十二、问:根据增值税实施细则第二十三条规定,纳税人兼营免税项目或非应税项目而无法准确划分不得抵扣的进项税额的,按当月免税项目销售额、非应税项目营业额占当月全部销售额、营业额的比例,乘以当月全部进项税额的公式,计算不得抵扣的进项税额。该办法在实际执行中,由于纳税人月度之间的购销不均衡,按上述公式计算出现不得抵扣的进项税额不实的现象,对此,应如何处理?

答:对由于纳税人月度之间购销不均衡,按上述公式计算出现不得抵扣的进项税额不实的现象,税务征收机关可采取按年度清算的办法,即:年末按当年的有关数据计算当年不得抵扣的进项税额,对月度计算的数据进行调整。

……

【注释】 对《增值税暂行条例》第22条进行了解释。对《增值税暂行条例实施细则》第22、23、35、36条进行了解释。

国家税务总局对代开、虚开增值税专用发票征补税款问题的批复

国税函发[1995]415号

安徽省国家税务局:

你局《关于代开增值税专用发票如何计算补税问题的请示》(皖国税流[1995]305号)收悉。关于企业为他人非法代开、虚开增值税专用发票如何征补税款问题,我局曾以《国家税务总局关于加强增值税征收管理工作的通知》(国税发[1995]015号)作出规定:"对已开具专用发票的销售货物,要及时足额计入当期销售额征税。凡开具了专用发票,其销售额未按规定计入销售账户核算的,一律按偷税论处。"为加强增值税专用发票的管理,我们意见:对代开、虚开专用发票的,一律按票面所列货物的适用税率全额征补税款,并按《中华人民共和国税收征收管理法》的规定给予处罚。

【注释】 对《增值税暂行条例》第26条进行了解释。

国家税务总局关于加强增值税征收管理若干问题的通知

国税发[1995]192号

各省、自治区、直辖市和计划单列市国家税务局:

为了保证增值税顺利实施,经全国加强增值税管理经验交流会议讨论,现就加强增值税征收管理有关问题通知如下:

一、关于增值税一般纳税人进项税额的抵扣问题

(一)运输费用进项税额的抵扣。

1. 准予计算进项税额扣除的货运发票种类。根据规定,增值税一般纳税人外购和销售货物所支付的运输费用,准予抵扣的运费结算单据(普通发票),是指国营铁路、民用航空、公路和水上运输单位开具的货票,以及从事货物运输的非国有运输单位开具的套印全国统一发票监制章的货票。准予计算进项税额扣除的货运发票种类,不包括增值税一般纳税人取得的货运定额发票。

2. 准予计算进项税额扣除的货运发票,其发货人、收货人、起运地、到达地、运输方式、货物名称、货物数量、运输单价、运费金额等项目的填写必须齐全,与购货发票上所列的有关项目必须相符,否则不予抵扣。

3. 纳税人购进、销售货物所支付的运输费用明显偏高、经过审查不合理的,不予抵扣运输费用。

……

(三)购进货物或应税劳务支付货款、劳务费用的对象。纳税人购进货物或应税劳务,支付运输费用,所支付款项的单位,必须与开具抵扣凭证的销货单位、提供劳务的单位一致,才能够申报抵扣进项税额,否则不予抵扣。

……

二、关于虚开代开的增值税专用发票的处罚问题

对纳税人虚开代开的增值税专用发票,一律按票面所列货物的适用税率全额征补税款,并按《中华人民共和国税收征收管理法》的规定给予处罚;对纳税人取得虚开代开的增值税专用发票,不得作为增值税合法的抵扣凭证抵扣进项税额。

三、关于酒类产品包装物的征税问题

从1995年6月1日起,对销售除啤酒、黄酒外的其他酒类产品而收取的包装物押金,无论是否返还以及会计上如何核算,均应并入当期销售额征税。

四、关于日用"卫生用药"的适用税率问题

用于人类日常生活的各种类型包装的日用卫生用药(如卫生杀虫剂、驱虫剂、驱蚊剂、蚊香、消毒剂等),不属于增值税"农药"的范围,应按17%的税率征税。

【注释】 对《增值税暂行条例》第2、6条进行了解释。

国家税务总局关于增值税若干征管问题的通知

国税发[1996]155号

为有利于各级税务机关和纳税人正确理解增值税的有关规定,税务机关严格执行税法和纳税人正确履行纳税义务,现就各地提出的有关增值税征管问题明确如下:

一、对增值税一般纳税人(包括纳税人自己或代其他部门)向购买方收取的价外费用和逾期包装物押金,应视为含税收入,在征税时换算成不含税收入并入销售额计征增值税。

二、对福利企业未按规定进行申报,事后被税务机关查补的增值税应纳税额,不得按"即征即退"办法退还给企业。

……

五、免税货物恢复征税后,其免税期间外购的货物,一律不得作为当期进项税额抵扣。恢复征税后收到的该项货物免税期间的增值税专用发票,应当从当期进项税额中剔除。

【注释】 对《增值税暂行条例》第26条进行了解释。

财政部 国家税务总局关于金银首饰等货物征收增值税问题的通知

财税[1996]74号

各省、自治区、直辖市、计划单列市财政厅(局)、国家税务局:

近期,各地陆续反映了一些增值税政策执行中遇到的问题。经研究,现将有关政策问题明确如下:

一、考虑到金银首饰以旧换新业务的特殊情况,对金银首饰以旧换新业务,可以按销售方实际收取的不含增值税的全部价款征收增值税。

二、骨粉、鱼粉按照"饲料"征收增值税。

【注释】 对《增值税暂行条例》第2、6条进行了解释。

国家税务总局关于易货贸易进口环节减征的增值税税款抵扣问题的通知

国税函发[1996]550号

各省、自治区、直辖市和计划单列市国家税务局:

近接到一些地区和部门就我国与周边国家易货贸易进口环节减征的增值税税款,在下一道环节可否作为进项税金抵扣的询问。经研究，现明确如下：

根据国务院有关文件的精神，按照现行增值税的有关规定，准予从销项税额中抵扣的进项税额，必须是取得合法的增值税扣税凭证上注明的增值税额。因此，对与周边国家易货贸易进口环节减征的增值税税款，不能作为下一道环节的进项税金抵扣。

【注释】　对《增值税暂行条例》第26条进行了解释。

国家税务总局关于铁路支线维护费征收增值税问题的通知

国税函发[1996]561号

安徽省国家税务局：

你局《关于煤炭生产企业收取的铁路支线维护费如何征税问题的请示》（皖国税流[1996]205号）收悉。现就煤炭生产企业自备铁路专用线收取铁路支线维护费如何征税问题明确如下：

按照《中华人民共和国增值税暂行条例》的有关规定，纳税人销售货物或者应税劳务的销售额包括向购买方收取的全部价款和价外费用。你省煤炭生产企业用自备铁路专用线运输煤炭取得的“铁路支线维护费”是在销售煤炭环节收取的，属于增值税条例规定的价外费用，因此，应按增值税的有关规定征收增值税。

【注释】　对《增值税暂行条例》第6条进行了解释。

国家税务总局关于农牧业救灾柴油征收增值税问题的批复

国税函发[1996]612号

青海省国家税务局：

你局《关于对农牧业救灾柴油征税问题的请示》（青国税流字[1996]378号）收悉，关于要求对农牧业救灾柴油免征增值税的问题，考虑到我国地域广阔，各种自然灾害时有发生，为了税制完整，按照国务院批准的《关于停止审批救灾物资减免税的请示》（财税政字[1995]010号）精神，我们意见，不宜对救灾物资免征增值税。

特此批复。

【注释】　对《增值税暂行条例》第16条进行了解释。

国家税务总局关于原油管理费征收增值税问题的通知

国税发[1996]111号

根据国务院批准下发的《关于进一步完善原油、成品油流通体制改革意见的通知》精神，经国家计委批准，自1996年1月1日起，中国石油天然气总公司在国家规定的原油一、二档出厂价格的基础上，每吨收取4元的原油管理费。对原油管理费如何征税问题，经研究，现明确如下：

按照《中华人民共和国增值税暂行条例》的有关规定，纳税人销售货物或者应税劳务的销售额包括向购买方收取的全部价款和价外费用。原油管理费是在国家规定的原油一、二档出厂价格的基础上按销售原油数量收取的，属于价外费用的一部分，因此，应按增值税的有关规定征收增值税。原油管理费征税后集中到总公司的部分，按《国家税务总局关于原油管理费缴纳营业税问题的复函》（国税函发[1996]101号）文件的规定不再征收营业税。

【注释】 对《增值税暂行条例》第6条进行了解释。

财政部 国家税务总局关于外国石油公司参与煤层气开采所适用税收政策问题的通知

财税[1996]62号

各省、自治区、直辖市、计划单列市财政厅(局)、国家税务局、地方税务局:

为了鼓励外国企业和外商投资企业(以下简称企业)开采我国陆上煤层气资源,现将有关税收问题明确如下:

一、在我国开采陆上煤层气资源的企业取得的经营所得和其他所得,均应当按照《中华人民共和国外商投资企业和外国企业所得税法》及其施行细则的规定缴纳所得税。

二、《中华人民共和国外商投资企业和外国企业所得税法实施细则》中有关"从事开采石油资源的企业"的规定,适用于从事开采陆上煤层气资源的企业。

三、除另有规定者外,财政部、国家税务总局及海洋石油税务管理局制定的有关对从事合作开采石油资源的企业所得税问题的规定,均适用于从事开采陆上煤层气资源的企业。

四、开采陆上煤层气所取得的收入,应当按照《国家税务总局关于中外合作开采石油资源缴纳增值税有关问题的通知》(国税发[1994]114号)和《中外合作开采陆上石油资源缴纳矿区使用费暂行规定》(财政部[1990]第3号令)的规定,缴纳增值税和矿区使用费。

五、从事开采陆上煤层气资源的企业,应当按照《城市房地产税暂行条例》的规定,缴纳房产税;按照《车船使用牌照税暂行条例》的规定,缴纳车船使用牌照税;按照《中华人民共和国印花税暂行条例》的规定,缴纳印花税。

【注释】 对《增值税暂行条例》第1条进行了解释。

国家税务总局关于淀粉的增值税适用税率问题的批复

国税函发[1996]744号

广西壮族自治区国家税务局:

你局《关于淀粉的增值税适用税率问题的请示》(桂国税报字[1996]041号)悉。关于淀粉的增值税适用税率问题,根据财政部、国家税务总局《关于印发〈农业产品征税范围注释〉的通知》(财税字[1995]052号)的规定,农业产品是指种植业、养殖业、林业、牧业、水产业生产的各种植物、动物的初级产品。从淀粉的生产工艺流程等方面看,淀粉不属于农业产品的范围,应按照17%的税率征收增值税。

【注释】 对《增值税暂行条例》第2条进行了解释。

国家税务总局关于烧卤熟制食品征收流转税问题的批复

国税函发[1996]261号

广西壮族自治区地方税务局:

你局《关于经营烤鸭等熟制食品征税问题的请示》(桂地税报字[1996]009号)收悉。经研究,现批复如下：

关于纳税人经营烧卤熟制食品如何征收流转税的问题，按照《中华人民共和国营业税暂行条例》和《中华人民共和国增值税暂行条例》的规定，饮食业属于营业税的征税范围，销售货物则属于增值税的征税范围。因此，对饮食店、餐馆等饮食行业经营烧卤熟制食品的行为，不论消费者是否在现场消费，均应当征收营业税；而对专门生产或销售食品的工厂、商场等单位销售烧卤熟制食品，应当征收增值税。

【注释】　对《增值税暂行条例》第1条进行了解释。对《增值税暂行条例实施细则》第2条进行了解释。

财政部　国家税务总局关于体育彩票发行收入税收问题的通知

财税[1996]77号

各省、自治区、直辖市、计划单列市财政厅(局)、国家税务局、地方税务局：

近接国家体委来函，要求明确体育彩票发行收入的有关税收政策。为确保体育彩票销售工作的顺利进行，根据现行税制的有关规定，对体育彩票发行收入的若干税收问题，明确规定如下：

一、增值税

根据现行《中华人民共和国增值税暂行条例》及其实施细则等有关规定，对体育彩票的发行收入不征增值税。

二、营业税

根据现行《中华人民共和国营业税暂行条例》及其实施细则等有关规定，对体育彩票的发行收入不征营业税；对体育彩票代销单位代销体育彩票取得的手续费收入应按规定征收营业税。

三、所得税

根据《中华人民共和国企业所得税暂行条例》及其实施细则的规定，对体育彩票的发行收入应照章征收企业所得税。

根据《中华人民共和国个人所得税法》及其实施条例的规定，个人购买体育彩票的中奖收入属于偶然所得，应全额依20%的税率征收个人所得税。

四、固定资产投资方向调节税

对用体育彩票收入建设贯彻实施全民健身计划和奥运争光计划所需的体育设施项目，应根据《中华人民共和国固定资产投资方向调节税暂行条例》及其有关规定，区别项目的不同情况，确定其适用税率计征固定资产投资方向调节税。

【注释】　对《增值税暂行条例》第1条进行了解释。对《增值税暂行条例实施细则》第2条进行了解释。

国家税务总局关于饮食业征收流转税问题的通知

国税发[1996]202号

各省、自治区、直辖市和计划单列市国家税务局、地方税务局：

近期，各地反映，饮食店、餐馆等营业税纳税人销售货物，在征收流转税时，地区之间政策执行上不尽一致。经研究，现明确如下：

一、饮食店、餐馆(厅)、酒店(家)、宾馆、饭店等单位发生属于营业税"饮食业"应税行为的同时销售货物给顾客的，不论顾客是否在现场消费，其货物部分的收入均应当并入营业税应税收入征收营业税。

二、饮食店、餐馆(厅)、酒店(家)、宾馆、饭店等单位附设门市部、外卖点等对外销售货物的,仍按《增值税暂行条例实施细则》第六条和《营业税暂行条例实施细则》第六条关于兼营行为的征税规定征收增值税。

三、专门生产或销售货物(包括烧卤熟制食品在内)的个体经营者及其他个人应当征收增值税。

四、以前规定与本通知相抵触的,一律以本通知为准。

【注释】 对《增值税暂行条例实施细则》第7条进行了解释。

国家税务总局关于纳税人取得虚开的增值税专用发票处理问题的通知

国税发[1997]134号

各省、自治区、直辖市和计划单列市国家税务局:

最近,一些地区国家税务局询问,对纳税人取得虚开的增值税专用发票(以下简称专用发票)如何处理。经研究,现明确如下:

一、受票方利用他人虚开的专用发票,向税务机关申报抵扣税款进行偷税的,应当依照《中华人民共和国税收征收管理法》及有关规定追缴税款,处以偷税数额五倍以下的罚款;进项税金大于销项税金的,还应当调减其留抵的进项税额。利用虚开的专用发票进行骗取出口退税的,应当依法追缴税款,处以骗税数额五倍以下的罚款。

二、在货物交易中,购货方从销售方取得第三方开具的专用发票,或者从销货地以外的地区取得专用发票,向税务机关申报抵扣税款或者申请出口退税的,应当按偷税、骗取出口退税处理,依照《中华人民共和国税收征收管理法》及有关规定追缴税款,处以偷税、骗税数额五倍以下的罚款。

三、纳税人以上述第一条、第二条所列的方式取得专用发票未申报抵扣税款,或者未申请出口退税的,应当依照《中华人民共和国发票管理办法》及有关规定,按所取得专用发票的份数,分别处以一万元以下的罚款;但知道或者应当知道取得的是虚开的专用发票,或者让他人为自己提供虚开的专用发票的,应当从重处罚。

四、利用虚开的专用发票进行偷税、骗税,构成犯罪的,税务机关依法进行追缴税款等行政处理,并移送司法机关追究刑事责任。

【注释】 对《增值税暂行条例》第26条进行了解释。相关规定包括:《国家税务总局关于〈国家税务总局关于纳税人取得虚开的增值税专用发票处理问题的通知〉的补充通知》(国税发[2000]182号)、《国家税务总局关于纳税人善意取得虚开的增值税专用发票处理问题的通知》(国税发[2000]187号)。

财政部 国家税务总局关于供电工程贴费不征收增值税和营业税的通知

财税[1997]102号

各省、自治区、直辖市、计划单列市财政厅(局)、国家税务局、地方税务局:

最近,一些地区和部门来文,要求对供电企业收取的供电工程贴费是否征收增值税或营业税的问题予以明确,经研究,现通知如下:

供电工程贴费是指在用户申请用电或增加用电容量时,供电企业向用户收取的用于建设110千伏及以下各级电压外部供电工程建设和改造等费用的总称,包括供电和配电贴费两部分。经国务院批准同意的国家计委《关于调整供电贴费标准和加强贴费管理的请示》(计投资[1992]2569号)附件一规定:“根据贴费的性质和用途,凡电力用户新建的工程项目所支付的贴费,应从该工程的基建投资中列支;凡电力用户改建、扩建的工程项目所支付的贴费,从单位自有资金中列支”。同时,用贴费建设的工程项目由电力用户交由电力部门统一管理使用。根据贴费和用贴费建设的工程项目的性质以及增值税、营业税有关法规政策的规定,供电工程贴费不属于增值税销售货物和收取价外费用的范围,不应当征收增值税,也不属于营业税的应税劳务收入,不应当征收营业税。

【注释】 对《增值税暂行条例》第16条进行了解释。

国家税务总局关于平销行为征收增值税问题的通知

国税发[1997]167号

各省、自治区、直辖市和计划单列市国家税务局:

近期以来,在商业经营活动中出现了大量平销行为,即生产企业以商业企业经销价或高于商业企业经销价的价格将货物销售给商业企业,商业企业再以进货成本或低于进货成本的价格进行销售,生产企业则以返还利润等方式弥补商业企业的进销差价损失。据调查,在平销活动中,生产企业弥补商业企业进销差价损失的方式主要有以下几种:一是生产企业通过返还资金方式弥补商业企业的损失,如有的对商业企业返还利润,有的向商业企业投资等。二是生产企业通过赠送实物或以实物投资方式弥补商业企业的损失。已发现有些生产企业赠送实物或商业企业进销此类实物不开发票、不记账,以此来达到偷税的目的。目前,平销行为基本上发生在生产企业和商业企业之间,但有可能进一步在生产企业与生产企业之间、商业企业与商业企业之间的经营活动中出现。平销行为不仅造成地区间增值税收入非正常转移,而且具有偷、避税因素,给国家财政收入造成损失。为堵塞税收漏洞,保证国家财政收入和有利于各地区完成增值税收入任务,现就平销行为中有关增值税问题规定如下:

一、对于采取赠送实物或以实物投资方式进行平销经营活动的,要制定切实可行的措施,加强增值税征管稽查,大力查处和严厉打击有关的偷税行为。

二、自1997年1月1日起,凡增值税一般纳税人,无论是否有平销行为,因购买货物而从销售方取得的各种形式的返还资金,均应依所购货物的增值税税率计算应冲减的进项税金,并从其取得返还资金当期的进项税金中予以冲减。应冲减的进项税金计算公式如下:

当期应冲减进项税金 = 当期取得的返还资金 × 所购货物适用的增值税税率

【注释】 对《增值税暂行条例》第6条进行了解释。

国家税务总局关于正大康地(深圳)有限公司生产经营饲料添加剂预混料应否免征增值税问题的批复

国税函发[1997]424号

深圳市国家税务局:

关于正大康地(深圳)有限公司的税务处理问题,我局曾于1996年11月5日在《关于正大康地(深圳)有限公司税务处理问题的批复》(国税函发[1996]624号)中答复,同意你局的处理意见。现你局请示,对正大康地(深圳)有限公司生产经营的饲料添加剂预混料应否按“饲料”免征增值税。经研究,批复如下:

从饲料添加剂预混料生产和原料构成看,它是由五种或六种添加剂加上一种或两种载体混合而成,添加剂的价值占预混料的70%以上。按照国家税务总局1993年12月25日印发的《增值税部分货物征税范围注释》(国税发[1993]151号)中“饲料”的解释范围的规定,饲料添加剂预混料难以归入上述“饲料”的解释范围,因此,不能享受规定的“饲料”免征增值税的待遇。

【注释】 对《增值税暂行条例》第 2 条进行了解释。

国家税务总局关于厦门邮电纵横股份有限公司销售传呼机、移动电话征收增值税问题的批复

国税函发[1997]504 号

厦门市国家税务局、地方税务局:

你局《关于厦门邮电纵横股份有限公司应税行为适用税种的请示》(厦国税流[1997]020 号)收悉,现就有关问题明确如下:

一、财政部、国家税务总局《关于增值税、营业税若干政策规定的通知》(财税字[1994]026 号)第三条中所规定的电信单位自己销售无线寻呼机、移动电话,并为客户提供有关的电信劳务服务,是指电信单位自己销售无线寻呼机、移动电话,并为客户提供无线发射电信服务。因此,对厦门市邮电纵横股份有限公司移动通信设备维修中心(以下简称维修中心)的应税行为不能认定为提供电信劳务。

二、维修中心销售传呼机、移动电话、其他通讯器材以及修理通讯器材而取得的收入,均应征收增值税。

三、鉴于过去对维修中心征税问题是由于企业经营、核算方式混乱以及国家税务局、地方税务局对财税字[1994]026 号理解不一致引起的,因此,对以往改变税种属性、混淆级次库别不再追究。自我局批复之日起,对维修中心上述收入改征增值税。

【注释】 对《增值税暂行条例》第 1 条进行了解释。对《增值税暂行条例实施细则》第 2 条进行了解释。

财政部 国家税务总局关于连锁经营企业增值税纳税地点问题的通知

财税[1997]97 号

各省、自治区、直辖市、计划单列市财政厅(局)、国家税务局:

为支持连锁经营的发展,根据《增值税暂行条例》第二十二条的有关规定,现对连锁经营企业实行统一缴纳增值税的有关问题通知如下:

一、对跨地区经营的直营连锁企业,即连锁店的门店均由总部全资或控股开设,在总部领导下统一经营的连锁企业,凡按照国内贸易部《连锁店经营管理规范意见》(内贸政体法字[1997]第 24 号)的要求,采取微机联网,实行统一采购配送商品,统一核算,统一规范化管理和经营,并符合以下条件的,可对总店和分店实行由总店向其所在地主管税务机关统一申报缴纳增值税:

1. 在直辖市范围内连锁经营的企业,报经直辖市国家税务局会同市财政局审批同意;

2. 在计划单列市范围内连锁经营的企业,报经计划单列市国家税务局会同市财政局审批同意;

3. 在省(自治区)范围内连锁经营的企业,报经省(自治区)国家税务局会同省财政厅审批同意;

4. 在同一县(市)范围内连锁经营的企业,报经县(市)国家税务局会同县(市)财政局审批同意。

二、连锁企业实行由总店向总店所在地主管税务机关统一缴纳增值税后,财政部门应研究采取妥善办法,保证分店所在地的财政利益在纳税地点变化后不受影响。涉及省内地、市间利益转移的,由省级财政部门确定;涉及地、市内县(市)间利益转移的,由地、市财政部门确定;县(市)范围内的利益转移,由县(市)财政部门确定。

三、对自愿连锁企业,即连锁店的门店均为独立法人,各自的资产所有权不变的连锁企业和特许连锁企业,即连锁店的门店同总部签订合同,取得使用总部商标、商号、经营技术及销售总部开发商品的特许权的

连锁企业，其纳税地点不变，仍由各独立核算门店分别向所在地主管税务机关申报缴纳增值税。

【注释】 对《增值税暂行条例》第22条进行了解释。

增值税一般纳税人年审办法

国税函发[1998]156号

第一条 为严格增值税一般纳税人（以下简称一般纳税人）认定制度，加强对一般纳税人的纳税管理，维护增值税纳税秩序，特制定本办法。

第二条 一般纳税人资格年度审验（以下简称年审），是国家税务征收机关（以下简称税务机关）按年度实施的对一般纳税人资格审验、确认的一项制度。

第三条 年审对象：

（一）上一年度应税销售额在《中华人民共和国增值税暂行条例实施细则》第二十四条规定标准以下的一般纳税人。即：从事工业生产，年应税销售额在100万元以下的；以及从事商业经营，年应税销售额在180万元以下的一般纳税人。

（二）上一年度认定的临时一般纳税人。

对于上一年应税销售额在规定标准以上的一般纳税人是否需要年审，由省级税务机关确定。

第四条 年审内容：

一般纳税人上一年度应税销售额的实现情况，会计人员的配置与核算状况以及纳税表现等。

第五条 年审对象上一年度应税销售额在下列限额以下的，取消一般纳税人资格，改按小规模纳税人征税：

（一）从事商业经营（包括兼营的），50万元以下；

（二）从事工业生产的，30万元以下。

第六条 年审对象上一年度应税销售额超过本办法第五条所列限额的，如存在下列情形之一者，取消一般纳税人资格，亦按小规模纳税人征税：

（一）在会计人员配备、会计账簿设置和会计核算方法等三方面中，任何一方面不符合国家税务局要求的；

（二）有偷税行为或有虚开增值税专用发票行为的；

（三）不按规定保管增值税专用发票造成严重后果的；

（四）经税务机关日常稽查连续3个月被列入《未申报纳税人清单》或连续6个月被列入《申报异常纳税人清单》的；

（五）无固定经营场所的。

第七条 凡经年审不合格取消一般纳税人资格的，税务机关在其《税务登记证》副本的首页右上方加盖"已取消一般纳税人资格"专用章（附件1）。收缴增值税专用发票及专用发票领购簿。

第八条 对符合一般纳税人认定标准的企业，颁发《一般纳税人资格证书》（附件2），并在证书及发票领购簿上加贴一般纳税人年审合格标识。

一般纳税人年审合格标识由国家税务总局统一印制。

第九条 年审自每年1月开始至5月底结束，具体实施期限由省级税务机关确定。

第十条 税务机关应自开始实施年审前的1个月发布通告，明确年审对象、内容及要求等具体事项。

第十一条 一般纳税人应在规定期限内填报《增值税一般纳税人年审表》并附下列资料供税务机关查验：

（一）税务登记证（副本）；

（二）《增值税专用发票领购簿》；

（三）主管税务机关要求提供的其他资料。

《增值税一般纳税人年审表》的格式由各省级税务机关制定。

第十二条 根据《国务院关于贯彻实施〈中华人民共和国行政处罚法〉的通知》(国发[1996]13号)有关规定,对一般纳税人未按规定办理年审手续的,处以1000元以下的罚款。

第十三条 税务机关接到一般纳税人申报的《增值税一般纳税人年审表》后30日内,逐级进行审验,并由县级以上税务机关作出年审结论。

第十四条 税务机关应根据所辖区域内一般纳税人的分布状况、交通条件等客观情况,以方便纳税人为原则,可灵活采取分片定点、按点巡回或集中办班等年审形式。

第十五条 年审工作结束后,省级税务机关应于当年7月底前填制《增值税一般纳税人年审计表》(附件3)上报总局。

第十六条 省级税务机关可结合本地实际情况制定具体的实施办法。

第十七条 本办法自1998年1月1日起执行。

【注释】 对《增值税暂行条例》第26条进行了解释。

增值税日常稽查办法

国税发[1998]44号

第一条 为了规范增值税日常稽查的内容和程序,加强增值税日常稽查管理,防范和查处偷骗增值税行为,提高纳税人依法纳税自觉性,根据《中华人民共和国税收征收管理法》、《中华人民共和国增值税暂行条例》制定本办法。

第二条 本办法适用于税务机关对增值税一般纳税人(以下简称纳税人)实施的增值税日常稽查。小规模纳税人增值税日常稽查办法另行制定。

第三条 增值税日常稽查是税务机关依照税收法律、法规和规章,对纳税人履行纳税义务情况实施常规稽核和检查的总称,包括稽核、检查及一般性违法问题的处理。

第四条 增值税稽核是税务机关监审纳税人增值税纳税申报情况及相关资料,筛选检查对象的过程,分为一级稽核和二级稽核。

一级稽核的工作内容和步骤:

(一)监控纳税人的申报情况。对超过纳税申报期限未办理纳税申报者,在本纳税申报期结束后5日内,向其发出催报通知。对连续两个月逾期未申报的,列印《未申报纳税人清单》送交检查。

(二)审核纳税人的申报数据。依据纳税申报表内各指标之间的逻辑关系,对所申报的应纳税额进行逻辑审核。对申报有误的,应及时向纳税人发出《申报错误更正通知》。

(三)按季计算分析纳税人销售额变动率和税负率,计算公式如下:

1. 销售额变动率=(本年累计应税销售额-上年同期应税销售额)/上年同期应税销售额

2. 税负率=本年累计应纳税额/本年累计应税销售额×100%

将销售额变动率和税负率与相应的正常峰值进行比较,对存在下列问题的纳税人,列印《纳税申报异常纳税人清单》送交二级稽核。

1. 销售额变动率高于正常峰值,税负率低于正常峰值的;

2. 销售额变动率低于正常峰值,税负率低于正常峰值的;

3. 销售额变动率及税负率均高于正常峰值的。

前款所称正常峰值,是指纳税人在一定时期内实现的销售额和税负正常变化的上限或下限。即:销售额变动率正常峰值,为纳税人在正常经营的前提下,销售额与上年同期比较,销售额变动率(±)所能达到的最大值;税负率正常峰值,为纳税人在正常履行纳税义务的前提下,由于受市场、季节等因素的影响而使税负率变化所能达到的最小值或最大值。正常峰值由地市级以上税务机关根据本地区不同行业的具体情况分别确定。

二级稽核的工作内容和步骤:

(一)审核增值税纳税申报表、发票领用存月报表、相关发票存根联、抵扣联、发票领用存原始记录等资料之间的数据是否相符。

(二)对防伪税控系统开具的增值税专用发票抵扣联按规定进行认证。

(三)运用全国丢失、被盗增值税专用发票查询系统对其抵扣联进行抽查验证。

(四)根据纳税人报送的增值税纳税申报表、资产负债表、损益表和其他有关纳税资料,做好案头分析工作,对纳税人形成异常申报的原因作出初步判断。

1. 毛益率分析。根据损益表计算销售毛益率,计算公式为:

销售毛益率 =(销售收入 - 销售成本)÷ 销售收入 ×100%

若本期销售毛益率较以前各期或上年同期有较大幅度下降,可能存在购进货物(包括应税劳务,下同)入账,销售货物结转销售成本而不计或少计销售额的问题。

2. 存货、负债、进项税额综合分析。适用于商品流通企业。分析时,先计算本期进项税额控制数,计算公式为:

本期进项税额控制数 =[期末存货较期初增加额(减少额用负数表示)+ 本期销售成本
+ 期末应付账款较期初减少数(增加额用负数表示)]
× 主要外购货物的增值税税率 + 本期运费支出数 ×10%

以进项税额控制数与增值税申报表中的本期进项税额核对,若前者明显小于后者,则可能存在虚抵进项税额和未付款的购进货物提前申报抵扣进项税额的问题。

3. 销售额分析。将损益表中的当期销售成本加上按成本毛利率计算出的毛益额后,与损益表、增值税申报表中的本期销售额进行对比,若表中数额小,且差距较大,则可能存在销售额不入账、挂账或瞒报等问题。成本毛利率计算公式如下:

成本毛利率 = 本年累计毛利额/本年累计销售成本 ×100%

第五条　将稽核发现的问题和疑点,分别不同情况作如下处理:

(一)对纳税人申报异常提出质询,并逐一记录质询情况,质询记录内容包括:纳税人名称、纳税人识别号、申报异常所属时期、销售额变动率及税负率、答复人姓名以及答复情况等。

(二)对申报异常且无正当理由的纳税人应填写《增值税待查对象通知》,送交检查;申报异常现象特别严重或有较大偷骗税嫌疑的,填写《增值税待查对象特急通知》送交专案检查。

(三)质询记录、待查对象通知和检查情况所报资料要随时复核,定期统计并报主管领导审阅。

第六条　对稽核阶段未被列入检查对象的纳税人,应定期随机抽取一定数量的待查对象送交检查。对该类纳税人的检查间隔(即实施两次检查之间的时间)最长不得超过 3 年。

第七条　增值税检查是税务机关对纳税人会计核算资料及有关生产经营情况进行实地检查的过程。

第八条　增值税检查的对象为稽核环节送达的未申报清单和待查对象通知所列的纳税人以及根据本办法第六条确定的纳税人。

第九条　增值税检查应按计划组织实施,对未申报待查对象的检查应自通知送达之日起 1 个月内实施,对申报异常的待查对象的检查应自通知送达之日起 2 个月内实施。

第十条　增值税检查方法根据待查对象的具体情况确定:

(一)无申报异常现象的,可采取抽查的方法,如有问题再全面检查。

(二)有申报异常现象的,应以销项或进项的某一方面问题核实为主,实施销项税额与进项税额的全面检查。

1. 销售额变动率高于正常峰值及税负率低于正常峰值或销售额变动率正常,而税负率低于正常峰值的,以进项税额为检查重点,查证有无扩大进项抵扣范围、骗抵进项税额、不按规定申报抵扣等问题,对应核实销项税额计算的正确性;

2. 销售额变动率低于正常峰值及税负率变动低于正常峰值的,销项税额和进项税额均应作为检查重点。

对销项税额的检查,应侧重查证有无账外经营、瞒报、迟报计税销售额、混淆增值税与营业税征税范围、错用税率等问题。

检查基本方法见附件 1。

第十一条　经稽核、检查核实的一般性偷骗税问题应按《中华人民共和国税收征收管理法》有关条款及现行有关管理规定进行处理;同时责成纳税人进行相关的账务调整(具体调账方法见附件2)。对偷骗税数额较大、情节较严重、涉及地域范围较广的偷骗税案件应及时移送专案稽查。

第十二条 经增值税检查查实的问题及处理情况应按国家税务总局统一规定的文书形式反馈给二级稽核。

第十三条 《未申报纳税人清单》、《申报错误更正通知》、《纳税申报异常纳税人清单》、《增值税待查对象通知》、《增值税待查对象特急通知》的样式及内容由各省级税务机关确定。

第十四条 本办法自1998年1月1日起执行。

附件1:

增值税检查基本方法

一、瞒报计税销售额的检查。应对下列问题运用账证核对法逐项查证:

(一)发票上填开的销售额与有关收入账户中的记录是否一致;

(二)有无计税销售额记入往来账户问题;

(三)有无将计税销售额或差价记入"应付福利费"、"投资收益"、"资本公积"、"盈余公积"等账户,逃避纳税的现象;

(四)以物易物有无不反映销售而只办理存货之间转账的问题;

(五)有无发生销售不反映销售额,而是以"生产成本"、"产成品"、"库存商品"等存货账户以及资金账户或往来账户对转的问题;

(六)有关收入账户的红字冲销记录有无足以证明业务确实发生的证据;

(七)视同销售业务不申报纳税。检查"应付福利费"、"在建工程"、"长期投资"、"营业外支出"等账户的借方记录,核对会计凭证,查明视同销售是否按规定申报了计税销售额和销项税额。

二、迟报计税销售额的检查。

(一)将已填开的发票存根联与有关收入账户记录进行核对,看当月实现的收入是否全部入账,有无压票现象;

(二)对不以销货发票为记账依据的商业零售企业,应查明有无将本月的"销售日报"作为下月原始凭证入账的现象。

三、适用税率的检查。看已填开的增值税专用发票和含税销售额换算为不含税销售额所使用的税率是否正确。

四、虚开发票的检查。将已填开的发票存根联与其所列货物的明细账记录进行核对,看账证记录是否一致。

五、扩大进项税额抵扣范围的检查。以"进项税额"账户为中心,逐一分析每笔记录记账凭证的会计处理和原始凭证所载明的经济业务,看有无将不属于抵扣范围的进项税额申报抵扣。

六、骗抵进项税额的检查。将进项凭证与相关的付款凭证、资金账户,相关的存货账户进行核实,凡发现异常的进项凭证或涉嫌虚开、伪造的进项凭证,应委托销货方所在地税务机关配合查实。

对依据运费发票等其他扣税凭证计算进项税额的,应检查进项税额计算的正确性和扣税凭证的真实性。

七、擅自抵扣期初存货进项税额的检查。对纳税人申报抵扣的期初存货进项税额,应查明是否经主管税务机关批准,验证其计算的正确性。

八、进项税额转出的检查。分析"应付福利费"、"在建工程"、"其他业务支出"、"待处理财产损益"、"营业外支出"以及销售收入类等账户,并核对其会计凭证,看是否发生了进项税额转出事项,该办理进项税额转出的是否已经转出,转出额确定的是否正确。对兼营免税项目的纳税人,应通过分析有关销售收入和成本账户,看是否按规定办理进项税额转出。

九、账外经营检查。涉嫌有账外经营的,可采用突击检查方式,运用盘存法对存货和库存现金进行账实核对,凡相差悬殊的,要进一步查证有无未入账的进项凭证(包括代销、寄存等其他有效凭证)和现金收入凭证,如有未入账凭证,将其所载金额从实存数中扣除后,其结果仍大于账存的,即存在账外经营。

附件 2:

增值税检查调账方法

增值税检查后的账务调整,应设立"应交税金——增值税检查调整"专门账户。凡检查后应调减账面进项税额或调增销项税额和进项税额转出的数额,借记有关科目,贷记本科目;凡检查后应调增账面进项税额或调减销项税额和进项税额转出的数额,借记本科目,贷记有关科目;全部调账事项入账后,应结出本账户的余额,并对该余额进行处理:

1. 若余额在借方,全部视同留抵进项税额,按借方余额数,借记"应交税金——应交增值税(进项税额)"科目,贷记本科目。

2. 若余额在贷方,且"应交税金——应交增值税"账户无余额,按贷方余额数,借记本科目,贷记"应交税金——未交增值税"科目。

3. 若本账户余额在贷方,"应交税金——应交增值税"账户有借方余额且等于或大于这个贷方余额,按贷方余额数,借记本科目,贷记"应交税金——应交增值税"科目。

4. 若本账户余额在贷方,"应交税金——应交增值税"账户有借方余额但小于这个贷方余额,应将这两个账户的余额冲出,其差额贷记"应交税金——未交增值税"科目。

上述账务调整应按纳税期逐期进行。

【注释】　对《增值税暂行条例》第 26 条进行了解释。

财政部　国家税务总局关于免征农村电网维护费增值税问题的通知

财税[1998]47 号

根据国务院的指示精神,经研究决定,从 1998 年 1 月 1 日起,对农村电管站在收取电价时一并向用户收取的农村电网维护费(包括低压线路损耗和维护费以及电工经费)给予免征增值税的照顾。对 1998 年 1 月 1 日前未征收入库的增值税税款,不再征收入库。

【注释】　对《增值税暂行条例》第 16 条进行了解释。

国家税务总局关于增值税一般纳税人发生偷税行为如何确定偷税数额和补税罚款的通知

国税发[1998]66 号

各省、自治区、直辖市和计划单列市国家税务局:

目前,各地对增值税一般纳税人发生偷税行为,如何计算确定其增值税偷税额以及如何补税、罚款的认识和做法不一,现统一明确如下:

一、关于偷税数额的确定

(一)由于现行增值税制采取购进扣税法计税,一般纳税人有偷税行为,其不报、少报的销项税额或者多报的进项税额,即是其不缴或少缴的应纳增值税额。因此,偷税数额应当按销项税额的不报、少报部分或者进项税额的多报部分确定。如果销项、进项均查有偷税问题,其偷税数额应当为两项偷税数额之和。

(二)纳税人的偷税手段如属账外经营,即购销活动均不入账,其不缴或少缴的应纳增值税额即偷税额为账外经营部分的销项税额抵扣账外经营部分中已销货物进项税额后的余额。已销货物的进项税额按下列公式计算：

已销货物进项税额＝账外经营部分购货的进项税额－账外经营部分存货的进项税额

（三）如账外经营部分的销项税额或已销货物进项税额难以核实，应当根据《中华人民共和国增值税暂行条例实施细则》第十六条第（三）项规定，按照组成计税价格公式核定销售额，再行确定偷税数额。凡销项税额难以核实的，以账外经营部分已销货物的成本为基础核定销售额；已销货物进项税额难以核实的，以账外经营部分的购货成本为基础核定销售额。（本项已经废止）

二、关于税款的补征

偷税款的补征入库，应当视纳税人不同情况处理，即：根据检查核实后一般纳税人当期全部的销项税额与进项税额（包括当期留抵税额），重新计算当期全部应纳税额，若应纳税额为正数，应当作补税处理，若应纳税额为负数，应当核减期末留抵税额（企业账务调整的具体方法，见《增值税日常稽查办法》）。

三、关于罚款

对一般纳税人偷税行为的罚款，应当按照本通知第一条的规定计算确定偷税数额，以偷税数额为依据处理。

【注释】 对《增值税暂行条例》第26条进行了解释。对《增值税暂行条例实施细则》第16条进行了解释。相关规定包括：《国家税务总局关于修改〈国家税务总局关于增值税一般纳税人发生偷税行为如何确定偷税数额和补税罚款的通知〉的通知》（国税函［1999］739号）。

国家税务总局关于企业所属机构间移送货物征收增值税问题的通知

国税发［1998］137号

目前，对实行统一核算的企业所属机构间移送货物，接受移送货物机构（以下简称受货机构）的经营活动是否属于销售应在当地纳税，各地执行不一。经研究，现明确如下：

《中华人民共和国增值税暂行条例实施细则》第四条视同销售货物行为的第（三）项所称的用于销售，是指受货机构发生以下情形之一的经营行为：

一、向购货方开具发票；

二、向购货方收取货款。

受货机构的货物移送行为有上述两项情形之一的，应当向所在地税务机关缴纳增值税；未发生上述两项情形的，则应由总机构统一缴纳增值税。

如果受货机构只就部分货物向购买方开具发票或收取货款，则应当区别不同情况计算并分别向总机构所在地或分支机构所在地缴纳税款。

【注释】 对《增值税暂行条例实施细则》第4条进行了解释。相关规定包括：《国家税务总局关于纳税人以资金结算网络方式收取货款增值税纳税地点问题的通知》（国税函［2002］802号）。

国家税务总局关于电梯保养、维修收入征税问题的批复

国税函发［1998］390号

深圳市国家税务局：

你局《关于电梯保养、维修收入征税问题的请示》（深国税发［1998］144号）收悉，现批复如下：

电梯属于增值税应税货物的范围，但安装运行之后，则与建筑物一道形成不动产。因此，对企业销售电梯（自产或购进的）并负责安装及保养、维修取得的收入，一并征收增值税；对不从事电梯生产、销售，只从

事电梯保养和维修的专业公司对安装运行后的电梯进行的保养、维修取得的收入,征收营业税。

深圳市粤日电梯工程有限公司系专门从事电梯保养、维修的专业公司。因此,对其所取得的电梯保养、维修收入应当征收营业税,不征收增值税。

【注释】 对《增值税暂行条例》第1条进行了解释。对《增值税暂行条例实施细则》第2条进行了解释。

国家税务总局关于修订"饲料"注释及加强饲料征免增值税管理问题的通知

国税发[1999]39号

各省、自治区、直辖市和计划单列市国家税务局:

随着我国饲料工业的发展,饲料的品种和生产特点发生了较大变化,为了支持饲料工业发展,进一步明确和规范饲料的征免增值税范围,加强对饲料免征增值税的管理,现将对《增值税部分货物征税范围注释》(国税发[1993]151号)中饲料注释的修订及饲料免征增值税的管理办法明确如下:

一、饲料指用于动物饲养的产品或其加工品。

本货物的范围包括:

1. 单一大宗饲料。指以一种动物、植物、微生物或矿物质为来源的产品或其副产品。其范围仅限于糠麸、酒糟、油饼、骨粉、鱼粉、饲料级磷酸氢钙。

2. 混合饲料。指由两种以上单一大宗饲料、粮食、粮食副产品及饲料添加剂按照一定比例配置,其中单一大宗饲料、粮食及粮食副产品的参兑比例不低于95%的饲料。

3. 配合饲料。指根据不同的饲养对象,饲养对象的不同生长发育阶段的营养需要,将多种饲料原料按饲料配方经工业生产后,形成的能满足饲养动物全部营养需要(除水分外)的饲料。

4. 复合预混料。指能够按照国家有关饲料产品的标准要求量,全面提供动物饲养相应阶段所需微量元素(4种或以上)、维生素(8种或以上),由微量元素、维生素、氨基酸和非营养性添加剂中任何两类或两类以上的组分与载体或稀释剂按一定比例配置的均匀混合物。

5. 浓缩饲料。指由蛋白质、复合预混料及矿物质等按一定比例配制的均匀混合物。

用于动物饲养的粮食、饲料添加剂不属于本货物的范围。

二、原有的饲料生产企业及新办的饲料生产企业,应凭省级饲料质量检测机构出具的饲料产品合格证明及饲料工业管理部门审核意见,向所在地主管税务机关提出免税申请,经省级国家税务局审核批准后,由企业所在地主管税务机关办理免征增值税手续。

三、本通知自1999年1月1日起执行。此前,各地执行的饲料免税范围与本通知不一致的,可按饲料的销售对象确定征免,即:凡销售给饲料生产企业、饲养单位及个体养殖户的饲料,免征增值税,销售给其他单位的一律征税。

【注释】 对《增值税暂行条例》第2条进行了解释。

国家税务总局关于拍卖行取得的拍卖收入征收增值税、营业税有关问题的通知

国税发[1999]40号

各省、自治区、直辖市和计划单列市国家税务局、地方税务局:

据了解,由于拍卖行特殊的经营性质,对拍卖行取得的拍卖收入是征收增值税还是征收营业税,各地理

解不一,执行中不尽一致。为了统一拍卖行的增值税、营业税政策,现就有关问题明确如下:

一、对拍卖行受托拍卖增值税应税货物,向买方收取的全部价款和价外费用,应当按照4%的征收率征收增值税。拍卖货物属免税货物范围的,经拍卖行所在地县级主管税务机关批准,可以免征增值税。

二、对拍卖行向委托方收取的手续费征收营业税。

【注释】 对《增值税暂行条例》第12条进行了解释。

国家税务总局关于卫生防疫站调拨生物制品及药械征收增值税的批复

国税函[1999]191号

湖南省国家税务局:

你局《关于对卫生防疫站调拨生物制品及药械是否征收增值税问题的请示》(湘国税函[1999]4号)收悉,现批复如下:

卫生防疫站调拨生物制品和药械,属于销售货物行为,应当按照现行税收法规的规定征收增值税。根据《中华人民共和国增值税暂行条例实施细则》第二十四条及有关规定,对卫生防疫站调拨生物制品和药械,可按照小规模商业企业4%的增值税征收率征收增值税。对卫生防疫站调拨或发放的由政府财政负担的免费防疫苗不征收增值税。

【注释】 对《增值税暂行条例实施细则》第24条进行了解释。

国家税务总局国家税务总局关于生猪生产流通过程中有关税收问题的通知

国税发[1999]113号

各省、自治区、直辖市和计划单列市国家税务局、地方税务局:

根据一些地区和有关部门近来陆续反映的在生猪生产流通过程中存在的一些税收法规执行不规范的问题,为了严格依法征税,切实减轻农民负担,进一步规范生猪市场的征税办法,促进我国生猪饲养业稳定、健康地发展,经研究,现就有关生猪税收问题,进一步重申和明确如下:

一、在生猪生产、销售、运输、宰杀、加工、储存等全部过程中,必须严格执行国家各项税收规定,不得变通税法,擅自改变纳税环节,禁止包税和各种摊派或变相摊派税款的行为。严格实施一税一票,禁止一票多税和一票又税又费、税费混征的做法。

二、屠宰税必须据实征收、不得以加强征管为理由,将应由从事生猪收购或屠宰业务的纳税人缴纳的屠宰税改由饲养者缴纳。根据当前我国生猪价格下跌幅度较大的情况,生猪屠宰税税负明显偏高的地区,要向政府建议适当调低税额标准。

三、农业生产者销售自己饲养的生猪免缴增值税,非农业生产者销售生猪应当按照规定征收增值税,税务机关不得以任何理由擅自改变纳税环节让农业生产者缴纳或代缴生猪增值税。

四、专业养猪户取得的养猪收入,减除成本、费用及损失后的余额,按照"个体工商户生产、经营所得"项目计征个人所得税。无法准确核算其收入、成本、费用及损失的,由主管税务机关依照税法核定其应纳税所得额,计征个人所得税。

非专业养猪户取得的养猪收入,暂不征收个人所得税。

专业养猪户由各省、自治区、直辖市地方税务局根据以下条件制定具体的界定标准:

(一)以养猪为其主业;

（二）养猪取得的收入为其全部收入的主要部分；

（三）以年出栏生猪数为标准的，最低限额不得少于5头（不含自家育养的仔猪数，出售仔猪无数量限制）。

五、猪皮农业特产税从1999年起已经停征，各地应严格执行国家政策，不得继续征收。如有违反规定继续征收猪皮农业特产税的，要立即纠正。

各地接此通知后，应立即对生猪税收政策执行中存在的问题进行一次清理检查和整改。总局将在适当时候对生猪税收执法情况进行一次专项抽查。

以上规定，请认真贯彻执行。

【注释】 对《增值税暂行条例》第16条进行了解释。

财政部 国家税务总局关于粮食企业增值税征免问题的通知

财税［1999］198号

各省、自治区、直辖市、计划单列市财政厅（局）、国家税务局，新疆生产建设兵团财务局：

为支持和配合粮食流通体制改革，经国务院批准，现就粮食增值税政策调整的有关问题通知如下：

一、国有粮食购销企业必须按顺价原则销售粮食。对承担粮食收储任务的国有粮食购销企业销售的粮食免征增值税。免征增值税的国有粮食购销企业，由县（市）国家税务局会同同级财政、粮食部门审核确定。

审批享受免税优惠的国有粮食购销企业时，税务机关应按规定缴销其《增值税专用发票领购簿》，并收缴其库存未用的增值税专用发票予以注销；兼营其他应税货物的，须重新核定其增值税专用发票用量。

二、对其他粮食企业经营粮食，除下列项目免征增值税外，一律征收增值税。

（一）军队用粮：指凭军用粮票和军粮供应证按军供价供应中国人民解放军和中国人民武装警察部队的粮食。

（二）救灾救济粮：指经县（含）以上人民政府批准，凭救灾救济粮食（证）按规定的销售价格向需救助的灾民供应的粮食。

（三）水库移民口粮：指经县（含）以上人民政府批准，凭水库移民口粮票（证）按规定的销售价格供应给水库移民的粮食。

三、对销售食用植物油业务，除政府储备食用植物油的销售继续免征增值税外，一律照章征收增值税。

四、对粮油加工业务，一律照章征收增值税。

五、承担粮食收储任务的国有粮食购销企业和经营本通知所列免税项目的其他粮食经营企业，以及有政府储备食用植物油销售业务的企业，均需经主管税务机关审核认定免税资格，未报经主管税务机关审核认定，不得免税。享受免税优惠的企业，应按期进行免税申报，违反者取消其免税资格。

粮食部门应向同级国家税务局提供军队用粮、救灾救济粮、水库移民口粮的单位、供应数量等有关资料，经国家税务局审核无误后予以免税。

六、属于增值税一般纳税人的生产、经营单位从国有粮食购销企业购进的免税粮食，可依据购销企业开具的销售发票注明的销售额按13%的扣除率计算抵扣进项税额；购进的免税食用植物油，不得计算抵扣进项税额。

七、各省、自治区、直辖市、计划单列市国家税务局可依据本通知和增值税法规的有关规定制定具体执行办法，并报财政部、国家税务总局备案。

本通知从1999年8月1日起执行。

【注释】 对《增值税暂行条例》第16条进行了解释。

财政部 国家税务总局关于血站有关税收问题的通知

财税[1999]264号

为了推动无偿献血公益事业的发展,经国务院批准,现将血站的有关税收问题明确如下:

一、鉴于血站是采集和提供临床用血,不以营利为目的的公益性组织,又属于财政拨补事业费的单位,因此,对血站自用的房产和土地免征房产税和城镇土地使用税。

二、对血站供应给医疗机构的临床用血免征增值税。

三、本通知所称血站,是指根据《中华人民共和国献血法》的规定,由国务院或省级人民政府卫生行政部门批准的,从事采集、提供临床用血,不以营利为目的的公益性组织。

四、本通知自1999年11月1日起执行。在此之前已征收入库的税款不再退还,未征收入库的税款也不再征缴。

【注释】 对《增值税暂行条例》第16条进行了解释。

财政部 国家税务总局关于贯彻落实《中共中央 国务院关于加强技术创新,发展高科技,实现产业化的决定》有关税收问题的通知

财税[1999]273号

海关总署,各省、自治区、直辖市、计划单列市财政厅(局)、国家税务局、地方税务局,新疆生产建设兵团:

为了贯彻落实《中共中央 国务院关于加强技术创新,发展高科技,实现产业化的决定》(中发[1999]14号)的精神,鼓励技术创新和高新技术企业的发展,现对有关税收问题通知如下:

一、关于增值税

(一)一般纳税人销售其自行开发生产的计算机软件产品,可按法定17%的税率征收后,对实际税负超过6%的部分实行即征即退。

(二)属生产企业的小规模纳税人,生产销售计算机软件按6%的征收率计算缴纳增值税;属商业企业的小规模纳税人,销售计算机软件按4%的征收率计算缴纳增值税,并可由税务机关分别按不同的征收率代开增值税发票。

(三)对随同计算机网络、计算机硬件、机器设备等一并销售的软件产品,应当分别核算销售额。如果未分别核算或核算不清,按照计算机网络或计算机硬件以及机器设备等的适用税率征收增值税,不予退税。

(四)计算机软件产品是指记载有计算机程序及其有关文档的存储介质(包括软盘、硬盘、光盘等)。对经过国家版权局注册登记,在销售时一并转让著作权、所有权的计算机软件征收营业税,不征收增值税。

……

六、科研机构转制问题

(一)中央直属科研机构以及省、地(市)所属的科研机构转制后,自1999年至2003年5年内,免征企业所得税和科研开发自用土地的城镇土地使用税。

本条所指科研机构不包括:已经转制和已并入企业的科研机构,以及所有从事社会科学研究的科研机构。

(二)享受上述税收优惠政策的科研机构,需持转制变更后的企业工商登记材料报当地主管税务机关,并按规定办理有关减免税手续。

七、本通知自1999年10月1日起开始执行。

【注释】 对《增值税暂行条例》第16条进行了解释。

国家税务总局关于修改《国家税务总局关于增值税一般纳税人发生偷税行为如何确定偷税数额和补税罚款的通知》的通知

国税函[1999]739 号

各省、自治区、直辖市和计划单列市国家税务局：

《国家税务总局关于增值税一般纳税人发生偷税行为如何确定偷税数额和补税罚款的通知》(国税发[1998]66 号)下发后，部分地区反映通知第一条第(三)项的表述不够确切，现修改如下：

纳税人账外经营部分的销售额(计税价格)难以核实的，应根据《中华人民共和国增值税暂行条例实施细则》第十六条第(三)项规定按组成计税价格核定其销售额。

原《国家税务总局关于增值税一般纳税人发生偷税行为如何确定偷税数额和补税罚款的通知》(国税发[1998]66 号)第一条第(三)项废止。

【注释】　对《增值税暂行条例实施细则》第 16 条进行了解释。对《国家税务总局关于增值税一般纳税人发生偷税行为如何确定偷税数额和补税罚款的通知》(国税发[1998]66 号)进行了修改。

财政部　国家税务总局关于医疗卫生机构有关税收政策的通知

财税[2000]42 号

各省、自治区、直辖市、计划单列市财政厅(局)、国家税务局、地方税务局：

为了贯彻落实《国务院办公厅转发国务院体改办等部门关于城镇医药卫生体制改革指导意见的通知》(国办发[2000]16 号)，促进我国医疗卫生事业的发展，经国务院批准，现将医疗卫生机构有关税收政策通知如下：

一、关于非营利性医疗机构的税收政策

(一)对非营利性医疗机构按照国家规定的价格取得的医疗服务收入，免征各项税收。不按照国家规定价格取得的医疗服务收入不得享受这项政策。

医疗服务是指医疗服务机构对患者进行检查、诊断、治疗、康复和提供预防保健、接生、计划生育方面的服务，以及与这些服务有关的提供药品、医用材料器具、救护车、病房住宿和伙食的业务(下同)。

(二)对非营利性医疗机构从事非医疗服务取得的收入，如租赁收入、财产转让收入、培训收入、对外投资收入等应按规定征收各项税收。非营利性医疗机构将取得的非医疗服务收入，直接用于改善医疗卫生服务条件的部分，经税务部门审核批准可抵扣其应纳税所得额，就其余额征收企业所得税。

(三)对非营利性医疗机构自产自用的制剂，免征增值税。

(四)非营利性医疗机构的药房分离为独立的药品零售企业，应按规定征收各项税收。

(五)对非营利性医疗机构自用的房产、土地、车船，免征房产税、城镇土地使用税和车船使用税。

二、关于营利性医疗机构的税收政策

(一)对营利性医疗机构取得的收入，按规定征收各项税收。但为了支持营利性医疗机构的发展，对营利性医疗机构取得的收入，直接用于改善医疗卫生条件的，自其取得执业登记之日起，3 年内给予下列优惠：对其取得的医疗服务收入免征营业税；对其自产自用的制剂免征增值税；对营利性医疗机构自用的房产、土地、车船免征房产税、城镇土地使用税和车船使用税。3 年免税期满后恢复征税。

（二）对营利性医疗机构的药房分离为独立的药品零售企业，应按规定征收各项税收。

三、关于疾病控制机构和妇幼保健机构等卫生机构的税收政策

（一）对疾病控制机构和妇幼保健机构等卫生机构按照国家规定的价格取得的卫生服务收入（含疫苗接种和调拨、销售收入），免征各项税收。不按照国家规定的价格取得的卫生服务收入不得享受这项政策。对疾病控制机构和妇幼保健等卫生机构取得的其他经营收入如直接用于改善本卫生机构卫生服务条件的，经税务部门审核批准可抵扣其应纳税所得额，就其余额征收企业所得税。

（二）对疾病控制机构和妇幼保健机构等卫生机构自用的房产、土地、车船，免征房产税、城镇土地使用税和车船使用税。

医疗机构需要书面向卫生行政主管部门申明其性质，按《医疗机构管理条例》进行设置审批和登记注册，并由接受其登记注册的卫生行政部门核定，在执业登记中注明“非营利性医疗机构”和“营利性医疗机构”。

上述医疗机构具体包括：各级各类医院、门诊部（所）、社区卫生服务中心（站）、急救中心（站）、城乡卫生院、护理院（所）、疗养院、临床检验中心等。上述疾病控制、妇幼保健等卫生机构具体包括：各级政府及有关部门举办的卫生防疫站（疾病控制中心）、各种专科疾病防治站（所），各级政府举办的妇幼保健所（站）、母婴保健机构、儿童保健机构等，各级政府举办的血站（血液中心）。

本通知自发布之日起执行。

【注释】 对《增值税暂行条例》第16条进行了解释。

国家税务总局关于融资租赁业务征收流转税问题的通知

国税函[2000]514号

据了解，目前一些地区在对融资租赁业务征收流转税时，政策执行不一，有的征收增值税，有的征收营业税，为统一增值税政策，严肃执法，现就有关问题明确如下：

对经中国人民银行批准经营融资租赁业务的单位所从事的融资租赁业务，无论租赁的货物的所有权是否转让给承租方，均按《中华人民共和国营业税暂行条例》的有关规定征收营业税，不征收增值税。其他单位从事的融资租赁业务，租赁的货物的所有权转让给承租方，征收增值税，不征收营业税；租赁的货物的所有权未转让给承租方，征收营业税，不征收增值税。

融资租赁是指具有融资性质和所有权转移特点的设备租赁业务。即：出租人根据承租人所要求的规格、型号、性能等条件购入设备租赁给承租人，合同期内设备所有权属于出租人，承租人只拥有使用权，合同期满付清租金后，承租人有权按残值购入设备，以拥有设备的所有权。

本通知自公布之日起执行，此前规定与本通知相抵触的，一律以本通知为准。

【注释】 对《增值税暂行条例》第1条进行了解释。

国家税务总局关于出版物广告收入有关增值税问题的通知

国税发[2000]188号

各省、自治区、直辖市和计划单列市国家税务局：

《国家税务总局关于印发〈增值税问题解答（之一）〉的通知》（国税发[1995]288号）规定，“纳税人为制作、印刷广告所用的购进货物不得计入进项税额抵扣，因此，纳税人应准确划分不得抵扣的进项税额；对无法准确划分不得抵扣的进项税额的，按《中华人民共和国增值税暂行条例实施细则》第二十三条的规定

划分不得抵扣的进项税额"。由于该通知未明确应以何种标准进行"准确划分",因此各地执行不尽一致。经研究,现明确如下:

确定文化出版单位用于广告业务的购进货物的进项税额,应以广告版面占整个出版物版面的比例为划分标准,凡文化出版单位能准确提供广告所占版面比例的,应按此项比例划分不得抵扣的进项税额。

本通知自2000年12月1日起执行。此前一些地区的税务机关按照《中华人民共和国增值税暂行条例实施细则》第二十三条规定确定不得抵扣进项税额的,已征收入库的税款不再作纳税调整,凡征税不足的,一律按照本通知的规定计算应补征的税款。

【注释】 对《增值税暂行条例实施细则》第23条进行了解释。

国家税务总局关于增值税一般纳税人丢失防伪税控系统开具的增值税专用发票有关税务处理问题的通知

国税发[2002]10号

各省、自治区、直辖市和计划单列市国家税务局、地方税务局:

为解决增值税一般纳税人(以下简称一般纳税人)丢失增值税专用发票产生的涉税问题,现将一般纳税人丢失增值税防伪税控系统开具的增值税专用发票的有关税务处理问题明确如下:

一、一般纳税人丢失防伪税控系统开具的增值税专用发票,如果该发票丢失前已通过防伪税控认证系统的认证,购货单位可凭销货单位出具的丢失发票的存根联复印件及销货方所在地主管税务机关出具的"增值税一般纳税人丢失防伪税控开具增值税专用发票已抄报税证明单"(样式附后),经购货单位主管税务机关审核批准后,作为增值税进项税额抵扣的合法凭证抵扣进项税额。

一般纳税人丢失防伪税控系统开具的增值税专用发票,如果该发票丢失前未通过防伪税控认证系统的认证,购货单位应凭销货单位出具的丢失发票的存根联复印件到主管税务机关进行认证,认证通过后可凭该发票复印件及销货方所在地主管税务机关出具的"增值税一般纳税人丢失防伪税控开具增值税专用发票已抄报税证明单",经购货单位主管税务机关审核批准后,作为增值税进项税额抵扣的合法凭证抵扣进项税额。

二、一般纳税人发生丢失防伪税控系统开具的增值税专用发票情况,必须及时向所在地主管税务机关报告,税务机关应对其报告的丢失发票是否已申报抵扣进行检查,对纳税人弄虚作假的行为,按照有关的法律法规进行处理。

三、本通知自2001年7月1日起执行。原《国家税务总局关于加强增值税征收管理工作的通知》(国税发[1995]015号)第三条第二项的有关规定同时废止。

附件:增值税一般纳税人丢失防伪税控开具增值税专用发票已抄报税证明单

【注释】 对《增值税暂行条例》第26条进行了解释。

国家税务总局关于白银生产环节征收增值税的通知

国税发[2000]51号

各省、自治区、直辖市、计划单列市国家税务局:

根据国务院关于白银管理体制改革的指示,现就白银产品有关增值税政策规定如下:

自2000年1月1日起,对企业生产销售的银精矿含银、其他有色金属精矿含银、冶炼中间产品含银及成品银恢复征收增值税。

【注释】 对《增值税暂行条例》第1条进行了解释。

国家税务总局关于修改《国家税务总局关于严格控制增值税专用发票使用范围的通知》的通知

国税发[2000]75号

各省、自治区、直辖市和计划单列市国家税务局：

近接部分地区反映，《国家税务总局关于严格控制增值税专用发票使用范围的通知》(国税发[1995]088号)的有关规定已不适应目前增值税专用发票使用的需要，经研究，现对原通知修改如下：

各地要严格控制专用发票的使用范围，对商业企业零售的烟、酒、食品、服装、鞋帽(不包括劳保专用部分)、化妆品等消费品不得开具专用发票；对工商企业销售的机械、机车、汽车、轮船、锅炉等大型机械电子设备，如购货方索取增值税专用发票，销货方可开具增值税专用发票。

本通知自2000年1月1日起执行。

【注释】 对《增值税暂行条例》第26条进行了解释。

财政部　国家税务总局关于小化肥生产企业改产尿素等产品征收增值税问题的通知

财税字[2000]69号

各省、自治区、直辖市、计划单列市财政厅(局)、国家税务局：

近接部分地区反映，财政部、国家税务总局《关于对若干农业生产资料征免增值税问题的通知》(财税字[1998]78号)对原生产碳酸氢铵、普通过磷酸钙、钙镁磷肥产品的小化肥生产企业改产生产销售的尿素、磷铵和硫磷铵给予免征增值税的规定中，对改产没有明确的解释，在执行中出现了分歧。为统一税收政策，现就有关问题明确如下：

小化肥生产企业改产尿素、磷铵和硫磷铵，其享受免征增值税政策的产品是指企业停止生产碳酸氢铵、普通过磷酸钙、钙镁磷肥产品后，在改产尿素、磷铵和硫磷铵当年，生产设备所达设计能力内生产的上述产品。对改产以后再扩产和扩建生产销售的上述产品，不得给予免征增值税的政策。此前，各地税务机关确定的上述产品免征增值税政策范围与本通知不一致的，不再作调整，自本通知发布之日起一律按本通知的规定执行。

【注释】 对《增值税暂行条例》第16条进行了解释。

财政部　国家税务总局关于飞机维修增值税问题的通知

财税[2000]102号

各省、自治区、直辖市、计划单列市财政厅(局)、国家税务局：

经国务院批准，现将有关飞机维修劳务的增值税政策问题通知如下：

为支持飞机维修行业的发展，决定自2000年1月1日起对飞机维修劳务增值税实际税负超过6%的部分实行由税务机关即征即退的政策。

【注释】 对《增值税暂行条例》第16条进行了解释。

国家税务总局关于《国家税务总局关于纳税人取得虚开的增值税专用发票处理问题的通知》的补充通知

国税发[2000]182号

各省、自治区、直辖市和计划单列市国家税务局、地方税务局：

为了严格贯彻执行《国家税务总局关于纳税人取得虚开的增值税专用发票处理问题的通知》(国税发[1997]134号,以下简称134号文件),严厉打击虚开增值税专用发票活动,保护纳税人的合法权益,现对有关问题进一步明确如下：

有下列情形之一的,无论购货方(受票方)与销售方是否进行了实际的交易,增值税专用发票所注明的数量、金额与实际交易是否相符,购货方向税务机关申请抵扣进项税款或者出口退税的,对其均应按偷税或者骗取出口退税处理。

一、购货方取得的增值税专用发票所注明的销售方名称、印章与其进行实际交易的销售方不符的,即134号文件第二条规定的"购货方从销售方取得第三方开具的专用发票"的情况。

二、购货方取得的增值税专用发票为销售方所在省(自治区、直辖市和计划单列市)以外地区的,即134号文件第二条规定的"从销货地以外的地区取得专用发票"的情况。

三、其他有证据表明购货方明知取得的增值税专用发票系销售方以非法手段获得的,即134号文件第一条规定的"受票方利用他人虚开的专用发票,向税务机关申报抵扣税款进行偷税"的情况。

【注释】 对《国家税务总局关于纳税人取得虚开的增值税专用发票处理问题的通知》(国税发[1997]134号)进行了补充规定。相关规定包括:《国家税务总局关于纳税人善意取得虚开的增值税专用发票处理问题的通知》(国税发[2000]187号)。

财政部 国家税务总局 海关总署关于鼓励软件产业和集成电路产业发展有关税收政策问题的通知

财税[2000]25号

各省、自治区、直辖市、计划单列市财政厅(局)、国家税务局、地方税务局、海关总署广东分署、各直属海关：

为贯彻落实《国务院关于印发鼓励软件产业和集成电路产业发展若干政策的通知》(国发[2000]18号)的精神,推动我国软件产业和集成电路产业的发展,增强信息产业创新能力和国际竞争力,现就鼓励软件产业和集成电路产业发展的有关税收政策问题通知如下：

一、关于鼓励软件产业发展的税收政策

(一)自2000年6月24日起至2010年底以前,对增值税一般纳税人销售其自行开发生产的软件产品,按17%的法定税率征收增值税后,对其增值税实际税负超过3%的部分实行即征即退政策。所退税款由企业用于研究开发软件产品和扩大再生产,不作为企业所得税应税收入,不予征收企业所得税。

增值税一般纳税人将进口的软件进行转换等本地化改造后对外销售,其销售的软件可按照自行开发生产的软件产品的有关规定享受即征即退的税收优惠政策。

本地化改造是指对进口软件重新设计、改进、转换等工作,单纯对进口软件进行汉字化处理后再销售的不包括在内。

企业自营出口或委托、销售给出口企业出口的软件产品,不适用增值税即征即退办法。

……

(五)对应认定的软件生产企业进口所需的自用设备,以及按照合同随设备进口的技术(含软件)及配套件、备件，不需出具确认书、不占用投资总额，除国务院国发[1997]37号文件规定的《外商投资项目不予免税的进口商品目录》和《国内投资项目不予免税的进口商品目录》所列商品外，免征关税和进口环节增值税。

（六）企事业单位购进软件，凡购置成本达到固定资产标准或构成无形资产，可以按照固定资产或无形资产进行核算。内资企业经主管税务机关核准；投资额在3000万美元以上的外商投资企业，报由国家税务总局批准；投资额在3000万美元以下的外商投资企业，经主管税务机关核准，其折旧或摊销年限可以适当缩短，最短可为2年。

（七）集成电路设计企业视同软件企业，享受软件企业有关税收政策。

集成电路设计是将系统、逻辑与性能的设计要求转化为具体的物理版图的过程。

二、关于鼓励集成电路产业发展的税收政策

（一）自2000年6月24日起至2010年底以前，对增值税一般纳税人销售其自行生产的集成电路产品（含单晶硅片），按17%的法定税率征收增值税后，对其增值税实际税负超过6%的部分实行即征即退政策。所退税款由企业用于研究开发集成电路产品和扩大再生产，不作为企业所得税应税收入，不予征收企业所得税。

集成电路产品是指通过特定加工将电器元件集成在一块半导体单晶片或陶瓷基片上，封装在一个外壳内，执行特定电路或系统功能的产品。

单晶硅片是呈单晶状态的半导体硅材料。

企业自营出口或委托、销售给出口企业的集成电路产品，不适用增值税即征即退办法。

（二）集成电路生产企业的生产性设备，内资企业经主管税务机关核准；投资额在3000万美元以下的外商投资企业，经主管税务机关核准，其折旧年限可以适当缩短，最短可为3年。

（三）投资额超过80亿元人民币或集成电路线宽小于0.25um的集成电路生产企业，可享受以下税收优惠政策：

1. 按鼓励外商对能源、交通投资的税收优惠政策执行。

2. 进口自用生产性原材料、消耗品，免征关税和进口环节增值税。

对符合上述规定的集成电路生产企业，海关应为其提供通关便利。

（四）对经认定的集成电路生产企业引进集成电路技术和成套生产设备，单项进口的集成电路专用设备与仪器，除国务院国发[1997]37号文件规定的《外商投资项目不予免税的进口商品目录》和《国内投资项目不予免税的进口商品目录》所列商品外，免征关税和进口环节增值税。

（五）集成电路设计企业设计的集成电路，如在境内确实无法生产，可在国外生产芯片，其加工合同（包括规格、数量）经行业主管部门认定后，进口时按优惠暂定税率征收关税。

三、税务管理

（一）软件企业的认定标准由信息产业部会同教育部、科技部、国家税务总局等有关部门制定。经由地（市）级以上软件行业协会或相关协会初选，报经同级信息产业主管部门审核，并会签同级税务部门批准后列入正式公布名单的软件企业，可以享受税收优惠政策。

国家规划布局内的重点软件企业名单由国家计委、信息产业部、外经贸部和国家税务总局共同确定。

（二）经由集成电路项目审批部门征求同级税务部门意见后确定的集成电路生产企业，可以享受税收优惠政策。

符合上述第二条第（三）款条件的集成电路免税商品目录由信息产业部会同国家计委、外经贸部、海关总署等有关部门拟定，报经国务院批准后执行。

（三）集成电路设计企业的认定和管理，按软件企业的认定管理办法执行。

（四）增值税一般纳税人在销售计算机软件、集成电路（含单晶硅片）的同时销售其他货物，其计算机软件、集成电路（含单晶硅片）难以单独核算进项税额的，应按照开发生产计算机软件、集成电路（含单晶硅片）的实际成本或销售收入比例确定其应分摊的进项税额。

（五）软件企业和集成电路生产企业实行年审制度，年审不合格的企业，取消其软件企业或集成电路生产企业的资格，并不再享受有关税收优惠政策。

准予和取消享受税收优惠政策的企业一经认定，应立即通知企业所在地主管海关。

关于软件、集成电路产品以及软件、集成电路企业的具体管理办法另行制定。

本通知中未明确生效时间的政策，一律从 2000 年 7 月 1 日起开始执行。此前规定与本通知有抵触的，以本通知为准。

【注释】　对《增值税暂行条例》第 16 条进行了解释。

国家税务总局关于纳税人善意取得虚开的增值税专用发票处理问题的通知

国税发[2000]187 号

各省、自治区、直辖市和计划单列市国家税务局、地方税务局：

近接一些地区反映，在购货方(受票方)不知道取得的增值税专用发票(以下简称专用发票)是销售方虚开的情况下，对购货方应当如何处理的问题不够明确。经研究，现明确如下：

购货方与销售方存在真实的交易，销售方使用的是其所在省(自治区、直辖市和计划单列市)的专用发票，专用发票注明的销售方名称、印章、货物数量、金额及税额等全部内容与实际相符，且没有证据表明购货方知道销售方提供的专用发票是以非法手段获得的，对购货方不以偷税或者骗取出口退税论处。但应按有关规定不予抵扣进项税款或者不予出口退税；购货方已经抵扣的进项税款或者取得的出口退税，应依法追缴。

购货方能够重新从销售方取得防伪税控系统开出的合法、有效专用发票的，或者取得手工开出的合法、有效专用发票且取得了销售方所在地税务机关已经或者正在依法对销售方虚开专用发票行为进行查处证明的，购货方所在地税务机关应依法准予抵扣进项税款或者出口退税。

如有证据表明购货方在进项税款得到抵扣、或者获得出口退税前知道该专用发票是销售方以非法手段获得的，对购货方应按《国家税务总局关于纳税人取得虚开的增值税专用发票处理问题的通知》(国税发[1997]134 号)和《国家税务总局关于〈国家税务总局关于纳税人取得虚开的增值税专用发票处理问题的通知〉的补充通知》(国税发[2000]182 号)的规定处理。

本通知自印发之日起执行。

【注释】　对《增值税暂行条例》第 26 条进行了解释。

国家税务总局关于增值税一般纳税人恢复抵扣进项税额资格后有关问题的批复

国税函[2000]584 号

广西壮族自治区国家税务局：

你局《关于停止纳税人抵扣进项税额的上期留抵税额可否在经批准准许抵扣进项税额时给予抵扣的请示》(桂国税报[2000]75 号)收悉，现批复如下：

《中华人民共和国增值税暂行条例实施细则》第三十条规定："一般纳税人有下列情形之一者，应按销售额依照增值税税率计算应纳税额，不得抵扣进项税额，也不得使用增值税专用发票：

(一)会计核算不健全，或者不能够提供准确税务资料的；

(二)符合一般纳税人条件，但不申请办理一般纳税人认定手续的。"

此规定所称的不得抵扣进项税额是指纳税人在停止抵扣进项税额期间发生的全部进项税额，包括在停止抵扣期间取得的进项税额、上期留抵税额以及经批准允许抵扣的期初存货已征税款。

纳税人经税务机关核准恢复抵扣进项税额资格后，其在停止抵扣进项税额期间发生的全部进项税额不得抵扣。

【注释】 对《增值税暂行条例实施细则》第30条进行了解释。

国务院关于支持文化事业发展若干经济政策的通知

国发[2000]41号

各省、自治区、直辖市人民政府,国务院各部委、各直属机构:

改革开放以来,特别是党的十四大以来,党中央、国务院先后出台了一系列文化经济政策,对改革宣传文化管理体制和完善宣传文化机构内部经营机制,促进精神文化产品生产和宣传文化设施建设,改善宣传文化机构的物质条件,发挥了积极作用,推动了宣传文化事业健康发展。

为认真贯彻《中共中央关于制定国民经济和社会发展第十个五年计划的建议》中关于"继续实行支持文化事业发展的有关政策,增加对重要新闻媒体和公益文化事业的投入"的精神,深化宣传文化管理体制改革,推动宣传文化事业发展,在"九五"结束后,要继续执行《国务院关于进一步完善文化经济政策的若干规定》(国发[1996]37号)及相关文件并加大财税支持力度,对现行的各项文化经济政策加以调整和完善。现将有关问题通知如下:

一、继续征收文化事业建设费。

(一)各种营业性的歌厅、舞厅、卡拉ok歌舞厅、音乐茶座和高尔夫球、台球、保龄球等娱乐场所,按营业收入的3%缴纳文化事业建设费。

广播电台、电视台和报纸、刊物等广告媒介单位以及户外广告经营单位,按经营收入的3%缴纳文化事业建设费。

(二)文化事业建设费由地方税务机关在征收娱乐业、广告业的营业税时一并征收。中央和国家机关所属单位缴纳的文化事业建设费,由地方税务机关征收后全额上缴中央金库。地方缴纳的文化事业建设费,全额缴入省级金库。

(三)文化事业建设费纳入财政预算管理,分别由中央和省级建立专项资金,用于文化事业建设。文化事业建设费的管理和使用,继续按照财政部、中宣部《关于颁发〈文化事业建设费使用管理办法〉的通知》(财文字[1997]243号)执行。

二、对下列出版物的增值税继续实行先征后退的办法。违规出版物和多次出现违规出版物的出版社不得享受此项政策。

(一)中国共产党和各民主党派的机关报和机关刊物。

(二)各级人民政府的机关报和机关刊物。

(三)各级人大、政协、工会、共青团、妇联组织的机关报和机关刊物。

(四)新华通讯社的机关报和机关刊物。

(五)军事部门的机关报和机关刊物。

(六)大中小学的学生课本和专为少年儿童出版发行的报纸和刊物。

(七)科技图书和科技期刊。

三、全国县(含县级市)及县以下新华书店和农村供销社销售出版物的增值税,继续实行先征后退的办法。

四、继续实施下列发展电影事业的五项经济政策。

(一)对经国务院批准成立的电影制片厂销售的电影拷贝收入,免征增值税;对电影发行单位向放映单位收取的发行收入,免征营业税。

(二)从电影放映收入中提取5%建立"国家电影事业发展专项资金",用于电影行业的宏观调控。

(三)从电视广告纯收入中提取3%建立"电影精品专项资金",用于支持电影精品摄制。

(四)从进口影片收入中提取部分资金用于电影制片、译制。

(五)特别重点影片的创作生产,可个案报批财政补贴。

五、继续增加对宣传文化事业的财政投入。

(一)中央和省级财政继续按宣传文化企业上年上缴所得税的实际入库数列支出预算,建立宣传文化发展专项资金;中央和省级财政要继续在预算中安排部分专项经费,纳入宣传文化发展专项资金。

(二)适当增加"万里边境文化长廊"补助经费。在民族事业费和边境建设费中安排一定数量扶持边远地区、民族地区发展文化事业。有关地方人民政府也应逐步增加对边远地区、民族地区文化事业的投入。

六、建立健全专项资金制度。为促进宣传文化事业发展、增强调控能力、保证重点需要、规范资金管理,中央和省级要建立健全有关专项资金制度。

专项资金的来源为财政预算资金和按国家有关规定批准的收费等预算外资金。财政部门要做好专项资金的预算安排,有关部门要严格按照规定征收预算外资金。要进一步完善"宣传文化发展专项资金"、"优秀剧(节)目创作演出专项资金"、"国家电影事业发展专项资金"、"电影精品专项资金"和"出版发展专项资金"等专项资金制度。

专项资金是财政资金,要按照有关财政法规的要求健全制度、加强管理,保证专项专用并接受财政和审计部门监督检查。

七、继续鼓励对宣传文化事业的捐赠。社会力量通过国家批准成立的非营利性的公益组织或国家机关对下列宣传文化事业的捐赠,纳入公益性捐赠范围,经税务机关审核后,纳税人缴纳企业所得税时,在年度应纳税所得额10%以内的部分,可在计算应纳税所得额时予以扣除;纳税人缴纳个人所得税时,捐赠额未超过纳税人申报的应纳税所得额30%的部分,可从其应纳税所得额中扣除。

(一)对国家重点交响乐团、芭蕾舞团、歌剧团、京剧团和其他民族艺术表演团体的捐赠。

(二)对公益性的图书馆、博物馆、科技馆、美术馆、革命历史纪念馆的捐赠。

(三)对重点文物保护单位的捐赠。

(四)对文化行政管理部门所属的非生产经营性的文化馆或群众艺术馆接受的社会公益性活动、项目和文化设施等方面的捐赠。

八、抓好落实,加强管理。各级财税部门要认真落实各项文化经济政策。宣传文化主管部门要充分发挥文化经济政策的宏观调控作用。宣传文化机构要深化内部改革,转换经营机制,健全财务制度,加强资金管理,接受的捐赠资金要专门用于发展宣传文化事业,不得挤占、挪用甚至私分,也不得以捐赠为由搞乱摊派、乱集资等活动。对出现的各种违法违纪行为,要追究责任,严肃处理。

【注释】 对《增值税暂行条例》第16条进行了解释。

财政部 国家税务总局关于铁路货车修理免征增值税的通知

财税[2001]54号

各省、自治区、直辖市、计划单列市财政厅(局)、国家税务局:

为支持我国铁路建设,经国务院批准,从2001年1月1日起对铁路系统内部单位为本系统修理货车的业务免征增值税。

【注释】 对《增值税暂行条例》第16条进行了解释。

国家税务总局关于增值税若干税收政策问题的批复

国税函[2001]248号

江苏省国家税务局:

你局《关于增值税若干税收政策问题的请示》(苏国税发[2000]554号)收悉。现就有关问题批复如下:

一、关于薄荷油、拖拉机底盘适用税率问题

根据《国家税务总局关于〈增值税部分货物征税范围注释〉的通知》(国税发[1993]151号)对"食用植物油"的注释,薄荷油未包括在内,因此,薄荷油应按17%的税率征收增值税;拖拉机底盘属于农机零部件,不属于农机产品,因此,拖拉机底盘也应按17%的税率征收增值税。

二、关于收购免税棉花抵扣税率问题

根据现行规定,属于增值税一般纳税人的棉花经营单位向农业生产者购进免税棉花,可根据农产品收购凭证注明的收购金额按13%的税率计算抵扣进项税额。这里的"棉花经营单位"不包括良种棉加工厂和纺织企业。良种棉加工厂和纺织企业直接向农业生产者购进的免税棉花,应按10%的税率抵扣。(此条款已失效或废止)

【注释】 对《增值税暂行条例》第2条进行了解释。

财政部 国家税务总局关于污水处理费有关增值税政策的通知

财税[2001]97号

各省、自治区、直辖市、计划单列市财政厅(局)、国家税务局、新疆生产建设兵团财务局:

为了切实加强和改进城市供水、节水和水污染防治工作,促进社会经济的可持续发展,加快城市污水处理设施的建设步伐,根据《国务院关于加强城市供水节水和水污染防治工作的通知》(国发[2000]36号)的规定,对各级政府及主管部门委托自来水厂(公司)随水费收取的污水处理费,免征增值税。本通知自2001年7月1日起执行,此前对上述污水处理费未征税的一律不再补征。

【注释】 对《增值税暂行条例》第16条进行了解释。

财政部 国家税务总局关于饲料产品免征增值税问题的通知

财税[2001]121号

各省、自治区、直辖市、计划单列市财政厅(局)、国家税务局,新疆生产建设兵团财务局:

根据国务院关于部分饲料产品继续免征增值税的指示,现将免税饲料产品范围及国内环节饲料免征增值税的管理办法明确如下:

一、免税饲料产品范围包括:

(一)单一大宗饲料。指以一种动物、植物、微生物或矿物质为来源的产品或其副产品。其范围仅限于糠麸、酒糟、鱼粉、草饲料、饲料级磷酸氢钙及除豆粕以外的菜子粕、棉子粕、向日葵粕、花生粕等粕类产品。

(二)混合饲料。指由两种以上单一大宗饲料、粮食、粮食副产品及饲料添加剂按照一定比例配置,其中单一大宗饲料、粮食及粮食副产品的参兑比例不低于95%的饲料。

(三)配合饲料。指根据不同的饲养对象,饲养对象的不同生长发育阶段的营养需要,将多种饲料原料按饲料配方经工业生产后,形成的能满足饲养动物全部营养需要(除水分外)的饲料。

(四)复合预混料。指能够按照国家有关饲料产品的标准要求量,全面提供动物饲养相应阶段所需微量元素(4种或以上)、维生素(8种或以上),由微量元素、维生素、氨基酸和非营养性添加剂中任何两类或两类以上的组分与载体或稀释剂按一定比例配置的均匀混合物。

(五)浓缩饲料。指由蛋白质、复合预混料及矿物质等按一定比例配制的均匀混合物。

二、原有的饲料生产企业及新办的饲料生产企业,应凭省级税务机关认可的饲料质量检测机构出具的饲料产品合格证明,向所在地主管税务机关提出免税申请,经省级国家税务局审核批准后,由企业所在地主管税务机关办理免征增值税手续。饲料生产企业饲料产品需检测品种由省级税务机关根据本地区的具体情况确定。

三、本通知自2001年8月1日起执行。2001年8月1日前免税饲料范围及豆粕的征税问题，仍按照《国家税务总局关于修订"饲料"注释及加强饲料征免增值税管理问题的通知》(国税发[1999]39号)执行。

【注释】　对《增值税暂行条例》第16条进行了解释。相关规定包括:《国家税务总局关于取消饲料产品免征增值税审批程序后加强后续管理的通知》(国税函[2004]884号)。

财政部　国家税务总局关于农业生产资料征免增值税政策的通知

财税[2001]113号

各省、自治区、直辖市、计划单列市财政厅(局)、国家税务局，新疆生产建设兵团财务局，财政部驻各省、自治区、直辖市、计划单列市财政监察专员办事处：

为支持农业生产发展，经国务院批准，现就若干农业生产资料征免增值税的政策通知如下：

一、下列货物免征增值税：

1. 农膜。

2. 生产销售的除尿素以外的氮肥、除磷酸二铵以外的磷肥、钾肥以及免税化肥为主要原料的复混肥(企业生产复混肥产品所用的免税化肥成本占原料中全部化肥成本的比重高于70%)。"复混肥"是指用化学方法或物理方法加工制成的氮、磷、钾三种养分中至少有两种养分标明量的肥料，包括仅用化学方法制成的复合肥和仅用物理方法制成的混配肥(也称掺合肥)。

3. 生产销售的阿维菌素、胺菊酯、百菌清、苯噻酰草胺、苄嘧磺隆、草除灵、吡虫啉、丙烯菊酯、哒螨灵、代森锰锌、稻瘟灵、敌百虫、丁草胺、啶虫脒、多抗霉素、二甲戊乐灵、二嗪磷、氟乐灵、高效氯氰菊酯、炔螨特、甲多丹、甲基硫菌灵、甲基异柳磷、甲(乙)基毒死蜱、甲(乙)基嘧啶磷、精恶唑禾草灵、精喹禾灵、井冈霉素、咪鲜胺、灭多威、灭蝇胺、苜蓿银纹夜蛾核型多角体病毒、噻磺隆、三氟氯氰菊酯、三唑磷、三唑酮、杀虫单、杀虫双、顺式氯氰菊酯、涕灭威、烯唑醇、辛硫磷、辛酰溴苯腈、异丙甲草胺、乙阿合剂、乙草胺、乙酰甲胺磷、莠去津。

4. 批发和零售的种子、种苗、化肥、农药、农机。

二、对生产销售的尿素统一征收增值税，并在2001、2002年两年内实行增值税先征后退的政策。2001年对征收的税款全额退还，2002年退还50%，自2003年起停止退还政策。增值税具体退税事宜，由财政部驻各地财政监察专员办事处按财政部、国家税务总局、中国人民银行《关于税制改革后对某些企业实行"先征后退"有关预算管理问题的暂行规定的通知》[(94)财预字第55号]的有关规定办理。

三、对原征收增值税的尿素生产企业生产销售的尿素，实行增值税先征后退政策从2001年1月1日起执行；对原免征增值税的尿素生产企业生产销售的尿素，恢复征收增值税和实行先征后退政策以及对农业生产资料免征增值税政策，自2001年8月1日起执行。

【注释】　对《增值税暂行条例》第16条进行了解释。

财政部　国家税务总局关于豆粕等粕类产品征免增值税政策的通知

财税[2001]30号

海关总署，各省、自治区、直辖市、计划单列市财政厅(局)、国家税务局：

经国务院批准，现将饲料产品征免增值税问题通知如下：

一、自2000年6月1日起，饲料产品分为征收增值税和免征增值税两类。

二、进口和国内生产的饲料,一律执行同样的征税或免税政策。

三、自2000年6月1日起,豆粕属于征收增值税的饲料产品,进口或国内生产豆粕,均按13%的税率征收增值税。其他粕类属于免税饲料产品,免征增值税,已征收入库的税款做退库处理。

四、为保护纳税人的经济利益,对纳税人2000年6月1日至9月30日期间销售的国内生产的豆粕以及在此期间定货并进口的豆粕,凭有效凭证,仍免征增值税,已征收入库的增值税给予退还。

五、自2000年6月1日起,《国家税务总局关于修改〈国家税务总局关于修订"饲料"注释及加强饲料征免增值税管理问题的通知〉的通知》(国税发[2000]93号)第二条的规定停止执行。

【注释】 对《增值税暂行条例》第16条进行了解释。相关规定包括:《财政部 国家税务总局关于矿物质微量元素舔砖免征进口环节增值税的通知》(财关税[2006]73号)。

国家税务总局关于新闻产品征收流转税问题的通知

国税发[2001]105号

各省、自治区、直辖市和计划单列市国家税务局、地方税务局:

为了规范新闻产品的流转税政策,保证流转税政策的统一性,经研究,现通知如下:

一、关于增值税

对新华通讯社系统销售印刷品应按照现行增值税政策规定征收增值税;鉴于新华社系统属于非企业性单位,对其销售印刷品可按小规模纳税人的征税办法征收增值税。

二、关于营业税

新华社各分社向当地用户有偿转让新闻信息产品,应由直接向用户收费的单位以其收费全额,按"文化体育业"税目,向所在地主管税务机关缴纳营业税。新华社从各地分社分得的新闻信息产品收入,不再缴纳营业税。

以上所称"新闻信息产品",是指新华总社编辑的新闻信息产品,不包括新华社各分社再编辑的新闻信息产品。

【注释】 对《增值税暂行条例》第12条进行了解释。

国家税务总局关于金税工程发现的涉嫌违规增值税专用发票处理问题的通知

国税函[2001]730号

各省、自治区、直辖市和计划单列市国家税务局:

近期,一些地区询问对金税工程发现的涉嫌违规增值税专用发票(以下简称发票)如何处理。经研究,现明确如下:

一、关于防伪税控认证系统发现涉嫌违规发票的处理(此条款已失效或废止)

目前,防伪税控认证系统发现涉嫌违规发票共分"无法认证"、"认证不符"、"密文有误"、"重复认证"和"纳税人识别号认证不符(指发票所列购货方纳税人识别号与申报认证企业的纳税人识别号不符)"五种。

(一)凡防伪税控认证系统发现的上述五种涉嫌违规的发票,一律不得作为增值税进项税额的抵扣凭证。

(二)属于"无法认证"、"纳税人识别号认证不符"和"认证不符"中的"发票代码号码认证不符(指密文与明文相比较,发票代码或号码不符)"的发票,税务机关应将发票原件退还企业,企业可要求销货方重新开具。

(三)属于"重复认证"的发票,应送稽查部门查处。

(四)属于"密文有误"和"认证不符(不包括发票代码号码认证不符)"的发票,应移交稽查部门处理。

二、关于增值税计算机稽核系统发现涉嫌违规发票的处理（此条款已失效或废止）

目前，增值税计算机稽核系统发现涉嫌违规发票共分“比对不符”、“缺联”、“抵扣联重号”、“失控”、“作废”、“缺红字抵扣联”等六种。

（一）凡属于增值税计算机稽核系统发现的上述涉嫌违规的发票，均不得作为增值税进项税额的抵扣凭证。

（二）属于“抵扣联重号”的发票，应送稽查部门查处。

（三）属于“比对不符”、“缺联”、“失控”、“作废”的发票，应移交稽查部门处理。

（四）属于“缺红字抵扣联”发票，暂不移交稽查部门。

三、本《通知》自2001年10月1日起施行。此前有关规定与本通知的规定不符的，以本通知的规定为准。

【注释】　对《增值税暂行条例》第26条进行了解释。

国家税务总局关于退耕还林还草补助粮免征增值税问题的通知

国税发[2001]131号

各省、自治区、直辖市和计划单列市国家税务局：

按照国务院规定，退耕还林还草试点工作实行“退耕还林、封山绿化、以粮代赈，个体承包”的方针，对退耕户根据退耕面积由国家无偿提供粮食补助。因此，对粮食部门经营的退耕还林还草补助粮，凡符合国家规定标准的，比照“救灾救济粮”免征增值税。

【注释】　对《增值税暂行条例》第16条进行了解释。

国家税务总局关于加油站一律按照增值税一般纳税人征税的通知

国税函[2001]882号

各省、自治区、直辖市和计划单列市国家税务局：

为了加强对加油站成品油销售的增值税征收管理，经研究决定，从2002年1月1日起，对从事成品油销售的加油站，无论其年应税销售额是否超过180万元，一律按增值税一般纳税人征税。目前按照小规模纳税人征税的加油站，其增值税一般纳税人资格的认定，各地须于2001年12月31日前完成，并于2002年1月15日前将加油站户数报国家税务总局（流转税管理司）。

【注释】　对《增值税暂行条例》第26条进行了解释。

财政部　国家税务总局关于西部大开发税收优惠政策问题的通知

财税[2001]202号

各省、自治区、直辖市、计划单列市财政厅（局）、国家税务局、地方税务局，海关总署广东分署，各直属海关：

为体现国家对西部地区的重点支持，全面贯彻落实《国务院关于实施西部大开发若干政策措施的通知》（国发［2000］33号）及《国务院办公厅转发国务院西部开发办关于西部大开发若干政策措施实施意见的通知》（国办发［2001］73号）精神，现将西部大开发的税收优惠政策问题通知如下：

一、适用范围

本政策的适用范围包括重庆市、四川省、贵州省、云南省、西藏自治区、陕西省、甘肃省、宁夏回族自治区、青海省、新疆维吾尔自治区、新疆生产建设兵团、内蒙古自治区和广西壮族自治区（上述地区以下统称"西部地区"）。湖南省湘西土家族苗族自治州、湖北省恩施土家族苗族自治州、吉林省延边朝鲜族自治州，可以比照西部地区的税收优惠政策执行。

二、具体内容

……

6. 对西部地区内资鼓励类产业、外商投资鼓励类产业及优势产业的项目在投资总额内进口的自用设备，除《国内投资项目不予免税的进口商品目录（2000年修订）》和《外商投资项目不予免税的进口商品目录》所列商品外，免征关税和进口环节增值税。外资优势产业按国家经济贸易委员会、国家发展计划委员会和对外经济贸易合作部联合发布的《中西部地区外商投资优势产业目录》（第18号令）执行。

上述免税政策按照《国务院关于调整进口设备税收政策的通知》（国发［1997］37号）的有关规定执行。

三、具体执行办法由国家税务总局、海关总署另行规定。

四、本通知自2001年1月1日起执行。

【注释】 对《增值税暂行条例》第16条进行了解释。

国家税务总局关于增值税一般纳税人平销行为征收增值税问题的批复

国税函［2001］247号

江苏省国家税务局：

你局《关于增值税一般纳税人平销行为征收增值税问题的请示》（苏国税发［2000］349号）收悉。现批复如下：

与总机构实行统一核算的分支机构从总机构取得的日常工资、电话费、租金等资金，不应视为因购买货物而取得的返利收入，不应做冲减进项税额处理。

【注释】 对《增值税暂行条例》第6条进行了解释。

成品油零售加油站增值税征收管理办法

国家税务总局令［2002］2号

第一条 为加强成品油零售加油站的增值税征收管理，堵塞税收管理漏洞，根据《中华人民共和国税收征收管理法》、《中华人民共和国增值税暂行条例》及有关税收政策规定，制定本办法。

第二条 凡经经贸委批准从事成品油零售业务，并已办理工商、税务登记，有固定经营场所，使用加油机自动计量销售成品油的单位和个体经营者（以下简称加油站），适用本办法。

第三条 本办法第一条所称加油站，一律按照《国家税务总局关于加油站一律按照增值税一般纳税人征税的通知》（国税函［2001］882号）认定为增值税一般纳税人；并根据《中华人民共和国增值税暂行条例》有关规定进行征收管理。

第四条 采取统一配送成品油方式设立的非独立核算的加油站，在同一县市的，由总机构汇总缴纳增值税。在同一省内跨县市经营的，是否汇总缴纳增值税，由省级税务机关确定。跨省经营的，是否汇总缴纳增值税,由国家税务总局确定。

对统一核算,且经税务机关批准汇总缴纳增值税的成品油销售单位跨县市调配成品油的,不征收增值税。

第五条 加油站无论以何种结算方式(如收取现金、支票、汇票、加油凭证(簿)、加油卡等)收取售油款,均应征收增值税。加油站销售成品油必须按不同品种分别核算,准确计算应税销售额。加油站以收取加油凭证(簿)、加油卡方式销售成品油,不得向用户开具增值税专用发票。

第六条 加油站应税销售额包括当月成品油应税销售额和其他应税货物及劳务的销售额。其中成品油应税销售额的计算公式为:

成品油应税销售额=(当月全部成品油销售数量-允许扣除的成品油数量)×油品单价

第七条 加油站必须按规定建立《加油站日销售油品台账》(以下简称台账)登记制度。加油站应按日登记台账,按日或交接班次填写,完整、详细地记录当日或本班次的加油情况,月终汇总登记《加油站月销售油品汇总表》。台账须按月装订成册,按会计原始账证的期限保管,以备主管税务机关检查。

第八条 加油站除按月向主管税务机关报送增值税一般纳税人纳税申报办法规定的申报资料外,还应报送以下资料:

(一)《加油站________月份加油信息明细表》或加油 ic 卡;

(二)《加油站月销售油品汇总表》;

(三)《成品油购销存数量明细表》。

第九条 加油站通过加油机加注成品油属于以下情形的,允许在当月成品油销售数量中扣除:

(一)经主管税务机关确定的加油站自有车辆自用油。

(二)外单位购买的,利用加油站的油库存放的代储油。

加油站发生代储油业务时,应凭委托代储协议及委托方购油发票复印件向主管税务机关申报备案。

(三)加油站本身倒库油。

加油站发生成品油倒库业务时,须提前向主管税务机关报告说明,由主管税务机关派专人实地审核监控。

(四)加油站检测用油(回罐油)。

上述允许扣除的成品油数量,加油站月终应根据《加油站月销售油品汇总表》统计的数量向主管税务机关申报。

第十条 成品油生产、批发单位所在地税务机关应按月将其销售成品油信息通过金税工程网络传递到购油企业所在地主管税务机关。

第十一条 对财务核算不健全的加油站,如已全部安装税控加油机,应按照税控加油机所记录的数据确定计税销售额征收增值税。对未全部安装税控加油机(包括未安装)或税控加油机运行不正常的加油站,主管税务机关应要求其严格执行台账制度,并按月报送《成品油购销存数量明细表》。按月对其成品油库存数量进行盘点,定期联合有关执法部门对其进行检查。

主管税务机关应将财务核算不健全的加油站全部纳入增值税纳税评估范围,结合通过金税工程网络所掌握的企业购油信息以及本地区同行业的税负水平等相关信息,按照《国家税务总局关于加强商贸企业增值税纳税评估工作的通知》(国税发[2001]140 号)的有关规定进行增值税纳税评估。对纳税评估有异常的,应立即移送稽查部门进行税务稽查。

主管税务机关对财务核算不健全的加油站可以根据所掌握的企业实际经营状况,核定征收增值税。

财务核算不健全的加油站,主管税务机关应根据其实际经营情况和专用发票使用管理规定限量供应专用发票。

第十二条 发售加油卡、加油凭证销售成品油的纳税人(以下简称"预售单位")在售卖加油卡、加油凭证时,应按预收账款方法作相关账务处理,不征收增值税。

预售单位在发售加油卡或加油凭证时可开具普通发票,如购油单位要求开具增值税专用发票,待用户凭卡或加油凭证加油后,根据加油卡或加油凭证回笼记录,向购油单位开具增值税专用发票。接受加油卡或加油凭证销售成品油的单位与预售单位结算油款时,接受加油卡或加油凭证销售成品油的单位根据实际结算的油款向预售单位开具增值税专用发票。

第十三条 主管税务机关每季度应对所辖加油站运用稽查卡进行 1 次加油数据读取,并将读出的数据与该加油站的《增值税纳税申报表》、《加油站日销售油品台账》、《加油站月销售油品汇总表》等资料进行核对，同时应对加油站的应扣除油量的确定、成品油购销存等情况进行全面纳税检查。

第十四条 本办法自2002年5月1日起执行。

【注释】 对《增值税暂行条例》第26条进行了解释。

国家税务总局关于使用增值税防伪税控系统的增值税一般纳税人资格认定问题的通知

国税函[2002]326号

各省、自治区、直辖市和计划单列市国家税务局：

为加强增值税一般纳税人（以下简称一般纳税人）的管理，在一般纳税人年审和临时一般纳税人转为一般纳税人过程中，对已使用增值税防伪税控系统但年应税销售额未达到规定标准的一般纳税人，如会计核算健全，且未有下列情形之一者，不取消其一般纳税人资格。

一、虚开增值税专用发票或者有偷、骗、抗税行为；

二、连续3个月未申报或者连续6个月纳税申报异常且无正当理由；

三、不按规定保管、使用增值税专用发票、税控装置，造成严重后果。

上述一般纳税人在年审后的一个年度内，领购增值税专用发票应限定为千元版（最高开票限额1万元），个别确有需要经严格审核可领购万元版（最高开票限额10万元）的增值税专用发票，月领购增值税专用发票份数不得超过25份。

【注释】 对《增值税暂行条例》第26条进行了解释。

国家税务总局关于转让企业全部产权不征收增值税问题的批复

国税函[2002]420号

江西省国家税务局：

你局《关于江西省电力公司转让上犹江水电厂全部产权是否征收增值税问题的请示》（赣国税发[2002]88号）收悉。经研究，现批复如下：

根据《中华人民共和国增值税暂行条例》及其实施细则的规定，增值税的征收范围为销售货物或者提供加工、修理修配劳务以及进口货物。转让企业全部产权是整体转让企业资产、债权、债务及劳动力的行为，因此，转让企业全部产权涉及的应税货物的转让，不属于增值税的征税范围，不征收增值税。

【注释】 对《增值税暂行条例》第1条进行了解释。对《增值税暂行条例实施细则》第2条进行了解释。

财政部 国家税务总局关于不带动力的手扶拖拉机和三轮农用运输车增值税政策的通知

财税[2002]89号

各省、自治区、直辖市、计划单列市财政厅（局）、国家税务局：

近来接到部分地区反映，要求对不带动力的手扶拖拉机和三轮农用运输车是否属于“农机”的问题予以明确，经研究，现明确如下：

不带动力的手扶拖拉机（也称“手扶拖拉机底盘”）和三轮农用运输车（指以单缸柴油机为动力装置的三个车轮的农用运输车辆）属于“农机”，应按有关“农机”的增值税政策规定征免增值税。

本通知自2002年6月1日起执行。

【注释】　对《增值税暂行条例》第16条进行了解释。

国家税务总局关于纳税人以资金结算网络方式收取货款增值税纳税地点问题的通知

国税函［2002］802号

各省、自治区、直辖市和计划单列市国家税务局：

近接部分地区反映，实行统一核算的纳税人为加强对分支机构资金的管理，提高资金运转效率，与总机构所在地金融机构签订协议建立资金结算网络，以总机构的名义在全国各地开立存款账户（开立的账户为分支机构所在地账号，只能存款、转账，不能取款），各地实现的销售，由总机构直接开具发票给购货方，货款由购货方直接存入总机构的网上银行存款账户。对这种新的结算方式纳税地点如何确定，各地理解不一。经研究，现明确如下：

纳税人以总机构的名义在各地开立账户，通过资金结算网络在各地向购货方收取销货款，由总机构直接向购货方开具发票的行为，不具备《国家税务总局关于企业所属机构间移送货物征收增值税问题的通知》（国税发［1998］137号）规定的受货机构向购货方开具发票、向购货方收取货款两种情形之一，其取得的应税收入应当在总机构所在地缴纳增值税。

【注释】　对《国家税务总局关于企业所属机构间移送货物征收增值税问题的通知》（国税发［1998］137号）进行了解释。

国家税务总局关于纳税人销售自产货物提供增值税劳务并同时提供建筑业劳务征收流转税问题的通知

国税发［2002］117号

各省、自治区、直辖市和计划单列市国家税务局、地方税务局：

现对纳税人销售自产货物、提供增值税应税劳务并同时提供建筑业劳务征收流转税问题通知如下：

一、关于纳税人销售自产货物提供增值税应税劳务并同时提供建筑业劳务征收增值税、营业税划分问题

纳税人以签订建设工程施工总包或分包合同（包括建筑、安装、装饰、修缮等工程总包和分包合同，下同）方式开展经营活动时，销售自产货物、提供增值税应税劳务并同时提供建筑业劳务（包括建筑、安装、修缮、装饰、其他工程作业，下同），同时符合以下条件的，对销售自产货物和提供增值税应税劳务取得的收入征收增值税，提供建筑业劳务收入（不包括按规定应征收增值税的自产货物和增值税应税劳务收入）征收营业税：

（一）必须具备建设行政部门批准的建筑业施工（安装）资质；

（二）签订建设工程施工总包或分包合同中单独注明建筑业劳务价款。

凡不同时符合以上条件的，对纳税人取得的全部收入征收增值税，不征收营业税。

对上所称建筑业劳务收入，以签订的建设工程施工总包或分包合同上注明的建筑业劳务价款为准。

纳税人通过签订建设工程施工合同，销售自产货物、提供增值税应税劳务的同时，将建筑业劳务分包或

转包给其他单位和个人的，对其销售的货物和提供的增值税应税劳务征收增值税；同时，签订建设工程施工总承包合同的单位和个人，应扣缴提供建筑业劳务的单位和个人取得的建筑业劳务收入的营业税。

二、关于扣缴分包人营业税问题

不论签订建设工程施工合同的总承包人是销售自产货物、提供增值税应税劳务并提供建筑业劳务的单位和个人，还是仅销售自产货物、提供增值税应税劳务不提供建筑业劳务的单位和个人，均应当扣缴分包人或转包人（以下简称分包人）的营业税：

（一）如果分包人是销售自产货物、提供增值税应税劳务并提供建筑业劳务的单位和个人，总承包人在扣缴建筑业营业税时的营业额为除自产货物、增值税应税劳务以外的价款。

（二）除本条第一款规定以外的分包人，总承包人在扣缴建筑业营业税时的营业额为分包额。

……

四、关于纳税人问题

本通知中所称纳税人是指从事货物生产的单位或个人。

纳税人销售自产货物、提供增值税应税劳务并同时提供建筑业劳务，应向营业税应税劳务发生地地方税务局提供其机构所在地主管国家税务局出具的纳税人属于从事货物生产的单位或个人的证明，营业税应税劳务发生地地方税务局根据纳税人持有的证明按本通知的有关规定征收营业税。

五、关于税款调整及执行时间问题本通知自2002年9月1日起执行。

本通知发布前已按原有关规定征收税款的不再做纳税调整，未按原有关规定征收税款的按本通知规定执行。

【注释】 对《增值税暂行条例》第1条进行了解释。对《增值税暂行条例实施细则》第2条进行了解释。相关规定包括：《财政部　国家税务总局关于增值税若干政策的通知》（财税［2005］165号）。

国家税务总局关于增值税一般纳税人期货交易进项税额抵扣问题的通知

国税发［2002］45号

《国家税务总局关于加强增值税征收管理工作的通知》和《国家税务总局关于加强增值税征收管理若干问题的通知》规定，商业企业购进货物（包括外购货物所支付的运输费用），必须在购进的货物付款后才能申报抵扣进项税额，且纳税人购进货物或应税劳务，支付运输费用，所支付款项的单位，必须与开具抵扣凭证的销货单位、提供劳务的单位一致，否则不予抵扣进项税额。鉴于期货交易支付货款的特殊性，现将增值税一般纳税人通过期货交易购进货物进项税额抵扣问题明确如下：

对增值税一般纳税人在商品交易所通过期货交易购进货物，其通过商品交易所转付货款可视同向销货单位支付货款，对其取得的合法增值税专用发票允许抵扣。

【注释】 对《增值税暂行条例》第8条进行了解释。

财政部　国家税务总局关于黄金税收政策问题的通知

财税［2002］142号

各省、自治区、直辖市、计划单列市财政厅（局）、国家税务局、地方税务局，新疆生产建设兵团财务局：

为了贯彻国务院关于黄金体制改革决定的要求，规范黄金交易，加强黄金交易的税收管理，现将黄金交易的有关税收政策明确如下：

一、黄金生产和经营单位销售黄金（不包括以下品种：成色为au9999、au9995、au999、au995；规格为50

克、100克、1公斤、3公斤、12.5公斤的黄金,以下简称标准黄金)和黄金矿砂(含伴生金),免征增值税;进口黄金(含标准黄金)和黄金矿砂免征进口环节增值税。

二、黄金交易所会员单位通过黄金交易所销售标准黄金(持有黄金交易所开具的《黄金交易结算凭证》),未发生实物交割的,免征增值税;发生实物交割的,由税务机关按照实际成交价格代开增值税专用发票,并实行增值税即征即退的政策,同时免征城市维护建设税、教育费附加。增值税专用发票中的单价、金额和税额的计算公式分别为:

单价 = 实际成交单价 ÷ (1 + 增值税税率)

金额 = 数量 × 单价

税额 = 金额 × 税率

实际成交单价是指不含黄金交易所收取的手续费的单位价格。

纳税人不通过黄金交易所销售的标准黄金不享受增值税即征即退和免征城市维护建设税、教育费附加政策。

三、黄金出口不退税;出口黄金饰品,对黄金原料部分不予退税,只对加工增值部分退税。

四、对黄金交易所收取的手续费等收入照章征收营业税。

五、黄金交易所黄金交易的增值税征收管理办法及增值税专用发票管理办法由国家税务总局另行制定。

【注释】　对《增值税暂行条例》第16条进行了解释。

国家税务总局关于宠物饲料征收增值税问题的批复

国税函[2002]812号

北京市国家税务局:

你局《关于宠物饲料征收增值税问题的请示》(京国税发[2002]184号)收悉。宠物饲料产品不属于免征增值税的饲料,应按照饲料产品13%的税率征收增值税。

【注释】　对《增值税暂行条例》第2条进行了解释。

国家税务总局关于出口产品视同自产产品退税有关问题的通知

国税函[2002]1170号

各省、自治区、直辖市和计划单列市国家税务局:

《国家税务总局关于出口货物若干问题的通知》(国税发[2000]165号)下发后,对生产企业外购出口的允许退税的四类视同自产的产品,实际执行中各地理解和掌握不尽统一。为便于各地准确执行出口退税政策,经研究,对生产企业出口的四类视同自产产品的界定问题,现通知如下:

一、生产企业出口外购的产品,凡同时符合以下条件的,可视同自产货物办理退税。

(一)与本企业生产的产品名称、性能相同;

(二)使用本企业注册商标或外商提供给本企业使用的商标;

(三)出口给进口本企业自产产品的外商。

二、生产企业外购的与本企业所生产的产品配套出口的产品,若出口给进口本企业自产产品的外商,符合下列条件之一的,可视同自产产品办理退税。

(一) 用于维修本企业出口的自产产品的工具、零部件、配件;

(二)不经过本企业加工或组装,出口后能直接与本企业自产产品组合成成套产品的。

三、凡同时符合下列条件的,主管出口退税的税务机关可认定为集团成员,集团公司(或总厂,下同)收购成员企业(或分厂,下同)生产的产品,可视同自产产品办理退(免)税。

(一)经县级以上政府主管部门批准为集团公司成员的企业,或由集团公司控股的生产企业;

(二)集团公司及其成员企业均实行生产企业财务会计制度;

(三)集团公司必须将有关成员企业的证明材料报送给主管出口退税的税务机关。

四、生产企业委托加工收回的产品,同时符合下列条件的,可视同自产产品办理退税。

(一)必须与本企业生产的产品名称、性能相同,或者是用本企业生产的产品再委托深加工收回的产品;

(二)出口给进口本企业自产产品的外商;

(三)委托方执行的是生产企业财务会计制度;

(四)委托方与受托方必须签订委托加工协议。主要原材料必须由委托方提供。受托方不垫付资金,只收取加工费,开具加工费(含代垫的辅助材料)的增值税专用发票。

五、上述外购货物可以退税的比例、退税计算办法、以及所需要的凭证等,按《国家税务总局关于明确生产企业出口视同自产产品实行免、抵、退税办法的通知》(国税发[2002]152号)文件执行。

【注释】 对《国家税务总局关于出口货物若干问题的通知》(国税发[2000]165号)进行了解释。

国家税务总局关于企业改制中资产评估减值发生的流动资产损失进项税额抵扣问题的批复

国税函[2002]1103号

广西壮族自治区国家税务局:

你局《关于广西壮族自治区企业改制中资产评估减值发生的流动资产损失进项税额是否可以抵扣问题的请示》(桂国税发[2002]288号)收悉,经研究,现批复如下:《中华人民共和国增值税暂行条例实施细则》第二十一条规定:"非正常损失是指生产、经营过程中正常损耗外的损失"。对于企业由于资产评估减值而发生流动资产损失,如果流动资产未丢失或损坏,只是由于市场发生变化,价格降低,价值量减少,则不属于《中华人民共和国增值税暂行条例实施细则》中规定的非正常损失,不作进项税额转出处理。

【注释】 对《增值税暂行条例实施细则》第21条进行了解释。

国家税务总局关于增值税一般纳税人取得防伪税控系统开具的增值税专用发票进项税额抵扣问题的通知

国税发[2003]17号

各省、自治区、直辖市和计划单列市国家税务局:

为贯彻《国务院办公厅转发国家税务总局关于全面推广应用增值税防伪税控系统意见的通知》(国办发[2000]12号)的要求,根据国家税务总局《增值税防伪税控系统管理办法》和现行增值税进项税额抵扣政策的规定,现就增值税一般纳税人取得防伪税控系统开具的增值税专用发票进项税额抵扣问题规定如下:

一、增值税一般纳税人申请抵扣的防伪税控系统开具的增值税专用发票,必须自该专用发票开具之日起90日内到税务机关认证,否则不予抵扣进项税额。

二、增值税一般纳税人认证通过的防伪税控系统开具的增值税专用发票,应在认证通过的当月按照增值税有关规定核算当期进项税额并申报抵扣,否则不予抵扣进项税额。

三、增值税一般纳税人取得防伪税控系统开具的增值税专用发票，其专用发票所列明的购进货物或应税劳务的进项税额抵扣时限，不再执行《国家税务总局关于加强增值税征收管理工作的通知》（国税发［1995］015号）中第二条有关进项税额申报抵扣时限的规定。

四、增值税一般纳税人申请抵扣2003年3月1日前防伪税控系统开具的增值税专用发票，应于2003年9月1日前按照本通知的规定报主管税务机关认证，否则不予抵扣进项税额。

五、增值税一般纳税人违反本通知第一条、第二条和第四条规定抵扣进项税额的，税务机关按照《中华人民共和国税收征收管理法》的有关规定予以处罚。

六、本通知自2003年3月1日起执行。

各级税务机关应做好本通知的宣传工作，采取各种方式及时通告纳税人，使纳税人及时了解和准确执行增值税新的进项税额抵扣政策。

【注释】　对《增值税暂行条例》第26条进行了解释。

财政部　国家税务总局关于连锁经营企业有关税收问题的通知

财税［2003］1号

各省、自治区、直辖市、计划单列市财政厅（局）、国家税务局、地方税务局：

为贯彻落实《国务院办公厅转发国务院体改办、国家经贸委关于促进连锁经营发展若干意见的通知》（国办发［2002］49号）的精神，支持连锁经营的发展，现将连锁经营企业实行统一缴纳增值税、所得税的有关问题进一步明确如下：

一、在省、自治区、直辖市、计划单列市内跨区域经营的统一核算的连锁企业，需要实行由总机构向其所在地主管税务机关统一申报缴纳增值税的，按照财政部、国家税务总局《关于连锁经营企业增值税纳税地点问题的通知》（财税字［1997］97号）的有关规定办理。

二、根据《中华人民共和国企业所得税暂行条例》和《中华人民共和国企业所得税暂行条例实施细则》的有关规定，对内资连锁企业省内跨区域设立的直营门店，凡在总部领导下统一经营、与总部微机联网、并由总部实行统一采购配送、统一核算、统一规范化管理，并且不设银行结算账户、不编制财务报表和账簿的，由总部向其所在地主管税务机关统一缴纳企业所得税。依照《中华人民共和国外商投资和外国企业所得税法》和《中华人民共和国外商投资和外国企业所得税法实施细则》的有关规定，对从事跨区域连锁经营的外商投资企业，由总机构向其所在地主管税务机关统一缴纳企业所得税。

三、上述跨区域经营的连锁企业实行统一缴纳增值税、所得税后，各级财政部门要认真贯彻执行国办发［2002］49号文件的精神，及时制定统一纳税后所属地区间财政利益调整办法，妥善处理好各级财政利益分配关系，以确保连锁企业门店所在地的财政利益在纳税地点变化后不受影响，以利于连锁经营的发展。

【注释】　对《关于连锁经营企业增值税纳税地点问题的通知》（财税字［1997］97号）进行了解释。

财政部　国家税务总局关于海洋工程结构物增值税实行退税的通知

财税［2003］46号

各省、自治区、直辖市、计划单列市财政厅（局）、国家税务局，新疆生产建设兵团财务局：

经国务院批准，国内生产企业向国内海上石油天然气开采企业销售海洋工程结构物产品视同出口，按统一规定的出口货物退税率予以退税。现将有关事项通知如下：

一、对2002年5月1日以后，国内生产企业与国内海上石油天然气开采企业（见附件2）签署的购销合同所涉及的海洋工程结构物产品（见附件1），在销售时实行“免、抵、退”税管理办法。“免、抵、退”税额按下列公式计算：

（一）当期应纳税额的计算

当期应纳税额＝当期内销货物的销项税额－（当期进项税额－当期免抵退税不得免征和抵扣税额）

（二）免抵退税额的计算

免抵退税额＝销售价格×出口货物退税率－免抵退税额抵减额

其中：

1.“销售价格”以本通知第二条要求开具的普通发票上注明的价格为准。

2. 免抵退税额抵减额＝免税购进原材料价格×出口货物退税率

免税购进原材料包括从国内购进免税原材料和免税进口料件，其中免税进口料件的价格为组成计税价格。

免税进口料件的组成计税价格＝货物到岸价＋海关实征关税和消费税

（三）当期应退税额和免抵税额的计算

1. 如当期期末留抵税额≤当期免抵退税额，则

当期应退税额＝当期期末留抵税额

当期免抵税额＝当期免抵退税额－当期应退税额

2. 如当期期末留抵税额＞当期免抵退税额，则

当期应退税额＝当期免抵退税额

当期免抵税额＝0

当期期末留抵税额根据当期《增值税纳税申报表》中“期末留抵税额”确定。

（四）免抵退税不得免征和抵扣税额的计算

免抵退税不得免征和抵扣税额＝销售价格×（出口货物征税率－出口货物退税率）－免抵退税不得免征和抵扣税额抵减额

免抵退税不得免征和抵扣税额抵减额＝免税购进原材料价格×（出口货物征税率－出口货物退税率）

二、国内生产企业在向海上石油天然气开采企业销售附件一所列海洋工程结构物产品时应开具普通发票，不得开具增值税专用发票。

三、国内生产企业销售的海洋工程结构物产品在财务上作销售后，持开具的普通发票、购销合同等凭证，向当地主管征税的税务机关申报办理免、抵、退税手续。

四、主管征税的税务机关在收到生产企业的申报后，须对购销合同、销售的产品、购货企业等进行认真审核，核实无误后，批准其办理免、抵、退税。具体管理办法比照现行“免、抵、退”税管理办法执行。

【注释】 对《增值税暂行条例》第26条进行了解释。相关规定包括：《财政部 国家税务总局关于海洋工程结构物增值税实行退税的补充通知》（财税[2003]249号）。

国家税务总局关于茴油、毛椰子油适用增值税税率的批复

国税函[2003]426号

广西壮族自治区国家税务局：

你局《关于茴油适用增值税税率问题的请示》（桂国税发[2003]62号）和《关于毛椰子油适用增值税税率问题的请示》（桂国税发[2003]72号）收悉，经研究，现批复如下：

茴油是八角树枝叶、果实简单加工后的农业产品，毛椰子油是椰子经初加工而成的农业产品，二者均属于农业初级产品，可按13%的税率征收增值税。

【注释】 对《增值税暂行条例》第2条进行了解释。

国家税务总局关于铂金及其制品税收政策的通知

财税[2003]86号

各省、自治区、直辖市、计划单列市财政厅(局)、国家税务局、地方税务局,新疆生产建设兵团财务局:

为规范铂金交易,加强铂金交易的税收管理,经国务院批准,现将铂金及铂金制品的税收政策明确如下:

一、对进口铂金免征进口环节增值税。

二、对中博世金科贸有限责任公司通过上海黄金交易所销售的进口铂金,以上海黄金交易所开具的《上海黄金交易所发票》(结算联)为依据,实行增值税即征即退政策。采取按照进口铂金价格计算退税的办法,具体如下:

即征即退的税额计算公式:

进口铂金平均单价=σ{[(当月进口铂金报关单价×当月进口铂金数量)+上月末库存进口铂金总价值]÷(当月进口铂金数量+上月末库存进口铂金数量)}

金额=销售数量×进口铂金平均单价÷(1+17%)

即征即退税额=金额×17%

中博世金科贸有限责任公司进口的铂金没有通过上海黄金交易所销售的,不得享受增值税即征即退政策。

三、中博世金科贸有限责任公司通过上海黄金交易所销售的进口铂金,由上海黄金交易所主管税务机关按照实际成交价格代开增值税专用发票。增值税专用发票中的单价、金额和税额的计算公式为:

单价=实际成交单价÷(1+17%)

金额=成交数量×单价

税额=金额×17%

实际成交单价是指不含黄金交易所收取的手续费的单位价格。

四、国内铂金生产企业自产自销的铂金也实行增值税即征即退政策。

五、对铂金制品加工企业和流通企业销售的铂金及其制品仍按现行规定征收增值税。

六、铂金出口不退税;出口铂金制品,对铂金原料部分的进项增值税不实行出口退税,只对铂金制品加工环节的加工费按规定退税率退税。

七、铂金首饰消费税的征收环节由现行在生产环节和进口环节征收改为在零售环节征收,消费税税率调整为5%。具体征收管理比照财政部、国家税务总局《关于调整金银首饰消费税纳税环节有关问题的通知》[(94)财税字第095号]和国家税务总局关于印发《金银首饰消费税征收管理办法的通知》规定执行。

八、对黄金交易所收取的手续费等收入照章征收营业税。

九、黄金交易所铂金交易的增值税征收管理及增值税专用发票管理由国家税务总局另行制定。

十、本通知自2003年5月1日起执行。

【注释】　对《增值税暂行条例》第16条进行了解释。

增值税一般纳税人纳税申报办法

国税发[2003]53号

根据《中华人民共和国税收征收管理法》、《中华人民共和国增值税暂行条例》及《中华人民共和国发票管理办法》的有关规定,制定本办法。

一、凡增值税一般纳税人(以下简称纳税人)均按本办法进行纳税申报。

二、纳税申报资料。

(一)《增值税纳税申报表》及其三个附表:

附表1.《发票领用存月报表》;

附表2.《增值税(专用/普通)发票使用明细表》;

附表3.《增值税(专用发票/收购凭证/运输发票)抵扣明细表》。

(二)附报资料。

1. 已开具的增值税专用发票和普通发票存根联;

2. 增值税专用发票抵扣联;

3. 海关进口货物完税凭证的复印件;

4. 运输发票复印件(如果取得的运输发票数量较多,经县级国家税务局批准可只附报单份票面金额在一定数额以上的运输发票复印件);

5. 收购凭证的存根联或报查联;

6. 收购农产品的普通发票复印件;

7. 主管税务机关要求报送的其他资料。

经营规模大的纳税人,如上述附报资料很多,报送确有困难的,经县级国家税务局批准,由主管国家税务机关(以下简称税务机关)派人到企业审核。

三、《增值税纳税申报表》及其有关附表的填报要求。

(一)《增值税纳税申报表》按填表说明的要求填写,一式两份。其中,一份纳税人留存,一份报税务机关。

(二)《发票领用存月报表》(附表1)一式三份。其中,一份纳税人留存,两份报税务机关。该表每月月末由纳税人根据清点核对结存专用发票、普通发票的数量和号码的结果以及发票领、用、存情况填写。

(三)《增值税(专用/普通)发票使用明细表》(附表2)分为《增值税专用发票使用明细表》和《增值税普通发票使用明细表》两类。纳税人使用该表登记专用发票时,应在"普通"两字上划线,表示该表为《增值税专用发票使用明细表》;登记普通发票时,应在"专用"两字上划线,表示该表为《增值税普通发票使用明细表》。

1.《增值税专用发票使用明细表》。本表根据纳税人销售货物或应税劳务开具的专用发票按序号逐票填写。凡增值税计划机交叉稽核试点地区的纳税人,在填写本表时一式三份,其中,一份纳税人留存,两份报税务机关;其他地区的纳税人在填写本表时一式两份,其中,一份纳税人留存,一份报税务机关。其具体填写要求如下:

(1)纳税人手工开具的专用发票按发票序号逐票登记,每本填写一张《增值税专用发票使用明细表》。纳税人每月使用一本专用发票的,在本表的"小计"栏填写小计数,同时,将小计数填写在本表的"合计"栏内;纳税人每月使用两本以上专用发票的,每张表在"小计"栏填写小计数,并将每张表的小计数累加起来填写在第一张表"合计"栏内。纳税人每月专用发票用票量特别大,金额又较小,逐笔登记确有困难的,经县级国家税务局批准,对整本专用发票中每单张票面销售额在1000元以下的,可按整本专用发票汇总登记《增值税专用发票使用明细表》。

一本专用发票当月未用完的,按顺序填报用完的部分,剩余空格部分用线划掉;下个月申报时该本继续使用的专用发票应另用一张《增值税专用发票使用明细表》,接上月顺序填报,并将上月已填报部分的空格用线划掉。如一本专用发票两个月仍未用完的,剩余部分报税务机关剪角作废,并在第二个月所填表格剩余的空格注明"已作废"。

(2)纳税人使用计算机开具的专用发票(即电脑票)按发票序号逐票登记,每25份填写一张《增值税专用发票使用明细表》。纳税人每月使用25份或不足25份电脑票的,在本表的"小计"栏填写小计数,同时,将小计数填写在本表的"合计"栏内;纳税人每月使用25份以上电脑票的,每张表在"小计"栏填写小计数,并将每张表的小计数累加起来填写在第一张表的"合计"栏内。

如果一张表格中填写的电脑票份数不足25份的,应将表中剩余的空格部分用线划掉。

纳税人使用计算机开具增值税专用发票的,经县级国家税务局批准,在纳税申报时可以用计算机直接打印附表2。

(3)纳税人因销货退回或折让开出的红字专用发票,应用红字(或负数)填写《增值税专用发票使用明细表》。

(4)作废的专用发票只填写发票号码,在“备注”栏注明是废票,其他栏次用线划掉。

(5)凡增值税交叉稽核试点地区的纳税人,对表格的内容应全部填写;其他地区的纳税人,对表格中的纳税人登记号可不填写,其他内容应全部按要求填写。

2.《增值税普通发票使用明细表》。本表根据纳税人销售货物开具的普通发票逐票填写。

《增值税普通发票使用明细表》一式两份,其中,一份纳税人留存,一份报税务机关。纳税人销售货或应税劳务开具的普通发票应比照《增值税专用发票使用明细表》的填报办法办理。

纳税人销售免税货物必须另本开具普通发票,并单独填写《增值税普通发票使用明细表》。填写时在本表的“备注”栏注明是免税货物,此表的小计数不得汇总在《增值税普通发票使用明细表》的合计数中。

3. 纳税人销售货物(包括视同销售)或应税劳务不需开具发票的应纳税业务,按月将其销售额及税额的汇总数填写在《增值税专用发票使用明细表》的第一页的规定栏目内。

(四)《增值税(专用发票/收购凭证/运输发票)抵扣明细表》(附表3)分为《增值税专用发票抵扣明细表》、《增值税收购凭证抵扣明细表》、《增值税运输发票抵扣明细表》三类。纳税人使用该表登记进项专用发票时,应在“收购凭证”、“运输发票”上划线,表示该表为《增值税专用发票抵扣明细表》;纳税人使用该表登记收购凭证时,应在“专用发票”、“运输发票”上划线,表示该表为《增值税收购凭证抵扣明细表》;纳税人使用该表登记运输发票时,应在“使用发票”、“收购凭证”上划线,表示该表为《增值税运输发票抵扣明细表》。

1.《增值税专用发票抵扣明细表》。纳税人购进货物取得的专用发票抵扣联以及进口货物从海关取得的完税凭证按规定审核无误后,逐票登记《增值税专用发票抵扣明细表》。其具体填写要求如下:

(1)纳税人中的工业企业,购进货物取得专用发票抵扣联以及进口货物从海关取得完税凭证并将已收到的货物验收入库后方可登记《增值税专用发票抵扣明细表》。否则,不得登记该表并申报抵扣。

(2)纳税人中的商业企业,购进货物取得专用发票抵扣联以及进口货物从海关取得完税凭证并已支付货款的,方可登记《增值税专用发票抵扣明细表》。否则,不得登记该表并申报抵扣。

(3)纳税人中的工业企业不填本表的“付款日期”栏、“付款金额”栏、“付款凭证号码”栏;纳税人中的商业企业不填本表的“货物入库时间”栏。

2.《增值税收购凭证抵扣明细表》。纳税人收购废品、免税农产品应按收购凭证(包括按规定允许抵扣的普通发票)逐笔登记《增值税收购凭证抵扣明细表》。

(1)纳税人中的工业企业,收购免税农产品应按收购凭证(包括按规定允许抵扣的普通发票)登记本表,并比照工业企业填写《增值税专用发票抵扣明细表》的要求办理。

(2)纳税人中的商业企业,收购废品、免税农产品应按收购凭证(包括按规定允许抵扣的普通发票)登记本表,并比照商业企业填写《增值税专用发票抵扣明细表》的要求办理。

3.《增值税运输发票抵扣明细表》。纳税人取得的符合扣税规定的购货运输发票和销售应税货物的运输发票,应逐票登记《增值税运输发票抵扣明细表》。

4. 凡增值税计算机交叉稽核试点地区的纳税人,对表格的内容应全部填写;其他地区的纳税人,对表格中的纳税人登记号可不填写,其他内容应全部填写。

5. 纳税人使用计算机录入增值税进项抵扣凭证(包括专用发票、海关完税证、收购凭证、运输发票)的,经县级国家税务局批准,可以直接打印附表3。

四、附报资料的报送要求。

(一)增值税专用发票和普通发票存根联的报送要求。

1. 手工开具的增值税专用发票和普通发票存根联。

(1)手工开具的增值税专用发票存根联。对已使用完的整本专用发票,在其存根联的右上角依序编号,号码1至25;对当月未使用完的整本增值税专用发票,当月暂不报送,第二个月不论是否用完,均应报送,并将剩余部分报税务机关剪角作废。

(2)手工开具的增值税普通发票存根联。不论当月普通发票是否不整本用完,均应按整本报送。

2. 使用计算机开具的增值各专用发票存根联。每25份装订一册,不足25份时,按实际装订,并在每张票面右上角依序编号,号码1至25。每册均应加装封面,其封面应注明单位名称、本册张数、本月总册数等。

(二)增值税专用发票抵扣联原件及海关进口货物完税凭证的复印件的装订要求。

增值税专用发票抵扣联原件及海关进口货物完税凭证的复印件每25份装订一册,不足25份时,按实际装订,并在每张票面右上角依序编号,号码1至25。其装订顺序应与《增值税专用发票抵扣明细表》的填写顺序一致。

每册均应加装封面,封面上应注明单位名称、本册张数、本月总册数、汇总扣税额等。

(三)运输发票的复印件、收购凭证的存根联或报查联、收购免税农产品的普通发票复印件的装订比照上述办法办理。

(四)纳税人报送的附报资料,经税务机关审核后将附报资料退还纳税人,纳税人要按要求妥善保管。

五、申报期限。

纳税人应按月进行纳税申报,申报期为次月1日至10日止。

六、罚则。

1. 纳税人未按规定期限办理纳税申报的,按照《中华人民共和国税收征收管理法》第三十九条的有关规定处罚。

2. 纳税人进行纳税申报,税款申报不实的,按偷税处理,并按《中华人民共和国税收征收管理法》第四十条的规定予以处罚。

七、《增值税纳税申报表》及其附表由纳税人向税务机关领购。

八、本办法自1996年1月1日施行。

【注释】 对《增值税暂行条例》第26条进行了解释。

财政部　海关总署　国家税务总局关于农药税收政策的通知

财税[2003]186号

各省、自治区、直辖市、计划单列市财政厅(局)、国家税务局、新疆生产建设兵团财务局、广东分署、各直属海关:

经国务院批准,现将有关农药的税收政策问题通知如下:

一、自2003年1月1日起,停止执行对部分列名进口农药(成药、原药)免征进口环节增值税的政策,已征收的保证金转为税款。

二、自2004年1月1日起,停止执行对部分进口农药原料及中间体进口环节增值税先征后返的政策。

三、自2004年1月1日起,《财政部、国家税务总局关于若干农业生产资料征免增值税政策通知》(财税[2001]113号)第一条第3项关于对国产农药免征生产环节增值税的政策停止执行。

【注释】 对《增值税暂行条例》第16条进行了解释。

国家税务总局关于不带动力的手扶拖拉机和三轮农用运输车适用13%税率执行时间的批复

国税函[2003]1118号

辽宁省国家税务局:

你局《辽宁省国家税务局关于沈阳辽河机械总厂复议案有关税收政策问题的请示》(辽国税发[2003]97号)收悉,现对不带动力的手扶拖拉机和三轮农用运输车适用13%税率执行时间问题批复如下。

根据国家税务总局《增值税部分货物征税范围注释》(国税发[1993]151号)的规定,不带动力的手扶拖拉机和三轮农用运输车不属于农机增值税征收范围。为减轻农民负担,《财政部、国家税务总局关于不带动力的手扶拖拉机和三轮农用运输车有关政策问题的通知》(财税[2002]89号)对农机增值税征收范围进行了调整,对不带动力的手扶拖拉机和三轮农用运输车按照"农机"依13%的增值税税率征收增值税,因此,上述两类产品应当从2002年6月1日起按"农机"征收增值税,在此之前,应按17%的税率征收增值税。

【注释】　对《增值税暂行条例》第2条进行了解释。

国家税务总局关于加强货物运输业税收征收管理的通知

国税发[2003]121号

各省、自治区、直辖市和计划单列市国家税务局、地方税务局:

为了进一步贯彻国务院关于整顿市场经济秩序的决定,加强对货物运输业的税收管理,总局制定了《货物运输业营业税征收管理试行办法》、《运费发票增值税抵扣管理试行办法》、《货物运输业营业税纳税人认定和年审试行办法》和《货物运输业发票管理流程实施方案》(以下简称"三个办法和一个方案"),现印发给你们,请你们按照以下要求认真贯彻执行。

一、执行"三个办法和一个方案"是整顿税收秩序、推进依法治税、加强营业税征收管理、规范增值税抵扣的重大举措。各级税务部门的领导要高度重视,统一思想,加强对此项工作的领导。

二、各级税务机关接到通知后要认真学习"三个办法和一个方案"的内容,研究贯彻执行的具体操作办法。具体工作方案由各省税务机关部署,各级税务机关要从全局的利益出发,认真负责,相互配合,通力协作,按照各自工作范围积极稳妥地贯彻落实"三个办法和一个方案",全面做好加强货物运输业税收征收管理的各项工作。凡相互推诿,不执行"三个办法和一个方案"或执行不到位的,一律按规定追究相关单位和有关人员的责任。

三、各地接到本通知后,要召开专门会议,布置此项工作,做好宣传工作,加强对有关税务人员和纳税人的培训,要按照"三个办法和一个方案"的要求结合本地实际制定相关配套措施,保证将"三个办法和一个方案"执行到位。

四、各地要将本地区贯彻落实情况于2003年12月31日前书面报告总局(5份),总局将对各地执行本通知情况进行通报。

货物运输业营业税征收管理试行办法

第一条　为了进一步贯彻国务院关于整顿市场经济秩序的决定,加强对货物运输业营业税的征收管理,根据《中华人民共和国税收征收管理法》及其实施细则、《中华人民共和国营业税暂行条例》及其实施细则、《中华人民共和国发票管理办法》以及其他相关的法律、法规的规定,特制定本办法。

第二条　在中华人民共和国境内提供公路、内河货物运输劳务(以下简称货物运输劳务)的单位和个人均适用本办法。

……

第四条　提供货物运输劳务的单位和个人,根据其开具货物运输业发票的方式,分为自开票纳税人和代开票纳税人。

自开票纳税人,是指符合规定条件,向主管地方税务局申请领购并自行开具货物运输业发票的纳税人。

自开票纳税人不包括个人、承包人、承租人以及挂靠人。

代开票纳税人,是指除自开票纳税人以外的需由代开票单位代开货物运输业发票的单位和个人。

以上所称代开票单位是指主管地方税务局。

经省级地方税务局批准也可以委托中介机构代开货物运输业发票。

第五条 第四条所称符合规定条件，是指同时具备以下条件：

(一)具有工商行政管理部门核发的营业执照，地方税务局核发的税务登记证。交通管理部门核发的道路运输经营许可证、水路运输许可证；

(二)年提供货物运输劳务金额在20万元以上(新办企业除外)；

(三)具有固定的办公场所。如是租用办公场所，则租期必须1年以上；

(四)在银行开设结算帐户；

(五)具有自备运输工具，并提供货物运输劳务；

(六)帐簿设置齐全，能按发票管理办法规定妥善保管、使用发票及其他单证等资料，能按财务会计制度和税务局的要求正确核算营业收入、营业成本、税金、营业利润并能按规定向主管地方税务局正常进行纳税申报和缴纳各项税款。

第六条 自开票纳税人应按照发票管理办法及相关的法律、法规的规定，如实填开货物运输业发票，加盖财务印章和开票人专章(见附件一)。

自开票纳税人对下列情况不得开具货物运输业发票：

(一)未提供货物运输劳务；

(二)非货物运输劳务；

(三)由其他纳税人(包括承包人、承租人及挂靠人)提供的货物运输劳务。

……

第八条 除自开票纳税人和代开票单位以外，其他任何单位和个人均不得开具货物运输业发票。

第九条 货物运输业必须使用全国统一的发票，发票的样式和内容由国家税务总局另行制定。

铁路运输、航空运输、海洋运输的货物运输业发票应按照国家税务总局统一规定的格式、内容印制和使用。

第十条 自开票纳税人和代开票单位必须按照规定逐栏、如实填开货物运输业发票。凡开具给增值税一般纳税人的货物运输业发票，必须填写该增值税一般纳税人的名称和纳税人识别号。

第十一条 货物运输业发票的印制、领购、开具、取得、保管、缴销均由地方税务局管理和监督。凡已经委托给其他部门管理的，必须依法收回。

第十二条 在全国实行新的由税控器具开具货物运输业发票以前，货物运输业发票清单汇总、传递方法如下：

(一)地方税务局代开货物运输业发票时要先征收税款后再开具货物运输业发票，并将代开的货物运输业发票填写《地税局代开货物运输业发票清单》(见附件二)。

自开票纳税人在申报缴纳营业税时，除报送营业税申报表外，必须向主管地方税务局报送《自开票纳税人货物运输业发票清单》(见附件三)的纸制文件和电子信息。

纳税人每月申报缴纳营业税的计税营业额，不得小于每月发票开具金额。

代开票中介机构代开货物运输业发票时要先代征税款后再开具货物运输业发票。代开票中介机构在解缴代征税款后，必须按主管地方税务局规定的申报期限向主管地方税务局报送《中介机构代开货物运输业发票清单》(见附件四)的纸制文件和电子信息。

(二)《地税局代开货物运输业发票清单》、《自开票纳税人货物运输业发票清单》和《中介机构代开货物运输业发票清单》必须是电子信息，软件由国家税务总局统一制作(见《货物运输业发票管理流程实施方案》)。

(三)县(市)级地方税务局应将《地税局代开货物运输业发票清单》和《自开票纳税人货物运输业发票清单》、《中介机构代开货物运输业发票清单》进行汇总，并将汇总后的电子信息于每月20日前送同级国家税务局。

凡具备网络条件的地方税务局，可由县(市)级地方税务局将《地税局代开货物运输业发票清单》、《自开票纳税人货物运输业发票清单》、《中介机构代开货物运输业发票清单》汇总后的电子信息上报地(市)或省级地方税务局，由地(市)或省级地方税务局将本级汇总后的电子信息于每月22日前送同级国家税务局。

第十三条 对自开票纳税人实行查账征收方法。对自开票纳税人开具的货物运输业发票注明的运费和其他价外收费，一律按“交通运输业”税目征收营业税。

……

第十五条　对代开票纳税人实行定期定额征收方法。代开票单位代开发票时，按代开的货物运输业发票注明的运费和其他价外收费即时征收营业税、所得税及附加，年终时对“双定”户按以下方法进行清算：

（一）开票金额大于定额的，以开票金额数为依据征收税款，并作为下一年度核定定期定额的依据。如定期定额税款已征，可将按期征收的定期定额税款退还纳税人或抵顶下期税款；

（二）开票金额小于定额的，按定额数征收税款。如定期定额税款已征，可将代开发票时征收的税款数额退还纳税人或抵顶下期税款。

第十六条　代开票纳税人是承包人、承租人以及挂靠人的，其“双定”税款可由主管地税局委托出包方、出租方以及挂靠方统一代征。年终以出包方、出租方以及挂靠方为单位进行统一清算，清算及下一年度核定方法按本办法第十五条的规定执行。

第十七条　符合营业税法规规定的减免条件的自开票纳税人，应向主管地方税务局报送有关资料，并经主管地方税务局认定后才能享受减免营业税优惠。

符合营业税法规规定减免条件的代开票纳税人，必须提供主管地方税务局批准的减免税文书，其由代开票单位代开的货物运输业发票的营业额，才能享受减免营业税优惠。

省级地方税务局要制定加强对营业税减税免税的管理办法。

第十八条　提供货物运输劳务的单位向其机构所在地主管地方税务局申报缴纳营业税。

第十九条　提供货物运输劳务的承包人、承租人或挂靠人，向其发包、出租或所挂靠单位机构所在地主管地方税务局申报缴纳营业税。

除本条第一款规定者外，其他提供货物运输劳务的个人向其运营车辆的车籍所在地主管地方税务局申报缴纳营业税。

第二十条　凡委托中介机构代开货物运输业发票的，省级地方税务局要制定对中介机构的管理办法，保证税款及时足额入库。

第二十一条　地方税务局要按规定向委托代征税款单位支付代征税款手续费。

第二十二条　提供货物运输劳务的单位和个人应向主管地方税务局申请认定为自开票纳税人或代开票纳税人，并实行年审。具体认定和年审办法由国家税务总局另行制定。

第二十三条　自开票纳税人、代开票纳税人和代开票单位应严格执行本办法和其他相关法律、法规的有关规定，违者按照有关规定处理。

第二十四条　本办法由国家税务总局负责解释。

第二十五条　本办法自2003年11月1日起执行。

运输发票增值税抵扣管理试行办法

第一条　为了进一步加强增值税有关运输发票抵扣凭证的管理，堵塞税收漏洞，特制定本办法。

第二条　凡增值税一般纳税人（以下简称“纳税人”）取得运输发票并应计算抵扣进项税额的，均适用本办法。

本条所称取得运输发票是指：

（一）纳税人外购货物（固定资产除外）支付运输费用而取得的运费结算单据；

（二）纳税人销售应税货物而支付运输费用所取得的运费结算单据（《中华人民共和国增值税暂行条例实施细则》第十二条所规定的不并入销售额的代垫运费除外）。

第三条　运输单位提供运输劳务自行开具的运输发票，运输单位主管地方税务局及省级地方税务局委托的代开发票中介机构为运输单位和个人代开的运输发票准予抵扣。其他单位代运输单位和个人开具的运输发票一律不得抵扣。

第四条　纳税人取得所有需计算抵扣增值税进项税额的运输发票，应根据相关运输发票逐票填写《增值税运输发票抵扣清单》，在进行增值税纳税申报时，除按现行规定申报报表资料外，增加报送《增值税运输发票抵扣清单》。纳税人除报送清单纸质资料外，还需同时报送《增值税运输发票抵扣清单》的电子信息。未单独报送《增值税运输发票抵扣清单》纸质资料及电子信息的，其运输发票进项税额不得抵扣。如果纳税人未按规定要求填写《增值税运输发票抵扣清单》或者填写内容不全的，该张运输发票不得计算抵扣进项税额。

增值税运输发票抵扣清单信息采集软件由国家税务总局统一开发，主管国税局免费提供给纳税人。如果纳税人无使用信息采集软件的条件，可委托中介机构代为采集。

第五条 纳税人取得的2003年10月31日以后开具的运输发票，应当自开票之日起90天内向主管国税局申报抵扣，超过90天的不得予以抵扣。纳税人取得的2003年10月31日以前开具的运输发票，必须在2004年1月31日前抵扣完毕，逾期不再准予抵扣。

第六条 主管国税局在纳税申报期内受理申报时，应对《增值税纳税申报表附列资料（表二）》中第8栏"7%扣除率"的"金额、税额"项数据与《增值税运输发票抵扣清单》中"合计"栏"允许计算抵扣的运费金额、计算抵扣的进项税额"项数据进行核对，如不一致，退纳税人重新申报。

第七条 纳税申报期结束后，各地县（市）级国税局应将当期《增值税运输发票抵扣清单》汇总电子信息通过网络传递给上级税务机关。

运输发票信息的采集、传递、清分与比对等具体要求详见《货物运输发票管理流程实施方案》。

第八条 对比对不符的先由稽查部门进行稽查，经查实后确有问题的按有关规定进行处理。稽查部门应将稽查、处理结果及时反馈管理部门。

第九条 本办法自2003年11月1日起执行。

货物运输业营业税纳税人认定和年审试行办法

第一条 根据国家税务总局《货物运输业营业税征收管理试行办法》的规定，对公路、内河货物运输业自开票、代开票纳税人（以下简称自开票、代开票纳税人）实行认定和年审制度，特制定本办法。

第二条 提供公路、内河货物运输劳务（以下简称货物运输劳务）的单位需申请自开票纳税人的，应向主管地方税务局办理认定手续。

第三条 提供货物运输劳务的单位同时符合下列条件的，可向其主管地方税务局申请认定为自开票纳税人：

（一）具有工商行政管理部门核发的营业执照，地方税务局核发的税务登记证，交通管理部门核发的道路运输经营许可证、水路运输许可证；

（二）年提供货物运输劳务金额在20万元以上（新办企业除外）；

（三）具有固定的经营场所。如是租用办公场所，则承租期必须1年以上；

（四）在银行开设结算帐户；

（五）具有自备运输工具，并提供货物运输劳务；

（六）帐簿设置齐全，能按发票管理办法规定妥善保管、使用发票及其他单证等资料，能按税务机关和财务会计制度的要求正确核算营业收入、营业成本、税金和营业利润，并能按规定向税务机关进行纳税申报和缴纳各项税款。

第四条 以下纳税人不能认定为自开票纳税人：

（一）不同时具备本办法第三条规定条件的单位；

（二）不同时具备以下条件的承包人、承租人以及挂靠人（属代开票人，其"双定"税款可由主管税务机关委托出包方、出租方以及挂靠方统一代征）；

1. 以出包方、出租方、被挂靠方的名义对外经营，由出包方、出租方、被挂靠方承担相关的法律责任；

2. 经营收支全部纳入出包方、出租方、被挂靠方的财务会计核算；

3. 利益分配以出包方、出租方、被挂靠方的利润为基础。

（三）拥有运输工具的个人。

第五条 申请办理自开票纳税人认定的单位，应提供或出示下列有关证件和资料：

（一）单位申请报告；

（二）货物运输业自开票纳税人认定表；

（三）营业执照复印件；

(四)税务登记证副本;

(五)车辆道路运输证、船舶营业运输证复印件;

(六)自有房屋产权证或房屋租赁合同复印件;

(七)购置自有运输工具购买发票复印件;

(八)地方税务局要求提供的其他有关证件、资料。

第六条 申请办理自开票纳税人认定手续的程序

(一)对现有的提供货物运输劳务的单位,应按以下程序办理认定手续:

1. 申请程序。提供货物运输劳务的单位应向主管地方税务局提交申请报告,如实填写《货物运输业自开票纳税人认定表》及认定所需资料。

2. 审批程序和审批机关。自开票纳税人由县级或县级以上税务机关认定。对单位提出的申请报告和有关资料,负责审批的税务机关应在收到之日起30日内审核完毕。对符合自开票纳税人条件的,发给《货物运输业营业税自开票纳税人认定证书》,并在其税务登记证副本首页上方和《发票领购簿》上加盖"自开票纳税人"确认专用章,作为领购货物运输发票的证件。

(二)对新办提供公路、内河货物运输劳务的单位

新办的提供货物运输劳务的单位,凡符合自开票纳税人条件,注册资金在30万元以上的,可在办理税务登记的同时申请办理自开票纳税人认定手续。

新办提供货物运输劳务的单位申请人,办理自开票纳税人认定手续的程序,按本办法第六条第一款规定办理。

第七条 除自开票纳税人以外的其他提供货物运输劳务的单位和个人,同时符合下列条件的,可向其主管地方税务局申请认定代开票纳税人:

(一)有工商行政管理部门核发的营业执照,地税局核发的税务登记证;

(二)有自备或承包、承租的车、船等运输工具的证明。

第八条 单位和个人申请办理代开票纳税人认定手续,应提供下列有关证件和资料:

(一)单位和个人申请报告;

(二)货物运输业代开票纳税人认定表;

(三)营业执照复印件;

(四)税务登记证复印件;

(五)车辆道路运输证、船舶营业运输证复印件;

(六)承包、承租或挂靠车辆应提供出包、出承租或所挂靠方的税务登记证复印件、纳税人识别码及承包、承租或挂靠合同复印件;

(七)地方税务局要求提供的其他有关证件、资料。

第九条 申请办理代开票纳税人认定手续的程序

(一)对现有提供货物运输劳务的单位和个人,应按以下程序办理认定手续。

1. 申请程序

单位和个人应提交申请报告,如实填写《货物运输业代开票纳税人认定表》及地方税务局要求提供的其他资料。

2. 审批程序和审批机关

代开票纳税人认定的审批权限在县级或县级以上地方税务局。对单位和个人提出的申请报告和有关资料,负责审批的地方税务局应在收到之日起30日内审核完毕。符合代开票纳税人条件的,发给《货物运输业营业税代开票纳税人认定证书》。纳税人凭《货物运输业营业税代开票纳税人认定证书》及同货主签定的承运货物合同、托运单及地方税务局要求提供的其他有效证明到代开票单位代开货物运输业发票。

(二)对新办提供货物运输劳务的单位和个人。

新办提供货物运输劳务的单位和个人需认定为代开票纳税人的,凡符合代开票纳税人条件的,可在办理税务登记的同时申请办理代开票纳税人认定手续。

第十条 代开票纳税人达到自开票纳税人条件的,可以按本办法第六条第一款规定申请办理自开票纳税人认定手续。

第十一条 地方税务局应按年度对自开票、代开票纳税人进行资格审验和确认。

第十二条 年审的范围

地方税务局应对原已认定为自开票、代开票纳税人实行年度审验制度(以下简称年审)。

第十三条 年审的时间

自开票、代开票纳税人的年审从每年11月起至12月底结束,具体期限由省级地方税务局确定。

第十四条 年审的内容

(一)自开票纳税人:

1. 基本情况。包括纳税人名称、经营地址、经济性质、经营范围、开户银行及帐号、车辆、船舶等运输工具状况、联系电话等。

2. 纳税情况。包括本年度实现的营业额、营业成本、应纳税额、实缴税额和欠缴税额等。

3. 财务核算情况。包括会计人员配备、帐簿设置、财务核算状况等。

4. 货物运输发票管理情况。包括货物运输业发票领购、使用、结存、保管、缴销及违章情况。

(二)代开票纳税人:

1. 基本情况。包括纳税人名称、经营地址、经济性质、经营范围、开户银行及帐号、车辆、船舶等运输工具状况、联系电话等。

2. 纳税情况。包括年审本年度实现的营业额、营业成本、应纳税额、实缴税额和欠缴税额等。

第十五条 年审的程序

(一)按照年审规定的时间要求,自开票、代开票纳税人应到主管地方税务局领取《自开票、代开票纳税人年审申请审核表》(以下简称《年审表》),填写盖章后连同工商营业执照副本、道路、水上运输经营许可证复印件、税务登记证副本、《发票领购簿》、年度财务报表及税务机关要求提供的其他资料,一并报主管地方税务局。

(二)主管地税局接到自开票、代开票纳税人申报的《年审表》及有关资料后30日内进行初审,并签署初审意见,逐级报送上级审批机关,审批机关应在30日内作出年审结论。年审审批机关是指有批准认定自开票、代开票纳税人资格的县级或县级以上的地方税务局。

第十六条 年审的结果

(一)自开票纳税人:

1. 年审合格的处理。

对年审合格的自开票纳税人,在《货物运输业营业税自开票纳税人认定证书》及《发票领购簿》上加贴自开票纳税人年审合格标识。

2. 年审不合格的处理。

达不到自开票纳税人资格的纳税人,暂缓通过年审,在3个月内进行整改,整改期间不得自行开具货物运输业发票,如需开具货物运输业发票的由主管地方税务局代开。在规定的期限内,整改合格的按年审合格办法处理,整改不合格的取消其自开票纳税人资格,清缴货物运输发票,并在其税务登记证副本首页右上方和《发票领购簿》上加盖"已取消自开票纳税人资格"专用章,并收回《货物运输业营业税自开票纳税人认定证书》。

(二)代开票纳税人:

1. 年审合格的处理。

对年审合格的代开票纳税人,在《货物运输业营业税代开票纳税人认定证书》上加贴代开票纳税人年审合格标识。

2. 年审不合格的处理。

达不到代开票纳税人资格的纳税人,暂缓通过年审,在3个月内进行整改,整改期间主管地方税务局不得为其开具货物运输业发票。在规定的期限内,整改合格的按年审合格的办法处理,整改不合格取消其代开票纳税人的资格,并收回《货物运输业营业税代开票纳税人认定证书》。

第十七条 对已具有自开票纳税人资格的提供货物运输劳务单位,一旦发现有下列情形之一的,经主管地方税务局审定,可取消其自开票纳税人的资格,收回《货物运输业营业税自开票纳税人认定证书》和停止其使用货物运输业发票。

（一）没有按地方税务局的要求正确核算货物运输和非货物运输的营业收入、营业成本、税金、营业利润的；

（二）不能按规定向税务机关进行正常纳税申报和缴纳各项税款的；

（三）有偷税、抗税行为的；

（四）不能妥善保管、使用货物运输业发票造成严重后果的；

（五）违反规定，对货物运输和非货物运输业务都开具货物运输业发票的；

（六）违反规定，为其他纳税人开具货物运输业发票的。

第十八条　对已具有代开票纳税人资格提供货物运输劳务的单位和个人，凡有下列情形之一的，经主管地方税务局审定，可取消其代开票纳税人的资格，并收回《货物运输业营业税代开票纳税人认定证书》。

（一）没有按地方税务局的要求准确核算货物运输和非货物运输的营业收入、税金的；

（二）不按规定向税务机关进行纳税申报和缴纳各项税款的；

（三）有偷税、抗税行为的；

（四）有伪造承运货物合同等有效证明的。

第十九条　纳税人必须在规定的期限内向地方税务局办理年审手续，在规定期限内未办理年审手续的按年审不合格处理。

第二十条　《年审表》填报不实、数据不准确的，随同《年审表》报送其他资料不齐全，以及其他未按规定办理年审手续的，地方税务局应责令其在年审规定期内如实申报和补报。如仍不如实申报和补报的，则按年审不合格处理。

第二十一条　凡被取消自开票、代开票纳税人资格的纳税人，一年内不得再重新申请认定自开票、代开票纳税人。

第二十二条　自开票、代开票纳税人年审，由省级地方税务局统一组织，年审的具体工作，由具有批准认定自开票纳税人资格的各级地方税务局负责实施。

第二十三条　《货物运输业自开票纳税人认定表》、《货物运输业代开票纳税人认定表》、《货物运输业营业税自开票纳税人认定证书》、《货物运输业营业税代开票纳税人认定证书》、《年审表》、年审合格标识、“自开票纳税人”、“已取消自开票纳税人资格”专用章由省级地方税务局统一制定下发。

第二十四条　本办法由国家税务总局负责解释。

第二十五条　本办法自 2003 年 11 月 1 日起实行。

【注释】　对《增值税暂行条例》第 26 条进行了解释。相关规定包括：《国家税务总局关于使用公路、内河货物运输业统一发票有关问题的通知》（国税函[2004]557 号）、《国家税务总局关于货物运输业若干税收问题的通知》（国税发[2004]88 号）、《国家税务总局关于加强货物运输企业纳税申报管理工作的通知》（国税发[2006]99 号）。

国家税务总局关于农药出口退税政策的通知

国税函[2003]1158 号

各省、自治区、直辖市和计划单列市国家税务局：

经国务院批准，从 2004 年 1 月 1 日起，对国产农药免征生产环节增值税的政策停止执行。为鼓励农药出口，现将农药出口有关退税政策通知如下：

《财政部、国家税务总局关于若干农业生产资料征免增值税政策通知》（财税[2001]113 号）第一条第三款规定的 48 种农药出口，从 2004 年 1 月 1 日起，准予按现行出口货物退税有关规定办理退税，并适用 11% 的出口退税率。

上述出口农药海关商品码为 3808101910、38081090、8082090101、3808209029、38083011、38083019。具体执行日期以“出口货物报关单（出口退税联）”上海关注明的出口日期为准。

【注释】　对《增值税暂行条例》第 2 条进行了解释。

集成电路设计企业及产品认定机构管理办法

国税发[2003]140号

第一章 总 则

第一条 为规范对从事集成电路设计企业及产品认定工作的机构的管理，根据国务院《鼓励软件产业和集成电路产业发展的若干政策》(国发[2000]18号)，制定本办法。

第二条 本办法适用于在中华人民共和国境内设立的集成电路设计企业及产品认定机构(以下简称“认定机构”)的管理。

第三条 国家税务总局、信息产业部负责境内认定机构的审定、授权、监督和管理工作。

第二章 认定机构的资格条件

第四条 认定机构应具备下列条件:

(一) 能够独立承担民事法律责任的法人组织;

(二) 拥有具备集成电路相关专业知识和管理能力的业务人员(不少于5人);

(三) 拥有经验丰富、熟悉国内外集成电路产业发展的专业人员(不少于5人);

(四) 拥有固定办公场所和用于集成电路设计企业及产品认定管理工作的软硬件设施;

(五) 内部管理制度健全，岗责体系明晰;

(六) 独立于集成电路产品设计及相关的生产、经营活动;

(七) 国家税务总局、信息产业部要求的其他条件。

本办法第四条(二)(三)款规定应具备的人员不得相互兼任，并应与认定机构订立1—3年服务协议。

第五条 认定机构应公平、公正、科学、高效地开展工作，并为申请认定单位保守商业和技术秘密。

第六条 认定机构应对从事认定工作的技术人员定期进行培训，确保有关人员具备胜任工作的能力，满足认定工作的要求。

第七条 认定机构及其工作人员不得从事可能影响认定结果的活动。工作人员与申请认定单位有利害关系的，应当回避。

第三章 认定机构的申请和批准

第八条 符合本办法规定条件的单位，应同时向国家税务总局、信息产业部提交获得认定机构资格的书面申请，并附送相关资格能力证明和各项管理制度等资料。

第九条 国家税务总局、信息产业部依据本办法的规定，组织人员对申请单位进行审核(包括文件审核、现场审核、对实施集成电路设计企业及产品认定的过程进行见证)，并形成审核报告。

第十条 经审核符合条件的申请单位，由国家税务总局、信息产业部列名单公布，获得从事集成电路设计企业及产品认定工作的执业资格。

第四章 认定机构的职责

第十一条 认定机构接受国家税务总局、信息产业部的委托，按照规定的章程，开展集成电路设计企业及产品的认定工作。

(一) 依据《集成电路设计企业及产品认定管理办法》，对申请认定单位及产品进行评审;

(二) 向申请认定单位出具评审报告;

(三) 提出认定建议，拟定初选的合格企业及产品名单;

(四) 组织对集成电路设计企业的年度资格审验工作;

(五) 国家税务总局、信息产业部委托的其他工作。

第十二条 认定机构应自接受委托之日起5个工作日内以信函、电话或电子邮件等方式通知申请认定单位提供相关资料,并收取认定费用。

第十三条　认定机构应自收到申请认定单位报送的各项资料日起,在60个工作日内完成评审,并将初选的合格企业与产品名单上报国家税务总局、信息产业部审核。

第十四条　认定机构应在国家核定的费用幅度内收取认定费用,不得擅自改变收费标准。费用幅度由国家价格主管部门核定。

第十五条　认定机构应当制订认定管理章程,规定评审程序,并报国家税务总局、信息产业部备案。

第五章　罚　　则

第十六条　国家税务总局、信息产业部负责对认定机构的监督管理,对认定机构进行不定期检查。

第十七条　对于提供虚假资格条件证明、骗取认定机构资格的,国家税务总局、信息产业部公布撤消其认定执业资格。

第十八条　凡发现认定机构存在下列情形之一者,国家税务总局、信息产业部暂停其认定执业资格,并责令限期整改:

(一)弄虚作假,徇私舞弊,帮助不符合条件的申请认定单位及产品通过认定;

(二)故意刁难申请认定单位,有失公正,严重失职;

(三)超额收取认定费用;

(四)认定机构与人员在工作中有严重违法违纪行为;

(五)认定机构与人员的能力不能胜任认定管理的要求;

(六)国家税务总局、信息产业部规定的其他情形。

对于整改后仍不能满足要求的认定机构,国家税务总局、信息产业部撤消其认定执业资格,3年内不受理其执业申请。

第六章　附　　则

第十九条　本办法自2004年1月1日起施行。

【注释】　对《增值税暂行条例》第26条进行了解释。

国家税务总局关于天然二氧化碳适用增值税税率的批复

国税函[2003]1324号

江苏省国家税务局:

你局《关于对天然二氧化碳原矿比照天然气适用税率征收增值税的请示》(苏国税发[2003]116号)收悉。经研究,现批复如下:

天然二氧化碳不属于天然气,不应比照天然气征税,仍应按17%的适用税率征收增值税。

【注释】　对《增值税暂行条例》第2条进行了解释。

财政部　国家税务总局关于海洋工程结构物增值税实行退税的补充通知

财税[2003]249号

各省、自治区、直辖市、计划单列市财政厅(局)、国家税务局,新疆生产建设兵团财务局:

近接中国海洋石油总公司来函,要求进一步明确《财政部　国家税务总局关于海洋工程结构物增值税实行退税的通知》(财税[2003]46号)所规定退税政策的企业适用范围,同时由于该公司改制上市对内部企业进行了调整,以及新设立了海洋石油对外合作公司,要求对财税[2003]46号附件2"海上石油开采企业"的企业名单进行调整。经研究决定,现将有关事宜补充通知如下:

一、财税[2003]46号文件第一条:国内生产企业与国内海上石油天然气开采企业签署的购销合同所涉及的海洋工程结构物产品,在销售时实行"免、抵、退"税管理办法。其中所述"国内生产企业"是指:国内实行独立核算并为增值税一般纳税人的所有生产海洋工程结构物生产企业。财税[2003]46号附件2所列"海上石油开采企业"之间的销售,也同样享受此项政策。

二、调整财税[2003]46号附件2"海上石油开采企业"的名单

(一)调整中国海洋石油总公司项下的企业名单

1、取消原名单中的:中海石油船舶有限公司、中海华东能源公司;

2、原名单中的"中海油田服务有限公司"更名为"中海油田服务股份有限公司";

3、补充增加:上海石油天然气有限公司、中海石油(中国)有限公司文昌13—1/2油田作业公司、渤海石油实业公司、渤海石油采油公司、南海西部石油合众近海建设公司。

(二)在中国海洋石油对外合作公司名单项下增列:中海石油(中国)东海西湖石油天然气作业公司、台南——潮汕石油作业有限公司、优尼科东海有限公司、cact作业者集团、中海石油(中国)有限公司崖城作业公司。

【注释】 对《财政部 国家税务总局关于海洋工程结构物增值税实行退税的通知》(财税[2003]46号)进行了解释。

国家税务总局关于增值税起征点调整后有关问题的批复

国税函[2003]1396号

江苏省国家税务局:

你局《关于增值税起征点调整政策执行中有关问题的请示》(苏国税发[2003]117号)收悉。经研究,现批复如下:

一、增值税起征点调整政策应自2003年1月1日起执行。对销售额未达到新起征点的个体双定户,其应免予征收而实际已征收的税款,税务机关应在核实无误后按照规定的税款退还程序予以退还。

二、《中华人民共和国增值税暂行条例》第十八条规定销售额未达到起征点的纳税人免征增值税,第二十一条规定纳税人销售免税货物不得开具专用发票。对销售额未达到起征点的个体工商业户,税务机关不得为其代开专用发票。

【注释】 对《增值税暂行条例》第18、21条进行了解释。

国家税务总局关于饲用鱼油产品免征增值税的批复

国税函[2003]1395号

福建省国家税务局:

你局《关于"饲用鱼油"产品免征增值税问题的请示》(闽国税发[2003]214号)收悉。经研究,现批复如下:

饲用鱼油是鱼粉生产过程中的副产品,主要用于水产养殖和肉鸡饲养,属于单一大宗饲料。经研究,自2003年1月1日起,对饲用鱼油产品按照现行"单一大宗饲料"的增值税政策规定,免予征收增值税。

【注释】 对《增值税暂行条例》第16条进行了解释。

国家税务总局关于债转股企业实物投资免征增值税政策有关问题的批复

国税函[2003]1394号

江西省国家税务局：

你局《关于债转股企业实物资产投入新公司免征增值税有关问题的请示》(赣国税发[2003]90号)收悉。经研究,现批复如下:

《中华人民共和国增值税暂行条例》第21条规定,纳税人销售免税货物不得开具增值税专用发票。鉴于债转股企业投入到新公司的实物资产享受免征增值税政策,因此债转股企业将实物资产投入到新公司时不得开具增值税专用发票。

【注释】 对《增值税暂行条例》第16条进行了解释。

国家税务总局关于使用增值税专用发票认证信息审核出口退税的紧急通知

国税函[2004]133号

各省、自治区、直辖市和计划单列市国家税务局：

为进一步加强出口退税管理,提高出口退税工作效率,根据《国家税务总局关于使用增值税专用发票电子信息审核出口退税有关事项的通知》(国税函[2003]995号)和《国家税务总局关于出口货物专用税票电子信息审核有关问题的通知》(国税函[2003]1392号)文件规定,经研究,国家税务总局决定对外贸企业2004年1月1日以后报关出口的货物(以出口货物报关单〈出口退税专用联〉上注明的出口日期为准,下同)使用增值税专用发票认证信息审核办理出口退税。现将有关事项通知如下:

一、对外贸企业2004年1月1日以后报关出口的货物,外贸企业向其主管退税机关申报办理退税时,须按2004年新版出口退税电子申报系统录入以增值税专用发票(或普通发票)内容为主的进货凭证数据,不再录入增值税"税收(出口货物专用)缴款书"或"出口货物完税分割单"(以下简称增值税专用税票)的内容,但对国税函[2003]1392号文件第二条规定的出口货物仍需录入增值税专用税票号码。

二、对外贸企业2004年1月1日以后报关出口的货物,退税机关在审核退税时,凡外贸企业提供2003年8月1日(以开票日期为准)以后增值税防伪税控系统开具的增值税专用发票,必须通过2004年新版出口退税审核系统审核。审核无误的方可按现行出口退税规定退税;凡外贸企业提供2003年8月1日(以开票日期为准)以前开具的增值税专用发票或普通发票,仍按国税函[2003]1392号文件第二条的规定审核办理退税。

三、对机电产品中标企业2004年1月1日(以开票日期为准)以后申报退税时,提供的是增值税防伪税控系统开具的增值税专用发票,退税机关必须通过2004年新版出口退税审核系统与该增值税专用发票认证信息进行电子对审,对审无误的方可按现行出口退税规定退税;提供的是非增值税防伪税控系统开具的增值税专用发票,退税机关仍应对该企业申报的增值税专用税票与总局下发的电子信息进行审核,审核无误,方可按现行规定办理退税。

四、退税机关使用增值税专用发票认证信息审核办理外贸企业(包括机电产品中标企业,下同)退税后三个月内,将该笔退税的增值税专用发票认证信息与按国税函[2003]995号文件有关规定取得的总局下传增值税专用发票稽核、协查信息进行比对,比对不符的按下列规定处理:

(一)凡属于国税函[2003]995号文件第四条第一款规定协查有误发票信息或增值税专用发票认证信息与稽核、协查信息中相符发票、协查无误发票信息比对不符的,一律追回该笔出口货物已退税款。

（二）凡属于国税函[2003]995 号文件第四条第二款规定，应立即暂停办理该外贸企业退税业务，并按该条款的规定进行处理。

五、对下列外贸企业，退税机关在审核出口退税时按以下规定处理：

（一）对于 2004 年 1 月 1 日以后取得进出口经营权的外贸企业，退税机关自审核该企业申报第一笔出口退税业务的一年内，在按本通知第二、三条规定使用增值税专用发票认证信息电子对审通过后，暂不办理退税，必须按本通知第四条规定将增值税专用发票稽核、协查信息与认证信息比对通过后，方可办理退税。

（二）对于按本通知二、三条规定使用增值税专用发票认证信息电子对审通过后，仍对外贸企业出口货物有疑问的，可暂不办理退税，待按本通知第四条规定将增值税专用发票稽核、协查信息与认证信息比对通过后，办理退税。

六、增值税专用发票认证信息传递办法：

（一）总局提供了《增值税专用发票认证信息导出与传递技术方案》（附件），各地应根据该方案，结合本地区出口退税审核、审批的管理模式，确定增值税专用发票认证信息传递办法，并于 2004 年 2 月 5 日前将本地区确定的增值税专用发票认证信息传递办法上报总局（信息中心）。（此条款已失效或废止）

（二）各地制定的增值税专用发票认证信息传递办法必须符合以下原则：

1. 增值税专用发票认证信息传递工作由各级国税局信息中心牵头负责，退税、流转税、征管部门予以配合，必须建立税务系统内部增值税专用发票认证发票信息传递的规则，建立岗位责任制和过错追究制度。

2. 自 2004 年 1 月起，各级国税局信息中心必须及时将增值税专用发票认证信息传递给外贸企业的主管退税机关，具体办法由各地自定但必须确保能够及时办理退税。

七、外贸企业申报应退消费税出口货物，退税机关仍按现行出口退税规定办理退税。

八、2004 年开始使用增值税专用发票认证信息审核出口退税是出口退税管理的一项重要改革，各地应高度重视，认真抓好落实工作。同时，总局也将组成督查组对各地开展此项工作情况进行督查。

【注释】 对《增值税暂行条例》第 26 条进行了解释。

财政部　国家税务总局关于教育税收政策的通知

财税[2004]39 号

各省、自治区、直辖市、计划单列市财政厅（局）、国家税务局、地方税务局，新疆生产建设兵团财务局：

为了进一步促进教育事业发展，经国务院批准，现将有关教育的税收政策通知如下：

一、关于营业税、增值税、所得税

……

7. 对特殊教育学校举办的企业可以比照福利企业标准，享受国家对福利企业实行的增值税和企业所得税优惠政策。

……

六、本通知自 2004 年 1 月 1 日起执行，此前规定与本通知不符的，以本通知为准。

【注释】 对《增值税暂行条例》第 16 条进行了解释。

国家税务总局关于血液制品增值税政策的批复

国税函[2004]335 号

海南省国家税务局：

你省《关于血液制品增值税政策的请示》（琼国税发[2003]261 号）收悉，经研究，现批复如下：

增值税一般纳税人购进人体血液不属于购进免税农产品，也不得比照购进免税农业产品按照买价和

13%的扣除率计算抵扣进项税额。

【注释】　对《增值税暂行条例》第8条进行了解释。

关于进口货物进口环节海关代征税税收政策问题的规定

财关税[2004]7号

一、经海关批准暂时进境的下列货物，在进境时纳税义务人向海关缴纳相当于应纳税款的保证金或者提供其他担保的，可以暂不缴纳进口环节增值税和消费税，并应当自进境之日起6个月内复运出境；经纳税义务人申请，海关可以根据海关总署的规定延长复运出境的期限：

（一）在展览会、交易会、会议及类似活动中展示或者使用的货物；

（二）文化、体育交流活动中使用的表演、比赛用品：

（三）进行新闻报道或者摄制电影、电视节目使用的仪器、设备及用品：

（四）开展科研、教学、医疗活动使用的仪器、设备及用品：

（五）在本款第（一）项至第（四）项所列活动中使用的交通工具及特种车辆；

（六）货样；

（七）供安装、调试、检测设备时使用的仪器、工具：

（八）盛装货物的容器；

（九）其他用于非商业目的的货物。

上述所列暂准进境货物在规定的期限内未复运出境的，海关应当依法征收进口环节增值税和消费税。

上述所列可以暂时免征进口环节增值税和消费税范围以外的其他暂准进境货物，应当按照该货物的组成计税价格和其在境内滞留时间与折旧时间的比例分别计算征收进口环节增值税和消费税。

二、因残损、短少、品质不良或者规格不符原因，由进口货物的发货人、承运人或者保险公司免费补偿或者更换的相同货物，进口时不征收进口环节增值税和消费税。被免费更换的原进口货物不退运出境的，海关应当对原进口货物重新按照规定征收进口环节增值税和消费税。

三、进口环节增值税税额在人民币50元以下的一票货物，免征进口环节增值税；消费税税额在人民币50元以下的一票货物，免征进口环节消费税。

四、无商业价值的广告品和货样免征进口环节增值税和消费税。

五、外国政府、国际组织无偿赠送的物资免征进口环节增值税和消费税。

六、在海关放行前损失的进口货物免征进口环节增值税和消费税；在海关放行前遭受损坏的货物，可以按海关认定的进口货物受损后的实际价值确定进口环节增值税和消费税组成计税价格公式中的关税完税价格和关税，并依法计征进口环节增值税和消费税。

七、进境运输工具装载的途中必需的燃料、物料和饮食用品免征进口环节增值税和消费税。

八、有关法律、行政法规规定进口货物减征或者免征进口环节海关代征税的，海关按照规定执行。

九、本规定自2004年1月1日起施行。

【注释】　对《增值税暂行条例》第16条进行了解释。

国家税务总局关于对福建雪津啤酒有限公司收取经营保证金征收增值税问题的批复

国税函[2004]416号

福建省国家税务局：

你局《关于福建雪津啤酒有限公司经营保证金税收问题的请示》（闽国税发[2004]39号）收悉。经研究，对经营保证金征收增值税问题，批复如下：

根据《中华人民共和国增值税暂行条例》及实施细则有关价外费用的规定，福建雪津啤酒有限公司收取未退还的经营保证金，属于经销商因违约而承担的违约金，应当征收增值税；对其已退还的经营保证金，不属于价外费用，不征收增值税。

【注释】 对《增值税暂行条例》第6条进行了解释。

国家税务总局关于使用公路、内河货物运输业统一发票有关问题的通知

国税函[2004]557号

各省、自治区、直辖市和计划单列市地方税务局：

为了加强公路、内河货物运输行业的税收管理，规范货运发票的使用，堵塞税收漏洞，根据《中华人民共和国税收征收管理法》、《中华人民共和国发票管理办法》和《国家税务总局关于进一步加强货物运输业税收征收管理的通知》（国税发[2003]121号）的有关规定，决定从2004年7月1日起，统一使用公路、内河货物运输业统一发票（以下简称《货运发票》）。现将有关问题明确如下：

一、凡在中华人民共和国境内提供公路、内河货物运输劳务的单位和个人，在结算运输劳务费用，收取运费时，必须开具《货运发票》。

《货运发票》按使用对象不同分为“公路、内河货物运输业统一发票（以下简称自开发票）”和“公路、内河货物运输业统一发票（代开）（以下简称代开发票）”两种。自开发票由自开票纳税人领购和开具；代开发票由代开单位领购和开具；代开发票由税务机关代开时，税务机关为代开单位；代开票纳税人应当到税务机关指定的代开单位办理代开发票事宜。

二、《货运发票》由各省、自治区、直辖市和计划单列市地方税务局统一印制。《货运发票》采用压感纸，并按总局新颁布的全国统一发票分类代码和发票号码规则印制；发票分类代码中4位地区代码统一使用省、自治区、直辖市和计划单列市代码。

三、《货运发票》为一式四联的计算机发票（票样见附件1），第一联为抵扣联（绿色），第二联为发票联（棕色），第三联为记帐联（红色），第四联为存根联（黑色）。发票规格为241mm×152mm，其中密码区规格为：92mm ×22mm，具体方位详见票样。

四、开具《货运发票》的要求：

（一）《货运发票》必须采用税控收款机系列产品开具，手写无效。交通运输业推广使用税控收款机的有关问题按总局的统一规定执行。

（二）填开《货运发票》时，需要录入的信息除发票代码和发票号码（一次录入）外，其他的内容包括：开票日期、收货人及纳税人识别号、发货人及纳税人识别号、承运人及纳税人识别号、主管税务机关及代码、运输项目及金额、其他项目及金额、代开单位及代码（或代开税务机关及代码）、扣缴税额、税率、完税凭证（或缴款书）号码、开票人。在录入上述信息后，税控收款机按规定程序自动生成并打印的信息包括：机打代码、机打号码、机器编号、税控码、运费小计、其他费用小计、合计（大写、小写）。录入和打印时应保证机打代码、机打号码与印刷的发票代码、发票号码相一致。

（三）为了保证在稽核比对时正确区分收货人、发货人中实际受票方（或抵扣方），在填开《货运发票》时应首先确认实际受票方，并在纳税人识别号前打印“+”号标记。“+”号与纳税人识别号之间不留空格。在填开收货人及纳税人识别号、发货人及纳税人识别号、承运人及纳税人识别号、主管税务机关及代码、代开单位及代码（或代开税务机关及代码）栏目时应分二行分别填开。

（四）有关项目的逻辑关系：运费小计=运费项目各项费用相加之和；其他费用小计=其他项目各项费用相加之和；合计=运费小计+其他费用小计；扣缴税额=合计×税率。税率按法律、法规规定的税率填开。

（五）《货运发票》应如实一次性填开，运费和其他费用要分别注明。“运输项目及金额”栏填开内容包

括：货物名称、数量（重量）、单位运价、计费里程及金额等；“其他项目及金额”栏内容包括：装卸费（搬运费）、仓储费、保险费及其他项目和费用。备注栏可填写起运地、到达地和车（船）号等内容。

（六）开具《货运发票》时应加盖财务印章或发票专用章。税务机关代开发票时，应加盖税务机关代开发票专用章（式样见附件2）。盖章位置应在“备注”栏中间，避免压盖代码和合计（小写）等栏目。

（七）税控收款机根据自开票纳税人和代开单位录入的有关开票信息和设定的参数，在打印发票的同时，自动打印出XX位的税控码；税控码通过《税控收款机管理系统》可以还原成设定参数的打印信息。打印信息不完整及打印信息与还原信息不符的，为无效发票，国税机关在审核进项税额时不予抵扣。《货运发票》数据采集和录入的具体规定，由总局另行规定。

设定参数包括：发票代码、发票号码、开票日期、承运人纳税人识别号、主管税务机关代码、收货人纳税人识别号或发货人纳税人识别号（即有“+”号标记的一方代码）、代开单位代码（或代开税务机关代码）、运费小计、扣缴税额、完税凭证号码。其中，自开发票7个参数，代开发票10个参数。

五、自开票纳税人和代开单位应建立严格的发票领、用、存制度。各地方税务局应严格《货运发票》的管理，限量供应，验旧购新，定期检查。

六、自开票纳税人和代开单位不按规定使用税控收款机和开具《货运发票》的，税务机关应严格按照《中华人民共和国税收征收管理法》及实施细则和《中华人民共和国发票管理办法》的有关规定进行处罚。

七、本通知下发后，凡旧版《货运发票》已经用完的地区，可直接使用统一的新版《货运发票》。在尚未统一使用税控收款机前，填开时可暂不填写机打代码、机打号码、机器编号和税控码内容。

【注释】　对《增值税暂行条例》第26条进行了解释。

国家税务总局关于电力公司过网费收入征收增值税问题的批复

国税函［2004］607号

四川省国家税务局、地方税务局：

你局《关于电力公司过网费收入征收增值税问题的请示》（川国税发［2004］52号）收悉。经研究，现批复如下：

鉴于电力公司利用自身电网为发电企业输送电力过程中，需要利用输变电设备进行调压，属于提供加工劳务。根据《中华人民共和国增值税暂行条例》有关规定，电力公司向发电企业收取的过网费，应当征收增值税，不征收营业税。

【注释】　对《增值税暂行条例》第1条进行了解释。对《增值税暂行条例实施细则》第2条进行了解释。

财政部　国家税务总局关于出口企业从增值税一般纳税人购进的出口货物不再实行增值税税收专用缴款书管理的通知

财税［2004］101号

各省、自治区、直辖市、计划单列市财政厅（局）、国家税务局、新疆生产建设兵团财务局：

为了提高出口退税工作效率，在加强管理的同时简化手续，加快退税进度，进一步支持我国外贸出口，在目前金税工程日趋完善和增值税管理不断加强的基础上，财政部、国家税务总局决定，对出口企业从增值税一般纳税人购进的出口货物不再实行增值税“税收（出口货物专用）缴款书”或“出口货物完税分割单”（以下简称增值税专用税票）管理的规定。具体通知如下：

一、2004年6月1日以后报关出口(以出口报关单上注明的出口日期为准,下同)的货物,凡增值税专用发票是在2004年6月1日以后开具的,出口企业在申请办理出口退税时,除本通知第五条规定外,免予提供增值税专用税票。

二、利用外国政府贷款和国际金融组织贷款采用国际招标国内中标的机电产品,以及外商投资企业采购的国产设备,凡增值税专用发票或普通发票是在2004年6月1日以后开具的,中标企业、外商投资企业在申请退税时,除本通知第五条规定外,免予提供增值税专用税票。

三、外贸企业2004年6月1日以后出口的货物、中标企业(不包括生产企业)销售的中标机电产品以及外商投资企业采购的国产设备,从2004年6月1日起(以发票开具日期为准),凡属于从非生产企业购进的,若退税单证齐全,可按规定申请退税。主管出口退税的税务机关可按规定批准退税。生产企业出口非自产货物的退税范围,仍按《国家税务总局关于出口产品视同自产产品退税有关问题的通知》(国税函[2002]1170号)执行。

四、生产企业2004年5月31日以前因开具增值税专用税票而多缴的税款,可抵减2004年7月份的增值税应纳税款,未抵减完的,由征税机关经稽核比对,在核实清楚进项发票没有问题,排除企业有偷税行为后,从原入库的金库中办理退库。

五、出口企业从小规模纳税人购进的出口货物,其出口退税仍实行增值税专用税票管理。出口企业出口的消费税应纳税货物,其消费税专用税票管理办法仍按国家税务总局《关于使用出口货物消费税专用缴款书管理办法的通知》(国税明电[1993]071号)的有关规定执行。

六、对出口企业2004年5月31日以前出口货物,凡规定需要开具增值税专用税票的,各级国税机关应按规定及时给予开具,不得以任何理由拒绝供货企业开具增值税专用税票的要求。

七、各级国税机关要加强增值税的征收管理,要加强对未纳入增值税防伪税控、稽核系统监控范围的增值税进项抵扣凭证管理。要制定切实可行的办法,采取有效的措施,做到应收尽收,防止欠税;同时,要密切监控农产品收购、加工企业,废旧物资回收公司,以及利用废旧物资普通发票、海关税票和运输发票作为增值税主要抵扣凭证的企业的销售情况。对销售异常增长的货物,以及新办的上述三类企业销售的货物,各级国税机关要加大检查力度,严防犯罪分子利用假抵扣凭证虚开发票,通过流通企业倒入外贸企业等手段,进行骗税活动。

【注释】 对《增值税暂行条例》第26条进行了解释。

国家税务总局关于严格执行税法规定不得实行边境贸易“双倍抵扣”政策的通知

国税函[2004]830号

黑龙江、吉林、辽宁、内蒙古、甘肃、新疆、广西、云南省(自治区)国家税务局:

为鼓励边境贸易的发展,国家对以边贸方式进口的货物给予了减半征收进口环节增值税的优惠政策,但部分地区对取得的以边贸方式进口货物的海关完税凭证不是按照注明缴纳的增值税给予抵扣,而是采取了“双倍抵扣”的办法。“双倍抵扣”违反现行增值税政策规定,损害税制的统一与严肃性,给税收征管带来隐患,极易诱发偷骗税犯罪,必须坚决制止并严格纠正。对此,重申如下:

一、依照《中华人民共和国税收征收管理法》第3条、第33条的规定,各级税务机关应当严格执行现行税收法律、法规,不得擅自制定税收政策。其他部门、单位或个人擅自作出的与现行税收法律、行政法规相抵触的决定,税务机关不得执行,并应向上级税务机关报告。对违反规定擅自执行的单位和人员,应依照有关规定追究相关责任人的责任。

二、各地应对进口环节增值税抵扣情况进行全面检查,立即停止执行“双倍抵扣”政策。进口货物减免的进口环节增值税税款,一律不得作为下一环节进项税额计算抵扣。

三、总局将对边境贸易地区增值税抵扣情况进行不定期检查,发现有继续执行“双倍抵扣”等不规范政策的,将严肃处理。

【注释】 对《增值税暂行条例》第26条进行了解释。

国家税务总局关于取消为纳税人提供增值税专用发票开票服务的中介机构资格审批后有关问题的通知

国税函[2004]822号

各省、自治区、直辖市和计划单列市国家税务局:

根据《国务院关于第三批取消和调整行政审批的决定》(国发[2004]16号)文件精神,对《国家税务总局关于印发〈增值税防伪税控主机共享服务系统管理暂行办法〉的通知》(国税发[2003]67号)中规定的"为纳税人提供增值税专用发票开票服务的中介机构资格审批,由地市级注册税务师管理机构报同级税务机关增值税管理部门审批"予以取消。取消审批后,税务机关要进一步做好无偿为纳税人提供开票服务工作,同时对中介机构提供的开票服务要进行监督管理,督促其严格遵照《增值税防伪税控主机共享服务系统管理暂行办法》的有关规定,对违规操作的要依照有关规定处理;对涉嫌虚开发票等违法犯罪活动的要依法处理。

【注释】 对《国家税务总局关于印发〈增值税防伪税控主机共享服务系统管理暂行办法〉的通知》(国税发[2003]67号)进行了修正。

国家税务总局关于取消包装物押金逾期期限审批后有关问题的通知

国税函[2004]827号

各省、自治区、直辖市和计划单列市国家税务局:

根据《国务院关于第三批取消和调整行政审批项目的决定》(国发[2004]16号),《国家税务总局关于印发〈增值税问题解答(之一)〉的通知》(国税函发[1995]288号)第十一条"个别包装物周转使用期限较长的,报经税务征收机关确定后,可适当放宽逾期期限"的规定取消后,为了加强管理工作,现就有关问题明确如下:

纳税人为销售货物出租出借包装物而收取的押金,无论包装物周转使用期限长短,超过一年(含一年)以上仍不退还的均并入销售额征税。

本通知自2004年7月1日起执行。

【注释】 对《国家税务总局关于印发〈增值税问题解答(之一)〉的通知》(国税函发[1995]288号)进行了修正。

国家税务总局 信息产业部关于调整集成电路设计企业及产品认定机构和集成电路设计企业及产品认定管理方式的通知

国税发[2004]92号

各省、自治区、直辖市和计划单列市国家税务局、地方税务局,信息产业主管部门:

《国务院关于第三批取消和调整行政审批项目的决定》(国发[2004]16号)取消了国家税务总局对集

成电路设计企业及产品认定机构(以下简称“认定机构”)审批和集成电路设计企业及产品认定审批等两项审批。为加强后续管理,保证征管质量与效率,现将有关问题通知如下:

一、改变认定机构管理方式,对集成电路设计企业及产品认定机构的审核批准,统一由信息产业部进行,并由信息产业部按照规定开展对认定机构的监管、受理申诉等工作。信息产业部将批准执业的认定机构名单同时抄送国家税务总局,国家税务总局将名单转发各级税务机关。

二、改变集成电路设计企业及产品认定管理方式,纳税人向认定机构提出认定申请,认定机构将认定意见报信息产业部,由信息产业部审核后发文批准并抄送国家税务总局。纳税人凭信息产业部的集成电路设计企业及产品认定文件以及税务机关要求出具的其他有关材料等,向主管税务机关申请办理减免税手续,经审核确认无误后给予办理。

三、认定机构应按月将集成电路设计企业及产品认定意见通报给纳税人主管税务机关。本通知自2004年7月1日起执行。

【注释】 对《增值税暂行条例》第26条进行了解释。

国家税务总局关于取消饲料产品免征增值税审批程序后加强后续管理的通知

国税函[2004]884号

各省、自治区、直辖市和计划单列市国家税务局,局内各单位:

根据《国务院关于第三批取消和调整行政审批项目的决定》(国发[2004]16号),《财政部 国家税务总局关于饲料产品免征增值税的通知》(财税[2001]121号)第二条有关饲料生产企业向所在地主管税务机关提出申请,经省级国家税务局审核批准后办理免税的规定予以取消。为了加强对免税饲料产品的后续管理,现将有关问题明确如下:

一、符合免税条件的饲料生产企业,取得有计量认证资质的饲料质量检测机构(名单由省级国家税务局确认)出具的饲料产品合格证明后即可按规定享受免征增值税优惠政策,并将饲料产品合格证明报其所在地主管税务机关备案。

二、饲料生产企业应于每月纳税申报期内将免税收入如实向其所在地主管税务机关申报。

三、主管税务机关应加强对饲料免税企业的监督检查,凡不符合免税条件的要及时纠正,依法征税。对采取弄虚作假手段骗取免税资格的,应依照《中华人民共和国税收征收管理法》及有关税收法律、法规的规定予以处罚。

【注释】 对《财政部 国家税务总局关于饲料产品免征增值税的通知》(财税[2001]121号)进行了补充规定。

国家税务总局关于货物运输业若干税收问题的通知

国税发[2004]88号

各省、自治区、直辖市和计划单列市国家税务局、地方税务局:

为了加强对公路、内河货物运输业的税收管理,总局下发了《国家税务总局关于加强货物运输业税收征收管理的通知》(国税发[2003]121号)和四个明传电报,各地在执行中又陆续反映了一些问题。经研究,现将有关税收问题明确如下:

一、在中华人民共和国境内提供公路、内河货物运输劳务(包括内海及近海货物运输)的单位和个人适用《货物运输业营业税征收管理办法》(以下简称《试行办法》)。

二、关于纳税人认定问题:

(一)适用《试行办法》从事货物运输的承包人、承租人、挂靠人和个体运输户不得认定为自开票纳税人。

(二)铁路运输(包括中央、地方、工矿及其他单位所属铁路)、管道运输、国际海洋运输业务,装卸搬运以及公路、内河客运业务的纳税人不需要进行自开票纳税人资格认定,不需要报送货物运输业发票清单。

(三)《货物运输业营业税纳税人认定和年审试行办法》中有关代开票纳税人认定和年审的规定停止执行。

三、关于办理税务登记前发生的货物运输劳务征税问题:

(一)单位和个人在领取营业执照之日起三十日内向主管地方税务局申请办理税务登记的,对其自领取营业执照之日至取得税务登记证期间提供的货物运输劳务,办理税务登记手续后,主管地方税务局可为其代开货物运输业发票。

(二)单位和个人领取营业执照超过三十日未向主管地方税务局申请办理税务登记的,主管地方税务局应按《征管法》及其《实施细则》的规定进行处理,在补办税务登记手续后,对其自领取营业执照之日至取得税务登记证期间提供的货物运输劳务,可为其代开货物运输发票。

(三)地方税务局对提供货物运输劳务的单位和个人进行税收管理过程中,凡发现代开票纳税人(包括承包人、承租人、挂靠人以及其他单位和个人)未办理税务登记的,符合税务登记条件的,必须依法办理税务登记。

四、关于货运发票开具问题:

(一)按代开票纳税人管理的所有单位和个人(包括外商投资企业、特区企业和其他单位、个人),凡按规定应当征收营业税,在代开货物运输业发票时一律按开票金额3%征收营业税,按营业税税款7%预征城建税,按营业税税款3%征收教育附加费。同时按开票金额3.3%预征所得税,预征的所得税年终时进行清算。但代开票纳税人实行核定征收企业所得税办法的,年终不再进行所得税清算。

在代开票时已征收的属于法律法规规定的减征或者免征的营业税及城市维护建设税、教育费附加、所得税以及高于法律法规规定的城市维护建设税税率的税款,在下一征期退税。具体退税办法按《国家税务总局 中国人民银行 财政部关于现金退税问题的紧急通知》(国税发[2004]47号)执行。

(二)提供了货物运输劳务但按规定不需办理工商登记和税务登记的单位和个人,凭单位证明或个人身份证在单位机构所在地或个人车籍地由代开票单位代开货物运输业发票。

(三)《试行办法》第七条有关代开票纳税人在申请代开票时须提供《代开票纳税人资格证书》和承运货物时同货主签订的承运货物合同或其他有效证明,停止执行。

五、关于税款核定征收问题:

(一)按照《试行办法》的规定,对代开票纳税人实行定期定额征收方法。凡核定的营业额低于当地确定的营业税起征点的,不征收营业税;凡核定的营业额高于当地确定的营业税起征点的,代开发票时按规定征收税款。

(二)单位和个人利用自备车辆偶尔对外提供货物运输劳务的,可不进行定期定额管理,代开票时对其按次征税。

(三)代开票纳税人实行定期定额征收方法时,为避免在代开票时按票征收发生重复征税,对代开票纳税人可采取以下征收方法:

1. 在代开票时按开具的货物运输业发票上注明的营业税应税收入按规定征收(代征)营业税、所得税及附加。

2. 代开票纳税人采取按月还是按季结算,由省级地方税务局确定。

3. 代开票纳税人在缴纳定额税款时,如其在代开票时取得的税收完税凭证上注明的税款大于定额税款的,不再缴纳定额税款;如完税凭证上注明的税款小于定额的,则补缴完税凭证上注明的税款与定额税款差额部分。

六、关于企业所得税征收问题。

对2002年以后新办的货物运输业代开票纳税人的所得税,由代开票单位在代开货物运输业发票时统一代征税款,并由地方税务局统一入库。

七、关于代开票纳税人从事联营业务得计税依据问题。

代开票纳税人从事联运业务的,其计征营业税的营业额为代开的货物运输业发票注明营业税应税收入,不得减除支付给其他联运合作方的各种费用。

八、关于物流劳务的征税问题:

(一)利用自备车辆提供运输劳务的同时提供其他劳务(如对运输货物进行挑选、整理、包装、仓储、装卸搬运等劳务)的单位(以下简称物流劳务单位),凡符合规定的自开票纳税人条件的,可以认定为自开票纳税人。

(二)自开票的物流劳务单位开展物流业务应按其收入性质分别核算,提供运输劳务取得的运输收入按“交通运输业”税目征收营业税并开具货物运输业发票;提供其他劳务取得的收入按“服务业”税目征收营业税并开具服务业发票。

凡未按规定分别核算其应税收入的,一律按“服务业”税目征收营业税。

(三)代开票单位在为代开票物流劳务单位代开发票时也应按照以上原则征税(代征)并代开发票。

九、关于税务机关纳税申报审核问题:

(一)地方税务局在受理自开票纳税人纳税申报和中介机构代开票清单及代征税款时,要对其申报的纸质清单汇总数与电子信息汇总数以及缴纳税款数进行核对。

(二)国家税务局在受理增值税一般纳税人货物运输业发票申报抵扣时,要严格核对其申报的纸质清单汇总数与电子信息汇总数是否一致,录入的清单信息是否准确、规范。

十、关于货运发票的抵扣问题:

(一)增值税一般纳税人外购货物(固定资产除外)和销售应税货物所取得的由自开票纳税人或代开票单位为代开票纳税人开具的货物运输业发票准予抵扣进项税额。

(二)增值税一般纳税人取得税务机关认定为自开票纳税人的联运单位和物流单位开具的货物运输业发票准予计算抵扣进项税额。准予抵扣的货物运费金额是指自开票纳税人和代开票单位为代开票纳税人开具的货运发票上注明的运费、建设基金和现行规定允许抵扣的其他货物运输费用;装卸费、保险费和其他杂费不予抵扣。货运发票应当分别注明运费和杂费,对未分别注明,而合并注明为运杂费的不予抵扣。

(三)增值税一般纳税人取得的货物运输业发票,可以在自发票开具日90天后的第一个纳税申报期结束以前申报抵扣。

(四)增值税一般纳税人在2004年3月1日以后取得的货物运输业发票,必须按照《增值税运费发票抵扣清单》的要求填写全部内容,对填写内容不全的不得予以抵扣进项税额。

(五)增值税一般纳税人取得的联运发票应当逐票填写在《增值税运费发票抵扣清单》的“联运”栏次内。

(六)增值税一般纳税人取得的内海及近海货物运输发票,可暂填写在《增值税运输发票抵扣清单》内河运输栏内。

十一、关于协调配合问题:

(一)地方税务局要按照有关规定的要求,将自开票纳税人和地方税务局、代开票中介机构开具的货物运输业发票的有关信息及时传送给国家税务局,国家税务局和地方税务局要建立密切、畅通的信息交换制度,切实落实好“三个办法和一个方案”。

(二)地方税务局要加强与交通管理部门的协作,将纳税人认定情况与交通管理部门发放的道路运输经营许可证、水路运输经营许可证情况进行逐户核对,凡对外提供货物运输劳务的单位和个人都要纳入税收管理。

十二、关于代开票中介机构管理问题。

地方税务局要加强对代开票中介机构的管理,不得随意放宽代开票中介机构的条件和范围。接受委托代开货物运输业发票的中介机构必须按照《试行办法》中的有关规定开具发票,代征和解缴税款并按期向主管地方税务局报送《中介机构代开货物运输业发票清单》。

十三、本通知自2004年7月1日起执行。

【注释】 对《国家税务总局关于加强货物运输业税收征收管理的通知》(国税发[2003]121号)进行了补充规定。

国家税务总局关于取消小规模企业销售货物或应税劳务由税务所代开增值税专用发票审批后有关问题的通知

国税函[2004]895 号

各省、自治区、直辖市和计划单列市国家税务局：

根据《国务院关于第三批取消和调整行政审批的决定》(国办发[2004]16 号)文件精神,对《国家税务总局关于由税务所为小规模企业代开增值税专用发票的通知》(国税发[1994]058 号)中"凡能够认真履行纳税义务的小规模企业,经县(市)税务局批准,其销售货物或应税劳务可由税务所代开"予以取消。取消审批后,各地税务机关要严格执行《国家税务总局关于加强税务机关代开增值税专用发票管理的通知》(国税发[2004]68 号)中的有关规定,按照文件要求认真做好数据采集、上传和比对审核工作。为进一步加强代开增值税专用发票管理,现就有关事项明确如下：

一、主管税务机关为小规模纳税人(包括小规模纳税人中的企业、企业性单位及其他小规模纳税人,下同)代开专用发票,应在专用发票"单价"栏和"金额"栏分别填写不含增值税税额的单价和销售额;"税率"栏填写增值税征收率 4%(商业)或 6%(其他);"税额"栏填写按销售额依照征收率计算的增值税税额。增值税一般纳税人取得由税务机关代开的专用发票后,应以专用发票上填写的税额为进项税额。

二、主管税务机关为小规模纳税人代开专用发票时,按代开的专用发票上注明的税额即时征收增值税。

三、主管税务机关为小规模纳税人代开专用发票后,发生退票的,可比照增值税一般纳税人开具专用发票后作废或开具红字发票的有关规定处理。由销售方到税务机关办理,对于重新开票的,应同时进行新开票税额与原开票税额的清算,多退少补;对无需重新开票的,退还其已征的税款。

【注释】　对《国家税务总局关于由税务所为小规模企业代开增值税专用发票的通知》(国税发[1994]058 号)进行了补充规定。

国家税务总局关于增值税一般纳税人用进项留抵税额抵减增值税欠税问题的通知

国税发[2004]112 号

各省、自治区、直辖市和计划单列市国家税务局：

为了加强增值税管理,及时追缴欠税,解决增值税一般纳税人(以下简称"纳税人")既欠缴增值税,又有增值税留抵税额的问题,现将纳税人用进项留抵税额抵减增值税欠税的有关问题通知如下：

一、对纳税人因销项税额小于进项税额而产生期末留抵税额的,应以期末留抵税额抵减增值税欠税。

二、纳税人发生用进项留抵税额抵减增值税欠税时,按以下方法进行会计处理：

(一)增值税欠税税额大于期末留抵税额,按期末留抵税额红字借记"应交税金——应交增值税(进项税额)"科目,贷记"应交税金——未交增值税"科目。

(二)若增值税欠税税额小于期末留抵税额,按增值税欠税税额红字借记"应交税金——应交增值税(进项税额)"科目,贷记"应交税金——未交增值税"科目。

三、为了满足纳税人用留抵税额抵减增值税欠税的需要,将《增值税一般纳税人纳税申报办法》(国税发[2003]53 号)《增值税纳税申报表》(主表)相关栏次的填报口径作如下调整：

(一)第 13 项"上期留抵税额"栏数据,为纳税人前一申报期的"期末留抵税额"减去抵减欠税额后的余额数,该数据应与"应交税金——应交增值税"明细科目借方月初余额一致。

(二)第 25 项"期初未缴税额(多缴为负数)"栏数据,为纳税人前一申报期的"期末未缴税额(多缴为负数)”减去抵减欠税额后的余额数。

【注释】 对《增值税暂行条例》第26条进行了解释。相关规定包括:《国家税务总局关于增值税进项留抵税额抵减增值税欠税有关处理事项的通知》(国税函[2004]1197号)。

财政部 国家税务总局关于停止执行国内设计国外流片加工集成电路产品进口环节增值税退税政策的通知

财关税[2004]40号

海关总署,信息产业部:

经国务院批准,自2004年10月1日起,停止执行《财政部国家税务总局关于部分国内设计国外流片加工的集成电路产品进口税收政策的通知》(财税[2002]140号),对财税[2002]140号文件所列的集成电路产品,其进口环节增值税一律按照17%的法定税率计征。

【注释】 对《增值税暂行条例》第2条进行了解释。

财政部 国家税务总局关于调整国内航空公司进口飞机有关增值税政策的通知

财关税[2004]43号

海关总署,民航总局:

经国务院批准,从2004年10月1日起,对国内航空公司进口空载重量在25吨以上的客货运飞机,减按4%征收进口环节增值税。

【注释】 对《增值税暂行条例》第2条进行了解释。

国家税务总局关于商业企业向货物供应方收取的部分费用征收流转税问题的通知

国税发[2004]136号

各省、自治区、直辖市和计划单列市国家税务局、地方税务局:

据部分地区反映,商业企业向供货方收取的部分收入如何征收流转税的问题,现行政策规定不够统一导致不同地区之间政策执行不平衡。经研究,现规定如下:

一、商业企业向供货方收取的部分收入,按照以下原则征收增值税或营业税:

(一)对商业企业向供货方收取的与商品销售量、销售额无必然联系,且商业企业向供货方提供一定劳务的收入,例如进场费、广告促销费、上架费、展示费、管理费等,不属于平销返利,不冲减当期增值税进项税金,应按营业税的适用税目税率征收营业税。

(二)对商业企业向供货方收取的与商品销售量、销售额挂钩(如以一定比例、金额、数量计算)的各种返还收入,均应按照平销返利行为的有关规定冲减当期增值税进项税金,不征收营业税。

二、商业企业向供货方收取的各种收入,一律不得开具增值税专用发票。

三、应冲减进项税金的计算公式调整为:

当期应冲减进项税金＝当期取得的返还资金/(1＋所购货物适用增值税税率)
×所购货物适用增值税税率

四、本通知自2004年7月1日起执行。本通知发布前已征收入库税款不再进行调整。其他增值税一般纳税人向供货方收取的各种收入的纳税处理,比照本通知的规定执行。

特此通知。

【注释】　对《增值税暂行条例》第6条进行了解释。

国家税务总局关于增值税进项留抵税额抵减增值税欠税有关处理事项的通知

国税函[2004]1197号

各省、自治区、直辖市和计划单列市国家税务局:

根据国家税务总局《关于增值税一般纳税人用进项留抵税额抵减增值税欠税问题的通知》(国税发[2004]112号)规定,现将增值税进项留抵税额抵减欠税的有关处理事项明确如下:

一、关于税务文书的填开

当纳税人既有增值税留抵税额,又欠缴增值税而需要抵减的,应由县(含)以上税务机关填开《增值税进项留抵税额抵减增值税欠税通知书》(以下简称《通知书》,式样见附件)一式两份,纳税人、主管税务机关各一份。

二、关于抵减金额的确定

抵减欠缴税款时,应按欠税发生时间逐笔抵扣,先发生的先抵。抵缴的欠税包含呆账税金及欠税滞纳金。确定实际抵减金额时,按填开《通知书》的日期作为截止期,计算欠缴税款的应缴未缴滞纳金金额,应缴未缴滞纳金余额加欠税余额为欠缴总额。若欠缴总额大于期末留抵税额,实际抵减金额应等于期末留抵税额,并按配比方法计算抵减的欠税和滞纳金;若欠缴总额小于期末留抵税额,实际抵减金额应等于欠缴总额。

三、关于税收会计账务处理

税收会计根据《通知书》载明的实际抵减金额作抵减业务的账务处理。即先根据实际抵减的2001年5月1日之前发生的欠税以及抵减的应缴未缴滞纳金,借记"待征"类科目,贷记"应征"类科目;再根据实际抵减的增值税欠税和滞纳金,借记"应征税收——增值税"科目,贷记"待征税收——××户——增值税"科目。

【注释】　对《关于增值税一般纳税人用进项留抵税额抵减增值税欠税问题的通知》(国税发[2004]112号)进行了补充规定。

国家税务总局关于增值税一般纳税人取得海关进口增值税专用缴款书抵扣进项税额问题的通知

国税发[2004]148号

各省、自治区、直辖市、计划单列市国家税务局:

近接部分地区反映,增值税一般纳税人(以下简称"纳税人")进口货物,取得的海关进口增值税专用缴款书(以下简称"海关完税凭证"),由于主客观原因,导致未能在规定的期限内申报抵扣,给纳税人带来一定的经济损失。为合理解决纳税人的实际困难,经研究,现将有关问题明确如下:

一、纳税人进口货物,凡已缴纳了进口环节增值税的,不论其是否已经支付货款,其取得的海关完税凭证均可作为增值税进项税额抵扣凭证,在《国家税务总局关于加强海关进口增值税专用缴款书和废旧物资发票管理有关问题的通知》(国税函[2004]128号)中规定的期限内申报抵扣进项税额。

二、对纳税人进口货物已取得的海关完税凭证,未能在规定申报期限内向主管税务机关申报抵扣的,可在2005年1月11日前向主管税务机关申报抵扣,逾期不得予以抵扣。

三、对纳税人丢失的海关完税凭证,纳税人应当凭海关出具的相关证明,向主管税务机关提出抵扣申请。主管税务机关受理申请后,应当进行审核,并将纳税人提供的海关完税凭证电子数据纳入稽核系统比对,稽核比对无误后,可予以抵扣进项税额。

四、凡取得的海关完税凭证,超过规定期限未申报抵扣的纳税人,可以使用《海关完税凭证抵扣清单信息采集软件》(逾期抵扣版),该软件发布在国家税务总局技术支持网站(http://130.9.1.248)上。没有超期未抵扣的纳税人,仍使用现《海关完税凭证抵扣清单信息采集软件》采集。

【注释】 对《增值税暂行条例》第26条进行了解释。

电力产品增值税征收管理办法

国家税务总局令[2004]10号

第一条 为了加强电力产品增值税的征收管理,根据《中华人民共和国税收征收管理法》、《中华人民共和国增值税暂行条例》、《中华人民共和国增值税暂行条例实施细则》及其有关规定,结合电力体制改革以及电力产品生产、销售特点,制定本办法。

第二条 生产、销售电力产品的单位和个人为电力产品增值税纳税人,并按本办法规定缴纳增值税。

第三条 电力产品增值税的计税销售额为纳税人销售电力产品向购买方收取的全部价款和价外费用,但不包括收取的销项税额。价外费用是指纳税人销售电力产品在目录电价或上网电价之外向购买方收取的各种性质的费用。

供电企业收取的电费保证金,凡逾期(超过合同约定时间)未退还的,一律并入价外费用缴纳增值税。

第四条 电力产品增值税的征收,区分不同情况,分别采取以下征税办法:

(一)发电企业(电厂、电站、机组,下同)生产销售的电力产品,按照以下规定计算缴纳增值税:

1. 独立核算的发电企业生产销售电力产品,按照现行增值税有关规定向其机构所在地主管税务机关申报纳税;具有一般纳税人资格或具备一般纳税人核算条件的非独立核算的发电企业生产销售电力产品,按照增值税一般纳税人的计算方法计算增值税,并向其机构所在地主管税务机关申报纳税。

2. 不具有一般纳税人资格且不具有一般纳税人核算条件的非独立核算的发电企业生产销售的电力产品,由发电企业按上网电量,依核定的定额税率计算发电环节的预缴增值税,且不得抵扣进项税额,向发电企业所在地主管税务机关申报纳税。计算公式为:

预征税额=上网电量×核定的定额税率

(二)供电企业销售电力产品,实行在供电环节预征、由独立核算的供电企业统一结算的办法缴纳增值税,具体办法如下:

1. 独立核算的供电企业所属的区县级供电企业,凡能够核算销售额的,依核定的预征率计算供电环节的增值税,不得抵扣进项税额,向其所在地主管税务机关申报纳税;不能核算销售额的,由上一级供电企业预缴供电环节的增值税。计算公式为:

预征税额=销售额×核定的预征率

2. 供电企业随同电力产品销售取得的各种价外费用一律在预征环节依照电力产品适用的增值税税率征收增值税,不得抵扣进项税额。

(三)实行预缴方式缴纳增值税的发、供电企业按照隶属关系由独立核算的发、供电企业结算缴纳增值税,具体办法为:

独立核算的发、供电企业月末依据其全部销售额和进项税额,计算当期增值税应纳税额,并根据发电环节或供电环节预缴的增值税税额,计算应补(退)税额,向其所在地主管税务机关申报纳税。计算公式为:

应纳税额 = 销项税额 - 进项税额

应补(退)税额 = 应纳税额 - 发(供)电环节预缴增值税额

独立核算的发、供电企业当期销项税额小于进项税额不足抵扣,或应纳税额小于发、供电环节预缴增值税税额形成多交增值税时,其不足抵扣部分和多交增值税额可结转下期抵扣或抵减下期应纳税额。

(四)发、供电企业的增值税预征率(含定额税率,下同),应根据发、供电企业上期财务核算和纳税情况、考虑当年变动因素测算核定,具体权限如下:

1. 跨省、自治区、直辖市的发、供电企业增值税预征率由预缴增值税的发、供电企业所在地和结算增值税的发、供电企业所在地省级国家税务局共同测算,报国家税务总局核定;

2. 省、自治区、直辖市范围内的发、供电企业增值税预征率由省级国家税务局核定。

发、供电企业预征率的执行期限由核定预征率的税务机关根据企业生产经营的变化情况确定。

(五)不同投资、核算体制的机组,由于隶属于各自不同的独立核算企业,应按上述规定分别缴纳增值税。

(六)对其他企事业单位销售的电力产品,按现行增值税有关规定缴纳增值税。

(七)实行预缴方式缴纳增值税的发、供电企业,销售电力产品取得的未并入上级独立核算发、供电企业统一核算的销售收入,应单独核算并按增值税的有关规定就地申报缴纳增值税。

第五条　实行预缴方式缴纳增值税的发、供电企业生产销售电力产品以外的其他货物和应税劳务,如果能准确核算销售额的,在发、供电企业所在地依适用税率计算缴纳增值税。不能准确核算销售额的,按其隶属关系由独立核算的发、供电企业统一计算缴纳增值税。

第六条　发、供电企业销售电力产品的纳税义务发生时间的具体规定如下:

(一)发电企业和其他企事业单位销售电力产品的纳税义务发生时间为电力上网并开具确认单据的当天。

(二)供电企业采取直接收取电费结算方式的,销售对象属于企事业单位,为开具发票的当天;属于居民个人,为开具电费缴纳凭证的当天。

(三)供电企业采取预收电费结算方式的,为发行电量的当天。

(四)发、供电企业将电力产品用于非应税项目、集体福利、个人消费,为发出电量的当天。

(五)发、供电企业之间互供电力,为双方核对计数量,开具抄表确认单据的当天。

(六)发、供电企业销售电力产品以外其他货物,其纳税义务发生时间按《中华人民共和国增值税暂行条例》及其实施细则的有关规定执行。

第七条　发、供电企业应按现行增值税的有关规定办理税务登记,进行增值税纳税申报。

实行预缴方式缴纳增值税的发、供电企业应按以下规定办理:

(一)实行预缴方式缴纳增值税的发、供电企业在办理税务开业、变更、注销登记时,应将税务登记证正本复印件按隶属关系逐级上报其独立核算的发、供电企业所在地主管税务机关留存。

独立核算的发、供电企业也应将税务登记证正本复印件报其所属的采用预缴方式缴纳增值税的发、供电企业所在地主管税务机关留存。

(二)采用预缴方式缴纳增值税的发、供电企业在申报纳税的同时,应将增值税进项税额和上网电量、电力产品销售额、其他产品销售额、价外费用、预征税额和查补税款分别归集汇总,填写《电力企业增值税销项税额和进项税额传递单》(样式附后,以下简称《传递单》)报送主管税务机关签章确认后,按隶属关系逐级汇总上报给独立核算发、供电企业;预征地主管税务机关也必须将确认后的《传递单》于收到当月传递给结算缴纳增值税的独立核算发、供电企业所在地主管税务机关。

(三)结算缴纳增值税的发、供电企业应按增值税纳税申报的统一规定,汇总计算本企业的全部销项税额、进项税额、应纳税额、应补(退)税额,于本月税款所属期后第二个月征期内向主管税务机关申报纳税。

(四)实行预缴方式缴纳增值税的发、供电企业所在地主管税务机关应定期对其所属企业纳税情况进行检查。发现申报不实,一律就地按适用税率全额补征税款,并将检查情况及结果发函通知结算缴纳增值税的独立核算发、供电企业所在地主管税务机关。独立核算发、供电企业所在地主管税务机关收到预征地税务机关的发函后,应督促发、供电企业调整申报表。对在预缴环节查补的增值税,独立核算的发、供电企业在结算缴纳增值税时可以予以抵减。

第八条 发、供电企业销售电力产品,应按《中华人民共和国发票管理办法》和增值税专用发票使用管理规定领购、使用和管理发票。

第九条 电力产品增值税的其他征税事项,按《中华人民共和国税收征收管理法》、《中华人民共和国税收征收管理法实施细则》、《中华人民共和国增值税暂行条例》和《中华人民共和国增值税暂行条例实施细则》及其他有关规定执行。

第十条 本办法由国家税务总局负责解释。

第十一条 本办法自2005年2月1日起施行。

【注释】 对《增值税暂行条例》第26条进行了解释。

税务机关代开增值税专用发票管理办法(试行)

国税发[2004]153号

第一条 为了进一步加强税务机关为增值税纳税人代开增值税专用发票(以下简称专用发票)管理,防范不法分子利用代开专用发票进行偷骗税活动,优化税收服务,特制定本办法。

第二条 本办法所称代开专用发票是指主管税务机关为所辖范围内的增值税纳税人代开专用发票,其他单位和个人不得代开。

第三条 主管税务机关应设立代开专用发票岗位和税款征收岗位,并分别确定专人负责代开专用发票和税款征收工作。

第四条 代开专用发票统一使用增值税防伪税控代开票系统开具。非防伪税控代开票系统开具的代开专用发票不得作为增值税进项税额抵扣凭证。

增值税防伪税控代开票系统由防伪税控企业发行岗位按规定发行。

第五条 本办法所称增值税纳税人是指已办理税务登记的小规模纳税人(包括个体经营者)以及国家税务总局确定的其他可予代开增值税专用发票的纳税人。

第六条 增值税纳税人发生增值税应税行为、需要开具专用发票时,可向其主管税务机关申请代开。

第七条 增值税纳税人申请代开专用发票时,应填写《代开增值税专用发票缴纳税款申报单》(式样见附件,以下简称《申报单》),连同税务登记证副本,到主管税务机关税款征收岗位按专用发票上注明的税额全额申报缴纳税款,同时缴纳专用发票工本费。

第八条 税款征收岗位接到《申报单》后,应对以下事项进行审核:

(一)是否属于本税务机关管辖的增值税纳税人;

(二)《申报单》上增值税征收率填写、税额计算是否正确。

审核无误后,税款征收岗位应通过防伪税控代开票征收子系统录入《申报单》的相关信息,按照《申报单》上注明的税额征收税款,开具税收完税凭证,同时收取专用发票工本费,按照规定开具有关票证,将有关征税电子信息及时传递给代开发票岗位。

在防伪税控代开票征税子系统未使用前暂传递纸质凭证。

税务机关可采取税银联网划款、银行卡(POS机)划款或现金收取三种方式征收税款。

第九条 增值税纳税人缴纳税款后,凭《申报单》和税收完税凭证及税务登记证副本,到代开专用发票岗位申请代开专用发票。

代开发票岗位确认税款征收岗位传来的征税电子信息与《申报单》和税收完税凭证上的金额、税额相符后,按照《申报单》、完税凭证和专用发票一一对应即“一单一证一票”原则,为增值税纳税人代开专用发票。

在防伪税控代开票征税子系统未使用前,代开票岗位凭《申报单》和税收完税凭证代开发票。

第十条 代开发票岗位应按下列要求填写专用发票的有关项目:

1. “单价”栏和“金额”栏分别填写不含增值税税额的单价和销售额;

2. “税率”栏填写增值税征收率;

3. 销货单位栏填写代开税务机关的统一代码和代开税务机关名称;

4. 销方开户银行及帐号栏内填写税收完税凭证号码;

5. 备注栏内注明增值税纳税人的名称和纳税人识别号。

其他项目按照专用发票填开的有关规定填写。

第十一条 增值税纳税人应在代开专用发票的备注栏上,加盖本单位的财务专用章或发票专用章。

第十二条 代开专用发票遇有填写错误、销货退回或销售折让等情形的,按照专用发票有关规定处理。

税务机关代开专用发票时填写有误的,应及时在防伪税控代开票系统中作废,重新开具。代开专用发票后发生退票的,税务机关应按照增值税一般纳税人作废或开具负数专用发票的有关规定进行处理。对需要重新开票的,税务机关应同时进行新开票税额与原开票税额的清算,多退少补;对无需重新开票的,按有关规定退还增值税纳税人已缴的税款或抵顶下期正常申报税款。

第十三条 为增值税纳税人代开的专用发票应统一使用六联专用发票,第五联代开发票岗位留存,以备发票的扫描补录,第六联交税款征收岗位,用于代开发票税额与征收税款的定期核对,其他联次交增值税纳税人。

第十四条 代开专用发票岗位领用专用发票,经发票管理部门负责人批准后,到专用发票发售窗口领取专用发票,并将相应发票的电子信息读入防伪税控代开票系统。

第十五条 代开专用发票岗位应在每月纳税申报期的第一个工作日,将上月所开具的代开专用发票数据抄取、传递到防伪税控报税系统。代开专用发票的金税卡等专用设备发生故障的,税务机关应使用留存的专用发票第五联进行扫描补录。

第十六条 代开发票岗位应妥善保管代开专用发票数据,及时备份。

第十七条 税务机关应按月对代开专用发票进行汇总统计,对代开专用发票数据通过增值税计算机稽核系统比对后属于滞留、缺联、失控、作废、红字缺联等情况,应及时分析,查明原因,按规定处理,确保代开专用发票存根联数据采集的完整性和准确性。

第十八条 代开专用发票各岗位人员应严格执行本办法及有关规定。对违反规定的,追究有关人员的责任。

第十九条 各省、自治区、直辖市和计划单列市国家税务局可根据实际在本办法基础上制定实施细则。

第二十条 本办法自二〇〇五年一月一日起实施,凡与本办法相抵触的规定同时停止执行。

【注释】 对《增值税暂行条例》第26条进行了解释。相关规定包括:《国家税务总局关于加强税务机关代开增值税专用发票管理问题的通知》(国税函[2004]1404号)、《财政部 国家税务总局关于税务机关代开增值税专用发票的出口货物不再实行增值税税收专用缴款书管理的通知》(财税[2005]43号)。

国家税务总局关于加强税务机关代开增值税专用发票管理问题的通知

国税函[2004]1404号

各省、自治区、直辖市和计划单列市国家税务局:

为落实《国家税务总局关于印发〈税务机关代开增值税专用发票管理办法(试行)〉的通知》(国税发[2004]153号)的要求,做好税务机关代开增值税专用发票工作,现将有关事项通知如下:

一、从2005年1月1日起,凡税务机关代开增值税专用发票必须通过防伪税控系统开具,通过防伪税控报税子系统采集代开增值税专用发票开具信息,不再填报《代开发票开具清单》,同时停止使用非防伪税控系统为纳税人代开增值税专用发票(包括手写版增值税专用发票和计算机开具不带密码的电脑版增值税专用发票)。

二、增值税一般纳税人取得的税务机关用非防伪税控系统代开的增值税专用发票,应当在2005年3月份纳税申报期结束以前向主管税务机关申报抵扣,并填报《代开发票抵扣清单》,逾期不得抵扣进项税额。

增值税一般纳税人取得的税务机关通过防伪税控系统代开的增值税专用发票,通过防伪税控认证子系统采集抵扣联信息,不再填报《代开发票抵扣清单》,其认证、申报抵扣期限的有关规定按照《国家税务总局关于增值税一般纳税人取得防伪税控系统开具的增值税专用发票进项税额抵扣问题的通知》(国税发[2003]17号)文件规定执行,并按照现行防伪税控增值税专用发票比对内容进行"一窗式"比对。

三、税务机关必须在一个窗口设置征收岗位和代开发票岗位。

四、对实行定期定额征收方法的纳税人正常申报时,按以下方法进行清算:

(一)每月开票金额大于应征增值税税额的,以开票金额数为依据征收税款,并作为下一年度核定定期定额的依据。

(二)每月开票金额小于应征增值税税额的,按应征增值税税额数征收税款。

五、在防伪税控代开票征收子系统未投入运行前,要加强对手工传递凭证的监控工作,要设置审核监控岗位专门负责核对开票税额、收款数额和入库税款是否一致。

六、税务机关要加强对认证通过的代开增值税专用发票和纳税人申报表进行比对。对票表比对异常的要查清原因,依照有关规定分别进行处理。要对小规模纳税人申报的应纳税销售额进行审核,其当期申报的应纳税销售额不得小于税务机关为其代开的增值税专用发票上所注明的金额。

七、各级税务机关要高度重视代开增值税专用发票工作,对《税务机关代开增值税专用发票管理办法(试行)》和本通知执行过程中出现的问题,要及时报告国家税务总局。

【注释】 对《国家税务总局关于印发〈税务机关代开增值税专用发票管理办法(试行)〉的通知》(国税发[2004]153号)进行了补充规定。相关规定包括:《财政部 国家税务总局关于税务机关代开增值税专用发票的出口货物不再实行增值税税收专用缴款书管理的通知》(财税[2005]43号)。

国家税务总局关于增值税一般纳税人支付的货物运输代理费用不得抵扣进项税额的批复

国税函[2005]54号

重庆市国家税务局:

你局《关于〈国际货物运输代理业专用发票〉国内段运输费用能否抵扣进项税额的请示》(渝国税发[2004]219号)收悉,经研究,批复如下:

国际货物运输代理业务是国际货运代理企业作为委托方和承运单位的中介人,受托办理国际货物运输和相关事宜并收取中介报酬的业务。因此,增值税一般纳税人支付的国际货物运输代理费用,不得作为运输费用抵扣进项税额。

【注释】 对《增值税暂行条例》第8条进行了解释。

国家税务总局关于农户手工编织的竹制和竹芒藤柳坯具征收增值税问题的批复

国税函[2005]56号

广东省国家税务局:

你局《关于农民手工编织的竹芒藤柳坯具是否属于自产农产品问题的请示》(粤国税发[2001]226号)收悉。经研究,批复如下:

对于农民个人按照竹器企业提供样品规格,自产或购买竹、芒、藤、木条等,再通过手工简单编织成竹制或竹芒藤柳混合坯具的,属于自产农业初级产品,应当免征销售环节增值税。收购坯具的竹器企业可以凭开具的农产品收购凭证计算进项税额抵扣。

【注释】　对《增值税暂行条例》第16条进行了解释。

财政部　国家税务总局关于生产企业出口货物实行免抵退税办法后有关城市维护建设税教育费附加政策的通知

财税[2005]25号

各省、自治区、直辖市、计划单列市财政厅(局)、地方税务局,新疆生产建设兵团财务局:

经国务院批准,现就生产企业出口货物全面实行免抵退税办法后,城市维护建设税、教育费附加的政策明确如下:

一、经国家税务局正式审核批准的当期免抵的增值税税额应纳入城市维护建设税和教育费附加的计征范围,分别按规定的税(费)率征收城市维护建设税和教育费附加。

二、2005年1月1日前,已按免抵的增值税税额征收的城市维护建设税和教育费附加不再退还,未征的不再补征。

三、本通知自2005年1月1日起执行。

国家税务总局关于国家税务局为小规模纳税人代开发票及税款征收有关问题的通知

国税发[2005]18号

各省、自治区、直辖市和计划单列市国家税务局、地方税务局:

为加强税收征管,优化纳税服务,针对一些地方反映的问题,现对国家税务局为增值税小规模纳税人(以下简称纳税人)代开发票征收增值税时,如何与地税局协作加强有关地方税费征收问题通知如下:

一、经国、地税局协商,可由国税局为地税局代征有关税费。纳税人销售货物或应税劳务,按现行规定需由主管国税局为其代开普通发票或增值税专用发票(以下简称发票)的,主管国税局应当在代开发票并征收增值税(除销售免税货物外)的同时,代地税局征收城市维护建设税和教育费附加。

二、经协商,不实行代征方式的,则国、地税要加强信息沟通。国税局应定期将小规模纳税人缴纳增值税情况,包括国税为其代开发票情况通报给地税局,地税局用于加强对有关地方税费的征收管理。

三、实行国税代征方式的,为保证此项工作顺利进行,国税系统应在其征管软件上加列征收城市维护建设税和教育费附加的功能,总局综合征管软件总局负责修改,各地开发的征管软件由各地自行修改。在软件修改前,暂用人工方式进行操作。

四、主管国税局为纳税人代开的发票作废或销货退回按现行规定开具红字发票时,由主管国税局退还或在下期抵缴已征收的增值税,由主管地税局退还已征收的城市维护建设税和教育费附加或者委托主管国税局在下期抵缴已征收的城市维护建设税和教育费附加,具体退税办法按《国家税务总局 中国人民银行财政部关于现金退税问题的紧急通知》(国税发[2004]47号)执行。

五、主管国税局应当将代征的地方预算收入按照国家规定的预算科目和预算级次及时缴入国库。

六、国税局代地税局征收城市维护建设税和教育费附加,使用国税系统征收票据,并由主管国税局负责有关收入对账、核算和汇总上拨工作。

各级国税局应在"应征类"和"入库类"科目下增设"城市维护建设税"和"教育费附加"明细科目。

七、主管国税局应按月将代征地方税款入库信息,及时传送主管地税局。具体信息交换方式由各省级国税局和地税局协商确定。

八、各省级国税局和地税局应按照《中华人民共和国税收征收管理法》的有关规定签定代征协议，并分别通知所属税务机关执行。

【注释】 对《增值税暂行条例》第26条进行了解释。

财政部 国家税务总局关于税务机关代开增值税专用发票的出口货物不再实行增值税税收专用缴款书管理的通知

财税[2005]43号

各省、自治区、直辖市、计划单列市财政厅（局）、国家税务局，新疆生产建设兵团财务局：

《国家税务总局关于印发〈税务机关代开增值税专用发票管理办法（试行）〉的通知》（国税发[2004]153号）和《国家税务总局关于加强税务机关代开增值税专用发票管理问题的通知》（国税函[2004]1404号）规定，从2005年1月1日起，税务机关代开增值税专用发票纳入增值税防伪税控系统管理。为提高出口退税工作效率，简化出口退税办理手续，经研究决定，对税务机关利用增值税防伪税控系统代开增值税专用发票的出口货物不再实行增值税“税收（出口货物专用）缴款书”或“出口货物完税分割单”（以下简称增值税专用税票）管理。具体通知如下：

一、2005年1月1日以后报关出口货物（以出口报关单〈出口退税专用联〉上注明的出口日期为准），凡税务机关利用增值税防伪税控系统代开增值税专用发票（指国税发[2004]153号第二条规定所述代开专用发票，下同）在2005年1月1日以后开具的，出口企业在申请办理出口退税时，免予提供增值税专用税票。

二、利用外国政府贷款和国际金融组织贷款采用国际招标国内中标的机电产品，以及外商投资企业采购的国产设备，凡税务机关利用增值税防伪税控系统代开增值税专用发票并在2005年1月1日以后开具的，中标企业、外商投资企业在申请退税时，免予提供增值税专用税票。

三、对出口企业2005年1月1日以前出口货物，凡规定需要开具增值税专用税票的，各级税务机关应按规定及时给予开具，不得以任何理由拒绝供货企业开具增值税专用税票的要求。

四、出口企业取得的税务机关代开增值税专用发票，应按照增值税专用发票认证管理的有关规定办理认证手续。未认证或认证不符的，不得申请办理出口退税。

五、税务机关受理本通知第一条规定的出口货物出口退税申报后，应按照《国家税务总局关于出口货物退（免）管理有关问题的通知》（国税发[2004]64号）第六规定，使用增值税专用发票相关电子信息审核出口退税。各级税务机关的信息部门和退税部门应加强协作，切实做好税务机关代开增值税专用发票电子信息的传输和接收工作。

【注释】 对《国家税务总局关于印发〈税务机关代开增值税专用发票管理办法（试行）〉的通知》（国税发[2004]153号）和《国家税务总局关于加强税务机关代开增值税专用发票管理问题的通知》（国税函[2004]1404号）进行了补充规定。

国家税务总局关于调整凭普通发票退税政策的通知

国税函[2005]248号

各省、自治区、直辖市和计划单列市国家税务局：

《国家税务总局关于印发〈税务机关代开增值税专用发票管理办法（试行）〉的通知》（国税发[2004]153号）下发后，总局决定调整出口企业出口货物凭普通发票办理退（免）税的规定。现将有关事项通知如下：

一、《国家税务总局关于印发〈出口货物退(免)税管理办法〉的通知》(国税发[1994]031号)第五条规定停止执行。今后凡出口企业从小规模纳税人购进的货物出口,一律凭增值税专用发票(必须是增值税防伪税控开票系统或防伪税控代开票系统开具的增值税专用发票,下同)及有关凭证办理退税。小规模纳税人向出口企业销售这些产品,可到税务机关代开增值税专用发票。

二、《国家税务总局关于中国出版对外贸易总公司等三家企业图书报刊杂志出口退税提供退税凭证有关问题的批复》(国税函[1996]649号)停止执行,今后对出口企业出口的书刊等一律凭增值税专用发票及有关凭证办理退税。

三、《国家税务总局关于境外带料加工装配业务有关出口退税问题的批复》(国税函[1999]539号)停止执行,今后对出口企业以境外带料加工装配业务方式出口的非自产二手设备,一律凭增值税专用发票及有关凭证办理退税。

四、从属于增值税小规模纳税人的商贸公司购进的货物出口,按增值税专用发票上注明的征收率计算办理退税。

五、本通知自2005年4月1日起执行。具体执行日期以"出口货物报关单(出口退税专用)"上注明的出口日期为准。本通知下发前已经取得普通发票的上述货物,出口企业需在2005年4月1日以后出口的,请于2005年4月15日前到企业主管退税机关申请办理备案手续。

六、各地税务机关应尽快将本通知告之相关出口企业。

【注释】　对《国家税务总局关于印发〈出口货物退(免)税管理办法〉的通知》(国税发[1994]031号)、《国家税务总局关于中国出版对外贸易总公司等三家企业图书报刊杂志出口退税提供退税凭证有关问题的批复》(国税函[1996]649号)和《国家税务总局关于境外带料加工装配业务有关出口退税问题的批复》(国税函[1999]539号)进行了补充修正。

财政部　国家税务总局　国家发展改革委关于暂停尿素和磷酸氢二铵出口退税的补充通知

财税[2005]51号

各省、自治区、直辖市、计划单列市财政厅(局)、国家税务局、发展改革委,新疆生产建设兵团财务局:

为了稳定国内化肥市场的供应,经研究,现对《财政部　国家税务总局关于继续停止化肥出口退税的紧急通知》(财税明电[2004]4号)中有关问题补充通知如下:

自2005年4月1日起,出口商品代码为:3102100010、3102100090、31028000的尿素产品,和出口商品代码为:3105300010、3105300090、31054000的磷酸氢二铵产品,不论出口合同是否备案,一律暂停出口退税。具体执行日期,以"出口货物报关单(出口退税专用)"上海关注明的出口日期为准。

【注释】　对《增值税暂行条例》第2条进行了解释。

财政部　国家税务总局关于钢坯等钢铁初级产品停止执行出口退税的通知

财税[2005]57号

各省、自治区、直辖市、计划单列市财政厅(局)、国家税务局新疆生产建设兵团财务局:

经国务院批准,从2005年4月1日起对税则号为7203、7205、7206、7207、7218、7224项下的钢铁初级产品,停止执行出口退税政策。具体执行日期以"出口货物报关单(出口退税专用)"上海关注明的出口日期为准。

【注释】 对《增值税暂行条例》第2条进行了解释。

商务部 财政部 税务总局关于开展农产品连锁经营试点的通知

商建发[2005]1号

各省、自治区、直辖市及计划单列市商务主管部门、财政厅(局)、国家税务局、地方税务局:

为进一步贯彻《中共中央、国务院关于促进农民增加收入若干政策的意见》(中发[2004]1号)和《中共中央、国务院关于进一步加强农村工作提高农业综合生产能力若干政策的意见》(中发[2005]1号)关于"加快发展农产品连锁、超市、配送经营,鼓励有条件的地方将城市农贸市场改建成超市,支持农业龙头企业到城市开办农产品超市,逐步把网络延伸到城市社区"、"鼓励发展现代物流、连锁经营、电子商务等新型业态和流通方式"的精神,决定自2005年起,用三年的时间开展农产品连锁经营的试点工作,促进农产品流通的规模化,增加农民收入。现将有关问题通知如下:

一、发展农产品连锁经营的目标和类型

目标:通过试点,大幅度提高农产品连锁经营的规模,减少流通环节,降低流通成本。

主要类型有:

(一)依托现有大型连锁综合超市发展农产品连锁经营。现有的大型连锁综合超市从经营品种和面积上逐步加大农产品的经营份额,试点企业力争用三年的时间,使食用农产品的销售比例达到25%以上。

(二)支持现有农产品批发市场开办农产品超市,实现批零兼营。鼓励有条件的地方将农贸市场改建成超市。

(三)支持农产品流通龙头企业到城市开办农产品连锁超市或发展便利店,逐步把网络延伸到城市社区。

(四)支持大型农产品物流配送中心建设冷藏和低温仓储、运输为主的农产品冷链系统。

二、支持试点的政策措施

(一)中央在外贸发展基金项下安排专门资金,支持农产品连锁经营试点,具体办法由商务部会同财政部另行制定。

(二)各地按照《财政部、国家税务总局关于提高农产品进项税抵扣率的通知》(财税[2002]12号)和《财政部、国家税务总局关于增值税一般纳税人向小规模纳税人购进农产品进项税抵扣率问题的通知》(财税[2002]105号)的规定,对增值税一般纳税人购进免税农产品按13%的扣除率计算进项额抵扣。

对纳入试点的农产品连锁经营企业,税务部门要指导其正确使用、填开农产品收购凭证。对试点企业从农业生产单位购进农产品的,应鼓励其取得农业生产单位开具的普通发票,作为进项税额抵扣凭证。

(三)对于试点企业建设的冷藏和低温仓储、运输为主的农产品冷链系统,可以实行加速折旧,具体范围和办法由财政部、国家税务总局另行制定。

(四)促进农产品连锁经营试点的相关税收政策上报国务院批准后,由财政部、国家税务总局制定具体办法。

三、试点企业申请条件及程序

(一)试点企业应具备下列条件之一:

1. 企业侧重于农产品流通,销售情况良好,近两年食用农产品年销售额,东部地区在6000万元以上,中部地区在4000万元以上,西部地区在1500万以上,农产品批发市场年交易额在10亿元以上。食用农产品范围见附件。

2. 在城市已开办5家以上农产品连锁超市(上一年每家超市食用农产品销售额不低于总销售额的25%)。

3. 年销售额在5000万元以上的大型农产品配送中心。

（二）企业应向各省商务主管部门提交下列材料：

1. 申请书；

2. 企业的工商营业执照、法人代码原件及复印件（省商务部门核对后返还原件）；

3. 经审计部门或中介机构审核的企业近两年的资产负债表和损益表；

4. 当地商务部门对企业情况的认定；

5. 在城市开办连锁超市、或新建农产品基地，或发展农产品冷链系统项目的计划；

6. 各省商务、财政、税务主管部门规定的其他应提交的材料。

（三）各省、自治区、直辖市、计划单列市商务主管部门会同财政、税务部门，根据本地区农产品连锁经营的实际情况，在2005年6月底前将推荐试点企业的有关情况报商务部（原则上当年推荐不超过4家）。被推荐的企业经商务部、财政部、税务总局联合确认后，纳入试点范围。

（四）各省相关主管部门按照商务部、财政部、税务总局联合确定的试点企业名单，衔接相关扶持政策，做好对试点企业的指导和监督，并将情况及时上报。

（五）商务部、财政部、税务总局将对各地试点情况进行检查。

四、加强组织领导

各地要充分认识发展农产品连锁超市对农产品的流通安全、带动农业的产业化、实现农民增收的重要意义，加强领导，落实措施，把农产品连锁超市试点工作抓紧抓好。要认真总结试点经验，及时解决试点中出现的问题。

附件：

食用农产品范围注释

食用农产品是指可供食用的各种植物、畜牧、渔业产品及其初级加工产品。范围包括：

一、植物类

植物类包括人工种植和天然生长的各种植物的初级产品及其初加工品。范围包括：

（一）粮食

粮食是指供食用的谷类、豆类、薯类的统称。范围包括

1. 小麦、稻谷、玉米、高粱、谷子、杂粮（如：大麦、燕麦等）及其他粮食作物。

2. 对上述粮食进行淘洗、碾磨、脱壳、分级包装、装缸发制等加工处理，制成的成品粮及其初制品，如大米、小米、面粉、玉米粉、豆面粉、米粉、荞麦面粉、小米面粉、莜麦面粉、薯粉、玉米片、玉米米、燕麦片、甘薯片、黄豆芽、绿豆芽等。

3. 切面、饺子皮、馄饨皮、面皮、米粉等粮食复制品。

以粮食为原料加工的速冻食品、方便面、副食品和各种熟食品，不属于食用农产品范围。

（二）园艺植物

1. 蔬菜

蔬菜是指可作副食的草本、木本植物的总称。范围包括

（1）各种蔬菜（含山野菜）、菌类植物和少数可作副食的木本植物。

（2）对各类蔬菜经晾晒、冷藏、冷冻、包装、脱水等工序加工的蔬菜。

（3）将植物的根、茎、叶、花、果、种子和食用菌通过干制加工处理后，制成的各类干菜，如黄花菜、玉兰片、萝卜干、冬菜、梅干菜，木耳、香菇、平菇等。

（4）腌菜、咸菜、酱菜和盐渍菜等也属于食用农产品范围。

各种蔬菜罐头（罐头是指以金属罐、玻璃瓶，经排气密封的各种食品。下同）及碾磨后的园艺植物（如胡椒粉、花椒粉等），不属于食用农产品范围。

2. 水果及坚果

（1）新鲜水果。

（2）通过对新鲜水果（含各类山野果）清洗、脱壳、分类、包装、储藏保鲜、干燥、炒制等加工处理，制成的各类水果、果干（如荔枝干、桂圆干、葡萄干等）、果仁、坚果等。

(3)经冷冻、冷藏等工序加工的水果。

各种水果罐头,果脯,蜜饯,炒制的果仁、坚果,不属于食用农产品范围。

3. 花卉及观赏植物

通过对花卉及观赏植物进行保鲜、储蓄、分级包装等加工处理,制成的各类用于食用的鲜、干花,晒制的药材等。

(三)茶叶

茶叶是指从茶树上采摘下来的鲜叶和嫩芽(即茶青),以及经吹干、揉拌、发酵、烘干等工序初制的茶。范围包括各种毛茶(如红毛茶、绿毛茶、乌龙毛茶、白毛茶、黑毛茶等)。

精制茶、边销茶及掺兑各种药物的茶和茶饮料,不属于食用农产品范围。

(四)油料植物

1. 油料植物是指主要用作榨取油脂的各种植物的根、茎、叶、果实、花或者胚芽组织等初级产品,如菜籽(包括芥菜籽、花生、大豆、葵花籽、蓖麻籽、芝麻籽、胡麻籽、茶籽、桐籽、橄榄仁、棕榈仁、棉籽等)。

2. 通过对菜籽、花生、大豆、葵花籽、蓖麻籽、芝麻、胡麻籽、茶籽、桐籽、棉籽及粮食的副产品等,进行清理、热炒、磨坯、榨油(搅油、墩油)等加工处理,制成的植物油(毛油)和饼粕等副产品,具体包括菜籽油、花生油、小磨香油、豆油、棉籽油、葵花油、米糠油以及油料饼粕、豆饼等。

3. 提取芳香油的芳香油料植物。

精炼植物油不属于食用农产品范围。

(五)药用植物

1. 药用植物是指用作中药原药的各种植物的根、茎、皮、叶、花、果实等。

2. 通过对各种药用植物的根、茎、皮、叶、花、果实等进行挑选、整理、捆扎、清洗、晾晒、切碎、蒸煮、密炒等处理过程,制成的片、丝、块、段等中药材。

3. 利用上述药用植物加工制成的片、丝、块、段等中药饮片。

中成药不属于食用农产品范围。

(六)糖料植物

1. 糖料植物是指主要用作制糖的各种植物,如甘蔗、甜菜等。

2. 通过对各种糖料植物,如甘蔗、甜菜等,进行清洗、切割、包装等加工处理的初级产品。

(七)热带、南亚热带作物初加工

通过对热带、南亚热带作物去除杂质、脱水、干燥等加工处理,制成的半成品或初级食品。具体包括:天然生胶和天然浓缩胶乳、生熟咖啡豆、胡椒籽、肉桂油、桉油、香茅油、木薯淀粉、腰果仁、坚果仁等。

(八)其他植物

其他植物是指除上述列举植物以外的其他各种可食用的人工种植和野生的植物及其初加工产品,如谷类、薯类、豆类、油料植物、糖料植物、蔬菜、花卉、植物种子、植物叶子、草、藻类植物等。

可食用的干花、干草、薯干、干制的藻类植物,也属于食用农产品范围。

二、畜牧类

畜牧类产品是指人工饲养、繁殖取得和捕获的各种畜禽及初加工品。范围包括:

(一)肉类产品

1. 兽类、禽类和爬行类动物(包括各类牲畜、家禽和人工驯养、繁殖的野生动物以及其他经济动物),如牛、马、猪、羊、鸡、鸭等。

2. 兽类、禽类和爬行类动物的肉产品。通过对畜禽类动物宰杀、去头、去蹄、去皮、去内脏、分割、切块或切片、冷藏或冷冻等加工处理,制成的分割肉、保鲜肉、冷藏肉、冷冻肉、冷却肉、盐渍肉,绞肉、肉块、肉片、肉丁等。

3. 兽类、禽类和爬行类动物的内脏、头、尾、蹄等组织。

4. 各种兽类、禽类和爬行类动物的肉类生制品,如腊肉、腌肉、熏肉等。

各种肉类罐头、肉类熟制品,不属于食用农产品范围。

(二)蛋类产品

1. 蛋类产品。是指各种禽类动物和爬行类动物的卵,包括鲜蛋、冷藏蛋。

2. 蛋类初加工品。通过对鲜蛋进行清洗、干燥、分级、包装、冷藏等加工处理，制成的各种分级、包装的鲜蛋、冷藏蛋等。

3. 经加工的咸蛋、松花蛋、腌制的蛋等。

各种蛋类的罐头不属于食用农产品范围。

（三）奶制品

（1）鲜奶。是指各种哺乳类动物的乳汁和经净化、杀菌等加工工序生产的乳汁。

（2）通过对鲜奶进行净化、均质、杀菌或灭菌、灌装等，制成的巴氏杀菌奶、超高温灭菌奶、花色奶等。

用鲜奶加工的各种奶制品，如酸奶、奶酪、奶油等，不属于食用农产品范围。

（四）蜂类产品

1. 是指采集的未经加工的天然蜂蜜、鲜蜂王浆等。

2. 通过去杂、浓缩、熔化、磨碎、冷冻等加工处理，制成的蜂蜜、鲜王浆以及蜂蜡、蜂胶、蜂花粉等。

各种蜂产品口服液、王浆粉不属于食用农产品范围。

（五）其他畜牧产品

其他畜牧产品是指上述列举以外的可食用的兽类、禽类、爬行类动物的其他组织，以及昆虫类动物。如动物骨、壳、动物血液、动物分泌物、蚕种、动物树脂等。

三、渔业类

（一）水产动物产品

水产动物是指人工放养和人工捕捞的鱼、虾、蟹、鳖、贝类、棘皮类、软体类、腔肠类、两栖类、海兽及其他水产动物。范围包括：

1. 鱼、虾、蟹、鳖、贝类、棘皮类、软体类、腔肠类、海兽类、鱼苗（卵）、虾苗、蟹苗、贝苗（秧）等。

2. 将水产动物整体或去头、去鳞（皮、壳）、去内脏、去骨（刺）、擂溃或切块、切片，经冰鲜、冷冻、冷藏、盐渍、干制等保鲜防腐处理和包装的水产动物初加工品。

熟制的水产品和各类水产品的罐头，不属于食用农产品范围。

（二）水生植物

1. 海带、裙带菜、紫菜、龙须菜、麒麟菜、江篱、浒苔、羊栖菜、莼菜等。

2. 将上述水生植物整体或去根、去边梢、切段，经热烫、冷冻、冷藏等保鲜防腐处理和包装的产品，以及整体或去根、去边梢、切段，经晾晒、干燥（脱水）、粉碎等处理和包装的产品。

罐装（包括软罐）产品不属于食用农产品范围。

（三）水产综合利用初加工品

通过对食用价值较低的鱼类、虾类、贝类、藻类以及水产品加工下脚料等，进行压榨（分离）、浓缩、烘干、粉碎、冷冻、冷藏等加工处理制成的可食用的初制品。如鱼粉、鱼油、海藻胶、鱼鳞胶、鱼露（汁）、虾酱、鱼籽、鱼肝酱等。

以鱼油、海兽油脂为原料生产的各类乳剂、胶丸、滴剂等制品不属于食用农产品范围。

【注释】　对《增值税暂行条例》第16条进行了解释。

财政部　国家税务总局关于印刷少数民族文字出版物增值税政策的通知

财税［2005］48号

各省、自治区、直辖市、计划单列市财政厅（局）、国家税务局，财政部驻各省、自治区、直辖市、计划单列市财政监察专员办事处，新疆生产建设兵团财务局：

为促进少数民族文字出版工作的发展，经国务院批准，现将印刷少数民族文字出版物增值税政策通知如下：

自2005年1月1日起，对增值税一般纳税人印刷的少数民族文字出版物（指图书、报纸、期刊）实行增值税先征后退。享受政策的纳税人对少数民族文字出版物在财务上应实行单独核算,不进行单独核算的,不得享受上述政策。

【注释】　对《增值税暂行条例》第16条进行了解释。

国家税务总局关于纳税人提供泥浆工程劳务征收流转税问题的批复

国税函[2005]375号

深圳市国家税务局:

你局《关于中国南海麦克巴泥浆有限公司泥浆销售征税问题的请示》(深国税发[2004]202号)收悉。经研究,批复如下:

一、《国家税务总局关于合作开采海洋石油提供应税劳务适用营业税税目、税率问题的通知》(国税发[1997]42号)所称"泥浆工程",是指为钻井作业提供泥浆和工程技术服务的行为。纳税人按照客户要求,为钻井作业提供泥浆和工程技术服务的行为,应按提供泥浆工程劳务项目,照章征收营业税,不征收增值税。

二、无论纳税人与建设单位如何核算,其营业额均包括工程所用原材料及其他物资和动力价款在内。

【注释】　对《增值税暂行条例》第1条进行了解释。

国家税务总局关于由石油伴生气加工压缩成的石油液化气适用增值税税率的通知

国税发[2005]83号

各省、自治区、直辖市和计划单列市国家税务局:

近接部分地区请示,要求明确部分液化气产品适用增值税税率,现明确如下:

对由石油伴生气加工压缩而成的石油液化气,应当按照13%的增值税税率征收增值税。

【注释】　对《增值税暂行条例》第2条进行了解释。

财政部　国家税务总局关于暂免征收尿素产品增值税的通知

财税[2005]87号

各省、自治区、直辖市、计划单列市财政厅(局)、国家税务局,财政部驻各省、自治区、直辖市、计划单列市财政监察专员办事处,新疆生产建设兵团财务局:

为支持农业发展,经国务院批准,现将尿素产品增值税政策明确如下:

自2005年7月1日起,对国内企业生产销售的尿素产品增值税由先征后返50%调整为暂免征收增值税。

【注释】　对《增值税暂行条例》第16条进行了解释。

财政部　国家税务总局关于增值税营业税消费税实行先征后返等办法有关城建税和教育费附加政策的通知

财税[2005]72 号

各省、自治区、直辖市、计划单列市财政厅(局)、地方税务局,财政部驻各省、自治区、直辖市、计划单列市财政监察专员办事处:

经研究,现对增值税、营业税、消费税(以下简称“三税”)实行先征后返、先征后退、即征即退办法有关的城市维护建设税和教育费附加政策问题明确如下:

对“三税”实行先征后返、先征后退、即征即退办法的,除另有规定外,对随“三税”附征的城市维护建设税和教育费附加,一律不予退(返)还。

【注释】　对《增值税暂行条例》第 16 条进行了解释。

国家税务总局关于加强农产品增值税抵扣管理有关问题的通知

国税函[2005]545 号

各省、自治区、直辖市和计划单列市国家税务局:

为防范利用农产品收购凭证偷骗税的违法犯罪活动,堵塞征管漏洞,强化增值税管理,现将有关加强农产品增值税抵扣管理的问题通知如下:

一、各级税务机关要进一步加强对农产品增值税抵扣管理,要经常深入企业,全面掌握和了解有关生产企业的生产经营特点、农产品原料的消耗、采购规律以及纳税申报情况,检查农产品收购凭证的开具情况是否正常,查找征管的薄弱环节,积极采取有针对性的管理措施,堵塞漏洞,切实加强管理。

……

三、对有条件的地区,税务机关可运用信息化管理手段促进农产品收购凭证的使用管理。

四、税务机关应当积极引导和鼓励纳税人通过银行或农村信用社等金融机构支付农产品货款,对采用现金方式结算且支付数额较大的,应作为重点评估对象,严格审核,防止发生虚假收购行为,骗取国家税款。

五、税务机关应对农产品经销和生产加工企业定期开展增值税纳税评估,特别是要加强以农产品为主要原料的生产企业的纳税评估,发现问题的,要及时移交稽查部门处理。

六、税务机关应根据日常管理掌握的情况,有计划地组织开展对农产品经销和生产加工企业的重点稽查,凡查有偷骗税问题的,应依法严肃查处。

【注释】　对《增值税暂行条例》第 26 条进行了解释。

国家税务总局关于营养强化奶适用增值税税率问题的批复

国税函[2005]676 号

上海市国家税务局:

你局《关于确定部分营养强化奶增值税适用税率的请示》(沪国税流[2005]7 号)收悉,经研究,批复如下:

按照《食品营养强化剂使用卫生标准》(GB 14880—94)添加微量元素生产的鲜奶,可依照《农业产品征税范围注释》(财税字[1995]52 号)中的“鲜奶”按 13% 的增值税税率征收增值税。

在本批复之前已按17%适用增值税税率征收的税款不再进行调整。

【注释】 对《增值税暂行条例》第2条进行了解释。

国家税务总局关于出口含金成份产品有关税收政策的通知

国税发[2005]125号

各省、自治区、直辖市和计划单列市国家税务局：

为进一步完善含金成份产品出口税收政策，经研究，通知如下：

一、出口企业出口含金（包括黄金和铂金）成份的产品实行免征增值税政策，相应的进项税额不再退税或抵扣，须转入成本处理。实行出口免税政策的含金成份产品的海关商品代码为：28431000、2843300010、2843300090、28439000、3824909030、3824909090、71110000、71123090、71129110、71129120、71129210、71129220、71129920、71129990、71131911、7113191910、7113191990、71131991、7113199910、7113199990、7114190010、7114190090、7114200010、7114200090、71151000、7115901020、7115901090、71159090等。

二、出口企业出口上述含金产品后，须持出口退（免）税所规定的凭证按月向主管税务机关退税部门填报《出口含金产品免税证明申报表》（见附件一，一式二联，第一联留存企业，第二联交由退税部门）。

三、税务机关退税部门对出口企业报送的《出口含金产品免税证明申报表》及规定凭证进行审核，同时通过审核系统审核相关电子信息。退税部门审核无误后开具《出口含金产品免税证明》（见附件二，一式四联，第一联留存退税部门，第二联交由征税部门，第三联交由出口企业向征税部门申报免税，第四联交由出口企业留存），并将第二联交由征税部门审核办理免税。

四、出口企业持退税部门开具的《出口含金产品免税证明》（第三联）向征税部门申报免税，征税部门将出口企业的免税申报同退税部门开具的《出口含金产品免税证明》（第二联）碰对审核无误后，办理免税手续。出口企业须将免税出口货物相应的进项税额转入企业成本科目。

五、出口企业未在规定期限内向主管税务机关申报免税的出口含金产品，企业须按照《国家税务总局关于出口货物退（免）税管理有关问题的通知》（国税发[2004]64号）、《国家税务总局关于出口企业未在规定期限内申报出口货物退（免）税有关问题的通知》（国税发[2005]68号）有关规定计提销项税额。

各地税务机关要加强征税与退税环节的衔接，强化责任，建立与完善征税与退税部门沟通协调的工作制度和管理办法。要注意含金产品出口动态，凡发现企业出口的含金产品不属于上述海关商品代码，或上述商品代码有不含黄金、铂金成份产品，以及执行免税政策发现的其他问题等，要及时报告总局（进出口税收管理司）。

本通知自2005年5月1日起执行，具体执行日期以出口货物报关单（出口退税专用）上的出口日期为准。《财政部、国家税务总局关于黄金税收政策问题的通知》（财税字[2002]142号）第三条有关黄金首饰退税规定、《国家税务总局关于明确含金成份产品出口退（免）税政策的通知》（国税发[2005]59号）从2005年5月1日起同时废止。对出口企业在2005年5月1日前出口的上述产品，出口企业所在地税务机关要向货源地税务机关进行函调，对排除骗税嫌疑的予以退（免）税，对不能排除骗税嫌疑的暂不予退（免）税。

【注释】 对《增值税暂行条例》第26条进行了解释。相关规定包括：《国家税务总局关于含金产品出口实行免税政策有关问题的补充通知》（国税发[2006]10号）。

国家税务总局关于增值税一般纳税人取得的帐外经营部分防伪税控增值税专用发票进项税额抵扣问题的批复

国税函[2005]763号

北京市国家税务局：

你局《关于增值税一般纳税人采用帐外经营手段进行偷税涉及增值税进项税额抵扣问题的请示》（京

国税发[2005]187号)收悉,批复如下:

根据《国家税务总局关于增值税一般纳税人取得防伪税控系统开具的增值税专用发票进项税额抵扣问题的通知》(国税发[2003]17号)规定,自2003年3月1日起,增值税一般纳税人(以下简称"纳税人")申请抵扣防伪税控系统开具的增值税专用发票(以下简称"防伪税控专用发票"),必须自该防伪税控专用发票开具之日起90日内到税务机关认证,纳税人申请抵扣2003年3月1日前的防伪税控专用发票,应于2003年9月1日前报主管税务机关认证,纳税人认证通过的防伪税控专用发票,应在认证通过的当月按照增值税有关规定核算当期进项税额并申报抵扣,否则不予抵扣进项税额。

鉴于纳税人采用帐外经营手段进行偷税,其取得的帐外经营部分防伪税控专用发票,未按上述规定的时限进行认证,或者未在认证通过的当月按照增值税有关规定核算当期进项税额并申报抵扣,因此,不得抵扣其帐外经营部分的销项税额。

【注释】 对《国家税务总局关于增值税一般纳税人取得防伪税控系统开具的增值税专用发票进项税额抵扣问题的通知》(国税发[2003]17号)进行了补充规定。

国家税务总局关于加强免征增值税货物专用发票管理的通知

国税函[2005]780号

各省、自治区、直辖市和计划单列市国家税务局:

为加强免征增值税货物专用发票的管理,现就有关问题通知如下:

一、增值税一般纳税人(以下简称"一般纳税人")销售免税货物,一律不得开具专用发票(国有粮食购销企业销售免税粮食除外)。如违反规定开具专用发票的,则对其开具的销售额依照增值税适用税率全额征收增值税,不得抵扣进项税额,并按照《中华人民共和国发票管理办法》及其实施细则的有关规定予以处罚。

二、一般纳税人销售的货物,由先征后返或即征即退改为免征增值税后,如果其销售的货物全部为免征增值税的,税务机关应收缴其结存的专用发票,并不得再对其发售专用发票。税务机关工作人员违反规定为其发售专用发票的,应按照有关规定予以严肃处理。

【注释】 对《增值税暂行条例》第26条进行了解释。

国家税务总局关于加强增值税专用发票管理有关问题的通知

国税发[2005]150号

各省、自治区、直辖市和计划单列市国家税务局:

近据部分地区反映,一些增值税一般纳税人(以下简称一般纳税人)利用与小规模纳税人交易不需要开具增值税专用发票(以下简称专用发票)的机会,转手开具给第三方一般纳税人用于骗税的现象较为突出。为防范此种虚开专用发票行为,堵塞利用虚假专用发票骗取抵扣增值税和出口退税的漏洞,现就有关问题通知如下:

……

三、税务机关应加强一般纳税人专用发票的管理工作

(一)应加强一般纳税人增值税专用发票的使用管理,要求纳税人严格按照《增值税专用发票使用规定》及有关规定开具专用发票。

(二)对申报异常的一般纳税人要重点审核其取得的专用发票或销货清单注明的货物品名与其经营范围或生产耗用原料是否相符。要根据纳税人的购销合同、银行结算凭据等有关资料审核实际交易方与专用发票开具方是否一致。

对违反《增值税专用发票使用规定》的,应当按照有关规定进行处理;有涉嫌为第三方开票、涉嫌骗取进项税额抵扣和出口退税的,应移交稽查部门实施稽查。

四、税务机关在办理专用发票认证时,应认真审核专用发票的内容,对密文有误、认证不符(不包括纳税人识别号认证不符和发票代码号码认证不符)和重复认证的发票,应当即扣留,并移交稽查部门实施稽查。

……

【注释】 对《增值税暂行条例》第26条进行了解释。

国家税务总局关于出口豆腐皮等产品适用征、退税率问题的批复

国税函[2005]944号

宁波市国家税务局:

你局《关于出口豆腐皮等货物退税问题的请示》(甬国税发[2005]124号)收悉。经研究,批复如下:

一、浙江浦江保康食品厂生产的豆腐皮,从生产过程看,经过磨浆、过滤、加热、结膜、捞制、成皮、包装等工艺流程,不属于农业产品的征税范围,应按17%的税率征收增值税。对你市出口企业已购买的按13%税率征税的用于出口的豆腐皮,你局应要求出口企业到供货企业换开按17%征税的增值税专用发票。否则,不予退税。

二、成都金凤液氮容器有限公司生产的液氮容器,是以液氮(-196℃)为制冷剂,主要用于畜牧、医疗、科研部门对家畜冷冻精液及疫苗、细胞、微生物等的长期超低温储存和运输,也可用于国防、科研、机械、医疗、电子、冶金、能源等部门,不属于农机的征税范围,应按17%的税率征收增值税。对你市出口企业按农机征税的液氮容器的出口退税按本批复第一条规定的办法处理。

三、《2005年出口商品消费税税率表》"8711100010"与"8711100090"商品代码中的"微马力摩托车及脚踏两用车(装有往复式发动机、微马力是指排气量≤50CC)",按照消费税的有关规定,属于消费税征税范围。对生产企业销售给出口企业用于出口的上述货物,应按规定征收消费税。出口企业出口的上述货物若不能提供消费税专用税票的,不退消费税,可按规定退还增值税。

【注释】 对《增值税暂行条例》第2条进行了解释。

国家税务总局关于亚麻油等出口货物退税问题的批复

国税函[2005]974号

辽宁省国家税务局:

你局《辽宁省国家税务局关于亚麻油等出口货物退税问题的请示》(辽国税发[2005]120号)收悉。经研究,批复如下:

一、亚麻油系亚麻籽经压榨或溶剂提取制成的干性油,不属于《农业产品征税范围注释》所规定的"农业产品",适用的增值税税率应为17%。对出口企业出口的增值税按13%税率征税的亚麻油,你局应要求出口企业到供货企业换开按17%税率征税的增值税专用发票,办理退税。否则,不予退税。

……

【注释】 对《增值税暂行条例》第2条进行了解释。

国家税务总局关于金融机构开展个人实物黄金交易业务增值税有关问题的通知

国税发［2005］178 号

各省、自治区、直辖市和计划单列市国家税务局：

近接部分金融机构来文，反映其经中国人民银行、中国银行业监督管理委员会批准，在所属分理处、储蓄所等营业场所内开展个人实物黄金交易业务，即向社会公开销售刻有不同字样的特制实物金条等黄金制品，并依照市场价格向购买者购回所售金条，由分行统一清算交易情况。对于金融机构销售实物黄金的行为，应当照章征收增值税，考虑到金融机构征收管理的特殊性，为加强税收管理，促进交易发展，现将有关问题通知如下：

一、对于金融机构从事的实物黄金交易业务，实行金融机构各省级分行和直属一级分行所属地市级分行、支行按照规定的预征率预缴增值税，由省级分行和直属一级分行统一清算缴纳的办法。

（一）发生实物黄金交易行为的分理处、储蓄所等应按月计算实物黄金的销售数量、金额，上报其上级支行。

（二）各支行、分理处、储蓄所应依法向机构所在地主管国家税务局申请办理税务登记。各支行应按月汇总所属分理处、储蓄所上报的实物黄金销售额和本支行的实物黄金销售额，按照规定的预征率计算增值税预征税额，向主管税务机关申报缴纳增值税。

预征税额 = 销售额 × 预征率

（三）各省级分行和直属一级分行应向机构所在地主管国家税务局申请办理税务登记，申请认定增值税一般纳税人资格。按月汇总所属地市分行或支行上报的实物黄金销售额和进项税额，按照一般纳税人方法计算增值税应纳税额，根据已预征税额计算应补税额，向主管税务机关申报缴纳。

应纳税额 = 销项税额 − 进项税额

应补税额 = 应纳税额 − 预征税额

当期进项税额大于销项税额的，其留抵税额结转下期抵扣，预征税额大于应纳税额的，在下期增值税应纳税额中抵减。

（四）从事实物黄金交易业务的各级金融机构取得的进项税额，应当按照现行规定划分不可抵扣的进项税额，作进项税额转出处理。

（五）预征率由各省级分行和直属一级分行所在地省级国家税务局确定。

二、金融机构所属分行、支行、分理处、储蓄所等销售实物黄金时，应当向购买方开具国家税务总局统一监制的普通发票，不得开具银行自制的金融专业发票，普通发票领购事宜由各分行、支行办理。

三、各地在执行中遇到的问题，应及时向总局（流转税管理司）报告。

【注释】　对《增值税暂行条例》第 26 条进行了解释。

国家税务总局关于增值税一般纳税人期货交易有关增值税问题的通知

国税函［2005］1060 号

各省、自治区、直辖市和计划单列市国家税务局：

为合理解决期货交易升贴水有关税款征收与专用发票开具问题，现将增值税一般纳税人期货交易有关增值税政策通知如下：

一、增值税一般纳税人在商品交易所通过期货交易销售货物的，无论发生升水或贴水，均可按照标准仓单持有凭证(式样见附件1)所注明货物的数量和交割结算价开具增值税专用发票。

二、对于期货交易中仓单注册人注册货物时发生升水的,该仓单注销(即提取货物退出期货流通)时,注册人应当就升水部分款项向注销人开具增值税专用发票,同时计提销项税额,注销人凭取得的专用发票计算抵扣进项税额。

发生贴水的,该仓单注销时,注册人应当就贴水部分款项向注销人开具负数增值税专用发票,同时冲减销项税额,注销人凭取得的专用发票调减进项税额,不得由仓单注销人向仓单注册人开具增值税专用发票。注册人开具负数专用发票时,应当取得商品交易所出具的《标准仓单注册升贴水单》或《标准仓单注销升贴水单》(式样见附件2、附件3),按照所注明的升贴水金额向注销人开具,并将升贴水单留存以备主管税务机关检查。

三、本通知自2005年12月1日起执行。12月1日前注册的期货仓单交易增值税征管问题仍按《国家税务总局关于印发〈货物期货征收增值税具体办法〉的通知》(国税发[1994]244号)及有关规定执行。

四、本通知所称升水,是指按照规定的期货交易规则,所注册货物的等级、重量、类别、仓库位置等相比基准品、基准仓库为优的,交易所通过升贴水帐户支付给货物注册方的一定差价金额。发生升水时,经多次交易后,标准仓单持有人提取货物注销仓单时,交易所需通过升贴水帐户向注销人收取与升水额相等的金额。

所称贴水,是指按照规定的期货交易规则,所注册货物的等级、重量、类别、仓库位置等相比基准品、基准仓库为劣的,交易所通过升贴水帐户向货物注册方收取的一定差价金额。发生贴水时,经多次交易后,标准仓单持有人提取货物注销仓单时,交易所需通过升贴水帐户向注销人支付与贴水额相等的金额。

五、本通知执行中遇有问题,请及时上报总局(流转税管理司)。

【注释】 对《增值税暂行条例》第26条进行了解释。

国家税务总局关于辅导期增值税一般纳税人增购增值税专用发票预缴增值税有关问题的通知

国税函[2005]1097号

各省、自治区、直辖市和计划单列市国家税务局:

近据部分企业反映,增值税一般纳税人(以下简称纳税人)在辅导期内增购增值税专用发票按次预缴增值税,资金占压问题较为突出。为进一步方便纳税人,现就有关问题通知如下:

一、纳税人在辅导期内增购专用发票,继续实行预缴增值税的办法,预缴的增值税可在本期增值税应纳税额中抵减,抵减后预缴增值税仍有余额的,应于下期增购专用发票时,按次抵减。

二、主管税务机关应加强对纳税人预缴税款抵减的审核工作

(一)纳税人发生预缴税款抵减的,应自行计算需抵减的税款并向主管税务机关提出抵减申请。

(二)主管税务机关接到申请后,经审核,纳税人缴税和专用发票发售情况无误,且纳税人预缴增值税余额大于本次预缴增值税的,不再预缴税款可直接发售专用发票;纳税人本次预缴增值税大于预缴增值税余额的,应按差额部分预缴后再发售专用发票。

三、主管税务机关应在纳税人辅导期结束后的第一个月内,一次性退还纳税人因增购专用发票发生的预缴增值税余额。

【注释】 对《增值税暂行条例》第26条进行了解释。

财政部 国家税务总局关于增值税若干政策的通知

财税[2005]165号

各省、自治区、直辖市、计划单列市财政厅(局)、国家税务局,新疆生产建设兵团财务局:

经研究,现对增值税若干政策问题明确如下:

……

三、个别货物进口环节与国内环节以及国内地区间增值税税率执行不一致进项税额抵扣问题

对在进口环节与国内环节，以及国内地区间个别货物（如初级农产品、矿产品等）增值税适用税率执行不一致的，纳税人应按其取得的增值税专用发票和海关进口完税凭证上注明的增值税额抵扣进项税额。

主管税务机关发现同一货物进口环节与国内环节以及地区间增值税税率执行不一致的，应当将有关情况逐级上报至共同的上一级税务机关，由上一级税务机关予以明确。

四、不得抵扣增值税进项税额的计算划分问题

……

五、增值税一般纳税人（以下简称一般纳税人）转为小规模纳税人有关问题

……

六、一般纳税人注销时存货及留抵税额处理问题

一般纳税人注销或被取消辅导期一般纳税人资格，转为小规模纳税人时，其存货不作进项税额转出处理，其留抵税额也不予以退税。

七、运输发票抵扣问题

（一）一般纳税人购进或销售货物通过铁路运输，并取得铁路部门开具的运输发票，如果铁路部门开具的铁路运输发票托运人或收货人名称与其不一致，但铁路运输发票托运人栏或备注栏注有该纳税人名称的（手写无效），该运输发票可以作为进项税额抵扣凭证，允许计算抵扣进项税额。

（二）一般纳税人在生产经营过程中所支付的运输费用，允许计算抵扣进项税额。

（三）一般纳税人取得的国际货物运输代理业发票和国际货物运输发票，不得计算抵扣进项税额。

（四）一般纳税人取得的汇总开具的运输发票，凡附有运输企业开具并加盖财务专用章或发票专用章的运输清单，允许计算抵扣进项税额。

（五）一般纳税人取得的项目填写不齐全的运输发票（附有运输清单的汇总开具的运输发票除外）不得计算抵扣进项税额。

八、对从事公用事业的纳税人收取的一次性费用是否征收增值税问题

对从事热力、电力、燃气、自来水等公用事业的增值税纳税人收取的一次性费用，凡与货物的销售数量有直接关系的，征收增值税；凡与货物的销售数量无直接关系的，不征收增值税。

九、纳税人代行政部门收取的费用是否征收增值税问题

……

十、代办保险费、车辆购置税、牌照费征税问题

……

十一、关于计算机软件产品征收增值税有关问题

（一）嵌入式软件不属于财政部、国家税务总局《关于鼓励软件产业和集成电路产业发展有关税收政策问题的通知》（财税[2000]25号）规定的享受增值税优惠政策的软件产品。

（二）纳税人销售软件产品并随同销售一并收取的软件安装费、维护费、培训费等收入，应按照增值税混合销售的有关规定征收增值税，并可享受软件产品增值税即征即退政策。

对软件产品交付使用后，按期或按次收取的维护、技术服务费、培训费等不征收增值税。

（三）纳税人受托开发软件产品，著作权属于受托方的征收增值税，著作权属于委托方或属于双方共同拥有的不征收增值税。

十二、印刷企业自己购买纸张，接受出版单位委托，印刷报纸书刊等印刷品的征税问题

印刷企业接受出版单位委托，自行购买纸张，印刷有统一刊号（CN）以及采用国际标准书号编序的图书、报纸和杂志，按货物销售征收增值税。

十三、会员费收入

对增值税纳税人收取的会员费收入不征收增值税。

【注释】　对《增值税暂行条例实施细则》第33条、《国家税务总局关于纳税人销售自产货物提供增值税劳务并同时提供建筑业劳务征收流转税问题的通知》（国税发[2002]117号）、《关于鼓励软件产业和集成电路产业发展有关税收政策问题的通知》（财税[2000]25号）进行了解释。

国家税务总局关于矿物质微量元素舔砖免征增值税问题的批复

国税函[2005]1127 号

内蒙古自治区国家税务局：

你局《关于企业进口饲料国内销售如何免征增值税问题的请示》(内国税流字[2005]1 号)收悉。经研究，批复如下：

矿物质微量元素舔砖，是以四种以上微量元素、非营养性添加剂和载体为原料，经高压浓缩制成的块状预混物，可供牛、羊等牲畜直接食用，应按照“饲料”免征增值税。

【注释】 对《增值税暂行条例》第 16 条进行了解释。

财政部 国家税务总局 国家发展改革委关于继续暂停部分化肥品种出口退税的通知

财税[2005]192 号

各省、自治区、直辖市、计划单列市财政厅(局)、国家税务局、发展改革委，新疆生产建设兵团财务局：

经国务院批准，2006 年 1 月 1 日继续对出口商品代码为 3102100010、3102100090、31028000 的尿素产品和出口商品代码为 3105300010、3105300090、31054000 的磷酸氢二铵、磷酸氢一铵化肥产品，不论出口合同是否备案，一律暂停出口退税。具体执行日期，以“出口货物报关单(出口退税专用)”上海关注明的出口日期为准。

【注释】 对《增值税暂行条例》第 2 条进行了解释。

国家税务总局关于含金产品出口实行免税政策有关问题的补充通知

国税发[2006]10 号

各省、自治区、直辖市和计划单列市国家税务局：

针对《国家税务总局关于出口含金成份产品有关税收政策的通知》(国税发[2005]125 号，以下简称“125 号文件”)执行中存在的问题，补充通知如下：

一、属于应归入海关商品代码 3824909090、7115901090、7114200090、71110000、28439000，但又不含黄金、铂金成份的出口货物(具体名单见附件)，从 2005 年 5 月 1 日起，继续执行出口退(免)税政策。本通知下发前已出口的上述货物，若超过出口退税申报期的，各地税务机关应正常受理出口企业的退税申报。各地税务机关在审批出口退税时，应严格审核，确保上述货物不含黄金、铂金成份后，方可办理退税手续。其它上述海关商品代码之内的不含黄金、铂金成份的其他货物，各省市国家税务局应严格审核后提出处理意见，并以正式文件报国家税务总局批准。

二、125 号文件所列商品代码之外的含金(包括黄金和铂金)成份的出口产品，如“91131000”“贵金属表带”中的铂金表带，须从 2005 年 5 月 1 日起按 125 号文件的规定执行免征增值税政策。《财政部、国家税务总局关于铂金及其制品税收政策的通知》(财税[2003]86 号)第六条“出口铂金制品对铂金原料部分的进项增值税不实行出口退税，只对铂金制品加工环节的加工费按规定退税率退税”的规定，从 2005 年 5 月 1

日起停止执行。

三、以进料加工方式出口的含黄金、铂金成份的产品，应按 125 号文件的规定，执行免征增值税政策。

【注释】　对《国家税务总局关于出口含金成份产品有关税收政策的通知》（国税发［2005］125 号）进行了解释。

国家税务总局关于增值税网上申报有关问题的通知

国税发［2006］20 号

各省、自治区、直辖市和计划单列市国家税务局：

近年来，各级税务机关按照科学化、精细化管理的总体要求，在增值税纳税申报方式上，积极探索网上申报等申报方式，增值税管理的信息化水平不断提高，但是有些地方在采用网上申报办法时也出现了一些问题。为了进一步规范增值税网上申报工作，不断提高增值税申报纳税"一窗式"管理水平，现就增值税网上申报工作提出如下意见，请贯彻执行。

一、在增值税管理中，认证、报税、纳税申报等都是税务机关受理、审核纳税人申报工作的内容，是一个有机的整体，增值税网上申报只是申报数据电子采集、网上传输及前期初步审核的技术手段，它不是纳税申报的全部内容，更不能将其从申报的整体工作中割裂开来。

二、纳税人采取网上申报方式时，可以通过网络报送增值税纳税申报表主表和附表的电子申报数据以及"四小票"的电子信息。税务机关要切实采取措施提高电子申报数据报送的成功率，在接收电子数据时可采取必要的技术手段，对数据之间的基本逻辑关系进行初步审核检查，以提高数据质量，防止垃圾数据的大量产生。

三、采取网上申报方式的纳税人，要按有关规定自行对照 IC 卡准确填写申报表，并在申报期内先将申报资料电子数据（不含税控 IC 卡）传递到主管税务机关，再携带记录专用发票存根联信息的税控 IC 卡到办税服务厅的窗口办理纳税申报事宜，其纸质申报资料也可于季度末申报期内报送至主管税务机关。税务机关必须坚持在窗口进行申报纳税的审核工作，要按照"一窗式"管理的要求，首先审核申报的销项税额，插卡比对 IC 卡记录数与网上传来的申报表所填专用发票销售数，确认后录下存根联信息；再比对认证信息、四小票数据，审核进项税额，经审核无误后计算应缴税额，开具缴款书等，发现异常的要及时处理。纳税人办理申报纳税后，即可凭卡去购买发票，这样可以一次性解决申报纳税（包括报税，即录取存根联数据）和购买发票等事宜，方便纳税人。

四、税务机关要增强服务意识，帮助纳税人掌握查阅 IC 卡、准确填申报表、报送等要求，在数据录入、传输、接收等环节为纳税人提供便利条件，提升服务水平；要及时做好网上申报软件的升级维护工作，确保"一窗式"比对的顺利进行。

五、各级税务机关增值税、信息等管理部门要加强协调与配合，规范增值税网上申报工作，从业务上进行积极的指导，做好网上申报与"一窗式"管理工作的衔接，巩固和提高增值税"一窗式"管理工作水平。

【注释】　对《增值税暂行条例》第 26 条进行了解释。

财政部　海关总署　国家税务总局关于调整钻石及上海钻石交易所有关税收政策的通知

财税［2006］65 号

各省、自治区、直辖市、计划单列市财政厅（局）、国家税务局，新疆生产建设兵团财务局，海关广东分署、天津、上海特派办、各直属海关：

为规范国内钻石市场，平衡同类商品税收负担，经国务院批准，现将钻石及上海钻石交易所有关税收政策通知如下：

一、纳税人自上海钻石交易所销往国内市场的毛坯钻石，免征进口环节增值税；纳税人自上海钻石交易所销往国内市场的成品钻石，进口环节增值税实际税负超过4%的部分由海关实行即征即退。进入国内环节，纳税人凭海关开具的完税凭证注明的增值税额抵扣进项税金。

纳税人自上海钻石交易所销往国内市场的钻石实行进口环节增值税免征和即征即退政策后，销往国内市场的钻石，在出上海钻石交易所时，海关按照现行规定依法实施管理。

二、出口企业出口的以下钻石产品免征增值税，相应的进项税额不予退税或抵扣，须转入成本。具体产品的范围是：税则序列号为71021000、71023100、71023900、71042010、71049091、71051010、71131110、71131911、71131991、71132010、71162000。

各地税务机关要注意含有钻石的产品的出口动态，凡发现企业出口产品含钻石且价值比重较大，同时不属于以上所列产品范围，以及执行中发现其他问题的，应及时报告财政部、国家税务总局。

三、对国内钻石开采企业通过上海钻石交易所销售的自产毛坯钻石实行免征增值税政策；不通过上海钻石交易所销售的，照章征收增值税。

四、对国内加工的成品钻石，通过上海钻石交易所销售的，在国内销售环节免征增值税；不通过上海钻石交易所销售的，在国内销售环节按17%的税率征收增值税。

对国内加工的成品钻石，进入上海钻石交易所时视同出口，不予退税，自上海钻石交易所再次进入国内市场，其进口环节增值税实际税负超过4%的部分，由海关实行即征即退。

五、对上海钻石交易所取得的交易手续费收入、会员缴纳的年费收入照章征收营业税。

六、关于上海钻石交易所的保税政策和钻石的其他税收政策，仍按现行规定执行。

七、进口环节增值税即征即退的具体操作办法由海关总署制定；对钻石的国内环节的增值税征收管理办法及增值税专用发票管理办法由国家税务总局另行制定。

八、对以一般贸易方式报关进口的工业用钻，不再集中到上海钻石交易所海关办理报关手续、实行统一管理，照章征收进口关税和进口环节增值税（具体商品范围见附件）。

本通知自2006年7月1日起执行。

【注释】 对《增值税暂行条例》第2条进行了解释。

国家税务总局关于中小学课本配套产品适用增值税税率的批复

国税函［2006］770号

宁波市国家税务局：

你局《关于纳税人销售教材配套产品适用增值税税率的请示》（甬国税发［2006］131号）收悉。经研究，批复如下：

教材配套产品与中小学课本辅助使用，包括各种纸制品或图片，是课本的必要组成部分。对纳税人生产销售的与中小学课本相配套的教材配套产品（包括各种纸制品或图片），应按照税目“图书”13%的增值税税率征税。

【注释】 对《增值税暂行条例》第2条进行了解释。

国家税务总局关于水洗猪鬃征收增值税问题的批复

国税函［2006］773号

重庆市国家税务局：

你局《关于水洗猪鬃是否属于农业产品的请示》（渝国税发［2006］109号）收悉。经研究，批复如下：

根据《财政部　国家税务总局关于印发〈农业产品征税范围注释〉的通知》(财税字[1995]52号)有关规定,水洗猪鬃是生猪鬃经过浸泡(脱脂)、打洗、分绒等加工过程生产的产品,已不属于农业产品征税范围,应按"洗净毛、洗净绒"征收增值税。

【注释】　对《增值税暂行条例》第2条进行了解释。

钻石交易增值税征收管理办法

国税发[2006]131号

第一条　为了加强钻石交易的增值税征收管理,根据《中华人民共和国税收征收管理法》、《中华人民共和国增值税暂行条例》及有关税收政策规定,制定本办法。

第二条　上海钻石交易所(以下简称钻交所)是经国务院批准设立,办理钻石进出口手续和对钻石交易实行保税政策的交易场所。

第三条　本办法所称钻石,包括毛坯钻石和成品钻石。

第四条　钻交所应根据《中华人民共和国进/出境货物备案清单》(以下简称:备案清单)或《中华人民共和国海关进/出口货物报关单》(以下简称:报关单)及对海关开具的进出钻交所的《钻石交易核准单》(以下简称:核准单)进行编号登记。

第五条　按照《上海钻石交易所章程》和《上海钻石交易所交易规则》注册登记的专门经营钻石的所有会员单位应当在规定的时间内,向钻交所所在地的税务机关申请办理税务登记和申请办理增值税一般纳税人资格认定。税务机关对经审核符合条件的,认定为一般纳税人,不纳入辅导期管理。

第六条　会员单位通过钻交所进口销往国内市场的毛坯钻石,免征国内环节增值税,并可通过防伪税控"一机多票"系统开具普通发票;会员单位通过钻交所进口销往国内市场的成品钻石,凭海关完税凭证和核准单(须一一对应),通过税务机关或税务机关指定的专业从事税务代理业务的中介机构使用增值税防伪税控主机共享服务系统开具增值税专用发票。如发生退货,需要开具红字增值税专用发票的,除按现行有关规定处理外,还应收回核准单(原件);钻石出口不得开具增值税专用发票。

国内开采或加工的钻石,通过钻交所销售的,在国内销售环节免征增值税,可凭核准单开具普通发票;不通过钻交所销售的,在国内销售环节照章征收增值税,并可按规定开具专用发票。

第七条　会员单位通过钻交所进口成品钻石,凭海关完税凭证上注明的代征增值税税额抵扣,并将对应的核准单编号后,按规定向主管税务机关备案登记。

第八条　会员单位应根据增值税专用发票、核准单、备案清单或报关单等对成品钻石销售进行编号登记,并按规定报送主管税务机关。登记的主要内容是:进口单位名称、国际代码、商品名称及规格型号、数量及单位、报关单或备案清单号码、进口日期、原产国(地区)、总价、购买方单位名称、税务登记代码、专用发票代码、号码、核准单号等。会员单位主管税务机关应于每季度终了15日内向购买方的主管税务机关发送其从钻交所购入钻石的发票清单,主要内容是:所属期限、进口单位名称、专用发票代码和号码、商品名称及规格型号、数量及单位等。

第九条　从钻交所会员单位购进成品钻石的增值税一般纳税人,在向会员单位索取增值税专用发票抵扣联的同时,必须向其索取核准单(第三联),以备税务机关核查。

第十条　从钻交所会员单位购进成品钻石的所有单位(包括加工钻石饰品等单位)应当按规定对钻石交易、库存、委托加工等情况设置明细账簿,按月向其主管税务机关申报钻石购、销、损、存的明细情况。购买方主管税务机关应根据钻交所会员单位主管税务机关发送来的发票清单信息与核准单相关信息按季进行核实,发现异常的,应立即移送稽查部门实施税务稽查。

第十一条　违反本办法,由主管税务机关按照有关法律、行政法规处理。

第十二条　本办法由国家税务总局负责解释。

【注释】　对《增值税暂行条例》第26条进行了解释。

增值税专用发票使用规定

国税发[2006]156号

第一条 为加强增值税征收管理,规范增值税专用发票(以下简称专用发票)使用行为,根据《中华人民共和国增值税暂行条例》及其实施细则和《中华人民共和国税收征收管理法》及其实施细则,制定本规定。

第二条 专用发票,是增值税一般纳税人(以下简称一般纳税人)销售货物或者提供应税劳务开具的发票,是购买方支付增值税额并可按照增值税有关规定据以抵扣增值税进项税额的凭证。

第三条 一般纳税人应通过增值税防伪税控系统(以下简称防伪税控系统)使用专用发票。使用,包括领购、开具、缴销、认证纸质专用发票及其相应的数据电文。

本规定所称防伪税控系统,是指经国务院同意推行的,使用专用设备和通用设备、运用数字密码和电子存储技术管理专用发票的计算机管理系统。

本规定所称专用设备,是指金税卡、IC卡、读卡器和其他设备。

本规定所称通用设备,是指计算机、打印机、扫描器具和其他设备。

第四条 专用发票由基本联次或者基本联次附加其他联次构成,基本联次为三联:发票联、抵扣联和记账联。发票联,作为购买方核算采购成本和增值税进项税额的记账凭证;抵扣联,作为购买方报送主管税务机关认证和留存备查的凭证;记账联,作为销售方核算销售收入和增值税销项税额的记账凭证。其他联次用途,由一般纳税人自行确定。

第五条 专用发票实行最高开票限额管理。最高开票限额,是指单份专用发票开具的销售额合计数不得达到的上限额度。

最高开票限额由一般纳税人申请,税务机关依法审批。最高开票限额为十万元及以下的,由区县级税务机关审批;最高开票限额为一百万元的,由地市级税务机关审批;最高开票限额为一千万元及以上的,由省级税务机关审批。防伪税控系统的具体发行工作由区县级税务机关负责。

税务机关审批最高开票限额应进行实地核查。批准使用最高开票限额为十万元及以下的,由区县级税务机关派人实地核查;批准使用最高开票限额为一百万元的,由地市级税务机关派人实地核查;批准使用最高开票限额为一千万元及以上的,由地市级税务机关派人实地核查后将核查资料报省级税务机关审核。

一般纳税人申请最高开票限额时,需填报《最高开票限额申请表》(附件1)。

第六条 一般纳税人领购专用设备后,凭《最高开票限额申请表》、《发票领购簿》到主管税务机关办理初始发行。

本规定所称初始发行,是指主管税务机关将一般纳税人的下列信息载入空白金税卡和IC卡的行为。

(一)企业名称;

(二)税务登记代码;

(三)开票限额;

(四)购票限量;

(五)购票人员姓名、密码;

(六)开票机数量;

(七)国家税务总局规定的其他信息。

一般纳税人发生上列第一、三、四、五、六、七项信息变化,应向主管税务机关申请变更发行;发生第二项信息变化,应向主管税务机关申请注销发行。

第七条 一般纳税人凭《发票领购簿》、IC卡和经办人身份证明领购专用发票。

第八条 一般纳税人有下列情形之一的,不得领购开具专用发票:

(一)会计核算不健全,不能向税务机关准确提供增值税销项税额、进项税额、应纳税额数据及其他有关增值税税务资料的。上列其他有关增值税税务资料的内容,由省、自治区、直辖市和计划单列市国家税务局确定。

（二）有《税收征管法》规定的税收违法行为，拒不接受税务机关处理的。

（三）有下列行为之一，经税务机关责令限期改正而仍未改正的：

1. 虚开增值税专用发票；

2. 私自印制专用发票；

3. 向税务机关以外的单位和个人买取专用发票；

4. 借用他人专用发票；

5. 未按本规定第十一条开具专用发票；

6. 未按规定保管专用发票和专用设备；

7. 未按规定申请办理防伪税控系统变更发行；

8. 未按规定接受税务机关检查。

有上列情形的，如已领购专用发票，主管税务机关应暂扣其结存的专用发票和IC卡。

第九条　有下列情形之一的，为本规定第八条所称未按规定保管专用发票和专用设备：

（一）未设专人保管专用发票和专用设备；

（二）未按税务机关要求存放专用发票和专用设备；

（三）未将认证相符的专用发票抵扣联、《认证结果通知书》和《认证结果清单》装订成册；

（四）未经税务机关查验，擅自销毁专用发票基本联次。

第十条　一般纳税人销售货物或者提供应税劳务，应向购买方开具专用发票。

商业企业一般纳税人零售的烟、酒、食品、服装、鞋帽（不包括劳保专用部分）、化妆品等消费品不得开具专用发票。

增值税小规模纳税人（以下简称小规模纳税人）需要开具专用发票的，可向主管税务机关申请代开。

销售免税货物不得开具专用发票，法律、法规及国家税务总局另有规定的除外。

第十一条　专用发票应按下列要求开具：

（一）项目齐全，与实际交易相符；

（二）字迹清楚，不得压线、错格；

（三）发票联和抵扣联加盖财务专用章或者发票专用章；

（四）按照增值税纳税义务的发生时间开具。

对不符合上列要求的专用发票，购买方有权拒收。

第十二条　一般纳税人销售货物或者提供应税劳务可汇总开具专用发票。汇总开具专用发票的，同时使用防伪税控系统开具《销售货物或者提供应税劳务清单》（附件2），并加盖财务专用章或者发票专用章。

第十三条　一般纳税人在开具专用发票当月，发生销货退回、开票有误等情形，收到退回的发票联、抵扣联符合作废条件的，按作废处理；开具时发现有误的，可即时作废。

作废专用发票须在防伪税控系统中将相应的数据电文按“作废”处理，在纸质专用发票（含未打印的专用发票）各联次上注明“作废”字样，全联次留存。

第十四条　一般纳税人取得专用发票后，发生销货退回、开票有误等情形但不符合作废条件的，或者因销货部分退回及发生销售折让的，购买方应向主管税务机关填报《开具红字增值税专用发票申请单》（以下简称《申请单》，附件3）。

《申请单》所对应的蓝字专用发票应经税务机关认证。

经认证结果为“认证相符”并且已经抵扣增值税进项税额的，一般纳税人在填报《申请单》时不填写相对应的蓝字专用发票信息。

经认证结果为“纳税人识别号认证不符”、“专用发票代码、号码认证不符”的，一般纳税人在填报《申请单》时应填写相对应的蓝字专用发票信息。

第十五条　《申请单》一式两联：第一联由购买方留存；第二联由购买方主管税务机关留存。

《申请单》应加盖一般纳税人财务专用章。

第十六条　主管税务机关对一般纳税人填报的《申请单》进行审核后，出具《开具红字增值税专用发票通知单》（以下简称《通知单》，附件4）。《通知单》应与《申请单》一一对应。

第十七条 《通知单》一式三联:第一联由购买方主管税务机关留存;第二联由购买方送交销售方留存;第三联由购买方留存。

《通知单》应加盖主管税务机关印章。

《通知单》应按月依次装订成册,并比照专用发票保管规定管理。

第十八条 购买方必须暂依《通知单》所列增值税税额从当期进项税额中转出,未抵扣增值税进项税额的可列入当期进项税额,待取得销售方开具的红字专用发票后,与留存的《通知单》一并作为记账凭证。属于本规定第十四条第四款所列情形的,不作进项税额转出。

第十九条 销售方凭购买方提供的《通知单》开具红字专用发票,在防伪税控系统中以销项负数开具。

红字专用发票应与《通知单》一一对应。

第二十条 同时具有下列情形的,为本规定所称作废条件:

(一)收到退回的发票联、抵扣联时间未超过销售方开票当月;

(二)销售方未抄税并且未记账;

(三)购买方未认证或者认证结果为"纳税人识别号认证不符"、"专用发票代码、号码认证不符"。

本规定所称抄税,是报税前用IC卡或者IC卡和软盘抄取开票数据电文。

第二十一条 一般纳税人开具专用发票应在增值税纳税申报期内向主管税务机关报税,在申报所属月份内可分次向主管税务机关报税。

本规定所称报税,是纳税人持IC卡或者IC卡和软盘向税务机关报送开票数据电文。

第二十二条 因IC卡、软盘质量等问题无法报税的,应更换IC卡、软盘。

因硬盘损坏、更换金税卡等原因不能正常报税的,应提供已开具未向税务机关报税的专用发票记账联原件或者复印件,由主管税务机关补采开票数据。

第二十三条 一般纳税人注销税务登记或者转为小规模纳税人,应将专用设备和结存未用的纸质专用发票送交主管税务机关。

主管税务机关应缴销其专用发票,并按有关安全管理的要求处理专用设备。

第二十四条 本规定第二十三条所称专用发票的缴销,是指主管税务机关在纸质专用发票监制章处按"V"字剪角作废,同时作废相应的专用发票数据电文。

被缴销的纸质专用发票应退还纳税人。

第二十五条 用于抵扣增值税进项税额的专用发票应经税务机关认证相符(国家税务总局另有规定的除外)。认证相符的专用发票应作为购买方的记账凭证,不得退还销售方。

本规定所称认证,是税务机关通过防伪税控系统对专用发票所列数据的识别、确认。

本规定所称认证相符,是指纳税人识别号无误,专用发票所列密文解译后与明文一致。

第二十六条 经认证,有下列情形之一的,不得作为增值税进项税额的抵扣凭证,税务机关退还原件,购买方可要求销售方重新开具专用发票。

(一)无法认证。

本规定所称无法认证,是指专用发票所列密文或者明文不能辨认,无法产生认证结果。

(二)纳税人识别号认证不符。

本规定所称纳税人识别号认证不符,是指专用发票所列购买方纳税人识别号有误。

(三)专用发票代码、号码认证不符。

本规定所称专用发票代码、号码认证不符,是指专用发票所列密文解译后与明文的代码或者号码不一致。

第二十七条 经认证,有下列情形之一的,暂不得作为增值税进项税额的抵扣凭证,税务机关扣留原件,查明原因,分别情况进行处理。

(一)重复认证。

本规定所称重复认证,是指已经认证相符的同一张专用发票再次认证。

(二)密文有误。

本规定所称密文有误,是指专用发票所列密文无法解译。

(三)认证不符。

本规定所称认证不符,是指纳税人识别号有误,或者专用发票所列密文解译后与明文不一致。

本项所称认证不符不含第二十六条第二项、第三项所列情形。

(四)列为失控专用发票。

本规定所称列为失控专用发票,是指认证时的专用发票已被登记为失控专用发票。

第二十八条 一般纳税人丢失已开具专用发票的发票联和抵扣联,如果丢失前已认证相符的,购买方凭销售方提供的相应专用发票记账联复印件及销售方所在地主管税务机关出具的《丢失增值税专用发票已报税证明单》(附件5),经购买方主管税务机关审核同意后,可作为增值税进项税额的抵扣凭证;如果丢失前未认证的,购买方凭销售方提供的相应专用发票记账联复印件到主管税务机关进行认证,认证相符的凭该专用发票记账联复印件及销售方所在地主管税务机关出具的《丢失增值税专用发票已报税证明单》,经购买方主管税务机关审核同意后,可作为增值税进项税额的抵扣凭证。

一般纳税人丢失已开具专用发票的抵扣联,如果丢失前已认证相符的,可使用专用发票发票联复印件留存备查;如果丢失前未认证的,可使用专用发票发票联到主管税务机关认证,专用发票发票联复印件留存备查。

一般纳税人丢失已开具专用发票的发票联,可将专用发票抵扣联作为记账凭证,专用发票抵扣联复印件留存备查。

第二十九条 专用发票抵扣联无法认证的,可使用专用发票发票联到主管税务机关认证。专用发票发票联复印件留存备查。

第三十条 本规定自2007年1月1日施行,《国家税务总局关于印发〈增值税专用发票使用规定〉的通知》(国税发[1993]150号)、《国家税务总局关于增值税专用发票使用问题的补充通知》(国税发[1994]056号)、《国家税务总局关于由税务所为小规模企业代开增值税专用发票的通知》(国税发[1994]058号)、《国家税务总局关于印发〈关于商业零售企业开具增值税专用发票的通告〉的通知》(国税发[1994]081号)、《国家税务总局关于修改〈国家税务总局关于严格控制增值税专用发票使用范围的通知〉的通知》(国税发[2000]075号)、《国家税务总局关于加强防伪税控开票系统最高开票限额管理的通知》(国税发明电[2001]57号)、《国家税务总局关于增值税一般纳税人丢失防伪税控系统开具的增值税专用发票有关税务处理问题的通知》(国税发[2002]010号)、《国家税务总局关于进一步加强防伪税控开票系统最高开票限额管理的通知》(国税发明电[2002]33号)同时废止。以前有关政策规定与本规定不一致的,以本规定为准。

【注释】 对《增值税暂行条例》第26条进行了解释。相关规定包括:《国家税务总局关于修订增值税专用发票使用规定的补充通知》(国税发[2007]18号)。

国家税务总局关于旧版货运发票抵扣增值税进项税额有关问题的通知

国税函[2006]1187号

各省、自治区、直辖市和计划单列市国家税务局、地方税务局:

自2007年1月1日起,公路、内河货物运输业发票税控系统将在全国全面推行,现将纳税人取得的不带税控码的旧版《公路、内河货物运输业统一发票》(以下简称旧版货运发票)抵扣增值税进项税额有关问题通知如下:

一、纳税人取得的2006年12月31日以前开具的旧版货运发票可以在自发票开具日90天后的第一个纳税申报期结束以前申报抵扣,超过90天的不得抵扣。

自2007年4月1日起,纳税人取得的旧版货运发票,一律不得作为增值税进项税额的抵扣凭证。

二、纳税人取得的2007年1月1日以后开具的旧版货运发票一律不得作为增值税进项税额的抵扣凭证。

本通知自发布之日起执行。此前规定与本通知不一致的,以本通知为准。

【注释】 对《增值税暂行条例》第8条进行了解释。

财政部　国家税务总局关于矿物质微量元素舔砖免征进口环节增值税的通知

财关税[2006]73号

海关总署：

为支持国内畜牧业的发展并根据《财政部　国家税务总局关于豆粕等粕类产品征免增值税政策的通知》(财税[2001]30号)第二条的有关规定，自2007年1月1日起，对进口的矿物质微量元素舔砖(税号ex38249090)免征进口环节增值税。

矿物质微量元素舔砖是以四种以上微量元素、非营养性添加剂和载体为原料，经高压浓缩制成的块状预混物，供牛、羊等直接食用。

【注释】 对《财政部　国家税务总局关于豆粕等粕类产品征免增值税政策的通知》(财税[2001]30号)进行了解释。

国家税务总局关于公路　内河货物运输业统一发票增值税抵扣有关问题的公告

国家税务总局公告[2006]2号

为进一步加强公路、内河货物运输业发票(以下简称货运发票)管理，国家税务总局下发的《关于全国范围内推行公路、内河货物运输业发票税控系统有关工作的通知》(国税发[2006]163号)规定，自2007年1月1日起，全国将使用税控系统开具货运发票。为做好新旧货运发票增值税抵扣的衔接，现将有关事项公告如下：

一、自2007年1月1日起，增值税一般纳税人购进或销售货物，取得的作为增值税扣税凭证的货运发票，必须是通过货运发票税控系统开具的新版货运发票。

纳税人取得的2007年1月1日以后开具的旧版货运发票，不再作为增值税扣税凭证抵扣进项税额。

二、纳税人取得的2006年12月31日以前开具的旧版货运发票暂继续作为增值税扣税凭证，纳税人应在开具之日起90天后的第一个纳税申报期结束以前申报抵扣进项税额。

自2007年4月1日起，旧版货运发票一律不得作为增值税扣税凭证抵扣进项税额。

【注释】 对《关于全国范围内推行公路、内河货物运输业发票税控系统有关工作的通知》(国税发[2006]163号)进行了解释。

国家税务总局关于燃油电厂取得发电补贴有关增值税政策的通知

国税函[2006]1235号

各省、自治区、直辖市和计划单列市国家税务局：

现将燃油电厂从政府财政专户取得的发电补贴是否征收增值税的问题明确如下：

根据《中华人民共和国增值税暂行条例》第六条规定，应税销售额是指纳税人销售货物或者应税劳务向购买方收取的全部价款和价外费用。因此，各燃油电厂从政府财政专户取得的发电补贴不属于规定的价外费用，不计入应税销售额，不征收增值税。

【注释】　对《增值税暂行条例》第6条进行了解释。

国家税务总局关于增值税专用发票抵扣联信息扫描器具等设备有关税收问题的通知

国税函[2006]1248号

各省、自治区、直辖市和计划单列市国家税务局：

为减轻纳税人增值税专用发票抵扣联信息采集工作量，部分地区实行了专用发票抵扣联信息网络传递的办法。现将纳税人用于采集专用发票抵扣联信息的扫描器具和计算机增值税进项税额抵扣问题明确如下：

增值税一般纳税人用于采集增值税专用发票抵扣联信息的扫描器具和计算机，属于防伪税控通用设备，可以按照《国务院办公厅转发国家税务总局关于全面推广应用增值税防伪税控系统意见的通知》（国办发[2000]12号）和《国家税务总局关于推行增值税防伪税控系统若干问题的通知》（国税发[2000]183号）的规定，对纳税人购置上述设备发生的费用，准予在当期计算缴纳所得税前一次性列支；同时可按购置上述设备取得的增值税专用发票所注明的增值税税额，计入当期增值税进项税额。

【注释】　对《增值税暂行条例》第8条进行了解释。

国家税务总局关于加强增值税其他抵扣凭证数据采集传输管理有关问题的通知

国税函[2006]1244号

各省、自治区、直辖市和计划单列市国家税务局：

针对目前增值税其他抵扣凭证（包括废旧物资发票、海关进口增值税专用缴款书、货物运输业发票）数据采集、传输环节存在的纳税人不按规定采集清单数据、清单数据采集录入错误、误将非增值税抵扣凭证（如废旧物资收购凭证、海关进口关税专用缴款书、海关进口消费税专用缴款书以及海关征收的滞纳金凭证等）填入清单、税务机关漏传数据等问题，为进一步加强增值税其他抵扣凭证数据采集和传输管理，现将有关问题通知如下：

一、各地税务机关要健全管理制度，加强督促检查，落实工作责任，采取有效措施确保数据采集和传输的完整、准确、及时，确保清单采集数据与申报抵扣数据、采集数据与上传数据的一致性，做好废旧物资经营单位中的小规模纳税人《废旧物资发票开具清单》的采集工作。

二、各地税务机关要加强对税务人员的业务培训和对纳税人的纳税辅导，以提高数据采集和传输的质量。要严格按照有关规定认真审核纳税人填报的清单，发现问题及时进行纠正。

三、目前通过审核检查发现纳税人填写海关进口增值税专用缴款书抵扣清单数据不规范问题较为突出，为便于纳税人准确填写清单，税务总局将海关进口增值税专用缴款书号码的编制规则和有关注意事项进行了明确（具体内容见附件），请各地尽快告知纳税人。

【注释】　对《增值税暂行条例》第26条进行了解释。

国家税务总局关于纳税人折扣折让行为开具红字增值税专用发票问题的通知

国税函[2006]1279号

各省、自治区、直辖市和计划单列市国家税务局：

近接部分地区询问，因市场价格下降等原因，纳税人发生的销售折扣或折让行为应如何开具红字增值税专用发票。经研究，明确如下：

纳税人销售货物并向购买方开具增值税专用发票后，由于购货方在一定时期内累计购买货物达到一定数量，或者由于市场价格下降等原因，销货方给予购货方相应的价格优惠或补偿等折扣、折让行为，销货方可按现行《增值税专用发票使用规定》的有关规定开具红字增值税专用发票。

【注释】 对《增值税专用发票使用规定》进行了解释。

国家税务总局关于饲料级磷酸二氢钙产品增值税政策问题的通知

国税函[2007]10号

各省、自治区、直辖市和计划单列市国家税务局：

近接部分地区询问，饲料级磷酸二氢钙产品用于水产品饲养、补充水产品所需的钙、磷等微量元素，与饲料级磷酸氢钙产品的生产用料、工艺等基本相同，是否应按照饲料级磷酸氢钙免税。现将饲料级磷酸二氢钙产品增值税政策通知如下：

一、对饲料级磷酸二氢钙产品可按照现行“单一大宗饲料”的增值税政策规定，免征增值税。

二、纳税人销售饲料级磷酸二氢钙产品，不得开具增值税专用发票；凡开具专用发票的，不得享受免征增值税政策，应照章全额缴纳增值税。

本通知自2007年1月1日起执行。

【注释】 对《增值税暂行条例》第2条进行了解释。

财政部　国家税务总局关于明确硝酸铵适用增值税税率的通知

财税[2007]7号

各省、自治区、直辖市、计划单列市财政厅(局)、国家税务局，新疆生产建设兵团财务局：

为贯彻落实《国务院办公厅关于进一步加强民用爆炸物品安全管理的通知》(国办发[2002]52号)精神，经研究，现将硝酸铵增值税政策通知如下：

一、自2007年2月1日起，硝酸铵适用的增值税税率统一调整为17%，同时不再享受化肥产品免征增值税政策。

二、自2007年2月1日起，出口企业出口的硝酸铵(税号:31023000)统一执行13%的退税率(以出口退税专用的出口货物报关单上注明的出口日期为准)。在此之前，出口企业已经出口的硝酸铵，按17%计算征收增值税的,按13%计算办理退税(含免抵退税,下同);按13%计算征收增值税的,按11%计算办理退税。

三、外贸企业在2007年2月1日后出口的硝酸铵,取得的增值税专用发票是在2007年2月1日前开具,且注明的税率为13%的,准予继续按11%计算办理退税;增值税专用发票是在2007年2月1日后开具,且注明税率仍为13%的,不予办理退税。

四、税务机关对外贸企业上述出口退税申报,可采取人机结合的办法予以审核处理。

【注释】 对《增值税暂行条例》第2条进行了解释。

国家税务总局关于粉煤灰(渣)征收增值税问题的批复

国税函[2007]158号

深圳市国家税务局:

你局《关于粉煤灰(渣)增值税问题的请示》(深国税发[2006]173号)收悉。经研究,批复如下:

粉煤灰(渣)是煤炭燃烧后的残留物,可以用作部分建材产品的生产原料,属于废渣产品,不属于建材产品。纳税人生产销售的粉煤灰(渣)不属于《财政部国家税务总局关于对部分资源综合利用产品免征增值税的通知》(财税[1995]44号)规定的免征增值税产品的范围,也不属于《财政部国家税务总局关于调整农业产品增值税税率和若干项目征免增值税的通知》(财税字[1994]4号)规定的按照简易办法征收增值税产品的范围。对纳税人生产销售的粉煤灰(渣)应当按照增值税适用税率征收增值税,不得免征增值税,也不得按照简易办法征收增值税。

【注释】 对《增值税暂行条例》第2条进行了解释。

财政部 国家税务总局关于加快煤层气抽采有关税收政策问题的通知

财税[2007]16号

各省、自治区、直辖市、计划单列市财政厅(局)、国家税务局、地方税务局,新疆生产建设兵团财务局,财政部驻各省、自治区、直辖市、计划单列市财政监察专员办事处:

为加快推进煤层气资源的抽采利用,鼓励清洁生产、节约生产和安全生产,经国务院批准,现就鼓励煤层气抽采有关税收政策问题通知如下:

一、对煤层气抽采企业的增值税一般纳税人抽采销售煤层气实行增值税先征后退政策。先征后退税款由企业专项用于煤层气技术的研究和扩大再生产,不征收企业所得税。

煤层气是指赋存于煤层及其围岩中与煤炭资源伴生的非常规天然气,也称煤矿瓦斯。

煤层气抽采企业应将享受增值税先征后退政策的业务和其他业务分别核算,不能分别准确核算的,不得享受增值税先征后退政策。

煤层气抽采企业增值税先征后退政策由财政部驻各地财政监察专员办事处根据财政部、国家税务总局、中国人民银行《关于税制改革后对某些企业实行"先征后退"有关预算管理问题的暂行规定的通知》([94]财预字第55号)的规定办理。

二、对独立核算的煤层气抽采企业购进的煤层气抽采泵、钻机、煤层气监测装置、煤层气发电机组、钻井、录井、测井等专用设备,统一采取双倍余额递减法或年数总和法实行加速折旧,具体加速折旧方法可以由企业自行决定,但一经确定,以后年度不得随意调整。

三、对独立核算的煤层气抽采企业利用银行贷款或自筹资金从事技术改造项目国产设备投资,其项目所需国产设备投资的40%可从企业技术改造项目设备购置当年比前一年新增的企业所得税中抵免。具体管理办法按财政部、国家税务总局《关于印发〈技术改造国产设备投资抵免企业所得税暂行办法〉的通知》(财税字[1999]290号)、国家税务总局《关于印发〈技术改造国产设备投资抵免企业所得税审核管理办法〉的通知》(国税发[2000]13号)、财政部、国家税务总局《关于外商投资企业和外国企业购买国产设备投资抵免企业所得税有关问题的通知》(财税字[2000]49号)和国家税务总局《关于印发〈外商投资企业和外国企业购买国产设备投资抵免企业所得税管理办法〉的通知》(国税发[2000]90号)的规定执行。

四、对财务核算制度健全、实行查账征税的煤层气抽采企业研究开发新技术、新工艺发生的技术开发费,在按规定实行100%扣除基础上,允许再按当年实际发生额的50%在企业所得税税前加计扣除。具体管理办法按财政部、国家税务总局《关于企业技术创新有关企业所得税优惠政策的通知》(财税[2006]88号)第一条的有关规定执行。

五、对地面抽采煤层气暂不征收资源税。

六、本通知自2007年1月1日起执行。现行对中联公司中外合作开采陆上煤层气按实物征收5%的增值税以及中联公司自营开采陆上煤层气增值税超5%税负返还政策同时废止。

【注释】 对《增值税暂行条例》第16条进行了解释。

国家税务总局关于修订增值税专用发票使用规定的补充通知

国税发[2007]18号

各省、自治区、直辖市和计划单列市国家税务局:

《国家税务总局关于修订〈增值税专用发票使用规定〉的通知》(国税发[2006]156号,以下简称《通知》)下发后,各地陆续反映了一些执行中存在的问题,经研究,现补充通知如下:

一、增值税一般纳税人开具增值税专用发票(以下简称专用发票)后,发生销货退回、销售折让以及开票有误等情况需要开具红字专用发票的,视不同情况分别按以下办法处理:

(一)因专用发票抵扣联、发票联均无法认证的,由购买方填报《开具红字增值税专用发票申请单》(以下简称申请单),并在申请单上填写具体原因以及相对应蓝字专用发票的信息,主管税务机关审核后出具《开具红字增值税专用发票通知单》(以下简称通知单)。购买方不作进项税额转出处理。

(二)购买方所购货物不属于增值税扣税项目范围,取得的专用发票未经认证的,由购买方填报申请单,并在申请单上填写具体原因以及相对应蓝字专用发票的信息,主管税务机关审核后出具通知单。购买方不作进项税额转出处理。

(三)因开票有误购买方拒收专用发票的,销售方须在专用发票认证期限内向主管税务机关填报申请单,并在申请单上填写具体原因以及相对应蓝字专用发票的信息,同时提供由购买方出具的写明拒收理由、错误具体项目以及正确内容的书面材料,主管税务机关审核确认后出具通知单。销售方凭通知单开具红字专用发票。

(四)因开票有误等原因尚未将专用发票交付购买方的,销售方须在开具有误专用发票的次月内向主管税务机关填报申请单,并在申请单上填写具体原因以及相对应蓝字专用发票的信息,同时提供由销售方出具的写明具体理由、错误具体项目以及正确内容的书面材料,主管税务机关审核确认后出具通知单。销售方凭通知单开具红字专用发票。

(五)发生销货退回或销售折让的,除按照《通知》的规定进行处理外,销售方还应在开具红字专用发票后将该笔业务的相应记账凭证复印件报送主管税务机关备案。

二、税务机关为小规模纳税人代开专用发票需要开具红字专用发票的,比照一般纳税人开具红字专用发票的处理办法,通知单第二联交代开税务机关。

三、为实现对通知单的监控管理,税务总局正在开发通知单开具和管理系统。在系统推广应用之前,通知单暂由一般纳税人留存备查,税务机关不进行核销。红字专用发票暂不报送税务机关认证。

四、对2006年开具的专用发票,在2007年4月30日前可按照原规定开具红字专用发票。

特此通知。

【注释】 对《国家税务总局关于修订〈增值税专用发票使用规定〉的通知》(国税发[2006]156号)进行了补充规定。

财政部 国家税务总局关于明确生皮和生毛皮进口环节增值税税率的通知

财关税[2007]34号

海关总署:

根据2007版《中华人民共和国进出口税则》及《财政部 国家税务总局关于印发〈农业产品征税范围注释〉的通知》(财税字[1995]52号)、《财政部 国家税务总局关于调整部分商品进口环节增值税税率的通知》(财税字[2000]296号),自2007年4月1日起,对生皮、生毛皮等动物皮张类商品(具体税号见附件)的进口环节增值税按13%的税率计征。

【注释】 对《增值税暂行条例》第2条进行了解释。

国家税务总局关于纳税人进口货物增值税进项税额抵扣有关问题的通知

国税函[2007]350号

各省、自治区、直辖市和计划单列市国家税务局:

近接部分地区咨询,纳税人进口货物报关后,境外供货商向国内进口方退还或返还的资金,或进口货物向境外实际支付的货款低于进口报关价格的差额,是否应当作进项税额转出。现明确如下:

《中华人民共和国增值税暂行条例》第八条规定,纳税人从海关取得的完税凭证上注明的增值税额准予从销项税额中抵扣。因此,纳税人进口货物取得的合法海关完税凭证,是计算增值税进项税额的唯一依据,其价格差额部分以及从境外供应商取得的退还或返还的资金,不作进项税额转出处理。

本文发布前纳税人已作进项税额转出处理的,可重新计入“应交税金—应交增值税—进项税额”科目,准予从销项税额中抵扣。

【注释】 对《增值税暂行条例》第8条进行了解释。

财政部 国家税务总局关于免征滴灌带和滴灌管产品增值税的通知

财税[2007]83号

各省、自治区、直辖市、计划单列市财政厅(局)、国家税务局,新疆生产建设兵团财务局:

为节约水资源,促进农业节水灌溉,发展农业生产,经国务院批准,现将滴灌带和滴灌管产品有关增值税政策问题通知如下:

一、自2007年7月1日起,纳税人生产销售和批发、零售滴灌带和滴灌管产品免征增值税。

滴灌带和滴灌管产品是指农业节水滴灌系统专用的、具有制造过程中加工的孔口或其他出流装置、能够以滴状或连续流状出水的水带和水管产品。滴灌带和滴灌管产品按照国家有关质量技术标准要求进行生产,并与 PVC 管(主管)、PE 管(辅管)、承插管件、过滤器等部件组成为滴灌系统。

二、享受免税政策的纳税人应按照《中华人民共和国增值税暂行条例》及其实施细则等规定,单独核算滴灌带和滴灌管产品的销售额。未单独核算销售额的,不得免税。

三、纳税人销售免税的滴灌带和滴灌管产品,应一律开具普通发票,不得开具增值税专用发票。

四、生产滴灌带和滴灌管产品的纳税人申请办理免征增值税时,应向主管税务机关报送由产品质量检验机构出具的质量技术检测合格报告,出具报告的产品质量检验机构须通过省以上质量技术监督部门的相关资质认定。批发和零售滴灌带和滴灌管产品的纳税人申请办理免征增值税时,应向主管税务机关报送由生产企业提供的质量技术检测合格报告原件或复印件。未取得质量技术检测合格报告的,不得免税。

五、税务机关应加强对享受免税政策纳税人的后续管理,不定期对企业经营情况进行核实,凡经核实产品质量不符合有关质量技术标准要求的,应停止其继续享受免税政策的资格,依法恢复征税。

【注释】 对《增值税暂行条例》第 16 条进行了解释。

财政部 国家税务总局关于促进残疾人就业税收优惠政策的通知

财税[2007]92 号

各省、自治区、直辖市、计划单列市财政厅(局)、国家税务局、地方税务局,新疆生产建设兵团财务局:

为了更好地发挥税收政策促进残疾人就业的作用,进一步保障残疾人的切身利益,经国务院批准并商民政部、中国残疾人联合会同意,决定在全国统一实行新的促进残疾人就业的税收优惠政策。现将有关政策通知如下:

一、对安置残疾人单位的增值税和营业税政策

对安置残疾人的单位,实行由税务机关按单位实际安置残疾人的人数,限额即征即退增值税或减征营业税的办法。

(一)实际安置的每位残疾人每年可退还的增值税或减征的营业税的具体限额,由县级以上税务机关根据单位所在区县(含县级市、旗,下同)适用的经省(含自治区、直辖市、计划单列市,下同)级人民政府批准的最低工资标准的 6 倍确定,但最高不得超过每人每年 3.5 万元。

(二)主管国税机关应按月退还增值税,本月已交增值税额不足退还的,可在本年度(指纳税年度,下同)内以前月份已交增值税扣除已退增值税的余额中退还,仍不足退还的可结转本年度内以后月份退还。主管地税机关应按月减征营业税,本月应缴营业税不足减征的,可结转本年度内以后月份减征,但不得从以前月份已交营业税中退还。

(三)上述增值税优惠政策仅适用于生产销售货物或提供加工、修理修配劳务取得的收入占增值税业务和营业税业务收入之和达到 50% 的单位,但不适用于上述单位生产销售消费税应税货物和直接销售外购货物(包括商品批发和零售)以及销售委托外单位加工的货物取得的收入。上述营业税优惠政策仅适用于提供"服务业"税目(广告业除外)取得的收入占增值税业务和营业税业务收入之和达到 50% 的单位,但不适用于上述单位提供广告业劳务以及不属于"服务业"税目的营业税应税劳务取得的收入。

单位应当分别核算上述享受税收优惠政策和不得享受税收优惠政策业务的销售收入或营业收入,不能分别核算的,不得享受本通知规定的增值税或营业税优惠政策。

(四)兼营本通知规定享受增值税和营业税税收优惠政策业务的单位,可自行选择退还增值税或减征营业税,一经选定,一个年度内不得变更。

(五)如果既适用促进残疾人就业税收优惠政策,又适用下岗再就业、军转干部、随军家属等支持就业的税收优惠政策的,单位可选择适用最优惠的政策,但不能累加执行。

(六)本条所述"单位"是指税务登记为各类所有制企业(包括个人独资企业、合伙企业和个体经营户)、事业单位、社会团体和民办非企业单位。

……

五、享受税收优惠政策单位的条件

安置残疾人就业的单位(包括福利企业、盲人按摩机构、工疗机构和其他单位),同时符合以下条件并经过有关部门的认定后,均可申请享受本通知第一条和第二条规定的税收优惠政策:

(一)依法与安置的每位残疾人签订了一年以上(含一年)的劳动合同或服务协议,并且安置的每位残疾人在单位实际上岗工作。

(二)月平均实际安置的残疾人占单位在职职工总数的比例应高于25%(含25%),并且实际安置的残疾人人数多于10人(含10人)。

月平均实际安置的残疾人占单位在职职工总数的比例低于25%(不含25%)但高于1.5%(含1.5%),并且实际安置的残疾人人数多于5人(含5人)的单位,可以享受本通知第二条第(一)项规定的企业所得税优惠政策,但不得享受本通知第一条规定的增值税或营业税优惠政策。

(三)为安置的每位残疾人按月足额缴纳了单位所在区县人民政府根据国家政策规定的基本养老保险、基本医疗保险、失业保险和工伤保险等社会保险。

(四)通过银行等金融机构向安置的每位残疾人实际支付了不低于单位所在区县适用的经省级人民政府批准的最低工资标准的工资。

(五)具备安置残疾人上岗工作的基本设施。

六、其他有关规定

(一)经认定的符合上述税收优惠政策条件的单位,应按月计算实际安置残疾人占单位在职职工总数的平均比例,本月平均比例未达到要求的,暂停其本月相应的税收优惠。在一个年度内累计三个月平均比例未达到要求的,取消其次年度享受相应税收优惠政策的资格。

(二)《财政部 国家税务总局关于教育税收政策的通知》(财税[2004]39号)第一条第7项规定的特殊教育学校举办的企业,是指设立的主要为在校学生提供实习场所、并由学校出资自办、由学校负责经营管理、经营收入全部归学校所有的企业,上述企业只要符合第五条第(二)项条件,即可享受本通知第一条和第二条规定的税收优惠政策。这类企业在计算残疾人人数时可将在企业实际上岗工作的特殊教育学校的全日制在校学生计算在内,在计算单位在职职工人数时也要将上述学生计算在内。

(三)在除辽宁、大连、上海、浙江、宁波、湖北、广东、深圳、重庆、陕西以外的其他地区,2007年7月1日前已享受原福利企业税收优惠政策的单位,凡不符合本通知第五条第(三)项规定的有关缴纳社会保险条件,但符合本通知第五条规定的其他条件的,主管税务机关可暂予认定为享受税收优惠政策的单位。上述单位应按照有关规定尽快为安置的残疾人足额缴纳有关社会保险。2007年10月1日起,对仍不符合该项规定的单位,应停止执行本通知第一条和第二条规定的各项税收优惠政策。

(四)对安置残疾人单位享受税收优惠政策的各项条件实行年审办法,具体年审办法由省级税务部门会同同级民政部门及残疾人联合会制定。

七、有关定义

(一)本通知所述"残疾人",是指持有《中华人民共和国残疾人证》上注明属于视力残疾、听力残疾、言语残疾、肢体残疾、智力残疾和精神残疾的人员和持有《中华人民共和国残疾军人证(1至8级)》的人员。

(二)本通知所述"个人"均指自然人。

(三)本通知所述"单位在职职工"是指与单位建立劳动关系并依法应当签订劳动合同或服务协议的雇员。

(四)本通知所述"工疗机构"是指集就业和康复为一体的福利性生产安置单位,通过组织精神残疾人员参加适当生产劳动和实施康复治疗与训练,达到安定情绪、缓解症状、提高技能和改善生活状况的目的,包括精神病院附设的康复车间、企业附设的工疗车间、基层政府和组织兴办的工疗站等。

八、对残疾人人数计算的规定

(一)允许将精神残疾人员计入残疾人人数享受本通知第一条和第二条规定的税收优惠政策,仅限于工疗机构等适合安置精神残疾人就业的单位。具体范围由省级税务部门会同同级财政、民政部门及残疾人联合会规定。

(二)单位安置的不符合《中华人民共和国劳动法》(主席令第二十八号)及有关规定的劳动年龄的残疾人,不列入本通知第五条第(二)款规定的安置比例及第一条规定的退税、减税限额和第二条规定的加计扣除额的计算。

九、单位和个人采用签订虚假劳动合同或服务协议、伪造或重复使用残疾人证或残疾军人证、残疾人挂名而不实际上岗工作、虚报残疾人安置比例、为残疾人不缴或少缴规定的社会保险、变相向残疾人收回支付的工资等方法骗取本通知规定的税收优惠政策的，除依照法律、法规和其他有关规定追究有关单位和人员的责任外，其实际发生上述违法违规行为年度内实际享受到的减（退）税款应全额追缴入库，并自其发生上述违法违规行为年度起三年内取消其享受本通知规定的各项税收优惠政策的资格。

十、本通知规定的各项税收优惠政策的具体征收管理办法由国家税务总局会同民政部、中国残疾人联合会另行制定。福利企业安置残疾人比例和安置残疾人基本设施的认定管理办法由民政部商财政部、国家税务总局、中国残疾人联合会制定，盲人按摩机构、工疗机构及其他单位安置残疾人比例和安置残疾人基本设施的认定管理办法由中国残疾人联合会商财政部、民政部、国家税务总局制定。

十一、本通知自2007年7月1日起施行，但外商投资企业适用本通知第二条企业所得税优惠政策的规定自2008年1月1日起施行。财政部、国家税务总局《关于企业所得税若干优惠政策的通知》[（94）财税字第001]号第一条第（九）项、财政部、国家税务总局《关于对福利企业、学校办企业征税问题的通知》[（94）财税字第003号]、《国家税务总局关于民政福利企业征收流转税问题的通知》（国税发[1994]155号）、财政部、国家税务总局《关于福利企业有关税收政策问题的通知》（财税字[2000]35号）、《财政部　国家税务总局关于调整完善现行福利企业税收优惠政策试点工作的通知》（财税[2006]111号）、《国家税务总局 财政部　民政部 中国残疾人联合会关于调整完善现行福利企业税收优惠政策试点实施办法的通知》（国税发[2006]112号）和《财政部　国家税务总局关于进一步做好调整现行福利企业税收优惠政策试点工作的通知》（财税[2006]135号）自2007年7月1日起停止执行。

十二、各地各级财政、税务部门要认真贯彻落实本通知的各项规定，加强领导，及时向当地政府汇报，取得政府的理解与支持，并密切与民政、残疾人联合会等部门衔接、沟通。税务部门要牵头建立由上述部门参加的联席会议制度，共同将本通知规定的各项政策贯彻落实好。财政、税务部门之间要相互配合，省级税务部门每半年要将执行本通知规定的各项政策的减免（退）税数据及相关情况及时通报省级财政部门。

十三、各地在执行中有何问题，请及时上报财政部和国家税务总局。

【注释】　对《增值税暂行条例》第16条进行了解释。

国家税务总局关于下放增值税专用发票最高开票限额审批权限的通知

国税函[2007]918号

各省、自治区、直辖市和计划单列市国家税务局：

自2001年10月份起，税务总局先后下发了一些加强增值税专用发票（以下简称专用发票）最高开票限额管理的规定，增值税各项管理工作不断加强。为了在加强管理同时，提高工作效率，优化纳税服务，经研究，税务总局决定下放专用发票最高开票限额审批权限。现将有关问题通知如下：

一、自2007年9月1日起，原省、地市税务机关的增值税一般纳税人专用发票最高开票限额审批权限下放至区县税务机关。地市税务机关对此项工作要进行监督检查。

二、区县税务机关对纳税人申请的专用发票最高开票限额要严格审核，根据企业生产经营和产品销售的实际情况进行审批，既要控制发票数量以利于加强管理，又要保证纳税人生产经营的正常需要。

三、区县税务机关应结合本地实际情况，从加强发票管理和方便纳税人的要求出发，采取有效措施，合理简化程序、办理专用发票最高开票限额审批手续。

四、专用发票最高开票限额审批权限下放和手续简化后，各地税务机关要严格按照"以票控税、网络比对、税源监控、综合管理"的要求，落实各项管理措施，通过纳税申报"一窗式"管理、发票交叉稽核、异常发票检查以及纳税评估等日常管理手段，切实加强征管，做好增值税管理工作。

【注释】　对《增值税暂行条例》第26条进行了解释。

旧设备出口退(免)税暂行办法

国税发[2008]16号

第一条　为促进“走出去”战略,明确职责和操作程序,根据《国家税务总局关于印发〈出口货物退(免)税管理办法〉的通知》(国税发[1994]31号)及现行出口退(免)税相关规定,制定本办法。

第二条　旧设备的出口退(免)税管理由出口企业所在地主管税务机关负责。

第三条　本办法所称旧设备是指出口企业作为固定资产使用过的设备(以下简称自用旧设备)和出口企业直接购买的旧设备(以下简称外购旧设备)。

第四条　出口企业出口旧设备应按照现行有关规定持下列资料向主管税务机关申请办理退(免)税认定手续。

1. 企业营业执照副本复印件;
2. 企业税务登记证副本复印件;
3. 主管税务机关要求提供的其他资料。

本办法所称出口企业包括增值税一般纳税人、小规模纳税人和非增值税纳税人,出口方式包括自营出口或委托出口。

第五条　增值税一般纳税人和非增值税纳税人出口的自用旧设备,根据以下公式计算其应退税额:

应退税额=增值税专用发票所列明的金额(不含税额)×设备折余价值/设备原值×适用退税率

设备折余价值=设备原值—已提折旧

增值税一般纳税人和非增值税纳税人出口的自用旧设备,须按照有关税收法律法规规定的向主管税务机关备案的折旧年限计算提取折旧,并计算设备折余价值。主管税务机关接到企业出口自用旧设备的退税申报后,须填写《旧设备折旧情况确认表》交由负责企业所得税管理的税务机关核实无误后办理退税。

第六条　增值税一般纳税人和非增值税纳税人出口自用旧设备后,应填写《出口旧设备退(免)税申报表》,并持下列资料,向其主管税务机关申请退税。

1. 出口货物报关单(出口退税专用)或代理出口货物证明;
2. 购买设备的增值税专用发票;
3. 主管税务机关出具的《旧设备折旧情况确认表》;
4. 主管税务机关要求提供的其他资料。

增值税一般纳税人和非增值税纳税人以一般贸易方式出口旧设备的,除上述资料外,还须提供出口收汇核销单。

增值税一般纳税人和非增值税纳税人出口的自用旧设备,凡购进时未取得增值税专用发票但其他单证齐全的,实行出口环节免税不退税(以下简称“免税不退税”)的办法。

第七条　增值税一般纳税人和非增值税纳税人出口的外购旧设备,实行免税不退税的办法。企业出口外购旧设备后,须在规定的出口退(免)税申报期限内填写《出口旧设备退(免)税申报表》,并持出口货物报关单(出口退税专用)、购买设备的普通发票或进口完税凭证及主管税务机关要求提供的其他资料向主管税务机关申报免税。

第八条　小规模纳税人出口的自用旧设备和外购旧设备,实行免税不退税的办法。

第九条　申报退税的出口企业属于扩大增值税抵扣范围企业的,其自获得扩大增值税抵扣范围资格之日起出口的自用旧设备,主管税务机关应核实该设备所含增值税进项税额未计算抵扣后方可办理退税;如经主管税务机关核实,该设备所含增值税进项税额已计算抵扣,则不得办理退税。

第十条　出口企业出口旧设备后,须在规定的出口退(免)税申报期内,向主管税务机关申报旧设备的出口退(免)税。主管税务机关接到出口企业申报后,须将出口货物报关单同海关电子信息进行核对,对增值税专用发票及认为有必要进行进一步核实的普通发票,通过函调的方式核查其纳税情况。对普通发票的函调方式,由各省(自治区、直辖市、计划单列市)税务机关根据本地情况自行确定。对核查无误的出口旧设备予以退(免)税。

未在规定期限内申报的出口旧设备,凡企业能提供出口货物报关单(出口退税专用)或代理出口货物证明的,实行免税不退税办法;企业不能提供出口货物报关单(出口退税专用)或代理出口货物证明及其他规定凭证的,按照现行税收政策予以征税。

第十一条 外商投资项目已办理采购国产设备退税且已超过5年监管期的国产设备,不适用本办法。

第十二条 对出口企业骗取出口旧设备退(免)税的,按照骗取出口退(免)税的有关规定进行处罚。

财政部 商务部 国家税务总局关于老长贸合同适用出口退税政策的通知

财税[2008]9号

各省,自治区,直辖市、计划单列市财政厅(局)、商务主管部门、国家税务局,新疆生产建设兵团财务局、商务局:

经国务院批准,对2007年7月1日以前已经签订的长期贸易出口合同,适用以下退税政策。

一、对下列9个长期贸易合同,准予出口企业持已签合同或中标证明,于本通知下发后10日内,到当地主管退税的税务机关备案,准予按2007年7月1日前的出口退税率将合同执行完毕。

(一)中汽凯瑞贸易有限公司与古巴交通部TRANSIPORT汽车公司,签订的总金额为9124万美元的出口大宗柴油发动机的长期供货合同。

(二)江苏亚星锚链有限公司在2007年7月1日政策调整前,签订的总金额为1.3亿美元的出口船用锚链和海洋石油工程链的长期供货合同。

(三)麦基嘉集团定牌生产企业(南通虹波重工有限公司48249183美元、南通中远钢结构有限公司32284275美元、南通蛟龙重工发展有限公司13960905美元、上海凯航通力船用设备有限公司16131786美元、中船江南重工股份有限公司14085111美元、重庆国营川东造船厂369629美元、张家港市禾佳钢结构有限公司530000美元、张家港市安远钢结构有限公司1859316美元)在2007年7月1日之前与外国客户签订的总金额为130233205美元的船甲板舱口盖和滚装船设备的长期供货合同。

(四)中国煤炭开发有限责任公司在2007年6月18日中标,总金额为1050万欧元的出口韩国和德国的焦炉设备的长期供货合同。

(五)新兴铸管股份有限公司在2007年7月1日政策调整前签订的总金额为8.48亿人民币的出口西班牙、突尼斯、哈萨克斯坦、土耳其、加纳、尼日利亚等国的离心球墨铸铁管及其配套管件的长期供货合同。

(六)河南宝龙国际物流贸易有限公司出口叙利亚的电工圆铝杆,总金额为1.5亿元人民币的长期供货合同。

(七)福建福耀玻璃集团股份有限公司在2007年7月1日前与巴西、美国、俄罗斯、韩国、日本、西班牙、印度、德国和英国等国客户签订的总金额为72亿元人民币的汽车玻璃的长期出口合同。

(八)中国中化集团公司下属的中化宁波公司在2007年7月1日前与欧盟的客户签订的总金额6024.5万美元的出口草甘膦和双氧化物等货物的长期供货合同。

(九)石家庄鸿锐集团有限公司在2007年4月以前与美欧客户签订的总金额1.993亿美元的出口PVC、丁腈手套的长期供货合同。

二、对其他2007年7月1日前签订的、且合同金额超过1亿元人民币、合同期限超过1年,价格不可更改的长期出口合同,凡在2008年2月15日内以书面形式上报财政部、商务部和国家税务总局的,经审核无误,特批准予凭出口合同到当地主管出口退税的税务机关登记备案,按2007年7月1日前的出口退税率执行完毕。对2008年2月15日以后上报的一概不予受理。

国家税务总局关于出境口岸免税店有关增值税政策问题的通知

国税函[2008]81 号

各省、自治区、直辖市和计划单列市国家税务局：

现就纳税人在机场、港口、车站、陆路边境等出境口岸海关隔离区(以下简称海关隔离区)设立免税店销售免税品，以及在城市区域内设立市内免税店销售免税品但购买者必须在海关隔离区提取后直接出境征收增值税问题明确如下：

一、……

海关隔离区是海关和边防检查划定的专供出国人员出境的特殊区域，在此区域内设立免税店销售免税品和市内免税店销售但在海关隔离区内提取免税品，由海关实施特殊的进出口监管，在税收管理上属于国境以内关境以外。因此，对于海关隔离区内免税店销售免税品以及市内免税店销售但在海关隔离区内提取免税品的行为，不征收增值税。对于免税店销售其他不属于免税品的货物，应照章征收增值税。

前款所称免税品具体是指免征关税、进口环节税的进口商品和实行退(免)税(增值税、消费税)进入免税店销售的国产商品。

二、纳税人兼营应征收增值税货物或劳务和免税品的，应分别核算应征收增值税货物或劳务和免税品的销售额。未分别核算或者不能准确核算销售额的，其免税品与应征收增值税货物或劳务一并征收增值税。

三、纳税人销售免税品一律开具出口发票，不得使用防伪税控专用器具开具增值税专用发票或普通发票。

四、纳税人经营范围仅限于免税品销售业务的，一律不得使用增值税防伪税控专用器具。已发售的防伪税控专用器具及增值税专用发票、普通发票一律收缴。收缴的发票按现行有关发票作废规定处理。

五、纳税人在关境以内销售免税品，仍按照《国家税务总局关于进口免税品销售业务征收增值税问题的通知》(国税发[1994]62 号)及有关规定执行。

六、免税店销售已退税国产品，仍按照《海关总署、国家税务总局关于对中国免税品(集团)总公司经营的国产商品监管和退税有关事宜的通知》(署监发[2004]403 号)等规定执行。

七、税务机关应与海关加强沟通，定期将纳税人申报免税品经营情况与海关监管免税品经营情况进行比对，发现比对不一致的，应及时查明原因，按有关规定处理。

本通知自发文之日起执行。各地在执行中发现问题，应及时上报国家税务总局(流转税管理司)。

财政部　国家税务总局关于黄金期货交易有关税收政策的通知

财税[2008]5 号

上海市财政局、国家税务局：

经国务院批准，自 2008 年 1 月 1 日起，上海期货交易黄金期货交易发生实物交割时，比照现行上海黄金交易所黄金交易的税收政策执行。现将有关政策明确如下：

一、上海期货交易所会员和客户通过上海期货交易所销售标准黄金(持上海期货交易所开具的《黄金结算专用发票》)，发生实物交割但未出库的，免征增值税；发生实物交割并已出库的，由税务机关按照实际交割价格代开增值税专用发票，并实行增值税即征即退的政策，同时免征城市维护建设税和教育费附加。增值税专用发票中的单价、金额和税额的计算公式分别如下：

单价 = 实际交割单价 ÷ (1 + 增值税税率)

金额 = 数量 × 单价

税额 = 金额 × 税率

实际交割单价是指不含上海期货交易所收取的手续费的单位价格。

其中，标准黄金是指：成色为 AU9999、AU9995、AU999、AU995；规格为 50 克、100 克、1 公斤、3 公斤、12.5 公斤的黄金。

二、上海期货交易所黄金期货交易的增值税征收管理办法及增值税专用发票管理办法由国家税务总局另行制订。

财政部　国家税务总局关于增补海洋工程结构物增值税退税企业名单的通知

财税[2008]11 号

各省、自治区、直辖市、计划单列市财政厅(局)、国家税务局，新疆生产建设兵团财务局：

根据中国石油天然气集团公司要求，经研究，现对《财政部　国家税务总局关于海洋工程结构物增值税实行退税的通知》(财税[2003]46 号)文件附件 2 的“海上石油开采企业名单”进行增补，即在中国石油天然气集团公司项下增补“中国石油海洋工程(青岛)有限公司”。

国家税务总局关于林木销售和管护征收流转税问题的通知

国税函[2008]212 号

各省、自治区、直辖市和计划单列市国家税务局、地方税务局：

近接部分地区反映销售林木和提供林木管护行为如何征收流转税问题，经研究，现将有关问题明确如下：

纳税人销售林木以及销售林木的同时提供林木管护劳务的行为，属于增值税征收范围，应征收增值税。纳税人单独提供林木管护劳务行为属于营业税征收范围，其取得的收入中，属于提供农业机耕、排灌、病虫害防治、植保劳务取得的收入，免征营业税；属于其他收入的，应照章征收营业税。

国家税务总局关于外贸企业出口视同内销货物进项税额抵扣有关问题的通知

国税函[2008]265 号

各省、自治区、直辖市和计划单列市国家税务局：

现将外贸企业出口视同内销货物征税时的进项税额抵扣问题通知如下：

一、外贸企业购进货物后，无论内销还是出口，须将所取得的增值税专用发票在规定的认证期限内到税务机关办理认证手续。凡未在规定的认证期限内办理认证手续的增值税专用发票，不予抵扣或退税。

二、外贸企业出口货物，凡未在规定期限内申报退(免)税或虽已申报退(免)税但未在规定期限内向税务机关补齐有关凭证，以及未在规定期限内申报开具《代理出口货物证明》的，自规定期限截止之日的次日起30天内,由外贸企业根据应征税货物相应的未办理过退税或抵扣的进项增值税专用发票情况,填具进项发票明细表(包括进项增值税专用发票代码、号码、开具日期、金额、税额等),向主管退税的税务机关申请开具《外贸企业出口视同内销征税货物进项税额抵扣证明》(以下简称《证明》,具体格式附后)。

三、已办理过退税或抵扣的进项发票,外贸企业不得向税务机关申请开具《证明》。外贸企业如将已办理过退税或抵扣的进项发票向税务机关申请开具《证明》,税务机关查实后要按照增值税现行有关规定进行处罚,情节严重的要移交公安部门进一步查处。

四、主管退税的税务机关接到外贸企业申请后,应根据外贸企业出口的视同内销征税货物的情况,对外贸企业填开的进项发票明细表列明的情况进行审核,开具《证明》。《证明》一式三联,第一联由主管退税的税务机关留存,第二联由主管退税的税务机关转送主管征税的税务机关,第三联由主管退税的税务机关转交外贸企业。

五、外贸企业取得《证明》后,应将《证明》允许抵扣的进项税额填写在《增值税纳税申报表》附表二第11栏"税额"中,并在取得《证明》的下一个征收期申报纳税时,向主管征税的税务机关申请抵扣相应的进项税额。超过申报时限的,不予抵扣。

六、主管征税的税务机关接到外贸企业的纳税申报后,应将外贸企业的纳税申报表与主管退税的税务机关转来的《证明》进行人工比对,申报表数据小于或等于《证明》所列税额的,予以抵扣;否则不予抵扣。

七、本通知自2008年4月1日起执行。此前已经发生此类问题的外贸出口企业,可向主管退税的税务机关申请开具《证明》,由主管退税的税务机关一次性办理解决。

财政部　国家税务总局关于核电行业税收政策有关问题的通知

财税[2008]38号

各省、自治区、直辖市、计划单列市财政厅(局)、国家税务局,财政部驻各省、自治区、直辖市、计划单列市财政监察专员办事处:

为支持核电事业的发展,统一核电行业税收政策,经国务院批准,现将有关税收政策问题通知如下:

一、关于核力发电企业的增值税政策

(一)核力发电企业生产销售电力产品,自核电机组正式商业投产次月起15个年度内,统一实行增值税先征后退政策,返还比例分三个阶段逐级递减。具体返还比例为:

1. 自正式商业投产次月起5个年度内,返还比例为已入库税款的75%;2. 自正式商业投产次月起的第6至第10个年度内,返还比例为已入库税款的70%;3. 自正式商业投产次月起的第11至第15个年度内,返还比例为已入库税款的55%;4. 自正式商业投产次月起满15个年度以后,不再实行增值税先征后退政策。

(二)核力发电企业采用按核电机组分别核算增值税退税额的办法,企业应分别核算核电机组电力产品的销售额,未分别核算或不能准确核算的,不得享受增值税先征后退政策。单台核电机组增值税退税额可以按以下公式计算:

单台核电机组增值税退税额=单台核电机组电力产品销售额÷核力发电企业电力产品销售额合计×核力发电企业实际缴纳增值税额×退税比例

(三)原已享受增值税先征后退政策但该政策已于2007年内到期的核力发电企业,自该政策执行到期后次月起按上述统一政策核定剩余年度相应的返还比例;对2007年内新投产的核力发电企业,自核电机组正式商业投产日期的次月起按上述统一政策执行。

二、自2008年1月1日起,核力发电企业取得的增值税退税款,专项用于还本付息,不征收企业所得税。

三、关于大亚湾核电站和广东核电投资有限公司税收政策

大亚湾核电站和广东核电投资有限公司在2014年12月31日前继续执行以下政策,不适用本通知第

一、二条规定的政策：

（一）对大亚湾核电站销售给广东核电投资有限公司的电力免征增值税。

（二）对广东核电投资有限公司销售给广东电网公司的电力实行增值税先征后退政策，并免征城市维护建设税和教育费附加。

（三）对大亚湾核电站出售给香港核电投资有限公司的电力及广东核电投资有限公司转售给香港核电投资有限公司的大亚湾核电站生产的电力免征增值税。

（四）自2008年1月1日起财政部和国家税务总局《关于广东大亚湾核电站有关税收政策问题的通知》（财税字[1998]173号）停止执行。

四、增值税先征后退具体操作办法由财政部驻当地财政监察专员办事处按《财政部　国家税务总局 中国人民银行关于税制改革后对某些企业实行“先征后退”有关预算管理问题的暂行规定的通知》（(94)财预字第55号）有关规定办理。

财政部　国家税务总局关于有机肥产品免征增值税的通知

财税[2008]56号

各省、自治区、直辖市、计划单列市财政厅（局）、国家税务局，新疆生产建设兵团财务局：

为科学调整农业施肥结构，改善农业生态环境，经国务院批准，现将有机肥产品有关增值税政策通知如下：

一、自2008年6月1日起，纳税人生产销售和批发、零售有机肥产品免征增值税。

二、享受上述免税政策的有机肥产品是指有机肥料、有机－无机复混肥料和生物有机肥。

（一）有机肥料。

指来源于植物和（或）动物，施于土壤以提供植物营养为主要功能的含碳物料。

（二）有机－无机复混肥料。

指由有机和无机肥料混合和（或）化合制成的含有一定量有机肥料的复混肥料。

（三）生物有机肥。

指特定功能微生物与主要以动植物残体（如禽畜粪便、农作物秸秆等）为来源并经无害化处理、腐熟的有机物料复合而成的一类兼具微生物肥料和有机肥效应的肥料。

……

四、纳税人销售免税的有机肥产品，应按规定开具普通发票，不得开具增值税专用发票。

五、纳税人申请免征增值税，应向主管税务机关提供以下资料，凡不能提供的，一律不得免税。

（一）生产有机肥产品的纳税人。

1. 由农业部或省、自治区、直辖市农业行政主管部门批准核发的在有效期内的肥料登记证复印件，并出示原件。

2. 由肥料产品质量检验机构一年内出具的有机肥产品质量技术检测合格报告原件。出具报告的肥料产品质量检验机构须通过相关资质认定。

3. 在省、自治区、直辖市外销售有机肥产品的，还应提供在销售使用地省级农业行政主管部门办理备案的证明原件。

（二）批发、零售有机肥产品的纳税人。

1. 生产企业提供的在有效期内的肥料登记证复印件。

2. 生产企业提供的产品质量技术检验合格报告原件。

3. 在省、自治区、直辖市外销售有机肥产品的，还应提供在销售使用地省级农业行政主管部门办理备案的证明复印件。

六、主管税务机关应加强对享受免征增值税政策纳税人的后续管理，不定期对企业经营情况进行核实。凡经核实所提供的肥料登记证、产品质量技术检测合格报告、备案证明失效的，应停止其享受免税资格，恢复照章征税。

上海期货交易所黄金期货交易增值税征收管理办法

国税发[2008]46号

第一条　根据《中华人民共和国税收征收管理法》及实施细则、《中华人民共和国增值税暂行条例》及实施细则、《财政部　国家税务总局关于黄金期货交易有关税收政策的通知》(财税[2008]5号)等规定,制定本办法。

第二条　本办法所规定的“黄金”是指标准黄金,即成色与规格同时符合以下标准的金锭、金条及金块等黄金原料:

成色:AU9999,AU9995,AU999,AU995.

规格:50克,100克,1公斤,3公斤,12.5公斤。

非标准黄金,即成色与规格不同时符合以上标准的黄金原料,不适用本办法。

第三条　上海期货交易所黄金期货交易增值税的征收管理按以下规定执行:

(一)上海期货交易所应向主管税务机关申请印制《黄金结算专用发票》(一式三联,分为结算联、发票联和存根联)。

(二)上海期货交易所会员和客户,通过上海期货交易所进行黄金期货交易并发生实物交割的,按照以下规定办理:

1. 卖方会员或客户按交割结算价向上海期货交易所开具普通发票,对其免征增值税。上海期货交易所按交割结算价向卖方提供《黄金结算专用发票》结算联,发票联、存根联由交易所留存。

2. 买方会员或客户未提取黄金出库的,由上海期货交易所按交割结算价开具《黄金结算专用发票》并提供发票联,存根联、结算联由上海期货交易所留存。

3. 买方会员或客户提取黄金出库的,应向上海期货交易所主管税务机关出具期货交易交割结算单、标准仓单出库确认单、溢短结算单,由税务机关按实际交割价和提货数量,代上海期货交易所向具有增值税一般纳税人资格的买方会员或客户(提货方)开具增值税专用发票(抵扣联),增值税专用发票的发票联和记账联由上海期货交易所留存,抵扣联传递给提货方会员或客户。

买方会员或客户(提货方)不属于增值税一般纳税人的,不得向其开具增值税专用发票。

(三)上海期货交易所应对黄金期货交割并提货环节的增值税税款实行单独核算,并享受增值税即征即退政策,同时免征城市维护建设税、教育费附加。

第四条　会员和客户按以下规定核算增值税进项税额:

(一)上海期货交易所会员或客户(中国人民银行除外)应对在上海期货交易所或黄金交易所办理黄金实物交割提取出库时取得的进项税额实行单独核算,按取得的税务机关代开的增值税专用发票上注明的增值税税额(包括相对应的买入量)单独记账。

对会员或客户从上海期货交易所或黄金交易所购入黄金(指提货出库后)再通过上海期货交易所卖出的,应计算通过上海期货交易所卖出黄金进项税额的转出额,并从当期进项税额中转出,同时计入成本;对当期账面进项税额小于通过下列公式计算出的应转出的进项税额,其差额部分应当立即补征入库。

应转出的进项税额=单位进项税额×当期黄金卖出量。

单位进项税额=购入黄金的累计进项税额÷累计黄金购入额

(二)对上海期货交易所会员或客户(中国人民银行除外)通过上海期货交易所销售企业原有库存黄金,应按实际成交价格计算相应进项税额的转出额,并从当期进项税额中转出,计入成本。

应转出的进项税额=销售库存黄金实际成交价格÷(1+增值税税率)×增值税税率。

(三)买方会员或客户(提货方)取得增值税专用发票抵扣联后,应按发票上注明的税额从黄金材料成本科目中转入“应缴税金——进项税额”科目,核算进项税额。

第五条　增值税专用发票的单价和金额、税额按以下规定确定:

上海期货交易所买方会员或客户(提货方)提货出库时,主管税务机关代开增值税专用发票上注明的单价,应由实际交割货款和提货数量确定,但不包括手续费、仓储费等其他费用。其中,实际交割货款由交割货款和溢短结算货款组成,交割货款按后进先出法原则确定。具体计算公式如下:

税额 = 金额 × 增值税税率

金额 = 数量 × 单价

单价 = 实际交割价 ÷(1 + 增值税税率)

实际交割价 = 实际交割货款 ÷ 提货数量

实际交割货款 = 交割货款 + 溢短结算货款

交割货款 = 标准仓单张数 × 每张仓单标准数量 × 交割结算价

溢短结算货款 = 溢短 × 溢短结算日前一交易日上海期货交易所挂牌交易的最近月份黄金期货合约的结算价思想

其中,单价小数点后至少保留 6 位。

第六条　会员和客户应将上海期货交易所开具的《黄金结算专用发票》(发票联)作为会计记账凭证进行财务核算;买方会员和客户(提货方)取得税务部门代开的增值税专用发票(抵扣联),仅作为核算进项税额的凭证。

第七条　卖方会员或客户应凭上海期货交易所开具的《黄金结算专用发票》(结算联),向卖方会员或客户主管税务机关办理免税手续。

第八条　上海期货交易所会员应分别核算自营黄金期货交易、代理客户黄金期货交易与黄金实物交割业务的销售额以及增值税销项税额、进项税额、应纳税额。

第九条　本办法所规定的"提取黄金出库",是指期货交易所会员或客户从指定的金库中提取在期货交易所已交割的黄金的行为。

第十条　本办法由国家税务总局解释。

第十一条　本办法自 2008 年 1 月 1 日起执行。

国家税务总局关于四川省等遭受强烈地震灾害地区延期申报纳税的通知

国税函[2008]409 号

四川、重庆、甘肃、陕西、云南、青海、湖北省(市)国家税务局、地方税务局:

5 月 12 日,四川、重庆、甘肃、陕西、云南、青海和湖北等省市遭受强烈地震灾害,根据《中华人民共和国税收征收管理法》及其实施细则等有关规定,现就上述地区纳税人、扣缴义务人延期申报纳税事宜通知如下:

一、纳税人、扣缴义务人因地震灾害不能按期办理纳税申报或者报送代扣代缴、代收代缴税款报告表的,可以延期办理;其应缴纳的税款,可以延期缴纳。延期时限由各省市在最长不超过三个月的期限内自行核准。核准期限届满,因灾情影响仍无法正常缴纳税款的,应上报税务总局。延期期间,纳税人的应纳税款一律不加收滞纳金、不罚款。

二、对增值税一般纳税人因受地震灾害影响而无法认证的增值税专用发票,可以在 90 天之内进行认证。申报资料暂不作"一窗式"票表比对,待申报纳税正常后,将申报纳税期内申报表销项数据、进项数据分别相加,与税务机关采集的累计报税信息、认证信息进行总额比对。

受灾期间,税务总局不对受灾地区的增值税专用发票和四小票数据采集工作进行考核。

三、对因强烈地震灾害导致本省(市)出口企业不能按期申报出口货物退(免)税的,以及全国其他地区出口企业因受灾地区企业原因导致退税单证没有收齐影响出口货物退(免)税申报的,税务机关可按照《国家税务总局关于出口企业未在规定期限内申报出口货物退(免)税有关问题的通知》(国税发[2005]68 号)文件第 4 条规定,办理出口企业申报出口货物退(免)税延期手续。

四、各级税务机关要及时通过网站、12366 纳税服务热线、短信以及电视、广播等多种渠道,将上述延期申报纳税等有关规定事项尽快告知纳税人、扣缴义务人。

增值税抵扣凭证协查管理办法

国税发[2008]51号

第一章　总　　则

第一条　为了规范涉及增值税抵扣凭证(包括增值税专用发票、税务机关为小规模纳税人代开的增值税专用发票、公路内河货物运输业统一发票、废旧物资发票,下同)税收违法案件的协查工作,提高案件协查质量,依据《中华人民共和国税收征收管理法》及相关法律法规,制订本办法。

第二条　涉及增值税抵扣凭证税收违法案件的协查(以下简称协查)是指各级税务机关稽查局(以下简称稽查局)在案件检查过程中,案发地稽查局(以下简称委托方)将检查发现有疑问或者已确定虚开的增值税抵扣凭证及相关信息发送给涉案地稽查局(以下简称受托方),受托方对增值税抵扣凭证所记载的经济事项和反映的经济活动进行检查处理、取得相关证据并反馈协查结果的工作。

第三条　协查工作遵循真实、合法、相关和安全的原则。

第四条　协查工作由稽查局负责完成。

第五条　协查工作应通过协查信息管理系统(以下简称协查系统)开展,配合寄送纸质证据材料。除另有规定外,委托方不得发纸质协查函,受托方收到纸质协查函应予退回。

第二章　委托协查管理

第六条　委托方在案件检查过程中,应依据案情需要通过协查系统发起协查。

第七条　委托协查函的内容包括:发票的信息和《关于××案件的协查要求》(以下简称《协查要求》)。《协查要求》的内容包括:基本案情、已掌握的疑点或线索、其他需要说明的事项、负责案件检查和协查工作的联系人和联系方式。需要受托方配合检查的内容、取证要求、回复期限、组卷及寄送要求等。

第八条　发起委托协查应遵循以下要求和程序:

(一)委托协查函录入的增值税抵扣凭证信息应与纸质票面信息一致。采用电子信息导入方式的应符合协查系统导入数据的格式要求,对缺项的信息予以补录,使电子信息与纸质票面信息一致。如无纸质发票,应录入委托方被查对象信息和增值税抵扣凭证的电子信息。

(二)依据协查的发票数量,委托方可选择按照"受托方被查对象一户一函"或"委托方被查对象一户一函"方式组织发函,协查函的名称统一为"××案件协查—××纳税人"。

(三)国家税务总局稽查局组织查办或督办的重大案件,应录入案件编号。

(四)委托方负责人应对待发委托协查函进行审批。

(五)已确定虚开增值税抵扣凭证的案件,委托方应在通过网络发送委托协查信息后1个工作日内,将纸质《已证实虚开通知单》及相关证据资料按照案件保密的有关要求寄送受托方。

(六)委托方与受托方应共同做好信息交换工作,交流案情线索,及时向上级督办稽查局汇报进展情况。

(七)委托方收到受托方回函后,应做好统计分析工作,包括协查系统内的数据统计分析和受托方寄来的《增值税抵扣凭证案件协查案卷》(以下简称《协查案卷》)的整理和分析。

(八)委托方依据协查回函进一步组织查处,查实被查对象存在税收违法行为并作出相应税务处理或税务行政处罚,应依据《税务处理决定书》、《税务行政处罚决定书》和入库凭证,在协查系统内录入所协查的发票对应的查处结果和入库结果。

(九)委托方应依据《涉税案件移送书》在协查系统内录入被查对象移送司法机关情况。

第九条　委托方收到协查回函结果后,需再次发出委托协查,应详细说明新发现的违法事实或疑点。

第十条　除另有规定外,涉案发票的票面合计金额在1000万元以上不满5000万元的,由市(州)稽查局组织协查;票面合计金额在5000万元以上不满1亿元的,由省、直辖市、自治区和计划单列市(以下简称省)稽查局组织协查;票面合计金额在1亿元以上的,由国家税务总局稽查局组织协查。

票面合计金额未达到上级组织协查标准的,经上级稽查局审批同意,委托方可提请上级组织协查。

国家税务总局稽查局组织查办或督办的重大案件,或有特殊要求的其他重大案件的协查,应由国家税务总局稽查局组织。

省税务机关组织查办的案件需要发出委托协查,应由省稽查局组织。

第十一条 国家税务总局稽查局组织查办或督办的属于涉密案件的协查,经国家税务总局稽查局批准后,委托方可在协查系统内采取加密法生成委托协查函。

第三章 受托协查管理

第十二条 受托方应依据委托方《协查要求》组织人员进行检查,并将协查函作为稽查线索,发现被查对象涉嫌偷骗税等税收违法行为达到《税务稽查工作规程》立案标准,按照有关规定立案查处。

第十三条 受托方应遵循以下要求和程序开展工作:

(一)及时登记协查系统的协查函。

(二)稽查局负责人对接收后待检查和检查后待回复的信息进行审批。

(三)依据委托方《协查要求》开展检查工作。

(四)依据检查情况,按照《增值税抵扣凭证协查结果代码定义》逐项选择协查结果代码,填写《增值税抵扣凭证调查结果清单》(以下简称《结果清单》),撰写《增值税抵扣凭证案件协查报告》(以下简称《协查报告》)。

(五)查实被查对象存在税收违法行为并作出相应税务处理或税务行政处罚,依据《税务处理决定书》、《税务行政处罚决定书》和入库凭证,在协查系统内依据纳税人和协查函号录入所检查发票对应的查处结果和入库结果。

(六)依据《涉税案件移送书》在协查系统内录入被查对象移送司法机关情况。

(七)依据《协查案卷》的要求组卷。

(八)在协查系统内回复协查结果信息,并依据委托方《协查要求》在1个工作日内按照案件保密的有关要求寄送纸质证明资料。

第十四条 受托方在检查工作中,需要取得涉案对象的税务登记、注销、纳税申报、出口退税等征管资料和证明材料的,应向其主管税务机关提出要求。主管税务机关应在5个工作日内提供相关资料并出具相应的证明材料。

第十五条 受托方应按期回函。除有特殊要求外,应在收到协查函后30日内回函。

国家税务总局稽查局组织查办或督办的案件,或有特殊要求的其他重大案件协查,回函期限与上述要求不一致的,以《协查要求》为准。

第十六条 国家税务总局稽查局组织查办或督办的案件,或有特殊要求的其他重大案件协查,受托方如遇特殊情况不能按时完成协查任务的,应在到期5日前,在协查系统内填写《协查延期申请》,逐级上报至国家税务总局稽查局。经国家税务总局稽查局审批同意后,在核准的期限内完成协查工作并回复协查函。

第四章 监控管理

第十七条 协查信息由协查系统自动传输。协查系统不能实现自动分拣的,应在收到协查函3个工作日内按照受托方纳税人识别号、纳税人名称、地址等依次进行人工分拣。

第十八条 稽查局应监控本单位受托协查的进展情况,市以上稽查局应监控下级的委托、受托协查工作情况,全面掌握本地区协查工作的动态,及时提醒和督办。

第十九条 受托协查累计按期回复率应达到100%,通过协查系统考核。经国家税务总局稽查局同意延期的,按延长后的期限进行考核。

受托协查累计按期回复率=累计按期回复发票份数/(累计按期回复发票份数+逾期发票份数)×100%

第二十条 将委托协查信息完整率、受托协查信息完整率、选票准确率作为监控指标,通过协查系统考核。

委托协查信息完整率 = 必填考核项目/当期发起委托协查发票数量 × 全部考核项目 × 100%。

受托协查信息完整率 = 必填考核项目/当期回复受托协查发票数量 × 全部考核项目 × 100%。

必填考核项目在协查系统中自动设置。

选票准确率 = 协查结果有问题发票份数/收到协查结果发票份数 × 100%。

第五章 系统管理

第二十一条 协查系统的使用权在稽查局。各省稽查局负责确定和批准修改本地区下级稽查局人员的使用权设置，报税务总局稽查局备案。

稽查局需变更协查授权的，应逐级上报《协查信息管理系统用户授权变更申请报告》。市以下稽查局协查系统的用户授权变更由省稽查局审批，报税务总局稽查局备案。省稽查局审批同意后交同级信息中心处理。

省稽查局协查系统的用户授权变更由税务总局稽查局审批，税务总局稽查局审批同意后交税务总局呼叫中心处理。

《协查信息管理系统用户授权变更申请报告》内容包括：用户授权变更的原因，新旧用户授权名称、代码、联系人和联系电话、用户授权变更的日期。

报税务总局稽查局备案的资料包括市以下稽查局的《协查信息管理系统用户授权变更申请报告》和省稽查局的批复意见。

第二十二条 稽查局确实需要修改数据的，应填写《协查信息管理系统运行重大情况报告单》，逐级上报至税务总局稽查局审批。税务总局稽查局审批同意后交税务总局呼叫中心处理。

第二十三条 稽查局发现协查系统不能正常工作，应在发现当日填写《协查信息管理系统运行重大情况报告单》，交同级信息中心处理。信息中心和稽查局共同核查后，无法解决的问题，应逐级上报至省信息中心和稽查局。问题在2日内没有解决的，省信息中心应上报税务总局呼叫中心，省稽查局应将《协查信息管理系统运行重大情况报告单》上报税务总局稽查局。税务总局呼叫中心统一组织对各省上报问题的处理。

第二十四条 稽查局应及时对本单位的通讯录信息进行更新。

第六章 资料管理

第二十五条 立案检查的协查资料同稽查案件一并归档。没有立案检查的协查资料，按照协查编号或纳税人名称进行归档。

第二十六条 委托方归档资料包括《增值税抵扣凭证协查函》、增值税抵扣凭证复印件、《协查要求》、《已证实虚开通知单》、《税务处理决定书》、《税务行政处罚决定书》及税款入库凭证、受托方寄送的《协查案卷》等。

第二十七条 受托方归档资料包括委托方寄送的《协查要求》及《已证实虚开通知单》、《协查案卷》、《协查延期申请》等。

第二十八条 其他应归档的资料包括《协查信息管理系统运行重大情况报告单》、《协查信息管理系统用户授权变更申请报告》等。

第七章 附 则

第二十九条 海关进口增值税专用缴款书和农副产品收购发票的纸质协查工作的管理，参照本办法执行。

第三十条 本办法适用于协查工作中涉及的各级税务机关。

第三十一条 各省稽查局可依据本办法对辖区内协查工作制定相关的考核制度和奖惩办法。

第三十二条 本办法自发布之日起施行。原《增值税专用发票协查管理办法》、《协查信息管理系统暂行管理办法》、《金税工程稽查部门岗位设置及职责（试行）》、《协查信息管理系统安装节点变更制度》、《金税工程协查信息管理系统机外工作规程》同时废止。

国家税务总局关于做好地震灾害期间税收征管工作的通知

国税函[2008]418号

四川、重庆、甘肃、陕西、云南、青海、湖北省(市)国家税务局、地方税务局:

现就做好地震灾害期间税收征管工作的有关事项通知如下:

一、抢救和保护好灾区税收征管资料。各地税务机关应在保证人员生命安全的前提下,积极开展对灾区纳税人各类税收征管资料的抢救、清理,并尽快转移到安全区域妥善保管。

对于计算机内储存的征管数据和资料,要按照税务总局有关规定,明确数据备份的岗位职责和人员安排,及时进行数据备份和验证;相关备份介质,应存放于安全地点,确保存储资料介质万无一失。

二、对于纳税人因地震而损毁、丢失的发票(含增值税专用发票和普通发票)、税票(含各种完税凭证)、税务登记证和发票领购簿等,凡纳税人提出申请的,各地税务机关应及时记录、核销或备案(如是增值税专用发票,还要将有关信息录入增值税失控发票快速反应机制系统),并按规定向社会公告。主管税务机关可根据纳税人申请,按规定补发税务登记证和发票领购簿,并及时做好发票供应工作。

三、各地要认真清点税务机关库存的空白增值税专用发票、普通发票和各种完税凭证,凡遭损毁的,应及时予以核销(包括增值税专用发票电子数据)并备案。

四、各地税务机关要采取措施,在完成人员、财产抢救工作后,积极开展税收征管秩序恢复工作,为当地抗震救灾工作做出积极贡献。

各地在贯彻执行中如发现问题,请及时报告税务总局(征管司)。

国家税务总局关于增值税一般纳税人抗震救灾期间增值税扣税凭证认证稽核有关问题的通知

国税函[2008]513号

各省、自治区、直辖市和计划单列市国家税务局、地方税务局:

四川汶川地震灾害发生后,一些地区增值税一般纳税人(含纳入增值税辅导期管理的纳税人,以下简称"纳税人")不能按照规定期限办理增值税防伪税控系统的报税和认证,纳税人增值税进项税额无法正常抵扣。经研究,现就有关处理办法通知如下:

一、纳税人取得的增值税专用发票(以下简称"专用发票")经金税工程稽核为"缺联票"的,由主管税务机关通过专用发票审核检查系统进行核查。属于地震灾害造成销售方不能按期报税的,由销售方主管税务机关或其上级税务机关出具证明,购买方出具付款凭证,据以抵扣进项税额。

二、受灾地区纳税人购进货物和劳务取得专用发票、货物运输发票,未能在开票之日起90天内认证的,可由纳税人提出申请,经主管税务机关审核,逐级上报税务总局进行逾期认证、稽核无误的,可作为增值税扣税凭证。

三、纳税人取得货物运输发票经金税工程稽核为"缺联票"的,可比照本通知第一条规定办理;受灾地区纳税人取得进口货物海关完税凭证未能在规定期限内向税务机关申报抵扣的,可比照本通知第二条规定办理。

四、受灾地区纳税人发生专用发票(包括相应电子数据)和防伪税控专用设备损毁等有关问题的处理办法另行通知。

境外官方参展者在中国境内采购用于上海世博会建馆和开展展览活动所耗用货物的退税管理办法

财税[2008]84 号

经国务院批准，对 2010 年上海世界博览会境外官方参展者在中国境内购买用于上海世博会建馆和开展展览活动所耗用的有关货物给予增值税退税。有关具体退税管理办法如下：

一、境外官方参展者直接为各自展馆的建设、安装、拆除，以及维持展馆运营而在中国境内购买的建筑材料、设备、办公用品等货物（详见附件 2 境外官方参展者准予退税产品目录，以下简称列名货物），退还增值税。非列名货物以及用于个人消费的列名货物，不予办理退税。

上述境外官方参展者是指参加中国 2010 年上海世博会的外国政府、国际组织、城市最佳实验区项目以及港澳特别行政区政府。

二、境外官方参展者应指定下属专门机构（或专人）到上海市国家税务局指定的税务机关（以下简称主管税务机关）办理有关税务登记、退税认定、退税申报及其他相关税务事宜。退税受理截止期为撤展后的四个月内。

三、列名货物按照增值税专用发票上列明的税款退还增值税。对列名货物设立起退金额，即单张增值税专用发票的价税合计金额大于（含等于）2000 元人民币以上方可申请退税。境外官方参展者未能取得增值税专用发票的列名货物，或虽取得增值税专用发票，但货物名称不具体，无法判定是否属列名货物的，不予办理退税。

四、对列名货物按下列程序办理退税：

（一）在中国境内购买合理用量的建筑材料运入上海世博会园区（以下简称园区），境外官方参展者应如实填写《上海世博会境外官方参展者退税申请表》（详见附件 3），并持购进货物取得的增值税专用发票和经上海世博局核定的《上海世博会场馆列名货物清单（建筑材料类）》（详见附件 4）等单证，向主管税务机关申请办理退税。若已办理退税的建筑材料未经使用运出园区的，境外官方参展者应及时报告上海世博局和主管税务机关，并全额补交已退税款。

（二）在中国境内购买的设备和办公用品运入园区后，先凭《上海世博会场馆列名货物清单（设备、办公用品）》（详见附件 5），向主管税务机关申请办理退税备案登记，待撤展后根据货物的不同去向按以下办法进行税收处理：

1. 对随同场馆一并拆毁、消耗以及无偿赠送给组织者或使领馆的设备和办公用品，境外官方参展者应如实填写《上海世博会境外官方参展者退税申请表》，并持购进货物取得的增值税专用发票和经上海世博局核销的《上海世博会场馆列名货物清单（设备、办公用品）》，向主管税务机关申请办理退税；

2. 对报关离境的上述设备和办公用品，境外官方参展者应如实填写《上海世博会境外官方参展者退税申请表》，并持出口货物报关单、增值税专用发票，向主管税务机关申请办理退税；

3. 对除上述第 1、2 项规定以外的设备和办公用品，主管税务机关一律不予办理退税。

五、境外官方参展者应如实填写进出园区的《上海世博会场馆列名货物清单》，并与所附增值税专用发票上列名货物名称、单位、数量一一对应。上海世博局对境外官方参展者填报的《上海世博会场馆列名货物清单》内容及进出园区情况进行核定。

六、《上海世博会场馆列名货物清单》分建筑材料类和设备、办公用品类。建筑材料类一式三联，由境外官方参展者将列名的建筑材料运入园区时向上海世博局申报填写。经上海世博局核定后，一联上海世博局留存，两联退境外官方参展者，其中一联作为境外官方参展者办理退税的申报凭据。设备和办公用品类一式五联，由境外官方参展者将列名的设备和办公用品运入园区时向上海世博局申报填写。经上海世博局核定后，一联上海世博局留存，四联退境外官方参展者。境外官方参展者将其中一联报主管税务机关备案。待撤展后，境外官方参展者将原已报上海世博局核定的《上海世博会场馆列名货物清单（设备、办公用品）》其余三联，填写列名货物的不同去向后，再报上海世博局予以核销。经核销后，一联上海世博局留存，两联退境外官方参展者,其中一联作为申请办理退税的凭据。

七、若展馆建设安装采用承包方式的,境外官方参展者应如实填写《上海世博会境外官方参展者退税申请表》,并持承建企业为展馆建设采购货物所取得的增值税专用发票、与承建企业签订的承包合同、委托购买货物明细表、承建企业移交给展馆的货物明细表、《上海世博会场馆列名货物清单》等,向主管税务机关申请办理退税。

八、主管税务机关应向境外官方参展者做好办理列名货物退税的宣传辅导工作,及时办理境外官方参展者的退税申请。

九、主管税务机关应按场馆建立退税明细账册,并实施监管。对境外官方参展者报送的《上海世博会场馆列名货物清单》,应依据《准予退税产品类别目录》进行审核,必要时对列名货物的使用和处理情况进行核查。对境外官方参展者申请退税的列名货物增值税专用发票,主管税务机关应进行发函调查,并依据回函结果办理退税。

十、境外官方参展者应将享受退税的商品 -9 其他不享受退税的商品分别登记管理。境外官方参展者未如实申报列名货物具体使用情况,或故意将不属于“境外官方参展者准予退税产品目录”的货物作为列名货物申报退税,或违反第四条第(一)款规定的,根据情节,按中国有关法律规定追究法律责任。

十一、本办法从2008年6月1日起执行。

国家税务总局关于失控增值税专用发票处理的批复

国税函[2008]607号

深圳市国家税务局:

你局《关于明确增值税失控发票后续处理的请示》(深国税发[2008]74号)收悉,批复如下:

在税务机关按非正常户登记失控增值税专用发票(以下简称失控发票)后,增值税一般纳税人又向税务机关申请防伪税控报税的,其主管税务机关可以通过防伪税控报税子系统的逾期报税功能受理报税。

购买方主管税务机关对认证发现的失控发票,应按照规定移交稽查部门组织协查。属于销售方已申报并缴纳税款的,可由销售方主管税务机关出具书面证明,并通过协查系统回复购买方主管税务机关,该失控发票可作为购买方抵扣增值税进项税额的凭证。

财政部　国家税务总局关于农民专业合作社有关税收政策的通知

财税[2008]81号

各省、自治区、直辖市、计划单列市财政厅(局)、国家税务局、地方税务局,新疆生产建设兵团财务局:

经国务院批准,现将农民专业合作社有关税收政策通知如下:

一、对农民专业合作社销售本社成员生产的农业产品,视同农业生产者销售自产农业产品免征增值税。

二、增值税一般纳税人从农民专业合作社购进的免税农业产品,可按13%的扣除率计算抵扣增值税进项税额。

三、对农民专业合作社向本社成员销售的农膜、种子、种苗、化肥、农药、农机,免征增值税。

四、对农民专业合作社与本社成员签订的农业产品和农业生产资料购销合同,免征印花税。

本通知所称农民专业合作社,是指依照《中华人民共和国农民专业合作社法》规定设立和登记的农民专业合作社。

本通知自2008年7月1日起执行。

财政部 国家税务总局关于嵌入式软件增值税政策的通知

财税[2008]92号

各省、自治区、直辖市、计划单列市财政厅(局)、国家税务总局,新疆生产建设兵团财务局:

为更好落实软件增值税优惠政策,促进软件产业发展,根据各地反映的情况,经研究,就嵌入式软件增值税政策明确如下:

一、增值税一般纳税人随同计算机网络、计算机硬件和机器设备等一并销售其自行开发生产的嵌入式软件,如果能够按照《财政部国家税务总局关于贯彻落实〈中共中央、国务院关于加强技术创新,发展高科技,实现产业化的决定〉有关税收问题的通知》(财税字[1999]273号)第一条第三款的规定,分别核算嵌入式软件与计算机硬件、机器设备等的销售额,可以享受软件产品增值税优惠政策。凡不能分别核算销售额的,仍按照《财政部国家税务总局关于增值税若干政策的通知》(财税[2005]165号)第十一条第一款规定,不予退税。

二、纳税人按照下列公式核算嵌入式软件的销售额。

嵌入式软件销售额＝嵌入式软件与计算机硬件、机器设备销售额合计
－[计算机硬件、机器设备成本×(1＋成本利润率)]

上述公式中的成本是指,销售自产(或外购)的计算机硬件与机器设备的实际生产(或采购)成本。成本利润率是指,纳税人一并销售的计算机硬件与机器设备的成本利润率,实际成本利润率高于10%的,按实际成本利润率确定,低于10%的,按10%确定。

三、税务机关应按下列公式计算嵌入式软件的即征即退税额,并办理退税。

即征即退税额＝嵌入式软件销售额×17%－嵌入式软件销售额×3%

四、税务机关应定期对纳税人的生产(或采购)成本等进行重点检查,审核纳税人是否如实核算成本及利润。对于软件销售额偏高、成本或利润计算明显不合理的,应及时纠正,涉嫌偷骗税的,应移交税务稽查部门处理。

五、本通知自《财政部 国家税务总局关于增值税若干政策的通知》(财税[2005]165号)发布之日起执行。《财政部 国家税务总局关于嵌入式软件增值税政策问题的通知》(财税[2006]174号)停止执行。本通知发布之前,纳税人销售软件产品符合本通知规定条件的,各地按本通知规定办理退税。

财政部 国家税务总局关于再生资源增值税政策的通知

财税[2008]157号

各省、自治区、直辖市、计划单列市财政厅(局)、国家税务局,财政部驻各省、自治区、直辖市、计划单列市财政监察专员办事处,新疆生产建设兵团财务局:

为了促进再生资源的回收利用,促进再生资源回收行业的健康有序发展,节约资源,保护环境,促进税收公平和税制规范,经国务院批准,决定调整再生资源回收与利用的增值税政策,现通知如下:

一、取消"废旧物资回收经营单位销售其收购的废旧物资免征增值税"和"生产企业增值税一般纳税人购入废旧物资回收经营单位销售的废旧物资,可按废旧物资回收经营单位开具的由税务机关监制的普通发票上注明的金额,按10%计算抵扣进项税额"的政策。

二、单位和个人销售再生资源,应当依照《中华人民共和国增值税暂行条例》(以下简称增值税条例)、《中华人民共和国增值税暂行条例实施细则》及财政部、国家税务总局的相关规定缴纳增值税。但个人(不含个体工商户)销售自己使用过的废旧物品免征增值税。增值税一般纳税人购进再生资源,应当凭取得的增值税条例及其细则规定的扣税凭证抵扣进项税额,原印有"废旧物资"字样的专用发票停止使用,不再作

为增值税扣税凭证抵扣进项税额。

三、在2008年12月31日前,各地主管税务机关应注销企业在防伪税控系统中“废旧物资经营单位”的档案信息,收缴企业尚未开具的专用发票,重新核定企业增值税专用发票的最高开票限额和最大购票数量,做好增值税专用发票的发售工作。

四、在2010年底以前,对符合条件的增值税一般纳税人销售再生资源缴纳的增值税实行先征后退政策。

(一)适用退税政策的纳税人范围。

适用退税政策的增值税一般纳税人应当同时满足以下条件:

1. 按照《再生资源回收管理办法》(商务部令2007年第8号)第七条、第八条规定应当向有关部门备案的,已经按照有关规定备案;

2. 有固定的再生资源仓储、整理、加工场地;

3. 通过金融机构结算的再生资源销售额占全部再生资源销售额的比重不低于80%。

4. 自2007年1月1日起,未因违反《中华人民共和国反洗钱法》、《中华人民共和国环境保护法》、《中华人民共和国税收征收管理法》、《中华人民共和国发票管理办法》或者《再生资源回收管理办法》受到刑事处罚或者县级以上工商、商务、环保、税务、公安机关相应的行政处罚(警告和罚款除外)。

(二)退税比例。

对符合退税条件的纳税人2009年销售再生资源实现的增值税,按70%的比例退回给纳税人;对其2010年销售再生资源实现的增值税,按50%的比例退回给纳税人。

(三)纳税人申请退税时,除按有关规定提交的相关资料外,应提交下列资料:

1. 按照《再生资源回收管理办法》第七条、第八条规定应当向有关部门备案的,商务主管部门核发的备案登记证明的复印件;

2. 再生资源仓储、整理、加工场地的土地使用证和房屋产权证或者其租赁合同的复印件;

3. 通过金融机构结算的再生资源销售额及全部再生资源销售额的有关数据及资料。为保护纳税人的商业秘密,不要求纳税人提交其与客户通过银行交易的详细记录,对于有疑问的,可到纳税人机构所在地等场所进行现场核实。

4. 自2007年1月1日起,未因违反《中华人民共和国反洗钱法》、《中华人民共和国环境保护法》、《中华人民共和国税收征收管理法》、《中华人民共和国发票管理办法》或者《再生资源回收管理办法》受到刑事处罚或者县级以上工商、商务、环保、税务、公安机关相应的行政处罚(警告和罚款除外)的书面申明。

(四)退税业务由财政部驻当地财政监察专员办事处及负责初审和复审的财政部门按照本通知及相关规定办理。

1. 退税申请办理时限。(1)纳税人一般按季申请退税,申请退税金额较大的,也可以按月申请,具体时限由财政部驻当地财政监察专员办事处确定;(2)负责初审的财政机关应当在收到退税申请之日起10个工作日内,同时向负责复审和终审的财政机关提交初审意见;(3)负责复审的财政机关应当在收到初审意见之日起5个工作日内向负责终审的财政机关提交复审意见;(4)负责终审的财政机关是财政部驻当地财政监察专员办事处,其应当在收到复审意见之日的10个工作日内完成终审并办理妥当有关退税手续。

2. 负责初审的财政机关对于纳税人第一次申请退税的,应当在上报初审意见前派人到现场审核有关条件的满足情况;有特殊原因不能做到的,应在提交初审意见后2个月内派人到现场审核有关条件的满足情况,发现有不满足条件的,及时通知负责复审或者终审的财政机关。

3. 负责初审、复审的财政机关应当定期(自收到纳税人第一次退税申请之日起至少每12个月一次)向同级公安、商务、环保和税务部门及人民银行对纳税人申明的内容进行核实,对经查实的与申明不符的问题要严肃处理。凡问题在初次申请退税之日前发生的,应当追缴纳税人此前骗取的退税款,根据《财政违法行为处罚处分条例》的相关规定进行处罚,并取消其以后申请享受本通知规定退税政策的资格;凡问题在初次申请退税之日后发生的,取消其刑事处罚和行政处罚生效之日起申请享受本通知规定退税政策的资格。

五、报废船舶拆解和报废机动车拆解企业,适用本通知的各项规定。

六、本通知所称再生资源,是指《再生资源回收管理办法》(商务部令2007年第8号)第二条所称的再生资源,即在社会生产和生活消费过程中产生的,已经失去原有全部或部分使用价值,经过回收、加工处理,能够使其重新获得使用价值的各种废弃物。上述加工处理,仅指清洗、挑选、整理等简单加工。

七、各级国家税务机关要加强与财政、公安、商务、环保、人民银行等部门的信息沟通,加强对重点行业的纳税评估,采取有效措施,强化对再生资源的产生、回收经营、加工处理等各个环节的税收管理,堵塞偷逃税收的漏洞,保证增值税链条机制的正常运行。

八、本通知自2009年1月1日起执行。《财政部国家税务总局关于废旧物资回收经营业务有关增值税政策的通知》(财税[2001]78号)、《国家税务总局关于加强废旧物资回收经营单位和使用废旧物资生产企业增值税征收管理的通知》(国税发[2004]60号)、《国家税务总局关于中国再生资源开发公司废旧物资回收经营业务中有关税收问题的通知》(国税函[2004]736号)、《国家税务总局关于中国再生资源开发公司废旧物资回收经营业务有关增值税问题的批复》(国税函[2006]1227号)、《国家税务总局关于加强海关进口增值税专用缴款书和废旧物资发票管理有关问题的通知》(国税函[2004]128号)关于废旧物资发票管理的规定、《国家税务总局关于加强废旧物资增值税管理有关问题的通知》(国税函[2005]544号)、《国家税务总局关于废旧物资回收经营企业使用增值税防伪税控一机多票系统开具增值税专用发票有关问题的通知》(国税发[2007]43号)同时废止。

财政部　国家税务总局关于提高劳动密集型产品等商品增值税出口退税率的通知

财税[2008]144号

各省、自治区、直辖市、计划单列市财政厅(局)、国家税务局,新疆生产建设兵团财务局:

经国务院批准,决定提高部分商品的增值税出口退税率(以下简称退税率)。现就有关事项通知如下:

一、提高退税率的商品范围

(一)将部分橡胶制品、林产品的退税率由5%提高到9%。

(二)将部分模具、玻璃器皿的退税率由5%提高到11%。

(三)将部分水产品的退税率由5%提高到13%。

(四)将箱包、鞋、帽、伞、家具、寝具、灯具、钟表等商品的退税率由11%提高到13%。

(五)将部分化工产品、石材、有色金属加工材等商品的退税率分别由5%、9%提高到11%、13%。

(六)将部分机电产品的退税率分别由9%提高到11%,11%提高到13%,13%提高到14%。

上述提高退税率的具体商品名称、税号及退税率见附件。

二、执行时间

本通知规定的退税率的调整自2008年12月1日起执行。具体执行时间,以“出口货物报关单(出口退税专用)”海关注明的出口日期为准。

财政部　国家税务总局关于资源综合利用及其他产品增值税政策的通知

财税[2008]156号

各省、自治区、直辖市、计划单列市财政厅(局)、国家税务局,财政部驻各省、自治区、直辖市、计划单列市财政监察专员办事处,新疆生产建设兵团财务局:

为了进一步推动资源综合利用工作,促进节能减排,经国务院批准,决定调整和完善部分资源综合利用产品的增值税政策。同时,为了规范对资源综合利用产品的认定管理,需对现行相关政策进行整合。现将有关资源综合利用及其他产品增值税政策统一明确如下:

一、对销售下列自产货物实行免征增值税政策：

（一）再生水。再生水是指对污水处理厂出水、工业排水（矿井水）、生活污水、垃圾处理厂渗透（滤）液等水源进行回收，经适当处理后达到一定水质标准，并在一定范围内重复利用的水资源。再生水应当符合水利部《再生水水质标准》（SL 368—2006）的有关规定。

（二）以废旧轮胎为全部生产原料生产的胶粉。胶粉应当符合 GB/T 19208—2008 规定的性能指标。

（三）翻新轮胎。翻新轮胎应当符合 GB 7037—2007、GB 14646—2007 或者 HG/T 3979—2007 规定的性能指标，并且翻新轮胎的胎体 100% 来自废旧轮胎。

（四）生产原料中掺兑废渣比例不低于 30% 的特定建材产品。

特定建材产品，是指砖（不含烧结普通砖）、砌块、陶粒、墙板、管材、混凝土、砂浆、道路井盖、道路护栏、防火材料、耐火材料、保温材料、矿（岩）棉。

二、对污水处理劳务免征增值税。污水处理是指将污水加工处理后符合 GB 18918—2002 有关规定的水质标准的业务。

三、对销售下列自产货物实行增值税即征即退的政策：

（一）以工业废气为原料生产的高纯度二氧化碳产品。高纯度二氧化碳产品，应当符合 GB 10621—2006 的有关规定。

（二）以垃圾为燃料生产的电力或者热力。垃圾用量占发电燃料的比重不低于 80%，并且生产排放达到 GB 13223—2003 第 1 时段标准或者 GB 18485—2001 的有关规定。

所称垃圾，是指城市生活垃圾、农作物秸秆、树皮废渣、污泥、医疗垃圾。

（三）以煤炭开采过程中伴生的舍弃物油母页岩为原料生产的页岩油。

（四）以废旧沥青混凝土为原料生产的再生沥青混凝土。废旧沥青混凝土用量占生产原料的比重不低于 30%。

（五）采用旋窑法工艺生产并且生产原料中掺兑废渣比例不低于 30% 的水泥（包括水泥熟料）。

1. 对经生料烧制和熟料研磨工艺生产水泥产品的企业，掺兑废渣比例计算公式为：

掺兑废渣比例 =（生料烧制阶段掺兑废渣数量 + 熟料研磨阶段掺兑废渣数量）÷（生料数量 + 生料烧制和熟料研磨阶段掺兑废渣数量 + 其他材料数量）×100%

2. 对外购熟料经研磨工艺生产水泥产品的企业，掺兑废渣比例计算公式为：

掺兑废渣比例 = 熟料研磨过程中掺兑废渣数量 ÷（熟料数量 + 熟料研磨过程中掺兑废渣数量 + 其他材料数量）×100%

四、销售下列自产货物实现的增值税实行即征即退 50% 的政策：

（一）以退役军用发射药为原料生产的涂料硝化棉粉。退役军用发射药在生产原料中的比重不低于 90%。

（二）对燃煤发电厂及各类工业企业产生的烟气、高硫天然气进行脱硫生产的副产品。副产品，是指石膏（其二水硫酸钙含量不低于 85%）、硫酸（其浓度不低于 15%）、硫酸铵（其总氮含量不低于 18%）和硫磺。

（三）以废弃酒糟和酿酒底锅水为原料生产的蒸汽、活性炭、白碳黑、乳酸、乳酸钙、沼气。废弃酒糟和酿酒底锅水在生产原料中所占的比重不低于 80%。

（四）以煤矸石、煤泥、石煤、油母页岩为燃料生产的电力和热力。煤矸石、煤泥、石煤、油母页岩用量占发电燃料的比重不低于 60%。

（五）利用风力生产的电力。

（六）部分新型墙体材料产品。具体范围按本通知附件 1《享受增值税优惠政策的新型墙体材料目录》执行。

五、对销售自产的综合利用生物柴油实行增值税先征后退政策。

综合利用生物柴油，是指以废弃的动物油和植物油为原料生产的柴油。废弃的动物油和植物油用量占生产原料的比重不低于 70%。

六、对增值税一般纳税人生产的粘土实心砖、瓦，一律按适用税率征收增值税，不得采取简易办法征收增值税。2008 年 7 月 1 日起，以立窑法工艺生产的水泥（包括水泥熟料），一律不得享受本通知规定的增值税即征即退政策。

七、申请享受本通知第一条、第三条、第四条第一项至第四项、第五条规定的资源综合利用产品增值税优惠政策的纳税人，应当按照《国家发展改革委 财政部 国家税务总局关于印发〈国家鼓励的资源综合利用认定管理办法〉的通知》（发改环资［2006］1864号）的有关规定，申请并取得《资源综合利用认定证书》，否则不得申请享受增值税优惠政策。

八、本通知规定的增值税免税和即征即退政策由税务机关，增值税先征后退政策由财政部驻各地财政监察专员办事处及相关财政机关分别按照现行有关规定办理。

九、本通知所称废渣，是指采矿选矿废渣、冶炼废渣、化工废渣和其他废渣。废渣的具体范围，按附件2《享受增值税优惠政策的废渣目录》执行。

本通知所称废渣掺兑比例和利用原材料占生产原料的比重，一律以重量比例计算，不得以体积计算。

十、本通知第一条、第二条规定的政策自2009年1月1日起执行，第三条至第五条规定的政策自2008年7月1日起执行，《财政部 国家税务总局关于对部分资源产品免征增值税的通知》（财税字［1995］44号）、《财政部 国家税务总局关于继续对部分资源综合利用产品等实行增值税优惠政策的通知》（财税字［1996］20号）、《财政部 国家税务总局关于部分资源综合利用及其他产品增值税政策问题的通知》（财税［2001］198号）、《财政部 国家税务总局关于部分资源综合利用产品增值税政策的补充通知》（财税［2004］25号）、《国家税务总局关于建材产品征收增值税问题的批复》（国税函［2003］1151号）、《国家税务总局对利用废渣生产的水泥熟料享受资源综合利用产品增值税政策的批复》（国税函［2003］1164号）、《国家税务总局关于企业利用废渣生产的水泥中废渣比例计算办法的批复》（国税函［2004］45号）、《国家税务总局关于明确资源综合利用建材产品和废渣范围的通知》（国税函［2007］446号）、《国家税务总局关于利用废液（渣）生产白银增值税问题的批复》（国税函［2008］116号）相应废止。

附件1：

享受增值税优惠政策的新型墙体材料目录

一、砖类

（一）非粘土烧结多孔砖（符合GB 13544—2000技术要求）和非粘土烧结空心砖（符合GB 13545—2003技术要求）。

（二）混凝土多孔砖（符合JC 943—2004技术要求）。

（三）蒸压粉煤灰砖（符合JC 239—2001技术要求）和蒸压灰砂空心砖（符合JC/T 637—1996技术要求）。

（四）烧结多孔砖（仅限西部地区，符合GB 13544—2000技术要求）和烧结空心砖（仅限西部地区，符合GB 13545—2003技术要求）。

二、砌块类

（一）普通混凝土小型空心砌块（符合GB 8239—1997技术要求）。

（二）轻集料混凝土小型空心砌块（符合GB 15229—2002技术要求）。

（三）烧结空心砌块（以煤矸石、江河湖淤泥、建筑垃圾、页岩为原料，符合GB 13545—2003技术要求）。

（四）蒸压加气混凝土砌块（符合GB/T 11968—2006技术要求）。

（五）石膏砌块（符合JC/T 698—1998技术要求）。

（六）粉煤灰小型空心砌块（符合JC 862—2000技术要求）。

三、板材类

（一）蒸压加气混凝土板（符合GB 15762—1995技术要求）。

（二）建筑隔墙用轻质条板（符合JG/T 169—2005技术要求）。

（三）钢丝网架聚苯乙烯夹芯板（符合JC 623—1996技术要求）。

（四）石膏空心条板（符合JC/T 829—1998技术要求）。

（五）玻璃纤维增强水泥轻质多孔隔墙条板（简称GRC板，符合GB/T 19631—2005技术要求）。

（六）金属面夹芯板。其中：金属面聚苯乙烯夹芯板（符合JC 689—1998技术要求）；金属面硬质聚氨酯夹芯板(符合 JC/T 868—2000 技术要求);金属面岩棉、矿渣棉夹芯板(符合 JC/T 869—2000 技术要求)。

(七)建筑平板。其中:纸面石膏板(符合 GB/T 9775—1999 技术要求);纤维增强硅酸钙板(符合 JC/T 564—2000 技术要求);纤维增强低碱度水泥建筑平板(符合 JC/T 626—1996 技术要求);维纶纤维增强水泥平板(符合 JC/T 671—1997 技术要求);建筑用石棉水泥平板(符合 JC/T 412 技术要求)。

四、符合国家标准、行业标准和地方标准的混凝土砖、烧结保温砖(砌块)、中空钢网内模隔墙、复合保温砖(砌块)、预制复合墙板(体),聚氨酯硬泡复合板及以专用聚氨酯为材料的建筑墙体。

附件 2:

享受增值税优惠政策的废渣目录

本通知所述废渣,是指采矿选矿废渣、冶炼废渣、化工废渣和其他废渣。

一、采矿选矿废渣,是指在矿产资源开采加工过程中产生的废石、煤矸石、碎屑、粉末、粉尘和污泥。

二、冶炼废渣,是指转炉渣、电炉渣、铁合金炉渣、氧化铝赤泥和有色金属灰渣,但不包括高炉水渣。

三、化工废渣,是指硫铁矿渣、硫铁矿煅烧渣、硫酸渣、硫石膏、磷石膏、磷矿煅烧渣、含氰废渣、电石渣、磷肥渣、硫磺渣、碱渣、含钡废渣、铬渣、盐泥、总溶剂渣、黄磷渣、柠檬酸渣、脱硫石膏、氟石膏和废石膏模。

四、其他废渣,是指粉煤灰、江河(湖、海、渠)道淤泥、淤沙、建筑垃圾、城镇污水处理厂处理污水产生的污泥。

财政部　国家税务总局关于黑大豆出口免征增值税的通知

财税[2008]154 号

各省、自治区、直辖市、计划单列市财政厅(局)、国家税务局,新疆生产建设兵团财务局:

经国务院批准,从 2008 年 12 月 1 日起,对黑大豆(税则号为 1201009200)出口免征增值税。具体执行时间,以"出口货物报关单(出口退税专用)"海关注明的出口日期为准。

财政部　国家税务总局关于金属矿　非金属矿采选产品增值税税率的通知

财税[2008]171 号

各省、自治区、直辖市、计划单列市财政厅(局)、国家税务局,新疆生产建设兵团财务局:

根据国务院的决定,现将金属矿、非金属矿采选产品增值税税率问题通知如下:

一、金属矿采选产品、非金属矿采选产品增值税税率由 13% 恢复到 17%。

二、食用盐仍适用 13% 的增值税税率,其具体范围是指符合《食用盐》(GB 5461—2000)和《食用盐卫生标准》(GB 2721—2003)两项国家标准的食用盐。

三、本通知所称金属矿采选产品,包括黑色和有色金属矿采选产品;非金属矿采选产品,包括除金属矿采选产品以外的非金属矿采选产品、煤炭和盐。

四、本通知自 2009 年 1 月 1 日起执行,《财政部　国家税务总局关于调整金属矿、非金属矿采选产品增值税税率的通知》[(94)财税字第 22 号]、《财政部　国家税务总局关于调整工业盐和食用盐增值税税率的通知》(财税[2007]101 号)和《国家税务总局关于有色金属焙烧矿增值税适用税率问题的通知》(国税函[1994]621 号)同时废止。

财政部　国家税务总局关于全国实施增值税转型改革若干问题的通知

财税[2008]170号

各省、自治区、直辖市、计划单列市财政厅(局)、国家税务局,新疆生产建设兵团财务局:

为推进增值税制度完善,促进国民经济平稳较快发展,国务院决定,自2009年1月1日起,在全国实施增值税转型改革。为保证改革实施到位,现将有关问题通知如下:

一、自2009年1月1日起,增值税一般纳税人(以下简称纳税人)购进(包括接受捐赠、实物投资,下同)或者自制(包括改扩建、安装,下同)固定资产发生的进项税额(以下简称固定资产进项税额),可根据《中华人民共和国增值税暂行条例》(国务院令第538号,以下简称条例)和《中华人民共和国增值税暂行条例实施细则》(财政部　国家税务总局令第50号,以下简称细则)的有关规定,凭增值税专用发票、海关进口增值税专用缴款书和运输费用结算单据(以下简称增值税扣税凭证)从销项税额中抵扣,其进项税额应当记入"应交税金—应交增值税(进项税额)"科目。

二、纳税人允许抵扣的固定资产进项税额,是指纳税人2009年1月1日以后(含1月1日,下同)实际发生,并取得2009年1月1日以后开具的增值税扣税凭证上注明的或者依据增值税扣税凭证计算的增值税税额。

三、东北老工业基地、中部六省老工业基地城市、内蒙古自治区东部地区已纳入扩大增值税抵扣范围试点的纳税人,2009年1月1日以后发生的固定资产进项税额,不再采取退税方式,其2008年12月31日以前(含12月31日,下同)发生的待抵扣固定资产进项税额期末余额,应于2009年1月份一次性转入"应交税金—应交增值税(进项税额)"科目。

四、自2009年1月1日起,纳税人销售自己使用过的固定资产(以下简称已使用过的固定资产),应区分不同情形征收增值税:

(一)销售自己使用过的2009年1月1日以后购进或者自制的固定资产,按照适用税率征收增值税;

(二)2008年12月31日以前未纳入扩大增值税抵扣范围试点的纳税人,销售自己使用过的2008年12月31日以前购进或者自制的固定资产,按照4%征收率减半征收增值税;

(三)2008年12月31日以前已纳入扩大增值税抵扣范围试点的纳税人,销售自己使用过的在本地区扩大增值税抵扣范围试点以前购进或者自制的固定资产,按照4%征收率减半征收增值税;销售自己使用过的在本地区扩大增值税抵扣范围试点以后购进或者自制的固定资产,按照适用税率征收增值税。

本通知所称已使用过的固定资产,是指纳税人根据财务会计制度已经计提折旧的固定资产。

五、纳税人已抵扣进项税额的固定资产发生条例第十条(一)至(三)项所列情形的,应在当月按下列公式计算不得抵扣的进项税额:

不得抵扣的进项税额=固定资产净值×适用税率

本通知所称固定资产净值,是指纳税人按照财务会计制度计提折旧后计算的固定资产净值。

六、纳税人发生细则第四条规定固定资产视同销售行为,对已使用过的固定资产无法确定销售额的,以固定资产净值为销售额。

七、自2009年1月1日起,进口设备增值税免税政策和外商投资企业采购国产设备增值税退税政策停止执行。具体办法,财政部、国家税务总局另行发文明确。

八、本通知自2009年1月1日起执行。《财政部国家税务总局关于印发〈东北地区扩大增值税抵扣范围若干问题的规定〉的通知》(财税[2004]156号)、《财政部国家税务总局关于印发〈2004年东北地区扩大增值税抵扣范围暂行办法〉的通知》(财税[2004]168号)、《财政部　国家税务总局关于进一步落实东北地区扩大增值税抵扣范围政策的紧急通知》(财税[2004]226号)、《财政部　国家税务总局关于东北地区军品和高新技术产品生产企业实施扩大增值税抵扣范围有关问题的通知》(财税[2004]227号)、《国家税务总局关于开展扩大增值税抵扣范围企业认定工作的通知》(国税函[2004]143号)、《财政部　国家税务总局关于2005年东北地区扩大增值税抵扣范围有关问题的通知》(财税[2005]28号)、《财政部　国家税务总局关于2005年东北地区扩大增值税抵扣范围固定资产进项税额退税问题的通知》(财税[2005]176号)、

《财政部 国家税务总局关于东北地区军品和高新技术产品生产企业实施扩大增值税抵扣范围有关问题的通知》(财税[2006]15号)、《财政部 国家税务总局关于2006年东北地区固定资产进项税额退税问题的通知》(财税[2006]156号)、《财政部 国家税务总局关于印发〈中部地区扩大增值税抵扣范围暂行办法〉的通知》(财税[2007]75号)、《财政部 国家税务总局关于扩大增值税抵扣范围地区2007年固定资产抵扣(退税)有关问题的补充通知》(财税[2007]128号)、《国家税务总局关于印发〈扩大增值税抵扣范围暂行管理办法〉的通知》(国税发[2007]62号)、《财政部 国家税务总局关于印发〈内蒙古东部地区扩大增值税抵扣范围暂行办法〉的通知》(财税[2008]94号)、《财政部 国家税务总局关于印发〈汶川地震受灾严重地区扩大增值税抵扣范围暂行办法〉的通知》(财税[2008]108号)、《财政部 国家税务总局关于2008年东北中部和蒙东地区扩大增值税抵扣范围固定资产进项税额退税问题的通知》(财税[2008]141号)同时废止。

财政部 国家税务总局关于停止外商投资企业购买国产设备退税政策的通知

财税[2008]176号

各省、自治区、直辖市、计划单列市财政厅(局)、国家税务局、新疆生产建设兵团财务局:

为配合全国增值税转型改革,规范税制,经国务院批准,停止执行外商投资企业采购国产设备增值税退税政策。现将有关事项通知如下:

一、自2009年1月1日起,对外商投资企业在投资总额内采购国产设备可全额退还国产设备增值税的政策停止执行。下列文件及条款同时废止:

(一)《国家税务总局关于印发〈外商投资企业采购国产设备退税管理试行办法〉的通知》(国税发[1997]171号);

(二)《财政部国家税务总局关于出口货物退(免)税若干具体问题的通知》(财税[2004]116号)第一条;

(三)《财政部国家税务总局关于调整外商投资项目购买国产设备退税政策范围的通知》(财税[2006]61号);

(四)《国家税务总局国家发展和改革委员会关于印发〈外商投资项目采购国产设备退税管理试行办法〉的通知》(国税发[2006]111号);

(五)《国家税务总局关于外商投资企业以包工包料方式委托承建企业购买国产设备退税问题的通知》(国税函[2007]637号)。

二、为保证政策调整平稳过渡,外商投资企业在2009年6月30日以前(含本日,下同)购进的国产设备,在增值税专用发票稽核信息核对无误的情况下,可选择按原规定继续执行增值税退税政策,但应当同时符合下列条件:

(一)2008年11月9日以前获得《符合国家产业政策的外商投资项目确认书》,并已于2008年12月31日以前在主管税务机关备案;

(二)2009年6月30日以前实际购进国产设备并开具增值税专用发票,且已在主管税务机关申报退税;

(三)购进的国产设备已列入《项目采购国产设备清单》。

三、外商投资企业购进的已享受增值税退税政策国产设备的增值税额,不得再作为进项税额抵扣销项税额。

四、外商投资企业购进的已享受增值税退税政策的国产设备,由主管税务机关负责监管,监管期为5年。在监管期内,如果企业性质变更为内资企业,或者发生转让、赠送等设备所有权转让情形,或者发生出租、再投资等情形的,应当向主管退税机关补缴已退税款,应补税款按以下公式计算:

应补税款=国产设备净值×适用税率

国产设备净值是指企业按照财务会计制度计提折旧后计算的设备净值。

财政部　国家税务总局关于提高部分机电产品出口退税率的通知

财税[2008]177号

各省、自治区、直辖市、计划单列市财政厅(局)、国家税务局,新疆生产建设兵团财务局:

经国务院批准,从2009年1月1日起,提高部分技术含量和附加值高的机电产品出口退税率。具体规定如下:

一、将航空惯性导航仪、陀螺仪、离子射线检测仪、核反应堆、工业机器人等产品的出口退税率由13%、14%提高到17%。

二、将摩托车、缝纫机、电导体等产品的出口退税率由11%、13%提高到14%。

三、具体执行时间,以"出口货物报关单(出口退税专用)"海关注明的出口日期为准。

国家税务总局关于废旧物资发票抵扣增值税有关事项的公告

国家税务总局公告2008年第1号

为促进再生资源(废旧物资)的回收利用,规范废旧物资回收经营行业发展,《财政部国家税务总局关于再生资源增值税政策的通知》(财税[2008]157号)调整了现行废旧物资回收经营业务有关增值税政策,取消了生产企业增值税一般纳税人凭废旧物资发票抵扣增值税进项税额的规定。为做好相关增值税政策的过渡与衔接工作,现将有关事项公告如下:

一、自2009年1月1日起,从事废旧物资回收经营业务的增值税一般纳税人销售废旧物资,不得开具印有"废旧物资"字样的增值税专用发票(以下简称废旧物资专用发票)。

纳税人取得的2009年1月1日以后开具的废旧物资专用发票,不再作为增值税扣税凭证。

二、纳税人取得的2008年12月31日以前开具的废旧物资专用发票,应在开具之日起90天内办理认证,并在认证通过的当月核算当期增值税进项税额申报抵扣。

自2009年4月1日起,废旧物资专用发票一律不得作为增值税扣税凭证计算抵扣进项税额。

财政部　海关总署 国家税务总局公告2008年第43号

为配合全国增值税转型改革,规范税制,经国务院批准,对部分进口税收优惠政策进行相应调整,现将有关事项公告如下:

一、自2009年1月1日起,对《国务院关于调整进口设备税收政策的通知》(国发[1997]37号)中国家鼓励发展的国内投资项目和外商投资项目进口的自用设备、外国政府贷款和国际金融组织贷款项目进口设备、加工贸易外商提供的不作价进口设备以及按照合同随上述设备进口的技术及配套件、备件,恢复征收进口环节增值税,在原规定范围内继续免征关税。

二、自2009年1月1日起,对《海关总署关于进一步鼓励外商投资有关进口税收政策的通知》(署税[1999]791号)中规定的外商投资企业和外商投资设立的研究开发中心进行技术改造以及按《中西部地区外商投资优势产业目录》批准的外商投资项目进口的自用设备及其配套技术、配件、备件,恢复征收进口环节增值税,在原规定范围内继续免征关税。

三、自2009年1月1日起,对软件生产企业、集成电路生产企业、城市轨道交通项目以及其他比照《国务院关于调整进口设备税收政策的通知》(国发[1997]37号)执行的企业和项目,进口设备及其配套技术、配件、备件，一律恢复征收进口环节增值税，在原规定范围内继续免征关税。

四、对2008年11月10日以前获得《国家鼓励发展的内外资项目确认书》的项目，于2009年6月30日及以前申报进口的设备及其配套技术、配件、备件，按原规定继续执行免征关税和进口环节增值税的政策，2009年7月1日及以后申报进口的，一律恢复征收进口环节增值税，符合原免税规定的，继续免征关税。

国家税务总局关于有机肥产品免征增值税问题的批复

国税函[2008]1020号

陕西省国家税务局：

你局《关于有机肥产品免征增值税问题的请示》（陕国税发[2008]307号）收悉。经研究，批复如下：

《财政部　国家税务总局关于有机肥产品免征增值税的通知》（财税[2008]56号）规定，享受免税政策的有机肥产品是指有机肥料、有机-无机复混肥料和生物有机肥。其产品执行标准为：有机肥料NY 525—2002，有机-无机复混肥料GB 18877—2002，生物有机肥NY 884—2004。其他不符合上述标准的产品，不属于财税[2008]56号文件规定的有机肥产品，应按照现行规定征收增值税。

国家税务总局关于金表壳及零件出口有关退税问题的通知

国税函[2008]1040号

各省、自治区、直辖市和计划单列市国家税务局：

近接部分省市来函来电，反映金表壳及零件的出口退税问题。为加强对含金成份产品出口退（免）管理，防范骗取出口退税案件的发生，经研究，对金表壳及零件的出口退税问题通知如下：

一、从2008年12月1日起，出口企业出口海关商品代码为91111000的“黄金、铂金或包黄金、铂金制的表壳”及商品代码为91119000的“黄金、铂金表壳的零件”，实行增值税免税政策，相应的进项税额不再退税或抵扣，转入成本处理。

二、对2008年1月1日至11月30日之间出口已申报退税的金表壳及零件，出口企业所在地税务机关要对供货企业的生产能力与内外销总量、货物运输方式、货款收付金额、纳税情况等是否合理进行核查，对排除骗税嫌疑的予以退（免）税，如发现涉税违法行为的，按《中华人民共和国税收征管法》有关规定处理。

国家税务总局关于调整增值税纳税申报有关事项的通知

国税函[2008]1075号

各省、自治区、直辖市和计划单列市国家税务局：

根据新修订的《中华人民共和国增值税暂行条例》及其实施细则，国家税务总局对增值税一般纳税人和小规模纳税人的纳税申报政策规定进行了调整，现将有关事项通知如下：

一、增值税一般纳税人纳税申报的调整事项

（一）增值税一般纳税人纳税申报办法。

1.《增值税一般纳税人纳税申报办法》（国税发[2003]53号印发，以下简称《申报办法》）第三条第一款第1项调整为“《增值税纳税申报表（适用于增值税一般纳税人）》、《增值税纳税申报表附列资料（表一）、（表二）》和《固定资产进项税额抵扣情况表》”。

调整后的《增值税纳税申报表(适用于增值税一般纳税人)》见附件1,《增值税纳税申报表附列资料(表一)》见附件2,《增值税纳税申报表附列资料(表二)》见附件3,《固定资产进项税额抵扣情况表》见附件4,原《增值税纳税申报表附列资料(表三)、(表四)》废止。

2. 删除《申报办法》第三条第二款第3项中"及购进废旧物资普通发票"。

3.《申报办法》第六条调整为"纳税人应按月进行纳税申报,申报期为次月1日起至15日止,遇最后一日为法定节假日的,顺延1日;在每月1日至15日内有连续3日以上法定休假日的,按休假日天数顺延。"

(二)《增值税纳税申报表(适用于增值税一般纳税人)》。

《增值税纳税申报表(适用于增值税一般纳税人)》表头说明调整为"根据《中华人民共和国增值税暂行条例》第二十二条和第二十三条的规定制定本表。纳税人不论有无销售额,均应按主管税务机关核定的纳税期限按期填报本表,并于次月一日起十五日内,向当地税务机关申报。"

(三)《增值税纳税申报表附列资料(表一)》及其填表说明。

1. 第1、8、15栏均包含机动车销售统一发票数据;

2. 第2、9栏"非防伪税控系统开具的增值税专用发票"不再填写。

(四)《增值税纳税申报表附列资料(表二)》及其填表说明。

1. 第1-3、22-26、35栏均包含机动车销售统一发票和税务机关代开的增值税专用发票数据。

2. 第5、28栏项目名称调整为"海关进口增值税专用缴款书"。

辅导期纳税人第5栏填写本月税务机关告知的稽核比对结果通知书及其明细清单注明的稽核相符海关进口增值税专用缴款书、核查结果中允许抵扣的海关进口增值税专用缴款书的份数、金额、税额。

辅导期纳税人第28栏填写本月未收到稽核比对结果的海关进口增值税专用缴款书。

3. 第6、29栏项目名称调整为"农产品收购发票或者销售发票"。

4. 第8、31栏项目名称调整为"运输费用结算单据"。

辅导期纳税人第8栏填写税务机关告知的稽核比对结果通知书及其明细清单注明的稽核相符运输费用结算单据、核查结果中允许抵扣的运输费用结算单据的份数、金额、税额。

辅导期纳税人第31栏填写本月未收到稽核比对结果的运输费用结算单据数据。

5. 第11栏项目名称调整为"外贸企业进项税额抵扣证明",其"税额"栏填写税务机关出口退税部门开具的《外贸企业出口视同内销征税货物进项税额抵扣证明》允许抵扣的进项税额。

6. 自2009年5月1日起,第7栏"废旧物资发票"不再填写。

7. 第9栏"6%征收率"及第10栏"4%征收率"不再填写。

8. 第15栏项目名称调整为"非应税项目、集体福利、个人消费用",填写用于非增值税应税项目、集体福利或者个人消费的购进货物或者应税劳务转出的进项税额。

9. 第21栏增加为"红字专用发票通知单注明的进项税额",填写纳税人按照主管税务机关开具的《开具红字增值税专用发票通知单》中"需要做进项税额转出"的税额。

10. 自2009年5月1日起,第30栏"废旧物资发票"不再填写。

11. 第32栏"6%征收率"及第33栏"4%征收率"不再填写。

12.《增值税纳税申报表附列资料(表二)》所称的"本期进项税额明细"均包括固定资产进项税额。

13. 填表说明第四条第3款"前期认证相符且本期申报抵扣",调整填写为前期认证相符本期申报抵扣的防伪税控增值税专用发票和机动车销售统一发票情况;辅导期纳税人由税务机关告知的稽核比对结果通知书及明细清单注明的稽核相符专用发票、核查结果中允许抵扣的专用发票和机动车销售统一发票的份数、金额、税额。该项应与第23栏"期初已认证相符但未申报抵扣"加第24栏"本期已认证相符且本期未申报抵扣"减第25栏"期末已认证相符但未申报抵扣"后数据相等。

14. 填表说明第六条第1款"期初已认证相符但未申报抵扣",调整填写为前期认证相符,但按照税法规定,暂不予抵扣,结存至本期的防伪税控增值税专用发票和机动车销售统一发票;辅导期纳税人认证相符但未收到稽核比对结果的防伪税控增值税专用发票和机动车销售统一发票月初余额数。该项应与上期"期末已认证相符但未申报抵扣"栏数据相等。

15. 填表说明第六条第2款"本期已认证相符且本期未申报抵扣",调整填写为本期认证相符,但因按照税法规定暂不予抵扣及按照税法规定不允许抵扣,而未申报抵扣的防伪税控增值税专用发票和机动车销售统一发票,包括外贸企业购进供出口的货物。辅导期纳税人填写本月已认证相符但未收到稽核比对结果的防伪税控增值税专用发票和机动车销售统一发票数据。

16. 填表说明第六条第2款“本期已认证相符且本期未申报抵扣”,调整填写为截至本期期末,按照税法规定仍暂不予抵扣及按照税法规定不允许抵扣且已认证相符的防伪税控增值税专用发票和机动车销售统一发票情况;辅导期纳税人填写已认证相符但未收到稽核比对结果的防伪税控增值税专用发票和机动车销售统一发票月末余额数。

17. 填表说明第六条第4款调整为“其中:按照税法规定不允许抵扣”,填写期末已认证相符但未申报抵扣的防伪税控增值税专用发票和机动车销售统一发票中,按照税法规定不允许抵扣,而只能作为出口退税凭证或应列入成本、资产等项目的防伪税控增值税专用发票和机动车销售统一发票。包括外贸出口企业用于出口而采购货物的防伪税控增值税专用发票等。

18. 填表说明第七条中“代扣代缴税额”项指标的填写依据,调整为《中华人民共和国增值税暂行条例》第十八条。

二、小规模纳税人纳税申报的调整事项

《国家税务总局关于做好增值税普通发票一窗式票表比对准备工作的通知》(国税发[2005]141号)所附的《增值税纳税申报表(适用于小规模纳税人)》(以下简称《小规模纳税人申报表》)及其填表说明按以下要求填写:

(一)《小规模纳税人申报表》的“本月数”调整为“本期数”。

《小规模纳税人申报表》填表说明中涉及“本月数”的均改为“本期数”。

(二)《小规模纳税人申报表》第4、5栏不再填写,其对应的填表说明一并取消。

调整后的《小规模纳税人申报表》见附件5。

三、纳税人在2009年1月征期仍使用现行增值税纳税申报资料,调整后的增值税纳税申报资料自2009年2月1日启用。

附件:

1. 增值税纳税申报表(适用于增值税一般纳税人)
2. 增值税纳税申报表附列资料(表一)
3. 增值税纳税申报表附列资料(表二)
4. 固定资产进项税额抵扣情况表
5. 增值税纳税申报表(适用于小规模纳税人)

国家税务总局关于增值税一般纳税人认定有关问题的通知

国税函[2008]1079号

各省、自治区、直辖市和计划单列市国家税务局:

新修订的《中华人民共和国增值税暂行条例实施细则》降低了小规模纳税人标准(以下称新标准),自2009年1月1日起实施。目前,税务总局正在制定增值税一般纳税人认定管理的具体办法,在该办法颁布之前,为保证新标准的顺利执行,增值税一般纳税人认定工作暂按以下原则办理:

一、现行增值税一般纳税人认定的有关规定仍继续执行。

二、2008年应税销售额超过新标准的小规模纳税人向主管税务机关申请一般纳税人资格认定的,主管税务机关应按照现行规定为其办理一般纳税人认定手续。

三、2009年应税销售额超过新标准的小规模纳税人,应当按照《中华人民共和国增值税暂行条例》及其实施细则的有关规定向主管税务机关申请一般纳税人资格认定。未申请办理一般纳税人认定手续的,应按销售额依照增值税税率计算应纳税额,不得抵扣进项税额,也不得使用增值税专用发票。

四、年应税销售额未超过新标准的小规模纳税人,可以按照现行规定向主管税务机关申请一般纳税人资格认定。

国家税务总局 国家发展和改革委员会关于外商投资项目采购国产设备退税有关政策的通知

国税发[2008]121号

各省、自治区、直辖市和计划单列市国家税务局,发展改革委:

为完善外商投资项目采购国产设备退税政策,现将有关问题明确如下:

一、2006年7月1日前已经有关部门按照规定批准的外商投资项目(以下简称已批准项目),凡在本通知下发前尚未按《国家税务总局 国家发展和改革委员会关于印发〈外商投资项目采购国产设备退税管理试行办法〉的通知》(国税发[2006]111号)的规定办理退税的,外商投资企业可在2009年2月28日前向企业所在地省(自治区、直辖市和计划单列市)国家税务局提出申请,经批准可按《国家税务总局关于印发〈外商投资企业采购国产设备退税管理试行办法〉的通知》(国税发[1999]171号)的规定办理退税(税务机关接到本通知后,应及时告知相关企业),逾期不再办理。本通知下发前已按国税发[2006]111号文件规定的程序办理退税的其他已批准项目和2006年7月1日后核准的外商投资项目,一律按国税发[2006]111号文件的规定办理退税。

二、项目确认书的办理,需在项目按规定核准并在国产设备采购合同签订后三个月内,由项目业主单位按程序向发展改革部门提出申请。每个项目只能办理一个项目确认书,设备清单原则上应与项目确认书同时出具。对于部分项目建设时间长、采购设备规模大,在办理项目确认书时无法确定全部设备清单的项目,可以采取一次办理项目确认书,分批确认项目清单的方式,但清单确认每年不得超过两次。

三、属于增值税一般纳税人的外商投资企业购买国产设备后,应自购买设备开具增值税专用发票的开票之日起90日到主管税务机关认证,未经过认证或认证未通过的一律不予办理退税。

四、已办理退税的国产设备的5年监管期,以税务机关开具该国产设备的《收入退还书》上的日期为起始日期开始计算。在监管期内,外商投资企业须将已退税设备有关存放区域、固定资产核算账册凭证编码的资料及设备的数码照片报主管税务机关备查;主管税务机关要定期检查该国产设备的运营情况,如发生政策规定应补税情形的要依法予以补税。

五、其他事项仍按国税发[2006]111号文件规定执行。

六、新修订的《中华人民共和国增值税暂行条例》施行后,2009年1月1日前经合规核准的外商投资鼓励类项目适用政策问题,另行规定。

国家税务总局关于外商投资企业采购国产设备增值税专用发票遗失问题的批复

国税函[2008]1078号

重庆市国家税务局:

你局《关于外商投资企业采购国产设备退税增值税专用发票遗失问题的请示》(渝国税发[2008]185号)收悉。经研究,批复如下:

考虑到玖龙纸业(重庆)有限公司遗失的购进国产设备的增值税专用发票你局确定已经防伪税控系统认证通过,且已通过出口退税电子数据传输系统取得增值税专用发票稽核信息的实际情况,同意对玖龙纸业(重庆)有限公司遗失上述增值税专用发票的国产设备(增值税专用发票抵扣联53份,增值税税款4951824.02元),比照《国家税务总局关于修订〈增值税专用发票使用规定〉的通知》(国税发[2006]156号)有关规定,使用增值税专用发票发票联复印件办理退税手续。

国家税务总局关于部分货物适用增值税低税率和简易办法征收增值税政策的通知

财税[2009]9号

各省、自治区、直辖市、计划单列市财政厅(局)、国家税务局,新疆生产建设兵团财务局:

根据《中华人民共和国增值税暂行条例》(国务院令538号,以下简称条例)和《中华人民共和国增值税暂行条例实施细则》(财政部国家税务总局令50号)的规定和国务院的有关精神,为做好相关增值税政策规定的衔接,加强征收管理,现将部分货物适用增值税税率和实行增值税简易征收办法的有关事项明确如下:

一、下列货物继续适用13%的增值税税率:

(一)农产品。

农产品,是指种植业、养殖业、林业、牧业、水产业生产的各种植物、动物的初级产品。具体征税范围暂继续按照《财政部国家税务总局关于印发〈农业产品征税范围注释〉的通知》(财税字[1995]52号)及现行相关规定执行。

(二)音像制品。

音像制品,是指正式出版的录有内容的录音带、录像带、唱片、激光唱盘和激光视盘。

(三)电子出版物。

电子出版物,是指以数字代码方式,使用计算机应用程序,将图文声像等内容信息编辑加工后存储在具有确定的物理形态的磁、光、电等介质上,通过内嵌在计算机、手机、电子阅读设备、电子显示设备、数字音/视频播放设备、电子游戏机、导航仪以及其他具有类似功能的设备上读取使用,具有交互功能,用以表达思想、普及知识和积累文化的大众传播媒体。载体形态和格式主要包括只读光盘(CD只读光盘CD-ROM、交互式光盘CD-I、照片光盘Photo-CD、高密度只读光盘DVD-ROM、蓝光只读光盘HD-DVD ROM和BD ROM)、一次写入式光盘(一次写入CD光盘CD-R、一次写入高密度光盘DVD-R、一次写入蓝光光盘HD-DVD/R, BD-R)、可擦写光盘(可擦写CD光盘CD-RW、可擦写高密度光盘DVD-RW、可擦写蓝光光盘HDDVD-RW和BD-RW、磁光盘MO)、软磁盘(FD)、硬磁盘(HD)、集成电路卡(CF卡、MD卡、SM卡、MMC卡、RS-MMC卡、MS卡、SD卡、XD卡、T-F1ash卡、记忆棒)和各种存储芯片。

(四)二甲醚。

二甲醚,是指化学分子式为CH_3OCH_3,常温常压下为具有轻微醚香味,易燃、无毒、无腐蚀性的气体。

二、下列按简易办法征收增值税的优惠政策继续执行,不得抵扣进项税额:

(一)纳税人销售自己使用过的物品,按下列政策执行:

1. 一般纳税人销售自己使用过的属于条例第十条规定不得抵扣且未抵扣进项税额的固定资产,按简易办法依4%征收率减半征收增值税。

一般纳税人销售自己使用过的其他固定资产,按照《财政部 国家税务总局关于全国实施增值税转型改革若干问题的通知》(财税[2008]170号)第四条的规定执行。

一般纳税人销售自己使用过的除固定资产以外的物品,应当按照适用税率征收增值税。

2. 小规模纳税人(除其他个人外,下同)销售自己使用过的固定资产,减按2%征收率征收增值税。

小规模纳税人销售自己使用过的除固定资产以外的物品,应按3%的征收率征收增值税。

(二)纳税人销售旧货,按照简易办法依照4%征收率减半征收增值税。

所称旧货,是指进入二次流通的具有部分使用价值的货物(含旧汽车、旧摩托车和旧游艇),但不包括自己使用过的物品。

(三)一般纳税人销售自产的下列货物,可选择按照简易办法依照6%征收率计算缴纳增值税:

1. 县级及县级以下小型水力发电单位生产的电力。小型水力发电单位,是指各类投资主体建设的装机容量为5万千瓦以下(含5万千瓦)的小型水力发电单位。

2. 建筑用和生产建筑材料所用的砂、土、石料。

3. 以自己采掘的砂、土、石料或其他矿物连续生产的砖、瓦、石灰(不含粘土实心砖、瓦)。

4. 用微生物、微生物代谢产物、动物毒素、人或动物的血液或组织制成的生物制品。

5. 自来水。

6. 商品混凝土(仅限于以水泥为原料生产的水泥混凝土)。

一般纳税人选择简易办法计算缴纳增值税后,36 个月内不得变更。

(四)一般纳税人销售货物属于下列情形之一的,暂按简易办法依照 4% 征收率计算缴纳增值税:

1. 寄售商店代销寄售物品(包括居民个人寄售的物品在内);

2. 典当业销售死当物品;

3. 经国务院或国务院授权机关批准的免税商店零售的免税品。

三、对属于一般纳税人的自来水公司销售自来水按简易办法依照 6% 征收率征收增值税,不得抵扣其购进自来水取得增值税扣税凭证上注明的增值税税款。

四、本通知自 2009 年 1 月 1 日起执行。《财政部国家税务总局关于调整农业产品增值税税率和若干项目征免增值税的通知》[财税字(94)004 号]、《财政部 国家税务总局关于自来水征收增值税问题的通知》[(94)财税字第 014 号]、《财政部 国家税务总局关于增值税、营业税若干政策规定的通知》[(94)财税字第 026 号]第九条和第十条、《国家税务总局关于印发〈增值税问题解答(之一)〉的通知》(国税函发[1995]288 号)附件第十条、《国家税务总局关于调整部分按简易办法征收增值税的特定货物销售行为征收率的通知》(国税发[1998]122 号)、《国家税务总局关于县以下小水电电力产品增值税征税问题的批复》(国税函[1998]843 号)、《国家税务总局关于商品混凝土实行简易办法征收增值税问题的通知》(国税发[2000]37 号)、《财政部 国家税务总局关于旧货和旧机动车增值税政策的通知》(财税[2002]29 号)、《国家税务总局关于自来水行业增值税政策问题的通知》(国税发[2002]56 号)、《财政部 国家税务总局关于宣传文化增值税和营业税优惠政策的通知》(财税[2006]153 号)第一条、《国家税务总局关于明确县以下小型水力发电单位具体标准的批复》(国税函[2006]47 号)、《国家税务总局关于商品混凝土征收增值税有关问题的通知》(国税函[2007]599 号)、《财政部国家税务总局关于二甲醚增值税适用税率问题的通知》(财税[2008]72 号)同时废止。

油气田企业增值税管理办法

财税[2009]8 号

第一条 根据国务院批准的石油天然气企业增值税政策,为加强石油天然气企业的增值税征收管理工作,制定本办法。

第二条 本办法适用于在中华人民共和国境内从事原油、天然气生产的企业。包括中国石油天然气集团公司(以下简称中石油集团)和中国石油化工集团公司(以下简称中石化集团)重组改制后设立的油气田分(子)公司、存续公司和其他石油天然气生产企业(以下简称油气田企业),不包括经国务院批准适用 5% 征收率缴纳增值税的油气田企业。

存续公司是指中石油集团和中石化集团重组改制后留存的企业。

其他石油天然气生产企业是指中石油集团和中石化集团以外的石油天然气生产企业。

油气田企业持续重组改制继续提供生产性劳务的企业,以及 2009 年 1 月 1 日以后新成立的油气田企业参股、控股的企业,按照本办法缴纳增值税。

第三条 油气田企业为生产原油、天然气提供的生产性劳务应缴纳增值税。

生产性劳务是指油气田企业为生产原油、天然气,从地质普查、勘探开发到原油天然气销售的一系列生产过程所发生的劳务(具体见本办法所附的《增值税生产性劳务征税范围注释》)。

缴纳增值税的生产性劳务仅限于油气田企业间相互提供属于《增值税生产性劳务征税范围注释》内的劳务。油气田企业与非油气田企业之间相互提供的生产性劳务不缴纳增值税。

第四条 油气田企业将承包的生产性劳务分包给其他油气田企业或非油气田企业,应当就其总承包额计算缴纳增值税。非油气田企业将承包的生产性劳务分包给油气田企业或其他非油气田企业,其提供的生产性劳务不缴纳增值税。油气田企业分包非油气田企业的生产性劳务,也不缴纳增值税。

第五条 油气田企业提供的生产性劳务,增值税税率为17%。

第六条 油气田企业与其所属非独立核算单位之间以及其所属非独立核算单位之间移送货物或者提供应税劳务,不缴纳增值税。

本办法规定的应税劳务,是指加工、修理修配劳务和生产性劳务(下同)。

第七条 油气田企业提供的应税劳务和非应税劳务应当分别核算销售额,未分别核算的,由主管税务机关核定应税劳务的销售额。

第八条 油气田企业下列项目的进项税额不得从销项税额中抵扣:

(一)用于非增值税应税项目、免征增值税项目、集体福利或者个人消费的购进货物或者应税劳务。

本办法规定的非增值税应税项目,是指提供非应税劳务、转让无形资产、销售不动产、建造非生产性建筑物及构筑物。

本办法规定的非应税劳务,是指属于应缴营业税的交通运输业、建筑业、金融保险业、邮电通信业、文化体育业、娱乐业、服务业税目征收范围的劳务,但不包括本办法规定的生产性劳务。

用于集体福利或个人消费的购进货物或者应税劳务,包括所属的学校、医院、宾馆、饭店、招待所、托儿所(幼儿园)、疗养院、文化娱乐单位等部门购进的货物或应税劳务。

(二)非正常损失的购进货物及相关的应税劳务。

(三)非正常损失的在产品、产成品所耗用的购进货物或者应税劳务。

(四)国务院财政、税务主管部门规定的纳税人自用消费品。

(五)本条第(一)项至第(四)项规定的货物的运输费用和销售免税货物的运输费用。

第九条 油气田企业为生产原油、天然气接受其他油气田企业提供的生产性劳务,可凭劳务提供方开具的增值税专用发票注明的增值税税额予以抵扣。

第十条 跨省、自治区、直辖市开采石油、天然气的油气田企业,由总机构汇总计算应纳增值税税额,并按照各油气田(井口)石油、天然气产量比例进行分配,各油气田按所分配的应纳增值税税额向所在地税务机关缴纳。石油、天然气应纳增值税税额的计算办法由总机构所在地省级税务部门商各油气田所在地同级税务部门确定。

在省、自治区、直辖市内的油气田企业,其增值税的计算缴纳方法由各省、自治区、直辖市财政和税务部门确定。

第十一条 油气田企业跨省、自治区、直辖市提供生产性劳务,应当在劳务发生地按3%预征率计算缴纳增值税。在劳务发生地预缴的税款可从其应纳增值税中抵减。

第十二条 油气田企业为生产原油、天然气提供的生产性劳务的纳税义务发生时间为油气田企业收讫劳务收入款或者取得索取劳务收入款项凭据的当天;先开具发票的,为开具发票的当天。

收讫劳务收入款的当天,是指油气田企业应税行为发生过程中或者完成后收取款项的当天;采取预收款方式的,为收到预收款的当天。

取得索取劳务收入款项凭据的当天,是指书面合同确定的付款日期的当天;未签订书面合同或者书面合同未确定付款日期的,为应税行为完成的当天。

第十三条 油气田企业所需发票,经主管税务机关审核批准后,可以采取纳税人统一集中领购、发放和管理的方法,也可以由机构内部所属非独立核算单位分别领购。

第十四条 油气田企业应统一申报货物及应税劳务应缴纳的增值税。

第十五条 现行规定与本办法有抵触的,按本办法执行;本办法未尽事宜,按现行税收法律、法规执行。

第十六条 各省、自治区、直辖市税务机关可根据本规定制定具体实施办法,并报国家税务总局备案。

第十七条 本办法自2009年1月1日起执行。《财政部　国家税务总局关于油气田企业增值税计算缴纳方法问题的通知》((94)财税字第073号)、《财政部　国家税务关于印发〈油气田企业增值税管理暂行办法〉的通知》(财税字[2000]32号)和《国家税务总局关于油气田企业增值税问题的补充通知》(国税发[2000]195号)同时废止。

附：

增值税生产性劳务征收范围注释

一、地质勘探

是指根据地质学、物理学和化学原理，凭借各种仪器设备观测地下情况，研究地壳的性质与结构，借以寻找原油、天然气的工作。种类包括：地质测量；控制地形测量；重力法；磁力法；电法；陆地海滩二维（或三维、四维）地震勘探；垂直地震测井法（即 vsp 测井法）；卫星定位；地球化学勘探；井间地震；电磁勘探；多波地震勘探；遥感和遥测；探井；资料（数据）处理、解释和研究。

二、钻井（含侧钻）

是指初步探明储藏有油气水后，通过钻具（钻头、钻杆、钻铤）对地层钻孔，然后用套、油管联接并向下延伸到油气水层，并将油气水分离出来的过程。钻井工程分为探井和开发井。探井包括地质井、参数井、预探井、评价井、滚动井等；开发井包括采油井、采气井、注水（气）井以及调整井、检查研究井、扩边井、油藏评价井等，其有关过程包括：

（一）新老区临时工程建设。是指为钻井前期准备而进行的临时性工程。含临时房屋修建、临时公路和井场道路的修建、供水（电）工程的建设、保温及供热工程建设、维护、管理。

（二）钻前准备工程。指为钻机开钻创造必要条件而进行的各项准备工程。含钻机、井架、井控、固控设施、井口工具的安装及维修。

（三）钻井施工工程。包括钻井、井控、固控所需设备、材料及新老区临时工程所需材料的装卸及搬运。

（四）包括定向井技术、水平井技术、打捞技术、欠平衡技术、泥浆技术、随钻测量、陀螺测量、电子多点、电子单点、磁性单多点、随钻、通井、套管开窗、老井侧钻、数据处理、小井眼加深、钻井液、顶部驱动钻井、化学监测、分支井技术、气体（泡沫）钻井技术、套管钻井技术、膨胀管技术、垂直钻井技术、地质导向钻井技术、旋冲钻井技术，取芯、下套管作业、钻具服务、井控服务、固井服务、钻井工程技术监督、煤层气钻井技术等。

（五）海洋钻井：包括钻井船拖航定位、海洋环保、安全求生设备的保养检查、试油点火等特殊作业。

三、测井

是指在井孔中利用测试仪器，根据物理和化学原理，间接获取地层和井眼信息，包括信息采集、处理、解释和油（气）井射孔。根据测井信息，评价储（产）层岩性、物性、含油性、生产能力及固井质量、射孔质量、套管质量、井下作业效果等。按物理方法，主要有电法测井、声波测井、核（放射性）测井、磁测井、力测井、热测井、化学测井；按完井方式分裸眼井测井和套管井测井；按开采阶段分勘探测井和开发测井，开发测井包括生产测井、工程测井和产层参数测井。

四、录井

是指钻井过程中随着钻井录取各种必要资料的工艺过程。有关项目包括：地质设计；地质录井；气测录井；综合录井；地化录井；轻烃色谱录井；定量荧光录井；核磁共振录井；离子色谱录井；伽马录井；岩心扫描录井；录井信息传输；录井资料处理及解释；地质综合研究；测量工程；单井评价；古生物、岩矿、色谱分析；录井新技术开发；非地震方法勘探；油层工程研究；数据处理；其他技术服务项目。

五、试井

是指确定井的生产能力和研究油层参数及地下动态，对井进行的专门测试工作。应用试井测试手段可以确定油气藏压力系统、储层特性、生产能力和进行动态预测，判断油气藏边界、评价井下作业效果和估算储量等。包括高压试井和低压试井。

六、固井

是指向井内下入一定尺寸的套管柱，并在周围注入水泥，将井壁与套管的空隙固定，以封隔疏松易塌易漏等地层、封隔油气水层，防止互相窜漏并形成油气通道。具体项目包括：表面固井、技术套管固井、油层固井、套管固井、特殊固井。

七、试油（气）

是油气层评价的一种直接手段。是指在钻井过程中或完井后，利用地层测试等手段，获取储层油、气、水产量、液性、压力、温度等资料，为储层评价、油气储量计算和制定油气开发方案提供依据。包括：中途测试、原钻机试油(气)、完井试油(气)、压裂改造、酸化改造、地层测试和抽汲排液求产、封堵等特种作业。

八、井下作业

是指在油气开发过程中,根据油气田投产、调整、改造、完善、挖潜的需要,利用地面和井下设备、工具,对油、气、水井采取各种井下作业技术措施,以达到维护油气水井正常生产或提高注采量,改善油层渗透条件及井的技术状况,提高采油速度和最终采收率。具体项目包括:新井投产、投注、维护作业、措施作业、油水井大修、试油测试、试采、数据解释。

九、油(气)集输

是指把油(气)井生产的原油(天然气)收集起来,再进行初加工并输送出去而修建井(平)台、井口装置、管线、计量站、接转站、联合站、油库、油气稳定站、净化厂(站)、污水处理站、中间加热加压站、长输管线、集气站、增压站、气体处理厂等设施及维持设施正常运转发生的运行、保养、维护等劳务。

十、采油采气

是指为确保油田企业正常生产,通过自然或机械力将油气从油气层提升到地面并输送到联合站、集输站整个过程而发生的工程及劳务。主要包括采油采气、注水注气、三次采油、防腐、为了提高采收率采取的配套技术服务等。

(一)采油采气。是指钻井完钻后,通过试采作业,采取自然或机械力将油气从油气层提升到地面而进行的井场、生产道路建设、抽油机安装、采油树配套、单井管线铺设、动力设备安装、气层排液等工程及维持正常生产发生的运行、保养、维护等劳务。

(二)注水注气。是指为保持油气层压力而建设的水源井、取水设施、操作间、水源管线、配水间、配气站、注水注气站、注水增压站、注水注气管线等设施以及维持正常注水注气发生的运行、保养、维护等劳务。

(三)稠油注汽。是指为开采稠油而修建的向油层注入高压蒸汽的设施工程及维持正常注汽发生的运行、保养、维护等劳务。

(四)三次采油。是指为提高原油采收率,确保油田采收率而向油层内注聚合物、酸碱、表面活性剂、二氧化碳、微生物等其他新技术,进行相关的技术工艺配套和地面设施工程。包括修建注入和采出各场站、管网及相应的各系统工程;产出液处理的净化场(站)及管网工程等。

(五)防腐。是指为解决现场问题,保证油田稳产,解决腐蚀问题而进行的相关药剂、防腐方案、腐蚀监测网络等的配套工程。

(六)技术服务。是指为确保油气田的正常生产,为采油气工程提供的各种常规技术服务及新技术服务等。主要包括采油采气方案的编制、注水注气方案编制、三次采油方案的编制设计、油井管柱优化设计、相关软件的开发、采油气新工艺的服务、油气水井测试服务等。

十一、海上油田建设

是指为勘探开发海上油田而修建的人工岛、海上平台、海堤、滩海路、海上电力通讯、海底管缆、海上运输、应急系统、弃置等海上生产设施及维持正常生产发生的运行、保养、维护等劳务。

十二、供排水、供电、供热、通讯

(一)供排水。是指为维持油(气)田正常生产及保证安全所建设的调节水源、管线、泵站等系统工程以及防洪排涝工程以及运行、维护、改造等劳务。

(二)供电。是指为保证油(气)田正常生产和照明而建设的供、输、变电的系统工程以及运行、维护、改造等劳务。

(三)供热。是指为保证油气田正常生产而建设的集中热源、供热管网等设施以及运行、维护、改造等劳务。

(四)通讯。是指在油(气)田建设中为保持电信联络而修建的发射台、线路、差转台(站)等设施以及运行、维护、改造等劳务。

十三、油田基本建设

是指根据油气田生产的需要,在油气田内部修建的道路、桥涵、河堤、输卸油(气)专用码头、海堤、生产指挥场所建设等设施以及维护和改造。

十四、环境保护

是油气田企业为保护生态环境,落实环境管理而发生的生态保护、污染防治、清洁生产、污染处置、环境应急等项目建设的工程与劳务，及施工结束、资源枯竭后应及时恢复自然生态而建设的工程及劳务。

十五、其他

是指油气田企业之间为维持油气田的正常生产而互相提供的其他劳务。包括：运输、设计、提供信息、检测、计量、监督、监理、消防、安全、异体监护、数据处理、租赁生产所需的仪器、材料、设备等服务。

国家税务总局关于修改若干增值税规范性文件引用法规规章条款依据的通知

国税发［2009］10 号

各省、自治区、直辖市和计划单列市国家税务局：

2009 年 1 月 1 日起，《中华人民共和国增值税暂行条例》（国务院令第 538 号）和《中华人民共和国增值税暂行条例实施细则》（财政部　国家税务总局令第 50 号）正式实施。此前国家税务总局发布的部分增值税规范性文件所引用的条例及细则条款依据已发生变化，需要根据修订后的条例及细则进行修改。现将有关修改内容明确如下：

一、《国家税务总局关于饮食业征收流转税问题的通知》（国税发［1996］202 号）第二条中“按《增值税暂行条例实施细则》第六条和《营业税暂行条例实施细则》第六条”修改为“按《增值税暂行条例实施细则》第七条和《营业税暂行条例实施细则》第八条”。

二、《国家税务总局关于卫生防疫站调拨生物制品及药械征收增值税的批复》（国税函［1999］191 号）中“根据《中华人民共和国增值税暂行条例实施细则》第二十四条及有关规定，对卫生防疫站调拨生物制品和药械，可按照小规模商业企业 4% 的增值税征收率征收增值税。”修改为“根据《中华人民共和国增值税暂行条例实施细则》第二十九条及有关规定，对卫生防疫站调拨生物制品和药械，可按照小规模纳税人 3% 的增值税征收率征收增值税。”

三、《国家税务总局关于外国企业来华参展后销售展品有关税务处理问题的批复》（国税函［1999］207 号）第一条中“按小规模纳税人所适用的 6% 征收率”修改为“按小规模纳税人所适用的 3% 征收率”。

四、《国家税务总局关于增值税一般纳税人恢复抵扣进项税额资格后有关问题的批复》（国税函［2000］584 号）中“《中华人民共和国增值税暂行条例实施细则》第三十条规定：‘一般纳税人有下列情形之一者，应按销售额依照增值税税率计算应纳税额，不得抵扣进项税额，也不得使用增值税专用发票：（一）会计核算不健全，或者不能够提供准确税务资料的；（二）符合一般纳税人条件，但不申请办理一般纳税人认定手续的。’”修改为“《中华人民共和国增值税暂行条例实施细则》第三十四条规定：有下列情形之一者，应按销售额依照增值税税率计算应纳税额，不得抵扣进项税额，也不得使用增值税专用发票：（一）一般纳税人会计核算不健全，或者不能够提供准确税务资料的；（二）除本细则第二十九条规定外，纳税人销售额超过小规模纳税人标准，未申请办理一般纳税人认定手续的。”

五、《国家税务总局关于企业改制中资产评估减值发生的流动资产损失进项税额抵扣问题的批复》（国税函［2002］1103 号）中“《中华人民共和国增值税暂行条例实施细则》第二十一条规定：‘非正常损失是指生产、经营过程中正常损耗外的损失’”修改为“《中华人民共和国增值税暂行条例实施细则》第二十四条规定，非正常损失是指因管理不善造成被盗、丢失、霉烂变质的损失。”

六、《国家税务总局关于增值税起征点调整后有关问题的批复》（国税函［2003］1396 号）第二条“《中华人民共和国增值税暂行条例》第十八条规定”修改为“《中华人民共和国增值税暂行条例》第十七条规定”。

七、《国家税务总局关于加强新办商贸企业增值税征收管理有关问题的紧急通知》（国税发明电［2004］37 号）第三条第（三）款有关企业增购专用发票必须按专用发票销售额的 4% 预缴增值税的规定，修改为按 3% 预缴增值税。

八、《国家税务总局关于加强新办商贸企业增值税征收管理有关问题的补充通知》（国税发明电［2004］62 号）第七条第一款有关辅导期一般纳税人增购增值税专用发票按 4% 征收率计算预缴税款的规定，修改为按 3% 征收率计算预缴税款。

九、《国家税务总局关于取消小规模企业销售货物或应税劳务由税务所代开增值税专用发票审批后有关问题的通知》(国税函[2004]895号)第一条“增值税征收率4%(商业)或6%(其他)”修改为“增值税征收率3%”。

十、《国家税务总局关于加强煤炭行业税收管理的通知》(国税发[2005]153号)第一条“根据《中华人民共和国增值税暂行条例实施细则》第三十条的规定”修改为“根据《中华人民共和国增值税暂行条例实施细则》第三十四条的规定”。

十一、《国家税务总局关于纳税人进口货物增值税进项税额抵扣有关问题的通知》(国税函[2007]350号)中“纳税人从海关取得的完税凭证”修改为“纳税人从海关取得的海关进口增值税专用缴款书”,“进口货物取得的合法海关完税凭证”修改为“进口货物取得的合法海关进口增值税专用缴款书”。

财政部　国家税务总局关于继续执行供热企业增值税房产税　城镇土地使用税优惠政策的通知

财税[2009]11号

北京、天津、河北、山西、内蒙古、辽宁、大连、吉林、黑龙江、山东、青岛、河南、陕西、甘肃、宁夏、新疆、青海省(自治区、直辖市、计划单列市)财政厅(局)、国家税务局、地方税务局,新疆生产建设兵团财务局:

为保障居民供热采暖,经国务院批准,现将三北地区供热企业(以下称供热企业)的增值税、房产税、城镇土地使用税政策通知如下:

一、自2009年至2010年供暖期期间,对供热企业向居民个人(以下称居民)供热而取得的采暖费收入继续免征增值税。向居民供热而取得的采暖费收入,包括供热企业直接向居民收取的、通过其他单位向居民收取的和由单位代居民缴纳的采暖费。

免征增值税的采暖费收入,应当按照《中华人民共和国增值税暂行条例》第十六条的规定分别核算。通过热力产品经营企业向居民供热的热力产品生产企业,应当根据热力产品经营企业实际从居民取得的采暖费收入占该经营企业采暖费总收入的比例确定免税收入比例。

二、自2009年1月1日至2011年6月30日,对向居民供热而收取采暖费的供热企业,为居民供热所使用的厂房及土地继续免征房产税、城镇土地使用税。

对既向居民供热,又向单位供热或者兼营其他生产经营活动的供热企业,按其向居民供热而取得的采暖费收入占企业总收入的比例划分征免税界限。

三、本通知所述供热企业,是指热力产品生产企业和热力产品经营企业。热力产品生产企业包括专业供热企业、兼营供热企业和自供热单位。

四、本通知所称三北地区,是指北京市、天津市、河北省、山西省、内蒙古自治区、辽宁省、大连市、吉林省、黑龙江省、山东省、青岛市、河南省、陕西省、甘肃省、青海省、宁夏回族自治区和新疆维吾尔自治区。

国家税务总局关于增值税简易征收政策有关管理问题的通知

国税函[2009]90号

各省、自治区、直辖市和计划单列市国家税务局:

《财政部　国家税务总局关于部分货物适用增值税低税率和简易办法征收增值税政策的通知》(财税[2009]9号)规定对部分项目继续适用增值税简易征收政策。经研究,现将有关增值税管理问题明确如下:

一、关于纳税人销售自己使用过的固定资产:

(一)一般纳税人销售自己使用过的固定资产,凡根据《财政部　国家税务总局关于全国实施增值税转型改革若干问题的通知》(财税[2008]170 号)和财税[2009]9 号文件等规定,适用按简易办法依 4% 征收率减半征收增值税政策的,应开具普通发票,不得开具增值税专用发票。

(二)小规模纳税人销售自己使用过的固定资产,应开具普通发票,不得由税务机关代开增值税专用发票。

二、纳税人销售旧货,应开具普通发票,不得自行开具或者由税务机关代开增值税专用发票。

三、一般纳税人销售货物适用财税[2009]9 号文件第二条第(三)项、第(四)项和第三条规定的,可自行开具增值税专用发票。

四、关于销售额和应纳税额:

(一)一般纳税人销售自己使用过的物品和旧货,适用按简易办法依 4% 征收率减半征收增值税政策的,按下列公式确定销售额和应纳税额:

销售额 = 含税销售额/(1 + 4%)

应纳税额 = 销售额 × 4% /2

(二)小规模纳税人销售自己使用过的固定资产和旧货,按下列公式确定销售额和应纳税额:

销售额 = 含税销售额/(1 + 3%)

应纳税额 = 销售额 × 2%

五、小规模纳税人销售自己使用过的固定资产和旧货,其不含税销售额填写在《增值税纳税申报表(适用于小规模纳税人)》第 4 栏,其利用税控器具开具的普通发票不含税销售额填写在第 5 栏。

六、本通知自 2009 年 1 月 1 日起执行。《国家税务总局关于调整增值税纳税申报有关事项的通知》(国税函[2008]1075 号)第二条第(二)项规定同时废止。

国家税务总局关于简化出口货物退(免)税单证备案管理制度的通知

国税函[2009]104 号

各省、自治区、直辖市和计划单列市国家税务局:

为应对国际金融危机的严峻形势,促进我国外贸出口健康发展,优化退税服务,经研究,税务总局决定对出口货物退(免)税单证备案管理制度进行简化,现将有关事项通知如下:

一、自 2009 年 4 月 1 日起,出口企业申报出口货物退(免)税后,一律按照《国家税务总局关于出口货物退(免)税实行有关单证备案管理制度(暂行)的通知》(国税发 [2005]199 号)第二条规定的第二种方式进行单证备案,即在《出口货物备案单证目录》的"备案单证存放处"栏内注明备案单证存放地点即可,不再按照第二条规定的第一种方式进行单证备案,不必将备案单证统一编号装订成册。

二、国税发 [2005]199 号第四条自 2009 年 4 月 1 日起停止执行,税务机关在出口企业申报出口货物退(免)税时不再要求其提供备案单证。税务机关可在退税审核发现疑点以及退税评估、退税日常检查时,向出口企业调取备案单证进行检查。

国家税务总局关于增值税小规模纳税人出口货物免税核销申报有关问题的通知

国税函[2009]108 号

各省、自治区、直辖市和计划单列市国家税务局:

按照《中华人民共和国增值税暂行条例实施细则》(财政部国家税务总局令第 50 号)有关规定,经研究，现对增值税小规模纳税人出口货物免税核销申报有关问题通知如下：

一、纳税期限为一个季度的增值税小规模纳税人，应在办理纳税申报后的下个季度的纳税申报期内，向主管税务机关申请办理出口货物免税核销手续。

二、纳税期限为一个月的增值税小规模纳税人出口货物的免税申报期限，仍按《国家税务总局关于印发〈增值税小规模纳税人出口货物免税管理办法（暂行）〉的通知》（国税发［2007］123号）有关规定执行。

三、纳税期限为一个季度的增值税小规模纳税人无法按本通知第一条规定期限办理免税核销申报手续的，可在申报期限内向主管税务机关提出有合理理由的免税核销延期申报书面申请，经核准后，可延期一个季度办理免税核销申报手续。

四、本通知自2009年4月1日开始执行。

财政部　国家税务总局关于提高轻纺电子信息等商品出口退税率的通知

财税［2009］43号

各省、自治区、直辖市、计划单列市财政厅（局）、国家税务局，新疆生产建设兵团财务局：

经国务院批准，决定提高部分商品的出口退税率。具体明确如下：

一、CRT彩电、部分电视机零件、光缆、不间断供电电源（UPS）、有衬背的精炼铜制印刷电路用覆铜板等商品的出口退税率提高到17%。

二、将纺织品、服装的出口退税率提高到16%。

三、将六氟铝酸钠等化工制品、香水等香化洗涤、聚氯乙烯等塑料、部分橡胶及其制品、毛皮衣服等皮革制品、信封等纸制品、日用陶瓷、显像管玻壳等玻璃制品、精密焊钢管等钢材、单晶硅片、直径大于等于30cm的单晶硅棒、铝型材等有色金属材、部分凿岩工具、金属家具等商品的出口退税率提高到13%。

四、将甲醇、部分塑料及其制品、木制相框等木制品、车辆后视镜等玻璃制品等商品的出口退税率提高到11%。

五、将碳酸钠等化工制品、建筑陶瓷、卫生陶瓷、锁具等小五金、铜板带材、部分搪瓷制品、部分钢铁制品、仿真首饰等商品的出口退税率提高到9%。

六、将商品次氯酸钙及其他钙的次氯酸盐、硫酸锌的出口退税率提高到5%。

具体商品清单见附件。

本通知自2009年4月1日起执行。具体执行时间，以“出口货物报关单（出口退税专用）”海关注明的出口日期为准。

特此通知。

附件：提高出口退税率的商品清单

国家税务总局关于麦芽适用税率问题的批复

国税函［2009］177号

新疆维吾尔自治区国家税务局：

你局《关于麦芽适用税率问题的请示》（新国税发［2008］199号）收悉。经研究，批复如下：

麦芽不属于《财政部　国家税务总局关于印发〈农业产品征税范围注释〉的通知》（财税字［1995］52号）规定的农业产品范围，应适用17%的增值税税率。

国家税务总局关于进口免税设备解除海关监管补缴进口环节增值税抵扣问题的批复

国税函[2009]158号

深圳市国家税务局：

你局《关于进口环节增值税抵扣问题的请示》(深国税发［2009]36号)已悉。经研究,批复如下：

根据海关进口货物减免税管理规定,进口减免税货物,应当由海关在一定年限内进行监管,提前解除监管的,应向主管海关申请办理补缴税款。

为保证税负公平,对于纳税人在2008年12月31日前免税进口的自用设备,由于提前解除海关监管,从海关取得2009年1月1日后开具的海关进口增值税专用缴款书,其所注明的增值税额准予从销项税额中抵扣。纳税人销售上述货物,应当按照增值税适用税率计算缴纳增值税。

财政部 国家税务总局关于调整对外修理修配飞机免抵退税政策的通知

财税[2009]54号

各省、自治区、直辖市、计划单列市财政厅(局)、国家税务局,新疆生产建设兵团财务局：

近来接到一些地区请示,要求明确对外修理修配飞机相关税收问题。经研究,现通知如下：

一、企业承接对外修理修配飞机业务,按照《财政部 国家税务总局关于进一步推进出口货物实行免抵退税办法的通知》(财税[2002]7号)有关规定实行免、抵、退税办法。

二、承接对外修理修配飞机业务的企业,以出口发票上的实际收入为准计算免、抵、退税额。凡使用保税进口料件的,企业须如实申报对外修理修配飞机收入中所耗用的保税进口料件金额,并在计算免、抵、退税额时作相应扣减。

三、承接对外修理修配飞机业务的企业申报免、抵、退税时,须向主管税务机关提供海关签发的以修理物品贸易方式报关出口的出口货物报关单(复印件)、对外修理修配合同、出口发票、维修工作单、外汇收入凭证及主管税务机关规定的其他凭证。

四、出口发票不能如实反映实际收入的,企业须按有关规定向主管税务机关申报实际收入。企业未如实申报实际收入的,主管税务机关应依照《中华人民共和国税收征收管理法》、《中华人民共和国增值税暂行条例》等有关规定核定企业实际销售收入。

五、税务机关要定期检查企业的免、抵、退税申报情况。企业未能及时、准确申报保税进口料件使用情况的,税务机关要依据有关法律法规的规定进行处理。

六、各地税务机关可结合本地实际情况制定具体管理操作规程。其他事项按现行有关规定执行。

财政部 国家税务总局关于进一步提高部分商品出口退税率的通知

财税[2009]88号

各省、自治区、直辖市、计划单列市财政厅(局)、国家税务局,新疆生产建设兵团财务局：

经国务院批准,提高部分商品的出口退税率。现就有关事宜通知如下：

一、电视用发送设备、缝纫机等商品的出口退税率提高到17%。

二、罐头、果汁、桑丝等农业深加工产品，电动齿轮泵、半挂车等机电产品，光学元件等仪器仪表，胰岛素制剂等药品，箱包，鞋帽，伞，毛发制品，玩具，家具等商品的出口退税率提高到15%。

三、部分塑料、陶瓷、玻璃制品，部分水产品，车削工具等商品的出口退税率提高到13%。

四、合金钢异性材等钢材、钢铁结构体等钢铁制品、剪刀等商品的出口退税率提高到9%。

五、玉米淀粉、酒精的出口退税率提高到5%。

具体商品清单见附件。

六、本通知自2009年6月1日起执行。具体执行时间，以"出口货物报关单(出口退税专用)"海关注明的出口日期为准。

特此通知。

附件：提高出口退税率的商品清单

国家税务总局关于部分饲料产品征免增值税政策问题的批复

国税函[2009]324号

陕西省国家税务局：

你局《关于部分饲料产品征免增值税问题的请示》(陕国税发[2008]286号)收悉。经研究，批复如下：

根据《财政部 国家税务总局关于饲料产品免征增值税问题的通知》(财税[2001]121号)及相关文件的规定，单一大宗饲料产品仅限于财税[2001]121号文件所列举的糠麸等饲料产品。膨化血粉、膨化肉粉、水解羽毛粉不属于现行增值税优惠政策所定义的单一大宗饲料产品，应对其照章征收增值税。混合饲料是指由两种以上单一大宗饲料、粮食、粮食副产品及饲料添加剂按照一定比例配置，其中单一大宗饲料、粮食及粮食副产品的掺兑比例不低于95%的饲料。添加其他成分的膨化血粉、膨化肉粉、水解羽毛粉等饲料产品，不符合现行增值税优惠政策有关混合饲料的定义，应对其照章征收增值税。

财政部 国家税务总局关于油气田企业增值税问题的补充通知

国税发[2000]195号

财政部、国家税务总局《油气田企业增值税暂行管理办法》(财税字[2000]32号)下发后，运行基本正常，但仍存在一些问题。为规范油气田企业增值税管理，现将有关问题补充通知如下：

一、征收增值税的生产性劳务仅限于油气田企业间相互提供的属于《油气田企业增值税暂行管理办法》(财税字[2000]32号)规定的"增值税生产性劳务征税范围注释"目录内的劳务。油气田企业向非油气田企业或非油气田企业向油气田企业提供的生产性劳务不征收增值税，征收营业税。

存续公司经过持续性重组、改制后不论是控股还是参股仍按油气田企业增值税办法征税。

二、油气田企业向外省、自治区、直辖市其他油气田企业提供生产性劳务，应当在劳务发生地税务机关办理税务登记或注册税务登记。在劳务发生地设立分(子)公司的，应当申请办理增值税一般纳税人认定手续，经劳务发生地税务机关认定为一般纳税人后，按照增值税一般纳税人的计算方法在劳务发生地计算缴纳增值税。

油气田企业在劳务发生地未设立分(子)公司但提供生产性劳务的，在劳务发生地按6%的预征率计算缴纳增值税，按预征率预缴的税款可在油气田企业的应纳增值税中抵减。

子公司是指具有企业法人资格，实行独立核算的企业；分公司是指不具有企业法人资格，但领取了工商营业执照的企业。

三、油气田企业将承包属于生产性劳务的工程转包、分包给油气田企业或其他企业，应当就其总承包额计算缴纳增值税。非油气田企业将承包的属于生产性劳务的工程转包、分包给油气田企业或其他企业，其工程收入不缴纳增值税，应当按营业税的有关规定缴纳营业税。

四、油气田企业间提供的生产性劳务和非生产性劳务应当分别核算销售额，不能分别核算或不能准确核算的应一并缴纳增值税。

五、过渡期的征税问题

（一）油气田企业间提供的生产性劳务，在2000年1月1日前施工，2000年1月1日后完工的，应当按照其结算时间确定征税税种。对2000年1月1日前结算的生产性劳务收入如属于营业税征收范围的缴纳营业税。对2000年1月1日后结算的缴纳增值税。

（二）油气田企业在重组、改制前购进货物，但未取得增值税专用发票的，应当在办理新营业执照后3个月内取得，经主管税务机关审核后准予抵扣。未按照规定时间取得的，原则上不再予以抵扣。

六、本补充通知自2000年1月1日起执行，本通知公布前已执行的办法与本通知不符的，不再进行调整。

财政部　国家税务总局关于扶持动漫产业发展有关税收政策问题的通知

财税［2009］65号

各省、自治区、直辖市、计划单列市财政厅（局）、国家税务局、地方税务局：

根据《国务院办公厅转发财政部等部门关于推动我国动漫产业发展若干意见的通知》（国办发［2006］32号）的精神，文化部会同有关部门于2008年12月下发了《动漫企业认定管理办法（试行）》（文市发［2008］51号）。为促进我国动漫产业健康快速发展，增强动漫产业的自主创新能力，现就扶持动漫产业发展的有关税收政策问题通知如下：

一、关于增值税。

在2010年12月31日前，对属于增值税一般纳税人的动漫企业销售其自主开发生产的动漫软件，按17%的税率征收增值税后，对其增值税实际税负超过3%的部分，实行即征即退政策。退税数额的计算公式为：应退税额=享受税收优惠的动漫软件当期已征税款-享受税收优惠的动漫软件当期不含税销售额×3%。动漫软件出口免征增值税。上述动漫软件的范围，按照《文化部 财政部　国家税务总局关于印发〈动漫企业认定管理办法（试行）〉的通知》（文市发［2008］51号）的规定执行。

二、关于企业所得税。

经认定的动漫企业自主开发、生产动漫产品，可申请享受国家现行鼓励软件产业发展的所得税优惠政策。

三、关于营业税。

对动漫企业为开发动漫产品提供的动漫脚本编撰、形象设计、背景设计、动画设计、分镜、动画制作、摄制、描线、上色、画面合成、配音、配乐、音效合成、剪辑、字幕制作、压缩转码（面向网络动漫、手机动漫格式适配）劳务，在2010年12月31日前暂减按3%税率征收营业税。

四、关于进口关税和进口环节增值税。

经国务院有关部门认定的动漫企业自主开发、生产动漫直接产品，确需进口的商品可享受免征进口关税和进口环节增值税的优惠政策。具体免税商品范围及管理办法由财政部会同有关部门另行制定。

五、本通知所称动漫企业和自主开发、生产动漫产品的认定标准和认定程序，按照《文化部财政部　国家税务总局关于印发〈动漫企业认定管理办法（试行）〉的通知》（文市发［2008］51号）的规定执行。

六、本通知从2009年1月1日起执行。

国家税务总局关于氨化硝酸钙免征增值税问题的批复

国税函[2009]430 号

山西省国家税务局：

你局《关于氨化硝酸钙免征增值税问题的请示》(晋国税发［2009]112 号)已悉。经研究，批复如下：

氨化硝酸钙属于氮肥。根据《财政部　国家税务总局关于若干农业生产资料征免增值税政策的通知》(财税[2001]113 号)第一条第二款规定，对氨化硝酸钙免征增值税。

国家税务总局关于增值税即征即退实施先评估后退税有关问题的通知

国税函[2009]432 号

各省、自治区、直辖市和计划单列市国家税务局：

为加强部分行业增值税即征即退管理，堵塞税收漏洞，防范虚开增值税专用发票及骗税等涉税违法行为，税务总局决定对增值税即征即退企业实施先评估后退税的管理措施。现将有关事项通知如下：

一、主管税务机关受理享受增值税即征即退优惠政策的纳税人的退税申请后，应对其销售额变动率和增值税税负率开展纳税评估。

(一)销售额变动率的计算公式：

1. 本期销售额环比变动率 =(本期即征即退货物和劳务销售额 - 上期即征即退货物和劳务销售额)÷上期即征即退货物和劳务销售额 ×100%。

2. 本期累计销售额环比变动率 =(本期即征即退货物和劳务累计销售额 - 上期即征即退货物和劳务累计销售额)÷上期即征即退货物和劳务累计销售额 ×100%。

3. 本期销售额同比变动率 =(本期即征即退货物和劳务销售额 - 去年同期即征即退货物和劳务销售额)÷去年同期即征即退货物和劳务销售额 ×100%。

4. 本期累计销售额同比变动率 =(本期即征即退货物和劳务累计销售额 - 去年同期即征即退货物和劳务累计销售额)÷去年同期即征即退货物和劳务累计销售额 ×100%。

(二)增值税税负率的计算公式

增值税税负率 = 本期即征即退货物和劳务应纳税额 ÷ 本期即征即退货物和劳务销售额 ×100%。

(三)销售额变动率和增值税税负率异常的具体标准由省税务机关确定，并报税务总局(货物和劳务税司)备案。

二、销售额变动率或者增值税税负率正常的，主管税务机关应办理退税手续。

三、销售额变动率或者增值税税负率异常的，主管税务机关应暂停退税审批，并在 20 个工作日内通过案头分析、税务约谈、实地调查等评估手段核实指标异常的原因。

(一)经过评估，指标异常的疑点可以排除的，主管税务机关可办理退税审批。

(二)经过评估，指标异常的疑点不能排除的，主管税务机关不得办理退税审批，并移交税务稽查部门查处。

四、主管税务机关应加强日常监督和后续管理工作，注意搜集和掌握纳税人的生产经营情况。除上述评估内容外，还可结合其他一些评估方法，认真做好纳税评估工作。要积极利用纳税评估这一有效机制，堵塞漏洞，确保增值税即征即退优惠政策落到实处。

五、本通知自 2009 年 9 月 1 日起执行。

国家税务总局关于复合胶适用增值税税率问题的批复

国税函[2009]453号

云南省国家税务局：

你局《关于复合胶增值税适用税率的请示》（云国税发[2009]147号）收悉。经研究，批复如下：

复合胶是以新鲜橡胶液为主要原料，经过压片、造粒、烤干等工序加工生产的橡胶制品。因此，复合胶不属于《农业产品征税范围注释》（财税字[1995]52号）规定的“天然橡胶”产品，适用增值税税率应为17%。

国家税务总局关于核桃油适用税率问题的批复

国税函[2009]455号

四川省国家税务局：

你局《关于核桃油适用税率问题的请示》（川国税发[2009]70号）收悉，经研究，批复如下：

核桃油按照食用植物油13%的税率征收增值税。

国家税务总局关于供应非临床用血增值税政策问题的批复

国税函[2009]456号

广西壮族自治区国家税务局：

你局《关于纳税人供应非临床用人体血液如何征收增值税问题的请示》（桂国税发[2009]76号）已悉。按照国家卫生部门有关规定，你局请示文所述供应非临床用人体血液的纳税人系指单采血浆站，其经审批设立后可以采集非临床用的原料血浆并供应血液制品生产单位用于生产血液制品。现将有关增值税政策问题批复如下：

一、人体血液的增值税适用税率为17%。

二、属于增值税一般纳税人的单采血浆站销售非临床用人体血液，可以按照简易办法依照6%征收率计算应纳税额，但不得对外开具增值税专用发票；也可以按照销项税额抵扣进项税额的办法依照增值税适用税率计算应纳税额。

纳税人选择计算缴纳增值税的办法后，36个月内不得变更。

财政部　国家税务总局关于固定资产进项税额抵扣问题的通知

财税[2009]113号

各省、自治区、直辖市、计划单列市财政厅（局）、国家税务总局、地方税务局、新疆生产建设兵团财务局：

增值税转型改革实施后，一些地区反映固定资产增值税进项税额抵扣范围不够明确。为解决执行中存

在的问题,经研究,现将有关问题通知如下:

《中华人民共和国增值税暂行条例实施细则》第二十三条第二款所称建筑物,是指供人们在其内生产、生活和其他活动的房屋或者场所,具体为《固定资产分类与代码》(GB/T 14885—1994)中代码前两位为"02"的房屋;所称构筑物,是指人们不在其内生产、生活的人工建造物,具体为《固定资产分类与代码》(GB/T 14885—1994)中代码前两位为"03"的构筑物;所称其他土地附着物,是指矿产资源及土地上生长的植物。

《固定资产分类与代码》(GB/T 14885—1994)电子版可在财政部或国家税务总局网站查询。

以建筑物或者构筑物为载体的附属设备和配套设施,无论在会计处理上是否单独记账与核算,均应作为建筑物或者构筑物的组成部分,其进项税额不得在销项税额中抵扣。附属设备和配套设施是指:给排水、采暖、卫生、通风、照明、通讯、煤气、消防、中央空调、电梯、电气、智能化楼宇设备和配套设施。

国家税务总局关于生产企业开展对外承包工程业务出口货物退(免)税问题的批复

国税函[2009]538号

北京市国家税务局:

你局《关于生产企业开展对外承包工程业务出口货物退免税问题的请示》(京国税发[2009]119号)收悉。经研究,批复如下:

属于增值税一般纳税人的生产企业开展对外承包工程业务而出口的货物,凡属于现有税收政策规定的特准退税范围,且按规定在财务上作销售账务处理的,无论是自产货物还是非自产货物,均统一实行免、抵、退税办法;凡属于国家明确规定不予退(免)税的货物,按现行规定予以征税;不属于上述两类货物范围的,如生活用品等,实行免税办法。

财政部　国家税务总局关于再生资源增值税退税政策若干问题的通知

财税[2009]119号

各省、自治区、直辖市、计划单列市财政厅(局)、国家税务局,新疆生产建设兵团财务局,财政部驻各省、自治区、直辖市、计划单列市财政监察专员办事处:

根据各地的反映,现对《财政部　国家税务总局关于再生资源增值税政策的通知》(财税[2008]157号)的有关政策问题明确如下:

一、财税[2008]157号第四条第(一)款"通过金融机构结算",是指纳税人销售再生资源时按照中国人民银行《关于印发〈支付结算办法〉的通知》(银发[1997]393号)规定的票据、信用卡和汇兑、托收承付、委托收款等结算方式进行货币给付及其资金清算。

纳税人销售再生资源发生的应收账款,应在纳税人按照银发[1997]393号文件规定进行资金清算后方可计入通过金融机构结算的再生资源销售额。

纳税人销售再生资源按照银发[1997]393号文件规定取得的预收货款,应在销售实现后方可计入通过金融机构结算的再生资源销售额。

纳税人之间发生的互抵货款,不应计入通过金融机构计算的再生资源销售额。

纳税人通过金融机构结算的再生资源销售额占全部再生资源销售额的比重是否不低于80%的要求,应按纳税人退税申请办理时限(按月、按季等)进行核定。

二、财税[2008]157号文件所称再生资源的具体范围,操作时按照2008年底以前税务机关批准适用免征增值税政策的再生资源的具体范围执行,但必须符合财税[2008]157号文件第六条的规定,其中加工处理仅限于清洗、挑选、破碎、切割、拆解、打包等改变再生资源密度、湿度、长度、粗细、软硬等物理性状的简单加工。

三、财税[2008]157号文件第四条第(一)款规定按照《再生资源回收管理办法》(商务部令2007年第8号)第七条、第八条规定应当向有关部门备案的,应当自备案当月1日起享受退税政策。

四、纳税人申请退税时提供的2009年10月1日以后开具的再生资源收购凭证、扣税凭证或销售发票,除符合现行发票管理有关规定外,还应注明购进或销售的再生资源的具体种类(从废旧金属、报废电子产品、报废机电设备及其零部件、废造纸原料、废轻化工原料、废塑料、废玻璃和其他再生资源等8类之中选择填写),否则不得享受退税。

五、负责初审的财政机关和税务主管机关应当加强联系,及时就纳税人的征税和退税等情况进行沟通。负责初审的财政机关应当定期向税务主管机关通报受理和审批的申请退税纳税人名单及批准的退税额,税务主管机关对在日常税收征管、纳税检查、纳税评估、稽查等过程中发现的纳税人的异常情况及时通报给负责初审的财政机关。

对于税务主管机关通报有异常情况的纳税人,负责初审的财政机关应将有关情况及时上报负责复审和终审的财政机关,各级财政机关应暂停办理该纳税人的退税,并会同税务主管机关进一步查明情况。对于查实存在将非再生资源混作再生资源购进或销售等骗取退税行为的,除追缴其此前骗取的退税款并根据《财政违法行为处罚处分条例》(国务院令第427号)的规定进行处罚外,取消其以后享受再生资源退税政策的资格。

六、本通知自2009年10月1日起执行。

国家税务总局关于纳税人资产重组有关增值税政策问题的批复

国税函[2009]585号

大连市国家税务局:

你局《关于大连金牛股份有限公司资产重组过程中相关业务适用增值税政策问题的请示》(大国税函[2009]193号)收悉。经研究,批复如下:

一、纳税人在资产重组过程中将所属资产、负债及相关权利和义务转让给控股公司,但保留上市公司资格的行为,不属于《国家税务总局关于转让企业全部产权不征收增值税问题的批复》(国税函[2002]420号)规定的整体转让企业产权行为。对其资产重组过程中涉及的应税货物转让等行为,应照章征收增值税。

二、上述控股公司将受让获得的实物资产再投资给其他公司的行为,应照章征收增值税。

三、纳税人在资产重组过程中所涉及的固定资产征收增值税问题,应按照《财政部　国家税务总局关于全国实施增值税转型改革若干问题的通知》(财税[2008]170号)、《财政部　国家税务总局关于部分货物适用增值税低税率和简易办法征收增值税政策的通知》(财税[2009]9号)及相关规定执行。

国家税务总局关于农村电网维护费征免增值税问题的通知

国税函[2009]585号

大连市国家税务局:

你局《关于大连金牛股份有限公司资产重组过程中相关业务适用增值税政策问题的请示》(大国税函[2009]193号)收悉。经研究,批复如下:

一、纳税人在资产重组过程中将所属资产、负债及相关权利和义务转让给控股公司，但保留上市公司资格的行为，不属于《国家税务总局关于转让企业全部产权不征收增值税问题的批复》（国税函［2002］420号）规定的整体转让企业产权行为。对其资产重组过程中涉及的应税货物转让等行为，应照章征收增值税。

二、上述控股公司将受让获得的实物资产再投资给其他公司的行为，应照章征收增值税。

三、纳税人在资产重组过程中所涉及的固定资产征收增值税问题，应按照《财政部　国家税务总局关于全国实施增值税转型改革若干问题的通知》（财税［2008］170号）、《财政部　国家税务总局关于部分货物适用增值税低税率和简易办法征收增值税政策的通知》（财税［2009］9号）及相关规定执行。

财政部　海关总署　国家税务总局关于研发机构采购设备税收政策的通知

国税函［2009］585号

大连市国家税务局：

你局《关于大连金牛股份有限公司资产重组过程中相关业务适用增值税政策问题的请示》（大国税函［2009］193号）收悉。经研究，批复如下：

一、纳税人在资产重组过程中将所属资产、负债及相关权利和义务转让给控股公司，但保留上市公司资格的行为，不属于《国家税务总局关于转让企业全部产权不征收增值税问题的批复》（国税函［2002］420号）规定的整体转让企业产权行为。对其资产重组过程中涉及的应税货物转让等行为，应照章征收增值税。

二、上述控股公司将受让获得的实物资产再投资给其他公司的行为，应照章征收增值税。

三、纳税人在资产重组过程中所涉及的固定资产征收增值税问题，应按照《财政部　国家税务总局关于全国实施增值税转型改革若干问题的通知》（财税［2008］170号）、《财政部　国家税务总局关于部分货物适用增值税低税率和简易办法征收增值税政策的通知》（财税［2009］9号）及相关规定执行。

国家税务总局关于人发适用增值税税率问题的批复

国税函［2009］625号

安徽省国家税务局：

你局《关于人发征收增值税问题的请示》（皖国税发［2009］81号）收悉。经研究，批复如下：

人发不属于《财政部　国家税务总局关于印发〈农业产品征税范围注释〉的通知》（财税字［1995］52号）规定的农业产品范围，应适用17%的增值税税率。

国家税务总局关于调整增值税扣税凭证抵扣期限有关问题的通知

国税函［2009］617号

各省、自治区、直辖市和计划单列市国家税务局：

2003年以来，国家税务总局对增值税专用发票等扣税凭证陆续实行了90日申报抵扣期限的管理措施，对于提高增值税征管信息系统的运行质量、督促纳税人及时申报起到了积极作用。近来，部分纳税人及税务机关反映目前的90日申报抵扣期限较短，部分纳税人因扣税凭证逾期申报导致进项税额无法抵扣。为合理解决纳税人的实际问题，加强税收征管，经研究，现就有关问题通知如下：

一、增值税一般纳税人取得2010年1月1日以后开具的增值税专用发票、公路内河货物运输业统一发票和机动车销售统一发票，应在开具之日起180日内到税务机关办理认证，并在认证通过的次月申报期内，向主管税务机关申报抵扣进项税额。

二、实行海关进口增值税专用缴款书（以下简称海关缴款书）“先比对后抵扣”管理办法的增值税一般纳税人取得2010年1月1日以后开具的海关缴款书，应在开具之日起180日内向主管税务机关报送《海关完税凭证抵扣清单》（包括纸质资料和电子数据）申请稽核比对。

未实行海关缴款书“先比对后抵扣”管理办法的增值税一般纳税人取得2010年1月1日以后开具的海关缴款书，应在开具之日起180日后的第一个纳税申报期结束以前，向主管税务机关申报抵扣进项税额。

三、增值税一般纳税人取得2010年1月1日以后开具的增值税专用发票、公路内河货物运输业统一发票、机动车销售统一发票以及海关缴款书，未在规定期限内到税务机关办理认证、申报抵扣或者申请稽核比对的，不得作为合法的增值税扣税凭证，不得计算进项税额抵扣。

四、增值税一般纳税人丢失已开具的增值税专用发票，应在本通知第一条规定期限内，按照《国家税务总局关于修订〈增值税专用发票使用规定〉的通知》（国税发［2006］156号）第二十八条及相关规定办理。

增值税一般纳税人丢失海关缴款书，应在本通知第二条规定期限内，凭报关地海关出具的相关已完税证明，向主管税务机关提出抵扣申请。主管税务机关受理申请后，应当进行审核，并将纳税人提供的海关缴款书电子数据纳入稽核系统进行比对。稽核比对无误后，方可允许计算进项税额抵扣。

五、本通知自2010年1月1日起执行。纳税人取得2009年12月31日以前开具的增值税扣税凭证，仍按原规定执行。

《国家税务总局关于增值税一般纳税人取得防伪税控系统开具的增值税专用发票进项税额抵扣问题的通知》（国税发［2003］17号）第一条、《国家税务总局关于加强货物运输业税收征收管理的通知》（国税发［2003］121号）附件2《运输发票增值税抵扣管理试行办法》第五条、《国家税务总局关于加强货物运输业税收征收管理有关问题的通知》（国税发明电［2003］55号）第十条、《国家税务总局关于加强海关进口增值税专用缴款书和废旧物资发票管理有关问题的通知》（国税函［2004］128号）附件1《海关进口增值税专用缴款书稽核办法》第三条、《国家税务总局关于货物运输业若干税收问题的通知》（国税发［2004］88号）第十条第（三）款、《国家税务总局关于增值税一般纳税人取得海关进口增值税专用缴款书抵扣进项税额问题的通知》（国税发［2004］148号）第二条、第三条、第四条、《国家税务总局关于推行机动车销售统一发票税控系统有关工作的紧急通知》（国税发［2008］117号）第五条、《国家税务总局关于部分地区试行海关进口增值税专用缴款书“先比对后抵扣”管理办法的通知》（国税函［2009］83号）第一条规定同时废止。

六、各地应认真做好本通知的落实与宣传工作，执行中发现问题，应及时上报国家税务总局（货物和劳务税司）。

国家税务总局关于出口货物退（免）税有关问题的通知

国税函［2010］1号

各省、自治区、直辖市和计划单列市国家税务局：

近接一些地区来文反映，部分企业出口货物因以前的一些政策规定导致其留抵税额无法消化，要求予以解决。经研究，现将有关问题通知如下：

出口企业因《国家税务总局关于印发〈生产企业出口货物“免、抵、退”税管理操作规程（试行）〉的通知》（国税发［2002］11号）第二条第（五）款有关新发生出口业务企业的税收处理规定和《国家税务总局关于做好2003年度出口货物退（免）税清算工作的通知》（国税函［2003］1303号）第五条第（三）款的相关税收处理规定，导致目前仍无法消化的留抵税额，税务机关可在核实无误的基础上一次性办理退税。

国家税务总局关于印发《研发机构采购国产设备退税管理办法》的通知

国税发［2010］9号

各省、自治区、直辖市和计划单列市国家税务局：

根据《财政部　海关总署 国家税务总局关于研发机构采购设备税收政策的通知》（财税［2009］115号）有关规定，经商财政部，现将《研发机构采购国产设备退税管理办法》下发给你们，请遵照执行。执行中有何问题，请及时报告总局（货物劳务税司）。

附件：

研发机构采购国产设备退税管理办法

第一条　根据《财政部　海关总署 国家税务总局关于研发机构采购设备税收政策的通知》（财税［2009］115号）的规定，特制定本办法。

第二条　主管研发机构退税的国家税务局负责研发机构采购国产设备退税的认定、审核审批及监管工作。

第三条　采购国产设备适用退还增值税政策的研发机构范围和设备清单范围，按财税［2009］115号文件相关规定执行。

第四条　享受采购国产设备退税的研发机构，应在申请办理退税前持以下资料向主管退税税务机关申请办理采购国产设备的退税认定手续。

（一）企业法人营业执照副本或组织机构代码证（原件及复印件）；

（二）税务登记证副本（原件及复印件）；

（三）退税账户证明；

（四）税务机关要求提供的其他资料。

本办法下发前已办理出口退税认定手续的，不再办理采购国产设备的退税认定手续。

第五条　研发机构发生解散、破产、撤销以及其他依法应终止采购国产设备退税事项的，应持相关证件、资料向其主管退税税务机关办理注销认定手续。已办理采购国产设备退税认定的研发机构，其认定内容发生变化的，须自有关管理机关批准变更之日起30日内，持相关证件、资料向其主管退税税务机关办理变更认定手续。

第六条　属于增值税一般纳税人的研发机构购进国产设备取得的增值税专用发票，应在规定的认证期限内办理认证手续。2009年12月31日前开具的增值税专用发票，其认证期限为90日；2010年1月1日后开具的增值税专用发票，其认证期限为180日。未认证或认证未通过的一律不得申报退税。

第七条　研发机构应自购买国产设备取得的增值税专用发票开票之日起180日内，向其主管退税税务机关报送《研发机构采购国产设备退税申报审核审批表》（见附件）及电子数据申请退税，同时附送以下资料：

（一）采购国产设备合同；

（二）增值税专用发票（抵扣联）；

（三）付款凭证；

（四）税务机关要求提供的其他资料。

不属于独立法人的公司内设部门或分公司的外资研发中心采购国产设备，由总公司向其主管退税税务机关申请退税。

第八条　对属于增值税一般纳税人的研发机构的退税申请，主管退税税务机关须在增值税专用发票稽核信息核对无误的情况下，办理退税。对非增值税一般纳税人研发机构的退税申请，主管退税税务机关须进行发函调查，在确认发票真实、发票所列设备已按照规定申报纳税后，方可办理退税。

第九条　采购国产设备的应退税额，按照增值税专用发票上注明的税额确定。凡企业未全额支付所购设备货款的，按照已付款比例和增值税专用发票上注明的税额确定应退税款；未付款部分的相应税款，待企业实际支付货款后再予退税。

第十条　主管退税税务机关对已办理退税的增值税专用发票应加盖“已申报退税”章，留存或退还企业并按规定保存，企业不得再作为进项税额抵扣凭证。

第十一条　主管退税税务机关应对研发机构采购国产设备退税情况建立台账（纸质或电子）进行管理。

第十二条　研发机构已退税的国产设备，由主管退税税务机关进行监管，监管期为5年。监管期内发生设备所有权转移行为或移作他用等行为的，研发机构须按以下计算公式，向主管退税税务机关补缴已退税款。

应补税款 = 增值税专用发票上注明的金额 ×（设备折余价值 ÷ 设备原值）× 适用增值税税率

设备折余价值 = 设备原值 - 累计已提折旧

设备原值和已提折旧按企业会计核算数据计算。

第十三条　研发机构以假冒采购国产设备退税资格、既申报抵扣又申报退税、虚构采购国产设备业务、提供虚假退税申报资料等手段骗取国产设备退税款的，按照现行有关法律、法规处理。

第十四条　本办法由国家税务总局会同财政部负责解释。

第十五条　本办法执行期限为2009年7月1日至2010年12月31日，具体以增值税专用发票上的开票时间为准。

国家税务总局关于折扣额抵减增值税应税销售额问题通知

国税函[2010]56号

各省、自治区、直辖市和计划单列市国家税务局：

近有部分地区反映，纳税人采取折扣方式销售货物，虽在同一发票上注明了销售额和折扣额，却将折扣额填写在发票的备注栏，是否允许抵减销售额的问题。经研究，现将有关问题进一步明确如下：

《国家税务总局关于印发〈增值税若干具体问题的规定〉的通知》（国税发[1993]154号）第二条第（二）项规定：“纳税人采取折扣方式销售货物，如果销售额和折扣额在同一张发票上分别注明的，可按折扣后的销售额征收增值税”。纳税人采取折扣方式销售货物，销售额和折扣额在同一张发票上分别注明是指销售额和折扣额在同一张发票上的“金额”栏分别注明的，可按折扣后的销售额征收增值税。未在同一张发票“金额”栏注明折扣额，而仅在发票的“备注”栏注明折扣额的，折扣额不得从销售额中减除。

国家税务总局关于粕类产品征免增值税问题的通知

国税函[2010]75号

各省、自治区、直辖市和计划单列市国家税务局：

近接部分地区反映，各地对粕类产品征免增值税政策存在理解不一致的问题。经研究，现明确如下：

一、豆粕属于征收增值税的饲料产品，除豆粕以外的其他粕类饲料产品，均免征增值税。

二、本通知自2010年1月1日起执行。《国家税务总局关于出口甜菜粕准予退税的批复》（国税函[2002]716号）同时废止。

增值税一般纳税人资格认定管理办法

国家税务总局令第22号

第一条 为加强增值税一般纳税人(以下简称一般纳税人)资格认定管理,根据《中华人民共和国增值税暂行条例》及其实施细则,制定本办法。

第二条 一般纳税人资格认定和认定以后的资格管理适用本办法。

第三条 增值税纳税人(以下简称纳税人),年应税销售额超过财政部、国家税务总局规定的小规模纳税人标准的,除本办法第五条规定外,应当向主管税务机关申请一般纳税人资格认定。

本办法所称年应税销售额,是指纳税人在连续不超过12个月的经营期内累计应征增值税销售额,包括免税销售额。

第四条 年应税销售额未超过财政部、国家税务总局规定的小规模纳税人标准以及新开业的纳税人,可以向主管税务机关申请一般纳税人资格认定。

对提出申请并且同时符合下列条件的纳税人,主管税务机关应当为其办理一般纳税人资格认定:

(一)有固定的生产经营场所;

(二)能够按照国家统一的会计制度规定设置账簿,根据合法、有效凭证核算,能够提供准确税务资料。

第五条 下列纳税人不办理一般纳税人资格认定:

(一)个体工商户以外的其他个人;

(二)选择按照小规模纳税人纳税的非企业性单位;

(三)选择按照小规模纳税人纳税的不经常发生应税行为的企业。

第六条 纳税人应当向其机构所在地主管税务机关申请一般纳税人资格认定。

第七条 一般纳税人资格认定的权限,在县(市、区)国家税务局或者同级别的税务分局(以下称认定机关)。

第八条 纳税人符合本办法第三条规定的,按照下列程序办理一般纳税人资格认定:

(一)纳税人应当在申报期结束后40日(工作日,下同)内向主管税务机关报送《增值税一般纳税人申请认定表》(见附件1,以下简称申请表),申请一般纳税人资格认定。

(二)认定机关应当在主管税务机关受理申请之日起20日内完成一般纳税人资格认定,并由主管税务机关制作、送达《税务事项通知书》,告知纳税人。

(三)纳税人未在规定期限内申请一般纳税人资格认定的,主管税务机关应当在规定期限结束后20日内制作并送达《税务事项通知书》,告知纳税人。

纳税人符合本办法第五条规定的,应当在收到《税务事项通知书》后10日内向主管税务机关报送《不认定增值税一般纳税人申请表》(见附件2),经认定机关批准后不办理一般纳税人资格认定。认定机关应当在主管税务机关受理申请之日起20日内批准完毕,并由主管税务机关制作、送达《税务事项通知书》,告知纳税人。

第九条 纳税人符合本办法第四条规定的,按照下列程序办理一般纳税人资格认定:

(一)纳税人应当向主管税务机关填报申请表,并提供下列资料:

1.《税务登记证》副本;

2. 财务负责人和办税人员的身份证明及其复印件;

3. 会计人员的从业资格证明或者与中介机构签订的代理记账协议及其复印件;

4. 经营场所产权证明或者租赁协议,或者其他可使用场地证明及其复印件;

5. 国家税务总局规定的其他有关资料。

(二)主管税务机关应当当场核对纳税人的申请资料,经核对一致且申请资料齐全、符合填列要求的,当场受理,制作《文书受理回执单》,并将有关资料的原件退还纳税人。

对申请资料不齐全或者不符合填列要求的,应当当场告知纳税人需要补正的全部内容。

(三)主管税务机关受理纳税人申请以后,根据需要进行实地查验,并制作查验报告。

查验报告由纳税人法定代表人(负责人或者业主)、税务查验人员共同签字(签章)确认。

实地查验时,应当有两名或者两名以上税务机关工作人员同时到场。

实地查验的范围和方法由各省税务机关确定并报国家税务总局备案。

(四)认定机关应当自主管税务机关受理申请之日起20日内完成一般纳税人资格认定,并由主管税务机关制作、送达《税务事项通知书》,告知纳税人。

第十条　主管税务机关应当在一般纳税人《税务登记证》副本"资格认定"栏内加盖"增值税一般纳税人"戳记(附件3)。

"增值税一般纳税人"戳记印色为红色,印模由国家税务总局制定。

第十一条　纳税人自认定机关认定为一般纳税人的次月起(新开业纳税人自主管税务机关受理申请的当月起),按照《中华人民共和国增值税暂行条例》第四条的规定计算应纳税额,并按照规定领购、使用增值税专用发票。

第十二条　除国家税务总局另有规定外,纳税人一经认定为一般纳税人后,不得转为小规模纳税人。

第十三条　主管税务机关可以在一定期限内对下列一般纳税人实行纳税辅导期管理:

(一)按照本办法第四条的规定新认定为一般纳税人的小型商贸批发企业;

(二)国家税务总局规定的其他一般纳税人。

纳税辅导期管理的具体办法由国家税务总局另行制定。

第十四条　本办法自2010年3月20日起执行。《国家税务总局关于印发〈增值税一般纳税人申请认定办法〉的通知》(国税明电［1993］52号、国税发［1994］59号),《国家税务总局关于增值税一般纳税人申请认定办法的补充规定》(国税明电［1993］60号),《国家税务总局关于印发〈增值税一般纳税人年审办法〉的通知》(国税函[1998]156号),《国家税务总局关于使用增值税防伪税控系统的增值税一般纳税人资格认定问题的通知》(国税函[2002]326号)同时废止。

国家税务总局关于人工合成牛胚胎适用增值税税率问题的通知

国税函[2010]97号

各省、自治区、直辖市和计划单列市国家税务局:

现就销售合成牛胚胎征免增值税问题,通知如下:

人工合成牛胚胎属于《农业产品征税范围注释》(财税字[1995]52号)第二条第(五)款规定的动物类"其他动物组织",人工合成牛胚胎的生产过程属于农业生产,纳税人销售自产人工合成牛胚胎应免征增值税。

商务部　财政部　海关总署　国家税务总局关于外资研发中心采购设备免/退税资格审核办法的通知

商资发［2010]93号

各省、自治区、直辖市、计划单列市商务主管部门、财政厅(局)、财政监察专员办、国家税务局,海关总署广东分署、各直属海关,新疆建设兵团商务局、财务局:

为鼓励外商投资设立研发中心,积极开展技术创新,根据《科技开发用品免征进口税收暂行规定》(财政部、海关总署、国税总局令[2007]44号)、《财政部、海关总署、国家税务总局关于研发机构采购设备税收政策的通知》(财税[2009]115 号)的有关规定,现就办理外资研发中心进口科技开发用品免征进口税收和采购国产设备全额退还增值税的有关事项通知如下:

一、财税[2009]115 号文有关条件的说明

(一)外资研发中心应由商务主管部门依照有关规定批准或确认。

(二)外资研发中心为独立法人的,投资总额以外商投资企业批准证书所载明的金额为准。

(三)对新设立不足两年且为非独立法人的外资研发中心,研发总投入是指其所在外商投资企业在近两年内专门为设立和建设研发中心而投入的资产,包括即将投入并签订购置合同的资产(应提交已采购资产清单和即将采购资产的合同清单)。

(四)研发经费年支出额是指近两年来研发经费年均支出额;不足两个完整会计年度的,可按外资研发中心设立以来任意连续 12 个月的实际研发经费支出额计算;现金与实物资产投入应不低于 60%。

(五)专职研究与试验发展人员应为企业科技活动人员中专职从事基础研究、应用研究和试验发展三类活动的人员,包括直接参加上述三类项目活动的人员以及相关专职科技管理人员和为项目提供资料文献、材料供应、设备的直接服务人员,上述人员须与外资研发中心或其所在外商投资企业签订 1 年以上劳动合同,以企业提交申请的前一日人数为准。

(六)在计算累计购置的设备原值时,应将进口设备和采购国产设备的原值一并计入,包括已签订购置合同并于 2010 年底交货的设备(应提交购置合同清单及交货期限),上述设备应属于财税[2009]115 号文所附《科技开发、科学研究和教学设备清单》(以下简称《设备清单》)所列设备。

二、资格条件的审核

(一)各省、自治区、直辖市、计划单列市及新疆生产建设兵团商务主管部门会同同级财政、国税部门和企业所在地直属海关(以下简称审核部门)根据本地情况,确定申报日期。外资研发中心应按本通知的有关要求向审核部门提交申请及相关材料。

(二)审核部门定期召开联席会议,对企业上报的申请材料进行审核,按照财税[2009]115 号文第一条所列条件和本通知要求,确定符合免/退税资格条件的企业名单。

(三)经审核,对符合免/退税条件的外资研发中心,审核部门以公告形式发布名单,并将名单抄送商务部(外资司)、财政部(税政司、关税司)、海关总署(关税征管司)、国家税务总局(货物劳务税司)备案。对不符合有关规定的,商务主管部门应根据联席会议的决定出具书面审核意见,并说明理由。上述公告和审核意见应在审核部门受理申请之日起 60 个工作日之内做出。

(四)审核部门每两年对已获得免/退税资格的外资研发中心进行资格复审。对于不再符合条件的外资研发中心取消其享受免/退税优惠政策的资格。

三、需报送的材料

外资研发中心申请采购设备免/退税资格,应提交以下材料:

(一)研发中心采购设备免/退税资格申请书和审核表;

(二)外商投资企业批准证书及营业执照复印件;外资研发中心为非独立法人的,应提交其所在外商投资企业的外商投资企业批准证书、营业执照复印件以及外商投资研发中的确认文件(商务主管部门的批复或出具的《国家鼓励发展的外资项目确认书》);

(三)验资报告及上一年度审计报告复印件;

(四)研发费用支出明细、设备购置支出明细和清单以及第一条(二)、(五)规定应提交的材料;

(五)专职研究与试验发展人员名册(包括姓名、工作岗位、劳动合同期限、联系方式);

(六)审核部门要求提交的其他材料。

四、相关工作的管理

(一)在公告发布后,列入公告名单的外资研发中心,可按有关规定直接向所在地直属海关申请办理有关科技开发用品的进口免税手续,向国税部门申请办理采购国产设备退税手续;对于在 2009 年 7 月 1 日和本通知发布日之间已采购的符合条件的设备,可就已征税部分向所在地直属海关或国税部门申请办理退税手续。

(二)各有关部门在共同审核认定企业资格的过程中,认为必要时,可到企业查阅有关资料,了解情况,核实企业报送的申请材料的真实性。同时应注意加强对企业的政策指导和服务,提高工作效率。

(三)省级商务主管部门应将《外资研发中心采购设备免/退税资格审核表》有关信息及时录入外商投资审批管理系统研发中心选项,并向商务部进行电子备案。

(四)海关和国税部门应加强对免/退税设备的监管。对于企业违反规定,将享受税收优惠政策的设备擅自转让、销售、移作他用或者进行其他处置的,按照有关规定予以处罚,自违法行为发现之日起1年内不得享受免/退税优惠政策;被依法追究刑事责任的,自违法行为发现之日起3年内不得享受免/退税优惠政策。

本通知自发布后实施,请各地有关部门按照通知要求认真执行。在执行中如有问题,请及时反映。

商务部(外资司)联系电话:010-65197318,65197334,传真:65197332,65197322。

附件:外资研发中心采购设备免/退税资格审核表

财政部 海关总署 国家税务总局关于在天津市开展融资租赁船舶出口退税试点的通知

财税[2010]24号

天津市财政局、国家税务局,天津海关:

经国务院批准,对融资租赁企业经营的所有权转移给境外企业的融资租赁船舶出口,在天津市实行为期1年的出口退税试点。现将有关事项通知如下:

一、本通知所称"融资租赁"是指,出租人根据承租人对租赁物和供货人的选择或认可,将其从供货人上取得的租赁船舶按合同约定出租给承租人占有、使用,向承租人收取租金的交易活动。

二、本通知所称"融资租赁企业"是指,在天津市辖区内登记注册并属于中国银行业监督管理委员会批准设立的金融租赁公司、商务部批准设立的外商投资融资租赁公司、商务部和国家税务总局共同批准开展融资业务试点的内资融资租赁企业。

三、本通知所称《融资租赁合同》是指,出租人根据承租人对出卖人、租赁物的选择,向出卖人购买租赁物,提供给承租人使用,承租人支付租金的合同。

四、本通知所称"所有权转移给境外企业的融资租赁船舶出口"是指:

(一)先期留购方式,即:在已经签订的《融资租赁合同》中明确约定承租人对该租赁船舶在承租期满后已经选择了留购方式。

(二)后期留购方式,即,在已签订的《融资租赁合同》中并未对租赁船舶是否留购进行选择。但是,在融资租赁期满时承租人对该租赁船舶选择了留购方式的交易行为。

五、融资租赁企业从事融资租赁船舶出口,在天津海关报关出口时,在《海关出口货物报关单》上填写"租赁货物(1 523)"。

六、融资租赁出口的租赁船舶实行增值税"免退税"办法,即:该出口租赁船舶的出口销项免征增值税,其购进的进项税款予以退税。涉及消费税的应税消费品,已征税款予以退还。

七、退税办法:

(一)对采取先期留购方式的融资租赁船舶出口业务,实行分批退税。即,按照租赁合同规定的收取租赁船舶租金的进度分批退税。

1. 融资租赁出口企业凭购进租赁船舶的《增值税专用发票》、《海关出口货物报关单(出口退税专用)》、与承租人签订的《融资租赁合同》、收取租金开具的发票以及承租企业支付租金的外汇汇款收账通知,到当地主管退税的国家税务机关办理退税。具体退税计算公式为:

当期应退税款=应退税款总额÷该租赁船舶的租金总额×本次收取租金的金额

应退税款总额=购入该租赁船舶增值税专用发票上注明的不含税金额×该租赁船舶的适用增值税退税率
+购入该租赁船舶增值税专用发票上注明的不含税金额(或出口数量)
×适用消费税税率(或单位税额)

2. 对承租期未满而发生退租的,由国家税务局追缴已退税款,同时按当期活期存款收取利息。

3. 租赁期满后，融资租赁企业应持融资租赁企业开具的该租赁船舶的《销售专用发票》、《所有权转移证书》、海事局出具的该租赁船舶的过户手续，及以税务部门要求出具的其他要件，在当地税务机关结清应退税款，办理核销手续。

（二）对采取后期留购方式的融资租赁船舶出口业务，实行租赁船舶在所有权真正转移时予以一次性退税。

融资租赁出口企业凭购进租赁船舶的《增值税专用发票》、《海关出口货物报关单（出口退税专用）》、与承租人签订的《融资租赁合同》、融资租赁企业开具的该租赁船舶的《销售发票》、《所有权转移证书》、海事局出具的该租赁船舶的过户手续，以及税务部门要求出具的其他要件，在当地税务机关办理退税手续。

增值税应退税款计算公式为：

$$应退税款=\frac{购入该租赁船舶增值税专用}{发票上注明的不含税金额}\times 该租赁船舶的适用增值税退税率$$

消费税应退税计算公式为：

应退消费税税额＝购入该租赁船舶增值税专用发票上注明的不含税金额×适用消费税税率

八、对采取后期留购方式的，在租借期间发生租赁船舶归还进口的，海关不征收进口关税和进口环节税。

九、对非留购的融资租赁出口租赁船舶出口不退税，无论在租赁期满之前，还是期满之后，发生租赁船舶归还进口，海关不征收进口关税和进口环节税。

十、融资租赁船舶出口退税的具体管理办法由国家税务总局另行制定；进口税收的具体管理办法由海关总署另行制定。

十一、本通知自2010年4月1日起施行。具体以《海关出口货物报关单（出口退税专用）》上注明的出口日期为准。

十二、有关部门要密切关注试点情况，发现问题应及时反馈上级部门，并提出解决问题的建议。

特此通知。

国家税务总局关于新认定增值税一般纳税人使用增值税防伪税控系统有关问题的通知

国税函[2010]126号

各省、自治区、直辖市和计划单列市国家税务局：

《国家税务总局关于办理2009年销售额超过标准的小规模纳税人申请增值税一般纳税人认定问题的通知》（国税函[2010]35号）规定，2010年6月底前将对2009年应税销售额超过标准的小规模纳税人进行增值税一般纳税人资格认定。为解决个体工商户认定为增值税一般纳税人后无法正常使用增值税防伪税控系统的问题，国家税务总局组织软件开发单位对增值税防伪税控系统和增值税专用发票稽核系统进行了修改，并在河北省、重庆市进行了试运行。为配合此次增值税一般纳税人资格认定工作的开展，现将有关问题通知如下：

一、全国范围内新认定的增值税一般纳税人（包括单位和个体工商户）统一使用升级后的V6.15版本防伪税控开票系统和AI3型金税卡，新认定的增值税一般纳税人开具的增值税专用发票和增值税普通发票密文均为108位。

二、个体工商户新认定为增值税一般纳税人的，税务登记代码统一为其个人身份证号码加两位顺序码（顺序码为数字01至99），长度为17位和20位两类。凡不符合上述编码要求的，应及时办理税务登记代码变更。

三、增值税防伪税控系统和增值税专用发票稽核系统升级要求：

（一）本次升级须对增值税防伪税控系统和增值税专用发票稽核系统同时升级，具体操作为先升级防伪税控系统，再升级稽核系统，最后启用新增功能。各单位业务部门和技术部门要密切配合，及时下载、测试和升级有关补丁,启用有关功能,于2010年3月底前完成升级工作。

(二)增值税防伪税控系统12号补丁,在税务总局金税工程运维网(http://130.9.1.248/应用支持/软件库/防伪税控系统/补丁下载)栏目发布。增值税专用发票稽核系统2号补丁,在税务总局金税工程运维网(http://130.9.1.248/应用支持/软件库/稽核系统/增值税专用发票稽核系统V6.2版)栏目发布。

(三)本次升级完成后,增值税防伪税控系统税务端软件版本由V4.36.30变为V4.38.00。

(四)各地在本次补丁升级前,应分析评估有关应用系统是否需要配套升级,以确保软件功能的连续性和一致性。

四、升级工作运维支持

各单位应高度重视,认真做好组织协调工作,按时完成增值税防伪税控系统税务端软件的升级以及升级成功确认工作。

各地可通过税务总局呼叫中心(4008112366)和税务总局金税工程运维网(http://130.9.1.248),在升级工作中获取支持服务。各地遇重大问题要及时通过总局呼叫中心重大问题通道书面报告税务总局(电子税务管理中心)。

国家税务总局关于外贸企业丢失增值税专用发票抵扣联出口退税有关问题的通知

国税函[2010]162号

各省、自治区、直辖市和计划单列市国家税务局:

根据《国家税务总局关于修订〈增值税专用发票使用规定〉的通知》(国税发[2006]156号)第二十八条规定精神,现对外贸企业丢失增值税专用发票抵扣联办理出口退税的问题通知如下:

一、外贸企业丢失已开具增值税专用发票发票联和抵扣联的,在增值税专用发票认证相符后,可凭增值税专用发票记账联复印件及销售方所在地主管税务机关出具的《丢失增值税专用发票已报税证明单》,经购买方主管税务机关审核同意后,向主管出口退税的税务机关申报出口退税。

二、外贸企业丢失已开具增值税专用发票抵扣联的,在增值税专用发票认证相符后,可凭增值税专用发票发票联复印件向主管出口退税的税务机关申报出口退税。

三、对属于本通知第一、二条规定情形的,各地主管出口退税的税务机关必须加强出口退税审核,在增值税专用发票信息比对无误的情况下,按现行出口退税规定办理出口退税事宜。

国家税务总局关于明确《增值税一般纳税人资格认定管理办法》若干条款处理意见的通知

国税函[2010]139号

各省、自治区、直辖市和计划单列市国家税务局:

为便于各地税务机关更好地贯彻执行《增值税一般纳税人资格认定管理办法》(以下简称认定办法),总局明确了认定办法若干条款的处理意见,现通知如下,请遵照执行。

一、认定办法第三条所称年应税销售额,包括纳税申报销售额、稽查查补销售额、纳税评估调整销售额、税务机关代开发票销售额和免税销售额。稽查查补销售额和纳税评估调整销售额计入查补税款申报当月的销售额,不计入税款所属期销售额。

二、认定办法第三条所称经营期,是指在纳税人存续期内的连续经营期间,含未取得销售收入的月份。

三、认定办法第五条第(一)款所称其他个人,是指自然人。

四、认定办法第五条第(二)款所称非企业性单位,是指行政单位、事业单位、军事单位、社会团体和其他单位。

五、认定办法第五条第(三)款所称不经常发生应税行为的企业,是指非增值税纳税人;不经常发生应税行为是指其偶然发生增值税应税行为。

六、认定办法第八条第(一)款所称申报期,是指纳税人年应税销售额超过小规模纳税人标准的月份(或季度)的所属申报期。

七、认定办法第八条第(二)款规定主管税务机关制作的《税务事项通知书》中需明确告知:同意其认定申请;一般纳税人资格确认的时间。

八、认定办法第八条第(三)款第1项规定主管税务机关制作的《税务事项通知书》中需明确告知:其年应税销售额已超过小规模纳税人标准,应在收到《税务事项通知书》后10日内向主管税务机关报送《增值税一般纳税人申请认定表》或《不认定增值税一般纳税人申请表》;逾期未报送的,将按《中华人民共和国增值税暂行条例实施细则》第三十四条规定,按销售额依照增值税税率计算应纳税额,不得抵扣进项税额,也不得使用增值税专用发票。

纳税人在《税务事项通知书》规定的时限内仍未向主管税务机关报送《一般纳税人资格认定表》或者《不认定增值税一般纳税人申请表》的,应按《中华人民共和国增值税暂行条例实施细则》第三十四条规定,按销售额依照增值税税率计算应纳税额,不得抵扣进项税额,也不得使用增值税专用发票。直至纳税人报送上述资料,并经主管税务机关审核批准后方可停止执行。

九、认定办法第九条第(一)款第3项所称会计人员的从业资格证明,是指财政部门颁发的会计从业资格证书。

认定办法第九条第(三)款所称实地查验的范围,是指需要进行实地查验的企业范围及实地查验的内容。

十、认定办法第十一条所称新开业纳税人,是指自税务登记日起30日内申请一般纳税人资格认定的纳税人。

国家税务总局关于印发《增值税一般纳税人资格认定管理办法》宣传材料的通知

国税函[2010]138号

各省、自治区、直辖市和计划单列市国家税务局:

为更好地向纳税人和社会各界宣传、解释《增值税一般纳税人资格认定管理办法》的相关情况,总局编写了《增值税一般纳税人资格认定管理办法》宣传材料,现印发给你们,请及时印发宣传。

《一般纳税人资格认定管理办法》宣传材料

一、为什么要修订一般纳税人资格认定管理办法?

1994年开始实施的《增值税一般纳税人申请认定办法》(以下简称原办法),对当时的增值税管理起到了积极作用。但随着经济的发展和税收信息化应用的不断加强,原办法已呈现出一定的局限性,国家税务总局对原办法进行修订,主要有几个方面的原因。

一是贯彻新增值税暂行条例的需要。自2009年1月1日实施的《中华人民共和国增值税暂行条例》(以下简称条例)第十三条规定,小规模纳税人以外的纳税人应当向主管税务机关申请资格认定,具体认定办法由国务院税务主管部门制定。由于条例降低了小规模纳税人标准,在贯彻实施条例的过程中,如果没有与之配套的《增值税一般纳税人资格认定管理办法》(以下简称认定办法),条例的贯彻落实就不够完整。

二是完善增值税税制的需要。认定办法作为增值税税制的重要内容,其法律级次显得尤为重要。现行一般纳税人资格认定管理的一系列政策(以下简称现行政策)是以规范性文件形式发布的,而认定办法是以国家税务总局令颁布的,属于部门规章,法律级次高于规范性文件,增强了税法刚性。认定办法的实施,可以在更大范围内发挥增值税中性作用,避免重复征税,有利于公平税负,完善增值税征扣机制。

三是促进中小企业发展的需要。现行政策对一般纳税人认定范围规定过窄,致使大量的增值税纳税人游离于一般纳税人范围之外，使得部分小规模企业无法正常使用专用发票，在与一般纳税人的市场竞争中处于不利地位。认定办法降低了一般纳税人门槛，让大量中小企业进入一般纳税人队伍，在降低中小企业增值税税负，减轻中小企业负担的同时，督促企业健全财务核算，规范纳税申报，提升企业形象，促进中小企业做大做强。

四是方便基层税务机关和纳税人执行的需要。现行政策散落在一系列的规范性文件中，管理措施零星分散，不够系统，有些规定因时效性较强与目前的情况不相适应。随着经济体制的深化和纳税人经营管理方式的变化，一般纳税人的认定标准、范围、时间、程序及权限等某些方面的规定也与实际工作不相适应，而认定办法将原政策规定进行归并完善，形成一个完整的办法，便于基层税务机关和纳税人执行。

二、认定办法修订遵循了哪些原则？

一是突出修订重点，作为条例的有效补充。

二是规范法律程序，体现税收法规的严谨。

三是公平税收负担，促进中小企业的发展。

四是彰显权利义务，优化对纳税人的服务。

五是便于基层税务机关和纳税人执行，提高管理效率。

三、认定办法主要修订了哪些内容？

一是降低了一般纳税人门槛。一方面降低了小规模纳税人标准。条例修订时降低了小规模纳税人标准，从事货物生产或者提供应税劳务的纳税人，以及以从事货物生产或者提供应税劳务为主，并兼营货物批发或者零售的纳税人，年应征增值税销售额标准由100万元降低为50万元；其他纳税人，年应征增值税销售额标准由180万元降低为80万元。另一方面规定新开业的纳税人和已开业但销售额未超过标准的小规模纳税人，均可以向主管税务机关申请资格认定。

二是简化了申请认定的资料。按照不重复报送的原则，认定办法简化了认定时需报送的资料：对办理税务登记时已提供的证件、资料不再报送；对与一般纳税人认定无关的证件、资料不再报送，减轻了纳税人负担。

三是简化、完善了申请认定的程序。按现行政策，申请一般纳税人资格认定的纳税人，要经过申请、资料审核、实地核查、审核批准等程序，对商业企业还需要约谈程序。认定办法简化了约谈程序，同时规定实地查验的范围和方法由省级税务机关确定，既简化程序方便纳税人，又利于主管税务机关集中力量开展有针对性的重点审核工作。

四是明确了办理时间。认定办法明确了每一项事项的办理时间。如认定办法第八条规定，纳税人年应税销售额超过小规模纳税人标准的，可以在申报期结束后40个工作日内申请一般纳税人资格认定；认定机关应当在主管税务机关受理申请之日起20日内完成一般纳税人资格认定。认定办法将相关事项办理时间告知纳税人，充分尊重了纳税人的知情权，同时督促主管税务机关及时办理相关审批手续，维护纳税人权益。

五是明确了一般纳税人资格生效日期。认定办法第十一条规定，纳税人自认定机关认定为一般纳税人的次月起，新开业纳税人自主管税务机关受理申请的当月起，按条例规定计算应纳税额、领购和使用增值税专用发票。统一了目前一般纳税人资格生效日期政策执行不一的情况，突显纳税人权力。

四、一般纳税人资格认定管理办法何时开始执行？

一般纳税人资格认定管理办法自2010年3月20日起执行。

国家税务总局关于《增值税一般纳税人资格认定管理办法》政策衔接有关问题的通知

国税函[2010]137号

各省、自治区、直辖市和计划单列市国家税务局：

《增值税一般纳税人资格认定管理办法》(以下简称《认定办法》)自2010年3月20日起执行，由于综

合征管软件尚未修改完成,为确保《认定办法》按期贯彻实施,现将有关事项通知如下:

一、在综合征管软件修改完成前,有关审批流程可先以纸质文书运转,待综合征管软件修改完善后再补充录入。

二、各省税务机关要及时按照《认定办法》第九条第三款规定,确定实地查验的范围和方法,以便基层税务机关操作执行,并报总局备案。未确定实地查验范围和方法的,应按《认定办法》第九条规定的范围和程序进行实地查验,并制作查验报告。

三、各地在执行过程中发现的问题,应及时反馈税务总局。

国家税务总局关于印发《增值税一般纳税人纳税辅导期管理办法》的通知

国税发[2010]40号

各省、自治区、直辖市和计划单列市国家税务局:

为加强增值税一般纳税人纳税辅导期管理,根据《增值税一般纳税人资格认定管理办法》第十三条规定,税务总局制定了《增值税一般纳税人纳税辅导期管理办法》,现印发给你们,请遵照执行。

增值税一般纳税人纳税辅导期管理办法

第一条 为加强增值税一般纳税人纳税辅导期管理,根据《增值税一般纳税人资格认定管理办法》(以下简称认定办法)第十三条规定,制定本办法。

第二条 实行纳税辅导期管理的增值税一般纳税人(以下简称辅导期纳税人),适用本办法。

第三条 认定办法第十三条第一款所称的"小型商贸批发企业",是指注册资金在80万元(含80万元)以下、职工人数在10人(含10人)以下的批发企业。只从事出口贸易,不需要使用增值税专用发票的企业除外。

批发企业按照国家统计局颁发的《国民经济行业分类》(GB/T 4754—2002)中有关批发业的行业划分方法界定。

第四条 认定办法第十三条所称"其他一般纳税人",是指具有下列情形之一的一般纳税人:

(一)增值税偷税数额占应纳税额的10%以上并且偷税数额在10万元以上的;

(二)骗取出口退税的;

(三)虚开增值税扣税凭证的;

(四)国家税务总局规定的其他情形。

第五条 新认定为一般纳税人的小型商贸批发企业实行纳税辅导期管理的期限为3个月;其他一般纳税人实行纳税辅导期管理的期限为6个月。

第六条 对新办小型商贸批发企业,主管税务机关应在认定办法第九条第(四)款规定的《税务事项通知书》内告知纳税人对其实行纳税辅导期管理,纳税辅导期自主管税务机关制作《税务事项通知书》的当月起执行;对其他一般纳税人,主管税务机关应自稽查部门作出《税务稽查处理决定书》后40个工作日内,制作、送达《税务事项通知书》告知纳税人对其实行纳税辅导期管理,纳税辅导期自主管税务机关制作《税务事项通知书》的次月起执行。

第七条 辅导期纳税人取得的增值税专用发票(以下简称专用发票)抵扣联、海关进口增值税专用缴款书以及运输费用结算单据应当在交叉稽核比对无误后,方可抵扣进项税额。

第八条 主管税务机关对辅导期纳税人实行限量限额发售专用发票。

(一)实行纳税辅导期管理的小型商贸批发企业,领购专用发票的最高开票限额不得超过十万元;其他一般纳税人专用发票最高开票限额应根据企业实际经营情况重新核定。

(二)辅导期纳税人专用发票的领购实行按次限量控制,主管税务机关可根据纳税人的经营情况核定每次专用发票的供应数量，但每次发售专用发票数量不得超过 25 份。

辅导期纳税人领购的专用发票未使用完而再次领购的，主管税务机关发售专用发票的份数不得超过核定的每次领购专用发票份数与未使用完的专用发票份数的差额。

第九条　辅导期纳税人一个月内多次领购专用发票的，应从当月第二次领购专用发票起，按照上一次已领购并开具的专用发票销售额的 3% 预缴增值税，未预缴增值税的，主管税务机关不得向其发售专用发票。

预缴增值税时，纳税人应提供已领购并开具的专用发票记账联，主管税务机关根据其提供的专用发票记账联计算应预缴的增值税。

第十条　辅导期纳税人按第九条规定预缴的增值税可在本期增值税应纳税额中抵减，抵减后预缴增值税仍有余额的，可抵减下期再次领购专用发票时应当预缴的增值税。

纳税辅导期结束后，纳税人因增购专用发票发生的预缴增值税有余额的，主管税务机关应在纳税辅导期结束后的第一个月内，一次性退还纳税人。

第十一条　辅导期纳税人应当在“应交税金”科目下增设“待抵扣进项税额”明细科目，核算尚未交叉稽核比对的专用发票抵扣联、海关进口增值税专用缴款书以及运输费用结算单据（以下简称增值税抵扣凭证）注明或者计算的进项税额。

辅导期纳税人取得增值税抵扣凭证后，借记“应交税金——待抵扣进项税额”明细科目，贷记相关科目。交叉稽核比对无误后，借记“应交税金——应交增值税（进项税额）”科目，贷记“应交税金——待抵扣进项税额”科目。经核实不得抵扣的进项税额，红字借记“应交税金——待抵扣进项税额”，红字贷记相关科目。

第十二条　主管税务机关定期接收交叉稽核比对结果，通过《稽核结果导出工具》导出发票明细数据及《稽核结果通知书》并告知辅导期纳税人。

辅导期纳税人根据交叉稽核比对结果相符的增值税抵扣凭证本期数据申报抵扣进项税额，未收到交叉稽核比对结果的增值税抵扣凭证留待下期抵扣。

第十三条　辅导期纳税人按以下要求填写《增值税纳税申报表附列资料（表二）》。

（一）第 2 栏填写当月取得认证相符且当月收到《稽核比对结果通知书》及其明细清单注明的稽核相符专用发票、协查结果中允许抵扣的专用发票的份数、金额、税额。

（二）第 3 栏填写前期取得认证相符且当月收到《稽核比对结果通知书》及其明细清单注明的稽核相符专用发票、协查结果中允许抵扣的专用发票的份数、金额、税额。

（三）第 5 栏填写税务机关告知的《稽核比对结果通知书》及其明细清单注明的本期稽核相符的海关进口增值税专用缴款书、协查结果中允许抵扣的海关进口增值税专用缴款书的份数、金额、税额。

（四）第 7 栏“废旧物资发票”不再填写。

（五）第 8 栏填写税务机关告知的《稽核比对结果通知书》及其明细清单注明的本期稽核相符的运输费用结算单据、协查结果中允许抵扣的运输费用结算单据的份数、金额、税额。

（六）第 23 栏填写认证相符但未收到稽核比对结果的增值税专用发票月初余额数。

（七）第 24 栏填写本月已认证相符但未收到稽核比对结果的专用发票数据。

（八）第 25 栏填写已认证相符但未收到稽核比对结果的专用发票月末余额数。

（九）第 28 栏填写本月未收到稽核比对结果的海关进口增值税专用缴款书。

（十）第 30 栏“废旧物资发票”不再填写。

（十一）第 31 栏填写本月未收到稽核比对结果的运输费用结算单据数据。

第十四条　主管税务机关在受理辅导期纳税人纳税申报时，按照以下要求进行“一窗式”票表比对。

（一）审核《增值税纳税申报表》附表二第 3 栏份数、金额、税额是否等于或小于本期稽核系统比对相符的专用发票抵扣联数据。

（二）审核《增值税纳税申报表》附表二第 5 栏份数、金额、税额是否等于或小于本期交叉稽核比对相符和协查后允许抵扣的海关进口增值税专用缴款书合计数。

（三）审核《增值税纳税申报表》附表二中第 8 栏的份数、金额是否等于或小于本期交叉稽核比对相符和协查后允许抵扣的运输费用结算单据合计数。

(四)申报表数据若大于稽核结果数据的,按现行"一窗式"票表比对异常情况处理。

第十五条 纳税辅导期内,主管税务机关未发现纳税人存在偷税、逃避追缴欠税、骗取出口退税、抗税或其他需要立案查处的税收违法行为的,从期满的次月起不再实行纳税辅导期管理,主管税务机关应制作、送达《税务事项通知书》,告知纳税人;主管税务机关发现辅导期纳税人存在偷税、逃避追缴欠税、骗取出口退税、抗税或其他需要立案查处的税收违法行为的,从期满的次月起按照本规定重新实行纳税辅导期管理,主管税务机关应制作、送达《税务事项通知书》,告知纳税人。

第十六条 本办法自2010年3月20日起执行。《国家税务总局关于加强新办商贸企业增值税征收管理有关问题的紧急通知》(国税发明电[2004]37号)、《国家税务总局关于辅导期一般纳税人实施"先比对、后扣税"有关管理问题的通知》(国税发明电[2004]51号)、《国家税务总局关于加强新办商贸企业增值税征收管理有关问题的补充通知》(国税发明电[2004]62号)、《国家税务总局关于辅导期增值税一般纳税人增值税专用发票预缴增值税有关问题的通知》(国税函[2005]1097号)同时废止。

国家税务总局关于印发《融资租赁船舶出口退税管理办法》的通知

国税发[2010]52号

天津市国家税务局:

为开展融资租赁船舶出口退税试点工作,根据《财政部 海关总署 国家税务总局关于在天津市开展融资租赁船舶出口退税试点的通知》(财税[2010]24号),税务总局制定了《融资租赁船舶出口退税管理办法》,现印发你局,请遵照执行。

你局要做好政策的宣传辅导工作,并及时向税务总局(货物和劳务税司)反馈试点工作中的问题。

融资租赁船舶出口退税管理办法

第一章 总 则

第一条 根据《财政部 海关总署 国家税务总局关于在天津市开展融资租赁船舶出口退税试点的通知》(财税[2010]24号)的规定,制定本办法。

第二条 主管融资租赁船舶出口企业的国家税务局负责融资租赁船舶出口退税的认定、审核、审批及核销等管理工作。

第三条 融资租赁船舶享受出口退税的范围、条件和具体计算办法按照财税[2010]24号文件相关规定执行。

第二章 认定管理

第四条 从事融资租赁船舶出口的企业,应在首份《融资租赁合同》签订之日起30日内,除提供办理出口退(免)税认定所需要的资料外,还应持以下资料办理融资租赁出口船舶退税认定手续:

(一)从事融资租赁业务资质证明;

(二)融资租赁合同(有法律效力的中文版);

(三)税务机关要求提供的其他资料。

第五条 开展融资租赁船舶出口的企业发生解散、破产、撤销以及其他依法应终止业务的,应持相关证件、资料向其主管退税的税务机关办理注销认定手续。已办理融资租赁船舶出口退税认定的企业,其认定内容发生变化的,须自有关管理机关批准变更之日起30日内,持相关证件、资料向其主管退税税务机关办理变更认定手续。

第三章　申报、审核及核销管理

第六条　采取先期留购方式的，融资租赁企业应于每季度终了的15日内按季单独申报退税；采取后期留购方式的，融资租赁企业应于船舶过户手续办理完结之日起90日内一次性单独申报退税。不同《融资租赁合同》项下的租赁船舶应分开独立申报。

第七条　融资租赁出口船舶企业申报退税时，需使用国家税务总局下发的出口退税申报系统，报送有关出口货物退（免）税申报表。

第八条　采取先期留购方式分批退税的，融资租赁企业首批申报《融资租赁合同》项下出口船舶退税时，除报送有关出口货物退（免）税申报表以外，还应报送《融资租赁出口船舶分批退税申报表》（见附件），从第二批申报开始，只报送《融资租赁出口船舶分批退税申报表》，同时附送以下资料：

（一）首批申报

1.《出口货物报关单》（出口退税专用）；

2. 增值税专用发票（抵扣联）；

3. 消费税税收（出口货物专用）缴款书（出口消费税应税船舶提供）；

4. 与境外承租人签订的《融资租赁合同》；

5. 收取租金时开具的发票；

6. 承租企业支付外汇汇款收账通知；

7. 税务机关要求提供的其他资料。

（二）第二批及以后批次申报

1. 收取租金时开具的发票；

2. 承租企业支付外汇汇款收账通知；

3. 税务机关要求提供的其他资料。

第九条　采取后期留购方式一次性退税的，附送以下资料：

（一）《出口货物报关单》（出口退税专用）；

（二）增值税专用发票（抵扣联）；

（三）消费税税收（出口货物专用）缴款书（出口消费税应税船舶提供）；

（四）与境外承租人签订的《融资租赁合同》；

（五）融资租赁企业开具的该租赁船舶的销售发票；

（六）所有权转移证书以及海事局出具的该租赁船舶的过户手续；

（七）税务机关要求提供的其他资料。

第十条　对属于增值税一般纳税人的融资租赁船舶出口企业，主管退税税务机关须在增值税专用发票稽核信息核对无误的情况下，办理退税。对非增值税一般纳税人的融资租赁船舶出口企业，主管退税税务机关须进行发函调查，在确认发票真实、发票所列船舶已按照规定申报纳税后，方可办理退税。

第十一条　主管退税税务机关应通过出口退税审核系统受理企业申报，并按照财税[2010]24号中规定的计算方法审核、审批融资租赁出口船舶退税。

第十二条　凡采取先期留购方式实行分批退税的，租赁期满后，融资租赁企业于90日内，持以下资料向主管退税税务机关办理退税核销手续：

（一）开具的租赁船舶销售发票；

（二）所有权转移证书以及海事局出具的该租赁船舶的过户手续；

（三）税务机关要求提供的其他资料。

第十三条　对于逾期未办理退税核销手续以及核销资料不齐备的，主管退税的税务机关应追缴已退税款。

第十四条　对承租期未满而发生退租的，主管税务机关应追缴已退税款，同时按当期活期存款利率收取利息。收取利息的计息期间由税款退付转讫之日起到补缴税款入库之日止。

第四章　附　　则

第十五条　对融资租赁船舶出口企业采取假冒退税资格、伪造《融资租赁合同》、提供虚假退税申报资料等手段骗取退税款的,按照现行有关法律、法规处理。

第十六条 本办法由国家税务总局负责解释。

第十七条 本办法从2010年4月1日起执行。

财政部 国家税务总局关于取消部分商品出口退税的通知

财税[2010]57号

各省、自治区、直辖市、计划单列市财政厅(局)、国家税务局、新疆生产建设兵团财务局:

经国务院批准,自2010年7月15日起取消下列商品的出口退税:

1. 部分钢材;
2. 部分有色金属加工材;
3. 银粉;
4. 酒精、玉米淀粉;
5. 部分农药、医药、化工产品;
6. 部分塑料及制品、橡胶及制品、玻璃及制品。

取消出口退税的具体商品名称和商品编码见附件。

具体执行时间,以“出口货物报关单(出口退税专用)”海关注明的出口日期为准。

附件:取消出口退税的商品清单

国家税务总局关于肉桂油 桉油 香茅油增值税适用税率问题的公告

国家税务总局公告2010年第5号

为统一政策,公平税负,现将肉桂油、桉油、香茅油的增值税适用税率问题公告如下:

肉桂油、桉油、香茅油不属于《财政部 国家税务总局关于印发〈农业产品征税范围注释〉的通知》(财税字[1995]52号)中农业产品的范围,其增值税适用税率为17%。

本公告自2010年9月1日起施行。

特此公告。

国家税务总局关于项目运营方利用信托资金融资过程中增值税进项税额抵扣问题的公告

国家税务总局公告2010年第8号

现就项目运营方利用信托资金融资进行项目建设开发过程中增值税进项税额抵扣问题公告如下:

项目运营方利用信托资金融资进行项目建设开发是指项目运营方与经批准成立的信托公司合作进行项目建设开发,信托公司负责筹集资金并设立信托计划,项目运营方负责项目建设与运营,项目建设完成后,项目资产归项目运营方所有。该经营模式下项目运营方在项目建设期内取得的增值税专用发票和其他抵扣凭证,允许其按现行增值税有关规定予以抵扣。

本公告自2010年10月1日起施行。此前未抵扣的进项税额允许其抵扣,已抵扣的不作进项税额转出。

国家税务总局关于干姜 姜黄增值税适用税率问题的公告

国家税务总局公告2010年第9号

为统一政策,公平税负,现将干姜、姜黄增值税适用税率问题公告如下:

干姜、姜黄属于《财政部 国家税务总局关于印发〈农业产品征税范围注释〉的通知》(财税字[1995]52号)中农业产品的范围,根据《财政部 国家税务总局关于部分货物适用增值税低税率和简易办法征收增值税政策的通知》(财税[2009]9号)规定,其增值税适用税率为13%。

干姜是将生姜经清洗、刨皮、切片、烘烤、晾晒、熏硫等工序加工后制成的产品。

姜黄包括生姜黄,以及将生姜黄经去泥、清洗、蒸煮、晾晒、烤干、打磨等工序加工后制成的产品。

本公告自2010年10月1日起执行。

国家税务总局关于融资性售后回租业务中承租方出售资产行为有关税收问题的公告

国家税务总局公告[2010]13号

现就融资性售后回租业务中承租方出售资产行为有关税收问题公告如下:

融资性售后回租业务是指承租方以融资为目的将资产出售给经批准从事融资租赁业务的企业后,又将该项资产从该融资租赁企业租回的行为。融资性售后回租业务中承租方出售资产时,资产所有权以及与资产所有权有关的全部报酬和风险并未完全转移。

一、增值税和营业税

根据现行增值税和营业税有关规定,融资性售后回租业务中承租方出售资产的行为,不属于增值税和营业税征收范围,不征收增值税和营业税。

二、企业所得税

根据现行企业所得税法及有关收入确定规定,融资性售后回租业务中,承租人出售资产的行为,不确认为销售收入,对融资性租赁的资产,仍按承租人出售前原账面价值作为计税基础计提折旧。租赁期间,承租人支付的属于融资利息的部分,作为企业财务费用在税前扣除。

本公告自2010年10月1日起施行。此前因与本公告规定不一致而已征的税款予以退税。

国家税务总局关于制种行业增值税有关问题的公告

国家税务总局公告2010年第17号

现就制种企业销售种子增值税有关问题公告如下:

制种企业在下列生产经营模式下生产销售种子,属于农业生产者销售自产农业产品,应根据《中华人民共和国增值税暂行条例》有关规定免征增值税。

一、制种企业利用自有土地或承租土地,雇佣农户或雇工进行种子繁育,再经烘干、脱粒、风筛等深加工后销售种子。

二、制种企业提供亲本种子委托农户繁育并从农户手中收回，再经烘干、脱粒、风筛等深加工后销售种子。

本公告自2010年12月1日起施行。

财政部　国家税务总局关于上海期货交易所开展期货保税交割业务有关增值税问题的通知

财税[2010]108号

各省、自治区、直辖市、计划单列市财政厅(局)、国家税务局：

根据《国务院关于推进上海加快发展现代服务业和先进制造业建设国际金融中心和国际航运中心的意见》(国发[2009]19号)有关精神，上海期货交易所将试点开展期货保税交割业务。现将有关增值税问题通知如下：

一、期货保税交割是指以海关特殊监管区域或场所内处于保税监管状态的货物为期货实物交割标的物的期货实物交割。

二、上海期货交易所的会员和客户通过上海期货交易所交易的期货保税交割标的物，仍按保税货物暂免征收增值税。

期货保税交割的销售方，在向主管税务机关申报纳税时，应出具当期期货保税交割的书面说明及上海期货交易所交割单、保税仓单等资料。

三、非保税货物发生的期货实物交割仍按《国家税务总局关于下发〈货物期货征收增值税具体办法〉的通知》(国税发[1994]244号)的规定执行。

四、本通知自2010年12月1日起执行。

国家税务总局关于发布《境外旅客购物离境退税海南试点管理办法》的公告

国家税务总局公告2010年第28号

为推进海南国际旅游岛建设和发展，确保在海南省顺利试行境外旅客购物离境退税政策，国家税务总局经商财政部、商务部、海关总署，制定了《境外旅客购物离境退税海南试点管理办法》，现予以公布，自2011年1月1日开始施行。

境外旅客购物离境退税海南试点管理办法

第一章　总　　则

第一条　为推进海南国际旅游岛建设，确保在海南省顺利试行境外旅客购物离境退税政策，根据《财政部关于在海南开展境外旅客购物离境退税政策试点的公告》(财政部公告2010年第88号)等相关规定，制定本办法。

第二条　境外旅客在退税定点商店购物后，按规定应取得的退税凭证包括境外旅客购物离境退税申请单(见附件1)和销售发票。

第三条　境外旅客在办理退税时，可选择的退税币种包括人民币、美元、欧元和日元。

第二章 退税定点商店的认定、变更与终止

第四条 退税定点商店应当同时符合以下条件：

（一）中国境内注册的，具有独立法人资格的增值税一般纳税人；

（二）具备境外旅客购物离境退税管理信息系统运行的条件，能够及时、准确地报送相关信息；

（三）安装并使用增值税专用发票防伪税控机或者使用普通发票“网上开票系统”；

（四）营业面积超过2000平方米；

（五）遵守税收法律法规规定，申请资格认定前两年内未发生偷税、逃避追缴欠税、骗取出口退税、抗税等涉税违法行为以及欠税行为；

（六）商店经营管理服务规范，符合《百货店等级划分及评定》（国家标准）中达标百货店的要求；

（七）具备涉外服务接待能力，能用外语提供服务，商品标签及公共设施同时标注中英文；

（八）经营商品品种丰富，基本包含财政部公告2010年第88号附件《退税物品目录》中所列商品。

第五条 符合本办法第四条规定条件的企业，可以向海南省国家税务局提出退税定点商店认定申请，并提交以下资料：

（一）境外旅客购物离境退税定点商店认定申请表（详见附件2）；

（二）营业面积证明材料。

第六条 海南省国家税务局对企业提出的退税定点商店认定申请，会同海南省商务厅按照本办法规定的条件进行认定。

第七条 退税定点商店认定资料所载内容发生变化的，应自有关管理机关批准变更之日起30日内，持相关证件及资料向海南省国家税务局申请办理变更手续。海南省国家税务局为其办理变更手续后，将有关情况通报海南省商务厅。

第八条 退税定点商店发生解散、破产、撤销以及其他情形，应在向工商行政管理机关或者其他机关办理注销登记前，持相关证件及资料向主管税务机关申请办理税务登记注销手续，由海南省国家税务局取消其退税定点商店资格，并将有关情况通报海南省商务厅。

第九条 退税定点商店应当在其经营场所显著位置用中英文同时做出标识，便于境外旅客识别。退税定点商店中英文标识由海南省国家税务局会同海南省商务厅制定。

第三章 退税代理机构的认定、变更与终止

第十条 退税代理机构应当同时符合以下条件：

（一）具备独立法人资格，财务制度健全；

（二）已在国税部门办理税务登记；

（三）具备个人本外币兑换特许业务经营资格；

（四）具备办理退税业务的场所和相关设施；

（五）具备境外旅客购物离境退税管理信息系统运行的条件，能够及时、准确地报送相关信息；

（六）遵守税收法律法规规定，申请资格认定前两年内未发生偷税、逃避追缴欠税、骗取出口退税、抗税等涉税违法行为以及欠税行为。

第十一条 符合本办法第十条规定条件的企业，可以向海南省国家税务局提出退税代理机构资格认定申请，并提交以下资料：

（一）境外旅客购物离境退税代理机构认定申请表（详见附件3）；

（二）出口退（免）税认定表；

（三）本外币特许经营证书原件、复印件。

第十二条 海南省国家税务局对企业提出的退税代理机构认定申请，会同海南省财政厅按照本办法规定的条件进行认定。

第十三条 退税代理机构认定后，其认定资料所载内容发生变化的，应自有关管理机关批准变更之日起30日内，持相关证件及资料向海南省国家税务局申请办理变更手续。海南省国家税务局为其办理变更手续后，将有关情况通报海南省财政厅。

第十四条 退税代理机构认定后,发生解散、破产、撤销以及其他情形,应在向工商行政管理机关或者其他机关办理注销登记前,持有关证件及资料向主管税务机关申请办理税务登记注销手续,由海南省国家税务局取消其退税代理机构资格,并将有关情况通报海南省财政厅。

第十五条 退税代理机构在离境机场隔离区内设置专用场所,应当征求海关意见,在显著位置用中英文做出标识。

第四章 退税物品的销售管理

第十六条 境外旅客在退税定点商店购买退税物品,需要索取境外旅客购物离境退税申请单的,应当出示护照等有效身份证件。退税定点商店将境外旅客出示的护照等有效身份证件与境外旅客本人核对后,将境外旅客身份信息录入境外旅客购物离境退税管理信息系统进行校验。通过后按规定开具境外旅客购物离境退税申请单,加盖印章,交给境外旅客。

第十七条 具有以下情形之一的,退税定点商店不得开具境外旅客购物离境退税申请单:

(一)境外旅客不能出示本人护照等有效身份证件;

(二)销售给境外旅客的商品不属于退税物品范围;

(三)同一境外旅客同一日在同一退税定点商店内购买退税物品的金额未达到起退点。

第十八条 境外旅客购物离境退税申请单由海南省国家税务局统一印制。

第十九条 退税定点商店应当建立境外旅客购物离境退税申请单使用登记制度,设置境外旅客购物离境退税申请单登记簿,并定期向海南省国家税务局报告境外旅客购物离境退税申请单使用情况。

第二十条 退税定点商店应当单独设置退税物品销售明细账,并准确核算。

第五章 退税业务的办理

第二十一条 境外旅客离境时,应当主动向海关申报,并办理有关手续。

第二十二条 境外旅客凭以下资料向设在离境机场隔离区内的退税代理机构申请办理退税:

(一)护照等本人有效身份证件;

(二)经海关验核签章的境外旅客购物离境退税申请单;

(三)退税物品销售发票;

(四)离境航班登机牌。

第二十三条 退税代理机构为境外旅客办理购物离境退税时,应当核对以下内容:

(一)申请购物离境退税的境外旅客与境外旅客购物离境退税管理信息系统中记录的境外旅客身份信息是否相符;

(二)境外旅客购物离境退税申请单是否经海关验核签章;

(三)退税物品购买日距离境日是否超过 90 天;

(四)境外旅客在我国境内连续居住是否超过 183 天。

第二十四条 退税代理机构对上述信息核对无误后,根据境外旅客自行选择的退税方式和币种,按照规定为境外旅客办理退税。

第二十五条 境外旅客购物离境退税资金由退税代理机构先行向境外旅客垫付。

第二十六条 退税代理机构应当于每月 15 日前向海南省国家税务局申请办理退税结算,并附送以下资料:

(一)境外旅客购物离境退税结算申报表(见附件4);

(二)经海关验核签章的境外旅客购物离境退税申请单;

(三)退税物品销售发票;

(四)经境外旅客签字确认的境外旅客购物离境退税收款回执单(见附件5)。

第二十七条 海南省国家税务局对退税代理机构申报的经海关验核签章的境外旅客购物离境退税申请单等有关资料审核无误后,按照规定向退税代理机构办理退付,并将退付情况通报海南省财政厅。

第六章 信息传递与交换

第二十八条 海南省国家税务局对境外旅客购物离境退税业务实行计算机化管理,使用境外旅客购物离境退税管理信息系统审核、审批离境退税相关事宜,并加强与退税定点商店、机场和退税代理机构的信息传递与交换。

第二十九条 退税定点商店通过境外旅客购物离境退税管理信息系统开具境外旅客购物离境退税申请单,并实时向海南省国家税务局报送相关信息。

第三十条 机场根据境外旅客购物离境退税管理的需要,实时验证由海南省国家税务局提请验证的境外旅客的离境航班信息。

第三十一条 退税代理机构通过境外旅客购物离境退税管理信息系统为境外旅客办理离境退税,并实时向海南省国家税务局报送相关信息。

第七章 附 则

第三十二条 退税定点商店或退税代理机构违反本办法规定发生税收违法行为的,按照《中华人民共和国税收征收管理法》及其实施细则的有关规定予以处理。

第三十三条 本办法中"有效身份证件"是指外籍旅客护照、港澳居民来往内地通行证、台湾居民来往大陆通行证等。

第三十四条 本办法自 2011 年 1 月 1 日起实施。

财政部有关负责人就海南"离境退税"政策试点答记者问

近日,国家财政部税政司郑建新副司长在北京就海南开展境外旅客购物离境退税政策试点一事,接受了记者的专访,回答了关于该项政策的背景意义、主要内容、国外主要做法和经验以及相关部门的协调分工等。

问:该项政策出台有何背景和意义?

答:海南是中国最大的经济特区和唯一的热带岛屿省份。建省办经济特区 22 年来,经济社会发展取得显著成绩。但由于发展起步晚,基础差,目前海南经济社会发展整体水平仍然较低,保护生态环境、调整经济结构、推动科学发展的任务十分艰巨。为了充分发挥海南的区位和资源优势,国家决定建设海南国际旅游岛,将海南打造成有国际竞争力的旅游胜地。

根据海南作为中国旅游业改革创新的试验区的战略定位,为了落实《国务院关于推进海南国际旅游岛建设发展的若干意见》[国发(2009)44 号]文件精神,借鉴国外成熟经验,财政部会同商务部、海关总署、国家税务总局与海南省密切合作,通过广泛调研、反复论证,周密设计,制定了在海南开展境外旅客购物离境退税政策试点的实施方案和管理办法。我们认为,在海南实施这一政策,有利于提高海南作为国际旅游岛在国际上的影响力,有利于扩大我国特别是海南旅游产品的国际知名度,吸引更多的外国游客到海南观光购物。同时,通过在海南实施这一政策,也会为我们将来完善我国出口退税制度提供宝贵的实践经验。

问:该项政策的主要内容有哪些?

答:境外旅客购物离境退税政策(下简称离境退税政策)是指对境外旅客在退税定点商店购买的随身携带和托运出境的退税物品,按规定退税的政策。

离境退税政策的基本流程包括:购物申请退税、海关验核确认、代理机构退税和集中退税结算四个环节,境外旅客只涉及前三个环节。

该项政策的适用对象:在中国大陆境内连续居住不超过 183 天的外国人和港澳台同胞。

境外旅客要取得退税,应当同时符合以下六个条件:(1)在退税定点商店购买退税物品,购物金额达到起退点,并且按规定取得退税申请单等退税凭证;(2)在离境口岸办理离境手续,离境前退税物品尚未启用或消费;(3)离境日距退税物品购买日不超过 90 天;(4)所购退税物品由境外旅客本人随身携带或托运出境;(5)所购退税物品经海关验核并在退税申请单上签章;(6)在指定的退税代理机构办理退税。

退税物品是指国家允许携带出境并享受退税政策的个人生活物品,范围包括:服装、鞋帽、化妆品、钟表、首饰、电器、文具、体育用品等等,共 21 个大类。需要指出的是,食品、烟、酒、汽车、摩托车等是不能享受退税的。

离境退税税种为增值税。中国现行增值税采取标准税率加一档低税率的模式,标准税率为17%,低税率为13%。目前,货物出口增值税退税设有5%、9%、13%、15%、16%、17%共6档退税率,如果对境外旅客购物离境退税也按照不同物品实行多档退税,操作十分复杂,对于境外旅客不是很方便。国际上对购物退税通行的做法都是采取单一的退税率进行退税。为简化操作,对境外旅客购物离境退税海南试点的退税率统一核定为11%。

该项政策规定了起退点。起退点是境外旅客申请享受退税的最低购物金额。需要说明的是,目前实行购物退税制度的各个国家,起退点的设置时不同的。有的国家设置得很低,比如英国的起退点是10英镑,有的国家设置得较高,比如法国是175欧元。海南试点政策的起退点暂定为800元人民币。

记者:国外购物离境退税的做法和经验有哪些?

答:据了解,购物退税制度起源于20世纪80年代初的瑞典,目前包括欧盟主要成员国、澳大利亚、日本、韩国、新加坡、泰国等在内的50多个国家和地区都实行了这一制度。根据各国实践,主要可分为零售出口计划、游客退税计划、中央退税机构等三种模式,在这三种模式下,政府的参与程度、主要监管部门有所不同。同时,各国在购物退税的做法上也存在一些共性的地方,比如绝大多数国家将退税对象限定为非本国居民,退税物品在本国境内不得消费,在一个商店一次购物或在一天内购物必须超过起退点,必须经由海关验货确认等等。

我们在借鉴有关国家实行购物退税制度经验的基础上,结合中国实际情况,设计了境外旅客购物离境退税政策海南试点办法。

问:哪些国家部门参与了试点工作?各自的分工怎样?

答:对这一试点,财政部主要负责相关政策的制定,国家税务总局主要负责相关管理办法的制定及管理信息系统的开发,海关总署主要负责海关监管办法的制定,商务部主要负责退税定点商店资格条件的制定,上述各项工作均得到了海南省人民政府及相关部门的大力支持和密切配合。

第四部分　中华人民共和国营业税法

中华人民共和国营业税暂行条例

国务院令[2008]540号

第一条　在中华人民共和国境内提供本条例规定的劳务、转让无形资产或者销售不动产的单位和个人，为营业税的纳税人，应当依照本条例缴纳营业税。

【注释】　相关规定包括：《财政部　国家税务总局关于对福利企业、学校办企业征税问题的通知》（财税[1994]3号）、《财政部　国家税务总局关于明确民航基础设施建设基金纳税问题的通知》（财税[1994]6号）、《财政部　国家税务总局关于铁路工附业应按规定征收营业税的通知》（财税[1995]28号）、《财政部　国家税务总局关于铁路工附业征收营业税问题的补充通知》（财税[1995]58号）、《国家税务总局关于地质矿产部所属地勘单位征税问题的通知》（国税函发[1995]453号）、《国家税务总局关于海洋石油若干税收政策问题的通知》（国税发[1997]44号）、《财政部　国家税务总局关于纳税人承包以工代赈工程征收营业税问题的通知》（财税[1997]67号）、《国家税务总局关于外商投资企业代扣城市维护建设税问题的批复》（国税函发[1997]477号）、《国家税务总局于从事房地产业务的外商投资企业若干税务处理问题的通知》（国税发[1999]242号）、《财政部　国家税务总局关于外国企业和外籍个人转让无形资产营业税若干问题的通知》（财税[2001]36号）、《财政部　国家税务总局关于营业税若干政策问题的通知》（财税[2003]16号）、《国家税务总局关于交通部门有偿转让高速公路收费经营权征收营业税的批复》（国税函[2005]1146号）、《国家税务总局关于营利性医疗机构医疗服务收入征收营业税问题的批复》（国税函[2006]480号）、《国家税务总局关于未办理土地使用权证转让土地有关税收问题的批复》（国税函[2007]645号）。

第二条　营业税的税目、税率，依照本条例所附的《营业税税目税率表》执行。

税目、税率的调整，由国务院决定。

纳税人经营娱乐业具体适用的税率，由省、自治区、直辖市人民政府在本条例规定的幅度内决定。

【注释】　相关规定包括：《营业税税目注释（试行稿）》国税发[1993]149号）、《国家税务总局关于中外合资××公路桥梁开发有限公司税收问题的批复》（国税函发[1994]32号）、《国家税务总局关于境外团体或个人在我国从事文艺及体育演出有关税收问题的通知》（国税发[1994]106号）、《财政部　国家税务总局关于增值税、营业税若干政策规定的通知》（财税[1994]26号）、《国家税务总局 海洋石油税务管理局关于中国海洋石油总公司取得的服务收入征税问题的通知》（国税油发[1994]11号）、《国家税务总局关于电力调整试验收入适用税目问题的批复》（国税函发[1994]552号）、《国家税务总局关于中外合作开发房地产征收营业税问题的批复》（国税函发[1994]644号）、《国家税务总局关于营业税若干问题的通知》（国税发[1995]76号）、《营业税问题解答（之一）》（国税函发[1995]156号）、《财政部　国家税务总局关于工程勘察设计单位改为企业后有关税收问题的函》（财税[1995]100号）、《国家税务总局关于中国海洋石油总公司所属公司提供劳务征收营业税问题的通知》（国税函发[1996]112号）、《国家税务总局涉外税务管理司关于外商投资企业广告代理业营业税问题的通知》（国税外函发[1996]39号）、《国家税务总局关于烧卤熟制食品征收流转税问题的批复》（国税函发[1996]261号）、《国家税务总局关于外商投资企业在筹办期间取得的会员费有关税务处理问题的通知》（国税发[1996]84号）、《国家税务总局关于外商承包工程作业和提供劳务取得收入计算征税有关问题的通知》（国税发[1995]197号）、《国家税务总局关于邮政汇兑资金利息收入征收营业税问题的批复》（国税函发[1996]635号）、《国家税务总局关于有偿转让资产使用权的行为征收营业税问题的批复》（国税函发[1996]636号）、《国家税务总局关于地质矿产部所属地勘单位征税问题的补充通知》（国税函发[1996]656号）、《国家税务总局关于房产开发企业销售不动产征收营业税问题的通知》（国税函发[1996]684号）、《国家税务总局关于非电信部门开办电话咨询业务适用税目问题的批复》(国税函发[1996]700号)、《国家税务总局关于个人从事房地产经营业务征收营业税问题的批复》(国税函发[1996]718号)、《国家税务总局关于征用土地过程中征地单位支付给土地承包人员的补偿费如何征税问题的批复》(国税函发[1997]87号)、《国家税务总局关于合作开采海洋石油提供应税劳务适用营业税税目、税率问题的通知》(国税发[1997]42号)、《国家税务总局关于以不动产或无形资产投资入股收取固定利润征收营业税问题的批复》(国税函发[1997]490号)、《财政部 国家税务总局关于供电工程贴费不征收增值税和营业税的通知》(财税[1997]102号)、《国家税务总局关于经营公用电话征收营业税问题的通知》(国税发[1997]161号)、《国家税务总局关于电梯保养、维修收入征税问题的批复》(国税函发[1998]390号)、《国家税务总局关于外商投资的宾馆、商务楼等经营电信业务征收营业税问题的批复》(国税函发[1998]737号)、《国家税务总局关于有线电视台有关收费征收营业税问题的批复》(国税函发[1998]748号)、《国家税务总局关于拍卖行取得的拍卖收入征收增值税、营业税有关问题的通知》(国税发[1999]40号)、《国家税务总局关于水利部门所属勘察设计单位征收营业税问题的通知》(国税函[1999]728号)、《国家税务总局关于融资租赁业务征收流转税问题的通知》(国税函[2000]514号)、《财政部 国家税务总局关于对青少年活动场所 电子游戏厅有关所得税和营业税政策问题的通知》(财税[2000]21号)、《国家税务总局关于航空运输企业包机业务征收营业税问题的通知》(国税发[2000]139号)、《国家税务总局关于电信部门销售电话号码薄征收营业税问题的通知》(国税函[2000]698号)、《财政部 国家税务总局关于调整住房租赁市场税收政策的通知》(财税[2000]125号)、《国家税务总局关于电视收视费征收营业税问题的通知》(国税发[2001]22号)、《国家税务总局关于代扣代缴储蓄存款利息所得个人所得税手续费收入征免税问题的通知》(国税发[2001]31号)、《财政部 国家税务总局关于索道运营征收营业税问题的通知》(财税[2001]116号)、《国家税务总局关于管道煤气集资费(初装费)征收营业税问题的批复》(国税函[2002]105号)、《国家税务总局关于转让企业产权不征营业税问题的批复》(国税函[2002]165号)、《国家税务总局关于交通运输企业征收营业税问题的通知》(国税发[2002]25号)、《国家税务总局关于保险公司分业经营改革中不动产转移过户有关税收政策的通知》(国税发[2002]69号)、《财政部 国家税务总局关于股权转让有关营业税问题的通知》(财税[2002]191号)、《财政部 国家税务总局关于营业税若干政策问题的通知》(财税[2003]16号)、《国家税务总局关于代理业营业额问题的通知》(国税发[2003]69号)、《国家税务总局关于广播电视有线数字付费频道业务征收营业税问题的通知》(国税函[2004]141号)、《国家税务总局关于纳税人提供泥浆工程劳务征收流转税问题的批复》(国税函[2005]375号)、《财政部 国家税务总局关于公路经营企业车辆通行费收入营业税政策的通知》(财税[2005]77号)、《国家税务总局关于垃圾处置费征收营业税问题的批复》(国税函[2005]1128号)、《国家税务总局关于交通部门有偿转让高速公路收费经营权征收营业税的批复》(国税函[2005]1146号)、《国家税务总局关于酒店产权式经营业主税收问题的批复》(国税函[2006]478号)、《国家税务总局关于劳务承包行为征收营业税问题的批复》(国税函[2006]493号)。

第三条 纳税人兼有不同税目的应当缴纳营业税的劳务(以下简称应税劳务)、转让无形资产或者销售不动产,应当分别核算不同税目的营业额、转让额、销售额(以下统称营业额);未分别核算营业额的,从高适用税率。

第四条 纳税人提供应税劳务、转让无形资产或者销售不动产,按照营业额和规定的税率计算应纳税额。应纳税额计算公式:

应纳税额=营业额×税率

营业额以人民币计算。纳税人以人民币以外的货币结算营业额的,应当折合成人民币计算。

【注释】 相关规定包括:《国家税务总局关于境外团体或个人在我国从事文艺及体育演出有关税收问题的通知》(国税发[1994]106号)。

第五条 纳税人的营业额为纳税人提供应税劳务、转让无形资产或者销售不动产收取的全部价款和价外费用。但是,下列情形除外:

(一)纳税人将承揽的运输业务分给其他单位或者个人的,以其取得的全部价款和价外费用扣除其支付给其他单位或者个人的运输费用后的余额为营业额;

(二)纳税人从事旅游业务的,以其取得的全部价款和价外费用扣除替旅游者支付给其他单位或者个人的住宿费、餐费、交通费、旅游景点门票和支付给其他接团旅游企业的旅游费后的余额为营业额;

（三）纳税人将建筑工程分包给其他单位的，以其取得的全部价款和价外费用扣除其支付给其他单位的分包款后的余额为营业额；

（四）外汇、有价证券、期货等金融商品买卖业务，以卖出价减去买入价后的余额为营业额；

（五）国务院财政、税务主管部门规定的其他情形。

【注释】　相关规定包括：《财政部　国家税务总局关于民航单位收取的机场管理建设费、旅游发展基金应按税法规定征收营业税的通知》（财税[1995]5号）、《营业税问题解答（之一）》（国税函发[1995]156号）、《国家税务总局关于律师事务所办案费收入征收营业税问题的批复》（国税函发[1995]479号）、《国家税务总局关于外商投资企业从事城市住宅小区建设征收营业税问题的批复》（国税函发[1995]549号）、《国家税务总局关于电信业务征收营业税问题的通知》（国税函发[1996]685号）、《国家税务总局关于对电影发行单位的发行收入不征营业税的通知》（国税函发[1996]696号）、《国家税务总局关于经营公用电话征收营业税问题的通知》（国税发[1997]161号）、《国家税务总局关于物业管理企业的代收费用有关营业税问题的通知》（国税发[1998]217号）、《财政部　国家税务总局关于融资租赁业营业税计税营业额问题的通知》（财税[1999]183号）、《国家税务总局关于外事服务单位营业额问题的通知》（国税函[2002]1095号）、《国家税务总局关于代理业营业额问题的通知》（国税发[2003]69号）、《国家税务总局关于商业企业向货物供应方收取的部分费用征收流转税问题的通知》（国税发[2004]136号）、《财政部　国家税务总局关于资本市场有关营业税政策的通知》（财税[2004]203号）、《财政部　国家税务总局关于中国证券登记结算公司有关营业税政策的通知》（财税[2004]204号）、《国家税务总局关于客运飞机腹舱联运收入营业税问题的通知》（国税函[2005]202号）、《财政部　国家税务总局关于福利彩票代销手续费收入征收营业税问题的通知》（财税[2005]118号）、《国家税务总局关于加强代理报关业务营业税征收管理有关问题的通知》（国税函[2006]1310号）、《国家税务总局关于无船承运业务有关营业税问题的通知》（国税函[2006]1312号）。

第六条　纳税人按照本条例第五条规定扣除有关项目，取得的凭证不符合法律、行政法规或者国务院税务主管部门有关规定的，该项目金额不得扣除。

第七条　纳税人提供应税劳务、转让无形资产或者销售不动产的价格明显偏低并无正当理由的，由主管税务机关核定其营业额。

第八条　下列项目免征营业税：

（一）托儿所、幼儿园、养老院、残疾人福利机构提供的育养服务，婚姻介绍，殡葬服务；

（二）残疾人员个人提供的劳务；

（三）医院、诊所和其他医疗机构提供的医疗服务；

（四）学校和其他教育机构提供的教育劳务，学生勤工俭学提供的劳务；

（五）农业机耕、排灌、病虫害防治、植物保护、农牧保险以及相关技术培训业务，家禽、牲畜、水生动物的配种和疾病防治；

（六）纪念馆、博物馆、文化馆、文物保护单位管理机构、美术馆、展览馆、书画院、图书馆举办文化活动的门票收入，宗教场所举办文化、宗教活动的门票收入；

（七）境内保险机构为出口货物提供的保险产品。

除前款规定外，营业税的免税、减税项目由国务院规定。任何地区、部门均不得规定免税、减税项目。

【注释】　相关规定包括：《财政部　国家税务总局关于对若干项目免征营业税的通知》（财税[1994]2号）、《国家税务总局关于社会福利有奖募捐发行收入税收问题的通知》（国税发[1994]127号）、《财政部　国家税务总局关于对科研单位取得的技术转让收入免征营业税的通知》（财税[1994]10号）、《营业税问题解答（之一）》（国税函发[1995]156号）、《财政部　国家税务总局关于金融业征收营业税有关问题的通知》（财税[1995]79号）、《财税[1995]15号》、《财政部　国家税务总局关于世行贷款粮食流通项目营业税问题的复函》（财税[1995]71号）、《国家税务总局关于原油管理费缴纳营业税问题的复函》（国税函发[1996]101号）、《财政部　国家税务总局关于民航机场管理建设费营业税先征后返还问题的通知》（财税[1996]32号）、《财政部　国家税务总局关于体育彩票发行收入税收问题的通知》（财税[1996]77号）、《国家税务总局关于"免征营业税的博物馆"范围界定问题的批复》（国税函发[1996]679号）、《财政部　国家税务总局关于对保险公司开办个人投资分红保险业务取得的保费收入免征营业税的通知》（财税[1996]102号）、

《财政部 国家税务总局关于下发不征收营业税的收费(基金)项目名单(第二批)的通知》、《财政部 国家税务总局关于世行贷款粮食流通项目建筑安装工程和服务收入免征营业税的通知》(财税[1998]87号)、《财政部 国家税务总局关于证券投资基金税收问题的通知》(财税[1998]55号)、《国家税务总局关于中央直属储备粮库建设有关税费问题的批复》(国税函发[1998]842号)、《财政部 国家税务总局关于福利企业校办企业有关税收政策问题的通知》(财税[1999]22号)、《财政部 国家税务总局关于保管储备棉财政补贴收入免征营业税的通知》(财税[1999]38号)、《财政部 国家税务总局关于促进科技成果转化有关税收政策的通知》(财税[1999]45号)、《财政部 国家税务总局关于国债转贷利息收入免征营业税的通知》(财税[1999]220号)、《财政部 国家税务总局关于贯彻落实〈中共中央 国务院关于加强技术创新,发展高科技,实现产业化的决定〉有关税收问题的通知》(财税[1999]273号)、《财政部 国家税务总局关于非金融机构统借统还业务征收营业税问题的通知》(财税[2000]7号)、《国家税务总局关于部队取得应税收入税收征管问题的批复》(国税函[2000]466号)、《财政部 国家税务总局关于对外汇管理部门委托贷款利息收入免征营业税的通知》(财税[2000]78号)、《财政部 国家税务总局财政部 国家税务总局关于随军家属就业有关税收政策的通知》(财税[2000]84号)、《国家税务总局关于明确外国企业和外籍个人技术转让收入免征营业税范围问题的通知》(国税发[2000]166号)、《财政部 国家税务总局关于住房公积金管理中心有关税收政策的通知》(财税[2000]94号)、《国家税务总局关于我国境内企业向外国企业支付软件费扣缴营业税问题的通知》(国税发[2000]179号)、《财政部 国家税务总局关于车辆通行费有关营业税等税收政策的通知》(财税[2000]139号)、《财政部 国家税务总局关于非营利性科研机构税收政策的通知》(财税[2001]5号)、《财政部 国家税务总局关于人寿保险业务免征营业税若干问题的通知》(财税[2001]118号)、《财政部 国家税务总局关于国有独资商业银行、国家开发银行承购金融资产管理公司发行的专项债券利息收入免征税收问题的通知》(财税[2001]152号)、《财政部 国家税务总局关于全国社会保障基金有关税收政策问题的通知》(财税[2002]75号)、《国家税务总局关于林地使用权转让行为征收营业税问题的批复》(国税函[2002]700号)、《财政部 国家税务总局关于开放式证券投资基金有关税收问题的通知》(财税[2002]128号)、《国家税务总局关于中国建筑工程总公司重组改制过程中转让股权不征营业税的通知》(国税函[2003]12号)、《财政部 国家税务总局关于自主择业的军队转业干部有关税收政策问题的通知》(财税[2003]26号)、《财政部 国家税务总局关于民航系统8项行政事业性收费不征收营业税的通知》(财税[2003]170号)、《财政部 国家税务总局关于教育税收政策的通知》(财税[2004]39号)、《国家发展和改革委员会 国家税务总局关于继续做好中小企业信用担保机构免征营业税有关问题的通知》(发改企业[2004]303号)、《财政部 国家税务总局关于证券投资基金税收政策的通知》(财税[2004]78号)、《国家税务总局关于电力公司过网费收入征收增值税问题的批复》(国税函[2004]607号)、《国家税务总局关于住房专项维修基金征免营业税问题的通知》(税发[2004]69号)、《财政部 国家税务总局关于扶持城镇退役士兵自谋职业有关税收优惠政策的通知》(财税[2004]93号)、《财政部 国家税务总局关于暂免征收军队空余房产租赁收入营业税房产税的通知》(财税[2004]123号)、《财政部 国家税务总局关于国家石油储备基地建设有关税收政策的通知》(财税[2005]23号)、《国家税务总局关于在京外国商会征免营业税的批复》(国税函[2005]370号)、《财政部 国家税务总局关于合格境外机构投资者营业税政策的通知》(财税[2005]155号)、《国家发展改革委 国家税务总局关于中小企业信用担保机构免征营业税有关问题的通知》(发改企业[2006]563号)、《财政部 国家税务总局关于邮政普遍服务和特殊服务免征营业税的通知》(财税[2006]47号)、《财政部 国家税务总局关于证券投资者保护基金有关营业税问题的通知》(财税[2006]172号)、《财政部 国家税务总局关于促进残疾人就业税收优惠政策的通知》(财税[2007]92号)。

第九条 纳税人兼营免税、减税项目的,应当分别核算免税、减税项目的营业额;未分别核算营业额的,不得免税、减税。

【注释】 相关规定包括:《国家税务总局关于转让著作权征收营业税问题的通知》(国税发[2001]44号)。

第十条 纳税人营业额未达到国务院财政、税务主管部门规定的营业税起征点的,免征营业税;达到起征点的,依照本条例规定全额计算缴纳营业税。

第十一条 营业税扣缴义务人:

(一)中华人民共和国境外的单位或者个人在境内提供应税劳务、转让无形资产或者销售不动产,在境内未设有经营机构的，以其境内代理人为扣缴义务人；在境内没有代理人的，以受让方或者购买方为扣缴义务人。

（二）国务院财政、税务主管部门规定的其他扣缴义务人。

【注释】　相关规定包括：《营业税问题解答（之一）》（国税函发［1995］156号）。

第十二条　营业税纳税义务发生时间为纳税人提供应税劳务、转让无形资产或者销售不动产并收讫营业收入款项或者取得索取营业收入款项凭据的当天。国务院财政、税务主管部门另有规定的，从其规定。

营业税扣缴义务发生时间为纳税人营业税纳税义务发生的当天。

【注释】　相关规定包括：《国家税务总局关于经营房地产收入纳税义务发生时间的通知》（国税发［1994］86号）、《国家税务总局关于营业税若干征税问题的通知》（国税发［1994］159号）、《国家税务总局关于高尔夫球俱乐部税收问题的批复》（国税函发［1994］514号）、《国家税务总局关于营业税若干问题的通知》（国税发［1995］76号）、《国家税务总局关于贷款业务征收营业税问题的通知》（国税发［2002］13号）。

第十三条　营业税由税务机关征收。

第十四条　营业税纳税地点：

（一）纳税人提供应税劳务应当向其机构所在地或者居住地的主管税务机关申报纳税。但是，纳税人提供的建筑业劳务以及国务院财政、税务主管部门规定的其他应税劳务，应当向应税劳务发生地的主管税务机关申报纳税。

（二）纳税人转让无形资产应当向其机构所在地或者居住地的主管税务机关申报纳税。但是，纳税人转让、出租土地使用权，应当向土地所在地的主管税务机关申报纳税。

（三）纳税人销售、出租不动产应当向不动产所在地的主管税务机关申报纳税。

扣缴义务人应当向其机构所在地或者居住地的主管税务机关申报缴纳其扣缴的税款。

【注释】　相关规定包括：《国家税务总局海洋石油税务管理局关于地方劳务公司为外国石油公司提供劳务服务税收征收管理问题的批复》（国税油函［1994］8号）、《财政部　国家税务总局关于营业税若干政策问题的通知》（财税［2003］16号）。

第十五条　营业税的纳税期限分别为5日、10日、15日、1个月或者1个季度。纳税人的具体纳税期限，由主管税务机关根据纳税人应纳税额的大小分别核定；不能按照固定期限纳税的，可以按次纳税。

纳税人以1个月或者1个季度为一个纳税期的，自期满之日起15日内申报纳税；以5日、10日或者15日为一个纳税期的，自期满之日起5日内预缴税款，于次月1日起15日内申报纳税并结清上月应纳税款。

扣缴义务人解缴税款的期限，依照前两款的规定执行。

【注释】　相关规定包括：《国家税务总局关于国家开发银行继续集中缴纳营业税的通知》（国税函［1999］344号）。

第十六条　营业税的征收管理，依照《中华人民共和国税收征收管理法》及本条例有关规定执行。

【注释】　相关规定包括：《财政部　国家税务总局关于发布〈外国公司船舶运输收入征税办法〉的通知》（财税［1996］87号）、《国家税务总局关于金融业营业税若干问题的通知》（国税发［2000］6号）、《国家税务总局关于从事咨询业务的外商投资企业和外国企业税务处理问题的通知》（国税发［2000］82号）、《财政部　国家税务总局关于金融业若干征税问题的通知》（财税［2000］191号）、《财政部　国家税务总局关于金融业若干征税问题的通知》（财税［2000］191号）、《国家税务总局关于新闻产品征收流转税问题的通知》（国税发［2001］105号）、《国家税务总局关于印发〈金融保险业营业税申报管理办法〉的通知》（国税发［2002］9号）、《国家税务总局关于纳税人销售自产货物提供增值税劳务并同时提供建筑业劳务征收流转税问题的通知》（国税发［2002］117号）、《国家税务总局关于外商投资性公司对其子公司提供服务有关税务处理问题的通知》（国税发［2002］128号）、《国家税务总局关于取消"货运业自开票纳税人和代开票纳税人营业税减免认定"后有关税收管理问题的通知》（国税函［2004］824号）、《国家税务总局关于取消"单位和个人从事技术转让、技术开发业务免征营业税审批"后有关税收管理问题的通知》（国税函［2004］825号）、《国家税务总局关于货物运输业若干税收问题的通知》（国税发［2004］88号）、《国家税务总局关于取消税务行政审批后外国企业及外籍个人向中国境内转让技术取得收入免征营业税管理问题的通知》（国税函［2005］652号）、《国家税务总局关于印发〈营业税纳税人纳税申报办法〉的通知》（国税发［2005］202号）、《国家税务总局关于新版公路 内河货物运输业统一发票有关使用问题的通知》（国税发［2007］101号）。

第十七条 本条例自2009年1月1日起施行。

附件：

营业税税目税率表

税 目	税 率
一、交通运输业	3%
二、建筑业	3%
三、金融保险业	5%
四、邮电通信业	3%
五、文化体育业	3%
六、娱乐业	5%—20%
七、服务业	5%
八、转让无形资产	5%
九、销售不动产	5%

中华人民共和国营业税暂行条例实施细则

财政部 国家税务总局第52号令

第一条 根据《中华人民共和国营业税暂行条例》(以下简称条例),制定本细则。

第二条 条例第一条所称条例规定的劳务是指属于交通运输业、建筑业、金融保险业、邮电通信业、文化体育业、娱乐业、服务业税目征收范围的劳务(以下称应税劳务)。

加工和修理、修配,不属于条例规定的劳务(以下称非应税劳务)。

第三条 条例第一条所称提供条例规定的劳务、转让无形资产或者销售不动产,是指有偿提供条例规定的劳务、有偿转让无形资产或者有偿转让不动产所有权的行为(以下称应税行为)。但单位或者个体工商户聘用的员工为本单位或者雇主提供条例规定的劳务,不包括在内。

前款所称有偿,是指取得货币、货物或者其他经济利益。

【注释】 相关规定包括:《营业税问题解答(之一)》(国税函发[1995]156号)、《财政部 国家税务总局关于个人提供非有形商品推销、代理等服务活动取得收入征收营业税和个人所得税有关问题的通知》(财税[1997]103号)。

第四条 条例第一条所称在中华人民共和国境内(以下简称境内)提供条例规定的劳务、转让无形资产或者销售不动产,是指:

(一)提供或者接受条例规定劳务的单位或者个人在境内;

(二)所转让的无形资产(不含土地使用权)的接受单位或者个人在境内;

(三)所转让或者出租土地使用权的土地在境内;

(四)所销售或者出租的不动产在境内。

【注释】 相关规定包括:《营业税问题解答(之一)》(国税函发[1995]156号)、《国家税务总局关于外国企业在华提供信息系统的运行维护及咨询服务征税问题的批复》(国税函[2005]912号)。

第五条 纳税人有下列情形之一的,视同发生应税行为:

(一)单位或者个人将不动产或者土地使用权无偿赠送其他单位或者个人;

(二)单位或者个人自己新建(以下简称自建)建筑物后销售,其所发生的自建行为;

（三）财政部、国家税务总局规定的其他情形。

第六条　一项销售行为如果既涉及应税劳务又涉及货物，为混合销售行为。除本细则第七条的规定外，从事货物的生产、批发或者零售的企业、企业性单位和个体工商户的混合销售行为，视为销售货物，不缴纳营业税；其他单位和个人的混合销售行为，视为提供应税劳务，缴纳营业税。

第一款所称货物，是指有形动产，包括电力、热力、气体在内。

第一款所称从事货物的生产、批发或者零售的企业、企业性单位和个体工商户，包括以从事货物的生产、批发或者零售为主，并兼营应税劳务的企业、企业性单位和个体工商户在内。

第七条　纳税人的下列混合销售行为，应当分别核算应税劳务的营业额和货物的销售额，其应税劳务的营业额缴纳营业税，货物销售额不缴纳营业税；未分别核算的，由主管税务机关核定其应税劳务的营业额：

（一）提供建筑业劳务的同时销售自产货物的行为；

（二）财政部、国家税务总局规定的其他情形。

【注释】　相关规定包括：《财政部　国家税务总局关于增值税、营业税若干政策规定的通知》（财税[1994]26号）、《国家税务总局关于明确流转税、资源税法规中"主管税务机关、征收机关"名称问题的通知》（国税发[1994]232号）。

第八条　纳税人兼营应税行为和货物或者非应税劳务的，应当分别核算应税行为的营业额和货物或者非应税劳务的销售额，其应税行为营业额缴纳营业税，货物或者非应税劳务销售额不缴纳营业税；未分别核算的，由主管税务机关核定其应税行为营业额。

【注释】　相关规定包括：《国家税务总局关于明确流转税、资源税法规中"主管税务机关、征收机关"名称问题的通知》（国税发[1994]232号）、《国家税务总局关于饮食业征收流转税问题的通知》（国税发[1996]202号）。

第九条　条例第一条所称单位，是指企业、行政单位、事业单位、军事单位、社会团体及其他单位。

条例第一条所称个人，是指个体工商户和其他个人。

第十条　除本细则第十一条和第十二条的规定外，负有营业税纳税义务的单位为发生应税行为并收取货币、货物或者其他经济利益的单位，但不包括单位依法不需要办理税务登记的内设机构。

第十一条　单位以承包、承租、挂靠方式经营的，承包人、承租人、挂靠人（以下统称承包人）发生应税行为，承包人以发包人、出租人、被挂靠人（以下统称发包人）名义对外经营并由发包人承担相关法律责任的，以发包人为纳税人；否则以承包人为纳税人。

第十二条　中央铁路运营业务的纳税人为铁道部，合资铁路运营业务的纳税人为合资铁路公司，地方铁路运营业务的纳税人为地方铁路管理机构，基建临管线运营业务的纳税人为基建临管线管理机构。

【注释】　相关规定包括：《国家税务总局关于营业税若干征税问题的通知》（国税发[1994]159号）。

第十三条　条例第五条所称价外费用，包括收取的手续费、补贴、基金、集资费、返还利润、奖励费、违约金、滞纳金、延期付款利息、赔偿金、代收款项、代垫款项、罚息及其他各种性质的价外收费，但不包括同时符合以下条件代为收取的政府性基金或者行政事业性收费：

（一）由国务院或者财政部批准设立的政府性基金，由国务院或者省级人民政府及其财政、价格主管部门批准设立的行政事业性收费；

（二）收取时开具省级以上财政部门印制的财政票据；

（三）所收款项全额上缴财政。

【注释】　相关规定包括：《国家税务总局关于律师事务所办案费收入征收营业税问题的批复》（国税函发[1995]479号）、《财政部　国家税务总局关于铁路施工企业承建京九铁路、浙赣复线工程收取三项费用等征收营业税问题的批复》（财税[1996]60号）。

第十四条　纳税人的营业额计算缴纳营业税后因发生退款减除营业额的，应当退还已缴纳营业税税款或者从纳税人以后的应缴纳营业税税额中减除。

第十五条　纳税人发生应税行为，如果将价款与折扣额在同一张发票上注明的，以折扣后的价款为营业额；如果将折扣额另开发票的，不论其在财务上如何处理，均不得从营业额中扣除。

第十六条　除本细则第七条规定外，纳税人提供建筑业劳务（不含装饰劳务）的，其营业额应当包括工程所用原材料、设备及其他物资和动力价款在内，但不包括建设方提供的设备的价款。

第十七条 娱乐业的营业额为经营娱乐业收取的全部价款和价外费用，包括门票收费、台位费、点歌费、烟酒、饮料、茶水、鲜花、小吃等收费及经营娱乐业的其他各项收费。

第十八条 条例第五条第（四）项所称外汇、有价证券、期货等金融商品买卖业务，是指纳税人从事的外汇、有价证券、非货物期货和其他金融商品买卖业务。

货物期货不缴纳营业税。

第十九条 条例第六条所称符合国务院税务主管部门有关规定的凭证（以下统称合法有效凭证），是指：

（一）支付给境内单位或者个人的款项，且该单位或者个人发生的行为属于营业税或者增值税征收范围的，以该单位或者个人开具的发票为合法有效凭证；

（二）支付的行政事业性收费或者政府性基金，以开具的财政票据为合法有效凭证；

（三）支付给境外单位或者个人的款项，以该单位或者个人的签收单据为合法有效凭证，税务机关对签收单据有疑义的，可以要求其提供境外公证机构的确认证明；

（四）国家税务总局规定的其他合法有效凭证。

第二十条 纳税人有条例第七条所称价格明显偏低并无正当理由或者本细则第五条所列视同发生应税行为而无营业额的，按下列顺序确定其营业额：

（一）按纳税人最近时期发生同类应税行为的平均价格核定；

（二）按其他纳税人最近时期发生同类应税行为的平均价格核定；

（三）按下列公式核定：

营业额 = 营业成本或者工程成本 ×（1 + 成本利润率）÷（1 - 营业税税率）

公式中的成本利润率，由省、自治区、直辖市税务局确定。

【注释】 相关规定包括：《营业税问题解答（之一）》（国税函发［1995］156号）。

第二十一条 纳税人以人民币以外的货币结算营业额的，其营业额的人民币折合率可以选择营业额发生的当天或者当月1日的人民币汇率中间价。纳税人应当在事先确定采用何种折合率，确定后1年内不得变更。

第二十二条 条例第八条规定的部分免税项目的范围，限定如下：

（一）第一款第（二）项所称残疾人员个人提供的劳务，是指残疾人员本人为社会提供的劳务。

（二）第一款第（四）项所称学校和其他教育机构，是指普通学校以及经地、市级以上人民政府或者同级政府的教育行政部门批准成立、国家承认其学员学历的各类学校。

（三）第一款第（五）项所称农业机耕，是指在农业、林业、牧业中使用农业机械进行耕作（包括耕耘、种植、收割、脱粒、植物保护等）的业务；排灌，是指对农田进行灌溉或排涝的业务；病虫害防治，是指从事农业、林业、牧业、渔业的病虫害测报和防治的业务；农牧保险，是指为种植业、养殖业、牧业种植和饲养的动植物提供保险的业务；相关技术培训，是指与农业机耕、排灌、病虫害防治、植物保护业务相关以及为使农民获得农牧保险知识的技术培训业务；家禽、牲畜、水生动物的配种和疾病防治业务的免税范围，包括与该项劳务有关的提供药品和医疗用具的业务。

（四）第一款第（六）项所称纪念馆、博物馆、文化馆、文物保护单位管理机构、美术馆、展览馆、书画院、图书馆举办文化活动，是指这些单位在自己的场所举办的属于文化体育业税目征税范围的文化活动。其门票收入，是指销售第一道门票的收入。宗教场所举办文化、宗教活动的门票收入，是指寺院、宫观、清真寺和教堂举办文化、宗教活动销售门票的收入。

（五）第一款第（七）项所称为出口货物提供的保险产品，包括出口货物保险和出口信用保险。

【注释】 相关规定包括：《营业税问题解答（之一）》（国税函发［1995］156号）。

第二十三条 条例第十条所称营业税起征点，是指纳税人营业额合计达到起征点。

营业税起征点的适用范围限于个人。

营业税起征点的幅度规定如下：

（一）按期纳税的，为月营业额1000—5000元；

（二）按次纳税的，为每次（日）营业额100元。

省、自治区、直辖市财政厅(局)、税务局应当在规定的幅度内,根据实际情况确定本地区适用的起征点,并报财政部、国家税务总局备案。

第二十四条 条例第十二条所称收讫营业收入款项,是指纳税人应税行为发生过程中或者完成后收取的款项。

条例第十二条所称取得索取营业收入款项凭据的当天,为书面合同确定的付款日期的当天;未签订书面合同或者书面合同未确定付款日期的,为应税行为完成的当天。

第二十五条 纳税人转让土地使用权或者销售不动产,采取预收款方式的,其纳税义务发生时间为收到预收款的当天。

纳税人提供建筑业或者租赁业劳务,采取预收款方式的,其纳税义务发生时间为收到预收款的当天。

纳税人发生本细则第五条所称将不动产或者土地使用权无偿赠送其他单位或者个人的,其纳税义务发生时间为不动产所有权、土地使用权转移的当天。

纳税人发生本细则第五条所称自建行为的,其纳税义务发生时间为销售自建建筑物的纳税义务发生时间。

第二十六条 按照条例第十四条规定,纳税人应当向应税劳务发生地、土地或者不动产所在地的主管税务机关申报纳税而自应当申报纳税之月起超过6个月没有申报纳税的,由其机构所在地或者居住地的主管税务机关补征税款。

第二十七条 银行、财务公司、信托投资公司、信用社、外国企业常驻代表机构的纳税期限为1个季度。

第二十八条 本细则自2009年1月1日起施行。

营业税税目注释(试行稿)

国税发[1993]149号

一、交通运输业

交通运输业,是指使用运输工具或人力、畜力将货物或旅客送达目的地,使其空间位置得到转移的业务活动。

本税目的征收范围包括:陆路运输、水路运输、航空运输、管道运输、装卸搬运。

凡与运营业务有关的各项劳务活动,均属本税目的征税范围。

(一)陆路运输

陆路运输,是指通过陆路(地上或地下)运送货物或旅客的运输业务,包括铁路运输、公路运输、缆车运输、索道运输及其他陆路运输。

(二)水路运输

水路运输,是指通过江、河、湖、川等天然、人工水道或海洋航道运送货物或旅客的运输业务。

打捞,比照水路运输征税。

(三)航空运输

航空运输,是指通过空中航线运送货物或旅客的运输业务。

通用航空业务、航空地面服务业务,比照航空运输征税。通用航空业务,是指为专业工作提供飞行服务的业务,如航空摄影、航空测量、航空勘探、航空护林、航空吊挂飞播、航空降雨等。

航空地面服务业务,是指航空公司、飞机场、民航管理局、航站向在我国境内航行或在我国境内机场停留的境内外飞机或其他飞行器提供的导航等劳务性地面服务的业务。

(四)管道运输

管道运输,是指通过管道设施输送气体、液体、固体物质的运输业务。

(五)装卸搬运

装卸搬运,是指使用装卸搬运工具或人力、畜力将货物在运输工具之间、装卸现场之间或运输工具与装卸现场之间进行装卸和搬运的业务。

二、建筑业

建筑业，是指建筑安装工程作业。

本税目的征收范围包括：建筑、安装、修缮、装饰、其他工程作业。

（一）建筑

建筑，是指新建、改建、扩建各种建筑物、构筑物的工程作业，包括与建筑物相连的各种设备或支柱、操作平台的安装或装设工程作业，以及各种窑炉和金属结构工程作业在内。

（二）安装

安装，是指生产设备、动力设备、起重设备、运输设备、传动设备、医疗实验设备及其他各种设备的装配、安置工程作业，包括与设备相连的工作台、梯子、栏杆的装设工程作业和被安装设备的绝缘、防腐、保温、油漆等工程作业在内。

（三）修缮

修缮，是指对建筑物、构筑物进行修补、加固、养护、改善，使之恢复原来的使用价值或延长其使用期限的工程作业。

（四）装饰

装饰，是指对建筑物、构筑物进行修饰，使之美观或具有特定用途的工程作业。

（五）其他工程作业

其他工程作业，是指上列工程作业以外的各种工程作业，如代办电信工程、水利工程、道路修建、疏浚、钻井（打井）、拆除建筑物或构筑物、平整土地、搭脚手架、爆破等工程作业。

三、金融保险业

金融保险业，是指经营金融、保险的业务。

本税目的征收范围包括：金融、保险。

（一）金融

金融，是指经营货币资金融通活动的业务，包括贷款、融资租赁、金融商品转让、金融经纪业和其他金融业务。

1. 贷款，是指将资金贷与他人使用的业务，包括自有资金贷款和转贷。

自有资金贷款，是指将自有资本金或吸收的单位、个人的存款贷与他人使用。

转贷，是指将借来的资金贷与他人使用。

典当业的抵押贷款业务，无论其资金来源如何，均按自有资金贷款征税。

人民银行的贷款业务，不征税。

2. 融资租赁，是指具有融资性质和所有权转移特点的设备租赁业务。即：出租人根据承租人所要求的规格、型号、性能等条件购入设备租赁给承租人，合同期内设备所有权属于出租人，承租人只拥有使用权，合同期满付清租金后，承租人有权按残值购入设备，以拥有设备的所有权。凡融资租赁，无论出租人是否将设备残值销售给承租人，均按本税目征税。

3. 金融商品转让，是指转让外汇、有价证券或非货物期货的所有权的行为。

非货物期货，是指商品期货、贵金属期货以外的期货，如外汇期货等。

4. 金融经纪业，是指受托代他人经营金融活动的业务。

5. 其他金融业务，是指上列业务以外的各项金融业务，如银行结算、票据贴现等。存款或购入金融商品行为，不征收营业税。

（二）保险

保险，是指将通过契约形式集中起来的资金，用以补偿被保险人的经济利益的业务。

四、邮电通信业

邮电通信业，是指专门办理信息传递的业务。

本税目的征收范围包括：邮政、电信。

（一）邮政

邮政，是指传递实物信息的业务，包括传递函件或包件、邮汇、报刊发行、邮务物品销售、邮政储蓄及其他邮政业务。

1. 传递函件或包件,是指传递函件或包件的业务以及与传递函件或包件相关的业务。

传递函件,是指收寄信函、明信片、印刷品的业务。

传递包件,是指收寄包裹的业务。传递函件或包件相关的业务,是指出租信箱、对进口函件或包件进行处理、保管逾期包裹、附带货载及其他与传递函件或包件相关的业务。

2. 邮汇,是指为汇款人传递汇款凭证并兑取的业务。

3. 报刊发行,是指邮政部门代出版单位收订、投递和销售各种报纸、杂志的业务。

4. 邮务物品销售,是指邮政部门在提供邮政劳务的同时附带销售与邮政业务相关的各种物品(如信封、信纸、汇款单、邮件包装用品等)的业务。

5. 邮政储蓄,是指邮电部门办理储蓄的业务。

6. 其他邮政业务,是指上列业务以外的各项邮政业务。

(二)电信

电信,是指用各种电传设备传输电信号来传递信息的业务,包括电报、电传、电话、电话机安装、电信物品销售及其他电信业务。

1. 电报,是指用电信号传递文字的通信业务及相关的业务,包括传递电报、出租电报电路设备、代维修电报电路设备以及电报分送、译报、查阅去报报底或来报回单、抄录去报报底等。

2. 电传(即传真),是指通过电传设备传递原件的通信业务,包括传递资料、图表、相片、真迹等。

3. 电话,是指用电传设备传递语言的业务及相关的业务,包括有线电话、无线电话、寻呼电话、出租电话电路设备、代维修或出租广播电路、电视信道等业务。

4. 电话机安装,是指为用户安装或移动电话机的业务。

5. 电信物品销售,是指在提供电信劳务的同时附带销售专用和通用电信物品(如电报纸、电话号码簿、电报签收簿、电信器材、电话机等)的业务。

6. 其他电信业务,是指上列业务以外的电信业务。

五、文化体育业

文化体育业,是指经营文化、体育活动的业务。

本税目的征收范围包括:文化业、体育业。

(一)文化业

文化业,是指经营文化活动的业务,包括表演、播映、其他文化业。

经营游览场所的业务,比照文化业征税。

1. 表演,是指进行戏剧、歌舞、时装、健美、杂技、民间艺术、武术、体育等表演活动的业务。

2. 播映,是指通过电台、电视台、音响系统、闭路电视、卫星通信等无线或有线装置传播作品以及在电影院、影剧院、录像厅及其他场所放映各种节目的业务。

广告的播映不按本税目征税。

3. 其他文化业,是指经营上列活动以外的文化活动的业务,如各种展览、培训活动,举办文学、艺术、科技讲座、演讲、报告会,图书馆的图书和资料借阅业务等。

4. 经营游览场所的业务,是指公园、动(植)物园及其他各种游览场所销售门票的业务。

(二)体育业

体育业,是指举办各种体育比赛和为体育比赛或体育活动提供场所的业务。

以租赁方式为文化活动、体育比赛提供场所,不按本税目征税。

六、娱乐业

娱乐业,是指为娱乐活动提供场所和服务的业务。

本税目征收范围包括:经营歌厅、舞厅、卡拉 ok 歌舞厅、音乐茶座、台球、高尔夫球、保龄球场、游艺场等娱乐场所,以及娱乐场所为顾客进行娱乐活动提供服务的业务。

(一)歌厅

歌厅,是指在乐队的伴奏下顾客进行自娱自乐形式的演唱活动的场所。

(二)舞厅

舞厅,是指供顾客进行跳舞活动的场所。

（三）卡拉 ok 歌舞厅

卡拉 ok 歌舞厅，是指在音像设备播放的音乐伴奏下，顾客自娱自乐进行歌舞活动的场所。

（四）音乐茶座

音乐茶座，是指为顾客同时提供音乐欣赏和茶水、咖啡、酒及其他饮料消费的场所。

（五）台球、高尔夫球、保龄球场

台球、高尔夫球、保龄球场，是指顾客进行台球、高尔夫球、保龄球活动的场所。

（六）游艺场

游艺场，是指举办各种游艺、游乐（如射击、狩猎、跑马、玩游戏机等）活动的场所。

上列娱乐场所为顾客进行娱乐活动提供的饮食服务及其他各种服务，均属于本税目征收范围。

七、服务业

服务业，是指利用设备、工具、场所、信息或技能为社会提供服务的业务。

本税目的征收范围包括：代理业、旅店业、饮食业、旅游业、仓储业、租赁业、广告业、其他服务业。

（一）代理业

代理业，是指代委托人办理受托事项的业务，包括代购代销货物、代办进出口、介绍服务、其他代理服务。

1. 代购代销货物，是指受托购买货物或销售货物，按实购或实销额进行结算并收取手续费的业务。

2. 代办进出口，是指受托办理商品或劳务进出口的业务。

3. 介绍服务，是指中介人介绍双方商谈交易或其他事项的业务。

4. 其他代理服务，是指受托办理上列事项以外的其他事项的业务。

金融经纪业、邮政部门的报刊发行业务，不按本税目征税。

（二）旅店业

旅店业，是指提供住宿服务的业务。

（三）饮食业

饮食业，是指通过同时提供饮食和饮食场所的方式为顾客提供饮食消费服务的业务。

饭馆、餐厅及其他饮食服务场所，为顾客在就餐的同时进行的自娱自乐形式的歌舞活动所提供的服务，按“娱乐业”税目征税。

（四）旅游业

旅游业，是指为旅游者安排食宿、交通工具和提供导游等旅游服务的业务。

（五）仓储业

仓储业，是指利用仓库、货场或其他场所代客贮放、保管货物的业务。

（六）租赁业

租赁业，是指在约定的时间内将场地、房屋、物品、设备或设施等转让他人使用的业务。

融资租赁，不按本税目征税。

（七）广告业

广告业，是指利用图书、报纸、杂志、广播、电视、电影、幻灯、路牌、招贴、橱窗、霓虹灯、灯箱等形式为介绍商品、经营服务项目、文体节目或通告、声明等事项进行宣传和提供相关服务的业务。

（八）其他服务业

其他服务业，是指上列业务以外的服务业务，如沐浴、理发、洗染、照相、美术、裱画、誊写、打字、镌刻、计算、测试、试验、化验、录音、录像、复印、晒图、设计、制图、测绘、勘探、打包、咨询等。

航空勘探、钻井（打井）勘探、爆破勘探，不按本税目征税。

八、转让无形资产

转让无形资产，是指转让无形资产的所有权或使用权的行为。

无形资产，是指不具实物形态、但能带来经济利益的资产。

本税目的征收范围包括：转让土地使用权、转让商标权、转让专利权、转让非专利技术、转让著作权、转让商誉。

（一）转让土地使用权

转让土地使用权，是指土地使用者转让土地使用权的行为。

土地所有者出让土地使用权和土地使用者将土地使用权归还给土地所有者的行为,不征收营业税。

土地租赁,不按本税目征税。

(二)转让商标权

转让商标权,是指转让商标的所有权或使用权的行为。

(三)转让专利权

转让专利权,是指转让专利技术的所有权或使用权的行为。

(四)转让非专利技术

转让非专利技术,是指转让非专利技术的所有权或使用权的行为。

提供无所有权技术的行为,不按本税目征税。

(五)转让著作权

转让著作权,是指转让著作的所有权或使用权的行为。著作,包括文字著作、图形著作(如画册、影集)、音像著作(如电影母片、录像带母带)。

(六)转让商誉

转让商誉,是指转让商誉的使用权的行为。

以无形资产投资入股,参与接受投资方的利润分配、共同承担投资风险的行为,不征收营业税。但转让该项股权,应按本税目征税。

九、销售不动产

销售不动产,是指有偿转让不动产所有权的行为。

不动产,是指不能移动,移动后会引起性质、形状改变的财产。

本税目的征收范围包括:销售建筑物或构筑物,销售其他土地附着物。

(一)销售建筑物或构筑物

销售建筑物或构筑物,是指有偿转让建筑物或构筑物的所有权的行为。

以转让有限产权或永久使用权方式销售建筑物,视同销售建筑物。

(二)销售其他土地附着物

销售其他土地附着物,是指有偿转让其他土地附着物的所有权的行为。

其他土地附着物,是指建筑物或构筑物以外的其他附着于土地的不动产。

单位将不动产无偿赠与他人,视同销售不动产。

在销售不动产时连同不动产所占土地的使用权一并转让的行为,比照销售不动产征税。

以不动产投资入股,参与接受投资方利润分配、共同承担投资风险的行为,不征营业税。但转让该项股权,应按本税目征税。

不动产租赁,不按本税目征税。

【注释】　对《营业税暂行条例》第2条进行了解释。相关规定包括:《财政部　国家税务总局关于股权转让有关营业税问题的通知》(财税[2002]191号)。

国家税务总局关于中外合资××公路桥梁开发有限公司税收问题的批复

国税函发[1994]32号

河南省税务局:

1993年12月13日豫税函发[1993]272号《关于对××公路桥梁开发有限公司有关税收问题的请示》悉。经研究,我局意见,对该企业所建商品路收费站所收取的费用应依“服务业”税目5%的税率征收营业税。

【注释】　对《营业税暂行条例》第2条进行了解释。

国家税务总局海洋石油税务管理局关于地方劳务公司为外国石油公司提供劳务服务税收征收管理问题的批复

国税油函[1994]8号

海洋石油税务管理局广州分局:

你局国税油穗[1994]007号文《关于地方劳务公司为外国石油公司提供劳务服务应在何地纳税问题的请示》收悉。经研究,批复如下:

……

二、根据《中华人民共和国个人所得税法》第八条和实施条例三十五条的规定,外国石油公司工作的中方人员分别从外国石油公司和地方劳务公司取得工资、薪金、伙食、交通补贴,属在两处以上取得所得,应将两处所得合并计算,选择在一处税务机关自行申报纳税。申报纳税时,其已扣缴的税款,准予从应纳税额中扣除。

向中方人员支付上述所得的外国石油公司和地方劳务公司,均为中方人员个人所得税扣缴义务人,应按税法规定履行各自的扣缴义务。

你局可按照上述原则实施管理,并视情况与有关地区税务机关联系,加强控制,防止漏税。

【注释】 对《营业税暂行条例》第12条进行了解释。

财政部 国家税务总局关于对若干项目免征营业税的通知

财税[1994]2号

各省、自治区、直辖市财政厅(局)、税务局,各计划单列市财政局、税务局:

根据国务院《关于研究财税体制改革方案出台后有关问题的会议纪要》(国阅[1994]42号)的精神,财政部、国家税务总局就若干营业税的减免税问题,通知如下:

一、对保险公司开展的一年期以上返还性人身保险业务的保费收入免征营业税。所谓一年期以上返还性人身保险业务,是指保期一年以上、到期返还本利的普通人寿保险、养老年金保险、健康保险。

普通人寿保险是指保险期在一年以上、以人的生存、死亡、伤残为保险事故,一次性支付给被保险人满期保险金、死亡保险金、伤残保险金的保险。

养老年金保险是指投保人(或被保险人)在一定时期内缴纳一定数额的保险费,当被保险人达到保险契约的约定年龄时,保险人(保险公司)依据保险合同的规定向被保险人支付保险契约约定的养老保险金的一种保险。

健康保险是指以疾病、分娩及其所致伤残、死亡为保险事故,补偿因疾病或身体伤残所致损失的保险。

免征营业税的具体险种须按本通知附件的规定执行。免征营业税的具体险种以后如有变化,我们将发文通知各地财政税务机关。

除附件所列险种外,各地保险公司根据当地实际情况开办的、符合上述免税规定的险种,由各省、自治区、直辖市、计划单列市财政厅(局)、税务局报财政部、国家税务总局核批后,也可享受免征营业税照顾。

二、个人转让著作权,免征营业税。

三、将土地使用权转让给农业生产者用于农业生产,免征营业税。

四、本通知自1994年1月1日起执行。

【注释】 对《营业税暂行条例》第6条进行了解释。

财政部　国家税务总局关于明确民航基础设施建设基金纳税问题的通知

财税［1994］6号

中国民用航空总局：

根据国家财税体制改革的精神，从1994年1月1日起，民航基础设施建设基金应按《中华人民共和国营业税暂行条例》及有关规定缴纳营业税、城建税及教育费附加。

【注释】　对《营业税暂行条例》第1条进行了解释。

国家税务总局关于经营房地产收入纳税义务发生时间的通知

国税发［1994］86号

各省、自治区、直辖市税务局，各计划单列市税务局：

最近，财政部就房地产开发业务收入实现问题以（94）财会二字第02号文件答复深圳市财政局称："转让、销售土地和商品房，应在土地和商品房已经移交，已将发票账单提交买主时，作为销售实现"，并将该复函抄送各省、自治区、直辖市和计划单列市税务局。该复函发出后，不少地区税务机关询问，对于房地产经营征收营业税的纳税义务发生时间，应按营业税暂行条例及其实施细则的规定执行，还是按该复函的规定执行。

经与财政部联系，该复函是仅就房地产经营的会计核算而言的，并不是对房地产经营的营业税纳税义务发生时间作出新的规定。因此，房地产经营的营业税纳税义务发生时间，仍应按营业税暂行条例及其实施细则的有关规定执行。纳税人采取预收款方式转让土地使用权或者销售不动产的，仍应以收到预收款的当天为纳税义务发生时间。

【注释】　对《营业税暂行条例》第9条进行了解释。

国家税务总局关于境外团体或个人在我国从事文艺及体育演出有关税收问题的通知

国税发［1994］106号

各省、自治区、直辖市、计划单列市税务局、文化厅（局）、体委：

1993年9月20日我局与文化部、国家体委联合下发了国税发［1993］089号《关于来我国从事文艺演出及体育表演收入应严格依照税法规定征税的通知》，现对外国及港、澳、台地区团体或个人在我国（大陆）从事文艺演出和体育表演所取得的收入征税的具体政策业务问题，明确如下：

一、外国或港、澳、台地区演员、运动员以团体名义在我国（大陆）从事文艺、体育演出，对该演出团体及其演员或运动员个人取得的收入，应按照以下规定征税：

（一）对演出团体应依照《中华人民共和国营业税暂行条例》（以下简称营业税暂行条例）的有关规定，以其全部票价收入或者包场收入减去付给提供演出场所的单位、演出公司或经纪人的费用后的余额为营业额，按3%的税率征收营业税。

（二）演出团体凡能够提供完整、准确费用支出凭证的，依照《中华人民共和国外商投资企业和外国企业所得税法》(以下简称企业所得税法)的有关规定,应对演出团体的收入总额减除实际支出的费用后的余额,按30%的税率征收企业所得税,并按3%的税率征收地方所得税;对演出团体实际支付给演员或运动员个人的报酬部分,依照《中华人民共和国个人所得税法》(以下简称个人所得税法)的有关规定征收个人所得税。

(三)演出团体不能提供完整、准确的费用支出凭证,不能正确计算应纳税所得额的,在计算征收企业所得税时,根据企业所得税法实施细则第十六条规定的原则,应以其收入总额减除支付给演员、运动员个人的报酬部分和相当于收入总额30%的其他演出费用后的余额,依照企业所得税法规定的税率征收企业所得税和地方所得税;对上述支付给演员、运动员个人的报酬部分,依照个人所得税法的规定,由演出团体支付报酬时代扣代缴个人所得税。对没有申报支付给演员、运动员个人报酬额的或未履行代扣代缴义务的,应以其收入总额减除上述相当于收入总额30%的其他演出费用的余额视为该演出团体的应纳税所得额,依照企业所得税法计算征收企业所得税和地方所得税。对演员或运动员个人不再征收个人所得税。

(四)对本条第(二)、(三)款中所述演出团体支付给演员、运动员个人的报酬,凡是演员、运动员属于临时聘请,不是该演出团体雇员的,应依照个人所得税法的规定,按劳务报酬所得,减除规定费用后,征收个人所得税;凡是演员、运动员属该演出团体雇员的,应依照个人所得税法的规定,按工资、薪金所得,减除规定费用后,征收个人所得税。

二、对外国或港、澳、台地区演员、运动员以个人名义在我国(大陆)从事演出、表演所取得的收入,应以其全部票价收入或者包场收入减去支付给提供演出场所的单位、演出公司或者经纪人的费用后的余额为营业额,依3%的税率征收营业税;依照个人所得税法的有关规定,按劳务报酬所得征收个人所得税。

三、对演出团体或个人应向演出所在地主管税务机关申报缴纳应纳税款的,具体可区别以下情况处理:

(一)演出团体及个人应缴纳的营业税,应以其在一地的演出收入,依照营业税暂行条例的有关规定,向演出所在地主管税务机关申报缴纳。

(二)演出团体应缴纳的企业所得税和地方所得税,应以其在一地的演出收入,依照企业所得税法及其实施细则和本通知的有关规定,计算应纳税所得额及税款,并向演出所在地主管税务机关申报缴纳。按本通知第一条第二款所述依实际费用支出计算纳税的演出团体,在全部演出活动结束后,可在与其签订演出合同的中方接待单位所在地主管税务机关,办理企业所得税结算手续。

(三)演员、运动员个人应缴纳的个人所得税,应以其在一地演出所得报酬,依照个人所得税法的有关规定,在演出所在地主管税务机关申报缴纳。属于劳务报酬所得的,在一地演出多场的,以在一地多场演出取得的总收入为一次收入,计算征收个人所得税。

(四)主管税务机关可以指定各承包外国、港、澳、台地区演出、表演活动的演出场、馆、院或中方接待单位,在其向演出团体、个人结算收入中代扣代缴该演出团体或个人的各项应纳税款。凡演出团体或个人未在演出所在地结清各项应纳税款的,其中方接待单位应在对外支付演出收入时代扣代缴该演出团体或个人所欠应纳税款。对于未按本通知有关规定代扣代缴应纳税款的单位,应严格依照《中华人民共和国税收征收管理法》的规定予以处理。

四、各中方接待单位在对外签订演出或表演合同后的7日内,应将合同、资料报送各有关演出、表演活动所在地主管税务机关,对于逾期不提供合同资料的,可依照企业所得税法及有关法规予以处理。

本通知自文到之日起执行。

【注释】 对《营业税暂行条例》第2、4条进行了解释。

财政部　国家税务总局关于增值税、营业税若干政策规定的通知

财税[1994]26号

各省、自治区、直辖市、计划单列市财政厅(局)、税务局:

新税制实施以来,各地陆续反映了一些增值税、营业税执行中出现的问题。经研究,现将有关政策问题

规定如下：

一、关于集邮商品征税问题

集邮商品，包括邮票、小型张、小本票、明信片、首日封、邮折、集邮簿、邮盘、邮票目录、护邮袋、贴片及其他集邮商品。

集邮商品的生产、调拨征收增值税。邮政部门销售集邮商品，征收营业税；邮政部门以外的其他单位与个人销售集邮商品，征收增值税。

二、关于报刊发行征税问题

邮政部门发行报刊，征收营业税；其他单位和个人发行报刊征收增值税。

三、关于销售无线寻呼机、移动电话征税问题

电信单位（电信局及电信局批准的其他从事电信业务的单位）自己销售无线寻呼机、移动电话，并为客户提供有关的电信劳务服务的，属于混合销售，征收营业税；对单纯销售无线寻呼机、移动电话，不提供有关的电信劳务服务的，征收增值税。

四、关于混合销售征税问题

……

五、关于代购货物征税问题

代购货物行为，凡同时具备以下条件的，不征收增值税；不同时具备以下条件的，无论会计制度规定如何核算，均征收增值税。

（一）受托方不垫付资金；

（二）销货方将发票开具给委托方，并由受托方将该项发票转交给委托方；

（三）受托方按销售方实际收取的销售额和增值税额（如系代理进口货物则为海关代征的增值税额）与委托方结算货款，并另外收取手续费。

六、关于棕榈油、棉籽油和粮食复制品征税问题

（一）棕榈油、棉籽油按照食用植物油 13% 的税率征收增值税；

……

七、关于出口“国务院另有规定的货物”征税问题

根据增值税暂行条例第二条：“纳税人出口国务院另有规定的货物，不得适用零税率”的规定，纳税人出口的原油，援外出口货物，国家禁止出口的货物，包括天然牛黄、麝香、铜及铜基合金、白金等，糖，应按规定征收增值税。

八、关于外购农业产品的进项税额处理问题

……

十二、本规定自 1994 年 6 月 1 日起执行。

【注释】　对《营业税暂行条例》第 2 条进行了解释。对《营业税暂行条例实施细则》第 5 条进行了解释。

国家税务总局　海洋石油税务管理局关于中国海洋石油总公司取得的服务收入征税问题的通知

国税油发［1994］11 号

海洋石油税务管理局天津、上海、广州、湛江分局：

根据《中华人民共和国营业税暂行条例》及国家税务总局国税发［1994］089 号文件通知的有关规定精神，现对中国海洋石油总公司及其所属地区公司、专业公司（以下简称中油公司）派员到处商投资企业、外国企业、外国驻华机构及合作油田联管会工作，所取得的服务收入如何征税问题，明确如下：

一、中油公司派员到外商投资企业、外国企业、外国驻华机构及使用油田联管会中工作，按照合同或有关规定，由雇佣单位统一支付给中油公司的人员服务收入，应按照营业税税目税率表中服务业的其他服务

业,依5%的税率缴纳营业税。

二、中油公司派出人员个人从雇佣单位和中油公司实际取得的工资、薪金所得,应按照国家税务总局国税发[1994]089号文件第三条的规定缴纳个人所得税。

本通知自1994年1月1日起执行。

【注释】 对《营业税暂行条例》第2条进行了解释。

国家税务总局关于社会福利有奖募捐发行收入税收问题的通知

国税发[1994]127号

各省、自治区、直辖市税务局,深圳、厦门、大连、青岛、宁波、重庆市税务局:

接民政部来函,要求对社会福利有奖募捐取得收入继续给予免税照顾。新税制实施后,对社会福利有奖募捐发行收入的税收问题,明确如下:

一、营业税

根据新的营业税条例规定,对社会福利有奖募捐的发行收入不征营业税,对代销单位取得的手续费收入应按规定征收营业税。

……

【注释】 对《营业税暂行条例》第6条进行了解释。

财政部 国家税务总局关于对科研单位取得的技术转让收入免征营业税的通知

财税[1994]10号

各省、自治区、直辖市财政厅(局)、税务局,各计划单列市财政局、税务局:

根据国务院《关于研究财税体制改革方案出台后有关问题的会议纪要》(国阅[1994]42号文件)的决定,现就技术转让免征营业税问题通知如下:

一、为了鼓励技术引进和推广,对科研单位取得的技术转让收入免征营业税。

二、本通知所说的技术转让,是指有偿转让专利和专利技术的所有权或使用权的行为。

三、科研单位转让技术,应持各级科委技术市场管理机构出具的技术合同认定登记证明,向主管税务机关提出申请。由主管税务机关审核批准后,方可享受免征营业税照顾。

四、本规定从1994年1月1日起执行。本文下发之前已征收的营业税退还给科研单位。

【注释】 对《营业税暂行条例》第6条进行了解释。

国家税务总局关于营业税若干征税问题的通知

国税发[1994]159号

各省、自治区、直辖市税务局,各计划单列市税务局:

新的营业税出台后,各地在贯彻实施中反映,有些具体政策规定不甚清楚,要求进一步予以明确。经广

泛征求意见和专题研究,现将有关问题明确如下:

一、关于运输业务纳税人问题

……

二、关于联运业务征税问题

细则第十七条第一款所称联运业务,是指两个以上运输企业完成旅客或货物从发送地点至到达地点所进行的运输业务。联运的特点是一次购买、一次收费、一票到底。

联运业务以其实际取得的收入为营业额,即指运输企业开展联运业务时,以收到的收入扣除支付给以后的承运者的运费、装卸费、换装费等费用后的余额。(此条款已失效或废止)

三、关于与运营业务相关劳务征税问题

《营业税税目注释(试行稿)》中"交通运输业"税目注释第三款所称"与运营业务有关的各项劳务活动",是指下列劳务:

(一)通用航空业务;

(二)航空地面服务;

(三)打捞;

(四)理货;

(五)港务局提供的引航、系解缆、停泊、移泊等劳务及引水员交通费、过闸费、货物港务费。

(六)国家税务总局规定的其他劳务。

除上述规定者外,其他劳务均不属于"交通运输业"税目的征税范围。

四、关于搬家业务征税问题

搬家业务是搬家公司利用运输工具或人力实现了空间位置的转移的业务,它具有装卸搬运的特征。因此,对搬家业务收入,应按"交通运输业"税目中的"装卸搬运"征收营业税。

五、关于自建建筑物征税问题

细则第四条第三款所称视同提供应税劳务的自建建筑物,是指单位或个人在 1994 年 1 月 1 日以后建成并未缴纳"建筑业"营业税的建筑物。

六、关于有线电视安装费征税问题

有线电视安装费,是指有线电视台为用户安装有线电视接收装置,一次性向用户收取的安装费,也称之为"初装费"。对有线电视安装费,应按"建筑业"税目征税。

七、关于建筑业纳税义务发生时间问题

……

【注释】　对《营业税暂行条例》第 9 条进行了解释。对《营业税暂行条例实施细则》第 12、17 条进行了解释。

国家税务总局关于高尔夫球俱乐部税收问题的批复

国税函发[1994]514 号

广东省国家税务局:

近接广州市税务局税外[1994]290 号《关于高尔夫球俱乐部税收问题的请示》,关于高尔夫球俱乐部会员费收入如何判定纳税义务发生时间等税收问题,经研究,现明确如下:

一、对俱乐部会员入会时一次性缴清的入会费,根据《中华人民共和国营业税暂行条例》第九条:"营业税的纳税义务发生时间,为纳税人收讫营业收入款项或者取得索取营业收入款项凭据的当天",无论该项收入在财务上如何处理,均以取得收入的当天为纳税义务发生时间,计算征收营业税。

二、对于俱乐部取得的其他类似于会员费的收入,应合并作为会员费收入计算征收营业税。

三、俱乐部向会员收取的会员资格保证金,在会员退会时全额退还的,如果是账务上直接冲减营业收入的，可以从当期的营业额中扣除，不计算征收营业税。对保证金的存款利息收入应计入营业利润中计算征收企业所得税。

四、本规定自文到之日起执行，过去规定与本规定不一致的，以本规定为准。

【注释】 对《营业税暂行条例》第9条进行了解释。

国家税务总局关于电力调整试验收入适用税目问题的批复

国税函发[1994]552号

内蒙古自治区地方税务局：

你局《关于电力调整试验适用营业税税目问题的请示》内税一字[1994]第390号收悉。关于内蒙古电力建设调整试验所从事水电机组及其他设备调整和试验所取得的电力调整试验收入适用营业税税目问题，按现行税法规定，“建筑业”税目中的“安装”项目的征税范围是指对各种设备的装备、安置工程作业，而测试、试验是属于“服务业”税目的征税范围。因此，我局意见，调整试验收入应按“服务业”税目征收营业税。

【注释】 对《营业税暂行条例》第2条进行了解释。

国家税务总局关于中外合作开发房地产征收营业税问题的批复

国税函发[1994]644号

广东省国家税务局：

近接广州市税务局税一[1994]327号《关于合作开发房地产征收营业税问题的请示》，反映该市部分国内企业将土地三通一平后以土地与外商合作建商品房，双方成立合作公司，领取营业执照，中方将土地使用权转移到合作公司，外方负责兴建商品房的一切资金并负责商品房在境外销售，双方采取分建筑面积、分销售收入、提取固定利润等分配形式。并对上述经营活动中涉及的转让土地使用权的行为如何计征营业税问题，要求予以明确。经研究，现批复如下：

一、关于中外双方合作建房的征税问题。

中方将获得的土地与外方合作，办理土地使用权转移后，不论是按建成的商品房分配面积，还是按商品房销售后的收入进行分配，均不符合现行政策关于“以无形资产投资入股，参与接受投资方的利润分配、共同承担投资风险的行为，不征营业税”的规定，因此，应按“转让无形资产”税目征收营业税；其营业额为实际取得的全部收入，包括价外收费；其纳税义务发生时间为取得收入的当天。

同时，对销售商品房也应征税。如果采取分房（包括分面积）各自销房的，则对中外双方各自销售商品房收入按“销售不动产”征营业税；如果采取统一销房再分配销售收入的，则就统一的销售商品房收入按“销售不动产”征营业税；如果采取对中方支付固定利润方式的，则对外方销售商品房的全部收入按“销售不动产”征营业税。

二、关于中方取得的前期工程开发费征税问题。

外方提前支付给中方的前期工程的开发费用，视为中方以预收款方式取得的营业收入，按转让土地使用权，计算征收营业税。对该项已税的开发费用，在中外双方分配收入时如数从中方应得收入中扣除的，可直接冲减中方当期的营业收入。

三、对中方定期获取的固定利润视为转让土地使用权所取得的收入，计算征收营业税。

【注释】　对《营业税暂行条例》第2条进行了解释。

国家税务总局关于明确流转税、资源税法规中“主管税务机关、征收机关”名称问题的通知

国税发[1994]232号

各省、自治区、直辖市国家税务局、地方税务局，各计划单列市国家税务局、地方税务局：

在增值税、消费税、营业税、资源税暂行条例、实施细则及相关文件中，对“主管税务机关、征收机关”已作了解释，但是，由于各地国家税务局和地方税务局机构的分设，原名称所指已发生变化，现重新明确如下：

一、《中华人民共和国增值税暂行条例实施细则》第三十六条第二款中所称“主管税务机关、征收机关”，是指国家税务总局所属的县级以上（含县级）国家税务局，第二十八条、第三十二条第四款中所称“国家税务总局直属分局”，是指省、自治区、直辖市国家税务局，也包括享有省级经济管理权限的城市的国家税务局。

二、《中华人民共和国消费税暂行条例》第十三条、《中华人民共和国消费税暂行条例实施细则》第十八、二十三、二十四条、《消费税若干具体问题的规定》第三、五条中的“主管税务机关”，是指国家税务总局所属的县级以上（含县级）国家税务局。

《中华人民共和国消费税暂行条例实施细则》第二十一、二十五条、《消费税若干具体问题的规定》第四条中“国家税务总局所属税务分局”，是指省、自治区、直辖市国家税务局，也包括享有省级经济管理权限的城市的国家税务局。

三、《中华人民共和国营业税暂行条例实施细则》第五条、第六条中所称“国家税务总局所属征收机关”，是指国家税务总局所属的县级以上（含县级）国家税务局。

四、《中华人民共和国资源税暂行条例》第十二条中的“省、自治区、直辖市税务机关，”是指省、自治区、直辖市地方税务局和享有省级经济管理权限的城市的地方税务局。

《中华人民共和国资源税暂行条例》第十二、十三条以及《中华人民共和国资源税暂行条例实施细则》第五、八、九、十条所说的“主管税务机关”或“税务机关”，是指县级以上（含县级）的地方税务局。

【注释】　对《营业税暂行条例实施细则》第5、6条进行了解释。

财政部　国家税务总局关于铁路工附业应按规定征收营业税的通知

财税[1995]28号

各省、自治区、直辖市、计划单列市财政厅（局）、国家税务局、地方税务局：

最近一些地区不断来电询问，原营业税制对铁路工附业免征营业税的政策是否继续执行，国家是否对铁路工附业要作出新的免征营业税规定。对此问题，经研究，特通知如下：

实行新的营业税制以后，原有的营业税优惠政策已废止，根据营业税暂行条例及其实施细则的有关规定，对铁路工附业中属于营业税征收范围的应税行为，应当从1994年1月1日起征收营业税。此外，根据国务院关于要严格控制减免税的要求，对铁路工附业不再给予免征营业税照顾。

【注释】　对《营业税暂行条例》第1条进行了解释。

财政部　国家税务总局关于民航单位收取的机场管理建设费、旅游发展基金应按税法规定征收营业税的通知

财税[1995]5号

各省、自治区、直辖市、计划单列市财政厅(局)、国家税务局、地方税务局：

据反映，一些民航单位认为由机场向中外旅客收取的机场管理建设费过去属于免税项目，实行新税制后并未具体明确对该项目停止免税；旅游发展基金属于为财政代收款项，因而拒绝将这两项收费并入营业额中计算缴纳营业税。这是违反税法的行为。实行新税制后，原营业税的法规均已废止，过去所作的减税免税规定也一律停止执行，对此已有明文规定。关于纳税人代收款项，营业税暂行条例及其实施细则明确规定应并入营业额中计算缴纳税款。为了维护税制的统一规范，巩固税制改革成果，各地财政和地方税务部门对于一些民航单位违反税法的行为应坚决予以纠正，责令其限期将这两项收费应纳的营业税补缴入库，对于仍然拒绝缴纳的，应依法按照抗税予以严肃处理。

【注释】　对《营业税暂行条例》第5条进行了解释。

国家税务总局关于营业税若干问题的通知

国税发[1995]76号

各省、自治区、直辖市和计划单列市国家税务局、地方税务局：

各地在贯彻新的营业税制中相继提出了一些问题，现根据营业税暂行条例及其实施细则和其他有关规定的精神，对这些问题明确如下：

一、关于融资租赁征税问题

《营业税税目注释》中的"融资租赁"，是指经中国人民银行批准经营融资租赁业务的单位所从事的融资租赁业务，其他单位从事融资租赁业务应按"服务业"税目中的"租赁业"项目征收营业税。

二、关于集邮商品征税问题

生产集邮商品仍然征收增值税。邮政部门、集邮公司销售(包括调拨在内)集邮商品改为一律征收营业税。

三、关于会员费、席位费和资格保证金征税问题

对俱乐部、交易所或类似的会员制经济、文化、体育组织(以下简称会员组织)，在会员入会时收取的会员费、席位费、资格保证金和其他类似费用，应按营业税有关规定确定适用税目征收营业税。其营业税纳税义务发生时间为会员组织收讫会员费、席位费、资格保证金和其他类似费用款项或者取得索取这些费用款项凭据的当天。

会员组织的上述费用，如果在会员退会时予以退还，并且账务上直接冲减退还当期的营业收入，在计征营业税时可以从当期的营业额中减除。

四、关于代理业营业额问题

代理业的营业额为纳税人从事代理业务向委托方实际收取的报酬。

五、关于转租业务征税问题

单位和个人将承租的场地、物品、设备等再转租给他人的行为也属于租赁行为，应按"服务业"税目中"租赁业"项目征收营业税。

【注释】　对《营业税暂行条例》第2、9条进行了解释。

营业税问题解答(之一)

国税函发[1995]156号

一、问:税制改革以前,原营业税规定的减税、免税项目,在1994年1月1日起实行新的营业税制以后是否还继续执行?

……

二、问:公安部门拍卖机动车牌照,交通部门拍卖公交线路运营权,是否征收营业税?

答:公安部门拍卖机动车牌照,交通部门拍卖公交线路运营权,这两种行为均不属于营业税的征税范围,因而不征收营业税。

三、运输企业在境外载运旅客或货物入境,是否征收营业税?

……

四、问:航空公司用飞机开展飞洒农药业务是否免征营业税?

答:营业税暂行条例第六条第(五)款规定农业病虫害防治免征营业税,营业税暂行条例实施细则第二十六条第(四)款明确农业病虫害防治"是指从事农业、林业、牧业、渔业的病虫害测报和防治的业务。"航空公司用飞机开展飞洒农药业务属于从事农业病虫害防治业务,因而应当免征营业税。

五、问:单位所属内部施工队伍承担其所隶属单位的建筑安装工程是否征收营业税?

……

六、对绿化工程应按何税目征税?

答:绿化工程往往与建筑工程相连,或者本身就是某个建筑工程的一个组成部分,例如,绿化与平整土地就分不开,而平整土地本身就属于建筑业中的"其他工程作业"。为了减少划分,便于征管,对绿化工程按"建筑业-其他工程作业"征收营业税。

七、问:对工程承包公司承包的建筑安装工程按何税目征税?

答:根据营业税暂行条例第五条第(三)款"建筑业的总承包人将工程分包或转包给他人的,以工程的全部承包额减去付给分包人或者转包人的价款后的余额为营业额"的规定,工程承包公司承包建筑安装工程业务,即工程承包公司与建设单位签订承包合同的建筑安装工程业务,无论其是否参与施工,均应按"建筑业"税目征收营业税。工程承包公司不与建设单位签订承包建筑安装工程合同,只是负责工程的组织协调业务,对工程承包公司的此项业务则按"服务业"税目征收营业税。

八、问:对境外机构总承包建筑安装工程如何征税?

……

九、问:银行贷款给单位和个人,借款者以房屋作抵押,如果期满后借款者无力还贷,抵押的房屋归银行所有,对此是否应当征税?如果房屋归银行所有后,银行将房屋销售,是否应当征税?

答:借款者无力归还贷款,抵押的房屋被银行收走以抵作贷款本息,这表明房屋的所有权被借款者有偿转让给银行,应对借款者转让房屋所有权的行为按"销售不动产"税目征收营业税。

同样,银行如果将收归其所有的房屋销售,也应按"销售不动产"税目征收营业税。

十、问:非金融机构将资金提供给对方,并收取资金占用费,如企业与企业之间借用周转金而收取资金占用费,行政机关或企业主管部门将资金提供给所属单位或企业而收取资金占用费,农村合作基金会将资金提供给农民而收取资金占用费等,应如何征收营业税?

答:《营业税税目注释》规定,贷款属于"金融保险业"税目的征收范围,而贷款是指将资金贷与他人使用的行为。根据这一规定,不论金融机构还是其他单位,只要是发生将资金贷与他人使用的行为,均应视为发生贷款行为,按"金融保险业"税目征收营业税。

十一、问:保险公司开展财产、人身保险时向投保者收取的全部保费记入"储金"科目,储金的利息记入"保费收入"科目,储金到期返还给用户。对保险公司开展财产、人身保险征收营业税的营业额是向投保者收取的保费,还是储金的利息?对于到期返还给用户的储金是否准许从其营业额中扣除?

答:营业税暂行条例第五条规定:除另有规定者外,"纳税人的营业额为纳税人提供应税劳务、转让无形资产或者销售不动产向对方收取的全部价款和价外费用。"根据此项规定,第一,保险公司开展财产、人身保险的营业额为向投保者收取的全部保费,而不是储金的利息收入。因为,就提供保险劳务而言,此项规定所说的"对方"是指投保者,保险公司向投保者收取的是保费,而储金利息是保险公司向银行收取的,不是向投保者收取的。其次,应以保费金额为营业额,对到期返还给用户的储金不能从营业额中扣除。

十二、问:邮政部门收取的"电话初装费"按什么税目征税?

答:根据《营业税税目注释》对"邮电通信业"税目的解释,为用户安装电话的业务属于该税目的征收范围。"电话初装费"是邮政部门为用户安装电话而收取的费用,应按"邮电通信业"税目征税。

十三、问:电信部门开办168台电话,利用电话开展有偿咨询、点歌等业务,对此项收费按什么税目征税?

答:168台是具有特殊用途的电话台,其业务属于《营业税税目注释》所说的"用电传设备传递语言的业务",应按"邮电通信业"税目征收营业税。

十四、问:对邮电局(所)经营的邮电礼仪活动按什么税目征收营业税?其营业额如何确定?

答:邮电礼仪是指邮电局(所)根据客户的要求将写有祝词的电报,或者使用客户支付的价款购买的礼物传递给客户所指定的对象。对于这种业务应按"邮电通信业"税目征收营业税,其营业额为邮电部门向用户收取的全部价款和价外费用,包括所购礼物的价款在内。

十五、问:文化培训适用哪个税目?

答:根据《营业税税目注释》规定,"文化体育业"税目中的"其他文化业"是指除经营表演、播映活动以外的文化活动的业务,如各种展览、培训活动,举办文学、艺术、科技讲座、演讲、报告会,图书馆的图书和资料借阅业务等。此项规定所称培训活动包括各种培训活动,因此对文化培训应按"文化体育业"税目征税。

十六、问:学校取得的赞助收入是否征税?应如何征税?

答:根据营业税暂行条例及其实施细则规定,凡有偿提供应税劳务、有偿转让无形资产或者有偿转让不动产所有权的单位和个人,均应依照税法规定缴纳营业税,而所谓"有偿"是指取得货币、货物或其他经济利益。根据以上规定,对学校取得的各种名目的赞助收入是否征税,要看学校是否发生向赞助方提供应税劳务、转让无形资产或转让不动产所有权的行为。学校如果没有向赞助方提供应税劳务、转让无形资产或转让不动产所有权,此项赞助收入系属无偿取得,不征收营业税;反之,学校如果向赞助方提供应税劳务、转让无形资产或转让不动产所有权,此项赞助收入系属有偿取得,应征收营业税。这里需要附带说明的是,不仅对学校取得的赞助收入应按这一原则确定应否征收营业税,对于其他单位和个人取得的赞助收入也应按这一原则确定是否征收营业税。

十七、问:对合作建房行为应如何征收营业税?

答:合作建房,是指由一方(以下简称甲方)提供土地使用权,另一方(以下简称乙方)提供资金,合作建房。合作建房的方式一般有两种:

第一种方式是纯粹的"以物易物",即双方以各自拥有的土地使用权和房屋所有权相互交换。具体的交换方式也有以下两种:

(一)土地使用权和房屋所有权相互交换,双方都取得了拥有部分房屋的所有权。在这一合作过程中,甲方以转让部分土地使用权为代价,换取部分房屋的所有权,发生了转让土地使用权的行为;乙方则以转让部分房屋的所有权为代价,换取部分土地的使用权,发生了销售不动产的行为。因而合作建房的双方都发生了营业税的应税行为。对甲方应按"转让无形资产"税目中的"转让土地使用权"子目征税;对乙方应按"销售不动产"税目征税。由于双方没有进行货币结算,因此应当按照《中华人民共和国营业税暂行条例实施细则》第十五条的规定分别核定双方各自的营业额。如果合作建房的双方(或任何一方)将分得的房屋销售出去,则又发生了销售不动产行为,应对其销售收入再按"销售不动产"税目征收营业税。

(二)以出租土地使用权为代价换取房屋所有权。例如,甲方将土地使用权出租给乙方若干年,乙方投资在该土地上建造建筑物并使用,租赁期满后,乙方将土地使用权连同所建的建筑物归还甲方。在这一经营过程中,乙方是以建筑物为代价换得若干年的土地使用权,甲方是以出租土地使用权为代价换取建筑物。甲方发生了出租土地使用权的行为,对其按"服务业——租赁业"征营业税;乙方发生了销售不动产的行为,对其按"销售不动产"税目征营业税。对双方分别征税时,其营业额也按《中华人民共和国营业税暂行条例实施细则》第十五条的规定核定。

第二种方式是甲方以土地使用权乙方以货币资金合股,成立合营企业,合作建房。对此种形式的合作建房,则要视具体情况确定如何征税。

(一)房屋建成后如果双方采取风险共担、利润共享的分配方式,按照营业税“以无形资产投资入股,参与接受投资方的利润分配、共同承担投资风险的行为,不征营业税”的规定,对甲方向合营企业提供的土地使用权,视为投资入股,对其不征营业税;只对合营企业销售房屋取得的收入按销售不动产征税;对双方分得的利润不征营业税。

(二)房屋建成后甲方如果采取按销售收入的一定比例提成的方式参与分配,或提取固定利润,则不属营业税所称的投资入股不征营业税的行为,而属于甲方将土地使用权转让给合营企业的行为,那么,对甲方取得的固定利润或从销售收入按比例提取的收入按“转让无形资产”征税;对合营企业则按全部房屋的销售收入依“销售不动产”税目征收营业税。

(三)如果房屋建成后双方按一定比例分配房屋,则此种经营行为,也未构成营业税所称的以无形资产投资入股,共同承担风险的不征营业税的行为。因此,首先对甲方向合营企业转让的土地,按“转让无形资产”征税,其营业额按实施细则第十五条的规定核定。因此,对合营企业的房屋,在分配给甲乙方后,如果各自销售,则再按“销售不动产”征税。

十八、问:对于转让土地使用权或销售不动产的预收定金,应如何确定其纳税义务发生时间?

答:营业税暂行条例实施细则第二十八条规定:“纳税人转让土地使用权或销售不动产,采用预收款方式的,其纳税义务发生时间为收到预收款的当天。”此项规定所称预收款,包括预收定金。因此,预收定金的营业税纳税义务发生时间为收到预收定金的当天。

十九、问:对个人将不动产无偿赠与他人的行为,是否视同销售不动产征收营业税?

……

二十、问:以“还本”方式销售建筑物,在计征营业税时可否从营业额中减除“还本”支出?

答:以“还本”方式销售建筑物,是指商品房经营者在销售建筑物时许诺若干年后可将房屋价款归还购房者,这是经营者为了加快资金周转而采取的一种促销手段。对以“还本”方式销售建筑物的行为,应按向购买者收取的全部价款和价外费用征收营业税,不得减除所谓“还本”支出。

【注释】　对《营业税暂行条例》第2、5、6、11条进行了解释。对《营业税暂行条例实施细则》第3、7、11、15、25、26、29条进行了解释。

财政部　国家税务总局关于铁路工附业征收营业税问题的补充通知

财税[1995]58号

各省、自治区、直辖市、计划单列市财政厅(局)、国家税务局、地方税务局:

经研究决定,对财政部、国家税务总局财税字[1995]028号《关于铁路工附业应按规定征收营业税的通知》中关于对铁路工附业征收营业税的执行时间由1994年1月1日改为1995年1月1日。对1994年已征的营业税不予退还。

【注释】　对《营业税暂行条例》第1条进行了解释。

财政部　国家税务总局关于金融业征收营业税有关问题的通知

财税[1995]79号

各省、自治区、直辖市、计划单列市财政厅(局)、国家税务局、地方税务局:

经研究决定,现对金融业征收营业税有关问题明确如下,请遵照执行。

一、对金融机构往来业务暂不征收营业税。

金融机构往来,是指金融企业联行、金融企业与人民银行及同业之间的资金往来业务。

……

三、本通知自1995年1月1日起执行。以前的征税规定与本通知有抵触的,同时废止。

1994年对金融机构往来没有征收营业税的,不再补征营业税;已经征收了营业税的,不予退税,也不得抵顶以后年度应纳的营业税。

四、除上述规定外,有关对金融业征收营业税的其他问题,仍应按现行规定执行。

【注释】 对《营业税暂行条例》第6条进行了解释。

国家税务总局关于地质矿产部所属地勘单位征税问题的通知

国税函发[1995]453号

各省、自治区、直辖市和计划单列市地方税务局:

接地矿部《关于申请减免税收的函》(地函[1995]89号),要求国家对其所属的地勘单位在税收上继续给予减免税照顾。根据国务院严格控制减免税的精神,经研究,现对地矿部所属地勘单位的征税问题通知如下:

一、关于所得税问题

地矿部所属的地勘单位的所得,在1994年底以前减半征收所得税的期限已到期。从1995年1月1日起,对地勘单位开展生产经营取得的所得,应按照《中华人民共和国企业所得税暂行条例》的规定,照章征收所得税。各地税务部门应认真做好地勘单位恢复征税的各项征管工作。

二、关于营业税问题

对地矿部所属地勘单位的勘探收入,属于营业税的征收范围,应照章征收营业税。

三、关于房产税、车船使用税等税的问题

对地矿部所属的地勘单位的房产税、车船使用税、城镇土地使用税、印花税和城市维护建设税、教育费附加等,应按规定征收。

【注释】 对《营业税暂行条例》第1条进行了解释。

国家税务总局关于律师事务所办案费收入征收营业税问题的批复

国税函发[1995]479号

广东省地方税务局:

接你省广州市地方税务局《关于律师事务所办案费收入征免营业税问题的请示》(穗地税发[1995]81号),经研究,现批复如下:

《中华人民共和国营业税暂行条例》第五条规定:"纳税人的营业额为纳税人提供应税劳务、转让无形资产或者销售不动产向对方收取的全部价款和价外费用。"《中华人民共和国营业税暂行条例实施细则》第十四条规定:"条例第五条所称价外费用,包括向对方收取的手续费、基金、集资费、代收款项、代垫款项及其他各种性质的价外收费。凡价外费用,无论会计制度规定如何核算,均应并入营业额计算应纳税额。"据此,对律师事务所在办案过程中向委托人收取的一切费用,包括办案费等,无论其收费的名称如何,也不论财务会计如何核算,均应并入营业额中计算应纳税额。

【注释】 对《营业税暂行条例》第5条进行了解释。对《营业税暂行条例实施细则》第14条进行了解释。

国家税务总局关于外商投资企业从事城市住宅小区建设征收营业税问题的批复

国税函发[1995]549号

江苏省国家税务局：

你局《关于外商投资企业从事城市住宅小区建设有关征免营业税问题的请示》(苏国税发[1995]338号)收悉。文中反映你省南通等地外商投资企业(以下称拆迁人)根据当地政府城市规划和建设部门的要求，通过各种方式对规划区内原住户的房屋进行拆迁并最终安置(或偿还)住户。在具体办理"安置"或"偿还"时，当地政府规定，根据被拆房屋的所有权性质不同，分别实行产权调换。按质作价互找差价；或作价补偿；或产权调换、作价补偿相结合等方法，拆迁人与被拆迁人通过《房屋拆迁补偿安置协议》明确拆迁安置事宜。并要求对外商投资企业从事这类城市住宅小区建设涉及的营业税问题予以明确。经研究，现批复如下：

对外商投资企业从事城市住宅小区建设，应当按照《中华人民共和国营业税暂行条例》的有关规定，就其取得的营业额计征营业税；对偿还面积与拆迁建筑面积相等的部分，由当地税务机关按同类住宅房屋的成本价核定计征营业税，对最终转让时未作价结算的住宅区配套公共设施(如居委会用房、车棚、托儿所等)，凡转让收入已包含在住宅房屋转让价格中并已征收营业税的，不再征收营业税。

【注释】　对《营业税暂行条例》第5条进行了解释。

财政部　国家税务总局关于工程勘察设计单位改为企业后有关税收问题的函

财税[1995]100号

建设部：

你部《关于工程勘察设计单位改为企业后税收政策意见的函》(建设[1995]44号)收悉。经研究，现函复如下：

一、根据国务院严格控制减免税的精神，对工程勘察设计单位改为企业后，不能实行与科研单位(科技企业)一致的税收政策。

二、对勘察设计企业负责的建设项目可行性研究、咨询、评估、规划、勘察、设计、监理，以及有关工程建设的技术开发、技术咨询、技术转让、技术服务等业务，应按"服务业"征收营业税；对其承包的建筑安装工程，按"建筑业"征收营业税。

三、对勘察设计企业进行技术转让、以及在技术转让过程中发生的与技术转让有关的技术咨询、技术服务、技术培训的所得，年净收入在30万元以下的，暂免征收企业所得税；超过30万元的部分，以及其从事其他业务取得的所得，应按规定征收企业所得税。

【注释】　对《营业税暂行条例》第2条进行了解释。

国家税务总局关于原油管理费缴纳营业税问题的复函

国税函发[1996]101号

中国石油天然气总公司：

你公司《关于原油管理费缴纳营业税问题的请示》([96]中油销字第48号)收悉。你公司所属销售公司根据国家计委计价格[1995]1644 号文件规定,自 1996 年 1 月 1 日起,按每吨 4 元的标准向用户收取原油管理费,并根据边远地区、结算周期和结算环节等复杂情况,拟委托油田销售部门指定专人向用户收取,与原油价款分别列账,并就地缴纳流转税,完税后的原油管理费由油田销售部门按规定留用与上交总公司所属销售公司。对你公司所属销售公司收取的原油管理费,是否需要缴纳营业税问题,经研究,函复如下:

你公司所属销售公司收取的原油管理费,不论是直接收取,还是委托油田销售部门收取,因在向用户收取环节已经缴纳了流转税,故完税后集中到总公司销售公司的部分,可不再缴纳营业税。

【注释】 对《营业税暂行条例》第 6 条进行了解释。

国家税务总局关于中国海洋石油总公司所属公司提供劳务征收营业税问题的通知

国税函发[1996]112 号

广东省国家税务局,天津、上海、广州、深圳市国家税务局:

根据《中华人民共和国营业税暂行条例》及其实施细则的有关规定,中国海洋石油总公司所属地区公司与地区公司、地区公司与专业公司、专业公司与专业公司之间,凡提供地质勘探、钻井、固井、录井、井下作业,物探,工程设计、采油、平台制造、运输(包括管道及油气运输)、油气生产的注水、注气、船舶运输、建筑安装、通讯等应纳税劳务,应当按照《中华人民共和国营业税暂行条例》的有关税目、税率缴纳营业税。

本通知自 1996 年 1 月 1 日起执行。

【注释】 对《营业税暂行条例》第 2 条进行了解释。

财政部 国家税务总局关于民航机场管理建设费营业税先征后返还问题的通知

财税[1996]32 号

各省、自治区、直辖市、计划单列市财政厅(局)、地方税务局,沈阳、长春、哈尔滨、南京、武汉、广州、成都、西安市财政局、地方税务局:

为支持民航事业发展,经国务院批准,对民航机场管理建设费照章征收营业税,所征税款由财政部门予以返还,用于机场建设。具体操作办法,按照财政部、国家税务总局、中国人民银行《关于税制改革后对某些行业实行"先征后退"有关预算管理问题的暂行规定的通知》((94)财预字第 055 号)第三条第(五)款的规定办理。本通知自 1996 年 1 月 1 日起执行。

【注释】 对《营业税暂行条例》第 6 条进行了解释。

国家税务总局涉外税务管理司关于外商投资企业广告代理业营业税问题的通知

国税外函发[1996]39 号

成文日期:1996-05-13

各省、自治区、直辖市和计划单列市国家税务局、地方税务局,海洋石油税收管理局各分局:

近来不少地方询问,外商投资企业从事广告代理业务,通过路牌、交通工具等载体发布广告,广告发布

者支付的广告发布费在计征营业税时能否扣除。经研究,现通知如下:

总局国税发[1994]159号《关于营业税若干具体问题的通知》第十条规定,“广告代理业的营业额为代理者向委托方收取的全部价款和价外费用减去付给广告发布者的广告发布费后的余额”。外商投资企业从事广告代理业务,通过电台、路牌、报刊杂志、交通工具等所有媒体和载体发布广告,应按照上述规定办理。

【注释】　对《营业税暂行条例》第2条进行了解释。

国家税务总局关于烧卤熟制食品征收流转税问题的批复

国税函发[1996]261号

广西壮族自治区地方税务局:

你局《关于经营烤鸭等熟制食品征税问题的请示》(桂地税报字[1996]009号)收悉。经研究,现批复如下:

关于纳税人经营烧卤熟制食品如何征收流转税的问题,按照《中华人民共和国营业税暂行条例》和《中华人民共和国增值税暂行条例》的规定,饮食业属于营业税的征税范围,销售货物则属于增值税的征税范围。因此,对饮食店、餐馆等饮食行业经营烧卤熟制食品的行为,不论消费者是否在现场消费,均应当征收营业税;而对专门生产或销售食品的工厂、商场等单位销售烧卤熟制食品,应当征收增值税。

【注释】　对《营业税暂行条例》第2条进行了解释。

国家税务总局关于外商投资企业在筹办期间取得的会员费有关税务处理问题的通知

国税发[1996]84号

各省、自治区、直辖市和计划单列市国家税务局,深圳市地方税务局:

关于外商投资企业收取的会员费税务处理问题,我局曾以《国家税务总局关于高尔夫球俱乐部税收问题的批复》(国税函发[1994]514号,以下简称批复)和《国家税务总局关于外商投资企业收取会员费等如何计征企业所得税问题的通知》(国税发[1995]146号)做出了规定。现就外商投资企业在筹办期间取得的会员费收入税收处理问题,明确如下:

外商投资企业在筹办期间对其会员入会时一次性收取的会员费、资格保证金或其他类似收费,在计算征收企业所得税时,可以从企业开始营业之日起分5年平均计入各期收入计算纳税;有关计算征收营业税问题,仍按批复第一条的规定执行,即在企业取得上述款项时,计算缴纳营业税。

【注释】　对《营业税暂行条例》第2条进行了解释。

财政部　国家税务总局关于铁路施工企业承建京九铁路、浙赣复线工程收取三项费用等征收营业税问题的批复

财税[1996]60号

江西省地方税务局:

你局《关于铁路施工企业承建京九铁路、浙赣复线工程收取“三项费用”等征收营业税问题的请示》(赣

地税发[1996]355号)收悉,现批复如下:

根据《中华人民共和国营业税暂行条例》第五条"纳税人的营业额为纳税人提供应税劳务……向对方收取的全部价款和价外费用"以及《中华人民共和国营业税暂行条例实施细则》第十四条有关规定,对铁路施工单位承建京九铁路、浙赣复线向发包单位收取的临时设施费、劳动保险基金、施工机构迁移费及其他价外费用,应自1994年1月1日起,全部并入营业额征收营业税。

【注释】 对《营业税暂行条例实施细则》第14条进行了解释。

国家税务总局关于外商承包工程作业和提供劳务取得收入计算征税有关问题的通知

国税发[1995]197号

各省、自治区、直辖市和计划单列市国家税务局:

现就外国企业在中国境内承包工程作业和提供劳务所取得的收入,如何计算征税的有关问题通知如下:

一、外国企业与我国企业签订机器设备销售合同,同时提供设备安装、装配、技术培训、指导、监督服务等劳务的,其取得的劳务费收入,应按税法的规定计算纳税。如有关销售合同中未列明上述劳务费金额,或者作价不合理的,税务机关可以根据实际情况,以不低于合同总价款的5%为原则,确定外国企业的劳务费收入并计算征收营业税和企业所得税。

二、外国企业在我国境内承包工程作业和提供劳务活动,凡采取核定利润率征收企业所得税的,仍可依照《财政部关于对外商承包工程作业和提供劳务服务征收工商统一税和企业所得税的暂行规定》((83)财税字第149号)第一条1、2项以及《财政部关于对外商承包工程作业和提供劳务代为采购或代为制造的机器设备、建筑材料的价款准予从承包业务收入中适当扣除计算征税问题的通知》[(87)财税字第134号]的规定,就其收入总额扣除转承包价款和代购代制设备、材料价款后的余额,以不低于10%为原则,参照同行业利润水平,核定利润计征企业所得税。

【注释】 对《营业税暂行条例》第2条进行了解释。

国家税务总局关于邮政汇兑资金利息收入征收营业税问题的批复

国税函发[1996]635号

福建省地方税务局:

你局《关于邮政汇兑资金利息收入征收营业税问题的请示》(闽地税政—[1996]031号)收悉。现批复如下:

一、根据《营业税税目注释》关于"存款行为,不征收营业税"的规定,对邮政部门将邮政汇兑资金存入人民银行(或其他金融机构)取得的利息收入,不征收营业税。

二、根据财政部、国家税务总局《关于金融业征收营业税有关问题的通知》(财税字[1995]079)中关于"对一般贷款业务,一律按利息收入全额征税"的规定,人民银行(或其他金融机构)向邮政部门发放贷款,不论用途如何,均属于一般贷款业务,对其取得的利息收入应一律按规定征收营业税。

此复。

【注释】 对《营业税暂行条例》第2条进行了解释。

国家税务总局关于有偿转让资产使用权的行为征收营业税问题的批复

国税函发[1996]636 号

新疆维吾尔自治区地方税务局：

你局《关于我区畜牧厅牧工商联合企业总公司转让天山饭店收取转让费(含资产增值补偿金)征收营业税问题的请示》(新地税一字[1996]053 号)收悉。关于新疆畜牧厅将所属天山饭店大楼等资产的使用权采取收取转让费和资产增值补偿金方式,有偿转让给香港新华国际有限公司 30 年,应否按“租赁业”征收营业税问题,经研究,现批复如下：

根据《营业税税目注释》第七条第六款的规定：“租赁业,是指在约定的时间内将场地、房屋、物品、设备或设施等转让他人使用的业务。”你区畜牧厅工商联合企业总公司将饭店大楼等资产有偿转让给香港新华国际有限公司使用的行为,属于营业税法规定的租赁行为,应按营业税“服务业—租赁业”征收营业税。

【注释】　对《营业税暂行条例》第 2 条进行了解释。

财政部　国家税务总局关于体育彩票发行收入税收问题的通知

财税[1996]77 号

各省、自治区、直辖市、计划单列市财政厅(局)、国家税务局、地方税务局：

近接国家体委来函,要求明确体育彩票发行收入的有关税收政策。为确保体育彩票销售工作的顺利进行,根据现行税制的有关规定,对体育彩票发行收入的若干税收问题,明确规定如下：

……

二、营业税

根据现行《中华人民共和国营业税暂行条例》及其实施细则等有关规定,对体育彩票的发行收入不征营业税;对体育彩票代销单位代销体育彩票取得的手续费收入应按规定征收营业税。

……

【注释】　对《营业税暂行条例》第 6 条进行了解释。

国家税务总局关于饮食业征收流转税问题的通知

国税发[1996]202 号

各省、自治区、直辖市和计划单列市国家税务局、地方税务局：

近期,各地反映,饮食店、餐馆等营业税纳税人销售货物,在征收流转税时,地区之间政策执行上不尽一致。经研究,现明确如下：

一、饮食店、餐馆(厅)、酒店(家)、宾馆、饭店等单位发生属于营业税“饮食业”应税行为的同时销售货物给顾客的,不论顾客是否在现场消费,其货物部分的收入均应当并入营业税应税收入征收营业税。

二、饮食店、餐馆(厅)、酒店(家)、宾馆、饭店等单位附设门市部、外卖点等对外销售货物的,仍按《增值税暂行条例实施细则》第六条和《营业税暂行条例实施细则》第六条关于兼营行为的征税规定征收增值税。

三、专门生产或销售货物(包括烧卤熟制食品在内)的个体经营者及其他个人应当征收增值税。

【注释】　对《营业税暂行条例实施细则》第 6 条进行了解释。

国家税务总局关于外国企业出租中国境内房屋、建筑物取得租金收入税务处理问题的通知

国税发[1996]212 号

根据《中华人民共和国营业税暂行条例》(以下简称营业税暂行条例)和《中华人民共和国外商投资企业和外国企业所得税法》(以下简称所得税法)的有关规定,现就外国企业出租中国境内房屋、建筑物的有关税收问题,通知如下:

一、外国企业出租位于中国境内房屋、建筑物等不动产,凡在中国境内没有设立机构、场所进行日常管理的,对其所取得的租金收入,应按营业税暂行条例的有关规定缴纳营业税,并按所得税法第十九条的规定,在扣除上述缴纳的营业税税款后,计算征收企业所得税。

根据营业税暂行条例实施细则第二十九条和所得税法第十九条的规定,上述营业税和企业所得税由承租人在每次支付租金时代扣代缴。如果承租人不是中国境内企业、机构或者不是在中国境内居住的个人,税务机关也可责成出租人,按税法规定的期限自行申报缴纳上述税款。

二、外国企业出租位于中国境内房屋、建筑物等不动产,凡委派人员在中国境内对其不动产进行日常管理的;或者上述出租人属于非协定国家居民公司,委托中国境内其他单位(或个人)对其不动产进行日常管理的;或者上述出租人属于协定国家居民公司,委托中国境内属于非独立代理人的单位(或个人)对其不动产进行日常管理的,其取得的租金收入,根据营业税暂行条例和所得税法的有关规定,应按在中国境内设有机构、场所征收营业税和企业所得税。

三、本通知自 1996 年 10 月 1 日起执行,以前处理与本通知规定不一致的,按本通知规定执行。

【注释】 对《营业税暂行条例实施细则》第 29 条进行了解释。本文件关于营业税的政策废止。

国家税务总局关于"免征营业税的博物馆"范围界定问题的批复

国税函发[1996]679 号

厦门市地方税务局:

你局《关于对"博物馆"免税范围界定问题的请示》(厦地税政—[1996]011 号)收悉。经商财政部研究,现批复如下:

关于《中华人民共和国营业税暂行条例》第六条第(六)款中所称的"免征营业税的博物馆",是指经各级文物、文化主管部门批准并实行财政预算管理的博物馆。请你局按此条件严格界定,对其他虽冠以博物馆的名称,但不符合上述条件的单位,不得给予免征营业税的照顾。

【注释】 对《营业税暂行条例》第 6 条进行了解释。

国家税务总局关于电信业务征收营业税问题的通知

国税函发[1996]685 号

各省、自治区、直辖市和计划单列市地方税务局:

近接中国联合通信有限公司《关于明确中国联通公司及所属分公司计税营业额的请示》。据悉,1993 年国务院批准成立中国联合通信有限公司后,为了最大限度发挥通信业务能量,方便广大用户,中国联合通

信有限公司及所属通信企业(以下简称联通通信网)必须与邮电部邮电通信网实现互连互通,用户的跨网通话业务才能顺利实现。因此,涉及两网的跨网通话业务,其话费构成了两网的共同收入,必须先行分割为各自的收入,然后才能进行核算,为此,国家计委根据国务院的决定,专门制定下发了两网互连互通话费结算办法。中国联合通信有限公司据此要求仅就实际取得的话费收入征收营业税。经国家税务总局研究决定,对两网的互连互通业务,可按本通信网全部话费收入加上从另一通信网分割回的话费收入减去分割给另一通信网的话费后的余额计征营业税。

【注释】 对《营业税暂行条例》第5条进行了解释。

国家税务总局关于房产开发企业销售不动产征收营业税问题的通知

国税函发[1996]684号

广东省地方税务局:

接你省广州市地方税务局《关于房产开发企业包销房产征收营业税问题的请示》(穗地税发[1996]259号),反映房产开发企业与包销商签订合同,将房产交给包销商根据市场情况自订价格进行销售,由房产开发企业向客户开具房产销售发票,包销商收取价差或手续费,在合同期满未售出的房产由包销商进行收购,对此应如何征收营业税。经研究,现答复如下:

在合同期内房产企业将房产交给包销商承销,包销商是代理房产开发企业进行销售,所取得的手续费收入或者价差应按“服务业—代理业”征收营业税;在合同期满后,房屋未售出,由包销商进行收购,其实质是房产开发企业将房屋销售给包销商,对房产开发企业应按“销售不动产”征收营业税;包销商将房产再次销售,对包销商也应按“销售不动产”征收营业税。

【注释】 对《营业税暂行条例》第2条进行了解释。

国家税务总局关于对电影发行单位的发行收入不征营业税的通知

国税函发[1996]696号

各省、自治区、直辖市和计划单列市地方税务局:

根据国务院《研究电影工作有关问题的会议纪要》(国阅[1996]167号)精神,现对电影发行放映单位如何征收营业税问题通知如下:

对电影放映单位放映电影取得的票价收入按收入全额征收营业税后,对电影发行单位向放映单位收取的发行收入不再征收营业税,但对电影发行单位取得的片租收入仍应按收入全额征收营业税。

【注释】 对《营业税暂行条例》第5条进行了解释。

国家税务总局关于非电信部门开办电话咨询业务适用税目问题的批复

国税函发[1996]700号

海南省财政税务厅:

你厅《关于非电信部门开办的信息台电话咨询业务营业税税目问题的请示》(琼财税[1996]政字第472

号)收悉。经研究,现批复如下:

168台所提供的咨询、信息或点歌等服务,本应属于营业税"服务业"征税范围。出于对国家电信部门的扶持,同时为便于征管,减少税目划分,《国家税务总局关于印发〈营业税问题解答(之一)〉的通知》(国税函发[1995]156号)规定,电信部门开办168台电话,利用电话开展有偿咨询等业务,按"邮电通信业"税目征收营业税。这里所说的电信部门指的是国家电信管理部门直属的电信单位。但你省的两家非电信部门直属的信息台,其向用户提供电话信息服务的业务取得的收入,应按"服务业"税目征收营业税。

【注释】 对《营业税暂行条例》第2条进行了解释。

国家税务总局关于个人从事房地产经营业务征收营业税问题的批复

国税函发[1996]718号

浙江省地方税务局:

你局《浙江省地方税务局关于个人从事房地产业务有关营业税问题的请示》(浙地税一[1996]59号)收悉。关于个人经营房地产应如何征收营业税等问题,经研究,现批复如下:

个人以各购房户代表的身份与提供土地使用权的单位或个人(以下简称"地主")签订联合建房协议,由个人出资并负责雇请施工队建房,房屋建成后,再由个人将分得的房屋销售给各购房户。这实际上是个人先通过合作建房的方式取得房屋,再将房屋销售给各购房户。因此对个人应按"销售不动产"税目征营业税,其营业额为个人向各购房户收取的全部价款和价外费用。另一方面,个人与地主的关系,属于一方提供土地使用权,另一方提供资金合作建房的行为。对其双方应按《国家税务总局关于印发〈营业税问题解答(之一)〉的通知》(国税函发[1995]156号)第十七条的有关规定征收营业税。

【注释】 对《营业税暂行条例》第2条进行了解释。

财政部 国家税务总局关于对保险公司开办个人投资分红保险业务取得的保费收入免征营业税的通知

财税[1996]102号

各省、自治区、直辖市、计划单列市财政厅(局)、地方税务局:

根据财政部、国家税务总局《关于对若干项目免征营业税的通知》[(94)财税字第002号]中的有关规定,对保险公司开办的个人投资分红保险业务取得的保费收入免征营业税。

个人投资分红保险,是指保险人向投保人提供的具有死亡、伤残等高度保障的长期人寿保险业务,保险期满后,保险人还应向被保人提供投资收益分红。

【注释】 对《营业税暂行条例》第6条进行了解释。

国家税务总局关于征用土地过程中征地单位支付给土地承包人员的补偿费如何征税问题的批复

国税函发[1997]87号

辽宁省地方税务局:

你局《关于征用土地过程中征地单位支付给土地承包人员的补偿费是否征税的请示》(辽地税个

[1996]311 号)收悉。经研究,现批复如下:

一、对土地承包人取得的土地上的建筑物、构筑物、青苗等土地附着物的补偿费收入,应按照《中华人民共和国营业税暂行条例》的"销售不动产——其他土地附着物"税目征收营业税。

二、对土地承包人取得的青苗补偿费收入,暂免征收个人所得税;取得的转让建筑物等财产性质的其他补偿费收入,应按照《中华人民共和国个人所得税法》的"财产转让所得"应税项目计征个人所得税。

【注释】　对《营业税暂行条例》第 2 条进行了解释。

国家税务总局关于合作开采海洋石油提供应税劳务适用营业税税目、税率问题的通知

国税发[1997]42 号

天津、上海、广东省(直辖市)国家税务局、深圳市国家税务局:

近接一些地方反映,由于营业税税目税率表中没有列明开采海洋石油的一些特殊作业,各地在实际执行时掌握不尽一致。为了统一政策,现对这些应税劳务适用税目、税率问题明确如下:

对从事海洋石油地球物理勘探、定位、泥浆、测井、录井、固井、完井、潜水、套管、管道铺设等工程作业的,适用营业税税目税率表中建筑业税目的"其他工程作业"按 3% 的税率征收营业税。

【注释】　对《营业税暂行条例》第 2 条进行了解释。

国家税务总局关于海洋石油若干税收政策问题的通知

国税发[1997]44 号

为进一步完善涉外石油税制,解决当前政策执行中存在的问题,现将几个海洋石油税收政策问题明确如下:

一、关于外国承包商在华承包海洋石油工程和提供劳务的税收问题

外国承包商在华承包海洋石油工程作业和提供劳务服务,在计征营业税时,应按照《中华人民共和国营业税暂行条例》及其实施细则的规定执行。对外国承包商承包的应税劳务,凡劳务发生地涉及境内境外的,应经主管税务机关审核确认,仅就在中国境内提供的应税劳务征税。

……

【注释】　对《营业税暂行条例》第 1 条进行了解释。本文件关于营业税的政策废止。

财政部　国家税务总局关于纳税人承包以工代赈工程征收营业税问题的通知

财税[1997]67 号

各省、自治区、直辖市和计划单列市财政厅(局)、地方税务局:

据部分地区反映,1994 年税制改革后,对纳税人承包以工代赈工程是否征收营业税一直未予明确。为保证税法的完整统一,现通知如下:

以工代赈工程是政府部门通过召集受灾、贫困地区的民工修建公路水利等工程而获得一定的经济收入来解决群众生活问题的一种措施。以工代赈工程属于扶贫项目,但工程承包人仍可取得经济收益,按国家

规定应缴纳税收。在税制改革前,一些地区对以工代赈工程给予了不同程度的减免税照顾。税制改革后,这些减免税政策已经取消。因此,根据《中华人民共和国营业税暂行条例》的规定,对纳税人承包以工代赈工程,如属于营业税征税范围的,应按税收法规的统一规定征收营业税,不得再给予减税免税。

【注释】 对《营业税暂行条例》第1条进行了解释。

国家税务总局关于外商投资企业代扣城市维护建设税问题的批复

国税函发[1997]477号

大连市地方税务局:

你局《关于"三资"企业代扣营业税是否需要同时代扣附税问题的请示》(大地税函[1997]15号)收悉。经研究,同意你局意见,对随同营业税附征的城市维护建设税和教育费附加,应按营业税的征收规定办理。即营业税条例规定的代扣代缴义务人,应在代扣营业税的同时,代扣城市维护建设税和教育费附加。

【注释】 对《营业税暂行条例》第1条进行了解释。

财政部　国家税务总局关于个人提供非有形商品推销、代理等服务活动取得收入征收营业税和个人所得税有关问题的通知

财税[1997]103号

各省、自治区、直辖市和计划单列市国家税务局、地方税务局:

据反映,有些在境内从事保险、旅游等非有形商品经营的企业(包括从事此类业务的国有企业、集体企业、股份制企业、外商投资企业、外国企业及其他企业),通过其雇员或非雇员个人的推销、代理等服务活动开展业务。雇员或非雇员个人根据其推销、代理等服务活动的业绩从企业或其服务对象取得佣金、奖励和劳务费等名目的收入。根据《中华人民共和国营业税暂行条例》、《中华人民共和国个人所得税法》和《中华人民共和国税收征收管理法》的有关规定,现对雇员或非雇员个人为企业提供非有形商品推销、代理等服务活动取得收入征收营业税和个人所得税的有关问题明确如下:

一、对雇员的税务处理

雇员为本企业提供非有形商品推销、代理等服务活动取得佣金、奖励和劳务费等名目的收入,无论该收入采用何种计取方法和支付方式,均应计入该雇员的当期工资、薪金所得,按照《中华人民共和国个人所得税法》及其实施条例和其他有关规定计算征收个人所得税;但可适用《中华人民共和国营业税暂行条例实施细则》第四条第一款的规定,不征收营业税。

二、对非雇员的税务处理

非本企业雇员为企业提供非有形商品推销、代理等服务活动取得的佣金、奖励和劳务费等名目的收入,无论该收入采用何种计取方法和支付方式,均应计入个人从事服务业应税劳务的营业额,按照《中华人民共和国营业税暂行条例》及其实施细则和其他有关规定计算征收营业税;上述收入扣除已缴纳的营业税税款后,应计入个人的劳务报酬所得,按照《中华人民共和国个人所得税法》及其实施条例和其他有关规定计算征收个人所得税。

三、税款征收方式

(一)雇员或非雇员从聘用的企业取得收入的,该企业即为雇员或非雇员应纳税款的扣缴义务人,应按照有关规定按期向主管税务机关申报并代扣代缴上述税款。

(二)对雇员或非雇员直接从其服务对象或其他方面取得收入的部分,由其主动向主管税务机关申报缴纳营业税和个人所得税。

（三）有关企业和个人拒绝申报纳税或代扣代缴税款，将按《中华人民共和国税收征收管理法》及其实施细则的有关规定处理。

【注释】　对《营业税暂行条例实施细则》第4条进行了解释。

国家税务总局关于以不动产或无形资产投资入股收取固定利润征收营业税问题的批复

国税函发[1997]490号

深圳市地方税务局：

你局《关于对以不动产或无形资产投资入股收取固定利润征税问题的请示》（深地税发[1997]356号）收悉。关于以不动产或无形资产投资入股收取固定利润是否征收营业税的问题，现批复如下：

根据《营业税税目注释》的有关规定，以不动产或无形资产投资入股，与投资方不共同承担风险，收取固定利润的行为，应区别以下两种情况征收营业税：以不动产、土地使用权投资入股，收取固定利润的，属于将场地、房屋等转让他人使用的业务，应按"服务业"税目中"租赁业"项目征收营业税；以商标权、专利权、非专利技术、著作权、商誉等投资入股，收取固定利润的，属于转让无形资产使用权的行为，应按"转让无形资产"税目征收营业税。

【注释】　对《营业税暂行条例》第2条进行了解释。

财政部　国家税务总局关于供电工程贴费不征收增值税和营业税的通知

财税[1997]102号

各省、自治区、直辖市、计划单列市财政厅（局）、国家税务局、地方税务局：

最近，一些地区和部门来文，要求对供电企业收取的供电工程贴费是否征收增值税或营业税的问题予以明确，经研究，现通知如下：

供电工程贴费是指在用户申请用电或增加用电容量时，供电企业向用户收取的用于建设110千伏及以下各级电压外部供电工程建设和改造等费用的总称，包括供电和配电贴费两部分。经国务院批准同意的国家计委《关于调整供电贴费标准和加强贴费管理的请示》（计投资[1992]2569号）附件一规定："根据贴费的性质和用途，凡电力用户新建的工程项目所支付的贴费，应从该工程的基建投资中列支：凡电力用户改建、扩建的工程项目所支付的贴费，从单位自有资金中列支"。同时，用贴费建设的工程项目由电力用户交由电力部门统一管理使用。根据贴费和用贴费建设的工程项目的性质以及增值税、营业税有关法规政策的规定，供电工程贴费不属于增值税销售货物和收取价外费用的范围，不应当征收增值税，也不属于营业税的应税劳务收入，不应当征收营业税。

【注释】　对《营业税暂行条例》第2条进行了解释。本文件关于营业税的政策废止。

国家税务总局关于经营公用电话征收营业税问题的通知

国税发[1997]161号

各省、自治区、直辖市、计划单列市地方税务局：

据一些地区来文反映，目前经营公用电话业务的方式有三种：第一种是自办，即公用电话设在邮电局营业厅,由邮电部门的工作人员值守,电话费作为邮电部门的收入。第二种是委托代办,俗称“公用电话亭”。各电话亭属邮电局的经营网点,在邮电局一个统一营业执照下分列,邮电部门将“电话亭”经营人称之为代办人。代办人将向用户收取的话费全额上交,作为邮电部门的营业收入,邮电部门付给代办人劳务费。第三种是兼办,即私人住宅、小卖店以及其他单位(即兼办人),利用其自用电话兼办公用电话业务。邮电部门按月向兼办人收取管理费,并按自用电话标准收取电话费。兼办人的经营收入为按公用电话向顾客收取话费,扣除上缴给邮电部门的话费和管理费的余额。对此,现就征收营业税问题明确如下:

一、公用电话无论采取哪种经营形式,对邮电部门取得的话费、管理费收入,均依全额按“邮电通信业”税目征收营业税。

二、对代办人取得的劳务费(或手续费等)应按“服务业”税目中的“代理服务”项目征收营业税。

三、对兼办人取得的收入按“服务业”税目中的“代理服务”项目征收营业税。其营业额为向用户收取的全部价款和价外费用减去支付给邮电部门的管理费和电话费的余额。

【注释】 对《营业税暂行条例》第2、5条进行了解释。

国家税务总局关于电梯保养、维修收入征税问题的批复

国税函发[1998]390号

深圳市国家税务局:

你局《关于电梯保养、维修收入征税问题的请示》(深国税发[1998]144号)收悉,现批复如下:

电梯属于增值税应税货物的范围,但安装运行之后,则与建筑物一道形成不动产。因此,对企业销售电梯(自产或购进的)并负责安装及保养、维修取得的收入,一并征收增值税;对不从事电梯生产、销售,只从事电梯保养和维修的专业公司对安装运行后的电梯进行的保养、维修取得的收入,征收营业税。

深圳市粤日电梯工程有限公司系专门从事电梯保养、维修的专业公司。因此,对其所取得的电梯保养、维修收入应当征收营业税,不征收增值税。

【注释】 对《营业税暂行条例》第2条进行了解释。

财政部 国家税务总局关于证券投资基金税收问题的通知

财税[1998]55号

省、自治区、直辖市、计划单列市财政厅(局)、国家税务局、地方税务局,财政部驻各省、自治区、直辖市、计划单列市财政监察专员办事处,新疆生产建设兵团:

为了有利于证券投资基金制度的建立,促进证券市场的健康发展,经国务院批准,现对中国证监会新批准设立的封闭式证券投资基金(以下简称基金)的税收问题通知如下:

一、关于营业税问题

1. 以发行基金方式募集资金不属于营业税的征税范围,不征收营业税。

……

五、本通知从1998年3月1日起实施。

【注释】 对《营业税暂行条例》第6条进行了解释。

国家税务总局关于外商投资的宾馆、商务楼等经营电信业务征收营业税问题的批复

国税函发[1998]737 号

上海市地方税务局：

你局《关于对外商投资的宾馆、商务楼等经营电信业务收入如何征收营业税问题的请示》(沪税外[1998]38 号)收悉。经研究，现批复如下：

对外商投资的宾馆、饭店、商务楼等经营电信业务取得的收入，根据《国家税务总局关于经营公用电话征收营业税问题的通知》(国税发[1997]161 号)文件第三条的规定，按“服务业”税目中的“代理服务”项目征收营业税。其营业额为向用户收取的全部价款和价外费用减去支付给邮电部门的管理费和电话费的余额。对于 1997 年未按上述规定执行的，可自 1998 年 1 月 1 日起执行。

【注释】 对《营业税暂行条例》第 2 条进行了解释。

国家税务总局关于有线电视台有关收费征收营业税问题的批复

国税函发[1998]748 号

陕西省地方税务局：

你局《陕西省地方税务局关于有线电视台有关收费是否征收营业税的请示》(陕地税函[1998]049 号)收悉。关于有线电视台有关收费是否征收营业税问题，经研究，现批复如下：

有线电视台向用户提供服务而收取的有线电视安装费(或称建设费)、收视维护费、广告费等，是其提供应税劳务取得的收入，属于营业税的征税范围。根据《中华人民共和国营业税暂行条例》及其实施细则的规定，对有线电视台向用户收取有线电视安装费、收视维护费、广告费等应按营业税的有关税目税率征收营业税。

【注释】 对《营业税暂行条例》第 2 条进行了解释。

国家税务总局关于物业管理企业的代收费用有关营业税问题的通知

国税发[1998]217 号

各省、自治区、直辖市和计划单列市地方税务局：

关于物业管理企业代收费用是否计征营业税的问题，根据《中华人民共和国营业税暂行条例》及其实施细则的有关规定精神，现通知如下：

物业管理企业代有关部门收取水费、电费、燃(煤)气费、维修基金、房租的行为，属于营业税“服务业”税目中的“代理”业务，因此，对物业管理企业代有关部门收取的水费、电费、燃(煤)气费、维修基金、房租不计征营业税，对其从事此项代理业务取得的手续费收入应当征收营业税。

维修基金，是指物业管理企业根据财政部《物业管理企业财务管理规定》(财基字[1998]7 号)的规定，接受业主管理委员会或物业产权人、使用人委托代管的房屋共用部位维修基金和共用设施设备维修基金。

【注释】 对《营业税暂行条例》第 5 条进行了解释。

国家税务总局关于中央直属储备粮库建设有关税费问题的批复

国税函发[1998]842号

河北省地方税务局：

你局《河北省地方税务局关于中央直属储备粮库建设有关免征税费事宜的请示》（冀地税函[1998]234号）收悉。经研究，现批复如下：

《国务院办公厅关于搞好中央直属储备粮库建设的通知》（国办发明电[1998]9号）第三条规定："免征本地区、国务院有关部门规定征收的各种与粮库建设相关的税费"。营业税、城市维护建设税、教育费附加是由全国人大常委会或国务院决定征收的，不是国务院有关部门规定征收的，因此该通知第三条所称的免征税费的具体范围不包括营业税、城市维护建设税和教育费附加，也不包括其他由全国人大、全国人大常委会或国务院决定征收的各种税费。

【注释】 对《营业税暂行条例》第6条进行了解释。

国家税务总局关于拍卖行取得的拍卖收入征收增值税、营业税有关问题的通知

国税发[1999]40号

各省、自治区、直辖市和计划单列市国家税务局、地方税务局：

据了解，由于拍卖行特殊的经营性质，对拍卖行取得的拍卖收入是征收增值税还是征收营业税，各地理解不一，执行中不尽一致。为了统一拍卖行的增值税、营业税政策，现就有关问题明确如下：

一、对拍卖行受托拍卖增值税应税货物，向买方收取的全部价款和价外费用，应当按照4%的征收率征收增值税。拍卖货物属免税货物范围的，经拍卖行所在地县级主管税务机关批准，可以免征增值税。

二、对拍卖行向委托方收取的手续费征收营业税。

【注释】 对《营业税暂行条例》第2条进行了解释。

财政部　国家税务总局关于保管储备棉财政补贴收入免征营业税的通知

财税[1999]38号

各省、自治区、直辖市、计划单列市财政厅（局）、国家税务局、地方税务局：

经国务院批准，现对供销社保管储备棉的财政补贴营业税问题通知如下：

储备棉是国家为保证棉农利益和纺织工业正常生产，保障军需民用，应付重大自然灾害而储备的重要物资。供销社棉麻经营企业代国家保管储备棉所获得的财政补贴是国家对承储企业保管储备棉的成本补偿。因此，对其保管储备棉而取得的中央和地方财政补贴收入免征营业税。本通知下发前已征收入库的税款不再返还，未征收的税款不再征收。

【注释】 对《营业税暂行条例》第6条进行了解释。

财政部 国家税务总局关于促进科技成果转化有关税收政策的通知

财税[1999]45号

各省、自治区、直辖市、计划单列市财政厅(局)、国家税务局、地方税务局:

为贯彻落实《中华人民共和国科学技术进步法》和《中华人民共和国促进科技成果转化法》,鼓励高新技术产业发展,经国务院批准,现将科研机构、高等学校研究开发高新技术、转化科技成果有关税收政策通知如下:

一、科研机构的技术转让收入继续免征营业税,对高等学校的技术转让收入自1999年5月1日起免征营业税。

二、科研机构、高等学校服务于各业的技术成果转让、技术培训、技术咨询、技术服务、技术承包所取得的技术性服务收入暂免征收企业所得税。

三、自1999年7月1日起,科研机构、高等学校转化职务科技成果以股份或出资比例等股权形式给予个人奖励,获奖人在取得股份、出资比例时,暂不缴纳个人所得税;取得按股份、出资比例分红或转让股权、出资比例所得时,应依法缴纳个人所得税。有关此项的具体操作规定,由国家税务总局另行制定。

【注释】 对《营业税暂行条例》第6条进行了解释。

国家税务总局关于国家开发银行继续集中缴纳营业税的通知

国税函[1999]344号

各省、自治区、直辖市和计划单列市地方税务局:

为贯彻国务院关于支持组建政策性银行的精神,便于国家开发银行应缴纳的营业税集中返还,现对国家开发银行纳税地点问题通知如下:

国家开发银行从事贷款业务(包括委托其他金融机构发放贷款)应缴纳的营业税,继续由国家开发银行总行集中缴纳。

【注释】 对《营业税暂行条例》第13条进行了解释。

财政部 国家税务总局关于融资租赁业营业税计税营业额问题的通知

财税[1999]183号

各省、自治区、直辖市、计划单列市财政厅(局)、国家税务局、地方税务局:

财政部、国家税务总局《关于转发〈国务院关于调整金融保险业税收政策有关问题的通知〉的通知》(财税字[1997]045号)规定:纳税人经营融资租赁业务,以其向承租者收取的全部价款和价外费用(包括残值)减去出租方承担的出租货物的实际成本后的余额为营业额。出租货物的实际成本,包括由出租方承担的货物购入价、关税、增值税、消费税、运杂费、安装费、保险费等费用。最近,一些地方来函询问融资租赁企业的境外外汇借款利息支出在征税时能否予以扣除,现明确如下:

纳税人经营融资租赁业务,以其向承租者收取的全部价款和价外费用减去出租方承担的出租货物的实际成本后的余额为营业额,并依此征收营业税。出租货物的实际成本,包括纳税人为购买出租货物而发生的境外外汇借款利息支出。

本规定自1999年7月1日起执行。此前各地在执行中不论是否允许扣除境外外汇借款利息支出，对纳税人以往的营业额均不再调整。

【注释】 对《营业税暂行条例》第5条进行了解释。

财政部　国家税务总局关于国债转贷利息收入免征营业税的通知

财税[1999]220号

各省、自治区、直辖市、计划单列市财政厅(局)、国家税务局、地方税务局、新疆生产建设兵团财务局：

为扩大有效内需，促进国民经济持续稳定发展，国务院决定1998年增发1000亿元的国债，并将其中的一部分国债资金转贷给省级人民政府，用于地方的经济和社会发展项目。鉴于发行专项国债是国家运用积极财政政策刺激有效需求，拉动经济增长的一项重大宏观调控措施，用于转贷的专项国债属于财政资金，不同于银行信贷资金，经国务院批准，对1998年及以后年度专项国债转贷取得的利息收入免征营业税。

【注释】 对《营业税暂行条例》第6条进行了解释。

财政部　国家税务总局关于贯彻落实《中共中央 国务院关于加强技术创新，发展高科技，实现产业化的决定》有关税收问题的通知

财税[1999]273号

海关总署，各省、自治区、直辖市、计划单列市财政厅(局)、国家税务局、地方税务局，新疆生产建设兵团：

为了贯彻落实《中共中央 国务院关于加强技术创新，发展高科技，实现产业化的决定》(中发[1999]14号)的精神，鼓励技术创新和高新技术企业的发展，现对有关税收问题通知如下：

……

二、关于营业税

(一)对单位和个人(包括外商投资企业、外商投资设立的研究开发中心、外国企业和外籍个人)从事技术转让、技术开发业务和与之相关的技术咨询、技术服务业务取得的收入，免征营业税。

技术转让是指转让者将其拥有的专利和非专利技术的所有权或使用权有偿转让他人的行为。

技术开发是指开发者接受他人委托，就新技术、新产品、新工艺或者新材料及其系统进行研究开发的行为。

技术咨询是指就特定技术项目提供可行性论证、技术预测、专题技术调查、分析评价报告等。

与技术转让、技术开发相关的技术咨询、技术服务业务是指转让方(或受托方)根据技术转让或开发合同的规定，为帮助受让方(或委托方)掌握所转让(或委托开发)的技术，而提供的技术咨询、技术服务业务。且这部分技术咨询、服务的价款与技术转让(或开发)的价款是开在同一张发票上的。

(二)免征营业税的技术转让、开发的营业额为：

1. 以图纸、资料等为载体提供已有技术或开发成果的，其免税营业额为向对方收取的全部价款和价外费用。

2. 以样品、样机、设备等货物为载体提供已有技术或开发成果的，其免税营业额不包括货物的价值。对样品、样机、设备等货物，应当按有关规定征收增值税。转让方(或受托方)应分别反映货物的价值与技术转让、开发的价值，如果货物部分价格明显偏低，应按《中华人民共和国增值税暂行条例实施细则》第16条的规定，由主管税务机关核定计税价格。

3. 提供生物技术时附带提供的微生物菌种母本和动、植物新品种,应包括在免征营业税的营业额内。但批量销售的微生物菌种,应当征收增值税。

(三)免税的审批程序

1. 纳税人从事技术转让、开发业务申请免征营业税时,须持技术转让、开发的书面合同,到纳税人所在地省级科技主管部门进行认定,再持有关的书面合同和科技主管部门审核意见证明报当地省级主管税务机关审核。

外国企业和外籍个人从境外向中国境内转让技术需要免征营业税的,需提供技术转让或技术开发书面合同、纳税人或其授权人书面申请以及技术受让方所在地的省级科技主管部门审核意见证明,经省级税务主管机关审核后,层报国家税务总局批准。

2. 在科技和税务部门审核批准以前,纳税人应当先按有关规定缴纳营业税,待科技、税务部门审核后,再从以后应纳的营业税款中抵交,如以后一年内未发生应纳营业税的行为,或其应纳税款不足以抵顶免税额的,纳税人可向负责征收的税务机关申请办理退税。

……

六、科研机构转制问题

(一)中央直属科研机构以及省、地(市)所属的科研机构转制后,自1999年至2003年5年内,免征企业所得税和科研开发自用土地的城镇土地使用税。

本条所指科研机构不包括:已经转制和已并入企业的科研机构,以及所有从事社会科学研究的科研机构。

(二)享受上述税收优惠政策的科研机构,需持转制变更后的企业工商登记材料报当地主管税务机关,并按规定办理有关减免税手续。

七、本通知自1999年10月1日起开始执行。

【注释】 对《营业税暂行条例》第6条进行了解释。

国家税务总局关于水利部门所属勘察设计单位征收营业税问题的通知

国税函[1999]728号

各省、自治区、直辖市和计划单列市地方税务局:

近接水利部反映,水利部门所属的勘察设计单位从事各级政府安排的水利勘探前期工作,其工作性质、经费来源与地质部门所属的地勘单位承担各级政府安排的地质勘探工作相同,因此要求我局明确水利勘察设计单位从事水利勘探前期工作取得的财政拨款不征营业税。根据《国家税务总局关于地质矿产部所属地勘单位征税问题的补充通知》(国税函[1996]656号)的规定精神,现通知如下:

……

二、水利勘察设计单位承担其他各项水利勘察设计工作取得的收入,包括水利勘察设计单位分包其他单位承担的政府安排的水利勘察设计工作取得的收入,均属于营业税的征税范围。

【注释】 对《营业税暂行条例》第2条进行了解释。

国家税务总局关于从事房地产业务的外商投资企业若干税务处理问题的通知

国税发[1999]242号

各省、自治区、直辖市和计划单列市国家税务局、地方税务局:

为规范税收管理,现就从事房地产业务的外商投资企业有关税务处理问题,通知如下:

一、从事房地产业务的外商投资企业与境外企业签订房地产代销、包销合同或协议，委托境外企业在境外销售其位于我国境内房地产的，应按境外企业向购房人销售的价格，作为外商投资企业房地产销售收入，计算缴纳营业税和企业所得税。

二、上述外商投资企业向境外代销、包销企业支付的各项佣金、差价、手续费、提成费等劳务费用，应提供完整、有效的凭证资料，经主管税务机关审核确认后，方可作为外商投资企业的费用列支。但实际列支的数额，不得超过房地产销售收入的10%。

本通知自2000年1月1日起执行。

【注释】 对《营业税暂行条例》第1条进行了解释。

财政部　国家税务总局关于非金融机构统借统还业务征收营业税问题的通知

财税[2000]7号

各省、自治区、直辖市和计划单列市财政厅(局)、国家税务局、地方税务局：

据了解，近几年来，部分金融机构为减少和防止不良贷款，确保信贷资金安全，有时出现不愿受理中小企业贷款申请的情况。中小企业为解决融资困难，往往由其主管部门或所在企业集团的核心企业统一向金融机构贷款并统一归还。一些地区最近来函，要求对此类非金融机构统借统还业务如何征收营业税的问题予以明确。经研究，现明确如下：

一、为缓解中小企业融资难的问题，对企业主管部门或企业集团中的核心企业等单位(以下简称统借方)向金融机构借款后，将所借资金分拨给下属单位(包括独立核算单位和非独立核算单位)，并按支付给金融机构的借款利率水平向下属单位收取用于归还金融机构的利息不征收营业税。

二、统借方将资金分拨给下属单位，不得按高于支付给金融机构的借款利率水平向下属单位收取利息，否则，将视为具有从事贷款业务的性质，应对其向下属单位收取的利息全额征收营业税。

本通知从2000年1月1日起执行，对此前统借方按借款利率水平将借款利息支出分摊给下属单位的，已征税款不再退还，未征税款不再补征。

【注释】 对《营业税暂行条例》第6条进行了解释。

国家税务总局关于从事咨询业务的外商投资企业和外国企业税务处理问题的通知

国税发[2000]82号

各省、自治区、直辖市和计划单列市国家税务局、地方税务局：

近年来，境外会计公司、审计公司、律师事务所、咨询公司(以下统称境外咨询企业)来华从事税务、会计、审计、法律、咨询等各项业务(以下简称咨询业务)不断增加，有些境外咨询企业在我国设立了专业从事咨询业务的外商投资企业，有些则在我国设立代表机构。但由于业务上的特殊性，一些境外咨询企业仍参与在华咨询活动，有的直接派人来华从事业务活动，有的与境内外商投资企业或代表机构联合从事业务活动。为了规范税收管理，现就在我国从事咨询业务的外商投资企业、代表机构和境外咨询企业所取得的收入税务处理问题通知如下：

一、境内外商投资企业、代表机构从事咨询活动取得的收入税务处理问题

外商投资企业、代表机构单独与客户签订合同(包括代表机构以其总机构名义签订的合同，但实际业

务由代表机构履行)，为客户提供咨询业务所取得的收入，应全部作为外商投资企业、代表机构的收入，在其机构所在地申报缴纳营业税和企业所得税。

二、境外咨询企业单独为客户提供咨询业务取得的收入税务处理问题

境外咨询企业单独与客户签订合同，为客户提供咨询业务取得的收入，凡其提供的服务全部发生在我国境内的，应全额在我国申报缴纳营业税和企业所得税；若其提供的服务同时发生在境内外的，应以劳务发生地为原则，划分境内外收入，并就在我国境内提供服务所取得的收入申报纳税。一般情况下，上述咨询业务中，凡以中国境内客户为服务对象的，其划分为中国境内业务收入，不应低于总收入的60%。

境外咨询企业向客户提供的咨询业务服务活动全部在境外进行的，其所取得收入在我国不予征税。

三、境外咨询企业与境内外商投资企业或代表机构共同为客户提供咨询业务取得的收入税务处理问题

境外咨询企业与境内外商投资企业或代表机构共同与客户签订合同，共同提供咨询业务所取得的收入，首先应按工作量或合同规定等合理的比例，划分境内外企业或机构各自的收入。境内外商投资企业或代表机构应就其划分的收入申报缴纳营业税和企业所得税。凡属境外咨询企业与其境内关联企业或其代表机构共同提供咨询业务，且其服务对象为中国境内客户的，划为境内外商投资企业或代表机构收入的比例，不应低于该项业务总收入的60%。

在上述业务中，凡境外企业也派人来华参与客户的咨询业务，应再按劳务发生地原则，就该项业务中划为该境外企业的收入部分，以不低于50%为标准，再行确定该境外企业的境内业务收入，并按规定申报缴纳营业税和企业所得税。

四、本通知第二条和第三条所述境外咨询企业的境内应税业务收入，凡该境外咨询企业在华设有代表机构并与其共同进行该项业务的，应并入该代表机构的收入计算纳税。凡该境外咨询企业在华未设有代表机构的，或虽设有代表机构，但其代表机构未与其共同进行该项业务活动的，应作为该境外咨询企业在华构成营业场所计算纳税，并统一由支付人扣缴税款。

五、上述规定中，凡涉及来自与我国签订有避免双重征税协定或安排的国家或香港特区的咨询企业在我国境内从事咨询业务的，应依照协定或安排有关常设机构条款的规定，判定其是否构成常设机构。对构成常设机构的，应按照本通知规定确定征收企业所得税。

六、本通知自2000年6月1日起执行。本通知执行前已处理的事项不再进行调整；尚未处理或合同尚未到期的，按本通知的规定执行。

【注释】　对《营业税暂行条例》第14条进行了解释。本文件中关于营业税的政策废止。

财政部　国家税务总局关于金融业若干征税问题的通知

财税[2000]191号

各省、自治区、直辖市和计划单列市财政厅(局)、国家税务局、地方税务局：

近接部分地区请示，要求明确金融业营业税方面的若干政策问题。经研究，现明确如下：

一、暂不征收营业税的金融机构往来业务是指金融机构之间相互占用、拆借资金的业务，不包括相互之间提供的服务(如代结算、代发行金融债券等)。对金融机构相互之间提供服务取得的收入，应按规定征收营业税。

二、银行代发行国债取得的手续费收入，由各银行总行按向财政部收取的手续费全额缴纳营业税，对各分支机构来自于上级行的手续费收入不再征收营业税。

【注释】　对《营业税暂行条例》第14条进行了解释。

国家税务总局关于部队取得应税收入税收征管问题的批复

国税函[2000]466号

福建省地方税务局：

你局《关于对部队取得应税收入税收征管问题的紧急请示》(闽地税征[2000]17号)收悉。现批复如下：

一、关于武警、部队对外出租取得租金收入征收营业税问题。根据财政部、国家税务总局《关于军队、军工系统所属单位征收流转税、资源税问题的通知》([94]财税字第011号)第三条第一款，"军队系统各单位(不包括军办企业)附设的服务性单位，为军队内部服务取得的收入，免征营业税；对外经营取得的收入，应按规定征收营业税"的规定，对武警、部队对外经营取得的房产租金收入以及其他应税收入，均应按规定征收营业税。(此条款已失效或废止)

二、关于军队事业单位对外有偿服务征收企业所得税问题。《国家税务总局关于军队事业单位对外有偿服务征收企业所得税若干问题的通知》(国税发[2000]61号)，对军队事业单位对外有偿服务征收企业所得税问题已作出了明确的规定，应按上述文件执行。此外，中国人民解放军总后勤部已于2000年5月26日以[2000]后财安第222号文转发了这一文件。

三、关于武警、部队对外出租房产征收房产税问题。按照房产税的有关规定：免税单位非自用房产应该按规定缴纳房产税，因此，武警、军队将房产出租，应按出租房租金的12%缴纳房产税。

四、关于武警、部队对外出租取得收入使用票据问题。根据《中华人民共和国发票管理办法》"销售商品、提供服务以及从事其他经营活动的单位和个人，对外发生经营业务收取款项，收款方应当向付款方开具发票"和《国家税务总局关于军队事业单位对外有偿服务征收企业所得税若干问题的通知》(国税发[2000]61号)，"对外有偿服务应使用税务机关统一印制的发票"的规定，武警、军队对外出租房屋、提供有偿服务应使用税务机关统一印制的发票。中华人民共和国财政部和中国人民解放军总后勤部发布的《军队票据管理规定》([1999]后财字第81号)第二条和第三十三条明确规定，"本规定所称票据，是指军队单位在业务往来结算，价拨装备、被装、物资、器材，提供服务等非经营性经济活动中，开具的收款凭证，是单位财务收支的法定凭证和会计核算的原始凭证。""军队在地方工商、税务部门注册登记的保障性和福利性企业，按照国家或地方政府有关票据管理规定执行。"

希望你们向军队、武警从事对外经营的所有单位在做好税法宣传工作和正确处理征纳关系的同时，加强税收征管工作，对违反税收法律、法规规定的要依法处理。

【注释】 对《营业税暂行条例》第6条进行了解释。

国家税务总局关于融资租赁业务征收流转税问题的通知

国税函[2000]514号

据了解，目前一些地区在对融资租赁业务征收流转税时，政策执行不一，有的征收增值税，有的征收营业税，为统一增值税政策，严肃执法，现就有关问题明确如下：

对经中国人民银行批准经营融资租赁业务的单位所从事的融资租赁业务，无论租赁的货物的所有权是否转让给承租方，均按《中华人民共和国营业税暂行条例》的有关规定征收营业税，不征收增值税。其他单位从事的融资租赁业务，租赁的货物的所有权转让给承租方，征收增值税，不征收营业税；租赁的货物的所有权未转让给承租方，征收营业税，不征收增值税。

融资租赁是指具有融资性质和所有权转移特点的设备租赁业务。即：出租人根据承租人所要求的规格、型号、性能等条件购入设备租赁给承租人，合同期内设备所有权属于出租人，承租人只拥有使用权，合同期满付清租金后，承租人有权按残值购入设备，以拥有设备的所有权。

本通知自公布之日起执行，此前规定与本通知相抵触的，一律以本通知为准。

【注释】　对《营业税暂行条例》第2条进行了解释。

财政部　国家税务总局关于对青少年活动场所　电子游戏厅有关所得税和营业税政策问题的通知

财税[2000]21号

各省、自治区、直辖市、计划单列市财政厅(局)、国家税务局、地方税务局：

根据中共中央办公厅、国务院办公厅《关于加强青少年学生活动场所建设和管理工作的通知》(中办发[2000]13号)精神，现对青少年活动场所以及社会力量对青少年活动场所的捐赠和电子游戏厅有关所得税、营业税政策问题通知如下：

一、对公益性青少年活动场所暂免征收企业所得税；对企事业单位、社会团体和个人等社会力量，通过非营利性的社会团体和国家机关对公益性青少年活动场所(其中包括新建)的捐赠，在缴纳企业所得税和个人所得税前准予全额扣除。

本通知所称公益性青少年活动场所，是指专门为青少年学生提供科技、文化、德育、爱国主义教育、体育活动的青少年宫、青少年活动中心等校外活动的公益性场所。

……

三、对账证不全及按有关规定应采取核定征收企业所得税的电子游戏厅，应根据《国家税务总局关于印发〈核定征收企业所得税暂行办法〉的通知》(国税发[2000]38号)规定，调高定额或应税所得率，调高幅度为20~50%，具体幅度比例可根据电子游戏厅经营情况确定。

四、对核定征收个人所得税的电子游戏厅，一律调高50%的个人所得税定额。

本通知第一条规定自2000年1月1日起执行，第二至第四条规定自2000年7月1日起执行。

【注释】　对《营业税暂行条例》第2条进行了解释。

国家税务总局关于航空运输企业包机业务征收营业税问题的通知

国税发[2000]139号

各省、自治区、直辖市和计划单列市地方税务局：

为进一步统一规范航空运输企业营业税有关政策，经研究，现对航空运输企业包机业务征收营业税问题通知如下：

对航空运输企业从事包机业务向包机公司收取的包机费，按“交通运输业”税目征收营业税；对包机公司向旅客或货主收取的运营收入，应按“服务业——代理”项目征收营业税，其营业额为向旅客或货主收取的全部价款和价外费用减除支付给航空运输企业的包机费后的余额。

本通知所称包机业务，是指航空运输企业与包机公司签订协议，由航空运输企业负责运送旅客或货物，包机公司负责向旅客或货主收取运营收入，并向航空运输企业支付固定包机费用的业务。

【注释】　对《营业税暂行条例》第2条进行了解释。

国家税务总局关于电信部门销售电话号码簿征收营业税问题的通知

国税函[2000]698 号

各省、自治区、直辖市和计划单列市地方税务局：

为规范电信部门销售电话号簿业务的流转税政策，便于征收管理，经研究，现就电信部门销售电话号簿业务有关流转税政策明确如下：

对电信部门及其下属的电话号簿公司（包括独立核算与非独立核算的号簿公司）销售电话号簿业务取得的收入，应一律征收营业税，不征增值税。

【注释】 对《营业税暂行条例》第 2 条进行了解释。

财政部　国家税务总局关于对外汇管理部门委托贷款利息收入免征营业税的通知

财税[2000]78 号

各省、自治区、直辖市、计划单列市财政厅（局）、国家税务局、地方税务局：

经国务院批准，对外汇管理部门在从事国家外汇储备经营过程中，委托金融机构发放的外汇贷款利息收入免征营业税。本通知自 2000 年 7 月 1 日起执行，此前已征税款不再退还，未征税款不再补征。

【注释】 对《营业税暂行条例》第 6 条进行了解释。

财政部　国家税务总局财政部　国家税务总局关于随军家属就业有关税收政策的通知

财税[2000]84 号

各省、自治区、直辖市、计划单列市财政厅（局）、地方税务局、国家税务局：

为缓解随军家属的就业困难，经国务院、中央军委批准，现对随军家属就业的有关税收政策通知如下：

一、对为安置随军家属就业而新开办的企业，自领取税务登记证之日起，3 年内免征营业税、企业所得税。

二、对从事个体经营的随军家属，自领取税务登记证之日起，3 年内免征营业税和个人所得税。

三、享受税收优惠政策的企业，随军家属必须占企业总人数的 60%（含）以上，并有军（含）以上政治和后勤机关出具的证明；随军家属必须有师以上政治机关出具的可以表明其身份的证明，但税务部门应进行相应的审查认定。

主管税务机关在企业或个人享受免税期间，应按现行有关税收规定，对此类企业进行年度检查，凡不符合条件的，应取消其免税政策。

每一随军家属只能按上述规定，享受一次免税政策。

四、本通知自 2000 年 1 月 1 日起执行。

【注释】 对《营业税暂行条例》第 6 条进行了解释。

国家税务总局关于明确外国企业和外籍个人技术转让收入免征营业税范围问题的通知

国税发[2000]166 号

按照财政部　国家税务总局《关于贯彻落实〈中共中央国务院关于加强技术创新,发展高科技,实现产业化的决定〉有关税收问题的通知》(财税字[1999]273 号)的规定,外国企业和外籍个人从事技术转让、技术开发业务和与之相关的技术咨询、技术服务业务取得的收入,免征营业税。为便于各地掌握执行,现对外国企业和外籍个人取得的可免征营业税的技术转让收入的范围明确如下:

一、免征营业税的技术转让收入是指转让者将其拥有的专利和非专利技术的所有权或使用权有偿转让他人及提供与之相关的技术咨询、技术服务等所取得的收入。采取按产品销售比例提取收入等形式取得的"入门费"、"提成费"等作价方式取得的与技术转让有关的收入,均属于免征营业税的技术转让收入范围。

二、技术转让合同中的商标使用费或类似性质的收入,不属于上述财税字[1999]273 号文件规定免征营业税的范围。因此,纳税人应正确合理地划分出合同中商标使用费等不予免税的收入。如不能准确合理划分,税务机关可按照不高于合同总价款 50% 的金额确定免征营业税的技术转让收入额。

三、上述技术转让收入免征营业税的具体审批程序仍按照(财税字[1999]273 号)第二条第(三)项的有关规定执行。

【注释】　对《营业税暂行条例》第 6 条进行了解释。

财政部　国家税务总局关于住房公积金管理中心有关税收政策的通知

财税[2000]94 号

各省、自治区、直辖市、计划单列市财政厅(局)、地方税务局、新疆生产建设兵团财务局:

为了推进住房制度改革,经国务院批准,现将住房公积金管理中心有关税收政策通知如下:

一、对住房公积金管理中心用住房公积金在指定的委托银行发放个人住房贷款取得的收入,免征营业税;

二、对住房公积金管理中心用住房公积金购买国债、在指定的委托银行发放个人住房贷款取得的利息收入,免征企业所得税;

三、对住房公积金管理中心取得其他经营收入,按规定征收各项税收。

本通知自 2000 年 9 月 1 日起执行。

【注释】　对《营业税暂行条例》第 6 条进行了解释。

国家税务总局关于我国境内企业向外国企业支付软件费扣缴营业税问题的通知

国税发[2000]179 号

各省、自治区、直辖市和计划单列市国家税务局、地方税务局:

近接一些地区反映,我国境内企业向在我国境内无机构的外国企业支付软件费时是否扣缴营业税,在执行中时有争议。为规范税收管理,现就上述问题明确如下:

一、外国企业向我国境内企业单独销售软件或随同销售邮电、通讯设备和计算机等货物一并转让与这些货物使用相关的软件,国内受让企业进口上述软件,无论是否缴纳了关税和进口环节增值税,其所支付的软件使用费,均不再扣缴外国企业的营业税。

二、外国企业向我国境内企业出租邮电、通讯设备和计算机等货物,同时包含与这些货物使用相关的软件,如果软件单独收费,应视为出租上述货物的租金收入,根据《国家税务总局关于外国企业在中国境内取得的利息、租金收入是否征收营业税问题的通知》(国税发[1997]035 号)的规定,不征收营业税。

三、本通知自 1999 年 10 月 1 日起执行。纳税人 1999 年 10 月 1 日(以海关报关日期为准,下同)以前进口上述软件自用,无论是否征税,均不再进行补、退税款处理;1999 年 10 月 1 日以后国内企业向外国企业支付的软件费征收了营业税的,应作退库处理。

【注释】 对《营业税暂行条例》第 6 条进行了解释。

财政部　国家税务总局关于调整住房租赁市场税收政策的通知

财税[2000]125 号

各省、自治区、直辖市、计划单列市财政厅(局),国家税务局,地方税务局,新疆生产建设兵团:

为了配合国家住房制度改革,支持住房租赁市场的健康发展,经国务院批准,现对住房租赁市场有关税收政策问题通知如下:

一、对按政府规定价格出租的公有住房和廉租住房,包括企业和自收自支事业单位向职工出租的单位自有住房;房管部门向居民出租的公有住房;落实私房政策中带户发还产权并以政府规定租金标准向居民出租的私有住房等,暂免征收房产税、营业税。

二、对个人按市场价格出租的居民住房,其应缴纳的营业税暂减按 3% 的税率征收,房产税暂减按 4% 的税率征收。

三、对个人出租房屋取得的所得暂减按 10% 的税率征收个人所得税。

本通知自 2001 年 1 月 1 日起执行。凡与本通知规定不符的税收政策,一律改按本通知的规定执行。

【注释】 对《营业税暂行条例》第 2 条进行了解释。

财政部　国家税务总局关于车辆通行费有关营业税等税收政策的通知

财税[2000]139 号

各省、自治区、直辖市和计划单列市财政厅(局)、地方税务局:

根据《国务院批转财政部、国家计委等部门〈交通和车辆税费改革实施方案〉的通知》(国发[2000]34 号)中的有关规定,现将车辆通行费征收营业税等税收政策通知如下:

一、自 2000 年 10 月 22 日起,凡交通、建设部门贷款或按照国家规定有偿集资修建路桥、隧道、渡口、船闸收取的车辆通行费、船舶过闸费,收费项目由省、自治区、直辖市财政部门会同物价、交通和建设部门审核,收费标准由省、自治区、直辖市物价部门会同财政、交通或建设部门审核后,报同级人民政府审批,收费时要按照有关规定到制定的价格主管部门申领收费许可证,使用省、自治区、直辖市财政部门统一印(监)制的收费票据,所收资金全额纳入财政专户,实行"收支两条线"管理,不缴纳营业税。此前,已征的税款不再退还,未征的税款不再补征。

二、凡国内外经济组织设立公路或城市道路经营企业收取车辆通行费,统一由省、自治区、直辖市物价部门会同交通或建设部门审核后,报同级人民政府审批,收费时要按照有关规定使用税务发票,依法缴纳各项税收。

【注释】　对《营业税暂行条例》第6条进行了解释。

财政部　国家税务总局关于对银行代发行国债手续费收入征收营业税执行时间的批复

财税[2001]12号

北京市财政局、国家税务局：

你局《关于对代发行国债手续费收入征收营业税问题的请示》(京国税流[2000]695号,以下简称《请示》)收悉。对于财政部、国家税务总局《关于金融业若干征税问题的通知》(财税字[2000]191号)规定"银行代发行国债取得的手续费收入,由各银行总行按向财政部收取的手续费收入全额缴纳营业税,对各分支机构来自于上级行的手续费收入不再征收营业税"的执行时间问题,经研究,明确如下:鉴于财政部、国家税务总局财税字[2000]191号文件是2000年6月16日发出的,该文件应当自2000年6月16日起生效。从2000年6月16日起,由各银行总行按向财政部收取的代发行国债的手续费收入全额向北京市国家税务局缴纳营业税,对银行各分支机构来自于上级行的代发行国债手续费收入不再征收营业税。对于2000年6月16日前,银行总行及分支机构代发行国债取得手续费缴纳营业税仍按原营业税规定执行。即:由各银行总行本身代发行国债取得的手续费收入向北京市国家税务局缴纳营业税;银行各分支机构代发行国债取得的手续费收入向当地税务机关缴纳营业税,不由各银行总行向北京市国家税务局缴纳营业税。

财政部　国家税务总局关于非营利性科研机构税收政策的通知

财税[2001]5号

各省、自治区、直辖市、计划单列市财政厅(局)、国家税务局、地方税务局：

为了贯彻落实《国务院办公厅转发科技部等部门关于非营利性科研机构管理的若干意见(试行)的通知》(国办发[2000]78号),鼓励社会公益类科研事业的发展,经国务院批准,现对非营利性科研机构有关税收政策明确如下：

一、非营利性科研机构要以推动科技进步为宗旨,不以营利为目的,主要从事应用基础研究或向社会提供公共服务。非营利性科研机构的认定标准,由科技部会同财政部、中编办、国家税务总局另行制定。非营利性科研机构需要书面向科技行政主管部门申明其性质,按规定进行设置审批和登记注册,并由接受其登记注册的科技行政部门核定,在执业登记中注明"非营利性科研机构"。

二、非营利性科研机构享受如下税收优惠政策：

1. 非营利性科研机构从事技术开发、技术转让业务和与之相关的技术咨询、技术服务所得的收入,按有关规定免征营业税和企业所得税。

2. 非营利性科研机构从事与其科研业务无关的其他服务所取得的收入,如租赁收入、财产转让收入、对外投资收入等,应当按规定征收各项税收;非营利性科研机构从事上述非主营业务收入用于改善研究开发条件的投资部分,经税务部门审核批准可抵扣其应纳税所得额,就其余额征收企业所得税。

3. 非营利性科研机构自用的房产、土地,免征房产税、城镇土地使用税。

4. 社会力量对非关联的非营利性科研机构的新产品、新技术、新工艺所发生的研究开发经费资助,经主管税务机关审核确定,其资助支出可以全额在当年度应纳税所得额中扣除。当年度应纳税所得额不足抵扣的,不得结转抵扣。

三、对非营利性科研机构实行年度检查制度,凡不符合条件的,应取消其免税资格,并按规定补缴当年已免税款。

本通知自2001年1月1日起执行。具体执行办法由国家税务总局另行制定。

【注释】 对《营业税暂行条例》第6条进行了解释。

国家税务总局关于电视收视费征收营业税问题的通知

国税发[2001]22号

为了规范电视收视费的营业税政策,保证营业税政策的统一性,经研究,现通知如下:

各地电视转播台(或其他单位)向当地用户有偿转播由中央电视台或其他电视台播放的电视节目,应由直接向用户收取收视费的电视转播台(或其他单位)按其向用户收取的收视费全额,向所在地主管税务机关缴纳营业税。播映电视节目的中央电视台或其他电视台从各地电视转播台(或其他单位)分得的收视费收入,不再缴纳营业税。

【注释】 对《营业税暂行条例》第2条进行了解释。

国家税务总局关于代扣代缴储蓄存款利息所得个人所得税手续费收入征免税问题的通知

国税发[2001]31号

各省、自治区、直辖市和计划单列市国家税务局、地方税务局:

近据各地税务部门反映,部分储蓄机构要求明确代扣代缴储蓄存款利息所得个人所得税(以下简称利息税)取得手续费收入的征免税政策。为完善税收政策,进一步加强对利息征税的管理,现将代扣代缴利息税手续费收入的征免税政策明确如下:

一、根据《国务院对储蓄存款利息所得征收个人所得税的实施办法》的规定,储蓄机构代扣代缴利息税,可按所扣税款的2%取得手续费。对储蓄机构取得的手续费收入,可按所扣税款的2%取得手续费。对储蓄机构取得的手续费收入,应分别按照《中华人民共和国营业税暂行条例》和《中华人民共和国企业所得税暂行条例》的有关规定征收营业税和企业所得税。

二、储蓄机构内从事代扣代缴工作的办税人员取得的扣缴利息税手续费所得免征个人所得税。

【注释】 对《营业税暂行条例》第2条进行了解释。

财政部 国家税务总局关于外国企业和外籍个人转让无形资产营业税若干问题的通知

财税[2001]36号

各省、自治区、直辖市、计划单列市财政厅(局)、地方税务局:

财政部、国家税务总局《关于贯彻落实〈中共中央 国务院关于加强技术创新,发展高科技,实现产业化的决定〉有关税收问题的通知》(财税字[1999]273号)下发执行后,各地陆续反映了一些问题,为便于执行,现就外国企业和外籍个人从境外向中国境内转让技术等无形资产有关营业税问题明确如下:

一、关于外国企业和外籍个人转让无形资产征免营业税期限问题

根据《中华人民共和国营业税暂行条例》、《国家税务总局关于外国企业向境内转让无形资产取得收入征收营业税问题的通知》(国税发[1998]4 号)、《国家税务总局关于外国企业转让无形资产有关营业税问题的通知》(国税发[2000]70 号)和《财政部、国家税务总局关于贯彻落实〈中共中央国务院关于加强技术创新,发展高科技,实现产业化的决定〉有关税收问题的通知》(财税字[1999]273 号)的规定,外国企业和外籍个人向我国境内转让无形资产所取得的收入,其征免税期限为:

(一)属于 1993 年底以前与我国境内单位签订的合同,不论在何时取得收入,均不予征收营业税;

(二)属于 1994 年 1 月 1 日以后签订的合同,于 1997 年 12 月 31 日前取得的收入,无论是否征收了营业税,均不再进行退、补税款处理;

(三)属于 1994 年 1 月 1 日以后签订的合同,1998 年 1 月 1 日以后取得的收入,应按照有关规定征收营业税;

(四)属于 1994 年 1 月 1 日以后签订的技术转让合同,1999 年 10 月 1 日以后取得的收入,企业在取得有关证明资料后,经申请,层报国家税务总局批准后,可免予征收营业税。技术以外的无形资产转让收入照章征收营业税。

二、关于外国企业和外籍个人申请免征技术转让费营业税需提供证明资料问题

根据财税字[1999]273 号的规定,外国企业和外籍个人向我境内转让技术需要免征营业税的,应提供技术受让方所在地省级科技主管部门出具的审核意见证明,方可办理免税事项。为简化手续,提高效率,在办理技术转让免税时,凡能提供由审批技术引进项目的对外贸易经济合作部及其授权的地方外经贸部门出具的技术转让合同、协议批准文件的,可不再提供省级科技主管部门审核意见证明。

【注释】　对《营业税暂行条例》第 1 条进行了解释。

国家税务总局关于转让著作权征收营业税问题的通知

国税发[2001]44 号

各省、自治区、直辖市和计划单列市地方税务局:

为规范转让著作权中涉及的营业税政策,经研究,现通知如下:

拥有无形资产所有权的单位或个人(以下简称“所有权人”)授权或许可他人(以下简称“受托方”)向第三者转让“所有权人”的无形资产时,如“受托方”以“所有权人”的名义向第三者转让无形资产,转让过程中产生的权利和义务由“所有权人”承担,对“所有权人”应按照“受托方”向第三者收取的全部转让费依“转让无形资产”税目征收营业税,对“受托方”取得的佣金或手续费等价款按照“服务业”税目中的“代理”项目征收营业税;如“受托方”以自己的名义向第三者转让无形资产,转让过程中产生的权利和义务均由“受托方”承担,对“所有权人”向“受托方”收取的全部转让费和“受托方”向第三者收取的全部转让费,均按照“转让无形资产”税目征收营业税。……

【注释】　对《营业税暂行条例》第 7 条进行了解释。

财政部　国家税务总局关于索道运营征收营业税问题的通知

财税[2001]116 号

各省、自治区、直辖市、计划单列市财政厅(局)、地方税务局,新疆生产建设兵团财务局:

近接一些地方反映,各地对设在旅游景点为旅客观光提供服务的索道运营营业税政策执行不一。为了

统一政策，现就有关的营业税问题通知如下：

根据现行营业税条例及营业税税目注释的规定，在旅游景点为旅客观光提供的索道运营服务属于交通运输业税目的征税范围，应按交通运输业适用3%的税率征收营业税。

【注释】　对《营业税暂行条例》第2条进行了解释。

财政部　国家税务总局关于人寿保险业务免征营业税若干问题的通知

财税［2001］118号

各省、自治区、直辖市、计划单列市财政厅（局）、国家税务局、地方税务局，新疆生产建设兵团财务局：

为规范对人身保险业务免征营业税的管理，现就财政部、国家税务总局《关于对若干项目免征营业税的通知》［（94）财税字第002号，以下简称“002号文”］中有关对人身保险业务免征营业税的问题明确如下：

一、根据国务院《关于研究财税体制改革方案出台后有关问题的会议纪要》（国阅字［1994］42号）的精神和保险企业核算制度的变化，对保险公司开展一年期以上（包括一年期）返还本利的普通人寿保险、养老年金保险，以及一年期以上（包括一年期）健康保险免征营业税。

二、对保险公司开办的普通人寿保险、养老年金保险、健康保险的具体险种，凡经财政部、国家税务总局审核并列入免税名单的可免征营业税，未列入免税名单的一律征收营业税。对保险公司新开办的普通人寿保险、养老年金保险、健康保险的具体险种在财政部、国家税务总局审核批准免征营业税以前，保险公司应当先按规定缴纳营业税，待财政部、国家税务总局审核批准免征营业税以后，可从其以后应缴的营业税税款中抵扣，抵扣不完的由税务机关办理退税。

【注释】　对《营业税暂行条例》第6条进行了解释。

国家税务总局关于新闻产品征收流转税问题的通知

国税发［2001］105号

各省、自治区、直辖市和计划单列市国家税务局、地方税务局：

为了规范新闻产品的流转税政策，保证流转税政策的统一性，经研究，现通知如下：

一、关于增值税

对新华通讯社系统销售印刷品应按照现行增值税政策规定征收增值税；鉴于新华社系统属于非企业性单位，对其销售印刷品可按小规模纳税人的征税办法征收增值税。

二、关于营业税

新华社各分社向当地用户有偿转让新闻信息产品，应由直接向用户收费的单位以其收费全额，按“文化体育业”税目，向所在地主管税务机关缴纳营业税。新华社从各地分社分得的新闻信息产品收入，不再缴纳营业税。

以上所称“新闻信息产品”，是指新华总社编辑的新闻信息产品，不包括新华社各分社再编辑的新闻信息产品。

【注释】　对《营业税暂行条例》第14条进行了解释。

财政部　国家税务总局关于国有独资商业银行、国家开发银行承购金融资产管理公司发行的专项债券利息收入免征税收问题的通知

财税[2001]152 号

经国务院批准,现就国有独资商业银行、国家开发银行购买金融资产管理公司发行的8200 亿元专项债券而取得的利息收入的有关税收政策问题通知如下:

一、国有独资商业银行、国家开发银行购买金融资产管理公司发行的专项债券利息收入免征营业税和企业所得税。

二、享受免税优惠政策的专项债券利息收入的具体范围是:中国工商银行总行承购华融资产管理公司发行的3130 亿元专项债券取得的利息,中国银行总行承购东方资产管理公司发行的1600 亿元专项债券取得的利息,中国建设银行总行承购信达资产管理公司发行的2470 亿元专项债券取得的利息,国家开发银行承购信达资产管理公司发行的1000 亿元专项债券取得的利息。定向发行的专项债券期限为10 年,固定年利率为2. 25%。

三、国有独资商业银行、国家开发银行享受免税优惠政策的上述债券利息收入应全额计为待分配专项利润,作为弥补不良资产最终损失的专项准备。

四、本通知自国有独资商业银行、国家开发银行与金融资产管理公司进行资金清算之日起执行。

【注释】　对《营业税暂行条例》第6 条进行了解释。

国家税务总局关于管道煤气集资费(初装费)征收营业税问题的批复

国税函[2002]105 号

你局《关于煤气管理公司收取管道煤气集资费(初装费)是否征收营业税问题的请示》(粤地税发[2001]128 号)收悉。经研究,现批复如下:

管道煤气集资费(初装费),是用于管道煤气工程建设和技术改造,在报装环节一次性向用户收取的费用。根据现行营业税政策规定,对管道煤气集资费(初装费),应按"建筑业"税目征收营业税。

【注释】　对《营业税暂行条例》第2 条进行了解释。

金融保险业营业税申报管理办法

国税发[2002]9 号

第一章　总　　则

第一条　根据《中华人民共和国税收征收管理法》(以下简称征管法)、《中华人民共和国营业税暂行条例》(以下简称条例)、《中华人民共和国营业税暂行条例实施细则》(以下简称实施细则)、财政部、国家税务总局《关于金融业征收营业税有关问题的通知》(财税字[1995]79 号)等有关规定,制定本办法。

第二章　适用范围

第二条　本办法适用于金融保险业营业税的纳税人和扣缴义务人。

第三条 金融保险业纳税人是指：

(一)银行：包括人民银行、商业银行、政策性银行。

(二)信用合作社。

(三)证券公司。

(四)金融租赁公司、证券基金管理公司、财务公司、信托投资公司、证券投资基金。

(五)保险公司。

(六)其他经中国人民银行、中国证监会、中国保监会批准成立且经营金融保险业务的机构等。

第四条 扣缴义务人是受托发放贷款的金融机构。

第三章 金融保险业征税范围

第五条 贷款是指将资金有偿贷与他人使用(包括以贴现、押汇方式)的业务。以货币资金投资但收取固定利润或保底利润的行为，也属于这里所称的贷款业务。按资金来源不同，贷款分为外汇转贷业务和一般贷款业务两种：

(一)外汇转贷业务，是指金融企业直接向境外借入外汇资金，然后再贷给国内企业或其他单位、个人。各银行总行向境外借入外汇资金后，通过下属分支机构贷给境内单位或个人使用的，也属于外汇转贷业务。

(二)一般贷款业务，指除外汇转贷以外的各种贷款。

第六条 融资租赁(也称金融租赁)，是指经中国人民银行或对外经济贸易合作部批准可从事融资租赁业务的单位所从事的具有融资性质和所有权转移特点的设备租赁业务。

第七条 金融商品转让，是指转让外汇、有价证券或非货物期货的所有权的行为。包括：股票转让、债券转让、外汇转让、其他金融商品转让。

第八条 金融经纪业务和其他金融业务，指受托代他人经营金融活动的中间业务。如委托业务、代理业务、咨询业务等。

第九条 保险业务

第十条 以下业务不征营业税：

(一)金融机构往来利息收入，是指金融机构之间相互占用、拆借资金取得的利息收入。

(二)保险公司的摊回分保费用。

第四章 营业额的确定

第十一条 一般贷款业务的营业额为贷款利息收入(包括各种加息、罚息等)。

……

第十三条 融资租赁以其向承租者收取的全部价款和价外费用(包括残值)减去出租方承担的出租货物的实际成本后的余额，以直线法折算出本期的营业额。

计算方法为：本期营业额 =(应收取的全部价款和价外费用 - 实际成本)×(本期天数 ÷ 总天数)，实际成本 = 货物购入原价 + 关税 + 增值税 + 消费税 + 运杂费 + 安装费 + 保险费 + 支付给境外的外汇借款利息支出

第十四条 金融商品转让业务，按股票、债券、外汇、其他四大类来划分。同一大类不同品种金融商品买卖出现的正负差，在同一个纳税期内可以相抵，相抵后仍出现负差的，可结转下一个纳税期相抵，但年末时仍出现负差的，不得转入下一个会计年度。金融商品的买入价，可以选定按加权平均法或移动加权法进行核算，选定后一年内不得变更。

(一)股票转让

营业额为买卖股票的价差收入，即营业额 = 卖出价 - 买入价。股票买入价是指购进原价，不得包括购进股票过程中支付的各种费用和税金。卖出价是指卖出原价，不得扣除卖出过程中支付的任何费用和税金。

(二)债券转让

营业额为买卖债券的价差收入，即营业额 = 卖出价 - 买入价。债券买入价是指购进原价，不得包括购进债券过程中支付的各种费用和税金。卖出价是指卖出原价，不得扣除卖出过程中支付的任何费用和税

金。

(三)外汇转让

营业额为买卖外汇的价差收入,即营业额 = 卖出价 - 买入价。外汇买入价是指购进原价,不得包括购进外汇过程中支付的各种费用和税金。卖出价是指卖出原价,不得扣除卖出过程中支付的任何费用和税金。

(四)其他金融商品转让

营业额为其他金融商品的价差收入,即营业额 = 卖出价 - 买入价。其他金融商品买入价是指购进原价,不得包括购进其他金融商品过程中支付的各种费用和税金。卖出价是指卖出原价,不得扣除卖出过程中支付的任何费用和税金。

第十五条　金融经纪业务和其他金融业务(中间业务)营业额为手续费(佣金)类的全部收入包括价外收取的代垫、代收代付费用(如邮电费、工本费)加价等,从中不得作任何扣除。

第十六条　保险

(一)办理初保业务向保户收取的保费

营业额为纳税人经营保险业务向对方收取的全部价款,即向被保险人收取的全部保险费。

(二)储金业务

保险公司如采用收取储金方式取得经济利益的(即以被保险人所交保险资金的利息收入作为保费收入,保险期满后将保险资金本金返还被保险人),其"储金业务"的营业额,为纳税人在纳税期内的储金平均余额乘以人民银行公布的一年期存款的月利率。储金平均余额为纳税期期初储金余额与期末余额之和乘以 50% 。

……

第五章　纳税义务发生时间

第十八条　贷款业务,按《国家关于银行贷款利息收入营业税纳税义务发生时间问题的通知》(国税发[2001]38 号)执行。(此条款已失效或废止)

第十九条　融资租赁业务,纳税义务发生时间为取得租金收入或取得索取租金收入价款凭据的当天。

第二十条　金融商品转让业务,纳税义务发生时间为金融商品所有权转移之日。

第二十一条　金融经纪业和其他金融业务,纳税义务发生时间为取得营业收入或取得索取营业收入价款凭据的当天。

第二十二条　保险业务,纳税义务发生时间为取得保费收入或取得索取保费收入价款凭据的当天。

第六章　申报纳税

第二十三条　纳税人应当按征管法、条例、实施细则的有关规定向主管税务机关申报纳税,并报送下列资料:

(一)《金融保险业营业税纳税申报表》

(二)《贷款(含贴现、押汇、透支等)利息收入明细表》

(三)《外汇转贷利息收入明细表》

(四)《委托贷款利息收入明细表》

(五)《融资租赁收入明细表》

(六)《自营买卖股票价差收入明细表》

(七)《自营买卖债券价差收入明细表》

(八)《自营买卖外汇价差收入明细表》

(九)《自营买卖其他金融商品价差收入明细表》

(十)《金融经纪业务及其他金融业务收入月汇总明细表》

(十一)《保费收入明细表》

(十二)《储金业务收入明细表》

(十三)主管税务机关规定的其他资料。

第二十四条 金融保险业营业税申报资料的填报要求

（一）各种报表按填表说明的要求填写，分别向国、地税机关各报送一式三份，税务机关签收后，一份退还纳税人，两份留存。

（二）《贷款（含贴现、押汇、透支等）利息收入明细表》、《外汇转贷利息收入明细表》、《委托贷款利息收入明细表》、《融资租赁收入明细表》、《自营买卖股票价差收入明细表》、《自营买卖债券价差收入明细表》、《自营买卖外汇价差收入明细表》、《自营买卖其他金融商品价差收入明细表》、《金融经纪业务及其他金融业务收入月汇总明细表》、《保费收入明细表》、《储金业务收入明细表》等表，纳税人可根据自身情况填写各项内容，没有开展的业务是否需要报相应的空表由各省税务机关根据实际情况决定。

……

第二十六条 金融保险业营业税实行电子申报方法。

第七章 附 则

第二十七条 纳税人未按规定申报、纳税以及发生其他违章行为的，按征管法的有关规定处罚。

第二十八条 本办法自2002年2月1日起执行。

【注释】 对《营业税暂行条例》第14条进行了解释。

国家税务总局关于贷款业务征收营业税问题的通知

国税发[2002]13号

各省、自治区、直辖市和计划单列市国家税务局、地方税务局：

近接部分地区和单位反映，要求对非金融机构统借统还贷款业务和银行委托贷款业务征收营业税等有关问题给予明确。经研究，现通知如下：

一、关于非金融机构统借统还贷款业务征税问题

企业集团或集团内的核心企业（以下简称企业集团）委托企业集团所属财务公司代理统借统还贷款业务，从财务公司取得的用于归还金融机构的利息不征收营业税；财务公司承担此项统借统还委托贷款业务，从贷款企业收取贷款利息不代扣代缴营业税。

以上所称企业集团委托企业集团所属财务公司代理统借统还业务，是指企业集团从金融机构取得统借统还贷款后，由集团所属财务公司与企业集团或集团内下属企业签订统借统还贷款合同并分拨借款，按支付给金融机构的借款利率向企业集团或集团内下属企业收取用于归还金融机构借款的利息，再转付企业集团，由企业集团统一归还金融机构的业务。

……

【注释】 对《营业税暂行条例》第9条进行了解释。

国家税务总局关于转让企业产权不征营业税问题的批复

国税函[2002]165号

海南省地方税务局：

你局《海南省地方税务局关于海南省金城国有资产经营管理公司转让富岛化工有限公司全部产权是否征收营业税问题的请示》（琼地税发[2002]9号）收悉。经研究，现批复如下：

根据《中华人民共和国营业税暂行条例》及其实施细则的规定，营业税的征收范围为有偿提供应税劳务、转让无形资产或者销售不动产的行为。转让企业产权是整体转让企业资产、债权、债务及劳动力的行为，其转让价格不仅仅是由资产价值决定的，与企业销售不动产、转让无形资产的行为完全不同。因此，转

让企业产权的行为不属于营业税征收范围，不应征收营业税。

【注释】　对《营业税暂行条例》第2条进行了解释。

国家税务总局关于交通运输企业征收营业税问题的通知

国税发[2002]25号

各省、自治区、直辖市和计划单列市地方税务局：

为进一步规范交通运输业营业税政策，经研究，现对交通运输企业租赁业务征收营业税问题规定如下：

一、对远洋运输企业从事程租、期租业务和航空运输企业从事湿租业务取得的收入，按“交通运输业”税目征收营业税。

程租业务，是指远洋运输企业为租船人完成某一特定航次的运输任务并收取租赁费的业务。

期租业务，是指远洋运输企业将配备有操作人员的船舶承租给他人使用一定期限，承租期内听候承租方调遣，不论是否经营，均按天向承租方收取租赁费，发生的固定费用（如人员工资、维修费用等）均由船东负担的业务。

湿租业务，是指航空运输企业将配备有机组人员的飞机承租给他人使用一定期限，承租期内听候承租方调遣，不论是否经营，均按一定标准向承租方收取租赁费，发生的固定费用（如人员工资、维修费用等）均由承租方负担的业务。

二、对远洋运输企业从事光租业务和航空运输企业从事干租业务取得的收入，按“服务业”税目中的“租赁业”项目征收营业税。

光租业务，是指远洋运输企业将船舶在约定的时间内出租给他人使用，不配备操作人员，不承担运输过程中发生的各种费用，只收取固定租赁费的业务。

干租业务，是指航空运输企业将飞机在约定的时间内出租给他人使用，不配备机组人员，不承担运输过程中发生的各种费用，只收取固定租赁费的业务。

交通运输业务征收营业税的境内外划分，按现行税法规定执行。

【注释】　对《营业税暂行条例》第2条进行了解释。

财政部　国家税务总局关于全国社会保障基金有关税收政策问题的通知

财税[2002]75号

各省、自治区、直辖市、计划单列市财政厅（局）、国家税务局、地方税务局，新疆生产建设兵团财务局：

经国务院批准，现对全国社会保障基金理事会管理的社会保障基金（以下简称“社保基金”）的有关税收政策问题通知如下：

一、对社保基金理事会、社保基金投资管理人运用社保基金买卖证券投资基金、股票、债券的差价收入，暂免征收营业税。

二、对社保基金理事会、社保基金投资管理人管理的社保基金银行存款利息收入，社保基金从证券市场中取得的收入，包括买卖证券投资基金、股票、债券的差价收入，证券投资基金红利收入，股票的股息、红利收入，债券的利息收入及其他收入，暂免征收企业所得税。

三、对社保基金投资管理人、社保基金托管人从事社保基金管理活动取得的收入，依照税法的规定征收营业税、企业所得税以及其他税收。

【注释】　对《营业税暂行条例》第6条进行了解释。

国家税务总局关于保险公司分业经营改革中不动产转移过户有关税收政策的通知

国税发[2002]69 号

各省、自治区、直辖市和计划单列市地方税务局、财政厅(局):

为进一步落实《中华人民共和国保险法》有关综合性保险公司必须财、寿险业务分业经营的规定和国务院关于保险公司分业改革的指示精神,综合性保险公司及其子公司需将其所拥有的不动产划转到新设立的财产保险公司和人寿保险公司。由于上述这种不动产所有权转移过户过程中,并未发生有偿销售不动产行为,也不具备其他形式的交易性质,因此,对保险分业经营改革过程中,综合性保险公司及其子公司将其所拥有的不动产所有权划转过户到因分业而新设立的财产保险公司和人寿保险公司的行为,不征收营业税、契税。

【注释】 对《营业税暂行条例》第 2 条进行了解释。

国家税务总局关于林地使用权转让行为征收营业税问题的批复

国税函[2002]700 号

福建省地方税务局:

你局《关于林地使用权转让征收营业税问题的请示》(闽地税[2000]52 号)收悉。经研究,现批复如下:

单位和个人将其拥有的人工用材林使用权转让给其他单位和个人并取得货币、货物或其他经济利益的行为,应按"转让无形资产"税目中"转让土地使用权"项目征收营业税。如果转让的人工用材林是转让给农业生产者用于农业生产的,按照财政部、国家税务总局《关于对若干项目免征营业税的通知》(财税字[1994]002 号)规定,可免征营业税。

【注释】 对《营业税暂行条例》第 6 条进行了解释。

财政部　国家税务总局关于开放式证券投资基金有关税收问题的通知

财税[2002]128 号

各省、自治区、直辖市、计划单列市财政厅(局)、国家税务局、地方税务局,新疆生产建设兵团财务局:

为支持和积极培育机构投资者,充分利用开放式基金手段,进一步拓宽社会投资渠道,促进证券市场的健康、稳定发展,经国务院批准,现对中国证监会批准设立的开放式证券投资基金(以下简称基金)的税收问题通知如下:

一、关于营业税问题

1. 以发行基金方式募集资金不属于营业税的征税范围,不征收营业税。

2. 基金管理人运用基金买卖股票、债券的差价收入,在 2003 年底前暂免征收营业税。

……

【注释】 对《营业税暂行条例》第 6 条进行了解释。

国家税务总局关于纳税人销售自产货物提供增值税劳务并同时提供建筑业劳务征收流转税问题的通知

国税发[2002]117 号

各省、自治区、直辖市和计划单列市国家税务局、地方税务局：

现对纳税人销售自产货物、提供增值税应税劳务并同时提供建筑业劳务征收流转税问题通知如下：

一、关于纳税人销售自产货物提供增值税应税劳务并同时提供建筑业劳务征收增值税、营业税划分问题

纳税人以签订建设工程施工总包或分包合同(包括建筑、安装、装饰、修缮等工程总包和分包合同,下同)方式开展经营活动时,销售自产货物、提供增值税应税劳务并同时提供建筑业劳务(包括建筑、安装、修缮、装饰、其他工程作业,下同),同时符合以下条件的,对销售自产货物和提供增值税应税劳务取得的收入征收增值税,提供建筑业劳务收入(不包括按规定应征收增值税的自产货物和增值税应税劳务收入)征收营业税：

(一)必须具备建设行政部门批准的建筑业施工(安装)资质；

(二)签订建设工程施工总包或分包合同中单独注明建筑业劳务价款。

……

对上所称建筑业劳务收入,以签订的建设工程施工总包或分包合同上注明的建筑业劳务价款为准。

纳税人通过签订建设工程施工合同,销售自产货物、提供增值税应税劳务的同时,将建筑业劳务分包或转包给其他单位和个人的,对其销售的货物和提供的增值税应税劳务征收增值税；……

……

四、关于纳税人问题

本通知中所称纳税人是指从事货物生产的单位或个人。

纳税人销售自产货物、提供增值税应税劳务并同时提供建筑业劳务,应向营业税应税劳务发生地地方税务局提供其机构所在地主管国家税务局出具的纳税人属于从事货物生产的单位或个人的证明,营业税应税劳务发生地地方税务局根据纳税人持有的证明按本通知的有关规定征收营业税。

五、关于税款调整及执行时间问题本通知自 2002 年 9 月 1 日起执行。

本通知发布前已按原有关规定征收税款的不再做纳税调整,未按原有关规定征收税款的按本通知规定执行。

【注释】　对《营业税暂行条例》第 14 条进行了解释。

国家税务总局关于外商投资性公司对其子公司提供服务有关税务处理问题的通知

国税发[2002]128 号

各省、自治区、直辖市和计划单列市国家税务局、地方税务局：

根据《中华人民共和国税收征收管理法》、《中华人民共和国外商投资企业和外国企业所得税法》和《中华人民共和国营业税暂行条例》的有关规定,现就专门从事投资业务的外商投资企业(以下简称外商投资性公司)对其所投资的子公司提供服务有关税务处理问题,通知如下：

一、外商投资性公司对其子公司提供各项服务,应当按照独立企业之间的业务往来收取价款或费用,未按照独立企业之间的业务往来收取价款或费用的,税务机关有权进行调整。

二、外商投资性公司向其子公司提供各项服务，双方应签订服务合同，明确列明提供服务的内容、收费标准等。外商投资性公司提供各项服务所取得的收入，应当按照规定申报缴纳营业税和企业所得税。

三、外商投资性公司向其多个子公司提供同类服务，其服务收入收费不是采取分项签订合同，明确收费标准，而是采取按提供服务所发生的实际费用确定该项服务总收费额，以比例分摊的方法确定每一子公司应付数额的，应按以下规定处理：

（一）应准确、合理地归集核算提供服务所发生的实际费用。

（二）应按以下公式计算该项服务总收费额：

服务总收费额 = 实际费用/（1 - 营业税税率 - 核定利润率）

上述公式中的核定利润率，凡属于向境内子公司提供服务的，按 5% 核定；属于向境外子公司提供服务的，可不受此限。

（三）分摊比例可以按接受服务的子公司间总投资额、注册资本、销售收入、资产等参数项确定。上述参数项一经确定，不得随意变更。凡特殊情况需要改变的，需报外商投资性公司主管税务机关核准。

（四）应将提供服务项目的名称、收费标准及具体数额等以书面形式通知其子公司。子公司据此支付费用，并在计算其应纳税所得额中扣除。

四、外商投资性公司向其子公司投资所发生的投资决策、投资利息、投资管理人员工资、办公费用等投资费用和投资损失，不得作为营业费用和损失在计算外商投资性公司应纳税所得额中扣除，也不得向其子公司分摊。

外商投资性公司应单独归集核算其投资费用和投资损失。其中，投资费用核算的结果低于按下列公式计算的数额的，应按下列公式计算的数额确定：

投资费用 = 投资公司总费用 × 投资收益/（经营收入 ×5 + 投资收益）

上述投资收益是指外商投资性公司应从其所投资的子公司分配的收益，不包括投资损失。经营收入是指外商投资性公司从事各项服务业务所取得的总收入，不包括投资收益。

五、外商投资性公司代表其子公司与其他企业签订合同，与其子公司共同接受其他企业的服务，由外商投资性公司代其子公司支付的各项服务费用（以下简称代付费用），向其子公司收回时，不作为外商投资性公司的收入计算缴纳营业税。

外商投资性公司可以按照本通知第三条（三）项规定的比例，采取成本分摊的办法向接受服务的子公司收回上述代付费用；在收回代付费用时，也应按照本通知第三条（四）项规定的要求，出具书面通知。

六、外商投资性公司不得以任何形式向其所投资的子公司收取或分摊管理费。

七、本通知自 2003 年 1 月 1 日起执行。

【注释】 对《营业税暂行条例》第 14 条进行了解释。

财政部 国家税务总局关于股权转让有关营业税问题的通知

财税［2002］191 号

各省、自治区、直辖市、计划单列市财政厅（局）、国家税务局、地方税务局，新疆生产建设兵团财务局：

近来，部分地区反映对股权转让中涉及的无形资产、不动产转让如何征收营业税问题不够清楚，要求明确。经研究，现对股权转让的营业税问题通知如下：

一、以无形资产、不动产投资入股，参与接受投资方利润分配，共同承担投资风险的行为，不征收营业税。

二、对股权转让不征收营业税。

三、《营业税税目注释（试行稿）》（国税发［1993］149 号）第八、九条中与本通知内容不符的规定废止。

本通知自 2003 年 1 月 1 日起执行。

【注释】 对《营业税暂行条例》第 2 条进行了解释。

国家税务总局关于外事服务单位营业额问题的通知

国税函[2002]1095号

各省、自治区、直辖市和计划单列市地方税务局：

近部分地区税务机关反映，外事服务单位在为外国常驻机构、三资企业和其他企业提供人力资源服务时，负责代外国常驻机构、三资企业和其他企业支付被聘用人员的工资及福利费和交纳社会统筹（包括基本养老、医疗、工伤、失业保险金等，下同）、住房公积金等，对其开展此项业务的营业额应如何确定，要求总局予以明确。

经研究，现通知如下：外事服务单位为外国常驻机构、三资企业和其他企业提供人力资源服务，属于代理业。根据《国家税务总局关于营业税若干问题的通知》（国税发[1995]076号）"代理业的营业额为纳税人从事代理业务向委托方实际收取的报酬"的规定，外事服务单位为外国常驻机构、三资企业和其他企业提供人力资源服务的，其营业额为从委托方取得的全部收入减除代委托方支付给聘用人员的工资及福利费和交纳的社会统筹、住房公积金后的余额。

【注释】 对《营业税暂行条例》第5条进行了解释。

国家税务总局关于中国建筑工程总公司重组改制过程中转让股权不征营业税的通知

国税函[2003]12号

各省、自治区、直辖市和计划单列市地方税务局：

按照国务院的要求，中国建筑工程总公司正在进行改制。在改制过程中先对拟分离的专业分公司进行资产评估，再按照中介机构的评估净资产额，以一定比例折合为持有改制后独立法人公司股份，其后将持有的股份平价转让给改制后注册成立的专业分公司。对中国建筑工程总公司改制过程中涉及的股权转让行为是否征收营业税问题，经研究，现通知如下：

现行营业税法规规定，营业税征税范围为提供应税劳务、转让无形资产和销售不动产，中国建筑工程总公司进行的重组改制过程中发生的转让持有股权行为不属于营业税征税范围，不征营业税。

【注释】 对《营业税暂行条例》第6条进行了解释。

财政部 国家税务总局关于营业税若干政策问题的通知

财税[2003]16号

各省、自治区、直辖市、计划单列市财政厅（局）、地方税务局，新疆生产建设兵团财务局：

经研究，现对营业税若干业务问题明确如下：

一、关于征收范围问题

（一）燃气公司和生产、销售货物或提供增值税应税劳务的单位，在销售货物或提供增值税应税劳务时，代有关部门向购买方收取的集资费（包括管道煤气集资款〈初装费〉）、手续费、代收款等，属于增值税价外收费，应征收增值税，不征收营业税。

（二）保险企业取得的追偿款不征收营业税。

以上所称追偿款，是指发生保险事故后，保险公司按照保险合同的约定向被保险人支付赔款，并从被保险人处取得对保险标的价款进行追偿的权利而追回的价款。

（三）《财政部　国家税务总局关于福利彩票有关税收问题的通知》（财税[2002]59号）规定，“福利彩票机构发行销售福利彩票取得的收入不征收营业税”，其中的“福利彩票机构”包括福利彩票销售管理机构和与销售管理机构签有电脑福利彩票投注站代理销售协议书，并直接接受福利彩票销售管理机构的监督、管理的电脑福利彩票投注点。

……

（五）随汽车销售提供的汽车按揭服务和代办服务业务征收增值税，单独提供按揭、代办服务业务，并不销售汽车的，应征收营业税。

二、关于适用税目问题

（一）电影发行单位以出租电影拷贝形式将电影拷贝播映权在一定限期内转让给电影放映单位的行为按“转让无形资产”税目征收营业税。

（二）单位和个人从事快递业务按“邮电通信业”税目征收营业税。

（三）单位和个人在旅游景点经营索道取得的收入按“服务业”税目“旅游业”项目征收营业税。

（四）单位和个人开办“网吧”取得的收入，按“娱乐业”税目征收营业税。

（五）电信单位（指电信企业和经电信行政管理部门批准从事电信业务的单位，下同）提供的电信业务（包括基础电信业务和增值电信业务，下同）按“邮电通信业”税目征收营业税。

以上所称基础电信业务是指提供公共网络基础设施、公共数据传送和基本语音通信服务的业务，具体包括固定网国内长途及本地电话业务、移动通信业务、卫星通信业务、因特网及其它数据传送业务、网络元素出租出售业务、电信设备及电路的出租业务、网络接入及网络托管业务，国际通信基础设施国际电信业务、无线寻呼业务和转售的基础电信业务。

以上所称增值电信业务是指利用公共网络基础设施提供的电信与信息服务的业务，具体包括固定电话网增值电信业务、移动电话网增值电信业务、卫星网增值电信业务、因特网增值电信业务、其他数据传送网络增值电信业务等服务。

……

（七）单位和个人转让在建项目时，不管是否办理立项人和土地使用人的更名手续，其实质是发生了转让不动产所有权或土地使用权的行为。对于转让在建项目行为应按以下办法征收营业税：

1. 转让已完成土地前期开发或正在进行土地前期开发，但尚未进入施工阶段的在建项目，按“转让无形资产”税目中“转让土地使用权”项目征收营业税。

2. 转让已进入建筑物施工阶段的在建项目，按“销售不动产”税目征收营业税。

在建项目是指立项建设但尚未完工的房地产项目或其它建设项目。

（八）土地整理储备供应中心（包括土地交易中心）转让土地使用权取得的收入按“转让无形资产”税目中“转让土地使用权”项目征收营业税。

三、关于营业额问题

（一）单位和个人提供营业税应税劳务、转让无形资产和销售不动产发生退款，凡该项退款已征收过营业税的，允许退还已征税款，也可以从纳税人以后的营业额中减除。

（二）单位和个人在提供营业税应税劳务、转让无形资产、销售不动产时，如果将价款与折扣额在同一张发票上注明的，以折扣后的价款为营业额；如果将折扣额另开发票的，不论其在财务上如何处理，均不得从营业额中减除。

电信单位销售的各种有价电话卡，由于其计费系统只能按有价电话卡面值出帐并按有价电话卡面值确认收入，不能直接在销售发票上注明折扣折让额，以按面值确认的收入减去当期财务会计上体现的销售折扣折让后的余额为营业额。

（三）单位和个人提供应税劳务、转让无形资产和销售不动产时，因受让方违约而从受让方取得的赔偿金收入，应并入营业额中征收营业税。

（四）单位和个人因财务会计核算办法改变将已缴纳过营业税的预收性质的价款逐期转为营业收入时，允许从营业额中减除。

（五）保险企业已征收过营业税的应收未收保费，凡在财务会计制度规定的核算期限内未收回的，允许从营业额中减除。在会计核算期限以后收回的已冲减的应收未收保费,再并入当期营业额中。

(六)保险企业开展无赔偿奖励业务的,以向投保人实际收取的保费为营业额。

(七)中华人民共和国境内的保险人将其承保的以境内标的物为保险标的的保险业务向境外再保险人办理分保的,以全部保费收入减去分保保费后的余额为营业额。

境外再保险人应就其分保收入承担营业税纳税义务,并由境内保险人扣缴境外再保险人应缴纳的营业税税款。

(八)金融企业(包括银行和非银行金融机构,下同)从事票、债券买卖业务以股票、债券的卖出价减去买入价后的余额为营业额。买入价依照财务会计制度规定,以股票、债券的购入价减去股票、债券持有期间取得的股票、债券红利收入的余额确定。

(九)金融企业买卖金融商品(包括股票、债券、外汇及其他金融商品,下同),可在同一会计年度末,将不同纳税期出现的正差和负差按同一会计年度汇总的方式计算并缴纳营业税,如果汇总计算应缴的营业税税额小于本年已缴纳的营业税税额,可以向税务机关申请办理退税,但不得将一个会计年度内汇总后仍为负差的部分结转下一会计年度。

(十)金融企业从事受托收款业务,如代收电话费、水电煤气费、信息费、学杂费、寻呼费、社保统筹费、交通违章罚款、税款等,以全部收入减去支付给委托方价款后的余额为营业额。

(十一)经中国人民银行、外经贸部和国家经贸委批准经营融资租赁业务的单位从事融资租赁业务的,以其向承租者收取的全部价款和价外费用(包括残值)减除出租方承担的出租货物的实际成本后的余额为营业额。

以上所称出租货物的实际成本,包括由出租方承担的货物的购入价、关税、增值税、消费税、运杂费、安装费、保险费和贷款的利息(包括外汇借款和人民币借款利息)。

(十二)劳务公司接受用工单位的委托,为其安排劳动力,凡用工单位将其应支付给劳动力的工资和为劳动力上交的社会保险(包括养老保险金、医疗保险、失业保险、工伤保险等,下同)以及住房公积金统一交给劳务公司代为发放或办理的,以劳务公司从用工单位收取的全部价款减去代收转付给劳动力的工资和为劳动力办理社会保险及住房公积金后的余额为营业额。

(十三)通信线路工程和输送管道工程所使用的电缆、光缆和构成管道工程主体的防腐管段、管件(弯头、三通、冷弯管、绝缘接头)、清管器、收发球筒、机泵、加热炉、金属容器等物品均属于设备,其价值不包括在工程的计税营业额中。

其他建筑安装工程的计税营业额也不应包括设备价值,具体设备名单可由省级地方税务机关根据各自实际情况列举。

(十四)邮政电信单位与其他单位合作,共同为用户提供邮政电信业务及其他服务并由邮政电信单位统一收取价款的,以全部收入减去支付给合作方价款后的余额为营业额。

(十五)中国移动通信集团公司通过手机短信公益特服号“8858”为中国儿童少年基金会接受捐款业务,以全部收入减去支付给中国儿童少年基金会的价款后的余额为营业额。

(十六)经地方税务机关批准使用运输企业发票,按“交通运输业”税目征收营业税的单位将承担的运输业务分给其他运输企业并由其统一收取价款的,以其取得的全部收入减去支付给其他运输企业的运费后的余额为营业额。

(十七)旅游企业组织旅游团在中国境内旅游的,以收取的全部旅游费减去替旅游者支付给其他单位的房费、餐费、交通、门票或支付给其他接团旅游企业的旅游费后的余额为营业额。

(十八)从事广告代理业务的,以其全部收入减去支付给其他广告公司或广告发布者(包括媒体、载体)的广告发布费后的余额为营业额。

(十九)从事物业管理的单位,以与物业管理有关的全部收入减去代业主支付的水、电、燃气以及代承租者支付的水、电、燃气、房屋租金的价款后的余额为营业额。

(二十)单位和个人销售或转让其购置的不动产或受让的土地使用权,以全部收入减去不动产或土地使用权的购置或受让原价后的余额为营业额。

单位和个人销售或转让抵债所得的不动产、土地使用权的,以全部收入减去抵债时该项不动产或土地使用权作价后的余额为营业额。

……

六、关于纳税地点问题

(一)单位和个人出租土地使用权、不动产的营业税纳税地点为土地、不动产所在地;单位和个人出租物品、设备等动产的营业税纳税地点为出租单位机构所在地或个人居住地。

(二)在中华人民共和国境内的电信单位提供电信业务的营业税纳税地点为电信单位机构所在地。

(三)在中华人民共和国境内的单位提供的设计(包括在开展设计时进行的勘探、测量等业务,下同)、工程监理、调试和咨询等应税劳务的,其营业税纳税地点为单位机构所在地。

(四)在中华人民共和国境内的单位通过网络为其他单位和个人提供培训、信息和远程调试、检测等服务的,其营业税纳税地点为单位机构所在地。

本通知自2003年1月1日起执行。凡在此之前的规定与本通知不一致的,一律以本通知为准。此前因与本通知规定不一致而已征的税款不再退还,未征税款不再补征。

【注释】 对《营业税暂行条例》第1、2、12条进行了解释。

财政部　国家税务总局关于自主择业的军队转业干部有关税收政策问题的通知

财税[2003]26号

各省、自治区、直辖市、计划单列市财政厅(局)、地方税务局、国家税务局:

为促进军队转业干部自主择业,现将与自主择业的军队转业干部有关的税收政策通知如下:

一、从事个体经营的军队转业干部,经主管税务机关批准,自领取税务登记证之日起,3年内免征营业税和个人所得税。

二、为安置自主择业的军队转业干部就业而新开办的企业,凡安置自主择业的军队转业干部占企业总人数60%(含60%)以上的,经主管税务机关批准,自领取税务登记证之日起,3年内免征营业税和企业所得税。

三、自主择业的军队转业干部必须持有师以上部队颁发的转业证件。

四、本通知自2003年5月1日起执行。

本通知生效前,已经从事个体经营的军队转业干部和符合本通知规定条件的企业,如果已经按[2001]国转联8号文件的规定,享受了税收优惠政策,可以继续执行到期满为止;如果没有享受上述文件规定的税收优惠政策,可自本通知生效之日起,3年内免征营业税、个人所得税、企业所得税。

【注释】 对《营业税暂行条例》第6条进行了解释。

国家税务总局关于代理业营业额问题的通知

国税发[2003]69号

各省、自治区、直辖市和计划单列市地方税务局:

近接部分地区反映,服务性单位接受机关团体企事业单位的委托,将记载有金额的就餐卡提供给委托方的职工,持卡者到服务性单位指定的餐饮企业消费。服务性单位负责将委托方预付的餐费转付给餐饮企业,并向委托方和餐饮企业收取服务费。对服务性单位如何征收营业税问题,现通知如下:

服务性单位从事的是餐饮中介服务,应按"服务业"税目"代理业"项目征收营业税。根据《国家税务总局关于营业税若干问题的通知》(国税发[1995]76号)有关代理业的营业额为纳税人从事代理业务实际取得的报酬金的规定,服务性单位从事餐饮中介服务的营业额为向委托方和餐饮企业实际收取的中介服务费，不包括其代委托方转付的就餐费用。

【注释】　对《营业税暂行条例》第 2、5 条进行了解释。

财政部　国家税务总局关于民航系统 8 项行政事业性收费不征收营业税的通知

财税［2003］170 号

各省、自治区、直辖市、计划单列市财政厅（局）、地方税务局，新疆生产建设兵团财务局：

根据财政部、国家税务总局《关于调整行政事业性收费（基金）营业税政策的通知》（财税字［1997］5 号）的有关规定，自 2003 年 8 月 1 日起，对民航总局及地区民航管理机构在开展相关业务时收取并纳入预算管理，实行“收支两条线”的以下 8 项费用不征收营业税：1. 民用航空器国籍登记费；2. 民用航空器权利登记费；3. 民航经营活动主体和销售代理企业经营许可证工本费；4. 民航安全检查许可证工本费；5. 安全检查仪器使用合格证工本费；6 民航从业人员考试费、执照工本费；7. 航空业务权补偿费；8. 适航审查费。此前已征税款不再退还，未征税款不再补征。

以上收费项目，今后凡经财政部、国家发展和改革委员会发文明确调整为服务性收费的，从调整之日起，征收营业税。

【注释】　对《营业税暂行条例》第 6 条进行了解释。

国家税务总局关于广播电视有线数字付费频道业务征收营业税问题的通知

国税函［2004］141 号

各省、自治区、直辖市和计划单列市地方税务局：

根据全国有线数字广播影视业务发展规划，广播电视有线数字付费频道业务（以下简称数字付费频道业务）已正式开播。现就有关营业税问题通知如下：

一、关于适用营业税税目问题

根据《营业税税目注释》的规定，数字付费频道业务按“文化体育业”税目中的“播映”项目征收营业税。

二、关于计税营业额问题

根据《国家税务总局关于电视收视费征收营业税问题的通知》（国税发［2001］22 号）的规定，数字付费频道业务应由直接向用户收取数字付费频道收视费的单位按其向用户收取的收视费全额，向所在地主管税务机关缴纳营业税。对各合作单位分得的收视费收入，不再征收营业税。

【注释】　对《营业税暂行条例》第 2 条进行了解释。

财政部　国家税务总局关于教育税收政策的通知

财税［2004］39 号

各省、自治区、直辖市、计划单列市财政厅（局）、国家税务局、地方税务局，新疆生产建设兵团财务局：

为了进一步促进教育事业发展，经国务院批准，现将有关教育的税收政策通知如下：

一、关于营业税、增值税、所得税：

1. 对从事学历教育的学校提供教育劳务取得的收入，免征营业税。

2. 对学生勤工俭学提供劳务取得的收入，免征营业税。

3. 对学校从事技术开发、技术转让业务和与之相关的技术咨询、技术服务业务取得的收入，免征营业税。

4. 对托儿所、幼儿园提供养育服务取得的收入，免征营业税。

5. 对政府举办的高等、中等和初等学校（不含下属单位）举办进修班、培训班取得的收入，收入全部归学校所有的，免征营业税和企业所得税。

6. 对政府举办的职业学校设立的主要为在校学生提供实习场所、并由学校出资自办、由学校负责经营管理、经营收入归学校所有的企业，对其从事营业税暂行条例"服务业"税目规定的服务项目（广告业、桑拿、按摩、氧吧等除外）取得的收入，免征营业税和企业所得税。

……

六、本通知自2004年1月1日起执行，此前规定与本通知不符的，以本通知为准。

【注释】 对《营业税暂行条例》第6条进行了解释。

国家发展和改革委员会　国家税务总局关于继续做好中小企业信用担保机构免征营业税有关问题的通知

发改企业[2004]303号

各省、自治区、直辖市和计划单列市、新疆生产建设兵团发展改革委（计委）、经贸委（经委）、中小企业局及地方税务局：

为贯彻落实《中华人民共和国中小企业促进法》和《国务院办公厅转发国家经贸委关于鼓励和促进中小企业发展若干政策意见的通知》（国办发[2000]59号）关于推进中小企业信用担保体系建设的有关规定，以及《国家税务总局关于中小企业信用担保、再担保机构免征营业税的通知》（国税发[2001]37号）精神，根据国务院赋予国家发展改革委的工作职责，现就继续做好中小企业信用担保机构免征营业税问题通知如下：

一、鉴于原国家经贸委有关推进中小企业改革和发展工作，包括信用担保体系建设工作职能已划归国家发展改革委，今后凡《国家税务总局关于中小企业信用担保、再担保机构免征营业税的通知》（国税发[2001]37号）涉及的原国家经贸委和地方经贸委的工作职责均改由国家发展改革委和地方中小企业管理部门承担。

二、根据《国务院办公厅转发国家经贸委关于鼓励和促进中小企业发展若干政策意见的通知》（国办发[2000]59号）及原国家经贸委《关于建立中小企业信用担保体系试点的指导意见》（国经贸中小企[1999]540号）、《关于建立全国中小企业信用担保体系有关问题的通知》（国经贸中小企[2001]198号）和《国家税务总局关于中小企业信用担保、再担保机构免征营业税的通知》（国税发[2001]37号）要求，有关中小企业信用担保机构免征营业税工作，由担保机构自愿申请，经省级中小企业管理部门审核和推荐，经国家发展改革委审核备案并商国家税务总局后下达免税名单。具体实施办法仍按《国家税务总局关于中小企业信用担保、再担保机构免征营业税的通知》（国税发[2001]37号）要求执行。

【注释】 对《营业税暂行条例》第6条进行了解释。

财政部　国家税务总局关于证券投资基金税收政策的通知

财税[2004]78号

各省、自治区、直辖市、计划单列市财政厅（局）、国家税务局、地方税务局，新疆生产建设兵团财务局：

经国务院批准，现对证券投资基金的有关税收政策通知如下：

自2004年1月1日起，对证券投资基金（封闭式证券投资基金，开放式证券投资基金）管理人运用基金买卖股票、债券的差价收入，继续免征营业税和企业所得税。

【注释】　对《营业税暂行条例》第6条进行了解释。

国家税务总局关于电力公司过网费收入征收增值税问题的批复

国税函[2004]607号

四川省国家税务局、地方税务局：

你局《关于电力公司过网费收入征收增值税问题的请示》（川国税发[2004]52号）收悉。经研究，现批复如下：

鉴于电力公司利用自身电网为发电企业输送电力过程中，需要利用输变电设备进行调压，属于提供加工劳务。根据《中华人民共和国增值税暂行条例》有关规定，电力公司向发电企业收取的过网费，应当征收增值税，不征收营业税。

【注释】　对《营业税暂行条例》第6条进行了解释。

国家税务总局关于住房专项维修基金征免营业税问题的通知

国税发[2004]69号

各省、自治区、直辖市和计划单列市地方税务局：

关于有关单位代收的住房专项维修基金是否计征营业税的问题，现明确如下：

住房专项维修基金是属全体业主共同所有的一项代管基金，专项用于物业保修期满后物业共用部位、共用设施设备的维修和更新、改造。鉴于住房专项维修基金资金所有权及使用的特殊性，对房地产主管部门或其指定机构、公积金管理中心、开发企业以及物业管理单位代收的住房专项维修基金，不计征营业税。

【注释】　对《营业税暂行条例》第6条进行了解释。

财政部　国家税务总局关于扶持城镇退役士兵自谋职业有关税收优惠政策的通知

财税[2004]93号

各省、自治区、直辖市、计划单列市财政厅（局）、国家税务局、地方税务局，新疆生产建设兵团财务局：

为更好地扶持城镇退役士兵自谋职业，根据《国务院办公厅转发民政部等部门关于扶持城镇退役士兵自谋职业优惠政策意见的通知》（国办发[2004]10号）的精神，现就城镇退役士兵自谋职业有关税收政策通知如下：

一、对为安置自谋职业的城镇退役士兵就业而新办的服务型企业（除广告业、桑拿、按摩、网吧、氧吧外）当年新安置自谋职业的城镇退役士兵达到职工总数30%以上，并与其签订1年以上期限劳动合同的，经县级以上民政部门认定，税务机关审核，3年内免征营业税及其附征的城市维护建设税、教育费附加和企业所得税。

上述企业当年新安置自谋职业的城镇退役士兵人数不足职工总数30%，但与其签订1年以上期限劳动合同的，经县级以上民政部门认定，税务机关审核，3年内可按计算的减征比例减征企业所得税。减征比例=（企业当年新招用自谋职业的城镇退役士兵人数÷企业职工总数×100%）×2。

……

三、对自谋职业的城镇退役士兵在《国务院办公厅转发民政部等部门关于扶持城镇退役士兵自谋职业优惠政策意见的通知》（国办发[2004]10号）下发后从事下列行业的，可以享受如下税收优惠政策：

1. 从事个体经营（除建筑业、娱乐业以及广告业、桑拿、按摩、网吧、氧吧外）的，自领取税务登记证之日起，3年内免征营业税、城市维护建设税、教育费附加和个人所得税。

2. 从事开发荒山、荒地、荒滩、荒水的，从有收入年度开始，3年内免征农业税。

3. 从事种植、养殖业的，其应缴纳的个人所得税按照国家有关种植、养殖业个人所得税的规定执行。

4. 从事农业机耕、排灌、病虫害防治、植保、农牧保险以及相关技术培训业务，家禽、牲畜、水生动物的配种和疾病防治业务的，按现行营业税规定免征营业税。

四、本《通知》所称新办企业是指《国务院办公厅转发民政部等部门关于扶持城镇退役士兵自谋职业优惠政策意见的通知》（国办发[2004]10号）下发后新组建的企业。原有的企业合并、分立、改制、改组、扩建、搬迁、转产以及吸收新成员、改变领导或隶属关系、改变企业名称的，不能视为新办企业。

本《通知》所称服务型企业是指从事现行营业税"服务业"税目规定的经营活动的企业。

本《通知》所称商业零售企业是指设有商品营业场所、柜台，不自产商品、直接面向最终消费者的商业零售企业，包括直接从事综合商品销售的百货商场、超级市场、零售商店等。

本《通知》所称自谋职业的城镇退役士兵是指符合城镇安置条件，并与安置地民政部门签订《退役士兵自谋职业协议书》，领取《城镇退役士兵自谋职业证》的士官和义务兵。

五、上述优惠政策自2004年1月1日起执行，此前已征税款予以退还。

六、本《通知》下发之后，现行有关劳动就业服务企业的税收优惠政策以及其他扶持就业的税收优惠政策，仍按原规定执行。如果企业既适用本《通知》规定的优惠政策，又适用原有的优惠政策，企业可选择适用最优惠的政策，但不能累加执行。

七、自谋职业的城镇退役士兵享受有关税收优惠政策的具体办法由国家税务总局、民政部另行制定。

【注释】 对《营业税暂行条例》第6条进行了解释。

国家税务总局关于取消"货运业自开票纳税人和代开票纳税人营业税减免认定"后有关税收管理问题的通知

国税函[2004]824号

各省、自治区、直辖市和计划单列市地方税务局：

根据《国务院关于第三批取消和调整行政审批项目的决定》（国发[2004]16号）文件精神，现就取消"货运业自开票纳税人和代开票纳税人营业税减免认定"后，如何加强后续监督和管理，提出如下要求：

《国家税务总局关于加强货物运输业税收征收管理的通知》（国税发[2003]121号）附件1《货物运输业营业税征收管理试行办法》第十七条"符合营业税法规规定的减免条件的自开票纳税人，应向主管地方税务局报送有关资料，并经主管地方税务局认定后才能享受减免营业税优惠。符合营业税法规规定减免条件的代开票纳税人，必须提供主管地方税务局批准的减免税文书，其由代开票单位代开的货物运输业发票的营业额，才能享受减免营业税优惠"予以取消。取消认定手续后，主管地方税务局应按照减免税条件的要求，对符合享受减免税条件的自开票纳税人所开具的货物运输业发票减免征收营业税；对符合享受减免税条件的代开票纳税人，在代开货物运输业发票时即时征收营业税、城建税、教育费附加及所得税，再按规定办理退税（具体办法另行通知）；对给予了减免营业税优惠的自开票纳税人和代开票纳税人，要分户建立减免税档案，加强对减免税企业的资质及材料档案的管理，同时要加强其日常监督、检查。

【注释】 对《营业税暂行条例》第14条进行了解释。

国家税务总局关于取消“单位和个人从事技术转让、技术开发业务免征营业税审批”后有关税收管理问题的通知

国税函[2004]825号

各省、自治区、直辖市和计划单列市地方税务局:

根据《国务院关于第三批取消和调整行政审批项目的决定》(国发[2004]16号)精神,现就取消“单位和个人(不包括外资企业、外籍个人)从事技术转让、技术开发业务免征营业税审批”后,如何加强对该项工作的后续监督和管理,提出如下要求:

《财政部 国家税务总局关于贯彻落实〈中共中央 国务院关于加强技术创新,发展高科技,实现产业化的决定〉有关税收问题的通知》(财税字[1999]273号)第二条第三款有关“单位和个人(不包括外资企业、外籍个人)从事技术转让,开发业务申请免征营业税时,须持技术转让,开发的书面合同,到纳税人所在地省级科技主管部门进行认定,再持有关的书面合同和科技主管部门审核意见证明报当地省级主管税务机关审核”予以取消。取消审核手续后,纳税人的技术转让、技术开发的书面合同仍应到省级科技主管部门进行认定,并将认定后的合同及有关证明材料文件报主管地方税务局备查。主管地方税务局要不定期地对纳税人申报享受减免税的技术转让、技术开发合同进行检查,对不符合减免税条件的单位和个人要取消税收优惠政策,同时追缴其所减免的税款,并按照《中华人民共和国税收征收管理法》的有关规定进行处罚。

【注释】 对《营业税暂行条例》第14条进行了解释。

国家税务总局关于货物运输业若干税收问题的通知

国税发[2004]88号

各省、自治区、直辖市和计划单列市国家税务局、地方税务局:

为了加强对公路、内河货物运输业的税收管理,总局下发了《国家税务总局关于加强货物运输业税收征收管理的通知》(国税发[2003]121号)和四个明传电报,各地在执行中又陆续反映了一些问题。经研究,现将有关税收问题明确如下:

一、在中华人民共和国境内提供公路、内河货物运输劳务(包括内海及近海货物运输)的单位和个人适用《货物运输业营业税征收管理办法》(以下简称《试行办法》)。

二、关于纳税人认定问题:

(一)适用《试行办法》从事货物运输的承包人、承租人、挂靠人和个体运输户不得认定为自开票纳税人。

(二)铁路运输(包括中央、地方、工矿及其他单位所属铁路)、管道运输、国际海洋运输业务,装卸搬运以及公路、内河客运业务的纳税人不需要进行自开票纳税人资格认定,不需要报送货物运输业发票清单。

(三)《货物运输业营业税纳税人认定和年审试行办法》中有关代开票纳税人认定和年审的规定停止执行。

三、关于办理税务登记前发生的货物运输劳务征税问题

(一)单位和个人在领取营业执照之日起三十日内向主管地方税务局申请办理税务登记的,对其自领取营业执照之日至取得税务登记证期间提供的货物运输劳务,办理税务登记手续后,主管地方税务局可为其代开货物运输业发票。

(二)单位和个人领取营业执照超过三十日未向主管地方税务局申请办理税务登记的,主管地方税务

局应按《征管法》及其《实施细则》的规定进行处理，在补办税务登记手续后，对其自领取营业执照之日至取得税务登记证期间提供的货物运输劳务，可为其代开货物运输发票。

（三）地方税务局对提供货物运输劳务的单位和个人进行税收管理过程中，凡发现代开票纳税人（包括承包人、承租人、挂靠人以及其他单位和个人）未办理税务登记的，符合税务登记条件的，必须依法办理税务登记。

四、关于货运发票开具问题：

（一）按代开票纳税人管理的所有单位和个人（包括外商投资企业、特区企业和其他单位、个人），凡按规定应当征收营业税，在代开货物运输业发票时一律按开票金额3%征收营业税，按营业税税款7%预征城建税，按营业税税款3%征收教育附加费。同时按开票金额3.3%预征所得税，预征的所得税年终时进行清算。但代开票纳税人实行核定征收企业所得税办法的，年终不再进行所得税清算。

在代开票时已征收的属于法律法规规定的减征或者免征的营业税及城市维护建设税、教育费附加、所得税以及高于法律法规规定的城市维护建设税税率的税款，在下一征期退税。具体退税办法按《国家税务总局 中国人民银行 财政部关于现金退税问题的紧急通知》（国税发[2004]47号）执行。

（二）提供了货物运输劳务但按规定不需办理工商登记和税务登记的单位和个人，凭单位证明或个人身份证在单位机构所在地或个人车籍地由代开票单位代开货物运输业发票。

（三）《试行办法》第七条有关代开票纳税人在申请代开票时须提供《代开票纳税人资格证书》和承运货物时同货主签订的承运货物合同或其他有效证明，停止执行。

五、关于税款核定征收问题：

（一）按照《试行办法》的规定，对代开票纳税人实行定期定额征收方法。凡核定的营业额低于当地确定的营业税起征点的，不征收营业税；凡核定的营业额高于当地确定的营业税起征点的，代开发票时按规定征收税款。

（二）单位和个人利用自备车辆偶尔对外提供货物运输劳务的，可不进行定期定额管理，代开票时对其按次征税。

（三）代开票纳税人实行定期定额征收方法时，为避免在代开票时按票征收发生重复征税，对代开票纳税人可采取以下征收方法：

1. 在代开票时按开具的货物运输业发票上注明的营业税应税收入按规定征收（代征）营业税、所得税及附加。

2. 代开票纳税人采取按月还是按季结算，由省级地方税务局确定。

3. 代开票纳税人在缴纳定额税款时，如其在代开票时取得的税收完税凭证上注明的税款大于定额税款的，不再缴纳定额税款；如完税凭证上注明的税款小于定额的，则补缴完税凭证上注明的税款与定额税款差额部分。

六、关于企业所得税征收问题。

对2002年以后新办的货物运输业代开票纳税人的所得税，由代开票单位在代开货物运输业发票时统一代征税款，并由地方税务局统一入库。

七、关于代开票纳税人从事联营业务的计税依据问题。

代开票纳税人从事联运业务的，其计征营业税的营业额为代开的货物运输业发票注明营业税应税收入，不得减除支付给其他联运合作方的各种费用。

八、关于物流劳务的征税问题：

（一）利用自备车辆提供运输劳务的同时提供其他劳务（如对运输货物进行挑选、整理、包装、仓储、装卸搬运等劳务）的单位（以下简称物流劳务单位），凡符合规定的自开票纳税人条件的，可以认定为自开票纳税人。

（二）自开票的物流劳务单位开展物流业务应按其收入性质分别核算，提供运输劳务取得的运输收入按“交通运输业”税目征收营业税并开具货物运输业发票；提供其他劳务取得的收入按“服务业”税目征收营业税并开具服务业发票。

凡未按规定分别核算其应税收入的，一律按“服务业”税目征收营业税。

（三）代开票单位在为代开票物流劳务单位代开发票时也应按照以上原则征税（代征）并代开发票。

九、关于税务机关纳税申报审核问题：

（一）地方税务局在受理自开票纳税人纳税申报和中介机构代开票清单及代征税款时，要对其申报的纸质清单汇总数与电子信息汇总数以及缴纳税款数进行核对。

（二）国家税务局在受理增值税一般纳税人货物运输业发票申报抵扣时，要严格核对其申报的纸质清单汇总数与电子信息汇总数是否一致，录入的清单信息是否准确、规范。

十、关于货运发票的抵扣问题：

（一）增值税一般纳税人外购货物（固定资产除外）和销售应税货物所取得的由自开票纳税人或代开票单位为代开票纳税人开具的货物运输业发票准予抵扣进项税额。

（二）增值税一般纳税人取得税务机关认定为自开票纳税人的联运单位和物流单位开具的货物运输业发票准予计算抵扣进项税额。准予抵扣的货物运费金额是指自开票纳税人和代开票单位为代开票纳税人开具的货运发票上注明的运费、建设基金和现行规定允许抵扣的其他货物运输费用；装卸费、保险费和其他杂费不予抵扣。货运发票应当分别注明运费和杂费，对未分别注明，而合并注明为运杂费的不予抵扣。

（三）增值税一般纳税人取得的货物运输业发票，可以在自发票开具日90天后的第一个纳税申报期结束以前申报抵扣。

（四）增值税一般纳税人在2004年3月1日以后取得的货物运输业发票，必须按照《增值税运费发票抵扣清单》的要求填写全部内容，对填写内容不全的不得予以抵扣进项税额。

（五）增值税一般纳税人取得的联运发票应当逐票填写在《增值税运费发票抵扣清单》的“联运”栏次内。

（六）增值税一般纳税人取得的内海及近海货物运输发票，可暂填写在《增值税运输发票抵扣清单》内河运输栏内。

十一、关于协调配合问题：

（一）地方税务局要按照有关规定的要求，将自开票纳税人和地方税务局、代开票中介机构开具的货物运输业发票的有关信息及时传送给国家税务局，国家税务局和地方税务局要建立密切、畅通的信息交换制度，切实落实好“三个办法和一个方案”。

（二）地方税务局要加强与交通管理部门的协作，将纳税人认定情况与交通管理部门发放的道路运输经营许可证、水路运输经营许可证情况进行逐户核对，凡对外提供货物运输劳务的单位和个人都要纳入税收管理。

十二、关于代开票中介机构管理问题。

地方税务局要加强对代开票中介机构的管理，不得随意放宽代开票中介机构的条件和范围。接受委托代开货物运输业发票的中介机构必须按照《试行办法》中的有关规定开具发票，代征和解缴税款并按期向主管地方税务局报送《中介机构代开货物运输业发票清单》。

十三、本通知自2004年7月1日起执行。

【注释】　对《营业税暂行条例》第14条进行了解释。

财政部　国家税务总局关于暂免征收军队空余房产租赁收入营业税房产税的通知

财税[2004]123号

各省、自治区、直辖市、计划单列市财政厅（局）、地方税务局，新疆生产建设兵团财务局：

经国务院批准，现将军队空余房产租赁收入有关营业税、房产税政策通知如下：

一、自2004年8月1日起，对军队空余房产租赁收入暂免征收营业税、房产税；此前已征税款不予退还，未征税款不再补征。

二、暂免征收营业税、房产税的军队空余房产，在出租时必须悬挂《军队房地产租赁许可证》，以备查验。

【注释】　对《营业税暂行条例》第6条进行了解释。

国家税务总局关于商业企业向货物供应方收取的部分费用征收流转税问题的通知

国税发[2004]136 号

各省、自治区、直辖市和计划单列市国家税务局、地方税务局：

据部分地区反映，商业企业向供货方收取的部分收入如何征收流转税的问题，现行政策规定不够统一，导致不同地区之间政策执行不平衡。经研究，现规定如下：

一、商业企业向供货方收取的部分收入，按照以下原则征收增值税或营业税：

（一）对商业企业向供货方收取的与商品销售量、销售额无必然联系，且商业企业向供货方提供一定劳务的收入，例如进场费、广告促销费、上架费、展示费、管理费等，不属于平销返利，不冲减当期增值税进项税金，应按营业税的适用税目税率征收营业税。

（二）对商业企业向供货方收取的与商品销售量、销售额挂钩（如以一定比例、金额、数量计算）的各种返还收入，均应按照平销返利行为的有关规定冲减当期增值税进项税金，不征收营业税。

二、商业企业向供货方收取的各种收入，一律不得开具增值税专用发票。

三、应冲减进项税金的计算公式调整为：

当期应冲减进项税金 = 当期取得的返还资金/(1 + 所购货物适用增值税税率) × 所购货物适用增值税税率

四、本通知自 2004 年 7 月 1 日起执行。本通知发布前已征收入库税款不再进行调整。其他增值税一般纳税人向供货方收取的各种收入的纳税处理，比照本通知的规定执行。

【注释】 对《营业税暂行条例》第 5 条进行了解释。

财政部　国家税务总局关于财税[2003]16 号文件执行时间有关问题的通知

财税[2004]206 号

各省、自治区、直辖市、计划单列市财政厅（局）、地方税务局、新疆生产建设兵团财务局：

近来接到部分地区来电、来文询问，对《财政部国家税务总局关于营业税若干政策问题的通知》（财税[2003]16 号）规定的“通知自 2003 年 1 月 1 日起执行。凡在此之前的规定与本通知不一致的，一律以本通知为准。此前因与本通知规定不一致而已征的税款不再退还，未征税款不再补征。”如何贯彻执行。经研究，现将这一问题明确如下：

财税[2003]16 号文件自 2003 年 1 月 1 日起执行，2003 年 1 月 1 日之前有关涉税事宜仍按原政策规定执行。

财政部　国家税务总局关于资本市场有关营业税政策的通知

财税[2004]203 号

各省、自治区、直辖市、计划单列市财政厅（局）、地方税务局、新疆生产建设兵团财务局：

为了贯彻落实《国务院关于推进资本市场改革开放和稳定发展的若干意见》（国发[2004]3 号），促进资本市场稳定健康发展，现将资本市场有关营业税政策通知如下：

一、准许上海、深圳证券交易所代收的证券交易监管费从其营业税计税营业额中扣除。

二、准许上海、郑州、大连期货交易所代收的期货市场监管费从其营业税计税营业额中扣除。

三、准许证券公司代收的以下费用从其营业税计税营业额中扣除。

1. 为证券交易所代收的证券交易监管费；

2. 代理他人买卖证券代收的证券交易所经手费；

3. 为中国证券登记结算公司代收的股东帐户开户费（包括 A 股和 B 股）、特别转让股票开户费、过户费、B 股结算费、转托管费；

四、准许期货经纪公司为期货交易所代收的手续费从其营业税计税营业额中扣除。

本通知自 2005 年 1 月 1 日起执行。

【注释】　对《营业税暂行条例》第 5 条进行了解释。

财政部　国家税务总局关于中国证券登记结算公司有关营业税政策的通知

财税［2004］204 号

北京、上海、深圳市财政局、地方税务局：

为了贯彻落实《国务院关于推进资本市场改革开放和稳定发展的若干意见》（国发［2004］3 号），促进资本市场稳定健康发展，准许中国证券登记结算公司代收的以下资金项目从其营业税计税营业额中扣除，具体包括：

一、按规定提取的证券结算风险基金。

二、代收代付的证券公司资金交收违约垫付资金利息。

三、结算过程中代收代付的资金交收违约罚息。

本通知自 2005 年 1 月 1 日起执行。

【注释】　对《营业税暂行条例》第 5 条进行了解释。

财政部　国家税务总局关于技术开发技术转让有关营业税问题的批复

财税［2005］39 号

云南省财政厅、地方税务局：

云南省地方税务局《关于贯彻财税字［1999］273 号文中有关营业税政策问题的请示》（云地税一字［2004］11 号）收悉，现批复如下：

《财政部、国家税务总局关于贯彻落实〈中共中央、国务院关于加强技术创新，发展高科技，实现产业化的决定〉有关税收问题的通知》（财税字［1999］273 号）中免征营业税的技术开发、技术转让业务，是指自然科学领域的技术开发和技术转让业务。

国家税务总局关于客运飞机腹舱联运收入营业税问题的通知

国税函[2005]202 号

各省、自治区、直辖市和计划单列市地方税务局：

近接中国国际航空股份有限公司关于客运飞机腹舱联运收入营业税问题的请示，经研究，现将有关问题通知如下：

中国国际航空股份有限公司（简称国航）与中国国际货运航空有限公司（简称货航）开展客运飞机腹舱联运业务时，国航以收到的腹舱收入为营业额；货航以其收到的货运收入扣除支付给国航的腹舱收入的余额为营业额，营业额扣除凭证为国航开具的“航空货运单”。

【注释】 对《营业税暂行条例》第 5 条进行了解释。

财政部　国家税务总局关于国家石油储备基地建设有关税收政策的通知

财税[2005]23 号

大连、青岛、浙江、宁波省（市）财政厅（局）、地方税务局：

经国务院批准，现对国家石油储备基地第一期项目建设过程中的有关税收政策通知如下：

一、对国家石油储备基地第一期项目建设过程中涉及的营业税、城市维护建设税、教育费附加、城镇土地使用税、印花税、耕地占用税和契税予以免征。

二、上述免税范围仅限于应由国家石油储备基地缴纳的税收。

三、国家石油储备基地第一期项目包括大连、黄岛、镇海、舟山 4 个储备基地。

【注释】 对《营业税暂行条例》第 6 条进行了解释。

国家税务总局关于在京外国商会征免营业税的批复

国税函[2005]370 号

北京市地方税务局：

你局《关于对在京外国商会是否免予征收营业税问题的请示》（京地税营[2005]48 号）收悉，批复如下：

根据《财政部、国家税务总局关于对社会团体收取的会费收入不征收营业税的通知》（财税字[1997]063 号）第一条的规定，对在京外国商会按财政部门或民政部门规定标准收取的会费，不征收营业税。对其会费以外各种名目的收入，凡属于营业税应税范围的，一律照章征收营业税。

【注释】 对《营业税暂行条例》第 6 条进行了解释。

国家税务总局关于纳税人提供泥浆工程劳务征收流转税问题的批复

国税函[2005]375 号

深圳市国家税务局：

你局《关于中国南海麦克巴泥浆有限公司泥浆销售征税问题的请示》（深国税发[2004]202 号）收悉。

经研究,批复如下:

一、《国家税务总局关于合作开采海洋石油提供应税劳务适用营业税税目、税率问题的通知》(国税发[1997]42号)所称"泥浆工程",是指为钻井作业提供泥浆和工程技术服务的行为。纳税人按照客户要求,为钻井作业提供泥浆和工程技术服务的行为,应按提供泥浆工程劳务项目,照章征收营业税,不征收增值税。

二、无论纳税人与建设单位如何核算,其营业额均包括工程所用原材料及其他物资和动力价款在内。

【注释】 对《营业税暂行条例》第2条进行了解释。

财政部 国家税务总局关于公路经营企业车辆通行费收入营业税政策的通知

财税[2005]77号

各省、自治区、直辖市、计划单列市财政厅(局)、地方税务局、新疆生产建设兵团财务局:

为了促进我国高速公路建设的发展,经国务院批准,现将有关营业税政策通知如下:

自2005年6月1日起,对公路经营企业收取的高速公路车辆通行费收入统一减按3%的税率征收营业税。

【注释】 对《营业税暂行条例》第2条进行了解释。

财政部 国家税务总局关于增值税营业税消费税实行先征后返等办法有关城建税和教育费附加政策的通知

财税[2005]72号

各省、自治区、直辖市、计划单列市财政厅(局)、地方税务局,财政部驻各省、自治区、直辖市、计划单列市财政监察专员办事处:

经研究,现对增值税、营业税、消费税(以下简称"三税")实行先征后返、先征后退、即征即退办法有关的城市维护建设税和教育费附加政策问题明确如下:

对"三税"实行先征后返、先征后退、即征即退办法的,除另有规定外,对随"三税"附征的城市维护建设税和教育费附加,一律不予退(返)还。

国家税务总局关于取消税务行政审批后外国企业及外籍个人向中国境内转让技术取得收入免征营业税管理问题的通知

国税函[2005]652号

各省、自治区、直辖市和计划单列市地方税务局:

关于已取消的外国企业及外籍个人向中国境内转让技术取得收入免征营业税的审批事项的后续管理问题,根据《国家税务总局关于取消及下放外商投资企业和外国企业以及外籍个人若干税务行政审批项目的后续管理问题的通知》(国税发[2004]80号)(以下简称《通知》)第十八条的规定:在《通知》执行前(2004年7月1日以前)发生的尚未完成审批的事项,仍按原规定执行。为便于各地具体掌握,现对此补充规定如下：

《通知》下发执行前发生的尚未完成审批的事项，不论合同签订日期及是否对外支付技术转让费，均应根据《通知》第十二条的规定进行管理，不再履行审批程序。已缴纳营业税的，按照《财政部、国家税务总局关于贯彻落实〈中共中央 国务院关于加强技术创新，发展高科技，实现产业化的决定〉有关税收问题的通知》（财税字[1999]273号）第二条第（三）款第2项的规定，携带国家主管部门批准的技术转让许可文件和技术转让合同，到负责征收的税务机关办理抵交或退税手续。

上述尚未完成审批的事项，是指税务机关已受理，但尚未完成审批程序的减免税申请，以及虽未受理，但属于2004年7月1日以前已实际对外支付技术转让费的技术转让合同。

【注释】 对《营业税暂行条例》第14条进行了解释。

财政部 国家税务总局关于福利彩票代销手续费收入征收营业税问题的通知

财税[2005]118号

各省、自治区、直辖市、计划单列市财政厅（局）、地方税务局，新疆生产建设兵团财务局：

《财政部 国家税务总局关于营业税若干政策问题的通知》（财税[2003]16号）发布后，部分地区地方税务局来函要求，对电脑福利彩票投注点销售福利彩票取得的手续费收入是否征收营业税予以明确，现通知如下：

电脑福利彩票投注点代销福利彩票取得的任何形式的手续费收入，应照章征收营业税。

【注释】 对《营业税暂行条例》第5条进行了解释。

国家税务总局关于外国企业在华提供信息系统的运行维护及咨询服务征税问题的批复

国税函[2005]912号

广东省地方税务局：

你局《关于外国公司在中国境内提供与信息系统有关的运行维护及咨询服务征税问题的请示》收悉。据了解，德国爱科公司与其全球子公司签订了《IT运行、维护和咨询服务协议》，在德国为其包括爱科电子（珠海保税区）有限公司和艾科电子（珠海）有限公司（以下称“我国用户”）在内的全球子公司提供信息系统和相关软件的运行、维护和咨询服务。在费用支付上，德国爱科公司负责在境内外统一安排技术人员提供服务，垫付相关费用，然后向用户收取服务费和代垫的软件费。现就德国爱科公司收取的服务费和代垫的软件费的征税问题，批复如下：

一、德国爱科公司的上述业务，属于对我国用户已有信息系统包括其受让的相关软件的正常运行，提供的支持、维护和咨询服务。现行规定中有关技术服务费用应合并作为特许权使用费征收（预提）所得税的技术服务，是指作为专有技术的授让方式而发生的传授、指导、培训等劳务形式。因此，对德国爱科公司上述业务收取的服务费，应区分不同情况进行税务处理，属于境外提供劳务部分，不征收营业税和企业所得税；属于境内劳务部分取得的收入，应根据《中华人民共和国营业税暂行条例》及《中华人民共和国外商投资企业和外国企业所得税法》及中德税收协定第三条和第七条的有关规定，缴纳营业税和所得税。

二、对德国爱科公司收取的其代垫的我国用户使用境外企业提供的软件的软件费，应根据《中华人民共和国营业税暂行条例实施细则》第七条及《中华人民共和国外商投资企业和外国企业所得税法》第十九条的规定，按照无形资产转让收入和特许权使用费分别征收营业税和企业所得税。对其中符合《财政部　国家税务总局关于贯彻〈中共中央 国务院关于加强技术创新，发展高科技，实现产业化的决定〉有关税收问题的通知》（财税字[1999]273号）规定的技术转让免征营业税条件的，可依照该项通知的规定，免征营业税。

三、企业应准确合理地划分上述收入，计算缴纳有关税收。对其中划分不合理或确实无法按实际划分的部分，主管税务机关可确定合理的比例划分方法，划分应税收入。

【注释】　对《营业税暂行条例实施细则》第7条进行了解释。本文件中关于营业税的政策废止。

国家税务总局关于房地产税收政策执行中几个具体问题的通知

国税发[2005]172号

各省、自治区、直辖市和计划单列市财政厅（局）、地方税务局，扬州税务进修学院，局内各单位：

根据《国家税务总局 财政部　建设部关于加强房地产税收管理的通知》（国税发[2005]89号）（以下简称《通知》）的精神，经商财政部、建设部，现就各地在贯彻落实《通知》中的几个具体政策问题明确如下：

一、《通知》第三条第二款中规定的“成交价格”是指住房持有人对外销售房屋的成交价格。

二、《通知》第三条第四款中规定的“契税完税证明上注明的时间”是指契税完税证明上注明的填发日期。

三、纳税人申报时，同时出具房屋产权证和契税完税证明且二者所注明的时间不一致的，按照“孰先”的原则确定购买房屋的时间。即房屋产权证上注明的时间早于契税完税证明上注明的时间的，以房屋产权证注明的时间为购买房屋的时间；契税完税证明上注明的时间早于房屋产权证上注明的时间的，以契税完税证明上注明的时间为购买房屋的时间。

四、个人将通过受赠、继承、离婚财产分割等非购买形式取得的住房对外销售的行为，也适用《通知》的有关规定。其购房时间按发生受赠、继承、离婚财产分割行为前的购房时间确定，其购房价格按发生受赠、继承、离婚财产分割行为前的购房原价确定。个人需持其通过受赠、继承、离婚财产分割等非购买形式取得住房的合法、有效法律证明文书，到地方税务部门办理相关手续。

五、根据国家房改政策购买的公有住房，以购房合同的生效时间、房款收据的开具日期或房屋产权证上注明的时间，按照“孰先”的原则确定购买房屋的时间。

六、享受税收优惠政策普通住房的面积标准是指地方政府按国办发[2005]26号文件规定确定并公布的普通住房建筑面积标准。对于以套内面积进行计量的，应换算成建筑面积，判断该房屋是否符合普通住房标准。

国家税务总局关于垃圾处置费征收营业税问题的批复

国税函[2005]1128号

广东省地方税务局：

你局《关于垃圾处置费征免营业税问题的请示》（粤地税发[2005]205号）收悉。批复如下：

根据《中华人民共和国营业税暂行条例》的规定，单位和个人提供的垃圾处置劳务不属于营业税应税劳务，对其处置垃圾取得的垃圾处置费，不征收营业税。

【注释】　对《营业税暂行条例》第2条进行了解释。

财政部　国家税务总局关于合格境外机构投资者营业税政策的通知

财税［2005］155号

各省、自治区、直辖市、计划单列市财政厅（局）、地方税务局，新疆生产建设兵团财务局：

经国务院批准，现将合格境外机构投资者（以下简称 QFII）有关营业税政策通知如下：

对 QFII 委托境内公司在我国从事证券买卖业务取得的差价收入，免征营业税。

【注释】　对《营业税暂行条例》第6条进行了解释。

国家税务总局关于交通部门有偿转让高速公路收费经营权征收营业税的批复

国税函［2005］1146号

湖南省地方税务局：

你局《关于湖南省交通厅高速公路收费权有偿转让行为征收营业税问题的请示》（湘地税发［2005］104号）收悉，批复如下：

根据《中华人民共和国营业税暂行条例》（简称条例）第一条的规定，在我国境内提供应税劳务的单位和个人，为营业税的纳税义务人，应当依照本条例的规定缴纳营业税。交通部门有偿转让高速公路收费权行为，属于营业税征收范围，应按“服务业”税目中的“租赁”项目征收营业税。

【注释】　对《营业税暂行条例》第1、2条进行了解释。

营业税纳税人纳税申报办法

国税发［2005］202号

根据《中华人民共和国税收征收管理法》及其实施细则、《中华人民共和国营业税暂行条例》的有关规定，制定本办法。

一、除经税务机关核准实行简易申报方式的营业税纳税人外，其他营业税纳税人均按本办法进行纳税申报。

二、纳税申报资料

凡按本办法进行纳税申报的营业税纳税人均应报送以下资料：

1.《营业税纳税申报表》（见附件）；

2. 按照本纳税人发生营业税应税行为所属的税目，分别填报相应税目的营业税纳税申报表附表（见附件）；同时发生两种或两种以上税目应税行为的，应同时填报相应的纳税申报表附表；

3. 凡使用税控收款机的纳税人应同时报送税控收款机 IC 卡；

4. 主管税务机关规定的其他申报资料。

纳税申报资料的报送方式、报送的具体份数由省一级地方税务局确定。

《营业税纳税申报表》及其附表由纳税人向主管税务机关领取。

……

四、罚则

(一)纳税人未按规定期限办理纳税申报和报送纳税资料的,按照《中华人民共和国税收征收管理法》第六十二条的有关规定处罚。

(二)纳税人经税务机关通知申报而拒不申报或者进行虚假的纳税申报,不缴或者少缴应纳税款的,依照《中华人民共和国税收征收管理法》第六十三条的有关规定处理。

(三)纳税人不进行纳税申报,不缴或者少缴应纳税款的,按《中华人民共和国税收征收管理法》第六十四条的有关规定处罚。

(四)纳税人、扣缴义务人编造虚假计税依据的,按《中华人民共和国税收征收管理法》第六十四条的有关规定处罚。

【注释】　对《营业税暂行条例》第14条进行了解释。

财政部　国家税务总局关于加强教育劳务营业税征收管理有关问题的通知

财税[2006]3号

各省、自治区、直辖市、计划单列市财政厅(局)、地方税务局,新疆生产建设兵团财务局:

为进一步加强对教育劳务营业税的征收管理,现对《财政部　国家税务总局关于教育税收政策的通知》(财税[2004]39号)中的有关问题明确如下:

一、关于"对从事学历教育的学校提供教育劳务取得的收入免征营业税"问题

(一)"学历教育"是指:受教育者经过国家教育考试或者国家规定的其他入学方式,进入国家有关部门批准的学校或者其他教育机构学习,获得国家承认的学历证书的教育形式。具体包括:

1. 初等教育:普通小学、成人小学;

2. 初级中等教育:普通初中、职业初中、成人初中;

3. 高级中等教育:普通高中、成人高中和中等职业学校(包括普通中专、成人中专、职业高中、技工学校);

4. 高等教育:普通本专科、成人本专科、网络本专科、研究生(博士、硕士)、高等教育自学考试、高等教育学历文凭考试。

(二)"从事学历教育的学校"是指:普通学校以及经地、市级以上人民政府或者同级政府的教育行政部门批准成立、国家承认其学员学历的各类学校。

上述学校均包括符合规定的从事学历教育的民办学校,但不包括职业培训机构等国家不承认学历的教育机构。

(三)免征营业税的教育劳务收入按以下规定执行:

提供教育劳务取得的收入是指对列入规定招生计划的在籍学生提供学历教育劳务取得的收入,具体包括:经有关部门审核批准,按规定标准收取的学费、住宿费、课本费、作业本费、伙食费、考试报名费收入。

超过规定收费标准的收费以及学校以各种名义收取的赞助费、择校费等超过规定范围的收入,不属于免征营业税的教育劳务收入,一律按规定征税。

二、关于"对托儿所、幼儿园提供养育服务取得的收入免征营业税"问题

(一)"托儿所、幼儿园"是指经县级以上教育部门审批成立、取得办园许可证的实施0—6岁学前教育的机构,包括公办和民办的托儿所、幼儿园、学前班、幼儿班、保育院、幼儿院;

(二)"提供养育服务"是指上述托儿所、幼儿园对其学员提供的保育和教育服务;

(三)对公办托儿所、幼儿园予以免征营业税的养育服务收入是指,在经省级财政部门和价格主管部门审核报省级人民政府批准的收费标准以内收取的教育费、保育费;

(四)对民办托儿所、幼儿园予以免征营业税的养育服务收入是指,在报经当地有关部门备案并公示的

收费标准范围内收取的教育费、保育费;

(五)超过规定收费标准的收费,以开办实验班、特色班和兴趣班等为由另外收取的费用以及与幼儿入园挂钩的赞助费、支教费等超过规定范围的收入,不属于免征营业税的养育服务收入。

三、关于"对政府举办的高等、中等和初等学校(不含下属单位)举办进修班、培训班取得的收入,收入全部归学校所有的,免征营业税"问题

1."政府举办的高等、中等和初等学校(不含下属单位)"是指"从事学历教育的学校"(不含下属单位)。

2."收入全部归学校所有"是指:举办进修班、培训班取得的收入进入学校统一账户,并作为预算外资金全额上缴财政专户管理,同时由学校对有关票据进行统一管理、开具。

进入学校下属部门自行开设账户的进修班、培训班收入,不属于收入全部归学校所有的收入,不予免征营业税。

四、各类学校均应单独核算免税项目的营业额,未单独核算的,一律照章征收营业税。

五、各类学校(包括全部收入为免税收入的学校)均应按照《中华人民共和国税收征收管理法》的有关规定办理税务登记,按期进行纳税申报并按规定使用发票;享受营业税优惠政策的,应按规定向主管税务机关申请办理减免税手续。

本通知自2006年1月1日起执行。

国家发展改革委 国家税务总局关于中小企业信用担保机构免征营业税有关问题的通知

发改企业[2006]563号

各省、自治区、直辖市及计划单列市、新疆生产建设兵团发展改革委、经贸委(经委)、中小企业局、地方税务局:

为贯彻落实《中华人民共和国中小企业促进法》、《国务院办公厅转发国家经贸委关于鼓励和促进中小企业发展若干政策意见的通知》(国办发[2000]59号)和国家发展改革委和国家税务总局《关于继续做好中小企业信用担保机构免征营业税有关问题的通知》(发改企业[2004]303号)以及国务院领导关于促进中小企业信用担保机构发展的有关批示精神,现就继续做好中小企业信用担保机构免征营业税工作有关问题通知如下:

一、信用担保机构免税基本条件

(一)经政府授权部门(中小企业政府管理部门)同意,依法登记注册为企业法人,且主要从事为中小企业提供担保服务的机构。

(二)不以营利为主要目的,担保业务收费标准报经所在地人民政府中小企业主管部门和同级人民政府物价部门批准。

(三)具备健全的内部管理制度和为中小企业提供担保的能力,经营业绩突出,对受保项目具有完善的事前评估、事中监控、事后追偿与处置机制;注册资金超过2000万元。

(四)对中小企业累计贷款担保金额占其累计担保业务总额的80%,对单个受保企业提供的担保余额不超过担保机构自身实收资本总额的10%,并且其单笔担保责任金额最高不超过4000万元人民币。

(五)担保资金与担保贷款放大比例不低于3倍,并且其代偿额占担保资金比例不超过5%。

(六)接受所在地政府中小企业管理部门的监管,按照要求向所在地政府中小企业管理部门报送担保业务情况和财务会计报表。

享受三年营业税减免政策期限已满的担保机构,仍符合上述条件的,可以继续申请减免税。

二、免税程序

由担保机构自愿申请,经省级中小企业管理部门和省级地方税务部门审核、推荐后,由国家发展改革委和国家税务总局审核批准并下发免税名单,名单内的担保机构应持有关文件到主管税务机关申请办理免税

手续，各地税务机关按照国家发展改革委和国家税务总局下发的名单审核批准并办理免税手续后，担保机构可以享受营业税免税政策。

三、免税期限

营业税免税期限为三年，免税时间自担保机构主管税务机关办理免税手续之日起计算。

四、各省、自治区、直辖市、计划单列市中小企业管理部门、地方税务局要根据本通知要求，按照公开、公正原则，认真做好本地区中小企业信用担保机构审核推荐工作。

五、各省、自治区、直辖市、计划单列市中小企业管理部门、地方税务局要根据实际情况，对前期信用担保机构营业税减免工作落实情况及实施效果开展监督检查，对享受营业税减免政策的中小企业信用担保机构实行动态管理。对于违反规定，不符合减免条件的担保机构，一经发现要如实上报国家发展改革委并国家税务总局取消其继续享受免税的资格。

六、请各省、自治区、直辖市、计划单列市中小企业管理部门会同地方税务局认真做好有关工作，将下列材料以书面形式一式二份于2006年6月15日前报国家发展改革委中小企业司和国家税务总局流转税司。

（一）前四批中小企业信用担保机构营业税减免工作的成效、存在问题及建议。

（二）符合免税条件的中小企业信用担保机构名单（此名单应经过公示）。

（三）符合免税条件的中小企业信用担保机构登记表（见附表）、营业执照和公司章程复印件。

（四）经审查前四批不符合免税条件的中小企业信用担保机构取消名单及理由。

【注释】 对《营业税暂行条例》第6条进行了解释。

财政部 国家税务总局关于邮政普遍服务和特殊服务免征营业税的通知

财税［2006］47号

各省、自治区、直辖市、计划单列市财政厅（局）、地方税务局，新疆生产建设兵团财务局：

经国务院批准，现对邮政普遍服务和特殊服务营业税政策通知如下：

对国家邮政局及其所属邮政单位提供邮政普遍服务和特殊服务业务（具体为函件、包裹、汇票、机要通信、党报党刊发行）取得的收入免征营业税。享受免税的党报党刊发行收入按邮政企业报刊发行收入的70%计算。

本通知自2006年1月1日起执行。2006年1月1日至文到之日应享受免税但已缴纳的营业税，可以从以后应缴的营业税税款中抵扣。

【注释】 对《营业税暂行条例》第6条进行了解释。

国家税务总局关于酒店产权式经营业主税收问题的批复

国税函［2006］478号

深圳市地方税务局：

你局《关于大梅沙海景酒店产权式经营业主税收问题的请示》（深地税发［2006］192号）收悉。经研究，现就有关税收处理问题批复如下：

酒店产权式经营业主（以下简称业主）在约定的时间内提供房产使用权与酒店进行合作经营，如房产产权并未归属新的经济实体，业主按照约定取得的固定收入和分红收入均应视为租金收入，根据有关税收法律、行政法规的规定，应按照“服务业－租赁业”征收营业税，按照财产租赁所得项目征收个人所得税。

【注释】 对《营业税暂行条例》第2条进行了解释。

国家税务总局关于营利性医疗机构医疗服务收入征收营业税问题的批复

国税函[2006]480 号

北京市地方税务局：

你局《关于北京市健宫医院有限公司为基本医疗保险患者提供医疗服务收入免征营业税问题的请示》(京地税营[2006]206 号)收悉，批复如下：

根据《国务院办公厅转发国务院体改办等部门关于城镇医药卫生体制改革指导意见的通知》(国办发[2000]16 号)的规定，营利性医疗机构医疗服务价格放开，依法自主经营，照章纳税。北京市健宫医院有限公司属营利性医疗机构，因此，对北京市健宫医院有限公司为基本医疗保险患者提供医疗服务取得的收入，应照章征收营业税。

【注释】 对《营业税暂行条例》第 1 条进行了解释。

国家税务总局关于劳务承包行为征收营业税问题的批复

国税函[2006]493 号

新疆维吾尔自治区地方税务局：

你局《关于劳务承包征收营业税问题的请示》(新地税发[2005]169 号)收悉。现批复如下：

建筑安装企业将其承包的某一工程项目的纯劳务部分分包给若干个施工企业，由该建筑安装企业提供施工技术、施工材料并负责工程质量监督，施工劳务由施工企业的职工提供，施工企业按照其提供的工程量与该建筑安装企业统一结算价款。按照现行营业税的有关规定，施工企业提供的施工劳务属于提供建筑业应税劳务，因此，对其取得的收入应按照“建筑业”税目征收营业税。

【注释】 对《营业税暂行条例》第 2 条进行了解释。

财政部 国家税务总局关于证券投资者保护基金有关营业税问题的通知

财税[2006]172 号

各省、自治区、直辖市、计划单列市财政厅(局)、地方税务局，新疆生产建设兵团财务局，西藏自治区国家税务局：

为贯彻落实《国务院关于推进资本市场改革开放和稳定发展的若干意见》(国发[2004]3 号)，促进资本市场稳定健康发展，现将证券投资者保护基金有关营业税问题明确如下：

一、准许上海、深圳证券交易所上缴的证券投资者保护基金从其营业税计税营业额中扣除。

二、准许证券公司上缴的证券投资者保护基金从其营业税计税营业额中扣除。

三、准许中国证券登记结算公司和主承销商代扣代缴的证券投资者保护基金从其营业税计税营业额中扣除。

本通知自2006年11月1日起执行。

【注释】 对《营业税暂行条例》第6条进行了解释。

国家税务总局关于加强代理报关业务营业税征收管理有关问题的通知

国税函[2006]1310号

各省、自治区、直辖市和计划单列市地方税务局：

为加强代理报关业务营业税征收管理，现将有关问题通知如下：

一、代理报关业务营业税政策

代理报关业务，是指接受进出口货物收、发货人的委托，代为办理报关相关手续的业务，应按照"服务业——代理业"税目征收营业税。纳税人从事代理报关业务，以其向委托人收取的全部价款和价外费用扣除以下项目金额后的余额为计税营业额申报缴纳营业税：

(一)支付给海关的税金、签证费、滞报费、滞纳金、查验费、打单费、电子报关平台费、仓储费；

(二)支付给检验检疫单位的三检费、熏蒸费、消毒费、电子保险平台费；

(三)支付给预录入单位的预录费；

(四)国家税务总局规定的其他费用。

二、代理报关业务的营业税征收管理

纳税人从事代理报关业务，应按其从事代理报关业务取得的全部价款和价外费用向委托人开具发票。纳税人从事代理报关业务，应凭其取得的开具给本纳税人的发票或其它合法有效凭证作为差额征收营业税的扣除凭证。

本通知自2007年1月1日起执行。

【注释】 对《营业税暂行条例》第5条进行了解释。

国家税务总局关于无船承运业务有关营业税问题的通知

国税函[2006]1312号

各省、自治区、直辖市和计划单列市地方税务局：

无船承运业务是指无船承运业务经营者以承运人身份接受托运人的货载，签发自己的提单或其他运输单证，向托运人收取运费，通过国际船舶运输经营者完成国际海上货物运输，承担承运人责任的国际海上运输经营活动。为进一步规范无船承运业务的营业税税收管理，现将有关问题通知如下：

一、无船承运业务应按照"服务业——代理业"税目征收营业税。

二、纳税人从事无船承运业务，以其向委托人收取的全部价款和价外费用扣除其支付的海运费以及报关、港杂、装卸费用后的余额为计税营业额申报缴纳营业税。

三、纳税人从事无船承运业务，应按照其从事无船承运业务取得的全部价款和价外费用向委托人开具发票，同时应凭其取得的开具给本纳税人的发票或其它合法有效凭证作为差额缴纳营业税的扣除凭证。

本通知自2007年1月1日起执行。

【注释】 对《营业税暂行条例》第5条进行了解释。

国家税务总局关于未办理土地使用权证转让土地有关税收问题的批复

国税函[2007]645号

四川省地方税务局：

你局《关于未办理土地使用权证而转让土地有关税收问题的请示》(川地税发[2007]7号)收悉，批复如下：

土地使用者转让、抵押或置换土地，无论其是否取得了该土地的使用权属证书，无论其在转让、抵押或置换土地过程中是否与对方当事人办理了土地使用权属证书变更登记手续，只要土地使用者享有占有、使用、收益或处分该土地的权利，且有合同等证据表明其实质转让、抵押或置换了土地并取得了相应的经济利益，土地使用者及其对方当事人应当依照税法规定缴纳营业税、土地增值税和契税等相关税收。

【注释】 对《营业税暂行条例》第1条进行了解释。

财政部 国家税务总局关于促进残疾人就业税收优惠政策的通知

财税[2007]92号

各省、自治区、直辖市、计划单列市财政厅(局)、国家税务局、地方税务局，新疆生产建设兵团财务局：

为了更好地发挥税收政策促进残疾人就业的作用，进一步保障残疾人的切身利益，经国务院批准并商民政部、中国残疾人联合会同意，决定在全国统一实行新的促进残疾人就业的税收优惠政策。现将有关政策通知如下：

一、对安置残疾人单位的增值税和营业税政策

对安置残疾人的单位，实行由税务机关按单位实际安置残疾人的人数，限额即征即退增值税或减征营业税的办法。

(一)实际安置的每位残疾人每年可退还的增值税或减征的营业税的具体限额，由县级以上税务机关根据单位所在区县(含县级市、旗，下同)适用的经省(含自治区、直辖市、计划单列市，下同)级人民政府批准的最低工资标准的6倍确定，但最高不得超过每人每年3.5万元。

(二)主管国税机关应按月退还增值税，本月已交增值税额不足退还的，可在本年度(指纳税年度，下同)内以前月份已交增值税扣除已退增值税的余额中退还，仍不足退还的可结转本年度内以后月份退还。主管地税机关应按月减征营业税，本月应缴营业税不足减征的，可结转本年度内以后月份减征，但不得从以前月份已交营业税中退还。

(三)上述增值税优惠政策仅适用于生产销售货物或提供加工、修理修配劳务取得的收入占增值税业务和营业税业务收入之和达到50%的单位，但不适用于上述单位生产销售消费税应税货物和直接销售外购货物(包括商品批发和零售)以及销售委托外单位加工的货物取得的收入。上述营业税优惠政策仅适用于提供“服务业”税目(广告业除外)取得的收入占增值税业务和营业税业务收入之和达到50%的单位，但不适用于上述单位提供广告业劳务以及不属于“服务业”税目的营业税应税劳务取得的收入。

单位应当分别核算上述享受税收优惠政策和不得享受税收优惠政策业务的销售收入或营业收入，不能分别核算的，不得享受本通知规定的增值税或营业税优惠政策。

(四)兼营本通知规定享受增值税和营业税税收优惠政策业务的单位，可自行选择退还增值税或减征营业税，一经选定，一个年度内不得变更。

（五）如果既适用促进残疾人就业税收优惠政策，又适用下岗再就业、军转干部、随军家属等支持就业的税收优惠政策的，单位可选择适用最优惠的政策，但不能累加执行。

（六）本条所述“单位”是指税务登记为各类所有制企业（包括个人独资企业、合伙企业和个体经营户）、事业单位、社会团体和民办非企业单位。

……

三、对残疾人个人就业的增值税和营业税政策

（一）根据《中华人民共和国营业税暂行条例》（国务院令第136号）第六条第（二）项和《中华人民共和国营业税暂行条例实施细则》［（93）财法字第40号］第二十六条的规定，对残疾人个人为社会提供的劳务免征营业税。

（二）根据《财政部　国家税务总局关于调整农业产品增值税税率和若干项目征免增值税的通知》［（94）财税字第004号］第三条的规定，对残疾人个人提供的加工、修理修配劳务免征增值税。

……

五、享受税收优惠政策单位的条件

安置残疾人就业的单位（包括福利企业、盲人按摩机构、工疗机构和其他单位），同时符合以下条件并经过有关部门的认定后，均可申请享受本通知第一条和第二条规定的税收优惠政策：

（一）依法与安置的每位残疾人签订了一年以上（含一年）的劳动合同或服务协议，并且安置的每位残疾人在单位实际上岗工作。

（二）月平均实际安置的残疾人占单位在职职工总数的比例应高于25%（含25%），并且实际安置的残疾人人数多于10人（含10人）。

月平均实际安置的残疾人占单位在职职工总数的比例低于25%（不含25%）但高于1.5%（含1.5%），并且实际安置的残疾人人数多于5人（含5人）的单位，可以享受本通知第二条第（一）项规定的企业所得税优惠政策，但不得享受本通知第一条规定的增值税或营业税优惠政策。

（三）为安置的每位残疾人按月足额缴纳了单位所在区县人民政府根据国家政策规定的基本养老保险、基本医疗保险、失业保险和工伤保险等社会保险。

（四）通过银行等金融机构向安置的每位残疾人实际支付了不低于单位所在区县适用的经省级人民政府批准的最低工资标准的工资。

（五）具备安置残疾人上岗工作的基本设施。

六、其他有关规定

（一）经认定的符合上述税收优惠政策条件的单位，应按月计算实际安置残疾人占单位在职职工总数的平均比例，本月平均比例未达到要求的，暂停其本月相应的税收优惠。在一个年度内累计三个月平均比例未达到要求的，取消其次年度享受相应税收优惠政策的资格。

（二）《财政部　国家税务总局关于教育税收政策的通知》（财税［2004］39号）第一条第7项规定的特殊教育学校举办的企业，是指设立的主要为在校学生提供实习场所、并由学校出资自办、由学校负责经营管理、经营收入全部归学校所有的企业，上述企业只要符合第五条第（二）项条件，即可享受本通知第一条和第二条规定的税收优惠政策。这类企业在计算残疾人人数时可将在企业实际上岗工作的特殊教育学校的全日制在校学生计算在内，在计算单位在职职工人数时也要将上述学生计算在内。

（三）在除辽宁、大连、上海、浙江、宁波、湖北、广东、深圳、重庆、陕西以外的其他地区，2007年7月1日前已享受原福利企业税收优惠政策的单位，凡不符合本通知第五条第（三）项规定的有关缴纳社会保险条件，但符合本通知第五条规定的其他条件的，主管税务机关可暂予认定为享受税收优惠政策的单位。上述单位应按照有关规定尽快为安置的残疾人足额缴纳有关社会保险。2007年10月1日起，对仍不符合该项规定的单位，应停止执行本通知第一条和第二条规定的各项税收优惠政策。

（四）对安置残疾人单位享受税收优惠政策的各项条件实行年审办法，具体年审办法由省级税务部门会同同级民政部门及残疾人联合会制定。

七、有关定义

（一）本通知所述“残疾人”，是指持有《中华人民共和国残疾人证》上注明属于视力残疾、听力残疾、言语残疾、肢体残疾、智力残疾和精神残疾的人员和持有《中华人民共和国残疾军人证(1至8级)》的人员。

(二)本通知所述"个人"均指自然人。

(三)本通知所述"单位在职职工"是指与单位建立劳动关系并依法应当签订劳动合同或服务协议的雇员。

(四)本通知所述"工疗机构"是指集就业和康复为一体的福利性生产安置单位,通过组织精神残疾人员参加适当生产劳动和实施康复治疗与训练,达到安定情绪、缓解症状、提高技能和改善生活状况的目的,包括精神病院附设的康复车间、企业附设的工疗车间、基层政府和组织兴办的工疗站等。

八、对残疾人人数计算的规定

(一)允许将精神残疾人员计入残疾人人数享受本通知第一条和第二条规定的税收优惠政策,仅限于工疗机构等适合安置精神残疾人就业的单位。具体范围由省级税务部门会同同级财政、民政部门及残疾人联合会规定。

(二)单位安置的不符合《中华人民共和国劳动法》(主席令第二十八号)及有关规定的劳动年龄的残疾人,不列入本通知第五条第(二)款规定的安置比例及第一条规定的退税、减税限额和第二条规定的加计扣除额的计算。

九、单位和个人采用签订虚假劳动合同或服务协议、伪造或重复使用残疾人证或残疾军人证、残疾人挂名而不实际上岗工作、虚报残疾人安置比例、为残疾人不缴或少缴规定的社会保险、变相向残疾人收回支付的工资等方法骗取本通知规定的税收优惠政策的,除依照法律、法规和其他有关规定追究有关单位和人员的责任外,其实际发生上述违法违规行为年度内实际享受到的减(退)税款应全额追缴入库,并自其发生上述违法违规行为年度起三年内取消其享受本通知规定的各项税收优惠政策的资格。

十、本通知规定的各项税收优惠政策的具体征收管理办法由国家税务总局会同民政部、中国残疾人联合会另行制定。福利企业安置残疾人比例和安置残疾人基本设施的认定管理办法由民政部商财政部、国家税务总局、中国残疾人联合会制定,盲人按摩机构、工疗机构及其他单位安置残疾人比例和安置残疾人基本设施的认定管理办法由中国残疾人联合会商财政部、民政部、国家税务总局制定。

十一、本通知自 2007 年 7 月 1 日起施行,但外商投资企业适用本通知第二条企业所得税优惠政策的规定自 2008 年 1 月 1 日起施行。财政部、国家税务总局《关于企业所得税若干优惠政策的通知》[(94)财税字第 001]号第一条第(九)项、财政部、国家税务总局《关于对福利企业、学校办企业征税问题的通知》[(94)财税字第 003 号]、《国家税务总局关于民政福利企业征收流转税问题的通知》(国税发[1994]155 号)、财政部、国家税务总局《关于福利企业有关税收政策问题的通知》(财税字[2000]35 号)、《财政部 国家税务总局关于调整完善现行福利企业税收优惠政策试点工作的通知》(财税[2006]111 号)、《国家税务总局 财政部 民政部 中国残疾人联合会关于调整完善现行福利企业税收优惠政策试点实施办法的通知》(国税发[2006]112 号)和《财政部 国家税务总局关于进一步做好调整现行福利企业税收优惠政策试点工作的通知》(财税[2006]135 号)自 2007 年 7 月 1 日起停止执行。

十二、各地各级财政、税务部门要认真贯彻落实本通知的各项规定,加强领导,及时向当地政府汇报,取得政府的理解与支持,并密切与民政、残疾人联合会等部门衔接、沟通。税务部门要牵头建立由上述部门参加的联席会议制度,共同将本通知规定的各项政策贯彻落实好。财政、税务部门之间要相互配合,省级税务部门每半年要将执行本通知规定的各项政策的减免(退)税数据及相关情况及时通报省级财政部门。

十三、各地在执行中有何问题,请及时上报财政部和国家税务总局。

【注释】 对《营业税暂行条例》第 6 条进行了解释。

国家税务总局关于新版公路、内河货物运输业统一发票有关使用问题的通知

国税发[2007]101 号

各省、自治区、直辖市和计划单列市国家税务局、地方税务局:

为进一步规范新版公路、内河货物运输业统一发票(以下简称货运发票)的开具和使用,加强公路、内

河货物运输业营业税征收管理,现将有关问题通知如下:

一、关于公路、内河联合货物运输业务开具货运发票问题

公路、内河联合货物运输业务,是指其一项货物运输业务由两个或两个以上的运输单位(或个人)共同完成的货物运输业务。运输单位(或个人)应以收取的全部价款向付款人开具货运发票,合作运输单位(或个人)以向运输单位(或个人)收取的全部价款向该运输单位(或个人)开具货运发票,运输单位(或个人)应以合作运输单位(或个人)向其开具的货运发票作为差额缴纳营业税的扣除凭证。

二、关于货运发票填开内容有关问题

一项运输业务无法明确单位运价和运费里程时,《国家税务总局关于使用新版公路、内河货物运输业统一发票有关问题的通知》(国税发[2006]67号)第五条第(五)款规定的"运输项目及金额"栏的填开内容中,"运价"和"里程"两项内容可不填列。

准予计算增值税进项税额扣除的货运发票(仅指本通知规定的),发货人、收货人、起运地、到达地、运输方式、货物名称、货物数量、运费金额等项目填写必须齐全,与货运发票上所列的有关项目必须相符,否则,不予抵扣。

三、关于货运发票作废有关问题

在开具货运发票的当月,发生取消运输合同、退回运费、开票有误等情形,开票方收到退回的发票联、抵扣联符合作废条件的,按作废处理;开具时发现有误的,可即时作废。

作废货运发票必须在公路、内河货物运输业发票税控系统(以下简称货运发票税控系统)开票软件(包括自开票软件和代开票软件)中将相应的数据电文按"作废"处理,在纸质货运发票(含未打印货运发票)各联次上注明"作废"字样,全部联次监制章部位做剪口处理,在领购新票时交主管税务机关查验。

上述作废条件,是指同时具有以下情形的:

(1)收到退回发票联、抵扣联的时间未超过开票方开票的当月;

(2)开票方未进行税控盘(或传输盘)抄税且未记账;

(3)受票方为增值税一般纳税人的,该纳税人未将抵扣联认证或认证结果为"纳税人识别号认证不符"(指发票所列受票方纳税人识别号与申报认证企业的纳税人识别号不符)、"发票代码、号码认证不符"(指机打代码或号码与发票代码或号码不符)。

四、关于开具货运发票红字票有关问题

(一)受票方取得货运发票后,发生开票有误等情形但不符合作废条件或者因运费部分退回需要开具红字发票的,应按红字发票开具规定进行处理。开具红字发票时应在价税合计的大写金额第一字前加"负数"字,在小写金额前加"-"号。

(二)在开具红字发票前,如受票方尚未记账、货运发票全部联次可以收回的,应对全部联次监制章部位做剪口处理后,再开具红字发票。开票方为公路、内河货物运输业自开票纳税人(以下简称自开票纳税人)或代开票中介机构的,开票方应在领购新货运发票时将剪口后的货运发票全部联次交税务机关查验并留存。

(三)在开具红字发票前,如无法收回全部联次,受票方应向主管税务机关填报《开具红字公路、内河货物运输业发票申请单》(以下简称《申请单》,附件1)。受票方为营业税纳税人的,向主管地方税务局填报《申请单》,受票方为增值税纳税人的,向主管国家税务局填报《申请单》。

《申请单》一式两联:第一联由受票方留存,第二联由受票方主管税务机关留存。《申请单》应加盖受票方财务专用章或发票专用章。

主管税务机关对纳税人填报的《申请单》进行审核后,出具《开具红字公路、内河货物运输业发票通知单》(以下简称《通知单》,附件2)。《通知单》应与《申请单》一一对应。

《通知单》一式三联:第一联由受票方主管税务机关留存;第二联由受票方送交承运方留存;第三联由受票方留存。《通知单》应加盖主管税务机关印章。

开票方凭承运方提供的《通知单》开具红字货运发票,红字货运发票应与《通知单》一一对应。承运方为自开票纳税人的,开票方即为承运方。

开票方为自开票纳税人或代开票中介机构的,应于报送税控盘(或传输盘)数据时将《通知单》一并交主管税务机关审核。开票方主管税务机关应将纳税人税控盘(或传输盘)中开具红字货运发票情况与《通

知单》进行审核、比对;比对不符的,不允许其开具红字货运发票并按有关规定进行处理。

税务机关应将《通知单》按月依次装订成册,并比照发票保管规定管理。

五、关于开具红字货运发票税款退库问题

自开票纳税人、代开票纳税人开具红字发票,涉及多缴税款经税务机关审批应当办理退库的,税务机关应按规定开具《税收收入退还书》送国库办理退税。纳税人从其开户银行账户转账缴税的,将税款退至纳税人缴税的开户银行账户;个人现金退税,按照《国家税务总局中国人民银行 财政部关于现金退税问题的紧急通知》(国税发[2004]47号)有关规定执行。

六、货运发票开具和保存有关要求问题

为提高货运发票的扫描识别率,自开票纳税人、代开票中介机构和税务机关在开具货运发票时必须严格执行《中华人民共和国发票管理办法》及其实施细则、国税发[2006]67号以及其他相关规定,保证发票字迹清晰、打印完整,不得压线和错位。自开票纳税人开具货运发票时,不再加盖开票人专章。

本规定自2007年9月1日起执行。国税发[2006]67号第五条第(八)款以及《国家税务总局关于加强货物运输业税收征收管理的通知》(国税发[2003]121号)附件1《货物运输业营业税征收管理试行办法》第六条有关规定同时废止。

【注释】 对《营业税暂行条例》第14条进行了解释。

国家税务总局关于林木销售和管护征收流转税问题的通知

国税函[2008]212号

各省、自治区、直辖市和计划单列市国家税务局、地方税务局:

近接部分地区反映销售林木和提供林木管护行为如何征收流转税问题,经研究,现将有关问题明确如下:

纳税人销售林木以及销售林木的同时提供林木管护劳务的行为,属于增值税征收范围,应征收增值税。纳税人单独提供林木管护劳务行为属于营业税征收范围,其取得的收入中,属于提供农业机耕、排灌、病虫害防治、植保劳务取得的收入,免征营业税;属于其他收入的,应照章征收营业税。

财政部　国家税务总局关于廉租住房经济适用住房和住房租赁有关税收政策的通知

财税[2008]24号

各省、自治区、直辖市、计划单列市财政厅(局)、国家税务局、地方税务局,新疆生产建设兵团财务局:

为贯彻落实《国务院关于解决城市低收入家庭住房困难的若干意见》(国发[2007]24号)精神,促进廉租住房、经济适用住房制度建设和住房租赁市场的健康发展,经国务院批准,现将有关税收政策通知如下:

一、支持廉租住房、经济适用住房建设的税收政策

(一)对廉租住房经营管理单位按照政府规定价格、向规定保障对象出租廉租住房的租金收入,免征营业税、房产税。

(二)对廉租住房、经济适用住房建设用地以及廉租住房经营管理单位按照政府规定价格、向规定保障对象出租的廉租住房用地,免征城镇土地使用税。

开发商在经济适用住房、商品住房项目中配套建造廉租住房,在商品住房项目中配套建造经济适用住房,如能提供政府部门出具的相关材料,可按廉租住房、经济适用住房建筑面积占总建筑面积的比例免征开发商应缴纳的城镇土地使用税。

（三）企事业单位、社会团体以及其他组织转让旧房作为廉租住房、经济适用住房房源且增值额未超过扣除项目金额 20% 的，免征土地增值税。

（四）对廉租住房、经济适用住房经营管理单位与廉租住房、经济适用住房相关的印花税以及廉租住房承租人、经济适用住房购买人涉及的印花税予以免征。

开发商在经济适用住房、商品住房项目中配套建造廉租住房，在商品住房项目中配套建造经济适用住房，如能提供政府部门出具的相关材料，可按廉租住房、经济适用住房建筑面积占总建筑面积的比例免征开发商应缴纳的印花税。

（五）对廉租住房经营管理单位购买住房作为廉租住房、经济适用住房经营管理单位回购经济适用住房继续作为经济适用住房房源的，免征契税。

（六）对个人购买经济适用住房，在法定税率基础上减半征收契税。

（七）对个人按《廉租住房保障办法》（建设部等 9 部委令第 162 号）规定取得的廉租住房货币补贴，免征个人所得税；对于所在单位以廉租住房名义发放的不符合规定的补贴，应征收个人所得税。

（八）企事业单位、社会团体以及其他组织于 2008 年 1 月 1 日前捐赠住房作为廉租住房的，按《中华人民共和国企业所得税暂行条例》（国务院令第 137 号）、《中华人民共和国外商投资企业和外国企业所得税法》有关公益性捐赠政策执行；2008 年 1 月 1 日后捐赠的，按《中华人民共和国企业所得税法》有关公益性捐赠政策执行。个人捐赠住房作为廉租住房的，捐赠额未超过其申报的应纳税所得额 30% 的部分，准予从其应纳税所得额中扣除。

廉租住房、经济适用住房、廉租住房承租人、经济适用住房购买人以及廉租住房租金、货币补贴标准等须符合国发[2007]24 号文件及《廉租住房保障办法》（建设部等 9 部委令第 162 号）、《经济适用住房管理办法》（建住房[2007]258 号）的规定；廉租住房、经济适用住房经营管理单位为县级以上人民政府主办或确定的单位。

二、支持住房租赁市场发展的税收政策

（一）对个人出租住房取得的所得减按 10% 的税率征收个人所得税。

（二）对个人出租、承租住房签订的租赁合同，免征印花税。

（三）对个人出租住房，不区分用途，在 3% 税率的基础上减半征收营业税，按 4% 的税率征收房产税，免征城镇土地使用税。

（四）对企事业单位、社会团体以及其他组织按市场价格向个人出租用于居住的住房，减按 4% 的税率征收房产税。

上述与廉租住房、经济适用住房相关的新的优惠政策自 2007 年 8 月 1 日起执行，文到之日前已征税款在以后应缴税款中抵减。与住房租赁相关的新的优惠政策自 2008 年 3 月 1 日起执行。其他政策仍按现行规定继续执行。

各地要严格执行税收政策，加强管理，对执行过程中发现的问题，及时上报财政部、国家税务总局。

国家税务总局关于风景名胜区景点经营收入征收营业税问题的批复

国税函[2008]254 号

湖南省地方税务局：

你局《关于张家界风景名胜区景点经营收入适用税目的请示》（湘地税发[2007]83 号）收悉。经研究，批复如下：

对单位和个人在旅游景区经营旅游游船、观光电梯、观光电车、景区环保客运车所取得的收入应按“服务业—旅游业”征收营业税。

单位和个人在旅游景区兼有不同税目应税行为并采取“一票制”收费方式的，应当分别核算不同税目的营业额；未分别核算或核算不清的，从高适用税率。

国家税务总局关于土地使用者将土地使用权归还给土地所有者行为营业税问题的通知

国税函[2008]277号

各省、自治区、直辖市和计划单列市地方税务局，西藏、宁夏、青海省(自治区)国家税务局：

近接部分地区反映如何界定土地使用者将土地使用权归还给土地所有者行为的问题，经研究，现明确如下：

纳税人将土地使用权归还给土地所有者时，只要出具县级(含)以上地方人民政府收回土地使用权的正式文件，无论支付征地补偿费的资金来源是否为政府财政资金，该行为均属于土地使用者将土地使用权归还给土地所有者的行为，按照《国家税务总局关于印发〈营业税税目注释(试行稿)〉的通知》(国税发[1993]149号)规定，不征收营业税。

财政部　国家税务总局关于中国移动通信集团公司中国联合通信股份有限公司与中国扶贫基金会合作项目有关营业税政策的通知

财税[2008]34号

各省、自治区、直辖市、计划单列市财政厅(局)、地方税务局，新疆生产建设兵团财务局：

为支持我国的扶贫公益事业发展，现对中国移动通信集团公司、中国联合通信股份有限公司与中国扶贫基金会合作开展公益特服号捐款业务的营业税政策明确如下：

对中国移动通信集团公司、中国联合通信股份有限公司通过手机特服号"10699999"为中国扶贫基金会接受捐款业务，以全部收入减去支付给中国扶贫基金会的价款后的余额为营业额，计算征收营业税。

本通知自2008年4月1日起执行。

财政部　国家税务总局关于个人住房转让营业税政策的通知

财税[2008]174号

各省、自治区、直辖市、计划单列市财政厅(局)、地方税务局，西藏、宁夏、青海省(自治区)国家税务局，新疆生产建设兵团财务局：

为贯彻落实《国务院办公厅关于促进房地产市场健康发展的若干意见》(国办发[2008]131号)关于进一步鼓励普通商品住房消费的精神，促进房地产市场健康发展，现将个人住房转让的营业税政策通知如下：

一、自2009年1月1日至12月31日，个人将购买不足2年的非普通住房对外销售的，全额征收营业税；个人将购买超过2年(含2年)的非普通住房或者不足2年的普通住房对外销售的，按照其销售收入减去购买房屋的价款后的差额征收营业税；个人将购买超过2年(含2年)的普通住房对外销售的，免征营业税。

二、上述普通住房和非普通住房的标准、办理免税的具体程序、购买房屋的时间、开具发票、差额征税扣除凭证、非购买形式取得住房行为及其他相关税收管理规定，按照《国务院办公厅转发建设部等部门关于做好稳定住房价格工作意见的通知》(国办发[2005]26号)、《国家税务总局财政部建设部关于加强房地产税收管理的通知》(国税发[2005]89号)和《国家税务总局关于房地产税收政策执行中几个具体问题的通知》(国税发[2005]172号)的有关规定执行。

三、自2009年1月1日起,《财政部 国家税务总局关于调整房地产营业税有关政策的通知》(财税[2006]75号)废止。

财政部 国家税务总局关于海峡两岸海上直航营业税和企业所得税政策的通知

财税[2009]4号

各省、自治区、直辖市、计划单列市财政厅(局)、国家税务局、地方税务局,新疆生产建设兵团财务局:

为推动海峡两岸海上直航,经国务院批准,现对海峡两岸海上直航业务有关税收政策通知如下:

一、自2008年12月15日起,对台湾航运公司从事海峡两岸海上直航业务在大陆取得的运输收入,免征营业税。

对台湾航运公司在2008年12月15日至文到之日已缴纳应予免征的营业税,从以后应缴的营业税税款中抵减,年度内抵减不完的予以退税。

二、自2008年12月15日起,对台湾航运公司从事海峡两岸海上直航业务取得的来源于大陆的所得,免征企业所得税。

享受企业所得税免税政策的台湾航运公司应当按照企业所得税法实施条例的有关规定,单独核算其从事上述业务在大陆取得的收入和发生的成本、费用;未单独核算的,不得享受免征企业所得税政策。

三、本通知所称台湾航运公司,是指取得交通运输部颁发的“台湾海峡两岸间水路运输许可证”且上述许可证上注明的公司登记地址在台湾的航运公司。

工业和信息化部 国家税务总局关于中小企业信用担保机构免征营业税有关问题的通知

发改企业[2006]563号

各省、自治区、直辖市及计划单列市、新疆生产建设兵团发展改革委、经贸委(经委)、中小企业局、地方税务局:

为贯彻落实《中华人民共和国中小企业促进法》、《国务院办公厅转发国家经贸委关于鼓励和促进中小企业发展若干政策意见的通知》(国办发[2000]59号)和国家发展改革委和国家税务总局《关于继续做好中小企业信用担保机构免征营业税有关问题的通知》(发改企业[2004]303号)以及国务院领导关于促进中小企业信用担保机构发展的有关批示精神,现就继续做好中小企业信用担保机构免征营业税工作有关问题通知如下:

一、信用担保机构免税基本条件

(一)经政府授权部门(中小企业政府管理部门)同意,依法登记注册为企业法人,且主要从事为中小企业提供担保服务的机构。

(二)不以营利为主要目的,担保业务收费标准报经所在地人民政府中小企业主管部门和同级人民政府物价部门批准。

(三)具备健全的内部管理制度和为中小企业提供担保的能力,经营业绩突出,对受保项目具有完善的事前评估、事中监控、事后追偿与处置机制;注册资金超过2000万元。

（四）对中小企业累计贷款担保金额占其累计担保业务总额的80%，对单个受保企业提供的担保余额不超过担保机构自身实收资本总额的10%，并且其单笔担保责任金额最高不超过4000万元人民币。

（五）担保资金与担保贷款放大比例不低于3倍，并且其代偿额占担保资金比例不超过5%。

（六）接受所在地政府中小企业管理部门的监管，按照要求向所在地政府中小企业管理部门报送担保业务情况和财务会计报表。

享受三年营业税减免政策期限已满的担保机构，仍符合上述条件的，可以继续申请减免税。

二、免税程序

由担保机构自愿申请，经省级中小企业管理部门和省级地方税务部门审核、推荐后，由国家发展改革委和国家税务总局审核批准并下发免税名单，名单内的担保机构应持有关文件到主管税务机关申请办理免税手续，各地税务机关按照国家发展改革委和国家税务总局下发的名单审核批准并办理免税手续后，担保机构可以享受营业税免税政策。

三、免税期限

营业税免税期限为三年，免税时间自担保机构主管税务机关办理免税手续之日起计算。

四、各省、自治区、直辖市、计划单列市中小企业管理部门、地方税务局要根据本通知要求，按照公开、公正原则，认真做好本地区中小企业信用担保机构审核推荐工作。

五、各省、自治区、直辖市、计划单列市中小企业管理部门、地方税务局要根据实际情况，对前期信用担保机构营业税减免工作落实情况及实施效果开展监督检查，对享受营业税减免政策的中小企业信用担保机构实行动态管理。对于违反规定，不符合减免条件的担保机构，一经发现要如实上报国家发展改革委和国家税务总局取消其继续享受免税的资格。

六、请各省、自治区、直辖市、计划单列市中小企业管理部门会同地方税务局认真做好有关工作，将下列材料以书面形式一式二份于2006年6月15日前报国家发展改革委中小企业司和国家税务总局流转税司。

（一）前四批中小企业信用担保机构营业税减免工作的成效、存在问题及建议。

（二）符合免税条件的中小企业信用担保机构名单（此名单应经过公示）。

（三）符合免税条件的中小企业信用担保机构登记表（见附表）、营业执照和公司章程复印件。

（四）经审查前四批不符合免税条件的中小企业信用担保机构取消名单及理由。

联系单位：国家发展改革委中小企业司

联系人：张海鹰

联系电话：68535638

附件：中小企业信用担保机构登记表

财政部　国家税务总局关于扶持动漫产业发展有关税收政策问题的通知

财税［2009］65号

各省、自治区、直辖市、计划单列市财政厅（局）、国家税务局、地方税务局：

根据《国务院办公厅转发财政部等部门关于推动我国动漫产业发展若干意见的通知》（国办发［2006］32号）的精神，文化部会同有关部门于2008年12月下发了《动漫企业认定管理办法（试行）》（文市发［2008］51号）。为促进我国动漫产业健康快速发展，增强动漫产业的自主创新能力，现就扶持动漫产业发展的有关税收政策问题通知如下：

一、关于增值税

在2010年12月31日前，对属于增值税一般纳税人的动漫企业销售其自主开发生产的动漫软件，按17%的税率征收增值税后，对其增值税实际税负超过3%的部分，实行即征即退政策。退税数额的计算公式为：应退税额＝享受税收优惠的动漫软件当期已征税款－享受税收优惠的动漫软件当期不含税销售额×3%。动漫软件出口免征增值税。上述动漫软件的范围，按照《文化部 财政部　国家税务总局关于印发〈动漫企业认定管理办法(试行)〉的通知》(文市发[2008]51号)的规定执行。

二、关于企业所得税

经认定的动漫企业自主开发、生产动漫产品,可申请享受国家现行鼓励软件产业发展的所得税优惠政策。

三、关于营业税

对动漫企业为开发动漫产品提供的动漫脚本编撰、形象设计、背景设计、动画设计、分镜、动画制作、摄制、描线、上色、画面合成、配音、配乐、音效合成、剪辑、字幕制作、压缩转码(面向网络动漫、手机动漫格式适配)劳务,在2010年12月31日前暂减按3%税率征收营业税。

四、关于进口关税和进口环节增值税

经国务院有关部门认定的动漫企业自主开发、生产动漫直接产品,确需进口的商品可享受免征进口关税和进口环节增值税的优惠政策。具体免税商品范围及管理办法由财政部会同有关部门另行制定。

五、本通知所称动漫企业和自主开发、生产动漫产品的认定标准和认定程序,按照《文化部财政部　国家税务总局关于印发〈动漫企业认定管理办法(试行)〉的通知》(文市发[2008]51号)的规定执行。

六、本通知从2009年1月1日起执行。

国家税务总局关于政府收回土地使用权及纳税人代垫拆迁补偿费有关营业税问题的通知

国税函[2009]520号

各省、自治区、直辖市和计划单列市地方税务局,西藏、宁夏、青海省(自治区)国家税务局:

近接部分地区反映土地使用者将土地使用权归还给土地所有者时,政府收回土地使用权的正式文件如何掌握以及纳税人进行拆除建筑物、平整土地并代垫拆迁补偿费的行为如何征收营业税的问题。经研究,现明确如下:

一、《国家税务总局关于土地使用者将土地使用权归还给土地所有者行为营业税问题的通知》(国税函[2008]277号)中关于县级以上(含)地方人民政府收回土地使用权的正式文件,包括县级以上(含)地方人民政府出具的收回土地使用权文件,以及土地管理部门报经县级以上(含)地方人民政府同意后由该土地管理部门出具的收回土地使用权文件。

二、纳税人受托进行建筑物拆除、平整土地并代委托方向原土地使用权人支付拆迁补偿费的过程中,其提供建筑物拆除、平整土地劳务取得的收入应按照"建筑业"税目缴纳营业税;其代委托方向原土地使用权人支付拆迁补偿费的行为属于"服务业——代理业"行为,应以提供代理劳务取得的全部收入减去其代委托方支付的拆迁补偿费后的余额为营业额计算缴纳营业税。

财政部　国家税务总局关于个人金融商品买卖等营业税若干免税政策的通知

财税[2009]111号

各省、自治区、直辖市、计划单列市财政厅(局)、地方税务局,北京、西藏、宁夏、青海省(自治区、直辖市)国家税务局,新疆生产建设兵团财务局:

经国务院批准,现将有关营业税优惠政策明确如下:

一、对个人(包括个体工商户及其他个人,下同)从事外汇、有价证券、非货物期货和其他金融商品买卖业务取得的收入暂免征收营业税。

二、个人无偿赠与不动产、土地使用权,属于下列情形之一的,暂免征收营业税:

(一)离婚财产分割;

(二)无偿赠与配偶、父母、子女、祖父母、外祖父母、孙子女、外孙子女、兄弟姐妹;

(三)无偿赠与对其承担直接抚养或者赡养义务的抚养人或者赡养人;

(四)房屋产权所有人死亡,依法取得房屋产权的法定继承人、遗嘱继承人或者受遗赠人。

三、对中华人民共和国境内(以下简称境内)单位或者个人在中华人民共和国境外(以下简称境外)提供建筑业、文化体育业(除播映)劳务暂免征收营业税。

四、境外单位或者个人在境外向境内单位或者个人提供的完全发生在境外的《中华人民共和国营业税暂行条例》(国务院令第540号,以下简称条例)规定的劳务,不属于条例第一条所称在境内提供条例规定的劳务,不征收营业税。上述劳务的具体范围由财政部、国家税务总局规定。

根据上述原则,对境外单位或者个人在境外向境内单位或者个人提供的文化体育业(除播映),娱乐业,服务业中的旅店业、饮食业、仓储业,以及其他服务业中的沐浴、理发、洗染、裱画、誊写、镌刻、复印、打包劳务,不征收营业税。

五、同时满足以下条件的行政事业性收费和政府性基金暂免征收营业税:

(一)由国务院或者财政部批准设立的政府性基金,由国务院或者省级人民政府及其财政、价格主管部门批准设立的行政事业性收费和政府性基金;

(二)收取时开具省级以上(含省级)财政部门统一印制或监制的财政票据;

(三)所收款项全额上缴财政。

凡不同时符合上述三个条件,且属于营业税征税范围的行政事业性收费或政府性基金应照章征收营业税。

上述政府性基金是指各级人民政府及其所属部门根据法律、国家行政法规和中共中央、国务院有关文件的规定,为支持某项事业发展,按照国家规定程序批准,向公民、法人和其他组织征收的具有专项用途的资金。包括各种基金、资金、附加和专项收费。

上述行政事业收费是指国家机关、事业单位、代行政府职能的社会团体及其他组织根据法律、行政法规、地方性法规等有关规定,依照国务院规定程序批准,在向公民、法人提供特定服务的过程中,按照成本补偿和非盈利原则向特定服务对象收取的费用。

六、属于本通知第二条规定情形的个人,在办理免税手续时,应根据情况提交以下相关资料:

(一)《国家税务总局关于加强房地产交易个人无偿赠与不动产税收管理有关问题的通知》(国税发[2006]144号)第一条规定的相关证明材料;

(二)赠与双方当事人的有效身份证件;

(三)证明赠与人和受赠人亲属关系的人民法院判决书(原件)、由公证机构出具的公证书(原件);

(四)证明赠与人和受赠人抚养关系或者赡养关系的人民法院判决书(原件)、由公证机构出具的公证书(原件)、由乡镇人民政府或街道办事处出具的证明材料(原件)。

税务机关应当认真审核赠与双方提供的上述资料,资料齐全并且填写正确的,在提交的国税发[2006]144号文件所附《个人无偿赠与不动产登记表》上签字盖章后复印留存,原件退还提交人,同时办理营业税免税手续。

七、本通知自2009年1月1日起执行。此前已征、多征税款应从纳税人以后的应纳税额中抵减或予以退税。《国家税务局关于经援项目税收问题的函》(国税函发[1990]884号)有关营业税部分、《财政部　国家税务总局关于必须严格执行税法统一规定不得擅自对行政事业单位收费减免营业税的通知》(财税字[1995]6号)、《财政部　国家税务总局关于调整行政事业性收费(基金)营业税政策的通知》(财税字[1997]5号)、《财政部　国家税务总局关于下发不征收营业税的收费(基金)项目名单(第二批)的通知》(财税字[1997]117号)、《财政部　国家税务总局关于育林基金不应征收营业税的通知》(财税字[1998]179号)、《财政部　国家税务总局关于下发不征收营业税的收费(基金)项目名单(第三批)的通知》(财税[2000]31号)、《财政部　国家税务总局关于车辆通行费有关营业税等税收政策的通知》(财税[2000]139号)、《财政部　国家税务总局关于下发不征收营业税的收费(基金)项目名单(第四批)的通知》(财税[2001]144号)、《财政部　国家税务总局关于下发不征收营业税的收费(基金)项目名单(第五批)的通知》

(财税[2002]117号)、《财政部　国家税务总局关于下发不征收营业税的收费(基金)项目名单(第六批)的通知》(财税[2003]15号)、《财政部、国家税务总局关于中国知识产权培训中心办学经费收费不征收营业税的通知》(财税[2003]138号)、《财政部　国家税务总局关于代办外国领事认证费等5项经营服务性收费征收营业税的通知》(财税[2003]169号)、《财政部　国家税务总局关于民航系统8项行政事业性收费不征收营业税的通知》(财税[2003]170号)同时废止。

国家税务总局关于进一步落实不动产、建筑业营业税项目管理及发票使用管理办法的通知

国税函[2009]630号

各省、自治区、直辖市和计划单列市地方税务局,西藏、宁夏、青海省(自治区)国家税务局:

建筑业、房地产业是营业税的重点税源行业。为加强两个行业营业税征收管理,总局下发了《国家税务总局关于印发〈不动产、建筑业营业税项目管理及发票使用管理暂行办法〉的通知》(国税发[2006]128号),并按照"以票控税、网络比对、税源监控、综合管理"的要求,统一开发了建筑业、房地产业营业税项目管理软件。近年来,广西、甘肃、福建等省、区、市税务机关积极贯彻落实不动产、建筑业营业税项目管理及发票使用管理办法,取得了以票控税、综合管理、税收增收的显著成效。

为深入贯彻中央经济工作会议关于"依法加强税收征管,做到应收尽收"的要求,加强建筑业、房地产业两个重点税源行业的营业税征收管理,不断提高税收征管质量和效率,保证营业税收入的持续稳定增长,总局要求各地税务机关要认真贯彻落实国税发[2006]128号文件要求,继续深入推进不动产、建筑业营业税项目管理及发票使用管理办法,2011年底前所有地区必须将不动产、建筑业营业税项目管理及发票使用管理办法落实到位。总局将在适当的时候组织检查落实情况,并适时进行督导,以保证办法落实到位。

财政部　国家税务总局关于调整个人住房转让营业税政策的通知

财税[2009]157号

各省、自治区、直辖市、计划单列市财政厅(局)、地方税务局,西藏、宁夏、青海省(自治区)国家税务局,新疆生产建设兵团财务局:

为了促进房地产市场健康发展,经国务院批准,现对个人住房转让的营业税政策通知如下:

一、自2010年1月1日起,个人将购买不足5年的非普通住房对外销售的,全额征收营业税;个人将购买超过5年(含5年)的非普通住房或者不足5年的普通住房对外销售的,按照其销售收入减去购买房屋的价款后的差额征收营业税;个人将购买超过5年(含5年)的普通住房对外销售的,免征营业税。

二、上述普通住房和非普通住房的标准、办理免税的具体程序、购买房屋的时间、开具发票、差额征税扣除凭证、非购买形式取得住房行为及其他相关税收管理规定,按照《国务院办公厅转发建设部等部门关于做好稳定住房价格工作意见的通知》(国办发[2005]26号)、《国家税务总局 财政部　建设部关于加强房地产税收管理的通知》(国税发[2005]89号)和《国家税务总局关于房地产税收政策执行中几个具体问题的通知》(国税发[2005]172号)的有关规定执行。

三、为维护正常的财税秩序,各地要严格清理与房地产有关的越权减免税,对清理出来的问题,要立即予以纠正。

四、自2010年1月1日起,《财政部　国家税务总局关于个人住房转让营业税政策的通知》(财税[2008]174号)废止。

国家税务总局关于教育部考试中心及其直属单位与其他单位合作开展考试有关营业税问题的通知

国税函[2009]752号

各省、自治区、直辖市和计划单列市地方税务局,西藏、宁夏、青海省(自治区)国家税务局:

现将教育部考试中心及其直属单位与行业主管部门(或协会)、海外教育考试机构和各省级教育机构合作开展考试业务有关营业税问题明确如下:

教育部考试中心及其直属单位与行业主管部门(或协会)、海外教育考试机构和各省级教育机构(以下简称合作单位)合作开展考试的业务,实质是从事代理业务,按照现行营业税政策规定,教育部考试中心及其直属单位应以其全部收入减去支付给合作单位的合作费后的余额为营业额,按照"服务业——代理业"税目依5%的税率计算缴纳营业税。

财政部　国家税务总局关于国家电影事业发展专项资金营业税政策问题的通知

财税[2010]16号

各省、自治区、直辖市、计划单列市财政厅(局)、地方税务局,北京、西藏、宁夏、青海省(自治区、直辖市)国家税务局,新疆生产建设兵团财务局:

根据有关部门反映,现将国家电影事业发展专项资金有关营业税问题明确如下:

国家电影事业发展专项资金管理委员会收取的国家电影事业发展专项资金,2008年12月31日前,按照《财政部　国家税务总局关于调整行政事业性收费(基金)营业税政策的通知》(财税字[1997]5号)规定不征收营业税;自2009年1月1日起,按照《财政部　国家税务总局关于个人金融商品买卖等营业税若干免税政策的通知》(财税[2009]111号)规定执行相关营业税政策。

电影放映单位放映电影,应以其取得的全部电影票房收入为营业额计算缴纳营业税,其从电影票房收入中提取并上缴的国家电影事业发展专项资金不得从其计税营业额中扣除。

财政部　国家税务总局关于国际运输劳务免征营业税的通知

财税[2010]8号

各省、自治区、直辖市、计划单列市财政厅(局)、地方税务局,北京、西藏、宁夏、青海省(自治区、直辖市)国家税务局,新疆生产建设兵团财务局:

自2010年1月1日起,对中华人民共和国境内(以下简称境内)单位或者个人提供的国际运输劳务免征营业税。国际运输劳务是指:

1. 在境内载运旅客或者货物出境。

2. 在境外载运旅客或者货物入境。

3. 在境外发生载运旅客或者货物的行为。

本通知自2010年1月1日起执行,2010年1月1日至文到之日已征的应予免征的营业税税额在纳税人以后的应纳营业税税额中抵减或者予以退税。

财政部 国家税务总局关于农村金融有关税收政策的通知

财税[2010]4号

各省、自治区、直辖市、计划单列市财政厅(局)、国家税务局、地方税务局,新疆生产建设兵团财务局:

为支持农村金融发展,解决农民贷款难问题,经国务院批准,现就农村金融有关税收政策通知如下:

一、自2009年1月1日至2013年12月31日,对金融机构农户小额贷款的利息收入,免征营业税。

二、自2009年1月1日至2013年12月31日,对金融机构农户小额贷款的利息收入在计算应纳税所得额时,按90%计入收入总额。

三、自2009年1月1日至2011年12月31日,对农村信用社、村镇银行、农村资金互助社、由银行业机构全资发起设立的贷款公司、法人机构所在地在县(含县级市、区、旗)及县以下地区的农村合作银行和农村商业银行的金融保险业收入减按3%的税率征收营业税。

四、自2009年1月1日至2013年12月31日,对保险公司为种植业、养殖业提供保险业务取得的保费收入,在计算应纳税所得额时,按90%比例减计收入。

五、本通知所称农户,是指长期(一年以上)居住在乡镇(不包括城关镇)行政管理区域内的住户,还包括长期居住在城关镇所辖行政村范围内的住户和户口不在本地而在本地居住一年以上的住户,国有农场的职工和农村个体工商户。位于乡镇(不包括城关镇)行政管理区域内和在城关镇所辖行政村范围内的国有经济的机关、团体、学校、企事业单位的集体户;有本地户口,但举家外出谋生一年以上的住户,无论是否保留承包耕地均不属于农户。农户以户为统计单位,既可以从事农业生产经营,也可以从事非农业生产经营。农户贷款的判定应以贷款发放时的承贷主体是否属于农户为准。

本通知所称小额贷款,是指单笔且该户贷款余额总额在5万元以下(含5万元)的贷款。

本通知所称村镇银行,是指经中国银行监督管理委员会依据有关法律、法规批准,由境内外金融机构、境内非金融机构企业法人、境内自然人出资,在农村地区设立的主要为当地农民、农业和农村经济发展提供金融服务的银行业金融机构。

本通知所称农村资金互助社,是指经银行业监督管理机构批准,由乡(镇)、行政村民和农村小企业自愿入股组成,为社员提供存款、贷款、结算等业务的社区互助性银行业金融机构。

本通知所称由银行业机构全资发起设立的贷款公司,是指经中国银行业监督管理委员会依据有关法律、法规批准,由境内商业银行或农村合作银行在农村地区设立的专门为县域农民、农业和农村经济发展提供贷款服务的非银行业金融机构。

本通知所称县(县级市、区、旗),不包括市(含直辖市、地级市)所辖城区。

本通知所称保费收入,是指原保险保费收入加上分保费收入减去分出保费后的余额。

六、金融机构应对符合条件的农户小额贷款利息收入进行单独核算,不能单独核算的不得适用本通知第一条、第二条规定的优惠政策。

七、适用暂免或减半征收企业所得税优惠政策至2009年底的农村信用社执行现有政策到期后,再执行本通知第二条规定的企业所得税优惠政策。

八、适用本通知第一条、第三条规定的营业税优惠政策的金融机构,自2009年1月1日至发文之日应予免征或者减征的营业税税款,在以后的应纳营业税税额中抵减或者予以退税。

九、《财政部 国家税务总局关于试点地区农村信用社税收政策的通知》(财税[2004]35号)第二条、

《财政部 国家税务总局关于进一步扩大试点地区农村信用社有关税收政策问题的通知》(财税[2004]177号)第二条规定自2009年1月1日起停止执行。

国家税务总局关于国际电信业务营业税问题的通知

国税函[2010]300号

各省、自治区、直辖市和计划单列市地方税务局,北京、西藏、宁夏、青海省(区、市)国家税务局:

经研究,现将国际电信业务有关营业税问题明确如下:

一、根据《中华人民共和国营业税暂行条例》及实施细则的有关规定,单位或个人出租境外的属于不动产的电信网络资源(包括境外电路、海缆、卫星转发器等)取得的收入,不属于营业税征税范围,不征收营业税。

二、根据《财政部 国家税务总局关于个人金融商品买卖等营业税若干免税政策的通知》(财税[2009]111号)的有关规定,境外单位或个人在境外向境内单位或个人提供的国际通信服务(包括国际间通话服务、移动电话国际漫游服务、移动电话国际互联网服务、国际间短信互通服务、国际间彩信互通服务),不属于营业税征税范围,不征收营业税。

财政部 国家税务总局 商务部关于示范城市离岸服务外包业务免征营业税的通知

财税[2010]64号

北京、天津、大连、黑龙江、上海、江苏、浙江、安徽、江西、福建、厦门、山东、湖北、湖南、广东、深圳、重庆、四川、陕西省(直辖市、计划单列市)财政厅(局)、地方税务局、商务主管部门:

为了进一步促进离岸服务外包产业发展,经国务院批准,现就离岸服务外包业务营业税政策通知如下:

一、自2010年7月1日起至2013年12月31日,对注册在北京、天津、大连、哈尔滨、大庆、上海、南京、苏州、无锡、杭州、合肥、南昌、厦门、济南、武汉、长沙、广州、深圳、重庆、成都、西安等21个中国服务外包示范城市的企业从事离岸服务外包业务取得的收入免征营业税。

二、从事离岸服务外包业务取得的收入,是指本通知第一条规定的企业根据境外单位与其签订的委托合同,由本企业或其直接转包的企业为境外提供本通知附件规定的信息技术外包服务(ITO)、技术性业务流程外包服务(BPO)或技术性知识流程外包服务(KPO),从上述境外单位取得的收入。

三、2010年7月1日至本通知到达之日已征的应予免征的营业税税额,在纳税人以后的应纳营业税税额中抵减,在2010年内抵减不完的予以退税。

附件:

享受免税的服务外包业务具体范围

一、信息技术外包服务(ITO)

(一)软件研发及外包

类　别	适　用　范　围
软件研发及开发服务	用于金融、政府、教育、制造业、零售、服务、能源、物流、交通、媒体、电信、公共事业和医疗卫生等部门和企业，为用户的运营/生产/供应链/客户关系/人力资源和财务管理、计算机辅助设计/工程等业务进行软件开发，包括定制软件开发，嵌入式软件、套装软件开发，系统软件开发、软件测试等。
软件技术服务	软件咨询、维护、培训、测试等技术性服务。

（二）信息技术研发服务外包

类　别	适　用　范　围
集成电路和电子电路设计	集成电路和电子电路产品设计以及相关技术支持服务等。
测试平台	为软件、集成电路和电子电路的开发运用提供测试平台。

（三）信息系统运营维护外包

类　别	适　用　范　围
信息系统运营和维护服务	客户内部信息系统集成、网络管理、桌面管理与维护服务；信息工程、地理信息系统、远程维护等信息系统应用服务。
基础信息技术服务	基础信息技术管理平台整合、IT基础设施管理、数据中心、托管中心、安全服务、通讯服务等基础信息技术服务。

二、技术性业务流程外包服务（BPO）

类　别	适　用　范　围
企业业务流程设计服务	为客户企业提供内部管理、业务运作等流程设计服务。
企业内部管理服务	为客户企业提供后台管理、人力资源管理、财务、审计与税务管理、金融支付服务、医疗数据及其他内部管理业务的数据分析、数据挖掘、数据管理、数据使用的服务；承接客户专业数据处理、分析和整合服务。
企业运营服务	为客户企业提供技术研发服务、为企业经营、销售、产品售后服务提供的应用客户分析、数据库管理等服务。主要包括金融服务业务、政务与教育业务、制造业务和生命科学、零售和批发与运输业务、卫生保健业务、通讯与公共事业业务、呼叫中心、电子商务平台等。
企业供应链管理服务	为客户提供采购、物流的整体方案设计及数据库服务。

三、技术性知识流程外包服务（KPO）

适　用　范　围
知识产权研究、医药和生物技术研发和测试、产品技术研发、工业设计、分析学和数据挖掘、动漫及网游设计研发、教育课件研发、工程设计等领域。

财政部　国家税务总局关于保险保障基金有关税收问题的通知

财税[2010]77号

各省、自治区、直辖市、计划单列市财政厅(局)、国家税务局、地方税务局，新疆生产建设兵团财务局：

经国务院批准，现对保险保障基金有关税收政策问题通知如下：

一、对中国保险保障基金有限责任公司(以下简称保险保障基金公司)根据《保险保障基金管理办法》(以下简称《管理办法》)取得的下列收入，免征企业所得税：

1. 境内保险公司依法缴纳的保险保障基金；

2. 依法从撤销或破产保险公司清算财产中获得的受偿收入和向有关责任方追偿所得，以及依法从保险公司风险处置中获得的财产转让所得；

3. 捐赠所得；

4. 银行存款利息收入；

5. 购买政府债券、中央银行、中央企业和中央级金融机构发行债券的利息收入；

6. 国务院批准的其他资金运用取得的收入。

二、对保险保障基金公司根据《管理办法》取得的下列收入，免征营业税：

1. 境内保险公司依法缴纳的保险保障基金；

2. 依法从撤销或破产保险公司清算财产中获得的受偿收入和向有关责任方追偿所得。

三、对保险保障基金公司下列应税凭证，免征印花税：

1. 新设立的资金账簿；

2. 对保险公司风险处置和在破产救助过程中签订的产权转移书据；

3. 在风险处置过程中与中国人民银行签订的再贷款合同；

4. 以保险保障基金自有财产和接收的受偿资产与保险公司签订的财产保险合同；

5. 对与保险保障基金公司签订上述应税合同或产权转移书据的其他当事人照章征收印花税。

四、本通知自2009年1月1日起至2011年12月31日止执行。对保险保障基金公司在2009年1月1日至文到之日已缴纳的应予免征的营业税，从以后应缴纳的营业税税款中抵减。

财政部　国家税务总局关于海峡两岸空中直航营业税和企业所得税政策的通知

财税[2010]63号

各省、自治区、直辖市、计划单列市财政厅(局)、国家税务局、地方税务局、新疆生产建设兵团财务局：

为推动海峡两岸空中直航，经国务院批准，现对海峡两岸空中直航业务有关税收政策通知如下：

一、自2009年6月25日起，对台湾航空公司从事海峡两岸空中直航业务在大陆取得的运输收入，免征营业税。

对台湾航空公司在2009年6月25日起至文到之日已缴纳应予免征的营业税，从以后应缴的营业税税款中抵减，在2010年内抵减不完的予以退还。

二、自2009年6月25日起，对台湾航空公司从事海峡两岸空中直航业务取得的来源于大陆的所得，免征企业所得税。

对台湾航空公司在2009年6月25日起至文到之日已缴纳应予免征的企业所得税，在2010年内予以退还。

享受企业所得税免税政策的台湾航空公司应当按照企业所得税法实施条例的有关规定，单独核算其从事上述业务在大陆取得的收入和发生的成本、费用；未单独核算的，不得享受免征企业所得税政策。

三、本通知所称台湾航空公司，是指取得中国民用航空局颁发的"经营许可"或依据《海峡两岸空运协议》和《海峡两岸空运补充协议》规定，批准经营两岸旅客、货物和邮件不定期（包机）运输业务，且公司登记地址在台湾的航空公司。

国家税务总局关于融资性售后回租业务中承租方出售资产行为有关税收问题的公告

国家税务总局公告［2010］13号

现就融资性售后回租业务中承租方出售资产行为有关税收问题公告如下：

融资性售后回租业务是指承租方以融资为目的将资产出售给经批准从事融资租赁业务的企业后，又将该项资产从该融资租赁企业租回的行为。融资性售后回租业务中承租方出售资产时，资产所有权以及与资产所有权有关的全部报酬和风险并未完全转移。

一、增值税和营业税

根据现行增值税和营业税有关规定，融资性售后回租业务中承租方出售资产的行为，不属于增值税和营业税征收范围，不征收增值税和营业税。

二、企业所得税

根据现行企业所得税法及有关收入确定规定，融资性售后回租业务中，承租人出售资产的行为，不确认为销售收入，对融资性租赁的资产，仍按承租人出售前原账面价值作为计税基础计提折旧。租赁期间，承租人支付的属于融资利息的部分，作为企业财务费用在税前扣除。

本公告自2010年10月1日起施行。此前因与本公告规定不一致而已征的税款予以退税。

财政部　国家税务总局关于部分省市有线数字电视基本收视维护费免征营业税的通知

财税［2010］33号

山西、黑龙江、上海、江苏、江西、湖北、湖南、广西、重庆、云南、青海省（自治区、直辖市）财政厅（局），地方税务局：

为支持有线数字电视整体转换试点工作，推动有线数字电视的发展，按照国务院的有关精神，对本通知附件所列有关单位根据物价部门有关文件规定标准收取的有线数字电视基本收视维护费，自2010年1月1日起，3年内免征营业税。

财政部　国家税务总局关于支持公共租赁住房建设和运营有关税收优惠政策的通知

财税［2010］88号

各省、自治区、直辖市、计划单列市财政厅（局）、地方税务局，西藏、宁夏、青海省（自治区）国家税务局，新疆生产建设兵团财务局：

根据国务院办公厅《关于促进房地产市场平稳健康发展的通知》（国办发［2010］4号）、《国务院关于坚决遏制部分城市房价过快上涨的通知》(国发[2010]10号)和住房城乡建设部等七部门《关于加快发展公共租赁住房的指导意见》(建保[2010]87号)精神,现对公共租赁住房(以下简称公租房)建设和运营有关税收政策通知如下:

一、对公租房建设期间用地及公租房建成后占地免征城镇土地使用税。在其他住房项目中配套建设公租房,依据政府部门出具的相关材料,可按公租房建筑面积占总建筑面积的比例免征建造、管理公租房涉及的城镇土地使用税。

二、对公租房经营管理单位建造公租房涉及的印花税予以免征。在其他住房项目中配套建设公租房,依据政府部门出具的相关材料,可按公租房建筑面积占总建筑面积的比例免征建造、管理公租房涉及的印花税。

三、对公租房经营管理单位购买住房作为公租房,免征契税、印花税;对公租房租赁双方签订租赁协议涉及的印花税予以免征。

四、对企事业单位、社会团体以及其他组织转让旧房作为公租房房源,且增值额未超过扣除项目金额20%的,免征土地增值税。

五、企事业单位、社会团体以及其他组织捐赠住房作为公租房,符合税收法律法规规定的,捐赠支出在年度利润总额12%以内的部分,准予在计算应纳税所得额时扣除。

六、对经营公租房所取得的租金收入,免征营业税、房产税。公租房租金收入与其他住房经营收入应单独核算,未单独核算的,不得享受免征营业税、房产税优惠政策。

七、享受上述税收优惠政策的公租房是指纳入省、自治区、直辖市、计划单列市人民政府及新疆生产建设兵团批准的公租房发展规划和年度计划,以及按照建保[2010]87号文件和市、县人民政府制定的具体管理办法进行管理的公租房。不同时符合上述条件的公租房不得享受上述税收优惠政策。

八、上述政策自发文之日起执行,执行期限暂定三年,政策到期后将根据公租房建设和运营情况对有关内容加以完善。

财政部　国家税务总局关于支持和促进就业有关税收政策的通知

财税[2010]84号

各省、自治区、直辖市、计划单列市财政厅(局)、国家税务局、地方税务局,新疆生产建设兵团财务局:

为扩大就业,鼓励以创业带动就业,经国务院批准,现将支持和促进就业有关税收政策通知如下:

一、对持《就业失业登记证》(注明"自主创业税收政策"或附着《高校毕业生自主创业证》)人员从事个体经营(除建筑业、娱乐业以及销售不动产、转让土地使用权、广告业、房屋中介、桑拿、按摩、网吧、氧吧外)的,在3年内按每户每年8000元为限额依次扣减其当年实际应缴纳的营业税、城市维护建设税、教育费附加和个人所得税。

纳税人年度应缴纳税款小于上述扣减限额的,以其实际缴纳的税款为限;大于上述扣减限额的,应以上述扣减限额为限。

本条所称持《就业失业登记证》(注明"自主创业税收政策"或附着《高校毕业生自主创业证》)人员是指:1. 在人力资源和社会保障部门公共就业服务机构登记失业半年以上的人员;2. 零就业家庭、享受城市居民最低生活保障家庭劳动年龄内的登记失业人员;3. 毕业年度内高校毕业生。高校毕业生是指实施高等学历教育的普通高等学校、成人高等学校毕业的学生;毕业年度是指毕业所在自然年,即1月1日至12月31日。

二、对商贸企业、服务型企业(除广告业、房屋中介、典当、桑拿、按摩、氧吧外)、劳动就业服务企业中的加工型企业和街道社区具有加工性质的小型企业实体,在新增加的岗位中,当年新招用持《就业失业登记证》(注明"企业吸纳税收政策")人员,与其签订1年以上期限劳动合同并依法缴纳社会保险费的,在3年内按实际招用人数予以定额依次扣减营业税、城市维护建设税、教育费附加和企业所得税优惠。定额标准为每人每年4000元,可上下浮动20%,由各省、自治区、直辖市人民政府根据本地区实际情况在此幅度内确定具体定额标准,并报财政部和国家税务总局备案。

按上述标准计算的税收扣减额应在企业当年实际应缴纳的营业税、城市维护建设税、教育费附加和企业所得税税额中扣减,当年扣减不足的,不得结转下年使用。

本条所称持《就业失业登记证》(注明"企业吸纳税收政策")人员是指:1. 国有企业下岗失业人员;2. 国有企业关闭破产需要安置的人员;3. 国有企业所办集体企业(即厂办大集体企业)下岗职工;4. 享受最低生活保障且失业1年以上的城镇其他登记失业人员。以上所称的国有企业所办集体企业(即厂办大集体企业)是指20世纪70、80年代,由国有企业批准或资助兴办的,以安置回城知识青年和国有企业职工子女就业为目的,主要向主办国有企业提供配套产品或劳务服务,在工商行政机关登记注册为集体所有制的企业。厂办大集体企业下岗职工包括在国有企业混岗工作的集体企业下岗职工。

本条所称服务型企业是指从事现行营业税"服务业"税目规定经营活动的企业。

三、享受本通知第一条、第二条优惠政策的人员按以下规定申领《就业失业登记证》、《高校毕业生自主创业证》等凭证:

(一)按照《就业服务与就业管理规定》(中华人民共和国劳动和社会保障部令第28号)第六十三条的规定,在法定劳动年龄内,有劳动能力,有就业要求,处于无业状态的城镇常住人员,在公共就业服务机构进行失业登记,申领《就业失业登记证》。其中,农村进城务工人员和其他非本地户籍人员在常住地稳定就业满6个月的,失业后可以在常住地登记。

(二)零就业家庭凭社区出具的证明,城镇低保家庭凭低保证明,在公共就业服务机构登记失业,申领《就业失业登记证》。

(三)毕业年度内高校毕业生在校期间凭学校出具的相关证明,经学校所在地省级教育行政部门核实认定,取得《高校毕业生自主创业证》(仅在毕业年度适用),并向创业地公共就业服务机构申请取得《就业失业登记证》;高校毕业生离校后直接向创业地公共就业服务机构申领《就业失业登记证》。

(四)本通知第二条规定的人员,在公共就业服务机构申领《就业失业登记证》。

(五)《再就业优惠证》不再发放,原持证人员应到公共就业服务机构换发《就业失业登记证》。正在享受下岗失业人员再就业税收优惠政策的原持证人员,继续享受原税收优惠政策至期满为止;未享受税收优惠政策的原持证人员,申请享受下岗失业人员再就业税收优惠政策的期限截至2010年12月31日。

(六)上述人员申领相关凭证后,由就业和创业地人力资源和社会保障部门对人员范围、就业失业状态、已享受政策情况审核认定,在《就业失业登记证》上注明"自主创业税收政策"或"企业吸纳税收政策"字样,同时符合自主创业和企业吸纳税收政策条件的,可同时加注;主管税务机关在《就业失业登记证》上加盖戳记,注明减免税所属时间。

四、本通知规定的税收优惠政策的审批期限为2011年1月1日至2013年12月31日,以纳税人到税务机关办理减免税手续之日起作为优惠政策起始时间。税收优惠政策在2013年12月31日未执行到期的,可继续享受至3年期满为止。下岗失业人员再就业税收优惠政策在2010年12月31日未执行到期的,可继续享受至3年期满为止。

五、本通知第三条第(五)项、第四条所称下岗失业人员再就业税收优惠政策是指《财政部国家税务总局关于下岗失业人员再就业有关税收政策问题的通知》(财税[2005]186号)、《财政部国家税务总局关于延长下岗失业人员再就业有关税收政策的通知》(财税[2009]23号)和《财政部国家税务总局关于延长下岗失业人员再就业有关税收政策审批期限的通知》(财税[2010]10号)所规定的税收优惠政策。

本通知所述人员不得重复享受税收优惠政策,以前年度已享受各项就业再就业税收优惠政策的人员不得再享受本通知规定的税收优惠政策。如果企业的就业人员既适用本通知规定的税收优惠政策,又适用其他扶持就业的税收优惠政策,企业可选择适用最优惠的政策,但不能重复享受。

六、上述税收政策的具体实施办法由国家税务总局会同财政部、人力资源和社会保障部、教育部另行制定。

各地财政、税务部门要加强领导、周密部署,把大力支持和促进就业工作作为一项重要任务,贯彻落实好相关税收优惠政策。同时,要密切关注税收政策的执行情况,对发现的问题及时逐级向财政部、国家税务总局反映。

第五部分　中华人民共和国消费税法

中华人民共和国消费税暂行条例

国务院令[2008]539号

第一条　在中华人民共和国境内生产、委托加工和进口本条例规定的消费品的单位和个人,以及国务院确定的销售本条例规定的消费品的其他单位和个人,为消费税的纳税人,应当依照本条例缴纳消费税。

第二条　消费税的税目、税率,依照本条例所附的《消费税税目税率表》执行。

消费税税目、税率的调整,由国务院决定。

【注释】　相关规定包括:《国家税务总局关于印发〈消费税征收范围注释〉的通知》(国税发[1993]153号)、《国家税务总局关于印发〈消费税若干具体问题的规定〉的通知》(国税发[1993]156号)、《财政部　国家税务总局关于对福利企业、学校办企业征税问题的通知》(财税[1994]3号)、《国家税务总局关于痱子粉、爽身粉不征消费税问题的通知》(国税发[1994]142号)、《财政部　国家税务总局关于对香皂暂时给予减征消费税照顾的通知》(财税[1994]39号)、《财政部　国家税务总局关于甲类卷烟暂时给予减征消费税照顾的通知》(财税[1994]38号)、《财政部　国家税务总局关于调整金银首饰消费税纳税环节有关问题的通知》(财税[1994]95号)、《国家税务总局关于消费税若干征税问题的通知》(国税发[1997]84号)、《国家税务总局关于印发〈消费税问题解答〉的通知》(国税函发[1997]306号)、《关于调整酒类产品消费税政策的通知》(财税[2001]84号)、《财政部　国家税务总局关于调整烟类产品消费税政策的通知》(财税[2001]91号)、《国家税务总局关于卷烟生产企业购进卷烟直接销售不再征收消费税的批复》(国税函[2001]955号)、《国家税务总局关于果啤征收消费税的批复》(国税函[2005]333号)、《财政部　国家税务总局关于调整和完善消费税政策的通知》(财税[2006]33号)、《国家税务总局关于加强委托加工应税消费品征收管理的通知》(国税发[1995]122号)、《国家税务总局关于购进整车改装汽车征收消费税问题的批复》(国税函[2006]772号)、《国家税务总局关于购进乙醇生产销售无水乙醇征收消费税问题的批复》(国税函[2006]768号)、《国家税务总局关于沙滩车等车辆征收消费税问题的批复》(国税函[2007]1071号)。

第三条　纳税人兼营不同税率的应当缴纳消费税的消费品(以下简称应税消费品),应当分别核算不同税率应税消费品的销售额、销售数量;未分别核算销售额、销售数量,或者将不同税率的应税消费品组成成套消费品销售的,从高适用税率。

第四条　纳税人生产的应税消费品,于纳税人销售时纳税。纳税人自产自用的应税消费品,用于连续生产应税消费品的,不纳税;用于其他方面的,于移送使用时纳税。

委托加工的应税消费品,除受托方为个人外,由受托方在向委托方交货时代收代缴税款。委托加工的应税消费品,委托方用于连续生产应税消费品的,所纳税款准予按规定抵扣。

进口的应税消费品,于报关进口时纳税。

【注释】　相关规定包括:《国家税务总局关于消费税若干征税问题的通知》(国税发[1994]130号)、《财政部　国家税务总局关于调整金银首饰消费税纳税环节有关问题的通知》(财税[1994]95号)、《国家税务总局关于锻压金首饰在零售环节征收消费税问题的批复》(国税函发[1996]727号)、《国家税务总局关于啤酒集团内部企业间销售(调拨)啤酒液征收消费税问题的批复》(国税函[2003]382号)。

第五条　消费税实行从价定率、从量定额,或者从价定率和从量定额复合计税(以下简称复合计税)的办法计算应纳税额。应纳税额计算公式:

实行从价定率办法计算的应纳税额 = 销售额 × 比例税率

实行从量定额办法计算的应纳税额 = 销售数量 × 定额税率

实行复合计税办法计算的应纳税额 = 销售额 × 比例税率 + 销售数量 × 定额税率

纳税人销售的应税消费品,以人民币计算销售额。纳税人以人民币以外的货币结算销售额的,应当折合成人民币计算。

【注释】 相关规定包括:《国家税务总局关于消费税若干征税问题的通知》(国税发[1997]84号)。

第六条 销售额为纳税人销售应税消费品向购买方收取的全部价款和价外费用。

【注释】 相关规定包括:《国家税务总局关于啤酒计征消费税有关问题的批复》(国税函[2002]166号)。

第七条 纳税人自产自用的应税消费品,按照纳税人生产的同类消费品的销售价格计算纳税;没有同类消费品销售价格的,按照组成计税价格计算纳税。

实行从价定率办法计算纳税的组成计税价格计算公式:

组成计税价格=(成本+利润)÷(1-比例税率)

实行复合计税办法计算纳税的组成计税价格计算公式:

组成计税价格=(成本+利润+自产自用数量×定额税率)÷(1-比例税率)

第八条 委托加工的应税消费品,按照受托方的同类消费品的销售价格计算纳税;没有同类消费品销售价格的,按照组成计税价格计算纳税。

实行从价定率办法计算纳税的组成计税价格计算公式:

组成计税价格=(材料成本+加工费)÷(1-比例税率)

实行复合计税办法计算纳税的组成计税价格计算公式:

组成计税价格=(材料成本+加工费+委托加工数量×定额税率)÷(1-比例税率)

第九条 进口的应税消费品,按照组成计税价格计算纳税。

实行从价定率办法计算纳税的组成计税价格计算公式:

组成计税价格=(关税完税价格+关税)÷(1-消费税比例税率)

实行复合计税办法计算纳税的组成计税价格计算公式:

组成计税价格=(关税完税价格+关税+进口数量×消费税定额税率)÷(1-消费税比例税率)

第十条 纳税人应税消费品的计税价格明显偏低并无正当理由的,由主管税务机关核定其计税价格。

【注释】 相关规定包括:《国家税务总局关于啤酒计征消费税有关问题的批复》(国税函[2002]166号)、《国家税务总局关于酒类产品消费税政策问题的通知》(国税发[2002]109号)。

第十一条 对纳税人出口应税消费品,免征消费税;国务院另有规定的除外。出口应税消费品的免税办法,由国务院财政、税务主管部门规定。

第十二条 消费税由税务机关征收,进口的应税消费品的消费税由海关代征。

个人携带或者邮寄进境的应税消费品的消费税,连同关税一并计征。具体办法由国务院关税税则委员会会同有关部门制定。

第十三条 纳税人销售的应税消费品,以及自产自用的应税消费品,除国务院财政、税务主管部门另有规定外,应当向纳税人机构所在地或者居住地的主管税务机关申报纳税。

委托加工的应税消费品,除受托方为个人外,由受托方向机构所在地或者居住地的主管税务机关解缴消费税税款。

进口的应税消费品,应当向报关地海关申报纳税。

【注释】 相关规定包括:《国家税务总局关于明确流转税、资源税法规中"主管税务机关、征收机关"名称问题的通知》(国税发[1994]232号)、《财政部 国家税务总局关于明确啤酒包装物押金消费税政策的通知》(财税[2006]20号)。

第十四条 消费税的纳税期限分别为1日、3日、5日、10日、15日、1个月或者1个季度。纳税人的具体纳税期限,由主管税务机关根据纳税人应纳税额的大小分别核定;不能按照固定期限纳税的,可以按次纳税。

纳税人以1个月或者1个季度为1个纳税期的,自期满之日起15日内申报纳税;以1日、3日、5日、10日或者15日为1个纳税期的,自期满之日起5日内预缴税款,于次月1日起15日内申报纳税并结清上月应纳税款。

【注释】 相关规定包括:《财政部 国家税务总局关于调整金银首饰消费税纳税环节有关问题的通知》(财税[1994]95号)。

第十五条 纳税人进口应税消费品,应当自海关填发海关进口消费税专用缴款书之日起15日内缴纳税款。

第十六条 消费税的征收管理,依照《中华人民共和国税收征收管理法》及本条例有关规定执行。

【注释】 相关规定包括:《国家税务总局关于印发〈金银首饰消费税征收管理办法〉的通知》(国税发[1994]267号)、《财政部关于调整金银首饰消费税纳税环节后有关会计处理规定的通知》(财会[1995]9号)、《财政部 国家税务总局关于铂金及其制品税收政策的通知》(财税[2003]86号)、《财政部 海关总署 国家税务总局关于印发〈关于进口货物进口环节海关代征税税收政策问题的规定〉的通知》(财关税[2004]7号)、《国家税务总局关于取消金银首饰消费税纳税人认定行政审批后有关问题的通知》(国税函[2004]826号)、《国家税务总局关于印发〈汽油、柴油消费税管理办法(试行)〉的通知》(国税发[2005]133号)、《国家税务总局关于印发〈调整和完善消费税政策征收管理规定〉的通知》(国税发[2006]49号)、《国家税务总局关于加强新牌号、新规格卷烟消费税计税价格管理有关事项的通知》(国税函[2006]373号)、《国家税务总局关于印发〈葡萄酒消费税管理办法(试行)〉的通知》(国税发[2006]66号)、《国家税务总局关于进一步加强消费税纳税申报及税款抵扣管理的通知》(国税函[2006]769号)、《国家税务总局关于印发〈增值税小规模纳税人出口货物免税管理办法(暂行)〉的通知》(国税发[2007]123号)。

第十七条 本条例自2009年1月1日起施行。

附录:

消费税税目税率表

税 目	税 率
一、烟	
1. 卷烟	
(1)甲类卷烟	45%加0.003元/支
(2)乙类卷烟	30%加0.003元/支
2. 雪茄烟	25%
3. 烟丝	30%
二、酒及酒精	
1. 白酒	20%加0.5元/500克(或者500毫升)
2. 黄酒	240元/吨
3. 啤酒	
(1)甲类啤酒	250元/吨
(2)乙类啤酒	220元/吨
4. 其他酒	10%
5. 酒精	5%
三、化妆品	30%
四、贵重首饰及珠宝玉石	
1. 金银首饰、铂金首饰和钻石及钻石饰品	5%
2. 其他贵重首饰和珠宝玉石	10%
五、鞭炮、焰火	15%
六、成品油	
1. 汽油	
(1)含铅汽油	0.28元/升
(2)无铅汽油	0.20元/升
2. 柴油	0.10元/升
3. 航空煤油	0.10元/升
4. 石脑油	0.20元/升
5. 溶剂油	0.20元/升
6. 润滑油	0.20元/升
7. 燃料油	0.10元/升

（续表）

税　　目	税　　率
七、汽车轮胎	3%
八、摩托车 1. 气缸容量（排气量，下同）在250毫升（含250毫升）以下的 2. 气缸容量在250毫升以上的	 3% 10%
九、小汽车 1. 乘用车 （1）气缸容量（排气量，下同）在1.0升（含1.0升）以下的 （2）气缸容量在1.0升以上至1.5升（含1.5升）的 （3）气缸容量在1.5升以上至2.0升（含2.0升）的 （4）气缸容量在2.0升以上至2.5升（含2.5升）的 （5）气缸容量在2.5升以上至3.0升（含3.0升）的 （6）气缸容量在3.0升以上至4.0升（含4.0升）的 （7）气缸容量在4.0升以上的 2. 中轻型商用客车	 1% 3% 5% 9% 12% 25% 40% 5%
十、高尔夫球及球具	10%
十一、高档手表	20%
十二、游艇	10%
十三、木制一次性筷子	5%
十四、实木地板	5%

中华人民共和国消费税暂行条例实施细则

财政部　国家税务总局第51号令

第一条　根据《中华人民共和国消费税暂行条例》（以下简称条例），制定本细则。

第二条　条例第一条所称单位，是指企业、行政单位、事业单位、军事单位、社会团体及其他单位。

条例第一条所称个人，是指个体工商户及其他个人。

条例第一条所称在中华人民共和国境内，是指生产、委托加工和进口属于应当缴纳消费税的消费品的起运地或者所在地在境内。

第三条　条例所附《消费税税目税率表》中所列应税消费品的具体征税范围，由财政部、国家税务总局确定。

第四条　条例第三条所称纳税人兼营不同税率的应当缴纳消费税的消费品，是指纳税人生产销售两种税率以上的应税消费品。

第五条　条例第四条第一款所称销售，是指有偿转让应税消费品的所有权。

前款所称有偿，是指从购买方取得货币、货物或者其他经济利益。

第六条　条例第四条第一款所称用于连续生产应税消费品，是指纳税人将自产自用的应税消费品作为直接材料生产最终应税消费品，自产自用应税消费品构成最终应税消费品的实体。

条例第四条第一款所称用于其他方面，是指纳税人将自产自用应税消费品用于生产非应税消费品、在建工程、管理部门、非生产机构、提供劳务、馈赠、赞助、集资、广告、样品、职工福利、奖励等方面。

【注释】 相关规定包括:《国家税务总局关于啤酒集团内部企业间销售(调拨)啤酒液征收消费税问题的批复》(国税函[2003]382 号)。

第七条 条例第四条第二款所称委托加工的应税消费品,是指由委托方提供原料和主要材料,受托方只收取加工费和代垫部分辅助材料加工的应税消费品。对于由受托方提供原材料生产的应税消费品,或者受托方先将原材料卖给委托方,然后再接受加工的应税消费品,以及由受托方以委托方名义购进原材料生产的应税消费品,不论在财务上是否作销售处理,都不得作为委托加工应税消费品,而应当按照销售自制应税消费品缴纳消费税。

委托加工的应税消费品直接出售的,不再缴纳消费税。

委托个人加工的应税消费品,由委托方收回后缴纳消费税。

第八条 消费税纳税义务发生时间,根据条例第四条的规定,分列如下:

(一)纳税人销售应税消费品的,按不同的销售结算方式分别为:

1. 采取赊销和分期收款结算方式的,为书面合同约定的收款日期的当天,书面合同没有约定收款日期或者无书面合同的,为发出应税消费品的当天;

2. 采取预收货款结算方式的,为发出应税消费品的当天;

3. 采取托收承付和委托银行收款方式的,为发出应税消费品并办妥托收手续的当天;

4. 采取其他结算方式的,为收讫销售款或者取得索取销售款凭据的当天。

(二)纳税人自产自用应税消费品的,为移送使用的当天。

(三)纳税人委托加工应税消费品的,为纳税人提货的当天。

(四)纳税人进口应税消费品的,为报关进口的当天。

第九条 条例第五条第一款所称销售数量,是指应税消费品的数量。具体为:

(一)销售应税消费品的,为应税消费品的销售数量;

(二)自产自用应税消费品的,为应税消费品的移送使用数量;

(三)委托加工应税消费品的,为纳税人收回的应税消费品数量;

(四)进口应税消费品的,为海关核定的应税消费品进口征税数量。

第十条 实行从量定额办法计算应纳税额的应税消费品,计量单位的换算标准如下:

(一)黄酒 1 吨 = 962 升

(二)啤酒 1 吨 = 988 升

(三)汽油 1 吨 = 1388 升

(四)柴油 1 吨 = 1176 升

(五)航空煤油 1 吨 = 1246 升

(六)石脑油 1 吨 = 1385 升

(七)溶剂油 1 吨 = 1282 升

(八)润滑油 1 吨 = 1126 升

(九)燃料油 1 吨 = 1015 升

第十一条 纳税人销售的应税消费品,以人民币以外的货币结算销售额的,其销售额的人民币折合率可以选择销售额发生的当天或者当月 1 日的人民币汇率中间价。纳税人应在事先确定采用何种折合率,确定后 1 年内不得变更。

第十二条 条例第六条所称销售额,不包括应向购货方收取的增值税税款。如果纳税人应税消费品的销售额中未扣除增值税税款或者因不得开具增值税专用发票而发生价款和增值税税款合并收取的,在计算消费税时,应当换算为不含增值税税款的销售额。其换算公式为:

应税消费品的销售额 = 含增值税的销售额 ÷ (1 + 增值税税率或者征收率)

第十三条 应税消费品连同包装物销售的,无论包装物是否单独计价以及在会计上如何核算,均应并入应税消费品的销售额中缴纳消费税。如果包装物不作价随同产品销售,而是收取押金,此项押金则不应并入应税消费品的销售额中征税。但对因逾期未收回的包装物不再退还的或者已收取的时间超过 12 个月的押金,应并入应税消费品的销售额,按照应税消费品的适用税率缴纳消费税。

对既作价随同应税消费品销售,又另外收取押金的包装物的押金,凡纳税人在规定的期限内没有退还的，均应并入应税消费品的销售额，按照应税消费品的适用税率缴纳消费税。

【注释】 相关规定包括：《财政部　国家税务总局关于酒类产品包装物押金征税问题的通知》（财税[1995]53号）。

第十四条 条例第六条所称价外费用，是指价外向购买方收取的手续费、补贴、基金、集资费、返还利润、奖励费、违约金、滞纳金、延期付款利息、赔偿金、代收款项、代垫款项、包装费、包装物租金、储备费、优质费、运输装卸费以及其他各种性质的价外收费。但下列项目不包括在内：

（一）同时符合以下条件的代垫运输费用：

1. 承运部门的运输费用发票开具给购买方的；

2. 纳税人将该项发票转交给购买方的。

（二）同时符合以下条件代为收取的政府性基金或者行政事业性收费：

1. 由国务院或者财政部批准设立的政府性基金，由国务院或者省级人民政府及其财政、价格主管部门批准设立的行政事业性收费；

2. 收取时开具省级以上财政部门印制的财政票据；

3. 所收款项全额上缴财政。

第十五条 条例第七条第一款所称纳税人自产自用的应税消费品，是指依照条例第四条第一款规定于移送使用时纳税的应税消费品。

条例第七条第一款、第八条第一款所称同类消费品的销售价格，是指纳税人或者代收代缴义务人当月销售的同类消费品的销售价格，如果当月同类消费品各期销售价格高低不同，应按销售数量加权平均计算。但销售的应税消费品有下列情况之一的，不得列入加权平均计算：

（一）销售价格明显偏低并无正当理由的；

（二）无销售价格的。

如果当月无销售或者当月未完结，应按照同类消费品上月或者最近月份的销售价格计算纳税。

第十六条 条例第七条所称成本，是指应税消费品的产品生产成本。

第十七条 条例第七条所称利润，是指根据应税消费品的全国平均成本利润率计算的利润。应税消费品全国平均成本利润率由国家税务总局确定。

【注释】 相关规定包括：《国家税务总局关于印发〈消费税若干具体问题的规定〉的通知》（国税发[1993]156号）、《财政部　国家税务总局关于调整和完善消费税政策的通知》（财税[2006]33号）。

第十八条 条例第八条所称材料成本，是指委托方所提供加工材料的实际成本。

委托加工应税消费品的纳税人，必须在委托加工合同上如实注明（或者以其他方式提供）材料成本，凡未提供材料成本的，受托方主管税务机关有权核定其材料成本。

【注释】 相关规定包括：《国家税务总局关于明确流转税、资源税法规中"主管税务机关、征收机关"名称问题的通知》（国税发[1994]232号）。

第十九条 条例第八条所称加工费，是指受托方加工应税消费品向委托方所收取的全部费用（包括代垫辅助材料的实际成本）。

第二十条 条例第九条所称关税完税价格，是指海关核定的关税计税价格。

第二十一条 条例第十条所称应税消费品的计税价格的核定权限规定如下：

（一）卷烟、白酒和小汽车的计税价格由国家税务总局核定，送财政部备案；

（二）其他应税消费品的计税价格由省、自治区和直辖市国家税务局核定；

（三）进口的应税消费品的计税价格由海关核定。

【注释】 相关规定包括：《国家税务总局关于明确流转税、资源税法规中"主管税务机关、征收机关"名称问题的通知》（国税发[1994]232号）。

第二十二条 出口的应税消费品办理退税后，发生退关，或者国外退货进口时予以免税的，报关出口者必须及时向其机构所在地或者居住地主管税务机关申报补缴已退的消费税税款。

纳税人直接出口的应税消费品办理免税后，发生退关或者国外退货，进口时已予以免税的，经机构所在地或者居住地主管税务机关批准，可暂不办理补税，待其转为国内销售时，再申报补缴消费税。

【注释】 相关规定包括：《国家税务总局关于明确流转税、资源税法规中"主管税务机关、征收机关"

名称问题的通知》(国税发[1994]232号)。

第二十三条 纳税人销售的应税消费品,如因质量等原因由购买者退回时,经机构所在地或者居住地主管税务机关审核批准后,可退还已缴纳的消费税税款。

【注释】 相关规定包括:《国家税务总局关于明确流转税、资源税法规中"主管税务机关、征收机关"名称问题的通知》(国税发[1994]232号)。

第二十四条 纳税人到外县(市)销售或者委托外县(市)代销自产应税消费品的,于应税消费品销售后,向机构所在地或者居住地主管税务机关申报纳税。

纳税人的总机构与分支机构不在同一县(市)的,应当分别向各自机构所在地的主管税务机关申报纳税;经财政部、国家税务总局或者其授权的财政、税务机关批准,可以由总机构汇总向总机构所在地的主管税务机关申报纳税。

委托个人加工的应税消费品,由委托方向其机构所在地或者居住地主管税务机关申报纳税。

进口的应税消费品,由进口人或者其代理人向报关地海关申报纳税。

【注释】 相关规定包括:《国家税务总局关于印发〈消费税若干具体问题的规定〉的通知》(国税发[1993]156号)、《国家税务总局关于明确流转税、资源税法规中"主管税务机关、征收机关"名称问题的通知》(国税发[1994]232号)。

第二十五条 本细则自2009年1月1日起施行。

消费税征收范围注释

国税发[1993]153号

一、烟

凡是以烟叶为原料加工生产的产品,不论使用何种辅料,均属于本税目的征收范围。本税目下设甲类卷烟、乙类卷烟、雪茄烟、烟丝四个子目。

卷烟是指将各种烟叶切成烟丝,按照配方要求均匀混合,加入糖、酒、香料等辅料,用白色盘纸、棕色盘纸、涂布纸或烟草薄片经机器或手工卷制的普通卷烟和雪茄型卷烟。

(一)甲类卷烟

……

(二)乙类卷烟

……

(三)雪茄烟

雪茄烟是指以晾晒烟为原料或者以晾晒烟和烤烟为原料,用烟叶或卷烟纸、烟草薄片作为烟支内包皮,再用烟叶作为烟支外包皮,经机器或手工卷制而成的烟草制品。按内包皮所用材料的不同可分为全叶卷雪茄烟和半叶卷雪茄烟。

雪茄烟的征收范围包括各种规格、型号的雪茄烟。

(四)烟丝

烟丝是指将烟叶切成丝状、粒状、片状、末状或其他形状,再加入辅料,经过发酵、储存,不经卷制即可供销售吸用的烟草制品。

烟丝的征收范围包括以烟叶为原料加工生产的不经卷制的散装烟,如斗烟、莫合烟、烟末、水烟、黄红烟丝等等。

二、酒及酒精

本税目下设粮食白酒、薯类白酒、黄酒、啤酒、其他酒、酒精六个子目。

(一)粮食白酒

粮食白酒是指以高粱、玉米、大米、糯米、大麦、小麦、小米、青稞等各种粮食为原料,经过糖化、发酵后,采用蒸馏方法酿制的白酒。

(二)薯类白酒

薯类白酒是指以白薯(红薯、地瓜)、木薯、马铃薯(土豆)、芋头、山药等各种干鲜薯类为原料,经过糖化、发酵后,采用蒸馏方法酿制的白酒。

用甜菜酿制的白酒,比照薯类白酒征税。

(三)黄酒

黄酒是指以糯米、粳米、籼米、大米、黄米、玉米、小麦、薯类等为原料,经加温、糖化、发酵、压榨酿制的酒。由于工艺、配料和含糖量的不同,黄酒分为干黄酒、半干黄酒、半甜黄酒、甜黄酒四类。

黄酒的征收范围包括各种原料酿制的黄酒和酒度超过12度(含12度)的土甜酒。

(四)啤酒

啤酒是指以大麦或其他粮食为原料,加入啤酒花,经糖化、发酵、过滤酿制的含有二氧化碳的酒。啤酒按照杀菌方法的不同,可分为熟啤酒和生啤酒或鲜啤酒。

啤酒的征收范围包括各种包装和散装的啤酒。

无醇啤酒比照啤酒征税。

(五)其他酒

其他酒是指除粮食白酒、薯类白酒、黄酒、啤酒以外,酒度在1度以上的各种酒。其征收范围包括糠麸白酒、其他原料白酒、土甜酒、复制酒、果木酒、汽酒、药酒等等。

1. 糠麸白酒是指用各种粮食的糠麸酿制的白酒。

用稗子酿制的白酒,比照糠麸酒征税。

2. 其他原料白酒是指用醋糟、糖渣、糖漏水、甜菜渣、粉渣、薯皮等各种下脚料,葡萄、桑椹、橡子仁等各种果实、野生植物等代用品,以及甘蔗、糖等酿制的白酒。

3. 土甜酒是指用糯米、大米、黄米等为原料,经加温、糖化、发酵(通过酒曲发酵),采用压榨酿制的酒度不超过12度的酒。

酒度超过12度的应按黄酒征税。

4. 复制酒是指以白酒、黄酒、酒精为酒基,加入果汁、香料、色素、药材、补品、糖、调料等配制或泡制的酒,如各种配制酒、泡制酒、滋补酒等等。

5. 果木酒是指以各种果品为主要原料,经发酵过滤酿制的酒。

6. 汽酒是指以果汁、香精、色素、酸料、酒(或酒精)、糖(或糖精)等调配,冲加二氧化碳制成的酒度在1度以上的酒。

7. 药酒是指按照医药卫生部门的标准,以白酒、黄酒为酒基,加入各种药材泡制或配制的酒。

(六)酒精

酒精又名乙醇,是指以含有淀粉或糖分的原料,经糖化和发酵后,用蒸馏方法生产的酒精度数在95度以上的无色透明液体;也可以石油裂解气中的乙烯为原料,用合成方法制成。

酒精的征收范围包括用蒸馏法和合成方法生产的各种工业酒精、医药酒精、食用酒精。

三、化妆品

……

四、护肤护发品

……

五、贵重首饰及珠宝玉石

本税目征收范围包括:各种金银珠宝首饰和经采掘、打磨、加工的各种珠宝玉石。

(一)金银珠宝首饰包括:

凡以金、银、白金、宝石、珍珠、钻石、翡翠、珊瑚、玛瑙等高贵稀有物质以及其他金属、人造宝石等制作的各种纯金银首饰及镶嵌首饰(含人造金银、合成金银首饰等)。

(二)珠宝玉石的种类包括:

1. 钻石:钻石是完全由单一元素碳元素所结晶而成的晶体矿物,也是宝石中唯一由单元素组成的宝石。钻石为八面体解理,即平面八面体晶面的四个方向,一般呈阶梯状。钻石的化学性质很稳定,不易溶于酸和碱。但在纯氧中,加热到1770度左右时,就会发生分解。在真空中,加热到1700度时,就会把它分解为石墨。钻石有透明的、半透明的,也有不透明的。宝石级的钻石,应该是无色透明的,无瑕疵或极少瑕疵,也可以略有淡黄色或极浅的褐色,最珍贵的颜色是天然粉色,其次是蓝色和绿色。

2. 珍珠:海水或淡水中的贝类软体动物体内进入细小杂质时,外套膜受到刺激便分泌出一种珍珠质(主要是碳酸钙),将细小杂质层层包裹起来,逐渐成为一颗小圆珠,就是珍珠。珍珠颜色主要为白色、粉色及浅黄色,具珍珠光泽,其表面隐约闪烁着虹一样的晕彩珠光。颜色白润、皮光明亮、形状精圆、粒度硬大者价值最高。

3. 松石:松石是一种自色宝石,是一种完全水化的铜铝磷酸盐。分子式为 cual6(p04)4(0h)8·5h20。松石的透明度为不透明、薄片下部分呈半透明。抛光面为油脂玻璃光泽,断口为油脂暗淡光泽。松石种类包括波斯松石、美国松石和墨西哥松石、埃及松石和带铁线的绿松石。

4. 青金石:青金石是方钠石族的一种矿物;青金石的分子式为(na,ca)7—8(al,si)12(0,s)24(s04),cl2cl2·(0h)2(0h)2,其中钠经常部分地为钾置换,硫则部分地为硫酸根、氯或硒所置换。青金石的种类包括波斯青金石、苏联青金石或西班牙青金石、智利青金石。

5. 欧泊石:矿物质中属蛋白石类,分子式为 si02·nh20。由于蛋白石中 si02 小圆珠整齐排列像光栅一样,当白光射在上面后发生衍射,散成彩色光谱,所以欧泊石具有绚丽夺目的变幻色彩,尤以红色多者最为珍贵。欧泊石的种类包括白欧泊石、黑欧泊石、晶质欧泊石、火欧泊石、胶状欧泊石或玉滴欧泊石、漂砾欧泊石、脉石欧泊石或基质中欧泊石。

6. 橄榄石:橄榄石是自色宝石,一般常见的颜色有纯绿色、黄绿色到棕绿色。橄榄石没有无色的。分子式为:(mg,fe)2si04。橄榄石的种类包括贵橄榄石、黄玉、镁橄榄石、铁橄榄石、"黄昏祖母绿"和硼铝镁石。

7. 长石:按矿物学分类长石分为两个主要类型:钾长石和斜长石。分子式分别为:kalsi308、naalsi308。长石的种类包括月光石或冰长石、日光石或砂金石的长石、拉长石、天河石或亚马逊石。

8. 玉:硬玉(也叫翡翠)、软玉。硬玉是一种钠和铝的硅酸盐,分子式为:naal(si03)2。软玉是一种含水的钙镁硅酸盐,分子式为:camg5(0h)2(si4011)2。

9. 石英:石英是一种它色的宝石,纯石英为无色透明。分子式为 si02。石英的种类包括水晶、晕彩或彩红石英、金红石斑点或网金红石石英、紫晶、黄晶、烟石英或烟晶、芙蓉石、东陵石、蓝线石石英、乳石英、蓝石英或蓝宝石石英、虎眼石、鹰眼或猎鹰眼、石英猫眼、带星的或星光石英。

10. 玉髓:也叫隐晶质石英。分子式为 si02。玉髓的种类包括月光石、绿玉髓、红玛瑙、肉红玉髓、鸡血石、葱绿玉髓、玛瑙、缟玛瑙、碧玉、深绿玉髓、硅孔雀石玉髓、硅化木。

11. 石榴石:其晶体与石榴籽的形状、颜色十分相似而得名。石榴石的一般分子式为 r3m2(si04)3。石榴石的种类包括铁铝榴石、镁铝榴石、镁铁榴石、锰铝榴石、钙铁榴石、钙铬榴石。

12. 锆石:颜色呈红、黄、蓝、紫色等。分子式为 zrsi04。

13. 尖晶石:颜色呈黄色、绿色和无色。分子式为 mgal204。尖晶石的种类包括红色尖晶石、红宝石色的尖晶石或红宝石尖晶石、紫色的或类似贵榴石色泽的尖晶石、粉或玫瑰色尖晶石、桔红色尖晶石、蓝色尖晶石、蓝宝石色尖晶石或蓝宝石尖晶石、象变石的尖晶石、黑色尖晶石、铁镁尖晶石或镁铁尖晶石。

14. 黄玉:黄玉是铝的氟硅酸盐,斜方晶系。分子式为 al2(f,0h)2si04。黄玉的种类包括棕黄至黄棕、浅蓝至淡蓝、粉红、无色的、其他品种。

15. 碧玺:极为复杂的硼铝硅酸盐,其中可含一种或数种以下成分:镁、钠、锂、铁、钾或其他金属。这些元素比例不同,颜色也不同。碧玺的种类包括红色的、绿色的、蓝色的、黄和橙色、无色或白色、黑色、杂色宝石、猫眼碧玺、变色石似的碧玺。

16. 金绿玉:属尖晶石族矿物,铝酸盐类。主要成分是氧化铝铍,属斜方晶系。分子式为 beal204。金绿玉的种类包括变石、猫眼石、变石猫眼宝石及其他一些变种。

17. 绿柱石:绿柱石在其纯净状态是无色的;不同的变种之所以有不同的颜色是由于微量金属氧化物的存在。在存在氧化铬或氧化钒时通常就成了祖母绿,而海蓝宝石则是由于氧化亚铁着色而成的。成为铯绿柱石是由于镁的存在,而金绿柱石则是因氧化铁着色而成的。分子式为:be3al2(si03)6。绿柱石的种类包括祖母绿、海蓝宝石、maxixe 型绿柱石、金绿柱石、铯绿柱石、其他透明的品种、猫眼绿柱石、星光绿柱石。

18. 刚玉:刚玉是一种很普通的矿物,除了星光宝石外,只有半透明到透明的变种才能叫作宝石。分子式为 al203,含氧化铬呈红色,含钛和氧化铁呈蓝色,含氧化铁呈黄色,含铬和氧化铁呈橙色,含铁和氧化钛呈绿色,含铬、钛和氧化铁呈紫色。刚玉的种类包括红宝石、星光红宝石、蓝宝石、艳色蓝宝石、星光蓝宝石。

19. 琥珀:一种有机物质。它是一种含一些有关松脂的古代树木的石化松脂。分子式为 c40h6404。琥珀的种类包括海珀、坑珀、洁珀、块珀、脂珀、浊珀、泡珀、骨珀。

20. 珊瑚:是生物成因的另一种宝石原料。它是珊瑚虫的树枝状钙质骨架随着极细小的海生动物群体增生而形成。

21. 煤玉:煤玉是褐煤的一个变种(成分主要是碳,并含氢和氧)。它是由漂木经压实作用而成,漂木沉降到海底,变成埋藏的细粒淤泥,然后转变为硬质页岩,称为“煤玉岩”,煤玉是生物成因的。煤玉为非晶质,在粗糙表面上呈暗淡光泽,在磨光面上为玻璃光泽。

22. 龟甲:是非晶质的,具有油脂光泽至蜡状光泽,硬度 2.5。

23. 合成刚玉:指与有关天然刚玉对比,具有基本相同的物理、光学及化学性能的人造材料。

24. 合成宝石:指与有关天然宝石对比,具有基本相同的物理、光学及化学性能的人造宝石。合成宝石种类包括合成金红石、钛酸锶、钇铝榴石、轧镓榴石、合成立方锆石、合成蓝宝石、合成尖晶石、合成金红石、合成变石、合成钻石、合成祖母绿、合成欧泊、合成石英。

25. 双合石:也称复合石,这是一种由两种不同的材料粘结而成的宝石。双合石的种类是根据粘合时所用的材料性质划分的。双合石的种类有石榴石与玻璃双合石、祖母绿的代用品、欧泊石代用品、星光蓝宝石代用品、钻石代用品、其他各种仿宝石复合石。

26. 玻璃仿制品。

六、鞭炮、焰火

鞭炮,又称爆竹。是用多层纸密裹火药,接以药引线,制成的一种爆炸品。

焰火,指烟火剂,一般系包扎品,内装药剂,点燃后烟火喷射,呈各种颜色,有的还变幻成各种景象,分平地小焰火和空中大焰火两类。

本税目征收范围包括各种鞭炮、焰火。通常分为 13 类,即喷花类、旋转类、旋转升空类、火箭类、吐珠类、线香类、小礼花类、烟雾类、造型玩具类、炮竹类、摩擦炮类、组合烟花类、礼花弹类。

体育上用的发令纸,鞭炮药引线,不按本税目征收。

七、汽油

……

八、柴油

……

九、汽车轮胎

汽车轮胎是指用于各种汽车、挂车、专用车和其他机动车上的内、外胎。

本税目征收范围包括:

(一)轻型乘用汽车轮胎;

(二)载重及公共汽车、无轨电车轮胎;

(三)矿山、建筑等车辆用轮胎;

(四)特种车辆用轮胎(指行驶于无路面或雪地、沙漠等高越野轮胎);

(五)摩托车轮胎;

(六)各种挂车用轮胎;

(七)工程车轮胎;

(八)其他机动车轮胎;

(九)汽车与农用拖拉机、收割机、手扶拖拉机通用轮胎。

十、摩托车

本税目征收范围包括:

(一)轻便摩托车:最大设计车速不超过 50 公里/小时、发动机气缸总工作容积不超过 50 毫升的两轮机动车。

（二）摩托车：最大设计车速超过50公里/小时、发动机气缸总工作容积超过50毫升、空车质量不超过400公斤（带驾驶室的正三轮车及特种车的空车质量不受此限）的两轮和三轮机动车。

1. 两轮车：装有一个驱动轮与一个从动轮的摩托车。

（1）普通车：骑式车架，双人座垫，轮辋基本直径不小于304毫米，适应在公路或城市道路上行驶的摩托车。

（2）微型车：坐式或骑式车架，单人或双人座垫，轮辋基本直径不大于254毫米，适应在公路或城市道路上行驶的摩托车。

（3）越野车：骑式车架，宽型方向把，越野型轮胎，剩余垂直轮隙及离地间隙大，适应在非公路地区行驶的摩托车。

（4）普通赛车：骑式车架，狭型方向把，座垫偏后，装有大功率高转速发动机，在专用跑道上比赛车速的一种摩托车。

（5）微型赛车：坐式或骑式车架，轮辋基本直径不大于254毫米，装有大功率高转速发动机，在专用跑道上比赛车速的一种摩托车。

（6）越野赛车：具有越野性能，装有大功率发动机，用于非公路地区比赛车速的一种摩托车。

（7）特种车：一种经过改装之后用于完成特定任务的两轮摩托车。如开道车。

2. 边三轮车：在两轮车的一侧装有边车的三轮摩托车。

（1）普通边三轮车：具有边三轮车结构，用于载运乘员或货物的摩托车。

（2）特种边三轮车：装有专用设备，用于完成特定任务的边三轮车。如警车、消防车。

3. 正三轮车：装有与前轮对称分布的两个后轮和固定车厢的三轮摩托车。

（1）普通正三轮车：具有正三轮车结构，用于载运乘员或货物的摩托车。如客车、货车。

（2）特种正三轮车：装有专用设备，用于完成特定任务的正三轮车。如容罐车、自卸车、冷藏车。

十一、小汽车

……

【注释】　对《消费税暂行条例》第2条进行了解释。下列文件进行了补充规定：《国家税务总局关于〈消费税征收范围注释〉的补充通知》（国税发［1994］26号）；《财政部　国家税务总局关于调整和完善消费税政策的通知》（财税［2006］33号）。

消费税若干具体问题的规定

国税发［1993］156号

一、关于卷烟分类计税标准问题

（一）纳税人销售的卷烟因放开销售价格而经常发生价格上下浮动的，应以该牌号规格卷烟销售当月的加权平均销售价格确定征税类别和适用税率。但销售的卷烟有下列情况之一者，不得列入加权平均计算：

1. 销售价格明显偏低而无正当理由的；

2. 无销售价格的。

在实际执行中，月初可先按上月或者离销售当月最近月份的征税类别和适用税率预缴税款，月份终了再按实际销售价格确定征税类别和适用税率，并结算应纳税款。

（二）卷烟由于接装过滤嘴、改变包装或其他原因提高销售价格后，应按照新的销售价格确定征税类别和适用税率。

（三）纳税人自产自用的卷烟应当按照纳税人生产的同牌号规格的卷烟销售价格确定征税类别和适用税率。没有同牌号规格卷烟销售价格的，一律按照甲类卷烟税率征税。

（四）委托加工的卷烟按照受托方同牌号规格卷烟的征税类别和适用税率征税。没有同牌号规格卷烟的，一律按照甲类卷烟的税率征税。

（五）残次品卷烟应当按照同牌号规格正品卷烟的征税类别确定适用税率。

（六）下列卷烟不分征税类别一律按照甲类卷烟税率征税：

1. 进口卷烟；

2. 白包卷烟；

3. 手工卷烟；

4. 未经国务院批准纳入计划的企业和个人生产的卷烟。国家计划内卷烟生产企业名单附后。

（七）卷烟分类计税标准的调整，由国家税务总局确定。

二、关于酒的征收范围问题

（一）外购酒精生产的白酒，应按酒精所用原料确定白酒的适用税率。凡酒精所用原料无法确定的，一律按照粮食白酒的税率征税。

（二）外购两种以上酒精生产的白酒，一律从高确定税率征税。

（三）以外购白酒加浆降度，或外购散酒装瓶出售，以及外购白酒以曲香、香精进行调香、调味生产的白酒，按照外购白酒所用原料确定适用税率。凡白酒所用原料无法确定的，一律按照粮食白酒的税率征税。

（四）以外购的不同品种白酒勾兑的白酒，一律按照粮食白酒的税率征税。

（五）对用粮食和薯类、糠麸等多种原料混合生产的白酒，一律按照粮食白酒的税率征税。

（六）对用薯类和粮食以外的其他原料混合生产的白酒，一律按照薯类白酒的税率征税。

三、关于计税依据问题

（一）纳税人销售的甲类卷烟和粮食白酒，其计税价格显著低于产地市场零售价格的，主管税务机关应逐级上报国家税务总局核定计税价格，并按照国家税务总局核定的计税价格征税。

甲类卷烟和粮食白酒计税价格的核定办法另行规定。

（二）根据《中华人民共和国消费税暂行条例实施细则》第十七条的规定，应税消费品全国平均成本利润率规定如下：

1. 甲类卷烟 10%；

2. 乙类卷烟 5%；

3. 雪茄烟 5%；

4. 烟丝 5%；

5. 粮食白酒 10%；

6. 薯类白酒 5%；

7. 其他酒 5%；

8. 酒精 5%；

9. 化妆品 5%；

10. 护肤护发品 5%；

11. 鞭炮、焰火 5%；

12. 贵重首饰及珠宝玉石 6%；

13. 汽车轮胎 5%；

14. 摩托车 6%；

15. 小轿车 8%；

16. 越野车 6%；

17. 小客车 5%。

（三）下列应税消费品可以销售额扣除外购已税消费品买价后的余额作为计税价格计征消费税：

1. 外购已税烟丝生产的卷烟；

2. 外购已税酒和酒精生产的酒（包括以外购已税白酒加浆降度，用外购已税的不同品种的白酒勾兑的白酒，用曲香、香精对外购已税白酒进行调香、调味以及外购散装白酒装瓶出售等等）；

3. 外购已税化妆品生产的化妆品；

4. 外购已税护肤护发品生产的护肤护发品；

5. 外购已税珠宝玉石生产的贵重首饰及珠宝玉石；

6. 外购已税鞭炮、焰火生产的鞭炮、焰火。

外购已税消费品的买价是指购货发票上注明的销售额(不包括增值税税款)。

(四)下列应税消费品准予从应纳消费税税额中扣除原料已纳消费税税款：

1. 以委托加工收回的已税烟丝为原料生产的卷烟；

2. 以委托加工收回的已税酒和酒精为原料生产的酒；

3. 以委托加工收回的已税化妆品为原料生产的化妆品；

4. 以委托加工收回的已税护肤护发品为原料生产的护肤护发品；

5. 以委托加工收回已税珠宝玉石为原料生产的贵重首饰及珠宝玉石；

6. 以委托加工收回已税鞭炮、焰火为原料生产的鞭炮、焰火。

已纳消费税税款是指委托加工的应税消费品由受托方代收代缴的消费税。

(五)纳税人通过自设非独立核算门市部销售的自产应税消费品，应当按照门市部对外销售额或者销售数量征收消费税。

(六)纳税人用于换取生产资料和消费资料，投资入股和抵偿债务等方面的应税消费品，应当以纳税人同类应税消费品的最高销售价格作为计税依据计算消费税。

四、关于纳税地点问题

根据《中华人民共和国消费税暂行条例实施细则》第二十五条的规定，对纳税人的总机构与分支机构不在同一省(自治区、直辖市)的，如需改由总机构汇总在总机构所在地纳税的，需经国家税务总局批准；对纳税人的总机构与分支机构在同一省(自治区、直辖市)内，而不在同一县(市)的，如需改由总机构汇总在总机构所在地纳税的，需经国家税务总局所属分局批准。

五、关于报缴税款问题

纳税人报缴税款的办法，由所在地主管税务机关视不同情况，于下列办法中核定一种：

(一)纳税人按期向税务机关填报纳税申报表，并填开纳税缴款书，向所在地代理金库的银行缴纳税款。

(二)纳税人按期向税务机关填报纳税申报表，由税务机关审核后填发缴款书，按期缴纳。

(三)对会计核算不健全的小型业户，税务机关可根据其产销情况，按季或按年核定其应纳税额，分月缴纳。

六、本规定自1994年1月1日起执行。

【注释】 对《消费税暂行条例》第2条进行了解释。对《消费税暂行条例实施细则》第17、25条进行了解释。下列文件对此进行了更正：《国家税务总局关于〈消费税若干具体问题的规定〉的更正通知》(国税发[1994]84号)。相关规定包括：《国家税务总局关于用外购和委托加工收回的应税消费品连续生产应税消费品征收消费税问题的通知》(国税发[1995]94号)。

国家税务总局关于《消费税征收范围注释》的补充通知

国税发[1994]26号

各省、自治区、直辖市税务局，各计划单列市税务局，哈尔滨、沈阳、长春、西安、南京、成都、武汉、广州市税务局：

我局以国税发[1993]153号印发的《消费税征收范围注释》的通知下发后，一些地区要求明确小客车中“微型客车”部分的征收范围。现将“小客车”的消费税征税范围补充通知如下：

小客车，又称旅行车，是指具有长方箱形车厢、车身长度小于或等于3.5米的“微型客车”和大于3.5米小于7米的乘客座位(不含驾驶员座位)在22座以下的“中型客车”。

【注释】 对《消费税征收范围注释》进行了解释。

国家税务总局关于《消费税若干具体问题的规定》的更正通知

国税发[1994]84 号

各省、自治区、直辖市和计划单列市国家税务局：

国税函发[1993]156 号《国家税务总局关于印发〈消费税若干具体问题的规定〉的通知》有如下错误，请予更正：

一、"三、关于计税依据问题"第（二）项中"根据《中华人民共和国消费税条例实施细则》……"，应改为"根据《中华人民共和国消费税暂行条例实施细则》……"。

二、"四、关于纳税地点问题"中"根据《中华人民共和国消费税条例实施细则》……，"应改为"根据《中华人民共和国消费税暂行条例实施细则》……"。

三、国家计划内卷烟生产企业名单中应增加下列烟厂：

1. 湖北 巴东卷烟厂

2. 四川 巫山卷烟厂

3. 广西 浦北卷烟厂

另外四川中山雪茄烟厂应改为中江雪茄烟厂。

特此通知。

【注释】　对《国家税务总局关于印发〈消费税若干具体问题的规定〉的通知》进行了更正。

财政部　国家税务总局关于对福利企业、学校办企业征税问题的通知

财税[1994]3 号

根据国务院领导同志 1993 年 12 月 28 日指示精神，1993 年 12 月 29 日，以国税明电[1993]076 号明传电报对民政部门、街道、乡镇举办的社会福利生产企业（以下简称福利企业）和学校办企业征收增值税、消费税、营业税问题进行了明确，发给各地。现印发给你们，请继续遵照执行。

一、福利企业和学校办企业从 1994 年起，均应按规定依法缴纳增值税、消费税、营业税。

二、原福利企业和学校办企业享受的流转税优惠政策仍然保留，由税务机关采取先征税后返还的办法。即：福利企业和学校办企业，在规定的纳税期内如实申报，填开税票解缴入库。同时，由税务机关填开收入退还书，将已征税款返还给纳税企业。税务机关应按月统计上报实际返还退税情况。对福利企业和学校办企业生产销售属征收消费税的产品，不得减免消费税、增值税。

三、税务机关和有关主管部门要对福利企业和学校办企业进行一次全面检查，凡不符合规定标准的福利企业和挂靠学校管理的假学校办企业，一律不得享受税收优惠照顾。

【注释】　对《消费税暂行条例实施细则》第 2 条进行了解释。

国家税务总局关于消费税若干征税问题的通知

国税发[1994]130 号

各省、自治区、直辖市税务局，各计划单列市税务局，哈尔滨、沈阳、西安、武汉、广州、成都、长春、南京市税务局：

《中华人民共和国消费税暂行条例》及其有关规定实施以来，各地在贯彻执行中陆续反映出了一些问

题，要求予以明确。现根据消费税问题座谈会讨论的意见，就几个具体征税问题通知如下：

一、关于委托加工征税问题

（一）对纳税人委托个体经营者加工的应税消费品，一律于委托方收回后在委托方所在地缴纳消费税。

（二）对消费者个人委托加工的金银首饰及珠宝玉石，可暂按加工费征收消费税。

二、关于已税消费品的扣除问题

……

【注释】 对《消费税暂行条例》第4条进行了解释。对《消费税暂行条例实施细则》第7条进行了解释。相关规定包括：《国家税务总局关于用外购和委托加工收回的应税消费品连续生产应税消费品征收消费税问题的通知》（国税发［1995］94号）。

财政部 国家税务总局关于调整金银首饰消费税纳税环节有关问题的通知

财税［1994］95号

各省、自治区、直辖市财政厅（局）、国家税务局，各计划单列市财政局、国家税务局：

经国务院批准，金银首饰消费税由生产销售环节征收改为零售环节征收。现将有关规定通知如下：

一、改为零售环节征收消费税的金银首饰范围

这次改为零售环节征收消费税的金银首饰范围仅限于：金、银和金基、银基合金首饰，以及金、银和金基、银基合金的镶嵌首饰（以下简称金银首饰）。

……

对既销售金银首饰，又销售非金银首饰的生产、经营单位，应将两类商品划分清楚，分别核算销售额。凡划分不清楚或不能分别核算的，在生产环节销售的，一律从高适用税率征收消费税；在零售环节销售的，一律按金银首饰征收消费税。

金银首饰与其他产品组成成套消费品销售的，应按销售额全额征收消费税。

二、税率

金银首饰消费税税率为5%。

三、纳税义务人

在中华人民共和国境内从事金银首饰零售业务的单位和个人，为金银首饰消费税的纳税义务人（以下简称纳税人），应按本通知的规定缴纳消费税。委托加工（另有规定者除外）、委托代销金银首饰的，受托方也是纳税人。

四、纳税环节

纳税人销售（指零售，下同）的金银首饰（含以旧换新），于销售时纳税；用于馈赠、赞助、集资、广告、样品、职工福利、奖励等方面的金银首饰，于移送时纳税；带料加工、翻新改制的金银首饰，于受托方交货时纳税。

五、纳税义务发生时间

纳税人销售金银首饰，其纳税义务发生时间为收讫销货款或取得索取销货凭据的当天；用于馈赠、赞助、集资、广告、样品、职工福利、奖励等方面的金银首饰，其纳税义务发生时间为移送的当天；带料加工、翻新改制的金银首饰，其纳税义务发生时间为受托方交货的当天。

六、金银首饰消费税改变征税环节后，经营单位进口金银首饰的消费税，由进口环节征收改为在零售环节征收；出口金银首饰由出口退税改为出口不退消费税。

个人携带、邮寄金银首饰进境，仍按海关现行规定征税。

七、计税依据

（一）纳税人销售金银首饰，其计税依据为不含增值税的销售额。如果纳税人销售金银首饰的销售额中未扣除增值税税款，在计算消费税时，应按以下公式换算为不含增值税税款的销售额。

金银首饰的销售额 = 含增值税的销售额 ÷ (1 + 增值税税率或征收率)

(二)金银首饰连同包装物销售的,无论包装是否单独计价,也无论会计上如何核算,均应并入金银首饰的销售额,计征消费税。

(三)带料加工的金银首饰,应按受托方销售同类金银首饰的销售价格确定计税依据征收消费税。没有同类金银首饰销售价格的,按照组成计税价格计算纳税。组成计税价格的计算公式为:

组成计税价格 = (材料成本 + 加工费) ÷ (1 - 金银首饰消费税税率)

(四)纳税人采用以旧换新(含翻新改制)方式销售的金银首饰,应按实际收取的不含增值税的全部价款确定计税依据征收消费税。

(五)生产、批发、零售单位用于馈赠、赞助、集资、广告、样品、职工福利、奖励等方面的金银首饰,应按纳税人销售同类金银首饰的销售价格确定计税依据征收消费税;没有同类金银首饰销售价格的,按照组成计税价格计算纳税。组成计税价格的计算公式为:

组成计税价格 = 购进原价 × (1 + 利润率) ÷ (1 - 金银首饰消费税税率)

纳税人为生产企业时,公式中的"购进原价"为生产成本。公式中的"利润率"一律定为6%。

八、纳税人应向其核算地主管国家税务局申报纳税。

九、金银首饰消费税改变纳税环节以后,用已税珠宝玉石生产的本通知范围内的镶嵌首饰,在计税时一律不得扣除买价或已纳的消费税税款。

十、对改变征税环节后,商业零售企业销售以前年度库存的金银首饰,按调整后的税率照章征收消费税。

十一、金银首饰消费税征收管理办法,由国家税务总局另行制定。

十二、本通知于1995年1月1日起执行。

【注释】 对《消费税暂行条例》第2、4、14条进行了解释。

国家税务总局关于明确流转税、资源税法规中"主管税务机关、征收机关"名称问题的通知

国税发[1994]232号

各省、自治区、直辖市国家税务局、地方税务局,各计划单列市国家税务局、地方税务局:

在增值税、消费税、营业税、资源税暂行条例、实施细则及相关文件中,对"主管税务机关、征收机关"已作了解释,但是,由于各地国家税务局和地方税务局机构的分设,原名称所指已发生变化,现重新明确如下:

一、《中华人民共和国增值税暂行条例实施细则》第三十六条第二款中所称"主管税务机关、征收机关",是指国家税务总局所属的县级以上(含县级)国家税务局,第二十八条、第三十二条第四款中所称"国家税务总局直属分局",是指省、自治区、直辖市国家税务局,也包括享有省级经济管理权限的城市的国家税务局。

二、《中华人民共和国消费税暂行条例》第十三条、《中华人民共和国消费税暂行条例实施细则》第十八、二十三、二十四条、《消费税若干具体问题的规定》第三、五条中的"主管税务机关",是指国家税务总局所属的县级以上(含县级)国家税务局。

《中华人民共和国消费税暂行条例实施细则》第二十一、二十五条、《消费税若干具体问题的规定》第四条中"国家税务总局所属税务分局",是指省、自治区、直辖市国家税务局,也包括享有省级经济管理权限的城市的国家税务局。

三、《中华人民共和国营业税暂行条例实施细则》第五条、第六条中所称"国家税务总局所属征收机关",是指国家税务总局所属的县级以上(含县级)国家税务局。

四、《中华人民共和国资源税暂行条例》第十二条中的"省、自治区、直辖市税务机关,"是指省、自治区、直辖市地方税务局和享有省级经济管理权限的城市的地方税务局。

《中华人民共和国资源税暂行条例》第十二、十三条以及《中华人民共和国资源税暂行条例实施细则》第五、八、九、十条所说的“主管税务机关”或“税务机关”,是指县级以上(含县级)的地方税务局。

【注释】 对《消费税暂行条例》第13条进行了解释。对《消费税暂行条例实施细则》第18、21、23、24、25条进行了解释。

国家税务总局关于印发《金银首饰消费税征收管理办法》的通知

国税发[1994]267号

各省、自治区、直辖市国家税务局,各计划单列市国家税务局:

现将《金银首饰消费税征收管理办法》发给你们,自1995年1月1日起执行。

金银首饰消费税征收管理办法

根据财政部、国家税务总局《关于调整金银首饰消费税纳税环节有关问题的通知》(以下简称《通知》)[(94)财税字第095号]的有关规定,特制定本办法。

一、金银首饰的范围

《通知》第一条所称“金银首饰的范围”不包括镀金(银)、包金(银)首饰,以及镀金(银)、包金(银)的镶嵌首饰。

二、零售业务的范围

……

三、应税与非应税的划分

(一)经中国人民银行总行批准经营金银首饰批发业务的单位将金银首饰销售给同时持有《经营金银制品业务许可证》(以下简称《许可证》)影印件及《金银首饰购货(加工)管理证明单》(以下简称《证明单》,样式及填写说明附后)的经营单位,不征收消费税,但其必须保留购货方的上述证件,否则一律视同零售征收消费税。

(二)经中国人民银行批准从事金银首饰加工业务的单位为同时持有《许可证》影印件及《证明单》的经营单位加工金银首饰,不征收消费税,但其必须保留委托方的上述证件,否则一律视同零售征收消费税。

(三)经营单位兼营生产、加工、批发、零售业务的,应分别核算销售额,未分别核算销售额或者划分不清的,一律视同零售征收消费税。

四、纳税地点

纳税人总机构与分支机构不在同一县(市)的,分支机构应纳税款应在所在地缴纳。但经国家税务总局及省级国家税务局批准,纳税人分支机构应纳消费税税款也可由总机构汇总向总机构所在地主管国家税务局缴纳。

固定业户到外县(市)临时销售金银首饰,应当向其机构所在地主管国家税务局申请开具外出经营活动税收管理证明,回其机构所在地向主管国家税务局申报纳税。未持有其机构所在地主管国家税务局核发的外出经营活动税收管理证明的,销售地主管国家税务局一律按规定征收消费税。其在销售地发生的销售额,回机构所在地后仍应按规定申报纳税,在销售地缴纳的消费税款不得从应纳税额中扣减。

五、金银首饰消费税纳税人的认定

……

六、申报资料

纳税人办理纳税申报时,除应按《中华人民共和国税收征收管理法》(以下简称《征管法》)的规定报送有关资料外,还应报送下列资料:

(一)《金银饰品购销存月报表》(另行下发);

(二)从事批发、加工业务的经营单位应报送《证明单》。

七、《证明单》的使用管理(此条款已失效或废止)

《证明单》是划分金银首饰批发、零售业务的主要凭证。

(一)《证明单》的使用。

1.《证明单》的基本联次。《证明单》共四联,第一联由售货单位留存,并附在售货发票存根联之后;第二联由售货单位进行纳税申报时报送其主管国家税务局;第三联由购货单位留存;第四联由购货方购货后交回其主管国家税务局,注销领取记录。

2.《证明单》由购货单位在购货前向其主管国家税务局申请领用。

3. 购货单位携《证明单》购货。

4.《证明单》中的"购进(加工)金银首饰情况"由售货(加工)单位填写,其金额应与增值税专用发票金额一致。售货(加工)单位填写、盖章后,第三联、第四联交购货单位带回。

(二)《证明单》的管理。

1.《证明单》的样式,由国家税务总局统一制定。

2.《证明单》由省级国家税务局印制和管理,省级国家税务局可结合本地区实际情况制定具体管理办法。

3.《证明单》由县以上国家税务局(分局)盖章有效。

八、违章处理(此条款已失效或废止)

(一)纳税人未按规定的期限申请办理消费税认定登记的,依《中华人民共和国税收征收管理法》第三十七条的规定予以处罚。

(二)纳税人转借、涂改、损毁、丢失、买卖、伪造消费税认定登记证件、《证明单》的,依《中华人民共和国税收征收管理法》第三十七条的规定予以处罚。

九、其他征管事项,按《中华人民共和国税收征收管理法》的有关规定办理。

【注释】　对《消费税暂行条例》第16条进行了解释。相关补充规定包括:《国家税务总局关于停止执行〈金银首饰购货(加工)管理证明单〉使用规定的批复》(国税函[2005]193号)。

财政部关于调整金银首饰消费税纳税环节后有关会计处理规定的通知

财会[1995]9号

根据财政部和国家税务总局联合发布的《关于调整金银首饰消费税纳税环节有关问题的通知》(财税字[1994]095号),自1995年1月1日起,所有金、银和金基、银基合金首饰,以及金、银和金基、银基合金的镶嵌首饰(以下简称"金银首饰")的消费税由生产销售环节征收改为零售环节征收。现将调整金银首饰消费税纳税环节后有关会计处理办法规定通知如下:

一、有金银首饰零售业务的企业,应在"应交税金"科目下增设"应交消费税"明细科目,核算金银首饰应交纳的消费税。销售实现时,应当按照应交消费税额,借记"商品销售税金及附加"(外商投资企业为"商品销售税金")、"营业税金及附加"(外商投资企业为"营业税金")等科目,贷记"应交税金——应交消费税"科目;实际交纳消费税时,借记"应交税金——应交消费税"科目,贷记"银行存款"科目。

上述企业采用以旧换新方式销售金银首饰的,其应交纳的消费税也按上款规定进行会计处理。

二、有金银首饰零售业务的企业因受托代销金银首饰按规定应交纳的消费税,应分别不同情况处理:

1. 以收取手续费方式代销金银首饰的,于销售实现时,借记"代购代销收入"等科目,贷记"应交税金——应交消费税"科目;

2. 以其他方式代销金银首饰的,其交纳消费税的会计处理按第一条第一款规定办理。

三、有金银首饰批发、零售业务的企业将金银首饰用于馈赠、赞助、广告、职工福利、奖励等方面的,应于货物移送时,按应交消费税额借记"营业外支出"、"经营费用"(外商投资企业为"销货费用")、"营业费用"、"应付福利费"、"应付工资"等科目,贷记"应交税金——应交消费税"科目。

四、随同金银首饰出售但单独计价的包装物,按规定应交纳的消费税,借记"其他业务支出"科目,贷记

“应交税金——应交消费税”科目。

五、各类企业因受托加工或翻新改制金银首饰按规定应交纳的消费税，应于企业向委托方交货时，借记“其他业务支出”、“产品销售税金及附加”（外商投资企业为“产品销售税金”）等科目，贷记“应交税金——应交消费税”科目。

六、金银首饰在进口环节和出口环节，以及经中国人民银行总行批准经营金银首饰批发业务的单位将金银首饰销售给同时持有《经营金银制品业务许可证》影印件及《金银首饰购货（加工）管理证明单》的经营单位，均不计算消费税。

七、金银首饰的消费税改由零售环节征收后，生产企业按规定仍需就金银首饰交纳消费税的，除受托加工业务交纳消费税的会计处理按本规定第五条的规定办理外，其他交纳消费税的会计处理应按我部发布的“关于印发企业执行新税收条例有关会计处理规定的通知”［（93）财会字第 83 号］中所附《关于消费税会计处理的规定》办理。

【注释】 对《消费税暂行条例》第 16 条进行了解释。

国家税务总局关于用外购和委托加工收回的应税消费品连续生产应税消费品征收消费税问题的通知

国税发［1995］94 号

各省、自治区、直辖市、计划单列市财政厅（局）、国家税务局，扬州培训中心，长春税务学院：

根据《国家税务总局关于印发〈消费税若干具体问题的规定〉的通知》（国税发［1993］156 号）和《国家税务总局关于消费税若干征税问题的通知》（国税发［1994］130 号）的规定，纳税人用外购或委托加工收回的已税烟丝、已税酒及酒精等 8 种应税消费品连续生产应税消费品，在计征消费税时可以扣除外购已税应税消费品的买价或委托加工收回应税消费品的已纳消费税税款。各地税务机关反映，这一规定在执行中存在着以下两方面问题：第一，两种扣除方法之间税收负担不平衡，而且用外购应税消费品连续生产应税消费品与用自产应税消费品连续生产应税消费品这两种生产经营方式之间，也存在着税收负担不平衡的矛盾。第二，在确定当期扣除数额方面，没有明确是按当期销售所实际耗用的数量计算，还是按当期投入生产的数量计算，因此而导致各地在政策执行上的不统一。为解决存在的问题，现通知如下：

一、对于用外购的已税烟丝、已税酒及酒精等 8 种应税消费品连续生产的应税消费品，在计税时准予扣除外购的应税消费品已纳的消费税税款，停止实行以销售额扣除外购应税消费品买价后的余额为计税依据计征消费税的办法。

二、当期准予扣除的外购或委托加工收回的应税消费品的已纳消费税税款，应按当期生产领用数量计算。计算公式如下：

（一）当期准予扣除的外购应税消费品已纳税款 = 当期准予扣除的外购应税消费品买价 × 外购应税消费品适用税率

当期准予扣除的外购应税消费品买价 = 期初库存的外购应税消费品的买价 + 当期购进的应税消费品的买价 - 期末库存的外购应税消费品的买价

（二）当期准予扣除的委托加工应税消费品已纳税款 = 期初库存的委托加工应税消费品已纳税款 + 当期收回的委托加工应税消费品已纳税款 - 期末库存的委托加工应税消费品已纳税款

三、纳税人用外购或委托加工收回的已税珠宝玉石生产的改在零售环节征收消费税的金银首饰，仍按《财政部、国家税务总局关于调整金银首饰消费税纳税环节有关问题的通知》（（94）财税字第 095 号）的规定执行。

四、本规定自 1995 年 6 月 1 日起执行。以前规定与本规定有抵触的，以本规定为准。

【注释】 对《国家税务总局关于印发〈消费税若干具体问题的规定〉的通知》（国税发［1993］156 号）和《国家税务总局关于消费税若干征税问题的通知》（国税发［1994］130 号）进行了解释。

财政部　国家税务总局关于酒类产品包装物押金征税问题的通知

财税[1995]53 号

各省、自治区、直辖市、计划单列市财政厅(局)、国家税务局,扬州培训中心,长春税务学院:

为了确保国家的财政收入,堵塞税收漏洞,经研究决定:从 1995 年 6 月 1 日起,对酒类产品生产企业销售酒类产品而收取的包装物押金,无论押金是否返还与会计上如何核算,均需并入酒类产品销售额中,依酒类产品的适用税率征收消费税。

【注释】　对《消费税暂行条例实施细则》第 13 条进行了解释。

国家税务总局关于外商投资企业非正常终止经营能否享受增加税负返还照顾的批复

国税函发[1995]612 号

上海市国家税务局:

你局《关于外商投资企业非正常终止经营能否享受增加税负返还照顾的请示》(沪税外[1995]94 号)收悉。关于上海亿利达印刷机械有限公司非正常终止经营能否享受增加税负返还照顾的问题,经研究现明确如下。

凡享受增加税负返还的外商投资企业,如发生非正常终止经营,清算时所属年度不给予增加税负返还照顾,清算前年度已经给予的增加税负返还税款可不予追回。对于违反有关法律、法规而终止经营的,则应追回已返还的税款。

国家税务总局关于锻压金首饰在零售环节征收消费税问题的批复

国税函发[1996]727 号

北京市国家税务局:

你局《关于对锻压金首饰在零售环节征收消费税问题的请示》(京国税一[1996]424 号)收悉。经研究,现批复如下:

鉴于你局经过大量调查已经核实,目前市场上销售的一些含金饰品如锻压金、铸金、复合金等,其生产工艺与包金、镀金首饰有明显区别,且这类含金饰品在进口环节均未征收消费税。为严密征税规定,公平税负,避免纳税人以饰品名称的不同钻空子,进行偷税、逃税,现对在零售环节征收消费税的金银首饰的范围重申如下:

在零售环节征收消费税的金银首饰的范围不包括镀金(银)、包金(银)首饰,以及镀金(银)、包金(银)的镶嵌首饰,凡采用包金、镀金工艺以外的其他工艺制成的含金、银首饰及镶嵌首饰,如锻压金、铸金、复合金首饰等,都应在零售环节征收消费税。

【注释】　对《消费税暂行条例》第 4 条进行了解释。

国家税务总局关于消费税若干征税问题的通知

国税发[1997]84号

各省、自治区、直辖市和计划单列市国家税务局：

最近，各地在执行消费税政策中陆续反映出一些问题，要求国家税务总局给予明确。现根据部分地区消费税问题座谈会讨论的意见，就有关具体征税问题通知如下：

……

二、关于工业企业从事应税消费品购销的征税问题

（一）对既有自产应税消费品，同时又购进与自产应税消费品同样的应税消费品进行销售的工业企业，对其销售的外购应税消费品应当征收消费税，同时可以扣除外购应税消费品的已纳税款。

上述允许扣除已纳税款的外购应税消费品仅限于烟丝、酒、酒精、化妆品、护肤护发品、珠宝玉石、鞭炮焰火、汽车轮胎和摩托车。

（二）对自己不生产应税消费品，而只是购进后再销售应税消费品的工业企业，其销售的粮食白酒、薯类白酒、酒精、化妆品、护肤护发品、鞭炮焰火和珠宝玉石，凡不能构成最终消费品直接进入消费品市场，而需进一步生产加工的（如需进一步加浆降度的白酒及食用酒精，需进行调香、调味和勾兑的白酒，需进行深加工、包装、贴标、组合的珠宝玉石、化妆品、酒、鞭炮焰火等），应当征收消费税，同时允许扣除上述外购应税消费品的已纳税款。

本规定中允许扣除已纳税款的应税消费品只限于从工业企业购进的应税消费品，对从商业企业购进应税消费品的已纳税款一律不得扣除。

三、关于配制酒、泡制酒征税问题

对企业以白酒和酒精为酒基，加入果汁、香料、色素、药材、补品、糖、调料等配制或泡制的酒，不再按“其他酒”子目中的“复制酒”征税，一律按照酒基所用原料确定白酒的适用税率。凡酒基所用原料无法确定的，一律按粮食白酒的税率征收消费税。

对以黄酒为酒基生产的配制或泡制酒，仍按“其他酒”10%的税率征收消费税。

……

五、关于饮食业、商业、娱乐业生产啤酒的征税问题

对饮食业、商业、娱乐业举办的啤酒屋（啤酒坊）利用啤酒生产设备生产的啤酒，应当征收消费税。

本通知自文到之日起执行。

【注释】 对《消费税暂行条例》第2、5条进行了解释。

国家税务总局关于印发《消费税问题解答》的通知

国税函发[1997]306号

各省、自治区、直辖市和计划单列市国家税务局：

现将《消费税问题解答》发给你们，请依照执行。

问：用购进已税烟丝生产的出口卷烟，能否扣除外购已税烟丝的已纳税款？

答：按照现行税收法规规定，国家对卷烟出口一律实行在生产环节免税的办法，即免征卷烟加工环节的增值税和消费税，而对出口卷烟所耗用的原辅材料已缴纳的增值税和消费税则不予退、免税。据此，为生产出口卷烟而购进的已税烟丝的已纳税款不能给予扣除。

问：为了堵塞税收漏洞，财政部、国家税务总局下发了《关于酒类产品包装物押金征税问题的通知》（财税字[1995]053号），规定从1995年6月1日起，对酒类产品生产企业销售酒类产品而收取的包装物押金，

无论押金是否返还和在会计上如何核算，均需并入酒类产品销售额中，依据酒类产品的适用税率计征消费税。这一规定是否包括啤酒和黄酒产品？

答：根据《中华人民共和国消费税暂行条例》的规定，对啤酒和黄酒实行从量定额的办法征收消费税，即按照应税数量和单位税额计算应纳税额。按照这一办法征税的消费品的计税依据为应税消费品的数量，而非应税消费品的销售额，征税的多少与应税消费品的数量成正比，而与应税消费品的销售金额无直接关系。因此，对酒类包装物押金征税的规定只适用于实行从价定率办法征收消费税的粮食白酒、薯类白酒和其他酒，而不适用于实行从量定额办法征收消费税的啤酒和黄酒产品。

问：出国人员免税商店销售的金银首饰是否征收消费税？

答：对出国人员免税商店销售的金银首饰应当征收消费税。

问："啤酒源"是否征收消费税？

答：啤酒源是以大麦或其他粮食为原料，加入啤酒花，经糖化、发酵酿制而成的含二氧化碳的酒。在产品特性、使用原料和生产工艺流程上，啤酒源与啤酒一致，只缺少过滤过程。因此，对啤酒源应按啤酒征收消费税。

问：菠萝啤酒是否征收消费税？

答：经向主管部门了解，菠萝啤酒是以大麦或其他粮食为原料，加入啤酒花，经糖化、发酵，并在过滤时加入菠萝精（汁）、糖酿制的含有二氧化碳的酒。其在产品特性、使用原料和生产工艺流程上与啤酒相同，只是在过滤时加上适量的菠萝精（汁）和糖，因此，对菠萝啤酒应按啤酒征收消费税。

问："金刚石"是否征收消费税？

答：金刚石又称钻石，属于贵重首饰及珠宝玉石的征收范围，应按规定征收消费税。

问："宝石坯"是否征收消费税？

答：根据《消费税征收范围注释》规定，珠宝玉石的征税范围为经采掘、打磨、加工的各种珠宝玉石。宝石坯是经采掘、打磨、初级加工的珠宝玉石半成品，因此，对宝石坯应按规定征收消费税。

……

问：根据《消费税征收范围注释》规定，轻便摩托车的征税范围为最大设计车速不超过50km/h，发动机气缸总工作容量不超过50ml的两轮摩托车。对最大设计车速不超过50km/h，发动机汽缸总工作容量不超过50ml的三轮摩托车是否征收消费税？

答：对最大设计车速不超过50km/h，发动机气缸总工作容量不超过50ml的三轮摩托车不征收消费税。

【注释】　对《消费税暂行条例》第2条以及《关于酒类产品包装物押金征税问题的通知》（财税字[1995]053号）进行了解释。

财政部　国家税务总局关于调整烟类产品消费税政策的通知

财税[2001]91号

各省、自治区、直辖市、计划单列市财政厅（局）、国家税务局，新疆生产建设兵团财务局：

经国务院批准，调整卷烟产品消费税政策。现将有关问题通知如下：

一、调整卷烟消费税税率

卷烟消费税税率由《中华人民共和国消费税暂行条例》规定的比例税率调整为定额税率和比例税率。税率具体调整如下：

（一）定额税率：每标准箱（50000支，下同）150元。

（二）比例税率：

1. 每标准条（200支，下同）调拨价格在50元（含50元，不含增值税）以上的卷烟税率为45%。

2. 每标准条调拨价格在50元（不含增值税）以下的卷烟税率为30%。

3. 下列卷烟一律适用45%的比例税率:

——进口卷烟

——白包卷烟

——手工卷烟

——自产自用没有同牌号、规格调拨价格的卷烟

——委托加工没有同牌号、规格调拨价格的卷烟

——未经国务院批准纳入计划的企业和个人生产的卷烟

二、调整卷烟消费税计税办法

卷烟消费税计税办法由《中华人民共和国消费税暂行条例》规定的实行从价定率计算应纳税额的办法调整为实行从量定额和从价定率相结合计算应纳税额的复合计税办法。应纳税额计算公式:

应纳税额 = 销售数量 × 定额税率 + 销售额 × 比例税率

凡在中华人民共和国境内生产、委托加工、进口卷烟的单位和个人,都应当依照本通知的规定缴纳从量定额消费税和从价定率消费税。

三、计税依据

(一)生产销售卷烟

1. 从量定额计税办法的计税依据为卷烟的实际销售数量。

2. 从价定率计税办法的计税依据为卷烟的调拨价格或者核定价格。

调拨价格是指卷烟生产企业通过卷烟交易市场与购货方签订的卷烟交易价格。调拨价格由国家税务总局按照中国烟草交易中心(以下简称交易中心)和各省烟草交易(定货)会(以下简称交易会)2000年各牌号、规格卷烟的调拨价格确定,并作为卷烟计税价格对外公布(见附件)。

核定价格是指不进入交易中心和交易会交易、没有调拨价格的卷烟,应由税务机关按其零售价倒算一定比例的办法核定计税价格。核定价格的计算公式:

某牌号规格卷烟核定价格 = 该牌号规格卷烟市场零售价格 ÷ (1 + 35%)

2000年11月以后生产销售的新牌号规格卷烟,暂按生产企业自定的调拨价格征收消费税。新牌号规格卷烟的概念界定、计税价格管理办法由国家税务总局商财政部另行制定。

3. 计税价格和核定价格确定以后,执行计税价格的卷烟,国家每年根据卷烟实际交易价格的情况,对个别市场交易价格变动较大的卷烟,以交易中心或者交易会的调拨价格为基础对其计税价格进行适当调整。执行核定价格的卷烟,由税务机关按照零售价格变动情况进行调整。

4. 实际销售价格高于计税价格和核定价格的卷烟,按实际销售价格征收消费税;实际销售价格低于计税价格和核定价格的卷烟,按计税价格或核定价格征收消费税。

5. 非标准条包装卷烟应当折算成标准条包装卷烟的数量,依其实际销售收入计算确定其折算成标准条包装后的实际销售价格,并确定适用的比例税率。折算的实际销售价格高于计税价格的,应按照折算的实际销售价格确定适用比例税率;折算的实际销售价格低于计税价格的,应按照同牌号规格标准条包装卷烟的计税价格和适用税率征税。

非标准条包装卷烟是指每条包装多于或者少于200支的条包装卷烟。

(二)进口卷烟、委托加工卷烟、自产自用卷烟从量定额计税的依据分别为海关核定的进口征税数量、委托方收回数量、移送使用数量;从价定率计税的计税依据按《中华人民共和国消费税暂行条例》及其有关的规定执行。

四、本《通知》规定调整的烟类产品仅限于卷烟。雪茄烟、烟丝的消费税税率和计税方法仍按照《中华人民共和国消费税暂行条例》的有关规定执行。

五、本《通知》自2001年6月1日起执行。卷烟生产企业2001年4月1日至5月31日销售的卷烟,凡已经国家税务总局核定计税价格的,按照核定的计税价格征收消费税;未核定计税价格的,按照实际出厂价格征收消费税。

【注释】 对《消费税暂行条例》第2条进行了解释。

国家税务总局关于卷烟生产企业购进卷烟直接销售不再征收消费税的批复

国税函[2001]955号

江西省国家税务局：

你局《关于卷烟生产企业购进卷烟直接销售是否征收消费税问题的请示》(赣国税发[2001]302号)收悉。关于卷烟生产企业购进卷烟直接销售是否征收消费税问题，经研究，现批复如下：

对既有自产卷烟，同时又委托联营企业加工与自产卷烟牌号、规格相同卷烟的工业企业(以下简称卷烟回购企业)，从联营企业购进后再直接销售的卷烟，对外销售时不论是否加价，凡是符合下述条件的，不再征收消费税；不符合下述条件的，则征收消费税：

一、回购企业在委托联营企业加工卷烟时，除提供给联营企业所需加工卷烟牌号外，还须同时提供税务机关已公示的消费税计税价格。联营企业必须按照已公示的调拨价格申报缴纳消费税。

二、回购企业将联营企业加工卷烟回购后再销售的卷烟，其销售收入应与自产卷烟的销售收入分开核算，以备税务机关检查；如不分开核算，则一并计入自产卷烟销售收入征收消费税。

本规定自文到之日起执行。

【注释】 对《消费税暂行条例》第2条进行了解释。

国家税务总局关于啤酒计征消费税有关问题的批复

国税函[2002]166号

宁波市国家税务局：

你局《关于啤酒计征消费税有关问题的请示》(甬国税发[2001]61号)收悉。经研究，现批复如下：

按照《中华人民共和国税收征收管理法》中“企业或者外国企业在中国境内设立的从事生产、经营的机构、场所与其关联企业之间的业务往来，应当按照独立企业之间的业务往来收取或者支付价款、费用；不按照独立企业之间的业务往来收取或者支付价款、费用，而减少其应纳税的收入或者所得额的，税务机关有权进行合理调整”和《财政部、国家税务总局关于调整酒类产品消费税政策的通知》(财税[2001]84号)的有关规定，对啤酒生产企业销售的啤酒，不得以向其关联企业的啤酒销售公司销售的价格作为确定消费税税额的标准，而应当以其关联企业的啤酒销售公司对外的销售价格(含包装物及包装物押金)作为确定消费税税额的标准，并依此确定该啤酒消费税单位税额。

【注释】 对《消费税暂行条例》第6、10条进行了解释。

国家税务总局关于酒类产品消费税政策问题的通知

国税发[2002]109号

各省、自治区、直辖市和计划单列市国家税务局：

近接一些地区反映，基层税务机关在白酒专项检查中发现了一些政策界限不够清晰、处理尺度难以掌握的业务问题，要求总局予以明确。经研究，现明确如下：

一、关于酒类生产企业利用关联企业间关联交易规避消费税问题根据《中华人民共和国税收征收管理法实施细则》第三十八条规定，纳税人与关联企业之间的购销业务，不按照独立企业之间的业务往来作价的，税务机关可以按照下列方法调整其计税收入额或者所得额，核定其应纳税额：

（一）按照独立企业之间进行相同或者类似业务活动的价格；

（二）按照再销售给无关联关系的第三者的价格所取得的收入和利润水平；

（三）按照成本加合理的费用和利润；

（四）按照其他合理的方法。

对已检查出的酒类生产企业在本次检查年度内发生的利用关联企业关联交易行为规避消费税问题，各省、自治区、直辖市、计划单列市国家税务局可根据本地区被查酒类生产企业与其关联企业间不同的核算方式，选择以上处理方法调整其酒类产品消费税计税收入额，核定应纳税额，补缴消费税。

二、关于粮食白酒的适用税率问题

（一）对以粮食原酒作为基酒与薯类酒精或薯类酒进行勾兑生产的白酒应按粮食白酒的税率征收消费税。

（二）对企业生产的白酒应按照其所用原料确定适用税率。凡是既有外购粮食、或者有自产或外购粮食白酒（包括粮食酒精），又有自产或外购薯类和其他原料酒（包括酒精）的企业其生产的白酒凡所用原料无法分清的，一律按粮食白酒征收消费税。

三、关于"品牌使用费"征税问题

白酒生产企业向商业销售单位收取的"品牌使用费"是随着应税白酒的销售而向购货方收取的，属于应税白酒销售价款的组成部分，因此，不论企业采取何种方式或以何种名义收取价款，均应并入白酒的销售额中缴纳消费税。

四、关于外购应税消费品税款抵扣问题

对企业2001年5月1日以前外购酒精已纳税款无论什么原因造成没有抵扣完毕，2001年5月1日以后均一律不得抵扣。

【注释】 对《消费税暂行条例》第10条进行了解释。对《消费税暂行条例实施细则》第21条进行了解释。

国家税务总局关于啤酒集团内部企业间销售（调拨）啤酒液征收消费税问题的批复

国税函［2003］382号

青岛市国家税务局：

你局《关于青岛啤酒股份有限公司内部调拨酒液征收消费税问题的请示》（青国税发［2002］57号）收悉。关于啤酒生产集团为解决下属企业之间糖化能力和包装能力不匹配，优化各企业间资源配置，将有糖化能力而无包装能力的企业生产的啤酒液销售（调拨）给异地企业进行灌装，对此如何征收消费税问题，经研究，现批复如下：

一、啤酒生产集团内部企业间调拨销售的啤酒液，应由啤酒液生产企业按现行规定申报缴纳消费税。

二、购入方企业应依据取得的销售方销售啤酒液所开具的增值税专用发票上记载的销售数量、销售额、销售单价确认销售方啤酒液适用的消费税单位税额，单独建立外购啤酒液购入使用台帐，计算外购啤酒液已纳消费税额。

三、购入方使用啤酒液连续灌装生产并对外销售的啤酒，应依据其销售价格确定适用单位税额计算缴纳消费税，但其外购啤酒液已纳的消费税额，可以从其当期应纳消费税额中抵减。

【注释】 对《消费税暂行条例》第4条进行了解释。对《消费税暂行条例实施细则》第6条进行了解释。

财政部　国家税务总局关于铂金及其制品税收政策的通知

财税[2003]86 号

各省、自治区、直辖市、计划单列市财政厅(局)、国家税务局、地方税务局,新疆生产建设兵团财务局:

为规范铂金交易,加强铂金交易的税收管理,经国务院批准,现将铂金及铂金制品的税收政策明确如下:

一、对进口铂金免征进口环节增值税。

二、对中博世金科贸有限责任公司通过上海黄金交易所销售的进口铂金,以上海黄金交易所开具的《上海黄金交易所发票》(结算联)为依据,实行增值税即征即退政策。采取按照进口铂金价格计算退税的办法,具体如下:

即征即退的税额计算公式:

进口铂金平均单价 = σ{[(当月进口铂金报关单价 × 当月进口铂金数量) + 上月末库存进口铂金总价值] ÷ (当月进口铂金数量 + 上月末库存进口铂金数量)}

金额 = 销售数量 × 进口铂金平均单价 ÷ (1 + 17%)

即征即退税额 = 金额 × 17%

中博世金科贸有限责任公司进口的铂金没有通过上海黄金交易所销售的,不得享受增值税即征即退政策。

三、中博世金科贸有限责任公司通过上海黄金交易所销售的进口铂金,由上海黄金交易所主管税务机关按照实际成交价格代开增值税专用发票。增值税专用发票中的单价、金额和税额的计算公式为:

单价 = 实际成交单价 ÷ (1 + 17%)

金额 = 成交数量 × 单价

税额 = 金额 × 17%

实际成交单价是指不含黄金交易所收取的手续费的单位价格。

四、国内铂金生产企业自产自销的铂金也实行增值税即征即退政策。

五、对铂金制品加工企业和流通企业销售的铂金及其制品仍按现行规定征收增值税。

六、铂金出口不退税;出口铂金制品,对铂金原料部分的进项增值税不实行出口退税,只对铂金制品加工环节的加工费按规定退税率退税。

七、铂金首饰消费税的征收环节由现行在生产环节和进口环节征收改为在零售环节征收,消费税税率调整为5%。具体征收管理比照财政部、国家税务总局《关于调整金银首饰消费税纳税环节有关问题的通知》[(94)财税字第 095 号]和国家税务总局关于印发《金银首饰消费税征收管理办法的通知》规定执行。

八、对黄金交易所收取的手续费等收入照章征收营业税。

九、黄金交易所铂金交易的增值税征收管理及增值税专用发票管理由国家税务总局另行制定。

十、本通知自 2003 年 5 月 1 日起执行。

【注释】　对《消费税暂行条例》第 16 条进行了解释。

关于进口货物进口环节海关代征税税收政策问题的规定

财关税[2004]7 号

一、经海关批准暂时进境的下列货物,在进境时纳税义务人向海关缴纳相当于应纳税款的保证金或者提供其他担保的,可以暂不缴纳进口环节增值税和消费税,并应当自进境之日起 6 个月内复运出境;经纳税

义务人申请,海关可以根据海关总署的规定延长复运出境的期限:

(一)在展览会、交易会、会议及类似活动中展示或者使用的货物;

(二)文化、体育交流活动中使用的表演、比赛用品;

(三)进行新闻报道或者摄制电影、电视节目使用的仪器、设备及用品;

(四)开展科研、教学、医疗活动使用的仪器、设备及用品;

(五)在本款第(一)项至第(四)项所列活动中使用的交通工具及特种车辆;

(六)货样;

(七)供安装、调试、检测设备时使用的仪器、工具;

(八)盛装货物的容器;

(九)其他用于非商业目的的货物。

上述所列暂准进境货物在规定的期限内未复运出境的,海关应当依法征收进口环节增值税和消费税。

上述所列可以暂时免征进口环节增值税和消费税范围以外的其他暂准进境货物,应当按照该货物的组成计税价格和其在境内滞留时间与折旧时间的比例分别计算征收进口环节增值税和消费税。

二、因残损、短少、品质不良或者规格不符原因,由进口货物的发货人、承运人或者保险公司免费补偿或者更换的相同货物,进口时不征收进口环节增值税和消费税。被免费更换的原进口货物不退运出境的,海关应当对原进口货物重新按照规定征收进口环节增值税和消费税。

三、进口环节增值税税额在人民币50元以下的一票货物,免征进口环节增值税;消费税税额在人民币50元以下的一票货物,免征进口环节消费税。

四、无商业价值的广告品和货样免征进口环节增值税和消费税。

五、外国政府、国际组织无偿赠送的物资免征进口环节增值税和消费税。

六、在海关放行前损失的进口货物免征进口环节增值税和消费税;在海关放行前遭受损坏的货物,可以按海关认定的进口货物受损后的实际价值确定进口环节增值税和消费税组成计税价格公式中的关税完税价格和关税,并依法计征进口环节增值税和消费税。

七、进境运输工具装载的途中必需的燃料、物料和饮食用品免征进口环节增值税和消费税。

八、有关法律、行政法规规定进口货物减征或者免征进口环节海关代征税的,海关按照规定执行。

九、本规定自2004年1月1日起施行。

【注释】 对《消费税暂行条例》第16条进行了解释。

国家税务总局关于取消金银首饰消费税纳税人认定行政审批后有关问题的通知

国税函[2004]826号

各省、自治区、直辖市和计划单列市国家税务局:

根据《国务院关于第三批取消和调整行政审批项目的决定》(国发[2004]16号),"金银首饰消费税纳税人认定"属于被取消的行政审批项目。按照国务院要求,现将有关问题通知如下:

一、停止执行《国家税务总局关于印发〈金银首饰消费税征收管理办法〉的通知》(国税发[1994]267号)中《金银首饰消费税征收管理办法》的第五条"金银首饰消费税纳税人的认定"。

二、"金银首饰消费税纳税人的认定"程序取消后,各级税务机关要加大征管力度,对金银首饰经营单位申报纳税情况进行经常性专项检查。

【注释】 对《消费税暂行条例》第16条进行了解释。相关补充规定包括:《国家税务总局关于停止执行《金银首饰购货(加工)管理证明单》使用规定的批复》(国税函[2005]193号)。

国家税务总局关于停止执行《金银首饰购货（加工）管理证明单》使用规定的批复

国税函［2005］193 号

北京市国家税务局：

你局《关于停止执行〈金银首饰购货（加工）管理证明单〉使用规定的请示》（京国税发［2004］374 号）收悉，批复如下：

根据《国家税务总局关于取消金银首饰消费税纳税人认定行政审批后有关问题的通知》（国税函［2004］826 号）的规定，金银首饰消费税纳税人的认定程序已被取消。鉴于该认定程序取消后，《金银首饰购货（加工）管理证明单》（以下简称证明单）领用对象的确认已经失去了依据，同意你局意见，停止执行《金银首饰消费税征收管理办法》（国税发［1994］267 号）等文件中有关证明单的使用规定。

【注释】　对《国家税务总局关于取消金银首饰消费税纳税人认定行政审批后有关问题的通知》（国税函［2004］826 号）进行了补充规定。

国家税务总局关于果啤征收消费税的批复

国税函［2005］333 号

陕西省国家税务局：

你局《关于青岛啤酒汉中有限责任公司生产销售“汉斯果啤”有关消费税问题的请示》（陕国税发［2004］224 号）收悉。经研究，批复如下：

经向中国酿酒协会啤酒分会了解，果啤是一种口味介于啤酒和饮料之间的低度酒精饮料，主要成份为啤酒和果汁。尽管果啤在口味和成份上与普通啤酒有所区别，但无论是从产品名称，还是从产品含啤酒的本质上看，果啤均属于啤酒，应按规定征收消费税。

【注释】　对《消费税暂行条例》第 2 条进行了解释。

财政部　国家税务总局关于增值税营业税消费税实行先征后返等办法有关城建税和教育费附加政策的通知

财税［2005］72 号

各省、自治区、直辖市、计划单列市财政厅（局）、地方税务局，财政部驻各省、自治区、直辖市、计划单列市财政监察专员办事处：

经研究，现对增值税、营业税、消费税（以下简称“三税”）实行先征后返、先征后退、即征即退办法有关的城市维护建设税和教育费附加政策问题明确如下：

对“三税”实行先征后返、先征后退、即征即退办法的，除另有规定外，对随“三税”附征的城市维护建设税和教育费附加，一律不予退（返）还。

国家税务总局关于印发《汽油、柴油消费税管理办法(试行)》的通知

国税发[2005]133号

各省、自治区、直辖市和计划单列市国家税务局,扬州税务进修学院:

为了加强汽油、柴油消费税管理,提高征管质量和效率,实现消费税重点税源专人现场集中管理的目标,总局制定了《汽油、柴油消费税管理办法(试行)》,现印发给你们,请结合实际情况认真贯彻执行。对在试行过程中遇到的情况和问题,请及时报告总局。

汽油、柴油消费税管理办法(试行)

第一条 根据《中华人民共和国税收征收管理法》、《中华人民共和国税收征收管理法实施细则》(以下简称征管法及其实施细则)、《中华人民共和国消费税暂行条例》、《中华人民共和国消费税暂行条例实施细则》(以下简称条例及其实施细则)制定本办法。

……

第五条 纳税人应按照征管法及其实施细则的有关规定办理税务登记,纳税人除依照有关规定提供相关资料外,还必须提供下列资料:

(一)生产企业基本情况表(以下简称基本情况表,见附件一);

(二)生产装置及工艺路线的简要说明;

(三)企业生产的所有油品名称、产品标准及用途;

(四)税务机关要求报送的其他资料。

第六条 已经办理税务登记的纳税人,其原油加工能力、生产装置、储油设施、油品名称、产品标准及用途发生变化的,应自发生变化之日起30日内向主管税务机关报告。

第七条 主管税务机关应在纳税人办理税务登记后或接到本办法第第六条规定的报告后,及时到纳税人所在地实地查验、核实。

……

第九条 主管税务机关应对纳税人实行专责管理。

第十条 主管税务机关应定期委派管理员到生产企业所在地了解纳税人的生产经营情况及与纳税有关的情况。向纳税人宣传贯彻税收法律、法规和各项税收政策,开展纳税服务,为纳税人提供税法咨询和办税辅导,督促纳税人正确履行纳税义务、建立健全财务会计制度、加强帐簿凭证管理。

第十一条 主管税务机关应当掌握纳税人生产经营、财务核算的基本情况。掌握纳税人原油、原料油品输入、输出管道、炼化装置、燃料油品运输口岸(管道运输、火车运输、船舶运输、罐车运输)等储运部门的具体位置,燃料油品流量计(表、检尺)的安装位置。了解产品重量单位的计算方法(在一定温度下重量=体积×密度),统计部门燃料油品产量计算方式、商品量的调整依据。

第十二条 主管税务机关应定期将依据纳税人储运部门的油品收发台帐统计的油品发出量与流量表的流量总计或通过检尺检测后计算的流量总计进行核对。

第十三条 主管税务机关应对纳税人油品销售对象进行监控。定期将纳税人统计的油品发出量与销售对象(如石油公司等)的流量计记录情况进行核对。

第十四条 主管税务机关应定期对纳税人开展纳税评估。综合运用纳税人申报资料及第三方信息资料(如原油加工损失等)和本办法附件四评估指标定义及比对方法,对纳税人纳税申报的真实性、准确性做出初步判断,根据评估分析发现的问题,约谈纳税人。

第十五条 汽油、柴油消费税纳税评估指标包括:原油及原料油加工量、原油库存能力、汽油库存能力、柴油库存能力、综合商品率、轻油收率、汽油收率、柴油收率、柴油、汽油产出比、税务机关计算的汽油销售数量、税务机关计算的柴油销售数量。

第十六条 主管税务机关应对纳税人开具的除汽油、柴油以外的所有油品销售发票(增值税专用发

票、有效凭证）按照销售对象进行清分，将有疑点的发票信息及时传递给销售对象所在地主管税务机关，由销售对象所在地主管税务机关进行协查。

第十七条　销售对象所在地主管税务机关应对本环节购进货物用途、再销售对象进行核查，于收到核查信息后15日内将核查结论反馈给生产企业所在地主管税务机关。

对于本环节仍有疑点的发票，销售对象所在地主管税务机关应继续向下一环节购货方所在地主管税务机关发出协查信息。

第十八条　主管税务机关应加强对纳税人以化工原料名义销售的可用于调和为汽油、柴油的石脑油、溶剂油计划及调整计划（以下简称计划）的管理。计划每年由中国石油天然气集团（股份）公司、中国石油化工集团（股份）公司提出，经国家税务总局核准后下发给各省、自治区、直辖市、计划单列市国家税务局。

第十九条　以化工原料名义销售的可用于调和为汽油、柴油的石脑油、溶剂油的生产企业（以下简称供应单位）所在地主管税务机关应对计划执行情况进行监督，于次年1月31日前将计划执行情况逐级上报至国家税务总局。

第二十条　使用计划内可用于调和汽油、柴油的石脑油、溶剂油单位（以下简称使用单位）所在地的主管税务机关应对使用单位计划使用情况进行监督。对使用单位销售的汽油、柴油征收消费税。

第二十一条　主管税务机关应根据税收管理的需要，对纳税人销售、自用、受托加工的除汽油、柴油以外的油品进行取样备检，可以要求纳税人于销售货物前提供备检样品。

第二十二条　本办法实施前已经办理税务登记的纳税人，无需重新办理税务登记。但必须在本办法实施后的第一个征期内向主管税务机关提供本办法第五条规定需要提供的证件资料。

第二十三条　本办法自2005年9月1日起实施。

【注释】　对《消费税暂行条例》第16条进行了解释。

财政部　国家税务总局关于明确啤酒包装物押金消费税政策的通知

财税[2006]20号

各省、自治区、直辖市、计划单列市财政厅（局）、国家税务局，新疆生产建设兵团财务局：

近接一些地方来文，要求明确啤酒包装物押金的有关范围问题。经研究，现明确如下：

财政部和国家税务总局《关于调整酒类产品消费税政策的通知》（财税[2001]84号）规定啤酒消费税单位税额按照出厂价格（含包装物及包装物押金）划分档次，上述包装物押金不包括供重复使用的塑料周转箱的押金。

本文自2006年1月1日起执行。

【注释】　对《消费税暂行条例实施细则》第13条进行了解释。

财政部　国家税务总局关于调整和完善消费税政策的通知

财税[2006]33号

各省、自治区、直辖市、计划单列市财政厅（局）、国家税务局，新疆生产建设兵团财务局：

为适应社会经济形势的客观发展需要，进一步完善消费税制，经国务院批准，对消费税税目、税率及相关政策进行调整。现将有关内容通知如下：

一、关于新增税目

（一）新增高尔夫球及球具、高档手表、游艇、木制一次性筷子、实木地板税目。适用税率分别为：

1. 高尔夫球及球具税率为10%；

2. 高档手表税率为20%；

3. 游艇税率为10%；

4. 木制一次性筷子税率为5%；

5. 实木地板税率为5%。

（二）取消汽油、柴油税目，增列成品油税目。汽油、柴油改为成品油税目下的子目（税率不变）。另外新增石脑油、溶剂油、润滑油、燃料油、航空煤油五个子目。

1. 上述新增子目的适用税率（单位税额）分别为：

……

2. 上述新增子目的计量单位换算标准分别为：

（1）石脑油 1 吨＝1385 升；

（2）溶剂油 1 吨＝1282 升；

（3）润滑油 1 吨＝1126 升；

（4）燃料油 1 吨＝1015 升；

（5）航空煤油 1 吨＝1246 升。

计量单位换算标准的调整由财政部、国家税务总局确定。

二、关于纳税人

在中华人民共和国境内生产、委托加工、进口上述新增应税消费品的单位和个人为消费税的纳税义务人，均应按《中华人民共和国消费税暂行条例》（以下简称条例）和本通知的规定申报缴纳消费税。

三、关于取消税目

取消护肤护发品税目，将原属于护肤护发品征税范围的高档护肤类化妆品列入化妆品税目。

四、关于调整税目税率

（一）调整小汽车税目税率。

取消小汽车税目下的小轿车、越野车、小客车子目。在小汽车税目下分设乘用车、中轻型商用客车子目。适用税率分别为：

1. 乘用车。

……

2. 中轻型商用客车，税率为5%。

（二）调整摩托车税率。

将摩托车税率改为按排量分档设置：

1. 气缸容量在250毫升（含）以下的，税率为3%；

2. 气缸容量在250毫升以上的，税率为10%。

（三）调整汽车轮胎税率。

将汽车轮胎10%的税率下调到3%。

（四）调整白酒税率。

粮食白酒、薯类白酒的比例税率统一为20%。定额税率为0.5元/斤（500克）或0.5元/500毫升。从量定额税的计量单位按实际销售商品重量确定，如果实际销售商品是按体积标注计量单位的，应按500毫升为1斤换算，不得按酒度折算。

五、关于组成套装销售的计税依据

纳税人将自产的应税消费品与外购或自产的非应税消费品组成套装销售的，以套装产品的销售额（不含增值税）为计税依据。

六、关于以自产石脑油用于本企业连续生产的纳税问题

生产企业将自产石脑油用于本企业连续生产汽油等应税消费品的，不缴纳消费税；用于连续生产乙烯等非应税消费品或其他方面的，于移送使用时缴纳消费税。

七、关于已纳税款的扣除

下列应税消费品准予从消费税应纳税额中扣除原料已纳的消费税税款：

（一）以外购或委托加工收回的已税杆头、杆身和握把为原料生产的高尔夫球杆。

（二）以外购或委托加工收回的已税木制一次性筷子为原料生产的木制一次性筷子。

（三）以外购或委托加工收回的已税实木地板为原料生产的实木地板。

（四）以外购或委托加工收回的已税石脑油为原料生产的应税消费品。

（五）以外购或委托加工收回的已税润滑油为原料生产的润滑油。

已纳消费税税款抵扣的管理办法由国家税务总局另行制定。

八、关于新增和调整税目的全国平均成本利润率

新增和调整税目全国平均成本利润率暂定如下：

（一）高尔夫球及球具为10%；

（二）高档手表为20%；

（三）游艇为10%；

（四）木制一次性筷子为5%；

（五）实木地板为5%；

（六）乘用车为8%；

（七）中轻型商用客车为5%。

九、关于出口

出口应税消费品的退（免）税政策，按调整后的税目税率以及条例和有关规定执行。

十、关于减税免税

（一）……航空煤油暂缓征收消费税。

（二）子午线轮胎免征消费税。

十一、其他相关问题

（一）本通知实施以后，属于新增税目、取消税目和调整税目税率的应税消费品，因质量原因发生销货退回的，依照条例实施细则的规定执行。具体操作办法由国家税务总局另行制定。

（二）商业企业2006年3月31日前库存的属于本通知规定征税范围的应税消费品，不需申报补缴消费税。

（三）对单位和个人欠缴的消费税，主管税务机关应依据《中华人民共和国税收征收管理法》及其实施细则的规定及时清缴。

（四）出口企业收购出口应税消费品的应退税额的计算，以消费税税收（出口货物专用）缴款书注明的税额为准。

（五）出口企业在2006年3月31日前收购的出口应税消费品，并取得消费税税收（出口货物专用）缴款书的，在2006年4月1日以后出口的，仍可按原税目税率办理退税。具体执行时间以消费税税收（出口货物专用）缴款书开具日期为准。

十二、关于执行时间

本通知自2006年4月1日起执行。以下文件或规定同时废止：

（一）《关于印发〈消费税征收范围注释〉的通知》（国税发[1993]153号）第四条、第十一条。

（二）《关于〈消费税征收范围注释〉的补充通知》（国税发[1994]026号）。

（三）《关于CH1010微型厢式货车等有关征收消费税问题的批复》（国税函发[1994]303号）。

（四）《国家税务总局关于消费税若干征税问题的通知》（国税发[1997]84号）第四条。

（五）《国家税务总局关于对部分油品征收消费税问题的批复》（国税函[2004]1078号）第一条、第二条。

（六）《国家税务总局关于"皮卡"改装的"旅行车"征收消费税问题的批复》（国税函[2005]217号）。

（七）《国家税务总局关于美宝莲全天候粉底液等产品征收消费税问题的批复》（国税函[2005]1231号）。

消费税新增和调整税目征收范围注释

一、高尔夫球及球具

高尔夫球及球具是指从事高尔夫球运动所需的各种专用装备，包括高尔夫球、高尔夫球杆及高尔夫球

包(袋)等。

高尔夫球是指重量不超过45.93克、直径不超过42.67毫米的高尔夫球运动比赛、练习用球;高尔夫球杆是指被设计用来打高尔夫球的工具,由杆头、杆身和握把三部分组成;高尔夫球包(袋)是指专用于盛装高尔夫球及球杆的包(袋)。

本税目征收范围包括高尔夫球、高尔夫球杆、高尔夫球包(袋)。高尔夫球杆的杆头、杆身和握把属于本税目的征收范围。

二、高档手表

高档手表是指销售价格(不含增值税)每只在10000元(含)以上的各类手表。

本税目征收范围包括符合以上标准的各类手表。

三、游艇

游艇是指长度大于8米小于90米,船体由玻璃钢、钢、铝合金、塑料等多种材料制作,可以在水上移动的水上浮载体。按照动力划分,游艇分为无动力艇、帆艇和机动艇。

本税目征收范围包括艇身长度大于8米(含)小于90米(含),内置发动机,可以在水上移动,一般为私人或团体购置,主要用于水上运动和休闲娱乐等非牟利活动的各类机动艇。

四、木制一次性筷子

木制一次性筷子,又称卫生筷子,是指以木材为原料经过锯段、浸泡、旋切、刨切、烘干、筛选、打磨、倒角、包装等环节加工而成的各类一次性使用的筷子。

本税目征收范围包括各种规格的木制一次性筷子。未经打磨、倒角的木制一次性筷子属于本税目征税范围。

五、实木地板

实木地板是指以木材为原料,经锯割、干燥、刨光、截断、开榫、涂漆等工序加工而成的块状或条状的地面装饰材料。实木地板按生产工艺不同,可分为独板(块)实木地板、实木指接地板、实木复合地板三类;按表面处理状态不同,可分为未涂饰地板(白坯板、素板)和漆饰地板两类。

本税目征收范围包括各类规格的实木地板、实木指接地板、实木复合地板及用于装饰墙壁、天棚的侧端面为榫、槽的实木装饰板。未经涂饰的素板属于本税目征税范围。

六、成品油

……

七、小汽车

汽车是指由动力驱动,具有四个或四个以上车轮的非轨道承载的车辆。

本税目征收范围包括含驾驶员座位在内最多不超过9个座位(含)的,在设计和技术特性上用于载运乘客和货物的各类乘用车和含驾驶员座位在内的座位数在10至23座(含23座)的在设计和技术特性上用于载运乘客和货物的各类中轻型商用客车。

用排气量小于1.5升(含)的乘用车底盘(车架)改装、改制的车辆属于乘用车征收范围。用排气量大于1.5升的乘用车底盘(车架)或用中轻型商用客车底盘(车架)改装、改制的车辆属于中轻型商用客车征收范围。

含驾驶员人数(额定载客)为区间值的(如8—10人;17—26人)小汽车,按其区间值下限人数确定征收范围。

电动汽车不属于本税目征收范围。

八、化妆品

本税目征收范围包括各类美容、修饰类化妆品、高档护肤类化妆品和成套化妆品。

美容、修饰类化妆品是指香水、香水精、香粉、口红、指甲油、胭脂、眉笔、唇笔、蓝眼油、眼睫毛以及成套化妆品。

舞台、戏剧、影视演员化妆用的上妆油、卸装油、油彩、不属于本税目的征收范围。

高档护肤类化妆品征收范围另行制定。

【注释】 对《消费税暂行条例》第2条进行了补充规定。对《消费税暂行条例实施细则》第17条进行了补充规定。相关规定包括:《财政部 国家税务总局关于消费税若干具体政策的通知》(财税[2006]125号)。

国家税务总局关于印发《调整和完善消费税政策征收管理规定》的通知

国税发[2006]49号

各省、自治区、直辖市和计划单列市国家税务局,扬州税务进修学院,局内各单位:

现将《调整和完善消费税政策征收管理规定》印发给你们,请遵照执行。

附件:1. 应税消费品生产经营情况登记表

2. 生产企业生产经营情况表

3. 生产企业产品销售明细表(油品)

4. 抵扣税款台帐(外购从价定率征收应税消费品)

5. 抵扣税款台帐(委托加工收回、进口从价定率征收的应税消费品)

6. 抵扣税款台帐(从量定额征收应税消费品)

调整和完善消费税政策征收管理规定

为了贯彻落实《财政部 国家税务总局关于调整和完善消费税政策的通知》(财税[2006]33号,以下简称通知),规范征收管理,现将有关调整和完善消费税政策涉及的税收征收管理问题规定如下:

一、关于税种登记

生产销售属于通知第一条、第四条征税范围的应税消费品的单位和个人,均应在2006年4月30日前到所在地主管税务机关办理税种登记,填写“应税消费品生产经营情况登记表”(见附件1)。

“应税消费品生产经营情况登记表”仅限于此次政策调整所涉及的应税消费品生产企业使用。

主管税务机关应根据纳税人上报的资料,及时进行实地查验、核实,了解本地区税源分布情况。

二、关于纳税申报

(一)在中华人民共和国境内生产、委托加工、进口属于通知第一条、第四条征税范围的应税消费品的单位和个人,均应按规定到主管税务机关办理消费税纳税申报。

(二)生产石脑油、溶剂油、航空煤油、润滑油、燃料油的纳税人在办理纳税申报时还应提供《生产企业生产经营情况表》(见附件2)和《生产企业产品销售明细表(油品)》(见附件3)。

(三)纳税人在办理纳税申报时,如需办理消费税税款抵扣手续,除应按有关规定提供纳税申报所需资料外,还应当提供以下资料:

1. 外购应税消费品连续生产应税消费品的,提供外购应税消费品增值税专用发票(抵扣联)原件和复印件。

如果外购应税消费品的增值税专用发票属于汇总填开的,除提供增值税专用发票(抵扣联)原件和复印件外,还应提供随同增值税专用发票取得的由销售方开具并加盖财务专用章或发票专用章的销货清单原件和复印件。

2. 委托加工收回应税消费品连续生产应税消费品的,提供“代扣代收税款凭证”原件和复印件。

3. 进口应税消费品连续生产应税消费品的,提供“海关进口消费税专用缴款书”原件和复印件。

主管税务机关在受理纳税申报后将以上原件退还纳税人,复印件留存。

三、关于自产石脑油连续生产问题

纳税人应对自产的用于连续生产的石脑油建立中间产品移送使用台帐。用于连续生产应税消费品的,记录石脑油的领用数量;用于连续生产非应税消费品或其他方面的,记录石脑油的移送使用数量。

主管税务机关应加强对石脑油中间产品移送使用台帐的管理,并定期对纳税人申报的石脑油销售数量与台帐记录的领用数量、移送使用数量进行对比分析开展纳税评估。

四、关于消费税税款抵扣

（一）抵扣凭证

通知第七条规定的准予从消费税应纳税额中扣除原料已纳消费税税款的凭证按照不同行为分别规定如下：

1. 外购应税消费品连续生产应税消费品

（1）纳税人从增值税一般纳税人（仅限生产企业，下同）购进应税消费品，外购应税消费品的抵扣凭证为本规定第二条第（三）款规定的发票（含销货清单）。纳税人未提供本规定第二条第（三）款规定的发票和销货清单的不予扣除外购应税消费品已纳消费税。

（2）纳税人从增值税小规模纳税人购进应税消费品，外购应税消费品的抵扣凭证为主管税务机关代开的增值税专用发票。主管税务机关在为纳税人代开增值税专用发票时，应同时征收消费税。

2. 委托加工收回应税消费品连续生产应税消费品

委托加工收回应税消费品的抵扣凭证为《代扣代收税款凭证》。纳税人未提供《代扣代收税款凭证》的，不予扣除受托方代收代缴的消费税。

3. 进口应税消费品连续生产应税消费品

进口应税消费品的抵扣凭证为《海关进口消费税专用缴款书》，纳税人不提供《海关进口消费税专用缴款书》的，不予抵扣进口应税消费品已缴纳的消费税。

（二）抵扣税款的计算方法

通知第七条规定的准予从消费税应纳税额中扣除原料已纳消费税税款的计算公式按照不同行为分别规定如下：

1. 外购应税消费品连续生产应税消费品

（1）实行从价定率办法计算应纳税额的

当期准予扣除外购应税消费品已纳税款 = 当期准予扣除外购应税消费品买价 × 外购应税消费品适用税率

当期准予扣除外购应税消费品买价 = 期初库存外购应税消费品买价 + 当期购进的外购应税消费品买价 - 期末库存的外购应税消费品买价

外购应税消费品买价为纳税人取得的本规定第二条第（三）款规定的发票（含销货清单）注明的应税消费品的销售额（增值税专用发票必须是 2006 年 4 月 1 日以后开具的，下同）。

（2）实行从量定额办法计算应纳税额的

当期准予扣除的外购应税消费品已纳税款 = 当期准予扣除外购应税消费品数量 × 外购应税消费品单位税额 × 30%

当期准予扣除外购应税消费品数量 = 期初库存外购应税消费品数量 + 当期购进外购应税消费品数量 - 期末库存外购应税消费品数量

外购应税消费品数量为本规定第二条第（三）款规定的发票（含销货清单）注明的应税消费品的销售数量。

2. 委托加工收回应税消费品连续生产应税消费品

当期准予扣除的委托加工应税消费品已纳税款 = 期初库存的委托加工应税消费品已纳税款 + 当期收回的委托加工应税消费品已纳税款 - 期末库存的委托加工应税消费品已纳税款

委托加工应税消费品已纳税款为代扣代收税款凭证注明的受托方代收代缴的消费税。

3. 进口应税消费品

当期准予扣除的进口应税消费品已纳税款 = 期初库存的进口应税消费品已纳税款 + 当期进口应税消费品已纳税款 - 期末库存的进口应税消费品已纳税款

进口应税消费品已纳税款为《海关进口消费税专用缴款书》注明的进口环节消费税。

（三）其他规定

2006 年 3 月 31 日前库存的货物，如果属于通知第一条、第四条征税范围且在 2006 年 4 月 1 日后用于连续生产应税消费品的，凡本规定第二条第（三）款规定的发票（含销货清单）开票日期是 2006 年 3 月 31

日前的,一律不允许抵扣消费税。

(四) 纳税人应建立抵扣税款台帐(台帐参考式样见附件4、5、6)。纳税人既可以根据本规定附件4、5、6的台帐参考式样设置台帐,也可以根据实际需要另行设置台帐。另行设置的台帐只能在本规定附件4、5、6内容基础上增加内容,不得删减内容。

主管税务机关应加强对税款抵扣台帐核算的管理。

五、关于减税免税

(一)通知第十条第(二)款免征消费税的子午线轮胎仅指外胎。子午线轮胎的内胎与外胎成套销售的,依照《中华人民共和国消费税暂行条例》第三条规定执行。

……

六、关于销货退回

通知第十一条第(一)款发生销货退回的处理规定如下:

(一)2006年3月31日前销售的护肤护发品,2006年4月1日后因质量原因发生销货退回的,纳税人可向主管税务机关申请退税。

(二)税率调整的税目,纳税人可按照调整前的税率向主管税务机关申请退税。

(三)属2006年3月31日前发票开具错误重新开具专用发票情形的,不按销货退回处理。纳税人开具红字发票时,按照红字发票注明的销售额冲减当期销售收入,按照该货物原适用税率计提消费税冲减当期"应缴税金—应缴消费税";纳税人重新开具正确的蓝字发票时,按蓝字发票注明的销售额计算当期销售收入,按照该货物原适用税率计提消费税记入当期"应缴税金—应缴消费税"。

主管税务机关在受理纳税人有关销货退回的退税申请时,应认真审核货物及资金的流向。

本规定由国家税务总局负责解释。

本规定自2006年4月1日起实施。各地在执行中如有问题,应及时向国家税务总局(流转税管理司)汇报。

【注释】　对《消费税暂行条例》第16条进行了解释。

国家税务总局关于加强新牌号、新规格卷烟消费税计税价格管理有关事项的通知

国税函[2006]373号

各省、自治区、直辖市和计划单列市国家税务局:

为了加强新牌号、新规格卷烟消费税计税价格的管理,经研究,决定对新牌号、新规格卷烟增加报送卷烟样品和扫描图像的要求。现就有关事项通知如下:

一、生产企业在新牌号、新规格卷烟投放市场的当月除按照国家税务总局第5号令有关规定向所在地主管税务机关报告外,应同时提供卷烟样品,包括实物样品、外包装(如条、筒及其他形式的外包装)、单包包装。提供样品的具体数量由所在地主管税务机关根据需要自行确定。

二、生产企业所在地主管税务机关应参照《卷烟样品图像扫描操作指南》(附件1)为新牌号、新规格卷烟样品建立扫描图像,并将扫描图像及时传递至卷烟价格信息采集地主管税务机关。卷烟价格信息采集地主管税务机关应严格对照卷烟样品或扫描图像采集卷烟价格信息。

三、新牌号、新规格卷烟价格采集期满后申请核定消费税计税价格的,主管税务机关应将卷烟包装样品(外包装和单包包装各二套)和扫描图像(电子版)随同书面申请逐级上报至国家税务总局。

四、各级国家税务局在办理新牌号、新规格卷烟消费税计税价格申请事宜时,应将书面申请和卷烟包装样品、扫描图像认真进行核对,确保无误。

本文自2006年5月1日起执行。2005年5月1日以后生产并且已上报国家税务总局申请核定卷烟消费税计税价格的,无论国家税务总局是否已经批复,均应参照第三条规定补齐卷烟包装样品和扫描图像,并于2006年5月30日之前填写《___省(区、市)国家税务局补报卷烟包装样品清单》(附件2),加盖公章后随

卷烟包装样品和扫描图像(电子文件)以特快专递形式寄至国家税务总局(流转税管理司)。

【注释】 对《消费税暂行条例》第16条进行了解释。

国家税务总局关于加强委托加工应税消费品征收管理的通知

国税发[1995]122号

各省、自治区、直辖市和计划单列市国家税务局、地方税务局:

根据《中华人民共和国消费税暂行条例》的规定,委托加工应税消费品,应由受托方在向委托方交货时代收代缴税款。但是,据调查,目前有相当一部分受托加工应税消费品的企业未履行代扣代缴义务,造成了税款的严重流失。为加强委托加工应税消费品的征收管理,总局决定:

一、各地要在1995年8月至9月间组织一次对委托加工应税消费品代扣代缴税款情况的专项检查,对于那些不按规定履行代扣代缴税款义务的企业,必须按有关规定予以严肃处理。并要针对检查中发现的问题,制定专项征收管理办法或措施,以期从根本上堵塞委托加工应税消费品代扣代缴税款制度中的漏洞。对于此次专项检查,各地务必要认真组织,并写出总结报告,于今年10月底前以正式文件报送总局。(此条款已失效或废止)

二、为了有利于堵塞税收流失漏洞,各地除对受托加工应税消费品的企业加强监督检查外,对于委托方也应加强监督检查(不包括改在零售环节征收消费税的金银首饰)。对于受托方未按规定代扣代缴税款,并经委托方所在地国税机关发现的,则应由委托方所在地国税机关对委托方补征税款,受托方所在地国税机关不得重复征税。

三、对委托方补征税款的计税依据规定如下:

如果在检查时,收回的应税消费品已经直接销售的,按销售额计税;收回的应税消费品尚未销售或不能直接销售的(如收回后用于连续生产等),按组成计税价格计税。组成计税价格的计算公式为:

组成计税价格 = (材料成本 + 加工费) ÷ (1 - 消费税税率)

四、本通知第二、三两条自1995年1月1日起执行。

【注释】 对《消费税暂行条例》第2条进行了解释。

国家税务总局关于印发《葡萄酒消费税管理办法(试行)》的通知

国税发[2006]66号

各省、自治区、直辖市和计划单列市国家税务局,扬州税务进修学院:

为了加强葡萄酒消费税管理,总局制定了《葡萄酒消费税管理办法(试行)》,现印发给你们,请认真贯彻执行。对在试行过程中遇到的情况和问题,请及时报告总局。

葡萄酒消费税管理办法(试行)

第一条 根据《中华人民共和国税收征收管理法》及其实施细则、《中华人民共和国消费税暂行条例》及其实施细则以及其他相关规定,制定本办法。

第二条 在中华人民共和国境内(以下简称境内)生产、委托加工、进口葡萄酒的单位和个人,为葡萄酒消费税纳税人。

葡萄酒消费税适用《消费税税目税率(税额)表》"酒及酒精"税目下设的"其他酒"子目。

第三条　葡萄酒是指以葡萄为原料,经破碎(压榨)、发酵而成的酒精度在1度(含)以上的葡萄原酒和成品酒(不含以葡萄为原料的蒸馏酒)。

第四条　境内从事葡萄酒生产的单位或个人(以下简称生产企业)之间销售葡萄酒,实行《葡萄酒购货证明单》(以下简称证明单,见附件1)管理。证明单由购货方在购货前向其主管税务机关申请领用,销货方凭证明单的退税联向其主管税务机关申请已纳消费税退税。

生产企业将自产或外购葡萄酒直接销售给生产企业以外的单位和个人的,不实行证明单管理,按消费税暂行条例规定申报缴纳消费税。

第五条　证明单一式四联,仅限于生产企业购货时领用。第一联为回执联,由销货方主管税务机关留存;第二联为退税联,作为销货方申请退税的报送资料;第三联为核销联,用于购货方主管税务机关核销证明单领取记录;第四联为备查联,作为销货方会计核算资料。

第六条　生产企业在购货前应向主管税务机关提出领用证明单的书面申请(见附件2)。主管税务机关应对书面申请进行审核,建立证明单领存销台帐。

第七条　购货方携证明单购货,证明单由销货方填写。证明单中填写的品种、数量、单价、金额、发票代码、发票号码、开票日期应与销货方开具的销售发票(增值税专用发票或普通发票)的相关内容一致。

销货方在证明单所有联次加盖公章后,留存证明单备查联,将证明单回执联、退税联、核销联退还购货方。

第八条　购货方在30日内将证明单回执联、退税联、核销联及销货方开具的销售发票交主管税务机关核销证明单领用记录。

第九条　购货方主管税务机关应对证明单回执联、退税联、核销联注明的品种、数量、单价、金额、发票代码、发票号码、开票日期与销货方开具的销售发票相关内容进行审核。

证明单与销售发票相关内容一致的,购货方主管税务机关留存核销联,在证明单回执联、退税联加盖公章,并于30日内将回执联、退税联传递给销货方主管税务机关。

销货方主管税务机关收到回执联、退税联后,留存回执联,在30日内将证明单退税联转交给销货方。

第十条　购货方主管税务机关核销证明单领用记录时,应在证明单核销联"主管税务机关审核意见"栏填写核销意见,并在证明单领销存台帐上作核销记录。

第十一条　发生销货退回或销售折让的,购货方也应按本办法规定申请、使用、核销证明单。

第十二条　生产企业销售葡萄酒,无论纳税申报当期是否收到主管税务机关转交的证明单退税联,均应按规定申报缴纳消费税。

第十三条　销货方收到主管税务机关转交的证明单退税联后,应填报《葡萄酒消费税退税申请表》(以下简称退税申请表,见附件3),持证明单退税联及退税申请表向主管税务机关申请退税。

第十四 条主管税务机关应加强对购销双方消费税的管理。定期查验购销双方销售、购进葡萄酒的数量及使用情况。

第十五条　以进口葡萄酒为原料连续生产葡萄酒的纳税人,实行凭《海关进口消费税专用缴款书》抵减进口环节已纳消费税的管理办法。

第十六条　以进口葡萄酒为原料连续生产葡萄酒的纳税人,在办理消费税纳税申报时,需填写消费税纳税申报表,提供《海关进口消费税专用缴款书》复印件。

第十七条　以进口葡萄酒为原料连续生产葡萄酒的纳税人,准予从当期应纳消费税税额中抵减《海关进口消费税专用缴款书》注明的消费税。如当期应纳消费税不足抵减的,余额留待下期抵减。

第十八条　主管税务机关应加强对证明单的领用、核销、核对、传递工作(在电子传递手段未建立之前,暂通过特快专递或邮寄挂号信方式传递)。

在邮递过程发生证明单丢失情况的,由购货方主管税务机关开具证明并复印证明单核销联两份,加盖公章后传递给销货方主管税务机关,一份代替回执联、一份代替退税联使用。

第十九条　纳税人未按照规定取得、保管、使用、报送证明单的,主管税务机关依照税收征管法的有关规定处理。

第二十条　证明单式样由国家税务总局统一制定,各省、自治区、直辖市和计划单列市国家税务局印制。

第二十一条 本办法由国家税务总局负责解释。各省、自治区、直辖市、计划单列市国家税务局可依照本办法制定具体实施办法。

第二十二条 本办法自2006年7月1日起实施。

【注释】 对《消费税暂行条例》第16条进行了解释。

国家税务总局关于进一步加强消费税纳税申报及税款抵扣管理的通知

国税函[2006]769号

各省、自治区、直辖市和计划单列市国家税务局：

为进一步加强消费税纳税申报及消费税税款抵扣的管理，现将消费税纳税申报表的修改事项及消费税税款抵扣政策的有关管理规定通知如下：

……

(二)修改消费税纳税申报表第10栏内容

将第10栏“10＝5×9”修改为“10＝5×9或10＝5×9(1－减征幅度)”。

填报第10栏时，准予抵扣项目无减税优惠的按10＝5×9的逻辑关系填报；准予抵扣项目有减税优惠的按10＝5×9(1－减征幅度)的逻辑关系填报。目前准予抵扣且有减税优惠的项目为石脑油、润滑油，减征幅度为70%。

(三)修改消费税纳税申报表第19栏内容

将第19栏“19＝15－17＋20＋21＋22”修改为“19＝15－26－27”。

(四)关于第26栏填报问题

将第26栏调整为“26＝3×4或26＝3×4×减征幅度”。

全额免税的应税消费品按“26＝3×4”填报，减征税款的应税消费品按“26＝3×4×减征幅度” 填报，目前有减税优惠的项目为石脑油、润滑油，润滑油、燃料油减征幅度为70%。

二、关于消费税税款抵扣的管理

(一)从商业企业购进应税消费品连续生产应税消费品，符合抵扣条件的，准予扣除外购应税消费品已纳消费税税款。

(二)主管税务机关对纳税人提供的消费税申报抵扣凭证上注明的货物，无法辨别销货方是否申报缴纳消费税的，可向销货方主管税务机关发函调查该笔销售业务缴纳消费税情况，销货方主管税务机关应认真核实并回函。经销货方主管税务机关回函确认已缴纳消费税的，可以受理纳税人的消费税抵扣申请，按规定抵扣外购项目的已纳消费税。

【注释】 对《消费税暂行条例》第16条进行了解释。

国家税务总局关于购进整车改装汽车征收消费税问题的批复

国税函[2006]772号

重庆市国家税务局：

你局《关于购进整车改装的专用汽车是否征收消费税的请示》(渝国税发[2006]98号)收悉，批复如下：

《财政部 国家税务总局关于调整和完善消费税政策的通知》(财税[2006]33号)中有关用车辆底盘(车架)改装、改制的车辆征收消费税的规定是为了解决用不同种类车辆的底盘(车架)改装、改制的车辆应按照何种子目(乘用车或中轻型商用客车)征收消费税的问题，并非限定只对这类改装车辆征收消费税。

对于购进乘用车和中轻型商用客车整车改装生产的汽车，应按规定征收消费税。

【注释】　对《消费税暂行条例》第2条进行了解释。

财政部　国家税务总局关于消费税若干具体政策的通知

财税[2006]125号

各省、自治区、直辖市、计划单列市财政厅(局)、国家税务局，新疆生产建设兵团财务局：

《财政部　国家税务总局关于调整和完善消费税政策的通知》(财税[2006]33号，以下简称《通知》)下发后，一些地区要求进一步明确部分应税消费品的征税范围、计税依据等问题。经研究，现将有关问题明确如下：

……

二、关于改装改制车辆的界定

改装改制车辆是指经省级发展改革委审核批准，并报国家发展改革委备案、列入国家发展改革委《车辆生产企业及产品公告》的公告车辆类别代码(产品型号或车辆型号代码数字字段的第一位数)为5的专用汽车(特种汽车)。

三、关于实木复合地板的界定

实木复合地板是以木材为原料，通过一定的工艺将木材刨切加工成单板(刨切薄木)或旋切加工成单板，然后将多层单板经过胶压复合等工艺生产的实木地板。目前，实木复合地板主要为三层实木复合地板和多层实木复合地板。

四、关于对外购润滑油大包装改小包装、帖标等简单加工的征税

单位和个人外购润滑油大包装经简单加工改成小包装或者外购润滑油不经加工只贴商标的行为，视同应税消费税品的生产行为。单位和个人发生的以上行为应当申报缴纳消费税。准予扣除外购润滑油已纳的消费税税款。

……

六、关于当期投入生产的原材料可抵扣的已纳消费税大于当期应纳消费税的不足抵扣部分的处理

对当期投入生产的原材料可抵扣的已纳消费税大于当期应纳消费税情形的，在目前消费税纳税申报表未增加上期留抵消费税填报栏目的情况下，采用按当期应纳消费税的数额申报抵扣，不足抵扣部分结转下一期申报抵扣的方式处理。

七、关于中轻型商用客车和征税范围

车身长度大于7米(含)，并且座位在10至23座(含)以下的商用客车，不属于中轻型商用客车征税范围，不征收消费税。

【注释】　对《财政部　国家税务总局关于调整和完善消费税政策的通知》(财税[2006]33号)进行了解释。该通知第五条已经被《财政部　国家税务总局关于提高成品油消费税税率后相关成品油消费税政策的通知》(财税[2008]168号)予以修改。

国家税务总局关于购进乙醇生产销售无水乙醇征收消费税问题的批复

国税函[2006]768号

江苏省国家税务局：

你局《关于生产销售无水乙醇是否征收消费税的请示》(苏国税发[2006]108号)收悉，批复如下：

根据《国家税务总局关于印发〈消费税征收范围注释〉的通知》(国税发[1993]153号)(以下简称注释),酒精的征收范围包括用蒸馏法和合成法生产的各种工业酒精、医药酒精、食用酒精。对于以外购酒精为原料、经蒸馏脱水处理后生产的无水乙醇,属于本税目征收范围,应按规定征收消费税。

【注释】 对《消费税暂行条例》第2条进行了解释。

国家税务总局关于沙滩车等车辆征收消费税问题的批复

国税函[2007]1071号

重庆市国家税务局:

你局《关于"沙滩车"类产品征收消费税问题的请示》(渝国税发[2007]208号)收悉。经研究,批复如下:

沙滩车、雪地车、卡丁车、高尔夫车不属于消费税征收范围,不征收消费税。

【注释】 对《消费税暂行条例》第2条进行了解释。

国家税务总局关于印发《增值税小规模纳税人出口货物免税管理办法(暂行)》的通知

国税发[2007]123号

各省、自治区、直辖市和计划单列市国家税务局:

为规范增值税小规模纳税人出口货物免税管理,国家税务总局制订了《增值税小规模纳税人出口货物免税管理办法(暂行)》,现印发给你们,请遵照执行。

附件:1. 小规模纳税人出口货物免税申报表

2. 小规模纳税人出口货物免税核销申报汇总表

3. 小规模纳税人出口货物免税核销申报明细表

4. 小规模纳税人不予免税出口货物情况表

5. 填表说明

增值税小规模纳税人出口货物免税管理办法(暂行)

根据《中华人民共和国增值税暂行条例》、《中华人民共和国消费税暂行条例》和《财政部、国家税务总局关于印发〈出口货物退(免)税若干问题规定〉的通知》(财税字[1995]92号),对增值税小规模纳税人出口货物免征增值税、消费税,其进项税额不予抵扣或退税。为规范增值税小规模纳税人(以下简称小规模纳税人)出口货物免税管理,制定本办法。

一、小规模纳税人应在规定期限内填写《出口货物退(免)税认定表》并持有关资料到主管税务机关办理出口货物免税认定。

已办理对外贸易经营者备案登记的小规模纳税人办理出口货物免税认定的期限是办理对外贸易经营者备案登记之日起30日内。应申报以下资料:

(一)税务登记证(由税务机关查验);

(二)加盖备案登记专用章的《对外贸易经营者备案登记表》;

(三)中华人民共和国海关进出口货物收发货人报关注册登记证书。

未办理对外贸易经营者备案登记委托出口货物的小规模纳税人办理出口货物免税认定的期限是首份代理出口协议签定之日起30日内。应申报以下资料:

(一)税务登记证(由税务机关查验);

(二)代理出口协议。

二、已办理出口货物免税认定的小规模纳税人,其认定内容发生变化的,须自有关管理机关批准变更之日起30日内,持相关证件向税务机关申请办理出口货物免税认定变更手续。

三、小规模纳税人发生解散、破产、撤销等依法应当办理注销税务登记的,应首先注销其出口货物免税认定,再办理注销税务登记;小规模纳税人发生其他依法应终止出口货物免税认定的事项但不需要注销税务登记的,应在有关机关批准或者宣告终止之日起15日内向税务机关申请注销出口免税认定。

四、小规模纳税人自营出口货物报关后,应向海关部门申请签发出口货物报关单(出口退税专用),并及时登录"口岸电子执法系统"出口退税子系统,按照《国家税务总局海关总署关于正式启用"口岸电子执法系统"出口退税子系统的通知》(国税发[2003]15号)有关规定提交相关电子数据。

五、小规模纳税人自营或委托出口货物后,须在次月向主管税务机关办理增值税纳税申报时,提供《小规模纳税人出口货物免税申报表》(格式见附件1,以下简称《免税申报表》)及电子申报数据。

主管税务机关受理纳税申报时,应对《免税申报表》"出口货物免税销售额(人民币)"合计数与同期《增值税纳税申报表》(适用于小规模纳税人)中"出口货物免税销售额"进行核对。经核对相符后,在《免税申报表》(第一联)签章并交小规模纳税人。如核对不符,或者《增值税纳税申报表》中申报了出口货物免税销售额而未报送《免税申报表》,主管税务机关应将申报资料退回小规模纳税人,由其补正后重新申报。

主管税务机关的纳税申报受理部门应在当月15日前(逢节假日顺延),将签章的《免税申报表》(第二联)及电子数据转交同级的负责出口退税业务部门或岗位。

六、小规模纳税人应按月将收齐有关出口凭证的出口货物,填写《小规模纳税人出口货物免税核销申报汇总表》(格式见附件2)、《小规模纳税人出口货物免税核销申报明细表》(格式见附件3),并于货物报关出口之日(以出口货物报关单上注明的出口日期为准,下同)次月起四个月内的各申报期内(申报期为每月1—15日),持下列资料到主管税务机关(负责出口退税业务的部门或岗位)按月办理出口货物免税核销申报,并同时报送出口货物免税核销电子申报数据:

1. 出口发票;

2. 小规模纳税人自营出口货物应提供的其它资料;包括:

(1)出口货物报关单(出口退税专用);

(2)出口收汇核销单(出口退税专用)。申报时出口货物尚未收汇的,可在货物报关出口之日起180日内提供出口收汇核销单(出口退税专用);在试行申报出口货物退(免)税免予提供纸质出口收汇核销单的地区,对实行"出口收汇核销网上报审系统"的小规模纳税人,可以比照相关规定执行,申报出口货物免税时免于提供纸质出口收汇核销单,税务机关以出口收汇核销单电子数据审核出口货物免税;属于远期收汇的,应按照现行出口退税规定提供远期结汇证明。

3. 小规模纳税人委托出口货物应提供的其它资料;包括:

(1)代理出口货物证明;

(2)代理出口协议;

(3)出口货物报关单(出口退税专用)或其复印件;

(4)出口收汇核销单(出口退税专用)或其复印件。出口收汇核销单(出口退税专用)提供要求与上述小规模纳税人自营出口货物提供要求相同。

4. 主管税务机关要求提供的其他资料。

七、主管税务机关在接受小规模纳税人的免税核销申报后,应当核对小规模纳税人申报的纸质单证是否齐全,审核小规模纳税人提供的纸质单证与《小规模纳税人出口货物免税核销申报明细表》的逻辑关系是否对应,并对小规模纳税人申报的电子数据与出口货物报关单、出口收汇核销单、代理出口证明等相关电子信息进行核对。对审核无误的,在《小规模纳税人出口货物免税核销申报汇总表》、《小规模纳税人出口货物免税核销申报明细表》上签章,经由设区的市、自治州以上(含本级)税务机关根据审核结果批准免税核销(下放出口退税审批权试点地区除外)。

八、小规模纳税人在按规定办理出口货物免税认定以前出口的货物,凡在免税核销申报期限内申报免税核销的,税务机关可按规定审批免税;凡超过免税核销申报期限的,税务机关不予审批免税。

九、小规模纳税人无法按本办法第六条规定期限办理免税核销申报手续的,可在申报期限内向主管税务机关提出书面合理理由申请免税核销延期申报,经核准后,可延期3个月办理免税核销申报手续。

十、小规模纳税人出口下列货物,除另有规定者外,应征收增值税。下列货物为应税消费品的,若小规模纳税人为生产企业,还应征收消费税。

(一)国家规定不予退(免)增值税、消费税的货物;

(二)未进行免税申报的货物;

(三)未在规定期限内办理免税核销申报的货物;

(四)虽已办理免税核销申报,但未按规定向税务机关提供有关凭证的货物;

(五)经主管税务机关审核不批准免税核销的出口货物;

(六)未在规定期限内申报开具《代理出口货物证明》的货物。

上述小规模纳税人出口货物应征税额按以下方法确定:

1. 增值税应征税额的计算公式

$$\text{增值税应征税额}=(\text{出口货物离岸价}\times\text{外汇人民币牌价})\div(1+\text{征收率})\times\text{征收率}$$

2. 消费税应征税额的计算公式

(1)实行从量定额征税办法的出口应税消费品

$$\text{消费税应征税额}=\text{出口应税消费品数量}\times\text{消费税单位税额}$$

(2)实行从价定率征税办法的出口应税消费品

$$\begin{matrix}\text{消费税应}\\\text{征税额}\end{matrix}=\left(\begin{matrix}\text{出口应税消}\\\text{费品离岸价}\end{matrix}\times\text{外汇人民币牌价}\right)\div(1+\text{增值税征收率})\times\begin{matrix}\text{消费税适}\\\text{用税率}\end{matrix}$$

(3)实行从量定额与从价定率相结合征税办法的出口应税消费品

$$\begin{matrix}\text{消费税应}\\\text{征税额}\end{matrix}=\begin{matrix}\text{出口应税消}\\\text{费品数量}\end{matrix}\times\begin{matrix}\text{消费税单}\\\text{位税额}\end{matrix}+\left(\begin{matrix}\text{出口应税消}\\\text{费品离岸价}\end{matrix}\times\begin{matrix}\text{外汇人民}\\\text{币牌价}\end{matrix}\right)\div(1+\text{增值税征收率})\times\begin{matrix}\text{消费税适}\\\text{用税率}\end{matrix}$$

上述出口货物的离岸价及出口数量以出口发票上的离岸价或出口数量为准(委托代理出口的,出口发票可以是委托方开具的或受托方开具的),若出口价格以其他价格条件成交的,应扣除按会计制度规定允许冲减出口销售收入的运费、保险费、佣金等。若出口发票不能真实反映离岸价或出口数量,小规模纳税人应当按照离岸价或真实出口数量申报,税务机关有权按照《中华人民共和国税收征收管理法》、《中华人民共和国增值税暂行条例》、《中华人民共和国消费税暂行条例》等有关规定予以核定。

十一、主管税务机关在审核、审批过程中,凡发现属于本办法第十条所列出口货物应征税情况,应生成《小规模纳税人不予免税出口货物情况表》(格式见附件4),并按规定进行补税处理。

十二、本办法自2008年1月1日起执行。小规模纳税人2008年1月1日后自营或委托出口的货物(以出口货物报关单上注明的"出口日期"为准)应按照本办法规定向税务机关进行免税或免税核销申报。

【注释】 对《消费税暂行条例》第16条进行了解释。

国家税务总局关于委托加工出口货物消费税退税问题的批复

国税函[2008]5号

江苏省国家税务局:

你局《关于委托加工出口货物消费税退税问题的请示》(苏国税发[2007]142号)收悉。经研究,批复如下:

你省苏州尚美化妆品有限公司委托其他企业加工再收回后出口的应税消费品,可比照《财政部、国家税务总局关于列名生产企业外购产品试行免抵退税办法的通知》(财税[2004]125号)的有关规定,办理消费税退税手续。生产企业在申报消费税退税时,除附送现行规定需要提供的凭证外,还应附送征税部门出具的"出口货物已纳消费税未抵扣证明"。对已在内销应税消费品应纳消费税中抵扣的,不能办理消费税退税。

【注释】　对《财政部、国家税务总局关于列名生产企业外购产品试行免抵退税办法的通知》(财税[2004]125号)进行了解释。

财政部　国家税务总局关于调整部分成品油消费税政策的通知

财税[2008]19号

各省、自治区、直辖市、计划单列市财政厅(局)、国家税务局,新疆生产建设兵团财务局:

为促进以石脑油为原料的国产乙烯和芳烃类产品与进口同类产品的公平竞争,经国务院批准,现将石脑油等部分成品油消费税政策调整如下:

一、自2008年1月1日起,对石脑油、溶剂油、润滑油按每升0.2元征收消费税,燃料油按每升0.1元征收消费税。

……

三、以外购或委托加工收回的已税石脑油、润滑油、燃料油为原料生产的应税消费品,准予从消费税应纳税额中扣除原料已纳的消费税税款。抵扣税款的计算公式为:当期准予扣除的外购应税消费品已纳税款=当期准予扣除外购应税消费品数量×外购应税消费品单位税额。

四、本通知自2008年1月1日起执行。在2007年12月31日以前石脑油应缴未缴的消费税,各地主管税务机关应抓紧进行清缴。原《财政部国家税务总局关于调整和完善消费税政策的通知》(财税[2006]33号)、《国家税务总局关于印发〈整和完善消费税政策征收管理规定〉的通知》(国税发[2006]49号)规定与本通知有抵触的,以本通知规定为准。

【注释】　本通知第二条已经被《财政部　国家税务总局关于提高成品油消费税税率后相关成品油消费税政策的通知》(财税[2008]168号)予以修改。

国家税务总局关于厢式货车改装生产的汽车征收消费税问题的批复

国税函[2008]452号

浙江省国家税务局:

你局《关于对进口厢式货车改装生产汽车征收消费税问题的请示》(浙国税流[2008]21号)收悉。经研究,批复如下:

根据《财政部　国家税务总局关于调整和完善消费税政策的通知》(财税[2006]33号)规定,对于企业购进货车或厢式货车改装生产的商务车、卫星通讯车等专用汽车不属于消费税征税范围,不征收消费税。

财政部　国家税务总局关于调整乘用车消费税政策的通知

财税[2008]105号

各省、自治区、直辖市、计划单列市财政厅(局)、国家税务局,新疆生产建设兵团财务局:

为促进节能减排,进一步完善消费税税制,经国务院批准,现将乘用车消费税政策做如下调整:

一、气缸容量(排气量,下同)在1.0升以下(含1.0升)的乘用车,税率由3%下调至1%;

二、气缸容量在3.0升以上至4.0升(含4.0升)的乘用车,税率由15%上调至25%;

三、气缸容量在4.0升以上的乘用车,税率由20%上调至40%。

本通知自2008年9月1日起执行。生产企业在2008年9月1日前销出的乘用车发生退货的,按政策调整前的原税率退税。出口企业在2008年9月1日前收购的出口应税乘用车,并取得消费税税收缴款书(出口货物专用)的,在2008年9月1日以后出口的,按原税率退税。

财政部 国家税务总局关于调整部分乘用车进口环节消费税的通知

财关税[2008]73号

海关总署:

经国务院批准,自2008年9月1日起,对部分乘用车进口环节消费税进行调整,现将有关事项通知如下:

一、将气缸容量(排气量,下同)1.0升以下(含1.0升)的乘用车进口环节消费税税率由3%下调至1%;

二、将气缸容量3.0升以上(不含3.0升)至4.0升(含4.0升)的乘用车进口环节消费税税率由15%上调至25%;

三、将气缸容量4.0升以上的乘用车进口环节消费税税率由20%上调至40%。

国家税务总局关于调味料酒征收消费税问题的通知

国税函[2008]742号

各省、自治区、直辖市和计划单列市国家税务局:

现将调味料酒征收消费税的有关问题通知如下:

鉴于国家已经出台了调味品分类国家标准,按照国家标准调味料酒属于调味品,不属于配置酒和泡制酒,对调味料酒不再征收消费税。

调味料酒是指以白酒、黄酒或食用酒精为主要原料,添加食盐、植物香辛料等配制加工而成的产品名称标注(在食品标签上标注)为调味料酒的液体调味品。

国务院关于实施成品油价格和税费改革的通知

国发[2008]37号

各省、自治区、直辖市人民政府,国务院各部委、各直属机构:

为建立完善的成品油价格形成机制和规范的交通税费制度,促进节能减排和结构调整,公平负担,依法筹措交通基础设施维护和建设资金,国务院决定实施成品油价格和税费改革。现通知如下:

一、实施成品油价格和税费改革的必要性

我国现行成品油价格和交通税费政策,对保障国内成品油市场供应,加快交通基础设施建设步伐,促进国民经济平稳较快发展,起到了积极作用。但随着我国石油需求不断增加,经济社会发展与资源环境之间的矛盾日益突出；以费代税、负担不公平等弊端日益显现；二级收费公路规模过大，结构不合理，与地方经济发展和群众出行的矛盾越来越尖锐。迫切需要理顺成品油价格和交通税费机制。

近期国际市场油价持续回落，为实施成品油价格和税费改革提供了十分难得的机遇。及时把握当前有利时机，推进成品油价格和税费改革，对规范政府收费行为，公平社会负担，促进节能减排和结构调整，依法筹措交通基础设施维护和建设资金，促进交通事业稳定健康发展，都具有重大而深远的意义。

二、改革的主要内容

（一）关于成品油税费改革。

提高现行成品油消费税单位税额，不再新设立燃油税，利用现有税制、征收方式和征管手段，实现成品油税费改革相关工作的有效衔接。

1. 取消公路养路费等收费。取消公路养路费、航道养护费、公路运输管理费、公路客货运附加费、水路运输管理费、水运客货运附加费等六项收费。

2. 逐步有序取消政府还贷二级公路收费。抓紧制定实施方案和中央补助支持政策，由省、自治区、直辖市人民政府根据相关方案和政策统筹研究，逐步有序取消政府还贷二级公路收费。各地可以省为单位统一取消，也可在省内区分不同情况，分步取消。实施方案由国家发展改革委会同交通运输部、财政部制订，报国务院批准后实施。

3. 提高成品油消费税单位税额。汽油消费税单位税额每升提高0.8元，柴油消费税单位税额每升提高0.7元，其他成品油单位税额相应提高。加上现行单位税额，提高后的汽油、石脑油、溶剂油、润滑油消费税单位税额为每升1元，柴油、燃料油、航空煤油为每升0.8元。

4. 征收机关、征收环节和计征方式。成品油消费税属于中央税，由国家税务局统一征收（进口环节继续委托海关代征）。纳税人为在我国境内生产、委托加工和进口成品油的单位和个人。纳税环节在生产环节（包括委托加工和进口环节）。计征方式实行从量定额计征，价内征收。

今后将结合完善消费税制度，积极创造条件，适时将消费税征收环节后移到批发环节，并改为价外征收。

5. 特殊用途成品油消费税政策。提高成品油消费税单位税额后，对进口石脑油恢复征收消费税。2010年12月31日前，对国产的用作乙烯、芳烃类产品原料的石脑油免征消费税；对进口的用作乙烯、芳烃类产品原料的石脑油已纳消费税予以返还。航空煤油暂缓征收消费税。对用外购或委托加工收回的已税汽油生产的乙醇汽油免征消费税；用自产汽油生产的乙醇汽油，按照生产乙醇汽油所耗用的汽油数量申报纳税。对外购或委托加工收回的汽油、柴油用于连续生产甲醇汽油、生物柴油的，准予从消费税应纳税额中扣除原料已纳消费税税款。

6. 新增税收收入的分配。新增成品油消费税连同由此相应增加的增值税、城市维护建设税和教育费附加具有专项用途，不作为经常性财政收入，不计入现有与支出挂钩项目的测算基数，除由中央本级安排的替代航道养护费等支出外，其余全部由中央财政通过规范的财政转移支付方式分配给地方。改革后形成的交通资金属性不变、资金用途不变、地方预算程序不变、地方事权不变。具体转移支付办法由财政部会同交通运输部等有关部门制定并组织落实。新增税收收入按以下顺序分配：

一是替代公路养路费等六项收费的支出。具体额度以2007年的养路费等六费收入为基础，考虑地方实际情况按一定的增长率来确定。

二是补助各地取消政府还贷二级公路收费。每年安排一定数量的专项补助资金，用途包括债务偿还、人员安置、养护管理和公路建设等。

三是对种粮农民增加补贴，对部分困难群体和公益性行业，考虑用油量和价格水平变动情况，通过完善成品油价格形成机制中相应的配套补贴办法给予补助支持。

四是增量资金，按照各地燃油消耗量、交通设施当量里程等因素进行分配，适当体现全国交通的均衡发展。

（二）关于完善成品油价格形成机制。

国产陆上原油价格继续实行与国际市场直接接轨。国内成品油价格继续与国际市场有控制地间接接轨。成品油定价既要反映国际市场石油价格变化和企业生产成本，又要考虑国内市场供求关系；既要反映石油资源稀缺程度，促进资源节约和环境保护，又要兼顾社会各方面承受能力。

1. 国内成品油出厂价格以国际市场原油价格为基础,加国内平均加工成本、税金和适当利润确定。当国际市场原油一段时间内平均价格变化超过一定水平时,相应调整国内成品油价格。

2. 汽、柴油价格继续实行政府定价和政府指导价。(1)汽、柴油零售实行最高零售价格。最高零售价格由出厂价格和流通环节差价构成。适当缩小出厂到零售之间流通环节差价。(2)汽、柴油批发实行最高批发价格。(3)对符合资质的民营批发企业汽、柴油供应价格,合理核定其批发价格与零售价格价差。(4)供军队、新疆生产建设兵团和国家储备用汽、柴油供应价格,按国家核定的出厂价格执行。(5)合理核定供铁路、交通等专项部门用汽、柴油供应价格。(6)上述差价由国家发展改革委根据实际情况适时调整。

3. 在国际市场原油价格持续上涨或剧烈波动时,继续对汽、柴油价格进行适当调控,以减轻其对国内市场的影响。

4. 航空煤油等其他成品油价格继续按现行办法管理。液化气改为实行最高出厂价格管理。

5. 国家发展改革委根据上述完善后的成品油价格形成机制,另行制定石油价格管理办法。

(三)关于完善成品油价格配套措施。

1. 继续发挥石油企业内部上下游利益调节机制作用。当国际市场原油价格大幅上涨,国家实施有控制地调整汽、柴油价格措施时,原油加工企业会出现暂时性困难,中石油、中石化两公司要继续按照石油企业内部上下游利益调节机制,平衡好内部利益关系,调动炼油企业生产积极性,保证市场供应。

2. 完善相关行业价格联动机制。(1)铁路货运价格,根据上年国内柴油价格上涨影响铁路运输成本增加的情况,由铁路运输企业消化20%,其余部分通过提高铁路货物运输价格疏导,原则上每年调整一次。具体幅度由国家发展改革委商铁道部确定。(2)民航国内航线旅客运输价格,首先在运价浮动机制内,由航空公司自主调整具体票价,需要调整燃油附加时,根据航空煤油价格影响民航运输成本变化情况,由航空公司消化20%,其余部分通过调整燃油附加标准或基准票价的方式疏导。调整燃油附加标准间隔时间原则上不少于半年。燃油附加具体收取标准由国家发展改革委会同民航局按照上述原则确定。(3)出租车和道路客运价格,由各地进一步完善价格联动机制,根据油价变动情况,通过法定程序,决定调整运价或燃油附加。

3. 完善对种粮农民、部分困难群体和公益性行业补贴的机制。(1)种粮农民。当年成品油价格变动引起的农民种粮增支,继续纳入农资综合直补政策统筹考虑给予补贴。对种粮农民综合直补只增不减。(2)城市公交、农村道路客运(含岛际和农村水路客运)、林业、渔业(含远洋渔业)。成品油价格调整影响上述行业增加的成本,由中央财政通过专项转移支付的方式给予补贴。补贴比例按现行政策执行,补贴标准随成品油价格的升降而增减,具体补贴办法由财政部商有关部门另行制定。新的补贴办法从2009年起执行。(3)出租车。在运价调整前,因油价上涨增加的成本,继续由财政给予临时补贴。(4)低收入困难群体。各地综合考虑成品油、液化气等调价和市场物价变动因素,继续做好城乡低保对象等困难群体基本生活保障工作。

4. 继续实行石油涨价收入财政调节机制。为合理调节石油涨价收入,妥善处理各方面利益关系,继续按相关规定征收石油特别收益金。

(四)妥善解决改革的相关问题。

1. 妥善安置交通收费征稽人员。妥善做好改革涉及人员的安置工作,是成品油税费改革顺利推进的重要保证。要按照转岗不下岗、待安置期间级别不变、合规合理的待遇不变的总体要求,由省、自治区、直辖市人民政府负总责,多渠道安置,有关部门给予指导、协调和支持,确保改革稳妥有序推进。各地要锁定改革涉及的征稽收费人员数量,严格把关,防止突击进人。

对公路养路费征稽人员的安置措施:一是交通运输行业内部转岗;二是税务部门接收;三是地方人民政府统筹协调,多种渠道安置改革涉及人员。

人员安置工作指导意见由交通运输部会同中央编办、财政部、人力资源社会保障部、税务总局制订,报国务院批准后实施。

2. 研究解决普通公路建设发展,特别是二级公路发展问题。地方要以这次改革为契机,利用中央财政给予的支持政策,整合现有资源,更好地用于发展二级公路。同时有关部门要按照六费原有资金功能不变的原则,抓紧研究建立和理顺普通公路投融资体制,促进普通公路健康发展。

3. 加强成品油市场监管。加强油品市场监测和监管，坚决禁止成品油生产企业为规避税收只开具发票而无实际货物交付和突击销售成品油等非正常销售成品油行为，严厉打击油品走私、经营假冒伪劣油品以及合同欺诈等违法行为，确保成品油市场稳定。

（五）实施时间。完善成品油价格形成机制，理顺成品油价格，自发文之日起实施。成品油税费改革自2009年1月1日起实施。

三、切实做好改革的实施工作

成品油价格和税费改革是党中央、国务院做出的重大决策，是贯彻落实科学发展观、促进经济社会平稳较快发展的重要举措。各地区、各有关部门要统一思想，充分认识改革的必要性和紧迫性，切实把思想和行动统一到中央的决策部署上来，精心组织，周密部署，共同做好有关工作，确保改革方案平稳实施。

（一）加强组织领导。国务院有关部门组成的成品油价格和税费改革部际协调小组，要切实做好改革方案的组织实施工作；各省、自治区、直辖市人民政府要成立由主要负责同志牵头的改革领导小组，主要负责同志负总责，发展改革、价格、财政、交通、税务、编制、人事等相关部门密切配合，落实责任，确保改革措施落实到位。

（二）保证队伍稳定和资金有效衔接。地方各级人民政府要切实担负起安置人员和维护稳定的责任，把人员安置的工作摆在推进改革的突出位置，提前筹划，周全安排，妥善安置。各级财政部门要做好改革前后资金安排及预算衔接工作；中央财政要通过向地方预拨资金，确保养护管理及人员经费等需要，保障改革平稳顺利推进。

（三）确保取消收费政策到位，严格禁止乱收费。各地要按照改革方案的统一安排，在2009年1月1日零时全部取消公路养路费等六项收费，已经提前预收的要及时清退，要加强检查，确保取消收费政策落到实处。对确定撤销的政府还贷二级公路收费站点，省级人民政府要及时向社会公布其位置和名称，接受社会监督；同时做好财务清理工作，防止国有资产流失和逃废银行债务。绝不允许任何地方、部门、单位和个人，以任何理由、任何名义继续收取或变相收取明令取消的各项收费。违反规定的，要严肃查处，并追究相关责任人的责任。国家发展改革委、财政部要会同有关部门尽快制定下发配套文件，并加大督查力度。

（四）加强宣传解释工作。要通过广播、电视、报纸、网络等多种媒体，有针对性地开展宣传解释工作，取得群众的理解和支持，为改革的顺利实施创造有利的舆论环境。地方各级人民政府要结合本地实际情况，加强舆论引导。

（五）确保社会大局稳定。成品油价格和税费改革涉及面广，情况复杂。各地要密切关注市场情况和社会动态，针对改革过程中可能出现的新情况、新问题，提前做好应对预案，并妥善处理，切实维护社会稳定的大局。

各地区、各有关部门贯彻落实情况，要及时向国务院报告。

财政部　国家税务总局关于提高成品油消费税税率的通知

财税[2008]167号

各省、自治区、直辖市、计划单列市财政厅（局）、国家税务局，新疆生产建设兵团财务局：

按照《国务院关于实施成品油价格和税费改革的通知》（国发[2008]37号），现将提高成品油消费税税率问题通知如下：

一、将无铅汽油的消费税单位税额由每升0.2元提高到每升1.0元；将含铅汽油的消费税单位税额由每升0.28元提高到每升1.4元。

二、将柴油的消费税单位税额由每升0.1元提高到每升0.8元。

三、将石脑油、溶剂油和润滑油的消费税单位税额由每升0.2元提高到每升1.0元。

四、将航空煤油和燃料油的消费税单位税额由每升0.1元提高到每升0.8元。

五、本通知自2009年1月1日起执行。原消费税的政策规定与本通知有抵触的，依照本通知执行。

附件1：

成品油消费税税目税率表

税　　目	税　　率
成品油：	
1. 汽油	
（1）无铅汽油	1.0元/升
（2）含铅汽油	1.4元/升
2. 柴油	0.8元/升
3. 航空煤油	0.8元/升
4. 石脑油	1.0元/升
5. 溶剂油	1.0元/升
6. 润滑油	1.0元/升
7. 燃料油	0.8元/升

附件2：

成品油消费税征收范围注释

一、汽油

汽油是指用原油或其他原料加工生产的辛烷值不小于66的可用作汽油发动机燃料的各种轻质油。含铅汽油是指铅含量每升超过0.013克的汽油。汽油分为车用汽油和航空汽油。

以汽油、汽油组分调和生产的甲醇汽油、乙醇汽油也属于本税目征收范围。

二、柴油

柴油是指用原油或其他原料加工生产的倾点或凝点在-50至30的可用作柴油发动机燃料的各种轻质油和以柴油组分为主、经调和精制可用作柴油发动机燃料的非标油。

以柴油、柴油组分调和生产的生物柴油也属于本税目征收范围。

三、石脑油

石脑油又叫化工轻油，是以原油或其他原料加工生产的用于化工原料的轻质油。

石脑油的征收范围包括除汽油、柴油、航空煤油、溶剂油以外的各种轻质油。非标汽油、重整生成油、拔头油、戊烷原料油、轻裂解料（减压柴油VGO和常压柴油AGO）、重裂解料、加氢裂化尾油、芳烃抽余油均属轻质油，属于石脑油征收范围。

四、溶剂油

溶剂油是用原油或其他原料加工生产的用于涂料、油漆、食用油、印刷油墨、皮革、农药、橡胶、化妆品生产和机械清洗、胶粘行业的轻质油。

橡胶填充油、溶剂油原料，属于溶剂油征收范围。

五、航空煤油

航空煤油也叫喷气燃料，是用原油或其他原料加工生产的用作喷气发动机和喷气推进系统燃料的各种轻质油。

六、润滑油

润滑油是用原油或其他原料加工生产的用于内燃机、机械加工过程的润滑产品。润滑油分为矿物性润滑油、植物性润滑油、动物性润滑油和化工原料合成润滑油。

润滑油的征收范围包括矿物性润滑油、矿物性润滑油基础油、植物性润滑油、动物性润滑油和化工原料合成润滑油。以植物性、动物性和矿物性基础油(或矿物性润滑油)混合掺配而成的“混合性”润滑油,不论矿物性基础油(或矿物性润滑油)所占比例高低,均属润滑油的征收范围。

七、燃料油

燃料油也称重油、渣油,是用原油或其他原料加工生产,主要用作电厂发电、锅炉用燃料、加热炉燃料、冶金和其他工业炉燃料。腊油、船用重油、常压重油、减压重油、180CTS燃料油、7号燃料油、糠醛油、工业燃料、4—6号燃料油等油品的主要用途是作为燃料燃烧,属于燃料油征收范围。

财政部　国家税务总局关于提高成品油消费税税率后相关成品油消费税政策的通知

财税[2008]168号

各省、自治区、直辖市、计划单列市财政厅(局)、国家税务局,新疆生产建设兵团财务局:

根据《国务院关于实施成品油价格和税费改革的通知》(国发[2008]37号),现将提高成品油消费税税率后相关成品油消费税政策问题通知如下:

一、自2009年1月1日起对进口石脑油恢复征收消费税。

二、2009年1月1日至2010年12月31日,对国产的用作乙烯、芳烃类产品原料的石脑油免征消费税,生产企业直接对外销售的不作为乙烯、芳烃类产品原料的石脑油应按规定征收消费税;对进口的用作乙烯、芳烃类产品原料的石脑油已缴纳的消费税予以返还,具体办法由财政部会同海关总署和国家税务总局另行制定。

乙烯类产品具体是指乙烯、丙烯和丁二烯;芳烃类产品具体是指苯、甲苯、二甲苯。

三、航空煤油暂缓征收消费税。

四、对用外购或委托加工收回的已税汽油生产的乙醇汽油免税。用自产汽油生产的乙醇汽油,按照生产乙醇汽油所耗用的汽油数量申报纳税。

五、对外购或委托加工收回的汽油、柴油用于连续生产甲醇汽油、生物柴油,准予从消费税应纳税额中扣除原料已纳的消费税税款。

六、2008年12月31日以前生产企业库存的用于生产应税消费品的外购或委托加工收回的石脑油、润滑油、燃料油原料,其已缴纳的消费税,准予在2008年12月税款所属期按照石脑油、润滑油每升0.2元和燃料油每升0.1元一次性计算扣除。

七、本通知自2009年1月1日起执行,原消费税政策规定与本通知有抵触的按照本通知的规定执行。

国家税务总局关于卷烟消费税计税价格管理有关问题的通知

国税函[2009]41号

各省、自治区、直辖市和计划单列市国家税务局:

为履行《烟草控制框架公约》的承诺,我国自2009年1月1日起,对卷烟包装标识使用健康警语进行了严格规定,要求警语所占面积不应小于其所在面的30%,卷烟的外包装标识由此而发生了变化。现就卷烟外包装标识发生变化后消费税计税价格管理有关问题通知如下:

一、对已核定消费税计税价格卷烟的管理

(一)对已核定消费税计税价格的卷烟,生产企业在包装标识上使用健康警语,按照《卷烟消费税计税价格信息采集和核定管理办法》(国家税务总局令第5号,以下简称5号令)规定,应视同新规格卷烟,重新核定消费税计税价格。考虑到此次包装标识的变化仅增加了健康警语,而产品标识的其他方面以及规格、内在品质、销售价格均未发生变化,暂不按5号令的要求对其重新核定计税价格。其消费税计税价格仍按照已核定的计税价格执行。

(二)生产企业所在地主管税务机关,应于产品更新包装标识的次月,将包装样品(外包装和单包包装各2套,背面注明卷烟牌号和烟支包装规格,下同)、扫描图像(电子版,扫描操作指南见附件1)随同《卷烟更新标识后包装样品清单》(见附件2)逐级上报至税务总局备案。扫描图像和《卷烟更新标识后包装样品清单》电子版分别上传至税务总局ftp服务器:"centre/货物和劳务税司/消费税处/卷烟核价"对应路径下,税务总局将对数据库进行更新。

(三)对于已核定消费税计税价格的卷烟,其外包装标识除按照规定使用健康警语以外发生其他变化的,生产企业所在地主管税务机关应严格执行5号令的规定,按照新规格卷烟对其进行管理,并由税务总局重新核定其消费税计税价格。

二、对未核定消费税计税价格卷烟的管理

(一)对未核定消费税计税价格,但试销期已满1年的新牌号、新规格卷烟,生产企业所在地主管税务机关应按照5号令的规定,将申请核定新牌号、新规格卷烟消费税计税价格所需资料、使用健康警语包装标识的新包装样品以及扫描图像一并报送税务总局,由税务总局核定其消费税计税价格。

(二)对未核定消费税计税价格,但试销期未满1年的新牌号、新规格卷烟,生产企业所在地主管税务机关对其价格信息的"采集期间"应严格按照5号令第九条的规定,即产品投放市场次月起连续12个月确定执行。"采集期间"不得因包装标识使用健康警语的变化而擅自延长。对于采集期满的新牌号、新规格卷烟,生产企业所在地主管税务机关应按照5号令及本条第一款的规定上报资料,由税务总局核定其消费税计税价格。

三、各地要切实加强更新包装标识后卷烟消费税计税价格的管理工作,认真核对更新包装标识前后卷烟的实物、包装,防止出现借更新包装标识之机套用其他卷烟已核定消费税计税价格的行为。税务总局将择机对各地执行情况进行调查,发现问题严肃处理。

附件:

1. 烟标图片扫描要求及步骤
2. 卷烟更新标识后包装样品清单

国家税务总局关于加强白酒消费税征收管理的通知

国税函[2009]380号

各省、自治区、直辖市和计划单列市国家税务局:

为落实《国家税务总局关于进一步加强税收征管工作的通知》(国税发[2009]16号)文件精神,加强白酒消费税征收管理,现将有关事项通知如下:

一、各地要组织开展白酒消费税政策执行情况检查,及时纠正税率适用错误等政策问题。

二、各地要加强白酒消费税日常管理,确保税款按时入库。加大白酒消费税清欠力度,杜绝新欠发生。

三、加强纳税评估,有效监控生产企业的生产、销售情况,堵塞漏洞,增加收入。

四、为保全税基,对设立销售公司的白酒生产企业,税务总局制定了《白酒消费税最低计税价格核定管理办法(试行)》(见附件),对计税价格偏低的白酒核定消费税最低计税价格。

各地要集中力量做好白酒消费税最低计税价格核定工作,确保自2009年8月1日起,执行核定的白酒消费税最低计税价格。

五、各地要加强小酒厂白酒消费税的征管,对账证不全的,采取核定征收方式。

六、各级税务机关要加强领导,加强对本通知提出的白酒消费税征收管理各项工作要求的监督检查,发现问题及时纠正、及时上报。

附件:白酒消费税最低计税价格核定管理办法(试行)

国家税务总局关于更正《各牌号规格卷烟消费税计税价格》填表说明的通知

国税函[2009]404 号

各省、自治区、直辖市和计划单列市国家税务局:

现将《国家税务总局关于烟类应税消费品消费税征收管理有关问题的通知》(国税函[2009]272 号)中附件 2《各牌号规格卷烟消费税计税价格》填表说明有关内容更正如下:

将《各牌号规格卷烟消费税计税价格》填表说明第一条"本表为年报"更正为"本表为月报",其他内容不变。

国家税务总局关于润滑脂产品征收消费税问题的批复

国税函[2009]709 号

北京市国家税务局:

你局《关于对润滑脂产品征收消费税问题的请示》(京国税发[2009]232 号)收悉。经研究,批复如下:

根据润滑油消费税征收范围注释,用原油或其他原料加工生产的用于内燃机、机械加工过程的润滑产品均属于润滑油征税范围。润滑脂是润滑产品,属润滑油消费税征收范围,生产、加工润滑脂应当征收消费税。

国家税务总局关于对绝缘油类产品征收消费税问题的批复

国税函[2010]76 号

新疆维吾尔自治区国家税务局:

你局《关于绝缘油类产品是否征收消费税问题的请示》(新国税发[2009]227 号)收悉。经研究,批复如下:

根据润滑油国家标准《润滑剂和有关产品(L 类)的分类第 15 部分:N 组(绝缘液体)》(GB/T 7631.15—1998)规定的润滑剂范围,变压器油、导热类油等绝缘油类产品,均属于润滑油的范围。据此,对你区润滑油生产企业生产的变压器油、导热类油等绝缘类油品,应按"润滑油"的税率征收消费税。

请遵照执行。

国家税务总局关于稳定轻烃产品征收消费税问题的批复

国税函[2010]205 号

山东省国家税务局:

你局《关于中石化胜利油田分公司稳定轻烃产品征收消费税问题的请示》(鲁国税发[2010]54 号)收

悉。经研究,批复如下:

油气田企业在生产石油、天然气过程中,通过加热、增压、冷却、制冷等方法回收、以戊烷和以上重烃组分组成的稳定轻烃属于原油范畴,不属于成品油消费税征税范围。

国家税务总局关于绝缘油类产品不征收消费税问题的公告

国家税务总局公告2010年第12号

现将有关消费税征收范围问题公告如下:

变压器油、导热类油等绝缘油类产品不属于《财政部 国家税务总局关于提高成品油消费税税率的通知》(财税[2008]167号)规定的应征消费税的“润滑油”,不征收消费税。

本公告自2010年10月1日起执行。《国家税务总局关于对绝缘油类产品征收消费税问题的批复》(国税函[2010]76号)文件同时废止。此前未征消费税的不得补征,已征的消费税税款可抵顶以后纳税期其他货物的应交消费税。

国家税务总局关于生产企业出口外购视同自产应税消费品消费税退税问题的批复

国税函[2010]91号

安徽省国家税务局:

你局《关于生产企业出口外购视同自产应税消费品消费税退税问题的请示》(皖国税发[2010]11号)收悉。经研究,批复如下:

同意安徽江淮汽车股份有限公司收购成员企业汽车出口缴纳的消费税,比照《财政部 国家税务总局关于列名生产企业出口外购产品试行免、抵、退税办法的通知》(财税[2004]125号)的有关规定,办理消费税退税手续。

国家税务总局关于农用拖拉机 收割机和手扶拖拉机专用轮胎不征收消费税问题的公告

国家税务总局公告2010年第16号

现将“汽车轮胎”税目消费税征税范围有关问题公告如下:

农用拖拉机、收割机和手扶拖拉机专用轮胎不属于《中华人民共和国消费税暂行条例》(中华人民共和国国务院令第539号)规定的应征消费税的“汽车轮胎”范围,不征收消费税。

本公告自2010年12月1日起施行。

财政部　国家税务总局关于对成品油生产企业生产自用油免征消费税的通知

财税[2010]98号

各省、自治区、直辖市、计划单列市财政厅(局)、国家税务局,新疆生产建设兵团财务局:

经国务院批准,对成品油生产企业生产自用油免征消费税。现将有关政策通知如下:

一、从2009年1月1日起,对成品油生产企业在生产成品油过程中,作为燃料、动力及原料消耗掉的自产成品油,免征消费税。对用于其他用途或直接对外销售的成品油照章征收消费税。

二、从2009年1月1日到本通知下发前,成品油生产企业生产自用油已经缴纳的消费税,符合上述免税规定的,予以退还。

财政部　国家税务总局关于对利用废弃的动植物油生产纯生物柴油免征消费税的通知

财税[2010]118号

各省、自治区、直辖市、计划单列市财政厅(局)、国家税务局,新疆生产建设兵团财务局:

经国务院批准,对利用废弃的动物油和植物油为原料生产的纯生物柴油免征消费税。现将有关政策通知如下:

一、从2009年1月1日起,对同时符合下列条件的纯生物柴油免征消费税:

(一)生产原料中废弃的动物油和植物油用量所占比重不低于70%。

(二)生产的纯生物柴油符合国家《柴油机燃料调合生物柴油(BD100)》标准。

二、对不符合本通知第一条规定的生物柴油,或者以柴油、柴油组分调合生产的生物柴油照章征收消费税。

三、从2009年1月1日至本通知下发前,生物柴油生产企业已经缴纳的消费税,符合本通知第一条免税规定的予以退还。

第六部分 中华人民共和国关税法

中华人民共和国海关法

主席令[2000]第35号

（1987年1月22日第六届全国人民代表大会常务委员会第十九次会议通过，
2000年7月8日第九届全国人民代表大会常务委员会第十六次会议修正）

目 录

第一章 总 则

第一条 为了维护国家的主权和利益，加强海关监督管理，促进对外经济贸易和科技文化交往，保障社会主义现代化建设，特制定本法。

第二条 中华人民共和国海关是国家的进出关境（以下简称进出境）监督管理机关。海关依照本法和其他有关法律、行政法规，监管进出境的运输工具、货物、行李物品、邮递物品和其他物品（以下简称进出境运输工具、货物、物品），征收关税和其他税、费，查缉走私，并编制海关统计和办理其他海关业务。

第三条 国务院设立海关总署，统一管理全国海关。

国家在对外开放的口岸和海关监管业务集中的地点设立海关。海关的隶属关系，不受行政区划的限制。

海关依法独立行使职权，向海关总署负责。

第四条 国家在海关总署设立专门侦查走私犯罪的公安机构，配备专职缉私警察，负责对其管辖的走私犯罪案件的侦查、拘留、执行逮捕、预审。

海关侦查走私犯罪公安机构履行侦查、拘留、执行逮捕、预审职责，应当按照《中华人民共和国刑事诉讼法》的规定办理。

海关侦查走私犯罪公安机构根据国家有关规定，可以设立分支机构。各分支机构办理其管辖的走私犯罪案件，应当依法向有管辖权的人民检察院移送起诉。

地方各级公安机关应当配合海关侦查走私犯罪公安机构依法履行职责。

第五条 国家实行联合缉私、统一处理、综合治理的缉私体制。海关负责组织、协调、管理查缉走私工作。有关规定由国务院另行制定。

各有关行政执法部门查获的走私案件，应当给予行政处罚的，移送海关依法处理；涉嫌犯罪的，应当移送海关侦查走私犯罪公安机构、地方公安机关依据案件管辖分工和法定程序办理。

第六条 海关可以行使下列权力：

（一）检查进出境运输工具，查验进出境货物、物品；对违反本法或者其他有关法律、行政法规的，可以扣留。

（二）查阅进出境人员的证件；查问违反本法或者其他有关法律、行政法规的嫌疑人，调查其违法行为。

（三）查阅、复制与进出境运输工具、货物、物品有关的合同、发票、帐册、单据、记录、文件、业务函电、录音录像制品和其他资料；对其中与违反本法或者其他有关法律、行政法规的进出境运输工具、货物、物品有牵连的，可以扣留。

（四）在海关监管区和海关附近沿海沿边规定地区，检查有走私嫌疑的运输工具和有藏匿走私货物、物品嫌疑的场所，检查走私嫌疑人的身体；对有走私嫌疑的运输工具、货物、物品和走私犯罪嫌疑人，经直属海关关长或者其授权的隶属海关关长批准，可以扣留；对走私犯罪嫌疑人，扣留时间不超过二十四小时，在特殊情况下可以延长至四十八小时。

在海关监管区和海关附近沿海沿边规定地区以外，海关在调查走私案件时，对有走私嫌疑的运输工具和除公民住处以外的有藏匿走私货物、物品嫌疑的场所，经直属海关关长或者其授权的隶属海关关长批准，可以进行检查，有关当事人应当到场；当事人未到场的，在有见证人在场的情况下，可以径行检查；对其中有证据证明有走私嫌疑的运输工具、货物、物品，可以扣留。

海关附近沿海沿边规定地区的范围，由海关总署和国务院公安部门会同有关省级人民政府确定。

（五）在调查走私案件时，经直属海关关长或者其授权的隶属海关关长批准，可以查询案件涉嫌单位和涉嫌人员在金融机构、邮政企业的存款、汇款。

（六）进出境运输工具或者个人违抗海关监管逃逸的，海关可以连续追至海关监管区和海关附近沿海沿边规定地区以外，将其带回处理。

（七）海关为履行职责，可以配备武器。海关工作人员佩带和使用武器的规则，由海关总署会同国务院公安部门制定，报国务院批准。

（八）法律、行政法规规定由海关行使的其他权力。

第七条　各地方、各部门应当支持海关依法行使职权，不得非法干预海关的执法活动。

第八条　进出境运输工具、货物、物品，必须通过设立海关的地点进境或者出境。在特殊情况下，需要经过未设立海关的地点临时进境或者出境的，必须经国务院或者国务院授权的机关批准，并依照本法规定办理海关手续。

第九条　进出口货物，除另有规定的外，可以由进出口货物收发货人自行办理报关纳税手续，也可以由进出口货物收发货人委托海关准予注册登记的报关企业办理报关纳税手续。

进出境物品的所有人可以自行办理报关纳税手续，也可以委托他人办理报关纳税手续。

第十条　报关企业接受进出口货物收发货人的委托，以委托人的名义办理报关手续的，应当向海关提交由委托人签署的授权委托书，遵守本法对委托人的各项规定。

报关企业接受进出口货物收发货人的委托，以自己的名义办理报关手续的，应当承担与收发货人相同的法律责任。

委托人委托报关企业办理报关手续的，应当向报关企业提供所委托报关事项的真实情况；报关企业接受委托人的委托办理报关手续的，应当对委托人所提供情况的真实性进行合理审查。

第十一条　进出口货物收发货人、报关企业办理报关手续，必须依法经海关注册登记。报关人员必须依法取得报关从业资格。未依法经海关注册登记的企业和未依法取得报关从业资格的人员，不得从事报关业务。

报关企业和报关人员不得非法代理他人报关，或者超出其业务范围进行报关活动。

第十二条　海关依法执行职务，有关单位和个人应当如实回答询问，并予以配合，任何单位和个人不得阻挠。

海关执行职务受到暴力抗拒时，执行有关任务的公安机关和人民武装警察部队应当予以协助。

第十三条　海关建立对违反本法规定逃避海关监管行为的举报制度。

任何单位和个人均有权对违反本法规定逃避海关监管的行为进行举报。

海关对举报或者协助查获违反本法案件的有功单位和个人，应当给予精神的或者物质的奖励。

海关应当为举报人保密。

第二章 进出境运输工具

第十四条 进出境运输工具到达或者驶离设立海关的地点时，运输工具负责人应当向海关如实申报，交验单证，并接受海关监管和检查。

停留在设立海关的地点的进出境运输工具，未经海关同意，不得擅自驶离。

进出境运输工具从一个设立海关的地点驶往另一个设立海关的地点的，应当符合海关监管要求，办理海关手续，未办结海关手续的，不得改驶境外。

第十五条 进境运输工具在进境以后向海关申报以前，出境运输工具在办结海关手续以后出境以前，应当按照交通主管机关规定的路线行进；交通主管机关没有规定的，由海关指定。

第十六条 进出境船舶、火车、航空器到达和驶离时间、停留地点、停留期间更换地点以及装卸货物、物品时间，运输工具负责人或者有关交通运输部门应当事先通知海关。

第十七条 运输工具装卸进出境货物、物品或者上下进出境旅客，应当接受海关监管。

货物、物品装卸完毕，运输工具负责人应当向海关递交反映实际装卸情况的交接单据和记录。

上下进出境运输工具的人员携带物品的，应当向海关如实申报，并接受海关检查。

第十八条 海关检查进出境运输工具时，运输工具负责人应当到场，并根据海关的要求开启舱室、房间、车门；有走私嫌疑的，并应当开拆可能藏匿走私货物、物品的部位，搬移货物、物料。

海关根据工作需要，可以派员随运输工具执行职务，运输工具负责人应当提供方便。

第十九条 进境的境外运输工具和出境的境内运输工具，未向海关办理手续并缴纳关税，不得转让或者移作他用。

第二十条 进出境船舶和航空器兼营境内客、货运输，需经海关同意，并应当符合海关监管要求。

进出境运输工具改营境内运输，需向海关办理手续。

第二十一条 沿海运输船舶、渔船和从事海上作业的特种船舶，未经海关同意，不得载运或者换取、买卖、转让进出境货物、物品。

第二十二条 进出境船舶和航空器，由于不可抗力的原因，被迫在未设立海关的地点停泊、降落或者抛掷、起卸货物、物品，运输工具负责人应当立即报告附近海关。

第三章 进出境货物

第二十三条 进口货物自进境起到办结海关手续止，出口货物自向海关申报起到出境止，过境、转运和通运货物自进境起到出境止，应当接受海关监管。

第二十四条 进口货物的收货人、出口货物的发货人应当向海关如实申报，交验进出口许可证件和有关单证。国家限制进出口的货物，没有进出口许可证件的，不予放行，具体处理办法由国务院规定。

进口货物的收货人应当自运输工具申报进境之日起十四日内，出口货物的发货人除海关特准的外应当在货物运抵海关监管区后、装货的二十四小时以前，向海关申报。

进口货物的收货人超过前款规定期限向海关申报的，由海关征收滞报金。

第二十五条 办理进出口货物的海关申报手续，应当采用纸质报关单和电子数据报关单的形式。

第二十六条 海关接受申报后，报关单证及其内容不得修改或者撤销；确有正当理由的，经海关同意，方可修改或者撤销。

第二十七条 进口货物的收货人经海关同意，可以在申报前查看货物或者提取货样。需要依法检疫的货物，应当在检疫合格后提取货样。

第二十八条 进出口货物应当接受海关查验。海关查验货物时，进口货物的收货人、出口货物的发货人应当到场，并负责搬移货物，开拆和重封货物的包装。海关认为必要时，可以径行开验、复验或者提取货样。

经收发货人申请，海关总署批准，其进出口货物可以免验。

第二十九条 除海关特准的外，进出口货物在收发货人缴清税款或者提供担保后，由海关签印放行。

第三十条 进口货物的收货人自运输工具申报进境之日起超过三个月未向海关申报的，其进口货物由海关提取依法变卖处理，所得价款在扣除运输、装卸、储存等费用和税款后，尚有余款的，自货物依法变卖之日起一年内，经收货人申请，予以发还；其中属于国家对进口有限制性规定，应当提交许可证件而不能提供的，不予发还。逾期无人申请或者不予发还的，上缴国库。

确属误卸或者溢卸的进境货物，经海关审定，由原运输工具负责人或者货物的收发货人自该运输工具卸货之日起三个月内，办理退运或者进口手续；必要时，经海关批准，可以延期三个月。逾期未办手续的，由海关按前款规定处理。

前两款所列货物不宜长期保存的，海关可以根据实际情况提前处理。

收货人或者货物所有人声明放弃的进口货物，由海关提取依法变卖处理；所得价款在扣除运输、装卸、储存等费用后，上缴国库。

第三十一条　经海关批准暂时进口或者暂时出口的货物，应当在六个月内复运出境或者复运进境；在特殊情况下，经海关同意，可以延期。

第三十二条　经营保税货物的储存、加工、装配、展示、运输、寄售业务和经营免税商店，应当符合海关监管要求，经海关批准，并办理注册手续。

保税货物的转让、转移以及进出保税场所，应当向海关办理有关手续，接受海关监管和查验。

第三十三条　企业从事加工贸易，应当持有关批准文件和加工贸易合同向海关备案，加工贸易制成品单位耗料量由海关按照有关规定核定。

加工贸易制成品应当在规定的期限内复出口。其中使用的进口料件，属于国家规定准予保税的，应当向海关办理核销手续；属于先征收税款的，依法向海关办理退税手续。

加工贸易保税进口料件或者制成品因故转为内销的，海关凭准予内销的批准文件，对保税的进口料件依法征税；属于国家对进口有限制性规定的，还应当向海关提交进口许可证件。

第三十四条　经国务院批准在中华人民共和国境内设立的保税区等海关特殊监管区域，由海关按照国家有关规定实施监管。

第三十五条　进口货物应当由收货人在货物的进境地海关办理海关手续，出口货物应当由发货人在货物的出境地海关办理海关手续。

经收发货人申请，海关同意，进口货物的收货人可以在设有海关的指运地、出口货物的发货人可以在设有海关的启运地办理海关手续。上述货物的转关运输，应当符合海关监管要求；必要时，海关可以派员押运。

经电缆、管道或者其他特殊方式输送进出境的货物，经营单位应当定期向指定的海关申报和办理海关手续。

第三十六条　过境、转运和通运货物，运输工具负责人应当向进境地海关如实申报，并应当在规定期限内运输出境。

海关认为必要时，可以查验过境、转运和通运货物。

第三十七条　海关监管货物，未经海关许可，不得开拆、提取、交付、发运、调换、改装、抵押、质押、留置、转让、更换标记、移作他用或者进行其他处置。

海关加施的封志，任何人不得擅自开启或者损毁。

人民法院判决、裁定或者有关行政执法部门决定处理海关监管货物的，应当责令当事人办结海关手续。

第三十八条　经营海关监管货物仓储业务的企业，应当经海关注册，并按照海关规定，办理收存、交付手续。

在海关监管区外存放海关监管货物，应当经海关同意，并接受海关监管。

违反前两款规定或者在保管海关监管货物期间造成海关监管货物损毁或者灭失的，除不可抗力外，对海关监管货物负有保管义务的人应当承担相应的纳税义务和法律责任。

第三十九条　进出境集装箱的监管办法、打捞进出境货物和沉船的监管办法、边境小额贸易进出口货物的监管办法，以及本法未具体列明的其他进出境货物的监管办法，由海关总署或者由海关总署会同国务院有关部门另行制定。

第四十条　国家对进出境货物、物品有禁止性或者限制性规定的，海关依据法律、行政法规、国务院的规定或者国务院有关部门依据法律、行政法规的授权作出的规定实施监管。具体监管办法由海关总署制定。

第四十一条 进出口货物的原产地按照国家有关原产地规则的规定确定。

第四十二条 进出口货物的商品归类按照国家有关商品归类的规定确定。

海关可以要求进出口货物的收发货人提供确定商品归类所需的有关资料;必要时,海关可以组织化验、检验,并将海关认定的化验、检验结果作为商品归类的依据。

第四十三条 海关可以根据对外贸易经营者提出的书面申请,对拟作进口或者出口的货物预先作出商品归类等行政裁定。

进口或者出口相同货物,应当适用相同的商品归类行政裁定。

海关对所作出的商品归类等行政裁定,应当予以公布。

第四十四条 海关依照法律、行政法规的规定,对与进出境货物有关的知识产权实施保护。

需要向海关申报知识产权状况的,进出口货物收发货人及其代理人应当按照国家规定向海关如实申报有关知识产权状况,并提交合法使用有关知识产权的证明文件。

第四十五条 自进出口货物放行之日起三年内或者在保税货物、减免税进口货物的海关监管期限内及其后的三年内,海关可以对与进出口货物直接有关的企业、单位的会计帐簿、会计凭证、报关单证以及其他有关资料和有关进出口货物实施稽查。具体办法由国务院规定。

第四章 进出境物品

第四十六条 个人携带进出境的行李物品、邮寄进出境的物品,应当以自用、合理数量为限,并接受海关监管。

第四十七条 进出境物品的所有人应当向海关如实申报,并接受海关查验。

海关加施的封志,任何人不得擅自开启或者损毁。

第四十八条 进出境邮袋的装卸、转运和过境,应当接受海关监管。邮政企业应当向海关递交邮件路单。

邮政企业应当将开拆及封发国际邮袋的时间事先通知海关,海关应当按时派员到场监管查验。

第四十九条 邮运进出境的物品,经海关查验放行后,有关经营单位方可投递或者交付。

第五十条 经海关登记准予暂时免税进境或者暂时免税出境的物品,应当由本人复带出境或者复带进境。

过境人员未经海关批准,不得将其所带物品留在境内。

第五十一条 进出境物品所有人声明放弃的物品、在海关规定期限内未办理海关手续或者无人认领的物品,以及无法投递又无法退回的进境邮递物品,由海关依照本法第三十条的规定处理。

第五十二条 享有外交特权和豁免的外国机构或者人员的公务用品或者自用物品进出境,依照有关法律、行政法规的规定办理。

第五章 关 税

第五十三条 准许进出口的货物、进出境物品,由海关依法征收关税。

第五十四条 进口货物的收货人、出口货物的发货人、进出境物品的所有人,是关税的纳税义务人。

第五十五条 进出口货物的完税价格,由海关以该货物的成交价格为基础审查确定。成交价格不能确定时,完税价格由海关依法估定。

进口货物的完税价格包括货物的货价、货物运抵中华人民共和国境内输入地点起卸前的运输及其相关费用、保险费;出口货物的完税价格包括货物的货价、货物运至中华人民共和国境内输出地点装载前的运输及其相关费用、保险费,但是其中包含的出口关税税额,应当予以扣除。

进出境物品的完税价格,由海关依法确定。

第五十六条 下列进出口货物、进出境物品,减征或者免征关税:

(一)无商业价值的广告品和货样;

(二)外国政府、国际组织无偿赠送的物资;

(三)在海关放行前遭受损坏或者损失的货物;

(四)规定数额以内的物品;

(五)法律规定减征、免征关税的其他货物、物品；

(六)中华人民共和国缔结或者参加的国际条约规定减征、免征关税的货物、物品。

第五十七条　特定地区、特定企业或者有特定用途的进出口货物,可以减征或者免征关税。特定减税或者免税的范围和办法由国务院规定。

依照前款规定减征或者免征关税进口的货物,只能用于特定地区、特定企业或者特定用途,未经海关核准并补缴关税,不得移作他用。

第五十八条　本法第五十六条、第五十七条第一款规定范围以外的临时减征或者免征关税,由国务院决定。

第五十九条　经海关批准暂时进口或者暂时出口的货物,以及特准进口的保税货物,在货物收发货人向海关缴纳相当于税款的保证金或者提供担保后,准予暂时免纳关税。

第六十条　进出口货物的纳税义务人,应当自海关填发税款缴款书之日起十五日内缴纳税款;逾期缴纳的,由海关征收滞纳金。纳税义务人、担保人超过三个月仍未缴纳的,经直属海关关长或者其授权的隶属海关关长批准,海关可以采取下列强制措施:

(一)书面通知其开户银行或者其他金融机构从其存款中扣缴税款;

(二)将应税货物依法变卖,以变卖所得抵缴税款;

(三)扣留并依法变卖其价值相当于应纳税款的货物或者其他财产,以变卖所得抵缴税款。

海关采取强制措施时,对前款所列纳税义务人、担保人未缴纳的滞纳金同时强制执行。

进出境物品的纳税义务人,应当在物品放行前缴纳税款。

第六十一条　进出口货物的纳税义务人在规定的纳税期限内有明显的转移、藏匿其应税货物以及其他财产迹象的,海关可以责令纳税义务人提供担保;纳税义务人不能提供纳税担保的,经直属海关关长或者其授权的隶属海关关长批准,海关可以采取下列税收保全措施:

(一)书面通知纳税义务人开户银行或者其他金融机构暂停支付纳税义务人相当于应纳税款的存款;

(二)扣留纳税义务人价值相当于应纳税款的货物或者其他财产。

纳税义务人在规定的纳税期限内缴纳税款的,海关必须立即解除税收保全措施;期限届满仍未缴纳税款的,经直属海关关长或者其授权的隶属海关关长批准,海关可以书面通知纳税义务人开户银行或者其他金融机构从其暂停支付的存款中扣缴税款,或者依法变卖所扣留的货物或者其他财产,以变卖所得抵缴税款。

采取税收保全措施不当,或者纳税义务人在规定期限内已缴纳税款,海关未立即解除税收保全措施,致使纳税义务人的合法权益受到损失的,海关应当依法承担赔偿责任。

第六十二条　进出口货物、进出境物品放行后,海关发现少征或者漏征税款,应当自缴纳税款或者货物、物品放行之日起一年内,向纳税义务人补征。因纳税义务人违反规定而造成的少征或者漏征,海关在三年以内可以追征。

第六十三条　海关多征的税款,海关发现后应当立即退还;纳税义务人自缴纳税款之日起一年内,可以要求海关退还。

第六十四条　纳税义务人同海关发生纳税争议时,应当缴纳税款,并可以依法申请行政复议;对复议决定仍不服的,可以依法向人民法院提起诉讼。

第六十五条　进口环节海关代征税的征收管理,适用关税征收管理的规定。

第六章　海关事务担保

第六十六条　在确定货物的商品归类、估价和提供有效报关单证或者办结其他海关手续前,收发货人要求放行货物的,海关应当在其提供与其依法应当履行的法律义务相适应的担保后放行。法律、行政法规规定可以免除担保的除外。

法律、行政法规对履行海关义务的担保另有规定的,从其规定。

国家对进出境货物、物品有限制性规定,应当提供许可证件而不能提供的,以及法律、行政法规规定不得担保的其他情形,海关不得办理担保放行。

第六十七条　具有履行海关事务担保能力的法人、其他组织或者公民,可以成为担保人。法律规定不得为担保人的除外。

第六十八条 担保人可以以下列财产、权利提供担保：

（一）人民币、可自由兑换货币；

（二）汇票、本票、支票、债券、存单；

（三）银行或者非银行金融机构的保函；

（四）海关依法认可的其他财产、权利。

第六十九条 担保人应当在担保期限内承担担保责任。担保人履行担保责任的，不免除被担保人应当办理有关海关手续的义务。

第七十条 海关事务担保管理办法，由国务院规定。

第七章 执法监督

第七十一条 海关履行职责，必须遵守法律，维护国家利益，依照法定职权和法定程序严格执法，接受监督。

第七十二条 海关工作人员必须秉公执法，廉洁自律，忠于职守，文明服务，不得有下列行为：

（一）包庇、纵容走私或者与他人串通进行走私；

（二）非法限制他人人身自由，非法检查他人身体、住所或者场所，非法检查、扣留进出境运输工具、货物、物品；

（三）利用职权为自己或者他人谋取私利；

（四）索取、收受贿赂；

（五）泄露国家秘密、商业秘密和海关工作秘密；

（六）滥用职权，故意刁难，拖延监管、查验；

（七）购买、私分、占用没收的走私货物、物品；

（八）参与或者变相参与营利性经营活动；

（九）违反法定程序或者超越权限执行职务；

（十）其他违法行为。

第七十三条 海关应当根据依法履行职责的需要，加强队伍建设，使海关工作人员具有良好的政治、业务素质。

海关专业人员应当具有法律和相关专业知识，符合海关规定的专业岗位任职要求。

海关招收工作人员应当按照国家规定，公开考试，严格考核，择优录用。

海关应当有计划地对其工作人员进行政治思想、法制、海关业务培训和考核。海关工作人员必须定期接受培训和考核，经考核不合格的，不得继续上岗执行职务。

第七十四条 海关总署应当实行海关关长定期交流制度。

海关关长定期向上一级海关述职，如实陈述其执行职务情况。海关总署应当定期对直属海关关长进行考核，直属海关应当定期对隶属海关关长进行考核。

第七十五条 海关及其工作人员的行政执法活动，依法接受监察机关的监督；缉私警察进行侦查活动，依法接受人民检察院的监督。

第七十六条 审计机关依法对海关的财政收支进行审计监督，对海关办理的与国家财政收支有关的事项，有权进行专项审计调查。

第七十七条 上级海关应当对下级海关的执法活动依法进行监督。上级海关认为下级海关作出的处理或者决定不适当的，可以依法予以变更或者撤销。

第七十八条 海关应当依照本法和其他有关法律、行政法规的规定，建立健全内部监督制度，对其工作人员执行法律、行政法规和遵守纪律的情况，进行监督检查。

第七十九条 海关内部负责审单、查验、放行、稽查和调查等主要岗位的职责权限应当明确，并相互分离、相互制约。

第八十条 任何单位和个人均有权对海关及其工作人员的违法、违纪行为进行控告、检举。收到控告、检举的机关有权处理的，应当依法按照职责分工及时查处。收到控告、检举的机关和负责查处的机关应当为控告人、检举人保密。

第八十一条　海关工作人员在调查处理违法案件时，遇有下列情形之一的，应当回避：

（一）是本案的当事人或者是当事人的近亲属；

（二）本人或者其近亲属与本案有利害关系；

（三）与本案当事人有其他关系，可能影响案件公正处理的。

第八章　法律责任

第八十二条　违反本法及有关法律、行政法规，逃避海关监管，偷逃应纳税款、逃避国家有关进出境的禁止性或者限制性管理，有下列情形之一的，是走私行为：

（一）运输、携带、邮寄国家禁止或者限制进出境货物、物品或者依法应当缴纳税款的货物、物品进出境的；

（二）未经海关许可并且未缴纳应纳税款、交验有关许可证件，擅自将保税货物、特定减免税货物以及其他海关监管货物、物品、进境的境外运输工具，在境内销售的；

（三）有逃避海关监管，构成走私的其他行为的。

有前款所列行为之一，尚不构成犯罪的，由海关没收走私货物、物品及违法所得，可以并处罚款；专门或者多次用于掩护走私的货物、物品，专门或者多次用于走私的运输工具，予以没收，藏匿走私货物、物品的特制设备，责令拆毁或者没收。

有第一款所列行为之一，构成犯罪的，依法追究刑事责任。

第八十三条　有下列行为之一的，按走私行为论处，依照本法第八十二条的规定处罚：

（一）直接向走私人非法收购走私进口的货物、物品的；

（二）在内海、领海、界河、界湖，船舶及所载人员运输、收购、贩卖国家禁止或者限制进出境的货物、物品，或者运输、收购、贩卖依法应当缴纳税款的货物，没有合法证明的。

第八十四条　伪造、变造、买卖海关单证，与走私人通谋为走私人提供贷款、资金、帐号、发票、证明、海关单证，与走私人通谋为走私人提供运输、保管、邮寄或者其他方便，构成犯罪的，依法追究刑事责任；尚不构成犯罪的，由海关没收违法所得，并处罚款。

第八十五条　个人携带、邮寄超过合理数量的自用物品进出境，未依法向海关申报的，责令补缴关税，可以处以罚款。

第八十六条　违反本法规定有下列行为之一的，可以处以罚款，有违法所得的，没收违法所得：

（一）运输工具不经设立海关的地点进出境的；

（二）不将进出境运输工具到达的时间、停留的地点或者更换的地点通知海关的；

（三）进出口货物、物品或者过境、转运、通运货物向海关申报不实的；

（四）不按照规定接受海关对进出境运输工具、货物、物品进行检查、查验的；

（五）进出境运输工具未经海关同意，擅自装卸进出境货物、物品或者上下进出境旅客的；

（六）在设立海关的地点停留的进出境运输工具未经海关同意，擅自驶离的；

（七）进出境运输工具从一个设立海关的地点驶往另一个设立海关的地点，尚未办结海关手续又未经海关批准，中途擅自改驶境外或者境内未设立海关的地点的；

（八）进出境运输工具，未经海关同意，擅自兼营或者改营境内运输的；

（九）由于不可抗力的原因，进出境船舶和航空器被迫在未设立海关的地点停泊、降落或者在境内抛掷、起卸货物、物品，无正当理由，不向附近海关报告的；

（十）未经海关许可，擅自将海关监管货物开拆、提取、交付、发运、调换、改装、抵押、质押、留置、转让、更换标记、移作他用或者进行其他处置的；

（十一）擅自开启或者损毁海关封志的；

（十二）经营海关监管货物的运输、储存、加工等业务，有关货物灭失或者有关记录不真实，不能提供正当理由的；

（十三）有违反海关监管规定的其他行为的。

第八十七条　海关准予从事有关业务的企业，违反本法有关规定的，由海关责令改正，可以给予警告，暂停其从事有关业务,直至撤销注册。

第八十八条 未经海关注册登记和未取得报关从业资格从事报关业务的,由海关予以取缔,没收违法所得,可以并处罚款。

第八十九条 报关企业、报关人员非法代理他人报关或者超出其业务范围进行报关活动的,由海关责令改正,处以罚款,暂停其执业;情节严重的,撤销其报关注册登记、取消其报关从业资格。

第九十条 进出口货物收发货人、报关企业、报关人员向海关工作人员行贿的,由海关撤销其报关注册登记,取消其报关从业资格,并处以罚款;构成犯罪的,依法追究刑事责任,并不得重新注册登记为报关企业和取得报关从业资格证书。

第九十一条 违反本法规定进出口侵犯中华人民共和国法律、行政法规保护的知识产权的货物的,由海关依法没收侵权货物,并处以罚款;构成犯罪的,依法追究刑事责任。

第九十二条 海关依法扣留的货物、物品、运输工具,在人民法院判决或者海关处罚决定作出之前,不得处理。但是,危险品或者鲜活、易腐、易失效等不宜长期保存的货物、物品以及所有人申请先行变卖的货物、物品、运输工具,经直属海关关长或者其授权的隶属海关关长批准,可以先行依法变卖,变卖所得价款由海关保存,并通知其所有人。

人民法院判决没收或者海关决定没收的走私货物、物品、违法所得、走私运输工具、特制设备,由海关依法统一处理,所得价款和海关决定处以的罚款,全部上缴中央国库。

第九十三条 当事人逾期不履行海关的处罚决定又不申请复议或者向人民法院提起诉讼的,作出处罚决定的海关可以将其保证金抵缴或者将其被扣留的货物、物品、运输工具依法变价抵缴,也可以申请人民法院强制执行。

第九十四条 海关在查验进出境货物、物品时,损坏被查验的货物、物品的,应当赔偿实际损失。

第九十五条 海关违法扣留货物、物品、运输工具,致使当事人的合法权益受到损失的,应当依法承担赔偿责任。

第九十六条 海关工作人员有本法第七十二条所列行为之一的,依法给予行政处分;有违法所得的,依法没收违法所得;构成犯罪的,依法追究刑事责任。

第九十七条 海关的财政收支违反法律、行政法规规定的,由审计机关以及有关部门依照法律、行政法规的规定作出处理;对直接负责的主管人员和其他直接责任人员,依法给予行政处分;构成犯罪的,依法追究刑事责任。

第九十八条 未按照本法规定为控告人、检举人、举报人保密的,对直接负责的主管人员和其他直接责任人员,由所在单位或者有关单位依法给予行政处分。

第九十九条 海关工作人员在调查处理违法案件时,未按照本法规定进行回避的,对直接负责的主管人员和其他直接责任人员,依法给予行政处分。

第九章 附 则

第一百条 本法下列用语的含义:

直属海关,是指直接由海关总署领导,负责管理一定区域范围内的海关业务的海关;隶属海关,是指由直属海关领导,负责办理具体海关业务的海关。

进出境运输工具,是指用以载运人员、货物、物品进出境的各种船舶、车辆、航空器和驮畜。

过境、转运和通运货物,是指由境外启运、通过中国境内继续运往境外的货物。其中,通过境内陆路运输的,称过境货物;在境内设立海关的地点换装运输工具,而不通过境内陆路运输的,称转运货物;由船舶、航空器载运进境并由原装运输工具载运出境的,称通运货物。

海关监管货物,是指本法第二十三条所列的进出口货物,过境、转运、通运货物,特定减免税货物,以及暂时进出口货物、保税货物和其他尚未办结海关手续的进出境货物。

保税货物,是指经海关批准未办理纳税手续进境,在境内储存、加工、装配后复运出境的货物。

海关监管区,是指设立海关的港口、车站、机场、国界孔道、国际邮件互换局(交换站)和其他有海关监管业务的场所,以及虽未设立海关,但是经国务院批准的进出境地点。

第一百零一条 经济特区等特定地区同境内其他地区之间往来的运输工具、货物、物品的监管办法,由国务院另行规定。

第一百零二条　本法自1987年7月1日起施行。1951年4月18日中央人民政府公布的《中华人民共和国暂行海关法》同时废止。

中华人民共和国进出口关税条例

国务院令[2003]第392号

第一章　总　　则

第一条　为了贯彻对外开放政策，促进对外经济贸易和国民经济的发展，根据《中华人民共和国海关法》（以下简称《海关法》）的有关规定，制定本条例。

第二条　中华人民共和国准许进出口的货物、进境物品，除法律、行政法规另有规定外，海关依照本条例规定征收进出口关税。

第三条　国务院制定《中华人民共和国进出口税则》（以下简称《税则》）、《中华人民共和国进境物品进口税税率表》（以下简称《进境物品进口税税率表》），规定关税的税目、税则号列和税率，作为本条例的组成部分。

第四条　国务院设立关税税则委员会，负责《税则》和《进境物品进口税税率表》的税目、税则号列和税率的调整和解释，报国务院批准后执行；决定实行暂定税率的货物、税率和期限；决定关税配额税率；决定征收反倾销税、反补贴税、保障措施关税、报复性关税以及决定实施其他关税措施；决定特殊情况下税率的适用，以及履行国务院规定的其他职责。

第五条　进口货物的收货人、出口货物的发货人、进境物品的所有人，是关税的纳税义务人。

第六条　海关及其工作人员应当依照法定职权和法定程序履行关税征管职责，维护国家利益，保护纳税人合法权益，依法接受监督。

第七条　纳税义务人有权要求海关对其商业秘密予以保密，海关应当依法为纳税义务人保密。

第八条　海关对检举或者协助查获违反本条例行为的单位和个人，应当按照规定给予奖励，并负责保密。

第二章　进出口货物关税税率的设置和适用

第九条　进口关税设置最惠国税率、协定税率、特惠税率、普通税率、关税配额税率等税率。对进口货物在一定期限内可以实行暂定税率。

出口关税设置出口税率。对出口货物在一定期限内可以实行暂定税率。

第十条　原产于共同适用最惠国待遇条款的世界贸易组织成员的进口货物，原产于与中华人民共和国签订含有相互给予最惠国待遇条款的双边贸易协定的国家或者地区的进口货物，以及原产于中华人民共和国境内的进口货物，适用最惠国税率。

原产于与中华人民共和国签订含有关税优惠条款的区域性贸易协定的国家或者地区的进口货物，适用协定税率。

原产于与中华人民共和国签订含有特殊关税优惠条款的贸易协定的国家或者地区的进口货物，适用特惠税率。

原产于本条第一款、第二款和第三款所列以外国家或者地区的进口货物，以及原产地不明的进口货物，适用普通税率。

第十一条　适用最惠国税率的进口货物有暂定税率的，应当适用暂定税率；适用协定税率、特惠税率的进口货物有暂定税率的，应当从低适用税率；适用普通税率的进口货物，不适用暂定税率。

适用出口税率的出口货物有暂定税率的，应当适用暂定税率。

第十二条　按照国家规定实行关税配额管理的进口货物，关税配额内的，适用关税配额税率；关税配额外的，其税率的适用按照本条例第十条、第十一条的规定执行。

第十三条 按照有关法律、行政法规的规定对进口货物采取反倾销、反补贴、保障措施的，其税率的适用按照《中华人民共和国反倾销条例》、《中华人民共和国反补贴条例》和《中华人民共和国保障措施条例》的有关规定执行。

第十四条 任何国家或者地区违反与中华人民共和国签订或者共同参加的贸易协定及相关协定，对中华人民共和国在贸易方面采取禁止、限制、加征关税或者其他影响正常贸易的措施的，对原产于该国家或者地区的进口货物可以征收报复性关税，适用报复性关税税率。

征收报复性关税的货物、适用国别、税率、期限和征收办法，由国务院关税税则委员会决定并公布。

第十五条 进出口货物，应当适用海关接受该货物申报进口或者出口之日实施的税率。

进口货物到达前，经海关核准先行申报的，应当适用装载该货物的运输工具申报进境之日实施的税率。

转关运输货物税率的适用日期，由海关总署另行规定。

第十六条 有下列情形之一，需缴纳税款的，应当适用海关接受申报办理纳税手续之日实施的税率：

（一）保税货物经批准不复运出境的；

（二）减免税货物经批准转让或者移作他用的；

（三）暂准进境货物经批准不复运出境，以及暂准出境货物经批准不复运进境的；

（四）租赁进口货物，分期缴纳税款的。

第十七条 补征和退还进出口货物关税，应当按照本条例第十五条或者第十六条的规定确定适用的税率。

因纳税义务人违反规定需要追征税款的，应当适用该行为发生之日实施的税率；行为发生之日不能确定的，适用海关发现该行为之日实施的税率。

第三章 进出口货物完税价格的确定

第十八条 进口货物的完税价格由海关以符合本条第三款所列条件的成交价格以及该货物运抵中华人民共和国境内输入地点起卸前的运输及其相关费用、保险费为基础审查确定。

进口货物的成交价格，是指卖方向中华人民共和国境内销售该货物时买方为进口该货物向卖方实付、应付的，并按照本条例第十九条、第二十条规定调整后的价款总额，包括直接支付的价款和间接支付的价款。

进口货物的成交价格应当符合下列条件：

（一）对买方处置或者使用该货物不予限制，但法律、行政法规规定实施的限制、对货物转售地域的限制和对货物价格无实质性影响的限制除外；

（二）该货物的成交价格没有因搭售或者其他因素的影响而无法确定；

（三）卖方不得从买方直接或者间接获得因该货物进口后转售、处置或者使用而产生的任何收益，或者虽有收益但能够按照本条例第十九条、第二十条的规定进行调整；

（四）买卖双方没有特殊关系，或者虽有特殊关系但未对成交价格产生影响。

第十九条 进口货物的下列费用应当计入完税价格：

（一）由买方负担的购货佣金以外的佣金和经纪费；

（二）由买方负担的在审查确定完税价格时与该货物视为一体的容器的费用；

（三）由买方负担的包装材料费用和包装劳务费用；

（四）与该货物的生产和向中华人民共和国境内销售有关的，由买方以免费或者以低于成本的方式提供并可以按适当比例分摊的料件、工具、模具、消耗材料及类似货物的价款，以及在境外开发、设计等相关服务的费用；

（五）作为该货物向中华人民共和国境内销售的条件，买方必须支付的、与该货物有关的特许权使用费；

（六）卖方直接或者间接从买方获得的该货物进口后转售、处置或者使用的收益。

第二十条 进口时在货物的价款中列明的下列税收、费用，不计入该货物的完税价格：

（一）厂房、机械、设备等货物进口后进行建设、安装、装配、维修和技术服务的费用；

(二)进口货物运抵境内输入地点起卸后的运输及其相关费用、保险费；

(三)进口关税及国内税收。

第二十一条　进口货物的成交价格不符合本条例第十八条第三款规定条件的，或者成交价格不能确定的，海关经了解有关情况，并与纳税义务人进行价格磋商后，依次以下列价格估定该货物的完税价格：

(一)与该货物同时或者大约同时向中华人民共和国境内销售的相同货物的成交价格；

(二)与该货物同时或者大约同时向中华人民共和国境内销售的类似货物的成交价格；

(三)与该货物进口的同时或者大约同时，将该进口货物、相同或者类似进口货物在第一级销售环节销售给无特殊关系买方最大销售总量的单位价格，但应当扣除本条例第二十二条规定的项目；

(四)按照下列各项总和计算的价格：生产该货物所使用的料件成本和加工费用，向中华人民共和国境内销售同等级或者同种类货物通常的利润和一般费用，该货物运抵境内输入地点起卸前的运输及其相关费用、保险费；

(五)以合理方法估定的价格。

纳税义务人向海关提供有关资料后，可以提出申请，颠倒前款第(三)项和第(四)项的适用次序。

第二十二条　按照本条例第二十一条第一款第(三)项规定估定完税价格，应当扣除的项目是指：

(一)同等级或者同种类货物在中华人民共和国境内第一级销售环节销售时通常的利润和一般费用以及通常支付的佣金；

(二)进口货物运抵境内输入地点起卸后的运输及其相关费用、保险费；

(三)进口关税及国内税收。

第二十三条　以租赁方式进口的货物，以海关审查确定的该货物的租金作为完税价格。

纳税义务人要求一次性缴纳税款的，纳税义务人可以选择按照本条例第二十一条的规定估定完税价格，或者按照海关审查确定的租金总额作为完税价格。

第二十四条　运往境外加工的货物，出境时已向海关报明并在海关规定的期限内复运进境的，应当以境外加工费和料件费以及复运进境的运输及其相关费用和保险费审查确定完税价格。

第二十五条　运往境外修理的机械器具、运输工具或者其他货物，出境时已向海关报明并在海关规定的期限内复运进境的，应当以境外修理费和料件费审查确定完税价格。

第二十六条　出口货物的完税价格由海关以该货物的成交价格以及该货物运至中华人民共和国境内输出地点装载前的运输及其相关费用、保险费为基础审查确定。

出口货物的成交价格，是指该货物出口时卖方为出口该货物应当向买方直接收取和间接收取的价款总额。

出口关税不计入完税价格。

第二十七条　出口货物的成交价格不能确定的，海关经了解有关情况，并与纳税义务人进行价格磋商后，依次以下列价格估定该货物的完税价格：

(一)与该货物同时或者大约同时向同一国家或者地区出口的相同货物的成交价格；

(二)与该货物同时或者大约同时向同一国家或者地区出口的类似货物的成交价格；

(三)按照下列各项总和计算的价格：境内生产相同或者类似货物的料件成本、加工费用，通常的利润和一般费用，境内发生的运输及其相关费用、保险费；

(四)以合理方法估定的价格。

第二十八条　按照本条例规定计入或者不计入完税价格的成本、费用、税收，应当以客观、可量化的数据为依据。

第四章　进出口货物关税的征收

第二十九条　进口货物的纳税义务人应当自运输工具申报进境之日起14日内，出口货物的纳税义务人除海关特准的外，应当在货物运抵海关监管区后、装货的24小时以前，向货物的进出境地海关申报。进出口货物转关运输的，按照海关总署的规定执行。

进口货物到达前，纳税义务人经海关核准可以先行申报。具体办法由海关总署另行规定。

第三十条　纳税义务人应当依法如实向海关申报，并按照海关的规定提供有关确定完税价格、进行商品归类、确定原产地以及采取反倾销、反补贴或者保障措施等所需的资料;必要时,海关可以要求纳税义务人补充申报。

第三十一条 纳税义务人应当按照《税则》规定的目录条文和归类总规则、类注、章注、子目注释以及其他归类注释,对其申报的进出口货物进行商品归类,并归入相应的税则号列;海关应当依法审核确定该货物的商品归类。

第三十二条 海关可以要求纳税义务人提供确定商品归类所需的有关资料;必要时,海关可以组织化验、检验,并将海关认定的化验、检验结果作为商品归类的依据。

第三十三条 海关为审查申报价格的真实性和准确性,可以查阅、复制与进出口货物有关的合同、发票、账册、结付汇凭证、单据、业务函电、录音录像制品和其他反映买卖双方关系及交易活动的资料。

海关对纳税义务人申报的价格有怀疑并且所涉关税数额较大的,经直属海关关长或者其授权的隶属海关关长批准,凭海关总署统一格式的协助查询账户通知书及有关工作人员的工作证件,可以查询纳税义务人在银行或者其他金融机构开立的单位账户的资金往来情况,并向银行业监督管理机构通报有关情况。

第三十四条 海关对纳税义务人申报的价格有怀疑的,应当将怀疑的理由书面告知纳税义务人,要求其在规定的期限内书面作出说明、提供有关资料。

纳税义务人在规定的期限内未作说明、未提供有关资料的,或者海关仍有理由怀疑申报价格的真实性和准确性的,海关可以不接受纳税义务人申报的价格,并按照本条例第三章的规定估定完税价格。

第三十五条 海关审查确定进出口货物的完税价格后,纳税义务人可以以书面形式要求海关就如何确定其进出口货物的完税价格作出书面说明,海关应当向纳税义务人作出书面说明。

第三十六条 进出口货物关税,以从价计征、从量计征或者国家规定的其他方式征收。

从价计征的计算公式为:应纳税额 = 完税价格 × 关税税率

从量计征的计算公式为:应纳税额 = 货物数量 × 单位税额

第三十七条 纳税义务人应当自海关填发税款缴款书之日起 15 日内向指定银行缴纳税款。纳税义务人未按期缴纳税款的,从滞纳税款之日起,按日加收滞纳税款万分之五的滞纳金。

海关可以对纳税义务人欠缴税款的情况予以公告。

海关征收关税、滞纳金等,应当制发缴款凭证,缴款凭证格式由海关总署规定。

第三十八条 海关征收关税、滞纳金等,应当按人民币计征。

进出口货物的成交价格以及有关费用以外币计价的,以中国人民银行公布的基准汇率折合为人民币计算完税价格;以基准汇率币种以外的外币计价的,按照国家有关规定套算为人民币计算完税价格。适用汇率的日期由海关总署规定。

第三十九条 纳税义务人因不可抗力或者在国家税收政策调整的情形下,不能按期缴纳税款的,经海关总署批准,可以延期缴纳税款,但是最长不得超过 6 个月。

第四十条 进出口货物的纳税义务人在规定的纳税期限内有明显的转移、藏匿其应税货物以及其他财产迹象的,海关可以责令纳税义务人提供担保;纳税义务人不能提供担保的,海关可以按照《海关法》第六十一条的规定采取税收保全措施。

纳税义务人、担保人自缴纳税款期限届满之日起超过 3 个月仍未缴纳税款的,海关可以按照《海关法》第六十条的规定采取强制措施。

第四十一条 加工贸易的进口料件按照国家规定保税进口的,其制成品或者进口料件未在规定的期限内出口的,海关按照规定征收进口关税。

加工贸易的进口料件进境时按照国家规定征收进口关税的,其制成品或者进口料件在规定的期限内出口的,海关按照有关规定退还进境时已征收的关税税款。

第四十二条 经海关批准暂时进境或者暂时出境的下列货物,在进境或者出境时纳税义务人向海关缴纳相当于应纳税款的保证金或者提供其他担保的,可以暂不缴纳关税,并应当自进境或者出境之日起 6 个月内复运出境或者复运进境;经纳税义务人申请,海关可以根据海关总署的规定延长复运出境或者复运进境的期限:

(一)在展览会、交易会、会议及类似活动中展示或者使用的货物;

(二)文化、体育交流活动中使用的表演、比赛用品;

(三)进行新闻报道或者摄制电影、电视节目使用的仪器、设备及用品;

(四)开展科研、教学、医疗活动使用的仪器、设备及用品;

(五)在本款第(一)项至第(四)项所列活动中使用的交通工具及特种车辆;

(六)货样;

(七)供安装、调试、检测设备时使用的仪器、工具;

(八)盛装货物的容器;

(九)其他用于非商业目的的货物。

第一款所列暂准进境货物在规定的期限内未复运出境的,或者暂准出境货物在规定的期限内未复运进境的,海关应当依法征收关税。

第一款所列可以暂时免征关税范围以外的其他暂准进境货物,应当按照该货物的完税价格和其在境内滞留时间与折旧时间的比例计算征收进口关税。具体办法由海关总署规定。

第四十三条 因品质或者规格原因,出口货物自出口之日起1年内原状复运进境的,不征收进口关税。

因品质或者规格原因,进口货物自进口之日起1年内原状复运出境的,不征收出口关税。

第四十四条 因残损、短少、品质不良或者规格不符原因,由进出口货物的发货人、承运人或者保险公司免费补偿或者更换的相同货物,进出口时不征收关税。被免费更换的原进口货物不退运出境或者原出口货物不退运进境的,海关应当对原进出口货物重新按照规定征收关税。

第四十五条 下列进出口货物,免征关税:

(一)关税税额在人民币50元以下的一票货物;

(二)无商业价值的广告品和货样;

(三)外国政府、国际组织无偿赠送的物资;

(四)在海关放行前损失的货物;

(五)进出境运输工具装载的途中必需的燃料、物料和饮食用品。

在海关放行前遭受损坏的货物,可以根据海关认定的受损程度减征关税。

法律规定的其他免征或者减征关税的货物,海关根据规定予以免征或者减征。

第四十六条 特定地区、特定企业或者有特定用途的进出口货物减征或者免征关税,以及临时减征或者免征关税,按照国务院的有关规定执行。

第四十七条 进口货物减征或者免征进口环节海关代征税,按照有关法律、行政法规的规定执行。

第四十八条 纳税义务人进出口减免税货物的,除另有规定外,应当在进出口该货物之前,按照规定持有关文件向海关办理减免税审批手续。经海关审查符合规定的,予以减征或者免征关税。

第四十九条 需由海关监管使用的减免税进口货物,在监管年限内转让或者移作他用需要补税的,海关应当根据该货物进口时间折旧估价,补征进口关税。

特定减免税进口货物的监管年限由海关总署规定。

第五十条 有下列情形之一的,纳税义务人自缴纳税款之日起1年内,可以申请退还关税,并应当以书面形式向海关说明理由,提供原缴款凭证及相关资料:

(一)已征进口关税的货物,因品质或者规格原因,原状退货复运出境的;

(二)已征出口关税的货物,因品质或者规格原因,原状退货复运进境,并已重新缴纳因出口而退还的国内环节有关税收的;

(三)已征出口关税的货物,因故未装运出口,申报退关的。

海关应当自受理退税申请之日起30日内查实并通知纳税义务人办理退还手续。纳税义务人应当自收到通知之日起3个月内办理有关退税手续。

按照其他有关法律、行政法规规定应当退还关税的,海关应当按照有关法律、行政法规的规定退税。

第五十一条 进出口货物放行后,海关发现少征或者漏征税款的,应当自缴纳税款或者货物放行之日起1年内,向纳税义务人补征税款。但因纳税义务人违反规定造成少征或者漏征税款的,海关可以自缴纳税款或者货物放行之日起3年内追征税款,并从缴纳税款或者货物放行之日起按日加收少征或者漏征税款万分之五的滞纳金。

海关发现海关监管货物因纳税义务人违反规定造成少征或者漏征税款的,应当自纳税义务人应缴纳税款之日起3年内追征税款,并从应缴纳税款之日起按日加收少征或者漏征税款万分之五的滞纳金。

第五十二条 海关发现多征税款的,应当立即通知纳税义务人办理退还手续。

纳税义务人发现多缴税款的,自缴纳税款之日起1年内,可以以书面形式要求海关退还多缴的税款并加算银行同期活期存款利息;海关应当自受理退税申请之日起30日内查实并通知纳税义务人办理退还手续。

纳税义务人应当自收到通知之日起3个月内办理有关退税手续。

第五十三条 按照本条例第五十条、第五十二条的规定退还税款、利息涉及从国库中退库的,按照法律、行政法规有关国库管理的规定执行。

第五十四条 报关企业接受纳税义务人的委托,以纳税义务人的名义办理报关纳税手续,因报关企业违反规定而造成海关少征、漏征税款的,报关企业对少征或者漏征的税款、滞纳金与纳税义务人承担纳税的连带责任。

报关企业接受纳税义务人的委托,以报关企业的名义办理报关纳税手续的,报关企业与纳税义务人承担纳税的连带责任。

除不可抗力外,在保管海关监管货物期间,海关监管货物损毁或者灭失的,对海关监管货物负有保管义务的人应当承担相应的纳税责任。

第五十五条 欠税的纳税义务人,有合并、分立情形的,在合并、分立前,应当向海关报告,依法缴清税款。纳税义务人合并时未缴清税款的,由合并后的法人或者其他组织继续履行未履行的纳税义务;纳税义务人分立时未缴清税款的,分立后的法人或者其他组织对未履行的纳税义务承担连带责任。

纳税义务人在减免税货物、保税货物监管期间,有合并、分立或者其他资产重组情形的,应当向海关报告。按照规定需要缴税的,应当依法缴清税款;按照规定可以继续享受减免税、保税待遇的,应当到海关办理变更纳税义务人的手续。

纳税义务人欠税或者在减免税货物、保税货物监管期间,有撤销、解散、破产或者其他依法终止经营情形的,应当在清算前向海关报告。海关应当依法对纳税义务人的应缴税款予以清缴。

第五章 进境物品进口税的征收

第五十六条 进境物品的关税以及进口环节海关代征税合并为进口税,由海关依法征收。

第五十七条 海关总署规定数额以内的个人自用进境物品,免征进口税。

超过海关总署规定数额但仍在合理数量以内的个人自用进境物品,由进境物品的纳税义务人在进境物品放行前按照规定缴纳进口税。

超过合理、自用数量的进境物品应当按照进口货物依法办理相关手续。

国务院关税税则委员会规定按货物征税的进境物品,按照本条例第二章至第四章的规定征收关税。

第五十八条 进境物品的纳税义务人是指,携带物品进境的入境人员、进境邮递物品的收件人以及以其他方式进口物品的收件人。

第五十九条 进境物品的纳税义务人可以自行办理纳税手续,也可以委托他人办理纳税手续。接受委托的人应当遵守本章对纳税义务人的各项规定。

第六十条 进口税从价计征。

进口税的计算公式为:进口税税额 = 完税价格 × 进口税税率

第六十一条 海关应当按照《进境物品进口税税率表》及海关总署制定的《中华人民共和国进境物品归类表》、《中华人民共和国进境物品完税价格表》对进境物品进行归类、确定完税价格和确定适用税率。

第六十二条 进境物品,适用海关填发税款缴款书之日实施的税率和完税价格。

第六十三条 进口税的减征、免征、补征、追征、退还以及对暂准进境物品征收进口税参照本条例对货物征收进口关税的有关规定执行。

第六章 附 则

第六十四条 纳税义务人、担保人对海关确定纳税义务人、确定完税价格、商品归类、确定原产地、适用税率或者汇率、减征或者免征税款、补税、退税、征收滞纳金、确定计征方式以及确定纳税地点有异议的,应当缴纳税款，并可以依法向上一级海关申请复议。对复议决定不服的，可以依法向人民法院提起诉讼。

第六十五条　进口环节海关代征税的征收管理，适用关税征收管理的规定。

第六十六条　有违反本条例规定行为的，按照《海关法》、《中华人民共和国海关法行政处罚实施细则》和其他有关法律、行政法规的规定处罚。

第六十七条　本条例自2004年1月1日起施行。1992年3月18日国务院修订发布的《中华人民共和国进出口关税条例》同时废止。

财政部、国家发展改革委、海关总署、国家税务总局公告

2008年第39号

财政部、国家发展改革委、海关总署、国家税务总局在广泛收集、整理各部门、行业协会、企业意见的基础上，针对《国内投资项目不予免税的进口商品目录(2006年修订)》(以下简称《目录》)执行中存在的问题，共同对《目录》中的部分条目进行了调整，现将有关事项公告如下：

一、根据近年来国内装备制造水平的变化，对《目录》中部分条目所列技术规格进行了相关调整。另外，根据《中华人民共和国进出口税则》对《目录》中部分条目所列税则号列进行了相应调整和修正，同时对其中个别商品的名称等内容进行了调整和修正(详见附件)。

二、调整后《目录》自2008年12月15日起执行，即2008年12月15日及以后新批准的国内投资项目(以项目的审批、核准或备案日期为准，下同)，其进口设备一律按照调整后的《目录》执行。

为保证《目录》调整前审批的老项目顺利实施，对2008年12月15日以前批准的国内投资项目，其进口设备在2009年6月30日及以前申报进口的，仍按照调整前《目录》执行。但对于有关进口设备按照调整前《目录》审核不符合免税条件，而按照调整后《目录》审核符合免税条件的，自2008年12月15日起，可以按照调整后《目录》执行。货物已经征税进口的，不再予以调整。

自2009年7月1日起，国内投资项目项下申报进口的设备一律按照调整后《目录》执行。

三、现行政策对国内投资项目项下进口设备的免税条件另有规定的，有关进口设备仍需执行相关规定。

附件：国内投资项目不予免税的进口商品目录(2008年调整)(略)

第七部分　中华人民共和国城市维护建设税法

中华人民共和国城市维护建设税暂行条例

国发[1985]19号

第一条　为了加强城市的维护建设,扩大和稳定城市维护建设资金的来源,特制定本条例。

第二条　凡缴纳产品税、增值税、营业税的单位和个人,都是城市维护建设税的纳税义务人(以下简称纳税人),都应当依照本条例的规定缴纳城市维护建设税。

【注释】　相关规定包括:《国家税务总局关于外商投资企业和外国企业暂不征收城市维护建设税和教育费附加的通知》(国税发[1994]38号)、《国家税务总局关于中央和国务院各部门机关服务中心恢复征税的通知》(国税发[2007]94号)。

第三条　城市维护建设税,以纳税人实际缴纳的产品税、增值税、营业税税额为计税依据,分别与产品税、增值税、营业税同时缴纳。

【注释】　相关规定包括:《国家税务总局海洋石油税务管理局关于中国海洋石油总公司缴纳城市维护建设税和教育费附加的通知》(国税油函[1994]12号)、《国家税务总局关于城市维护建设税征收问题的通知》(国税发[1994]51号)。

第四条　城市维护建设税税率如下:

纳税人所在地在市区的,税率为百分之七;

纳税人所在地在县城、镇的,税率为百分之五;

纳税人所在地不在市区、县城或镇的,税率为百分之一。

【注释】　相关规定包括:《国家税务总局海洋石油税务管理局关于中国海洋石油总公司及其所属公司缴纳城市维护建设税有关问题的通知》(国税油发[1994]7号)。

第五条　城市维护建设税的征收、管理、纳税环节、奖罚等事项,比照产品税、增值税、营业税的有关规定办理。

【注释】　相关规定包括:《国家税务总局关于外商投资企业代扣城市维护建设税问题的批复》(国税函发[1997]477号)、《国家税务总局关于国家开发银行城市维护建设税和教育费附加款项划转办法的补充通知》(国税函[1999]521号)、《财政部　国家税务总局关于黄金税收政策问题的通知》(财税[2002]142号)、《国务院办公厅对〈中华人民共和国城市维护建设税暂行条例〉第五条的解释的复函》(国办函[2004]23号)、《财政部　国家税务总局关于扶持城镇退役士兵自谋职业有关税收优惠政策的通知》(财税[2004]93号)、《财政部　国家税务总局关于生产企业出口货物实行免抵退税办法后有关城市维护建设税教育费附加政策的通知》(财税[2005]25号)、《国家税务总局关于国家税务局为小规模纳税人代开发票及税款征收有关问题的通知》(国税发[2005]18号)、《财政部　国家税务总局关于国家石油储备基地建设有关税收政策的通知》(财税[2005]23号)、《财政部　国家税务总局关于增值税营业税消费税实行先征后返等办法有关城建税和教育费附加政策的通知》(财税[2005]72号)、《国家税务总局关于国家税务局代地方税务局征收城市维护建设税和教育费附加票据使用问题的通知》(国税函[2006]815号)。

第六条　城市维护建设税应当保证用于城市的公用事业和公共设施的维护建设,具体安排由地方人民政府确定。

第七条　按照本条例第四条第三项规定缴纳的税款,应当专用于乡镇的维护和建设。

第八条　开征城市维护建设税后,任何地区和部门,都不得再向纳税人摊派资金或物资。遇到摊派情况,纳税人有权拒绝执行。

第九条　省、自治区、直辖市人民政府可以根据本条例,制定实施细则,并送财政部备案。

第十条　本条例自一九八五年度起施行。

【注释】　相关规定包括:《国家税务总局关于城市维护建设税等地方税有关问题的通知》(国税发[1994]35号)。

国家税务总局关于城市维护建设税等地方税有关问题的通知

国税发[1994]35号

各省、自治区、直辖市税务局,各计划单列市税务局,海洋石油税务管理局各分局:

关于城市维护建设税和其他地方税种的改革问题,财政部、国家税务总局于1994年元月12日向国务院报送了《关于城乡维护建设税改革的请示》(以下简称《请示》)。《请示》的主要内容包括:

一、由于《中华人民共和国城乡维护建设税暂行条例(草案)》(以下简称《条例》)一时尚不能出台,为保证城乡建设资金的需要,财政部于1993年12月29日下发了《关于城建税征收问题的通知》的明传电报。《请示》中建议,在新《条例》出台之前,请国务院准予暂按财政部1993年12月29日下发的明传电报执行。

二、对城镇土地使用税、房产税、车船使用税等地方税种的改革,在集中精力确保已出台税种顺利实施的前提下,本着积极稳妥,充分考虑各方利益的原则,在深入调查研究的基础上,做到成熟一个,出台一个,使税制改革有计划、按步骤地进行。在新的税收法律、法规未出台前,仍按原税法和税收条例执行。

以上意见已经国务院领导同志批示同意,望各地依照执行。

【注释】　对《城市维护建设税》第10条进行了解释。

国家税务总局关于外商投资企业和外国企业暂不征收城市维护建设税和教育费附加的通知

国税发[1994]38号

各省、自治区、直辖市税务局,各计划单列市税务局,海洋石油税务管理局各分局:

近来,不少地区询问税制改革后外商投资企业和外国企业是否征收城市维护建设税和教育费附加的问题。鉴于除增值税、消费税、营业税和有关法律规定对外商投资企业和外国企业征收的税种外,其他税种对外商投资企业和外国企业的适用问题,国务院将根据《全国人民代表大会常务委员会关于外商投资企业和外国企业适用增值税、消费税、营业税等税收暂行条例的决定》的精神,在近期内作出规定,因此,总局意见:对外商投资企业和外国企业是否开征城市维护建设税和教育费附加,应按照国务院将要下发的通知执行,在国务院没有明确规定之前,暂不征收。

【注释】　对《城市维护建设税》第2条进行了解释。

国家税务总局关于城市维护建设税征收问题的通知

国税发[1994]51号

各省、自治区、直辖市税务局,各计划单列市税务局,海洋石油税务管理局各分局

关于今年工商税制改革后征收城市维护建设税的问题,财政部于去年12月29日以财法字42号发了

内部传真电报，为便于执行，现将电报内容正式通知如下：

关于城市维护建设税，鉴于新条例一时尚不能出台，从1994年1月1日起，可暂按原税率和新颁布实施的增值税、消费税、营业税三税为依据，计算征收，待新条例颁布实施后，再予调整。

【注释】 对《城市维护建设税》第3条进行了解释。

国家税务总局海洋石油税务管理局关于中国海洋石油总公司缴纳城市维护建设税和教育费附加的通知

国税油函[1994]12号

中国海洋石油总公司及其所属地区公司、专业公司（以下简称中油公司）由原缴纳工商统一税改为缴纳增值税、消费税和营业税后，应相应开征城市维护建设税和教育费附加。现将有关问题明确如下：

一、城市维护建设税

中油公司应按照《中华人民共和国城市维护建设税暂行条例》及财政部1993年12月29日《关于城建税征收问题的通知》的规定，以其实际缴纳的增值税、消费税和营业税的税额为计税依据，按条例规定的税率计算缴纳城市维护建设税。

二、教育费附加

中油公司应按照国务院国发明电[1994]2号《国务院关于教育费附加征收问题的紧急通知》的规定，以其实际缴纳的增值税、消费税和营业税的税额为计税依据，按3%缴纳教育费附加。

三、本通知自1994年1月1日起施行。

【注释】 对《城市维护建设税》第3条进行了解释。

国家税务总局海洋石油税务管理局关于中国海洋石油总公司及其所属公司缴纳城市维护建设税有关问题的通知

国税油发[1994]7号

海洋石油税务管理局天津、上海、广州、湛江分局：

根据在湛江召开的海洋石油税收业务工作会议讨论的意见，经进一步研究，现将中国海洋石油总公司及其所属地区公司、专业公司（以下简称中油公司）缴纳城市维护建设税的有关问题明确如下：

一、中油公司应按照国税油函[1994]012号《海洋石油税务管理局关于中国海洋石油总公司缴纳城市维护建设税和教育费附加的通知》的规定，从1994年1月1日起以实际缴纳的增值税、消费税和营业税的税额为计税依据，缴纳城市维护建设税。具体适用税率由征收上述各税的税务分局依照城市维护建设税暂行条例及其有关规定判定。

二、根据城市维护建设税暂行条例第四条第一项的规定，中油公司自营油田生产的原油、天然气应随增值税按7%的税率，从1994年1月1日起缴纳城市维护建设税。

【注释】 对《城市维护建设税》第4条进行了解释。

国家税务总局关于外商投资企业代扣城市维护建设税问题的批复

国税函发[1997]477号

大连市地方税务局：

你局《关于“三资”企业代扣营业税是否需要同时代扣附税问题的请示》(大地税函[1997]15号)收悉。经研究，同意你局意见，对随同营业税附征的城市维护建设税和教育费附加，应按营业税的征收规定办理。即营业税条例规定的代扣代缴义务人，应在代扣营业税的同时，代扣城市维护建设税和教育费附加。

【注释】　对《城市维护建设税》第5条进行了解释。

国家税务总局关于国家开发银行城市维护建设税和教育费附加款项划转办法的补充通知

国税函[1999]521号

各省、自治区、直辖市地方税务局：

根据《国家税务总局关于国家开发银行继续集中缴纳城市维护建设税和教育费附加的通知》(国税函[1999]493号)和《国家税务总局关于国家开发银行城市维护建设税和教育费附加缴纳办法的通知》(国税函[1996]694号)的精神，结合机构改革后的职能变化情况，为进一步做好国家开发银行缴纳城市维护建设税和教育费附加款项划转工作，保证税收收入及时入库，并使此项工作逐步规范化，经研究，现对国家开发银行缴纳的城市维护建设税和教育费附加实行“集中征收、返还各地、各地入库”的有关事宜补充通知如下：

一、因机构改革，国家开发银行缴纳的城市维护建设税和教育费附加的款项划转事宜，改由国家税务总局(地方税务司)负责。

二、为了加强划转的管理和监督，及时沟通信息，各省、自治区、直辖市地方税务局应指定专人负责有关事宜，除收款单位须指定专人负责外，主管城市维护建设税业务的处也应指定专人作为款项划转的联系人。

三、各地在收到本通知后10日内，将本地指定的开户银行及账号等事宜以特快专递邮寄方式告总局(地方税务司地方税二处)。填写内容详见《国家开发银行城市维护建设税和教育费附加款项划转事宜登记表》。

四、为缩短款项划转时间，保证款项及时入库，请各地以特快专递方式将税收缴款书回执联邮寄总局(地方税务司地方税二处)。税收缴款书须分别注明城市维护建设税和教育费附加数额。

五、总局将根据各地已经返回的税收缴款书和《国家开发银行城市维护建设税和教育费附加划转事宜登记表》，将1998年未划款项一次性划转各地；待1998年税收缴款书返回后，再办理1999年第一季度及以后的款项划转事宜。

六、各省、自治区、直辖市地方税务局要重视款项划转工作，加强领导，严格执行有关规定，收到款后，必须及时入库，不得挪作它用。总局将对款项入库情况进行检查，如发现违规行为，将停止划转。

本通知自文到之日起执行。

【注释】　对《城市维护建设税》第5条进行了解释。

财政部　国家税务总局关于黄金税收政策问题的通知

财税[2002]142号

各省、自治区、直辖市、计划单列市财政厅(局)、国家税务局、地方税务局，新疆生产建设兵团财务局：

为了贯彻国务院关于黄金体制改革决定的要求，规范黄金交易，加强黄金交易的税收管理，现将黄金交易的有关税收政策明确如下：

一、黄金生产和经营单位销售黄金（不包括以下品种：成色为 au9999、au9995、au999、au995；规格为 50 克、100 克、1 公斤、3 公斤、12.5 公斤的黄金，以下简称标准黄金）和黄金矿砂（含伴生金），免征增值税；进口黄金（含标准黄金）和黄金矿砂免征进口环节增值税。

二、黄金交易所会员单位通过黄金交易所销售标准黄金（持有黄金交易所开具的《黄金交易结算凭证》），未发生实物交割的，免征增值税；发生实物交割的，由税务机关按照实际成交价格代开增值税专用发票，并实行增值税即征即退的政策，同时免征城市维护建设税、教育费附加。增值税专用发票中的单价、金额和税额的计算公式分别为：

单价 = 实际成交单价 ÷（1 + 增值税税率）

金额 = 数量 × 单价

税额 = 金额 × 税率

实际成交单价是指不含黄金交易所收取的手续费的单位价格。

纳税人不通过黄金交易所销售的标准黄金不享受增值税即征即退和免征城市维护建设税、教育费附加政策。

三、黄金出口不退税；出口黄金饰品，对黄金原料部分不予退税，只对加工增值部分退税。

四、对黄金交易所收取的手续费等收入照章征收营业税。

五、黄金交易所黄金交易的增值税征收管理办法及增值税专用发票管理办法由国家税务总局另行制定。

【注释】 对《城市维护建设税》第 5 条进行了解释。

国务院办公厅对《中华人民共和国城市维护建设税暂行条例》第五条的解释的复函

国办函[2004]23 号

国家税务总局：

你局《关于明确增值税、消费税、营业税扣缴义务人为城市维护建设税扣缴义务人的请示》（国税发[2004]14 号）收悉。经国务院批准，现函复如下：

《中华人民共和国城市维护建设税暂行条例》第五条中的“征收、管理”，包括城市维护建设税的代扣代缴、代收代缴，一律比照增值税、消费税、营业税的有关规定办理。

【注释】 对《城市维护建设税》第 5 条进行了解释。

财政部　国家税务总局关于扶持城镇退役士兵自谋职业有关税收优惠政策的通知

财税[2004]93 号

各省、自治区、直辖市、计划单列市财政厅（局）、国家税务局、地方税务局，新疆生产建设兵团财务局：

为更好地扶持城镇退役士兵自谋职业，根据《国务院办公厅转发民政部等部门关于扶持城镇退役士兵自谋职业优惠政策意见的通知》（国办发[2004]10 号）的精神，现就城镇退役士兵自谋职业有关税收政策通知如下：

一、对为安置自谋职业的城镇退役士兵就业而新办的服务型企业（除广告业、桑拿、按摩、网吧、氧吧外）当年新安置自谋职业的城镇退役士兵达到职工总数 30% 以上，并与其签订 1 年以上期限劳动合同的，经县级以上民政部门认定，税务机关审核，3 年内免征营业税及其附征的城市维护建设税、教育费附加和企业所得税。

上述企业当年新安置自谋职业的城镇退役士兵人数不足职工总数30%，但与其签订1年以上期限劳动合同的，经县级以上民政部门认定，税务机关审核，3年内可按计算的减征比例减征企业所得税。减征比例＝（企业当年新招用自谋职业的城镇退役士兵人数÷企业职工总数×100%）×2。

二、对为安置自谋职业的城镇退役士兵就业而新办的商业零售企业，当年新安置自谋职业的城镇退役士兵达到职工总数30%以上，并与其签订1年以上期限劳动合同的，经县级以上民政部门认定，税务机关审核，3年内免征城市维护建设税、教育费附加和企业所得税。

上述企业当年新安置自谋职业的城镇退役士兵人数不足职工总数30%，但与其签订1年以上期限劳动合同的，经县级以上民政部门认定，税务机关审核，3年内可按计算的减征比例减征企业所得税。减征比例＝（企业当年新招用的自谋职业的城镇退役士兵人数÷企业职工总数×100%）×2。

对于新办的从事商品零售兼营批发业务的商业零售企业，凡安置自谋职业的城镇退役士兵并与其签订1年以上期限劳动合同的，经县级以上民政部门认定，税务机关审核，每吸纳1名自谋职业的城镇退役士兵，每年可享受企业所得税2000元定额税收扣减优惠。当年不足扣减的，可结转至下一年继续扣减，但结转期不能超过两年。

三、对自谋职业的城镇退役士兵在《国务院办公厅转发民政部等部门关于扶持城镇退役士兵自谋职业优惠政策意见的通知》（国办发[2004]10号）下发后从事下列行业的，可以享受如下税收优惠政策：

1. 从事个体经营（除建筑业、娱乐业以及广告业、桑拿、按摩、网吧、氧吧外）的，自领取税务登记证之日起，3年内免征营业税、城市维护建设税、教育费附加和个人所得税。

2. 从事开发荒山、荒地、荒滩、荒水的，从有收入年度开始，3年内免征农业税。

3. 从事种植、养殖业的，其应缴纳的个人所得税按照国家有关种植、养殖业个人所得税的规定执行。

4. 从事农业机耕、排灌、病虫害防治、植保、农牧保险以及相关技术培训业务，家禽、牲畜、水生动物的配种和疾病防治业务的，按现行营业税规定免征营业税。

四、本《通知》所称新办企业是指《国务院办公厅转发民政部等部门关于扶持城镇退役士兵自谋职业优惠政策意见的通知》（国办发[2004]10号）下发后新组建的企业。原有的企业合并、分立、改制、改组、扩建、搬迁、转产以及吸收新成员、改变领导或隶属关系、改变企业名称的，不能视为新办企业。

本《通知》所称服务型企业是指从事现行营业税"服务业"税目规定的经营活动的企业。

本《通知》所称商业零售企业是指设有商品营业场所、柜台，不自产商品、直接面向最终消费者的商业零售企业，包括直接从事综合商品销售的百货商场、超级市场、零售商店等。

本《通知》所称自谋职业的城镇退役士兵是指符合城镇安置条件，并与安置地民政部门签订《退役士兵自谋职业协议书》，领取《城镇退役士兵自谋职业证》的士官和义务兵。

五、上述优惠政策自2004年1月1日起执行，此前已征税款予以退还。

六、本《通知》下发之后，现行有关劳动就业服务企业的税收优惠政策以及其他扶持就业的税收优惠政策，仍按原规定执行。如果企业既适用本《通知》规定的优惠政策，又适用原有的优惠政策，企业可选择适用最优惠的政策，但不能累加执行。

七、自谋职业的城镇退役士兵享受有关税收优惠政策的具体办法由国家税务总局、民政部另行制定。

【注释】 对《城市维护建设税》第5条进行了解释。

财政部　国家税务总局关于生产企业出口货物实行免抵退税办法后有关城市维护建设税教育费附加政策的通知

财税[2005]25号

各省、自治区、直辖市、计划单列市财政厅（局）、地方税务局，新疆生产建设兵团财务局：

经国务院批准，现就生产企业出口货物全面实行免抵退税办法后，城市维护建设税、教育费附加的政策明确如下：

一、经国家税务局正式审核批准的当期免抵的增值税税额应纳入城市维护建设税和教育费附加的计征范围,分别按规定的税(费)率征收城市维护建设税和教育费附加。

二、2005 年 1 月 1 日前,已按免抵的增值税税额征收的城市维护建设税和教育费附加不再退还,未征的不再补征。

三、本通知自 2005 年 1 月 1 日起执行。

【注释】 对《城市维护建设税》第 5 条进行了解释。

国家税务总局关于国家税务局为小规模纳税人代开发票及税款征收有关问题的通知

国税发[2005]18 号

各省、自治区、直辖市和计划单列市国家税务局、地方税务局:

为加强税收征管,优化纳税服务,针对一些地方反映的问题,现对国家税务局为增值税小规模纳税人(以下简称纳税人)代开发票征收增值税时,如何与地税局协作加强有关地方税费征收问题通知如下:

一、经国、地税局协商,可由国税局为地税局代征有关税费。纳税人销售货物或应税劳务,按现行规定需由主管国税局为其代开普通发票或增值税专用发票(以下简称发票)的,主管国税局应当在代开发票并征收增值税(除销售免税货物外)的同时,代地税局征收城市维护建设税和教育费附加。

二、经协商,不实行代征方式的,则国、地税要加强信息沟通。国税局应定期将小规模纳税人缴纳增值税情况,包括国税为其代开发票情况通报给地税局,地税局用于加强对有关地方税费的征收管理。

三、实行国税代征方式的,为保证此项工作顺利进行,国税系统应在其征管软件上加列征收城市维护建设税和教育费附加的功能,总局综合征管软件总局负责修改,各地开发的征管软件由各地自行修改。在软件修改前,暂用人工方式进行操作。

四、主管国税局为纳税人代开的发票作废或销货退回按现行规定开具红字发票时,由主管国税局退还或在下期抵缴已征收的增值税,由主管地税局退还已征收的城市维护建设税和教育费附加或者委托主管国税局在下期抵缴已征收的城市维护建设税和教育费附加,具体退税办法按《国家税务总局 中国人民银行财政部关于现金退税问题的紧急通知》(国税发[2004]47 号)执行。

五、主管国税局应当将代征的地方预算收入按照国家规定的预算科目和预算级次及时缴入国库。

六、国税局代地税局征收城市维护建设税和教育费附加,使用国税系统征收票据,并由主管国税局负责有关收入对账、核算和汇总上拨工作。

各级国税局应在"应征类"和"入库类"科目下增设"城市维护建设税"和"教育费附加"明细科目。

七、主管国税局应按月将代征地方税款入库信息,及时传送主管地税局。具体信息交换方式由各省级国税局和地税局协商确定。

八、各省级国税局和地税局应按照《中华人民共和国税收征收管理法》的有关规定签定代征协议,并分别通知所属税务机关执行。

【注释】 对《城市维护建设税》第 5 条进行了解释。

财政部 国家税务总局关于国家石油储备基地建设有关税收政策的通知

财税[2005]23 号

大连、青岛、浙江、宁波省(市)财政厅(局)、地方税务局:

经国务院批准,现对国家石油储备基地第一期项目建设过程中的有关税收政策通知如下:

一、对国家石油储备基地第一期项目建设过程中涉及的营业税、城市维护建设税、教育费附加、城镇土地使用税、印花税、耕地占用税和契税予以免征。

二、上述免税范围仅限于应由国家石油储备基地缴纳的税收。

三、国家石油储备基地第一期项目包括大连、黄岛、镇海、舟山4个储备基地。

【注释】　对《城市维护建设税》第5条进行了解释。

财政部　国家税务总局关于增值税营业税消费税实行先征后返等办法有关城建税和教育费附加政策的通知

财税[2005]72号

各省、自治区、直辖市、计划单列市财政厅(局)、地方税务局，财政部驻各省、自治区、直辖市、计划单列市财政监察专员办事处：

经研究，现对增值税、营业税、消费税(以下简称"三税")实行先征后返、先征后退、即征即退办法有关的城市维护建设税和教育费附加政策问题明确如下：

对"三税"实行先征后返、先征后退、即征即退办法的，除另有规定外，对随"三税"附征的城市维护建设税和教育费附加，一律不予退(返)还。

【注释】　对《城市维护建设税》第5条进行了解释。

国家税务总局关于国家税务局代地方税务局征收城市维护建设税和教育费附加票据使用问题的通知

国税函[2006]815号

各省、自治区、直辖市和计划单列市国家税务局、地方税务局：

《国家税务总局关于加强国家税务局 地方税务局协作的意见》(国税发[2004]4号)和《国家税务总局关于国家税务局为小规模纳税人代开发票及税款征收有关问题的通知》(国税发[2005]18号)下发后，一些地方在执行过程中反映，由于城市维护建设税和教育费附加属于地税局的征收管理范围，因此，国税局受地税局委托，为地税局代征城市维护建设税和教育费附加时，应当使用地税局的征收票据。为有利于国地税密切协作，加强税源管理，经研究，现将国税局代地税局征收税款的票据使用有关问题明确如下：

国税局代地税局征收城市维护建设税和教育费附加，应当使用地税局征收票据；如经当地国、地税局协商一致，也可以使用国税局票据。使用地税局征收票据的，由主管地税局负责有关收入对账、会计核算和汇总上报工作，主管国税局应当建立代征税款备查账，逐笔、序时、分项目登记代地税局征收的城市维护建设税和教育费附加；使用国税局征收票据的，由主管国税局负责有关收入对账、会计核算和汇总上报工作。

国税局为小规模纳税人代开发票时代地税局征收城市维护建设税和教育费附加，有利于加强源泉控管，堵塞征管漏洞，提高依法治税水平，是贯彻税收科学化、精细化管理要求的一项重要举措。国税局、地税局双方应当本着"依法协作、优化服务、强化监管、信息共享"的原则，进一步加强沟通与协调，努力减少漏征漏管，提高纳税服务水平。国税局代征税款使用地税局征收票据的，主管地税局应当积极采取措施，为主管国税局票据领用、票款结报缴销等工作提供便利；主管国税局应做好相关基础工作，提高服务水平，方便纳税人办税。国税发[2005]18号文件中的有关规定与本通知不符的，以本通知为准。

【注释】　对《城市维护建设税》第5条进行了解释。

国家税务总局关于中央和国务院各部门机关服务中心恢复征税的通知

国税发[2007]94 号

各省、自治区、直辖市和计划单列市国家税务局、地方税务局：

《财政部　国家税务总局关于延长中央和国务院各部门机关服务中心有关税收政策执行期限的通知》(财税[2006]109 号)已于 2006 年 12 月末执行期满，自 2007 年 1 月 1 日起，对机关服务中心为机关内部提供的后勤保障服务所取得的收入，恢复征收企业所得税、营业税、城市维护建设税和教育费附加。

【注释】　对《城市维护建设税》第 2 条进行了解释。

财政部　国家税务总局关于免征国家重大水利工程建设基金的城市维护建设税和教育费附加的通知

财税[2010]44 号

各省、自治区、直辖市、计划单列市财政厅(局)、地方税务局，新疆生产建设兵团财务局：

经国务院批准，为支持国家重大水利工程建设，对国家重大水利工程建设基金免征城市维护建设税和教育费附加。

本通知自发文之日起执行。

国务院关于统一内外资企业和个人城市维护建设税和教育费附加制度的通知

国发 [2010]35 号

各省、自治区、直辖市人民政府，国务院各部委、各直属机构：

为了进一步统一税制、公平税负，创造平等竞争的外部环境，根据第八届全国人民代表大会常务委员会第五次会议通过的《全国人民代表大会常务委员会关于外商投资企业和外国企业适用增值税、消费税、营业税等税收暂行条例的决定》，国务院决定统一内外资企业和个人城市维护建设税和教育费附加制度，现将有关问题通知如下：

自 2010 年 12 月 1 日起，外商投资企业、外国企业及外籍个人适用国务院 1985 年发布的《中华人民共和国城市维护建设税暂行条例》和 1986 年发布的《征收教育费附加的暂行规定》。1985 年及 1986 年以来国务院及国务院财税主管部门发布的有关城市维护建设税和教育费附加的法规、规章、政策同时适用于外商投资企业、外国企业及外籍个人。

凡与本通知相抵触的各项规定同时废止。

财政部　国家税务总局有关负责人就统一内外资企业和个人城市维护建设税和教育费附加制度有关问题答记者问

2010 年 10 月 18 日，国务院发布了《国务院关于统一内外资企业和个人城市维护建设税和教育费附加制度的通知》(国发[2010]35号,以下简称《通知》),决定对外商投资企业、外国企业及外籍个人(以下统称外资企业)征收城市维护建设税和教育费附加。财政部、国家税务总局有关负责人就《通知》的有关问题接受了记者的采访。

问:《通知》的主要内容是什么?

答:《通知》主要包括以下内容:一是自2010年12月1日起,外资企业适用国务院1985年发布的《中华人民共和国城市维护建设税暂行条例》和1986年发布的《征收教育费附加的暂行规定》,即对外资企业征收城市维护建设税和教育费附加,统一内外资企业城市维护建设税和教育费附加制度;二是1985年及1986年以来国务院及国务院财税主管部门发布的有关城市维护建设税和教育费附加的法规、规章、政策适用于外资企业;三是明确了与《通知》相抵触的各项规定同时废止。

问:《通知》出台的背景是什么?

答:为筹集城乡维护建设资金和扩大地方教育经费来源,国务院于1985年和1986年分别颁布了《中华人民共和国城市维护建设税暂行条例》、《征收教育费附加的暂行规定》。城市维护建设税和教育费附加以增值税、消费税、营业税(1994年以前为产品税、增值税、营业税)实际缴纳的税额为计征依据。城市维护建设税根据纳税人所在地为市区、县城(镇)和其他地区,分别按照7%、5%、1%三档税率征收,教育费附加目前统一按3%的比率征收。

城市维护建设税和教育费附加开征20多年来,仅对我国公民和内资企业征收。这种内外有别的税费制度,在改革开放初期,对吸引外资和引进国外先进技术发挥了重要作用。随着我国改革开放的不断深化,这种税费制度越来越不符合市场经济公平竞争的要求,产生的矛盾日益突出,社会各界要求统一内外资企业税费制度的呼声越来越强烈。1993年发布的《国务院批转国家税务总局工商税制改革实施方案的通知》(国发[1993]90号)提出"现在不缴纳城建税的外资企业,也应成为城建税的纳税人";党的十六届三中全会通过的《中共中央关于完善社会主义市场经济体制若干问题的决定》、《中华人民共和国国民经济和社会发展第十一个五年规划纲要》均提出要"统一各类企业税收制度";2009年、2010年国务院政府工作报告以及2010年5月国务院批转的国家发展改革委《关于2010年深化经济体制改革重点工作的意见》明确提出要"统一内外资企业和个人城建税、教育费附加制度"。

统一各类企业税收制度是公平税费负担,促进公平竞争的必然要求。随着我国经济社会发展和市场经济体制的不断完善,统一内外资企业城市维护建设税和教育费附加制度的时机已经成熟。2009年以来,为应对国际金融危机的冲击,实现"保增长"的目标,我国实施了积极的财政政策,其中包括一系列结构性减税政策,如企业所得税改革、增值税转型、提高出口退税率、提高个人所得税费用扣除标准、降低证券交易印花税税率等。据测算,2009年的减税总规模约5000多亿元,明显减轻了企业负担,增强了经济活力。当前我国经济继续回升向好,为统一内外资企业城市维护建设税和教育费附加制度的顺利实施提供了有利条件。

问:《通知》出台的法律依据是什么?

答:1994年以前,外资企业缴纳工商统一税,不缴纳产品税、增值税、营业税,因此,外资企业不属于城市维护建设税和教育费附加的纳税人。1994年工商税制改革后,内外资企业统一缴纳增值税、消费税、营业税。根据1993年12月29日发布的《全国人民代表大会常务委员会关于外商投资企业和外国企业适用增值税、消费税、营业税等税收暂行条例的决定》精神,城市维护建设税和教育费附加是否适用于外资企业,依照国务院的规定执行。

1994年,国务院发布了《国务院关于外商投资企业和外国企业适用增值税、消费税、营业税等税收暂行条例有关问题的通知》(国发[1994]10号)和《国务院关于教育费附加征收问题的补充通知》(国发明电[1994]23号),根据上述两个通知的规定,对外资企业暂不征收城市维护建设税和教育费附加。目前,鉴于对外资企业征收城市维护建设税和教育费附加时机已经成熟,根据全国人大常委会的授权,国务院下发《通知》,决定对外资企业征收城市维护建设税和教育费附加。

问:对外资企业征收城市维护建设税和教育费附加具有什么重要意义?

答:对外资企业征收城市维护建设税和教育费附加制度的重要意义有如下几点:

一是符合"统一各类企业税收制度"的要求。1994年以来,全国人大、国务院着手逐步统一内外资企业税收制度。在我国现行税收体系中,增值税、消费税、营业税、企业所得税、城镇土地使用税、车船税、耕地占用税和房产税等原来内外资企业分设的制度均已先后实现了统一,目前仅城市维护建设税和教育费附加仍实行内外有别的制度。因此,对外资企业征收城市维护建设税和教育费附加,符合统一税制的要求,是落实党中央、国务院有关决定的重要举措。

二是符合城市维护建设税和教育费附加的征收原则。城市维护建设税和教育费附加,属于具有特定目的的专项税收和政府性基金,所有享用城乡公共设施和教育服务的单位和个人,都应属于其征收对象。因此,外资企业应与内资企业一样承担缴纳税费的义务。

三是有利于公平内外资企业税费负担,促进公平竞争。改革开放初期,为鼓励引进外资、引进先进技术,我国对外资企业实行一定的税费优惠政策具有积极意义。随着我国市场经济体制不断完善,继续实行内外有别的税费制度,将会加剧内外资企业之间的不公平竞争,不利于提高内资企业的竞争力。对外资企业征收城市维护建设税和教育费附加,有利于为各类企业创造公平竞争的税费环境。

四是有利于促进城乡建设和教育事业的发展。国家《建设事业"十一五"规划纲要》提出,财政要加大对公共交通、城镇供水工程、城镇廉租住房和城镇保障住房等的投入。《国家中长期教育改革和发展规划纲要》明确提出,到2012年财政性教育经费要达到占GDP4%的目标。将外资企业纳入城市维护建设税和教育费附加征收范围,拓宽了地方政府城乡建设和教育事业投入的资金来源,有利于提高财政性教育经费占GDP的比重,促进城乡建设和教育事业发展。

问:对外资企业征收城市维护建设税和教育费附加会不会影响吸引外资?

答:对外资企业征收城市维护建设税和教育费附加,不会对我国吸引外资产生负面影响。首先,我国社会稳定,经济正处于高速增长期,消费市场广阔,劳动力资源丰富,同时,我国政府长期致力于为国外投资者创造更加开放、更加公平、更加便利、更加友好的投资环境,形成了全方位、宽领域、多层次的对外开放格局,诸多有利因素对外资具有较强的吸引力。其次,对外资企业征收城市维护建设税和教育费附加,目的并不是为了增加外资企业负担,而是建立有利于公平竞争的税收机制和投资环境,相信这一举措会得到外资企业的理解和支持。

财政部　国家税务总局关于对外资企业征收城市维护建设税和教育费附加有关问题的通知

财税[2010]103号

各省、自治区、直辖市、计划单列市财政厅(局)、国家税务局、地方税务局,新疆生产建设兵团财务局:

根据《国务院关于统一内外资企业和个人城市维护建设税和教育费附加制度的通知》(国发[2010]35号)决定,自2010年12月1日起,对外商投资企业、外国企业及外籍个人(以下简称外资企业)征收城市维护建设税和教育费附加。现将有关问题通知如下:

对外资企业2010年12月1日(含)之后发生纳税义务的增值税、消费税、营业税(以下简称"三税")征收城市维护建设税和教育费附加;对外资企业2010年12月1日之前发生纳税义务的"三税",不征收城市维护建设税和教育费附加。

各级财政、税务机关要增强服务意识,加强政策宣传,做好征管工作。对政策执行中遇到的问题,要认真研究,妥善解决,重大问题及时上报财政部、国家税务总局。

国家税务总局关于中外合作开采石油资源适用城市维护建设税教育费附加有关事宜的公告

国家税务总局公告2010年第31号

根据《国务院关于统一内外资企业和个人城市维护建设税和教育费附加制度的通知》(国发[2010]35

号)的规定,现将中外合作开采石油资源适用城市维护建设税和教育费附加的有关事宜公告如下:

一、中外合作油(气)田开采的原油、天然气,在依据《国务院关于外商投资企业和外国企业适用增值税、消费税、营业税等税收暂行条例有关问题的通知》(国发[1994]10号)和《国家税务总局关于中外合作开采石油资源缴纳增值税有关问题的通知》(国税发[1994]114号),按5%税率缴纳实物增值税后,以合作油(气)田实际缴纳的增值税税额为计税依据,缴纳城市维护建设税和教育费附加。

合作油(气)田的城市维护建设税和教育费附加的申报缴纳事宜,由参与中外合作开采石油资源的中国石油公司负责办理。

二、开采海洋石油资源的中外合作油(气)田所在地在海上,根据《中华人民共和国城市维护建设税暂行条例》(国发[1985]19号)第四条的规定,其城市维护建设税适用1%的税率。

三、中国海洋石油总公司海上自营油(气)田按照上述规定执行。

四、本公告按照《国务院关于统一内外资企业和个人城市维护建设税和教育费附加制度的通知》(国发[2010]35号)规定的日期执行。

第八部分　中华人民共和国烟叶税法

中华人民共和国烟叶税暂行条例

国务院令[2006]464号

第一条　在中华人民共和国境内收购烟叶的单位为烟叶税的纳税人。纳税人应当依照本条例规定缴纳烟叶税。

【注释】　相关规定包括:《关于烟叶税若干具体问题的规定》(财税[2006]64号)。

第二条　本条例所称烟叶,是指晾晒烟叶、烤烟叶。

【注释】　相关规定包括:《关于烟叶税若干具体问题的规定》(财税[2006]64号)。

第三条　烟叶税的应纳税额按照纳税人收购烟叶的收购金额和本条例第四条规定的税率计算。应纳税额的计算公式为:

应纳税额 = 烟叶收购金额 × 税率

应纳税额以人民币计算。

【注释】　相关规定包括:《关于烟叶税若干具体问题的规定》(财税[2006]64号)。

第四条　烟叶税实行比例税率,税率为20%。

烟叶税税率的调整,由国务院决定。

第五条　烟叶税由地方税务机关征收。

第六条　纳税人收购烟叶,应当向烟叶收购地的主管税务机关申报纳税。

【注释】　相关规定包括:《关于烟叶税若干具体问题的规定》(财税[2006]64号)。

第七条　烟叶税的纳税义务发生时间为纳税人收购烟叶的当天。

【注释】　相关规定包括:《关于烟叶税若干具体问题的规定》(财税[2006]64号)。

第八条　纳税人应当自纳税义务发生之日起30日内申报纳税。具体纳税期限由主管税务机关核定。

第九条　烟叶税的征收管理,依照《中华人民共和国税收征收管理法》及本条例的有关规定执行。

第十条　本条例自公布之日起施行。

关于烟叶税若干具体问题规定

财税[2006]64号

根据《中华人民共和国烟叶税暂行条例》(以下简称《条例》),现对有关烟叶税具体问题规定如下:

一、《条例》第一条所称"收购烟叶的单位",是指依照《中华人民共和国烟草专卖法》的规定有权收购烟叶的烟草公司或者受其委托收购烟叶的单位。

二、依照《中华人民共和国烟草专卖法》查处没收的违法收购的烟叶,由收购罚没烟叶的单位按照购买金额计算缴纳烟叶税。

三、《条例》第二条所称"晾晒烟叶",包括列入名晾晒烟名录的晾晒烟叶和未列入名晾晒烟名录的其他晾晒烟叶。

四、《条例》第三条所称"收购金额",包括纳税人支付给烟叶销售者的烟叶收购价款和价外补贴。按照简化手续、方便征收的原则,对价外补贴统一暂按烟叶收购价款的10%计入收购金额征税。收购金额计算公式如下:

$$收购金额 = 收购价款 \times (1 + 10\%)$$

五、《条例》第六条所称“烟叶收购地的主管税务机关”，是指烟叶收购地的县级地方税务局或者其所指定的税务分局、所。

六、《条例》第七条所称“收购烟叶的当天”，是指纳税人向烟叶销售者付讫收购烟叶款项或者开具收购烟叶凭据的当天。

【注释】　解释《烟叶税暂行条例》第1、2、3、6、7条。

第三编

财产税法

第九部分　中华人民共和国资源税法

中华人民共和国资源税暂行条例

国务院令[1993]139号

第一条　在中华人民共和国境内开采本条例规定的矿产品或者生产盐(以下简称开采或者生产应税产品)的单位和个人,为资源税的纳税义务人(以下简称纳税人),应当依照本条例缴纳资源税。

【注释】　相关规定包括:《国家税务总局关于手工回收煤炭征收资源税问题的批复》(国税函发[1996]605号)。

第二条　资源税的税目、税额,依照本条例所附的《资源税税目税额幅度表》及财政部的有关规定执行。

税目、税额幅度的调整,由国务院决定。

【注释】　相关规定包括:《财政部　国家税务总局关于临时调减北方海盐资源税税额的通知》(财税[1995]96号)、《财政部　国家税务总局关于减征冶金独立矿山铁矿石和有色金属矿资源税的通知》(财税[1997]82号)、《国家税务总局关于印发《资源税几个应税产品范围问题的解答》的通知》(国税函发[1997]628号)、《财政部　国家税务总局关于调整冶金联合企业矿山铁矿石资源税适用税额的通知》(财税[2002]17号)、《财政部　国家税务总局关于调整石灰石、大理石和花岗石资源税适用税额的通知》(财税[2003]119号)、《财政部　国家税务总局关于调整陕西省部分地区煤炭企业资源税税额的通知》(财税[2004]128号)、《财政部　国家税务总局关于调整山西等省煤炭资源税税额的通知》(财税[2004]187号)、《财政部　国家税务总局关于调整山东省煤炭资源税税额标准的通知》(财税[2005]86号)、《财政部　国家税务总局关于调整福建省煤炭资源税税额标准的通知》(财税[2005]85号)、《财政部　国家税务总局关于调整云南省煤炭资源税税额标准的通知》(财税[2005]84号)、《财政部　国家税务总局关于调整安徽省煤炭资源税税额标准的通知》(财税[2005]80号)、《财政部　国家税务总局关于调整宁夏回族自治区煤炭资源税税额标准的通知》(财税[2005]81号)、《财政部　国家税务总局关于调整河南省煤炭资源税税额标准的通知》(财税[2005]79号)、《财政部　国家税务总局关于调整贵州省煤炭资源税税额标准的通知》(财税[2005]83号)、《财政部　国家税务总局关于调整重庆市煤炭资源税税额标准的通知》(财税[2005]82号)、《财政部　国家税务总局关于调整钼矿石等品目资源税政策的通知》(财税[2005]168号)、《财政部　国家税务总局关于调整湖北省煤炭资源税税额标准的通知》(财税[2005]169号)、《财政部　国家税务总局关于调整内蒙古自治区煤炭资源税税额标准的通知》(财税[2005]172号)、《财政部　国家税务总局关于调整天津溏沽盐场资源税税额标准的通知》(财税[2005]173号)、《财政部　国家税务总局关于调整湖南省煤炭资源税税额标准的通知》(财税[2005]170号)、《财政部　国家税务总局关于调整江西省煤炭资源税税额标准的通知》(财税[2006]37号)、《财政部　国家税务总局关于调整江苏省煤炭资源税税额标准的通知》(财税[2006]38号)、《财政部　国家税务总局关于胜利石油管理局所属企业油气资源税政策的批复》(财税[2006]54号)、《财政部　国家税务总局关于吉林省油气资源税政策的通知》(财税[2006]55号)、《财政部　国家税务总局关于调整岩金矿资源税有关政策的通知》(财税[2006]69号)、《财政部　国家税务总局关于调整甘肃省煤炭资源税税额标准的通知》(财税[2006]106号)、《财政部　国家税务总局关于钒矿石资源税有关政策的通知》(财税[2006]120号)、《财政部　国家税务总局关于调整辽宁省煤炭资源税适用税额标准的通知》(财税[2006]138号)、《财政部　国家税务总局关于调整河北省煤炭资源税适用税额标准的通知》(财税

[2006]137号)、《财政部 国家税务总局关于调整吉林省煤炭资源税适用税额标准的通知》(财税[2006]131号)、《财政部 国家税务总局关于调整四川省煤炭资源税适用税额标准的通知》(财税[2006]136号)、《财政部 国家税务总局关于调整盐资源税适用税额标准的通知》(财税[2007]5号)、《财政部 国家税务总局关于调整焦煤资源税适用税额标准的通知》(财税[2007]15号)、《财政部 国家税务总局关于调整铅锌矿石等税目资源税适用税额标准的通知》(财税[2007]100号)。

第三条 纳税人具体适用的税额,由财政部商国务院有关部门,根据纳税人所开采或者生产应税产品的资源状况,在规定的税额幅度内确定。

第四条 纳税人开采或者生产不同税目应税产品的,应当分别核算不同税目应税产品的课税数量;未分别核算或者不能准确提供不同税目应税产品的课税数量的,从高适用税额。

第五条 资源税的应纳税额,按照应税产品的课税数量和规定的单位税额计算。应纳税额计算公式:

应纳税额=课税数量×单位税额

第六条 资源税的课税数量:

(一)纳税人开采或者生产应税产品销售的,以销售数量为课税数量。

(二)纳税人开采或者生产应税产品自用的,以自用数量为课税数量。

【注释】 相关规定包括:《国家税务总局关于印发〈资源税若干问题的规定〉的通知》(国税发[1994]15号)。

第七条 有下列情形之一的,减征或者免征资源税:

(一)开采原油过程中用于加热、修井的原油,免税。

(二)纳税人开采或者生产应税产品过程中,因意外事故或者自然灾害等原因遭受重大损失的,由省、自治区、直辖市人民政府酌情决定减税或者免税。

(三)国务院规定的其他减税、免税项目。

【注释】 相关规定包括:《财政部 国家税务总局关于独立矿山铁矿石资源税减按规定税额60%征收的通知》(财税[1994]41号)、《财政部 国家税务总局关于调整东北老工业基地部分矿山油田企业资源税税额的通知》(财税[2004]146号)、《财政部 国家税务总局关于加快煤层气抽采有关税收政策问题的通知》(财税[2007] 16号)。

第八条 纳税人的减税、免税项目,应当单独核算课税数量;未单独核算或者不能准确提供课税数量的,不予减税或者免税。

第九条 纳税人销售应税产品,纳税义务发生时间为收讫销售款或者取得索取销售款凭据的当天;自产自用应税产品,纳税义务发生时间为移送使用的当天。

第十条 资源税由税务机关征收。

第十一条 收购未税矿产品的单位为资源税的扣缴义务人。

【注释】 相关规定包括:《国家税务总局关于印发〈中华人民共和国资源税代扣代缴管理办法〉的通知》(国税发[1998]49号)、《国家税务总局关于取消资源税扣缴义务人资格审批事项的通知》(国税函[2004]817号)。

第十二条 纳税人应纳的资源税,应当向应税产品的开采或者生产所在地主管税务机关缴纳。纳税人在本省、自治区、直辖市范围内开采或者生产应税产品,其纳税地点需要调整的,由省、自治区、直辖市税务机关决定。

【注释】 相关规定包括:《国家税务总局关于明确流转税、资源税法规中"主管税务机关、征收机关"名称问题的通知》(国税发[1994]232号)。

第十三条 纳税人的纳税期限为一日、三日、五日、十日、十五日或者一个月,由主管税务机关根据实际情况具体核定。不能按固定期限计算纳税的,可以按次计算纳税。

纳税人以一个月为一期纳税的,自期满之日起十日内申报纳税;以一日、三日、五日、十日或者十五日为一期纳税的,自期满之日起五日内预缴税款,于次月一日起十日内申报纳税并结清上月税款。

扣缴义务人的解缴税款期限,比照前两款的规定执行。

【注释】 相关规定包括:《国家税务总局关于明确流转税、资源税法规中"主管税务机关、征收机关"名称问题的通知》(国税发[1994]232号)。

第十四条 资源税的征收管理,依照《中华人民共和国税收征收管理法》及本条例有关规定执行。

【注释】 相关规定包括:《财政部关于资源税会计处理的规定》(财会[1994]8号)。

第十五条 本条例由财政部负责解释,实施细则由财政部制定。

第十六条 本条例自一九九四年一月一日起施行。一九八四年九月十八日国务院发布的《中华人民共和国资源税条例(草案)》、《中华人民共和国盐税条例(草案)》同时废止。

中华人民共和国资源税暂行条例实施细则

财法[1993]43号

第一条 根据《中华人民共和国资源税暂行条例》(以下简称条例)第十五条的规定,制定本细则。

第二条 条例所附《资源税税目税额幅度表》中所列部分税目的征税范围限定如下:

(一)原油,是指开采的天然原油,不包括人造石油。

(二)天然气,是指专门开采或与原油同时开采的天然气,暂不包括煤矿生产的天然气。

(三)煤炭,是指原煤,不包括洗煤、选煤及其他煤炭制品。

(四)其他非金属矿原矿,是指上列产品和井矿盐以外的非金属矿原矿。

(五)固体盐,是指海盐原盐、湖盐原盐和井矿盐。液体盐,是指卤水。

【注释】 相关规定包括:《国家税务总局关于印发《资源税若干问题的规定》的通知》(国税发[1994]15号)。

第三条 条例第一条所称单位,是指国有企业、集体企业、私有企业、股份制企业、其他企业和行政单位、事业单位、军事单位、社会团体及其他单位。

条例第一条所称个人,是指个体经营者及其他个人。

第四条 资源税应税产品的具体适用税额,按本细则所附的《资源税税目税额明细表》执行。

未列举名称的其他非金属矿原矿和其他有色金属矿原矿,由省、自治区、直辖市人民政府决定征收或暂缓征收资源税,并报财政部和国家税务总局备案。

矿产品等级的划分,按本细则所附《几个主要品种的矿山资源等级表》执行。

对于划分资源等级的应税产品,其《几个主要品种的矿山资源等级表》中未列举名称的纳税人适用的税额,由省、自治区、直辖市人民政府根据纳税人的资源状况,参照《资源税税目税额明细表》和《几个主要品种的矿山资源等级表》中确定的邻近矿山的税额标准,在浮动30%的幅度内核定,并报财政部和国家税务总局备案。

第五条 纳税人不能准确提供应税产品销售数量或移送使用数量的,以应税产品的产量或主管税务机关确定的折算比换算成的数量为课税数量。

原油中的稠油、高凝油与稀油划分不清或不易划分的,一律按原油的数量课税。

【注释】 相关规定包括:《国家税务总局关于印发〈资源税若干问题的规定〉的通知》(国税发[1994]15号)、《国家税务总局关于明确流转税、资源税法规中"主管税务机关、征收机关"名称问题的通知》(国税发[1994]232号)。

第六条 条例第九条所称资源税纳税义务发生时间具体规定如下:

(一)纳税人销售应税产品,其纳税义务发生时间是:

1. 纳税人采取分期收款结算方式的,其纳税义务发生时间,为销售合同规定的收款日期的当天;

2. 纳税人采取预收货款结算方式的,其纳税义务发生时间,为发出应税产品的当天;

3. 纳税人采取其他结算方式的,其纳税义务发生时间,为收讫销售款或者取得索取销售款凭据的当天。

(二)纳税人自产自用应税产品的纳税义务发生时间,为移送使用应税产品的当天。

(三)扣缴义务人代扣代缴税款的纳税义务发生时间,为支付货款的当天。

【注释】 相关规定包括:《国家税务总局关于明确资源税扣缴义务人代扣代缴义务发生时间的批复》

(国税函[2002]1037号)。

第七条 条例第十一条所称的扣缴义务人,是指独立矿山、联合企业及其他收购未税矿产品的单位。

【注释】 相关规定包括:《国家税务总局关于认定收购未税矿产品的个体户为资源税扣缴义务人的批复》(国税函[2000]733号)。

第八条 条例第十一条把收购未税矿产品的单位规定为资源税的扣缴义务人,是为了加强资源税的征管。主要适应税源小、零散、不定期开采、易漏税等情况,税务机关认为不易控管,由扣缴义务人在收购时代扣代缴未税矿产品为宜的。

【注释】 相关规定包括:《国家税务总局关于明确流转税、资源税法规中"主管税务机关、征收机关"名称问题的通知》(国税发[1994]232号)。

第九条 扣缴义务人代扣代缴的资源税,应当向收购地主管税务机关缴纳。

【注释】 相关规定包括:《国家税务总局关于明确流转税、资源税法规中"主管税务机关、征收机关"名称问题的通知》(国税发[1994]232号)、《国家税务总局关于印发《中华人民共和国资源税代扣代缴管理办法》的通知》(国税发[1998]49号)、《国家税务总局关于取消资源税扣缴义务人资格审批事项的通知》(国税函[2004]817号)。

第十条 根据条例第十二条规定,纳税人应纳的资源税应当向应税产品的开采或生产所在地主管税务机关缴纳。具体实施时,跨省开采资源税应税产品的单位,其下属生产单位与核算单位不在同一省、自治区、直辖市的,对其开采的矿产品,一律在开采地纳税,其应纳税款由独立核算、自负盈亏的单位,按照开采地的实际销售量(或者自用量)及适用的单位税额计算划拨。

【注释】 相关规定包括:《国家税务总局关于明确流转税、资源税法规中"主管税务机关、征收机关"名称问题的通知》(国税发[1994]232号)。

第十一条 纳税人具体适用的单位税额,由财政部根据其资源和开采条件等因素的变化情况适当进行定期调整。

第十二条 本细则由财政部解释,或者由国家税务总局解释。

第十三条 本细则自条例公布施行之日起实施。1983年9月28日财政部颁发的《中华人民共和国盐税条例(草案)实施细则》同时废止。

资源税若干问题的规定

国税发[1994]15号

一、自产自用产品的课税数量资源税纳税人自产自用应税产品,因无法准确提供移送使用量而采取折算比换算课税数量办法的,具体规定如下:

(一)煤炭,对于连续加工前无法正确计算原煤移送使用量的,可按加工产品的综合回收率,将加工产品实际销量和自用量折算成原煤数量作为课税数量。

(二)金属和非金属矿产品原矿,因无法准确掌握纳税人移送使用原矿数量的,可将其精矿按选矿比折算成原矿数量作为课税数量。

二、自产自用产品的范围。

资源税暂行条例和实施细则中所说的自产自用产品,包括用于生产和非生产两部分。

三、资源税扣缴义务人适用的税额规定如下:

(一)独立矿山、联合企业收购未税矿产品的单位,按照本单位应税产品税额标准,依据收购的数量代扣代缴资源税。

(二)其他收购单位收购的未税矿产品,按主管税务机关核定的应税产品税额标准,依据收购的数量代扣代缴资源税。

四、新旧税制衔接的具体征税规定:

(一)1994年1月1日以前储备的盐,1994年1月1日以后动用的,在动用时由动用单位按动用量依照新的资源税条例规定及税额缴纳盐资源税。

(二)1994 年 1 月 1 日以后储备的盐,按新的资源税条例规定在盐的出场(厂)环节纳税。

(三)1994 年 1 月 1 日以前出场(厂)的未缴纳盐税的盐,到 1994 年 1 月 1 日以后销售的,在运销环节由运销单位按新的资源税条例规定缴纳资源税。

(四)1994 年 1 月 1 日以前签订的销售合同,1994 年 1 月 1 日以后供货的,依照新的资源税条例规定及税额缴纳资源税。

五、黑色金属矿原矿、有色金属矿原矿:

(一)黑色金属矿原矿、有色金属矿原矿,是指纳税人开采后自用、销售的,用于直接入炉冶炼或作为主产品先入选精矿、制造人工矿,再最终入炉冶炼的金属矿石原矿。

(二)金属矿产品自用原矿,是指入选精矿、直接入炉冶炼或制造烧结矿、球团矿等所用原矿。

(三)铁矿石直接入炉用的原矿,是指粉矿、高炉原矿、高炉块矿、平炉块矿等。

(四)独立矿山指只有采矿或只有采矿和选矿,独立核算、自负盈亏的单位,其生产的原矿和精矿主要用于对外销售。

(五)联合企业指采矿、选矿、冶炼(或加工)连续生产的企业或采矿、冶炼(或加工)连续生产的企业,其采矿单位,一般是该企业的二级或二级以下核算单位。

六、原油:

(一)稠油,是指在油层温度条件下,原油粘度大于 100 毫帕/秒或原油重度大于 0.92 的原油。

高凝油,是指凝固点大于 40℃,含蜡量超过 30% 的用普通开采方式不能正常生产的原油。

(二)凝析油视同原油,征收资源税。

(三)其他陆上石油开采企业,是指《资源税税目税额明细表》中未列举的陆上石油开采单位以及在石油勘探过程中有油量产出并销售或自用的勘探单位。

(四)海上石油开采企业,是指在中华人民共和国内海、领海、大陆架及其他属于中华人民共和国行使管辖权的海域内依法从事开采海洋石油资源的企业。

七、盐:

(一)北方海盐,是指辽宁、河北、天津、山东、江苏五省、市所产的海盐。

南方海盐,是指浙江、福建、广东、海南、广西五省、自治区所产的海盐。

液体盐俗称卤水,是指氯化钠含量达到一定浓度的溶液,是用于生产碱和其他产品的原料。

(二)盐的资源税一律在出场(厂)环节由生产者缴纳。

(三)纳税人以自产的液体盐加工固体盐,按固体盐税额征税,以加工的固体盐数量为课税数量。纳税人以外购的液体盐加工固体盐,其加工固体盐所耗用液体盐的已纳税额准予抵扣。

八、原财政部税务总局、国家税务局和国家税务总局根据原资源税、盐税的条例及细则作出的各项征税规定,自 1994 年 1 月 1 日起一律废止。

【注释】　对《资源税暂行条例》第 6 条进行了解释。对《资源税暂行条例实施细则》第 2、5 条进行了解释。

财政部关于资源税会计处理的规定

财会[1994]8 号

《中华人民共和国资源税暂行条例》已经国务院发布,现对有关会计处理办法规定如下:

一、企业交纳的资源税,通过“应交税金——应交资源税”科目核算。

二、企业计算出销售的应税产品应交纳的资源税,借记“产品销售税金及附加”等科目,贷记“应交税金——应交资源税”科目;上交资源税时,借记“应交税金——应交资源税”科目,贷记“银行存款”科目。

三、企业计算出自产自用的应税产品应交纳的资源税,借记“生产成本”、“制造费用”等科目,贷记“应交税金——应交资源税”科目;上交资源税时,借记“应交税金——应交资源税”科目,贷记“银行存款”科目。

四、企业收购未税矿产品，按实际支付的收购款，借记“材料采购”等科目，贷记“银行存款”等科目；按代扣代交的资源税，借记“材料采购”等科目，贷记“应交税金——应交资源税”科目；上交资源税时，借记“应交税金——应交资源税”科目，贷记“银行存款”科目。

五、企业外购液体盐加工固体盐，在购入液体盐时，按所允许抵扣的资源税，借记“应交税金——应交资源税”科目；按外购价款扣除允许抵扣资源税后的数额，借记“材料采购”等科目；按应支付的全部价款，贷记“银行存款”、“应付账款”等科目。企业加工成固体盐后，在销售时，按计算出的销售固体盐应交的资源税，借记“产品销售税金及附加”科目，贷记“应交税金——应交资源税”科目。将销售固体盐应纳资源税扣抵液体盐已纳资源税后的差额上交时，借记“应交税金——应交资源税”科目，贷记“银行存款”科目。

【注释】 对《资源税暂行条例》第14条进行了解释。

财政部　国家税务总局关于独立矿山铁矿石资源税减按规定税额60%征收的通知

财税[1994]41号

各省、自治区、直辖市财政厅(局)、税务局(不发西藏)，各计划单列市财政局、税务局，(含原省会所在地计划单列市)：

鉴于实行新税制后铁矿石的流转税、资源税负担上升较大，即使适当提高铁矿石价格，独立矿山仍难以承受。为支持独立铁矿的发展，经国务院批准，决定自1994年1月1日起，对独立矿山应纳的铁矿石资源税减征40%，按规定税额标准的60%征收。

【注释】 对《资源税暂行条例》第7条进行了解释。

国家税务总局关于明确流转税、资源税法规中“主管税务机关、征收机关”名称问题的通知

国税发[1994]232号

各省、自治区、直辖市国家税务局、地方税务局，各计划单列市国家税务局、地方税务局：

在增值税、消费税、营业税、资源税暂行条例、实施细则及相关文件中，对“主管税务机关、征收机关”已作了解释，但是，由于各地国家税务局和地方税务局机构的分设，原名称所指已发生变化，现重新明确如下：

……

四、《中华人民共和国资源税暂行条例》第十二条中的“省、自治区、直辖市税务机关，”是指省、自治区、直辖市地方税务局和享有省级经济管理权限的城市的地方税务局。

《中华人民共和国资源税暂行条例》第十二、十三条以及《中华人民共和国资源税暂行条例实施细则》第五、八、九、十条所说的“主管税务机关”或“税务机关”，是指县级以上(含县级)的地方税务局。

【注释】 对《资源税暂行条例》第12、13条进行了解释。对《资源税暂行条例实施细则》第5、8、9、10条进行了解释。

财政部 国家税务总局关于临时调减北方海盐资源税税额的通知

财税[1995]96 号

各省、自治区、直辖市、计划单列市财政厅(局)、地方税务局:

为支持盐业的发展,经国务院批准,决定自 1994 年 1 月 1 日起,北方海盐资源税暂减按每吨 20 元计征。

【注释】 对《资源税暂行条例》第 2 条进行了解释。

国家税务总局关于手工回收煤炭征收资源税问题的批复

国税函发[1996]605 号

辽宁省地方税务局:

你局《关于手工回收煤炭是否征收资源税问题的请示》(辽地税函[1996]30 号)收悉。对你省一些地区的部分单位和个人,在废弃的煤矸石中利用简易工具手工回收煤炭对外销售或使用,且这些煤炭属于未纳资源税的原煤,经研究决定:为便于加强资源税的征收管理,对这种未税原煤,可按其销售和自用数量依法照章征收资源税。

【注释】 对《资源税暂行条例》第 1 条进行了解释。

财政部 国家税务总局关于减征冶金独立矿山铁矿石和有色金属矿资源税的通知

财税[1997]82 号

各省、自治区、直辖市、计划单列市财政厅(局)、地方税务局、沈阳、长春、哈尔滨、南京、武汉、广州、成都、西安市财政局、地方税务局:

经国务院批准,现对冶金独立矿山铁矿石和有色矿资源税问题规定如下,请依照执行。

1. 自 1996 年 7 月 1 日起,对冶金独立矿山应缴纳的铁矿石资源税在财政部和国家税务总局《关于独立矿山铁矿石资源税减按规定税额 60% 征收的通知》[(94)财税字 041 号]规定减征 40% 的基础上,再减征 20%,即按规定税额标准的 40% 征收。

2. 冶金独立矿山是指 1993 年 12 月 31 日以前存在的冶金独立矿山、财政部和国家税务总局《关于调整六家企业铁矿石资源税适用税额的通知》(财税字[1995]10 号)中列举的六家矿铁企业以及 1994 年 1 月 1 日以后建成投产的冶金独立矿山对 1993 年 12 月 31 日以后由联合矿山改组为独立矿山的,不得按(94)财税字 041 号及本通知规定减征资源税。

3. 从 1996 年 7 月 1 日起,对有色金属矿的资源税减征 30%,即按规定税额标准的 70% 征收。

4. 本通知到达之日前企业多缴纳的资源税,可在文件到达以后应缴纳的资源税中抵扣。

【注释】 对《资源税暂行条例》第 2 条进行了解释。

资源税几个应税产品范围问题的解答

国税函发[1997]628号

根据部分地区在征收资源税中遇到的问题，现将资源税部分应税产品的征税范围，解答明确如下：

一、铝土矿

铝土矿一般是指包括三水铝石、一水硬铝石、一水软铝石、高岭石、蛋白石等多种矿物的混合体。是用于提炼铝氧的一种矿石，通常呈致密块状、豆状、鲕状等集合体，质地比较坚硬，其铝硅比为3—12，含铝量(指三氧化二铝，下同)一般在40%—75%。铝土矿主要用于冶炼金属铝、制造高铝水泥、耐火材料、磨料等。

本税目的征收范围包括高铝粘土在内的所有铝土矿。

二、耐火粘土

粘土是土状矿物质。耐火粘土是指耐火度大于1580℃的粘土，矿物成分以高岭土或水白云母—高岭土类为主。耐火粘土呈土状，其铝硅比小于2.6，含铝量一般大于30%。依其理化性能、矿石特征和用途，在工业上一般分为软质粘土、半软质粘土、硬质粘土和高铝粘土等四种。耐火粘土主要用于冶金、机械、轻工、建材等部门。

高铝粘土不同于一般的耐火粘土，其有用成份的含量、矿石特征等均与铝土矿相同。高铝粘土既可用于生产耐火材料，又可用于提炼金属铝。

本税目的征收范围是除高铝粘土以外的耐火粘土。

三、石英砂

石英砂主要用于玻璃、耐火材料、陶瓷、铸造、石油、化工、环保、研磨等行业。是一种具有矽氧或二氧化矽的化合物，其主要成份是二氧化硅，呈各种颜色，为透明与半透明的晶体，形态各异。

本税目的征收范围包括石英砂、石英岩、石英砂岩、脉石英或石英石等。

四、矿泉水

矿泉水是含有符合国家标准的矿物质元素的一种水气矿产，可供饮用或医用等。此外，水气矿产还包括地下水、二氧化碳气、硫化氢气、氦气、氡气等。

矿泉水等水气矿产属“其他非金属矿原矿——未列举名称的其他非金属矿原矿”。

【注释】 对《资源税暂行条例》第2条进行了解释。

中华人民共和国资源税代扣代缴管理办法

国税发[1998]49号

第一条 为了进一步加强对资源税的征收管理，根据《中华人民共和国税收征收管理法》(以下简称《税收征管法》)和《中华人民共和国资源税暂行条例》(以下简称《资源税条例》)等有关规定，制定本办法。

第二条 收购资源税未税矿产品的独立矿山、联合企业以及其他单位为资源税代扣代缴义务人(以下简称扣缴义务人)。

扣缴义务人应当主动向主管税务机关申请办理代扣代缴义务人的有关手续。主管税务机关经审核批准后，发给扣缴义务人代扣代缴税款凭证及报告表。

第三条 扣缴义务人必须依照本办法的规定履行代扣代缴资源税义务。扣缴义务人在履行其法定义务时，有关单位和个人应予支持、协助，不得干预、阻挠。

第四条 扣缴义务人履行代扣代缴的适用范围是：收购的除原油、天然气、煤炭以外的资源税未税矿产品。

第五条 本办法第四条所称“未税矿产品”是指资源税纳税人在销售其矿产品时不能向扣缴义务人提供“资源税管理证明”的矿产品。

第六条 “资源税管理证明”是证明销售的矿产品已缴纳资源税或已向当地税务机关办理纳税申报的有效凭证。“资源税管理证明”分为甲、乙两种证明(式样附后),由当地主管税务机关开具。

资源税管理甲种证明适用生产规模较大、财务制度比较健全、有比较固定的购销关系、能够依法申报缴纳资源税的纳税人,是一次开具在一定期限内多次使用有效的证明。

资源税管理乙种证明适用个体、小型采矿销售企业等零散资源税纳税人,是根据销售数量多次开具一次使用有效的证明。

“资源税管理证明”由国家税务总局统一制定,各省、自治区、直辖市地方税务局印制。

“资源税管理证明”可以跨省、区、市使用。为防止伪造,“资源税管理证明”须与纳税人的税务登记证副本一同使用。

第七条 凡开采销售本办法规定范围内的应税矿产品的单位和个人,在销售其矿产品时,应当向当地主管税务机关申请开具“资源税管理证明”,作为销售矿产品已申报纳税免予扣缴税款的依据。购货方(扣缴义务人)在收购矿产品时,应主动向销售方(纳税人)索要“资源税管理证明”,扣缴义务人据此不代扣资源税。凡销售方不能提供“资源税管理甲种证明”的或超出“资源税管理乙种证明”注明的销售数量部分,一律视同未税矿产品,由扣缴义务人依法代扣代缴资源税,并向纳税人开具代扣代缴税款凭证。

扣缴义务人应按主管税务机关的要求妥善整理和保管收取的“资源税管理证明”,以备税务机关核查。纳税人领取的“资源税管理证明”,不得转借他人使用,遗失不补。

第八条 扣缴义务人代扣代缴资源税适用的单位税额按如下规定执行:

(一)独立矿山、联合企业收购与本单位矿种相同的未税矿产品,按照本单位相同矿种应税产品的单位税额,依据收购数量代扣代缴资源税。

(二)独立矿山、联合企业收购与本单位矿种不同的未税矿产品,以及其他收购单位收购的未税矿产品,按照收购地相应矿种规定的单位税额,依据收购数量代扣代缴资源税。

(三)收购地没有相同品种矿产品的,按收购地主管税务机关核定的单位税额,依据收购数量代扣代缴资源税。

第九条 扣缴义务人代扣代缴资源税的计算公式为:

代扣代缴的资源税额=收购未税矿产品数量×适用单位税额。

第十条 扣缴义务人代扣代缴资源税义务发生时间为扣缴义务人支付货款的当天。

第十一条 扣缴义务人代扣代缴资源税的地点为应税未税矿产品的收购地。

第十二条 扣缴义务人代扣资源税税款的解缴期限为1日、3日、5日、10日、15日或者1个月。具体解缴期限由主管税务机关根据实际情况核定。

扣缴义务人应在主管税务机关规定的时间内解缴其代扣的资源税款,并报送代扣代缴等有关报表。

第十三条 主管税务机关按照规定提取并向扣缴义务人支付手续费。

第十四条 扣缴义务人代扣代缴资源税时,要建立代扣代缴税款账簿,序时登记资源税代扣、代缴税款报告表。

第十五条 扣缴义务人依法履行代扣税款义务时,纳税人不得拒绝。纳税人拒绝的,扣缴义务人应当及时报告主管税务机关处理。否则,纳税人应缴纳的税款由扣缴义务人负担。

第十六条 扣缴义务人必须依法接受税务机关检查,如实反映情况,提供有关资料,不得拒绝或隐瞒。

第十七条 扣缴义务人发生下列行为之一者,按《税收征管法》及其实施细则处理:

(一)应代扣而未代扣或少代扣资源税款;

(二)不缴或少缴已扣税款;

(三)未按规定期限解缴税款;

(四)未按规定设置、保管有关资源税代扣代缴账簿、凭证、报表及有关资料;

(五)转借、涂改、损毁、造假、不按照规定使用“资源税管理证明”的行为;

(六)其他违反税收规定的行为。

第十八条 本办法未尽事宜,依照有关税收法律、法规执行。

第十九条 各省、自治区、直辖市地方税务局可根据本办法和当地实际情况制定具体实施办法。

第二十条 本办法由国家税务总局负责解释。

第二十一条 本办法自1998年7月1日起执行。

【注释】 对《资源税暂行条例》第11条进行了解释。对《资源税暂行条例实施细则》第9条进行了解释。

国家税务总局关于认定收购未税矿产品的个体户为资源税扣缴义务人的批复

国税函[2000]733号

北京市地方税务局：

你局《关于认定收购未税矿产品的个人为资源税扣缴义务人的请示》(京地税营[2000]293号)收悉。经研究，现批复如下：

《中华人民共和国资源税暂行条例实施细则》第七条规定，资源税的扣缴义务人是指"独立矿山、联合企业及其他收购未税矿产品的单位"。这里所说的"其他收购未税矿产品的单位"，也包括收购未税矿产品的个体户在内。因此，你局可以依照现行规定认定具备一定条件的收购未税矿产品的个体户为资源税的扣缴义务人。

【注释】 对《资源税暂行条例实施细则》第7条进行了解释。

财政部　国家税务总局关于调整冶金联合企业矿山铁矿石资源税适用税额的通知

财税[2002]17号

各省、自治区、直辖市、计划单列市财政厅(局)、地方税务局：

为促进冶金矿山发展，平衡不同类型企业的资源税负担，鼓励公平竞争，经研究决定，自2002年4月1日起，对冶金联合企业矿山(含1993年12月31日后从联合企业矿山中独立出来的铁矿山企业)铁矿石资源税，减按规定税额标准的40%征收。对于由此造成地方财政减少的收入，中央财政将予以适当补助。

【注释】 对《资源税暂行条例》第2条进行了解释。

国家税务总局关于明确资源税扣缴义务人代扣代缴义务发生时间的批复

国税函[2002]1037号

吉林省地方税务局：

你局《关于资源税扣缴义务人代扣代缴义务发生时间问题的请示》(吉地税发[2002]117号)收悉。经研究，批复如下：

鉴于资源税扣缴义务人拖欠货款，造成税款拖欠和流失的情况时有发生，为加强征收管理，严肃税收秩序，根据《中华人民共和国资源税暂行条例实施细则》的第六条"扣缴义务人代扣代缴税款的纳税义务发生时间，为支付货款的当天"的规定，对扣缴义务人代扣代缴税款的纳税义务发生时间，具体明确为支付首笔货款或者首次开具应支付货款凭据的当天。

【注释】　对《资源税暂行条例实施细则》第 6 条进行了解释。

财政部　国家税务总局关于调整石灰石、大理石和花岗石资源税适用税额的通知

财税[2003]119 号

各省、自治区、直辖市、计划单列市财政厅(局)、地方税务局,新疆生产建设兵团财务局:

近年来,一些地区反映,现行石灰石、大理石和花岗石资源税适用税额标准不尽合理,建议作适当调整。经研究,现就有关调整事项通知如下:

一、石灰石资源税适用税额由每吨 2 元调整为每吨 0.5 元至 3 元;大理石和花岗石资源税适用税额由每立方米 3 元调整为每立方米 3 元至 10 元。

二、各省、自治区、直辖市财政厅(局)、地方税务局可在上述幅度内确定适用税额标准。

三、本通知自 2003 年 7 月 1 日起执行。请各地根据本地区的实际情况,制定具体的调整方案,并报财政部、国家税务总局备案。

【注释】　对《资源税暂行条例》第 2 条进行了解释。

国家税务总局关于取消资源税扣缴义务人资格审批事项的通知

国税函[2004]817 号

各省、自治区、直辖市和计划单列市地方税务局:

为简化行政审批事项,规范对资源税扣缴义务人的管理,经研究决定:自 2004 年 7 月 1 日起,将《中华人民共和国资源税代扣代缴管理办法》(国税发[1998]49 号)第二条中"扣缴义务人应当主动向主管税务机关申请办理代扣代缴义务人的有关手续。主管税务机关经审核批准后,发给扣缴义务人代扣代缴税款凭证及报告表"的规定予以废止。资源税的代扣代缴事宜,一律依照《中华人民共和国税收征收管理法》及《中华人民共和国税收征收管理法实施细则》的有关规定办理。

【注释】　对《资源税暂行条例》第 11 条进行了解释。对《资源税暂行条例实施细则》第 9 条进行了解释。

财政部　国家税务总局关于调整陕西省部分地区煤炭企业资源税税额的通知

财税[2004]128 号

陕西省财政厅、地方税务局:

根据《中华人民共和国资源税暂行条例》、《财政部国家税务总局调整长庆油田等企业资源税税额的通知》(财税[2004]19 号)的有关规定和相关企业的实际情况,经研究决定:

自 2004 年 1 月 1 日起,将你省延安、榆林两市境内地方煤炭企业及成阳彬长、旬东矿区煤炭企业资源税单位税额调整为每吨 2.3 元。

【注释】　对《资源税暂行条例》第 2 条进行了解释。

财政部　国家税务总局关于调整东北老工业基地部分矿山油田企业资源税税额的通知

财税[2004]146号

辽宁、吉林、黑龙江省财政厅、地方税务局：

为支持东北地区老工业基地振兴，经国务院批准，现就东北老工业基地有关资源税政策通知如下：

一、关于调整衰竭期矿山和低丰度油田资源税税额标准问题

请你厅根据有关油田、矿山的实际情况和财政承受能力，提出对低丰度油田和衰竭期矿山在不超过30%的幅度内降低资源税适用税额标准的建议，报省人民政府批准后实施，并报财政部、国家税务总局备案。

二、关于地方减收问题

对因降低资源税税额标准而减少的收入，由地方自行消化解决。

三、关于执行时间

上述政策自2004年7月1日起实施。

【注释】　对《资源税暂行条例》第7条进行了解释。

财政部　国家税务总局关于调整山西等省煤炭资源税税额的通知

财税[2004]187号

山西、内蒙古、青海省(自治区)财政厅、地方税务局：

根据《中华人民共和国资源税暂行条例》的有关规定和相关企业的实际情况，经研究决定：

自2004年7月1日起，将山西省境内煤炭资源税税额调整至3.2元/吨，青海省、内蒙古自治区境内煤炭资源税税额调整至2.3元/吨。

【注释】　对《资源税暂行条例》第2条进行了解释。

财政部　国家税务总局关于调整山东省煤炭资源税税额标准的通知

财税[2005]86号

山东省财政厅、地方税务局：

经研究决定，自2005年5月1日起，将你省煤炭资源税适用税额统一提高至每吨3.6元。

【注释】　对《资源税暂行条例》第2条进行了解释。

财政部　国家税务总局关于调整福建省煤炭资源税税额标准的通知

财税[2005]85号

福建省财政厅、地方税务局：

经研究决定，自2005年5月1日起，将你省煤炭资源税适用税额统一提高至每吨2.5元。

【注释】　对《资源税暂行条例》第2条进行了解释。

财政部　国家税务总局关于调整云南省煤炭资源税税额标准的通知

财税[2005]84号

经研究决定，自2005年5月1日起，将你省曲靖市富源县煤炭资源税适用税额提高至每吨3元，省内其他地区煤炭资源税适用税额提高至每吨2.5元。

【注释】　对《资源税暂行条例》第2条进行了解释。

财政部　国家税务总局关于调整安徽省煤炭资源税税额标准的通知

财税[2005]80号

安徽省财政厅、地方税务局：

经研究决定，自2005年5月1日起，将你省煤炭资源税适用税额统一提高至每吨2元。

【注释】　对《资源税暂行条例》第2条进行了解释。

财政部　国家税务总局关于调整宁夏回族自治区煤炭资源税税额标准的通知

财税[2005]81号

宁夏回族自治区财政厅、地方税务局：

经研究决定，自2005年5月1日起，将你区煤炭资源税适用税额统一提高至每吨2.3元。

【注释】　对《资源税暂行条例》第2条进行了解释。

财政部　国家税务总局关于调整河南省煤炭资源税税额标准的通知

财税[2005]79 号

河南省财政厅、地方税务局：

经研究决定，自 2005 年 5 月 1 日起，将你省焦作矿务局、鹤壁矿务局、义马矿务局煤炭资源税适用税额分别提高至每吨 3 元、3 元、2.5 元，其他煤矿煤炭资源税适用税额统一提高至每吨 4 元。

【注释】 对《资源税暂行条例》第 2 条进行了解释。

财政部　国家税务总局关于调整贵州省煤炭资源税税额标准的通知

财税[2005]83 号

贵州省财政厅、地方税务局：

经研究决定，自 2005 年 5 月 1 日起，将你省煤炭资源税适用税额统一提高至每吨 2.5 元。

【注释】 对《资源税暂行条例》第 2 条进行了解释。

财政部　国家税务总局关于调整重庆市煤炭资源税税额标准的通知

财税[2005]82 号

重庆市财政厅、地方税务局：

经研究决定，自 2005 年 5 月 1 日起，将你市煤炭资源税适用税额统一提高至每吨 2.5 元。

【注释】 对《资源税暂行条例》第 2 条进行了解释。

财政部　国家税务总局关于调整钼矿石等品目资源税政策的通知

财税[2005]168 号

各省、自治区、直辖市、计划单列市财政厅（局）、地方税务局：

根据《中华人民共和国资源税暂行条例》的有关规定和相关企业的实际情况，经研究决定：

一、取消对有色金属矿资源税减征 30% 的优惠政策，恢复按全额征收。

二、调整对冶金矿山铁矿石资源税减征政策，暂按规定税额标准的 60% 征收。

三、调整钼矿石资源税适用税额标准：一等税额标准为每吨 8 元，二等税额标准为每吨 7 元，三等税额标准为每吨 6 元，四等税额标准为每吨 5 元，五等税额标准为每吨 4 元。

四、将锰矿石资源税适用税额标准由2元/吨调整到6元/吨。

五、本通知自2006年1月1日起实施。

【注释】　对《资源税暂行条例》第2条进行了解释。

财政部　国家税务总局关于调整湖北省煤炭资源税税额标准的通知

财税[2005]169号

湖北省财政厅、地方税务局：

经研究决定，自2006年1月1日起，将你省煤炭资源税适用税额标准统一提高至每吨3元。

【注释】　对《资源税暂行条例》第2条进行了解释。

财政部　国家税务总局关于调整内蒙古自治区煤炭资源税税额标准的通知

财税[2005]172号

内蒙古自治区财政厅、地方税务局：

经研究决定，自2006年1月1日起，将你区煤炭资源税适用税额标准统一提高至每吨3.2元。

【注释】　对《资源税暂行条例》第2条进行了解释。

财政部　国家税务总局关于调整天津塘沽盐场资源税税额标准的通知

财税[2005]173号

天津市财政局、地方税务局

根据《中华人民共和国资源税条例》的有关规定和企业的实际情况，为了鼓励企业积极开展技术创新、综合利用资源、保护生态环境，经研究决定，自2006年1月1日起对利用废水制盐的塘沽盐场暂减按10元/吨征收应缴纳的资源税。

【注释】　对《资源税暂行条例》第2条进行了解释。

财政部　国家税务总局关于调整湖南省煤炭资源税税额标准的通知

财税[2005]170号

湖南省财政厅、地方税务局：

经研究决定，自2006年1月1日起，将你省煤炭资源税适用税额标准统一提高至每吨2.5元。

【注释】 对《资源税暂行条例》第2条进行了解释。

财政部　国家税务总局关于调整江西省煤炭资源税税额标准的通知

财税[2006]37号

江西省财政厅、地方税务局：

经研究决定，自2006年4月1日起，将你省煤炭资源税适用税额标准统一提高至每吨2.5元。

【注释】 对《资源税暂行条例》第2条进行了解释。

财政部　国家税务总局关于调整陕西省煤炭资源税税额标准的通知

财税[2006]39号

陕西省财政厅、地方税务局：

经研究决定，自2006年4月1日起，将你省煤炭资源税适用税额标准统一提高至每吨3.2元。

财政部　国家税务总局关于调整江苏省煤炭资源税税额标准的通知

财税[2006]38号

江苏省财政厅、地方税务局：

经研究决定，自2006年4月1日起，将你省煤炭资源税适用税额标准统一提高至每吨2.5元。

【注释】 对《资源税暂行条例》第2条进行了解释。

财政部　国家税务总局关于胜利石油管理局所属企业油气资源税政策的批复

财税[2006]54号

山东省财政厅、地方税务局：

你厅、局《关于对胜利石油管理局所属油气开采企业适用资源税税额标准问题的请示》（鲁财税[2005]28号）收悉，现批复如下：

鉴于你省境内的胜利石油管理局所属油气生产企业开采的原油天然气，在《财政部　国家税务总局关于调整原油天然气资源税税额标准的通知》（财税[2005]115号）下发前，执行与中国石化胜利油田有限公司相同的资源税税额，因此，胜利油田石油管理局在山东境内的全资和控股的油气生产企业开采的原油天然气，均应比照中国石化胜利油田有限公司油气现行资源税税额标准执行。

【注释】 对《资源税暂行条例》第2条进行了解释。

财政部 国家税务总局关于吉林省油气资源税政策的通知

财税[2006]55号

吉林省财政厅、地方税务局：

你省境内的其他油气生产企业与中国石油天然气股份有限公司吉林油田分公司开采的原油天然气，在《财政部 国家税务总局关于调整原油天然气资源税税额标准的通知》(财税[2005]115号)下发前，执行的资源税税额是一致的，因此，你省其他油气生产企业的油气资源税税额标准应比照中国石油天然气股份有限公司吉林油田分公司的现行资源税税额标准执行。

【注释】 对《资源税暂行条例》第2条进行了解释。

财政部 国家税务总局关于调整岩金矿资源税有关政策的通知

财税[2006]69号

各省、自治区、直辖市、计划单列市财政厅(局)、地方税务局：

根据《中华人民共和国资源税暂行条例》的有关规定和企业的实际情况，经研究，现将调整岩金矿资源税政策的有关问题通知如下：

一、调整各等级岩金矿资源税税额标准，具体标准见《岩金矿各等级资源税税额明细表》。

二、调整岩金矿各等级的范围。《岩金矿资源等级分类明细表》列明的企业(或金矿)按所属等级和《岩金矿各等级资源税税额明细表》确定适用税额。未列入《岩金矿资源等级分类明细表》的企业(或金矿)适用的税额，由省、自治区、直辖市人民政府根据其资源状况，参照《岩金矿各等级资源税税额明细表》和《岩金矿资源等级分类明细表》中确定的邻近矿山的税额标准，在浮动30%的幅度内核定，并报财政部和国家税务总局备案。

三、原矿已缴纳过资源税，选冶后形成的尾矿进行再利用的，只要纳税人能够在统计、核算上清楚地反映，并在堆放等具体操作上能够同应税原矿明确区隔开，不再计征资源税。尾矿与原矿如不能划分清楚的，应按原矿计征资源税。

四、采用堆浸工艺，矿石与废石(品位低于0.5克/吨)分别堆浸，纳税人能够在统计、核算上清楚地反映，并在堆放等具体操作上能够同应税原矿明确区隔开的，是否对废石征收资源税由省级人民政府确定。

五、本通知自2006年5月1日起执行。《中华人民共和国资源税暂行条例实施细则》[(93)财法字第43号]所附“资源税税目税额明细表”中的岩金矿石各等级税额以及“几个主要品种的矿山资源等级表”中的“岩金矿石资源等级表”同时废止。

【注释】 对《资源税暂行条例》第2条进行了解释。

财政部 国家税务总局关于调整甘肃省煤炭资源税税额标准的通知

财税[2006]106号

甘肃省财政厅、地方税务局：

经研究决定，自2006年7月1日起，将你省煤炭资源税适用税额标准统一提高至每吨3元。

【注释】 对《资源税暂行条例》第2条进行了解释。

财政部 国家税务总局关于钒矿石资源税有关政策的通知

财税[2006]120号

各省、自治区、直辖市、计划单列市财政厅(局)、地方税务局,新疆生产建设兵团财务局:

根据《中华人民共和国资源税暂行条例》的有关规定,为促进钒矿石资源的合理开发利用,经研究,现将钒矿石资源税有关政策通知如下:

一、在我国境内开采钒矿石(含石煤钒)的单位和个人应依照《中华人民共和国资源税暂行条例》及相关规定缴纳资源税。

二、钒矿石(含石煤钒)资源税适用税额标准为每吨12元。

三、本通知自2006年9月1日起执行。

【注释】 对《资源税暂行条例》第2条进行了解释。

财政部 国家税务总局关于调整辽宁省煤炭资源税适用税额标准的通知

财税[2006]138号

辽宁省财政厅、地方税务局:

经研究决定,自2006年9月1日起,将你省煤炭资源税适用税额标准统一提高至每吨2.8元。

【注释】 对《资源税暂行条例》第2条进行了解释。

财政部 国家税务总局关于调整河北省煤炭资源税适用税额标准的通知

财税[2006]137号

河北省财政厅、地方税务局:

经研究决定,自2006年9月1日起,将你省煤炭资源税适用税额标准统一提高至每吨3元。

【注释】 对《资源税暂行条例》第2条进行了解释。

财政部 国家税务总局关于调整吉林省煤炭资源税适用税额标准的通知

财税[2006]131号

吉林省财政厅、地方税务局:

经研究决定,自2006年9月1日起,将你省煤炭资源税适用税额标准统一提高至每吨2.5元。

【注释】 对《资源税暂行条例》第2条进行了解释。

财政部 国家税务总局关于调整四川省煤炭资源税适用税额标准的通知

财税[2006]136号

四川省财政厅、地方税务局：

经研究决定，自2006年9月1日起，将你省煤炭资源税适用税额标准统一提高至每吨2.5元。

【注释】 对《资源税暂行条例》第2条进行了解释。

财政部 国家税务总局关于调整盐资源税适用税额标准的通知

财税[2007]5号

各省、自治区、直辖市、计划单列市财政厅(局)、地方税务局，新疆生产建设兵团财务局：

根据《中华人民共和国资源税暂行条例》的有关规定，为支持盐业的发展，经研究，现将盐资源税有关政策通知如下：

一、北方海盐资源税暂减按每吨15元征收。

二、南方海盐、湖盐、井矿盐资源税暂减按每吨10元征收。

三、液体盐资源税暂减按每吨2元征收。

四、通过提取地下天然卤水晒制的海盐和生产的井矿盐，其资源税适用税额标准暂维持不变，仍分别按每吨20元和12元征收。

五、本通知自2007年2月1日起实施。

【注释】 对《资源税暂行条例》第2条进行了解释。

财政部 国家税务总局关于调整焦煤资源税适用税额标准的通知

财税[2007]15号

各省、自治区、直辖市、计划单列市财政厅(局)、地方税务局，新疆生产建设兵团财务局：

为促进焦煤的合理开发利用，经国务院批准，自2007年2月1日起，将焦煤的资源税适用税额标准确定为每吨8元。

【注释】 对《资源税暂行条例》第2条进行了解释。

财政部　国家税务总局关于加快煤层气抽采有关税收政策问题的通知

财税[2007]16号

各省、自治区、直辖市、计划单列市财政厅(局)、国家税务局、地方税务局,新疆生产建设兵团财务局,财政部驻各省、自治区、直辖市、计划单列市财政监察专员办事处:

为加快推进煤层气资源的抽采利用,鼓励清洁生产、节约生产和安全生产,经国务院批准,现就鼓励煤层气抽采有关税收政策问题通知如下:

一、对煤层气抽采企业的增值税一般纳税人抽采销售煤层气实行增值税先征后退政策。先征后退税款由企业专项用于煤层气技术的研究和扩大再生产,不征收企业所得税。

煤层气是指赋存于煤层及其围岩中与煤炭资源伴生的非常规天然气,也称煤矿瓦斯。

煤层气抽采企业应将享受增值税先征后退政策的业务和其他业务分别核算,不能分别准确核算的,不得享受增值税先征后退政策。

煤层气抽采企业增值税先征后退政策由财政部驻各地财政监察专员办事处根据财政部、国家税务总局、中国人民银行《关于税制改革后对某些企业实行"先征后退"有关预算管理问题的暂行规定的通知》([94]财预字第55号)的规定办理。

二、对独立核算的煤层气抽采企业购进的煤层气抽采泵、钻机、煤层气监测装置、煤层气发电机组、钻井、录井、测井等专用设备,统一采取双倍余额递减法或年数总和法实行加速折旧,具体加速折旧方法可以由企业自行决定,但一经确定,以后年度不得随意调整。

三、对独立核算的煤层气抽采企业利用银行贷款或自筹资金从事技术改造项目国产设备投资,其项目所需国产设备投资的40%可从企业技术改造项目设备购置当年比前一年新增的企业所得税中抵免。具体管理办法按财政部、国家税务总局《关于印发〈技术改造国产设备投资抵免企业所得税暂行办法〉的通知》(财税字[1999]290号)、国家税务总局《关于印发〈技术改造国产设备投资抵免企业所得税审核管理办法〉的通知》(国税发[2000]13号)、财政部、国家税务总局《关于外商投资企业和外国企业购买国产设备投资抵免企业所得税有关问题的通知》(财税字[2000]49号)和国家税务总局《关于印发〈外商投资企业和外国企业购买国产设备投资抵免企业所得税管理办法〉的通知》(国税发[2000]90号)的规定执行。

四、对财务核算制度健全、实行查账征税的煤层气抽采企业研究开发新技术、新工艺发生的技术开发费,在按规定实行100%扣除基础上,允许再按当年实际发生额的50%在企业所得税税前加计扣除。具体管理办法按财政部、国家税务总局《关于企业技术创新有关企业所得税优惠政策的通知》(财税[2006]88号)第一条的有关规定执行。

五、对地面抽采煤层气暂不征收资源税。

六、本通知自2007年1月1日起执行。现行对中联公司中外合作开采陆上煤层气按实物征收5%的增值税以及中联公司自营开采陆上煤层气增值税超5%税负返还政策同时废止。

【注释】 对《资源税暂行条例》第7条进行了解释。

财政部　国家税务总局关于调整铅锌矿石等税目资源税适用税额标准的通知

财税[2007]100号

各省、自治区、直辖市、计划单列市财政厅(局)、地方税务局,新疆生产建设兵团财务局:

根据铅锌矿石、铜矿石和钨矿石的市场价格以及生产经营情况,为进一步促进其合理开发利用,经研究

决定,自2007年8月1日起,对上述三种矿产品资源税适用税额标准作如下调整:

一、铅锌矿石单位税额标准:一等矿山调整为每吨20元;二等矿山调整为每吨18元;三等矿山调整为每吨16元;四等矿山调整为每吨13元;五等矿山调整为每吨10元。

二、铜矿石单位税额标准:一等矿山调整为每吨7元;二等矿山调整为每吨6.5元;三等矿山调整为每吨6元;四等矿山调整为每吨5.5元;五等矿山调整为每吨5元。

三、钨矿石单位税额标准:三等矿山调整为每吨9元;四等矿山调整为每吨8元;五等矿山调整为每吨7元。

【注释】 对《资源税暂行条例》第2条进行了解释。

关于调整硅藻土、珍珠岩、磷矿石和玉石等资源税税额标准的通知

财税[2008]91号

各省、自治区、直辖市、计划单列市财政厅(局)、地方税务局,新疆生产建设兵团财务局:

为发挥资源税的调节作用,促进资源节约开采和利用,自2008年10月1日起,调整硅藻土、玉石等部分矿产品的资源税税额标准,调整后的税额标准分别为:硅藻土、玉石每吨20元,磷矿石每吨15元,膨润土、沸石、珍珠岩每吨10元。

财政部 国家税务总局关于调整耐火粘土和萤石资源税适用税额标准的通知

财税[2010]20号

各省、自治区、直辖市、计划单列市财政厅(局)、地方税务局,新疆生产建设兵团财务局:

根据《中华人民共和国资源税暂行条例》的有关规定,为促进耐火粘土和萤石的合理开发利用,经研究决定:

自2010年6月1日起,将耐火粘土中的高铝粘土(包括耐火级矾土、研磨级矾土等)和焦宝石的资源税适用税额标准调整为每吨20元,将其他耐火粘土的资源税适用税额标准调整为每吨6元;将萤石(也称氟石)的资源税适用税额标准调整为每吨20元。

请依照执行。

财政部 国家税务总局关于印发《新疆原油天然气资源税改革若干问题的规定》的通知

财税[2010]54号

新疆维吾尔自治区财政厅、地方税务局:

根据中共中央国务院新疆工作座谈会关于在新疆率先进行资源税改革的决定精神,经国务院批准,财政部、国家税务总局制定了《新疆原油 天然气资源税改革若干问题的规定》,现印发给你们,请遵照执行。

附件:

新疆原油 天然气资源税改革若干问题的规定

一、根据中共中央国务院新疆工作座谈会关于在新疆率先进行资源税改革的决定精神，制定本规定。

二、本规定适用于在新疆开采原油、天然气缴纳资源税的纳税人。

三、原油、天然气资源税实行从价计征，税率为5%。应纳税额计算公式为：

应纳税额＝销售额×税率

四、本规定所称销售额，按照《中华人民共和国增值税暂行条例》及其实施细则的有关规定确定。

五、纳税人开采的原油、天然气，自用于连续生产原油、天然气的，不缴纳资源税；自用于其他方面的，视同销售，依照本规定计算缴纳资源税。

六、有下列情形之一的，免征或者减征资源税：

（一）油田范围内运输稠油过程中用于加热的原油、天然气，免征资源税。

（二）稠油、高凝油和高含硫天然气资源税减征40%。

稠油，是指地层原油粘度大于或等于50毫帕/秒或原油密度大于或等于0.92克/立方厘米的原油。高凝油，是指凝固点大于40℃的原油。高含硫天然气，是指硫化氢含量大于或等于30克/立方米的天然气。

（三）三次采油资源税减征30%。

三次采油，是指二次采油后继续以聚合物驱、三元复合驱、泡沫驱、二氧化碳驱、微生物驱等方式进行采油。

上述所列项目的标准或条件如需要调整，由财政部、国家税务总局根据国家有关规定标准及实际情况的变化作出调整。

纳税人开采的原油、天然气，同时符合本条第（二）、（三）款规定的减税情形的，纳税人只能选择其中一款执行，不能叠加适用。

七、为便于征管，对开采稠油、高凝油、高含硫天然气和三次采油的纳税人按以下办法计征资源税：根据纳税人以前年度符合本规定第六条规定的减税条件的油气产品销售额占其全部油气产品总销售额的比例，确定其资源税综合减征率及实际征收率，计算资源税应纳税额。计算公式为：

综合减征率＝∑（减税项目销售额×减征幅度×5%）÷总销售额

实际征收率＝5%－综合减征率

应纳税额＝总销售额×实际征收率

综合减征率和实际征收率由财政部和国家税务总局确定，并根据原油、天然气产品结构的实际变化情况每年进行调整。

纳税人具体的综合减征率和实际征收率暂按本规定所附《新疆区内各油气田原油天然气资源税实际征收率表》执行。

八、资源税纳税义务发生时间、纳税地点、纳税期限、征收管理等按照现行《中华人民共和国资源税暂行条例》及其实施细则等有关规定执行。

九、本规定自2010年6月1日起执行。

国家税务总局有关负责人就新疆率先进行资源税改革有关问题答记者问

根据中央新疆工作座谈会精神，经国务院批准，近日，财政部和国家税务总局联合下发了《财政部 国家税务总局关于印发〈新疆原油天然气资源税改革若干问题的规定〉的通知》（财税［2010］54号，以下简称《通知》），并于2010年6月1日起施行。资源税费改革率先在新疆进行，标志着我国资源税改革迈出了坚实的一步。为此，国家税务总局有关负责人就相关问题回答了记者的提问。

问：为什么要进行资源税改革？

答：资源税是以自然资源为征税对象的税种，其主要目的是调节资源级差收入，体现资源有偿开采，促进资源节约使用。目前,我国资源税的征税范围包括原油、天然气、煤炭、黑色金属矿原矿、有色金属矿原矿、其他非金属矿原矿和盐等7个税目大类,均按量规定定额税负计征,如原油的资源税税额为每吨14元至30元,天然气为每千立方米7元至15元。近年来,随着我国经济持续、快速发展,资源产品日益增长的需求与资源有限性、稀缺性的矛盾越来越突出,现行资源税税制存在与经济发展和构建资源节约型社会要求不相适应的问题。一些资源产品,特别是原油、天然气等能源产品的现有资源税税额标准已明显偏低,不利于资源的合理开发和节约使用;在从量定额征税方式下,资源税税额标准不能随着产品价格的变化及时调整,不利于发挥税收对社会分配的调节作用;资源税属于地方税,由于资源税税负较低,地方所获受益不明显等。

因此,按照构建资源节约型社会和国家"十一五"规划提出的"改革资源税制度"的要求,财政部和国家税务总局向国务院报送了资源税制改革方案。

问:为什么资源税改革要在新疆率先推出?对推动新疆发展和全国资源税改革有何意义?

答:为了加快新疆经济社会发展,中央决定率先在新疆进行石油、天然气资源税改革,这是支持新疆经济社会发展的重要举措,从一个侧面也充分表明了中央推动新疆加快经济社会发展的坚定决心,体现了对新疆各族人民的一份厚爱。

新疆有着丰富的油气等矿产资源。为了加快推动该区的经济社会发展,改善民生,变当地资源优势为经济优势和财政优势,中央决定在新疆率先进行资源税费改革,将原油、天然气资源税由从量计征改为从价计征。此项措施出台后,新增财力将重点用于改善当地民生,惠及新疆各族群众。

中央的这项决定既是对新疆的特殊支持,也是促进全国资源税改革从酝酿走向实施的一个突破口,选择在新疆试点有利于为资源税改革的全面推行提供经验和借鉴。

资源税改革的启动有利于进一步树立珍惜资源、节约资源、关爱环境的价值导向,有利于促进资源的合理开发和节约使用,有利于我国资源节约型和环保友好型社会的建立。

问:《通知》的主要内容是什么?

答:《通知》的主要内容一是原油、天然气资源税以其销售额为计税依据,实行从价计征,税率为5%。二是为了鼓励一些低品位和难采资源的开采,提高资源回采率,对稠油、高凝油和高含硫天然气和三次采油实施减征资源税的政策。三是为便于征管,对开采稠油、高凝油、高含硫天然气和三次采油的纳税人暂按综合减征率的办法落实资源税减税政策。

问:为什么要对原油、天然气资源税实行从价计征?

答:对原油、天然气资源税实行从价计征的主要考虑:一是原油、天然气是资源税的主要征税品目,目前从量定额的计征方式,资源税税负水平相对较低,实行从价计征有助于缓解主要资源品目高价格与低税负之间的矛盾。二是我国油、气资源相对集中在经济欠发达的中西部地区,实行从价计征使资源税收入与产品价格挂钩,有利于保障地方财政收入,统筹区域协调发展。三是我国原油价格已与国际市场接轨,天然气出厂价格实行政府指导价,实行从价计征具有可行性。

问:《通知》规定,原油、天然气资源税的税率是按产品销售额的5%计征,其应纳税额如何计算?

答:《通知》规定,新疆原油、天然气资源税由过去从量计征,调整为按产品销售额的5%计征,其应纳税额的计算公式是:

应纳税额=原油、天然气销售额×税率

原油、天然气的销售额,按照《中华人民共和国增值税暂行条例》及其实施细则的有关规定确定。

问:《通知》对原油、天然气资源税的减免项目作了哪些调整或补充?

答:考虑到公平税负、便于征管的原则要求,《通知》取消了过去对原油开采过程中加热、修井用油免征资源税的规定,而改为:纳税人开采的原油、天然气,自用于连续生产原油、天然气的,不缴纳资源税;自用于其他方面的,视同销售,依照规定计算缴纳资源税。为了充分保护资源及环境,切实提高资源的回采率和利用效率,落实中央建设资源节约型社会的要求,《通知》将稠油、高凝油、高含硫天然气和三次采油也列入了减征资源税的范围。

问:油气资源税的减免税项目和减征幅度是如何确定的?

答:《通知》一共规定了三类减免税项目。

一是油田范围内运输稠油过程中用于加热的原油、天然气,免征资源税。

二是稠油、高凝油和高含硫天然气资源税减征40%。

（稠油，是指地层原油粘度大于或等于50毫帕/秒或原油密度大于或等于0.92克/立方厘米的原油。高凝油，是指凝固点大于40℃的原油。高含硫天然气，是指硫化氢含量大于或等于30克/立方米的天然气。）

三是三次采油资源税减征30%。

（三次采油，是指二次采油后继续以聚合物驱、三元复合驱、泡沫驱、二氧化碳驱、微生物驱等方式进行采油。）

需要指出的是，纳税人开采的原油、天然气，同时符合上述第二、第三条规定的减税情形的，纳税人只能选择其中一款执行，不能叠加适用。

问：如何落实上述项目的油气资源税的减征政策？

答：《通知》规定，对开采稠油、高凝油、高含硫天然气和三次采油的纳税人按以下办法计征资源税：根据纳税人以前年度符合《通知》第六条规定的减税条件的油气产品销售额占其全部油气产品总销售额的比例，确定其资源税综合减征率及实际征收率，计算资源税应纳税额。计算公式为：

综合减征率＝∑（减税项目销售额×减征幅度×5%）÷总销售额

实际征收率＝5%－综合减征率

应纳税额＝总销售额×实际征收率

纳税人具体的综合减征率和实际征收率暂按下表执行。

新疆区内各油气田原油 天然气资源税实际征收率表

油气田名称	综合减征率	实际征收率
中国石油天然气股份有限公司新疆油田分公司	0.37%	4.63%
中国石油天然气股份有限公司吐哈油田分公司	0.25%	4.75%
中国石油天然气股份有限公司塔里木油田分公司	0.04%	4.96%
中国石油化工股份有限公司西北分公司	1.73%	3.27%
中国石油化工股份有限公司河南油田分公司新疆勘探开发中心	0	5%

对油气企业减免税政策的执行暂按综合减征率的办法，是一个各方面都认同的可行办法，因为许多油气田公司都是跨省、跨地区作业，加之三次采油等减税项目与常规采油的划分专业、技术性强，基层税务机关对各种油气减免税项目的情况及数量变动掌握和核实难度较大，实行综合减征率可以减少纳税人和基层税务部门的工作量，提高征管效率，便于油气资源税相关项目减税政策的落实。

第十部分 中华人民共和国车辆购置税法

中华人民共和国车辆购置税暂行条例

国务院令[2000]294 号

第一条 在中华人民共和国境内购置本条例规定的车辆(以下简称应税车辆)的单位和个人,为车辆购置税的纳税人,应当依照本条例缴纳车辆购置税。

第二条 本条例第一条所称购置,包括购买、进口、自产、受赠、获奖或者以其他方式取得并自用应税车辆的行为。

本条例第一条所称单位,包括国有企业、集体企业、私营企业、股份制企业、外商投资企业、外国企业以及其他企业和事业单位、社会团体、国家机关、部队以及其他单位;所称个人,包括个体工商户以及其他个人。

第三条 车辆购置税的征收范围包括汽车、摩托车、电车、挂车、农用运输车。具体征收范围依照本条例所附《车辆购置税征收范围表》执行。

车辆购置税征收范围的调整,由国务院决定并公布。

第四条 车辆购置税实行从价定率的办法计算应纳税额。应纳税额的计算公式为:

应纳税额 = 计税价格 × 税率

第五条 车辆购置税的税率为 10%。

车辆购置税税率的调整,由国务院决定并公布。

第六条 车辆购置税的计税价格根据不同情况,按照下列规定确定:

(一)纳税人购买自用的应税车辆的计税价格,为纳税人购买应税车辆而支付给销售者的全部价款和价外费用,不包括增值税税款。

(二)纳税人进口自用的应税车辆的计税价格的计算公式为:

计税价格 = 关税完税价格 + 关税 + 消费税

(三)纳税人自产、受赠、获奖或者以其他方式取得并自用的应税车辆的计税价格,由主管税务机关参照本条例第七条规定的最低计税价格核定。

【注释】 相关规定包括:《国家税务总局外交部关于驻外使领馆工作人员离任回国进境自用车辆缴纳车辆购置税有关问题的通知》(国税发[2005]180 号)、《国家税务总局关于确定车辆购置税计税依据的通知》(国税函[2006]1139 号)。

第七条 国家税务总局参照应税车辆市场平均交易价格,规定不同类型应税车辆的最低计税价格。

纳税人购买自用或者进口自用应税车辆,申报的计税价格低于同类型应税车辆的最低计税价格,又无正当理由的,按照最低计税价格征收车辆购置税。

【注释】 相关规定包括:《国家税务总局交通部关于做好代征车辆购置税工作有关问题的通知》(国税发[2000]211 号)、《国家税务总局关于核定部分车辆最低计税价格有关问题的补充通知》(国税发[2004]48 号)、《国家税务总局关于印发〈车辆购置税价格信息管理办法(试行)〉的通知》(国税发[2006]93 号)。

第八条 车辆购置税实行一次征收制度。购置已征车辆购置税的车辆,不再征收车辆购置税。

【注释】 相关规定包括:《国家税务总局关于车辆购置税有关问题的通知》(国税发[2002]118 号)。

第九条 车辆购置税的免税、减税,按照下列规定执行:

(一)外国驻华使馆、领事馆和国际组织驻华机构及其外交人员自用的车辆,免税;

(二)中国人民解放军和中国人民武装警察部队列入军队武器装备订货计划的车辆,免税;

(三)设有固定装置的非运输车辆,免税;

(四)有国务院规定予以免税或者减税的其他情形的,按照规定免税或者减税。

【注释】 相关规定包括:《财政部国家税务总局关于防汛专用等车辆免征车辆购置税的通知》(财税[2001]39 号)、《国家税务总局关于车辆购置税有关问题的通知》(国税发[2002]118 号)、《国家税务总局国家税务总局关于军队移交的保障性企业免征车辆购置税的通知》(国税函[2002]963 号)、《财政部 国家税务总局关于农用三轮车免征车辆购置税的通知》(财税[2004]66 号)、《国家税务总局外交部关于驻外使领馆工作人员离任回国进境自用车辆缴纳车辆购置税有关问题的通知》(国税发[2005]180 号)。

第十条 纳税人以外汇结算应税车辆价款的,按照申报纳税之日中国人民银行公布的人民币基准汇价,折合成人民币计算应纳税额。

第十一条 车辆购置税由国家税务局征收。

第十二条 纳税人购置应税车辆,应当向车辆登记注册地的主管税务机关申报纳税;购置不需要办理车辆登记注册手续的应税车辆,应当向纳税人所在地的主管税务机关申报纳税。

第十三条 纳税人购买自用应税车辆的,应当自购买之日起 60 日内申报纳税;进口自用应税车辆的,应当自进口之日起 60 日内申报纳税;自产、受赠、获奖或者以其他方式取得并自用应税车辆的,应当自取得之日起 60 日内申报纳税。

车辆购置税税款应当一次缴清。

第十四条 纳税人应当在向公安机关车辆管理机构办理车辆登记注册前,缴纳车辆购置税。

纳税人应当持主管税务机关出具的完税证明或者免税证明,向公安机关车辆管理机构办理车辆登记注册手续;没有完税证明或者免税证明的,公安机关车辆管理机构不得办理车辆登记注册手续。

税务机关应当及时向公安机关车辆管理机构通报纳税人缴纳车辆购置税的情况。公安机关车辆管理机构应当定期向税务机关通报车辆登记注册的情况。

税务机关发现纳税人未按照规定缴纳车辆购置税的,有权责令其补缴;纳税人拒绝缴纳的,税务机关可以通知公安机关车辆管理机构暂扣纳税人的车辆牌照。

第十五条 免税、减税车辆因转让、改变用途等原因不再属于免税、减税范围的,应当在办理车辆过户手续前或者办理变更车辆登记注册手续前缴纳车辆购置税。

第十六条 车辆购置税的征收管理,依照《中华人民共和国税收征收管理法》及本条例的有关规定执行。

【注释】 相关规定包括:《国家税务总局关于发放车辆购置税完税证明的紧急通知》(国税函[2000]757 号)、《财政部 国家计委 交通部 国家税务总局关于开征车辆购置税取代车辆购置附加费等有关问题的通知》(财综[2000]10 号)、《国家税务总局交通部关于做好代征车辆购置税工作有关问题的通知》(国税发[2000]211 号)、《国家税务总局关于车辆购置税违法案件的管辖及举报奖金支付问题的批复》(国税函[2003]103 号)、《国家税务总局关于车辆购置税税收政策及征收管理有关问题的通知》(国税发[2004]160 号)、《国家税务总局关于车辆购置税税收政策及征收管理有关问题的补充通知》(国税发[2005]47 号)、《国家税务总局关于完税证明遗失刊登遗失声明有关问题的补充通知》(国税函[2005]429 号)、《国家税务总局关于加强机动车辆税收管理有关问题的补充通知》(国税函[2005]731 号)、《国家税务总局关于车辆购置税〈设有固定装置免税车辆图册〉有关问题的通知》(国税函[2005]1019 号)、《国家税务总局车辆购置税征收管理办法》(国家税务总局令[2005]15 号)。

第十七条 本条例自 2001 年 1 月 1 日起施行。

国家税务总局关于发放车辆购置税完税证明的紧急通知

国税函[2000]757 号

为了确保车辆购置税如期开征,车辆购置税完税证明(以下简称"车购税证明")由国家税务总局统一制发。现就发放和领用的有关问题通知如下:

一、车购税证明是依法缴纳车辆购置税的车辆,凭完税证或缴款书开具的具有公示力的法定凭证,每车一证,随车携带,以备检查。

二、车购税证明共分汽车、摩托车、挂车、农用车、电车和免税车六种，分别适用于购置不同车种的单位和个人。

三、车购税证明由国家税务总局确定的防伪印制单位通过专车发运或机要运输方式，直接发往各省、自治区、直辖市和计划单列市国家税务局，因时间紧迫又逢国庆假日，各单位务必指定专人值班，负责验收、分类登记数量以及起止号码，并出具收据。发现车购税证明有任何质量问题，均应及时上报。

四、各单位验收合格的车购税证明立即存入票证仓库，专箱存放，标签注明车购税证明种类和存量，并确保安全。

五、车购税证明由各省、自治区、直辖市和计划单列市国家税务局逐级下发至市、县国家税务局，车辆购置税各征收单位所需车购税证明直接向市、县国家税务局领取。

六、车购税证明的具体领用、开具、保管、销毁以及收发交接、账簿设置、报表编制、使用检查等，暂由省、自治区、直辖市和计划单列市国家税务局参照《税收票证管理办法》的有关规定执行。

【注释】　对《车辆购置税暂行条例》第16条进行了解释。

财政部　国家计委　交通部　国家税务总局关于开征车辆购置税取代车辆购置附加费等有关问题的通知

财综[2000]10号

各省、自治区、直辖市及计划单列市财政厅(局)、物价局(计委)、交通厅(局)、国家税务局、新疆生产建设兵团，国务院各部委、各直属机构：

根据《国务院批转财政部、国家计委等部门〈交通和车辆税费改革实施方案〉的通知》(国发[2000]34号)和《中华人民共和国车辆购置税暂行条例》(国务院令第294号)的规定，从2001年1月1日起开征车辆购置税取代车辆购置附加费。现就有关事项通知如下：

一、自开征车辆购置税之日起，车辆购置附加费同时停止征收，除国家税务总局、交通部另有规定外，过去有关车辆购置附加费的文件规定同时废止。

二、开征车辆购置税后，有关部门、单位或个人欠缴、漏缴的车辆购置附加费，由车辆购置税征收机构继续做好清缴工作，清缴收入按规定上缴中央国库。

三、为确保交通和车辆税费改革的顺利进行，切实减轻车主负担，促进汽车工业发展，自开征车辆购置税之日起，各地区、各部门不得在购车环节对机动车辆征收任何费用。一些地方或部门目前已在购车环节对机动车辆征收的各种费用，包括车辆增容费、新增车辆附加费等，一律要在2001年1月1日前公布取消或停止执行，并将公布取消或停止执行有关收费的情况于2001年1月31日前报财政部、国家计委、交通部、国家税务总局。

对不按本通知规定执行，继续乱收费的，一经查实，即予公开曝光，并按照《违反行政事业性收费和罚没收入收支两条线管理规定行政处分暂行规定》(国务院令第281号)的规定，追究有关负责人和直接责任人的责任。同时，将其非法所得没收上缴中央国库。公民、法人和其他社会组织有权拒交在购车环节对机动车辆征收的各种费用，有权举报乱收费行为，有权要求对乱收费造成的损失获得赔偿。

【注释】　对《车辆购置税暂行条例》第16条进行了解释。

国家税务总局　交通部关于做好代征车辆购置税工作有关问题的通知

国税发[2000]211号

各省、自治区、直辖市和计划单列市国家税务局，交通厅(局、委)，天津、上海市市政工程局：

根据《国务院批转财政部、国家计委等部门〈交通和车辆税费改革实施方案〉的通知》(国发[2000]34

号）和《中华人民共和国车辆购置税暂行条例》（国务院令第294号）的规定，从2001年1月1日起开征车辆购置税（简称车购税）。为有利于车辆购置附加费（以下简称车购费）改车购税工作的平稳过渡，国家税务总局和交通部商定，在车购费稽征机构未移交前，车购税暂由各省、自治区、直辖市、计划单列市交通部门（含天津、上海市市政工程局）所属车购费稽征机构负责代征。为此，各级税务部门和交通部门要密切配合，采取切实有效的措施，保证车购费改税工作的顺利实施。现将有关事项通知如下：

一、征收依据

《中华人民共和国车辆购置税暂行条例》（以下简称《条例》）是代征机构征收车购税的政策依据。鉴于目前机构的移交工作尚未完成，车购税具体征收管理程序和对代征机构的管理暂比照车购费的有关规定执行。

二、征收软件

各级车购税代征机构，必须按国家税务总局、交通部审定下发的《车辆购置税征收管理软件》执行，不得使用其他征收软件。

三、票据使用

代征机构向纳税人开具的票据使用由交通部统一印制的代征车辆购置税缴税收据、代征车辆购置税退税凭据和代征车辆购置税一般收据。

四、完税证明及印章

纳税人申报缴纳车购税或办理免征车购税手续后，由代征机构向纳税人核发国家税务总局统一印制的《车辆购置税完税证明》（见附件1），并加盖代征机构“代征车辆购置税征税专用章”或“代征车辆购置税免税专用章”。

车购税的减税、免税，由省级车购费稽征机构统一办理并核发减税、免税车辆的完税证明。

代征机构“代征车辆购置税征税专用章”或“代征车辆购置税免税专用章”由省级交通部门负责统一刻制（格式见附件2）。

其他需使用的印章，暂使用代征机构原有印章。

《车辆购置税完税证明》由省级（含哈尔滨、沈阳、南京、武汉、广州、西安市）车购费稽征机构向省级国家税务局领取，逐级发放给所辖车购费稽征机构。省级国家税务局和各级车购费稽征机构均要建立健全《车辆购置税完税证明》的保管、领用、缴销等方面的管理办法，明确责任，严禁《车辆购置税完税证明》的非法使用。

五、最低计税价格

车购税最低计税价格，由国家税务总局核定发布。对于未核定最低计税价格的车辆，代征机构可比照已核定最低计税价格的同类型车辆先行征税，并按规定逐级上报交通部车辆购置附加费征收管理办公室（以下简称交通部车购办）。由交通部车购办提出核价意见，国家税务总局审定发布。

六、收入的入库、核算和对账

代征机构应在开立车购费收入专户的银行开立代征车购税收入专用账户，所征税款暂按车购费上缴渠道解缴，核算和对账暂按车购费的有关规定执行。

七、会计、统计报表的编报

车辆购置税的会计、统计报表，由代征机构按车购费报表编报程序逐级上报交通部车购办，期末由交通部车购办向国家税务总局提供有关报表。

八、档案管理

车辆购置税档案，由代征机构负责建立、单独保管，待机构移交时一并移交。

九、机构管理

代征期间有关机构、人员的管理工作仍由交通部门负责。

车购税实施过程中出现的税收政策业务问题，由国家税务局负责。

十、征管经费

代征期间，代征机构征管经费，由财政部按照核定的预算向交通部拨付，并通过交通部逐级下拨。

各级代征机构应另行开立征管经费专用账户，单独核算。

十一、其他

2001年1月1日以前，各有关部门、单位和个人应缴未缴的车购费，在代征期间，由车购税代征机构负责追缴;代征期满,则由车购税征收机构负责追缴。办理车购费改税以前车辆相关凭证的丢补、过户、变更、转籍等手续,以车购费档案为依据。

交通和车辆税费改革,是国家税费改革的突破口,而车辆购置税的出台,又是交通和车辆税费改革的突破口,国务院要求初战必胜。因此,车购费改税工作开局是否顺利,对国家税费改革有重大影响。各级税务部门、交通部门必须高度重视,密切合作,采取切实有效的措施,将各项工作做实、做细,保证车辆购置税的顺利实施。同时,对于代征期间出现的新情况、新问题,要及时报告。

【注释】　对《车辆购置税暂行条例》第7、16条进行了解释。

财政部　国家税务总局关于防汛专用等车辆免征车辆购置税的通知

财税[2001]39号

各省、自治区、直辖市、计划单列市财政厅(局),国家税务局,交通厅(局、委),天津、上海市市政管理局:

经国务院批准,对下列车辆免征车辆购置税:

一、防汛部门和森林消防部门用于指挥、检查、调度、报汛(警)、联络的由指定厂家生产的设有固定装置的指定型号的车辆(以下简称防汛专用车和森林消防专用车);

二、回国服务的在外留学人员用现汇购买1辆个人自用国产小汽车;

三、长期来华定居专家进口1辆自用小汽车。

防汛专用车和森林消防专用车的型号和配置数量、流向,每年由财政部和国家税务总局共同下达。车辆注册登记地车辆购置税征收部门据此办理免征车辆购置税手续。

本通知自发文之日起执行。

【注释】　对《车辆购置税暂行条例》第9条进行了解释。

国家税务总局关于车辆购置税有关问题的通知

国税发[2002]118号

各省、自治区、直辖市和计划单列市国家税务局,交通厅(局、委),天津、上海市市政工程局:

根据《中华人民共和国车辆购置税暂行条例》(以下简称条例)的规定,现将车辆购置税(以下简称车购税)实施中出现的一些问题明确如下:

一、已经缴纳车购税的车辆,因质量问题需将该车辆退回车辆生产厂家的,可凭生产厂家的退车证明办理退税;退税时必须交回该车车购税原始完税凭证;不能交回该车原始完税凭证的,不予退税。

二、已经缴纳车购税的车辆,因质量问题需由车辆生产厂家为车主更换车辆的,可凭生产厂家的换车证明及所更换的新车发票办理车购税变更手续,并交回原车车购税原始完税凭证,不能交回原始完税凭证的,不予办理车购税变更手续。

更换新车后,当新车辆的计税价格等于原车辆的计税价格的,则只需办理车购税变更手续;当新车辆的计税价格高于或者低于原车辆计税价格的,则按差额补税或者退税后办理变更手续。

三、已经缴纳车购税的车辆因被盗抢或者其他原因,车辆的发动机号、底盘号或车辆识别号被涂改、破坏的,凭该车车购税原始完税凭证、公安机关车辆管理机构的相关证明,办理车购税变更手续。

四、非贸易渠道进口的旧车,车购税计税价格按下列公式确定:

$$计税价格 = 关税完税价格 + 关税 + 消费税$$

关税完税价格、关税和消费税的相关资料,可以凭海关相关的完税证明取得。

五、对于动力装置和拖斗连接成整体、且以该整体进行车辆登记注册的各种变形拖拉机等农用车辆,按照"农用运输车"征收车购税;动力装置和拖斗不是连接成整体、且动力装置和拖斗是分别进行车辆登记注册的,只对拖斗部分按"挂车"征收车购税,动力部分不征税。

六、回国留学生购买国产小汽车,凭下列证明文件办理免征车购税手续:

(一)中华人民共和国驻留学生学习所在国的大使馆、领事馆出具的留学证明;

(二)国内用人单位的聘用证明;

(三)国内公安部门出具的境内居住证明、有效的入境申报单证;

(四)主管征收机关需要提供的其他证明。

七、国家税务总局、交通部《关于车辆购置税若干政策及管理问题的通知》(国税发[2001]27号),第一条第三项因文字校对有误,导致基层理解出现歧义,现更正为:"对已经缴纳车辆购置税并办理了登记注册手续的车辆,其发动机和底盘发生更换的,其最低计税价格按同类型新车最低计税价格的70%计算。"

【注释】 对《车辆购置税暂行条例》第8、9条进行了解释。

国家税务总局国家税务总局关于军队移交的保障性企业免征车辆购置税的通知

国税函[2002]963号

根据《全国军队保障性企业交接工作部门联席会议办公室、公安部、交通部、国家税务总局、总后勤部关于做好军队移交的保障性企业使用军车号牌车辆改挂地方车辆号牌工作的通知》(国联席办[2001]6号,以下简称《通知》)的有关规定,现将《军队移交的保障性企业使用军车号牌车辆改挂地方车辆号牌汇总表》(以下简称《汇总表》)转发你们。同时,就办理军队移交的保障性企业车辆免征车辆购置税的问题一并明确如下:

一、对列入《汇总表》的车辆,请按照《通知》的规定审查,对不符合《通知》规定的车辆,一律不得办理免税手续;对未列入《汇总表》的车辆,也不得办理免税手续。

二、经审核符合免税条件的车辆,凭填写、盖章完毕的《军队移交的保障性企业使用军车号牌车辆改挂地方车辆号牌审批表》(以下简称《审批表》)办理免征车辆购置税的手续。对《审批表》内容不全或《审批表》与《汇总表》内容不符的车辆,不予办理免征车辆购置税的手续。

三、军车号牌改挂地方车辆号牌的车辆必须在其落籍地办理免征或者缴纳车辆购置税的手续。

【注释】 对《车辆购置税暂行条例》第9条进行了解释。

国家税务总局关于车辆购置税违法案件的管辖及举报奖金支付问题的批复

国税函[2003]103号

辽宁省国家税务局:

你局《关于对车辆购置税违法案件的管辖及举报奖金支付问题的请示》(辽国税发[2002]137号)收悉。经研究,现批复如下:

由于车辆购置税的征收及检查均由交通部门负责,车辆购置税的相关经费(如人头经费、征收稽查经费等)也均由交通部门掌握使用,因此,在人员、经费划转到税务部门之前,总局同意你局意见,举报奖金应由负责查处的交通部门支付。

【注释】　对《车辆购置税暂行条例》第16条进行了解释。

国家税务总局关于核定部分车辆最低计税价格有关问题的补充通知

国税发[2004]48号

各省、自治区、直辖市和计划单列市国家税务局、交通厅(局、委),上海、天津市市政管理局:

近接一些地区反映,根据《国家税务总局关于核发部分车辆最低计税价格的通知》(国税函[2004]369号,以下简称《通知》)的规定,最新核定的车辆购置税(以下简称车购税)最低计税价格自2004年3月1日起执行,但由于《通知》是3月12日印发的,而各地收到《通知》均在3月12日以后。对3月1日以后至各地接到《通知》前的期间内,各地车购税征收单位在办理车购税业务时,已按通知下达前的原有规定的最低计税价格征收了车购税,纳税人多交(或少交)的税款是否允许退(补)税。经研究,现明确通知如下:

对2004年3月1日后至各地收到通知前的期间内,各地车购税征收单位已经按照通知下达前的原有规定的最低计税价格征收了车购税的,纳税人多交的税款可以申请退税。但对纳税人按照购车发票所注明的价格申报并缴纳车购税的,纳税人如果提出退税申请,车购税征收机关不予退税。

【注释】　对《车辆购置税暂行条例》第7条进行了解释。

财政部　国家税务总局关于农用三轮车免征车辆购置税的通知

财税[2004]66号

各省、自治区、直辖市、计划单列市财政厅(局)、国家税务局、交通厅(局、委),新疆生产建设兵团财务局,上海、天津市市政管理局:

为促进农业生产发展,切实减轻农民负担,经国务院批准,自2004年10月1日起对农用三轮车免征车辆购置税。农用三轮车是指:柴油发动机,功率不大于7.4kW,载重量不大于500kg,最高车速不大于40km/h的三个车轮的机动车。

【注释】　对《车辆购置税暂行条例》第9条进行了解释。

国家税务总局关于车辆购置税税收政策及征收管理有关问题的通知

国税发[2004]160号

各省、自治区、直辖市、计划单列市国家税务局,扬州税务进修学院,局内各单位:

根据国家税务总局 交通部 人事部 财政部　中编办《关于做好车辆购置税费改革人员财产业务划转移交工作的通知》(国税发[2004]144号)规定,自2005年1月1日起,车辆购置税由国家税务局负责征收。为了保证车辆购置税征收管理工作的平稳过渡,总局决定,将2005年1月1日起至新的征收管理机构设置到位前定为过渡期。现将过渡期车辆购置税税收政策及征收管理的有关问题通知如下:

一、关于办税地点

纳税人应到各省、自治区、直辖市和计划单列市国家税务局对外公告的办税地点(车辆购置税征收管理办公室,以下简称车购办)办理车辆购置税纳税申报。

二、关于纳税申报

车辆购置税实行一车一申报制度。

(一)征税车辆纳税申报

纳税人办理纳税申报时应如实填写《车辆购置税纳税申报表》(见附件1,以下简称纳税申报表),同时提供以下资料的原件和复印件,原件经车购办审核后退还纳税人,复印件和《机动车销售统一发票》的报税联由车购办留存。

1. 车主身份证明

(1)内地居民,提供内地《居民身份证》(含居住、暂住证明)或《居民户口簿》或军人(含武警)身份证明。

(2)香港、澳门特别行政区居民、台湾地区居民及外国人,提供其入境的身份证明和居留证明。

(3)组织机构,提供《组织机构代码证书》。

2. 车辆价格证明

(1)境内购置车辆,提供《机动车销售统一发票》(发票联和报税联)或有效凭证。

(2)进口自用车辆,提供《海关关税专用缴款书》、《海关代征消费税专用缴款书》或海关《征免税证明》。

3. 车辆合格证明

(1)国产车辆,提供整车出厂合格证明。

(2)进口车辆,提供《中华人民共和国出入境检验检疫进口机动车辆随车检验单》。

4. 税务机关要求提供的其他资料。

(二)免(减)税车辆纳税申报

1. 免(减)税政策

(1)外国驻华使馆、领事馆和国际组织驻华机构及其外交人员自用的车辆,免税。

(2)中国人民解放军和中国人民武装警察部队列入军队武器装备订货计划的车辆,免税。

(3)设有固定装置的非运输车辆,免税。设有固定装置的非运输车辆是指,挖掘机、平地机、叉车、装载车(铲车)、起重机(吊车)、推土机等工程机械。

(4)防汛部门和森林消防等部门购置的由指定厂家生产的指定型号的用于指挥、检查、调度、防汛(警)、联络的专用车辆(以下简称防汛专用车和森林消防专用车),免税。

(5)回国服务的在外留学人员(以下简称留学人员)购买 的1辆国产小汽车,免税。

(6)长期来华定居专家(以下简称来华专家)进口1辆自用小汽车,免税。

(7)有国务院规定予以免税或者减税的其他情形的,按照规定免税、减税。

2. 免(减)税申报

购置以上免税或减税车辆的纳税人也应办理车辆购置税纳税申报。纳税人在办理纳税申报时应如实填写纳税申报表,同时提供以下资料的原件和复印件,原件经车购办审核后退还纳税人,复印件和《机动车销售统一发票》的报税联由车购办留存。

(1)车主身份证明和免税证明

① 外国驻华使馆、领事馆和国际组织驻华机构,提供机构证明。

② 外交人员,提供外交部门出具的身份证明。

③ 设有固定装置的非运输车辆,内地居民,提供内地《居民身份证》(含居住、暂住证明)或《居民户口簿》或军人(含武警)身份证明;香港、澳门特别行政区居民、台湾地区居民及外国人,提供其入境的身份证明和居留证明;组织机构,提供《组织机构代码证书》。

④ 来华专家提供国家外国专家局或其授权单位核发的专家证和公安部门出具的境内居住证明。

⑤ 留学人员提供中华人民共和国驻留学生学习所在国的大使馆或领事馆出具的留学证明和公安部门出具的境内居住证明、个人护照。

⑥ 列入中国人民解放军和中国人民武装警察部队军队武器装备订货计划的,提供订货计划的证明。

⑦ 其他车辆,提供国务院或国家税务总局的批准文件。

(2)车辆价格证明

① 境内购置的车辆,提供《机动车销售统一发票》(发票联和报税联)或有效凭证。

② 进口自用的车辆,提供《海关关税专用缴款书》、《海关代征消费税专用缴款书》或海关《征免税证明》。

(3)车辆合格证明

① 国产车辆,提供整车出厂合格证明。

② 进口车辆,提供《中华人民共和国出入境检验检疫进口机动车辆随车检验单》。

③ 设有固定装置的非运输车辆提供车辆内、外观彩色5寸照片2套。

(三)其他

已经办理纳税申报的车辆发生下列情形之一的,纳税人应重新办理纳税申报。

1. 底盘(车架)发生更换。

2. 免税条件消失。

三、关于计税依据

(一)按应税车辆全部价款确定的计税依据

1. 购买自用车辆为纳税人支付给销售者的全部价款和价外费用,不包括增值税税款。价外费用是指,销售方价外向购买方收取的基金、集资费、返还利润、补贴、违约金(延期付款利息)和手续费、包装费、储存费、优质费、运输装卸费、保管费、代收款项、代垫款项以及其他各种性质的价外收费。

2. 进口自用车辆为应税车辆的计税价格。

计税价格 = 关税完税价格 + 关税 + 消费税

(二)按核定计税价格确定的计税依据

1. 自产、受赠、获奖或者以其他方式取得并自用车辆,计税依据由车购办参照国家税务总局核定的应税车辆最低计税价格核定。

2. 购买自用或者进口自用车辆,纳税人申报的计税价格低于同类型应税车辆的最低计税价格,又无正当理由的,计税依据为最低计税价格。

最低计税价格是指国家税务总局依据车辆生产企业提供的车辆价格信息并参照市场平均交易价格核定的车辆购置税计税价格。

申报的计税价格低于同类型应税车辆的最低计税价格,又无正当理由的,是指纳税人申报的车辆计税价格低于出厂价格或进口自用车辆的计税价格。

(三)按特殊规定确定的计税依据

1. 底盘(车架)发生更换的车辆,计税依据为最新核发的同类型车辆最低计税价格的70%。

2. 免税条件消失的车辆,自初次办理纳税申报之日起,使用年限未满10年的,计税依据为最新核发的同类型车辆最低计税价格按每满1年扣减10%;超过10年的,计税依据为零。

3. 对于国家税务总局未核定最低计税价格的车辆,计税依据为已核定的同类型车辆最低计税价格。同类型车辆是指:同国别、同排量、同车长、同吨位、配置近似等。

4. 进口旧车、因不可抗力因素导致受损的车辆、库存超过三年的车辆、行驶8万公里以上的试验车辆、国家税务总局规定的其他车辆,计税依据为纳税人提供的《机动车销售统一发票》或有效凭证注明的计税价格和有效证明。

四、关于税款征收

车购办应对纳税申报资料进行审核,确定计税依据,征收税款,核发《车辆购置税完税证明》(以下简称完税证明)。

征税车辆在完税证明征税栏加盖车购税征税专用章,免税车辆在完税证明免税栏加盖车购税征税专用章。

五、关于免税车辆补办纳税申报

纳税人2001年1月1日以后购置的符合《中华人民共和国车辆购置税暂行条例》免税条件的车辆,凡

2005年1月1日前未办理过纳税申报的，应到车购办补办纳税申报手续，确定初次申报日期。初次申报日期为车辆行驶证或行车执照标注的登记日期。

六、关于退税

（一）已经办理纳税申报的车辆，发生下列情形之一的，纳税人应到车购办申请退税：

1. 因质量原因，车辆被退回生产企业或者经销商的。

2. 公安机关车辆管理机构不予办理车辆登记注册手续的。

（二）纳税人在车购办申请办理退税手续时，应如实填写《车辆购置税退税申请表》（见附件4，以下简称退税申请表），同时提供以下资料：

1. 生产企业或经销商开具的退车证明和退车的发票。

2. 完税证明。

（三）退税款的计算：

1. 因质量原因，车辆被退回生产企业或者经销商的，自纳税人办理纳税申报之日起，按已缴税款每满1年扣减10%计算退税额。

2. 对公安机关车辆管理机构不予办理车辆登记注册手续的车辆，退还全部已缴税款。

（四）车购办按照规定的程序办理退税。

七、关于免（减）税申请

（一）未列入《设有固定装置免税车辆图册》（以下简称免税车辆图册）的设有固定装置的非运输车辆、留学人员购买的国产车辆、来华专家进口的自用车辆，在办理纳税申报前生产企业或纳税人应先到车购办办理免（减）税申请。

1. 国产的设有固定装置的非运输车辆，生产企业或纳税人应直接向车购办提出免税申请，填写《车辆购置税免税申请审批表》（见附件2，以下简称免税申请审批表），提供车辆内、外观彩色五寸照片2套。

2. 进口的设有固定装置的非运输车辆、留学人员购买的国产车辆、来华专家进口的自用车辆，纳税人应直接向车购办提出免税申请，填写免税申请审批表。进口的设有固定装置的非运输车辆提供车辆内、外观彩色五寸照片2套。留学人员提供中华人民共和国驻留学生学习所在国的大使馆或领事馆出具的留学证明（原件，审核后退还申请人）和公安部门出具的境内居住证明、个人护照（原件，审核后退还申请人）。来华专家提供国家外国专家局或其授权单位核发的专家证（原件，审核后退还申请人）和公安部门出具的境内居住证明（原件，审核后退还申请人）。

（二）防汛专用车和森林消防专用车、国务院批准免税的其他车辆，在办理纳税申报前，申请免税部门应向国家税务总局提出免税申请。

八、关于免（减）税依据及免（减）税审核批准程序

车购办应分别不同情况依据国家税务总局的免税批准文件、国家税务总局或省、自治区、直辖市、计划单列市国家税务局审核批准的免税申请审批表、免税车辆图册，办理免税事宜。

（一）未列入免税车辆图册的设有固定装置的非运输车辆：

1. 车购办应在生产企业或纳税人填写的免税申请审批表签署意见。各级流转税管理部门将免税申请审批表连同所附照片（1套）逐级上报至国家税务总局。

2. 国家税务总局在免税申请审批表签署意见后，将免税申请审批表逐级下发至车购办。同时国家税务总局将符合免税条件的车辆列入免税车辆图册。

3. 车购办依据免税申请审批表在纳税人办理纳税申报时直接办理免税事宜。

（二）已列入免税车辆图册的设有固定装置的非运输车辆。

车购办依据免税车辆图册在纳税人办理纳税申报时直接办理免税事宜。设有固定装置的非运输车辆的具体免税范围，按免税车辆图册的范围执行。

（三）留学人员购买的国产车辆、来华专家进口的自用车辆：

1. 车购办应在生产企业或纳税人填写的免税申请审批表签署意见。各级流转税管理部门将免税申请审批表逐级上报至省、自治区、直辖市、计划单列市国家税务局流转税管理部门。

2. 省、自治区、直辖市、计划单列市国家税务局在免税申请审批表签署意见后，将免税申请审批表逐级下发至车购办。

3. 车购办依据免税申请审批表在纳税人办理纳税申报时直接办理免税事宜。

(四)防汛专用车和森林消防专用车、国务院批准免税的其他车辆：

1. 申请免税部门应向国家税务总局提出免税申请，同时提供车辆内、外观彩色五寸照片。

2. 国家税务总局将审核后同意免税的批准文件下发至纳税人所在地省、自治区、直辖市、计划单列市国家税务局流转税管理部门。

3. 省、自治区、直辖市、计划单列市国家税务局逐级将免税车辆范围通知车购办。

4. 车购办依据通知为纳税人办理免税手续。

(五)外国驻华使馆、领事馆和国际组织驻华机构及其外交人员自用的车辆、中国人民解放军和中国人民武装警察部队列入军队武器装备订货计划的车辆，车购办依据纳税人提供的资料直接办理免税手续。

九、关于完税证明

省、自治区、直辖市、计划单列市国家税务局负责完税证明的管理。

完税证明分正本和副本，按车核发、每车一证。正本由纳税人保管以备查验，副本用于办理车辆注册登记。完税证明不得转借、涂改、买卖或者伪造。完税证明发生损毁、丢失的，纳税人须持《机动车行驶证》向原发证税务机关申请换、补，并填写《换(补)车辆购置税完税证明申请表》(见附件3，以下简称补证申请表)。

十、关于征收管理档案

(一) 车购办应对已办理纳税申报的车辆建立车辆购置税征收管理档案(以下简称档案)。档案内容包括：

1. 纳税申报表及附报资料。

2. 退税申请表及附报资料。

3.《车辆变动情况登记表》(见附件5，以下简称变动登记表)及附报资料。

4. 补证申请表及补发完税证明的有关资料。

5. 其他资料。

(二)车购办要妥善保管、使用从交通部门移交过来的所有档案。

(三)车购办依据档案办理车辆的过户、转籍、变更手续。

十一、关于车辆的过户、转籍、变更

(一)车辆发生过户、转籍、变更等情况时，车主应在向公安机关车辆管理机构办理车辆变动手续之日起30日内，到车购办办理档案变动手续。

过户，是指车辆登记注册地未变而车主发生变动的情形。转籍，是指同一车辆的登记注册地发生变动的情形。车辆转籍分转出和转入。变更，是指已经办理纳税申报的车辆，经公安机关车辆管理机构批准，车辆发动机、发动机号码、车架(底盘)、车辆识别号(车架号码)、车辆所有者名称、车型、用途等发生了变更。

(二)车主办理过户手续时，应如实填写变动登记表，并提供完税证明(正本)和《机动车行驶证》原件及复印件。原件经车购办审核后退还车主，复印件由车购办留存。车购办审核后，对过户车辆核发新的完税证明，收回过户前车购办核发的完税证明(正本)。

(三)车主办理转出手续时，应如实填写变动登记表，提供公安机关车辆管理机构出具的车辆转出证明材料。转出地车购办审核后，据此办理档案转出手续，并向转入地车购办开具《车辆购置税档案转移通知书》(见附件6，以下简称档案转移通知书)。

(四)车主办理转入手续时，应如实填写变动登记表，提供完税证明(正本)、档案转移通知书和档案。转入地车购办审核后，对转籍车辆核发完税证明，收回转出地车购办核发的完税证明(正本)。

(五) 既过户又转籍的车辆，车购办按转籍办理档案变动手续。

(六)转籍车辆档案资料交接程序如下：

1. 转出地车购办将档案资料连同档案转移通知书，交由车主自带转籍。转出地车购办复印留存转出的全部档案资料并保存60天。

2. 转入地车购办按本通知第十条第(一)款规定建立档案。

3. 转籍过程中发生档案丢失、损毁的，转出地车购办在档案留存期限内，可向车主提供留存档案，并每页加盖转出地车购办印章。

(七)办理车辆变更手续时，纳税人应填写变动登记表，提供完税证明(正本)和《机动车行驶证》。车购办对变更车辆核发新的完税证明,收回变更前车购办核发的完税证明(正本)。

十二、关于车辆价格信息采集

(一)国家税务总局定期下发采集车辆价格信息通知。各省、自治区、直辖市、计划单列市国家税务局流转税管理部门依据国家税务总局通知要求,组织车辆价格信息的采集。

(二)车辆价格信息采集的范围:

1. 国家税务总局未核定最低计税价格的应税车辆。

2. 已经国家税务总局核定了最低计税价格,但生产企业(含组装企业,下同)名称、商标名称、产品型号、基本配置、市场平均交易价格任何一项发生变更的车辆。

3. 国家税务总局要求采集的其他车辆。

(三)车辆价格信息采集内容:

1. 国产车辆价格信息采集内容包括:生产企业名称、车辆类别、商标名称、产品型号、基本配置、吨位、座位、排气量、出厂价格、市场平均交易价格等(见附件7,车辆购置税应税车辆(国产)价格信息采集表)。

2. 进口车辆价格信息采集内容包括:国别、生产企业名称、车辆类别、车辆名称、产品型号、基本配置、吨位、座位、排气量、计税价格、市场平均交易价格等(见附件8,车辆购置税应税车辆(进口)价格信息采集表)

(四)国产车辆价格信息由车购办到车辆生产企业所在地和省、自治区、直辖市、计划单列市国家税务局流转税管理部门指定的车辆交易市场采集。进口车辆价格信息由广东省国家税务局流转税管理部门到国外车辆生产制造企业驻中国代表处、进口汽车品牌中国地区代理商及掌握进口车辆价格信息的有关单位或汽车交易市场采集。

(五)省、自治区、直辖市、计划单列市国家税务局流转税管理部门将车辆价格信息依据国家税务总局通知要求汇总,在规定的时间内上报至国家税务总局。

(六)对国家税务总局尚未核定最低计税价格的车辆,车购办应依照已核定的同类型车辆最低计税价格征税。同类型车辆由车购办负责人确定,并报上级税务机关流转税管理部门备案。

十三、关于政策执行及管理职能

(一)交通部财务会计司、交通部车辆购置附加费征收管理办公室印发的《免征车辆购置附加费车辆图册》(以下简称免征图册)继续执行,作为设有固定装置车辆免征车辆购置税的依据。

(二)代征期间车购办使用的车辆购置税征收管理软件继续使用。

(三)国家税务总局《关于车辆购置税若干政策及管理问题的通知》(国税发[2001]27号)附件"可继续执行的车购费文件"停止执行。

(四)各级流转税管理部门负责过渡期车辆购置税政策的贯彻执行和征收管理。

(五)车购办不再向纳税人收取《完税证明》工本费。

十四、关于完税证明、表证单书的印制

(一)完税证明由国家税务总局规定统一样式、规格、统一编号并印制。

(二)纳税申报表、免税申请审批表、补证申请表、退税申请表、变动登记表、档案转移通知书由国家税务总局规定统一样式、规格,由各省、自治区、直辖市、计划单列市国家税务局自行印制使用。

十五、本通知自2005年1月1日起执行。

以前年度征税规定与本通知有抵触的依本通知规定执行。

【注释】 对《车辆购置税暂行条例》第16条进行了解释。

国家税务总局关于车辆购置税税收政策及征收管理有关问题的补充通知

国税发[2005]47号

各省、自治区、直辖市、计划单列市国家税务局:

据一些地区反映,《国家税务总局关于车辆购置税税收政策及征收管理有关问题的通知》(国税发

[2004]160号,以下简称160号通知)中存在一些政策界限不够清晰、管理方式难以确定问题,要求总局及时明确。现补充通知如下:

一、关于纳税申报问题

(一)《车辆购置税纳税申报表》金额单位可暂取整数,保留到元。

(二)回国服务的在外留学人员(以下简称留学人员)在办理免税申报时,除了按照160号通知规定提供相应资料外,还应提供所在地海关核发的《回国人员购买国产汽车准购单》(以下简称准购单)。凡是不能提供准购单的留学人员,车购办不予办理免税手续。

(三)已使用未完税车辆,如果纳税人主动申请补税,但缺少《机动车销售统一发票》或有效凭证的车购办应受理纳税申报.

二、关于计税依据问题

(一)免税条件消失的车辆,自初次办理纳税申报之日起,使用年限未满10年的,计税依据为最新核发的同类型车辆最低计税价格按每满1年扣减10%,未满1年的计税依据为最新核发的同类型车辆最低计税价格。

(二)已使用未完税车辆发生转让、补税行为的,计税依据按《中华人民共和国车辆购置税暂行条例》第六条核定。

三、关于税款征收问题

(一)车购办在为纳税人办理纳税申报手续时,应实地验车。

(二)车购办对已使用未完税车辆除按照同类型车辆最低计税价格补征税款外,还应按《中华人民共和国税收征收管理法》(以下简称征管法)规定加收滞纳金。

四、关于退税问题

(一)对公安机关车辆管理机构不予办理车辆登记注册手续的已税车辆,纳税人可以到车购办办理退税手续。纳税人在办理退税手续时,应提供160号通知规定的所有资料,纳税人如果不能提供退车证明和退车的发票,车购办不能为其办理退税手续。

(二)因质量原因,车辆被退回生产企业或经销商的,自纳税人办理纳税申报之日起,按已缴税款每满1年扣减10%计算退税额,未满1年的按已缴税款全额退税。

五、关于免(减)税申请问题

(一)160号通知规定的挖掘机、平地机、叉车、装载车(铲车)、起重机(吊车)、推土机,车购办可依据已下发的《设有固定装置免税车辆图册》(以下简称免税图册)直接办理免税手续,不需再报总局审批。其他设有固定装置的非运输车辆,除总局已下发图片且说明图片视同免税图册的车辆不需再报总局审批外,其他车辆一律重新办理免税申请审批手续,并报总局审批。车购办未接到总局批准免税文件(免税审批表)前,为了不耽误纳税人上车牌时间,可以先征税后退税。

(二)设有固定装置车辆的生产企业在向当地车购办提出免税申请时,需填写《车辆购置税免税申请审批表》(以下简称免税审批表),但不用填写免税审批表中发动机号码、车架(底盘)号码、机动车销售发票(或有效凭证)号码和购置日期。此外,还需提供国家发展和改革委员会公告产品所在页码与技术参数页码,车辆内观、外观彩色5寸照片2套。

(三)生产企业所在地的省、自治区、直辖市、计划单列市国家税务局流转税管理部门分别于每年的3月、6月、9月、12月向总局报送免税申请表。总局分别于4月、7月、10月及次年1月将免税车辆图片列入免税图册。

六、关于完税证明问题

车购办在核发完税证明正本前,需将纳税人的车牌号码打印或填写在完税证明正本上。完税证明遗失的,纳税人在申请补办完税证明前需在中国税务报上刊登遗失声明。车购办依据遗失声明为纳税人补办完税证明。

七、关于政策规定

(一)港、澳留学人员可比照留学人员享受税收优惠。

(二)对国家税务总局尚未核定最低计税价格的车辆,车购办应依照已核定的同类型车辆最低计税价格征税。同类型车辆由车购办确定,并报上级税务机关流转税管理部门备案。各省、自治区、直辖市、计划单列市国家税务局流转税管理部门应自行制定办法在最短的时间内将备案的同类型车辆最低计税价格在本地区统一。并于每月月末将统一的价格信息上报总局。上报路径为总局 FTP 服务器“centre\流转税司\消费税处\车购税”。

(三)按照《征管法》规定,对车辆购置税纳税人逾期申报应交纳的滞纳金从滞纳税款之日起,按日加收滞纳税款万分之的滞纳金。

八、关于表证单书印制问题

(一)由于免税审批表是车购办执行免税政策的依据,各地印制的免税审批表需严格按照160号通知规定的格式、尺寸、采用压感技术印制。

(二)各省、自治区、直辖市、计划单列市国家税务局流转税管理部门应于每月7日前向国家税务总局报送上月车辆购置税收入统计月报表(式样见附表1)。上报路径同上。

九、本通知自2005年4月1日起执行。

【注释】 对《车辆购置税暂行条例》第16条进行了解释。

国家税务总局关于完税证明遗失刊登遗失声明有关问题的补充通知

国税函[2005]429号

各省、自治区、直辖市和计划单列市国家税务局:

关于车辆购置税完税证明(以下简称完税证明)遗失后,如何刊登遗失声明问题,《国家税务总局关于车辆购置税税收政策及征收管理有关问题的补充通知》(国税发[2005]47号)文件已作了规定,现根据各单位所反映的情况和要求,对有关问题补充通知如下:

一、完税证明遗失的,纳税人在申请补办完税证明前,可选择在中国税务报或由省、自治区、直辖市国家税务局指定的公开发行的报刊上刊登遗失声明。车辆购置税征收机关依据遗失声明为纳税人补办完税证明。

二、遗失声明的登报挂失手续由纳税人自行办理,各级税务机关不得代为办理。

【注释】 对《车辆购置税暂行条例》第16条进行了解释。

国家税务总局关于加强机动车辆税收管理有关问题的补充通知

国税函[2005]731号

各省、自治区、直辖市和计划单列市国家税务局:

《国家税务总局关于加强机动车车辆税收管理有关问题的通知》(国税发[2005]79号)下发后,一些地区提出,为便于基层税务机关操作,要求总局对主管税务机关代码戳记的样式、大小、加盖位置、执行时间等具体问题作出规定。现补充通知如下:

一、代码戳记内容及规格

(一)代码戳记内容为:CTAIS版本“金税三期”规定的9位代码;

(二)代码戳记规格为:长45mm,宽10mm条形印章。

二、代码戳记加盖位置

(一)对于使用非机打版统一发票的地区,主管税务机关应在销售《机动车销售统一发票》(以下简称统一发票)时,将代码戳记加盖在统一发票报税联(第五联)的“备注”栏内。

（二）对于使用机打版统一发票的地区，主管税务机关应提供设置打印代码的程序，由车辆经销商或直接销售车辆的机动车生产企业（以下简称开票企业）自行在统一发票“备注”栏打印代码戳记。

三、代码戳记加盖时间

2005年7月1日以后开票企业开具的统一发票，必须有主管税务机关代码戳记。主管税务机关已发售给开票企业的非机打版统一发票，但开票企业没有使用完的，主管税务机关应及时将未使用完的统一发票收回并加盖代码戳记后再交还给开票企业。对主管税务机关已发售给开票企业的机打版统一发票，但开票企业没有使用完的，主管税务机关应及时将代码戳记的打印程序提供给开票企业。

2005年7月1日起至7月31日止，车辆购置税征收单位在为纳税人办理车辆购置税纳税申报时，如发现纳税人持有的统一发票缺少代码戳记的，应在受理纳税申报后主动与销售统一发票的主管税务机关联系，由销售统一发票的主管税务机关补盖代码戳记。2005年8月1日后，车辆购置税征收单位如发现纳税人提供的统一发票仍缺少代码戳记的，可将具体情况直接上报至总局流转税管理司。

【注释】　对《车辆购置税暂行条例》第16条进行了解释。

国家税务总局关于车辆购置税《设有固定装置免税车辆图册》有关问题的通知

国税函［2005］1019号

各省、自治区、直辖市和计划单列市国家税务局，扬州税务进修学院：

车辆购置税《设有固定装置免税车辆图册》（以下简称《免税车辆图册》）印发给你们，自2005年1月1日起执行。

本通知下发前符合免税条件但已申报缴纳车辆购置税的车辆，根据《国家税务总局关于车辆购置税税收政策及征收管理有关问题的补充通知》（国税发［2005］47号）规定，纳税人可以申请退税。

为规范行政执法，依法行政，2004年以前交通部下发的《免征车辆购置附加费车辆图册》（1－7册）、国家税务总局流转税管理司下发的《免征车辆购置税车辆图册》（1－2册）、《国家税务总局关于设有固定装置的非运输车辆免征车辆购置税的通知》（国税函［2005］672号）、《流转税管理司关于确认国产设有固定装置的非运输车辆免征车辆购置税的通知》（流便函［2005］008号），至2005年12月31日停止执行。

本通知停止执行的免税车辆图册内的车辆，且该生产企业现仍继续生产的，车辆生产企业应依照国税发［2005］47号文件规定重新提出免税申请。

【注释】　对《车辆购置税暂行条例》第16条进行了解释。

国家税务总局　外交部关于驻外使领馆工作人员离任回国进境自用车辆缴纳车辆购置税有关问题的通知

国税发［2005］180号

各省、自治区、直辖市和计划单列市国家税务局，扬州税务进修学院，各驻外使领馆、团、处：

经国务院批准，自2005年2月1日起，我驻外使领馆工作人员离任回国入境携带的进口自用车辆（以下简称馆员进口自用车辆），免征关税。现对馆员进口自用车辆申报缴纳车辆购置税计税依据如何确定问题通知如下：

一、馆员进口自用车辆在申报缴纳车辆购置税时，主管税务机关应按照海关《专用缴款书》核定的车辆完税价格，确定车辆购置税计税依据。

二、馆员是指我驻外使领馆享受常驻人员待遇的工作人员，不包括驻港澳地区内派机构的工作人员和其他我驻境外机构的工作人员。

三、馆员在办理车辆购置税纳税申报时,除按照法律、法规、规章及规范性文件规定提供相关资料外,还应提供以下资料:

(一)我驻外使领馆出具的《驻外使领馆人员身份证明》第三联(见附件)原件;

(二)本人有效护照的原件和复印件。

四、主管税务机关对纳税申报资料审核无误后,将《驻外使领馆人员身份证明》第三联原件、护照复印件以及文件规定的其他资料一并留存,并为纳税人办理纳税申报事宜。

五、馆员进口自用车辆如发生过户或转籍行为,主管税务机关不再就关税差价补征车辆购置税。

六、国家税务总局每年初定期将上年度馆员名单在总局服务器 FTP://CENTRE /流转税司/消费税处/车购税/驻外使领馆回国人员名单上公布,请各省、区、市国家税务局及时将本地区人员名单下载,作为事后检查的核对资料。

七、本通知自 2005 年 2 月 1 日起执行。

【注释】 对《车辆购置税暂行条例》第 6、9 条进行了解释。

车辆购置税征收管理办法

国家税务总局令[2005]15 号

第一条 根据《中华人民共和国税收征收管理法》(以下简称征管法)、《中华人民共和国税收征收管理法实施细则》(以下简称征管法实施细则)和《中华人民共和国车辆购置税暂行条例》(以下简称车购税条例)制定本办法。

第二条 根据征管法实施细则第三十条、车购税条例第十二条的规定,纳税人应到下列地点办理车购税纳税申报。

(一)需要办理车辆登记注册手续的纳税人,向车辆登记注册地的主管税务机关办理纳税申报。

(二)不需要办理车辆登记注册手续的纳税人,向所在地征收车购税的主管税务机关办理纳税申报。

车购税实行一车一申报制度。

第三条 纳税人办理纳税申报时应如实填写《车辆购置税纳税申报表》(见附件 1,以下简称纳税申报表),同时提供以下资料的原件和复印件。复印件和《机动车销售统一发票》(以下简称统一发票)报税联由主管税务机关留存,其他原件经主管税务机关审核后退还纳税人。

(一)车主身份证明

1. 内地居民,提供内地《居民身份证》(含居住、暂住证明)或《居民户口簿》或军人(含武警)身份证明;

2. 香港、澳门特别行政区、台湾地区居民,提供入境的身份证明和居留证明;

3. 外国人,提供入境的身份证明和居留证明;

4. 组织机构,提供《组织机构代码证书》。

(二)车辆价格证明

1. 境内购置车辆,提供统一发票(发票联和报税联)或有效凭证;

2. 进口自用车辆,提供《海关关税专用缴款书》、《海关代征消费税专用缴款书》或海关《征免税证明》。

(三)车辆合格证明

1. 国产车辆,提供整车出厂合格证明(以下简称合格证);

2. 进口车辆,提供《中华人民共和国海关货物进口证明书》或《中华人民共和国海关监管车辆进(出)境领(销)牌照通知书》或《没收走私汽车、摩托车证明书》。

(四)税务机关要求提供的其他资料

第四条 符合车购税条例第九条免税、减税规定的车辆,纳税人在办理纳税申报时,除按本办法第三条规定提供资料外,还应根据不同情况,分别提供下列资料的原件、复印件及彩色照片。原件经主管税务机关审核后退还纳税人,复印件及彩色照片由主管税务机关留存。

(一)外国驻华使馆、领事馆和国际组织驻华机构的车辆,提供机构证明;

(二)外交人员自用车辆,提供外交部门出具的身份证明;

(三)中国人民解放军和中国人民武装警察部队列入军队武器装备订货计划的车辆,提供订货计划的证明;

(四)设有固定装置的非运输车辆,提供车辆内、外观彩色5寸照片;

(五)其他车辆,提供国务院或国务院税务主管部门的批准文件。

第五条 已经办理纳税申报的车辆发生下列情形之一的,纳税人应按本办法规定重新办理纳税申报:

(一) 底盘发生更换的;

(二)免税条件消失的。

第六条 底盘发生更换的车辆,计税依据为最新核发的同类型车辆最低计税价格的70%。同类型车辆是指同国别、同排量、同车长、同吨位、配置近似等(下同)。

第七条 最低计税价格是指国家税务总局依据车辆生产企业提供的车辆价格信息,参照市场平均交易价格核定的车辆购置税计税价格。

第八条 免税条件消失的车辆,自初次办理纳税申报之日起,使用年限未满10年的,计税依据为最新核发的同类型车辆最低计税价格按每满1年扣减10%,未满1年的计税依据为最新核发的同类型车辆最低计税价格;使用年限10年(含)以上的,计税依据为0。

第九条 对国家税务总局未核定最低计税价格的车辆,纳税人申报的计税价格低于同类型应税车辆最低计税价格,又无正当理由的,主管税务机关可比照已核定的同类型车辆最低计税价格征税。同类型车辆由主管税务机关确定,并报上级税务机关备案。各省、自治区、直辖市和计划单列市国家税务局应制定具体办法及时将备案的价格在本地区统一。

第十条 车购税条例第六条"价外费用"是指销售方价外向购买方收取的基金、集资费、返还利润、补贴、违约金(延期付款利息)和手续费、包装费、储存费、优质费、运输装卸费、保管费、代收款项、代垫款项以及其他各种性质的价外收费。

第十一条 车购税条例第七条规定的"申报的计税价格低于同类型应税车辆的最低计税价格,又无正当理由的",是指纳税人申报的计税依据低于出厂价格或进口自用车辆的计税价格。

第十二条 进口旧车、因不可抗力因素导致受损的车辆、库存超过3年的车辆、行驶8万公里以上的试验车辆、国家税务总局规定的其他车辆,凡纳税人能出具有效证明的,计税依据为其提供的统一发票或有效凭证注明的价格。

第十三条 主管税务机关在为纳税人办理纳税申报手续时,应实地验车。

第十四条 主管税务机关应对纳税申报资料进行审核,确定计税依据,征收税款,核发《车辆购置税完税证明》(以下简称完税证明)。征税车辆在完税证明征税栏加盖车购税征税专用章,免税车辆在完税证明免税栏加盖车购税征税专用章。

第十五条 主管税务机关对设有固定装置的非运输车辆,在未接到国家税务总局批准的免税文件前,应先征税。

第十六条 主管税务机关开具的车购税缴税凭证上的应纳税额保留到元,元以下金额舍去。

第十七条 主管税务机关发现纳税人申报的计税价格低于最低计税价格,除按照规定征收车购税外,还应采集并传递统一发票价格异常信息。

第十八条 完税证明分正本和副本,按车核发、每车一证。正本由纳税人保管以备查验,副本用于办理车辆登记注册。

完税证明不得转借、涂改、买卖或者伪造。

第十九条 完税证明发生损毁、丢失的,车主在申请补办完税证明前应在《中国税务报》或由省、自治区、直辖市国家税务局指定的公开发行的报刊上刊登遗失声明,填写《换(补)车辆购置税完税证明申请表》(见附件3,以下简称补证申请表)。

第二十条 纳税人在办理车辆登记注册前完税证明发生损毁、丢失的,主管税务机关应依据纳税人提供的车购税缴税凭证或主管税务机关车购税缴税凭证留存联,车辆合格证明,遗失声明予以补办。

第二十一条 车主在办理车辆登记注册后完税证明发生损毁、丢失的，车主向原发证税务机关申请换、补，主管税务机关应依据车主提供的《机动车行驶证》，遗失声明核发完税证明正本（副本留存）。

第二十二条 已缴车购税的车辆，发生下列情形之一的，准予纳税人申请退税：

（一）因质量原因，车辆被退回生产企业或者经销商的；

（二）应当办理车辆登记注册的车辆，公安机关车辆管理机构不予办理车辆登记注册的。

第二十三条 纳税人申请退税时，应如实填写《车辆购置税退税申请表》（见附件4，以下简称退税申请表），分别下列情况提供资料：

（一）未办理车辆登记注册的，提供生产企业或经销商开具的退车证明和退车发票、完税证明正本和副本；

（二）已办理车辆登记注册的，提供生产企业或经销商开具的退车证明和退车发票、完税证明正本、公安机关车辆管理机构出具的注销车辆号牌证明。

第二十四条 因质量原因，车辆被退回生产企业或者经销商的，纳税人申请退税时，主管税务机关依据自纳税人办理纳税申报之日起，按已缴税款每满1年扣减10%计算退税额；未满1年的，按已缴税款全额退税。

第二十五条 公安机关车辆管理机构不予办理车辆登记注册的车辆，纳税人申请退税时，主管税务机关应退还全部已缴税款。

第二十六条 符合免税条件但已征税的设有固定装置的非运输车辆，主管税务机关依据国家税务总局批准的《设有固定装置免税车辆图册》（以下简称免税图册）或免税文件，办理退税。

第二十七条 车购税条例第九条"设有固定装置的非运输车辆"是指：

1. 列入国家税务总局印发的免税图册的车辆；

2. 未列入免税图册但经国家税务总局批准免税的车辆。

第二十八条 主管税务机关依据免税图册或国家税务总局批准的免税文件为设有固定装置的非运输车辆办理免税。

第二十九条 需列入免税图册的车辆，由车辆生产企业或纳税人向主管税务机关提出申请，填写《车辆购置税免（减）税申请表》（见附件2，以下简称免税申请表），提供下列资料：

（一）本办法第三条第（三）款规定的车辆合格证明原件、复印件；

（二）车辆内、外观彩色五寸照片1套；

（三）车辆内、外观彩色照片电子文档（文件大小不超过50KB，像素不低于300万，并标明车辆生产企业名称及车辆型号，仅限车辆生产企业提供）。

第三十条 主管税务机关将审核后的免税申请表及附列的车辆合格证明复印件（原件退回申请人）、照片及电子文档一并逐级上报。其中：

（一）省、自治区、直辖市和计划单列市国家税务局分别于每年的3、6、9、12月将免税申请表及附列资料报送至国家税务总局。

（二）国家税务总局分别于申请当期的4、7、10月及次年1月将符合免税条件的车辆列入免税图册。

第三十一条 纳税人购置的尚未列入免税图册的设有固定装置的非运输车辆，在规定的申报期限内，应先办理纳税申报，缴纳税款。

第三十二条 在外留学人员（含香港、澳门地区）回国服务的（以下简称留学人员），购买1辆国产小汽车免税。

第三十三条 来华定居专家（以下简称来华专家）进口自用的1辆小汽车免税。

第三十四条 留学人员购置的、来华专家进口自用的符合免税条件的车辆，主管税务机关可直接办理免税事宜。

第三十五条 留学人员、来华专家在办理免税申报时，应分别下列情况提供资料：

（一）留学人员提供中华人民共和国驻留学生学习所在国的大使馆或领事馆（中央人民政府驻香港联络办公室教育科技部、中央人民政府驻澳门联络办公室宣传文化部）出具的留学证明；公安部门出具的境内居住证明、个人护照；海关核发的《回国人员购买国产小汽车准购单》；

（二）来华专家提供国家外国专家局或其授权单位核发的专家证；公安部门出具的境内居住证明。

第三十六条 防汛和森林消防部门购置的由指定厂家生产的指定型号的用于指挥、检查、调度、防汛(警)、联络的专用车辆(以下简称防汛专用车和森林消防专用车)免税。

第三十七条 防汛专用车和森林消防专用车,主管税务机关依据国务院税务主管部门批准文件审核办理免税。具体程序如下:

(一)主管部门每年向国务院税务主管部门提出免税申请;

(二)国务院税务主管部门将审核后的车辆型号、数量、流向、照片及有关证单式样通知纳税人所在地主管税务机关;

(三)主管税务机关依据国务院税务主管部门批准文件审核办理免税。

第三十八条 纳税人购置的农用三轮车免税。主管税务机关可直接办理免税事宜。

第三十九条 主管税务机关应对已经办理纳税申报的车辆建立车辆购置税征收管理档案(以下简称档案)。

第四十条 主管税务机关应依据车购税条例第十四条规定与公安机关车辆管理机构定期交换信息。

第四十一条 车辆发生过户、转籍、变更等情况时,车主应在向公安机关车辆管理机构办理车辆变动手续之日起30日内,到主管税务机关办理档案变动手续。

第四十二条 本办法第四十一条"过户",是指车辆登记注册地未变而车主发生变动的情形。

车主办理车辆过户手续时,应如实填写《车辆变动情况登记表》(见附件5,以下简称变动表),并提供完税证明正本和《机动车行驶证》原件及复印件。《机动车行驶证》原件经主管税务机关审核后退还车主,复印件及完税证明正本由主管税务机关留存。主管税务机关对过户车辆核发新的完税证明正本(副本留存)。

第四十三条 本办法第四十一条"转籍",是指同一车辆的登记注册地发生变动的情形。车辆转籍分转出和转入。

(一)车主办理车辆转出手续时,应如实填写变动表,提供公安机关车辆管理机构出具的车辆转出证明材料。转出地主管税务机关审核后,据此办理档案转出手续,向转入地主管税务机关开具《车辆购置税档案转移通知书》(见附件6,以下简称档案转移通知书)。

(二)车主办理车辆转入手续时,应如实填写变动表,提供转出地主管税务机关核发的完税证明正本、档案转移通知书和档案。转入地主管税务机关审核后,将转出地主管税务机关核发的完税证明正本、档案转移通知书和档案留存。对转籍车辆核发新的完税证明正本(副本留存)。

第四十四条 既过户又转籍的车辆,主管税务机关按转籍办理档案变动手续。

第四十五条 转籍车辆档案资料交接程序如下:

(一)转出地主管税务机关将档案资料连同档案转移通知书,交由车主自带转籍。转出地主管税务机关复印留存转出的全部档案资料并保存60天;

(二)转入地主管税务机关按本办法第三十九条规定建立档案;

(三)转籍过程中档案丢失、损毁的,转出地主管税务机关在档案留存期限内,可向车主提供留存档案,每页加盖转出地主管税务机关印章。

第四十六条 本办法第四十一条"变更",是指已经办理纳税申报的车辆,经公安机关车辆管理机构批准的车主名称、车辆识别代号(VIN,车架号码)发生变更的。

办理车辆变更手续时,纳税人应填写变动表,提供完税证明正本和《机动车行驶证》原件及复印件。《机动车行驶证》原件经主管税务机关审核后退还车主,复印件及完税证明正本由主管税务机关留存。主管税务机关对变更车辆核发新的完税证明正本(副本留存)。

第四十七条 完税证明的样式、规格、编号由国家税务总局统一规定并印制。

第四十八条 纳税申报表、免税申请表、补证申请表、退税申请表、变动表、档案转移通知书的样式、规格由国家税务总局统一规定,各省、自治区、直辖市和计划单列市国家税务局自行印制使用。

第四十九条 本办法由国家税务总局负责解释。各省、自治区、直辖市和计划单列市国家税务局依照本办法制定具体实施办法。

第五十条 本办法自2006年1月1日起实施。以前规定与本办法有抵触的,依本办法执行。

【注释】 对《车辆购置税暂行条例》第16条进行了解释。

国家税务总局关于确定车辆购置税计税依据的通知

国税函[2006]1139号

各省、自治区、直辖市和计划单列市国家税务局：

《国家税务总局关于使用新版机动车销售统一发票有关问题的通知》(国税函[2006]479号，以下简称通知)下发后，总局对新版《机动车销售统一发票》票样进行了修改，一些地区要求总局明确不含增值税税款的车辆价格的计算方法。现将有关问题通知如下：

一、根据《中华人民共和国增值税暂行条例》及其实施细则的有关规定，纳税人销售货物不含增值税的销售额的计算公式为：

销售额 = 含税销售额 ÷ (1 + 增值税税率或征收率)

主管税务机关在计征车辆购置税确定计税依据时，计算车辆不含增值税价格的计算方法与增值税相同，即：

不含税价 = (全部价款 + 价外费用) ÷ (1 + 增值税税率或征收率)

二、《车辆购置税征收管理办法》(国家税务总局令第15号)附件1《车辆购置税纳税申报表》填表说明第12条第(1)款修订为“境内购置车辆，按机动车销售统一发票(不含税价栏)填写”；第(3)款修订为“自产、受赠、获奖或者以其他方式取得并自用的车辆，按机动车销售统一发票(不含税价栏)填写”。

本规定自2006年12月1日起执行。

【注释】 对《车辆购置税暂行条例》第6条进行了解释。

国家税务总局 财政部 中国人民银行关于车辆购置税征缴管理有关问题的通知

国税发[2009]127号

各省、自治区、直辖市和计划单列市国家税务局，财政部驻各省、自治区、直辖市、计划单列市财政监察专员办事处，西藏自治区财政厅，中国人民银行上海总部，各分行、营业管理部、省会(首府)城市中心支行，大连、青岛、宁波、厦门、深圳市中心支行：

根据《财政部办公厅关于车辆购置税征缴管理有关问题的复函》(财办库[2007]198号)、《国家税务总局关于车辆购置税征缴有关问题的通知》(国税函[2007]787号)有关规定，国税系统开立的车辆购置税专用账户于2009年6月30日到期。为进一步加强车辆购置税(以下简称车购税)征缴管理工作，规范银行账户管理，实现税款直接入库，现就车购税征缴管理有关问题通知如下：

一、关于车购税缴税方式

为方便纳税人，提高征缴效率，税务机关应向纳税人提供多元化缴税方式，包括银行卡刷卡缴税、转账缴税、现金缴税等，特别要大力推广应用POS机刷卡缴税，将车购税从纳税人银行卡账户直接划缴入库。已实施财税库银横向联网电子缴税的地区，要积极创造条件，逐步推广运用横向联网系统办理车购税缴库。

二、关于车购税缴税基本流程

(一)银行卡刷卡缴税基本流程

银行卡刷卡缴税包括采用商业银行布设POS机具刷卡缴税和采用银联子公司布设POS机具刷卡缴税两种模式。

对确定由商业银行布设POS机具的，刷卡缴税流程为：

1. 各市(包括直辖市、计划单列市、省会城市、地级市、县级市)或县人民银行分支机构和国税部门共同确定在车购税征收大厅布设 POS 机具的商业银行(即国库经收处,以下简称指定国库经收处)。

2. 指定国库经收处在“待结算财政款项”科目下开设“待报解车购税专户”,专门用于核算纳税人使用 POS 机刷卡方式缴纳车购税的收纳、报解,不得用于办理税款的退付。

3. 指定国库经收处在车购税征收大厅布设 POS 机具,其刷卡缴纳的车购税的收款账户名称和账号分别为“待报解车购税专户”的名称及账号。

4. 纳税人按照应纳税额在车购税征收大厅布设的 POS 机刷卡缴税,税务机关对相关信息审核无误后,为纳税人开具税收完税证(通用完税证或转账专用完税证,下同),作为完税证明。

5. 每日工作终了,税务机关将当日 POS 机收款总额与税收完税证的票面金额核对一致后,开具税收缴款书(通用缴款书或汇总专用缴款书,下同),于当日、最迟下一工作日上午交指定国库经收处办理就地缴库手续。

6. 指定国库经收处收到税收缴款书后,将税收缴款书金额与“待报解车购税专户”收款金额进行核对,经核对一致的,于当日、最迟下一工作日划缴国库。经核对不一致的,及时与税务机关沟通联系。

7. 国库收到缴款书和资金,办理入库手续后,向税务机关返回税款入库报表和缴款书回执。

8. 税务机关根据国库返回的税款入库报表和缴款书回执,在税务征管系统做税款入库销号。

对确定由银联子公司布设 POS 机具的,刷卡缴税流程为:

1. 国库在“国库待结算款项”科目下设置“待缴库车购税专户”,专门用于核算纳税人使用银联子公司 POS 机刷卡方式缴纳车购税的收纳、报解,不得用于办理税款的退付。

2. 银联子公司在车购税征收大厅布设 POS 机具,其刷卡缴纳的车购税的收款账户名称和账号分别为国库“待缴库车购税专户”的名称及账号。

3. 纳税人按照应纳税额在车购税征收大厅布设的 POS 机刷卡缴税,税务机关对相关信息审核无误后,为纳税人开具税收完税证,作为完税证明。

4. 每日工作终了,税务机关将当日 POS 机收款总额与税收完税证的票面金额核对一致后,开具税收缴款书,于当日、最迟下一工作日上午交国库办理入库手续。

5. 银联于纳税人刷卡缴税的下一工作日将资金直接划缴国库“待缴库车购税专户”。

6. 国库将税收缴款书与银联划来的资金核对一致后,办理入库手续。经核对不一致的,及时与税务机关、银联沟通联系。

7. 国库办理入库手续后,向税务机关返回税款入库报表和缴款书回执。

8. 税务机关根据国库返回的税款入库报表和缴款书回执,在税务征管系统做税款入库销号。

(二)转账缴税和现金缴税基本流程

1. 税务机关根据纳税人应纳税额逐笔开具税收通用缴款书。

2. 纳税人持税收通用缴款书到国库经收处办理缴款手续。

3. 国库经收处经对税收通用缴款书要素审核无误后,通过“待结算财政款项”科目下的“待报解预算收入专户”办理资金收纳手续,并于收纳当日、最迟下一工作日划缴国库。

4. 国库收到缴款书和资金后,办理入库手续,并向税务机关返回税款入库报表和缴款书回执。

5. 税务机关根据国库返回的税款入库报表和缴款书回执,在税务征管系统做税款入库销号。

三、关于撤并原车购税专用账户问题

(一)各级国税部门要结合推广应用 POS 机刷卡缴税工作,抓紧撤并原车购税专用账户。2009 年 7 月 1 日至 2010 年 3 月 31 日,每个市(包括直辖市、计划单列市、省会城市、地级市、县级市)或县可保留一个车购税专用账户,用于现金税款的收纳和缴库,其余车购税专用账户自 2009 年 7 月 1 日起给予六个月的过渡期,期满须即时办理销户手续。

(二)2010 年 4 月 1 日起,所有车购税专用账户一律撤销。对于纳税人采用现金缴纳税款的,原则上由纳税人持税务机关开具的税收通用缴款书到国库经收处自行办理就地缴库,特殊情况可由税务机关收纳后开具税收缴款书于当日、最迟下一工作日上午到国库经收处办理就地缴库。

四、工作要求

(一)财政部驻各省、自治区、直辖市、计划单列市财政监察专员办事处和西藏自治区财政厅,要加强对车购税专用账户使用的监督管理,做好专用账户延期的审批、备案管理工作,督促税务机关及时办理撤户手续。

（二）税务机关在车购税专用账户尚未撤销前，仍按现行规定在每月的5日、10日、15日、20日、25日和月末最后一天（遇法定节假日顺延），将车购税专用账户中的到账税款全额缴入国库。

（三）在车购税专用账户撤销时，税务机关要做好与开户银行的对账工作，务必保证税务与银行、账与证、账与账、账与表数字一致、准确无误；账户清空后，要做好结账、封账和销户工作。

（四）各地税务机关和人民银行分支机构要根据当地实际情况，共同确定POS机刷卡缴税方式，以确保纳税人顺利通过POS机刷卡方式缴纳车购税。税务机关要会同当地有关部门，抓紧组织做好POS机具布设、调试工作。

（五）各地税务机关应积极对POS机刷卡缴税方式进行宣传引导。车购税征缴方式进行调整前，税务机关要提前向社会公告，并实行至少一个月的公告期，同时做好有关宣传工作，尤其要注意对汽车销售点的宣传，以便让纳税人预知。

（六）各地人民银行分支机构应当按照有关规定，加强对国库经收处、银联及其子公司的业务指导和监督管理。

（七）税务机关、国库、布设POS机具的国库经收处（或银联）要认真做好对账工作，发现问题及时查明原因，并跟踪处理，确保税款及时安全入库。

（八）商业银行、银联子公司办理银行卡刷卡缴税业务的相关费用问题，由国家税务总局会同财政部、中国人民银行另行研究解决。

（九）各地税务、财政、人民银行、商业银行、银联等部门要加强沟通与协作，共同做好车购税征缴管理工作，并制定有关特殊情况的处理预案。执行中有何情况，请及时向国家税务总局（收入规划核算司）、财政部（国库司）、中国人民银行（国库局）报告。

财政部　国家税务总局关于1.6升及以下排量乘用车车辆购置税减征政策到期停止执行的通知

财税[2010]127号

各省、自治区、直辖市、计划单列市财政厅（局）、国家税务局，新疆生产建设兵团财务局：

经国务院批准，对1.6升及以下排量乘用车减按7.5%的税率征收车辆购置税的政策于2010年12月31日到期后停止执行，自2011年1月1日起，对1.6升及以下排量乘用车统一按10%的税率征收车辆购置税。

第十一部分 中华人民共和国车船税法

中华人民共和国车船税暂行条例

国务院令[2006]第482号

第一条 在中华人民共和国境内,车辆、船舶(以下简称车船)的所有人或者管理人为车船税的纳税人,应当依照本条例的规定缴纳车船税。

本条例所称车船,是指依法应当在车船管理部门登记的车船。

【注释】 《车船税暂行条例实施细则》第2、3条对本条进行了解释。

第二条 车船的适用税额,依照本条例所附的《车船税税目税额表》执行。

国务院财政部门、税务主管部门可以根据实际情况,在《车船税税目税额表》规定的税目范围和税额幅度内,划分子税目,并明确车辆的子税目税额幅度和船舶的具体适用税额。车辆的具体适用税额由省、自治区、直辖市人民政府在规定的子税目税额幅度内确定。

第三条 下列车船免征车船税:

(一)非机动车船(不包括非机动驳船);

(二)拖拉机;

(三)捕捞、养殖渔船;

(四)军队、武警专用的车船;

(五)警用车船;

(六)按照有关规定已经缴纳船舶吨税的船舶;

(七)依照我国有关法律和我国缔结或者参加的国际条约的规定应当予以免税的外国驻华使馆、领事馆和国际组织驻华机构及其有关人员的车船。

【注释】 《车船税暂行条例实施细则》第5—11条对本条进行了解释。

第四条 省、自治区、直辖市人民政府可以根据当地实际情况,对城市、农村公共交通车船给予定期减税、免税。

第五条 车船税由地方税务机关负责征收。

第六条 车船税的纳税地点,由省、自治区、直辖市人民政府根据当地实际情况确定。

跨省、自治区、直辖市使用的车船,纳税地点为车船的登记地。

第七条 车船税的纳税义务发生时间,为车船管理部门核发的车船登记证书或者行驶证书所记载日期的当月。

第八条 车船税按年申报缴纳。具体申报纳税期限由省、自治区、直辖市人民政府确定。

第九条 车船的所有人或者管理人未缴纳车船税的,使用人应当代为缴纳车船税。

第十条 从事机动车交通事故责任强制保险业务的保险机构为机动车车船税的扣缴义务人,应当依法代收代缴车船税。

税务机关付给扣缴义务人代收代缴手续费的标准由国务院财政部门、税务主管部门制定。

第十一条 机动车车船税的扣缴义务人依法代收代缴车船税时,纳税人不得拒绝。

第十二条 各级车船管理部门应当在提供车船管理信息等方面,协助地方税务机关加强对车船税的征收管理。

第十三条 车船税的征收管理,依照《中华人民共和国税收征收管理法》及本条例的规定执行。

第十四条 本条例自2007年1月1日起施行。1951年9月13日原政务院发布的《车船使用牌照税暂行条例》和1986年9月15日国务院发布的《中华人民共和国车船使用税暂行条例》同时废止。

附：

车船税税目税额表

税　　目	计税单位	每年税额	备　　注
载客汽车	每辆	60元至660元	包括电车
载货汽车	按自重每吨	16元至120元	包括半挂牵引车、挂车
三轮汽车低速货车	按自重每吨	24元至120元	
摩托车	每辆	36元至180元	
船舶	按净吨位每吨	3元至6元	拖船和非机动驳船分别按船舶税额的50%计算

注：专项作业车、轮式专用机械车的计税单位及每年税额由国务院财政部门、税务主管部门参照本表确定。

中华人民共和国车船税暂行条例实施细则

财政部　国家税总局令[2007]第46号

第一条　根据《中华人民共和国车船税暂行条例》(以下简称条例)，制定本细则。

第二条　条例第一条第一款所称的管理人，是指对车船具有管理使用权，不具有所有权的单位。

【注释】　对《车船税暂行条例》第1条进行了解释。

第三条　条例第一条第二款所称的车船管理部门，是指公安、交通、农业、渔业、军事等依法具有车船管理职能的部门。

【注释】　对《车船税暂行条例》第1条进行了解释。

第四条　在机场、港口以及其他企业内部场所行驶或者作业，并在车船管理部门登记的车船，应当缴纳车船税。

第五条　条例第三条第(一)项所称的非机动车，是指以人力或者畜力驱动的车辆，以及符合国家有关标准的残疾人机动轮椅车、电动自行车等车辆；非机动船是指自身没有动力装置，依靠外力驱动的船舶；非机动驳船是指在船舶管理部门登记为驳船的非机动船。

【注释】　对《车船税暂行条例》第3条进行了解释。

第六条　条例第三条第(二)项所称的拖拉机，是指在农业(农业机械)部门登记为拖拉机的车辆。

【注释】　对《车船税暂行条例》第3条进行了解释。

第七条　条例第三条第(三)项所称的捕捞、养殖渔船，是指在渔业船舶管理部门登记为捕捞船或者养殖船的渔业船舶。不包括在渔业船舶管理部门登记为捕捞船或者养殖船以外类型的渔业船舶。

【注释】　对《车船税暂行条例》第3条进行了解释。

第八条　条例第三条第(四)项所称的军队、武警专用的车船，是指按照规定在军队、武警车船管理部门登记，并领取军用牌照、武警牌照的车船。

【注释】　对《车船税暂行条例》第3条进行了解释。

第九条　条例第三条第(五)项所称的警用车船，是指公安机关、国家安全机关、监狱、劳动教养管理机关和人民法院、人民检察院领取警用牌照的车辆和执行警务的专用船舶。

【注释】　对《车船税暂行条例》第3条进行了解释。

第十条　条例第三条第(七)项所称的我国有关法律，是指《中华人民共和国外交特权与豁免条例》、《中华人民共和国领事特权与豁免条例》。

【注释】　对《车船税暂行条例》第3条进行了解释。

第十一条　外国驻华使馆、领事馆和国际组织驻华机构及其有关人员在办理条例第三条第(七)项规定的免税事项时，应当向主管地方税务机关出具本机构或个人身份的证明文件和车船所有权证明文件，并申明免税的依据和理由。

【注释】 对《车船税暂行条例》第3条进行了解释。

第十二条 纳税人未按照规定到车船管理部门办理应税车船登记手续的，以车船购置发票所载开具时间的当月作为车船税的纳税义务发生时间。对未办理车船登记手续且无法提供车船购置发票的，由主管地方税务机关核定纳税义务发生时间。

第十三条 购置的新车船，购置当年的应纳税额自纳税义务发生的当月起按月计算。计算公式为：

应纳税额＝（年应纳税额/12）×应纳税月份数

第十四条 在一个纳税年度内，已完税的车船被盗抢、报废、灭失的，纳税人可以凭有关管理机关出具的证明和完税证明，向纳税所在地的主管地方税务机关申请退还自被盗抢、报废、灭失月份起至该纳税年度终了期间的税款。

已办理退税的被盗抢车船，失而复得的，纳税人应当从公安机关出具相关证明的当月起计算缴纳车船税。

第十五条 由扣缴义务人代收代缴机动车车船税的，纳税人应当在购买机动车交通事故责任强制保险的同时缴纳车船税。

第十六条 纳税人应当向主管地方税务机关和扣缴义务人提供车船的相关信息。拒绝提供的，按照《中华人民共和国税收征收管理法》有关规定处理。

第十七条 已完税或者按照条例第三条第（七）项、条例第四条规定减免车船税的车辆，纳税人在购买机动车交通事故责任强制保险时，应当向扣缴义务人提供地方税务机关出具的本年度车船税的完税凭证或者减免税证明。不能提供完税凭证或者减免税证明的，应当在购买保险时按照当地的车船税税额标准计算缴纳车船税。

第十八条 纳税人对扣缴义务人代收代缴税款有异议的，可以向纳税所在地的主管地方税务机关提出。

第十九条 纳税人在购买机动车交通事故责任强制保险时缴纳车船税的，不再向地方税务机关申报纳税。

第二十条 扣缴义务人在代收车船税时，应当在机动车交通事故责任强制保险的保险单上注明已收税款的信息，作为纳税人完税的证明。除另有规定外，扣缴义务人不再给纳税人开具代扣代收税款凭证。纳税人如有需要，可以持注明已收税款信息的保险单，到主管地方税务机关开具完税凭证。

第二十一条 扣缴义务人应当及时解缴代收代缴的税款，并向地方税务机关申报。扣缴义务人解缴税款的具体期限，由各省、自治区、直辖市地方税务机关依照法律、行政法规的规定确定。

第二十二条 地方税务机关应当按照规定支付扣缴义务人代收代缴车船税的手续费。

第二十三条 条例《车船税税目税额表》中的载客汽车，划分为大型客车、中型客车、小型客车和微型客车4个子税目。其中，大型客车是指核定载客人数大于或者等于20人的载客汽车；中型客车是指核定载客人数大于9人且小于20人的载客汽车；小型客车是指核定载客人数小于或者等于9人的载客汽车；微型客车是指发动机气缸总排气量小于或者等于1升的载客汽车。载客汽车各子税目的每年税额幅度为：

（一）大型客车，480元至660元；

（二）中型客车，420元至660元；

（三）小型客车，360元至660元；

（四）微型客车，60元至480元。

第二十四条 条例《车船税税目税额表》中的三轮汽车，是指在车辆管理部门登记为三轮汽车或者三轮农用运输车的机动车。

条例《车船税税目税额表》中的低速货车，是指在车辆管理部门登记为低速货车或者四轮农用运输车的机动车。

第二十五条 条例《车船税税目税额表》中的专项作业车，是指装置有专用设备或者器具，用于专项作业的机动车；轮式专用机械车是指具有装卸、挖掘、平整等设备的轮式自行机械。

专项作业车和轮式专用机械车的计税单位为自重每吨，每年税额为16元至120元。具体适用税额由省、自治区、直辖市人民政府参照载货汽车的税额标准在规定的幅度内确定。

第二十六条 客货两用汽车按照载货汽车的计税单位和税额标准计征车船税。

第二十七条 条例《车船税税目税额表》中的船舶,具体适用税额为:

(一)净吨位小于或者等于200吨的,每吨3元;

(二)净吨位201吨至2000吨的,每吨4元;

(三)净吨位2001吨至10000吨的,每吨5元;

(四)净吨位10001吨及其以上的,每吨6元。

第二十八条 条例《车船税税目税额表》中的拖船,是指专门用于拖(推)动运输船舶的专业作业船舶。拖船按照发动机功率每2马力折合净吨位1吨计算征收车船税。

第二十九条 条例及本细则所涉及的核定载客人数、自重、净吨位、马力等计税标准,以车船管理部门核发的车船登记证书或者行驶证书相应项目所载数额为准。纳税人未按照规定到车船管理部门办理登记手续的,上述计税标准以车船出厂合格证明或者进口凭证相应项目所载数额为准;不能提供车船出厂合格证明或者进口凭证的,由主管地方税务机关根据车船自身状况并参照同类车船核定。

车辆自重尾数在0.5吨以下(含0.5吨)的,按照0.5吨计算;超过0.5吨的,按照1吨计算。船舶净吨位尾数在0.5吨以下(含0.5吨)的不予计算,超过0.5吨的按照1吨计算。1吨以下的小型车船,一律按照1吨计算。

第三十条 条例和本细则所称的自重,是指机动车的整备质量。

第三十一条 本细则所称纳税年度,自公历1月1日起,至12月31日止。

第三十二条 2007纳税年度起,车船税依照条例和本细则的规定计算缴纳。

第三十三条 各省、自治区、直辖市人民政府根据条例和本细则的有关规定制定具体实施办法,并报财政部和国家税务总局备案。

第三十四条 本细则自公布之日起实施。

国家税务总局关于车船税征管若干问题的通知

国税发[2008]48号

各省、自治区、直辖市和计划单列市地方税务局,西藏、宁夏、青海省(自治区)国家税务局:

为方便车船税征缴,进一步提高征管质量和效率,切实做好车船税的征收工作,根据《中华人民共和国车船税暂行条例》(以下简称"条例")及其实施细则的有关规定,现就车船税征管有关问题通知如下:

一、关于不在车辆登记地购买保险代收代缴车船税问题

在一个纳税年度内,纳税人在非车辆登记地由保险机构代收代缴机动车车船税,且能够提供合法有效完税证明的,纳税人不再向车辆登记地的地方税务机关缴纳机动车车船税。

二、关于所有权或管理权发生变更的车船征收车船税问题

在一个纳税年度内,已经缴纳车船税的车船变更所有权或管理权的,地方税务机关对原车船所有人或管理人不予办理退税手续,对现车船所有人或管理人也不再征收当年度的税款;未缴纳车船税的车船变更所有权或管理权的,由现车船所有人或管理人缴纳该纳税年度的车船税。

三、关于未在车辆管理部门登记的新购置车辆办理减免税手续问题

为优化办税程序,做好纳税服务,对尚未在车辆管理部门办理登记、属于应减免税的新购置车辆,车辆所有人或管理人可提出减免税申请,并提供机构或个人身份证明文件和车辆权属证明文件以及地方税务机关要求的其他相关资料。经税务机关审验符合车船税减免条件的,税务机关可为纳税人出具该纳税年度的减免税证明,以方便纳税人购买机动车交通事故责任强制保险。

新购置应予减免税的车辆所有人或管理人在购买机动车交通事故责任强制保险时已缴纳车船税的,在办理车辆登记手续后可向税务机关提出减免税申请,经税务机关审验符合车船税减免税条件的,税务机关应退还纳税人多缴的税款。

四、关于微型客车的标准问题

凡发动机排气量小于或者等于1升的载客汽车，都应按照微型客车的税额标准征收车船税。发动机排气量以如下凭证相应项目所载数额为准：

（一）车辆登记证书；

（二）车辆行驶证书；

（三）车辆出厂合格证明；

（四）车辆进口凭证。

五、关于部分车辆计税依据的核定问题

对于按照条例实施细则的规定，无法准确获得自重数值或自重数值明显不合理的载货汽车、三轮汽车、低速货车、专项作业车和轮式专用机械车，由主管税务机关根据车辆自身状况并参照同类车辆核定计税依据。对能够获得总质量和核定载质量的，可按照车辆的总质量和核定载质量的差额作为车辆的自重；无法获得核定载质量的专项作业车和轮式专用机械车，可按照车辆的总质量确定自重。

本通知执行过程中，各地地方税务机关应结合实际情况，充实、完善各项具体征管制度和办法。对于征管中遇到的实际困难，要积极研究解决，确保车船税征管工作顺利运行。

第十二部分　中华人民共和国土地增值税法

中华人民共和国土地增值税暂行条例

国务院令[1993]138号

第一条　为了规范土地、房地产市场交易秩序，合理调节土地增值收益，维护国家权益，制定本条例。

第二条　转让国有土地使用权、地上的建筑物及其附着物(以下简称转让房地产)并取得收入的单位和个人，为土地增值税的纳税义务人(以下简称纳税人)，应当依照本条例缴纳土地增值税。

【注释】　相关规定包括:《国家税务总局关于未办理土地使用权证转让土地有关税收问题的批复》(国税函[2007]645号)。

第三条　土地增值税按照纳税人转让房地产所取得的增值额和本条例第七条规定的税率计算征收。

第四条　纳税人转让房地产所取得的收入减除本条例第六条规定扣除项目金额后的余额，为增值额。

第五条　纳税人转让房地产所取得的收入，包括货币收入、实物收入和其他收入。

第六条　计算增值额的扣除项目：

(一)取得土地使用权所支付的金额；

(二)开发土地的成本、费用；

(三)新建房及配套设施的成本、费用，或者旧房及建筑物的评估价格；

(四)与转让房地产有关的税金；

(五)财政部规定的其他扣除项目。

第七条　土地增值税实行四级超率累进税率：

增值额未超过扣除项目金额50%的部分，税率为30%。

增值额超过扣除项目金额50%、未超过扣除项目金额100%的部分，税率为40%。

增值额超过扣除项目金额100%、未超过扣除项目金额200%的部分，税率为50%。

增值额超过扣除项目金额200%的部分，税率为60%。

第八条　有下列情形之一的，免征土地增值税：

(一)纳税人建造普通标准住宅出售，增值额未超过扣除项目金额20%的；

(二)因国家建设需要依法征用、收回的房地产。

【注释】　相关规定包括:《财政部　国家税务总局关于土地增值税一些具体问题规定的通知》(财税[1995]48号)、《财政部　国家税务总局关于调整房地产市场若干税收政策的通知》(财税[1999]210号)、《财政部　国家税务总局关于土地增值税普通标准住宅有关政策的通知》(财税[2006]141号)。

第九条　纳税人有下列情形之一的，按照房地产评估价格计算征收：

(一)隐瞒、虚报房地产成交价格的；

(二)提供扣除项目金额不实的；

(三)转让房地产的成交价格低于房地产评估价格，又无正当理由的。

【注释】　相关规定包括:《财政部　国家税务总局关于土地增值税一些具体问题规定的通知》(财税[1995]48号)。

第十条　纳税人应当自转让房地产合同签订之日起七日内向房地产所在地主管税务机关办理纳税申报，并在税务机关核定的期限内缴纳土地增值税。

【注释】　相关规定包括:《财政部　国家税务总局关于土地增值税一些具体问题规定的通知》(财税[1995]48号)。

第十一条　土地增值税由税务机关征收。土地管理部门、房产管理部门应当向税务机关提供有关资料,并协助税务机关依法征收土地增值税。

第十二条　纳税人未按照本条例缴纳土地增值税的,土地管理部门、房产管理部门不得办理有关的权属变更手续。

【注释】　相关规定包括:《财政部　国家税务总局关于土地增值税一些具体问题规定的通知》(财税[1995]48号)。

第十三条　土地增值税的征收管理,依据《中华人民共和国税收征收管理法》及本条例有关规定执行。

【注释】　相关规定包括:《财政部　国家税务总局国家国有资产管理局关于转让国有房地产征收土地增值税中有关房地产价格评估问题的通知》(财税[1995]61号)。

第十四条　本条例由财政部负责解释,实施细则由财政部制定。

第十五条　本条例自一九九四年一月一日起施行。各地区的土地增值费征收办法,与本条例相抵触的。

中华人民共和国土地增值税暂行条例实施细则

财法[1995]6号

第一条　根据《中华人民共和国土地增值税暂行条例》(以下简称条例)第十四条规定,制定本细则。

第二条　条例第二条所称的转让国有土地使用权、地上的建筑物及其附着物并取得收入,是指以出售或者其他方式有偿转让房地产的行为。不包括以继承、赠与方式无偿转让房地产的行为。

【注释】　相关规定包括:《财政部　国家税务总局关于土地增值税一些具体问题规定的通知》(财税[1995]48号)、《国家税务总局关于未办理土地使用权证转让土地有关税收问题的批复》(国税函[2007]645号)。

第三条　条例第二条所称的国有土地,是指按国家法律规定属于国家所有的土地。

第四条　条例第二条所称的地上的建筑物,是指建于土地上的一切建筑物,包括地上地下的各种附属设施。

条例第二条所称的附着物,是指附着于土地上的不能移动,一经移动即遭损坏的物品。

第五条　条例第二条所称的收入,包括转让房地产的全部价款及有关的经济收益。

第六条　条例第二条所称的单位,是指各类企业单位、事业单位、国家机关和社会团体及其他组织。

条例第二条所称个人,包括个体经营者。

第七条　条例第六条所列的计算增值额的扣除项目,具体为:

(一)取得土地使用权所支付的金额,是指纳税人为取得土地使用权所支付的地价款和按国家统一规定交纳的有关费用。

(二)开发土地和新建房及配套设施(以下简称房增开发)的成本,是指纳税人房地产开发项目实际发生的成本(以下简称房增开发成本),包括土地征用及拆迁补偿费、前期工程费、建筑安装工程费、基础设施费、公共配套设施费、开发间接费用。

土地征用及拆迁补偿费,包括土地征用费、耕地占用税、劳动力安置费及有关地上、地下附着物拆迁补偿的净支出、安置动迁用房支出等。

前期工程费,包括规划、设计、项目可行性研究和水文、地质、勘察、测绘、"三通一平"等支出。

建筑安装工程费,是指以出包方式支付给承包单位的建筑安装工程费,以自营方式发生的建筑安装工程费。

基础设施费,包括开发小区内道路、供水、供电、供气、排污、排洪、通讯、照明、环卫、绿化等工程发生的支出。

公共配套设施费,包括不能有偿转让的开发小区内公共配套设施发生的支出。

开发间接费用,是指直接组织、管理开发项目发生的费用,包括工资、职工福利费、折旧费、修理费、办公费、水电费、劳动保护费、周转房摊销等。

（三）开发土地和新建房及配套设施的费用（以下简称房地产开发费用），是指与房地产开发项目有关的销售费用、管理费用、财务费用。

财务费用中的利息支出，凡能够按转让房地产项目计算分摊并提供金融机构证明的，允许据实扣除，但最高不能超过按商业银行同类同期贷款利率计算的金额。其他房地产开发费用，按本条（一）、（二）项规定计算的金额之和的5%以内计算扣除。

凡不能按转让房地产项目计算分摊利息支出或不能提供金融机构证明的，房地产开发费用按本条（一）、（二）项规定计算的金额之和的10%以内计算扣除。

上述计算扣除的具体比例，由各省、自治区、直辖市人民政府规定。

（四）旧房及建筑物的评估价格，是指在转让已使用的房屋及建筑物时，由政府批准设立的房地产评估机构评定的重置成本价乘以成新度折扣率后的价格。评估价格须经当地税务机关确认。

（五）与转让房地产有关的税金，是指在转让房地产时缴纳的营业税、城市维护建设税、印花税。因转让房地产交纳的教育费附加，也可视同税金予以扣除。

（六）根据条例第六条（五）项规定，对从事房地产开发的纳税人可按本条（一）、（二）项规定计算的金额之和，加计20%的扣除。

【注释】 相关规定包括：《财政部 国家税务总局关于土地增值税一些具体问题规定的通知》（财税[1995]48号）。

第八条 土地增值税以纳税人房地产成本核算的最基本的核算项目或核算对象为单位计算。

第九条 纳税人成片受让土地使用权后，分期分批开发、转让房地产的，其扣除项目金额的确定，可按转让土地使用权的面积占总面积的比例计算分摊，或按建筑面积计算分摊，也可按税务机关确认的其他方式计算分摊。

第十条 条例第七条所列四级超率累进税率，每级"增值额未超过扣除项目金额"的比例，均包括本比例数。

计算土地增值税税额，可按增值额乘以适用的税率减去扣除项目金额乘以速算扣除系数的简便方法计算，具体公式如下：

（一）增值额未超过扣除项目金额50%

土地增值税税额 = 增值额 ×30%

（二）增值额超过扣除项目金额50%，未超过100%的

土地增值税税额 = 增值额 ×40% - 扣除项目金额 ×5%

（三）增值额超过扣除项目金额100%，未超过200%的

土地增值税税额 = 增值额 ×50% - 扣除项目金额 ×15%

（四）增值额超过扣除项目金额200%

土地增值税税额 = 增值额 ×60% - 扣除项目金额 ×35%

公式中的5%，15%，35%为速算扣除系数。

第十一条 条例第八条（一）项所称的普通标准住宅，是指按所在地一般民用住宅标准建造的居住用住宅。高级公寓、别墅、度假村等不属于普通标准住宅。普通标准住宅与其他住宅的具体划分界限由各省、自治区、直辖市人民政府规定。

纳税人建造普通标准住宅出售，增值额未超过本细则第七条（一）、（二）、（三）、（五）、（六）项扣除项目金额之和20%的，免征土地增值税；增值额超过扣除项目金额之和20%的，应就其全部增值额按规定计税。

条例第八条（二）项所称的因国家建设需要依法征用、收回的房地产，是指因城市实施规划、国家建设的需要而被政府批准征用的房产或收回的土地使用权。

因城市实施规划、国家建设的需要而搬迁，由纳税人自行转让原房地产的，比照本规定免征土地增值税。

符合上述免税规定的单位和个人，须向房地产所在地税务机关提出免税申请，经税务机关审核后，免予征收土地增值税。

第十二条 个人因工作调动或改善居住条件而转让原自用住房，经向税务机关申报核准，凡居住满五年或五年以上的，免予征收土地增值税；居住满三年未满五年的，减半征收土地增值税。居住未满三年的，

按规定计征土地增值税。

第十三条 条例第九条所称的房地产评估价格，是指由政府批准设立的房地产评估机构根据相同地段、同类房地产进行综合评定的价格。评估价格须经当地税务机关确认。

第十四条 条例第九条(一)项所称的隐瞒、虚报房地产成交价格，是指纳税人不报或有意低报转让土地使用权、地上建筑物及其附着物价款的行为。

条例第九条(二)项所称的提供扣除项目金额不实的，是指纳税人在纳税申报时不据实提供扣除项目金额的行为。

条例第九条(三)项所称的转让房地产的成交价格低于房地产评估价格，又无正当理由，是指纳税人申报的转让房地产的实际成交价低于房地产评估机构评定的交易价，纳税人又不能提供凭据或无正当理由的行为。

隐瞒、虚报房地产成交价格，应由评估机构参照同类房地产的市场交易价格进行评估。税务机关根据评估价格确定转让房地产的收入。

提供扣除项目金额不实的，应由评估机构按照房屋重置成本价乘以成新度折扣率计算的房屋成本价和取得土地使用权时的基准地价进行评估。税务机关根据评估价格确定扣除项目金额。

转让房地产的成交价格低于房地产评估价格，又无正当理由的，由税务机关参照房地产评估价格确定转让房地产的收入。

第十五条 根据条例第十条的规定，纳税人应按照下列程序办理纳税手续：

(一)纳税人应在转让房地产合同签订后的七日内，到房地产所在地主管税务机关办理纳税申报，并向税务机关提交房屋及建筑物产权、土地使用权证书，土地转让、房产买卖合同，房地产评估报告及其他与转让房地产有关的资料。

纳税人因经常发生房地产转让而难以在每次转让后申报的，经税务机关审核同意后，可以定期进行纳税申报，具体期限由税务机关根据情况确定。

(二)纳税人按照税务机关核定的税额及规定的期限缴纳土地增值税。

【注释】 相关规定包括：《财政部 国家税务总局关于土地增值税一些具体问题规定的通知》(财税[1995]48号)。

第十六条 纳税人在项目全部竣工结算前转让房地产取得的收入，由于涉及成本确定或其他原因，而无法据以计算土地增值税的，可以预征土地增值税，待该项目全部竣工、办理结算后再进行清算，多退少补。具体办法由各省、自治区、直辖市地方税务局根据当地情况制定。

【注释】 相关规定包括：《国家税务总局关于房地产开发企业土地增值税清算管理有关问题的通知》(国税发[2006]187号)、《土地增值税清算鉴证业务准则》(国税发[2007]132号)。

第十七条 条例第十条所称的房地产所在地，是指房地产的座落地。纳税人转让房地产座落在两个或两个以上地区的，应按房地产所在地分别申报纳税。

第十八条 条例第十一条所称的土地管理部门、房产管理部门应当向税务机关提供有关资料，是指向房地产所在地主管税务机关提供有关房屋及建筑物产权、土地使用权、土地出让金数额、土地基准地价、房地产市场交易价格及权属变更等方面的资料。

第十九条 纳税人未按规定提供房屋及建筑物产权、土地使用权证书，土地转让、房产买卖合同，房地产评估报告及其他与转让房地产有关资料的，按照《中华人民共和国税收征收管理法》(以下简称《征管法》)第三十九条的规定进行处理。

纳税人不如实申报房地产交易额及规定扣除项目金额造成少缴或未缴税款的，按照《征管法》第四十条的规定进行处理。

第二十条 土地增值税以人民币为计算单位。转让房地产所取得的收入为外国货币的，以取得收入当天或当月1日国家公布的市场汇价折合成人民币，据以计算应纳土地增值税税额。

【注释】 相关规定包括：《财政部 国家税务总局关于土地增值税一些具体问题规定的通知》(财税[1995]48号)。

第二十一条 条例第十五条所称的各地区的土地增值费征收办法是指与本条例规定的计征对象相同的土地增值费、土地收益金等征收办法。

第二十二条 本细则由财政部解释,或者由国家税务总局解释。

第二十三条 本细则自发布之日起施行。

第二十四条 1994 年 1 月 1 日至本细则发布之日期间的土地增值税参照本细则的规定计算征收。

财政部 国家税务总局关于土地增值税一些具体问题规定的通知

财税[1995]48 号

各省、自治区、直辖市、计划单列市财政厅(局)、国家税务局、地方税务局,扬州培训中心、长春税务学院:

按照《中华人民共和国土地增值税暂行条例》(以下简称条例)和《中华人民共和国土地增值税暂行条例实施细则》(以下简称细则)的规定,现对土地增值税一些具体问题规定如下:

一、关于以房地产进行投资、联营的征免税问题

对于以房地产进行投资、联营的,投资、联营的一方以土地(房地产)作价入股进行投资或作为联营条件,将房地产转让到所投资、联营的企业中时,暂免征收土地增值税。对投资、联营企业将上述房地产再转让的,应征收土地增值税。

二、关于合作建房的征免税问题

对于一方出地,一方出资金,双方合作建房,建成后按比例分房自用的,暂免征收土地增值税;建成后转让的,应征收土地增值税。

三、关于企业兼并转让房地产的征免税问题

在企业兼并中,对被兼并企业将房地产转让到兼并企业中的,暂免征收土地增值税。

四、关于细则中"赠与"所包括的范围问题

细则所称的"赠与"是指如下情况:

(一)房产所有人、土地使用权所有人将房屋产权、土地使用权赠与直系亲属或承担直接赡养义务人的。

(二)房产所有人、土地使用权所有人通过中国境内非营利的社会团体、国家机关将房屋产权、土地使用权赠与教育、民政和其他社会福利、公益事业的。

上述社会团体是指中国青少年发展基金会、希望工程基金会、宋庆龄基金会、减灾委员会、中国红十字会、中国残疾人联合会、全国老年基金会、老区促进会以及经民政部门批准成立的其他非营利的公益性组织。

五、关于个人互换住房的征免税问题

对个人之间互换自有居住用房地产的,经当地税务机关核实,可以免征土地增值税。

六、关于地方政府要求房地产开发企业代收的费用如何计征土地增值税的问题

对于县级及县级以上人民政府要求房地产开发企业在售房时代收的各项费用,如果代收费用是计入房价中向购买方一并收取的,可作为转让房地产所取得的收入计税;如果代收费用未计入房价中,而是在房价之外单独收取的,可以不作为转让房地产的收入。

对于代收费用作为转让收入计税的,在计算扣除项目金额时,可予以扣除,但不允许作为加计 20% 扣除的基数;对于代收费用未作为转让房地产的收入计税的,在计算增值额时不允许扣除代收费用。

七、关于新建房与旧房的界定问题

新建房是指建成后未使用的房产。凡是已使用一定时间或达到一定磨损程度的房产均属旧房。使用时间和磨损程度标准可由各省、自治区、直辖市财政厅(局)和地方税务局具体规定。

八、关于扣除项目金额中的利息支出如何计算问题

(一)利息的上浮幅度按国家的有关规定执行,超过上浮幅度的部分不允许扣除;

(二)对于超过贷款期限的利息部分和加罚的利息不允许扣除。

九、关于计算增值额时扣除已缴纳印花税的问题

细则中规定允许扣除的印花税,是指在转让房地产时缴纳的印花税。房地产开发企业按照《施工、房地

产开发企业财务制度》的有关规定，其缴纳的印花税列入管理费用，已相应予以扣除。其他的土地增值税纳税义务人在计算土地增值税时允许扣除在转让时缴纳的印花税。

十、关于转让旧房如何确定扣除项目金额的问题

转让旧房的，应按房屋及建筑物的评估价格、取得土地使用权所支付的地价款和按国家统一规定交纳的有关费用以及在转让环节缴纳的税金作为扣除项目金额计征土地增值税。对取得土地使用权时未支付地价款或不能提供已支付的地价款凭据的，不允许扣除取得土地使用权所支付的金额。

十一、关于已缴纳的契税可否在计税时扣除的问题

对于个人购入房地产再转让的，其在购入时已缴纳的契税，在旧房及建筑物的评估价中已包括了此项因素，在计征土地增值税时，不另作为“与转让房地产有关的税金”予以扣除。

十二、关于评估费用可否在计算增值额时扣除的问题

纳税人转让旧房及建筑物时因计算纳税的需要而对房地产进行评估，其支付的评估费用允许在计算增值额时予以扣除。对条例第九条规定的纳税人隐瞒、虚报房地产成交价格等情形而按房地产评估价格计算征收土地增值税所发生的评估费用，不允许在计算土地增值税时予以扣除。

十三、关于既建普通标准住宅又搞其他类型房地产开发的如何计税的问题

对纳税人既建普通标准住宅又搞其他房地产开发的，应分别核算增值额。不分别核算增值额或不能准确核算增值额的，其建造的普通标准住宅不能适用条例第八条(一)项的免税规定。

十四、关于预售房地产所取得的收入是否申报纳税的问题

根据细则的规定，对纳税人在项目全部竣工结算前转让房地产取得的收入可以预征土地增值税。具体办法由各省、自治区、直辖市地方税务局根据当地情况制定。因此，对纳税人预售房地产所取得的收入，当地税务机关规定预征土地增值税的，纳税人应当到主管税务机关办理纳税申报，并按规定比例预交，待办理决算后，多退少补；当地税务机关规定不预征土地增值税的，也应在取得收入时先到税务机关登记或备案。

十五、关于分期收款的外币收入如何折合人民币的问题

对于取得的收入为外国货币的，依照细则规定，以取得收入当天或当月1日国家公布的市场汇价折合人民币，据以计算土地增值税税额。对于以分期收款形式取得的外币收入，也应按实际收款日或收款当月1日国家公布的市场汇价折合人民币。

十六、关于纳税期限的问题

根据条例第十条、第十二条和细则第十五条的规定，税务机关核定的纳税期限，应在纳税人签订房地产转让合同之后、办理房地产权属转让(即过户及登记)手续之前。

十七、关于财政部、国家税务总局《关于对1994年1月1日前签订开发及转让合同的房地产征免土地增值税的通知》(财法字[1995]7号)适用范围的问题。

该通知规定的适用范围，限于房地产开发企业转让新建房地产的行为，非房地产开发企业或房地产开发企业转让存量房地产的，不适用此规定。

【注释】　对《土地增值税暂行条例》第8、9、10、12条进行了解释。对《土地增值税暂行条例实施细则》第2、7、15、20条进行了解释。

财政部　国家税务总局　国家国有资产管理局关于转让国有房地产征收土地增值税中有关房地产价格评估问题的通知

财税[1995]61号

为了加强土地增值税的征收管理，促进对国有房地产转让价格评估的管理，维护国有资产权益，现根据《中华人民共和国土地增值税暂行条例》(以下简称《条例》)及《中华人民共和国土地增值税暂行条例实施细则》(以下简称《细则》)和《国有资产评估管理办法》的有关规定，对国有房地产转让中有关价格评估等问题通知如下：

一、凡转让国有土地使用权、地上建筑物及其附属物(以下简称房地产)的纳税人,按照土地增值税的有关规定,需要根据房地产的评估价格计税的,可委托经政府批准设立,并按照《国有资产评估管理办法》规定的由省以上国有资产管理部门授予评估资格的资产评估事务所、会计师事务所等各类资产评估机构受理有关转让房地产的评估业务。

二、对于涉及土地增值税的国有房地产价格评估,各评估机构必须严格按照《条例》和《细则》中规定的方法进行应纳税房地产的价格评估。其评估结果经同级国有资产管理部门审核验证后作为房地产转让的底价,并按税务部门的要求按期报送房地产所在地主管税务机关,作为确认计税依据的参考。

房地产所在地主管税务机关要求从事房地产评估的资产评估机构提供与房地产评估有关的评估资料的,资产评估机构应无偿提供,不得以任何借口予以拒绝。

房地产所在地主管税务机关应根据《条例》和《细则》的有关规定,对应纳税房地产的评估结果进行严格审核及确认,对不符合实际情况的评估结果不予采用。

三、房地产评估机构在执业过程中必须遵守职业道德,坚持独立、客观、公正的原则,对评估结果的真实性、合理性负法律责任。任何房地产评估机构在房地产转让的评估过程中有隐瞒事实,提供虚假评估结果,或与有关当事人串通作弊等违法行为,一经发现坚决取消执业资格。

房地产评估机构因不向主管税务机关提供有关的、真实的房地产评估资料,或有意提供虚假评估结果,造成纳税人不缴或少缴土地增值税的,房地产评估机构应承担相应的法律和经济责任;对因上述行为而造成国家税收和国有资产严重流失的,要提请司法机关追究有关当事人的刑事责任。

四、各级财政、税务和国有资产管理部门要密切配合、相互协作,加强土地增值税的各项征收管理工作。为此,各有关部门应对各房地产评估机构进一步加强监督管理,使房地产评估为保证国家税收收入和维护国有资产权益发挥应有的作用。

【注释】 对《土地增值税暂行条例实施细则》第 13 条进行了解释。

财政部 国家税务总局关于调整房地产市场若干税收政策的通知

财税[1999]210 号

各省、自治区、直辖市、计划单列市财政厅(局)、国家税务局、地方税务局、新疆生产建设兵团:

为了配合国家住房制度改革,有效启动房地产市场,积极培育新的经济增长点,经国务院批准,现对房地产市场有关税收政策问题通知如下:

一、关于营业税和契税的政策问题

为了切实减轻个人买卖普通住宅的税收负担,积极启动住房二级市场,对个人购买并居住超过一年的普通住宅,销售时免征营业税;个人购买并居住不足一年的普通住宅,销售时营业税按销售价减去购入原价后的差额计征;个人自建自用住房,销售时免征营业税;个人购买自用普通住宅,暂减半征收契税。

为了支持住房制度的改革,对企业、行政事业单位按房改成本价、标准价出售住房的收入,暂免征收营业税。

二、关于空置商品住房税收政策问题

为了加快住房资金周转,降低金融资产的风险,促进积压空置商品房的销售,对积压空置的商品住房销售时应缴纳的营业税、契税在 2000 年底前予以免税优惠。

空置商品住房限于 1998 年 6 月 30 日以前建成尚未售出的商品住房。

三、关于土地增值税征免政策问题

对居民个人拥有的普通住宅,在其转让时暂免征收土地增值税。

本通知自 1999 年 8 月 1 日起执行。部分地区在此之前越权自行制定的房地产市场税收政策,凡与本通知规定不符的一律改按本通知的规定执行。

【注释】 对《土地增值税暂行条例》第 8 条进行了解释。

财政部　国家税务总局关于土地增值税普通标准住宅有关政策的通知

财税[2006]141 号

各省、自治区、直辖市、计划单列市财政厅(局)、地方税务局,新疆生产建设兵团财务局:

为贯彻落实《国务院办公厅转发建设部等部门关于调整住房供应结构稳定住房价格意见的通知》(国办发[2006]37 号)精神,进一步促进调整住房供应结构,增加中小套型、中低价位普通商品住房供应,现将《中华人民共和国土地增值税暂行条例》第八条中"普通标准住宅"的认定问题通知如下:

"普通标准住宅"的认定,可在各省、自治区、直辖市人民政府根据《国务院办公厅转发建设部等部门关于做好稳定住房价格工作意见的通知》(国办发[2005]26 号)制定的"普通住房标准"的范围内从严掌握。

【注释】　对《土地增值税暂行条例》第 8 条进行了解释。

国家税务总局关于房地产开发企业土地增值税清算管理有关问题的通知

国税发[2006]187 号

各省、自治区、直辖市和计划单列市地方税务局,西藏、宁夏自治区国家税务局:

为进一步加强房地产开发企业土地增值税清算管理工作,根据《中华人民共和国税收征收管理法》、《中华人民共和国土地增值税暂行条例》及有关规定,现就有关问题通知如下:

一、土地增值税的清算单位

土地增值税以国家有关部门审批的房地产开发项目为单位进行清算,对于分期开发的项目,以分期项目为单位清算。

开发项目中同时包含普通住宅和非普通住宅的,应分别计算增值额。

二、土地增值税的清算条件

(一)符合下列情形之一的,纳税人应进行土地增值税的清算:

1. 房地产开发项目全部竣工、完成销售的;

2. 整体转让未竣工决算房地产开发项目的;

3. 直接转让土地使用权的。

(二)符合下列情形之一的,主管税务机关可要求纳税人进行土地增值税清算:

1. 已竣工验收的房地产开发项目,已转让的房地产建筑面积占整个项目可售建筑面积的比例在 85%以上,或该比例虽未超过 85%,但剩余的可售建筑面积已经出租或自用的;

2. 取得销售(预售)许可证满三年仍未销售完毕的;

3. 纳税人申请注销税务登记但未办理土地增值税清算手续的;

4. 省税务机关规定的其他情况。

三、非直接销售和自用房地产的收入确定

(一)房地产开发企业将开发产品用于职工福利、奖励、对外投资、分配给股东或投资人、抵偿债务、换取其他单位和个人的非货币性资产等,发生所有权转移时应视同销售房地产,其收入按下列方法和顺序确认:

1. 按本企业在同一地区、同一年度销售的同类房地产的平均价格确定;

2. 由主管税务机关参照当地当年、同类房地产的市场价格或评估价值确定。

(二)房地产开发企业将开发的部分房地产转为企业自用或用于出租等商业用途时,如果产权未发生转移,不征收土地增值税,在税款清算时不列收入,不扣除相应的成本和费用。

四、土地增值税的扣除项目

(一)房地产开发企业办理土地增值税清算时计算与清算项目有关的扣除项目金额,应根据土地增值税暂行条例第六条及其实施细则第七条的规定执行。除另有规定外,扣除取得土地使用权所支付的金额、房地产开发成本、费用及与转让房地产有关税金,须提供合法有效凭证;不能提供合法有效凭证的,不予扣除。

(二)房地产开发企业办理土地增值税清算所附送的前期工程费、建筑安装工程费、基础设施费、开发间接费用的凭证或资料不符合清算要求或不实的,地方税务机关可参照当地建设工程造价管理部门公布的建安造价定额资料,结合房屋结构、用途、区位等因素,核定上述四项开发成本的单位面积金额标准,并据以计算扣除。具体核定方法由省税务机关确定。

(三)房地产开发企业开发建造的与清算项目配套的居委会和派出所用房、会所、停车场(库)、物业管理场所、变电站、热力站、水厂、文体场馆、学校、幼儿园、托儿所、医院、邮电通讯等公共设施,按以下原则处理:

1. 建成后产权属于全体业主所有的,其成本、费用可以扣除;

2. 建成后无偿移交给政府、公用事业单位用于非营利性社会公共事业的,其成本、费用可以扣除;

3. 建成后有偿转让的,应计算收入,并准予扣除成本、费用。

(四)房地产开发企业销售已装修的房屋,其装修费用可以计入房地产开发成本。

房地产开发企业的预提费用,除另有规定外,不得扣除。

(五)属于多个房地产项目共同的成本费用,应按清算项目可售建筑面积占多个项目可售总建筑面积的比例或其他合理的方法,计算确定清算项目的扣除金额。

五、土地增值税清算应报送的资料

符合本通知第二条第(一)项规定的纳税人,须在满足清算条件之日起90日内到主管税务机关办理清算手续;符合本通知第二条第(二)项规定的纳税人,须在主管税务机关限定的期限内办理清算手续。

纳税人办理土地增值税清算应报送以下资料:

(一)房地产开发企业清算土地增值税书面申请、土地增值税纳税申报表;

(二)项目竣工决算报表、取得土地使用权所支付的地价款凭证、国有土地使用权出让合同、银行贷款利息结算通知单、项目工程合同结算单、商品房购销合同统计表等与转让房地产的收入、成本和费用有关的证明资料;

(三)主管税务机关要求报送的其他与土地增值税清算有关的证明资料等。

纳税人委托税务中介机构审核鉴证的清算项目,还应报送中介机构出具的《土地增值税清算税款鉴证报告》。

六、土地增值税清算项目的审核鉴证

税务中介机构受托对清算项目审核鉴证时,应按税务机关规定的格式对审核鉴证情况出具鉴证报告。对符合要求的鉴证报告,税务机关可以采信。

税务机关要对从事土地增值税清算鉴证工作的税务中介机构在准入条件、工作程序、鉴证内容、法律责任等方面提出明确要求,并做好必要的指导和管理工作。

七、土地增值税的核定征收

房地产开发企业有下列情形之一的,税务机关可以参照与其开发规模和收入水平相近的当地企业的土地增值税税负情况,按不低于预征率的征收率核定征收土地增值税:

(一)依照法律、行政法规的规定应当设置但未设置账簿的;

(二)擅自销毁账簿或者拒不提供纳税资料的;

(三)虽设置账簿,但账目混乱或者成本资料、收入凭证、费用凭证残缺不全,难以确定转让收入或扣除项目金额的;

(四)符合土地增值税清算条件,未按照规定的期限办理清算手续,经税务机关责令限期清算,逾期仍不清算的;

（五）申报的计税依据明显偏低，又无正当理由的。

八、清算后再转让房地产的处理

在土地增值税清算时未转让的房地产，清算后销售或有偿转让的，纳税人应按规定进行土地增值税的纳税申报，扣除项目金额按清算时的单位建筑面积成本费用乘以销售或转让面积计算。

单位建筑面积成本费用 = 清算时的扣除项目总金额 ÷ 清算的总建筑面积

本通知自2007年2月1日起执行。各省税务机关可依据本通知的规定并结合当地实际情况制定具体清算管理办法。

【注释】　对《土地增值税暂行条例实施细则》第16条进行了解释。

国家税务总局关于未办理土地使用权证转让土地有关税收问题的批复

国税函［2007］645号

四川省地方税务局：

你局《关于未办理土地使用权证而转让土地有关税收问题的请示》（川地税发［2007］7号）收悉，批复如下：

土地使用者转让、抵押或置换土地，无论其是否取得了该土地的使用权属证书，无论其在转让、抵押或置换土地过程中是否与对方当事人办理了土地使用权属证书变更登记手续，只要土地使用者享有占有、使用、收益或处分该土地的权利，且有合同等证据表明其实质转让、抵押或置换了土地并取得了相应的经济利益，土地使用者及其对方当事人应当依照税法规定缴纳营业税、土地增值税和契税等相关税收。

【注释】　对《土地增值税暂行条例》第2条进行了解释。对《土地增值税暂行条例实施细则》第2条进行了解释。

土地增值税清算鉴证业务准则

国税发［2007］132号

第一章　总　　则

第一条　为了规范土地增值税清算鉴证业务，根据《中华人民共和国土地增值税暂行条例》及其实施细则和《国家税务总局关于房地产开发企业土地增值税清算管理有关问题的通知》（国税发［2006］187号）以及《注册税务师管理暂行办法》及其他有关规定，制定本准则。

第二条　本准则所称土地增值税清算鉴证，是指税务师事务所接受委托对纳税人土地增值税清算税款申报的信息实施必要审核程序，提出鉴证结论或鉴证意见，并出具鉴证报告，增强税务机关对该项信息信任程度的一种鉴证业务。

第三条　纳入税务机关行政监管并通过年检的税务师事务所，均可从事土地增值税清算鉴证工作。

第四条　在接受委托前，税务师事务所应当初步了解业务环境。业务环境包括：业务约定事项、鉴证对象特征、使用的标准、预期使用者的需求、责任方及其环境的相关特征，以及可能对鉴证业务产生重大影响的事项、交易、条件和惯例及其他事项。

第五条　承接土地增值税清算鉴证业务，应当具备下列条件：

（一）接受委托的清算项目符合土地增值税的清算条件。

（二）税务师事务所符合独立性和专业胜任能力等相关专业知识和职业道德规范的要求。

(三)税务师事务所能够获取充分、适当、真实的证据以支持其结论并出具书面鉴证报告。

(四)与委托人协商签订涉税鉴证业务约定书(见附件1)。

第六条 土地增值税清算鉴证的鉴证对象,是指与土地增值税纳税申报相关的会计资料和纳税资料等可以收集、识别和评价的证据及信息。具体包括:企业会计资料及会计处理、财务状况及财务报表、纳税资料及税务处理、有关文件及证明材料等。

第七条 税务师事务所运用职业判断对鉴证对象作出合理一致的评价或计量时,应当符合适当的标准。适当的评价标准应当具备相关性、完整性、可靠性、中立性和可理解性等特征。

第八条 税务师事务所从事土地增值税清算鉴证业务,应当以职业怀疑态度、有计划地实施必要的审核程序,获取与鉴证对象相关的充分、适当、真实的证据;并及时对制定的计划、实施的程序、获取的相关证据以及得出的结论作出记录。

在确定证据收集的性质、时间和范围时,应当体现重要性原则,评估鉴证业务风险以及可获取证据的数量和质量。

第九条 税务师事务所从事土地增值税清算鉴证业务,应当以法律、法规为依据,按照独立、客观、公正原则,在获取充分、适当、真实证据基础上,根据审核鉴证的具体情况,出具真实、合法的鉴证报告并承担相应的法律责任。

第十条 税务师事务所按照本准则的规定出具的鉴证报告,税务机关应当受理。

第十一条 税务师事务所执行土地增值税清算鉴证业务,应当遵守本准则。

第二章 一般规定

第十二条 税务师事务所应当要求委托人如实提供如下资料:

(一)土地增值税纳税(预缴)申报表及完税凭证。

(二)项目竣工决算报表和有关帐薄。

(三)取得土地使用权所支付的地价款凭证、国有土地使用权出让或转让合同。

(四)银行贷款合同及贷款利息结算通知单。

(五)项目工程建设合同及其价款结算单。

(六)商品房购销合同统计表等与转让房地产的收入、成本和费用有关的其他证明资料。

(七)无偿移交给政府、公共事业单位用于非营利性社会公共事业的凭证。

(八)转让房地产项目成本费用、分期开发分摊依据。

(九)转让房地产有关税金的合法有效凭证。

(十)与土地增值税清算有关的其他证明资料。

第十三条 税务师事务所开展土地增值税清算鉴证业务时,应当对下列事项充分关注:

(一)明确清算项目及其范围。

(二)正确划分清算项目与非清算项目的收入和支出。

(三)正确划分清算项目中普通住宅与非普通住宅的收入和支出。

(四)正确划分不同时期的开发项目,对于分期开发的项目,以分期项目为单位清算。

(五)正确划分征税项目与免税项目,防止混淆两者的界限。

(六)明确清算项目的起止日期。

第十四条 纳税人能够准确核算清算项目收入总额或收入总额能够查实,但其成本费用支出不能准确核算的,税务师事务所应当按照本准则第三章的规定审核收入总额。

第十五条 纳税人能够准确核算成本费用支出或成本费用支出能够查实,但其收入总额不能准确核算的,税务师事务所应当先按照本准则第四章的规定审核扣除项目的金额。

第十六条 税务师事务所在审核鉴证过程中,有下列情形之一的,除符合本准则第十七条规定外,可以终止鉴证:

(一)依照法律、行政法规的规定应当设置但未设置账簿的。

(二)擅自销毁账簿或者拒不提供纳税资料的。

(三)虽设置账簿,但账目混乱或者成本资料、收入凭证、费用凭证残缺不全,难以确定转让收入或扣除项目金额的。

（四）符合土地增值税清算条件，未按照规定的期限办理清算手续，经税务机关责令限期清算，逾期仍不清算的。

（五）申报的计税依据明显偏低且无正当理由的。

（六）纳税人隐瞒房地产成交价格，其转让房地产成交价格低于房地产评估价格且无正当理由，经税务师事务所与委托人沟通，沟通无效的。

第十七条　纳税人虽有本准则第十六条所列情形，但如有下列委托人委托，税务师事务所仍然可以接受委托执行鉴证业务，但需与委托人签订涉税鉴证业务约定书：

（一）司法机关、税务机关或者其他国家机关。

（二）依法组成的清算组织。

（三）法律、行政法规规定的其他组织和个人。

第三章　清算项目收入的审核

第十八条　土地增值税清算项目收入审核的基本程序和方法包括：

（一）评价收入内部控制是否存在、有效且一贯遵守。

（二）获取或编制土地增值税清算项目收入明细表，复核加计正确，并与报表、总账、明细账及有关申报表等进行核对。

（三）了解纳税人与土地增值税清算项目相关的合同、协议及执行情况。

（四）查明收入的确认原则、方法，注意会计制度与税收规定以及不同税种在收入确认上的差异。

（五）正确划分预售收入与销售收入，防止影响清算数据的准确性。

（六）必要时，利用专家的工作审核清算项目的收入总额。

第十九条　本准则所称清算项目的收入，是指转让国有土地使用权、地上的建筑物及其附着物（以下简称房地产）并取得的全部价款及有关的经济收益，包括货币收入、实物收入和其他收入。

第二十条　税务师事务所应当按照税法及有关规定审核纳税人是否准确划分征税收入与不征税收入，确认土地增值税的应税收入。

第二十一条　土地增值税以人民币为计算单位。转让房地产所取得的收入为外国货币的，以取得收入当天或当月 1 日国家公布的市场汇价折合成人民币，据以计算应纳土地增值税税额。

对于以分期收款形式取得的外币收入，应当按实际收款日或收款当月 1 日国家公布的市场汇价折合人民币。

第二十二条　有本准则第十六条第（六）款情形，但按本准则第十七条规定接受委托执行鉴证业务的，税务师事务所应当获取具有法定资质的专业评估机构确认的同类房地产评估价格，以确认转让房地产的收入。

第二十三条　纳税人将开发的房地产用于职工福利、奖励、对外投资、分配给股东或投资人、抵偿债务、换取其他单位和个人的非货币性资产等，发生所有权转移时应视同销售房地产，其视同销售收入按下列方法和顺序审核确认：

（一）按本企业当月销售的同类房地产的平均价格核定。

（二）按本企业在同一地区、同一年度销售的同类房地产的平均价格确认。

（三）参照当地当年、同类房地产的市场价格或评估价值确认。

第二十四条　收入实现时间的确定，按国家税务总局有关规定执行。

第二十五条　对纳税人按县级以上人民政府的规定在售房时代收的各项费用，应区分不同情形分别处理：

（一）代收费用计入房价向购买方一并收取的，应将代收费用作为转让房地产所取得的收入计税。实际支付的代收费用，在计算扣除项目金额时，可予以扣除，但不允许作为加计扣除的基数。

（二）代收费用在房价之外单独收取且未计入房地产价格的，不作为转让房地产的收入，在计算增值额时不允许扣除代收费用。

第二十六条　必要时，注册税务师应当运用截止性测试确认收入的真实性和准确性。审核的主要内容包括：

（一）审核企业按照项目设立的“预售收入备查簿”的相关内容，观察项目合同签订日期、交付使用日期、预售款确认收入日期、收入金额和成本费用的处理情况。

（二）确认销售退回、销售折扣与折让业务是否真实，内容是否完整，相关手续是否符合规定，折扣与折让的计算和会计处理是否正确。重点审查给予关联方的销售折扣与折让是否合理，是否有利用销售折扣和折让转利于关联方等情况。

（三）审核企业对于以土地使用权投资开发的项目，是否按规定进行税务处理。

（四）审核按揭款收入有无申报纳税，有无挂在往来账，如“其他应付款”，不作销售收入申报纳税的情形。

（五）审核纳税人以房换地，在房产移交使用时是否视同销售不动产申报缴纳税款。

（六）审核纳税人采用“还本”方式销售商品房和以房产补偿给拆迁户时，是否按规定申报纳税。

（七）审核纳税人在销售不动产过程中收取的价外费用，如天然气初装费、有线电视初装费等收益，是否按规定申报纳税。

（八）审核将房地产抵债转让给其他单位和个人或被法院拍卖的房产，是否按规定申报纳税。

（九）审核纳税人转让在建项目是否按规定申报纳税。

（十）审核以房地产或土地作价入股投资或联营从事房地产开发，或者房地产开发企业以其建造的商品房进行投资或联营，是否按规定申报纳税。

第四章　扣除项目的审核

第二十七条　税务师事务所应当审核纳税人申报的扣除项目是否符合土地增值税暂行条例实施细则第七条规定的范围。审核的内容具体包括：

（一）取得土地使用权所支付的金额。

（二）房地产开发成本，包括：土地征用及拆迁补偿费、前期工程费、建筑安装工程费、基础设施费、公共配套设施费、开发间接费用。

（三）房地产开发费用。

（四）与转让房地产有关的税金。

（五）国家规定的其他扣除项目。

第二十八条　扣除项目审核的基本程序和方法包括：

（一）评价与扣除项目核算相关的内部控制是否存在、有效且一贯遵守。

（二）获取或编制扣除项目明细表，并与明细账、总账及有关申报表核对是否一致。

（三）审核相关合同、协议和项目预（概）算资料，并了解其执行情况，审核成本、费用支出项目。

（四）审核扣除项目的记录、归集是否正确，是否取得合法、有效的凭证，会计及税务处理是否正确，确认扣除项目的金额是否准确。

（五）实地查看、询问调查和核实。剔除不属于清算项目所发生的开发成本和费用。

（六）必要时，利用专家审核扣除项目。

第二十九条　审核各项扣除项目分配或分摊的顺序和标准是否符合下列规定，并确认扣除项目的具体金额：

（一）扣除项目能够直接认定的，审核是否取得合法、有效的凭证。

（二）扣除项目不能够直接认定的，审核当期扣除项目分配标准和口径是否一致，是否按照规定合理分摊。

（三）审核并确认房地产开发土地面积、建筑面积和可售面积，是否与权属证、房产证、预售证、房屋测绘所测量数据、销售记录、销售合同、有关主管部门的文件等载明的面积数据相一致，并确定各项扣除项目分摊所使用的分配标准。

如果上述性质相同的三类面积所获取的各项证据发生冲突、不能相互印证时，税务师事务所应当追加审核程序，并按照外部证据比内部证据更可靠的原则，确认适当的面积。

（四）审核并确认扣除项目的具体金额时，应当考虑总成本、单位成本、可售面积、累计已售面积、累计已售分摊成本、未售分摊成本(存货)等因素。

第三十条　取得土地使用权支付金额的审核,应当包括下列内容:

(一)审核取得土地使用权支付的金额是否获取合法有效的凭证,口径是否一致。

(二)如果同一土地有多个开发项目,审核取得土地使用权支付金额的分配比例和具体金额的计算是否正确。

(三)审核取得土地使用权支付金额是否含有关联方的费用。

(四)审核有无将期间费用记入取得土地使用权支付金额的情形。

(五)审核有无预提的取得土地使用权支付金额。

(六)比较、分析相同地段、相同期间、相同档次项目,判断其取得土地使用权支付金额是否存在明显异常。

第三十一条　土地征用及拆迁补偿费的审核,应当包括下列内容:

(一)审核征地费用、拆迁费用等实际支出与概预算是否存在明显异常。

(二)审核支付给个人的拆迁补偿款所需的拆迁(回迁)合同和签收花名册,并与相关账目核对。

(三)审核纳税人在由政府或者他人承担已征用和拆迁好的土地上进行开发的相关扣除项目,是否按税收规定扣除。

第三十二条　前期工程费的审核,应当包括下列内容:

(一)审核前期工程费的各项实际支出与概预算是否存在明显异常。

(二)审核纳税人是否虚列前期工程费,土地开发费用是否按税收规定扣除。

第三十三条　建筑安装工程费的审核,应当包括下列内容:

(一)出包方式。重点审核完工决算成本与工程概预算成本是否存在明显异常。当二者差异较大时,应当追加下列审核程序,以获取充分、适当、真实的证据:

1. 从合同管理部门获取施工单位与开发商签订的施工合同,并与相关账目进行核对;

2. 实地查看项目工程情况,必要时,向建筑监理公司取证;

3. 审核纳税人是否存在利用关联方(尤其是各企业适用不同的征收方式、不同税率,不同时段享受税收优惠时)承包或分包工程,增加或减少建筑安装成本造价的情形。

(二)自营方式。重点审核施工所发生的人工费、材料费、机械使用费、其他直接费和管理费支出是否取得合法有效的凭证,是否按规定进行会计处理和税务处理。

第三十四条　基础设施费和公共配套设施费的审核,应当包括下列内容:

(一)审核各项基础设施费和公共配套设施费用是否取得合法有效的凭证。

(二)如果有多个开发项目,基础设施费和公共配套设施费用是否分项目核算,是否将应记入其他项目的费用记入了清算项目。

(三)审核各项基础设施费和公共配套设施费用是否含有其他企业的费用。

(四)审核各项基础设施费和公共配套设施费用是否含有以明显不合理的金额开具的各类凭证。

(五)审核是否将期间费用记入基础设施费和公共配套设施费用。

(六)审核有无预提的基础设施费和公共配套设施费用。

(七)获取项目概预算资料,比较、分析概预算费用与实际费用是否存在明显异常。

(八)审核基础设施费和公共配套设施应负担各项开发成本是否已经按规定分摊。

(九)各项基础设施费和公共配套设施费的分摊和扣除是否符合有关税收规定。

第三十五条　开发间接费用的审核,应当包括下列内容:

(一)审核各项开发间接费用是否取得合法有效凭证。

(二)如果有多个开发项目,开发间接费用是否分项目核算,是否将应记入其他项目的费用记入了清算项目。

(三)审核各项开发间接费用是否含有其他企业的费用。

(四)审核各项开发间接费用是否含有以明显不合理的金额开具的各类凭证。

(五)审核是否将期间费用记入开发间接费用。

(六)审核有无预提的开发间接费用。

（七）审核纳税人的预提费用及为管理和组织经营活动而发生的管理费用，是否在本项目中予以剔除。

（八）在计算加计扣除项目基数时，审核是否剔除了已计入开发成本的借款费用。

第三十六条 房地产开发费用的审核，应当包括下列内容：

（一）审核应具实列支的财务费用是否取得合法有效的凭证，除具实列支的财务费用外的房地产开发费用是否按规定比例计算扣除。

（二）利息支出的审核。企业开发项目的利息支出不能够提供金融机构证明的，审核其利息支出是否按税收规定的比例计算扣除；开发项目的利息支出能够提供金融机构证明的，应按下列方法进行审核：

1. 审核各项利息费用是否取得合法有效的凭证；

2. 如果有多个开发项目，利息费用是否分项目核算，是否将应记入其他项目的利息费用记入了清算项目；

3. 审核各项借款合同，判断其相应条款是否符合有关规定；

4. 审核利息费用是否超过按商业银行同类同期贷款利率计算的金额。

第三十七条 与转让房地产有关的税金审核，应当确认与转让房地产有关的税金及附加扣除的范围是否符合税收有关规定，计算的扣除金额是否正确。

对于不属于清算范围或者不属于转让房地产时发生的税金及附加，或者按照预售收入（不包括已经结转销售收入部分）计算并缴纳的税金及附加，不应作为清算的扣除项目。

第三十八条 国家规定的加计扣除项目的审核，应当包括下列内容：

（一）对取得土地（不论是生地还是熟地）使用权后，未进行任何形式的开发即转让的，审核是否按税收规定计算扣除项目金额，核实有无违反税收规定加计扣除的情形。

（二）对于取得土地使用权后，仅进行土地开发（如“三通一平”等），不建造房屋即转让土地使用权的，审核是否按税收规定计算扣除项目金额，是否按取得土地使用权时支付的地价款和开发土地的成本之和计算加计扣除。

（三）对于取得了房地产产权后，未进行任何实质性的改良或开发即再行转让的，审核是否按税收规定计算扣除项目金额，核实有无违反税收规定加计扣除的情形。

（四）对于县级以上人民政府要求房地产开发企业在售房时代收的各项费用，审核其代收费用是否计入房价并向购买方一并收取，核实有无将代收费用作为加计扣除的基数的情形。

第三十九条 对于纳税人成片受让土地使用权后，分期分批开发、转让房地产的，审核其扣除项目金额是否按主管税务机关确定的分摊方法计算分摊扣除。

第五章 应纳税额的审核

第四十条 税务师事务所应按照税法规定审核清算项目的收入总额、扣除项目的金额，并确认其增值额及适用税率，正确计算应缴税款。审核程序通常包括：

（一）审核清算项目的收入总额是否符合税收规定，计算是否正确。

（二）审核清算项目的扣除金额及其增值额是否符合税收规定，计算是否正确。

1. 如果企业有多个开发项目，审核收入与扣除项目金额是否属于同一项目；

2. 如果同一个项目既有普通住宅，又有非普通住宅，审核其收入额与扣除项目金额是否分开核算；

3. 对于同一清算项目，一段时间免税、一段时间征税的，应当特别关注收入的实现时间及其扣除项目的配比。

（三）审核增值额与扣除项目之比的计算是否正确，并确认土地增值税的适用税率。

（四）审核并确认清算项目当期土地增值税应纳税额及应补或应退税额。

第六章 鉴证报告的出具

第四十一条 本准则所称的鉴证报告，是指税务师事务所按照相关法律、法规、规章及其他有关规定，在实施必要的审核程序后，出具含有鉴证结论或鉴证意见的书面报告。

第四十二条 鉴证报告的基本内容应当包括：

（一）标题。鉴证报告的标题应当统一规范为“土地增值税清算税款鉴证报告”。

(二)收件人。鉴证报告的收件人是指注册税务师按照业务约定书的要求致送鉴证报告的对象,一般是指鉴证业务的委托人。鉴证报告应当载明收件人的全称。

(三)引言段。鉴证报告的引言段应当表明委托人和受托人的责任,说明对委托事项已进行鉴证审核以及审核的原则和依据等。

(四)审核过程及实施情况。鉴证报告的审核过程及实施情况应当披露以下内容:

1. 简要评述与土地增值税清算有关的内部控制及其有效性;

2. 简要评述与土地增值税清算有关的各项内部证据和外部证据的相关性和可靠性;

3. 简要陈述对委托单位提供的会计资料及纳税资料等进行审核、验证、计算和进行职业推断的情况。

(五)鉴证结论或鉴证意见。注册税务师应当根据鉴证情况,提出鉴证结论或鉴证意见,并确认出具鉴证报告的种类。

(六)鉴证报告的要素还应当包括:

1. 税务师事务所所长和注册税务师签名或盖章;

2. 载明税务师事务所的名称和地址,并加盖税务师事务所公章;

3. 注明报告日期;

4. 注明鉴证报告的使用人;

5. 附送与土地增值税清算税款鉴证相关的审核表及有关资料。

第四十三条 税务师事务所经过审核鉴证,应当根据鉴证情况,出具真实、合法的鉴证报告。鉴证报告分为以下四种:

(一)无保留意见的鉴证报告(见附件2)。

(二)保留意见的鉴证报告(见附件3)。

(三)无法表明意见的鉴证报告(见附件4)。

(四)否定意见的鉴证报告(见附件5)。

上述鉴证报告应当附有《企业基本情况和土地增值税清算税款申报审核事项说明及有关附表》(见附件6)。

第四十四条 税务师事务所经过审核鉴证,确认涉税鉴证事项符合下列所有条件,应当出具无保留意见的鉴证报告:

(一)鉴证事项完全符合法定性标准,涉及的会计资料及纳税资料遵从了国家法律、法规及税收有关规定。

(二)注册税务师已经按本准则的规定实施了必要的审核程序,审核过程未受到限制。

(三)注册税务师获取了鉴证对象信息所需的充分、适当、真实的证据,完全可以确认土地增值税的具体纳税金额。

税务师事务所出具无保留意见的鉴证报告,可以作为办理土地增值税清算申报或审批事宜的依据。

第四十五条 税务师事务所经过审核鉴证,认为涉税鉴证事项总体上符合法定性标准,但还存在下列情形之一的,应当出具保留意见的鉴证报告:

(一)部分涉税事项因税收法律、法规及其具体政策规定或执行时间不够明确。

(二)经过咨询或询证,对鉴证事项所涉及的具体税收政策在理解上与税收执法人员存在分歧,需要提请税务机关裁定。

(三)部分涉税事项因审核范围受到限制,不能获取充分、适当、真实的证据,虽然影响较大,但不至于出具无法表明意见的鉴证报告。

税务师事务所应当对能够获取充分、适当、真实证据的部分涉税事项,确认其土地增值税的具体纳税金额,并对不能确认具体金额的保留事项予以说明,提请税务机关裁定。

税务师事务所出具的保留意见的鉴证报告,可以作为办理土地增值税清算申报或审批事宜的依据。

第四十六条 税务师事务所因审核范围受到限制,认为对企业土地增值税纳税申报可能产生的影响非常重大和广泛,以至于无法对土地增值税纳税申报发表意见,应当出具无法表明意见的鉴证报告。

税务师事务所出具的无法表明意见的鉴证报告,不能作为办理土地增值税清算申报或审批事宜的依据。

第四十七条 税务师事务所经过审核鉴证，发现涉税事项总体上没有遵从法定性标准，存在违反相关法律、法规或税收规定的情形，经与被审核单位的治理层、管理层沟通或磋商，在所有重大方面未能达成一致意见，不能真实、合法的反映鉴证结果的，应当出具否定意见的鉴证报告。

税务师事务所出具否定意见的鉴证报告，不能作为办理土地增值税清算申报或审批事宜的依据。

【注释】 对《土地增值税暂行条例实施细则》第16条进行了解释。

关于调整房地产交易环节税收政策的通知

财税[2008]137号

各省、自治区、直辖市、计划单列市财政厅(局)、地方税务局，新疆生产建设兵团财务局：

为适当减轻个人住房交易的税收负担，支持居民首次购买普通住房，经国务院批准，现就房地产交易环节有关税收政策问题通知如下：

一、对个人首次购买90平方米及以下普通住房的，契税税率暂统一下调到1%。首次购房证明由住房所在地县(区)住房建设主管部门出具。

二、对个人销售或购买住房暂免征收印花税。

三、对个人销售住房暂免征收土地增值税。

本通知自2008年11月1日起实施。

国家税务总局关于土地增值税清算有关问题的通知

国税函[2010]220号

各省、自治区、直辖市地方税务局，宁夏、西藏、青海省(自治区)国家税务局：

为了进一步做好土地增值税清算工作，根据《中华人民共和国土地增值税暂行条例》及实施细则的规定，现将土地增值税清算工作中有关问题通知如下：

一、关于土地增值税清算时收入确认的问题

土地增值税清算时，已全额开具商品房销售发票的，按照发票所载金额确认收入；未开具发票或未全额开具发票的，以交易双方签订的销售合同所载的售房金额及其他收益确认收入。销售合同所载商品房面积与有关部门实际测量面积不一致，在清算前已发生补、退房款的，应在计算土地增值税时予以调整。

二、房地产开发企业未支付的质量保证金，其扣除项目金额的确定问题

房地产开发企业在工程竣工验收后，根据合同约定，扣留建筑安装施工企业一定比例的工程款，作为开发项目的质量保证金，在计算土地增值税时，建筑安装施工企业就质量保证金对房地产开发企业开具发票的，按发票所载金额予以扣除；未开具发票的，扣留的质保金不得计算扣除。

三、房地产开发费用的扣除问题

(一)财务费用中的利息支出，凡能够按转让房地产项目计算分摊并提供金融机构证明的，允许据实扣除，但最高不能超过按商业银行同类同期贷款利率计算的金额。其他房地产开发费用，在按照“取得土地使用权所支付的金额”与“房地产开发成本”金额之和的5%以内计算扣除。

(二)凡不能按转让房地产项目计算分摊利息支出或不能提供金融机构证明的，房地产开发费用在按“取得土地使用权所支付的金额”与“房地产开发成本”金额之和的10%以内计算扣除。

全部使用自有资金，没有利息支出的，按照以上方法扣除。

上述具体适用的比例按省级人民政府此前规定的比例执行。

(三)房地产开发企业既向金融机构借款，又有其他借款的，其房地产开发费用计算扣除时不能同时适

用本条(一)、(二)项所述两种办法。

(四)土地增值税清算时,已经计入房地产开发成本的利息支出,应调整至财务费用中计算扣除。

四、房地产企业逾期开发缴纳的土地闲置费的扣除问题

房地产开发企业逾期开发缴纳的土地闲置费不得扣除。

五、房地产开发企业取得土地使用权时支付的契税的扣除问题

房地产开发企业为取得土地使用权所支付的契税,应视同“按国家统一规定交纳的有关费用”,计入“取得土地使用权所支付的金额”中扣除。

六、关于拆迁安置土地增值税计算问题

(一)房地产企业用建造的本项目房地产安置回迁户的,安置用房视同销售处理,按《国家税务总局关于房地产开发企业土地增值税清算管理有关问题的通知》(国税发[2006]187号)第三条第(一)款规定确认收入,同时将此确认为房地产开发项目的拆迁补偿费。房地产开发企业支付给回迁户的补差价款,计入拆迁补偿费;回迁户支付给房地产开发企业的补差价款,应抵减本项目拆迁补偿费。

(二)开发企业采取异地安置,异地安置的房屋属于自行开发建造的,房屋价值按国税发[2006]187号第三条第(一)款的规定计算,计入本项目的拆迁补偿费;异地安置的房屋属于购入的,以实际支付的购房支出计入拆迁补偿费。

(三)货币安置拆迁的,房地产开发企业凭合法有效凭据计入拆迁补偿费。

七、关于转让旧房准予扣除项目的加计问题

《财政部 国家税务总局关于土地增值税若干问题的通知》(财税[2006]21号)第二条第一款规定“纳税人转让旧房及建筑物,凡不能取得评估价格,但能提供购房发票的,经当地税务部门确认,《条例》第六条第(一)、(三)项规定的扣除项目的金额,可按发票所载金额并从购买年度起至转让年度止每年加计5%计算”。计算扣除项目时“每年”按购房发票所载日期起至售房发票开具之日止,每满12个月计一年;超过一年,未满12个月但超过6个月的,可以视同为一年。

八、土地增值税清算后应补缴的土地增值税加收滞纳金问题

纳税人按规定预缴土地增值税后,清算补缴的土地增值税,在主管税务机关规定的期限内补缴的,不加收滞纳金。

国家税务总局关于加强土地增值税征管工作的通知

国税发[2010]53号

各省、自治区、直辖市和计划单列市地方税务局,西藏、宁夏、青海省(自治区)国家税务局:

为深入贯彻《国务院关于坚决遏制部分城市房价过快上涨的通知》(国发[2010]10号)精神,促进房地产行业健康发展,合理调节房地产开发收益,充分发挥土地增值税调控作用,现就加强土地增值税征收管理工作通知如下:

一、统一思想认识,全面加强土地增值税征管工作

土地增值税是保障收入公平分配、促进房地产市场健康发展的有力工具。各级税务机关要认真贯彻落实国务院通知精神,高度重视土地增值税征管工作,进一步加强土地增值税清算,强化税收调节作用。

各级税务机关要在当地政府支持下,与国土资源、住房建设等有关部门协调配合,进一步加强对土地增值税征收管理工作的组织领导,强化征管手段,配备业务骨干,集中精力加强管理。要组织开展督导检查,推进本地区土地增值税清算工作开展;摸清本地区土地增值税税源状况,健全和完善房地产项目管理制度;完善土地增值税预征和清算制度,科学实施预征,全面组织清算,充分发挥土地增值税的调节作用。

还没有全面组织清算、管理比较松懈的地区,要转变观念、提高认识,将思想统一到国发[2010]10号文件精神上来,坚决、全面、深入的推进本地区土地增值税清算工作,不折不扣地将国发[2010]10号文件精神落到实处。

二、科学合理制定预征率，加强土地增值税预征工作

预征是土地增值税征收管理工作的基础，是实现土地增值税调节功能、保障税收收入均衡入库的重要手段。各级税务机关要全面加强土地增值税的预征工作，把土地增值税预征和房地产项目管理工作结合起来，把土地增值税预征和销售不动产营业税结合起来；把预征率的调整和土地增值税清算的实际税负结合起来；把预征率的调整与房价上涨的情况结合起来，使预征率更加接近实际税负水平，改变目前部分地区存在的预征率偏低，与房价快速上涨不匹配的情况。通过科学、精细的测算，研究预征率调整与房价上涨的挂钩机制。

为了发挥土地增值税在预征阶段的调节作用，各地须对目前的预征率进行调整。除保障性住房外，东部地区省份预征率不得低于2%，中部和东北地区省份不得低于1.5%，西部地区省份不得低于1%，各地要根据不同类型房地产确定适当的预征率（地区的划分按照国务院有关文件的规定执行）。对尚未预征或暂缓预征的地区，应切实按照税收法律法规开展预征，确保土地增值税在预征阶段及时、充分发挥调节作用。

三、深入贯彻《土地增值税清算管理规程》，提高清算工作水平

土地增值税清算是纳税人应尽的法定义务。组织土地增值税清算工作是实现土地增值税调控功能的关键环节。各级税务机关要克服畏难情绪，切实加强土地增值税清算工作。要按照《土地增值税清算管理规程》的要求，结合本地实际，进一步细化操作办法，完善清算流程，严格审核房地产开发项目的收入和扣除项目，提升清算水平。有条件的地区，要充分发挥中介机构作用，提高清算效率。各地税务师管理中心要配合当地税务机关加强对中介机构的管理，对清算中弄虚作假的中介机构进行严肃惩治。

各级税务机关要全面开展土地增值税清算审核工作。要对已经达到清算条件的项目，全面进行梳理、统计，制定切实可行的工作计划，提出清算进度的具体指标；要加强土地增值税税收法规和政策的宣传辅导，加强纳税服务，要求企业及时依法进行清算，按照《土地增值税清算管理规程》的规定和时限进行申报；对未按照税收法律法规要求及时进行清算的纳税人，要依法进行处罚；对审核中发现重大疑点的，要及时移交税务稽查部门进行稽查；对涉及偷逃土地增值税税款的重大稽查案件要及时向社会公布案件处理情况。

各级税务机关要将全面推进工作和重点清算审核结合起来，按照国发[2010]10号文件精神，有针对性地选择3—5个定价过高、涨幅过快的项目，作为重点清算审核对象，以点带面推动本地区清算工作。

各地要在6月底前将本地区的清算工作计划（包括本地区组织企业进行清算的具体措施和年内完成的目标等内容，具体数据见附表）和重点清算项目名单上报税务总局，税务总局将就各地对重点项目的清算情况进行抽查。

四、规范核定征收，堵塞税收征管漏洞

核定征收必须严格依照税收法律法规规定的条件进行，任何单位和个人不得擅自扩大核定征收范围，严禁在清算中出现"以核定为主、一核了之"、"求快图省"的做法。凡擅自将核定征收作为本地区土地增值税清算主要方式的，必须立即纠正。对确需核定征收的，要严格按照税收法律法规的要求，从严、从高确定核定征收率。为了规范核定工作，核定征收率原则上不得低于5%，各省级税务机关要结合本地实际，区分不同房地产类型制定核定征收率。

五、加强督导检查，建立问责机制

各级税务机关要按照国发[2010]10号文件关于建立考核问责机制的要求，把土地增值税清算工作列入年度考核内容，对清算工作开展情况和清算质量提出具体要求。要根据《国家税务总局关于进一步开展土地增值税清算工作的通知》（国税函[2008]318号）的要求，对清算工作开展情况进行有力的督导检查，积极推动土地增值税清算工作，提高土地增值税征管水平。国家税务总局将继续组织督导检查组，对各地土地增值税贯彻执行情况和清算工作开展情况进行系统深入的督导检查。国家税务总局已经督导检查过的地区，要针对检查中发现的问题，进行认真整改，督导检查组将对整改情况择时择地进行复查。

各省、自治区、直辖市和计划单列市地方税务局要在6月底前将本通知的贯彻落实情况向税务总局上报。

附件：土地增值税清算计划统计表

财政部　国家税务总局关于支持公共租赁住房建设和运营有关税收优惠政策的通知

财税[2010]88 号

各省、自治区、直辖市、计划单列市财政厅(局)、地方税务局,西藏、宁夏、青海省(自治区)国家税务局,新疆生产建设兵团财务局:

根据国务院办公厅《关于促进房地产市场平稳健康发展的通知》(国办发[2010]4 号)、《国务院关于坚决遏制部分城市房价过快上涨的通知》(国发[2010]10 号)和住房城乡建设部等七部门《关于加快发展公共租赁住房的指导意见》(建保[2010]87 号)精神,现对公共租赁住房(以下简称公租房)建设和运营有关税收政策通知如下:

一、对公租房建设期间用地及公租房建成后占地免征城镇土地使用税。在其他住房项目中配套建设公租房,依据政府部门出具的相关材料,可按公租房建筑面积占总建筑面积的比例免征建造、管理公租房涉及的城镇土地使用税。

二、对公租房经营管理单位建造公租房涉及的印花税予以免征。在其他住房项目中配套建设公租房,依据政府部门出具的相关材料,可按公租房建筑面积占总建筑面积的比例免征建造、管理公租房涉及的印花税。

三、对公租房经营管理单位购买住房作为公租房,免征契税、印花税;对公租房租赁双方签订租赁协议涉及的印花税予以免征。

四、对企事业单位、社会团体以及其他组织转让旧房作为公租房房源,且增值额未超过扣除项目金额20% 的,免征土地增值税。

五、企事业单位、社会团体以及其他组织捐赠住房作为公租房,符合税收法律法规规定的,捐赠支出在年度利润总额 12% 以内的部分,准予在计算应纳税所得额时扣除。

六、对经营公租房所取得的租金收入,免征营业税、房产税。公租房租金收入与其他住房经营收入应单独核算,未单独核算的,不得享受免征营业税、房产税优惠政策。

七、享受上述税收优惠政策的公租房是指纳入省、自治区、直辖市、计划单列市人民政府及新疆生产建设兵团批准的公租房发展规划和年度计划,以及按照建保[2010]87 号文件和市、县人民政府制定的具体管理办法进行管理的公租房。不同时符合上述条件的公租房不得享受上述税收优惠政策。

八、上述政策自发文之日起执行,执行期限暂定三年,政策到期后将根据公租房建设和运营情况对有关内容加以完善。

第十三部分 中华人民共和国城镇土地使用税法

中华人民共和国城镇土地使用税暂行条例

(1988年9月27日中华人民共和国国务院令第17号发布 根据2006年12月31日《国务院关于修改〈中华人民共和国城镇土地使用税暂行条例〉的决定》修订)

第一条 为了合理利用城镇土地,调节土地级差收入,提高土地使用效益,加强土地管理,制定本条例。

第二条 在城市、县城、建制镇、工矿区范围内使用土地的单位和个人,为城镇土地使用税(以下简称土地使用税)的纳税人,应当依照本条例的规定缴纳土地使用税。

前款所称单位,包括国有企业、集体企业、私营企业、股份制企业、外商投资企业、外国企业以及其他企业和事业单位、社会团体、国家机关、军队以及其他单位;所称个人,包括个体工商户以及其他个人。

【注释】 相关规定包括:《关于土地使用税若干具体问题的解释和暂行规定》(国税地[1988]15号)、《关于土地使用税若干具体问题的补充规定》(国税地[1989]140号)、《国家税务局关于对邮电部门所属企业恢复征收城镇土地使用税的通知》(国税函发[1991]209号)、《国家税务局关于林业系统征免土地使用税问题的通知》(国税函发[1991]1404号)、《国家税务局关于受让土地使用权者应征收土地使用税问题的批复》(国税函发[1993]501号)、《国家税务总局关于城市维护建设税等地方税有关问题的通知》(国税发[1994]35号)、《国家税务总局关于对已缴纳土地使用金的土地使用者应征收城镇土地使用税的批复》(国税函发[1998]669号)、《财政部 国家税务总局关于非营利性科研机构税收政策的通知》(财税[2001]5号)、《财政部 国家税务总局关于调整铁路系统房产税城镇土地使用税政策的通知》(财税[2003]149号)、《财政部 国家税务总局关于集体土地城镇土地使用税有关政策的通知》(财税[2006]56号)、《国家税务总局关于外商投资企业和外国企业征收城镇土地使用税问题的批复》(国税函[2007]596号)。

第三条 土地使用税以纳税人实际占用的土地面积为计税依据,依照规定税额计算征收。

前款土地占用面积的组织测量工作,由省、自治区、直辖市人民政府根据实际情况确定。

【注释】 相关规定包括:《关于土地使用税若干具体问题的解释和暂行规定》(国税地[1988]15号)。

第四条 土地使用税每平方米年税额如下:

(一)大城市1.5元至30元;

(二)中等城市1.2元至24元;

(三)小城市0.9元至18元;

(四)县城、建制镇、工矿区0.6元至12元。

【注释】 相关规定包括:《关于土地使用税若干具体问题的解释和暂行规定》(国税地[1988]15号)。

第五条 省、自治区、直辖市人民政府,应当在本条例第四条规定的税额幅度内,根据市政建设状况、经济繁荣程度等条件,确定所辖地区的适用税额幅度。

市、县人民政府应当根据实际情况,将本地区土地划分为若干等级,在省、自治区、直辖市人民政府确定的税额幅度内,制定相应的适用税额标准,报省、自治区、直辖市人民政府批准执行。

经省、自治区、直辖市人民政府批准,经济落后地区土地使用税的适用税额标准可以适当降低,但降低额不得超过本条例第四条规定最低税额的30%。经济发达地区土地使用税的适用税额标准可以适当提高,但须报经财政部批准。

【注释】 相关规定包括:《关于土地使用税若干具体问题的解释和暂行规定》(国税地[1988]15号)。

第六条　下列土地免缴土地使用税：

（一）国家机关、人民团体、军队自用的土地；

（二）由国家财政部门拨付事业经费的单位自用的土地；

（三）宗教寺庙、公园、名胜古迹自用的土地；

（四）市政街道、广场、绿化地带等公共用地；

（五）直接用于农、林、牧、渔业的生产用地；

（六）经批准开山填海整治的土地和改造的废弃土地，从使用的月份起免缴土地使用税5年至10年；

（七）由财政部另行规定免税的能源、交通、水利设施用地和其他用地。

【注释】　相关规定包括：《关于土地使用税若干具体问题的解释和暂行规定》（国税地[1988]15号）、《国家税务局对"关于《中华人民共和国城镇土地使用税暂行条例》第六条中'宗教寺庙'适用范围的请示"的复函》（国税地[1988]20号）、《国家税务局对《关于高校征免房产税、土地使用税的请示》的批复》（国税地便[1989]8号）、《国家税务局关于对煤炭企业用地征免土地使用税问题的规定》（国税地[1989]89号）、《国家税务局关于对司法部所属的劳改劳教单位征免土地使用税问题的规定》（国税地[1989]119号）、《国家税务局关于对矿山企业征免土地使用税问题的通知》（国税地[1989]122号）、《国家税务局关于对交通部门的港口用地征免土地使用税问题的规定》（国税地[1989]123号）、《关于土地使用税若干具体问题的补充规定》（国税地[1989]140号）、《国家税务局关于对盐场、盐矿征免城镇土地使用税问题的通知》（国税地[1989]141号）、《国家税务局关于林业系统征免土地使用税问题的通知》（国税函发[1991]1404号）、《财政部　国家税务总局关于血站有关税收问题的通知》（财税[1999]264号）、《国家税务总局关于中国人民银行总行所属分支机构免征房产税城镇土地使用税的通知》（国税函[2001]770号）、《国家税务总局关于填海整治土地免征城镇土地使用税问题的批复》（国税函[2005]968号）。

第七条　除本条例第六条规定外，纳税人缴纳土地使用税确有困难需要定期减免的，由省、自治区、直辖市税务机关审核后，报国家税务局批准。

【注释】　相关规定包括：《国家税务局关于对经贸仓库免缴土地使用税问题的复函》（国税地[1988]32号）、《国家税务局关于电力行业征免土地使用税问题的规定》（国税地[1989]13号）、《国家税务局关于对民航机场用地征免土地使用税问题的规定》（国税地[1989]32号）、《国家税务局对〈关于中、小学校办企业征免房产税、土地使用税问题的请示〉的批复》（国税地[1989]81号）、《国家税务局关于对中国石油天然气总公司所属单位用地征免土地使用税问题的规定》（国税地[1989]88号）、《国家税务局关于对煤炭企业用地征免土地使用税问题的规定》（国税地[1989]89号）、《国家税务局关于对中国海洋石油总公司及其所属公司用地征免土地使用税问题的规定》（国税油发[1990]3号）、《国家税务局关于建材企业的采石场、排土场等用地征免土地使用税问题的批复》（国税函发[1990]853号）、《国家税务局关于恢复征收国营华侨农场地方税问题的通知》（国税函发[1990]1117号）、《国家税务局关于工会服务型事业单位免征房产税、车船使用税、土地使用税问题的复函》（国税函发[1992]1440号）、《财政部　国家税务总局关于医疗卫生机构有关税收政策的通知》（财税[2000]42号）、《财政部　国家税务总局关于对老年服务机构有关税收政策问题的通知》（财税[2000]97号）、《国家税务总局关于房产税城镇土地使用税有关政策规定的通知》（国税发[2003]89号）、《财政部　国家税务总局关于教育税收政策的通知》（财税[2004]39号）、《财政部　国家税务总局关于明确免征房产税城镇土地使用税的铁路运输企业范围及有关问题的通知》（财税[2004]36号）《国家税务总局关于下放城镇土地使用税困难减免审批项目管理层级后有关问题的通知》（国税函[2004]940号）、《国家税务总局关于供热企业缴纳房产税和城镇土地使用税问题的批复》（国税函[2005]60号）、《财政部　国家税务总局关于国家石油储备基地建设有关税收政策的通知》（财税[2005]23号）、《财政部　国家税务总局关于明确免征房产税 城镇土地使用税的铁路运输企业范围的补充通知》（财税[2006]17号）、《财政部　国家税务总局关于煤炭企业未利用塌陷地城镇土地使用税政策的通知》（财税[2006]74号）、《财政部　国家税务总局关于房产税城镇土地使用税有关政策的通知》（财税[2006]186号）、《财政部　国家税务总局关于核电站用地征免城镇土地使用税的通知》（财税[2007]124号）。

第八条　土地使用税按年计算、分期缴纳。缴纳期限由省、自治区、直辖市人民政府确定。

第九条　新征用的土地，依照下列规定缴纳土地使用税：

(一)征用的耕地,自批准征用之日起满1年时开始缴纳土地使用税;

(二)征用的非耕地,自批准征用次月起缴纳土地使用税。

第十条 土地使用税由土地所在地的税务机关征收。土地管理机关应当向土地所在地的税务机关提供土地使用权属资料。

【注释】 相关规定包括:《关于土地使用税若干具体问题的解释和暂行规定》(国税地[1988]15号)。

第十一条 土地使用税的征收管理,依照《中华人民共和国税收征收管理法》及本条例的规定执行。

第十二条 土地使用税收入纳入财政预算管理。

第十三条 本条例的实施办法由省、自治区、直辖市人民政府制定。

第十四条 本条例自1988年11月1日起施行,各地制定的土地使用费办法同时停止执行。

关于土地使用税若干具体问题的解释和暂行规定

国税地[1988]15号

一、关于城市、县城、建制镇、工矿区范围内土地的解释

城市、县城、建制镇、工矿区范围内土地,是指在这些区域范围内属于国家所有和集体所有的土地。

二、关于城市、县城、建制镇、工矿区的解释

城市是指经国务院批准设立的市。

县城是指县人民政府所在地。

建制镇是指经省、自治区、直辖市人民政府批准设立的建制镇。

工矿区是指工商业比较发达,人口比较集中,符合国务院规定的建制镇标准,但尚未设立镇建制的大中型工矿企业所在地。工矿区须经省、自治区、直辖市人民政府批准。

三、关于征税范围的解释

城市的征税范围为市区和郊区。

县城的征税范围为县人民政府所在的城镇。

建制镇的征税范围为镇人民政府所在地。

城市、县城、建制镇、工矿区的具体征税范围,由各省、自治区、直辖市人民政府划定。

四、关于纳税人的确定

土地使用税由拥有土地使用权的单位或个人缴纳。拥有土地使用权的纳税人不在土地所在地的,由代管人或实际使用人纳税;土地使用权未确定或权属纠纷未解决的,由实际使用人纳税;土地使用权共有的,由共有各方分别纳税。

五、关于土地使用权共有的,如何计算缴纳土地使用税

土地使用权共有的各方,应按其实际使用的土地面积占总面积的比例,分别计算缴纳土地使用税。

六、关于纳税人实际占用的土地面积的确定

纳税人实际占用的土地面积,是指由省、自治区、直辖市人民政府确定的单位组织测定的土地面积。尚未组织测量,但纳税人持有政府部门核发的土地使用证书的,以证书确认的土地面积为准;尚未核发土地使用证书的,应由纳税人据实申报土地面积。

七、关于大中小城市的解释

大、中、小城市以公安部门登记在册的非农业正式户口人数为依据,按照国务院颁布的《城市规划条例》中规定的标准划分。现行的划分标准是:市区及郊区非农业人口总计在50万以上的,为大城市;市区及郊区非农业人口总计在20万至50万的,为中等城市;市区及郊区非农业人口总计在20万以下的,为小城市。

八、关于人民团体的解释

人民团体是指经国务院授权的政府部门批准设立或登记备案并由国家拨付行政事业费的各种社会团体。

九、关于由国家财政部门拨付事业经费的单位的解释

由国家财政部门拨付事业经费的单位，是指由国家财政部门拨付经费、实行全额预算管理或差额预算管理的事业单位。不包括实行自收自支、自负盈亏的事业单位。

十、关于免税单位自用土地的解释

国家机关、人民团体、军队自用的土地，是指这些单位本身的办公用地和公务用地。

事业单位自用的土地，是指这些单位本身的业务用地。

宗教寺庙自用的土地，是指举行宗教仪式等的用地和寺庙内的宗教人员生活用地。

公园、名胜古迹自用的土地，是指供公共参观游览的用地及其管理单位的办公用地。

以上单位的生产、营业用地和其他用地，不属于免税范围，应按规定缴纳土地使用税。

十一、关于直接用于农、林、牧、渔业的生产用地的解释

直接用于农、林、牧、渔业的生产用地，是指直接从事于种植、养殖、饲养的专业用地，不包括农副产品加工场地和生活、办公用地。

十二、关于征用的耕地与非耕地的确定

征用的耕地与非耕地，以土地管理机关批准征地的文件为依据确定。

十三、关于开山填海整治的土地和改造的废弃土地及其免税期限的确定

开山填海整治的土地和改造的废弃土地，以土地管理机关出具的证明文件为依据确定；具体免税期限由各省、自治区、直辖市税务局在土地使用税暂行条例规定的期限内自行确定。

十四、关于纳税人使用的土地不属于同一省（自治区、直辖市）管辖范围的，如何确定纳税地点

纳税人使用的土地不属于同一省（自治区、直辖市）管辖范围的，应由纳税人分别向土地所在地的税务机关缴纳土地使用税。

在同一省（自治区、直辖市）管辖范围内，纳税人跨地区使用的土地，如何确定纳税地点，由各省、自治区、直辖市税务局确定。

十五、关于公园、名胜古迹中附设的营业单位使用的土地，应否征收土地使用税。

公园、名胜古迹中附设的营业单位，如影剧院、饮食部、茶社、照相馆等使用的土地，应征收土地使用税。

十六、关于对房管部门经租的公房用地，如何征收土地使用税。

房管部门经租的公房用地，凡土地使用权属于房管部门的，由房管部门缴纳土地使用税

十七、关于企业办的学校、医院、托儿所、幼儿园自用的土地，可否免征土地使用税

企业办的学校、医院、托儿所、幼儿园，其用地能与企业其他用地明确区分的，可以比照由国家财政部门拨付事业经费的单位自用的土地，免征土地使用税。

十八、下列土地的征免税，由省、自治区、直辖市税务局确定：

1. 个人所有的居住房屋及院落用地；
2. 房产管理部门在房租调整改革前经租的居民住房用地；
3. 免税单位职工家属的宿舍用地；
4. 民政部门举办的安置残疾人占一定比例的福利工厂用地；
5. 集体和个人办的各类学校、医院、托儿所、幼儿园用地。

【注释】　对《城镇土地使用税》第2、3、4、5、6、7、10条进行了解释。

国家税务局对“关于《中华人民共和国城镇土地使用税暂行条例》第六条中‘宗教寺庙’适用范围的请示”的复函

国税地［1988］20号

国务院宗教事务管理局：

你局（88）宗发字386号文收悉。现答复如下：

关于《中华人民共和国城镇土地使用税暂行条例》第六条中的宗教寺庙自用的土地，我局已在（88）国

税地字第015号《关于土地使用税若干具体问题的解释和暂行规定》中作了解释，即“宗教寺庙自用的土地，是指举行宗教仪式等的用地和寺庙内的宗教人员生活用地。”这里的“宗教寺庙”包括寺、庙、宫、观、教堂等各种宗教活动场所。

【注释】 对《城镇土地使用税》第6条进行了解释。

国家税务局关于对经贸仓库免缴土地使用税问题的复函

国税地[1988]32号

对外经济贸易部：

你部(88)外经贸输字第1604/0756号《关于经贸仓库免缴土地使用税的函》收悉。关于要求免征经贸部所属经贸仓库、冷库土地使用税的问题，经研究，函复如下：

国家决定开征土地使用税，目的是为了调节土地的级差收益，促进节约用地，增加财政收入，平衡财政预算。根据《中华人民共和国城镇土地使用税暂行条例》的规定，经贸仓库、冷库均属于征税范围，因此不宜一律免征土地使用税。对纳税确有困难的企业，可根据暂行条例第七条的规定，向企业所在地的税务机关提出减免税申请，由省、自治区、直辖市税务机关审核后，报国家税务局批准，才可享受减免土地使用税的照顾。

【注释】 对《城镇土地使用税》第7条进行了解释。

国家税务局关于电力行业征免土地使用税问题的规定

国税地[1989]13号

为了便于各地贯彻土地使用税暂行条例，现将电力行业征免土地使用税问题，明确如下：

一、对火电厂厂区围墙内的用地，均应照章征收土地使用税。对厂区围墙外的灰场、输灰管、输油(气)管道、铁路专用线用地，免征土地使用税；厂区围墙外的其他用地，应照章征税。

二、对水电站的发电厂房用地(包括坝内、坝外式厂房)，生产、办公、生活用地，照章征收土地使用税；对其他用地给予免税照顾。

三、对供电部门的输电线路用地、变电站用地，免征土地使用税。

【注释】 对《城镇土地使用税》第7条进行了解释。相关规定包括：《国家税务局对〈关于请求再次明确电力行业土地使用税征免范围问题的函〉的复函》(国税地[1989]44号)。

国家税务局关于水利设施用地征免土地使用税问题的规定

国税地[1989]14号

为了支持水利事业发展，根据《中华人民共和国城镇土地使用税暂行条例》规定，对水利设施用地征免土地使用税问题，明确如下：

一、对水利设施及其管护用地(如水库库区、大坝、堤防、灌渠、泵站等用地)，免征土地使用税；其他用地，如生产、办公、生活用地，应照章征收土地使用税。

二、对兼有发电的水利设施用地征免土地使用税问题，比照电力行业征免土地使用税的有关规定办理。

【注释】 对《城镇土地使用税》第7条进行了解释。

国家税务局关于对民航机场用地征免土地使用税问题的规定

国税地[1989]32 号

根据国务院国发[1988]17 号《中华人民共和国城镇土地使用税暂行条例》的规定，现对民航机场用地征免土地使用税问题作如下规定：

一、机场飞行区(包括跑道、滑行道、停机坪、安全带、夜航灯光区)用地，场内外通讯导航设施用地和飞行区四周排水防洪设施用地，免征土地使用税。

二、机场道路，区分为场内、场外道路。场外道路用地免征土地使用税；场内道路用地依照规定征收土地使用税。

三、机场工作区(包括办公、生产和维修用地及候机楼、停车场)用地、生活区用地、绿化用地，均须依照规定征收土地使用税。

【注释】　对《城镇土地使用税》第 7 条进行了解释。

国家税务局对《关于请求再次明确电力行业土地使用税征免范围问题的函》的复函

国税地[1989]44 号

能源部：

你部能源经(1989)157 号《关于请求再次明确电力行业土地使用税征免范围问题的函》收悉。现函复如下：

一、我局(89)国税地字第 013 号文第二条规定中的“生产”用地，是指进行工业、副业等生产经营活动的用地；水库库区用地，属于“其他用地”的范围，免征土地使用税。

二、关于火电厂厂区围墙外的煤场用地，不属于免税范围，应照章征税；厂区外的水源用地以及热电厂供热管道用地，可以比照我局(89)国税地字第 013 号文第一条的有关规定，免征土地使用税。

三、关于电力项目建设期间土地使用税的征免问题，因其他行业也有类似问题，在我局统盘研究另行文作出规定之前，应照章征收土地使用税。纳税有困难的，由省、自治区、直辖市税务局审核后，报国家税务局批准减免。

【注释】　对《国家税务局关于电力行业征免土地使用税问题的规定》(国税地[1989]13 号)进行了解释。

国家税务局对《关于高校征免房产税、土地使用税的请示》的批复

国税地便[1989]8 号

武汉市税务局：

你局《关于高校征免房产税、土地使用税的请示》收悉，现批复如下：

国务院国发[1989]10 号《国务院批转国家教委等部门关于深化改革鼓励教育科研卫生单位增加社会

服务意见的通知》和国家税务局(89)国税所字第067号《关于贯彻国务院国发[1989]10号文件有关税收问题的通知》中所说的"对高等学校校用房产和土地免征房产税、土地使用税",是指对高等学校用于教学及科研等本身业务用房产和土地免征房产税和土地使用税。对高等学校举办的校办工厂、商店、招待所等的房产及土地以及出租的房产及用地,均不属于自用房产和土地的范围,应按规定征收房产税、土地使用税。

【注释】 对《城镇土地使用税》第6条进行了解释。

国家税务局对《关于中、小学校办企业征免房产税、土地使用税问题的请示》的批复

国税地[1989]81号

四川省税务局:

你局川税三(1989)489号《关于中、小学校办企业征免房产税、土地使用税问题的请示》收悉,现批复如下:

关于中、小学校办企业使用的房屋及土地征收房产税和土地使用税问题,我局意见,对中、小学校办企业应比照(89)国税地便字第008号"对《关于高校征免房产税、土地使用税的请示》的批复"中有关规定征收房产税和土地使用税;对非独立核算的校办企业,原则上也应征收房产税和土地使用税,纳税确有困难的,可按税收管理权限给于适当的减税或免税。

【注释】 对《城镇土地使用税》第7条进行了解释。

国家税务局关于对中国石油天然气总公司所属单位用地征免土地使用税问题的规定

国税地[1989]88号

为了贯彻国家的产业政策,支持石油工业的发展,根据《中华人民共和国城镇土地使用税暂行条例》第六条规定,现对中国石油天然气总公司所属企业、单位用地征免土地使用税问题,作如下规定:

一、下列油气生产建设用地暂免征收土地使用税:

1. 石油地质勘探、钻井、井下作业、油田地面工程等施工临时用地;

2. 各种采油(气)井、注水(气)井、水源井用地;

3. 油田内办公、生活区以外的公路、铁路专用线及输油(气、水)管道用地;

4. 石油长输管线用地;

5. 通讯、输变电线路用地。

二、在城市、县城、建制镇以外工矿区内的下列油气生产、生活用地,也暂免征收土地使用税:

1. 与各种采油(气)井相配套的地面设施用地,包括油气采集、计量、接转、储运、装卸、综合处理等各种站的用地;

2. 与注水(气)井相配套的地面设施用地,包括配水、取水、转水以及供气、配气、压气、气举等各种站的用地;

3. 供(配)电、供排水、消防、防洪排涝、防风、防沙等设施用地;

4. 职工和家属居住的简易房屋、活动板房、野营房、帐篷等用地。

三、除一、二两条列举免税的土地外,其他在开征范围内的油气生产及办公、生活区用地,均应依照规定征收土地使用税。

四、为了照顾石油生产单位近年来的实际困难，对于直接用于石油生产建设的占地，在1990年底以前，暂按当地规定的适用税额的低限征收。对其他用地，按当地规定的适用税额征收。对在工矿区范围内的油气生产、办公、生活用地，其土地使用税的税额标准，应与邻近的县城、建制镇基本一致。

【注释】 对《城镇土地使用税》第7条进行了解释。

国家税务局关于对煤炭企业用地征免土地使用税问题的规定

国税地[1989]89号

根据《中华人民共和国城镇土地使用税暂行条例》第六条的有关规定，结合煤炭企业用地的特点，现对中国统配煤矿总公司、东北内蒙古煤炭工业联合公司所属的煤炭企业征免土地使用税问题，规定如下：

一、煤炭企业的矸石山、排土场用地，防排水沟用地，矿区办公、生活区以外的公路、铁路专用线及轻便道和输变电线路用地，火炸药库库房外安全区用地，向社会开放的公园及公共绿化带用地，暂免征收土地使用税。

二、煤炭企业的塌陷地、荒山，在未利用之前，暂缓征收土地使用税。

三、煤炭企业的报废矿井占地，经煤炭企业申请，当地税务机关审核，可以暂免征收土地使用税。但利用报废矿井搞工商业生产经营或用于居住的占地，仍应按规定征收土地使用税。

四、除上述各条列举免税的土地外，其他在开征范围内的煤炭生产及办公、生活区用地，均应依照规定征收土地使用税。

五、对于直接用于煤炭生产的占地，在1990年底前，暂按当地规定的适用税额的低限征收土地使用税。对煤炭企业的其他占地，仍按当地规定的适用税额征收土地使用税。

六、煤炭企业依照上述规定缴纳土地使用税，确实仍有困难的，按照《中华人民共和国城镇土地使用税暂行条例》第七条的规定办理。

地方煤炭企业土地使用税的征免划分问题，由各省、自治区、直辖市税务局参照上述规定具体确定。

【注释】 对《城镇土地使用税》第6、7条进行了解释。

国家税务局关于对司法部所属的劳改劳教单位征免土地使用税问题的规定

国税地[1989]119号

根据《中华人民共和国城镇土地使用税暂行条例》第六条的规定，结合劳改劳教单位的特点，现对司法部所属的劳改劳教单位征免城镇土地使用税问题规定如下：

一、对少年犯管教所的用地和由国家财政部门拨付事业经费的劳教单位自用的土地，免征土地使用税。

二、对劳改单位及经费实行自收自支的劳教单位的工厂、农场等，凡属于管教或生活用地，例如：办公室、警卫室、职工宿舍、犯人宿舍、储藏室、食堂、礼堂、图书室、阅览室、浴室、理发室、医务室等房屋、建筑物用地及其周围土地，均免征土地使用税；凡是生产经营用地，例如：厂房、仓库、门市部等房屋、建筑物用地及其周围土地，应征收土地使用税。管教或生活用地与生产经营用地不能划分开的，应照章征收土地使用税。

三、对监狱的用地，若主要用于关押犯人，只有极少部分用于生产经营的，可从宽掌握，免征土地使用税。但对设在监狱外部的门市部、营业部等生产经营用地，应征收土地使用税；对生产设施较大的监狱，可以比照本规定第二条办理。具体由各省、自治区、直辖市税务局根据情况确定。

【注释】 对《城镇土地使用税》第6条进行了解释。

国家税务局关于对矿山企业征免土地使用税问题的通知

国税地[1989]122号

根据《中华人民共和国城镇土地使用税暂行条例》第六条的规定，现对矿山企业（包括黑色冶金矿和有色金属矿及除煤矿外的其他非金属矿）的用地征免土地使用税问题，通知如下：

一、对矿山的采矿场、排土场、尾矿库、炸药库的安全区、采区运矿及运岩公路、尾矿输送管道及回水系统用地，免征土地使用税。

二、对矿山企业采掘地下矿造成的塌陷地以及荒山占地，在未利用之前，暂免征收土地使用税。

三、除上述规定外，对矿山企业的其他生产用地及办公、生活区用地，应照章征收土地使用税。

【注释】 对《城镇土地使用税》第6条进行了解释。

国家税务局关于对交通部门的港口用地征免土地使用税问题的规定

国税地[1989]123号

根据《中华人民共和国城镇土地使用税暂行条例》第六条规定，现对交通部门的港口用地征免土地使用税问题，规定如下：

一、对港口的码头（即泊位，包括岸边码头、伸入水中的浮码头、堤岸、堤坝、栈桥等）用地，免征土地使用税。

二、对港口的露天堆货场用地，原则上应征收土地使用税，企业纳税确有困难的，可由省、自治区、直辖市税务局根据其实际情况，给予定期减征或免征土地使用税的照顾。

三、除上述规定外，港口的其他用地，应按规定征收土地使用税。

【注释】 对《城镇土地使用税》第6条进行了解释。

关于土地使用税若干具体问题的补充规定

国税地[1989]140号

根据《中华人民共和国城镇土地使用税暂行条例》的规定，现将若干具体问题明确如下：

一、关于对免税单位与纳税单位之间无偿使用的土地应否征税问题

对免税单位无偿使用纳税单位的土地（如公安、海关等单位使用铁路、民航等单位的土地），免征土地使用税；对纳税单位无偿使用免税单位的土地，纳税单位应照章缴纳土地使用税。

二、关于对纳税单位与免税单位共同使用多层建筑用地的征税问题

纳税单位与免税单位共同使用共有使用权土地上的多层建筑，对纳税单位可按其占用的建筑面积占建筑总面积的比例计征土地使用税。

三、关于对缴纳农业税的土地应否征税问题

凡在开征范围内的土地，除直接用于农、林、牧、渔业的按规定免予征税以外，不论是否缴纳农业税，均应照章征收土地使用税。

四、关于对基建项目在建期间的用地应否征税问题

对基建项目在建期间使用的土地，原则上应照章征收土地使用税。但对有些基建项目，特别是国家产业政策扶持发展的大型基建项目占地面积大，建设周期长，在建期间又没有经营收入，为照顾其实际情况，对纳税人纳税确有困难的，可由各省、自治区、直辖市税务局根据具体情况予以免征或减征土地使用税；对已经完工或已经使用的建设项目，其用地应照章征收土地使用税。

五、关于对城镇内的集贸市场（农贸市场）用地应否征税问题

城镇内的集贸市场（农贸市场）用地，按规定应征收土地使用税。为了促进集贸市场的发展及照顾各地的不同情况，各省、自治区、直辖市税务局可根据具体情况自行确定对集贸市场用地征收或者免征土地使用税。

六、关于对房地产开发公司建造商品房的用地应否征税问题

房地产开发公司建造商品房的用地，原则上应按规定计征土地使用税。但在商品房出售之前纳税确有困难的，其用地是否给予缓征或减征、免征照顾，可由各省、自治区、直辖市税务局根据从严的原则结合具体情况确定。

七、关于对落实私房政策后已归还产权，但房主尚未能收回的房屋用地，可否给予减免税照顾问题

原房管部门代管的私房，落实政策后，有些私房产权已归还给房主，但由于各种原因，房屋仍由原住户居住，并且住户仍是按照房管部门在房租调整改革之前确定的租金标准向房主交纳租金。对这类房屋用地，房主缴纳土地使用税确有困难的，可由各省、自治区、直辖市税务局根据实际情况，给予定期减征或免征土地使用税的照顾。

八、关于对防火、防爆、防毒等安全防范用地应否征税问题

对于各类危险品仓库、厂房所需的防火、防爆、防毒等安全防范用地，可由各省、自治区、直辖市税务局确定，暂免征收土地使用税；对仓库库区、厂房本身用地，应照章征收土地使用税。

九、关于对关闭、撤销的企业占地应否征税问题

企业关闭、撤销后，其占地未作他用的，经各省、自治区、直辖市税务局批准，可暂免征收土地使用税；如土地转让给其他单位使用或企业重新用于生产经营的，应依照规定征收土地使用税。

十、关于对搬迁企业的用地应如何征税问题

企业搬迁后，其原有场地和新场地都使用的，均应照章征收土地使用税；原有场地不使用的，经各省、自治区、直辖市税务局审批，可暂免征收土地使用税。

十一、关于对企业的铁路专用线、公路等用地应否征税问题

对企业的铁路专用线、公路等用地，除另有规定者外，在企业厂区（包括生产、办公及生活区）以内的，应照章征收土地使用税；在厂区以外、与社会公用地段未加隔离的，暂免征收土地使用税。

十二、关于对企业范围内的荒山、林地、湖泊等占地应否征收土地使用税问题

对企业范围内的荒山、林地、湖泊等占地，尚未利用的，经各省、自治区、直辖市税务局审批，可暂免征收土地使用税。

十三、关于对企业的绿化用地可否免征土地使用税问题

对企业厂区（包括生产、办公及生活区）以内的绿化用地，应照章征收土地使用税，厂区以外的公共绿化用地和向社会开放的公园用地，暂免征收土地使用税。

【注释】　对《城镇土地使用税》第2、6条进行了解释。相关规定包括：《国家税务总局关于城镇土地使用税部分行政审批项目取消后加强后续管理工作的通知》（国税函[2004]939号）、《财政部　国家税务总局关于调整城镇土地使用税有关减免税政策的通知》（财税[2004]180号）。

国家税务局关于对盐场、盐矿征免城镇土地使用税问题的通知

国税地[1989]141号

根据《中华人民共和国城镇土地使用税暂行条例》第六条规定，经研究，现对盐场、盐矿用地征免土地使用税的问题，规定如下：

一、对盐场、盐矿的生产厂房、办公、生活区用地,应照章征收土地使用税。

二、对盐场的盐滩、盐矿的矿井用地,暂免征收土地使用税。

三、对盐场、盐矿的其他用地,由省、自治区、直辖市税务局根据实际情况,确定征收土地使用税或给予定期减征、免征的照顾。

【注释】 对《城镇土地使用税》第6条进行了解释。

国家税务局关于对中国海洋石油总公司及其所属公司用地征免土地使用税问题的规定

国税油发[1990]3号

为了贯彻国家的产业政策,支持海洋石油工业的发展,根据《中华人民共和国城镇土地使用税暂行条例》第六条规定,现对中国海洋石油总公司及其所属公司(以下简称中油公司)征免土地使用税问题,明确如下:

一、中油公司下列用地,暂免征收土地使用税:

1. 导管架、平台组块等海上结构物建造用地。
2. 码头用地。
3. 输油气管线用地。
4. 通讯天线用地。
5. 办公、生活区以外的公路、铁路专用线、机场用地。

二、除第一条列举免税的土地外,中油公司其他在开征范围内的油气生产及办公、生活区用地,均应依照规定征收土地使用税。

【注释】 对《城镇土地使用税》第7条进行了解释。

国家税务局关于建材企业的采石场、排土场等用地征免土地使用税问题的批复

国税函发[1990]853号

贵州省税务局:

你局(90)黔税政二字第69号《关于对水泥厂等企业征免土地使用税的请示报告》收悉。经研究,同意你局意见,对石灰厂、水泥厂、大理石厂、沙石厂等企业的采石场、排土场用地,炸药库的安全区用地以及采区运岩公路,可以比照我局(89)国税地字第122号《关于对矿山企业征免土地使用税问题的通知》予以免税;对上述企业的其他用地,应予征税。

【注释】 对《城镇土地使用税》第7条进行了解释。

国家税务局关于恢复征收国营华侨农场地方税问题的通知

国税函发[1990]1117号

国务院办公厅以国办发[1990]28号转发了国务院侨办、国家计委、财政部、国家税务局四个部门给国务院的《关于继续给华侨农场以政策支持的请示》。根据其中"华侨农场五年免税期满后,应恢复征税。对

按规定纳税确有困难的农场,可在当地人民政府的统一领导下,由各有关省、自治区财政厅、税务局根据实际情况,给予一定期限的减税、免税照顾”的意见,现对地方税问题,明确如下:

一、对国营华侨农场从1990年1月1日起恢复征收房产税、车船使用税、土地使用税、印花税和城市维护建设税。

二、国营华侨农场缴纳房产税、车船使用税、土地使用税和城市维护建设税确有困难的,可向所在地税务机关提出减免税申请,由省、自治区、市税务局根据实际情况给予一定期限的减税、免税照顾。

【注释】 对《城镇土地使用税》第7条进行了解释。

国家税务局关于对邮电部门所属企业恢复征收城镇土地使用税的通知

国税函发[1991]209号

各省、自治区、直辖市税务局,各计划单列税务局,海洋石油税务管理局各分局:

我局(89)国税地字第129号《关于对邮电部门所属企业征免城镇土地使用税问题的通知》中规定:“邮电部门所属的邮政企业和坐落在城市、县城以外的电信企业自用的土地,1990年暂免征收土地使用税一年。”现免税期限已满。经研究决定,从1991年起,对邮电部门所属的邮政、电信企业恢复征收城镇土地使用税。特此通知。

【注释】 对《城镇土地使用税》第2条进行了解释。

国家税务局关于林业系统征免土地使用税问题的通知

国税函发[1991]1404号

根据国务院《关于研究解决森工企业困难问题的会议纪要》精神,结合林业系统的实际情况,经研究,现对林业系统征免土地使用税的问题,通知如下:

一、对林区的有林地、运材道、防火道、防火设施用地,免征土地使用税。林业系统的森林公园、自然保护区,可比照公园免征土地使用税。

二、林业系统的林区贮木场、水运码头用地,原则上应按税法规定缴纳土地使用税,考虑到林业系统目前的困难,为扶持其发展,在1991年12月31日前,暂予免征土地使用税。

三、除上述列举免税的土地外,对林业系统的其他生产用地及办公、生活区用地,应照章征收土地使用税。

【注释】 对《城镇土地使用税》第2、6条进行了解释。

国家税务局关于工会服务型事业单位免征房产税、车船使用税、土地使用税问题的复函

国税函发[1992]1440号

中华全国总工会:

你会工财函[1992]15号文《关于商请对工会服务型的事业单位免征房产税、车船使用税、土地使用税的函》收悉。经研究决定,对由主管工会拨付或差额补贴工会经费的全额预算或差额预算单位,可以比照

财政部门拨付事业经费的单位办理,即:对这些单位自用的房产、车船、土地,免征房产税、车船使用税和土地使用税;从事生产、经营活动等非自用的房产、车船、土地,则应按税法有关规定照章纳税。

【注释】 对《城镇土地使用税》第7条进行了解释。

国家税务局关于受让土地使用权者应征收土地使用税问题的批复

国税函发[1993]501号

成都市税务局:

你局成税函[1992]463号《关于对国内受让土地者是否征收土地使用税的请示》收悉。对通过有偿出让方式取得国有土地使用权的国内单位和个人是否征收土地使用税的问题,经研究,批复如下:

国家开征土地使用税,是为了合理利用城镇土地,调节土地级差收入,提高土地使用效益,加强土地管理。因而,《中华人民共和国城镇土地使用税暂行条例》第二条规定:"在城市、县城、建制镇、工矿区范围内使用土地的单位和个人,为城镇土地使用税纳税义务人,应当依照本条例的规定缴纳土地使用税。"《中华人民共和国城镇国有土地使用权出让和转让暂行条例》第四十九条也明确规定:"土地使用者应当依照国家税收法规的规定纳税。"因此,凡在土地使用税开征区范围内使用土地的单位和个人,不论通过出让方式还是转让方式取得的土地使用权,都应依法缴纳土地使用税。

【注释】 对《城镇土地使用税》第2条进行了解释。

国家税务总局关于城市维护建设税等地方税有关问题的通知

国税发[1994]35号

各省、自治区、直辖市税务局,各计划单列市税务局,海洋石油税务管理局各分局:

关于城市维护建设税和其他地方税种的改革问题,财政部、国家税务总局于1994年元月12日向国务院报送了《关于城乡维护建设税改革的请示》(以下简称《请示》)。《请示》的主要内容包括:

一、由于《中华人民共和国城乡维护建设税暂行条例(草案)》(以下简称《条例》)一时尚不能出台,为保证城乡建设资金的需要,财政部于1993年12月29日下发了《关于城建税征收问题的通知》的明传电报。《请示》中建议,在新《条例》出台之前,请国务院准予暂按财政部1993年12月29日下发的明传电报执行。

二、对城镇土地使用税、房产税、车船使用税等地方税种的改革,在集中精力确保已出台税种顺利实施的前提下,本着积极稳妥,充分考虑各方利益的原则,在深入调查研究的基础上,做到成熟一个,出台一个,使税制改革有计划、按步骤地进行。在新的税收法律、法规未出台前,仍按原税法和税收条例执行。

以上意见已经国务院领导同志批示同意,望各地依照执行。

【注释】 对《城镇土地使用税》第2条进行了解释。

国家税务总局关于对已缴纳土地使用金的土地使用者应征收城镇土地使用税的批复

国税函发[1998]669号

宁波市地方税务局:

你局《关于对已缴纳土地使用金的土地使用权者是否征收土地使用税的请示》(甬地税二[1998]197

号)收悉。经研究,现答复如下:

为了合理利用城镇土地,用经济手段加强对土地的控制和管理,调节不同地区、不同地段之间的级差收入,促使土地使用者节约用地,《中华人民共和国城镇土地使用税暂行条例》(国务院1988年第17号令)规定:凡在城市、县城、建制镇、工矿区范围内使用土地的单位和个人是城镇土地使用税的纳税义务人,应依照条例的规定缴纳城镇土地使用税。因此,土地使用者不论以何种方式取得土地使用权,是否缴纳土地使用金,只要在城镇土地使用税的开征范围内,都应依照规定缴纳城镇土地使用税。

【注释】　对《城镇土地使用税》第2条进行了解释。

财政部　国家税务总局关于血站有关税收问题的通知

财税[1999]264号

为了推动无偿献血公益事业的发展,经国务院批准,现将血站的有关税收问题明确如下:

一、鉴于血站是采集和提供临床用血,不以营利为目的的公益性组织,又属于财政拨补事业费的单位,因此,对血站自用的房产和土地免征房产税和城镇土地使用税。

二、对血站供应给医疗机构的临床用血免征增值税。

三、本通知所称血站,是指根据《中华人民共和国献血法》的规定,由国务院或省级人民政府卫生行政部门批准的,从事采集、提供临床用血,不以营利为目的的公益性组织。

四、本通知自1999年11月1日起执行。在此之前已征收入库的税款不再退还,未征收入库的税款也不再征缴。

【注释】　对《城镇土地使用税》第6条进行了解释。

财政部　国家税务总局关于医疗卫生机构有关税收政策的通知

财税[2000]42号

各省、自治区、直辖市、计划单列市财政厅(局)、国家税务局、地方税务局:

为了贯彻落实《国务院办公厅转发国务院体改办等部门关于城镇医药卫生体制改革指导意见的通知》(国办发[2000]16号),促进我国医疗卫生事业的发展,经国务院批准,现将医疗卫生机构有关税收政策通知如下:

一、关于非营利性医疗机构的税收政策

(一)对非营利性医疗机构按照国家规定的价格取得的医疗服务收入,免征各项税收。不按照国家规定价格取得的医疗服务收入不得享受这项政策。

医疗服务是指医疗服务机构对患者进行检查、诊断、治疗、康复和提供预防保健、接生、计划生育方面的服务,以及与这些服务有关的提供药品、医用材料器具、救护车、病房住宿和伙食的业务(下同)。

(二)对非营利性医疗机构从事非医疗服务取得的收入,如租赁收入、财产转让收入、培训收入、对外投资收入等应按规定征收各项税收。非营利性医疗机构将取得的非医疗服务收入,直接用于改善医疗卫生服务条件的部分,经税务部门审核批准可抵扣其应纳税所得额,就其余额征收企业所得税。

(三)对非营利性医疗机构自产自用的制剂,免征增值税。

(四)非营利性医疗机构的药房分离为独立的药品零售企业,应按规定征收各项税收。

(五)对非营利性医疗机构自用的房产、土地、车船,免征房产税、城镇土地使用税和车船使用税。

二、关于营利性医疗机构的税收政策

(一)对营利性医疗机构取得的收入,按规定征收各项税收。但为了支持营利性医疗机构的发展,对营利性医疗机构取得的收入,直接用于改善医疗卫生条件的,自其取得执业登记之日起,3年内给予下列优惠:对其取得的医疗服务收入免征营业税;对其自产自用的制剂免征增值税;对营利性医疗机构自用的房产、土地、车船免征房产税、城镇土地使用税和车船使用税。3年免税期满后恢复征税。

(二)对营利性医疗机构的药房分离为独立的药品零售企业,应按规定征收各项税收。

三、关于疾病控制机构和妇幼保健机构等卫生机构的税收政策

(一)对疾病控制机构和妇幼保健机构等卫生机构按照国家规定的价格取得的卫生服务收入(含疫苗接种和调拨、销售收入),免征各项税收。不按照国家规定的价格取得的卫生服务收入不得享受这项政策。对疾病控制机构和妇幼保健等卫生机构取得的其他经营收入如直接用于改善本卫生机构卫生服务条件的,经税务部门审核批准可抵扣其应纳税所得额,就其余额征收企业所得税。

(二)对疾病控制机构和妇幼保健机构等卫生机构自用的房产、土地、车船,免征房产税、城镇土地使用税和车船使用税。

医疗机构需要书面向卫生行政主管部门申明其性质,按《医疗机构管理条例》进行设置审批和登记注册,并由接受其登记注册的卫生行政部门核定,在执业登记中注明"非营利性医疗机构"和"营利性医疗机构"。

上述医疗机构具体包括:各级各类医院、门诊部(所)、社区卫生服务中心(站)、急救中心(站)、城乡卫生院、护理院(所)、疗养院、临床检验中心等。上述疾病控制、妇幼保健等卫生机构具体包括:各级政府及有关部门举办的卫生防疫站(疾病控制中心)、各种专科疾病防治站(所),各级政府举办的妇幼保健所(站)、母婴保健机构、儿童保健机构等,各级政府举办的血站(血液中心)。

本通知自发布之日起执行。

【注释】 对《城镇土地使用税》第7条进行了解释。本文件中的营业税政策废止。

财政部 国家税务总局关于对老年服务机构有关税收政策问题的通知

财税[2000]97号

各省、自治区、直辖市、计划单列市财政厅(局)、国家税务局、地方税务局:

为贯彻中共中央、国务院《关于加强老龄工作的决定》(中发[2000]13号)精神,现对政府部门和社会力量兴办的老年服务机构有关税收政策问题通知如下:

一、对政府部门和企事业单位、社会团体以及个人等社会力量投资兴办的福利性、非营利性的老年服务机构,暂免征收企业所得税,以及老年服务机构自用房产、土地、车船的房产税、城镇土地使用税、车船使用税。

二、对企事业单位、社会团体和个人等社会力量,通过非营利性的社会团体和政府部门向福利性、非营利性的老年服务机构的捐赠,在缴纳企业所得税和个人所得税前准予全额扣除。

三、本通知所称老年服务机构,是指专门为老年人提供生活照料、文化、护理、健身等多方面服务的福利性、非营利性的机构,主要包括:老年社会福利院、敬老院(养老院)、老年服务中心、老年公寓(含老年护理院、康复中心、托老所)等。

本通知自2000年10月1日起执行。

【注释】 对《城镇土地使用税》第7条进行了解释。

财政部 国家税务总局关于非营利性科研机构税收政策的通知

财税[2001]5号

各省、自治区、直辖市、计划单列市财政厅(局)、国家税务局、地方税务局:

为了贯彻落实《国务院办公厅转发科技部等部门关于非营利性科研机构管理的若干意见(试行)的通

知》(国办发[2000]78号),鼓励社会公益类科研事业的发展,经国务院批准,现对非营利性科研机构有关税收政策明确如下:

一、非营利性科研机构要以推动科技进步为宗旨,不以营利为目的,主要从事应用基础研究或向社会提供公共服务。非营利性科研机构的认定标准,由科技部会同财政部、中编办、国家税务总局另行制定。非营利性科研机构需要书面向科技行政主管部门申明其性质,按规定进行设置审批和登记注册,并由接受其登记注册的科技行政部门核定,在执业登记中注明"非营利性科研机构"。

二、非营利性科研机构享受如下税收优惠政策:

1. 非营利性科研机构从事技术开发、技术转让业务和与之相关的技术咨询、技术服务所得的收入,按有关规定免征营业税和企业所得税。

2. 非营利性科研机构从事与其科研业务无关的其他服务所取得的收入,如租赁收入、财产转让收入、对外投资收入等,应当按规定征收各项税收;非营利性科研机构从事上述非主营业务收入用于改善研究开发条件的投资部分,经税务部门审核批准可抵扣其应纳税所得额,就其余额征收企业所得税。

3. 非营利性科研机构自用的房产、土地,免征房产税、城镇土地使用税。

4. 社会力量对非关联的非营利性科研机构的新产品、新技术、新工艺所发生的研究开发经费资助,经主管税务机关审核确定,其资助支出可以全额在当年度应纳税所得额中扣除。当年度应纳税所得额不足抵扣的,不得结转抵扣。

三、对非营利性科研机构实行年度检查制度,凡不符合条件的,应取消其免税资格,并按规定补缴当年已免税款。

本通知自2001年1月1日起执行。具体执行办法由国家税务总局另行制定。

【注释】　对《城镇土地使用税》第7条进行了解释。

国家税务总局关于邮政企业征免房产税、土地使用税问题的函

国税函[2001]379号

国家邮政局:

你局《关于申请减免邮政企业房产税、土地使用税的函》(国邮[2000]479号)收悉,来函要求我局进一步明确邮政农村支局不需缴纳房产税和土地使用税问题,经研究,现函复如下:

根据房产税和土地使用税的有关规定,对邮政部门座落在城市、县城、建制镇、工矿区范围内的房产、土地,应当依法征收房产税和土地使用税;对座落在上述范围以外尚在县邮政局内核算的房产、土地,必须在单位财务账中划分清楚,从2001年1月1日起不再征收房产税和土地使用税。

【注释】　对《城镇土地使用税》第2条进行了解释。

国家税务总局关于中国人民银行总行所属分支机构免征房产税城镇土地使用税的通知

国税函[2001]770号

各省、自治区、直辖市和计划单列市地方税务局:

根据中国人民银行系统单位工作职能的转变,按照房产税、城镇土地使用税的有关规定,现明确:对行使国家行政管理职能的中国人民银行总行(含国家外汇管理局)所属分支机构自用的房产、土地,免征房产税、城镇土地使用税。凡与本规定有抵触的,以本规定为准。

【注释】　对《城镇土地使用税》第6条进行了解释。

财政部　国家税务总局关于调整铁路系统房产税城镇土地使用税政策的通知

财税[2003]149 号

各省、自治区、直辖市、计划单列市财政厅(局)、地方税务局,新疆生产建设兵团财务局:

根据铁路运输体制改革和铁路系统的实际情况,经国务院批准,现对铁路系统有关房产税、城镇土地使用税税收政策通知如下:

一、铁道部所属铁路运输企业自用的房产、土地继续免征房产税和城镇土地使用税。

二、对铁路运输体制改革后,从铁路系统分离出来并实行独立核算、自负盈亏的企业,包括铁道部所属原执行经济承包方案的工业、供销、建筑施工企业;中国铁路工程总公司、中国铁道建筑工程总公司、中国铁路通信信号总公司、中国土木建筑工程总公司、中国北方机车车辆工业集团公司、中国南方机车车辆工业集团公司;以及铁道部所属自行解决工交事业费的单位,自 2003 年 1 月 1 日起恢复征收房产税、城镇土地使用税。

三、铁道部所属其他企业、单位的房产和土地,继续按税法规定征收房产税和城镇土地使用税。

【注释】 对《城镇土地使用税》第 2 条进行了解释。

国家税务总局关于房产税城镇土地使用税有关政策规定的通知

国税发[2003]89 号

各省、自治区、直辖市和计划单列市地方税务局,局内各单位:

随着我国房地产市场的迅猛发展,涉及房地产税收的政策问题日益增多,经调查研究和广泛听取各方面的意见,现对房产税、城镇土地使用税有关政策问题明确如下:

一、关于房地产开发企业开发的商品房征免房产税问题鉴于房地产开发企业开发的商品房在出售前,对房地产开发企业而言是一种产品,因此,对房地产开发企业建造的商品房,在售出前,不征收房产税;但对售出前房地产开发企业已使用或出租、出借的商品房应按规定征收房产税。

二、关于确定房产税、城镇土地使用税纳税义务发生时间问题

(一)购置新建商品房,自房屋交付使用之次月起计征房产税和城镇土地使用税。

(二)购置存量房,自办理房屋权属转移、变更登记手续,房地产权属登记机关签发房屋权属证书之次月起计征房产税和城镇土地使用税。

(三)出租、出借房产,自交付出租、出借房产之次月起计征房产税和城镇土地使用税。

(四)房地产开发企业自用、出租、出借本企业建造的商品房,自房屋使用或交付之次月起计征房产税和城镇土地使用税。

【注释】 对《城镇土地使用税》第 7 条进行了解释。

财政部　国家税务总局关于教育税收政策的通知

财税[2004]39 号

各省、自治区、直辖市、计划单列市财政厅(局)、国家税务局、地方税务局,新疆生产建设兵团财务局:

为了进一步促进教育事业发展,经国务院批准,现将有关教育的税收政策通知如下:

……

二、关于房产税、城镇土地使用税、印花税

对国家拨付事业经费和企业办的各类学校、托儿所、幼儿园自用的房产、土地,免征房产税、城镇土地使用税;对财产所有人将财产赠给学校所立的书据,免征印花税。

……

六、本通知自2004年1月1日起执行,此前规定与本通知不符的,以本通知为准。

【注释】 对《城镇土地使用税》第7条进行了解释。

财政部 国家税务总局关于明确免征房产税城镇土地使用税的铁路运输企业范围及有关问题的通知

财税[2004]36号

各省、自治区、直辖市、计划单列市财政厅(局)、地方税务局,新疆生产建设兵团财务局:

为更好地贯彻执行《财政部国家税务总局关于调整铁路系统房产税城镇土地使用税政策的通知》(财税[2003]149号),经研究,现就有关免征房产税和城镇土地使用税的铁路运输企业范围和有关问题通知如下:

……

二、地方铁路运输企业自用的房产、土地应缴纳的房产税、城镇土地使用税比照铁道部所属铁路运输企业的政策执行。

……

【注释】 对《城镇土地使用税》第7条进行了解释。

国家税务总局关于城镇土地使用税部分行政审批项目取消后加强后续管理工作的通知

国税函[2004]939号

各省、自治区、直辖市和计划单列市地方税务局:

为贯彻执行《国务院关于第三批取消和调整行政审批项目的决定》(国发[2004]16号),做好城镇土地使用税有关行政审批项目取消后的管理工作,现就有关问题通知如下:

一、对国家税务局关于印发《关于土地使用税若干具体问题的补充规定》([89]国税地字第140号)中第十条关于企业搬迁后原场地不使用的、第十二条关于企业范围内的荒山等占地尚未利用的,经各省、自治区、直辖市税务局审批,可暂免征收土地使用税的规定作适当修改,取消经各省、自治区、直辖市税务局审批的内容。

企业搬迁后原场地不使用的、企业范围内荒山等尚未利用的土地,免征城镇土地使用税。免征税额由企业在申报缴纳城镇土地使用税时自行计算扣除,并在申报表附表或备注栏中作相应说明。

二、对搬迁后原场地不使用的和企业范围内荒山等尚未利用的土地,凡企业申报暂免征收城镇土地使用税的,应事先向土地所在地的主管税务机关报送有关部门的批准文件或认定书等相关证明材料,以备税务机关查验。具体报送材料由各省、自治区、直辖市和计划单列市地方税务局确定。

三、企业按上述规定暂免征收城镇土地使用税的土地开始使用时,应从使用的次月起自行计算和申报缴纳城镇土地使用税。

四、税务机关要加强城镇土地使用税的税源管理,摸清纳税人土地的使用状况,并设立城镇土地使用税税源管理台帐。有条件的地方要充分利用信息化手段,建立城镇土地使用税信息管理系统,及时掌握企业有关城镇土地使用税的申报、纳税、免税情况,加强税源管理。

五、税务机关应对上述暂免征收城镇土地使用税的土地进行调查核实,如发现虚假情况,按《中华人民共和国税收征收管理法》的有关规定处理。

六、各省、自治区、直辖市和计划单列市地方税务局应根据本通知的精神制定具体的管理办法,并告知城镇土地使用税的纳税人。

七、本通知自2004年7月1日起执行。

【注释】 对《关于土地使用税若干具体问题的补充规定》([89]国税地字第140号)进行了修正。

国家税务总局关于下放城镇土地使用税困难减免审批项目管理层级后有关问题的通知

国税函[2004]940号

各省、自治区、直辖市和计划单列市地方税务局:

根据方便纳税人和有利于税收管理的原则,现将《国务院关于第三批取消和调整行政审批项目的决定》(国发[2004]16号)中,关于下放"城镇土地使用税困难减免审批"管理层级的行政审批项目实施后有关管理问题通知如下:

一、纳税人因缴纳城镇土地使用税确有困难(含遭受自然灾害)需要减税免税的,不再报国家税务总局审批。

二、纳税人办理城镇土地使用税困难减免税须提出书面申请并提供相关情况材料,报主管地方税务机关审核后,由省、自治区、直辖市和计划单列市地方税务局审批。

三、城镇土地使用税减免税审批权限应集中在省级(含计划单列市)地方税务机关,不得下放。

四、各省、自治区、直辖市和计划单列市地方税务部门在办理减免税审批时,应当按照国家的产业政策、土地管理的有关规定和企业的实际情况严格把关。对国家限制发展的行业、占地不合理的企业,一般不予减税免税;对国家不鼓励发展、以及非客观原因发生纳税困难的,原则上也不给予减税免税;其他情况确实需要减税免税的,应当认真核实情况,从严掌握。

五、各地要结合本地实际情况,按照提高审批效率,强化服务管理的要求,制定和规范城镇土地使用税减免税审批的程序和管理办法,并报国家税务总局备案。

六、本规定自2004年7月1日起执行。《国家税务总局关于适当下放城镇土地使用税减免税审批权限的通知》(国税发[1992]053号)同时废止。

【注释】 对《城镇土地使用税》第7条进行了解释。

财政部 国家税务总局关于调整城镇土地使用税有关减免税政策的通知

财税[2004]180号

各省、自治区、直辖市、计划单列市财政厅(局)、地方税务局,新疆生产建设兵团财务局:

为了规范税收政策,进一步加强城镇土地使用税的征收管理,经研究决定,对《国家税务局关于印发〈关于土地使用税若干具体问题的补充规定〉的通知》([89]国税地字第140号)的部分内容做适当修改。即:取消《关于土地使用税若干具体问题的补充规定》中第九条"企业关闭、撤消后,其占地未作他用的,经各省、自治区、直辖市税务局批准,可暂免征收土地使用税"的规定。

本通知自2004年7月1日起执行。

【注释】 对《关于土地使用税若干具体问题的补充规定》进行了修正。

国家税务总局关于供热企业缴纳房产税和城镇土地使用税问题的批复

国税函[2005]60号

新疆维吾尔自治区地方税务局,山东省地方税务局:

你们《关于供热企业缴纳房产税和城镇土地使用税问题的请示》(新地税发[2004]163号)和《关于供热企业生产用房产、土地征免房产税、土地使用税问题的请示》(鲁地税函[2004]203号)收悉。经研究,批复如下:

《财政部、国家税务总局关于供热企业税收问题的通知》(财税[2004]28号,以下简称《通知》)规定暂免征收房产税和城镇土地使用税的"供热企业",是指向居民供热并向居民收取采暖费的企业,包括专业供热企业、兼营供热企业、单位自供热及为小区居民供热的物业公司等,不包括从事热力生产但不直接向居民供热的企业。

对于免征房产税和城镇土地使用税的"生产用房"和"生产占地",是指上述企业为居民供热所使用的厂房及土地。对既向居民供热、又向非居民供热的企业,可按向居民供热收取的收入占其总供热收入的比例划分征免税界限;对于兼营供热的企业,可按向居民供热收取的收入占其生产经营总收入的比例划分征免税界限。

【注释】 对《城镇土地使用税》第7条进行了解释。

财政部 国家税务总局关于国家石油储备基地建设有关税收政策的通知

财税[2005]23号

大连、青岛、浙江、宁波省(市)财政厅(局)、地方税务局:

经国务院批准,现对国家石油储备基地第一期项目建设过程中的有关税收政策通知如下:

一、对国家石油储备基地第一期项目建设过程中涉及的营业税、城市维护建设税、教育费附加、城镇土地使用税、印花税、耕地占用税和契税予以免征。

二、上述免税范围仅限于应由国家石油储备基地缴纳的税收。

三、国家石油储备基地第一期项目包括大连、黄岛、镇海、舟山4个储备基地。

【注释】 对《城镇土地使用税》第7条进行了解释。

国家税务总局关于填海整治土地免征城镇土地使用税问题的批复

国税函[2005]968号

青岛市地方税务局:

你局《关于填海土地免征城镇土地使用税问题的请示》(青地税发[2005]135号)收悉。经研究,现批复如下:

按照《中华人民共和国城镇土地使用税暂行条例》第六条的规定,享受免缴土地使用税5—10年的填海整治的土地,是指纳税人经有关部门批准后自行填海整治的土地,不包括纳税人通过出让、转让、划拨等方式取得的已填海整治的土地。

【注释】 对《城镇土地使用税》第6条进行了解释。

财政部 国家税务总局关于明确免征房产税 城镇土地使用税的铁路运输企业范围的补充通知

财税[2006]17号

各省、自治区、直辖市、计划单列市财政厅(局)、地方税务局,新疆生产建设兵团财务局:

根据铁路运输体制改革情况,现将享受免征房产税、城镇土地使用税政策的铁道部所属铁路运输企业的范围补充通知如下:

一、享受免征房产税、城镇土地使用税优惠政策的铁道部所属铁路运输企业是指铁路局及国有铁路运输控股公司(含广铁〈集团〉公司、青藏铁路公司、大秦铁路股份有限公司、广深铁路股份有限公司等,具体包括客货、编组站,车务、机务、工务、电务、水电、供电、列车、客运、车辆段)、铁路办事处、中铁集装箱运输有限责任公司、中铁特货运输有限责任公司、中铁快运股份有限公司。

二、本通知自发文之日起执行。《财政部 国家税务总局关于明确免征房产税城镇土地使用税的铁路运输企业范围及有关问题的通知》(财税[2004]36号)第一条停止执行。此前已征税款不予退还,未征税款不再补征。

【注释】 对《城镇土地使用税》第7条进行了解释。

财政部 国家税务总局关于集体土地城镇土地使用税有关政策的通知

财税[2006]56号

各省、自治区、直辖市、计划单列市财政厅(局)、地方税务局,新疆生产建设兵团财务局:

根据当前集体土地使用中出现的新情况、新问题,经研究,现将集体土地城镇土地使用税有关政策通知如下:

在城镇土地使用税征税范围内实际使用应税集体所有建设用地、但未办理土地使用权流转手续的,由实际使用集体土地的单位和个人按规定缴纳城镇土地使用税。

本通知自2006年5月1日起执行,此前凡与本通知不一致的政策规定一律以本通知为准。

【注释】 对《城镇土地使用税》第2条进行了解释。

财政部 国家税务总局关于煤炭企业未利用塌陷地城镇土地使用税政策的通知

财税[2006]74号

各省、自治区、直辖市、计划单列市财政厅(局)、地方税务局,新疆生产建设兵团财务局:

为促进合理利用土地资源,提高土地使用效益,现将煤炭企业未利用塌陷地城镇土地使用税政策通知如下：

一、对位于城镇土地使用税征收范围内的煤炭企业已取得土地使用权、但未利用的塌陷地，自2006年9月1日起恢复征收城镇土地使用税。

二、《国家税务局关于对煤炭企业用地征免土地使用税问题的规定》（[89]国税地字第089号）第二条中煤炭企业的塌陷地在未利用之前暂缓征收土地使用税的规定同时废止。

【注释】　对《城镇土地使用税》第7条进行了解释。

财政部　国家税务总局关于房产税城镇土地使用税有关政策的通知

财税[2006]186号

各省、自治区、直辖市、计划单列市财政厅（局）、地方税务局，新疆生产建设兵团财务局：

经研究，现对房产税、城镇土地使用税有关政策明确如下：

一、关于居民住宅区内业主共有的经营性房产缴纳房产税问题

对居民住宅区内业主共有的经营性房产，由实际经营（包括自营和出租）的代管人或使用人缴纳房产税。其中自营的，依照房产原值减除10%至30%后的余值计征，没有房产原值或不能将业主共有房产与其他房产的原值准确划分开的，由房产所在地地方税务机关参照同类房产核定房产原值；出租的，依照租金收入计征。

二、关于有偿取得土地使用权城镇土地使用税纳税义务发生时间问题

以出让或转让方式有偿取得土地使用权的，应由受让方从合同约定交付土地时间的次月起缴纳城镇土地使用税；合同未约定交付土地时间的，由受让方从合同签订的次月起缴纳城镇土地使用税。

国家税务总局《关于房产税城镇土地使用税有关政策规定的通知》（国税发[2003]89号）第二条第四款中有关房地产开发企业城镇土地使用税纳税义务发生时间的规定同时废止。

三、关于经营采摘、观光农业的单位和个人征免城镇土地使用税问题

在城镇土地使用税征收范围内经营采摘、观光农业的单位和个人，其直接用于采摘、观光的种植、养殖、饲养的土地，根据《中华人民共和国城镇土地使用税暂行条例》第六条中"直接用于农、林、牧、渔业的生产用地"的规定，免征城镇土地使用税。

四、关于林场中度假村等休闲娱乐场所征免城镇土地使用税问题

在城镇土地使用税征收范围内，利用林场土地兴建度假村等休闲娱乐场所的，其经营、办公和生活用地，应按规定征收城镇土地使用税。

五、本通知自2007年1月1日起执行。

【注释】　对《城镇土地使用税》第7条进行了解释。

国家税务总局关于外商投资企业和外国企业征收城镇土地使用税问题的批复

国税函[2007]596号

厦门市地方税务局：

你局《关于对外资企业开征土地使用税设立过渡期的请示》（厦地税发[2007]50号）收悉。经研究，批

复如下：

《国务院关于修改〈中华人民共和国城镇土地使用税暂行条例〉的决定》，将外商投资企业和外国企业纳入城镇土地使用税的征收范围，是国家加强土地管理的重要举措，有利于发挥税收的经济杠杆作用，引导各类企业合理、节约利用土地，保护土地资源，公平税收负担。各地对各类企业包括外商投资企业和外国企业，都应严格依照国务院决定和修改后的《中华人民共和国城镇土地使用税暂行条例》的有关规定征收城镇土地使用税。

【注释】 对《城镇土地使用税》第 2 条进行了解释。

财政部 国家税务总局关于核电站用地征免城镇土地使用税的通知

财税［2007］124 号

各省、自治区、直辖市、计划单列市财政厅（局）、地方税务局，新疆生产建设兵团财务局：

经研究，现将核电站用地城镇土地使用税政策明确如下：

一、对核电站的核岛、常规岛、辅助厂房和通讯设施用地（不包括地下线路用地），生活、办公用地按规定征收城镇土地使用税，其他用地免征城镇土地使用税。

二、对核电站应税土地在基建期内减半征收城镇土地使用税。

三、本通知自发文之日起执行。

【注释】 对《城镇土地使用税》第 7 条进行了解释。

财政部 国家税务总局关于房产税城镇土地使用税有关问题的通知

财税［2008］152 号

各省、自治区、直辖市、计划单列市财政厅（局）、地方税务局，新疆生产建设兵团财务局：

为统一政策，规范执行，现将房产税、城镇土地使用税有关问题明确如下：

一、关于房产原值如何确定的问题。

对依照房产原值计税的房产，不论是否记载在会计账簿固定资产科目中，均应按照房屋原价计算缴纳房产税。房屋原价应根据国家有关会计制度规定进行核算。对纳税人未按国家会计制度规定核算并记载的，应按规定予以调整或重新评估。

《财政部税务总局关于房产税若干具体问题的解释和暂行规定》（财税地字［1986］第 008 号）第十五条同时废止。

二、关于索道公司经营用地应否缴纳城镇土地使用税的问题。

公园、名胜古迹内的索道公司经营用地，应按规定缴纳城镇土地使用税。

三、关于房产税、城镇土地使用税纳税义务截止时间的问题。

纳税人因房产、土地的实物或权利状态发生变化而依法终止房产税、城镇土地使用税纳税义务的，其应纳税款的计算应截止到房产、土地的实物或权利状态发生变化的当月末。

四、本通知自 2009 年 1 月 1 日起执行。

财政部　国家税务总局关于房产税城镇土地使用税有关问题的通知

财税[2009]128号

各省、自治区、直辖市、计划单列市财政厅(局)、地方税务局,西藏、宁夏、青海省(自治区)国家税务局,新疆生产建设兵团财务局:

为完善房产税、城镇土地使用税政策,堵塞税收征管漏洞,现将房产税、城镇土地使用税有关问题明确如下:

一、关于无租使用其他单位房产的房产税问题

无租使用其他单位房产的应税单位和个人,依照房产余值代缴纳房产税。

二、关于出典房产的房产税问题

产权出典的房产,由承典人依照房产余值缴纳房产税。

三、关于融资租赁房产的房产税问题

融资租赁的房产,由承租人自融资租赁合同约定开始日的次月起依照房产余值缴纳房产税。合同未约定开始日的,由承租人自合同签订的次月起依照房产余值缴纳房产税。

四、关于地下建筑用地的城镇土地使用税问题

对在城镇土地使用税征税范围内单独建造的地下建筑用地,按规定征收城镇土地使用税。其中,已取得地下土地使用权证的,按土地使用权证确认的土地面积计算应征税款;未取得地下土地使用权证或地下土地使用权证上未标明土地面积的,按地下建筑垂直投影面积计算应征税款。

对上述地下建筑用地暂按应征税款的50%征收城镇土地使用税。

五、本通知自2009年12月1日起执行。《财政部税务总局关于房产税若干具体问题的解释和暂行规定》((86)财税地字第008号)第七条、《国家税务总局关于安徽省若干房产税业务问题的批复》(国税函发[1993]368号)第二条同时废止。

财政部　国家税务总局关于股改及合资铁路运输企业房产税　城镇土地使用税有关政策的通知

财税[2009]132号

各省、自治区、直辖市、计划单列市财政厅(局)、地方税务局,新疆生产建设兵团财政局:

为支持铁路股份制改革和合资铁路发展,经国务院批准,现对股改铁路运输企业和合资铁路运输公司房产税、城镇土地使用税有关政策明确如下:

对股改铁路运输企业及合资铁路运输公司自用的房产、土地暂免征收房产税和城镇土地使用税。其中股改铁路运输企业是指铁路运输企业经国务院批准进行股份制改革成立的企业;合资铁路运输公司是指由铁道部及其所属铁路运输企业与地方政府、企业或其他投资者共同出资成立的铁路运输企业。

财政部　国家税务总局关于支持公共租赁住房建设和运营有关税收优惠政策的通知

财税[2010]88号

各省、自治区、直辖市、计划单列市财政厅(局)、地方税务局,西藏、宁夏、青海省(自治区)国家税务局,新疆生产建设兵团财务局:

根据国务院办公厅《关于促进房地产市场平稳健康发展的通知》(国办发[2010]4 号)、《国务院关于坚决遏制部分城市房价过快上涨的通知》(国发[2010]10 号)和住房城乡建设部等七部门《关于加快发展公共租赁住房的指导意见》(建保[2010]87 号)精神,现对公共租赁住房(以下简称公租房)建设和运营有关税收政策通知如下:

一、对公租房建设期间用地及公租房建成后占地免征城镇土地使用税。在其他住房项目中配套建设公租房,依据政府部门出具的相关材料,可按公租房建筑面积占总建筑面积的比例免征建造、管理公租房涉及的城镇土地使用税。

二、对公租房经营管理单位建造公租房涉及的印花税予以免征。在其他住房项目中配套建设公租房,依据政府部门出具的相关材料,可按公租房建筑面积占总建筑面积的比例免征建造、管理公租房涉及的印花税。

三、对公租房经营管理单位购买住房作为公租房,免征契税、印花税;对公租房租赁双方签订租赁协议涉及的印花税予以免征。

四、对企事业单位、社会团体以及其他组织转让旧房作为公租房房源,且增值额未超过扣除项目金额20% 的,免征土地增值税。

五、企事业单位、社会团体以及其他组织捐赠住房作为公租房,符合税收法律法规规定的,捐赠支出在年度利润总额12% 以内的部分,准予在计算应纳税所得额时扣除。

六、对经营公租房所取得的租金收入,免征营业税、房产税。公租房租金收入与其他住房经营收入应单独核算,未单独核算的,不得享受免征营业税、房产税优惠政策。

七、享受上述税收优惠政策的公租房是指纳入省、自治区、直辖市、计划单列市人民政府及新疆生产建设兵团批准的公租房发展规划和年度计划,以及按照建保[2010]87 号文件和市、县人民政府制定的具体管理办法进行管理的公租房。不同时符合上述条件的公租房不得享受上述税收优惠政策。

八、上述政策自发文之日起执行,执行期限暂定三年,政策到期后将根据公租房建设和运营情况对有关内容加以完善。

财政部 国家税务总局关于安置残疾人就业单位城镇土地使用税等政策的通知

财税[2010]121 号

各省、自治区、直辖市、计划单列市财政厅(局)、地方税务局,西藏、青海、宁夏省(自治区)国家税务局,新疆生产建设兵团财务局:

经研究,现将安置残疾人就业单位城镇土地使用税等政策通知如下:

一、关于安置残疾人就业单位的城镇土地使用税问题

对在一个纳税年度内月平均实际安置残疾人就业人数占单位在职职工总数的比例高于25%(含25%)且实际安置残疾人人数高于10 人(含10 人)的单位,可减征或免征该年度城镇土地使用税。具体减免税比例及管理办法由省、自治区、直辖市财税主管部门确定。

《国家税务局关于土地使用税若干具体问题的解释和暂行规定》(国税地字[1988]15 号)第十八条第四项同时废止。

二、关于出租房产免收租金期间房产税问题

对出租房产,租赁双方签订的租赁合同约定有免收租金期限的,免收租金期间由产权所有人按照房产原值缴纳房产税。

三、关于将地价计入房产原值征收房产税问题

对按照房产原值计税的房产,无论会计上如何核算,房产原值均应包含地价,包括为取得土地使用权支付的价款、开发土地发生的成本费用等。宗地容积率低于 0.5 的，按房产建筑面积的 2 倍计算土地面积并据此确定计入房产原值的地价。

本通知自发文之日起执行。此前规定与本通知不一致的，按本通知执行。各地财税部门要加强对政策执行情况的跟踪了解，对执行中发现的问题，及时上报财政部和国家税务总局。

第十四部分 中华人民共和国耕地占用税法

中华人民共和国耕地占用税暂行条例

国务院令[2007]第511号

第一条 为了合理利用土地资源,加强土地管理,保护耕地,制定本条例。

第二条 本条例所称耕地,是指用于种植农作物的土地。

第三条 占用耕地建房或者从事非农业建设的单位或者个人,为耕地占用税的纳税人,应当依照本条例规定缴纳耕地占用税。

前款所称单位,包括国有企业、集体企业、私营企业、股份制企业、外商投资企业、外国企业以及其他企业和事业单位、社会团体、国家机关、部队以及其他单位;所称个人,包括个体工商户以及其他个人。

第四条 耕地占用税以纳税人实际占用的耕地面积为计税依据,按照规定的适用税额一次性征收。

第五条 耕地占用税的税额规定如下:

(一)人均耕地不超过1亩的地区(以县级行政区域为单位,下同),每平方米为10元至50元;

(二)人均耕地超过1亩但不超过2亩的地区,每平方米为8元至40元;

(三)人均耕地超过2亩但不超过3亩的地区,每平方米为6元至30元;

(四)人均耕地超过3亩的地区,每平方米为5元至25元。

国务院财政、税务主管部门根据人均耕地面积和经济发展情况确定各省、自治区、直辖市的平均税额。

各地适用税额,由省、自治区、直辖市人民政府在本条第一款规定的税额幅度内,根据本地区情况核定。各省、自治区、直辖市人民政府核定的适用税额的平均水平,不得低于本条第二款规定的平均税额。

【注释】 相关规定包括:《财政部 国家税务总局关于耕地占用税平均税额和纳税义务发生时间问题的通知》(财税[2007]176号)。

第六条 经济特区、经济技术开发区和经济发达且人均耕地特别少的地区,适用税额可以适当提高,但是提高的部分最高不得超过本条例第五条第三款规定的当地适用税额的50%.

第七条 占用基本农田的,适用税额应当在本条例第五条第三款、第六条规定的当地适用税额的基础上提高50%.

第八条 下列情形免征耕地占用税:

(一)军事设施占用耕地;

(二)学校、幼儿园、养老院、医院占用耕地。

第九条 铁路线路、公路线路、飞机场跑道、停机坪、港口、航道占用耕地,减按每平方米2元的税额征收耕地占用税。

根据实际需要,国务院财政、税务主管部门商国务院有关部门并报国务院批准后,可以对前款规定的情形免征或者减征耕地占用税。

第十条 农村居民占用耕地新建住宅,按照当地适用税额减半征收耕地占用税。

农村烈士家属、残疾军人、鳏寡孤独以及革命老根据地、少数民族聚居区和边远贫困山区生活困难的农村居民,在规定用地标准以内新建住宅缴纳耕地占用税确有困难的,经所在地乡(镇)人民政府审核,报经县级人民政府批准后,可以免征或者减征耕地占用税。

第十一条 依照本条例第八条、第九条规定免征或者减征耕地占用税后,纳税人改变原占地用途,不再属于免征或者减征耕地占用税情形的,应当按照当地适用税额补缴耕地占用税。

第十二条 耕地占用税由地方税务机关负责征收。

土地管理部门在通知单位或者个人办理占用耕地手续时,应当同时通知耕地所在地同级地方税务机关。获准占用耕地的单位或者个人应当在收到土地管理部门的通知之日起30日内缴纳耕地占用税。土地管理部门凭耕地占用税完税凭证或者免税凭证和其他有关文件发放建设用地批准书。

【注释】 相关规定包括:《财政部　国家税务总局关于耕地占用税平均税额和纳税义务发生时间问题的通知》(财税[2007]176号)。

第十三条　纳税人临时占用耕地,应当依照本条例的规定缴纳耕地占用税。纳税人在批准临时占用耕地的期限内恢复所占用耕地原状的,全额退还已经缴纳的耕地占用税。

第十四条　占用林地、牧草地、农田水利用地、养殖水面以及渔业水域滩涂等其他农用地建房或者从事非农业建设的,比照本条例的规定征收耕地占用税。

建设直接为农业生产服务的生产设施占用前款规定的农用地的,不征收耕地占用税。

第十五条　耕地占用税的征收管理,依照《中华人民共和国税收征收管理法》和本条例有关规定执行。

第十六条　本条例自2008年1月1日起施行。1987年4月1日国务院发布的《中华人民共和国耕地占用税暂行条例》同时废止。

中华人民共和国耕地占用税暂行条例实施细则

财政部　国家税务总局令[2008]第49号

第一条　根据《中华人民共和国耕地占用税暂行条例》(以下简称条例),制定本细则。

第二条　条例所称建房,包括建设建筑物和构筑物。

农田水利占用耕地的,不征收耕地占用税。

第三条　占用园地建房或者从事非农业建设的,视同占用耕地征收耕地占用税。

第四条　经申请批准占用耕地的,纳税人为农用地转用审批文件中标明的建设用地人;农用地转用审批文件中未标明建设用地人的,纳税人为用地申请人。

未经批准占用耕地的,纳税人为实际用地人。

第五条　条例第四条所称实际占用的耕地面积,包括经批准占用的耕地面积和未经批准占用的耕地面积。

第六条　各省、自治区、直辖市耕地占用税的平均税额,按照本细则所附的《各省、自治区、直辖市耕地占用税平均税额表》执行。

县级行政区域的适用税额,按照条例、本细则和各省、自治区、直辖市人民政府的规定执行。

第七条　条例第七条所称基本农田,是指依据《基本农田保护条例》划定的基本农田保护区范围内的耕地。

第八条　条例第八条规定免税的军事设施,具体范围包括:

(一)地上、地下的军事指挥、作战工程;

(二)军用机场、港口、码头;

(三)营区、训练场、试验场;

(四)军用洞库、仓库;

(五)军用通信、侦察、导航、观测台站和测量、导航、助航标志;

(六)军用公路、铁路专用线,军用通讯、输电线路,军用输油、输水管道;

(七)其他直接用于军事用途的设施。

第九条　条例第八条规定免税的学校,具体范围包括县级以上人民政府教育行政部门批准成立的大学、中学、小学、学历性职业教育学校以及特殊教育学校。

学校内经营性场所和教职工住房占用耕地的,按照当地适用税额缴纳耕地占用税。

第十条　条例第八条规定免税的幼儿园,具体范围限于县级人民政府教育行政部门登记注册或者备案的幼儿园内专门用于幼儿保育、教育的场所。

第十一条　条例第八条规定免税的养老院,具体范围限于经批准设立的养老院内专门为老年人提供生活照顾的场所。

第十二条 条例第八条规定免税的医院,具体范围限于县级以上人民政府卫生行政部门批准设立的医院内专门用于提供医护服务的场所及其配套设施。

医院内职工住房占用耕地的,按照当地适用税额缴纳耕地占用税。

第十三条 条例第九条规定减税的铁路线路,具体范围限于铁路路基、桥梁、涵洞、隧道及其按照规定两侧留地。

专用铁路和铁路专用线占用耕地的,按照当地适用税额缴纳耕地占用税。

第十四条 条例第九条规定减税的公路线路,具体范围限于经批准建设的国道、省道、县道、乡道和属于农村公路的村道的主体工程以及两侧边沟或者截水沟。

专用公路和城区内机动车道占用耕地的,按照当地适用税额缴纳耕地占用税。

第十五条 条例第九条规定减税的飞机场跑道、停机坪,具体范围限于经批准建设的民用机场专门用于民用航空器起降、滑行、停放的场所。

第十六条 条例第九条规定减税的港口,具体范围限于经批准建设的港口内供船舶进出、停靠以及旅客上下、货物装卸的场所。

第十七条 条例第九条规定减税的航道,具体范围限于在江、河、湖泊、港湾等水域内供船舶安全航行的通道。

第十八条 条例第十条规定减税的农村居民占用耕地新建住宅,是指农村居民经批准在户口所在地按照规定标准占用耕地建设自用住宅。

农村居民经批准搬迁,原宅基地恢复耕种,凡新建住宅占用耕地不超过原宅基地面积的,不征收耕地占用税;超过原宅基地面积的,对超过部分按照当地适用税额减半征收耕地占用税。

第十九条 条例第十条所称农村烈士家属,包括农村烈士的父母、配偶和子女。

第二十条 条例第十条所称革命老根据地、少数民族聚居地区和边远贫困山区生活困难的农村居民,其标准按照各省、自治区、直辖市人民政府有关规定执行。

第二十一条 根据条例第十一条的规定,纳税人改变占地用途,不再属于免税或减税情形的,应自改变用途之日起30日内按改变用途的实际占用耕地面积和当地适用税额补缴税款。

第二十二条 条例第十三条所称临时占用耕地,是指纳税人因建设项目施工、地质勘查等需要,在一般不超过2年内临时使用耕地并且没有修建永久性建筑物的行为。

第二十三条 因污染、取土、采矿塌陷等损毁耕地的,比照条例第十三条规定的临时占用耕地的情况,由造成损毁的单位或者个人缴纳耕地占用税。超过2年未恢复耕地原状的,已征税款不予退还。

第二十四条 条例第十四条所称林地,包括有林地、灌木林地、疏林地、未成林地、迹地、苗圃等,不包括居民点内部的绿化林木用地,铁路、公路征地范围内的林木用地,以及河流、沟渠的护堤林用地。

第二十五条 条例第十四条所称牧草地,包括天然牧草地、人工牧草地。

第二十六条 条例第十四条所称农田水利用地,包括农田排灌沟渠及相应附属设施用地。

第二十七条 条例第十四条所称养殖水面,包括人工开挖或者天然形成的用于水产养殖的河流水面、湖泊水面、水库水面、坑塘水面及相应附属设施用地。

第二十八条 条例第十四条所称渔业水域滩涂,包括专门用于种植或者养殖水生动植物的海水潮浸地带和滩地。

第二十九条 占用林地、牧草地、农田水利用地、养殖水面以及渔业水域滩涂等其他农用地建房或者从事非农业建设的,适用税额可以适当低于当地占用耕地的适用税额,具体适用税额按照各省、自治区、直辖市人民政府的规定执行。

第三十条 条例第十四条所称直接为农业生产服务的生产设施,是指直接为农业生产服务而建设的建筑物和构筑物。具体包括:储存农用机具和种子、苗木、木材等农业产品的仓储设施;培育、生产种子、种苗的设施;畜禽养殖设施;木材集材道、运材道;农业科研、试验、示范基地;野生动植物保护、护林、森林病虫害防治、森林防火、木材检疫的设施;专为农业生产服务的灌溉排水、供水、供电、供热、供气、通讯基础设施;农业生产者从事农业生产必需的食宿和管理设施;其他直接为农业生产服务的生产设施。

第三十一条 经批准占用耕地的,耕地占用税纳税义务发生时间为纳税人收到土地管理部门办理占用农用地手续通知的当天。

未经批准占用耕地的，耕地占用税纳税义务发生时间为纳税人实际占用耕地的当天。

第三十二条　纳税人占用耕地或其他农用地，应当在耕地或其他农用地所在地申报纳税。

第三十三条　各省、自治区、直辖市人民政府财政、税务主管部门应当将本省、自治区、直辖市人民政府制定的耕地占用税具体实施办法报送财政部和国家税务总局。

第三十四条　本细则自公布之日起实施。

附表：

各省、自治区、直辖市耕地占用税平均税额表

地　　区	每平方米平均税额(元)
上海	45
北京	40
天津	35
江苏、浙江、福建、广东	30
辽宁、湖北、湖南	25
河北、安徽、江西、山东、河南、重庆、四川	22.5
广西、海南、贵州、云南、陕西	20
山西、吉林、黑龙江	17.5
内蒙古、西藏、甘肃、青海、宁夏、新疆	12.5

财政部　国家税务总局关于耕地占用税平均税额和纳税义务发生时间问题的通知

财税[2007]176 号

各省、自治区、直辖市财政厅(局)、地方税务局，新疆生产建设兵团财务局：

为做好新修订的《中华人民共和国耕地占用税暂行条例》(国务院令第 511 号)的贯彻落实工作，现就耕地占用税平均税额和纳税义务发生时间问题通知如下：

一、各省、自治区、直辖市每平方米平均税额为：上海市 45 元；北京市 40 元；天津市 35 元；江苏、浙江、福建、广东 4 省各 30 元；辽宁、湖北、湖南 3 省各 25 元；河北、安徽、江西、山东、河南、四川、重庆 7 省市各 22.5 元；广西、海南、贵州、云南、陕西 5 省区各 20 元；山西、吉林、黑龙江 3 省各 17.5 元；内蒙古、西藏、甘肃、青海、宁夏、新疆 6 省区各 12.5 元。

各地依据耕地占用税暂行条例和上款的规定，经省级人民政府批准，确定县级行政区占用耕地的适用税额，占用林地、牧草地、农田水利用地、养殖水面以及渔业水域滩涂等其他农用地的适用税额可适当低于占用耕地的适用税额。

各地确定的县级行政区适用税额须报财政部、国家税务总局备案。

二、经批准占用耕地的，耕地占用税纳税义务发生时间为纳税人收到土地管理部门办理占用农用地手续通知的当天。

未经批准占用耕地的，耕地占用税纳税义务发生时间为实际占用耕地的当天。

【注释】　对《耕地占用税暂行条例》第 5、12 条进行了解释。

第十五部分　中华人民共和国房产税法

中华人民共和国房产税暂行条例

国发[1986]90 号

第一条　房产税在城市、县城、建制镇和工矿区征收。

【注释】　相关规定包括:《关于房产税若干具体问题的解释和暂行规定》(财税地[1986]8 号)。《财政部税务总局关于对外籍人员、华侨、港、澳、台同胞拥有的房产如何征收房产税问题的批复》(财税外[1987]230 号)、《国家税务总局关于邮政企业征免房产税、土地使用税问题的函》(国税函[2001]379 号)、《国家税务总局关于调整房产税和土地使用税具体征税范围解释规定的通知》(国税发[1999]44 号)、《国家税务总局关于房产税城镇土地使用税有关政策规定的通知》(国税发[2003]89 号)。

第二条　房产税由产权所有人缴纳。产权属于全民所有的,由经营管理的单位缴纳。产权出典的,由承典人缴纳。产权所有人、承典人不在房产所在地的,或者产权未确定及租典纠纷未解决的,由房产代管人或者使用人缴纳。

前款列举的产权所有人、经营管理单位、承典人、房产代管人或者使用人,统称为纳税义务人(以下简称纳税人)。

【注释】　相关规定包括:《关于房产税若干具体问题的解释和暂行规定》(财税地[1986]8 号)、《财政部关于对银行、保险系统征免房产税的通知》(财税[1987]36 号)。

第三条　房产税依照房产原值一次减除 10% 至 30% 后的余值计算缴纳。具体减除幅度,由省、自治区、直辖市人民政府规定。

没有房产原值作为依据的,由房产所在地税务机关参考同类房产核定。

房产出租的,以房产租金收入为房产税的计税依据。

【注释】　相关规定包括:《关于房产税若干具体问题的解释和暂行规定》(财税地[1986]8 号)、《财政部　国家税务总局关于清产核资企业有关税收问题的通知》(财税[1996]69 号)、《财政部　国家税务总局关于调整住房租赁市场税收政策的通知》(财税[2000]125 号)、《国家税务总局关于进一步明确房屋附属设备和配套设施计征房产税有关问题的通知》(国税发[2005]173 号)、《财政部　国家税务总局关于具备房屋功能的地下建筑征收房产税的通知》(财税[2005]181 号)、《财政部　国家税务总局关于房产税城镇土地使用税有关政策的通知》(财税[2006]186 号)。

第四条　房产税的税率,依照房产余值计算缴纳的,税率为 1.2%;依照房产租金收入计算缴纳的,税率为 12%。

【注释】　相关规定包括:《国家税务局关于安徽省若干房产税业务问题的批复》(国税函发[1993]368 号)。

第五条　下列房产免纳房产税:

一、国家机关、人民团体、军队自用的房产;

二、由国家财政部门拨付事业经费的单位自用的房产;

三、宗教寺庙、公园、名胜古迹自用的房产;

四、个人所有非营业用的房产;

五、经财政部批准免税的其他房产。

【注释】　相关规定包括:《关于房产税若干具体问题的解释和暂行规定》(财税地[1986]8 号)、《财政部关于对银行、保险系统征免房产税的通知》(财税[1987]36 号)、《财政部税务总局关于对煤炭工业部所属防排水抢救站征免房产税、车船使用税的通知》(财税地[1987]7 号)、《财政部税务总局关于对司法部所属的劳改劳教单位征免房产税问题的通知》(财税地[1987]0 号)、《财政部税务总局关于如何确定铁道部所属单位征免房产税和车船使用税问题的批复》(财税地[1987]20号)、《财政部税务总局关于对司法部所属的劳改劳教单位征免房产税问题的补充通知》(财税地[1987]29号)、《财政部税务总局关于对房管部门经租的居民住房暂缓征收房产税的通知》(财税地[1987]30号)、《国家税务局对关于中、小学校办企业征免房产税、土地使用税问题的请示的批复》(国税地[1989]81号)、《国家税务局关于对实行自收自支的事业单位恢复征收房产税和车船使用税的通知》(国税函发[1990]434号)、《国家税务局关于恢复征收国营华侨农场地方税问题的通知》(国税函发[1990]1117号)、《国家税务局关于邮电部门所属企业恢复征收房产税问题的通知》(国税发[1991]36号)、《国家税务局关于工会服务型事业单位免征房产税、车船使用税、土地使用税问题的复函》(国税函发[1992]1440号)、《国家税务总局关于地质矿产部所属地勘单位征税问题的通知》(国税函发[1995]453号)、《国家税务总局关于地质矿产部所属地勘单位征税问题的补充通知》(国税函发[1996]656号)、《财政部　国家税务总局关于铁道部所属单位征免房产税城镇土地使用税问题的通知》(财税[1997]8号)、《财政部　国家税务总局关于血站有关税收问题的通知》(财税[1999]264号)、《财政部　国家税务总局关于医疗卫生机构有关税收政策的通知》(财税[2000]42号)、《财政部　国家税务总局关于对老年服务机构有关税收政策问题的通知》(财税[2000]97号)、《财政部　国家税务总局关于非营利性科研机构税收政策的通知》(财税[2001]5号)、《国家税务总局关于中国人民银行总行所属分支机构免征房产税城镇土地使用税的通知》(国税函[2001]770号、《财政部　国家税务总局关于调整铁路系统房产税城镇土地使用税政策的通知》(财税[2003]149号)、《财政部　国家税务总局关于教育税收政策的通知》(财税[2004]39号)、《财政部　国家税务总局关于明确免征房产税城镇土地使用税的铁路运输企业范围及有关问题的通知》(财税[2004]36号)、《国家税务总局关于房产税部分行政审批项目取消后加强后续管理工作的通知》(国税函[2004]839号)、《财政部　国家税务总局关于暂免征收军队空余房产租赁收入营业税房产税的通知》(财税[2004]123号)。

第六条　除本条例第五条规定者外,纳税人纳税确有困难的,可由省、自治区、直辖市人民政府确定,定期减征或者免征房产税。

【注释】　相关规定包括:《财政部税务总局关于房产税和车船使用税几个业务问题的解释与规定》(财税地[1987]3号)、《财政部税务总局关于对房管部门经租的居民住房暂缓征收房产税的通知》(财税地[1987]30号)、《国家税务局关于恢复征收国营华侨农场地方税问题的通知》(国税函发[1990]1117号)、《国家税务局关于邮电部门所属企业恢复征收房产税问题的通知》(国税发[1991]36号)。

第七条　房产税按年征收、分期缴纳。纳税期限由省、自治区、直辖市人民政府规定。

【注释】　相关规定包括:《国家税务总局关于房产税城镇土地使用税有关政策规定的通知》(国税发[2003]89号)。

第八条　房产税的征收管理,依照《中华人民共和国税收征收管理暂行条例》的规定办理。

第九条　房产税由房产所在地的税务机关征收。

【注释】　相关规定包括:《关于房产税若干具体问题的解释和暂行规定》(财税地[1986]8号)。

第十条　本条例由财政部负责解释;施行细则由省、自治区、直辖市人民政府制定,抄送财政部备案。

第十一条　本条例自1986年10月1日起施行。

财政部税务总局关于检发《关于房产税若干具体问题的解释和暂行规定》、《关于车船使用税若干具体问题的解释和暂行规定》的通知

财税地[1986]8号

各省、自治区、直辖市税务局,重庆、武汉、沈阳、大连、哈尔滨、西安、广州税务局,加发南京市税务局,海洋石油税务局各分局:

《中华人民共和国房产税暂行条例》和《中华人民共和国车船使用税暂行条例》已经发布。为了便于各

地贯彻执行，总局在征求各地意见的基础上，对这两个条例作了一些解释和规定，现将《关于房产税若干具体问题的解释和暂行规定》、《关于车船使用税若干具体问题的解释和暂行规定》发给你们，请结合本地的实际情况，一并研究贯彻执行。执行中有什么问题，请及时报告总局。

关于房产税若干具体问题的解释和暂行规定

一、关于城市、县城、建制镇、工矿区的解释。

城市是指经国务院批准设立的市。

县城是指未设立建制镇的县人民政府所在地。

建制镇是指经省、自治区、直辖市人民政府批准设立的建制镇。

工矿区是指工商业比较发达，人口比较集中，符合国务院规定的建制镇标准，但尚未设立镇建制的大中型工矿企业所在地。开征房产税的工矿区须经省、自治区、直辖市人民政府批准。

二、关于城市、建制镇征税范围的解释。

城市的征税范围为市区、郊区和市辖县县城。不包括农村。

建制镇的征税范围为镇人民政府所在地。不包括所辖的行政村。

三、关于"人民团体"的解释。

"人民团体"是指经国务院授权的政府部门批准设立或登记备案并由国家拨付行政事业费的各种社会团体。

四、关于"由国家财政部门拨付事业经费的单位"，是否包括由国家财政部门拨付事业经费，实行差额预算管理的事业单位？

实行差额预算管理的事业单位，虽然有一定的收入，但收入不够本身经费开支的部分，还要由国家财政部门拨付经费补助。因此，对实行差额预算管理的事业单位，也属于是由国家财政部门拨付事业经费的单位，对其本身自用的房产免征房产税。

五、关于由国家财政部门拨付事业经费的单位，其经费来源实行自收自支后，有无减免税优待？

由国家财政部门拨付事业经费的单位，其经费来源实行自收自支后，应征收房产税。但为了鼓励事业单位经济自立，由国家财政部门拨付事业经费的单位，其经费来源实行自收自支后，从事业单位经费实行自收自支的年度起，免征房产税3年。

六、关于免税单位自用房产的解释

国家机关、人民团体、军队自用的房产，是指这些单位本身的办公用房和公务用房。

事业单位自用的房产，是指这些单位本身的业务用房。

宗教寺庙自用的房产，是指举行宗教仪式等的房屋和宗教人员使用的生活用房屋。

公园、名胜古迹自用的房产，是指供公共参观游览的房屋及其管理单位的办公用房屋。

上述免税单位出租的房产以及非本身业务用的生产、营业用房产不属于免税范围，应征收房产税。

七、关于纳税单位和个人无租使用其他单位的房产，如何征收房产税？

纳税单位和个人无租使用房产管理部门、免税单位及纳税单位的房产，应由使用人代缴纳房产税。

八、关于房产不在一地的纳税人，如何确定纳税地点？

房产税暂行条例第九条规定，"房产税由房产所在地的税务机关征收。"房产不在一地的纳税人，应按房产的座落地点，分别向房产所在地的税务机关缴纳房产税。

九、关于在开征地区范围之外的工厂、仓库，可否征收房产税？

根据房产税暂行条例的规定，不在开征地区范围之内的工厂、仓库，不应征收房产税。

十、关于企业办的各类学校、医院、托儿所、幼儿园自用的房产，可否免征房产税？

企业办的各类学校、医院、托儿所、幼儿园自用的房产，可以比照由国家财政部门拨付事业经费的单位自用的房产，免征房产税。

十一、(本条被财税[2005]181号文件废止)

十二、关于个人所有的房产用于出租的，应否征收房产税？

个人出租的房产，不分用途，均应征收房产税。

十三、关于个人所有的居住房屋，可否由当地核定面积标准，就超过面积标准的部分征收房产税？

根据房产税暂行条例规定，个人所有的非营业用的房产免征房产税。因此，对个人所有的居住用房，不分面积多少，均免征房产税。

十四、关于个人所有的出租房屋，是按房产余值计算缴纳房产税还是按房产租金收入计算缴纳房产税？

根据房产税暂行条例规定，房产出租的，以房产租金收入为房产税的计税依据。因此，个人出租房屋，应按房屋租金收入征税。

十五、（本条被财税[2008]152号文件废止）

十六、关于毁损不堪居住的房屋和危险房屋，可否免征房产税？

经有关部门鉴定，对毁损不堪居住的房屋和危险房屋，在停止使用后，可免征房产税。

十七、关于依照房产原值一次减除10%至30%后的余值计算缴纳房产税，其减除幅度，可否按照房屋的新旧程度分别确定？对有些房屋的减除幅度，可否超过这个规定？

根据房产税暂行条例规定，具体减除幅度以及是否区别房屋新旧程度分别确定减除幅度，由省、自治区、直辖市人民政府规定，减除幅度只能在10%至30%以内。

十八、关于对微利企业和亏损企业的房产，可否免征房产税？

房产税属于财产税性质的税，对微利企业和亏损企业的房产，依照规定应征收房产税，以促进企业改善经营管理，提高经济效益。但为了照顾企业的实际负担能力，可由地方根据实际情况在一定期限内暂免征收房产税。

十九、关于新建的房屋如何征税？

纳税人自建的房屋，自建成之次月起征收房产税。

纳税人委托施工企业建设的房屋，从办理验收手续之次月起征收房产税。

纳税人在办理验收手续前已使用或出租、出借的新建房屋，应按规定征收房产税。

二十、关于企业停产、撤销后应否停征房产税？

企业停产、撤销后，对他们原有的房产闲置不用的，经省、自治区、直辖市税务局批准可暂不征收房产税；如果这些房产转给其他征税单位使用或者企业恢复生产的时候，应依照规定征收房产税。

二十一、关于基建工地的临时性房屋，应否征收房产税？

凡是在基建工地为基建工地服务的各种工棚、材料棚、休息棚和办公室、食堂、茶炉房、汽车房等临时性房屋，不论是施工企业自行建造还是由基建单位出资建造交施工企业使用的，在施工期间，一律免征房产税。但是，如果在基建工程结束以后，施工企业将这种临时性房屋交还或者估价转让给基建单位的，应当从基建单位接收的次月起，依照规定征收房产税。

二十二、关于公园、名胜古迹中附设的营业单位使用或出租的房产，应否征收房产税？

公园、名胜古迹中附设的营业单位，如影剧院、饮食部、茶社、照像馆等所使用的房产及出租的房产，应征收房产税。

二十三、关于房产出租，由承租人修理，不支付房租，应否征收房产税？

承租人使用房产，以支付修理费抵交房产租金，仍应由房产的产权所有人依照规定缴纳房产税。

二十四、关于房屋大修停用期间，可否免征房产税？

房屋大修停用在半年以上的，经纳税人申请，税务机关审核，在大修期间可免征房产税。

二十五、关于纳税单位与免税单位共同使用的房屋，如何征收房产税？

纳税单位与免税单位共同使用的房屋，按各自使用的部分划分，分别征收或免征房产税。

【注释】　对《房产税暂行条例》第1、2、3、5、9条进行了解释。《财政部　国家税务总局关于调整房产税有关减免税政策的通知》（财税[2004]140号）对本规定进行了修正。上述规定第11条已经被下列规定废止：《财政部　国家税务总局关于具备房屋功能的地下建筑征收房产税的通知》（财税[2005]181号）。上述规定第15条已经被下列规定废止：《财政部　国家税务总局关于房产税城镇土地使用税有关问题的通知》（财税[2008]152号）。

财政部关于对银行、保险系统征免房产税的通知

财税[1987]36 号

根据国务院国发[1986]90 号《中华人民共和国房产税暂行条例》规定，现对银行、保险系统征免房产税问题通知如下：

一、中国人民银行总行是国家机关，对其自用的房产免征房产税；中国人民银行总行所属并由国家财政部门拨付事业经费单位的房产，按房产税有关规定办理；中国人民银行各省、自治区、直辖市分行及其所属机构的房产，应征收房产税。

二、根据国务院发布的《中华人民共和国银行管理暂行条例》的规定，各专业银行都是独立核算的经济实体，对其房产应征收房产税。

三、对其他金融机构（包括信托投资公司、城乡信用合作社，以及经中国人民银行批准设立的其他金融组织）和保险公司的房产，均应按规定征收房产税。

【注释】 对《房产税暂行条例》第 2 条、第 5 条进行了解释。

财政部税务总局关于房产税和车船使用税几个业务问题的解释与规定

财税地[1987]3 号

总局（86）财税地字第 008 号《关于检发〈关于房产税若干具体问题的解释和暂行规定〉、〈关于车船使用税若干具体问题的解释和暂行规定〉的通知》下发后，各地在贯彻执行中又陆续提出一些需要明确的问题。经研究，现作如下解释和规定：

一、关于“房产”的解释

“房产”是以房屋形态表现的财产。房屋是指有屋面和围护结构（有墙或两边有柱），能够遮风避雨，可供人们在其中生产、工作、学习、娱乐、居住或储藏物资的场所。

独立于房屋之外的建筑物，如围墙、烟囱、水塔、变电塔、油池油柜、酒窖菜窖、酒精池、糖蜜池、室外游泳池、玻璃暖房、砖瓦石灰窑以及各种油气罐等，不属于房产。

根据总局（86）财税地字第 008 号文规定，“房产原值是指纳税人按照会计制度规定，在账簿‘固定资产’科目中记载的房屋原价。”因此，凡按会计制度规定在账簿中记载有房屋原价的，即应以房屋原价按规定减除一定比例后作为房产余值计征房产税；没有记载房屋原价的，按照上述原则，并参照同类房屋，确定房产原值，计征房产税。

二、关于房屋附属设备的解释

房产原值应包括与房屋不可分割的各种附属设备或一般不单独计算价值的配套设施。主要有：暖气、卫生、通风、照明、煤气等设备；各种管线，如蒸气、压缩空气、石油、给水排水等管道及电力、电讯、电缆导线；电梯、升降机、过道、晒台等。

属于房屋附属设备的水管、下水道、暖气管、煤气管等从最近的探视井或三通管算起。电灯网、照明线从进线盒联接管算起。

三、关于工商行政管理部门的集贸市场用房征收房产税的规定

工商行政管理部门的集贸市场用房，不属于工商部门自用的房产，按规定应征收房产税。但为了促进集贸市场的发展，省、自治区、直辖市可根据具体情况暂给予减税或免税照顾。

……

【注释】　对《房产税暂行条例》第3条、第6条进行了解释。

财政部税务总局关于对煤炭工业部所属防排水抢救站征免房产税、车船使用税的通知

财税地[1987]7号

据煤炭工业部最近来函反映，该部所属八个防排水抢救站担负全国煤矿的抢险救灾工作，由于该站的工作性质具有消防、救护性质，不从事其他经营活动，要求免征房产税和车船使用税。为了支持煤矿的抢险救灾工作，经研究作如下规定：

一、对防排水抢救站使用的房产和车辆，凡产权属于煤炭工业部所有并专门用于抢险救灾工作的，免征房产税和车船使用税；

二、产权属于代管单位或改变房产、车辆使用性质的，仍要照章征收房产税和车船使用税。

【注释】　对《房产税暂行条例》第5条进行了解释。

财政部税务总局关于对外籍人员、华侨、港、澳、台同胞拥有的房产如何征收房产税问题的批复

财税外[1987]230号

福建省税务局：

(87)闽税政三字第522号函悉。关于对外籍人员的房屋以及华侨、香港、澳门、台湾同胞的房屋如何征收房产税问题，经研究，批复如下：

一、对外籍人员和华侨、香港、澳门、台湾同胞在内地拥有的房产，应按照前政务院1951年8月8日公布的《城市房地产税暂行条例》的规定征收房产税。

二、在我国境内拥有房产的外籍人员和在内地拥有房产的华侨、香港、澳门、台湾同胞，如果不在我国境内或内地居住，可由其代管人或使用人代为报缴房产税；如果其房产所有权已转让给国内亲友或有关企、事业单位，则应按《中华人民共和国房产税暂行条例》的规定缴纳房产税。

【注释】　对《房产税暂行条例》第2条进行了解释。

财政部税务总局关于对司法部所属的劳改劳教单位征免房产税问题的通知

财税地[1987]0号

现对司法部所属的劳改劳教单位征免房产税问题作如下通知：

一、对少年犯管教所的房产，免征房产税。

二、对劳改工厂、劳改农场等单位，凡作为管教或生活用房产，例如：办公室、警卫室、职工宿舍、犯人宿舍、储藏室、食堂、礼堂、图书室、阅览室、浴室、理发室、医务室等，均免征房产税；凡作为生产经营用房产，例如：厂房、仓库、门市部等，应征收房产税。

三、对监狱的房产，若主要用于关押犯人，只有极少部分用于生产经营的，可从宽掌握，免征房产税。但

对设在监狱外部的门市部、营业部等生产经营用房产，应征收房产税，对生产规模较大的监狱，可以比照本通知第二条办理。具体由各省、自治区、直辖市税务局根据情况确定。

【注释】 对《房产税暂行条例》第5条进行了解释。

财政部税务总局关于如何确定铁道部所属单位征免房产税和车船使用税问题的批复

财税地[1987]20号

四川省税务局：

你局川税二(87)273号文收悉。对如何确定铁道部所属单位征免房产税和车船使用税问题，现答复如下：

铁道部所属单位在"七五"期间征免房产税和车船使用税问题，仍按财政部(86)财税字第326号和(86)财税字第340号文件办理。

一、铁道部所属的国营运输、工业、供销以及多种经营企业，凡是铁路实行经济承包责任制以前在地方缴纳所得税的，均按规定征收房产税和车船使用税；对铁路实行经济承包责任制以前汇总上缴利润，不在地方缴纳所得税的，可免征房产税和车船使用税。

二、铁道部所属的国营建筑施工企业(不包括中国土木工程公司)，免征房产税和车船使用税。

三、对铁路部门所属的集体企业，一律征收房产税和车船使用税。

【注释】 对《房产税暂行条例》第5条进行了解释。

财政部税务总局关于对司法部所属的劳改劳教单位征免房产税问题的补充通知

财税地[1987]29号

我局(87)财税地字第021号文对司法部所属劳改单位征免房产税的问题已作了具体规定。现将有关司法部所属劳教单位征免房产税的问题，补充规定如下：

1. 由国家财政拨付事业经费的劳教单位，免征房产税。

2. 经费实行自收自支的劳教单位，在规定的免税期满后，应比照我局(87)财税地字第021号文对劳改单位征免房产税的规定办理。

【注释】 对《房产税暂行条例》第5条进行了解释。《中华人民共和国房产税暂行条例》(国发[1986]90号)

财政部税务总局关于对房管部门经租的居民住房暂缓征收房产税的通知

财税地[1987]30号

为了有利于房租改革和照顾房管部门经租的居民住房目前收取租金偏低的实际情况，经研究确定：从1988年1月1日起，对房管部门经租的居民住房，在房租调整改革之前收取租金偏低的，可暂缓征收房产税;对房管部门经租的其他非营业用房,是否给予照顾,可由各省、自治区、直辖市根据当地具体情况按税收管理体制的规定办理。

【注释】　对《房产税暂行条例》第5条、第6条进行了解释。

国家税务局对《关于高校征免房产税、土地使用税的请示》的批复

国税地便[1989]8号

武汉市税务局:

你局《关于高校征免房产税、土地使用税的请示》收悉,现批复如下:

国务院国发[1989]10号《国务院批转国家教委等部门关于深化改革鼓励教育科研卫生单位增加社会服务意见的通知》和国家税务局(89)国税所字第067号《关于贯彻国务院国发[1989]10号文件有关税收问题的通知》中所说的"对高等学校校用房产和土地免征房产税、土地使用税",是指对高等学校用于教学及科研等本身业务用房产和土地免征房产税和土地使用税。对高等学校举办的校办工厂、商店、招待所等的房产及土地以及出租的房产及用地,均不属于自用房产和土地的范围,应按规定征收房产税、土地使用税。

【注释】　对《国务院批转国家教委等部门关于深化改革鼓励教育科研卫生单位增加社会服务意见的通知》(国发[1989]10号)、《关于贯彻国务院国发[1989]10号文件有关税收问题的通知》((89)国税所字第067号)进行了解释。

国家税务局对《关于中、小学校办企业征免房产税、土地使用税问题的请示》的批复

国税地[1989]81号

四川省税务局:

你局川税三(1989)489号《关于中、小学校办企业征免房产税、土地使用税问题的请示》收悉,现批复如下:

关于中、小学校办企业使用的房屋及土地征收房产税和土地使用税问题,我局意见,对中、小学校办企业应比照(89)国税地便字第008号"对《关于高校征免房产税、土地使用税的请示》的批复"中有关规定征收房产税和土地使用税;对非独立核算的校办企业,原则上也应征收房产税和土地使用税,纳税确有困难的,可按税收管理权限给于适当的减税或免税。

【注释】　对《房产税暂行条例》第5条进行了解释。

国家税务局关于对实行自收自支的事业单位恢复征收房产税和车船使用税的通知

国税函发[1990]434号

各省、自治区、直辖市税务局,各计划单列市税务局,海洋石油税务管理局各分局:

我局(86)财税地字第008号和(87)财税地字第003号文规定,由国家财政部门拨付事业经费的单位,

其经费来源实行自收自支后，从事业单位经费实行自收自支的年度起，免征房产税、车船使用税3年。目前，许多事业单位免税已满3年。经研究决定，从1990年起，对实行自收自支的事业单位恢复征收房产税和车船使用税，现通知如下：

一、对1990年以前实行自收自支的事业单位，凡已经免征房产税、车船使用税3年的，应按规定恢复征税；对已经办理免税手续，但免征房产税、车船使用税还不满3年的，可以继续免税到满3年为止。

二、对1990年1月1日以后，经费来源实行自收自支的事业单位，不再享受3年免税照顾，应照章征收房产税和车船使用税。

【注释】 对《房产税暂行条例》第5条进行了解释。

国家税务局关于恢复征收国营华侨农场地方税问题的通知

国税函发[1990]1117号

国务院办公厅以国办发[1990]28号转发了国务院侨办、国家计委、财政部、国家税务局四个部门给国务院的《关于继续给华侨农场以政策支持的请示》。根据其中"华侨农场五年免税期满后，应恢复征税。对按规定纳税确有困难的农场，可在当地人民政府的统一领导下，由各有关省、自治区财政厅、税务局根据实际情况，给予一定期限的减税、免税照顾"的意见，现对地方税问题，明确如下：

一、对国营华侨农场从1990年1月1日起恢复征收房产税、车船使用税、土地使用税、印花税和城市维护建设税。

二、国营华侨农场缴纳房产税、车船使用税、土地使用税和城市维护建设税确有困难的，可向所在地税务机关提出减免税申请，由省、自治区、市税务局根据实际情况给予一定期限的减税、免税照顾。

【注释】 对《房产税暂行条例》第5条、第6条进行了解释。

国家税务局关于邮电部门所属企业恢复征收房产税问题的通知

国税发[1991]36号

各省、自治区、直辖市税务局、计划单列市税务局，海洋石油税务管理局各分局：

财政部(87)财税字第055号《关于对邮电部门所属企业征免房产税和车船使用税问题的通知》中规定"邮电部门所属的邮政企业和座落在城市、县城以外的电信企业自用的房产，1990年底前，免征房产税。"此规定已经到期。经研究决定，从1991年起，对邮电部门所属企业一律恢复征收房产税。企业纳税确有困难的，可以向所在地税务机关提出减免税申请，由税务机关根据情况进行审批。

【注释】 对《房产税暂行条例》第5条、第6条进行了解释。

国家税务局关于工会服务型事业单位免征房产税、车船使用税、土地使用税问题的复函

国税函发[1992]1440号

中华全国总工会：

你会工财函[1992]15号文《关于商请对工会服务型的事业单位免征房产税、车船使用税、土地使用税

的函》收悉。经研究决定，对由主管工会拨付或差额补贴工会经费的全额预算或差额预算单位，可以比照财政部门拨付事业经费的单位办理，即：对这些单位自用的房产、车船、土地，免征房产税、车船使用税和土地使用税；从事生产、经营活动等非自用的房产、车船、土地，则应按税法有关规定照章纳税。

【注释】　对《房产税暂行条例》第5条进行了解释。

国家税务局关于安徽省若干房产税业务问题的批复

国税函发[1993]368号

安徽省税务局：

你局税地字[1993]第434号《关于对投资联营的房产征收房产税问题的请示》和税地字[1993]第461号《关于对融资租赁房屋征收房产税的请示》收悉。经研究，同意你局意见，即：

一、对于投资联营的房产，应根据投资联营的具体情况，在计征房产税时予以区别对待。对于以房产投资联营，投资者参与投资利润分红，共担风险的情况，按房产原值作为计税依据计征房产税；对于以房产投资，收取固定收入，不承担联营风险的情况，实际上是以联营名义取得房产的租金，应根据《中华人民共和国房产税暂行条例》的有关规定由出租方按租金收入计缴房产税。

二、对于融资租赁房屋的情况，由于租赁费包括购进房屋的价款、手续费、借款利息等，与一般房屋出租的“租金”内涵不同，且租赁期满后，当承担方偿还最后一笔租赁费时，房屋产权要转移到承租方，这实际上是一种变相的分期付款购买固定资产的形式，所以在计征房产税时应以房产余值计算征收。至于租赁期内房产税的纳税人，可由你局根据实际情况确定。

【注释】　对《房产税暂行条例》第4条进行了解释。

国家税务总局关于地质矿产部所属地勘单位征税问题的通知

国税函发[1995]453号

各省、自治区、直辖市和计划单列市地方税务局：

接地矿部《关于申请减免税收的函》(地函[1995]89号)，要求国家对其所属的地勘单位在税收上继续给予减免税照顾。根据国务院严格控制减免税的精神，经研究，现对地矿部所属地勘单位的征税问题通知如下：

……

三、关于房产税、车船使用税等税的问题

对地矿部所属的地勘单位的房产税、车船使用税、城镇土地使用税、印花税和城市维护建设税、教育费附加等，应按规定征收。

【注释】　对《房产税暂行条例》第5条进行了解释。

财政部　国家税务总局关于清产核资企业有关税收问题的通知

财税[1996]69号

各省、自治区、直辖市、计划单列市财政厅(局)、地方税务局：

按照国务院统一部署，全国范围内国有企业在1995年底已基本完成了清产核资工作。最近，接到一些部门、单位的反映,要求进一步明确国有企业清产核资后新增固定资产征税问题。经研究,对国有企业清产核资后有关税收问题通知如下:

一、对国有企业固定资产重估后的新增价值,应按照有关税收法规规定征收房产税和印花税。

二、为照顾部分清产核资企业的实际困难,对固定资产重估后新增价值已增提折旧的国有企业,应按照重估后的价值征收房产税和印花税;对资产重估后未能按新增价值增提折旧的国有企业,可由同级清产核资机构出具证明,经主管税务机关核实,从1996年1月1日起至1997年12月31日止,对其固定资产重估后新增价值部分免征房产税和缓征印花税。

三、对国有企业列入"资本公积"科目的土地资产,暂不征收印花税。

【注释】 对《房产税暂行条例》第3条进行了解释。《中华人民共和国房产税暂行条例》(国发[1986]90号)

国家税务总局关于地质矿产部所属地勘单位征税问题的补充通知

国税函发[1996]656号

各省、自治区、直辖市和计划单列市地方税务局:

接地质矿产部《关于请对国税函发[1995]453号文作进一步解释的函》(地函[1996]073号)。经研究,现对地勘单位的有关税收问题补充通知如下:

……

二、关于房产税、车船使用税等税收问题

(一)对财政部门拨付事业经费的地勘单位自用的房产、车船和土地,按有关规定免征房产税、车船使用税和城镇土地使用税;从事生产、经营活动等非自用的房产、车船、土地,则应按税法有关规定照章纳税。

(二)城市维护建设税、教育费附加随同增值税、消费税、营业税(以下简称"三税")征免,即单位和个人凡应缴纳"三税"的均应缴纳城市维护建设税、教育费附加。

(三)一切单位和个人书立的应税凭证均应照章缴纳印花税。但对有经营收入的事业单位,凡属由国家财政部门拨付事业经费、实行差额预算管理的单位,其记载经营业务的账簿,按其他账簿定额贴花,不记载经营业务的账簿不贴花;凡属经费来源实行自收自支的单位,应对记载资金的账簿和其他账簿分别按规定贴花。

【注释】 对《房产税暂行条例》第5条进行了解释。

财政部 国家税务总局关于铁道部所属单位征免房产税城镇土地使用税问题的通知

财税[1997]8号

各省、自治区、直辖市、计划单列市财政厅(局)、地方税务局:

财政部、国家税务总局《关于铁道部"八五"后两年有关财务税收问题的通知》[(94)财税字第005号]中有关免征房产税、城镇土地使用税的政策于1995年底执行到期。现经国务院批准,对铁道部所属单位征免房产税、城镇土地使用税的问题通知如下:

一、对铁道部所属原执行经济承包方案的铁路运输、工业、供销、建筑施工企业,铁道部直属铁路局的工副业企业和由铁道部自行解决工交事业费的单位,其自用的房产、土地,自1996年1月1日起仍暂免征收房产税和城镇土地使用税。待铁路运价调整时再相应调整免税范围。

二、对铁道部所属其他企业、单位的房产和土地，继续按房产税和城镇土地使用税的有关政策规定执行。

【注释】　对《房产税暂行条例》第5条进行了解释。

国家税务总局关于调整房产税和土地使用税具体征税范围解释规定的通知

国税发[1999]44号

各省、自治区、直辖市和计划单列市地方税务局：

近接一些地区反映，原财政部税务总局印发的《关于房产税若干具体问题的解释和暂行规定》([86]财税地字008号)与原国家税务局印发的《关于土地使用税若干具体问题的解释和暂行规定》([88]国税地字第015号)，有关房产税与土地使用税的具体征税范围的解释不尽一致，并且经济发展及城镇建设已发生很大变化，在实际执行中，不便于操作，经研究，现进一步解释和规定如下：

一、房产税、土地使用税在城市、县城、建制镇和工矿区征收，各地在遵照执行。

二、关于建制镇具体征税范围，由各省、自治区、直辖市地方税务局提出方案，经省、自治区、直辖市人民政府确定批准后执行，并报国家税务总局备案。对农林牧渔业用地和农民居住用房屋及土地，不征收房产税和土地使用税。

【注释】　对《房产税暂行条例》第1条进行了解释。

财政部　国家税务总局关于血站有关税收问题的通知

财税[1999]264号

为了推动无偿献血公益事业的发展，经国务院批准，现将血站的有关税收问题明确如下：

一、鉴于血站是采集和提供临床用血，不以营利为目的的公益性组织，又属于财政拨补事业费的单位，因此，对血站自用的房产和土地免征房产税和城镇土地使用税。

二、对血站供应给医疗机构的临床用血免征增值税。

三、本通知所称血站，是指根据《中华人民共和国献血法》的规定，由国务院或省级人民政府卫生行政部门批准的，从事采集、提供临床用血，不以营利为目的的公益性组织。

四、本通知自1999年11月1日起执行。在此之前已征收入库的税款不再退还，未征收入库的税款也不再征缴。

【注释】　对《房产税暂行条例》第5条进行了解释。

财政部　国家税务总局关于医疗卫生机构有关税收政策的通知

财税[2000]42号

各省、自治区、直辖市、计划单列市财政厅(局)、国家税务局、地方税务局：

为了贯彻落实《国务院办公厅转发国务院体改办等部门关于城镇医药卫生体制改革指导意见的通知》

(国办发[2000]16 号),促进我国医疗卫生事业的发展,经国务院批准,现将医疗卫生机构有关税收政策通知如下:

一、关于非营利性医疗机构的税收政策

(一)对非营利性医疗机构按照国家规定的价格取得的医疗服务收入,免征各项税收。不按照国家规定价格取得的医疗服务收入不得享受这项政策。

医疗服务是指医疗服务机构对患者进行检查、诊断、治疗、康复和提供预防保健、接生、计划生育方面的服务,以及与这些服务有关的提供药品、医用材料器具、救护车、病房住宿和伙食的业务(下同)。

(二)对非营利性医疗机构从事非医疗服务取得的收入,如租赁收入、财产转让收入、培训收入、对外投资收入等应按规定征收各项税收。非营利性医疗机构将取得的非医疗服务收入,直接用于改善医疗卫生服务条件的部分,经税务部门审核批准可抵扣其应纳税所得额,就其余额征收企业所得税。

(三)对非营利性医疗机构自产自用的制剂,免征增值税。

(四)非营利性医疗机构的药房分离为独立的药品零售企业,应按规定征收各项税收。

(五)对非营利性医疗机构自用的房产、土地、车船,免征房产税、城镇土地使用税和车船使用税。

二、关于营利性医疗机构的税收政策

(一)对营利性医疗机构取得的收入,按规定征收各项税收。但为了支持营利性医疗机构的发展,对营利性医疗机构取得的收入,直接用于改善医疗卫生条件的,自其取得执业登记之日起,3 年内给予下列优惠:对其取得的医疗服务收入免征营业税;对其自产自用的制剂免征增值税;对营利性医疗机构自用的房产、土地、车船免征房产税、城镇土地使用税和车船使用税。3 年免税期满后恢复征税。

(二)对营利性医疗机构的药房分离为独立的药品零售企业,应按规定征收各项税收。

三、关于疾病控制机构和妇幼保健机构等卫生机构的税收政策

(一)对疾病控制机构和妇幼保健机构等卫生机构按照国家规定的价格取得的卫生服务收入(含疫苗接种和调拨、销售收入),免征各项税收。不按照国家规定的价格取得的卫生服务收入不得享受这项政策。对疾病控制机构和妇幼保健等卫生机构取得的其他经营收入如直接用于改善本卫生机构卫生服务条件的,经税务部门审核批准可抵扣其应纳税所得额,就其余额征收企业所得税。

(二)对疾病控制机构和妇幼保健机构等卫生机构自用的房产、土地、车船,免征房产税、城镇土地使用税和车船使用税。

医疗机构需要书面向卫生行政主管部门申明其性质,按《医疗机构管理条例》进行设置审批和登记注册,并由接受其登记注册的卫生行政部门核定,在执业登记中注明"非营利性医疗机构"和"营利性医疗机构"。

上述医疗机构具体包括:各级各类医院、门诊部(所)、社区卫生服务中心(站)、急救中心(站)、城乡卫生院、护理院(所)、疗养院、临床检验中心等。上述疾病控制、妇幼保健等卫生机构具体包括:各级政府及有关部门举办的卫生防疫站(疾病控制中心)、各种专科疾病防治站(所),各级政府举办的妇幼保健所(站)、母婴保健机构、儿童保健机构等,各级政府举办的血站(血液中心)。

本通知自发布之日起执行。

【注释】 对《房产税暂行条例》第 5 条进行了解释。

财政部　国家税务总局关于对老年服务机构有关税收政策问题的通知

财税[2000]97 号

各省、自治区、直辖市、计划单列市财政厅(局)、国家税务局、地方税务局:

为贯彻中共中央、国务院《关于加强老龄工作的决定》(中发[2000]13 号)精神,现对政府部门和社会力量兴办的老年服务机构有关税收政策问题通知如下:

一、对政府部门和企事业单位、社会团体以及个人等社会力量投资兴办的福利性、非营利性的老年服务机构,暂免征收企业所得税,以及老年服务机构自用房产、土地、车船的房产税、城镇土地使用税、车船使用税。

二、对企事业单位、社会团体和个人等社会力量，通过非营利性的社会团体和政府部门向福利性、非营利性的老年服务机构的捐赠，在缴纳企业所得税和个人所得税前准予全额扣除。

三、本通知所称老年服务机构，是指专门为老年人提供生活照料、文化、护理、健身等多方面服务的福利性、非营利性的机构，主要包括：老年社会福利院、敬老院（养老院）、老年服务中心、老年公寓（含老年护理院、康复中心、托老所）等。

本通知自2000年10月1日起执行。

【注释】　对《房产税暂行条例》第5条进行了解释。

财政部　国家税务总局关于调整住房租赁市场税收政策的通知

财税[2000]125号

各省、自治区、直辖市、计划单列市财政厅（局），国家税务局，地方税务局，新疆生产建设兵团：

为了配合国家住房制度改革，支持住房租赁市场的健康发展，经国务院批准，现对住房租赁市场有关税收政策问题通知如下：

一、对按政府规定价格出租的公有住房和廉租住房，包括企业和自收自支事业单位向职工出租的单位自有住房；房管部门向居民出租的公有住房；落实私房政策中带户发还产权并以政府规定租金标准向居民出租的私有住房等，暂免征收房产税、营业税。

二、对个人按市场价格出租的居民住房，其应缴纳的营业税暂减按3%的税率征收，房产税暂减按4%的税率征收。

三、对个人出租房屋取得的所得暂减按10%的税率征收个人所得税。

本通知自2001年1月1日起执行。凡与本通知规定不符的税收政策，一律改按本通知的规定执行。

【注释】　对《房产税暂行条例》第3条进行了解释。

财政部　国家税务总局关于非营利性科研机构税收政策的通知

财税[2001]5号

各省、自治区、直辖市、计划单列市财政厅（局）、国家税务局、地方税务局：

为了贯彻落实《国务院办公厅转发科技部等部门关于非营利性科研机构管理的若干意见（试行）的通知》（国办发[2000]78号），鼓励社会公益类科研事业的发展，经国务院批准，现对非营利性科研机构有关税收政策明确如下：

一、非营利性科研机构要以推动科技进步为宗旨，不以营利为目的，主要从事应用基础研究或向社会提供公共服务。非营利性科研机构的认定标准，由科技部会同财政部、中编办、国家税务总局另行制定。非营利性科研机构需要书面向科技行政主管部门申明其性质，按规定进行设置审批和登记注册，并由接受其登记注册的科技行政部门核定，在执业登记中注明"非营利性科研机构"。

二、非营利性科研机构享受如下税收优惠政策：

1. 非营利性科研机构从事技术开发、技术转让业务和与之相关的技术咨询、技术服务所得的收入，按有关规定免征营业税和企业所得税。

2. 非营利性科研机构从事与其科研业务无关的其他服务所取得的收入，如租赁收入、财产转让收入、对外投资收入等，应当按规定征收各项税收；非营利性科研机构从事上述非主营业务收入用于改善研究开发条件的投资部分,经税务部门审核批准可抵扣其应纳税所得额,就其余额征收企业所得税。

3. 非营利性科研机构自用的房产、土地,免征房产税、城镇土地使用税。

4. 社会力量对非关联的非营利性科研机构的新产品、新技术、新工艺所发生的研究开发经费资助,经主管税务机关审核确定,其资助支出可以全额在当年度应纳税所得额中扣除。当年度应纳税所得额不足抵扣的,不得结转抵扣。

三、对非营利性科研机构实行年度检查制度,凡不符合条件的,应取消其免税资格,并按规定补缴当年已免税款。

本通知自2001年1月1日起执行。具体执行办法由国家税务总局另行制定。

【注释】 对《房产税暂行条例》第5条进行了解释。

国家税务总局关于邮政企业征免房产税、土地使用税问题的函

国税函[2001]379号

国家邮政局:

你局《关于申请减免邮政企业房产税、土地使用税的函》(国邮[2000]479号)收悉,来函要求我局进一步明确邮政农村支局不需缴纳房产税和土地使用税问题,经研究,现函复如下:

根据房产税和土地使用税的有关规定,对邮政部门座落在城市、县城、建制镇、工矿区范围内的房产、土地,应当依法征收房产税和土地使用税;对座落在上述范围以外尚在县邮政局内核算的房产、土地,必须在单位财务账中划分清楚,从2001年1月1日起不再征收房产税和土地使用税。

【注释】 对《房产税暂行条例》第1条进行了解释。

国家税务总局关于中国人民银行总行所属分支机构免征房产税城镇土地使用税的通知

国税函[2001]770号

各省、自治区、直辖市和计划单列市地方税务局:

根据中国人民银行系统单位工作职能的转变,按照房产税、城镇土地使用税的有关规定,现明确:对行使国家行政管理职能的中国人民银行总行(含国家外汇管理局)所属分支机构自用的房产、土地,免征房产税、城镇土地使用税。凡与本规定有抵触的,以本规定为准。

【注释】 对《房产税暂行条例》第5条进行了解释。

财政部 国家税务总局关于调整铁路系统房产税城镇土地使用税政策的通知

财税[2003]149号

各省、自治区、直辖市、计划单列市财政厅(局)、地方税务局,新疆生产建设兵团财务局:

根据铁路运输体制改革和铁路系统的实际情况,经国务院批准,现对铁路系统有关房产税、城镇土地使

用税税收政策通知如下：

一、铁道部所属铁路运输企业自用的房产、土地继续免征房产税和城镇土地使用税。

二、对铁路运输体制改革后，从铁路系统分离出来并实行独立核算、自负盈亏的企业，包括铁道部所属原执行经济承包方案的工业、供销、建筑施工企业；中国铁路工程总公司、中国铁道建筑工程总公司、中国铁路通信信号总公司、中国土木建筑工程总公司、中国北方机车车辆工业集团公司、中国南方机车车辆工业集团公司；以及铁道部所属自行解决工交事业费的单位，自2003年1月1日起恢复征收房产税、城镇土地使用税。

三、铁道部所属其他企业、单位的房产和土地，继续按税法规定征收房产税和城镇土地使用税。

【注释】 对《房产税暂行条例》第5条进行了解释。

国家税务总局关于房产税城镇土地使用税有关政策规定的通知

国税发[2003]89号

各省、自治区、直辖市和计划单列市地方税务局，局内各单位：

随着我国房地产市场的迅猛发展，涉及房地产税收的政策问题日益增多，经调查研究和广泛听取各方面的意见，现对房产税、城镇土地使用税有关政策问题明确如下：

一、关于房地产开发企业开发的商品房征免房产税问题鉴于房地产开发企业开发的商品房在出售前，对房地产开发企业而言是一种产品，因此，对房地产开发企业建造的商品房，在售出前，不征收房产税；但对售出前房地产开发企业已使用或出租、出借的商品房应按规定征收房产税。

二、关于确定房产税、城镇土地使用税纳税义务发生时间问题

（一）购置新建商品房，自房屋交付使用之次月起计征房产税和城镇土地使用税。

（二）购置存量房，自办理房屋权属转移、变更登记手续，房地产权属登记机关签发房屋权属证书之次月起计征房产税和城镇土地使用税。

（三）出租、出借房产，自交付出租、出借房产之次月起计征房产税和城镇土地使用税。

（四）房地产开发企业自用、出租、出借本企业建造的商品房，自房屋使用或交付之次月起计征房产税和城镇土地使用税。

【注释】 对《房产税暂行条例》第1条、第7条进行了解释。

财政部 国家税务总局关于教育税收政策的通知

财税[2004]39号

各省、自治区、直辖市、计划单列市财政厅（局）、国家税务局、地方税务局，新疆生产建设兵团财务局：

为了进一步促进教育事业发展，经国务院批准，现将有关教育的税收政策通知如下：

……

二、关于房产税、城镇土地使用税、印花税

对国家拨付事业经费和企业办的各类学校、托儿所、幼儿园自用的房产、土地，免征房产税、城镇土地使用税；对财产所有人将财产赠给学校所立的书据，免征印花税。

……

六、本通知自2004年1月1日起执行，此前规定与本通知不符的，以本通知为准。

【注释】 对《房产税暂行条例》第5条进行了解释。

财政部　国家税务总局关于明确免征房产税城镇土地使用税的铁路运输企业范围及有关问题的通知

财税[2004]36 号

各省、自治区、直辖市、计划单列市财政厅(局)、地方税务局,新疆生产建设兵团财务局:

为更好地贯彻执行《财政部国家税务总局关于调整铁路系统房产税城镇土地使用税政策的通知》(财税[2003]1 49 号),经研究,现就有关免征房产税和城镇土地使用税的铁路运输企业范围和有关问题通知如下:

……

二、地方铁路运输企业自用的房产、土地应缴纳的房产税、城镇土地使用税比照铁道部所属铁路运输企业的政策执行。

……

【注释】　对《房产税暂行条例》第 5 条进行了解释。本通知第一条已经被下列规定废止:《财政部　国家税务总局关于明确免征房产税 城镇土地使用税的铁路运输企业范围的补充通知》(财税[2006]17 号)。

国家税务总局关于房产税部分行政审批项目取消后加强后续管理工作的通知

国税函[2004]839 号

各省、自治区、直辖市和计划单列市地方税务局:

为贯彻执行《国务院关于第三批取消和调整行政审批项目的决定》(国发[2004]16 号),做好房产税有关行政审批项目取消后的管理工作,现就有关问题通知如下:

一、对《财政部税务总局关于房产税若干具体问题的解释和暂行规定》([86]财税地字第 008 号)第二十四条关于"房屋大修停用在半年以上的,经纳税人申请,税务机关审核,在大修期间可免征房产税"的规定作适当修改,取消经税务机关审核的内容。

纳税人因房屋大修导致连续停用半年以上的,在房屋大修期间免征房产税,免征税额由纳税人在申报缴纳房产税时自行计算扣除,并在申报表附表或备注栏中作相应说明。

二、纳税人房屋大修停用半年以上需要免征房产税的,应在房屋大修前向主管税务机关报送相关的证明材料,包括大修房屋的名称、座落地点、产权证编号、房产原值、用途、房屋大修的原因、大修合同及大修的起止时间等信息和资料,以备税务机关查验。具体报送材料由各省、自治区、直辖市和计划单列市地方税务局确定。

三、税务机关要加强房产税的税源管理,摸清纳税人房屋的使用状况,并设立房产税税源管理台帐。有条件的地方要充分利用信息化手段,建立房产税信息管理系统,及时掌握房产税的申报、纳税、免税情况,加强税源管理。

四、税务机关应对报告大修的房屋加强跟踪管理和检查,如发现虚假情况,按《中华人民共和国税收征收管理法》的有关规定处理。

五、各省、自治区、直辖市和计划单列市地方税务局应根据本通知的精神制定具体的管理办法,并告知房产税的纳税人。

六、本通知自 2004 年 7 月 1 日起执行。

【注释】　对《房产税暂行条例》第 5 条进行了解释。

财政部　国家税务总局关于暂免征收军队空余房产租赁收入营业税房产税的通知

财税[2004]123号

各省、自治区、直辖市、计划单列市财政厅(局)、地方税务局,新疆生产建设兵团财务局:

经国务院批准,现将军队空余房产租赁收入有关营业税、房产税政策通知如下:

一、自2004年8月1日起,对军队空余房产租赁收入暂免征收营业税、房产税;此前已征税款不予退还,未征税款不再补征。

二、暂免征收营业税、房产税的军队空余房产,在出租时必须悬挂《军队房地产租赁许可证》,以备查验。

【注释】　对《房产税暂行条例》第5条进行了解释。

财政部　国家税务总局关于调整房产税有关减免税政策的通知

财税[2004]140号

各省、自治区、直辖市、计划单列市财政厅(局)、地方税务局,新疆生产建设兵团财务局:

为了规范税收政策,进一步加强房产税的征收管理,经研究决定,对《财政部税务总局关于房产税若干具体问题的解释和暂行规定》([86]财税地字第008号)的部分内容作适当修改,即:废止第十八条关于对微利企业和亏损企业的房产“可由地方根据实际情况在一定期限内暂免征收房产税”和第二十条“企业停产、撤消后,对他们原有的房产闲置不用的,经省、自治区、直辖市税务局批准可暂不征收房产税”的规定。

【注释】　对《财政部税务总局关于房产税若干具体问题的解释和暂行规定》([86]财税地字第008号)进行了修正。

国家税务总局关于进一步明确房屋附属设备和配套设施计征房产税有关问题的通知

国税发[2005]173号

各省、自治区、直辖市和计划单列市地方税务局,扬州税务进修学院:

关于房屋附属设备和配套设施计征房产税问题,《财政部　税务总局关于房产税和车船使用税几个业务问题的解释与规定》([87]财税地字第003号)第二条已作了明确。随着社会经济的发展和房屋功能的完善,又出现了一些新的设备和设施,亟需明确。经研究,现将有关问题通知如下:

一、为了维持和增加房屋的使用功能或使房屋满足设计要求,凡以房屋为载体,不可随意移动的附属设备和配套设施,如给排水、采暖、消防、中央空调、电气及智能化楼宇设备等,无论在会计核算中是否单独记账与核算,都应计入房产原值,计征房产税。

二、对于更换房屋附属设备和配套设施的,在将其价值计入房产原值时,可扣减原来相应设备和设施的价值;对附属设备和配套设施中易损坏、需要经常更换的零配件,更新后不再计入房产原值。

三、城市房地产税比照上述规定执行。

四、本通知自2006年1月1日起执行。《财政部　税务总局关于对房屋中央空调是否计入房产原值等问题的批复》([87]财税地字第028号)同时废止。

【注释】　对《房产税暂行条例》第3条进行了解释。

财政部　国家税务总局关于具备房屋功能的地下建筑征收房产税的通知

财税[2005]181号

各省、自治区、直辖市、计划单列市财政厅(局)、地方税务局,新疆生产建设兵团财务局:

为了统一税收政策,规范税收管理,现将具备房屋功能的地下建筑的房产税政策明确如下:

一、凡在房产税征收范围内的具备房屋功能的地下建筑,包括与地上房屋相连的地下建筑以及完全建在地面以下的建筑、地下人防设施等,均应当依照有关规定征收房产税。

上述具备房屋功能的地下建筑是指有屋面和维护结构,能够遮风避雨,可供人们在其中生产、经营、工作、学习、娱乐、居住或储藏物资的场所。

二、自用的地下建筑,按以下方式计税:

1. 工业用途房产,以房屋原价的50-60%作为应税房产原值。

应纳房产税的税额=应税房产原值×[1-(10% -30%]×1.2%。

2. 商业和其他用途房产,以房屋原价的70% -80%作为应税房产原值。

应纳房产税的税额=应税房产原值×[1-(10% -30%)]×1.2%。

房屋原价折算为应税房产原值的具体比例,由各省、自治区、直辖市和计划单列市财政和地方税务部门在上述幅度内自行确定。

3. 对于与地上房屋相连的地下建筑,如房屋的地下室、地下停车场、商场的地下部分等,应将地下部分与地上房屋视为一个整体按照地上房屋建筑的有关规定计算征收房产税。

三、出租的地下建筑,按照出租地上房屋建筑的有关规定计算征收房产税。

四、本通知自2006年1月1日起执行,《财政部税务总局关于房产税若干具体问题的解释和暂行规定》([86]财税地字第008号)第十一条同时废止。

【注释】　对《房产税暂行条例》第3条进行了解释。

财政部　国家税务总局关于明确免征房产税城镇土地使用税的铁路运输企业范围的补充通知

财税[2006]17号

各省、自治区、直辖市、计划单列市财政厅(局)、地方税务局,新疆生产建设兵团财务局:

根据铁路运输体制改革情况,现将享受免征房产税、城镇土地使用税政策的铁道部所属铁路运输企业的范围补充通知如下:

一、享受免征房产税、城镇土地使用税优惠政策的铁道部所属铁路运输企业是指铁路局及国有铁路运输控股公司(含广铁〈集团〉公司、青藏铁路公司、大秦铁路股份有限公司、广深铁路股份有限公司等,具体包括客货、编组站,车务、机务、工务、电务、水电、供电、列车、客运、车辆段)、铁路办事处、中铁集装箱运输有限责任公司、中铁特货运输有限责任公司、中铁快运股份有限公司。

二、本通知自发文之日起执行。《财政部　国家税务总局关于明确免征房产税城镇土地使用税的铁路运输企业范围及有关问题的通知》(财税[2004]36号)第一条停止执行。此前已征税款不予退还,未征税款不再补征。

【注释】 对《财政部 国家税务总局关于明确免征房产税城镇土地使用税的铁路运输企业范围及有关问题的通知》(财税[2004]36号)进行了解释。

财政部 国家税务总局关于房产税城镇土地使用税有关政策的通知

财税[2006]186号

各省、自治区、直辖市、计划单列市财政厅(局)、地方税务局,新疆生产建设兵团财务局:

经研究,现对房产税、城镇土地使用税有关政策明确如下:

一、关于居民住宅区内业主共有的经营性房产缴纳房产税问题

对居民住宅区内业主共有的经营性房产,由实际经营(包括自营和出租)的代管人或使用人缴纳房产税。其中自营的,依照房产原值减除10%至30%后的余值计征,没有房产原值或不能将业主共有房产与其他房产的原值准确划分开的,由房产所在地地方税务机关参照同类房产核定房产原值;出租的,依照租金收入计征。

……

五、本通知自2007年1月1日起执行。

【注释】 对《房产税暂行条例》第3条进行了解释。

关于加油站罩棚房产税问题的通知

财税[2008]123号

各省、自治区、直辖市、计划单列市财政厅(局)、地方税务局,新疆生产建设兵团财务局:

为明确和规范加油站罩棚房产税政策,现就有关问题通知如下:

加油站罩棚不属于房产,不征收房产税。以前各地已做出税收处理的,不追溯调整。

中华人民共和国国务院令第546号

1951年8月8日政务院公布的《城市房地产税暂行条例》自2009年1月1日起废止。自2009年1月1日起,外商投资企业、外国企业和组织以及外籍个人,依照《中华人民共和国房产税暂行条例》缴纳房产税。

1987年2月6日国务院批准,1987年2月24日交通部、财政部发布的《长江干线航道养护费征收办法》自2009年1月1日起废止。

1992年5月15日国务院批准,1992年8月4日交通部、财政部、国家物价局发布的《内河航道养护费征收和使用办法》自2009年1月1日起废止。

财政部 国家税务总局关于对外资企业及外籍个人征收房产税有关问题的通知

财税[2009]3号

各省、自治区、直辖市、计划单列市财政厅(局)、地方税务局,新疆生产建设兵团财务局:

根据2008年12月31日国务院发布的第546号令,自2009年1月1日起,废止《中华人民共和国城市

房地产税暂行条例》,外商投资企业、外国企业和组织以及外籍个人(包括港澳台资企业和组织以及华侨、港澳台同胞,以下统称外资企业及外籍个人)依照《中华人民共和国房产税暂行条例》(国发[1986]90号)缴纳房产税。为做好外资企业及外籍个人房产税征收工作,现将有关事项通知如下:

一、自2009年1月1日起,对外资企业及外籍个人的房产征收房产税,在征税范围、计税依据、税率、税收优惠、征收管理等方面按照《中华人民共和国房产税暂行条例》(国发[1986]90号)及有关规定执行。各地要及时了解外资企业及外籍个人房产税的征收情况,对遇到的问题及时反映,确保相关政策落实到位。

二、以人民币以外的货币为记账本位币的外资企业及外籍个人在缴纳房产税时,均应将其根据记账本位币计算的税款按照缴款上月最后一日的人民币汇率中间价折合成人民币。

三、房产税由房产所在地的地方税务机关征收,其征收管理按《中华人民共和国税收征收管理法》及相关规定执行。

财政部　国家税务总局关于房产税城镇土地使用税有关问题的通知

财税[2009]128号

各省、自治区、直辖市、计划单列市财政厅(局)、地方税务局,西藏、宁夏、青海省(自治区)国家税务局,新疆生产建设兵团财务局:

为完善房产税、城镇土地使用税政策,堵塞税收征管漏洞,现将房产税、城镇土地使用税有关问题明确如下:

一、关于无租使用其他单位房产的房产税问题

无租使用其他单位房产的应税单位和个人,依照房产余值代缴纳房产税。

二、关于出典房产的房产税问题

产权出典的房产,由承典人依照房产余值缴纳房产税。

三、关于融资租赁房产的房产税问题

融资租赁的房产,由承租人自融资租赁合同约定开始日的次月起依照房产余值缴纳房产税。合同未约定开始日的,由承租人自合同签订的次月起依照房产余值缴纳房产税。

四、关于地下建筑用地的城镇土地使用税问题

对在城镇土地使用税征税范围内单独建造的地下建筑用地,按规定征收城镇土地使用税。其中,已取得地下土地使用权证的,按土地使用权证确认的土地面积计算应征税款;未取得地下土地使用权证或地下土地使用权证上未标明土地面积的,按地下建筑垂直投影面积计算应征税款。

对上述地下建筑用地暂按应征税款的50%征收城镇土地使用税。

五、本通知自2009年12月1日起执行。《财政部税务总局关于房产税若干具体问题的解释和暂行规定》((86)财税地字第008号)第七条、《国家税务总局关于安徽省若干房产税业务问题的批复》(国税函发[1993]368号)第二条同时废止。

财政部　国家税务总局关于股改及合资铁路运输企业房产税　城镇土地使用税有关政策的通知

财税[2009]132号

各省、自治区、直辖市、计划单列市财政厅(局)、地方税务局,新疆生产建设兵团财政局:

为支持铁路股份制改革和合资铁路发展,经国务院批准,现对股改铁路运输企业和合资铁路运输公司房产税、城镇土地使用税有关政策明确如下:

对股改铁路运输企业及合资铁路运输公司自用的房产、土地暂免征收房产税和城镇土地使用税。其中股改铁路运输企业是指铁路运输企业经国务院批准进行股份制改革成立的企业；合资铁路运输公司是指由铁道部及其所属铁路运输企业与地方政府、企业或其他投资者共同出资成立的铁路运输企业。

财政部　国家税务总局关于经营高校学生公寓和食堂有关税收政策的通知

财税[2009]155号

各省、自治区、直辖市、计划单列市财政厅(局)、地方税务局，北京、西藏、宁夏、青海省(区、市)国家税务局，新疆生产建设兵团财务局：

经国务院批准，现对高校学生公寓和食堂有关税收政策通知如下：

一、对高校学生公寓免征房产税。

二、对与高校学生签订的高校学生公寓租赁合同，免征印花税。

三、对按照国家规定的收费标准向学生收取的高校学生公寓住宿费收入，免征营业税。

四、对高校学生食堂为高校师生提供餐饮服务取得的收入，免征营业税。

五、本通知所述“高校学生公寓”，是指为高校学生提供住宿服务，按照国家规定的收费标准收取住宿费的学生公寓。

“高校学生食堂”，是指依照《学校食堂与学生集体用餐卫生管理规定》(中华人民共和国教育部令第14号)管理的高校学生食堂。

六、本通知执行时间自2009年1月1日至2010年12月31日，2009年1月1日至文到之日的已征房产税、印花税、营业税税款分别在纳税人以后的应纳房产税、印花税、营业税税额中抵减或者予以退税。《财政部　国家税务总局关于经营高校学生公寓及高校后勤社会化改革有关税收政策的通知》(财税[2006]100号)相应废止。

财政部　国家税务总局关于支持公共租赁住房建设和运营有关税收优惠政策的通知

财税[2010]88号

各省、自治区、直辖市、计划单列市财政厅(局)、地方税务局，西藏、宁夏、青海省(自治区)国家税务局，新疆生产建设兵团财务局：

根据国务院办公厅《关于促进房地产市场平稳健康发展的通知》(国办发[2010]4号)、《国务院关于坚决遏制部分城市房价过快上涨的通知》(国发[2010]10号)和住房城乡建设部等七部门《关于加快发展公共租赁住房的指导意见》(建保[2010]87号)精神，现对公共租赁住房(以下简称公租房)建设和运营有关税收政策通知如下：

一、对公租房建设期间用地及公租房建成后占地免征城镇土地使用税。在其他住房项目中配套建设公租房，依据政府部门出具的相关材料，可按公租房建筑面积占总建筑面积的比例免征建造、管理公租房涉及的城镇土地使用税。

二、对公租房经营管理单位建造公租房涉及的印花税予以免征。在其他住房项目中配套建设公租房，依据政府部门出具的相关材料，可按公租房建筑面积占总建筑面积的比例免征建造、管理公租房涉及的印花税。

三、对公租房经营管理单位购买住房作为公租房，免征契税、印花税；对公租房租赁双方签订租赁协议涉及的印花税予以免征。

四、对企事业单位、社会团体以及其他组织转让旧房作为公租房房源，且增值额未超过扣除项目金额20%的，免征土地增值税。

五、企事业单位、社会团体以及其他组织捐赠住房作为公租房，符合税收法律法规规定的，捐赠支出在年度利润总额12%以内的部分，准予在计算应纳税所得额时扣除。

六、对经营公租房所取得的租金收入，免征营业税、房产税。公租房租金收入与其他住房经营收入应单独核算，未单独核算的，不得享受免征营业税、房产税优惠政策。

七、享受上述税收优惠政策的公租房是指纳入省、自治区、直辖市、计划单列市人民政府及新疆生产建设兵团批准的公租房发展规划和年度计划，以及按照建保[2010]87号文件和市、县人民政府制定的具体管理办法进行管理的公租房。不同时符合上述条件的公租房不得享受上述税收优惠政策。

八、上述政策自发文之日起执行，执行期限暂定三年，政策到期后将根据公租房建设和运营情况对有关内容加以完善。

财政部　国家税务总局关于安置残疾人就业单位城镇土地使用税等政策的通知

财税[2010]121号

各省、自治区、直辖市、计划单列市财政厅(局)、地方税务局，西藏、青海、宁夏省(自治区)国家税务局，新疆生产建设兵团财务局：

经研究，现将安置残疾人就业单位城镇土地使用税等政策通知如下：

一、关于安置残疾人就业单位的城镇土地使用税问题

对在一个纳税年度内月平均实际安置残疾人就业人数占单位在职职工总数的比例高于25%(含25%)且实际安置残疾人人数高于10人(含10人)的单位，可减征或免征该年度城镇土地使用税。具体减免税比例及管理办法由省、自治区、直辖市财税主管部门确定。

《国家税务局关于土地使用税若干具体问题的解释和暂行规定》(国税地字[1988]15号)第十八条第四项同时废止。

二、关于出租房产免收租金期间房产税问题

对出租房产，租赁双方签订的租赁合同约定有免收租金期限的，免收租金期间由产权所有人按照房产原值缴纳房产税。

三、关于将地价计入房产原值征收房产税问题

对按照房产原值计税的房产，无论会计上如何核算，房产原值均应包含地价，包括为取得土地使用权支付的价款、开发土地发生的成本费用等。宗地容积率低于0.5的，按房产建筑面积的2倍计算土地面积并据此确定计入房产原值的地价。

本通知自发文之日起执行。此前规定与本通知不一致的，按本通知执行。各地财税部门要加强对政策执行情况的跟踪了解，对执行中发现的问题，及时上报财政部和国家税务总局。

第十六部分　中华人民共和国契税法

中华人民共和国契税暂行条例

国务院令[1997]224号

第一条　在中华人民共和国境内转移土地、房屋权属,承受的单位和个人为契税的纳税人,应当依照本条例的规定缴纳契税。

【注释】　相关规定包括:《国家税务总局关于办理期房退房手续后应退还已征契税的批复》(国税函[2002]622号)。

第二条　本条例所称转移土地、房屋权属是指下列行为:

(一)国有土地使用权出让;

(二)土地使用权转让,包括出售、赠与和交换;

(三)房屋买卖;

(四)房屋赠与;

(五)房屋交换。

前款第二项土地使用权转让,不包括农村集体土地承包经营权的转移。

【注释】　相关规定包括:《国家税务总局关于城镇居民委托代建房屋契税征免问题的批复》(国税函[1998]829号)、《国家税务总局关于离婚后房屋权属变化是否征收契税的批复》(国税函[1999]391号)、《国家税务总局关于出售或租赁房屋使用权是否征收契税问题的批复》(国税函[1999]465号)、《国家税务总局关于抵押贷款购买商品房征收契税的批复》(国税函[1999]613号)、《国家税务总局关于以补偿征地款方式取得的房产征收契税的批复》(国税函[1999]737号)、《国家税务总局关于保险公司分业经营改革中不动产转移过户有关税收政策的通知》(国税发[2002]69号)。

第三条　契税税率为3%—5%。

契税的适用税率,由省、自治区、直辖市人民政府在前款规定的幅度内按照本地区的实际情况确定,并报财政部和国家税务总局备案。

第四条　契税的计税依据:

(一)国有土地使用权出让、土地使用权出售、房屋买卖,为成交价格;

(二)土地使用权赠与、房屋赠与,由征收机关参照土地使用权出售、房屋买卖的市场价格核定;

(三)土地使用权交换、房屋交换,为所交换的土地使用权、房屋的价格的差额。

前款成交价格明显低于市场价格并且无正当理由的,或者所交换土地使用权、房屋的价格的差额明显不合理并且无正当理由的,由征收机关参照市场价格核定。

【注释】　相关规定包括:《财政部　国家税务总局关于契税征收中几个问题的批复》(财税[1998]96号)、《财政部　国家税务总局关于房屋附属设施有关契税政策的批复》(财税[2004]126号)、《财政部　国家税务总局关于国有土地使用权出让等有关契税问题的通知》(财税[2004]134号)、《财政部　国家税务总局关于土地使用权转让契税计税依据的批复》(财税[2007]162号)、《国家税务总局关于承受装修房屋契税计税价格问题的批复》(国税函[2007]606号)。

第五条　契税应纳税额,依照本条例第3条规定的税率和第4条规定的计税依据计算征收。应纳税额计算公式:

应纳税额 = 计税依据 × 税率

应纳税额以人民币计算。转移土地、房屋权属以外汇结算的,按照纳税义务发生之日中国人民银行公布的人民币市场汇率中间价折合成人民币计算。

第六条 有下列情形之一的,减征或者免征契税:

(一)国家机关、事业单位、社会团体、军事单位承受土地、房屋用于办公、教学、医疗、科研和军事设施的,免征;

(二)城镇职工按规定第一次购买公有住房的,免征;

(三)因不可抗力灭失住房而重新购买住房的,酌情准予减征或者免征;

(四)财政部规定的其他减征、免征契税的项目。

【注释】 相关规定包括:《财政部 国家税务总局关于契税征收中几个问题的批复》(财税[1998]96号)、《财政部 国家税务总局关于调整房地产市场若干税收政策的通知》(财税[1999]210号)、《国家税务总局关于对监狱管理部门承受土地房屋直接用于监狱建设免征契税的批复》(国税函[1999]572号)、《财政部 国家税务总局关于公有制单位职工首次购买住房免征契税的通知》(财税[2000]130号)、《国家税务总局关于免征军队武警部队政法机关所办企业脱钩移交过程中所涉契税的批复》(国税函[2000]468号)、《财政部 国家税务总局关于对中国农业发展银行各级机构购买办公房屋恢复征收契税的通知》(财税[2001]63号)、《财政部 国家税务总局关于社会力量办学契税政策问题的通知》(财税[2001]156号)、《财政部 国家税务总局关于企业改革中有关契税政策的通知》(财税[2001]161号)、《国家税务总局关于免征被撤销金融机构在财产清理中取得土地房屋权属所涉契税的批复》(国税函[2002]777)、《财政部 国家税务总局关于教育税收政策的通知》(财税[2004]39号)、《财政部 国家税务总局关于房屋附属设施有关契税政策的批复》(财税[2004]126号)、《财政部 国家税务总局关于国有土地使用权出让等有关契税问题的通知》(财税[2004]134号)、《国家税务总局关于中国人寿保险(集团)公司重组改制后有关税务问题的通知》(国税函[2004]852号)、《国家税务总局关于继承土地、房屋权属有关契税问题的批复》(国税函[2004]1036号)、《财政部 国家税务总局关于国家石油储备基地建设有关税收政策的通知》(财税[2005]23号)、《财政部 国家税务总局关于城镇房屋拆迁有关税收政策的通知》(财税[2005]45号)、《国家税务总局 财政部 建设部关于加强房地产税收管理的通知》(国税发[2005]89号)、《国家税务总局关于免征土地出让金出让国有土地使用权征收契税的批复》(国税函[2005]436号)。

第七条 经批准减征、免征契税的纳税人改变有关土地、房屋的用途,不再属于本条例第6条规定的减征、免征契税范围的,应当补缴已经减征、免征的税款。

【注释】 相关规定包括:《国家税务总局关于印发〈耕地占用税契税减免管理办法〉的通知》(国税发[2004]99号)、《国家税务总局关于未办理土地使用权证转让土地有关税收问题的批复》(国税函[2007]645号)。

第八条 契税的纳税义务发生时间,为纳税人签订土地、房屋权属转移合同的当天,或者纳税人取得其他具有土地、房屋权属转移合同性质凭证的当天。

第九条 纳税人应当自纳税义务发生之日起10日内,向土地、房屋所在地的契税征收机关办理纳税申报,并在契税征收机关核定的期限内缴纳税款。

【注释】 相关规定包括:《国家税务总局关于进一步明确契税纳税人有关法律责任的通知》(国税发[1998]195号)。

第十条 纳税人办理纳税事宜后,契税征收机关应当向纳税人开具契税完税凭证。

第十一条 纳税人应当持契税完税凭证和其他规定的文件材料,依法向土地管理部门、房产管理部门办理有关土地、房屋的权属变更登记手续。

纳税人未出具契税完税凭证的,土地管理部门、房产管理部门不予办理有关土地、房屋的权属变更登记手续。

【注释】 相关规定包括:《国家税务总局 国家土地管理局关于契税征收管理有关问题的通知》(国税发[1998]31号)。

第十二条 契税征收机关为土地、房屋所在地的财政机关或者地方税务机关。具体征收机关由省、自治区、直辖市人民政府确定。

土地管理部门、房产管理部门应当向契税征收机关提供有关资料,并协助契税征收机关依法征收契税。

第十三条 契税的征收管理,依照本条例和有关法律、行政法规的规定执行。

第十四条　财政部根据本条例制定细则。

第十五条　本条例自1997年10月1日起施行。1950年4月3日中央人民政府政务院发布的《契税暂行条例》同时废止。

中华人民共和国契税暂行条例细则

财法[1997]52号

第一条　根据《中华人民共和国契税暂行条例》(以下简称条例)的规定,制定本细则。

第二条　条例所称土地、房屋权属,是指土地使用权、房屋所有权。

第三条　条例所称承受,是指以受让、购买、受赠、交换等方式取得土地、房屋权属的行为。

第四条　条例所称单位,是指企业单位、事业单位、国家机关、军事单位和社会团体以及其他组织。

条例所称个人,是指个体经营者及其他个人。

第五条　条例所称国有土地使用权出让,是指土地使用者向国家交付土地使用权出让费用,国家将国有土地使用权在一定年限内让予土地使用者的行为。

第六条　条例所称土地使用权转让,是指土地使用者以出售、赠与、交换或者其他方式将土地使用权转移给其他单位和个人的行为。

条例所称土地使用权出售,是指土地使用者以土地使用权作为交易条件,取得货币、实物、无形资产或者其他经济利益的行为。

条例所称土地使用权赠与,是指土地使用者将其土地使用权无偿转让给受赠者的行为。

条例所称土地使用权交换,是指土地使用者之间相互交换土地使用权的行为。

第七条　条例所称房屋买卖,是指房屋所有者将其房屋出售,由承受者交付货币、实物、无形资产或者其他经济利益的行为。

条例所称房屋赠与,是指房屋所有者将其房屋无偿转让给受赠者的行为。

条例所称房屋交换,是指房屋所有者之间相互交换房屋的行为。

第八条　土地、房屋权属以下列方式转移的,视同土地使用权转让、房屋买卖或者房屋赠与征税:

(一)以土地、房屋权属作价投资、入股;

(二)以土地、房屋权属抵债;

(三)以获奖方式承受土地、房屋权属;

(四)以预购方式或者预付集资建房款方式承受土地、房屋权属。

第九条　条例所称成交价格,是指土地、房屋权属转移合同确定的价格。包括承受者应交付的货币、实物、无形资产或者其他经济利益。

【注释】　相关规定包括:《财政部　国家税务总局关于契税征收中几个问题的批复》(财税[1998]96号)、相关规定包括:《国家税务总局关于进一步明确契税纳税人有关法律责任的通知》(国税发[1998]195号)。

第十条　土地使用权交换、房屋交换,交换价格不相等的,由多交付货币、实物、无形资产或者其他经济利益的一方缴纳税款。交换价格相等的,免征契税。

土地使用权与房屋所有权之间相互交换,按照前款征税。

第十一条　以划拨方式取得土地使用权的,经批准转让房地产时,应由房地产转让者补缴契税。其计税依据为补缴的土地使用权出让费用或者土地收益。

第十二条　条例所称用于办公的,是指办公室(楼)以及其他直接用于办公的土地、房屋。

条例所称用于教学的,是指教室(教学楼)以及其他直接用于教学的土地、房屋。

条例所称用于医疗的，是指门诊部以及其他直接用于医疗的土地、房屋。

条例所称用于科研的，是指科学试验的场所以及其他直接用于科研的土地、房屋。

条例所称用于军事设施的，是指：

（一）地上和地下的军事指挥作战工程；

（二）军用的机场、港口、码头；

（三）军用的库房、营区、训练场、试验场；

（四）军用的通信、导航、观测台站；

（五）其他直接用于军事设施的土地、房屋。

本条所称其他直接用于办公、教学、医疗、科研的以及其他直接用于军事设施的土地、房屋的具体范围，由省、自治区、直辖市人民政府确定。

【注释】　相关规定包括：《财政部　国家税务总局关于契税征收中几个问题的批复》（财税[1998]96号）、相关规定包括：《国家税务总局关于进一步明确契税纳税人有关法律责任的通知》（国税发[1998]195号）。

第十三条　条例所称城镇职工按规定第一次购买公有住房的，是指经县以上人民政府批准，在国家规定标准面积以内购买的公有住房。城镇职工享受免征契税，仅限于第一次购买的公有住房。超过国家规定标准面积的部分，仍应按照规定缴纳契税。

第十四条　条例所称不可抗力，是指自然灾害、战争等不能预见、不能避免、并不能克服的客观情况。

第十五条　根据条例第六条的规定，下列项目减征、免征契税：

（一）土地、房屋被县级以上人民政府征用、占用后，重新承受土地、房屋权属的，是否减征或者免征契税，由省、自治区、直辖市人民政府确定。

（二）纳税人承受荒山、荒沟、荒丘、荒滩土地使用权，用于农、林、牧、渔业生产的，免征契税。

（三）依照我国有关法律规定以及我国缔结或参加的双边和多边条约或协定的规定应当予以免税的外国驻华使馆、领事馆、联合国驻华机构及其外交代表、领事官员和其他外交人员承受土地、房屋权属的，经外交部确认，可以免征契税。

第十六条　纳税人符合减征或者免征契税规定的，应当在签订土地、房屋权属转移合同后10日内，向土地、房屋所在地的契税征收机关办理减征或者免征契税手续。

【注释】　相关规定包括：《国家税务总局关于印发〈耕地占用税契税减免管理办法〉的通知》（国税发[2004]99号）。

第十七条　纳税人因改变土地、房屋用途应当补缴已经减征、免征契税的，其纳税义务发生时间为改变有关土地、房屋用途的当天。

【注释】　相关规定包括：《国家税务总局关于印发〈耕地占用税契税减免管理办法〉的通知》（国税发[2004]99号）。

第十八条　条例所称其他具有土地、房屋权属转移合同性质凭证，是指具有合同效力的契约、协议、合约、单据、确认书以及由省、自治区、直辖市人民政府确定的其他凭证。

第十九条　条例所称有关资料，是指土地管理部门、房产管理部门办理土地、房屋权属变更登记手续的有关土地、房屋权属、土地出让费用、成交价格以及其他权属变更方面的资料。

第二十条　征收机关可以根据征收管理的需要，委托有关单位代征契税，具体代征单位由省、自治区、直辖市人民政府确定。

代征手续费的支付比例，由财政部另行规定。

【注释】　相关规定包括：《国家税务总局关于征收机关直接征收契税的通知》（国税发[2004]137号）。

第二十一条　省、自治区、直辖市人民政府根据条例和本细则的规定制定实施办法，并报财政部和国家税务总局备案。

第二十二条　本细则自1997年10月1日起施行。此前财政部关于契税的各项规定同时废止。

国家税务总局 国家土地管理局关于契税征收管理有关问题的通知

国税发[1998]31号

各省、自治区、直辖市和计划单列市财政厅(局)、地方税务局、土地(国土)管理局(厅):

为了加强契税征收机关与土地管理部门的工作配合,做好契税征收管理工作,根据《中华人民共和国契税暂行条例》、《中华人民共和国契税暂行条例细则》和《中华人民共和国土地管理法》、《中华人民共和国城市房地产管理法》等法律、法规规定,现就契税征收管理中的有关问题通知如下:

一、各级契税征收机关应当结合当地实际情况,建立一套完善的契税征收管理制度。各级土地管理部门要予以积极支持和配合,协助当地契税征收机关做好契税的征收管理工作。

二、土地管理部门和契税征收机关要共同做好契税征收管理与土地使用权的权属管理的衔接工作。

土地管理部门在受理土地变更登记申请后,对土地权属及变更事项进行审核,对符合变更登记规定的,要求当事人出示契税完税凭证或免税证明。对未取得契税完税凭证或免税证明的,土地管理部门不予办理土地变更登记手续。

三、契税征收机关可向土地管理部门查询所需土地使用权权属及出让、转让时间、成交价格及已公布的土地基准地价等与征收契税有关的资料。土地管理部门应当向契税征收机关提供所需的资料。契税征收机关应对在土地管理部门查询的资料严格保密,未经允许,不得转让或公开引用。

契税征收机关应向土地管理部门提供所需已办理契税完税或免税手续的房地产交易情况。

四、土地管理部门在土地证书的定期查验时,可联合契税征收机关对契税完税情况进行检查。对检查中发现的逃避纳税和不办理土地变更登记手续的,应责令其完税和办理土地变更登记手续,并依照有关规定进行处理。

对于需要按评估价格计征契税的,应当委托具备土地评估资格的评估机构进行有关的评估,以规范房地产市场交易行为,确保国家税收不受损失。

【注释】 对《契税暂行条例》第11条进行了解释。

财政部 国家税务总局关于契税征收中几个问题的批复

财税[1998]96号

江苏省财政厅:

你厅《关于契税征收中几个问题的请示》(苏财农税[1998]010号)收悉。经研究,现批复如下:

一、关于计税价格问题。根据《中华人民共和国契税暂行条例》(以下简称条例)第四条第(一)款及《中华人民共和国契税暂行条例细则》(以下简称细则)第九条的规定,土地使用权出让、土地使用权出售、房屋买卖的计税依据是成交价格,即土地、房屋权属转移合同确定的价格,包括承受者应交付的货币、实物、无形资产或者其他经济利益。因此,合同确定的成交价格中包含的所有价款都属于计税依据范围。土地使用权出让、土地使用权转让、房屋买卖的成交价格中所包含的行政事业性收费,属于成交价格的组成部分,不应从中剔除,纳税人应按合同确定的成交价格全额计算缴纳契税。

二、关于购买安居房,经济适用住房的减免税问题。条例没有对这种情况给予减征或者免征契税的规定。因此,应对购买安居房、经济适用住房者照章征收契税。

三、关于经营性事业单位的减免税问题。目前我国对事业单位没有按是否经营性这一标准进行分类。根据条例第六条、细则第十二条和财政部1996年发布的《事业单位财务规则》的规定,对事业单位承受土地、房屋免征契税应同时符合两个条件：一是纳税人必须是按《事业单位财务规则》进行财务核算的事业单位；二是所承受的土地、房屋必须用于办公、教学、医疗、科研项目。凡不符合上述两个条件的，一律照章征收契税。对按《事业单位财务规则》第四十五条规定，应执行《企业财务通则》和同行业或相近行业企业财务制度的事业单位或者事业单位的特定项目，其承受的土地、房屋要照章征收契税。

【注释】 对《契税暂行条例》第4、6条进行了解释。对《契税暂行条例实施细则》第9、12条进行了解释。

国家税务总局关于进一步明确契税纳税人有关法律责任的通知

国税发[1998]195号

北京、天津、河北、黑龙江、上海、江苏、浙江、安徽、福建、江西、山东、河南、湖北、湖南、广东、广西、重庆、贵州、陕西、宁夏、新疆、青海省(自治区、直辖市)及宁波、厦门、青岛、深圳市财政厅(局)，山西、内蒙古、辽宁、吉林、海南、四川、云南、甘肃省(自治区)及大连市地方税务局：

为了加强契税征收管理工作，根据《中华人民共和国行政处罚法》规定的原则，依据《中华人民共和国税收征收管理法》(以下简称征管法)及其实施细则和《中华人民共和国契税暂行条例》(以下简称契税条例)的有关规定，现对契税纳税人违法行为给予行政处罚的规定及有关法律责任进一步明确如下：

一、根据征管法第二十条及其实施细则第三十条和契税条例第九条规定，契税纳税人(以下简称纳税人)应在主管契税征收管理工作的财政机关或者地方税务机关(以下简称征收机关)核定的期限内缴纳税款。纳税人因有特殊困难，不能按期缴纳税款的，经县以上征收机关批准，可以延期缴纳税款，但最长不得超过三个月，且同一纳税人在一个纳税年度内只能申请延期缴纳一次。在征收机关批准的期限内，不加收滞纳金。纳税人未按规定期限缴纳税款的，征收机关除责令限期缴纳外，从滞纳税款之日起，按日加收滞纳税款2‰的滞纳金。

二、根据征管法第二十七条、第四十六条规定，从事生产、经营的纳税人未按照规定的期限缴纳税款，由征收机关责令限期缴纳，逾期仍未缴纳的，经县以上征收机关负责人(财政局或者地方税务局局长)批准，征收机关可以采取下列强制执行措施：

(一)书面通知其开户银行或者其他金融机构从其存款中扣缴税款；

(二)扣押、查封、拍卖其价值相当于应纳税款的商品、货物或者其他财产，以拍卖所得抵缴税款。

征收机关采取强制执行措施时，对前款所列纳税人，征收机关除追缴其不缴或者少缴的税款外，可以处以不缴或者少缴的税款5倍以下的罚款。对前款所列纳税人未缴纳的滞纳金同时强制执行。

三、根据征管法第三十一条及其实施细则第五十四条、第五十五条规定，因征收机关的责任，致使纳税人未缴或者少缴税款的，征收机关在3年内可以要求纳税人补缴税款，但不得加收滞纳金。

因纳税人计算错误等失误，未缴或者少缴税款的，征收机关在3年内可以追征；未缴或者少缴数额在10万元以上的，追征期可以延长到10年。纳税人和其他当事人因偷税未缴或者少缴的税款，征收机关可以无限期追征。

四、根据征管法第三十九条规定，纳税人未按照规定的期限办理纳税申报的，由征收机关责令限期改正，可以处以2000元以下的罚款；逾期不改正的，可以处以2000元以上1万元以下的罚款。

五、根据征管法第四十条规定，纳税人采取伪造、变造、隐匿、擅自销毁合同、契约、协议、合约、单据、确认书、评估证明等凭证或者进行虚假的纳税申报的手段，不缴或者少缴应纳税款的，以偷税论处。偷税数额不满1万元或者偷税数额占应纳税数额不足10%的，由征收机关追缴其偷税款，处以偷税额5倍以下的罚款。

六、根据征管法第四十一条规定，纳税人欠缴应纳税款，采取转移或者隐匿财产的手段，致使征收机关无法追缴的税款，数额不满1万元的，由征收机关追缴其欠缴税款，处以欠缴税款5倍以下的罚款。

七、根据征管法第四十五条规定，以暴力、威胁方法拒不缴纳税款的，是抗税。情节轻微，未构成犯罪的，由征收机关追缴其拒缴的税款，处以拒缴税款5倍以下的罚款。

八、根据征管法第五十六条规定，纳税人同征收机关在纳税上发生争议时，必须先依照契税条例及其他有关规定缴纳税款及滞纳金，然后可以在收到征收机关填发的缴款凭证之日起60日内向上一级征收机关申请复议。上一级征收机关应当自收到复议申请之日起60日内作出复议决定。对复议决定不服的，可以在接到复议决定书之日起15日内向人民法院起诉。当事人对征收机关的处罚决定、强制执行措施不服的，可以在接到处罚通知之日起或者征收机关采取强制执行措施之日起15日内向作出处罚决定或者采取强制执行措施的征收机关的上一级机关申请复议；对复议决定不服的，可以在接到复议决定书之日起15日内向人民法院起诉。当事人也可以在接到处罚通知之日起或者征收机关采取强制执行措施之日起15日内直接向人民法院起诉。复议和诉讼期间，强制执行措施不停止执行。

当事人对征收机关的处罚决定逾期不申请复议也不向人民法院起诉、又不履行，作出处罚决定的征收机关可以申请人民法院强制执行。

九、根据《中华人民共和国行政处罚法》第二十条规定，契税违法行为发生地的县级以上（含县级）征收机关具有行政处罚权。

十、纳税人因偷税、抗税或欠缴税款构成犯罪的，交由司法机关依照《中华人民共和国刑法》第二百零一条、第二百零二条、第二百零三条进行处理。

【注释】　对《契税暂行条例》第9条进行了解释。对《契税暂行条例实施细则》第9、12条进行了解释。

国家税务总局关于城镇居民委托代建房屋契税征免问题的批复

国税函[1998]829号

湖北省财政厅：

你厅《关于城镇居民委托代建房屋如何征收契税的请示》（鄂财农税发[1998]1014号）收悉。经研究，现批复如下：

根据你厅提供的情况，仙桃市居民赵明超通过与房屋开发商签定“双包代建”合同，由开发商承办规划许可证、准建证、土地使用证等手续，并由委托方按地价与房价之和向开发商付款的方式取得房屋所有权，实质上是一种以预付款方式购买商品房的行为，应照章征收契税。

【注释】　对《契税暂行条例》第2条进行了解释。

国家税务总局关于离婚后房屋权属变化是否征收契税的批复

国税函[1999]391号

广东省财政厅：

你厅《关于对离婚后房屋权属变化是否征收契税的请示》（粤财字[1999]85号）收悉，经研究，现批复如下：

根据我国婚姻法的规定，夫妻共有房屋属共同共有财产。因夫妻财产分割而将原共有房屋产权归属一方，是房产共有权的变动而不是现行契税政策规定征税的房屋产权转移行为。因此，对离婚后原共有房屋产权的归属人不征收契税。

【注释】　对《契税暂行条例》第2条进行了解释。

国家税务总局关于出售或租赁房屋使用权是否征收契税问题的批复

国税函[1999]465号

河南省财政厅：

你厅《关于出售或租赁房屋使用权征收契税的请示》(豫财农税字[1999]27号)收悉。经研究，现批复如下：

房屋使用权与房屋所有权是两种不同性质的权属。根据现行契税法规的规定，房屋使用权的转移行为不属于契税征收范围，不应征收契税。

【注释】 对《契税暂行条例》第2条进行了解释。

财政部　国家税务总局关于调整房地产市场若干税收政策的通知

财税[1999]210号

各省、自治区、直辖市、计划单列市财政厅(局)、国家税务局、地方税务局、新疆生产建设兵团：

为了配合国家住房制度改革，有效启动房地产市场，积极培育新的经济增长点，经国务院批准，现对房地产市场有关税收政策问题通知如下：

一、关于营业税和契税的政策问题

为了切实减轻个人买卖普通住宅的税收负担，积极启动住房二级市场，对个人购买并居住超过一年的普通住宅，销售时免征营业税；个人购买并居住不足一年的普通住宅，销售时营业税按销售价减去购入原价后的差额计征；个人自建自用住房，销售时免征营业税；个人购买自用普通住宅，暂减半征收契税。

为了支持住房制度的改革，对企业、行政事业单位按房改成本价、标准价出售住房的收入，暂免征收营业税。

二、关于空置商品住房税收政策问题

为了加快住房资金周转，降低金融资产的风险，促进积压空置商品房的销售，对积压空置的商品住房销售时应缴纳的营业税、契税在2000年底前予以免税优惠。

空置商品住房限于1998年6月30日以前建成尚未售出的商品住房。

三、关于土地增值税征免政策问题

对居民个人拥有的普通住宅，在其转让时暂免征收土地增值税。

本通知自1999年8月1日起执行。部分地区在此之前越权自行制定的房地产市场税收政策，凡与本通知规定不符的一律改按本通知的规定执行。

【注释】 对《契税暂行条例》第6条进行了解释。

国家税务总局关于对监狱管理部门承受土地房屋直接用于监狱建设免征契税的批复

国税函[1999]572号

福建省财政厅：

你厅《关于监狱管理部门接收土地及地面建筑物是否征收契税的请示》(闽财农税[1999]53号)收悉。

现批复如下：

监狱管理部门是对犯罪人员执行刑罚的机关，其所承担的公务有一定特殊性，除干警办公用房外，监舍也是执行公务的必备条件。因此，对监狱管理部门承受土地、房屋直接用于监狱建设，视同国家机关的办公用房建设，免征契税。

【注释】　对《契税暂行条例》第 6 条进行了解释。

国家税务总局关于抵押贷款购买商品房征收契税的批复

国税函[1999]613 号

青岛市财政局：

你局《关于抵押贷款购买商品房征收契税的请示》（青财农税[1999]12 号）收悉。经研究，批复如下：

购房人以按揭、抵押贷款方式购买房屋，当其从银行取得抵押凭证时，购房人与原产权人之间的房屋产权转移已经完成，契税纳税义务已经发生，必须依法缴纳契税。

【注释】　对《契税暂行条例》第 2 条进行了解释。

国家税务总局关于以补偿征地款方式取得的房产征收契税的批复

国税函[1999]737 号

广东省财政厅：

你厅《关于以补偿征地款方式取得的房产是否征收契税的请示》（粤财农[1999]31 号）收悉。现批复如下：

你省汕头市龙眼街道办事处征用属下南墩管理区土地与华乾工业园有限公司合建商品房，并在商品房建成后，将其中一部分商品房产权以补偿征地款方式转移给南墩管理区的居民。这种房地产转移方式实质上是一种以征地款购买房产的行为，应依法缴纳契税。

【注释】　对《契税暂行条例》第 2 条进行了解释。

财政部　国家税务总局关于本溪金岛生态农业发展有限公司承受农村集体土地使用权征收契税的批复

财税[2000]26 号

辽宁省地方税务局：

你局《关于对本溪金岛生态农业发展有限公司承受土地使用权是否征收契税的请示》（辽地税农[2000]12 号）收悉。现批复如下：

你省本溪金岛生态农业发展有限公司有偿受让桓仁县横道河子村林地及耕地使用权 50 年，用于生态农业的综合开发，不属于农村集体土地承包经营权的转移，应按土地使用权转让征收契税。

【注释】　对《契税暂行条例细则》第 6 条进行了解释。

财政部　国家税务总局关于免征军建离退休干部住房移交地方政府管理所涉及契税的通知

财税[2000]176 号

各省、自治区、直辖市和计划单列市财政厅(局)、地方税务局:

根据国务院、中央军委指示精神,民政部、总后勤部等八部(委、局)日前发出的《关于印发〈移交政府安置的军队离退休干部住房保障改革实施办法〉的通知》([2000]后营字第 70 号)规定:军队离退休干部住房由国家投资建设,军队和地方共同承担建房任务,其中军队承建部分完工后应逐步移交地方政府管理。

军建离退休干部住房移交地方政府管理是军队离退休干部住房保障和管理方式的调整,是军队住房制度改革的重要措施之一。为配合国务院、中央军委决策的顺利实施,免征军建离退休干部住房及附属用房移交地方政府管理所涉及的契税。

国家税务总局关于免征军队武警部队政法机关所办企业脱钩移交过程中所涉契税的批复

国税函[2000]468 号

广东省财政厅:

你厅《关于军队武警部队政法机关所属企业与之脱钩时发生的房地产权属转移可否免征契税的请示》(粤财农[2000]77 号)收悉。现批复如下:

中共中央、国务院、中央军委批准的《军队、武警部队不再从事经商活动的实施方案》(中办发[1998]24 号)和《政法机关不再从事经商活动的实施方案》(中办发[1998]25 号)中明确规定:军队、武警部队和政法机关所办并移交地方的企业,其资产实行无偿划转。为贯彻党中央、国务院和中央军委的指示精神,对军队、武警部队和政法机关所办企业脱钩移交过程中涉及的契税予以免征。

【注释】　对《契税暂行条例》第 6 条进行了解释。

财政部　国家税务总局关于公有制单位职工首次购买住房免征契税的通知

财税[2000]130 号

各省、自治区、直辖市和计划单列市财政厅(局)、地方税务局:

为配合国家住房制度改革,减轻城镇职工购房负担,现就契税有关政策明确如下:

对各类公有制单位为解决职工住房而采取集资建房方式建成的普通住房或由单位购买的普通商品住房,经当地县以上人民政府房改部门批准,按照国家房改政策出售给本单位职工的,如属职工首次购买住房,均比照《中华人民共和国契税暂行条例》第六条第二款“城镇职工按规定第一次购买公有住房的,免征”的规定,免征契税。

本规定从发文之日起实施,此前已征税款不予退还。

【注释】　对《契税暂行条例》第 6 条进行了解释。

财政部 国家税务总局关于对中国农业发展银行各级机构购买办公房屋恢复征收契税的通知

财税[2001]63号

各省、自治区、直辖市、计划单列市财政厅(局)、地方税务局:

经国务院批准,《财政部、国家税务总局关于对中国农业发展银行契税征免政策的通知》(财税字[1998]123号)到期停止执行。从2001年1月1日起,对中国农业发展银行各级机构购买办公用房恢复征收契税。

【注释】 对《契税暂行条例》第6条进行了解释。

财政部 国家税务总局关于社会力量办学契税政策问题的通知

财税[2001]156号

各省、自治区、直辖市、计划单列市财政厅(局)、地方税务局,新疆生产建设兵团财务局:

根据《中华人民共和国教育法》提出的"任何组织和个人不得以营利为目的举办学校及其他教育机构"的精神,以及国务院发布的《社会力量办学条例》中关于"社会力量举办的教育机构依法享有与国家举办的教育机构平等的法律地位"的规定,对县级以上人民政府教育行政主管部门或劳动行政主管部门批准并核发《社会力量办学许可证》,由企业事业组织、社会团体及其他社会组织和公民个人利用非国家财政性教育经费面向社会举办的教育机构,其承受的土地、房屋权属用于教学的,比照《中华人民共和国契税暂行条例》第六条第(一)款的规定,免征契税。

本通知自2001年10月1日起实施。

【注释】 对《契税暂行条例》第6条进行了解释。

财政部 国家税务总局关于企业改革中有关契税政策的通知

财税[2001]161号

各省、自治区、直辖市、计划单列市财政厅(局)、地方税务局,新疆生产建设兵团财务局:

为了促进国民经济持续健康发展,推动企业改革的逐步深化,现就企业改革中有关转制重组的契税政策通知如下:

一、公司制改造

公司制改造,是指非公司制企业按照《公司法》要求改建为有限责任公司(含国有独资公司)或股份有限公司,或经批准由有限责任公司变更为股份有限公司。

在公司制改造中,对不改变投资主体和出资比例改建成的公司制企业承受原企业土地、房屋权属的,不征契税;对独家发起、募集设立的股份有限公司承受发起人土地、房屋权属的,免征契税;对国有、集体企业经批准改建成全体职工持股的有限责任公司或股份有限公司承受原企业土地、房屋权属的,免征契税;对其余涉及土地,房屋权属转移的,征收契税。

二、企业合并

企业合并是指两个或者两个以上的企业,依照法律规定、合同约定改建为一个企业的行为。合并有吸收合并和新设合并两种形式。一个企业存续,其他企业解散的,为吸收合并;设立一个新企业,原各方企业解散的,为新设合并。

企业合并中,新设方或者存续方承受被解散方土地、房屋权属,如合并前各方为相同投资主体的,则不征契税,其余征收契税。

三、企业分立

企业分立是指企业依照法律规定、合同约定分设为两个或两个以上投资主体相同的企业的行为。分立有存续分立和新设分立两种形式。原企业存续,而其一部分分出、派生设立为一个或数个新企业的,为存续分立;原企业解散,分立出的各方分别设立为新企业的,为新设分立。

企业分立中,对派生方、新设方承受原企业土地、房屋权属的,不征契税。

四、股权重组

股权重组是指企业股东持有的股份或出资发生变更的行为。股权重组主要包括股权转让和增资扩股两种形式。股权转让是指企业的股东将其持有的股份或出资部分或全部转让给他人;增资扩股是指公司向社会公众或特定单位、个人募集出资、发行股票。

在股权转让中,单位、个人承受企业股权,企业的土地、房屋权属不发生转移,不征契税;在增资扩股中,对以土地、房屋权属作价入股或作为出资投入企业的,征收契税。

五、企业破产

企业破产是指企业因经营管理不善造成严重亏损,不能清偿到期债务而依法宣告破产的法律行为。

企业破产清算期间,对债权人(包括破产企业职工)承受破产企业土地、房屋权属以抵偿债务的,免征契税;对非债权人承受破产企业土地、房屋权属的,征收契税。

本通知发布前,属免征事项的应纳税款不再追缴,已征税款不予退还。

【注释】 对《契税暂行条例》第6条进行了解释。

国家税务总局关于保险公司分业经营改革中不动产转移过户有关税收政策的通知

国税发[2002]69号

各省、自治区、直辖市和计划单列市地方税务局、财政厅(局):

为进一步落实《中华人民共和国保险法》有关综合性保险公司必须财、寿险业务分业经营的规定和国务院关于保险公司分业改革的指示精神,综合性保险公司及其子公司需将其所拥有的不动产划转到新设立的财产保险公司和人寿保险公司。由于上述这种不动产所有权转移过户过程中,并未发生有偿销售不动产行为,也不具备其他形式的交易性质,因此,对保险分业经营改革过程中,综合性保险公司及其子公司将其所拥有的不动产所有权划转过户到因分业而新设立的财产保险公司和人寿保险公司的行为,不征收营业税、契税。

【注释】 对《契税暂行条例》第2条进行了解释。

国家税务总局关于办理期房退房手续后应退还已征契税的批复

国税函[2002]622号

新疆维吾尔自治区财政厅:

你厅《关于对办理期房退房手续后是否可以退契税的请示》(新财农税[2002]10号)收悉。现批复如下:

按照现行契税政策规定,购房者应在签订房屋买卖合同后、办理房屋所有权变更登记之前缴纳契税。

对交易双方已签订房屋买卖合同，但由于各种原因最终未能完成交易的，如购房者已按规定缴纳契税，在办理期房退房手续后，对其已纳契税款应予以退还。

【注释】　对《契税暂行条例》第1条进行了解释。

财政部　国家税务总局关于教育税收政策的通知

财税[2004]39号

各省、自治区、直辖市、计划单列市财政厅（局）、国家税务局、地方税务局，新疆生产建设兵团财务局：

为了进一步促进教育事业发展，经国务院批准，现将有关教育的税收政策通知如下：

……

三、关于耕地占用税、契税、农业税和农业特产税

1. 对学校、幼儿园经批准征用的耕地，免征耕地占用税。享受免税的学校用地的具体范围是：全日制大、中、小学校（包括部门、企业办的学校）的教学用房、实验室、操场、图书馆、办公室及师生员工食堂宿舍用地。学校从事非农业生产经营占用的耕地，不予免税。职工夜校、学习班、培训中心、函授学校等不在免税之列。

2. 国家机关、事业单位、社会团体、军事单位承受土地房屋权属用于教学、科研的，免征契税。用于教学的，是指教室（教学楼）以及其他直接用于教学的土地、房屋。用于科研的，是指科学实验的场所以及其他直接用于科研的土地、房屋。对县级以上人民政府教育行政主管部门或劳动行政主管部门审批并颁发办学许可证，由企业事业组织、社会团体及其他社会和公民个人利用非国家财政性教育经费面向社会举办的学校及教育机构，其承受的土地、房屋权属用于教学的，免征契税。

3. 对农业院校进行科学实验的土地免征农业税。对农业院校进行科学实验所取得的农业特产品收入，在实验期间免征农业特产税。

……

六、本通知自2004年1月1日起执行，此前规定与本通知不符的，以本通知为准。

【注释】　对《契税暂行条例》第6条进行了解释。

财政部　国家税务总局关于房屋附属设施有关契税政策的批复

财税[2004]126号

浙江省财政厅：

你厅《关于要求明确与房屋相关的附属设施契税政策的请示》（浙江省财农税字[2003]26号）收悉。经研究，现批复如下：

一、对于承受与房屋相关的附属设施（包括停车位、汽车库、自行车库、顶层阁楼以及储藏室，下同）所有权或土地使用权的行为，按照契税法律、法规的规定征收契税；对于不涉及土地使用权和房屋所有权转移变动的，不征收契税。

二、采取分期付款方式购买房屋附属设施土地使用权、房屋所有权的，应按合同规定的总价款计征契税。

三、承受的房屋附属设施权属如为单独计价的，按照当地确定的适用税率征收契税；如与房屋统一计价的，适用与房屋相同的契税税率。

【注释】　对《契税暂行条例》第4、6条进行了解释。

耕地占用税契税减免管理办法

国税发[2004]99号

第一条 为了严格执行耕地占用税、契税减免政策,简化减免管理程序,根据《中华人民共和国耕地占用税暂行条例》和《中华人民共和国契税暂行条例》,制定本办法。

第二条 凡依法应予减免的耕地占用税、契税的管理,适用本办法。

第三条 耕地占用税、契税的减免,实行申报管理制度。

申报耕地占用税减免的纳税人应在用地申请获得批准后的30日内,向与批准其占用耕地的土地管理机关同级的征收机关提出减免申报。

由国务院或国土资源部批准占用耕地的,由省级征收机关办理减免手续。

契税纳税人应在土地、房屋权属转移合同生效的10日内,向征收机关提出减免申报。计税金额在10000万元(含10000万元)以上的,由省级征收机关办理减免手续。

第四条 征收机关应指定专人受理、审核减免申报事项。

第五条 受理人应要求申报人如实填写减免申报表并提供相关资料,告知申报人若申报不实或虚假申报而应负的法律责任。

受理人一般应在受理当日内将减免申报表和相关资料移交审核人。申报人没有按照规定提供资料或提供的资料不够全面的,受理人应一次性告知申报人应补正的资料。

第六条 审核人应对申报人提供的资料进行审核。

对于符合减免规定的,审核人应于审核的当日办理减免手续。

对于显然不符合减免规定的,审核人应向申报人说明原因,并核定应纳税额,转入税款征收程序。

情况较为复杂需向上级征收机关请示的,审核人应向申报人说明情况,并在规定时限内办理手续。

第七条 耕地占用税、契税的减免管理,实行逐级备案制度。

占用耕地1000亩(含1000亩)以上的减免,征收机关应在办理减免手续完毕之日起30日内报国家税务总局备案。

契税的计税金额在10000万元(含10000万元)以上的减免,征收机关应在办理减免手续完毕之日起30日内报国家税务总局备案。

第八条 耕地占用税减免,应向国家税务总局备案用地批准文件和减免申报表。

契税减免,应向国家税务总局备案减免申报表。

第九条 占用耕地1000亩以下的耕地占用税的减免和计税金额在10000万元以下的契税减免,其备案办法由省级征收机关制定。

第十条 省级征收机关应根据备案情况定期组织检查。

第十一条 办理减免的征收机关应将办理情况,定期逐级通报基层征收机关。

基层征收机关应对减免情况进行核实,并将核实结果逐级上报至办理减免的征收机关。

第十二条 耕地占用税、契税减免申报应由征收机关受理,其他任何机关、单位和个人都无权受理。地方各级人民政府、各级人民政府主管部门、单位和个人违反法律、行政法规规定,擅自作出的减税、免税规定无效,征收机关不得执行,并向上级征收机关报告。

第十三条 征收机关或征管人员,违反规定擅自受理、审核减免申报的,依照有关规定处理。

第十四条 各省、自治区、直辖市和计划单列市征收机关可以根据本规定制定具体的减免申报管理办法,并向社会公示。

第十五条 本规定自2004年10月1日起施行。

【注释】 对《契税暂行条例》第7条进行了解释。对《契税暂行条例细则》第16、17条进行了解释。

财政部　国家税务总局关于国有土地使用权出让等有关契税问题的通知

财税[2004]134 号

各省、自治区、直辖市、计划单列市财政厅(局)、地方税务局,新疆生产建设兵团财务局:

为了进一步明确与国有土地使用权出让相关的契税政策,推动公有住房上市的进程,现将有关契税政策通知如下:

一、出让国有土地使用权的,其契税计税价格为承受人为取得该土地使用权而支付的全部经济利益。

(一)以协议方式出让的,其契税计税价格为成交价格。成交价格包括土地出让金、土地补偿费、安置补助费、地上附着物和青苗补偿费、拆迁补偿费、市政建设配套费等承受者应支付的货币、实物、无形资产及其他经济利益。

没有成交价格或者成交价格明显偏低的,征收机关可依次按下列两种方式确定:

1. 评估价格:由政府批准设立的房地产评估机构根据相同地段、同类房地产进行综合评定,并经当地税务机关确认的价格。

2. 土地基准地价:由县以上人民政府公示的土地基准地价。

(二)以竞价方式出让的,其契税计税价格,一般应确定为竞价的成交价格,土地出让金、市政建设配套费以及各种补偿费用应包括在内。

二、先以划拨方式取得土地使用权,后经批准改为出让方式取得该土地使用权的,应依法缴纳契税,其计税依据为应补缴的土地出让金和其他出让费用。

三、已购公有住房经补缴土地出让金和其他出让费用成为完全产权住房的,免征土地权属转移的契税。

【注释】　对《契税暂行条例》第 4、6 条进行了解释。

国家税务总局关于继承土地、房屋权属有关契税问题的批复

国税函[2004]1036 号

河南省财政厅:

你厅《关于继承土地房屋权属是否征收契税的请示》(豫财农税[2004]21 号)收悉,现批复如下:

一、对于《中华人民共和国继承法》规定的法定继承人(包括配偶、子女、父母、兄弟姐妹、祖父母、外祖父母)继承土地、房屋权属,不征契税。

二、按照《中华人民共和国继承法》规定,非法定继承人根据遗嘱承受死者生前的土地、房屋权属,属于赠与行为,应征收契税。

【注释】　对《契税暂行条例》第 6 条进行了解释。

国家税务总局关于征收机关直接征收契税的通知

国税发[2004]137 号

各省、自治区、直辖市和计划单列市财政厅(局)、地方税务局:

自 1997 年《中华人民共和国契税暂行条例》实施以来,各级征收机关在国土部门、房管部门的协作配合下,积极探索契税征收方式,不断加强征收管理,促进了契税收入的持续快速增长。契税已经成为地方税

收的重要税种。7年来的征管实践证明,征收机关直接征收契税,是掌握税源情况、制定税收政策的基础,是强化税收管理、严格执行政策的抓手,也是保障契税收入持续快速增长的必要措施。征收机关直接征收契税比委托其他单位代征契税效率高。为此,国家税务总局决定,各级征收机关要在2004年12月31日前停止代征委托,直接征收契税。现将有关要求通知如下:

一、要建立健全直接征收的管理制度。各地征收机关应按照方便纳税人的原则,结合本地实际设置申报窗口,根据国家税务总局有关规定,制定、完善征管工作规程,建立、健全征收岗位责任制度。

二、要及时终止委托代征。现委托其他单位代征契税的征收机关,应根据本地实际确定停止代征的日期并通知代征单位,及时办理票款结报手续,收回委托代征证书。2005年1月1日之后,各级征收机关一律不得委托其他单位代征契税。

三、要规范减免管理程序。征收机关应按照总局制定的关于《耕地占用税契税减免管理办法》(国税发[2004]99号),统筹考虑征收管理和减免管理问题,规范契税减免申报程序,做好契税减免管理工作。

四、要争取政府和相关部门的理解与支持。各级征收机关应积极向本地人民政府汇报情况,说明直接征收契税的财政意义,争取对直接征收契税的理解与支持。根据契税法规和相关政策协调与国土部门、房管部门的工作关系,确保"先税后证",有效控制税源。

五、各省级征收机关收到本通知后,应对本地区契税征管情况进行一次全面的检查、摸底。对于委托其他单位代征契税的,要制定委托代征改为直接征收的工作计划,并督促落实。各省级征收契税应在2005年2月28日前,将本地委托代征改为直接征收的布置、实施情况上报国家税务总局。

【注释】 对《契税暂行条细则》第20条进行了解释。

财政部 国家税务总局关于国家石油储备基地建设有关税收政策的通知

财税[2005]23号

大连、青岛、浙江、宁波省(市)财政厅(局)、地方税务局:

经国务院批准,现对国家石油储备基地第一期项目建设过程中的有关税收政策通知如下:

一、对国家石油储备基地第一期项目建设过程中涉及的营业税、城市维护建设税、教育费附加、城镇土地使用税、印花税、耕地占用税和契税予以免征。

二、上述免税范围仅限于应由国家石油储备基地缴纳的税收。

三、国家石油储备基地第一期项目包括大连、黄岛、镇海、舟山4个储备基地。

【注释】 对《契税暂行条例》第6条进行了解释。

财政部 国家税务总局关于城镇房屋拆迁有关税收政策的通知

财税[2005]45号

各省、自治区、直辖市、计划单列市财政厅(局)、地方税务局,新疆生产建设兵团财务局:

经国务院批准,现将城镇房屋拆迁有关税收政策通知如下:

一、对被拆迁人按照国家有关城镇房屋拆迁管理办法规定的标准取得的拆迁补偿款,免征个人所得税。

二、对拆迁居民因拆迁重新购置住房的,对购房成交价格中相当于拆迁补偿款的部分免征契税,成交价格超过拆迁补偿款的,对超过部分征收契税。

【注释】 对《契税暂行条例》第6条进行了解释。

国家税务总局关于免征土地出让金出让国有土地使用权征收契税的批复

国税函[2005]436 号

北京市地方税务局：

你局《关于对政府以零地价方式出让国有土地使用权征收契税问题的请示》(京地税地[2005]166 号)收悉，批复如下：

根据《中华人民共和国契税暂行条例》及其细则的有关规定，对承受国有土地使用权所应支付的土地出让金，要计征契税。不得因减免土地出让金，而减免契税。

【注释】　对《契税暂行条例》第 6 条进行了解释。

国家税务总局　财政部　建设部关于加强房地产税收管理的通知

国税发[2005]89 号

各省、自治区、直辖市财政厅(局)、地方税务局、建设厅(建委、房地局)，计划单列市财政局、地方税务局、建委(建设局、房地局)，扬州税务进修学院，新疆生产建设兵团建设局：

为贯彻落实《国务院办公厅转发建设部等部门关于做好稳定住房价格工作意见的通知》(国办发[2005]26 号)，进一步加强房地产税收征管，促进房地产市场的健康发展，现将有关事项及要求通知如下：

一、各级地方税务、财政部门和房地产管理部门，要认真贯彻执行房地产税收有关法律、法规和政策规定，建立和完善信息共享、情况通报制度，加强部门间的协作配合。各级地方税务、财政部门要切实加强房地产税收征管，并主动与当地的房地产管理部门取得联系；房地产管理部门要积极配合。

二、2005 年 5 月 31 日以前，各地要根据国办发[2005]26 号文件规定，公布本地区享受优惠政策的普通住房标准(以下简称普通住房)。其中，住房平均交易价格，是指报告期内同级别土地上住房交易的平均价格，经加权平均后形成的住房综合平均价格。由市、县房地产管理部门会同有关部门测算，报当地人民政府确定，每半年公布一次。各级别土地上住房平均交易价格的测算，依据房地产市场信息系统生成数据；没有建立房地产市场信息系统的，依据房地产交易登记管理系统生成数据。

对单位或个人将购买住房对外销售的，市、县房地产管理部门应在办理房屋权属登记的当月，向同级地方税务、财政部门提供权属登记房屋的坐落、产权人、房屋面积、成交价格等信息。

市、县规划管理部门要将已批准的容积率在 1.0 以下的住宅项目清单，一次性提供给同级地方税务、财政部门。新批住宅项目中容积率在 1.0 以下的，按月提供。

地方税务、财政部门要将当月房地产税收征管的有关信息向市、县房地产管理部门提供。

各级地方税务、财政部门从房地产管理部门获得的房地产交易登记资料，只能用于征税之目的，并有责任予以保密。违反规定的，要追究责任。

三、各级地方税务、财政部门要严格执行调整后的个人住房营业税税收政策。

(一)2005 年 6 月 1 日后，个人将购买不足 2 年的住房对外销售的，应全额征收营业税。

(二)2005 年 6 月 1 日后，个人将购买超过 2 年(含 2 年)的符合当地公布的普通住房标准的住房对外销售，应持该住房的坐落、容积率、房屋面积、成交价格等证明材料及地方税务部门要求的其他材料，向地方税务部门申请办理免征营业税手续。地方税务部门应根据当地公布的普通住房标准，利用房地产管理部门和规划管理部门提供的相关信息，对纳税人申请免税的有关材料进行审核，凡符合规定条件的，给予免征营业税。

(三)2005年6月1日后,个人将购买超过2年(含2年)的住房对外销售不能提供属于普通住房的证明材料或经审核不符合规定条件的,一律按非普通住房的有关营业税政策征收营业税。

(四)个人购买住房以取得的房屋产权证或契税完税证明上注明的时间作为其购买房屋的时间。

(五)个人对外销售住房,应持依法取得的房屋权属证书,并到地方税务部门申请开具发票。

(六)对个人购买的非普通住房超过2年(含2年)对外销售的,在向地方税务部门申请按其售房收入减去购买房屋价款后的差额缴纳营业税时,需提供购买房屋时取得的税务部门监制的发票作为差额征税的扣除凭证。

(七)各级地方税务、财政部门要严格执行税收政策,对不符合规定条件的个人对外销售住房,不得减免营业税,确保调整后的营业税政策落实到位;对个人承受不享受优惠政策的住房,不得减免契税。对擅自变通政策、违反规定对不符合规定条件的个人住房给予税收优惠,影响调整后的税收政策落实的,要追究当事人的责任。对政策执行中出现的问题和有关情况,应及时上报国家税务总局。

四、各级地方税务、财政部门要充分利用房地产交易与权属登记信息,加强房地产税收管理。要建立、健全房地产税收税源登记档案和税源数据库,并根据变化情况及时更新税源登记档案和税源数据库的信息;要定期将从房地产管理部门取得的权属登记资料等信息,与房地产税收征管信息进行比对,查找漏征税款,建立催缴制度,及时查补税款。

各级地方税务、财政部门在房地产税收征管工作中,如发现纳税人未进行权属登记的,应及时将有关信息告知当地房地产管理部门,以便房地产管理部门加强房地产权属管理。

五、各级地方税务、财政部门和房地产管理部门要积极协商,创造条件,在房地产交易和权属登记等场所,设立房地产税收征收窗口,方便纳税人。

六、市、县房地产管理部门在办理房地产权属登记时,应严格按照《中华人民共和国契税暂行条例》、《中华人民共和国土地增值税暂行条例》的规定,要求出具完税(或减免)凭证;对于未出具完税(或减免)凭证的,房地产管理部门不得办理权属登记。

七、各级地方税务、财政部门应努力改进征缴税款的办法,减少现金收取,逐步实现税银联网、划卡缴税。由于种种原因,仍需收取现金税款的,应规范解缴程序,加强安全管理。

八、对于房地产管理部门配合税收管理增加的支出,地方财税部门应给予必要的经费支持。

九、各省级地方税务部门要积极参与本地区房地产市场分析监测工作,密切关注营业税税收政策调整后的政策执行效果,及时做出营业税政策调整对本地区的房地产市场产生影响的评估报告,并将分析评估报告按季上报国家税务总局。

十、各地地方税务、财政部门和房地产管理部门,可结合本地情况,共同协商研究制定贯彻落实本通知的具体办法。

【注释】 对《契税暂行条例》第6条进行了解释。

国家税务总局关于房地产税收政策执行中几个具体问题的通知

国税发[2005]172号

各省、自治区、直辖市和计划单列市财政厅(局)、地方税务局,扬州税务进修学院,局内各单位:

根据《国家税务总局 财政部 建设部关于加强房地产税收管理的通知》(国税发[2005]89号)(以下简称《通知》)的精神,经商财政部、建设部,现就各地在贯彻落实《通知》中的几个具体政策问题明确如下:

一、《通知》第三条第二款中规定的"成交价格"是指住房持有人对外销售房屋的成交价格。

二、《通知》第三条第四款中规定的"契税完税证明上注明的时间"是指契税完税证明上注明的填发日期。

三、纳税人申报时,同时出具房屋产权证和契税完税证明且二者所注明的时间不一致的,按照"孰先"的原则确定购买房屋的时间。即房屋产权证上注明的时间早于契税完税证明上注明的时间的,以房屋产权证注明的时间为购买房屋的时间;契税完税证明上注明的时间早于房屋产权证上注明的时间的,以契税完税证明上注明的时间为购买房屋的时间。

四、个人将通过受赠、继承、离婚财产分割等非购买形式取得的住房对外销售的行为,也适用《通知》的有关规定。其购房时间按发生受赠、继承、离婚财产分割行为前的购房时间确定,其购房价格按发生受赠、继承、离婚财产分割行为前的购房原价确定。个人需持其通过受赠、继承、离婚财产分割等非购买形式取得住房的合法、有效法律证明文书,到地方税务部门办理相关手续。

五、根据国家房改政策购买的公有住房,以购房合同的生效时间、房款收据的开具日期或房屋产权证上注明的时间,按照"孰先"的原则确定购买房屋的时间。

六、享受税收优惠政策普通住房的面积标准是指地方政府按国办发[2005]26 号文件规定确定并公布的普通住房建筑面积标准。对于以套内面积进行计量的,应换算成建筑面积,判断该房屋是否符合普通住房标准。

国家税务总局关于承受装修房屋契税计税价格问题的批复

国税函[2007]606 号

江苏省财政厅:

你厅《关于对房屋买卖契税计税价格构成问题的请示》(苏财基层[2007]4 号)收悉,批复如下:

房屋买卖的契税计税价格为房屋买卖合同的总价款,买卖装修的房屋,装修费用应包括在内。

【注释】 对《契税暂行条例》第 4 条进行了解释。

国家税务总局关于未办理土地使用权证转让土地有关税收问题的批复

国税函[2007]645 号

四川省地方税务局:

你局《关于未办理土地使用权证而转让土地有关税收问题的请示》(川地税发[2007]7 号)收悉,批复如下:

土地使用者转让、抵押或置换土地,无论其是否取得了该土地的使用权属证书,无论其在转让、抵押或置换土地过程中是否与对方当事人办理了土地使用权属证书变更登记手续,只要土地使用者享有占有、使用、收益或处分该土地的权利,且有合同等证据表明其实质转让、抵押或置换了土地并取得了相应的经济利益,土地使用者及其对方当事人应当依照税法规定缴纳营业税、土地增值税和契税等相关税收。

【注释】 对《契税暂行条例细则》第 7 条进行了解释。

财政部　国家税务总局关于土地使用权转让契税计税依据的批复

财税[2007]162 号

北京市地方税务局:

你局《关于国有土地使用权转让契税计税依据确定问题的请示》(京地税地[2007]356 号)收悉。现批复如下：

根据国家土地管理相关法律法规和《中华人民共和国契税暂行条例》及其实施细则的规定，土地使用者将土地使用权及所附建筑物、构筑物等（包括在建的房屋、其他建筑物、构筑物和其他附着物）转让给他人的，应按照转让的总价款计征契税。

【注释】 对《契税暂行条例》第4条进行了解释。

国家税务总局关于无效产权转移征收契税的批复

国税函[2008]438号

黑龙江省财政厅：

你厅《关于法院判决撤销房屋所有权证是否应予退还契税问题的请示》（黑财农村[2008]4号）收悉。批复如下：

按照现行契税政策规定，对经法院判决的无效产权转移行为不征收契税。法院判决撤销房屋所有权证后，已纳契税款应予退还。

财政部 国家税务总局关于企业改制过程中以国家作价出资（入股）方式转移国有土地使用权有关契税问题的通知

财税[2008]129号

各省、自治区、直辖市、计划单列市财政厅（局）、地方税务局，新疆生产建设兵团财务局：

经研究，现对以国家作价出资（入股）方式转移国有土地使用权的契税政策明确如下：

一、根据《中华人民共和国契税暂行条例》第二条第一款规定，国有土地使用权出让属于契税的征收范围。根据《中华人民共和国契税暂行条例细则》第八条第一款规定，以土地、房屋权属作价投资、入股方式转移土地、房屋权属的，视同土地使用权转让征税。因此，对以国家作价出资（入股）方式转移国有土地使用权的行为，应视同土地使用权转让，由土地使用权的承受方按规定缴纳契税。

二、以国家作价出资（入股）方式转移国有土地使用权的行为不适用《财政部国家税务总局关于企业改制重组若干契税政策的通知》（财税[2003]184号）。

国家税务总局关于改变国有土地使用权出让方式征收契税的批复

国税函[2008]662号

四川省地方税务局：

你局《关于国有土地使用权改变用途缴纳的土地收益金征收契税问题的请示》（川地税发[2008]39号）收悉。现批复如下：

根据现行契税政策规定，对纳税人因改变土地用途而签订土地使用权出让合同变更协议或者重新签订土地使用权出让合同的，应征收契税。计税依据为因改变土地用途应补缴的土地收益金及应补缴政府的其他费用。

关于调整房地产交易环节税收政策的通知

财税[2008]137号

各省、自治区、直辖市、计划单列市财政厅(局)、地方税务局,新疆生产建设兵团财务局:

为适当减轻个人住房交易的税收负担,支持居民首次购买普通住房,经国务院批准,现就房地产交易环节有关税收政策问题通知如下:

一、对个人首次购买90平方米及以下普通住房的,契税税率暂统一下调到1%。首次购房证明由住房所在地县(区)住房建设主管部门出具。

二、对个人销售或购买住房暂免征收印花税。

三、对个人销售住房暂免征收土地增值税。

本通知自2008年11月1日起实施。

财政部　国家税务总局关于企业改制重组若干契税政策的通知

财税[2008]175号

为了支持企业改革,加快建立现代企业制度,促进国民经济持续、健康发展,现就企业改制重组中涉及的若干契税政策通知如下:

一、企业公司制改造

非公司制企业,按照《中华人民共和国公司法》的规定,整体改建为有限责任公司(含国有独资公司)或股份有限公司,或者有限责任公司整体改建为股份有限公司的,对改建后的公司承受原企业土地、房屋权属,免征契税。上述所称整体改建是指不改变原企业的投资主体,并承继原企业权利、义务的行为。

非公司制国有独资企业或国有独资有限责任公司,以其部分资产与他人组建新公司,且该国有独资企业(公司)在新设公司中所占股份超过50%的,对新设公司承受该国有独资企业(公司)的土地、房屋权属,免征契税。

国有控股公司以部分资产投资组建新公司,且该国有控股公司占新公司股份85%以上的,对新公司承受该国有控股公司土地、房屋权属免征契税。上述所称国有控股公司,是指国家出资额占有限责任公司资本总额50%以上,或国有股份占股份有限公司股本总额50%以上的国有控股公司。

二、企业股权转让

在股权转让中,单位、个人承受企业股权,企业土地、房屋权属不发生转移,不征收契税。

三、企业合并

两个或两个以上的企业,依据法律规定、合同约定,合并改建为一个企业,且原投资主体存续的,对其合并后的企业承受原合并各方的土地、房屋权属,免征契税。

四、企业分立

企业依照法律规定、合同约定分设为两个或两个以上投资主体相同的企业,对派生方、新设方承受原企业土地、房屋权属,不征收契税。

五、企业出售

国有、集体企业出售,被出售企业法人予以注销,并且买受人按照《劳动法》等国家有关法律法规政策妥善安置原企业全部职工,其中与原企业30%以上职工签订服务年限不少于三年的劳动用工合同的,对其承受所购企业的土地、房屋权属,减半征收契税;与原企业全部职工签订服务年限不少于三年的劳动用工合同的,免征契税。

六、企业注销、破产

企业依照有关法律、法规的规定实施注销、破产后,债权人(包括注销、破产企业职工)承受注销、破产企业土地、房屋权属以抵偿债务的,免征契税;对非债权人承受注销、破产企业土地、房屋权属,凡按照《劳动法》等国家有关法律法规政策妥善安置原企业全部职工,其中与原企业30%以上职工签订服务年限不少于三年的劳动用工合同的,对其承受所购企业的土地、房屋权属,减半征收契税;与原企业全部职工签订服务年限不少于三年的劳动用工合同的,免征契税。

七、其他

经国务院批准实施债权转股权的企业,对债权转股权后新设立的公司承受原企业的土地、房屋权属,免征契税。

政府主管部门对国有资产进行行政性调整和划转过程中发生的土地、房屋权属转移,不征收契税。

企业改制重组过程中,同一投资主体内部所属企业之间土地、房屋权属的无偿划转,包括母公司与其全资子公司之间,同一公司所属全资子公司之间,同一自然人与其设立的个人独资企业、一人有限公司之间土地、房屋权属的无偿划转,不征收契税。

本通知执行期限为2009年1月1日至2011年12月31日。

国家税务总局关于明确国有土地使用权出让契税计税依据的批复

国税函[2009]603号

北京市地方税务局:

你局《关于国有土地使用权出让契税计税依据确定问题的请示》(京地税地[2009]124号)收悉。经商财政部,现批复如下:

根据《财政部　国家税务总局关于土地使用权出让等有关契税问题的通知》(财税[2004]134号)规定,出让国有土地使用权,契税计税价格为承受人为取得该土地使用权而支付的全部经济利益。对通过"招、拍、挂"程序承受国有土地使用权的,应按照土地成交总价款计征契税,其中的土地前期开发成本不得扣除。

财政部　国家税务总局关于首次购买普通住房有关契税政策的通知

财税[2010]13号

各省、自治区、直辖市、计划单列市财政厅(局)、地方税务局,新疆生产建设兵团财务局:

现对《财政部　国家税务总局关于调整房地产交易环节税收政策的通知》(财税[2008]137号)中首次购买普通住房契税优惠政策问题明确如下:

对两个或两个以上个人共同购买90平方米及以下普通住房,其中一人或多人已有购房记录的,该套房产的共同购买人均不适用首次购买普通住房的契税优惠政策。

财政部 国家税务总局关于事业单位改制有关契税政策的通知

财税[2010]22号

各省、自治区、直辖市、计划单列市财政厅(局)、地方税务局,新疆生产建设兵团财务局,西藏、宁夏、青海省(自治区)国家税务局:

为支持事业单位改制,现将事业单位改制有关契税政策通知如下:

一、事业单位按照国家有关规定改制为企业的过程中,投资主体没有发生变化的,对改制后的企业承受原事业单位土地、房屋权属,免征契税。投资主体发生变化的,改制后的企业按照《中华人民共和国劳动法》等有关法律法规妥善安置原事业单位全部职工,其中与原事业单位全部职工签订服务年限不少于三年劳动用工合同的,对其承受原事业单位的土地、房屋权属,免征契税;与原事业单位30%以上职工签订服务年限不少于三年劳动用工合同的,对其承受原事业单位的土地、房屋权属,减半征收契税。

二、事业单位改制过程中,改制后的企业以出让或国家作价出资(入股)方式取得原国有划拨土地使用权的,不属于本通知规定的契税减免税范围,应按规定缴纳契税。

本通知执行期限为2010年4月1日至2011年12月31日。

财政部 国家税务总局关于支持公共租赁住房建设和运营有关税收优惠政策的通知

财税[2010]88号

各省、自治区、直辖市、计划单列市财政厅(局)、地方税务局,西藏、宁夏、青海省(自治区)国家税务局,新疆生产建设兵团财务局:

根据国务院办公厅《关于促进房地产市场平稳健康发展的通知》(国办发[2010]4号)、《国务院关于坚决遏制部分城市房价过快上涨的通知》(国发[2010]10号)和住房城乡建设部等七部门《关于加快发展公共租赁住房的指导意见》(建保[2010]87号)精神,现对公共租赁住房(以下简称公租房)建设和运营有关税收政策通知如下:

一、对公租房建设期间用地及公租房建成后占地免征城镇土地使用税。在其他住房项目中配套建设公租房,依据政府部门出具的相关材料,可按公租房建筑面积占总建筑面积的比例免征建造、管理公租房涉及的城镇土地使用税。

二、对公租房经营管理单位建造公租房涉及的印花税予以免征。在其他住房项目中配套建设公租房,依据政府部门出具的相关材料,可按公租房建筑面积占总建筑面积的比例免征建造、管理公租房涉及的印花税。

三、对公租房经营管理单位购买住房作为公租房,免征契税、印花税;对公租房租赁双方签订租赁协议涉及的印花税予以免征。

四、对企事业单位、社会团体以及其他组织转让旧房作为公租房房源,且增值额未超过扣除项目金额20%的,免征土地增值税。

五、企事业单位、社会团体以及其他组织捐赠住房作为公租房,符合税收法律法规规定的,捐赠支出在年度利润总额12%以内的部分,准予在计算应纳税所得额时扣除。

六、对经营公租房所取得的租金收入,免征营业税、房产税。公租房租金收入与其他住房经营收入应单独核算,未单独核算的,不得享受免征营业税、房产税优惠政策。

七、享受上述税收优惠政策的公租房是指纳入省、自治区、直辖市、计划单列市人民政府及新疆生产建设兵团批准的公租房发展规划和年度计划，以及按照建保[2010]87号文件和市、县人民政府制定的具体管理办法进行管理的公租房。不同时符合上述条件的公租房不得享受上述税收优惠政策。

八、上述政策自发文之日起执行，执行期限暂定三年，政策到期后将根据公租房建设和运营情况对有关内容加以完善。

财政部　国家税务总局　住房和城乡建设部关于调整房地产交易环节契税　个人所得税优惠政策的通知

财税[2010]94号

各省、自治区、直辖市、计划单列市财政厅(局)、地方税务局、住房城乡建设厅(建委、房地局)，西藏、宁夏、青海省(自治区)国税局，新疆生产建设兵团财务局、建设局：

经国务院批准，现就调整房地产交易环节契税、个人所得税有关优惠政策通知如下：

一、关于契税政策

(一)对个人购买普通住房，且该住房属于家庭(成员范围包括购房人、配偶以及未成年子女，下同)唯一住房的，减半征收契税。对个人购买90平方米及以下普通住房，且该住房属于家庭唯一住房的，减按1%税率征收契税。

征收机关应查询纳税人契税纳税记录；无记录或有记录但有疑义的，根据纳税人的申请或授权，由房地产主管部门通过房屋登记信息系统查询纳税人家庭住房登记记录，并出具书面查询结果。如因当地暂不具备查询条件而不能提供家庭住房登记查询结果的，纳税人应向征收机关提交家庭住房实有套数书面诚信保证。诚信保证不实的，属于虚假纳税申报，按照《中华人民共和国税收征收管理法》的有关规定处理。

具体操作办法由各省、自治区、直辖市财政、税务、房地产主管部门共同制定。

(二)个人购买的普通住房，凡不符合上述规定的，不得享受上述优惠政策。

二、关于个人所得税政策

对出售自有住房并在1年内重新购房的纳税人不再减免个人所得税。

本通知自2010年10月1日起执行。《财政部　国家税务总局关于调整房地产市场若干税收政策的通知》(财税字[1999]210号)第一条有关契税的规定、《财政部　国家税务总局关于调整房地产交易环节税收政策的通知》(财税[2008]137号)第一条、《财政部　国家税务总局 建设部关于个人出售住房所得征收个人所得税有关问题的通知》(财税字[1999]278号)第三条同时废止。

财政部　国家税务总局关于明确中国邮政集团公司邮政速递物流业务重组改制过程中有关契税和印花税政策的通知

财税[2010]92号 [2010]92号

各省、自治区、直辖市、计划单列市财政厅(局)、地方税务局，新疆生产建设兵团财务局：

为支持邮政速递物流业务重组改制，根据《财政部　国家税务总局关于企业改制重组若干契税政策的通知》(财税[2008]175号)和《财政部　国家税务总局关于企业改制过程中有关印花税政策的通知》(财税[2003]183号)的规定，现对中国邮政集团公司邮政速递物流业务重组改制过程中有关契税和印花税政策明确如下：

一、对中国邮政速递物流公司、中国邮政速递物流股份有限公司及其子公司在邮政速递物流业务重组改制过程中承受中国邮政集团公司及所属邮政企业的土地、房屋权属，免征契税。对中国邮政集团公司及其所属企业以出让或国家作价出资（入股）方式取得原国有划拨土地使用权的，应征收契税。

二、中国邮政速递物流公司、中国邮政速递物流股份有限公司及其子公司在重组改制过程中新启用的资金账薄记载的资金或因建立资本纽带关系而增加的资金，凡原已贴花的部分不再贴花，未贴花的部分和以后新增加的资金按规定贴花。

三、中国邮政速递物流股份有限公司及其子公司改制前签订但尚未履行完的各类应税合同，改制后需要变更执行主体的，对仅改变执行主体、其余条款未作变动且改制前已经贴花的，不再贴花。

四、中国邮政集团及其所属邮政企业与中国邮政速递物流公司、中国邮政速递物流股份有限公司及其子公司因重组改制签订的产权转移书据免予贴花。

第四编

行为税法

第十七部分　中华人民共和国印花税法

中华人民共和国印花税暂行条例

国务院令[1988]11号

第一条　在中华人民共和国境内书立、领受本条例所列举凭证的单位和个人,都是印花税的纳税义务人(以下简称纳税人),应当按照本条例规定缴纳印花税。

【注释】　相关规定包括:《国家税务总局关于货运凭证征收印花税几个具体问题的通知》

(国税发[1990]173号)、《国家税务总局关于物资订货合同印花税确定纳税人问题的批复》

(国税函发[1991]1415号)、《财政部　国家税务总局关于外国石油公司参与煤层气开采所适用税收政策问题的通知》(财税[1996]62号)、《国家税务总局 铁道部关于铁路货运凭证印花税若干问题的通知》(国税发[2006]101号)。

第二条　下列凭证为应纳税凭证:

1. 购销、加工承揽、建设工程承包、财产租赁、货物运输、仓储保管、借款、财产保险、技术合同或者具有合同性质的凭证;

2. 产权转移书据;

3. 营业账簿;

4. 权利、许可证照;

5. 经财政部确定征税的其他凭证。

【注释】　相关规定包括:《国家税务总局关于印花税若干具体问题的规定》(国税地[1988]25号)、《国家税务总局关于外国银行分行营运资金缴纳印花税问题的批复》(国税函[2002]104号)、《国家税务总局关于对借款合同贴花问题的具体规定》(国税地[1988]30号)、《财政部　国家税务总局关于全国社会保障基金有关印花税政策的通知》(财税[2003]134号)、《国家税务总局关于办理上市公司国有股权无偿转让暂不征收证券(股票)交易印花税有关审批事项的通知》(国税函[2004]941号)。

第三条　纳税人根据应纳税凭证的性质,分别按比例税率或者按件定额计算应纳税额。具体税率、税额的确定,依照本条例所附《印花税税目税率表》执行。

应纳税额不足一角的,免纳印花税。

应纳税额在一角以上的,其税额尾数不满五分的不计,满五分的按一角计算缴纳。

【注释】　相关规定包括:《国家税务总局关于对技术合同征收印花税问题的通知》(国税地[1989]34号)、《国家税务总局关于家庭财产两全保险合同征收印花税问题的批复》(国税地[1989]77号)、《国家税务总局关于对"拨改贷"借款合同征收印花税问题的复函》(国税地[1989]110号)、《国家税务总局关于改变保险合同印花税计税办法的通知》(国税函发[1990]428号)、《国家税务总局关于各种要货单据征收印花税问题的批复》(国税函发[1990]994号)、《国家税务总局地方税管理司关于改变保险合同计税依据适用范围的批复》(国税地函发[1990]20号)、《国家税务总局关于印花税若干具体问题的解释和规定的通知》(国税发[1991]155号)、《国家税务总局关于"集体土地建设用地使用权登记证"贴花问题的批复》(国税函发[1991]1268号)、《国家税务总局关于飞机租赁合同征收印花税问题的批复》(国税函发[1992]1145号)、《国家税务总局关于飞机租赁合同征收印花税问题的函》(国税函发[1992]1431号)、《国家税务总局关于船舶保险合同印花税征免问题的批复》(国税函发[1993]674号)、《国家税务总局关于外商投资企业的订单要货单据征收印花税问题的批复》(国税函发[1997]505号)、《财政部　国家税务总局关于证券投资基金税收问题的通知》(财税[1998]55号)、《国家税务总局关于上市公司国有股权无偿转让征收证券(股票)交易印花税问题的通知》(国税发[1999]124号)、《财政部 国家税务总局关于开放式证券投资基金有关税收问题的通知》(财税[2002]128号)。

第四条 下列凭证免纳印花税:

1. 已缴纳印花税的凭证的副本或者抄本;
2. 财产所有人将财产赠给政府、社会福利单位、学校所立的书据;
3. 经财政部批准免税的其他凭证。

【注释】 相关规定包括:《国家税务总局关于由铁道部自行解决工交事业费的单位贴花问题的批复》(国税地[1989]76号)、《国家税务总局关于对水库水工建筑物原值征收印花税问题的批复》(国税地[1989]97号)、《国家税务总局关于对军队企业化管理工厂征免印花税等问题的通知》(国税地[1989]99号)、《国家税务总局关于图书、报刊等征订凭证征免印花税问题的通知》(国税地[1989]142号)、《国家税务总局关于代购、代销"国务院市场调节粮"协议书征免印花税事宜的函》(国税函发[1990]508号)、《国家税务总局关于恢复征收国营华侨农场地方税问题的通知》(国税函发[1990]1117号)、《国家税务总局关于货运凭证征收印花税几个具体问题的通知》(国税发[1990]173号)、《国家税务总局关于军火武器合同免征印花税问题的通知》(国税发[1990]200号)、《财政部 国家税务总局关于企业改制过程中有关印花税政策的通知》(财税[2003]183号)、《财政部 国家税务总局关于教育税收政策的通知》(财税[2004]39号)、《国家税务总局关于办理上市公司国有股权无偿转让暂不征收证券(股票)交易印花税有关审批事项的通知》(国税函[2004]941号)、《财政部 国家税务总局关于对买卖封闭式证券投资基金继续予以免征印花税的通知》(财税[2004]173号)、《财政部 国家税务总局关于国家石油储备基地建设有关税收政策的通知》(财税[2005]23号)、《财政部 国家税务总局关于证券投资者保护基金有关印花税政策的通知》(财税[2006]104号)。

第五条 印花税实行由纳税人根据规定自行计算应纳税额,购买并一次贴足印花税票(以下简称贴花)的缴纳办法。

为简化贴花手续,应纳税额较大或者贴花次数频繁的,纳税人可向税务机关提出申请,采取以缴款书代替贴花或者按期汇总缴纳的办法。

【注释】 相关规定包括:《国家税务总局关于印花税若干具体问题的规定》(国税地[1988]25号)、《国家税务总局关于汇总缴纳印花税税额计算问题的通知》(国税函发[1990]433号)、《国家税务总局关于货运凭证征收印花税几个具体问题的通知》(国税发[1990]173号)。

第六条 印花税票应当粘贴在应纳税凭证上,并由纳税人在每枚税票的骑缝处盖戳注销或者画销。

已贴用的印花税票不得重用。

【注释】 相关规定包括:《国家税务总局 国家工商行政管理局关于营业执照、商标注册证粘贴印花税票问题的通知》(国税地[1989]113号)。

应纳税凭证应当于书立或者领受时贴花。

【注释】 相关规定包括:《国家税务总局关于印花税若干具体问题的规定》(国税地[1988]25号)、《国家税务总局关于借贷业务应纳印花税凭证问题的批复》(国税函发[1991]1081号)。

第八条 同一凭证,由两方或者两方以上当事人签订并各执一份的,应当由各方就所执的一份各自全额贴花。

【注释】 相关规定包括:《国家税务总局关于印花税若干具体问题的规定》(国税地[1988]25号)。

第九条 已贴花的凭证,修改后所载金额增加的,其增加部分应当补贴印花税票。

第十条 印花税由税务机关负责征收管理。

【注释】 相关规定包括:《国家税务总局关于对金融系统营业账簿贴花问题的具体规定》(国税地[1988]28号)、《国家税务总局关于中国银行营运资金印花税纳税地点问题的批复》(国税函发[1990]1383号)、《国家税务总局关于订货会所签合同印花税缴纳地点问题的通知》(国税函发[1991]1187号)。

第十一条 印花税票由国家税务局监制。票面金额以人民币为单位。

第十二条 发放或者办理应纳税凭证的单位,负有监督纳税人依法纳税的义务。

第十三条 纳税人有下列行为之一的,由税务机关根据情节轻重,予以处罚:

1. 在应纳税凭证上未贴或者少贴印花税票的，税务机关除责令其补贴印花税票外，可处以应补贴印花税票金额20倍以下的罚款；

2. 违反本条例第六条第一款规定的，税务机关可处以未注销或者画销印花税票金额10倍以下的罚款；

3. 违反本条例第六条第二款规定的，税务机关可处以重用印花税票金额30倍以下的罚款。

伪造印花税票的，由税务机关提请司法机关依法追究刑事责任。

【注释】　相关规定包括：《财政部　国家税务总局关于印花税违章处罚问题的通知》（财税[1994]65号）、《国家税务总局关于印花税违章处罚有关问题的通知》（国税发[2004]15号）。

第十四条　印花税的征收管理，除本条例规定者外，依照《中华人民共和国税收征收管理暂行条例》的有关规定执行。

【注释】　相关规定包括：《国家税务总局关于明确国家开发银行分行营业账簿和贷款合同印花税缴纳方式的通知》（国税函[2000]1060号）、《国家税务总局 铁道部关于铁路货运凭证印花税若干问题的通知》（国税发[2006]101号）。

第十五条　本条例由财政部负责解释；施行细则由财政部制定。

第十六条　本条例自1988年10月1日起施行。

【注释】　相关规定包括：《国家税务总局关于对印花税暂行条例施行前书立、领受的凭证贴花问题的规定》（国税地[1988]13号）。

附件：

印花税税目税率表

税　目	范　围	税　率	纳税义务人	说　明
1. 购销合同	包括供应、预购、采购、购销结合及协作、调剂、补偿、易货等合同	按购销金额万分之三贴花	立合同人	
2. 加工承揽合同	包括加工、定作、修缮、修理、印刷、广告、测绘、测试等合同	按加工或承揽收入万分之五贴花	立合同人	
3. 建设工程勘察设计合同	包括勘察、设计合同	按收取费用万分之五贴花	立合同人	
4. 建筑安装工程承包合同	包括建筑、安装工程承包合同	按承包金额万分之三贴花	立合同人	
5. 财产租赁合同	包括租赁房屋、船舶、飞机、机动车辆、机械、器具、设备等	按租赁金额千分之一贴花。税额不足一元的按一元贴花	立合同人	
6. 货物运输合同	包括民用航空、铁路运输、海上运输、内河运输、公路运输和联运合同	按运输费用万分之五贴花	立合同人	单据作为合同使用的，按合同贴花
7. 仓储保管合同	包括仓储、保管合同	按仓储保管费用千分之一贴花	立合同人	仓单或栈单作为合同使用的，按合同贴花
8. 借款合同	银行及其他金融组织和借款人（不包括银行同业拆借）所签订的借款合同	按借款金额万分之零点五贴花	立合同人	单据作为合同使用的，按合同贴花
9. 财产保险合同	包括财产、责任、保证、信用等保险合同	按投保金额万分之零点三贴花	立合同人	单据作为合同使用的，按合同贴花

（续表）

税目	范围	税率	纳税义务人	说明
10. 技术合同	包括技术开发、转让、咨询、服务等合同	按所载金额万分之三贴花	立合同人	
11. 产权转移书据	包括财产所有权和版权、商标专用、专利权、专有技术使用权等转移书据	按所载金额万分之五贴花	立据人	
12. 营业账簿	生产经营用账册	记载资金的账簿，按固定资产原值与自有流动资金总额万分之五贴花。其他账簿按件贴花五元	立账簿人	
13. 权利许可证照	包括政府部门发给的房屋产权证、工商营业执照、商标注册证、专利证、土地使用证	按件贴花五元	领受人	

中华人民共和国印花税暂行条例施行细则

财税[1988]255号

第一条 本施行细则依据《中华人民共和国印花税暂行条例》（以下简称条例）第十五条的规定制定。

第二条 条例第一条所说的在中华人民共和国境内书立、领受本条例所列举凭证，是指在中国境内具有法律效力，受中国法律保护的凭证。

上述凭证无论在中国境内或者境外书立，均应依照条例规定贴花。

条例第一条所说的单位和个人，是指国内各类企业、事业、机关、团体、部队以及中外合资企业、合作企业、外资企业、外国公司企业和其他经济组织及其在华机构等单位和个人。

凡是缴纳工商统一税的中外合资企业、合作企业、外资企业、外国公司企业和其他经济组织，其缴纳的印花税，可以从所缴纳的工商统一税中如数抵扣。

【注释】 相关规定包括：《国家税务总局关于物资订货合同印花税确定纳税人问题的批复》（国税函发[1991]1415号）。

第三条 条例第二条所说的建设工程承包合同，是指建设工程勘察设计合同和建筑安装工程承包合同。

建设工程承包合同包括总包合同、分包合同和转包合同。

【注释】 相关规定包括：《国家税务总局关于印花税若干具体问题的规定》（国税地[1988]25号）。

第四条 条例第二条所说的合同，是指根据《中华人民共和国经济合同法》、《中华人民共和国涉外经济合同法》和其他有关合同法规订立的合同。

具有合同性质的凭证，是指具有合同效力的协议、契约、合约、单据、确认书及其他各种名称的凭证。

【注释】 相关规定包括：《国家税务总局关于印花税若干具体问题的规定》（国税地[1988]25号）。

第五条 条例第二条所说的产权转移书据，是指单位和个人产权的买卖、继承、赠与、交换、分割等所立的书据。

【注释】 相关规定包括：《国家税务总局关于印花税若干具体问题的规定》（国税地[1988]25号）。

第六条 条例第二条所说的营业账簿，是指单位或者个人记载生产经营活动的财务会计核算账簿。

【注释】 相关规定包括：《国家税务总局关于印花税若干具体问题的规定》（国税地[1988]25号）、《国家税务总局关于对金融系统营业账簿贴花问题的具体规定》（国税地[1988]28号）、《国家税务总局关于由铁道部自行解决工交事业费的单位贴花问题的批复》(国税地[1989]76 号)。

第七条 税目税率表中的记载资金的账簿,是指载有固定资产原值和自有流动资金的总分类账簿,或者专门设置的记载固定资产原值和自有流动资金的账簿。

其他账簿,是指除上述账簿以外的账簿,包括日记账簿和各明细分类账簿。

【注释】 相关规定包括:《国家税务总局关于印花税若干具体问题的规定》(国税地[1988]25 号)、《国家税务总局关于对保险公司征收印花税有关问题的通知》(国税地[1988]37 号)、《国家税务总局关于对特种储备资金不征收印花税问题的通知》(国税地[1989]18 号)、《国家税务总局关于对水库水工建筑物原值征收印花税问题的批复》(国税地[1989]97 号)、《国家税务总局关于对军队企业化管理工厂征免印花税等问题的通知》(国税地[1989]99 号)。

第八条 记载资金的账簿按固定资产原值和自有流动资金总额贴花后,以后年度资金总额比已贴花资金总额增加的,增加部分应按规定贴花。

【注释】 相关规定包括:《国家税务总局关于印花税若干具体问题的规定》(国税地[1988]25 号)、《国家税务总局关于对金融系统营业账簿贴花问题的具体规定》(国税地[1988]28 号)、《国家税务总局关于对保险公司征收印花税有关问题的通知》(国税地[1988]37 号)、《国家税务总局关于对特种储备资金不征收印花税问题的通知》(国税地[1989]18 号)、《国家税务总局关于投资银行系统资金账簿缴纳印花税问题的复函》(国税函发[1993]8 号)、《财政部 国家税务总局关于铁道部所属单位恢复征收印花税问题的补充通知》(财税[1997]182 号)、《国家税务总局关于明确国家开发银行分行营业账簿和贷款合同印花税缴纳方式的通知》(国税函[2000]1060 号)、《国家税务总局关于国家邮政及所属各级邮政企业资金账簿征收印花税问题的通知》(国税函[2001]361 号)、《财政部 国家税务总局关于企业改制过程中有关印花税政策的通知》(财税[2003]183 号)。

第九条 税目税率表中自有流动资金的确定,按有关财务会计制度的规定执行。

【注释】 相关规定包括:《国家税务总局关于资金账簿印花税问题的通知》(国税发[1994]25 号)、《国家税务总局关于地质矿产部所属地勘单位征税问题的补充通知》(国税函发[1996]656 号)。

第十条 印花税只对税目税率表中列举的凭证和经财政部确定征税的其他凭证征税。

【注释】 相关规定包括:《国家税务总局关于资金账簿印花税问题的通知》(国税发[1994]25 号)。

第十一条 条例第四条所说的已缴纳印花税的凭证的副本或者抄本免纳印花税,是指凭证的正式签署本已按规定缴纳了印花税,其副本或者抄本对外不发生权利义务关系,仅备存查的免贴印花。

以副本或者抄本视同正本使用的,应另贴印花。

【注释】 相关规定包括:《国家税务总局关于对借款合同贴花问题的具体规定》(国税地[1988]30 号)。

第十二条 条例第四条所说的社会福利单位,是指抚养孤老伤残的社会福利单位。

第十三条 根据条例第四条第(3)款规定,对下列凭证免纳印花税:

1. 国家指定的收购部门与村民委员会、农民个人书立的农副产品收购合同;
2. 无息、贴息贷款合同;
3. 外国政府或者国际金融组织向我国政府及国家金融机构提供优惠贷款所书立的合同。

【注释】 相关规定包括:《国家税务总局关于中国人民银行向专业银行发放贷款所签合同征免印花税问题的批复》(国税函发[1993]705 号)、《财政部 国家税务总局关于国家开发银行缴纳印花税问题的复函》(财税[1995]47 号)、《财政部 国家税务总局关于农业发展银行缴纳印花税问题的复函》(财税[1996]55 号)、《财政部 国家税务总局关于铁道部所属单位恢复征收印花税问题的通知》(财税[1997]56 号)、《财政部 国家税务总局关于铁道部所属单位恢复征收印花税问题的补充通知》(财税[1997]182 号)、《财政部 国家税务总局关于股权分置试点改革有关税收政策问题的通知》(财税[2005]103 号)、《财政部 国家税务总局关于印花税若干政策的通知》(财税[2006]162 号)。

第十四条 条例第七条所说的书立或者领受时贴花,是指在合同的签订时、书据的立据时、账簿的启用时和证照的领受时贴花。

如果合同在国外签订的,应在国内使用时贴花。

第十五条 条例第八条所说的当事人,是指对凭证有直接权利义务关系的单位和个人,不包括保人、证人、鉴定人。

税目税率表中的立合同人,是指合同的当事人。

当事人的代理人有代理纳税的义务。

第十六条 产权转移书据由立据人贴花,如未贴或者少贴印花,书据的持有人应负责补贴印花。所立书据以合同方式签订的,应由持有书据的各方分别按全额贴花。

第十七条 同一凭证,因载有两个或者两个以上经济事项而适用不同税目税率,如分别记载金额的,应分别计算应纳税额,相加后按合计税额贴花;如未分别记载金额的,按税率高的计税贴花。

第十八条 按金额比例贴花的应税凭证,未标明金额的,应按照凭证所载数量及国家牌价计算金额;没有国家牌价的,按市场价格计算金额,然后按规定税率计算应纳税额。

第十九条 应纳税凭证所载金额为外国货币的,纳税人应按照凭证书立当日的中华人民共和国国家外汇管理局公布的外汇牌价折合人民币,计算应纳税额。

【注释】 相关规定包括:《国家税务总局关于飞机租赁合同征收印花税问题的批复》(国税函发[1992]1145号)。

第二十条 应纳税凭证粘贴印花税票后应即注销。纳税人有印章的,加盖印章注销;纳税人没有印章的,可用钢笔(圆珠笔)画几条横线注销。注销标记应与骑缝处相交。骑缝处是指粘贴的印花税票与凭证及印花税票之间的交接处。

第二十一条 一份凭证应纳税额超过五百元的,应向当地税务机关申请填写缴款书或者完税证,将其中一联粘贴在凭证上或者由税务机关在凭证上加注完税标记代替贴花。

第二十二条 同一种类应纳税凭证,需频繁贴花的,应向当地税务机关申请按期汇总缴纳印花税。

税务机关对核准汇总缴纳印花税的单位,应发给汇缴许可证。汇总缴纳的限期限额由当地税务机关确定,但最长期限不得超过一个月。

【注释】 相关规定包括:《财政部 国家税务总局关于改变印花税按期汇总缴纳管理办法的通知》(财税[2004]170号)。

第二十三条 凡汇总缴纳印花税的凭证,应加注税务机关指定的汇缴戳记、编号并装订成册后,将已贴印花或者缴款书的一联粘附册后,盖章注销,保存备查。

第二十四条 凡多贴印花税票者,不得申请退税或者抵用。

第二十五条 纳税人对纳税凭证应妥善保存。凭证的保存期限,凡国家已有明确规定的,按规定办;其余凭证均应在履行完毕后保存一年。

第二十六条 纳税人对凭证不能确定是否应当纳税的,应及时携带凭证,到当地税务机关鉴别。

纳税人同税务机关对凭证的性质发生争议的,应检附该凭证报请上一级税务机关核定。

第二十七条 条例第十二条所说的发放或者办理应纳税凭证的单位,是指发放权利、许可证照的单位和办理凭证的鉴证、公证及其他有关事项的单位。

第二十八条 条例第十二条所说的负有监督纳税人依法纳税的义务,是指发放或者办理应纳税凭证的单位应对以下纳税事项监督:

1. 应纳税凭证是否已粘贴印花;

2. 粘贴的印花是否足额;

3. 粘贴的印花是否按规定注销。

对未完成以上纳税手续的,应督促纳税人当场贴花。

第二十九条 印花税票的票面金额以人民币为单位,分为壹角、贰角、伍角、壹元、贰元、伍元、拾元、伍拾元、壹百元九种。

第三十条 印花税票为有价证券,各地税务机关应按照国家税务局制定的管理办法严格管理,具体管理办法另定。

第三十一条 印花税票可以委托单位或者个人代售,并由税务机关付给代售金额5%的手续费。支付来源从实征印花税款中提取。

第三十二条 凡代售印花税票者,应先向当地税务机关提出代售申请,必要时须提供保证人。税务机关调查核准后,应与代售户签订代售合同,发给代售许可证。

第三十三条 代售户所售印花税票取得的税款,须专户存储,并按照规定的期限,向当地税务机关结报，或者填开专用缴款书直接向银行缴纳。不得逾期不缴或者挪作他用。

第三十四条　代售户领存的印花税票及所售印花税票的税款，如有损失，应负责赔偿。

第三十五条　代售户所领印花税票，除合同另有规定者外，不得转托他人代售或者转至其他地区销售。

第三十六条　对代售户代售印花税票的工作，税务机关应经常进行指导、检查和监督。代售户须详细提供领售印花税票的情况，不得拒绝。

第三十七条　印花税的检查，由税务机关执行。税务人员进行检查时，应当出示税务检查证。纳税人不得以任何借口加以拒绝。

第三十八条　税务人员查获违反条例规定的凭证，应按有关规定处理。如需将凭证带回的，应出具收据，交被检查人收执。

第三十九条　纳税人违反本细则第二十二条规定，超过税务机关核定的纳税期限，未缴或者少缴印花税款的，税务机关除令其限期补缴税款外，并从滞纳之日起，按日加收5‰的滞纳金。

【注释】　相关规定包括：《国家税务总局关于印花税违章处罚有关问题的通知》（国税发［2004］15号）。

第四十条　纳税人违反本细则第二十三条规定的，酌情处以五千元以下罚款；情节严重的，撤销其汇缴许可证。

【注释】　相关规定包括：《国家税务总局关于印花税违章处罚有关问题的通知》（国税发［2004］15号）。

第四十一条　纳税人违反本细则第二十五条规定的，酌情处以五千元以下罚款。

【注释】　相关规定包括：《国家税务总局关于印花税违章处罚有关问题的通知》（国税发［2004］15号）。

第四十二条　代售户违反本细则第三十三条、第三十五条、第三十六条规定的，视其情节轻重，给予警告处分或者取消代售资格。

第四十三条　纳税人不按规定贴花，逃避纳税的，任何单位和个人都有权检举揭发，经税务机关查实处理后，可按规定奖励检举揭发人，并为其保密。

第四十四条　本细则由国家税务局负责解释。

第四十五条　本细则与条例同时施行。

国家税务总局关于对印花税暂行条例施行前书立、领受的凭证贴花问题的规定

国税地［1988］13号

《中华人民共和国印花税暂行条例》（以下简称《条例》）自1988年10月1日起施行。现对《条例》中规定的应税凭证具体征免印花税问题，明确如下：

一、凡从1988年10月1日起书立、领受的条例所列举的凭证，均应按规定贴花；在此以前，书立、领受的条例所列举的凭证，除继续使用的营业账簿和权利、许可证照应按规定贴花外，其余凭证无论是否继续使用，均不贴花。

二、记载资金的账簿，按1988年10月1日的固定资产原值与自有流动资金合计金额计税贴花；以后年度均以年初固定资产与自有流动资金合计金额计算，就增加部分贴花。

【注释】　对《印花税暂行条例》第16条进行了解释。

国家税务总局关于印花税若干具体问题的规定

国税地［1988］25号

根据《中华人民共和国印花税暂行条例》及其施行细则的规定，结合各地反映的实际情况，现对印花税的若干具体问题规定如下：

1. 对由受托方提供原材料的加工、定作合同,如何贴花?

由受托方提供原材料的加工、定作合同,凡在合同中分别记载加工费金额与原材料金额的,应分别按"加工承揽合同"、"购销合同"计税,两项税额相加数,即为合同应贴印花;合同中不划分加工费金额与原材料金额的,应按全部金额,依照"加工承揽合同"计税贴花。

2. 对商店、门市部的零星加工修理业务开具的修理单,是否贴花?

对商店、门市部的零星加工修理业务开具的修理单,不贴印花。

3. 房地产管理部门与个人订立的租房合同,应否贴印花?

对房地产管理部门与个人订立的租房合同,凡用于生活居住的,暂免贴印花;用于生产经营的,应按规定贴花。

4. 有些技术合同、租赁合同等,在签订时不能计算金额的,如何贴花?

有些合同在签订时无法确定计税金额,如技术转让合同中的转让收入,是按销售收入的一定比例收取或是按实现利润分成的;财产租赁合同,只是规定了月(天)租金标准而却无租赁期限的。对这类合同,可在签订时先按定额五元贴花,以后结算时再按实际金额计税,补贴印花。

5. 对货物运输单、仓储保管单、财产保险单、银行借据等单据,是否贴花?

对货物运输、仓储保管、财产保险、银行借款等,办理一项业务既书立合同,又开立单据的,只就合同贴花;凡不书立合同,只开立单据,以单据作为合同使用的,应按照规定贴花。

6. 运输部门承运快件行李、包裹开具的托运单据,是否贴花?

对铁路、公路、航运、水路承运快件行李、包裹开具的托运单据,暂免贴印花。

7. 不兑现或不按期兑现的合同,是否贴花?

依照印花税暂行条例规定,合同签订时即应贴花,履行完税手续。因此,不论合同是否兑现或能否按期兑现,都一律按照规定贴花。

8. 1988 年 10 月 1 日开征印花税,以前签订的合同,10 月 1 日以后修改合同增加金额的,是否补贴印花?

凡修改合同增加金额的,应就增加部分补贴印花。对印花税开征前签订的合同,开征后修改合同增加金额的,亦应按增加金额补贴印花。

9. 某些合同履行后,实际结算金额与合同所载金额不一致的,应否补贴印花?

依照印花税暂行条例规定,纳税人应在合同签订时按合同所载金额计税贴花。因此,对已履行并贴花的合同,发现实际结算金额与合同所载金额不一致的,一般不再补贴印花。

10. 企业租赁承包经营合同,是否贴花?

企业与主管部门等签订的租赁承包经营合同,不属于财产租赁合同,不应贴花。

11. 企业、个人出租门店、柜台等签订的合同,是否贴花?

企业、个人出租门店、柜台等签订的合同,属于财产租赁合同,应按照规定贴花。

12. 什么是副本视同正本使用?

纳税人的已缴纳印花税凭证的正本遗失或毁损,而以副本替代的,即为副本视同正本使用,应另贴印花。

13. 如何确定纳税人的自有流动资金?

对纳税人的自有流动资金,应据其所适用的财务会计制度确定。适用国营企业财务会计制度的纳税人,其自有流动资金包括国家拨入的、企业税后利润补充的、其他单位投入以及集资入账形成的流动资金。

适用其他财务会计制度的纳税人,其自有流动资金由各省、自治区、直辖市税务局按照上述原则具体确定。

14. 设置在其他部门、车间的明细分类账,如何贴花?

对采用一级核算形式的,只就财会部门设置的账簿贴花;采用分级核算形式的,除财会部门的账簿应贴花外,财会部门设置在其他部门和车间的明细分类账,亦应按规定贴花。

车间、门市部、仓库设置的不属于会计核算范围或虽属会计核算范围,但不记载金额的登记簿、统计簿、台账等,不贴印花。

15. 对会计核算采用以表代账的,应如何贴花?

对日常用单页表式记载资金活动情况,以表代账的,在未形成账簿(册)前,暂不贴花,待装订成册时,按册贴花。

16. 对记载资金的账簿，启用新账未增加资金的，是否按定额贴花？

凡是记载资金的账簿，启用新账时，资金未增加的，不再按件定额贴花。

17. 对有经营收入的事业单位使用的账簿，应如何贴花？

对有经营收入的事业单位，凡属由国家财政部门拨付事业经费，实行差额预算管理的单位，其记载经营业务的账簿，按其他账簿定额贴花，不记载经营业务的账簿不贴花；凡属经费来源实行自收自支的单位，其营业账簿，应对记载资金的账簿和其他账簿分别按规定贴花。

18. 跨地区经营的分支机构，其营业账簿应如何贴花？

跨地区经营的分支机构使用的营业账簿，应由各分支机构在其所在地缴纳印花税。对上级单位核拨资金的分支机构，其记载资金的账簿按核拨的账面资金数额计税贴花，其他账簿按定额贴花；对上级单位不核拨资金的分支机构，只就其他账簿按定额贴花。为避免对同一资金重复计税贴花，上级单位记载资金的账簿，应按扣除拨给下属机构资金数额后的其余部分计税贴花。

19. 对企业兼并的并入资金是否补贴印花？

经企业主管部门批准的国营、集体企业兼并，对并入单位的资产，凡已按资金总额贴花的，接收单位对并入的资金不再补贴印花。

20. 对微利、亏损企业，可否减免税？

对微利、亏损企业不能减免印花税。但是，对微利、亏损企业记载资金的账簿，第一次贴花数额较大，难以承担的，经当地税务机关批准，可允许在三年内分次贴足印花。

21. 对营业账簿，应在什么位置上贴花？

在营业账簿上贴印花税票，须在账簿首页右上角粘贴，不准粘贴在账夹上。

【注释】　对《印花税暂行条例》第2、5、7、8条进行了解释。对《印花税暂行条例实施细则》第3—8条进行了解释。

国家税务总局关于对借款合同贴花问题的具体规定

国税地[1988]30号

根据《中华人民共和国印花税暂行条例》及其施行细则的规定，现将借款合同贴花的有关问题规定如下：

一、关于以填开借据方式取得银行借款的借据贴花问题。目前，各地银行办理信贷业务的手续不够统一，有的只签订合同，有的只填开借据，也有的既签订合同又填开借据。为此规定：凡一项信贷业务既签订借款合同又一次或分次填开借据的，只就借款合同按所载借款金额计税贴花；凡只填开借据并作为合同使用的，应按照借据所载借款金额计税，在借据上贴花。

二、关于对流动资金周转性借款合同的贴花问题。借贷双方签订的流动资金周转性借款合同，一般按年（期）签订，规定最高限额，借款人在规定的期限和最高限额内随借随还。为此，在签订流动资金周转借款合同时，应按合同规定的最高借款限额计税贴花。以后，只要在限额内随借随还，不再签新合同的，就不另贴印花。

三、关于对抵押贷款合同的贴花问题。借款方以财产作抵押，与贷款方签订的抵押借款合同，属于资金信贷业务，借贷双方应按"借款合同"计税贴花。因借款方无力偿还借款而将抵押财产转移给贷款方，应就双方书立的产权转移书据，按"产权转移书据"计税贴花。

四、关于对融资租赁合同的贴花问题。银行及其金融机构经营的融资租赁业务，是一种以融物方式达到融资目的的业务，实际上是分期偿还的固定资金借款。因此，对融资租赁合同，可据合同所载的租金总额暂按"借款合同"计税贴花。

五、关于借款合同中既有应税金额又有免税金额的计税贴花问题。有些借款合同，借款总额中既有应免税的金额，也有应纳税的金额。对这类"混合"借款合同，凡合同中能划分免税金额与应税金额的，只就应税金额计税贴花；不能划分清楚的，应按借款总金额计税贴花。

六、关于对借款方与银团"多头"签订借款合同的贴花问题。在有的信贷业务中，贷方是由若干银行组成的银团,银团各方均承担一定的贷款数额,借款合同由借款方与银团各方共同书立,各执一份合同正本。对这类借款合同,借款方与贷款银团各方应分别在所执合同正本上按各自的借贷金额计税贴花。

七、关于对基建贷款中,先签订分合同,后签订总合同的贴花问题。有些基本建设贷款,先按年度用款计划分年签订借款分合同,在最后一年按总概算签订借款总合同,总合同的借款金额中包括各分合同的借款金额。对这类基建借款合同,应按分合同分别贴花,最后签订的总合同,只就借款总额扣除分合同借款金额后的余额计税贴花。

【注释】 对《印花税暂行条例》第2条进行了解释。对《印花税暂行条例实施细则》第11条进行了解释。

国家税务总局关于对保险公司征收印花税有关问题的通知

国税地[1988]37号

根据《中华人民共和国印花税暂行条例》及其施行细则的规定,现将对保险公司征收印花税有关问题,具体明确如下:

一、关于自有流动资金贴花问题。按照保险公司会计制度规定,"保险总准备金"科目反映的资金即为保险公司的自有流动资金。财政拨付的部分,在总公司和省分公司核算,利润中提留的部分,分别在各级公司核算。对保险总准备金,应由各级保险公司按其账面数额计税贴花。

二、关于财产保险合同的贴花问题。目前,保险公司的财产保险分为企业财产保险、机动车辆保险、货物运输保险、家庭财产保险和农牧业保险五大类。为了支持农村保险事业的发展,照顾农牧业生产的负担,除对农林作物、牧业畜类保险合同暂不贴花外,对其他几类财产保险合同均应按照规定计税贴花。其中,家庭财产保险由单位集体办理的,可分别按个人投保金额计税。

三、对责任保险、保证保险和信用保险合同,暂按定额五元贴花。

四、保险公司委托其他单位或者个人代办的保险业务,在与投保方签订保险合同时,应由代办单位或者个人,负责代保险公司办理计税贴花手续。

【注释】 对《印花税暂行条例实施细则》第7、8条进行了解释。

国家税务总局关于对特种储备资金不征收印花税问题的通知

国税地[1989]18号

据了解,一些工业、商业、物资企业担负着为国家储备物资、商品的特殊任务,其资金由国家财政以特种储备资金拨付。企业中这部分保证国家储备的专项资金,不属于生产经营的周转资金,不应计入企业自有流动资金范围内。因此,对特种储备资金不计征印花税。对企业的特种储备资金,应按照财务会计制度有关规定,由当地税务部门审核确定。

【注释】 对《印花税暂行条例实施细则》第7、8条进行了解释。

国家税务总局关于对技术合同征收印花税问题的通知

国税地[1989]34号

各省、自治区、直辖市税务局、各计划单列省辖市税务局,海洋石油税务管理局各分局:

各地在贯彻印花税暂行条例的过程中,对各类技术合同如何计税贴花,提出了一些问题。经研究,现明确如下：

一、关于技术转让合同的适用税目税率问题

技术转让包括：专利权转让、专利申请权转让、专利实施许可和非专利技术转让。为这些不同类型技术转让所书立的凭证，按照印花税税目税率表的规定，分别适用不同的税目、税率。其中，专利申请权转让，非专利技术转让所书立的合同，适用“技术合同”税目；专利权转让、专利实施许可所书立的合同、书据，适用“产权转移书据”税目。

二、关于技术咨询合同的征税范围问题

技术咨询合同是当事人就有关项目的分析、论证、评价、预测和调查订立的技术合同。有关项目包括：1. 有关科学技术与经济、社会协调发展的软科学研究项目；2. 促进科技进步和管理现代化，提高经济效益和社会效益的技术项目；3. 其他专业项目。对属于这些内容的合同，均应按照“技术合同”税目的规定计税贴花。

至于一般的法律、法规、会计、审计等方面的咨询不属于技术咨询，其所立合同不贴印花。

三、关于技术服务合同的征税范围问题

技术服务合同的征税范围包括：技术服务合同、技术培训合同和技术中介合同。

技术服务合同是当事人一方委托另一方就解决有关特定技术问题，如为改进产品结构、改良工艺流程、提高产品质量、降低产品成本、保护资源环境、实现安全操作、提高经济效益等，提出实施方案，进行实施指导所订立的技术合同。以常规手段或者为生产经营目的进行一般加工、修理、修缮、广告、印刷、测绘、标准化测试以及勘察、设计等所书立的合同，不属于技术服务合同。

技术培训合同是当事人一方委托另一方对指定的专业技术人员进行特定项目的技术指导和专业训练所订立的技术合同。对各种职业培训、文化学习、职工业余教育等订立的合同，不属于技术培训合同，不贴印花。

技术中介合同是当事人一方以知识、信息、技术为另一方与第三方订立技术合同进行联系、介绍、组织工业化开发所订立的技术合同。

四、关于计税依据问题

对各类技术合同，应当按合同所载价款、报酬、使用费的金额依率计税。

为鼓励技术研究开发，对技术开发合同，只就合同所载的报酬金额计税，研究开发经费不作为计税依据。但对合同约定按研究开发经费一定比例作为报酬的，应按一定比例的报酬金额计税贴花。

五、关于加强对技术合同征税的管理问题

为加强对技术合同缴纳印花税的征收管理，保证税款及时足额入库，各级税务部门要积极取得科委和技术合同登记、管理机构的支持配合，共同研究解决印花税源泉控制的管理办法，因地制宜建立监督纳税、代征税款、代售印花等管理制度。

【注释】 *对《印花税暂行条例》所附印花税税目税率表进行了解释。*

国家税务总局关于由铁道部自行解决工交事业费的单位贴花问题的批复

国税地[1989]76号

福建省税务局：

你局(89)闽税政三字第533号《关于由铁道部自行解决工交事业费的单位贴花问题的请示》收悉。现答复如下：

对由铁道部自行解决工交事业费的单位，应比照其他事业单位的规定缴纳印花税。即：对无经营收入的事业单位使用的账簿不贴印花。对有经营收入的事业单位，凡属由铁道部拨付部分经费的，只对其记载经营业务的账簿，按其他账簿定额贴花；凡属经费实行自收自支制度的，应对其记载资金的账簿和其他账簿分别按规定贴花。上述各类事业单位在“七五”期间书立、领受的其他应纳税凭证，应按照我局

(89)国税地字第048号《关于“七五”期间铁道部所属单位征免印花税的通知》中的第二、三、四条的规定征免印花税。

【注释】 对《印花税暂行条例》第4条进行了解释。对《印花税暂行条例实施细则》第6条进行了解释。

国家税务总局关于家庭财产两全保险合同征收印花税问题的批复

国税地[1989]77号

河南省税务局：

你局豫税地(1989)41号文收悉。经研究认为：家庭财产两全保险属于家庭财产保险性质，其合同应照章贴花。

【注释】 对《印花税暂行条例》所附印花税税目税率表进行了解释。

国家税务总局关于对水库水工建筑物原值征收印花税问题的批复

国税地[1989]97号

辽宁省税务局：

你局(1989)辽税政四字第117号《关于对我省省属水库的水工建筑物原值免征印花税的请示》收悉。从你局反映的情况看，辽宁省水电厅直接管理的六座水库，均属实行“以收抵支、财务包干”财务管理办法的独立核算的事业单位，水库的水工建筑物(包括大坝、溢洪道和输水工程设施)作为固定资产核算、管理。我们意见，对水库的水工建筑物原值，应区分单位不同情况，按照我局(88)国税地字第025号文第17条的规定确定征免，即：以收抵支有盈余，实行“盈余定额上交，超收留用”办法的，应对其水工建筑物连同其他固定资产按账簿所载原值一并计征印花税；支大于收，实行“定额补贴，超亏不补，限期扭亏”办法的，其资金账簿不征印花税。鉴于目前水库经营的实际情况，为照顾其困难，促进水利事业的发展，对纳税数额较大的，可允许在一定的期限内分次缴纳。

【注释】 对《印花税暂行条例》第4条进行了解释。对《印花税暂行条例实施细则》第7条进行了解释。

国家税务总局关于对军队企业化管理工厂征免印花税等问题的通知

国税地[1989]99号

各省、自治区、直辖市税务局，各计划单列省辖市税务局，海洋石油税务管理局各分局：

根据中国人民解放军总后勤部财务部反映的情况，经研究，现将军队企业化管理工厂征免印花税、房产税问题，通知如下：

一、印花税问题

1. 军队企业化管理工厂向军队系统内各单位(不包括军办企业)和武警部队调拨军用物资和提供加工、修理、装配、试验、租赁、仓储等签订的军队企业专用合同,暂免贴印花。

2. 军队企业化管理工厂与军队系统外各单位发生经济往来所书立的凭证,应按照规定贴花。

3. 军队企业化管理工厂的营业账簿应按照规定贴花。对记载资金的账簿,一次贴花数额较大,纳税有困难的,可向当地税务机关申请,在三年内分次贴足印花。

二、房产税问题

对军队企业化管理工厂办的各类学校、医院、托儿所、幼儿园自用的房产,凡单独设置房产登记,能与企业其他房产原值划分开的,可免征房产税。

【注释】　对《印花税暂行条例》第4条进行了解释。对《印花税暂行条例实施细则》第7条进行了解释。

国家税务总局关于对"拨改贷"借款合同征收印花税问题的复函

国税地[1989]110号

中国人民建设银行:

你行建总发字(89)第117号《关于请求批准"拨改贷"借款合同免缴印花税的报告》收悉。关于你行提出要求对"拨改贷"借贷合同和实行差别利率的基本建设借款合同免征印花税的问题,我们认为:1. 根据印花税的立法精神和印花税暂行条例规定,"拨改贷"借款合同和实行差别利率的基建借款合同,都属应税凭证,均应按规定纳税。2. 借款合同的税率是根据各家银行信贷资金周转情况和综合各类借款的收益状况,本着税负从轻的原则设计的,一般不存在无力负担的问题。因此,除印花税暂行条例及其施行细则已有规定者外,不宜再对某类借款合同另作免税规定。

【注释】　对《印花税暂行条例》所附印花税税目税率表进行了解释。

国家税务总局　国家工商行政管理局关于营业执照、商标注册证粘贴印花税票问题的通知

国税地[1989]113号

根据《中华人民共和国印花税暂行条例》及有关规定,工商行政管理机关核发的各类营业执照正本和商标注册证,应由其领受单位和个人负责贴花,工商行政管理机关在核发上述证照时,应监督纳税人依法履行纳税义务,为保证营业执照和商标注册证粘贴印花税票规范、统一,现就有关问题通知如下:

一、印花税票粘贴位置。营业执照正本贴花,应统一粘贴在其左下角花边框内;商标注册证贴花,应统一粘贴在其内页右上角("使用商品类"右面)边框内。

二、粘贴的印花一律采用5元面值的税票,税票粘贴应端正、清洁,在税票与证照的骑缝处,用钢笔或圆珠笔画两条横线注销,画销笔迹要整齐、清晰(示意图附后)。

三、纳税地点。各级工商行政管理机关在核发营业执照的同时,负责代售印花税票并监督纳税;国家工商行政管理局商标局在核发商标注册证的同时,负责代售印花税票并监督纳税。各地工商行政管理局在向商标注册人收取商标规费的同时,加收5元印花税款,按规定期限一并上交国家工商行政管理局商标局。

四、为便于工商行政管理机关对核发的证照监督纳税,各地税务机关应委托当地工商行政管理机关代售印花税票,并按代售金额5%的比例支付代售手续费。

五、对因各种原因更换营业执照正本和商标注册证的，均视为新领营业执照正本和商标注册证，应按规定纳税。

六、在本通知下达之前，对已贴印花税票的证照，粘贴位置及注销办法不符合本规定要求的，不再揭下重贴，待更换新的证照时，再按本通知规定执行。

以上规定和有关事宜，由各地税务机关与当地工商行政管理机关协商，共同贯彻执行。

【注释】 对《印花税暂行条例》第6条进行了解释。

国家税务总局关于图书、报刊等征订凭证征免印花税问题的通知

国税地[1989]142号

根据《中华人民共和国印花税暂行条例》及有关规定，图书、报纸、期刊以及音像制品的出版发行业务订立的征订发行合同及其订购单据（实际发生数）属于应纳印花税的经济凭证。最近，一些地区询问，因出版发行业务比较特殊，使用的凭证也较复杂，如何征税不够明确，为此特通知如下：

一、各类出版单位与发行单位之间订立的图书、报纸、期刊以及音像制品的征订凭证（包括订购单、订数单等），应由持证双方按规定纳税。

二、各类发行单位之间，以及发行单位与订阅单位或个人之间书立的征订凭证，暂免征印花税。

三、征订凭证适用印花税“购销合同”税目，计税金额按订购数量及发行单位的进货价格计算。

四、征订凭证发生次数频繁，为简化纳税手续，可由出版发行单位采取按期汇总方式，计算缴纳印花税。实行汇总缴纳以后，购销双方个别订立的协议均不再重复计税贴花。

【注释】 对《印花税暂行条例》第4条进行了解释。

国家税务总局关于汇总缴纳印花税税额计算问题的通知

国税函发[1990]433号

据反映，印花税按期汇总缴纳的办法执行以来，简化了贴花手续，但一些汇总缴纳单位对征税凭证与应纳税额不足一角的免税凭证划分不清，给税额的计算和征收管理都带来一些困难。为此，经研究决定，实行印花税按期汇总缴纳的单位，对征税凭证和免税凭证汇总时，凡分别汇总的，按本期征税凭证的汇总金额计算缴纳印花税；凡确属不能分别汇总的，应按本期全部凭证的实际汇总金额计算缴纳印花税。

【注释】 对《印花税暂行条例》第5条进行了解释。

国家税务总局关于改变保险合同印花税计税办法的通知

国税函发[1990]428号

各省、自治区、直辖市税务局，各计划单列市税务局，海洋石油税务管理局各分局：

印花税开征以来，各地反映对保险合同以投保金额为计税依据的办法不尽合理，征管检查难度较大。

经多方征求意见和反复测算，并报送国务院领导同志批准，决定作如下改进：

一、对印花税暂行条例中列举征税的各类保险合同，其计税依据由投保金额改为保险费收入。

二、计算征收的适用税率，由万分之零点三改为千分之一。

本通知自1990年7月1日起执行。

【注释】　对《印花税暂行条例》所附印花税税目税率表进行了解释。

国家税务总局关于代购、代销“国务院市场调节粮”协议书征免印花税事宜的函

国税函发[1990]508号

商业部：

你部办公厅厅发(90)贸粮财字第70号《关于申请对代购、代销“国务院市场调节粮”免征印花税的函》收悉。现函复如下：鉴于代购国务院市场调节粮是国务院委托商业部中国粮食贸易公司承担的一项特殊任务，粮权统属国务院，各级粮食部门的此项收购业务属于非经营性的代购工作，代销业务目前尚未发生。经研究，同意对“代购国务院市场调节粮协议书”一项免征印花税。此前已纳税的协议书，不再办理退税。与此相关的代购国务院市场调节粮专项贷款合同，因在借(还)本付息等借贷手续上与正常借款合同并无区别，应照章纳税。

【注释】　对《印花税暂行条例》第4条进行了解释。

国家税务总局关于各种要货单据征收印花税问题的批复

国税函发[1990]994号

江苏省税务局：

你局苏税三(90)025号请示收悉。关于外贸企业在国内组织货源开具的各种要货单据和商业企业组织货源开具的要货成交单据是否应贴印花税票的问题，经研究，批复如下：

一、外贸企业开具的各种要货单据，是按照有关部门的供需计划，以对外贸易合同为依据，与供货单位订立的购销合约。有些要货单据，虽然在填制和使用上，形式不够规范，条款不够完备，手续不够健全，但具有合同的性质和作用。因此，外贸企业开具的各种名称、各种形式的要货单据，均应按规定贴花。

二、商业企业开具的要货成交单据，是当事人之间建立供需关系，以明确供需各方责任的常用业务凭证，属于合同性质的凭证，应按规定贴花。

【注释】　对《印花税暂行条例》所附印花税税目税率表进行了解释。

国家税务总局地方税管理司关于改变保险合同计税依据适用范围的批复

国税地函发[1990]20号

湖北省税务局：

你局鄂税二便字(90)第52号文收悉。关于国税函发[1990]428号文《关于改变保险合同印花税计税

办法的通知》中第一条"对印花税暂行条例中列举征税的各类保险合同,其计税依据由投保金额改为保险费收入。"是指保险合同的应税金额由按投保方的"投保金额"计算改为按承保方的"保险费收入"计算,并不改变其纳税人和缴纳方法。因此,签订保险合同的投保方和承保方对各自所持的保险合同,均应按其保险费金额计税贴花。

【注释】 对《印花税暂行条例》所附印花税税目税率表进行了解释。

国家税务总局关于恢复征收国营华侨农场地方税问题的通知

国税函发[1990]1117号

国务院办公厅以国办发[1990]28号转发了国务院侨办、国家计委、财政部、国家税务局四个部门给国务院的《关于继续给华侨农场以政策支持的请示》。根据其中"华侨农场五年免税期满后,应恢复征税。对按规定纳税确有困难的农场,可在当地人民政府的统一领导下,由各有关省、自治区财政厅、税务局根据实际情况,给予一定期限的减税、免税照顾"的意见,现对地方税问题,明确如下:

一、对国营华侨农场从1990年1月1日起恢复征收房产税、车船使用税、土地使用税、印花税和城市维护建设税。

二、国营华侨农场缴纳房产税、车船使用税、土地使用税和城市维护建设税确有困难的,可向所在地税务机关提出减免税申请,由省、自治区、市税务局根据实际情况给予一定期限的减税、免税照顾。

【注释】 对《印花税暂行条例》第4条进行了解释。

国家税务总局关于货运凭证征收印花税几个具体问题的通知

国税发[1990]173号

根据各地反映和要求,关于对货运凭证征收印花税的若干政策和征管问题,经研究并征求有关部门的意见,现具体规定如下:

一、关于应税凭证的确定

在货运业务中,凡是明确承、托运双方业务关系的运输单据均属于合同性质的凭证。鉴于目前各类货运业务使用的单据,不够规范统一,不便计税贴花,为了便于征管,现规定以运费结算凭证作为各类货运的应税凭证。

二、关于纳税人的确定

在货运业务中,凡直接办理承、托运运费结算凭证的双方,均为货运凭证印花税的纳税人。

代办承、托运业务的单位负有代理纳税的义务;代办方与委托方之间办理的运费清算单据,不缴纳印花税。

三、关于国内联运凭证的计税和缴纳

对国内各种形式的货物联运,凡在起运地统一结算全程运费的,应以全程运费作为计税依据,由起运地运费结算双方缴纳印花税;凡分程结算运费的,应以分程的运费作为计税依据,分别由办理运费结算的各方缴纳印花税。

四、关于国际货运凭证的征免税划分

1. 由我国运输企业运输的,不论在我国境内、境外起运或中转分程运输,我国运输企业所持的一份运费结算凭证,均按本程运费计算应纳税额;托运方所持的一份运费结算凭证,按全程运费计算应纳税额。

2. 由外国运输企业运输进出口货物的,外国运输企业所持的一份运费结算凭证免纳印花税;托运方所持的一份运费结算凭证应缴纳印花税。

3. 国际货运运费结算凭证在国外办理的,应在凭证转回我国境内时按规定缴纳印花税。

五、关于特殊货运凭证的免税

1. 军事物资运输。凡附有军事运输命令或使用专用的军事物资运费结算凭证,免纳印花税。

2. 抢险救灾物资运输。凡附有县级以上(含县级)人民政府抢险救灾物资运输证明文件的运费结算凭证,免纳印花税。

3. 新建铁路的工程临管线运输。为新建铁路运输施工所需物料,使用工程临管线专用运费结算凭证,免纳印花税。

六、关于代扣汇总缴纳

1. 运费结算付方应缴纳的印花税,应由运费结算收方或其代理方实行代扣汇总缴纳。

2. 运费结算凭证由交通运输管理机关或其指定的单位填开或审核的,当地税务机关应委托凭证填开或审核单位,对运费结算双方应缴纳的印花税,实行代扣汇总缴纳。

3. 在运费结算凭证费别栏目中应增列一项"印花税",将应缴纳的印花税款填入"印花税"项目中。

为了方便代扣汇总缴纳,每份运费结算凭证应纳税额不足0.10元的免税,超过0.10元的按实计缴,计算到分。

4. 代扣印花税时,当地税务机关或代扣单位应在运费结算凭证上,加盖"印花税代扣专用章"(式样略)。专用章由县级以上(含县级)税务机关统一刻制。

本规定自1990年11月1日起执行。

【注释】　对《印花税暂行条例》第1、4、5条进行了解释。

国家税务总局关于中国银行营运资金印花税纳税地点问题的批复

国税函发[1990]1383号

广州市税务局:

你局税三[1990]483号文《关于中国银行所属分行新增营运资金缴纳印花税地点问题的请示》收悉。据了解,中国银行(89)中财字第499号《关于增设"918营运资金内部往来"科目的通知》中,将所属各分支行原设核算国拨营运资金的"拨入营运资金"科目改为"营运资金内部往来"科目核算。随后,中国银行又以(90)中财字第56号文发出《关于1989年以后新增营运资金的印花税由总行统一上缴的通知》,明确为自1989年起我行新增营运资金应纳的印花税将由总行统一缴纳,各行无需再向当地缴纳。我们认为,中国银行改变营运资金的核算科目名称,营运资金的性质及账簿的设置地点并未改变。中国银行自行改变资金账簿纳税地点,与我局(88)国税地字第28号文《关于对金融系统账簿贴花问题的具体规定》中的规定相抵触。因此,你局的意见是对的,根据国家税务局(88)国税地字第28号文的规定,对中国银行所属各分、支行以后年度新增的营运资金,仍应就地缴纳印花税。

【注释】　对《印花税暂行条例》第10条进行了解释。

国家税务总局关于军火武器合同免征印花税问题的通知

国税发[1990]200号

各省、自治区、直辖市税务局,各计划单列市税务局,海洋石油税务管理局各分局:

最近,一些地区和部门询问,对军火武器的研制和供应合同是否征收印花税。经研究,考虑到军火武器的研制、生产和供应具有一定的特殊性,现明确对下列合同免征印花税。

一、国防科工委管辖的军工企业和科研单位,与军队、武警总队、公安、国家安全部门,为研制和供应军火武器(包括指挥、侦察、通讯装备,下同)所签订的合同免征印花税。

二、国防科工委管辖的军工系统内各单位之间,为研制军火武器所签订的合同免征印花税。

本通知自1991年1月1日起执行。

【注释】 对《印花税暂行条例》第4条进行了解释。

国家税务总局关于借贷业务应纳印花税凭证问题的批复

国税函发[1991]1081号

武汉市税务局:

你局武税发[1991]164号《关于征收借款合同和借据印花税的请示》收悉。据反映,你市有些专业银行的办事机构办理借贷业务的手续不够规范,有的只填开借据放贷,有的先填开借据事后补办借款合同。这样,既给印花税应税凭证的确定和征收管理带来混乱,也不利于借贷业务手续的规范化。对此,根据印花税税目税率表的说明,我们意见,在借贷业务中凡流动资金借款先签借款合同,并在合同规定借款额度内办理借款借据的只就对借款合同贴花完税;凡先办理借款借据的,应以借据作为印花税的应纳税凭证,在书立时即时贴花完税,以后补办的借款合同不再贴花。你局可以根据本市各银行的实际情况建立和完善借款凭证印花税的管理办法和代征制度。

【注释】 对《印花税暂行条例》第7条进行了解释。

国家税务总局关于订货会所签合同印花税缴纳地点问题的通知

国税函发[1991]1187号

近年来,一些地区陆续反映,由于多方面的原因,对全国性订货会签订的合同,税务部门驻会征收印花税有诸多不便,困难较大。经多方面征求意见和研究,为有利于印花税的征收管理,对国内订货会上所签合同的纳税地点,作如下规定:

一、在全国性商品物资订货会(包括展销会、交易会等)上所签合同应当缴纳的印花税,由纳税人回其所在地后即时办理贴花完税手续。对此类合同的贴花完税情况,各地税务机关要加强监督检查,并相应建立必要的纳税管理办法。

二、对地方主办、不涉及省际关系的订货会、展销会上所签合同的印花税纳税地点,由各省、自治区、直辖市税务局自行确定。

【注释】 对《印花税暂行条例》第10条进行了解释。

国家税务总局关于印花税若干具体问题的解释和规定的通知

国税发[1991]155号

印花税暂行条例实施以来,我局相继作了一些具体规定。近据各地反映,经研究并多方面征求意见,现将有关政策问题解释和规定如下:

一、对工业、商业、物资、外贸等部门使用的调拨单是否贴花？

目前，工业、商业、物资、外贸等部门经销和调拨商品物资使用的调拨单（或其他名称的单、卡、书、表等），填开使用的情况比较复杂，既有作为部门内执行计划使用的，也有代替合同使用的。对此，应区分性质和用途确定是否贴花。凡属于明确双方供需关系，据以供货和结算，具有合同性质的凭证，应按规定贴花。各省、自治区、直辖市税务局可根据上述原则，结合实际，对各种调拨单作出具体鉴别和认定。

二、对印花税施行细则中所指的"收购部门"和"农副产品"的范围如何划定？

我国农副产品种类繁多，地区间差异较大，随着经济发展，国家指定的收购部门也有所变化。对此，可由省、自治区、直辖市税务局根据当地实际情况具体划定本地区"收购部门"和"农副产品"的范围。

三、对以货换货业务签订的合同应如何计税贴花？

商品购销活动中，采用以货换货方式进行商品交易签订的合同，是反映既购又销双重经济行为的合同。对此，应按合同所载的购、销合计金额计税贴花。合同未列明金额的，应按合同所载购、销数量依照国家牌价或市场价格计算应纳税金额。

四、仓储保管业务的应税凭证如何确定？

仓储保管业务的应税凭证为仓储保管合同或作为合同使用的仓单、栈单（或称入库单等）。对有些凭证使用不规范，不便计税的，可就其结算单据作为计税贴花的凭证。

五、我国的"其他金融组织"是指哪些单位？

我国的其他金融组织，是指除人民银行、各专业银行以外，由中国人民银行批准设立，领取经营金融业务许可证书的单位。

六、对财政部门的拨款改贷款业务中所签订的合同是否贴花？

财政等部门的拨款改贷款签订的借款合同，凡直接与使用单位签订的，暂不贴花；凡委托金融单位贷款，金融单位与使用单位签订的借款合同应按规定贴花。

七、对办理借款展期业务使用的借款展期合同是否贴花？

对办理借款展期业务使用借款展期合同或其他凭证，按信贷制度规定，仅载明延期还款事项的，可暂不贴花。

八、何为"银行同业拆借"？在印花税上怎样确定同业拆借合同与非同业拆借合同的界限？

印花税税目税率表中所说的"银行同业拆借"，是指按国家信贷制度规定，银行、非银行金融机构之间相互融通短期资金的行为。同业拆借合同不属于列举征税的凭证，不贴印花。

确定同业拆借合同的依据，应以中国人民银行银发（1990）62号《关于印发〈同业拆借管理试行办法〉的通知》为准。凡按照规定的同业拆借期限和利率签订的同业拆借合同，不贴印花；凡不符合规定的，应按借款合同贴花。

九、对分立、合并和联营企业的资金账簿如何计税贴花？

企业发生分立、合并和联营等变更后，凡依照有关规定办理法人登记的新企业所设立的资金账簿，应于启用时按规定计税贴花；凡毋需重新进行法人登记的企业原有的资金账簿，已贴印花继续有效。

对企业兼并后并入的资金贴花问题，仍按有关规定执行。

十、"产权转移书据"税目中"财产所有权"的转移书据的征税范围如何划定？

"财产所有权"转移书据的征税范围是：经政府管理机关登记注册的动产、不动产的所有权转移所立的书据，以及企业股权转让所立的书据。

十一、土地使用权出让、转让书据（合同）是否贴花？

土地使用权出让、转让书据（合同），不属于印花税列举征税的凭证，不贴印花。

十二、出版合同是否贴花？

出版合同不属于印花税列举征税的凭证，不贴印花。

十三、银行经理或代理国库业务设置的账簿是否贴花？

中国人民银行各级机构经理国库业务及委托各专业银行各级机构代理国库业务设置的账簿，不是核算银行本身经营业务的账簿，不贴印花。

十四、代理单位与委托单位签订的代理合同，是否属于应税凭证？

在代理业务中，代理单位与委托单位之间签订的委托代理合同，凡仅明确代理事项、权限和责任的，不属于应税凭证，不贴印花。

十五、怎样理解印花税施行细则中“合同在国外签订的,应在国内使用时贴花”的规定?

“合同在国外签订的,应在国内使用时贴花”,是指印花税暂行条例列举征税的合同在国外签订时,不便按规定贴花,因此,应在带入境内时办理贴花完税手续。

【注释】 对《印花税暂行条例》所附印花税税目税率表进行了解释。

国家税务总局关于“集体土地建设用地使用权登记证”贴花问题的批复

国税函发[1991]1268号

江苏省税务局:

你局苏税三(91)020号《关于对“集体土地建设用地使用权登记证”是否征收印花税问题的请示》收悉。关于“集体土地建设用地使用权登记证”的性质问题,经与国家土地管理局联系,该登记证属于地方政府制定并发放的过渡性的土地使用权证,具有地方性和临时性。因此,对其是否贴花,可由你局自行确定。

【注释】 对《印花税暂行条例》所附印花税税目税率表进行了解释。

国家税务总局关于物资订货合同印花税确定纳税人问题的批复

国税函发[1991]1415号

北京市税务局:

你局京税三字[1991]333号《关于同一份购销合同涉及几方当事人应如何确定印花税纳税义务人的请示》收悉。来文反映,一些计划物资的分配采取直达供货的方式,订货合同由物资管理部门或需方的主管部门代需方与供方签订。合同签订后移交需方执行,由需方直接收货和向供方支付货款。代签合同的部门或单位将合同移交需方执行后,一般不再留存合同文本,如由代签人代理纳税,不便于税务管理和纳税资料的保管。因此,经研究决定,根据现行有关规定,为有利于此类合同印花税的征收管理,凡由主管单位代签的计划物资订货合同,由办理收货并结算货款的需方在接到合同文本时,缴纳印花税。

【注释】 对《印花税暂行条例》第1条进行了解释。对《印花税暂行条例实施细则》第2条进行了解释。

国家税务总局关于飞机租赁合同征收印花税问题的批复

国税函发[1992]1145号

广州市税务局:

你局税三[1991]699号《关于飞机租赁协定(合同)贴花问题的请示》收悉。据向民航总局了解,自1980年以来,各航空公司(旧称民航局)均有租用外国租赁公司飞机的情况。由于飞机租赁业务比较复杂,印花税开征以来,对所签合同如何贴花不够明确,至今尚未缴纳印花税。经研究,现就有关问题批复如下:

一、各航空公司与外国公司在1988年10月1日以后签订的飞机租赁合同,属于印花税暂行条例列举征税的凭证。

二、在飞机租赁业务中,对采取经营租赁方式签订的租赁合同,按“财产租赁合同”税目税率计税贴花;对采取融资租赁方式签订的租赁合同，暂按租金总额的万分之零点五税率计税贴花（租赁方式的划分，参见附表）。

三、以上飞机租赁合同补缴印花税时，一律按补税开出缴款书当日的外汇牌价折合人民币，计算应纳税额。

【注释】　对《印花税暂行条例》所附印花税税目税率表进行了解释。对《印花税暂行条例实施细则》第19条进行了解释。

国家税务总局关于飞机租赁合同征收印花税问题的函

国税函发[1992]1431号

中国民用航空局：

你局民航局函[1992]1056号《关于补缴印花税执行外汇牌价等意见的函》收悉。经研究，现答复如下：

一、各航空公司与外国公司签定的飞机租赁合同，在补缴印花税时，依照我国有关涉外税收的规定，应按填开补税凭证当日的外汇牌价折合人民币补缴税款。这是国际通行作法，航空公司也应执行。

二、飞机经营租赁属财产租赁范围，其合同应按“财产租赁合同”税目规定税率缴纳印花税。不得按来函中所述理由而改变税目税率。

三、印花税是就凭证征税。凡经济活动和经济交往中书立、领受的应税凭证都应按印花税的有关规定纳税。对于先买后租的飞机，前后签定有两个不同性质的合同，理应分别纳税，不能理解为是重复征税的问题。

对于航空公司从国外购入飞机所签订的合同，可按我局(91)国税发006号《关于部分涉外经济凭证继续免征印花税的通知》在1993年底以前免征印花税。

【注释】　对《印花税暂行条例》所附印花税税目税率表进行了解释。

国家税务总局关于投资银行系统资金账簿缴纳印花税问题的复函

国税函发[1993]8号

中国投资银行：

你行中投资发[1992]94号《关于投资银行资金账簿缴纳印花税问题的函》收悉。经研究，现函复如下：

一、我局(88)国税地字第028号《关于对金融系统营业账簿贴花问题的具体规定》已明确：“根据银行系统的机构设置，银行所用营业账簿的印花税，由各级独立核算的行、处在其所在地缴纳。”因此，投资银行各分行“营运资金”的印花税，均应在分行所在地缴纳。

二、投资银行系统所设的“调拨资金”科目，反映的资金，既有自有资金也有借入资金，在各分行计税时不易划清，可统一在总行所在地就自有资金部分计算缴纳印花税。

三、专门记载外汇资金的账簿，其印花税缴纳办法亦应比照上述原则办理。

【注释】　对《印花税暂行条例实施细则》第8条进行了解释。

国家税务总局关于船舶保险合同印花税征免问题的批复

国税函发[1993]674号

山东省税务局：

你局鲁税三[1993]45号《关于船舶保险合同征收印花税问题的请示》收悉，现答复如下：

船舶保险合同属于印花税暂行条例中列举征税的“财产保险合同”范围。但对于涉外保险业务中的远洋船舶保险合同,我局国税函发[1990]104 号和国税发[1991]006 号文件规定:对中国人民保险公司涉外保险业务中的远洋船舶保险合同(或保险单据)以及与外国保险公司之间的再保险业务凭证,在 1993 年底前免征印花税。因此,对船舶保险合同的征免印花税问题应当按上述规定处理。

【注释】 对《印花税暂行条例》所附印花税税目税率表进行了解释。

国家税务总局关于中国人民银行向专业银行发放贷款所签合同征免印花税问题的批复

国税函发[1993]705 号

河南省税务局:

你局豫税函发[1993]48 号《关于中国人民银行向专业银行季节性贷款及短期贷款的借据应否贴花的请示》收悉。你局反映的人民银行各级机构向专业银行发放季节性贷款和短期临时性贷款所签的借据应否征收印花税问题,现批复如下:

根据印花税暂行条例和我局(88)国税地字第 030 号、国税发[1991]155 号文件的规定,人民银行各级机构向专业银行发放的各种期限的贷款不属于银行同业拆借,所签订的合同或者借据应缴纳印花税。

对上述贷款中的日拆性贷款(在此专指二十天内的贷款),由于其期限短,利息低,并且贷放和使用均有较强的政策性。因此,我们意见:对此类贷款所签的合同或借据,暂免征收印花税。

【注释】 对《印花税暂行条例实施细则》第 13 条进行了解释。

国家税务总局关于资金账簿印花税问题的通知

国税发[1994]25 号

财政部发布的《企业财务通则》和《企业会计准则》自 1993 年 7 月 1 日起施行。按照“两则”及有关规定,各类生产经营单位执行新会计制度,统一更换会计科目和账簿后,不再设置“自有流动资金”科目。因此,《中华人民共和国印花税暂行条例》税目税率表中“记载资金的账簿”的计税依据已不适用,需要重新确定。为了便于执行,现就有关问题通知如下:

一、生产经营单位执行“两则”后,其“记载资金的账簿”的印花税计税依据改为“实收资本”与“资本公积”两项的合计金额。

二、企业执行“两则”启用新账簿后,其“实收资本”和“资本公积”两项的合计金额大于原已贴花资金的,就增加的部分补贴印花。

本通知自 1994 年 1 月 1 日起执行。

【注释】 对《印花税暂行条例实施细则》第 9 条进行了解释。

财政部　国家税务总局关于印花税违章处罚问题的通知

财税[1994]65 号

《中华人民共和国税收征收管理法》于 1993 年实施后,《中华人民共和国印花税暂行条例》第十三条的部分内容已不适用。为加强印花税的稽征管理,依法处理违章案件,现根据《中华人民共和国税收征收管理法实施细则》第二条、第八十五条的规定,对有关印花税的处罚办法明确如下:

纳税人有下列行为之一的,由税务机关根据情节轻重予以处罚。

一、在应纳税凭证上未贴或少贴印花税票的，税务机关除责令其补贴印花税票外，可处以应补贴印花税票金额3倍至5倍的罚款。

二、已粘贴在应纳税凭证上的印花税票未注销或者未画销的，税务机关可处以未注销或者未画销印花税票金额1倍至3倍的罚款。

三、已贴用的印花税票揭下重用的，税务机关可处以重用印花税票金额5倍或者2000元以上1万元以下的罚款。

伪造印花税票的，由税务机关提请司法机关追究刑事责任。

本通知自文到之日起执行。

【注释】　对《印花税暂行条例》第13条进行了解释。

财政部　国家税务总局关于国家开发银行缴纳印花税问题的复函

财税[1995]47号

国家开发银行：

你行开行财会函(1995)10号文《关于申请免纳印花税的函》收悉。经研究，现函复如下：

一、根据《中华人民共和国印花税暂行条例施行细则》的规定，贴息贷款合同免纳印花税。因此，经财政贴息的项目贷款合同，免征印花税。

二、资本金贷款合同，不属于免税凭证范围，应按规定缴纳印花税。

三、从目前国家政策性银行的经营状况考虑，对记载资金的账簿，一次贴花数额较大，难以承担的，经当地税务机关核准，可在三年内分次贴足印花。

【注释】　对《印花税暂行条例实施细则》第13条进行了解释。

财政部　国家税务总局关于外国石油公司参与煤层气开采所适用税收政策问题的通知

财税[1996]62号

各省、自治区、直辖市、计划单列市财政厅(局)、国家税务局、地方税务局：

为了鼓励外国企业和外商投资企业(以下简称企业)开采我国陆上煤层气资源，现将有关税收问题明确如下：

一、在我国开采陆上煤层气资源的企业取得的经营所得和其他所得，均应当按照《中华人民共和国外商投资企业和外国企业所得税法》及其施行细则的规定缴纳所得税。

二、《中华人民共和国外商投资企业和外国企业所得税法实施细则》中有关“从事开采石油资源的企业”的规定，适用于从事开采陆上煤层气资源的企业。

三、除另有规定者外，财政部、国家税务总局及海洋石油税务管理局制定的有关对从事合作开采石油资源的企业所得税问题的规定，均适用于从事开采陆上煤层气资源的企业。

四、开采陆上煤层气所取得的收入，应当按照《国家税务总局关于中外合作开采石油资源缴纳增值税有关问题的通知》(国税发[1994]114号)和《中外合作开采陆上石油资源缴纳矿区使用费暂行规定》(财政部[1990]第3号令)的规定，缴纳增值税和矿区使用费。

五、从事开采陆上煤层气资源的企业，应当按照《城市房地产税暂行条例》的规定，缴纳房产税；按照《车船使用牌照税暂行条例》的规定，缴纳车船使用牌照税；按照《中华人民共和国印花税暂行条例》的规定，缴纳印花税。

【注释】　对《印花税暂行条例》第1条进行了解释。

财政部　国家税务总局关于农业发展银行缴纳印花税问题的复函

财税[1996]55号

中国农业发展银行：

你行农发行字[1996]001号文《关于申请免征印花税的请示》收悉。经研究，现函复如下：

一、关于你行提出的对政策性贷款合同免征印花税问题，根据《中华人民共和国印花税暂行条例施行细则》第十三条“无息、贴息贷款合同”免征印花税的规定，决定对你行办理的农副产品收购贷款、储备贷款及农业综合开发和扶贫贷款等财政贴息贷款合同免征印花税，其他贷款合同照章征收印花税。

二、关于你行提出的对资本金、公积金等免征印花税问题，按照国务院从严控制减免税的精神，不再给予特殊政策，一律按规定缴纳印花税。

【注释】　对《印花税暂行条例实施细则》第13条进行了解释。

国家税务总局关于地质矿产部所属地勘单位征税问题的补充通知

国税函发[1996]656号

各省、自治区、直辖市和计划单列市地方税务局：

接地质矿产部《关于请对国税函发[1995]453号文作进一步解释的函》(地函[1996]073号)。经研究，现对地勘单位的有关税收问题补充通知如下：

……

二、关于房产税、车船使用税等税收问题

(一)对财政部门拨付事业经费的地勘单位自用的房产、车船和土地，按有关规定免征房产税、车船使用税和城镇土地使用税；从事生产、经营活动等非自用的房产、车船、土地，则应按税法有关规定照章纳税。

(二)城市维护建设税、教育费附加随同增值税、消费税、营业税(以下简称“三税”)征免，即单位和个人凡应缴纳“三税”的均应缴纳城市维护建设税、教育费附加。

(三)一切单位和个人书立的应税凭证均应照章缴纳印花税。但对有经营收入的事业单位，凡属由国家财政部门拨付事业经费、实行差额预算管理的单位，其记载经营业务的账簿，按其他账簿定额贴花，不记载经营业务的账簿不贴花；凡属经费来源实行自收自支的单位，应对记载资金的账簿和其他账簿分别按规定贴花。

【注释】　对《印花税暂行条例实施细则》第8条进行了解释。

财政部　国家税务总局关于铁道部所属单位恢复征收印花税问题的通知

财税[1997]56号

各省、自治区、直辖市和计划单列市财政厅(局)，地方税务局：

财政部、国家税务总局《关于铁道部“八五”后两年有关财务税收问题的通知》[(94)财税字第005号]中有关免征印花税的政策于1995年底执行到期。现经国务院批准，对铁道部所属单位征免印花税的问题通知如下：

一、对铁道部所属原执行经济承包方案的铁路运输、工业、供销、建筑施工企业，以及铁道部直属铁路局所办的工副业企业的营业账簿，自1996年7月1日起恢复征收印花税。

根据铁道部系统的核算体制，上述税款分别在铁道部、铁路局和铁路分局三级核算单位缴纳。

二、对铁道部所属原执行经济承包方案的上述单位之间签订的各种应纳印花税的经济合同，自1996年1月1日至1996年6月30日，继续免征印花税，自1996年7月1日起，恢复征收印花税。

三、企业记载资金的账簿一次贴花数额较大的，经主管税务部门批准，可在三年内分次贴足印花。

【注释】　对《印花税暂行条例实施细则》第13条进行了解释。

国家税务总局关于外商投资企业的订单要货单据征收印花税问题的批复

国税函发[1997]505号

厦门市地方税务局：

你局《关于三资企业的订单要货单据征收印花税问题的请示》（厦地税政三[1997]13号）收悉。经研究，现批复如下：

一、供需双方当事人（包括外商投资企业）在供需业务活动中由单方签署开具的只标有数量、规格、交货日期、结算方式等内容的订单、要货单，虽然形式不够规范，条款不够完备，手续不够健全，但因双方当事人不再签订购销合同而以订单、要货单等作为当事人之间建立供需关系、明确供需双方责任的业务凭证，所以这类订单、要货单等属于合同性质的凭证，应按规定贴花。

二、外商投资企业与境外的母公司或子公司在经济活动中分属不同的独立法人。因此，外商投资企业与境外的母公司或子公司相互之间开出的订单、要货单、要货生产指令单等，均应按规定贴花。

三、对在供需经济活动中使用电话、计算机联网订货，没有开具书面凭证的，暂不贴花。

【注释】　对《印花税暂行条例》所附印花税税目税率表进行了解释。

财政部　国家税务总局关于铁道部所属单位恢复征收印花税问题的补充通知

财税[1997]182号

各省、自治区、直辖市、计划单列市财政厅（局）、地方税务局，哈尔滨、长春、沈阳、成都、西安、南京、武汉、广州市财政局、地方税务局：

近接部分省、市的反映，要求对铁道部所属单位征收印花税的一些具体问题予以明确。经研究，现通知如下：

一、对铁道部所属原执行经济承包方案的企业的营业账簿，自1996年7月1日起恢复征收印花税，是指自1996年7月1日起按资金账簿账面记载的“实收资本”与“资本公积”两项合计金额计税贴花，并非指按1996年7月1日以后新增加的资金贴花。

二、铁道部层层下达的基建计划，不属应税合同，不应纳税；铁道部所属各建设单位与施工企业之间签订的建筑安装工程承包合同属于应税合同，应按规定纳税；但企业内部签订的有关铁路生产经营设施基建、更新改造、大修、维修的协议或责任书，不在征收范围之内。

三、铁道部所属各企业之间签订的购销合同或作为合同使用的调拨单，应按规定贴花；属于企业内部的物资调拨单，不应贴花。

四、凡在铁路内部无偿调拨的固定资产，其调拨单据不属于产权转移书据，不应贴花。

五、路局、分局所属跨地区的直属单位，其印花税应由直属单位在机构所在地就地缴纳。

六、由铁道部全额拨付事业经费的单位，暂视同由财政部门拨付事业经费的单位，其营业账簿不贴花。

【注释】 对《印花税暂行条例实施细则》第8、13条进行了解释。

财政部 国家税务总局关于证券投资基金税收问题的通知

财税[1998]55号

省、自治区、直辖市、计划单列市财政厅（局）、国家税务局、地方税务局，财政部驻各省、自治区、直辖市、计划单列市财政监察专员办事处，新疆生产建设兵团：

为了有利于证券投资基金制度的建立，促进证券市场的健康发展，经国务院批准，现对中国证监会新批准设立的封闭式证券投资基金（以下简称基金）的税收问题通知如下：

……

二、关于印花税问题

1. 基金管理人运用基金买卖股票按照4‰的税率征收印花税。

2. 对投资者（包括个人和企业，下同）买卖基金单位，在1999年底前暂不征收印花税。

……

五、本通知从1998年3月1日起实施。

【注释】 对《印花税暂行条例》所附印花税税目税率表进行了解释。

国家税务总局关于上市公司国有股权无偿转让征收证券（股票）交易印花税问题的通知

国税发[1999]124号

上海市国家税务局，深圳市国家税务局：

为了加强证券（股票）交易印花税的管理，明确税收政策，支持国有企业改革，现就有关国有股权无偿转让征收证券交易印花税的问题，明确如下：

一、对经国务院和省级人民政府决定或批准进行政企脱钩、对企业（集团）进行改组和改变管理体制、变更企业隶属关系，以及国有企业改制、盘活国有企业资产，而发生的国有股权无偿划转行为，暂不征收证券交易印花税。

二、对不属于第一条所述情况的国有股权无偿转让行为，仍应征收证券交易印花税。计税依据为转让股份的面值，税率为4‰。

三、凡不属于第一条范围内的国有股权无偿划转行为，由企业（单位）和主管税务机关按所附《上市公司国有股权无偿转让暂不征收证券（股票）交易印花税审批规程》的要求，报国家税务总局审批。

【注释】 对《印花税暂行条例》所附印花税税目税率表进行了解释。

国家税务总局关于明确国家开发银行分行营业账簿和贷款合同印花税缴纳方式的通知

国税函[2000]1060号

从1999年起，国家开发银行（以下简称开行）陆续成立了包括开行总行营业部在内的28家分行，业务机构建设已基本到位。经研究，鉴于开行各分行的成立时间不同和财政贴息方式的特殊性，现就开行各分行的营业账簿和贷款合同印花税缴纳的问题通知如下：

一、开行各分行启用的营业账簿应缴纳的印花税，在其机构所在地缴纳。其记载资金的账簿，按开行总行核拨的账面资金数额（含资本公积）计税贴花；其他账簿按定额贴花；开行总行的资金账簿按扣除拨给开行各分行资金数额后的其余部分计税贴花。

二、开行各分行签订的贷款合同实行按年汇总缴纳印花税的办法。即年度终了后1个月内，开行各分行向当地地方税务局申报缴纳印花税。同时向税务机关提供财政部《关于核定××××年度基本建设政策性财政贴息预算拨款的通知》和全年贷款合同明细表，经地方税务局对照核实后，对财政贴息的项目贷款合同免征印花税，其余非贴息贷款合同按规定缴纳印花税。

三、实行汇总缴纳的手续，按照《中华人民共和国印花税暂行条例》及其《细则》的有关规定办理。

【注释】　对《印花税暂行条例》第14条进行了解释。对《印花税暂行条例实施细则》第8条进行了解释。

国家税务总局关于国家邮政及所属各级邮政企业资金账簿征收印花税问题的通知

国税函[2001]361号

根据国务院政企分开和邮电分营的要求，邮政业务从原邮电管理局中分立出来，组建国家邮政局及所属各级邮政企业，从1999年1月1日起独立运营。鉴于邮政行业是国家公用事业，邮电分营是国家产业政策调整，引进竞争机制，提高邮政适应市场能力的重大举措，对国家邮政局及所属各级邮政企业的资金账簿涉及的印花税问题，现明确如下：

按照有关规定，纳税人新设立的资金账簿在启用时应计税贴花。为了支持邮政行业的改革和发展，对国家邮政局及所属各级邮政企业新设立的资金账簿，凡属在邮电管理局分营前已贴花的资金免征印花税，1999年1月1日以后增加的资金按规定贴花。

【注释】　对《印花税暂行条例实施细则》第8条进行了解释。

国家税务总局关于外国银行分行营运资金缴纳印花税问题的批复

国税函[2002]104号

天津市地方税务局：

你局《关于外资银行分行有关印花税问题的请示》（津地税外[2001]46号）收悉。根据《中华人民共和国外资金融机构管理条例》的有关规定，外国银行在我国境内设立的分行，其境外总行需拨付规定数额的“营运资金”，分行在账户设置上不设“实收资本”和“资本公积”账户。关于上述外国银行分行由其境外总行拨付的“营运资金”如何缴纳印花税问题，根据《中华人民共和国印花税暂行条例》第二条的规定，外国银行分行记载由其境外总行拨付的“营运资金”账簿，应按核拨的账面资金数额计税贴花。

【注释】　对《印花税暂行条例》第2条进行了解释。

财政部 国家税务总局关于开放式证券投资基金有关税收问题的通知

财税[2002]128 号

各省、自治区、直辖市、计划单列市财政厅(局)、国家税务局、地方税务局,新疆生产建设兵团财务局:

为支持和积极培育机构投资者,充分利用开放式基金手段,进一步拓宽社会投资渠道,促进证券市场的健康、稳定发展,经国务院批准,现对中国证监会批准设立的开放式证券投资基金(以下简称基金)的税收问题通知如下:

……

三、关于印花税问题

1. 基金管理人运用基金买卖股票按照 2‰的税率征收印花税。

2. 对投资者申购和赎回基金单位,暂不征收印花税。

四、对基金管理人、基金托管人、基金代销机构从事基金管理活动取得的收入,依照税法的有关规定征收营业税、企业所得税以及其他相关税收。

【注释】 对《印花税暂行条例》所附印花税税目税率表进行了解释。

财政部 国家税务总局关于全国社会保障基金有关印花税政策的通知

财税[2003]134 号

上海、深圳市财政局、国家税务局、地方税务局:

经国务院批准,现对全国社会保障基金理事会(以下简称"社保理事会")管理的全国社会保障基金(以下简称"社保基金")的有关证券(股票)交易印花税(以下简称"印花税")政策通知如下:

一、对社保理事会委托社保基金投资管理人运用社保基金买卖证券应缴纳的印花税实行先征后返。社保理事会定期向财政部、上海市和深圳市财政局提出返还印花税的申请,即按照中央与地方印花税分享比例,属于中央收入部分,向财政部提出申请;属于地方收入部分,向上海市和深圳市财政局提出申请。具体退税程序比照财政部、国家税务总局、中国人民银行《关于税制改革后对某些企业实行"先征后退"有关预算管理问题的暂行规定的通知》[(94)财预字第 55 号]的有关规定办理。

二、对社保基金持有的证券,在社保基金证券账户之间的划拨过户,不属于印花税的征税范围,不征收印花税。

三、本通知自 2003 年 1 月 1 日起执行。

【注释】 对《印花税暂行条例》第 2 条进行了解释。

财政部 国家税务总局关于企业改制过程中有关印花税政策的通知

财税[2003]183 号

各省、自治区、直辖市、计划单列市财政厅(局)、地方税务局,新疆生产建设兵团财务局:

为贯彻落实国务院关于支持企业改制的指示精神,规范企业改制过程中有关税收政策,现就经县级以上人民政府及企业主管部门批准改制的企业，在改制过程中涉及的印花税政策通知如下：

一、关于资金账簿的印花税

（一）实行公司制改造的企业在改制过程中成立的新企业（重新办理法人登记的），其新启用的资金账簿记载的资金或因企业建立资本纽带关系而增加的资金，凡原已贴花的部分可不再贴花，未贴花的部分和以后新增加的资金按规定贴花。

公司制改造包括国有企业依《公司法》整体改造成国有独资有限责任公司；企业通过增资扩股或者转让部分产权，实现他人对企业的参股，将企业改造成有限责任公司或股份有限公司；企业以其部分财产和相应债务与他人组建新公司；企业将债务留在原企业，而以其优质财产与他人组建的新公司。

（二）以合并或分立方式成立的新企业，其新启用的资金账簿记载的资金，凡原已贴花的部分可不再贴花，未贴花的部分和以后新增加的资金按规定贴花。

合并包括吸收合并和新设合并。分立包括存续分立和新设分立。

（三）企业债权转股权新增加的资金按规定贴花。

（四）企业改制中经评估增加的资金按规定贴花。

（五）企业其他会计科目记载的资金转为实收资本或资本公积的资金按规定贴花。

二、关于各类应税合同的印花税

企业改制前签订但尚未履行完的各类应税合同，改制后需要变更执行主体的，对仅改变执行主体、其余条款未作变动且改制前已贴花的，不再贴花。

三、关于产权转移书据的印花税

企业因改制签订的产权转移书据免予贴花。

【注释】　对《印花税暂行条例》第4条进行了解释。对《印花税暂行条例实施细则》第8条进行了解释。

国家税务总局关于印花税违章处罚有关问题的通知

国税发[2004]15号

各省、自治区、直辖市和计划单列市地方税务局：

《中华人民共和国税收征收管理法》（以下简称《税收征管法》）、《中华人民共和国税收征收管理法实施细则》（以下简称《税收征管法实施细则》）重新修订颁布后，《中华人民共和国印花税暂行条例》（以下简称《印花税暂行条例》）第十三条及《中华人民共和国印花税暂行条例施行细则》（以下简称《印花税暂行条例施行细则》）第三十九条、第四十条、第四十一条的部分内容已不适用。为加强印花税的征收管理，依法处理印花税有关违章行为，根据《税收征管法》、《税收征管法实施细则》的有关规定，现对印花税的违章处罚适用条款明确如下：

印花税纳税人有下列行为之一的，由税务机关根据情节轻重予以处罚：

一、在应纳税凭证上未贴或者少贴印花税票的或者已粘贴在应税凭证上的印花税票未注销或者未画销的，适用《税收征管法》第六十四条的处罚规定。

二、已贴用的印花税票揭下重用造成未缴或少缴印花税的，适用《税收征管法》第六十三条的处罚规定。

三、伪造印花税票的，适用《税收征管法实施细则》第九十一条的处罚规定。

四、按期汇总缴纳印花税的纳税人，超过税务机关核定的纳税期限，未缴或少缴印花税款的，视其违章性质，适用《税收征管法》第六十三条或第六十四条的处罚规定，情节严重的，同时撤销其汇缴许可证。

五、纳税人违反以下规定的，适用《税收征管法》第六十条的处罚规定：

（一）违反《印花税条例施行细则》第二十三条的规定："凡汇总缴纳印花税的凭证，应加注税务机关指定的汇缴戳记、编号并装订成册，将已贴印花或者缴款书的一联粘附册后，盖章注销，保存备查"；

（二）违反《印花税条例施行细则》第二十五条的规定："纳税人对纳税凭证应妥善保存。凭证的保存期限,凡国家已有明确规定的,按规定办;没有明确规定的其余凭证均应在履行完毕后保存一年”。

本通知自文到之日起执行。

【注释】 对《印花税暂行条例》第13条进行了修正。对《印花税暂行条例实施细则》第39—41条进行了修正。

财政部 国家税务总局关于教育税收政策的通知

财税[2004]39号

各省、自治区、直辖市、计划单列市财政厅(局)、国家税务局、地方税务局,新疆生产建设兵团财务局:

为了进一步促进教育事业发展,经国务院批准,现将有关教育的税收政策通知如下:

……

二、关于房产税、城镇土地使用税、印花税

对国家拨付事业经费和企业办的各类学校、托儿所、幼儿园自用的房产、土地,免征房产税、城镇土地使用税;对财产所有人将财产赠给学校所立的书据,免征印花税。

……

六、本通知自2004年1月1日起执行,此前规定与本通知不符的,以本通知为准。

【注释】 对《印花税暂行条例》第4条进行了解释。

国家税务总局关于办理上市公司国有股权无偿转让暂不征收证券(股票)交易印花税有关审批事项的通知

国税函[2004]941号

上海市国家税务局,深圳市国家税务局:

根据有利于加强税收管理和方便纳税人的原则,现将《国务院关于第三批取消和调整行政审批项目的决定》(国发[2004]16号)中列入下放管理层级的“上市公司国有股权无偿转让免征证券(股票)交易印花税的审批项目”实施后,有关政策和审批管理问题通知如下:

一、对经国务院和省级人民政府决定或批准进行的国有(含国有控股)企业改组改制而发生的上市公司国有股权无偿转让行为,暂不征收证券(股票)交易印花税。对不属于上述情况的上市公司国有股权无偿转让行为,仍应征收证券(股票)交易印花税。

二、凡符合暂不征收证券(股票)交易印花税条件的上市公司国有股权无偿转让行为,由转让方或受让方按本通知附件《关于上市公司国有股权无偿转让暂不征收证券(股票)交易印花税申报文件的规定》的要求,报上市公司挂牌交易所所在地的国家税务局审批。

三、上市公司挂牌交易所所在地的国家税务局按规定审批后,应按月将审批文件报国家税务总局备案。在办理上述审批过程中,遇有新情况、发现新问题应及时向国家税务总局报告。

四、国家税务总局将不定期对上市公司挂牌交易所所在地的国家税务局的审批工作进行检查、督导。

五、本规定自2004年7月1日起执行。《国家税务总局关于上市公司国有股权无偿转让征收证券(股票)交易印花税问题的通知》(国税发[1999]124号)同时废止。

附件:

关于上市公司国有股权无偿转让暂不征收证券(股票)交易印花税申报文件的规定

对上市公司国有股权无偿转让符合本通知第一条规定范围,需要明确暂不征收证券(股票)交易印花

税的,须由转让方或受让方按下列要求向上市公司挂牌交易所所在地的国家税务局提出申请报告,具体内容包括:

一、转让方名称、地址、隶属关系、经济性质。

二、受让方名称、地址、隶属关系、经济性质。

三、转让股权的股数和金额、转让形式、批准部门,以及申请暂不征收证券(股票)交易印花税的理由。

四、申请报告应附下列证明文件和材料:

(一)国务院及其授权部门或者省级人民政府关于上市公司国有股权无偿转让的批准文件。

(二)上市公司国有股权无偿转让的可行性研究报告。

(三)受让方的章程。

(四)受让方《企业法人营业执照》副本复印件。

(五)向社会公布的上市公司国有股权无偿转让事宜的预案公告复印件。

【注释】　对《印花税暂行条例》第2、4条进行了解释。

财政部　国家税务总局关于改变印花税按期汇总缴纳管理办法的通知

财税[2004]170号

各省、自治区、直辖市、计划单列市财政厅(局)、地方税务局,新疆生产建设兵团财务局:

为进一步方便纳税人,简化印花税贴花手续,经研究决定,将《中华人民共和国印花税暂行条例施行细则》第二十二条"同一种类应纳税凭证,需频繁贴花的,应向当地税务机关申请按期汇总缴纳印花税。税务机关对核准汇总缴纳印花税的单位,应发给汇缴许可证。汇总缴纳的期限限额由当地税务机关确定,但最长期限不得超过一个月"的规定,修改为"同一种类应纳税凭证,需频繁贴花的,纳税人可以根据实际情况自行决定是否采用按期汇总缴纳印花税的方式。汇总缴纳的期限为一个月。采用按期汇总缴纳方式的纳税人应事先告知主管税务机关。缴纳方式一经选定,一年内不得改变"。

印花税按期汇总缴纳管理办法调整后,主管税务机关应重点加强以下工作:

一、主管税务机关接到纳税人要求按期汇总缴纳印花税的告知后,应及时登记,制定相应的管理办法,防止出现管理漏洞。

二、对采用按期汇总缴纳方式缴纳印花税的纳税人,应加强日常监督、检查,重点核查纳税人汇总缴纳的应税凭证是否完整,贴花金额是否准确。

【注释】　对《印花税暂行条例实施细则》第22条进行了解释。

财政部　国家税务总局关于对买卖封闭式证券投资基金继续予以免征印花税的通知

财税[2004]173号

上海、深圳市财政局、国家税务局:

为支持我国证券市场的健康发展,经研究决定,从2003年1月1日起,继续对投资者(包括个人和机构)买卖封闭式证券投资基金免征印花税。

【注释】　对《印花税暂行条例》第4条进行了解释。

财政部　国家税务总局关于国家石油储备基地建设有关税收政策的通知

财税[2005]23 号

大连、青岛、浙江、宁波省(市)财政厅(局)、地方税务局:

经国务院批准,现对国家石油储备基地第一期项目建设过程中的有关税收政策通知如下:

一、对国家石油储备基地第一期项目建设过程中涉及的营业税、城市维护建设税、教育费附加、城镇土地使用税、印花税、耕地占用税和契税予以免征。

二、上述免税范围仅限于应由国家石油储备基地缴纳的税收。

三、国家石油储备基地第一期项目包括大连、黄岛、镇海、舟山 4 个储备基地。

【注释】　对《印花税暂行条例》第 4 条进行了解释。

财政部　国家税务总局关于股权分置试点改革有关税收政策问题的通知

财税[2005]103 号

各省、自治区、直辖市、计划单列市财政厅(局)、国家税务局、地方税务局,新疆生产建设兵团财务局,财政部驻各省、自治区、直辖市、计划单列市财政监察专员办事处:

为促进资本市场发展和股市全流通,推动股权分置改革试点的顺利实施,经国务院批准,现就股权分置试点改革中有关税收政策问题通知如下:

一、股权分置改革过程中因非流通股股东向流通股股东支付对价而发生的股权转让,暂免征收印花税。

二、股权分置改革中非流通股股东通过对价方式向流通股股东支付的股份、现金等收入,暂免征收流通股股东应缴纳的企业所得税和个人所得税。

三、上述规定自文发之日起开始执行。

【注释】　对《印花税暂行条例实施细则》第 13 条进行了解释。

国家税务总局　铁道部关于铁路货运凭证印花税若干问题的通知

国税发[2006]101 号

各省、自治区、直辖市和计划单列市地方税务局,各铁路局,集装箱、特货公司:

为适应铁路体制改革和铁路网建设的发展变化,有利于铁路货运凭证印花税的征收和管理,现就铁路货运凭证征收印花税有关问题通知如下:

一、纳税人

铁路货运业务中运费结算凭证载明的承、托运双方,均为货运凭证印花税的纳税人。

代办托运业务的代办方在向铁路运输企业交运货物并取得运费结算凭证时,应当代托运方缴纳印花税。代办方与托运方之间办理的运费结算清单,不缴纳印花税。

二、应纳税凭证和计税依据

铁路货运运费结算凭证为印花税应税凭证,包括:

（一）货票（发站发送货物时使用）；

（二）运费杂费收据（到站收取货物运费时使用）；

（三）合资、地方铁路货运运费结算凭证（合资铁路公司、地方铁路单独计算核收本单位管内运费时使用）。

上述凭证中所列运费为印花税的计税依据，包括统一运价运费、特价或加价运费、合资和地方铁路运费、新路均摊费、电力附加费。对分段计费一次核收运费的，以结算凭证所记载的全程运费为计税依据；对分段计费分别核收运费的，以分别核收运费的结算凭证所记载的运费为计税依据。

三、应纳税额的计算和税款代征

以运费金额按万分之五的税率分别计算承、托运双方的应纳税额。税额不足一角的免税，超过一角的四舍五入计算到角。

铁路运输企业在收取货物运杂费的同时必须代征托运方应纳的印花税，并记入运费结算凭证的“印花税”项目内，运费结算凭证不再加盖“印花税代扣专用章”。

四、税款缴纳

铁路运输企业代征的托运方应纳的印花税与铁路运输企业应纳的印花税统一由各铁路运输企业汇总后按下列方式缴入国库。

（一）铁路局（含广铁集团、青藏铁路公司）应纳印花税，依照铁路体制改革前所属原汇总缴纳印花税单位2004年印花税款占铁路局印花税的比例计算（见附表），按季向原汇总缴纳单位所在地的地方税务机关缴纳。对采用异地汇款方式缴纳税款的，原汇总缴纳单位所在地的地方税务机关应通知铁路局将税款直接汇入税务机关在国库开设的“待缴库税款”专户。

（二）集装箱和特货公司货运业务应纳的印花税向总机构所在地税务机关缴纳。

（三）合资铁路公司、地方铁路货运业务应纳的印花税向机构所在地税务机关缴纳。

五、地方税务机关根据国家有关规定，按代征印花税税款金额的5%付给铁路部门代征手续费。手续费由税务机关按规定及时给付，铁路部门不得从代征税款中直接扣除。

六、本通知自2006年8月1日起执行。2006年8月1日以前已经缴纳的税款不再进行调整。《国家税务总局 铁道部关于铁路货运凭证汇总缴纳印花税问题的联合通知》（[89]国税地字第094号）、《国家税务总局关于改变铁路国际货运凭证印花税缴纳办法的通知》（国税函发[1991]1401号）同时废止。

【注释】　对《印花税暂行条例》第1、14条进行了解释。

财政部　国家税务总局关于证券投资者保护基金有关印花税政策的通知

财税[2006]104号

各省、自治区、直辖市、计划单列市财政厅（局）、地方税务局，新疆生产建设兵团财务局：

经国务院批准，现对证券投资者保护基金有限责任公司（以下简称保护基金公司）及其管理的证券投资者保护基金（以下简称保护基金）的有关印花税政策通知如下：

一、对保护基金公司新设立的资金账簿免征印花税。

二、对保护基金公司与中国人民银行签订的再贷款合同、与证券公司行政清算机构签订的借款合同，免征印花税。

三、对保护基金公司接收被处置证券公司财产签订的产权转移书据，免征印花税。

四、对保护基金公司以保护基金自有财产和接收的受偿资产与保险公司签订的财产保险合同，免征印花税。

五、对与保护基金公司签订上述应税合同或产权转移书据的其他当事人照章征收印花税。

【注释】　对《印花税暂行条例》第4条进行了解释。

财政部　国家税务总局关于印花税若干政策的通知

财税[2006]162号

各省、自治区、直辖市、计划单列市财政厅(局)、地方税务局,新疆生产建设兵团财务局:

为适应经济形势发展变化的需要,完善税制,现将印花税有关政策明确如下:

一、对纳税人以电子形式签订的各类应税凭证按规定征收印花税。

二、对发电厂与电网之间、电网与电网之间(国家电网公司系统、南方电网公司系统内部各级电网互供电量除外)签订的购售电合同按购销合同征收印花税。电网与用户之间签订的供用电合同不属于印花税列举征税的凭证,不征收印花税。

三、对土地使用权出让合同、土地使用权转让合同按产权转移书据征收印花税。

四、对商品房销售合同按照产权转移书据征收印花税。

【注释】 对《印花税暂行条例实施细则》第13条进行了解释。

关于调整房地产交易环节税收政策的通知

财税[2008]137号

各省、自治区、直辖市、计划单列市财政厅(局)、地方税务局,新疆生产建设兵团财务局:

为适当减轻个人住房交易的税收负担,支持居民首次购买普通住房,经国务院批准,现就房地产交易环节有关税收政策问题通知如下:

一、对个人首次购买90平方米及以下普通住房的,契税税率暂统一下调到1%。首次购房证明由住房所在地县(区)住房建设主管部门出具。

二、对个人销售或购买住房暂免征收印花税。

三、对个人销售住房暂免征收土地增值税。

本通知自2008年11月1日起实施。

财政部　国家税务总局关于房产税、城镇土地使用税有关问题的通知

财税[2008]152号

各省、自治区、直辖市、计划单列市财政厅(局)、地方税务局,新疆生产建设兵团财务局:

为统一政策,规范执行,现将房产税、城镇土地使用税有关问题明确如下:

一、关于房产原值如何确定的问题

对依照房产原值计税的房产,不论是否记载在会计账簿固定资产科目中,均应按照房屋原价计算缴纳房产税。房屋原价应根据国家有关会计制度规定进行核算。对纳税人未按国家会计制度规定核算并记载的,应按规定予以调整或重新评估。

《财政部税务总局关于房产税若干具体问题的解释和暂行规定》(财税地字[1986]第008号)第十五条同时废止。

二、关于索道公司经营用地应否缴纳城镇土地使用税的问题

公园、名胜古迹内的索道公司经营用地,应按规定缴纳城镇土地使用税。

三、关于房产税、城镇土地使用税纳税义务截止时间的问题

纳税人因房产、土地的实物或权利状态发生变化而依法终止房产税、城镇土地使用税纳税义务的，其应纳税款的计算应截止到房产、土地的实物或权利状态发生变化的当月末。

四、本通知自2009年1月1日起执行。

财政部 国家税务总局关于经营高校学生公寓和食堂有关税收政策的通知

财税[2009]155号

各省、自治区、直辖市、计划单列市财政厅(局)、地方税务局，北京、西藏、宁夏、青海省(区、市)国家税务局，新疆生产建设兵团财务局：

经国务院批准，现对高校学生公寓和食堂有关税收政策通知如下：

一、对高校学生公寓免征房产税。

二、对与高校学生签订的高校学生公寓租赁合同，免征印花税。

三、对按照国家规定的收费标准向学生收取的高校学生公寓住宿费收入，免征营业税。

四、对高校学生食堂为高校师生提供餐饮服务取得的收入，免征营业税。

五、本通知所述“高校学生公寓”，是指为高校学生提供住宿服务，按照国家规定的收费标准收取住宿费的学生公寓。

“高校学生食堂”，是指依照《学校食堂与学生集体用餐卫生管理规定》(中华人民共和国教育部令第14号)管理的高校学生食堂。

六、本通知执行时间自2009年1月1日至2010年12月31日，2009年1月1日至文到之日的已征房产税、印花税、营业税税款分别在纳税人以后的应纳房产税、印花税、营业税税额中抵减或者予以退税。《财政部 国家税务总局关于经营高校学生公寓及高校后勤社会化改革有关税收政策的通知》(财税[2006]100号)相应废止。

财政部 国家税务总局关于保险保障基金有关税收问题的通知

财税[2010]77号

各省、自治区、直辖市、计划单列市财政厅(局)、国家税务局、地方税务局，新疆生产建设兵团财务局：

经国务院批准，现对保险保障基金有关税收政策问题通知如下：

一、对中国保险保障基金有限责任公司(以下简称保险保障基金公司)根据《保险保障基金管理办法》(以下简称《管理办法》)取得的下列收入，免征企业所得税：

1. 境内保险公司依法缴纳的保险保障基金；

2. 依法从撤销或破产保险公司清算财产中获得的受偿收入和向有关责任方追偿所得，以及依法从保险公司风险处置中获得的财产转让所得；

3. 捐赠所得；

4. 银行存款利息收入；

5. 购买政府债券、中央银行、中央企业和中央级金融机构发行债券的利息收入；

6. 国务院批准的其他资金运用取得的收入。

二、对保险保障基金公司根据《管理办法》取得的下列收入，免征营业税：

1. 境内保险公司依法缴纳的保险保障基金；

2. 依法从撤销或破产保险公司清算财产中获得的受偿收入和向有关责任方追偿所得。

三、对保险保障基金公司下列应税凭证，免征印花税：

1. 新设立的资金账簿；

2. 对保险公司风险处置和在破产救助过程中签订的产权转移书据；

3. 在风险处置过程中与中国人民银行签订的再贷款合同；

4. 以保险保障基金自有财产和接收的受偿资产与保险公司签订的财产保险合同；

5. 对与保险保障基金公司签订上述应税合同或产权转移书据的其他当事人照章征收印花税。

四、本通知自 2009 年 1 月 1 日起至 2011 年 12 月 31 日止执行。对保险保障基金公司在 2009 年 1 月 1 日至文到之日已缴纳的应予免征的营业税，从以后应缴纳的营业税税款中抵减。

财政部　国家税务总局关于支持公共租赁住房建设和运营有关税收优惠政策的通知

财税［2010］88 号

各省、自治区、直辖市、计划单列市财政厅（局）、地方税务局，西藏、宁夏、青海省（自治区）国家税务局，新疆生产建设兵团财务局：

根据国务院办公厅《关于促进房地产市场平稳健康发展的通知》（国办发［2010］4 号）、《国务院关于坚决遏制部分城市房价过快上涨的通知》（国发［2010］10 号）和住房城乡建设部等七部门《关于加快发展公共租赁住房的指导意见》（建保［2010］87 号）精神，现对公共租赁住房（以下简称公租房）建设和运营有关税收政策通知如下：

一、对公租房建设期间用地及公租房建成后占地免征城镇土地使用税。在其他住房项目中配套建设公租房，依据政府部门出具的相关材料，可按公租房建筑面积占总建筑面积的比例免征建造、管理公租房涉及的城镇土地使用税。

二、对公租房经营管理单位建造公租房涉及的印花税予以免征。在其他住房项目中配套建设公租房，依据政府部门出具的相关材料，可按公租房建筑面积占总建筑面积的比例免征建造、管理公租房涉及的印花税。

三、对公租房经营管理单位购买住房作为公租房，免征契税、印花税；对公租房租赁双方签订租赁协议涉及的印花税予以免征。

四、对企事业单位、社会团体以及其他组织转让旧房作为公租房房源，且增值额未超过扣除项目金额 20% 的，免征土地增值税。

五、企事业单位、社会团体以及其他组织捐赠住房作为公租房，符合税收法律法规规定的，捐赠支出在年度利润总额 12% 以内的部分，准予在计算应纳税所得额时扣除。

六、对经营公租房所取得的租金收入，免征营业税、房产税。公租房租金收入与其他住房经营收入应单独核算，未单独核算的，不得享受免征营业税、房产税优惠政策。

七、享受上述税收优惠政策的公租房是指纳入省、自治区、直辖市、计划单列市人民政府及新疆生产建设兵团批准的公租房发展规划和年度计划，以及按照建保［2010］87 号文件和市、县人民政府制定的具体管理办法进行管理的公租房。不同时符合上述条件的公租房不得享受上述税收优惠政策。

八、上述政策自发文之日起执行，执行期限暂定三年，政策到期后将根据公租房建设和运营情况对有关内容加以完善。

第五编

税收征管法

第十八部分 中华人民共和国税收征管法

中华人民共和国税收征收管理法

主席令[2001]49号

（中华人民共和国第九届全国人民代表大会常务委员会第二十一次会议2001年4月28日修订）

目 录

第一章 总 则

第一条 为了加强税收征收管理，规范税收征收和缴纳行为，保障国家税收收入，保护纳税人的合法权益，促进经济和社会发展，制定本法。

第二条 凡依法由税务机关征收的各种税收的征收管理，均适用本法。

第三条 税收的开征、停征以及减税、免税、退税、补税，依照法律的规定执行；法律授权国务院规定的，依照国务院制定的行政法规的规定执行。

任何机关、单位和个人不得违反法律、行政法规的规定，擅自作出税收开征、停征以及减税、免税、退税、补税和其他同税收法律、行政法规相抵触的决定。

第四条 法律、行政法规规定负有纳税义务的单位和个人为纳税人。

法律、行政法规规定负有代扣代缴、代收代缴税款义务的单位和个人为扣缴义务人。

纳税人、扣缴义务人必须依照法律、行政法规的规定缴纳税款、代扣代缴、代收代缴税款。

第五条 国务院税务主管部门主管全国税收征收管理工作。各地国家税务局和地方税务局应当按照国务院规定的税收征收管理范围分别进行征收管理。

地方各级人民政府应当依法加强对本行政区域内税收征收管理工作的领导或者协调，支持税务机关依法执行职务，依照法定税率计算税额，依法征收税款。

各有关部门和单位应当支持、协助税务机关依法执行职务。

税务机关依法执行职务，任何单位和个人不得阻挠。

【注释】 相关规定包括：《国家税务总局关于印发〈纳税评估管理办法（试行）〉的通知》（国税发[2005]43号）、《国家税务总局关于人民法院强制执行被执行人财产有关税收问题的复函》（国税函[2005]869号）。

第六条 国家有计划地用现代信息技术装备各级税务机关，加强税收征收管理信息系统的现代化建设，建立、健全税务机关与政府其他管理机关的信息共享制度。

纳税人、扣缴义务人和其他有关单位应当按照国家有关规定如实向税务机关提供与纳税和代扣代缴、代收代缴税款有关的信息。

第七条 税务机关应当广泛宣传税收法律、行政法规,普及纳税知识,无偿地为纳税人提供纳税咨询服务。

【注释】 相关规定包括:《国家税务总局关于印发〈纳税服务工作规范(试行)〉的通知》(国税发[2005]165号)。

第八条 纳税人、扣缴义务人有权向税务机关了解国家税收法律、行政法规的规定以及与纳税程序有关的情况。

纳税人、扣缴义务人有权要求税务机关为纳税人、扣缴义务人的情况保密。税务机关应当依法为纳税人、扣缴义务人的情况保密。

纳税人依法享有申请减税、免税、退税的权利。

纳税人、扣缴义务人对税务机关所作出的决定,享有陈述权、申辩权;依法享有申请行政复议、提起行政诉讼、请求国家赔偿等权利。

纳税人、扣缴义务人有权控告和检举税务机关、税务人员的违法违纪行为。

【注释】 相关规定包括:《税务行政复议规则(暂行)》(国家税务总局令[2004]8号)。

第九条 税务机关应当加强队伍建设,提高税务人员的政治业务素质。

税务机关、税务人员必须秉公执法、忠于职守、清正廉洁、礼貌待人、文明服务,尊重和保护纳税人、扣缴义务人的权利,依法接受监督。

税务人员不得索贿受贿、徇私舞弊、玩忽职守、不征或者少征应征税款;不得滥用职权多征税款或者故意刁难纳税人和扣缴义务人。

【注释】 相关规定包括:《国家税务总局关于加强纳税服务工作的通知》(国税发[2003]38)、《国家税务总局关于印发〈税收管理员制度(试行)〉的通知》(国税发[2005]40号)、《国家税务总局关于印发〈纳税服务工作规范(试行)〉的通知》(国税发[2005]165号)。

第十条 各级税务机关应当建立、健全内部制约和监督管理制度。

上级税务机关应当对下级税务机关的执法活动依法进行监督。

各级税务机关应当对其工作人员执行法律、行政法规和廉洁自律准则的情况进行监督检查。

第十一条 税务机关负责征收、管理、稽查、行政复议的人员的职责应当明确,并相互分离、相互制约。

【注释】 相关规定包括:《税务行政复议规则(暂行)》(国家税务总局令[2004]8号)。

第十二条 税务人员征收税款和查处税收违法案件,与纳税人、扣缴义务人或者税收违法案件有利害关系的,应当回避。

第十三条 任何单位和个人都有权检举违反税收法律、行政法规的行为。收到检举的机关和负责查处的机关应当为检举人保密。税务机关应当按照规定给予奖励。

【注释】 相关规定包括:《国家税务总局关于印发〈税务违法案件举报奖励办法〉的通知》(国税发[1998]211号)。

第十四条 本法所称税务机关是指各级税务局、税务分局、税务所和按照国务院规定设立的并向社会公告的税务机构。

【注释】 相关规定包括:《国家税务总局关于稽查局有关执法权限的批复》(国税函[2003]561号)、《国家税务总局关于印发〈国家税务总局关于进一步规范国家税务局系统机构设置的意见〉的通知》(国税发[2003]128号)。

第二章 税务管理

第一节 税务登记

第十五条 企业,企业在外地设立的分支机构和从事生产、经营的场所,个体工商户和从事生产、经营的事业单位(以下统称从事生产、经营的纳税人)自领取营业执照之日起三十日内,持有关证件,向税务机关申报办理税务登记。税务机关应当自收到申报之日起三十日内审核并发给税务登记证件。

工商行政管理机关应当将办理登记注册、核发营业执照的情况,定期向税务机关通报。

本条第一款规定以外的纳税人办理税务登记和扣缴义务人办理扣缴税款登记的范围和办法，由国务院规定。

【注释】　相关规定包括：《税务登记管理办法》（国家税务总局令[2003]7号）、《国家税务总局关于国家税务局与地方税务局联合办理税务登记有关问题的通知》（国税发[2004]57号）、《国家税务总局关于印发〈纳税人财务会计报表报送管理办法〉的通知》（国税发[2005]20号）、《国家税务总局关于明确从事代理海关报关业务的中介机构办理税务登记有关问题的通知》（国税函[2005]353号）。

第十六条　从事生产、经营的纳税人，税务登记内容发生变化的，自工商行政管理机关办理变更登记之日起三十日内或者在向工商行政管理机关申请办理注销登记之前，持有关证件向税务机关申报办理变更或者注销税务登记。

【注释】　相关规定包括：《税务登记管理办法》（国家税务总局令[2003]7号）、《国家税务总局关于完善税务登记管理若干问题的通知》（国税发[2006]37号）。

第十七条　从事生产、经营的纳税人应当按照国家有关规定，持税务登记证件，在银行或者其他金融机构开立基本存款账户和其他存款账户，并将其全部账号向税务机关报告。

银行和其他金融机构应当在从事生产、经营的纳税人的账户中登录税务登记证件号码，并在税务登记证件中登录从事生产、经营的纳税人的账户账号。

税务机关依法查询从事生产、经营的纳税人开立账户的情况时，有关银行和其他金融机构应当予以协助。

【注释】　相关规定包括：《税务登记管理办法》（国家税务总局令[2003]7号）。

第十八条　纳税人按照国务院税务主管部门的规定使用税务登记证件。税务登记证件不得转借、涂改、损毁、买卖或者伪造。

【注释】　相关规定包括：《税务登记管理办法》（国家税务总局令[2003]7号）。

第二节　账簿、凭证管理

第十九条　纳税人、扣缴义务人按照有关法律、行政法规和国务院财政、税务主管部门的规定设置账簿，根据合法、有效凭证记账，进行核算。

第二十条　从事生产、经营的纳税人的财务、会计制度或者财务、会计处理办法和会计核算软件，应当报送税务机关备案。

纳税人、扣缴义务人的财务、会计制度或者财务、会计处理办法与国务院或者国务院财政、税务主管部门有关税收的规定抵触的，依照国务院或者国务院财政、税务主管部门有关税收的规定计算应纳税款、代扣代缴和代收代缴税款。

第二十一条　税务机关是发票的主管机关，负责发票印制、领购、开具、取得、保管、缴销的管理和监督。

单位、个人在购销商品、提供或者接受经营服务以及从事其他经营活动中，应当按照规定开具、使用、取得发票。

发票的管理办法由国务院规定。

【注释】　相关规定包括：《中华人民共和国发票管理办法》（国函[1993]174号）、《国家税务总局 铁道部关于规范铁路客运餐车发票使用管理的通知》（国税发[2005]198号）。

第二十二条　增值税专用发票由国务院税务主管部门指定的企业印制；其他发票，按照国务院税务主管部门的规定，分别由省、自治区、直辖市国家税务局、地方税务局指定企业印制。

未经前款规定的税务机关指定，不得印制发票。

【注释】　相关规定包括：《国家税务总局关于明确普通发票分类代码中年份代码含义的通知》（国税函[2005]218号）。

第二十三条　国家根据税收征收管理的需要，积极推广使用税控装置。纳税人应当按照规定安装、使用税控装置，不得损毁或者擅自改动税控装置。

第二十四条　从事生产、经营的纳税人、扣缴义务人必须按照国务院财政、税务主管部门规定的保管期限保管账簿、记账凭证、完税凭证及其他有关资料。

账簿、记账凭证、完税凭证及其他有关资料不得伪造、变造或者擅自损毁。

第三节 纳税申报

第二十五条 纳税人必须依照法律、行政法规规定或者税务机关依照法律、行政法规的规定确定的申报期限、申报内容如实办理纳税申报，报送纳税申报表、财务会计报表以及税务机关根据实际需要要求纳税人报送的其他纳税资料。

扣缴义务人必须依照法律、行政法规规定或者税务机关依照法律、行政法规的规定确定的申报期限、申报内容如实报送代扣代缴、代收代缴税款报告表以及税务机关根据实际需要要求扣缴义务人报送的其他有关资料。

【注释】 相关规定包括：《国家税务总局关于印发〈纳税人财务会计报表报送管理办法〉的通知》（国税发[2005]20号）。

第二十六条 纳税人、扣缴义务人可以直接到税务机关办理纳税申报或者报送代扣代缴、代收代缴税款报告表，也可以按照规定采取邮寄、数据电文或者其他方式办理上述申报、报送事项。

【注释】 相关规定包括：《国家税务总局 邮电部关于印发〈邮寄纳税申报办法〉的通知》（国税发[1997]147号）。

第二十七条 纳税人、扣缴义务人不能按期办理纳税申报或者报送代扣代缴、代收代缴税款报告表的，经税务机关核准，可以延期申报。

经核准延期办理前款规定的申报、报送事项的，应当在纳税期内按照上期实际缴纳的税额或者税务机关核定的税额预缴税款，并在核准的延期内办理税款结算。

【注释】 相关规定包括：《欠税公告办法（试行）》国家税务总局令[2004]9号）、《国家税务总局关于延期申报预缴税款滞纳金问题的批复》（国税函[2007]753号）。

第三章 税款征收

第二十八条 税务机关依照法律、行政法规的规定征收税款，不得违反法律、行政法规的规定开征、停征、多征、少征、提前征收、延缓征收或者摊派税款。

农业税应纳税额按照法律、行政法规的规定核定。

第二十九条 除税务机关、税务人员以及经税务机关依照法律、行政法规委托的单位和人员外，任何单位和个人不得进行税款征收活动。

第三十条 扣缴义务人依照法律、行政法规的规定履行代扣、代收税款的义务。对法律、行政法规没有规定负有代扣、代收税款义务的单位和个人，税务机关不得要求其履行代扣、代收税款义务。

扣缴义务人依法履行代扣、代收税款义务时，纳税人不得拒绝。纳税人拒绝的，扣缴义务人应当及时报告税务机关处理。

税务机关按照规定付给扣缴义务人代扣、代收手续费。

第三十一条 纳税人、扣缴义务人按照法律、行政法规规定或者税务机关依照法律、行政法规的规定确定的期限，缴纳或者解缴税款。

纳税人因有特殊困难，不能按期缴纳税款的，经省、自治区、直辖市国家税务局、地方税务局批准，可以延期缴纳税款，但是最长不得超过三个月。

第三十二条 纳税人未按照规定期限缴纳税款的，扣缴义务人未按照规定期限解缴税款的，税务机关除责令限期缴纳外，从滞纳税款之日起，按日加收滞纳税款万分之五的滞纳金。

【注释】 相关规定包括：《国家税务总局关于贯彻实施〈中华人民共和国税收征收管理法〉有关问题的通知》（国税发[2001]54号）、《国家税务总局关于延期申报预缴税款滞纳金问题的批复》（国税函[2007]753号）、《国家税务总局关于纳税人善意取得虚开增值税专用发票已抵扣税款加收滞纳金问题的批复》（国税函[2007]1240号）。

第三十三条 纳税人可以依照法律、行政法规的规定书面申请减税、免税。

减税、免税的申请须经法律、行政法规规定的减税、免税审查批准机关审批。地方各级人民政府、各级人民政府主管部门、单位和个人违反法律、行政法规规定，擅自作出的减税、免税决定无效，税务机关不得执行，并向上级税务机关报告。

第三十四条　税务机关征收税款时，必须给纳税人开具完税凭证。扣缴义务人代扣、代收税款时，纳税人要求扣缴义务人开具代扣、代收税款凭证的，扣缴义务人应当开具。

第三十五条　纳税人有下列情形之一的，税务机关有权核定其应纳税额：

（一）依照法律、行政法规的规定可以不设置账簿的；

（二）依照法律、行政法规的规定应当设置但未设置账簿的；

（三）擅自销毁账簿或者拒不提供纳税资料的；

（四）虽设置账簿，但账目混乱或者成本资料、收入凭证、费用凭证残缺不全，难以查账的；

（五）发生纳税义务，未按照规定的期限办理纳税申报，经税务机关责令限期申报，逾期仍不申报的；

（六）纳税人申报的计税依据明显偏低，又无正当理由的。

税务机关核定应纳税额的具体程序和方法由国务院税务主管部门规定。

【注释】　相关规定包括：《国家税务总局关于贯彻〈中华人民共和国税收征收管理法〉及其实施细则若干具体问题的通知》（国税发[2003]47号）、《欠税公告办法（试行）》（国家税务总局令[2004]9号）、《国家税务总局关于印发〈集贸市场税收分类管理办法〉的通知》（国税发[2004]154号）。

第三十六条　企业或者外国企业在中国境内设立的从事生产、经营的机构、场所与其关联企业之间的业务往来，应当按照独立企业之间的业务往来收取或者支付价款、费用；不按照独立企业之间的业务往来收取或者支付价款、费用，而减少其应纳税的收入或者所得额的，税务机关有权进行合理调整。

第三十七条　对未按照规定办理税务登记的从事生产、经营的纳税人以及临时从事经营的纳税人，由税务机关核定其应纳税额，责令缴纳；不缴纳的，税务机关可以扣押其价值相当于应纳税款的商品、货物。扣押后缴纳应纳税款的，税务机关必须立即解除扣押，并归还所扣押的商品、货物；扣押后仍不缴纳应纳税款的，经县以上税务局（分局）局长批准，依法拍卖或者变卖所扣押的商品、货物，以拍卖或者变卖所得抵缴税款。

第三十八条　税务机关有根据认为从事生产、经营的纳税人有逃避纳税义务行为的，可以在规定的纳税期之前，责令限期缴纳应纳税款；在限期内发现纳税人有明显的转移、隐匿其应纳税的商品、货物以及其他财产或者应纳税的收入的迹象的，税务机关可以责成纳税人提供纳税担保。如果纳税人不能提供纳税担保，经县以上税务局（分局）局长批准，税务机关可以采取下列税收保全措施：

（一）书面通知纳税人开户银行或者其他金融机构冻结纳税人的金额相当于应纳税款的存款；

（二）扣押、查封纳税人的价值相当于应纳税款的商品、货物或者其他财产。

纳税人在前款规定的限期内缴纳税款的，税务机关必须立即解除税收保全措施；限期期满仍未缴纳税款的，经县以上税务局（分局）局长批准，税务机关可以书面通知纳税人开户银行或者其他金融机构从其冻结的存款中扣缴税款，或者依法拍卖或者变卖所扣押、查封的商品、货物或者其他财产，以拍卖或者变卖所得抵缴税款。

个人及其所扶养家属维持生活必需的住房和用品，不在税收保全措施的范围之内。

第三十九条　纳税人在限期内已缴纳税款，税务机关未立即解除税收保全措施，使纳税人的合法利益遭受损失的，税务机关应当承担赔偿责任。

第四十条　从事生产、经营的纳税人、扣缴义务人未按照规定的期限缴纳或者解缴税款，纳税担保人未按照规定的期限缴纳所担保的税款，由税务机关责令限期缴纳，逾期仍未缴纳的，经县以上税务局（分局）局长批准，税务机关可以采取下列强制执行措施：

（一）书面通知其开户银行或者其他金融机构从其存款中扣缴税款；

（二）扣押、查封、依法拍卖或者变卖其价值相当于应纳税款的商品、货物或者其他财产，以拍卖或者变卖所得抵缴税款。

税务机关采取强制执行措施时，对前款所列纳税人、扣缴义务人、纳税担保人未缴纳的滞纳金同时强制执行。

个人及其所扶养家属维持生活必需的住房和用品，不在强制执行措施的范围之内。

【注释】　相关规定包括：《国家税务总局关于贯彻〈中华人民共和国税收征收管理法〉及其实施细则若干具体问题的通知》（国税发[2003]47号）。

第四十一条　本法第三十七条、第三十八条、第四十条规定的采取税收保全措施、强制执行措施的权力，不得由法定的税务机关以外的单位和个人行使。

第四十二条　税务机关采取税收保全措施和强制执行措施必须依照法定权限和法定程序，不得查封、扣押纳税人个人及其所扶养家属维持生活必需的住房和用品。

第四十三条　税务机关滥用职权违法采取税收保全措施、强制执行措施，或者采取税收保全措施、强制执行措施不当，使纳税人、扣缴义务人或者纳税担保人的合法权益遭受损失的，应当依法承担赔偿责任。

第四十四条　欠缴税款的纳税人或者他的法定代表人需要出境的，应当在出境前向税务机关结清应纳税款、滞纳金或者提供担保。未结清税款、滞纳金，又不提供担保的，税务机关可以通知出境管理机关阻止其出境。

第四十五条　税务机关征收税款，税收优先于无担保债权，法律另有规定的除外；纳税人欠缴的税款发生在纳税人以其财产设定抵押、质押或者纳税人的财产被留置之前的，税收应当先于抵押权、质权、留置权执行。

纳税人欠缴税款，同时又被行政机关决定处以罚款、没收违法所得的，税收优先于罚款、没收违法所得。

税务机关应当对纳税人欠缴税款的情况定期予以公告。

【注释】　相关规定包括：《国家税务总局关于贯彻〈中华人民共和国税收征收管理法〉及其实施细则若干具体问题的通知》（国税发[2003]47号）、《欠税公告办法（试行）》（国家税务总局令[2004]9号）、《国家税务总局关于人民法院强制执行被执行人财产有关税收问题的复函》（国税函[2005]869号）。

第四十六条　纳税人有欠税情形而以其财产设定抵押、质押的，应当向抵押权人、质权人说明其欠税情况。抵押权人、质权人可以请求税务机关提供有关的欠税情况。

第四十七条　税务机关扣押商品、货物或者其他财产时，必须开付收据；查封商品、货物或者其他财产时，必须开付清单。

第四十八条　纳税人有合并、分立情形的，应当向税务机关报告，并依法缴清税款。纳税人合并时未缴清税款的，应当由合并后的纳税人继续履行未履行的纳税义务；纳税人分立时未缴清税款的，分立后的纳税人对未履行的纳税义务应当承担连带责任。

第四十九条　欠缴税款数额较大的纳税人在处分其不动产或者大额资产之前，应当向税务机关报告。

第五十条　欠缴税款的纳税人因怠于行使到期债权，或者放弃到期债权，或者无偿转让财产，或者以明显不合理的低价转让财产而受让人知道该情形，对国家税收造成损害的，税务机关可以依照合同法第七十三条、第七十四条的规定行使代位权、撤销权。

税务机关依照前款规定行使代位权、撤销权的，不免除欠缴税款的纳税人尚未履行的纳税义务和应承担的法律责任。

第五十一条　纳税人超过应纳税额缴纳的税款，税务机关发现后应当立即退还；纳税人自结算缴纳税款之日起三年内发现的，可以向税务机关要求退还多缴的税款并加算银行同期存款利息，税务机关及时查实后应当立即退还；涉及从国库中退库的，依照法律、行政法规有关国库管理的规定退还。

【注释】　相关规定包括：《国家税务总局关于贯彻实施〈中华人民共和国税收征收管理法〉有关问题的通知》（国税发[2001]54号）、《税收减免管理办法（试行）》（国税发[2005]129号）。

第五十二条　因税务机关的责任，致使纳税人、扣缴义务人未缴或者少缴税款的，税务机关在三年内可以要求纳税人、扣缴义务人补缴税款，但是不得加收滞纳金。

因纳税人、扣缴义务人计算错误等失误，未缴或者少缴税款的，税务机关在三年内可以追征税款、滞纳金；有特殊情况的，追征期可以延长到五年。

对偷税、抗税、骗税的，税务机关追征其未缴或者少缴的税款、滞纳金或者所骗取的税款，不受前款规定期限的限制。

【注释】　相关规定包括：《税收减免管理办法（试行）》（国税发[2005]129号）、《国家税务总局关于欠税追缴期限有关问题的批复》（国税函[2005]813号）。

第五十三条　国家税务局和地方税务局应当按照国家规定的税收征收管理范围和税款入库预算级次，将征收的税款缴入国库。

对审计机关、财政机关依法查出的税收违法行为，税务机关应当根据有关机关的决定、意见书，依法将应收的税款、滞纳金按照税款入库预算级次缴入国库，并将结果及时回复有关机关。

第四章　税务检查

第五十四条　税务机关有权进行下列税务检查：

（一）检查纳税人的账簿、记账凭证、报表和有关资料，检查扣缴义务人代扣代缴、代收代缴税款账簿、记账凭证和有关资料；

（二）到纳税人的生产、经营场所和货物存放地检查纳税人应纳税的商品、货物或者其他财产，检查扣缴义务人与代扣代缴、代收代缴税款有关的经营情况；

（三）责成纳税人、扣缴义务人提供与纳税或者代扣代缴、代收代缴税款有关的文件、证明材料和有关资料；

（四）询问纳税人、扣缴义务人与纳税或者代扣代缴、代收代缴税款有关的问题和情况；

（五）到车站、码头、机场、邮政企业及其分支机构检查纳税人托运、邮寄应纳税商品、货物或者其他财产的有关单据、凭证和有关资料；

（六）经县以上税务局（分局）局长批准，凭全国统一格式的检查存款账户许可证明，查询从事生产、经营的纳税人、扣缴义务人在银行或者其他金融机构的存款账户。税务机关在调查税收违法案件时，经设区的市、自治州以上税务局（分局）局长批准，可以查询案件涉嫌人员的储蓄存款。税务机关查询所获得的资料，不得用于税收以外的用途。

【注释】　相关规定包括：《国家税务总局关于印发〈税务稽查案件复查暂行办法〉的通知》（国税发[2000]54号）、《国家税务总局关于印发〈税务稽查业务公开制度（试行）〉的通知》（国税发[2000]163号）、《国家税务总局关于协税员不得核发〈税务检查证〉的批复》（国税函[2001]41号）、《国家税务总局关于贯彻〈中华人民共和国税收征收管理法〉及其实施细则若干具体问题的通知》（国税发[2003]47号）、《国家税务总局关于印发〈税务检查证管理暂行办法〉的通知》（国税发[2005]154号）。

第五十五条　税务机关对从事生产、经营的纳税人以前纳税期的纳税情况依法进行税务检查时，发现纳税人有逃避纳税义务行为，并有明显的转移、隐匿其应纳税的商品、货物以及其他财产或者应纳税的收入的迹象的，可以按照本法规定的批准权限采取税收保全措施或者强制执行措施。

【注释】　相关规定包括：《国家税务总局关于印发〈税务检查证管理暂行办法〉的通知》（国税发[2005]154号）。

第五十六条　纳税人、扣缴义务人必须接受税务机关依法进行的税务检查，如实反映情况，提供有关资料，不得拒绝、隐瞒。

【注释】　相关规定包括：《国家税务总局关于印发〈涉外企业联合税务审计暂行办法〉的通知》（国税发[2004]38号）、《国家税务总局关于印发〈税务检查证管理暂行办法〉的通知》（国税发[2005]154号）。

第五十七条　税务机关依法进行税务检查时，有权向有关单位和个人调查纳税人、扣缴义务人和其他当事人与纳税或者代扣代缴、代收代缴税款有关的情况，有关单位和个人有义务向税务机关如实提供有关资料及证明材料。

【注释】　相关规定包括：《国家税务总局关于印发〈税务检查证管理暂行办法〉的通知》（国税发[2005]154号）。

第五十八条　税务机关调查税务违法案件时，对与案件有关的情况和资料，可以记录、录音、录像、照相和复制。

【注释】　相关规定包括：《国家税务总局关于印发〈税收执法检查规则〉的通知》（国税发[2004]126号）、《国家税务总局关于印发〈税务检查证管理暂行办法〉的通知》（国税发[2005]154号）。

第五十九条　税务机关派出的人员进行税务检查时，应当出示税务检查证和税务检查通知书，并有责任为被检查人保守秘密；未出示税务检查证和税务检查通知书的，被检查人有权拒绝检查。

【注释】　相关规定包括：《国家税务总局关于印发〈税收执法检查规则〉的通知》（国税发[2004]126号）、《国家税务总局关于印发〈税务检查证管理暂行办法〉的通知》（国税发[2005]154号）。

第五章　法律责任

第六十条　纳税人有下列行为之一的，由税务机关责令限期改正，可以处二千元以下的罚款；情节严重

的,处二千元以上一万元以下的罚款:

(一)未按照规定的期限申报办理税务登记、变更或者注销登记的;

(二)未按照规定设置、保管账簿或者保管记账凭证和有关资料的;

(三)未按照规定将财务、会计制度或者财务、会计处理办法和会计核算软件报送税务机关备查的;

(四)未按照规定将其全部银行账号向税务机关报告的;

(五)未按照规定安装、使用税控装置,或者损毁或者擅自改动税控装置的。

纳税人不办理税务登记的,由税务机关责令限期改正;逾期不改正的,经税务机关提请,由工商行政管理机关吊销其营业执照。

纳税人未按照规定使用税务登记证件,或者转借、涂改、损毁、买卖、伪造税务登记证件的,处二千元以上一万元以下的罚款;情节严重的,处一万元以上五万元以下的罚款。

【注释】 相关规定包括:《国家税务总局关于贯彻〈中华人民共和国税收征收管理法〉及其实施细则若干具体问题的通知》(国税发[2003]47号)。

第六十一条 扣缴义务人未按照规定设置、保管代扣代缴、代收代缴税款账簿或者保管代扣代缴、代收代缴税款记账凭证及有关资料的,由税务机关责令限期改正,可以处二千元以下的罚款;情节严重的,处二千元以上五千元以下的罚款。

第六十二条 纳税人未按照规定的期限办理纳税申报和报送纳税资料的,或者扣缴义务人未按照规定的期限向税务机关报送代扣代缴、代收代缴税款报告表和有关资料的,由税务机关责令限期改正,可以处二千元以下的罚款;情节严重的,可以处二千元以上一万元以下的罚款。

【注释】 相关规定包括:《国家税务总局关于印发〈纳税人财务会计报表报送管理办法〉的通知》(国税发[2005]20号)。

第六十三条 纳税人伪造、变造、隐匿、擅自销毁账簿、记账凭证,或者在账簿上多列支出或者不列、少列收入,或者经税务机关通知申报而拒不申报或者进行虚假的纳税申报,不缴或者少缴应纳税款的,是偷税。对纳税人偷税的,由税务机关追缴其不缴或者少缴的税款、滞纳金,并处不缴或者少缴的税款百分之五十以上五倍以下的罚款;构成犯罪的,依法追究刑事责任。

扣缴义务人采取前款所列手段,不缴或者少缴已扣、已收税款,由税务机关追缴其不缴或者少缴的税款、滞纳金,并处不缴或者少缴的税款百分之五十以上五倍以下的罚款;构成犯罪的,依法追究刑事责任。

第六十四条 纳税人、扣缴义务人编造虚假计税依据的,由税务机关责令限期改正,并处五万元以下的罚款。

纳税人不进行纳税申报,不缴或者少缴应纳税款的,由税务机关追缴其不缴或者少缴的税款、滞纳金,并处不缴或者少缴的税款百分之五十以上五倍以下的罚款。

【注释】 相关规定包括:《国家税务总局关于贯彻实施〈中华人民共和国税收征收管理法〉有关问题的通知》(国税发[2001]54号)。

第六十五条 纳税人欠缴应纳税款,采取转移或者隐匿财产的手段,妨碍税务机关追缴欠缴的税款的,由税务机关追缴欠缴的税款、滞纳金,并处欠缴税款百分之五十以上五倍以下的罚款;构成犯罪的,依法追究刑事责任。

第六十六条 以假报出口或者其他欺骗手段,骗取国家出口退税款,由税务机关追缴其骗取的退税款,并处骗取税款一倍以上五倍以下的罚款;构成犯罪的,依法追究刑事责任。

对骗取国家出口退税款的,税务机关可以在规定期间内停止为其办理出口退税。

第六十七条 以暴力、威胁方法拒不缴纳税款的,是抗税,除由税务机关追缴其拒缴的税款、滞纳金外,依法追究刑事责任。情节轻微,未构成犯罪的,由税务机关追缴其拒缴的税款、滞纳金,并处拒缴税款一倍以上五倍以下的罚款。

第六十八条 纳税人、扣缴义务人在规定期限内不缴或者少缴应纳或者应解缴的税款,经税务机关责令限期缴纳,逾期仍未缴纳的,税务机关除依照本法第四十条的规定采取强制执行措施追缴其不缴或者少缴的税款外,可以处不缴或者少缴的税款百分之五十以上五倍以下的罚款。

第六十九条 扣缴义务人应扣未扣、应收而不收税款的,由税务机关向纳税人追缴税款,对扣缴义务人处应扣未扣、应收未收税款百分之五十以上三倍以下的罚款。

第七十条　纳税人、扣缴义务人逃避、拒绝或者以其他方式阻挠税务机关检查的，由税务机关责令改正，可以处一万元以下的罚款；情节严重的，处一万元以上五万元以下的罚款。

【注释】　相关规定包括：《国家税务总局关于印发〈纳税人财务会计报表报送管理办法〉的通知》（国税发[2005]20号）。

第七十一条　违反本法第二十二条规定，非法印制发票的，由税务机关销毁非法印制的发票，没收违法所得和作案工具，并处一万元以上五万元以下的罚款；构成犯罪的，依法追究刑事责任。

第七十二条　从事生产、经营的纳税人、扣缴义务人有本法规定的税收违法行为，拒不接受税务机关处理的，税务机关可以收缴其发票或者停止向其发售发票。

第七十三条　纳税人、扣缴义务人的开户银行或者其他金融机构拒绝接受税务机关依法检查纳税人、扣缴义务人存款账户，或者拒绝执行税务机关作出的冻结存款或者扣缴税款的决定，或者在接到税务机关的书面通知后帮助纳税人、扣缴义务人转移存款，造成税款流失的，由税务机关处十万元以上五十万元以下的罚款，对直接负责的主管人员和其他直接责任人员处一千元以上一万元以下的罚款。

第七十四条　本法规定的行政处罚，罚款额在二千元以下的，可以由税务所决定。

第七十五条　税务机关和司法机关的涉税罚没收入，应当按照税款入库预算级次上缴国库。

第七十六条　税务机关违反规定擅自改变税收征收管理范围和税款入库预算级次的，责令限期改正，对直接负责的主管人员和其他直接责任人员依法给予降级或者撤职的行政处分。

第七十七条　纳税人、扣缴义务人有本法第六十三条、第六十五条、第六十六条、第六十七条、第七十一条规定的行为涉嫌犯罪的，税务机关应当依法移交司法机关追究刑事责任。

税务人员徇私舞弊，对依法应当移交司法机关追究刑事责任的不移交，情节严重的，依法追究刑事责任。

第七十八条　未经税务机关依法委托征收税款的，责令退还收取的财物，依法给予行政处分或者行政处罚；致使他人合法权益受到损失的，依法承担赔偿责任；构成犯罪的，依法追究刑事责任。

第七十九条　税务机关、税务人员查封、扣押纳税人个人及其所扶养家属维持生活必需的住房和用品的，责令退还，依法给予行政处分；构成犯罪的，依法追究刑事责任。

第八十条　税务人员与纳税人、扣缴义务人勾结，唆使或者协助纳税人、扣缴义务人有本法第六十三条、第六十五条、第六十六条规定的行为，构成犯罪的，依法追究刑事责任；尚不构成犯罪的，依法给予行政处分。

第八十一条　税务人员利用职务上的便利，收受或者索取纳税人、扣缴义务人财物或者谋取其他不正当利益，构成犯罪的，依法追究刑事责任；尚不构成犯罪的，依法给予行政处分。

第八十二条　税务人员徇私舞弊或者玩忽职守，不征或者少征应征税款，致使国家税收遭受重大损失，构成犯罪的，依法追究刑事责任；尚不构成犯罪的，依法给予行政处分。

税务人员滥用职权，故意刁难纳税人、扣缴义务人的，调离税收工作岗位，并依法给予行政处分。

税务人员对控告、检举税收违法违纪行为的纳税人、扣缴义务人以及其他检举人进行打击报复的，依法给予行政处分；构成犯罪的，依法追究刑事责任。

税务人员违反法律、行政法规的规定，故意高估或者低估农业税计税产量，致使多征或者少征税款，侵犯农民合法权益或者损害国家利益，构成犯罪的，依法追究刑事责任；尚不构成犯罪的，依法给予行政处分。

第八十三条　违反法律、行政和法规的规定提前征收、延缓征收或者摊派税款的，由其上级机关或者行政监察机关责令改正，对直接负责的主管人员和其他直接责任人员依法给予行政处分。

第八十四条　违反法律、行政法规的规定，擅自作出税收的开征、停征或者减税、免税、退税、补税以及其他同税收法律、行政法规相抵触的决定的，除依照本法规定撤销其擅自作出的决定外，补征应征未征税款，退还不应征收而征收的税款，并由上级机关追究直接负责的主管人员和其他直接责任人员的行政责任；构成犯罪的，依法追究刑事责任。

【注释】　相关规定包括：《国家税务总局关于印发〈税收减免管理办法（试行）〉的通知》（国税发[2005]129号）。

第八十五条　税务人员在征收税款或者查处税收违法案件时，未按照本法规定进行回避的，对直接负责的主管人员和其他直接责任人员，依法给予行政处分。

第八十六条 违反税收法律、行政法规应当给予行政处罚的行为，在五年内未被发现的，不再给予行政处罚。

第八十七条 未按照本法规定为纳税人、扣缴义务人、检举人保密的，对直接负责的主管人员和其他直接责任人员，由所在单位或者有关单位依法给予行政处分。

第八十八条 纳税人、扣缴义务人、纳税担保人同税务机关在纳税上发生争议时，必须先依照税务机关的纳税决定缴纳或者解缴税款及滞纳金或者提供相应的担保，然后可以依法申请行政复议；对行政复议决定不服的，可以依法向人民法院起诉。

当事人对税务机关的处罚决定、强制执行措施或者税收保全措施不服的，可以依法申请行政复议，也可以依法向人民法院起诉。

当事人对税务机关的处罚决定逾期不申请行政复议也不向人民法院起诉、又不履行的，作出处罚决定的税务机关可以采取本法第四十条规定的强制执行措施，或者申请人民法院强制执行。

【注释】 相关规定包括：《国家税务总局关于纳税人不服交通部门代征车辆购置税行为行政复议管辖问题的通知》（国税函[2001]233号）、《国家税务总局关于涉税案件在刑事审判期间是否应当中止税务行政复议问题的批复》（国税函[2002]130号）、《税务行政复议规则（暂行）》（国家税务总局令[2004]8号）。

第六章 附 则

第八十九条 纳税人、扣缴义务人可以委托税务代理人代为办理税务事宜。

【注释】 相关规定包括：《人事部 国家税务总局关于印发〈注册税务师资格制度暂行规定〉的通知》（人发[1996]116号）、《国家税务总局关于印发〈注册税务师注册管理暂行办法〉的通知》（国税发[1999]79号）、《国家税务总局关于执业税务师执业注册有关问题的通知》（国税发[1999]182号）。

第九十条 耕地占用税、契税、农业税、牧业税征收管理的具体办法，由国务院另行制定。

关税及海关代征税收的征收管理，依照法律、行政法规的有关规定执行。

【注释】 相关规定包括：《国家税务总局关于农业税、牧业税、耕地占用税、契税征收管理暂参照〈中华人民共和国税收征收管理法〉执行的通知》（国税发[2001]110号）。

第九十一条 中华人民共和国同外国缔结的有关税收的条约、协定同本法有不同规定的，依照条约、协定的规定办理。

第九十二条 本法施行前颁布的税收法律与本法有不同规定的，适用本法规定。

第九十三条 国务院根据本法制定实施细则。

第九十四条 本法自2001年5月1日起施行。

中华人民共和国税收征收管理法实施细则

国务院令[2002]362号

第一章 总 则

第一条 根据《中华人民共和国税收征收管理法》（以下简称税收征管法）的规定，制定本细则。

第二条 凡依法由税务机关征收的各种税收的征收管理，均适用税收征管法及本细则；税收征管法及本细则没有规定的，依照其他有关税收法律、行政法规的规定执行。

第三条 任何部门、单位和个人作出的与税收法律、行政法规相抵触的决定一律无效，税务机关不得执行，并应当向上级税务机关报告。

纳税人应当依照税收法律、行政法规的规定履行纳税义务；其签订的合同、协议等与税收法律、行政法规相抵触的，一律无效。

第四条 国家税务总局负责制定全国税务系统信息化建设的总体规划、技术标准、技术方案与实施办法；各级税务机关应当按照国家税务总局的总体规划、技术标准、技术方案与实施办法，做好本地区税务系统信息化建设的具体工作。

地方各级人民政府应当积极支持税务系统信息化建设，并组织有关部门实现相关信息的共享。

第五条　税收征管法第八条所称为纳税人、扣缴义务人保密的情况，是指纳税人、扣缴义务人的商业秘密及个人隐私。纳税人、扣缴义务人的税收违法行为不属于保密范围。

【注释】　相关规定包括：《国家税务总局关于国家税务局与地方税务局联合办理税务登记有关问题的通知》（国税发[2004]57号）。

第六条　国家税务总局应当制定税务人员行为准则和服务规范。

上级税务机关发现下级税务机关的税收违法行为，应当及时予以纠正；下级税务机关应当按照上级税务机关的决定及时改正。

下级税务机关发现上级税务机关的税收违法行为，应当向上级税务机关或者有关部门报告。

【注释】　相关规定包括：《国家税务总局关于印发〈纳税服务工作规范（试行）〉的通知》（国税发[2005]165号）。

第七条　税务机关根据检举人的贡献大小给予相应的奖励，奖励所需资金列入税务部门年度预算，单项核定。奖励资金具体使用办法以及奖励标准，由国家税务总局会同财政部制定。

【注释】　相关规定包括：《国家税务总局关于印发〈税务违法案件举报奖励办法〉的通知》（国税发[1998]211号）。

第八条　税务人员在核定应纳税额、调整税收定额、进行税务检查、实施税务行政处罚、办理税务行政复议时，与纳税人、扣缴义务人或者其法定代表人、直接责任人有下列关系之一的，应当回避：

（一）夫妻关系；

（二）直系血亲关系；

（三）三代以内旁系血亲关系；

（四）近姻亲关系；

（五）可能影响公正执法的其他利害关系。

【注释】　相关规定包括：《国家税务总局税务行政复议规则（暂行）》（国家税务总局令[2004]8号）。

第九条　税收征管法第十四条所称按照国务院规定设立的并向社会公告的税务机构，是指省以下税务局的稽查局。稽查局专司偷税、逃避追缴欠税、骗税、抗税案件的查处。

国家税务总局应当明确划分税务局和稽查局的职责，避免职责交叉。

【注释】　相关规定包括：《国家税务总局关于稽查局有关执法权限的批复》（国税函[2003]561号）、《国家税务总局关于印发〈国家税务总局关于进一步规范国家税务局系统机构设置的意见〉的通知》（国税发[2003]128号）。

第二章　税务登记

第十条　国家税务局、地方税务局对同一纳税人的税务登记应当采用同一代码，信息共享。

税务登记的具体办法由国家税务总局制定。

【注释】　相关规定包括：《国家税务总局关于贯彻〈中华人民共和国税收征收管理法〉及其实施细则若干具体问题的通知》（国税发[2003]47号）、《税务登记管理办法》（国家税务总局令[2003]7号）。

第十一条　各级工商行政管理机关应当向同级国家税务局和地方税务局定期通报办理开业、变更、注销登记以及吊销营业执照的情况。

通报的具体办法由国家税务总局和国家工商行政管理总局联合制定。

【注释】　相关规定包括：《税务登记管理办法》（国家税务总局令[2003]7号）。

第十二条　从事生产、经营的纳税人应当自领取营业执照之日起30日内，向生产、经营地或者纳税义务发生地的主管税务机关申报办理税务登记，如实填写税务登记表，并按照税务机关的要求提供有关证件、资料。

前款规定以外的纳税人，除国家机关和个人外，应当自纳税义务发生之日起30日内，持有关证件向所在地的主管税务机关申报办理税务登记。

个人所得税的纳税人办理税务登记的办法由国务院另行规定。

税务登记证件的式样,由国家税务总局制定。

【注释】 相关规定包括:《税务登记管理办法》(国家税务总局令[2003]7号)。

第十三条 扣缴义务人应当自扣缴义务发生之日起30日内,向所在地的主管税务机关申报办理扣缴税款登记,领取扣缴税款登记证件;税务机关对已办理税务登记的扣缴义务人,可以只在其税务登记证件上登记扣缴税款事项,不再发给扣缴税款登记证件。

【注释】 相关规定包括:《税务登记管理办法》(国家税务总局令[2003]7号)、《国家税务总局关于完善税务登记管理若干问题的通知》(国税发[2006]37号)。

第十四条 纳税人税务登记内容发生变化的,应当自工商行政管理机关或者其他机关办理变更登记之日起30日内,持有关证件向原税务登记机关申报办理变更税务登记。

纳税人税务登记内容发生变化,不需要到工商行政管理机关或者其他机关办理变更登记的,应当自发生变化之日起30日内,持有关证件向原税务登记机关申报办理变更税务登记。

【注释】 相关规定包括:《税务登记管理办法》(国家税务总局令[2003]7号)。

第十五条 纳税人发生解散、破产、撤销以及其他情形,依法终止纳税义务的,应当在向工商行政管理机关或者其他机关办理注销登记前,持有关证件向原税务登记机关申报办理注销税务登记;按照规定不需要在工商行政管理机关或者其他机关办理注册登记的,应当自有关机关批准或者宣告终止之日起15日内,持有关证件向原税务登记机关申报办理注销税务登记。

纳税人因住所、经营地点变动,涉及改变税务登记机关的,应当在向工商行政管理机关或者其他机关申请办理变更或者注销登记前或者住所、经营地点变动前,向原税务登记机关申报办理注销税务登记,并在30日内向迁达地税务机关申报办理税务登记。

纳税人被工商行政管理机关吊销营业执照或者被其他机关予以撤销登记的,应当自营业执照被吊销或者被撤销登记之日起15日内,向原税务登记机关申报办理注销税务登记。

【注释】 相关规定包括:《税务登记管理办法》(国家税务总局令[2003]7号)。

第十六条 纳税人在办理注销税务登记前,应当向税务机关结清应纳税款、滞纳金、罚款,缴销发票、税务登记证件和其他税务证件。

【注释】 相关规定包括:《税务登记管理办法》(国家税务总局令[2003]7号)。

第十七条 从事生产、经营的纳税人应当自开立基本存款账户或者其他存款账户之日起15日内,向主管税务机关书面报告其全部账号;发生变化的,应当自变化之日起15日内,向主管税务机关书面报告。

【注释】 相关规定包括:《税务登记管理办法》(国家税务总局令[2003]7号)。

第十八条 除按照规定不需要发给税务登记证件的外,纳税人办理下列事项时,必须持税务登记证件:

(一)开立银行账户;

(二)申请减税、免税、退税;

(三)申请办理延期申报、延期缴纳税款;

(四)领购发票;

(五)申请开具外出经营活动税收管理证明;

(六)办理停业、歇业;

(七)其他有关税务事项。

【注释】 相关规定包括:《税务登记管理办法》(国家税务总局令[2003]7号)。

第十九条 税务机关对税务登记证件实行定期验证和换证制度。纳税人应当在规定的期限内持有关证件到主管税务机关办理验证或者换证手续。

【注释】 相关规定包括:《税务登记管理办法》(国家税务总局令[2003]7号)。

第二十条 纳税人应当将税务登记证件正本在其生产、经营场所或者办公场所公开悬挂,接受税务机关检查。

【注释】 相关规定包括:《税务登记管理办法》(国家税务总局令[2003]7号)。

纳税人遗失税务登记证件的,应当在15日内书面报告主管税务机关,并登报声明作废。

第二十一条 从事生产、经营的纳税人到外县(市)临时从事生产、经营活动的,应当持税务登记证副本和所在地税务机关填开的外出经营活动税收管理证明,向营业地税务机关报验登记,接受税务管理。

从事生产、经营的纳税人外出经营,在同一地累计超过180天的,应当在营业地办理税务登记手续。

【注释】 相关规定包括:《国家税务总局关于贯彻〈中华人民共和国税收征收管理法〉及其实施细则若干具体问题的通知》(国税发[2003]47号)、《税务登记管理办法》(国家税务总局令[2003]7号)。

第三章 账簿、凭证管理

第二十二条 从事生产、经营的纳税人应当自领取营业执照或者发生纳税义务之日起15日内,按照国家有关规定设置账簿。

前款所称账簿,是指总账、明细账、日记账以及其他辅助性账簿。总账、日记账应当采用订本式。

第二十三条 生产、经营规模小又确无建账能力的纳税人,可以聘请经批准从事会计代理记账业务的专业机构或者经税务机关认可的财会人员代为建账和办理账务;聘请上述机构或者人员有实际困难的,经县以上税务机关批准,可以按照税务机关的规定,建立收支凭证粘贴簿、进货销货登记簿或者使用税控装置。

第二十四条 从事生产、经营的纳税人应当自领取税务登记证件之日起15日内,将其财务、会计制度或者财务、会计处理办法报送主管税务机关备案。

纳税人使用计算机记账的,应当在使用前将会计电算化系统的会计核算软件、使用说明书及有关资料报送主管税务机关备案。

纳税人建立的会计电算化系统应当符合国家有关规定,并能正确、完整核算其收入或者所得。

第二十五条 扣缴义务人应当自税收法律、行政法规规定的扣缴义务发生之日起10日内,按照所代扣、代收的税种,分别设置代扣代缴、代收代缴税款账簿。

第二十六条 纳税人、扣缴义务人会计制度健全,能够通过计算机正确、完整计算其收入和所得或者代扣代缴、代收代缴税款情况的,其计算机输出的完整的书面会计记录,可视同会计账簿。

纳税人、扣缴义务人会计制度不健全,不能通过计算机正确、完整计算其收入和所得或者代扣代缴、代收代缴税款情况的,应当建立总账及与纳税或者代扣代缴、代收代缴税款有关的其他账簿。

第二十七条 账簿、会计凭证和报表,应当使用中文。民族自治地方可以同时使用当地通用的一种民族文字。外商投资企业和外国企业可以同时使用一种外国文字。

第二十八条 纳税人应当按照税务机关的要求安装、使用税控装置,并按照税务机关的规定报送有关数据和资料。

税控装置推广应用的管理办法由国家税务总局另行制定,报国务院批准后实施。

第二十九条 账簿、记账凭证、报表、完税凭证、发票、出口凭证以及其他有关涉税资料应当合法、真实、完整。

账簿、记账凭证、报表、完税凭证、发票、出口凭证以及其他有关涉税资料应当保存10年;但是,法律、行政法规另有规定的除外。

第四章 纳税申报

第三十条 税务机关应当建立、健全纳税人自行申报纳税制度。经税务机关批准,纳税人、扣缴义务人可以采取邮寄、数据电文方式办理纳税申报或者报送代扣代缴、代收代缴税款报告表。

数据电文方式,是指税务机关确定的电话语音、电子数据交换和网络传输等电子方式。

【注释】 相关规定包括:《国家税务总局邮电部关于印发〈邮寄纳税申报办法〉的通知》(国税发[1997]147号)。

第三十一条 纳税人采取邮寄方式办理纳税申报的,应当使用统一的纳税申报专用信封,并以邮政部门收据作为申报凭据。邮寄申报以寄出的邮戳日期为实际申报日期。

纳税人采取电子方式办理纳税申报的,应当按照税务机关规定的期限和要求保存有关资料,并定期书面报送主管税务机关。

【注释】 相关规定包括:《国家税务总局邮电部关于印发〈邮寄纳税申报办法〉的通知(国税发[1997]147号)。

第三十二条 纳税人在纳税期内没有应纳税款的，也应当按照规定办理纳税申报。

纳税人享受减税、免税待遇的，在减税、免税期间应当按照规定办理纳税申报。

第三十三条 纳税人、扣缴义务人的纳税申报或者代扣代缴、代收代缴税款报告表的主要内容包括：税种、税目，应纳税项目或者应代扣代缴、代收代缴税款项目，计税依据，扣除项目及标准，适用税率或者单位税额，应退税项目及税额、应减免税项目及税额，应纳税额或者应代扣代缴、代收代缴税额，税款所属期限、延期缴纳税款、欠税、滞纳金等。

第三十四条 纳税人办理纳税申报时，应当如实填写纳税申报表，并根据不同的情况相应报送下列有关证件、资料：

（一）财务会计报表及其说明材料；

（二）与纳税有关的合同、协议书及凭证；

（三）税控装置的电子报税资料；

（四）外出经营活动税收管理证明和异地完税凭证；

（五）境内或者境外公证机构出具的有关证明文件；

（六）税务机关规定应当报送的其他有关证件、资料。

第三十五条 扣缴义务人办理代扣代缴、代收代缴税款报告时，应当如实填写代扣代缴、代收代缴税款报告表，并报送代扣代缴、代收代缴税款的合法凭证以及税务机关规定的其他有关证件、资料。

第三十六条 实行定期定额缴纳税款的纳税人，可以实行简易申报、简并征期等申报纳税方式。

【注释】 相关规定包括：《国家税务总局关于贯彻〈中华人民共和国税收征收管理法〉及其实施细则若干具体问题的通知》（国税发［2003］47号）、《国家税务总局个体工商户税收定期定额征收管理办法》（国家税务总局令［2006］16号）。

第三十七条 纳税人、扣缴义务人按照规定的期限办理纳税申报或者报送代扣代缴、代收代缴税款报告表确有困难，需要延期的，应当在规定的期限内向税务机关提出书面延期申请，经税务机关核准，在核准的期限内办理。

纳税人、扣缴义务人因不可抗力，不能按期办理纳税申报或者报送代扣代缴、代收代缴税款报告表的，可以延期办理；但是，应当在不可抗力情形消除后立即向税务机关报告。税务机关应当查明事实，予以核准。

第五章 税款征收

第三十八条 税务机关应当加强对税款征收的管理，建立、健全责任制度。

税务机关根据保证国家税款及时足额入库、方便纳税人、降低税收成本的原则，确定税款征收的方式。

税务机关应当加强对纳税人出口退税的管理，具体管理办法由国家税务总局会同国务院有关部门制定。

第三十九条 税务机关应当将各种税收的税款、滞纳金、罚款，按照国家规定的预算科目和预算级次及时缴入国库，税务机关不得占压、挪用、截留，不得缴入国库以外或者国家规定的税款账户以外的任何账户。

已缴入国库的税款、滞纳金、罚款，任何单位和个人不得擅自变更预算科目和预算级次。

第四十条 税务机关应当根据方便、快捷、安全的原则，积极推广使用支票、银行卡、电子结算方式缴纳税款。

第四十一条 纳税人有下列情形之一的，属于税收征管法第三十一条所称特殊困难：

（一）因不可抗力，导致纳税人发生较大损失，正常生产经营活动受到较大影响的；

（二）当期货币资金在扣除应付职工工资、社会保险费后，不足以缴纳税款的。

计划单列市国家税务局、地方税务局可以参照税收征管法第三十一条第二款的批准权限，审批纳税人延期缴纳税款。

【注释】 相关规定包括：《国家税务总局关于延期缴纳税款有关问题的通知》（国税函［2004］1406号）。

第四十二条 纳税人需要延期缴纳税款的，应当在缴纳税款期限届满前提出申请，并报送下列材料：申请延期缴纳税款报告，当期货币资金余额情况及所有银行存款账户的对账单，资产负债表，应付职工工资和社会保险费等税务机关要求提供的支出预算。

税务机关应当自收到申请延期缴纳税款报告之日起20日内作出批准或者不予批准的决定;不予批准的,从缴纳税款期限届满之日起加收滞纳金。

第四十三条　法律、行政法规规定或者经法定的审批机关批准减税、免税的纳税人,应当持有关文件到主管税务机关办理减税、免税手续。减税、免税期满,应当自期满次日起恢复纳税。

享受减税、免税优惠的纳税人,减税、免税条件发生变化的,应当自发生变化之日起15日内向税务机关报告;不再符合减税、免税条件的,应当依法履行纳税义务;未依法纳税的,税务机关应当予以追缴。

第四十四条　税务机关根据有利于税收控管和方便纳税的原则,可以按照国家有关规定委托有关单位和人员代征零星分散和异地缴纳的税收,并发给委托代征证书。受托单位和人员按照代征证书的要求,以税务机关的名义依法征收税款,纳税人不得拒绝;纳税人拒绝的,受托代征单位和人员应当及时报告税务机关。

第四十五条　税收征管法第三十四条所称完税凭证,是指各种完税证、缴款书、印花税票、扣(收)税凭证以及其他完税证明。

未经税务机关指定,任何单位、个人不得印制完税凭证。完税凭证不得转借、倒卖、变造或者伪造。

完税凭证的式样及管理办法由国家税务总局制定。

第四十六条　税务机关收到税款后,应当向纳税人开具完税凭证。纳税人通过银行缴纳税款的,税务机关可以委托银行开具完税凭证。

第四十七条　纳税人有税收征管法第三十五条或者第三十七条所列情形之一的,税务机关有权采用下列任何一种方法核定其应纳税额:

(一)参照当地同类行业或者类似行业中经营规模和收入水平相近的纳税人的税负水平核定;

(二)按照营业收入或者成本加合理的费用和利润的方法核定;

(三)按照耗用的原材料、燃料、动力等推算或者测算核定;

(四)按照其他合理方法核定。

采用前款所列一种方法不足以正确核定应纳税额时,可以同时采用两种以上的方法核定。

纳税人对税务机关采取本条规定的方法核定的应纳税额有异议的,应当提供相关证据,经税务机关认定后,调整应纳税额。

【注释】　相关规定包括:《国家税务总局关于贯彻〈中华人民共和国税收征收管理法〉及其实施细则若干具体问题的通知》(国税发[2003]47号)。

第四十八条　税务机关负责纳税人纳税信誉等级评定工作。纳税人纳税信誉等级的评定办法由国家税务总局制定。

第四十九条　承包人或者承租人有独立的生产经营权,在财务上独立核算,并定期向发包人或者出租人上缴承包费或者租金的,承包人或者承租人应当就其生产、经营收入和所得纳税,并接受税务管理;但是,法律、行政法规另有规定的除外。

发包人或者出租人应当自发包或者出租之日起30日内将承包人或者承租人的有关情况向主管税务机关报告。发包人或者出租人不报告的,发包人或者出租人与承包人或者承租人承担纳税连带责任。

【注释】　相关规定包括:《国家税务总局关于印发〈集贸市场税收分类管理办法〉的通知》(国税发[2004]154号)。

第五十条　纳税人有解散、撤销、破产情形的,在清算前应当向其主管税务机关报告;未结清税款的,由其主管税务机关参加清算。

第五十一条　税收征管法第三十六条所称关联企业,是指有下列关系之一的公司、企业和其他经济组织:

(一)在资金、经营、购销等方面,存在直接或者间接的拥有或者控制关系;

(二)直接或者间接地同为第三者所拥有或者控制;

(三)在利益上具有相关联的其他关系。

纳税人有义务就其与关联企业之间的业务往来,向当地税务机关提供有关的价格、费用标准等资料。具体办法由国家税务总局制定。

第五十二条 税收征管法第三十六条所称独立企业之间的业务往来，是指没有关联关系的企业之间按照公平成交价格和营业常规所进行的业务往来。

第五十三条 纳税人可以向主管税务机关提出与其关联企业之间业务往来的定价原则和计算方法，主管税务机关审核、批准后，与纳税人预先约定有关定价事项，监督纳税人执行。

第五十四条 纳税人与其关联企业之间的业务往来有下列情形之一的，税务机关可以调整其应纳税额：

(一)购销业务未按照独立企业之间的业务往来作价；

(二)融通资金所支付或者收取的利息超过或者低于没有关联关系的企业之间所能同意的数额，或者利率超过或者低于同类业务的正常利率；

(三)提供劳务，未按照独立企业之间业务往来收取或者支付劳务费用；

(四)转让财产、提供财产使用权等业务往来，未按照独立企业之间业务往来作价或者收取、支付费用；

(五)未按照独立企业之间业务往来作价的其他情形。

第五十五条 纳税人有本细则第五十四条所列情形之一的，税务机关可以按照下列方法调整计税收入额或者所得额：

(一)按照独立企业之间进行的相同或者类似业务活动的价格；

(二)按照再销售给无关联关系的第三者的价格所应取得的收入和利润水平；

(三)按照成本加合理的费用和利润；

(四)按照其他合理的方法。

第五十六条 纳税人与其关联企业未按照独立企业之间的业务往来支付价款、费用的，税务机关自该业务往来发生的纳税年度起3年内进行调整；有特殊情况的，可以自该业务往来发生的纳税年度起10年内进行调整。

【注释】 相关规定包括:《国家税务总局关于贯彻〈中华人民共和国税收征收管理法〉及其实施细则若干具体问题的通知》(国税发[2003]47号)。

第五十七条 税收征管法第三十七条所称未按照规定办理税务登记从事生产、经营的纳税人，包括到外县(市)从事生产、经营而未向营业地税务机关报验登记的纳税人。

第五十八条 税务机关依照税收征管法第三十七条的规定，扣押纳税人商品、货物的，纳税人应当自扣押之日起15日内缴纳税款。

对扣押的鲜活、易腐烂变质或者易失效的商品、货物，税务机关根据被扣押物品的保质期，可以缩短前款规定的扣押期限。

第五十九条 税收征管法第三十八条、第四十条所称其他财产，包括纳税人的房地产、现金、有价证券等不动产和动产。

机动车辆、金银饰品、古玩字画、豪华住宅或者一处以外的住房不属于税收征管法第三十八条、第四十条、第四十二条所称个人及其所扶养家属维持生活必需的住房和用品。

税务机关对单价5000元以下的其他生活用品，不采取税收保全措施和强制执行措施。

第六十条 税收征管法第三十八条、第四十条、第四十二条所称个人所扶养家属，是指与纳税人共同居住生活的配偶、直系亲属以及无生活来源并由纳税人扶养的其他亲属。

第六十一条 税收征管法第三十八条、第八十八条所称担保，包括经税务机关认可的纳税保证人为纳税人提供的纳税保证，以及纳税人或者第三人以其未设置或者未全部设置担保物权的财产提供的担保。

纳税保证人，是指在中国境内具有纳税担保能力的自然人、法人或者其他经济组织。

法律、行政法规规定的没有担保资格的单位和个人，不得作为纳税担保人。

第六十二条 纳税担保人同意为纳税人提供纳税担保的，应当填写纳税担保书，写明担保对象、担保范围、担保期限和担保责任以及其他有关事项。担保书须经纳税人、纳税担保人签字盖章并经税务机关同意，方为有效。

纳税人或者第三人以其财产提供纳税担保的，应当填写财产清单，并写明财产价值以及其他有关事项。纳税担保财产清单须经纳税人、第三人签字盖章并经税务机关确认，方为有效。

第六十三条 税务机关执行扣押、查封商品、货物或者其他财产时，应当由两名以上税务人员执行，并通知被执行人。被执行人是自然人的,应当通知被执行人本人或者其成年家属到场;被执行人是法人或者其他组织的,应当通知其法定代表人或者主要负责人到场;拒不到场的,不影响执行。

第六十四条 税务机关执行税收征管法第三十七条、第三十八条、第四十条的规定,扣押、查封价值相当于应纳税款的商品、货物或者其他财产时,参照同类商品的市场价、出厂价或者评估价估算。

税务机关按照前款方法确定应扣押、查封的商品、货物或者其他财产的价值时,还应当包括滞纳金和扣押、查封、保管、拍卖、变卖所发生的费用。

第六十五条 对价值超过应纳税额且不可分割的商品、货物或者其他财产,税务机关在纳税人、扣缴义务人或者纳税担保人无其他可供强制执行的财产的情况下,可以整体扣押、查封、拍卖,以拍卖所得抵缴税款、滞纳金、罚款以及扣押、查封、保管、拍卖等费用。

第六十六条 税务机关执行税收征管法第三十七条、第三十八条、第四十条的规定,实施扣押、查封时,对有产权证件的动产或者不动产,税务机关可以责令当事人将产权证件交税务机关保管,同时可以向有关机关发出协助执行通知书,有关机关在扣押、查封期间不再办理该动产或者不动产的过户手续。

第六十七条 对查封的商品、货物或者其他财产,税务机关可以指令被执行人负责保管,保管责任由被执行人承担。

继续使用被查封的财产不会减少其价值的,税务机关可以允许被执行人继续使用;因被执行人保管或者使用的过错造成的损失,由被执行人承担。

第六十八条 纳税人在税务机关采取税收保全措施后,按照税务机关规定的期限缴纳税款的,税务机关应当自收到税款或者银行转回的完税凭证之日起 1 日内解除税收保全。

第六十九条 税务机关将扣押、查封的商品、货物或者其他财产变价抵缴税款时,应当交由依法成立的拍卖机构拍卖;无法委托拍卖或者不适于拍卖的,可以交由当地商业企业代为销售,也可以责令纳税人限期处理;无法委托商业企业销售,纳税人也无法处理的,可以由税务机关变价处理,具体办法由国家税务总局规定。国家禁止自由买卖的商品,应当交由有关单位按照国家规定的价格收购。

拍卖或者变卖所得抵缴税款、滞纳金、罚款以及扣押、查封、保管、拍卖、变卖等费用后,剩余部分应当在 3 日内退还被执行人。

第七十条 税收征管法第三十九条、第四十三条所称损失,是指因税务机关的责任,使纳税人、扣缴义务人或者纳税担保人的合法利益遭受的直接损失。

第七十一条 税收征管法所称其他金融机构,是指信托投资公司、信用合作社、邮政储蓄机构以及经中国人民银行、中国证券监督管理委员会等批准设立的其他金融机构。

第七十二条 税收征管法所称存款,包括独资企业投资人、合伙企业合伙人、个体工商户的储蓄存款以及股东资金账户中的资金等。

第七十三条 从事生产、经营的纳税人、扣缴义务人未按照规定的期限缴纳或者解缴税款的,纳税担保人未按照规定的期限缴纳所担保的税款的,由税务机关发出限期缴纳税款通知书,责令缴纳或者解缴税款的最长期限不得超过 15 日。

第七十四条 欠缴税款的纳税人或者其法定代表人在出境前未按照规定结清应纳税款、滞纳金或者提供纳税担保的,税务机关可以通知出入境管理机关阻止其出境。阻止出境的具体办法,由国家税务总局会同公安部制定。

第七十五条 税收征管法第三十二条规定的加收滞纳金的起止时间,为法律、行政法规规定或者税务机关依照法律、行政法规的规定确定的税款缴纳期限届满次日起至纳税人、扣缴义务人实际缴纳或者解缴税款之日止。

第七十六条 县级以上各级税务机关应当将纳税人的欠税情况,在办税场所或者广播、电视、报纸、期刊、网络等新闻媒体上定期公告。

对纳税人欠缴税款的情况实行定期公告的办法,由国家税务总局制定。

【注释】 相关规定包括:《欠税公告办法(试行)》(国家税务总局令[2004]9 号)。

第七十七条 税收征管法第四十九条所称欠缴税款数额较大,是指欠缴税款 5 万元以上。

第七十八条 税务机关发现纳税人多缴税款的,应当自发现之日起 10 日内办理退还手续;纳税人发现多缴税款,要求退还的,税务机关应当自接到纳税人退还申请之日起 30 日内查实并办理退还手续。

税收征管法第五十一条规定的加算银行同期存款利息的多缴税款退税,不包括依法预缴税款形成的结算退税、出口退税和各种减免退税。

退税利息按照税务机关办理退税手续当天中国人民银行规定的活期存款利率计算。

第七十九条　当纳税人既有应退税款又有欠缴税款的,税务机关可以将应退税款和利息先抵扣欠缴税款;抵扣后有余额的,退还纳税人。

第八十条　税收征管法第五十二条所称税务机关的责任,是指税务机关适用税收法律、行政法规不当或者执法行为违法。

第八十一条　税收征管法第五十二条所称纳税人、扣缴义务人计算错误等失误,是指非主观故意的计算公式运用错误以及明显的笔误。

第八十二条　税收征管法第五十二条所称特殊情况,是指纳税人或者扣缴义务人因计算错误等失误,未缴或者少缴、未扣或者少扣、未收或者少收税款,累计数额在10万元以上的。

第八十三条　税收征管法第五十二条规定的补缴和追征税款、滞纳金的期限,自纳税人、扣缴义务人应缴未缴或者少缴税款之日起计算。

第八十四条　审计机关、财政机关依法进行审计、检查时,对税务机关的税收违法行为作出的决定,税务机关应当执行;发现被审计、检查单位有税收违法行为的,向被审计、检查单位下达决定、意见书,责成被审计、检查单位向税务机关缴纳应当缴纳的税款、滞纳金。税务机关应当根据有关机关的决定、意见书,依照税收法律、行政法规的规定,将应收的税款、滞纳金按照国家规定的税收征收管理范围和税款入库预算级次缴入国库。

税务机关应当自收到审计机关、财政机关的决定、意见书之日起30日内将执行情况书面回复审计机关、财政机关。

有关机关不得将其履行职责过程中发现的税款、滞纳金自行征收入库或者以其他款项的名义自行处理、占压。

第六章　税务检查

第八十五条　税务机关应当建立科学的检查制度,统筹安排检查工作,严格控制对纳税人、扣缴义务人的检查次数。

税务机关应当制定合理的税务稽查工作规程,负责选案、检查、审理、执行的人员的职责应当明确,并相互分离、相互制约,规范选案程序和检查行为。

税务检查工作的具体办法,由国家税务总局制定。

【注释】　相关规定包括:《国家税务总局关于印发〈涉外企业联合税务审计暂行办法〉的通知》(国税发[2004]38号)。

第八十六条　税务机关行使税收征管法第五十四条第(一)项职权时,可以在纳税人、扣缴义务人的业务场所进行;必要时,经县以上税务局(分局)局长批准,可以将纳税人、扣缴义务人以前会计年度的账簿、记账凭证、报表和其他有关资料调回税务机关检查,但是税务机关必须向纳税人、扣缴义务人开付清单,并在3个月内完整退还;有特殊情况的,经设区的市、自治州以上税务局局长批准,税务机关可以将纳税人、扣缴义务人当年的账簿、记账凭证、报表和其他有关资料调回检查,但是税务机关必须在30日内退还。

第八十七条　税务机关行使税收征管法第五十四条第(六)项职权时,应当指定专人负责,凭全国统一格式的检查存款账户许可证明进行,并有责任为被检查人保守秘密。

检查存款账户许可证明,由国家税务总局制定。

税务机关查询的内容,包括纳税人存款账户余额和资金往来情况。

第八十八条　依照税收征管法第五十五条规定,税务机关采取税收保全措施的期限一般不得超过6个月;重大案件需要延长的,应当报国家税务总局批准。

第八十九条　税务机关和税务人员应当依照税收征管法及本细则的规定行使税务检查职权。

税务人员进行税务检查时,应当出示税务检查证和税务检查通知书;无税务检查证和税务检查通知书的,纳税人、扣缴义务人及其他当事人有权拒绝检查。税务机关对集贸市场及集中经营业户进行检查时,可以使用统一的税务检查通知书。

税务检查证和税务检查通知书的式样、使用和管理的具体办法,由国家税务总局制定。

第七章 法律责任

第九十条 纳税人未按照规定办理税务登记证件验证或者换证手续的,由税务机关责令限期改正,可以处2000元以下的罚款;情节严重的,处2000元以上1万元以下的罚款。

第九十一条 非法印制、转借、倒卖、变造或者伪造完税凭证的,由税务机关责令改正,处2000元以上1万元以下的罚款;情节严重的,处1万元以上5万元以下的罚款;构成犯罪的,依法追究刑事责任。

第九十二条 银行和其他金融机构未依照税收征管法的规定在从事生产、经营的纳税人的账户中登录税务登记证件号码,或者未按规定在税务登记证件中登录从事生产、经营的纳税人的账户账号的,由税务机关责令其限期改正,处2000元以上2万元以下的罚款;情节严重的,处2万元以上5万元以下的罚款。

第九十三条 为纳税人、扣缴义务人非法提供银行账户、发票、证明或者其他方便,导致未缴、少缴税款或者骗取国家出口退税款的,税务机关除没收其违法所得外,可以处未缴、少缴或者骗取的税款1倍以下的罚款。

【注释】 相关规定包括:《国家税务总局关于印发〈税收减免管理办法(试行)〉的通知》(国税发[2005]129号)。

第九十四条 纳税人拒绝代扣、代收税款的,扣缴义务人应当向税务机关报告,由税务机关直接向纳税人追缴税款、滞纳金;纳税人拒不缴纳的,依照税收征管法第六十八条的规定执行。

第九十五条 税务机关依照税收征管法第五十四条第(五)项的规定,到车站、码头、机场、邮政企业及其分支机构检查纳税人有关情况时,有关单位拒绝的,由税务机关责令改正,可以处1万元以下的罚款;情节严重的,处1万元以上5万元以下的罚款。

第九十六条 纳税人、扣缴义务人有下列情形之一的,依照税收征管法第七十条的规定处罚:

(一)提供虚假资料,不如实反映情况,或者拒绝提供有关资料的;

(二)拒绝或者阻止税务机关记录、录音、录像、照相和复制与案件有关的情况和资料的;

(三)在检查期间,纳税人、扣缴义务人转移、隐匿、销毁有关资料的;

(四)有不依法接受税务检查的其他情形的。

第九十七条 税务人员私分扣押、查封的商品、货物或者其他财产,情节严重,构成犯罪的,依法追究刑事责任;尚不构成犯罪的,依法给予行政处分。

第九十八条 税务代理人违反税收法律、行政法规,造成纳税人未缴或者少缴税款的,除由纳税人缴纳或者补缴应纳税款、滞纳金外,对税务代理人处纳税人未缴或者少缴税款50%以上3倍以下的罚款。

第九十九条 税务机关对纳税人、扣缴义务人及其他当事人处以罚款或者没收违法所得时,应当开付罚没凭证;未开付罚没凭证的,纳税人、扣缴义务人以及其他当事人有权拒绝给付。

第一百条 税收征管法第八十八条规定的纳税争议,是指纳税人、扣缴义务人、纳税担保人对税务机关确定纳税主体、征税对象、征税范围、减税、免税及退税、适用税率、计税依据、纳税环节、纳税期限、纳税地点以及税款征收方式等具体行政行为有异议而发生的争议。

第八章 文书送达

第一百零一条 税务机关送达税务文书,应当直接送交受送达人。

受送达人是公民的,应当由本人直接签收;本人不在的,交其同住成年家属签收。

受送达人是法人或者其他组织的,应当由法人的法定代表人、其他组织的主要负责人或者该法人、组织的财务负责人、负责收件的人签收。受送达人有代理人的,可以送交其代理人签收。

第一百零二条 送达税务文书应当有送达回证,并由受送达人或者本细则规定的其他签收人在送达回证上记明收到日期,签名或者盖章,即为送达。

第一百零三条 受送达人或者本细则规定的其他签收人拒绝签收税务文书的,送达人应当在送达回证上记明拒收理由和日期,并由送达人和见证人签名或者盖章,将税务文书留在受送达人处,即视为送达。

第一百零四条 直接送达税务文书有困难的,可以委托其他有关机关或者其他单位代为送达,或者邮寄送达。

第一百零五条 直接或者委托送达税务文书的,以签收人或者见证人在送达回证上的签收或者注明的收件日期为送达日期;邮寄送达的,以挂号函件回执上注明的收件日期为送达日期,并视为已送达。

第一百零六条 有下列情形之一的,税务机关可以公告送达税务文书,自公告之日起满30日,即视为送达:

(一)同一送达事项的受送达人众多;

(二)采用本章规定的其他送达方式无法送达。

第一百零七条 税务文书的格式由国家税务总局制定。本细则所称税务文书,包括:

(一)税务事项通知书;

(二)责令限期改正通知书;

(三)税收保全措施决定书;

(四)税收强制执行决定书;

(五)税务检查通知书;

(六)税务处理决定书;

(七)税务行政处罚决定书;

(八)行政复议决定书;

(九)其他税务文书。

【注释】 相关规定包括:《税务行政复议规则(暂行)》(国家税务总局令[2004]8号)。

第九章 附 则

第一百零八条 税收征管法及本细则所称"以上"、"以下"、"日内"、"届满"均含本数。

第一百零九条 税收征管法及本细则所规定期限的最后一日是法定休假日的,以休假日期满的次日为期限的最后一日;在期限内有连续3日以上法定休假日的,按休假日天数顺延。

第一百一十条 税收征管法第三十条第三款规定的代扣、代收手续费,纳入预算管理,由税务机关依照法律、行政法规的规定付给扣缴义务人。

第一百一十一条 纳税人、扣缴义务人委托税务代理人代为办理税务事宜的办法,由国家税务总局规定。

第一百一十二条 耕地占用税、契税、农业税、牧业税的征收管理,按照国务院的有关规定执行。

第一百一十三条 本细则自2002年10月15日起施行。1993年8月4日国务院发布的《中华人民共和国税收征收管理法实施细则》同时废止。

中华人民共和国发票管理办法

(1993年12月12日国务院批准、1993年12月23日财政部令第6号发布
根据2010年12月20日《国务院关于修改〈中华人民共和国发票管理办法〉的决定》修订)

第一章 总 则

第一条 为了加强发票管理和财务监督,保障国家税收收入,维护经济秩序,根据《中华人民共和国税收征收管理法》,制定本办法。

第二条 在中华人民共和国境内印制、领购、开具、取得、保管、缴销发票的单位和个人(以下称印制、使用发票的单位和个人),必须遵守本办法。

第三条 本办法所称发票,是指在购销商品、提供或者接受服务以及从事其他经营活动中,开具、收取的收付款凭证。

第四条 国务院税务主管部门统一负责全国的发票管理工作。省、自治区、直辖市国家税务局和地方

税务局(以下统称省、自治区、直辖市税务机关)依据各自的职责,共同做好本行政区域内的发票管理工作。

财政、审计、工商行政管理、公安等有关部门在各自的职责范围内,配合税务机关做好发票管理工作。

第五条 发票的种类、联次、内容以及使用范围由国务院税务主管部门规定。

第六条 对违反发票管理法规的行为,任何单位和个人可以举报。税务机关应当为检举人保密,并酌情给予奖励。

第二章 发票的印制

第七条 增值税专用发票由国务院税务主管部门确定的企业印制;其他发票,按照国务院税务主管部门的规定,由省、自治区、直辖市税务机关确定的企业印制。禁止私自印制、伪造、变造发票。

第八条 印制发票的企业应当具备下列条件:

(一)取得印刷经营许可证和营业执照;

(二)设备、技术水平能够满足印制发票的需要;

(三)有健全的财务制度和严格的质量监督、安全管理、保密制度。

税务机关应当以招标方式确定印制发票的企业,并发给发票准印证。

第九条 印制发票应当使用国务院税务主管部门确定的全国统一的发票防伪专用品。禁止非法制造发票防伪专用品。

第十条 发票应当套印全国统一发票监制章。全国统一发票监制章的式样和发票版面印刷的要求,由国务院税务主管部门规定。发票监制章由省、自治区、直辖市税务机关制作。禁止伪造发票监制章。

发票实行不定期换版制度。

第十一条 印制发票的企业按照税务机关的统一规定,建立发票印制管理制度和保管措施。

发票监制章和发票防伪专用品的使用和管理实行专人负责制度。

第十二条 印制发票的企业必须按照税务机关批准的式样和数量印制发票。

第十三条 发票应当使用中文印制。民族自治地方的发票,可以加印当地一种通用的民族文字。有实际需要的,也可以同时使用中外两种文字印制。

第十四条 各省、自治区、直辖市内的单位和个人使用的发票,除增值税专用发票外,应当在本省、自治区、直辖市内印制;确有必要到外省、自治区、直辖市印制的,应当由省、自治区、直辖市税务机关商印制地省、自治区、直辖市税务机关同意,由印制地省、自治区、直辖市税务机关确定的企业印制。

禁止在境外印制发票。

第三章 发票的领购

第十五条 需要领购发票的单位和个人,应当持税务登记证件、经办人身份证明、按照国务院税务主管部门规定式样制作的发票专用章的印模,向主管税务机关办理发票领购手续。主管税务机关根据领购单位和个人的经营范围和规模,确认领购发票的种类、数量以及领购方式,在5个工作日内发给发票领购簿。

单位和个人领购发票时,应当按照税务机关的规定报告发票使用情况,税务机关应当按照规定进行查验。

第十六条 需要临时使用发票的单位和个人,可以凭购销商品、提供或者接受服务以及从事其他经营活动的书面证明、经办人身份证明,直接向经营地税务机关申请代开发票。依照税收法律、行政法规规定应当缴纳税款的,税务机关应当先征收税款,再开具发票。税务机关根据发票管理的需要,可以按照国务院税务主管部门的规定委托其他单位代开发票。

禁止非法代开发票。

第十七条 临时到本省、自治区、直辖市以外从事经营活动的单位或者个人,应当凭所在地税务机关的证明,向经营地税务机关领购经营地的发票。

临时在本省、自治区、直辖市以内跨市、县从事经营活动领购发票的办法,由省、自治区、直辖市税务机关规定。

第十八条 税务机关对外省、自治区、直辖市来本辖区从事临时经营活动的单位和个人领购发票的,可以要求其提供保证人或者根据所领购发票的票面限额以及数量交纳不超过1万元的保证金,并限期缴销发票。

按期缴销发票的,解除保证人的担保义务或者退还保证金;未按期缴销发票的,由保证人或者以保证金承担法律责任。

税务机关收取保证金应当开具资金往来结算票据。

第四章　发票的开具和保管

第十九条　销售商品、提供服务以及从事其他经营活动的单位和个人，对外发生经营业务收取款项，收款方应当向付款方开具发票；特殊情况下，由付款方向收款方开具发票。

第二十条　所有单位和从事生产、经营活动的个人在购买商品、接受服务以及从事其他经营活动支付款项，应当向收款方取得发票。取得发票时，不得要求变更品名和金额。

第二十一条　不符合规定的发票，不得作为财务报销凭证，任何单位和个人有权拒收。

第二十二条　开具发票应当按照规定的时限、顺序、栏目，全部联次一次性如实开具，并加盖发票专用章。

任何单位和个人不得有下列虚开发票行为：

（一）为他人、为自己开具与实际经营业务情况不符的发票；

（二）让他人为自己开具与实际经营业务情况不符的发票；

（三）介绍他人开具与实际经营业务情况不符的发票。

第二十三条　安装税控装置的单位和个人，应当按照规定使用税控装置开具发票，并按期向主管税务机关报送开具发票的数据。

使用非税控电子器具开具发票的，应当将非税控电子器具使用的软件程序说明资料报主管税务机关备案，并按照规定保存、报送开具发票的数据。

国家推广使用网络发票管理系统开具发票，具体管理办法由国务院税务主管部门制定。

第二十四条　任何单位和个人应当按照发票管理规定使用发票，不得有下列行为：

（一）转借、转让、介绍他人转让发票、发票监制章和发票防伪专用品；

（二）知道或者应当知道是私自印制、伪造、变造、非法取得或者废止的发票而受让、开具、存放、携带、邮寄、运输；

（三）拆本使用发票；

（四）扩大发票使用范围；

（五）以其他凭证代替发票使用。

税务机关应当提供查询发票真伪的便捷渠道。

第二十五条　除国务院税务主管部门规定的特殊情形外，发票限于领购单位和个人在本省、自治区、直辖市内开具。

省、自治区、直辖市税务机关可以规定跨市、县开具发票的办法。

第二十六条　除国务院税务主管部门规定的特殊情形外，任何单位和个人不得跨规定的使用区域携带、邮寄、运输空白发票。

禁止携带、邮寄或者运输空白发票出入境。

第二十七条　开具发票的单位和个人应当建立发票使用登记制度，设置发票登记簿，并定期向主管税务机关报告发票使用情况。

第二十八条　开具发票的单位和个人应当在办理变更或者注销税务登记的同时，办理发票和发票领购簿的变更、缴销手续。

第二十九条　开具发票的单位和个人应当按照税务机关的规定存放和保管发票，不得擅自损毁。已经开具的发票存根联和发票登记簿，应当保存5年。保存期满，报经税务机关查验后销毁。

第五章　发票的检查

第三十条　税务机关在发票管理中有权进行下列检查：

（一）检查印制、领购、开具、取得、保管和缴销发票的情况；

（二）调出发票查验；

（三）查阅、复制与发票有关的凭证、资料；

(四)向当事各方询问与发票有关的问题和情况;

(五)在查处发票案件时,对与案件有关的情况和资料,可以记录、录音、录像、照像和复制。

第三十一条 印制、使用发票的单位和个人,必须接受税务机关依法检查,如实反映情况,提供有关资料,不得拒绝、隐瞒。

税务人员进行检查时,应当出示税务检查证。

第三十二条 税务机关需要将已开具的发票调出查验时,应当向被查验的单位和个人开具发票换票证。发票换票证与所调出查验的发票有同等的效力。被调出查验发票的单位和个人不得拒绝接受。

税务机关需要将空白发票调出查验时,应当开具收据;经查无问题的,应当及时返还。

第三十三条 单位和个人从中国境外取得的与纳税有关的发票或者凭证,税务机关在纳税审查时有疑义的,可以要求其提供境外公证机构或者注册会计师的确认证明,经税务机关审核认可后,方可作为记账核算的凭证。

第三十四条 税务机关在发票检查中需要核对发票存根联与发票联填写情况时,可以向持有发票或者发票存根联的单位发出发票填写情况核对卡,有关单位应当如实填写,按期报回。

第六章 罚 则

第三十五条 违反本办法的规定,有下列情形之一的,由税务机关责令改正,可以处1万元以下的罚款;有违法所得的予以没收:

(一)应当开具而未开具发票,或者未按照规定的时限、顺序、栏目,全部联次一次性开具发票,或者未加盖发票专用章的;

(二)使用税控装置开具发票,未按期向主管税务机关报送开具发票的数据的;

(三)使用非税控电子器具开具发票,未将非税控电子器具使用的软件程序说明资料报主管税务机关备案,或者未按照规定保存、报送开具发票的数据的;

(四)拆本使用发票的;

(五)扩大发票使用范围的;

(六)以其他凭证代替发票使用的;

(七)跨规定区域开具发票的;

(八)未按照规定缴销发票的;

(九)未按照规定存放和保管发票的。

第三十六条 跨规定的使用区域携带、邮寄、运输空白发票,以及携带、邮寄或者运输空白发票出入境的,由税务机关责令改正,可以处1万元以下的罚款;情节严重的,处1万元以上3万元以下的罚款;有违法所得的予以没收。

丢失发票或者擅自损毁发票的,依照前款规定处罚。

第三十七条 违反本办法第二十二条第二款的规定虚开发票的,由税务机关没收违法所得;虚开金额在1万元以下的,可以并处5万元以下的罚款;虚开金额超过1万元的,并处5万元以上50万元以下的罚款;构成犯罪的,依法追究刑事责任。

非法代开发票的,依照前款规定处罚。

第三十八条 私自印制、伪造、变造发票,非法制造发票防伪专用品,伪造发票监制章的,由税务机关没收违法所得,没收、销毁作案工具和非法物品,并处1万元以上5万元以下的罚款;情节严重的,并处5万元以上50万元以下的罚款;对印制发票的企业,可以并处吊销发票准印证;构成犯罪的,依法追究刑事责任。

前款规定的处罚,《中华人民共和国税收征收管理法》有规定的,依照其规定执行。

第三十九条 有下列情形之一的,由税务机关处1万元以上5万元以下的罚款;情节严重的,处5万元以上50万元以下的罚款;有违法所得的予以没收:

(一)转借、转让、介绍他人转让发票、发票监制章和发票防伪专用品的;

(二)知道或者应当知道是私自印制、伪造、变造、非法取得或者废止的发票而受让、开具、存放、携带、邮寄、运输的。

第四十条 对违反发票管理规定2次以上或者情节严重的单位和个人,税务机关可以向社会公告。

第四十一条 违反发票管理法规,导致其他单位或者个人未缴、少缴或者骗取税款的,由税务机关没收违法所得,可以并处未缴、少缴或者骗取的税款1倍以下的罚款。

第四十二条 当事人对税务机关的处罚决定不服的,可以依法申请行政复议或者向人民法院提起行政诉讼。

第四十三条 税务人员利用职权之便,故意刁难印制、使用发票的单位和个人,或者有违反发票管理法规行为的,依照国家有关规定给予处分;构成犯罪的,依法追究刑事责任。

第七章 附 则

第四十四条 国务院税务主管部门可以根据有关行业特殊的经营方式和业务需求,会同国务院有关主管部门制定该行业的发票管理办法。

国务院税务主管部门可以根据增值税专用发票管理的特殊需要,制定增值税专用发票的具体管理办法。

第四十五条 本办法自发布之日起施行。财政部1986年发布的《全国发票管理暂行办法》和原国家税务局1991年发布的《关于对外商投资企业和外国企业发票管理的暂行规定》同时废止。

【注释】 对《税收征收管理法》第21条进行了解释。

国务院法制办、税务总局、财政部负责人就《中华人民共和国发票管理办法》修订有关问题答记者问

2010年12月20日,国务院总理温家宝签署国务院令,公布修订后的《发票管理办法》,自2011年2月1日起施行。为便于大家理解修订后的《发票管理办法》的有关内容,国务院法制办、税务总局、财政部负责人接受了记者的采访。

问:《发票管理办法》修改的主要背景是什么?

答:原发票管理办法自1993年12月经国务院批准、财政部发布施行以来,对加强税源监控、保证税收收入发挥了积极作用。但随着经济社会的发展,管理办法在执行中出现了不少亟待解决的问题:一是制售和使用假发票、不依法开具发票等违法行为花样翻新且日益严重,管理办法规定的防控措施亟待相应完善;二是对发票违法行为的处罚力度偏轻,难以有效惩处和制止发票违法行为。为了解决上述问题,对管理办法作了修改。

问:为防止假发票的制作、扩散和使用,《发票管理办法》增加了哪些规定?

答:近年来,制作、兜售、使用假发票的现象比较严重。《发票管理办法》根据新情况,增加规定:禁止非法代开发票;不得介绍他人转让发票;对知道或者应当知道是假发票的,不得受让、开具、存放、携带、邮寄和运输;不得以其他凭证代替发票使用;并规定税务机关应当提供查询发票真伪的便捷渠道。

同时,《发票管理办法》简化了发票领购程序,从正面引导纳税人合法使用发票,拒用假发票。比如:取消了发票领购环节的资格审核程序,规定纳税人凭税务登记证、身份证明和发票专用章印模即可办理领购手续,主管税务机关应在5个工作日内发给发票领购簿;需要临时使用发票的单位和个人,可以直接向税务机关申请代开发票,税务机关也可以委托其他单位代开发票。

问:为有效防范虚开发票的违法行为,《发票管理办法》作了哪些规定?

答:《发票管理办法》对虚开发票的违法行为作了进一步细化,增强可操作性,并增加规定运用信息技术手段有效防范虚开发票行为:任何单位和个人不得为他人、为自己、让他人为自己或者介绍他人开具与实际经营业务情况不符的发票。目前比较常见的虚开行为是在发票联多开金额(多报销)而在记账联和存根联上少开金额(少缴税),形成"大头小尾",很难一一查证。近几年,税务机关按照税收征收管理法的规定推广使用税控装置,并试点通过网络发票管理系统开具发票,税务机关也可借此直接监控纳税人开具的发票联信息,不必再依赖记账联和存根联信息,效果较好。因此,《发票管理办法》增加规定:安装税控装置的单位和个人,应当按照规定使用税控装置开具发票,并按期向主管税务机关报送开具发票的数据;国家推广使用网络发票管理系统开具发票;同时,对使用非税控电子器具开具发票也作了进一步规范。

问:为加大对发票违法行为的惩处力度,《发票管理办法》作了哪些规定?

答:为进一步加大对发票违法行为的惩处力度,《发票管理办法》作了以下规定:一是提高了对发票违

法行为的罚款数额。对虚开、伪造、变造、转让发票违法行为的罚款上限由5万元提高为50万元,对违法所得一律没收;构成犯罪的,依法追究刑事责任。二是对发票违法行为及相应的法律责任作了补充规定,包括:对非法代开发票的,与虚开发票行为负同样的法律责任;对知道或应当知道是私自印制、伪造、变造、非法取得或者废止的发票而受让、开具、存放、携带、邮寄或者运输的,以及介绍假发票转让信息的,由税务机关根据不同情节,分别处1万元以上5万元以下、5万元以上50万元以下的罚款,对违法所得一律没收。三是对违反发票管理规定2次以上或者情节严重的单位和个人,税务机关可以向社会公告,以发挥社会监督作用。

中华人民共和国发票管理办法实施细则

国税发[1993]157号

第一章 总 则

第一条 根据《中华人民共和国发票管理办法》(以下简称《办法》)第四十四条规定,制定本实施细则。

第二条 全国统一发票监制章是税务机关管理发票的法定标志,其形状、规格、内容、印色由国家税务总局规定。除经国家税务总局或国家税务总局省、自治区、直辖市税务分局和省、自治区、直辖市地方税务局(国家税务总局省、自治区、直辖市税务分局和省、自治区、直辖市地方税务局以下统称省级税务机关)依据各自的职责批准外,发票均应套印全国统一发票监制章。

第三条 发票种类的划分,由省级以上税务机关确定。

第四条 发票的基本联次为三联,第一联为存根联,开票方留存备查;第二联为发票联,收执方作为付款或收款原始凭证;第三联为记账联,开票方作为记账原始凭证。增值税专用发票的基本联次还应包括抵扣联,收执方作为抵扣税款的凭证。

除增值税专用发票外,县(市)以上税务机关根据需要可适当增减联次并确定其用途。

第五条 发票的基本内容包括:发票的名称、字轨号码、联次及用途,客户名称,开户银行及账号,商品名称或经营项目,计量单位、数量、单价、大小写金额,开票人,开票日期,开票单位(个人)名称(章)等。

有代扣、代收、委托代征税款的,其发票内容应当包括代扣、代收、委托代征税种的税率和代扣、代收、委托代征税额。

增值税专用发票还应当包括:购货人地址、购货人税务登记号、增值税税率、税额、供货方名称、地址及其税务登记号。

第六条 在全国范围内统一式样的发票,由国家税务总局确定。

在省、自治区、直辖市范围内统一式样的发票,由省级税务机关确定。

本条所说发票的式样包括发票所属的种类、各联用途、具体内容、版面排列、规格、使用范围等。

第七条 有固定生产经营场所、财务和发票管理制度健全、发票使用量较大的单位,可以申请印制印有本单位名称的发票;如统一发票式样不能满足业务需要,也可以自行设计本单位的发票式样,但均须报经县(市)以上税务机关批准,其中增值税专用发票由国家税务总局另定。

第二章 发票的印制

第八条 《办法》第七条所称"增值税专用发票由国家税务总局统一印制",是指由国家税务总局指定的企业统一印制。

第九条 印制发票企业和生产发票防伪专用品企业应当具备以下条件:

(一)设备、技术水平能满足印制发票和生产发票防伪专用品的需要;

(二)能够按照税务机关要求,保证供应;

(三)企业管理规范,有严格的质量监督制度;

(四)有专门车间生产,专用仓库保管,专人负责管理;

(五)能严格遵守发票印制和发票防伪专用品生产管理规定。

第十条 发票准印证和发票防伪专用品准产证由国家税务总局统一制发。

税务机关应定期对印制发票企业和生产发票防伪专用品企业进行监督检查,对不符合条件的,应取消其印制发票或生产发票防伪专用品的资格。

第十一条 印制发票企业和生产发票防伪专用品企业应建立以下制度:

(一)生产责任制度;

(二)保密制度;

(三)质量检验制度;

(四)保管制度;

(五)其他有关制度。

第十二条 发票印制或发票防伪专用品生产前,主管税务机关应下达发票印制或发票防伪专用品生产通知书,被指定的印制或生产企业必须按照要求印制或生产。

发票印制通知书应当载明印制发票企业名称,用票单位名称,发票名称、种类、联次、规格、印色、印制数量、起止号码,交货时间、地点等内容。

发票防伪专用品生产通知书应当载明生产发票防伪专用品企业名称,发票防伪专用品名称,主要技术指标和质量要求,年计划产量等内容。

第十三条 印制发票企业和生产发票防伪专用品企业印制、生产完毕的成品,以及印制发票企业购进的发票防伪专用品,应按规定验收后专库妥善保管,不得丢失。次品、废品应报经税务机关批准集中销毁。

第十四条 不定期换版的具体时间、内容和要求由国家税务总局确定。

第三章 发票的领购

第十五条 依法不需办理税务登记的单位需要领购发票的,可以按照《办法》的有关规定,向主管税务机关申请领购发票。

第十六条 申请领购增值税专用发票的单位和个人,提供《办法》第十六条规定的证明时,应当提供加盖有"增值税一般纳税人"确认专章的税务登记证(副本)。非增值税纳税人和根据增值税有关规定确认的增值税小规模纳税人不得领购增值税专用发票。

第十七条 《办法》第十六条所称税务登记证件是指税务登记证(正、副本)、注册税务登记证(正、副本)。

第十八条 《办法》第十六条所称购票申请应载明单位和个人的名称,所属行业,经济类型,需要发票的种类、名称、数量等内容,并加盖单位公章和经办人印章。

第十九条 《办法》第十六条所称经办人身份证明是指经办人的居民身份证、护照、工作证以及其他能证明经办人身份的证件。

第二十条 《办法》第十六条所称财务印章是指单位的财务专用章或其他财务印章。

第二十一条 《办法》第十六条所称发票专用章是指没有(或者不便使用)财务印章的单位和个体工商户按税务机关的统一规定刻制的,在领购或开具发票时加盖有其名称、税务登记号、发票专用章字样的印章。"发票专用章"式样和使用办法由省级税务机关确定。

第二十二条 税务机关对用票单位和个人提供的财务印章和发票专用章的印模应留存备查。

第二十三条 《办法》第十六条所称发票领购簿的内容应包括用票单位和个人的名称、所属行业、经济类型、购票方式、核准购票种类、发票名称、领购日期、准购数量、起止号码、违章记录、领购人签字(盖章)、核发税务机关(章)等内容。

第二十四条 《办法》第十六条所称购票方式是指批量供应、交旧购新或者验旧购新等方式。

第二十五条 税务机关在发售发票时,应按核准的收费标准收取工本管理费,并向购票单位和个人开具收据。工本管理费应专款专用,不得挪作他用,省级税务机关应制定具体管理制度。

第二十六条 凡需向税务机关申请开具发票的单位和个人,均应提供发生购销业务,提供接受服务或者其他经营活动的书面证明。

对税法规定应当缴纳税款的,税务机关应当在开具发票的同时征税。

第二十七条 《办法》第十九条所称保证人,是指在中国境内具有担保能力的公民、法人或者其他经济组织。国家机关不得作保证人。

保证人同意为领购发票的单位和个人提供担保的，应当填写担保书。担保书内容包括：担保对象、范围、期限和责任以及其他有关事项。

担保书须经购票人、保证人和税务机关签字盖章后方为有效。

第二十八条　《办法》第十九条第二款所称“由保证人或者以保证金承担法律责任”，是指责令保证人缴纳罚款或者以保证金缴纳罚款。

第二十九条　提供保证人或者交纳保证金的具体范围，以及在本省、自治区、直辖市内跨市、县从事临时经营活动提供保证人或者交纳保证金的办法，由省级税务机关规定。

第四章　发票的开具和保管

第三十条　《办法》第二十条“特殊情况下由付款方向收款方开具发票”是指收购单位和扣缴义务人支付个人款项时开具的发票。

第三十一条　向消费者个人零售小额商品或者提供零星服务的，是否可免予逐笔开具发票，由省级税务机关确定。

第三十二条　《办法》第二十二条所称不符合规定的发票是指开具或取得的发票是应经而未经税务机关监制，或填写项目不齐全，内容不真实，字迹不清楚，没有加盖财务印章或发票专用章，伪造、作废以及其他不符合税务机关规定的发票。

第三十三条　填开发票的单位和个人必须在发生经营业务确认营业收入时开具发票。未发生经营业务一律不准开具发票。

第三十四条　开具发票后，如发生销货退回需开红字发票的，必须收回原发票并注明“作废”字样或取得对方有效证明；发生销售折让的，在收回原发票并注明“作废”字样后，重新开具销售发票。

第三十五条　单位和个人在开具发票时，必须做到按号码顺序填开，填写项目齐全，内容真实，字迹清楚，全部联次一次复写、打印，内容完全一致，并在发票联和抵扣联加盖单位财务印章或者发票专用章。

第三十六条　开具发票应当使用中文。民族自治地方可以同时使用当地通用的一种民族文字。外商投资企业和外国企业可以同时使用一种外国文字。

第三十七条　《办法》第二十四条“机外发票”是指经税务机关批准，在指定印制发票企业印制的供计算机开具的发票。

第三十八条　对根据税收管理需要，须跨省、自治区、直辖市开具发票的，由国家税务总局确定。

省际毗邻市县之间是否允许跨省、自治区、直辖市开具发票，由有关省级税务机关确定。

第三十九条　《办法》第二十七条所称规定的使用区域，包括《办法》以及国家税务总局和省级税务机关规定的使用区域。

第四十条　《办法》第二十八条所称发票登记簿的式样和使用办法，以及发票使用情况报告的形式和期限，由省级税务机关确定。

第四十一条　使用发票的单位和个人应当妥善保管发票，不得丢失。发票丢失，应于丢失当日书面报告主管税务机关，并在报刊和电视等传播媒介上公告声明作废。

第五章　发票的检查

第四十二条　《办法》第三十三条所称发票换票证仅限于在本县（市）范围内使用。需要调出外县（市）的发票查验时，应与该县（市）税务机关联系，使用当地的发票换票证。

第四十三条　发票的真伪由税务机关鉴定。

第四十四条　收执发票或保管发票存根联的单位，接到税务机关“发票填写情况核对卡”后，应在十五日内填写有关情况报回。“发票填写情况核对卡”的式样由国家税务总局确定。

第六章　罚　　则

第四十五条　税务机关对违反发票管理法规的行为进行处罚，应将处理决定书面通知当事人；对违反发票管理法规的案件，应立案查处。

对违反发票管理法规的行政处罚，由县以上税务机关决定；罚款额或没收非法所得款额在1000以下的,可由税务所自行决定。

第四十六条 下列行为属于未按规定印制发票、生产发票防伪专用品的行为:

(一)未经省级税务机关指定的企业私自印制发票;

(二)未经国家税务总局指定的企业私自生产发票防伪专用品、私自印制增值税专用发票;

(三)伪造、私刻发票监制章,伪造、私造发票防伪专用品;

(四)印制发票的企业未按"发票印制通知书"印制发票,生产发票防伪专用品的企业未按"发票防伪专用品生产通知书"生产防伪专用品;

(五)转借、转让发票监制章和发票防伪专用品;

(六)印制发票和生产发票防伪专用品的企业未按规定销毁废(次)品而造成流失;

(七)用票单位私自印制发票;

(八)未按税务机关的规定制定印制发票和生产发票防伪专用品管理制度;

(九)其他未按规定印制发票和生产发票防伪专用品的行为。

第四十七条 下列行为属于未按规定领购发票的行为:

(一)向税务机关以外的单位和个人领购发票;

(二)私售、倒买倒卖发票;

(三)贩运、窝藏假发票;

(四)向他人提供发票或者借用他人发票;

(五)盗取(用)发票;

(六)其他未按规定领购发票的行为。

第四十八条 下列行为属于未按规定开具发票的行为:

(一)应开具而未开具发票;

(二)单联填开或上下联金额、增值税销项税额等内容不一致;

(三)填写项目不齐全;

(四)涂改发票;

(五)转借、转让、代开发票;

(六)未经批准拆本使用发票;

(七)虚构经营业务活动,虚开发票;

(八)开具票物不符发票;

(九)开具作废发票;

(十)未经批准,跨规定的使用区域开具发票;

(十一)以其他单据或白条代替发票开具;

(十二)扩大专业发票或增值税专用发票开具范围;

(十三)未按规定报告发票使用情况;

(十四)未按规定设置发票登记簿;

(十五)其他未按规定开具发票的行为。

第四十九条 下列行为属于未按规定取得发票的行为:

(一)应取得而未取得发票;

(二)取得不符合规定的发票;

(三)取得发票时,要求开票方或自行变更品名、金额或增值税税额;

(四)自行填开发票入账;

(五)其他未按规定取得发票的行为。

第五十条 下列行为属于未按规定保管发票的行为:

(一)丢失发票;

(二)损(撕)毁发票;

(三)丢失或擅自销毁发票存根联以及发票登记簿;

(四)未按规定缴销发票;

（五）印制发票的企业和生产发票防伪专用品的企业丢失发票或发票监制章及发票防伪专用品等；

（六）未按规定建立发票保管制度；

（七）其他未按规定保管发票的行为。

第五十一条　下列行为属于未按规定接受税务机关检查的行为：

（一）拒绝检查；

（二）隐瞒真实情况；

（三）刁难、阻挠税务人员进行检查；

（四）拒绝接受《发票换票证》；

（五）拒绝提供有关资料；

（六）拒绝提供境外公证机构或者注册会计师的确认证明；

（七）拒绝接受有关发票问题的询问；

（八）其他未按规定接受税务机关检查的行为。

第五十二条　《办法》第三十七条所称"非法携带、邮寄、运输或者存放空白发票"，包括经税务机关监制的空白发票和伪造的假空白发票。

第五十三条　《办法》第三十八条所称倒买倒卖发票，包括倒买倒卖发票、发票防伪专用品和伪造的假发票。

第五十四条　《办法》第三十六、三十七、三十八、三十九条所称没收非法所得，是指没收因伪造和非法印制、生产、买卖、转让、代开、不如实开具以及非法携带、邮寄、运输或者存放发票、发票监制章或者发票防伪专用品和其他违反本细则规定的行为所取得的收入。

第五十五条　对违反发票管理法规造成偷税的，按照《中华人民共和国税收征收管理法》处理。

对违反发票管理法规情节严重构成犯罪的，税务机关应当书面移送司法机关处理。

第五十六条　《办法》第四十条所称"可以依法向上一级税务机关申请复议或者向人民法院起诉"，是指依照《中华人民共和国税收征收管理法》规定的期限和程序申请复议或者向人民法院起诉。

第七章　附　　则

第五十七条　《办法》第四十二条"专业发票"是指国有金融、保险企业的存贷、汇兑、转账凭证、保险凭证；国有邮政、电信企业的邮票、邮单、话务、电报收据；国有铁路、民用航空企业和交通部门国有公路、水上运输企业的客票、货票等。

上述单位承包、租赁给非国有单位和个人经营或采取国有民营形式所用的专业发票，以及上述单位的其他发票均应套印全国统一发票监制章，由税务机关统一管理。

第五十八条　《办法》和本实施细则所称"以上"、"以下"均含本数。

第五十九条　《办法》实施前发生的发票违法行为，依照当时有效的法律、行政法规、规章的规定处理。

第六十条　本实施细则由国家税务总局负责解释。

第六十一条　本实施细则自《中华人民共和国发票管理办法》施行之日起施行。各部门原有关规定与《办法》和本实施细则相抵触的，按《办法》和本实施细则执行。

国家税务总局关于印发《税务行政处罚听证程序实施办法（试行）》、《税务案件调查取证与处罚决定分开制度实施办法（试行）》的通知

国税发［1996］190号

税务行政处罚听证程序实施办法（试行）

第一条　为了规范税务行政处罚听证程序的实施，保护公民、法人和其他组织的合法权益，根据《中华

人民共和国行政处罚法》，制定本实施办法。

第二条 税务行政处罚的听证，遵循合法、公正、公开、及时和便民的原则。

第三条 税务机关对公民作出2000元以上（含本数）罚款或者对法人或者其他组织作出1万元以上（含本数）罚款的行政处罚之前，应当向当事人送达《税务行政处罚事项告知书》，告知当事人已经查明的违法事实、证据、行政处罚的法律依据和拟将给予的行政处罚，并告知有要求举行听证的权利。

第四条 要求听证的当事人，应当在《税务行政处罚事项告知书》送达后3日内向税务机关书面提出听证；逾期不提出的、视为放弃听证权利。

当事人要求听证的，税务机关应当组织听证。

第五条 税务机关应当在收到当事人听证要求后15日内举行听证，并在举行听证的7日前将《税务行政处罚听证通知书》送达当事人，通知当事人举行听证的时间、地点、听证主持人的姓名及有关事项。

当事人由于不可抗力或者其他特殊情况而耽误提出听证期限的，在障碍消除后5日以内，可以申请延长期限。申请是否准许，由组织听证的税务机关决定。

第六条 当事人提出听证后，税务机关发现自己拟作的行政处罚决定对事实认定有错误或者偏差，应当予以改变，并及时向当事人说明。

第七条 税务行政处罚的听证，由税务机关负责人指定的非本案调查机构的人员主持，当事人、本案调查人员及其他有关人员参加。

听证主持人应当依法行使职权，不受任何组织和个人的干涉。

第八条 当事人可以亲自参加听证，也可以委托一至二人代理。当事人委托代理人参加听证的，应当向其代理人出具代理委托书。代理委托书应当注明有关事项，并经税务机关或者听证主持人审核确认。

第九条 当事人认为听证主持人与本案有直接利害关系的，有权申请回避。回避申请，应当在举行听证的3日前向税务机关提出，并说明理由。

听证主持人是本案当事人的近亲属，或者认为自己与本案有直接利害关系或其他关系可能影响公正听证的，应当自行提出回避。

第十条 听证主持人的回避，由组织听证的税务机关负责人决定。

对驳回申请回避的决定，当事人可以申请复核一次。

第十一条 税务行政处罚听证应当公开进行。但是涉及国家秘密、商业秘密或者个人隐私的，听证不公开进行。

对公开听证的案件，应当先期公告当事人和本案调查人员的姓名、案由和听证的时间、地点。

公开进行的听证，应当允许群众旁听。经听证主持人许可，旁听群众可以发表意见。

对不公开听证的案件，应当宣布不公开听证的理由。

第十二条 当事人或者其代理人应当按照税务机关的通知参加听证，无正当理由不参加的，视为放弃听证权利。听证应当予以终止。

本案调查人员有前款规定情形的，不影响听证的进行。

第十三条 听证开始时，听证主持人应当首先声明并出示税务机关负责人授权主持听证的决定，然后查明当事人或者其代理人、本案调查人员、证人及其他有关人员是否到场，宣布案由；宣布听证会的组成人员名单；告知当事人有关的权利义务。记录员宣读听证会场纪律。

第十四条 听证过程中，由本案调查人员就当事人的违法行为予以指控，并出示事实证据材料，提出行政处罚建议。当事人或者其代理人可以就所指控的事实及相关问题进行申辩和质证。

听证主持人可以对本案所及事实进行询问，保障控辩双方充分陈述事实，发表意见，并就各自出示的证据的合法性、真实性进行辩论。辩论先由本案调查人员发言，再由当事人或者其代理人答辩，然后双方相互辩论。

辩论终结，听证主持人可以再就本案的事实、证据及有关问题向当事人或者其代理人、本案调查人员征求意见。当事人或者其代理人有最后陈述的权利。

第十五条 听证主持人认为证据有疑问无法听证辨明，可能影响税务行政处罚的准确公正的，可以宣布中止听证，由本案调查人员对证据进行调查核实后再行听证。

当事人或者其代理人可以申请对有关证据进行重新核实，或者提出延期听证；是否准许，由听证主持人或者税务机关作出决定。

第十六条　听证过程中,当事人或者其代理人放弃申辩和质证权利,声明退出听证会;或者不经听证主持人许可擅自退出听证会的,听证主持人可以宣布听证终止。

第十七条　听证过程中,当事人或者其代理人、本案调查人员、证人及其他人员违反听证秩序,听证主持人应当警告制止;对不听制止的,可以责令其退出听证会场。

当事人或者其代理人有前款规定严重行为致使听证无法进行的,听证主持人或者税务机关可以终止听证。

第十八条　听证的全部活动,应当由记录员写成笔录,经听证主持人审阅并由听证主持人和记录员签名后,封卷上交税务机关负责人审阅。

听证笔录应交当事人或者其代理人、本案调查人员、证人及其他有关人员阅读或者向他们宣读,他们认为有遗漏或者有差错的,可以请求补充或者改正。他们在承认没有错误后,应当签字或者盖章。拒绝签名或者盖章的,记明情况附卷。

第十九条　听证结束后,听证主持人应当将听证情况和处理意见报告税务机关负责人。

第二十条　对应当进行听证的案件,税务机关不组织听证,行政处罚决定不能成立;当事人放弃听证权利或者被正当取消听证权利的除外。

第二十一条　听证费用由组织听证的税务机关支付,不得由要求听证的当事人承担或者变相承担。

第二十二条　本实施办法由国家税务总局负责解释。

第二十三条　本实施办法自1996年10月1日起施行。

附:《税务行政处罚听证通知书》格式

×××税务局税务行政处罚听证通知书

(　　)税 字第 号

____________(纳税人识别号:　　　　):

根据你提出的听证要求,定于______年______月______日在____________举行听证,请准时参加。

本次听证拟由______主持。你如认为主持人与本案有直接利害关系需要申请回避的,请于举行听证的三日前提出,并说明理由。

税务机关(章)

年　月　日

税务案件调查取证与处罚决定分开制度实施办法(试行)

第一条　为了促进税务机关正确实施行政处罚行为,保护公民、法人和其他组织的合法权利,根据《中华人民共和国行政处罚法》和《国务院关于贯彻实施〈中华人民共和国行政处罚法〉的通知》,制定本实施办法。

第二条　税务机关实施税务行政处罚,除依法可以当场作出行政处罚决定的外,均适用本实施办法。

第三条　对各类税务案件的调查取证由税务机关的有关调查机构负责;对案件调查结果的审查由税务机关负责人指定的比较超脱的机构(以下简称审查机构)负责。

第四条　税务机关的调查机构对税务案件进行调查取证后,对依法应当给予行政处罚的,应及时提出处罚建议,制作《税务行政处罚事项告知书》并送达当事人,告知当事人作出处罚建议的事实、理由和依据,以及当事人依法享有的陈述、申辩或要求听证权利。

第五条　税务机关的调查机构应当充分听取当事人的陈述、申辩意见,并对陈述、申辩情况进行记录或制作《陈述申辩笔录》。

第六条　调查终结,调查机构应当制作调查报告,并及时将调查报告连同所有案卷材料移交审查机构。

移交的调查报告主要包括下列内容:

(一)当事人的基本情况;

(二)当事人的违法事实及证据;

(三)告知情况;

(四)当事人的陈述申辩情况;

(五)处罚建议;

(六)其他。

第七条 审查机构收到调查机构移交的案卷后,应对案卷材料进行登记,填写《税务案件审查登记簿》。案卷登记应主要包括下列内容:

(一)调查案件来源资料;

(二)事实证据材料;

(三)告知材料;

(四)陈述、申辩意见记录或《陈述申辩笔录》;

(五)调查报告;

(六)其他有关资料。

案卷材料不全的,可以通知调查机构增补。

第八条 审查机构应对案件下列事项进行审查:

(一)调查机构认定的事实、证据和处罚建议适用的处罚种类、依据是否正确;

(二)调查取证是否符合法定程序;

(三)当事人陈述、申辩的事实、证据是否成立;

(四)经听证的,当事人听证申辩的事实、证据是否成立。

第九条 审查机构应在自收到调查机构移交案卷之日起10日内审查终结,制作审查报告,并连同案卷材料报送本级税务机关负责人审批。

审查报告主要包括下列内容:

(一)基本案情;

(二)调查机构调查认定的事实、证据和处理建议;

(三)陈述、申辩情况;

(四)听证情况;

(五)审查机构审查认定的事实、证据,适用法律及处理建议;

(六)其他。

听证期间不计算在审查期限内。

第十条 税务机关负责人认为调查报告或审查报告有重大错误的,可以将案卷材料退回调查机构或审查机构重新处理。

第十一条 审查机构应自收到本级税务机关负责人审批意见之日起3日内,根据不同情况分别制作以下处理决定书报送本级税务机关负责人签发:

(一)有应受行政处罚的违法行为的,根据情节轻重及具体情况予以处罚,制作决定书;

(二)违法行为轻微,依法可以不予行政处罚的,不予行政处罚,制作《不予行政处罚决定书》;

(三)违法事实不能成立的,不得予以行政处罚,制作决定书;

(四)违法行为已构成犯罪的,移送司法机关,制作决定书。

第十二条 调查机构或其他执行机构应在处理决定书送达和执行以后将处理决定书和执行报告抄送审查机构备查。

第十三条 重大复杂的税务行政处罚案件,应自作出处理决定之日起5日内报上一级税务机关备案。

第十四条 本实施办法除适用所附四种税务文书格式外,需要制作的其他税务文书可参照适用国家税务总局《税务稽查工作规程》规定的税务文书格式。

第十五条 本实施办法由国家税务总局负责解释。

第十六条 本实施办法自1996年10月1日起执行。

注册税务师资格制度暂行规定

人发[1996]116号

第一章　总　　则

第一条　为了加强对税务代理专业技术人员的执业准入控制,规范税务代理行为,发挥税务代理在税收活动中的作用,保证国家税收法律、行政法规的贯彻执行,维护纳税人、扣缴义务人的合法权益,根据《中华人民共和国税收征收管理法》及其实施细则,以及职业资格证书制度的有关规定,制定本暂行规定。

第二条　国家对从事税务代理活动的专业技术人员实行注册登记制度。按本规定取得中华人民共和国注册税务师执业资格证书并注册的人员,方可从事税务代理活动。

第三条　从事税务代理业务的中介服务机构为税务师事务所,税务师事务所必须配备一定数量的注册税务师。

第四条　注册税务师资格制度属职业资格证书制度范畴,纳入专业技术人员执业资格制度的统一规划,由国家确认批准。

注册税务师英文译称:Registered Tax Agent。

第五条　人事部和国家税务总局共同负责全国注册税务师资格制度的政策制定、组织协调、资格考试、注册登记和监督管理工作。

第二章　考　　试

第六条　注册税务师资格考试实行全国统一大纲、统一命题、统一组织的考试制度。原则上每年举行一次。

第七条　凡中华人民共和国公民,遵纪守法并具备下列条件之一者,可申请参加注册税务师资格考试:

(一)经济类、法学类大专毕业后,或非经济类、法学类大学本科毕业后,从事经济、法律工作满六年。

(二)经济类、法学类大学本科毕业后,或非经济、法学类第二学士或研究生班毕业后,从事经济、法律工作满四年。

(三)经济类、法学类第二学位或研究生班毕业后,或获非经济、法学类硕士学位后,从事经济、法律工作满两年。

(四)获得经济类、法学类硕士学位后,从事经济、法律工作满一年。

(五)获得经济类、法学类博士学位。

(六)人事部和国家税务总局规定的其他条件。

第八条　国家税务总局负责组织有关专家拟定考试大纲、编写培训教材和命题工作,统一规划并组织或授权组织考前培训等有关工作。

考前培训工作必须按照与考试分开、自愿参加的原则进行。

第九条　人事部负责组织有关专家审定考试科目、考试大纲和试题,组织或授权组织实施各项考务工作。会同国家税务总局对考试进行检查、监督和指导。

第十条　注册税务师资格考试合格者,由各省、自治区、直辖市人事(职改)部门颁发人事部统一印制、人事部和国家税务总局用印的中华人民共和国注册税务师执业资格证书。

第三章　注　　册

第十一条　国家税务总局及其授权的省、自治区、直辖市、计划单列市注册税务师管理机构为注册税务师的注册管理机构。

各级人事(职改)部门对注册税务师的注册情况有检查、监督的责任。

第十二条 取得注册税务师执业资格证书,申请从事税务代理业务的人员,应在取得证书后三个月内到所在省、自治区、直辖市及计划单列市注册税务师管理机构申请办理注册登记手续。

第十三条 申请注册者,必须同时具备下列四项条件:

(一)遵纪守法,恪守职业道德;

(二)取得中华人民共和国注册税务师执业资格证书;

(三)身体健康,能坚持在注册税务师岗位上工作;

(四)经所在单位考核同意。

再次注册者,应经单位考核合格并有参加继续教育、业务培训的证明。

第十四条 有下列情况之一者,不予注册:

(一)不具有完全民事行为能力的。

(二)因受刑事处罚,自处罚执行完毕之日起未满三年者。

(三)被国家机关开除公职,自开除之日起未满三年者。

(四)国家税务总局认为其他不具备税务代理资格的。

第十五条 经批准的注册税务师,由省、自治区、直辖市及计划单列市注册税务师管理机构按国家税务总局的规定进行注册。

第十六条 注册税务师有下列情况之一的,由国家税务总局或省、自治区、直辖市及计划单列市注册税务师管理机构注销其注册税务师资格:

(一)在登记中弄虚作假,骗取中华人民共和国注册税务师执业资格证书的。

(二)同时在两个税务代理机构执业的。

(三)死亡或失踪的。

(四)有本规定第三十条、第三十一条行为之一的。

(五)国家税务总局认为其他不适合从事税务代理业务的。

第十七条 注册税务师每次注册有效期为三年,每年验证一次。有效期满前三个月持证者按规定到注册管理机构重新办理注册登记。

有第十四、十六条行为之一的,不予重新注册登记。

第十八条 各地注册税务师管理机构应对注册税务师注册登记和被注销登记的情况,及时向国家税务总局报告。对注册税务师办理了注册登记或被注销登记的,可通过新闻媒介予以公布。

第四章 权利和义务

第十九条 在税务代理活动中,注册税务师应当以纳税人、扣缴义务人自愿委托和自愿选择为前提,遵守国家税收法律、行政法规和行政规章,独立、公正执行业务,维护国家利益,保护委托人的合法权益。

第二十条 注册税务师可以接受纳税人、扣缴义务人的委托,从事下列范围内的业务代理:

(一)办理税务登记、变更税务登记和注销税务登记。

(二)办理除增值税专用发票外的发票领购手续。

(三)办理纳税申报或扣缴税款报告。

(四)办理缴纳税款和申请退税。

(五)制作涉税文书。

(六)审查纳税情况。

(七)建账建制,办理账务。

(八)税务咨询、受聘税务顾问。

(九)税务行政复议。

(十)国家税务总局规定的其他业务。

第二十一条 注册税务师可以接受纳税人、扣缴义务人的委托进行全面代理、单项代理或常年代理、临时代理。

第二十二条 注册税务师依法从事税务业务,受国家法律保护,任何机关、团体、单位和个人不得非法干预。

第二十三条　注册税务师有权根据代理业务需要，查询被代理人的有关财务会计资料和文件，查看业务现场和设施。被代理人应当向代理人提供真实的经营情况和财务资料。

第二十四条　注册税务师承办业务，由其所在的税务师事务所统一受理并与委托人签订委托代理协议书，按照国家统一规定的标准收取代理费用。

一个注册税务师不能同时在两个或两个以上税务师事务所执业。

税务师事务所必须经国家税务总局确认批准。

第二十五条　注册税务师在办理业务时，应向被代理人或有关税务机关出示由国家税务总局或省、自治区、直辖市及计划单列市注册税务师管理机构核发的注册登记证明。注册税务师对其代理的业务所出具的所有文书有签名盖章权，并承担相应的法律责任。

第二十六条　注册税务师应保守被代理人的商业秘密。对被代理人偷税、骗税的行为予以制止，并及时报告有关税务机关。

第二十七条　注册税务师按规定接受专业技术人员继续教育，不断更新知识，掌握最新的税收政策法规，提高操作技能。接受注册税务师管理机构组织的专业培训和考核，并作为重新注册登记的必备条件之一。

第五章　罚　　则

第二十八条　注册税务师未按照委托代理协议书的规定进行代理或违反税收法律、行政法规的规定进行代理活动的，由县及县以上税务行政机关按有关规定处以罚款，并追究相应的责任。

第二十九条　注册税务师在一个会计年度内违反本规定从事代理活动二次以上的，由省、自治区、直辖市及计划单列市注册税务师管理机构停止其从事税务代理业务一年以上。

第三十条　注册税务师知道被委托代理的事项违法仍进行代理活动或知道自身的代理行为违法的，除按第二十八条规定处理外，由省、自治区、直辖市、计划单列市注册税务师管理机构注销其注册税务师注册登记，收回执业资格证书，禁止其从事税务代理业务，并向发证机关备案。

第三十一条　注册税务师从事税务代理活动，触犯刑律、构成犯罪的，由司法机关依法惩处。

第三十二条　各省、自治区、直辖市及计划单列市注册管理机构对注册税务师违反本规定有关条款所作的处理，及时如实记录在证书的惩戒登记栏内。

第三十三条　税务师事务所违反税收法律和有关行政规章的规定进行代理活动的，由县及县以上税务行政机关视情节轻重，给予警告，或根据有关法律、行政法规处以罚款，或提请有关管理部门给予停业整顿、责令解散等处理。

第三十四条　当事人对行政处分决定不服的，可以依法申请复议或向人民法院起诉。

第六章　附　　则

第三十五条　注册税务师资格考试实施以前，已取得经济类高级专业技术职务的税务代理人员，可通过考核认定注册税务师资格。

考核认定的具体办法由人事部和国家税务总局另行制定。

第三十六条　按本规定取得注册税务师资格的，单位根据工作需要可聘任经济师职务。

第三十七条　境外人员申请注册税务师资格考试和申请在境内从事税务代理业务的管理办法，经国务院有关部门批准后，另行制定。

第三十八条　本规定有关报考条件、考务工作的解释权属人事部；有关考试大纲、参考教材、考前培训、注册管理工作的解释权属国家税务总局。

第三十九条　本规定自发布之日起执行。

【注释】　对《税收征收管理法》第89条进行了解释。

税务违法案件举报奖励办法

国税发[1998]211号

第一条 为了鼓励举报税务违法行为,根据《中华人民共和国税收征收管理法》及有关规定,制定本办法。

第二条 税务机关对举报偷税、逃避追缴欠税、骗税和虚开、伪造、非法提供、非法取得发票,以及其他税务违法行为的有功单位和个人(以下简称举报人),给予物质奖励和精神奖励,并严格为其保密。

前款的物质奖励,不适用于税务、财政、审计、海关、工商行政管理、公安、检察等国家机关的工作人员。

第三条 举报奖励对象原则上限于实名举报人;但对匿名举报案件查实后,税务机关认为可以确定举报人真实身份的,酌情给予奖励。

第四条 国家税务总局和各级国家税务局、地方税务局建立税务违法案件举报奖励基金(以下简称举报奖励基金),专款滚动使用。

举报奖励基金从上级税务机关或者同级财政机关拨付的税务稽查办案专项补助经费总额中按照规定的比例计提;不足的部分,依照财政部、国家税务总局有关规定向上级税务机关或者同级财政机关申请专项追加拨付。

举报奖励基金由稽查局管理;稽查局未设财务机构的,委托税务局负责开支的财务机构代管;经费拨付机构、监察机构负责监督。

第五条 税务违法举报案件经查实并依法处理后,根据举报人的贡献大小,按照实际追缴税款数额的百分之五以内掌握计发奖金;没有应纳税款的,按照实际追缴罚款数额的百分之十以内掌握计发奖金,每案奖金最高数额不超过人民币十万元。

对有重大贡献的举报人,经省级税务机关批准,奖金限额可以适当提高。

具体奖金数额标准及审批权限,由各省、自治区、直辖市和计划单列市国家税务局、地方税务局确定。

第六条 同一税务违法行为被多个举报人分别举报的,主要奖励最先举报人。举报顺序以负责查处的税务机关或者其所属的税务违法案件举报中心(以下简称举报中心)受理举报的登记时间为准。但其他举报人提供的情况对查清该案确有直接作用的,可以酌情给予奖励。

第七条 对两个或者两个以上举报人联名举报同一税务违法行为的,按一案进行奖励,奖金由举报第一署名者或者第一署名者委托的其他署名者领取。

第八条 举报奖金由负责查处税务违法举报案件的税务机关支付。举报中心应当在案件查结后一个月内,根据举报人的申请填写《税务违法案件举报奖励审批表》,提出奖励对象和奖励金额,并注明有关事项,按照规定程序审批后,通知举报人领取奖金。

第九条 举报人应当在接到举报中心领奖通知后三个月内,持本人身份证或者其他有效证件,到指定地点领取奖金;逾期不领取的,视为放弃权利。

第十条 举报人领取奖金时,应当在《税务违法案件举报奖励付款专用凭证》上签名,并注明身份证或者其他有效证件的号码及填发单位。

《税务违法案件举报奖励付款专用凭证》由举报中心作为保密件保管。领取奖金款项的财务凭证另行制作,财务凭证只注明举报案件名称、编号和举报奖金数额及审批人、经办人的签名,不填写举报内容和举报人姓名及身份。

《税务违法案件举报奖励付款专用凭证》的式样,由各省、自治区、直辖市和计划单列市国家税务局、地方税务局制订。

第十一条 举报中心颁发举报奖金时,可应举报人的请求,简要告其所举报的税务违法行为的行政处理决定,但不提供税务行政处理决定书及有关案情材料。

第十二条 税务机关工作人员支付举报奖金时,应当严格审核,防止奖金被骗取。对玩忽职守、徇私舞弊致使奖金被骗取的,除追缴奖金外,依法追究有关人员的法律责任。

第十三条 对有突出贡献的举报人,税务机关除给予物质奖励外,还可以给予相应的精神奖励;但公开表彰宣传必须事先征得当事人的同意。

第十四条 举报人取得的奖金收入,依照有关规定暂免征收个人所得税。

第十五条 各省、自治区、直辖市和计划单列市国家税务局、地方税务局根据本办法,制定具体规定,报国家税务总局备案。

第十六条 国家税务总局和各级国家税务局自1999年1月1日起施行本办法。各级地方税务局施行本办法的具体时间,由各省、自治区、直辖市和计划单列市地方税务局会商同级财政机关解决举报奖励基金来源后分别确定。

【注释】 对《税收征收管理法》第13条进行了解释。对《税收征收管理法实施细则》第7条进行了解释。

注册税务师注册管理暂行办法

国税发[1999]79号

第一条 为了加强对注册税务师的管理,根据《注册税务师资格制度暂行规定》的有关规定,制定本办法。

第二条 国家税务总局及其授权的省、自治区、直辖市和计划单列市注册税务师管理机构(以下简称省级注册税务师管理机构)为中华人民共和国注册税务师注册管理机关,具体负责办理注册及管理事宜。

第三条 取得《中华人民共和国注册税务师执业资格证书》者,应在取得证书后3个月内到所在地的省级注册税务师管理机构申请办理非执业或执业注册登记手续。因特殊情况不能按期办理的,经省级注册税务师管理机构批准,可以延期办理,但最长不得超过6个月。

逾期不办理注册登记手续,则视为自动放弃注册权。

第四条 申请非执业注册者应向所在地的省级注册税务师管理机构递交下列材料:

(一)注册税务师非执业注册申请表;

(二)《中华人民共和国注册税务师执业资格证书》。

第五条 省级注册税务师管理机构对申请非执业注册者提交的上述材料,应自收到之日起30日内审核完毕。对符合条件者核发《中华人民共和国注册税务师非执业注册证书》。

第六条 申请执业注册应具备下列条件:

(一)遵纪守法,恪守职业道德;

(二)取得《中华人民共和国注册税务师执业资格证书》或《中华人民共和国注册税务师非执业注册证书》;

(三)年龄在70周岁以下,身体健康,能坚持在注册税务师岗位上正常工作;

(四)专职从事税务代理业务工作2年以上;

(五)经所在税务师事务所考核同意。

第七条 申请执业注册者应向所在地的省级注册税务师管理机构递交下列材料:

(一)注册税务师执业注册申请表;

(二)《中华人民共和国注册税务师执业资格证书》或《中华人民共和国注册税务师非执业注册证书》;

(三)税务师事务所出具的连续2年专职从事税务代理业务及具备独立执业能力的证明;

(四)个人业务总结。

第八条 省级注册税务师管理机构对申请执业注册者提交的上述材料,应自收到之日起30日内审核完毕,对合格者核发《中华人民共和国注册税务师执业注册证书》。

具有《中华人民共和国注册税务师执业注册证书》者,在税务代理活动中对其所出具的文书有签名盖章权,同时承担相应的法律责任。

第九条 省级注册税务师管理机构应定期将本地区执业注册和非执业注册情况统计表报国家税务总局备案。

第十条 有下列情况之一者,不予执业注册:

(一)弄虚作假,骗取《中华人民共和国注册税务师执业资格证书》或《中华人民共和国注册税务师非执业注册证书》的。

(二)不具有完全民事行为能力的。

(三)受刑事处罚,自处罚执行完毕之日起未满3年的。

(四)被开除公职,自开除之日起未满3年的。

(五)在税务代理活动中有违法行为,自处罚决定之日起未满2年的。

(六)国家税务总局认为其他不具备执业注册资格的。

第十一条 对经审核不符合注册条件的,省级注册税务师管理机构应自做出决定之日起30日内通知申请人。

第十二条 取得《中华人民共和国注册税务师执业注册证书》者有下列情况之一的,由省级注册税务师管理机构查实并报经国家税务总局批准后,注销其注册税务师执业注册登记,收回《中华人民共和国注册税务师执业注册证书》:

(一)在执业注册登记中弄虚作假,骗取《中华人民共和国注册税务师执业注册证书》的。

(二)同时在两个以上税务师事务所执业的。

(三)死亡或失踪的。

(四)在税务代理活动中有违法行为的。

(五)年检不合格或拒绝在规定期限内进行年检的。

(六)国家税务总局认为其他不适合从事税务代理业务的。

第十三条 国家税务总局对注册税务师注册证书实行年检制度,每年验证一次。验证工作由国家税务总局统一组织,各省级注册税务师管理机构具体实施。

第十四条 省级注册税务师管理机构对所管辖范围内的注册税务师执业注册登记和被注销登记的情况,应及时通过新闻媒介予以公布。

第十五条 注册税务师管理机构在办理注册、年检等手续时,可按有关规定收取工本费。

第十六条 本办法由国家税务总局负责解释。

第十七条 本办法自发布之日起执行。

【注释】 对《税收征收管理法》第89条进行了解释。

国家税务总局关于执业税务师执业注册有关问题的通知

国税发[1999]182号

各省、自治区、直辖市和计划单列市国家税务局、地方税务局、注册税务师管理工作领导小组:

根据《国家税务总局关于贯彻实施〈注册税务师资格制度暂行规定〉有关问题的通知》(国税发[1998]15号)的精神,决定对年龄在60岁以上未取得注册税务师资格的原执业税务师进行考核后,予以注册登记。现将有关问题通知如下:

一、凡男年满60周岁、女年满55周岁(截止日期:1998年6月30日),且于2000年12月31日以前不满70周岁,未取得注册税务师资格的原执业税务师,要求继续在税务代理机构内执业的,均可向省级注册税务师管理中心申请执业注册。

二、申请执业注册者应向所在地的省级注册税务师管理中心递交下列材料:

(一)执业注册申请表(见附件);

(二)执业税务师证书复印件;

(三)身份证复印件;

（四）税务师事务所出具的连续二年专职从事税务代理业务及具备独立执业能力的证明；

（五）个人业务总结。

三、省级注册税务师管理中心对申请执业注册者提交的上述材料进行初审，对初审合格者进行不少于20学时的业务培训和执业能力认定考试（培训及考试方式由各地自行安排，试题报国家税务总局备案），并于2000年1月31日前，将考试合格人员的《执业注册申请表》上报国家税务总局。

各地在初审及认定考试工作中，必须坚持原则，严格把关，不得扩大范围。

四、国家税务总局注册税务师管理中心对各地上报的材料进行复审。复审合格者，核发《中华人民共和国注册税务师执业注册证书》。

五、省级注册税务师管理中心按照总局印发的《注册税务师注册管理暂行办法》及《关于做好1998年度注册税务师注册工作有关问题的通知》的有关规定，对此次执业注册人员实行统一管理。

六、对不符合上述条件的原执业税务师，要求继续在税务代理机构内执业的，其执业资格保留到2000年年底，过渡期结束后，其执业资格失效。

【注释】　对《税收征收管理法》第89条进行了解释。

国家税务总局关于协税员不得核发《税务检查证》的批复

国税函［2001］41号

内蒙古自治区地方税务局：

你局《关于发放税务检查证的请示》（内地税字［2000］185号）收悉。经研究，现批复如下：

一、为了保证税务检查的权威性、严肃性和规范性，《税务检查证》的发放范围和发放对象必须严格按照《税务检查证管理暂行办法》第五条"税务检查证的发放对象为各级税务机关专门从事税务检查工作的税务人员"和第六条"各级税务机关聘用的从事税收工作的临时人员、协税员、助征员、代征员等不核发税务检查证"的规定执行。

二、鉴于你区农业税收征收管理职能、机构、人员均由地方财政部门划归地税局管理的实际情况，经研究决定：农税人员的税务检查证可按照《税务检查证管理暂行办法》的有关规定，由你区地方税务局稽查局统一发放和管理。

【注释】　对《税收征收管理法》第54条进行了解释。

国家税务总局关于纳税人不服交通部门代征车辆购置税行为行政复议管辖问题的通知

国税函［2001］233号

各省、自治区、直辖市和计划单列市国家税务局：

近接一些地方反映，纳税人对交通部门为税务机关代征车辆购置税行为申请行政复议，对如何确定管辖的问题不够明确。经研究，现明确如下：

根据《税务行政复议规则（试行）》第十二条第一款第2项"对受税务机关委托的单位做出的代征税款行为不服的，向委托税务机关的上一级税务机关申请复议"的规定，以及国家税务总局与交通部联合颁布的《关于做好代征车辆购置税工作有关问题的通知》（国税发［2000］211号）"国家税务总局和交通部商定，在车购费稽征机构未移交前，车购税暂由各省、自治区、直辖市、计划单列市所属车购费稽征机构代征"，"车购税实施过程中出现的税收政策业务问题由国家税务局负责"的规定，交通部门代征车辆购置税行为引起的行政复议案件,应由与实际征收车辆购置税的交通部门相对应级别的国家税务局的上一级国家税务局管辖。

【注释】 对《税收征收管理法》第 88 条进行了解释。

国家税务总局关于贯彻实施《中华人民共和国税收征收管理法》有关问题的通知

国税发[2001]54 号

各省、自治区、直辖市和计划单列市国家税务局、地方税务局:

九届全国人大常委会第二十一次会议于 2001 年 4 月 28 日通过了《中华人民共和国税收征收管理法(修正案)》(以下简称新《征管法》),并从 2001 年 5 月 1 日起施行。新《征管法》的修订颁布实施,对于加强税收征管,规范税收征收和缴纳行为,保障国家税收收入,保护纳税人的合法权益,促进经济和社会发展,进一步推进依法治税,具有十分重要的意义。各级税务机关要认真学习领会新《征管法》的精神和实质,严格按照新《征管法》的规定贯彻实施,依法行政。

根据新《征管法》的规定,从 2001 年 5 月 1 日起,税收征收管理按照新《征管法》的规定执行,即在 2001 年 5 月 1 日以后发生的税收征纳行为以及相关权利、义务和法律责任统一按照新《征管法》的规定执行。新《征管法》实施前颁布的税收法律与新《征管法》有不同规定的,适用新《征管法》的规定。

现将适用新《征管法》与原《征管法》的一些问题明确如下:

一、税收违法行为应当按倍数进行税收行政处罚的(新《征管法》第六十三条、第六十五条、第六十六条、第六十七条、第六十八条),其违法行为完全发生在 2001 年 4 月 30 日之前的,适用五倍以下罚款的规定;其违法行为既有发生在 2001 年 4 月 30 日之前的,也有发生在 2001 年 5 月 1 日之后的,分别计算其违法税款数额,分别按照五倍以下和百分之五十以上或者一倍以上、五倍以下罚款的规定执行。

税收违法行为按照新《征管法》第六十四条第二款、第六十九条规定应予行政处罚的行为延续到 2001 年 5 月 1 日以后的,只对其发生在 2001 年 5 月 1 日以后的不缴或少缴的税款或者应扣未扣、应收未收税款的行为处以罚款。

二、纳税人、扣缴义务人和其他当事人有违反税收管理等方面的税收违法行为(新《征管法》第六十条、第六十一条、第六十二条、第六十四条第一款、第七十一条、第七十二条)延续到 2001 年 5 月 1 日以后的,按照新《征管法》的规定处理。

三、应当给予行政处罚的税收违法行为发生在 1996 年 9 月 30 日以前的,按原《征管法》的规定执行;发生在 2001 年 4 月 30 日以前的,按《行政处罚法》的规定执行;发生在 2001 年 5 月 1 日以后的,按新《征管法》的规定执行(新《征管法》第八十六条)。

四、滞纳金分两段计征(新《征管法》第三十二条),2001 年 4 月 30 日前按照千分之二计算,从 2001 年 5 月 1 日起按照万分之五计算,累计后征收。

五、关于计退利息(新《征管法》第五十一条),对纳税人多缴的税款退还时,自 2001 年 5 月 1 日起按照人民银行规定的同期活期存款的利率计退利息。新《征管法》第五十一条对纳税人超过应纳税额缴纳税款的退还,不包括预缴税款的退还、出口退税和政策性税收优惠的先征后退等情形。

六、税款、滞纳金、税收罚款的征收入库及其与其他款项的先后顺序(新《征管法》第二十九条、第四十五条、第五十三条),按照新《征管法》的规定执行。

七、新《征管法》第三十八条、第四十条、第五十条、第五十九条等条款所涉及的税务文书,总局将于近日下发统一格式。在国家税务总局未发文重新明确之前,各地可以暂时制订同类税务文书。

新《征管法》中关于税务管理等方面规定的具体操作,可以在《征管法实施细则》和总局具体办法公布后陆续落实。

对贯彻实施新《征管法》的过程中遇到的问题,各地应及时上报总局。

【注释】 对《税收征收管理法》第 32、51、64 条进行了解释。

国家税务总局关于农业税、牧业税、耕地占用税、契税征收管理暂参照《中华人民共和国税收征收管理法》执行的通知

国税发[2001]110 号

从 2001 年 5 月 1 日起，新修订的《中华人民共和国税收征收管理法》(以下简称《税收征管法》)正式施行。《税收征管法》规定："耕地占用税、契税、农业税、牧业税征收管理的具体办法，由国务院另行制定"。由于行政立法程序的原因，制定农业税、牧业税、耕地占用税、契税(以下简称：农业税收)征收管理办法还需一段时间。为切实做好农业税收征管工作，经国务院同意，现将有关问题通知如下：

一、自 2001 年 5 月 1 日(含本日，下同)起到国务院制定的农业税收征收管理办法实施前，农业税收的征收管理，暂参照《税收征管法》的有关规定执行。

二、关于加收农业税收税款滞纳金问题。凡税款滞纳行为发生在 2001 年 4 月 30 日以前的，按照原《税收征管法》规定，按日加收滞纳税款千分之二的滞纳金；2001 年 5 月 1 日以后发生的，统一按照《税收征管法》规定，按日加收滞纳税款万分之五的滞纳金。

三、各级农业税收征收机关要认真学习贯彻《税收征管法》，规范农业税收的征收管理行为，努力推进依法治税和依法行政，保证农业税收收入及时足额入库，保护纳税人的合法权益。

【注释】 对《税收征收管理法》第 90 条进行了解释。

国家税务总局关于所得税收入分享体制改革后税收征管范围的通知

国税发[2002]8 号

各省、自治区、直辖市和计划单列市国家税务局、地方税务局：

根据《国务院关于印发所得税收入分享改革方案的通知》(国发[2001]37 号)精神，现将所得税实行分享体制改革后，国家税务局、地方税务局的征收管理范围问题明确如下：

一、2001 年 12 月 31 日前国家税务局、地方税务局征收管理的企业所得税、个人所得税(包括储蓄存款利息所得个人所得税)，以及按现行规定征收管理的外商投资企业和外国企业所得税，仍由原征管机关征收管理，不作变动。

二、自 2002 年 1 月 1 日起，按国家工商行政管理总局的有关规定，在各级工商行政管理部门办理设立(开业)登记的企业，其企业所得税由国家税务局负责征收管理。但下列办理设立(开业)登记的企业仍由地方税务局负责征收管理：

(一)两个以上企业合并设立一个新的企业，合并各方解散，但合并各方原均为地方税务局征收管理的；

(二)因分立而新设立的企业，但原企业由地方税务局负责征收管理的；

(三)原缴纳企业所得税的事业单位改制为企业办理设立登记，但原事业单位由地方税务局负责征收管理的。

在工商行政管理部门办理变更登记的企业，其企业所得税仍由原征收机关负责征收管理。

三、自 2002 年 1 月 1 日起，在其他行政管理部门新登记注册、领取许可证的事业单位、社会团体、律师事务所、医院、学校等缴纳企业所得税的其他组织，其企业所得税由国家税务局负责征收管理。

四、2001 年 12 月 31 日前已在工商行政管理部门和其他行政管理部门登记注册，但未进行税务登记的企事业单位及其他组织，在 2002 年 1 月 1 日后进行税务登记的，其企业所得税按原规定的征管范围，由国家税务局、地方税务局分别征收管理。

五、2001 年底前的债转股企业、中央企事业单位参股的股份制企业和联营企业，仍由原征管机关征收管理，不再调整。

六、不实行所得税分享的铁路运输（包括广铁集团）、国家邮政、中国工商银行、中国农业银行、中国银行、中国建设银行、国家开发银行、中国农业发展银行、中国进出口银行以及海洋石油天然气企业，由国家税务局负责征收管理。

七、除储蓄存款利息所得以外的个人所得税（包括个人独资、合伙企业的个人所得税），仍由地方税务局负责征收管理。

各级国家税务局、地方税务局应认真贯彻执行所得税分享体制改革的有关规定，加强国税局、地税局之间以及和工商等行政管理部门之间的工作联系，互通信息，密切配合，保证改革的顺利实施。

国家税务总局关于涉税案件在刑事审判期间是否应当中止税务行政复议问题的批复

国税函[2002]130 号

福建省地方税务局：

你局《关于在刑事审判期间是否应当中止行政复议问题的请示》（闽地税发[2001]130 号）收悉。经研究，现批复如下：

一、关于在刑事审判期间是否应当中止行政复议的问题，法律、法规无明确规定，因此，除依法定条件外，在刑事审判期间，不应中止行政复议。

二、为了处理好此类案件，税务机关应加强与司法机关的工作联系与协调。

【注释】 对《税收征收管理法》第 88 条进行了解释。

国家税务总局关于贯彻《中华人民共和国税收征收管理法》及其实施细则若干具体问题的通知

国税发[2003]47 号

各省、自治区、直辖市和计划单列市国家税务局、地方税务局：

为了保证《中华人民共和国税收征收管理法》（以下简称征管法）及《中华人民共和国税收征收管理法实施细则》（以下简称实施细则）的贯彻实施，进一步增强征管法及其实施细则的可操作性，现将有关问题规定如下：

一、关于税务登记代码问题

实施细则第十条所称“同一代码”是指国家税务局、地方税务局在发放税务登记证件时，对同一个纳税人赋予同一个税务登记代码。为确保税务登记代码的同一性和唯一性，单位纳税人（含个体加油站）的税务登记代码由十五位数组成，其中前六位为区域码，由省、自治区、直辖市国家税务局、地方税务局共同编排联合下发（开发区、新技术园区等未赋予行政区域码的可重新赋码，其他的按行政区域码编排），后九位为国家质量监督检验检疫总局赋予的组织机构统一代码。市（州）以下国家税务局、地方税务局根据省、自治区、直辖市国家税务局、地方税务局制订的编码编制税务登记代码。

二、关于扣缴义务人扣缴税款问题

负有代扣代缴义务的单位和个人,在支付款项时应按照征管法及其实施细则的规定,将取得款项的纳税人应缴纳的税款代为扣缴,对纳税人拒绝扣缴税款的,扣缴义务人应暂停支付相当于纳税人应纳税款的款项,并在一日之内报告主管税务机关。

负有代收代缴义务的单位和个人,在收取款项时应按照征管法及其实施细则的规定,将支付款项的纳税人应缴纳的税款代为收缴,对纳税人拒绝给付的,扣缴义务人应在一日之内报告主管税务机关。

扣缴义务人违反征管法及其实施细则规定应扣未扣、应收未收税款的,税务机关除按征管法及其实施细则的有关规定对其给予处罚外,应当责成扣缴义务人限期将应扣未扣、应收未收的税款补扣或补收。

三、关于纳税人外出经营活动管理问题

纳税人离开其办理税务登记所在地到外县(市)从事经营活动、提供应税劳务的,应该在发生外出经营活动以前向其登记所在地的主管税务机关申请办理《外出经营活动税收管理证明》,并向经营地或提供劳务地税务机关报验登记。

实施细则第二十一条所称"从事生产、经营的纳税人外出经营,在同一地累计超过180天的",应当是以纳税人在同一县(市)实际经营或提供劳务之日起,在连续的12个月内累计超过180天。

四、关于纳税申报的管理问题

经税务机关批准,纳税人、扣缴义务人采取数据电文方式办理纳税申报的,其申报日期以税务机关计算机网络系统收到该数据电文的时间为准。采取数据电文方式办理纳税申报的纳税人、扣缴义务人,其与数据电文相对应的纸质申报资料的报送期限由主管税务机关确定。

五、关于滞纳金的计算期限问题

对纳税人未按照法律、行政法规规定的期限或者未按照税务机关依照法律、行政法规的规定确定的期限向税务机关缴纳的税款,滞纳金的计算从纳税人应缴纳税款的期限届满之次日起至实际缴纳税款之日止。

六、关于滞纳金的强制执行问题

根据征管法第四十条规定"税务机关在采取强制执行措施时,对纳税人未缴纳的滞纳金同时强制执行"的立法精神,对纳税人已缴纳税款,但拒不缴纳滞纳金的,税务机关可以单独对纳税人应缴未缴的滞纳金采取强制执行措施。

七、关于税款优先的时间确定问题

征管法第四十五条规定"纳税人欠缴的税款发生在纳税人以其财产设定抵押、质押或者纳税人的财产被留置之前的,税收应当先于抵押权、质权、留置权执行",欠缴的税款是纳税人发生纳税义务,但未按照法律、行政法规规定的期限或者未按照税务机关依照法律、行政法规的规定确定的期限向税务机关申报缴纳的税款或者少缴的税款,纳税人应缴纳税款的期限届满之次日即是纳税人欠缴税款的发生时间。

八、关于减免税管理问题

除法律、行政法规规定不需要经税务机关审批的减免税外,纳税人享受减税、免税的应当向主管税务机关提出书面申请,并按照主管税务机关的要求附送有关资料,经税务机关审核,按照减免税的审批程序经由法律、行政法规授权的机关批准后,方可享受减税、免税。

九、关于税务登记证件遗失问题

遗失税务登记证件的纳税人应当自遗失税务登记证件之日起15日内,将纳税人的名称、遗失税务登记证件名称、税务登记号码、发证机关名称、发证有效期在税务机关认可的报刊上作遗失声明,凭报刊上刊登的遗失声明向主管税务机关申请补办税务登记证件。

十、关于税收违法案件举报奖励问题

在国家税务总局和财政部联合制定的举报奖励办法未出台前,对税收违法案件举报奖励的对象、标准暂按《国家税务总局关于印发〈税务违法案件举报奖励办法〉的通知》(国税发[1998]211号)的有关规定执行。

十一、关于账簿凭证的检查问题

征管法第五十四条第六款规定:"税务机关在调查税收违法案件时,经设区的市、自治州以上税务局(分局)局长批准,可以查询案件涉嫌人员的储蓄存款";实施细则第八十六条规定:"有特殊情况的,经设区的市、自治州以上税务局局长批准,税务机关可以将纳税人、扣缴义务人当年的账簿、记账凭证、报表和其他有关资料调回检查"。这里所称的"经设区的市、自治州以上税务局局长"包括地(市)一级(含直辖市下设区)的税务局局长。这里所称的"特殊情况"是指纳税人有下列情形之一:(一)涉及增值税专用发票检查的;(二)纳税人涉嫌税收违法行为情节严重的;(三)纳税人及其他当事人可能毁灭、藏匿、转移账簿等证据资料的;(四)税务机关认为其他需要调回检查的情况。

十二、关于关联企业间业务往来的追溯调整期限问题

实施细则第五十六条规定:"有特殊情况的,可以自该业务往来发生的纳税年度起10年内进行调整"。该条所称"特殊情况"是指纳税人有下列情形之一:(一)纳税人在以前年度与其关联企业间的业务往来累计达到或超过10万元人民币的;(二)经税务机关案头审计分析,纳税人在以前年度与其关联企业间的业务往来,预计需调增其应纳税收入或所得额达到或超过50万元人民币的;(三)纳税人在以前年度与设在避税地的关联企业有业务往来的;(四)纳税人在以前年度未按规定进行关联企业间业务往来年度申报,或者经税务机关审查核实,关联企业间业务往来年度申报内容不实,以及不履行提供有关价格、费用标准等资料义务的。

十三、简易申报、简并征期问题

实施细则第三十六条规定:"实行定期定额缴纳税款的纳税人,可以实行简易申报、简并征期等申报纳税方式",这里所称"简易申报"是指实行定期定额缴纳税款的纳税人在法律、行政法规规定的期限或者在税务机关依照法律、行政法规的规定确定的期限内缴纳税款的,税务机关可以视同申报;"简并征期"是指实行定期定额缴纳税款的纳税人,经税务机关批准,可以采取将纳税期限合并为按季、半年、年的方式缴纳税款,具体期限由省级税务机关根据具体情况确定。

十四、关于税款核定征收条款的适用对象问题

征管法第三十五条、实施细则第四十七条关于核定应纳税款的规定,适用于单位纳税人和个人纳税人。对个人纳税人的核定征收办法,国家税务总局将另行制定。

十五、关于外商投资企业、外国企业的会计记录文字问题

会计法第二十二条规定:"会计记录的文字应当使用中文。"对于外商投资企业、外国企业的会计记录不使用中文的,按照征管法第六十条第二款"未按照规定设置、保管账簿或者保管记账凭证和有关资料"的规定处理。

十六、关于对采用电算化会计系统的纳税人实施电算化税务检查的问题

对采用电算化会计系统的纳税人,税务机关有权对其会计电算化系统进行查验;对纳税人会计电算化系统处理、储存的会计记录以及其他有关的纳税资料,税务机关有权进入其电算化系统进行检查,并可复制与纳税有关的电子数据作为证据。

税务机关进入纳税人电算化系统进行检查时,有责任保证纳税人会计电算化系统的安全性,并保守纳税人的商业秘密。

【注释】 对《税收征收管理法》第35、40、45、54、60条进行了解释。对《税收征收管理法实施细则》第10、21、36、47、56条进行了解释。

国家税务总局关于稽查局有关执法权限的批复

国税函[2003]561号

青岛市国家税务局:

你局《关于稽查局有关执法权限的请示》(青国税发[2003]101号)收悉。经研究,现批复如下:

《中华人民共和国税收征收管理法》及其实施细则中规定应当经县以上税务局(分局)局长批准后实施的各项权力,各级税务局所属的稽查局局长无权批准。

【注释】 对《税收征收管理法》第14条进行了解释。对《税收征收管理法实施细则》第9条进行了解释。

纳税信用等级评定管理试行办法

国税发[2003]92号

第一章 总 则

第一条 为加强税收信用体系建设,规范纳税信用等级评定管理,促进纳税人依法纳税,根据《中华人民共和国税收征收管理法实施细则》的规定,制定本办法。

第二条 本办法适用于依照税收法律、行政法规的规定,应当办理税务登记的各类纳税人。

第三条 税务机关依据税收法律、行政法规的规定负责纳税人纳税信用等级的评定工作。

纳税信用等级的评定,坚持依法、公正、公平、公开的原则,按照统一的内容、标准、方法和程序进行。

第二章 评定内容与标准

第四条 纳税信用等级的评定内容为纳税人遵守税收法律、行政法规以及接受税务机关依据税收法律、行政法规的规定进行管理的情况,具体指标为:

(一)税务登记情况

1. 开业登记;
2. 扣缴税款登记;
3. 税务变更登记;
4. 登记证件使用;
5. 年检和换证;
6. 银行帐号报告;
7. 纳税认定情况(包括一般纳税人认定等)。

(二)纳税申报情况

1. 按期纳税申报率;
2. 按期纳税申报准确率;
3. 代扣代缴按期申报率;
4. 代扣代缴按期申报准确率;
5. 报送财务会计报表和其他纳税资料。

(三)帐簿、凭证管理情况

1. 报送财务会计制度或者财务会计处理办法和会计核算软件;
2. 按照规定设置、保管帐簿、凭证,根据合法、有效凭证记账,进行核算;
3. 发票的保管、开具、使用、取得;
4. 税控装置及防伪税控系统的安装、保管、使用。

(四)税款缴纳情况

1. 应纳税款按期入库率;
2. 欠缴税款情况;
3. 代扣代缴税款按期入库率。

(五)违反税收法律、行政法规行为处理情况

1. 涉税违法犯罪记录;
2. 税务行政处罚记录;
3. 其他税收违法行为记录。

前款指标累计值为100分,具体分值为:税务登记情况15分;纳税申报情况25分;账簿凭证管理情况15分;税款缴纳情况25分;违反税收法律、行政法规行为处理情况20分。各地可根据实际情况对各项内容

分值进行分解细化。

第五条 纳税信用等级评定按照第四条的评定内容分指标计分，设置 a、b、c、d 四级。

第六条 考评分在 95 分以上的，为 a 级。纳税人具有以下情形之一的，不得评为 a 级：

（一）具有涉嫌违反税收法律、行政法规行为，至评定日仍未结案或已结案但未按照税务机关处理决定改正的；

（二）两年内（指税务机关确定纳税信用等级之日起向前推算两年）新发生欠缴税款情形的；

（三）不能依法报送财务会计制度、财务会计报表和其他纳税资料的；

（四）评定期前两年有税务行政处罚记录的；

（五）不能完整、准确核算应纳税款或者不能完整、准确代扣代缴税款的。

第七条 考评分在 60 分以上 95 分以下的，为 b 级。至评定日为止有新发生欠缴税款 5 万元以上的（自评定日起向前推算两年内发生，至评定日尚未清缴的），不具备评定为 b 级纳税人的资格。对办理税务登记不满两年的纳税人，不进行纳税信用等级评定，视为 b 级管理。

第八条 考评分在 20 分以上 60 分以下的，为 c 级。考评分超过 60 分，但有下列情形之一的纳税人，一律定为 c 级：

（一）依法应当办理税务登记而未办理税务登记的；

（二）评定期内同时具备按期纳税申报率在 90% 以下，纳税申报准确率在 70% 以下，应纳税款按期入库率在 80% 以下，代扣代缴申报准确率在 80% 以下，代扣代缴税款入库率 90% 以下的；

（三）两年内（指税务机关确定纳税信用等级之日起向前推算两年）有违反税收法律、行政法规的行为，且受到税务行政处罚的；

（四）纳入增值税防伪税控系统的纳税人，一年内两次不能按期抄报税的；

（五）应税收入、应税所得核算混乱，有关凭证、帐簿、报表不完整、不真实的。

第九条 考评分在 20 分以下的，为 d 级。纳税人有下列情形之一的，不进行计分考评，一律定为 d 级：

（一）具有涉税犯罪嫌疑，已依法移送公安机关，尚未结案的；

（二）两年内（指税务机关确定纳税信用等级之日起向前推算两年）有偷税、逃避追缴欠税、骗取出口退税、抗税、虚开增值税专用发票等涉税犯罪行为记录的；

（三）骗取税收优惠政策、骗取多缴税款退回的。

第三章 激励与监控

第十条 主管税务机关根据纳税人的不同等级实施分类管理，以鼓励依法诚信纳税，提高纳税遵从度。

第十一条 对 a 级纳税人，主管税务机关依法给予以下鼓励：

（一）除专项、专案检查以及金税协查等检查外，两年内可以免除税务检查；

（二）对税务登记证验证、各项税收年检等采取即时办理办法：主管税务机关收到纳税人相关资料后，当场为其办理相关手续；

（三）放宽发票领购限量；

（四）在符合出口货物退（免）税规定的前提下，简化出口退（免）税申报手续；

（五）各地可以根据当地情况采取激励办税的服务措施。

第十二条 对 b 级纳税人，主管税务机关除在税务登记、账簿和凭证管理、纳税申报、税款征收、税款退免、税务检查、行政处罚等方面进行常规税收征管外，重点是加强日常涉税政策辅导、宣传等纳税服务工作，帮助其改进财务会计管理，提高依法纳税水平，提升纳税信用等级。

第十三条 对 c 级纳税人，主管税务机关应加强管理，并可依法采取以下措施：

（一）严肃追究违法违规行为的有关责任并责令限期改正；

（二）列入年度检查计划重点检查对象；

（三）对验证、年检等报送资料进行严格审核，并可根据需要进行实地复核；

（四）发票的供应实行收（验）旧供新、严格限量供应等办法；

（五）增值税实行专用发票和税款先比对、后抵扣；

（六）纳税人申报办理出口货物退（免）税时，应从严审核、审批；

(七)各地根据情况依法采取其他严格的管理措施。

第十四条　对d级纳税人,除可采取上述c类纳税人的监管措施外,主管税务机关还应当将其列为重点监控对象,强化管理,并可实施以下措施:

(一)依照税收法律、行政法规的规定收缴其发票或者停止向其发售发票;

(二)依照税收法律、行政法规的规定停止其出口退(免)税权。

第四章　评定组织与程序

第十五条　省一级或者市(地)一级或者县(市)一级的国家税务局和地方税务局共同评定其所管辖的纳税人的纳税信用等级,两个年度评定一次。

第十六条　纳税人的主管国家税务局、地方税务局应当按照本办法要求的内容和标准,以日常纳税评估和税源监控为基础,对纳税人的纳税信用情况进行综合分析考评,必要时进行实地检查和验审,初步确定纳税人的纳税信用等级。

第十七条　主管国家税务局和地方税务局应当以联席会议的形式加强本项工作的协作,对各自初步确定的纳税人纳税信用等级按照从低原则共同核定。

税收征管改革后,纳税人的主管国家税务局、地方税务局设置不一致的,由上一级国家税务局、地方税务局共同核定。

第十八条　主管国家税务局、地方税务局对纳税人的纳税信用等级评定不能达成一致意见的,报各自的上一级税务机关,由上一级国家税务局和地方税务局按照从低原则共同核定。

第十九条　国家税务局和地方税务局共同核定的纳税人的纳税信用等级为a级的,分别由主管国家税务局和地方税务局采取适当形式进行公示,征求纳税人及社会各界的意见。自公示之日起15日内没有重大异议的,即可确定为国家税务局、地方税务局共同评定的纳税信用等级。有异议的,国家税务局和地方税务局应研究后予以确定并告知有关各方。

第二十条　省一级或者市(地)一级或者县(市)一级国家税务局和地方税务局可以选择适当方式将a级纳税人的名单予以公告。有条件的地方,可以向社会提供纳税人的纳税信用等级查询。

第二十一条　纳税人的纳税信用等级评定后,主管税务机关应当实施动态管理。a、b、c级纳税人发生本办法第八条、第九条所列情形的,即降低为相应的纳税信用等级。

第二十二条　纳税人对税务机关作出的纳税信用等级评定有异议的,可以依法申请行政复议。

第二十三条　未按规定权限和程序评定完毕,各级税务机关不得擅自将纳税信用等级的评定情况和有关评定资料向社会公布或泄露给他人。

第五章　附　　则

第二十四条　本办法所称"以下"均不含本数,所称"以上"、"日内"、"年内"均含本数。

第二十五条　税务人员徇私舞弊或者滥用职权,致使纳税人信用等级评定结果失真,给纳税人造成损失的,由税务机关依法给予行政处分。

第二十六条　各省、自治区、直辖市和计划单列市国家税务局、地方税务局可以根据本办法确定开展此项工作的范围和进程并制定具体实施办法。

第二十七条　本办法由国家税务总局负责解释。

税务登记管理办法

国家税务总局令[2003]7号

第一章　总　　则

第一条　为了规范税务登记管理,加强税源监控,根据《中华人民共和国税收征收管理法》(以下简称

《税收征管法》)以及《中华人民共和国税收征收管理法实施细则》(以下简称《实施细则》)的规定,制定本办法。

第二条 企业,企业在外地设立的分支机构和从事生产、经营的场所,个体工商户和从事生产、经营的事业单位,均应当按照《税收征管法》及《实施细则》和本办法的规定办理税务登记。

前款规定以外的纳税人,除国家机关、个人和无固定生产、经营场所的流动性农村小商贩外,也应当按照《税收征管法》及《实施细则》和本办法的规定办理税务登记。

根据税收法律、行政法规的规定负有扣缴税款义务的扣缴义务人(国家机关除外),应当按照《税收征管法》及《实施细则》和本办法的规定办理扣缴税款登记。

第三条 县以上(含本级,下同)国家税务局(分局)、地方税务局(分局)是税务登记的主管税务机关,负责税务登记的设立登记、变更登记、注销登记和税务登记证验证、换证以及非正常户处理、报验登记等有关事项。

第四条 税务登记证件包括税务登记证及其副本、临时税务登记证及其副本。

扣缴税款登记证件包括扣缴税款登记证及其副本。

第五条 国家税务局(分局)、地方税务局(分局)按照国务院规定的税收征收管理范围,实施属地管理,采取联合登记或分别登记的方式办理税务登记。有条件的城市,国家税务局(分局)、地方税务局(分局)可以按照"各区分散受理、全市集中处理"的原则办理税务登记。

国家税务局(分局)、地方税务局(分局)联合办理税务登记的,应当对同一纳税人核发同一份加盖国家税务局(分局)、地方税务局(分局)印章的税务登记证。

第六条 国家税务局(分局)、地方税务局(分局)之间对纳税人税务登记的主管税务机关发生争议的,由其上一级国家税务局、地方税务局共同协商解决。

第七条 国家税务局(分局)、地方税务局(分局)执行统一税务登记代码。税务登记代码由省级国家税务局、地方税务局联合编制,统一下发各地执行。

已领取组织机构代码的纳税人税务登记代码为:区域码+国家技术监督部门设定的组织机构代码;个体工商户税务登记代码为其居民身份证号码;从事生产、经营的外籍、港、澳、台人员税务登记代码为:区域码+相应的有效证件(如护照,香港、澳门、台湾居民往来大陆通行证等)号码。

第八条 国家税务局(分局)、地方税务局(分局)应定期相互通报税务登记情况,相互及时提供纳税人的登记信息,加强税务登记管理。

第九条 纳税人办理下列事项时,必须提供税务登记证件:

(一)开立银行帐户;

(二)领购发票。

纳税人办理其他税务事项时,应当出示税务登记证件,经税务机关核准相关信息后办理手续。

第二章 设立登记

第十条 企业,企业在外地设立的分支机构和从事生产、经营的场所,个体工商户和从事生产、经营的事业单位(以下统称从事生产、经营的纳税人),向生产、经营所在地税务机关申报办理税务登记:

(一)从事生产、经营的纳税人领取工商营业执照(含临时工商营业执照)的,应当自领取工商营业执照之日起30日内申报办理税务登记,税务机关核发税务登记证及副本(纳税人领取临时工商营业执照的,税务机关核发临时税务登记证及副本);

(二)从事生产、经营的纳税人未办理工商营业执照但经有关部门批准设立的,应当自有关部门批准设立之日起30日内申报办理税务登记,税务机关核发税务登记证及副本;

(三)从事生产、经营的纳税人未办理工商营业执照也未经有关部门批准设立的,应当自纳税义务发生之日起30日内申报办理税务登记,税务机关核发临时税务登记证及副本;

(四)有独立的生产经营权、在财务上独立核算并定期向发包人或者出租人上交承包费或租金的承包承租人,应当自承包承租合同签订之日起30日内,向其承包承租业务发生地税务机关申报办理税务登记,税务机关核发临时税务登记证及副本;

(五)从事生产、经营的纳税人外出经营,自其在同一县(市)实际经营或提供劳务之日起,在连续的12

个月内累计超过180天的,应当自期满之日起30日内,向生产、经营所在地税务机关申报办理税务登记,税务机关核发临时税务登记证及副本;

(六)境外企业在中国境内承包建筑、安装、装配、勘探工程和提供劳务的,应当自项目合同或协议签订之日起30日内,向项目所在地税务机关申报办理税务登记,税务机关核发临时税务登记证及副本。

第十一条　本办法第十条规定以外的其他纳税人,除国家机关、个人和无固定生产、经营场所的流动性农村小商贩外,均应当自纳税义务发生之日起30日内,向纳税义务发生地税务机关申报办理税务登记,税务机关核发税务登记证及副本。

第十二条　税务机关对纳税人税务登记地点发生争议的,由其共同的上级税务机关指定管辖。国家税务局(分局)、地方税务局(分局)之间对纳税人的税务登记发生争议的,依照本办法第六条的规定处理。

第十三条　纳税人在申报办理税务登记时,应当根据不同情况向税务机关如实提供以下证件和资料:

(一)工商营业执照或其他核准执业证件;

(二)有关合同、章程、协议书;

(三)组织机构统一代码证书;

(四)法定代表人或负责人或业主的居民身份证、护照或者其他合法证件。

其他需要提供的有关证件、资料,由省、自治区、直辖市税务机关确定。

第十四条　纳税人在申报办理税务登记时,应当如实填写税务登记表。

税务登记表的主要内容包括:

(一)单位名称、法定代表人或者业主姓名及其居民身份证、护照或者其他合法证件的号码;

(二)住所、经营地点;

(三)登记类型;

(四)核算方式;

(五)生产经营方式;

(六)生产经营范围;

(七)注册资金(资本)、投资总额;

(八)生产经营期限;

(九)财务负责人、联系电话;

(十)国家税务总局确定的其他有关事项。

第十五条　纳税人提交的证件和资料齐全且税务登记表的填写内容符合规定的,税务机关应及时发放税务登记证件。纳税人提交的证件和资料不齐全或税务登记表的填写内容不符合规定的,税务机关应当场通知其补正或重新填报。纳税人提交的证件和资料明显有疑点的,税务机关应进行实地调查,核实后予以发放税务登记证件。

第十六条　税务登记证件的主要内容包括:纳税人名称、税务登记代码、法定代表人或负责人、生产经营地址、登记类型、核算方式、生产经营范围(主营、兼营)、发证日期、证件有效期等。

第十七条　已办理税务登记的扣缴义务人应当自扣缴义务发生之日起30日内,向税务登记地税务机关申报办理扣缴税款登记。税务机关在其税务登记证件上登记扣缴税款事项,税务机关不再发给扣缴税款登记证件。

根据税收法律、行政法规的规定可不办理税务登记的扣缴义务人,应当自扣缴义务发生之日起30日内,向机构所在地税务机关申报办理扣缴税款登记。税务机关核发扣缴税款登记证件。

第三章　变更登记

第十八条　纳税人税务登记内容发生变化的,应当向原税务登记机关申报办理变更税务登记。

第十九条　纳税人已在工商行政管理机关办理变更登记的,应当自工商行政管理机关变更登记之日起30日内,向原税务登记机关如实提供下列证件、资料,申报办理变更税务登记:

(一)工商登记变更表及工商营业执照;

(二)纳税人变更登记内容的有关证明文件;

(三)税务机关发放的原税务登记证件(登记证正、副本和登记表等);

(四)其他有关资料。

第二十条 纳税人按照规定不需要在工商行政管理机关办理变更登记,或者其变更登记的内容与工商登记内容无关的,应当自税务登记内容实际发生变化之日起30日内,或者自有关机关批准或者宣布变更之日起30日内,持下列证件到原税务登记机关申报办理变更税务登记:

(一)纳税人变更登记内容的有关证明文件;

(二)税务机关发放的原税务登记证件(登记证正、副本和税务登记表等);

(三)其他有关资料。

第二十一条 纳税人提交的有关变更登记的证件、资料齐全的,应如实填写税务登记变更表,经税务机关审核,符合规定的,税务机关应予以受理;不符合规定的,税务机关应通知其补正。

第二十二条 税务机关应当自受理之日起30日内,审核办理变更税务登记。纳税人税务登记表和税务登记证中的内容都发生变更的,税务机关按变更后的内容重新核发税务登记证件;纳税人税务登记表的内容发生变更而税务登记证中的内容未发生变更的,税务机关不重新核发税务登记证件。

第四章 停业、复业登记

第二十三条 实行定期定额征收方式的个体工商户需要停业的,应当在停业前向税务机关申报办理停业登记。纳税人的停业期限不得超过一年。

第二十四条 纳税人在申报办理停业登记时,应如实填写停业申请登记表,说明停业理由、停业期限、停业前的纳税情况和发票的领、用、存情况,并结清应纳税款、滞纳金、罚款。税务机关应收存其税务登记证件及副本、发票领购簿、未使用完的发票和其他税务证件。

第二十五条 纳税人在停业期间发生纳税义务的,应当按照税收法律、行政法规的规定申报缴纳税款。

第二十六条 纳税人应当于恢复生产经营之前,向税务机关申报办理复业登记,如实填写《停、复业报告书》,领回并启用税务登记证件、发票领购簿及其停业前领购的发票。

第二十七条 纳税人停业期满不能及时恢复生产经营的,应当在停业期满前向税务机关提出延长停业登记申请,并如实填写《停、复业报告书》。

第五章 注销登记

第二十八条 纳税人发生解散、破产、撤销以及其他情形,依法终止纳税义务的,应当在向工商行政管理机关或者其他机关办理注销登记前,持有关证件和资料向原税务登记机关申报办理注销税务登记;按规定不需要在工商行政管理机关或者其他机关办理注册登记的,应当自有关机关批准或者宣告终止之日起15日内,持有关证件和资料向原税务登记机关申报办理注销税务登记。

纳税人被工商行政管理机关吊销营业执照或者被其他机关予以撤销登记的,应当自营业执照被吊销或者被撤销登记之日起15日内,向原税务登记机关申报办理注销税务登记。

第二十九条 纳税人因住所、经营地点变动,涉及改变税务登记机关的,应当在向工商行政管理机关或者其他机关申请办理变更、注销登记前,或者住所、经营地点变动前,持有关证件和资料,向原税务登记机关申报办理注销税务登记,并自注销税务登记之日起30日内向迁达地税务机关申报办理税务登记。

第三十条 境外企业在中国境内承包建筑、安装、装配、勘探工程和提供劳务的,应当在项目完工、离开中国前15日内,持有关证件和资料,向原税务登记机关申报办理注销税务登记。

第三十一条 纳税人办理注销税务登记前,应当向税务机关提交相关证明文件和资料,结清应纳税款、多退(免)税款、滞纳金和罚款,缴销发票、税务登记证件和其他税务证件,经税务机关核准后,办理注销税务登记手续。

第六章 外出经营报验登记

第三十二条 纳税人到外县(市)临时从事生产经营活动的,应当在外出生产经营以前,持税务登记证向主管税务机关申请开具《外出经营活动税收管理证明》(以下简称《外管证》)。

第三十三条 税务机关按照一地一证的原则,核发《外管证》,《外管证》的有效期限一般为30日,最长不得超过180天。

第三十四条　纳税人应当在《外管证》注明地进行生产经营前向当地税务机关报验登记，并提交下列证件、资料：

（一）税务登记证件副本；

（二）《外管证》。

纳税人在《外管证》注明地销售货物的，除提交以上证件、资料外，应如实填写《外出经营货物报验单》，申报查验货物。

第三十五条　纳税人外出经营活动结束，应当向经营地税务机关填报《外出经营活动情况申报表》，并结清税款、缴销发票。

第三十六条　纳税人应当在《外管证》有效期届满后10日内，持《外管证》回原税务登记地税务机关办理《外管证》缴销手续。

第七章　证照管理

第三十七条　税务机关应当加强税务登记证件的管理，采取实地调查、上门验证等方法，或者结合税务部门和工商部门之间，以及国家税务局（分局）、地方税务局（分局）之间的信息交换比对进行税务登记证件的管理。

第三十八条　税务登记证式样改变，需统一换发税务登记证的，由国家税务总局确定。

第三十九条　纳税人、扣缴义务人遗失税务登记证件的，应当自遗失税务登记证件之日起15日内，书面报告主管税务机关，如实填写《税务登记证件遗失报告表》，并将纳税人的名称、税务登记证件名称、税务登记证件号码、税务登记证件有效期、发证机关名称在税务机关认可的报刊上作遗失声明，凭报刊上刊登的遗失声明向主管税务机关申请补办税务登记证件。

第八章　非正常户处理

第四十条　已办理税务登记的纳税人未按照规定的期限申报纳税，在税务机关责令其限期改正后，逾期不改正的，税务机关应当派员实地检查，查无下落并且无法强制其履行纳税义务的，由检查人员制作非正常户认定书，存入纳税人档案，税务机关暂停其税务登记证件、发票领购簿和发票的使用。

第四十一条　纳税人被列入非正常户超过三个月的，税务机关可以宣布其税务登记证件失效，其应纳税款的追征仍按《税收征管法》及其《实施细则》的规定执行。

第九章　法律责任

第四十二条　纳税人未按照规定期限申报办理税务登记、变更或者注销登记的，税务机关应当自发现之日起3日内责令其限期改正，并依照《税收征管法》第六十条第一款的规定处罚。

纳税人不办理税务登记的，税务机关应当自发现之日起3日内责令其限期改正；逾期不改正的，依照《税收征管法》第六十条第一款和第二款的规定处罚。

第四十三条　纳税人未按照规定使用税务登记证件，或者转借、涂改、损毁、买卖、伪造税务登记证件的，依照《税收征管法》第六十条第三款的规定处罚。

第四十四条　纳税人通过提供虚假的证明资料等手段，骗取税务登记证的，处2000元以下的罚款；情节严重的，处2000元以上10000元以下的罚款。纳税人涉嫌其他违法行为的，按有关法律、行政法规的规定处理。

第四十五条　扣缴义务人未按照规定办理扣缴税款登记的，税务机关应当自发现之日起3日内责令其限期改正，并可处以2000元以下的罚款。

第四十六条　纳税人、扣缴义务人违反本办法规定，拒不接受税务机关处理的，税务机关可以收缴其发票或者停止向其发售发票。

第四十七条　税务人员徇私舞弊或者玩忽职守，违反本办法规定为纳税人办理税务登记相关手续，或者滥用职权，故意刁难纳税人、扣缴义务人的，调离工作岗位，并依法给予行政处分。

第十章　附　　则

第四十八条　本办法涉及的标识、戳记和文书式样，由国家税务总局确定。

第四十九条 本办法由国家税务总局负责解释。各省、自治区、直辖市和计划单列市国家税务局、地方税务局可根据本办法制定具体的实施办法。

第五十条 本办法自2004年2月1日起施行。

【注释】 对《税收征收管理法》第15－18条进行了解释。对《税收征收管理法实施细则》第10－21条进行了解释。

税务行政复议规则(暂行)

国家税务总局令[2004]8号

第一章 总 则

第一条 为了防止和纠正税务机关违法或者不当的具体行政行为,保护纳税人及其他当事人的合法权益,保障和监督税务机关依法行使职权,根据《中华人民共和国行政复议法》、《中华人民共和国税收征收管理法》和其他有关规定,制定本规则。

第二条 纳税人及其他当事人认为税务机关的具体行政行为侵犯其合法权益,可依法向税务行政复议机关申请行政复议;税务行政复议机关受理行政复议申请,作出行政复议决定,适用本规则。

第三条 本规则所称税务行政复议机关(以下简称复议机关),是指依法受理行政复议申请,对具体行政行为进行审查并作出行政复议决定的税务机关。

第四条 复议机关负责税收法制工作的机构(以下简称法制工作机构)具体办理行政复议事项,履行下列职责:

(一)受理行政复议申请;

(二)向有关组织和人员调查取证,查阅文件和资料;

(三)审查申请行政复议的具体行政行为是否合法与适当,拟定行政复议决定;

(四)处理或者转送对本规则第九条所列有关规定的审查申请;

(五)对被申请人违反行政复议法及本规则规定的行为,依照规定的权限和程序提出处理建议;

(六)办理因不服行政复议决定提起行政诉讼的应诉事项;

(七)对下级税务机关的行政复议工作进行检查和监督;

(八)办理行政复议案件的赔偿事项;

(九)办理行政复议、诉讼、赔偿等案件的统计、报告和归档工作。

各级税务机关应建立健全法制工作机构,配备专职行政复议、应诉工作人员,保证行政复议、应诉工作的顺利开展。

第五条 复议机关必须强化责任意识和服务意识,树立依法行政观念,认真履行行政复议职责,忠于法律,确保法律正确实施,坚持有错必纠;行政复议活动应当遵循合法、公正、公开、及时、便民的原则。

第六条 纳税人及其他当事人对行政复议决定不服的,可以依照行政诉讼法的规定向人民法院提起行政诉讼。

第七条 各级税务机关发生的行政复议、诉讼费用在行政经费中开支。

第二章 税务行政复议范围

第八条 复议机关受理申请人对下列具体行政行为不服提出的行政复议申请:

(一)税务机关作出的征税行为,包括确认纳税主体、征税对象、征税范围、减税、免税及退税、适用税率、计税依据、纳税环节、纳税期限、纳税地点以及税款征收方式等具体行政行为和征收税款、加收滞纳金及扣缴义务人、受税务机关委托征收的单位作出的代扣代缴、代收代缴行为。

(二)税务机关作出的税收保全措施:

1. 书面通知银行或者其他金融机构冻结存款;

2. 扣押、查封商品、货物或者其他财产。

(三)税务机关未及时解除保全措施,使纳税人及其他当事人合法权益遭受损失的行为。

(四)税务机关作出的强制执行措施:

1. 书面通知银行或者其他金融机构从其存款中扣缴税款;

2. 变卖、拍卖扣押、查封的商品、货物或者其他财产。

(五)税务机关作出的行政处罚行为:

1. 罚款;

2. 没收财物和违法所得;

3. 停止出口退税权。

(六)税务机关不予依法办理或者答复的行为:

1. 不予审批减免税或者出口退税;

2. 不予抵扣税款;

3. 不予退还税款;

4. 不予颁发税务登记证、发售发票;

5. 不予开具完税凭证和出具票据;

6. 不予认定为增值税一般纳税人;

7. 不予核准延期申报、批准延期缴纳税款。

(七)税务机关作出的取消增值税一般纳税人资格的行为。

(八)收缴发票、停止发售发票。

(九)税务机关责令纳税人提供纳税担保或者不依法确认纳税担保有效的行为。

(十)税务机关不依法给予举报奖励的行为。

(十一)税务机关作出的通知出境管理机关阻止出境行为。

(十二)税务机关作出的其他具体行政行为。

第九条 纳税人及其他当事人认为税务机关的具体行政行为所依据的下列规定不合法,在对具体行政行为申请行政复议时,可一并向复议机关提出对该规定的审查申请:

(一)国家税务总局和国务院其他部门的规定;

(二)其他各级税务机关的规定;

(三)地方各级人民政府的规定;

(四)地方人民政府工作部门的规定。

前款中的规定不含规章。

第三章 税务行政复议管辖

第十条 对各级税务机关作出的具体行政行为不服的,向其上一级税务机关申请行政复议。

对省、自治区、直辖市地方税务局作出的具体行政行为不服的,可以向国家税务总局或者省、自治区、直辖市人民政府申请行政复议。

第十一条 对国家税务总局作出的具体行政行为不服的,向国家税务总局申请行政复议。对行政复议决定不服,申请人可以向人民法院提起行政诉讼,也可以向国务院申请裁决,国务院的裁决为终局裁决。

第十二条 对本规则第十条、第十一条规定以外的其他税务机关、组织等作出的具体行政行为不服的,按照下列规定申请行政复议:

(一)对计划单列市税务局作出的具体行政行为不服的,向省税务局申请行政复议。

(二)对税务所、各级税务局的稽查局作出的具体行政行为不服的,向其主管税务局申请行政复议。

(三)对扣缴义务人作出的扣缴税款行为不服的,向主管该扣缴义务人的税务机关的上一级税务机关申请行政复议;对受税务机关委托的单位作出的代征税款行为不服的,向委托税务机关的上一级税务机关申请行政复议。

(四)国税局(稽查局、税务所)与地税局(稽查局、税务所)、税务机关与其他行政机关联合调查的涉税案件,应当根据各自的法定职权,经协商分别作出具体行政行为,不得共同作出具体行政行为。

对国税局（稽查局、税务所）与地税局（稽查局、税务所）共同作出的具体行政行为不服的，向国家税务总局申请行政复议；对税务机关与其他行政机关共同作出的具体行政行为不服的，向其共同上一级行政机关申请行政复议。

（五）对被撤销的税务机关在撤销前所作出的具体行政行为不服的，向继续行使其职权的税务机关的上一级税务机关申请行政复议。

有前款（二）、（三）、（四）、（五）项所列情形之一的，申请人也可以向具体行政行为发生地的县级地方人民政府提出行政复议申请，由接受申请的县级地方人民政府依法进行转送。

第四章 税务行政复议申请

第十三条 申请人可以在知道税务机关作出具体行政行为之日起60日内提出行政复议申请。

因不可抗力或者被申请人设置障碍等其他正当理由耽误法定申请期限的，申请期限自障碍消除之日起继续计算。

第十四条 纳税人、扣缴义务人及纳税担保人对本规则第八条第（一）项和第（六）项第1、2、3目行为不服的，应当先向复议机关申请行政复议，对行政复议决定不服，可以再向人民法院提起行政诉讼。

申请人按前款规定申请行政复议的，必须先依照税务机关根据法律、行政法规确定的税额、期限，缴纳或者解缴税款及滞纳金或者提供相应的担保，方可在实际缴清税款和滞纳金后或者所提供的担保得到作出具体行政行为的税务机关确认之日起60日内提出行政复议申请。

申请人提供担保的方式包括保证、抵押及质押。作出具体行政行为的税务机关应当对保证人的资格、资信进行审查，对不具备法律规定资格，或者没有能力保证的，有权拒绝。作出具体行政行为的税务机关应当对抵押人、出质人提供的抵押担保、质押担保进行审查，对不符合法律规定的抵押担保、质押担保，不予确认。

第十五条 申请人对本规则第八条第（一）项和第（六）项第1、2、3目以外的其他具体行政行为不服，可以申请行政复议，也可以直接向人民法院提起行政诉讼。

第十六条 申请人申请行政复议，可以书面申请，也可以口头申请；口头申请的，复议机关应当当场记录申请人的基本情况、行政复议请求、申请行政复议的主要事实、理由和时间。

第十七条 依法提起行政复议的纳税人及其他当事人为税务行政复议申请人，具体是指纳税义务人、扣缴义务人、纳税担保人和其他当事人。

有权申请行政复议的公民死亡的，其近亲属可以申请行政复议；有权申请行政复议的公民为无行为能力人或者限制行为能力人，其法定代理人可以代理申请行政复议。

有权申请行政复议的法人或者其他组织发生合并、分立或终止的，承受其权利义务的法人或者其他组织可以申请行政复议。

与申请行政复议的具体行政行为有利害关系的其他公民、法人或者其他组织，可以作为第三人参加行政复议。

虽非具体行政行为的相对人，但其权利直接被该具体行政行为所剥夺、限制或者被赋予义务的第三人，在行政管理相对人没有申请行政复议时，可以单独申请行政复议。

申请人、第三人可以委托代理人代为参加行政复议；被申请人不得委托代理人代为参加行政复议。

第十八条 纳税人及其他当事人对税务机关的具体行政行为不服申请行政复议的，作出具体行政行为的税务机关是被申请人。

第十九条 申请人向复议机关申请行政复议，复议机关已经受理的，在法定行政复议期限内申请人不得再向人民法院提起行政诉讼；申请人向人民法院提起行政诉讼，人民法院已经依法受理的，不得申请行政复议。

第五章 税务行政复议受理

第二十条 复议机关收到行政复议申请后，应当在5日内进行审查，决定是否受理。对不符合本规则规定的行政复议申请，决定不予受理，并书面告知申请人。

对有下列情形之一的行政复议申请，决定不予受理：

(一) 不属于行政复议的受案范围;

(二) 超过法定的申请期限;

(三) 没有明确的被申请人和行政复议对象;

(四) 已向其他法定复议机关申请行政复议,且被受理;

(五) 已向人民法院提起行政诉讼,人民法院已经受理;

(六) 申请人就纳税发生争议,没有按规定缴清税款、滞纳金,并且没有提供担保或者担保无效;

(七) 申请人不具备申请资格。

对不属于本机关受理的行政复议申请,应当告知申请人向有关复议机关提出。

复议机关收到行政复议申请后未按前款规定期限审查并作出不予受理决定的,视为受理。

第二十一条 对符合规定的行政复议申请,自复议机关法制工作机构收到之日起即为受理;受理行政复议申请,应当书面告知申请人。

第二十二条 对应当先向复议机关申请行政复议,对行政复议决定不服再向人民法院提起行政诉讼的具体行政行为,复议机关决定不予受理或者受理后超过复议期限不作答复的,纳税人及其他当事人可以自收到不予受理决定书之日起或者行政复议期满之日起 15 日内,依法向人民法院提起行政诉讼。

依照本规则第四十三条规定延长行政复议期限的,以延长后的时间为行政复议期满时间。

第二十三条 纳税人及其他当事人依法提出行政复议申请,复议机关无正当理由而不予受理且申请人没有向人民法院提起行政诉讼的,上级税务机关应当责令其受理;必要时,上级税务机关也可以直接受理。

第二十四条 行政复议期间具体行政行为不停止执行;但有下列情形之一的,可以停止执行:

(一)被申请人认为需要停止执行的;

(二)复议机关认为需要停止执行的;

(三)申请人申请停止执行,复议机关认为其要求合理,决定停止执行的;

(四)法律规定停止执行的。

第二十五条 行政复议期间,有下列情形之一的,行政复议中止:

(一) 申请人死亡,须等待其继承人表明是否参加行政复议的;

(二) 申请人丧失行为能力,尚未确定法定代理人的;

(三) 作为一方当事人的行政机关、法人或者其他组织终止,尚未确定其权利义务承受人的;

(四) 因不可抗力原因,致使复议机关暂时无法调查了解情况的;

(五) 依照本规则第三十九条和第四十条,依法对具体行政行为的依据进行处理的;

(六) 案件的结果须以另一案件的审查结果为依据,而另一案件尚未审结的;

(七) 申请人请求被申请人履行法定职责,被申请人正在履行的;

(八) 其他应当中止行政复议的情形。

行政复议中止应当书面告知当事人。中止行政复议的情形消除后,应当立即恢复行政复议。

第二十六条 行政复议期间,有下列情形之一的,行政复议终止:

(一) 依照本规则第三十八条规定撤回行政复议申请的;

(二) 行政复议申请受理后,发现其他复议机关或者人民法院已经先于本机关受理的;

(三) 申请人死亡,没有继承人或者继承人放弃行政复议权利的;

(四) 作为申请人的法人或者其他组织终止后,其权利义务的承受人放弃行政复议权利的;因前条第(一)、(二)项原因中止行政复议满 60 日仍无人继续复议的,行政复议终止,但有正当理由的除外;

(五) 行政复议申请受理后,发现不符合受理条件的。

行政复议终止应当书面告知当事人。

第六章 证 据

第二十七条 行政复议证据包括以下几类:

(一)书证;

(二)物证;

(三)视听资料;

(四)证人证言;

(五)当事人的陈述;

(六)鉴定结论;

(七)勘验笔录、现场笔录。

第二十八条 在行政复议中,被申请人对其作出的具体行政行为负有举证责任。

第二十九条 复议机关审查复议案件,应当以证据证明的案件事实为根据。

第三十条 复议机关应当根据案件的具体情况,从以下方面审查证据的合法性:

(一)证据是否符合法定形式;

(二)证据的取得是否符合法律、法规、规章、司法解释和其他规定的要求;

(三)是否有影响证据效力的其他违法情形。

第三十一条 复议机关应当根据案件的具体情况,从以下方面审查证据的真实性:

(一)证据形成的原因;

(二)发现证据时的客观环境;

(三)证据是否为原件、原物,复制件、复制品与原件、原物是否相符;

(四)提供证据的人或者证人与当事人是否具有利害关系;

(五)影响证据真实性的其他因素。

第三十二条 下列证据材料不得作为定案依据:

(一) 违反法定程序收集的证据材料;

(二) 以偷拍、偷录、窃听等手段获取侵害他人合法权益的证据材料;

(三)以利诱、欺诈、胁迫、暴力等不正当手段获取的证据材料;

(四)当事人无正当事由超出举证期限提供的证据材料;

(五)当事人无正当理由拒不提供原件、原物,又无其他证据印证,且对方当事人不予认可的证据的复制件或者复制品;

(六)无法辨明真伪的证据材料;

(七)不能正确表达意志的证人提供的证言;

(八)不具备合法性和真实性的其他证据材料。

法制工作机构依据本规则第四条第(二)项规定的职责所取得的有关材料,不得作为支持被申请人具体行政行为的证据。

第三十三条 在行政复议过程中,被申请人不得自行向申请人和其他有关组织或者个人收集证据。

第三十四条 申请人和第三人可以查阅被申请人提出的书面答复、作出具体行政行为的证据、依据和其他有关材料,除涉及国家秘密、商业秘密或者个人隐私外,复议机关不得拒绝。

第七章 税务行政复议决定

第三十五条 行政复议原则上采用书面审查的办法,但是申请人提出要求或者法制工作机构认为有必要时,应当听取申请人、被申请人和第三人的意见,并可以向有关组织和人员调查了解情况。

第三十六条 复议机关对被申请人作出的具体行政行为所依据的事实证据、法律程序、法律依据及设定的权利义务内容之合法性、适当性进行全面审查。

第三十七条 复议机关法制工作机构应当自受理行政复议申请之日起 7 日内,将行政复议申请书副本或者行政复议申请笔录复印件发送被申请人。

被申请人应当自收到申请书副本或者申请笔录复印件之日起 10 日内,提出书面答复,并提交当初作出具体行政行为的证据、依据和其他有关材料。

第三十八条 行政复议决定作出前,申请人要求撤回行政复议申请的,可以撤回,但不得以同一基本事实或理由重新申请复议。

第三十九条 申请人在申请行政复议时,依据本规则第九条规定一并提出对有关规定的审查申请的,复议机关对该规定有权处理的,应当在 30 日内依法处理;无权处理的,应当在 7 日内按照法定程序转送有权处理的行政机关依法处理,有权处理的行政机关应当在 60 日内依法处理。处理期间,中止对具体行政行为的审查。

第四十条　复议机关在对被申请人作出的具体行政行为进行审查时,认为其依据不合法,本机关有权处理的,应当在30日内依法处理;无权处理的,应当在7日内按照法定程序转送有权处理的国家机关依法处理。处理期间,中止对具体行政行为的审查。

第四十一条　法制工作机构应当对被申请人作出的具体行政行为进行合法性与适当性审查,提出意见,经复议机关负责人同意,按照下列规定作出行政复议决定:

(一)具体行政行为认定事实清楚,证据确凿,适用依据正确,程序合法,内容适当的,决定维持。

(二)被申请人不履行法定职责的,决定其在一定期限内履行。

(三)具体行政行为有下列情形之一的,决定撤销、变更或者确认该具体行政行为违法;决定撤销或者确认该具体行政行为违法的,可以责令被申请人在一定期限内重新作出具体行政行为:

1. 主要事实不清、证据不足的;
2. 适用依据错误的;
3. 违反法定程序的;
4. 超越或者滥用职权的;
5. 具体行政行为明显不当的。

复议机关责令被申请人重新作出具体行政行为的,被申请人不得以同一事实和理由作出与原具体行政行为相同或者基本相同的具体行政行为;但复议机关以原具体行政行为违反法定程序而决定撤销的,被申请人重新作出具体行政行为的,不受前述限制。

(四)被申请人不按照本规则第三十七条的规定提出书面答复,提交当初作出具体行政行为的证据、依据和其他有关材料的,视为该具体行政行为没有证据、依据,决定撤销该具体行政行为。

重大、疑难的行政复议申请,复议机关应当集体讨论决定。重大、疑难行政复议申请的标准,由复议机关自行确定。

第四十二条　申请人在申请行政复议时可以一并提出行政赔偿请求,复议机关对符合国家赔偿法的有关规定应当给予赔偿的,在决定撤销、变更具体行政行为或者确认具体行政行为违法时,应当同时决定被申请人依法给予赔偿。

申请人在申请行政复议时没有提出行政赔偿请求的,复议机关在依法决定撤销或者变更原具体行政行为确定的税款、滞纳金、罚款以及对财产的扣押、查封等强制措施时,应当同时责令被申请人退还税款、滞纳金和罚款,解除对财产的扣押、查封等强制措施,或者赔偿相应的价款。

第四十三条　复议机关应当自受理申请之日起60日内作出行政复议决定。情况复杂,不能在规定期限内作出行政复议决定的,经复议机关负责人批准,可以适当延长,并告知申请人和被申请人;但延长期限最多不超过30日。

复议机关作出行政复议决定,应当制作行政复议决定书,并加盖印章。

行政复议决定书一经送达,即发生法律效力。

第四十四条　被申请人应当履行行政复议决定。

被申请人不履行或者无正当理由拖延履行行政复议决定的,复议机关或者有关上级行政机关应当责令其限期履行。

第四十五条　申请人逾期不起诉又不履行行政复议决定的,或者不履行最终裁决的行政复议决定的,按照下列规定分别处理:

(一)维持具体行政行为的行政复议决定,由作出具体行政行为的行政机关依法强制执行,或者申请人民法院强制执行。

(二)变更具体行政行为的行政复议决定,由复议机关依法强制执行,或者申请人民法院强制执行。

第八章　附　　则

第四十六条　复议机关、复议机关工作人员及被申请人在税务行政复议活动中,有违反行政复议法及本规则规定的行为,按《中华人民共和国行政复议法》第六章的规定,追究法律责任。

第四十七条　复议机关受理税务行政复议申请,不得向申请人收取任何费用。

第四十八条　复议机关在受理、审查、决定税务行政复议案件过程中,可使用行政复议专用章。行政复议专用章与行政机关印章在行政复议中具有同等效力。

第四十九条　行政复议期间的计算和行政复议文书的送达,依照民事诉讼法关于期间、送达的规定执行。

本规则关于行政复议期间有关"5 日"、"7 日"的规定是指工作日,不含节假日。

第五十条　税务机关办理行政复议案件应当适用规定的文书格式。文书格式包括:

(一)口头申请行政复议登记表;

(二)不予受理决定书;

(三)受理复议通知书;

(四)行政复议告知书;

(五)责令受理通知书;

(六)责令履行通知书;

(七)提出答复通知书;

(八)停止执行通知书;

(九)行政复议中止通知书;

(十)行政复议终止通知书;

(十一)决定延期通知书;

(十二)税务行政复议决定书;

(十三)规范性文件转送函(一);

(十四)规范性文件转送函(二)。

第五十一条　本规则由国家税务总局负责解释。

第五十二条　本规则自 2004 年 5 月 1 日起施行。1999 年 9 月 23 日国家税务总局以国税发[1999]177 号文件发布的《税务行政复议规则(试行)》同时废止。

【注释】　对《税收征收管理法》第 8、11、88 条进行了解释。对《税收征收管理法实施细则》第 8、107 条进行了解释。

国家税务总局关于国家税务局与地方税务局联合办理税务登记有关问题的通知

国税发[2004]57 号

各省、自治区、直辖市和计划单列市国家税务局、地方税务局:

为了进一步加强税收征管,提高工作效率,优化纳税服务,降低办税成本,促进信息共享,贯彻实施税收征管法律、法规和《税务登记管理办法》,现将国税局、地税局联合办理税务登记的有关问题通知如下:

一、各级税务机关要充分认识联合办理税务登记的意义,统一思想认识,积极创造条件;两家税务局之间应密切配合,协商研究,实现税务登记的联合办证,稳步推进这项工作。

二、联合办理税务登记的内容。

联合办理税务登记是指纳税人只向一家税务机关申报办理税务登记,由受理税务机关核发一份代表国税局和地税局共同进行税务登记管理的税务登记证件。

联合办理税务登记的工作范围包括两家税务机关共同管辖的纳税人新办税务登记、变更税务登记、注销税务登记、税务登记违章处理以及其他税务登记管理工作。

三、工作规程:

(一)设立登记:纳税人填报税务登记表并提交附报资料齐全的,受理税务机关审核后,对符合规定的,赋予纳税人识别号、打印、发放加盖双方税务机关印章的税务登记证件。受理发证税务机关于当天或不迟于第二天将纳税人税务登记表及附报资料一份传递到另一家税务机关,及时将这户纳税人纳入管理。

（二）变更登记：纳税人税务登记内容发生变更的，应当向发证税务机关申报办理变更登记，经审核后由发证税务机关办理变更登记手续，并将信息传递到另一家税务机关。

（三）注销登记：办理注销税务登记时，纳税人向发证税务机关申报办理，由发证税务机关将信息传递到另一家税务机关，两家共同办理。

（四）违章处理：纳税人有违反税务登记管理行为的，由发现的税务机关进行处理，并通知另一家税务机关，另一家税务机关不再进行处罚。

四、制度建设。

国税局、地税局应加强联合办理税务登记制度建设，按照税收征管法律、法规和《税务登记管理办法》的规定和要求，共同执行统一的纳税人适用的税务登记种类、税务登记类型、税务登记表、附报资料、纳税人识别号赋码原则以及违反税务登记管理行为的处理办法等，共同执行经核准的统一的税务登记证工本费收费标准。

国税局、地税局应加强信息化建设，不断改进信息传递方式；联合办证及变更和注销登记时，受理税务机关要加强内部管理，严格岗位责任制的落实，税务人员要加强责任心，及时、完整传递资料信息，以进一步提高工作效率，更好地为纳税人服务。

各省、自治区、直辖市和计划单列市国家税务局、地方税务局可以根据本通知的规定共同制定具体的实施办法。

【注释】　对《税收征收管理法》第15条进行了解释。对《税收征收管理法实施细则》第5条进行了解释。

国家税务总局关于纳税人遗失完税凭证后处理办法的批复

国税函［2004］761号

上海市国家税务局：

你局《关于纳税人遗失完税凭证后处理办法的请示》（沪国税计［2004］20号）收悉，现批复如下：

纳税人遗失完税凭证后，经纳税人申请，主管税务机关核实税款确已缴纳的，可以向其提供原完税凭证的复印件，也可以为其补开相关完税凭证，并在补开的完税凭证的备注栏注明：原××号完税凭证遗失作废。

欠税公告办法（试行）

国家税务总局令［2004］9号

第一条　为了规范税务机关的欠税公告行为，督促纳税人自觉缴纳欠税，防止新的欠税的发生，保证国家税款的及时足额入库，根据《中华人民共和国税收征收管理法》（以下简称《税收征管法》）及其实施细则的规定，制定本办法。

第二条　本办法所称公告机关为县以上（含县）税务局。

第三条　本办法所称欠税是指纳税人超过税收法律、行政法规规定的期限或者纳税人超过税务机关依照税收法律、行政法规规定确定的纳税期限（以下简称税款缴纳期限）未缴纳的税款，包括：

（一）办理纳税申报后，纳税人未在税款缴纳期限内缴纳的税款；

（二）经批准延期缴纳的税款期限已满，纳税人未在税款缴纳期限内缴纳的税款；

（三）税务检查已查定纳税人的应补税额，纳税人未在税款缴纳期限内缴纳的税款；

(四)税务机关根据《税收征管法》第二十七条、第三十五条核定纳税人的应纳税额,纳税人未在税款缴纳期限内缴纳的税款;

(五)纳税人的其他未在税款缴纳期限内缴纳的税款。

税务机关对前款规定的欠税数额应当及时核实。

本办法公告的欠税不包括滞纳金和罚款。

第四条 公告机关应当按期在办税场所或者广播、电视、报纸、期刊、网络等新闻媒体上公告纳税人的欠缴税款情况。

(一)企业或单位欠税的,每季公告一次;

(二)个体工商户和其他个人欠税的,每半年公告一次;

(三)走逃、失踪的纳税户以及其他经税务机关查无下落的非正常户欠税的,随时公告。

第五条 欠税公告内容如下:

(一)企业或单位欠税的,公告企业或单位的名称、纳税人识别号、法定代表人或负责人姓名、居民身份证或其他有效身份证件号码、经营地点、欠税税种、欠税余额和当期新发生的欠税金额;

(二)个体工商户欠税的,公告业户名称、业主姓名、纳税人识别号、居民身份证或其他有效身份证件号码、经营地点、欠税税种、欠税余额和当期新发生的欠税金额;

(三)个人(不含个体工商户)欠税的,公告其姓名、居民身份证或其他有效身份证件号码、欠税税种、欠税余额和当期新发生的欠税金额。

第六条 企业、单位纳税人欠缴税款200万元以下(不含200万元),个体工商户和其他个人欠缴税款10万元以下(不含10万元)的由县级税务局(分局)在办税服务厅公告。

企业、单位纳税人欠缴税款200万元以上(含200万元),个体工商户和其他个人欠缴税款10万元以上(含10万元)的,由地(市)级税务局(分局)公告。

对走逃、失踪的纳税户以及其他经税务机关查无下落的纳税人欠税的,由各省、自治区、直辖市和计划单列市国家税务局、地方税务局公告。

第七条 对按本办法规定需要由上级公告机关公告的纳税人欠税信息,下级公告机关应及时上报。具体的时间和要求由各省、自治区、直辖市和计划单列市税务局确定。

第八条 公告机关在欠税公告前,应当深入细致地对纳税人欠税情况进行确认,重点要就欠税统计清单数据与纳税人分户台帐记载数据、帐簿记载书面数据与信息系统记录电子数据逐一进行核对,确保公告数据的真实、准确。

第九条 欠税一经确定,公告机关应当以正式文书的形式签发公告决定,向社会公告。

欠税公告的数额实行欠税余额和新增欠税相结合的办法,对纳税人的以下欠税,税务机关可不公告:

一、已宣告破产,经法定清算后,依法注销其法人资格的企业欠税;

二、被责令撤销、关闭,经法定清算后,被依法注销或吊销其法人资格的企业欠税;

三、已经连续停止生产经营一年(按日历日期计算)以上的企业欠税;

四、失踪两年以上的纳税人的欠税。

公告决定应当列为税收征管资料档案,妥善保存。

第十条 公告机关公告纳税人欠税情况不得超出本办法规定的范围,并应依照《税收征管法》及其实施细则的规定对纳税人的有关情况进行保密。

第十一条 欠税发生后,除依照本办法公告外,税务机关应当依法催缴并严格按日计算加收滞纳金,直至采取税收保全、税收强制执行措施清缴欠税。任何单位和个人不得以欠税公告代替税收保全、税收强制执行等法定措施的实施,干扰清缴欠税。各级公告机关应指定部门负责欠税公告工作,并明确其他有关职能部门的相关责任,加强欠税管理。

第十二条 公告机关应公告不公告或者应上报不上报,给国家税款造成损失的,上级税务机关除责令其改正外,应按《国家公务员暂行条例》和《人事部关于国家公务员纪律惩戒有关问题的通知》规定,对直接责任人员予以处理。

第十三条 扣缴义务人、纳税担保人的欠税公告参照本办法的规定执行。

第十四条 各省、自治区、直辖市和计划单列市税务局可以根据本办法制定具体实施细则。

第十五条　本办法由国家税务总局负责解释。

第十六条　本办法自二〇〇五年元月一日起施行。

【注释】　对《税收征收管理法》第27、35、45条进行了解释。对《税收征收管理法实施细则》第76条进行了解释。

国家税务总局关于延期缴纳税款有关问题的通知

国税函[2004]1406号

各省、自治区、直辖市和计划单列市国家税务局、地方税务局,扬州税务进修学院,局内各单位:

为进一步加强延期缴纳税款的审批管理,维护国家的税收权益,现对有关问题明确如下:

《中华人民共和国税收征收管理法实施细则》第四十一条规定纳税人"当期货币资金在扣除应付职工工资、社会保险费后,不足以缴纳税款的",经批准可延期缴纳税款。此条规定中的"当期货币资金"是指纳税人申请延期缴纳税款之日的资金余额,其中不含国家法律和行政法规明确规定企业不可动用的资金;"应付职工工资"是指当期计提数。

【注释】　对《税收征收管理法实施细则》第41条进行了解释。

纳税人财务会计报表报送管理办法

国税发[2005]20号

第一章　总　　则

第一条　为了统一纳税人财务会计报表报送,规范税务机关对财务会计报表数据的接收、处理及应用维护,减轻纳税人负担,夯实征管基础,根据《中华人民共和国税收征收管理法》(以下简称《征管法》)及其实施细则以及其他相关法律、法规的规定,制定本办法。

第二条　本办法所称纳税人是指《征管法》第十五条所规定的从事生产、经营的纳税人。实行定期定额征收方式管理的纳税人除外。

第三条　本办法所称财务会计报表是指会计制度规定编制的资产负债表、利润表、现金流量表和相关附表。

前款所称会计制度是指国务院颁布的《中华人民共和国企业财务会计报告条例》以及财政部制定颁发的各项会计制度。

第四条　纳税人应当按照国家相关法律、法规的规定编制和报送财务会计报表,不得编制提供虚假的财务会计报表。纳税人的法定代表人或负责人对报送的财务会计报表的真实性和完整性负责。

第五条　纳税人应当在规定期间,按照现行税收征管范围的划分,分别向主管国家税务局、地方税务局报送财务会计报表。除有特殊要求外,同样的报表只报送一次。

主管税务机关应指定部门采集录入,实行"一户式"存储,实现信息共享,不得要求纳税人按税种或者在办理其它涉税事项时重复报送财务会计报表。

第六条　税务机关应当依法对取得的纳税人财务会计报表数据保密,不得随意公开或用于税收以外的用途。

第二章　报表报送

第七条　纳税人无论有无应税收入、所得和其他应税项目,或者在减免税期间,均必须依照《征管法》第二十五条的规定,按其所适用的会计制度编制财务报表,并按本办法第八条规定的时限向主管税务机关报送;其所适用的会计制度规定需要编报相关附表以及会计报表附注、财务情况说明书、审计报告的,应当随同财务会计报表一并报送。

适用不同的会计制度报送财务会计报表的具体种类,由省、自治区、直辖市和计划单列市国家税务局和地方税务局联合确定。

第八条 纳税人财务会计报表报送期间原则上按季度和年度报送。确需按月报送的,由省、自治区、直辖市和计划单列市国家税务局和地方税务局联合确定。

第九条 纳税人财务会计报表的报送期限为:按季度报送的在季度终了后15日内报送;按年度报送的内资企业在年度终了后45天,外商投资企业和外国企业在年度终了后4个月内报送。

第十条 纳税人经批准延期办理纳税申报的,其财务会计报表报送期限可以顺延。

第十一条 纳税人可以直接到税务机关办理财务会计报表的报送,也可以按规定采取邮寄、数据电文或者其他方式办理上述报送事项。

第十二条 纳税人采取邮寄方式办理财务会计报表报送的,以邮政部门收据作为报送凭据。邮寄报送的,以寄出日的邮戳日期为实际报送日期。

第十三条 纳税人以磁盘、IC卡、U盘等电子介质(以下简称电子介质)或网络方式报送财务会计报表的,税务机关应当提供数据接口。凡使用总局软件的,数据接口格式标准由总局公布;未使用总局软件的,也必须按总局标准对自行开发软件作相应调整。

第十四条 《中华人民共和国电子签名法》正式施行后,纳税人可按照税务机关的规定只报送财务会计报表电子数据。在此之前,纳税人以电子介质或网络方式报送财务会计报表的,仍按照税务机关规定,相应报送纸质报表。

第三章 接收处理

第十五条 纳税人报送的纸质财务会计报表,由税务机关的办税服务厅或办税服务室(以下简称办税厅)负责受理、审核、录入和归档;以电子介质报送的电子财务会计报表由办税厅负责接收、读入、审核和存储;以网络方式报送的财务会计报表电子数据由税务机关指定的部门通过系统接收、读入、校验。

第十六条 主管税务机关应当对不同形式报送的财务会计报表分别审核校验:

(一)办税厅对于纸质财务会计报表,实行完整性和时效性审核通过后在综合征管软件系统中作报送记录。凡符合规定的,当场打印回执凭证交纳税人留存;凡不符合规定的,要求纳税人在限期内补正,限期内补正的,视同按规定期限报送财务会计报表。

(二)办税厅对于电子介质财务会计报表,实行安全过滤并进行系统校验性审核。凡符合规定的,当场打印回执凭证交纳税人留存;凡不符合规定的,要求纳税人在限期内补正,限期内补正的,视同按规定期限报送财务会计报表。

(三)主管税务机关对于通过网络报送的财务会计报表电子数据,必须实施安全过滤后实时进行系统性校验。凡符合规定的,系统提示纳税人报送成功,并提供电子回执凭证;凡不符合要求的,系统提示报送不成功,纳税人应当及时检查纠正,重新报送。

第十七条 办税厅应当及时将纳税人当期报送的纸质财务会计报表的各项数据,准确、完整地采集和录入。

税务机关指定的部门对于纳税人当期报送的财务会计报表电子数据,应当按照"一户式"存储的管理要求,统一存储,数据共享,并负责数据安全和数据备份。

第十八条 有条件的地区,国家税务局和地方税务局可将各自采集的纳税人财务会计报表数据进行交换和比对,以提高财务会计报表数据的真实性和完整性。

第十九条 财务会计报表报送期届满,主管税务机关应当将综合征管信息系统生成的未报送财务会计报表的纳税人清单分送纳税人所辖税务机关,由所辖税务机关负责督促税收管理员逐户催报。

第二十条 纳税人报送的财务会计报表由主管税务机关根据税收征管法及其实施细则和相关法律、法规规定的保存期限归档和销毁。

第四章 数据维护

第二十一条 总局对各地反馈上报要求在财务会计报表之外增加的数据需求,应当按照《国家税务总局工作规则》的规定，由总局征收管理司（以下简称征管司）组织相关司局进行分析、确认，并提出具体的解决建议，报经局长办公会或局务会批准后，方可增加。涉及软件修改的，由征管司组织相关司局编制业务需求。

第二十二条　总局信息中心根据征管司组织相关司局编制的业务需求，负责进行需求分析，提出技术要求并分别作出处理：

（一）涉及税务机关的业务内容变化，直接安排修改总局综合征管软件；同时将需要修改的内容标准化，下发未使用总局综合征管软件的税务机关自行修改软件。

（二）涉及纳税人的业务变化，将需要修改的内容标准化并向社会公布，同时公布软件接口标准，以便商用软件开发商修改软件，及时为纳税人更新申报软件版本。

第二十三条　使用自行开发软件地区需要进行数据维护的，可参照本办法第二十一、二十二条的规则办理。

第二十四条　总局临时性需下级税务机关报送的各类调查表、统计表，涉及纳税人财务会计报表指标的，由征管司确认，凡可从已有的财务会计报表公共信息中提取，主管税务机关不再采集。

第五章　法律责任

第二十五条　纳税人有违反本办法规定行为的，主管税务机关应当责令限期改正。责令限期改正的期限最长不超过15天。

第二十六条　纳税人未按照规定期限报送财务会计报表，或者报送的财务会计报表不符合规定且未在规定的期限内补正的，由主管税务机关依照《征管法》第六十二条的规定处罚。

第二十七条　纳税人提供虚假的财务会计报表，或者拒绝提供财务会计报表的，由主管税务机关依照《征管法》第七十条的规定处罚。

第二十八条　由于税务机关原因致使纳税人已报送的纸质或电子财务会计报表遗失或残缺，税务机关应当向纳税人道歉，并由纳税人重新报送。

第六章　附　　则

第二十九条　纳税人按规定需要报送的财务会计报表，可以委托具有合法资质的中介机构报送。

第三十条　本办法所称日内均含本日，遇有法定公休日、节假日，按照税收征管法及其实施细则的规定顺延。

第三十一条　各省、自治区、直辖市和计划单列市国家税务局、地方税务局可根据本办法制定具体实施细则，并报国家税务总局备案。

第三十二条　本办法由国家税务总局负责解释。

第三十三条　本办法自2005年5月1日起执行。

【注释】　对《税收征收管理法》第15、25、62、70条进行了解释。

纳税评估管理办法（试行）

国税发［2005］43号

第一章　总　　则

第一条　为进一步强化税源管理，降低税收风险，减少税款流失，不断提高税收征管的质量和效率，根据国家有关税收法律、法规，结合税收征管工作实际，制定本办法。

第二条　纳税评估是指税务机关运用数据信息对比分析的方法，对纳税人和扣缴义务人（以下简称纳税人）纳税申报（包括减免缓抵退税申请，下同）情况的真实性和准确性作出定性和定量的判断，并采取进一步征管措施的管理行为。纳税评估工作遵循强化管理、优化服务；分类实施、因地制宜；人机结合、简便易行的原则。

第三条 纳税评估工作主要由基层税务机关的税源管理部门及其税收管理员负责,重点税源和重大事项的纳税评估也可由上级税务机关负责。

前款所称基层税务机关是指直接面向纳税人负责税收征收管理的税务机关;税源管理部门是指基层税务机关所属的税务分局、税务所或内设的税源管理科(股)。

对汇总合并缴纳企业所得税企业的纳税评估,由其汇总合并纳税企业申报所在地税务机关实施,对汇总合并纳税成员企业的纳税评估,由其监管的当地税务机关实施;对合并申报缴纳外商投资和外国企业所得税企业分支机构的纳税评估,由总机构所在地的主管税务机关实施。

第四条 开展纳税评估工作原则上在纳税申报到期之后进行,评估的期限以纳税申报的税款所属当期为主,特殊情况可以延伸到往期或以往年度。

第五条 纳税评估主要工作内容包括:根据宏观税收分析和行业税负监控结果以及相关数据设立评估指标及其预警值;综合运用各类对比分析方法筛选评估对象;对所筛选出的异常情况进行深入分析并作出定性和定量的判断;对评估分析中发现的问题分别采取税务约谈、调查核实、处理处罚、提出管理建议、移交稽查部门查处等方法进行处理;维护更新税源管理数据,为税收宏观分析和行业税负监控提供基础信息等。

第二章 纳税评估指标

第六条 纳税评估指标是税务机关筛选评估对象、进行重点分析时所选用的主要指标,分为通用分析指标和特定分析指标两大类,使用时可结合评估工作实际不断细化和完善。

第七条 纳税评估指标的功能、计算公式及其分析使用方法参照《纳税评估通用分析指标及其使用方法》(附件 1)、《纳税评估分税种特定分析指标及其使用方法》(附件 2)。

第八条 纳税评估分析时,要综合运用各类指标,并参照评估指标预警值进行配比分析。评估指标预警值是税务机关根据宏观税收分析、行业税负监控、纳税人生产经营和财务会计核算情况以及内外部相关信息,运用数学方法测算出的算术、加权平均值及其合理变动范围。测算预警值,应综合考虑地区、规模、类型、生产经营季节、税种等因素,考虑同行业、同规模、同类型纳税人各类相关指标的若干年度的平均水平,以使预警值更加真实、准确和具有可比性。纳税评估指标预警值由各地税务机关根据实际情况自行确定。

第三章 纳税评估对象

第九条 纳税评估的对象为主管税务机关负责管理的所有纳税人及其应纳所有税种。

第十条 纳税评估对象可采用计算机自动筛选、人工分析筛选和重点抽样筛选等方法。

第十一条 筛选纳税评估对象,要依据税收宏观分析、行业税负监控结果等数据,结合各项评估指标及其预警值和税收管理员掌握的纳税人实际情况,参照纳税人所属行业、经济类型、经营规模、信用等级等因素进行全面、综合的审核对比分析。

第十二条 综合审核对比分析中发现有问题或疑点的纳税人要作为重点评估分析对象;重点税源户、特殊行业的重点企业、税负异常变化、长时间零税负和负税负申报、纳税信用等级低下、日常管理和税务检查中发现较多问题的纳税人要列为纳税评估的重点分析对象。

第四章 纳税评估方法

第十三条 纳税评估工作根据国家税收法律、行政法规、部门规章和其他相关经济法规的规定,按照属地管理原则和管户责任开展;对同一纳税人申报缴纳的各个税种的纳税评估要相互结合、统一进行,避免多头重复评估。

第十四条 纳税评估的主要依据及数据来源包括:

"一户式"存储的纳税人各类纳税信息资料,主要包括:纳税人税务登记的基本情况,各项核定、认定、减免缓抵退税审批事项的结果,纳税人申报纳税资料,财务会计报表以及税务机关要求纳税人提供的其他相关资料,增值税交叉稽核系统各类票证比对结果等;

税收管理员通过日常管理所掌握的纳税人生产经营实际情况,主要包括:生产经营规模、产销量、工艺流程、成本、费用、能耗、物耗情况等各类与税收相关的数据信息;

上级税务机关发布的宏观税收分析数据,行业税负的监控数据,各类评估指标的预警值;

本地区的主要经济指标、产业和行业的相关指标数据,外部交换信息,以及与纳税人申报纳税相关的其他信息。

第十五条　纳税评估可根据所辖税源和纳税人的不同情况采取灵活多样的评估分析方法,主要有:

对纳税人申报纳税资料进行案头的初步审核比对,以确定进一步评估分析的方向和重点;

通过各项指标与相关数据的测算,设置相应的预警值,将纳税人的申报数据与预警值相比较;

将纳税人申报数据与财务会计报表数据进行比较、与同行业相关数据或类似行业同期相关数据进行横向比较;

将纳税人申报数据与历史同期相关数据进行纵向比较;

根据不同税种之间的关联性和钩稽关系,参照相关预警值进行税种之间的关联性分析,分析纳税人应纳相关税种的异常变化;

应用税收管理员日常管理中所掌握的情况和积累的经验,将纳税人申报情况与其生产经营实际情况相对照,分析其合理性,以确定纳税人申报纳税中存在的问题及其原因;

通过对纳税人生产经营结构,主要产品能耗、物耗等生产经营要素的当期数据、历史平均数据、同行业平均数据以及其他相关经济指标进行比较,推测纳税人实际纳税能力。

第十六条　对纳税人申报纳税资料进行审核分析时,要包括以下重点内容:

纳税人是否按照税法规定的程序、手续和时限履行申报纳税义务,各项纳税申报附送的各类抵扣、列支凭证是否合法、真实、完整;

纳税申报主表、附表及项目、数字之间的逻辑关系是否正确,适用的税目、税率及各项数字计算是否准确,申报数据与税务机关所掌握的相关数据是否相符;

收入、费用、利润及其他有关项目的调整是否符合税法规定,申请减免缓抵退税,亏损结转、获利年度的确定是否符合税法规定并正确履行相关手续;

与上期和同期申报纳税情况有无较大差异;

税务机关和税收管理员认为应进行审核分析的其他内容。

第十七条　对实行定期定额(定率)征收税款的纳税人以及未达起征点的个体工商户,可参照其生产经营情况,利用相关评估指标定期进行分析,以判断定额(定率)的合理性和是否已经达到起征点并恢复征税。

第五章　评估结果处理

第十八条　对纳税评估中发现的计算和填写错误、政策和程序理解偏差等一般性问题,或存在的疑点问题经约谈、举证、调查核实等程序认定事实清楚,不具有偷税等违法嫌疑,无需立案查处的,可提请纳税人自行改正。需要纳税人自行补充的纳税资料,以及需要纳税人自行补正申报、补缴税款、调整账目的,税务机关应督促纳税人按照税法规定逐项落实。

第十九条　对纳税评估中发现的需要提请纳税人进行陈述说明、补充提供举证资料等问题,应由主管税务机关约谈纳税人。

税务约谈要经所在税源管理部门批准并事先发出《税务约谈通知书》,提前通知纳税人。

税务约谈的对象主要是企业财务会计人员。因评估工作需要,必须约谈企业其他相关人员的,应经税源管理部门批准并通过企业财务部门进行安排。

纳税人因特殊困难不能按时接受税务约谈的,可向税务机关说明情况,经批准后延期进行。

纳税人可以委托具有执业资格的税务代理人进行税务约谈。税务代理人代表纳税人进行税务约谈时,应向税务机关提交纳税人委托代理合法证明。

第二十条　对评估分析和税务约谈中发现的必须到生产经营现场了解情况、审核账目凭证的,应经所在税源管理部门批准,由税收管理员进行实地调查核实。对调查核实的情况,要作认真记录。需要处理处罚的,要严格按照规定的权限和程序执行。

第二十一条　发现纳税人有偷税、逃避追缴欠税、骗取出口退税、抗税或其他需要立案查处的税收违法行为嫌疑的,要移交税务稽查部门处理。

对税源管理部门移交稽查部门处理的案件，税务稽查部门要将处理结果定期向税源管理部门反馈。

发现外商投资和外国企业与其关联企业之间的业务往来不按照独立企业业务往来收取或支付价款、费用，需要调查、核实的，应移交上级税务机关国际税收管理部门（或有关部门）处理。

第二十二条 对纳税评估工作中发现的问题要作出评估分析报告，提出进一步加强征管工作的建议，并将评估工作内容、过程、证据、依据和结论等记入纳税评估工作底稿。纳税评估分析报告和纳税评估工作底稿是税务机关内部资料，不发纳税人，不作为行政复议和诉讼依据。

第六章 评估工作管理

第二十三条 基层税务机关及其税源管理部门要根据所辖税源的规模、管户的数量等工作实际情况，结合自身纳税评估的工作能力，制定评估工作计划，合理确定纳税评估工作量，对重点税源户，要保证每年至少重点评估分析一次。

第二十四条 基层税务机关及其税源管理部门要充分利用现代化信息手段，广泛收集和积累纳税人各类涉税信息，不断提高评估工作水平；要经常对评估结果进行分析研究，提出加强征管工作的建议；要作好评估资料整理工作，本着"简便、实用"的原则，建立纳税评估档案，妥善保管纳税人报送的各类资料，并注重保护纳税人的商业秘密和个人隐私；要建立健全纳税评估工作岗位责任制、岗位轮换制、评估复查制和责任追究制等各项制度，加强对纳税评估工作的日常检查与考核；要加强对从事纳税评估工作人员的培训，不断提高纳税评估工作人员的综合素质和评估能力。

第二十五条 各级税务机关的征管部门负责纳税评估工作的组织协调工作，制定纳税评估工作业务规程，建立健全纳税评估规章制度和反馈机制，指导基层税务机关开展纳税评估工作，明确纳税评估工作职责分工并定期对评估工作开展情况进行总结和交流；

各级税务机关的计划统计部门负责对税收完成情况、税收与经济的对应规律、总体税源和税负的增减变化等情况进行定期的宏观分析，为基层税务机关开展纳税评估提供依据和指导；

各级税务机关的专业管理部门（包括各税种、国际税收、出口退税管理部门以及县级税务机关的综合业务部门）负责进行行业税负监控、建立各税种的纳税评估指标体系、测算指标预警值、制定分税种的具体评估方法，为基层税务机关开展纳税评估工作提供依据和指导。

第二十六条 从事纳税评估的工作人员，在纳税评估工作中徇私舞弊或者滥用职权，或为有涉嫌税收违法行为的纳税人通风报信致使其逃避查处的，或瞒报评估真实结果、应移交案件不移交的，或致使纳税评估结果失真、给纳税人造成损失的，不构成犯罪的，由税务机关按照有关规定给予行政处分；构成犯罪的，要依法追究刑事责任。

第二十七条 各级国家税务局、地方税务局要加强纳税评估工作的协作，提高相关数据信息的共享程度，简化评估工作程序，提高评估工作实效，最大限度地方便纳税人。

【注释】 对《税收征收管理法》第5条进行了解释。

国家税务总局关于明确普通发票分类代码中年份代码含义的通知

国税函[2005]218号

各省、自治区、直辖市和计划单列市国家税务局、地方税务局：

为了加强和规范普通发票的统一管理，便于全国普通发票的统一识别和查询，全国税务机关从2005年1月1日起推行了统一的全国普通发票分类代码和发票号码。此后，部分纳税人和相关单位对分类代码中第6、7位年份代码的指代意义提出疑问，为避免使用中出现解释歧义，特明确如下：

一、普通发票分类代码中的第6、7位年份代码，是指发票的印刷年份，并非发票的使用年份，可以跨年度使用。但各地普通发票的印制数量也应严格控制在一年以内，防止过多冗余，避免造成损失。

二、发票代码和发票号码的印制颜色可根据印刷设备的情况，由各省、自治区、直辖市和计划单列市国家税务局、地方税务局确定。

三、各省、自治区、直辖市和计划单列市国家税务局应将年份代码和机动车销售统一发票的有关规定和含义通告当地公安交管部门。如有问题应及时做好协调和解释工作。

【注释】　对《税收征收管理法》第22条进行了解释。

国家税务总局关于IC卡门票管理问题的批复

国税函[2005]232号

湖南省地方税务局：

你局《关于明确IC卡门票管理问题的请示》(湘地税发[2005]18号)收悉。经研究,现批复如下：

随着市场经济和科学技术的发展,发票的形式和载体也发生了变化,除纸质凭证外,还出现了电子的和IC卡等非纸质性形式的凭证;但无论收付款凭证的载体发生什么变化,根据《中华人民共和国发票管理办法》第三条的规定,并没有改变发票的性质和职能,都属于发票管理的范畴。

各地税务机关应加强非纸质性收付款凭证的研究和管理,制定出相应的管理措施和办法。在执行中出现的问题,望及时上报总局。

【注释】　对《发票管理办法》第3条进行了解释。

国家税务总局关于明确从事代理海关报关业务的中介机构办理税务登记有关问题的通知

国税函[2005]353号

各省、自治区、直辖市和计划单列市国家税务局、地方税务局：

为规范对从事海关报关业务的中介机构的税务登记管理,现将有关问题通知如下：

一、2005年5月1日前已经在地方税务局办理税务登记的从事海关报关业务的中介机构,应当在2005年5月30日前,持工商营业执照和地方税务登记证及组织机构代码证书,到当地国家税务局补办税务登记。

二、2005年5月1日以后新办的从事海关报关业务的中介机构,应当按照《中华人民共和国税收征收管理法》及其实施细则的规定,分别到国家税务局、地方税务局办理税务登记。

三、上述中介机构的税务登记代码编制,按照《税务登记管理办法》(国家税务总局令第7号)的规定执行。

各级国家税务局、地方税务局在对从事海关报关业务的中介机构办理税务登记过程中,要加强沟通、密切协作、互相支持,保证这项工作的顺利进行。

【注释】　对《税收征收管理法》第15条进行了解释。

税收减免管理办法(试行)

国税发[2005]129号

第一章　总　　则

第一条　为规范和加强减免税管理工作,根据《中华人民共和国税收征收管理法》(以下简称税收征管法)及其实施细则和有关税收法律、法规、规章对减免税的规定,制定本办法。

第二条 本办法所称的减免税是指依据税收法律、法规以及国家有关税收规定(以下简称税法规定)给予纳税人减税、免税。减税是指从应纳税款中减征部分税款;免税是指免征某一税种、某一项目的税款。

第三条 各级税务机关应遵循依法、公开、公正、高效、便利的原则,规范减免税管理。

第四条 减免税分为报批类减免税和备案类减免税。报批类减免税是指应由税务机关审批的减免税项目;备案类减免税是指取消审批手续的减免税项目和不需税务机关审批的减免税项目。

第五条 纳税人享受报批类减免税,应提交相应资料,提出申请,经按本办法规定具有审批权限的税务机关(以下简称有权税务机关)审批确认后执行。未按规定申请或虽申请但未经有权税务机关审批确认的,纳税人不得享受减免税。

纳税人享受备案类减免税,应提请备案,经税务机关登记备案后,自登记备案之日起执行。纳税人未按规定备案的,一律不得减免税。

第六条 纳税人同时从事减免项目与非减免项目的,应分别核算,独立计算减免项目的计税依据以及减免税额度。不能分别核算的,不能享受减免税;核算不清的,由税务机关按合理方法核定。

第七条 纳税人依法可以享受减免税待遇,但未享受而多缴税款的,凡属于无明确规定需经税务机关审批或没有规定申请期限的,纳税人可以在税收征管法第五十一条规定的期限内申请减免税,要求退还多缴的税款,但不加算银行同期存款利息。

第八条 减免税审批机关由税收法律、法规、规章设定。凡规定应由国家税务总局审批的,经由各省、自治区、直辖市和计划单列市税务机关上报国家税务总局;凡规定应由省级税务机关及省级以下税务机关审批的,由各省级税务机关审批或确定审批权限,原则上由纳税人所在地的县(区)税务机关审批;对减免税金额较大或减免税条件复杂的项目,各省、自治区、直辖市和计划单列市税务机关可根据效能与便民、监督与责任的原则适当划分审批权限。

各级税务机关应按照规定的权限和程序进行减免税审批,禁止越权和违规审批减免税。

第二章 减免税的申请、申报和审批实施

第九条 纳税人申请报批类减免税的,应当在政策规定的减免税期限内,向主管税务机关提出书面申请,并报送以下资料:

(一)减免税申请报告,列明减免税理由、依据、范围、期限、数量、金额等。

(二)财务会计报表、纳税申报表。

(三)有关部门出具的证明材料。

(四)税务机关要求提供的其他资料。

纳税人报送的材料应真实、准确、齐全。税务机关不得要求纳税人提交与其申请的减免税项目无关的技术资料和其他材料。

第十条 纳税人可以向主管税务机关申请减免税,也可以直接向有权审批的税务机关申请。

由纳税人所在地主管税务机关受理、应当由上级税务机关审批的减免税申请,主管税务机关应当自受理申请之日起10个工作日内直接上报有权审批的上级税务机关。

第十一条 税务机关对纳税人提出的减免税申请,应当根据以下情况分别作出处理:

(一)申请的减免税项目,依法不需要由税务机关审查后执行的,应当即时告知纳税人不受理。

(二)申请的减免税材料不详或存在错误的,应当告知并允许纳税人更正。

(三)申请的减免税材料不齐全或者不符合法定形式的,应在5个工作日内一次告知纳税人需要补正的全部内容。

(四)申请的减免税材料齐全、符合法定形式的,或者纳税人按照税务机关的要求提交全部补正减免税材料的,应当受理纳税人的申请。

第十二条 税务机关受理或者不予受理减免税申请,应当出具加盖本机关专用印章和注明日期的书面凭证。

第十三条 减免税审批是对纳税人提供的资料与减免税法定条件的相关性进行的审核,不改变纳税人

真实申报责任。

税务机关需要对申请材料的内容进行实地核实的，应当指派2名以上工作人员按规定程序进行实地核查，并将核查情况记录在案。上级税务机关对减免税实地核查工作量大、耗时长的，可委托企业所在地区县级税务机关具体组织实施。

第十四条　减免税期限超过1个纳税年度的，进行一次性审批。

纳税人享受减免税的条件发生变化的，应自发生变化之日起15个工作日内向税务机关报告，经税务机关审核后，停止其减免税。

第十五条　有审批权的税务机关对纳税人的减免税申请，应按以下规定时限及时完成审批工作，作出审批决定：

县、区级税务机关负责审批的减免税，必须在20个工作日作出审批决定；地市级税务机关负责审批的，必须在30个工作日内作出审批决定；省级税务机关负责审批的，必须在60个工作日内作出审批决定。在规定期限内不能作出决定的，经本级税务机关负责人批准，可以延长10个工作日，并将延长期限的理由告知纳税人。

第十六条　减免税申请符合法定条件、标准的，有权税务机关应当在规定的期限内作出准予减免税的书面决定。依法不予减免税的，应当说明理由，并告知纳税人享有依法申请行政复议或者提起行政诉讼的权利。

第十七条　税务机关作出的减免税审批决定，应当自作出决定之日起10个工作日内向纳税人送达减免税审批书面决定。

第十八条　减免税批复未下达前，纳税人应按规定办理申报缴纳税款。

第十九条　纳税人在执行备案类减免税之前，必须向主管税务机关申报以下资料备案：

（一）减免税政策的执行情况。

（二）主管税务机关要求提供的有关资料。

主管税务机关应在受理纳税人减免税备案后7个工作日内完成登记备案工作，并告知纳税人执行。

第三章　减免税的监督管理

第二十条　纳税人已享受减免税的，应当纳入正常申报，进行减免税申报。

纳税人享受减免税到期的，应当申报缴纳税款。

税务机关和税收管理员应当对纳税人已享受减免税情况加强管理监督。

第二十一条　税务机关应结合纳税检查、执法检查或其他专项检查，每年定期对纳税人减免税事项进行清查、清理，加强监督检查，主要内容包括：

（一）纳税人是否符合减免税的资格条件，是否以隐瞒有关情况或者提供虚假材料等手段骗取减免税。

（二）纳税人享受减免税的条件发生变化时，是否根据变化情况经税务机关重新审查后办理减免税。

（三）减免税税款有规定用途的，纳税人是否按规定用途使用减免税款；有规定减免税期限的，是否到期恢复纳税。

（四）是否存在纳税人未经税务机关批准自行享受减免税的情况。

（五）已享受减免税是否未申报。

第二十二条　减免税的审批采取谁审批谁负责制度，各级税务机关应将减免税审批纳入岗位责任制考核体系中，建立税收行政执法责任追究制度。

（一）建立健全审批跟踪反馈制度。各级税务机关应当定期对审批工作情况进行跟踪与反馈，适时完善审批工作机制。

（二）建立审批案卷评查制度。各级审批机关应当建立各类审批资料案卷，妥善保管各类案卷资料，上级税务机关应定期对案卷资料进行评查。

（三）建立层级监督制度。上级税务机关应建立经常性的监督的制度，加强对下级税务机关减免税审批工作的监督，包括是否按本办法规定的权限、条件、时限等实施减免税审批工作。

第二十三条　税务机关应按本办法规定的时间和程序，按照公正透明、廉洁高效和方便纳税人的原则，及时受理和审批纳税人申请的减免税事项。非因客观原因未能及时受理或审批的，或者未按规定程序审批和核实造成审批错误的,应按税收征管法和税收执法责任制的有关规定追究责任。

第二十四条 纳税人实际经营情况不符合减免税规定条件的或采用欺骗手段获取减免税的、享受减免税条件发生变化未及时向税务机关报告的,以及未按本办法规定程序报批而自行减免税的,税务机关按照税收征管法有关规定予以处理 。

因税务机关责任审批或核实错误,造成企业未缴或少缴税款,应按税收征管法第五十二条规定执行。

税务机关越权减免税的,按照税收征管法第八十四条的规定处理。

第二十五条 税务机关应按照实质重于形式原则对企业的实际经营情况进行事后监督检查。检查中,发现有关专业技术或经济鉴证部门认定失误的,应及时与有关认定部门协调沟通,提请纠正,及时取消有关纳税人的优惠资格,督促追究有关责任人的法律责任。有关部门非法提供证明的,导致未缴、少缴税款的,按《中华人民共和国税收征收管理法实施细则》第九十三条规定予以处理 。

第四章 减免税的备案

第二十六条 主管税务机关应设立纳税人减免税管理台账,详细登记减免税的批准时间、项目、年限、金额,建立减免税动态管理监控机制。

第二十七条 属于"风、火、水、震"等严重自然灾害及国家确定的"老、少、边、穷"地区以及西部地区新办企业年度减免属于中央收入的税收达到或超过100万元的,国家税务总局不再审批,审批权限由各省级税务机关具体确定。审批税务机关应分户将减免税情况(包括减免税项目、减免依据、减免金额等)报省级税务机关备案。

第二十八条 各省、自治区、直辖市和计划单列市税务机关应在每年6月底前书面向国家税务总局报送上年度减免税情况和总结报告。由国家税务总局审批的减免税事项的落实情况应由省级税务机关书面报告。

减免税总结报告内容包括:减免税基本情况和分析;减免税政策落实情况及存在问题;减免税管理经验以及建议。

第二十九条 减免税的核算统计办法另行规定下发。

第五章 附 则

第三十条 本办法自2005年10月1日起执行。以前规定与本办法相抵触的,按本办法执行。

第三十一 各省、自治区、直辖市和计划单列市国家税务局、地方税务局可根据本办法制定具体实施方案。

【注释】 对《税收征收管理法》第51、52、84条进行了解释。对《税收征收管理法实施细则》第93条进行了解释。

国家税务总局关于欠税追缴期限有关问题的批复

国税函[2005]813号

湖北省国家税务局:

你局《关于明确欠税追缴期限的请示》(鄂国税发[2005]82号)收悉。经研究,批复如下:

按照《中华人民共和国税收征收管理法》(以下简称税收征管法)和其他税收法律、法规的规定,纳税人有依法缴纳税款的义务。纳税人欠缴税款的,税务机关应当依法追征,直至收缴入库,任何单位和个人不得豁免。税务机关追缴税款没有追征期的限制。

税收征管法第52条有关追征期限的规定,是指因税务机关或纳税人的责任造成未缴或少缴税款在一定期限内未发现的,超过此期限不再追征。纳税人已申报或税务机关已查处的欠缴税款,税务机关不受该条追征期规定的限制,应当依法无限期追缴税款。

【注释】 对《税收征收管理法》第52条进行了解释。

国家税务总局关于人民法院强制执行被执行人财产有关税收问题的复函

国税函[2005]869号

最高人民法院：

你院《关于人民法院依法强制执行拍卖、变卖被执行人财产后，税务部门能否直接向人民法院征收营业税的征求意见稿》([2005]执他字第12号)收悉。经研究，函复如下：

一、人民法院的强制执行活动属司法活动，不具有经营性质，不属于应税行为，税务部门不能向人民法院的强制执行活动征税。

二、无论拍卖、变卖财产的行为是纳税人的自主行为，还是人民法院实施的强制执行活动，对拍卖、变卖财产的全部收入，纳税人均应依法申报缴纳税款。

三、税收具有优先权。《中华人民共和国税收征收管理法》第四十五条规定，税务机关征收税款，税收优先于无担保债权，法律另有规定的除外；纳税人欠缴的税款发生在纳税人以其财产设定抵押、质押或者纳税人的财产被留置之前的，税收应当先于抵押权、质权、留置权执行。

四、鉴于人民法院实际控制纳税人因强制执行活动而被拍卖、变卖财产的收入，根据《中华人民共和国税收征收管理法》第五条的规定，人民法院应当协助税务机关依法优先从该收入中征收税款。

【注释】　对《税收征收管理法》第5、45条进行了解释。

国家税务总局　铁道部关于规范铁路客运餐车发票使用管理的通知

国税发[2005]198号

各省、自治区、直辖市和计划单列市国家税务局、地方税务局，铁道部各铁路局、青藏铁路公司，集装箱、特货、行包公司：

为规范铁路运输发票的使用和管理，强化税源监控，根据《中华人民共和国发票管理办法》及其实施细则和其他有关税收法律、法规的规定，国家税务总局、铁道部决定，在铁道部所属铁路客运餐车上统一使用由税务机关监制的铁路客运餐车定额发票(以下简称铁路餐车发票)，现就有关问题明确如下：

一、铁路餐车发票是指铁道部所属铁路运输企业在客运列车上提供餐饮服务收取款项时开具的收付款凭证。

二、铁路餐车发票为单张两联式，即存根联和发票联平行设置，左侧为存根联，右侧为发票联。定额发票的面额为壹元、贰元、伍元、拾元、伍拾元和壹佰元(发票式样附后)。

三、为了保证铁路餐车发票在全国范围内的使用和识别，铁路餐车发票采用65克干式复写纸印制，票面背涂为浅绿色，并印有“铁路专用”字样，规格为150×70mm。铁路餐车发票由各省、自治区、直辖市地方税务局负责统一印制。由各铁路局(含青藏铁路公司，下同)向其纳税所在地的省、自治区、直辖市地方税务局领购，可在其铁路局客运列车上跨省使用。

四、铁路餐车发票从2006年3月1日启用，各铁路运输企业及其所属单位原领取的税务发票，可延期使用到2006年6月30日。未使用完的旧发票应进行清理，登记造册，并于2006年7月31日前向当地税务部门办理缴销手续。

五、铁路部门各用票单位要按规定配备专职人员负责发票的领购、开具、保管、缴销工作，季度和年度终了15日之内必须向当地省级税务机关报送发票领、用、存报表。

六、铁路餐车发票不得超范围使用，倒买倒卖，对违反发票管理法规的行为，各级税务机关应严格依照《中华人民共和国税收征收管理法》和《中华人民共和国发票管理办法》及其实施细则进行处理。

七、各省、自治区、直辖市地方税务局、铁路局、集装箱、特货、行包公司可根据本通知的规定，加强协作，密切配合，并结合当地实际情况制定具体的铁路餐车发票和铁路运输主营业务以外的其他业务发票的使用管理办法，并利用各种媒体广泛宣传，告知社会，接受消费者的监督。

当铁路部门的发票使用涉及到两个以上省市管辖业务交叉时，铁路部门应与相关的省级税务机关协商解决。

【注释】 对《税收征收管理法》第 21 条进行了解释。

国家税务总局关于消费者丢失机动车销售发票处理问题的批复

国税函[2006]227 号

江西省国家税务局：

你局《关于消费者丢失、被盗机动车销售发票有关问题的请示》(赣国税发[2005]269 号)收悉。经研究，批复如下：

鉴于车主申报缴纳车辆购置税时需要报送《机动车销售统一发票》(报税联)，办理机动车登记时需要报送《机动车销售统一发票》(注册登记联)，因此，当消费者丢失机动车销售发票后，可采取重新补开机动车销售发票的方法解决。具体程序为：(1)丢失机动车销售发票的消费者到机动车销售单位取得销售统一发票存根联复印件(加盖销售单位发票专用章或财务专用章)；(2)到机动车销售方所在地主管税务机关盖章确认并登记备案；(3)由机动车销售单位重新开具与原销售发票存根联内容一致的机动车销售发票。消费者凭重新开具的机动车销售发票办理相关手续。

国家税务总局关于完善税务登记管理若干问题的通知

国税发[2006]37 号

各省、自治区、直辖市和计划单列市国家税务局、地方税务局：

为了规范税务登记，加强户籍管理，严格税源监控，结合 2006 年全面换发税务登记证工作，现将税务登记管理中有关问题进一步明确如下：

一、税务登记的范围及管理

按照税收征管法及其实施细则和税务登记管理办法的有关规定，除国家机关、个人(自然人)和无固定生产、经营场所的流动性农村小商贩外，纳税人都应当申报办理税务登记。国家机关所属事业单位有经营行为、取得应税收入、财产、所得的，也应当办理税务登记。税务登记实行属地管理，纳税人应当到生产、经营所在地或者纳税义务发生地的主管税务机关申报办理税务登记。非独立核算的分支机构也应当按照规定分别向生产经营所在地税务机关办理税务登记。

二、纳税人识别号

单位纳税人识别号为 15 位码：行政区域码 + 组织机构代码。其中的行政区域码为纳税人生产、经营地的行政区域码。对国家没有赋予行政区域码的各开发区，其行政区域码由省级国家税务局、地方税务局共同赋予第 5、6 位两位识别码。因税务机关调整管辖范围而使纳税人改变主管税务机关的，纳税人的纳税人识别号不变。企业分支机构也应当领取组织机构代码证书，按照规定编制纳税人识别号，办理税务登记。

个体工商户以及持回乡证、通行证、护照办理税务登记的纳税人，其纳税人识别号为身份证件号码加 2

位顺序码。已经取得组织机构代码的个体工商户的纳税人识别号为行政区域码加组织机构代码。

承包租赁经营的纳税人，应当以承包承租人的名义办理临时税务登记。个人承包租赁经营的，以承包承租人的身份证号码为基础加2位顺序码编制纳税人识别号；企业承包租赁经营的，以行政区域码加组织机构代码为纳税人识别号。

三、开户银行登录账号

按照税收征管法第十七条规定，从事生产、经营的纳税人应当持税务登记证副本开立账户，银行和其他金融机构应当在其税务登记证件副本中登录纳税人的账户、账号，纳税人再将其账户、账号书面报告税务机关。为了依法加强税收征管，落实税收征管法的规定，税务登记证换发后，纳税人及其开户银行应当按照规定履行义务，银行和其他金融机构在纳税人开户时在新的税务登记证副本中登录账号，手工填登的，应当盖章；纳税人应当自开立账户15日内将账号报告税务机关。未依法履行义务的，对纳税人按照税收征管法第六十条的规定处理；对纳税人的开户银行或其他金融机构按照税收征管法实施细则第九十二条的规定处理。

四、扣缴税款登记

按照税收征管法实施细则第十三条的规定，个人所得税扣缴义务人应当到所在地主管税务机关申报办理扣缴税款登记，领取扣缴税款登记证。对临时发生扣缴义务的扣缴义务人，不发扣缴税款登记证；对已办理税务登记的扣缴义务人，不发扣缴税款登记证，由税务机关在其税务登记证副本上登记扣缴税款事项。

扣缴义务人识别号按照扣缴义务人所在地行政区域码加组织机构代码编制。

五、临时税务登记证件的有效期限

承包租赁经营的，办理临时税务登记的期限为承包租赁期；

境外企业在中国境内承包建筑、安装、装配、勘探工程和提供劳务的，临时税务登记的期限为合同规定的承包期。

六、临时税务登记的管理

取得临时税务登记证的纳税人，可以凭临时税务登记证及副本按有关规定办理相关涉税事项。

税务机关应当加强对临时税务登记纳税人的管理。临时登记户领取营业执照的，应当自领取营业执照之日起30日内向税务机关申报转办为正式税务登记。对临时税务登记证件到期的纳税户，税务机关经审核后，应当继续办理临时税务登记。

对应领取而未领取工商营业执照临时经营的，不得办理临时税务登记，但必须照章征税，也不得向其出售发票；确需开具发票的，可以向税务机关申请，先缴税再由税务机关为其代开发票。

七、停复业登记管理

实行定期定额征收方式的个体工商户需要停业的，应当在停业前申报办理停业登记。

纳税人停业未按规定向主管税务机关申请停业登记的，应视为未停止生产经营；纳税人在批准的停业期间进行正常经营的，应按规定向主管税务机关办理纳税申报并缴纳税款。未按规定办理的，按照税收征管法的有关规定处理。

纳税人停业期满未按期复业又不申请延长停业的，税务机关应当视为已恢复生产经营，实施正常的税收管理。纳税人停业期满不向税务机关申报办理复业登记而复业的，主管税务机关经查实，责令限期改正，并按照税收征管法第六十条第一款的规定处理。

八、纳税人经营范围

纳税人应当在税务登记表中如实填写其经营范围；经有关部门批准的证件中没有具体列明经营范围的，纳税人应当按照实际经营情况填写。设立登记后，税务机关应当及时核实登记内容。纳税人经营范围变化后应当自发生变化之日起30日内向主管税务机关申报办理变更税务登记。

九、税务登记证件的管理

(一)临时税务登记转为税务登记的，税务机关收回临时税务登记证件，发放税务登记证件，纳税人补填税务登记表。

(二)税务登记证件丢失的，纳税人应登报声明作废；在丢失声明中应声明证件的发放日期。税务登记证件被税务机关宣布失效的，在失效公告中应公告证件的发证日期。

(三)补发税务登记证件的，应在税务登记证件中加盖“补发”戳记。

(四)纳税人在统一换发税务登记证件期限后仍未按照规定期限办理换证手续的,税务机关应当统一宣布其税务登记证件失效。

(五)税务机关应当根据纳税人条件要求纳税人亮证经营。

十、各省级国家税务局、地方税务局可以按照《税务登记管理办法》和本通知的规定制定具体的实施办法。

【注释】 对《税收征收管理法》第17条进行了解释。对《税收征收管理法实施细则》第13条进行了解释。

个体工商户税收定期定额征收管理办法

国家税务总局令[2006]16号

第一条 为规范和加强个体工商户税收定期定额征收(以下简称定期定额征收)管理,公平税负,保护个体工商户合法权益,促进个体经济的健康发展,根据《中华人民共和国税收征收管理法》及其实施细则,制定本办法。

第二条 本办法所称个体工商户税收定期定额征收,是指税务机关依照法律、行政法规及本办法的规定,对个体工商户在一定经营地点、一定经营时期、一定经营范围内的应纳税经营额(包括经营数量)或所得额(以下简称定额)进行核定,并以此为计税依据,确定其应纳税额的一种征收方式。

第三条 本办法适用于经主管税务机关认定和县以上税务机关(含县级,下同)批准的生产、经营规模小,达不到《个体工商户建账管理暂行办法》规定设置账簿标准的个体工商户(以下简称定期定额户)的税收征收管理。

第四条 税务机关负责组织定额的核定工作。

国家税务局、地方税务局按照国务院规定的征管范围,分别核定其所管辖税种的定额。国家税务局和地方税务局应当加强协调、配合,共同制定联系制度,保证信息渠道畅通。

第五条 主管税务机关应当将定期定额户进行分类,在年度内按行业、区域选择一定数量并具有代表性的定期定额户,对其经营、所得情况进行典型调查,做出调查分析,填制有关表格。

典型调查户数应当占该行业、区域总户数的5%以上。具体比例由省级税务机关确定。

第六条 定额执行期的具体期限由省级税务机关确定,但最长不得超过一年。

定额执行期是指税务机关核定后执行的第一个纳税期至最后一个纳税期。

第七条 税务机关应当根据定期定额户的经营规模、经营区域、经营内容、行业特点、管理水平等因素核定定额,可以采用下列一种或两种以上的方法核定:

(一)按照耗用的原材料、燃料、动力等推算或者测算核定;

(二)按照成本加合理的费用和利润的方法核定;

(三)按照盘点库存情况推算或者测算核定;

(四)按照发票和相关凭据核定;

(五)按照银行经营账户资金往来情况测算核定;

(六)参照同类行业或类似行业中同规模、同区域纳税人的生产、经营情况核定;

(七)按照其他合理方法核定。

税务机关应当运用现代信息技术手段核定定额,增强核定工作的规范性和合理性。

第八条 税务机关核定定额程序:

(一)自行申报。定期定额户要按照税务机关规定的申报期限、申报内容向主管税务机关申报,填写有关申报文书。申报内容应包括经营行业、营业面积、雇佣人数和每月经营额、所得额以及税务机关需要的其他申报项目。

本项所称经营额、所得额为预估数。

(二)核定定额。主管税务机关根据定期定额户自行申报情况,参考典型调查结果,采取本办法第七条规定的核定方法核定定额,并计算应纳税额。

(三)定额公示。主管税务机关应当将核定定额的初步结果进行公示,公示期限为五个工作日。

公示地点、范围、形式应当按照便于定期定额户及社会各界了解、监督的原则,由主管税务机关确定。

(四)上级核准。主管税务机关根据公示意见结果修改定额,并将核定情况报经县以上税务机关审核批准后,填制《核定定额通知书》。

(五)下达定额。将《核定定额通知书》送达定期定额户执行。

(六)公布定额。主管税务机关将最终确定的定额和应纳税额情况在原公示范围内进行公布。

第九条 定期定额户应当建立收支凭证粘贴簿、进销货登记簿,完整保存有关纳税资料,并接受税务机关的检查。

第十条 依照法律、行政法规的规定,定期定额户负有纳税申报义务。

实行简易申报的定期定额户,应当在税务机关规定的期限内按照法律、行政法规规定缴清应纳税款,当期(指纳税期,下同)可以不办理申报手续。

第十一条 采用数据电文申报、邮寄申报、简易申报等方式的,经税务机关认可后方可执行。经确定的纳税申报方式在定额执行期内不予更改。

第十二条 定期定额户可以委托经税务机关认定的银行或其他金融机构办理税款划缴。凡委托银行或其他金融机构办理税款划缴的定期定额户,应当向税务机关书面报告开户银行及账号。其账户内存款应当足以按期缴纳当期税款。其存款余额低于当期应纳税款,致使当期税款不能按期入库的,税务机关按逾期缴纳税款处理;对实行简易申报的,按逾期办理纳税申报和逾期缴纳税款处理。

第十三条 定期定额户发生下列情形,应当向税务机关办理相关纳税事宜:

(一)定额与发票开具金额或税控收款机记录数据比对后,超过定额的经营额、所得额所应缴纳的税款;

(二)在税务机关核定定额的经营地点以外从事经营活动所应缴纳的税款。

第十四条 税务机关可以根据保证国家税款及时足额入库、方便纳税人、降低税收成本的原则,采用简化的税款征收方式,具体方式由省级税务机关确定。

第十五条 县以上税务机关可以根据当地实际情况,依法委托有关单位代征税款。税务机关与代征单位必须签订委托代征协议,明确双方的权利、义务和应当承担的责任,并向代征单位颁发委托代征证书。

第十六条 定期定额户经营地点偏远、缴纳税款数额较小,或者税务机关征收税款有困难的,税务机关可以按照法律、行政法规的规定简并征期。但简并征期最长不得超过一个定额执行期。

简并征期的税款征收时间为最后一个纳税期。

第十七条 通过银行或其他金融机构划缴税款的,其完税凭证可以到税务机关领取,或到税务机关委托的银行或其他金融机构领取;税务机关也可以根据当地实际情况采取邮寄送达,或委托有关单位送达。

第十八条 定期定额户在定额执行期结束后,应当以该期每月实际发生的经营额、所得额向税务机关申报,申报额超过定额的,按申报额缴纳税款;申报额低于定额的,按定额缴纳税款。具体申报期限由省级税务机关确定。

定期定额户当期发生的经营额、所得额超过定额一定幅度的,应当在法律、行政法规规定的申报期限内向税务机关进行申报并缴清税款。具体幅度由省级税务机关确定。

第十九条 定期定额户的经营额、所得额连续纳税期超过或低于税务机关核定的定额,应当提请税务机关重新核定定额,税务机关应当根据本办法规定的核定方法和程序重新核定定额。具体期限由省级税务机关确定。

第二十条 经税务机关检查发现定期定额户在以前定额执行期发生的经营额、所得额超过定额,或者当期发生的经营额、所得额超过定额一定幅度而未向税务机关进行纳税申报及结清应纳税款的,税务机关应当追缴税款、加收滞纳金,并按照法律、行政法规规定予以处理。其经营额、所得额连续纳税期超过定额,税务机关应当按照本办法第十九条的规定重新核定其定额。

第二十一条 定期定额户发生停业的,应当在停业前向税务机关书面提出停业报告;提前恢复经营的,应当在恢复经营前向税务机关书面提出复业报告;需延长停业时间的,应当在停业期满前向税务机关提出书面的延长停业报告。

第二十二条　税务机关停止定期定额户实行定期定额征收方式，应当书面通知定期定额户。

第二十三条　定期定额户对税务机关核定的定额有争议的，可以在接到《核定定额通知书》之日起30日内向主管税务机关提出重新核定定额申请，并提供足以说明其生产、经营真实情况的证据，主管税务机关应当自接到申请之日起30日内书面答复。

定期定额户也可以按照法律、行政法规的规定直接向上一级税务机关申请行政复议；对行政复议决定不服的，可以依法向人民法院提起行政诉讼。

定期定额户在未接到重新核定定额通知、行政复议决定书或人民法院判决书前，仍按原定额缴纳税款。

第二十四条　税务机关应当严格执行核定定额程序，遵守回避制度。税务人员个人不得擅自确定或更改定额。

税务人员徇私舞弊或者玩忽职守，致使国家税收遭受重大损失，构成犯罪的，依法追究刑事责任；尚不构成犯罪的，依法给予行政处分。

第二十五条　对违反本办法规定的行为，按照《中华人民共和国税收征收管理法》及其实施细则有关规定处理。

第二十六条　个人独资企业的税款征收管理比照本办法执行。

第二十七条　各省、自治区、直辖市国家税务局、地方税务局根据本办法制定具体实施办法，并报国家税务总局备案。

第二十八条　本办法自2007年1月1日起施行。1997年6月19日国家税务总局发布的《个体工商户定期定额管理暂行办法》同时废止。

【注释】　对《税收征收管理法实施细则》第36条进行了解释。

国家税务总局关于个体工商户定期定额征收管理有关问题的通知

国税发[2006]183号

各省、自治区、直辖市和计划单列市国家税务局、地方税务局：

国家税务总局令（第16号）发布的《个体工商户税收定期定额征收管理办法》（以下简称《办法》）将于2007年1月1日开始施行。为了有利于征纳双方准确理解和全面贯彻落实《办法》，现将有关问题明确如下：

一、《办法》第二条所称的“经营数量”，是指从量计征的货物数量。

二、对虽设置账簿，但账目混乱或成本资料、收入凭证、费用凭证残缺不全，难以查账的个体工商户，税务机关可以实行定期定额征收。

三、个人所得税附征率应当按照法律、行政法规的规定和当地实际情况，分地域、行业进行换算。

个人所得税可以按照换算后的附征率，依据增值税、消费税、营业税的计税依据实行附征。

四、核定定额的有关问题：

（一）定期定额户应当自行申报经营情况，对未按照规定期限自行申报的，税务机关可以不经过自行申报程序，按照《办法》第七条规定的方法核定其定额。

（二）税务机关核定定额可以到定期定额户生产、经营场所，对其自行申报的内容进行核实。

（三）运用个体工商户定额核定管理系统的，在采集有关数据时，应当由两名以上税务人员参加。

（四）税务机关不得委托其他单位核定定额。

五、新开业的个体工商户，在未接到税务机关送达的《核定定额通知书》前，应当按月向税务机关办理纳税申报，并缴纳税款。

六、对未达到起征点定期定额户的管理：

（一）税务机关应当按照核定程序核定其定额。对未达起征点的定期定额户，税务机关应当送达《未达起征点通知书》。

(二)未达到起征点的定期定额户月实际经营额达到起征点,应当在纳税期限内办理纳税申报手续,并缴纳税款。

(三)未达到起征点的定期定额户连续三个月达到起征点,应当向税务机关申报,提请重新核定定额。税务机关应当按照《办法》有关规定重新核定定额,并下达《核定定额通知书》。

七、定期定额户委托银行或其他金融机构划缴税款的,其账户内存款数额,应当足以缴纳当期税款。为保证税款及时入库,其存款入账的时间不得影响银行或其他金融机构在纳税期限内将其税款划缴入库。

八、定期定额户在定额执行期结束后,应当将该期每月实际发生经营额、所得额向税务机关申报(以下简称分月汇总申报),申报额超过定额的,税务机关按照申报额所应缴纳的税款减去已缴纳税款的差额补缴税款。

九、《办法》第二十条"……或者当期发生的经营额、所得额超过定额一定幅度……"中的"当期",是指定额执行期内所有纳税期。

十、滞纳金的有关问题:

(一)定期定额户在定额执行期届满分月汇总申报时,月申报额高于定额又低于省税务机关规定申报幅度的应纳税款,在规定的期限内申报纳税不加收滞纳金。

(二)对实行简并征期的定期定额户,其按照定额所应缴纳的税款在规定的期限内申报纳税不加收滞纳金。

十一、实行简并征期的定期定额户,在简并征期结束后应当办理分月汇总申报。

十二、定期定额户的经营额、所得额连续纳税期超过或低于定额一定幅度的,应当提请税务机关重新核定定额。具体幅度由省税务机关确定。

十三、定期定额户注销税务登记,应当向税务机关进行分月汇总申报并缴清税款。其停业是否分月汇总申报由主管税务机关确定。

【注释】 对《个体工商户税收定期定额征收管理办法》进行了补充规定。

国家税务总局关于延期申报预缴税款滞纳金问题的批复

国税函[2007]753 号

深圳市国家税务局:

你局《关于延期申报是否加收滞纳金问题的请示》(深国税发[2007]92 号)收悉。对于纳税人经税务机关批准延期申报,并在核准的延期内办理税款结算,因预缴税款小于实际应纳税额所产生的补税是否应当加收滞纳金的问题,经研究,批复如下:

一、《中华人民共和国税收征收管理法》(以下简称税收征管法)第二十七条规定,纳税人不能按期办理纳税申报的,经税务机关核准,可以延期申报,但要在纳税期内按照上期实际缴纳的税额或者税务机关核定的税额预缴税款,并在核准的延期内办理税款结算。预缴税款之后,按照规定期限办理税款结算的,不适用税收征管法第三十二条关于纳税人未按期缴纳税款而被加收滞纳金的规定。

二、经核准预缴税款之后按照规定办理税款结算而补缴税款的各种情形,均不适用加收滞纳金的规定。在办理税款结算之前,预缴的税额可能大于或小于应纳税额。当预缴税额大于应纳税额时,税务机关结算退税但不向纳税人计退利息;当预缴税额小于应纳税额时,税务机关在纳税人结算补税时不加收滞纳金。

三、当纳税人本期应纳税额远远大于比照上期税额的预缴税款时,延期申报则可能成为纳税人拖延缴纳税款的手段,造成国家税款被占用。为防止此类问题发生,税务机关在审核延期申报时,要结合纳税人本期经营情况来确定预缴税额,对于经营情况变动大的,应合理核定预缴税额,以维护国家税收权益,并保护真正需要延期申报的纳税人的权利。

【注释】 对《税收征收管理法》第 27、32 条进行了解释。

国家税务总局关于纳税人善意取得虚开增值税专用发票已抵扣税款加收滞纳金问题的批复

国税函[2007]1240号

广东省国家税务局：

你局《关于纳税人善意取得增值税专用发票和其他抵扣凭证追缴税款是否加收滞纳金的请示》(粤国税发[2007]188号)收悉。经研究,批复如下：

根据《国家税务总局关于纳税人善意取得虚开的增值税专用发票处理问题的通知》(国税发[2000]187号)规定,纳税人善意取得虚开的增值税专用发票指购货方与销售方存在真实交易,且购货方不知取得的增值税专用发票是以非法手段获得的。纳税人善意取得虚开的增值税专用发票,如能重新取得合法、有效的专用发票,准许其抵扣进项税款;如不能重新取得合法、有效的专用发票,不准其抵扣进项税款或追缴其已抵扣的进项税款。

纳税人善意取得虚开的增值税专用发票被依法追缴已抵扣税款的,不属于税收征收管理法第三十二条"纳税人未按照规定期限缴纳税款"的情形,不适用该条"税务机关除责令限期缴纳外,从滞纳税款之日起,按日加收滞纳税款万分之五的滞纳金"的规定。

【注释】 对《税收征收管理法》第32条进行了解释。

国家税务总局关于办理印有企业名称发票变更缴销手续问题的批复

国税函[2008]929号

广东省地方税务局：

你局《关于办理发票变更有关问题的请示》(粤地税发[2008]197号)收悉。《中华人民共和国发票管理办法》第29条规定,"开具发票的单位和个人应当在办理变更或者注销税务登记的同时,办理发票和发票领购簿的变更、缴销手续",但印有企业名称发票与其他发票在办理行政审批、发票样式、领购方式、领购数量等方面均有区别,且现行法规和规范性文件尚无具体规定,为了统一有关操作流程,现就办理印有企业名称发票变更、缴销手续问题批复如下：

一、企业在办理变更税务登记的同时,办理发票变更手续,并重新办理印有企业名称发票的行政审批手续。

二、主管税务机关向企业下达限期缴销旧版发票的通知,在缴销限期未满之前旧版发票可继续使用。具体缴销限期,由主管税务机关根据企业用票情况确定。

三、完成印有企业名称发票的行政审批手续后,办理企业印制新版发票和变更发票领购簿手续。

四、办理企业领购新版发票事宜,并按期缴销旧版发票。

国家税务总局关于税收优先权包括滞纳金问题的批复

国税函[2008]1084号

广东省国家税务局：

你局《关于税收优先权是否包括滞纳金的请示》(粤国税发[2008]225号)收悉。现批复如下：

按照《中华人民共和国税收征收管理法》的立法精神，税款滞纳金与罚款两者在征收和缴纳时顺序不同，税款滞纳金在征缴时视同税款管理，税收强制执行、出境清税、税款追征、复议前置条件等相关条款都明确规定滞纳金随税款同时缴纳。税收优先权等情形也适用这一法律精神，《税收征管法》第四十五条规定的税收优先权执行时包括税款及其滞纳金。

国家税务总局关于纳税人权利与义务的公告

2009 年第 1 号

为便于您全面了解纳税过程中所享有的权利和应尽的义务，帮助您及时、准确地完成纳税事宜，促进您与我们在税收征纳过程中的合作（“您”指纳税人或扣缴义务人，“我们”指税务机关或税务人员。下同），根据《中华人民共和国税收征收管理法》及其实施细则和相关税收法律、行政法规的规定，现就您的权利和义务告知如下：

您的权利

您在履行纳税义务过程中，依法享有下列权利：

一、知情权

您有权向我们了解国家税收法律、行政法规的规定以及与纳税程序有关的情况，包括：现行税收法律、行政法规和税收政策规定；办理税收事项的时间、方式、步骤以及需要提交的资料；应纳税额核定及其他税务行政处理决定的法律依据、事实依据和计算方法；与我们在纳税、处罚和采取强制执行措施时发生争议或纠纷时，您可以采取的法律救济途径及需要满足的条件。

二、保密权

您有权要求我们为您的情况保密。我们将依法为您的商业秘密和个人隐私保密，主要包括您的技术信息、经营信息和您、主要投资人以及经营者不愿公开的个人事项。上述事项，如无法律、行政法规明确规定或者您的许可，我们将不会对外部门、社会公众和其他个人提供。但根据法律规定，税收违法行为信息不属于保密范围。

三、税收监督权

您对我们违反税收法律、行政法规的行为，如税务人员索贿受贿、徇私舞弊、玩忽职守，不征或者少征应征税款，滥用职权多征税款或者故意刁难等，可以进行检举和控告。同时，您对其他纳税人的税收违法行为也有权进行检举。

四、纳税申报方式选择权

您可以直接到办税服务厅办理纳税申报或者报送代扣代缴、代收代缴税款报告表，也可以按照规定采取邮寄、数据电文或者其他方式办理上述申报、报送事项。但采取邮寄或数据电文方式办理上述申报、报送事项的，需经您的主管税务机关批准。

您如采取邮寄方式办理纳税申报，应当使用统一的纳税申报专用信封，并以邮政部门收据作为申报凭据。邮寄申报以寄出的邮戳日期为实际申报日期。

数据电文方式是指我们确定的电话语音、电子数据交换和网络传输等电子方式。您如采用电子方式办理纳税申报，应当按照我们规定的期限和要求保存有关资料，并定期书面报送给我们。

五、申请延期申报权

您如不能按期办理纳税申报或者报送代扣代缴、代收代缴税款报告表，应当在规定的期限内向我们提出书面延期申请，经核准，可在核准的期限内办理。经核准延期办理申报、报送事项的，应当在税法规定的纳税期内按照上期实际缴纳的税额或者我们核定的税额预缴税款，并在核准的延期内办理税款结算。

六、申请延期缴纳税款权

如您因有特殊困难，不能按期缴纳税款的，经省、自治区、直辖市国家税务局、地方税务局批准，可以延期缴纳税款，但是最长不得超过三个月。计划单列市国家税务局、地方税务局可以参照省级税务机关的批准权限，审批您的延期缴纳税款申请。

您满足以下任何一个条件,均可以申请延期缴纳税款:一是因不可抗力,导致您发生较大损失,正常生产经营活动受到较大影响的;二是当期货币资金在扣除应付职工工资、社会保险费后,不足以缴纳税款的。

七、申请退还多缴税款权

对您超过应纳税额缴纳的税款,我们发现后,将自发现之日起10日内办理退还手续;如您自结算缴纳税款之日起三年内发现的,可以向我们要求退还多缴的税款并加算银行同期存款利息。我们将自接到您退还申请之日起30日内查实并办理退还手续,涉及从国库中退库的,依照法律、行政法规有关国库管理的规定退还。

八、依法享受税收优惠权

您可以依照法律、行政法规的规定书面申请减税、免税。减税、免税的申请须经法律、行政法规规定的减税、免税审查批准机关审批。减税、免税期满,应当自期满次日起恢复纳税。减税、免税条件发生变化的,应当自发生变化之日起15日内向我们报告;不再符合减税、免税条件的,应当依法履行纳税义务。

如您享受的税收优惠需要备案的,应当按照税收法律、行政法规和有关政策规定,及时办理事前或事后备案。

九、委托税务代理权

您有权就以下事项委托税务代理人代为办理:办理、变更或者注销税务登记、除增值税专用发票外的发票领购手续、纳税申报或扣缴税款报告、税款缴纳和申请退税、制作涉税文书、审查纳税情况、建账建制、办理财务、税务咨询、申请税务行政复议、提起税务行政诉讼以及国家税务总局规定的其他业务。

十、陈述与申辩权

您对我们作出的决定,享有陈述权、申辩权。如果您有充分的证据证明自己的行为合法,我们就不得对您实施行政处罚;即使您的陈述或申辩不充分合理,我们也会向您解释实施行政处罚的原因。我们不会因您的申辩而加重处罚。

十一、对未出示税务检查证和税务检查通知书的拒绝检查权

我们派出的人员进行税务检查时,应当向您出示税务检查证和税务检查通知书;对未出示税务检查证和税务检查通知书的,您有权拒绝检查。

十二、税收法律救济权

您对我们作出的决定,依法享有申请行政复议、提起行政诉讼、请求国家赔偿等权利。

您、纳税担保人同我们在纳税上发生争议时,必须先依照我们的纳税决定缴纳或者解缴税款及滞纳金或者提供相应的担保,然后可以依法申请行政复议;对行政复议决定不服的,可以依法向人民法院起诉。如您对我们的处罚决定、强制执行措施或者税收保全措施不服的,可以依法申请行政复议,也可以依法向人民法院起诉。

当我们的职务违法行为给您和其他税务当事人的合法权益造成侵害时,您和其他税务当事人可以要求税务行政赔偿。主要包括:一是您在限期内已缴纳税款,我们未立即解除税收保全措施,使您的合法权益遭受损失的;二是我们滥用职权违法采取税收保全措施、强制执行措施或者采取税收保全措施、强制执行措施不当,使您或者纳税担保人的合法权益遭受损失的。

十三、依法要求听证的权利

对您作出规定金额以上罚款的行政处罚之前,我们会向您送达《税务行政处罚事项告知书》,告知您已经查明的违法事实、证据、行政处罚的法律依据和拟将给予的行政处罚。对此,您有权要求举行听证。我们将应您的要求组织听证。如您认为我们指定的听证主持人与本案有直接利害关系,您有权申请主持人回避。

对应当进行听证的案件,我们不组织听证,行政处罚决定不能成立。但您放弃听证权利或者被正当取消听证权利的除外。

十四、索取有关税收凭证的权利

我们征收税款时,必须给您开具完税凭证。扣缴义务人代扣、代收税款时,纳税人要求扣缴义务人开具代扣、代收税款凭证时,扣缴义务人应当开具。

我们扣押商品、货物或者其他财产时,必须开付收据;查封商品、货物或者其他财产时,必须开付清单。

您的义务

依照宪法、税收法律和行政法规的规定，您在纳税过程中负有以下义务：

一、依法进行税务登记的义务

您应当自领取营业执照之日起30日内，持有关证件，向我们申报办理税务登记。税务登记主要包括领取营业执照后的设立登记、税务登记内容发生变化后的变更登记、依法申请停业、复业登记、依法终止纳税义务的注销登记等。

在各类税务登记管理中，您应该根据我们的规定分别提交相关资料，及时办理。同时，您应当按照我们的规定使用税务登记证件。税务登记证件不得转借、涂改、损毁、买卖或者伪造。

二、依法设置账簿、保管账簿和有关资料以及依法开具、使用、取得和保管发票的义务

您应当按照有关法律、行政法规和国务院财政、税务主管部门的规定设置账簿，根据合法、有效凭证记账，进行核算；从事生产、经营的，必须按照国务院财政、税务主管部门规定的保管期限保管账簿、记账凭证、完税凭证及其他有关资料；账簿、记账凭证、完税凭证及其他有关资料不得伪造、变造或者擅自损毁。

此外，您在购销商品、提供或者接受经营服务以及从事其他经营活动中，应当依法开具、使用、取得和保管发票。

三、财务会计制度和会计核算软件备案的义务

您的财务、会计制度或者财务、会计处理办法和会计核算软件，应当报送我们备案。您的财务、会计制度或者财务、会计处理办法与国务院或者国务院财政、税务主管部门有关税收的规定抵触的，应依照国务院或者国务院财政、税务主管部门有关税收的规定计算应纳税款、代扣代缴和代收代缴税款。

四、按照规定安装、使用税控装置的义务

国家根据税收征收管理的需要，积极推广使用税控装置。您应当按照规定安装、使用税控装置，不得损毁或者擅自改动税控装置。如您未按规定安装、使用税控装置，或者损毁或者擅自改动税控装置的，我们将责令您限期改正，并可根据情节轻重处以规定数额内的罚款。

五、按时、如实申报的义务

您必须依照法律、行政法规规定或者我们依照法律、行政法规的规定确定的申报期限、申报内容如实办理纳税申报，报送纳税申报表、财务会计报表以及我们根据实际需要要求您报送的其他纳税资料。

作为扣缴义务人，您必须依照法律、行政法规规定或者我们依照法律、行政法规的规定确定的申报期限、申报内容如实报送代扣代缴、代收代缴税款报告表以及我们根据实际需要要求您报送的其他有关资料。

您即使在纳税期内没有应纳税款，也应当按照规定办理纳税申报。享受减税、免税待遇的，在减税、免税期间应当按照规定办理纳税申报。

六、按时缴纳税款的义务

您应当按照法律、行政法规规定或者我们依照法律、行政法规的规定确定的期限，缴纳或者解缴税款。

未按照规定期限缴纳税款或者未按照规定期限解缴税款的，我们除责令限期缴纳外，从滞纳税款之日起，按日加收滞纳税款万分之五的滞纳金。

七、代扣、代收税款的义务

如您按照法律、行政法规规定负有代扣代缴、代收代缴税款义务，必须依照法律、行政法规的规定履行代扣、代收税款的义务。您依法履行代扣、代收税款义务时，纳税人不得拒绝。纳税人拒绝的，您应当及时报告我们处理。

八、接受依法检查的义务

您有接受我们依法进行税务检查的义务，应主动配合我们按法定程序进行的税务检查，如实地向我们反映自己的生产经营情况和执行财务制度的情况，并按有关规定提供报表和资料，不得隐瞒和弄虚作假，不能阻挠、刁难我们的检查和监督。

九、及时提供信息的义务

您除通过税务登记和纳税申报向我们提供与纳税有关的信息外，还应及时提供其他信息。如您有歇业、经营情况变化、遭受各种灾害等特殊情况的，应及时向我们说明，以便我们依法妥善处理。

十、报告其他涉税信息的义务

为了保障国家税收能够及时、足额征收入库，税收法律还规定了您有义务向我们报告如下涉税信息：

1. 您有义务就您与关联企业之间的业务往来，向当地税务机关提供有关的价格、费用标准等资料。

您有欠税情形而以财产设定抵押、质押的，应当向抵押权人、质权人说明您的欠税情况。

2. 企业合并、分立的报告义务。您有合并、分立情形的，应当向我们报告，并依法缴清税款。合并时未缴清税款的，应当由合并后的纳税人继续履行未履行的纳税义务；分立时未缴清税款的，分立后的纳税人对未履行的纳税义务应当承担连带责任。

3. 报告全部账号的义务。如您从事生产、经营，应当按照国家有关规定，持税务登记证件，在银行或者其他金融机构开立基本存款账户和其他存款账户，并自开立基本存款账户或者其他存款账户之日起15日内，向您的主管税务机关书面报告全部账号；发生变化的，应当自变化之日起15日内，向您的主管税务机关书面报告。

4. 处分大额财产报告的义务。如您的欠缴税款数额在5万元以上，您在处分不动产或者大额资产之前，应当向我们报告。

税收规范性文件制定管理办法

国家税务总局令第20号

第一章 总　　则

第一条 为规范税收规范性文件制定和管理工作，促进税务机关依法行政，根据国务院《全面推进依法行政实施纲要》等规定，结合税务机关工作实际，制定本办法。

第二条 本办法所称税收规范性文件，是指县以上（含本级）税务机关依照法定职权和规定程序制定并公布的，规定纳税人、扣缴义务人及其他税务行政相对人（以下简称税务行政相对人）权利、义务，在本辖区内具有普遍约束力并反复适用的文件。

国家税务总局制定的税务部门规章，不属于本办法所称的税收规范性文件。

第三条 税收规范性文件的起草、审核、决定、公布、备案、清理等工作，适用本办法。

第四条 制定税收规范性文件，应当符合法律、法规、规章及上级税收规范性文件的规定，坚持公开、统一、效能的原则，并遵循本办法规定的制定规则和制定程序。

第五条 税收规范性文件不得设定税收开征、停征、减税、免税、退税、补税事项，行政许可，行政审批，行政处罚，行政强制，行政事业性收费以及其他不得由税收规范性文件设定的事项。经国务院批准的设定减税、免税等事项除外。

第六条 县税务机关制定税收规范性文件，必须依据法律、法规、规章或省以上（含本级）税务机关税收规范性文件的明确授权；没有授权又确需制定税收规范性文件的，应当提请上一级税务机关制定。

县以下税务机关及各级税务机关的内设机构、派出机构、直属机构和临时性机构，不得以自己的名义制定税收规范性文件。

第二章 制定规则

第七条 税收规范性文件可以使用“办法”、“规定”、“规程”、“规则”等名称，但不得称“条例”、“实施细则”、“通知”或“批复”。

上级税务机关针对下级税务机关有关特定税务行政相对人的特定事项如何适用税收法律、法规、规章或税收规范性文件所做的批复，需要抄送本辖区的，应当按照本办法规定的制定规则和制定程序制定税收规范性文件，并使用税收规范性文件的名称。

第八条 税收规范性文件应当根据内容需要，明确制定目的和依据、适用范围、主体、权利义务、具体规范、操作程序、施行日期或有效期限等内容。

第九条 制定税收规范性文件，应当做到内容具体、明确，内在逻辑严密，语言规范、简洁、准确，具有可操作性。

第十条　除内容复杂的外,税收规范性文件一般不分章、节。

需要分章、节、条、款、项、目的税收规范性文件,章、节应当有标题,章、节、条的序号用中文数字依次表述;款不加序号;项的序号用中文数字加圆括号依次表述;目的序号用阿拉伯数字依次表述。

第十一条　上级税务机关需要下级税务机关对规章和税收规范性文件做出补充规定的,可以授权下级税务机关制定具体的实施办法。

被授权税务机关不得将该项权力转授给其他机关。

第十二条　税收规范性文件由制定机关负责解释。

制定机关不得将税收规范性文件的解释权授予本级机关的内设机构或下级税务机关。

第十三条　税收规范性文件不得溯及既往,但为了更好地保护税务行政相对人权利和利益而作的特别规定除外。

第十四条　税收规范性文件应当自公布之日起30日后施行。

对公布后不立即施行有碍执行的税收规范性文件,可以自公布之日起施行。

经授权对规章或上级税收规范性文件做出补充规定的税收规范性文件,施行时间可与规章或上级税收规范性文件的施行时间相同。

第三章　制定程序

第十五条　税收规范性文件由制定机关业务主管部门负责起草;内容涉及两个或者两个以上部门的,由制定机关负责人指定牵头起草部门。

第十六条　各级税务机关从事政策法规工作的部门或人员(以下简称法规部门)负责对税收规范性文件进行合法性审核。

未经法规部门审核的税收规范性文件,办公厅(室)不予核稿,局领导不予签发。

第十七条　起草税收规范性文件,应当深入调查研究,总结实践经验,听取相关各方意见。必要时,起草部门应当邀请法规部门一并听取意见。

听取意见可以采取书面、网上征求意见或召开座谈会、论证会、听证会等多种形式。

第十八条　起草税收规范性文件,应当明确列举将被该文件废止的文件的名称、文号及条款。

同一事项已由多个税收规范性文件做出规定,起草部门在起草同类文件时,应当对有关文件进行归并、整合。

第十九条　形成起草文本后,起草部门应当将起草文本送交法规部门进行合法性审核。

送交审核的起草文本,应当由起草部门负责人签署。

起草文本内容涉及征管业务及其工作流程的,应当于送交审核前会签征管科技部门;涉及其他业务主管部门工作的,应当于送交审核前一并会签相关业务主管部门。

第二十条　起草部门将起草文本送交审核时,应一并提供下列材料:

(一)起草说明。起草说明应包括制定目的、制定依据、必要性与可行性、起草过程、对起草文本主要问题的不同意见和协调情况、日常清理结果及其他需要说明的事项。

(二)制定依据。包括法律、法规、规章及税收规范性文件的名称、文号。必要时,提供纸质或电子文本。

(三)会签单位及其他被听取意见单位的意见及采纳情况。

(四)其他相关材料。

第二十一条　对内容简单的税收规范性文件,起草部门在征求意见、提供材料等方面可以从简适用本办法第十七条、第二十条的规定。

从简适用第二十条的,必须提供起草说明。

第二十二条　法规部门应从以下几个方面对起草文本进行合法性审核:

(一)是否符合本办法第四条、第五条、第六条的要求;

(二)是否符合本办法第二章有关制定规则的要求;

(三)是否听取相关各方的意见,并对采纳情况作出说明。

第二十三条　法规部门应当认真研究各方意见和相关问题,并根据不同情况提出审核意见:

(一)认为起草部门应当补充听取意见,或者对已征求的重大分歧意见采纳情况没有合理说明的,退回起草部门补充听取意见或作出进一步说明;

(二)认为起草文本存在问题,经协商不能达成一致意见的,提出书面审核意见;

(三)认为起草文本没有问题的,提出无异议审核意见。

第二十四条 经审核无异议,或者虽有不同意见但经过协商已与起草部门达成一致的,法规部门应当在签署同意意见后,按公文处理程序报局领导签发。

第二十五条 对审核中存在不同意见且经过协商仍存在意见分歧的起草文本,法规部门应当将书面审核意见和起草文本一并退回起草部门,由起草部门将各方意见、理由及相关材料报局领导进行协调或裁定。

第二十六条 税务机关与其他机关联合制定涉税文件,省以下税务机关代地方人大、政府起草涉税文件,业务主管部门应当将起草文本或会签文本送交法规部门进行合法性审核。

第二十七条 税收规范性文件应当由局领导签发,以公告形式公布,并及时在本级政府公报、税务部门公报、本辖区范围内公开发行的报纸或者在政府网站、税务机关网站上刊登。

不具备本条第一款规定公布条件的税务机关,应当在办税服务场所和公共场所通过公告栏或宣传材料等形式,及时公布其制定的税收规范性文件。

第二十八条 制定机关的起草部门和法规部门应当及时跟踪了解税收规范性文件的施行情况。

对实施机关或税务行政相对人反映问题的文件,制定机关应当及时进行分析、评估,并研究提出处理意见。

第四章 备案审查

第二十九条 省以下(含本级)税务机关应当于税收规范性文件发布之日起30日内向上一级税务机关报送备案税收规范性文件,于每年年度终了后1个月内向上一级税务机关报送本年度发布的税收规范性文件的目录。

第三十条 报送备案税收规范性文件,应当填写《税收规范性文件备案报告表》,并报送税收规范性文件的电子文本。

第三十一条 上一级税务机关的法规部门具体负责税收规范性文件的备案登记、审查监督和纠正违规等工作。

业务主管部门应当配合法规部门审查其职能范围内的税收规范性文件,并按照规定时限向法规部门送交审查意见。

第三十二条 上一级税务机关对报送备案的税收规范性文件,就下列事项进行审查:

(一)是否超越法定权限;

(二)是否违反法律、法规、规章及上级税务机关税收规范性文件的规定;

(三)是否违背制定规则或制定程序;

(四)其他需要审查的内容。

第三十三条 经审查,税收规范性文件超越权限,违反法律、法规、规章及上级税收规范性文件的规定,或者其规定明显不适当的,由上一级税务机关责令制定机关限期纠正。

制定机关应当按期纠正,并于责令纠正期限届满之日起30日内,将处理情况报告上一级税务机关。

第三十四条 对不报送备案或不按时报送备案的税务机关,由上一级税务机关通知制定机关限期报送;逾期仍不报送的,给予通报,并责令限期改正。

第三十五条 税务行政相对人认为税收规范性文件违反税收法律、法规、规章或上级税收规范性文件的规定,可以向制定机关或其上一级税务机关书面提出审查的建议,制定机关或其上一级税务机关应当依法及时处理。

有税收规范性文件制定权的税务机关应当建立有关异议处理的制度、机制。

第五章 文件清理

第三十六条 制定机关应当对税收规范性文件进行清理。

清理采取日常清理和定期清理相结合的方法。

第三十七条　日常清理由税务机关业务主管部门负责。

业务主管部门应当根据立法变化及税收工作发展需要，按照本办法第十八条的要求，对税收规范性文件随时进行清理。

第三十八条　定期清理由国家税务总局统一部署，每2年开展一次。法规部门负责牵头组织，业务主管部门分工负责。

业务主管部门应当在规定期限内列出需要清理的税收规范性文件目录，并提出清理意见；法规部门应当对业务主管部门提出的文件目录及清理意见进行汇总、审核。

第三十九条　对清理中存在问题的税收规范性文件，制定机关应进行处理：

（一）对存在以下情形的，宣布失效：

1. 执行时间过期；

2. 调整对象灭失。

（二）对存在以下情形的，宣布撤销或废止：

1. 违反上位法规定；

2. 已被后文废止。

（三）对存在以下情形的，予以修订：

1. 与本机关税收规范性文件相矛盾；

2. 与本机关税收规范性文件相重复；

3. 存在执行漏洞或者难以操作。

第四十条　制定机关应当及时公布日常清理结果，并在定期清理结束后统一公布失效、撤销、废止的文件目录或条款。

第六章　附　　则

第四十一条　解释、修改或废止税收规范性文件，参照本办法的有关规定执行。

第四十二条　本办法自2010年7月1日起施行。《国家税务总局关于印发〈税收规范性文件管理办法（试行）〉的通知》（国税发［2005］201号）和《国家税务总局关于印发〈地方税收法规规章、税收规范性文件备查备案规定〉的通知》（国税发［1994］208号）同时废止。

税务行政复议规则

国家税务总局令第21号

第一章　总　　则

第一条　为了进一步发挥行政复议解决税务行政争议的作用，保护公民、法人和其他组织的合法权益，监督和保障税务机关依法行使职权，根据《中华人民共和国行政复议法》（以下简称行政复议法）、《中华人民共和国税收征收管理法》和《中华人民共和国行政复议法实施条例》（以下简称行政复议法实施条例），结合税收工作实际，制定本规则。

第二条　公民、法人和其他组织（以下简称申请人）认为税务机关的具体行政行为侵犯其合法权益，向税务行政复议机关申请行政复议，税务行政复议机关办理行政复议事项，适用本规则。

第三条　本规则所称税务行政复议机关（以下简称行政复议机关），指依法受理行政复议申请、对具体行政行为进行审查并作出行政复议决定的税务机关。

第四条　行政复议应当遵循合法、公正、公开、及时和便民的原则。

行政复议机关应当树立依法行政观念，强化责任意识和服务意识，认真履行行政复议职责，坚持有错必纠，确保法律正确实施。

第五条　行政复议机关在申请人的行政复议请求范围内，不得作出对申请人更为不利的行政复议决定。

第六条 申请人对行政复议决定不服的,可以依法向人民法院提起行政诉讼。

第七条 行政复议机关受理行政复议申请,不得向申请人收取任何费用。

第八条 各级税务机关行政首长是行政复议工作第一责任人,应当切实履行职责,加强对行政复议工作的组织领导。

第九条 行政复议机关应当为申请人、第三人查阅案卷资料、接受询问、调解、听证等提供专门场所和其他必要条件。

第十条 各级税务机关应当加大对行政复议工作的基础投入,推进行政复议工作信息化建设,配备调查取证所需的照相、录音、录像和办案所需的电脑、扫描、投影、传真、复印等设备,保障办案交通工具和相应经费。

第二章 税务行政复议机构和人员

第十一条 各级行政复议机关负责法制工作的机构(以下简称行政复议机构)依法办理行政复议事项,履行下列职责:

(一)受理行政复议申请。

(二)向有关组织和人员调查取证,查阅文件和资料。

(三)审查申请行政复议的具体行政行为是否合法和适当,起草行政复议决定。

(四)处理或者转送对本规则第十五条所列有关规定的审查申请。

(五)对被申请人违反行政复议法及其实施条例和本规则规定的行为,依照规定的权限和程序向相关部门提出处理建议。

(六)研究行政复议工作中发现的问题,及时向有关机关或者部门提出改进建议,重大问题及时向行政复议机关报告。

(七)指导和监督下级税务机关的行政复议工作。

(八)办理或者组织办理行政诉讼案件应诉事项。

(九)办理行政复议案件的赔偿事项。

(十)办理行政复议、诉讼、赔偿等案件的统计、报告、归档工作和重大行政复议决定备案事项。

(十一)其他与行政复议工作有关的事项。

第十二条 各级行政复议机关可以成立行政复议委员会,研究重大、疑难案件,提出处理建议。

行政复议委员会可以邀请本机关以外的具有相关专业知识的人员参加。

第十三条 行政复议工作人员应当具备与履行行政复议职责相适应的品行、专业知识和业务能力,并取得行政复议法实施条例规定的资格。

第三章 税务行政复议范围

第十四条 行政复议机关受理申请人对税务机关下列具体行政行为不服提出的行政复议申请:

(一)征税行为,包括确认纳税主体、征税对象、征税范围、减税、免税、退税、抵扣税款、适用税率、计税依据、纳税环节、纳税期限、纳税地点和税款征收方式等具体行政行为,征收税款、加收滞纳金,扣缴义务人、受税务机关委托的单位和个人作出的代扣代缴、代收代缴、代征行为等。

(二)行政许可、行政审批行为。

(三)发票管理行为,包括发售、收缴、代开发票等。

(四)税收保全措施、强制执行措施。

(五)行政处罚行为:

1. 罚款;

2. 没收财物和违法所得;

3. 停止出口退税权。

(六)不依法履行下列职责的行为:

1. 颁发税务登记;

2. 开具、出具完税凭证、外出经营活动税收管理证明；

3. 行政赔偿；

4. 行政奖励；

5. 其他不依法履行职责的行为。

（七）资格认定行为。

（八）不依法确认纳税担保行为。

（九）政府信息公开工作中的具体行政行为。

（十）纳税信用等级评定行为。

（十一）通知出入境管理机关阻止出境行为。

（十二）其他具体行政行为。

第十五条　申请人认为税务机关的具体行政行为所依据的下列规定不合法，对具体行政行为申请行政复议时，可以一并向行政复议机关提出对有关规定的审查申请；申请人对具体行政行为提出行政复议申请时不知道该具体行政行为所依据的规定的，可以在行政复议机关作出行政复议决定以前提出对该规定的审查申请：

（一）国家税务总局和国务院其他部门的规定。

（二）其他各级税务机关的规定。

（三）地方各级人民政府的规定。

（四）地方人民政府工作部门的规定。

前款中的规定不包括规章。

第四章　税务行政复议管辖

第十六条　对各级国家税务局的具体行政行为不服的，向其上一级国家税务局申请行政复议。

第十七条　对各级地方税务局的具体行政行为不服的，可以选择向其上一级地方税务局或者该税务局的本级人民政府申请行政复议。

省、自治区、直辖市人民代表大会及其常务委员会、人民政府对地方税务局的行政复议管辖另有规定的，从其规定。

第十八条　对国家税务总局的具体行政行为不服的，向国家税务总局申请行政复议。对行政复议决定不服，申请人可以向人民法院提起行政诉讼，也可以向国务院申请裁决。国务院的裁决为最终裁决。

第十九条　对下列税务机关的具体行政行为不服的，按照下列规定申请行政复议：

（一）对计划单列市税务局的具体行政行为不服的，向省税务局申请行政复议。

（二）对税务所（分局）、各级税务局的稽查局的具体行政行为不服的，向其所属税务局申请行政复议。

（三）对两个以上税务机关共同作出的具体行政行为不服的，向共同上一级税务机关申请行政复议；对税务机关与其他行政机关共同作出的具体行政行为不服的，向其共同上一级行政机关申请行政复议。

（四）对被撤销的税务机关在撤销以前所作出的具体行政行为不服的，向继续行使其职权的税务机关的上一级税务机关申请行政复议。

（五）对税务机关作出逾期不缴纳罚款加处罚款的决定不服的，向作出行政处罚决定的税务机关申请行政复议。但是对已处罚款和加处罚款都不服的，一并向作出行政处罚决定的税务机关的上一级税务机关申请行政复议。

有前款（二）、（三）、（四）、（五）项所列情形之一的，申请人也可以向具体行政行为发生地的县级地方人民政府提交行政复议申请，由接受申请的县级地方人民政府依法转送。

第五章　税务行政复议申请人和被申请人

第二十条　合伙企业申请行政复议的，应当以工商行政管理机关核准登记的企业为申请人，由执行合伙事务的合伙人代表该企业参加行政复议；其他合伙组织申请行政复议的，由合伙人共同申请行政复议。

前款规定以外的不具备法人资格的其他组织申请行政复议的，由该组织的主要负责人代表该组织参加行政复议；没有主要负责人的，由共同推选的其他成员代表该组织参加行政复议。

第二十一条 股份制企业的股东大会、股东代表大会、董事会认为税务具体行政行为侵犯企业合法权益的，可以以企业的名义申请行政复议。

第二十二条 有权申请行政复议的公民死亡的，其近亲属可以申请行政复议；有权申请行政复议的公民为无行为能力人或者限制行为能力人，其法定代理人可以代理申请行政复议。

有权申请行政复议的法人或者其他组织发生合并、分立或终止的，承受其权利义务的法人或者其他组织可以申请行政复议。

第二十三条 行政复议期间，行政复议机关认为申请人以外的公民、法人或者其他组织与被审查的具体行政行为有利害关系的，可以通知其作为第三人参加行政复议。

行政复议期间，申请人以外的公民、法人或者其他组织与被审查的税务具体行政行为有利害关系的，可以向行政复议机关申请作为第三人参加行政复议。

第三人不参加行政复议，不影响行政复议案件的审理。

第二十四条 非具体行政行为的行政管理相对人，但其权利直接被该具体行政行为所剥夺、限制或者被赋予义务的公民、法人或其他组织，在行政管理相对人没有申请行政复议时，可以单独申请行政复议。

第二十五条 同一行政复议案件申请人超过 5 人的，应当推选 1 至 5 名代表参加行政复议。

第二十六条 申请人对具体行政行为不服申请行政复议的，作出该具体行政行为的税务机关为被申请人。

第二十七条 申请人对扣缴义务人的扣缴税款行为不服的，主管该扣缴义务人的税务机关为被申请人；对税务机关委托的单位和个人的代征行为不服的，委托税务机关为被申请人。

第二十八条 税务机关与法律、法规授权的组织以共同的名义作出具体行政行为的，税务机关和法律、法规授权的组织为共同被申请人。

税务机关与其他组织以共同名义作出具体行政行为的，税务机关为被申请人。

第二十九条 税务机关依照法律、法规和规章规定，经上级税务机关批准作出具体行政行为的，批准机关为被申请人。

申请人对经重大税务案件审理程序作出的决定不服的，审理委员会所在税务机关为被申请人。

第三十条 税务机关设立的派出机构、内设机构或者其他组织，未经法律、法规授权，以自己名义对外作出具体行政行为的，税务机关为被申请人。

第三十一条 申请人、第三人可以委托 1 至 2 名代理人参加行政复议。申请人、第三人委托代理人的，应当向行政复议机构提交授权委托书。授权委托书应当载明委托事项、权限和期限。公民在特殊情况下无法书面委托的，可以口头委托。口头委托的，行政复议机构应当核实并记录在卷。申请人、第三人解除或者变更委托的，应当书面告知行政复议机构。

被申请人不得委托本机关以外人员参加行政复议。

第六章 税务行政复议申请

第三十二条 申请人可以在知道税务机关作出具体行政行为之日起 60 日内提出行政复议申请。

因不可抗力或者被申请人设置障碍等原因耽误法定申请期限的，申请期限的计算应当扣除被耽误时间。

第三十三条 申请人对本规则第十四条第（一）项规定的行为不服的，应当先向行政复议机关申请行政复议；对行政复议决定不服的，可以向人民法院提起行政诉讼。

申请人按照前款规定申请行政复议的，必须依照税务机关根据法律、法规确定的税额、期限，先行缴纳或者解缴税款和滞纳金，或者提供相应的担保，才可以在缴清税款和滞纳金以后或者所提供的担保得到作出具体行政行为的税务机关确认之日起 60 日内提出行政复议申请。

申请人提供担保的方式包括保证、抵押和质押。作出具体行政行为的税务机关应当对保证人的资格、资信进行审查，对不具备法律规定资格或者没有能力保证的，有权拒绝。作出具体行政行为的税务机关应当对抵押人、出质人提供的抵押担保、质押担保进行审查，对不符合法律规定的抵押担保、质押担保，不予确认。

第三十四条 申请人对本规则第十四条第（一）项规定以外的其他具体行政行为不服，可以申请行政复议,也可以直接向人民法院提起行政诉讼。

申请人对税务机关作出逾期不缴纳罚款加处罚款的决定不服的,应当先缴纳罚款和加处罚款,再申请行政复议。

第三十五条 本规则第三十二条第一款规定的行政复议申请期限的计算,依照下列规定办理:

(一)当场作出具体行政行为的,自具体行政行为作出之日起计算。

(二)载明具体行政行为的法律文书直接送达的,自受送达人签收之日起计算。

(三)载明具体行政行为的法律文书邮寄送达的,自受送达人在邮件签收单上签收之日起计算;没有邮件签收单的,自受送达人在送达回执上签名之日起计算。

(四)具体行政行为依法通过公告形式告知受送达人的,自公告规定的期限届满之日起计算。

(五)税务机关作出具体行政行为时未告知申请人,事后补充告知的,自该申请人收到税务机关补充告知的通知之日起计算。

(六)被申请人能够证明申请人知道具体行政行为的,自证据材料证明其知道具体行政行为之日起计算。

税务机关作出具体行政行为,依法应当向申请人送达法律文书而未送达的,视为该申请人不知道该具体行政行为。

第三十六条 申请人依照行政复议法第六条第(八)项、第(九)项、第(十)项的规定申请税务机关履行法定职责,税务机关未履行的,行政复议申请期限依照下列规定计算:

(一)有履行期限规定的,自履行期限届满之日起计算。

(二)没有履行期限规定的,自税务机关收到申请满60日起计算。

第三十七条 税务机关作出的具体行政行为对申请人的权利、义务可能产生不利影响的,应当告知其申请行政复议的权利、行政复议机关和行政复议申请期限。

第三十八条 申请人书面申请行政复议的,可以采取当面递交、邮寄或者传真等方式提出行政复议申请。

有条件的行政复议机关可以接受以电子邮件形式提出的行政复议申请。

对以传真、电子邮件形式提出行政复议申请的,行政复议机关应当审核确认申请人的身份、复议事项。

第三十九条 申请人书面申请行政复议的,应当在行政复议申请书中载明下列事项:

(一)申请人的基本情况,包括公民的姓名、性别、出生年月、身份证件号码、工作单位、住所、邮政编码、联系电话;法人或者其他组织的名称、住所、邮政编码、联系电话和法定代表人或者主要负责人的姓名、职务。

(二)被申请人的名称。

(三)行政复议请求、申请行政复议的主要事实和理由。

(四)申请人的签名或者盖章。

(五)申请行政复议的日期。

第四十条 申请人口头申请行政复议的,行政复议机构应当依照本规则第三十九条规定的事项,当场制作行政复议申请笔录,交申请人核对或者向申请人宣读,并由申请人确认。

第四十一条 有下列情形之一的,申请人应当提供证明材料:

(一)认为被申请人不履行法定职责的,提供要求被申请人履行法定职责而被申请人未履行的证明材料。

(二)申请行政复议时一并提出行政赔偿请求的,提供受具体行政行为侵害而造成损害的证明材料。

(三)法律、法规规定需要申请人提供证据材料的其他情形。

第四十二条 申请人提出行政复议申请时错列被申请人的,行政复议机关应当告知申请人变更被申请人。申请人不变更被申请人的,行政复议机关不予受理,或者驳回行政复议申请。

第四十三条 申请人向行政复议机关申请行政复议,行政复议机关已经受理的,在法定行政复议期限内申请人不得向人民法院提起行政诉讼;申请人向人民法院提起行政诉讼,人民法院已经依法受理的,不得申请行政复议。

第七章 税务行政复议受理

第四十四条 行政复议申请符合下列规定的,行政复议机关应当受理:

（一）属于本规则规定的行政复议范围。

（二）在法定申请期限内提出。

（三）有明确的申请人和符合规定的被申请人。

（四）申请人与具体行政行为有利害关系。

（五）有具体的行政复议请求和理由。

（六）符合本规则第三十三条和第三十四条规定的条件。

（七）属于收到行政复议申请的行政复议机关的职责范围。

（八）其他行政复议机关尚未受理同一行政复议申请，人民法院尚未受理同一主体就同一事实提起的行政诉讼。

第四十五条 行政复议机关收到行政复议申请以后，应当在5日内审查，决定是否受理。对不符合本规则规定的行政复议申请，决定不予受理，并书面告知申请人。

对不属于本机关受理的行政复议申请，应当告知申请人向有关行政复议机关提出。

行政复议机关收到行政复议申请以后未按照前款规定期限审查并作出不予受理决定的，视为受理。

第四十六条 对符合规定的行政复议申请，自行政复议机构收到之日起即为受理；受理行政复议申请，应当书面告知申请人。

第四十七条 行政复议申请材料不齐全、表述不清楚的，行政复议机构可以自收到该行政复议申请之日起5日内书面通知申请人补正。补正通知应当载明需要补正的事项和合理的补正期限。无正当理由逾期不补正的，视为申请人放弃行政复议申请。

补正申请材料所用时间不计入行政复议审理期限。

第四十八条 上级税务机关认为行政复议机关不予受理行政复议申请的理由不成立的，可以督促其受理；经督促仍然不受理的，责令其限期受理。

上级税务机关认为行政复议申请不符合法定受理条件的，应当告知申请人。

第四十九条 上级税务机关认为有必要的，可以直接受理或者提审由下级税务机关管辖的行政复议案件。

第五十条 对应当先向行政复议机关申请行政复议，对行政复议决定不服再向人民法院提起行政诉讼的具体行政行为，行政复议机关决定不予受理或者受理以后超过行政复议期限不作答复的，申请人可以自收到不予受理决定书之日起或者行政复议期满之日起15日内，依法向人民法院提起行政诉讼。

依照本规则第八十三条规定延长行政复议期限的，以延长以后的时间为行政复议期满时间。

第五十一条 行政复议期间具体行政行为不停止执行；但是有下列情形之一的，可以停止执行：

（一）被申请人认为需要停止执行的。

（二）行政复议机关认为需要停止执行的。

（三）申请人申请停止执行，行政复议机关认为其要求合理，决定停止执行的。

（四）法律规定停止执行的。

第八章 税务行政复议证据

第五十二条 行政复议证据包括以下类别：

（一）书证。

（二）物证。

（三）视听资料。

（四）证人证言。

（五）当事人陈述。

（六）鉴定结论。

（七）勘验笔录、现场笔录。

第五十三条 在行政复议中，被申请人对其作出的具体行政行为负有举证责任。

第五十四条 行政复议机关应当依法全面审查相关证据。行政复议机关审查行政复议案件，应当以证据证明的案件事实为依据。定案证据应当具有合法性、真实性和关联性。

第五十五条　行政复议机关应当根据案件的具体情况，从以下方面审查证据的合法性：

（一）证据是否符合法定形式。

（二）证据的取得是否符合法律、法规、规章和司法解释的规定。

（三）是否有影响证据效力的其他违法情形。

第五十六条　行政复议机关应当根据案件的具体情况，从以下方面审查证据的真实性：

（一）证据形成的原因。

（二）发现证据时的环境。

（三）证据是否为原件、原物，复制件、复制品与原件、原物是否相符。

（四）提供证据的人或者证人与行政复议参加人是否具有利害关系。

（五）影响证据真实性的其他因素。

第五十七条　行政复议机关应当根据案件的具体情况，从以下方面审查证据的关联性：

（一）证据与待证事实是否具有证明关系。

（二）证据与待证事实的关联程度。

（三）影响证据关联性的其他因素。

第五十八条　下列证据材料不得作为定案依据：

（一）违反法定程序收集的证据材料。

（二）以偷拍、偷录和窃听等手段获取侵害他人合法权益的证据材料。

（三）以利诱、欺诈、胁迫和暴力等不正当手段获取的证据材料。

（四）无正当事由超出举证期限提供的证据材料。

（五）无正当理由拒不提供原件、原物，又无其他证据印证，且对方不予认可的证据的复制件、复制品。

（六）无法辨明真伪的证据材料。

（七）不能正确表达意志的证人提供的证言。

（八）不具备合法性、真实性的其他证据材料。

行政复议机构依据本规则第十一条第（二）项规定的职责所取得的有关材料，不得作为支持被申请人具体行政行为的证据。

第五十九条　在行政复议过程中，被申请人不得自行向申请人和其他有关组织或者个人收集证据。

第六十条　行政复议机构认为必要时，可以调查取证。

行政复议工作人员向有关组织和人员调查取证时，可以查阅、复制和调取有关文件和资料，向有关人员询问。调查取证时，行政复议工作人员不得少于2人，并应当向当事人和有关人员出示证件。被调查单位和人员应当配合行政复议工作人员的工作，不得拒绝、阻挠。

需要现场勘验的，现场勘验所用时间不计入行政复议审理期限。

第六十一条　申请人和第三人可以查阅被申请人提出的书面答复、作出具体行政行为的证据、依据和其他有关材料，除涉及国家秘密、商业秘密或者个人隐私外，行政复议机关不得拒绝。

第九章　税务行政复议审查和决定

第六十二条　行政复议机构应当自受理行政复议申请之日起7日内，将行政复议申请书副本或者行政复议申请笔录复印件发送被申请人。被申请人应当自收到申请书副本或者申请笔录复印件之日起10日内提出书面答复，并提交当初作出具体行政行为的证据、依据和其他有关材料。

对国家税务总局的具体行政行为不服申请行政复议的案件，由原承办具体行政行为的相关机构向行政复议机构提出书面答复，并提交当初作出具体行政行为的证据、依据和其他有关材料。

第六十三条　行政复议机构审理行政复议案件，应当由2名以上行政复议工作人员参加。

第六十四条　行政复议原则上采用书面审查的办法，但是申请人提出要求或者行政复议机构认为有必要时，应当听取申请人、被申请人和第三人的意见，并可以向有关组织和人员调查了解情况。

第六十五条　对重大、复杂的案件，申请人提出要求或者行政复议机构认为必要时，可以采取听证的方式审理。

第六十六条　行政复议机构决定举行听证的，应当将举行听证的时间、地点和具体要求等事项通知申请人、被申请人和第三人。

第三人不参加听证的,不影响听证的举行。

第六十七条 听证应当公开举行,但是涉及国家秘密、商业秘密或者个人隐私的除外。

第六十八条 行政复议听证人员不得少于2人,听证主持人由行政复议机构指定。

第六十九条 听证应当制作笔录。申请人、被申请人和第三人应当确认听证笔录内容。

行政复议听证笔录应当附卷,作为行政复议机构审理案件的依据之一。

第七十条 行政复议机关应当全面审查被申请人的具体行政行为所依据的事实证据、法律程序、法律依据和设定的权利义务内容的合法性、适当性。

第七十一条 申请人在行政复议决定作出以前撤回行政复议申请的,经行政复议机构同意,可以撤回。

申请人撤回行政复议申请的,不得再以同一事实和理由提出行政复议申请。但是,申请人能够证明撤回行政复议申请违背其真实意思表示的除外。

第七十二条 行政复议期间被申请人改变原具体行政行为的,不影响行政复议案件的审理。但是,申请人依法撤回行政复议申请的除外。

第七十三条 申请人在申请行政复议时,依据本规则第十五条规定一并提出对有关规定的审查申请的,行政复议机关对该规定有权处理的,应当在30日内依法处理;无权处理的,应当在7日内按照法定程序逐级转送有权处理的行政机关依法处理,有权处理的行政机关应当在60日内依法处理。处理期间,中止对具体行政行为的审查。

第七十四条 行政复议机关审查被申请人的具体行政行为时,认为其依据不合法,本机关有权处理的,应当在30日内依法处理;无权处理的,应当在7日内按照法定程序逐级转送有权处理的国家机关依法处理。处理期间,中止对具体行政行为的审查。

第七十五条 行政复议机构应当对被申请人的具体行政行为提出审查意见,经行政复议机关负责人批准,按照下列规定作出行政复议决定:

(一)具体行政行为认定事实清楚,证据确凿,适用依据正确,程序合法,内容适当的,决定维持。

(二)被申请人不履行法定职责的,决定其在一定期限内履行。

(三)具体行政行为有下列情形之一的,决定撤销、变更或者确认该具体行政行为违法;决定撤销或者确认该具体行政行为违法的,可以责令被申请人在一定期限内重新作出具体行政行为:

1. 主要事实不清、证据不足的;

2. 适用依据错误的;

3. 违反法定程序的;

4. 超越职权或者滥用职权的;

5. 具体行政行为明显不当的。

(四)被申请人不按照本规则第六十二条的规定提出书面答复,提交当初作出具体行政行为的证据、依据和其他有关材料的,视为该具体行政行为没有证据、依据,决定撤销该具体行政行为。

第七十六条 行政复议机关责令被申请人重新作出具体行政行为的,被申请人不得以同一事实和理由作出与原具体行政行为相同或者基本相同的具体行政行为;但是行政复议机关以原具体行政行为违反法定程序决定撤销的,被申请人重新作出具体行政行为的除外。

行政复议机关责令被申请人重新作出具体行政行为的,被申请人不得作出对申请人更为不利的决定;但是行政复议机关以原具体行政行为主要事实不清、证据不足或适用依据错误决定撤销的,被申请人重新作出具体行政行为的除外。

第七十七条 有下列情形之一的,行政复议机关可以决定变更:

(一)认定事实清楚,证据确凿,程序合法,但是明显不当或者适用依据错误的。

(二)认定事实不清,证据不足,但是经行政复议机关审理查明事实清楚,证据确凿的。

第七十八条 有下列情形之一的,行政复议机关应当决定驳回行政复议申请:

(一)申请人认为税务机关不履行法定职责申请行政复议,行政复议机关受理以后发现该税务机关没有相应法定职责或者在受理以前已经履行法定职责的。

(二)受理行政复议申请后,发现该行政复议申请不符合行政复议法及其实施条例和本规则规定的受理条件的。

上级税务机关认为行政复议机关驳回行政复议申请的理由不成立的,应当责令限期恢复受理。行政复议机关审理行政复议申请期限的计算应当扣除因驳回耽误的时间。

第七十九条　行政复议期间,有下列情形之一的,行政复议中止:

(一)作为申请人的公民死亡,其近亲属尚未确定是否参加行政复议的。

(二)作为申请人的公民丧失参加行政复议的能力,尚未确定法定代理人参加行政复议的。

(三)作为申请人的法人或者其他组织终止,尚未确定权利义务承受人的。

(四)作为申请人的公民下落不明或者被宣告失踪的。

(五)申请人、被申请人因不可抗力,不能参加行政复议的。

(六)行政复议机关因不可抗力原因暂时不能履行工作职责的。

(七)案件涉及法律适用问题,需要有权机关作出解释或者确认的。

(八)案件审理需要以其他案件的审理结果为依据,而其他案件尚未审结的。

(九)其他需要中止行政复议的情形。

行政复议中止的原因消除以后,应当及时恢复行政复议案件的审理。

行政复议机构中止、恢复行政复议案件的审理,应当告知申请人、被申请人、第三人。

第八十条　行政复议期间,有下列情形之一的,行政复议终止:

(一)申请人要求撤回行政复议申请,行政复议机构准予撤回的。

(二)作为申请人的公民死亡,没有近亲属,或者其近亲属放弃行政复议权利的。

(三)作为申请人的法人或者其他组织终止,其权利义务的承受人放弃行政复议权利的。

(四)申请人与被申请人依照本规则第八十七条的规定,经行政复议机构准许达成和解的。

(五)行政复议申请受理以后,发现其他行政复议机关已经先于本机关受理,或者人民法院已经受理的。

依照本规则第七十九条第一款第(一)项、第(二)项、第(三)项规定中止行政复议,满60日行政复议中止的原因未消除的,行政复议终止。

第八十一条　行政复议机关责令被申请人重新作出具体行政行为的,被申请人应当在60日内重新作出具体行政行为;情况复杂,不能在规定期限内重新作出具体行政行为的,经行政复议机关批准,可以适当延期,但是延期不得超过30日。

公民、法人或者其他组织对被申请人重新作出的具体行政行为不服,可以依法申请行政复议,或者提起行政诉讼。

第八十二条　申请人在申请行政复议时可以一并提出行政赔偿请求,行政复议机关对符合国家赔偿法的规定应当赔偿的,在决定撤销、变更具体行政行为或者确认具体行政行为违法时,应当同时决定被申请人依法赔偿。

申请人在申请行政复议时没有提出行政赔偿请求的,行政复议机关在依法决定撤销、变更原具体行政行为确定的税款、滞纳金、罚款和对财产的扣押、查封等强制措施时,应当同时责令被申请人退还税款、滞纳金和罚款,解除对财产的扣押、查封等强制措施,或者赔偿相应的价款。

第八十三条　行政复议机关应当自受理申请之日起60日内作出行政复议决定。情况复杂,不能在规定期限内作出行政复议决定的,经行政复议机关负责人批准,可以适当延期,并告知申请人和被申请人;但是延期不得超过30日。

行政复议机关作出行政复议决定,应当制作行政复议决定书,并加盖行政复议机关印章。

行政复议决定书一经送达,即发生法律效力。

第八十四条　被申请人应当履行行政复议决定。

被申请人不履行、无正当理由拖延履行行政复议决定的,行政复议机关或者有关上级税务机关应当责令其限期履行。

第八十五条　申请人、第三人逾期不起诉又不履行行政复议决定的,或者不履行最终裁决的行政复议决定的,按照下列规定分别处理:

(一)维持具体行政行为的行政复议决定,由作出具体行政行为的税务机关依法强制执行,或者申请人民法院强制执行。

（二）变更具体行政行为的行政复议决定，由行政复议机关依法强制执行，或者申请人民法院强制执行。

第十章　税务行政复议和解与调解

第八十六条　对下列行政复议事项，按照自愿、合法的原则，申请人和被申请人在行政复议机关作出行政复议决定以前可以达成和解，行政复议机关也可以调解：

（一）行使自由裁量权作出的具体行政行为，如行政处罚、核定税额、确定应税所得率等。

（二）行政赔偿。

（三）行政奖励。

（四）存在其他合理性问题的具体行政行为。

第八十七条　申请人和被申请人达成和解的，应当向行政复议机构提交书面和解协议。和解内容不损害社会公共利益和他人合法权益的，行政复议机构应当准许。

第八十八条　经行政复议机构准许和解终止行政复议的，申请人不得以同一事实和理由再次申请行政复议。

第八十九条　调解应当符合下列要求：

（一）尊重申请人和被申请人的意愿。

（二）在查明案件事实的基础上进行。

（三）遵循客观、公正和合理原则。

（四）不得损害社会公共利益和他人合法权益。

第九十条　行政复议机关按照下列程序调解：

（一）征得申请人和被申请人同意。

（二）听取申请人和被申请人的意见。

（三）提出调解方案。

（四）达成调解协议。

（五）制作行政复议调解书。

第九十一条　行政复议调解书应当载明行政复议请求、事实、理由和调解结果，并加盖行政复议机关印章。行政复议调解书经双方当事人签字，即具有法律效力。

调解未达成协议，或者行政复议调解书不生效的，行政复议机关应当及时作出行政复议决定。

第九十二条　申请人不履行行政复议调解书的，由被申请人依法强制执行，或者申请人民法院强制执行。

第十一章　税务行政复议指导和监督

第九十三条　各级税务复议机关应当加强对履行行政复议职责的监督。行政复议机构负责对行政复议工作进行系统督促、指导。

第九十四条　各级税务机关应当建立健全行政复议工作责任制，将行政复议工作纳入本单位目标责任制。

第九十五条　各级税务机关应当按照职责权限，通过定期组织检查、抽查等方式，检查下级税务机关的行政复议工作，并及时向有关方面反馈检查结果。

第九十六条　行政复议期间行政复议机关发现被申请人和其他下级税务机关的相关行政行为违法或者需要做好善后工作的，可以制作行政复议意见书。有关机关应当自收到行政复议意见书之日起60日内将纠正相关行政违法行为或者做好善后工作的情况报告行政复议机关。

行政复议期间行政复议机构发现法律、法规和规章实施中带有普遍性的问题，可以制作行政复议建议书，向有关机关提出完善制度和改进行政执法的建议。

第九十七条　省以下各级税务机关应当定期向上一级税务机关提交行政复议、应诉、赔偿统计表和分析报告，及时将重大行政复议决定报上一级行政复议机关备案。

第九十八条 行政复议机构应当按照规定将行政复议案件资料立卷归档。

行政复议案卷应当按照行政复议申请分别装订立卷，一案一卷，统一编号，做到目录清晰、资料齐全、分类规范、装订整齐。

第九十九条 行政复议机构应当定期组织行政复议工作人员业务培训和工作交流，提高行政复议工作人员的专业素质。

第一百条 行政复议机关应当定期总结行政复议工作。对行政复议工作中做出显著成绩的单位和个人，依照有关规定表彰和奖励。

第十二章 附 则

第一百零一条 行政复议机关、行政复议机关工作人员和被申请人在税务行政复议活动中，违反行政复议法及其实施条例和本规则规定的，应当依法处理。

第一百零二条 外国人、无国籍人、外国组织在中华人民共和国境内向税务机关申请行政复议，适用本规则。

第一百零三条 行政复议机关在行政复议工作中可以使用行政复议专用章。行政复议专用章与行政复议机关印章在行政复议中具有同等效力。

第一百零四条 行政复议期间的计算和行政复议文书的送达，依照民事诉讼法关于期间、送达的规定执行。

本规则关于行政复议期间有关“5 日”、“7 日”的规定指工作日，不包括法定节假日。

第一百零五条 本规则自 2010 年 4 月 1 日起施行，2004 年 2 月 24 日国家税务总局公布的《税务行政复议规则(暂行)》(国家税务总局令第 8 号)同时废止。

重大税收违法案件督办管理暂行办法

国税发［2010］103 号

第一条 为了规范重大税收违法案件督办管理，根据《中华人民共和国税收征收管理法》有关规定，制定本办法。

第二条 上级税务局可以根据税收违法案件性质、涉案数额、复杂程度、查处难度以及社会影响等情况，督办管辖区域内发生的重大税收违法案件。

对跨越多个地区且案情特别复杂的重大税收违法案件，本级税务局查处确有困难的，可以报请上级税务局督办，并提出具体查处方案及相关建议。

重大税收违法案件具体督办事项由稽查局实施。

第三条 国家税务总局督办的重大税收违法案件主要包括：

(一)国务院等上级机关、上级领导批办的案件；

(二)国家税务总局领导批办的案件；

(三)在全国或者省、自治区、直辖市范围内有重大影响的案件；

(四)税收违法数额特别巨大、情节特别严重的案件；

(五)国家税务总局认为需要督办的其他案件。

省、自治区、直辖市和计划单列市国家税务局、地方税务局督办重大税收违法案件的范围和标准，由本级国家税务局、地方税务局根据本地实际情况分别确定。

第四条 省、自治区、直辖市和计划单列市国家税务局、地方税务局依照国家税务总局规定的范围、标准、时限向国家税务总局报告税收违法案件，国家税务总局根据案情复杂程度和查处工作需要确定督办案件。

省以下重大税收违法案件报告的范围和标准，由省、自治区、直辖市和计划单列市国家税务局、地方税务局根据本地实际情况分别确定。

第五条 对需要督办的重大税收违法案件，督办税务局(以下简称督办机关)所属稽查局填写《重大税收违法案件督办立项审批表》，提出拟办意见。拟办意见主要包括承办案件的税务局(以下简称承办机关)及所属稽查局、承办时限和工作要求等，经督办机关领导审批或者督办机关授权所属稽查局局长审批后，向承办机关发出《重大税收违法案件督办函》，要求承办机关在确定的期限内查证事实，并作出税务处理、处罚决定。

需要多个地区税务机关共同查处的督办案件，督办机关应当明确主办机关和协办机关，或者按照管辖职责确定涉案重点事项查处工作任务。协办机关应当积极协助主办机关查处督办案件，及时查证并提供相关证据材料。对主办机关请求协助查证的事项，协办机关应当及时准确反馈情况，不得敷衍塞责或者懈怠应付。

督办案件同时涉及国家税务局、地方税务局管辖的税收事项，国家税务局、地方税务局分别依照职责查处，并相互通报相关情况；必要时可以联合办案，分别作出税务处理、处罚决定。

第六条 督办案件未经督办机关批准，承办机关不得擅自转给下级税务机关或者其他机关查处。

对因督办案件情况发生变化，不需要继续督办的，督办机关可以撤销督办，并向承办机关发出《重大税收违法案件撤销督办函》。

第七条 承办机关应当在接到督办机关《重大税收违法案件督办函》后7个工作日内按照《税务稽查工作规程》规定立案，在10个工作日内制订具体查处方案，并组织实施检查。

承办机关具体查处方案应当报送督办机关备案；督办机关要求承办机关在实施检查前报告具体查处方案的，承办机关应当按照要求报告，经督办机关同意后实施检查。

督办机关督办前承办机关已经立案的，承办机关不停止实施检查，但应当将具体查处方案及相关情况报告督办机关；督办机关要求调整具体查处方案的，承办机关应当调整。

第八条 承办机关应当按照《重大税收违法案件督办函》要求填写《重大税收违法案件情况报告表》，每30日向督办机关报告一次案件查处进展情况；《重大税收违法案件督办函》有确定报告时限的，按照确定时限报告；案件查处有重大进展或者遇到紧急情形的，应当及时报告；案件查处没有进展或者进展缓慢的，应当说明原因，并明确提出下一步查处工作安排。

对有《税务稽查工作规程》第四十四条规定的中止检查情形或者第七十条规定的中止执行情形的，承办机关应当报请督办机关批准后中止检查或者中止执行。中止期间可以暂不填报《重大税收违法案件情况报告表》；中止检查或者中止执行情形消失后，承办机关应当及时恢复检查或者执行，并依照前款规定填报《重大税收违法案件情况报告表》。

第九条 督办机关应当指导、协调督办案件查处，可以根据工作需要派员前往案发地区督促检查或者参与办案，随时了解案件查处进展情况以及存在问题。

督办机关稽查局应当确定督办案件的主要责任部门和责任人员。主要责任部门应当及时跟踪监控案件查处过程，根据承办机关案件查处进度、处理结果和督促检查情况，向稽查局领导报告督办案件查处进展情况；案情重大或者上级机关、上级领导批办的重要案件，应当及时向督办机关领导报告查处情况。

第十条 承办机关可以就督办案件向相关地区同级税务机关发出《税收违法案件协查函》，提出具体协查要求和回复时限，相关地区同级税务机关应当及时回复协查结果，提供明确的协查结论和相关证据资料。案情重大复杂的，承办机关可以报请督办机关组织协查。

第十一条 承办机关稽查局应当严格依照《税务稽查工作规程》相关规定对督办案件实施检查和审理，并报请承办机关集体审理。

承办机关稽查局应当根据审理认定的结果，拟制《重大税收违法案件拟处理意见报告》，经承办机关领导审核后报送督办机关。

在查处督办案件中，遇有法律、行政法规、规章或者其他规范性文件的疑义问题，承办机关稽查局应当征询同级法规、税政、征管、监察等相关部门意见；相关部门无法确定的，应当依照规定请示上级税务机关或者咨询有权解释的其他机关。

第十二条 《重大税收违法案件拟处理意见报告》应当包括以下主要内容：

(一)案件基本情况；

(二)检查时段和范围；

（三）检查方法和措施；

（四）检查人员查明的事实及相关证据材料；

（五）相关部门和当事人的意见；

（六）审理认定的事实及相关证据材料；

（七）拟税务处理、处罚意见及依据；

（八）其他相关事项说明。

对督办案件定性处理具有关键决定作用的重要证据，应当附报制作证据说明，写明证据目录、名称、内容、证明对象等事项。

第十三条 对承办机关《重大税收违法案件拟处理意见报告》，督办机关应当在接到之日起15日内审查；如有本办法第十一条第三款规定情形的，审查期限可以适当延长。督办机关对承办机关提出的定性处理意见没有表示异议的，承办机关依法作出《税务处理决定书》、《税务行政处罚决定书》、《税务稽查结论》、《不予税务行政处罚决定书》，送达当事人执行。

督办机关审查认为承办机关《重大税收违法案件拟处理意见报告》认定的案件事实不清、证据不足、违反法定程序或者拟税务处理、处罚意见依据错误的，通知承办机关说明情况或者补充检查。

第十四条 对督办案件中涉嫌犯罪的税收违法行为，承办机关填制《涉嫌犯罪案件移送书》，依照规定程序和权限批准后，依法移送司法机关。对移送司法机关的案件，承办机关应当随时关注司法处理进展情况，并及时报告督办机关。

第十五条 承办机关应当在90日内查证督办案件事实并依法作出税务处理、处罚决定；督办机关确定查处期限的，承办机关应当严格按照确定的期限查处；案情复杂确实无法按时查处的，应当在查处期限届满前10日内向督办机关申请延期查处，提出延长查处期限和理由，经批准后延期查处。

第十六条 对承办机关超过规定期限未填报《重大税收违法案件情况报告表》，或者未查处督办案件且未按照规定提出延期查处申请的，督办机关应当向其发出《重大税收违法案件催办函》进行催办，并责令说明情况和理由。

承办机关对督办案件查处不力的，督办机关可以召集承办机关分管稽查的税务局领导或者稽查局局长汇报；必要时督办机关可以直接组织查处。

第十七条 督办案件有下列情形之一的，可以认定为结案：

（一）税收违法事实已经查证清楚，并依法作出《税务处理决定书》、《税务行政处罚决定书》，税款、滞纳金、罚款等税收款项追缴入库，纳税人或者其他当事人在法定期限内没有申请行政复议或者提起行政诉讼的；

（二）查明税收违法事实不存在或者情节轻微，依法作出《税务稽查结论》或者《不予税务行政处罚决定书》，纳税人或者其他当事人在法定期限内没有申请行政复议或者提起行政诉讼的；

（三）纳税人或者其他当事人对税务机关处理、处罚决定或者强制执行措施申请行政复议或者提起行政诉讼，行政复议决定或者人民法院判决、裁定生效并执行完毕的；

（四）符合《税务稽查工作规程》第四十五条规定的终结检查情形的；

（五）符合《税务稽查工作规程》第七十一条规定的终结执行情形的；

（六）法律、行政法规或者国家税务总局规定的其他情形的。

税务机关依照法定职权确实无法查证全部或者部分税收违法行为，但有根据认为其涉嫌犯罪并依法移送司法机关处理的，以司法程序终结为结案。

第十八条 承办机关应当在督办案件结案之日起10个工作日内向督办机关报送《重大税收违法案件结案报告》。

《重大税收违法案件结案报告》应当包括案件来源、案件查处情况、税务处理、处罚决定内容、案件执行情况等内容。督办机关要求附列《税务处理决定书》、《税务行政处罚决定书》、《税务稽查结论》、《不予税务行政处罚决定书》、《执行报告》、税款、滞纳金、罚款等税收款项入库凭证以及案件终结检查、终结执行审批文书等资料复印件的，应当附列。

第十九条 查处督办案件实行工作责任制。承办机关主要领导承担领导责任；承办机关分管稽查的领导承担监管责任；承办机关稽查局局长承担执行责任；稽查局分管案件的领导和具体承办部门负责人以及承办人员按照各自分工职责承担相应的责任。

对督办案件重要线索、证据不及时调查收集，或者故意隐瞒案情，转移、藏匿、毁灭证据，或者因工作懈怠、泄露案情致使相关证据被转移、藏匿、毁灭，或者相关财产被转移、藏匿，或者有其他徇私舞弊、玩忽职守、滥用职权行为，应当承担纪律责任的，依法给予行政处分；涉嫌犯罪的，应当依法移送司法机关处理。

第二十条 承办机关及承办人员和协办机关及协办人员在查处督办案件中成绩突出的，可以给予表彰；承办、协办不力的，给予通报批评。

第二十一条 本办法相关税务文书式样由国家税务总局制定。

第二十二条 本办法从2011年1月1日起执行。2001年7月30日印发的《国家税务总局关于实行重大税收违法案件督办制度的通知》（国税发[2001]87号）同时废止。